סידור קורן • נוסח אשכנז

מהדורת פומרנץ

קורן ירושלים

סידור קורן

מהדורת פומרנץ

לפני מי אתה עומד

מוגה ומבואר בידי

הרב דוד פוקס

•

הוצאת קורן ירושלים

לעילוי נשמת

אבותינו

אנשי אמת, תפילה וספר

ישכר דוב בן שמואל נטע למשפחת רמר"ז ז"ל

שלום בן יעקב למשפחת פומרנץ ז"ל

הוטי וג'יי פומרנץ

סידור קורן
מהדורה רביעית © תשפ״ה (2025)
הוצאת קורן ירושלים
ת״ד 4044 ירושלים 9104001
www.korenpub.com

אשכנז, מהדורת שליח ציבור, כריכה קשה, מסת״ב: 978-965-301-222-6
אשכנז, מהדורת בית כנסת, כריכה קשה, מסת״ב: 978-965-301-223-3
אשכנז, מהדורה אישית, כריכה קשה, מסת״ב: 978-965-301-224-0
אשכנז, מהדורה אישית, כריכה קשה ׳אפוד רקמת יד׳, מסת״ב: 978-965-301-852-5
על הכריכה פרטים מעבודת ׳אפוד רקמת יד׳ – עדינה גת
מאוסף זאב ורחל וייס, קליבלנד אוהיו
אשכנז, מהדורה אישית, כריכת עור חום, מסת״ב: 978-965-7812-36-5
אשכנז, מהדורה אישית, כריכת עור קרם, מסת״ב: 978-965-7812-37-2
אשכנז, מהדורה קטנה, כריכה קשה, מסת״ב: 978-965-301-225-7
אשכנז, מהדורה קטנה, כריכת עור חום, מסת״ב: 978-965-301-235-6
אשכנז, מהדורה קטנה, כריכת עור חום, קופסה, מסת״ב: 978-965-301-896-9
אשכנז, מהדורה קטנה, כריכה גמישה כחולה, מסת״ב: 978-965-301-251-6
אשכנז, מהדורה קטנה, כריכה גמישה טורקיז, מסת״ב: 978-965-301-899-0
אשכנז, מהדורה קטנה, כריכה גמישה כתום, מסת״ב: 978-965-301-902-7
אשכנז, מהדורת כיס, כריכה רכה, מסת״ב: 978-965-301-363-6
אשכנז, מהדורת כיס, כריכה גמישה ורוד פסטל, מסת״ב: 978-965-7767-54-2
אשכנז, מהדורת כיס, כריכה גמישה טורקיז, מסת״ב: 978-965-7767-57-3
אשכנז, מהדורת כיס, כריכה גמישה כחול נייבי, מסת״ב: 978-965-7767-60-3
אשכנז, מהדורת כיס, כריכה גמישה שמנת, מסת״ב: 978-965-7767-63-4
אשכנז, מהדורת כיס מגנט, ורוד, מסת״ב: 978-965-7845-60-8
אשכנז, מהדורת כיס מגנט, שמנת, מסת״ב: 978-965-583-000-2
אשכנז, מהדורת כיס מגנט, כחול מטאלי, מסת״ב: 978-965-583-001-9

Printed in PRC 2025

סצא31

תוכן

עזרי מעם ה׳...

״ותהי יראתם אותי מצוַת אנשים מלֻמדה״ (ישעיה כט, יג) – קובל הנביא על ההרגל והשגרה, המטביעים חותמם על חיי האדם, עד כי גם בבואו לעמוד בתפילה לפני הקב״ה הוא בבחינת ״בפיו ובשפתיו כבדוני, ולבו רִחק ממני״ (ישעיה, שם). וזהו מה שהזהירו חכמינו ז״ל מפניו, באמרם: ״וכשאתה מתפלל, אל תעש תפילתך קבע, אלא רחמים ותחנונים לפני המקום״ (אבות ב, יח); ופירשו המפרשים: ״כאדם שיש עליו חובה דבר קבוע, ואומר: אימתי אפרוק מעלי חוב זה״ (ר״ע מברטנורה, שם). כי אמנם זה דרכם של דברים הנעשים יום יום: משנעשו לשגרה ולהרגל, הרי הם מאבדים מתוכנם המקורי; השגרה וכוונת הלב אינן הולכות בד בבד.

התפילה שבפינו, הכתובה בסידור – אותן מילים, אותם פסוקים שאנו חוזרים עליהם יום יום, ופעמים אחדות ביום – נהפכת בפינו להרגל ולמלמול שגרתי, ״כצפצוף הזרזיר״, והיא חסרה את הכוונה שבלב ואת ההרגשה החיה ״לפני מי אתה עומד״.

עובדה מצערת – וטבעית – זו הייתה הדחף לטרוח ולהגיש לציבור המתפללים כלי שיש בו כדי למשוך ולקשור את המתפלל לא אל מילות התפילה בלבד, אלא גם אל תוכנה ואל הכוונה שהייתה לנוכח עיניהם של רבותינו, שטבעו לנו מטבע של התפילה, ושל חכמי הדורות, שקבעו את נוסחאות התפילה. לשם כך שמנו לפנינו את היעד להביא את דברי התפילה לא בלבוש של חולין, היינו בצורה של ספר רגיל, אלא בלבוש קודש, שאף הצורה הגשמית שלו תוכל לשמש כמקור השראה של רגשות כבוד, קדושה ויראה.

לשם כך טבענו תבנית מקורית של האות הנדפסת וצורה מיוחדת להגשת מילות התפילה בהתאמה לתוכן, שורה שורה, ועמוד עמוד. ובשל כך תוכן התפילה נתון לפני המתפלל מבחינה חזותית באופן המונע אותו מן השגרה ומן החִפזון, וגורם ומסייע לו שיתן דעתו ולבו על הכתוב ועל היוצא מן הפה.

אחד הליקויים המכאיבים הפוגמים ביופייה ובזַכּוּתה של התפילה הוא הרישול בהגיית תיבותיה. התעלמות מדקדוקן ודיוקן, זלזול – או חוסר ידיעה – בכללי הדגש והרפה, השוא הנע והשוא הנח, ועוד כיוצא באלו, שחכמינו, בעלי המסורה וחכמי הלשון ופוסקי ההלכה ואנשי תורת הקבלה, כל כך הקפידו עליהם והידרו בהם, ובחלקים מסוימים של התפילה (כגון בקריאת שמע ובברכת כהנים) ראו בהם עניין של חובה ממש.

כדי לאפשר למתפלל ולהקל עליו בפרטים אלו – שלא יצטרך להתאמץ

ולהרהר בתפילתו, מה טיבו של הדגש או השוא או הקמץ (אם "קמץ גדול" אם "קמץ קטן") – עשינו בהוצאה של הסידור הזה [חוץ מפרקי המקרא, שצולמו מתוך התנ"ך שבהוצאתנו] הבחנה בצורתם של שני השואים (שוא נע עבה, "שמן" יותר, והוא סימן למתפלל שעליו לבטאו כתנועת סגול חטופה; שוא נח דק וזעיר, והוא סימן ל"אפס תנועה") וכן בצורתם של שני הקמצים ("הקמץ הקטן" רגלו ארוכה).

ההידור בהגייתן הברורה של התיבות הוא מהידורי התפילה, ורמז מצאו חכמים לכך בלשון הכתוב "צֹהר תעשה לתבה" – שתהא מצהירה ומאירה. וראוי לנו שיהא דיבורנו לפני המקום ברוך הוא צח וברור ונאה.

בסידור זה "נוסח אשכנז" הבאנו את התפילה בנוסח שיסודו בראשוני חכמי אשכנז, ובתיקונים שנתקבלו בארץ־ישראל ע"י תלמידיו של הגר"א מווילנא, וכפי שהוא מקובל ונהוג בבתי הכנסת האשכנזיים בארץ־ישראל.

לסייע למתפלל לכוון יפה אל תוכן התפילה ולהביע כראוי את מילות התפילה – זו הייתה מגמתנו: כבוד שמים, כפי שנתכוונו לו רבותינו מסדרי התפילה.

ההוצאה למעשה של כל הנזכר לא הייתה אפשרית בלי עזרתו והדרכתו של ידידי ר' מאיר מדן הי"ו, אשר טרח למטרה זו בידיעותיו המרובות ובבדיקת נוסחאות, כדי שיהא סידור תפילה זה מושלם עד כמה שהיד מגעת.

אסיר תודה אני גם למגיהים המעולים שמואל וקסלר ואברהם פרנקל, שהתגברו על העבודה הקשה הזאת, וכן לאסתר באר, אשר עשתה בחכמת לב את העימוד הקשה של סידור תפילה זה.

ויהי נֹעם ה' אלהינו עלינו, ומעשה ידינו כוננה עלינו ומעשה ידינו כוננהו.

אליהו קוֹרֶן

הקדמה

בשנת 1962 ר׳ אליהו קורן, מייסד בית ההוצאה קורן ירושלים, נשא לבו להביא לקהל הרחב את התנ״ך באופן המהודר, המדויק והבהיר ביותר. תנ״ך קורן היה הראשון לאחר חמש מאות שנה שנערך, עוצב, יוצר ונכרך בידי יהודים, וזכה לתהילה חסרת תקדים.

מר קורן החליט להמשיך את מפעלו ולהוציא סידור תפילה מהודר ומוגה בדקדקנות רבה, בעל עימוד נאה ומאיר עיניים ובאות מיוחדת הדומה לאות קורן של התנ״ך. כל זאת כדי לסייע למתפלל לכוון יפה אל תוכן התפילה.

בית ההוצאה היום ממשיך את חזונו של מר קורן להידור, לדיוק ולבהירות, ומגיש לקהל המתפללים את המהדורה החדשה והמשופרת לסידור התפילה. הסידור עבר התאמות ושיפורים שנדרשו במהלך השנים, בידי רפאל פרימן, ובהנחייתו מיטב המומחים של קורן, ובהם אסתר באר הרב דוד פוקס, הרב חנן בניהו, אפרת גרוס ועוד רבים, נרתמו למלאכה. את הסידור הגיהו ישראל אליצור וחנן אריאל, שאף כתב את המאמר המסביר את שיטת הניקוד בסידור.

במהדורה חדשה זו שלפניכם הגדלנו את הכתב והשלמנו את כל התפילות. הוספנו את חמש המגילות, את ההלכות למועדי ישראל ואת הלכות התפילות לכל ימות השנה. כמו כן שילבנו הנחיות למתפלל, המסייעות לו להבין את הפיוטים ואת מהלך התפילה ולהתאים את עצמו למניין שבו הנוסח שונה מהנוסח שהוא רגיל בו.

אני תקווה כי מהדורה חדשה זו תעצים את חוויית התפילה ליהודים בכל מקום שהם.

מאיר מילר, מו״ל
ירושלים, ה׳תש״ע

דברי פתיחה

״אהוב את הבריות, והוי דן את כל האדם לכף זכות - וזהו שאמרה תורה: ׳בצדק תשפט עמיתך׳ (ויקרא יט, טו), ותהי שפל בפני כל יעסוק בתורה התמימה והנקיה והישרה. ואל תחזיק טובה לעצמך, כי לכך נוצרת״ (׳ספר חסידים׳, לא).

תחילה אבקש מקהל הקוראים שידונו אותי לכף זכות. יודע אני כי קיבלתי על עצמי אחריות עצומה מכפי מידותיי. לא בלב קל קיבלתי אותה, אך הריני מחויב כלפי שמיא וכלפי בעלי הוצאת קורן להוציא מתחת ידיי דבר מתוקן כל צורכו. לשם כך נבחר צוות מגיהים מנוסה, שיברר מחדש את נוסח התפילה ואת לשונה. בכל מקום שעלה בו ספק, לא הכרענו מדעתנו אלא השארנו את המצוי בסידורים שר׳ אליהו קורן הדפיס בחייו, והערנו על הבולטות בשאלות אלה במדריך להלכות התפילה.

מדריך זה מושתת על המדריך שחיבר הרב אלי קלארק נר״ו לסידור קורן בתרגום לאנגלית. המגמה בהנחיות המופיעות בסידור ובמדריך, לא הייתה לפסוק הלכה, אלא לאפשר למתפלל להתמצא בבית הכנסת גם במקומות שבהם סדר התפילה או נוסחה אינו כפי שהוא רגיל בו; ולהציג לפניו את המקורות לאותם מנהגים שראה את אביו נוהג בהם, ושלמד מרבו ומסביבתו, ומעולם לא ידע מה יסודם. השתדלנו להציג את המקורות לכל שיטה, כדי שהמתפלל המעוניין יוכל להרחיב ולעיין. אך מובן שאיני עומד במדרגה הרוממה, המתוארת ב׳אמונה ובטחון׳ פ״ג, ל; אין אני מתכחש כלל לאפשרות שישנה הטיה בבחירת המקורות, בסידור העניינים ובהצגתם. על המקומות שבהם ישנה כזו, אני מבקש מחילה מראש מכל מתפלל ומתפלל.

על זאת אני מצר, שלא הבאתי כאן יותר מדבריהם של רבותיי, הרב יהודה עמיטל הכ״מ והרב אהרן ליכטנשטיין שליט״א. איני רואה עצמי ראוי להיות ׳בעל שמועות׳ (ראה רש״י, חגיגה יד ע״א), אך יש בכך גם מענוותנותם של שניהם, שמעולם לא השימו עצמם מורי הלכה לרבים, וגם כאשר פניתי אליהם בשאלות, העדיפו להנחות אותי בדרך האמת ולא להכתיב את דעתם. במקומות שבהם הוצאתי דבר מתוקן, הקורא רשאי להניח ששלהם הוא, אך את השגיאות יש להלין לפתחי.

נעזרנו בספרי ליקוטים מבני דורנו, בספריהם של חוקרי המנהגים ובמאמרים רבים הנמצאים במרשתת, אך השתדלנו לבדוק את הדברים כפי שנכתבו במקורם, בספרי הראשונים, המקובלים והפוסקים. רשימת ספרים אלו וביבליוגרפיה של המקורות שהובאו בסידור ובמדריך, תועלה אי״ה לאתר ההוצאה. הדברים המובאים משמו של הרב זקס שליט״א, מקורם בפירושו לסידור קורן המתורגם לאנגלית. אחדים מהדברים המובאים בשם הגרי״ד סולובייצ׳יק זצ״ל, יובאו על מקורותיהם בסידור עם

פירושו, שיראה אור אי״ה בקרוב; את רובם שמעתי לראשונה מפי תלמידי הגאון ז״ל שלמדו ושלימדו בישיבת ׳הר עציון׳, ובראשם מורי הרב ליכטנשטיין שליט״א.

אני מודה מקרב לב לידידי הרב חנן בניהו נר״ו, על שעבר על כל מילה שכתבתי והעיר הערות רבות ומחכימות בטוב טעם, על שהצילני משגיאות רבות, ועל העידוד והתמיכה הבלתי־נלאים שהעניק לי. תודה גם לאפרת גרוס תחי׳ על העריכה הלשונית של הסידור ושל המדריך, ובצדה בקשת מחילה על העבודה הרבה בלוח זמנים לחוץ שהנחתי לפתחה, ולרב יוסף צבי רימון נר״ו על הטבלה להפסקות המותרות בתפילה. תודה לרפאל פרימן יצ״ו ולכל העורכים והמגיהים ועובדי הוצאת קורן בעבר ובהווה. תודה מיוחדת למר מאיר מילר יצ״ו על החזון ועל הנכונות להשקיע בסידור זה, גם כאשר העבודה עליו התארכה יותר מהמשוער. ותודה לכל בני משפחתי, שבזכותם יכולתי להתפנות ראשי ורובי למלאכה.

בימים אלה, שבהם תלמידי חכמים רבים ומוכשרים אינם מוצאים כדי מחייתם – מקצתם כורעים תחת נטל של עבודות דחק, ורבים עוזבים את עולם התורה ומוצאים את פרנסתם בתחומים אחרים – אני עומד משתאה לנוכח חסדו של הקב״ה, שזיכה אותי לעסוק בתורה בהרווחה ובכבוד. משתאה, וחרד; כמדומני שח״ו אמצא אוכל עולמי בחיי. על כן אודה מקרב לב לכל מי שישתמש בסידור זה, יתפלל בו ויעיין; ויה״ר שמעט מזכויות המתפללים יגיעו גם אליי. במיוחד אודה לכל מי שיעיר על שגיאה שנפלה בו.

״אחינו בית ישראל! על זה נאה לבכות, על זה נאה להתאבל... על זה נאמר (מיכה ז, ב): ׳אבד חסיד מן הארץ׳״ (אבל רבתי פ״ג מ״ג). בין הגהה למסירה אבד מן העולם הרב יהודה עמיטל הכ״מ. אף שאין אני ראוי להיקרא תלמידו, התאמצתי להביא לידי ביטוי בדברים שכתבתי, שלושה עניינים שהוא ביטא בחייו להלכה ולמעשה: החיבה והעניין שהוא גילה בעולמו הרוחני של כל יהודי; אהבתו ודאגתו לאדם הפשוט, המבקש לעבוד את ה׳ ואין בידו הכלים המתאימים; ויותר מכל, התפילה – בכל רגע בחייו עמד לפני הקב״ה בכנות ובענווה אך גם בחדווה על הזכות לשפוך את לבו לפני בורא העולמות: ״היש שמחה גדולה מזו? מישהו שומע, מוכן להקשיב״ (׳והארץ נתן לבני אדם׳, עמ׳ 90).

מישהו מוכן להקשיב! האם יש לנו מה לומר? הוצאת קורן עשתה כמיטב יכולתה לשפר ולשכלל את הכלי שבו מוגשת התפילה, אך התוכן תלוי אך ורק ביחיד המתפלל.

דוד פוקס

ירושלים, מנחם־אב ה׳תש״ע

מדריך למתפלל

מהדורה חדשה זו של סידור קורן ממשיכה את המסורת של קורן ומגישה למתפלל סידור שעיצובן המיוחד של מילות התפילה בו מקל על המתפלל ומעצים את חוויית התפילה שלו. אחד המאפיינים הייחודיים בסידור הוא שבירת המשפטים לפי העניין במקום השימוש בפסקה כגוש אחד, זאת כדי לסייע למתפלל להפסיק במקומות הנכונים.

עזרי הגייה

- רוב המילים בעברית מוטעמות בהטעמת מלרע, כלומר טעמן נמצא בהברה האחרונה במילה. במילים המוטעמות בהטעמת מלעיל, כלומר שטעמן נמצא בהברה שלפני האחרונה, מופיע מתג, קו אנכי קצר, מתחת לאותה הברה כדי לעזור לקורא להגות את המילה כראוי, למשל, מֶֽלֶךְ. בקריאת שמע ובקריאת התורה מתג כזה אינו מופיע, מכיוון שכבר מופיעים בהן טעמי המקרא.
- הבדלנו בין הקמץ הרגיל (הנהֲגה a) לקמץ הקטן (הנהֲגה o) באמצעות סימן גדול לקמץ הקטן, למשל, חָכְמָה. באותו אופן הבדלנו בין השווא הנע (שווא הנהגה כתנועה חטופה, כיום כסֶגול) לשווא הנח (הנהגה כעיצור), וסימַנּו את השווא הנע בסימן בולט יותר, למשל, נַפְשְׁךָ.
- לפי המסורת של הוצאת קורן, הפתח הגנוב מופיע לימין האות ולא באמצעה, להורות שהתנועה נהגית לפני העיצור ולא אחריה, למשל, המילה פּוֹתֵחַ נהגית כמו פּוֹתֵאַח.

חץ קטן בצבע שחור (▸) מורה לשליח הציבור היכן עליו להתחיל לקרוא בקול רם. מכל מקום זוהי הצעה בלבד, ואם מנהג המקום שונה, שליח הציבור ינהג לפי מנהג המקום.

בתוך הסידור מופיעות הנחיות תמציתיות למתפלל. הלכות והסברים מפורטים נמצאים במדריך להלכות תפילה בסוף הסידור.

ישנם שני סוגי אותיות בנוסח התפילה: באחד משתמשים לתנ״ך בלבד ובאחר לסידור. חלקים מן הסידור שבהם מופיעים פרקים שלמים מן התנ״ך, כמו פסוקי דזמרה, נדפסו באות התנ״ך. לעומת זאת פסוקים מהתנ״ך המצוטטים בתוך חלקי תפילה, נדפסו באות הסידור כדי לשמור על מראה אחיד. בנוסף על כך כל הפסוקים מן התנ״ך מסתיימים בנקודתיים (:) לציון סוף פסוק להבדיל מהנקודתיים הרגילות (:).

אנחנו מקווים שחידושים אלה יהפכו את התפילה לחוויה מעמיקה יותר ומרוממת יותר.

רפאל פרימן, עורך ראשי

ירושלים ה׳תש״ע

ימי חול

שחרית

"ה' בֹּקֶר תִּשְׁמַע קוֹלִי, בֹּקֶר אֶעֱרָךְ־לְךָ וַאֲצַפֶּה" (תהלים ה, ד).

השכמת הבוקר

"יתגבר כארי לעמוד בבוקר לעבודת בוראו" (שו"ע א, א).

מיד כשמתעורר אדם משנתו, עוד בטרם נוטל את ידיו,
כשעדיין אינו יכול לברך או לומר פסוקים, אומר:

מוֹדֶה/ נשים אומרות: מוֹדָה/ אֲנִי לְפָנֶיךָ מֶלֶךְ חַי וְקַיָּם
שֶׁהֶחֱזַרְתָּ בִּי נִשְׁמָתִי בְּחֶמְלָה
רַבָּה אֱמוּנָתֶךָ.

אחרי שנטל את ידיו (ראה הלכה 2–7), מברך:

בָּרוּךְ אַתָּה יהוה אֱלֹהֵינוּ מֶלֶךְ הָעוֹלָם
אֲשֶׁר קִדְּשָׁנוּ בְּמִצְוֹתָיו וְצִוָּנוּ עַל נְטִילַת יָדָיִם.

בָּרוּךְ אַתָּה יהוה אֱלֹהֵינוּ מֶלֶךְ הָעוֹלָם
אֲשֶׁר יָצַר אֶת הָאָדָם בְּחָכְמָה
וּבָרָא בוֹ נְקָבִים נְקָבִים, חֲלוּלִים חֲלוּלִים.
גָּלוּי וְיָדוּעַ לִפְנֵי כִסֵּא כְבוֹדֶךָ
שֶׁאִם יִפָּתֵחַ אֶחָד מֵהֶם אוֹ יִסָּתֵם אֶחָד מֵהֶם
אִי אֶפְשַׁר לְהִתְקַיֵּם וְלַעֲמֹד לְפָנֶיךָ.
בָּרוּךְ אַתָּה יהוה, רוֹפֵא כָל בָּשָׂר וּמַפְלִיא לַעֲשׂוֹת.

הגמרא בברכות ס ע״ב מזכירה ברכה זו שצריך לאומרה מיד כשמתעורר. הגאונים תיקנו לאומרה אחרי ברכת ׳אֲשֶׁר יָצַר׳, כיון שאינה פותחת ב׳בָּרוּךְ אַתָּה ה׳׳ (רב נטרונאי גאון).

אֱלֹהַי
נְשָׁמָה שֶׁנָּתַתָּ בִּי טְהוֹרָה הִיא.
אַתָּה בְרָאתָהּ, אַתָּה יְצַרְתָּהּ, אַתָּה נְפַחְתָּהּ בִּי
וְאַתָּה מְשַׁמְּרָהּ בְּקִרְבִּי
וְאַתָּה עָתִיד לִטְּלָהּ מִמֶּנִּי
וּלְהַחֲזִירָהּ בִּי לֶעָתִיד לָבוֹא.
כָּל זְמַן שֶׁהַנְּשָׁמָה בְקִרְבִּי, מוֹדֶה/ נשים אומרות: מוֹדָה/ אֲנִי לְפָנֶיךָ
יהוה אֱלֹהַי וֵאלֹהֵי אֲבוֹתַי
רִבּוֹן כָּל הַמַּעֲשִׂים, אֲדוֹן כָּל הַנְּשָׁמוֹת.
בָּרוּךְ אַתָּה יהוה, הַמַּחֲזִיר נְשָׁמוֹת לִפְגָרִים מֵתִים.

לבישת ציצית

לפני שלובש טלית קטן, מברך ׳עַל מִצְוַת צִיצִית׳.
ואם תכף יתעטף בטלית, לא יברך – ראה הלכה 14.

בָּרוּךְ אַתָּה יהוה אֱלֹהֵינוּ מֶלֶךְ הָעוֹלָם
אֲשֶׁר קִדְּשָׁנוּ בְּמִצְוֹתָיו
וְצִוָּנוּ עַל מִצְוַת צִיצִית.

אחרי שלבש, אומר:

יְהִי רָצוֹן מִלְּפָנֶיךָ, יהוה אֱלֹהַי וֵאלֹהֵי אֲבוֹתַי
שֶׁתְּהֵא חֲשׁוּבָה מִצְוַת צִיצִית לְפָנֶיךָ
כְּאִלּוּ קִיַּמְתִּיהָ בְּכָל פְּרָטֶיהָ וְדִקְדּוּקֶיהָ וְכַוָּנוֹתֶיהָ
וְתַרְיַ״ג מִצְוֹת הַתְּלוּיוֹת בָּהּ
אָמֵן סֶלָה.

ברכות התורה

”ברכת התורה צריך להזהר בה מאד“ (שו״ע מז, א). ראה הלכה 9.

בָּרוּךְ אַתָּה יהוה אֱלֹהֵינוּ מֶלֶךְ הָעוֹלָם
אֲשֶׁר קִדְּשָׁנוּ בְּמִצְוֹתָיו
וְצִוָּנוּ לַעֲסֹק בְּדִבְרֵי תוֹרָה.
וְהַעֲרֶב נָא יהוה אֱלֹהֵינוּ אֶת דִּבְרֵי תוֹרָתְךָ
בְּפִינוּ וּבְפִי עַמְּךָ בֵּית יִשְׂרָאֵל
וְנִהְיֶה אֲנַחְנוּ וְצֶאֱצָאֵינוּ (וְצֶאֱצָאֵי צֶאֱצָאֵינוּ)
וְצֶאֱצָאֵי עַמְּךָ בֵּית יִשְׂרָאֵל
כֻּלָּנוּ יוֹדְעֵי שְׁמֶךָ וְלוֹמְדֵי תוֹרָתְךָ לִשְׁמָהּ.
בָּרוּךְ אַתָּה יהוה
הַמְלַמֵּד תּוֹרָה לְעַמּוֹ יִשְׂרָאֵל.

בָּרוּךְ אַתָּה יהוה אֱלֹהֵינוּ מֶלֶךְ הָעוֹלָם
אֲשֶׁר בָּחַר בָּנוּ מִכָּל הָעַמִּים וְנָתַן לָנוּ אֶת תּוֹרָתוֹ.
בָּרוּךְ אַתָּה יהוה
נוֹתֵן הַתּוֹרָה.

יְבָרֶכְךָ יהוה וְיִשְׁמְרֶךָ: במדבר ו
יָאֵר יהוה פָּנָיו אֵלֶיךָ וִיחֻנֶּךָּ:
יִשָּׂא יהוה פָּנָיו אֵלֶיךָ וְיָשֵׂם לְךָ שָׁלוֹם:

משנה פאה א,א אֵלּוּ דְבָרִים שֶׁאֵין לָהֶם שִׁעוּר
הַפֵּאָה וְהַבִּכּוּרִים וְהָרֵאָיוֹן
וּגְמִילוּת חֲסָדִים
וְתַלְמוּד תּוֹרָה.

שבת קכז. אֵלּוּ דְבָרִים שֶׁאָדָם אוֹכֵל פֵּרוֹתֵיהֶם בָּעוֹלָם הַזֶּה
וְהַקֶּרֶן קַיֶּמֶת לוֹ לָעוֹלָם הַבָּא
וְאֵלּוּ הֵן
כִּבּוּד אָב וָאֵם
וּגְמִילוּת חֲסָדִים
וְהַשְׁכָּמַת בֵּית הַמִּדְרָשׁ שַׁחֲרִית וְעַרְבִית
וְהַכְנָסַת אוֹרְחִים
וּבִקּוּר חוֹלִים
וְהַכְנָסַת כַּלָּה
וּלְוָיַת הַמֵּת
וְעִיּוּן תְּפִלָּה
וַהֲבָאַת שָׁלוֹם בֵּין אָדָם לַחֲבֵרוֹ
וְתַלְמוּד תּוֹרָה כְּנֶגֶד כֻּלָּם.

עטיפת טלית

לפני עטיפה בטלית גדול נוהגים לומר:

בָּרְכִי נַפְשִׁי אֶת־יהוה, יהוה אֱלֹהַי גָּדַלְתָּ מְּאֹד, הוֹד וְהָדָר לָבָשְׁתָּ: תהלים קד
עֹטֶה־אוֹר כַּשַּׂלְמָה, נוֹטֶה שָׁמַיִם כַּיְרִיעָה:

יש אומרים:

לְשֵׁם יִחוּד קֻדְשָׁא בְּרִיךְ הוּא וּשְׁכִינְתֵּהּ בִּדְחִילוּ וּרְחִימוּ, לְיַחֵד שֵׁם י״ה בּו״ה בְּיִחוּדָא שְׁלִים בְּשֵׁם כָּל יִשְׂרָאֵל.

הֲרֵינִי מִתְעַטֵּף בְּצִיצִית. כֵּן תִּתְעַטֵּף נִשְׁמָתִי וּרְמַ״ח אֵבָרַי וּשְׁסָ״ה גִידַי בְּאוֹר הַצִּיצִית הָעוֹלָה תַּרְיַ״ג. וּכְשֵׁם שֶׁאֲנִי מִתְכַּסֶּה בְּטַלִּית בָּעוֹלָם הַזֶּה, כָּךְ אֶזְכֶּה לַחֲלוּקָא דְרַבָּנָן וּלְטַלִּית נָאָה לָעוֹלָם הַבָּא בְּגַן עֵדֶן. וְעַל יְדֵי מִצְוַת צִיצִית תִּנָּצֵל נַפְשִׁי רוּחִי וְנִשְׁמָתִי וּתְפִלָּתִי מִן הַחִיצוֹנִים.
וְהַטַּלִּית תִּפְרֹשׂ כְּנָפֶיהָ עֲלֵיהֶם וְתַצִּילֵם, כְּנֶשֶׁר יָעִיר קִנּוֹ עַל־גּוֹזָלָיו יְרַחֵף: דברים לב
וּתְהֵא חֲשׁוּבָה מִצְוַת צִיצִית לִפְנֵי הַקָּדוֹשׁ בָּרוּךְ הוּא, כְּאִלּוּ קִיַּמְתִּיהָ בְּכָל פְּרָטֶיהָ וְדִקְדּוּקֶיהָ וְכַוָּנוֹתֶיהָ וְתַרְיַ״ג מִצְוֹת הַתְּלוּיוֹת בָּהּ, אָמֵן סֶלָה.

עומד ומברך (ראה הלכה 16–17):

בָּרוּךְ אַתָּה יהוה אֱלֹהֵינוּ מֶלֶךְ הָעוֹלָם
אֲשֶׁר קִדְּשָׁנוּ בְּמִצְוֹתָיו וְצִוָּנוּ לְהִתְעַטֵּף בַּצִּיצִית.

נוהגים להתעטף בטלית אחר הברכה.

מתעטף ואומר (סידור השל״ה):

מַה־יָּקָר חַסְדְּךָ אֱלֹהִים, וּבְנֵי אָדָם בְּצֵל כְּנָפֶיךָ יֶחֱסָיוּן: תהלים לו
יִרְוְיֻן מִדֶּשֶׁן בֵּיתֶךָ, וְנַחַל עֲדָנֶיךָ תַשְׁקֵם:
כִּי־עִמְּךָ מְקוֹר חַיִּים, בְּאוֹרְךָ נִרְאֶה־אוֹר:
מְשֹׁךְ חַסְדְּךָ לְיֹדְעֶיךָ, וְצִדְקָתְךָ לְיִשְׁרֵי־לֵב:

הנחת תפילין

לפני הנחת תפילין יש אומרים:

לְשֵׁם יִחוּד קֻדְשָׁא בְּרִיךְ הוּא וּשְׁכִינְתֵּהּ בִּדְחִילוּ וּרְחִימוּ, לְיַחֵד שֵׁם י״ה בו״ה בְּיִחוּדָא שְׁלִים בְּשֵׁם כָּל יִשְׂרָאֵל.

הִנְנִי מְכַוֵּן בְּהַנָּחַת תְּפִלִּין לְקַיֵּם מִצְוַת בּוֹרְאִי, שֶׁצִּוָּנוּ לְהָנִיחַ תְּפִלִּין, כַּכָּתוּב בְּתוֹרָתוֹ:
וּקְשַׁרְתָּם לְאוֹת עַל־יָדֶךָ, וְהָיוּ לְטֹטָפֹת בֵּין עֵינֶיךָ: וְהֵן אַרְבַּע פָּרָשִׁיּוֹת אֵלּוּ, שְׁמַע, דברים ו
וְהָיָה אִם שָׁמֹעַ, קַדֶּשׁ לִי, וְהָיָה כִּי יְבִאֲךָ, שֶׁיֵּשׁ בָּהֶם יִחוּדוֹ וְאַחְדוּתוֹ יִתְבָּרַךְ שְׁמוֹ
בָּעוֹלָם, וְשֶׁנִּזְכֹּר נִסִּים וְנִפְלָאוֹת שֶׁעָשָׂה עִמָּנוּ בְּהוֹצִיאוֹ אוֹתָנוּ מִמִּצְרַיִם, וַאֲשֶׁר
לוֹ הַכֹּחַ וְהַמֶּמְשָׁלָה בָּעֶלְיוֹנִים וּבַתַּחְתּוֹנִים לַעֲשׂוֹת בָּהֶם כִּרְצוֹנוֹ. וְצִוָּנוּ לְהָנִיחַ עַל
הַיָּד לְזִכְרוֹן זְרוֹעַ הַנְּטוּיָה, וְשֶׁהִיא נֶגֶד הַלֵּב, לְשַׁעְבֵּד בָּזֶה תַּאֲווֹת וּמַחְשְׁבוֹת לִבֵּנוּ
לַעֲבוֹדָתוֹ יִתְבָּרַךְ שְׁמוֹ. וְעַל הָרֹאשׁ נֶגֶד הַמֹּחַ, שֶׁהַנְּשָׁמָה שֶׁבְּמֹחִי עִם שְׁאָר חוּשַׁי
וְכֹחוֹתַי כֻּלָּם יִהְיוּ מְשֻׁעְבָּדִים לַעֲבוֹדָתוֹ יִתְבָּרַךְ שְׁמוֹ. וּמִשֶּׁפַע מִצְוַת תְּפִלִּין יִתְמַשֵּׁךְ
עָלַי לִהְיוֹת לִי חַיִּים אֲרוּכִים וְשֶׁפַע קֹדֶשׁ וּמַחֲשָׁבוֹת קְדוֹשׁוֹת בְּלִי הִרְהוּר חֵטְא
וְעָוֹן כְּלָל, וְשֶׁלֹּא יְפַתֵּנוּ וְלֹא יִתְגָּרֶה בָּנוּ יֵצֶר הָרָע, וְיַנִּיחֵנוּ לַעֲבֹד אֶת יהוה כַּאֲשֶׁר
עִם לְבָבֵנוּ.

וִיהִי רָצוֹן מִלְּפָנֶיךָ, יהוה אֱלֹהֵינוּ וֵאלֹהֵי אֲבוֹתֵינוּ, שֶׁתְּהֵא חֲשׁוּבָה מִצְוַת הֲנָחַת תְּפִלִּין לִפְנֵי הַקָּדוֹשׁ בָּרוּךְ הוּא, כְּאִלּוּ קִיַּמְתִּיהָ בְּכָל פְּרָטֶיהָ וְדִקְדּוּקֶיהָ וְכַוָּנוֹתֶיהָ וְתַרְיַ״ג מִצְוֹת הַתְּלוּיוֹת בָּהּ, אָמֵן סֶלָה.

עומד, מניח תפילין של יד על השריר העליון של הזרוע השמאלית
(איטר מניחן על זרועו הימנית, ראה הלכה 22) ומברך:

בָּרוּךְ אַתָּה יהוה אֱלֹהֵינוּ מֶלֶךְ הָעוֹלָם
אֲשֶׁר קִדְּשָׁנוּ בְּמִצְוֹתָיו וְצִוָּנוּ לְהָנִיחַ תְּפִלִּין.

מהדק את הרצועה, כורך אותה שבע פעמים סביב זרועו, ומיד מניח תפילין של ראש.

מקום תפילין של ראש הוא מעל עיקרי השערות שבמרכז המצח.

מניח ומברך:

בָּרוּךְ אַתָּה יהוה אֱלֹהֵינוּ מֶלֶךְ הָעוֹלָם
אֲשֶׁר קִדְּשָׁנוּ בְּמִצְוֹתָיו וְצִוָּנוּ עַל מִצְוַת תְּפִלִּין.

מהדק את הרצועה ואומר:

בָּרוּךְ שֵׁם כְּבוֹד מַלְכוּתוֹ לְעוֹלָם וָעֶד.

יש אומרים: וּמֵחָכְמָתְךָ אֵל עֶלְיוֹן תַּאֲצִיל עָלַי, וּמִבִּינָתְךָ תְּבִינֵנִי, וּבְחַסְדְּךָ תַּגְדִּיל
עָלַי, וּבִגְבוּרָתְךָ תַּצְמִית אוֹיְבַי וְקָמַי. וְשֶׁמֶן הַטּוֹב תָּרִיק עַל שִׁבְעָה
קְנֵי הַמְּנוֹרָה, לְהַשְׁפִּיעַ טוּבְךָ לִבְרִיּוֹתֶיךָ. פּוֹתֵחַ אֶת־יָדֶךָ וּמַשְׂבִּיעַ תהלים קמה
לְכָל־חַי רָצוֹן:

כורך ברצועה של יד שלוש כריכות סביב האצבע האמצעית ואומר:

וְאֵרַשְׂתִּיךְ לִי לְעוֹלָם הושע ב
וְאֵרַשְׂתִּיךְ לִי בְּצֶדֶק וּבְמִשְׁפָּט וּבְחֶסֶד וּבְרַחֲמִים:
וְאֵרַשְׂתִּיךְ לִי בֶּאֱמוּנָה, וְיָדַעַתְּ אֶת־יהוה:

לאחר הנחת התפילין נוהגים לומר שתי פרשות אלה, שנזכרת בהן מצוות הנחת תפילין:

וַיְדַבֵּר יהוה אֶל־מֹשֶׁה לֵּאמֹר: קַדֶּשׁ־לִי כָל־בְּכוֹר, פֶּטֶר כָּל־רֶחֶם שמות יג
בִּבְנֵי יִשְׂרָאֵל, בָּאָדָם וּבַבְּהֵמָה, לִי הוּא: וַיֹּאמֶר מֹשֶׁה אֶל־הָעָם,
זָכוֹר אֶת־הַיּוֹם הַזֶּה, אֲשֶׁר יְצָאתֶם מִמִּצְרַיִם מִבֵּית עֲבָדִים, כִּי
בְּחֹזֶק יָד הוֹצִיא יהוה אֶתְכֶם מִזֶּה, וְלֹא יֵאָכֵל חָמֵץ: הַיּוֹם אַתֶּם
יֹצְאִים, בְּחֹדֶשׁ הָאָבִיב: וְהָיָה כִי־יְבִיאֲךָ יהוה אֶל־אֶרֶץ הַכְּנַעֲנִי
וְהַחִתִּי וְהָאֱמֹרִי וְהַחִוִּי וְהַיְבוּסִי, אֲשֶׁר נִשְׁבַּע לַאֲבֹתֶיךָ לָתֶת לָךְ,
אֶרֶץ זָבַת חָלָב וּדְבָשׁ, וְעָבַדְתָּ אֶת־הָעֲבֹדָה הַזֹּאת בַּחֹדֶשׁ הַזֶּה:
שִׁבְעַת יָמִים תֹּאכַל מַצֹּת, וּבַיּוֹם הַשְּׁבִיעִי חַג לַיהוה: מַצּוֹת יֵאָכֵל
אֵת שִׁבְעַת הַיָּמִים, וְלֹא־יֵרָאֶה לְךָ חָמֵץ וְלֹא־יֵרָאֶה לְךָ שְׂאֹר,
בְּכָל־גְּבֻלֶךָ: וְהִגַּדְתָּ לְבִנְךָ בַּיּוֹם הַהוּא לֵאמֹר, בַּעֲבוּר זֶה עָשָׂה
יהוה לִי בְּצֵאתִי מִמִּצְרָיִם: וְהָיָה לְךָ לְאוֹת עַל־יָדְךָ וּלְזִכָּרוֹן בֵּין
עֵינֶיךָ, לְמַעַן תִּהְיֶה תּוֹרַת יהוה בְּפִיךָ, כִּי בְּיָד חֲזָקָה הוֹצִאֲךָ יהוה
מִמִּצְרָיִם: וְשָׁמַרְתָּ אֶת־הַחֻקָּה הַזֹּאת לְמוֹעֲדָהּ, מִיָּמִים יָמִימָה:

וְהָיָה כִּי־יְבִאֲךָ יהוה אֶל־אֶרֶץ הַכְּנַעֲנִי כַּאֲשֶׁר נִשְׁבַּע לְךָ וְלַאֲבֹתֶיךָ,
וּנְתָנָהּ לָךְ: וְהַעֲבַרְתָּ כָל־פֶּטֶר־רֶחֶם לַיהוה, וְכָל־פֶּטֶר שֶׁגֶר

בְּהֵמָה אֲשֶׁר יִהְיֶה לְךָ הַזְּכָרִים, לַיהוה: וְכָל־פֶּטֶר חֲמֹר תִּפְדֶּה בְשֶׂה, וְאִם־לֹא תִפְדֶּה וַעֲרַפְתּוֹ, וְכֹל בְּכוֹר אָדָם בְּבָנֶיךָ תִּפְדֶּה: וְהָיָה כִּי־יִשְׁאָלְךָ בִנְךָ מָחָר, לֵאמֹר מַה־זֹּאת, וְאָמַרְתָּ אֵלָיו, בְּחֹזֶק יָד הוֹצִיאָנוּ יהוה מִמִּצְרַיִם מִבֵּית עֲבָדִים: וַיְהִי כִּי־הִקְשָׁה פַרְעֹה לְשַׁלְּחֵנוּ, וַיַּהֲרֹג יהוה כָּל־בְּכוֹר בְּאֶרֶץ מִצְרַיִם, מִבְּכֹר אָדָם וְעַד־בְּכוֹר בְּהֵמָה, עַל־כֵּן אֲנִי זֹבֵחַ לַיהוה כָּל־פֶּטֶר רֶחֶם הַזְּכָרִים, וְכָל־בְּכוֹר בָּנַי אֶפְדֶּה: וְהָיָה לְאוֹת עַל־יָדְכָה וּלְטוֹטָפֹת בֵּין עֵינֶיךָ, כִּי בְּחֹזֶק יָד הוֹצִיאָנוּ יהוה מִמִּצְרָיִם:

הכנה לתפילה

"יִכָּנֵס שיעור שני פתחים ואחר כך יתפלל" (שו"ע צ, כ).

כאשר נכנס לבית הכנסת אומר:

מַה־טֹּבוּ במדבר כד

אֹהָלֶיךָ יַעֲקֹב, מִשְׁכְּנֹתֶיךָ יִשְׂרָאֵל:

וַאֲנִי בְּרֹב חַסְדְּךָ אָבוֹא בֵיתֶךָ תהלים ה

אֶשְׁתַּחֲוֶה אֶל־הֵיכַל־קָדְשְׁךָ

בְּיִרְאָתֶךָ:

יהוה אָהַבְתִּי מְעוֹן בֵּיתֶךָ תהלים כו

וּמְקוֹם מִשְׁכַּן כְּבוֹדֶךָ:

וַאֲנִי אֶשְׁתַּחֲוֶה

וְאֶכְרָעָה

אֶבְרְכָה לִפְנֵי יהוה עֹשִׂי.

וַאֲנִי תְפִלָּתִי־לְךָ יהוה תהלים סט

עֵת רָצוֹן

אֱלֹהִים בְּרָב־חַסְדֶּךָ

עֲנֵנִי בֶּאֱמֶת יִשְׁעֶךָ:

"לְהַגִּיד בַּבֹּקֶר חַסְדֶּךָ וֶאֱמוּנָתְךָ בַּלֵּילוֹת" (תהלים צב, ג).
פיוט עתיק זה מיוחס לר׳ שלמה אבן גבירול (ויש המקדימים את זמנו לתקופת הגאונים).
רבים נוהגים לאומרו פעמיים ביום: לפני תפילת שחרית ובקריאת שמע שעל המיטה.

אֲדוֹן עוֹלָם

אֲשֶׁר מָלַךְ בְּטֶרֶם כָּל־יְצִיר נִבְרָא.
לְעֵת נַעֲשָׂה בְחֶפְצוֹ כֹּל אֲזַי מֶלֶךְ שְׁמוֹ נִקְרָא.
וְאַחֲרֵי כִּכְלוֹת הַכֹּל לְבַדּוֹ יִמְלֹךְ נוֹרָא.
וְהוּא הָיָה וְהוּא הֹוֶה וְהוּא יִהְיֶה בְּתִפְאָרָה.
וְהוּא אֶחָד וְאֵין שֵׁנִי לְהַמְשִׁיל לוֹ לְהַחְבִּירָה.
בְּלִי רֵאשִׁית בְּלִי תַכְלִית וְלוֹ הָעֹז וְהַמִּשְׂרָה.
וְהוּא אֵלִי וְחַי גּוֹאֲלִי וְצוּר חֶבְלִי בְּעֵת צָרָה.
וְהוּא נִסִּי וּמָנוֹס לִי מְנָת כּוֹסִי בְּיוֹם אֶקְרָא.
בְּיָדוֹ אַפְקִיד רוּחִי בְּעֵת אִישַׁן וְאָעִירָה.
וְעִם רוּחִי גְּוִיָּתִי יהוה לִי וְלֹא אִירָא.

'יִגְדַּל' מיוסד על שלושה עשר עיקרי האמונה שמָנה הרמב"ם.

יִגְדַּל

אֱלֹהִים חַי וְיִשְׁתַּבַּח, נִמְצָא וְאֵין עֵת אֶל מְצִיאוּתוֹ.
אֶחָד וְאֵין יָחִיד כְּיִחוּדוֹ, נֶעְלָם וְגַם אֵין סוֹף לְאַחְדוּתוֹ.
אֵין לוֹ דְּמוּת הַגּוּף וְאֵינוֹ גוּף, לֹא נַעֲרֹךְ אֵלָיו קְדֻשָּׁתוֹ.
קַדְמוֹן לְכָל דָּבָר אֲשֶׁר נִבְרָא, רִאשׁוֹן וְאֵין רֵאשִׁית לְרֵאשִׁיתוֹ.
הִנּוֹ אֲדוֹן עוֹלָם, וְכָל נוֹצָר יוֹרֶה גְדֻלָּתוֹ וּמַלְכוּתוֹ.
שֶׁפַע נְבוּאָתוֹ נְתָנוֹ אֶל־אַנְשֵׁי סְגֻלָּתוֹ וְתִפְאַרְתּוֹ.
לֹא קָם בְּיִשְׂרָאֵל כְּמֹשֶׁה עוֹד נָבִיא וּמַבִּיט אֶת תְּמוּנָתוֹ.
תּוֹרַת אֱמֶת נָתַן לְעַמּוֹ אֵל עַל יַד נְבִיאוֹ נֶאֱמַן בֵּיתוֹ.
לֹא יַחֲלִיף הָאֵל וְלֹא יָמִיר דָּתוֹ לְעוֹלָמִים לְזוּלָתוֹ.
צוֹפֶה וְיוֹדֵעַ סְתָרֵינוּ, מַבִּיט לְסוֹף דָּבָר בְּקַדְמָתוֹ.
גּוֹמֵל לְאִישׁ חֶסֶד כְּמִפְעָלוֹ, נוֹתֵן לְרָשָׁע רָע כְּרִשְׁעָתוֹ.
יִשְׁלַח לְקֵץ יָמִין מְשִׁיחֵנוּ לִפְדּוֹת מְחַכֵּי קֵץ יְשׁוּעָתוֹ.
מֵתִים יְחַיֶּה אֵל בְּרֹב חַסְדּוֹ, בָּרוּךְ עֲדֵי עַד שֵׁם תְּהִלָּתוֹ.

ברכות השחר

ברכות השחר נתקנו כדי שהאדם יאמרן במקביל למעשיו הראשונים
כשמתעורר בבוקר (ברכות ס ע״ב). אך כבר בימי הראשונים נהגו שהציבור
כולו אומרן יחד בבית הכנסת (פתיחה לסידור רב עמרם גאון).

בבתי כנסת רבים שליח הציבור מתחיל כאן. ויש מקומות שנוהגים ששליח הציבור
מתחיל בברייתא דרבי ישמעאל (עמ׳ 28) או במזמור שלפני פסוקי דזמרה (עמ׳ 31).

בָּרוּךְ אַתָּה יהוה אֱלֹהֵינוּ מֶלֶךְ הָעוֹלָם
אֲשֶׁר נָתַן לַשֶּׂכְוִי בִינָה
לְהַבְחִין בֵּין יוֹם וּבֵין לָיְלָה.
בָּרוּךְ אַתָּה יהוה אֱלֹהֵינוּ מֶלֶךְ הָעוֹלָם
שֶׁלֹּא עָשַׂנִי גּוֹי.
בָּרוּךְ אַתָּה יהוה אֱלֹהֵינוּ מֶלֶךְ הָעוֹלָם
שֶׁלֹּא עָשַׂנִי עָבֶד.
בָּרוּךְ אַתָּה יהוה אֱלֹהֵינוּ מֶלֶךְ הָעוֹלָם
גברים: שֶׁלֹּא עָשַׂנִי אִשָּׁה. / נשים: שֶׁעָשַׂנִי כִּרְצוֹנוֹ.
בָּרוּךְ אַתָּה יהוה אֱלֹהֵינוּ מֶלֶךְ הָעוֹלָם
פּוֹקֵחַ עִוְרִים.
בָּרוּךְ אַתָּה יהוה אֱלֹהֵינוּ מֶלֶךְ הָעוֹלָם
מַלְבִּישׁ עֲרֻמִּים.
בָּרוּךְ אַתָּה יהוה אֱלֹהֵינוּ מֶלֶךְ הָעוֹלָם
מַתִּיר אֲסוּרִים.
בָּרוּךְ אַתָּה יהוה אֱלֹהֵינוּ מֶלֶךְ הָעוֹלָם
זוֹקֵף כְּפוּפִים.
בָּרוּךְ אַתָּה יהוה אֱלֹהֵינוּ מֶלֶךְ הָעוֹלָם
רוֹקַע הָאָרֶץ עַל הַמָּיִם.

בָּרוּךְ אַתָּה יהוה אֱלֹהֵינוּ מֶלֶךְ הָעוֹלָם
שֶׁעָשָׂה לִי כָּל צָרְכִּי.
בָּרוּךְ אַתָּה יהוה אֱלֹהֵינוּ מֶלֶךְ הָעוֹלָם
הַמֵּכִין מִצְעֲדֵי גָבֶר.
בָּרוּךְ אַתָּה יהוה אֱלֹהֵינוּ מֶלֶךְ הָעוֹלָם
אוֹזֵר יִשְׂרָאֵל בִּגְבוּרָה.
בָּרוּךְ אַתָּה יהוה אֱלֹהֵינוּ מֶלֶךְ הָעוֹלָם
עוֹטֵר יִשְׂרָאֵל בְּתִפְאָרָה.
בָּרוּךְ אַתָּה יהוה אֱלֹהֵינוּ מֶלֶךְ הָעוֹלָם
הַנּוֹתֵן לַיָּעֵף כֹּחַ.

בָּרוּךְ אַתָּה יהוה אֱלֹהֵינוּ מֶלֶךְ הָעוֹלָם, הַמַּעֲבִיר שֵׁנָה מֵעֵינַי וּתְנוּמָה מֵעַפְעַפָּי. וִיהִי רָצוֹן מִלְּפָנֶיךָ יהוה אֱלֹהֵינוּ וֵאלֹהֵי אֲבוֹתֵינוּ, שֶׁתַּרְגִּילֵנוּ בְּתוֹרָתֶךָ, וְדַבְּקֵנוּ בְּמִצְוֹתֶיךָ, וְאַל תְּבִיאֵנוּ לֹא לִידֵי חֵטְא, וְלֹא לִידֵי עֲבֵרָה וְעָוֹן, וְלֹא לִידֵי נִסָּיוֹן וְלֹא לִידֵי בִזָּיוֹן, וְאַל תַּשְׁלֶט בָּנוּ יֵצֶר הָרָע, וְהַרְחִיקֵנוּ מֵאָדָם רָע וּמֵחָבֵר רָע, וְדַבְּקֵנוּ בְּיֵצֶר הַטּוֹב וּבְמַעֲשִׂים טוֹבִים, וְכֹף אֶת יִצְרֵנוּ לְהִשְׁתַּעְבֶּד לָךְ, וּתְנֵנוּ הַיּוֹם וּבְכָל יוֹם לְחֵן וּלְחֶסֶד וּלְרַחֲמִים, בְּעֵינֶיךָ, וּבְעֵינֵי כָל רוֹאֵינוּ, וְתִגְמְלֵנוּ חֲסָדִים טוֹבִים. בָּרוּךְ אַתָּה יהוה, גּוֹמֵל חֲסָדִים טוֹבִים לְעַמּוֹ יִשְׂרָאֵל.

ברכות טז: יְהִי רָצוֹן מִלְּפָנֶיךָ יהוה אֱלֹהַי וֵאלֹהֵי אֲבוֹתַי, שֶׁתַּצִּילֵנִי הַיּוֹם וּבְכָל יוֹם מֵעַזֵּי פָנִים וּמֵעַזּוּת פָּנִים, מֵאָדָם רָע, וּמֵחָבֵר רָע, וּמִשָּׁכֵן רָע, וּמִפֶּגַע רָע, וּמִשָּׂטָן הַמַּשְׁחִית, מִדִּין קָשֶׁה, וּמִבַּעַל דִּין קָשֶׁה בֵּין שֶׁהוּא בֶן בְּרִית וּבֵין שֶׁאֵינוֹ בֶן בְּרִית.

פרשת העקדה

עקדת יצחק הייתה הניסיון העיקרי שעמדו בו אבותינו.
רבים נוהגים לקרוא בכל בוקר את פרשת העקדה
כדי לזכור את מסירות הנפש של האבות ולהזכיר את זכותם.
לפני פרשה זו ואחריה נוהגים לומר תחינה המבוססת על ברכת 'זכרונות' בתפילת מוסף לראש השנה. ולדעת רוב הפוסקים, אין אומרים אותה בשבת וביום טוב.

אֱלֹהֵינוּ וֵאלֹהֵי אֲבוֹתֵינוּ, זָכְרֵנוּ בְּזִכְרוֹן טוֹב לְפָנֶיךָ, וּפָקְדֵנוּ בִּפְקֻדַּת יְשׁוּעָה וְרַחֲמִים מִשְּׁמֵי שְׁמֵי קֶדֶם, וּזְכָר לָנוּ יהוה אֱלֹהֵינוּ, אַהֲבַת הַקַּדְמוֹנִים אַבְרָהָם יִצְחָק וְיִשְׂרָאֵל עֲבָדֶיךָ, אֶת הַבְּרִית וְאֶת הַחֶסֶד וְאֶת הַשְּׁבוּעָה שֶׁנִּשְׁבַּעְתָּ לְאַבְרָהָם אָבִינוּ בְּהַר הַמּוֹרִיָּה, וְאֶת הָעֲקֵדָה שֶׁעָקַד אֶת יִצְחָק בְּנוֹ עַל גַּבֵּי הַמִּזְבֵּחַ, כַּכָּתוּב בְּתוֹרָתֶךָ:

וַיְהִי אַחַר הַדְּבָרִים הָאֵלֶּה, וְהָאֱלֹהִים נִסָּה אֶת־אַבְרָהָם, וַיֹּאמֶר בראשית כב
אֵלָיו אַבְרָהָם, וַיֹּאמֶר הִנֵּנִי: וַיֹּאמֶר קַח־נָא אֶת־בִּנְךָ אֶת־יְחִידְךָ
אֲשֶׁר־אָהַבְתָּ, אֶת־יִצְחָק, וְלֶךְ־לְךָ אֶל־אֶרֶץ הַמֹּרִיָּה, וְהַעֲלֵהוּ
שָׁם לְעֹלָה עַל אַחַד הֶהָרִים אֲשֶׁר אֹמַר אֵלֶיךָ: וַיַּשְׁכֵּם אַבְרָהָם
בַּבֹּקֶר, וַיַּחֲבֹשׁ אֶת־חֲמֹרוֹ, וַיִּקַּח אֶת־שְׁנֵי נְעָרָיו אִתּוֹ וְאֵת יִצְחָק
בְּנוֹ, וַיְבַקַּע עֲצֵי עֹלָה, וַיָּקָם וַיֵּלֶךְ אֶל־הַמָּקוֹם אֲשֶׁר־אָמַר־לוֹ
הָאֱלֹהִים: בַּיּוֹם הַשְּׁלִישִׁי וַיִּשָּׂא אַבְרָהָם אֶת־עֵינָיו וַיַּרְא אֶת־
הַמָּקוֹם מֵרָחֹק: וַיֹּאמֶר אַבְרָהָם אֶל־נְעָרָיו, שְׁבוּ־לָכֶם פֹּה עִם־
הַחֲמוֹר, וַאֲנִי וְהַנַּעַר נֵלְכָה עַד־כֹּה, וְנִשְׁתַּחֲוֶה וְנָשׁוּבָה אֲלֵיכֶם:
וַיִּקַּח אַבְרָהָם אֶת־עֲצֵי הָעֹלָה וַיָּשֶׂם עַל־יִצְחָק בְּנוֹ, וַיִּקַּח בְּיָדוֹ
אֶת־הָאֵשׁ וְאֶת־הַמַּאֲכֶלֶת, וַיֵּלְכוּ שְׁנֵיהֶם יַחְדָּו: וַיֹּאמֶר יִצְחָק
אֶל־אַבְרָהָם אָבִיו, וַיֹּאמֶר אָבִי, וַיֹּאמֶר הִנֶּנִּי בְנִי, וַיֹּאמֶר, הִנֵּה
הָאֵשׁ וְהָעֵצִים, וְאַיֵּה הַשֶּׂה לְעֹלָה: וַיֹּאמֶר אַבְרָהָם, אֱלֹהִים
יִרְאֶה־לּוֹ הַשֶּׂה לְעֹלָה, בְּנִי, וַיֵּלְכוּ שְׁנֵיהֶם יַחְדָּו: וַיָּבֹאוּ אֶל־

הַמָּקוֹם אֲשֶׁר אָמַר־לוֹ הָאֱלֹהִים, וַיִּבֶן שָׁם אַבְרָהָם אֶת־הַמִּזְבֵּחַ וַיַּעֲרֹךְ אֶת־הָעֵצִים, וַיַּעֲקֹד אֶת־יִצְחָק בְּנוֹ, וַיָּשֶׂם אֹתוֹ עַל־הַמִּזְבֵּחַ מִמַּעַל לָעֵצִים: וַיִּשְׁלַח אַבְרָהָם אֶת־יָדוֹ, וַיִּקַּח אֶת־הַמַּאֲכֶלֶת, לִשְׁחֹט אֶת־בְּנוֹ: וַיִּקְרָא אֵלָיו מַלְאַךְ יהוה מִן־הַשָּׁמַיִם, וַיֹּאמֶר אַבְרָהָם אַבְרָהָם, וַיֹּאמֶר הִנֵּנִי: וַיֹּאמֶר אַל־תִּשְׁלַח יָדְךָ אֶל־הַנַּעַר, וְאַל־תַּעַשׂ לוֹ מְאוּמָה, כִּי עַתָּה יָדַעְתִּי כִּי־יְרֵא אֱלֹהִים אַתָּה, וְלֹא חָשַׂכְתָּ אֶת־בִּנְךָ אֶת־יְחִידְךָ מִמֶּנִּי: וַיִּשָּׂא אַבְרָהָם אֶת־עֵינָיו, וַיַּרְא וְהִנֵּה־אַיִל, אַחַר נֶאֱחַז בַּסְּבַךְ בְּקַרְנָיו, וַיֵּלֶךְ אַבְרָהָם וַיִּקַּח אֶת־הָאַיִל, וַיַּעֲלֵהוּ לְעֹלָה תַּחַת בְּנוֹ: וַיִּקְרָא אַבְרָהָם שֵׁם־הַמָּקוֹם הַהוּא יהוה יִרְאֶה, אֲשֶׁר יֵאָמֵר הַיּוֹם בְּהַר יהוה יֵרָאֶה: וַיִּקְרָא מַלְאַךְ יהוה אֶל־אַבְרָהָם שֵׁנִית מִן־הַשָּׁמָיִם: וַיֹּאמֶר, בִּי נִשְׁבַּעְתִּי נְאֻם־יהוה, כִּי יַעַן אֲשֶׁר עָשִׂיתָ אֶת־הַדָּבָר הַזֶּה, וְלֹא חָשַׂכְתָּ אֶת־בִּנְךָ אֶת־יְחִידֶךָ: כִּי־בָרֵךְ אֲבָרֶכְךָ, וְהַרְבָּה אַרְבֶּה אֶת־זַרְעֲךָ כְּכוֹכְבֵי הַשָּׁמַיִם, וְכַחוֹל אֲשֶׁר עַל־שְׂפַת הַיָּם, וְיִרַשׁ זַרְעֲךָ אֵת שַׁעַר אֹיְבָיו: וְהִתְבָּרְכוּ בְזַרְעֲךָ כֹּל גּוֹיֵי הָאָרֶץ, עֵקֶב אֲשֶׁר שָׁמַעְתָּ בְּקֹלִי: וַיָּשָׁב אַבְרָהָם אֶל־נְעָרָיו, וַיָּקֻמוּ וַיֵּלְכוּ יַחְדָּו אֶל־בְּאֵר שָׁבַע, וַיֵּשֶׁב אַבְרָהָם בִּבְאֵר שָׁבַע:

רִבּוֹנוֹ שֶׁל עוֹלָם, כְּמוֹ שֶׁכָּבַשׁ אַבְרָהָם אָבִינוּ אֶת רַחֲמָיו לַעֲשׂוֹת רְצוֹנְךָ
בְּלֵבָב שָׁלֵם, כֵּן יִכְבְּשׁוּ רַחֲמֶיךָ אֶת כַּעַסְךָ מֵעָלֵינוּ וְיִגֹּלּוּ רַחֲמֶיךָ עַל מִדּוֹתֶיךָ.
וְתִתְנַהֵג עִמָּנוּ יהוה אֱלֹהֵינוּ בְּמִדַּת הַחֶסֶד וּבְמִדַּת הָרַחֲמִים, וּבְטוּבְךָ הַגָּדוֹל
יָשׁוּב חֲרוֹן אַפְּךָ מֵעַמְּךָ וּמֵעִירְךָ וּמֵאַרְצְךָ וּמִנַּחֲלָתֶךָ. וְקַיֶּם לָנוּ יהוה אֱלֹהֵינוּ
אֶת הַדָּבָר שֶׁהִבְטַחְתָּנוּ בְּתוֹרָתֶךָ עַל יְדֵי מֹשֶׁה עַבְדֶּךָ, כָּאָמוּר: וְזָכַרְתִּי ויקרא כו
אֶת־בְּרִיתִי יַעֲקוֹב וְאַף אֶת־בְּרִיתִי יִצְחָק, וְאַף אֶת־בְּרִיתִי אַבְרָהָם אֶזְכֹּר,
וְהָאָרֶץ אֶזְכֹּר:

קבלת עול מלכות שמים

תפילה לאומית, הפותחת בחולשת ההווה, ממשיכה בקריאת שמע ומסיימת בתפילה לגאולה ובהכרה כלל עולמית במלכות ה׳ (רש״ר הירש).

תפילה זו נזכרה כבר ב׳תנא דבי אליהו׳ יט, ו. ככל הנראה נקבעה בתקופת הרדיפות, כאשר היה אסור לקרוא קריאת שמע בציבור (ספר הפרדס, ׳שיבולי הלקט׳).

לְעוֹלָם יְהֵא אָדָם יְרֵא שָׁמַיִם בְּסֵתֶר וּבְגָלוּי
וּמוֹדֶה עַל הָאֱמֶת, וְדוֹבֵר אֱמֶת בִּלְבָבוֹ
וְיַשְׁכֵּם וְיֹאמַר
רִבּוֹן כָּל הָעוֹלָמִים
דניאל ט לֹא עַל־צִדְקוֹתֵינוּ אֲנַחְנוּ מַפִּילִים תַּחֲנוּנֵינוּ לְפָנֶיךָ
כִּי עַל־רַחֲמֶיךָ הָרַבִּים:

מָה אָנוּ, מֶה חַיֵּינוּ, מֶה חַסְדֵּנוּ, מַה צִּדְקוֹתֵינוּ
מַה יְשׁוּעָתֵנוּ, מַה כֹּחֵנוּ, מַה גְּבוּרָתֵנוּ
מַה נֹּאמַר לְפָנֶיךָ, יהוה אֱלֹהֵינוּ וֵאלֹהֵי אֲבוֹתֵינוּ
הֲלֹא כָּל הַגִּבּוֹרִים כְּאַיִן לְפָנֶיךָ, וְאַנְשֵׁי הַשֵּׁם כְּלֹא הָיוּ
וַחֲכָמִים כִּבְלִי מַדָּע, וּנְבוֹנִים כִּבְלִי הַשְׂכֵּל
כִּי רֹב מַעֲשֵׂיהֶם תֹּהוּ, וִימֵי חַיֵּיהֶם הֶבֶל לְפָנֶיךָ
קהלת ג וּמוֹתַר הָאָדָם מִן־הַבְּהֵמָה אָיִן
כִּי הַכֹּל הָבֶל:

אֲבָל אֲנַחְנוּ עַמְּךָ בְּנֵי בְרִיתֶךָ
בְּנֵי אַבְרָהָם אֹהַבְךָ שֶׁנִּשְׁבַּעְתָּ לּוֹ בְּהַר הַמּוֹרִיָּה
זֶרַע יִצְחָק יְחִידוֹ שֶׁנֶּעֱקַד עַל גַּבֵּי הַמִּזְבֵּחַ
עֲדַת יַעֲקֹב בִּנְךָ בְּכוֹרֶךָ
שֶׁמֵּאַהֲבָתְךָ שֶׁאָהַבְתָּ אוֹתוֹ, וּמִשִּׂמְחָתְךָ שֶׁשָּׂמַחְתָּ בּוֹ
קָרָאתָ אֶת שְׁמוֹ יִשְׂרָאֵל וִישֻׁרוּן.

לְפִיכָךְ אֲנַחְנוּ חַיָּבִים
לְהוֹדוֹת לְךָ וּלְשַׁבֵּחֲךָ וּלְפָאֶרְךָ
וּלְבָרֵךְ וּלְקַדֵּשׁ וְלָתֵת שֶׁבַח וְהוֹדָיָה לִשְׁמֶךָ.
אַשְׁרֵינוּ, מַה טּוֹב חֶלְקֵנוּ
וּמַה נָּעִים גּוֹרָלֵנוּ, וּמַה יָּפָה יְרֻשָּׁתֵנוּ.
◂ אַשְׁרֵינוּ, שֶׁאֲנַחְנוּ מַשְׁכִּימִים וּמַעֲרִיבִים עֶרֶב וָבֹקֶר
וְאוֹמְרִים פַּעֲמַיִם בְּכָל יוֹם

שְׁמַע יִשְׂרָאֵל, יהוה אֱלֹהֵינוּ, יהוה אֶחָד: דברים ו
בלחש: בָּרוּךְ שֵׁם כְּבוֹד מַלְכוּתוֹ לְעוֹלָם וָעֶד.

יש הקוראים כאן את הפרשה הראשונה בקריאת שמע (מהרש״ל),
והמנהג הנפוץ הוא להמשיך ׳אַתָּה הוּא עַד שֶׁלֹּא נִבְרָא הָעוֹלָם׳.
אם חושש שיעבור זמן קריאת שמע, קורא את כל שלוש הפרשות (עמ׳ 50). ראה הלכה 40.

וְאָהַבְתָּ אֵת יהוה אֱלֹהֶיךָ, בְּכָל־לְבָבְךָ, וּבְכָל־נַפְשְׁךָ, וּבְכָל־מְאֹדֶךָ: וְהָיוּ הַדְּבָרִים הָאֵלֶּה, אֲשֶׁר אָנֹכִי מְצַוְּךָ הַיּוֹם, עַל־לְבָבֶךָ: וְשִׁנַּנְתָּם לְבָנֶיךָ, וְדִבַּרְתָּ בָּם, בְּשִׁבְתְּךָ בְּבֵיתֶךָ וּבְלֶכְתְּךָ בַדֶּרֶךְ, וּבְשָׁכְבְּךָ וּבְקוּמֶךָ: וּקְשַׁרְתָּם לְאוֹת עַל־יָדֶךָ וְהָיוּ לְטֹטָפֹת בֵּין עֵינֶיךָ: וּכְתַבְתָּם עַל־מְזֻזוֹת בֵּיתֶךָ וּבִשְׁעָרֶיךָ:

אַתָּה הוּא עַד שֶׁלֹּא נִבְרָא הָעוֹלָם
אַתָּה הוּא מִשֶּׁנִּבְרָא הָעוֹלָם.
אַתָּה הוּא בָּעוֹלָם הַזֶּה
וְאַתָּה הוּא לָעוֹלָם הַבָּא.
◂ קַדֵּשׁ אֶת שִׁמְךָ עַל מַקְדִּישֵׁי שְׁמֶךָ
וְקַדֵּשׁ אֶת שִׁמְךָ בְּעוֹלָמֶךָ
וּבִישׁוּעָתְךָ תָּרוּם וְתַגְבִּיהַּ קַרְנֵנוּ.
בָּרוּךְ אַתָּה יהוה, הַמְקַדֵּשׁ אֶת שִׁמְךָ בָּרַבִּים.

אַתָּה הוּא יהוה אֱלֹהֵינוּ
בַּשָּׁמַיִם וּבָאָרֶץ
וּבִשְׁמֵי הַשָּׁמַיִם הָעֶלְיוֹנִים.
אֱמֶת, אַתָּה הוּא רִאשׁוֹן
וְאַתָּה הוּא אַחֲרוֹן
וּמִבַּלְעָדֶיךָ אֵין אֱלֹהִים.
קַבֵּץ קוֶֹיךָ מֵאַרְבַּע כַּנְפוֹת הָאָרֶץ.
יַכִּירוּ וְיֵדְעוּ כָּל בָּאֵי עוֹלָם
מלכים ב׳ יט כִּי אַתָּה־הוּא הָאֱלֹהִים לְבַדְּךָ לְכֹל מַמְלְכוֹת הָאָרֶץ
אַתָּה עָשִׂיתָ אֶת־הַשָּׁמַיִם וְאֶת־הָאָרֶץ:
שמות כ אֶת־הַיָּם וְאֶת־כָּל־אֲשֶׁר־בָּם:
וּמִי בְּכָל מַעֲשֵׂי יָדֶיךָ בָּעֶלְיוֹנִים אוֹ בַתַּחְתּוֹנִים
שֶׁיֹּאמַר לְךָ מַה תַּעֲשֶׂה.

אָבִינוּ שֶׁבַּשָּׁמַיִם
עֲשֵׂה עִמָּנוּ חֶסֶד
בַּעֲבוּר שִׁמְךָ הַגָּדוֹל שֶׁנִּקְרָא עָלֵינוּ
וְקַיֶּם לָנוּ יהוה אֱלֹהֵינוּ
מַה שֶּׁכָּתוּב:
צפניה ג בָּעֵת הַהִיא אָבִיא אֶתְכֶם, וּבָעֵת קַבְּצִי אֶתְכֶם,
כִּי־אֶתֵּן אֶתְכֶם לְשֵׁם וְלִתְהִלָּה בְּכֹל עַמֵּי הָאָרֶץ,
בְּשׁוּבִי אֶת־שְׁבוּתֵיכֶם לְעֵינֵיכֶם, אָמַר יהוה:

סדר הקרבנות

"אמר אברהם: רבונו של עולם! שמא ישראל חוטאין לפניך... בזמן שאין בית המקדש קיים, מה תהא עליהם? – אמר לו: כבר תקנתי להם סדר קרבנות, בזמן שקוראין בהן לפני – מעלה אני עליהם כאילו הקריבום לפני, ואני מוחל להם על כל עונותיהם" (תענית כז ע"ב).

יש לומר את פרשת קרבן התמיד (בעמוד הבא) בכל יום.

ונוהגים לומר לפניה את פרשות הכיור ותרומת הדשן,
ולאחריה את פרשת הקטורת (שו"ע א, ט).

פרשת הכיור

שמות ל וַיְדַבֵּר יהוה אֶל־מֹשֶׁה לֵּאמֹר: וְעָשִׂיתָ כִּיּוֹר נְחֹשֶׁת וְכַנּוֹ נְחֹשֶׁת
לְרָחְצָה, וְנָתַתָּ אֹתוֹ בֵּין־אֹהֶל מוֹעֵד וּבֵין הַמִּזְבֵּחַ, וְנָתַתָּ שָׁמָּה
מָיִם: וְרָחֲצוּ אַהֲרֹן וּבָנָיו מִמֶּנּוּ אֶת־יְדֵיהֶם וְאֶת־רַגְלֵיהֶם: בְּבֹאָם
אֶל־אֹהֶל מוֹעֵד יִרְחֲצוּ־מַיִם, וְלֹא יָמֻתוּ, אוֹ בְגִשְׁתָּם אֶל־הַמִּזְבֵּחַ
לְשָׁרֵת, לְהַקְטִיר אִשֶּׁה לַיהוה: וְרָחֲצוּ יְדֵיהֶם וְרַגְלֵיהֶם וְלֹא יָמֻתוּ,
וְהָיְתָה לָהֶם חָק־עוֹלָם, לוֹ וּלְזַרְעוֹ לְדֹרֹתָם:

פרשת תרומת הדשן

ויקרא ו וַיְדַבֵּר יהוה אֶל־מֹשֶׁה לֵּאמֹר: צַו אֶת־אַהֲרֹן וְאֶת־בָּנָיו לֵאמֹר, זֹאת
תּוֹרַת הָעֹלָה, הִוא הָעֹלָה עַל מוֹקְדָה עַל־הַמִּזְבֵּחַ כָּל־הַלַּיְלָה עַד־
הַבֹּקֶר, וְאֵשׁ הַמִּזְבֵּחַ תּוּקַד בּוֹ: וְלָבַשׁ הַכֹּהֵן מִדּוֹ בַד, וּמִכְנְסֵי־בַד
יִלְבַּשׁ עַל־בְּשָׂרוֹ, וְהֵרִים אֶת־הַדֶּשֶׁן אֲשֶׁר תֹּאכַל הָאֵשׁ אֶת־הָעֹלָה,
עַל־הַמִּזְבֵּחַ, וְשָׂמוֹ אֵצֶל הַמִּזְבֵּחַ: וּפָשַׁט אֶת־בְּגָדָיו, וְלָבַשׁ בְּגָדִים
אֲחֵרִים, וְהוֹצִיא אֶת־הַדֶּשֶׁן אֶל־מִחוּץ לַמַּחֲנֶה, אֶל־מָקוֹם טָהוֹר:
וְהָאֵשׁ עַל־הַמִּזְבֵּחַ תּוּקַד־בּוֹ, לֹא תִכְבֶּה, וּבִעֵר עָלֶיהָ הַכֹּהֵן עֵצִים
בַּבֹּקֶר בַּבֹּקֶר, וְעָרַךְ עָלֶיהָ הָעֹלָה, וְהִקְטִיר עָלֶיהָ חֶלְבֵי הַשְּׁלָמִים:
אֵשׁ, תָּמִיד תּוּקַד עַל־הַמִּזְבֵּחַ, לֹא תִכְבֶּה:

בשבת וביום טוב מדלגים על הפסקה הבאה.

יְהִי רָצוֹן מִלְּפָנֶיךָ יהוה אֱלֹהֵינוּ וֵאלֹהֵי אֲבוֹתֵינוּ, שֶׁתְּרַחֵם עָלֵינוּ, וְתִמְחֹל לָנוּ עַל כָּל חַטֹּאתֵינוּ וּתְכַפֵּר לָנוּ עַל כָּל עֲוֹנוֹתֵינוּ וְתִסְלַח לָנוּ עַל כָּל פְּשָׁעֵינוּ, וְתִבְנֶה בֵּית הַמִּקְדָּשׁ בִּמְהֵרָה בְיָמֵינוּ, וְנַקְרִיב לְפָנֶיךָ קָרְבַּן הַתָּמִיד שֶׁיְּכַפֵּר בַּעֲדֵנוּ, כְּמוֹ שֶׁכָּתַבְתָּ עָלֵינוּ בְּתוֹרָתֶךָ עַל יְדֵי מֹשֶׁה עַבְדֶּךָ מִפִּי כְבוֹדֶךָ, כָּאָמוּר

פרשת קרבן התמיד

במדבר כח וַיְדַבֵּר יהוה אֶל־מֹשֶׁה לֵּאמֹר: צַו אֶת־בְּנֵי יִשְׂרָאֵל וְאָמַרְתָּ אֲלֵהֶם, אֶת־קָרְבָּנִי לַחְמִי לְאִשַּׁי, רֵיחַ נִיחֹחִי, תִּשְׁמְרוּ לְהַקְרִיב לִי בְּמוֹעֲדוֹ: וְאָמַרְתָּ לָהֶם, זֶה הָאִשֶּׁה אֲשֶׁר תַּקְרִיבוּ לַיהוה, כְּבָשִׂים בְּנֵי־שָׁנָה תְמִימִם שְׁנַיִם לַיּוֹם, עֹלָה תָמִיד: אֶת־הַכֶּבֶשׂ אֶחָד תַּעֲשֶׂה בַבֹּקֶר, וְאֵת הַכֶּבֶשׂ הַשֵּׁנִי תַּעֲשֶׂה בֵּין הָעַרְבָּיִם: וַעֲשִׂירִית הָאֵיפָה סֹלֶת לְמִנְחָה, בְּלוּלָה בְּשֶׁמֶן כָּתִית רְבִיעִת הַהִין: עֹלַת תָּמִיד, הָעֲשֻׂיָה בְּהַר סִינַי, לְרֵיחַ נִיחֹחַ אִשֶּׁה לַיהוה: וְנִסְכּוֹ רְבִיעִת הַהִין לַכֶּבֶשׂ הָאֶחָד, בַּקֹּדֶשׁ הַסֵּךְ נֶסֶךְ שֵׁכָר לַיהוה: וְאֵת הַכֶּבֶשׂ הַשֵּׁנִי תַּעֲשֶׂה בֵּין הָעַרְבָּיִם, כְּמִנְחַת הַבֹּקֶר וּכְנִסְכּוֹ תַּעֲשֶׂה, אִשֵּׁה רֵיחַ נִיחֹחַ לַיהוה:

ויקרא א וְשָׁחַט אֹתוֹ עַל יֶרֶךְ הַמִּזְבֵּחַ צָפֹנָה לִפְנֵי יהוה, וְזָרְקוּ בְּנֵי אַהֲרֹן הַכֹּהֲנִים אֶת־דָּמוֹ עַל־הַמִּזְבֵּחַ, סָבִיב:

יְהִי רָצוֹן מִלְּפָנֶיךָ, יהוה אֱלֹהֵינוּ וֵאלֹהֵי אֲבוֹתֵינוּ, שֶׁתְּהֵא אֲמִירָה זוֹ חֲשׁוּבָה וּמְקֻבֶּלֶת וּמְרֻצָּה לְפָנֶיךָ, כְּאִלּוּ הִקְרַבְנוּ קָרְבַּן הַתָּמִיד בְּמוֹעֲדוֹ וּבִמְקוֹמוֹ וּכְהִלְכָתוֹ.

אַתָּה הוּא יהוה אֱלֹהֵינוּ שֶׁהִקְטִירוּ אֲבוֹתֵינוּ לְפָנֶיךָ אֶת קְטֹרֶת הַסַּמִּים בִּזְמַן שֶׁבֵּית הַמִּקְדָּשׁ הָיָה קַיָּם, כַּאֲשֶׁר צִוִּיתָ אוֹתָם עַל יְדֵי מֹשֶׁה נְבִיאֶךָ, כַּכָּתוּב בְּתוֹרָתֶךָ:

פרשת הקטורת

שמות ל וַיֹּאמֶר יהוה אֶל־מֹשֶׁה, קַח־לְךָ סַמִּים נָטָף וּשְׁחֵלֶת וְחֶלְבְּנָה, סַמִּים וּלְבֹנָה זַכָּה, בַּד בְּבַד יִהְיֶה: וְעָשִׂיתָ אֹתָהּ קְטֹרֶת, רֹקַח מַעֲשֵׂה רוֹקֵחַ, מְמֻלָּח, טָהוֹר קֹדֶשׁ: וְשָׁחַקְתָּ מִמֶּנָּה הָדֵק, וְנָתַתָּה מִמֶּנָּה לִפְנֵי הָעֵדֻת בְּאֹהֶל מוֹעֵד אֲשֶׁר אִוָּעֵד לְךָ שָׁמָּה, קֹדֶשׁ קָדָשִׁים תִּהְיֶה לָכֶם:

וְנֶאֱמַר
וְהִקְטִיר עָלָיו אַהֲרֹן קְטֹרֶת סַמִּים, בַּבֹּקֶר בַּבֹּקֶר בְּהֵיטִיבוֹ אֶת־הַנֵּרֹת יַקְטִירֶנָּה: וּבְהַעֲלֹת אַהֲרֹן אֶת־הַנֵּרֹת בֵּין הָעַרְבַּיִם יַקְטִירֶנָּה, קְטֹרֶת תָּמִיד לִפְנֵי יהוה לְדֹרֹתֵיכֶם:

תָּנוּ רַבָּנָן: פִּטּוּם הַקְּטֹרֶת כֵּיצַד, שְׁלֹשׁ מֵאוֹת וְשִׁשִּׁים וּשְׁמוֹנָה מָנִים הָיוּ בָהּ. שְׁלֹשׁ כריתות ו.
מֵאוֹת וְשִׁשִּׁים וַחֲמִשָּׁה כְּמִנְיַן יְמוֹת הַחַמָּה, מָנֶה לְכָל יוֹם, פְּרַס בְּשַׁחֲרִית וּפְרַס בֵּין הָעַרְבַּיִם, וּשְׁלֹשָׁה מָנִים יְתֵרִים שֶׁמֵּהֶם מַכְנִיס כֹּהֵן גָּדוֹל מְלֹא חָפְנָיו בְּיוֹם הַכִּפּוּרִים, וּמַחֲזִירָן לְמַכְתֶּשֶׁת בְּעֶרֶב יוֹם הַכִּפּוּרִים וְשׁוֹחֲקָן יָפֶה יָפֶה, כְּדֵי שֶׁתְּהֵא דַקָּה מִן הַדַּקָּה. וְאַחַד עָשָׂר סַמָּנִים הָיוּ בָהּ, וְאֵלּוּ הֵן: הַצֳּרִי, וְהַצִּפֹּרֶן, וְהַחֶלְבְּנָה, וְהַלְּבוֹנָה מִשְׁקַל שִׁבְעִים שִׁבְעִים מָנֶה, מֹר, וּקְצִיעָה, שִׁבֹּלֶת נֵרְדְּ, וְכַרְכֹּם מִשְׁקַל שִׁשָּׁה עָשָׂר שִׁשָּׁה עָשָׂר מָנֶה, הַקֹּשְׁטְ שְׁנֵים עָשָׂר, קִלּוּפָה שְׁלֹשָׁה וְקִנָּמוֹן תִּשְׁעָה, בֹּרִית כַּרְשִׁינָה תִּשְׁעָה קַבִּין, יֵין קַפְרִיסִין סְאִין תְּלָת וְקַבִּין תְּלָתָא, וְאִם אֵין לוֹ יֵין קַפְרִיסִין, מֵבִיא חֲמַר חִוַּרְיָן עַתִּיק. מֶלַח סְדוֹמִית רֹבַע, מַעֲלֶה עָשָׁן כָּל שֶׁהוּא. רַבִּי נָתָן הַבַּבְלִי אוֹמֵר: אַף כִּפַּת הַיַּרְדֵּן כָּל שֶׁהוּא, וְאִם נָתַן בָּהּ דְּבַשׁ פְּסָלָהּ, וְאִם חִסַּר אֶחָד מִכָּל סַמָּנֶיהָ, חַיָּב מִיתָה.

רַבָּן שִׁמְעוֹן בֶּן גַּמְלִיאֵל אוֹמֵר: הַצֳּרִי אֵינוֹ אֶלָּא שְׂרָף הַנּוֹטֵף מֵעֲצֵי הַקְּטָף. בֹּרִית כַּרְשִׁינָה שֶׁשָּׁפִין בָּהּ אֶת הַצִּפֹּרֶן כְּדֵי שֶׁתְּהֵא נָאָה, יֵין קַפְרִיסִין שֶׁשּׁוֹרִין בּוֹ אֶת הַצִּפֹּרֶן כְּדֵי שֶׁתְּהֵא עַזָּה, וַהֲלֹא מֵי רַגְלַיִם יָפִין לָהּ, אֶלָּא שֶׁאֵין מַכְנִיסִין מֵי רַגְלַיִם בַּמִּקְדָּשׁ מִפְּנֵי הַכָּבוֹד.

תַּנְיָא, רַבִּי נָתָן אוֹמֵר: כְּשֶׁהוּא שׁוֹחֵק אוֹמֵר, הָדֵק הֵיטֵב הֵיטֵב הָדֵק, מִפְּנֵי שֶׁהַקּוֹל יָפֶה לַבְּשָׂמִים. פִּטְּמָהּ לַחֲצָאִין כְּשֵׁרָה, לִשְׁלִישׁ וְלִרְבִיעַ לֹא שָׁמַעְנוּ. אָמַר רַבִּי יְהוּדָה: זֶה הַכְּלָל, אִם כְּמִדָּתָהּ כְּשֵׁרָה לַחֲצָאִין, וְאִם חִסַּר אֶחָד מִכָּל סַמָּנֶיהָ חַיָּב מִיתָה.

תַּנְיָא, בַּר קַפָּרָא אוֹמֵר: אַחַת לְשִׁשִּׁים אוֹ לְשִׁבְעִים שָׁנָה הָיְתָה בָאָה שֶׁל שִׁירַיִם ירושלמי
לַחֲצָאִין. וְעוֹד תָּנֵי בַּר קַפָּרָא: אִלּוּ הָיָה נוֹתֵן בָּהּ קוֹרְטוֹב שֶׁל דְּבַשׁ אֵין אָדָם יומא ד, הלכה ה
יָכוֹל לַעֲמֹד מִפְּנֵי רֵיחָהּ, וְלָמָּה אֵין מְעָרְבִין בָּהּ דְּבַשׁ, מִפְּנֵי שֶׁהַתּוֹרָה אָמְרָה: כִּי ויקרא ב
כָל־שְׂאֹר וְכָל־דְּבַשׁ לֹא־תַקְטִירוּ מִמֶּנּוּ אִשֶּׁה לַיהוה:

נוהגים לומר שלושה פסוקים אלה אחרי פרשת הקטורת (שער הכוונות,
על פי הירושלמי במסכת ברכות). והשל״ה כתב לומר כל פסוק שלוש פעמים.

תהלים מו יהוה צְבָאוֹת עִמָּנוּ, מִשְׂגָּב לָנוּ אֱלֹהֵי יַעֲקֹב סֶלָה:

תהלים פד יהוה צְבָאוֹת, אַשְׁרֵי אָדָם בֹּטֵחַ בָּךְ:

תהלים כ יהוה הוֹשִׁיעָה, הַמֶּלֶךְ יַעֲנֵנוּ בְיוֹם־קָרְאֵנוּ:

תהלים לב אַתָּה סֵתֶר לִי, מִצַּר תִּצְּרֵנִי, רָנֵּי פַלֵּט תְּסוֹבְבֵנִי סֶלָה:

מלאכי ג וְעָרְבָה לַיהוה מִנְחַת יְהוּדָה וִירוּשָׁלָםִ
כִּימֵי עוֹלָם וּכְשָׁנִים קַדְמֹנִיּוֹת:

סדר המערכה

יומא לג. אַבַּיֵי הֲוָה מְסַדֵּר סֵדֶר הַמַּעֲרָכָה מִשְּׁמָא דִגְמָרָא, וְאַלִּבָּא דְאַבָּא
שָׁאוּל: מַעֲרָכָה גְדוֹלָה קוֹדֶמֶת לְמַעֲרָכָה שְׁנִיָּה שֶׁל קְטֹרֶת, וּמַעֲרָכָה
שְׁנִיָּה שֶׁל קְטֹרֶת קוֹדֶמֶת לְסִדּוּר שְׁנֵי גִזְרֵי עֵצִים, וְסִדּוּר שְׁנֵי גִזְרֵי עֵצִים
קוֹדֵם לְדִשּׁוּן מִזְבֵּחַ הַפְּנִימִי, וְדִשּׁוּן מִזְבֵּחַ הַפְּנִימִי קוֹדֵם לַהֲטָבַת
חָמֵשׁ נֵרוֹת, וַהֲטָבַת חָמֵשׁ נֵרוֹת קוֹדֶמֶת לְדַם הַתָּמִיד, וְדַם הַתָּמִיד
קוֹדֵם לַהֲטָבַת שְׁתֵּי נֵרוֹת, וַהֲטָבַת שְׁתֵּי נֵרוֹת קוֹדֶמֶת לִקְטֹרֶת,
וּקְטֹרֶת קוֹדֶמֶת לְאֵבָרִים, וְאֵבָרִים לְמִנְחָה, וּמִנְחָה לַחֲבִתִּין, וַחֲבִתִּין
לִנְסָכִין, וּנְסָכִין לְמוּסָפִין, וּמוּסָפִין לְבָזִיכִין, וּבָזִיכִין קוֹדְמִין לְתָמִיד
ויקרא ו שֶׁל בֵּין הָעַרְבָּיִם. שֶׁנֶּאֱמַר: וְעָרַךְ עָלֶיהָ הָעֹלָה, וְהִקְטִיר עָלֶיהָ חֶלְבֵי
הַשְּׁלָמִים: עָלֶיהָ הַשְׁלֵם כָּל הַקָּרְבָּנוֹת כֻּלָּם.

המקובלים הנהיגו לומר פיוט עתיק זה המיוחס
לתנא ר׳ נחוניה בן הקנה, כהכנה לתפילה (שער הכוונות).

אָנָּא, בְּכֹחַ גְּדֻלַּת יְמִינְךָ, תַּתִּיר צְרוּרָה.
קַבֵּל רִנַּת עַמְּךָ, שַׂגְּבֵנוּ, טַהֲרֵנוּ, נוֹרָא.
נָא גִבּוֹר, דּוֹרְשֵׁי יִחוּדְךָ כְּבָבַת שָׁמְרֵם.
בָּרְכֵם, טַהֲרֵם, רַחֲמֵם, צִדְקָתְךָ תָּמִיד גָּמְלֵם.
חֲסִין קָדוֹשׁ, בְּרֹב טוּבְךָ נַהֵל עֲדָתֶךָ.
יָחִיד גֵּאֶה, לְעַמְּךָ פְּנֵה, זוֹכְרֵי קְדֻשָּׁתֶךָ.
שַׁוְעָתֵנוּ קַבֵּל וּשְׁמַע צַעֲקָתֵנוּ, יוֹדֵעַ תַּעֲלוּמוֹת.
בָּרוּךְ שֵׁם כְּבוֹד מַלְכוּתוֹ לְעוֹלָם וָעֶד.

בשבת וביום טוב יש המדלגים על התחינה הבאה.

רִבּוֹן הָעוֹלָמִים, אַתָּה צִוִּיתָנוּ לְהַקְרִיב קָרְבַּן הַתָּמִיד בְּמוֹעֲדוֹ
וְלִהְיוֹת כֹּהֲנִים בַּעֲבוֹדָתָם וּלְוִיִּם בְּדוּכָנָם וְיִשְׂרָאֵל בְּמַעֲמָדָם,
וְעַתָּה בַּעֲוֹנוֹתֵינוּ חָרַב בֵּית הַמִּקְדָּשׁ וּבָטַל הַתָּמִיד וְאֵין לָנוּ לֹא כֹהֵן
בַּעֲבוֹדָתוֹ וְלֹא לֵוִי בְּדוּכָנוֹ וְלֹא יִשְׂרָאֵל בְּמַעֲמָדוֹ, וְאַתָּה אָמַרְתָּ:
וּנְשַׁלְּמָה פָרִים שְׂפָתֵינוּ: לָכֵן יְהִי רָצוֹן מִלְּפָנֶיךָ יהוה אֱלֹהֵינוּ וֵאלֹהֵי הושע יד
אֲבוֹתֵינוּ, שֶׁיְּהֵא שִׂיחַ שִׂפְתוֹתֵינוּ חָשׁוּב וּמְקֻבָּל וּמְרֻצֶּה לְפָנֶיךָ, כְּאִלּוּ
הִקְרַבְנוּ קָרְבַּן הַתָּמִיד בְּמוֹעֲדוֹ וּבִמְקוֹמוֹ וּכְהִלְכָתוֹ.

בשבת ובראש חודש מוסיפים את פסוקי מוסף היום
כהשלמה לפסוקי התמיד (אך לא ביום טוב – שו״ע ורמ״א מח, א).

בשבת: וּבְיוֹם הַשַּׁבָּת במדבר כח
שְׁנֵי־כְבָשִׂים בְּנֵי־שָׁנָה תְּמִימִם
וּשְׁנֵי עֶשְׂרֹנִים סֹלֶת מִנְחָה בְּלוּלָה בַשֶּׁמֶן, וְנִסְכּוֹ:
עֹלַת שַׁבַּת בְּשַׁבַּתּוֹ, עַל־עֹלַת הַתָּמִיד וְנִסְכָּהּ:

בר״ח: וּבְרָאשֵׁי חָדְשֵׁיכֶם במדבר כח
תַּקְרִיבוּ עֹלָה לַיהוה
פָּרִים בְּנֵי־בָקָר שְׁנַיִם, וְאַיִל אֶחָד
כְּבָשִׂים בְּנֵי־שָׁנָה שִׁבְעָה, תְּמִימִם:
וּשְׁלֹשָׁה עֶשְׂרֹנִים סֹלֶת מִנְחָה בְּלוּלָה בַשֶּׁמֶן לַפָּר הָאֶחָד
וּשְׁנֵי עֶשְׂרֹנִים סֹלֶת מִנְחָה בְּלוּלָה בַשֶּׁמֶן לָאַיִל הָאֶחָד:
וְעִשָּׂרֹן עִשָּׂרוֹן סֹלֶת מִנְחָה בְּלוּלָה בַשֶּׁמֶן לַכֶּבֶשׂ הָאֶחָד
עֹלָה רֵיחַ נִיחֹחַ, אִשֶּׁה לַיהוה:
וְנִסְכֵּיהֶם
חֲצִי הַהִין יִהְיֶה לַפָּר, וּשְׁלִישִׁת הַהִין לָאַיִל
וּרְבִיעִת הַהִין לַכֶּבֶשׂ, יָיִן
זֹאת עֹלַת חֹדֶשׁ בְּחָדְשׁוֹ לְחָדְשֵׁי הַשָּׁנָה:
וּשְׂעִיר עִזִּים אֶחָד לְחַטָּאת לַיהוה
עַל־עֹלַת הַתָּמִיד יֵעָשֶׂה, וְנִסְכּוֹ:

לאחר פסוקי הקרבנות אומרים פרק משנה ואת הברייתא הפותחת את מדרש תורת כוהנים כדי ללמוד בכל יום מקרא, משנה וגמרא (תוספות, קידושין ל ע״א).

חכמים בחרו את פרק ה במסכת זבחים,
כיוון שכולו הלכה פסוקה בלי מחלוקת (משנ״ב נ, ב).

דיני זבחים

זבחים פרק ה אֵיזֶהוּ מְקוֹמָן שֶׁל זְבָחִים. קָדְשֵׁי קָדָשִׁים שְׁחִיטָתָן בַּצָּפוֹן. פָּר וְשָׂעִיר שֶׁל יוֹם הַכִּפּוּרִים, שְׁחִיטָתָן בַּצָּפוֹן, וְקִבּוּל דָּמָן בִּכְלִי שָׁרֵת בַּצָּפוֹן, וְדָמָן טָעוּן הַזָּיָה עַל בֵּין הַבַּדִּים, וְעַל הַפָּרֹכֶת, וְעַל מִזְבַּח הַזָּהָב. מַתָּנָה אַחַת מֵהֶן מְעַכֶּבֶת. שְׁיָרֵי הַדָּם הָיָה שׁוֹפֵךְ עַל יְסוֹד מַעֲרָבִי שֶׁל מִזְבֵּחַ הַחִיצוֹן, אִם לֹא נָתַן לֹא עִכֵּב.

פָּרִים הַנִּשְׂרָפִים וּשְׂעִירִים הַנִּשְׂרָפִים, שְׁחִיטָתָן בַּצָּפוֹן, וְקִבּוּל דָּמָן בִּכְלִי שָׁרֵת בַּצָּפוֹן, וְדָמָן טָעוּן הַזָּיָה עַל הַפָּרֹכֶת וְעַל מִזְבַּח הַזָּהָב. מַתָּנָה אַחַת מֵהֶן מְעַכֶּבֶת. שְׁיָרֵי הַדָּם הָיָה שׁוֹפֵךְ עַל יְסוֹד מַעֲרָבִי שֶׁל מִזְבֵּחַ הַחִיצוֹן, אִם לֹא נָתַן לֹא עִכֵּב. אֵלּוּ וָאֵלּוּ נִשְׂרָפִין בְּבֵית הַדֶּשֶׁן.

חַטֹּאת הַצִּבּוּר וְהַיָּחִיד. אֵלּוּ הֵן חַטֹּאת הַצִּבּוּר: שְׂעִירֵי רָאשֵׁי חֳדָשִׁים וְשֶׁל מוֹעֲדוֹת. שְׁחִיטָתָן בַּצָּפוֹן, וְקִבּוּל דָּמָן בִּכְלִי שָׁרֵת בַּצָּפוֹן, וְדָמָן טָעוּן אַרְבַּע מַתָּנוֹת עַל אַרְבַּע קְרָנוֹת. כֵּיצַד, עָלָה בַכֶּבֶשׁ, וּפָנָה לַסּוֹבֵב, וּבָא לוֹ לְקֶרֶן דְּרוֹמִית מִזְרָחִית, מִזְרָחִית צְפוֹנִית, צְפוֹנִית מַעֲרָבִית, מַעֲרָבִית דְּרוֹמִית. שְׁיָרֵי הַדָּם הָיָה שׁוֹפֵךְ עַל יְסוֹד דְּרוֹמִי. וְנֶאֱכָלִין לִפְנִים מִן הַקְּלָעִים, לְזִכְרֵי כְהֻנָּה, בְּכָל מַאֲכָל, לְיוֹם וָלַיְלָה עַד חֲצוֹת.

הָעוֹלָה קֹדֶשׁ קָדָשִׁים. שְׁחִיטָתָהּ בַּצָּפוֹן, וְקִבּוּל דָּמָהּ בִּכְלִי שָׁרֵת

בַּצָּפוֹן, וְדָמָהּ טָעוּן שְׁתֵּי מַתָּנוֹת שֶׁהֵן אַרְבַּע, וּטְעוּנָה הֶפְשֵׁט וְנִתּוּחַ, וְכָלִיל לָאִשִּׁים.

זִבְחֵי שַׁלְמֵי צִבּוּר וַאֲשָׁמוֹת. אֵלּוּ הֵן אֲשָׁמוֹת: אֲשַׁם גְּזֵלוֹת, אֲשַׁם מְעִילוֹת, אֲשַׁם שִׁפְחָה חֲרוּפָה, אֲשַׁם נָזִיר, אֲשַׁם מְצֹרָע, אָשָׁם תָּלוּי. שְׁחִיטָתָן בַּצָּפוֹן, וְקִבּוּל דָּמָן בִּכְלִי שָׁרֵת בַּצָּפוֹן, וְדָמָן טָעוּן שְׁתֵּי מַתָּנוֹת שֶׁהֵן אַרְבַּע. וְנֶאֱכָלִין לִפְנִים מִן הַקְּלָעִים, לְזִכְרֵי כְהֻנָּה, בְּכָל מַאֲכָל, לְיוֹם וָלַיְלָה עַד חֲצוֹת.

הַתּוֹדָה וְאֵיל נָזִיר קָדָשִׁים קַלִּים. שְׁחִיטָתָן בְּכָל מָקוֹם בָּעֲזָרָה, וְדָמָן טָעוּן שְׁתֵּי מַתָּנוֹת שֶׁהֵן אַרְבַּע, וְנֶאֱכָלִין בְּכָל הָעִיר, לְכָל אָדָם, בְּכָל מַאֲכָל, לְיוֹם וָלַיְלָה עַד חֲצוֹת. הַמּוּרָם מֵהֶם כַּיּוֹצֵא בָהֶם, אֶלָּא שֶׁהַמּוּרָם נֶאֱכָל לַכֹּהֲנִים, לִנְשֵׁיהֶם, וְלִבְנֵיהֶם וּלְעַבְדֵיהֶם.

שְׁלָמִים קָדָשִׁים קַלִּים. שְׁחִיטָתָן בְּכָל מָקוֹם בָּעֲזָרָה, וְדָמָן טָעוּן שְׁתֵּי מַתָּנוֹת שֶׁהֵן אַרְבַּע, וְנֶאֱכָלִין בְּכָל הָעִיר, לְכָל אָדָם, בְּכָל מַאֲכָל, לִשְׁנֵי יָמִים וְלַיְלָה אֶחָד. הַמּוּרָם מֵהֶם כַּיּוֹצֵא בָהֶם, אֶלָּא שֶׁהַמּוּרָם נֶאֱכָל לַכֹּהֲנִים, לִנְשֵׁיהֶם, וְלִבְנֵיהֶם וּלְעַבְדֵיהֶם.

הַבְּכוֹר וְהַמַּעֲשֵׂר וְהַפֶּסַח קָדָשִׁים קַלִּים. שְׁחִיטָתָן בְּכָל מָקוֹם בָּעֲזָרָה, וְדָמָן טָעוּן מַתָּנָה אֶחָת, וּבִלְבָד שֶׁיִּתֵּן כְּנֶגֶד הַיְסוֹד. שִׁנָּה בַאֲכִילָתָן, הַבְּכוֹר נֶאֱכָל לַכֹּהֲנִים וְהַמַּעֲשֵׂר לְכָל אָדָם, וְנֶאֱכָלִין בְּכָל הָעִיר, בְּכָל מַאֲכָל, לִשְׁנֵי יָמִים וְלַיְלָה אֶחָד. הַפֶּסַח אֵינוֹ נֶאֱכָל אֶלָּא בַלַּיְלָה, וְאֵינוֹ נֶאֱכָל אֶלָּא עַד חֲצוֹת, וְאֵינוֹ נֶאֱכָל אֶלָּא לִמְנוּיָיו, וְאֵינוֹ נֶאֱכָל אֶלָּא צָלִי.

יש בתי כנסת המתחילים את התפילה בציבור כאן.

בריתא דרבי ישמעאל

רַבִּי יִשְׁמָעֵאל אוֹמֵר: בִּשְׁלֹשׁ עֶשְׂרֵה מִדּוֹת הַתּוֹרָה נִדְרֶשֶׁת

א מִקַּל וָחֹמֶר

ב וּמִגְּזֵרָה שָׁוָה

ג מִבִּנְיַן אָב מִכָּתוּב אֶחָד, וּמִבִּנְיַן אָב מִשְּׁנֵי כְתוּבִים

ד מִכְּלָל וּפְרָט

ה מִפְּרָט וּכְלָל

ו כְּלָל וּפְרָט וּכְלָל, אִי אַתָּה דָן אֶלָּא כְּעֵין הַפְּרָט

ז מִכְּלָל שֶׁהוּא צָרִיךְ לִפְרָט, וּמִפְּרָט שֶׁהוּא צָרִיךְ לִכְלָל

ח כָּל דָּבָר שֶׁהָיָה בִּכְלָל, וְיָצָא מִן הַכְּלָל לְלַמֵּד
לֹא לְלַמֵּד עַל עַצְמוֹ יָצָא, אֶלָּא לְלַמֵּד עַל הַכְּלָל כֻּלּוֹ יָצָא

ט כָּל דָּבָר שֶׁהָיָה בִּכְלָל, וְיָצָא לִטְעֹן טֹעַן אֶחָד שֶׁהוּא כְעִנְיָנוֹ
יָצָא לְהָקֵל וְלֹא לְהַחֲמִיר

י כָּל דָּבָר שֶׁהָיָה בִּכְלָל, וְיָצָא לִטְעֹן טֹעַן אַחֵר שֶׁלֹּא כְעִנְיָנוֹ
יָצָא לְהָקֵל וּלְהַחֲמִיר

יא כָּל דָּבָר שֶׁהָיָה בִּכְלָל, וְיָצָא לִדּוֹן בַּדָּבָר הֶחָדָשׁ
אִי אַתָּה יָכוֹל לְהַחֲזִירוֹ לִכְלָלוֹ
עַד שֶׁיַּחֲזִירֶנּוּ הַכָּתוּב לִכְלָלוֹ בְּפֵרוּשׁ

יב דָּבָר הַלָּמֵד מֵעִנְיָנוֹ, וְדָבָר הַלָּמֵד מִסּוֹפוֹ

יג וְכֵן שְׁנֵי כְתוּבִים הַמַּכְחִישִׁים זֶה אֶת זֶה
עַד שֶׁיָּבוֹא הַכָּתוּב הַשְּׁלִישִׁי וְיַכְרִיעַ בֵּינֵיהֶם.

יְהִי רָצוֹן מִלְּפָנֶיךָ, יהוה אֱלֹהֵינוּ וֵאלֹהֵי אֲבוֹתֵינוּ, שֶׁיִּבָּנֶה בֵּית הַמִּקְדָּשׁ בִּמְהֵרָה בְיָמֵינוּ, וְתֵן חֶלְקֵנוּ בְּתוֹרָתֶךָ, וְשָׁם נַעֲבָדְךָ בְּיִרְאָה כִּימֵי עוֹלָם וּכְשָׁנִים קַדְמוֹנִיּוֹת.

קדיש דרבנן

אם יש מנין, האבלים עומדים ואומרים קדיש דרבנן.

אבל:

יתגדל ויתקדש שמו הגדול	יִתְגַּדַּל וְיִתְקַדַּשׁ שְׁמֵהּ רַבָּא (קהל: אָמֵן)
בעולם אשר ברא כרצונו	בְּעָלְמָא דִּי בְרָא כִרְעוּתֵהּ
וימליך מלכותו	וְיַמְלִיךְ מַלְכוּתֵהּ
בחייכם ובימיכם	בְּחַיֵּיכוֹן וּבְיוֹמֵיכוֹן
ובחיי כל בית ישראל	וּבְחַיֵּי דְכָל בֵּית יִשְׂרָאֵל
במהרה ובזמן קרוב	בַּעֲגָלָא וּבִזְמַן קָרִיב
ואמרו אמן.	וְאִמְרוּ אָמֵן. (קהל: אָמֵן)

קהל ואבל:

יהא שמו הגדול מבורך	יְהֵא שְׁמֵהּ רַבָּא מְבָרַךְ
לעולם ולעולמי עולמים	לְעָלַם וּלְעָלְמֵי עָלְמַיָּא.

אבל:

יתברך וישתבח ויתפאר	יִתְבָּרַךְ וְיִשְׁתַּבַּח וְיִתְפָּאַר
ויתרומם ויתנשא	וְיִתְרוֹמַם וְיִתְנַשֵּׂא
ויתהדר ויתעלה ויתהלל	וְיִתְהַדַּר וְיִתְעַלֶּה וְיִתְהַלָּל
שמו של הקדוש	שְׁמֵהּ דְּקֻדְשָׁא
ברוך הוא	בְּרִיךְ הוּא (קהל: בְּרִיךְ הוּא)
למעלה מכל הברכות	לְעֵלָּא מִן כָּל בִּרְכָתָא
	/ בעשרת ימי תשובה: לְעֵלָּא לְעֵלָּא מִכָּל בִּרְכָתָא/
והשירות, התשבחות והנחמות	וְשִׁירָתָא, תֻּשְׁבְּחָתָא וְנֶחֱמָתָא
האמורות בעולם	דַּאֲמִירָן בְּעָלְמָא
ואמרו אמן.	וְאִמְרוּ אָמֵן. (קהל: אָמֵן)

עַל יִשְׂרָאֵל וְעַל רַבָּנָן	על ישראל ועל רבותינו
וְעַל תַּלְמִידֵיהוֹן	ועל תלמידיהם
וְעַל כָּל תַּלְמִידֵי תַלְמִידֵיהוֹן	ועל כל תלמידי תלמידיהם
וְעַל כָּל מָאן דְּעָסְקִין בְּאוֹרַיְתָא	ועל כל מי שעוסקים בתורה
דִּי בְּאַתְרָא קַדִּישָׁא הָדֵין	שבמקום הקדוש הזה
וְדִי בְּכָל אֲתַר וַאֲתַר	ושבכל מקום ומקום
יְהֵא לְהוֹן וּלְכוֹן שְׁלָמָא רַבָּא	יהא להם ולכם שלום רב
חִנָּא וְחִסְדָּא, וְרַחֲמֵי	חן וחסד, ורחמים
וְחַיֵּי אֲרִיכֵי, וּמְזוֹנֵי רְוִיחֵי	וחיים ארוכים, ומזונות רווחים
וּפֻרְקָנָא מִן קֳדָם אֲבוּהוֹן דִּי בִשְׁמַיָּא	וישועה מלפני אביהם שבשמים
וְאִמְרוּ אָמֵן. (קהל: אָמֵן)	ואמרו אמן.

יְהֵא שְׁלָמָא רַבָּא מִן שְׁמַיָּא	יהא שלום רב מן השמים,
וְחַיִּים (טוֹבִים) עָלֵינוּ	וחיים (טובים) עלינו
וְעַל כָּל יִשְׂרָאֵל	ועל כל ישראל
וְאִמְרוּ אָמֵן. (קהל: אָמֵן)	ואמרו אמן.

כורע ופוסע שלוש פסיעות לאחור.
קד לשמאל, לימין ולפנים באמירת:

עֹשֶׂה שָׁלוֹם/ בעשרת ימי תשובה: הַשָּׁלוֹם/

בִּמְרוֹמָיו

הוּא יַעֲשֶׂה בְרַחֲמָיו שָׁלוֹם

עָלֵינוּ וְעַל כָּל יִשְׂרָאֵל

וְאִמְרוּ אָמֵן. (קהל: אָמֵן)

בשבת, ביום טוב, בהושענא רבה,
ביום העצמאות וביום ירושלים ממשיכים בשחרית לשבת וליום טוב (עמ׳ 193).

מזמור לפני פסוקי דזמרה

דוד לא זכה לבנות את בית המקדש, אך מכיוון שנתן את נפשו
על המקדש, נקרא על שמו (במדבר רבה יב, ט).

בסידורי ספרד העתיקים פרק זה נאמר לפני פסוקי דזמרה. בדורות האחרונים גם קהילות אשכנז אימצו את המנהג והוסיפו אחריו קדיש, כיוון שאינו חלק מפסוקי דזמרה.

בבתי כנסת המתפללים בנוסח ספרד, הסדר הוא: ׳הוֹדוּ לַיהוה קִרְאוּ בִשְׁמוֹ׳ (עמ׳ 34),
׳מִזְמוֹר שִׁיר־חֲנֻכַּת הַבַּיִת לְדָוִד׳ (ואין אומרים קדיש אחריו), פסוקי ייחוד ה׳,
׳לַמְנַצֵּחַ בִּנְגִינֹת, מִזְמוֹר שִׁיר׳ (עמ׳ 324), ׳בָּרוּךְ שֶׁאָמַר׳ (עמ׳ 33),
׳מִזְמוֹר לְתוֹדָה׳ (עמ׳ 36), וממשיכים כרגיל.

תהלים ל מִזְמוֹר שִׁיר־חֲנֻכַּת הַבַּיִת לְדָוִד:
אֲרוֹמִמְךָ יהוה כִּי דִלִּיתָנִי, וְלֹא־שִׂמַּחְתָּ אֹיְבַי לִי:
יהוה אֱלֹהָי, שִׁוַּעְתִּי אֵלֶיךָ וַתִּרְפָּאֵנִי:
יהוה, הֶעֱלִיתָ מִן־שְׁאוֹל נַפְשִׁי, חִיִּיתַנִי מִיָּרְדִי־בוֹר:
זַמְּרוּ לַיהוה חֲסִידָיו, וְהוֹדוּ לְזֵכֶר קָדְשׁוֹ:
כִּי רֶגַע בְּאַפּוֹ, חַיִּים בִּרְצוֹנוֹ, בָּעֶרֶב יָלִין בֶּכִי וְלַבֹּקֶר רִנָּה:
וַאֲנִי אָמַרְתִּי בְשַׁלְוִי, בַּל־אֶמּוֹט לְעוֹלָם:
יהוה, בִּרְצוֹנְךָ הֶעֱמַדְתָּה לְהַרְרִי עֹז, הִסְתַּרְתָּ פָנֶיךָ הָיִיתִי נִבְהָל:
אֵלֶיךָ יהוה אֶקְרָא, וְאֶל־אֲדֹנָי אֶתְחַנָּן:
מַה־בֶּצַע בְּדָמִי, בְּרִדְתִּי אֶל שָׁחַת, הֲיוֹדְךָ עָפָר, הֲיַגִּיד אֲמִתֶּךָ:
שְׁמַע־יהוה וְחָנֵּנִי, יהוה הֱיֵה־עֹזֵר לִי:
▸ הָפַכְתָּ מִסְפְּדִי לְמָחוֹל לִי, פִּתַּחְתָּ שַׂקִּי, וַתְּאַזְּרֵנִי שִׂמְחָה:
לְמַעַן יְזַמֶּרְךָ כָבוֹד וְלֹא יִדֹּם, יהוה אֱלֹהַי, לְעוֹלָם אוֹדֶךָּ:

קדיש יתום

אם יש מניין, האבלים עומדים ואומרים קדיש יתום.

אבל: יִתְגַּדַּל וְיִתְקַדַּשׁ שְׁמֵהּ רַבָּא (קהל: אָמֵן)
בְּעָלְמָא דִּי בְרָא כִרְעוּתֵהּ
וְיַמְלִיךְ מַלְכוּתֵהּ
בְּחַיֵּיכוֹן וּבְיוֹמֵיכוֹן וּבְחַיֵּי דְכָל בֵּית יִשְׂרָאֵל
בַּעֲגָלָא וּבִזְמַן קָרִיב
וְאִמְרוּ אָמֵן. (קהל: אָמֵן)

קהל ואבל: יְהֵא שְׁמֵהּ רַבָּא מְבָרַךְ לְעָלַם וּלְעָלְמֵי עָלְמַיָּא.

אבל: יִתְבָּרַךְ וְיִשְׁתַּבַּח וְיִתְפָּאַר וְיִתְרוֹמַם וְיִתְנַשֵּׂא
וְיִתְהַדָּר וְיִתְעַלֶּה וְיִתְהַלָּל
שְׁמֵהּ דְּקֻדְשָׁא בְּרִיךְ הוּא (קהל: בְּרִיךְ הוּא)
לְעֵלָּא מִן כָּל בִּרְכָתָא
/בעשרת ימי תשובה: לְעֵלָּא לְעֵלָּא מִכָּל בִּרְכָתָא/
וְשִׁירָתָא, תֻּשְׁבְּחָתָא וְנֶחֱמָתָא, דַּאֲמִירָן בְּעָלְמָא
וְאִמְרוּ אָמֵן. (קהל: אָמֵן)

יְהֵא שְׁלָמָא רַבָּא מִן שְׁמַיָּא
וְחַיִּים, עָלֵינוּ וְעַל כָּל יִשְׂרָאֵל
וְאִמְרוּ אָמֵן. (קהל: אָמֵן)

כורע ופוסע שלוש פסיעות לאחור. קד לשמאל, לימין ולפנים באמירת:

עֹשֶׂה שָׁלוֹם/ בעשרת ימי תשובה: הַשָּׁלוֹם/ בִּמְרוֹמָיו
הוּא יַעֲשֶׂה שָׁלוֹם עָלֵינוּ וְעַל כָּל יִשְׂרָאֵל
וְאִמְרוּ אָמֵן. (קהל: אָמֵן)

פסוקי דזמרה

לפני פסוקי דזמרה אומרים את ברכת 'בָּרוּךְ שֶׁאָמַר'
(שמקורה בספר היכלות), ואחריהם את ברכת 'יִשְׁתַּבַּח'.

מ'בָּרוּךְ שֶׁאָמַר' ואילך אסור לדבר בדברי חול עד סוף התפילה. ראה טבלה בעמ' 812.

נהוג לומר 'בָּרוּךְ שֶׁאָמַר' בעמידה, והמתפלל אוחז שתי ציציות לפניו (משנ"ב נא, א).

יש אומרים (סידור השל"ה):

הֲרֵינִי מְזַמֵּן אֶת פִּי לְהוֹדוֹת וּלְהַלֵּל וּלְשַׁבֵּחַ אֶת בּוֹרְאִי, לְשֵׁם יִחוּד קֻדְשָׁא בְּרִיךְ הוּא וּשְׁכִינְתֵּהּ עַל יְדֵי הַהוּא טָמִיר וְנֶעְלָם בְּשֵׁם כָּל יִשְׂרָאֵל.

בָּרוּךְ שֶׁאָמַר

וְהָיָה הָעוֹלָם, בָּרוּךְ הוּא.

בָּרוּךְ עוֹשֶׂה בְרֵאשִׁית
בָּרוּךְ אוֹמֵר וְעוֹשֶׂה
בָּרוּךְ גּוֹזֵר וּמְקַיֵּם
בָּרוּךְ מְרַחֵם עַל הָאָרֶץ
בָּרוּךְ מְרַחֵם עַל הַבְּרִיּוֹת
בָּרוּךְ מְשַׁלֵּם שָׂכָר טוֹב לִירֵאָיו
בָּרוּךְ חַי לָעַד וְקַיָּם לָנֶצַח
בָּרוּךְ פּוֹדֶה וּמַצִּיל
בָּרוּךְ שְׁמוֹ

בָּרוּךְ אַתָּה יהוה אֱלֹהֵינוּ מֶלֶךְ הָעוֹלָם
הָאֵל הָאָב הָרַחֲמָן הַמְהֻלָּל בְּפִי עַמּוֹ

מְשֻׁבָּח וּמְפֹאָר בִּלְשׁוֹן חֲסִידָיו וַעֲבָדָיו
וּבְשִׁירֵי דָוִד עַבְדֶּךָ
נְהַלֶּלְךָ יהוה אֱלֹהֵינוּ.
בִּשְׁבָחוֹת וּבִזְמִירוֹת
נְגַדֶּלְךָ וּנְשַׁבֵּחֲךָ וּנְפָאֶרְךָ
וְנַזְכִּיר שִׁמְךָ וְנַמְלִיכְךָ
מַלְכֵּנוּ אֱלֹהֵינוּ, ◂ יָחִיד חֵי הָעוֹלָמִים
מֶלֶךְ, מְשֻׁבָּח וּמְפֹאָר עֲדֵי עַד שְׁמוֹ הַגָּדוֹל
בָּרוּךְ אַתָּה יהוה, מֶלֶךְ מְהֻלָּל בַּתִּשְׁבָּחוֹת.

בשעה שהעלו את ארון ה׳ לירושלים, אמרו הלוויים מזמור זה (רד״ק).

ב׳סדר עולם רבה׳ מסופר, שקודם לבניית המקדש אמרו הלוויים לפני ארון ה׳ את חלקו הראשון של מזמור זה מ׳הוֹדוּ לַיהוה׳ עד ׳וּבִנְבִיאַי אַל־תָּרֵעוּ׳ בעת הקרבת תמיד של שחר.

בשעת הקרבת תמיד של בין הערביים אמרו מ׳שִׁירוּ לַיהוה כָּל־הָאָרֶץ׳ עד ׳אָמֵן, וְהַלֵּל לַיהוה׳.

אחרי המזמור מדברי הימים נהגו להוסיף פסוקים המזכירים את חסדי ה׳ (ספר האשכול).

דברי הימים א, טז הוֹדוּ לַיהוה קִרְאוּ בִשְׁמוֹ, הוֹדִיעוּ בָעַמִּים עֲלִילֹתָיו: שִׁירוּ לוֹ,
זַמְּרוּ־לוֹ, שִׂיחוּ בְּכָל־נִפְלְאוֹתָיו: הִתְהַלְלוּ בְּשֵׁם קָדְשׁוֹ, יִשְׂמַח לֵב
מְבַקְשֵׁי יהוה: דִּרְשׁוּ יהוה וְעֻזּוֹ, בַּקְּשׁוּ פָנָיו תָּמִיד: זִכְרוּ נִפְלְאֹתָיו
אֲשֶׁר עָשָׂה, מֹפְתָיו וּמִשְׁפְּטֵי־פִיהוּ: זֶרַע יִשְׂרָאֵל עַבְדּוֹ, בְּנֵי יַעֲקֹב
בְּחִירָיו: הוּא יהוה אֱלֹהֵינוּ, בְּכָל־הָאָרֶץ מִשְׁפָּטָיו: זִכְרוּ לְעוֹלָם
בְּרִיתוֹ, דָּבָר צִוָּה לְאֶלֶף דּוֹר: אֲשֶׁר כָּרַת אֶת־אַבְרָהָם, וּשְׁבוּעָתוֹ
לְיִצְחָק: וַיַּעֲמִידֶהָ לְיַעֲקֹב לְחֹק, לְיִשְׂרָאֵל בְּרִית עוֹלָם: לֵאמֹר, לְךָ
אֶתֵּן אֶרֶץ־כְּנָעַן, חֶבֶל נַחֲלַתְכֶם: בִּהְיוֹתְכֶם מְתֵי מִסְפָּר, כִּמְעַט
וְגָרִים בָּהּ: וַיִּתְהַלְּכוּ מִגּוֹי אֶל־גּוֹי, וּמִמַּמְלָכָה אֶל־עַם אַחֵר: לֹא־
הִנִּיחַ לְאִישׁ לְעָשְׁקָם, וַיּוֹכַח עֲלֵיהֶם מְלָכִים: אַל־תִּגְּעוּ בִּמְשִׁיחָי,
וּבִנְבִיאַי אַל־תָּרֵעוּ: שִׁירוּ לַיהוה כָּל־הָאָרֶץ, בַּשְּׂרוּ מִיּוֹם־אֶל־יוֹם

יְשׁוּעָתוֹ: סַפְּרוּ בַגּוֹיִם אֶת־כְּבוֹדוֹ, בְּכָל־הָעַמִּים נִפְלְאֹתָיו: כִּי גָדוֹל
יהוה וּמְהֻלָּל מְאֹד, וְנוֹרָא הוּא עַל־כָּל־אֱלֹהִים: ‹ כִּי כָּל־אֱלֹהֵי
הָעַמִּים אֱלִילִים, וַיהוה שָׁמַיִם עָשָׂה:

הוֹד וְהָדָר לְפָנָיו, עֹז וְחֶדְוָה בִּמְקֹמוֹ: הָבוּ לַיהוה מִשְׁפְּחוֹת
עַמִּים, הָבוּ לַיהוה כָּבוֹד וָעֹז: הָבוּ לַיהוה כְּבוֹד שְׁמוֹ, שְׂאוּ מִנְחָה
וּבֹאוּ לְפָנָיו, הִשְׁתַּחֲווּ לַיהוה בְּהַדְרַת־קֹדֶשׁ: חִילוּ מִלְּפָנָיו כָּל־
הָאָרֶץ, אַף־תִּכּוֹן תֵּבֵל בַּל־תִּמּוֹט: יִשְׂמְחוּ הַשָּׁמַיִם וְתָגֵל הָאָרֶץ,
וְיֹאמְרוּ בַגּוֹיִם יהוה מָלָךְ: יִרְעַם הַיָּם וּמְלוֹאוֹ, יַעֲלֹץ הַשָּׂדֶה וְכָל־
אֲשֶׁר־בּוֹ: אָז יְרַנְּנוּ עֲצֵי הַיָּעַר, מִלִּפְנֵי יהוה, כִּי־בָא לִשְׁפּוֹט אֶת־
הָאָרֶץ: הוֹדוּ לַיהוה כִּי טוֹב, כִּי לְעוֹלָם חַסְדּוֹ: וְאִמְרוּ, הוֹשִׁיעֵנוּ
אֱלֹהֵי יִשְׁעֵנוּ, וְקַבְּצֵנוּ וְהַצִּילֵנוּ מִן־הַגּוֹיִם, לְהֹדוֹת לְשֵׁם קָדְשֶׁךָ,
לְהִשְׁתַּבֵּחַ בִּתְהִלָּתֶךָ: בָּרוּךְ יהוה אֱלֹהֵי יִשְׂרָאֵל מִן־הָעוֹלָם וְעַד־
הָעֹלָם, וַיֹּאמְרוּ כָל־הָעָם אָמֵן, וְהַלֵּל לַיהוה:

‹ רוֹמְמוּ יהוה אֱלֹהֵינוּ וְהִשְׁתַּחֲווּ לַהֲדֹם רַגְלָיו, קָדוֹשׁ הוּא: תהלים צט
רוֹמְמוּ יהוה אֱלֹהֵינוּ וְהִשְׁתַּחֲווּ לְהַר קָדְשׁוֹ, כִּי־קָדוֹשׁ יהוה אֱלֹהֵינוּ:

וְהוּא רַחוּם, יְכַפֵּר עָוֹן וְלֹא־יַשְׁחִית, וְהִרְבָּה לְהָשִׁיב אַפּוֹ, תהלים עח
וְלֹא־יָעִיר כָּל־חֲמָתוֹ: אַתָּה יהוה לֹא־תִכְלָא רַחֲמֶיךָ מִמֶּנִּי, חַסְדְּךָ תהלים מ
וַאֲמִתְּךָ תָּמִיד יִצְּרוּנִי: זְכֹר־רַחֲמֶיךָ יהוה וַחֲסָדֶיךָ, כִּי מֵעוֹלָם הֵמָּה: תהלים כה
תְּנוּ עֹז לֵאלֹהִים, עַל־יִשְׂרָאֵל גַּאֲוָתוֹ, וְעֻזּוֹ בַּשְּׁחָקִים: נוֹרָא אֱלֹהִים תהלים סח
מִמִּקְדָּשֶׁיךָ, אֵל יִשְׂרָאֵל הוּא נֹתֵן עֹז וְתַעֲצֻמוֹת לָעָם, בָּרוּךְ אֱלֹהִים:
אֵל־נְקָמוֹת יהוה, אֵל נְקָמוֹת הוֹפִיעַ: הִנָּשֵׂא שֹׁפֵט הָאָרֶץ, הָשֵׁב תהלים צד
גְּמוּל עַל־גֵּאִים: לַיהוה הַיְשׁוּעָה, עַל־עַמְּךָ בִרְכָתֶךָ סֶּלָה: ‹ יהוה תהלים ג תהלים מו
צְבָאוֹת עִמָּנוּ, מִשְׂגָּב לָנוּ אֱלֹהֵי יַעֲקֹב סֶלָה: יהוה צְבָאוֹת, אַשְׁרֵי תהלים פד
אָדָם בֹּטֵחַ בָּךְ: יהוה הוֹשִׁיעָה, הַמֶּלֶךְ יַעֲנֵנוּ בְיוֹם־קָרְאֵנוּ: תהלים כ

תהלים כח הוֹשִׁיעָה אֶת־עַמֶּךָ, וּבָרֵךְ אֶת־נַחֲלָתֶךָ, וּרְעֵם וְנַשְּׂאֵם עַד־
תהלים לג הָעוֹלָם: נַפְשֵׁנוּ חִכְּתָה לַיהוה, עֶזְרֵנוּ וּמָגִנֵּנוּ הוּא: כִּי־בוֹ יִשְׂמַח
לִבֵּנוּ, כִּי בְשֵׁם קָדְשׁוֹ בָטָחְנוּ: יְהִי־חַסְדְּךָ יהוה עָלֵינוּ, כַּאֲשֶׁר יִחַלְנוּ
תהלים פה תהלים מד לָךְ: הַרְאֵנוּ יהוה חַסְדֶּךָ, וְיֶשְׁעֲךָ תִּתֶּן־לָנוּ: קוּמָה עֶזְרָתָה לָּנוּ,
תהלים פא וּפְדֵנוּ לְמַעַן חַסְדֶּךָ: אָנֹכִי יהוה אֱלֹהֶיךָ הַמַּעַלְךָ מֵאֶרֶץ מִצְרָיִם,
תהלים קמד הַרְחֶב־פִּיךָ וַאֲמַלְאֵהוּ: ‹ אַשְׁרֵי הָעָם שֶׁכָּכָה לּוֹ, אַשְׁרֵי הָעָם שֶׁיהוה
תהלים יג אֱלֹהָיו: וַאֲנִי בְּחַסְדְּךָ בָטַחְתִּי, יָגֵל לִבִּי בִּישׁוּעָתֶךָ, אָשִׁירָה לַיהוה,
כִּי גָמַל עָלָי:

מזמור זה נאמר בכינור ובנבלים בשעת קידוש ירושלים (׳מלאה הארץ דעה׳, על פי רש״י, שבועות טו ע״ב). אין אומרים ׳מִזְמוֹר לְתוֹדָה׳ בימים שאין מקריבים בהם קרבן תודה: לא בשבתות ובימים טובים, שאין מקריבים בהם קרבנות של יחיד; ולא בערב יום הכיפורים, בערב פסח או בחול המועד פסח, כיוון שצריך להשאיר יום ולילה לאכילתו (סידור רש״י).

נחלקו המקובלים אם מוטב לאומרו בישיבה או בעמידה, והמנהג הנפוץ לאומרו בעמידה.

תהלים ק מִזְמוֹר לְתוֹדָה, הָרִיעוּ לַיהוה כָּל־הָאָרֶץ: עִבְדוּ אֶת־יהוה
בְּשִׂמְחָה, בֹּאוּ לְפָנָיו בִּרְנָנָה: דְּעוּ כִּי־יהוה הוּא אֱלֹהִים, הוּא
עָשָׂנוּ וְלוֹ אֲנַחְנוּ, עַמּוֹ וְצֹאן מַרְעִיתוֹ: בֹּאוּ שְׁעָרָיו בְּתוֹדָה,
חֲצֵרֹתָיו בִּתְהִלָּה, הוֹדוּ לוֹ, בָּרְכוּ שְׁמוֹ: ‹ כִּי־טוֹב יהוה, לְעוֹלָם
חַסְדּוֹ, וְעַד־דֹּר וָדֹר אֱמוּנָתוֹ:

במדרש מתואר כיצד בכל בוקר עומד מלאך ברקיע ואומר ״ה׳ מלך, ה׳ מלך, ה׳ ימלך לעולם ועד״ (שיבולי הלקט). וכבר מימות הגאונים נתקן לאומרו בתוך לקט פסוקים על גדולת ה׳ ועל השבחים שהבריאה כולה משבחת אותו.

תהלים קד תהלים קיג יְהִי כְבוֹד יהוה לְעוֹלָם, יִשְׂמַח יהוה בְּמַעֲשָׂיו: יְהִי שֵׁם יהוה מְבֹרָךְ,
מֵעַתָּה וְעַד־עוֹלָם: מִמִּזְרַח־שֶׁמֶשׁ עַד־מְבוֹאוֹ, מְהֻלָּל שֵׁם יהוה: רָם
תהלים קלה עַל־כָּל־גּוֹיִם יהוה, עַל הַשָּׁמַיִם כְּבוֹדוֹ: יהוה שִׁמְךָ לְעוֹלָם, יהוה
תהלים קג זִכְרְךָ לְדֹר־וָדֹר: יהוה בַּשָּׁמַיִם הֵכִין כִּסְאוֹ, וּמַלְכוּתוֹ בַּכֹּל מָשָׁלָה:
דברי הימים א׳ טז יִשְׂמְחוּ הַשָּׁמַיִם וְתָגֵל הָאָרֶץ, וְיֹאמְרוּ בַגּוֹיִם יהוה מָלָךְ: יהוה מֶלֶךְ,
תהלים י יהוה מָלָךְ, יהוה יִמְלֹךְ לְעוֹלָם וָעֶד. יהוה מֶלֶךְ עוֹלָם וָעֶד, אָבְדוּ

גּוֹיִם מֵאַרְצוֹ: יהוה הֵפִיר עֲצַת־גּוֹיִם, הֵנִיא מַחְשְׁבוֹת עַמִּים: רַבּוֹת תהלים לג משלי יט
מַחֲשָׁבוֹת בְּלֶב־אִישׁ, וַעֲצַת יהוה הִיא תָקוּם: עֲצַת יהוה לְעוֹלָם תהלים לג
תַּעֲמֹד, מַחְשְׁבוֹת לִבּוֹ לְדֹר וָדֹר: כִּי הוּא אָמַר וַיֶּהִי, הוּא־צִוָּה
וַיַּעֲמֹד: כִּי־בָחַר יהוה בְּצִיּוֹן, אִוָּהּ לְמוֹשָׁב לוֹ: כִּי־יַעֲקֹב בָּחַר לוֹ תהלים קלב תהלים קלה
יָהּ, יִשְׂרָאֵל לִסְגֻלָּתוֹ: כִּי לֹא־יִטֹּשׁ יהוה עַמּוֹ, וְנַחֲלָתוֹ לֹא יַעֲזֹב: תהלים צד
› וְהוּא רַחוּם, יְכַפֵּר עָוֺן וְלֹא־יַשְׁחִית, וְהִרְבָּה לְהָשִׁיב אַפּוֹ, וְלֹא־ תהלים עח
יָעִיר כָּל־חֲמָתוֹ: יהוה הוֹשִׁיעָה, הַמֶּלֶךְ יַעֲנֵנוּ בְיוֹם־קָרְאֵנוּ: תהלים כ

״אמר ר׳ יוסי: יהי חלקי מגומרי הלל בכל יום״ (שבת קיח ע״ב),
והכוונה לששת המזמורים האחרונים בספר תהלים. הראשון שבהם פותח
ב׳תְּהִלָּה לְדָוִד׳, וכל מזמור אחר כך פותח ומסיים ב׳הַלְלוּיָהּ׳ (רי״ף).

״כל האומר ׳תְּהִלָּה לְדָוִד׳ בכל יום שלש פעמים – מובטח לו שהוא בן העולם הבא...
משום דאית ביה ׳פּוֹתֵחַ אֶת־יָדֶךָ׳״ (ברכות ד ע״ב). משום כך יש לכוון במיוחד בפסוק
זה, ואם לא התכוון צריך לחזור ולאומרו שנית (תלמידי ר׳ יונה, ברכות כג ע״א).

יש הנוהגים למשמש בתפילין של יד במקום המסומן ב°,
ובתפילין של ראש במקום המסומן ב°°.

אַשְׁרֵי יוֹשְׁבֵי בֵיתֶךָ, עוֹד יְהַלְלוּךָ סֶּלָה: תהלים פד

אַשְׁרֵי הָעָם שֶׁכָּכָה לּוֹ, אַשְׁרֵי הָעָם שֶׁיהוה אֱלֹהָיו: תהלים קמד

תְּהִלָּה לְדָוִד תהלים קמה

אֲרוֹמִמְךָ אֱלוֹהַי הַמֶּלֶךְ, וַאֲבָרְכָה שִׁמְךָ לְעוֹלָם וָעֶד:
בְּכָל־יוֹם אֲבָרְכֶךָּ, וַאֲהַלְלָה שִׁמְךָ לְעוֹלָם וָעֶד:
גָּדוֹל יהוה וּמְהֻלָּל מְאֹד, וְלִגְדֻלָּתוֹ אֵין חֵקֶר:
דּוֹר לְדוֹר יְשַׁבַּח מַעֲשֶׂיךָ, וּגְבוּרֹתֶיךָ יַגִּידוּ:
הֲדַר כְּבוֹד הוֹדֶךָ, וְדִבְרֵי נִפְלְאֹתֶיךָ אָשִׂיחָה:
וֶעֱזוּז נוֹרְאֹתֶיךָ יֹאמֵרוּ, וּגְדוּלָּתְךָ אֲסַפְּרֶנָּה:
זֵכֶר רַב־טוּבְךָ יַבִּיעוּ, וְצִדְקָתְךָ יְרַנֵּנוּ:
חַנּוּן וְרַחוּם יהוה, אֶרֶךְ אַפַּיִם וּגְדָל־חָסֶד:
טוֹב־יהוה לַכֹּל, וְרַחֲמָיו עַל־כָּל־מַעֲשָׂיו:

יוֹדוּךָ יהוה כָּל־מַעֲשֶׂיךָ, וַחֲסִידֶיךָ יְבָרְכוּכָה:
כְּבוֹד מַלְכוּתְךָ יֹאמֵרוּ, וּגְבוּרָתְךָ יְדַבֵּרוּ:
לְהוֹדִיעַ לִבְנֵי הָאָדָם גְּבוּרֹתָיו, וּכְבוֹד הֲדַר מַלְכוּתוֹ:
מַלְכוּתְךָ מַלְכוּת כָּל־עֹלָמִים, וּמֶמְשַׁלְתְּךָ בְּכָל־דּוֹר וָדֹר:
סוֹמֵךְ יהוה לְכָל־הַנֹּפְלִים, וְזוֹקֵף לְכָל־הַכְּפוּפִים:
עֵינֵי־כֹל אֵלֶיךָ יְשַׂבֵּרוּ, וְאַתָּה נוֹתֵן־לָהֶם אֶת־אָכְלָם בְּעִתּוֹ:
°פּוֹתֵחַ אֶת־יָדֶךָ, °°וּמַשְׂבִּיעַ לְכָל־חַי רָצוֹן:
צַדִּיק יהוה בְּכָל־דְּרָכָיו, וְחָסִיד בְּכָל־מַעֲשָׂיו:
קָרוֹב יהוה לְכָל־קֹרְאָיו, לְכֹל אֲשֶׁר יִקְרָאֻהוּ בֶאֱמֶת:
רְצוֹן־יְרֵאָיו יַעֲשֶׂה, וְאֶת־שַׁוְעָתָם יִשְׁמַע, וְיוֹשִׁיעֵם:
שׁוֹמֵר יהוה אֶת־כָּל־אֹהֲבָיו, וְאֵת כָּל־הָרְשָׁעִים יַשְׁמִיד:
› תְּהִלַּת יהוה יְדַבֶּר פִּי, וִיבָרֵךְ כָּל־בָּשָׂר שֵׁם קָדְשׁוֹ לְעוֹלָם וָעֶד:
תהלים קטו וַאֲנַחְנוּ נְבָרֵךְ יָהּ מֵעַתָּה וְעַד־עוֹלָם, הַלְלוּיָהּ:

תהלים קמו הַלְלוּיָהּ, הַלְלִי נַפְשִׁי אֶת־יהוה: אֲהַלְלָה יהוה בְּחַיָּי, אֲזַמְּרָה
לֵאלֹהַי בְּעוֹדִי: אַל־תִּבְטְחוּ בִנְדִיבִים, בְּבֶן־אָדָם שֶׁאֵין לוֹ תְשׁוּעָה:
תֵּצֵא רוּחוֹ, יָשֻׁב לְאַדְמָתוֹ, בַּיּוֹם הַהוּא אָבְדוּ עֶשְׁתֹּנֹתָיו: אַשְׁרֵי
שֶׁאֵל יַעֲקֹב בְּעֶזְרוֹ, שִׂבְרוֹ עַל־יהוה אֱלֹהָיו: עֹשֶׂה שָׁמַיִם וָאָרֶץ,
אֶת־הַיָּם וְאֶת־כָּל־אֲשֶׁר־בָּם, הַשֹּׁמֵר אֱמֶת לְעוֹלָם: עֹשֶׂה מִשְׁפָּט
לָעֲשׁוּקִים, נֹתֵן לֶחֶם לָרְעֵבִים, יהוה מַתִּיר אֲסוּרִים: יהוה פֹּקֵחַ
עִוְרִים, יהוה זֹקֵף כְּפוּפִים, יהוה אֹהֵב צַדִּיקִים: › יהוה שֹׁמֵר
אֶת־גֵּרִים, יָתוֹם וְאַלְמָנָה יְעוֹדֵד, וְדֶרֶךְ רְשָׁעִים יְעַוֵּת: יִמְלֹךְ יהוה
לְעוֹלָם, אֱלֹהַיִךְ צִיּוֹן לְדֹר וָדֹר, הַלְלוּיָהּ:

תהלים קמז הַלְלוּיָהּ, כִּי־טוֹב זַמְּרָה אֱלֹהֵינוּ, כִּי־נָעִים נָאוָה תְהִלָּה: בּוֹנֵה
יְרוּשָׁלַםִ יהוה, נִדְחֵי יִשְׂרָאֵל יְכַנֵּס: הָרוֹפֵא לִשְׁבוּרֵי לֵב, וּמְחַבֵּשׁ

לְעַצְּבוֹתָם: מוֹנֶה מִסְפָּר לַכּוֹכָבִים, לְכֻלָּם שֵׁמוֹת יִקְרָא: גָּדוֹל אֲדוֹנֵינוּ וְרַב־כֹּחַ, לִתְבוּנָתוֹ אֵין מִסְפָּר: מְעוֹדֵד עֲנָוִים יהוה, מַשְׁפִּיל רְשָׁעִים עֲדֵי־אָרֶץ: עֱנוּ לַיהוה בְּתוֹדָה, זַמְּרוּ לֵאלֹהֵינוּ בְכִנּוֹר: הַמְכַסֶּה שָׁמַיִם בְּעָבִים, הַמֵּכִין לָאָרֶץ מָטָר, הַמַּצְמִיחַ הָרִים חָצִיר: נוֹתֵן לִבְהֵמָה לַחְמָהּ, לִבְנֵי עֹרֵב אֲשֶׁר יִקְרָאוּ: לֹא בִגְבוּרַת הַסּוּס יֶחְפָּץ, לֹא־בְשׁוֹקֵי הָאִישׁ יִרְצֶה: רוֹצֶה יהוה אֶת־יְרֵאָיו, אֶת־הַמְיַחֲלִים לְחַסְדּוֹ: שַׁבְּחִי יְרוּשָׁלַםִ אֶת־יהוה, הַלְלִי אֱלֹהַיִךְ צִיּוֹן: כִּי־חִזַּק בְּרִיחֵי שְׁעָרָיִךְ, בֵּרַךְ בָּנַיִךְ בְּקִרְבֵּךְ: הַשָּׂם־גְּבוּלֵךְ שָׁלוֹם, חֵלֶב חִטִּים יַשְׂבִּיעֵךְ: הַשֹּׁלֵחַ אִמְרָתוֹ אָרֶץ, עַד־מְהֵרָה יָרוּץ דְּבָרוֹ: הַנֹּתֵן שֶׁלֶג כַּצָּמֶר, כְּפוֹר כָּאֵפֶר יְפַזֵּר: מַשְׁלִיךְ קַרְחוֹ כְפִתִּים, לִפְנֵי קָרָתוֹ מִי יַעֲמֹד: יִשְׁלַח דְּבָרוֹ וְיַמְסֵם, יַשֵּׁב רוּחוֹ יִזְּלוּ־מָיִם: › מַגִּיד דְּבָרָו לְיַעֲקֹב, חֻקָּיו וּמִשְׁפָּטָיו לְיִשְׂרָאֵל: לֹא עָשָׂה כֵן לְכָל־גּוֹי, וּמִשְׁפָּטִים בַּל־יְדָעוּם, הַלְלוּיָהּ:

תהלים קמח הַלְלוּיָהּ, הַלְלוּ אֶת־יהוה מִן־הַשָּׁמַיִם, הַלְלוּהוּ בַּמְּרוֹמִים: הַלְלוּהוּ כָל־מַלְאָכָיו, הַלְלוּהוּ כָּל־צְבָאָו: הַלְלוּהוּ שֶׁמֶשׁ וְיָרֵחַ, הַלְלוּהוּ כָּל־כּוֹכְבֵי אוֹר: הַלְלוּהוּ שְׁמֵי הַשָּׁמָיִם, וְהַמַּיִם אֲשֶׁר מֵעַל הַשָּׁמָיִם: יְהַלְלוּ אֶת־שֵׁם יהוה, כִּי הוּא צִוָּה וְנִבְרָאוּ: וַיַּעֲמִידֵם לָעַד לְעוֹלָם, חָק־נָתַן וְלֹא יַעֲבוֹר: הַלְלוּ אֶת־יהוה מִן־הָאָרֶץ, תַּנִּינִים וְכָל־תְּהֹמוֹת: אֵשׁ וּבָרָד שֶׁלֶג וְקִיטוֹר, רוּחַ סְעָרָה עֹשָׂה דְבָרוֹ: הֶהָרִים וְכָל־גְּבָעוֹת, עֵץ פְּרִי וְכָל־אֲרָזִים: הַחַיָּה וְכָל־בְּהֵמָה, רֶמֶשׂ וְצִפּוֹר כָּנָף: מַלְכֵי־אֶרֶץ וְכָל־לְאֻמִּים, שָׂרִים וְכָל־שֹׁפְטֵי אָרֶץ: בַּחוּרִים וְגַם־בְּתוּלוֹת, זְקֵנִים עִם־נְעָרִים: › יְהַלְלוּ אֶת־שֵׁם יהוה, כִּי־נִשְׂגָּב שְׁמוֹ לְבַדּוֹ, הוֹדוֹ עַל־אֶרֶץ וְשָׁמָיִם: וַיָּרֶם קֶרֶן לְעַמּוֹ, תְּהִלָּה לְכָל־חֲסִידָיו, לִבְנֵי יִשְׂרָאֵל עַם קְרֹבוֹ, הַלְלוּיָהּ:

תהלים קמט הַלְלוּיָהּ, שִׁירוּ לַיהוה שִׁיר חָדָשׁ, תְּהִלָּתוֹ בִּקְהַל חֲסִידִים:
יִשְׂמַח יִשְׂרָאֵל בְּעֹשָׂיו, בְּנֵי־צִיּוֹן יָגִילוּ בְמַלְכָּם: יְהַלְלוּ שְׁמוֹ
בְמָחוֹל, בְּתֹף וְכִנּוֹר יְזַמְּרוּ־לוֹ: כִּי־רוֹצֶה יהוה בְּעַמּוֹ, יְפָאֵר
עֲנָוִים בִּישׁוּעָה: יַעְלְזוּ חֲסִידִים בְּכָבוֹד, יְרַנְּנוּ עַל־מִשְׁכְּבוֹתָם:
רוֹמְמוֹת אֵל בִּגְרוֹנָם, וְחֶרֶב פִּיפִיּוֹת בְּיָדָם: לַעֲשׂוֹת נְקָמָה בַּגּוֹיִם,
תּוֹכֵחוֹת בַּלְאֻמִּים: ‹ לֶאְסֹר מַלְכֵיהֶם בְּזִקִּים, וְנִכְבְּדֵיהֶם בְּכַבְלֵי
בַרְזֶל: לַעֲשׂוֹת בָּהֶם מִשְׁפָּט כָּתוּב, הָדָר הוּא לְכָל־חֲסִידָיו,
הַלְלוּיָהּ:

חוזרים על הפסוק האחרון פעמיים, מפני שהוא סוף ה׳הלל שבכל יום׳ (סידור רש״י).

תהלים קנ הַלְלוּיָהּ, הַלְלוּ־אֵל בְּקָדְשׁוֹ, הַלְלוּהוּ בִּרְקִיעַ עֻזּוֹ: הַלְלוּהוּ
בִגְבוּרֹתָיו, הַלְלוּהוּ כְּרֹב גֻּדְלוֹ: הַלְלוּהוּ בְּתֵקַע שׁוֹפָר, הַלְלוּהוּ
בְּנֵבֶל וְכִנּוֹר: הַלְלוּהוּ בְתֹף וּמָחוֹל, הַלְלוּהוּ בְּמִנִּים וְעֻגָב:
‹ הַלְלוּהוּ בְצִלְצְלֵי־שָׁמַע, הַלְלוּהוּ בְּצִלְצְלֵי תְרוּעָה: כֹּל הַנְּשָׁמָה
תְּהַלֵּל יָהּ, הַלְלוּיָהּ: כֹּל הַנְּשָׁמָה תְּהַלֵּל יָהּ, הַלְלוּיָהּ:

ספר תהלים נחלק לחמישה ספרים כנגד חמישה חומשי תורה (מדרש שוחר טוב).
לאחר סיום הספר החמישי חוזרים ואומרים את פסוקי הסיום של שאר ספרי תהלים
פרט לספר הראשון והרביעי, כיוון שהם נאמרו כברכות במקדש (סידור יעב״ץ).

תהלים פט בָּרוּךְ יהוה לְעוֹלָם, אָמֵן וְאָמֵן:
תהלים קלה בָּרוּךְ יהוה מִצִּיּוֹן, שֹׁכֵן יְרוּשָׁלָםִ, הַלְלוּיָהּ:
תהלים עב בָּרוּךְ יהוה אֱלֹהִים אֱלֹהֵי יִשְׂרָאֵל, עֹשֵׂה נִפְלָאוֹת לְבַדּוֹ:
‹ וּבָרוּךְ שֵׁם כְּבוֹדוֹ לְעוֹלָם
וְיִמָּלֵא כְבוֹדוֹ אֶת־כָּל־הָאָרֶץ, אָמֵן וְאָמֵן:

פסוקי דזמרה מסתיימים בשלושה מעמדות מרכזיים בחיי העם:
ברכת דוד כאשר נאספו הנדבות לבניין המקדש,
הברית שכרתו עולי הגולה בימי עזרא ונחמיה,
ושירת הים (הרב זקס).

נוהגים לומר פרשות אלה בעמידה (׳דרך החיים׳, קיצור שו״ע).
וכן נוהגים לתת צדקה באמירת ׳וְאַתָּה מוֹשֵׁל בַּכֹּל׳ (שער הכוונות).

וַיְבָרֶךְ דָּוִיד אֶת־יהוה לְעֵינֵי כָּל־הַקָּהָל, וַיֹּאמֶר דָּוִיד, בָּרוּךְ דברי הימים א, כט
אַתָּה יהוה, אֱלֹהֵי יִשְׂרָאֵל אָבִינוּ, מֵעוֹלָם וְעַד־עוֹלָם: לְךָ יהוה
הַגְּדֻלָּה וְהַגְּבוּרָה וְהַתִּפְאֶרֶת וְהַנֵּצַח וְהַהוֹד, כִּי־כֹל בַּשָּׁמַיִם
וּבָאָרֶץ, לְךָ יהוה הַמַּמְלָכָה וְהַמִּתְנַשֵּׂא לְכֹל לְרֹאשׁ: וְהָעֹשֶׁר
וְהַכָּבוֹד מִלְּפָנֶיךָ, וְאַתָּה מוֹשֵׁל בַּכֹּל, וּבְיָדְךָ כֹּחַ וּגְבוּרָה, וּבְיָדְךָ
לְגַדֵּל וּלְחַזֵּק לַכֹּל: וְעַתָּה אֱלֹהֵינוּ מוֹדִים אֲנַחְנוּ לָךְ, וּמְהַלְלִים
לְשֵׁם תִּפְאַרְתֶּךָ: אַתָּה־הוּא יהוה לְבַדֶּךָ, אַתָּ עָשִׂיתָ נחמיה ט
אֶת־הַשָּׁמַיִם, שְׁמֵי הַשָּׁמַיִם וְכָל־צְבָאָם, הָאָרֶץ וְכָל־אֲשֶׁר
עָלֶיהָ, הַיַּמִּים וְכָל־אֲשֶׁר בָּהֶם, וְאַתָּה מְחַיֶּה אֶת־כֻּלָּם, וּצְבָא
הַשָּׁמַיִם לְךָ מִשְׁתַּחֲוִים: ◂ אַתָּה הוּא יהוה הָאֱלֹהִים אֲשֶׁר
בָּחַרְתָּ בְּאַבְרָם, וְהוֹצֵאתוֹ מֵאוּר כַּשְׂדִּים, וְשַׂמְתָּ שְּׁמוֹ אַבְרָהָם:
וּמָצָאתָ אֶת־לְבָבוֹ נֶאֱמָן לְפָנֶיךָ, ◂ וְכָרוֹת עִמּוֹ הַבְּרִית לָתֵת
אֶת־אֶרֶץ הַכְּנַעֲנִי הַחִתִּי הָאֱמֹרִי וְהַפְּרִזִּי וְהַיְבוּסִי וְהַגִּרְגָּשִׁי,
לָתֵת לְזַרְעוֹ, וַתָּקֶם אֶת־דְּבָרֶיךָ, כִּי צַדִּיק אָתָּה: וַתֵּרֶא אֶת־
עֳנִי אֲבֹתֵינוּ בְּמִצְרָיִם, וְאֶת־זַעֲקָתָם שָׁמַעְתָּ עַל־יַם־סוּף: וַתִּתֵּן
אֹתֹת וּמֹפְתִים בְּפַרְעֹה וּבְכָל־עֲבָדָיו וּבְכָל־עַם אַרְצוֹ, כִּי יָדַעְתָּ
כִּי הֵזִידוּ עֲלֵיהֶם, וַתַּעַשׂ־לְךָ שֵׁם כְּהַיּוֹם הַזֶּה: ◂ וְהַיָּם בָּקַעְתָּ
לִפְנֵיהֶם, וַיַּעַבְרוּ בְתוֹךְ־הַיָּם בַּיַּבָּשָׁה, וְאֶת־רֹדְפֵיהֶם הִשְׁלַכְתָּ
בִמְצוֹלֹת כְּמוֹ־אֶבֶן, בְּמַיִם עַזִּים:

"והראשונים תיקנו לומר השירה בכל יום אחר פסוקי דזמרה כדי להזכיר נסים ונפלאות שעשה עמנו בעבור שמו הגדול ומתחילין מ'וַיּוֹשַׁע' שמשם עיקר הנס" (ספר הפרדס).

שמות יד וַיּֽוֹשַׁע יהוה בַּיּוֹם הַהוּא אֶת־יִשְׂרָאֵל מִיַּד מִצְרָיִם וַיַּרְא יִשְׂרָאֵל
אֶת־מִצְרַיִם מֵת עַל־שְׂפַת הַיָּם: • וַיַּרְא יִשְׂרָאֵל אֶת־הַיָּד הַגְּדֹלָה
אֲשֶׁר עָשָׂה יהוה בְּמִצְרַיִם וַיִּירְאוּ הָעָם אֶת־יהוה וַיַּאֲמִֽינוּ בַּיהוה
וּבְמֹשֶׁה עַבְדּוֹ:

הפסוק 'ה' יִמְלֹךְ לְעֹלָם וָעֶד' מסכם את פסוקי דזמרה, ולכן חוזרים עליו פעמיים (אבודרהם).
האר"י נהג לומר גם את התרגום לפסוק, ובקהילות אשכנז רבות אימצו מנהג זה.
אחרי השירה מוסיפים שלושה פסוקים מפסוקי מלכויות במוסף לראש השנה, כדי לחתום במלכות ה' על העולם כולו (סידור חסידי אשכנז).

אָז יָשִׁיר־מֹשֶׁה וּבְנֵי יִשְׂרָאֵל אֶת־הַשִּׁירָה הַזֹּאת לַיהוה, וַיֹּאמְרוּ
לֵאמֹר, אָשִֽׁירָה לַּיהוה כִּי־גָאֹה גָּאָה, סוּס
וְרֹכְבוֹ רָמָה בַיָּם: עָזִּי וְזִמְרָת יָהּ וַיְהִי־לִי
לִישׁוּעָה, זֶה אֵלִי וְאַנְוֵֽהוּ, אֱלֹהֵי
אָבִי וַאֲרֹמְמֶֽנְהוּ: יהוה אִישׁ מִלְחָמָה, יהוה
שְׁמוֹ: מַרְכְּבֹת פַּרְעֹה וְחֵילוֹ יָרָה בַיָּם, וּמִבְחַר
שָׁלִשָׁיו טֻבְּעוּ בְיַם־סוּף: תְּהֹמֹת יְכַסְיֻֽמוּ, יָרְדוּ בִמְצוֹלֹת כְּמוֹ־
אָֽבֶן: יְמִינְךָ יהוה נֶאְדָּרִי בַּכֹּֽחַ, יְמִינְךָ
יהוה תִּרְעַץ אוֹיֵב: וּבְרֹב גְּאוֹנְךָ תַּהֲרֹס
קָמֶֽיךָ, תְּשַׁלַּח חֲרֹנְךָ יֹאכְלֵֽמוֹ כַּקַּשׁ: וּבְרֽוּחַ
אַפֶּֽיךָ נֶֽעֶרְמוּ מַֽיִם, נִצְּבוּ כְמוֹ־נֵד
נֹזְלִים, קָפְאוּ תְהֹמֹת בְּלֶב־יָם: אָמַר
אוֹיֵב אֶרְדֹּף, אַשִּׂיג, אֲחַלֵּק שָׁלָל, תִּמְלָאֵֽמוֹ
נַפְשִׁי, אָרִיק חַרְבִּי תּוֹרִישֵֽׁמוֹ יָדִי: נָשַֽׁפְתָּ
בְרוּחֲךָ כִּסָּֽמוֹ יָם, צָֽלְלוּ כַּעוֹפֶֽרֶת בְּמַֽיִם
אַדִּירִים: מִי־כָמֹֽכָה בָּאֵלִם יהוה, מִי

כָּמֹֽכָה נֶאְדָּר בַּקֹּֽדֶשׁ, נוֹרָא תְהִלֹּת עֹֽשֵׂה
פֶֽלֶא: נָטִֽיתָ יְמִֽינְךָ תִּבְלָעֵֽמוֹ אָֽרֶץ: נָחִֽיתָ
בְחַסְדְּךָ עַם־זוּ גָּאָֽלְתָּ, נֵהַֽלְתָּ בְעָזְּךָ אֶל־נְוֵה
קָדְשֶֽׁךָ: שָֽׁמְעוּ עַמִּים יִרְגָּזוּן, חִיל
אָחַז יֹשְׁבֵי פְּלָֽשֶׁת: אָז נִבְהֲלוּ אַלּוּפֵי
אֱדוֹם, אֵילֵי מוֹאָב יֹֽאחֲזֵֽמוֹ רָֽעַד, נָמֹֽגוּ
כֹּל יֹשְׁבֵי כְנָֽעַן: תִּפֹּל עֲלֵיהֶם אֵימָֽתָה
וָפַֽחַד, בִּגְדֹל זְרוֹעֲךָ יִדְּמוּ כָּאָֽבֶן, עַד־
יַעֲבֹר עַמְּךָ יהוה, עַד־יַעֲבֹר עַם־זוּ
קָנִֽיתָ: תְּבִאֵֽמוֹ וְתִטָּעֵֽמוֹ בְּהַר נַחֲלָֽתְךָ, מָכוֹן
לְשִׁבְתְּךָ פָּעַֽלְתָּ יהוה, מִקְּדָשׁ אֲדֹנָי כּוֹנְנוּ
יָדֶֽיךָ: יהוה ׀ יִמְלֹךְ לְעֹלָם וָעֶד:

יהוה יִמְלֹךְ לְעֹלָם וָעֶד.
יהוה מַלְכוּתֵהּ קָאֵם לְעָלַם וּלְעָלְמֵי עָלְמַיָּא.

כִּי
בָא סוּס פַּרְעֹה בְּרִכְבּוֹ וּבְפָרָשָׁיו בַּיָּם, וַיָּֽשֶׁב יהוה עֲלֵהֶם אֶת־מֵי
הַיָּם, וּבְנֵי יִשְׂרָאֵל הָלְכוּ בַיַּבָּשָׁה בְּתוֹךְ הַיָּם:

‹ כִּי לַיהוה הַמְּלוּכָה וּמֹשֵׁל בַּגּוֹיִם: תהלים כב
וְעָלוּ מוֹשִׁעִים בְּהַר צִיּוֹן לִשְׁפֹּט אֶת־הַר עֵשָׂו עובדיה א
וְהָיְתָה לַיהוה הַמְּלוּכָה:
וְהָיָה יהוה לְמֶֽלֶךְ עַל־כָּל־הָאָֽרֶץ זכריה יד
בַּיּוֹם הַהוּא יִהְיֶה יהוה אֶחָד וּשְׁמוֹ אֶחָד:

(וּבְתוֹרָתְךָ כָּתוּב לֵאמֹר, שְׁמַע יִשְׂרָאֵל, יהוה אֱלֹהֵינוּ יהוה אֶחָד:) דברים ו

יִשְׁתַּבַּח

שִׁמְךָ לָעַד, מַלְכֵּנוּ
הָאֵל הַמֶּלֶךְ הַגָּדוֹל וְהַקָּדוֹשׁ בַּשָּׁמַיִם וּבָאָרֶץ
כִּי לְךָ נָאֶה, יהוה אֱלֹהֵינוּ וֵאלֹהֵי אֲבוֹתֵינוּ
שִׁיר וּשְׁבָחָה, הַלֵּל וְזִמְרָה
עֹז וּמֶמְשָׁלָה, נֶצַח, גְּדֻלָּה וּגְבוּרָה
תְּהִלָּה וְתִפְאֶרֶת, קְדֻשָּׁה וּמַלְכוּת
◂ בְּרָכוֹת וְהוֹדָאוֹת, מֵעַתָּה וְעַד עוֹלָם.
בָּרוּךְ אַתָּה יהוה
אֵל מֶלֶךְ גָּדוֹל בַּתִּשְׁבָּחוֹת
אֵל הַהוֹדָאוֹת
אֲדוֹן הַנִּפְלָאוֹת
הַבּוֹחֵר בְּשִׁירֵי זִמְרָה
מֶלֶךְ, אֵל, חֵי הָעוֹלָמִים.

בעשרת ימי תשובה רבים נוהגים לפתוח את ארון הקודש,
ושליח הציבור והקהל אומרים פסוק פסוק (נוכר במג״א נד, ב).

יש אומרים גם בהושענא רבה.

תהלים קל שִׁיר הַמַּעֲלוֹת, מִמַּעֲמַקִּים קְרָאתִיךָ יהוה: אֲדֹנָי שִׁמְעָה בְקוֹלִי, תִּהְיֶינָה
אָזְנֶיךָ קַשֻּׁבוֹת לְקוֹל תַּחֲנוּנָי: אִם־עֲוֹנוֹת תִּשְׁמָר־יָהּ, אֲדֹנָי מִי יַעֲמֹד: כִּי־
עִמְּךָ הַסְּלִיחָה, לְמַעַן תִּוָּרֵא: קִוִּיתִי יהוה קִוְּתָה נַפְשִׁי, וְלִדְבָרוֹ הוֹחָלְתִּי:
נַפְשִׁי לַאדֹנָי, מִשֹּׁמְרִים לַבֹּקֶר, שֹׁמְרִים לַבֹּקֶר: יַחֵל יִשְׂרָאֵל אֶל־יהוה,
כִּי־עִם־יהוה הַחֶסֶד, וְהַרְבֵּה עִמּוֹ פְדוּת: וְהוּא יִפְדֶּה אֶת־יִשְׂרָאֵל, מִכֹּל
עֲוֹנוֹתָיו:

חצי קדיש

ש״ץ: יִתְגַּדַּל וְיִתְקַדַּשׁ שְׁמֵהּ רַבָּא (קהל: אָמֵן)
בְּעָלְמָא דִּי בְרָא כִרְעוּתֵהּ, וְיַמְלִיךְ מַלְכוּתֵהּ
בְּחַיֵּיכוֹן וּבְיוֹמֵיכוֹן וּבְחַיֵּי דְכָל בֵּית יִשְׂרָאֵל
בַּעֲגָלָא וּבִזְמַן קָרִיב, וְאִמְרוּ אָמֵן. (קהל: אָמֵן)

קהל וש״ץ: יְהֵא שְׁמֵהּ רַבָּא מְבָרַךְ לְעָלַם וּלְעָלְמֵי עָלְמַיָּא.

ש״ץ: יִתְבָּרַךְ וְיִשְׁתַּבַּח וְיִתְפָּאַר וְיִתְרוֹמַם וְיִתְנַשֵּׂא
וְיִתְהַדָּר וְיִתְעַלֶּה וְיִתְהַלָּל
שְׁמֵהּ דְּקֻדְשָׁא בְּרִיךְ הוּא (קהל: בְּרִיךְ הוּא)
לְעֵלָּא מִן כָּל בִּרְכָתָא
/בעשרת ימי תשובה: לְעֵלָּא לְעֵלָּא מִכָּל בִּרְכָתָא/
וְשִׁירָתָא, תֻּשְׁבְּחָתָא וְנֶחֱמָתָא
דַּאֲמִירָן בְּעָלְמָא, וְאִמְרוּ אָמֵן. (קהל: אָמֵן)

קריאת שמע וברכותיה

בתפילה במניין שליח הציבור אומר ׳בָּרְכוּ׳ כדי לקרוא לציבור להתפלל עמו (ראב״ן).
שליח הציבור כורע בתיבת ׳בָּרְכוּ׳ וזוקף בשם (כלבו). הקהל כורע בתיבת ׳בָּרוּךְ׳
וזוקף בשם (מקור חיים), ושליח הציבור כורע שוב כאשר הוא חוזר אחריהם.

ש״ץ: בָּרְכוּ
אֶת יהוה הַמְבֹרָךְ.

קהל: בָּרוּךְ יהוה הַמְבֹרָךְ לְעוֹלָם וָעֶד.

ש״ץ: בָּרוּךְ יהוה הַמְבֹרָךְ לְעוֹלָם וָעֶד.

״בשחר מברך שתים לפניה ואחת לאחריה״ (משנה, ברכות יא ע״א).

הברכה הראשונה היא על האור, שהוא תחילת הבריאה, עם זאת מוכירים גם את בריאת החושך להודיע שבורא אחד ברא הכול (תלמידי רבינו יונה, ברכות יא ע״ב) ומטיל שלום ביניהם, שכן ״אם אין שלום אין כלום״ (רש״י, ויקרא כו, ו).

נוהגים לשבת בקריאת שמע וברכותיה (זוהר חדש תרומה, ח״א סט ע״ב).

אין להפסיק בדיבור מ׳בָּרְכוּ׳ ועד סוף תפילת העמידה פרט לדברים שבקדושה. ראה טבלה בעמ׳ 812.

בָּרוּךְ אַתָּה יהוה אֱלֹהֵינוּ מֶלֶךְ הָעוֹלָם
יוֹצֵר אוֹר וּבוֹרֵא חֹשֶׁךְ
עֹשֶׂה שָׁלוֹם וּבוֹרֵא אֶת הַכֹּל.

הַמֵּאִיר לָאָרֶץ וְלַדָּרִים עָלֶיהָ בְּרַחֲמִים
וּבְטוּבוֹ מְחַדֵּשׁ בְּכָל יוֹם תָּמִיד מַעֲשֵׂה בְרֵאשִׁית.
תהלים קד מָה־רַבּוּ מַעֲשֶׂיךָ יהוה, כֻּלָּם בְּחָכְמָה עָשִׂיתָ
מָלְאָה הָאָרֶץ קִנְיָנֶךָ:
הַמֶּלֶךְ הַמְרוֹמָם לְבַדּוֹ מֵאָז
הַמְשֻׁבָּח וְהַמְפֹאָר וְהַמִּתְנַשֵּׂא מִימוֹת עוֹלָם.
אֱלֹהֵי עוֹלָם
בְּרַחֲמֶיךָ הָרַבִּים רַחֵם עָלֵינוּ
אֲדוֹן עֻזֵּנוּ, צוּר מִשְׂגַּבֵּנוּ
מָגֵן יִשְׁעֵנוּ, מִשְׂגָּב בַּעֲדֵנוּ.
אֵל בָּרוּךְ גְּדוֹל דֵּעָה, הֵכִין וּפָעַל זָהֳרֵי חַמָּה
טוֹב יָצַר כָּבוֹד לִשְׁמוֹ, מְאוֹרוֹת נָתַן סְבִיבוֹת עֻזּוֹ
פִּנּוֹת צְבָאָיו קְדוֹשִׁים, רוֹמְמֵי שַׁדַּי
תָּמִיד מְסַפְּרִים כְּבוֹד אֵל וּקְדֻשָּׁתוֹ.
תִּתְבָּרַךְ יהוה אֱלֹהֵינוּ, עַל שֶׁבַח מַעֲשֵׂה יָדֶיךָ
וְעַל מְאוֹרֵי אוֹר שֶׁעָשִׂיתָ, יְפָאֲרוּךָ סֶּלָה.

תִּתְבָּרַךְ
צוּרֵנוּ מַלְכֵּנוּ וְגוֹאֲלֵנוּ, בּוֹרֵא קְדוֹשִׁים
יִשְׁתַּבַּח שִׁמְךָ לָעַד
מַלְכֵּנוּ, יוֹצֵר מְשָׁרְתִים
וַאֲשֶׁר מְשָׁרְתָיו כֻּלָּם עוֹמְדִים בְּרוּם עוֹלָם
וּמַשְׁמִיעִים בְּיִרְאָה יַחַד בְּקוֹל
דִּבְרֵי אֱלֹהִים חַיִּים וּמֶלֶךְ עוֹלָם.
כֻּלָּם אֲהוּבִים
כֻּלָּם בְּרוּרִים
כֻּלָּם גִּבּוֹרִים
וְכֻלָּם עוֹשִׂים בְּאֵימָה וּבְיִרְאָה רְצוֹן קוֹנָם
◂ וְכֻלָּם פּוֹתְחִים אֶת פִּיהֶם
בִּקְדֻשָּׁה וּבְטָהֳרָה
בְּשִׁירָה וּבְזִמְרָה
וּמְבָרְכִים וּמְשַׁבְּחִים וּמְפָאֲרִים
◂ וּמַעֲרִיצִים וּמַקְדִּישִׁים וּמַמְלִיכִים
אֶת שֵׁם הָאֵל הַמֶּלֶךְ הַגָּדוֹל, הַגִּבּוֹר וְהַנּוֹרָא
קָדוֹשׁ הוּא.
◂ וְכֻלָּם מְקַבְּלִים עֲלֵיהֶם עֹל מַלְכוּת שָׁמַיִם זֶה מִזֶּה
וְנוֹתְנִים רְשׁוּת זֶה לָזֶה
לְהַקְדִּישׁ לְיוֹצְרָם בְּנַחַת רוּחַ
בְּשָׂפָה בְרוּרָה וּבִנְעִימָה
קְדֻשָּׁה כֻּלָּם כְּאֶחָד
עוֹנִים וְאוֹמְרִים בְּיִרְאָה

יש פוסקים הסבורים שיחיד אינו אומר את הפסוקים 'קָדוֹשׁ' וּ'בָרוּךְ' אלא רק ציבור (רס"ג), ולכן ראוי שיחיד יאמר אותם בטעמים (שו"ע נט, ג; משנ"ב שם, יא).

הקהל עונה יחד בקול רם ('אליה רבה' נט, ד):

קָדוֹשׁ ׀ קָדוֹשׁ, קָדוֹשׁ יהוה צְבָאוֹת ישעיה ו

מְלֹא כָל־הָאָרֶץ כְּבוֹדוֹ:

◂ וְהָאוֹפַנִּים וְחַיּוֹת הַקֹּדֶשׁ

בְּרַעַשׁ גָּדוֹל מִתְנַשְּׂאִים לְעֻמַּת שְׂרָפִים

לְעֻמָּתָם מְשַׁבְּחִים וְאוֹמְרִים

הקהל עונה יחד בקול רם (שם):

בָּרוּךְ כְּבוֹד־יהוה מִמְּקוֹמוֹ: יחזקאל ג

לָאֵל בָּרוּךְ נְעִימוֹת יִתֵּנוּ

לַמֶּלֶךְ אֵל חַי וְקַיָּם

זְמִירוֹת יֹאמֵרוּ וְתִשְׁבָּחוֹת יַשְׁמִיעוּ

כִּי הוּא לְבַדּוֹ

פּוֹעֵל גְּבוּרוֹת, עוֹשֶׂה חֲדָשׁוֹת

בַּעַל מִלְחָמוֹת, זוֹרֵעַ צְדָקוֹת

מַצְמִיחַ יְשׁוּעוֹת, בּוֹרֵא רְפוּאוֹת

נוֹרָא תְהִלּוֹת, אֲדוֹן הַנִּפְלָאוֹת

הַמְחַדֵּשׁ בְּטוּבוֹ בְּכָל יוֹם תָּמִיד מַעֲשֵׂה בְרֵאשִׁית

כָּאָמוּר

לְעֹשֵׂה אוֹרִים גְּדֹלִים, כִּי לְעוֹלָם חַסְדּוֹ: תהלים קלו

◂ אוֹר חָדָשׁ עַל צִיּוֹן תָּאִיר

וְנִזְכֶּה כֻלָּנוּ מְהֵרָה לְאוֹרוֹ.

בָּרוּךְ אַתָּה יהוה, יוֹצֵר הַמְּאוֹרוֹת.

בברכות יא ע״ב נחלקו התנאים, אם נוסח הברכה השנייה לפני קריאת שמע הוא ׳אַהֲבָה רַבָּה׳ או ׳אַהֲבַת עוֹלָם׳. מנהג אשכנז לומר ׳אַהֲבָה רַבָּה׳ בשחרית ו׳אַהֲבַת עוֹלָם׳ בערבית (ראבי״ה ח״א, לד), כיוון שבבוקר האדם מודה על החסדים שה׳ גמל עמו, ובערב מתפלל על החסדים שיעשה עמו בעתיד (צל״ח ברכות שם).

אַהֲבָה רַבָּה אֲהַבְתָּנוּ, יהוה אֱלֹהֵינוּ
חֶמְלָה גְדוֹלָה וִיתֵרָה חָמַלְתָּ עָלֵינוּ.
אָבִינוּ מַלְכֵּנוּ
בַּעֲבוּר אֲבוֹתֵינוּ שֶׁבָּטְחוּ בְךָ, וַתְּלַמְּדֵם חֻקֵּי חַיִּים
כֵּן תְּחָנֵּנוּ וּתְלַמְּדֵנוּ.
אָבִינוּ, הָאָב הָרַחֲמָן, הַמְרַחֵם
רַחֵם עָלֵינוּ, וְתֵן בְּלִבֵּנוּ לְהָבִין וּלְהַשְׂכִּיל
לִשְׁמֹעַ, לִלְמֹד וּלְלַמֵּד, לִשְׁמֹר וְלַעֲשׂוֹת, וּלְקַיֵּם
אֶת כָּל דִּבְרֵי תַלְמוּד תּוֹרָתֶךָ בְּאַהֲבָה.
וְהָאֵר עֵינֵינוּ בְּתוֹרָתֶךָ, וְדַבֵּק לִבֵּנוּ בְּמִצְוֹתֶיךָ
וְיַחֵד לְבָבֵנוּ לְאַהֲבָה וּלְיִרְאָה אֶת שְׁמֶךָ
וְלֹא נֵבוֹשׁ לְעוֹלָם וָעֶד.
כִּי בְשֵׁם קָדְשְׁךָ הַגָּדוֹל וְהַנּוֹרָא בָּטָחְנוּ
נָגִילָה וְנִשְׂמְחָה בִּישׁוּעָתֶךָ.

״מצוה לאחוז הציצית ביד שמאלית כנגד לבו בשעת קריאת שמע״ (שו״ע כד, ב), ולדעת האר״י, יש לאוספן ולאוחזן בין קמיצה לזרת כשמגיע ל׳וַהֲבִיאֵנוּ׳. יש נוהגים לאחוז את ארבעתן (הרדב״ז והאר״י) ויש נוהגים לאחוז רק שתיים כדי להישאר מסובב במצוות (׳בית יוסף׳ בשם הרקנטי, מהרש״ל והגר״א).

וַהֲבִיאֵנוּ לְשָׁלוֹם מֵאַרְבַּע כַּנְפוֹת הָאָרֶץ
וְתוֹלִיכֵנוּ קוֹמְמִיּוּת לְאַרְצֵנוּ.
▸ כִּי אֵל פּוֹעֵל יְשׁוּעוֹת אָתָּה, וּבָנוּ בָחַרְתָּ מִכָּל עַם וְלָשׁוֹן
וְקֵרַבְתָּנוּ לְשִׁמְךָ הַגָּדוֹל סֶלָה, בֶּאֱמֶת
לְהוֹדוֹת לְךָ וּלְיַחֶדְךָ בְּאַהֲבָה.
בָּרוּךְ אַתָּה יהוה, הַבּוֹחֵר בְּעַמּוֹ יִשְׂרָאֵל בְּאַהֲבָה.

״יקרא קריאת שמע בכוונה – באימה, ביראה, ברתת וזיע״ (שו״ע סא, א).

קריאת שמע צריכה כוונה מיוחדת בכל שלוש פרשיותיה. מי שאינו יכול לכוון בכולן חייב לכוון לפחות בפסוק הראשון, ואם לא התכוון צריך לחזור ולקרוא שוב (שו״ע סג, ד). ראה הלכה 72–73.

בקריאת שמע שלוש פרשיות: ׳שְׁמַע׳, שעניינה קבלת עול מלכות שמים; ׳וְהָיָה אִם־שָׁמֹעַ׳, שעניינה קבלת עול מצוות; ׳ציצית׳, שיש בה הזכרת יציאת מצרים ובחירת ה׳ בעם ישראל (משנה, ברכות יג ע״א).

במקום המסומן ב° ימשש בתפילין של יד,
ובמקום המסומן ב°° ימשש בתפילין של ראש (דרך החיים).

המתפלל ביחידות אומר (רמ״א סא, ג על פי ספר חסידים):

אֵל מֶלֶךְ נֶאֱמָן

מכסה את עיניו בידו ואומר בכוונה ובקול רם:

דברים ו **שְׁמַע יִשְׂרָאֵל, יְהוָה אֱלֹהֵינוּ, יְהוָה | אֶחָד:**

בלחש: בָּרוּךְ שֵׁם כְּבוֹד מַלְכוּתוֹ לְעוֹלָם וָעֶד.

דברים ו וְאָהַבְתָּ אֵת יְהוָה אֱלֹהֶיךָ, בְּכָל־לְבָבְךָ וּבְכָל־נַפְשְׁךָ וּבְכָל־מְאֹדֶךָ:
וְהָיוּ הַדְּבָרִים הָאֵלֶּה, אֲשֶׁר אָנֹכִי מְצַוְּךָ הַיּוֹם, עַל־לְבָבֶךָ: וְשִׁנַּנְתָּם
לְבָנֶיךָ וְדִבַּרְתָּ בָּם, בְּשִׁבְתְּךָ בְּבֵיתֶךָ וּבְלֶכְתְּךָ בַדֶּרֶךְ, וּבְשָׁכְבְּךָ
וּבְקוּמֶךָ: °וּקְשַׁרְתָּם לְאוֹת עַל־יָדֶךָ °°וְהָיוּ לְטֹטָפֹת בֵּין עֵינֶיךָ:
וּכְתַבְתָּם עַל־מְזֻזוֹת בֵּיתֶךָ וּבִשְׁעָרֶיךָ:

דברים יא וְהָיָה אִם־שָׁמֹעַ תִּשְׁמְעוּ אֶל־מִצְוֹתַי אֲשֶׁר אָנֹכִי מְצַוֶּה אֶתְכֶם
הַיּוֹם, לְאַהֲבָה אֶת־יְהוָה אֱלֹהֵיכֶם וּלְעָבְדוֹ, בְּכָל־לְבַבְכֶם וּבְכָל־
נַפְשְׁכֶם: וְנָתַתִּי מְטַר־אַרְצְכֶם בְּעִתּוֹ, יוֹרֶה וּמַלְקוֹשׁ, וְאָסַפְתָּ
דְגָנֶךָ וְתִירֹשְׁךָ וְיִצְהָרֶךָ: וְנָתַתִּי עֵשֶׂב בְּשָׂדְךָ לִבְהֶמְתֶּךָ, וְאָכַלְתָּ
וְשָׂבָעְתָּ: הִשָּׁמְרוּ לָכֶם פֶּן־יִפְתֶּה לְבַבְכֶם, וְסַרְתֶּם וַעֲבַדְתֶּם
אֱלֹהִים אֲחֵרִים וְהִשְׁתַּחֲוִיתֶם לָהֶם: וְחָרָה אַף־יְהוָה בָּכֶם, וְעָצַר
אֶת־הַשָּׁמַיִם וְלֹא־יִהְיֶה מָטָר, וְהָאֲדָמָה לֹא תִתֵּן אֶת־יְבוּלָהּ,

וַאֲבַדְתֶּם מְהֵרָה מֵעַל הָאָרֶץ הַטֹּבָה אֲשֶׁר יְהֹוָה נֹתֵן לָכֶם:
וְשַׂמְתֶּם אֶת־דְּבָרַי אֵלֶּה עַל־לְבַבְכֶם וְעַל־נַפְשְׁכֶם, °וּקְשַׁרְתֶּם
אֹתָם לְאוֹת עַל־יֶדְכֶם, °°וְהָיוּ לְטוֹטָפֹת בֵּין עֵינֵיכֶם: וְלִמַּדְתֶּם
אֹתָם אֶת־בְּנֵיכֶם לְדַבֵּר בָּם, בְּשִׁבְתְּךָ בְּבֵיתֶךָ וּבְלֶכְתְּךָ בַדֶּרֶךְ,
וּבְשָׁכְבְּךָ וּבְקוּמֶךָ: וּכְתַבְתָּם עַל־מְזוּזוֹת בֵּיתֶךָ וּבִשְׁעָרֶיךָ: לְמַעַן
יִרְבּוּ יְמֵיכֶם וִימֵי בְנֵיכֶם עַל הָאֲדָמָה אֲשֶׁר נִשְׁבַּע יְהֹוָה לַאֲבֹתֵיכֶם
לָתֵת לָהֶם, כִּימֵי הַשָּׁמַיִם עַל־הָאָרֶץ:

נוהגים להעביר את הציציות ליד ימין ולנשקן במקומות המסומנים ב° (קיצור שו״ע יז, ז).

וַיֹּאמֶר יְהֹוָה אֶל־מֹשֶׁה לֵּאמֹר: דַּבֵּר אֶל־בְּנֵי יִשְׂרָאֵל וְאָמַרְתָּ במדבר טו
אֲלֵהֶם, וְעָשׂוּ לָהֶם °צִיצִת עַל־כַּנְפֵי בִגְדֵיהֶם לְדֹרֹתָם, וְנָתְנוּ
°עַל־צִיצִת הַכָּנָף פְּתִיל תְּכֵלֶת: וְהָיָה לָכֶם °לְצִיצִת, וּרְאִיתֶם
אֹתוֹ וּזְכַרְתֶּם אֶת־כָּל־מִצְוֹת יְהֹוָה וַעֲשִׂיתֶם אֹתָם, וְלֹא תָתוּרוּ
אַחֲרֵי לְבַבְכֶם וְאַחֲרֵי עֵינֵיכֶם, אֲשֶׁר־אַתֶּם זֹנִים אַחֲרֵיהֶם: לְמַעַן
תִּזְכְּרוּ וַעֲשִׂיתֶם אֶת־כָּל־מִצְוֹתָי, וִהְיִיתֶם קְדֹשִׁים לֵאלֹהֵיכֶם: אֲנִי
יְהֹוָה אֱלֹהֵיכֶם, אֲשֶׁר הוֹצֵאתִי אֶתְכֶם מֵאֶרֶץ מִצְרַיִם, לִהְיוֹת לָכֶם
לֵאלֹהִים, אֲנִי יְהֹוָה אֱלֹהֵיכֶם:

°אֱמֶת

שליח הציבור חוזר ואומר (שו״ע סא, ג על פי הזוהר):

› יְהֹוָה אֱלֹהֵיכֶם אֱמֶת

וְיַצִּיב, וְנָכוֹן וְקַיָּם, וְיָשָׁר וְנֶאֱמָן
וְאָהוּב וְחָבִיב, וְנֶחְמָד וְנָעִים
וְנוֹרָא וְאַדִּיר, וּמְתֻקָּן וּמְקֻבָּל
וְטוֹב וְיָפֶה
הַדָּבָר הַזֶּה עָלֵינוּ לְעוֹלָם וָעֶד.

אֱמֶת אֱלֹהֵי עוֹלָם מַלְכֵּנוּ
צוּר יַעֲקֹב מָגֵן יִשְׁעֵנוּ
לְדוֹר וָדוֹר הוּא קַיָּם וּשְׁמוֹ קַיָּם
וְכִסְאוֹ נָכוֹן
וּמַלְכוּתוֹ וֶאֱמוּנָתוֹ לָעַד קַיֶּמֶת.

במקום המסומן ב°,
מנשק את הציציות ומניחן (קיצוש״ע יז, ז על פי שער הכוונות).

וּדְבָרָיו חָיִים וְקַיָּמִים
נֶאֱמָנִים וְנֶחֱמָדִים
°לָעַד וּלְעוֹלְמֵי עוֹלָמִים
◂ עַל אֲבוֹתֵינוּ וְעָלֵינוּ
עַל בָּנֵינוּ וְעַל דּוֹרוֹתֵינוּ
וְעַל כָּל דּוֹרוֹת זֶרַע יִשְׂרָאֵל עֲבָדֶיךָ. ◂

עַל הָרִאשׁוֹנִים וְעַל הָאַחֲרוֹנִים
דָּבָר טוֹב וְקַיָּם לְעוֹלָם וָעֶד
אֱמֶת וֶאֱמוּנָה, חֹק וְלֹא יַעֲבֹר.

אֱמֶת שָׁאַתָּה הוּא יהוה
אֱלֹהֵינוּ וֵאלֹהֵי אֲבוֹתֵינוּ
◂ מַלְכֵּנוּ מֶלֶךְ אֲבוֹתֵינוּ
גּוֹאֲלֵנוּ גּוֹאֵל אֲבוֹתֵינוּ
יוֹצְרֵנוּ צוּר יְשׁוּעָתֵנוּ
פּוֹדֵנוּ וּמַצִּילֵנוּ מֵעוֹלָם שְׁמֶךָ
אֵין אֱלֹהִים זוּלָתֶךָ.

עֶזְרַת אֲבוֹתֵינוּ אַתָּה הוּא מֵעוֹלָם
מָגֵן וּמוֹשִׁיעַ לִבְנֵיהֶם אַחֲרֵיהֶם בְּכָל דּוֹר וָדוֹר.
בְּרוּם עוֹלָם מוֹשָׁבֶךָ
וּמִשְׁפָּטֶיךָ וְצִדְקָתְךָ עַד אַפְסֵי אָרֶץ.
אַשְׁרֵי אִישׁ שֶׁיִּשְׁמַע לְמִצְוֹתֶיךָ
וְתוֹרָתְךָ וּדְבָרְךָ יָשִׂים עַל לִבּוֹ.

אֱמֶת אַתָּה הוּא אָדוֹן לְעַמֶּךָ
וּמֶלֶךְ גִּבּוֹר לָרִיב רִיבָם.

אֱמֶת אַתָּה הוּא רִאשׁוֹן וְאַתָּה הוּא אַחֲרוֹן
וּמִבַּלְעָדֶיךָ אֵין לָנוּ מֶלֶךְ גּוֹאֵל וּמוֹשִׁיעַ.

מִמִּצְרַיִם גְּאַלְתָּנוּ, יהוה אֱלֹהֵינוּ
וּמִבֵּית עֲבָדִים פְּדִיתָנוּ
כָּל בְּכוֹרֵיהֶם הָרָגְתָּ
וּבְכוֹרְךָ גָּאָלְתָּ
וְיַם סוּף בָּקַעְתָּ
וְזֵדִים טִבַּעְתָּ
וִידִידִים הֶעֱבַרְתָּ
וַיְכַסּוּ־מַיִם צָרֵיהֶם תהלים קו
אֶחָד מֵהֶם לֹא נוֹתָר:

עַל זֹאת שִׁבְּחוּ אֲהוּבִים, וְרוֹמְמוּ אֵל
וְנָתְנוּ יְדִידִים זְמִירוֹת, שִׁירוֹת וְתִשְׁבָּחוֹת
בְּרָכוֹת וְהוֹדָאוֹת לְמֶלֶךְ אֵל חַי וְקַיָּם

רָם וְנִשָּׂא, גָּדוֹל וְנוֹרָא
מַשְׁפִּיל גֵּאִים וּמַגְבִּיהַּ שְׁפָלִים
מוֹצִיא אֲסִירִים, וּפוֹדֶה עֲנָוִים וְעוֹזֵר דַּלִּים
וְעוֹנֶה לְעַמּוֹ בְּעֵת שַׁוְּעָם אֵלָיו.

כאן נוהגים לעמוד כהכנה לתפילת העמידה (׳דרך החיים׳ על פי מהרי״ל)
ולפסוע שלוש פסיעות לאחור (׳אליה רבה׳ סו, ט בשם ׳פרי עץ חיים׳).

◂ תְּהִלּוֹת לְאֵל עֶלְיוֹן, בָּרוּךְ הוּא וּמְבֹרָךְ
מֹשֶׁה וּבְנֵי יִשְׂרָאֵל
לְךָ עָנוּ שִׁירָה בְּשִׂמְחָה רַבָּה
וְאָמְרוּ כֻלָּם
מִי־כָמֹכָה בָּאֵלִם, יהוה שמות טו
מִי כָּמֹכָה נֶאְדָּר בַּקֹּדֶשׁ
נוֹרָא תְהִלֹּת, עֹשֵׂה פֶלֶא:

◂ שִׁירָה חֲדָשָׁה שִׁבְּחוּ גְאוּלִים
לְשִׁמְךָ עַל שְׂפַת הַיָּם
יַחַד כֻּלָּם הוֹדוּ וְהִמְלִיכוּ
וְאָמְרוּ
יהוה יִמְלֹךְ לְעֹלָם וָעֶד: שמות טו

נחלקו הפוסקים אם יש לענות אמן אחר ברכת ׳גָּאַל יִשְׂרָאֵל׳.
רבים נוהגים לסיים את הברכה עם שליח הציבור
כדי לצאת מהמחלוקת (מג״א סו, יא).

◂ צוּר יִשְׂרָאֵל, קוּמָה בְּעֶזְרַת יִשְׂרָאֵל
וּפְדֵה כִנְאֻמֶךָ יְהוּדָה וְיִשְׂרָאֵל.
גֹּאֲלֵנוּ יהוה צְבָאוֹת שְׁמוֹ, קְדוֹשׁ יִשְׂרָאֵל: ישעיה מז
בָּרוּךְ אַתָּה יהוה, גָּאַל יִשְׂרָאֵל.

עמידה

"המתפלל צריך שיכוין בלבו פירוש המלות שמוציא בשפתיו; ויחשוב כאלו שכינה כנגדו ויסיר כל המחשבות הטורדות אותו עד שתשאר מחשבתו וכוונתו זכה בתפלתו" (שו"ע צח, א)

פוסע שלוש פסיעות לפנים כמי שנכנס לפני המלך (רמ"א צה, א בשם הרוקח).

עומד ומתפלל בלחש מכאן ועד 'וּכְשָׁנִים קַדְמֹנִיּוֹת' בעמ' 65.

כורע במקומות המסומנים ב', קד לפנים ב'אַתָּה' וזוקף בשם (סידור השל"ה).

אֲדֹנָי, שְׂפָתַי תִּפְתָּח, וּפִי יַגִּיד תְּהִלָּתֶךָ: תהלים נא

אבות

בָּרוּךְ אַתָּה יהוה, אֱלֹהֵינוּ וֵאלֹהֵי אֲבוֹתֵינוּ

אֱלֹהֵי אַבְרָהָם, אֱלֹהֵי יִצְחָק, וֵאלֹהֵי יַעֲקֹב

הָאֵל הַגָּדוֹל הַגִּבּוֹר וְהַנּוֹרָא, אֵל עֶלְיוֹן

גּוֹמֵל חֲסָדִים טוֹבִים, וְקוֹנֵה הַכֹּל

וְזוֹכֵר חַסְדֵי אָבוֹת

וּמֵבִיא גוֹאֵל לִבְנֵי בְנֵיהֶם לְמַעַן שְׁמוֹ בְּאַהֲבָה.

בעשרת ימי תשובה: זָכְרֵנוּ לְחַיִּים, מֶלֶךְ חָפֵץ בַּחַיִּים

וְכָתְבֵנוּ בְּסֵפֶר הַחַיִּים, לְמַעַנְךָ אֱלֹהִים חַיִּים.

מֶלֶךְ עוֹזֵר וּמוֹשִׁיעַ וּמָגֵן.

בָּרוּךְ אַתָּה יהוה, מָגֵן אַבְרָהָם.

גבורות

אַתָּה גִּבּוֹר לְעוֹלָם, אֲדֹנָי

מְחַיֵּה מֵתִים אַתָּה, רַב לְהוֹשִׁיעַ

אומרים 'מַשִּׁיב הָרוּחַ וּמוֹרִיד הַגֶּשֶׁם' משמיני עצרת ועד יום טוב ראשון של פסח, ו'מוֹרִיד הַטָּל' מחול המועד פסח ועד הושענא רבה. ראה הלכה 94–99.

בחורף: מַשִּׁיב הָרוּחַ וּמוֹרִיד הַגֶּשֶׁם / בקיץ: מוֹרִיד הַטָּל

מְכַלְכֵּל חַיִּים בְּחֶסֶד, מְחַיֵּה מֵתִים בְּרַחֲמִים רַבִּים

סוֹמֵךְ נוֹפְלִים, וְרוֹפֵא חוֹלִים, וּמַתִּיר אֲסוּרִים

וּמְקַיֵּם אֱמוּנָתוֹ לִישֵׁנֵי עָפָר.

מִי כָמְוֹךָ, בַּעַל גְּבוּרוֹת
וּמִי דְּוֹמֶה לָּךְ
מֶלֶךְ, מֵמִית וּמְחַיֶּה וּמַצְמְיחַ יְשׁוּעָה.

בעשרת ימי תשובה: מִי כָמְוֹךָ אַב הָרַחֲמִים
זוֹכֵר יְצוּרָיו לְחַיִּים בְּרַחֲמִים.

וְנֶאֱמָן אַתָּה לְהַחֲיוֹת מֵתִים.
בָּרוּךְ אַתָּה יהוה, מְחַיֵּה הַמֵּתִים.

בתפילת לחש ממשיך 'אַתָּה קָדוֹשׁ' בעמוד הבא.

קדושה

בחזרת הש"ץ הקהל עומד ואומר קדושה.
במקומות המסומנים ב', המתפלל מתרומם על קצות אצבעותיו (מג"א קכה, א בשם השל"ה).

נְקַדֵּשׁ אֶת שִׁמְךָ בָּעוֹלָם, כְּשֵׁם שֶׁמַּקְדִּישִׁים אוֹתוֹ בִּשְׁמֵי מָרוֹם
ישעיה ו כַּכָּתוּב עַל יַד נְבִיאֶךָ, וְקָרָא זֶה אֶל־זֶה וְאָמַר

קהל ואחריו שליח הציבור (ראה הלכה 113–114):

'קָדוֹשׁ, 'קָדוֹשׁ, 'קָדוֹשׁ, יהוה צְבָאוֹת, מְלֹא כָל־הָאָרֶץ כְּבוֹדוֹ:
לְעֻמָּתָם בָּרוּךְ יֹאמֵרוּ

קהל ואחריו שליח הציבור:

יחזקאל ג 'בָּרוּךְ כְּבוֹד־יהוה מִמְּקוֹמוֹ:
וּבְדִבְרֵי קָדְשְׁךָ כָּתוּב לֵאמֹר

קהל ואחריו שליח הציבור:

תהלים קמו 'יִמְלֹךְ יהוה לְעוֹלָם, אֱלֹהַיִךְ צִיּוֹן לְדֹר וָדֹר, הַלְלוּיָהּ:

שליח הציבור:

לְדוֹר וָדוֹר נַגִּיד גָּדְלֶךָ, וּלְנֵצַח נְצָחִים קְדֻשָּׁתְךָ נַקְדִּישׁ
וְשִׁבְחֲךָ אֱלֹהֵינוּ מִפִּינוּ לֹא יָמוּשׁ לְעוֹלָם וָעֶד
כִּי אֵל מֶלֶךְ גָּדוֹל וְקָדוֹשׁ אָתָּה.
בָּרוּךְ אַתָּה יהוה, הָאֵל הַקָּדוֹשׁ./ בעשרת ימי תשובה: הַמֶּלֶךְ הַקָּדוֹשׁ./

שליח הציבור ממשיך 'אַתָּה חוֹנֵן' בעמוד הבא.

קדושת השם

אַתָּה קָדוֹשׁ וְשִׁמְךָ קָדוֹשׁ

וּקְדוֹשִׁים בְּכָל יוֹם יְהַלְלוּךָ סֶּלָה.

בָּרוּךְ אַתָּה יהוה

הָאֵל הַקָּדוֹשׁ. / בעשרת ימי תשובה: הַמֶּלֶךְ הַקָּדוֹשׁ./

אם שכח חוזר לראש התפילה.

דעת

אַתָּה חוֹנֵן לְאָדָם דַּעַת

וּמְלַמֵּד לֶאֱנוֹשׁ בִּינָה.

חָנֵּנוּ מֵאִתְּךָ דֵּעָה בִּינָה וְהַשְׂכֵּל.

בָּרוּךְ אַתָּה יהוה

חוֹנֵן הַדָּעַת.

תשובה

הֲשִׁיבֵנוּ אָבִינוּ לְתוֹרָתֶךָ

וְקָרְבֵנוּ מַלְכֵּנוּ לַעֲבוֹדָתֶךָ

וְהַחֲזִירֵנוּ בִּתְשׁוּבָה שְׁלֵמָה לְפָנֶיךָ.

בָּרוּךְ אַתָּה יהוה

הָרוֹצֶה בִּתְשׁוּבָה.

סליחה

נוהגים להכות כנגד הלב במקומות המסומנים ב° (סידור יעב״ץ בשם של״ה).

סְלַח לָנוּ אָבִינוּ כִּי °חָטָאנוּ

מְחַל לָנוּ מַלְכֵּנוּ כִּי °פָשָׁעְנוּ

כִּי מוֹחֵל וְסוֹלֵחַ אָתָּה.

בָּרוּךְ אַתָּה יהוה

חַנּוּן הַמַּרְבֶּה לִסְלֹחַ.

גאולה

רְאֵה בְעָנְיֵנוּ, וְרִיבָה רִיבֵנוּ
וּגְאָלֵנוּ מְהֵרָה לְמַעַן שְׁמֶךָ
כִּי גּוֹאֵל חָזָק אָתָּה.
בָּרוּךְ אַתָּה יהוה
גּוֹאֵל יִשְׂרָאֵל.

בתענית ציבור שליח הציבור מוסיף:

עֲנֵנוּ יהוה עֲנֵנוּ בְּיוֹם צוֹם תַּעֲנִיתֵנוּ, כִּי בְצָרָה גְדוֹלָה אֲנָחְנוּ. אַל תֵּפֶן
אֶל רִשְׁעֵנוּ, וְאַל תַּסְתֵּר פָּנֶיךָ מִמֶּנּוּ, וְאַל תִּתְעַלַּם מִתְּחִנָּתֵנוּ. הֱיֵה נָא
קָרוֹב לְשַׁוְעָתֵנוּ, יְהִי נָא חַסְדְּךָ לְנַחֲמֵנוּ, טֶרֶם נִקְרָא אֵלֶיךָ עֲנֵנוּ, כַּדָּבָר
שֶׁנֶּאֱמַר: וְהָיָה טֶרֶם יִקְרָאוּ וַאֲנִי אֶעֱנֶה, עוֹד הֵם מְדַבְּרִים וַאֲנִי אֶשְׁמָע: ישעיה סה
כִּי אַתָּה יהוה הָעוֹנֶה בְּעֵת צָרָה, פּוֹדֶה וּמַצִּיל בְּכָל עֵת צָרָה וְצוּקָה.
בָּרוּךְ אַתָּה יהוה, הָעוֹנֶה בְּעֵת צָרָה.

רפואה

רְפָאֵנוּ יהוה וְנֵרָפֵא
הוֹשִׁיעֵנוּ וְנִוָּשֵׁעָה
כִּי תְהִלָּתֵנוּ אָתָּה
וְהַעֲלֵה רְפוּאָה שְׁלֵמָה לְכָל מַכּוֹתֵינוּ

המתפלל על חולה מוסיף:

יְהִי רָצוֹן מִלְּפָנֶיךָ יהוה אֱלֹהַי וֵאלֹהֵי אֲבוֹתַי, שֶׁתִּשְׁלַח מְהֵרָה רְפוּאָה
שְׁלֵמָה מִן הַשָּׁמַיִם, רְפוּאַת הַנֶּפֶשׁ וּרְפוּאַת הַגּוּף, לַחוֹלֶה פלוני בֶּן פלונית/
לַחוֹלָה פלונית בַּת פלונית בְּתוֹךְ שְׁאָר חוֹלֵי יִשְׂרָאֵל

כִּי אֵל מֶלֶךְ רוֹפֵא נֶאֱמָן וְרַחֲמָן אָתָּה.
בָּרוּךְ אַתָּה יהוה
רוֹפֵא חוֹלֵי עַמּוֹ יִשְׂרָאֵל.

ברכת השנים

אומרים 'טַל וּמָטָר לִבְרָכָה' מז' במרחשון ועד ערב פסח. ראה הלכה 97-99.

בָּרֵךְ עָלֵינוּ יהוה אֱלֹהֵינוּ אֶת הַשָּׁנָה הַזּאת
וְאֶת כָּל מִינֵי תְבוּאָתָהּ, לְטוֹבָה
בחורף: וְתֵן טַל וּמָטָר לִבְרָכָה / בקיץ: וְתֵן בְּרָכָה
עַל פְּנֵי הָאֲדָמָה, וְשַׂבְּעֵנוּ מִטּוּבָהּ
וּבָרֵךְ שְׁנָתֵנוּ כַּשָּׁנִים הַטּוֹבוֹת.
בָּרוּךְ אַתָּה יהוה
מְבָרֵךְ הַשָּׁנִים.

קיבוץ גלויות

תְּקַע בְּשׁוֹפָר גָּדוֹל לְחֵרוּתֵנוּ
וְשָׂא נֵס לְקַבֵּץ גָּלֻיּוֹתֵינוּ
וְקַבְּצֵנוּ יַחַד מֵאַרְבַּע כַּנְפוֹת הָאָרֶץ.
בָּרוּךְ אַתָּה יהוה
מְקַבֵּץ נִדְחֵי עַמּוֹ יִשְׂרָאֵל.

השבת המשפט

הָשִׁיבָה שׁוֹפְטֵינוּ כְּבָרִאשׁוֹנָה וְיוֹעֲצֵינוּ כְּבַתְּחִלָּה
וְהָסֵר מִמֶּנּוּ יָגוֹן וַאֲנָחָה
וּמְלֹךְ עָלֵינוּ אַתָּה יהוה לְבַדְּךָ בְּחֶסֶד וּבְרַחֲמִים
וְצַדְּקֵנוּ בַּמִּשְׁפָּט.
בָּרוּךְ אַתָּה יהוה
מֶלֶךְ אוֹהֵב צְדָקָה וּמִשְׁפָּט. / בעשרת ימי תשובה: הַמֶּלֶךְ הַמִּשְׁפָּט./

ברכת המינים

וְלַמַּלְשִׁינִים אַל תְּהִי תִקְוָה, וְכָל הָרִשְׁעָה כְּרֶגַע תֹּאבֵד
וְכָל אוֹיְבֵי עַמְּךָ מְהֵרָה יִכָּרֵתוּ
וְהַזֵּדִים מְהֵרָה תְעַקֵּר וּתְשַׁבֵּר וּתְמַגֵּר וְתַכְנִיעַ בִּמְהֵרָה בְיָמֵינוּ.
בָּרוּךְ אַתָּה יהוה, שׁוֹבֵר אוֹיְבִים וּמַכְנִיעַ זֵדִים.

על הצדיקים

עַל הַצַּדִּיקִים וְעַל הַחֲסִידִים
וְעַל זִקְנֵי עַמְּךָ בֵּית יִשְׂרָאֵל
וְעַל פְּלֵיטַת סוֹפְרֵיהֶם
וְעַל גֵּרֵי הַצֶּדֶק, וְעָלֵינוּ
יֶהֱמוּ רַחֲמֶיךָ יהוה אֱלֹהֵינוּ
וְתֵן שָׂכָר טוֹב לְכָל הַבּוֹטְחִים בְּשִׁמְךָ בֶּאֱמֶת
וְשִׂים חֶלְקֵנוּ עִמָּהֶם, וּלְעוֹלָם לֹא נֵבוֹשׁ כִּי בְךָ בָטָחְנוּ.
בָּרוּךְ אַתָּה יהוה, מִשְׁעָן וּמִבְטָח לַצַּדִּיקִים.

בניין ירושלים

וְלִירוּשָׁלַיִם עִירְךָ בְּרַחֲמִים תָּשׁוּב
וְתִשְׁכֹּן בְּתוֹכָהּ כַּאֲשֶׁר דִּבַּרְתָּ
וּבְנֵה אוֹתָהּ בְּקָרוֹב בְּיָמֵינוּ בִּנְיַן עוֹלָם
וְכִסֵּא דָוִד מְהֵרָה לְתוֹכָהּ תָּכִין.
בָּרוּךְ אַתָּה יהוה, בּוֹנֵה יְרוּשָׁלָיִם.

מלכות בית דוד

אֶת צֶמַח דָּוִד עַבְדְּךָ מְהֵרָה תַצְמִיחַ, וְקַרְנוֹ תָּרוּם בִּישׁוּעָתֶךָ
כִּי לִישׁוּעָתְךָ קִוִּינוּ כָּל הַיּוֹם.
בָּרוּךְ אַתָּה יהוה, מַצְמִיחַ קֶרֶן יְשׁוּעָה.

שומע תפילה

שְׁמַע קוֹלֵנוּ יהוה אֱלֹהֵינוּ
חוּס וְרַחֵם עָלֵינוּ, וְקַבֵּל בְּרַחֲמִים וּבְרָצוֹן אֶת תְּפִלָּתֵנוּ
כִּי אֵל שׁוֹמֵעַ תְּפִלּוֹת וְתַחֲנוּנִים אָתָּה
וּמִלְּפָנֶיךָ מַלְכֵּנוּ רֵיקָם אַל תְּשִׁיבֵנוּ*
כִּי אַתָּה שׁוֹמֵעַ תְּפִלַּת עַמְּךָ יִשְׂרָאֵל בְּרַחֲמִים.
בָּרוּךְ אַתָּה יהוה, שׁוֹמֵעַ תְּפִלָּה.

---

*בזמן עצירת גשמים (טור, תקעט):

וַעֲנֵנוּ בּוֹרֵא עוֹלָם בְּמִדַּת הָרַחֲמִים, בּוֹחֵר בְּעַמּוֹ יִשְׂרָאֵל לְהוֹדִיעַ גָּדְלוֹ וְהַדְרַת כְּבוֹדוֹ. שׁוֹמֵעַ תְּפִלָּה, תֵּן טַל וּמָטָר עַל פְּנֵי הָאֲדָמָה, וְתַשְׂבִּיעַ אֶת הָעוֹלָם כֻּלּוֹ מִטּוּבֶךָ, וּמַלֵּא יָדֵינוּ מִבִּרְכוֹתֶיךָ וּמֵעֹשֶׁר מַתְּנַת יָדֶךָ. שְׁמֹר וְהַצֵּל שָׁנָה זוֹ מִכָּל דָּבָר רָע, וּמִכָּל מִינֵי מַשְׁחִית וּמִכָּל מִינֵי פֻרְעָנִיּוֹת, וַעֲשֵׂה לָהּ תִּקְוָה וְאַחֲרִית שָׁלוֹם. חוּס וְרַחֵם עָלֵינוּ וְעַל כָּל תְּבוּאָתֵנוּ וּפֵרוֹתֵינוּ, וּבָרְכֵנוּ בְּגִשְׁמֵי בְרָכָה, וְנִזְכֶּה לְחַיִּים וְשֹׂבַע וְשָׁלוֹם כַּשָּׁנִים הַטּוֹבוֹת. וְהָסֵר מִמֶּנּוּ דֶּבֶר וְחֶרֶב וְרָעָב, וְחַיָּה רָעָה וּשְׁבִי וּבִזָּה, וְיֵצֶר הָרָע וָחֳלָיִים רָעִים וְקָשִׁים וּמְאֹרָעוֹת רָעִים וְקָשִׁים. וּגְזֹר עָלֵינוּ גְּזֵרוֹת טוֹבוֹת מִלְּפָנֶיךָ, וְיִגֹּלּוּ רַחֲמֶיךָ עַל מִדּוֹתֶיךָ, וְתִתְנַהֵג עִם בָּנֶיךָ בְּמִדַּת הָרַחֲמִים, וְקַבֵּל בְּרַחֲמִים וּבְרָצוֹן אֶת תְּפִלָּתֵנוּ.

וממשיכים 'כִּי אַתָּה שׁוֹמֵעַ' למעלה.

עבודה

רְצֵה יהוה אֱלֹהֵינוּ בְּעַמְּךָ יִשְׂרָאֵל וּבִתְפִלָּתָם
וְהָשֵׁב אֶת הָעֲבוֹדָה לִדְבִיר בֵּיתֶךָ
וְאִשֵּׁי יִשְׂרָאֵל וּתְפִלָּתָם בְּאַהֲבָה תְקַבֵּל בְּרָצוֹן
וּתְהִי לְרָצוֹן תָּמִיד עֲבוֹדַת יִשְׂרָאֵל עַמֶּךָ.

בראש חודש ובחול המועד:

אֱלֹהֵינוּ וֵאלֹהֵי אֲבוֹתֵינוּ, יַעֲלֶה וְיָבוֹא וְיַגִּיעַ, וְיֵרָאֶה וְיֵרָצֶה וְיִשָּׁמַע, וְיִפָּקֵד וְיִזָּכֵר זִכְרוֹנֵנוּ וּפִקְדוֹנֵנוּ וְזִכְרוֹן אֲבוֹתֵינוּ, וְזִכְרוֹן מָשִׁיחַ בֶּן דָּוִד

עַבְדֶּךָ, וְזִכְרוֹן יְרוּשָׁלַיִם עִיר קָדְשֶׁךָ, וְזִכְרוֹן כָּל עַמְּךָ בֵּית יִשְׂרָאֵל, לְפָנֶיךָ, לִפְלֵיטָה לְטוֹבָה, לְחֵן וּלְחֶסֶד וּלְרַחֲמִים, לְחַיִּים וּלְשָׁלוֹם בְּיוֹם

בראש חודש: רֹאשׁ הַחֹדֶשׁ / בפסח: חַג הַמַּצּוֹת / בסוכות: חַג הַסֻּכּוֹת

הַזֶּה. זָכְרֵנוּ יהוה אֱלֹהֵינוּ בּוֹ לְטוֹבָה, וּפָקְדֵנוּ בוֹ לִבְרָכָה, וְהוֹשִׁיעֵנוּ בוֹ לְחַיִּים. וּבִדְבַר יְשׁוּעָה וְרַחֲמִים, חוּס וְחָנֵּנוּ וְרַחֵם עָלֵינוּ וְהוֹשִׁיעֵנוּ, כִּי אֵלֶיךָ עֵינֵינוּ, כִּי אֵל מֶלֶךְ חַנּוּן וְרַחוּם אָתָּה.

וְתֶחֱזֶינָה עֵינֵינוּ בְּשׁוּבְךָ לְצִיּוֹן בְּרַחֲמִים.
בָּרוּךְ אַתָּה יהוה, הַמַּחֲזִיר שְׁכִינָתוֹ לְצִיּוֹן.

הודאה

כורע ב'מודים' ואינו זוקף עד אמירת השם. (סידור השל"ה).

מוֹדִים אֲנַחְנוּ לָךְ
שָׁאַתָּה הוּא יהוה אֱלֹהֵינוּ
וֵאלֹהֵי אֲבוֹתֵינוּ לְעוֹלָם וָעֶד.
צוּר חַיֵּינוּ, מָגֵן יִשְׁעֵנוּ
אַתָּה הוּא לְדוֹר וָדוֹר.
נוֹדֶה לְּךָ וּנְסַפֵּר תְּהִלָּתֶךָ
עַל חַיֵּינוּ הַמְּסוּרִים בְּיָדֶךָ
וְעַל נִשְׁמוֹתֵינוּ הַפְּקוּדוֹת לָךְ
וְעַל נִסֶּיךָ שֶׁבְּכָל יוֹם עִמָּנוּ
וְעַל נִפְלְאוֹתֶיךָ וְטוֹבוֹתֶיךָ
שֶׁבְּכָל עֵת, עֶרֶב וָבֹקֶר וְצָהֳרָיִם.
הַטּוֹב, כִּי לֹא כָלוּ רַחֲמֶיךָ
וְהַמְרַחֵם, כִּי לֹא תַמּוּ חֲסָדֶיךָ
מֵעוֹלָם קִוִּינוּ לָךְ.

כשהש"ץ אומר 'מודים', הקהל אומר בלחש (סוטה מ ע"א):

מוֹדִים אֲנַחְנוּ לָךְ
שָׁאַתָּה הוּא יהוה אֱלֹהֵינוּ
וֵאלֹהֵי אֲבוֹתֵינוּ
אֱלֹהֵי כָל בָּשָׂר
יוֹצְרֵנוּ, יוֹצֵר בְּרֵאשִׁית.
בְּרָכוֹת וְהוֹדָאוֹת
לְשִׁמְךָ הַגָּדוֹל וְהַקָּדוֹשׁ
עַל שֶׁהֶחֱיִיתָנוּ וְקִיַּמְתָּנוּ.
כֵּן תְּחַיֵּנוּ וּתְקַיְּמֵנוּ
וְתֶאֱסֹף גָּלֻיּוֹתֵינוּ
לְחַצְרוֹת קָדְשֶׁךָ
לִשְׁמֹר חֻקֶּיךָ וְלַעֲשׂוֹת רְצוֹנֶךָ
וּלְעָבְדְּךָ בְּלֵבָב שָׁלֵם
עַל שֶׁאֲנַחְנוּ מוֹדִים לָךְ.
בָּרוּךְ אֵל הַהוֹדָאוֹת.

בחנוכה:

עַל הַנִּסִּים וְעַל הַפֻּרְקָן וְעַל הַגְּבוּרוֹת וְעַל הַתְּשׁוּעוֹת וְעַל הַמִּלְחָמוֹת שֶׁעָשִׂיתָ לַאֲבוֹתֵינוּ בַּיָּמִים הָהֵם בַּזְּמַן הַזֶּה.

בִּימֵי מַתִּתְיָהוּ בֶּן יוֹחָנָן כֹּהֵן גָּדוֹל חַשְׁמוֹנַאי וּבָנָיו, כְּשֶׁעָמְדָה מַלְכוּת יָוָן הָרְשָׁעָה עַל עַמְּךָ יִשְׂרָאֵל לְהַשְׁכִּיחָם תּוֹרָתֶךָ וּלְהַעֲבִירָם מֵחֻקֵּי רְצוֹנֶךָ, וְאַתָּה בְּרַחֲמֶיךָ הָרַבִּים עָמַדְתָּ לָהֶם בְּעֵת צָרָתָם, רַבְתָּ אֶת רִיבָם, דַּנְתָּ אֶת דִּינָם, נָקַמְתָּ אֶת נִקְמָתָם, מָסַרְתָּ גִּבּוֹרִים בְּיַד חַלָּשִׁים, וְרַבִּים בְּיַד מְעַטִּים, וּטְמֵאִים בְּיַד טְהוֹרִים, וּרְשָׁעִים בְּיַד צַדִּיקִים, וְזֵדִים בְּיַד עוֹסְקֵי תוֹרָתֶךָ, וּלְךָ עָשִׂיתָ שֵׁם גָּדוֹל וְקָדוֹשׁ בְּעוֹלָמֶךָ, וּלְעַמְּךָ יִשְׂרָאֵל עָשִׂיתָ תְּשׁוּעָה גְדוֹלָה וּפֻרְקָן כְּהַיּוֹם הַזֶּה. וְאַחַר כֵּן בָּאוּ בָנֶיךָ לִדְבִיר בֵּיתֶךָ, וּפִנּוּ אֶת הֵיכָלֶךָ, וְטִהֲרוּ אֶת מִקְדָּשֶׁךָ, וְהִדְלִיקוּ נֵרוֹת בְּחַצְרוֹת קָדְשֶׁךָ, וְקָבְעוּ שְׁמוֹנַת יְמֵי חֲנֻכָּה אֵלּוּ, לְהוֹדוֹת וּלְהַלֵּל לְשִׁמְךָ הַגָּדוֹל.

וממשיך ׳וְעַל כֻּלָּם׳.

בפורים:

עַל הַנִּסִּים וְעַל הַפֻּרְקָן וְעַל הַגְּבוּרוֹת וְעַל הַתְּשׁוּעוֹת וְעַל הַמִּלְחָמוֹת שֶׁעָשִׂיתָ לַאֲבוֹתֵינוּ בַּיָּמִים הָהֵם בַּזְּמַן הַזֶּה.

בִּימֵי מָרְדְּכַי וְאֶסְתֵּר בְּשׁוּשַׁן הַבִּירָה, כְּשֶׁעָמַד עֲלֵיהֶם הָמָן הָרָשָׁע, בִּקֵּשׁ
לְהַשְׁמִיד לַהֲרֹג וּלְאַבֵּד אֶת־כָּל־הַיְּהוּדִים מִנַּעַר וְעַד־זָקֵן טַף וְנָשִׁים בְּיוֹם אסתר ג
אֶחָד, בִּשְׁלוֹשָׁה עָשָׂר לְחֹדֶשׁ שְׁנֵים־עָשָׂר, הוּא־חֹדֶשׁ אֲדָר, וּשְׁלָלָם
לָבוֹז: וְאַתָּה בְּרַחֲמֶיךָ הָרַבִּים הֵפַרְתָּ אֶת עֲצָתוֹ, וְקִלְקַלְתָּ אֶת מַחֲשַׁבְתּוֹ,
וַהֲשֵׁבוֹתָ לּוֹ גְּמוּלוֹ בְּרֹאשׁוֹ, וְתָלוּ אוֹתוֹ וְאֶת בָּנָיו עַל הָעֵץ.

וממשיך ׳וְעַל כֻּלָּם׳.

וְעַל כֻּלָּם יִתְבָּרַךְ וְיִתְרוֹמַם שִׁמְךָ מַלְכֵּנוּ תָּמִיד לְעוֹלָם וָעֶד.

בעשרת ימי תשובה: וּכְתֹב לְחַיִּים טוֹבִים כָּל בְּנֵי בְרִיתֶךָ.

וְכֹל הַחַיִּים יוֹדוּךָ סֶּלָה, וִיהַלְלוּ אֶת שִׁמְךָ בֶּאֱמֶת
הָאֵל יְשׁוּעָתֵנוּ וְעֶזְרָתֵנוּ סֶלָה.
בָּרוּךְ אַתָּה יהוה, הַטּוֹב שִׁמְךָ וּלְךָ נָאֶה לְהוֹדוֹת.

אם יותר מכוהן אחד עולה לדוכן, הגבאי קורא (ראה הלכה 124):

כֹּהֲנִים

הכוהנים מברכים: בָּרוּךְ אַתָּה יהוה אֱלֹהֵינוּ מֶלֶךְ הָעוֹלָם, אֲשֶׁר קִדְּשָׁנוּ בִּקְדֻשָּׁתוֹ שֶׁל אַהֲרֹן, וְצִוָּנוּ לְבָרֵךְ אֶת עַמּוֹ יִשְׂרָאֵל בְּאַהֲבָה.

במדבר ו השׁ״ץ מקריא מילה במילה, והכוהנים אחריו: יְבָרֶכְךָ יהוה וְיִשְׁמְרֶךָ: קהל: אָמֵן
יָאֵר יהוה פָּנָיו אֵלֶיךָ וִיחֻנֶּךָּ: קהל: אָמֵן
יִשָּׂא יהוה פָּנָיו אֵלֶיךָ וְיָשֵׂם לְךָ שָׁלוֹם: קהל: אָמֵן

שליח הציבור ממשיך ׳שִׂים שָׁלוֹם׳.

הכוהנים אומרים:

רִבּוֹנוֹ שֶׁל עוֹלָם, עָשִׂינוּ מַה שֶּׁגָּזַרְתָּ עָלֵינוּ, אַף אַתָּה
דברים כו עֲשֵׂה עִמָּנוּ כְּמוֹ שֶׁהִבְטַחְתָּנוּ. הַשְׁקִיפָה מִמְּעוֹן קָדְשְׁךָ מִן־הַשָּׁמַיִם, וּבָרֵךְ אֶת־עַמְּךָ אֶת־יִשְׂרָאֵל, וְאֵת הָאֲדָמָה אֲשֶׁר נָתַתָּה לָנוּ, כַּאֲשֶׁר נִשְׁבַּעְתָּ לַאֲבֹתֵינוּ, אֶרֶץ זָבַת חָלָב וּדְבָשׁ:

הקהל אומר:

אַדִּיר בַּמָּרוֹם שׁוֹכֵן בִּגְבוּרָה, אַתָּה שָׁלוֹם וְשִׁמְךָ שָׁלוֹם. יְהִי רָצוֹן שֶׁתָּשִׂים עָלֵינוּ וְעַל כָּל עַמְּךָ בֵּית יִשְׂרָאֵל חַיִּים וּבְרָכָה לְמִשְׁמֶרֶת שָׁלוֹם.

אם אין כוהנים העולים לדוכן, שליח הציבור אומר:

אֱלֹהֵינוּ וֵאלֹהֵי אֲבוֹתֵינוּ, בָּרְכֵנוּ בַּבְּרָכָה הַמְשֻׁלֶּשֶׁת בַּתּוֹרָה, הַכְּתוּבָה עַל יְדֵי מֹשֶׁה עַבְדֶּךָ, הָאֲמוּרָה מִפִּי אַהֲרֹן וּבָנָיו כֹּהֲנִים עַם קְדוֹשֶׁיךָ, כָּאָמוּר

במדבר ו יְבָרֶכְךָ יהוה וְיִשְׁמְרֶךָ: קהל: כֵּן יְהִי רָצוֹן
יָאֵר יהוה פָּנָיו אֵלֶיךָ וִיחֻנֶּךָּ: קהל: כֵּן יְהִי רָצוֹן
יִשָּׂא יהוה פָּנָיו אֵלֶיךָ וְיָשֵׂם לְךָ שָׁלוֹם: קהל: כֵּן יְהִי רָצוֹן

שלום

שִׂים שָׁלוֹם טוֹבָה וּבְרָכָה
חֵן וָחֶסֶד וְרַחֲמִים עָלֵינוּ וְעַל כָּל יִשְׂרָאֵל עַמֶּךָ.
בָּרְכֵנוּ אָבִינוּ כֻּלָּנוּ כְּאֶחָד בְּאוֹר פָּנֶיךָ
כִּי בְאוֹר פָּנֶיךָ נָתַתָּ לָּנוּ יהוה אֱלֹהֵינוּ
תּוֹרַת חַיִּים וְאַהֲבַת חֶסֶד, וּצְדָקָה וּבְרָכָה וְרַחֲמִים וְחַיִּים וְשָׁלוֹם.
וְטוֹב בְּעֵינֶיךָ לְבָרֵךְ אֶת עַמְּךָ יִשְׂרָאֵל
בְּכָל עֵת וּבְכָל שָׁעָה בִּשְׁלוֹמֶךָ.

בעשרת ימי תשובה: בְּסֵֽפֶר חַיִּים, בְּרָכָה וְשָׁלוֹם, וּפַרְנָסָה טוֹבָה, נִזָּכֵר וְנִכָּתֵב לְפָנֶֽיךָ, אֲנַֽחְנוּ וְכָל עַמְּךָ בֵּית יִשְׂרָאֵל, לְחַיִּים טוֹבִים וּלְשָׁלוֹם.
בני חוץ לארץ מסיימים: בָּרוּךְ אַתָּה יהוה, עוֹשֵׂה הַשָּׁלוֹם.

בָּרוּךְ אַתָּה יהוה, הַמְבָרֵךְ אֶת עַמּוֹ יִשְׂרָאֵל בַּשָּׁלוֹם.

שליח הציבור מסיים באמירת הפסוק הבא בלחש (מג״א קכג, יד).
יש הנוהגים לאומרו גם בסוף תפילת לחש של יחיד. ראה הלכה 103.

יִהְיוּ לְרָצוֹן אִמְרֵי־פִי וְהֶגְיוֹן לִבִּי לְפָנֶֽיךָ, יהוה צוּרִי וְגֹאֲלִי: תהלים יט

אֱלֹהַי ברכות יז.

נְצֹר לְשׁוֹנִי מֵרָע וּשְׂפָתַי מִדַּבֵּר מִרְמָה
וְלִמְקַלְלַי נַפְשִׁי תִדֹּם, וְנַפְשִׁי כֶּעָפָר לַכֹּל תִּהְיֶה.
פְּתַח לִבִּי בְּתוֹרָתֶֽךָ, וּבְמִצְוֹתֶֽיךָ תִּרְדֹּף נַפְשִׁי.
וְכָל הַחוֹשְׁבִים עָלַי רָעָה
מְהֵרָה הָפֵר עֲצָתָם וְקַלְקֵל מַחֲשַׁבְתָּם.
עֲשֵׂה לְמַֽעַן שְׁמֶֽךָ, עֲשֵׂה לְמַֽעַן יְמִינֶֽךָ
עֲשֵׂה לְמַֽעַן קְדֻשָּׁתֶֽךָ, עֲשֵׂה לְמַֽעַן תּוֹרָתֶֽךָ.
לְמַֽעַן יֵחָלְצוּן יְדִידֶֽיךָ, הוֹשִֽׁיעָה יְמִינְךָ וַעֲנֵֽנִי: תהלים ס
יִהְיוּ לְרָצוֹן אִמְרֵי־פִי וְהֶגְיוֹן לִבִּי לְפָנֶֽיךָ, יהוה צוּרִי וְגֹאֲלִי: תהלים יט

כורע ופוסע שלוש פסיעות לאחור. קד לשמאל, לימין ולפנים באמירת:

עֹשֶׂה שָׁלוֹם/ בעשרת ימי תשובה: הַשָּׁלוֹם/ בִּמְרוֹמָיו
הוּא יַעֲשֶׂה שָׁלוֹם עָלֵֽינוּ וְעַל כָּל יִשְׂרָאֵל, וְאִמְרוּ אָמֵן.

יְהִי רָצוֹן מִלְּפָנֶֽיךָ יהוה אֱלֹהֵֽינוּ וֵאלֹהֵי אֲבוֹתֵֽינוּ, שֶׁיִּבָּנֶה בֵּית הַמִּקְדָּשׁ בִּמְהֵרָה בְיָמֵֽינוּ, וְתֵן חֶלְקֵֽנוּ בְּתוֹרָתֶֽךָ, וְשָׁם נַעֲבָדְךָ בְּיִרְאָה כִּימֵי עוֹלָם וּכְשָׁנִים קַדְמֹנִיּוֹת.
וְעָרְבָה לַיהוה מִנְחַת יְהוּדָה וִירוּשָׁלָֽםִ כִּימֵי עוֹלָם וּכְשָׁנִים קַדְמֹנִיּוֹת: מלאכי ג

שליח הציבור חוזר על התפילה בקול רם.

בראש חודש, בחנוכה, בחול המועד, ביום העצמאות וביום חירות ירושלים אומרים אחרי חזרת שליח הציבור הלל (עמ׳ 360). בשאר ימים שאין אומרים בהם תחנון (ראה רשימה בעמוד הבא), שליח הציבור אומר חצי קדיש (עמ׳ 76).
בתענית ציבור אומרים כאן סליחות (לעשרה בטבת בעמ׳ 476, לתענית אסתר בעמ׳ 482 ולי״ז בתמוז בעמ׳ 487) ואחריהן ׳אָבִֽינוּ מַלְכֵּֽנוּ׳ (עמ׳ 67).

"ולאחר שיסיים ש"ץ חזרת תפלה, נופלים על פניהם ומתחננין" (טור, קלא).

בעשרת ימי תשובה ובתענית ציבור אומרים לפני נפילת אפיים 'אָבִינוּ מַלְכֵּנוּ' (עמ' 67).

בשני ובחמישי אומרים לפני נפילת אפיים 'וְהוּא רַחוּם' (עמ' 70),
ולמנהג ספרד אומרים אותו אחרי נפילת אפיים.

בשאר הימים שאומרים בהם תחנון, מתחילים 'וַיֹּאמֶר דָּוִד' (עמ' 73).

למנהג ספרד, אומרים וידוי וי"ג מידות לפני תחנון, ויש מקהילות אשכנז
שאימצו מנהג זה, חלקם בשני ובחמישי חלקם בכל יום.

הימים שאין אומרים בהם תחנון (לפי המנהג המקובל בארץ ישראל, ראה הלכה 140–141),
הם: ראש חודש, כל חודש ניסן, יום העצמאות, פסח שני, לג בעומר, יום ירושלים,
מראש חודש סיוון עד יב בחודש, תשעה באב, טו באב, ערב ראש השנה, מערב יום הכיפורים
עד ראש חודש מרחשוון, חנוכה, טו בשבט, יד–טו באדר א', פורים ושושן פורים.

כמו כן אין אומרים תחנון בבית כנסת ביום שעתידה להתקיים בו ברית
מילה, או שאחד מבעלי הברית (אבי הבן, המוהל או הסנדק) מתפללים בו,
או שחתן בשבעת ימי המשתה מתפלל בו, וגם לא בבית האבל.

וידוי

אֱלֹהֵינוּ וֵאלֹהֵי אֲבוֹתֵינוּ
תָּבוֹא לְפָנֶיךָ תְּפִלָּתֵנוּ, וְאַל תִּתְעַלַּם מִתְּחִנָּתֵנוּ
שֶׁאֵין אֲנַחְנוּ עַזֵּי פָנִים וּקְשֵׁי עֹרֶף לוֹמַר לְפָנֶיךָ
יהוה אֱלֹהֵינוּ וֵאלֹהֵי אֲבוֹתֵינוּ
צַדִּיקִים אֲנַחְנוּ וְלֹא חָטָאנוּ
אֲבָל אֲנַחְנוּ וַאֲבוֹתֵינוּ חָטָאנוּ

כשמתוודה, מכה באגרופו על החזה כנגד הלב (מג"א תרז, ג, בשם מדרש קהלת).

אָשַׁמְנוּ, בָּגַדְנוּ, גָּזַלְנוּ, דִּבַּרְנוּ דֹפִי
הֶעֱוִינוּ, וְהִרְשַׁעְנוּ, זַדְנוּ, חָמַסְנוּ, טָפַלְנוּ שֶׁקֶר
יָעַצְנוּ רָע, כִּזַּבְנוּ, לַצְנוּ, מָרַדְנוּ, נִאַצְנוּ
סָרַרְנוּ, עָוִינוּ, פָּשַׁעְנוּ, צָרַרְנוּ, קִשִּׁינוּ עֹרֶף
רָשַׁעְנוּ, שִׁחַתְנוּ, תִּעַבְנוּ, תָּעִינוּ, תִּעְתָּעְנוּ.
סַרְנוּ מִמִּצְוֹתֶיךָ וּמִמִּשְׁפָּטֶיךָ הַטּוֹבִים, וְלֹא שָׁוָה לָנוּ.
נחמיה ט וְאַתָּה צַדִּיק עַל כָּל־הַבָּא עָלֵינוּ, כִּי־אֱמֶת עָשִׂיתָ, וַאֲנַחְנוּ הִרְשָׁעְנוּ:

מי שמתפלל בלא מניין, אינו אומר י״ג מידות (שו״ע תקסה, ה), אבל יכול לקרוא בטעמים כקורא בתורה (משנ״ב שם, יב; י״ג מידות בטעמי המקרא בעמ׳ 588).

י״ג מידות

אֵל אֶֽרֶךְ אַפַּֽיִם אַתָּה, וּבַֽעַל הָֽרַחֲמִים נִקְרֵֽאתָ, וְדֶֽרֶךְ תְּשׁוּבָה הוֹרֵֽיתָ. גְּדֻלַּת רַחֲמֶֽיךָ וַחֲסָדֶֽיךָ, תִּזְכֹּר הַיּוֹם וּבְכָל יוֹם לְזֶֽרַע יְדִידֶֽיךָ. תֵּֽפֶן אֵלֵֽינוּ בְּרַחֲמִים, כִּי אַתָּה הוּא בַּֽעַל הָֽרַחֲמִים. בְּתַחֲנוּן וּבִתְפִלָּה פָּנֶֽיךָ נְקַדֵּם, כְּהוֹדַֽעְתָּ לֶֽעָנָו מִקֶּֽדֶם. מֵחֲרוֹן אַפְּךָ שׁוּב, כְּמוֹ בְּתוֹרָתְךָ כָּתוּב. וּבְצֵל כְּנָפֶֽיךָ נֶחֱסֶה וְנִתְלוֹנָן, כְּיוֹם וַיֵּֽרֶד יהוה בֶּעָנָן. › תַּעֲבֹר עַל פֶּֽשַׁע וְתִמְחֶה אָשָׁם, כְּיוֹם וַיִּתְיַצֵּב עִמּוֹ שָׁם. תַּאֲזִין שַׁוְעָתֵֽנוּ וְתַקְשִׁיב מֶֽנּוּ מַאֲמָר, כְּיוֹם וַיִּקְרָא בְשֵׁם יהוה, וְשָׁם נֶאֱמַר:

הקהל עונה:

וַיַּעֲבֹר יהוה עַל־פָּנָיו וַיִּקְרָא שמות לד

יהוה, יהוה, אֵל רַחוּם וְחַנּוּן, אֶֽרֶךְ אַפַּֽיִם וְרַב־חֶֽסֶד וֶאֱמֶת:
נֹצֵר חֶֽסֶד לָאֲלָפִים, נֹשֵׂא עָוֹן וָפֶֽשַׁע וְחַטָּאָה, וְנַקֵּה:
וְסָלַחְתָּ לַעֲוֹנֵֽנוּ וּלְחַטָּאתֵֽנוּ, וּנְחַלְתָּֽנוּ:
סְלַח לָֽנוּ אָבִֽינוּ כִּי חָטָֽאנוּ, מְחַל לָֽנוּ מַלְכֵּֽנוּ כִּי פָשָֽׁעְנוּ
כִּי־אַתָּה אֲדֹנָי טוֹב וְסַלָּח וְרַב־חֶֽסֶד לְכָל־קֹרְאֶֽיךָ: תהלים פו

בימי שני וחמישי ממשיכים ׳וְהוּא רַחוּם׳ בעמ׳ 70.
בשאר הימים ממשיכים ׳וַיֹּאמֶר דָּוִד׳ בעמ׳ 73.

אבינו מלכנו

בתעניות ציבור ובעשרת ימי תשובה אומרים ׳אָבִֽינוּ מַלְכֵּֽנוּ׳.
פותחים את ארון הקודש.

אָבִֽינוּ מַלְכֵּֽנוּ, חָטָֽאנוּ לְפָנֶֽיךָ.
אָבִֽינוּ מַלְכֵּֽנוּ, אֵין לָֽנוּ מֶֽלֶךְ אֶלָּא אָֽתָּה.
אָבִֽינוּ מַלְכֵּֽנוּ, עֲשֵׂה עִמָּֽנוּ לְמַֽעַן שְׁמֶֽךָ.
אָבִֽינוּ מַלְכֵּֽנוּ, בָּרֵךְ/ בעשרת ימי תשובה: חַדֵּשׁ/ עָלֵֽינוּ שָׁנָה טוֹבָה.
אָבִֽינוּ מַלְכֵּֽנוּ, בַּטֵּל מֵעָלֵֽינוּ כָּל גְּזֵרוֹת קָשׁוֹת.

אָבִינוּ מַלְכֵּנוּ, בַּטֵּל מַחְשְׁבוֹת שׂוֹנְאֵינוּ.

אָבִינוּ מַלְכֵּנוּ, הָפֵר עֲצַת אוֹיְבֵינוּ.

אָבִינוּ מַלְכֵּנוּ, כַּלֵּה כָּל צַר וּמַשְׂטִין מֵעָלֵינוּ.

אָבִינוּ מַלְכֵּנוּ, סְתֹם פִּיּוֹת מַשְׂטִינֵנוּ וּמְקַטְרְגֵינוּ.

אָבִינוּ מַלְכֵּנוּ, כַּלֵּה דֶּבֶר וְחֶרֶב וְרָעָב וּשְׁבִי וּמַשְׁחִית וְעָוֹן וּשְׁמַד
מִבְּנֵי בְרִיתֶךָ.

אָבִינוּ מַלְכֵּנוּ, מְנַע מַגֵּפָה מִנַּחֲלָתֶךָ.

אָבִינוּ מַלְכֵּנוּ, סְלַח וּמְחַל לְכָל עֲוֹנוֹתֵינוּ.

אָבִינוּ מַלְכֵּנוּ, מְחֵה וְהַעֲבֵר פְּשָׁעֵינוּ וְחַטֹּאתֵינוּ מִנֶּגֶד עֵינֶיךָ.

אָבִינוּ מַלְכֵּנוּ, מְחֹק בְּרַחֲמֶיךָ הָרַבִּים כָּל שִׁטְרֵי חוֹבוֹתֵינוּ.

מכאן עד 'לסליחה ומחילה' שליח הציבור אומר כל משפט בקול רם, והקהל אחריו:

אָבִינוּ מַלְכֵּנוּ, הַחֲזִירֵנוּ בִּתְשׁוּבָה שְׁלֵמָה לְפָנֶיךָ.

אָבִינוּ מַלְכֵּנוּ, שְׁלַח רְפוּאָה שְׁלֵמָה לְחוֹלֵי עַמֶּךָ.

אָבִינוּ מַלְכֵּנוּ, קְרַע רֹעַ גְּזַר דִּינֵנוּ.

אָבִינוּ מַלְכֵּנוּ, זָכְרֵנוּ בְּזִכָּרוֹן טוֹב לְפָנֶיךָ.

בעשרת ימי תשובה:

אָבִינוּ מַלְכֵּנוּ, כָּתְבֵנוּ בְּסֵפֶר חַיִּים טוֹבִים.

אָבִינוּ מַלְכֵּנוּ, כָּתְבֵנוּ בְּסֵפֶר גְּאֻלָּה וִישׁוּעָה.

אָבִינוּ מַלְכֵּנוּ, כָּתְבֵנוּ בְּסֵפֶר פַּרְנָסָה וְכַלְכָּלָה.

אָבִינוּ מַלְכֵּנוּ, כָּתְבֵנוּ בְּסֵפֶר זְכֻיּוֹת.

אָבִינוּ מַלְכֵּנוּ, כָּתְבֵנוּ בְּסֵפֶר סְלִיחָה וּמְחִילָה.

בתעניות ציבור:

אָבִינוּ מַלְכֵּנוּ, זָכְרֵנוּ לְחַיִּים טוֹבִים.

אָבִינוּ מַלְכֵּנוּ, זָכְרֵנוּ לִגְאֻלָּה וִישׁוּעָה.

אָבִינוּ מַלְכֵּנוּ, זָכְרֵנוּ לְפַרְנָסָה וְכַלְכָּלָה.

אָבִינוּ מַלְכֵּנוּ, זָכְרֵנוּ לִזְכֻיּוֹת.

אָבִינוּ מַלְכֵּנוּ, זָכְרֵנוּ לִסְלִיחָה וּמְחִילָה.

אָבִֽינוּ מַלְכֵּֽנוּ, הַצְמַח לָֽנוּ יְשׁוּעָה בְּקָרוֹב.
אָבִֽינוּ מַלְכֵּֽנוּ, הָרֵם קֶֽרֶן יִשְׂרָאֵל עַמֶּֽךָ.
אָבִֽינוּ מַלְכֵּֽנוּ, הָרֵם קֶֽרֶן מְשִׁיחֶֽךָ.
אָבִֽינוּ מַלְכֵּֽנוּ, מַלֵּא יָדֵֽינוּ מִבִּרְכוֹתֶֽיךָ.
אָבִֽינוּ מַלְכֵּֽנוּ, מַלֵּא אֲסָמֵֽינוּ שָׂבָע.
אָבִֽינוּ מַלְכֵּֽנוּ, שְׁמַע קוֹלֵֽנוּ, חוּס וְרַחֵם עָלֵֽינוּ.
אָבִֽינוּ מַלְכֵּֽנוּ, קַבֵּל בְּרַחֲמִים וּבְרָצוֹן אֶת תְּפִלָּתֵֽנוּ.
אָבִֽינוּ מַלְכֵּֽנוּ, פְּתַח שַׁעֲרֵי שָׁמַֽיִם לִתְפִלָּתֵֽנוּ.
אָבִֽינוּ מַלְכֵּֽנוּ, זְכֹר כִּי עָפָר אֲנָֽחְנוּ.
אָבִֽינוּ מַלְכֵּֽנוּ, נָא אַל תְּשִׁיבֵֽנוּ רֵיקָם מִלְּפָנֶֽיךָ.
אָבִֽינוּ מַלְכֵּֽנוּ, תְּהֵא הַשָּׁעָה הַזֹּאת שְׁעַת רַחֲמִים וְעֵת רָצוֹן מִלְּפָנֶֽיךָ.
אָבִֽינוּ מַלְכֵּֽנוּ, חֲמֹל עָלֵֽינוּ וְעַל עוֹלָלֵֽינוּ וְטַפֵּֽנוּ.
אָבִֽינוּ מַלְכֵּֽנוּ, עֲשֵׂה לְמַֽעַן הֲרוּגִים עַל שֵׁם קָדְשֶֽׁךָ.
אָבִֽינוּ מַלְכֵּֽנוּ, עֲשֵׂה לְמַֽעַן טְבוּחִים עַל יִחוּדֶֽךָ.
אָבִֽינוּ מַלְכֵּֽנוּ, עֲשֵׂה לְמַֽעַן בָּאֵי בָאֵשׁ וּבַמַּֽיִם עַל קִדּוּשׁ שְׁמֶֽךָ.
אָבִֽינוּ מַלְכֵּֽנוּ, נְקֹם לְעֵינֵֽינוּ נִקְמַת דַּם עֲבָדֶֽיךָ הַשָּׁפוּךְ.
אָבִֽינוּ מַלְכֵּֽנוּ, עֲשֵׂה לְמַעַנְךָ אִם לֹא לְמַעֲנֵֽנוּ.
אָבִֽינוּ מַלְכֵּֽנוּ, עֲשֵׂה לְמַעַנְךָ וְהוֹשִׁיעֵֽנוּ.
אָבִֽינוּ מַלְכֵּֽנוּ, עֲשֵׂה לְמַֽעַן רַחֲמֶֽיךָ הָרַבִּים.
אָבִֽינוּ מַלְכֵּֽנוּ, עֲשֵׂה לְמַֽעַן שִׁמְךָ הַגָּדוֹל הַגִּבּוֹר וְהַנּוֹרָא, שֶׁנִּקְרָא עָלֵֽינוּ.
‹ אָבִֽינוּ מַלְכֵּֽנוּ, חָנֵּֽנוּ וַעֲנֵֽנוּ, כִּי אֵין בָּֽנוּ מַעֲשִׂים
עֲשֵׂה עִמָּֽנוּ צְדָקָה וָחֶֽסֶד וְהוֹשִׁיעֵֽנוּ.

סוגרים את ארון הקודש.

בשני ובחמישי ממשיכים 'וְהוּא רַחוּם' בעמוד הבא.
בשאר הימים ממשיכים 'וַיֹּֽאמֶר דָּוִד' בעמ' 73.
במנחה ממשיכים 'וַיֹּֽאמֶר דָּוִד' בעמ' 114.

סדר תחנון

"בשני וחמישי אחר שמונה עשרה נהגו בכל מקומות ישראל להרבות בתפילה ובתחנונים לפי שבית דין של מעלה ושל מטה שוין והם ימי רחמים דכתיב (ישעיה נה, ו): 'דִּרְשׁוּ ה' בְּהִמָּצְאוֹ'" (כלבו, יח וספר המנהיג סט). אומרים בעמידה עד 'וַיֹּאמֶר דָּוִד' בעמ' 73.

תהלים עח וְהוּא רַחוּם, יְכַפֵּר עָוֹן וְלֹא־יַשְׁחִית, וְהִרְבָּה לְהָשִׁיב אַפּוֹ וְלֹא־יָעִיר
כָּל־חֲמָתוֹ: אַתָּה יהוה לֹא־תִכְלָא רַחֲמֶיךָ מִמֶּנּוּ, חַסְדְּךָ וַאֲמִתְּךָ
תהלים קו תָּמִיד יִצְּרוּנוּ. הוֹשִׁיעֵנוּ יהוה אֱלֹהֵינוּ וְקַבְּצֵנוּ מִן־הַגּוֹיִם, לְהוֹדוֹת
תהלים קל לְשֵׁם קָדְשֶׁךָ, לְהִשְׁתַּבֵּחַ בִּתְהִלָּתֶךָ: אִם־עֲוֹנוֹת תִּשְׁמָר־יָהּ, אֲדֹנָי מִי
יַעֲמֹד: כִּי־עִמְּךָ הַסְּלִיחָה לְמַעַן תִּוָּרֵא: לֹא כַחֲטָאֵינוּ תַּעֲשֶׂה לָּנוּ, וְלֹא
ירמיה יד כַעֲוֹנוֹתֵינוּ תִּגְמֹל עָלֵינוּ. אִם־עֲוֹנֵינוּ עָנוּ בָנוּ, יהוה עֲשֵׂה לְמַעַן שְׁמֶךָ:
תהלים כה זְכֹר־רַחֲמֶיךָ יהוה וַחֲסָדֶיךָ, כִּי מֵעוֹלָם הֵמָּה: יַעֲנֵנוּ יהוה בְּיוֹם צָרָה,
תהלים כ יְשַׂגֶּבְךָ שֵׁם אֱלֹהֵי יַעֲקֹב. יהוה הוֹשִׁיעָה, הַמֶּלֶךְ יַעֲנֵנוּ בְיוֹם־קָרְאֵנוּ:
אָבִינוּ מַלְכֵּנוּ, חָנֵּנוּ וַעֲנֵנוּ, כִּי אֵין בָּנוּ מַעֲשִׂים, צְדָקָה עֲשֵׂה עִמָּנוּ
לְמַעַן שְׁמֶךָ. אֲדוֹנֵינוּ אֱלֹהֵינוּ, שְׁמַע קוֹל תַּחֲנוּנֵינוּ, וּזְכֹר לָנוּ אֶת בְּרִית
אֲבוֹתֵינוּ וְהוֹשִׁיעֵנוּ לְמַעַן שְׁמֶךָ.

דניאל ט וְעַתָּה אֲדֹנָי אֱלֹהֵינוּ, אֲשֶׁר הוֹצֵאתָ אֶת־עַמְּךָ מֵאֶרֶץ מִצְרַיִם בְּיָד חֲזָקָה
וַתַּעַשׂ־לְךָ שֵׁם כַּיּוֹם הַזֶּה, חָטָאנוּ רָשָׁעְנוּ: אֲדֹנָי, כְּכָל־צִדְקֹתֶךָ יָשָׁב־
נָא אַפְּךָ וַחֲמָתְךָ, מֵעִירְךָ יְרוּשָׁלַםִ הַר־קָדְשֶׁךָ, כִּי בַחֲטָאֵינוּ וּבַעֲוֹנוֹת
אֲבֹתֵינוּ, יְרוּשָׁלַםִ וְעַמְּךָ לְחֶרְפָּה לְכָל־סְבִיבֹתֵינוּ: וְעַתָּה שְׁמַע אֱלֹהֵינוּ
אֶל־תְּפִלַּת עַבְדְּךָ וְאֶל־תַּחֲנוּנָיו, וְהָאֵר פָּנֶיךָ עַל־מִקְדָּשְׁךָ הַשָּׁמֵם,
לְמַעַן אֲדֹנָי: הַטֵּה אֱלֹהַי אָזְנְךָ וּשְׁמָע, פְּקַח עֵינֶיךָ וּרְאֵה שֹׁמְמֹתֵינוּ
וְהָעִיר אֲשֶׁר־נִקְרָא שִׁמְךָ עָלֶיהָ, כִּי לֹא עַל־צִדְקֹתֵינוּ אֲנַחְנוּ מַפִּילִים
תַּחֲנוּנֵינוּ לְפָנֶיךָ, כִּי עַל־רַחֲמֶיךָ הָרַבִּים: אֲדֹנָי שְׁמָעָה, אֲדֹנָי סְלָחָה,
אֲדֹנָי הַקְשִׁיבָה וַעֲשֵׂה אַל־תְּאַחַר, לְמַעַנְךָ אֱלֹהַי, כִּי־שִׁמְךָ נִקְרָא
עַל־עִירְךָ וְעַל־עַמֶּךָ:

אָבִֽינוּ הָאָב הָרַחֲמָן, הַרְאֵֽנוּ אוֹת לְטוֹבָה וְקַבֵּץ נְפוּצוֹתֵֽינוּ מֵאַרְבַּע
כַּנְפוֹת הָאָֽרֶץ. יַכִּֽירוּ וְיֵדְעוּ כָּל הַגּוֹיִם כִּי אַתָּה יהוה אֱלֹהֵֽינוּ. וְעַתָּה ישעיה סד
יהוה אָבִֽינוּ אָֽתָּה, אֲנַֽחְנוּ הַחֹֽמֶר וְאַתָּה יֹצְרֵֽנוּ וּמַעֲשֵׂה יָדְךָ כֻּלָּֽנוּ:
הוֹשִׁיעֵֽנוּ לְמַֽעַן שְׁמֶֽךָ, צוּרֵֽנוּ מַלְכֵּֽנוּ וְגוֹאֲלֵֽנוּ. חֽוּסָה יהוה עַל־עַמֶּֽךָ, יואל ב
וְאַל־תִּתֵּן נַחֲלָתְךָ לְחֶרְפָּה לִמְשָׁל־בָּם גּוֹיִם, לָֽמָּה יֹאמְרוּ בָעַמִּים אַיֵּה
אֱלֹהֵיהֶם: יָדַֽעְנוּ כִּי חָטָֽאנוּ וְאֵין מִי יַעֲמֹד בַּעֲדֵֽנוּ, שִׁמְךָ הַגָּדוֹל יַעֲמָד
לָֽנוּ בְּעֵת צָרָה. יָדַֽעְנוּ כִּי אֵין בָּֽנוּ מַעֲשִׂים, צְדָקָה עֲשֵׂה עִמָּֽנוּ לְמַֽעַן
שְׁמֶֽךָ. כְּרַחֵם אָב עַל בָּנִים כֵּן תְּרַחֵם יהוה עָלֵֽינוּ, וְהוֹשִׁיעֵֽנוּ לְמַֽעַן
שְׁמֶֽךָ. חֲמֹל עַל עַמֶּֽךָ, רַחֵם עַל נַחֲלָתֶֽךָ, חֽוּסָה נָּא כְּרֹב רַחֲמֶֽיךָ, חָנֵּֽנוּ
וַעֲנֵֽנוּ. כִּי לְךָ יהוה הַצְּדָקָה, עֹשֵׂה נִפְלָאוֹת בְּכָל עֵת.

הַבֶּט נָא, רַחֶם נָא עַל עַמְּךָ מְהֵרָה לְמַֽעַן שְׁמֶֽךָ בְּרַחֲמֶֽיךָ הָרַבִּים יהוה
אֱלֹהֵֽינוּ. חוּס וְרַחֵם וְהוֹשִֽׁיעָה צֹאן מַרְעִיתֶֽךָ, וְאַל יִמְשָׁל בָּֽנוּ קֶֽצֶף, כִּי
לְךָ עֵינֵֽינוּ תְלוּיוֹת. הוֹשִׁיעֵֽנוּ לְמַֽעַן שְׁמֶֽךָ. רַחֵם עָלֵֽינוּ לְמַֽעַן בְּרִיתֶֽךָ.
הַבִּֽיטָה וַעֲנֵֽנוּ בְּעֵת צָרָה, כִּי לְךָ יהוה הַיְשׁוּעָה. בְּךָ תוֹחַלְתֵּֽנוּ אֱלֽוֹהַּ
סְלִיחוֹת, אָֽנָּא סְלַח נָא אֵל טוֹב וְסַלָּח, כִּי אֵל מֶֽלֶךְ חַנּוּן וְרַחוּם אָֽתָּה.

אָֽנָּא מֶֽלֶךְ חַנּוּן וְרַחוּם, זְכֹר וְהַבֵּט לִבְרִית בֵּין הַבְּתָרִים, וְתֵרָאֶה לְפָנֶֽיךָ
עֲקֵדַת יָחִיד לְמַֽעַן יִשְׂרָאֵל. אָבִֽינוּ מַלְכֵּֽנוּ, חָנֵּֽנוּ וַעֲנֵֽנוּ, כִּי שִׁמְךָ הַגָּדוֹל
נִקְרָא עָלֵֽינוּ. עֹשֵׂה נִפְלָאוֹת בְּכָל עֵת, עֲשֵׂה עִמָּֽנוּ כְּחַסְדֶּֽךָ. חַנּוּן וְרַחוּם,
הַבִּֽיטָה וַעֲנֵֽנוּ בְּעֵת צָרָה, כִּי לְךָ יהוה הַיְשׁוּעָה. אָבִֽינוּ מַלְכֵּֽנוּ מַחֲסֵֽנוּ,
אַל תַּֽעַשׂ עִמָּֽנוּ כְּרֹֽעַ מַעֲלָלֵֽינוּ. זְכֹר רַחֲמֶֽיךָ יהוה וַחֲסָדֶֽיךָ, וּכְרֹב טוּבְךָ
הוֹשִׁיעֵֽנוּ, וַחֲמָל נָא עָלֵֽינוּ, כִּי אֵין לָֽנוּ אֱלֽוֹהַּ אַחֵר מִבַּלְעָדֶֽיךָ צוּרֵֽנוּ.
אַל תַּעַזְבֵֽנוּ יהוה אֱלֹהֵֽינוּ אַל תִּרְחַק מִמֶּֽנּוּ. כִּי נַפְשֵֽׁנוּ קְצָרָה, מֵחֶֽרֶב
וּמִשְּׁבִי וּמִדֶּֽבֶר וּמִמַּגֵּפָה. וּמִכָּל צָרָה וְיָגוֹן הַצִּילֵֽנוּ, כִּי לְךָ קִוִּֽינוּ. וְאַל
תַּכְלִימֵֽנוּ יהוה אֱלֹהֵֽינוּ, וְהָאֵר פָּנֶֽיךָ בָּֽנוּ, וּזְכָר לָֽנוּ אֶת בְּרִית אֲבוֹתֵֽינוּ
וְהוֹשִׁיעֵֽנוּ לְמַֽעַן שְׁמֶֽךָ. רְאֵה בְצָרוֹתֵֽינוּ, וּשְׁמַע קוֹל תְּפִלָּתֵֽנוּ, כִּי אַתָּה
שׁוֹמֵֽעַ תְּפִלַּת כָּל פֶּה.

אֵל רַחוּם וְחַנּוּן, רַחֵם עָלֵינוּ וְעַל כָּל מַעֲשֶׂיךָ, כִּי אֵין כָּמְוֹךָ יהוה אֱלֹהֵינוּ. אָנָּא שָׂא נָא פְשָׁעֵינוּ, אָבִינוּ מַלְכֵּנוּ צוּרֵנוּ וְגוֹאֲלֵנוּ, אֵל חַי וְקַיָּם הַחֲסִין בַּכֹּחַ, חָסִיד וָטוֹב עַל כָּל מַעֲשֶׂיךָ, כִּי אַתָּה הוּא יהוה אֱלֹהֵינוּ. אֵל אֶרֶךְ אַפַּיִם וּמָלֵא רַחֲמִים, עֲשֵׂה עִמָּנוּ כְּרֹב רַחֲמֶיךָ, וְהוֹשִׁיעֵנוּ לְמַעַן שְׁמֶךָ. שְׁמַע מַלְכֵּנוּ תְּפִלָּתֵנוּ, וּמִיַּד אוֹיְבֵינוּ הַצִּילֵנוּ. שְׁמַע מַלְכֵּנוּ תְּפִלָּתֵנוּ, וּמִכָּל צָרָה וְיָגוֹן הַצִּילֵנוּ. אָבִינוּ מַלְכֵּנוּ אַתָּה, וְשִׁמְךָ עָלֵינוּ נִקְרָא. אַל תַּנִּיחֵנוּ, אַל תַּעַזְבֵנוּ אָבִינוּ וְאַל תִּטְּשֵׁנוּ בּוֹרְאֵנוּ וְאַל תִּשְׁכָּחֵנוּ יוֹצְרֵנוּ, כִּי אֵל מֶלֶךְ חַנּוּן וְרַחוּם אָתָּה.

אֵין כָּמְוֹךָ חַנּוּן וְרַחוּם יהוה אֱלֹהֵינוּ, אֵין כָּמְוֹךָ אֵל אֶרֶךְ אַפַּיִם וְרַב
חֶסֶד וֶאֱמֶת. הוֹשִׁיעֵנוּ בְּרַחֲמֶיךָ הָרַבִּים, מֵרַעַשׁ וּמֵרֹגֶז הַצִּילֵנוּ. זְכֹר
לַעֲבָדֶיךָ לְאַבְרָהָם לְיִצְחָק וּלְיַעֲקֹב, אַל תֵּפֶן אֶל קָשְׁיֵנוּ וְאֶל רִשְׁעֵנוּ
וְאֶל חַטָּאתֵנוּ. שׁוּב מֵחֲרוֹן אַפֶּךָ, וְהִנָּחֵם עַל־הָרָעָה לְעַמֶּךָ: וְהָסֵר מִמֶּנּוּ שמות לב
מַכַּת הַמָּוֶת כִּי רַחוּם אָתָּה, כִּי כֵן דַּרְכֶּךָ, עֹשֶׂה חֶסֶד חִנָּם בְּכָל דּוֹר
וָדוֹר. חוּסָה יהוה עַל עַמֶּךָ וְהַצִּילֵנוּ מִזַּעְמֶךָ, וְהָסֵר מִמֶּנּוּ מַכַּת הַמַּגֵּפָה
וּגְזֵרָה קָשָׁה, כִּי אַתָּה שׁוֹמֵר יִשְׂרָאֵל. לְךָ אֲדֹנָי הַצְּדָקָה וְלָנוּ בֹּשֶׁת דניאל ט
הַפָּנִים: מַה נִּתְאוֹנֵן, מַה נֹּאמַר, מַה נְּדַבֵּר וּמַה נִּצְטַדָּק. נַחְפְּשָׂה דְרָכֵינוּ
וְנַחְקֹרָה וְנָשׁוּבָה אֵלֶיךָ, כִּי יְמִינְךָ פְשׁוּטָה לְקַבֵּל שָׁבִים. אָנָּא יהוה תהלים קיח
הוֹשִׁיעָה נָּא, אָנָּא יהוה הַצְלִיחָה נָא: אָנָּא יהוה עֲנֵנוּ בְיוֹם קָרְאֵנוּ.
לְךָ יהוה חִכִּינוּ, לְךָ יהוה קִוִּינוּ, לְךָ יהוה נְיַחֵל. אַל תֶּחֱשֶׁה וּתְעַנֵּנוּ, כִּי
נָאֲמוּ גוֹיִם, אָבְדָה תִקְוָתָם. כָּל בֶּרֶךְ וְכָל קוֹמָה, לְךָ לְבַד תִּשְׁתַּחֲוֶה.

הַפּוֹתֵחַ יָד בִּתְשׁוּבָה לְקַבֵּל פּוֹשְׁעִים וְחַטָּאִים, נִבְהֲלָה נַפְשֵׁנוּ מֵרֹב עִצְּבוֹנֵנוּ. אַל תִּשְׁכָּחֵנוּ נֶצַח, קוּמָה וְהוֹשִׁיעֵנוּ כִּי חָסִינוּ בָךְ. אָבִינוּ מַלְכֵּנוּ, אִם אֵין בָּנוּ צְדָקָה וּמַעֲשִׂים טוֹבִים, זְכָר לָנוּ אֶת בְּרִית אֲבוֹתֵינוּ וְעֵדוֹתֵינוּ בְּכָל יוֹם יהוה אֶחָד. הַבִּיטָה בְעָנְיֵנוּ, כִּי רַבּוּ מַכְאוֹבֵינוּ וְצָרוֹת לְבָבֵנוּ. חוּסָה יהוה עָלֵינוּ בְּאֶרֶץ שִׁבְיֵנוּ, וְאַל תִּשְׁפֹּךְ

חָנֵּנוּ עָלֵינוּ, כִּי אֲנַחְנוּ עַמְּךָ בְּנֵי בְרִיתֶךָ. אֵל, הַבִּיטָה, דַּל כְּבוֹדֵנוּ
בַּגּוֹיִם וְשִׁקְּצוּנוּ כְּטֻמְאַת הַנִּדָּה. עַד מָתַי עֻזְּךָ בַּשְּׁבִי, וְתִפְאַרְתְּךָ בְּיַד
צָר. עוֹרְרָה גְבוּרָתְךָ וְקִנְאָתְךָ עַל אוֹיְבֶיךָ. הֵם יֵבֹשׁוּ וְיֵחַתּוּ מִגְּבוּרָתָם.
וְאַל יִמְעֲטוּ לְפָנֶיךָ תְּלָאוֹתֵינוּ. מַהֵר יְקַדְּמוּנוּ רַחֲמֶיךָ בְּיוֹם צָרָתֵנוּ.
וְאִם לֹא לְמַעֲנֵנוּ, לְמַעַנְךָ פְעַל, וְאַל תַּשְׁחִית זֵכֶר שְׁאֵרִיתֵנוּ, וְחֹן אֹם
הַמְיַחֲדִים שִׁמְךָ פַּעֲמַיִם בְּכָל יוֹם תָּמִיד בְּאַהֲבָה, וְאוֹמְרִים, שְׁמַע דברים ו
יִשְׂרָאֵל, יהוה אֱלֹהֵינוּ, יהוה אֶחָד:

נפילת אפיים

יושבים, ובמקום שיש בו ספר תורה, נופלים אפיים: משעינים את הראש על היד שאין בה תפילין (רקנטי, במדבר טז, כא) ומכסים את הפנים (ספר מהרי״ל, סב). ראה הלכה 138–139.

ב׳קיצור של״ה׳ כתוב לומר את הפסוק ׳וַיֹּאמֶר דָּוִד אֶל־גָּד׳,
והגר״א נהג שלא לאומרו (׳מעשה רב׳ מט).

וַיֹּאמֶר דָּוִד אֶל־גָּד, צַר־לִי מְאֹד שמואל ב, כד
נִפְּלָה־נָּא בְיַד־יהוה, כִּי־רַבִּים רַחֲמָו
וּבְיַד־אָדָם אַל־אֶפֹּלָה:

רַחוּם וְחַנּוּן, חָטָאתִי לְפָנֶיךָ.
יהוה מָלֵא רַחֲמִים, רַחֵם עָלַי וְקַבֵּל תַּחֲנוּנָי.

יהוה, אַל־בְּאַפְּךָ תוֹכִיחֵנִי, וְאַל־בַּחֲמָתְךָ תְיַסְּרֵנִי: תהלים ו
חָנֵּנִי יהוה, כִּי אֻמְלַל אָנִי, רְפָאֵנִי יהוה, כִּי נִבְהֲלוּ עֲצָמָי:
וְנַפְשִׁי נִבְהֲלָה מְאֹד, וְאַתָּ יהוה, עַד־מָתָי:
שׁוּבָה יהוה, חַלְּצָה נַפְשִׁי, הוֹשִׁיעֵנִי לְמַעַן חַסְדֶּךָ:
כִּי אֵין בַּמָּוֶת זִכְרֶךָ, בִּשְׁאוֹל מִי יוֹדֶה־לָּךְ:
יָגַעְתִּי בְּאַנְחָתִי, אַשְׂחֶה בְכָל־לַיְלָה מִטָּתִי, בְּדִמְעָתִי עַרְשִׂי אַמְסֶה:
עָשְׁשָׁה מִכַּעַס עֵינִי, עָתְקָה בְּכָל־צוֹרְרָי:
סוּרוּ מִמֶּנִּי כָּל־פֹּעֲלֵי אָוֶן, כִּי־שָׁמַע יהוה קוֹל בִּכְיִי:
שָׁמַע יהוה תְּחִנָּתִי, יהוה תְּפִלָּתִי יִקָּח:
יֵבֹשׁוּ וְיִבָּהֲלוּ מְאֹד כָּל־אֹיְבָי, יָשֻׁבוּ יֵבֹשׁוּ רָגַע: כאן מרימים את הראש.

בשני ובחמישי ממשיכים ׳יהוה אֱלֹהֵי יִשְׂרָאֵל׳ ובשאר הימים ׳שׁוֹמֵר יִשְׂרָאֵל׳ (בעמוד הבא).
תפילה זו מובאת לראשונה במחזור ויטרי. על פי המסורת, חזקיהו המלך חיבר תפילה זו כשצר סנחריב על ירושלים (סידור ׳מלאה הארץ דעה׳; ׳אליה רבה׳ קלד, ג בשם ר׳ יהודה החסיד).

שמות לב יהוה אֱלֹהֵי יִשְׂרָאֵל, שׁוּב מֵחֲרוֹן אַפֶּךָ וְהִנָּחֵם עַל־הָרָעָה לְעַמֶּךָ:

הַבֵּט מִשָּׁמַיִם וּרְאֵה כִּי הָיִינוּ לַעַג וָקֶלֶס בַּגּוֹיִם
נֶחְשַׁבְנוּ כַּצֹּאן לַטֶּבַח יוּבָל, לַהֲרֹג וּלְאַבֵּד וּלְמַכָּה וּלְחֶרְפָּה.
וּבְכָל זֹאת שִׁמְךָ לֹא שָׁכָחְנוּ, נָא אַל תִּשְׁכָּחֵנוּ.
יהוה אֱלֹהֵי יִשְׂרָאֵל, שׁוּב מֵחֲרוֹן אַפֶּךָ וְהִנָּחֵם עַל־הָרָעָה לְעַמֶּךָ:

זָרִים אוֹמְרִים אֵין תּוֹחֶלֶת וְתִקְוָה
חֹן אֹם לְשִׁמְךָ מְקַוֶּה, טָהוֹר יְשׁוּעָתֵנוּ קָרְבָה
יָגַעְנוּ וְלֹא הוּנַח לָנוּ, רַחֲמֶיךָ יִכְבְּשׁוּ אֶת כַּעַסְךָ מֵעָלֵינוּ.
אָנָּא שׁוּב מֵחֲרוֹנְךָ וְרַחֵם סְגֻלָּה אֲשֶׁר בָּחָרְתָּ.
יהוה אֱלֹהֵי יִשְׂרָאֵל, שׁוּב מֵחֲרוֹן אַפֶּךָ וְהִנָּחֵם עַל־הָרָעָה לְעַמֶּךָ:

חוּסָה יהוה עָלֵינוּ בְּרַחֲמֶיךָ, וְאַל תִּתְּנֵנוּ בִּידֵי אַכְזָרִים.
לָמָּה יֹאמְרוּ הַגּוֹיִם אַיֵּה נָא אֱלֹהֵיהֶם
לְמַעַנְךָ עֲשֵׂה עִמָּנוּ חֶסֶד וְאַל תְּאַחַר.
אָנָּא שׁוּב מֵחֲרוֹנְךָ וְרַחֵם סְגֻלָּה אֲשֶׁר בָּחָרְתָּ.
יהוה אֱלֹהֵי יִשְׂרָאֵל, שׁוּב מֵחֲרוֹן אַפֶּךָ וְהִנָּחֵם עַל־הָרָעָה לְעַמֶּךָ:

קוֹלֵנוּ תִשְׁמַע וְתָחֹן, וְאַל תִּטְּשֵׁנוּ בְּיַד אֹיְבֵינוּ לִמְחוֹת אֶת שְׁמֵנוּ.
זְכֹר אֲשֶׁר נִשְׁבַּעְתָּ לַאֲבוֹתֵינוּ כְּכוֹכְבֵי הַשָּׁמַיִם אַרְבֶּה אֶת זַרְעֲכֶם
וְעַתָּה נִשְׁאַרְנוּ מְעַט מֵהַרְבֵּה.
וּבְכָל זֹאת שִׁמְךָ לֹא שָׁכָחְנוּ, נָא אַל תִּשְׁכָּחֵנוּ.
יהוה אֱלֹהֵי יִשְׂרָאֵל, שׁוּב מֵחֲרוֹן אַפֶּךָ וְהִנָּחֵם עַל־הָרָעָה לְעַמֶּךָ:

תהלים עט עָזְרֵנוּ אֱלֹהֵי יִשְׁעֵנוּ עַל־דְּבַר כְּבוֹד־שְׁמֶךָ
וְהַצִּילֵנוּ וְכַפֵּר עַל־חַטֹּאתֵינוּ לְמַעַן שְׁמֶךָ:
יהוה אֱלֹהֵי יִשְׂרָאֵל, שׁוּב מֵחֲרוֹן אַפֶּךָ וְהִנָּחֵם עַל־הָרָעָה לְעַמֶּךָ:

הפיוט ׳שׁוֹמֵר יִשְׂרָאֵל׳ חותם את הסליחות בחודש אלול ובעשי״ת.
בסידורים ישנים כתוב להוסיפו גם בתעניות ציבור (וכן דעת יעב״ץ והגר״א).
בסידור ׳דרך שיח השדה׳ כתוב לאומרו בכל יום, וכן נהוג היום.

שׁוֹמֵר יִשְׂרָאֵל, שְׁמֹר שְׁאֵרִית יִשְׂרָאֵל, וְאַל יֹאבַד יִשְׂרָאֵל
הָאוֹמְרִים שְׁמַע יִשְׂרָאֵל.
שׁוֹמֵר גּוֹי אֶחָד, שְׁמֹר שְׁאֵרִית עַם אֶחָד, וְאַל יֹאבַד גּוֹי אֶחָד
הַמְיַחֲדִים שִׁמְךָ, יהוה אֱלֹהֵינוּ יהוה אֶחָד.
שׁוֹמֵר גּוֹי קָדוֹשׁ, שְׁמֹר שְׁאֵרִית עַם קָדוֹשׁ, וְאַל יֹאבַד גּוֹי קָדוֹשׁ
הַמְשַׁלְּשִׁים בְּשָׁלֹשׁ קְדֻשּׁוֹת לְקָדוֹשׁ.
מִתְרַצֶּה בְּרַחֲמִים וּמִתְפַּיֵּס בְּתַחֲנוּנִים, הִתְרַצֵּה וְהִתְפַּיֵּס לְדוֹר עָנִי
כִּי אֵין עוֹזֵר.
אָבִינוּ מַלְכֵּנוּ, חָנֵּנוּ וַעֲנֵנוּ, כִּי אֵין בָּנוּ מַעֲשִׂים
עֲשֵׂה עִמָּנוּ צְדָקָה וָחֶסֶד וְהוֹשִׁיעֵנוּ.

לקט הפסוקים מסדר רב עמרם גאון מבטא את תחושתו של האדם, שלאחר שהתפלל בכל אופן שהוא מכיר, בישיבה, בעמידה ובנפילת אפיים, מוסר את דינו לשמים (טור, קלא).

עומדים במקום המסומן ב־ (מג״א קלא, ד בשם השל״ה).

וַאֲנַחְנוּ לֹא נֵדַע ׳מַה־נַּעֲשֶׂה, כִּי עָלֶיךָ עֵינֵינוּ: דברי הימים ב׳ כ
זְכֹר־רַחֲמֶיךָ יהוה וַחֲסָדֶיךָ, כִּי מֵעוֹלָם הֵמָּה: תהלים כה
יְהִי־חַסְדְּךָ יהוה עָלֵינוּ, כַּאֲשֶׁר יִחַלְנוּ לָךְ: תהלים לג
אַל־תִּזְכָּר־לָנוּ עֲוֹנֹת רִאשֹׁנִים תהלים עט
מַהֵר יְקַדְּמוּנוּ רַחֲמֶיךָ, כִּי דַלּוֹנוּ מְאֹד:
חָנֵּנוּ יהוה חָנֵּנוּ, כִּי־רַב שָׂבַעְנוּ בוּז: תהלים קכג
בְּרֹגֶז רַחֵם תִּזְכּוֹר: חבקוק ג
כִּי־הוּא יָדַע יִצְרֵנוּ, זָכוּר כִּי־עָפָר אֲנָחְנוּ: תהלים קג
‣ עָזְרֵנוּ אֱלֹהֵי יִשְׁעֵנוּ עַל־דְּבַר כְּבוֹד־שְׁמֶךָ תהלים עט
וְהַצִּילֵנוּ וְכַפֵּר עַל־חַטֹּאתֵינוּ לְמַעַן שְׁמֶךָ:

חצי קדיש

ש״ץ: יִתְגַּדַּל וְיִתְקַדַּשׁ שְׁמֵהּ רַבָּא (קהל: אָמֵן)
בְּעָלְמָא דִּי בְרָא כִרְעוּתֵהּ, וְיַמְלִיךְ מַלְכוּתֵהּ
בְּחַיֵּיכוֹן וּבְיוֹמֵיכוֹן וּבְחַיֵּי דְכָל בֵּית יִשְׂרָאֵל
בַּעֲגָלָא וּבִזְמַן קָרִיב, וְאִמְרוּ אָמֵן. (קהל: אָמֵן)

קהל וש״ץ: יְהֵא שְׁמֵהּ רַבָּא מְבָרַךְ לְעָלַם וּלְעָלְמֵי עָלְמַיָּא.

ש״ץ: יִתְבָּרַךְ וְיִשְׁתַּבַּח וְיִתְפָּאַר וְיִתְרוֹמַם וְיִתְנַשֵּׂא
וְיִתְהַדָּר וְיִתְעַלֶּה וְיִתְהַלָּל
שְׁמֵהּ דְּקֻדְשָׁא בְּרִיךְ הוּא (קהל: בְּרִיךְ הוּא)
לְעֵלָּא מִן כָּל בִּרְכָתָא / בעשרת ימי תשובה: לְעֵלָּא לְעֵלָּא מִכָּל בִּרְכָתָא/
וְשִׁירָתָא, תֻּשְׁבְּחָתָא וְנֶחֱמָתָא
דַּאֲמִירָן בְּעָלְמָא, וְאִמְרוּ אָמֵן. (קהל: אָמֵן)

הוצאת ספר תורה

ביום חמישי עלה משה להר סיני לקבל את הלוחות השניים, וביום שני הוריד אותם. משום כך נקבעו ימים אלה לקריאה בתורה בציבור, ומשום כך תיקנו להרבות בהם תחנונים (בבא קמא פב ע״א ותוספות שם).

כמו כן קוראים בתורה בראש חודש, בחול המועד, בחנוכה, בפורים ובתעניות ציבור. בימים שאין קוראים בהם בתורה, אומרים כאן ׳אַשְׁרֵי׳ (עמ׳ 82).

בשני ובחמישי עומדים ואומרים ׳אֵל אֶרֶךְ אַפַּיִם׳ לפני הוצאת ספר התורה. לפי המנהג המקורי אמר שליח הציבור את הנוסח מימין, ואחריו הקהל את הנוסח משמאל (מחזור ויטרי, צג). היום נוהגים שכל יחיד אומר את שני הנוסחים (אבודרהם, וכן כתב יעב״ץ), ויש שנהגו לומר רק את הנוסח מימין (על פי סידור הרוקח; שני המנהגים מובאים ב׳לבוש׳, קלד).

אין אומרים ׳אֵל אֶרֶךְ אַפַּיִם׳ בראש חודש, חול המועד, ערב פסח, אסרו חג, יום העצמאות, יום ירושלים, תשעה באב, חנוכה, יד–טו באדר א׳, פורים ושושן פורים וגם לא בבית האבל.

אֵל אֶרֶךְ אַפַּיִם וְרַב חֶסֶד וֶאֱמֶת
אַל בְּאַפְּךָ תוֹכִיחֵנוּ.
חוּסָה יהוה עַל עַמֶּךָ
וְהוֹשִׁיעֵנוּ מִכָּל רָע.
חָטָאנוּ לְךָ אָדוֹן
סְלַח נָא כְּרֹב רַחֲמֶיךָ אֵל.

אֵל אֶרֶךְ אַפַּיִם וּמָלֵא רַחֲמִים
אַל תַּסְתֵּר פָּנֶיךָ מִמֶּנּוּ.
חוּסָה יהוה עַל שְׁאֵרִית יִשְׂרָאֵל עַמֶּךָ
וְהַצִּילֵנוּ מִכָּל רָע.
חָטָאנוּ לְךָ אָדוֹן
סְלַח נָא כְּרֹב רַחֲמֶיךָ אֵל.

פותחים את ארון הקודש. הקהל עומד על רגליו.

וַיְהִי בִּנְסֹעַ הָאָרֹן וַיֹּאמֶר מֹשֶׁה, קוּמָה יהוה וְיָפֻצוּ אֹיְבֶיךָ וְיָנֻסוּ במדבר י
מְשַׂנְאֶיךָ מִפָּנֶיךָ: כִּי מִצִּיּוֹן תֵּצֵא תוֹרָה וּדְבַר־יהוה מִירוּשָׁלָםִ: ישעיה ב
בָּרוּךְ שֶׁנָּתַן תּוֹרָה לְעַמּוֹ יִשְׂרָאֵל בִּקְדֻשָּׁתוֹ.

כתוב בספר הזוהר שבזמן הוצאת ספר התורה לקריאה בציבור,
נפתחים שערי השמים וראוי לומר תחינה זו.

בְּרִיךְ שְׁמֵהּ דְּמָרֵא עָלְמָא, בְּרִיךְ כִּתְרָךְ וְאַתְרָךְ. יְהֵא רְעוּתָךְ עִם עַמָּךְ זוהר ויקהל
יִשְׂרָאֵל לְעָלַם, וּפֻרְקַן יְמִינָךְ אַחֲזֵי לְעַמָּךְ בְּבֵית מַקְדְּשָׁךְ, וּלְאַמְטוּיֵי לָנָא מִטּוּב נְהוֹרָךְ, וּלְקַבֵּל צְלוֹתָנָא בְּרַחֲמִין. יְהֵא רַעֲוָא קֳדָמָךְ דְּתוֹרִיךְ לַן חַיִּין בְּטִיבוּ, וְלֶהֱוֵי אֲנָא פְקִידָא בְּגוֹ צַדִּיקַיָּא, לְמִרְחַם עָלַי וּלְמִנְטַר יָתִי וְיַת כָּל דִּי לִי וְדִי לְעַמָּךְ יִשְׂרָאֵל. אַנְתְּ הוּא זָן לְכֹלָּא וּמְפַרְנֵס לְכֹלָּא, אַנְתְּ הוּא שַׁלִּיט עַל כֹּלָּא, אַנְתְּ הוּא דְּשַׁלִּיט עַל מַלְכַיָּא, וּמַלְכוּתָא דִּילָךְ הִיא. אֲנָא עַבְדָּא דְקֻדְשָׁא בְּרִיךְ הוּא, דְּסָגֵדְנָא קַמֵּהּ וּמִקַּמֵּי דִּיקַר אוֹרַיְתֵהּ בְּכָל עִדָּן וְעִדָּן. לָא עַל אֱנָשׁ רָחִיצְנָא וְלָא עַל בַּר אֱלָהִין סָמִיכְנָא, אֶלָּא בֶּאֱלָהָא דִשְׁמַיָּא, דְּהוּא אֱלָהָא קְשׁוֹט, וְאוֹרַיְתֵהּ קְשׁוֹט, וּנְבִיאוֹהִי קְשׁוֹט, וּמַסְגֵּא לְמֶעְבַּד טַבְוָן וּקְשׁוֹט. ‹ בֵּהּ אֲנָא רָחִיץ, וְלִשְׁמֵהּ קַדִּישָׁא יַקִּירָא אֲנָא אֵמַר תֻּשְׁבְּחָן. יְהֵא רַעֲוָא קֳדָמָךְ דְּתִפְתַּח לִבַּאי בְּאוֹרַיְתָא, וְתַשְׁלִים מִשְׁאֲלִין דְּלִבַּאי וְלִבָּא דְכָל עַמָּךְ יִשְׂרָאֵל לְטָב וּלְחַיִּין וְלִשְׁלָם.

תרגום

ברוך שמו של אדון העולם, ברוך כתרך ומקומך. יהי רצונך עם עמך ישראל לעולם, וישועת ימינך הראה לעמך בבית מקדשך, ולהביא לנו מטוב אורך, ולקבל תפילותינו ברחמים. יהי רצון מלפניך שתאריך לנו חיים בטוב, ואהיה אני נמנה בתוך הצדיקים, לרחם עלי ולשמור אותי ואת כל אשר לי ואשר לעמך ישראל. אתה הוא זן לכול ומפרנס לכול, אתה הוא שליט על הכול, אתה הוא השליט על המלכים, והמלכות שלך היא. אני עבדו של הקדוש ברוך הוא, משתחוה לפניו ולפני כבוד תורתו בכל עת ועת. לא על אדם אני בטוח ולא על מלאך אני סמוך, אלא באלהי השמים, שהוא אלהים אמת, ותורתו אמת, ונביאיו אמת, ומרבה לעשות חסד ואמת. בו אני בטוח, ולשמו הקדוש הנכבד אני אומר תשבחות. יהי רצון מלפניך שתפתח לבי בתורה, ותמלא משאלות לבי ולב כל עמך ישראל לטובה ולחיים ולשלום.

שליח הציבור מקבל את ספר התורה בימינו (רמ״א קלד, ב בשם מהרי״ל), ואומר:

תהלים לד גַּדְּלוּ לַיהוה אִתִּי וּנְרוֹמְמָה שְׁמוֹ יַחְדָּו:

סוגרים את ארון הקודש. כאשר שליח הציבור הולך אל הבימה, הקהל אומר (סדר הפסוקים לקוח מסדר רב עמרם גאון, ו׳אַב הָרַחֲמִים׳ ממחזור ויטרי):

דברי הימים א, כט לְךָ יהוה הַגְּדֻלָּה וְהַגְּבוּרָה וְהַתִּפְאֶרֶת וְהַנֵּצַח וְהַהוֹד, כִּי־כֹל בַּשָּׁמַיִם וּבָאָרֶץ, לְךָ יהוה הַמַּמְלָכָה וְהַמִּתְנַשֵּׂא לְכֹל לְרֹאשׁ:

תהלים צט רוֹמְמוּ יהוה אֱלֹהֵינוּ וְהִשְׁתַּחֲווּ לַהֲדֹם רַגְלָיו, קָדוֹשׁ הוּא: רוֹמְמוּ יהוה אֱלֹהֵינוּ וְהִשְׁתַּחֲווּ לְהַר קָדְשׁוֹ, כִּי־קָדוֹשׁ יהוה אֱלֹהֵינוּ:

אַב הָרַחֲמִים הוּא יְרַחֵם עַם עֲמוּסִים, וְיִזְכֹּר בְּרִית אֵיתָנִים, וְיַצִּיל נַפְשׁוֹתֵינוּ מִן הַשָּׁעוֹת הָרָעוֹת, וְיִגְעַר בְּיֵצֶר הָרָע מִן הַנְּשׂוּאִים, וְיָחֹן אוֹתָנוּ לִפְלֵיטַת עוֹלָמִים, וִימַלֵּא מִשְׁאֲלוֹתֵינוּ בְּמִדָּה טוֹבָה יְשׁוּעָה וְרַחֲמִים.

מניח את ספר התורה על הבימה, והגבאי מכריז (מחזור ויטרי; ראה הלכה 148):

וְתִגָּלֶה וְתֵרָאֶה מַלְכוּתוֹ עָלֵינוּ בִּזְמַן קָרוֹב, וְיָחֹן פְּלֵיטָתֵנוּ וּפְלֵיטַת עַמּוֹ בֵּית יִשְׂרָאֵל לְחֵן וּלְחֶסֶד וּלְרַחֲמִים וּלְרָצוֹן וְנֹאמַר אָמֵן. הַכֹּל הָבוּ גֹדֶל לֵאלֹהֵינוּ וּתְנוּ כָבוֹד לַתּוֹרָה. *כֹּהֵן קְרַב, יַעֲמֹד (פלוני בֶּן פלוני) הַכֹּהֵן.

*אם אין כוהן, הגבאי קורא ללוי או לישראל ואומר:

/אֵין כָּאן כֹּהֵן, יַעֲמֹד (פלוני בֶּן פלוני) בִּמְקוֹם כֹּהֵן./

בָּרוּךְ שֶׁנָּתַן תּוֹרָה לְעַמּוֹ יִשְׂרָאֵל בִּקְדֻשָּׁתוֹ.

הקהל ואחריו הגבאי (סידור השל״ה, סידור יעב״ץ):

דברים ד וְאַתֶּם הַדְּבֵקִים בַּיהוה אֱלֹהֵיכֶם חַיִּים כֻּלְּכֶם הַיּוֹם:

קריאת התורה בעמ׳ 547.

קודם הברכה על העולה לראות היכן קוראים (מגילה לב ע״א) ולנשק את ספר התורה (׳ערוך השולחן׳ קלט, טו). בשעת הברכה אוחז בעמודי הספר (שו״ע קלט, יא על פי הראבי״ה והמנהיג). ראה הלכה 151.

עולה: בָּרְכוּ אֶת יהוה הַמְבֹרָךְ.

קהל: בָּרוּךְ יהוה הַמְבֹרָךְ לְעוֹלָם וָעֶד.

עולה: בָּרוּךְ יהוה הַמְבֹרָךְ לְעוֹלָם וָעֶד.
בָּרוּךְ אַתָּה יהוה, אֱלֹהֵינוּ מֶלֶךְ הָעוֹלָם
אֲשֶׁר בָּחַר בָּנוּ מִכָּל הָעַמִּים וְנָתַן לָנוּ אֶת תּוֹרָתוֹ.
בָּרוּךְ אַתָּה יהוה, נוֹתֵן הַתּוֹרָה.

לאחר הקריאה העולה מנשק את ספר התורה (מג״א קלט, יא בשם ספר חסידים) ומברך:

עולה: בָּרוּךְ אַתָּה יהוה אֱלֹהֵינוּ מֶלֶךְ הָעוֹלָם
אֲשֶׁר נָתַן לָנוּ תּוֹרַת אֱמֶת וְחַיֵּי עוֹלָם נָטַע בְּתוֹכֵנוּ.
בָּרוּךְ אַתָּה יהוה, נוֹתֵן הַתּוֹרָה.

מי שהיה בסכנה וניצל (ראה הלכה 160–161), מברך ׳הַגּוֹמֵל׳:

בָּרוּךְ אַתָּה יהוה אֱלֹהֵינוּ מֶלֶךְ הָעוֹלָם הַגּוֹמֵל לְחַיָּבִים טוֹבוֹת
שֶׁגְּמָלַנִי כָּל טוֹב.

והקהל עונה:

אָמֵן. מִי שֶׁגְּמָלְךָ כָּל טוֹב הוּא יִגְמָלְךָ כָּל טוֹב, סֶלָה.

כאן לפי הצורך אומרים ׳מִי שֶׁבֵּרַךְ׳ 240–241 ומזכירים נשמות (עמ׳ 395–396).

כאשר נער עולה לתורה בפעם הראשונה במלאות לו שלוש עשרה שנה,
אביו מברך (רמ״א רכה, ב על פי בראשית רבה סג, י):

בָּרוּךְ שֶׁפְּטָרַנִי מֵעָנְשׁוֹ שֶׁלָּזֶה.

חצי קדיש

לאחר קריאת התורה בעל הקורא אומר חצי קדיש (סדר רב עמרם גאון):

בעל קורא: יִתְגַּדַּל וְיִתְקַדַּשׁ שְׁמֵהּ רַבָּא (קהל: אָמֵן)
בְּעָלְמָא דִּי בְרָא כִרְעוּתֵהּ
וְיַמְלִיךְ מַלְכוּתֵהּ
בְּחַיֵּיכוֹן וּבְיוֹמֵיכוֹן וּבְחַיֵּי דְכָל בֵּית יִשְׂרָאֵל
בַּעֲגָלָא וּבִזְמַן קָרִיב, וְאִמְרוּ אָמֵן. (קהל: אָמֵן)

בעל קורא וקהל: יְהֵא שְׁמֵהּ רַבָּא מְבָרַךְ לְעָלַם וּלְעָלְמֵי עָלְמַיָּא.

בעל קורא: יִתְבָּרַךְ וְיִשְׁתַּבַּח וְיִתְפָּאַר וְיִתְרוֹמַם וְיִתְנַשֵּׂא
וְיִתְהַדָּר וְיִתְעַלֶּה וְיִתְהַלָּל
שְׁמֵהּ דְּקֻדְשָׁא בְּרִיךְ הוּא (קהל: בְּרִיךְ הוּא)
לְעֵלָּא מִן כָּל בִּרְכָתָא
/בעשרת ימי תשובה: לְעֵלָּא לְעֵלָּא מִכָּל בִּרְכָתָא/
וְשִׁירָתָא, תֻּשְׁבְּחָתָא וְנֶחֱמָתָא
דַּאֲמִירָן בְּעָלְמָא, וְאִמְרוּ אָמֵן. (קהל: אָמֵן)

כאשר מגביהים את ספר התורה (רמב״ן, דברים כז, כו), הקהל אומר:

וְזֹאת הַתּוֹרָה אֲשֶׁר־שָׂם מֹשֶׁה לִפְנֵי בְּנֵי יִשְׂרָאֵל: דברים ד

עַל־פִּי יהוה בְּיַד־מֹשֶׁה: במדבר ט

ויש מוסיפים (סידור השל״ה):

עֵץ־חַיִּים הִיא לַמַּחֲזִיקִים בָּהּ וְתֹמְכֶיהָ מְאֻשָּׁר: משלי ג
דְּרָכֶיהָ דַרְכֵי־נֹעַם וְכָל־נְתִיבֹתֶיהָ שָׁלוֹם:
אֹרֶךְ יָמִים בִּימִינָהּ, בִּשְׂמֹאולָהּ עֹשֶׁר וְכָבוֹד:
יהוה חָפֵץ לְמַעַן צִדְקוֹ יַגְדִּיל תּוֹרָה וְיַאְדִּיר: ישעיה מב

בימי שני וחמישי שאומרים בהם תחנון, בשעה שגוללים את ספר התורה,
שליח הציבור אומר (מנהגי מהר״י טירנא):

יְהִי רָצוֹן מִלִּפְנֵי אָבִינוּ שֶׁבַּשָּׁמַיִם, לְכוֹנֵן אֶת בֵּית חַיֵּינוּ
וּלְהָשִׁיב אֶת שְׁכִינָתוֹ בְּתוֹכֵנוּ
בִּמְהֵרָה בְיָמֵינוּ, וְנֹאמַר אָמֵן.

יְהִי רָצוֹן מִלִּפְנֵי אָבִינוּ שֶׁבַּשָּׁמַיִם, לְרַחֵם עָלֵינוּ וְעַל פְּלֵיטָתֵנוּ
וְלִמְנֹעַ מַשְׁחִית וּמַגֵּפָה מֵעָלֵינוּ
וּמֵעַל כָּל עַמּוֹ בֵּית יִשְׂרָאֵל, וְנֹאמַר אָמֵן.

יְהִי רָצוֹן מִלִּפְנֵי אָבִינוּ שֶׁבַּשָּׁמַיִם, לְקַיֵּם בָּנוּ חַכְמֵי יִשְׂרָאֵל
הֵם וּנְשֵׁיהֶם וּבְנֵיהֶם וּבְנוֹתֵיהֶם
וְתַלְמִידֵיהֶם וְתַלְמִידֵי תַלְמִידֵיהֶם
בְּכָל מְקוֹמוֹת מוֹשְׁבוֹתֵיהֶם, וְנֹאמַר אָמֵן.

יְהִי רָצוֹן מִלִּפְנֵי אָבִינוּ שֶׁבַּשָּׁמַיִם
שֶׁנִּשְׁמַע וְנִתְבַּשֵּׂר בְּשׂוֹרוֹת טוֹבוֹת, יְשׁוּעוֹת וְנֶחָמוֹת
וִיקַבֵּץ נִדָּחֵינוּ מֵאַרְבַּע כַּנְפוֹת הָאָרֶץ, וְנֹאמַר אָמֵן.

הכל אומרים:

אַחֵינוּ כָּל בֵּית יִשְׂרָאֵל, הַנְּתוּנִים בְּצָרָה וּבְשִׁבְיָה, הָעוֹמְדִים בֵּין בַּיָּם וּבֵין בַּיַּבָּשָׁה, הַמָּקוֹם יְרַחֵם עֲלֵיהֶם וְיוֹצִיאֵם מִצָּרָה לִרְוָחָה, וּמֵאֲפֵלָה לְאוֹרָה, וּמִשִּׁעְבּוּד לִגְאֻלָּה, הַשְׁתָּא בַּעֲגָלָא וּבִזְמַן קָרִיב, וְנֹאמַר אָמֵן.

הכנסת ספר תורה

בבתי כנסת המתפללים בנוסח ספרד, ממשיכים כאן ׳אַשְׁרֵי׳ בעמוד הבא,
ואין מחזירים את ספר התורה לארון הקודש עד אחרי קדיש שלם (עמ׳ 85).

פותחים את ארון הקודש. שליח הציבור לוקח את ספר התורה בימינו ואומר (סידור הרוקח):

יְהַלְלוּ אֶת־שֵׁם יהוה, כִּי־נִשְׂגָּב שְׁמוֹ, לְבַדּוֹ תהלים קמח

הקהל עונה:

הוֹדוֹ עַל־אֶרֶץ וְשָׁמָיִם:
וַיָּרֶם קֶרֶן לְעַמּוֹ
תְּהִלָּה לְכָל־חֲסִידָיו
לִבְנֵי יִשְׂרָאֵל עַם קְרֹבוֹ, הַלְלוּיָהּ:

מלווים את ספר התורה לארון הקודש באמירת (סידור השל״ה):

לְדָוִד מִזְמוֹר, לַיהוה הָאָרֶץ וּמְלוֹאָהּ, תֵּבֵל וְיֹשְׁבֵי בָהּ: כִּי־הוּא עַל־יַמִּים תהלים כד
יְסָדָהּ, וְעַל־נְהָרוֹת יְכוֹנְנֶהָ: מִי־יַעֲלֶה בְהַר־יהוה, וּמִי־יָקוּם בִּמְקוֹם
קָדְשׁוֹ: נְקִי כַפַּיִם וּבַר־לֵבָב, אֲשֶׁר לֹא־נָשָׂא לַשָּׁוְא נַפְשִׁי וְלֹא נִשְׁבַּע
לְמִרְמָה: יִשָּׂא בְרָכָה מֵאֵת יהוה, וּצְדָקָה מֵאֱלֹהֵי יִשְׁעוֹ: זֶה דּוֹר דֹּרְשָׁו,
מְבַקְשֵׁי פָנֶיךָ, יַעֲקֹב, סֶלָה: שְׂאוּ שְׁעָרִים רָאשֵׁיכֶם, וְהִנָּשְׂאוּ פִּתְחֵי
עוֹלָם, וְיָבוֹא מֶלֶךְ הַכָּבוֹד: מִי זֶה מֶלֶךְ הַכָּבוֹד, יהוה עִזּוּז וְגִבּוֹר, יהוה
גִּבּוֹר מִלְחָמָה: שְׂאוּ שְׁעָרִים רָאשֵׁיכֶם, וּשְׂאוּ פִּתְחֵי עוֹלָם, וְיָבֹא מֶלֶךְ
הַכָּבוֹד: מִי הוּא זֶה מֶלֶךְ הַכָּבוֹד, יהוה צְבָאוֹת הוּא מֶלֶךְ הַכָּבוֹד, סֶלָה:

מכניסים את ספר התורה לארון הקודש ואומרים (ספר המחכים, סידור ׳מלאה הארץ דעה׳):

וּבְנֻחֹה יֹאמַר, שׁוּבָה יהוה רִבְבוֹת אַלְפֵי יִשְׂרָאֵל: קוּמָה יהוה במדבר י / תהלים קלב
לִמְנוּחָתֶךָ, אַתָּה וַאֲרוֹן עֻזֶּךָ: כֹּהֲנֶיךָ יִלְבְּשׁוּ־צֶדֶק, וַחֲסִידֶיךָ יְרַנֵּנוּ: משלי ד
בַּעֲבוּר דָּוִד עַבְדֶּךָ אַל־תָּשֵׁב פְּנֵי מְשִׁיחֶךָ: כִּי לֶקַח טוֹב נָתַתִּי לָכֶם,
תּוֹרָתִי אַל־תַּעֲזֹבוּ: עֵץ־חַיִּים הִיא לַמַּחֲזִיקִים בָּהּ, וְתֹמְכֶיהָ מְאֻשָּׁר: משלי ג
דְּרָכֶיהָ דַרְכֵי־נֹעַם וְכָל־נְתִיבוֹתֶיהָ שָׁלוֹם: • הֲשִׁיבֵנוּ יהוה אֵלֶיךָ וְנָשׁוּבָה, איכה ה
חַדֵּשׁ יָמֵינוּ כְּקֶדֶם:

סוגרים את ארון הקודש.

סיום התפילה

״אמר רבי אלעזר אמר רבי אבינא: כל האומר ׳תהלה לדוד׳ בכל יום שלש פעמים – מובטח לו שהוא בן העולם הבא״ (ברכות ד ע״ב).

יש הנוהגים למשמש בתפילין של יד במקום המסומן °, ובתפילין של ראש במקום המסומן °°.

תהלים פד אַשְׁרֵי יוֹשְׁבֵי בֵיתֶךָ, עוֹד יְהַלְלוּךָ סֶּלָה:

תהלים קמד אַשְׁרֵי הָעָם שֶׁכָּכָה לּוֹ, אַשְׁרֵי הָעָם שֶׁיהוה אֱלֹהָיו:

תהלים קמה תְּהִלָּה לְדָוִד

אֲרוֹמִמְךָ אֱלוֹהַי הַמֶּלֶךְ, וַאֲבָרְכָה שִׁמְךָ לְעוֹלָם וָעֶד:
בְּכָל־יוֹם אֲבָרְכֶךָּ, וַאֲהַלְלָה שִׁמְךָ לְעוֹלָם וָעֶד:
גָּדוֹל יהוה וּמְהֻלָּל מְאֹד, וְלִגְדֻלָּתוֹ אֵין חֵקֶר:
דּוֹר לְדוֹר יְשַׁבַּח מַעֲשֶׂיךָ, וּגְבוּרֹתֶיךָ יַגִּידוּ:
הֲדַר כְּבוֹד הוֹדֶךָ, וְדִבְרֵי נִפְלְאֹתֶיךָ אָשִׂיחָה:
וֶעֱזוּז נוֹרְאֹתֶיךָ יֹאמֵרוּ, וּגְדוּלָּתְךָ אֲסַפְּרֶנָּה:
זֵכֶר רַב־טוּבְךָ יַבִּיעוּ, וְצִדְקָתְךָ יְרַנֵּנוּ:
חַנּוּן וְרַחוּם יהוה, אֶרֶךְ אַפַּיִם וּגְדָל־חָסֶד:
טוֹב־יהוה לַכֹּל, וְרַחֲמָיו עַל־כָּל־מַעֲשָׂיו:
יוֹדוּךָ יהוה כָּל־מַעֲשֶׂיךָ, וַחֲסִידֶיךָ יְבָרְכוּכָה:
כְּבוֹד מַלְכוּתְךָ יֹאמֵרוּ, וּגְבוּרָתְךָ יְדַבֵּרוּ:
לְהוֹדִיעַ לִבְנֵי הָאָדָם גְּבוּרֹתָיו, וּכְבוֹד הֲדַר מַלְכוּתוֹ:
מַלְכוּתְךָ מַלְכוּת כָּל־עֹלָמִים, וּמֶמְשַׁלְתְּךָ בְּכָל־דּוֹר וָדֹר:
סוֹמֵךְ יהוה לְכָל־הַנֹּפְלִים, וְזוֹקֵף לְכָל־הַכְּפוּפִים:
עֵינֵי־כֹל אֵלֶיךָ יְשַׂבֵּרוּ, וְאַתָּה נוֹתֵן־לָהֶם אֶת־אָכְלָם בְּעִתּוֹ:
°פּוֹתֵחַ אֶת־יָדֶךָ, °°וּמַשְׂבִּיעַ לְכָל־חַי רָצוֹן:
צַדִּיק יהוה בְּכָל־דְּרָכָיו, וְחָסִיד בְּכָל־מַעֲשָׂיו:
קָרוֹב יהוה לְכָל־קֹרְאָיו, לְכֹל אֲשֶׁר יִקְרָאֻהוּ בֶאֱמֶת:
רְצוֹן־יְרֵאָיו יַעֲשֶׂה, וְאֶת־שַׁוְעָתָם יִשְׁמַע, וְיוֹשִׁיעֵם:
שׁוֹמֵר יהוה אֶת־כָּל־אֹהֲבָיו, וְאֵת כָּל־הָרְשָׁעִים יַשְׁמִיד:
◂ תְּהִלַּת יהוה יְדַבֶּר פִּי, וִיבָרֵךְ כָּל־בָּשָׂר שֵׁם קָדְשׁוֹ לְעוֹלָם וָעֶד:

תהלים קטו וַאֲנַחְנוּ נְבָרֵךְ יָהּ מֵעַתָּה וְעַד־עוֹלָם, הַלְלוּיָהּ:

אחרי 'אַשְׁרֵי' אומרים 'לַמְנַצֵּחַ', מפני שיש בו מעניין הישועה (טור, קלא).

אין אומרים 'לַמְנַצֵּחַ' בראש חודש, חול המועד, ערב פסח, אסרו חג,
יום העצמאות, יום ירושלים, תשעה באב, ערב יום הכיפורים, חנוכה,
יד–טו באדר א', פורים ושושן פורים, וגם לא בבית האבל.

לַמְנַצֵּחַ מִזְמוֹר לְדָוִד: יַעַנְךָ יהוה בְּיוֹם צָרָה, יְשַׂגֶּבְךָ שֵׁם אֱלֹהֵי יַעֲקֹב: תהלים כ
יִשְׁלַח־עֶזְרְךָ מִקֹּדֶשׁ, וּמִצִּיּוֹן יִסְעָדֶךָּ: יִזְכֹּר כָּל־מִנְחֹתֶיךָ, וְעוֹלָתְךָ יְדַשְּׁנֶה
סֶלָה: יִתֶּן־לְךָ כִלְבָבֶךָ וְכָל־עֲצָתְךָ יְמַלֵּא: נְרַנְּנָה בִּישׁוּעָתֶךָ, וּבְשֵׁם־
אֱלֹהֵינוּ נִדְגֹּל, יְמַלֵּא יהוה כָּל־מִשְׁאֲלוֹתֶיךָ: עַתָּה יָדַעְתִּי כִּי הוֹשִׁיעַ
יהוה מְשִׁיחוֹ, יַעֲנֵהוּ מִשְּׁמֵי קָדְשׁוֹ, בִּגְבֻרוֹת יֵשַׁע יְמִינוֹ: אֵלֶּה בָרֶכֶב
וְאֵלֶּה בַסּוּסִים, וַאֲנַחְנוּ בְּשֵׁם־יהוה אֱלֹהֵינוּ נַזְכִּיר: הֵמָּה כָּרְעוּ וְנָפָלוּ,
וַאֲנַחְנוּ קַמְנוּ וַנִּתְעוֹדָד: ‹ יהוה הוֹשִׁיעָה, הַמֶּלֶךְ יַעֲנֵנוּ בְיוֹם־קָרְאֵנוּ:

"רשב"ג אומר, העיד ר' יהושע: מיום שחרב בית המקדש – אין יום שאין בו קללה" (משנה,
סוטה מח ע"א). "...ואלא עלמא אמאי קא מקיים? אקדושה דסידרא ואיהא שמיה רבא
דאגדתא" (גמרא שם, מט ע"א). ומתרגמים את הקדושה כדי שיבינו אותה הכל (רש"י שם).

בתשעה באב מדלגים על הפסוק 'וַאֲנִי זֹאת בְּרִיתִי' (ראבי"ה, תתצ), והיום נוהגים
לדלג על פסוק זה גם בבית האבל משום שאסור הוא בדברי תורה (אבודרהם).

וּבָא לְצִיּוֹן גּוֹאֵל, וּלְשָׁבֵי פֶשַׁע בְּיַעֲקֹב, נְאֻם יהוה: ישעיה נט
וַאֲנִי זֹאת בְּרִיתִי אוֹתָם, אָמַר יהוה, רוּחִי אֲשֶׁר עָלֶיךָ וּדְבָרַי אֲשֶׁר־
שַׂמְתִּי בְּפִיךָ, לֹא־יָמוּשׁוּ מִפִּיךָ וּמִפִּי זַרְעֲךָ וּמִפִּי זֶרַע זַרְעֲךָ, אָמַר יהוה,
מֵעַתָּה וְעַד־עוֹלָם:

‹ וְאַתָּה קָדוֹשׁ יוֹשֵׁב תְּהִלּוֹת יִשְׂרָאֵל: וְקָרָא זֶה אֶל־זֶה וְאָמַר › תהלים כב ישעיה ו
קָדוֹשׁ, קָדוֹשׁ, קָדוֹשׁ, יהוה צְבָאוֹת, מְלֹא כָל־הָאָרֶץ כְּבוֹדוֹ:
וּמְקַבְּלִין דֵּין מִן דֵּין וְאָמְרִין, קַדִּישׁ בִּשְׁמֵי מְרוֹמָא עִלָּאָה בֵּית שְׁכִינְתֵהּ, קַדִּישׁ תרגום יונתן
עַל אַרְעָא עוֹבַד גְּבוּרְתֵהּ, קַדִּישׁ לְעָלַם וּלְעָלְמֵי עָלְמַיָּא, יהוה צְבָאוֹת, מַלְיָא ישעיה ו
כָל אַרְעָא זִיו יְקָרֵהּ.

‹ וַתִּשָּׂאֵנִי רוּחַ, וָאֶשְׁמַע אַחֲרַי קוֹל רַעַשׁ גָּדוֹל › יחזקאל ג
בָּרוּךְ כְּבוֹד־יהוה מִמְּקוֹמוֹ:
וּנְטָלַתְנִי רוּחָא, וּשְׁמָעִית בַּתְרַי קָל זִיעַ סַגִּיא, דִּמְשַׁבְּחִין וְאָמְרִין, בְּרִיךְ יְקָרָא תרגום יונתן
דַיהוה מֵאֲתַר בֵּית שְׁכִינְתֵהּ. יחזקאל ג

יהוה יִמְלֹךְ לְעֹלָם וָעֶד: שמות טו
יהוה מַלְכוּתֵהּ קָאֵם לְעָלַם וּלְעָלְמֵי עָלְמַיָּא. תרגום אונקלוס שמות טו

יהוה אֱלֹהֵי אַבְרָהָם יִצְחָק וְיִשְׂרָאֵל אֲבֹתֵינוּ, שָׁמְרָה־זֹּאת לְעוֹלָם דברי הימים א׳ כט
לְיֵצֶר מַחְשְׁבוֹת לְבַב עַמֶּךָ, וְהָכֵן לְבָבָם אֵלֶיךָ: וְהוּא רַחוּם יְכַפֵּר תהלים עח
עָוֹן וְלֹא־יַשְׁחִית, וְהִרְבָּה לְהָשִׁיב אַפּוֹ, וְלֹא־יָעִיר כָּל־חֲמָתוֹ: כִּי־ תהלים פו
אַתָּה אֲדֹנָי טוֹב וְסַלָּח, וְרַב־חֶסֶד לְכָל־קֹרְאֶיךָ: צִדְקָתְךָ צֶדֶק תהלים קיט
לְעוֹלָם וְתוֹרָתְךָ אֱמֶת: תִּתֵּן אֱמֶת לְיַעֲקֹב, חֶסֶד לְאַבְרָהָם, אֲשֶׁר־ מיכה ז
נִשְׁבַּעְתָּ לַאֲבֹתֵינוּ מִימֵי קֶדֶם: בָּרוּךְ אֲדֹנָי יוֹם יוֹם יַעֲמָס־לָנוּ, הָאֵל תהלים סח
יְשׁוּעָתֵנוּ סֶלָה: יהוה צְבָאוֹת עִמָּנוּ, מִשְׂגָּב לָנוּ אֱלֹהֵי יַעֲקֹב סֶלָה: תהלים מו
יהוה צְבָאוֹת, אַשְׁרֵי אָדָם בֹּטֵחַ בָּךְ: יהוה הוֹשִׁיעָה, הַמֶּלֶךְ יַעֲנֵנוּ תהלים פד / תהלים כ
בְיוֹם־קָרְאֵנוּ:

בָּרוּךְ הוּא אֱלֹהֵינוּ שֶׁבְּרָאָנוּ לִכְבוֹדוֹ, וְהִבְדִּילָנוּ מִן הַתּוֹעִים, וְנָתַן לָנוּ תּוֹרַת אֱמֶת, וְחַיֵּי עוֹלָם נָטַע בְּתוֹכֵנוּ. הוּא יִפְתַּח לִבֵּנוּ בְּתוֹרָתוֹ, וְיָשֵׂם בְּלִבֵּנוּ אַהֲבָתוֹ וְיִרְאָתוֹ וְלַעֲשׂוֹת רְצוֹנוֹ וּלְעָבְדוֹ בְּלֵבָב שָׁלֵם, לְמַעַן לֹא נִיגַע לָרִיק וְלֹא נֵלֵד לַבֶּהָלָה.

יְהִי רָצוֹן מִלְּפָנֶיךָ יהוה אֱלֹהֵינוּ וֵאלֹהֵי אֲבוֹתֵינוּ, שֶׁנִּשְׁמֹר חֻקֶּיךָ
בָּעוֹלָם הַזֶּה, וְנִזְכֶּה וְנִחְיֶה וְנִרְאֶה וְנִירַשׁ טוֹבָה וּבְרָכָה, לִשְׁנֵי יְמוֹת
הַמָּשִׁיחַ וּלְחַיֵּי הָעוֹלָם הַבָּא. לְמַעַן יְזַמֶּרְךָ כָבוֹד וְלֹא יִדֹּם, יהוה תהלים ל
אֱלֹהַי, לְעוֹלָם אוֹדֶךָּ: בָּרוּךְ הַגֶּבֶר אֲשֶׁר יִבְטַח בַּיהוה, וְהָיָה יהוה ירמיה יז
מִבְטַחוֹ: בִּטְחוּ בַיהוה עֲדֵי־עַד, כִּי בְּיָהּ יהוה צוּר עוֹלָמִים: ◂ וְיִבְטְחוּ ישעיה כו / תהלים ט
בְךָ יוֹדְעֵי שְׁמֶךָ, כִּי לֹא־עָזַבְתָּ דֹרְשֶׁיךָ, יהוה: יהוה חָפֵץ לְמַעַן ישעיה מב
צִדְקוֹ, יַגְדִּיל תּוֹרָה וְיַאְדִּיר:

בראש חודש ובחול המועד אומרים חצי קדיש בעמ׳ 79 ועומדים להתפלל מוסף (מוסף לראש חודש בעמ׳ 365; מוסף לשלוש רגלים בעמ׳ 404). ובראש חודש חולצים את התפילין לפני העמידה. בבתי כנסת המתפללים בנוסח ספרד, מחזירים את ספר התורה לארון הקודש (עמ׳ 81) לפני חצי קדיש.

בשאר הימים שליח הציבור ממשיך בקדיש שלם בעמוד הבא.

קדיש שלם

ש״ץ: יִתְגַּדַּל וְיִתְקַדַּשׁ שְׁמֵהּ רַבָּא (קהל: אָמֵן)
בְּעָלְמָא דִּי בְרָא כִרְעוּתֵהּ
וְיַמְלִיךְ מַלְכוּתֵהּ
בְּחַיֵּיכוֹן וּבְיוֹמֵיכוֹן וּבְחַיֵּי דְכָל בֵּית יִשְׂרָאֵל
בַּעֲגָלָא וּבִזְמַן קָרִיב, וְאִמְרוּ אָמֵן. (קהל: אָמֵן)

קהל וש״ץ: יְהֵא שְׁמֵהּ רַבָּא מְבָרַךְ לְעָלַם וּלְעָלְמֵי עָלְמַיָּא.

ש״ץ: יִתְבָּרַךְ וְיִשְׁתַּבַּח וְיִתְפָּאַר וְיִתְרוֹמַם וְיִתְנַשֵּׂא
וְיִתְהַדָּר וְיִתְעַלֶּה וְיִתְהַלָּל
שְׁמֵהּ דְּקֻדְשָׁא בְּרִיךְ הוּא (קהל: בְּרִיךְ הוּא)
לְעֵלָּא מִן כָּל בִּרְכָתָא
/בעשרת ימי תשובה: לְעֵלָּא לְעֵלָּא מִכָּל בִּרְכָתָא/
וְשִׁירָתָא, תֻּשְׁבְּחָתָא וְנֶחֱמָתָא
דַּאֲמִירָן בְּעָלְמָא, וְאִמְרוּ אָמֵן. (קהל: אָמֵן)

בתשעה באב מדלגים על פסקה זו וממשיכים 'יְהֵא שְׁלָמָא' (רמ״א תקנט, ד בשם ראבי״ה).

תִּתְקַבַּל צְלוֹתְהוֹן וּבָעוּתְהוֹן דְּכָל יִשְׂרָאֵל
קֳדָם אֲבוּהוֹן דִּי בִשְׁמַיָּא, וְאִמְרוּ אָמֵן. (קהל: אָמֵן)

יְהֵא שְׁלָמָא רַבָּא מִן שְׁמַיָּא
וְחַיִּים, עָלֵינוּ וְעַל כָּל יִשְׂרָאֵל, וְאִמְרוּ אָמֵן. (קהל: אָמֵן)

כורע ופוסע שלוש פסיעות לאחור. קד לשמאל, לימין ולפנים באמירת:

עֹשֶׂה שָׁלוֹם/ בעשרת ימי תשובה: הַשָּׁלוֹם/ בִּמְרוֹמָיו
הוּא יַעֲשֶׂה שָׁלוֹם
עָלֵינוּ וְעַל כָּל יִשְׂרָאֵל, וְאִמְרוּ אָמֵן. (קהל: אָמֵן)

בבתי כנסת המתפללים בנוסח ספרד מחזירים כאן את ספר התורה לארון הקודש (עמ' 81).

לאחר קדיש שלם אומרים ׳עָלֵינוּ׳ כדי לחזק בלבנו את האמונה בקב״ה ובגאולה העתידית (ב״ח, קלג). ׳עָלֵינוּ׳ היא התפילה הפותחת את פסוקי מלכויות במוסף של ראש השנה. יש אומרים, שיהושע בן נון תיקן אותה בעת שנפלו חומות יריחו (׳שערי תשובה׳, מד). מימות ראשוני אשכנז נהגו לאומרה בסיום כל תפילה (מחזור ויטרי).

עומדים באמירת ׳עָלֵינוּ׳ (טור, קלג) ומשתחווים במקום המסומן ב׳.

בבתי כנסת המתפללים בנוסח ספרד, אומרים ׳עָלֵינוּ׳ ואת הקדיש שאחריו, אחרי שיר של יום (עמ׳ 88) ו׳אֵין כֵּאלֹהֵינוּ׳ (עמ׳ 93).

עָלֵינוּ לְשַׁבֵּחַ לַאֲדוֹן הַכֹּל, לָתֵת גְּדֻלָּה לְיוֹצֵר בְּרֵאשִׁית\
שֶׁלֹּא עָשָׂנוּ כְּגוֹיֵי הָאֲרָצוֹת, וְלֹא שָׂמָנוּ כְּמִשְׁפְּחוֹת הָאֲדָמָה\
שֶׁלֹּא שָׂם חֶלְקֵנוּ כָּהֶם וְגוֹרָלֵנוּ כְּכָל הֲמוֹנָם.\
שֶׁהֵם מִשְׁתַּחֲוִים לְהֶבֶל וָרִיק וּמִתְפַּלְלִים אֶל אֵל לֹא יוֹשִׁיעַ.\
׳וַאֲנַחְנוּ כּוֹרְעִים וּמִשְׁתַּחֲוִים וּמוֹדִים\
לִפְנֵי מֶלֶךְ מַלְכֵי הַמְּלָכִים, הַקָּדוֹשׁ בָּרוּךְ הוּא\
שֶׁהוּא נוֹטֶה שָׁמַיִם וְיוֹסֵד אָרֶץ, וּמוֹשַׁב יְקָרוֹ בַּשָּׁמַיִם מִמַּעַל\
וּשְׁכִינַת עֻזּוֹ בְּגָבְהֵי מְרוֹמִים.\
הוּא אֱלֹהֵינוּ, אֵין עוֹד.\
אֱמֶת מַלְכֵּנוּ, אֶפֶס זוּלָתוֹ\
כַּכָּתוּב בְּתוֹרָתוֹ\
דברים ד וְיָדַעְתָּ הַיּוֹם וַהֲשֵׁבֹתָ אֶל־לְבָבֶךָ\
כִּי יהוה הוּא הָאֱלֹהִים בַּשָּׁמַיִם מִמַּעַל וְעַל־הָאָרֶץ מִתָּחַת, אֵין עוֹד:

עַל כֵּן נְקַוֶּה לְּךָ יהוה אֱלֹהֵינוּ, לִרְאוֹת מְהֵרָה בְּתִפְאֶרֶת עֻזֶּךָ\
לְהַעֲבִיר גִּלּוּלִים מִן הָאָרֶץ, וְהָאֱלִילִים כָּרוֹת יִכָּרֵתוּן\
לְתַקֵּן עוֹלָם בְּמַלְכוּת שַׁדַּי.\
וְכָל בְּנֵי בָשָׂר יִקְרְאוּ בִשְׁמֶךָ לְהַפְנוֹת אֵלֶיךָ כָּל רִשְׁעֵי אָרֶץ.\
יַכִּירוּ וְיֵדְעוּ כָּל יוֹשְׁבֵי תֵבֵל\
כִּי לְךָ תִּכְרַע כָּל בֶּרֶךְ, תִּשָּׁבַע כָּל לָשׁוֹן.\
לְפָנֶיךָ יהוה אֱלֹהֵינוּ יִכְרְעוּ וְיִפֹּלוּ, וְלִכְבוֹד שִׁמְךָ יְקָר יִתֵּנוּ\
וִיקַבְּלוּ כֻלָּם אֶת עֹל מַלְכוּתֶךָ, וְתִמְלֹךְ עֲלֵיהֶם מְהֵרָה לְעוֹלָם וָעֶד.

כִּי הַמַּלְכוּת שֶׁלְּךָ הִיא וּלְעוֹלְמֵי עַד תִּמְלֹךְ בְּכָבוֹד
כַּכָּתוּב בְּתוֹרָתֶךָ, יהוה יִמְלֹךְ לְעֹלָם וָעֶד: שמות טו
› וְנֶאֱמַר, וְהָיָה יהוה לְמֶלֶךְ עַל־כָּל־הָאָרֶץ זכריה יד
בַּיּוֹם הַהוּא יִהְיֶה יהוה אֶחָד וּשְׁמוֹ אֶחָד:

יש מוסיפים פסוקים אלה, שבהם נתבשר מרדכי שישראל יינצלו מגזרת המן (אסתר רבה ז, יג מובא בט״ז קלב, ב).

אַל־תִּירָא מִפַּחַד פִּתְאֹם וּמִשֹּׁאַת רְשָׁעִים כִּי תָבֹא: משלי ג
עֻצוּ עֵצָה וְתֻפָר, דַּבְּרוּ דָבָר וְלֹא יָקוּם, כִּי עִמָּנוּ אֵל: ישעיה ח
וְעַד־זִקְנָה אֲנִי הוּא, וְעַד־שֵׂיבָה אֲנִי אֶסְבֹּל אֲנִי עָשִׂיתִי וַאֲנִי אֶשָּׂא וַאֲנִי אֶסְבֹּל וַאֲמַלֵּט: ישעיה מו

קדיש יתום

אבל: יִתְגַּדַּל וְיִתְקַדַּשׁ שְׁמֵהּ רַבָּא (קהל: אָמֵן)
בְּעָלְמָא דִּי בְרָא כִרְעוּתֵהּ
וְיַמְלִיךְ מַלְכוּתֵהּ
בְּחַיֵּיכוֹן וּבְיוֹמֵיכוֹן וּבְחַיֵּי דְכָל בֵּית יִשְׂרָאֵל
בַּעֲגָלָא וּבִזְמַן קָרִיב, וְאִמְרוּ אָמֵן. (קהל: אָמֵן)

קהל ואבל: יְהֵא שְׁמֵהּ רַבָּא מְבָרַךְ לְעָלַם וּלְעָלְמֵי עָלְמַיָּא.

אבל: יִתְבָּרַךְ וְיִשְׁתַּבַּח וְיִתְפָּאַר וְיִתְרוֹמַם וְיִתְנַשֵּׂא
וְיִתְהַדָּר וְיִתְעַלֶּה וְיִתְהַלָּל
שְׁמֵהּ דְּקֻדְשָׁא בְּרִיךְ הוּא (קהל: בְּרִיךְ הוּא)
לְעֵלָּא מִן כָּל בִּרְכָתָא /בעשרת ימי תשובה: לְעֵלָּא לְעֵלָּא מִכָּל בִּרְכָתָא/
וְשִׁירָתָא, תֻּשְׁבְּחָתָא וְנֶחֱמָתָא
דַּאֲמִירָן בְּעָלְמָא, וְאִמְרוּ אָמֵן. (קהל: אָמֵן)

יְהֵא שְׁלָמָא רַבָּא מִן שְׁמַיָּא
וְחַיִּים, עָלֵינוּ וְעַל כָּל יִשְׂרָאֵל, וְאִמְרוּ אָמֵן. (קהל: אָמֵן)

כורע ופוסע שלוש פסיעות לאחור, קד לשמאל, לימין ולפנים באמירת:

עֹשֶׂה שָׁלוֹם/בעשרת ימי תשובה: הַשָּׁלוֹם/ בִּמְרוֹמָיו
הוּא יַעֲשֶׂה שָׁלוֹם עָלֵינוּ וְעַל כָּל יִשְׂרָאֵל, וְאִמְרוּ אָמֵן. (קהל: אָמֵן)

שיר של יום

חלק ממצוות זיכרון השבת היא קריאת כל ימות השבוע על שמה (מכילתא, מובא ברמב״ן שמות כ, ח).

נוהגים לומר אחר התפילה את השיר שאמרו הלוויים במקדש באותו יום (סדר רב עמרם גאון), ולאחריו קדיש יתום (עמ׳ 91).

בחנוכה, בפורים, בראש חודש ובחול המועד יש האומרים מזמור שונה, כמנהג הגר״א (ראה במדריך להלכות תפילה).

מזמור זה נאמר ביום הראשון, כיוון שהוא מדגיש את בעלותו של הקב״ה על העולם שהוא ברא (ראש השנה לא ע״א).

ליום א׳ **הַיּוֹם יוֹם רִאשׁוֹן בְּשַׁבָּת, שֶׁבּוֹ הָיוּ הַלְוִיִּם אוֹמְרִים בְּבֵית הַמִּקְדָּשׁ:**

תהלים כד **לְדָוִד מִזְמוֹר, לַיהוה הָאָרֶץ וּמְלוֹאָהּ, תֵּבֵל וְיֹשְׁבֵי בָהּ: כִּי־הוּא עַל־יַמִּים**
יְסָדָהּ, וְעַל־נְהָרוֹת יְכוֹנְנֶהָ: מִי־יַעֲלֶה בְהַר־יהוה, וּמִי־יָקוּם בִּמְקוֹם
קָדְשׁוֹ: נְקִי כַפַּיִם וּבַר־לֵבָב, אֲשֶׁר לֹא־נָשָׂא לַשָּׁוְא נַפְשִׁי, וְלֹא נִשְׁבַּע
לְמִרְמָה: יִשָּׂא בְרָכָה מֵאֵת יהוה, וּצְדָקָה מֵאֱלֹהֵי יִשְׁעוֹ: זֶה דּוֹר דֹּרְשָׁו,
מְבַקְשֵׁי פָנֶיךָ יַעֲקֹב סֶלָה: שְׂאוּ שְׁעָרִים רָאשֵׁיכֶם, וְהִנָּשְׂאוּ פִּתְחֵי עוֹלָם,
וְיָבוֹא מֶלֶךְ הַכָּבוֹד: מִי זֶה מֶלֶךְ הַכָּבוֹד, יהוה עִזּוּז וְגִבּוֹר, יהוה גִּבּוֹר
מִלְחָמָה: שְׂאוּ שְׁעָרִים רָאשֵׁיכֶם, וּשְׂאוּ פִּתְחֵי עוֹלָם, וְיָבֹא מֶלֶךְ הַכָּבוֹד:
◂ מִי הוּא זֶה מֶלֶךְ הַכָּבוֹד, יהוה צְבָאוֹת הוּא מֶלֶךְ הַכָּבוֹד סֶלָה:

קדיש יתום (בעמ׳ 91)

מזמור זה נאמר ביום השני, כיוון שהבחירה בירושלים מקבילה להבדלה בין המים העליונים למים התחתונים ביום השני לבריאה (ר״ח, ראש השנה לא ע״א).

ליום ב׳ **הַיּוֹם יוֹם שֵׁנִי בְּשַׁבָּת, שֶׁבּוֹ הָיוּ הַלְוִיִּם אוֹמְרִים בְּבֵית הַמִּקְדָּשׁ:**

תהלים מח **שִׁיר מִזְמוֹר לִבְנֵי־קֹרַח: גָּדוֹל יהוה וּמְהֻלָּל מְאֹד, בְּעִיר אֱלֹהֵינוּ, הַר־**
קָדְשׁוֹ: יְפֵה נוֹף מְשׂוֹשׂ כָּל־הָאָרֶץ, הַר־צִיּוֹן יַרְכְּתֵי צָפוֹן, קִרְיַת מֶלֶךְ
רָב: אֱלֹהִים בְּאַרְמְנוֹתֶיהָ נוֹדַע לְמִשְׂגָּב: כִּי־הִנֵּה הַמְּלָכִים נוֹעֲדוּ, עָבְרוּ
יַחְדָּו: הֵמָּה רָאוּ כֵּן תָּמָהוּ, נִבְהֲלוּ נֶחְפָּזוּ: רְעָדָה אֲחָזָתַם שָׁם, חִיל
כַּיּוֹלֵדָה: בְּרוּחַ קָדִים תְּשַׁבֵּר אֳנִיּוֹת תַּרְשִׁישׁ: כַּאֲשֶׁר שָׁמַעְנוּ כֵּן רָאִינוּ,
בְּעִיר־יהוה צְבָאוֹת, בְּעִיר אֱלֹהֵינוּ, אֱלֹהִים יְכוֹנְנֶהָ עַד־עוֹלָם סֶלָה:
דִּמִּינוּ אֱלֹהִים חַסְדֶּךָ, בְּקֶרֶב הֵיכָלֶךָ: כְּשִׁמְךָ אֱלֹהִים כֵּן תְּהִלָּתְךָ עַל־

קַצְוֵי־אָֽרֶץ, צֶֽדֶק מָלְאָה יְמִינֶֽךָ: יִשְׂמַח הַר־צִיּוֹן, תָּגֵֽלְנָה בְּנוֹת יְהוּדָה, לְמַֽעַן מִשְׁפָּטֶֽיךָ: סֹֽבּוּ צִיּוֹן וְהַקִּיפֽוּהָ, סִפְרוּ מִגְדָּלֶֽיהָ: שִׁיתוּ לִבְּכֶם לְחֵילָה, פַּסְּגוּ אַרְמְנוֹתֶֽיהָ, לְמַֽעַן תְּסַפְּרוּ לְדוֹר אַחֲרוֹן: › כִּי זֶה אֱלֹהִים אֱלֹהֵֽינוּ עוֹלָם וָעֶד, הוּא יְנַהֲגֵֽנוּ עַל־מוּת:

קדיש יתום (בעמ׳ 91)

מזמור זה נאמר ביום השלישי, כיוון שקיום הארץ (שנתגלתה ביום השלישי), תלוי בשמירת משפטי התורה כמו שכתוב במזמור, שנאמר (ירמיה לג, כה): ״כֹּה אָמַר ה׳, אִם־לֹא בְרִיתִי יוֹמָם וָלָֽיְלָה, חֻקּוֹת שָׁמַֽיִם וָאָֽרֶץ לֹא־שָֽׂמְתִּי״ (ר״ח, ראש השנה לא ע״א).

ליום ג׳ הַיּוֹם יוֹם שְׁלִישִׁי בְּשַׁבָּת, שֶׁבּוֹ הָיוּ הַלְוִיִּם אוֹמְרִים בְּבֵית הַמִּקְדָּשׁ:

תהלים פב מִזְמוֹר לְאָסָף, אֱלֹהִים נִצָּב בַּעֲדַת־אֵל, בְּקֶֽרֶב אֱלֹהִים יִשְׁפֹּט: עַד־מָתַי
תִּשְׁפְּטוּ־עָֽוֶל, וּפְנֵי רְשָׁעִים תִּשְׂאוּ־סֶֽלָה: שִׁפְטוּ־דָל וְיָתוֹם, עָנִי וָרָשׁ
הַצְדִּֽיקוּ: פַּלְּטוּ־דַל וְאֶבְיוֹן, מִיַּד רְשָׁעִים הַצִּֽילוּ: לֹא יָדְעוּ וְלֹא יָבִֽינוּ,
בַּחֲשֵׁכָה יִתְהַלָּֽכוּ, יִמּֽוֹטוּ כָּל־מֽוֹסְדֵי אָֽרֶץ: אֲנִי־אָמַֽרְתִּי אֱלֹהִים אַתֶּם,
וּבְנֵי עֶלְיוֹן כֻּלְּכֶם: אָכֵן כְּאָדָם תְּמוּתוּן, וּכְאַחַד הַשָּׂרִים תִּפֹּֽלוּ: › קוּמָה
אֱלֹהִים שָׁפְטָה הָאָֽרֶץ, כִּי־אַתָּה תִנְחַל בְּכָל־הַגּוֹיִם:

קדיש יתום (בעמ׳ 91)

מזמור זה נאמר ביום הרביעי, כיוון שהוא מתאר את הנקמה בעובדי הכוכבים, שנבראו ביום הרביעי (ראש השנה לא ע״א).

רבים נוהגים לסיים בפתיחה לקבלת שבת (בשלושת הפסוקים המתחילים את הפרק הבא), מפני שיום רביעי נחשב מכין לשבת הבאה (שפת אמת).

ליום ד׳ הַיּוֹם יוֹם רְבִיעִי בְּשַׁבָּת, שֶׁבּוֹ הָיוּ הַלְוִיִּם אוֹמְרִים בְּבֵית הַמִּקְדָּשׁ:

תהלים צד אֵל־נְקָמוֹת יהוה, אֵל נְקָמוֹת הוֹפִֽיעַ: הִנָּשֵׂא שֹׁפֵט הָאָֽרֶץ, הָשֵׁב גְּמוּל
עַל־גֵּאִים: עַד־מָתַי רְשָׁעִים, יהוה, עַד־מָתַי רְשָׁעִים יַעֲלֹֽזוּ: יַבִּֽיעוּ יְדַבְּרוּ
עָתָק, יִתְאַמְּרוּ כָּל־פֹּֽעֲלֵי אָֽוֶן: עַמְּךָ יהוה יְדַכְּאוּ, וְנַחֲלָתְךָ יְעַנּוּ: אַלְמָנָה
וְגֵר יַהֲרֹֽגוּ, וִיתוֹמִים יְרַצֵּֽחוּ: וַיֹּאמְרוּ לֹא יִרְאֶה־יָּהּ, וְלֹא־יָבִין אֱלֹהֵי יַעֲקֹב:
בִּֽינוּ בֹּעֲרִים בָּעָם, וּכְסִילִים מָתַי תַּשְׂכִּֽילוּ: הֲנֹֽטַע אֹֽזֶן הֲלֹא יִשְׁמָע, אִם־
יֹצֵר עַֽיִן הֲלֹא יַבִּיט: הֲיֹסֵר גּוֹיִם הֲלֹא יוֹכִֽיחַ, הַמְלַמֵּד אָדָם דָּֽעַת: יהוה
יֹדֵֽעַ מַחְשְׁבוֹת אָדָם, כִּי־הֵֽמָּה הָֽבֶל: אַשְׁרֵי הַגֶּֽבֶר אֲשֶׁר־תְּיַסְּרֶֽנּוּ יָּהּ,

וּמִתּוֹרָתְךָ תְלַמְּדֶנּוּ: לְהַשְׁקִיט לוֹ מִימֵי רָע, עַד יִכָּרֶה לָרָשָׁע שָׁחַת: כִּי לֹא־יִטֹּשׁ יהוה עַמּוֹ, וְנַחֲלָתוֹ לֹא יַעֲזֹב: כִּי־עַד־צֶדֶק יָשׁוּב מִשְׁפָּט, וְאַחֲרָיו כָּל־יִשְׁרֵי־לֵב: מִי־יָקוּם לִי עִם־מְרֵעִים, מִי־יִתְיַצֵּב לִי עִם־פֹּעֲלֵי אָוֶן: לוּלֵי יהוה עֶזְרָתָה לִּי, כִּמְעַט שָׁכְנָה דוּמָה נַפְשִׁי: אִם־אָמַרְתִּי מָטָה רַגְלִי, חַסְדְּךָ יהוה יִסְעָדֵנִי: בְּרֹב שַׂרְעַפַּי בְּקִרְבִּי, תַּנְחוּמֶיךָ יְשַׁעַשְׁעוּ נַפְשִׁי: הַיְחָבְרְךָ כִּסֵּא הַוּוֹת, יֹצֵר עָמָל עֲלֵי־חֹק: יָגוֹדּוּ עַל־נֶפֶשׁ צַדִּיק, וְדָם נָקִי יַרְשִׁיעוּ: וַיְהִי יהוה לִי לְמִשְׂגָּב, וֵאלֹהַי לְצוּר מַחְסִי: וַיָּשֶׁב עֲלֵיהֶם אֶת־אוֹנָם, וּבְרָעָתָם יַצְמִיתֵם, יַצְמִיתֵם יהוה אֱלֹהֵינוּ:
תהלים צה ‹ לְכוּ נְרַנְּנָה לַיהוה, נָרִיעָה לְצוּר יִשְׁעֵנוּ: נְקַדְּמָה פָנָיו בְּתוֹדָה, בִּזְמִרוֹת נָרִיעַ לוֹ: כִּי אֵל גָּדוֹל יהוה, וּמֶלֶךְ גָּדוֹל עַל־כָּל־אֱלֹהִים:

קדיש יתום (בעמוד הבא)

מזמור זה נאמר ביום החמישי, כיוון שבו הקב״ה התחיל בבריאת בעלי החיים, והיופי והגיוון בבריאה מעוררים את האדם לשבח את הבורא (רש״י, ראש השנה לא ע״א).

ליום ה׳ הַיּוֹם יוֹם חֲמִישִׁי בְּשַׁבָּת, שֶׁבּוֹ הָיוּ הַלְוִיִּם אוֹמְרִים בְּבֵית הַמִּקְדָּשׁ:

תהלים פא לַמְנַצֵּחַ עַל־הַגִּתִּית לְאָסָף: הַרְנִינוּ לֵאלֹהִים עוּזֵּנוּ, הָרִיעוּ לֵאלֹהֵי יַעֲקֹב: שְׂאוּ־זִמְרָה וּתְנוּ־תֹף, כִּנּוֹר נָעִים עִם־נָבֶל: תִּקְעוּ בַחֹדֶשׁ שׁוֹפָר, בַּכֵּסֶה לְיוֹם חַגֵּנוּ: כִּי חֹק לְיִשְׂרָאֵל הוּא, מִשְׁפָּט לֵאלֹהֵי יַעֲקֹב: עֵדוּת בִּיהוֹסֵף שָׂמוֹ, בְּצֵאתוֹ עַל־אֶרֶץ מִצְרָיִם, שְׂפַת לֹא־יָדַעְתִּי אֶשְׁמָע: הֲסִירוֹתִי מִסֵּבֶל שִׁכְמוֹ, כַּפָּיו מִדּוּד תַּעֲבֹרְנָה: בַּצָּרָה קָרָאתָ וָאֲחַלְּצֶךָּ, אֶעֶנְךָ בְּסֵתֶר רַעַם, אֶבְחָנְךָ עַל־מֵי מְרִיבָה סֶלָה: שְׁמַע עַמִּי וְאָעִידָה בָּךְ, יִשְׂרָאֵל אִם־תִּשְׁמַע־לִי: לֹא־יִהְיֶה בְךָ אֵל זָר, וְלֹא תִשְׁתַּחֲוֶה לְאֵל נֵכָר: אָנֹכִי יהוה אֱלֹהֶיךָ, הַמַּעַלְךָ מֵאֶרֶץ מִצְרָיִם, הַרְחֶב־פִּיךָ וַאֲמַלְאֵהוּ: וְלֹא־שָׁמַע עַמִּי לְקוֹלִי, וְיִשְׂרָאֵל לֹא־אָבָה לִי: וָאֲשַׁלְּחֵהוּ בִּשְׁרִירוּת לִבָּם, יֵלְכוּ בְּמוֹעֲצוֹתֵיהֶם: לוּ עַמִּי שֹׁמֵעַ לִי, יִשְׂרָאֵל בִּדְרָכַי יְהַלֵּכוּ: כִּמְעַט אוֹיְבֵיהֶם אַכְנִיעַ, וְעַל־צָרֵיהֶם אָשִׁיב יָדִי: מְשַׂנְאֵי יהוה יְכַחֲשׁוּ־לוֹ, וִיהִי עִתָּם לְעוֹלָם: ‹ וַיַּאֲכִילֵהוּ מֵחֵלֶב חִטָּה, וּמִצּוּר, דְּבַשׁ אַשְׂבִּיעֶךָ:

קדיש יתום (בעמוד הבא)

מזמור זה נאמר ביום השישי, כיון שביום זה הקב״ה סיים את בריאת העולם ונתעלה למלך עליו (ראש השנה לא ע״א).

ליום ו׳ הַיּוֹם יוֹם שִׁשִּׁי בְּשַׁבָּת, שֶׁבּוֹ הָיוּ הַלְוִיִּם אוֹמְרִים בְּבֵית הַמִּקְדָּשׁ:

יהוה מָלָךְ, גֵּאוּת לָבֵשׁ, לָבֵשׁ יהוה עֹז הִתְאַזָּר, אַף־תִּכּוֹן תֵּבֵל בַּל־ תהלים צג
תִּמּוֹט: נָכוֹן כִּסְאֲךָ מֵאָז, מֵעוֹלָם אָתָּה: נָשְׂאוּ נְהָרוֹת יהוה, נָשְׂאוּ נְהָרוֹת
קוֹלָם, יִשְׂאוּ נְהָרוֹת דָּכְיָם: מִקֹּלוֹת מַיִם רַבִּים, אַדִּירִים מִשְׁבְּרֵי־יָם,
אַדִּיר בַּמָּרוֹם יהוה: › עֵדֹתֶיךָ נֶאֶמְנוּ מְאֹד, לְבֵיתְךָ נַאֲוָה־קֹדֶשׁ, יהוה
לְאֹרֶךְ יָמִים:

קדיש יתום

אבל: יִתְגַּדַּל וְיִתְקַדַּשׁ שְׁמֵהּ רַבָּא (קהל: אָמֵן)
בְּעָלְמָא דִּי בְרָא כִרְעוּתֵהּ
וְיַמְלִיךְ מַלְכוּתֵהּ
בְּחַיֵּיכוֹן וּבְיוֹמֵיכוֹן וּבְחַיֵּי דְכָל בֵּית יִשְׂרָאֵל
בַּעֲגָלָא וּבִזְמַן קָרִיב, וְאִמְרוּ אָמֵן. (קהל: אָמֵן)

קהל ואבל: יְהֵא שְׁמֵהּ רַבָּא מְבָרַךְ לְעָלַם וּלְעָלְמֵי עָלְמַיָּא.

אבל: יִתְבָּרַךְ וְיִשְׁתַּבַּח וְיִתְפָּאַר וְיִתְרוֹמַם וְיִתְנַשֵּׂא
וְיִתְהַדָּר וְיִתְעַלֶּה וְיִתְהַלָּל
שְׁמֵהּ דְּקֻדְשָׁא בְּרִיךְ הוּא (קהל: בְּרִיךְ הוּא)
לְעֵלָּא מִן כָּל בִּרְכָתָא /בעשרת ימי תשובה: לְעֵלָּא לְעֵלָּא מִכָּל בִּרְכָתָא/
וְשִׁירָתָא, תֻּשְׁבְּחָתָא וְנֶחֱמָתָא
דַּאֲמִירָן בְּעָלְמָא, וְאִמְרוּ אָמֵן. (קהל: אָמֵן)

יְהֵא שְׁלָמָא רַבָּא מִן שְׁמַיָּא
וְחַיִּים, עָלֵינוּ וְעַל כָּל יִשְׂרָאֵל, וְאִמְרוּ אָמֵן. (קהל: אָמֵן)

כורע ופוסע שלוש פסיעות לאחור, קד לשמאל, לימין ולפנים באמירת:

עֹשֶׂה שָׁלוֹם /בעשרת ימי תשובה: הַשָּׁלוֹם/ בִּמְרוֹמָיו
הוּא יַעֲשֶׂה שָׁלוֹם עָלֵינוּ וְעַל כָּל יִשְׂרָאֵל, וְאִמְרוּ אָמֵן. (קהל: אָמֵן)

בראש חודש מוסיפים מזמור זה, שנזכרות בו בריאת העולם וקביעת הזמן על פי המאורות (רש״י, בראשית א, יד). הנוהגים כדעת הגר״א אומרים רק ׳בָּרְכִי נַפְשִׁי׳, במקום שיר של יום.

תהלים קד בָּרְכִי נַפְשִׁי אֶת־יהוה, יהוה אֱלֹהַי גָּדַלְתָּ מְּאֹד, הוֹד וְהָדָר לָבָשְׁתָּ: עֹטֶה־אוֹר כַּשַּׂלְמָה, נוֹטֶה שָׁמַיִם כַּיְרִיעָה: הַמְקָרֶה בַמַּיִם עֲלִיּוֹתָיו, הַשָּׂם־עָבִים רְכוּבוֹ, הַמְהַלֵּךְ עַל־כַּנְפֵי־רוּחַ: עֹשֶׂה מַלְאָכָיו רוּחוֹת, מְשָׁרְתָיו אֵשׁ לֹהֵט: יָסַד־אֶרֶץ עַל־מְכוֹנֶיהָ, בַּל־תִּמּוֹט עוֹלָם וָעֶד: תְּהוֹם כַּלְּבוּשׁ כִּסִּיתוֹ, עַל־הָרִים יַעַמְדוּ־מָיִם: מִן־גַּעֲרָתְךָ יְנוּסוּן, מִן־קוֹל רַעַמְךָ יֵחָפֵזוּן: יַעֲלוּ הָרִים, יֵרְדוּ בְקָעוֹת, אֶל־מְקוֹם זֶה יָסַדְתָּ לָהֶם: גְּבוּל־שַׂמְתָּ בַּל־יַעֲבֹרוּן, בַּל־יְשׁוּבוּן לְכַסּוֹת הָאָרֶץ: הַמְשַׁלֵּחַ מַעְיָנִים בַּנְּחָלִים, בֵּין הָרִים יְהַלֵּכוּן: יַשְׁקוּ כָּל־חַיְתוֹ שָׂדָי, יִשְׁבְּרוּ פְרָאִים צְמָאָם: עֲלֵיהֶם עוֹף־הַשָּׁמַיִם יִשְׁכּוֹן, מִבֵּין עֳפָאיִם יִתְּנוּ־קוֹל: מַשְׁקֶה הָרִים מֵעֲלִיּוֹתָיו, מִפְּרִי מַעֲשֶׂיךָ תִּשְׂבַּע הָאָרֶץ: מַצְמִיחַ חָצִיר לַבְּהֵמָה, וְעֵשֶׂב לַעֲבֹדַת הָאָדָם, לְהוֹצִיא לֶחֶם מִן־הָאָרֶץ: וְיַיִן יְשַׂמַּח לְבַב־אֱנוֹשׁ, לְהַצְהִיל פָּנִים מִשָּׁמֶן, וְלֶחֶם לְבַב־אֱנוֹשׁ יִסְעָד: יִשְׂבְּעוּ עֲצֵי יהוה, אַרְזֵי לְבָנוֹן אֲשֶׁר נָטָע: אֲשֶׁר־שָׁם צִפֳּרִים יְקַנֵּנוּ, חֲסִידָה בְּרוֹשִׁים בֵּיתָהּ: הָרִים הַגְּבֹהִים לַיְּעֵלִים, סְלָעִים מַחְסֶה לַשְׁפַנִּים: עָשָׂה יָרֵחַ לְמוֹעֲדִים, שֶׁמֶשׁ יָדַע מְבוֹאוֹ: תָּשֶׁת־חֹשֶׁךְ וִיהִי לָיְלָה, בּוֹ־תִרְמֹשׂ כָּל־חַיְתוֹ־יָעַר: הַכְּפִירִים שֹׁאֲגִים לַטָּרֶף, וּלְבַקֵּשׁ מֵאֵל אָכְלָם: תִּזְרַח הַשֶּׁמֶשׁ יֵאָסֵפוּן, וְאֶל־מְעוֹנֹתָם יִרְבָּצוּן: יֵצֵא אָדָם לְפָעֳלוֹ, וְלַעֲבֹדָתוֹ עֲדֵי־עָרֶב: מָה־רַבּוּ מַעֲשֶׂיךָ יהוה, כֻּלָּם בְּחָכְמָה עָשִׂיתָ, מָלְאָה הָאָרֶץ קִנְיָנֶךָ: זֶה הַיָּם גָּדוֹל וּרְחַב יָדָיִם, שָׁם־רֶמֶשׂ וְאֵין מִסְפָּר, חַיּוֹת קְטַנּוֹת עִם־גְּדֹלוֹת: שָׁם אֳנִיּוֹת יְהַלֵּכוּן, לִוְיָתָן זֶה־יָצַרְתָּ לְשַׂחֶק־בּוֹ: כֻּלָּם אֵלֶיךָ יְשַׂבֵּרוּן, לָתֵת אָכְלָם בְּעִתּוֹ: תִּתֵּן לָהֶם יִלְקֹטוּן, תִּפְתַּח יָדְךָ יִשְׂבְּעוּן טוֹב: תַּסְתִּיר פָּנֶיךָ יִבָּהֵלוּן, תֹּסֵף רוּחָם יִגְוָעוּן, וְאֶל־עֲפָרָם יְשׁוּבוּן: תְּשַׁלַּח רוּחֲךָ יִבָּרֵאוּן, וּתְחַדֵּשׁ פְּנֵי אֲדָמָה: יְהִי כְבוֹד יהוה לְעוֹלָם, יִשְׂמַח יהוה בְּמַעֲשָׂיו: הַמַּבִּיט לָאָרֶץ וַתִּרְעָד, יִגַּע בֶּהָרִים וְיֶעֱשָׁנוּ: אָשִׁירָה לַיהוה בְּחַיָּי, אֲזַמְּרָה לֵאלֹהַי בְּעוֹדִי: ◂ יֶעֱרַב עָלָיו שִׂיחִי, אָנֹכִי אֶשְׂמַח בַּיהוה: יִתַּמּוּ חַטָּאִים מִן־הָאָרֶץ, וּרְשָׁעִים עוֹד אֵינָם, בָּרְכִי נַפְשִׁי אֶת־יהוה, הַלְלוּיָהּ:

קדיש יתום (בעמוד הקודם)

בחודש אלול (פרט לערב ראש השנה) תוקעים כאן תשר״ת
(רמ״א תקפא, א, בשם מנהגי מהר״י טירנא).

ברוב הקהילות נוהגים להוסיף את המזמור ׳לְדָוִד ה׳ אוֹרִי וְיִשְׁעִי׳ מר״ח אלול
ועד הושענא רבה, על פי מדרש שוחר טוב שדרש את המזמור על חגי תשרי
(משנ״ב תקפא, א). ויש אומרים אותו אחרי ׳אֵין כֵּאלֹהֵינוּ׳ (למטה).

תהלים כז
לְדָוִד, יהוה אוֹרִי וְיִשְׁעִי, מִמִּי אִירָא, יהוה מָעוֹז־חַיַּי, מִמִּי אֶפְחָד: בִּקְרֹב עָלַי מְרֵעִים לֶאֱכֹל אֶת־בְּשָׂרִי, צָרַי וְאֹיְבַי לִי, הֵמָּה כָשְׁלוּ וְנָפָלוּ: אִם־תַּחֲנֶה עָלַי מַחֲנֶה, לֹא־יִירָא לִבִּי, אִם־תָּקוּם עָלַי מִלְחָמָה, בְּזֹאת אֲנִי בוֹטֵחַ: אַחַת שָׁאַלְתִּי מֵאֵת־יהוה, אוֹתָהּ אֲבַקֵּשׁ, שִׁבְתִּי בְּבֵית־יהוה כָּל־יְמֵי חַיַּי, לַחֲזוֹת בְּנֹעַם־יהוה, וּלְבַקֵּר בְּהֵיכָלוֹ: כִּי יִצְפְּנֵנִי בְּסֻכֹּה בְּיוֹם רָעָה, יַסְתִּרֵנִי בְּסֵתֶר אָהֳלוֹ, בְּצוּר יְרוֹמְמֵנִי: וְעַתָּה יָרוּם רֹאשִׁי עַל אֹיְבַי סְבִיבוֹתַי, וְאֶזְבְּחָה בְאָהֳלוֹ זִבְחֵי תְרוּעָה, אָשִׁירָה וַאֲזַמְּרָה לַיהוה: שְׁמַע־יהוה קוֹלִי אֶקְרָא, וְחָנֵּנִי וַעֲנֵנִי: לְךָ אָמַר לִבִּי בַּקְּשׁוּ פָנָי, אֶת־פָּנֶיךָ יהוה אֲבַקֵּשׁ: אַל־תַּסְתֵּר פָּנֶיךָ מִמֶּנִּי, אַל תַּט־בְּאַף עַבְדֶּךָ, עֶזְרָתִי הָיִיתָ, אַל־תִּטְּשֵׁנִי וְאַל־תַּעַזְבֵנִי, אֱלֹהֵי יִשְׁעִי: כִּי־אָבִי וְאִמִּי עֲזָבוּנִי, וַיהוה יַאַסְפֵנִי: הוֹרֵנִי יהוה דַּרְכֶּךָ, וּנְחֵנִי בְּאֹרַח מִישׁוֹר, לְמַעַן שׁוֹרְרָי: אַל־תִּתְּנֵנִי בְּנֶפֶשׁ צָרָי, כִּי קָמוּ־בִי עֵדֵי־שֶׁקֶר, וִיפֵחַ חָמָס: ◂ לוּלֵא הֶאֱמַנְתִּי לִרְאוֹת בְּטוּב־יהוה בְּאֶרֶץ חַיִּים: קַוֵּה אֶל־יהוה, חֲזַק וְיַאֲמֵץ לִבֶּךָ, וְקַוֵּה אֶל־יהוה:

קדיש יתום (בעמ׳ 91)

יש האומרים פסוקים אלה, כבנוסח ספרד.

תהלים כז
קַוֵּה אֶל־יהוה, חֲזַק וְיַאֲמֵץ לִבֶּךָ, וְקַוֵּה אֶל־יהוה: אֵין־קָדוֹשׁ כַּיהוה, כִּי־אֵין בִּלְתֶּךָ, שמואל א׳ ב
וְאֵין צוּר כֵּאלֹהֵינוּ: כִּי מִי אֱלוֹהַּ מִבַּלְעֲדֵי יהוה, וּמִי צוּר זוּלָתִי אֱלֹהֵינוּ: תהלים יח

בסדר רב עמרם גאון מובא פיוט זה כפתיחה לסדר ׳פִּטּוּם הַקְּטֹרֶת׳. בחו״ל נהגו שלא לומר
אותו ואת סדר הקטורת (רמ״א קלב, ב), אבל בארץ ישראל החזירו עטרה ליושנה.

אֵין כֵּאלֹהֵינוּ, אֵין כַּאדוֹנֵינוּ, אֵין כְּמַלְכֵּנוּ, אֵין כְּמוֹשִׁיעֵנוּ.
מִי כֵאלֹהֵינוּ, מִי כַאדוֹנֵינוּ, מִי כְמַלְכֵּנוּ, מִי כְמוֹשִׁיעֵנוּ.
נוֹדֶה לֵאלֹהֵינוּ, נוֹדֶה לַאדוֹנֵינוּ, נוֹדֶה לְמַלְכֵּנוּ, נוֹדֶה לְמוֹשִׁיעֵנוּ.
בָּרוּךְ אֱלֹהֵינוּ, בָּרוּךְ אֲדוֹנֵינוּ, בָּרוּךְ מַלְכֵּנוּ, בָּרוּךְ מוֹשִׁיעֵנוּ.
אַתָּה הוּא אֱלֹהֵינוּ, אַתָּה הוּא אֲדוֹנֵינוּ
אַתָּה הוּא מַלְכֵּנוּ, אַתָּה הוּא מוֹשִׁיעֵנוּ.
אַתָּה הוּא שֶׁהִקְטִירוּ אֲבוֹתֵינוּ לְפָנֶיךָ אֶת קְטֹרֶת הַסַּמִּים.

פִּטּוּם הַקְּטֹרֶת: הַצֳּרִי, וְהַצִּפֹּרֶן, וְהַחֶלְבְּנָה, וְהַלְּבוֹנָה מִשְׁקַל שִׁבְעִים שִׁבְעִים כריתות ו.
מָנֶה, מֹר, וּקְצִיעָה, שִׁבֹּלֶת נֵרְדְּ, וְכַרְכֹּם מִשְׁקַל שִׁשָּׁה עָשָׂר שִׁשָּׁה עָשָׂר
מָנֶה, הַקֹּשְׁטְ שְׁנֵים עָשָׂר, קִלּוּפָה שְׁלֹשָׁה וְקִנָּמוֹן תִּשְׁעָה, בֹּרִית כַּרְשִׁינָה
תִּשְׁעָה קַבִּין, יֵין קַפְרִיסִין סְאִין תְּלָת וְקַבִּין תְּלָתָא, וְאִם אֵין לוֹ יֵין קַפְרִיסִין,
מֵבִיא חֲמַר חִוַּרְיָן עַתִּיק. מֶלַח סְדוֹמִית רֹבַע, מַעֲלֶה עָשָׁן כָּל שֶׁהוּא. רַבִּי
נָתָן הַבַּבְלִי אוֹמֵר: אַף כִּפַּת הַיַּרְדֵּן כָּל שֶׁהוּא, וְאִם נָתַן בָּהּ דְּבַשׁ פְּסָלָהּ,
וְאִם חִסַּר אַחַת מִכָּל סַמָּנֶיהָ, חַיָּב מִיתָה.

רַבָּן שִׁמְעוֹן בֶּן גַּמְלִיאֵל אוֹמֵר: הַצֳּרִי אֵינוֹ אֶלָּא שְׂרָף הַנּוֹטֵף מֵעֲצֵי הַקְּטָף.
בֹּרִית כַּרְשִׁינָה שֶׁשָּׁפִין בָּהּ אֶת הַצִּפֹּרֶן כְּדֵי שֶׁתְּהֵא נָאָה, יֵין קַפְרִיסִין
שֶׁשּׁוֹרִין בּוֹ אֶת הַצִּפֹּרֶן כְּדֵי שֶׁתְּהֵא עַזָּה, וַהֲלֹא מֵי רַגְלַיִם יָפִין לָהּ, אֶלָּא
שֶׁאֵין מַכְנִיסִין מֵי רַגְלַיִם בַּמִּקְדָּשׁ מִפְּנֵי הַכָּבוֹד.

תָּנָא דְבֵי אֵלִיָּהוּ: כָּל הַשּׁוֹנֶה הֲלָכוֹת בְּכָל יוֹם, מֻבְטָח לוֹ שֶׁהוּא בֶּן עוֹלָם מגילה כח:
הַבָּא, שֶׁנֶּאֱמַר הֲלִיכוֹת עוֹלָם לוֹ: אַל תִּקְרֵי הֲלִיכוֹת אֶלָּא הֲלָכוֹת. חבקוק ג

אָמַר רַבִּי אֶלְעָזָר, אָמַר רַבִּי חֲנִינָא: תַּלְמִידֵי חֲכָמִים מַרְבִּים שָׁלוֹם בָּעוֹלָם, ברכות סד.
שֶׁנֶּאֱמַר וְכָל־בָּנַיִךְ לִמּוּדֵי יהוה, וְרַב שְׁלוֹם בָּנָיִךְ: אַל תִּקְרֵי בָּנָיִךְ, אֶלָּא ישעיה נד
בּוֹנָיִךְ. שָׁלוֹם רָב לְאֹהֲבֵי תוֹרָתֶךָ, וְאֵין־לָמוֹ מִכְשׁוֹל: יְהִי־שָׁלוֹם בְּחֵילֵךְ, תהלים קיט / תהלים קכב
שַׁלְוָה בְּאַרְמְנוֹתָיִךְ: לְמַעַן אַחַי וְרֵעָי אֲדַבְּרָה־נָּא שָׁלוֹם בָּךְ: לְמַעַן בֵּית־יהוה
אֱלֹהֵינוּ אֲבַקְשָׁה טוֹב לָךְ: ◂ יהוה עֹז לְעַמּוֹ יִתֵּן, יהוה יְבָרֵךְ אֶת־עַמּוֹ בַשָּׁלוֹם: תהלים כט

קדיש דרבנן

אבל: יִתְגַּדַּל וְיִתְקַדַּשׁ שְׁמֵהּ רַבָּא (קהל: אָמֵן)
בְּעָלְמָא דִּי בְרָא כִרְעוּתֵהּ
וְיַמְלִיךְ מַלְכוּתֵהּ
בְּחַיֵּיכוֹן וּבְיוֹמֵיכוֹן וּבְחַיֵּי דְכָל בֵּית יִשְׂרָאֵל
בַּעֲגָלָא וּבִזְמַן קָרִיב, וְאִמְרוּ אָמֵן. (קהל: אָמֵן)

קהל ואבל: יְהֵא שְׁמֵהּ רַבָּא מְבָרַךְ לְעָלַם וּלְעָלְמֵי עָלְמַיָּא.

אבל: יִתְבָּרַךְ וְיִשְׁתַּבַּח וְיִתְפָּאַר וְיִתְרוֹמַם וְיִתְנַשֵּׂא
וְיִתְהַדָּר וְיִתְעַלֶּה וְיִתְהַלָּל
שְׁמֵהּ דְּקֻדְשָׁא בְּרִיךְ הוּא (קהל: בְּרִיךְ הוּא)
לְעֵלָּא מִן כָּל בִּרְכָתָא / בעשרת ימי תשובה: לְעֵלָּא לְעֵלָּא מִכָּל בִּרְכָתָא /
וְשִׁירָתָא, תֻּשְׁבְּחָתָא וְנֶחֱמָתָא
דַּאֲמִירָן בְּעָלְמָא, וְאִמְרוּ אָמֵן. (קהל: אָמֵן)

עַל יִשְׂרָאֵל וְעַל רַבָּנָן
וְעַל תַּלְמִידֵיהוֹן וְעַל כָּל תַּלְמִידֵי תַלְמִידֵיהוֹן
וְעַל כָּל מָאן דְּעָסְקִין בְּאוֹרַיְתָא
דִּי בְּאַתְרָא קַדִּישָׁא הָדֵין וְדִי בְּכָל אֲתַר וַאֲתַר
יְהֵא לְהוֹן וּלְכוֹן שְׁלָמָא רַבָּא
חִנָּא וְחִסְדָּא, וְרַחֲמֵי, וְחַיֵּי אֲרִיכֵי, וּמְזוֹנֵי רְוִיחֵי
וּפֻרְקָנָא מִן קֳדָם אֲבוּהוֹן דִּי בִשְׁמַיָּא, וְאִמְרוּ אָמֵן. (קהל: אָמֵן)
יְהֵא שְׁלָמָא רַבָּא מִן שְׁמַיָּא
וְחַיִּים (טוֹבִים) עָלֵינוּ וְעַל כָּל יִשְׂרָאֵל, וְאִמְרוּ אָמֵן. (קהל: אָמֵן)

כורע ופוסע שלוש פסיעות לאחור, קד לשמאל, לימין ולפנים באמירת:

עֹשֶׂה שָׁלוֹם / בעשרת ימי תשובה: הַשָּׁלוֹם / בִּמְרוֹמָיו
הוּא יַעֲשֶׂה בְרַחֲמָיו שָׁלוֹם
עָלֵינוּ וְעַל כָּל יִשְׂרָאֵל, וְאִמְרוּ אָמֵן. (קהל: אָמֵן)

ביום שלא קראו בו בתורה, האומר קדיש מוסיף (ריב״ש):

בָּרְכוּ אֶת יהוה הַמְבֹרָךְ.

והקהל עונה:

בָּרוּךְ יהוה הַמְבֹרָךְ לְעוֹלָם וָעֶד.

בחודש אלול יש שתוקעים כאן בשופר ואומרים ׳לְדָוִד ה׳ אוֹרִי וְיִשְׁעִי׳ (עמ׳ 93).

בבית האבל אומרים כאן ׳לַמְנַצֵּחַ לִבְנֵי־קֹרַח׳ (עמ׳ 542)
וביום שאין אומרים בו תחנון, ׳מִכְתָּם לְדָוִד׳ (עמ׳ 542).

בבתי כנסת המתפללים בנוסח ספרד, אומרים כאן ׳עָלֵינוּ׳ (עמ׳ 86).

אמירות לאחר התפילה

בשישה מקומות בתורה נצטווינו על הזיכרון ולכן נוהגים לומר
פסוקים אלה לאחר התפילה (ספר חרדים).

שש זכירות

יציאת מצרים

דברים טז לְמַעַן תִּזְכֹּר אֶת־יוֹם צֵאתְךָ מֵאֶרֶץ מִצְרַיִם כֹּל יְמֵי חַיֶּיךָ:

מעמד הר סיני

דברים ד רַק הִשָּׁמֶר לְךָ וּשְׁמֹר נַפְשְׁךָ מְאֹד פֶּן־תִּשְׁכַּח אֶת־הַדְּבָרִים אֲשֶׁר־רָאוּ עֵינֶיךָ
וּפֶן־יָסוּרוּ מִלְּבָבְךָ כֹּל יְמֵי חַיֶּיךָ וְהוֹדַעְתָּם לְבָנֶיךָ וְלִבְנֵי בָנֶיךָ: יוֹם אֲשֶׁר
עָמַדְתָּ לִפְנֵי יְהוָה אֱלֹהֶיךָ בְּחֹרֵב בֶּאֱמֹר יְהוָה אֵלַי הַקְהֶל־לִי אֶת־הָעָם
וְאַשְׁמִעֵם אֶת־דְּבָרָי אֲשֶׁר יִלְמְדוּן לְיִרְאָה אֹתִי כָּל־הַיָּמִים אֲשֶׁר הֵם חַיִּים
עַל־הָאֲדָמָה וְאֶת־בְּנֵיהֶם יְלַמֵּדוּן:

מעשה עמלק ומחייתו

דברים כה זָכוֹר אֵת אֲשֶׁר־עָשָׂה לְךָ עֲמָלֵק בַּדֶּרֶךְ בְּצֵאתְכֶם מִמִּצְרָיִם: אֲשֶׁר קָרְךָ
בַּדֶּרֶךְ וַיְזַנֵּב בְּךָ כָּל־הַנֶּחֱשָׁלִים אַחֲרֶיךָ וְאַתָּה עָיֵף וְיָגֵעַ וְלֹא יָרֵא אֱלֹהִים:
וְהָיָה בְּהָנִיחַ יְהוָה אֱלֹהֶיךָ ׀ לְךָ מִכָּל־אֹיְבֶיךָ מִסָּבִיב בָּאָרֶץ אֲשֶׁר־יְהוָה
אֱלֹהֶיךָ נֹתֵן לְךָ נַחֲלָה לְרִשְׁתָּהּ תִּמְחֶה אֶת־זֵכֶר עֲמָלֵק מִתַּחַת הַשָּׁמָיִם
לֹא תִשְׁכָּח:

מעשי אבותינו במדבר

דברים ט זְכֹר אַל־תִּשְׁכַּח אֵת אֲשֶׁר־הִקְצַפְתָּ אֶת־יְהוָה אֱלֹהֶיךָ בַּמִּדְבָּר

מעשה מרים

דברים כד זָכוֹר אֵת אֲשֶׁר־עָשָׂה יְהוָה אֱלֹהֶיךָ לְמִרְיָם בַּדֶּרֶךְ בְּצֵאתְכֶם מִמִּצְרָיִם:

שבת

שמות כ זָכוֹר אֶת־יוֹם הַשַּׁבָּת לְקַדְּשׁוֹ:

עשרת הדיברות

במקדש הכוהנים קראו את עשרת הדברות בכל יום לפני פרשת שמע (תמיד לב ע״ב), אך חכמים תיקנו שלא לאומרם בשאר מקומות, מחשש שהשומעים יחשבו שהם עדיפים משאר התורה (רש״י, ברכות יב ע״א), ולכן אומרים אותם ביחידות (רמ״א א, ה).

וַיְדַבֵּר אֱלֹהִים אֵת כׇּל־הַדְּבָרִים הָאֵלֶּה לֵאמֹר: שמות כ

א אָנֹכִי יהוה אֱלֹהֶיךָ אֲשֶׁר הוֹצֵאתִיךָ מֵאֶרֶץ מִצְרַיִם מִבֵּית עֲבָדִים:

ב לֹא־יִהְיֶה לְךָ אֱלֹהִים אֲחֵרִים עַל־פָּנָי: לֹא־תַעֲשֶׂה לְךָ פֶסֶל וְכׇל־תְּמוּנָה
אֲשֶׁר בַּשָּׁמַיִם מִמַּעַל וַאֲשֶׁר בָּאָרֶץ מִתַּחַת וַאֲשֶׁר בַּמַּיִם מִתַּחַת לָאָרֶץ:
לֹא־תִשְׁתַּחֲוֶה לָהֶם וְלֹא תָעׇבְדֵם כִּי אָנֹכִי יהוה אֱלֹהֶיךָ אֵל קַנָּא פֹּקֵד עֲוֺן
אָבֹת עַל־בָּנִים עַל־שִׁלֵּשִׁים וְעַל־רִבֵּעִים לְשֹׂנְאָי: וְעֹשֶׂה חֶסֶד לַאֲלָפִים
לְאֹהֲבַי וּלְשֹׁמְרֵי מִצְוֺתָי:

ג לֹא תִשָּׂא אֶת־שֵׁם־יהוה אֱלֹהֶיךָ לַשָּׁוְא כִּי לֹא יְנַקֶּה יהוה אֵת אֲשֶׁר־
יִשָּׂא אֶת־שְׁמוֹ לַשָּׁוְא:

ד זָכוֹר אֶת־יוֹם הַשַּׁבָּת לְקַדְּשׁוֹ: שֵׁשֶׁת יָמִים תַּעֲבֹד וְעָשִׂיתָ כׇּל־מְלַאכְתֶּךָ:
וְיוֹם הַשְּׁבִיעִי שַׁבָּת לַיהוה אֱלֹהֶיךָ לֹא־תַעֲשֶׂה כׇל־מְלָאכָה אַתָּה ׀ וּבִנְךָ
וּבִתֶּךָ עַבְדְּךָ וַאֲמָתְךָ וּבְהֶמְתֶּךָ וְגֵרְךָ אֲשֶׁר בִּשְׁעָרֶיךָ: כִּי שֵׁשֶׁת־יָמִים
עָשָׂה יהוה אֶת־הַשָּׁמַיִם וְאֶת־הָאָרֶץ אֶת־הַיָּם וְאֶת־כׇּל־אֲשֶׁר־בָּם וַיָּנַח
בַּיּוֹם הַשְּׁבִיעִי עַל־כֵּן בֵּרַךְ יהוה אֶת־יוֹם הַשַּׁבָּת וַיְקַדְּשֵׁהוּ:

ה כַּבֵּד אֶת־אָבִיךָ וְאֶת־אִמֶּךָ לְמַעַן יַאֲרִכוּן יָמֶיךָ עַל הָאֲדָמָה אֲשֶׁר־יהוה
אֱלֹהֶיךָ נֹתֵן לָךְ:

ו לֹא תִרְצָח

ז לֹא תִנְאָף

ח לֹא תִגְנֹב

ט לֹא־תַעֲנֶה בְרֵעֲךָ עֵד שָׁקֶר:

י לֹא תַחְמֹד בֵּית רֵעֶךָ לֹא־תַחְמֹד אֵשֶׁת רֵעֶךָ וְעַבְדּוֹ וַאֲמָתוֹ וְשׁוֹרוֹ
וַחֲמֹרוֹ וְכֹל אֲשֶׁר לְרֵעֶךָ:

שלושה עשר עיקרים

השל״ה נהג לומר בכל יום את שלושה עשר עיקרי האמונה שמנה הרמב״ם (פירוש המשניות, בהקדמה לפרק ׳חלק׳).

א אֲנִי מַאֲמִין בֶּאֱמוּנָה שְׁלֵמָה
שֶׁהַבּוֹרֵא יִתְבָּרַךְ שְׁמוֹ הוּא בּוֹרֵא וּמַנְהִיג לְכָל הַבְּרוּאִים
וְהוּא לְבַדּוֹ עָשָׂה וְעוֹשֶׂה וְיַעֲשֶׂה לְכָל הַמַּעֲשִׂים.

ב אֲנִי מַאֲמִין בֶּאֱמוּנָה שְׁלֵמָה
שֶׁהַבּוֹרֵא יִתְבָּרַךְ שְׁמוֹ הוּא יָחִיד
וְאֵין יְחִידוּת כָּמוֹהוּ בְּשׁוּם פָּנִים
וְהוּא לְבַדּוֹ אֱלֹהֵינוּ, הָיָה הֹוֶה וְיִהְיֶה.

ג אֲנִי מַאֲמִין בֶּאֱמוּנָה שְׁלֵמָה
שֶׁהַבּוֹרֵא יִתְבָּרַךְ שְׁמוֹ אֵינוֹ גוּף
וְלֹא יַשִּׂיגוּהוּ מַשִּׂיגֵי הַגּוּף
וְאֵין לוֹ שׁוּם דִּמְיוֹן כְּלָל.

ד אֲנִי מַאֲמִין בֶּאֱמוּנָה שְׁלֵמָה
שֶׁהַבּוֹרֵא יִתְבָּרַךְ שְׁמוֹ הוּא רִאשׁוֹן וְהוּא אַחֲרוֹן.

ה אֲנִי מַאֲמִין בֶּאֱמוּנָה שְׁלֵמָה
שֶׁהַבּוֹרֵא יִתְבָּרַךְ שְׁמוֹ לוֹ לְבַדּוֹ רָאוּי לְהִתְפַּלֵּל
וְאֵין רָאוּי לְהִתְפַּלֵּל לְזוּלָתוֹ.

ו אֲנִי מַאֲמִין בֶּאֱמוּנָה שְׁלֵמָה
שֶׁכָּל דִּבְרֵי נְבִיאִים אֱמֶת.

ז אֲנִי מַאֲמִין בֶּאֱמוּנָה שְׁלֵמָה
שֶׁנְּבוּאַת מֹשֶׁה רַבֵּנוּ עָלָיו הַשָּׁלוֹם הָיְתָה אֲמִתִּית
וְשֶׁהוּא הָיָה אָב לַנְּבִיאִים, לַקּוֹדְמִים לְפָנָיו וְלַבָּאִים אַחֲרָיו.

ח אֲנִי מַאֲמִין בֶּאֱמוּנָה שְׁלֵמָה
שֶׁכָּל הַתּוֹרָה הַמְּצוּיָה עַתָּה בְיָדֵינוּ
הִיא הַנְּתוּנָה לְמשֶׁה רַבֵּנוּ עָלָיו הַשָּׁלוֹם.

ט אֲנִי מַאֲמִין בֶּאֱמוּנָה שְׁלֵמָה
שֶׁזֹּאת הַתּוֹרָה לֹא תְהֵא מֻחְלֶפֶת
וְלֹא תְהֵא תּוֹרָה אַחֶרֶת מֵאֵת הַבּוֹרֵא יִתְבָּרַךְ שְׁמוֹ.

י אֲנִי מַאֲמִין בֶּאֱמוּנָה שְׁלֵמָה
שֶׁהַבּוֹרֵא יִתְבָּרַךְ שְׁמוֹ
יוֹדֵעַ כָּל מַעֲשֵׂה בְנֵי אָדָם וְכָל מַחְשְׁבוֹתָם.
שֶׁנֶּאֱמַר: הַיֹּצֵר יַחַד לִבָּם, הַמֵּבִין אֶל־כָּל־מַעֲשֵׂיהֶם: תהלים לג

יא אֲנִי מַאֲמִין בֶּאֱמוּנָה שְׁלֵמָה
שֶׁהַבּוֹרֵא יִתְבָּרַךְ שְׁמוֹ גּוֹמֵל טוֹב לְשׁוֹמְרֵי מִצְוֹתָיו
וּמַעֲנִישׁ לְעוֹבְרֵי מִצְוֹתָיו.

יב אֲנִי מַאֲמִין בֶּאֱמוּנָה שְׁלֵמָה
בְּבִיאַת הַמָּשִׁיחַ
וְאַף עַל פִּי שֶׁיִּתְמַהְמֵהַּ עִם כָּל זֶה אֲחַכֶּה לּוֹ
בְּכָל יוֹם שֶׁיָּבוֹא.

יג אֲנִי מַאֲמִין בֶּאֱמוּנָה שְׁלֵמָה
שֶׁתִּהְיֶה תְּחִיַּת הַמֵּתִים
בְּעֵת שֶׁיַּעֲלֶה רָצוֹן מֵאֵת הַבּוֹרֵא
יִתְבָּרַךְ שְׁמוֹ וְיִתְעַלֶּה זִכְרוֹ לָעַד וּלְנֵצַח נְצָחִים.

מנחה לחול

"וַיְהִי בַּעֲלוֹת הַמִּנְחָה וַיִּגַּשׁ אֵלִיָּהוּ הַנָּבִיא וַיֹּאמַר" (מלכים א׳ יח, לו).

ראוי לומר גם לפני תפילת מנחה את פרשת קרבן התמיד (איגרת התשובה לר׳ יונה, ע).
רבים נוהגים לומר את סדר הקרבנות שלפני תפילת שחרית (עמ׳ 21–25)
פרט לפרשת תרומת הדשן ולסדר המערכה.

"אמר רבי אלעזר אמר רבי אבינא: כל האומר ׳תְּהִלָּה לְדָוִד׳ בכל יום שלש
פעמים – מובטח לו שהוא בן העולם הבא" (ברכות ד ע״ב).

תהלים פד אַשְׁרֵי יוֹשְׁבֵי בֵיתֶךָ, עוֹד יְהַלְלוּךָ סֶּלָה:
תהלים קמד אַשְׁרֵי הָעָם שֶׁכָּכָה לּוֹ, אַשְׁרֵי הָעָם שֶׁיהוה אֱלֹהָיו:
תהלים קמה תְּהִלָּה לְדָוִד

אֲרוֹמִמְךָ אֱלוֹהַי הַמֶּלֶךְ, וַאֲבָרְכָה שִׁמְךָ לְעוֹלָם וָעֶד:
בְּכָל־יוֹם אֲבָרְכֶךָּ, וַאֲהַלְלָה שִׁמְךָ לְעוֹלָם וָעֶד:
גָּדוֹל יהוה וּמְהֻלָּל מְאֹד, וְלִגְדֻלָּתוֹ אֵין חֵקֶר:
דּוֹר לְדוֹר יְשַׁבַּח מַעֲשֶׂיךָ, וּגְבוּרֹתֶיךָ יַגִּידוּ:
הֲדַר כְּבוֹד הוֹדֶךָ, וְדִבְרֵי נִפְלְאֹתֶיךָ אָשִׂיחָה:
וֶעֱזוּז נוֹרְאֹתֶיךָ יֹאמֵרוּ, וּגְדוּלָּתְךָ אֲסַפְּרֶנָּה:
זֵכֶר רַב־טוּבְךָ יַבִּיעוּ, וְצִדְקָתְךָ יְרַנֵּנוּ:
חַנּוּן וְרַחוּם יהוה, אֶרֶךְ אַפַּיִם וּגְדָל־חָסֶד:
טוֹב־יהוה לַכֹּל, וְרַחֲמָיו עַל־כָּל־מַעֲשָׂיו:
יוֹדוּךָ יהוה כָּל־מַעֲשֶׂיךָ, וַחֲסִידֶיךָ יְבָרְכוּכָה:
כְּבוֹד מַלְכוּתְךָ יֹאמֵרוּ, וּגְבוּרָתְךָ יְדַבֵּרוּ:
לְהוֹדִיעַ לִבְנֵי הָאָדָם גְּבוּרֹתָיו, וּכְבוֹד הֲדַר מַלְכוּתוֹ:
מַלְכוּתְךָ מַלְכוּת כָּל־עֹלָמִים, וּמֶמְשַׁלְתְּךָ בְּכָל־דּוֹר וָדֹר:
סוֹמֵךְ יהוה לְכָל־הַנֹּפְלִים, וְזוֹקֵף לְכָל־הַכְּפוּפִים:
עֵינֵי־כֹל אֵלֶיךָ יְשַׂבֵּרוּ, וְאַתָּה נוֹתֵן־לָהֶם אֶת־אָכְלָם בְּעִתּוֹ:
פּוֹתֵחַ אֶת־יָדֶךָ, וּמַשְׂבִּיעַ לְכָל־חַי רָצוֹן:

צַדִּיק יהוה בְּכָל־דְּרָכָיו, וְחָסִיד בְּכָל־מַעֲשָׂיו:
קָרוֹב יהוה לְכָל־קֹרְאָיו, לְכֹל אֲשֶׁר יִקְרָאֻהוּ בֶאֱמֶת:
רְצוֹן־יְרֵאָיו יַעֲשֶׂה, וְאֶת־שַׁוְעָתָם יִשְׁמַע, וְיוֹשִׁיעֵם:
שׁוֹמֵר יהוה אֶת־כָּל־אֹהֲבָיו, וְאֵת כָּל־הָרְשָׁעִים יַשְׁמִיד:
› תְּהִלַּת יהוה יְדַבֶּר פִּי, וִיבָרֵךְ כָּל־בָּשָׂר שֵׁם קָדְשׁוֹ לְעוֹלָם וָעֶד:
תהלים קטו וַאֲנַחְנוּ נְבָרֵךְ יָהּ מֵעַתָּה וְעַד־עוֹלָם, הַלְלוּיָהּ:

חצי קדיש

ש״ץ: יִתְגַּדַּל וְיִתְקַדַּשׁ שְׁמֵהּ רַבָּא (קהל: אָמֵן)
בְּעָלְמָא דִּי בְרָא כִרְעוּתֵהּ
וְיַמְלִיךְ מַלְכוּתֵהּ
בְּחַיֵּיכוֹן וּבְיוֹמֵיכוֹן וּבְחַיֵּי דְכָל בֵּית יִשְׂרָאֵל
בַּעֲגָלָא וּבִזְמַן קָרִיב, וְאִמְרוּ אָמֵן. (קהל: אָמֵן)

קהל וש״ץ: יְהֵא שְׁמֵהּ רַבָּא מְבָרַךְ לְעָלַם וּלְעָלְמֵי עָלְמַיָּא.

ש״ץ: יִתְבָּרַךְ וְיִשְׁתַּבַּח וְיִתְפָּאַר וְיִתְרוֹמַם וְיִתְנַשֵּׂא
וְיִתְהַדָּר וְיִתְעַלֶּה וְיִתְהַלָּל
שְׁמֵהּ דְּקֻדְשָׁא בְּרִיךְ הוּא (קהל: בְּרִיךְ הוּא)
לְעֵלָּא מִן כָּל בִּרְכָתָא
/בעשרת ימי תשובה: לְעֵלָּא לְעֵלָּא מִכָּל בִּרְכָתָא/
וְשִׁירָתָא, תֻּשְׁבְּחָתָא וְנֶחֱמָתָא
דַּאֲמִירָן בְּעָלְמָא, וְאִמְרוּ אָמֵן. (קהל: אָמֵן)

בתענית ציבור מוציאים ספר תורה (עמ׳ 76), קוראים ׳וַיְחַל מֹשֶׁה׳, ואחר הגבהת ספר התורה מפטירים ׳דִּרְשׁוּ ה׳ בְּהִמָּצְאוֹ׳ (קריאת התורה בעמ׳ 588; ברכות ההפטרה בעמ׳ 243).
מחזירים את ספר התורה לארון הקודש בעמ׳ 81, אומרים שוב חצי קדיש ומתפללים עמידה.

עמידה

"המתפלל צריך שיכוין בלבו פירוש המלות שמוציא בשפתיו; ויחשוב כאלו שכינה כנגדו ויסיר כל המחשבות הטורדות אותו עד שתשאר מחשבתו וכוונתו זכה בתפלתו" (שו"ע צח, א).

פוסע שלוש פסיעות לפנים כמי שנכנס לפני המלך.

עומד ומתפלל בלחש מכאן ועד 'וְכְשָׁנִים קַדְמֹנִיּוֹת' בעמ' 113.

כורע במקומות המסומנים ב', קד לפנים במילה הבאה וזוקף בשם.

דברים לב כִּי שֵׁם יהוה אֶקְרָא, הָבוּ גֹדֶל לֵאלֹהֵינוּ:

תהלים נא אֲדֹנָי, שְׂפָתַי תִּפְתָּח, וּפִי יַגִּיד תְּהִלָּתֶךָ:

אבות

'בָּרוּךְ אַתָּה יהוה, אֱלֹהֵינוּ וֵאלֹהֵי אֲבוֹתֵינוּ
אֱלֹהֵי אַבְרָהָם, אֱלֹהֵי יִצְחָק, וֵאלֹהֵי יַעֲקֹב
הָאֵל הַגָּדוֹל הַגִּבּוֹר וְהַנּוֹרָא, אֵל עֶלְיוֹן
גּוֹמֵל חֲסָדִים טוֹבִים, וְקוֹנֵה הַכֹּל
וְזוֹכֵר חַסְדֵי אָבוֹת
וּמֵבִיא גוֹאֵל לִבְנֵי בְנֵיהֶם לְמַעַן שְׁמוֹ בְּאַהֲבָה.

בעשרת ימי תשובה: זָכְרֵנוּ לְחַיִּים, מֶלֶךְ חָפֵץ בַּחַיִּים
וְכָתְבֵנוּ בְּסֵפֶר הַחַיִּים, לְמַעַנְךָ אֱלֹהִים חַיִּים.

מֶלֶךְ עוֹזֵר וּמוֹשִׁיעַ וּמָגֵן.
'בָּרוּךְ אַתָּה יהוה, מָגֵן אַבְרָהָם.

גבורות

אַתָּה גִּבּוֹר לְעוֹלָם, אֲדֹנָי
מְחַיֵּה מֵתִים אַתָּה, רַב לְהוֹשִׁיעַ

אומרים 'מַשִּׁיב הָרוּחַ וּמוֹרִיד הַגֶּשֶׁם' משמיני עצרת עד יום טוב ראשון של פסח, ו'מוֹרִיד הַטָּל' מחול המועד פסח ועד הושענא רבה. ראה הלכה 94–99.

בחורף: מַשִּׁיב הָרוּחַ וּמוֹרִיד הַגֶּשֶׁם / בקיץ: מוֹרִיד הַטָּל

מְכַלְכֵּל חַיִּים בְּחֶסֶד, מְחַיֵּה מֵתִים בְּרַחֲמִים רַבִּים
סוֹמֵךְ נוֹפְלִים, וְרוֹפֵא חוֹלִים, וּמַתִּיר אֲסוּרִים
וּמְקַיֵּם אֱמוּנָתוֹ לִישֵׁנֵי עָפָר.

מִי כָמוֹךָ, בַּעַל גְּבוּרוֹת
וּמִי דּוֹמֶה לָּךְ
מֶלֶךְ, מֵמִית וּמְחַיֶּה וּמַצְמִיחַ יְשׁוּעָה.

בעשרת ימי תשובה: מִי כָמוֹךָ אַב הָרַחֲמִים, זוֹכֵר יְצוּרָיו לְחַיִּים בְּרַחֲמִים.

וְנֶאֱמָן אַתָּה לְהַחֲיוֹת מֵתִים.
בָּרוּךְ אַתָּה יהוה, מְחַיֵּה הַמֵּתִים.

בתפילת לחש ממשיך 'אַתָּה קָדוֹשׁ' בעמוד הבא.

קדושה

בחזרת הש"ץ הקהל עומד ואומר קדושה.
במקומות המסומנים ב*, המתפלל מתרומם על קצות אצבעותיו.

קהל ואחריו שליח הציבור:

נְקַדֵּשׁ אֶת שִׁמְךָ בָּעוֹלָם, כְּשֵׁם שֶׁמַּקְדִּישִׁים אוֹתוֹ בִּשְׁמֵי מָרוֹם
כַּכָּתוּב עַל יַד נְבִיאֶךָ, וְקָרָא זֶה אֶל־זֶה וְאָמַר ישעיה ו

קהל ואחריו שליח הציבור:

*קָדוֹשׁ, *קָדוֹשׁ, *קָדוֹשׁ, יהוה צְבָאוֹת, מְלֹא כָל־הָאָרֶץ כְּבוֹדוֹ:
לְעֻמָּתָם בָּרוּךְ יֹאמֵרוּ

קהל ואחריו שליח הציבור:

*בָּרוּךְ כְּבוֹד־יהוה מִמְּקוֹמוֹ: יחזקאל ג
וּבְדִבְרֵי קָדְשְׁךָ כָּתוּב לֵאמֹר

קהל ואחריו שליח הציבור:

*יִמְלֹךְ יהוה לְעוֹלָם, אֱלֹהַיִךְ צִיּוֹן לְדֹר וָדֹר, הַלְלוּיָהּ: תהלים קמו

שליח הציבור:

לְדוֹר וָדוֹר נַגִּיד גָּדְלֶךָ, וּלְנֵצַח נְצָחִים קְדֻשָּׁתְךָ נַקְדִּישׁ
וְשִׁבְחֲךָ אֱלֹהֵינוּ מִפִּינוּ לֹא יָמוּשׁ לְעוֹלָם וָעֶד
כִּי אֵל מֶלֶךְ גָּדוֹל וְקָדוֹשׁ אָתָּה.
בָּרוּךְ אַתָּה יהוה, הָאֵל הַקָּדוֹשׁ./ בעשרת ימי תשובה: הַמֶּלֶךְ הַקָּדוֹשׁ./

שליח הציבור ממשיך 'אַתָּה חוֹנֵן' בעמוד הבא.

קדושת השם

אַתָּה קָדוֹשׁ וְשִׁמְךָ קָדוֹשׁ
וּקְדוֹשִׁים בְּכָל יוֹם יְהַלְלוּךָ סֶּלָה.
בָּרוּךְ אַתָּה יהוה
הָאֵל הַקָּדוֹשׁ./ בעשרת ימי תשובה: הַמֶּלֶךְ הַקָּדוֹשׁ./
אם שכח, חוזר לראש התפילה.

דעת

אַתָּה חוֹנֵן לְאָדָם דַּעַת, וּמְלַמֵּד לֶאֱנוֹשׁ בִּינָה.
חָנֵּנוּ מֵאִתְּךָ דֵּעָה בִּינָה וְהַשְׂכֵּל.
בָּרוּךְ אַתָּה יהוה
חוֹנֵן הַדָּעַת.

תשובה

הֲשִׁיבֵנוּ אָבִינוּ לְתוֹרָתֶךָ
וְקָרְבֵנוּ מַלְכֵּנוּ לַעֲבוֹדָתֶךָ
וְהַחֲזִירֵנוּ בִּתְשׁוּבָה שְׁלֵמָה לְפָנֶיךָ.
בָּרוּךְ אַתָּה יהוה
הָרוֹצֶה בִּתְשׁוּבָה.

סליחה

נוהגים להכות כנגד הלב במקומות המסומנים ב°.

סְלַח לָנוּ אָבִינוּ כִּי °חָטָאנוּ
מְחַל לָנוּ מַלְכֵּנוּ כִּי °פָשָׁעְנוּ
כִּי מוֹחֵל וְסוֹלֵחַ אָתָּה.
בָּרוּךְ אַתָּה יהוה
חַנּוּן הַמַּרְבֶּה לִסְלֹחַ.

גאולה

רְאֵה בְעָנְיֵנוּ, וְרִיבָה רִיבֵנוּ
וּגְאָלֵנוּ מְהֵרָה לְמַעַן שְׁמֶךָ
כִּי גוֹאֵל חָזָק אָתָּה.
בָּרוּךְ אַתָּה יהוה
גּוֹאֵל יִשְׂרָאֵל.

בתענית ציבור שליח הציבור מוסיף:

עֲנֵנוּ יהוה עֲנֵנוּ בְּיוֹם צוֹם תַּעֲנִיתֵנוּ, כִּי בְצָרָה גְדוֹלָה אֲנָחְנוּ. אַל תֵּפֶן
אֶל רִשְׁעֵנוּ, וְאַל תַּסְתֵּר פָּנֶיךָ מִמֶּנּוּ, וְאַל תִּתְעַלַּם מִתְּחִנָּתֵנוּ. הֱיֵה
נָא קָרוֹב לְשַׁוְעָתֵנוּ, יְהִי נָא חַסְדְּךָ לְנַחֲמֵנוּ, טֶרֶם נִקְרָא אֵלֶיךָ עֲנֵנוּ,
כַּדָּבָר שֶׁנֶּאֱמַר: וְהָיָה טֶרֶם יִקְרָאוּ וַאֲנִי אֶעֱנֶה, עוֹד הֵם מְדַבְּרִים וַאֲנִי ישעיה סה
אֶשְׁמָע: כִּי אַתָּה יהוה הָעוֹנֶה בְּעֵת צָרָה, פּוֹדֶה וּמַצִּיל בְּכָל עֵת צָרָה
וְצוּקָה. בָּרוּךְ אַתָּה יהוה, הָעוֹנֶה בְּעֵת צָרָה.

רפואה

רְפָאֵנוּ יהוה וְנֵרָפֵא, הוֹשִׁיעֵנוּ וְנִוָּשֵׁעָה, כִּי תְהִלָּתֵנוּ אָתָּה
וְהַעֲלֵה רְפוּאָה שְׁלֵמָה לְכָל מַכּוֹתֵינוּ

המתפלל על חולה מוסיף:

יְהִי רָצוֹן מִלְּפָנֶיךָ יהוה אֱלֹהַי וֵאלֹהֵי אֲבוֹתַי, שֶׁתִּשְׁלַח מְהֵרָה רְפוּאָה
שְׁלֵמָה מִן הַשָּׁמַיִם, רְפוּאַת הַנֶּפֶשׁ וּרְפוּאַת הַגּוּף, לַחוֹלֶה פלוני בֶּן פלונית/
לַחוֹלָה פלונית בַּת פלונית בְּתוֹךְ שְׁאָר חוֹלֵי יִשְׂרָאֵל

כִּי אֵל מֶלֶךְ רוֹפֵא נֶאֱמָן וְרַחֲמָן אָתָּה.
בָּרוּךְ אַתָּה יהוה
רוֹפֵא חוֹלֵי עַמּוֹ יִשְׂרָאֵל.

ברכת השנים

אומרים 'טַל וּמָטָר לִבְרָכָה' מז' במרחשוון עד ערב פסח.
ראה הלכה 97-99.

בָּרֵךְ עָלֵינוּ יהוה אֱלֹהֵינוּ אֶת הַשָּׁנָה הַזֹּאת
וְאֶת כָּל מִינֵי תְבוּאָתָהּ, לְטוֹבָה
בחורף: וְתֵן טַל וּמָטָר לִבְרָכָה / בקיץ: וְתֵן בְּרָכָה
עַל פְּנֵי הָאֲדָמָה, וְשַׂבְּעֵנוּ מִטּוּבָהּ
וּבָרֵךְ שְׁנָתֵנוּ כַּשָּׁנִים הַטּוֹבוֹת.
בָּרוּךְ אַתָּה יהוה
מְבָרֵךְ הַשָּׁנִים.

קיבוץ גלויות

תְּקַע בְּשׁוֹפָר גָּדוֹל לְחֵרוּתֵנוּ
וְשָׂא נֵס לְקַבֵּץ גָּלֻיּוֹתֵינוּ
וְקַבְּצֵנוּ יַחַד מֵאַרְבַּע כַּנְפוֹת הָאָרֶץ.
בָּרוּךְ אַתָּה יהוה
מְקַבֵּץ נִדְחֵי עַמּוֹ יִשְׂרָאֵל.

השבת המשפט

הָשִׁיבָה שׁוֹפְטֵינוּ כְּבָרִאשׁוֹנָה
וְיוֹעֲצֵינוּ כְּבַתְּחִלָּה
וְהָסֵר מִמֶּנּוּ יָגוֹן וַאֲנָחָה
וּמְלֹךְ עָלֵינוּ אַתָּה יהוה לְבַדְּךָ בְּחֶסֶד וּבְרַחֲמִים
וְצַדְּקֵנוּ בַּמִּשְׁפָּט.
בָּרוּךְ אַתָּה יהוה
מֶלֶךְ אוֹהֵב צְדָקָה וּמִשְׁפָּט. / בעשרת ימי תשובה: הַמֶּלֶךְ הַמִּשְׁפָּט./

ברכת המינים

וְלַמַּלְשִׁינִים אַל תְּהִי תִקְוָה
וְכָל הָרִשְׁעָה כְּרֶגַע תֹּאבֵד
וְכָל אוֹיְבֵי עַמְּךָ מְהֵרָה יִכָּרֵתוּ
וְהַזֵּדִים מְהֵרָה תְעַקֵּר וּתְשַׁבֵּר וּתְמַגֵּר וְתַכְנִיעַ בִּמְהֵרָה בְיָמֵינוּ.
בָּרוּךְ אַתָּה יהוה, שׁוֹבֵר אוֹיְבִים וּמַכְנִיעַ זֵדִים.

על הצדיקים

עַל הַצַּדִּיקִים וְעַל הַחֲסִידִים
וְעַל זִקְנֵי עַמְּךָ בֵּית יִשְׂרָאֵל, וְעַל פְּלֵיטַת סוֹפְרֵיהֶם
וְעַל גֵּרֵי הַצֶּדֶק, וְעָלֵינוּ
יֶהֱמוּ רַחֲמֶיךָ יהוה אֱלֹהֵינוּ
וְתֵן שָׂכָר טוֹב לְכָל הַבּוֹטְחִים בְּשִׁמְךָ בֶּאֱמֶת
וְשִׂים חֶלְקֵנוּ עִמָּהֶם
וּלְעוֹלָם לֹא נֵבוֹשׁ כִּי בְךָ בָטָחְנוּ.
בָּרוּךְ אַתָּה יהוה, מִשְׁעָן וּמִבְטָח לַצַּדִּיקִים.

בניין ירושלים

וְלִירוּשָׁלַיִם עִירְךָ בְּרַחֲמִים תָּשׁוּב
וְתִשְׁכֹּן בְּתוֹכָהּ כַּאֲשֶׁר דִּבַּרְתָּ
וּבְנֵה אוֹתָהּ בְּקָרוֹב בְּיָמֵינוּ בִּנְיַן עוֹלָם
וְכִסֵּא דָוִד מְהֵרָה לְתוֹכָהּ תָּכִין.
*בָּרוּךְ אַתָּה יהוה, בּוֹנֵה יְרוּשָׁלָיִם.

---

*בתשעה באב (שו"ע ורמ"א תקנז, א, על פי הירושלמי):
נַחֵם יהוה אֱלֹהֵינוּ אֶת אֲבֵלֵי צִיּוֹן וְאֶת אֲבֵלֵי יְרוּשָׁלָיִם, וְאֶת הָעִיר הָאֲבֵלָה וְהֶחֳרֵבָה וְהַבְּזוּיָה וְהַשּׁוֹמֵמָה. הָאֲבֵלָה מִבְּלִי בָנֶיהָ, וְהֶחֳרֵבָה

מִמְּעוֹנוֹתֶיהָ, וְהַבְּזוּיָה מִכְּבוֹדָהּ, וְהַשּׁוֹמֵמָה מֵאֵין יוֹשֵׁב. וְהִיא יוֹשֶׁבֶת
וְרֹאשָׁהּ חָפוּי, כְּאִשָּׁה עֲקָרָה שֶׁלֹּא יָלָדָה. וַיְבַלְּעוּהָ לִגְיוֹנוֹת, וַיִּירָשׁוּהָ
עוֹבְדֵי פְסִילִים, וַיָּטִילוּ אֶת עַמְּךָ יִשְׂרָאֵל לֶחָרֶב, וַיַּהַרְגוּ בְזָדוֹן חֲסִידֵי
עֶלְיוֹן. עַל כֵּן צִיּוֹן בְּמַר תִּבְכֶּה, וִירוּשָׁלַיִם תִּתֵּן קוֹלָהּ. לִבִּי לִבִּי עַל חַלְלֵיהֶם,
מֵעַי מֵעַי עַל חַלְלֵיהֶם, כִּי אַתָּה יהוה בָּאֵשׁ הִצַּתָּהּ, וּבָאֵשׁ אַתָּה עָתִיד
זכריה ב לִבְנוֹתָהּ. כָּאָמוּר: וַאֲנִי אֶהְיֶה־לָּהּ, נְאֻם־יהוה, חוֹמַת אֵשׁ סָבִיב, וּלְכָבוֹד
אֶהְיֶה בְתוֹכָהּ: בָּרוּךְ אַתָּה יהוה, מְנַחֵם צִיּוֹן וּבוֹנֵה יְרוּשָׁלָיִם.

וממשיכים 'אֶת צֶמַח'.

משיח בן דוד

אֶת צֶמַח דָּוִד עַבְדְּךָ מְהֵרָה תַצְמִיחַ
וְקַרְנוֹ תָּרוּם בִּישׁוּעָתֶךָ, כִּי לִישׁוּעָתְךָ קִוִּינוּ כָּל הַיּוֹם.
בָּרוּךְ אַתָּה יהוה, מַצְמִיחַ קֶרֶן יְשׁוּעָה.

שומע תפילה

שְׁמַע קוֹלֵנוּ יהוה אֱלֹהֵינוּ
חוּס וְרַחֵם עָלֵינוּ, וְקַבֵּל בְּרַחֲמִים וּבְרָצוֹן אֶת תְּפִלָּתֵנוּ
כִּי אֵל שׁוֹמֵעַ תְּפִלּוֹת וְתַחֲנוּנִים אָתָּה
וּמִלְּפָנֶיךָ מַלְכֵּנוּ רֵיקָם אַל תְּשִׁיבֵנוּ

בתענית ציבור היחיד אומר בתפילתו (שו"ע תקסה, א על פי תענית יג ע"ב):

עֲנֵנוּ יהוה עֲנֵנוּ בְּיוֹם צוֹם תַּעֲנִיתֵנוּ, כִּי בְצָרָה גְדוֹלָה אֲנָחְנוּ. אַל תֵּפֶן
אֶל רִשְׁעֵנוּ, וְאַל תַּסְתֵּר פָּנֶיךָ מִמֶּנּוּ, וְאַל תִּתְעַלַּם מִתְּחִנָּתֵנוּ. הֱיֵה נָא
קָרוֹב לְשַׁוְעָתֵנוּ, יְהִי נָא חַסְדְּךָ לְנַחֲמֵנוּ, טֶרֶם נִקְרָא אֵלֶיךָ עֲנֵנוּ, כַּדָּבָר
ישעיה סה שֶׁנֶּאֱמַר: וְהָיָה טֶרֶם יִקְרָאוּ וַאֲנִי אֶעֱנֶה, עוֹד הֵם מְדַבְּרִים וַאֲנִי אֶשְׁמָע:
כִּי אַתָּה יהוה הָעוֹנֶה בְּעֵת צָרָה, פּוֹדֶה וּמַצִּיל בְּכָל עֵת צָרָה וְצוּקָה.

וממשיך 'כִּי אַתָּה שׁוֹמֵעַ' בעמוד הבא.

בזמן עצירת גשמים מוסיפים (טור, תקעט):

וַעֲנֵנוּ בּוֹרֵא עוֹלָם בְּמִדַּת הָרַחֲמִים, בּוֹחֵר בְּעַמּוֹ יִשְׂרָאֵל לְהוֹדִיעַ גָּדְלוֹ וְהַדְרַת
כְּבוֹדוֹ. שׁוֹמֵעַ תְּפִלָּה, תֵּן טַל וּמָטָר עַל פְּנֵי הָאֲדָמָה, וְתַשְׂבִּיעַ אֶת הָעוֹלָם כֻּלּוֹ

מִטּוּבֶךָ, וּמַלֵּא יָדֵינוּ מִבִּרְכוֹתֶיךָ וּמֵעֹשֶׁר מַתְּנַת יָדֶךָ. שָׁמְרָה וְהַצִּילָה שָׁנָה זוֹ מִכָּל דְּבַר רָע, וּמִכָּל מִינֵי מַשְׁחִית וּמִכָּל מִינֵי פֻרְעָנִיּוֹת, וַעֲשֵׂה לָהּ תִּקְוָה וְאַחֲרִית שָׁלוֹם. חוּס וְרַחֵם עָלֵינוּ וְעַל כָּל תְּבוּאָתֵנוּ וּפֵרוֹתֵינוּ, וּבָרְכֵנוּ בְּגִשְׁמֵי בְרָכָה, וְנִזְכֶּה לְחַיִּים וְשֹׂבַע וְשָׁלוֹם כַּשָּׁנִים הַטּוֹבוֹת. וְהָסֵר מִמֶּנּוּ דֶּבֶר וְחֶרֶב וְרָעָב, וְחַיָּה רָעָה וּשְׁבִי וּבִזָּה, וְיֵצֶר הָרָע וָחֳלָיִים רָעִים וְקָשִׁים וּמְאֹרָעוֹת רָעִים וְקָשִׁים. וּגְזוֹר עָלֵינוּ גְּזֵרוֹת טוֹבוֹת מִלְּפָנֶיךָ, וְיִגֹּלּוּ רַחֲמֶיךָ עַל מִדּוֹתֶיךָ, וְתִתְנַהֵג עִם בָּנֶיךָ בְּמִדַּת הָרַחֲמִים, וְקַבֵּל בְּרַחֲמִים וּבְרָצוֹן אֶת תְּפִלָּתֵנוּ.

וממשיך 'כִּי אַתָּה שׁוֹמֵעַ'.

כִּי אַתָּה שׁוֹמֵעַ תְּפִלַּת עַמְּךָ יִשְׂרָאֵל בְּרַחֲמִים.
בָּרוּךְ אַתָּה יהוה
שׁוֹמֵעַ תְּפִלָּה.

עבודה

רְצֵה יהוה אֱלֹהֵינוּ בְּעַמְּךָ יִשְׂרָאֵל וּבִתְפִלָּתָם
וְהָשֵׁב אֶת הָעֲבוֹדָה לִדְבִיר בֵּיתֶךָ
וְאִשֵּׁי יִשְׂרָאֵל וּתְפִלָּתָם בְּאַהֲבָה תְקַבֵּל בְּרָצוֹן
וּתְהִי לְרָצוֹן תָּמִיד עֲבוֹדַת יִשְׂרָאֵל עַמֶּךָ.

בראש חודש ובחול המועד:

אֱלֹהֵינוּ וֵאלֹהֵי אֲבוֹתֵינוּ, יַעֲלֶה וְיָבוֹא וְיַגִּיעַ, וְיֵרָאֶה וְיֵרָצֶה וְיִשָּׁמַע, וְיִפָּקֵד וְיִזָּכֵר זִכְרוֹנֵנוּ וּפִקְדּוֹנֵנוּ וְזִכְרוֹן אֲבוֹתֵינוּ, וְזִכְרוֹן מָשִׁיחַ בֶּן דָּוִד עַבְדֶּךָ, וְזִכְרוֹן יְרוּשָׁלַיִם עִיר קָדְשֶׁךָ, וְזִכְרוֹן כָּל עַמְּךָ בֵּית יִשְׂרָאֵל, לְפָנֶיךָ, לִפְלֵיטָה לְטוֹבָה, לְחֵן וּלְחֶסֶד וּלְרַחֲמִים, לְחַיִּים וּלְשָׁלוֹם בְּיוֹם

בראש חודש: רֹאשׁ הַחֹדֶשׁ / בפסח: חַג הַמַּצּוֹת / בסוכות: חַג הַסֻּכּוֹת

הַזֶּה. זָכְרֵנוּ יהוה אֱלֹהֵינוּ בּוֹ לְטוֹבָה, וּפָקְדֵנוּ בוֹ לִבְרָכָה, וְהוֹשִׁיעֵנוּ בוֹ לְחַיִּים. וּבִדְבַר יְשׁוּעָה וְרַחֲמִים, חוּס וְחָנֵּנוּ וְרַחֵם עָלֵינוּ וְהוֹשִׁיעֵנוּ, כִּי אֵלֶיךָ עֵינֵינוּ, כִּי אֵל מֶלֶךְ חַנּוּן וְרַחוּם אָתָּה.

וְתֶחֱזֶינָה עֵינֵינוּ בְּשׁוּבְךָ לְצִיּוֹן בְּרַחֲמִים.
בָּרוּךְ אַתָּה יהוה, הַמַּחֲזִיר שְׁכִינָתוֹ לְצִיּוֹן.

הודאה

כורע ב'מודים' ואינו זוקף עד אמירת השם (סידור השל"ה).

ימוֹדִים אֲנַחְנוּ לָךְ
שָׁאַתָּה הוּא יהוה אֱלֹהֵינוּ
וֵאלֹהֵי אֲבוֹתֵינוּ לְעוֹלָם וָעֶד.
צוּר חַיֵּינוּ, מָגֵן יִשְׁעֵנוּ
אַתָּה הוּא לְדוֹר וָדוֹר.
נוֹדֶה לְּךָ וּנְסַפֵּר תְּהִלָּתֶךָ
עַל חַיֵּינוּ הַמְּסוּרִים בְּיָדֶךָ
וְעַל נִשְׁמוֹתֵינוּ הַפְּקוּדוֹת לָךְ
וְעַל נִסֶּיךָ שֶׁבְּכָל יוֹם עִמָּנוּ
וְעַל נִפְלְאוֹתֶיךָ וְטוֹבוֹתֶיךָ
שֶׁבְּכָל עֵת, עֶרֶב וָבֹקֶר וְצָהֳרָיִם.
הַטּוֹב, כִּי לֹא כָלוּ רַחֲמֶיךָ
וְהַמְרַחֵם, כִּי לֹא תַמּוּ חֲסָדֶיךָ
מֵעוֹלָם קִוִּינוּ לָךְ.

כששליח הציבור אומר 'מודים',
הקהל אומר בלחש (סוטה מ ע"א):

ימוֹדִים אֲנַחְנוּ לָךְ
שָׁאַתָּה הוּא יהוה אֱלֹהֵינוּ
וֵאלֹהֵי אֲבוֹתֵינוּ
אֱלֹהֵי כָל בָּשָׂר
יוֹצְרֵנוּ, יוֹצֵר בְּרֵאשִׁית.
בְּרָכוֹת וְהוֹדָאוֹת
לְשִׁמְךָ הַגָּדוֹל וְהַקָּדוֹשׁ
עַל שֶׁהֶחֱיִיתָנוּ וְקִיַּמְתָּנוּ.
כֵּן תְּחַיֵּנוּ וּתְקַיְּמֵנוּ
וְתֶאֱסֹף גָּלֻיּוֹתֵינוּ
לְחַצְרוֹת קָדְשֶׁךָ
לִשְׁמֹר חֻקֶּיךָ וְלַעֲשׂוֹת רְצוֹנֶךָ
וּלְעָבְדְּךָ בְּלֵבָב שָׁלֵם
עַל שֶׁאֲנַחְנוּ מוֹדִים לָךְ.
בָּרוּךְ אֵל הַהוֹדָאוֹת.

בחנוכה:

עַל הַנִּסִּים וְעַל הַפֻּרְקָן וְעַל הַגְּבוּרוֹת וְעַל הַתְּשׁוּעוֹת וְעַל הַמִּלְחָמוֹת שֶׁעָשִׂיתָ לַאֲבוֹתֵינוּ בַּיָּמִים הָהֵם בַּזְּמַן הַזֶּה.

בִּימֵי מַתִּתְיָהוּ בֶּן יוֹחָנָן כֹּהֵן גָּדוֹל חַשְׁמוֹנַאי וּבָנָיו, כְּשֶׁעָמְדָה מַלְכוּת יָוָן הָרְשָׁעָה עַל עַמְּךָ יִשְׂרָאֵל לְהַשְׁכִּיחָם תּוֹרָתֶךָ וּלְהַעֲבִירָם מֵחֻקֵּי רְצוֹנֶךָ, וְאַתָּה בְּרַחֲמֶיךָ הָרַבִּים עָמַדְתָּ לָהֶם בְּעֵת צָרָתָם, רַבְתָּ אֶת רִיבָם, דַּנְתָּ אֶת דִּינָם, נָקַמְתָּ אֶת נִקְמָתָם, מָסַרְתָּ גִבּוֹרִים בְּיַד חַלָּשִׁים, וְרַבִּים בְּיַד

מְעַטִּים, וּטְמֵאִים בְּיַד טְהוֹרִים, וּרְשָׁעִים בְּיַד צַדִּיקִים, וְזֵדִים בְּיַד עוֹסְקֵי תוֹרָתֶךָ, וּלְךָ עָשִׂיתָ שֵׁם גָּדוֹל וְקָדוֹשׁ בְּעוֹלָמֶךָ, וּלְעַמְּךָ יִשְׂרָאֵל עָשִׂיתָ תְּשׁוּעָה גְדוֹלָה וּפֻרְקָן כְּהַיּוֹם הַזֶּה. וְאַחַר כֵּן בָּאוּ בָנֶיךָ לִדְבִיר בֵּיתֶךָ, וּפִנּוּ אֶת הֵיכָלֶךָ, וְטִהֲרוּ אֶת מִקְדָּשֶׁךָ, וְהִדְלִיקוּ נֵרוֹת בְּחַצְרוֹת קָדְשֶׁךָ, וְקָבְעוּ שְׁמוֹנַת יְמֵי חֲנֻכָּה אֵלּוּ, לְהוֹדוֹת וּלְהַלֵּל לְשִׁמְךָ הַגָּדוֹל.

וממשיך ׳וְעַל כֻּלָּם׳.

בפורים:

עַל הַנִּסִּים וְעַל הַפֻּרְקָן וְעַל הַגְּבוּרוֹת וְעַל הַתְּשׁוּעוֹת וְעַל הַמִּלְחָמוֹת שֶׁעָשִׂיתָ לַאֲבוֹתֵינוּ בַּיָּמִים הָהֵם בִּזְּמַן הַזֶּה.

בִּימֵי מָרְדְּכַי וְאֶסְתֵּר בְּשׁוּשַׁן הַבִּירָה, כְּשֶׁעָמַד עֲלֵיהֶם הָמָן הָרָשָׁע, בִּקֵּשׁ
לְהַשְׁמִיד לַהֲרֹג וּלְאַבֵּד אֶת־כָּל־הַיְּהוּדִים מִנַּעַר וְעַד־זָקֵן טַף וְנָשִׁים בְּיוֹם אסתר ג
אֶחָד, בִּשְׁלוֹשָׁה עָשָׂר לְחֹדֶשׁ שְׁנֵים־עָשָׂר, הוּא־חֹדֶשׁ אֲדָר, וּשְׁלָלָם
לָבוֹז: וְאַתָּה בְּרַחֲמֶיךָ הָרַבִּים הֵפַרְתָּ אֶת עֲצָתוֹ, וְקִלְקַלְתָּ אֶת מַחֲשַׁבְתּוֹ,
וַהֲשֵׁבוֹתָ לּוֹ גְּמוּלוֹ בְּרֹאשׁוֹ, וְתָלוּ אוֹתוֹ וְאֶת בָּנָיו עַל הָעֵץ.

וממשיך ׳וְעַל כֻּלָּם׳.

וְעַל כֻּלָּם יִתְבָּרַךְ וְיִתְרוֹמַם שִׁמְךָ מַלְכֵּנוּ תָּמִיד לְעוֹלָם וָעֶד.

בעשרת ימי תשובה: וּכְתֹב לְחַיִּים טוֹבִים כָּל בְּנֵי בְרִיתֶךָ.

וְכֹל הַחַיִּים יוֹדוּךָ סֶּלָה, וִיהַלְלוּ אֶת שִׁמְךָ בֶּאֱמֶת
הָאֵל יְשׁוּעָתֵנוּ וְעֶזְרָתֵנוּ סֶלָה.
׳בָּרוּךְ אַתָּה יהוה, הַטּוֹב שִׁמְךָ וּלְךָ נָאֶה לְהוֹדוֹת.

שלום

בתפילות מנחה ומעריב אומרים ׳שָׁלוֹם רָב׳ במקום ׳שִׂים שָׁלוֹם׳ (ראה הלכה 183), אך בתענית ציבור ׳שִׂים שָׁלוֹם׳ (בעמוד הבא). בחזרת הש״ץ אומרים לפניה ברכת כוהנים.

שָׁלוֹם רָב עַל יִשְׂרָאֵל עַמְּךָ תָּשִׂים לְעוֹלָם
כִּי אַתָּה הוּא מֶלֶךְ אָדוֹן לְכָל הַשָּׁלוֹם.
וְטוֹב בְּעֵינֶיךָ לְבָרֵךְ אֶת עַמְּךָ יִשְׂרָאֵל
בְּכָל עֵת וּבְכָל שָׁעָה בִּשְׁלוֹמֶךָ.

וממשיך בראש עמ׳ 113.

בתענית ציבור, כאשר מתפללים לאחר פלג המנחה, אומרים ברכת כוהנים. ראה הלכה 487.
אם יותר מכוהן אחד עולה לדוכן, הגבאי קורא (ראה הלכה 124):

כֹּהֲנִים

הכוהנים מברכים: **בָּרוּךְ אַתָּה יהוה אֱלֹהֵינוּ מֶלֶךְ הָעוֹלָם, אֲשֶׁר קִדְּשָׁנוּ בִּקְדֻשָּׁתוֹ שֶׁל אַהֲרֹן, וְצִוָּנוּ לְבָרֵךְ אֶת עַמּוֹ יִשְׂרָאֵל בְּאַהֲבָה.**

במדבר ו
השי"ץ מקריא מילה במילה, והכוהנים אחריו:
יְבָרֶכְךָ יהוה וְיִשְׁמְרֶךָ: קהל: אָמֵן
יָאֵר יהוה פָּנָיו אֵלֶיךָ וִיחֻנֶּךָּ: קהל: אָמֵן
יִשָּׂא יהוה פָּנָיו אֵלֶיךָ וְיָשֵׂם לְךָ שָׁלוֹם: קהל: אָמֵן

שליח הציבור ממשיך 'שִׂים שָׁלוֹם'.

הכוהנים אומרים:

דברים כו
רִבּוֹנוֹ שֶׁל עוֹלָם, עָשִׂינוּ מַה שֶּׁגָּזַרְתָּ עָלֵינוּ, אַף אַתָּה עֲשֵׂה עִמָּנוּ כְּמוֹ שֶׁהִבְטַחְתָּנוּ. הַשְׁקִיפָה מִמְּעוֹן קָדְשְׁךָ מִן־הַשָּׁמַיִם, וּבָרֵךְ אֶת־עַמְּךָ אֶת־יִשְׂרָאֵל, וְאֵת הָאֲדָמָה אֲשֶׁר נָתַתָּה לָנוּ, כַּאֲשֶׁר נִשְׁבַּעְתָּ לַאֲבֹתֵינוּ, אֶרֶץ זָבַת חָלָב וּדְבָשׁ:

הקהל אומר:

אַדִּיר בַּמָּרוֹם שׁוֹכֵן בִּגְבוּרָה, אַתָּה שָׁלוֹם וְשִׁמְךָ שָׁלוֹם. יְהִי רָצוֹן שֶׁתָּשִׂים עָלֵינוּ וְעַל כָּל עַמְּךָ בֵּית יִשְׂרָאֵל חַיִּים וּבְרָכָה לְמִשְׁמֶרֶת שָׁלוֹם.

אם הכוהנים אינם עולים לדוכן, כי אין כוהנים המתענים
או מפני שמתפללים לפני פלג המנחה, שליח הציבור אומר:

אֱלֹהֵינוּ וֵאלֹהֵי אֲבוֹתֵינוּ, בָּרְכֵנוּ בַּבְּרָכָה הַמְשֻׁלֶּשֶׁת בַּתּוֹרָה, הַכְּתוּבָה עַל יְדֵי מֹשֶׁה עַבְדֶּךָ, הָאֲמוּרָה מִפִּי אַהֲרֹן וּבָנָיו כֹּהֲנִים עַם קְדוֹשֶׁיךָ, כָּאָמוּר

במדבר ו
יְבָרֶכְךָ יהוה וְיִשְׁמְרֶךָ: קהל: כֵּן יְהִי רָצוֹן
יָאֵר יהוה פָּנָיו אֵלֶיךָ וִיחֻנֶּךָּ: קהל: כֵּן יְהִי רָצוֹן
יִשָּׂא יהוה פָּנָיו אֵלֶיךָ וְיָשֵׂם לְךָ שָׁלוֹם: קהל: כֵּן יְהִי רָצוֹן

שלום

בתענית ציבור:

שִׂים שָׁלוֹם טוֹבָה וּבְרָכָה, חֵן וָחֶסֶד וְרַחֲמִים, עָלֵינוּ וְעַל כָּל יִשְׂרָאֵל עַמֶּךָ. בָּרְכֵנוּ אָבִינוּ כֻּלָּנוּ כְּאֶחָד בְּאוֹר פָּנֶיךָ, כִּי בְאוֹר פָּנֶיךָ נָתַתָּ לָּנוּ יהוה אֱלֹהֵינוּ, תּוֹרַת חַיִּים וְאַהֲבַת חֶסֶד, וּצְדָקָה וּבְרָכָה וְרַחֲמִים וְחַיִּים וְשָׁלוֹם. וְטוֹב בְּעֵינֶיךָ לְבָרֵךְ אֶת עַמְּךָ יִשְׂרָאֵל בְּכָל עֵת וּבְכָל שָׁעָה בִּשְׁלוֹמֶךָ.

בעשרת ימי תשובה: בְּסֵפֶר חַיִּים, בְּרָכָה וְשָׁלוֹם, וּפַרְנָסָה טוֹבָה
נִזָּכֵר וְנִכָּתֵב לְפָנֶיךָ, אֲנַחְנוּ וְכָל עַמְּךָ בֵּית יִשְׂרָאֵל
לְחַיִּים טוֹבִים וּלְשָׁלוֹם.

בני חוץ לארץ מסיימים: בָּרוּךְ אַתָּה יהוה, עוֹשֶׂה הַשָּׁלוֹם.

בָּרוּךְ אַתָּה יהוה, הַמְבָרֵךְ אֶת עַמּוֹ יִשְׂרָאֵל בַּשָּׁלוֹם.

שליח הציבור מסיים באמירת הפסוק הבא בלחש,
ויש הנוהגים לאומרו גם בסוף תפילת לחש של יחיד. ראה הלכה 103.

יִהְיוּ לְרָצוֹן אִמְרֵי־פִי וְהֶגְיוֹן לִבִּי לְפָנֶיךָ, יהוה צוּרִי וְגֹאֲלִי: תהלים יט

אֱלֹהַי ברכות יז.
נְצֹר לְשׁוֹנִי מֵרָע וּשְׂפָתַי מִדַּבֵּר מִרְמָה
וְלִמְקַלְלַי נַפְשִׁי תִדֹּם, וְנַפְשִׁי כֶּעָפָר לַכֹּל תִּהְיֶה.
פְּתַח לִבִּי בְּתוֹרָתֶךָ, וּבְמִצְוֹתֶיךָ תִּרְדֹּף נַפְשִׁי.
וְכָל הַחוֹשְׁבִים עָלַי רָעָה
מְהֵרָה הָפֵר עֲצָתָם וְקַלְקֵל מַחֲשַׁבְתָּם.
עֲשֵׂה לְמַעַן שְׁמֶךָ, עֲשֵׂה לְמַעַן יְמִינֶךָ
עֲשֵׂה לְמַעַן קְדֻשָּׁתֶךָ, עֲשֵׂה לְמַעַן תּוֹרָתֶךָ.
לְמַעַן יֵחָלְצוּן יְדִידֶיךָ, הוֹשִׁיעָה יְמִינְךָ וַעֲנֵנִי: תהלים ס

המקבל עליו תענית יחיד למחר, או מי שסיים תענית יחיד אומר תחינה בעמוד הבא.

יִהְיוּ לְרָצוֹן אִמְרֵי־פִי וְהֶגְיוֹן לִבִּי לְפָנֶיךָ, יהוה צוּרִי וְגֹאֲלִי: תהלים יט

כורע ופוסע שלוש פסיעות לאחור. קד לשמאל, לימין ולפנים באמירת:

עֹשֶׂה שָׁלוֹם/ בעשרת ימי תשובה: הַשָּׁלוֹם/ בִּמְרוֹמָיו
הוּא יַעֲשֶׂה שָׁלוֹם עָלֵינוּ וְעַל כָּל יִשְׂרָאֵל, וְאִמְרוּ אָמֵן.

יְהִי רָצוֹן מִלְּפָנֶיךָ יהוה אֱלֹהֵינוּ וֵאלֹהֵי אֲבוֹתֵינוּ
שֶׁיִּבָּנֶה בֵּית הַמִּקְדָּשׁ בִּמְהֵרָה בְיָמֵינוּ, וְתֵן חֶלְקֵנוּ בְּתוֹרָתֶךָ
וְשָׁם נַעֲבָדְךָ בְּיִרְאָה כִּימֵי עוֹלָם וּכְשָׁנִים קַדְמֹנִיּוֹת.
וְעָרְבָה לַיהוה מִנְחַת יְהוּדָה וִירוּשָׁלָםִ כִּימֵי עוֹלָם וּכְשָׁנִים קַדְמֹנִיּוֹת: מלאכי ג

בימים שאין אומרים בהם תחנון (ראה רשימה בעמוד הבא),
שליח הציבור אומר קדיש שלם (עמ׳ 116).

המקבל עליו תענית יחיד למחר, יאמר בתפילת מנחה לפני הפסוק
'יִהְיוּ לְרָצוֹן' (רמ"א תקסב, ו, על פי רש"י בתענית יב ע"א):

רִבּוֹן כָּל הָעוֹלָמִים, הֲרֵי אֲנִי לְפָנֶיךָ בְּתַעֲנִית נְדָבָה לְמָחָר. יְהִי רָצוֹן מִלְּפָנֶיךָ יהוה אֱלֹהַי וֵאלֹהֵי אֲבוֹתַי, שֶׁתְּקַבְּלֵנִי בְּאַהֲבָה וּבְרָצוֹן, וְתָבֹא לְפָנֶיךָ תְּפִלָּתִי, וְתַעֲנֶה עֲתִירָתִי בְּרַחֲמֶיךָ הָרַבִּים, כִּי אַתָּה שׁוֹמֵעַ תְּפִלַּת כָּל פֶּה.

לאחר התענית במנחה יאמר לפני הפסוק 'יִהְיוּ לְרָצוֹן'
(שו"ע תקסה, ד על פי דברי רב ששת בברכות יז ע"א):

רִבּוֹן כָּל הָעוֹלָמִים, גָּלוּי וְיָדוּעַ לְפָנֶיךָ, בִּזְמַן שֶׁבֵּית הַמִּקְדָּשׁ קַיָּם, אָדָם חוֹטֵא וּמַקְרִיב קָרְבָּן, וְאֵין מַקְרִיבִין מִמֶּנּוּ אֶלָּא חֶלְבּוֹ וְדָמוֹ, וְאַתָּה בְּרַחֲמֶיךָ הָרַבִּים מְכַפֵּר. וְעַכְשָׁו יָשַׁבְתִּי בְּתַעֲנִית, וְנִתְמַעֵט חֶלְבִּי וְדָמִי. יְהִי רָצוֹן מִלְּפָנֶיךָ, שֶׁיְּהֵא מִעוּט חֶלְבִּי וְדָמִי שֶׁנִּתְמַעֵט הַיּוֹם, כְּאִלּוּ הִקְרַבְתִּיו עַל גַּבֵּי הַמִּזְבֵּחַ, וְתִרְצֵנִי.

בתעניות ציבור ובעשרת ימי תשובה (פרט לימים שאין אומרים
בהם תחנון) אומרים 'אָבִינוּ מַלְכֵּנוּ' בעמ' 67.

בבתי כנסת המתפללים בנוסח ספרד, אומרים תחילה וידוי וי"ג מידות (עמ' 66).

סדר תחנון

אלו הימים שאין אומרים בהם תחנון במנחה (לפי המנהג המקובל בארץ ישראל, ראה הלכה 184): ערב שבת, ערב ראש חודש, ראש חודש, כל חודש ניסן, ערב יום העצמאות, יום העצמאות, פסח שני, ערב לג בעומר, לג בעומר, ערב יום ירושלים, יום ירושלים, ראש חודש סיוון עד יב בחודש, ערב תשעה באב, תשעה באב, יד–טו באב, ערב ראש השנה, מערב יום כיפורים עד ראש חודש מרחשוון, ערב חנוכה, חנוכה, יד–טו בשבט, יג–טו באדר א' וערב פורים עד שושן פורים.

כמו כן אין אומרים תחנון בבית כנסת שעתידה להתקיים בו ברית מילה, או שאחד מבעלי הברית (אבי הבן, המוהל או הסנדק) מתפללים בו, או שחתן בשבעת ימי המשתה מתפלל בו, וגם לא בבית האבל.

נפילת אפיים

יושבים, ובמקום שיש בו ספר תורה, נופלים אפים:
משעינים את הראש על יד שמאל ומכסים את הפנים. ראה הלכה 138–139.

ב'קיצור של"ה' כתוב לומר את הפסוק 'וַיֹּאמֶר דָּוִד אֶל־גָּד', והגר"א כתב שאין לאומרו.

וַיֹּאמֶר דָּוִד אֶל־גָּד, צַר־לִי מְאֹד שמואל ב' כד

נִפְּלָה־נָּא בְיַד־יהוה, כִּי־רַבִּים רַחֲמָו, וּבְיַד־אָדָם אַל־אֶפֹּלָה:

רַחוּם וְחַנּוּן, חָטָאתִי לְפָנֶיךָ.

יהוה מָלֵא רַחֲמִים, רַחֵם עָלַי וְקַבֵּל תַּחֲנוּנָי.

יהוה, אַל־בְּאַפְּךָ תוֹכִיחֵנִי, וְאַל־בַּחֲמָתְךָ תְיַסְּרֵנִי: חָנֵּנִי יהוה, תהלים ו
כִּי אֻמְלַל אָנִי, רְפָאֵנִי יהוה, כִּי נִבְהֲלוּ עֲצָמָי: וְנַפְשִׁי נִבְהֲלָה
מְאֹד, וְאַתָּ יהוה, עַד־מָתָי: שׁוּבָה יהוה, חַלְּצָה נַפְשִׁי, הוֹשִׁיעֵנִי
לְמַעַן חַסְדֶּךָ: כִּי אֵין בַּמָּוֶת זִכְרֶךָ, בִּשְׁאוֹל מִי יוֹדֶה־לָּךְ: יָגַעְתִּי
בְּאַנְחָתִי, אַשְׂחֶה בְכָל־לַיְלָה מִטָּתִי, בְּדִמְעָתִי עַרְשִׂי אַמְסֶה:
עָשְׁשָׁה מִכַּעַס עֵינִי, עָתְקָה בְּכָל־צוֹרְרָי: סוּרוּ מִמֶּנִּי כָּל־פֹּעֲלֵי
אָוֶן, כִּי־שָׁמַע יהוה קוֹל בִּכְיִי: שָׁמַע יהוה תְּחִנָּתִי, יהוה תְּפִלָּתִי
יִקָּח: יֵבֹשׁוּ וְיִבָּהֲלוּ מְאֹד כָּל־אֹיְבָי, יָשֻׁבוּ יֵבֹשׁוּ רָגַע:

כאן מרימים את הראש.

שׁוֹמֵר יִשְׂרָאֵל, שְׁמֹר שְׁאֵרִית יִשְׂרָאֵל, וְאַל יֹאבַד יִשְׂרָאֵל
הָאוֹמְרִים שְׁמַע יִשְׂרָאֵל.
שׁוֹמֵר גּוֹי אֶחָד, שְׁמֹר שְׁאֵרִית עַם אֶחָד, וְאַל יֹאבַד גּוֹי אֶחָד
הַמְיַחֲדִים שִׁמְךָ, יהוה אֱלֹהֵינוּ יהוה אֶחָד.
שׁוֹמֵר גּוֹי קָדוֹשׁ, שְׁמֹר שְׁאֵרִית עַם קָדוֹשׁ, וְאַל יֹאבַד גּוֹי קָדוֹשׁ
הַמְשַׁלְּשִׁים בְּשָׁלֹשׁ קְדֻשּׁוֹת לְקָדוֹשׁ.
מִתְרַצֶּה בְּרַחֲמִים וּמִתְפַּיֵּס בְּתַחֲנוּנִים, הִתְרַצֵּה וְהִתְפַּיֵּס לְדוֹר עָנִי
כִּי אֵין עוֹזֵר.
אָבִינוּ מַלְכֵּנוּ, חָנֵּנוּ וַעֲנֵנוּ, כִּי אֵין בָּנוּ מַעֲשִׂים
עֲשֵׂה עִמָּנוּ צְדָקָה וָחֶסֶד וְהוֹשִׁיעֵנוּ.

עומדים במקום המסומן ב־.

וַאֲנַחְנוּ לֹא נֵדַע ׳מַה־נַּעֲשֶׂה, כִּי עָלֶיךָ עֵינֵינוּ: זְכֹר־רַחֲמֶיךָ יהוה דברי הימים ב׳ כ תהלים כה
וַחֲסָדֶיךָ, כִּי מֵעוֹלָם הֵמָּה: יְהִי־חַסְדְּךָ יהוה עָלֵינוּ, כַּאֲשֶׁר יִחַלְנוּ לָךְ: תהלים לג
אַל־תִּזְכָּר־לָנוּ עֲוֹנֹת רִאשֹׁנִים, מַהֵר יְקַדְּמוּנוּ רַחֲמֶיךָ, כִּי דַלּוֹנוּ מְאֹד: תהלים עט
חָנֵּנוּ יהוה חָנֵּנוּ, כִּי־רַב שָׂבַעְנוּ בוּז: בְּרֹגֶז רַחֵם תִּזְכּוֹר: כִּי־הוּא יָדַע תהלים קכג חבקוק ג תהלים קג
יִצְרֵנוּ, זָכוּר כִּי־עָפָר אֲנָחְנוּ: ׀ עָזְרֵנוּ אֱלֹהֵי יִשְׁעֵנוּ עַל־דְּבַר כְּבוֹד־ תהלים עט
שְׁמֶךָ, וְהַצִּילֵנוּ וְכַפֵּר עַל־חַטֹּאתֵינוּ לְמַעַן שְׁמֶךָ:

קדיש שלם

ש״ץ: יִתְגַּדַּל וְיִתְקַדַּשׁ שְׁמֵהּ רַבָּא (קהל: אָמֵן)
בְּעָלְמָא דִּי בְרָא כִרְעוּתֵהּ
וְיַמְלִיךְ מַלְכוּתֵהּ
בְּחַיֵּיכוֹן וּבְיוֹמֵיכוֹן וּבְחַיֵּי דְכָל בֵּית יִשְׂרָאֵל
בַּעֲגָלָא וּבִזְמַן קָרִיב
וְאִמְרוּ אָמֵן. (קהל: אָמֵן)

קהל וש״ץ: יְהֵא שְׁמֵהּ רַבָּא מְבָרַךְ לְעָלַם וּלְעָלְמֵי עָלְמַיָּא.

ש״ץ: יִתְבָּרַךְ וְיִשְׁתַּבַּח וְיִתְפָּאַר וְיִתְרוֹמַם וְיִתְנַשֵּׂא
וְיִתְהַדָּר וְיִתְעַלֶּה וְיִתְהַלָּל
שְׁמֵהּ דְּקֻדְשָׁא בְּרִיךְ הוּא (קהל: בְּרִיךְ הוּא)
לְעֵלָּא מִן כָּל בִּרְכָתָא /בעשרת ימי תשובה: לְעֵלָּא לְעֵלָּא מִכָּל בִּרְכָתָא/
וְשִׁירָתָא, תֻּשְׁבְּחָתָא וְנֶחֱמָתָא
דַּאֲמִירָן בְּעָלְמָא
וְאִמְרוּ אָמֵן. (קהל: אָמֵן)

תִּתְקַבַּל צְלוֹתְהוֹן וּבָעוּתְהוֹן דְּכָל יִשְׂרָאֵל
קֳדָם אֲבוּהוֹן דִּי בִשְׁמַיָּא
וְאִמְרוּ אָמֵן. (קהל: אָמֵן)

יְהֵא שְׁלָמָא רַבָּא מִן שְׁמַיָּא
וְחַיִּים, עָלֵינוּ וְעַל כָּל יִשְׂרָאֵל
וְאִמְרוּ אָמֵן. (קהל: אָמֵן)

כורע ופוסע שלוש פסיעות לאחור. קד לשמאל, לימין ולפנים באמירת:
עֹשֶׂה שָׁלוֹם/בעשרת ימי תשובה: הַשָּׁלוֹם/ בִּמְרוֹמָיו
הוּא יַעֲשֶׂה שָׁלוֹם עָלֵינוּ וְעַל כָּל יִשְׂרָאֵל
וְאִמְרוּ אָמֵן. (קהל: אָמֵן)

אומרים ׳עָלֵינוּ׳ בעמידה ומשתחווים במקום המסומן ב׳.

עָלֵינוּ לְשַׁבֵּחַ לַאֲדוֹן הַכֹּל, לָתֵת גְּדֻלָּה לְיוֹצֵר בְּרֵאשִׁית
שֶׁלֹּא עָשָׂנוּ כְּגוֹיֵי הָאֲרָצוֹת, וְלֹא שָׂמָנוּ כְּמִשְׁפְּחוֹת הָאֲדָמָה
שֶׁלֹּא שָׂם חֶלְקֵנוּ כָּהֶם וְגוֹרָלֵנוּ כְּכָל הֲמוֹנָם.
שֶׁהֵם מִשְׁתַּחֲוִים לְהֶבֶל וָרִיק וּמִתְפַּלְלִים אֶל אֵל לֹא יוֹשִׁיעַ.
׳וַאֲנַחְנוּ כּוֹרְעִים וּמִשְׁתַּחֲוִים וּמוֹדִים
לִפְנֵי מֶלֶךְ מַלְכֵי הַמְּלָכִים, הַקָּדוֹשׁ בָּרוּךְ הוּא
שֶׁהוּא נוֹטֶה שָׁמַיִם וְיוֹסֵד אָרֶץ, וּמוֹשַׁב יְקָרוֹ בַּשָּׁמַיִם מִמַּעַל
וּשְׁכִינַת עֻזּוֹ בְּגָבְהֵי מְרוֹמִים.
הוּא אֱלֹהֵינוּ, אֵין עוֹד.
אֱמֶת מַלְכֵּנוּ, אֶפֶס זוּלָתוֹ
כַּכָּתוּב בְּתוֹרָתוֹ, וְיָדַעְתָּ הַיּוֹם וַהֲשֵׁבֹתָ אֶל־לְבָבֶךָ דברים ד
כִּי יהוה הוּא הָאֱלֹהִים בַּשָּׁמַיִם מִמַּעַל וְעַל־הָאָרֶץ מִתָּחַת, אֵין עוֹד:

עַל כֵּן נְקַוֶּה לְּךָ יהוה אֱלֹהֵינוּ, לִרְאוֹת מְהֵרָה בְּתִפְאֶרֶת עֻזֶּךָ
לְהַעֲבִיר גִּלּוּלִים מִן הָאָרֶץ, וְהָאֱלִילִים כָּרוֹת יִכָּרֵתוּן
לְתַקֵּן עוֹלָם בְּמַלְכוּת שַׁדַּי.
וְכָל בְּנֵי בָשָׂר יִקְרְאוּ בִשְׁמֶךָ לְהַפְנוֹת אֵלֶיךָ כָּל רִשְׁעֵי אָרֶץ.
יַכִּירוּ וְיֵדְעוּ כָּל יוֹשְׁבֵי תֵבֵל
כִּי לְךָ תִּכְרַע כָּל בֶּרֶךְ, תִּשָּׁבַע כָּל לָשׁוֹן.
לְפָנֶיךָ יהוה אֱלֹהֵינוּ יִכְרְעוּ וְיִפֹּלוּ, וְלִכְבוֹד שִׁמְךָ יְקָר יִתֵּנוּ
וִיקַבְּלוּ כֻלָּם אֶת עֹל מַלְכוּתֶךָ
וְתִמְלֹךְ עֲלֵיהֶם מְהֵרָה לְעוֹלָם וָעֶד.
כִּי הַמַּלְכוּת שֶׁלְּךָ הִיא וּלְעוֹלְמֵי עַד תִּמְלֹךְ בְּכָבוֹד
כַּכָּתוּב בְּתוֹרָתֶךָ, יהוה יִמְלֹךְ לְעֹלָם וָעֶד: שמות טו
▸ וְנֶאֱמַר, וְהָיָה יהוה לְמֶלֶךְ עַל־כָּל־הָאָרֶץ זכריה יד
בַּיּוֹם הַהוּא יִהְיֶה יהוה אֶחָד וּשְׁמוֹ אֶחָד:

יש מוסיפים:

משלי ג אַל־תִּירָא מִפַּחַד פִּתְאֹם וּמִשֹּׁאַת רְשָׁעִים כִּי תָבֹא:
ישעיה ח עֻצוּ עֵצָה וְתֻפָר, דַּבְּרוּ דָבָר וְלֹא יָקוּם, כִּי עִמָּנוּ אֵל:
ישעיה מו וְעַד־זִקְנָה אֲנִי הוּא, וְעַד־שֵׂיבָה אֲנִי אֶסְבֹּל
אֲנִי עָשִׂיתִי וַאֲנִי אֶשָּׂא וַאֲנִי אֶסְבֹּל וַאֲמַלֵּט:

קדיש יתום

אבל: יִתְגַּדַּל וְיִתְקַדַּשׁ שְׁמֵהּ רַבָּא (קהל: אָמֵן)
בְּעָלְמָא דִּי בְרָא כִרְעוּתֵהּ, וְיַמְלִיךְ מַלְכוּתֵהּ
בְּחַיֵּיכוֹן וּבְיוֹמֵיכוֹן וּבְחַיֵּי דְכָל בֵּית יִשְׂרָאֵל
בַּעֲגָלָא וּבִזְמַן קָרִיב, וְאִמְרוּ אָמֵן. (קהל: אָמֵן)

קהל ואבל: יְהֵא שְׁמֵהּ רַבָּא מְבָרַךְ לְעָלַם וּלְעָלְמֵי עָלְמַיָּא.

אבל: יִתְבָּרַךְ וְיִשְׁתַּבַּח וְיִתְפָּאַר וְיִתְרוֹמַם וְיִתְנַשֵּׂא
וְיִתְהַדָּר וְיִתְעַלֶּה וְיִתְהַלָּל
שְׁמֵהּ דְּקֻדְשָׁא בְּרִיךְ הוּא (קהל: בְּרִיךְ הוּא)
לְעֵלָּא מִן כָּל בִּרְכָתָא
/בעשרת ימי תשובה: לְעֵלָּא לְעֵלָּא מִכָּל בִּרְכָתָא/
וְשִׁירָתָא, תֻּשְׁבְּחָתָא וְנֶחֱמָתָא
דַּאֲמִירָן בְּעָלְמָא, וְאִמְרוּ אָמֵן. (קהל: אָמֵן)

יְהֵא שְׁלָמָא רַבָּא מִן שְׁמַיָּא
וְחַיִּים, עָלֵינוּ וְעַל כָּל יִשְׂרָאֵל, וְאִמְרוּ אָמֵן. (קהל: אָמֵן)

כורע ופוסע שלוש פסיעות לאחור. קד לשמאל, לימין ולפנים באמירת:

עֹשֶׂה שָׁלוֹם/בעשרת ימי תשובה: הַשָּׁלוֹם/ בִּמְרוֹמָיו
הוּא יַעֲשֶׂה שָׁלוֹם
עָלֵינוּ וְעַל כָּל יִשְׂרָאֵל, וְאִמְרוּ אָמֵן. (קהל: אָמֵן)

בבתי כנסת המתפללים בנוסח ספרד, מוסיפים את המזמור ׳לְדָוִד ה׳ אוֹרִי וְיִשְׁעִי׳ (עמ׳ 93) מר״ח אלול ועד הושענא רבה, ואחריו אומרים קדיש יתום.

ערבית לחול

"זָכַרְתִּי בַלַּיְלָה שִׁמְךָ ה׳ וָאֶשְׁמְרָה תּוֹרָתֶךָ" (תהלים קיט, נה).

במוצאי שבת אומרים ערבית למוצאי שבת בעמ׳ 324.

קודם התפילה שליח הציבור אומר ׳וְהוּא רַחוּם׳ (סדר רב עמרם גאון),
מכיוון שבערבית אין קרבנות ציבור שיכפרו עלינו, כבשחרית ובמנחה (מחזור ויטרי).

וְהוּא רַחוּם, יְכַפֵּר עָוֹן וְלֹא־יַשְׁחִית תהלים עח
וְהִרְבָּה לְהָשִׁיב אַפּוֹ, וְלֹא־יָעִיר כָּל־חֲמָתוֹ:
יהוה הוֹשִׁיעָה, הַמֶּלֶךְ יַעֲנֵנוּ בְיוֹם־קָרְאֵנוּ: תהלים כ

קריאת שמע וברכותיה

שליח הציבור כורע בתיבת ׳בָּרְכוּ׳ וזוקף בשם. הקהל כורע בתיבת ׳בָּרוּךְ׳
וזוקף בשם, ושליח הציבור כורע שוב כאשר הוא חוזר אחריהם.

ש״ץ: **בָּרְכוּ**

אֶת יהוה הַמְבֹרָךְ.

קהל: בָּרוּךְ יהוה הַמְבֹרָךְ לְעוֹלָם וָעֶד.

ש״ץ: בָּרוּךְ יהוה הַמְבֹרָךְ לְעוֹלָם וָעֶד.

מוכירים את היום בלילה ואת הלילה ביום (ברכות יא ע״ב). האבחנה בין היום ללילה היא עדות
על נאמנות הקב״ה בדבריו ועל קיום בריתו עם ישראל (סידור הרוקח על פי ירמיה לא, לד).

בָּרוּךְ אַתָּה יהוה אֱלֹהֵינוּ מֶלֶךְ הָעוֹלָם
אֲשֶׁר בִּדְבָרוֹ מַעֲרִיב עֲרָבִים
בְּחָכְמָה פּוֹתֵחַ שְׁעָרִים
וּבִתְבוּנָה מְשַׁנֶּה עִתִּים וּמַחֲלִיף אֶת הַזְּמַנִּים
וּמְסַדֵּר אֶת הַכּוֹכָבִים בְּמִשְׁמְרוֹתֵיהֶם בָּרָקִיעַ כִּרְצוֹנוֹ.

בּוֹרֵא יוֹם וָלָיְלָה, גּוֹלֵל אוֹר מִפְּנֵי חֹשֶׁךְ וְחֹשֶׁךְ מִפְּנֵי אוֹר

◂ וּמַעֲבִיר יוֹם וּמֵבִיא לָיְלָה

וּמַבְדִּיל בֵּין יוֹם וּבֵין לָיְלָה

יהוה צְבָאוֹת שְׁמוֹ.

אֵל חַי וְקַיָּם תָּמִיד, יִמְלֹךְ עָלֵינוּ לְעוֹלָם וָעֶד.

בָּרוּךְ אַתָּה יהוה, הַמַּעֲרִיב עֲרָבִים.

מנהג אשכנז לומר 'אַהֲבָה רַבָּה' בשחרית ו'אַהֲבַת עוֹלָם' בערבית – כיוון שבבוקר האדם מודה על החסדים שה' גמל עמו, ובערב מתפלל על חסדים לעתיד (צל"ח שם בברכות).

אַהֲבַת עוֹלָם בֵּית יִשְׂרָאֵל עַמְּךָ אָהָבְתָּ

תּוֹרָה וּמִצְוֹת, חֻקִּים וּמִשְׁפָּטִים, אוֹתָנוּ לִמַּדְתָּ

עַל כֵּן יהוה אֱלֹהֵינוּ בְּשָׁכְבֵנוּ וּבְקוּמֵנוּ נָשִׂיחַ בְּחֻקֶּיךָ

וְנִשְׂמַח בְּדִבְרֵי תוֹרָתֶךָ וּבְמִצְוֹתֶיךָ לְעוֹלָם וָעֶד

◂ כִּי הֵם חַיֵּינוּ וְאֹרֶךְ יָמֵינוּ, וּבָהֶם נֶהְגֶּה יוֹמָם וָלָיְלָה.

וְאַהֲבָתְךָ אַל תָּסִיר מִמֶּנּוּ לְעוֹלָמִים.

בָּרוּךְ אַתָּה יהוה, אוֹהֵב עַמּוֹ יִשְׂרָאֵל.

"יקרא קריאת שמע בכוונה – באימה, ביראה, ברתת וזיע" (שו"ע סא, א). ראה הלכה 72–73.

המתפלל ביחידות אומר:

אֵל מֶלֶךְ נֶאֱמָן

מכסה את עיניו בידו ואומר בכוונה ובקול רם:

שְׁמַע יִשְׂרָאֵל, יהוה אֱלֹהֵינוּ, יהוה ׀ אֶחָד: דברים ו

בלחש: בָּרוּךְ שֵׁם כְּבוֹד מַלְכוּתוֹ לְעוֹלָם וָעֶד.

וְאָהַבְתָּ אֵת יהוה אֱלֹהֶיךָ, בְּכָל־לְבָבְךָ וּבְכָל־נַפְשְׁךָ וּבְכָל־מְאֹדֶךָ: דברים ו
וְהָיוּ הַדְּבָרִים הָאֵלֶּה, אֲשֶׁר אָנֹכִי מְצַוְּךָ הַיּוֹם, עַל־לְבָבֶךָ: וְשִׁנַּנְתָּם
לְבָנֶיךָ וְדִבַּרְתָּ בָּם, בְּשִׁבְתְּךָ בְּבֵיתֶךָ וּבְלֶכְתְּךָ בַדֶּרֶךְ, וּבְשָׁכְבְּךָ
וּבְקוּמֶךָ: וּקְשַׁרְתָּם לְאוֹת עַל־יָדֶךָ וְהָיוּ לְטֹטָפֹת בֵּין עֵינֶיךָ:
וּכְתַבְתָּם עַל־מְזֻזוֹת בֵּיתֶךָ וּבִשְׁעָרֶיךָ:

דברים יא וְהָיָה אִם־שָׁמֹעַ תִּשְׁמְעוּ אֶל־מִצְוֺתַי אֲשֶׁר אָנֹכִי מְצַוֶּה אֶתְכֶם הַיּוֹם, לְאַהֲבָה אֶת־יהוה אֱלֹהֵיכֶם וּלְעָבְדוֹ, בְּכָל־לְבַבְכֶם וּבְכָל־נַפְשְׁכֶם: וְנָתַתִּי מְטַר־אַרְצְכֶם בְּעִתּוֹ, יוֹרֶה וּמַלְקוֹשׁ, וְאָסַפְתָּ דְגָנֶךָ וְתִירֹשְׁךָ וְיִצְהָרֶךָ: וְנָתַתִּי עֵשֶׂב בְּשָׂדְךָ לִבְהֶמְתֶּךָ, וְאָכַלְתָּ וְשָׂבָעְתָּ: הִשָּׁמְרוּ לָכֶם פֶּן־יִפְתֶּה לְבַבְכֶם, וְסַרְתֶּם וַעֲבַדְתֶּם אֱלֹהִים אֲחֵרִים וְהִשְׁתַּחֲוִיתֶם לָהֶם: וְחָרָה אַף־יהוה בָּכֶם, וְעָצַר אֶת־הַשָּׁמַיִם וְלֹא־יִהְיֶה מָטָר, וְהָאֲדָמָה לֹא תִתֵּן אֶת־יְבוּלָהּ, וַאֲבַדְתֶּם מְהֵרָה מֵעַל הָאָרֶץ הַטֹּבָה אֲשֶׁר יהוה נֹתֵן לָכֶם: וְשַׂמְתֶּם אֶת־דְּבָרַי אֵלֶּה עַל־לְבַבְכֶם וְעַל־נַפְשְׁכֶם, וּקְשַׁרְתֶּם אֹתָם לְאוֹת עַל־יֶדְכֶם, וְהָיוּ לְטוֹטָפֹת בֵּין עֵינֵיכֶם: וְלִמַּדְתֶּם אֹתָם אֶת־בְּנֵיכֶם לְדַבֵּר בָּם, בְּשִׁבְתְּךָ בְּבֵיתֶךָ וּבְלֶכְתְּךָ בַדֶּרֶךְ, וּבְשָׁכְבְּךָ וּבְקוּמֶךָ: וּכְתַבְתָּם עַל־מְזוּזוֹת בֵּיתֶךָ וּבִשְׁעָרֶיךָ: לְמַעַן יִרְבּוּ יְמֵיכֶם וִימֵי בְנֵיכֶם עַל הָאֲדָמָה אֲשֶׁר נִשְׁבַּע יהוה לַאֲבֹתֵיכֶם לָתֵת לָהֶם, כִּימֵי הַשָּׁמַיִם עַל־הָאָרֶץ:

במדבר טו וַיֹּאמֶר יהוה אֶל־מֹשֶׁה לֵּאמֹר: דַּבֵּר אֶל־בְּנֵי יִשְׂרָאֵל וְאָמַרְתָּ אֲלֵהֶם, וְעָשׂוּ לָהֶם צִיצִת עַל־כַּנְפֵי בִגְדֵיהֶם לְדֹרֹתָם, וְנָתְנוּ עַל־צִיצִת הַכָּנָף פְּתִיל תְּכֵלֶת: וְהָיָה לָכֶם לְצִיצִת, וּרְאִיתֶם אֹתוֹ וּזְכַרְתֶּם אֶת־כָּל־מִצְוֺת יהוה וַעֲשִׂיתֶם אֹתָם, וְלֹא תָתֻרוּ אַחֲרֵי לְבַבְכֶם וְאַחֲרֵי עֵינֵיכֶם, אֲשֶׁר־אַתֶּם זֹנִים אַחֲרֵיהֶם: לְמַעַן תִּזְכְּרוּ וַעֲשִׂיתֶם אֶת־כָּל־מִצְוֺתָי, וִהְיִיתֶם קְדֹשִׁים לֵאלֹהֵיכֶם: אֲנִי יהוה אֱלֹהֵיכֶם, אֲשֶׁר הוֹצֵאתִי אֶתְכֶם מֵאֶרֶץ מִצְרַיִם, לִהְיוֹת לָכֶם לֵאלֹהִים, אֲנִי יהוה אֱלֹהֵיכֶם:

אֱמֶת

שליח הציבור חוזר ואומר:

◂ יהוה אֱלֹהֵיכֶם אֱמֶת

בבוקר האדם מתפנה לענייניו החברתיים, והוא מתפלל על היציבות לבל ייסחף הרחק מעבודת ה׳. ובערב, כשהוא נח בצל קורת ביתו, הוא מבקש אמונה כדי שיהיה לו כוח לקדש את חייו הפרטיים (עולת ראי״ה).

וֶאֱמוּנָה כָּל זֹאת וְקַיָּם עָלֵינוּ
כִּי הוּא יהוה אֱלֹהֵינוּ וְאֵין זוּלָתוֹ וַאֲנַחְנוּ יִשְׂרָאֵל עַמּוֹ.
הַפּוֹדֵנוּ מִיַּד מְלָכִים
מַלְכֵּנוּ הַגּוֹאֲלֵנוּ מִכַּף כָּל הֶעָרִיצִים.
הָאֵל הַנִּפְרָע לָנוּ מִצָּרֵינוּ
וְהַמְשַׁלֵּם גְּמוּל לְכָל אוֹיְבֵי נַפְשֵׁנוּ.
הָעוֹשֶׂה גְדוֹלוֹת עַד אֵין חֵקֶר, וְנִפְלָאוֹת עַד אֵין מִסְפָּר
תהלים סו הַשָּׂם נַפְשֵׁנוּ בַּחַיִּים, וְלֹא־נָתַן לַמּוֹט רַגְלֵנוּ:
הַמַּדְרִיכֵנוּ עַל בָּמוֹת אוֹיְבֵינוּ
וַיָּרֶם קַרְנֵנוּ עַל כָּל שׂוֹנְאֵינוּ.
הָעוֹשֶׂה לָּנוּ נִסִּים וּנְקָמָה בְּפַרְעֹה
אוֹתוֹת וּמוֹפְתִים בְּאַדְמַת בְּנֵי חָם.
הַמַּכֶּה בְעֶבְרָתוֹ כָּל בְּכוֹרֵי מִצְרָיִם
וַיּוֹצֵא אֶת עַמּוֹ יִשְׂרָאֵל מִתּוֹכָם לְחֵרוּת עוֹלָם.
הַמַּעֲבִיר בָּנָיו בֵּין גִּזְרֵי יַם סוּף
אֶת רוֹדְפֵיהֶם וְאֶת שׂוֹנְאֵיהֶם בִּתְהוֹמוֹת טִבַּע
וְרָאוּ בָנָיו גְּבוּרָתוֹ, שִׁבְּחוּ וְהוֹדוּ לִשְׁמוֹ
‹ וּמַלְכוּתוֹ בְּרָצוֹן קִבְּלוּ עֲלֵיהֶם.
מֹשֶׁה וּבְנֵי יִשְׂרָאֵל, לְךָ עָנוּ שִׁירָה בְּשִׂמְחָה רַבָּה
וְאָמְרוּ כֻלָּם
שמות טו מִי־כָמֹכָה בָּאֵלִם יהוה
מִי כָּמֹכָה נֶאְדָּר בַּקֹּדֶשׁ
נוֹרָא תְהִלֹּת עֹשֵׂה פֶלֶא:

▸ מַלְכוּתְךָ רָאוּ בָנֶיךָ, בּוֹקֵעַ יָם לִפְנֵי מֹשֶׁה
זֶה אֵלִי עָנוּ, וְאָמְרוּ
יהוה יִמְלֹךְ לְעֹלָם וָעֶד: שמות טו

▸ וְנֶאֱמַר
כִּי־פָדָה יהוה אֶת־יַעֲקֹב ירמיה לא
וּגְאָלוֹ מִיַּד חָזָק מִמֶּנּוּ:
בָּרוּךְ אַתָּה יהוה, גָּאַל יִשְׂרָאֵל.

"כיון דתקינו רבנן השכיבנו, כגאולתא אריכתא דמיא" (ברכות ד ע"ב).
ופירש ר' יצחק בן מרואן הלוי שהביטחון בשמירתו של הקב"ה הוא יסוד האמונה בגאולה,
כפי שבליל יציאת מצרים בני ישראל הקריבו פסח ואכלו מצות,
כשהם מוכנים לרגע שבו ייגאלו (שיבולי הלקט).

הַשְׁכִּיבֵנוּ יהוה אֱלֹהֵינוּ לְשָׁלוֹם
וְהַעֲמִידֵנוּ מַלְכֵּנוּ לְחַיִּים
וּפְרֹשׂ עָלֵינוּ סֻכַּת שְׁלוֹמֶךָ
וְתַקְּנֵנוּ בְּעֵצָה טוֹבָה מִלְּפָנֶיךָ
וְהוֹשִׁיעֵנוּ לְמַעַן שְׁמֶךָ.
וְהָגֵן בַּעֲדֵנוּ, וְהָסֵר מֵעָלֵינוּ
אוֹיֵב, דֶּבֶר וְחֶרֶב וְרָעָב וְיָגוֹן
וְהָסֵר שָׂטָן מִלְּפָנֵינוּ וּמֵאַחֲרֵינוּ
וּבְצֵל כְּנָפֶיךָ תַּסְתִּירֵנוּ
כִּי אֵל שׁוֹמְרֵנוּ וּמַצִּילֵנוּ אָתָּה
כִּי אֵל מֶלֶךְ חַנּוּן וְרַחוּם אָתָּה.
▸ וּשְׁמֹר צֵאתֵנוּ וּבוֹאֵנוּ לְחַיִּים וּלְשָׁלוֹם מֵעַתָּה וְעַד עוֹלָם.
בָּרוּךְ אַתָּה יהוה, שׁוֹמֵר עַמּוֹ יִשְׂרָאֵל לָעַד.

בחו"ל, לאחר ברכת 'הַשְׁכִּיבֵנוּ', נוהגים להוסיף את הפסוקים
'בָּרוּךְ ה' לְעוֹלָם' (עמ' 517) ואת ברכת 'יִרְאוּ עֵינֵינוּ' (עמ' 518);
וברוב הקהילות אין מוסיפים אותם במוצאי שבת. ראה הלכה 192.

חצי קדיש

ש״ץ: יִתְגַּדַּל וְיִתְקַדַּשׁ שְׁמֵהּ רַבָּא (קהל: אָמֵן)
בְּעָלְמָא דִּי בְרָא כִרְעוּתֵהּ
וְיַמְלִיךְ מַלְכוּתֵהּ
בְּחַיֵּיכוֹן וּבְיוֹמֵיכוֹן וּבְחַיֵּי דְכָל בֵּית יִשְׂרָאֵל
בַּעֲגָלָא וּבִזְמַן קָרִיב, וְאִמְרוּ אָמֵן. (קהל: אָמֵן)

קהל וש״ץ: יְהֵא שְׁמֵהּ רַבָּא מְבָרַךְ לְעָלַם וּלְעָלְמֵי עָלְמַיָּא.

ש״ץ: יִתְבָּרַךְ וְיִשְׁתַּבַּח וְיִתְפָּאַר וְיִתְרוֹמַם וְיִתְנַשֵּׂא
וְיִתְהַדָּר וְיִתְעַלֶּה וְיִתְהַלָּל
שְׁמֵהּ דְּקֻדְשָׁא בְּרִיךְ הוּא (קהל: בְּרִיךְ הוּא)
לְעֵלָּא מִן כָּל בִּרְכָתָא
/בעשרת ימי תשובה: לְעֵלָּא לְעֵלָּא מִכָּל בִּרְכָתָא/
וְשִׁירָתָא, תֻּשְׁבְּחָתָא וְנֶחֱמָתָא
דַּאֲמִירָן בְּעָלְמָא, וְאִמְרוּ אָמֵן. (קהל: אָמֵן)

עמידה

״המתפלל צריך שיכוין בלבו פירוש המלות שמוציא בשפתיו; ויחשוב כאלו שכינה כנגדו ויסיר כל המחשבות הטורדות אותו עד שתשאר מחשבתו וכוונתו זכה בתפלתו״ (שו״ע צח, א)

פוסע שלוש פסיעות לפנים, כמי שנכנס לפני המלך. עומד ומתפלל בלחש מכאן ועד ׳וּכְשָׁנִים קַדְמֹנִיּוֹת׳ בעמ׳ 134.

כורע במקומות המסומנים ב׳, קד לפנים במילה הבאה וזוקף בשם.

אֲדֹנָי, שְׂפָתַי תִּפְתָּח, וּפִי יַגִּיד תְּהִלָּתֶךָ: תהלים נא

אבות

׳בָּרוּךְ אַתָּה יהוה, אֱלֹהֵינוּ וֵאלֹהֵי אֲבוֹתֵינוּ
אֱלֹהֵי אַבְרָהָם, אֱלֹהֵי יִצְחָק, וֵאלֹהֵי יַעֲקֹב
הָאֵל הַגָּדוֹל הַגִּבּוֹר וְהַנּוֹרָא, אֵל עֶלְיוֹן

גּוֹמֵל חֲסָדִים טוֹבִים, וְקוֹנֵה הַכֹּל
וְזוֹכֵר חַסְדֵי אָבוֹת
וּמֵבִיא גוֹאֵל לִבְנֵי בְנֵיהֶם לְמַעַן שְׁמוֹ בְּאַהֲבָה.

בעשרת ימי תשובה: זָכְרֵנוּ לְחַיִּים, מֶלֶךְ חָפֵץ בַּחַיִּים
וְכָתְבֵנוּ בְּסֵפֶר הַחַיִּים, לְמַעַנְךָ אֱלֹהִים חַיִּים.

מֶלֶךְ עוֹזֵר וּמוֹשִׁיעַ וּמָגֵן.
ˇבָּרוּךְ אַתָּה יהוה, מָגֵן אַבְרָהָם.

גבורות

אַתָּה גִּבּוֹר לְעוֹלָם, אֲדֹנָי
מְחַיֵּה מֵתִים אַתָּה, רַב לְהוֹשִׁיעַ

אומרים 'מַשִּׁיב הָרוּחַ וּמוֹרִיד הַגֶּשֶׁם' משמיני עצרת עד יום טוב ראשון של פסח,
ו'מוֹרִיד הַטָּל' מחול המועד פסח ועד הושענא רבה. ראה הלכה 94–99.

בחורף: מַשִּׁיב הָרוּחַ וּמוֹרִיד הַגֶּשֶׁם / בקיץ: מוֹרִיד הַטָּל

מְכַלְכֵּל חַיִּים בְּחֶסֶד, מְחַיֵּה מֵתִים בְּרַחֲמִים רַבִּים
סוֹמֵךְ נוֹפְלִים, וְרוֹפֵא חוֹלִים, וּמַתִּיר אֲסוּרִים
וּמְקַיֵּם אֱמוּנָתוֹ לִישֵׁנֵי עָפָר.
מִי כָמְוֹךָ, בַּעַל גְּבוּרוֹת
וּמִי דּוֹמֶה לָּךְ
מֶלֶךְ, מֵמִית וּמְחַיֶּה וּמַצְמִיחַ יְשׁוּעָה.

בעשרת ימי תשובה: מִי כָמְוֹךָ אַב הָרַחֲמִים
זוֹכֵר יְצוּרָיו לְחַיִּים בְּרַחֲמִים.

וְנֶאֱמָן אַתָּה לְהַחֲיוֹת מֵתִים.
בָּרוּךְ אַתָּה יהוה, מְחַיֵּה הַמֵּתִים.

קדושת השם

אַתָּה קָדוֹשׁ וְשִׁמְךָ קָדוֹשׁ
וּקְדוֹשִׁים בְּכָל יוֹם יְהַלְלוּךָ סֶּלָה.
בָּרוּךְ אַתָּה יהוה, הָאֵל הַקָּדוֹשׁ./ בעשרת ימי תשובה: הַמֶּלֶךְ הַקָּדוֹשׁ./
אם שכח, חוזר לראש התפילה.

דעת

אַתָּה חוֹנֵן לְאָדָם דַּעַת, וּמְלַמֵּד לֶאֱנוֹשׁ בִּינָה.

במוצאי שבת ובמוצאי יום טוב (ראה הלכה 263):
אַתָּה חוֹנַנְתָּנוּ לְמַדַּע תּוֹרָתֶךָ, וַתְּלַמְּדֵנוּ לַעֲשׂוֹת חֻקֵּי רְצוֹנֶךָ, וַתַּבְדֵּל יהוה אֱלֹהֵינוּ בֵּין קֹדֶשׁ לְחֹל, בֵּין אוֹר לְחֹשֶׁךְ, בֵּין יִשְׂרָאֵל לָעַמִּים, בֵּין יוֹם הַשְּׁבִיעִי לְשֵׁשֶׁת יְמֵי הַמַּעֲשֶׂה. אָבִינוּ מַלְכֵּנוּ, הָחֵל עָלֵינוּ הַיָּמִים הַבָּאִים לִקְרָאתֵנוּ לְשָׁלוֹם, חֲשׂוּכִים מִכָּל חֵטְא וּמְנֻקִּים מִכָּל עָוֹן וּמְדֻבָּקִים בְּיִרְאָתֶךָ. וְ

חָנֵּנוּ מֵאִתְּךָ דֵּעָה בִּינָה וְהַשְׂכֵּל.
בָּרוּךְ אַתָּה יהוה, חוֹנֵן הַדָּעַת.

תשובה

הֲשִׁיבֵנוּ אָבִינוּ לְתוֹרָתֶךָ, וְקָרְבֵנוּ מַלְכֵּנוּ לַעֲבוֹדָתֶךָ
וְהַחֲזִירֵנוּ בִּתְשׁוּבָה שְׁלֵמָה לְפָנֶיךָ.
בָּרוּךְ אַתָּה יהוה, הָרוֹצֶה בִּתְשׁוּבָה.

סליחה

נוהגים להכות כנגד הלב במקומות המסומנים ב°.

סְלַח לָנוּ אָבִינוּ כִּי °חָטָאנוּ
מְחַל לָנוּ מַלְכֵּנוּ כִּי °פָשָׁעְנוּ
כִּי מוֹחֵל וְסוֹלֵחַ אָתָּה.
בָּרוּךְ אַתָּה יהוה, חַנּוּן הַמַּרְבֶּה לִסְלֹחַ.

גאולה

רְאֵה בְעָנְיֵנוּ, וְרִיבָה רִיבֵנוּ
וּגְאָלֵנוּ מְהֵרָה לְמַעַן שְׁמֶךָ
כִּי גּוֹאֵל חָזָק אָתָּה.
בָּרוּךְ אַתָּה יהוה, גּוֹאֵל יִשְׂרָאֵל.

רפואה

רְפָאֵנוּ יהוה וְנֵרָפֵא
הוֹשִׁיעֵנוּ וְנִוָּשֵׁעָה, כִּי תְהִלָּתֵנוּ אָתָּה
וְהַעֲלֵה רְפוּאָה שְׁלֵמָה לְכָל מַכּוֹתֵינוּ

המתפלל על חולה מוסיף:

יְהִי רָצוֹן מִלְּפָנֶיךָ יהוה אֱלֹהַי וֵאלֹהֵי אֲבוֹתַי, שֶׁתִּשְׁלַח מְהֵרָה רְפוּאָה שְׁלֵמָה מִן הַשָּׁמַיִם, רְפוּאַת הַנֶּפֶשׁ וּרְפוּאַת הַגּוּף, לַחוֹלֶה פלוני בֶּן פלונית/ לַחוֹלָה פלונית בַּת פלונית בְּתוֹךְ שְׁאָר חוֹלֵי יִשְׂרָאֵל

כִּי אֵל מֶלֶךְ רוֹפֵא נֶאֱמָן וְרַחֲמָן אָתָּה.
בָּרוּךְ אַתָּה יהוה, רוֹפֵא חוֹלֵי עַמּוֹ יִשְׂרָאֵל.

ברכת השנים

אומרים 'טַל וּמָטָר לִבְרָכָה' אור לז' במרחשוון עד ערב פסח. ראה הלכה 97-99.

בָּרֵךְ עָלֵינוּ יהוה אֱלֹהֵינוּ אֶת הַשָּׁנָה הַזֹּאת
וְאֶת כָּל מִינֵי תְבוּאָתָהּ, לְטוֹבָה
בחורף: וְתֵן טַל וּמָטָר לִבְרָכָה / בקיץ: וְתֵן בְּרָכָה
עַל פְּנֵי הָאֲדָמָה, וְשַׂבְּעֵנוּ מִטּוּבָהּ
וּבָרֵךְ שְׁנָתֵנוּ כַּשָּׁנִים הַטּוֹבוֹת.
בָּרוּךְ אַתָּה יהוה, מְבָרֵךְ הַשָּׁנִים.

קיבוץ גלויות

תְּקַע בְּשׁוֹפָר גָּדוֹל לְחֵרוּתֵנוּ
וְשָׂא נֵס לְקַבֵּץ גָּלֻיּוֹתֵינוּ
וְקַבְּצֵנוּ יַחַד מֵאַרְבַּע כַּנְפוֹת הָאָרֶץ.
בָּרוּךְ אַתָּה יהוה
מְקַבֵּץ נִדְחֵי עַמּוֹ יִשְׂרָאֵל.

השבת המשפט

הָשִׁיבָה שׁוֹפְטֵינוּ כְּבָרִאשׁוֹנָה
וְיוֹעֲצֵינוּ כְּבַתְּחִלָּה
וְהָסֵר מִמֶּנּוּ יָגוֹן וַאֲנָחָה
וּמְלֹךְ עָלֵינוּ אַתָּה יהוה לְבַדְּךָ בְּחֶסֶד וּבְרַחֲמִים
וְצַדְּקֵנוּ בַּמִּשְׁפָּט.
בָּרוּךְ אַתָּה יהוה
מֶלֶךְ אוֹהֵב צְדָקָה וּמִשְׁפָּט. / בעשרת ימי תשובה: הַמֶּלֶךְ הַמִּשְׁפָּט./

ברכת המינים

וְלַמַּלְשִׁינִים אַל תְּהִי תִקְוָה
וְכָל הָרִשְׁעָה כְּרֶגַע תֹּאבֵד
וְכָל אוֹיְבֵי עַמְּךָ מְהֵרָה יִכָּרֵתוּ
וְהַזֵּדִים מְהֵרָה
תְעַקֵּר וּתְשַׁבֵּר וּתְמַגֵּר וְתַכְנִיעַ
בִּמְהֵרָה בְיָמֵינוּ.
בָּרוּךְ אַתָּה יהוה
שׁוֹבֵר אוֹיְבִים וּמַכְנִיעַ זֵדִים.

על הצדיקים

עַל הַצַּדִּיקִים וְעַל הַחֲסִידִים
וְעַל זִקְנֵי עַמְּךָ בֵּית יִשְׂרָאֵל
וְעַל פְּלֵיטַת סוֹפְרֵיהֶם
וְעַל גֵּרֵי הַצֶּדֶק, וְעָלֵינוּ
יֶהֱמוּ רַחֲמֶיךָ יהוה אֱלֹהֵינוּ
וְתֵן שָׂכָר טוֹב לְכָל הַבּוֹטְחִים בְּשִׁמְךָ בֶּאֱמֶת
וְשִׂים חֶלְקֵנוּ עִמָּהֶם
וּלְעוֹלָם לֹא נֵבוֹשׁ כִּי בְךָ בָּטָחְנוּ.
בָּרוּךְ אַתָּה יהוה
מִשְׁעָן וּמִבְטָח לַצַּדִּיקִים.

בניין ירושלים

וְלִירוּשָׁלַיִם עִירְךָ בְּרַחֲמִים תָּשׁוּב
וְתִשְׁכֹּן בְּתוֹכָהּ כַּאֲשֶׁר דִּבַּרְתָּ
וּבְנֵה אוֹתָהּ בְּקָרוֹב בְּיָמֵינוּ בִּנְיַן עוֹלָם
וְכִסֵּא דָוִד מְהֵרָה לְתוֹכָהּ תָּכִין.
בָּרוּךְ אַתָּה יהוה
בּוֹנֵה יְרוּשָׁלָיִם.

משיח בן דוד

אֶת צֶמַח דָּוִד עַבְדְּךָ מְהֵרָה תַצְמִיחַ
וְקַרְנוֹ תָּרוּם בִּישׁוּעָתֶךָ
כִּי לִישׁוּעָתְךָ קִוִּינוּ כָּל הַיּוֹם.
בָּרוּךְ אַתָּה יהוה
מַצְמִיחַ קֶרֶן יְשׁוּעָה.

שומע תפילה

שְׁמַע קוֹלֵנוּ יהוה אֱלֹהֵינוּ
חוּס וְרַחֵם עָלֵינוּ
וְקַבֵּל בְּרַחֲמִים וּבְרָצוֹן אֶת תְּפִלָּתֵנוּ
כִּי אֵל שׁוֹמֵעַ תְּפִלּוֹת וְתַחֲנוּנִים אָתָּה
וּמִלְּפָנֶיךָ מַלְכֵּנוּ רֵיקָם אַל תְּשִׁיבֵנוּ*
כִּי אַתָּה שׁוֹמֵעַ תְּפִלַּת עַמְּךָ יִשְׂרָאֵל בְּרַחֲמִים.
בָּרוּךְ אַתָּה יהוה, שׁוֹמֵעַ תְּפִלָּה.

---

*בזמן עצירת גשמים (טור, תקעט):

וַעֲנֵנוּ בּוֹרֵא עוֹלָם בְּמִדַּת הָרַחֲמִים, בּוֹחֵר בְּעַמּוֹ יִשְׂרָאֵל לְהוֹדִיעַ גָּדְלוֹ וְהַדְרַת כְּבוֹדוֹ. שׁוֹמֵעַ תְּפִלָּה, תֵּן טַל וּמָטָר עַל פְּנֵי הָאֲדָמָה, וְתַשְׂבִּיעַ אֶת הָעוֹלָם כֻּלּוֹ מִטּוּבֶךָ, וּמַלֵּא יָדֵינוּ מִבִּרְכוֹתֶיךָ וּמֵעֹשֶׁר מַתְּנַת יָדֶךָ. שְׁמֹר וְהַצֵּל שָׁנָה זוֹ מִכָּל דָּבָר רָע, וּמִכָּל מִינֵי מַשְׁחִית וּמִכָּל מִינֵי פֻרְעָנִיּוֹת, וַעֲשֵׂה לָהּ תִּקְוָה וְאַחֲרִית שָׁלוֹם. חוּס וְרַחֵם עָלֵינוּ וְעַל כָּל תְּבוּאָתֵנוּ וּפֵרוֹתֵינוּ, וּבָרְכֵנוּ בְּגִשְׁמֵי בְרָכָה, וְנִזְכֶּה לְחַיִּים וְשֹׂבַע וְשָׁלוֹם כַּשָּׁנִים הַטּוֹבוֹת. וְהָסֵר מִמֶּנּוּ דֶּבֶר וְחֶרֶב וְרָעָב, וְחַיָּה רָעָה וּשְׁבִי וּבִזָּה, וְיֵצֶר הָרָע וָחֳלָיִים רָעִים וְקָשִׁים וּמְאֹרָעוֹת רָעִים וְקָשִׁים. וּגְזֹר עָלֵינוּ גְּזֵרוֹת טוֹבוֹת מִלְּפָנֶיךָ, וְיִגֹּלּוּ רַחֲמֶיךָ עַל מִדּוֹתֶיךָ, וְתִתְנַהֵג עִם בָּנֶיךָ בְּמִדַּת הָרַחֲמִים, וְקַבֵּל בְּרַחֲמִים וּבְרָצוֹן אֶת תְּפִלָּתֵנוּ.

וממשיך 'כִּי אַתָּה שׁוֹמֵעַ' למעלה.

עבודה

רְצֵה יהוה אֱלֹהֵינוּ בְּעַמְּךָ יִשְׂרָאֵל וּבִתְפִלָּתָם
וְהָשֵׁב אֶת הָעֲבוֹדָה לִדְבִיר בֵּיתֶךָ
וְאִשֵּׁי יִשְׂרָאֵל וּתְפִלָּתָם בְּאַהֲבָה תְקַבֵּל בְּרָצוֹן
וּתְהִי לְרָצוֹן תָּמִיד עֲבוֹדַת יִשְׂרָאֵל עַמֶּךָ.

בראש חודש ובחול המועד:

אֱלֹהֵינוּ וֵאלֹהֵי אֲבוֹתֵינוּ, יַעֲלֶה וְיָבוֹא וְיַגִּיעַ, וְיֵרָאֶה וְיֵרָצֶה וְיִשָּׁמַע, וְיִפָּקֵד וְיִזָּכֵר זִכְרוֹנֵנוּ וּפִקְדוֹנֵנוּ וְזִכְרוֹן אֲבוֹתֵינוּ, וְזִכְרוֹן מָשִׁיחַ בֶּן דָּוִד עַבְדֶּךָ, וְזִכְרוֹן יְרוּשָׁלַיִם עִיר קָדְשֶׁךָ, וְזִכְרוֹן כָּל עַמְּךָ בֵּית יִשְׂרָאֵל, לְפָנֶיךָ, לִפְלֵיטָה לְטוֹבָה, לְחֵן וּלְחֶסֶד וּלְרַחֲמִים, לְחַיִּים וּלְשָׁלוֹם בְּיוֹם

בראש חודש: **רֹאשׁ הַחֹדֶשׁ** / בפסח: **חַג הַמַּצּוֹת** / בסוכות: **חַג הַסֻּכּוֹת**

הַזֶּה. זָכְרֵנוּ יהוה אֱלֹהֵינוּ בּוֹ לְטוֹבָה, וּפָקְדֵנוּ בוֹ לִבְרָכָה, וְהוֹשִׁיעֵנוּ בוֹ לְחַיִּים. וּבִדְבַר יְשׁוּעָה וְרַחֲמִים, חוּס וְחָנֵּנוּ וְרַחֵם עָלֵינוּ וְהוֹשִׁיעֵנוּ, כִּי אֵלֶיךָ עֵינֵינוּ, כִּי אֵל מֶלֶךְ חַנּוּן וְרַחוּם אָתָּה.

וְתֶחֱזֶינָה עֵינֵינוּ בְּשׁוּבְךָ לְצִיּוֹן בְּרַחֲמִים.
בָּרוּךְ אַתָּה יהוה, הַמַּחֲזִיר שְׁכִינָתוֹ לְצִיּוֹן.

הודאה

כורע ב'מודים' ואינו זוקף עד אמירת השם.

מוֹדִים אֲנַחְנוּ לָךְ
שָׁאַתָּה הוּא יהוה אֱלֹהֵינוּ וֵאלֹהֵי אֲבוֹתֵינוּ לְעוֹלָם וָעֶד.
צוּר חַיֵּינוּ, מָגֵן יִשְׁעֵנוּ, אַתָּה הוּא לְדוֹר וָדוֹר.
נוֹדֶה לְּךָ וּנְסַפֵּר תְּהִלָּתֶךָ
עַל חַיֵּינוּ הַמְּסוּרִים בְּיָדֶךָ
וְעַל נִשְׁמוֹתֵינוּ הַפְּקוּדוֹת לָךְ
וְעַל נִסֶּיךָ שֶׁבְּכָל יוֹם עִמָּנוּ
וְעַל נִפְלְאוֹתֶיךָ וְטוֹבוֹתֶיךָ שֶׁבְּכָל עֵת, עֶרֶב וָבֹקֶר וְצָהֳרָיִם.
הַטּוֹב, כִּי לֹא כָלוּ רַחֲמֶיךָ
וְהַמְרַחֵם, כִּי לֹא תַמּוּ חֲסָדֶיךָ
מֵעוֹלָם קִוִּינוּ לָךְ.

בחנוכה:

עַל הַנִּסִּים וְעַל הַפֻּרְקָן וְעַל הַגְּבוּרוֹת וְעַל הַתְּשׁוּעוֹת וְעַל הַמִּלְחָמוֹת שֶׁעָשִׂיתָ לַאֲבוֹתֵינוּ בַּיָּמִים הָהֵם בַּזְּמַן הַזֶּה.

בִּימֵי מַתִּתְיָהוּ בֶּן יוֹחָנָן כֹּהֵן גָּדוֹל חַשְׁמוֹנַאי וּבָנָיו, כְּשֶׁעָמְדָה מַלְכוּת יָוָן הָרְשָׁעָה עַל עַמְּךָ יִשְׂרָאֵל לְהַשְׁכִּיחָם תּוֹרָתֶךָ וּלְהַעֲבִירָם מֵחֻקֵּי רְצוֹנֶךָ, וְאַתָּה בְּרַחֲמֶיךָ הָרַבִּים עָמַדְתָּ לָהֶם בְּעֵת צָרָתָם, רַבְתָּ אֶת רִיבָם, דַּנְתָּ אֶת דִּינָם, נָקַמְתָּ אֶת נִקְמָתָם, מָסַרְתָּ גִּבּוֹרִים בְּיַד חַלָּשִׁים, וְרַבִּים בְּיַד מְעַטִּים, וּטְמֵאִים בְּיַד טְהוֹרִים, וּרְשָׁעִים בְּיַד צַדִּיקִים, וְזֵדִים בְּיַד עוֹסְקֵי תוֹרָתֶךָ, וּלְךָ עָשִׂיתָ שֵׁם גָּדוֹל וְקָדוֹשׁ בְּעוֹלָמֶךָ, וּלְעַמְּךָ יִשְׂרָאֵל עָשִׂיתָ תְּשׁוּעָה גְדוֹלָה וּפֻרְקָן כְּהַיּוֹם הַזֶּה. וְאַחַר כֵּן בָּאוּ בָנֶיךָ לִדְבִיר בֵּיתֶךָ, וּפִנּוּ אֶת הֵיכָלֶךָ, וְטִהֲרוּ אֶת מִקְדָּשֶׁךָ, וְהִדְלִיקוּ נֵרוֹת בְּחַצְרוֹת קָדְשֶׁךָ, וְקָבְעוּ שְׁמוֹנַת יְמֵי חֲנֻכָּה אֵלּוּ, לְהוֹדוֹת וּלְהַלֵּל לְשִׁמְךָ הַגָּדוֹל.

וממשיך ׳וְעַל כֻּלָּם׳.

בפורים:

עַל הַנִּסִּים וְעַל הַפֻּרְקָן וְעַל הַגְּבוּרוֹת וְעַל הַתְּשׁוּעוֹת וְעַל הַמִּלְחָמוֹת שֶׁעָשִׂיתָ לַאֲבוֹתֵינוּ בַּיָּמִים הָהֵם בַּזְּמַן הַזֶּה.

בִּימֵי מָרְדְּכַי וְאֶסְתֵּר בְּשׁוּשַׁן הַבִּירָה, כְּשֶׁעָמַד עֲלֵיהֶם הָמָן הָרָשָׁע, בִּקֵּשׁ
אסתר ג לְהַשְׁמִיד לַהֲרֹג וּלְאַבֵּד אֶת־כָּל־הַיְּהוּדִים מִנַּעַר וְעַד־זָקֵן טַף וְנָשִׁים בְּיוֹם
אֶחָד, בִּשְׁלוֹשָׁה עָשָׂר לְחֹדֶשׁ שְׁנֵים־עָשָׂר, הוּא־חֹדֶשׁ אֲדָר, וּשְׁלָלָם
לָבוֹז: וְאַתָּה בְּרַחֲמֶיךָ הָרַבִּים הֵפַרְתָּ אֶת עֲצָתוֹ, וְקִלְקַלְתָּ אֶת מַחֲשַׁבְתּוֹ,
וַהֲשֵׁבוֹתָ לּוֹ גְּמוּלוֹ בְּרֹאשׁוֹ, וְתָלוּ אוֹתוֹ וְאֶת בָּנָיו עַל הָעֵץ.

וממשיך ׳וְעַל כֻּלָּם׳.

וְעַל כֻּלָּם יִתְבָּרַךְ וְיִתְרוֹמַם שִׁמְךָ מַלְכֵּנוּ תָּמִיד לְעוֹלָם וָעֶד.

בעשרת ימי תשובה: וּכְתֹב לְחַיִּים טוֹבִים כָּל בְּנֵי בְרִיתֶךָ.

וְכֹל הַחַיִּים יוֹדוּךָ סֶּלָה, וִיהַלְלוּ אֶת שִׁמְךָ בֶּאֱמֶת
הָאֵל יְשׁוּעָתֵנוּ וְעֶזְרָתֵנוּ סֶלָה.
ּבָּרוּךְ אַתָּה יהוה, הַטּוֹב שִׁמְךָ וּלְךָ נָאֶה לְהוֹדוֹת.

שלום
שָׁלוֹם רָב עַל יִשְׂרָאֵל עַמְּךָ תָּשִׂים לְעוֹלָם
כִּי אַתָּה הוּא מֶלֶךְ אָדוֹן לְכָל הַשָּׁלוֹם.
וְטוֹב בְּעֵינֶיךָ לְבָרֵךְ אֶת עַמְּךָ יִשְׂרָאֵל
בְּכָל עֵת וּבְכָל שָׁעָה בִּשְׁלוֹמֶךָ.

בעשרת ימי תשובה: בְּסֵפֶר חַיִּים, בְּרָכָה וְשָׁלוֹם, וּפַרְנָסָה טוֹבָה
נִזָּכֵר וְנִכָּתֵב לְפָנֶיךָ, אֲנַחְנוּ וְכָל עַמְּךָ בֵּית יִשְׂרָאֵל
לְחַיִּים טוֹבִים וּלְשָׁלוֹם.

בני חוץ לארץ מסיימים: בָּרוּךְ אַתָּה יהוה, עוֹשֵׂה הַשָּׁלוֹם.

בָּרוּךְ אַתָּה יהוה, הַמְבָרֵךְ אֶת עַמּוֹ יִשְׂרָאֵל בַּשָּׁלוֹם.

יש מוסיפים (ראה הלכה 103):

יִהְיוּ לְרָצוֹן אִמְרֵי־פִי וְהֶגְיוֹן לִבִּי לְפָנֶיךָ, יהוה צוּרִי וְגֹאֲלִי: תהלים יט

אֱלֹהַי ברכות יז.
נְצֹר לְשׁוֹנִי מֵרָע וּשְׂפָתַי מִדַּבֵּר מִרְמָה
וְלִמְקַלְלַי נַפְשִׁי תִדֹּם, וְנַפְשִׁי כֶּעָפָר לַכֹּל תִּהְיֶה.
פְּתַח לִבִּי בְּתוֹרָתֶךָ, וּבְמִצְוֹתֶיךָ תִּרְדֹּף נַפְשִׁי.
וְכָל הַחוֹשְׁבִים עָלַי רָעָה
מְהֵרָה הָפֵר עֲצָתָם וְקַלְקֵל מַחֲשַׁבְתָּם.
עֲשֵׂה לְמַעַן שְׁמֶךָ, עֲשֵׂה לְמַעַן יְמִינֶךָ
עֲשֵׂה לְמַעַן קְדֻשָּׁתֶךָ, עֲשֵׂה לְמַעַן תּוֹרָתֶךָ.
לְמַעַן יֵחָלְצוּן יְדִידֶיךָ, הוֹשִׁיעָה יְמִינְךָ וַעֲנֵנִי: תהלים ס
יִהְיוּ לְרָצוֹן אִמְרֵי־פִי וְהֶגְיוֹן לִבִּי לְפָנֶיךָ, יהוה צוּרִי וְגֹאֲלִי: תהלים יט

כורע ופוסע שלוש פסיעות לאחור, קד לשמאל, לימין ולפנים באמירת:

עֹשֶׂה שָׁלוֹם/ בעשרת ימי תשובה: הַשָּׁלוֹם/ בִּמְרוֹמָיו
הוּא יַעֲשֶׂה שָׁלוֹם עָלֵינוּ וְעַל כָּל יִשְׂרָאֵל, וְאִמְרוּ אָמֵן.

יְהִי רָצוֹן מִלְּפָנֶיךָ יהוה אֱלֹהֵינוּ וֵאלֹהֵי אֲבוֹתֵינוּ
שֶׁיִּבָּנֶה בֵּית הַמִּקְדָּשׁ בִּמְהֵרָה בְיָמֵינוּ, וְתֵן חֶלְקֵנוּ בְּתוֹרָתֶךָ
וְשָׁם נַעֲבָדְךָ בְּיִרְאָה כִּימֵי עוֹלָם וּכְשָׁנִים קַדְמוֹנִיּוֹת.
מלאכי ג וְעָרְבָה לַיהוה מִנְחַת יְהוּדָה וִירוּשָׁלָםִ כִּימֵי עוֹלָם וּכְשָׁנִים קַדְמֹנִיּוֹת:

במוצאי שבת אומרים חצי קדיש (עמ׳ 339) ואחריו ׳וִיהִי נֹעַם׳ (עמ׳ 340).
בבתי כנסת המתפללים בנוסח ספרד, אומרים אחרי הקדיש השלם
את מזמור קכא (עמ׳ 299) קדיש יתום, ׳בָּרְכוּ׳, ׳עָלֵינוּ׳ וקדיש יתום.

קדיש שלם

ש״ץ: יִתְגַּדַּל וְיִתְקַדַּשׁ שְׁמֵהּ רַבָּא (קהל: אָמֵן)
בְּעָלְמָא דִּי בְרָא כִרְעוּתֵהּ
וְיַמְלִיךְ מַלְכוּתֵהּ
בְּחַיֵּיכוֹן וּבְיוֹמֵיכוֹן וּבְחַיֵּי דְכָל בֵּית יִשְׂרָאֵל
בַּעֲגָלָא וּבִזְמַן קָרִיב, וְאִמְרוּ אָמֵן. (קהל: אָמֵן)

קהל וש״ץ: יְהֵא שְׁמֵהּ רַבָּא מְבָרַךְ לְעָלַם וּלְעָלְמֵי עָלְמַיָּא.

ש״ץ: יִתְבָּרַךְ וְיִשְׁתַּבַּח וְיִתְפָּאַר וְיִתְרוֹמַם וְיִתְנַשֵּׂא
וְיִתְהַדָּר וְיִתְעַלֶּה וְיִתְהַלָּל
שְׁמֵהּ דְּקֻדְשָׁא בְּרִיךְ הוּא (קהל: בְּרִיךְ הוּא)
לְעֵלָּא מִן כָּל בִּרְכָתָא / בעשרת ימי תשובה: לְעֵלָּא לְעֵלָּא מִכָּל בִּרְכָתָא/
וְשִׁירָתָא, תֻּשְׁבְּחָתָא וְנֶחֱמָתָא
דַּאֲמִירָן בְּעָלְמָא, וְאִמְרוּ אָמֵן. (קהל: אָמֵן)

תִּתְקַבַּל צְלוֹתְהוֹן וּבָעוּתְהוֹן דְּכָל יִשְׂרָאֵל
קֳדָם אֲבוּהוֹן דִּי בִשְׁמַיָּא, וְאִמְרוּ אָמֵן. (קהל: אָמֵן)

יְהֵא שְׁלָמָא רַבָּא מִן שְׁמַיָּא
וְחַיִּים, עָלֵינוּ וְעַל כָּל יִשְׂרָאֵל, וְאִמְרוּ אָמֵן. (קהל: אָמֵן)

כורע ופוסע שלוש פסיעות לאחור. קד לשמאל, לימין ולפנים באמירת:
עֹשֶׂה שָׁלוֹם/ בעשרת ימי תשובה: הַשָּׁלוֹם/ בִּמְרוֹמָיו
הוּא יַעֲשֶׂה שָׁלוֹם עָלֵינוּ וְעַל כָּל יִשְׂרָאֵל, וְאִמְרוּ אָמֵן. (קהל: אָמֵן)

ממוצאי יום טוב ראשון של פסח ועד ערב שבועות סופרים את העומר (עמ׳ 138).

ביום העצמאות ממשיכים ׳שְׁמַע יִשְׂרָאֵל׳ (עמ׳ 457). בתשעה באב קוראים כאן את מגילת איכה (עמ׳ 639), ובפורים את מגילת אסתר (עמ׳ 653; ברכות המגילה בעמ׳ 451).

עומדים ואומרים ׳עָלֵינוּ׳ כדי לחזק בלבנו את האמונה בקב״ה ובגאולה העתידה, ומשתחווים במקום המסומן ב׳.

עָלֵינוּ לְשַׁבֵּחַ לַאֲדוֹן הַכֹּל, לָתֵת גְּדֻלָּה לְיוֹצֵר בְּרֵאשִׁית
שֶׁלֹּא עָשָׂנוּ כְּגוֹיֵי הָאֲרָצוֹת, וְלֹא שָׂמָנוּ כְּמִשְׁפְּחוֹת הָאֲדָמָה
שֶׁלֹּא שָׂם חֶלְקֵנוּ כָּהֶם וְגוֹרָלֵנוּ כְּכָל הֲמוֹנָם.
שֶׁהֵם מִשְׁתַּחֲוִים לְהֶבֶל וָרִיק וּמִתְפַּלְלִים אֶל אֵל לֹא יוֹשִׁיעַ.
׳וַאֲנַחְנוּ כּוֹרְעִים וּמִשְׁתַּחֲוִים וּמוֹדִים
לִפְנֵי מֶלֶךְ מַלְכֵי הַמְּלָכִים, הַקָּדוֹשׁ בָּרוּךְ הוּא
שֶׁהוּא נוֹטֶה שָׁמַיִם וְיוֹסֵד אָרֶץ
וּמוֹשַׁב יְקָרוֹ בַּשָּׁמַיִם מִמַּעַל
וּשְׁכִינַת עֻזּוֹ בְּגָבְהֵי מְרוֹמִים.
הוּא אֱלֹהֵינוּ, אֵין עוֹד.
אֱמֶת מַלְכֵּנוּ, אֶפֶס זוּלָתוֹ
כַּכָּתוּב בְּתוֹרָתוֹ
וְיָדַעְתָּ הַיּוֹם וַהֲשֵׁבֹתָ אֶל־לְבָבֶךָ דברים ד
כִּי יהוה הוּא הָאֱלֹהִים בַּשָּׁמַיִם מִמַּעַל וְעַל־הָאָרֶץ מִתָּחַת, אֵין עוֹד:

עַל כֵּן נְקַוֶּה לְּךָ יהוה אֱלֹהֵינוּ, לִרְאוֹת מְהֵרָה בְּתִפְאֶרֶת עֻזֶּךָ
לְהַעֲבִיר גִּלּוּלִים מִן הָאָרֶץ, וְהָאֱלִילִים כָּרוֹת יִכָּרֵתוּן
לְתַקֵּן עוֹלָם בְּמַלְכוּת שַׁדַּי.
וְכָל בְּנֵי בָשָׂר יִקְרְאוּ בִשְׁמֶךָ לְהַפְנוֹת אֵלֶיךָ כָּל רִשְׁעֵי אָרֶץ.
יַכִּירוּ וְיֵדְעוּ כָּל יוֹשְׁבֵי תֵבֵל
כִּי לְךָ תִּכְרַע כָּל בֶּרֶךְ, תִּשָּׁבַע כָּל לָשׁוֹן.
לְפָנֶיךָ יהוה אֱלֹהֵינוּ יִכְרְעוּ וְיִפֹּלוּ, וְלִכְבוֹד שִׁמְךָ יְקָר יִתֵּנוּ
וִיקַבְּלוּ כֻלָּם אֶת עֹל מַלְכוּתֶךָ
וְתִמְלֹךְ עֲלֵיהֶם מְהֵרָה לְעוֹלָם וָעֶד.

כִּי הַמַּלְכוּת שֶׁלְּךָ הִיא וּלְעוֹלְמֵי עַד תִּמְלֹךְ בְּכָבוֹד
כַּכָּתוּב בְּתוֹרָתֶךָ, יהוה יִמְלֹךְ לְעֹלָם וָעֶד: שמות טו
וְנֶאֱמַר, וְהָיָה יהוה לְמֶלֶךְ עַל־כָּל־הָאָרֶץ ◄ זכריה יד
בַּיּוֹם הַהוּא יִהְיֶה יהוה אֶחָד וּשְׁמוֹ אֶחָד:

יש מוסיפים:
אַל־תִּירָא מִפַּחַד פִּתְאֹם וּמִשֹּׁאַת רְשָׁעִים כִּי תָבֹא: משלי ג
עֻצוּ עֵצָה וְתֻפָר, דַּבְּרוּ דָבָר וְלֹא יָקוּם, כִּי עִמָּנוּ אֵל: ישעיה ח
וְעַד־זִקְנָה אֲנִי הוּא, וְעַד־שֵׂיבָה אֲנִי אֶסְבֹּל ישעיה מו
אֲנִי עָשִׂיתִי וַאֲנִי אֶשָּׂא וַאֲנִי אֶסְבֹּל וַאֲמַלֵּט:

קדיש יתום

אבל: יִתְגַּדַּל וְיִתְקַדַּשׁ שְׁמֵהּ רַבָּא (קהל: אָמֵן)
בְּעָלְמָא דִּי בְרָא כִרְעוּתֵהּ
וְיַמְלִיךְ מַלְכוּתֵהּ
בְּחַיֵּיכוֹן וּבְיוֹמֵיכוֹן וּבְחַיֵּי דְכָל בֵּית יִשְׂרָאֵל
בַּעֲגָלָא וּבִזְמַן קָרִיב, וְאִמְרוּ אָמֵן. (קהל: אָמֵן)

קהל ואבל: יְהֵא שְׁמֵהּ רַבָּא מְבָרַךְ לְעָלַם וּלְעָלְמֵי עָלְמַיָּא.

אבל: יִתְבָּרַךְ וְיִשְׁתַּבַּח וְיִתְפָּאַר וְיִתְרוֹמַם וְיִתְנַשֵּׂא
וְיִתְהַדָּר וְיִתְעַלֶּה וְיִתְהַלָּל
שְׁמֵהּ דְּקֻדְשָׁא בְּרִיךְ הוּא (קהל: בְּרִיךְ הוּא)
לְעֵלָּא מִן כָּל בִּרְכָתָא
/בעשרת ימי תשובה: לְעֵלָּא לְעֵלָּא מִכָּל בִּרְכָתָא/
וְשִׁירָתָא, תֻּשְׁבְּחָתָא וְנֶחֱמָתָא
דַּאֲמִירָן בְּעָלְמָא, וְאִמְרוּ אָמֵן. (קהל: אָמֵן)

יְהֵא שְׁלָמָא רַבָּא מִן שְׁמַיָּא
וְחַיִּים, עָלֵינוּ וְעַל כָּל יִשְׂרָאֵל, וְאִמְרוּ אָמֵן. (קהל: אָמֵן)

כורע ופוסע שלוש פסיעות לאחור. קד לשמאל, לימין ולפנים באמירת:

עֹשֶׂה שָׁלוֹם/ בעשרת ימי תשובה: **הַשָּׁלוֹם/ בִּמְרוֹמָיו**
הוּא יַעֲשֶׂה שָׁלוֹם עָלֵינוּ וְעַל כָּל יִשְׂרָאֵל, וְאִמְרוּ אָמֵן. (קהל: אָמֵן)

אם יש אדם בקהל שלא שמע ׳בָּרְכוּ׳ לפני התפילה, האומר קדיש מוסיף (ריב״ש):

בָּרְכוּ אֶת יהוה הַמְבֹרָךְ.

והקהל עונה:

בָּרוּךְ יהוה הַמְבֹרָךְ לְעוֹלָם וָעֶד.

בבית האבל אומרים כאן ׳לַמְנַצֵּחַ לִבְנֵי־קֹרַח׳ (עמ׳ 542), וביום שאין אומרים בו תחנון, ׳מִכְתָּם לְדָוִד׳ (עמ׳ 542). בחודש אלול אומרים ׳לַמְנַצֵּחַ לִבְנֵי־קֹרַח׳ לאחר ׳לְדָוִד ה׳ אוֹרִי וְיִשְׁעִי׳.

ברוב הקהילות נוהגים להוסיף את המזמור ׳לְדָוִד ה׳ אוֹרִי וְיִשְׁעִי׳ מר״ח אלול ועד הושענא רבה.

לְדָוִד, יהוה אוֹרִי וְיִשְׁעִי, מִמִּי אִירָא, יהוה מָעוֹז־חַיַּי, מִמִּי אֶפְחָד: בִּקְרֹב תהלים כז
עָלַי מְרֵעִים לֶאֱכֹל אֶת־בְּשָׂרִי, צָרַי וְאֹיְבַי לִי, הֵמָּה כָשְׁלוּ וְנָפָלוּ: אִם־
תַּחֲנֶה עָלַי מַחֲנֶה, לֹא־יִירָא לִבִּי, אִם־תָּקוּם עָלַי מִלְחָמָה, בְּזֹאת אֲנִי
בוֹטֵחַ: אַחַת שָׁאַלְתִּי מֵאֵת־יהוה, אוֹתָהּ אֲבַקֵּשׁ, שִׁבְתִּי בְּבֵית־יהוה
כָּל־יְמֵי חַיַּי, לַחֲזוֹת בְּנֹעַם־יהוה, וּלְבַקֵּר בְּהֵיכָלוֹ: כִּי יִצְפְּנֵנִי בְּסֻכֹּה בְּיוֹם
רָעָה, יַסְתִּרֵנִי בְּסֵתֶר אָהֳלוֹ, בְּצוּר יְרוֹמְמֵנִי: וְעַתָּה יָרוּם רֹאשִׁי עַל אֹיְבַי
סְבִיבוֹתַי, וְאֶזְבְּחָה בְאָהֳלוֹ זִבְחֵי תְרוּעָה, אָשִׁירָה וַאֲזַמְּרָה לַיהוה: שְׁמַע־
יהוה קוֹלִי אֶקְרָא, וְחָנֵּנִי וַעֲנֵנִי: לְךָ אָמַר לִבִּי בַּקְּשׁוּ פָנָי, אֶת־פָּנֶיךָ יהוה
אֲבַקֵּשׁ: אַל־תַּסְתֵּר פָּנֶיךָ מִמֶּנִּי, אַל תַּט־בְּאַף עַבְדֶּךָ, עֶזְרָתִי הָיִיתָ, אַל־
תִּטְּשֵׁנִי וְאַל־תַּעַזְבֵנִי, אֱלֹהֵי יִשְׁעִי: כִּי־אָבִי וְאִמִּי עֲזָבוּנִי, וַיהוה יַאַסְפֵנִי:
הוֹרֵנִי יהוה דַּרְכֶּךָ, וּנְחֵנִי בְּאֹרַח מִישׁוֹר, לְמַעַן שׁוֹרְרָי: אַל־תִּתְּנֵנִי בְּנֶפֶשׁ
צָרָי, כִּי קָמוּ־בִי עֵדֵי־שֶׁקֶר, וִיפֵחַ חָמָס: ▸ לוּלֵא הֶאֱמַנְתִּי לִרְאוֹת בְּטוּב־
יהוה בְּאֶרֶץ חַיִּים: קַוֵּה אֶל־יהוה, חֲזַק וְיַאֲמֵץ לִבֶּךָ, וְקַוֵּה אֶל־יהוה:

קדיש יתום (בעמוד הקודם)

סדר ספירת העומר

ממוצאי יום טוב ראשון של פסח ועד ערב שבועות סופרים את העומר. ראה הלכה 194–199.

לפני ספירת העומר יש אומרים (יסוד ושורש העבודה):

לְשֵׁם יִחוּד קֻדְשָׁא בְּרִיךְ הוּא וּשְׁכִינְתֵּהּ בִּדְחִילוּ וּרְחִימוּ
לְיַחֵד שֵׁם י״ה בו״ה בְּיִחוּדָא שְׁלִים בְּשֵׁם כָּל יִשְׂרָאֵל.

הִנְנִי מוּכָן וּמְזֻמָּן לְקַיֵּם מִצְוַת עֲשֵׂה שֶׁל סְפִירַת הָעְמֶר. כְּמוֹ שֶׁכָּתוּב בַּתּוֹרָה,
וּסְפַרְתֶּם לָכֶם מִמָּחֳרַת הַשַּׁבָּת, מִיּוֹם הֲבִיאֲכֶם אֶת־עְמֶר הַתְּנוּפָה, שֶׁבַע ויקרא כג
שַׁבָּתוֹת תְּמִימֹת תִּהְיֶינָה: עַד מִמָּחֳרַת הַשַּׁבָּת הַשְּׁבִיעִת תִּסְפְּרוּ חֲמִשִּׁים
יוֹם, וְהִקְרַבְתֶּם מִנְחָה חֲדָשָׁה לַיהוה: וִיהִי נְעַם אֲדֹנָי אֱלֹהֵינוּ עָלֵינוּ, וּמַעֲשֵׂה תהלים צ
יָדֵינוּ כּוֹנְנָה עָלֵינוּ, וּמַעֲשֵׂה יָדֵינוּ כּוֹנְנֵהוּ:

בָּרוּךְ אַתָּה יהוה אֱלֹהֵינוּ מֶלֶךְ הָעוֹלָם
אֲשֶׁר קִדְּשָׁנוּ בְּמִצְוֹתָיו, וְצִוָּנוּ עַל סְפִירַת הָעְמֶר.

טו בניסן
1. הַיּוֹם יוֹם אֶחָד בָּעְמֶר.
חסד שבחסד

יז בניסן
2. הַיּוֹם שְׁנֵי יָמִים בָּעְמֶר.
גבורה שבחסד

יח בניסן
3. הַיּוֹם שְׁלשָׁה יָמִים בָּעְמֶר.
תפארת שבחסד

יט בניסן
4. הַיּוֹם אַרְבָּעָה יָמִים בָּעְמֶר.
נצח שבחסד

כ בניסן
5. הַיּוֹם חֲמִשָּׁה יָמִים בָּעְמֶר.
הוד שבחסד

כא בניסן
6. הַיּוֹם שִׁשָּׁה יָמִים בָּעְמֶר.
יסוד שבחסד

כב בניסן
7. הַיּוֹם שִׁבְעָה יָמִים
שֶׁהֵם שָׁבוּעַ אֶחָד בָּעְמֶר.
מלכות שבחסד

כג בניסן
8. הַיּוֹם שְׁמוֹנָה יָמִים
שֶׁהֵם שָׁבוּעַ אֶחָד וְיוֹם אֶחָד
בָּעְמֶר.
חסד שבגבורה

כד בניסן
9. הַיּוֹם תִּשְׁעָה יָמִים
שֶׁהֵם שָׁבוּעַ אֶחָד וּשְׁנֵי יָמִים
בָּעְמֶר.
גבורה שבגבורה

כה בניסן

10. הַיּוֹם עֲשָׂרָה יָמִים
שֶׁהֵם שָׁבוּעַ אֶחָד וּשְׁלֹשָׁה
יָמִים בָּעֹמֶר. תפארת שבגבורה

כו בניסן

11. הַיּוֹם אַחַד עָשָׂר יוֹם
שֶׁהֵם שָׁבוּעַ אֶחָד וְאַרְבָּעָה
יָמִים בָּעֹמֶר. נצח שבגבורה

כז בניסן

12. הַיּוֹם שְׁנֵים עָשָׂר יוֹם
שֶׁהֵם שָׁבוּעַ אֶחָד וַחֲמִשָּׁה
יָמִים בָּעֹמֶר. הוד שבגבורה

כח בניסן

13. הַיּוֹם שְׁלֹשָׁה עָשָׂר יוֹם
שֶׁהֵם שָׁבוּעַ אֶחָד וְשִׁשָּׁה יָמִים
בָּעֹמֶר. יסוד שבגבורה

כט בניסן

14. הַיּוֹם אַרְבָּעָה עָשָׂר יוֹם
שֶׁהֵם שְׁנֵי שָׁבוּעוֹת
בָּעֹמֶר. מלכות שבגבורה

ל בניסן, א׳ דראש חודש

15. הַיּוֹם חֲמִשָּׁה עָשָׂר יוֹם
שֶׁהֵם שְׁנֵי שָׁבוּעוֹת וְיוֹם אֶחָד
בָּעֹמֶר. חסד שבתפארת

א באייר, ב׳ דראש חודש

16. הַיּוֹם שִׁשָּׁה עָשָׂר יוֹם
שֶׁהֵם שְׁנֵי שָׁבוּעוֹת וּשְׁנֵי יָמִים
בָּעֹמֶר. גבורה שבתפארת

ב באייר

17. הַיּוֹם שִׁבְעָה עָשָׂר יוֹם
שֶׁהֵם שְׁנֵי שָׁבוּעוֹת וּשְׁלֹשָׁה
יָמִים בָּעֹמֶר. תפארת שבתפארת

ג באייר

18. הַיּוֹם שְׁמוֹנָה עָשָׂר יוֹם
שֶׁהֵם שְׁנֵי שָׁבוּעוֹת וְאַרְבָּעָה
יָמִים בָּעֹמֶר. נצח שבתפארת

ד באייר

19. הַיּוֹם תִּשְׁעָה עָשָׂר יוֹם
שֶׁהֵם שְׁנֵי שָׁבוּעוֹת וַחֲמִשָּׁה
יָמִים בָּעֹמֶר. הוד שבתפארת

ה באייר, יום העצמאות

20. הַיּוֹם עֶשְׂרִים יוֹם
שֶׁהֵם שְׁנֵי שָׁבוּעוֹת וְשִׁשָּׁה
יָמִים בָּעֹמֶר. יסוד שבתפארת

ו באייר

21. הַיּוֹם אֶחָד וְעֶשְׂרִים יוֹם
שֶׁהֵם שְׁלֹשָׁה שָׁבוּעוֹת בָּעֹמֶר.
מלכות שבתפארת

ז באייר

22. הַיּוֹם שְׁנַיִם וְעֶשְׂרִים יוֹם
שֶׁהֵם שְׁלֹשָׁה שָׁבוּעוֹת
וְיוֹם אֶחָד בָּעֹמֶר. חסד שבנצח

ח באייר

23. הַיּוֹם שְׁלֹשָׁה וְעֶשְׂרִים יוֹם
שֶׁהֵם שְׁלֹשָׁה שָׁבוּעוֹת
וּשְׁנֵי יָמִים בָּעֹמֶר. גבורה שבנצח

ט באייר

24. הַיּוֹם אַרְבָּעָה וְעֶשְׂרִים יוֹם
שֶׁהֵם שְׁלֹשָׁה שָׁבוּעוֹת וּשְׁלֹשָׁה
יָמִים בָּעֹמֶר. תפארת שבנצח

י באייר

25. הַיּוֹם חֲמִשָּׁה וְעֶשְׂרִים יוֹם
שֶׁהֵם שְׁלֹשָׁה שָׁבוּעוֹת
וְאַרְבָּעָה יָמִים בָּעֹמֶר. נצח שבנצח

יא באייר

26. הַיּוֹם שִׁשָּׁה וְעֶשְׂרִים יוֹם
שֶׁהֵם שְׁלֹשָׁה שָׁבוּעוֹת
וַחֲמִשָּׁה יָמִים בָּעֹמֶר. הוד שבנצח

יב באייר

27. הַיּוֹם שִׁבְעָה וְעֶשְׂרִים יוֹם
שֶׁהֵם שְׁלֹשָׁה שָׁבוּעוֹת
וְשִׁשָּׁה יָמִים בָּעֹמֶר. יסוד שבנצח

יג באייר

28. הַיּוֹם שְׁמוֹנָה וְעֶשְׂרִים יוֹם
שֶׁהֵם אַרְבָּעָה שָׁבוּעוֹת
בָּעֹמֶר. מלכות שבנצח

יד באייר, פסח שני

29. הַיּוֹם תִּשְׁעָה וְעֶשְׂרִים יוֹם
שֶׁהֵם אַרְבָּעָה שָׁבוּעוֹת
וְיוֹם אֶחָד בָּעֹמֶר. חסד שבהוד

טו באייר

30. הַיּוֹם שְׁלֹשִׁים יוֹם
שֶׁהֵם אַרְבָּעָה שָׁבוּעוֹת
וּשְׁנֵי יָמִים בָּעֹמֶר. גבורה שבהוד

טז באייר

31. הַיּוֹם אֶחָד וּשְׁלֹשִׁים יוֹם
שֶׁהֵם אַרְבָּעָה שָׁבוּעוֹת
וּשְׁלֹשָׁה יָמִים בָּעֹמֶר.
תפארת שבהוד

יז באייר

32. הַיּוֹם שְׁנַיִם וּשְׁלֹשִׁים יוֹם
שֶׁהֵם אַרְבָּעָה שָׁבוּעוֹת
וְאַרְבָּעָה יָמִים בָּעֹמֶר. נצח שבהוד

יח באייר, לג בעומר

33. הַיּוֹם שְׁלֹשָׁה וּשְׁלֹשִׁים יוֹם
שֶׁהֵם אַרְבָּעָה שָׁבוּעוֹת וַחֲמִשָּׁה
יָמִים בָּעֹמֶר. הוד שבהוד

יט באייר

34. הַיּוֹם אַרְבָּעָה וּשְׁלֹשִׁים יוֹם
שֶׁהֵם אַרְבָּעָה שָׁבוּעוֹת
וְשִׁשָּׁה יָמִים בָּעֹמֶר. יסוד שבהוד

כ באייר

35. הַיּוֹם חֲמִשָּׁה וּשְׁלֹשִׁים יוֹם
שֶׁהֵם חֲמִשָּׁה שָׁבוּעוֹת
בָּעֹמֶר. מלכות שבהוד

כא באייר

36. הַיּוֹם שִׁשָּׁה וּשְׁלֹשִׁים יוֹם
שֶׁהֵם חֲמִשָּׁה שָׁבוּעוֹת
וְיוֹם אֶחָד בָּעֹמֶר. חסד שביסוד

כב באייר

37. הַיּוֹם שִׁבְעָה וּשְׁלֹשִׁים יוֹם
שֶׁהֵם חֲמִשָּׁה שָׁבוּעוֹת
וּשְׁנֵי יָמִים בָּעֹמֶר. גבורה שביסוד

כג באייר

38. הַיּוֹם שְׁמוֹנָה וּשְׁלשִׁים יוֹם
שֶׁהֵם חֲמִשָּׁה שָׁבוּעוֹת
וּשְׁלשָׁה יָמִים בָּעֹמֶר.

תפארת שביסוד

כד באייר

39. הַיּוֹם תִּשְׁעָה וּשְׁלשִׁים יוֹם
שֶׁהֵם חֲמִשָּׁה שָׁבוּעוֹת
וְאַרְבָּעָה יָמִים בָּעֹמֶר.

נצח שביסוד

כה באייר

40. הַיּוֹם אַרְבָּעִים יוֹם
שֶׁהֵם חֲמִשָּׁה שָׁבוּעוֹת
וַחֲמִשָּׁה יָמִים בָּעֹמֶר. הוד שביסוד

כו באייר

41. הַיּוֹם אֶחָד וְאַרְבָּעִים יוֹם
שֶׁהֵם חֲמִשָּׁה שָׁבוּעוֹת
וְשִׁשָּׁה יָמִים בָּעֹמֶר. יסוד שביסוד

כז באייר

42. הַיּוֹם שְׁנַיִם וְאַרְבָּעִים יוֹם
שֶׁהֵם שִׁשָּׁה שָׁבוּעוֹת
בָּעֹמֶר. מלכות שביסוד

כח באייר, יום ירושלים

43. הַיּוֹם שְׁלשָׁה וְאַרְבָּעִים יוֹם
שֶׁהֵם שִׁשָּׁה שָׁבוּעוֹת
וְיוֹם אֶחָד בָּעֹמֶר. חסד שבמלכות

כט באייר

44. הַיּוֹם אַרְבָּעָה וְאַרְבָּעִים יוֹם
שֶׁהֵם שִׁשָּׁה שָׁבוּעוֹת
וּשְׁנֵי יָמִים בָּעֹמֶר.

גבורה שבמלכות

א בסיון, ראש חודש

45. הַיּוֹם חֲמִשָּׁה וְאַרְבָּעִים יוֹם
שֶׁהֵם שִׁשָּׁה שָׁבוּעוֹת וּשְׁלשָׁה
יָמִים בָּעֹמֶר. תפארת שבמלכות

ב בסיון

46. הַיּוֹם שִׁשָּׁה וְאַרְבָּעִים יוֹם
שֶׁהֵם שִׁשָּׁה שָׁבוּעוֹת וְאַרְבָּעָה
יָמִים בָּעֹמֶר. נצח שבמלכות

ג בסיון

47. הַיּוֹם שִׁבְעָה וְאַרְבָּעִים יוֹם
שֶׁהֵם שִׁשָּׁה שָׁבוּעוֹת וַחֲמִשָּׁה
יָמִים בָּעֹמֶר. הוד שבמלכות

ד בסיון

48. הַיּוֹם שְׁמוֹנָה וְאַרְבָּעִים יוֹם
שֶׁהֵם שִׁשָּׁה שָׁבוּעוֹת וְשִׁשָּׁה
יָמִים בָּעֹמֶר. יסוד שבמלכות

ה בסיון, ערב שבועות

49. הַיּוֹם תִּשְׁעָה וְאַרְבָּעִים יוֹם
שֶׁהֵם שִׁבְעָה שָׁבוּעוֹת בָּעֹמֶר.

מלכות שבמלכות

הָרַחֲמָן הוּא יַחֲזִיר לָנוּ עֲבוֹדַת בֵּית הַמִּקְדָּשׁ לִמְקוֹמָהּ
בִּמְהֵרָה בְיָמֵינוּ, אָמֵן סֶלָה.

יש מוסיפים (על פי סידור בעל ה'תניא'):

תהלים סז לַמְנַצֵּחַ בִּנְגִינֹת, מִזְמוֹר שִׁיר: אֱלֹהִים יְחָנֵּנוּ וִיבָרְכֵנוּ, יָאֵר פָּנָיו אִתָּנוּ סֶלָה: לָדַעַת בָּאָרֶץ דַּרְכֶּךָ, בְּכָל־גּוֹיִם יְשׁוּעָתֶךָ: יוֹדוּךָ עַמִּים אֱלֹהִים, יוֹדוּךָ עַמִּים כֻּלָּם: יִשְׂמְחוּ וִירַנְּנוּ לְאֻמִּים, כִּי־תִשְׁפֹּט עַמִּים מִישֹׁר, וּלְאֻמִּים בָּאָרֶץ תַּנְחֵם סֶלָה: יוֹדוּךָ עַמִּים אֱלֹהִים, יוֹדוּךָ עַמִּים כֻּלָּם: אֶרֶץ נָתְנָה יְבוּלָהּ, יְבָרְכֵנוּ אֱלֹהִים אֱלֹהֵינוּ: יְבָרְכֵנוּ אֱלֹהִים, וְיִירְאוּ אוֹתוֹ כָּל־אַפְסֵי־אָרֶץ:

אָנָּא, בְּכֹחַ גְּדֻלַּת יְמִינְךָ, תַּתִּיר צְרוּרָה. קַבֵּל רִנַּת עַמְּךָ, שַׂגְּבֵנוּ, טַהֲרֵנוּ, נוֹרָא. נָא גִבּוֹר, דּוֹרְשֵׁי יִחוּדְךָ כְּבָבַת שָׁמְרֵם. בָּרְכֵם, טַהֲרֵם, רַחֲמֵם, צִדְקָתְךָ תָּמִיד גָּמְלֵם. חֲסִין קָדוֹשׁ, בְּרֹב טוּבְךָ נַהֵל עֲדָתֶךָ. יָחִיד גֵּאֶה, לְעַמְּךָ פְּנֵה, זוֹכְרֵי קְדֻשָּׁתֶךָ. שַׁוְעָתֵנוּ קַבֵּל וּשְׁמַע צַעֲקָתֵנוּ, יוֹדֵעַ תַּעֲלוּמוֹת. בָּרוּךְ שֵׁם כְּבוֹד מַלְכוּתוֹ לְעוֹלָם וָעֶד.

רִבּוֹנוֹ שֶׁל עוֹלָם, אַתָּה צִוִּיתָנוּ עַל יְדֵי מֹשֶׁה עַבְדְּךָ לִסְפֹּר סְפִירַת הָעֹמֶר, כְּדֵי
ויקרא כג לְטַהֲרֵנוּ מִקְּלִפּוֹתֵינוּ וּמִטֻּמְאוֹתֵינוּ. כְּמוֹ שֶׁכָּתַבְתָּ בְּתוֹרָתֶךָ: וּסְפַרְתֶּם לָכֶם מִמָּחֳרַת הַשַּׁבָּת, מִיּוֹם הֲבִיאֲכֶם אֶת־עֹמֶר הַתְּנוּפָה, שֶׁבַע שַׁבָּתוֹת תְּמִימֹת תִּהְיֶינָה: עַד מִמָּחֳרַת הַשַּׁבָּת הַשְּׁבִיעִת תִּסְפְּרוּ חֲמִשִּׁים יוֹם: כְּדֵי שֶׁיִּטָּהֲרוּ נַפְשׁוֹת עַמְּךָ יִשְׂרָאֵל מִזֻּהֲמָתָם. וּבְכֵן יְהִי רָצוֹן מִלְּפָנֶיךָ יהוה אֱלֹהֵינוּ וֵאלֹהֵי אֲבוֹתֵינוּ, שֶׁבִּזְכוּת סְפִירַת הָעֹמֶר שֶׁסָּפַרְתִּי הַיּוֹם, יְתֻקַּן מַה שֶּׁפָּגַמְתִּי בִּסְפִירָה (פלונית השייכת לאותו היום) וְאֶטָּהֵר וְאֶתְקַדֵּשׁ בִּקְדֻשָּׁה שֶׁל מַעְלָה, וְעַל יְדֵי זֶה יֻשְׁפַּע שֶׁפַע רַב בְּכָל הָעוֹלָמוֹת, לְתַקֵּן אֶת נַפְשׁוֹתֵינוּ וְרוּחוֹתֵינוּ וְנִשְׁמוֹתֵינוּ מִכָּל סִיג וּפְגַם, וּלְטַהֲרֵנוּ וּלְקַדְּשֵׁנוּ בִּקְדֻשָּׁתְךָ הָעֶלְיוֹנָה, אָמֵן סֶלָה.

עומדים ואומרים 'עָלֵינוּ' כדי לחזק בלבנו את האמונה בקב"ה
ובגאולה העתידה, ומשתחווים במקום המסומן ב°.

עָלֵינוּ לְשַׁבֵּחַ לַאֲדוֹן הַכֹּל, לָתֵת גְּדֻלָּה לְיוֹצֵר בְּרֵאשִׁית
שֶׁלֹּא עָשָׂנוּ כְּגוֹיֵי הָאֲרָצוֹת, וְלֹא שָׂמָנוּ כְּמִשְׁפְּחוֹת הָאֲדָמָה
שֶׁלֹּא שָׂם חֶלְקֵנוּ כָּהֶם וְגוֹרָלֵנוּ כְּכָל הֲמוֹנָם.
שֶׁהֵם מִשְׁתַּחֲוִים לְהֶבֶל וָרִיק וּמִתְפַּלְלִים אֶל אֵל לֹא יוֹשִׁיעַ.
°וַאֲנַחְנוּ כּוֹרְעִים וּמִשְׁתַּחֲוִים וּמוֹדִים
לִפְנֵי מֶלֶךְ מַלְכֵי הַמְּלָכִים, הַקָּדוֹשׁ בָּרוּךְ הוּא

שֶׁהוּא נוֹטֶה שָׁמַיִם וְיוֹסֵד אָרֶץ
וּמוֹשַׁב יְקָרוֹ בַּשָּׁמַיִם מִמַּעַל
וּשְׁכִינַת עֻזּוֹ בְּגָבְהֵי מְרוֹמִים.
הוּא אֱלֹהֵינוּ, אֵין עוֹד.
אֱמֶת מַלְכֵּנוּ, אֶפֶס זוּלָתוֹ
כַּכָּתוּב בְּתוֹרָתוֹ
וְיָדַעְתָּ הַיּוֹם וַהֲשֵׁבֹתָ אֶל־לְבָבֶךָ דברים ד
כִּי יהוה הוּא הָאֱלֹהִים בַּשָּׁמַיִם מִמַּעַל וְעַל־הָאָרֶץ מִתָּחַת, אֵין עוֹד:

עַל כֵּן נְקַוֶּה לְךָ יהוה אֱלֹהֵינוּ, לִרְאוֹת מְהֵרָה בְּתִפְאֶרֶת עֻזֶּךָ
לְהַעֲבִיר גִּלּוּלִים מִן הָאָרֶץ, וְהָאֱלִילִים כָּרוֹת יִכָּרֵתוּן
לְתַקֵּן עוֹלָם בְּמַלְכוּת שַׁדַּי.
וְכָל בְּנֵי בָשָׂר יִקְרְאוּ בִשְׁמֶךָ לְהַפְנוֹת אֵלֶיךָ כָּל רִשְׁעֵי אָרֶץ.
יַכִּירוּ וְיֵדְעוּ כָּל יוֹשְׁבֵי תֵבֵל
כִּי לְךָ תִּכְרַע כָּל בֶּרֶךְ, תִּשָּׁבַע כָּל לָשׁוֹן.
לְפָנֶיךָ יהוה אֱלֹהֵינוּ יִכְרְעוּ וְיִפֹּלוּ, וְלִכְבוֹד שִׁמְךָ יְקָר יִתֵּנוּ
וִיקַבְּלוּ כֻלָּם אֶת עֹל מַלְכוּתֶךָ
וְתִמְלֹךְ עֲלֵיהֶם מְהֵרָה לְעוֹלָם וָעֶד.
כִּי הַמַּלְכוּת שֶׁלְּךָ הִיא וּלְעוֹלְמֵי עַד תִּמְלֹךְ בְּכָבוֹד
כַּכָּתוּב בְּתוֹרָתֶךָ, יהוה יִמְלֹךְ לְעֹלָם וָעֶד: שמות טו
◄ וְנֶאֱמַר, וְהָיָה יהוה לְמֶלֶךְ עַל־כָּל־הָאָרֶץ זכריה יד
בַּיּוֹם הַהוּא יִהְיֶה יהוה אֶחָד וּשְׁמוֹ אֶחָד:

יש מוסיפים:
אַל־תִּירָא מִפַּחַד פִּתְאֹם וּמִשֹּׁאַת רְשָׁעִים כִּי תָבֹא: משלי ג
עֻצוּ עֵצָה וְתֻפָר, דַּבְּרוּ דָבָר וְלֹא יָקוּם, כִּי עִמָּנוּ אֵל: ישעיה ח
וְעַד־זִקְנָה אֲנִי הוּא, וְעַד־שֵׂיבָה אֲנִי אֶסְבֹּל ישעיה מו
אֲנִי עָשִׂיתִי וַאֲנִי אֶשָּׂא וַאֲנִי אֶסְבֹּל וַאֲמַלֵּט:

קדיש יתום (עמ׳ 136)

קריאת שמע שעל המיטה

במגילה כח ע״א מובא שמר זוטרא, לפני שעלה על מיטתו, אמר שהוא סולח לכל מי שפגע בו באותו היום. מקורו של הנוסח שלנו בסידור השל״ה, על פי הרמ״ק.

הֲרֵינִי מוֹחֵל לְכָל מִי שֶׁהִכְעִיס וְהִקְנִיט אוֹתִי אוֹ שֶׁחָטָא כְּנֶגְדִּי, בֵּין בְּגוּפִי בֵּין בְּמָמוֹנִי בֵּין בִּכְבוֹדִי בֵּין בְּכָל אֲשֶׁר לִי, בֵּין בְּאֹנֶס בֵּין בְּרָצוֹן, בֵּין בְּשׁוֹגֵג בֵּין בְּמֵזִיד, בֵּין בְּדִבּוּר בֵּין בְּמַעֲשֶׂה, וְלֹא יֵעָנֵשׁ שׁוּם אָדָם בְּסִבָּתִי.

בברכות ס ע״ב מובא שיש לברך ברכה זו קודם השינה לאחר קריאת שמע, ובירושלמי ברכות פ״א ה״א מובא שאומרים את הברכה קודם קריאת שמע, וכן פסק הרמב״ם (תפילה פ״ז ה״א וה״ב).

בָּרוּךְ אַתָּה יהוה אֱלֹהֵינוּ מֶלֶךְ הָעוֹלָם, הַמַּפִּיל חֶבְלֵי שֵׁנָה עַל עֵינַי וּתְנוּמָה עַל עַפְעַפָּי. וִיהִי רָצוֹן מִלְּפָנֶיךָ, יהוה אֱלֹהַי וֵאלֹהֵי אֲבוֹתַי, שֶׁתַּשְׁכִּיבֵנִי לְשָׁלוֹם וְתַעֲמִידֵנִי לְשָׁלוֹם, וְאַל יְבַהֲלוּנִי רַעְיוֹנַי וַחֲלוֹמוֹת רָעִים וְהִרְהוּרִים רָעִים, וּתְהֵא מִטָּתִי שְׁלֵמָה לְפָנֶיךָ, וְהָאֵר עֵינַי פֶּן אִישַׁן הַמָּוֶת, כִּי אַתָּה הַמֵּאִיר לְאִישׁוֹן בַּת עָיִן. בָּרוּךְ אַתָּה יהוה, הַמֵּאִיר לָעוֹלָם כֻּלּוֹ בִּכְבוֹדוֹ.

יש נוהגים לומר את כל שלוש הפרשיות (עמ׳ 120),
ומקדימים באמירת ׳אֵל מֶלֶךְ נֶאֱמָן׳ (ראה הלכה 201).

אֵל מֶלֶךְ נֶאֱמָן

מכסה את עיניו בידו ואומר בכוונה:

שְׁמַע יִשְׂרָאֵל, יהוה אֱלֹהֵינוּ, יהוה ׀ אֶחָד׃ דברים ו

בלחש: בָּרוּךְ שֵׁם כְּבוֹד מַלְכוּתוֹ לְעוֹלָם וָעֶד.

וְאָהַבְתָּ אֵת יהוה אֱלֹהֶיךָ, בְּכָל־לְבָבְךָ וּבְכָל־נַפְשְׁךָ וּבְכָל־ דברים ו
מְאֹדֶךָ׃ וְהָיוּ הַדְּבָרִים הָאֵלֶּה, אֲשֶׁר אָנֹכִי מְצַוְּךָ הַיּוֹם, עַל־לְבָבֶךָ׃
וְשִׁנַּנְתָּם לְבָנֶיךָ וְדִבַּרְתָּ בָּם, בְּשִׁבְתְּךָ בְּבֵיתֶךָ וּבְלֶכְתְּךָ בַדֶּרֶךְ,
וּבְשָׁכְבְּךָ וּבְקוּמֶךָ׃ וּקְשַׁרְתָּם לְאוֹת עַל־יָדֶךָ וְהָיוּ לְטֹטָפֹת בֵּין
עֵינֶיךָ׃ וּכְתַבְתָּם עַל־מְזֻזוֹת בֵּיתֶךָ וּבִשְׁעָרֶיךָ׃

בשבועות טו ע״ב מובא שר׳ יהושע בן לוי נהג לומר את מזמור צא ואת מזמור ג לפני שנתו.

וִיהִי נֹעַם אֲדֹנָי אֱלֹהֵינוּ עָלֵינוּ וּמַעֲשֵׂה יָדֵינוּ כּוֹנְנָה עָלֵינוּ וּמַעֲשֵׂה יָדֵינוּ תהלים צ
כּוֹנְנֵהוּ:

יֹשֵׁב בְּסֵתֶר עֶלְיוֹן, בְּצֵל שַׁדַּי יִתְלוֹנָן: אֹמַר לַיהוה מַחְסִי וּמְצוּדָתִי, תהלים צא
אֱלֹהַי אֶבְטַח־בּוֹ: כִּי הוּא יַצִּילְךָ מִפַּח יָקוּשׁ, מִדֶּבֶר הַוּוֹת: בְּאֶבְרָתוֹ
יָסֶךְ לָךְ, וְתַחַת־כְּנָפָיו תֶּחְסֶה, צִנָּה וְסֹחֵרָה אֲמִתּוֹ: לֹא־תִירָא מִפַּחַד
לָיְלָה, מֵחֵץ יָעוּף יוֹמָם: מִדֶּבֶר בָּאֹפֶל יַהֲלֹךְ, מִקֶּטֶב יָשׁוּד צָהֳרָיִם:
יִפֹּל מִצִּדְּךָ אֶלֶף, וּרְבָבָה מִימִינֶךָ, אֵלֶיךָ לֹא יִגָּשׁ: רַק בְּעֵינֶיךָ תַבִּיט,
וְשִׁלֻּמַת רְשָׁעִים תִּרְאֶה: כִּי־אַתָּה יהוה מַחְסִי, עֶלְיוֹן שַׂמְתָּ מְעוֹנֶךָ:
לֹא־תְאֻנֶּה אֵלֶיךָ רָעָה, וְנֶגַע לֹא־יִקְרַב בְּאָהֳלֶךָ: כִּי מַלְאָכָיו יְצַוֶּה־לָּךְ,
לִשְׁמָרְךָ בְּכָל־דְּרָכֶיךָ: עַל־כַּפַּיִם יִשָּׂאוּנְךָ, פֶּן־תִּגֹּף בָּאֶבֶן רַגְלֶךָ: עַל־
שַׁחַל וָפֶתֶן תִּדְרֹךְ, תִּרְמֹס כְּפִיר וְתַנִּין: כִּי בִי חָשַׁק וַאֲפַלְּטֵהוּ, אֲשַׂגְּבֵהוּ
כִּי־יָדַע שְׁמִי: יִקְרָאֵנִי וְאֶעֱנֵהוּ, עִמּוֹ־אָנֹכִי בְצָרָה, אֲחַלְּצֵהוּ וַאֲכַבְּדֵהוּ:
אֹרֶךְ יָמִים אַשְׂבִּיעֵהוּ, וְאַרְאֵהוּ בִּישׁוּעָתִי:
אֹרֶךְ יָמִים אַשְׂבִּיעֵהוּ, וְאַרְאֵהוּ בִּישׁוּעָתִי:

יהוה מָה־רַבּוּ צָרָי, רַבִּים קָמִים עָלָי: רַבִּים אֹמְרִים לְנַפְשִׁי, אֵין יְשׁוּעָתָה תהלים ג
לּוֹ בֵאלֹהִים, סֶלָה: וְאַתָּה יהוה מָגֵן בַּעֲדִי, כְּבוֹדִי וּמֵרִים רֹאשִׁי: קוֹלִי אֶל־
יהוה אֶקְרָא, וַיַּעֲנֵנִי מֵהַר קָדְשׁוֹ, סֶלָה: אֲנִי שָׁכַבְתִּי וָאִישָׁנָה, הֱקִיצוֹתִי
כִּי יהוה יִסְמְכֵנִי: לֹא־אִירָא מֵרִבְבוֹת עָם, אֲשֶׁר סָבִיב שָׁתוּ עָלָי: קוּמָה
יהוה, הוֹשִׁיעֵנִי אֱלֹהַי, כִּי־הִכִּיתָ אֶת־כָּל־אֹיְבַי לֶחִי, שִׁנֵּי רְשָׁעִים שִׁבַּרְתָּ:
לַיהוה הַיְשׁוּעָה, עַל־עַמְּךָ בִרְכָתֶךָ סֶּלָה:

הרא״ש נהג לומר ׳הַשְׁכִּיבֵנוּ׳ בלא ברכה (מובא בטור, רלט),
ובאבודרהם כתוב שיש לאומרו אחרי שני הפרקים מתהלים.

הַשְׁכִּיבֵנוּ, יהוה אֱלֹהֵינוּ, לְשָׁלוֹם. וְהַעֲמִידֵנוּ, מַלְכֵּנוּ, לְחַיִּים. וּפְרֹשׂ עָלֵינוּ
סֻכַּת שְׁלוֹמֶךָ, וְתַקְּנֵנוּ בְּעֵצָה טוֹבָה מִלְּפָנֶיךָ, וְהוֹשִׁיעֵנוּ לְמַעַן שְׁמֶךָ. וְהָגֵן
בַּעֲדֵנוּ, וְהָסֵר מֵעָלֵינוּ אוֹיֵב, דֶּבֶר וְחֶרֶב וְרָעָב וְיָגוֹן. וְהָסֵר שָׂטָן מִלְּפָנֵינוּ

וּמֵאַחֲרֵינוּ, וּבְצֵל כְּנָפֶיךָ תַּסְתִּירֵנוּ, כִּי אֵל שׁוֹמְרֵנוּ וּמַצִּילֵנוּ אָתָּה, כִּי אֵל מֶלֶךְ חַנּוּן וְרַחוּם אָתָּה. וּשְׁמוֹר צֵאתֵנוּ וּבוֹאֵנוּ לְחַיִּים וּלְשָׁלוֹם מֵעַתָּה וְעַד עוֹלָם.

בָּרוּךְ יהוה בַּיּוֹם, בָּרוּךְ יהוה בַּלָּיְלָה, בָּרוּךְ יהוה בְּשָׁכְבֵנוּ, בָּרוּךְ יהוה
איוב יב בְּקוּמֵנוּ. כִּי בְיָדְךָ נַפְשׁוֹת הַחַיִּים וְהַמֵּתִים. אֲשֶׁר בְּיָדוֹ נֶפֶשׁ כָּל־חָי, וְרוּחַ
תהלים לא כָּל־בְּשַׂר־אִישׁ: בְּיָדְךָ אַפְקִיד רוּחִי, פָּדִיתָה אוֹתִי יהוה אֵל אֱמֶת: אֱלֹהֵינוּ
שֶׁבַּשָּׁמַיִם, יַחֵד שִׁמְךָ וְקַיֵּם מַלְכוּתְךָ תָּמִיד, וּמְלֹךְ עָלֵינוּ לְעוֹלָם וָעֶד.

יִרְאוּ עֵינֵינוּ וְיִשְׂמַח לִבֵּנוּ, וְתָגֵל נַפְשֵׁנוּ בִּישׁוּעָתְךָ בֶּאֱמֶת, בֶּאֱמֹר לְצִיּוֹן מָלַךְ אֱלֹהָיִךְ. יהוה מֶלֶךְ, יהוה מָלָךְ, יהוה יִמְלֹךְ לְעוֹלָם וָעֶד. כִּי הַמַּלְכוּת שֶׁלְּךָ הִיא, וּלְעוֹלְמֵי עַד תִּמְלֹךְ בְּכָבוֹד, כִּי אֵין לָנוּ מֶלֶךְ אֶלָּא אָתָּה.

בראשית מח הַמַּלְאָךְ הַגֹּאֵל אֹתִי מִכָּל־רָע יְבָרֵךְ אֶת־הַנְּעָרִים, וְיִקָּרֵא בָהֶם שְׁמִי וְשֵׁם
אֲבֹתַי אַבְרָהָם וְיִצְחָק, וְיִדְגּוּ לָרֹב בְּקֶרֶב הָאָרֶץ:

שמות טו וַיֹּאמֶר אִם־שָׁמוֹעַ תִּשְׁמַע לְקוֹל יהוה אֱלֹהֶיךָ, וְהַיָּשָׁר בְּעֵינָיו תַּעֲשֶׂה,
וְהַאֲזַנְתָּ לְמִצְוֹתָיו וְשָׁמַרְתָּ כָּל־חֻקָּיו, כָּל־הַמַּחֲלָה אֲשֶׁר־שַׂמְתִּי בְמִצְרַיִם
זכריה ג לֹא־אָשִׂים עָלֶיךָ, כִּי אֲנִי יהוה רֹפְאֶךָ: וַיֹּאמֶר יהוה אֶל־הַשָּׂטָן, יִגְעַר יהוה
בְּךָ הַשָּׂטָן, וְיִגְעַר יהוה בְּךָ הַבֹּחֵר בִּירוּשָׁלָםִ, הֲלוֹא זֶה אוּד מֻצָּל מֵאֵשׁ:
שיר השירים ג הִנֵּה מִטָּתוֹ שֶׁלִּשְׁלֹמֹה, שִׁשִּׁים גִּבֹּרִים סָבִיב לָהּ, מִגִּבֹּרֵי יִשְׂרָאֵל: כֻּלָּם
אֲחֻזֵי חֶרֶב, מְלֻמְּדֵי מִלְחָמָה, אִישׁ חַרְבּוֹ עַל־יְרֵכוֹ מִפַּחַד בַּלֵּילוֹת:

אומר שלוש פעמים (סידור רש״י):

במדבר ו יְבָרֶכְךָ יהוה וְיִשְׁמְרֶךָ:
יָאֵר יהוה פָּנָיו אֵלֶיךָ וִיחֻנֶּךָּ:
יִשָּׂא יהוה פָּנָיו אֵלֶיךָ וְיָשֵׂם לְךָ שָׁלוֹם:

אומר שלוש פעמים:

תהלים קכא הִנֵּה לֹא־יָנוּם וְלֹא יִישָׁן שׁוֹמֵר יִשְׂרָאֵל:

אומר שלוש פעמים:

לִישׁוּעָתְךָ קִוִּיתִי יהוה: בראשית מט
קִוִּיתִי יהוה לִישׁוּעָתְךָ, יהוה לִישׁוּעָתְךָ קִוִּיתִי

אומר שלוש פעמים:

בְּשֵׁם יהוה אֱלֹהֵי יִשְׂרָאֵל, מִימִינִי מִיכָאֵל, וּמִשְּׂמֹאלִי גַּבְרִיאֵל
וּמִלְּפָנַי אוּרִיאֵל, וּמֵאֲחוֹרַי רְפָאֵל, וְעַל רֹאשִׁי שְׁכִינַת אֵל.

נוהגים לומר מזמור זה (מטה משה):

שִׁיר הַמַּעֲלוֹת, אַשְׁרֵי כָּל־יְרֵא יהוה, הַהֹלֵךְ בִּדְרָכָיו: יְגִיעַ כַּפֶּיךָ כִּי תהלים קכח
תֹאכֵל, אַשְׁרֶיךָ וְטוֹב לָךְ: אֶשְׁתְּךָ כְּגֶפֶן פֹּרִיָּה בְּיַרְכְּתֵי בֵיתֶךָ, בָּנֶיךָ כִּשְׁתִלֵי
זֵיתִים, סָבִיב לְשֻׁלְחָנֶךָ: הִנֵּה כִי־כֵן יְבֹרַךְ גָּבֶר יְרֵא יהוה: יְבָרֶכְךָ יהוה
מִצִּיּוֹן, וּרְאֵה בְּטוּב יְרוּשָׁלָםִ, כֹּל יְמֵי חַיֶּיךָ: וּרְאֵה־בָנִים לְבָנֶיךָ, שָׁלוֹם
עַל־יִשְׂרָאֵל:

אומר שלוש פעמים:

רִגְזוּ וְאַל־תֶּחֱטָאוּ, אִמְרוּ בִלְבַבְכֶם עַל־מִשְׁכַּבְכֶם, וְדֹמּוּ סֶלָה: תהלים ד

נוהגים לחתום את היום בפיוט זה,
המסתיים ב׳בְּיָדוֹ אַפְקִיד רוּחִי׳ (שם):

אֲדוֹן עוֹלָם אֲשֶׁר מָלַךְ בְּטֶרֶם כָּל־יְצִיר נִבְרָא.
לְעֵת נַעֲשָׂה בְחֶפְצוֹ כֹּל אֲזַי מֶלֶךְ שְׁמוֹ נִקְרָא.
וְאַחֲרֵי כִּכְלוֹת הַכֹּל לְבַדּוֹ יִמְלֹךְ נוֹרָא.
וְהוּא הָיָה וְהוּא הֹוֶה וְהוּא יִהְיֶה בְּתִפְאָרָה.
וְהוּא אֶחָד וְאֵין שֵׁנִי לְהַמְשִׁיל לוֹ לְהַחְבִּירָה.
בְּלִי רֵאשִׁית בְּלִי תַכְלִית וְלוֹ הָעֹז וְהַמִּשְׂרָה.
וְהוּא אֵלִי וְחַי גּוֹאֲלִי וְצוּר חֶבְלִי בְּעֵת צָרָה.
וְהוּא נִסִּי וּמָנוֹס לִי מְנָת כּוֹסִי בְּיוֹם אֶקְרָא.
בְּיָדוֹ אַפְקִיד רוּחִי בְּעֵת אִישַׁן וְאָעִירָה.
וְעִם רוּחִי גְּוִיָּתִי יהוה לִי וְלֹא אִירָא.

שבת

ערב שבת ויום טוב

עירוב תחומין

"וּמַדֹּתֶם מִחוּץ לָעִיר אֶת־פְּאַת־קֵדְמָה אַלְפַּיִם בָּאַמָּה... וְהָעִיר בַּתָּוֶךְ, זֶה יִהְיֶה לָהֶם מִגְרְשֵׁי הֶעָרִים" (במדבר לה, ה). מכאן למדו חכמים (עירובין נא ע"א) שלכל מקום יישוב ישנו תחום של אלפיים אמה, ואין לצאת ממנו בשבת וביום טוב. אך אדם יכול להגדיר מקום אחר כמקום שביתתו, וכך לשנות את גבולות התחום שבו הוא רשאי ללכת (רמב"ם, עירובין פ"ו ה"א). פעולה זו נקראת 'עירוב תחומין'.

מניח מזון המספיק לשתי סעודות, במרחק פחות מאלפיים אמה מהמקום שיקבל בו שבת ומהמקום שרוצה להגיע אליו בשבת, ומברך:

בָּרוּךְ אַתָּה יהוה אֱלֹהֵינוּ מֶלֶךְ הָעוֹלָם
אֲשֶׁר קִדְּשָׁנוּ בְּמִצְוֹתָיו וְצִוָּנוּ עַל מִצְוַת עֵרוּב.

ואומר:

בארמית: **בְּדֵין עֵרוּבָא יְהֵא שְׁרֵא לִי לְמֵיזַל מֵאַתְרָא הָדֵין תְּרֵין אַלְפִין אַמִּין לְכָל רוּחָא.**

או בעברית: **בְּעֵרוּב זֶה יְהֵא מֻתָּר לִי לָלֶכֶת מִמָּקוֹם זֶה אַלְפַּיִם אַמָּה לְכָל רוּחַ.**

עירוב חצרות

מדין תורה, בשבת אסור להוציא חפץ מרשות היחיד לרשות הרבים ולהפך או לטלטלו ארבע אמות בתחום רשות הרבים (שבת צו ע"ב). וחכמים אסרו לטלטל גם ברשות היחיד, המשותפת לכמה יהודים, אם לא השתתפו לפני שבת ב'עירוב חצרות' (רמב"ם, עירובין פ"א ה"ב–ה"ז).

במקומות רבים נוהגים שהרב המקומי מערב לכל תושבי השכונה או העיר, ויש שמערערים על המנהג.

במקום שאין בו עירוב תקין, אדם הבקי בהלכות עירובין מערב לכולם ומברך:

בָּרוּךְ אַתָּה יהוה אֱלֹהֵינוּ מֶלֶךְ הָעוֹלָם
אֲשֶׁר קִדְּשָׁנוּ בְּמִצְוֹתָיו וְצִוָּנוּ עַל מִצְוַת עֵרוּב.

ואומר:

בארמית: **בְּדֵין עֵרוּבָא יְהֵא שְׁרֵא לַנָא לְטַלְטוּלֵי וּלְאַפּוֹקֵי וּלְעַיּוֹלֵי מִן הַבָּתִּים לֶחָצֵר וּמִן הֶחָצֵר לַבָּתִּים וּמִבַּיִת לְבַיִת לְכָל הַבָּתִּים שֶׁבֶּחָצֵר.**

או בעברית: **בְּעֵרוּב זֶה יְהֵא מֻתָּר לָנוּ לְטַלְטֵל, לְהַכְנִיס וּלְהוֹצִיא מִן הַבָּתִּים לֶחָצֵר וּמִן הֶחָצֵר לַבָּתִּים וּמִבַּיִת לְבַיִת לְכָל הַבָּתִּים שֶׁבֶּחָצֵר.**

בערב יום טוב הסמוך לשבת, מניחים עירובי תבשילין (עמ' 373).

הדלקת נרות

בערב שבת:

בָּרוּךְ אַתָּה יהוה אֱלֹהֵינוּ מֶלֶךְ הָעוֹלָם
אֲשֶׁר קִדְּשָׁנוּ בְּמִצְוֹתָיו וְצִוָּנוּ לְהַדְלִיק נֵר שֶׁל שַׁבָּת.

בערב יום טוב (בשבת יש להוסיף את המילים בסוגריים):

בָּרוּךְ אַתָּה יהוה אֱלֹהֵינוּ מֶלֶךְ הָעוֹלָם
אֲשֶׁר קִדְּשָׁנוּ בְּמִצְוֹתָיו
וְצִוָּנוּ לְהַדְלִיק נֵר שֶׁל (שַׁבָּת וְשֶׁל) יוֹם טוֹב.

ביום הכיפורים (בשבת יש להוסיף את המילים בסוגריים):

בָּרוּךְ אַתָּה יהוה אֱלֹהֵינוּ מֶלֶךְ הָעוֹלָם
אֲשֶׁר קִדְּשָׁנוּ בְּמִצְוֹתָיו
וְצִוָּנוּ לְהַדְלִיק נֵר שֶׁל (שַׁבָּת וְשֶׁל) יוֹם הַכִּפּוּרִים.

ביום טוב (לרבות יום הכיפורים ופרט לשביעי של פסח) מברכים 'שֶׁהֶחֱיָנוּ':

בָּרוּךְ אַתָּה יהוה אֱלֹהֵינוּ מֶלֶךְ הָעוֹלָם
שֶׁהֶחֱיָנוּ וְקִיְּמָנוּ, וְהִגִּיעָנוּ לַזְּמַן הַזֶּה.

תפילה לאישה אחרי שהדליקה נרות:

יְהִי רָצוֹן מִלְּפָנֶיךָ יהוה אֱלֹהַי וֵאלֹהֵי אֲבוֹתַי, שֶׁתְּחוֹנֵן אוֹתִי (אישה נשואה מוסיפה: וְאֶת אִישִׁי / אם הוריה חיים: וְאֶת אָבִי / וְאֶת אִמִּי / אם יש לה ילדים: וְאֶת בָּנַי וְאֶת בְּנוֹתַי) וְאֶת כָּל קְרוֹבַי, וְתִתֶּן לָנוּ וּלְכָל יִשְׂרָאֵל חַיִּים טוֹבִים וַאֲרֻכִּים, וְתִזְכְּרֵנוּ בְּזִכְרוֹן טוֹבָה וּבְרָכָה, וְתִפְקְדֵנוּ בִּפְקֻדַּת יְשׁוּעָה וְרַחֲמִים, וּתְבָרְכֵנוּ בְּרָכוֹת גְּדוֹלוֹת, וְתַשְׁלִים בָּתֵּינוּ וְתַשְׁכֵּן שְׁכִינָתְךָ בֵּינֵינוּ. וְזַכֵּנִי לְגַדֵּל בָּנִים וּבְנֵי בָנִים חֲכָמִים וּנְבוֹנִים, אוֹהֲבֵי יהוה יִרְאֵי אֱלֹהִים, אַנְשֵׁי אֱמֶת זֶרַע קֹדֶשׁ, בַּיהוה דְּבֵקִים וּמְאִירִים אֶת הָעוֹלָם בַּתּוֹרָה וּבְמַעֲשִׂים טוֹבִים וּבְכָל מְלֶאכֶת עֲבוֹדַת הַבּוֹרֵא. אָנָּא שְׁמַע אֶת תְּחִנָּתִי בָּעֵת הַזֹּאת בִּזְכוּת שָׂרָה וְרִבְקָה וְרָחֵל וְלֵאָה אִמּוֹתֵינוּ, וְהָאֵר נֵרֵנוּ שֶׁלֹּא יִכְבֶּה לְעוֹלָם וָעֶד, וְהָאֵר פָּנֶיךָ וְנִוָּשֵׁעָה. אָמֵן.

ברוב הקהילות נוהגים לשיר 'יְדִיד נֶפֶשׁ' לפני קבלת שבת (סידור 'קול יעקב').
יש הקוראים את מגילת שיר השירים (עמ' 631) לאחר מנחה
(סידור יעב"ץ), ויש הקוראים אותה לפני מנחה (יוסף אומץ).
תפילת מנחה לחול בעמ' 100.

יְדִיד נֶפֶשׁ, אָב הָרַחֲמָן, מְשֹׁךְ עַבְדְּךָ אֶל רְצוֹנָךְ
יָרוּץ עַבְדְּךָ כְּמוֹ אַיָּל, יִשְׁתַּחֲוֶה מוּל הֲדָרָךְ
כִּי יֶעֱרַב לוֹ יְדִידוּתָךְ, מִנֹּפֶת צוּף וְכָל טָעַם.

הָדוּר, נָאֶה, זִיו הָעוֹלָם, נַפְשִׁי חוֹלַת אַהֲבָתָךְ
אָנָּא, אֵל נָא, רְפָא נָא לָהּ, בְּהַרְאוֹת לָהּ נֹעַם זִיוָךְ
אָז תִּתְחַזֵּק וְתִתְרַפֵּא, וְהָיְתָה לָךְ שִׁפְחַת עוֹלָם.

וָתִיק, יֶהֱמוּ רַחֲמֶיךָ, וְחוּס נָא עַל בֵּן אוֹהֲבָךְ
כִּי זֶה כַּמֶּה נִכְסֹף נִכְסַף לִרְאוֹת בְּתִפְאֶרֶת עֻזָּךְ
אָנָּא, אֵלִי, מַחְמַד לִבִּי, חוּשָׁה נָּא, וְאַל תִּתְעַלָּם.

הִגָּלֵה נָא וּפְרֹשׂ, חָבִיב, עָלַי אֶת סֻכַּת שְׁלוֹמָךְ
תָּאִיר אֶרֶץ מִכְּבוֹדָךְ, נָגִילָה וְנִשְׂמְחָה בָךְ.
מַהֵר, אָהוּב, כִּי בָא מוֹעֵד, וְחָנֵּנִי כִּימֵי עוֹלָם.

קבלת שבת

״רבי ינאי לביש מאניה מעלי שבת (לבש בגדיו בערב שבת),
ואמר: בואי כלה בואי כלה״ (שבת קיט ע״א).

המנהג לומר מזמורים אלה לפני ערבית לשבת מיוחס לרמ״ק,
וכבר בימי ה׳יוסף אומץ׳ והשל״ה הוא התחיל להתפשט גם באשכנז,
״ובודאי באלו המזמורים... קולטתן ההתלהבות בלב האדם אל
עושהו בשמחה עצומה מאוד״ (יסוד ושורש העבודה).

בשבת שחל בה יום טוב, מוצאי יום טוב או חול המועד,
מתחילים ׳מִזְמוֹר שִׁיר לְיוֹם הַשַּׁבָּת׳ (עמ׳ 158),
ובבתי כנסת המתפללים בנוסח ספרד, מתחילים ׳מִזְמוֹר לְדָוִד׳ (עמ׳ 155).

תהלים צה לְכוּ נְרַנְּנָה לַיהוה, נָרִיעָה לְצוּר יִשְׁעֵנוּ: נְקַדְּמָה פָנָיו בְּתוֹדָה, בִּזְמִרוֹת נָרִיעַ לוֹ: כִּי אֵל גָּדוֹל יהוה, וּמֶלֶךְ גָּדוֹל עַל־כָּל־אֱלֹהִים: אֲשֶׁר בְּיָדוֹ מֶחְקְרֵי־אָרֶץ, וְתוֹעֲפוֹת הָרִים לוֹ: אֲשֶׁר־לוֹ הַיָּם וְהוּא עָשָׂהוּ, וְיַבֶּשֶׁת יָדָיו יָצָרוּ: בֹּאוּ נִשְׁתַּחֲוֶה וְנִכְרָעָה, נִבְרְכָה לִפְנֵי־יהוה עֹשֵׂנוּ: כִּי הוּא אֱלֹהֵינוּ, וַאֲנַחְנוּ עַם מַרְעִיתוֹ וְצֹאן יָדוֹ, הַיּוֹם אִם־בְּקֹלוֹ תִשְׁמָעוּ: אַל־תַּקְשׁוּ לְבַבְכֶם כִּמְרִיבָה, כְּיוֹם מַסָּה בַּמִּדְבָּר: אֲשֶׁר נִסּוּנִי אֲבוֹתֵיכֶם, בְּחָנוּנִי גַּם רָאוּ פָעֳלִי: ◂ אַרְבָּעִים שָׁנָה אָקוּט בְּדוֹר, וָאֹמַר עַם תֹּעֵי לֵבָב הֵם, וְהֵם לֹא־יָדְעוּ דְרָכָי: אֲשֶׁר־נִשְׁבַּעְתִּי בְאַפִּי, אִם־יְבֹאוּן אֶל מְנוּחָתִי:

תהלים צו שִׁירוּ לַיהוה שִׁיר חָדָשׁ, שִׁירוּ לַיהוה כָּל־הָאָרֶץ: שִׁירוּ לַיהוה, בָּרְכוּ שְׁמוֹ, בַּשְּׂרוּ מִיּוֹם־לְיוֹם יְשׁוּעָתוֹ: סַפְּרוּ בַגּוֹיִם כְּבוֹדוֹ, בְּכָל־הָעַמִּים נִפְלְאוֹתָיו: כִּי גָדוֹל יהוה וּמְהֻלָּל מְאֹד, נוֹרָא הוּא עַל־כָּל־אֱלֹהִים: כִּי כָּל־אֱלֹהֵי הָעַמִּים אֱלִילִים, וַיהוה שָׁמַיִם עָשָׂה: הוֹד־וְהָדָר לְפָנָיו, עֹז וְתִפְאֶרֶת בְּמִקְדָּשׁוֹ: הָבוּ לַיהוה מִשְׁפְּחוֹת עַמִּים, הָבוּ לַיהוה כָּבוֹד וָעֹז: הָבוּ לַיהוה כְּבוֹד שְׁמוֹ, שְׂאוּ־מִנְחָה וּבֹאוּ לְחַצְרוֹתָיו: הִשְׁתַּחֲווּ לַיהוה בְּהַדְרַת־קֹדֶשׁ,

חִילוּ מִפָּנָיו כָּל־הָאָֽרֶץ: אִמְרוּ בַגּוֹיִם יהוה מָלָךְ, אַף־תִּכּוֹן תֵּבֵל
בַּל־תִּמּוֹט, יָדִין עַמִּים בְּמֵישָׁרִים: › יִשְׂמְחוּ הַשָּׁמַיִם וְתָגֵל הָאָֽרֶץ,
יִרְעַם הַיָּם וּמְלֹאוֹ: יַעֲלֹז שָׂדַי וְכָל־אֲשֶׁר־בּוֹ, אָז יְרַנְּנוּ כָּל־עֲצֵי־
יָֽעַר: לִפְנֵי יהוה כִּי בָא, כִּי בָא לִשְׁפֹּט הָאָֽרֶץ, יִשְׁפֹּט־תֵּבֵל בְּצֶֽדֶק,
וְעַמִּים בֶּאֱמוּנָתוֹ:

תהלים צז יהוה מָלָךְ תָּגֵל הָאָֽרֶץ, יִשְׂמְחוּ אִיִּים רַבִּים: עָנָן וַעֲרָפֶל סְבִיבָיו,
צֶֽדֶק וּמִשְׁפָּט מְכוֹן כִּסְאוֹ: אֵשׁ לְפָנָיו תֵּלֵךְ, וּתְלַהֵט סָבִיב צָרָיו:
הֵאִירוּ בְרָקָיו תֵּבֵל, רָאֲתָה וַתָּחֵל הָאָֽרֶץ: הָרִים כַּדּוֹנַג נָמַֽסּוּ
מִלִּפְנֵי יהוה, מִלִּפְנֵי אֲדוֹן כָּל־הָאָֽרֶץ: הִגִּידוּ הַשָּׁמַיִם צִדְקוֹ, וְרָאוּ
כָל־הָעַמִּים כְּבוֹדוֹ: יֵבֹשׁוּ כָּל־עֹבְדֵי פֶֽסֶל הַמִּתְהַלְלִים בָּאֱלִילִים,
הִשְׁתַּחֲווּ־לוֹ כָּל־אֱלֹהִים: שָׁמְעָה וַתִּשְׂמַח צִיּוֹן, וַתָּגֵֽלְנָה בְּנוֹת
יְהוּדָה, לְמַֽעַן מִשְׁפָּטֶֽיךָ יהוה: כִּי־אַתָּה יהוה עֶלְיוֹן עַל־כָּל־
הָאָֽרֶץ, מְאֹד נַעֲלֵֽיתָ עַל־כָּל־אֱלֹהִים: › אֹהֲבֵי יהוה שִׂנְאוּ רָע,
שֹׁמֵר נַפְשׁוֹת חֲסִידָיו, מִיַּד רְשָׁעִים יַצִּילֵם: אוֹר זָרֻעַ לַצַּדִּיק,
וּלְיִשְׁרֵי־לֵב שִׂמְחָה: שִׂמְחוּ צַדִּיקִים בַּיהוה, וְהוֹדוּ לְזֵֽכֶר קָדְשׁוֹ:

תהלים צח מִזְמוֹר, שִׁירוּ לַיהוה שִׁיר חָדָשׁ כִּי־נִפְלָאוֹת עָשָׂה, הוֹשִֽׁיעָה־לּוֹ
יְמִינוֹ וּזְרוֹעַ קָדְשׁוֹ: הוֹדִֽיעַ יהוה יְשׁוּעָתוֹ, לְעֵינֵי הַגּוֹיִם גִּלָּה
צִדְקָתוֹ: זָכַר חַסְדּוֹ וֶאֱמוּנָתוֹ לְבֵית יִשְׂרָאֵל, רָאוּ כָל־אַפְסֵי־אָֽרֶץ
אֵת יְשׁוּעַת אֱלֹהֵֽינוּ: הָרִֽיעוּ לַיהוה כָּל־הָאָֽרֶץ, פִּצְחוּ וְרַנְּנוּ וְזַמֵּֽרוּ:
זַמְּרוּ לַיהוה בְּכִנּוֹר, בְּכִנּוֹר וְקוֹל זִמְרָה: בַּחֲצֹצְרוֹת וְקוֹל שׁוֹפָר,
הָרִֽיעוּ לִפְנֵי הַמֶּֽלֶךְ יהוה: › יִרְעַם הַיָּם וּמְלֹאוֹ, תֵּבֵל וְיֹֽשְׁבֵי בָהּ:
נְהָרוֹת יִמְחֲאוּ־כָף, יַֽחַד הָרִים יְרַנֵּֽנוּ: לִפְנֵי יהוה כִּי בָא לִשְׁפֹּט
הָאָֽרֶץ, יִשְׁפֹּט־תֵּבֵל בְּצֶֽדֶק, וְעַמִּים בְּמֵישָׁרִים:

תהלים צט

יהוה מָלָךְ יִרְגְּזוּ עַמִּים, יֹשֵׁב כְּרוּבִים תָּנוּט הָאָֽרֶץ: יהוה בְּצִיּוֹן גָּדוֹל, וְרָם הוּא עַל־כׇּל־הָעַמִּים: יוֹדוּ שִׁמְךָ גָּדוֹל וְנוֹרָא קָדוֹשׁ הוּא: וְעֹז מֶֽלֶךְ מִשְׁפָּט אָהֵב, אַתָּה כּוֹנַֽנְתָּ מֵישָׁרִים, מִשְׁפָּט וּצְדָקָה בְּיַעֲקֹב אַתָּה עָשִֽׂיתָ: רוֹמְמוּ יהוה אֱלֹהֵֽינוּ, וְהִשְׁתַּחֲווּ לַהֲדֹם רַגְלָיו, קָדוֹשׁ הוּא: מֹשֶׁה וְאַהֲרֹן בְּכֹהֲנָיו, וּשְׁמוּאֵל בְּקֹרְאֵי שְׁמוֹ, קֹרְאִים אֶל־יהוה וְהוּא יַעֲנֵם: ◂ בְּעַמּוּד עָנָן יְדַבֵּר אֲלֵיהֶם, שָׁמְרוּ עֵדֹתָיו וְחֹק נָתַן־לָֽמוֹ: יהוה אֱלֹהֵינוּ אַתָּה עֲנִיתָם, אֵל נֹשֵׂא הָיִֽיתָ לָהֶם, וְנֹקֵם עַל־עֲלִילוֹתָם: רוֹמְמוּ יהוה אֱלֹהֵֽינוּ, וְהִשְׁתַּחֲווּ לְהַר קׇדְשׁוֹ, כִּי־קָדוֹשׁ יהוה אֱלֹהֵֽינוּ:

חכמים ראו במזמור זה יסוד לתפילה, עד שהגמרא בברכות כח ע״ב ובראש השנה לב ע״א מבססת עליו את תפילת העמידה.

במזמור מתואר כיצד הבריאה כולה משבחת את ה׳, ושהקב״ה מסיים את הבריאה ויושב על כיסא כבודו. משום כך מזמור זה ראוי במיוחד לערב שבת (עיון תפילה), ונוהגים לעמוד ולאומרו בעת כניסת השבת (הנהגות האר״י).

בבתי כנסת המתפללים בנוסח ספרד, אומרים אותו אפילו בשבת שחל בה יום טוב, מוצאי יום טוב או חול המועד, ולאחריו אומרים נוסח מקוצר של ׳לְכָה דוֹדִי׳ (בעמוד הבא), ובו רק הבתים: ׳שָׁמוֹר׳, ׳לִקְרַאת׳, ׳יָמִין׳ וּ׳בּוֹאִי׳.

תהלים כט

מִזְמוֹר לְדָוִד, הָבוּ לַיהוה בְּנֵי אֵלִים, הָבוּ לַיהוה כָּבוֹד וָעֹז: הָבוּ לַיהוה כְּבוֹד שְׁמוֹ, הִשְׁתַּחֲווּ לַיהוה בְּהַדְרַת־קֹֽדֶשׁ: קוֹל יהוה עַל־הַמָּֽיִם, אֵל־הַכָּבוֹד הִרְעִים, יהוה עַל־מַֽיִם רַבִּים: קוֹל־יהוה בַּכֹּֽחַ, קוֹל יהוה בֶּהָדָר: קוֹל יהוה שֹׁבֵר אֲרָזִים, וַיְשַׁבֵּר יהוה אֶת־אַרְזֵי הַלְּבָנוֹן: וַיַּרְקִידֵם כְּמוֹ־עֵֽגֶל, לְבָנוֹן וְשִׂרְיוֹן כְּמוֹ בֶן־רְאֵמִים: קוֹל־יהוה חֹצֵב לַהֲבוֹת אֵשׁ: קוֹל יהוה יָחִיל מִדְבָּר, יָחִיל יהוה מִדְבַּר קָדֵשׁ: ◂ קוֹל יהוה יְחוֹלֵל אַיָּלוֹת וַיֶּחֱשֹׂף יְעָרוֹת, וּבְהֵיכָלוֹ, כֻּלּוֹ אֹמֵר כָּבוֹד: יהוה לַמַּבּוּל יָשָׁב, וַיֵּֽשֶׁב יהוה מֶֽלֶךְ לְעוֹלָם: יהוה עֹז לְעַמּוֹ יִתֵּן, יהוה יְבָרֵךְ אֶת־עַמּוֹ בַשָּׁלוֹם:

המקובלים הנהיגו לומר פיוט זה, מכיוון ששבע השורות שבו מקבילות
לשבע הפעמים ש׳קול ה׳׳ נזכר במזמור שלמעלה (פרי עץ חיים).

אָנָּא, בְּכֹחַ גְּדֻלַּת יְמִינְךָ, תַּתִּיר צְרוּרָה.
קַבֵּל רִנַּת עַמְּךָ, שַׂגְּבֵנוּ, טַהֲרֵנוּ, נוֹרָא.
נָא גִבּוֹר, דּוֹרְשֵׁי יִחוּדְךָ כְּבָבַת שָׁמְרֵם.
בָּרְכֵם, טַהֲרֵם, רַחֲמֵם, צִדְקָתְךָ תָּמִיד גָּמְלֵם.
חֲסִין קָדוֹשׁ, בְּרֹב טוּבְךָ נַהֵל עֲדָתֶךָ.
יָחִיד גֵּאֶה, לְעַמְּךָ פְּנֵה, זוֹכְרֵי קְדֻשָּׁתֶךָ.
שַׁוְעָתֵנוּ קַבֵּל וּשְׁמַע צַעֲקָתֵנוּ, יוֹדֵעַ תַּעֲלוּמוֹת.
בָּרוּךְ שֵׁם כְּבוֹד מַלְכוּתוֹ לְעוֹלָם וָעֶד.

״רבי חנינא מיעטף (רש״י: בבגדים נאים) וקאי אפניא דמעלי שבתא
(בערב שבת), אמר: בואו ונצא לקראת שבת המלכה״ (שבת קיט ע״א).

פיוטי קבלת שבת רבים נכתבו במרוצת הדורות, באחדים מהם נבחרו המילים ׳לְכָה דוֹדִי׳
כקריאה ליציאה לקראת השבת, על פי הפסוק ״לְכָה דוֹדִי נֵצֵא הַשָּׂדֶה״ (שיר השירים ז, יא).
היום נוהגים לשיר את פיוטו של ר׳ שלמה אלקבץ ממקובלי צפת (סידור השל״ה).

לְכָה דוֹדִי לִקְרַאת כַּלָּה, פְּנֵי שַׁבָּת נְקַבְּלָה.
לְכָה דוֹדִי לִקְרַאת כַּלָּה, פְּנֵי שַׁבָּת נְקַבְּלָה.

שָׁמוֹר וְזָכוֹר בְּדִבּוּר אֶחָד
הִשְׁמִיעָנוּ אֵל הַמְיֻחָד
יהוה אֶחָד וּשְׁמוֹ אֶחָד
לְשֵׁם וּלְתִפְאֶרֶת וְלִתְהִלָּה.
לְכָה דוֹדִי לִקְרַאת כַּלָּה, פְּנֵי שַׁבָּת נְקַבְּלָה.

לִקְרַאת שַׁבָּת לְכוּ וְנֵלְכָה
כִּי הִיא מְקוֹר הַבְּרָכָה
מֵרֹאשׁ מִקֶּדֶם נְסוּכָה
סוֹף מַעֲשֶׂה בְּמַחֲשָׁבָה תְּחִלָּה.
לְכָה דוֹדִי לִקְרַאת כַּלָּה, פְּנֵי שַׁבָּת נְקַבְּלָה.

מִקְדַּשׁ מֶלֶךְ עִיר מְלוּכָה
קוּמִי צְאִי מִתּוֹךְ הַהֲפֵכָה
רַב לָךְ שֶׁבֶת בְּעֵמֶק הַבָּכָא
וְהוּא יַחֲמֹל עָלַיִךְ חֶמְלָה.
לְכָה דוֹדִי לִקְרַאת כַּלָּה, פְּנֵי שַׁבָּת נְקַבְּלָה.

הִתְנַעֲרִי, מֵעָפָר קוּמִי
לִבְשִׁי בִּגְדֵי תִפְאַרְתֵּךְ עַמִּי
עַל יַד בֶּן יִשַׁי בֵּית הַלַּחְמִי
קָרְבָה אֶל נַפְשִׁי, גְּאָלָהּ.
לְכָה דוֹדִי לִקְרַאת כַּלָּה, פְּנֵי שַׁבָּת נְקַבְּלָה.

הִתְעוֹרְרִי הִתְעוֹרְרִי
כִּי בָא אוֹרֵךְ קוּמִי אוֹרִי
עוּרִי עוּרִי, שִׁיר דַּבֵּרִי
כְּבוֹד יהוה עָלַיִךְ נִגְלָה.
לְכָה דוֹדִי לִקְרַאת כַּלָּה, פְּנֵי שַׁבָּת נְקַבְּלָה.

לֹא תֵבֹשִׁי וְלֹא תִכָּלְמִי
מַה תִּשְׁתּוֹחֲחִי וּמַה תֶּהֱמִי
בָּךְ יֶחֱסוּ עֲנִיֵּי עַמִּי
וְנִבְנְתָה עִיר עַל תִּלָּהּ.
לְכָה דוֹדִי לִקְרַאת כַּלָּה, פְּנֵי שַׁבָּת נְקַבְּלָה.

וְהָיוּ לִמְשִׁסָּה שֹׁאסָיִךְ
וְרָחֲקוּ כָּל מְבַלְּעָיִךְ
יָשִׂישׂ עָלַיִךְ אֱלֹהָיִךְ
כִּמְשׂוֹשׂ חָתָן עַל כַּלָּה.
לְכָה דוֹדִי לִקְרַאת כַּלָּה, פְּנֵי שַׁבָּת נְקַבְּלָה.

יָמִין וּשְׂמֹאל תִּפְרֹצִי
וְאֶת יהוה תַּעֲרִיצִי
עַל יַד אִישׁ בֶּן פַּרְצִי
וְנִשְׂמְחָה וְנָגִילָה.
לְכָה דוֹדִי לִקְרַאת כַּלָּה, פְּנֵי שַׁבָּת נְקַבְּלָה.

הקהל עומד ופונה אל פתח בית הכנסת כדי לקבל
את פני הכלה (משנ״ב רסב, י). באמירת ׳בּוֹאִי כַלָּה׳ הראשון
קד לשמאל ובשני לימין (סידור יעב״ץ בשם אביו).

בּוֹאִי בְשָׁלוֹם עֲטֶרֶת בַּעְלָהּ
גַּם בְּשִׂמְחָה וּבְצָהֳלָה
תּוֹךְ אֱמוּנֵי עַם סְגֻלָּה
בּוֹאִי כַלָּה, בּוֹאִי כַלָּה.
לְכָה דוֹדִי לִקְרַאת כַּלָּה, פְּנֵי שַׁבָּת נְקַבְּלָה.

אם ישנם אבלים הממתינים מחוץ לבית הכנסת, הם נכנסים,
והקהל מנחם אותם (ערוה״ש, יו״ד ת, ה):

הַמָּקוֹם יְנַחֵם אֶתְכֶם בְּתוֹךְ שְׁאָר אֲבֵלֵי צִיּוֹן וִירוּשָׁלָיִם.

נוהגים לומר מזמור שיר ליום השבת לפני תפילת ערבית (ספר המנהיג).
בערב יום טוב, במוצאי יום טוב ובערב שבת חול המועד מתחילים כאן. ראה הלכה 310.

מִזְמוֹר שִׁיר לְיוֹם הַשַּׁבָּת: תהלים צב
טוֹב לְהֹדוֹת לַיהוה, וּלְזַמֵּר לְשִׁמְךָ עֶלְיוֹן:
לְהַגִּיד בַּבֹּקֶר חַסְדֶּךָ, וֶאֱמוּנָתְךָ בַּלֵּילוֹת:
עֲלֵי־עָשׂוֹר וַעֲלֵי־נָבֶל, עֲלֵי הִגָּיוֹן בְּכִנּוֹר:
כִּי שִׂמַּחְתַּנִי יהוה בְּפָעֳלֶךָ, בְּמַעֲשֵׂי יָדֶיךָ אֲרַנֵּן:
מַה־גָּדְלוּ מַעֲשֶׂיךָ יהוה, מְאֹד עָמְקוּ מַחְשְׁבֹתֶיךָ:
אִישׁ־בַּעַר לֹא יֵדָע, וּכְסִיל לֹא־יָבִין אֶת־זֹאת:

בִּפְרֹחַ רְשָׁעִים כְּמוֹ עֵשֶׂב, וַיָּצִיצוּ כָּל־פֹּעֲלֵי אָוֶן
לְהִשָּׁמְדָם עֲדֵי־עַד:
וְאַתָּה מָרוֹם לְעֹלָם יהוה:
כִּי הִנֵּה אֹיְבֶיךָ יהוה, כִּי־הִנֵּה אֹיְבֶיךָ יֹאבֵדוּ
יִתְפָּרְדוּ כָּל־פֹּעֲלֵי אָוֶן:
וַתָּרֶם כִּרְאֵים קַרְנִי, בַּלֹּתִי בְּשֶׁמֶן רַעֲנָן:
וַתַּבֵּט עֵינִי בְּשׁוּרָי, בַּקָּמִים עָלַי מְרֵעִים תִּשְׁמַעְנָה אָזְנָי:
› צַדִּיק כַּתָּמָר יִפְרָח, כְּאֶרֶז בַּלְּבָנוֹן יִשְׂגֶּה:
שְׁתוּלִים בְּבֵית יהוה, בְּחַצְרוֹת אֱלֹהֵינוּ יַפְרִיחוּ:
עוֹד יְנוּבוּן בְּשֵׂיבָה, דְּשֵׁנִים וְרַעֲנַנִּים יִהְיוּ:
לְהַגִּיד כִּי־יָשָׁר יהוה, צוּרִי, וְלֹא־עַוְלָתָה בּוֹ:

יהוה מָלָךְ, גֵּאוּת לָבֵשׁ תהלים צג
לָבֵשׁ יהוה עֹז הִתְאַזָּר אַף־תִּכּוֹן תֵּבֵל בַּל־תִּמּוֹט:
נָכוֹן כִּסְאֲךָ מֵאָז, מֵעוֹלָם אָתָּה:
נָשְׂאוּ נְהָרוֹת יהוה, נָשְׂאוּ נְהָרוֹת קוֹלָם, יִשְׂאוּ נְהָרוֹת דָּכְיָם:
› מִקֹּלוֹת מַיִם רַבִּים, אַדִּירִים מִשְׁבְּרֵי־יָם, אַדִּיר בַּמָּרוֹם יהוה:
עֵדֹתֶיךָ נֶאֶמְנוּ מְאֹד, לְבֵיתְךָ נַאֲוָה־קֹּדֶשׁ, יהוה לְאֹרֶךְ יָמִים:

קדיש יתום

אבל: יִתְגַּדַּל וְיִתְקַדַּשׁ שְׁמֵהּ רַבָּא (קהל: אָמֵן)
בְּעָלְמָא דִּי בְרָא כִרְעוּתֵהּ
וְיַמְלִיךְ מַלְכוּתֵהּ
בְּחַיֵּיכוֹן וּבְיוֹמֵיכוֹן וּבְחַיֵּי דְכָל בֵּית יִשְׂרָאֵל
בַּעֲגָלָא וּבִזְמַן קָרִיב, וְאִמְרוּ אָמֵן. (קהל: אָמֵן)

קהל ואבל: יְהֵא שְׁמֵהּ רַבָּא מְבָרַךְ לְעָלַם וּלְעָלְמֵי עָלְמַיָּא.

אבל: יִתְבָּרַךְ וְיִשְׁתַּבַּח וְיִתְפָּאַר וְיִתְרוֹמַם וְיִתְנַשֵּׂא
וְיִתְהַדָּר וְיִתְעַלֶּה וְיִתְהַלָּל
שְׁמֵהּ דְּקֻדְשָׁא בְּרִיךְ הוּא (קהל: בְּרִיךְ הוּא)
לְעֵלָּא מִן כָּל בִּרְכָתָא
/בשבת שובה: לְעֵלָּא לְעֵלָּא מִכָּל בִּרְכָתָא/
וְשִׁירָתָא, תֻּשְׁבְּחָתָא וְנֶחֱמָתָא
דַּאֲמִירָן בְּעָלְמָא, וְאִמְרוּ אָמֵן. (קהל: אָמֵן)

יְהֵא שְׁלָמָא רַבָּא מִן שְׁמַיָּא
וְחַיִּים, עָלֵינוּ וְעַל כָּל יִשְׂרָאֵל, וְאִמְרוּ אָמֵן. (קהל: אָמֵן)

כורע ופוסע שלוש פסיעות לאחור. קד לשמאל, לימין ולפנים באמירת:

עֹשֶׂה שָׁלוֹם/ בשבת שובה: הַשָּׁלוֹם/ בִּמְרוֹמָיו
הוּא יַעֲשֶׂה שָׁלוֹם עָלֵינוּ וְעַל כָּל יִשְׂרָאֵל, וְאִמְרוּ אָמֵן. (קהל: אָמֵן)

ראשוני אשכנז תיקנו לומר את הפרק 'בַּמֶּה מַדְלִיקִין' לאחר תפילת ערבית כדי שמי שאיחר לתפילה או שעדיין מאריך בה, לא יישאר לבדו בבית הכנסת (סידור חסידי אשכנז). האבודרהם כתב שמוטב לאומרה קודם תפילת ערבית שאם ייזכר ששכח להכין לשבת, יספיק לרוץ לביתו ולתקן. האשכנזים בארץ ישראל אימצו מנהג זה (בעקבות הט"ז והגר"א), ובחו"ל עדיין יש קהילות האומרות אותו אחר קדיש שלם (עמ' 176).

בקהילות המתפללות בנוסח ספרד, אומרים כאן קטע מהזוהר, המתחיל במילים 'כְּגַוְנָא דְאִנּוּן', ויש האומרים 'בַּמֶּה מַדְלִיקִין' וּ'כְגַוְנָא'.

אין אומרים 'בַּמֶּה מַדְלִיקִין' בשבת שחל בה יום טוב, מוצאי יום טוב או חול המועד.

משנה שבת פרק שני

א בַּמֶּה מַדְלִיקִין וּבַמָּה אֵין מַדְלִיקִין. אֵין מַדְלִיקִין לֹא בְלֶכֶשׁ, וְלֹא בְחֹסֶן,
וְלֹא בְכַלָּךְ, וְלֹא בִּפְתִילַת הָאִידָן, וְלֹא בִּפְתִילַת הַמִּדְבָּר, וְלֹא בִירוֹקָה
שֶׁעַל פְּנֵי הַמָּיִם. וְלֹא בְזֶפֶת וְלֹא בְשַׁעֲוָה וְלֹא בְשֶׁמֶן קִיק וְלֹא בְשֶׁמֶן שְׂרֵפָה
וְלֹא בְאַלְיָה וְלֹא בְחֵלֶב. נַחוּם הַמָּדִי אוֹמֵר: מַדְלִיקִין בְּחֵלֶב מְבֻשָּׁל,
וַחֲכָמִים אוֹמְרִים: אֶחָד מְבֻשָּׁל וְאֶחָד שֶׁאֵינוֹ מְבֻשָּׁל, אֵין מַדְלִיקִין בּוֹ.

ב אֵין מַדְלִיקִין בְּשֶׁמֶן שְׂרֵפָה בְּיוֹם טוֹב. רַבִּי יִשְׁמָעֵאל אוֹמֵר: אֵין מַדְלִיקִין
בְּעִטְרָן מִפְּנֵי כְבוֹד הַשַּׁבָּת. וַחֲכָמִים מַתִּירִין בְּכָל הַשְּׁמָנִים, בְּשֶׁמֶן
שֻׁמְשְׁמִין, בְּשֶׁמֶן אֱגוֹזִים, בְּשֶׁמֶן צְנוֹנוֹת, בְּשֶׁמֶן דָּגִים, בְּשֶׁמֶן פַּקּוּעוֹת,
בְּעִטְרָן וּבְנֵפְטְ. רַבִּי טַרְפוֹן אוֹמֵר: אֵין מַדְלִיקִין אֶלָּא בְּשֶׁמֶן זַיִת בִּלְבָד.

ג כָּל הַיּוֹצֵא מִן הָעֵץ אֵין מַדְלִיקִין בּוֹ, אֶלָּא פִשְׁתָּן. וְכָל הַיּוֹצֵא מִן הָעֵץ אֵינוֹ מִטַּמֵּא טֻמְאַת אֹהָלִים, אֶלָּא פִשְׁתָּן. פְּתִילַת הַבֶּגֶד שֶׁקִּפְּלָהּ וְלֹא הִבְהֲבָהּ, רַבִּי אֱלִיעֶזֶר אוֹמֵר: טְמֵאָה הִיא, וְאֵין מַדְלִיקִין בָּהּ. רַבִּי עֲקִיבָא אוֹמֵר: טְהוֹרָה הִיא, וּמַדְלִיקִין בָּהּ.

ד לֹא יִקֹּב אָדָם שְׁפוֹפֶרֶת שֶׁל בֵּיצָה וִימַלְּאֶנָּה שֶׁמֶן וְיִתְּנֶנָּה עַל פִּי הַנֵּר, בִּשְׁבִיל שֶׁתְּהֵא מְנַטֶּפֶת, וַאֲפִלּוּ הִיא שֶׁל חֶרֶס. וְרַבִּי יְהוּדָה מַתִּיר. אֲבָל אִם חִבְּרָהּ הַיּוֹצֵר מִתְּחִלָּה מֻתָּר, מִפְּנֵי שֶׁהוּא כְּלִי אֶחָד. לֹא יְמַלֵּא אָדָם אֶת הַקְּעָרָה שֶׁמֶן וְיִתְּנֶנָּה בְּצַד הַנֵּר וְיִתֵּן רֹאשׁ הַפְּתִילָה בְּתוֹכָהּ, בִּשְׁבִיל שֶׁתְּהֵא שׁוֹאֶבֶת. וְרַבִּי יְהוּדָה מַתִּיר.

ה הַמְכַבֶּה אֶת הַנֵּר מִפְּנֵי שֶׁהוּא מִתְיָרֵא מִפְּנֵי גוֹיִם, מִפְּנֵי לִסְטִים, מִפְּנֵי רוּחַ רָעָה, אוֹ בִשְׁבִיל הַחוֹלֶה שֶׁיִּישַׁן, פָּטוּר. כְּחָס עַל הַנֵּר, כְּחָס עַל הַשֶּׁמֶן, כְּחָס עַל הַפְּתִילָה, חַיָּב. רַבִּי יוֹסֵי פּוֹטֵר בְּכֻלָּן חוּץ מִן הַפְּתִילָה, מִפְּנֵי שֶׁהוּא עוֹשָׂה פֶּחָם.

ו עַל שָׁלֹשׁ עֲבֵרוֹת נָשִׁים מֵתוֹת בִּשְׁעַת לֵדָתָן, עַל שֶׁאֵינָן זְהִירוֹת בְּנִדָּה, בְּחַלָּה וּבְהַדְלָקַת הַנֵּר.

ז שְׁלֹשָׁה דְבָרִים צָרִיךְ אָדָם לוֹמַר בְּתוֹךְ בֵּיתוֹ עֶרֶב שַׁבָּת עִם חֲשֵׁכָה: עִשַּׂרְתֶּם, עֵרַבְתֶּם, הַדְלִיקוּ אֶת הַנֵּר. סָפֵק חֲשֵׁכָה סָפֵק אֵינָהּ חֲשֵׁכָה, אֵין מְעַשְּׂרִין אֶת הַוַּדַּאי, וְאֵין מַטְבִּילִין אֶת הַכֵּלִים, וְאֵין מַדְלִיקִין אֶת הַנֵּרוֹת. אֲבָל מְעַשְּׂרִין אֶת הַדְּמַאי, וּמְעָרְבִין וְטוֹמְנִין אֶת הַחַמִּין.

תַּנְיָא, אָמַר רַבִּי חֲנִינָא: חַיָּב אָדָם לְמַשְׁמֵשׁ בִּגְדָיו בְּעֶרֶב שַׁבָּת עִם חֲשֵׁכָה, שבת יב.
שֶׁמָּא יִשְׁכַּח וְיֵצֵא. אָמַר רַב יוֹסֵף: הִלְכְתָא רַבְּתָא לְשַׁבַּתָּא.

אָמַר רַבִּי אֶלְעָזָר, אָמַר רַבִּי חֲנִינָא: תַּלְמִידֵי חֲכָמִים מַרְבִּים שָׁלוֹם בָּעוֹלָם, ברכות סד.
שֶׁנֶּאֱמַר: וְכָל־בָּנַיִךְ לִמּוּדֵי יהוה, וְרַב שְׁלוֹם בָּנָיִךְ: אַל תִּקְרֵי בָּנָיִךְ, אֶלָּא ישעיה נד
בּוֹנָיִךְ. שָׁלוֹם רָב לְאֹהֲבֵי תוֹרָתֶךָ, וְאֵין־לָמוֹ מִכְשׁוֹל: יְהִי־שָׁלוֹם בְּחֵילֵךְ, תהלים קיט
שַׁלְוָה בְּאַרְמְנוֹתָיִךְ: לְמַעַן אַחַי וְרֵעָי אֲדַבְּרָה־נָּא שָׁלוֹם בָּךְ: לְמַעַן בֵּית־ תהלים קכב
יהוה אֱלֹהֵינוּ אֲבַקְשָׁה טוֹב לָךְ: ◂ יהוה עֹז לְעַמּוֹ יִתֵּן, יהוה יְבָרֵךְ אֶת־עַמּוֹ תהלים כט
בַשָּׁלוֹם:

קדיש דרבנן

אבל: יִתְגַּדַּל וְיִתְקַדַּשׁ שְׁמֵהּ רַבָּא (קהל: אָמֵן)

בְּעָלְמָא דִּי בְרָא כִרְעוּתֵהּ

וְיַמְלִיךְ מַלְכוּתֵהּ

בְּחַיֵּיכוֹן וּבְיוֹמֵיכוֹן וּבְחַיֵּי דְכָל בֵּית יִשְׂרָאֵל

בַּעֲגָלָא וּבִזְמַן קָרִיב, וְאִמְרוּ אָמֵן. (קהל: אָמֵן)

קהל ואבל: יְהֵא שְׁמֵהּ רַבָּא מְבָרַךְ לְעָלַם וּלְעָלְמֵי עָלְמַיָּא.

אבל: יִתְבָּרַךְ וְיִשְׁתַּבַּח וְיִתְפָּאַר וְיִתְרוֹמַם וְיִתְנַשֵּׂא

וְיִתְהַדָּר וְיִתְעַלֶּה וְיִתְהַלָּל

שְׁמֵהּ דְּקֻדְשָׁא בְּרִיךְ הוּא (קהל: בְּרִיךְ הוּא)

לְעֵלָּא מִן כָּל בִּרְכָתָא / בשבת שובה: לְעֵלָּא לְעֵלָּא מִכָּל בִּרְכָתָא/

וְשִׁירָתָא, תֻּשְׁבְּחָתָא וְנֶחֱמָתָא

דַּאֲמִירָן בְּעָלְמָא, וְאִמְרוּ אָמֵן. (קהל: אָמֵן)

עַל יִשְׂרָאֵל וְעַל רַבָּנָן וְעַל תַּלְמִידֵיהוֹן

וְעַל כָּל תַּלְמִידֵי תַלְמִידֵיהוֹן

וְעַל כָּל מָאן דְּעָסְקִין בְּאוֹרַיְתָא

דִּי בְאַתְרָא קַדִּישָׁא הָדֵין, וְדִי בְכָל אֲתַר וַאֲתַר

יְהֵא לְהוֹן וּלְכוֹן שְׁלָמָא רַבָּא

חִנָּא וְחִסְדָּא, וְרַחֲמֵי, וְחַיֵּי אֲרִיכֵי, וּמְזוֹנֵי רְוִיחֵי

וּפֻרְקָנָא מִן קֳדָם אֲבוּהוֹן דִּי בִשְׁמַיָּא, וְאִמְרוּ אָמֵן. (קהל: אָמֵן)

יְהֵא שְׁלָמָא רַבָּא מִן שְׁמַיָּא

וְחַיִּים (טוֹבִים) עָלֵינוּ וְעַל כָּל יִשְׂרָאֵל, וְאִמְרוּ אָמֵן. (קהל: אָמֵן)

כורע ופוסע שלוש פסיעות לאחור. קד לשמאל, לימין ולפנים באמירת:

עֹשֶׂה שָׁלוֹם/ בשבת שובה: הַשָּׁלוֹם/ בִּמְרוֹמָיו

הוּא יַעֲשֶׂה בְרַחֲמָיו שָׁלוֹם

עָלֵינוּ וְעַל כָּל יִשְׂרָאֵל, וְאִמְרוּ אָמֵן. (קהל: אָמֵן)

ערבית לשבת וליום טוב

"מֵעֶרֶב עַד־עֶרֶב תִּשְׁבְּתוּ שַׁבַּתְּכֶם" (ויקרא כג, לב).

קריאת שמע וברכותיה

אין אומרים 'וְהוּא רַחוּם' בליל שבת וביום טוב מכיוון שהם פסוקי תחינה, ואין מתחננים בשבת (סידור הרוקח).

שליח הציבור כורע בתיבת 'בָּרְכוּ' וזוקף בשם. הקהל כורע בתיבת 'בָּרוּךְ' וזוקף בשם, ושליח הציבור כורע שוב כאשר הוא חוזר אחריהם.

ש"ץ: **בָּרְכוּ**

אֶת יהוה הַמְבֹרָךְ.

קהל: **בָּרוּךְ יהוה הַמְבֹרָךְ לְעוֹלָם וָעֶד.**

ש"ץ: **בָּרוּךְ יהוה הַמְבֹרָךְ לְעוֹלָם וָעֶד.**

'בְּחָכְמָה פּוֹתֵחַ שְׁעָרִים' – כמו שכתוב (ישעיה כו, ב):
"פִּתְחוּ שְׁעָרִים וְיָבֹא גוֹי־צַדִּיק" (אבודרהם).
ובניגוד לששת ימי המעשה בשבת השער פתוח, כאמור
(יחזקאל מו, א): "שַׁעַר הֶחָצֵר הַפְּנִימִית הַפֹּנֶה קָדִים יִהְיֶה סָגוּר שֵׁשֶׁת יְמֵי הַמַּעֲשֶׂה, וּבְיוֹם הַשַּׁבָּת יִפָּתֵחַ" (זוהר, נח עה ע"ב).

בָּרוּךְ אַתָּה יהוה אֱלֹהֵינוּ מֶלֶךְ הָעוֹלָם
אֲשֶׁר בִּדְבָרוֹ מַעֲרִיב עֲרָבִים
בְּחָכְמָה פּוֹתֵחַ שְׁעָרִים
וּבִתְבוּנָה מְשַׁנֶּה עִתִּים וּמַחֲלִיף אֶת הַזְּמַנִּים
וּמְסַדֵּר אֶת הַכּוֹכָבִים בְּמִשְׁמְרוֹתֵיהֶם בָּרָקִיעַ כִּרְצוֹנוֹ.

בּוֹרֵא יוֹם וָלָֽיְלָה, גּוֹלֵל אוֹר מִפְּנֵי חֹשֶׁךְ וְחֹשֶׁךְ מִפְּנֵי אוֹר

◂ וּמַעֲבִיר יוֹם וּמֵבִיא לָֽיְלָה

וּמַבְדִּיל בֵּין יוֹם וּבֵין לָֽיְלָה

יהוה צְבָאוֹת שְׁמוֹ.

אֵל חַי וְקַיָּם תָּמִיד, יִמְלֹךְ עָלֵֽינוּ לְעוֹלָם וָעֶד.

בָּרוּךְ אַתָּה יהוה, הַמַּעֲרִיב עֲרָבִים.

אַהֲבַת עוֹלָם בֵּית יִשְׂרָאֵל עַמְּךָ אָהָֽבְתָּ

תּוֹרָה וּמִצְוֹת, חֻקִּים וּמִשְׁפָּטִים, אוֹתָֽנוּ לִמַּֽדְתָּ

עַל כֵּן יהוה אֱלֹהֵֽינוּ בְּשָׁכְבֵֽנוּ וּבְקוּמֵֽנוּ נָשִֽׂיחַ בְּחֻקֶּֽיךָ

וְנִשְׂמַח בְּדִבְרֵי תוֹרָתֶֽךָ וּבְמִצְוֹתֶֽיךָ לְעוֹלָם וָעֶד

◂ כִּי הֵם חַיֵּֽינוּ וְאֹֽרֶךְ יָמֵֽינוּ, וּבָהֶם נֶהְגֶּה יוֹמָם וָלָֽיְלָה.

וְאַהֲבָתְךָ אַל תָּסִיר מִמֶּֽנּוּ לְעוֹלָמִים.

בָּרוּךְ אַתָּה יהוה, אוֹהֵב עַמּוֹ יִשְׂרָאֵל.

"יקרא קריאת שמע בכוונה – באימה, ביראה, ברתת וזיע" (שו"ע סא, א). ראה הלכה 72–73.

המתפלל ביחידות אומר:

אֵל מֶֽלֶךְ נֶאֱמָן

מכסה את עיניו בידו ואומר בכוונה ובקול רם:

דברים ו **שְׁמַע יִשְׂרָאֵל, יהוה אֱלֹהֵֽינוּ, יהוה ׀ אֶחָד:**

בלחש: בָּרוּךְ שֵׁם כְּבוֹד מַלְכוּתוֹ לְעוֹלָם וָעֶד.

דברים ו וְאָהַבְתָּ אֵת יהוה אֱלֹהֶיךָ, בְּכׇל־לְבָבְךָ וּבְכׇל־נַפְשְׁךָ וּבְכׇל־מְאֹדֶֽךָ:
וְהָיוּ הַדְּבָרִים הָאֵֽלֶּה, אֲשֶׁר אָנֹכִי מְצַוְּךָ הַיּוֹם, עַל־לְבָבֶֽךָ: וְשִׁנַּנְתָּם
לְבָנֶיךָ וְדִבַּרְתָּ בָּם, בְּשִׁבְתְּךָ בְּבֵיתֶךָ וּבְלֶכְתְּךָ בַדֶּרֶךְ, וּבְשׇׁכְבְּךָ
וּבְקוּמֶֽךָ: וּקְשַׁרְתָּם לְאוֹת עַל־יָדֶךָ וְהָיוּ לְטֹטָפֹת בֵּין עֵינֶֽיךָ:
וּכְתַבְתָּם עַל־מְזֻזוֹת בֵּיתֶךָ וּבִשְׁעָרֶֽיךָ:

דברים יא וְהָיָה אִם־שָׁמֹעַ תִּשְׁמְעוּ אֶל־מִצְוֹתַי אֲשֶׁר אָנֹכִי מְצַוֶּה אֶתְכֶם הַיּוֹם, לְאַהֲבָה אֶת־יהוה אֱלֹהֵיכֶם וּלְעָבְדוֹ, בְּכָל־לְבַבְכֶם וּבְכָל־נַפְשְׁכֶם: וְנָתַתִּי מְטַר־אַרְצְכֶם בְּעִתּוֹ, יוֹרֶה וּמַלְקוֹשׁ, וְאָסַפְתָּ דְגָנֶךָ וְתִירֹשְׁךָ וְיִצְהָרֶךָ: וְנָתַתִּי עֵשֶׂב בְּשָׂדְךָ לִבְהֶמְתֶּךָ, וְאָכַלְתָּ וְשָׂבָעְתָּ: הִשָּׁמְרוּ לָכֶם פֶּן־יִפְתֶּה לְבַבְכֶם, וְסַרְתֶּם וַעֲבַדְתֶּם אֱלֹהִים אֲחֵרִים וְהִשְׁתַּחֲוִיתֶם לָהֶם: וְחָרָה אַף־יהוה בָּכֶם, וְעָצַר אֶת־הַשָּׁמַיִם וְלֹא־יִהְיֶה מָטָר, וְהָאֲדָמָה לֹא תִתֵּן אֶת־יְבוּלָהּ, וַאֲבַדְתֶּם מְהֵרָה מֵעַל הָאָרֶץ הַטֹּבָה אֲשֶׁר יהוה נֹתֵן לָכֶם: וְשַׂמְתֶּם אֶת־דְּבָרַי אֵלֶּה עַל־לְבַבְכֶם וְעַל־נַפְשְׁכֶם, וּקְשַׁרְתֶּם אֹתָם לְאוֹת עַל־יֶדְכֶם, וְהָיוּ לְטוֹטָפֹת בֵּין עֵינֵיכֶם: וְלִמַּדְתֶּם אֹתָם אֶת־בְּנֵיכֶם לְדַבֵּר בָּם, בְּשִׁבְתְּךָ בְּבֵיתֶךָ וּבְלֶכְתְּךָ בַדֶּרֶךְ, וּבְשָׁכְבְּךָ וּבְקוּמֶךָ: וּכְתַבְתָּם עַל־מְזוּזוֹת בֵּיתֶךָ וּבִשְׁעָרֶיךָ: לְמַעַן יִרְבּוּ יְמֵיכֶם וִימֵי בְנֵיכֶם עַל הָאֲדָמָה אֲשֶׁר נִשְׁבַּע יהוה לַאֲבֹתֵיכֶם לָתֵת לָהֶם, כִּימֵי הַשָּׁמַיִם עַל־הָאָרֶץ:

במדבר טו וַיֹּאמֶר יהוה אֶל־מֹשֶׁה לֵּאמֹר: דַּבֵּר אֶל־בְּנֵי יִשְׂרָאֵל וְאָמַרְתָּ אֲלֵהֶם, וְעָשׂוּ לָהֶם צִיצִת עַל־כַּנְפֵי בִגְדֵיהֶם לְדֹרֹתָם, וְנָתְנוּ עַל־צִיצִת הַכָּנָף פְּתִיל תְּכֵלֶת: וְהָיָה לָכֶם לְצִיצִת, וּרְאִיתֶם אֹתוֹ וּזְכַרְתֶּם אֶת־כָּל־מִצְוֹת יהוה וַעֲשִׂיתֶם אֹתָם, וְלֹא תָתֻרוּ אַחֲרֵי לְבַבְכֶם וְאַחֲרֵי עֵינֵיכֶם, אֲשֶׁר־אַתֶּם זֹנִים אַחֲרֵיהֶם: לְמַעַן תִּזְכְּרוּ וַעֲשִׂיתֶם אֶת־כָּל־מִצְוֹתָי, וִהְיִיתֶם קְדֹשִׁים לֵאלֹהֵיכֶם: אֲנִי יהוה אֱלֹהֵיכֶם, אֲשֶׁר הוֹצֵאתִי אֶתְכֶם מֵאֶרֶץ מִצְרַיִם, לִהְיוֹת לָכֶם לֵאלֹהִים, אֲנִי יהוה אֱלֹהֵיכֶם:

אֱמֶת

שליח הציבור חוזר ואומר:

› יהוה אֱלֹהֵיכֶם אֱמֶת

"כל שלא אמר אמת ויציב שחרית ואמת ואמונה ערבית – לא יצא ידי חובתו, שנאמר (תהלים צב, ג): 'לְהַגִּיד בַּבֹּקֶר חַסְדֶּךָ וֶאֱמוּנָתְךָ בַּלֵּילוֹת'" (ברכות יב ע"א).

"ברכת אמת ויציב כולה על חסד שעשה עם אבותינו היא, שהוציאם ממצרים ובקע להם הים והעבירים, וברכת אמת ואמונה מדבר בה אף על העתידות, שאנו מצפים שיקיים לנו הבטחתו ואמונתו לגאלנו מיד מלכים ומיד עריצים ולשום נפשנו בחיים, ולהדריכנו על במות אויבינו, כל אלה הנסים התדירים תמיד" (רש"י שם).

וֶאֱמוּנָה כָּל זֹאת וְקַיָּם עָלֵינוּ
כִּי הוּא יהוה אֱלֹהֵינוּ וְאֵין זוּלָתוֹ
וַאֲנַחְנוּ יִשְׂרָאֵל עַמּוֹ.
הַפּוֹדֵנוּ מִיַּד מְלָכִים
מַלְכֵּנוּ הַגּוֹאֲלֵנוּ מִכַּף כָּל הֶעָרִיצִים.
הָאֵל הַנִּפְרָע לָנוּ מִצָּרֵינוּ
וְהַמְשַׁלֵּם גְּמוּל לְכָל אוֹיְבֵי נַפְשֵׁנוּ.
הָעוֹשֶׂה גְדוֹלוֹת עַד אֵין חֵקֶר, וְנִפְלָאוֹת עַד אֵין מִסְפָּר.
תהלים סו הַשָּׂם נַפְשֵׁנוּ בַּחַיִּים, וְלֹא־נָתַן לַמּוֹט רַגְלֵנוּ:
הַמַּדְרִיכֵנוּ עַל בָּמוֹת אוֹיְבֵינוּ
וַיָּרֶם קַרְנֵנוּ עַל כָּל שׂוֹנְאֵינוּ.
הָעוֹשֶׂה לָּנוּ נִסִּים וּנְקָמָה בְּפַרְעֹה
אוֹתוֹת וּמוֹפְתִים בְּאַדְמַת בְּנֵי חָם.
הַמַּכֶּה בְעֶבְרָתוֹ כָּל בְּכוֹרֵי מִצְרָיִם
וַיּוֹצֵא אֶת עַמּוֹ יִשְׂרָאֵל מִתּוֹכָם לְחֵרוּת עוֹלָם.
הַמַּעֲבִיר בָּנָיו בֵּין גִּזְרֵי יַם סוּף
אֶת רוֹדְפֵיהֶם וְאֶת שׂוֹנְאֵיהֶם בִּתְהוֹמוֹת טִבַּע
וְרָאוּ בָנָיו גְּבוּרָתוֹ, שִׁבְּחוּ וְהוֹדוּ לִשְׁמוֹ
◂ וּמַלְכוּתוֹ בְּרָצוֹן קִבְּלוּ עֲלֵיהֶם.
מֹשֶׁה וּבְנֵי יִשְׂרָאֵל, לְךָ עָנוּ שִׁירָה בְּשִׂמְחָה רַבָּה
וְאָמְרוּ כֻלָּם

מִי־כָמֹכָה בָּאֵלִם יהוה שמות טו
מִי כָּמֹכָה נֶאְדָּר בַּקֹּדֶשׁ
נוֹרָא תְהִלֹּת עֹשֵׂה פֶלֶא:

› מַלְכוּתְךָ רָאוּ בָנֶיךָ, בּוֹקֵעַ יָם לִפְנֵי מֹשֶׁה
זֶה אֵלִי עָנוּ, וְאָמְרוּ
יהוה יִמְלֹךְ לְעֹלָם וָעֶד: שמות טו

› וְנֶאֱמַר
כִּי־פָדָה יהוה אֶת־יַעֲקֹב, וּגְאָלוֹ מִיַּד חָזָק מִמֶּנּוּ: ירמיה לא
בָּרוּךְ אַתָּה יהוה, גָּאַל יִשְׂרָאֵל.

בשבתות ובימים טובים אומרים ברכות קריאת שמע כביום חול
בשינוי החתימה של ברכת ׳הַשְׁכִּיבֵנוּ׳ (סדר רב עמרם גאון),
מפני שהשבת שומרת ומגנה, ואין צורך בשמירה נוספת מלבדה (טור, רסז).

הַשְׁכִּיבֵנוּ יהוה אֱלֹהֵינוּ לְשָׁלוֹם
וְהַעֲמִידֵנוּ מַלְכֵּנוּ לְחַיִּים
וּפְרֹשׂ עָלֵינוּ סֻכַּת שְׁלוֹמֶךָ, וְתַקְּנֵנוּ בְּעֵצָה טוֹבָה מִלְּפָנֶיךָ
וְהוֹשִׁיעֵנוּ לְמַעַן שְׁמֶךָ.
וְהָגֵן בַּעֲדֵנוּ
וְהָסֵר מֵעָלֵינוּ אוֹיֵב, דֶּבֶר וְחֶרֶב וְרָעָב וְיָגוֹן
וְהָסֵר שָׂטָן מִלְּפָנֵינוּ וּמֵאַחֲרֵינוּ, וּבְצֵל כְּנָפֶיךָ תַּסְתִּירֵנוּ
כִּי אֵל שׁוֹמְרֵנוּ וּמַצִּילֵנוּ אָתָּה
כִּי אֵל מֶלֶךְ חַנּוּן וְרַחוּם אָתָּה.
› וּשְׁמֹר צֵאתֵנוּ וּבוֹאֵנוּ לְחַיִּים וּלְשָׁלוֹם
מֵעַתָּה וְעַד עוֹלָם.
וּפְרֹשׂ עָלֵינוּ סֻכַּת שְׁלוֹמֶךָ.
בָּרוּךְ אַתָּה יהוה
הַפּוֹרֵשׂ סֻכַּת שָׁלוֹם עָלֵינוּ וְעַל כָּל עַמּוֹ יִשְׂרָאֵל וְעַל יְרוּשָׁלָיִם.

בשבת נוהגים שהקהל עומד ואומר פסוקים אלה כדי לקבל על עצמו שמירת שבת (ר״ש מגרמייזא) וכן מכיוון שהגאולה תלויה בשמירת השבת (טור, רמב). והגר״א נהג שלא לאומרם כדי לא להפסיק בין גאולה לתפילה.

שמות לא **וְשָׁמְרוּ בְנֵי־יִשְׂרָאֵל אֶת־הַשַּׁבָּת**
לַעֲשׂוֹת אֶת־הַשַּׁבָּת לְדֹרֹתָם בְּרִית עוֹלָם:
בֵּינִי וּבֵין בְּנֵי יִשְׂרָאֵל, אוֹת הִוא לְעֹלָם
כִּי־שֵׁשֶׁת יָמִים עָשָׂה יהוה אֶת־הַשָּׁמַיִם וְאֶת־הָאָרֶץ
וּבַיּוֹם הַשְּׁבִיעִי שָׁבַת וַיִּנָּפַשׁ:

ביום טוב אומרים:

ויקרא כג **וַיְדַבֵּר מֹשֶׁה אֶת־מֹעֲדֵי יהוה אֶל־בְּנֵי יִשְׂרָאֵל:**

חצי קדיש

ש״ץ: **יִתְגַּדַּל וְיִתְקַדַּשׁ שְׁמֵהּ רַבָּא** (קהל: אָמֵן)
בְּעָלְמָא דִּי בְרָא כִרְעוּתֵהּ
וְיַמְלִיךְ מַלְכוּתֵהּ
בְּחַיֵּיכוֹן וּבְיוֹמֵיכוֹן וּבְחַיֵּי דְכָל בֵּית יִשְׂרָאֵל
בַּעֲגָלָא וּבִזְמַן קָרִיב, וְאִמְרוּ אָמֵן. (קהל: אָמֵן)

קהל וש״ץ: **יְהֵא שְׁמֵהּ רַבָּא מְבָרַךְ לְעָלַם וּלְעָלְמֵי עָלְמַיָּא.**

ש״ץ: **יִתְבָּרַךְ וְיִשְׁתַּבַּח וְיִתְפָּאַר וְיִתְרוֹמַם וְיִתְנַשֵּׂא**
וְיִתְהַדָּר וְיִתְעַלֶּה וְיִתְהַלָּל
שְׁמֵהּ דְּקֻדְשָׁא בְּרִיךְ הוּא (קהל: בְּרִיךְ הוּא)
לְעֵלָּא מִן כָּל בִּרְכָתָא
/בשבת שובה: לְעֵלָּא לְעֵלָּא מִכָּל בִּרְכָתָא/
וְשִׁירָתָא, תֻּשְׁבְּחָתָא וְנֶחֱמָתָא
דַּאֲמִירָן בְּעָלְמָא, וְאִמְרוּ אָמֵן. (קהל: אָמֵן)

ביום טוב מתפללים תפילת עמידה של יום טוב (עמ׳ 379), אף אם חל בשבת.

עמידה

"המתפלל צריך שיכוין בלבו פירוש המלות שמוציא בשפתיו; ויחשוב כאלו שכינה כנגדו ויסיר כל המחשבות הטורדות אותו עד שתשאר מחשבתו וכוונתו זכה בתפלתו" (שו"ע צח, א).

פוסע שלוש פסיעות לפנים כמי שנכנס לפני המלך. עומד ומתפלל בלחש מכאן ועד 'וּכְשָׁנִים קַדְמֹנִיּוֹת' בעמ' 174.

כורע במקומות המסומנים ב', קד לפנים במילה הבאה וזוקף בשם.

אֲדֹנָי, שְׂפָתַי תִּפְתָּח, וּפִי יַגִּיד תְּהִלָּתֶךָ: תהלים נא

אבות

ּ'בָּרוּךְ אַתָּה יהוה, אֱלֹהֵינוּ וֵאלֹהֵי אֲבוֹתֵינוּ
אֱלֹהֵי אַבְרָהָם, אֱלֹהֵי יִצְחָק, וֵאלֹהֵי יַעֲקֹב
הָאֵל הַגָּדוֹל הַגִּבּוֹר וְהַנּוֹרָא, אֵל עֶלְיוֹן
גּוֹמֵל חֲסָדִים טוֹבִים, וְקוֹנֵה הַכֹּל
וְזוֹכֵר חַסְדֵי אָבוֹת
וּמֵבִיא גוֹאֵל לִבְנֵי בְנֵיהֶם לְמַעַן שְׁמוֹ בְּאַהֲבָה.

בשבת שובה: זָכְרֵנוּ לְחַיִּים, מֶלֶךְ חָפֵץ בַּחַיִּים
וְכָתְבֵנוּ בְּסֵפֶר הַחַיִּים, לְמַעַנְךָ אֱלֹהִים חַיִּים.

מֶלֶךְ עוֹזֵר וּמוֹשִׁיעַ וּמָגֵן.
'בָּרוּךְ אַתָּה יהוה, מָגֵן אַבְרָהָם.

גבורות

אַתָּה גִּבּוֹר לְעוֹלָם, אֲדֹנָי
מְחַיֵּה מֵתִים אַתָּה, רַב לְהוֹשִׁיעַ

אומרים 'מַשִּׁיב הָרְוּחַ וּמוֹרִיד הַגֶּשֶׁם' משמיני עצרת עד יום טוב ראשון של פסח, ו'מוֹרִיד הַטָּל' מחול המועד פסח ועד הושענא רבה. ראה הלכה 94–99.

בחורף: מַשִּׁיב הָרְוּחַ וּמוֹרִיד הַגֶּשֶׁם / בקיץ: מוֹרִיד הַטָּל

מְכַלְכֵּל חַיִּים בְּחֶסֶד, מְחַיֵּה מֵתִים בְּרַחֲמִים רַבִּים
סוֹמֵךְ נוֹפְלִים, וְרוֹפֵא חוֹלִים, וּמַתִּיר אֲסוּרִים
וּמְקַיֵּם אֱמוּנָתוֹ לִישֵׁנֵי עָפָר.

מִי כָמוֹךָ, בַּעַל גְּבוּרוֹת, וּמִי דּוֹמֶה לָּךְ
מֶלֶךְ, מֵמִית וּמְחַיֶּה וּמַצְמִיחַ יְשׁוּעָה.

בשבת שובה: מִי כָמוֹךָ אַב הָרַחֲמִים
זוֹכֵר יְצוּרָיו לְחַיִּים בְּרַחֲמִים.

וְנֶאֱמָן אַתָּה לְהַחֲיוֹת מֵתִים.
בָּרוּךְ אַתָּה יהוה, מְחַיֵּה הַמֵּתִים.

קדושת השם

אַתָּה קָדוֹשׁ וְשִׁמְךָ קָדוֹשׁ
וּקְדוֹשִׁים בְּכָל יוֹם יְהַלְלוּךָ סֶּלָה.
בָּרוּךְ אַתָּה יהוה
הָאֵל הַקָּדוֹשׁ./ בשבת שובה: הַמֶּלֶךְ הַקָּדוֹשׁ./

אם שכח, חוזר לראש התפילה.

מנהג אשכנז לומר בברכה רביעית בליל שבת 'אַתָּה קִדַּשְׁתָּ' (מחזור ויטרי, קה; לגאונים היה נוסח אחר) כדי להזכיר את השבת הראשונה שלאחר הבריאה (ספר התרומה, רמו), והמנהג פשט כמעט בכל עדות ישראל.

קדושת היום

אַתָּה קִדַּשְׁתָּ אֶת יוֹם הַשְּׁבִיעִי לִשְׁמֶךָ
תַּכְלִית מַעֲשֵׂה שָׁמַיִם וָאָרֶץ
וּבֵרַכְתּוֹ מִכָּל הַיָּמִים, וְקִדַּשְׁתּוֹ מִכָּל הַזְּמַנִּים
וְכֵן כָּתוּב בְּתוֹרָתֶךָ

וַיְכֻלּוּ הַשָּׁמַיִם וְהָאָרֶץ וְכָל־צְבָאָם: בראשית ב
וַיְכַל אֱלֹהִים בַּיּוֹם הַשְּׁבִיעִי מְלַאכְתּוֹ אֲשֶׁר עָשָׂה
וַיִּשְׁבֹּת בַּיּוֹם הַשְּׁבִיעִי מִכָּל־מְלַאכְתּוֹ אֲשֶׁר עָשָׂה:
וַיְבָרֶךְ אֱלֹהִים אֶת־יוֹם הַשְּׁבִיעִי, וַיְקַדֵּשׁ אֹתוֹ
כִּי בוֹ שָׁבַת מִכָּל־מְלַאכְתּוֹ, אֲשֶׁר־בָּרָא אֱלֹהִים לַעֲשׂוֹת:

אֱלֹהֵינוּ וֵאלֹהֵי אֲבוֹתֵינוּ, רְצֵה בִמְנוּחָתֵנוּ.
קַדְּשֵׁנוּ בְּמִצְוֹתֶיךָ, וְתֵן חֶלְקֵנוּ בְּתוֹרָתֶךָ
שַׂבְּעֵנוּ מִטּוּבֶךָ, וְשַׂמְּחֵנוּ בִּישׁוּעָתֶךָ
וְטַהֵר לִבֵּנוּ לְעָבְדְּךָ בֶּאֱמֶת.
וְהַנְחִילֵנוּ, יהוה אֱלֹהֵינוּ
בְּאַהֲבָה וּבְרָצוֹן שַׁבַּת קָדְשֶׁךָ
וְיָנוּחוּ בָהּ יִשְׂרָאֵל מְקַדְּשֵׁי שְׁמֶךָ.
בָּרוּךְ אַתָּה יהוה, מְקַדֵּשׁ הַשַּׁבָּת.

עבודה

רְצֵה יהוה אֱלֹהֵינוּ בְּעַמְּךָ יִשְׂרָאֵל וּבִתְפִלָּתָם
וְהָשֵׁב אֶת הָעֲבוֹדָה לִדְבִיר בֵּיתֶךָ
וְאִשֵּׁי יִשְׂרָאֵל וּתְפִלָּתָם בְּאַהֲבָה תְקַבֵּל בְּרָצוֹן
וּתְהִי לְרָצוֹן תָּמִיד עֲבוֹדַת יִשְׂרָאֵל עַמֶּךָ.

בראש חודש ובחול המועד:

אֱלֹהֵינוּ וֵאלֹהֵי אֲבוֹתֵינוּ, יַעֲלֶה וְיָבוֹא וְיַגִּיעַ, וְיֵרָאֶה וְיֵרָצֶה וְיִשָּׁמַע, וְיִפָּקֵד וְיִזָּכֵר זִכְרוֹנֵנוּ וּפִקְדוֹנֵנוּ וְזִכְרוֹן אֲבוֹתֵינוּ, וְזִכְרוֹן מָשִׁיחַ בֶּן דָּוִד עַבְדֶּךָ, וְזִכְרוֹן יְרוּשָׁלַיִם עִיר קָדְשֶׁךָ, וְזִכְרוֹן כָּל עַמְּךָ בֵּית יִשְׂרָאֵל, לְפָנֶיךָ, לִפְלֵיטָה לְטוֹבָה, לְחֵן וּלְחֶסֶד וּלְרַחֲמִים, לְחַיִּים וּלְשָׁלוֹם בְּיוֹם

בראש חודש: **רֹאשׁ הַחֹדֶשׁ** / בפסח: **חַג הַמַּצּוֹת** / בסוכות: **חַג הַסֻּכּוֹת**

הַזֶּה. זָכְרֵנוּ יהוה אֱלֹהֵינוּ בּוֹ לְטוֹבָה, וּפָקְדֵנוּ בוֹ לִבְרָכָה, וְהוֹשִׁיעֵנוּ בוֹ לְחַיִּים. וּבִדְבַר יְשׁוּעָה וְרַחֲמִים, חוּס וְחָנֵּנוּ וְרַחֵם עָלֵינוּ וְהוֹשִׁיעֵנוּ, כִּי אֵלֶיךָ עֵינֵינוּ, כִּי אֵל מֶלֶךְ חַנּוּן וְרַחוּם אָתָּה.

וְתֶחֱזֶינָה עֵינֵינוּ בְּשׁוּבְךָ לְצִיּוֹן בְּרַחֲמִים.
בָּרוּךְ אַתָּה יהוה, הַמַּחֲזִיר שְׁכִינָתוֹ לְצִיּוֹן.

הודאה

כורע ב׳מודים׳ ואינו זוקף עד אמירת השם.

מוֹדִים אֲנַחְנוּ לָךְ
שָׁאַתָּה הוּא יהוה אֱלֹהֵינוּ וֵאלֹהֵי אֲבוֹתֵינוּ לְעוֹלָם וָעֶד.
צוּר חַיֵּינוּ, מָגֵן יִשְׁעֵנוּ, אַתָּה הוּא לְדוֹר וָדוֹר.
נוֹדֶה לְּךָ וּנְסַפֵּר תְּהִלָּתֶךָ
עַל חַיֵּינוּ הַמְּסוּרִים בְּיָדֶךָ
וְעַל נִשְׁמוֹתֵינוּ הַפְּקוּדוֹת לָךְ
וְעַל נִסֶּיךָ שֶׁבְּכָל יוֹם עִמָּנוּ
וְעַל נִפְלְאוֹתֶיךָ וְטוֹבוֹתֶיךָ
שֶׁבְּכָל עֵת, עֶרֶב וָבֹקֶר וְצָהֳרָיִם.
הַטּוֹב, כִּי לֹא כָלוּ רַחֲמֶיךָ
וְהַמְרַחֵם, כִּי לֹא תַמּוּ חֲסָדֶיךָ
מֵעוֹלָם קִוִּינוּ לָךְ.

בחנוכה:

עַל הַנִּסִּים וְעַל הַפֻּרְקָן וְעַל הַגְּבוּרוֹת וְעַל הַתְּשׁוּעוֹת וְעַל הַמִּלְחָמוֹת שֶׁעָשִׂיתָ לַאֲבוֹתֵינוּ בַּיָּמִים הָהֵם בַּזְּמַן הַזֶּה.

בִּימֵי מַתִּתְיָהוּ בֶּן יוֹחָנָן כֹּהֵן גָּדוֹל חַשְׁמוֹנַאי וּבָנָיו, כְּשֶׁעָמְדָה מַלְכוּת יָוָן הָרְשָׁעָה עַל עַמְּךָ יִשְׂרָאֵל לְהַשְׁכִּיחָם תּוֹרָתֶךָ וּלְהַעֲבִירָם מֵחֻקֵּי רְצוֹנֶךָ, וְאַתָּה בְּרַחֲמֶיךָ הָרַבִּים עָמַדְתָּ לָהֶם בְּעֵת צָרָתָם, רַבְתָּ אֶת רִיבָם, דַּנְתָּ אֶת דִּינָם, נָקַמְתָּ אֶת נִקְמָתָם, מָסַרְתָּ גִבּוֹרִים בְּיַד חַלָּשִׁים, וְרַבִּים בְּיַד מְעַטִּים, וּטְמֵאִים בְּיַד טְהוֹרִים, וּרְשָׁעִים בְּיַד צַדִּיקִים, וְזֵדִים בְּיַד עוֹסְקֵי תוֹרָתֶךָ, וּלְךָ עָשִׂיתָ שֵׁם גָּדוֹל וְקָדוֹשׁ בְּעוֹלָמֶךָ, וּלְעַמְּךָ יִשְׂרָאֵל עָשִׂיתָ תְּשׁוּעָה גְדוֹלָה וּפֻרְקָן כְּהַיּוֹם הַזֶּה. וְאַחַר כֵּן בָּאוּ בָנֶיךָ לִדְבִיר בֵּיתֶךָ, וּפִנּוּ אֶת הֵיכָלֶךָ, וְטִהֲרוּ אֶת מִקְדָּשֶׁךָ, וְהִדְלִיקוּ נֵרוֹת בְּחַצְרוֹת קָדְשֶׁךָ, וְקָבְעוּ שְׁמוֹנַת יְמֵי חֲנֻכָּה אֵלּוּ, לְהוֹדוֹת וּלְהַלֵּל לְשִׁמְךָ הַגָּדוֹל.

וממשיך ׳וְעַל כֻּלָּם׳.

בשושן פורים בירושלים:

עַל הַנִּסִּים וְעַל הַפֻּרְקָן וְעַל הַגְּבוּרוֹת וְעַל הַתְּשׁוּעוֹת וְעַל הַמִּלְחָמוֹת
שֶׁעָשִׂיתָ לַאֲבוֹתֵינוּ בַּיָּמִים הָהֵם בַּזְּמַן הַזֶּה.
בִּימֵי מָרְדְּכַי וְאֶסְתֵּר בְּשׁוּשַׁן הַבִּירָה, כְּשֶׁעָמַד עֲלֵיהֶם הָמָן הָרָשָׁע,
בִּקֵּשׁ לְהַשְׁמִיד לַהֲרֹג וּלְאַבֵּד אֶת־כָּל־הַיְּהוּדִים מִנַּעַר וְעַד־זָקֵן טַף אסתר ג
וְנָשִׁים בְּיוֹם אֶחָד, בִּשְׁלוֹשָׁה עָשָׂר לְחֹדֶשׁ שְׁנֵים־עָשָׂר, הוּא־חֹדֶשׁ אֲדָר,
וּשְׁלָלָם לָבוֹז: וְאַתָּה בְּרַחֲמֶיךָ הָרַבִּים הֵפַרְתָּ אֶת עֲצָתוֹ, וְקִלְקַלְתָּ אֶת
מַחֲשַׁבְתּוֹ, וַהֲשֵׁבוֹתָ לּוֹ גְּמוּלוֹ בְּרֹאשׁוֹ, וְתָלוּ אוֹתוֹ וְאֶת בָּנָיו עַל הָעֵץ.

וממשיך 'וְעַל כֻּלָּם'.

וְעַל כֻּלָּם יִתְבָּרַךְ וְיִתְרוֹמַם שִׁמְךָ מַלְכֵּנוּ תָּמִיד לְעוֹלָם וָעֶד.

בשבת שובה: וּכְתֹב לְחַיִּים טוֹבִים כָּל בְּנֵי בְרִיתֶךָ.

וְכֹל הַחַיִּים יוֹדוּךָ סֶּלָה, וִיהַלְלוּ אֶת שִׁמְךָ בֶּאֱמֶת
הָאֵל יְשׁוּעָתֵנוּ וְעֶזְרָתֵנוּ סֶלָה.
בָּרוּךְ אַתָּה יהוה, הַטּוֹב שִׁמְךָ וּלְךָ נָאֶה לְהוֹדוֹת.

שלום

שָׁלוֹם רָב עַל יִשְׂרָאֵל עַמְּךָ תָּשִׂים לְעוֹלָם
כִּי אַתָּה הוּא מֶלֶךְ אָדוֹן לְכָל הַשָּׁלוֹם.
וְטוֹב בְּעֵינֶיךָ לְבָרֵךְ אֶת עַמְּךָ יִשְׂרָאֵל
בְּכָל עֵת וּבְכָל שָׁעָה בִּשְׁלוֹמֶךָ.

בשבת שובה: בְּסֵפֶר חַיִּים, בְּרָכָה וְשָׁלוֹם, וּפַרְנָסָה טוֹבָה
נִזָּכֵר וְנִכָּתֵב לְפָנֶיךָ, אֲנַחְנוּ וְכָל עַמְּךָ בֵּית יִשְׂרָאֵל
לְחַיִּים טוֹבִים וּלְשָׁלוֹם.

בני חוץ לארץ מסיימים: בָּרוּךְ אַתָּה יהוה, עוֹשֵׂה הַשָּׁלוֹם.

בָּרוּךְ אַתָּה יהוה, הַמְבָרֵךְ אֶת עַמּוֹ יִשְׂרָאֵל בַּשָּׁלוֹם.

יש מוסיפים (ראה הלכה 103):

יִהְיוּ לְרָצוֹן אִמְרֵי־פִי וְהֶגְיוֹן לִבִּי לְפָנֶיךָ, יהוה צוּרִי וְגוֹאֲלִי: תהלים יט

ברכות יז. אֱלֹהַי

נְצֹר לְשׁוֹנִי מֵרָע וּשְׂפָתַי מִדַּבֵּר מִרְמָה

וְלִמְקַלְלַי נַפְשִׁי תִדֹּם, וְנַפְשִׁי כֶּעָפָר לַכֹּל תִּהְיֶה.

פְּתַח לִבִּי בְּתוֹרָתֶךָ, וּבְמִצְוֹתֶיךָ תִּרְדֹּף נַפְשִׁי.

וְכָל הַחוֹשְׁבִים עָלַי רָעָה

מְהֵרָה הָפֵר עֲצָתָם וְקַלְקֵל מַחֲשַׁבְתָּם.

עֲשֵׂה לְמַעַן שְׁמֶךָ, עֲשֵׂה לְמַעַן יְמִינֶךָ

עֲשֵׂה לְמַעַן קְדֻשָּׁתֶךָ, עֲשֵׂה לְמַעַן תּוֹרָתֶךָ.

תהלים ס לְמַעַן יֵחָלְצוּן יְדִידֶיךָ, הוֹשִׁיעָה יְמִינְךָ וַעֲנֵנִי:

תהלים יט יִהְיוּ לְרָצוֹן אִמְרֵי־פִי וְהֶגְיוֹן לִבִּי לְפָנֶיךָ, יהוה צוּרִי וְגֹאֲלִי:

כורע ופוסע שלוש פסיעות לאחור.
קד לשמאל, לימין ולפנים באמירת:

עֹשֶׂה שָׁלוֹם/ בשבת שובה: הַשָּׁלוֹם/ בִּמְרוֹמָיו

הוּא יַעֲשֶׂה שָׁלוֹם עָלֵינוּ וְעַל כָּל יִשְׂרָאֵל, וְאִמְרוּ אָמֵן.

יְהִי רָצוֹן מִלְּפָנֶיךָ יהוה אֱלֹהֵינוּ וֵאלֹהֵי אֲבוֹתֵינוּ

שֶׁיִּבָּנֶה בֵּית הַמִּקְדָּשׁ בִּמְהֵרָה בְיָמֵינוּ, וְתֵן חֶלְקֵנוּ בְּתוֹרָתֶךָ

וְשָׁם נַעֲבָדְךָ בְּיִרְאָה כִּימֵי עוֹלָם וּכְשָׁנִים קַדְמֹנִיּוֹת.

מלאכי ג וְעָרְבָה לַיהוה מִנְחַת יְהוּדָה וִירוּשָׁלָםִ כִּימֵי עוֹלָם וּכְשָׁנִים קַדְמֹנִיּוֹת:

הקהל עומד ואומר:

בראשית ב וַיְכֻלּוּ הַשָּׁמַיִם וְהָאָרֶץ וְכָל־צְבָאָם:

וַיְכַל אֱלֹהִים בַּיּוֹם הַשְּׁבִיעִי מְלַאכְתּוֹ אֲשֶׁר עָשָׂה

וַיִּשְׁבֹּת בַּיּוֹם הַשְּׁבִיעִי מִכָּל־מְלַאכְתּוֹ אֲשֶׁר עָשָׂה:

וַיְבָרֶךְ אֱלֹהִים אֶת־יוֹם הַשְּׁבִיעִי, וַיְקַדֵּשׁ אֹתוֹ

כִּי בוֹ שָׁבַת מִכָּל־מְלַאכְתּוֹ, אֲשֶׁר־בָּרָא אֱלֹהִים, לַעֲשׂוֹת:

שליח הציבור ממשיך פרט למקום שמתפללים בו במניין שאינו קבוע (ראה הלכה 218),
ופרט ליום טוב של פסח, אפילו כשחל בשבת (שו״ע, תפז, א).
בפסח נוהגים לומר כאן הלל שלם (עמ׳ 360).

ברכה מעין שבע

שליח הציבור:

בָּרוּךְ אַתָּה יהוה, אֱלֹהֵינוּ וֵאלֹהֵי אֲבוֹתֵינוּ
אֱלֹהֵי אַבְרָהָם, אֱלֹהֵי יִצְחָק, וֵאלֹהֵי יַעֲקֹב
הָאֵל הַגָּדוֹל הַגִּבּוֹר וְהַנּוֹרָא, אֵל עֶלְיוֹן, קֹנֵה שָׁמַיִם וָאָרֶץ.

הקהל ואחריו שליח הציבור:

מָגֵן אָבוֹת בִּדְבָרוֹ, מְחַיֵּה מֵתִים בְּמַאֲמָרוֹ
הָאֵל /בשבת שובה: הַמֶּלֶךְ/ הַקָּדוֹשׁ שֶׁאֵין כָּמוֹהוּ
הַמֵּנִיחַ לְעַמּוֹ בְּיוֹם שַׁבַּת קָדְשׁוֹ, כִּי בָם רָצָה לְהָנִיחַ לָהֶם
לְפָנָיו נַעֲבֹד בְּיִרְאָה וָפַחַד
וְנוֹדֶה לִשְׁמוֹ בְּכָל יוֹם תָּמִיד, מֵעֵין הַבְּרָכוֹת
אֵל הַהוֹדָאוֹת, אֲדוֹן הַשָּׁלוֹם
מְקַדֵּשׁ הַשַּׁבָּת וּמְבָרֵךְ שְׁבִיעִי
וּמֵנִיחַ בִּקְדֻשָּׁה לְעַם מְדֻשְּׁנֵי עֹנֶג
זֵכֶר לְמַעֲשֵׂה בְרֵאשִׁית.

שליח הציבור ממשיך:

אֱלֹהֵינוּ וֵאלֹהֵי אֲבוֹתֵינוּ, רְצֵה בִמְנוּחָתֵנוּ.
קַדְּשֵׁנוּ בְּמִצְוֹתֶיךָ וְתֵן חֶלְקֵנוּ בְּתוֹרָתֶךָ
שַׂבְּעֵנוּ מִטּוּבֶךָ וְשַׂמְּחֵנוּ בִּישׁוּעָתֶךָ
וְטַהֵר לִבֵּנוּ לְעָבְדְּךָ בֶּאֱמֶת.
וְהַנְחִילֵנוּ יהוה אֱלֹהֵינוּ בְּאַהֲבָה וּבְרָצוֹן שַׁבַּת קָדְשֶׁךָ
וְיָנוּחוּ בָהּ יִשְׂרָאֵל מְקַדְּשֵׁי שְׁמֶךָ.
בָּרוּךְ אַתָּה יהוה, מְקַדֵּשׁ הַשַּׁבָּת.

קדיש שלם

ש״ץ: יִתְגַּדַּל וְיִתְקַדַּשׁ שְׁמֵהּ רַבָּא (קהל: אָמֵן)
בְּעָלְמָא דִּי בְרָא כִרְעוּתֵהּ
וְיַמְלִיךְ מַלְכוּתֵהּ
בְּחַיֵּיכוֹן וּבְיוֹמֵיכוֹן וּבְחַיֵּי דְכָל בֵּית יִשְׂרָאֵל
בַּעֲגָלָא וּבִזְמַן קָרִיב
וְאִמְרוּ אָמֵן. (קהל: אָמֵן)

קהל וש״ץ: יְהֵא שְׁמֵהּ רַבָּא מְבָרַךְ לְעָלַם וּלְעָלְמֵי עָלְמַיָּא.

ש״ץ: יִתְבָּרַךְ וְיִשְׁתַּבַּח וְיִתְפָּאַר
וְיִתְרוֹמַם וְיִתְנַשֵּׂא וְיִתְהַדָּר וְיִתְעַלֶּה וְיִתְהַלָּל
שְׁמֵהּ דְּקֻדְשָׁא בְּרִיךְ הוּא (קהל: בְּרִיךְ הוּא)
לְעֵלָּא מִן כָּל בִּרְכָתָא /בשבת שובה: לְעֵלָּא לְעֵלָּא מִכָּל בִּרְכָתָא/
וְשִׁירָתָא, תֻּשְׁבְּחָתָא וְנֶחֱמָתָא
דַּאֲמִירָן בְּעָלְמָא
וְאִמְרוּ אָמֵן. (קהל: אָמֵן)

תִּתְקַבַּל צְלוֹתְהוֹן וּבָעוּתְהוֹן דְּכָל יִשְׂרָאֵל
קֳדָם אֲבוּהוֹן דִּי בִשְׁמַיָּא
וְאִמְרוּ אָמֵן. (קהל: אָמֵן)

יְהֵא שְׁלָמָא רַבָּא מִן שְׁמַיָּא
וְחַיִּים, עָלֵינוּ וְעַל כָּל יִשְׂרָאֵל
וְאִמְרוּ אָמֵן. (קהל: אָמֵן)

כורע ופוסע שלוש פסיעות לאחור, קד לשמאל, לימין ולפנים באמירת:

עֹשֶׂה שָׁלוֹם/ בשבת שובה: הַשָּׁלוֹם/ בִּמְרוֹמָיו
הוּא יַעֲשֶׂה שָׁלוֹם עָלֵינוּ וְעַל כָּל יִשְׂרָאֵל
וְאִמְרוּ אָמֵן. (קהל: אָמֵן)

בבתי כנסת המתפללים בנוסח ספרד, נוהגים לומר כאן ׳מִזְמוֹר לְדָוִד׳ (עמ׳ 272),
אחריו שליח הציבור אומר חצי קדיש ו׳בָּרְכוּ׳ (עמ׳ 215–216), וממשיכים ׳עָלֵינוּ׳.

יש בתי כנסת שבהם נוהגים לקדש קודם ׳עָלֵינוּ׳ (קידוש לליל שבת
בעמ׳ 185; קידוש לליל יום טוב בעמ׳ 374). ראה הלכה 221.

ממוצאי יום טוב ראשון של פסח ועד ערב שבועות סופרים את העומר (עמ׳ 138).

אומרים ׳עָלֵינוּ׳ בעמידה ומשתחווים במקום המסומן ב׳.

עָלֵינוּ לְשַׁבֵּחַ לַאֲדוֹן הַכֹּל, לָתֵת גְּדֻלָּה לְיוֹצֵר בְּרֵאשִׁית
שֶׁלֹּא עָשָׂנוּ כְּגוֹיֵי הָאֲרָצוֹת, וְלֹא שָׂמָנוּ כְּמִשְׁפְּחוֹת הָאֲדָמָה
שֶׁלֹּא שָׂם חֶלְקֵנוּ כָּהֶם וְגוֹרָלֵנוּ כְּכָל הֲמוֹנָם.
שֶׁהֵם מִשְׁתַּחֲוִים לְהֶבֶל וָרִיק וּמִתְפַּלְלִים אֶל אֵל לֹא יוֹשִׁיעַ.
׳וַאֲנַחְנוּ כּוֹרְעִים וּמִשְׁתַּחֲוִים וּמוֹדִים
לִפְנֵי מֶלֶךְ מַלְכֵי הַמְּלָכִים, הַקָּדוֹשׁ בָּרוּךְ הוּא
שֶׁהוּא נוֹטֶה שָׁמַיִם וְיוֹסֵד אָרֶץ
וּמוֹשַׁב יְקָרוֹ בַּשָּׁמַיִם מִמַּעַל
וּשְׁכִינַת עֻזּוֹ בְּגָבְהֵי מְרוֹמִים.
הוּא אֱלֹהֵינוּ, אֵין עוֹד.
אֱמֶת מַלְכֵּנוּ, אֶפֶס זוּלָתוֹ
כַּכָּתוּב בְּתוֹרָתוֹ
וְיָדַעְתָּ הַיּוֹם וַהֲשֵׁבֹתָ אֶל־לְבָבֶךָ דברים ד
כִּי יהוה הוּא הָאֱלֹהִים בַּשָּׁמַיִם מִמַּעַל וְעַל־הָאָרֶץ מִתָּחַת, אֵין עוֹד:

עַל כֵּן נְקַוֶּה לְּךָ יהוה אֱלֹהֵינוּ
לִרְאוֹת מְהֵרָה בְּתִפְאֶרֶת עֻזֶּךָ
לְהַעֲבִיר גִּלּוּלִים מִן הָאָרֶץ, וְהָאֱלִילִים כָּרוֹת יִכָּרֵתוּן
לְתַקֵּן עוֹלָם בְּמַלְכוּת שַׁדַּי.
וְכָל בְּנֵי בָשָׂר יִקְרְאוּ בִשְׁמֶךָ לְהַפְנוֹת אֵלֶיךָ כָּל רִשְׁעֵי אָרֶץ.
יַכִּירוּ וְיֵדְעוּ כָּל יוֹשְׁבֵי תֵבֵל
כִּי לְךָ תִּכְרַע כָּל בֶּרֶךְ, תִּשָּׁבַע כָּל לָשׁוֹן.

לְפָנֶיךָ יהוה אֱלֹהֵינוּ יִכְרְעוּ וְיִפֹּלוּ, וְלִכְבוֹד שִׁמְךָ יְקָר יִתֵּנוּ
וִיקַבְּלוּ כֻלָּם אֶת עֹל מַלְכוּתֶךָ
וְתִמְלֹךְ עֲלֵיהֶם מְהֵרָה לְעוֹלָם וָעֶד.
כִּי הַמַּלְכוּת שֶׁלְּךָ הִיא וּלְעוֹלְמֵי עַד תִּמְלֹךְ בְּכָבוֹד
שמות טו כַּכָּתוּב בְּתוֹרָתֶךָ, יהוה יִמְלֹךְ לְעֹלָם וָעֶד:
זכריה יד ◄ וְנֶאֱמַר, וְהָיָה יהוה לְמֶלֶךְ עַל־כָּל־הָאָרֶץ
בַּיּוֹם הַהוּא יִהְיֶה יהוה אֶחָד וּשְׁמוֹ אֶחָד:

יש מוסיפים:
משלי ג אַל־תִּירָא מִפַּחַד פִּתְאֹם וּמִשֹּׁאַת רְשָׁעִים כִּי תָבֹא:
ישעיה ח עֻצוּ עֵצָה וְתֻפָר, דַּבְּרוּ דָבָר וְלֹא יָקוּם, כִּי עִמָּנוּ אֵל:
ישעיה מו וְעַד־זִקְנָה אֲנִי הוּא, וְעַד־שֵׂיבָה אֲנִי אֶסְבֹּל
אֲנִי עָשִׂיתִי וַאֲנִי אֶשָּׂא וַאֲנִי אֶסְבֹּל וַאֲמַלֵּט:

קדיש יתום

אבל: יִתְגַּדַּל וְיִתְקַדַּשׁ שְׁמֵהּ רַבָּא (קהל: אָמֵן)
בְּעָלְמָא דִּי בְרָא כִרְעוּתֵהּ
וְיַמְלִיךְ מַלְכוּתֵהּ
בְּחַיֵּיכוֹן וּבְיוֹמֵיכוֹן וּבְחַיֵּי דְכָל בֵּית יִשְׂרָאֵל
בַּעֲגָלָא וּבִזְמַן קָרִיב, וְאִמְרוּ אָמֵן. (קהל: אָמֵן)

קהל ואבל: יְהֵא שְׁמֵהּ רַבָּא מְבָרַךְ לְעָלַם וּלְעָלְמֵי עָלְמַיָּא.

אבל: יִתְבָּרַךְ וְיִשְׁתַּבַּח וְיִתְפָּאַר
וְיִתְרוֹמַם וְיִתְנַשֵּׂא וְיִתְהַדָּר וְיִתְעַלֶּה וְיִתְהַלָּל
שְׁמֵהּ דְּקֻדְשָׁא בְּרִיךְ הוּא (קהל: בְּרִיךְ הוּא)
לְעֵלָּא מִן כָּל בִּרְכָתָא /בשבת שובה: לְעֵלָּא לְעֵלָּא מִכָּל בִּרְכָתָא/
וְשִׁירָתָא, תֻּשְׁבְּחָתָא וְנֶחֱמָתָא
דַּאֲמִירָן בְּעָלְמָא, וְאִמְרוּ אָמֵן. (קהל: אָמֵן)

יְהֵא שְׁלָמָא רַבָּא מִן שְׁמַיָּא
וְחַיִּים, עָלֵינוּ וְעַל כָּל יִשְׂרָאֵל
וְאִמְרוּ אָמֵן. (קהל: אָמֵן)

כורע ופוסע שלוש פסיעות לאחור,
קד לשמאל, לימין ולפנים באמירת:

עֹשֶׂה שָׁלוֹם/ בשבת שובה: הַשָּׁלוֹם/ בִּמְרוֹמָיו
הוּא יַעֲשֶׂה שָׁלוֹם עָלֵינוּ וְעַל כָּל יִשְׂרָאֵל
וְאִמְרוּ אָמֵן. (קהל: אָמֵן)

ברוב הקהילות נוהגים להוסיף את המזמור
׳לְדָוִד ה׳ אוֹרִי וְיִשְׁעִי׳ מר״ח אלול ועד הושענא רבה.

לְדָוִד, יהוה אוֹרִי וְיִשְׁעִי, מִמִּי אִירָא, יהוה מָעוֹז־חַיַּי, מִמִּי אֶפְחָד: תהלים כז
בִּקְרֹב עָלַי מְרֵעִים לֶאֱכֹל אֶת־בְּשָׂרִי, צָרַי וְאֹיְבַי לִי, הֵמָּה כָשְׁלוּ וְנָפָלוּ:
אִם־תַּחֲנֶה עָלַי מַחֲנֶה, לֹא־יִירָא לִבִּי, אִם־תָּקוּם עָלַי מִלְחָמָה, בְּזֹאת
אֲנִי בוֹטֵחַ: אַחַת שָׁאַלְתִּי מֵאֵת־יהוה, אוֹתָהּ אֲבַקֵּשׁ, שִׁבְתִּי בְּבֵית־
יהוה כָּל־יְמֵי חַיַּי, לַחֲזוֹת בְּנֹעַם־יהוה, וּלְבַקֵּר בְּהֵיכָלוֹ: כִּי יִצְפְּנֵנִי
בְּסֻכֹּה בְּיוֹם רָעָה, יַסְתִּרֵנִי בְּסֵתֶר אָהֳלוֹ, בְּצוּר יְרוֹמְמֵנִי: וְעַתָּה יָרוּם
רֹאשִׁי עַל אֹיְבַי סְבִיבוֹתַי, וְאֶזְבְּחָה בְאָהֳלוֹ זִבְחֵי תְרוּעָה, אָשִׁירָה
וַאֲזַמְּרָה לַיהוה: שְׁמַע־יהוה קוֹלִי אֶקְרָא, וְחָנֵּנִי וַעֲנֵנִי: לְךָ אָמַר לִבִּי
בַּקְּשׁוּ פָנָי, אֶת־פָּנֶיךָ יהוה אֲבַקֵּשׁ: אַל־תַּסְתֵּר פָּנֶיךָ מִמֶּנִּי, אַל תַּט־
בְּאַף עַבְדֶּךָ, עֶזְרָתִי הָיִיתָ, אַל־תִּטְּשֵׁנִי וְאַל־תַּעַזְבֵנִי, אֱלֹהֵי יִשְׁעִי:
כִּי־אָבִי וְאִמִּי עֲזָבוּנִי, וַיהוה יַאַסְפֵנִי: הוֹרֵנִי יהוה דַּרְכֶּךָ, וּנְחֵנִי בְּאֹרַח
מִישׁוֹר, לְמַעַן שׁוֹרְרָי: אַל־תִּתְּנֵנִי בְּנֶפֶשׁ צָרָי, כִּי קָמוּ־בִי עֵדֵי־שֶׁקֶר,
וִיפֵחַ חָמָס: ◂ לוּלֵא הֶאֱמַנְתִּי לִרְאוֹת בְּטוּב־יהוה בְּאֶרֶץ חַיִּים: קַוֵּה
אֶל־יהוה, חֲזַק וְיַאֲמֵץ לִבֶּךָ, וְקַוֵּה אֶל־יהוה:

קדיש יתום (בעמוד הקודם)

בקהילות רבות נוהגים לשיר כאן 'אֲדוֹן עוֹלָם', ויש ששרים 'יִגְדַּל' (עמ' 13).
ויש שנוהגים לשיר 'יִגְדַּל' בליל יום טוב ו'אֲדוֹן עוֹלָם' בליל שבת.

אֲדוֹן עוֹלָם

אֲשֶׁר מָלַךְ בְּטֶרֶם כָּל־יְצִיר נִבְרָא.
לְעֵת נַעֲשָׂה בְחֶפְצוֹ כֹּל אֲזַי מֶלֶךְ שְׁמוֹ נִקְרָא.
וְאַחֲרֵי כִּכְלוֹת הַכֹּל לְבַדּוֹ יִמְלֹךְ נוֹרָא.
וְהוּא הָיָה וְהוּא הֹוֶה וְהוּא יִהְיֶה בְּתִפְאָרָה.
וְהוּא אֶחָד וְאֵין שֵׁנִי לְהַמְשִׁיל לוֹ לְהַחְבִּירָה.
בְּלִי רֵאשִׁית בְּלִי תַכְלִית וְלוֹ הָעֹז וְהַמִּשְׂרָה.
וְהוּא אֵלִי וְחַי גּוֹאֲלִי וְצוּר חֶבְלִי בְּעֵת צָרָה.
וְהוּא נִסִּי וּמָנוֹס לִי מְנָת כּוֹסִי בְּיוֹם אֶקְרָא.
בְּיָדוֹ אַפְקִיד רוּחִי בְּעֵת אִישַׁן וְאָעִירָה.
וְעִם רוּחִי גְּוִיָּתִי יהוה לִי וְלֹא אִירָא.

קידוש וזמירות לליל שבת

ברכת הבנים

בשובם מבית הכנסת בליל שבת או בליל יום טוב, רבים נוהגים לברך את ילדיהם (ויש מברכים אחר 'שָׁלוֹם עֲלֵיכֶם').

לזכר:

יְשִׂמְךָ אֱלֹהִים כְּאֶפְרַיִם וְכִמְנַשֶּׁה: בראשית מח

לנקבה:

יְשִׂימֵךְ אֱלֹהִים כְּשָׂרָה רִבְקָה רָחֵל וְלֵאָה.

יְבָרֶכְךָ יהוה וְיִשְׁמְרֶךָ: במדבר ו
יָאֵר יהוה פָּנָיו אֵלֶיךָ וִיחֻנֶּךָּ:
יִשָּׂא יהוה פָּנָיו אֵלֶיךָ וְיָשֵׂם לְךָ שָׁלוֹם:

הגמרא מתארת כיצד שני מלאכי שרת מלווים את האדם מבית הכנסת לביתו, וכשרואים את הבית מוכן לשבת, הם מברכים אותו (שבת קיט ע"ב). ועל זה ייסדו המקובלים את הפיוט הבא.

רבים נוהגים לשיר כל בית שלוש פעמים.

שָׁלוֹם עֲלֵיכֶם, מַלְאֲכֵי הַשָּׁרֵת, מַלְאֲכֵי עֶלְיוֹן
מִמֶּלֶךְ מַלְכֵי הַמְּלָכִים, הַקָּדוֹשׁ בָּרוּךְ הוּא.

בּוֹאֲכֶם לְשָׁלוֹם, מַלְאֲכֵי הַשָּׁלוֹם, מַלְאֲכֵי עֶלְיוֹן
מִמֶּלֶךְ מַלְכֵי הַמְּלָכִים, הַקָּדוֹשׁ בָּרוּךְ הוּא.

בָּרְכוּנִי לְשָׁלוֹם, מַלְאֲכֵי הַשָּׁלוֹם, מַלְאֲכֵי עֶלְיוֹן
מִמֶּלֶךְ מַלְכֵי הַמְּלָכִים, הַקָּדוֹשׁ בָּרוּךְ הוּא.

צֵאתְכֶם לְשָׁלוֹם, מַלְאֲכֵי הַשָּׁלוֹם, מַלְאֲכֵי עֶלְיוֹן
מִמֶּלֶךְ מַלְכֵי הַמְּלָכִים, הַקָּדוֹשׁ בָּרוּךְ הוּא.

כִּי מַלְאָכָיו יְצַוֶּה־לָּךְ, לִשְׁמָרְךָ בְּכָל־דְּרָכֶיךָ: תהלים צא
יהוה יִשְׁמָר־צֵאתְךָ וּבוֹאֶךָ, מֵעַתָּה וְעַד־עוֹלָם: תהלים קכא

בדורות הקודמים נהגו לומר תחינה זו בליל שבת, קודם שיוצא מבית הכנסת לביתו. כיום מקובל לאומרה בבית אחרי ׳שָׁלוֹם עֲלֵיכֶם׳.

רִבּוֹן כָּל הָעוֹלָמִים, אֲדוֹן כָּל הַנְּשָׁמוֹת, אֲדוֹן הַשָּׁלוֹם. מֶלֶךְ אַבִּיר, מֶלֶךְ בָּרוּךְ, מֶלֶךְ גָּדוֹל, מֶלֶךְ דּוֹבֵר שָׁלוֹם, מֶלֶךְ הָדוּר, מֶלֶךְ וָתִיק, מֶלֶךְ זַךְ, מֶלֶךְ חֵי הָעוֹלָמִים, מֶלֶךְ טוֹב וּמֵטִיב, מֶלֶךְ יָחִיד וּמְיֻחָד, מֶלֶךְ כַּבִּיר, מֶלֶךְ לוֹבֵשׁ רַחֲמִים, מֶלֶךְ מַלְכֵי הַמְּלָכִים, מֶלֶךְ נִשְׂגָּב, מֶלֶךְ סוֹמֵךְ נוֹפְלִים, מֶלֶךְ עֹשֶׂה מַעֲשֵׂה בְרֵאשִׁית, מֶלֶךְ פּוֹדֶה וּמַצִּיל, מֶלֶךְ צַח וְאָדֹם, מֶלֶךְ קָדוֹשׁ, מֶלֶךְ רָם וְנִשָּׂא, מֶלֶךְ שׁוֹמֵעַ תְּפִלָּה, מֶלֶךְ תָּמִים דַּרְכּוֹ. מוֹדֶה אֲנִי לְפָנֶיךָ, יהוה אֱלֹהַי וֵאלֹהֵי אֲבוֹתַי, עַל כָּל הַחֶסֶד אֲשֶׁר עָשִׂיתָ עִמָּדִי וַאֲשֶׁר אַתָּה עָתִיד לַעֲשׂוֹת עִמִּי וְעִם כָּל בְּנֵי בֵיתִי וְעִם כָּל בְּרִיּוֹתֶיךָ, בְּנֵי בְרִיתִי. וּבְרוּכִים הֵם מַלְאָכֶיךָ הַקְּדוֹשִׁים וְהַטְּהוֹרִים שֶׁעוֹשִׂים רְצוֹנֶךָ. אֲדוֹן הַשָּׁלוֹם, מֶלֶךְ שֶׁהַשָּׁלוֹם שֶׁלּוֹ, בָּרְכֵנִי בַשָּׁלוֹם, וְתִפְקֹד אוֹתִי וְאֶת כָּל בְּנֵי בֵיתִי וְכָל עַמְּךָ בֵּית יִשְׂרָאֵל לְחַיִּים טוֹבִים וּלְשָׁלוֹם. מֶלֶךְ עֶלְיוֹן עַל כָּל צְבָא מָרוֹם, יוֹצְרֵנוּ, יוֹצֵר בְּרֵאשִׁית, אֲחַלֶּה פָנֶיךָ הַמְּאִירִים, שֶׁתְּזַכֶּה אוֹתִי וְאֶת כָּל בְּנֵי בֵיתִי לִמְצֹא חֵן וְשֵׂכֶל טוֹב בְּעֵינֶיךָ וּבְעֵינֵי כָל בְּנֵי אָדָם וּבְעֵינֵי כָל רוֹאֵינוּ לַעֲבוֹדָתֶךָ. וְזַכֵּנוּ לְקַבֵּל שַׁבָּתוֹת מִתּוֹךְ רֹב שִׂמְחָה וּמִתּוֹךְ עֹשֶׁר וְכָבוֹד וּמִתּוֹךְ מִעוּט עֲוֹנוֹת. וְהָסֵר מִמֶּנִּי וּמִכָּל בְּנֵי בֵיתִי וּמִכָּל עַמְּךָ בֵּית יִשְׂרָאֵל כָּל מִינֵי חֹלִי וְכָל מִינֵי מַדְוֶה וְכָל מִינֵי דַלּוּת וַעֲנִיּוּת וְאֶבְיוֹנוּת. וְתֵן בָּנוּ יֵצֶר טוֹב לְעָבְדְּךָ בֶּאֱמֶת וּבְיִרְאָה וּבְאַהֲבָה. וְנִהְיֶה מְכֻבָּדִים בְּעֵינֶיךָ וּבְעֵינֵי כָל רוֹאֵינוּ, כִּי אַתָּה הוּא מֶלֶךְ הַכָּבוֹד, כִּי לְךָ נָאֶה, כִּי לְךָ יָאֶה. אָנָּא, מֶלֶךְ מַלְכֵי הַמְּלָכִים, צַוֵּה לְמַלְאָכֶיךָ, מַלְאֲכֵי הַשָּׁרֵת, מְשָׁרְתֵי עֶלְיוֹן, שֶׁיִּפְקְדוּנִי בְּרַחֲמִים וִיבָרְכוּנִי בְּבוֹאָם לְבֵיתִי בְּיוֹם קָדְשֵׁנוּ, כִּי הִדְלַקְתִּי נֵרוֹתַי וְהִצַּעְתִּי מִטָּתִי וְהֶחֱלַפְתִּי שִׂמְלוֹתַי לִכְבוֹד יוֹם הַשַּׁבָּת וּבָאתִי לְבֵיתְךָ לְהַפִּיל תְּחִנָּתִי לְפָנֶיךָ, שֶׁתַּעֲבִיר אַנְחָתִי, וָאָעִיד אֲשֶׁר בָּרָאתָ בְשִׁשָּׁה יָמִים כָּל הַיְצוּר, וָאֶשְׁנֶה, וַאֲשַׁלֵּשׁ עוֹד לְהָעִיד עַל כּוֹסִי בְּתוֹךְ שִׂמְחָתִי, כַּאֲשֶׁר צִוִּיתַנִי לְזָכְרוֹ וּלְהִתְעַנֵּג בְּיֶתֶר נִשְׁמָתִי אֲשֶׁר נָתַתָּ בִּי. בּוֹ אֶשְׁבֹּת כַּאֲשֶׁר צִוִּיתַנִי לְשָׁרְתֶךָ, וְכֵן אַגִּיד גְּדֻלָּתְךָ בְּרִנָּה, וְשִׁוִּיתִי יהוה לִקְרָאתִי שֶׁתְּרַחֲמֵנִי עוֹד בְּגָלוּתִי לְגָאֳלֵנִי לְעוֹרֵר לִבִּי לְאַהֲבָתֶךָ. וְאָז אֶשְׁמֹר פִּקּוּדֶיךָ וְחֻקֶּיךָ בְּלִי עֶצֶב, וְאֶתְפַּלֵּל כַּדָּת כָּרָאוּי וְכַנָּכוֹן. מַלְאֲכֵי הַשָּׁלוֹם, בּוֹאֲכֶם לְשָׁלוֹם, בָּרְכוּנִי לְשָׁלוֹם, וְאִמְרוּ בָּרוּךְ לְשֻׁלְחָנִי הֶעָרוּךְ, וְצֵאתְכֶם לְשָׁלוֹם מֵעַתָּה וְעַד עוֹלָם, אָמֵן סֶלָה.

׳אֵשֶׁת־חַיִל׳ חותם את ספר משלי ומשבח את האישה האידאלית.
המקובלים ראו במזמור זה רמז לתורה (הגר״א) או לשכינה (סידור השל״ה)
או לשבת עצמה (שיבולי הלקט). עם זאת מזמור זה הוא על פי פשוטו
שיר הלל לאישה שטרחה והכינה את ביתה לקראת השבת (הרב זקס).

אֵשֶׁת־חַיִל מִי יִמְצָא, וְרָחֹק מִפְּנִינִים מִכְרָהּ: משלי לא
בָּטַח בָּהּ לֵב בַּעְלָהּ, וְשָׁלָל לֹא יֶחְסָר:
גְּמָלַתְהוּ טוֹב וְלֹא־רָע, כֹּל יְמֵי חַיֶּיהָ:
דָּרְשָׁה צֶמֶר וּפִשְׁתִּים, וַתַּעַשׂ בְּחֵפֶץ כַּפֶּיהָ:
הָיְתָה כָּאֳנִיּוֹת סוֹחֵר, מִמֶּרְחָק תָּבִיא לַחְמָהּ:
וַתָּקָם בְּעוֹד לַיְלָה, וַתִּתֵּן טֶרֶף לְבֵיתָהּ, וְחֹק לְנַעֲרֹתֶיהָ:
זָמְמָה שָׂדֶה וַתִּקָּחֵהוּ, מִפְּרִי כַפֶּיהָ נָטְעָה כָּרֶם:
חָגְרָה בְעוֹז מָתְנֶיהָ, וַתְּאַמֵּץ זְרוֹעֹתֶיהָ:
טָעֲמָה כִּי־טוֹב סַחְרָהּ, לֹא־יִכְבֶּה בַלַּיְלָה נֵרָהּ:
יָדֶיהָ שִׁלְּחָה בַכִּישׁוֹר, וְכַפֶּיהָ תָּמְכוּ פָלֶךְ:
כַּפָּהּ פָּרְשָׂה לֶעָנִי, וְיָדֶיהָ שִׁלְּחָה לָאֶבְיוֹן:
לֹא־תִירָא לְבֵיתָהּ מִשָּׁלֶג, כִּי כָל־בֵּיתָהּ לָבֻשׁ שָׁנִים:
מַרְבַדִּים עָשְׂתָה־לָּהּ, שֵׁשׁ וְאַרְגָּמָן לְבוּשָׁהּ:
נוֹדָע בַּשְּׁעָרִים בַּעְלָהּ, בְּשִׁבְתּוֹ עִם־זִקְנֵי־אָרֶץ:
סָדִין עָשְׂתָה וַתִּמְכֹּר, וַחֲגוֹר נָתְנָה לַכְּנַעֲנִי:
עוֹז־וְהָדָר לְבוּשָׁהּ, וַתִּשְׂחַק לְיוֹם אַחֲרוֹן:
פִּיהָ פָּתְחָה בְחָכְמָה, וְתוֹרַת־חֶסֶד עַל־לְשׁוֹנָהּ:
צוֹפִיָּה הֲלִיכוֹת בֵּיתָהּ, וְלֶחֶם עַצְלוּת לֹא תֹאכֵל:
קָמוּ בָנֶיהָ וַיְאַשְּׁרוּהָ, בַּעְלָהּ וַיְהַלְלָהּ:
רַבּוֹת בָּנוֹת עָשׂוּ חָיִל, וְאַתְּ עָלִית עַל־כֻּלָּנָה:
שֶׁקֶר הַחֵן וְהֶבֶל הַיֹּפִי, אִשָּׁה יִרְאַת־יהוה הִיא תִתְהַלָּל:
תְּנוּ־לָהּ מִפְּרִי יָדֶיהָ, וִיהַלְלוּהָ בַשְּׁעָרִים מַעֲשֶׂיהָ:

יש אומרים (על פי הזוהר, יתרו פח ע״א):

אַתְקִֽינוּ סְעוּדָתָא דִמְהֵימְנוּתָא שְׁלִימְתָא
חֶדְוָתָא דְמַלְכָּא קַדִּישָׁא.
אַתְקִֽינוּ סְעוּדָתָא דְמַלְכָּא.

דָּא הִיא סְעוּדָתָא דַּחֲקַל תַּפּוּחִין קַדִּישִׁין
וּזְעֵיר אַנְפִּין וְעַתִּיקָא קַדִּישָׁא אָתְיָן לְסַעֲדָה בַּהֲדָהּ.

זמר שחיבר האר״י לסעודת ליל שבת

אֲזַמֵּר בִּשְׁבָחִין / לְמֵעַל גּוֹ פִתְחִין / דְּבַחֲקַל תַּפּוּחִין / דְּאִנּוּן קַדִּישִׁין.
נְזַמֵּן לַהּ הַשְׁתָּא / בְּפָתוֹרָא חַדְתָּא / וּבִמְנָרְתָא טָבְתָא / דְּנָהֲרָה עַל רֵישִׁין.
יְמִינָא וּשְׂמָאלָא / וּבֵינַֽיְהוּ כַלָּה / בְּקִשּׁוּטִין אָזְלָא / וּמָנִין וּלְבוּשִׁין.
יְחַבֵּק לַהּ בַּעְלָהּ / וּבִיסוֹדָא דִי לַהּ / דְּעָבֵד נְיָחָא לַהּ / יְהֵא כָתֵשׁ כְּתִישִׁין.
צְוָחִין אוּף עָקְתִין / בְּטִילִין וּשְׁבִיתִין / בְּרַם אַנְפִּין חַדְתִּין / וְרוּחִין עִם נַפְשִׁין.
חֲדוּ סַגִּי יֵיתֵי / וְעַל חֲדָה תַרְתֵּי / נְהוֹרָא לַהּ יַמְטֵי / וּבִרְכָן דִּנְפִישִׁין.
קְרִֽיבוּ שׁוּשְׁבִינִין / עֲבִֽידוּ תִקּוּנִין / לְאַפָּשָׁה זֵינִין / וְנוּנִין עִם רַחְשִׁין.
לְמֶעְבַּד נִשְׁמָתִין / וְרוּחִין חַדְתִּין / בְּתַרְתֵּי וּתְלָתִין / וּבִתְלָתָא שִׁבְשִׁין.
וְעִטְרִין שַׁבְעִין לַהּ / וּמַלְכָּא דִלְעֵֽלָּא / דְּיִתְעַטַּר כֹּלָּא / בְּקַדִּישׁ קַדִּישִׁין.
רְשִׁימִין וּסְתִימִין / בְּגַוַּהּ כָּל עָלְמִין / בְּרַם עַתִּיק יוֹמִין / הֲלָא בָטֵשׁ בְּטִישִׁין.
יְהֵא רַעֲוָה קַמֵּהּ / דְּתִשְׁרֵי עַל עַמֵּהּ / דְּיִתְעַנַּג לִשְׁמֵהּ / בְּמִתְקִין וְדֻבְשִׁין.
אֲסַדֵּר לִדְרוֹמָא / מְנָרְתָא דִסְתִימָא / וְשֻׁלְחָן עִם נַהֲמָא / בִּצְפוֹנָא אַדְשִׁין.
בְּחַמְרָא גוֹ כָסָא / וּמְדָאנֵי אָסָא / לְאָרוּס וַאֲרוּסָה / לְאַתְקָפָא חַלָּשִׁין.
נְעַבֵּד לוֹן כִּתְרִין / בְּמִלִּין יַקִּירִין / בְּשִׁבְעִין עִטּוּרִין / דְּעַל גַּבֵּי חַמְשִׁין.
שְׁכִינְתָא תִתְעַטַּר / בְּשִׁית נַהֲמֵי לִסְטַר / בְּוָוִין תִּתְקַטַּר / וְזֵינִין דִּכְנִישִׁין.
(שְׁבִיתִין וּשְׁבִיקִין / מְסָאֲבִין דְּדָחֲקִין / חֲבִילִין דִּמְעִיקִין / וְכָל זֵינֵי חַרְשִׁין.)
לְמִבְצַע עַל רִיפְתָּא / כְּזֵיתָא וּכְבֵיעְתָא / תְּרֵין יוּדִין נָקְטָא / סְתִימִין וּפְרִישִׁין.
מְשַׁח זֵיתָא דָכְיָא / דְּטָחֲנִין רֵיחַיָּא / וְנָגְדִין נַחְלַיָּא / בְּגַוַּהּ בִּלְחִישִׁין.
הֲלָא נֵימָא רָזִין / וּמִלִּין דִּגְנִיזִין / דְּלֵיתֵיהוֹן מִתְחֲזִין / טְמִירִין וּכְבִישִׁין.
לְאַעְטָרָה כַלָּה / בְּרָזִין דִּלְעֵֽלָּא / בְּגוֹ הַאי הִלּוּלָה / דְּעִירִין קַדִּישִׁין.

קידוש לליל שבת

קידוש לליל יום טוב בעמ׳ 374, ולליל ראש השנה (עמ׳ 440).

נוהגים לעמוד בזמן הקידוש (ראה הלכה 224).

בלחש: וַיְהִי־עֶרֶב וַיְהִי־בֹקֶר בראשית א

יוֹם הַשִּׁשִּׁי:

וַיְכֻלּוּ הַשָּׁמַיִם וְהָאָרֶץ וְכָל־צְבָאָם: בראשית ב

וַיְכַל אֱלֹהִים בַּיּוֹם הַשְּׁבִיעִי מְלַאכְתּוֹ אֲשֶׁר עָשָׂה

וַיִּשְׁבֹּת בַּיּוֹם הַשְּׁבִיעִי מִכָּל־מְלַאכְתּוֹ אֲשֶׁר עָשָׂה:

וַיְבָרֶךְ אֱלֹהִים אֶת־יוֹם הַשְּׁבִיעִי, וַיְקַדֵּשׁ אֹתוֹ

כִּי בוֹ שָׁבַת מִכָּל־מְלַאכְתּוֹ, אֲשֶׁר־בָּרָא אֱלֹהִים, לַעֲשׂוֹת:

המקדש לאחרים, מוסיף:

סַבְרִי מָרָנָן

בָּרוּךְ אַתָּה יהוה אֱלֹהֵינוּ מֶלֶךְ הָעוֹלָם, בּוֹרֵא פְּרִי הַגָּפֶן.

בָּרוּךְ אַתָּה יהוה אֱלֹהֵינוּ מֶלֶךְ הָעוֹלָם
אֲשֶׁר קִדְּשָׁנוּ בְּמִצְוֹתָיו, וְרָצָה בָנוּ
וְשַׁבַּת קָדְשׁוֹ בְּאַהֲבָה וּבְרָצוֹן הִנְחִילָנוּ
זִכָּרוֹן לְמַעֲשֵׂה בְרֵאשִׁית
כִּי הוּא יוֹם תְּחִלָּה לְמִקְרָאֵי קֹדֶשׁ, זֵכֶר לִיצִיאַת מִצְרָיִם
כִּי בָנוּ בָחַרְתָּ וְאוֹתָנוּ קִדַּשְׁתָּ מִכָּל הָעַמִּים
וְשַׁבַּת קָדְשְׁךָ בְּאַהֲבָה וּבְרָצוֹן הִנְחַלְתָּנוּ.
בָּרוּךְ אַתָּה יהוה, מְקַדֵּשׁ הַשַּׁבָּת.

בשבת חול המועד סוכות מברך:

בָּרוּךְ אַתָּה יהוה אֱלֹהֵינוּ מֶלֶךְ הָעוֹלָם
אֲשֶׁר קִדְּשָׁנוּ בְּמִצְוֹתָיו וְצִוָּנוּ לֵישֵׁב בַּסֻּכָּה.

זמירות לליל שבת

פיוט עתיק, המופיע כבר במחזור ויטרי. שם מחברו – משה, נרמז במילה השנייה בשלוש השורות הראשונות בבית הראשון, והמשך הפיוט מיוסד על סדר הא״ב.

כָּל מְקַדֵּשׁ שְׁבִיעִי כָּרָאוּי לוֹ
כָּל שׁוֹמֵר שַׁבָּת כַּדָּת, מֵחַלְּלוֹ
שְׂכָרוֹ הַרְבֵּה מְאֹד עַל פִּי פָעֳלוֹ
אִישׁ עַל־מַחֲנֵהוּ וְאִישׁ עַל־דִּגְלוֹ: במדבר א

אוֹהֲבֵי יהוה הַמְחַכִּים לְבִנְיַן אֲרִיאֵל
בְּיוֹם הַשַּׁבָּת שִׂישׂוּ וְשִׂמְחוּ כִּמְקַבְּלֵי מַתַּן נַחֲלִיאֵל
גַּם שְׂאוּ יְדֵיכֶם קֹדֶשׁ וְאִמְרוּ לָאֵל
בָּרוּךְ יהוה אֲשֶׁר נָתַן מְנוּחָה לְעַמּוֹ יִשְׂרָאֵל: מלכים א׳ ח

דּוֹרְשֵׁי יהוה זֶרַע אַבְרָהָם אוֹהֲבוֹ
הַמְאַחֲרִים לָצֵאת מִן הַשַּׁבָּת וּמְמַהֲרִים לָבוֹא
וּשְׂמֵחִים לְשָׁמְרוֹ וּלְעָרֵב עֵרוּבוֹ
זֶה־הַיּוֹם עָשָׂה יהוה, נָגִילָה וְנִשְׂמְחָה בוֹ: תהלים קיח

זִכְרוּ תּוֹרַת מֹשֶׁה בְּמִצְוַת שַׁבָּת גְּרוּסָה
חֲרוּתָה לַיּוֹם הַשְּׁבִיעִי, כְּכַלָּה בֵּין רֵעוֹתֶיהָ מְשֻׁבָּצָה
טְהוֹרִים יִירָשׁוּהָ, וִיקַדְּשׁוּהָ בְּמַאֲמַר כָּל אֲשֶׁר עָשָׂה
וַיְכַל אֱלֹהִים בַּיּוֹם הַשְּׁבִיעִי מְלַאכְתּוֹ אֲשֶׁר עָשָׂה: בראשית ב

יוֹם קָדוֹשׁ הוּא, מִבּוֹאוֹ וְעַד צֵאתוֹ
כָּל זֶרַע יַעֲקֹב יְכַבְּדוּהוּ, כִּדְבַר הַמֶּלֶךְ וְדָתוֹ
לָנוּחַ בּוֹ וְלִשְׂמֹחַ בְּתַעֲנוּג אָכוֹל וְשָׁתֹה
כָּל־עֲדַת יִשְׂרָאֵל יַעֲשׂוּ אֹתוֹ: שמות יב

מְשֹׁךְ חַסְדְּךָ לְיוֹדְעֶיךָ, אֵל קַנּוֹא וְנוֹקֵם
נוֹטְרֵי יוֹם הַשְּׁבִיעִי זָכוֹר וְשָׁמוֹר לְהָקֵם
שַׂמְּחֵם בְּבִנְיַן שָׁלֵם, בְּאוֹר פָּנֶיךָ תַּבְהִיקֵם
יִרְוְיֻן מִדֶּשֶׁן בֵּיתֶךָ, וְנַחַל עֲדָנֶיךָ תַשְׁקֵם: תהלים לו

עֲזֹר לַשּׁוֹבְתִים בַּשְּׁבִיעִי, בֶּחָרִישׁ וּבַקָּצִיר עוֹלָמִים
פּוֹסְעִים בּוֹ פְּסִיעָה קְטַנָּה, סוֹעֲדִים בּוֹ, לְבָרֵךְ שָׁלֹשׁ פְּעָמִים
צִדְקָתָם תַּצְהִיר כְּאוֹר שִׁבְעַת הַיָּמִים
יהוה אֱלֹהֵי יִשְׂרָאֵל, הָבָה תָמִים: שמואל א׳ יד

בזמר זה מתוארת השבת – מהעדות על מעשה בראשית שבקידוש,
דרך תפילת הבוקר וסעודת היום ועד הציפייה לגאולה.

מְנוּחָה וְשִׂמְחָה אוֹר לַיְּהוּדִים
יוֹם שַׁבָּתוֹן, יוֹם מַחֲמַדִּים
שׁוֹמְרָיו וְזוֹכְרָיו הֵמָּה מְעִידִים
כִּי לְשִׁשָּׁה כֹּל בְּרוּאִים וְעוֹמְדִים.

שְׁמֵי שָׁמַיִם, אֶרֶץ וְיַמִּים
כָּל צְבָא מָרוֹם גְּבוֹהִים וְרָמִים
תַּנִּין וְאָדָם וְחַיַּת רְאֵמִים
כִּי בְּיָהּ יהוה צוּר עוֹלָמִים. ישעיה כו

הוּא אֲשֶׁר דִּבֶּר לְעַם סְגֻלָּתוֹ
שָׁמוֹר לְקַדְּשׁוֹ מִבּוֹאוֹ עַד צֵאתוֹ
שַׁבַּת קֹדֶשׁ יוֹם חֶמְדָּתוֹ
כִּי בוֹ שָׁבַת אֵל מִכָּל מְלַאכְתּוֹ.

בְּמִצְוַת שַׁבָּת אֵל יַחֲלִיצָךְ
קוּם קְרָא אֵלָיו, יָחִישׁ לְאַמְּצָךְ
נִשְׁמַת כָּל חַי וְגַם נַעֲרִיצָךְ
אֱכֹל בְּשִׂמְחָה כִּי כְבָר רָצָךְ.

בְּמִשְׁנֶה לֶחֶם וְקִדּוּשׁ רַבָּה
בְּרֹב מַטְעַמִּים וְרוּחַ נְדִיבָה
יִזְכּוּ לְרַב טוּב הַמִּתְעַנְּגִים בָּהּ
בְּבִיאַת גּוֹאֵל לְחַיֵּי הָעוֹלָם הַבָּא.

בזמר זה מתוארים המנוחה והעונג ששומרי השבת זוכים להם.

מַה־יְּדִידוּת מְנוּחָתֵךְ, אַתְּ שַׁבָּת הַמַּלְכָּה
בְּכֵן נָרוּץ לִקְרָאתֵךְ, בּוֹאִי כַלָּה נְסוּכָה
לְבוּשׁ בִּגְדֵי חֲמוּדוֹת, לְהַדְלִיק נֵר בִּבְרָכָה
וַתֵּכֶל כָּל הָעֲבוֹדוֹת, לֹא תַעֲשׂוּ מְלָאכָה.
לְהִתְעַנֵּג בְּתַעֲנוּגִים בַּרְבּוּרִים וּשְׂלָו וְדָגִים.

מֵעֶרֶב מַזְמִינִים כָּל מִינֵי מַטְעַמִּים
מִבְּעוֹד יוֹם מוּכָנִים תַּרְנְגוֹלִים מְפֻטָּמִים
וְלַעֲרֹךְ כַּמָּה מִינִים, שְׁתוֹת יֵינוֹת מְבֻשָּׂמִים
וְתַפְנוּקֵי מַעֲדַנִּים בְּכָל שָׁלֹשׁ פְּעָמִים.
לְהִתְעַנֵּג בְּתַעֲנוּגִים בַּרְבּוּרִים וּשְׂלָו וְדָגִים.

נַחֲלַת יַעֲקֹב יִירָשׁ, בְּלִי מְצָרִים נַחֲלָה
וִיכַבְּדוּהוּ עָשִׁיר וָרָשׁ, וְתִזְכּוּ לִגְאֻלָּה
יוֹם שַׁבָּת אִם תְּכַבֵּדוּ וִהְיִיתֶם לִי סְגֻלָּה
שֵׁשֶׁת יָמִים תַּעֲבֹדוּ וּבַשְּׁבִיעִי נָגִילָה.
לְהִתְעַנֵּג בְּתַעֲנוּגִים בַּרְבּוּרִים וּשְׂלָו וְדָגִים.

חֲפָצֶיךָ אֲסוּרִים וְגַם לַחְשֹׁב חֶשְׁבּוֹנוֹת
הִרְהוּרִים מֻתָּרִים וּלְשַׁדֵּךְ הַבָּנוֹת
וְתִינוֹק לְלַמְּדוֹ סֵפֶר, לַמְנַצֵּחַ בִּנְגִינוֹת
וְלַהֲגוֹת בְּאִמְרֵי שֶׁפֶר בְּכָל פִּנּוֹת וּמַחֲנוֹת.
לְהִתְעַנֵּג בְּתַעֲנוּגִים בַּרְבּוּרִים וּשְׂלָו וְדָגִים.

הִלּוּכָךְ יְהֵא בְנַחַת, עֹנֶג קְרָא לַשַּׁבָּת
וְהַשֵּׁנָה מְשֻׁבַּחַת כְּדָת נֶפֶשׁ מְשִׁיבַת
בְּכֵן נַפְשִׁי לְךָ עָרְגָה וְלָנוּחַ בְּחִבַּת
כַּשּׁוֹשַׁנִּים סוּגָה, בּוֹ יָנוּחוּ בֵּן וּבַת.
לְהִתְעַנֵּג בְּתַעֲנוּגִים בַּרְבּוּרִים וּשְׂלָו וְדָגִים.

מֵעֵין עוֹלָם הַבָּא יוֹם שַׁבָּת מְנוּחָה
כָּל הַמִּתְעַנְּגִים בָּהּ יִזְכּוּ לְרֹב שִׂמְחָה
מֵחֶבְלֵי מָשִׁיחַ יֻצָּלוּ לִרְוָחָה
פְּדוּתֵנוּ תַצְמִיחַ, וְנָס יָגוֹן וַאֲנָחָה.
לְהִתְעַנֵּג בְּתַעֲנוּגִים בַּרְבּוּרִים וּשְׂלָו וְדָגִים.

זמר זה מיוחס לאר״י, אך חמשת הבתים הראשונים נדפסו עוד בטרם נולד.

יוֹם זֶה לְיִשְׂרָאֵל אוֹרָה וְשִׂמְחָה, שַׁבַּת מְנוּחָה.

צִוִּיתָ פִּקּוּדִים בְּמַעֲמַד סִינַי
שַׁבָּת וּמוֹעֲדִים לִשְׁמֹר בְּכָל שָׁנַי
לַעֲרֹךְ לְפָנַי מַשְׂאֵת וַאֲרוּחָה שַׁבַּת מְנוּחָה.

יוֹם זֶה לְיִשְׂרָאֵל אוֹרָה וְשִׂמְחָה, שַׁבַּת מְנוּחָה.

חֶמְדַּת הַלְּבָבוֹת לְאֻמָּה שְׁבוּרָה
לִנְפָשׁוֹת נִכְאָבוֹת נְשָׁמָה יְתֵרָה
לְנֶפֶשׁ מְצֵרָה יָסִיר אֲנָחָה שַׁבַּת מְנוּחָה.

יוֹם זֶה לְיִשְׂרָאֵל אוֹרָה וְשִׂמְחָה, שַׁבַּת מְנוּחָה.

קִדַּשְׁתָּ בֵּרַכְתָּ אוֹתוֹ מִכָּל יָמִים
בְּשֵׁשֶׁת כִּלִּיתָ מְלֶאכֶת עוֹלָמִים
בּוֹ מָצְאוּ עֲגוּמִים הַשְׁקֵט וּבִטְחָה שַׁבַּת מְנוּחָה.

יוֹם זֶה לְיִשְׂרָאֵל אוֹרָה וְשִׂמְחָה, שַׁבַּת מְנוּחָה.

לְאִסּוּר מְלָאכָה צִוִּיתָנוּ נוֹרָא
אֶזְכֶּה הוֹד מְלוּכָה אִם שַׁבָּת אֶשְׁמֹרָה
אַקְרִיב שַׁי לַמּוֹרָא, מִנְחָה מֶרְקָחָה שַׁבַּת מְנוּחָה.

יוֹם זֶה לְיִשְׂרָאֵל אוֹרָה וְשִׂמְחָה, שַׁבַּת מְנוּחָה.

חַדֵּשׁ מִקְדָּשֵׁנוּ, זָכְרָה נֶחֱרֶבֶת
טוּבְךָ, מוֹשִׁיעֵנוּ, תְּנָה לַנֶּעֱצֶבֶת
בְּשַׁבָּת יוֹשֶׁבֶת בְּזֶמֶר וּשְׁבָחָה שַׁבַּת מְנוּחָה.

יוֹם זֶה לְיִשְׂרָאֵל אוֹרָה וְשִׂמְחָה, שַׁבַּת מְנוּחָה.

זמר זה חיבר ר׳ ישראל נג׳ארה, גדול משוררי צפת, שבאחרית ימיו היה רבה של עזה. בשלושת הבתים הראשונים שבחים על גדולת ה׳, ובשניים האחרים בקשת גאולה לעמו.

יָהּ רִבּוֹן עָלַם וְעָלְמַיָּא
אַנְתְּ הוּא מַלְכָּא מֶלֶךְ מַלְכַיָּא
עוֹבַד גְּבוּרְתָּךְ וְתִמְהַיָּא
שְׁפַר קֳדָמָךְ לְהַחֲוָיָא.

יָהּ רִבּוֹן עָלַם וְעָלְמַיָּא, אַנְתְּ הוּא מַלְכָּא מֶלֶךְ מַלְכַיָּא.

שְׁבָחִין אֲסַדֵּר צַפְרָא וְרַמְשָׁא
לָךְ אֱלָהָא קַדִּישָׁא דִּי בְרָא כָּל נַפְשָׁא
עִירִין קַדִּישִׁין וּבְנֵי אֱנָשָׁא
חֵיוַת בָּרָא וְעוֹפֵי שְׁמַיָּא.

יָהּ רִבּוֹן עָלַם וְעָלְמַיָּא, אַנְתְּ הוּא מַלְכָּא מֶלֶךְ מַלְכַיָּא.

רַבְרְבִין עוֹבְדָיךְ וְתַקִּיפִין
מָכֵךְ רָמַיָּא וְזָקֵף כְּפִיפִין
לוּ יְחֵי גְבַר שְׁנִין אַלְפִין
לָא יֵעוֹל גְּבוּרְתָּךְ בְּחֻשְׁבְּנַיָּא.

יָהּ רִבּוֹן עָלַם וְעָלְמַיָּא, אַנְתְּ הוּא מַלְכָּא מֶלֶךְ מַלְכַיָּא.

אֱלָהָא דִּי לֵהּ יְקָר וּרְבוּתָא
פְּרֹק יָת עָנָךְ מִפֻּם אַרְיָוָתָא
וְאַפֵּק יָת עַמָּךְ מִגּוֹ גָלוּתָא
עַמָּא דִּי בְחַרְתְּ מִכָּל אֻמַּיָּא.

יָהּ רִבּוֹן עָלַם וְעָלְמַיָּא, אַנְתְּ הוּא מַלְכָּא מֶלֶךְ מַלְכַיָּא.

לְמַקְדְּשָׁךְ תּוּב וּלְקֹדֶשׁ קֻדְשִׁין
אֲתַר דִּי בֵהּ יֶחֱדוּן רוּחִין וְנַפְשִׁין
וִיזַמְּרוּן לָךְ שִׁירִין וְרַחֲשִׁין
בִּירוּשְׁלֵם קַרְתָּא דְשֻׁפְרַיָּא.

יָהּ רִבּוֹן עָלַם וְעָלְמַיָּא, אַנְתְּ הוּא מַלְכָּא מֶלֶךְ מַלְכַיָּא.

פיוט זה שחיבר ר׳ אברהם אבן עזרא, נכתב במקור כ׳רשות׳ לתפילת ׳נִשְׁמַת כָּל חַי׳ בבוקר שמיני עצרת. ה׳חת״ם סופר׳ התפעל מפיוט זה מאוד והחליט לשלב אותו בזמירות ליל שבת.

צָמְאָה נַפְשִׁי לֵאלֹהִים לְאֵל חָי: לִבִּי וּבְשָׂרִי יְרַנְּנוּ אֶל אֵל־חָי: תהלים מב תהלים פד
אֵל אֶחָד בְּרָאַנִי, וְאָמַר חַי אָנִי כִּי לֹא־יִרְאַנִי הָאָדָם וָחָי: שמות לג

צָמְאָה נַפְשִׁי לֵאלֹהִים לְאֵל חָי, לִבִּי וּבְשָׂרִי יְרַנְּנוּ אֶל אֵל־חָי.

בָּרָא כֹל בְּחָכְמָה, בְּעֵצָה וּבִמְזִמָּה מְאֹד נֶעְלָמָה מֵעֵינֵי כָּל־חָי: איוב כח
רָם עַל כֹּל כְּבוֹדוֹ, כָּל פֶּה יְחַוֶּה הוֹדוֹ בָּרוּךְ אֲשֶׁר בְּיָדוֹ נֶפֶשׁ כָּל־חָי:

צָמְאָה נַפְשִׁי לֵאלֹהִים לְאֵל חָי, לִבִּי וּבְשָׂרִי יְרַנְּנוּ אֶל אֵל־חָי.

הִבְדִּיל נִינֵי תָם, חֻקִּים לְהוֹרוֹתָם אֲשֶׁר יַעֲשֶׂה אוֹתָם הָאָדָם וָחָי: ויקרא יח
מִי זֶה יִצְטַדָּק, נִמְשַׁל לְאָבָק דָּק אֱמֶת, כִּי לֹא־יִצְדַּק לְפָנֶיךָ כָל־חָי: תהלים קמג

צָמְאָה נַפְשִׁי לֵאלֹהִים לְאֵל חָי, לִבִּי וּבְשָׂרִי יְרַנְּנוּ אֶל אֵל־חָי.

בְּלֵב יֵצֶר חָשׁוּב כִּדְמוּת חֲמַת עַכְשׁוּב וְאֵיכָכָה יָשׁוּב הַבָּשָׂר הֶחָי: ויקרא יג
נְסוֹגִים אִם אָבוּ, וּמִדַּרְכָּם שָׁבוּ טֶרֶם יִשְׁכָּבוּ בֵּית מוֹעֵד לְכָל־חָי: איוב ל

צָמְאָה נַפְשִׁי לֵאלֹהִים לְאֵל חָי, לִבִּי וּבְשָׂרִי יְרַנְּנוּ אֶל אֵל־חָי.

עַל כֹּל אֲהוֹדֶךָ, כָּל פֶּה תְּיַחֲדֶךָ פּוֹתֵחַ אֶת־יָדֶךָ וּמַשְׂבִּיעַ לְכָל־חָי: תהלים קמה
זְכֹר אַהֲבַת קְדוּמִים, וְהַחֲיֵה נִרְדָּמִים וְקָרֵב הַיָּמִים אֲשֶׁר בֶּן־יִשַׁי חָי: שמואל א׳ כ

צָמְאָה נַפְשִׁי לֵאלֹהִים לְאֵל חָי, לִבִּי וּבְשָׂרִי יְרַנְּנוּ אֶל אֵל־חָי.

רְאֵה לִגְבֶרֶת אֱמֶת, שִׁפְחָה נוֹאֶמֶת לֹא כִי, בְּנֵךְ הַמֵּת וּבְנִי הֶחָי: מלכים א׳ ג
אֶקֹּד עַל אַפִּי, וְאֶפְרֹשׂ לְךָ כַּפַּי עֵת אֶפְתַּח פִּי בְּנִשְׁמַת כָּל חָי.

צָמְאָה נַפְשִׁי לֵאלֹהִים לְאֵל חָי, לִבִּי וּבְשָׂרִי יְרַנְּנוּ אֶל אֵל־חָי.

שיר פתיחה לברכת המזון, שארבעת בתיו מיוסדים על
ארבע הברכות הראשונות שבברכת המזון.

יש שנוהגים שלא לאומרו מחשש שבאמירתו יצאו ידי חובת ברכת המזון.
אך רבים לא חששו לזה, ויש אף שסברו שאמירתו חובה.

צוּר מִשֶּׁלּוֹ אָכַלְנוּ   בָּרְכוּ אֱמוּנַי
שָׂבַעְנוּ וְהוֹתַרְנוּ   כִּדְבַר יהוה.

הַזָּן אֶת עוֹלָמוֹ   רוֹעֵנוּ אָבִינוּ
אָכַלְנוּ אֶת לַחְמוֹ   וְיֵינוֹ שָׁתִינוּ
עַל כֵּן נוֹדֶה לִשְׁמוֹ   וּנְהַלְּלוֹ בְּפִינוּ
אָמַרְנוּ וְעָנִינוּ   אֵין קָדוֹשׁ כַּיהוה.
צוּר מִשֶּׁלּוֹ אָכַלְנוּ, בָּרְכוּ אֱמוּנַי, שָׂבַעְנוּ וְהוֹתַרְנוּ כִּדְבַר יהוה.

בְּשִׁיר וְקוֹל תּוֹדָה   נְבָרֵךְ אֱלֹהֵינוּ
עַל אֶרֶץ חֶמְדָּה   שֶׁהִנְחִיל לַאֲבוֹתֵינוּ
מָזוֹן וְצֵידָה   הִשְׂבִּיעַ לְנַפְשֵׁנוּ
חַסְדּוֹ גָּבַר עָלֵינוּ   וֶאֱמֶת יהוה.
צוּר מִשֶּׁלּוֹ אָכַלְנוּ, בָּרְכוּ אֱמוּנַי, שָׂבַעְנוּ וְהוֹתַרְנוּ כִּדְבַר יהוה.

רַחֵם בְּחַסְדֶּךָ   עַל עַמְּךָ צוּרֵנוּ
עַל צִיּוֹן מִשְׁכַּן כְּבוֹדֶךָ   זְבוּל בֵּית תִּפְאַרְתֵּנוּ
בֶּן דָּוִד עַבְדֶּךָ   יָבוֹא וְיִגְאָלֵנוּ
רוּחַ אַפֵּינוּ   מְשִׁיחַ יהוה.
צוּר מִשֶּׁלּוֹ אָכַלְנוּ, בָּרְכוּ אֱמוּנַי, שָׂבַעְנוּ וְהוֹתַרְנוּ כִּדְבַר יהוה.

יִבָּנֶה הַמִּקְדָּשׁ   עִיר צִיּוֹן תְּמַלֵּא
וְשָׁם נָשִׁיר שִׁיר חָדָשׁ   וּבִרְנָנָה נַעֲלֶה
הָרַחֲמָן הַנִּקְדָּשׁ   יִתְבָּרַךְ וְיִתְעַלֶּה
עַל כּוֹס יַיִן מָלֵא   כְּבִרְכַּת יהוה.
צוּר מִשֶּׁלּוֹ אָכַלְנוּ, בָּרְכוּ אֱמוּנַי, שָׂבַעְנוּ וְהוֹתַרְנוּ כִּדְבַר יהוה.

לפני נטילת מים אחרונים:

יְדֵי אַסְחֵי אֲנָא לְגַבֵּי חַד מָנָא / לְסִטְרָא חוֹרָנָא דְּלֵית בַּהּ מַמָּשָׁא
אֲזַמֵּן בִּתְלָתָא בְּכָסָא דְבִרְכְתָא / לְעִלַּת עִלָּתָא עַתִּיקָא קַדִּישָׁא

ברכת המזון בעמ׳ 503.

שחרית לשבת וליום טוב

מתפללים תפילת השחר עד אחרי הקרבנות (עד עמ׳ 30).

בבתי כנסת המתפללים בנוסח ספרד, הסדר הוא: ׳הוֹדוּ לַה׳ קִרְאוּ בִשְׁמוֹ׳ (עמ׳ 196), ׳מִזְמוֹר שִׁיר־חֲנֻכַּת הַבַּיִת לְדָוִד׳ (ואין אומרים אחריו קדיש), פסוקי ייחוד ה׳, וממשיכים במזמורי שבת (עמ׳ 198) לפני ׳בָּרוּךְ שֶׁאָמַר׳.

מזמור לפני פסוקי דזמרה

מִזְמוֹר שִׁיר־חֲנֻכַּת הַבַּיִת לְדָוִד: תהלים ל

אֲרוֹמִמְךָ יהוה כִּי דִלִּיתָנִי, וְלֹא־שִׂמַּחְתָּ אֹיְבַי לִי:

יהוה אֱלֹהָי, שִׁוַּעְתִּי אֵלֶיךָ וַתִּרְפָּאֵנִי:

יהוה, הֶעֱלִיתָ מִן־שְׁאוֹל נַפְשִׁי, חִיִּיתַנִי מִיָּרְדִי־בוֹר:

זַמְּרוּ לַיהוה חֲסִידָיו, וְהוֹדוּ לְזֵכֶר קָדְשׁוֹ:

כִּי רֶגַע בְּאַפּוֹ, חַיִּים בִּרְצוֹנוֹ, בָּעֶרֶב יָלִין בֶּכִי וְלַבֹּקֶר רִנָּה:

וַאֲנִי אָמַרְתִּי בְשַׁלְוִי, בַּל־אֶמּוֹט לְעוֹלָם:

יהוה, בִּרְצוֹנְךָ הֶעֱמַדְתָּה לְהַרְרִי עֹז, הִסְתַּרְתָּ פָנֶיךָ הָיִיתִי נִבְהָל:

אֵלֶיךָ יהוה אֶקְרָא, וְאֶל־אֲדֹנָי אֶתְחַנָּן:

מַה־בֶּצַע בְּדָמִי, בְּרִדְתִּי אֶל שָׁחַת, הֲיוֹדְךָ עָפָר, הֲיַגִּיד אֲמִתֶּךָ:

שְׁמַע־יהוה וְחָנֵּנִי, יהוה הֱיֵה־עֹזֵר לִי:

‹ הָפַכְתָּ מִסְפְּדִי לְמָחוֹל לִי, פִּתַּחְתָּ שַׂקִּי, וַתְּאַזְּרֵנִי שִׂמְחָה:

לְמַעַן יְזַמֶּרְךָ כָבוֹד וְלֹא יִדֹּם, יהוה אֱלֹהַי, לְעוֹלָם אוֹדֶךָּ:

קדיש יתום

אם יש מניין, האבלים אומרים קדיש יתום:

אבל: יִתְגַּדַּל וְיִתְקַדַּשׁ שְׁמֵהּ רַבָּא (קהל: אָמֵן)
בְּעָלְמָא דִּי בְרָא כִרְעוּתֵהּ
וְיַמְלִיךְ מַלְכוּתֵהּ
בְּחַיֵּיכוֹן וּבְיוֹמֵיכוֹן וּבְחַיֵּי דְכָל בֵּית יִשְׂרָאֵל
בַּעֲגָלָא וּבִזְמַן קָרִיב
וְאִמְרוּ אָמֵן. (קהל: אָמֵן)

קהל ואבל: יְהֵא שְׁמֵהּ רַבָּא מְבָרַךְ לְעָלַם וּלְעָלְמֵי עָלְמַיָּא.

אבל: יִתְבָּרַךְ וְיִשְׁתַּבַּח וְיִתְפָּאַר
וְיִתְרוֹמַם וְיִתְנַשֵּׂא וְיִתְהַדָּר וְיִתְעַלֶּה וְיִתְהַלָּל
שְׁמֵהּ דְּקֻדְשָׁא בְּרִיךְ הוּא (קהל: בְּרִיךְ הוּא)
לְעֵלָּא מִן כָּל בִּרְכָתָא
/בשבת שובה: לְעֵלָּא לְעֵלָּא מִכָּל בִּרְכָתָא/
וְשִׁירָתָא, תֻּשְׁבְּחָתָא וְנֶחֱמָתָא
דַּאֲמִירָן בְּעָלְמָא
וְאִמְרוּ אָמֵן. (קהל: אָמֵן)

יְהֵא שְׁלָמָא רַבָּא מִן שְׁמַיָּא
וְחַיִּים, עָלֵינוּ וְעַל כָּל יִשְׂרָאֵל
וְאִמְרוּ אָמֵן. (קהל: אָמֵן)

כורע ופוסע שלוש פסיעות לאחור. קד לשמאל, לימין ולפנים באמירת:

עֹשֶׂה שָׁלוֹם/בשבת שובה: הַשָּׁלוֹם/ בִּמְרוֹמָיו
הוּא יַעֲשֶׂה שָׁלוֹם עָלֵינוּ וְעַל כָּל יִשְׂרָאֵל
וְאִמְרוּ אָמֵן. (קהל: אָמֵן)

פסוקי דזמרה

מִ'בָּרוּךְ שֶׁאָמַר' ואילך אסור לדבר בדברי חול עד סוף התפילה (ראה טבלה בעמ' 812).
נהוג לומר 'בָּרוּךְ שֶׁאָמַר' בעמידה, והמתפלל אוחז שתי ציציות לפניו.

יש אומרים:

הֲרֵינִי מְזַמֵּן אֶת פִּי לְהוֹדוֹת וּלְהַלֵּל וּלְשַׁבֵּחַ אֶת בּוֹרְאִי, לְשֵׁם יִחוּד קֻדְשָׁא בְּרִיךְ הוּא וּשְׁכִינְתֵהּ עַל יְדֵי הַהוּא טָמִיר וְנֶעְלָם בְּשֵׁם כָּל יִשְׂרָאֵל.

בָּרוּךְ שֶׁאָמַר

וְהָיָה הָעוֹלָם, בָּרוּךְ הוּא.
בָּרוּךְ עוֹשֶׂה בְרֵאשִׁית
בָּרוּךְ אוֹמֵר וְעוֹשֶׂה
בָּרוּךְ גּוֹזֵר וּמְקַיֵּם
בָּרוּךְ מְרַחֵם עַל הָאָרֶץ
בָּרוּךְ מְרַחֵם עַל הַבְּרִיּוֹת
בָּרוּךְ מְשַׁלֵּם שָׂכָר טוֹב לִירֵאָיו
בָּרוּךְ חַי לָעַד וְקַיָּם לָנֶצַח
בָּרוּךְ פּוֹדֶה וּמַצִּיל
בָּרוּךְ שְׁמוֹ
בָּרוּךְ אַתָּה יהוה אֱלֹהֵינוּ מֶלֶךְ הָעוֹלָם
הָאֵל הָאָב הָרַחֲמָן הַמְהֻלָּל בְּפִי עַמּוֹ
מְשֻׁבָּח וּמְפֹאָר בִּלְשׁוֹן חֲסִידָיו וַעֲבָדָיו

וּבְשִׁירֵי דָוִד עַבְדֶּךָ
נְהַלֶּלְךָ יהוה אֱלֹהֵינוּ.
בִּשְׁבָחוֹת וּבִזְמִירוֹת
נְגַדֶּלְךָ וּנְשַׁבֵּחֲךָ וּנְפָאֶרְךָ
וְנַזְכִּיר שִׁמְךָ וְנַמְלִיכְךָ
מַלְכֵּנוּ אֱלֹהֵינוּ, ‹ יָחִיד חֵי הָעוֹלָמִים
מֶלֶךְ, מְשֻׁבָּח וּמְפֹאָר עֲדֵי עַד שְׁמוֹ הַגָּדוֹל
בָּרוּךְ אַתָּה יהוה, מֶלֶךְ מְהֻלָּל בַּתִּשְׁבָּחוֹת.

את המזמור ׳הודו לַה׳׳ אמרו הלוויים בעת שהעלו את ארון ה׳ לירושלים.
אחריו מוסיפים לקט פסוקים המזכירים את חסדי ה׳.

דברי הימים א׳ טז הוֹדוּ לַיהוה קִרְאוּ בִשְׁמוֹ, הוֹדִיעוּ בָעַמִּים עֲלִילֹתָיו: שִׁירוּ לוֹ,
זַמְּרוּ־לוֹ, שִׂיחוּ בְּכָל־נִפְלְאֹתָיו: הִתְהַלְלוּ בְּשֵׁם קָדְשׁוֹ, יִשְׂמַח לֵב
מְבַקְשֵׁי יהוה: דִּרְשׁוּ יהוה וְעֻזּוֹ, בַּקְּשׁוּ פָנָיו תָּמִיד: זִכְרוּ נִפְלְאֹתָיו
אֲשֶׁר עָשָׂה, מֹפְתָיו וּמִשְׁפְּטֵי־פִיהוּ: זֶרַע יִשְׂרָאֵל עַבְדּוֹ, בְּנֵי יַעֲקֹב
בְּחִירָיו: הוּא יהוה אֱלֹהֵינוּ, בְּכָל־הָאָרֶץ מִשְׁפָּטָיו: זִכְרוּ לְעוֹלָם
בְּרִיתוֹ, דָּבָר צִוָּה לְאֶלֶף דּוֹר: אֲשֶׁר כָּרַת אֶת־אַבְרָהָם, וּשְׁבוּעָתוֹ
לְיִצְחָק: וַיַּעֲמִידֶהָ לְיַעֲקֹב לְחֹק, לְיִשְׂרָאֵל בְּרִית עוֹלָם: לֵאמֹר, לְךָ
אֶתֵּן אֶרֶץ־כְּנָעַן, חֶבֶל נַחֲלַתְכֶם: בִּהְיוֹתְכֶם מְתֵי מִסְפָּר, כִּמְעַט
וְגָרִים בָּהּ: וַיִּתְהַלְּכוּ מִגּוֹי אֶל־גּוֹי, וּמִמַּמְלָכָה אֶל־עַם אַחֵר: לֹא־
הִנִּיחַ לְאִישׁ לְעָשְׁקָם, וַיּוֹכַח עֲלֵיהֶם מְלָכִים: אַל־תִּגְּעוּ בִּמְשִׁיחָי,
וּבִנְבִיאַי אַל־תָּרֵעוּ: שִׁירוּ לַיהוה כָּל־הָאָרֶץ, בַּשְּׂרוּ מִיּוֹם־אֶל־
יוֹם יְשׁוּעָתוֹ: סַפְּרוּ בַגּוֹיִם אֶת־כְּבוֹדוֹ, בְּכָל־הָעַמִּים נִפְלְאֹתָיו:
כִּי גָדוֹל יהוה וּמְהֻלָּל מְאֹד, וְנוֹרָא הוּא עַל־כָּל־אֱלֹהִים: ‹ כִּי
כָּל־אֱלֹהֵי הָעַמִּים אֱלִילִים, וַיהוה שָׁמַיִם עָשָׂה:

הוֹד וְהָדָר לְפָנָיו, עֹז וְחֶדְוָה בִּמְקֹמוֹ: הָבוּ לַיהוה מִשְׁפְּחוֹת עַמִּים, הָבוּ לַיהוה כָּבוֹד וָעֹז: הָבוּ לַיהוה כְּבוֹד שְׁמוֹ, שְׂאוּ מִנְחָה וּבֹאוּ לְפָנָיו, הִשְׁתַּחֲווּ לַיהוה בְּהַדְרַת־קֹדֶשׁ: חִילוּ מִלְּפָנָיו כָּל־הָאָרֶץ, אַף־תִּכּוֹן תֵּבֵל בַּל־תִּמּוֹט: יִשְׂמְחוּ הַשָּׁמַיִם וְתָגֵל הָאָרֶץ, וְיֹאמְרוּ בַגּוֹיִם יהוה מָלָךְ: יִרְעַם הַיָּם וּמְלוֹאוֹ, יַעֲלֹץ הַשָּׂדֶה וְכָל־אֲשֶׁר־בּוֹ: אָז יְרַנְּנוּ עֲצֵי הַיָּעַר, מִלִּפְנֵי יהוה, כִּי־בָא לִשְׁפּוֹט אֶת־הָאָרֶץ: הוֹדוּ לַיהוה כִּי טוֹב, כִּי לְעוֹלָם חַסְדּוֹ: וְאִמְרוּ, הוֹשִׁיעֵנוּ אֱלֹהֵי יִשְׁעֵנוּ, וְקַבְּצֵנוּ וְהַצִּילֵנוּ מִן־הַגּוֹיִם, לְהֹדוֹת לְשֵׁם קָדְשֶׁךָ, לְהִשְׁתַּבֵּחַ בִּתְהִלָּתֶךָ: בָּרוּךְ יהוה אֱלֹהֵי יִשְׂרָאֵל מִן־הָעוֹלָם וְעַד־הָעֹלָם, וַיֹּאמְרוּ כָל־הָעָם אָמֵן, וְהַלֵּל לַיהוה:

› רוֹמְמוּ יהוה אֱלֹהֵינוּ וְהִשְׁתַּחֲווּ לַהֲדֹם רַגְלָיו, קָדוֹשׁ הוּא: תהלים צט
רוֹמְמוּ יהוה אֱלֹהֵינוּ וְהִשְׁתַּחֲווּ לְהַר קָדְשׁוֹ, כִּי־קָדוֹשׁ יהוה אֱלֹהֵינוּ:

וְהוּא רַחוּם, יְכַפֵּר עָוֹן וְלֹא־יַשְׁחִית, וְהִרְבָּה לְהָשִׁיב אַפּוֹ, תהלים עח
וְלֹא־יָעִיר כָּל־חֲמָתוֹ: אַתָּה יהוה לֹא־תִכְלָא רַחֲמֶיךָ מִמֶּנִּי, חַסְדְּךָ תהלים מ
וַאֲמִתְּךָ תָּמִיד יִצְּרוּנִי: זְכֹר־רַחֲמֶיךָ יהוה וַחֲסָדֶיךָ, כִּי מֵעוֹלָם תהלים כה
הֵמָּה: תְּנוּ עֹז לֵאלֹהִים, עַל־יִשְׂרָאֵל גַּאֲוָתוֹ, וְעֻזּוֹ בַּשְּׁחָקִים: תהלים סח
נוֹרָא אֱלֹהִים מִמִּקְדָּשֶׁיךָ, אֵל יִשְׂרָאֵל הוּא נֹתֵן עֹז וְתַעֲצֻמוֹת
לָעָם, בָּרוּךְ אֱלֹהִים: אֵל־נְקָמוֹת יהוה, אֵל נְקָמוֹת הוֹפִיעַ: הִנָּשֵׂא תהלים צד
שֹׁפֵט הָאָרֶץ, הָשֵׁב גְּמוּל עַל־גֵּאִים: לַיהוה הַיְשׁוּעָה, עַל־עַמְּךָ תהלים ג
בִרְכָתֶךָ סֶּלָה: › יהוה צְבָאוֹת עִמָּנוּ, מִשְׂגָּב לָנוּ אֱלֹהֵי יַעֲקֹב תהלים מו
סֶלָה: יהוה צְבָאוֹת, אַשְׁרֵי אָדָם בֹּטֵחַ בָּךְ: יהוה הוֹשִׁיעָה, תהלים פד תהלים כ
הַמֶּלֶךְ יַעֲנֵנוּ בְיוֹם־קָרְאֵנוּ:

תהלים כח הוֹשִׁיעָה אֶת־עַמֶּךָ, וּבָרֵךְ אֶת־נַחֲלָתֶךָ, וּרְעֵם וְנַשְּׂאֵם עַד־
תהלים לג הָעוֹלָם: נַפְשֵׁנוּ חִכְּתָה לַיהוה, עֶזְרֵנוּ וּמָגִנֵּנוּ הוּא: כִּי־בוֹ יִשְׂמַח
לִבֵּנוּ, כִּי בְשֵׁם קָדְשׁוֹ בָטָחְנוּ: יְהִי־חַסְדְּךָ יהוה עָלֵינוּ, כַּאֲשֶׁר יִחַלְנוּ
תהלים פה לָךְ: הַרְאֵנוּ יהוה חַסְדֶּךָ, וְיֶשְׁעֲךָ תִּתֶּן־לָנוּ: קוּמָה עֶזְרָתָה לָּנוּ,
תהלים מד
תהלים פא וּפְדֵנוּ לְמַעַן חַסְדֶּךָ: אָנֹכִי יהוה אֱלֹהֶיךָ הַמַּעַלְךָ מֵאֶרֶץ מִצְרָיִם,
תהלים קמד הַרְחֶב־פִּיךָ וַאֲמַלְאֵהוּ: אַשְׁרֵי הָעָם שֶׁכָּכָה לּוֹ, אַשְׁרֵי הָעָם שֶׁיהוה
תהלים יג אֱלֹהָיו: › וַאֲנִי בְּחַסְדְּךָ בָטַחְתִּי, יָגֵל לִבִּי בִּישׁוּעָתֶךָ, אָשִׁירָה לַיהוה,
כִּי גָמַל עָלָי:

אין אומרים מזמור לתודה בשבת וביום טוב, הואיל ואין תודה קרבה בהם (טור, נא).
אך בהושענא רבה, ביום העצמאות וביום ירושלים אומרים
׳מִזְמוֹר לְתוֹדָה׳, והמנהג הנפוץ לאומרו בעמידה.

תהלים ק מִזְמוֹר לְתוֹדָה, הָרִיעוּ לַיהוה כָּל־הָאָרֶץ: עִבְדוּ אֶת־יהוה בְּשִׂמְחָה,
בֹּאוּ לְפָנָיו בִּרְנָנָה: דְּעוּ כִּי־יהוה הוּא אֱלֹהִים, הוּא עָשָׂנוּ וְלוֹ אֲנַחְנוּ,
עַמּוֹ וְצֹאן מַרְעִיתוֹ: בֹּאוּ שְׁעָרָיו בְּתוֹדָה, חֲצֵרֹתָיו בִּתְהִלָּה, הוֹדוּ לוֹ,
בָּרְכוּ שְׁמוֹ: › כִּי־טוֹב יהוה, לְעוֹלָם חַסְדּוֹ, וְעַד־דֹּר וָדֹר אֱמוּנָתוֹ:

נוהגים להאריך בפסוקי דזמרה לכבוד השבת (׳אור זרוע׳ ח״ב מב).
בבתי כנסת המתפללים בנוסח ספרד, סדר המזמורים שונה: ׳לַמְנַצֵּחַ׳,
׳רַנְּנוּ צַדִּיקִים בַּה׳׳ (עמ׳ 203), מזמורים לד, צ, צא (עמ׳ 199–200),
׳מִזְמוֹר שִׁירוּ לַה׳ שִׁיר חָדָשׁ׳ (עמ׳ 154), שירי המעלות קכא–קכד (עמ׳ 299),
שני מזמורי הלל הגדול (עמ׳ 201–202), הפיוט ׳הָאַדֶּרֶת וְהָאֱמוּנָה׳, ורק אחר כך
׳בָּרוּךְ שֶׁאָמַר׳ (עמ׳ 195), וממשיכים ׳מִזְמוֹר שִׁיר לְיוֹם הַשַּׁבָּת׳ (עמ׳ 203).

תהלים יט לַמְנַצֵּחַ מִזְמוֹר לְדָוִד: הַשָּׁמַיִם מְסַפְּרִים כְּבוֹד־אֵל, וּמַעֲשֵׂה יָדָיו
מַגִּיד הָרָקִיעַ: יוֹם לְיוֹם יַבִּיעַ אֹמֶר, וְלַיְלָה לְּלַיְלָה יְחַוֶּה־דָּעַת:
אֵין־אֹמֶר וְאֵין דְּבָרִים, בְּלִי נִשְׁמָע קוֹלָם: בְּכָל־הָאָרֶץ יָצָא קַוָּם,
וּבִקְצֵה תֵבֵל מִלֵּיהֶם, לַשֶּׁמֶשׁ שָׂם־אֹהֶל בָּהֶם: וְהוּא כְּחָתָן יֹצֵא
מֵחֻפָּתוֹ, יָשִׂישׂ כְּגִבּוֹר לָרוּץ אֹרַח: מִקְצֵה הַשָּׁמַיִם מוֹצָאוֹ, וּתְקוּפָתוֹ
עַל־קְצוֹתָם, וְאֵין נִסְתָּר מֵחַמָּתוֹ: תּוֹרַת יהוה תְּמִימָה, מְשִׁיבַת
נָפֶשׁ, עֵדוּת יהוה נֶאֱמָנָה, מַחְכִּימַת פֶּתִי: פִּקּוּדֵי יהוה יְשָׁרִים,

מְשַׂמְּחֵי־לֵב, מִצְוַת יהוה בָּרָה, מְאִירַת עֵינָיִם: יִרְאַת יהוה טְהוֹרָה, עוֹמֶדֶת לָעַד, מִשְׁפְּטֵי־יהוה אֱמֶת, צָדְקוּ יַחְדָּו: הַנֶּחֱמָדִים מִזָּהָב וּמִפַּז רָב, וּמְתוּקִים מִדְּבַשׁ וְנֹפֶת צוּפִים: גַּם־עַבְדְּךָ נִזְהָר בָּהֶם, בְּשָׁמְרָם עֵקֶב רָב: שְׁגִיאוֹת מִי־יָבִין, מִנִּסְתָּרוֹת נַקֵּנִי: גַּם מִזֵּדִים חֲשֹׂךְ עַבְדֶּךָ, אַל־יִמְשְׁלוּ־בִי אָז אֵיתָם, וְנִקֵּיתִי מִפֶּשַׁע רָב: ‹ יִהְיוּ לְרָצוֹן אִמְרֵי־פִי וְהֶגְיוֹן לִבִּי לְפָנֶיךָ, יהוה, צוּרִי וְגֹאֲלִי:

מזמור זה, שנאמר בו ׳אֲבָרְכָה אֶת־ה׳ בְּכָל־עֵת׳, היה ראוי להיאמר בכל יום,
אך משום שחכמים חששו לטורח הציבור,
תיקנו לומר אותו רק בשבתות ובימים טובים (סידור ר״ש מגרמייזא).

לְדָוִד, בְּשַׁנּוֹתוֹ אֶת־טַעְמוֹ לִפְנֵי אֲבִימֶלֶךְ, וַיְגָרְשֵׁהוּ וַיֵּלַךְ: אֲבָרְכָה תהלים לד
אֶת־יהוה בְּכָל־עֵת, תָּמִיד תְּהִלָּתוֹ בְּפִי: בַּיהוה תִּתְהַלֵּל נַפְשִׁי, יִשְׁמְעוּ עֲנָוִים וְיִשְׂמָחוּ: גַּדְּלוּ לַיהוה אִתִּי, וּנְרוֹמְמָה שְׁמוֹ יַחְדָּו: דָּרַשְׁתִּי אֶת־יהוה וְעָנָנִי, וּמִכָּל־מְגוּרוֹתַי הִצִּילָנִי: הִבִּיטוּ אֵלָיו וְנָהָרוּ, וּפְנֵיהֶם אַל־יֶחְפָּרוּ: זֶה עָנִי קָרָא, וַיהוה שָׁמֵעַ, וּמִכָּל־צָרוֹתָיו הוֹשִׁיעוֹ: חֹנֶה מַלְאַךְ־יהוה סָבִיב לִירֵאָיו, וַיְחַלְּצֵם: טַעֲמוּ וּרְאוּ כִּי־טוֹב יהוה, אַשְׁרֵי הַגֶּבֶר יֶחֱסֶה־בּוֹ: יְראוּ אֶת־יהוה קְדֹשָׁיו, כִּי־אֵין מַחְסוֹר לִירֵאָיו: כְּפִירִים רָשׁוּ וְרָעֵבוּ, וְדֹרְשֵׁי יהוה לֹא־יַחְסְרוּ כָל־טוֹב: לְכוּ־בָנִים שִׁמְעוּ־לִי, יִרְאַת יהוה אֲלַמֶּדְכֶם: מִי־הָאִישׁ הֶחָפֵץ חַיִּים, אֹהֵב יָמִים לִרְאוֹת טוֹב: נְצֹר לְשׁוֹנְךָ מֵרָע, וּשְׂפָתֶיךָ מִדַּבֵּר מִרְמָה: סוּר מֵרָע וַעֲשֵׂה־טוֹב, בַּקֵּשׁ שָׁלוֹם וְרָדְפֵהוּ: עֵינֵי יהוה אֶל־צַדִּיקִים, וְאָזְנָיו אֶל־שַׁוְעָתָם: פְּנֵי יהוה בְּעֹשֵׂי רָע, לְהַכְרִית מֵאֶרֶץ זִכְרָם: צָעֲקוּ וַיהוה שָׁמֵעַ, וּמִכָּל־צָרוֹתָם הִצִּילָם: קָרוֹב יהוה לְנִשְׁבְּרֵי־לֵב, וְאֶת־דַּכְּאֵי־רוּחַ יוֹשִׁיעַ: רַבּוֹת רָעוֹת צַדִּיק, וּמִכֻּלָּם יַצִּילֶנּוּ יהוה: שֹׁמֵר כָּל־עַצְמוֹתָיו, אַחַת מֵהֵנָּה לֹא נִשְׁבָּרָה: תְּמוֹתֵת רָשָׁע רָעָה, וְשֹׂנְאֵי צַדִּיק יֶאְשָׁמוּ: ‹ פּוֹדֶה יהוה נֶפֶשׁ עֲבָדָיו, וְלֹא יֶאְשְׁמוּ כָּל־הַחֹסִים בּוֹ:

אחד עשר מזמורים בספר תהלים, צ–ק, מיוחסים למשה (רש״י בתהלים), ותשעה מהם נאמרים בתפילות השבת: מזמורים צ–צא כאן, צב–צג שהם שיר של יום לשבת ולערב שבת, וצה–צט בקבלת שבת.

תהלים צ תְּפִלָּה לְמֹשֶׁה אִישׁ־הָאֱלֹהִים, אֲדֹנָי, מָעוֹן אַתָּה הָיִיתָ לָּנוּ בְּדֹר וָדֹר: בְּטֶרֶם הָרִים יֻלָּדוּ, וַתְּחוֹלֵל אֶרֶץ וְתֵבֵל, וּמֵעוֹלָם עַד־עוֹלָם אַתָּה אֵל: תָּשֵׁב אֱנוֹשׁ עַד־דַּכָּא, וַתֹּאמֶר שׁוּבוּ בְנֵי־אָדָם: כִּי אֶלֶף שָׁנִים בְּעֵינֶיךָ, כְּיוֹם אֶתְמוֹל כִּי יַעֲבֹר, וְאַשְׁמוּרָה בַלָּיְלָה: זְרַמְתָּם, שֵׁנָה יִהְיוּ, בַּבֹּקֶר כֶּחָצִיר יַחֲלֹף: בַּבֹּקֶר יָצִיץ וְחָלָף, לָעֶרֶב יְמוֹלֵל וְיָבֵשׁ: כִּי־כָלִינוּ בְאַפֶּךָ, וּבַחֲמָתְךָ נִבְהָלְנוּ: שַׁתָּ עֲוֹנֹתֵינוּ לְנֶגְדֶּךָ, עֲלֻמֵנוּ לִמְאוֹר פָּנֶיךָ: כִּי כָל־יָמֵינוּ פָּנוּ בְעֶבְרָתֶךָ, כִּלִּינוּ שָׁנֵינוּ כְמוֹ־הֶגֶה: יְמֵי־שְׁנוֹתֵינוּ בָהֶם שִׁבְעִים שָׁנָה, וְאִם בִּגְבוּרֹת שְׁמוֹנִים שָׁנָה, וְרָהְבָּם עָמָל וָאָוֶן, כִּי־גָז חִישׁ וַנָּעֻפָה: מִי־יוֹדֵעַ עֹז אַפֶּךָ, וּכְיִרְאָתְךָ עֶבְרָתֶךָ: לִמְנוֹת יָמֵינוּ כֵּן הוֹדַע, וְנָבִא לְבַב חָכְמָה: שׁוּבָה יהוה עַד־מָתָי, וְהִנָּחֵם עַל־עֲבָדֶיךָ: שַׂבְּעֵנוּ בַבֹּקֶר חַסְדֶּךָ, וּנְרַנְּנָה וְנִשְׂמְחָה בְּכָל־יָמֵינוּ: שַׂמְּחֵנוּ כִּימוֹת עִנִּיתָנוּ, שְׁנוֹת רָאִינוּ רָעָה: יֵרָאֶה אֶל־עֲבָדֶיךָ פָעֳלֶךָ, וַהֲדָרְךָ עַל־בְּנֵיהֶם: ◂ וִיהִי נֹעַם אֲדֹנָי אֱלֹהֵינוּ עָלֵינוּ, וּמַעֲשֵׂה יָדֵינוּ כּוֹנְנָה עָלֵינוּ, וּמַעֲשֵׂה יָדֵינוּ כּוֹנְנֵהוּ:

מזמור זה מכונה ׳שיר של פגעים׳, מפני שהוא עוסק בשמירה של הקב״ה על האדם ובמידת הביטחון (שבועות טו ע״ב).

תהלים צא יֹשֵׁב בְּסֵתֶר עֶלְיוֹן, בְּצֵל שַׁדַּי יִתְלוֹנָן: אֹמַר לַיהוה מַחְסִי וּמְצוּדָתִי, אֱלֹהַי אֶבְטַח־בּוֹ: כִּי הוּא יַצִּילְךָ מִפַּח יָקוּשׁ, מִדֶּבֶר הַוּוֹת: בְּאֶבְרָתוֹ יָסֶךְ לָךְ, וְתַחַת־כְּנָפָיו תֶּחְסֶה, צִנָּה וְסֹחֵרָה אֲמִתּוֹ: לֹא־תִירָא מִפַּחַד לָיְלָה, מֵחֵץ יָעוּף יוֹמָם: מִדֶּבֶר בָּאֹפֶל יַהֲלֹךְ, מִקֶּטֶב יָשׁוּד צָהֳרָיִם: יִפֹּל מִצִּדְּךָ אֶלֶף, וּרְבָבָה מִימִינֶךָ, אֵלֶיךָ לֹא יִגָּשׁ: רַק בְּעֵינֶיךָ תַבִּיט, וְשִׁלֻּמַת רְשָׁעִים תִּרְאֶה: כִּי־אַתָּה

יהוה מַחְסִי, עֶלְיוֹן שַֽׂמְתָּ מְעוֹנֶֽךָ: לֹא־תְאֻנֶּה אֵלֶֽיךָ רָעָה, וְנֶֽגַע לֹא־יִקְרַב בְּאׇהֳלֶֽךָ: כִּי מַלְאָכָיו יְצַוֶּה־לָּךְ, לִשְׁמׇרְךָ בְּכׇל־דְּרָכֶֽיךָ: עַל־כַּפַּֽיִם יִשָּׂאֽוּנְךָ, פֶּן־תִּגֹּף בָּאֶֽבֶן רַגְלֶֽךָ: עַל־שַֽׁחַל וָפֶֽתֶן תִּדְרֹךְ, תִּרְמֹס כְּפִיר וְתַנִּין: כִּי בִי חָשַׁק וַאֲפַלְּטֵֽהוּ, אֲשַׂגְּבֵֽהוּ כִּי־יָדַע שְׁמִי: יִקְרָאֵֽנִי וְאֶעֱנֵֽהוּ, עִמּוֹ אָנֹכִי בְצָרָה, אֲחַלְּצֵֽהוּ וַאֲכַבְּדֵֽהוּ: ‹ אֹֽרֶךְ יָמִים אַשְׂבִּיעֵֽהוּ, וְאַרְאֵֽהוּ בִּישׁוּעָתִי:
אֹֽרֶךְ יָמִים אַשְׂבִּיעֵֽהוּ, וְאַרְאֵֽהוּ בִּישׁוּעָתִי:

במזמור זה המשורר פונה לכוהנים וללוויים שיהללו את ה׳,
ובמזמור הבא, המקביל לו, הוא פונה לישראל שיעשו כן אף הם (ראב״ע).

תהלים קלה הַלְלוּיָהּ, הַלְלוּ אֶת־שֵׁם יהוה, הַלְלוּ עַבְדֵי יהוה: שֶׁעֹמְדִים בְּבֵית יהוה, בְּחַצְרוֹת בֵּית אֱלֹהֵֽינוּ: הַלְלוּיָהּ כִּי־טוֹב יהוה, זַמְּרוּ לִשְׁמוֹ כִּי נָעִים: כִּי־יַעֲקֹב בָּחַר לוֹ יָהּ, יִשְׂרָאֵל לִסְגֻלָּתוֹ: כִּי אֲנִי יָדַֽעְתִּי כִּי־גָדוֹל יהוה, וַאֲדֹנֵֽינוּ מִכׇּל־אֱלֹהִים: כֹּל אֲשֶׁר־חָפֵץ יהוה עָשָׂה, בַּשָּׁמַֽיִם וּבָאָֽרֶץ, בַּיַּמִּים וְכׇל־תְּהֹמוֹת: מַעֲלֶה נְשִׂאִים מִקְצֵה הָאָֽרֶץ, בְּרָקִים לַמָּטָר עָשָׂה, מוֹצֵא־רֽוּחַ מֵאוֹצְרוֹתָיו: שֶׁהִכָּה בְּכוֹרֵי מִצְרָֽיִם, מֵאָדָם עַד־בְּהֵמָה: שָׁלַח אוֹתֹת וּמֹפְתִים בְּתוֹכֵֽכִי מִצְרָֽיִם, בְּפַרְעֹה וּבְכׇל־עֲבָדָיו: שֶׁהִכָּה גּוֹיִם רַבִּים, וְהָרַג מְלָכִים עֲצוּמִים: לְסִיחוֹן מֶֽלֶךְ הָאֱמֹרִי, וּלְעוֹג מֶֽלֶךְ הַבָּשָׁן, וּלְכֹל מַמְלְכוֹת כְּנָֽעַן: וְנָתַן אַרְצָם נַחֲלָה, נַחֲלָה לְיִשְׂרָאֵל עַמּוֹ: יהוה שִׁמְךָ לְעוֹלָם, יהוה זִכְרְךָ לְדֹר־וָדֹר: כִּי־יָדִין יהוה עַמּוֹ, וְעַל־עֲבָדָיו יִתְנֶחָם: עֲצַבֵּי הַגּוֹיִם כֶּֽסֶף וְזָהָב, מַעֲשֵׂה יְדֵי אָדָם: פֶּה־לָהֶם וְלֹא יְדַבֵּֽרוּ, עֵינַֽיִם לָהֶם וְלֹא יִרְאוּ: אׇזְנַֽיִם לָהֶם וְלֹא יַאֲזִֽינוּ, אַף אֵין־יֶשׁ־רֽוּחַ בְּפִיהֶם: כְּמוֹהֶם יִהְיוּ עֹשֵׂיהֶם, כֹּל אֲשֶׁר־בֹּטֵֽחַ בָּהֶם: ‹ בֵּית יִשְׂרָאֵל בָּרְכוּ אֶת־יהוה, בֵּית אַהֲרֹן בָּרְכוּ אֶת־יהוה: בֵּית הַלֵּוִי בָּרְכוּ אֶת־יהוה, יִרְאֵי יהוה בָּרְכוּ אֶת־יהוה: בָּרוּךְ יהוה מִצִּיּוֹן, שֹׁכֵן יְרוּשָׁלָֽםִ, הַלְלוּיָהּ:

מזמור זה מכונה בגמרא ׳הלל הגדול׳ (פסחים קיח ע״א), מפני שהוא משבח את ה׳ על הבריאה, על הנסים שעשה לישראל ועל הפרנסה היום־יומית (סידור חסידי אשכנז).

תהלים קלו הוֹדוּ לַיהוה כִּי־טוֹב   כִּי לְעוֹלָם חַסְדּוֹ:

הוֹדוּ לֵאלֹהֵי הָאֱלֹהִים   כִּי לְעוֹלָם חַסְדּוֹ:

הוֹדוּ לַאֲדֹנֵי הָאֲדֹנִים   כִּי לְעוֹלָם חַסְדּוֹ:

לְעֹשֵׂה נִפְלָאוֹת גְּדֹלוֹת לְבַדּוֹ   כִּי לְעוֹלָם חַסְדּוֹ:

לְעֹשֵׂה הַשָּׁמַיִם בִּתְבוּנָה   כִּי לְעוֹלָם חַסְדּוֹ:

לְרֹקַע הָאָרֶץ עַל־הַמָּיִם   כִּי לְעוֹלָם חַסְדּוֹ:

לְעֹשֵׂה אוֹרִים גְּדֹלִים   כִּי לְעוֹלָם חַסְדּוֹ:

אֶת־הַשֶּׁמֶשׁ לְמֶמְשֶׁלֶת בַּיּוֹם   כִּי לְעוֹלָם חַסְדּוֹ:

אֶת־הַיָּרֵחַ וְכוֹכָבִים לְמֶמְשְׁלוֹת בַּלָּיְלָה   כִּי לְעוֹלָם חַסְדּוֹ:

לְמַכֵּה מִצְרַיִם בִּבְכוֹרֵיהֶם   כִּי לְעוֹלָם חַסְדּוֹ:

וַיּוֹצֵא יִשְׂרָאֵל מִתּוֹכָם   כִּי לְעוֹלָם חַסְדּוֹ:

בְּיָד חֲזָקָה וּבִזְרוֹעַ נְטוּיָה   כִּי לְעוֹלָם חַסְדּוֹ:

לְגֹזֵר יַם־סוּף לִגְזָרִים   כִּי לְעוֹלָם חַסְדּוֹ:

וְהֶעֱבִיר יִשְׂרָאֵל בְּתוֹכוֹ   כִּי לְעוֹלָם חַסְדּוֹ:

וְנִעֵר פַּרְעֹה וְחֵילוֹ בְיַם־סוּף   כִּי לְעוֹלָם חַסְדּוֹ:

לְמוֹלִיךְ עַמּוֹ בַּמִּדְבָּר   כִּי לְעוֹלָם חַסְדּוֹ:

לְמַכֵּה מְלָכִים גְּדֹלִים   כִּי לְעוֹלָם חַסְדּוֹ:

וַיַּהֲרֹג מְלָכִים אַדִּירִים   כִּי לְעוֹלָם חַסְדּוֹ:

לְסִיחוֹן מֶלֶךְ הָאֱמֹרִי   כִּי לְעוֹלָם חַסְדּוֹ:

וּלְעוֹג מֶלֶךְ הַבָּשָׁן   כִּי לְעוֹלָם חַסְדּוֹ:

וְנָתַן אַרְצָם לְנַחֲלָה   כִּי לְעוֹלָם חַסְדּוֹ:

נַחֲלָה לְיִשְׂרָאֵל עַבְדּוֹ   כִּי לְעוֹלָם חַסְדּוֹ:

שֶׁבְּשִׁפְלֵנוּ זָכַר לָנוּ   כִּי לְעוֹלָם חַסְדּוֹ:

וַיִּפְרְקֵנוּ מִצָּרֵינוּ   כִּי לְעוֹלָם חַסְדּוֹ:

‹ נֹתֵן לֶחֶם לְכָל־בָּשָׂר	כִּי לְעוֹלָם חַסְדּוֹ:
הוֹדוּ לְאֵל הַשָּׁמָיִם	כִּי לְעוֹלָם חַסְדּוֹ:

לאחר ההלל הגדול, המתאר את כל חסדיו של הקב״ה עמנו, אנו מודים לו ומרננים לשמו, לפני שמגיעים למנוחה בשבת (סידור חסידי אשכנז).

תהלים לג רַנְּנוּ צַדִּיקִים בַּיהוה, לַיְשָׁרִים נָאוָה תְהִלָּה: הוֹדוּ לַיהוה בְּכִנּוֹר, בְּנֵבֶל עָשׂוֹר זַמְּרוּ־לוֹ: שִׁירוּ־לוֹ שִׁיר חָדָשׁ, הֵיטִיבוּ נַגֵּן בִּתְרוּעָה: כִּי־יָשָׁר דְּבַר־יהוה, וְכָל־מַעֲשֵׂהוּ בֶּאֱמוּנָה: אֹהֵב צְדָקָה וּמִשְׁפָּט, חֶסֶד יהוה מָלְאָה הָאָרֶץ: בִּדְבַר יהוה שָׁמַיִם נַעֲשׂוּ, וּבְרוּחַ פִּיו כָּל־צְבָאָם: כֹּנֵס כַּנֵּד מֵי הַיָּם, נֹתֵן בְּאוֹצָרוֹת תְּהוֹמוֹת: יִירְאוּ מֵיהוה כָּל־הָאָרֶץ, מִמֶּנּוּ יָגוּרוּ כָּל־יֹשְׁבֵי תֵבֵל: כִּי הוּא אָמַר וַיֶּהִי, הוּא־צִוָּה וַיַּעֲמֹד: יהוה הֵפִיר עֲצַת־גּוֹיִם, הֵנִיא מַחְשְׁבוֹת עַמִּים: עֲצַת יהוה לְעוֹלָם תַּעֲמֹד, מַחְשְׁבוֹת לִבּוֹ לְדֹר וָדֹר: אַשְׁרֵי הַגּוֹי אֲשֶׁר־יהוה אֱלֹהָיו, הָעָם בָּחַר לְנַחֲלָה לוֹ: מִשָּׁמַיִם הִבִּיט יהוה, רָאָה אֶת־כָּל־בְּנֵי הָאָדָם: מִמְּכוֹן־שִׁבְתּוֹ הִשְׁגִּיחַ, אֶל כָּל־יֹשְׁבֵי הָאָרֶץ: הַיֹּצֵר יַחַד לִבָּם, הַמֵּבִין אֶל־כָּל־מַעֲשֵׂיהֶם: אֵין־הַמֶּלֶךְ נוֹשָׁע בְּרָב־חָיִל, גִּבּוֹר לֹא־יִנָּצֵל בְּרָב־כֹּחַ: שֶׁקֶר הַסּוּס לִתְשׁוּעָה, וּבְרֹב חֵילוֹ לֹא יְמַלֵּט: הִנֵּה עֵין יהוה אֶל־יְרֵאָיו, לַמְיַחֲלִים לְחַסְדּוֹ: לְהַצִּיל מִמָּוֶת נַפְשָׁם, וּלְחַיּוֹתָם בָּרָעָב: נַפְשֵׁנוּ חִכְּתָה לַיהוה, עֶזְרֵנוּ וּמָגִנֵּנוּ הוּא: ‹ כִּי־בוֹ יִשְׂמַח לִבֵּנוּ, כִּי בְשֵׁם קָדְשׁוֹ בָטָחְנוּ: יְהִי־חַסְדְּךָ יהוה עָלֵינוּ, כַּאֲשֶׁר יִחַלְנוּ לָךְ:

תהלים צב מִזְמוֹר שִׁיר לְיוֹם הַשַּׁבָּת: טוֹב לְהֹדוֹת לַיהוה, וּלְזַמֵּר לְשִׁמְךָ עֶלְיוֹן: לְהַגִּיד בַּבֹּקֶר חַסְדֶּךָ, וֶאֱמוּנָתְךָ בַּלֵּילוֹת: עֲלֵי־עָשׂוֹר וַעֲלֵי־נָבֶל, עֲלֵי הִגָּיוֹן בְּכִנּוֹר: כִּי שִׂמַּחְתַּנִי יהוה בְּפָעֳלֶךָ, בְּמַעֲשֵׂי יָדֶיךָ אֲרַנֵּן: מַה־גָּדְלוּ מַעֲשֶׂיךָ יהוה, מְאֹד עָמְקוּ מַחְשְׁבֹתֶיךָ: אִישׁ־בַּעַר לֹא יֵדָע, וּכְסִיל לֹא־יָבִין אֶת־זֹאת: בִּפְרֹחַ רְשָׁעִים כְּמוֹ עֵשֶׂב, וַיָּצִיצוּ כָּל־פֹּעֲלֵי אָוֶן, לְהִשָּׁמְדָם עֲדֵי־עַד: וְאַתָּה מָרוֹם לְעֹלָם יהוה: כִּי הִנֵּה

אֹיְבֶיךָ יהוה, כִּי־הִנֵּה אֹיְבֶיךָ יֹאבֵדוּ, יִתְפָּרְדוּ כָּל־פֹּעֲלֵי אָוֶן: וַתָּרֶם
כִּרְאֵים קַרְנִי, בַּלֹּתִי בְּשֶׁמֶן רַעֲנָן: וַתַּבֵּט עֵינִי בְּשׁוּרָי, בַּקָּמִים עָלַי
מְרֵעִים תִּשְׁמַעְנָה אָזְנָי: ◂ צַדִּיק כַּתָּמָר יִפְרָח, כְּאֶרֶז בַּלְּבָנוֹן יִשְׂגֶּה:
שְׁתוּלִים בְּבֵית יהוה, בְּחַצְרוֹת אֱלֹהֵינוּ יַפְרִיחוּ: עוֹד יְנוּבוּן בְּשֵׂיבָה,
דְּשֵׁנִים וְרַעֲנַנִּים יִהְיוּ: לְהַגִּיד כִּי־יָשָׁר יהוה, צוּרִי, וְלֹא־עַוְלָתָה בּוֹ:

תהלים צג יהוה מָלָךְ, גֵּאוּת לָבֵשׁ, לָבֵשׁ יהוה עֹז הִתְאַזָּר, אַף־תִּכּוֹן תֵּבֵל בַּל־
תִּמּוֹט: נָכוֹן כִּסְאֲךָ מֵאָז, מֵעוֹלָם אָתָּה: נָשְׂאוּ נְהָרוֹת יהוה, נָשְׂאוּ
נְהָרוֹת קוֹלָם, יִשְׂאוּ נְהָרוֹת דָּכְיָם: ◂ מִקֹּלוֹת מַיִם רַבִּים, אַדִּירִים
מִשְׁבְּרֵי־יָם, אַדִּיר בַּמָּרוֹם יהוה: עֵדֹתֶיךָ נֶאֶמְנוּ מְאֹד לְבֵיתְךָ נַאֲוָה־
קֹדֶשׁ, יהוה לְאֹרֶךְ יָמִים:

הגמרא בחולין ס ע״א מייחסת את הפסוק ׳יְהִי כְבוֹד ה׳ לְעוֹלָם׳ לשר העולם,
שאמרו לאחר הבריאה. לאחר אמירת שני המזמורים הקודמים על
השלמת הבריאה ממשיכים באמירת פסוקי דזמרה שבכל יום.

תהלים קד
תהלים קיג יְהִי כְבוֹד יהוה לְעוֹלָם, יִשְׂמַח יהוה בְּמַעֲשָׂיו: יְהִי שֵׁם יהוה מְבֹרָךְ,
מֵעַתָּה וְעַד־עוֹלָם: מִמִּזְרַח־שֶׁמֶשׁ עַד־מְבוֹאוֹ, מְהֻלָּל שֵׁם יהוה:
תהלים קלה רָם עַל־כָּל־גּוֹיִם יהוה, עַל הַשָּׁמַיִם כְּבוֹדוֹ: יהוה שִׁמְךָ לְעוֹלָם,
תהלים קג יהוה זִכְרְךָ לְדֹר־וָדֹר: יהוה בַּשָּׁמַיִם הֵכִין כִּסְאוֹ, וּמַלְכוּתוֹ בַּכֹּל
דברי הימים א׳ טז מָשָׁלָה: יִשְׂמְחוּ הַשָּׁמַיִם וְתָגֵל הָאָרֶץ, וְיֹאמְרוּ בַגּוֹיִם יהוה מָלָךְ:
תהלים י יהוה מֶלֶךְ, יהוה מָלָךְ, יהוה יִמְלֹךְ לְעוֹלָם וָעֶד. יהוה מֶלֶךְ עוֹלָם
תהלים לג וָעֶד, אָבְדוּ גוֹיִם מֵאַרְצוֹ: יהוה הֵפִיר עֲצַת־גּוֹיִם, הֵנִיא מַחְשְׁבוֹת
משלי יט
תהלים לג עַמִּים: רַבּוֹת מַחֲשָׁבוֹת בְּלֶב־אִישׁ, וַעֲצַת יהוה הִיא תָקוּם: עֲצַת
יהוה לְעוֹלָם תַּעֲמֹד, מַחְשְׁבוֹת לִבּוֹ לְדֹר וָדֹר: כִּי הוּא אָמַר וַיֶּהִי,
תהלים קלב
תהלים קלה הוּא־צִוָּה וַיַּעֲמֹד: כִּי־בָחַר יהוה בְּצִיּוֹן, אִוָּהּ לְמוֹשָׁב לוֹ: כִּי־יַעֲקֹב
תהלים צד בָּחַר לוֹ יָהּ, יִשְׂרָאֵל לִסְגֻלָּתוֹ: כִּי לֹא־יִטֹּשׁ יהוה עַמּוֹ, וְנַחֲלָתוֹ לֹא
תהלים עח יַעֲזֹב: ◂ וְהוּא רַחוּם, יְכַפֵּר עָוֹן וְלֹא־יַשְׁחִית, וְהִרְבָּה לְהָשִׁיב אַפּוֹ,
תהלים כ וְלֹא־יָעִיר כָּל־חֲמָתוֹ: יהוה הוֹשִׁיעָה, הַמֶּלֶךְ יַעֲנֵנוּ בְיוֹם־קָרְאֵנוּ:

"כל האומר תהלה לדוד בכל יום שלש פעמים – מובטח לו שהוא בן העולם הבא... משום דאית ביה 'פּוֹתֵחַ אֶת־יָדֶךָ'", ויש לכוון במיוחד בפסוק זה, ואם לא התכוון צריך לחזור ולאומרו שנית.

אַשְׁרֵי יוֹשְׁבֵי בֵיתֶךָ, עוֹד יְהַלְלוּךָ סֶּלָה: תהלים פד

אַשְׁרֵי הָעָם שֶׁכָּכָה לּוֹ, אַשְׁרֵי הָעָם שֶׁיהוה אֱלֹהָיו: תהלים קמד

תְּהִלָּה לְדָוִד תהלים קמה

אֲרוֹמִמְךָ אֱלוֹהַי הַמֶּלֶךְ, וַאֲבָרְכָה שִׁמְךָ לְעוֹלָם וָעֶד:

בְּכָל־יוֹם אֲבָרְכֶךָּ, וַאֲהַלְלָה שִׁמְךָ לְעוֹלָם וָעֶד:

גָּדוֹל יהוה וּמְהֻלָּל מְאֹד, וְלִגְדֻלָּתוֹ אֵין חֵקֶר:

דּוֹר לְדוֹר יְשַׁבַּח מַעֲשֶׂיךָ, וּגְבוּרֹתֶיךָ יַגִּידוּ:

הֲדַר כְּבוֹד הוֹדֶךָ, וְדִבְרֵי נִפְלְאֹתֶיךָ אָשִׂיחָה:

וֶעֱזוּז נוֹרְאֹתֶיךָ יֹאמֵרוּ, וּגְדוּלָּתְךָ אֲסַפְּרֶנָּה:

זֵכֶר רַב־טוּבְךָ יַבִּיעוּ, וְצִדְקָתְךָ יְרַנֵּנוּ:

חַנּוּן וְרַחוּם יהוה, אֶרֶךְ אַפַּיִם וּגְדָל־חָסֶד:

טוֹב־יהוה לַכֹּל, וְרַחֲמָיו עַל־כָּל־מַעֲשָׂיו:

יוֹדוּךָ יהוה כָּל־מַעֲשֶׂיךָ, וַחֲסִידֶיךָ יְבָרְכוּכָה:

כְּבוֹד מַלְכוּתְךָ יֹאמֵרוּ, וּגְבוּרָתְךָ יְדַבֵּרוּ:

לְהוֹדִיעַ לִבְנֵי הָאָדָם גְּבוּרֹתָיו, וּכְבוֹד הֲדַר מַלְכוּתוֹ:

מַלְכוּתְךָ מַלְכוּת כָּל־עֹלָמִים, וּמֶמְשַׁלְתְּךָ בְּכָל־דּוֹר וָדֹר:

סוֹמֵךְ יהוה לְכָל־הַנֹּפְלִים, וְזוֹקֵף לְכָל־הַכְּפוּפִים:

עֵינֵי־כֹל אֵלֶיךָ יְשַׂבֵּרוּ, וְאַתָּה נוֹתֵן־לָהֶם אֶת־אָכְלָם בְּעִתּוֹ:

פּוֹתֵחַ אֶת־יָדֶךָ, וּמַשְׂבִּיעַ לְכָל־חַי רָצוֹן:

צַדִּיק יהוה בְּכָל־דְּרָכָיו, וְחָסִיד בְּכָל־מַעֲשָׂיו:

קָרוֹב יהוה לְכָל־קֹרְאָיו, לְכֹל אֲשֶׁר יִקְרָאֻהוּ בֶאֱמֶת:

רְצוֹן־יְרֵאָיו יַעֲשֶׂה, וְאֶת־שַׁוְעָתָם יִשְׁמַע, וְיוֹשִׁיעֵם:

שׁוֹמֵר יהוה אֶת־כָּל־אֹהֲבָיו, וְאֵת כָּל־הָרְשָׁעִים יַשְׁמִיד:

◂ תְּהִלַּת יהוה יְדַבֶּר פִּי, וִיבָרֵךְ כָּל־בָּשָׂר שֵׁם קָדְשׁוֹ לְעוֹלָם וָעֶד:

וַאֲנַחְנוּ נְבָרֵךְ יָהּ מֵעַתָּה וְעַד־עוֹלָם, הַלְלוּיָהּ: תהלים קטו

מזמור המשבח את ה׳ על עצם החיים

״הַלְלוּיָהּ, הַלְלִי נַפְשִׁי – הנפש שהיא העיקר הללי את ה׳ אשר בראך... הנה אנחנו ברחנו בעיר מינצברק בתתקמ״ח באדר השני מפני הגוים אשר רצו לטבוח אותנו כצאן טבחה, והנחנו כל אשר לנו בין הגוים את ספרי התורה וספרים וערבונות, והשם ישמרנו מכף כל אויבינו, וכל בני העיירות ברחו בעיר מצור, ועל כל זאת אנחנו מהללים שמו״ (סידור הרוקח).

תהלים קמו הַלְלוּיָהּ, הַלְלִי נַפְשִׁי אֶת־יהוה: אֲהַלְלָה יהוה בְּחַיָּי, אֲזַמְּרָה
לֵאלֹהַי בְּעוֹדִי: אַל־תִּבְטְחוּ בִנְדִיבִים, בְּבֶן־אָדָם שֶׁאֵין לוֹ
תְשׁוּעָה: תֵּצֵא רוּחוֹ, יָשֻׁב לְאַדְמָתוֹ, בַּיּוֹם הַהוּא אָבְדוּ עֶשְׁתֹּנֹתָיו:
אַשְׁרֵי שֶׁאֵל יַעֲקֹב בְּעֶזְרוֹ, שִׂבְרוֹ עַל־יהוה אֱלֹהָיו: עֹשֶׂה שָׁמַיִם
וָאָרֶץ, אֶת־הַיָּם וְאֶת־כָּל־אֲשֶׁר־בָּם, הַשֹּׁמֵר אֱמֶת לְעוֹלָם: עֹשֶׂה
מִשְׁפָּט לַעֲשׁוּקִים, נֹתֵן לֶחֶם לָרְעֵבִים, יהוה מַתִּיר אֲסוּרִים:
יהוה פֹּקֵחַ עִוְרִים, יהוה זֹקֵף כְּפוּפִים, יהוה אֹהֵב צַדִּיקִים: יהוה
שֹׁמֵר אֶת־גֵּרִים, יָתוֹם וְאַלְמָנָה יְעוֹדֵד, וְדֶרֶךְ רְשָׁעִים יְעַוֵּת:
› יִמְלֹךְ יהוה לְעוֹלָם, אֱלֹהַיִךְ צִיּוֹן לְדֹר וָדֹר, הַלְלוּיָהּ:

המשורר מהלל את ה׳ על הטובה העתידית, גאולת ישראל (רד״ק).

תהלים קמז הַלְלוּיָהּ, כִּי־טוֹב זַמְּרָה אֱלֹהֵינוּ, כִּי־נָעִים נָאוָה תְהִלָּה: בּוֹנֵה
יְרוּשָׁלַםִ יהוה, נִדְחֵי יִשְׂרָאֵל יְכַנֵּס: הָרוֹפֵא לִשְׁבוּרֵי לֵב, וּמְחַבֵּשׁ
לְעַצְּבוֹתָם: מוֹנֶה מִסְפָּר לַכּוֹכָבִים, לְכֻלָּם שֵׁמוֹת יִקְרָא: גָּדוֹל
אֲדוֹנֵינוּ וְרַב־כֹּחַ, לִתְבוּנָתוֹ אֵין מִסְפָּר: מְעוֹדֵד עֲנָוִים יהוה,
מַשְׁפִּיל רְשָׁעִים עֲדֵי־אָרֶץ: עֱנוּ לַיהוה בְּתוֹדָה, זַמְּרוּ לֵאלֹהֵינוּ
בְכִנּוֹר: הַמְכַסֶּה שָׁמַיִם בְּעָבִים, הַמֵּכִין לָאָרֶץ מָטָר, הַמַּצְמִיחַ
הָרִים חָצִיר: נוֹתֵן לִבְהֵמָה לַחְמָהּ, לִבְנֵי עֹרֵב אֲשֶׁר יִקְרָאוּ: לֹא
בִגְבוּרַת הַסּוּס יֶחְפָּץ, לֹא־בְשׁוֹקֵי הָאִישׁ יִרְצֶה: רוֹצֶה יהוה אֶת־
יְרֵאָיו, אֶת־הַמְיַחֲלִים לְחַסְדּוֹ: שַׁבְּחִי יְרוּשָׁלַםִ אֶת־יהוה, הַלְלִי
אֱלֹהַיִךְ צִיּוֹן: כִּי־חִזַּק בְּרִיחֵי שְׁעָרָיִךְ, בֵּרַךְ בָּנַיִךְ בְּקִרְבֵּךְ: הַשָּׂם־
גְּבוּלֵךְ שָׁלוֹם, חֵלֶב חִטִּים יַשְׂבִּיעֵךְ: הַשֹּׁלֵחַ אִמְרָתוֹ אָרֶץ, עַד־

מְהֵרָה יָרוּץ דְּבָרוֹ: הַנֹּתֵן שֶׁלֶג כַּצָּמֶר, כְּפוֹר כָּאֵפֶר יְפַזֵּר: מַשְׁלִיךְ קַרְחוֹ כְפִתִּים, לִפְנֵי קָרָתוֹ מִי יַעֲמֹד: יִשְׁלַח דְּבָרוֹ וְיַמְסֵם, יַשֵּׁב רוּחוֹ יִזְּלוּ־מָיִם: ‹ מַגִּיד דְּבָרָו לְיַעֲקֹב, חֻקָּיו וּמִשְׁפָּטָיו לְיִשְׂרָאֵל: לֹא עָשָׂה כֵן לְכָל־גּוֹי, וּמִשְׁפָּטִים בַּל־יְדָעוּם, הַלְלוּיָהּ:

מזמור המתאר את גדולת ה׳ כפי שהיא בעולם הנברא (ראב״ע).

תהלים קמח הַלְלוּיָהּ, הַלְלוּ אֶת־יהוה מִן־הַשָּׁמַיִם, הַלְלוּהוּ בַּמְּרוֹמִים: הַלְלוּהוּ כָל־מַלְאָכָיו, הַלְלוּהוּ כָּל־צְבָאָו: הַלְלוּהוּ שֶׁמֶשׁ וְיָרֵחַ, הַלְלוּהוּ כָּל־כּוֹכְבֵי אוֹר: הַלְלוּהוּ שְׁמֵי הַשָּׁמָיִם, וְהַמַּיִם אֲשֶׁר מֵעַל הַשָּׁמָיִם: יְהַלְלוּ אֶת־שֵׁם יהוה, כִּי הוּא צִוָּה וְנִבְרָאוּ: וַיַּעֲמִידֵם לָעַד לְעוֹלָם, חָק־נָתַן וְלֹא יַעֲבוֹר: הַלְלוּ אֶת־יהוה מִן־הָאָרֶץ, תַּנִּינִים וְכָל־תְּהֹמוֹת: אֵשׁ וּבָרָד שֶׁלֶג וְקִיטוֹר, רוּחַ סְעָרָה עֹשָׂה דְבָרוֹ: הֶהָרִים וְכָל־גְּבָעוֹת, עֵץ פְּרִי וְכָל־אֲרָזִים: הַחַיָּה וְכָל־בְּהֵמָה, רֶמֶשׂ וְצִפּוֹר כָּנָף: מַלְכֵי־אֶרֶץ וְכָל־לְאֻמִּים, שָׂרִים וְכָל־שֹׁפְטֵי אָרֶץ: בַּחוּרִים וְגַם־בְּתוּלוֹת, זְקֵנִים עִם־נְעָרִים: ‹ יְהַלְלוּ אֶת־שֵׁם יהוה, כִּי־נִשְׂגָּב שְׁמוֹ לְבַדּוֹ, הוֹדוֹ עַל־אֶרֶץ וְשָׁמָיִם: וַיָּרֶם קֶרֶן לְעַמּוֹ, תְּהִלָּה לְכָל־חֲסִידָיו, לִבְנֵי יִשְׂרָאֵל עַם קְרֹבוֹ, הַלְלוּיָהּ:

לקראת סוף ספר תהלים המשורר קורא שלא להסתפק במזמורים אלו,
אלא להמשיך ולחדש שירות לה׳ על כל גאולה וגאולה (רד״ק).

תהלים קמט הַלְלוּיָהּ, שִׁירוּ לַיהוה שִׁיר חָדָשׁ, תְּהִלָּתוֹ בִּקְהַל חֲסִידִים: יִשְׂמַח יִשְׂרָאֵל בְּעֹשָׂיו, בְּנֵי־צִיּוֹן יָגִילוּ בְמַלְכָּם: יְהַלְלוּ שְׁמוֹ בְמָחוֹל, בְּתֹף וְכִנּוֹר יְזַמְּרוּ־לוֹ: כִּי־רוֹצֶה יהוה בְּעַמּוֹ, יְפָאֵר עֲנָוִים בִּישׁוּעָה: יַעְלְזוּ חֲסִידִים בְּכָבוֹד, יְרַנְּנוּ עַל־מִשְׁכְּבוֹתָם: רוֹמְמוֹת אֵל בִּגְרוֹנָם, וְחֶרֶב פִּיפִיּוֹת בְּיָדָם: לַעֲשׂוֹת נְקָמָה בַּגּוֹיִם, תּוֹכֵחוֹת בַּלְאֻמִּים: ‹ לֶאְסֹר מַלְכֵיהֶם בְּזִקִּים, וְנִכְבְּדֵיהֶם בְּכַבְלֵי בַרְזֶל: לַעֲשׂוֹת בָּהֶם מִשְׁפָּט כָּתוּב, הָדָר הוּא לְכָל־חֲסִידָיו, הַלְלוּיָהּ:

״אמר ר׳ מאיר: על כל נשימה ונשימה שאדם מעלה, חייב לקלס את
יוצרו... שנאמר ׳כֹּל הַנְּשָׁמָה תְּהַלֵּל יָהּ׳״ (דברים רבה ב, לז).

תהלים קנ הַלְלוּיָהּ, הַלְלוּ־אֵל בְּקָדְשׁוֹ, הַלְלוּהוּ בִּרְקִיעַ עֻזּוֹ: הַלְלוּהוּ
בִגְבוּרֹתָיו, הַלְלוּהוּ כְּרֹב גֻּדְלוֹ: הַלְלוּהוּ בְּתֵקַע שׁוֹפָר, הַלְלוּהוּ
בְּנֵבֶל וְכִנּוֹר: הַלְלוּהוּ בְתֹף וּמָחוֹל, הַלְלוּהוּ בְּמִנִּים וְעוּגָב:
› הַלְלוּהוּ בְצִלְצְלֵי־שָׁמַע, הַלְלוּהוּ בְּצִלְצְלֵי תְרוּעָה: כֹּל הַנְּשָׁמָה
תְּהַלֵּל יָהּ, הַלְלוּיָהּ: כֹּל הַנְּשָׁמָה תְּהַלֵּל יָהּ, הַלְלוּיָהּ:

פסוקי הסיום של ספרי תהלים:

תהלים פט בָּרוּךְ יהוה לְעוֹלָם, אָמֵן וְאָמֵן:
תהלים קלה בָּרוּךְ יהוה מִצִּיּוֹן, שֹׁכֵן יְרוּשָׁלָםִ, הַלְלוּיָהּ:
תהלים עב בָּרוּךְ יהוה אֱלֹהִים אֱלֹהֵי יִשְׂרָאֵל, עֹשֵׂה נִפְלָאוֹת לְבַדּוֹ:
› וּבָרוּךְ שֵׁם כְּבוֹדוֹ לְעוֹלָם
וְיִמָּלֵא כְבוֹדוֹ אֶת־כָּל־הָאָרֶץ, אָמֵן וְאָמֵן:

נוהגים לעמוד מכאן ועד ׳נִשְׁמַת׳ (עמ׳ 211).

דברי הימים א׳ כט וַיְבָרֶךְ דָּוִיד אֶת־יהוה לְעֵינֵי כָּל־הַקָּהָל, וַיֹּאמֶר דָּוִיד, בָּרוּךְ
אַתָּה יהוה, אֱלֹהֵי יִשְׂרָאֵל אָבִינוּ, מֵעוֹלָם וְעַד־עוֹלָם: לְךָ יהוה
הַגְּדֻלָּה וְהַגְּבוּרָה וְהַתִּפְאֶרֶת וְהַנֵּצַח וְהַהוֹד, כִּי־כֹל בַּשָּׁמַיִם
וּבָאָרֶץ, לְךָ יהוה הַמַּמְלָכָה וְהַמִּתְנַשֵּׂא לְכֹל לְרֹאשׁ: וְהָעֹשֶׁר
וְהַכָּבוֹד מִלְּפָנֶיךָ, וְאַתָּה מוֹשֵׁל בַּכֹּל, וּבְיָדְךָ כֹּחַ וּגְבוּרָה, וּבְיָדְךָ
לְגַדֵּל וּלְחַזֵּק לַכֹּל: וְעַתָּה אֱלֹהֵינוּ מוֹדִים אֲנַחְנוּ לָךְ, וּמְהַלְלִים
נחמיה ט לְשֵׁם תִּפְאַרְתֶּךָ: אַתָּה־הוּא יהוה לְבַדֶּךָ, אַתָּ עָשִׂיתָ
אֶת־הַשָּׁמַיִם, שְׁמֵי הַשָּׁמַיִם וְכָל־צְבָאָם, הָאָרֶץ וְכָל־אֲשֶׁר עָלֶיהָ,
הַיַּמִּים וְכָל־אֲשֶׁר בָּהֶם, וְאַתָּה מְחַיֶּה אֶת־כֻּלָּם, וּצְבָא הַשָּׁמַיִם לְךָ
מִשְׁתַּחֲוִים: › אַתָּה הוּא יהוה הָאֱלֹהִים אֲשֶׁר בָּחַרְתָּ בְּאַבְרָם,
וְהוֹצֵאתוֹ מֵאוּר כַּשְׂדִּים, וְשַׂמְתָּ שְּׁמוֹ אַבְרָהָם: וּמָצָאתָ אֶת־

לְבָבוֹ נֶאֱמָן לְפָנֶיךָ, › וְכָרוֹת עִמּוֹ הַבְּרִית לָתֵת אֶת־אֶרֶץ הַכְּנַעֲנִי
הַחִתִּי הָאֱמֹרִי וְהַפְּרִזִּי וְהַיְבוּסִי וְהַגִּרְגָּשִׁי, לָתֵת לְזַרְעוֹ, וַתָּקֶם
אֶת־דְּבָרֶיךָ, כִּי צַדִּיק אָתָּה: וַתֵּרֶא אֶת־עֳנִי אֲבֹתֵינוּ בְּמִצְרָיִם,
וְאֶת־זַעֲקָתָם שָׁמַעְתָּ עַל־יַם־סוּף: וַתִּתֵּן אֹתֹת וּמֹפְתִים בְּפַרְעֹה
וּבְכָל־עֲבָדָיו וּבְכָל־עַם אַרְצוֹ, כִּי יָדַעְתָּ כִּי הֵזִידוּ עֲלֵיהֶם, וַתַּעַשׂ־
לְךָ שֵׁם כְּהַיּוֹם הַזֶּה: › וְהַיָּם בָּקַעְתָּ לִפְנֵיהֶם, וַיַּעַבְרוּ בְתוֹךְ־הַיָּם
בַּיַּבָּשָׁה, וְאֶת־רֹדְפֵיהֶם הִשְׁלַכְתָּ בִמְצוֹלֹת כְּמוֹ־אֶבֶן, בְּמַיִם עַזִּים:

"והראשונים תיקנו לומר השירה בכל יום אחר פסוקי דזמרה כדי להזכיר נסים ונפלאות
שעשה עמנו בעבור שמו הגדול ומתחילין מ'וַיּוֹשַׁע' שמשם עיקר הנס" (ספר הפרדס).

וַיּוֹשַׁע יהוה בַּיּוֹם הַהוּא אֶת־יִשְׂרָאֵל מִיַּד מִצְרָיִם וַיַּרְא יִשְׂרָאֵל שמות יד
אֶת־מִצְרַיִם מֵת עַל־שְׂפַת הַיָּם: › וַיַּרְא יִשְׂרָאֵל אֶת־הַיָּד הַגְּדֹלָה
אֲשֶׁר עָשָׂה יהוה בְּמִצְרַיִם וַיִּירְאוּ הָעָם אֶת־יהוה וַיַּאֲמִינוּ בַּיהוה
וּבְמֹשֶׁה עַבְדּוֹ:

בשבת שירה ובשביעי של פסח רבים נוהגים לומר את שירת הים פסוק פסוק.
ויש האומרים אותה בטעמי המקרא.

אָז יָשִׁיר־מֹשֶׁה וּבְנֵי יִשְׂרָאֵל אֶת־הַשִּׁירָה הַזֹּאת לַיהוה, וַיֹּאמְרוּ שמות טו
לֵאמֹר, אָשִׁירָה לַיהוה כִּי־גָאֹה גָּאָה, סוּס
וְרֹכְבוֹ רָמָה בַיָּם: עָזִּי וְזִמְרָת יָהּ וַיְהִי־לִי
לִישׁוּעָה, זֶה אֵלִי וְאַנְוֵהוּ, אֱלֹהֵי
אָבִי וַאֲרֹמְמֶנְהוּ: יהוה אִישׁ מִלְחָמָה, יהוה
שְׁמוֹ: מַרְכְּבֹת פַּרְעֹה וְחֵילוֹ יָרָה בַיָּם, וּמִבְחַר
שָׁלִשָׁיו טֻבְּעוּ בְיַם־סוּף: תְּהֹמֹת יְכַסְיֻמוּ, יָרְדוּ בִמְצוֹלֹת כְּמוֹ־
אָבֶן: יְמִינְךָ יהוה נֶאְדָּרִי בַּכֹּחַ, יְמִינְךָ
יהוה תִּרְעַץ אוֹיֵב: וּבְרֹב גְּאוֹנְךָ תַּהֲרֹס
קָמֶיךָ, תְּשַׁלַּח חֲרֹנְךָ יֹאכְלֵמוֹ כַּקַּשׁ: וּבְרוּחַ

אַפֶּיךָ נֶעֶרְמוּ מַיִם, נִצְּבוּ כְמוֹ־נֵד
נֹזְלִים, קָפְאוּ תְהֹמֹת בְּלֶב־יָם: אָמַר
אוֹיֵב אֶרְדֹּף, אַשִּׂיג, אֲחַלֵּק שָׁלָל, תִּמְלָאֵמוֹ
נַפְשִׁי, אָרִיק חַרְבִּי תּוֹרִישֵׁמוֹ יָדִי: נָשַׁפְתָּ
בְרוּחֲךָ כִּסָּמוֹ יָם, צָלְלוּ כַּעוֹפֶרֶת בְּמַיִם
אַדִּירִים: מִי־כָמֹכָה בָּאֵלִם יְהוָה, מִי
כָּמֹכָה נֶאְדָּר בַּקֹּדֶשׁ, נוֹרָא תְהִלֹּת עֹשֵׂה
פֶלֶא: נָטִיתָ יְמִינְךָ תִּבְלָעֵמוֹ אָרֶץ: נָחִיתָ
בְחַסְדְּךָ עַם־זוּ גָּאָלְתָּ, נֵהַלְתָּ בְעָזְּךָ אֶל־נְוֵה
קָדְשֶׁךָ: שָׁמְעוּ עַמִּים יִרְגָּזוּן, חִיל
אָחַז יֹשְׁבֵי פְּלָשֶׁת: אָז נִבְהֲלוּ אַלּוּפֵי
אֱדוֹם, אֵילֵי מוֹאָב יֹאחֲזֵמוֹ רָעַד, נָמֹגוּ
כֹּל יֹשְׁבֵי כְנָעַן: תִּפֹּל עֲלֵיהֶם אֵימָתָה
וָפַחַד, בִּגְדֹל זְרוֹעֲךָ יִדְּמוּ כָּאָבֶן, עַד־
יַעֲבֹר עַמְּךָ יְהוָה, עַד־יַעֲבֹר עַם־זוּ
קָנִיתָ: תְּבִאֵמוֹ וְתִטָּעֵמוֹ בְּהַר נַחֲלָתְךָ, מָכוֹן
לְשִׁבְתְּךָ פָּעַלְתָּ יְהוָה, מִקְּדָשׁ אֲדֹנָי כּוֹנְנוּ
יָדֶיךָ: יְהוָה ׀ יִמְלֹךְ לְעֹלָם וָעֶד:

יְהוָה יִמְלֹךְ לְעֹלָם וָעֶד.

יְהוָה מַלְכוּתֵהּ קָאֵם לְעָלַם וּלְעָלְמֵי עָלְמַיָּא.

כִּי
בָא סוּס פַּרְעֹה בְּרִכְבּוֹ וּבְפָרָשָׁיו בַּיָּם, וַיָּשֶׁב יְהוָה עֲלֵהֶם אֶת־מֵי
הַיָּם, וּבְנֵי יִשְׂרָאֵל הָלְכוּ בַיַּבָּשָׁה בְּתוֹךְ הַיָּם:

תהלים כב ‹ כִּי לַיהוה הַמְּלוּכָה וּמֹשֵׁל בַּגּוֹיִם:
עובדיה א וְעָלוּ מוֹשִׁעִים בְּהַר צִיּוֹן לִשְׁפֹּט אֶת־הַר עֵשָׂו
וְהָיְתָה לַיהוה הַמְּלוּכָה:
זכריה יד וְהָיָה יהוה לְמֶלֶךְ עַל־כָּל־הָאָרֶץ
בַּיּוֹם הַהוּא יִהְיֶה יהוה אֶחָד וּשְׁמוֹ אֶחָד:
דברים ו (וּבְתוֹרָתְךָ כָּתוּב לֵאמֹר, שְׁמַע יִשְׂרָאֵל, יהוה אֱלֹהֵינוּ יהוה אֶחָד:)

בהושענא רבה, ביום העצמאות וביום ירושלים ממשיכים ׳יִשְׁתַּבַּח׳ (עמ׳ 44).

׳נִשְׁמַת׳ הוא פיוט עתיק, ור׳ יוחנן כינהו ׳ברכת השיר׳ (פסחים קיח ע״א).
בתשובות הגאונים הוא מיוחס לחכמי התלמוד, ויש שהקדימו את זמן
חיבורו וייחסו אותו לאנשי הכנסת הגדולה (מרדכי, פסחים תריא).

בתקופת הראשונים נהגו ששליח הציבור לשחרית מתחיל ׳נִשְׁמַת׳ (סידור רש״י). היום בשבת
רגילה נוהגים, ששליח הציבור מתחיל ׳שׁוֹכֵן עַד׳, בשלוש רגלים ׳הָאֵל בְּתַעֲצֻמוֹת עֻזֶּךָ׳,
ובימים נוראים ׳הַמֶּלֶךְ יוֹשֵׁב עַל כִּסֵּא׳ (ספר המנהגים למהר״י טירנא).

נִשְׁמַת

כָּל חַי תְּבָרֵךְ אֶת שִׁמְךָ, יהוה אֱלֹהֵינוּ
וְרוּחַ כָּל בָּשָׂר תְּפָאֵר וּתְרוֹמֵם זִכְרְךָ מַלְכֵּנוּ תָּמִיד.
מִן הָעוֹלָם וְעַד הָעוֹלָם אַתָּה אֵל
וּמִבַּלְעָדֶיךָ אֵין לָנוּ מֶלֶךְ גּוֹאֵל וּמוֹשִׁיעַ
פּוֹדֶה וּמַצִּיל וּמְפַרְנֵס וּמְרַחֵם
בְּכָל עֵת צָרָה וְצוּקָה אֵין לָנוּ מֶלֶךְ אֶלָּא אָתָּה.
אֱלֹהֵי הָרִאשׁוֹנִים וְהָאַחֲרוֹנִים
אֱלוֹהַּ כָּל בְּרִיּוֹת
אֲדוֹן כָּל תּוֹלָדוֹת, הַמְהֻלָּל בְּרֹב הַתִּשְׁבָּחוֹת
הַמְנַהֵג עוֹלָמוֹ בְּחֶסֶד וּבְרִיּוֹתָיו בְּרַחֲמִים.

וַיהוה לֹא יָנוּם וְלֹא יִישָׁן
הַמְעוֹרֵר יְשֵׁנִים וְהַמֵּקִיץ נִרְדָּמִים
וְהַמֵּשִׂיחַ אִלְּמִים וְהַמַּתִּיר אֲסוּרִים
וְהַסּוֹמֵךְ נוֹפְלִים וְהַזּוֹקֵף כְּפוּפִים.
לְךָ לְבַדְּךָ אֲנַחְנוּ מוֹדִים.
אִלּוּ פִינוּ מָלֵא שִׁירָה כַּיָּם
וּלְשׁוֹנֵנוּ רִנָּה כַּהֲמוֹן גַּלָּיו
וְשִׂפְתוֹתֵינוּ שֶׁבַח כְּמֶרְחֲבֵי רָקִיעַ
וְעֵינֵינוּ מְאִירוֹת כַּשֶּׁמֶשׁ וְכַיָּרֵחַ
וְיָדֵינוּ פְרוּשׂוֹת כְּנִשְׁרֵי שָׁמָיִם
וְרַגְלֵינוּ קַלּוֹת כָּאַיָּלוֹת
אֵין אֲנַחְנוּ מַסְפִּיקִים לְהוֹדוֹת לְךָ
יהוה אֱלֹהֵינוּ וֵאלֹהֵי אֲבוֹתֵינוּ
וּלְבָרֵךְ אֶת שְׁמֶךָ
עַל אַחַת מֵאֶלֶף אֶלֶף אַלְפֵי אֲלָפִים
וְרִבֵּי רְבָבוֹת פְּעָמִים הַטּוֹבוֹת
שֶׁעָשִׂיתָ עִם אֲבוֹתֵינוּ וְעִמָּנוּ.
מִמִּצְרַיִם גְּאַלְתָּנוּ, יהוה אֱלֹהֵינוּ, וּמִבֵּית עֲבָדִים פְּדִיתָנוּ
בְּרָעָב זַנְתָּנוּ וּבְשָׂבָע כִּלְכַּלְתָּנוּ
מֵחֶרֶב הִצַּלְתָּנוּ וּמִדֶּבֶר מִלַּטְתָּנוּ
וּמֵחֳלָיִים רָעִים וְנֶאֱמָנִים דִּלִּיתָנוּ.
עַד הֵנָּה עֲזָרוּנוּ רַחֲמֶיךָ, וְלֹא עֲזָבוּנוּ חֲסָדֶיךָ
וְאַל תִּטְּשֵׁנוּ, יהוה אֱלֹהֵינוּ, לָנֶצַח.

עַל כֵּן אֵבָרִים שֶׁפִּלַּגְתָּ בָּנוּ
וְרוּחַ וּנְשָׁמָה שֶׁנָּפַחְתָּ בְּאַפֵּנוּ
וְלָשׁוֹן אֲשֶׁר שַׂמְתָּ בְּפִינוּ
הֵן הֵם יוֹדוּ וִיבָרְכוּ וִישַׁבְּחוּ וִיפָאֲרוּ
וִירוֹמְמוּ וְיַעֲרִיצוּ וְיַקְדִּישׁוּ וְיַמְלִיכוּ אֶת שִׁמְךָ מַלְכֵּנוּ
כִּי כָל פֶּה לְךָ יוֹדֶה וְכָל לָשׁוֹן לְךָ תִשָּׁבַע
וְכָל בֶּרֶךְ לְךָ תִכְרַע וְכָל קוֹמָה לְפָנֶיךָ תִשְׁתַּחֲוֶה
וְכָל לְבָבוֹת יִירָאוּךָ וְכָל קֶרֶב וּכְלָיוֹת יְזַמְּרוּ לִשְׁמֶךָ
כַּדָּבָר שֶׁכָּתוּב
כָּל עַצְמֹתַי תֹּאמַרְנָה יהוה מִי כָמוֹךָ תהלים לה
מַצִּיל עָנִי מֵחָזָק מִמֶּנּוּ, וְעָנִי וְאֶבְיוֹן מִגֹּזְלוֹ:
מִי יִדְמֶה לָּךְ וּמִי יִשְׁוֶה לָּךְ וּמִי יַעֲרָךְ לָךְ
הָאֵל הַגָּדוֹל, הַגִּבּוֹר וְהַנּוֹרָא, אֵל עֶלְיוֹן, קוֹנֵה שָׁמַיִם וָאָרֶץ.
◂ נְהַלֶּלְךָ וּנְשַׁבֵּחֲךָ וּנְפָאֶרְךָ וּנְבָרֵךְ אֶת שֵׁם קָדְשֶׁךָ
כָּאָמוּר
לְדָוִד, בָּרְכִי נַפְשִׁי אֶת־יהוה תהלים קג
וְכָל־קְרָבַי אֶת־שֵׁם קָדְשׁוֹ:

ביום טוב שליח הציבור מתחיל כאן:

הָאֵל בְּתַעֲצֻמוֹת עֻזֶּךָ
הַגָּדוֹל בִּכְבוֹד שְׁמֶךָ
הַגִּבּוֹר לָנֶצַח וְהַנּוֹרָא בְּנוֹרְאוֹתֶיךָ
הַמֶּלֶךְ הַיּוֹשֵׁב עַל כִּסֵּא
רָם וְנִשָּׂא

בשבת שליח הציבור מתחיל כאן:

שׁוֹכֵן עַד

מָרוֹם וְקָדוֹשׁ שְׁמוֹ

וְכָתוּב

תהלים לג רַנְּנוּ צַדִּיקִים בַּיהוה, לַיְשָׁרִים נָאוָה תְהִלָּה:

בְּפִי יְשָׁרִים תִּתְהַלָּל

וּבְדִבְרֵי צַדִּיקִים תִּתְבָּרַךְ

וּבִלְשׁוֹן חֲסִידִים תִּתְרוֹמָם

וּבְקֶרֶב קְדוֹשִׁים תִּתְקַדָּשׁ

וּבְמַקְהֲלוֹת רִבְבוֹת עַמְּךָ בֵּית יִשְׂרָאֵל

בְּרִנָּה יִתְפָּאַר שִׁמְךָ מַלְכֵּנוּ בְּכָל דּוֹר וָדוֹר

שֶׁכֵּן חוֹבַת כָּל הַיְצוּרִים

לְפָנֶיךָ יהוה אֱלֹהֵינוּ וֵאלֹהֵי אֲבוֹתֵינוּ

לְהוֹדוֹת, לְהַלֵּל, לְשַׁבֵּחַ, לְפָאֵר, לְרוֹמֵם

לְהַדֵּר, לְבָרֵךְ, לְעַלֵּה וּלְקַלֵּס

עַל כָּל דִּבְרֵי שִׁירוֹת וְתִשְׁבְּחוֹת

דָּוִד בֶּן יִשַׁי, עַבְדְּךָ מְשִׁיחֶךָ.

נוהגים לעמוד מכאן עד ׳בָּרְכוּ׳ בעמ׳ 216.

יִשְׁתַּבַּח שִׁמְךָ לָעַד, מַלְכֵּנוּ

הָאֵל הַמֶּלֶךְ הַגָּדוֹל וְהַקָּדוֹשׁ בַּשָּׁמַיִם וּבָאָרֶץ

כִּי לְךָ נָאֶה, יהוה אֱלֹהֵינוּ וֵאלֹהֵי אֲבוֹתֵינוּ

שִׁיר וּשְׁבָחָה, הַלֵּל וְזִמְרָה

עֹז וּמֶמְשָׁלָה, נֶצַח, גְּדֻלָּה וּגְבוּרָה

תְּהִלָּה וְתִפְאֶרֶת, קְדֻשָּׁה וּמַלְכוּת

‹ בְּרָכוֹת וְהוֹדָאוֹת, מֵעַתָּה וְעַד עוֹלָם.
בָּרוּךְ אַתָּה יהוה
אֵל מֶלֶךְ גָּדוֹל בַּתִּשְׁבָּחוֹת
אֵל הַהוֹדָאוֹת, אֲדוֹן הַנִּפְלָאוֹת
הַבּוֹחֵר בְּשִׁירֵי זִמְרָה
מֶלֶךְ, אֵל, חֵי הָעוֹלָמִים.

בשבת שובה רבים נוהגים לפתוח את ארון הקודש, ושליח הציבור והקהל אומרים פסוק פסוק.

שִׁיר הַמַּעֲלוֹת, מִמַּעֲמַקִּים קְרָאתִיךָ יהוה: אֲדֹנָי שִׁמְעָה בְקוֹלִי, תִּהְיֶינָה תהלים קל
אָזְנֶיךָ קַשֻּׁבוֹת לְקוֹל תַּחֲנוּנָי: אִם־עֲוֹנוֹת תִּשְׁמָר־יָהּ, אֲדֹנָי מִי יַעֲמֹד: כִּי־עִמְּךָ
הַסְּלִיחָה, לְמַעַן תִּוָּרֵא: קִוִּיתִי יהוה קִוְּתָה נַפְשִׁי, וְלִדְבָרוֹ הוֹחָלְתִּי: נַפְשִׁי
לַאדֹנָי, מִשֹּׁמְרִים לַבֹּקֶר, שֹׁמְרִים לַבֹּקֶר: יַחֵל יִשְׂרָאֵל אֶל־יהוה, כִּי־עִם־יהוה
הַחֶסֶד, וְהַרְבֵּה עִמּוֹ פְדוּת: וְהוּא יִפְדֶּה אֶת־יִשְׂרָאֵל, מִכֹּל עֲוֹנוֹתָיו:

חצי קדיש

ש״ץ: יִתְגַּדַּל וְיִתְקַדַּשׁ שְׁמֵהּ רַבָּא (קהל: אָמֵן)
בְּעָלְמָא דִּי בְרָא כִרְעוּתֵהּ
וְיַמְלִיךְ מַלְכוּתֵהּ
בְּחַיֵּיכוֹן וּבְיוֹמֵיכוֹן וּבְחַיֵּי דְכָל בֵּית יִשְׂרָאֵל
בַּעֲגָלָא וּבִזְמַן קָרִיב, וְאִמְרוּ אָמֵן. (קהל: אָמֵן)

קהל וש״ץ: יְהֵא שְׁמֵהּ רַבָּא מְבָרַךְ לְעָלַם וּלְעָלְמֵי עָלְמַיָּא.

ש״ץ: יִתְבָּרַךְ וְיִשְׁתַּבַּח וְיִתְפָּאַר וְיִתְרוֹמַם וְיִתְנַשֵּׂא
וְיִתְהַדָּר וְיִתְעַלֶּה וְיִתְהַלָּל
שְׁמֵהּ דְּקֻדְשָׁא בְּרִיךְ הוּא (קהל: בְּרִיךְ הוּא)
לְעֵלָּא מִן כָּל בִּרְכָתָא / בשבת שובה: לְעֵלָּא לְעֵלָּא מִכָּל בִּרְכָתָא/
וְשִׁירָתָא, תֻּשְׁבְּחָתָא וְנֶחֱמָתָא
דַּאֲמִירָן בְּעָלְמָא, וְאִמְרוּ אָמֵן. (קהל: אָמֵן)

קריאת שמע וברכותיה

שליח הציבור כורע בתיבת 'בָּרְכוּ' וזוקף בשם. הקהל כורע בתיבת 'בָּרוּךְ' וזוקף בשם,
ושליח הציבור כורע שוב כאשר הוא חוזר אחריהם.

ש"ץ: **בָּרְכוּ**

אֶת יהוה הַמְבֹרָךְ.

קהל: **בָּרוּךְ יהוה הַמְבֹרָךְ לְעוֹלָם וָעֶד.**

ש"ץ: **בָּרוּךְ יהוה הַמְבֹרָךְ לְעוֹלָם וָעֶד.**

נוהגים לשבת בקריאת שמע וברכותיה. אין להפסיק בדיבור מתחילת הברכה
ועד סוף תפילת העמידה פרט לדברים שבקדושה. ראה טבלה בעמ' 812.

בָּרוּךְ אַתָּה יהוה אֱלֹהֵינוּ מֶלֶךְ הָעוֹלָם
יוֹצֵר אוֹר וּבוֹרֵא חֹשֶׁךְ
עֹשֶׂה שָׁלוֹם וּבוֹרֵא אֶת הַכֹּל.

בשבת אומרים 'הַכֹּל יוֹדוּךָ' (מחזור ויטרי, קסא),
וביום טוב שאינו חל בשבת אומרים 'הַמֵּאִיר לָאָרֶץ' בעמוד הבא כבחול (סידור הרוקח).

הַכֹּל יוֹדוּךָ וְהַכֹּל יְשַׁבְּחוּךָ
וְהַכֹּל יֹאמְרוּ אֵין קָדוֹשׁ כַּיהוה
הַכֹּל יְרוֹמְמוּךָ סֶּלָה, יוֹצֵר הַכֹּל.
הָאֵל הַפּוֹתֵחַ בְּכָל יוֹם דַּלְתוֹת שַׁעֲרֵי מִזְרָח
וּבוֹקֵעַ חַלּוֹנֵי רָקִיעַ
מוֹצִיא חַמָּה מִמְּקוֹמָהּ וּלְבָנָה מִמְּכוֹן שִׁבְתָּהּ
וּמֵאִיר לָעוֹלָם כֻּלּוֹ וּלְיוֹשְׁבָיו
שֶׁבָּרָא בְּמִדַּת הָרַחֲמִים.

הַמֵּאִיר לָאָֽרֶץ וְלַדָּרִים עָלֶֽיהָ בְּרַחֲמִים
וּבְטוּבוֹ מְחַדֵּשׁ בְּכָל יוֹם תָּמִיד מַעֲשֵׂה בְרֵאשִׁית.
הַמֶּֽלֶךְ הַמְרוֹמָם לְבַדּוֹ מֵאָז
הַמְשֻׁבָּח וְהַמְפֹאָר וְהַמִּתְנַשֵּׂא מִימוֹת עוֹלָם.
אֱלֹהֵי עוֹלָם, בְּרַחֲמֶֽיךָ הָרַבִּים רַחֵם עָלֵֽינוּ
אֲדוֹן עֻזֵּֽנוּ, צוּר מִשְׂגַּבֵּֽנוּ, מָגֵן יִשְׁעֵֽנוּ, מִשְׂגָּב בַּעֲדֵֽנוּ.

אֵין כְּעֶרְכֶּֽךָ
וְאֵין זוּלָתֶֽךָ
אֶֽפֶס בִּלְתֶּֽךָ
וּמִי דּֽוֹמֶה לָּךְ.

‹ אֵין כְּעֶרְכְּךָ, יהוה אֱלֹהֵֽינוּ, בָּעוֹלָם הַזֶּה
וְאֵין זוּלָתְךָ, מַלְכֵּֽנוּ, לְחַיֵּי הָעוֹלָם הַבָּא
אֶֽפֶס בִּלְתְּךָ, גּוֹאֲלֵֽנוּ, לִימוֹת הַמָּשִֽׁיחַ
וְאֵין דּֽוֹמֶה לְּךָ, מוֹשִׁיעֵֽנוּ, לִתְחִיַּת הַמֵּתִים.

ביום טוב שאינו שבת, אומר:

הַמֵּאִיר לָאָֽרֶץ וְלַדָּרִים עָלֶֽיהָ בְּרַחֲמִים, וּבְטוּבוֹ מְחַדֵּשׁ בְּכָל יוֹם תָּמִיד
מַעֲשֵׂה בְרֵאשִׁית. מָה־רַבּוּ מַעֲשֶֽׂיךָ יהוה, כֻּלָּם בְּחָכְמָה עָשִֽׂיתָ, מָלְאָה תהלים קד
הָאָֽרֶץ קִנְיָנֶֽךָ: הַמֶּֽלֶךְ הַמְרוֹמָם לְבַדּוֹ מֵאָז, הַמְשֻׁבָּח וְהַמְפֹאָר וְהַמִּתְנַשֵּׂא
מִימוֹת עוֹלָם. אֱלֹהֵי עוֹלָם, בְּרַחֲמֶֽיךָ הָרַבִּים רַחֵם עָלֵֽינוּ, אֲדוֹן עֻזֵּֽנוּ,
צוּר מִשְׂגַּבֵּֽנוּ, מָגֵן יִשְׁעֵֽנוּ, מִשְׂגָּב בַּעֲדֵֽנוּ. אֵל בָּרוּךְ גְּדוֹל דֵּעָה, הֵכִין
וּפָעַל זָהֳרֵי חַמָּה, טוֹב יָצַר כָּבוֹד לִשְׁמוֹ, מְאוֹרוֹת נָתַן סְבִיבוֹת עֻזּוֹ,
פִּנּוֹת צְבָאָיו קְדוֹשִׁים, רוֹמְמֵי שַׁדַּי, תָּמִיד מְסַפְּרִים כְּבוֹד אֵל וּקְדֻשָּׁתוֹ.
‹ תִּתְבָּרַךְ יהוה אֱלֹהֵֽינוּ עַל שֶֽׁבַח מַעֲשֵׂה יָדֶֽיךָ, וְעַל מְאֽוֹרֵי אוֹר שֶׁעָשִֽׂיתָ
יְפָאֲרֽוּךָ סֶּֽלָה. וממשיך ׳תִּתְבָּרַךְ, צוּרֵֽנוּ׳ בעמ׳ 219.

אֵל אָדוֹן עַל כָּל הַמַּעֲשִׂים
בָּרוּךְ וּמְבֹרָךְ בְּפִי כָּל נְשָׁמָה
גָּדְלוֹ וְטוּבוֹ מָלֵא עוֹלָם
דַּעַת וּתְבוּנָה סוֹבְבִים אוֹתוֹ.

הַמִּתְגָּאֶה עַל חַיּוֹת הַקֹּדֶשׁ
וְנֶהְדָּר בְּכָבוֹד עַל הַמֶּרְכָּבָה
זְכוּת וּמִישׁוֹר לִפְנֵי כִסְאוֹ
חֶסֶד וְרַחֲמִים לִפְנֵי כְבוֹדוֹ.

טוֹבִים מְאוֹרוֹת שֶׁבָּרָא אֱלֹהֵינוּ
יְצָרָם בְּדַעַת בְּבִינָה וּבְהַשְׂכֵּל
כֹּחַ וּגְבוּרָה נָתַן בָּהֶם
לִהְיוֹת מוֹשְׁלִים בְּקֶרֶב תֵּבֵל.

מְלֵאִים זִיו וּמְפִיקִים נֹגַהּ
נָאֶה זִיוָם בְּכָל הָעוֹלָם
שְׂמֵחִים בְּצֵאתָם וְשָׂשִׂים בְּבוֹאָם
עוֹשִׂים בְּאֵימָה רְצוֹן קוֹנָם.

פְּאֵר וְכָבוֹד נוֹתְנִים לִשְׁמוֹ
צָהֳלָה וְרִנָּה לְזֵכֶר מַלְכוּתוֹ
קָרָא לַשֶּׁמֶשׁ וַיִּזְרַח אוֹר
רָאָה וְהִתְקִין צוּרַת הַלְּבָנָה.

שֶׁבַח נוֹתְנִים לוֹ כָּל צְבָא מָרוֹם
תִּפְאֶרֶת וּגְדֻלָּה, שְׂרָפִים וְאוֹפַנִּים וְחַיּוֹת הַקֹּדֶשׁ.

לָאֵל אֲשֶׁר שָׁבַת מִכָּל הַמַּעֲשִׂים
בַּיּוֹם הַשְּׁבִיעִי נִתְעַלָּה וְיָשַׁב עַל כִּסֵּא כְבוֹדוֹ.
תִּפְאֶרֶת עָטָה לְיוֹם הַמְּנוּחָה
עֹנֶג קָרָא לְיוֹם הַשַּׁבָּת.
זֶה שֶׁבַח שֶׁלַּיּוֹם הַשְּׁבִיעִי
שֶׁבּוֹ שָׁבַת אֵל מִכָּל מְלַאכְתּוֹ
וְיוֹם הַשְּׁבִיעִי מְשַׁבֵּחַ וְאוֹמֵר
מִזְמוֹר שִׁיר לְיוֹם הַשַּׁבָּת, טוֹב לְהֹדוֹת לַיהוה: תהלים צב
לְפִיכָךְ יְפָאֲרוּ וִיבָרְכוּ לָאֵל כָּל יְצוּרָיו
שֶׁבַח יְקָר וּגְדֻלָּה יִתְּנוּ לָאֵל מֶלֶךְ יוֹצֵר כֹּל
הַמַּנְחִיל מְנוּחָה לְעַמּוֹ יִשְׂרָאֵל בִּקְדֻשָּׁתוֹ בְּיוֹם שַׁבַּת קֹדֶשׁ.
שִׁמְךָ יהוה אֱלֹהֵינוּ יִתְקַדַּשׁ, וְזִכְרְךָ מַלְכֵּנוּ יִתְפָּאַר
בַּשָּׁמַיִם מִמַּעַל וְעַל הָאָרֶץ מִתָּחַת.
תִּתְבָּרַךְ מוֹשִׁיעֵנוּ עַל שֶׁבַח מַעֲשֵׂה יָדֶיךָ
וְעַל מְאוֹרֵי אוֹר שֶׁעָשִׂיתָ, יְפָאֲרוּךָ סֶּלָה.

תִּתְבָּרַךְ
צוּרֵנוּ מַלְכֵּנוּ וְגוֹאֲלֵנוּ, בּוֹרֵא קְדוֹשִׁים
יִשְׁתַּבַּח שִׁמְךָ לָעַד
מַלְכֵּנוּ, יוֹצֵר מְשָׁרְתִים
וַאֲשֶׁר מְשָׁרְתָיו כֻּלָּם עוֹמְדִים בְּרוּם עוֹלָם
וּמַשְׁמִיעִים בְּיִרְאָה יַחַד בְּקוֹל
דִּבְרֵי אֱלֹהִים חַיִּים וּמֶלֶךְ עוֹלָם.

כֻּלָּם אֲהוּבִים, כֻּלָּם בְּרוּרִים, כֻּלָּם גִּבּוֹרִים
וְכֻלָּם עוֹשִׂים בְּאֵימָה וּבְיִרְאָה רְצוֹן קוֹנָם
◂ וְכֻלָּם פּוֹתְחִים אֶת פִּיהֶם
בִּקְדֻשָּׁה וּבְטָהֳרָה
בְּשִׁירָה וּבְזִמְרָה
וּמְבָרְכִים וּמְשַׁבְּחִים וּמְפָאֲרִים
◂ וּמַעֲרִיצִים וּמַקְדִּישִׁים וּמַמְלִיכִים
אֶת שֵׁם הָאֵל
הַמֶּלֶךְ הַגָּדוֹל, הַגִּבּוֹר וְהַנּוֹרָא
קָדוֹשׁ הוּא.
◂ וְכֻלָּם מְקַבְּלִים עֲלֵיהֶם עֹל מַלְכוּת שָׁמַיִם זֶה מִזֶּה
וְנוֹתְנִים רְשׁוּת זֶה לָזֶה
לְהַקְדִּישׁ לְיוֹצְרָם בְּנַחַת רוּחַ
בְּשָׂפָה בְרוּרָה וּבִנְעִימָה
קְדֻשָּׁה כֻּלָּם כְּאֶחָד
עוֹנִים וְאוֹמְרִים בְּיִרְאָה

הקהל עונה בקול רם (אליה רבה):

ישעיה ו קָדוֹשׁ ׀ קָדוֹשׁ, קָדוֹשׁ יהוה צְבָאוֹת
מְלֹא כָל־הָאָרֶץ כְּבוֹדוֹ:

◂ וְהָאוֹפַנִּים וְחַיּוֹת הַקֹּדֶשׁ
בְּרַעַשׁ גָּדוֹל מִתְנַשְּׂאִים לְעֻמַּת שְׂרָפִים
לְעֻמָּתָם מְשַׁבְּחִים וְאוֹמְרִים

הקהל עונה בקול רם (שם):

יחזקאל ג בָּרוּךְ כְּבוֹד־יהוה מִמְּקוֹמוֹ:

לָאֵל בָּרוּךְ נְעִימוֹת יִתֵּנוּ
לְמֶלֶךְ אֵל חַי וְקַיָּם
זְמִירוֹת יֹאמֵרוּ וְתִשְׁבָּחוֹת יַשְׁמִיעוּ
כִּי הוּא לְבַדּוֹ
פּוֹעֵל גְּבוּרוֹת, עוֹשֶׂה חֲדָשׁוֹת
בַּעַל מִלְחָמוֹת, זוֹרֵעַ צְדָקוֹת
מַצְמִיחַ יְשׁוּעוֹת, בּוֹרֵא רְפוּאוֹת
נוֹרָא תְהִלּוֹת, אֲדוֹן הַנִּפְלָאוֹת
הַמְחַדֵּשׁ בְּטוּבוֹ בְּכָל יוֹם תָּמִיד מַעֲשֵׂה בְרֵאשִׁית
כָּאָמוּר
לְעֹשֵׂה אוֹרִים גְּדֹלִים, כִּי לְעוֹלָם חַסְדּוֹ: תהלים קלו
אוֹר חָדָשׁ עַל צִיּוֹן תָּאִיר וְנִזְכֶּה כֻלָּנוּ מְהֵרָה לְאוֹרוֹ.
בָּרוּךְ אַתָּה יהוה, יוֹצֵר הַמְּאוֹרוֹת.

אַהֲבָה רַבָּה אֲהַבְתָּנוּ, יהוה אֱלֹהֵינוּ
חֶמְלָה גְדוֹלָה וִיתֵרָה חָמַלְתָּ עָלֵינוּ.
אָבִינוּ מַלְכֵּנוּ
בַּעֲבוּר אֲבוֹתֵינוּ שֶׁבָּטְחוּ בְךָ, וַתְּלַמְּדֵם חֻקֵּי חַיִּים
כֵּן תְּחָנֵּנוּ וּתְלַמְּדֵנוּ.
אָבִינוּ, הָאָב הָרַחֲמָן, הַמְרַחֵם
רַחֵם עָלֵינוּ
וְתֵן בְּלִבֵּנוּ לְהָבִין וּלְהַשְׂכִּיל
לִשְׁמֹעַ, לִלְמֹד וּלְלַמֵּד, לִשְׁמֹר וְלַעֲשׂוֹת, וּלְקַיֵּם
אֶת כָּל דִּבְרֵי תַלְמוּד תּוֹרָתֶךָ בְּאַהֲבָה.

וְהָאֵר עֵינֵינוּ בְּתוֹרָתֶךָ, וְדַבֵּק לִבֵּנוּ בְּמִצְוֹתֶיךָ
וְיַחֵד לְבָבֵנוּ לְאַהֲבָה וּלְיִרְאָה אֶת שְׁמֶךָ
וְלֹא נֵבוֹשׁ לְעוֹלָם וָעֶד.
כִּי בְשֵׁם קָדְשְׁךָ הַגָּדוֹל וְהַנּוֹרָא בָּטָחְנוּ
נָגִילָה וְנִשְׂמְחָה בִּישׁוּעָתֶךָ.

נוהגים לקבץ כאן את ארבע הציציות ולאוחזן ביד שמאל כנגד הלב כל קריאת שמע (שו״ע כד, ב בשם ר׳ יונה וה׳מרדכי׳). ויש נוהגים לאחוז רק את השתיים הקדמיות.

וַהֲבִיאֵנוּ לְשָׁלוֹם מֵאַרְבַּע כַּנְפוֹת הָאָרֶץ
וְתוֹלִיכֵנוּ קוֹמְמִיּוּת לְאַרְצֵנוּ.
◂ כִּי אֵל פּוֹעֵל יְשׁוּעוֹת אָתָּה, וּבָנוּ בָחַרְתָּ מִכָּל עַם וְלָשׁוֹן
וְקֵרַבְתָּנוּ לְשִׁמְךָ הַגָּדוֹל סֶלָה, בֶּאֱמֶת
לְהוֹדוֹת לְךָ וּלְיַחֶדְךָ בְּאַהֲבָה.
בָּרוּךְ אַתָּה יהוה, הַבּוֹחֵר בְּעַמּוֹ יִשְׂרָאֵל בְּאַהֲבָה.

״יקרא קריאת שמע בכוונה – באימה, ביראה, ברתת וזיע״ (שו״ע סא, א).

קריאת שמע צריכה כוונה מיוחדת בכל שלוש פרשיותיה. מי שאינו יכול לכוון בכולן חייב לכוון בפסוק הראשון, ואם לא התכוון צריך לחזור ולקרוא שוב. ראה הלכה 72–73.

המתפלל ביחידות אומר:

אֵל מֶלֶךְ נֶאֱמָן

מכסה את עיניו בידו ואומר בכוונה ובקול רם:

דברים ו **שְׁמַע יִשְׂרָאֵל, יהוה אֱלֹהֵינוּ, יהוה ׀ אֶחָד:**

בלחש: בָּרוּךְ שֵׁם כְּבוֹד מַלְכוּתוֹ לְעוֹלָם וָעֶד.

דברים ו וְאָהַבְתָּ אֵת יהוה אֱלֹהֶיךָ, בְּכָל־לְבָבְךָ וּבְכָל־נַפְשְׁךָ וּבְכָל־מְאֹדֶךָ:
וְהָיוּ הַדְּבָרִים הָאֵלֶּה, אֲשֶׁר אָנֹכִי מְצַוְּךָ הַיּוֹם, עַל־לְבָבֶךָ: וְשִׁנַּנְתָּם
לְבָנֶיךָ וְדִבַּרְתָּ בָּם, בְּשִׁבְתְּךָ בְּבֵיתֶךָ וּבְלֶכְתְּךָ בַדֶּרֶךְ, וּבְשָׁכְבְּךָ
וּבְקוּמֶךָ: וּקְשַׁרְתָּם לְאוֹת עַל־יָדֶךָ וְהָיוּ לְטֹטָפֹת בֵּין עֵינֶיךָ:
וּכְתַבְתָּם עַל־מְזֻזוֹת בֵּיתֶךָ וּבִשְׁעָרֶיךָ:

דברים יא וְהָיָ֗ה אִם־שָׁמֹ֤עַ תִּשְׁמְעוּ֙ אֶל־מִצְוֺתַ֔י אֲשֶׁ֧ר אָנֹכִ֛י מְצַוֶּ֥ה אֶתְכֶ֖ם הַיּ֑וֹם, לְאַהֲבָ֞ה אֶת־יהוה אֱלֹֽהֵיכֶם֙ וּלְעָבְד֔וֹ, בְּכָל־לְבַבְכֶ֖ם וּבְכָל־נַפְשְׁכֶֽם: וְנָתַתִּ֧י מְטַֽר־אַרְצְכֶ֛ם בְּעִתּ֖וֹ, יוֹרֶ֣ה וּמַלְק֑וֹשׁ, וְאָסַפְתָּ֣ דְגָנֶ֔ךָ וְתִירֹשְׁךָ֖ וְיִצְהָרֶֽךָ: וְנָתַתִּ֛י עֵ֥שֶׂב בְּשָׂדְךָ֖ לִבְהֶמְתֶּ֑ךָ, וְאָכַלְתָּ֖ וְשָׂבָֽעְתָּ: הִשָּֽׁמְר֣וּ לָכֶ֔ם פֶּ֥ן־יִפְתֶּ֖ה לְבַבְכֶ֑ם, וְסַרְתֶּ֗ם וַעֲבַדְתֶּם֙ אֱלֹהִ֣ים אֲחֵרִ֔ים וְהִשְׁתַּחֲוִיתֶ֖ם לָהֶֽם: וְחָרָ֨ה אַף־יהוה בָּכֶ֗ם, וְעָצַ֤ר אֶת־הַשָּׁמַ֙יִם֙ וְלֹא־יִהְיֶ֣ה מָטָ֔ר, וְהָ֣אֲדָמָ֔ה לֹ֥א תִתֵּ֖ן אֶת־יְבוּלָ֑הּ, וַאֲבַדְתֶּ֣ם מְהֵרָ֗ה מֵעַל֙ הָאָ֣רֶץ הַטֹּבָ֔ה אֲשֶׁ֥ר יהוה נֹתֵ֥ן לָכֶֽם: וְשַׂמְתֶּם֙ אֶת־דְּבָרַ֣י אֵ֔לֶּה עַל־לְבַבְכֶ֖ם וְעַל־נַפְשְׁכֶ֑ם, וּקְשַׁרְתֶּ֨ם אֹתָ֤ם לְאוֹת֙ עַל־יֶדְכֶ֔ם, וְהָי֥וּ לְטוֹטָפֹ֖ת בֵּ֥ין עֵינֵיכֶֽם: וְלִמַּדְתֶּ֥ם אֹתָ֛ם אֶת־בְּנֵיכֶ֖ם לְדַבֵּ֣ר בָּ֑ם, בְּשִׁבְתְּךָ֤ בְּבֵיתֶ֙ךָ֙ וּבְלֶכְתְּךָ֣ בַדֶּ֔רֶךְ, וּֽבְשָׁכְבְּךָ֖ וּבְקוּמֶֽךָ: וּכְתַבְתָּ֛ם עַל־מְזוּז֥וֹת בֵּיתֶ֖ךָ וּבִשְׁעָרֶֽיךָ: לְמַ֨עַן יִרְבּ֤וּ יְמֵיכֶם֙ וִימֵ֣י בְנֵיכֶ֔ם עַ֚ל הָאֲדָמָ֔ה אֲשֶׁ֨ר נִשְׁבַּ֧ע יהוה לַאֲבֹתֵיכֶ֖ם לָתֵ֣ת לָהֶ֑ם, כִּימֵ֥י הַשָּׁמַ֖יִם עַל־הָאָֽרֶץ:

נוהגים להעביר את הציציות ליד ימין ולנשקן במקומות המסומנים ב°.

במדבר טו וַיֹּ֥אמֶר יהוה אֶל־מֹשֶׁ֥ה לֵּאמֹֽר: דַּבֵּ֞ר אֶל־בְּנֵ֤י יִשְׂרָאֵל֙ וְאָמַרְתָּ֣ אֲלֵהֶ֔ם, וְעָשׂ֨וּ לָהֶ֥ם °צִיצִ֛ת עַל־כַּנְפֵ֥י בִגְדֵיהֶ֖ם לְדֹרֹתָ֑ם, וְנָֽתְנ֛וּ °עַל־צִיצִ֥ת הַכָּנָ֖ף פְּתִ֥יל תְּכֵֽלֶת: וְהָיָ֣ה לָכֶם֮ °לְצִיצִת֒, וּרְאִיתֶ֣ם אֹת֗וֹ וּזְכַרְתֶּם֙ אֶת־כָּל־מִצְוֺ֣ת יהוה וַעֲשִׂיתֶ֖ם אֹתָ֑ם, וְלֹֽא־תָת֜וּרוּ אַחֲרֵ֤י לְבַבְכֶם֙ וְאַחֲרֵ֣י עֵֽינֵיכֶ֔ם, אֲשֶׁר־אַתֶּ֥ם זֹנִ֖ים אַחֲרֵיהֶֽם: לְמַ֣עַן תִּזְכְּר֔וּ וַעֲשִׂיתֶ֖ם אֶת־כָּל־מִצְוֺתָ֑י, וִהְיִיתֶ֥ם קְדֹשִׁ֖ים לֵאלֹֽהֵיכֶֽם: אֲנִ֞י יהוה אֱלֹהֵיכֶ֗ם, אֲשֶׁ֨ר הוֹצֵ֤אתִי אֶתְכֶם֙ מֵאֶ֣רֶץ מִצְרַ֔יִם, לִהְי֥וֹת לָכֶ֖ם לֵאלֹהִ֑ים, אֲנִ֖י יהוה אֱלֹהֵיכֶֽם:

°אֱמֶת

שליח הציבור חוזר ואומר:

◂ יהוה אֱלֹהֵיכֶם אֱמֶת

וְיַצִּיב, וְנָכוֹן וְקַיָּם, וְיָשָׁר וְנֶאֱמָן
וְאָהוּב וְחָבִיב, וְנֶחְמָד וְנָעִים
וְנוֹרָא וְאַדִּיר, וּמְתֻקָּן וּמְקֻבָּל, וְטוֹב וְיָפֶה
הַדָּבָר הַזֶּה עָלֵינוּ לְעוֹלָם וָעֶד.
אֱמֶת אֱלֹהֵי עוֹלָם מַלְכֵּנוּ
צוּר יַעֲקֹב מָגֵן יִשְׁעֵנוּ
לְדוֹר וָדוֹר הוּא קַיָּם וּשְׁמוֹ קַיָּם
וְכִסְאוֹ נָכוֹן
וּמַלְכוּתוֹ וֶאֱמוּנָתוֹ לָעַד קַיֶּמֶת.
במקום המסומן ב°, מנשק את הציציות ומניחן.
וּדְבָרָיו חָיִים וְקַיָּמִים, נֶאֱמָנִים וְנֶחֱמָדִים
°לָעַד וּלְעוֹלְמֵי עוֹלָמִים
◂ עַל אֲבוֹתֵינוּ וְעָלֵינוּ, עַל בָּנֵינוּ וְעַל דּוֹרוֹתֵינוּ
וְעַל כָּל דּוֹרוֹת זֶרַע יִשְׂרָאֵל עֲבָדֶיךָ. ◂
עַל הָרִאשׁוֹנִים וְעַל הָאַחֲרוֹנִים
דָּבָר טוֹב וְקַיָּם לְעוֹלָם וָעֶד
אֱמֶת וֶאֱמוּנָה, חֹק וְלֹא יַעֲבֹר.
אֱמֶת שָׁאַתָּה הוּא יהוה
אֱלֹהֵינוּ וֵאלֹהֵי אֲבוֹתֵינוּ
◂ מַלְכֵּנוּ מֶלֶךְ אֲבוֹתֵינוּ
גּוֹאֲלֵנוּ גּוֹאֵל אֲבוֹתֵינוּ
יוֹצְרֵנוּ צוּר יְשׁוּעָתֵנוּ
פּוֹדֵנוּ וּמַצִּילֵנוּ מֵעוֹלָם שְׁמֶךָ
אֵין אֱלֹהִים זוּלָתֶךָ.

עֶזְרַת אֲבוֹתֵינוּ אַתָּה הוּא מֵעוֹלָם
מָגֵן וּמוֹשִׁיעַ לִבְנֵיהֶם אַחֲרֵיהֶם בְּכָל דּוֹר וָדוֹר.
בְּרוּם עוֹלָם מוֹשָׁבֶךָ
וּמִשְׁפָּטֶיךָ וְצִדְקָתְךָ עַד אַפְסֵי אָרֶץ.
אַשְׁרֵי אִישׁ שֶׁיִּשְׁמַע לְמִצְוֹתֶיךָ
וְתוֹרָתְךָ וּדְבָרְךָ יָשִׂים עַל לִבּוֹ.
אֱמֶת אַתָּה הוּא אָדוֹן לְעַמֶּךָ
וּמֶלֶךְ גִּבּוֹר לָרִיב רִיבָם.
אֱמֶת אַתָּה הוּא רִאשׁוֹן
וְאַתָּה הוּא אַחֲרוֹן
וּמִבַּלְעָדֶיךָ אֵין לָנוּ מֶלֶךְ גּוֹאֵל וּמוֹשִׁיעַ.
מִמִּצְרַיִם גְּאַלְתָּנוּ, יהוה אֱלֹהֵינוּ
וּמִבֵּית עֲבָדִים פְּדִיתָנוּ
כָּל בְּכוֹרֵיהֶם הָרַגְתָּ, וּבְכוֹרְךָ גָּאָלְתָּ
וְיַם סוּף בָּקַעְתָּ
וְזֵדִים טִבַּעְתָּ
וִידִידִים הֶעֱבַרְתָּ
וַיְכַסּוּ־מַיִם צָרֵיהֶם, אֶחָד מֵהֶם לֹא נוֹתָר: תהלים קו

עַל זֹאת שִׁבְּחוּ אֲהוּבִים, וְרוֹמְמוּ אֵל
וְנָתְנוּ יְדִידִים
זְמִירוֹת, שִׁירוֹת וְתִשְׁבָּחוֹת
בְּרָכוֹת וְהוֹדָאוֹת
לְמֶלֶךְ אֵל חַי וְקַיָּם

רָם וְנִשָּׂא, גָּדוֹל וְנוֹרָא
מַשְׁפִּיל גֵּאִים וּמַגְבִּיהַּ שְׁפָלִים
מוֹצִיא אֲסִירִים, וּפוֹדֶה עֲנָוִים וְעוֹזֵר דַּלִּים
וְעוֹנֶה לְעַמּוֹ בְּעֵת שַׁוְּעָם אֵלָיו.

כאן נוהגים לעמוד כהכנה לתפילת העמידה (מהרי״ל)
ולפסוע שלוש פסיעות לאחור (׳אליה רבה׳ סו, ט).

◂ תְּהִלּוֹת לְאֵל עֶלְיוֹן, בָּרוּךְ הוּא וּמְבֹרָךְ
מֹשֶׁה וּבְנֵי יִשְׂרָאֵל
לְךָ עָנוּ שִׁירָה בְּשִׂמְחָה רַבָּה
וְאָמְרוּ כֻלָּם

שמות טו מִי־כָמֹכָה בָּאֵלִם, יהוה
מִי כָּמֹכָה נֶאְדָּר בַּקֹּדֶשׁ
נוֹרָא תְהִלֹּת, עֹשֵׂה פֶלֶא:

◂ שִׁירָה חֲדָשָׁה שִׁבְּחוּ גְאוּלִים
לְשִׁמְךָ עַל שְׂפַת הַיָּם
יַחַד כֻּלָּם הוֹדוּ וְהִמְלִיכוּ
וְאָמְרוּ

שמות טו יהוה יִמְלֹךְ לְעֹלָם וָעֶד:

רבים נוהגים לסיים את ברכת ׳גָּאַל יִשְׂרָאֵל׳ עם שליח הציבור
כדי לצאת מהמחלוקת אם לענות אמן אחר ברכתו. ראה הלכה 80.

◂ צוּר יִשְׂרָאֵל, קוּמָה בְּעֶזְרַת יִשְׂרָאֵל
וּפְדֵה כִנְאֻמֶךָ יְהוּדָה וְיִשְׂרָאֵל.

ישעיה מז גֹּאֲלֵנוּ יהוה צְבָאוֹת שְׁמוֹ, קְדוֹשׁ יִשְׂרָאֵל:
בָּרוּךְ אַתָּה יהוה, גָּאַל יִשְׂרָאֵל.

ביום טוב מתפללים תפילת עמידה של יום טוב (עמ׳ 379), אף אם חל בשבת.

עמידה

״המתפלל צריך שיכוין בלבו פירוש המלות שמוציא בשפתיו; ויחשוב כאלו שכינה כנגדו ויסיר כל המחשבות הטורדות אותו עד שתשאר מחשבתו וכוונתו זכה בתפלתו״ (שו״ע צח, א).

פוסע שלוש פסיעות לפנים כמי שנכנס לפני המלך.
עומד ומתפלל בלחש מכאן ועד ׳וְכְשָׁנִים קַדְמֹנִיּוֹת׳ בעמ׳ 234.

כורע במקומות המסומנים ב°, קד לפנים במילה הבאה וזוקף בשם.

אֲדֹנָי, שְׂפָתַי תִּפְתָּח, וּפִי יַגִּיד תְּהִלָּתֶךָ: תהלים נא

אבות

°בָּרוּךְ אַתָּה יהוה, אֱלֹהֵינוּ וֵאלֹהֵי אֲבוֹתֵינוּ
אֱלֹהֵי אַבְרָהָם, אֱלֹהֵי יִצְחָק, וֵאלֹהֵי יַעֲקֹב
הָאֵל הַגָּדוֹל הַגִּבּוֹר וְהַנּוֹרָא, אֵל עֶלְיוֹן
גּוֹמֵל חֲסָדִים טוֹבִים, וְקוֹנֵה הַכֹּל
וְזוֹכֵר חַסְדֵי אָבוֹת
וּמֵבִיא גוֹאֵל לִבְנֵי בְנֵיהֶם לְמַעַן שְׁמוֹ בְּאַהֲבָה.

בשבת שובה: זָכְרֵנוּ לְחַיִּים, מֶלֶךְ חָפֵץ בַּחַיִּים
וְכָתְבֵנוּ בְּסֵפֶר הַחַיִּים, לְמַעַנְךָ אֱלֹהִים חַיִּים.

מֶלֶךְ עוֹזֵר וּמוֹשִׁיעַ וּמָגֵן.
°בָּרוּךְ אַתָּה יהוה, מָגֵן אַבְרָהָם.

גבורות

אַתָּה גִּבּוֹר לְעוֹלָם, אֲדֹנָי, מְחַיֵּה מֵתִים אַתָּה, רַב לְהוֹשִׁיעַ

אומרים ׳מַשִּׁיב הָרְוּחַ וּמוֹרִיד הַגֶּשֶׁם׳ משמיני עצרת עד יום טוב ראשון של פסח, ו׳מוֹרִיד הַטָּל׳ מחול המועד פסח ועד הושענא רבה. ראה הלכה 94–99.

בחורף: מַשִּׁיב הָרְוּחַ וּמוֹרִיד הַגֶּשֶׁם / בקיץ: מוֹרִיד הַטָּל
מְכַלְכֵּל חַיִּים בְּחֶסֶד, מְחַיֵּה מֵתִים בְּרַחֲמִים רַבִּים
סוֹמֵךְ נוֹפְלִים, וְרוֹפֵא חוֹלִים, וּמַתִּיר אֲסוּרִים
וּמְקַיֵּם אֱמוּנָתוֹ לִישֵׁנֵי עָפָר.
מִי כָמְוֹךָ, בַּעַל גְּבוּרוֹת, וּמִי דּוֹמֶה לָּךְ
מֶלֶךְ, מֵמִית וּמְחַיֶּה וּמַצְמִיחַ יְשׁוּעָה.

בשבת שובה: מִי כָמוֹךָ אַב הָרַחֲמִים, זוֹכֵר יְצוּרָיו לְחַיִּים בְּרַחֲמִים.

וְנֶאֱמָן אַתָּה לְהַחֲיוֹת מֵתִים. בָּרוּךְ אַתָּה יהוה, מְחַיֵּה הַמֵּתִים.

בתפילת לחש ממשיך 'אַתָּה קָדוֹשׁ' בעמוד הבא.

קדושה

בחזרת הש"ץ הקהל עומד ואומר קדושה.
במקומות המסומנים ב', המתפלל מתרומם על קצות אצבעותיו.

קהל ואחריו שליח הציבור (ראה הלכה 113–114):

נְקַדֵּשׁ אֶת שִׁמְךָ בָּעוֹלָם, כְּשֵׁם שֶׁמַּקְדִּישִׁים אוֹתוֹ בִּשְׁמֵי מָרוֹם
כַּכָּתוּב עַל יַד נְבִיאֶךָ: וְקָרָא זֶה אֶל־זֶה וְאָמַר ישעיה ו

קהל ואחריו שליח הציבור:

'קָדוֹשׁ, 'קָדוֹשׁ, 'קָדוֹשׁ, יהוה צְבָאוֹת, מְלֹא כָל־הָאָרֶץ כְּבוֹדוֹ:
אָז בְּקוֹל רַעַשׁ גָּדוֹל אַדִּיר וְחָזָק, מַשְׁמִיעִים קוֹל
מִתְנַשְּׂאִים לְעֻמַּת שְׂרָפִים, לְעֻמָּתָם בָּרוּךְ יֹאמֵרוּ

קהל ואחריו שליח הציבור:

'בָּרוּךְ כְּבוֹד־יהוה מִמְּקוֹמוֹ: יחזקאל ג
מִמְּקוֹמְךָ מַלְכֵּנוּ תוֹפִיעַ וְתִמְלֹךְ עָלֵינוּ, כִּי מְחַכִּים אֲנַחְנוּ לָךְ
מָתַי תִּמְלֹךְ בְּצִיּוֹן, בְּקָרוֹב בְּיָמֵינוּ לְעוֹלָם וָעֶד תִּשְׁכֹּן
תִּתְגַּדַּל וְתִתְקַדַּשׁ בְּתוֹךְ יְרוּשָׁלַיִם עִירְךָ, לְדוֹר וָדוֹר וּלְנֵצַח נְצָחִים.
וְעֵינֵינוּ תִרְאֶינָה מַלְכוּתֶךָ
כַּדָּבָר הָאָמוּר בְּשִׁירֵי עֻזֶּךָ, עַל יְדֵי דָוִד מְשִׁיחַ צִדְקֶךָ

קהל ואחריו שליח הציבור:

'יִמְלֹךְ יהוה לְעוֹלָם, אֱלֹהַיִךְ צִיּוֹן לְדֹר וָדֹר, הַלְלוּיָהּ: תהלים קמו

שליח הציבור:

לְדוֹר וָדוֹר נַגִּיד גָּדְלֶךָ, וּלְנֵצַח נְצָחִים קְדֻשָּׁתְךָ נַקְדִּישׁ
וְשִׁבְחֲךָ אֱלֹהֵינוּ מִפִּינוּ לֹא יָמוּשׁ לְעוֹלָם וָעֶד
כִּי אֵל מֶלֶךְ גָּדוֹל וְקָדוֹשׁ אָתָּה.
בָּרוּךְ אַתָּה יהוה הָאֵל הַקָּדוֹשׁ./ בשבת שובה: הַמֶּלֶךְ הַקָּדוֹשׁ./

שליח הציבור ממשיך 'יִשְׂמַח מֹשֶׁה' בעמוד הבא.

קדושת השם

אַתָּה קָדוֹשׁ וְשִׁמְךָ קָדוֹשׁ
וּקְדוֹשִׁים בְּכָל יוֹם יְהַלְלוּךָ סֶּלָה.
בָּרוּךְ אַתָּה יהוה, הָאֵל הַקָּדוֹשׁ. / בשבת שובה: הַמֶּלֶךְ הַקָּדוֹשׁ./
אם שכח, חוזר לראש התפילה.

קדושת היום

בשבת ניתנה תורה לישראל (שבת פו ע״ב), ולכן תיקנו לומר בשחרית לשבת ׳יִשְׂמַח מֹשֶׁה׳, העוסק במתן תורה (ר׳ יהודה ב״ר יקר).

יִשְׂמַח מֹשֶׁה בְּמַתְּנַת חֶלְקוֹ
כִּי עֶבֶד נֶאֱמָן קָרָאתָ לּוֹ
כְּלִיל תִּפְאֶרֶת בְּרֹאשׁוֹ נָתַתָּ לּוֹ
בְּעָמְדוֹ לְפָנֶיךָ עַל הַר סִינַי
וּשְׁנֵי לוּחוֹת אֲבָנִים הוֹרִיד בְּיָדוֹ
וְכָתוּב בָּהֶם שְׁמִירַת שַׁבָּת
וְכֵן כָּתוּב בְּתוֹרָתֶךָ

וְשָׁמְרוּ בְנֵי־יִשְׂרָאֵל אֶת־הַשַּׁבָּת שמות לא
לַעֲשׂוֹת אֶת־הַשַּׁבָּת לְדֹרֹתָם בְּרִית עוֹלָם:
בֵּינִי וּבֵין בְּנֵי יִשְׂרָאֵל אוֹת הִוא לְעֹלָם
כִּי־שֵׁשֶׁת יָמִים עָשָׂה יהוה אֶת־הַשָּׁמַיִם וְאֶת־הָאָרֶץ
וּבַיּוֹם הַשְּׁבִיעִי שָׁבַת וַיִּנָּפַשׁ:

וְלֹא נְתַתּוֹ, יהוה אֱלֹהֵינוּ, לְגוֹיֵי הָאֲרָצוֹת
וְלֹא הִנְחַלְתּוֹ, מַלְכֵּנוּ, לְעוֹבְדֵי פְסִילִים
וְגַם בִּמְנוּחָתוֹ לֹא יִשְׁכְּנוּ עֲרֵלִים
כִּי לְיִשְׂרָאֵל עַמְּךָ נְתַתּוֹ בְּאַהֲבָה
לְזֶרַע יַעֲקֹב אֲשֶׁר בָּם בָּחָרְתָּ.

עַם מְקַדְּשֵׁי שְׁבִיעִי
כֻּלָּם יִשְׂבְּעוּ וְיִתְעַנְּגוּ מִטּוּבֶךָ
וּבַשְּׁבִיעִי רָצִיתָ בּוֹ וְקִדַּשְׁתּוֹ
חֶמְדַּת יָמִים אוֹתוֹ קָרָאתָ
זֵכֶר לְמַעֲשֵׂה בְרֵאשִׁית.

אֱלֹהֵינוּ וֵאלֹהֵי אֲבוֹתֵינוּ
רְצֵה בִמְנוּחָתֵנוּ
קַדְּשֵׁנוּ בְּמִצְוֹתֶיךָ וְתֵן חֶלְקֵנוּ בְּתוֹרָתֶךָ
שַׂבְּעֵנוּ מִטּוּבֶךָ וְשַׂמְּחֵנוּ בִּישׁוּעָתֶךָ
וְטַהֵר לִבֵּנוּ לְעָבְדְּךָ בֶּאֱמֶת
וְהַנְחִילֵנוּ, יהוה אֱלֹהֵינוּ
בְּאַהֲבָה וּבְרָצוֹן שַׁבַּת קָדְשֶׁךָ
וְיָנוּחוּ בוֹ יִשְׂרָאֵל מְקַדְּשֵׁי שְׁמֶךָ.
בָּרוּךְ אַתָּה יהוה, מְקַדֵּשׁ הַשַּׁבָּת.

עבודה

רְצֵה יהוה אֱלֹהֵינוּ בְּעַמְּךָ יִשְׂרָאֵל וּבִתְפִלָּתָם
וְהָשֵׁב אֶת הָעֲבוֹדָה לִדְבִיר בֵּיתֶךָ
וְאִשֵּׁי יִשְׂרָאֵל וּתְפִלָּתָם בְּאַהֲבָה תְקַבֵּל בְּרָצוֹן
וּתְהִי לְרָצוֹן תָּמִיד עֲבוֹדַת יִשְׂרָאֵל עַמֶּךָ.

בראש חודש ובחול המועד:

אֱלֹהֵינוּ וֵאלֹהֵי אֲבוֹתֵינוּ, יַעֲלֶה וְיָבוֹא וְיַגִּיעַ, וְיֵרָאֶה וְיֵרָצֶה וְיִשָּׁמַע, וְיִפָּקֵד וְיִזָּכֵר זִכְרוֹנֵנוּ וּפִקְדוֹנֵנוּ וְזִכְרוֹן אֲבוֹתֵינוּ, וְזִכְרוֹן מָשִׁיחַ בֶּן דָּוִד עַבְדֶּךָ, וְזִכְרוֹן יְרוּשָׁלַיִם עִיר קָדְשֶׁךָ, וְזִכְרוֹן כָּל עַמְּךָ בֵּית יִשְׂרָאֵל,

לְפָנֶיךָ, לִפְלֵיטָה לְטוֹבָה, לְחֵן וּלְחֶסֶד וּלְרַחֲמִים, לְחַיִּים וּלְשָׁלוֹם בְּיוֹם
בראש חודש: רֹאשׁ הַחֹדֶשׁ / בפסח: חַג הַמַּצּוֹת / בסוכות: חַג הַסֻּכּוֹת
הַזֶּה. זָכְרֵנוּ יהוה אֱלֹהֵינוּ בּוֹ לְטוֹבָה, וּפָקְדֵנוּ בוֹ לִבְרָכָה, וְהוֹשִׁיעֵנוּ
בוֹ לְחַיִּים. וּבִדְבַר יְשׁוּעָה וְרַחֲמִים, חוּס וְחָנֵּנוּ וְרַחֵם עָלֵינוּ וְהוֹשִׁיעֵנוּ,
כִּי אֵלֶיךָ עֵינֵינוּ, כִּי אֵל מֶלֶךְ חַנּוּן וְרַחוּם אָתָּה.

וְתֶחֱזֶינָה עֵינֵינוּ בְּשׁוּבְךָ לְצִיּוֹן בְּרַחֲמִים.
בָּרוּךְ אַתָּה יהוה, הַמַּחֲזִיר שְׁכִינָתוֹ לְצִיּוֹן.

הודאה

כורע ב׳מודים׳ ואינו זוקף עד אמירת השם.

׳מוֹדִים אֲנַחְנוּ לָךְ
שָׁאַתָּה הוּא יהוה אֱלֹהֵינוּ
וֵאלֹהֵי אֲבוֹתֵינוּ לְעוֹלָם וָעֶד.
צוּר חַיֵּינוּ, מָגֵן יִשְׁעֵנוּ
אַתָּה הוּא לְדוֹר וָדוֹר.
נוֹדֶה לְּךָ וּנְסַפֵּר תְּהִלָּתֶךָ
עַל חַיֵּינוּ הַמְּסוּרִים בְּיָדֶךָ
וְעַל נִשְׁמוֹתֵינוּ הַפְּקוּדוֹת לָךְ
וְעַל נִסֶּיךָ שֶׁבְּכָל יוֹם עִמָּנוּ
וְעַל נִפְלְאוֹתֶיךָ וְטוֹבוֹתֶיךָ
שֶׁבְּכָל עֵת, עֶרֶב וָבֹקֶר וְצָהֳרָיִם.
הַטּוֹב, כִּי לֹא כָלוּ רַחֲמֶיךָ
וְהַמְרַחֵם, כִּי לֹא תַמּוּ חֲסָדֶיךָ
מֵעוֹלָם קִוִּינוּ לָךְ.

כששליח הציבור אומר ׳מודים׳, הקהל אומר בלחש:

׳מוֹדִים אֲנַחְנוּ לָךְ
שָׁאַתָּה הוּא יהוה אֱלֹהֵינוּ
וֵאלֹהֵי אֲבוֹתֵינוּ
אֱלֹהֵי כָל בָּשָׂר
יוֹצְרֵנוּ, יוֹצֵר בְּרֵאשִׁית.
בְּרָכוֹת וְהוֹדָאוֹת
לְשִׁמְךָ הַגָּדוֹל וְהַקָּדוֹשׁ
עַל שֶׁהֶחֱיִיתָנוּ וְקִיַּמְתָּנוּ.
כֵּן תְּחַיֵּנוּ וּתְקַיְּמֵנוּ
וְתֶאֱסֹף גָּלֻיּוֹתֵינוּ
לְחַצְרוֹת קָדְשֶׁךָ
לִשְׁמֹר חֻקֶּיךָ וְלַעֲשׂוֹת רְצוֹנֶךָ
וּלְעָבְדְּךָ בְּלֵבָב שָׁלֵם
עַל שֶׁאֲנַחְנוּ מוֹדִים לָךְ.
בָּרוּךְ אֵל הַהוֹדָאוֹת.

בחנוכה:

עַל הַנִּסִּים וְעַל הַפֻּרְקָן וְעַל הַגְּבוּרוֹת וְעַל הַתְּשׁוּעוֹת וְעַל הַמִּלְחָמוֹת שֶׁעָשִׂיתָ לַאֲבוֹתֵינוּ בַּיָּמִים הָהֵם בַּזְּמַן הַזֶּה.

בִּימֵי מַתִּתְיָהוּ בֶּן יוֹחָנָן כֹּהֵן גָּדוֹל חַשְׁמוֹנַאי וּבָנָיו, כְּשֶׁעָמְדָה מַלְכוּת יָוָן הָרְשָׁעָה עַל עַמְּךָ יִשְׂרָאֵל לְהַשְׁכִּיחָם תּוֹרָתֶךָ וּלְהַעֲבִירָם מֵחֻקֵּי רְצוֹנֶךָ, וְאַתָּה בְּרַחֲמֶיךָ הָרַבִּים עָמַדְתָּ לָהֶם בְּעֵת צָרָתָם, רַבְתָּ אֶת רִיבָם, דַּנְתָּ אֶת דִּינָם, נָקַמְתָּ אֶת נִקְמָתָם, מָסַרְתָּ גִבּוֹרִים בְּיַד חַלָּשִׁים, וְרַבִּים בְּיַד מְעַטִּים, וּטְמֵאִים בְּיַד טְהוֹרִים, וּרְשָׁעִים בְּיַד צַדִּיקִים, וְזֵדִים בְּיַד עוֹסְקֵי תוֹרָתֶךָ, וּלְךָ עָשִׂיתָ שֵׁם גָּדוֹל וְקָדוֹשׁ בְּעוֹלָמֶךָ, וּלְעַמְּךָ יִשְׂרָאֵל עָשִׂיתָ תְּשׁוּעָה גְדוֹלָה וּפֻרְקָן כְּהַיּוֹם הַזֶּה. וְאַחַר כֵּן בָּאוּ בָנֶיךָ לִדְבִיר בֵּיתֶךָ, וּפִנּוּ אֶת הֵיכָלֶךָ, וְטִהֲרוּ אֶת מִקְדָּשֶׁךָ, וְהִדְלִיקוּ נֵרוֹת בְּחַצְרוֹת קָדְשֶׁךָ, וְקָבְעוּ שְׁמוֹנַת יְמֵי חֲנֻכָּה אֵלּוּ, לְהוֹדוֹת וּלְהַלֵּל לְשִׁמְךָ הַגָּדוֹל.

וממשיך ׳וְעַל כֻּלָּם׳.

בשושן פורים בירושלים:

עַל הַנִּסִּים וְעַל הַפֻּרְקָן וְעַל הַגְּבוּרוֹת וְעַל הַתְּשׁוּעוֹת וְעַל הַמִּלְחָמוֹת שֶׁעָשִׂיתָ לַאֲבוֹתֵינוּ בַּיָּמִים הָהֵם בַּזְּמַן הַזֶּה.

בִּימֵי מָרְדְּכַי וְאֶסְתֵּר בְּשׁוּשַׁן הַבִּירָה, כְּשֶׁעָמַד עֲלֵיהֶם הָמָן הָרָשָׁע, בִּקֵּשׁ
לְהַשְׁמִיד לַהֲרֹג וּלְאַבֵּד אֶת־כָּל־הַיְּהוּדִים מִנַּעַר וְעַד־זָקֵן טַף וְנָשִׁים בְּיוֹם אסתר ג
אֶחָד, בִּשְׁלוֹשָׁה עָשָׂר לְחֹדֶשׁ שְׁנֵים־עָשָׂר, הוּא־חֹדֶשׁ אֲדָר, וּשְׁלָלָם
לָבוֹז: וְאַתָּה בְּרַחֲמֶיךָ הָרַבִּים הֵפַרְתָּ אֶת עֲצָתוֹ, וְקִלְקַלְתָּ אֶת מַחֲשַׁבְתּוֹ,
וַהֲשֵׁבוֹתָ לּוֹ גְּמוּלוֹ בְּרֹאשׁוֹ, וְתָלוּ אוֹתוֹ וְאֶת בָּנָיו עַל הָעֵץ.

וממשיך ׳וְעַל כֻּלָּם׳.

וְעַל כֻּלָּם יִתְבָּרַךְ וְיִתְרוֹמַם שִׁמְךָ מַלְכֵּנוּ תָּמִיד לְעוֹלָם וָעֶד.

בשבת שובה: וּכְתֹב לְחַיִּים טוֹבִים כָּל בְּנֵי בְרִיתֶךָ.

וְכֹל הַחַיִּים יוֹדוּךָ סֶּלָה, וִיהַלְלוּ אֶת שִׁמְךָ בֶּאֱמֶת הָאֵל יְשׁוּעָתֵנוּ וְעֶזְרָתֵנוּ סֶלָה.

בָּרוּךְ אַתָּה יהוה, הַטּוֹב שִׁמְךָ וּלְךָ נָאֶה לְהוֹדוֹת.

אם יותר מכוהן אחד עולה לדוכן, הגבאי קורא (ראה הלכה 124):

כֹּהֲנִים

הכוהנים מברכים: **בָּרוּךְ אַתָּה יהוה אֱלֹהֵינוּ מֶלֶךְ הָעוֹלָם, אֲשֶׁר קִדְּשָׁנוּ בִּקְדֻשָּׁתוֹ שֶׁל אַהֲרֹן, וְצִוָּנוּ לְבָרֵךְ אֶת עַמּוֹ יִשְׂרָאֵל בְּאַהֲבָה.**

השי״ץ מקריא מילה במילה, והכוהנים אחריו:

יְבָרֶכְךָ יהוה וְיִשְׁמְרֶךָ: קהל: אָמֵן במדבר ו

יָאֵר יהוה פָּנָיו אֵלֶיךָ וִיחֻנֶּךָּ: קהל: אָמֵן

יִשָּׂא יהוה פָּנָיו אֵלֶיךָ וְיָשֵׂם לְךָ שָׁלוֹם: קהל: אָמֵן

שליח הציבור ממשיך ׳שִׂים שָׁלוֹם׳.

הקהל אומר:

אַדִּיר בַּמָּרוֹם שׁוֹכֵן בִּגְבוּרָה, אַתָּה שָׁלוֹם וְשִׁמְךָ שָׁלוֹם. יְהִי רָצוֹן שֶׁתָּשִׂים עָלֵינוּ וְעַל כָּל עַמְּךָ בֵּית יִשְׂרָאֵל חַיִּים וּבְרָכָה לְמִשְׁמֶרֶת שָׁלוֹם.

הכוהנים אומרים:

רִבּוֹנוֹ שֶׁל עוֹלָם, עָשִׂינוּ מַה שֶּׁגָּזַרְתָּ עָלֵינוּ, אַף אַתָּה עֲשֵׂה עִמָּנוּ כְּמוֹ שֶׁהִבְטַחְתָּנוּ. הַשְׁקִיפָה מִמְּעוֹן קָדְשְׁךָ מִן־הַשָּׁמַיִם, וּבָרֵךְ אֶת־עַמְּךָ אֶת־יִשְׂרָאֵל, וְאֵת הָאֲדָמָה אֲשֶׁר נָתַתָּה לָנוּ, כַּאֲשֶׁר נִשְׁבַּעְתָּ לַאֲבֹתֵינוּ, אֶרֶץ זָבַת חָלָב וּדְבָשׁ: דברים כו

אם אין כוהנים העולים לדוכן, שליח הציבור אומר:

אֱלֹהֵינוּ וֵאלֹהֵי אֲבוֹתֵינוּ, בָּרְכֵנוּ בַּבְּרָכָה הַמְשֻׁלֶּשֶׁת בַּתּוֹרָה, הַכְּתוּבָה עַל יְדֵי מֹשֶׁה עַבְדֶּךָ, הָאֲמוּרָה מִפִּי אַהֲרֹן וּבָנָיו כֹּהֲנִים עַם קְדוֹשֶׁיךָ, כָּאָמוּר

יְבָרֶכְךָ יהוה וְיִשְׁמְרֶךָ: קהל: כֵּן יְהִי רָצוֹן במדבר ו

יָאֵר יהוה פָּנָיו אֵלֶיךָ וִיחֻנֶּךָּ: קהל: כֵּן יְהִי רָצוֹן

יִשָּׂא יהוה פָּנָיו אֵלֶיךָ וְיָשֵׂם לְךָ שָׁלוֹם: קהל: כֵּן יְהִי רָצוֹן

שלום

שִׂים שָׁלוֹם טוֹבָה וּבְרָכָה
חֵן וָחֶסֶד וְרַחֲמִים
עָלֵינוּ וְעַל כָּל יִשְׂרָאֵל עַמֶּךָ.
בָּרְכֵנוּ אָבִינוּ כֻּלָּנוּ כְּאֶחָד בְּאוֹר פָּנֶיךָ
כִּי בְאוֹר פָּנֶיךָ נָתַתָּ לָּנוּ, יהוה אֱלֹהֵינוּ
תּוֹרַת חַיִּים וְאַהֲבַת חֶסֶד
וּצְדָקָה וּבְרָכָה וְרַחֲמִים וְחַיִּים וְשָׁלוֹם.

וְטוֹב בְּעֵינֶיךָ לְבָרֵךְ אֶת עַמְּךָ יִשְׂרָאֵל
בְּכָל עֵת וּבְכָל שָׁעָה בִּשְׁלוֹמֶךָ.

בשבת שובה: בְּסֵפֶר חַיִּים, בְּרָכָה וְשָׁלוֹם, וּפַרְנָסָה טוֹבָה, נִזָּכֵר וְנִכָּתֵב לְפָנֶיךָ
אֲנַחְנוּ וְכָל עַמְּךָ בֵּית יִשְׂרָאֵל, לְחַיִּים טוֹבִים וּלְשָׁלוֹם.
בני חוץ לארץ מסיימים: בָּרוּךְ אַתָּה יהוה, עוֹשֶׂה הַשָּׁלוֹם.

בָּרוּךְ אַתָּה יהוה, הַמְבָרֵךְ אֶת עַמּוֹ יִשְׂרָאֵל בַּשָּׁלוֹם.

שליח הציבור מסיים באמירת הפסוק הבא בלחש,
ויש הנוהגים לאומרו גם בסוף תפילת לחש של יחיד. ראה הלכה 103.

תהלים יט יִהְיוּ לְרָצוֹן אִמְרֵי־פִי וְהֶגְיוֹן לִבִּי לְפָנֶיךָ, יהוה צוּרִי וְגֹאֲלִי:

ברכות יז. אֱלֹהַי
נְצֹר לְשׁוֹנִי מֵרָע, וּשְׂפָתַי מִדַּבֵּר מִרְמָה
וְלִמְקַלְלַי נַפְשִׁי תִדֹּם, וְנַפְשִׁי כֶּעָפָר לַכֹּל תִּהְיֶה.
פְּתַח לִבִּי בְּתוֹרָתֶךָ, וּבְמִצְוֹתֶיךָ תִּרְדֹּף נַפְשִׁי.
וְכָל הַחוֹשְׁבִים עָלַי רָעָה
מְהֵרָה הָפֵר עֲצָתָם וְקַלְקֵל מַחֲשַׁבְתָּם.
עֲשֵׂה לְמַעַן שְׁמֶךָ, עֲשֵׂה לְמַעַן יְמִינֶךָ
עֲשֵׂה לְמַעַן קְדֻשָּׁתֶךָ, עֲשֵׂה לְמַעַן תּוֹרָתֶךָ.
תהלים ס לְמַעַן יֵחָלְצוּן יְדִידֶיךָ, הוֹשִׁיעָה יְמִינְךָ וַעֲנֵנִי:
תהלים יט יִהְיוּ לְרָצוֹן אִמְרֵי־פִי וְהֶגְיוֹן לִבִּי לְפָנֶיךָ, יהוה צוּרִי וְגֹאֲלִי:

כורע ופוסע שלוש פסיעות לאחור. קד לשמאל, לימין ולפנים באמירת:

עֹשֶׂה שָׁלוֹם/ בשבת שובה: הַשָּׁלוֹם/ בִּמְרוֹמָיו
הוּא יַעֲשֶׂה שָׁלוֹם עָלֵינוּ וְעַל כָּל יִשְׂרָאֵל, וְאִמְרוּ אָמֵן.

יְהִי רָצוֹן מִלְּפָנֶיךָ יהוה אֱלֹהֵינוּ וֵאלֹהֵי אֲבוֹתֵינוּ
שֶׁיִּבָּנֶה בֵּית הַמִּקְדָּשׁ בִּמְהֵרָה בְיָמֵינוּ, וְתֵן חֶלְקֵנוּ בְּתוֹרָתֶךָ
וְשָׁם נַעֲבָדְךָ בְּיִרְאָה כִּימֵי עוֹלָם וּכְשָׁנִים קַדְמוֹנִיּוֹת.
מלאכי ג וְעָרְבָה לַיהוה מִנְחַת יְהוּדָה וִירוּשָׁלָיִם כִּימֵי עוֹלָם וּכְשָׁנִים קַדְמֹנִיּוֹת:

בראש חודש, בחנוכה ובחול המועד אומרים אחרי חזרת שליח הציבור הלל (עמ׳ 360).

קדיש שלם

ש״ץ: יִתְגַּדַּל וְיִתְקַדַּשׁ שְׁמֵהּ רַבָּא (קהל: אָמֵן)
בְּעָלְמָא דִּי בְרָא כִרְעוּתֵהּ
וְיַמְלִיךְ מַלְכוּתֵהּ
בְּחַיֵּיכוֹן וּבְיוֹמֵיכוֹן וּבְחַיֵּי דְכָל בֵּית יִשְׂרָאֵל
בַּעֲגָלָא וּבִזְמַן קָרִיב, וְאִמְרוּ אָמֵן. (קהל: אָמֵן)

קהל וש״ץ: יְהֵא שְׁמֵהּ רַבָּא מְבָרַךְ לְעָלַם וּלְעָלְמֵי עָלְמַיָּא.

ש״ץ: יִתְבָּרַךְ וְיִשְׁתַּבַּח וְיִתְפָּאַר וְיִתְרוֹמַם וְיִתְנַשֵּׂא
וְיִתְהַדָּר וְיִתְעַלֶּה וְיִתְהַלָּל
שְׁמֵהּ דְּקֻדְשָׁא בְּרִיךְ הוּא (קהל: בְּרִיךְ הוּא)
לְעֵלָּא מִן כָּל בִּרְכָתָא
/ בשבת שובה: לְעֵלָּא לְעֵלָּא מִכָּל בִּרְכָתָא/
וְשִׁירָתָא, תֻּשְׁבְּחָתָא וְנֶחֱמָתָא
דַּאֲמִירָן בְּעָלְמָא, וְאִמְרוּ אָמֵן. (קהל: אָמֵן)

תִּתְקַבַּל צְלוֹתְהוֹן וּבָעוּתְהוֹן דְּכָל יִשְׂרָאֵל
קֳדָם אֲבוּהוֹן דִּי בִשְׁמַיָּא, וְאִמְרוּ אָמֵן. (קהל: אָמֵן)

יְהֵא שְׁלָמָא רַבָּא מִן שְׁמַיָּא
וְחַיִּים, עָלֵינוּ וְעַל כָּל יִשְׂרָאֵל, וְאִמְרוּ אָמֵן. (קהל: אָמֵן)

כורע ופוסע שלוש פסיעות לאחור. קד לשמאל, לימין ולפנים באמירת:
עֹשֶׂה שָׁלוֹם/ בשבת שובה: הַשָּׁלוֹם/ בִּמְרוֹמָיו
הוּא יַעֲשֶׂה שָׁלוֹם
עָלֵינוּ וְעַל כָּל יִשְׂרָאֵל, וְאִמְרוּ אָמֵן. (קהל: אָמֵן)

בבתי כנסת המתפללים בנוסח ספרד, אומרים כאן שיר של יום (לשבת, בעמ׳ 268; ליום טוב החל בחול, בעמ׳ 88–91). ויש אומרים גם שיר הכבוד בעמ׳ 269.

הוצאת ספר תורה

לפני קריאת התורה אומרים (׳אור זרוע׳ ח״ב, מב):

תהלים פו אֵין־כָּמְוֹךָ בָאֱלֹהִים, אֲדֹנָי, וְאֵין כְּמַעֲשֶׂיךָ:
תהלים קמה מַלְכוּתְךָ מַלְכוּת כָּל־עֹלָמִים, וּמֶמְשַׁלְתְּךָ בְּכָל־דּוֹר וָדֹר:
יהוה מֶלֶךְ, יהוה מָלָךְ, יהוה יִמְלֹךְ לְעֹלָם וָעֶד.
תהלים כט יהוה עֹז לְעַמּוֹ יִתֵּן, יהוה יְבָרֵךְ אֶת־עַמּוֹ בַשָּׁלוֹם:

תהלים נא אַב הָרַחֲמִים, הֵיטִיבָה בִרְצוֹנְךָ אֶת־צִיּוֹן תִּבְנֶה חוֹמוֹת יְרוּשָׁלָםִ:
כִּי בְךָ לְבַד בָּטָחְנוּ, מֶלֶךְ אֵל רָם וְנִשָּׂא, אֲדוֹן עוֹלָמִים.

פותחים את ארון הקודש. הקהל עומד על רגליו.

במדבר י וַיְהִי בִּנְסֹעַ הָאָרֹן וַיֹּאמֶר מֹשֶׁה
קוּמָה יהוה וְיָפֻצוּ אֹיְבֶיךָ וְיָנֻסוּ מְשַׂנְאֶיךָ מִפָּנֶיךָ:
ישעיה ב כִּי מִצִּיּוֹן תֵּצֵא תוֹרָה וּדְבַר־יהוה מִירוּשָׁלָםִ:
בָּרוּךְ שֶׁנָּתַן תּוֹרָה לְעַמּוֹ יִשְׂרָאֵל בִּקְדֻשָּׁתוֹ.

בשבת ממשיך ׳בְּרִיךְ שְׁמֵהּ׳ בעמוד הבא.

ביום טוב ובהושענא רבה נוהגים לומר שלוש עשרה מידות (פרי עץ חיים), אחריהן תפילות אלו (שערי ציון) ואחר כך ׳בְּרִיךְ שְׁמֵהּ׳. ואין אומרים אותן בשבת (שערי אפרים). אומרים שלוש פעמים:

שמות לד יהוה, יהוה, אֵל רַחוּם וְחַנּוּן, אֶרֶךְ אַפַּיִם וְרַב־חֶסֶד וֶאֱמֶת:
נֹצֵר חֶסֶד לָאֲלָפִים, נֹשֵׂא עָוֹן וָפֶשַׁע וְחַטָּאָה, וְנַקֵּה:

בהושענא רבה אומרים את התחינה לימים נוראים (טעמי המנהגים):

רִבּוֹנוֹ שֶׁל עוֹלָם, מַלֵּא מִשְׁאֲלוֹתַי לְטוֹבָה, וְהָפֵק רְצוֹנִי וְתֵן שְׁאֵלָתִי, וּמְחֹל לִי עַל כָּל עֲוֹנוֹתַי וְעַל כָּל עֲוֹנוֹת אַנְשֵׁי בֵיתִי, מְחִילָה בְּחֶסֶד מְחִילָה בְּרַחֲמִים, וְטַהֲרֵנוּ מֵחֲטָאֵינוּ וּמֵעֲוֹנוֹתֵינוּ וּמִפְּשָׁעֵינוּ, וְזָכְרֵנוּ בְּזִכָּרוֹן טוֹב לְפָנֶיךָ,

ביום טוב שאינו חל בשבת אומרים:

רִבּוֹנוֹ שֶׁל עוֹלָם, מַלֵּא מִשְׁאֲלוֹת לִבִּי לְטוֹבָה, וְהָפֵק רְצוֹנִי וְתֵן שְׁאֵלָתִי, וְזַכֵּה לִי (פלוני/ת בן/בת פלוני) (וְאִשְׁתִּי/בַּעְלִי וּבָנַי וּבְנוֹתַי) וְכָל בְּנֵי בֵיתִי, לַעֲשׂוֹת רְצוֹנְךָ בְּלֵבָב שָׁלֵם, וּמַלְּטֵנוּ מִיֵּצֶר הָרָע, וְתֵן חֶלְקֵנוּ בְּתוֹרָתֶךָ, וְזַכֵּנוּ שֶׁתִּשְׁרֶה

וּפָקְדֵנוּ בִּפְקֻדַּת יְשׁוּעָה וְרַחֲמִים. וְזָכְרֵנוּ לְחַיִּים טוֹבִים וּלְשָׁלוֹם, וּפַרְנָסָה וְכַלְכָּלָה, וְלֶחֶם לֶאֱכֹל וּבֶגֶד לִלְבֹּשׁ, וְעֹשֶׁר וְכָבוֹד, וְאֹרֶךְ יָמִים לַהֲגוֹת בְּתוֹרָתֶךָ וּלְקַיֵּם מִצְוֹתֶיהָ, וְשֵׂכֶל וּבִינָה לְהָבִין וּלְהַשְׂכִּיל עִמְקֵי סוֹדוֹתֶיהָ. וְהָפֵק רְפוּאָה לְכָל מַכְאוֹבֵינוּ, וּבָרֵךְ כָּל מַעֲשֵׂה יָדֵינוּ, וּגְזֹר עָלֵינוּ גְּזֵרוֹת טוֹבוֹת יְשׁוּעוֹת וְנֶחָמוֹת, וּבַטֵּל מֵעָלֵינוּ כָּל גְּזֵרוֹת קָשׁוֹת וְרָעוֹת וְתֵן בְּלֵב שָׂרֵינוּ וְיוֹעֲצֵיהֶם עָלֵינוּ לְטוֹבָה. אָמֵן וְכֵן יְהִי רָצוֹן.

שְׁכִינָתְךָ עָלֵינוּ, וְהוֹפַע עָלֵינוּ רוּחַ חָכְמָה
וּבִינָה. וְיִתְקַיֵּם בָּנוּ מִקְרָא שֶׁכָּתוּב: וְנָחָה ישעיה יא
עָלָיו רוּחַ יהוה, רוּחַ חָכְמָה וּבִינָה, רוּחַ עֵצָה וּגְבוּרָה, רוּחַ דַּעַת וְיִרְאַת יהוה: וּבְכֵן יְהִי רָצוֹן מִלְּפָנֶיךָ יהוה אֱלֹהֵינוּ וֵאלֹהֵי אֲבוֹתֵינוּ, שֶׁתְּזַכֵּנוּ לַעֲשׂוֹת מַעֲשִׂים טוֹבִים בְּעֵינֶיךָ וְלָלֶכֶת בְּדַרְכֵי יְשָׁרִים לְפָנֶיךָ, וְקַדְּשֵׁנוּ בִּקְדֻשָּׁתֶךָ כְּדֵי שֶׁנִּזְכֶּה לְחַיִּים טוֹבִים וַאֲרוּכִים וּלְחַיֵּי הָעוֹלָם הַבָּא, וְתִשְׁמְרֵנוּ מִמַּעֲשִׂים רָעִים וּמִשָּׁעוֹת רָעוֹת
הַמִּתְרַגְּשׁוֹת לָבוֹא לָעוֹלָם, וְהַבּוֹטֵחַ בַּיהוה תהלים לב
חֶסֶד יְסוֹבְבֶנּוּ: אָמֵן.

יִהְיוּ לְרָצוֹן אִמְרֵי־פִי וְהֶגְיוֹן לִבִּי לְפָנֶיךָ, יהוה צוּרִי וְגֹאֲלִי: תהלים יט

אומרים שלוש פעמים:

וַאֲנִי תְפִלָּתִי־לְךָ יהוה, עֵת רָצוֹן, אֱלֹהִים בְּרָב־חַסְדֶּךָ תהלים סט
עֲנֵנִי בֶּאֱמֶת יִשְׁעֶךָ:

בְּרִיךְ שְׁמֵהּ דְּמָרֵא עָלְמָא, בְּרִיךְ כִּתְרָךְ וְאַתְרָךְ. יְהֵא רְעוּתָךְ עִם עַמָּךְ זוהר ויקהל
יִשְׂרָאֵל לְעָלַם, וּפֻרְקַן יְמִינָךְ אַחֲזִי לְעַמָּךְ בְּבֵית מַקְדְּשָׁךְ, וּלְאַמְטוּיֵי לָנָא מִטּוּב נְהוֹרָךְ, וּלְקַבֵּל צְלוֹתַנָא בְּרַחֲמִין. יְהֵא רַעֲוָא קֳדָמָךְ דְּתוֹרִיךְ לַן חַיִּין בְּטִיבוּ, וְלֶהֱוֵי אֲנָא פְקִידָא בְּגוֹ צַדִּיקַיָּא, לְמִרְחַם עָלַי וּלְמִנְטַר יָתִי וְיַת כָּל דִּי לִי וְדִי לְעַמָּךְ יִשְׂרָאֵל. אַנְתְּ הוּא זָן לְכֹלָּא וּמְפַרְנֵס לְכֹלָּא, אַנְתְּ הוּא שַׁלִּיט עַל כֹּלָּא, אַנְתְּ הוּא דְּשַׁלִּיט עַל מַלְכַיָּא, וּמַלְכוּתָא דִּילָךְ הִיא. אֲנָא עַבְדָּא דְקֻדְשָׁא בְּרִיךְ הוּא, דְּסָגֵדְנָא קַמֵּהּ וּמִקַּמֵּי דִּיקַר אוֹרַיְתֵהּ בְּכָל עִדָּן וְעִדָּן. לָא עַל אֱנָשׁ רָחִיצְנָא וְלָא עַל בַּר אֱלָהִין סָמִיכְנָא, אֶלָּא בֶּאֱלָהָא דִשְׁמַיָּא, דְּהוּא אֱלָהָא קְשׁוֹט, וְאוֹרַיְתֵהּ קְשׁוֹט, וּנְבִיאוֹהִי קְשׁוֹט, וּמַסְגֵּא לְמֶעְבַּד טַבְוָן וּקְשׁוֹט. • בֵּהּ אֲנָא רָחִיץ, וְלִשְׁמֵהּ קַדִּישָׁא יַקִּירָא אֲנָא אֵמַר תֻּשְׁבְּחָן. יְהֵא רַעֲוָא קֳדָמָךְ דְּתִפְתַּח לִבַּאי בְּאוֹרַיְתָא, וְתַשְׁלִים מִשְׁאֲלִין דְּלִבַּאי וְלִבָּא דְכָל עַמָּךְ יִשְׂרָאֵל לְטָב וּלְחַיִּין וְלִשְׁלָם. (תרגום בעמ׳ 77)

שליח הציבור מקבל את ספר התורה בימינו, פונה לקהל
ואומר ׳שְׁמַע יִשְׂרָאֵל׳ (מסכת סופרים פי״ד), ואחריו הקהל.

דברים ו שְׁמַע יִשְׂרָאֵל, יהוה אֱלֹהֵינוּ, יהוה אֶחָד:

שליח הציבור ואחריו הקהל:

אֶחָד אֱלֹהֵינוּ, גָּדוֹל אֲדוֹנֵינוּ, קָדוֹשׁ (בהושענא רבה: וְנוֹרָא) שְׁמוֹ.

שליח הציבור פונה לעבר ארון הקודש, קד, מגביה את ספר
התורה ואומר (משנ״ב קלד, יג על פי מסכת סופרים):

תהלים לד גַּדְּלוּ לַיהוה אִתִּי וּנְרוֹמְמָה שְׁמוֹ יַחְדָּו:

סוגרים את ארון הקודש. שליח הציבור הולך אל הבימה, והקהל אומר:

דברי הימים א׳ כט לְךָ יהוה הַגְּדֻלָּה וְהַגְּבוּרָה וְהַתִּפְאֶרֶת וְהַנֵּצַח וְהַהוֹד, כִּי־כֹל
בַּשָּׁמַיִם וּבָאָרֶץ, לְךָ יהוה הַמַּמְלָכָה וְהַמִּתְנַשֵּׂא לְכֹל לְרֹאשׁ:

תהלים צט רוֹמְמוּ יהוה אֱלֹהֵינוּ וְהִשְׁתַּחֲווּ לַהֲדֹם רַגְלָיו, קָדוֹשׁ הוּא: רוֹמְמוּ
יהוה אֱלֹהֵינוּ וְהִשְׁתַּחֲווּ לְהַר קָדְשׁוֹ, כִּי־קָדוֹשׁ יהוה אֱלֹהֵינוּ:

הקהל אומר בלחש (מחזור ויטרי, קסה):

עַל הַכֹּל יִתְגַּדַּל וְיִתְקַדַּשׁ וְיִשְׁתַּבַּח וְיִתְפָּאַר וְיִתְרוֹמַם וְיִתְנַשֵּׂא שְׁמוֹ שֶׁל מֶלֶךְ מַלְכֵי הַמְּלָכִים הַקָּדוֹשׁ בָּרוּךְ הוּא בָּעוֹלָמוֹת שֶׁבָּרָא, הָעוֹלָם הַזֶּה וְהָעוֹלָם הַבָּא, כִּרְצוֹנוֹ וְכִרְצוֹן יְרֵאָיו וְכִרְצוֹן כָּל בֵּית יִשְׂרָאֵל. צוּר הָעוֹלָמִים, אֲדוֹן כָּל הַבְּרִיּוֹת, אֱלוֹהַּ כָּל הַנְּפָשׁוֹת, הַיּוֹשֵׁב בְּמֶרְחֲבֵי מָרוֹם, הַשּׁוֹכֵן בִּשְׁמֵי שְׁמֵי קֶדֶם, קְדֻשָּׁתוֹ עַל הַחַיּוֹת, וּקְדֻשָּׁתוֹ עַל כִּסֵּא הַכָּבוֹד. וּבְכֵן יִתְקַדַּשׁ שִׁמְךָ בָּנוּ יהוה אֱלֹהֵינוּ לְעֵינֵי כָּל חָי, וְנֹאמַר לְפָנָיו שִׁיר חָדָשׁ, כַּכָּתוּב:
תהלים סח שִׁירוּ לֵאלֹהִים זַמְּרוּ שְׁמוֹ, סֹלּוּ לָרֹכֵב בָּעֲרָבוֹת, בְּיָהּ שְׁמוֹ, וְעִלְזוּ לְפָנָיו:
ישעיה נב וְנִרְאֵהוּ עַיִן בְּעַיִן בְּשׁוּבוֹ אֶל נָוֵהוּ, כַּכָּתוּב: כִּי עַיִן בְּעַיִן יִרְאוּ בְּשׁוּב יהוה
ישעיה מ צִיּוֹן: וְנֶאֱמַר: וְנִגְלָה כְּבוֹד יהוה, וְרָאוּ כָל־בָּשָׂר יַחְדָּו כִּי פִּי יהוה דִּבֵּר:

אַב הָרַחֲמִים הוּא יְרַחֵם עַם עֲמוּסִים, וְיִזְכֹּר בְּרִית אֵיתָנִים, וְיַצִּיל נַפְשׁוֹתֵינוּ מִן הַשָּׁעוֹת הָרָעוֹת, וְיִגְעַר בְּיֵצֶר הָרָע מִן הַנְּשׂוּאִים, וְיָחֹן אוֹתָנוּ לִפְלֵיטַת עוֹלָמִים, וִימַלֵּא מִשְׁאֲלוֹתֵינוּ בְּמִדָּה טוֹבָה יְשׁוּעָה וְרַחֲמִים.

מניח את ספר התורה על הבימה, והגבאי מכריז (מחזור ויטרי; ראה הלכה 148):

וְיַעֲזֹר וְיָגֵן וְיוֹשִׁיעַ לְכָל הַחוֹסִים בּוֹ, וְנֹאמַר אָמֵן. הַכֹּל הָבוּ גֹדֶל לֵאלֹהֵינוּ וּתְנוּ כָבוֹד לַתּוֹרָה. *כֹּהֵן קְרַב, יַעֲמֹד (פלוני בֶּן פלוני) **הַכֹּהֵן.**

*אם אין כוהן, הגבאי קורא ללוי או לישראל ואומר:

/**אֵין כָּאן כֹּהֵן, יַעֲמֹד** (פלוני בֶּן פלוני) **בִּמְקוֹם כֹּהֵן.**/

בָּרוּךְ שֶׁנָּתַן תּוֹרָה לְעַמּוֹ יִשְׂרָאֵל בִּקְדֻשָּׁתוֹ.

הקהל ואחריו הגבאי:

וְאַתֶּם הַדְּבֵקִים בַּיהוה אֱלֹהֵיכֶם חַיִּים כֻּלְּכֶם הַיּוֹם: דברים ד

קריאת התורה בחגים בעמ׳ 597.

קודם הברכה על העולה לראות היכן קוראים ולנשק את ספר התורה.
בשעת הברכה אוחז בעמודי הספר. ראה הלכה 151.

עולה: **בָּרְכוּ אֶת יהוה הַמְבֹרָךְ.**

קהל: **בָּרוּךְ יהוה הַמְבֹרָךְ לְעוֹלָם וָעֶד.**

עולה: **בָּרוּךְ יהוה הַמְבֹרָךְ לְעוֹלָם וָעֶד.**

בָּרוּךְ אַתָּה יהוה, אֱלֹהֵינוּ מֶלֶךְ הָעוֹלָם
אֲשֶׁר בָּחַר בָּנוּ מִכָּל הָעַמִּים
וְנָתַן לָנוּ אֶת תּוֹרָתוֹ.
בָּרוּךְ אַתָּה יהוה, נוֹתֵן הַתּוֹרָה.

לאחר הקריאה העולה מנשק את ספר התורה ומברך:

עולה: **בָּרוּךְ אַתָּה יהוה אֱלֹהֵינוּ מֶלֶךְ הָעוֹלָם**
אֲשֶׁר נָתַן לָנוּ תּוֹרַת אֱמֶת וְחַיֵּי עוֹלָם נָטַע בְּתוֹכֵנוּ.
בָּרוּךְ אַתָּה יהוה, נוֹתֵן הַתּוֹרָה.

מי שהיה בסכנה וניצל ממנה (ראה הלכה 160–161), מברך 'הַגּוֹמֵל':

בָּרוּךְ אַתָּה יהוה אֱלֹהֵינוּ מֶלֶךְ הָעוֹלָם הַגּוֹמֵל לְחַיָּבִים טוֹבוֹת שֶׁגְּמָלַנִי כָּל טוֹב.

הקהל עונה:

אָמֵן. מִי שֶׁגְּמָלְךָ כָּל טוֹב הוּא יִגְמָלְךָ כָּל טוֹב, סֶלָה.

כאשר נער עולה לתורה בפעם הראשונה במלאות לו שלוש עשרה שנה, אביו מברך:

בָּרוּךְ שֶׁפְּטָרַנִי מֵעָנְשׁוֹ שֶׁלָּזֶה.

כאן לפי הצורך אומרים 'מִי שֶׁבֵּרַךְ' ומזכירים נשמות (עמ' 395–396).

מי שבירך לעולה לתורה

מִי שֶׁבֵּרַךְ אֲבוֹתֵינוּ אַבְרָהָם יִצְחָק וְיַעֲקֹב, הוּא יְבָרֵךְ אֶת (פלוני בֶּן פלוני), בַּעֲבוּר שֶׁעָלָה לִכְבוֹד הַמָּקוֹם וְלִכְבוֹד הַתּוֹרָה וְלִכְבוֹד הַשַּׁבָּת (ביום טוב: וְלִכְבוֹד הָרֶגֶל). בִּשְׂכַר זֶה הַקָּדוֹשׁ בָּרוּךְ הוּא יִשְׁמְרֵהוּ וְיַצִּילֵהוּ מִכָּל צָרָה וְצוּקָה וּמִכָּל נֶגַע וּמַחֲלָה, וְיִשְׁלַח בְּרָכָה וְהַצְלָחָה בְּכָל מַעֲשֵׂה יָדָיו (ביום טוב: וְיִזְכֶּה לַעֲלוֹת לָרֶגֶל) עִם כָּל יִשְׂרָאֵל אֶחָיו, וְנֹאמַר אָמֵן.

מי שבירך לחולֶה

מִי שֶׁבֵּרַךְ אֲבוֹתֵינוּ אַבְרָהָם יִצְחָק וְיַעֲקֹב, מֹשֶׁה וְאַהֲרֹן דָּוִד וּשְׁלֹמֹה הוּא יְבָרֵךְ וִירַפֵּא אֶת הַחוֹלֶה (פלוני בֶּן פלונית) בַּעֲבוּר שֶׁ(פלוני בֶּן פלוני) נוֹדֵר צְדָקָה בַּעֲבוּרוֹ. בִּשְׂכַר זֶה הַקָּדוֹשׁ בָּרוּךְ הוּא יִמָּלֵא רַחֲמִים עָלָיו לְהַחֲלִימוֹ וּלְרַפְּאֹתוֹ וּלְהַחֲזִיקוֹ וּלְהַחֲיוֹתוֹ וְיִשְׁלַח לוֹ מְהֵרָה רְפוּאָה שְׁלֵמָה מִן הַשָּׁמַיִם לִרְמַ״ח אֵבָרָיו וּשְׁסָ״ה גִּידָיו בְּתוֹךְ שְׁאָר חוֹלֵי יִשְׂרָאֵל, רְפוּאַת הַנֶּפֶשׁ וּרְפוּאַת הַגּוּף. שַׁבָּת הִיא מִלִּזְעֹק /ביום טוב: יוֹם טוֹב הוּא מִלִּזְעֹק/ וּרְפוּאָה קְרוֹבָה לָבוֹא, הַשְׁתָּא בַּעֲגָלָא וּבִזְמַן קָרִיב, וְנֹאמַר אָמֵן.

מי שבירך לחולָה

מִי שֶׁבֵּרַךְ אֲבוֹתֵינוּ אַבְרָהָם יִצְחָק וְיַעֲקֹב, מֹשֶׁה וְאַהֲרֹן דָּוִד וּשְׁלֹמֹה הוּא יְבָרֵךְ וִירַפֵּא אֶת הַחוֹלָה (פלונית בַּת פלונית) בַּעֲבוּר שֶׁ(פלוני בֶּן פלוני) נוֹדֵר צְדָקָה בַּעֲבוּרָהּ. בִּשְׂכַר זֶה הַקָּדוֹשׁ בָּרוּךְ הוּא יִמָּלֵא רַחֲמִים עָלֶיהָ לְהַחֲלִימָהּ וּלְרַפְּאֹתָהּ וּלְהַחֲזִיקָהּ וּלְהַחֲיוֹתָהּ וְיִשְׁלַח לָהּ מְהֵרָה רְפוּאָה

שְׁלֵמָה מִן הַשָּׁמַיִם לְכָל אֵבָרֶיהָ וּלְכָל גִּידֶיהָ בְּתוֹךְ שְׁאָר חוֹלֵי יִשְׂרָאֵל, רְפוּאַת הַנֶּפֶשׁ וּרְפוּאַת הַגּוּף. שַׁבָּת הִיא מִלִּזְעֹק / ביום טוב: יוֹם טוֹב הוּא מִלִּזְעֹק/ וּרְפוּאָה קְרוֹבָה לָבוֹא, הַשְׁתָּא בַּעֲגָלָא וּבִזְמַן קָרִיב, וְנֹאמַר אָמֵן.

מי שבירך ליולדת בן

מִי שֶׁבֵּרַךְ אֲבוֹתֵינוּ אַבְרָהָם יִצְחָק וְיַעֲקֹב, מֹשֶׁה וְאַהֲרֹן דָּוִד וּשְׁלֹמֹה, שָׂרָה רִבְקָה רָחֵל וְלֵאָה הוּא יְבָרֵךְ אֶת הָאִשָּׁה הַיּוֹלֶדֶת (פלונית בַּת פלוני) וְאֶת בְּנָהּ שֶׁנּוֹלַד לָהּ לְמַזָּל טוֹב בַּעֲבוּר שֶׁבַּעְלָהּ וְאָבִיו נוֹדֵר צְדָקָה בַּעֲדָם. בִּשְׂכַר זֶה יִזְכּוּ אָבִיו וְאִמּוֹ לְהַכְנִיסוֹ בִּבְרִיתוֹ שֶׁל אַבְרָהָם אָבִינוּ וּלְגַדְּלוֹ לְתוֹרָה וּלְחֻפָּה וּלְמַעֲשִׂים טוֹבִים, וְנֹאמַר אָמֵן.

מי שבירך ליולדת בת

מִי שֶׁבֵּרַךְ אֲבוֹתֵינוּ אַבְרָהָם יִצְחָק וְיַעֲקֹב, מֹשֶׁה וְאַהֲרֹן דָּוִד וּשְׁלֹמֹה, שָׂרָה רִבְקָה רָחֵל וְלֵאָה הוּא יְבָרֵךְ אֶת הָאִשָּׁה הַיּוֹלֶדֶת (פלונית בַּת פלוני) וְאֶת בִּתָּהּ שֶׁנּוֹלְדָה לָהּ לְמַזָּל טוֹב וְיִקָּרֵא שְׁמָהּ בְּיִשְׂרָאֵל (פלונית בַּת פלוני), בַּעֲבוּר שֶׁבַּעְלָהּ וְאָבִיהָ נוֹדֵר צְדָקָה בַּעֲדָן. בִּשְׂכַר זֶה יִזְכּוּ אָבִיהָ וְאִמָּהּ לְגַדְּלָהּ לְתוֹרָה וּלְחֻפָּה וּלְמַעֲשִׂים טוֹבִים, וְנֹאמַר אָמֵן.

מי שבירך לבר מצווה

מִי שֶׁבֵּרַךְ אֲבוֹתֵינוּ אַבְרָהָם יִצְחָק וְיַעֲקֹב הוּא יְבָרֵךְ אֶת (פלוני בֶּן פלוני) שֶׁמָּלְאוּ לוֹ שְׁלֹשׁ עֶשְׂרֵה שָׁנָה וְהִגִּיעַ לְמִצְוֹת, וְעָלָה לַתּוֹרָה, לָתֵת שֶׁבַח וְהוֹדָיָה לְהַשֵּׁם יִתְבָּרַךְ עַל כָּל הַטּוֹבָה שֶׁגָּמַל אִתּוֹ. יִשְׁמְרֵהוּ הַקָּדוֹשׁ בָּרוּךְ הוּא וִיחַיֵּהוּ, וִיכוֹנֵן אֶת לִבּוֹ לִהְיוֹת שָׁלֵם עִם יהוה וְלָלֶכֶת בִּדְרָכָיו וְלִשְׁמֹר מִצְוֹתָיו כָּל הַיָּמִים, וְנֹאמַר אָמֵן.

מי שבירך לבת מצווה

מִי שֶׁבֵּרַךְ אֲבוֹתֵינוּ אַבְרָהָם יִצְחָק וְיַעֲקֹב, שָׂרָה רִבְקָה רָחֵל וְלֵאָה, הוּא יְבָרֵךְ אֶת (פלונית בַּת פלוני) שֶׁמָּלְאוּ לָהּ שְׁתֵּים עֶשְׂרֵה שָׁנָה וְהִגִּיעָה לְמִצְוֹת, וְנוֹתֶנֶת שֶׁבַח וְהוֹדָיָה לְהַשֵּׁם יִתְבָּרַךְ עַל כָּל הַטּוֹבָה שֶׁגָּמַל אִתָּהּ. יִשְׁמְרֶהָ הַקָּדוֹשׁ בָּרוּךְ הוּא וִיחַיֶּהָ, וִיכוֹנֵן אֶת לִבָּהּ לִהְיוֹת שָׁלֵם עִם יהוה וְלָלֶכֶת בִּדְרָכָיו וְלִשְׁמֹר מִצְוֹתָיו כָּל הַיָּמִים, וְנֹאמַר אָמֵן.

חצי קדיש

לפני שקוראים למפטיר, בעל הקורא אומר חצי קדיש (רמב״ם, תפילה פי״ב ה״כ).

קורא: יִתְגַּדַּל וְיִתְקַדַּשׁ שְׁמֵהּ רַבָּא (קהל: אָמֵן)
בְּעָלְמָא דִּי בְרָא כִרְעוּתֵהּ
וְיַמְלִיךְ מַלְכוּתֵהּ
בְּחַיֵּיכוֹן וּבְיוֹמֵיכוֹן וּבְחַיֵּי דְכָל בֵּית יִשְׂרָאֵל
בַּעֲגָלָא וּבִזְמַן קָרִיב
וְאִמְרוּ אָמֵן. (קהל: אָמֵן)

קהל וקורא: יְהֵא שְׁמֵהּ רַבָּא מְבָרַךְ לְעָלַם וּלְעָלְמֵי עָלְמַיָּא.

קורא: יִתְבָּרַךְ וְיִשְׁתַּבַּח וְיִתְפָּאַר וְיִתְרוֹמַם וְיִתְנַשֵּׂא
וְיִתְהַדָּר וְיִתְעַלֶּה וְיִתְהַלָּל
שְׁמֵהּ דְּקֻדְשָׁא בְּרִיךְ הוּא (קהל: בְּרִיךְ הוּא)
לְעֵלָּא מִן כָּל בִּרְכָתָא
/בשבת שובה: לְעֵלָּא לְעֵלָּא מִכָּל בִּרְכָתָא/
וְשִׁירָתָא, תֻּשְׁבְּחָתָא וְנֶחֱמָתָא
דַּאֲמִירָן בְּעָלְמָא
וְאִמְרוּ אָמֵן. (קהל: אָמֵן)

הגבהה וגלילה

כאשר מגביהים את ספר התורה, הקהל אומר:

דברים ד וְזֹאת הַתּוֹרָה אֲשֶׁר־שָׂם מֹשֶׁה לִפְנֵי בְּנֵי יִשְׂרָאֵל:
במדבר ט עַל־פִּי יהוה בְּיַד מֹשֶׁה:
משלי ג ויש מוסיפים: עֵץ־חַיִּים הִיא לַמַּחֲזִיקִים בָּהּ וְתֹמְכֶיהָ מְאֻשָּׁר:
דְּרָכֶיהָ דַרְכֵי־נֹעַם וְכָל־נְתִיבוֹתֶיהָ שָׁלוֹם:
אֹרֶךְ יָמִים בִּימִינָהּ, בִּשְׂמֹאולָהּ עֹשֶׁר וְכָבוֹד:
ישעיה מב יהוה חָפֵץ לְמַעַן צִדְקוֹ יַגְדִּיל תּוֹרָה וְיַאְדִּיר:

ברכות ההפטרה

לפני קריאת ההפטרה בנביא, המפטיר מברך:

בָּרוּךְ אַתָּה יהוה אֱלֹהֵינוּ מֶלֶךְ הָעוֹלָם אֲשֶׁר בָּחַר בִּנְבִיאִים טוֹבִים, וְרָצָה בְדִבְרֵיהֶם הַנֶּאֱמָרִים בֶּאֱמֶת. בָּרוּךְ אַתָּה יהוה, הַבּוֹחֵר בַּתּוֹרָה וּבְמֹשֶׁה עַבְדּוֹ וּבְיִשְׂרָאֵל עַמּוֹ וּבִנְבִיאֵי הָאֱמֶת וָצֶדֶק.

אחר קריאת ההפטרה המפטיר מברך:

בָּרוּךְ אַתָּה יהוה אֱלֹהֵינוּ מֶלֶךְ הָעוֹלָם, צוּר כָּל הָעוֹלָמִים, צַדִּיק בְּכָל הַדּוֹרוֹת, הָאֵל הַנֶּאֱמָן, הָאוֹמֵר וְעוֹשֶׂה, הַמְדַבֵּר וּמְקַיֵּם, שֶׁכָּל דְּבָרָיו אֱמֶת וָצֶדֶק. נֶאֱמָן אַתָּה הוּא יהוה אֱלֹהֵינוּ וְנֶאֱמָנִים דְּבָרֶיךָ, וְדָבָר אֶחָד מִדְּבָרֶיךָ אָחוֹר לֹא יָשׁוּב רֵיקָם, כִּי אֵל מֶלֶךְ נֶאֱמָן (וְרַחֲמָן) אָתָּה. בָּרוּךְ אַתָּה יהוה, הָאֵל הַנֶּאֱמָן בְּכָל דְּבָרָיו.

רַחֵם עַל צִיּוֹן כִּי הִיא בֵּית חַיֵּינוּ, וְלַעֲלוּבַת נֶפֶשׁ תּוֹשִׁיעַ בִּמְהֵרָה בְיָמֵינוּ. בָּרוּךְ אַתָּה יהוה, מְשַׂמֵּחַ צִיּוֹן בְּבָנֶיהָ.

שַׂמְּחֵנוּ יהוה אֱלֹהֵינוּ בְּאֵלִיָּהוּ הַנָּבִיא עַבְדֶּךָ, וּבְמַלְכוּת בֵּית דָּוִד מְשִׁיחֶךָ, בִּמְהֵרָה יָבוֹא וְיָגֵל לִבֵּנוּ. עַל כִּסְאוֹ לֹא יֵשֵׁב זָר, וְלֹא יִנְחֲלוּ עוֹד אֲחֵרִים אֶת כְּבוֹדוֹ, כִּי בְשֵׁם קָדְשְׁךָ נִשְׁבַּעְתָּ לּוֹ שֶׁלֹּא יִכְבֶּה נֵרוֹ לְעוֹלָם וָעֶד. בָּרוּךְ אַתָּה יהוה, מָגֵן דָּוִד.

בשבת, פרט ליום טוב ולשבת חול המועד סוכות (ראה הלכה 532), מסיימים:

עַל הַתּוֹרָה וְעַל הָעֲבוֹדָה וְעַל הַנְּבִיאִים וְעַל יוֹם הַשַּׁבָּת הַזֶּה, שֶׁנָּתַתָּ לָּנוּ יהוה אֱלֹהֵינוּ לִקְדֻשָּׁה וְלִמְנוּחָה, לְכָבוֹד וּלְתִפְאָרֶת. עַל הַכֹּל יהוה אֱלֹהֵינוּ אֲנַחְנוּ מוֹדִים לָךְ וּמְבָרְכִים אוֹתָךְ, יִתְבָּרַךְ שִׁמְךָ בְּפִי כָּל חַי תָּמִיד לְעוֹלָם וָעֶד. בָּרוּךְ אַתָּה יהוה, מְקַדֵּשׁ הַשַּׁבָּת.

ביום טוב ובשבת חול המועד סוכות מסיימים:

עַל הַתּוֹרָה וְעַל הָעֲבוֹדָה וְעַל הַנְּבִיאִים (בשבת: וְעַל יוֹם הַשַּׁבָּת הַזֶּה), וְעַל יוֹם

בפסח: חַג הַמַּצּוֹת הַזֶּה

בשבועות: חַג הַשָּׁבוּעוֹת הַזֶּה

בסוכות: חַג הַסֻּכּוֹת הַזֶּה

בשמיני עצרת: הַשְּׁמִינִי חַג הָעֲצֶרֶת הַזֶּה

שֶׁנָּתַתָּ לָּנוּ, יהוה אֱלֹהֵינוּ (בשבת: לִקְדֻשָּׁה וְלִמְנוּחָה) לְשָׂשׂוֹן וּלְשִׂמְחָה, לְכָבוֹד וּלְתִפְאָרֶת. עַל הַכֹּל יהוה אֱלֹהֵינוּ אֲנַחְנוּ מוֹדִים לָךְ וּמְבָרְכִים אוֹתָךְ. יִתְבָּרַךְ שִׁמְךָ בְּפִי כָּל חַי תָּמִיד לְעוֹלָם וָעֶד. בָּרוּךְ אַתָּה יהוה, מְקַדֵּשׁ (בשבת: הַשַּׁבָּת וְ)יִשְׂרָאֵל וְהַזְּמַנִּים.

במקום שיש בו מניין השכינה שורה, ולכן אומרים ברכה לקהל. ואין אומרים אותה ביחידות ('אור זרוע' ח"ב, נ), ויש שנוהגים לומר את הפסקה הראשונה גם ביחידות (שערי אפרים).

יְקוּם פֻּרְקָן מִן שְׁמַיָּא, חִנָּא וְחִסְדָּא וְרַחֲמֵי וְחַיֵּי אֲרִיכֵי וּמְזוֹנֵי רְוִיחֵי, וְסִיַּעְתָּא דִשְׁמַיָּא, וּבַרְיוּת גּוּפָא וּנְהוֹרָא מְעַלְּיָא, זַרְעָא חַיָּא וְקַיָּמָא, זַרְעָא דִּי לָא יִפְסֻק וְדִי לָא יִבְטֻל מִפִּתְגָּמֵי אוֹרַיְתָא, לְמָרָנָן וְרַבָּנָן חֲבוּרָתָא קַדִּישָׁתָא דִּי בְאַרְעָא דְיִשְׂרָאֵל וְדִי בְבָבֶל, לְרֵישֵׁי כַלָּה, וּלְרֵישֵׁי גַלְוָתָא, וּלְרֵישֵׁי מְתִיבָתָא, וּלְדַיָּנֵי דְבָבָא, לְכָל תַּלְמִידֵיהוֹן, וּלְכָל תַּלְמִידֵי תַלְמִידֵיהוֹן, וּלְכָל מָאן דְּעָסְקִין בְּאוֹרַיְתָא. מַלְכָּא דְעָלְמָא יְבָרֵךְ יָתְהוֹן, יַפֵּשׁ חַיֵּיהוֹן וְיַסְגֵּא יוֹמֵיהוֹן, וְיִתֵּן אַרְכָא לִשְׁנֵיהוֹן, וְיִתְפָּרְקוּן וְיִשְׁתֵּיזְבוּן מִן כָּל עָקָא וּמִן כָּל מַרְעִין בִּישִׁין. מָרַן דִּי בִשְׁמַיָּא יְהֵא בְסַעְדְּהוֹן כָּל זְמַן וְעִדָּן, וְנֹאמַר אָמֵן.

תרגום

יקום פורקן מן השמים, חן וחסד ורחמים וחיים ארוכים ומזונות רווחים וסיוע מן השמים, ובריאות הגוף ואור מעולה, זרע חי וקיים, זרע שלא יפסוק ושלא יבטל מדברי תורה, למורינו ורבותינו החבורות הקדושות אשר בארץ ישראל ואשר בבבל,

יְקוּם פֻּרְקָן מִן שְׁמַיָּא, חִנָּא וְחִסְדָּא וְרַחֲמֵי וְחַיֵּי אֲרִיכֵי וּמְזוֹנֵי רְוִיחֵי, וְסִיַּעְתָּא דִשְׁמַיָּא, וּבַרְיוּת גּוּפָא וּנְהוֹרָא מְעַלְּיָא, זַרְעָא חַיָּא וְקַיָּמָא, זַרְעָא דִּי לָא יִפְסֻק וְדִי לָא יִבְטֻל מִפִּתְגָּמֵי אוֹרַיְתָא, לְכָל קְהָלָא קַדִּישָׁא הָדֵין, רַבְרְבַיָּא עִם זְעֵרַיָּא, טַפְלָא וּנְשַׁיָּא. מַלְכָּא דְעָלְמָא יְבָרֵךְ יָתְכוֹן, יַפֵּשׁ חַיֵּיכוֹן וְיַסְגֵּא יוֹמֵיכוֹן, וְיִתֵּן אַרְכָא לִשְׁנֵיכוֹן, וְתִתְפָּרְקוּן וְתִשְׁתֵּיזְבוּן מִן כָּל עָקָא וּמִן כָּל מַרְעִין בִּישִׁין. מָרַן דִּי בִשְׁמַיָּא יְהֵא בְסַעְדְּכוֹן כָּל זְמַן וְעִדָּן, וְנֹאמַר אָמֵן.

מִי שֶׁבֵּרַךְ אֲבוֹתֵינוּ אַבְרָהָם יִצְחָק וְיַעֲקֹב, הוּא יְבָרֵךְ אֶת כָּל הַקָּהָל הַקָּדוֹשׁ הַזֶּה עִם כָּל קְהִלּוֹת הַקֹּדֶשׁ, הֵם וּנְשֵׁיהֶם וּבְנֵיהֶם וּבְנוֹתֵיהֶם וְכָל אֲשֶׁר לָהֶם, וּמִי שֶׁמְּיַחֲדִים בָּתֵּי כְנֵסִיּוֹת לִתְפִלָּה, וּמִי שֶׁבָּאִים בְּתוֹכָם לְהִתְפַּלֵּל, וּמִי שֶׁנּוֹתְנִים נֵר לַמָּאוֹר וְיַיִן לְקִדּוּשׁ וּלְהַבְדָּלָה וּפַת לָאוֹרְחִים וּצְדָקָה לָעֲנִיִּים, וְכָל מִי שֶׁעוֹסְקִים בְּצָרְכֵי צִבּוּר בֶּאֱמוּנָה. הַקָּדוֹשׁ בָּרוּךְ הוּא יְשַׁלֵּם שְׂכָרָם, וְיָסִיר מֵהֶם כָּל מַחֲלָה, וְיִרְפָּא לְכָל גּוּפָם, וְיִסְלַח לְכָל עֲוֹנָם, וְיִשְׁלַח בְּרָכָה וְהַצְלָחָה בְּכָל מַעֲשֵׂי יְדֵיהֶם עִם כָּל יִשְׂרָאֵל אֲחֵיהֶם, וְנֹאמַר אָמֵן.

לראשי כלה ולראשי גלויות ולראשי הישיבות ולדייני השער, לכל תלמידיהם, ולכל תלמידי תלמידיהם, ולכל מי שעוסקים בתורה. מלך העולם יברך אותם, ירבה חייהם ויגדיל ימיהם ויתן אריכות לשנותיהם. ויִוָּשעו ויינצלו מכל צרה ומכל חוליים רעים. אדוננו שבשמים יהיה בעזרתם בכל זמן ועת, ונאמר אמן.

יקום פורקן מן השמים, חן וחסד ורחמים וחיים ארוכים ומזונות רווחים וסיוע מן השמים, ובריאות הגוף ואור מעולה, זרע חי וקיים, זרע שלא יפסוק ושלא יבטל מדברי תורה, לכל הקהל הקדוש הזה, הגדולים עם הקטנים, הטף והנשים. מלך העולם יברך אתכם, ירבה חייכם ויגדיל ימיכם ויתן אריכות לשנותיכם. ותִוָּשעו ותינצלו מכל צרה ומכל חוליים רעים. אדוננו שבשמים יהיה בעזרתכם בכל זמן ועת, ונאמר אמן.

תפילה לשלום מדינת ישראל

אָבִינוּ שֶׁבַּשָּׁמַיִם, צוּר יִשְׂרָאֵל וְגוֹאֲלוֹ, בָּרֵךְ אֶת מְדִינַת יִשְׂרָאֵל, רֵאשִׁית צְמִיחַת גְּאֻלָּתֵנוּ. הָגֵן עָלֶיהָ בְּאֶבְרַת חַסְדֶּךָ וּפְרֹשׂ עָלֶיהָ סֻכַּת שְׁלוֹמֶךָ, וּשְׁלַח אוֹרְךָ וַאֲמִתְּךָ לְרָאשֶׁיהָ, שָׂרֶיהָ וְיוֹעֲצֶיהָ, וְתַקְּנֵם בְּעֵצָה טוֹבָה מִלְּפָנֶיךָ.

חַזֵּק אֶת יְדֵי מְגִנֵּי אֶרֶץ קָדְשֵׁנוּ, וְהַנְחִילֵם אֱלֹהֵינוּ יְשׁוּעָה וַעֲטֶרֶת נִצָּחוֹן תְּעַטְּרֵם, וְנָתַתָּ שָׁלוֹם בָּאָרֶץ וְשִׂמְחַת עוֹלָם לְיוֹשְׁבֶיהָ.

וְאֶת אַחֵינוּ כָּל בֵּית יִשְׂרָאֵל, פְּקָד נָא בְּכָל אַרְצוֹת פְּזוּרֵיהֶם,
וְתוֹלִיכֵם מְהֵרָה קוֹמְמִיּוּת לְצִיּוֹן עִירֶךָ וְלִירוּשָׁלַיִם מִשְׁכַּן
שְׁמֶךָ, כַּכָּתוּב בְּתוֹרַת מֹשֶׁה עַבְדֶּךָ: אִם־יִהְיֶה נִדַּחֲךָ בִּקְצֵה דברים ל
הַשָּׁמָיִם, מִשָּׁם יְקַבֶּצְךָ יהוה אֱלֹהֶיךָ וּמִשָּׁם יִקָּחֶךָ: וֶהֱבִיאֲךָ
יהוה אֱלֹהֶיךָ אֶל־הָאָרֶץ אֲשֶׁר־יָרְשׁוּ אֲבֹתֶיךָ וִירִשְׁתָּהּ, וְהֵיטִבְךָ
וְהִרְבְּךָ מֵאֲבֹתֶיךָ: וּמָל יהוה אֱלֹהֶיךָ אֶת־לְבָבְךָ וְאֶת־לְבַב
זַרְעֶךָ, לְאַהֲבָה אֶת־יהוה אֱלֹהֶיךָ בְּכָל־לְבָבְךָ וּבְכָל־נַפְשְׁךָ,
לְמַעַן חַיֶּיךָ:

וְיַחֵד לְבָבֵנוּ לְאַהֲבָה וּלְיִרְאָה אֶת שְׁמֶךָ, וְלִשְׁמֹר אֶת כָּל דִּבְרֵי תוֹרָתֶךָ, וּשְׁלַח לָנוּ מְהֵרָה בֶּן דָּוִד מְשִׁיחַ צִדְקֶךָ, לִפְדּוֹת מְחַכֵּי קֵץ יְשׁוּעָתֶךָ.

וְהוֹפַע בַּהֲדַר גְּאוֹן עֻזֶּךָ עַל כָּל יוֹשְׁבֵי תֵבֵל אַרְצֶךָ וְיֹאמַר כֹּל אֲשֶׁר נְשָׁמָה בְאַפּוֹ, יהוה אֱלֹהֵי יִשְׂרָאֵל מֶלֶךְ וּמַלְכוּתוֹ בַּכֹּל מָשָׁלָה, אָמֵן סֶלָה.

מי שבירך לחיילי צה״ל

מִי שֶׁבֵּרַךְ אֲבוֹתֵינוּ אַבְרָהָם יִצְחָק וְיַעֲקֹב הוּא יְבָרֵךְ אֶת חַיָּלֵי
צְבָא הַהֲגָנָה לְיִשְׂרָאֵל וְאַנְשֵׁי כֹּחוֹת הַבִּטָּחוֹן, הָעוֹמְדִים עַל
מִשְׁמַר אַרְצֵנוּ וְעָרֵי אֱלֹהֵינוּ, מִגְּבוּל הַלְּבָנוֹן וְעַד מִדְבַּר מִצְרַיִם
וּמִן הַיָּם הַגָּדוֹל עַד לְבוֹא הָעֲרָבָה וּבְכָל מָקוֹם שֶׁהֵם, בַּיַּבָּשָׁה,
בָּאֲוִיר וּבַיָּם. יִתֵּן יהוה אֶת אוֹיְבֵינוּ הַקָּמִים עָלֵינוּ נִגָּפִים לִפְנֵיהֶם.
הַקָּדוֹשׁ בָּרוּךְ הוּא יִשְׁמֹר וְיַצִּיל אֶת חַיָּלֵינוּ מִכָּל צָרָה וְצוּקָה וּמִכָּל
נֶגַע וּמַחֲלָה, וְיִשְׁלַח בְּרָכָה וְהַצְלָחָה בְּכָל מַעֲשֵׂי יְדֵיהֶם. יַדְבֵּר
שׂוֹנְאֵינוּ תַּחְתֵּיהֶם וִיעַטְּרֵם בְּכֶתֶר יְשׁוּעָה וּבַעֲטֶרֶת נִצָּחוֹן. וִיקֻיַּם
בָּהֶם הַכָּתוּב: כִּי יהוה אֱלֹהֵיכֶם הַהֹלֵךְ עִמָּכֶם לְהִלָּחֵם לָכֶם עִם־ דברים כ
אֹיְבֵיכֶם לְהוֹשִׁיעַ אֶתְכֶם: וְנֹאמַר אָמֵן.

מי שבירך לשבויים

מִי שֶׁבֵּרַךְ אֲבוֹתֵינוּ אַבְרָהָם יִצְחָק וְיַעֲקֹב, יוֹסֵף מֹשֶׁה וְאַהֲרֹן,
דָּוִד וּשְׁלֹמֹה, הוּא יְבָרֵךְ וְיִשְׁמֹר וְיִנְצֹר אֶת נֶעְדְּרֵי צְבָא הַהֲגָנָה
לְיִשְׂרָאֵל וּשְׁבוּיָו, וְאֶת כָּל אַחֵינוּ הַנְּתוּנִים בְּצָרָה וּבְשִׁבְיָה,
בַּעֲבוּר שֶׁכָּל הַקָּהָל הַקָּדוֹשׁ הַזֶּה מִתְפַּלֵּל בַּעֲבוּרָם. הַקָּדוֹשׁ
בָּרוּךְ הוּא יִמָּלֵא רַחֲמִים עֲלֵיהֶם, וְיוֹצִיאֵם מֵחֹשֶׁךְ וְצַלְמָוֶת,
וּמוֹסְרוֹתֵיהֶם יְנַתֵּק, וּמִמְּצוּקוֹתֵיהֶם יוֹשִׁיעֵם, וִישִׁיבֵם מְהֵרָה
לְחֵיק מִשְׁפְּחוֹתֵיהֶם. יוֹדוּ לַיהוה חַסְדּוֹ וְנִפְלְאוֹתָיו לִבְנֵי אָדָם: תהלים קז
וִיקֻיַּם בָּהֶם מִקְרָא שֶׁכָּתוּב: וּפְדוּיֵי יהוה יְשֻׁבוּן, וּבָאוּ צִיּוֹן ישעיה לה
בְּרִנָּה, וְשִׂמְחַת עוֹלָם עַל־רֹאשָׁם, שָׂשׂוֹן וְשִׂמְחָה יַשִּׂיגוּ, וְנָסוּ
יָגוֹן וַאֲנָחָה: וְנֹאמַר אָמֵן.

ברכת החודש

בשבת שלפני ראש חודש אומרים תפילה זו כדי להודיע לקהל על ראש החודש הקרב (ספר יראים, רנט), ואין מכריזים על חודש תשרי (מג״א תיז, א).

הקהל אומר בלחש, ושליח הציבור אחריו:

ברכות טז: **יְהִי רָצוֹן מִלְּפָנֶיךָ, יהוה אֱלֹהֵינוּ וֵאלֹהֵי אֲבוֹתֵינוּ, שֶׁתְּחַדֵּשׁ עָלֵינוּ אֶת הַחֹדֶשׁ הַזֶּה לְטוֹבָה וְלִבְרָכָה. וְתִתֶּן לָנוּ חַיִּים אֲרוּכִים, חַיִּים שֶׁל שָׁלוֹם, חַיִּים שֶׁל טוֹבָה, חַיִּים שֶׁל בְּרָכָה, חַיִּים שֶׁל פַּרְנָסָה, חַיִּים שֶׁל חִלּוּץ עֲצָמוֹת, חַיִּים שֶׁיֵּשׁ בָּהֶם יִרְאַת שָׁמַיִם וְיִרְאַת חֵטְא, חַיִּים שֶׁאֵין בָּהֶם בּוּשָׁה וּכְלִמָּה, חַיִּים שֶׁל עֹשֶׁר וְכָבוֹד, חַיִּים שֶׁתְּהֵא בָנוּ אַהֲבַת תּוֹרָה וְיִרְאַת שָׁמַיִם, חַיִּים שֶׁיִּמָּלְאוּ מִשְׁאֲלוֹת לִבֵּנוּ לְטוֹבָה, אָמֵן סֶלָה.**

מצווה לחשב תקופות ומזלות (שבת עה ע״א)
ולכן נוהגים להכריז את זמן המולד (מהרש״ל, סוכה כח ע״א).

שליח הציבור לוקח את ספר התורה בידו ואומר:

מִי שֶׁעָשָׂה נִסִּים לַאֲבוֹתֵינוּ וְגָאַל אוֹתָם מֵעַבְדוּת לְחֵרוּת
הוּא יִגְאַל אוֹתָנוּ בְּקָרוֹב וִיקַבֵּץ נִדָּחֵינוּ מֵאַרְבַּע כַּנְפוֹת הָאָרֶץ
חֲבֵרִים כָּל יִשְׂרָאֵל וְנֹאמַר אָמֵן.

שליח הציבור מכריז, והקהל אומר אחריו (׳עבודת ישראל׳;
וה׳שערי אפרים׳ כתב שאין לחזור על ההכרזה):

רֹאשׁ חֹדֶשׁ פלוני **יִהְיֶה בְּיוֹם** פלוני (***וּבְיוֹם** פלוני)
הַבָּא עָלֵינוּ וְעַל כָּל יִשְׂרָאֵל לְטוֹבָה.

*אם היום הראשון של ראש החודש חל בשבת, אומרים: **וּלְמָחֳרָתוֹ בְּיוֹם**

בקהילות אשכנז בחוץ לארץ מקובל לומר נוסח קצר יותר של ברכת החודש (בעמוד הבא),
אך בארץ ישראל אימצו את הנוסח הספרדי, המבוסס על סדר רב עמרם גאון.

שליח הציבור ממשיך:

יְחַדְּשֵׁהוּ הַקָּדוֹשׁ בָּרוּךְ הוּא
עָלֵינוּ וְעַל כָּל עַמּוֹ בֵּית יִשְׂרָאֵל בְּכָל מָקוֹם שֶׁהֵם

לְטוֹבָה וְלִבְרָכָה, לְשָׂשׂוֹן וּלְשִׂמְחָה
לִישׁוּעָה וּלְנֶחָמָה, לְפַרְנָסָה וּלְכַלְכָּלָה
לְחַיִּים וּלְשָׁלוֹם, לִשְׁמוּעוֹת טוֹבוֹת וְלִבְשׂוֹרוֹת טוֹבוֹת
(בחורף: וְלִגְשָׁמִים בְּעִתָּם) וְלִרְפוּאָה שְׁלֵמָה
וְלִגְאֻלָּה קְרוֹבָה, וְנֹאמַר אָמֵן

הנוסח הקצר הנהוג במיוחד בחוץ לארץ:

יְחַדְּשֵׁהוּ הַקָּדוֹשׁ בָּרוּךְ הוּא
עָלֵינוּ וְעַל כָּל עַמּוֹ בֵּית יִשְׂרָאֵל
לְחַיִּים וּלְשָׁלוֹם, לְשָׂשׂוֹן וּלְשִׂמְחָה, לִישׁוּעָה וּלְנֶחָמָה, וְנֹאמַר אָמֵן.

״ואחר קריאת ההפטרה נהגו להזכיר נשמות ולברך העוסקים בצרכי צבור״ (׳שיבולי הלקט׳ פא). ובקהילות אשכנז נהגו לומר את תפילת ׳אַב הָרַחֲמִים׳, שנתקנה לזכר מקדשי השם בתקופת מסעי הצלב (מהרי״ל).

כל יום שאין אומרים בו תחנון בחול (ראה עמ׳ 66), אין אומרים ׳אַב הָרַחֲמִים׳ בשבת. וכן אין אומרים בשבת שקוראים בה אחת מארבע פרשיות (ראה במדריך להלכות תפילה), ולא בשבת שמברכים בה את החודש, אבל בשבת שמברכים בה את חודש אייר או סיון, ברוב הקהילות נוהגים לאומרו. ראה הלכה 686.

בשביעי של פסח, בשבועות ובשמיני עצרת אומרים כאן ׳יִזְכֹּר׳ (עמ׳ 394).

וביום טוב ראשון של פסח ושל סוכות יש אומרים את הפיוט ׳יָהּ אֵלִי׳ (עמ׳ 398).

אַב הָרַחֲמִים שׁוֹכֵן מְרוֹמִים, בְּרַחֲמָיו הָעֲצוּמִים הוּא יִפְקֹד בְּרַחֲמִים
הַחֲסִידִים וְהַיְשָׁרִים וְהַתְּמִימִים, קְהִלּוֹת הַקֹּדֶשׁ שֶׁמָּסְרוּ נַפְשָׁם עַל קְדֻשַּׁת
הַשֵּׁם, הַנֶּאֱהָבִים וְהַנְּעִימִים בְּחַיֵּיהֶם, וּבְמוֹתָם לֹא נִפְרָדוּ, מִנְּשָׁרִים קַלּוּ
וּמֵאֲרָיוֹת גָּבֵרוּ לַעֲשׂוֹת רְצוֹן קוֹנָם וְחֵפֶץ צוּרָם. יִזְכְּרֵם אֱלֹהֵינוּ לְטוֹבָה עִם
שְׁאָר צַדִּיקֵי עוֹלָם, וְיִנְקֹם לְעֵינֵינוּ נִקְמַת דַּם עֲבָדָיו הַשָּׁפוּךְ, כַּכָּתוּב בְּתוֹרַת
מֹשֶׁה אִישׁ הָאֱלֹהִים: הַרְנִינוּ גוֹיִם עַמּוֹ, כִּי דַם־עֲבָדָיו יִקּוֹם, וְנָקָם יָשִׁיב דברים לב
לְצָרָיו, וְכִפֶּר אַדְמָתוֹ עַמּוֹ: וְעַל יְדֵי עֲבָדֶיךָ הַנְּבִיאִים כָּתוּב לֵאמֹר: וְנִקֵּיתִי, יואל ד
דָּמָם לֹא־נִקֵּיתִי, וַיהוה שֹׁכֵן בְּצִיּוֹן: וּבְכִתְבֵי הַקֹּדֶשׁ נֶאֱמַר: לָמָּה יֹאמְרוּ תהלים עט
הַגּוֹיִם אַיֵּה אֱלֹהֵיהֶם, יִוָּדַע בַּגּוֹיִם לְעֵינֵינוּ נִקְמַת דַּם־עֲבָדֶיךָ הַשָּׁפוּךְ: וְאוֹמֵר:
כִּי־דֹרֵשׁ דָּמִים אוֹתָם זָכָר, לֹא־שָׁכַח צַעֲקַת עֲנָוִים: וְאוֹמֵר: יָדִין בַּגּוֹיִם מָלֵא תהלים ט תהלים קי
גְוִיּוֹת, מָחַץ רֹאשׁ עַל־אֶרֶץ רַבָּה: מִנַּחַל בַּדֶּרֶךְ יִשְׁתֶּה, עַל־כֵּן יָרִים רֹאשׁ:

תהלים פד אַשְׁרֵי יוֹשְׁבֵי בֵיתֶךָ, עוֹד יְהַלְלוּךָ סֶּלָה: אַשְׁרֵי הָעָם שֶׁכָּכָה לּוֹ, אַשְׁרֵי הָעָם
תהלים קמד שֶׁיהוה אֱלֹהָיו: תְּהִלָּה לְדָוִד אֲרוֹמִמְךָ אֱלוֹהַי הַמֶּלֶךְ, וַאֲבָרְכָה שִׁמְךָ
תהלים קמה לְעוֹלָם וָעֶד: בְּכָל־יוֹם אֲבָרְכֶךָּ, וַאֲהַלְלָה שִׁמְךָ לְעוֹלָם וָעֶד: גָּדוֹל יהוה
וּמְהֻלָּל מְאֹד, וְלִגְדֻלָּתוֹ אֵין חֵקֶר: דּוֹר לְדוֹר יְשַׁבַּח מַעֲשֶׂיךָ, וּגְבוּרֹתֶיךָ
יַגִּידוּ: הֲדַר כְּבוֹד הוֹדֶךָ, וְדִבְרֵי נִפְלְאֹתֶיךָ אָשִׂיחָה: וֶעֱזוּז נוֹרְאֹתֶיךָ יֹאמֵרוּ,
וּגְדוּלָּתְךָ אֲסַפְּרֶנָּה: זֵכֶר רַב־טוּבְךָ יַבִּיעוּ, וְצִדְקָתְךָ יְרַנֵּנוּ: חַנּוּן וְרַחוּם
יהוה, אֶרֶךְ אַפַּיִם וּגְדָל־חָסֶד: טוֹב־יהוה לַכֹּל, וְרַחֲמָיו עַל־כָּל־מַעֲשָׂיו:
יוֹדוּךָ יהוה כָּל־מַעֲשֶׂיךָ, וַחֲסִידֶיךָ יְבָרְכוּכָה: כְּבוֹד מַלְכוּתְךָ יֹאמֵרוּ,
וּגְבוּרָתְךָ יְדַבֵּרוּ: לְהוֹדִיעַ לִבְנֵי הָאָדָם גְּבוּרֹתָיו, וּכְבוֹד הֲדַר מַלְכוּתוֹ:
מַלְכוּתְךָ מַלְכוּת כָּל־עֹלָמִים, וּמֶמְשַׁלְתְּךָ בְּכָל־דּוֹר וָדֹר: סוֹמֵךְ יהוה
לְכָל־הַנֹּפְלִים, וְזוֹקֵף לְכָל־הַכְּפוּפִים: עֵינֵי־כֹל אֵלֶיךָ יְשַׂבֵּרוּ, וְאַתָּה נוֹתֵן־
לָהֶם אֶת־אָכְלָם בְּעִתּוֹ: פּוֹתֵחַ אֶת־יָדֶךָ, וּמַשְׂבִּיעַ לְכָל־חַי רָצוֹן: צַדִּיק
יהוה בְּכָל־דְּרָכָיו, וְחָסִיד בְּכָל־מַעֲשָׂיו: קָרוֹב יהוה לְכָל־קֹרְאָיו, לְכֹל
אֲשֶׁר יִקְרָאֻהוּ בֶאֱמֶת: רְצוֹן־יְרֵאָיו יַעֲשֶׂה, וְאֶת־שַׁוְעָתָם יִשְׁמַע, וְיוֹשִׁיעֵם:
שׁוֹמֵר יהוה אֶת־כָּל־אֹהֲבָיו, וְאֵת כָּל־הָרְשָׁעִים יַשְׁמִיד: ‹ תְּהִלַּת יהוה
תהלים קטו יְדַבֶּר פִּי, וִיבָרֵךְ כָּל־בָּשָׂר שֵׁם קָדְשׁוֹ לְעוֹלָם וָעֶד: וַאֲנַחְנוּ נְבָרֵךְ יָהּ
מֵעַתָּה וְעַד־עוֹלָם, הַלְלוּיָהּ:

הכנסת ספר תורה

פותחים את ארון הקודש, והקהל עומד על רגליו. שליח הציבור נוטל את ספר התורה ואומר:

תהלים קמח **יְהַלְלוּ אֶת־שֵׁם יהוה, כִּי־נִשְׂגָּב שְׁמוֹ, לְבַדּוֹ**

הקהל אומר:

הוֹדוֹ עַל־אֶרֶץ וְשָׁמָיִם:
וַיָּרֶם קֶרֶן לְעַמּוֹ
תְּהִלָּה לְכָל־חֲסִידָיו
לִבְנֵי יִשְׂרָאֵל עַם קְרֹבוֹ, הַלְלוּיָהּ:

מלווים את ספר התורה לארון הקודש באמירת מזמור זה על מתן תורה (טור, רפד):

מִזְמוֹר לְדָוִד, הָבוּ לַיהוה בְּנֵי אֵלִים, הָבוּ לַיהוה כָּבוֹד וָעֹז: הָבוּ תהלים כט
לַיהוה כְּבוֹד שְׁמוֹ, הִשְׁתַּחֲווּ לַיהוה בְּהַדְרַת־קֹדֶשׁ: קוֹל יהוה עַל־
הַמָּיִם, אֵל־הַכָּבוֹד הִרְעִים, יהוה עַל־מַיִם רַבִּים: קוֹל־יהוה בַּכֹּחַ,
קוֹל יהוה בֶּהָדָר: קוֹל יהוה שֹׁבֵר אֲרָזִים, וַיְשַׁבֵּר יהוה אֶת־אַרְזֵי
הַלְּבָנוֹן: וַיַּרְקִידֵם כְּמוֹ־עֵגֶל, לְבָנוֹן וְשִׂרְיוֹן כְּמוֹ בֶן־רְאֵמִים: קוֹל־
יהוה חֹצֵב לַהֲבוֹת אֵשׁ: קוֹל יהוה יָחִיל מִדְבָּר, יָחִיל יהוה מִדְבַּר
קָדֵשׁ: קוֹל יהוה יְחוֹלֵל אַיָּלוֹת וַיֶּחֱשֹׂף יְעָרוֹת, וּבְהֵיכָלוֹ, כֻּלּוֹ אֹמֵר
כָּבוֹד: יהוה לַמַּבּוּל יָשָׁב, וַיֵּשֶׁב יהוה מֶלֶךְ לְעוֹלָם: יהוה עֹז לְעַמּוֹ
יִתֵּן, יהוה יְבָרֵךְ אֶת־עַמּוֹ בַשָּׁלוֹם:

ביום טוב שאינו חל בשבת, אומרים (סידור השל״ה):

לְדָוִד מִזְמוֹר, לַיהוה הָאָרֶץ וּמְלוֹאָהּ, תֵּבֵל וְיֹשְׁבֵי בָהּ: כִּי־הוּא עַל־יַמִּים תהלים כד
יְסָדָהּ, וְעַל־נְהָרוֹת יְכוֹנְנֶהָ: מִי־יַעֲלֶה בְהַר־יהוה, וּמִי־יָקוּם בִּמְקוֹם קָדְשׁוֹ:
נְקִי כַפַּיִם וּבַר־לֵבָב, אֲשֶׁר לֹא־נָשָׂא לַשָּׁוְא נַפְשִׁי וְלֹא נִשְׁבַּע לְמִרְמָה: יִשָּׂא
בְרָכָה מֵאֵת יהוה, וּצְדָקָה מֵאֱלֹהֵי יִשְׁעוֹ: זֶה דּוֹר דֹּרְשָׁו, מְבַקְשֵׁי פָנֶיךָ,
יַעֲקֹב, סֶלָה: שְׂאוּ שְׁעָרִים רָאשֵׁיכֶם, וְהִנָּשְׂאוּ פִּתְחֵי עוֹלָם, וְיָבוֹא מֶלֶךְ
הַכָּבוֹד: מִי זֶה מֶלֶךְ הַכָּבוֹד, יהוה עִזּוּז וְגִבּוֹר, יהוה גִּבּוֹר מִלְחָמָה: שְׂאוּ
שְׁעָרִים רָאשֵׁיכֶם, וּשְׂאוּ פִּתְחֵי עוֹלָם, וְיָבֹא מֶלֶךְ הַכָּבוֹד: מִי הוּא זֶה מֶלֶךְ
הַכָּבוֹד, יהוה צְבָאוֹת הוּא מֶלֶךְ הַכָּבוֹד, סֶלָה:

מכניסים את ספר התורה לארון הקודש ואומרים (ספר המחכים, סידור ׳מלאה הארץ דעה׳):

וּבְנֻחֹה יֹאמַר, שׁוּבָה יהוה רִבְבוֹת אַלְפֵי יִשְׂרָאֵל: קוּמָה יהוה במדבר י / תהלים קלב
לִמְנוּחָתֶךָ, אַתָּה וַאֲרוֹן עֻזֶּךָ: כֹּהֲנֶיךָ יִלְבְּשׁוּ־צֶדֶק, וַחֲסִידֶיךָ יְרַנֵּנוּ:
בַּעֲבוּר דָּוִד עַבְדֶּךָ אַל־תָּשֵׁב פְּנֵי מְשִׁיחֶךָ: כִּי לֶקַח טוֹב נָתַתִּי משלי ד
לָכֶם, תּוֹרָתִי אַל־תַּעֲזֹבוּ: ‹ עֵץ־חַיִּים הִיא לַמַּחֲזִיקִים בָּהּ, וְתֹמְכֶיהָ משלי ג
מְאֻשָּׁר: דְּרָכֶיהָ דַרְכֵי־נֹעַם וְכָל־נְתִיבֹתֶיהָ שָׁלוֹם: הֲשִׁיבֵנוּ יהוה איכה ה
אֵלֶיךָ וְנָשׁוּבָ, חַדֵּשׁ יָמֵינוּ כְּקֶדֶם:

סוגרים את ארון הקודש.

חצי קדיש

ש״ץ: יִתְגַּדַּל וְיִתְקַדַּשׁ שְׁמֵהּ רַבָּא (קהל: אָמֵן)
בְּעָלְמָא דִּי בְרָא כִרְעוּתֵהּ
וְיַמְלִיךְ מַלְכוּתֵהּ
בְּחַיֵּיכוֹן וּבְיוֹמֵיכוֹן וּבְחַיֵּי דְכָל בֵּית יִשְׂרָאֵל
בַּעֲגָלָא וּבִזְמַן קָרִיב, וְאִמְרוּ אָמֵן. (קהל: אָמֵן)

קהל וש״ץ: יְהֵא שְׁמֵהּ רַבָּא מְבָרַךְ לְעָלַם וּלְעָלְמֵי עָלְמַיָּא.

ש״ץ: יִתְבָּרַךְ וְיִשְׁתַּבַּח וְיִתְפָּאַר וְיִתְרוֹמַם וְיִתְנַשֵּׂא
וְיִתְהַדָּר וְיִתְעַלֶּה וְיִתְהַלָּל
שְׁמֵהּ דְּקֻדְשָׁא בְּרִיךְ הוּא (קהל: בְּרִיךְ הוּא)
לְעֵלָּא מִן כָּל בִּרְכָתָא / בשבת שובה: לְעֵלָּא לְעֵלָּא מִכָּל בִּרְכָתָא/
וְשִׁירָתָא, תֻּשְׁבְּחָתָא וְנֶחֱמָתָא
דַּאֲמִירָן בְּעָלְמָא, וְאִמְרוּ אָמֵן. (קהל: אָמֵן)

מוסף לשבת

ביום טוב ובשבת חול המועד מתפללים תפילת מוסף לשלוש רגלים (עמ׳ 404).

עמידה

״המתפלל צריך שיכוין בלבו פירוש המלות שמוציא בשפתיו; ויחשוב כאלו שכינה כנגדו ויסיר כל המחשבות הטורדות אותו עד שתשאר מחשבתו וכוונתו זכה בתפלתו״ (שו״ע צח, א).

פוסע שלוש פסיעות לפנים כמי שנכנס לפני המלך.
עומד ומתפלל בלחש מכאן ועד ׳וּכְשָׁנִים קַדְמֹנִיּוֹת׳ בעמ׳ 261.
כורע במקומות המסומנים ב׳, קד לפנים במילה הבאה וזוקף בשם.

דברים לב כִּי שֵׁם יהוה אֶקְרָא, הָבוּ גֹדֶל לֵאלֹהֵינוּ:
תהלים נא אֲדֹנָי, שְׂפָתַי תִּפְתָּח, וּפִי יַגִּיד תְּהִלָּתֶךָ:

אבות

׳בָּרוּךְ אַתָּה יהוה, אֱלֹהֵינוּ וֵאלֹהֵי אֲבוֹתֵינוּ
אֱלֹהֵי אַבְרָהָם, אֱלֹהֵי יִצְחָק, וֵאלֹהֵי יַעֲקֹב
הָאֵל הַגָּדוֹל הַגִּבּוֹר וְהַנּוֹרָא, אֵל עֶלְיוֹן

גּוֹמֵל חֲסָדִים טוֹבִים, וְקוֹנֵה הַכֹּל
וְזוֹכֵר חַסְדֵי אָבוֹת
וּמֵבִיא גוֹאֵל לִבְנֵי בְנֵיהֶם לְמַעַן שְׁמוֹ בְּאַהֲבָה.

בשבת שובה: זָכְרֵנוּ לְחַיִּים, מֶלֶךְ חָפֵץ בַּחַיִּים
וְכָתְבֵנוּ בְּסֵפֶר הַחַיִּים, לְמַעַנְךָ אֱלֹהִים חַיִּים.

מֶלֶךְ עוֹזֵר וּמוֹשִׁיעַ וּמָגֵן.
'בָּרוּךְ אַתָּה יהוה, מָגֵן אַבְרָהָם.

גבורות

אַתָּה גִּבּוֹר לְעוֹלָם, אֲדֹנָי
מְחַיֵּה מֵתִים אַתָּה, רַב לְהוֹשִׁיעַ

אומרים 'מַשִּׁיב הָרוּחַ וּמוֹרִיד הַגָּשֶׁם' משמיני עצרת עד יום טוב ראשון של פסח, ו'מוֹרִיד הַטָּל' מחול המועד פסח ועד הושענא רבה. ראה הלכה 94–99.

בחורף: מַשִּׁיב הָרוּחַ וּמוֹרִיד הַגֶּשֶׁם / בקיץ: מוֹרִיד הַטָּל

מְכַלְכֵּל חַיִּים בְּחֶסֶד, מְחַיֵּה מֵתִים בְּרַחֲמִים רַבִּים
סוֹמֵךְ נוֹפְלִים, וְרוֹפֵא חוֹלִים, וּמַתִּיר אֲסוּרִים
וּמְקַיֵּם אֱמוּנָתוֹ לִישֵׁנֵי עָפָר.
מִי כָמוֹךָ, בַּעַל גְּבוּרוֹת
וּמִי דּוֹמֶה לָּךְ
מֶלֶךְ, מֵמִית וּמְחַיֶּה וּמַצְמִיחַ יְשׁוּעָה.

בשבת שובה: מִי כָמוֹךָ אַב הָרַחֲמִים
זוֹכֵר יְצוּרָיו לְחַיִּים בְּרַחֲמִים.

וְנֶאֱמָן אַתָּה לְהַחֲיוֹת מֵתִים.
בָּרוּךְ אַתָּה יהוה, מְחַיֵּה הַמֵּתִים.

בתפילת לחש ממשיך ׳אַתָּה קָדוֹשׁ׳ בעמוד הבא.

קדושה

בחזרת הש״ץ הקהל עומד ואומר קדושה.
במקומות המסומנים ב°, המתפלל מתרומם על קצות אצבעותיו.

קהל ואחריו שליח הציבור (ראה הלכה 113):

נַעֲרִיצְךָ וְנַקְדִּישְׁךָ כְּסוֹד שִׂיחַ שַׂרְפֵי קֹדֶשׁ, הַמַּקְדִּישִׁים שִׁמְךָ בַּקֹּדֶשׁ
כַּכָּתוּב עַל יַד נְבִיאֶךָ: וְקָרָא זֶה אֶל־זֶה וְאָמַר ישעיה ו

קהל ואחריו שליח הציבור:

°קָדוֹשׁ, °קָדוֹשׁ, °קָדוֹשׁ, יהוה צְבָאוֹת, מְלֹא כָל הָאָרֶץ כְּבוֹדוֹ:
כְּבוֹדוֹ מָלֵא עוֹלָם, מְשָׁרְתָיו שׁוֹאֲלִים זֶה לָזֶה, אַיֵּה מְקוֹם כְּבוֹדוֹ
לְעֻמָּתָם בָּרוּךְ יֹאמֵרוּ

קהל ואחריו שליח הציבור:

°בָּרוּךְ כְּבוֹד־יהוה מִמְּקוֹמוֹ: יחזקאל ג
מִמְּקוֹמוֹ הוּא יִפֶן בְּרַחֲמִים, וְיָחֹן עַם הַמְיַחֲדִים שְׁמוֹ
עֶרֶב וָבֹקֶר בְּכָל יוֹם תָּמִיד, פַּעֲמַיִם בְּאַהֲבָה שְׁמַע אוֹמְרִים

קהל ואחריו שליח הציבור:

שְׁמַע יִשְׂרָאֵל, יהוה אֱלֹהֵינוּ, יהוה אֶחָד: דברים ו
הוּא אֱלֹהֵינוּ, הוּא אָבִינוּ, הוּא מַלְכֵּנוּ, הוּא מוֹשִׁיעֵנוּ
וְהוּא יַשְׁמִיעֵנוּ בְּרַחֲמָיו שֵׁנִית לְעֵינֵי כָּל חָי
לִהְיוֹת לָכֶם לֵאלֹהִים, אֲנִי יהוה אֱלֹהֵיכֶם: במדבר טו

שליח הציבור:

וּבְדִבְרֵי קָדְשְׁךָ כָּתוּב לֵאמֹר

קהל ואחריו שליח הציבור:

°יִמְלֹךְ יהוה לְעוֹלָם, אֱלֹהַיִךְ צִיּוֹן לְדֹר וָדֹר, הַלְלוּיָהּ: תהלים קמו

שליח הציבור:

לְדוֹר וָדוֹר נַגִּיד גָּדְלֶךָ, וּלְנֵצַח נְצָחִים קְדֻשָּׁתְךָ נַקְדִּישׁ
וְשִׁבְחֲךָ אֱלֹהֵינוּ מִפִּינוּ לֹא יָמוּשׁ לְעוֹלָם וָעֶד
כִּי אֵל מֶלֶךְ גָּדוֹל וְקָדוֹשׁ אָתָּה.
בָּרוּךְ אַתָּה יהוה, הָאֵל הַקָּדוֹשׁ./ בשבת שובה: הַמֶּלֶךְ הַקָּדוֹשׁ./

שליח הציבור ממשיך ׳תִּכַּנְתָּ שַׁבָּת׳ ובשבת ראש חודש ממשיך ׳אַתָּה יָצַרְתָּ׳, שניהם בעמוד הבא.

קדושת השם

אַתָּה קָדוֹשׁ וְשִׁמְךָ קָדוֹשׁ, וּקְדוֹשִׁים בְּכָל יוֹם יְהַלְלוּךָ סֶּלָה.
בָּרוּךְ אַתָּה יהוה, הָאֵל הַקָּדוֹשׁ. / בשבת שובה: הַמֶּלֶךְ הַקָּדוֹשׁ./

אם שכח, חוזר לראש התפילה.

במוסף תיקנו לומר 'תִּכַּנְתָּ שַׁבָּת' כנגד מצוות השבת שניתנו במרה (מחזור ויטרי, קלט).
בשבת ראש חודש אומרים 'אַתָּה יָצַרְתָּ' (מתחת לקו).

קדושת היום

תִּכַּנְתָּ שַׁבָּת, רָצִיתָ קָרְבְּנוֹתֶיהָ
צִוִּיתָ פֵּרוּשֶׁיהָ עִם סִדּוּרֵי נְסָכֶיהָ
מְעַנְּגֶיהָ לְעוֹלָם כָּבוֹד יִנְחָלוּ, טוֹעֲמֶיהָ חַיִּים זָכוּ
וְגַם הָאוֹהֲבִים דְּבָרֶיהָ גְּדֻלָּה בָּחָרוּ.
אָז מִסִּינַי נִצְטַוּוּ עָלֶיהָ
וַתְּצַוֵּנוּ יהוה אֱלֹהֵינוּ לְהַקְרִיב בָּהּ קָרְבַּן מוּסַף שַׁבָּת כָּרָאוּי.

יְהִי רָצוֹן מִלְּפָנֶיךָ, יהוה אֱלֹהֵינוּ וֵאלֹהֵי אֲבוֹתֵינוּ
שֶׁתַּעֲלֵנוּ בְשִׂמְחָה לְאַרְצֵנוּ וְתִטָּעֵנוּ בִּגְבוּלֵנוּ
וְשָׁם נַעֲשֶׂה לְפָנֶיךָ אֶת קָרְבְּנוֹת חוֹבוֹתֵינוּ
תְּמִידִים כְּסִדְרָם וּמוּסָפִים כְּהִלְכָתָם.

בשבת ראש חודש:

אַתָּה יָצַרְתָּ עוֹלָמְךָ מִקֶּדֶם, כִּלִּיתָ מְלַאכְתְּךָ בַּיּוֹם הַשְּׁבִיעִי
אָהַבְתָּ אוֹתָנוּ וְרָצִיתָ בָּנוּ, וְרוֹמַמְתָּנוּ מִכָּל הַלְּשׁוֹנוֹת
וְקִדַּשְׁתָּנוּ בְּמִצְוֹתֶיךָ, וְקֵרַבְתָּנוּ מַלְכֵּנוּ לַעֲבוֹדָתֶךָ
וְשִׁמְךָ הַגָּדוֹל וְהַקָּדוֹשׁ עָלֵינוּ קָרָאתָ.
וַתִּתֶּן לָנוּ יהוה אֱלֹהֵינוּ בְּאַהֲבָה, שַׁבָּתוֹת לִמְנוּחָה וְרָאשֵׁי חֳדָשִׁים לְכַפָּרָה.
וּלְפִי שֶׁחָטָאנוּ לְפָנֶיךָ אֲנַחְנוּ וַאֲבוֹתֵינוּ
חָרְבָה עִירֵנוּ, וְשָׁמֵם בֵּית מִקְדָּשֵׁנוּ, וְגָלָה יְקָרֵנוּ, וְנִטַּל כָּבוֹד מִבֵּית חַיֵּינוּ
וְאֵין אֲנַחְנוּ יְכוֹלִים לַעֲשׂוֹת חוֹבוֹתֵינוּ בְּבֵית בְּחִירָתֶךָ
בַּבַּיִת הַגָּדוֹל וְהַקָּדוֹשׁ שֶׁנִּקְרָא שִׁמְךָ עָלָיו, מִפְּנֵי הַיָּד שֶׁנִּשְׁתַּלְּחָה בְּמִקְדָּשֶׁךָ.

וממשיך מתחת לקו בעמוד הבא.

וְאֶת מוּסַף יוֹם הַשַּׁבָּת הַזֶּה
נַעֲשֶׂה וְנַקְרִיב לְפָנֶיךָ בְּאַהֲבָה כְּמִצְוַת רְצוֹנֶךָ
כְּמוֹ שֶׁכָּתַבְתָּ עָלֵינוּ בְּתוֹרָתֶךָ
עַל יְדֵי מֹשֶׁה עַבְדֶּךָ מִפִּי כְבוֹדֶךָ
כָּאָמוּר
במדבר כח וּבְיוֹם הַשַּׁבָּת שְׁנֵי־כְבָשִׂים בְּנֵי־שָׁנָה תְּמִימִם
וּשְׁנֵי עֶשְׂרֹנִים סֹלֶת מִנְחָה בְּלוּלָה בַשֶּׁמֶן וְנִסְכּוֹ:
עֹלַת שַׁבַּת בְּשַׁבַּתּוֹ, עַל־עֹלַת הַתָּמִיד וְנִסְכָּהּ:

יִשְׂמְחוּ בְמַלְכוּתְךָ שׁוֹמְרֵי שַׁבָּת וְקוֹרְאֵי עֹנֶג
עַם מְקַדְּשֵׁי שְׁבִיעִי
כֻּלָּם יִשְׂבְּעוּ וְיִתְעַנְּגוּ מִטּוּבֶךָ
וּבַשְּׁבִיעִי רָצִיתָ בּוֹ וְקִדַּשְׁתּוֹ
חֶמְדַּת יָמִים אוֹתוֹ קָרָאתָ, זֵכֶר לְמַעֲשֵׂה בְרֵאשִׁית.

יְהִי רָצוֹן מִלְּפָנֶיךָ, יהוה אֱלֹהֵינוּ וֵאלֹהֵי אֲבוֹתֵינוּ
שֶׁתַּעֲלֵנוּ בְשִׂמְחָה לְאַרְצֵנוּ וְתִטָּעֵנוּ בִּגְבוּלֵנוּ
וְשָׁם נַעֲשֶׂה לְפָנֶיךָ אֶת קָרְבְּנוֹת חוֹבוֹתֵינוּ
תְּמִידִים כְּסִדְרָם וּמוּסָפִים כְּהִלְכָתָם.
וְאֶת מוּסְפֵי יוֹם הַשַּׁבָּת הַזֶּה וְיוֹם רֹאשׁ הַחֹדֶשׁ הַזֶּה
נַעֲשֶׂה וְנַקְרִיב לְפָנֶיךָ בְּאַהֲבָה כְּמִצְוַת רְצוֹנֶךָ
כְּמוֹ שֶׁכָּתַבְתָּ עָלֵינוּ בְּתוֹרָתֶךָ עַל יְדֵי מֹשֶׁה עַבְדֶּךָ מִפִּי כְבוֹדֶךָ
כָּאָמוּר
במדבר כח וּבְיוֹם הַשַּׁבָּת שְׁנֵי־כְבָשִׂים בְּנֵי־שָׁנָה תְּמִימִם,
וּשְׁנֵי עֶשְׂרֹנִים סֹלֶת מִנְחָה בְּלוּלָה בַשֶּׁמֶן וְנִסְכּוֹ:
עֹלַת שַׁבַּת בְּשַׁבַּתּוֹ, עַל־עֹלַת הַתָּמִיד וְנִסְכָּהּ:

וממשיך מתחת לקו בעמוד הבא.

אֱלֹהֵינוּ וֵאלֹהֵי אֲבוֹתֵינוּ, רְצֵה בִמְנוּחָתֵנוּ
קַדְּשֵׁנוּ בְּמִצְוֹתֶיךָ וְתֵן חֶלְקֵנוּ בְּתוֹרָתֶךָ
שַׂבְּעֵנוּ מִטּוּבֶךָ, וְשַׂמְּחֵנוּ בִּישׁוּעָתֶךָ
וְטַהֵר לִבֵּנוּ לְעָבְדְּךָ בֶּאֱמֶת
וְהַנְחִילֵנוּ יהוה אֱלֹהֵינוּ בְּאַהֲבָה וּבְרָצוֹן שַׁבַּת קָדְשֶׁךָ
וְיָנוּחוּ בוֹ יִשְׂרָאֵל מְקַדְּשֵׁי שְׁמֶךָ.
בָּרוּךְ אַתָּה יהוה, מְקַדֵּשׁ הַשַּׁבָּת.

במדבר כח וּבְרָאשֵׁי חָדְשֵׁיכֶם תַּקְרִיבוּ עֹלָה לַיהוה
פָּרִים בְּנֵי־בָקָר שְׁנַיִם, וְאַיִל אֶחָד
כְּבָשִׂים בְּנֵי־שָׁנָה שִׁבְעָה, תְּמִימִם:
וּמִנְחָתָם וְנִסְכֵּיהֶם כִּמְדֻבָּר
שְׁלֹשָׁה עֶשְׂרֹנִים לַפָּר, וּשְׁנֵי עֶשְׂרֹנִים לָאָיִל
וְעִשָּׂרוֹן לַכֶּבֶשׂ, וְיַיִן כְּנִסְכּוֹ, וְשָׂעִיר לְכַפֵּר
וּשְׁנֵי תְמִידִים כְּהִלְכָתָם.

יִשְׂמְחוּ בְמַלְכוּתְךָ שׁוֹמְרֵי שַׁבָּת וְקוֹרְאֵי עֹנֶג
עַם מְקַדְּשֵׁי שְׁבִיעִי
כֻּלָּם יִשְׂבְּעוּ וְיִתְעַנְּגוּ מִטּוּבֶךָ
וּבַשְּׁבִיעִי רָצִיתָ בּוֹ וְקִדַּשְׁתּוֹ
חֶמְדַּת יָמִים אוֹתוֹ קָרָאתָ, זֵכֶר לְמַעֲשֵׂה בְרֵאשִׁית.

אֱלֹהֵינוּ וֵאלֹהֵי אֲבוֹתֵינוּ, רְצֵה בִמְנוּחָתֵנוּ, וְחַדֵּשׁ עָלֵינוּ בְּיוֹם הַשַּׁבָּת הַזֶּה אֶת הַחֹדֶשׁ הַזֶּה, לְטוֹבָה וְלִבְרָכָה, לְשָׂשׂוֹן וּלְשִׂמְחָה, לִישׁוּעָה וּלְנֶחָמָה, לְפַרְנָסָה וּלְכַלְכָּלָה, לְחַיִּים וּלְשָׁלוֹם, לִמְחִילַת חֵטְא וְלִסְלִיחַת עָוֹן (בשנת העיבור, בחודשי החורף, מוסיף (ראה הלכה 295): וּלְכַפָּרַת פָּשַׁע), כִּי בְעַמְּךָ יִשְׂרָאֵל בָּחַרְתָּ מִכָּל הָאֻמּוֹת, וְשַׁבַּת קָדְשְׁךָ לָהֶם הוֹדָעְתָּ וְחֻקֵּי רָאשֵׁי חֳדָשִׁים לָהֶם קָבָעְתָּ. בָּרוּךְ אַתָּה יהוה, מְקַדֵּשׁ הַשַּׁבָּת וְיִשְׂרָאֵל וְרָאשֵׁי חֳדָשִׁים.

וממשיך 'רְצֵה' בעמוד הבא.

עבודה

רְצֵה יהוה אֱלֹהֵינוּ בְּעַמְּךָ יִשְׂרָאֵל וּבִתְפִלָּתָם
וְהָשֵׁב אֶת הָעֲבוֹדָה לִדְבִיר בֵּיתֶךָ
וְאִשֵּׁי יִשְׂרָאֵל וּתְפִלָּתָם בְּאַהֲבָה תְקַבֵּל בְּרָצוֹן
וּתְהִי לְרָצוֹן תָּמִיד עֲבוֹדַת יִשְׂרָאֵל עַמֶּךָ.
וְתֶחֱזֶינָה עֵינֵינוּ בְּשׁוּבְךָ לְצִיּוֹן בְּרַחֲמִים.
בָּרוּךְ אַתָּה יהוה, הַמַּחֲזִיר שְׁכִינָתוֹ לְצִיּוֹן.

הודאה

כורע ב׳מודים׳ ואינו זוקף עד אמירת השם.

*מוֹדִים אֲנַחְנוּ לָךְ
שָׁאַתָּה הוּא יהוה אֱלֹהֵינוּ
וֵאלֹהֵי אֲבוֹתֵינוּ לְעוֹלָם וָעֶד.
צוּר חַיֵּינוּ, מָגֵן יִשְׁעֵנוּ
אַתָּה הוּא לְדוֹר וָדוֹר.
נוֹדֶה לְּךָ וּנְסַפֵּר תְּהִלָּתֶךָ
עַל חַיֵּינוּ הַמְּסוּרִים בְּיָדֶךָ
וְעַל נִשְׁמוֹתֵינוּ הַפְּקוּדוֹת לָךְ
וְעַל נִסֶּיךָ שֶׁבְּכָל יוֹם עִמָּנוּ
וְעַל נִפְלְאוֹתֶיךָ וְטוֹבוֹתֶיךָ
שֶׁבְּכָל עֵת
עֶרֶב וָבֹקֶר וְצָהֳרָיִם.
הַטּוֹב, כִּי לֹא כָלוּ רַחֲמֶיךָ
וְהַמְרַחֵם, כִּי לֹא תַמּוּ חֲסָדֶיךָ
מֵעוֹלָם קִוִּינוּ לָךְ.

כששליח הציבור אומר ׳מודים׳, הקהל אומר בלחש:

*מוֹדִים אֲנַחְנוּ לָךְ
שָׁאַתָּה הוּא יהוה אֱלֹהֵינוּ
וֵאלֹהֵי אֲבוֹתֵינוּ
אֱלֹהֵי כָל בָּשָׂר
יוֹצְרֵנוּ, יוֹצֵר בְּרֵאשִׁית.
בְּרָכוֹת וְהוֹדָאוֹת
לְשִׁמְךָ הַגָּדוֹל וְהַקָּדוֹשׁ
עַל שֶׁהֶחֱיִיתָנוּ וְקִיַּמְתָּנוּ.
כֵּן תְּחַיֵּנוּ וּתְקַיְּמֵנוּ
וְתֶאֱסֹף גָּלֻיּוֹתֵינוּ
לְחַצְרוֹת קָדְשֶׁךָ
לִשְׁמֹר חֻקֶּיךָ
וְלַעֲשׂוֹת רְצוֹנֶךָ
וּלְעָבְדְּךָ בְּלֵבָב שָׁלֵם
עַל שֶׁאֲנַחְנוּ מוֹדִים לָךְ.
בָּרוּךְ אֵל הַהוֹדָאוֹת.

בחנוכה:

עַל הַנִּסִּים וְעַל הַפֻּרְקָן וְעַל הַגְּבוּרוֹת וְעַל הַתְּשׁוּעוֹת וְעַל הַמִּלְחָמוֹת שֶׁעָשִׂיתָ לַאֲבוֹתֵינוּ בַּיָּמִים הָהֵם בַּזְּמַן הַזֶּה.

בִּימֵי מַתִּתְיָהוּ בֶּן יוֹחָנָן כֹּהֵן גָּדוֹל חַשְׁמוֹנַאי וּבָנָיו, כְּשֶׁעָמְדָה מַלְכוּת יָוָן הָרְשָׁעָה עַל עַמְּךָ יִשְׂרָאֵל לְהַשְׁכִּיחָם תּוֹרָתֶךָ וּלְהַעֲבִירָם מֵחֻקֵּי רְצוֹנֶךָ, וְאַתָּה בְּרַחֲמֶיךָ הָרַבִּים עָמַדְתָּ לָהֶם בְּעֵת צָרָתָם, רַבְתָּ אֶת רִיבָם, דַּנְתָּ אֶת דִּינָם, נָקַמְתָּ אֶת נִקְמָתָם, מָסַרְתָּ גִבּוֹרִים בְּיַד חַלָּשִׁים, וְרַבִּים בְּיַד מְעַטִּים, וּטְמֵאִים בְּיַד טְהוֹרִים, וּרְשָׁעִים בְּיַד צַדִּיקִים, וְזֵדִים בְּיַד עוֹסְקֵי תוֹרָתֶךָ, וּלְךָ עָשִׂיתָ שֵׁם גָּדוֹל וְקָדוֹשׁ בְּעוֹלָמֶךָ, וּלְעַמְּךָ יִשְׂרָאֵל עָשִׂיתָ תְּשׁוּעָה גְדוֹלָה וּפֻרְקָן כְּהַיּוֹם הַזֶּה. וְאַחַר כֵּן בָּאוּ בָנֶיךָ לִדְבִיר בֵּיתֶךָ, וּפִנּוּ אֶת הֵיכָלֶךָ, וְטִהֲרוּ אֶת מִקְדָּשֶׁךָ, וְהִדְלִיקוּ נֵרוֹת בְּחַצְרוֹת קָדְשֶׁךָ, וְקָבְעוּ שְׁמוֹנַת יְמֵי חֲנֻכָּה אֵלּוּ, לְהוֹדוֹת וּלְהַלֵּל לְשִׁמְךָ הַגָּדוֹל.

וממשיך ׳וְעַל כֻּלָּם׳.

בשושן פורים בירושלים:

עַל הַנִּסִּים וְעַל הַפֻּרְקָן וְעַל הַגְּבוּרוֹת וְעַל הַתְּשׁוּעוֹת וְעַל הַמִּלְחָמוֹת שֶׁעָשִׂיתָ לַאֲבוֹתֵינוּ בַּיָּמִים הָהֵם בַּזְּמַן הַזֶּה.

בִּימֵי מָרְדְּכַי וְאֶסְתֵּר בְּשׁוּשַׁן הַבִּירָה, כְּשֶׁעָמַד עֲלֵיהֶם הָמָן הָרָשָׁע, בִּקֵּשׁ
לְהַשְׁמִיד לַהֲרֹג וּלְאַבֵּד אֶת־כָּל־הַיְּהוּדִים מִנַּעַר וְעַד־זָקֵן טַף וְנָשִׁים בְּיוֹם אסתר ג
אֶחָד, בִּשְׁלוֹשָׁה עָשָׂר לְחֹדֶשׁ שְׁנֵים־עָשָׂר, הוּא־חֹדֶשׁ אֲדָר, וּשְׁלָלָם
לָבוֹז: וְאַתָּה בְּרַחֲמֶיךָ הָרַבִּים הֵפַרְתָּ אֶת עֲצָתוֹ, וְקִלְקַלְתָּ אֶת מַחֲשַׁבְתּוֹ,
וַהֲשֵׁבוֹתָ לּוֹ גְּמוּלוֹ בְּרֹאשׁוֹ, וְתָלוּ אוֹתוֹ וְאֶת בָּנָיו עַל הָעֵץ.

וממשיך ׳וְעַל כֻּלָּם׳.

וְעַל כֻּלָּם יִתְבָּרַךְ וְיִתְרוֹמַם שִׁמְךָ מַלְכֵּנוּ תָּמִיד לְעוֹלָם וָעֶד.

בשבת שובה: וּכְתֹב לְחַיִּים טוֹבִים כָּל בְּנֵי בְרִיתֶךָ.

וְכֹל הַחַיִּים יוֹדוּךָ סֶּלָה, וִיהַלְלוּ אֶת שִׁמְךָ בֶּאֱמֶת הָאֵל יְשׁוּעָתֵנוּ וְעֶזְרָתֵנוּ סֶלָה.

׳בָּרוּךְ אַתָּה יהוה, הַטּוֹב שִׁמְךָ וּלְךָ נָאֶה לְהוֹדוֹת.

אם יותר מכוהן אחד עולה לדוכן, הגבאי קורא (ראה הלכה 124):

כֹּהֲנִים

הכוהנים מברכים: בָּרוּךְ אַתָּה יהוה אֱלֹהֵינוּ מֶלֶךְ הָעוֹלָם, אֲשֶׁר קִדְּשָׁנוּ בִּקְדֻשָּׁתוֹ שֶׁל אַהֲרֹן, וְצִוָּנוּ לְבָרֵךְ אֶת עַמּוֹ יִשְׂרָאֵל בְּאַהֲבָה.

השׁ״ץ מקריא מילה במילה, והכוהנים אחריו:

במדבר ו יְבָרֶכְךָ יהוה וְיִשְׁמְרֶךָ: קהל: אָמֵן

יָאֵר יהוה פָּנָיו אֵלֶיךָ וִיחֻנֶּךָּ: קהל: אָמֵן

יִשָּׂא יהוה פָּנָיו אֵלֶיךָ וְיָשֵׂם לְךָ שָׁלוֹם: קהל: אָמֵן

שליח הציבור ממשיך ׳שִׂים שָׁלוֹם׳.

הכוהנים אומרים:

רִבּוֹנוֹ שֶׁל עוֹלָם, עָשִׂינוּ מַה שֶּׁגָּזַרְתָּ עָלֵינוּ, אַף אַתָּה
דברים כו עֲשֵׂה עִמָּנוּ כְּמוֹ שֶׁהִבְטַחְתָּנוּ. הַשְׁקִיפָה מִמְּעוֹן
קָדְשְׁךָ מִן־הַשָּׁמַיִם, וּבָרֵךְ אֶת־עַמְּךָ אֶת־יִשְׂרָאֵל, וְאֵת
הָאֲדָמָה אֲשֶׁר נָתַתָּה לָנוּ, כַּאֲשֶׁר נִשְׁבַּעְתָּ לַאֲבֹתֵינוּ,
אֶרֶץ זָבַת חָלָב וּדְבָשׁ:

הקהל אומר:

אַדִּיר בַּמָּרוֹם שׁוֹכֵן בִּגְבוּרָה, אַתָּה שָׁלוֹם וְשִׁמְךָ שָׁלוֹם. יְהִי רָצוֹן שֶׁתָּשִׂים עָלֵינוּ וְעַל כָּל עַמְּךָ בֵּית יִשְׂרָאֵל חַיִּים וּבְרָכָה לְמִשְׁמֶרֶת שָׁלוֹם.

אם אין כוהנים העולים לדוכן, שליח הציבור אומר:

אֱלֹהֵינוּ וֵאלֹהֵי אֲבוֹתֵינוּ, בָּרְכֵנוּ בַּבְּרָכָה הַמְשֻׁלֶּשֶׁת בַּתּוֹרָה, הַכְּתוּבָה עַל יְדֵי מֹשֶׁה עַבְדֶּךָ, הָאֲמוּרָה מִפִּי אַהֲרֹן וּבָנָיו כֹּהֲנִים עַם קְדוֹשֶׁיךָ, כָּאָמוּר

במדבר ו יְבָרֶכְךָ יהוה וְיִשְׁמְרֶךָ: קהל: כֵּן יְהִי רָצוֹן

יָאֵר יהוה פָּנָיו אֵלֶיךָ וִיחֻנֶּךָּ: קהל: כֵּן יְהִי רָצוֹן

יִשָּׂא יהוה פָּנָיו אֵלֶיךָ וְיָשֵׂם לְךָ שָׁלוֹם: קהל: כֵּן יְהִי רָצוֹן

שלום

שִׂים שָׁלוֹם טוֹבָה וּבְרָכָה
חֵן וָחֶסֶד וְרַחֲמִים עָלֵינוּ וְעַל כָּל יִשְׂרָאֵל עַמֶּךָ.
בָּרְכֵנוּ אָבִינוּ כֻּלָּנוּ כְּאֶחָד בְּאוֹר פָּנֶיךָ
כִּי בְאוֹר פָּנֶיךָ נָתַתָּ לָּנוּ, יהוה אֱלֹהֵינוּ
תּוֹרַת חַיִּים וְאַהֲבַת חֶסֶד
וּצְדָקָה וּבְרָכָה וְרַחֲמִים וְחַיִּים וְשָׁלוֹם.

וְטוֹב בְּעֵינֶיךָ לְבָרֵךְ אֶת עַמְּךָ יִשְׂרָאֵל
בְּכָל עֵת וּבְכָל שָׁעָה בִּשְׁלוֹמֶךָ.

בשבת שובה: בְּסֵפֶר חַיִּים, בְּרָכָה וְשָׁלוֹם, וּפַרְנָסָה טוֹבָה, נִזָּכֵר וְנִכָּתֵב לְפָנֶיךָ
אֲנַחְנוּ וְכָל עַמְּךָ בֵּית יִשְׂרָאֵל, לְחַיִּים טוֹבִים וּלְשָׁלוֹם.
בני חוץ לארץ מסיימים: בָּרוּךְ אַתָּה יהוה, עוֹשֵׂה הַשָּׁלוֹם.

בָּרוּךְ אַתָּה יהוה, הַמְבָרֵךְ אֶת עַמּוֹ יִשְׂרָאֵל בַּשָּׁלוֹם.

שליח הציבור מסיים באמירת הפסוק הבא בלחש.
ויש הנוהגים לאומרו גם בסוף תפילת לחש של יחיד. ראה הלכה 103.
יִהְיוּ לְרָצוֹן אִמְרֵי־פִי וְהֶגְיוֹן לִבִּי לְפָנֶיךָ, יהוה צוּרִי וְגֹאֲלִי: תהלים יט

אֱלֹהַי ברכות יז.
נְצֹר לְשׁוֹנִי מֵרָע וּשְׂפָתַי מִדַּבֵּר מִרְמָה
וְלִמְקַלְלַי נַפְשִׁי תִדֹּם, וְנַפְשִׁי כֶּעָפָר לַכֹּל תִּהְיֶה.
פְּתַח לִבִּי בְּתוֹרָתֶךָ, וּבְמִצְוֹתֶיךָ תִּרְדֹּף נַפְשִׁי.
וְכָל הַחוֹשְׁבִים עָלַי רָעָה
מְהֵרָה הָפֵר עֲצָתָם וְקַלְקֵל מַחֲשַׁבְתָּם.
עֲשֵׂה לְמַעַן שְׁמֶךָ, עֲשֵׂה לְמַעַן יְמִינֶךָ
עֲשֵׂה לְמַעַן קְדֻשָּׁתֶךָ, עֲשֵׂה לְמַעַן תּוֹרָתֶךָ.
לְמַעַן יֵחָלְצוּן יְדִידֶיךָ, הוֹשִׁיעָה יְמִינְךָ וַעֲנֵנִי: תהלים ס
יִהְיוּ לְרָצוֹן אִמְרֵי־פִי וְהֶגְיוֹן לִבִּי לְפָנֶיךָ, יהוה צוּרִי וְגֹאֲלִי: תהלים יט
כורע ופוסע שלוש פסיעות לאחור. קד לשמאל, לימין ולפנים באמירת:
עֹשֶׂה שָׁלוֹם/ בשבת שובה: הַשָּׁלוֹם/ בִּמְרוֹמָיו
הוּא יַעֲשֶׂה שָׁלוֹם עָלֵינוּ וְעַל כָּל יִשְׂרָאֵל, וְאִמְרוּ אָמֵן.

יְהִי רָצוֹן מִלְּפָנֶיךָ יהוה אֱלֹהֵינוּ וֵאלֹהֵי אֲבוֹתֵינוּ
שֶׁיִּבָּנֶה בֵּית הַמִּקְדָּשׁ בִּמְהֵרָה בְיָמֵינוּ, וְתֵן חֶלְקֵנוּ בְּתוֹרָתֶךָ
וְשָׁם נַעֲבָדְךָ בְּיִרְאָה כִּימֵי עוֹלָם וּכְשָׁנִים קַדְמֹנִיּוֹת.
וְעָרְבָה לַיהוה מִנְחַת יְהוּדָה וִירוּשָׁלָםִ כִּימֵי עוֹלָם וּכְשָׁנִים קַדְמֹנִיּוֹת: מלאכי ג

קדיש שלם

ש״ץ: יִתְגַּדַּל וְיִתְקַדַּשׁ שְׁמֵהּ רַבָּא (קהל: אָמֵן)
בְּעָלְמָא דִּי בְרָא כִרְעוּתֵהּ
וְיַמְלִיךְ מַלְכוּתֵהּ
בְּחַיֵּיכוֹן וּבְיוֹמֵיכוֹן וּבְחַיֵּי דְכָל בֵּית יִשְׂרָאֵל
בַּעֲגָלָא וּבִזְמַן קָרִיב
וְאִמְרוּ אָמֵן. (קהל: אָמֵן)

קהל וש״ץ: יְהֵא שְׁמֵהּ רַבָּא מְבָרַךְ לְעָלַם וּלְעָלְמֵי עָלְמַיָּא.

ש״ץ: יִתְבָּרַךְ וְיִשְׁתַּבַּח וְיִתְפָּאַר
וְיִתְרוֹמַם וְיִתְנַשֵּׂא וְיִתְהַדָּר וְיִתְעַלֶּה וְיִתְהַלָּל
שְׁמֵהּ דְּקֻדְשָׁא בְּרִיךְ הוּא (קהל: בְּרִיךְ הוּא)
לְעֵלָּא מִן כָּל בִּרְכָתָא
/בשבת שובה: לְעֵלָּא לְעֵלָּא מִכָּל בִּרְכָתָא/
וְשִׁירָתָא, תֻּשְׁבְּחָתָא וְנֶחֱמָתָא
דַּאֲמִירָן בְּעָלְמָא
וְאִמְרוּ אָמֵן. (קהל: אָמֵן)

תִּתְקַבַּל צְלוֹתְהוֹן וּבָעוּתְהוֹן דְּכָל יִשְׂרָאֵל
קֳדָם אֲבוּהוֹן דִּי בִשְׁמַיָּא
וְאִמְרוּ אָמֵן. (קהל: אָמֵן)

יְהֵא שְׁלָמָא רַבָּא מִן שְׁמַיָּא
וְחַיִּים, עָלֵינוּ וְעַל כָּל יִשְׂרָאֵל
וְאִמְרוּ אָמֵן. (קהל: אָמֵן)

כורע ופוסע שלוש פסיעות לאחור. קד לשמאל, לימין ולפנים באמירת:
עֹשֶׂה שָׁלוֹם/ בשבת שובה: הַשָּׁלוֹם/ בִּמְרוֹמָיו
הוּא יַעֲשֶׂה שָׁלוֹם עָלֵינוּ וְעַל כָּל יִשְׂרָאֵל
וְאִמְרוּ אָמֵן. (קהל: אָמֵן)

יש האומרים פסוקים אלה, כבנוסח ספרד.

קַוֵּה אֶל־יהוה, חֲזַק וְיַאֲמֵץ לִבֶּךָ, וְקַוֵּה אֶל־יהוה: אֵין־קָדוֹשׁ כַּיהוה, כִּי־אֵין בִּלְתֶּךָ, תהלים כז שמואל א׳ ב
וְאֵין צוּר כֵּאלֹהֵינוּ: כִּי מִי אֱלוֹהַּ מִבַּלְעֲדֵי יהוה, וּמִי צוּר זוּלָתִי אֱלֹהֵינוּ: תהלים יח

פתיחה לסדר הקטורת מסדר רב עמרם גאון.

אֵין כֵּאלֹהֵינוּ, אֵין כַּאדוֹנֵינוּ, אֵין כְּמַלְכֵּנוּ, אֵין כְּמוֹשִׁיעֵנוּ.
מִי כֵאלֹהֵינוּ, מִי כַאדוֹנֵינוּ, מִי כְמַלְכֵּנוּ, מִי כְמוֹשִׁיעֵנוּ.
נוֹדֶה לֵאלֹהֵינוּ, נוֹדֶה לַאדוֹנֵינוּ, נוֹדֶה לְמַלְכֵּנוּ, נוֹדֶה לְמוֹשִׁיעֵנוּ.
בָּרוּךְ אֱלֹהֵינוּ, בָּרוּךְ אֲדוֹנֵינוּ, בָּרוּךְ מַלְכֵּנוּ, בָּרוּךְ מוֹשִׁיעֵנוּ.
אַתָּה הוּא אֱלֹהֵינוּ, אַתָּה הוּא אֲדוֹנֵינוּ
אַתָּה הוּא מַלְכֵּנוּ, אַתָּה הוּא מוֹשִׁיעֵנוּ.
אַתָּה הוּא שֶׁהִקְטִירוּ אֲבוֹתֵינוּ לְפָנֶיךָ אֶת קְטֹרֶת הַסַּמִּים.

פִּטּוּם הַקְּטֹרֶת. הַצֳּרִי, וְהַצִּפֹּרֶן, וְהַחֶלְבְּנָה, וְהַלְּבוֹנָה מִשְׁקַל שִׁבְעִים שִׁבְעִים מָנֶה, מֹר, וּקְצִיעָה, שִׁבֹּלֶת נֵרְדְּ, וְכַרְכֹּם מִשְׁקַל שִׁשָּׁה עָשָׂר שִׁשָּׁה עָשָׂר מָנֶה, הַקֹּשְׁטְ שְׁנֵים עָשָׂר, קִלּוּפָה שְׁלֹשָׁה, וְקִנָּמוֹן תִּשְׁעָה, בֹּרִית כַּרְשִׁינָה תִּשְׁעָה קַבִּין, יֵין קַפְרִיסִין סְאִין תְּלָת וְקַבִּין תְּלָתָא וְאִם אֵין לוֹ יֵין קַפְרִיסִין, מֵבִיא חֲמַר חִוַּרְיָן עַתִּיק. מֶלַח סְדוֹמִית רֹבַע, מַעֲלֶה עָשָׁן כָּל שֶׁהוּא. רַבִּי נָתָן הַבַּבְלִי אוֹמֵר: אַף כִּפַּת הַיַּרְדֵּן כָּל שֶׁהוּא, וְאִם נָתַן בָּהּ דְּבַשׁ פְּסָלָהּ, וְאִם חִסֵּר אֶחָד מִכָּל סַמָּנֶיהָ, חַיָּב מִיתָה. כריתות ו.

רַבָּן שִׁמְעוֹן בֶּן גַּמְלִיאֵל אוֹמֵר: הַצֳּרִי אֵינוֹ אֶלָּא שְׂרָף הַנּוֹטֵף מֵעֲצֵי הַקְּטָף. בֹּרִית כַּרְשִׁינָה שֶׁשָּׁפִין בָּהּ אֶת הַצִּפֹּרֶן כְּדֵי שֶׁתְּהֵא נָאָה, יֵין קַפְרִיסִין שֶׁשּׁוֹרִין בּוֹ אֶת הַצִּפֹּרֶן כְּדֵי שֶׁתְּהֵא עַזָּה, וַהֲלֹא מֵי רַגְלַיִם יָפִין לָהּ, אֶלָּא שֶׁאֵין מַכְנִיסִין מֵי רַגְלַיִם בַּמִּקְדָּשׁ מִפְּנֵי הַכָּבוֹד.

הַשִּׁיר שֶׁהַלְוִיִּם הָיוּ אוֹמְרִים בְּבֵית הַמִּקְדָּשׁ: משנה תמיד ז
בַּיּוֹם הָרִאשׁוֹן הָיוּ אוֹמְרִים, לַיהוה הָאָרֶץ וּמְלוֹאָהּ, תֵּבֵל וְיֹשְׁבֵי בָהּ: תהלים כד
בַּשֵּׁנִי הָיוּ אוֹמְרִים, גָּדוֹל יהוה וּמְהֻלָּל מְאֹד, בְּעִיר אֱלֹהֵינוּ הַר־קָדְשׁוֹ: תהלים מח
בַּשְּׁלִישִׁי הָיוּ אוֹמְרִים, אֱלֹהִים נִצָּב בַּעֲדַת־אֵל, בְּקֶרֶב אֱלֹהִים יִשְׁפֹּט: תהלים פב
בָּרְבִיעִי הָיוּ אוֹמְרִים, אֵל־נְקָמוֹת יהוה, אֵל נְקָמוֹת הוֹפִיעַ: תהלים צד
בַּחֲמִישִׁי הָיוּ אוֹמְרִים, הַרְנִינוּ לֵאלֹהִים עוּזֵּנוּ, הָרִיעוּ לֵאלֹהֵי יַעֲקֹב: תהלים פא

תהלים צג בְּשִׁשִּׁי הָיוּ אוֹמְרִים, יהוה מָלָךְ גֵּאוּת לָבֵשׁ, לָבֵשׁ יהוה עֹז הִתְאַזָּר
אַף־תִּכּוֹן תֵּבֵל בַּל־תִּמּוֹט:
תהלים צב בְּשַׁבָּת הָיוּ אוֹמְרִים, מִזְמוֹר שִׁיר לְיוֹם הַשַּׁבָּת: מִזְמוֹר שִׁיר לֶעָתִיד לָבוֹא
לְיוֹם שֶׁכֻּלּוֹ שַׁבָּת וּמְנוּחָה לְחַיֵּי הָעוֹלָמִים.

מגילה כח: תָּנָא דְבֵי אֵלִיָּהוּ: כָּל הַשּׁוֹנֶה הֲלָכוֹת בְּכָל יוֹם, מֻבְטָח לוֹ שֶׁהוּא בֶּן עוֹלָם
חבקוק ג הַבָּא, שֶׁנֶּאֱמַר, הֲלִיכוֹת עוֹלָם לוֹ: אַל תִּקְרֵי הֲלִיכוֹת אֶלָּא הֲלָכוֹת.

ברכות סד. אָמַר רַבִּי אֶלְעָזָר, אָמַר רַבִּי חֲנִינָא: תַּלְמִידֵי חֲכָמִים מַרְבִּים שָׁלוֹם בָּעוֹלָם,
ישעיה נד שֶׁנֶּאֱמַר, וְכָל־בָּנַיִךְ לִמּוּדֵי יהוה, וְרַב שְׁלוֹם בָּנָיִךְ: אַל תִּקְרֵי בָּנָיִךְ, אֶלָּא
תהלים קיט תהלים קכב בּוֹנָיִךְ. שָׁלוֹם רָב לְאֹהֲבֵי תוֹרָתֶךָ, וְאֵין־לָמוֹ מִכְשׁוֹל: יְהִי־שָׁלוֹם בְּחֵילֵךְ,
שַׁלְוָה בְּאַרְמְנוֹתָיִךְ: לְמַעַן אַחַי וְרֵעָי אֲדַבְּרָה־נָּא שָׁלוֹם בָּךְ: לְמַעַן בֵּית־יהוה
תהלים כט אֱלֹהֵינוּ אֲבַקְשָׁה טוֹב לָךְ: › יהוה עֹז לְעַמּוֹ יִתֵּן, יהוה יְבָרֵךְ אֶת־עַמּוֹ בַשָּׁלוֹם:

קדיש דרבנן

אבל: יִתְגַּדַּל וְיִתְקַדַּשׁ שְׁמֵהּ רַבָּא (קהל: אָמֵן)
בְּעָלְמָא דִּי בְרָא כִרְעוּתֵהּ
וְיַמְלִיךְ מַלְכוּתֵהּ
בְּחַיֵּיכוֹן וּבְיוֹמֵיכוֹן וּבְחַיֵּי דְכָל בֵּית יִשְׂרָאֵל
בַּעֲגָלָא וּבִזְמַן קָרִיב
וְאִמְרוּ אָמֵן. (קהל: אָמֵן)

קהל ואבל: יְהֵא שְׁמֵהּ רַבָּא מְבָרַךְ לְעָלַם וּלְעָלְמֵי עָלְמַיָּא.

אבל: יִתְבָּרַךְ וְיִשְׁתַּבַּח וְיִתְפָּאַר וְיִתְרוֹמַם וְיִתְנַשֵּׂא
וְיִתְהַדָּר וְיִתְעַלֶּה וְיִתְהַלָּל
שְׁמֵהּ דְּקֻדְשָׁא בְּרִיךְ הוּא (קהל: בְּרִיךְ הוּא)
לְעֵלָּא מִן כָּל בִּרְכָתָא /בשבת שובה: לְעֵלָּא לְעֵלָּא מִכָּל בִּרְכָתָא/
וְשִׁירָתָא, תֻּשְׁבְּחָתָא וְנֶחֱמָתָא
דַּאֲמִירָן בְּעָלְמָא
וְאִמְרוּ אָמֵן. (קהל: אָמֵן)

עַל יִשְׂרָאֵל וְעַל רַבָּנָן
וְעַל תַּלְמִידֵיהוֹן וְעַל כָּל תַּלְמִידֵי תַלְמִידֵיהוֹן
וְעַל כָּל מָאן דְּעָסְקִין בְּאוֹרַיְתָא
דִּי בְּאַתְרָא קַדִּישָׁא הָדֵין, וְדִי בְּכָל אֲתַר וַאֲתַר
יְהֵא לְהוֹן וּלְכוֹן שְׁלָמָא רַבָּא
חִנָּא וְחִסְדָּא, וְרַחֲמֵי, וְחַיֵּי אֲרִיכֵי, וּמְזוֹנֵי רְוִיחֵי
וּפֻרְקָנָא מִן קֳדָם אֲבוּהוֹן דִּי בִשְׁמַיָּא
וְאִמְרוּ אָמֵן. (קהל: אָמֵן)

יְהֵא שְׁלָמָא רַבָּא מִן שְׁמַיָּא
וְחַיִּים (טוֹבִים) עָלֵינוּ וְעַל כָּל יִשְׂרָאֵל
וְאִמְרוּ אָמֵן. (קהל: אָמֵן)

כורע ופוסע שלוש פסיעות לאחור. קד לשמאל, לימין ולפנים באמירת:
עֹשֶׂה שָׁלוֹם/ בשבת שובה: הַשָּׁלוֹם/ בִּמְרוֹמָיו
הוּא יַעֲשֶׂה בְרַחֲמָיו שָׁלוֹם, עָלֵינוּ וְעַל כָּל יִשְׂרָאֵל
וְאִמְרוּ אָמֵן. (קהל: אָמֵן)

אומרים 'עָלֵינוּ' בעמידה ומשתחווים במקום המסומן ב־*.
עָלֵינוּ לְשַׁבֵּחַ לַאֲדוֹן הַכֹּל, לָתֵת גְּדֻלָּה לְיוֹצֵר בְּרֵאשִׁית
שֶׁלֹּא עָשָׂנוּ כְּגוֹיֵי הָאֲרָצוֹת, וְלֹא שָׂמָנוּ כְּמִשְׁפְּחוֹת הָאֲדָמָה
שֶׁלֹּא שָׂם חֶלְקֵנוּ כָּהֶם וְגוֹרָלֵנוּ כְּכָל הֲמוֹנָם.
שֶׁהֵם מִשְׁתַּחֲוִים לְהֶבֶל וָרִיק וּמִתְפַּלְּלִים אֶל אֵל לֹא יוֹשִׁיעַ.
*וַאֲנַחְנוּ כּוֹרְעִים וּמִשְׁתַּחֲוִים וּמוֹדִים
לִפְנֵי מֶלֶךְ מַלְכֵי הַמְּלָכִים, הַקָּדוֹשׁ בָּרוּךְ הוּא
שֶׁהוּא נוֹטֶה שָׁמַיִם וְיוֹסֵד אָרֶץ
וּמוֹשַׁב יְקָרוֹ בַּשָּׁמַיִם מִמַּעַל
וּשְׁכִינַת עֻזּוֹ בְּגָבְהֵי מְרוֹמִים.

הוּא אֱלֹהֵינוּ, אֵין עוֹד.
אֱמֶת מַלְכֵּנוּ, אֶפֶס זוּלָתוֹ, כַּכָּתוּב בְּתוֹרָתוֹ
דברים ד וְיָדַעְתָּ הַיּוֹם וַהֲשֵׁבֹתָ אֶל־לְבָבֶךָ
כִּי יהוה הוּא הָאֱלֹהִים בַּשָּׁמַיִם מִמַּעַל וְעַל־הָאָרֶץ מִתָּחַת
אֵין עוֹד:

עַל כֵּן נְקַוֶּה לְּךָ יהוה אֱלֹהֵינוּ, לִרְאוֹת מְהֵרָה בְּתִפְאֶרֶת עֻזֶּךָ
לְהַעֲבִיר גִּלּוּלִים מִן הָאָרֶץ, וְהָאֱלִילִים כָּרוֹת יִכָּרֵתוּן
לְתַקֵּן עוֹלָם בְּמַלְכוּת שַׁדַּי.
וְכָל בְּנֵי בָשָׂר יִקְרְאוּ בִשְׁמֶךָ לְהַפְנוֹת אֵלֶיךָ כָּל רִשְׁעֵי אָרֶץ.
יַכִּירוּ וְיֵדְעוּ כָּל יוֹשְׁבֵי תֵבֵל
כִּי לְךָ תִּכְרַע כָּל בֶּרֶךְ, תִּשָּׁבַע כָּל לָשׁוֹן.
לְפָנֶיךָ יהוה אֱלֹהֵינוּ יִכְרְעוּ וְיִפֹּלוּ, וְלִכְבוֹד שִׁמְךָ יְקָר יִתֵּנוּ
וִיקַבְּלוּ כֻלָּם אֶת עֹל מַלְכוּתֶךָ
וְתִמְלֹךְ עֲלֵיהֶם מְהֵרָה לְעוֹלָם וָעֶד.
כִּי הַמַּלְכוּת שֶׁלְּךָ הִיא וּלְעוֹלְמֵי עַד תִּמְלֹךְ בְּכָבוֹד
שמות טו כַּכָּתוּב בְּתוֹרָתֶךָ, יהוה יִמְלֹךְ לְעֹלָם וָעֶד:
◄זכריה יד וְנֶאֱמַר, וְהָיָה יהוה לְמֶלֶךְ עַל־כָּל־הָאָרֶץ
בַּיּוֹם הַהוּא יִהְיֶה יהוה אֶחָד וּשְׁמוֹ אֶחָד:

יש מוסיפים:

משלי ג אַל־תִּירָא מִפַּחַד פִּתְאֹם וּמִשֹּׁאַת רְשָׁעִים כִּי תָבֹא:
ישעיה ח עֻצוּ עֵצָה וְתֻפָר, דַּבְּרוּ דָבָר וְלֹא יָקוּם, כִּי עִמָּנוּ אֵל:
ישעיה מו וְעַד־זִקְנָה אֲנִי הוּא, וְעַד־שֵׂיבָה אֲנִי אֶסְבֹּל
אֲנִי עָשִׂיתִי וַאֲנִי אֶשָּׂא וַאֲנִי אֶסְבֹּל וַאֲמַלֵּט:

קדיש יתום

אבל: **יִתְגַּדַּל וְיִתְקַדַּשׁ שְׁמֵהּ רַבָּא** (קהל: אָמֵן)

בְּעָלְמָא דִּי בְרָא כִרְעוּתֵהּ

וְיַמְלִיךְ מַלְכוּתֵהּ

בְּחַיֵּיכוֹן וּבְיוֹמֵיכוֹן וּבְחַיֵּי דְכָל בֵּית יִשְׂרָאֵל

בַּעֲגָלָא וּבִזְמַן קָרִיב

וְאִמְרוּ אָמֵן. (קהל: אָמֵן)

קהל ואבל: **יְהֵא שְׁמֵהּ רַבָּא מְבָרַךְ לְעָלַם וּלְעָלְמֵי עָלְמַיָּא.**

אבל: **יִתְבָּרַךְ וְיִשְׁתַּבַּח וְיִתְפָּאַר וְיִתְרוֹמַם וְיִתְנַשֵּׂא**

וְיִתְהַדָּר וְיִתְעַלֶּה וְיִתְהַלָּל

שְׁמֵהּ דְּקֻדְשָׁא בְּרִיךְ הוּא (קהל: בְּרִיךְ הוּא)

לְעֵלָּא מִן כָּל בִּרְכָתָא

/בשבת שובה: **לְעֵלָּא לְעֵלָּא מִכָּל בִּרְכָתָא**/

וְשִׁירָתָא, תֻּשְׁבְּחָתָא וְנֶחֱמָתָא

דַּאֲמִירָן בְּעָלְמָא

וְאִמְרוּ אָמֵן. (קהל: אָמֵן)

יְהֵא שְׁלָמָא רַבָּא מִן שְׁמַיָּא

וְחַיִּים, עָלֵינוּ וְעַל כָּל יִשְׂרָאֵל

וְאִמְרוּ אָמֵן. (קהל: אָמֵן)

כורע ופוסע שלוש פסיעות לאחור. קד לשמאל, לימין ולפנים באמירת:

עֹשֶׂה שָׁלוֹם/בשבת שובה: **הַשָּׁלוֹם**/ **בִּמְרוֹמָיו**

הוּא יַעֲשֶׂה שָׁלוֹם עָלֵינוּ וְעַל כָּל יִשְׂרָאֵל

וְאִמְרוּ אָמֵן. (קהל: אָמֵן)

ביום טוב שאינו חל בשבת, ברוב הקהילות אומרים את השיר המתאים לאותו היום (עמ׳ 88–91), ויש האומרים שיר של יום כמנהג הגר״א, ראה במדריך להלכות תפילה.
בשבת שחל בה ראש חודש, אחרי שיר של יום אומרים קדיש יתום, ׳בָּרְכִי נַפְשִׁי׳ (עמ׳ 92) ושוב קדיש יתום, והנוהגים כדעת הגר״א אומרים רק ׳בָּרְכִי נַפְשִׁי׳.

הַיּוֹם יוֹם שַׁבַּת קֹדֶשׁ, שֶׁבּוֹ הָיוּ הַלְוִיִּם אוֹמְרִים בְּבֵית הַמִּקְדָּשׁ:

תהלים צב מִזְמוֹר שִׁיר לְיוֹם הַשַּׁבָּת: טוֹב לְהֹדוֹת לַיהוה, וּלְזַמֵּר לְשִׁמְךָ עֶלְיוֹן:
לְהַגִּיד בַּבֹּקֶר חַסְדֶּךָ, וֶאֱמוּנָתְךָ בַּלֵּילוֹת: עֲלֵי־עָשׂוֹר וַעֲלֵי־נָבֶל,
עֲלֵי הִגָּיוֹן בְּכִנּוֹר: כִּי שִׂמַּחְתַּנִי יהוה בְּפָעֳלֶךָ, בְּמַעֲשֵׂי יָדֶיךָ אֲרַנֵּן:
מַה־גָּדְלוּ מַעֲשֶׂיךָ יהוה, מְאֹד עָמְקוּ מַחְשְׁבֹתֶיךָ: אִישׁ־בַּעַר לֹא
יֵדָע, וּכְסִיל לֹא־יָבִין אֶת־זֹאת: בִּפְרֹחַ רְשָׁעִים כְּמוֹ־עֵשֶׂב, וַיָּצִיצוּ
כָּל־פֹּעֲלֵי אָוֶן, לְהִשָּׁמְדָם עֲדֵי־עַד: וְאַתָּה מָרוֹם לְעֹלָם יהוה: כִּי
הִנֵּה אֹיְבֶיךָ יהוה, כִּי־הִנֵּה אֹיְבֶיךָ יֹאבֵדוּ, יִתְפָּרְדוּ כָּל־פֹּעֲלֵי אָוֶן:
וַתָּרֶם כִּרְאֵים קַרְנִי, בַּלֹּתִי בְּשֶׁמֶן רַעֲנָן: וַתַּבֵּט עֵינִי בְּשׁוּרָי, בַּקָּמִים
עָלַי מְרֵעִים תִּשְׁמַעְנָה אָזְנָי: צַדִּיק כַּתָּמָר יִפְרָח, כְּאֶרֶז בַּלְּבָנוֹן
יִשְׂגֶּה: שְׁתוּלִים בְּבֵית יהוה, בְּחַצְרוֹת אֱלֹהֵינוּ יַפְרִיחוּ: › עוֹד
יְנוּבוּן בְּשֵׂיבָה, דְּשֵׁנִים וְרַעֲנַנִּים יִהְיוּ: לְהַגִּיד כִּי־יָשָׁר יהוה, צוּרִי,
וְלֹא־עַוְלָתָה בּוֹ:

קדיש יתום (בעמוד הקודם)

ברוב הקהילות נוהגים להוסיף את המזמור ׳לְדָוִד ה׳ אוֹרִי וְיִשְׁעִי׳ מר״ח אלול ועד הושענא רבה.

תהלים כז לְדָוִד, יהוה אוֹרִי וְיִשְׁעִי, מִמִּי אִירָא, יהוה מָעוֹז־חַיַּי, מִמִּי אֶפְחָד:
בִּקְרֹב עָלַי מְרֵעִים לֶאֱכֹל אֶת־בְּשָׂרִי, צָרַי וְאֹיְבַי לִי, הֵמָּה כָשְׁלוּ
וְנָפָלוּ: אִם־תַּחֲנֶה עָלַי מַחֲנֶה, לֹא־יִירָא לִבִּי, אִם־תָּקוּם עָלַי
מִלְחָמָה, בְּזֹאת אֲנִי בוֹטֵחַ: אַחַת שָׁאַלְתִּי מֵאֵת־יהוה, אוֹתָהּ
אֲבַקֵּשׁ, שִׁבְתִּי בְּבֵית־יהוה כָּל־יְמֵי חַיַּי, לַחֲזוֹת בְּנֹעַם־יהוה, וּלְבַקֵּר
בְּהֵיכָלוֹ: כִּי יִצְפְּנֵנִי בְּסֻכֹּה בְּיוֹם רָעָה, יַסְתִּרֵנִי בְּסֵתֶר אָהֳלוֹ, בְּצוּר
יְרוֹמְמֵנִי: וְעַתָּה יָרוּם רֹאשִׁי עַל אֹיְבַי סְבִיבוֹתַי, וְאֶזְבְּחָה בְאָהֳלוֹ
זִבְחֵי תְרוּעָה, אָשִׁירָה וַאֲזַמְּרָה לַיהוה: שְׁמַע־יהוה קוֹלִי אֶקְרָא,

וְחָנֵּנִי וַעֲנֵנִי: לְךָ אָמַר לִבִּי בַּקְּשׁוּ פָנָי, אֶת־פָּנֶיךָ יהוה אֲבַקֵּשׁ: אַל־תַּסְתֵּר פָּנֶיךָ מִמֶּנִּי, אַל תַּט־בְּאַף עַבְדֶּךָ, עֶזְרָתִי הָיִיתָ, אַל־תִּטְּשֵׁנִי וְאַל־תַּעַזְבֵנִי, אֱלֹהֵי יִשְׁעִי: כִּי־אָבִי וְאִמִּי עֲזָבוּנִי, וַיהוה יַאַסְפֵנִי: הוֹרֵנִי יהוה דַּרְכֶּךָ, וּנְחֵנִי בְּאֹרַח מִישׁוֹר, לְמַעַן שׁוֹרְרָי: אַל־תִּתְּנֵנִי בְּנֶפֶשׁ צָרָי, כִּי קָמוּ־בִי עֵדֵי־שֶׁקֶר, וִיפֵחַ חָמָס: ◂ לוּלֵא הֶאֱמַנְתִּי לִרְאוֹת בְּטוּב־יהוה בְּאֶרֶץ חַיִּים: קַוֵּה אֶל־יהוה, חֲזַק וְיַאֲמֵץ לִבֶּךָ, וְקַוֵּה אֶל־יהוה:

קדיש יתום (עמ׳ 267)

שיר הכבוד

פיוט זה נכתב במקורו לליל יום הכיפורים (מהרי״ל). היו שהסתייגו ממנו,
מפני החשש שהדימויים שבו קרובים מדיי להגשמה (מהרש״ל).
אך ברוב הקהילות נוהגים לאומרו בכל שבת ויום טוב בסוף התפילה (לבוש, קלג).

פותחים את ארון הקודש, והקהל עומד.

ש״ץ: אַנְעִים זְמִירוֹת וְשִׁירִים אֶאֱרֹג, כִּי אֵלֶיךָ נַפְשִׁי תַעֲרֹג.
קהל: נַפְשִׁי חִמְּדָה בְּצֵל יָדֶךָ, לָדַעַת כָּל רָז סוֹדֶךָ.

ש״ץ: מִדֵּי דַבְּרִי בִּכְבוֹדֶךָ, הוֹמֶה לִבִּי אֶל דּוֹדֶיךָ.
קהל: עַל כֵּן אֲדַבֵּר בְּךָ נִכְבָּדוֹת, וְשִׁמְךָ אֲכַבֵּד בְּשִׁירֵי יְדִידוֹת.

ש״ץ: אֲסַפְּרָה כְבוֹדְךָ וְלֹא רְאִיתִיךָ, אֲדַמְּךָ אֲכַנְּךָ וְלֹא יְדַעְתִּיךָ.
קהל: בְּיַד נְבִיאֶיךָ בְּסוֹד עֲבָדֶיךָ, דִּמִּיתָ הֲדַר כְּבוֹד הוֹדֶךָ.

ש״ץ: גְּדֻלָּתְךָ וּגְבוּרָתֶךָ, כִּנּוּ לְתֹקֶף פְּעֻלָּתֶךָ.
קהל: דִּמּוּ אוֹתְךָ וְלֹא כְּפִי יֶשְׁךָ, וַיְשַׁוּוּךָ לְפִי מַעֲשֶׂיךָ.

ש״ץ: הִמְשִׁילוּךָ בְּרֹב חֶזְיוֹנוֹת, הִנְּךָ אֶחָד בְּכָל דִּמְיוֹנוֹת.
קהל: וַיֶּחֱזוּ בְךָ זִקְנָה וּבַחֲרוּת, וּשְׂעַר רֹאשְׁךָ בְּשֵׂיבָה וְשַׁחֲרוּת.

ש״ץ: זִקְנָה בְּיוֹם דִּין וּבַחֲרוּת בְּיוֹם קְרָב, כְּאִישׁ מִלְחָמוֹת יָדָיו לוֹ רָב.
קהל: חָבַשׁ כּוֹבַע יְשׁוּעָה בְּרֹאשׁוֹ, הוֹשִׁיעָה לּוֹ יְמִינוֹ וּזְרוֹעַ קָדְשׁוֹ.

ש״ץ: טַלְלֵי אוֹרוֹת רֹאשׁוֹ נִמְלָא, קְוֻצּוֹתָיו רְסִיסֵי לָיְלָה.

קהל: יִתְפָּאֵר בִּי כִּי חָפֵץ בִּי, וְהוּא יִהְיֶה לִּי לַעֲטֶרֶת צְבִי.

ש״ץ: כֶּתֶם טָהוֹר פָּז דְּמוּת רֹאשׁוֹ, וְחַק עַל מֵצַח כְּבוֹד שֵׁם קָדְשׁוֹ.

קהל: לְחֵן וּלְכָבוֹד צְבִי תִפְאָרָה, אֻמָּתוֹ לוֹ עִטְּרָה עֲטָרָה.

ש״ץ: מַחְלְפוֹת רֹאשׁוֹ כְּבִימֵי בְחוּרוֹת, קְוֻצּוֹתָיו תַּלְתַּלִּים שְׁחוֹרוֹת.

קהל: נְוֵה הַצֶּדֶק צְבִי תִפְאַרְתּוֹ, יַעֲלֶה נָּא עַל רֹאשׁ שִׂמְחָתוֹ.

ש״ץ: סְגֻלָּתוֹ תְּהִי בְיָדוֹ עֲטֶרֶת, וּצְנִיף מְלוּכָה צְבִי תִפְאֶרֶת.

קהל: עֲמוּסִים נְשָׂאָם, עֲטֶרֶת עִנְּדָם, מֵאֲשֶׁר יָקְרוּ בְעֵינָיו כִּבְּדָם.

ש״ץ: פְּאֵרוֹ עָלַי וּפְאֵרִי עָלָיו, וְקָרוֹב אֵלַי בְּקָרְאִי אֵלָיו.

קהל: צַח וְאָדֹם לִלְבוּשׁוֹ אָדֹם, פּוּרָה בְדָרְכוֹ בְּבוֹאוֹ מֵאֱדוֹם.

ש״ץ: קֶשֶׁר תְּפִלִּין הֶרְאָה לֶעָנָו, תְּמוּנַת יהוה לְנֶגֶד עֵינָיו.

קהל: רוֹצֶה בְעַמּוֹ עֲנָוִים יְפָאֵר, יוֹשֵׁב תְּהִלּוֹת בָּם לְהִתְפָּאֵר.

ש״ץ: רֹאשׁ דְּבָרְךָ אֱמֶת קוֹרֵא מֵרֹאשׁ דּוֹר וָדוֹר, עַם דּוֹרֶשְׁךָ דְּרשׁ.

קהל: שִׁית הֲמוֹן שִׁירַי נָא עָלֶיךָ, וְרִנָּתִי תִּקְרַב אֵלֶיךָ.

ש״ץ: תְּהִלָּתִי תְּהִי לְרֹאשְׁךָ עֲטֶרֶת, וּתְפִלָּתִי תִּכּוֹן קְטֹרֶת.

קהל: תִּיקַר שִׁירַת רָשׁ בְּעֵינֶיךָ, כַּשִּׁיר יוּשַׁר עַל קָרְבָּנֶיךָ.

ש״ץ: בִּרְכָתִי תַעֲלֶה לְרֹאשׁ מַשְׁבִּיר, מְחוֹלֵל וּמוֹלִיד, צַדִּיק כַּבִּיר.

קהל: וּבְבִרְכָתִי תְנַעְנַע לִי רֹאשׁ, וְאוֹתָהּ קַח לְךָ כִּבְשָׂמִים רֹאשׁ.

ש״ץ: יֶעֱרַב נָא שִׂיחִי עָלֶיךָ, כִּי נַפְשִׁי תַעֲרֹג אֵלֶיךָ.

סוגרים את ארון הקודש.

דברי הימים א׳ כט לְךָ יהוה הַגְּדֻלָּה וְהַגְּבוּרָה וְהַתִּפְאֶרֶת וְהַנֵּצַח וְהַהוֹד, כִּי־כֹל בַּשָּׁמַיִם וּבָאָרֶץ,
לְךָ יהוה הַמַּמְלָכָה וְהַמִּתְנַשֵּׂא לְכֹל לְרֹאשׁ: › מִי יְמַלֵּל גְּבוּרוֹת יהוה, יַשְׁמִיעַ
תהלים קו כָּל־תְּהִלָּתוֹ:

קדיש יתום

אבל: יִתְגַּדַּל וְיִתְקַדַּשׁ שְׁמֵהּ רַבָּא (קהל: אָמֵן)
בְּעָלְמָא דִּי בְרָא כִרְעוּתֵהּ
וְיַמְלִיךְ מַלְכוּתֵהּ
בְּחַיֵּיכוֹן וּבְיוֹמֵיכוֹן וּבְחַיֵּי דְכָל בֵּית יִשְׂרָאֵל
בַּעֲגָלָא וּבִזְמַן קָרִיב
וְאִמְרוּ אָמֵן. (קהל: אָמֵן)

קהל ואבל: יְהֵא שְׁמֵהּ רַבָּא מְבָרַךְ לְעָלַם וּלְעָלְמֵי עָלְמַיָּא.

אבל: יִתְבָּרַךְ וְיִשְׁתַּבַּח וְיִתְפָּאַר וְיִתְרוֹמַם וְיִתְנַשֵּׂא
וְיִתְהַדָּר וְיִתְעַלֶּה וְיִתְהַלָּל
שְׁמֵהּ דְּקֻדְשָׁא בְּרִיךְ הוּא (קהל: בְּרִיךְ הוּא)
לְעֵלָּא מִן כָּל בִּרְכָתָא
/ בשבת שובה: לְעֵלָּא לְעֵלָּא מִכָּל בִּרְכָתָא/
וְשִׁירָתָא, תֻּשְׁבְּחָתָא וְנֶחֱמָתָא
דַּאֲמִירָן בְּעָלְמָא
וְאִמְרוּ אָמֵן. (קהל: אָמֵן)

יְהֵא שְׁלָמָא רַבָּא מִן שְׁמַיָּא
וְחַיִּים, עָלֵינוּ וְעַל כָּל יִשְׂרָאֵל
וְאִמְרוּ אָמֵן. (קהל: אָמֵן)

כורע ופוסע שלוש פסיעות לאחור.
קד לשמאל, לימין ולפנים באמירת:

עֹשֶׂה שָׁלוֹם/ בשבת שובה: הַשָּׁלוֹם/ בִּמְרוֹמָיו
הוּא יַעֲשֶׂה שָׁלוֹם עָלֵינוּ וְעַל כָּל יִשְׂרָאֵל
וְאִמְרוּ אָמֵן. (קהל: אָמֵן)

קידוש וזמירות ליום שבת

יש אומרים:

אַתְקִינוּ סְעוּדְתָא דִמְהֵימְנוּתָא שְׁלִימְתָא, חֶדְוְתָא דְמַלְכָּא קַדִּישָׁא. אַתְקִינוּ סְעוּדְתָא דְמַלְכָּא. דָּא הִיא סְעוּדְתָא דְעַתִּיקָא קַדִּישָׁא, וּזְעֵיר אַנְפִּין וַחֲקַל תַּפּוּחִין קַדִּישִׁין אָתַיִן לְסַעֲדָה בַּהֲדֵהּ.

זמר שחיבר האר״י לסעודת היום

אֲסַדֵּר לִסְעוּדְתָא בְּצַפְרָא דְשַׁבַּתָּא וְאַזְמִין בַּהּ הַשְׁתָּא עַתִּיקָא קַדִּישָׁא.
נְהוֹרֵהּ יִשְׁרֵי בַהּ בְּקִדּוּשָׁא רַבָּה וּבְחַמְרָא טָבָא דְּבֵהּ תֶּחְדֵּי נַפְשָׁא.
יְשַׁדַּר לַן שְׁפְרֵהּ וְנֶחֱזֵי בִיקָרֵהּ וְיַחֲזֵי לַן סִתְרֵהּ דְּמִתְאֲמַר בִּלְחִישָׁה.
יְגַלֶּה לַן טַעֲמֵי דְּבִתְרֵיסַר נַהֲמֵי דְּאִנּוּן אָת בִּשְׁמֵהּ כְּפִילָה וּקְלִישָׁא.
צְרוֹרָא דִלְעֵלָּא דְּבֵהּ חַיֵּי כֹלָּא וְיִתְרַבֵּי חֵילָא וְתִסַּק עַד רֵישָׁא.
חֲדוּ חַצְדֵי חַקְלָא בְּדִבּוּר וּבְקָלָא וּמַלְּלוּ מִלָּה מְתִיקָא כְּדֻבְשָׁא.
קֳדָם רִבּוֹן עָלְמִין בְּמִלִּין סְתִימִין תְּגַלּוּן פִּתְגָּמִין וְתֵימְרוּן חִדּוּשָׁא.
לְעַטֵּר פָּתוֹרָא בְּרָזָא יַקִּירָא עֲמִיקָא וּטְמִירָא וְלָאו מִלְּתָא אֱוָשָׁא.
וְאִלֵּין מִלַּיָּא יְהוֹן לִרְקִיעַיָּא וְתַמָּן יִשְׁתַּכְּחוּן... חַדְתִּין וּשְׁמַיָּא בְּכֵן הַהוּא שִׁמְשָׁא.
רְבוּ יַתִּיר יִסְגֵּי לְעֵלָּא מִן דַּרְגֵּהּ וְיִסַּב בַּת זוּגֵהּ דַּהֲוָת פְּרִישָׁא.

חַי יהוה וּבָרוּךְ צוּרִי, בַּיהוה תִּתְהַלֵּל נַפְשִׁי, כִּי יהוה יָאִיר נֵרִי, בְּהִלּוֹ נֵרוֹ עֲלֵי רֹאשִׁי.
יהוה רוֹעִי לֹא אֶחְסָר, עַל מֵי מְנוּחוֹת יְנַהֲלֵנִי, נוֹתֵן לֶחֶם לְכָל בָּשָׂר, לֶחֶם חֻקִּי הַטְרִיפֵנִי.
יְהִי רָצוֹן מִלְּפָנֶיךָ, אַתָּה אֱלֹהֵי קְדוֹשִׁי, תַּעֲרֹךְ לְפָנַי שֻׁלְחָנְךָ, תְּדַשֵּׁן בַּשֶּׁמֶן רֹאשִׁי.
מִי יִתֵּן מְנוּחָתִי, לִפְנֵי אֲדוֹן הַשָּׁלוֹם, וְהָיְתָה שְׁלֵמָה מִטָּתִי, הַחַיִּים וְהַשָּׁלוֹם.
יִשְׁלַח מַלְאָכוֹ לְפָנַי, לְלַוּוֹתִי לְוָיָה, בְּכוֹס יְשׁוּעוֹת אֶשָּׂא פָנַי, מְנָת כּוֹסִי רְוָיָה.
צָמְאָה נַפְשִׁי אֶל יהוה, יְמַלֵּא שֹׂבַע אֲסָמַי, אֶל הֶהָרִים אֶשָּׂא עֵינַי, כְּהִלֵּל וְלֹא כְשַׁמַּאי.
חֶדְוַת יָמִים וּשְׁנוֹת עוֹלָמִים, עוּרָה כְבוֹדִי עוּרָה, וְעַל רֹאשִׁי יִהְיוּ תַמִּים,
נֵר מִצְוָה וְאוֹר תּוֹרָה.
קוּמָה יהוה לִמְנוּחָתִי, אַתָּה וַאֲרוֹן עֻזֶּךָ, קַח נָא אֵל אֶת בִּרְכָתִי, וְהַחֲזֵק מָגֵן חוֹזֶךָ.

תהלים כג מִזְמוֹר לְדָוִד, יהוה רֹעִי לֹא אֶחְסָר: בִּנְאוֹת דֶּשֶׁא יַרְבִּיצֵנִי, עַל־מֵי מְנֻחוֹת
יְנַהֲלֵנִי: נַפְשִׁי יְשׁוֹבֵב, יַנְחֵנִי בְמַעְגְּלֵי־צֶדֶק לְמַעַן שְׁמוֹ: גַּם כִּי־אֵלֵךְ בְּגֵיא
צַלְמָוֶת לֹא־אִירָא רָע, כִּי־אַתָּה עִמָּדִי, שִׁבְטְךָ וּמִשְׁעַנְתֶּךָ הֵמָּה יְנַחֲמֻנִי:
תַּעֲרֹךְ לְפָנַי שֻׁלְחָן נֶגֶד צֹרְרָי, דִּשַּׁנְתָּ בַשֶּׁמֶן רֹאשִׁי, כּוֹסִי רְוָיָה: אַךְ טוֹב
וָחֶסֶד יִרְדְּפוּנִי כָּל־יְמֵי חַיָּי, וְשַׁבְתִּי בְּבֵית־יהוה לְאֹרֶךְ יָמִים:

קידושא רבה

יש מתחילים כאן:

אִם־תָּשִׁיב מִשַּׁבָּת רַגְלֶךָ עֲשׂוֹת חֲפָצֶךָ בְּיוֹם קָדְשִׁי, וְקָרָאתָ לַשַּׁבָּת עֹנֶג ישעיה נח
לִקְדוֹשׁ יהוה מְכֻבָּד, וְכִבַּדְתּוֹ מֵעֲשׂוֹת דְּרָכֶיךָ מִמְּצוֹא חֶפְצְךָ וְדַבֵּר דָּבָר:
אָז תִּתְעַנַּג עַל־יהוה, וְהִרְכַּבְתִּיךָ עַל־בָּמֳתֵי אָרֶץ, וְהַאֲכַלְתִּיךָ נַחֲלַת יַעֲקֹב
אָבִיךָ, כִּי פִּי יהוה דִּבֵּר:

אם יום טוב חל בשבת, אומרים את הקידוש ליום טוב 'קידושא רבה לשלוש רגלים' (עמ' 378).

וְשָׁמְרוּ בְנֵי־יִשְׂרָאֵל אֶת־הַשַּׁבָּת, לַעֲשׂוֹת אֶת־הַשַּׁבָּת לְדֹרֹתָם שמות לא
בְּרִית עוֹלָם: בֵּינִי וּבֵין בְּנֵי יִשְׂרָאֵל אוֹת הִוא לְעֹלָם, כִּי־שֵׁשֶׁת
יָמִים עָשָׂה יהוה אֶת־הַשָּׁמַיִם וְאֶת־הָאָרֶץ וּבַיּוֹם הַשְּׁבִיעִי שָׁבַת
וַיִּנָּפַשׁ:

זָכוֹר אֶת־יוֹם הַשַּׁבָּת לְקַדְּשׁוֹ: שֵׁשֶׁת יָמִים תַּעֲבֹד, וְעָשִׂיתָ כָּל־ שמות כ
מְלַאכְתֶּךָ: וְיוֹם הַשְּׁבִיעִי שַׁבָּת לַיהוה אֱלֹהֶיךָ, לֹא־תַעֲשֶׂה כָל־
מְלָאכָה אַתָּה וּבִנְךָ וּבִתֶּךָ, עַבְדְּךָ וַאֲמָתְךָ וּבְהֶמְתֶּךָ, וְגֵרְךָ אֲשֶׁר
בִּשְׁעָרֶיךָ: כִּי שֵׁשֶׁת־יָמִים עָשָׂה יהוה אֶת־הַשָּׁמַיִם וְאֶת־הָאָרֶץ
אֶת־הַיָּם וְאֶת־כָּל־אֲשֶׁר־בָּם, וַיָּנַח בַּיּוֹם הַשְּׁבִיעִי, עַל־כֵּן בֵּרַךְ
יהוה אֶת־יוֹם הַשַּׁבָּת וַיְקַדְּשֵׁהוּ:

המקדש לאחרים, מוסיף:

סַבְרִי מָרָנָן

בָּרוּךְ אַתָּה יהוה אֱלֹהֵינוּ מֶלֶךְ הָעוֹלָם
בּוֹרֵא פְּרִי הַגָּפֶן.

בסוכות מוסיף:

בָּרוּךְ אַתָּה יהוה אֱלֹהֵינוּ מֶלֶךְ הָעוֹלָם
אֲשֶׁר קִדְּשָׁנוּ בְּמִצְוֹתָיו, וְצִוָּנוּ לֵישֵׁב בַּסֻּכָּה.

זמירות ליום שבת

זמר שחיבר ר׳ שמעון בר יצחק, מתלמידיו של רבנו גרשם מאור הגולה.

בָּרוּךְ אֲדֹנָי יוֹם יוֹם, יַעֲמָס לָנוּ יֶשַׁע וּפִדְיוֹם, וּבִשְׁמוֹ נָגִיל כָּל הַיּוֹם, וּבִישׁוּעָתוֹ נָרִים רֹאשׁ עֶלְיוֹן. כִּי הוּא מָעוֹז לַדָּל וּמַחְסֶה לָאֶבְיוֹן.

שִׁבְטֵי יָהּ לְיִשְׂרָאֵל עֵדוּת, בְּצָרָתָם לוֹ צָר בְּסִבְלוּת וּבְעַבְדוּת, בְּלִבְנַת הַסַּפִּיר הֶרְאָם עֹז
יְדִידוּת, וְנִגְלָה לְהַעֲלוֹתָם מֵעֹמֶק בּוֹר וָדוּת. כִּי־עִם־יהוה הַחֶסֶד, וְהַרְבֵּה עִמּוֹ פְדוּת: תהלים קל

מַה יָּקָר חַסְדּוֹ בְּצִלּוֹ לְגוֹנְנֵמוֹ, בְּגָלוּת בָּבֶלָה שֻׁלַּח לְמַעֲנֵמוֹ, לְהוֹרִיד בָּרִיחִים נִמְנָה בֵינֵימוֹ, וַיִּתְּנֵם לְרַחֲמִים לִפְנֵי שׁוֹבֵימוֹ. כִּי לֹא יִטֹּשׁ יהוה אֶת עַמּוֹ, בַּעֲבוּר הַגָּדוֹל שְׁמוֹ.

עֵילָם שָׁת כִּסְאוֹ לְהַצִּיל יְדִידָיו, לְהַאֲבִיד מִשָּׁם מָעֻזְּנֵי מוֹרְדָיו, מֵעֲבֹר בַּשֶּׁלַח פָּדָה
אֶת עֲבָדָיו, קֶרֶן לְעַמּוֹ יָרִים, תְּהִלָּה לְכָל חֲסִידָיו. כִּי אִם־הוֹגָה, וְרִחַם כְּרֹב חֲסָדָו: איכה ג

וּצְפִיר הָעִזִּים הִגְדִּיל עֲצוּמָיו, וְגַם חָזוֹת אַרְבַּע עָלוּ לִמְרוֹמָיו, וּבְלִבָּם דִּמּוּ לְהַשְׁחִית אֶת
רְחוּמָיו, עַל יְדֵי כֹהֲנָיו מִגֵּר מִתְקוֹמְמָיו. חַסְדֵי יהוה כִּי לֹא־תָמְנוּ, כִּי לֹא כָלוּ רַחֲמָיו: איכה ג

נִסְגַּרְתִּי לֶאֱדוֹם בְּיַד רֵעַי מְדָנַי, שֶׁבְּכָל יוֹם מְמַלְּאִים כְּרֵסָם מֵעֲדָנַי, עֶזְרָתוֹ עִמִּי לִסְמֹךְ
אֶת אֲדָנַי, וְלֹא נְטַשְׁתַּנִי כָּל יְמֵי עִדָּנַי. כִּי לֹא יִזְנַח לְעוֹלָם אֲדֹנָי: איכה ג

בְּבוֹאוֹ מֵאֱדוֹם חֲמוּץ בְּגָדִים, זֶבַח לוֹ בְּבָצְרָה וְטֶבַח לוֹ בְּבוֹגְדִים, וְיֵז נִצְחָם מַלְבּוּשָׁיו
לְהַאְדִּים, בְּכֹחוֹ הַגָּדוֹל יִבְצֹר רוּחַ נְגִידִים. הָגָה בְּרוּחוֹ הַקָּשָׁה בְּיוֹם קָדִים: ישעיה כז

רְאוֹתוֹ כִּי כֵן אֲדוֹמִי הָעוֹצֵר, יַחְשֹׁב לוֹ בָּצְרָה תִּקְלֹט כְּבֶצֶר, וּמַלְאָךְ כְּאָדָם בְּתוֹכָהּ
יִנָּצֵר, וּמֵזִיד כַּשּׁוֹגֵג בְּמִקְלָט יֵעָצֵר. אֶהֱבוּ אֶת־יהוה כָּל־חֲסִידָיו, אֱמוּנִים נֹצֵר: תהלים לא

יְצַוֶּה צוּר חַסְדּוֹ קְהִלּוֹתָיו לְקַבֵּץ, מֵאַרְבַּע רוּחוֹת עָדָיו לְהִקָּבֵץ, וּבְהַר מְרוֹם הָרִים אוֹתָנוּ לְהַרְבֵּץ, וְאִתָּנוּ יָשׁוּב נִדָּחִים קוֹבֵץ. יָשִׁיב לֹא נֶאֱמַר, כִּי אִם וְשָׁב וְקִבֵּץ.

בָּרוּךְ הוּא אֱלֹהֵינוּ אֲשֶׁר טוֹב גְּמָלָנוּ, כְּרַחֲמָיו וּכְרֹב חֲסָדָיו הִגְדִּיל לָנוּ, אֵלֶּה וְכָאֵלֶּה יוֹסֵף עִמָּנוּ, לְהַגְדִּיל שְׁמוֹ הַגָּדוֹל הַגִּבּוֹר וְהַנּוֹרָא, שֶׁנִּקְרָא עָלֵינוּ.

בָּרוּךְ הוּא אֱלֹהֵינוּ שֶׁבְּרָאָנוּ לִכְבוֹדוֹ, לְהַלְלוֹ וּלְשַׁבְּחוֹ וּלְסַפֵּר הוֹדוֹ, מִכָּל אֹם גָּבַר עָלֵינוּ חַסְדּוֹ, לָכֵן בְּכָל לֵב וּבְכָל נֶפֶשׁ וּבְכָל מְאוֹדוֹ, נַמְלִיכוֹ וּנְיַחֲדוֹ.

שֶׁהַשָּׁלוֹם שֶׁלּוֹ יָשִׂים עָלֵינוּ בְּרָכָה וְשָׁלוֹם, מִשְּׂמֹאל וּמִיָּמִין עַל יִשְׂרָאֵל שָׁלוֹם, הָרַחֲמָן
הוּא יְבָרֵךְ אֶת עַמּוֹ בַשָּׁלוֹם, וְיִזְכּוּ לִרְאוֹת בָּנִים וּבְנֵי בָנִים, עוֹסְקִים, בַּתּוֹרָה וּבְמִצְוֹת,
עַל יִשְׂרָאֵל שָׁלוֹם. פֶּלֶא יוֹעֵץ אֵל גִּבּוֹר אֲבִי־עַד שַׂר־שָׁלוֹם: ישעיה ט

זמר שחיבר ר׳ ברוך ממגנצא.

בָּרוּךְ אֵל עֶלְיוֹן אֲשֶׁר נָתַן מְנוּחָה, לְנַפְשֵׁנוּ פִדְיוֹן מִשֵּׁאת וַאֲנָחָה
וְהוּא יִדְרשׁ לְצִיּוֹן, עִיר הַנִּדָּחָה, עַד אָנָה תּוּגְיוֹן נֶפֶשׁ נֶאֱנָחָה.

הַשּׁוֹמֵר שַׁבָּת הַבֵּן עִם הַבַּת, לָאֵל יֵרָצוּ כְּמִנְחָה עַל מַחֲבַת.

רוֹכֵב בָּעֲרָבוֹת, מֶלֶךְ עוֹלָמִים, אֶת עַמּוֹ לִשְׁבֹּת אִזֵּן בַּנְּעִימִים
בְּמַאֲכָלוֹת עֲרֵבוֹת בְּמִינֵי מַטְעַמִּים, בְּמַלְבּוּשֵׁי כָבוֹד זֶבַח מִשְׁפָּחָה.

הַשּׁוֹמֵר שַׁבָּת הַבֵּן עִם הַבַּת, לָאֵל יֵרָצוּ כְּמִנְחָה עַל מַחֲבַת.

וְאַשְׁרֵי כָּל חוֹכֶה לְתַשְׁלוּמֵי כֵפֶל, מֵאֵת כֹּל סוֹכֶה, שׁוֹכֵן בָּעֲרָפֶל
נַחֲלָה לוֹ יִזְכֶּה בָּהָר וּבַשָּׁפֶל, נַחֲלָה וּמְנוּחָה כַּשֶּׁמֶשׁ לוֹ זָרְחָה.

הַשּׁוֹמֵר שַׁבָּת הַבֵּן עִם הַבַּת, לָאֵל יֵרָצוּ כְּמִנְחָה עַל מַחֲבַת.

כָּל שׁוֹמֵר שַׁבָּת כַּדָּת מֵחַלְּלוֹ, הֵן הֻכְשַׁר חִבַּת קֹדֶשׁ גּוֹרָלוֹ
וְאִם יֵצֵא חוֹבַת הַיּוֹם, אַשְׁרֵי לוֹ, אֶל אֵל אָדוֹן מְחוֹלְלוֹ מִנְחָה הִיא שְׁלוּחָה.

הַשּׁוֹמֵר שַׁבָּת הַבֵּן עִם הַבַּת, לָאֵל יֵרָצוּ כְּמִנְחָה עַל מַחֲבַת.

חֶמְדַּת הַיָּמִים קְרָאוֹ אֵלִי צוּר, וְאַשְׁרֵי לִתְמִימִים אִם יִהְיֶה נָצוּר
כֶּתֶר הִלּוּמִים עַל רֹאשָׁם יָצוּר, צוּר הָעוֹלָמִים, רוּחוֹ בָּם נָחָה.

הַשּׁוֹמֵר שַׁבָּת הַבֵּן עִם הַבַּת, לָאֵל יֵרָצוּ כְּמִנְחָה עַל מַחֲבַת.

זָכוֹר אֶת יוֹם הַשַּׁבָּת לְקַדְּשׁוֹ, קַרְנוֹ כִּי גָבְהָה נֵזֶר עַל רֹאשׁוֹ
עַל כֵּן יִתֵּן הָאָדָם לְנַפְשׁוֹ, עֹנֶג וְגַם שִׂמְחָה בָּהֶם לְמָשְׁחָה.

הַשּׁוֹמֵר שַׁבָּת הַבֵּן עִם הַבַּת, לָאֵל יֵרָצוּ כְּמִנְחָה עַל מַחֲבַת.

קֹדֶשׁ הִיא לָכֶם שַׁבָּת הַמַּלְכָּה, אֶל תּוֹךְ בָּתֵּיכֶם לְהָנִיחַ בְּרָכָה
בְּכָל מוֹשְׁבוֹתֵיכֶם לֹא תַעֲשׂוּ מְלָאכָה, בְּנֵיכֶם וּבְנוֹתֵיכֶם עֶבֶד וְגַם שִׁפְחָה.

הַשּׁוֹמֵר שַׁבָּת הַבֵּן עִם הַבַּת, לָאֵל יֵרָצוּ כְּמִנְחָה עַל מַחֲבַת.

זמר זה מבוסס על הפסוק "וְקָרָאתָ לַשַּׁבָּת עֹנֶג, לִקְדוֹשׁ ה׳ מְכֻבָּד" (ישעיה נח, יג).

יוֹם זֶה מְכֻבָּד מִכָּל יָמִים, כִּי בוֹ שָׁבַת צוּר עוֹלָמִים.

שֵׁשֶׁת יָמִים תַּעֲשֶׂה מְלַאכְתֶּךָ
וְיוֹם הַשְּׁבִיעִי לֵאלֹהֶיךָ
שַׁבָּת לֹא תַעֲשֶׂה בוֹ מְלָאכָה
כִּי כֹל עָשָׂה שֵׁשֶׁת יָמִים.

יוֹם זֶה מְכֻבָּד מִכָּל יָמִים, כִּי בוֹ שָׁבַת צוּר עוֹלָמִים.

רִאשׁוֹן הוּא לְמִקְרָאֵי קֹדֶשׁ
יוֹם שַׁבָּתוֹן יוֹם שַׁבַּת קֹדֶשׁ
עַל כֵּן כָּל אִישׁ בְּיֵינוֹ יְקַדֵּשׁ
עַל שְׁתֵּי לֶחֶם יִבְצְעוּ תְמִימִים.

יוֹם זֶה מְכֻבָּד מִכָּל יָמִים, כִּי בוֹ שָׁבַת צוּר עוֹלָמִים.

אֱכֹל מַשְׁמַנִּים, שְׁתֵה מַמְתַּקִּים
כִּי אֵל יִתֵּן לְכֹל בּוֹ דְבֵקִים
בֶּגֶד לִלְבּשׁ, לֶחֶם חֻקִּים
בָּשָׂר וְדָגִים וְכָל מַטְעַמִּים.

יוֹם זֶה מְכֻבָּד מִכָּל יָמִים, כִּי בוֹ שָׁבַת צוּר עוֹלָמִים.

לֹא תֶחְסַר כֹּל בּוֹ, וְאָכַלְתָּ
וְשָׂבָעְתָּ וּבֵרַכְתָּ
אֶת יהוה אֱלֹהֶיךָ אֲשֶׁר אָהַבְתָּ
כִּי בֵרַכְךָ מִכָּל הָעַמִּים.

יוֹם זֶה מְכֻבָּד מִכָּל יָמִים, כִּי בוֹ שָׁבַת צוּר עוֹלָמִים.

הַשָּׁמַיִם מְסַפְּרִים כְּבוֹדוֹ
וְגַם הָאָרֶץ מָלְאָה חַסְדּוֹ
רְאוּ כָּל אֵלֶּה עָשְׂתָה יָדוֹ
כִּי הוּא הַצּוּר פָּעֳלוֹ תָמִים.

יוֹם זֶה מְכֻבָּד מִכָּל יָמִים, כִּי בוֹ שָׁבַת צוּר עוֹלָמִים.

זמר שחיבר ר' יהודה הלוי, ובו תיאור הגלות ותפילה להינצל ממנה.
הבתים השלישי והרביעי שונו כנראה מפני דרכי שלום,
ובגרסתם החדשה, המקובלת כיום, מתארים את מעמד הר סיני.

יוֹם שַׁבָּתוֹן אֵין לִשְׁכֹּחַ, זִכְרוֹ כְּרֵיחַ הַנִּיחֹחַ
יוֹנָה מָצְאָה בוֹ מָנוֹחַ וְשָׁם יָנוּחוּ יְגִיעֵי כֹחַ.

הַיּוֹם נִכְבָּד לִבְנֵי אֱמוּנִים, זְהִירִים לְשָׁמְרוֹ אָבוֹת וּבָנִים
חָקוּק בִּשְׁנֵי לוּחוֹת אֲבָנִים, מֵרֹב אוֹנִים וְאַמִּיץ כֹּחַ.
יוֹנָה מָצְאָה בוֹ מָנוֹחַ וְשָׁם יָנוּחוּ יְגִיעֵי כֹחַ.

וּבָאוּ כֻלָּם בִּבְרִית יַחַד, נַעֲשֶׂה וְנִשְׁמַע אָמְרוּ כְּאֶחָד
וּפָתְחוּ וְעָנוּ יהוה אֶחָד, בָּרוּךְ נֹתֵן לַיָּעֵף כֹּחַ.
יוֹנָה מָצְאָה בוֹ מָנוֹחַ וְשָׁם יָנוּחוּ יְגִיעֵי כֹחַ.

דִּבֶּר בְּקָדְשׁוֹ בְּהַר הַמֹּר, יוֹם הַשְּׁבִיעִי זָכוֹר וְשָׁמוֹר
וְכָל פִּקּוּדָיו יַחַד לִגְמֹר, חַזֵּק מָתְנַיִם וְאַמֵּץ כֹּחַ.
יוֹנָה מָצְאָה בוֹ מָנוֹחַ וְשָׁם יָנוּחוּ יְגִיעֵי כֹחַ.

הָעָם אֲשֶׁר נָע, כַּצֹּאן תָּעָה, יִזְכֹּר לְפָקְדוֹ בְּרִית וּשְׁבוּעָה
לְבַל יַעֲבָר בָּם מִקְרֵה רָעָה, כַּאֲשֶׁר נִשְׁבַּעְתָּ עַל מֵי נֹחַ.
יוֹנָה מָצְאָה בוֹ מָנוֹחַ וְשָׁם יָנוּחוּ יְגִיעֵי כֹחַ.

זמר זה מיוחס לר' שמואל החסיד.

שַׁבָּת הַיּוֹם לַיהוה, מְאֹד צַהֲלוּ בְּרִנּוּנַי
וְגַם הַרְבּוּ מַעֲדַנַּי, אוֹתוֹ לִשְׁמֹר כְּמִצְוַת יהוה. שַׁבָּת הַיּוֹם לַיהוה.

מֵעֲבֹר דֶּרֶךְ וּגְבוּלִים, מֵעֲשׂוֹת הַיּוֹם פְּעָלִים
לֶאֱכֹל וְלִשְׁתּוֹת בְּהִלּוּלִים, זֶה הַיּוֹם עָשָׂה יהוה. שַׁבָּת הַיּוֹם לַיהוה.

וְאִם תִּשְׁמְרֶנּוּ, יָהּ יִנְצָרְךָ כְּבָבַת, אַתָּה וּבִנְךָ וְגַם הַבַּת
וְקָרָאתָ עֹנֶג לַשַּׁבָּת, אָז תִּתְעַנַּג עַל יהוה. שַׁבָּת הַיּוֹם לַיהוה.

אֱכֹל מַשְׁמַנִּים וּמַעֲדַנִּים, וּמַטְעַמִּים הַרְבֵּה מִינִים
אֱגוֹזֵי פֶרֶךְ וְרִמּוֹנִים, וְאָכַלְתָּ וְשָׂבָעְתָּ וּבֵרַכְתָּ אֶת יהוה. שַׁבָּת הַיּוֹם לַיהוה.

לַעֲרֹךְ בְּשֻׁלְחָן לֶחֶם חֲמוּדוֹת, לַעֲשׂוֹת הַיּוֹם שָׁלֹשׁ סְעוּדוֹת
אֶת הַשֵּׁם הַנִּכְבָּד לְבָרֵךְ וּלְהוֹדוֹת, שִׁקְדוּ וְשִׁמְרוּ וַעֲשׂוּ בָנַי. שַׁבָּת הַיּוֹם לַיהוה.

יש המייחסים זמר זה לר' שלמה אבן גבירול.

שִׁמְרוּ שַׁבְּתוֹתַי, לְמַעַן תִּינְקוּ וּשְׂבַעְתֶּם, מִזִּיו בִּרְכוֹתַי
אֶל הַמְּנוּחָה כִּי בָאתֶם, וּלְווּ עָלַי בָּנַי, וְעִדְנוּ מַעֲדָנַי
שַׁבָּת הַיּוֹם לַיהוה.
וּלְווּ עָלַי בָּנַי, וְעִדְנוּ מַעֲדָנַי, שַׁבָּת הַיּוֹם לַיהוה.

לְעָמֵל קִרְאוּ דְרוֹר, וְנָתַתִּי אֶת בִּרְכָתִי, אִשָּׁה אֶל אֲחוֹתָהּ לִצְרוֹר
לְגַלּוֹת עַל יוֹם שִׂמְחָתִי, בִּגְדֵי שֵׁשׁ עִם שָׁנִי, וְהִתְבּוֹנְנוּ מִזְּקֵנַי
שַׁבָּת הַיּוֹם לַיהוה.
וּלְווּ עָלַי בָּנַי, וְעִדְנוּ מַעֲדָנַי, שַׁבָּת הַיּוֹם לַיהוה.

מַהֲרוּ אֶת הַמָּנֶה, לַעֲשׂוֹת אֶת דְּבַר אֶסְתֵּר, וְחִשְׁבוּ עִם הַקּוֹנֶה
לְשַׁלֵּם אָכוֹל וְהוֹתֵר, בִּטְחוּ בִי אֱמוּנַי, וּשְׁתוּ יֵין מִשְׁמַנַּי
שַׁבָּת הַיּוֹם לַיהוה.
וּלְווּ עָלַי בָּנַי, וְעִדְנוּ מַעֲדָנַי, שַׁבָּת הַיּוֹם לַיהוה.

הִנֵּה יוֹם גְּאֻלָּה, יוֹם שַׁבָּת אִם תִּשְׁמֹרוּ, וִהְיִיתֶם לִי סְגֻלָּה
לִינוּ וְאַחַר תַּעֲבֹרוּ, וְאָז תִּחְיוּ לְפָנַי, וּתְמַלְאוּ צְפוּנַי
שַׁבָּת הַיּוֹם לַיהוה.
וּלְווּ עָלַי בָּנַי, וְעִדְנוּ מַעֲדָנַי, שַׁבָּת הַיּוֹם לַיהוה.

חַזֵּק קִרְיָתִי, אֵל אֱלֹהִים עֶלְיוֹן, וְהָשֵׁב אֶת נְוָתִי
בְּשִׂמְחָה וּבְהִגָּיוֹן, יְשׁוֹרְרוּ שָׁם רְנָנַי, לְוִיַּי וְכֹהֲנַי, אָז תִּתְעַנַּג עַל יהוה
שַׁבָּת הַיּוֹם לַיהוה.
וּלְווּ עָלַי בָּנַי, וְעִדְנוּ מַעֲדָנַי, שַׁבָּת הַיּוֹם לַיהוה.

זמר שחיבר ר׳ אברהם אבן עזרא.

כִּי אֶשְׁמְרָה שַׁבָּת אֵל יִשְׁמְרֵנִי.
אוֹת הִיא לְעוֹלְמֵי עַד בֵּינוֹ וּבֵינִי.

אוֹת הִיא לְעוֹלְמֵי עַד בֵּינוֹ וּבֵינִי.

אָסוּר מְצֹא חֵפֶץ, עֲשׂוֹת דְּרָכִים, גַּם מִלְּדַבֵּר בּוֹ דִּבְרֵי צְרָכִים
דִּבְרֵי סְחוֹרָה אַף דִּבְרֵי מְלָכִים, אֶהְגֶּה בְּתוֹרַת אֵל וּתְחַכְּמֵנִי.

אוֹת הִיא לְעוֹלְמֵי עַד בֵּינוֹ וּבֵינִי.

בּוֹ אֶמְצָא תָמִיד נֹפֶשׁ לְנַפְשִׁי, הִנֵּה לְדוֹר רִאשׁוֹן נָתַן קְדוֹשִׁי
מוֹפֵת, בְּתֵת לֶחֶם מִשְׁנֶה בַּשִּׁשִּׁי, כָּכָה בְּכָל שִׁשִּׁי יַכְפִּיל מְזוֹנִי.

אוֹת הִיא לְעוֹלְמֵי עַד בֵּינוֹ וּבֵינִי.

רָשַׁם בְּדַת הָאֵל חֹק אֶל סְגָנָיו, בּוֹ לַעֲרֹךְ לֶחֶם פָּנִים בְּפָנָיו
עַל כֵּן לְהִתְעַנּוֹת בּוֹ עַל פִּי נְבוֹנָיו, אָסוּר, לְבַד מִיּוֹם כִּפּוּר עֲוֹנִי.

אוֹת הִיא לְעוֹלְמֵי עַד בֵּינוֹ וּבֵינִי.

הוּא יוֹם מְכֻבָּד, הוּא יוֹם תַּעֲנוּגִים, לֶחֶם וְיַיִן טוֹב, בָּשָׂר וְדָגִים
הַמִּתְאַבְּלִים בּוֹ אָחוֹר נְסוֹגִים, כִּי יוֹם שְׂמָחוֹת הוּא וּתְשַׂמְּחֵנִי.

אוֹת הִיא לְעוֹלְמֵי עַד בֵּינוֹ וּבֵינִי.

מֵחֵל מְלָאכָה בּוֹ סוֹפוֹ לְהַכְרִית, עַל כֵּן אֲכַבֵּס בּוֹ לִבִּי כְּבוֹרִית
וְאֶתְפַּלְּלָה אֶל אֵל עַרְבִית וְשַׁחֲרִית, מוּסָף וְגַם מִנְחָה הוּא יַעֲנֵנִי.

אוֹת הִיא לְעוֹלְמֵי עַד בֵּינוֹ וּבֵינִי.

זמר שחיבר דונש בן לברט, ומופיע כבר במחזור ויטרי.

דְּרוֹר יִקְרָא לְבֵן עִם בַּת
וְיִנְצָרְכֶם כְּמוֹ בָבַת
נְעִים שִׁמְכֶם וְלֹא יֻשְׁבַּת
שְׁבוּ נוּחוּ בְּיוֹם שַׁבָּת

דְּרשׁ נָוִי וְאוּלַמִּי
וְאוֹת יֶשַׁע עֲשֵׂה עִמִּי
נְטַע שׂוֹרֵק בְּתוֹךְ כַּרְמִי
שְׁעֵה שַׁוְעַת בְּנֵי עַמִּי.

דְּרֹךְ פּוּרָה בְּתוֹךְ בָּצְרָה
וְגַם בָּבֶל אֲשֶׁר גָּבְרָה
נְתֹץ צָרַי בְּאַף עֶבְרָה
שְׁמַע קוֹלִי בְּיוֹם אֶקְרָא.

אֱלֹהִים תֵּן בְּמִדְבָּר הָר
הֲדַס שִׁטָּה בְּרוֹשׁ תִּדְהָר
וְלַמַּזְהִיר וְלַנִּזְהָר
שְׁלוֹמִים תֵּן כְּמֵי נָהָר.

הֲדֹךְ קָמַי, אֵל קַנָּא
בְּמוֹג לֵבָב וּבִמְגִנָּה
וְנַרְחִיב פֶּה וּנְמַלְאֶנָּה
לְשׁוֹנֵנוּ לְךָ רִנָּה.

דְּעֵה חָכְמָה לְנַפְשֶׁךָ
וְהִיא כֶתֶר לְרֹאשֶׁךָ
נְצֹר מִצְוַת קְדוֹשֶׁךָ
שְׁמֹר שַׁבַּת קָדְשֶׁךָ.

לפני נטילת מים אחרונים:

יְדֵי אַסְחֵי אֲנָא לְגַבֵּי חַד מָנָא / לְסִטְרָא חוֹרָנָא דְּלֵית בֵּהּ מְשָׁשָׁא
אֲזַמֵּן בִּתְלָתָא בְּכָסָא דְבִרְכְתָא / לְעִלַּת עִלָּתָא עַתִּיקָא קַדִּישָׁא

ברכת המזון בעמ׳ 503.

מנחה לשבת וליום טוב

"וְעָרְבָה לַה׳ מִנְחַת יְהוּדָה וִירוּשָׁלָםִ כִּימֵי עוֹלָם וּכְשָׁנִים קַדְמֹנִיּוֹת" (מלאכי ג, ד).

ראוי לומר גם לפני תפילת מנחה את פרשת קרבן התמיד. רבים נוהגים לומר את סדר הקרבנות שלפני תפילת שחרית (עמ׳ 21–25) פרט לפרשת תרומת הדשן ולסדר המערכה.

אַשְׁרֵי יוֹשְׁבֵי בֵיתֶךָ, עוֹד יְהַלְלוּךָ סֶּלָה: תהלים פד
אַשְׁרֵי הָעָם שֶׁכָּכָה לּוֹ, אַשְׁרֵי הָעָם שֶׁיהוה אֱלֹהָיו: תהלים קמד
תְּהִלָּה לְדָוִד תהלים קמה
אֲרוֹמִמְךָ אֱלוֹהַי הַמֶּלֶךְ, וַאֲבָרְכָה שִׁמְךָ לְעוֹלָם וָעֶד:
בְּכָל־יוֹם אֲבָרְכֶךָּ, וַאֲהַלְלָה שִׁמְךָ לְעוֹלָם וָעֶד:
גָּדוֹל יהוה וּמְהֻלָּל מְאֹד, וְלִגְדֻלָּתוֹ אֵין חֵקֶר:
דּוֹר לְדוֹר יְשַׁבַּח מַעֲשֶׂיךָ, וּגְבוּרֹתֶיךָ יַגִּידוּ:
הֲדַר כְּבוֹד הוֹדֶךָ, וְדִבְרֵי נִפְלְאֹתֶיךָ אָשִׂיחָה:
וֶעֱזוּז נוֹרְאֹתֶיךָ יֹאמֵרוּ, וּגְדוּלָּתְךָ אֲסַפְּרֶנָּה:
זֵכֶר רַב־טוּבְךָ יַבִּיעוּ, וְצִדְקָתְךָ יְרַנֵּנוּ:
חַנּוּן וְרַחוּם יהוה, אֶרֶךְ אַפַּיִם וּגְדָל־חָסֶד:
טוֹב־יהוה לַכֹּל, וְרַחֲמָיו עַל־כָּל־מַעֲשָׂיו:
יוֹדוּךָ יהוה כָּל־מַעֲשֶׂיךָ, וַחֲסִידֶיךָ יְבָרְכוּכָה:
כְּבוֹד מַלְכוּתְךָ יֹאמֵרוּ, וּגְבוּרָתְךָ יְדַבֵּרוּ:
לְהוֹדִיעַ לִבְנֵי הָאָדָם גְּבוּרֹתָיו, וּכְבוֹד הֲדַר מַלְכוּתוֹ:
מַלְכוּתְךָ מַלְכוּת כָּל־עֹלָמִים, וּמֶמְשַׁלְתְּךָ בְּכָל־דּוֹר וָדֹר:
סוֹמֵךְ יהוה לְכָל־הַנֹּפְלִים, וְזוֹקֵף לְכָל־הַכְּפוּפִים:
עֵינֵי־כֹל אֵלֶיךָ יְשַׂבֵּרוּ, וְאַתָּה נוֹתֵן־לָהֶם אֶת־אָכְלָם בְּעִתּוֹ:
פּוֹתֵחַ אֶת־יָדֶךָ, וּמַשְׂבִּיעַ לְכָל־חַי רָצוֹן:
צַדִּיק יהוה בְּכָל־דְּרָכָיו, וְחָסִיד בְּכָל־מַעֲשָׂיו:
קָרוֹב יהוה לְכָל־קֹרְאָיו, לְכֹל אֲשֶׁר יִקְרָאֻהוּ בֶאֱמֶת:
רְצוֹן־יְרֵאָיו יַעֲשֶׂה, וְאֶת־שַׁוְעָתָם יִשְׁמַע, וְיוֹשִׁיעֵם:
שׁוֹמֵר יהוה אֶת־כָּל־אֹהֲבָיו, וְאֵת כָּל־הָרְשָׁעִים יַשְׁמִיד:
‹ תְּהִלַּת יהוה יְדַבֶּר פִּי, וִיבָרֵךְ כָּל־בָּשָׂר שֵׁם קָדְשׁוֹ לְעוֹלָם וָעֶד:
וַאֲנַחְנוּ נְבָרֵךְ יָהּ מֵעַתָּה וְעַד־עוֹלָם, הַלְלוּיָהּ: תהלים קטו

בשבת וביום טוב אומרים את קדושת 'וּבָא לְצִיּוֹן' במנחה.

יש הסבורים שקדושה זו נאמרת כדי להזכיר דברי נביאים בכל יום, ובשבתות וימים טובים, שבהם מפטירים בנביא, היא נדחית למנחה ('שיבולי הלקט' מד בשם רש"י).
לעומתם יש הסבורים שקדושה זו נתקנה להיאמר בשחרית, אך בשבתות וימים טובים היא נדחית למנחה, כדי שלא להאריך בתפילת שחרית ולהטריח את הציבור (סידור הרוקח).

ישעיה נט וּבָא לְצִיּוֹן גּוֹאֵל, וּלְשָׁבֵי פֶשַׁע בְּיַעֲקֹב, נְאֻם יהוה:
וַאֲנִי זֹאת בְּרִיתִי אוֹתָם, אָמַר יהוה, רוּחִי אֲשֶׁר עָלֶיךָ וּדְבָרַי
אֲשֶׁר־שַׂמְתִּי בְּפִיךָ, לֹא־יָמוּשׁוּ מִפִּיךָ וּמִפִּי זַרְעֲךָ וּמִפִּי זֶרַע זַרְעֲךָ,
אָמַר יהוה, מֵעַתָּה וְעַד־עוֹלָם:

תהלים כב ◄ וְאַתָּה קָדוֹשׁ יוֹשֵׁב תְּהִלּוֹת יִשְׂרָאֵל: וְקָרָא זֶה אֶל־זֶה וְאָמַר ◄
ישעיה ו קָדוֹשׁ, קָדוֹשׁ, קָדוֹשׁ, יהוה צְבָאוֹת, מְלֹא כָל־הָאָרֶץ כְּבוֹדוֹ:
תרגום יונתן ישעיה ו וּמְקַבְּלִין דֵּין מִן דֵּין וְאָמְרִין, קַדִּישׁ בִּשְׁמֵי מְרוֹמָא עִלָּאָה בֵּית שְׁכִינְתֵהּ
קַדִּישׁ עַל אַרְעָא עוֹבַד גְּבוּרְתֵהּ, קַדִּישׁ לְעָלַם וּלְעָלְמֵי עָלְמַיָּא
יהוה צְבָאוֹת, מַלְיָא כָל אַרְעָא זִיו יְקָרֵהּ.

יחזקאל ג ◄ וַתִּשָּׂאֵנִי רוּחַ, וָאֶשְׁמַע אַחֲרַי קוֹל רַעַשׁ גָּדוֹל ◄
בָּרוּךְ כְּבוֹד־יהוה מִמְּקוֹמוֹ:
תרגום יונתן יחזקאל ג וּנְטָלַתְנִי רוּחָא, וּשְׁמָעִית בַּתְרַי קָל זִיעַ סַגִּיא, דִּמְשַׁבְּחִין וְאָמְרִין
בְּרִיךְ יְקָרָא דַיהוה מֵאֲתַר בֵּית שְׁכִינְתֵהּ.

שמות טו יהוה יִמְלֹךְ לְעֹלָם וָעֶד:
תרגום אונקלוס שמות טו יהוה מַלְכוּתֵהּ קָאֵם לְעָלַם וּלְעָלְמֵי עָלְמַיָּא.

דברי הימים א, כט יהוה אֱלֹהֵי אַבְרָהָם יִצְחָק וְיִשְׂרָאֵל אֲבֹתֵינוּ, שָׁמְרָה־זֹּאת לְעוֹלָם
תהלים עח לְיֵצֶר מַחְשְׁבוֹת לְבַב עַמֶּךָ, וְהָכֵן לְבָבָם אֵלֶיךָ: וְהוּא רַחוּם יְכַפֵּר עָוֹן
תהלים פו וְלֹא־יַשְׁחִית, וְהִרְבָּה לְהָשִׁיב אַפּוֹ, וְלֹא־יָעִיר כָּל־חֲמָתוֹ: כִּי־אַתָּה
תהלים קיט אֲדֹנָי טוֹב וְסַלָּח, וְרַב־חֶסֶד לְכָל־קֹרְאֶיךָ: צִדְקָתְךָ צֶדֶק לְעוֹלָם
מיכה ז וְתוֹרָתְךָ אֱמֶת: תִּתֵּן אֱמֶת לְיַעֲקֹב, חֶסֶד לְאַבְרָהָם, אֲשֶׁר־נִשְׁבַּעְתָּ
תהלים סח לַאֲבֹתֵינוּ מִימֵי קֶדֶם: בָּרוּךְ אֲדֹנָי יוֹם יוֹם יַעֲמָס־לָנוּ, הָאֵל יְשׁוּעָתֵנוּ

סֶלָה: יהוה צְבָאוֹת עִמָּנוּ, מִשְׂגָּב לָנוּ אֱלֹהֵי יַעֲקֹב סֶלָה: יהוה צְבָאוֹת, תהלים מו תהלים פד
אַשְׁרֵי אָדָם בֹּטֵחַ בָּךְ: יהוה הוֹשִׁיעָה, הַמֶּלֶךְ יַעֲנֵנוּ בְיוֹם־קָרְאֵנוּ: תהלים כ

בָּרוּךְ הוּא אֱלֹהֵינוּ שֶׁבְּרָאָנוּ לִכְבוֹדוֹ, וְהִבְדִּילָנוּ מִן הַתּוֹעִים, וְנָתַן לָנוּ תּוֹרַת אֱמֶת, וְחַיֵּי עוֹלָם נָטַע בְּתוֹכֵנוּ. הוּא יִפְתַּח לִבֵּנוּ בְּתוֹרָתוֹ, וְיָשֵׂם בְּלִבֵּנוּ אַהֲבָתוֹ וְיִרְאָתוֹ וְלַעֲשׂוֹת רְצוֹנוֹ וּלְעָבְדוֹ בְּלֵבָב שָׁלֵם, לְמַעַן לֹא נִיגַע לָרִיק וְלֹא נֵלֵד לַבֶּהָלָה.

יְהִי רָצוֹן מִלְּפָנֶיךָ יהוה אֱלֹהֵינוּ וֵאלֹהֵי אֲבוֹתֵינוּ, שֶׁנִּשְׁמֹר חֻקֶּיךָ בָּעוֹלָם
הַזֶּה, וְנִזְכֶּה וְנִחְיֶה וְנִרְאֶה וְנִירַשׁ טוֹבָה וּבְרָכָה, לִשְׁנֵי יְמוֹת הַמָּשִׁיחַ
וּלְחַיֵּי הָעוֹלָם הַבָּא. לְמַעַן יְזַמֶּרְךָ כָבוֹד וְלֹא יִדֹּם, יהוה אֱלֹהַי, לְעוֹלָם תהלים ל
אוֹדֶךָּ: בָּרוּךְ הַגֶּבֶר אֲשֶׁר יִבְטַח בַּיהוה, וְהָיָה יהוה מִבְטַחוֹ: בִּטְחוּ ישעיה כו ירמיה יז
בַיהוה עֲדֵי־עַד, כִּי בְּיָהּ יהוה צוּר עוֹלָמִים: › וְיִבְטְחוּ בְךָ יוֹדְעֵי שְׁמֶךָ, כִּי תהלים ט
לֹא־עָזַבְתָּ דֹרְשֶׁיךָ, יהוה: יהוה חָפֵץ לְמַעַן צִדְקוֹ, יַגְדִּיל תּוֹרָה וְיַאְדִּיר: ישעיה מב

חצי קדיש

ש״ץ: יִתְגַּדַּל וְיִתְקַדַּשׁ שְׁמֵהּ רַבָּא (קהל: אָמֵן)
בְּעָלְמָא דִּי בְרָא כִרְעוּתֵהּ, וְיַמְלִיךְ מַלְכוּתֵהּ
בְּחַיֵּיכוֹן וּבְיוֹמֵיכוֹן וּבְחַיֵּי דְכָל בֵּית יִשְׂרָאֵל
בַּעֲגָלָא וּבִזְמַן קָרִיב, וְאִמְרוּ אָמֵן. (קהל: אָמֵן)

קהל וש״ץ: יְהֵא שְׁמֵהּ רַבָּא מְבָרַךְ לְעָלַם וּלְעָלְמֵי עָלְמַיָּא.

ש״ץ: יִתְבָּרַךְ וְיִשְׁתַּבַּח וְיִתְפָּאַר וְיִתְרוֹמַם וְיִתְנַשֵּׂא
וְיִתְהַדָּר וְיִתְעַלֶּה וְיִתְהַלָּל
שְׁמֵהּ דְּקֻדְשָׁא בְּרִיךְ הוּא (קהל: בְּרִיךְ הוּא)
לְעֵלָּא מִן כָּל בִּרְכָתָא / בשבת שובה: לְעֵלָּא לְעֵלָּא מִכָּל בִּרְכָתָא/
וְשִׁירָתָא, תֻּשְׁבְּחָתָא וְנֶחֱמָתָא
דַּאֲמִירָן בְּעָלְמָא, וְאִמְרוּ אָמֵן. (קהל: אָמֵן)

ביום טוב שאינו שבת, ממשיכים בתפילת עמידה לשלוש רגלים (עמ׳ 379).

אומרים פסוק זה לפני קריאת התורה. וכתוב בפסוק שלפניו "יָשִׂיחוּ בִי יֹשְׁבֵי שָׁעַר
וּנְגִינוֹת שׁוֹתֵי שֵׁכָר" – "אמר דוד לפני הקב״ה: ריבונו של עולם, אין אומה זו כשאר
אומות העולם, אומות העולם כששותין ומשתכרין הולכין ופוחזין; ואנו לא כן,
אלא אף על פי ששתינו "וַאֲנִי תְפִלָּתִי־לְךָ ה׳". (טור, רצב בשם המדרש).

תהלים סט וַאֲנִי תְפִלָּתִי־לְךָ יהוה, עֵת רָצוֹן, אֱלֹהִים בְּרָב־חַסְדֶּךָ
עֲנֵנִי בֶּאֱמֶת יִשְׁעֶךָ:

עזרא תיקן שיקראו בתורה במנחה של שבת משום יושבי קרנות (בבא קמא פב ע״א),
ופירש רש״י שאינם יכולים לשמוע את קריאת התורה בימי שני וחמישי.

פותחים את ארון הקודש. הקהל עומד על רגליו.

במדבר י וַיְהִי בִּנְסֹעַ הָאָרֹן וַיֹּאמֶר מֹשֶׁה, קוּמָה יהוה וְיָפֻצוּ אֹיְבֶיךָ וְיָנֻסוּ
ישעיה ב מְשַׂנְאֶיךָ מִפָּנֶיךָ: כִּי מִצִּיּוֹן תֵּצֵא תוֹרָה וּדְבַר־יהוה מִירוּשָׁלָםִ:
בָּרוּךְ שֶׁנָּתַן תּוֹרָה לְעַמּוֹ יִשְׂרָאֵל בִּקְדֻשָּׁתוֹ.

זוהר ויקהל בְּרִיךְ שְׁמֵהּ דְּמָרֵא עָלְמָא, בְּרִיךְ כִּתְרָךְ וְאַתְרָךְ. יְהֵא רְעוּתָךְ עִם עַמָּךְ יִשְׂרָאֵל לְעָלַם, וּפֻרְקַן יְמִינָךְ אַחֲזֵי לְעַמָּךְ בְּבֵית מַקְדְּשָׁךְ, וּלְאַמְטוּיֵי לָנָא מִטּוּב נְהוֹרָךְ, וּלְקַבֵּל צְלוֹתַנָא בְּרַחֲמִין. יְהֵא רַעֲוָא קֳדָמָךְ דְּתוֹרִיךְ לַן חַיִּין בְּטִיבוּ, וְלֶהֱוֵי אֲנָא פְקִידָא בְּגוֹ צַדִּיקַיָּא, לְמִרְחַם עָלַי וּלְמִנְטַר יָתִי וְיַת כָּל דִּי לִי וְדִי לְעַמָּךְ יִשְׂרָאֵל. אַנְתְּ הוּא זָן לְכֹלָּא וּמְפַרְנֵס לְכֹלָּא, אַנְתְּ הוּא שַׁלִּיט עַל כֹּלָּא, אַנְתְּ הוּא דְּשַׁלִּיט עַל מַלְכַיָּא, וּמַלְכוּתָא דִּילָךְ הִיא. אֲנָא עַבְדָּא דְקֻדְשָׁא בְּרִיךְ הוּא, דְּסָגִדְנָא קַמֵּהּ וּמִקַּמֵּי דִּיקַר אוֹרַיְתֵהּ בְּכָל עִדָּן וְעִדָּן. לָא עַל אֱנָשׁ רָחִיצְנָא וְלָא עַל בַּר אֱלָהִין סָמִיכְנָא, אֶלָּא בֶּאֱלָהָא דִשְׁמַיָּא, דְּהוּא אֱלָהָא קְשׁוֹט, וְאוֹרַיְתֵהּ קְשׁוֹט, וּנְבִיאוֹהִי קְשׁוֹט, וּמַסְגֵּא לְמֶעְבַּד טַבְוָן וּקְשׁוֹט. ‹ בֵּהּ אֲנָא רָחִיץ, וְלִשְׁמֵהּ קַדִּישָׁא יַקִּירָא אֲנָא אֵמַר תֻּשְׁבְּחָן. יְהֵא רַעֲוָא קֳדָמָךְ דְּתִפְתַּח לִבַּאי בְּאוֹרַיְתָא, וְתַשְׁלִים מִשְׁאֲלִין דְּלִבַּאי וְלִבָּא דְכָל עַמָּךְ יִשְׂרָאֵל לְטָב וּלְחַיִּין וְלִשְׁלָם.

שליח הציבור מקבל את ספר התורה בימינו, קד לעבר ארון הקודש, ואומר:

תהלים לד גַּדְּלוּ לַיהוה אִתִּי וּנְרוֹמְמָה שְׁמוֹ יַחְדָּו:

סוגרים את ארון הקודש. שליח הציבור הולך אל הבימה, והקהל אומר:

דברי הימים א׳ כט לְךָ יהוה הַגְּדֻלָּה וְהַגְּבוּרָה וְהַתִּפְאֶרֶת וְהַנֵּצַח וְהַהוֹד, כִּי־כֹל בַּשָּׁמַיִם
וּבָאָרֶץ: לְךָ יהוה הַמַּמְלָכָה וְהַמִּתְנַשֵּׂא לְכֹל לְרֹאשׁ:

תהלים צט רוֹמְמוּ יהוה אֱלֹהֵינוּ וְהִשְׁתַּחֲווּ לַהֲדֹם רַגְלָיו, קָדוֹשׁ הוּא: רוֹמְמוּ יהוה
אֱלֹהֵינוּ וְהִשְׁתַּחֲווּ לְהַר קָדְשׁוֹ, כִּי־קָדוֹשׁ יהוה אֱלֹהֵינוּ:

אַב הָרַחֲמִים הוּא יְרַחֵם עַם עֲמוּסִים, וְיִזְכֹּר בְּרִית אֵיתָנִים, וְיַצִּיל נַפְשׁוֹתֵינוּ מִן הַשָּׁעוֹת הָרָעוֹת, וְיִגְעַר בְּיֵצֶר הָרָע מִן הַנְּשׂוּאִים, וְיָחֹן אוֹתָנוּ לִפְלֵיטַת עוֹלָמִים, וִימַלֵּא מִשְׁאֲלוֹתֵינוּ בְּמִדָּה טוֹבָה יְשׁוּעָה וְרַחֲמִים.

מניח את הספר על הבימה, והגבאי מכריז (ראה הלכה 148):

וְתִגָּלֶה וְתֵרָאֶה מַלְכוּתוֹ עָלֵינוּ בִּזְמַן קָרוֹב, וְיָחֹן פְּלֵיטָתֵנוּ וּפְלֵיטַת עַמּוֹ בֵּית יִשְׂרָאֵל לְחֵן וּלְחֶסֶד וּלְרַחֲמִים וּלְרָצוֹן וְנֹאמַר אָמֵן. הַכֹּל הָבוּ גֹדֶל לֵאלֹהֵינוּ וּתְנוּ כָבוֹד לַתּוֹרָה.
*כֹּהֵן קְרַב, יַעֲמֹד (פלוני בֶּן פלוני) הַכֹּהֵן.

*אם אין כוהן, הגבאי קורא ללוי או לישראל ואומר:

/אֵין כָּאן כֹּהֵן, יַעֲמֹד (פלוני בֶּן פלוני) בִּמְקוֹם כֹּהֵן./

בָּרוּךְ שֶׁנָּתַן תּוֹרָה לְעַמּוֹ יִשְׂרָאֵל בִּקְדֻשָּׁתוֹ.

הקהל ואחריו הגבאי:

וְאַתֶּם הַדְּבֵקִים בַּיהוה אֱלֹהֵיכֶם חַיִּים כֻּלְּכֶם הַיּוֹם: דברים ד

לקריאת התורה ראה עמ׳ 549.

קודם הברכה על העולה לראות היכן קוראים ולנשק את ספר התורה.
בשעת הברכה אוחז בעמודי הספר. וראה הלכה 151.

עולה: בָּרְכוּ אֶת יהוה הַמְבֹרָךְ.

קהל: בָּרוּךְ יהוה הַמְבֹרָךְ לְעוֹלָם וָעֶד.

עולה: בָּרוּךְ יהוה הַמְבֹרָךְ לְעוֹלָם וָעֶד.

בָּרוּךְ אַתָּה יהוה, אֱלֹהֵינוּ מֶלֶךְ הָעוֹלָם אֲשֶׁר בָּחַר בָּנוּ מִכָּל הָעַמִּים וְנָתַן לָנוּ אֶת תּוֹרָתוֹ. בָּרוּךְ אַתָּה יהוה, נוֹתֵן הַתּוֹרָה.

לאחר הקריאה העולה מנשק את ספר התורה ומברך:

עולה: בָּרוּךְ אַתָּה יהוה אֱלֹהֵינוּ מֶלֶךְ הָעוֹלָם אֲשֶׁר נָתַן לָנוּ תּוֹרַת אֱמֶת וְחַיֵּי עוֹלָם נָטַע בְּתוֹכֵנוּ. בָּרוּךְ אַתָּה יהוה, נוֹתֵן הַתּוֹרָה.

במנחה של שבת אין הפסק בין קריאת התורה לקדיש שלפני התפילה,
ולכן אין אומרים קדיש אחרי הקריאה (סידור הרוקח).

כאשר מגביהים את ספר התורה, הקהל אומר:

וְזֹאת הַתּוֹרָה אֲשֶׁר־שָׂם מֹשֶׁה לִפְנֵי בְּנֵי יִשְׂרָאֵל: דברים ד
עַל־פִּי יהוה בְּיַד מֹשֶׁה: במדבר ט

יש מוסיפים: עֵץ־חַיִּים הִיא לַמַּחֲזִיקִים בָּהּ וְתֹמְכֶיהָ מְאֻשָּׁר: דְּרָכֶיהָ דַרְכֵי־נֹעַם משלי ג
וְכָל־נְתִיבוֹתֶיהָ שָׁלוֹם: אֹרֶךְ יָמִים בִּימִינָהּ, בִּשְׂמֹאולָהּ עֹשֶׁר וְכָבוֹד:
יהוה חָפֵץ לְמַעַן צִדְקוֹ יַגְדִּיל תּוֹרָה וְיַאְדִּיר: ישעיה מב

כאן לפי הצורך אומרים 'מִי שֶׁבֵּרַךְ' (עמ' 240–241) ומזכירים נשמות (עמ' 395–396).

יש נוהגים לומר את מזמור צב (עמ' 268). בזמן גלילת התורה. בבתי כנסת המתפללים בנוסח ספרד, נוהגים לומר את מזמורים קיא וקיב (עמ' 712).

פותחים את ארון הקודש. שליח הציבור לוקח את ספר התורה בימינו ואומר:

תהלים קמח יְהַלְלוּ אֶת־שֵׁם יהוה, כִּי־נִשְׂגָּב שְׁמוֹ, לְבַדּוֹ

הקהל אומר:

הוֹדוֹ עַל־אֶרֶץ וְשָׁמָיִם: וַיָּרֶם קֶרֶן לְעַמּוֹ
תְּהִלָּה לְכָל־חֲסִידָיו, לִבְנֵי יִשְׂרָאֵל עַם קְרֹבוֹ, הַלְלוּיָהּ:

כאשר מלווים את ספר התורה לארון הקודש, אומרים:

תהלים כד לְדָוִד מִזְמוֹר, לַיהוה הָאָרֶץ וּמְלוֹאָהּ, תֵּבֵל וְיֹשְׁבֵי בָהּ: כִּי־הוּא עַל־
יַמִּים יְסָדָהּ, וְעַל־נְהָרוֹת יְכוֹנְנֶהָ: מִי־יַעֲלֶה בְהַר־יהוה, וּמִי־יָקוּם
בִּמְקוֹם קָדְשׁוֹ: נְקִי כַפַּיִם וּבַר־לֵבָב, אֲשֶׁר לֹא־נָשָׂא לַשָּׁוְא נַפְשִׁי
וְלֹא נִשְׁבַּע לְמִרְמָה: יִשָּׂא בְרָכָה מֵאֵת יהוה, וּצְדָקָה מֵאֱלֹהֵי יִשְׁעוֹ:
זֶה דּוֹר דֹּרְשָׁו, מְבַקְשֵׁי פָנֶיךָ, יַעֲקֹב, סֶלָה: שְׂאוּ שְׁעָרִים רָאשֵׁיכֶם,
וְהִנָּשְׂאוּ פִּתְחֵי עוֹלָם, וְיָבוֹא מֶלֶךְ הַכָּבוֹד: מִי זֶה מֶלֶךְ הַכָּבוֹד,
יהוה עִזּוּז וְגִבּוֹר, יהוה גִּבּוֹר מִלְחָמָה: שְׂאוּ שְׁעָרִים רָאשֵׁיכֶם,
וּשְׂאוּ פִּתְחֵי עוֹלָם, וְיָבֹא מֶלֶךְ הַכָּבוֹד: מִי הוּא זֶה מֶלֶךְ הַכָּבוֹד,
יהוה צְבָאוֹת הוּא מֶלֶךְ הַכָּבוֹד, סֶלָה:

מכניסים את ספר התורה לארון הקודש ואומרים:

במדבר י תהלים קלב וּבְנֻחֹה יֹאמַר, שׁוּבָה יהוה רִבְבוֹת אַלְפֵי יִשְׂרָאֵל: קוּמָה יהוה
לִמְנוּחָתֶךָ, אַתָּה וַאֲרוֹן עֻזֶּךָ: כֹּהֲנֶיךָ יִלְבְּשׁוּ־צֶדֶק, וַחֲסִידֶיךָ יְרַנֵּנוּ:
משלי ד בַּעֲבוּר דָּוִד עַבְדֶּךָ אַל־תָּשֵׁב פְּנֵי מְשִׁיחֶךָ: כִּי לֶקַח טוֹב נָתַתִּי
משלי ג לָכֶם, תּוֹרָתִי אַל־תַּעֲזֹבוּ: עֵץ־חַיִּים הִיא לַמַּחֲזִיקִים בָּהּ, וְתֹמְכֶיהָ
איכה ה מְאֻשָּׁר: דְּרָכֶיהָ דַרְכֵי־נֹעַם וְכָל־נְתִיבוֹתֶיהָ שָׁלוֹם: ◂ הֲשִׁיבֵנוּ יהוה
אֵלֶיךָ וְנָשׁוּבָה, חַדֵּשׁ יָמֵינוּ כְּקֶדֶם:

סוגרים את ארון הקודש.

חצי קדיש

ש״ץ: יִתְגַּדַּל וְיִתְקַדַּשׁ שְׁמֵהּ רַבָּא (קהל: אָמֵן)
בְּעָלְמָא דִּי בְרָא כִרְעוּתֵהּ
וְיַמְלִיךְ מַלְכוּתֵהּ
בְּחַיֵּיכוֹן וּבְיוֹמֵיכוֹן, וּבְחַיֵּי דְכָל בֵּית יִשְׂרָאֵל
בַּעֲגָלָא וּבִזְמַן קָרִיב, וְאִמְרוּ אָמֵן. (קהל: אָמֵן)

קהל וש״ץ: יְהֵא שְׁמֵהּ רַבָּא מְבָרַךְ לְעָלַם וּלְעָלְמֵי עָלְמַיָּא.

ש״ץ: יִתְבָּרַךְ וְיִשְׁתַּבַּח וְיִתְפָּאַר וְיִתְרוֹמַם וְיִתְנַשֵּׂא
וְיִתְהַדָּר וְיִתְעַלֶּה וְיִתְהַלָּל
שְׁמֵהּ דְּקֻדְשָׁא בְּרִיךְ הוּא (קהל: בְּרִיךְ הוּא)
לְעֵלָּא מִן כָּל בִּרְכָתָא
/בשבת שובה: לְעֵלָּא לְעֵלָּא מִכָּל בִּרְכָתָא/
וְשִׁירָתָא, תֻּשְׁבְּחָתָא וְנֶחֱמָתָא
דַּאֲמִירָן בְּעָלְמָא, וְאִמְרוּ אָמֵן. (קהל: אָמֵן)

ביום טוב מתפללים תפילת עמידה של יום טוב (עמ׳ 379), אף אם חל בשבת.

עמידה

״המתפלל צריך שיכוין בלבו פירוש המלות שמוציא בשפתיו; ויחשוב כאלו שכינה כנגדו ויסיר כל המחשבות הטורדות אותו עד שתשאר מחשבתו וכוונתו זכה בתפלתו״ (שו״ע צח, א).

פוסע שלוש פסיעות לפנים כמי שנכנס לפני המלך. עומד ומתפלל בלחש מכאן ועד ׳וּכְשָׁנִים קַדְמֹנִיּוֹת׳ בעמ׳ 294. כורע במקומות המסומנים ב׳, קד לפנים במילה הבאה וזוקף בשם.

כִּי שֵׁם יהוה אֶקְרָא, הָבוּ גֹדֶל לֵאלֹהֵינוּ: דברים לב

אֲדֹנָי, שְׂפָתַי תִּפְתָּח, וּפִי יַגִּיד תְּהִלָּתֶךָ: תהלים נא

אבות

׳בָּרוּךְ אַתָּה יהוה, אֱלֹהֵינוּ וֵאלֹהֵי אֲבוֹתֵינוּ
אֱלֹהֵי אַבְרָהָם, אֱלֹהֵי יִצְחָק, וֵאלֹהֵי יַעֲקֹב
הָאֵל הַגָּדוֹל הַגִּבּוֹר וְהַנּוֹרָא, אֵל עֶלְיוֹן

גּוֹמֵל חֲסָדִים טוֹבִים, וְקֹנֵה הַכֹּל
וְזוֹכֵר חַסְדֵי אָבוֹת
וּמֵבִיא גוֹאֵל לִבְנֵי בְנֵיהֶם לְמַעַן שְׁמוֹ בְּאַהֲבָה.

בשבת שובה: זָכְרֵנוּ לְחַיִּים, מֶלֶךְ חָפֵץ בַּחַיִּים
וְכָתְבֵנוּ בְּסֵפֶר הַחַיִּים לְמַעַנְךָ אֱלֹהִים חַיִּים.

מֶלֶךְ עוֹזֵר וּמוֹשִׁיעַ וּמָגֵן.
ׂבָּרוּךְ אַתָּה יהוה, מָגֵן אַבְרָהָם.

גבורות

אַתָּה גִּבּוֹר לְעוֹלָם, אֲדֹנָי
מְחַיֵּה מֵתִים אַתָּה, רַב לְהוֹשִׁיעַ

אומרים 'מַשִּׁיב הָרוּחַ וּמוֹרִיד הַגֶּשֶׁם' משמיני עצרת עד יום טוב ראשון של פסח, ו'מוֹרִיד הַטָּל' מחול המועד פסח ועד הושענא רבה. ראה הלכה 94–99.

בחורף: מַשִּׁיב הָרוּחַ וּמוֹרִיד הַגֶּשֶׁם / בקיץ: מוֹרִיד הַטָּל

מְכַלְכֵּל חַיִּים בְּחֶסֶד, מְחַיֵּה מֵתִים בְּרַחֲמִים רַבִּים
סוֹמֵךְ נוֹפְלִים, וְרוֹפֵא חוֹלִים, וּמַתִּיר אֲסוּרִים
וּמְקַיֵּם אֱמוּנָתוֹ לִישֵׁנֵי עָפָר.
מִי כָמוֹךָ, בַּעַל גְּבוּרוֹת
וּמִי דּוֹמֶה לָּךְ
מֶלֶךְ, מֵמִית וּמְחַיֶּה וּמַצְמִיחַ יְשׁוּעָה.

בשבת שובה: מִי כָמוֹךָ אַב הָרַחֲמִים
זוֹכֵר יְצוּרָיו לְחַיִּים בְּרַחֲמִים.

וְנֶאֱמָן אַתָּה לְהַחֲיוֹת מֵתִים.
בָּרוּךְ אַתָּה יהוה, מְחַיֵּה הַמֵּתִים.

בתפילת לחש ממשיך 'אַתָּה קָדוֹשׁ' בעמוד הבא.

קדושה

בחזרת הש״ץ הקהל עומד ואומר קדושה.

במקומות המסומנים ב˙, המתפלל מתרומם על קצות אצבעותיו.

קהל ואחריו שליח הציבור (ראה הלכה 113):

נְקַדֵּשׁ אֶת שִׁמְךָ בָּעוֹלָם, כְּשֵׁם שֶׁמַּקְדִּישִׁים אוֹתוֹ בִּשְׁמֵי מָרוֹם
כַּכָּתוּב עַל יַד נְבִיאֶךָ: וְקָרָא זֶה אֶל־זֶה וְאָמַר ישעיה ו

קהל ואחריו שליח הציבור:

˙קָדוֹשׁ, ˙קָדוֹשׁ, ˙קָדוֹשׁ, יהוה צְבָאוֹת, מְלֹא כָל־הָאָרֶץ כְּבוֹדוֹ:
לְעֻמָּתָם בָּרוּךְ יֹאמֵרוּ

קהל ואחריו שליח הציבור:

˙בָּרוּךְ כְּבוֹד־יהוה מִמְּקוֹמוֹ: יחזקאל ג
וּבְדִבְרֵי קָדְשְׁךָ כָּתוּב לֵאמֹר

קהל ואחריו שליח הציבור:

˙יִמְלֹךְ יהוה לְעוֹלָם, אֱלֹהַיִךְ צִיּוֹן לְדֹר וָדֹר, הַלְלוּיָהּ: תהלים קמו

שליח הציבור:

לְדוֹר וָדוֹר נַגִּיד גָּדְלֶךָ, וּלְנֵצַח נְצָחִים קְדֻשָּׁתְךָ נַקְדִּישׁ
וְשִׁבְחֲךָ אֱלֹהֵינוּ מִפִּינוּ לֹא יָמוּשׁ לְעוֹלָם וָעֶד
כִּי אֵל מֶלֶךְ גָּדוֹל וְקָדוֹשׁ אָתָּה. בָּרוּךְ אַתָּה יהוה
הָאֵל הַקָּדוֹשׁ. / בשבת שובה: **הַמֶּלֶךְ הַקָּדוֹשׁ.**/

שליח הציבור ממשיך ׳אַתָּה אֶחָד׳ (למטה).

קדושת השם

אַתָּה קָדוֹשׁ וְשִׁמְךָ קָדוֹשׁ, וּקְדוֹשִׁים בְּכָל יוֹם יְהַלְלוּךָ סֶּלָה.
בָּרוּךְ אַתָּה יהוה, הָאֵל הַקָּדוֹשׁ. / בשבת שובה: **הַמֶּלֶךְ הַקָּדוֹשׁ.**/

אם שכח, חוזר לראש התפילה.

קדושת היום

תיקנו לומר במנחה של שבת ׳אַתָּה אֶחָד׳ כנגד השבת שלעתיד לבוא (טור, רצב).

אַתָּה אֶחָד וְשִׁמְךָ אֶחָד
וּמִי כְּעַמְּךָ יִשְׂרָאֵל גּוֹי אֶחָד בָּאָרֶץ.
תִּפְאֶרֶת גְּדֻלָּה וַעֲטֶרֶת יְשׁוּעָה
יוֹם מְנוּחָה וּקְדֻשָּׁה לְעַמְּךָ נָתָתָּ.

אַבְרָהָם יָגֵל, יִצְחָק יְרַנֵּן, יַעֲקֹב וּבָנָיו יָנוּחוּ בוֹ
מְנוּחַת אַהֲבָה וּנְדָבָה, מְנוּחַת אֱמֶת וֶאֱמוּנָה
מְנוּחַת שָׁלוֹם וְשַׁלְוָה וְהַשְׁקֵט וָבֶטַח
מְנוּחָה שְׁלֵמָה שֶׁאַתָּה רוֹצֶה בָּהּ.
יַכִּירוּ בָנֶיךָ וְיֵדְעוּ, כִּי מֵאִתְּךָ הִיא מְנוּחָתָם
וְעַל מְנוּחָתָם יַקְדִּישׁוּ אֶת שְׁמֶךָ.

אֱלֹהֵינוּ וֵאלֹהֵי אֲבוֹתֵינוּ
רְצֵה בִמְנוּחָתֵנוּ
קַדְּשֵׁנוּ בְּמִצְוֹתֶיךָ וְתֵן חֶלְקֵנוּ בְּתוֹרָתֶךָ
שַׂבְּעֵנוּ מִטּוּבֶךָ וְשַׂמְּחֵנוּ בִּישׁוּעָתֶךָ
וְטַהֵר לִבֵּנוּ לְעָבְדְּךָ בֶּאֱמֶת.
וְהַנְחִילֵנוּ יהוה אֱלֹהֵינוּ בְּאַהֲבָה וּבְרָצוֹן שַׁבְּתוֹת קָדְשֶׁךָ
וְיָנוּחוּ בָם יִשְׂרָאֵל מְקַדְּשֵׁי שְׁמֶךָ.
בָּרוּךְ אַתָּה יהוה, מְקַדֵּשׁ הַשַּׁבָּת.

עבודה
רְצֵה יהוה אֱלֹהֵינוּ בְּעַמְּךָ יִשְׂרָאֵל וּבִתְפִלָּתָם
וְהָשֵׁב אֶת הָעֲבוֹדָה לִדְבִיר בֵּיתֶךָ
וְאִשֵּׁי יִשְׂרָאֵל וּתְפִלָּתָם בְּאַהֲבָה תְקַבֵּל בְּרָצוֹן
וּתְהִי לְרָצוֹן תָּמִיד עֲבוֹדַת יִשְׂרָאֵל עַמֶּךָ.

בראש חודש ובחול המועד:

אֱלֹהֵינוּ וֵאלֹהֵי אֲבוֹתֵינוּ, יַעֲלֶה וְיָבוֹא וְיַגִּיעַ, וְיֵרָאֶה וְיֵרָצֶה וְיִשָּׁמַע, וְיִפָּקֵד וְיִזָּכֵר זִכְרוֹנֵנוּ וּפִקְדוֹנֵנוּ וְזִכְרוֹן אֲבוֹתֵינוּ, וְזִכְרוֹן מָשִׁיחַ בֶּן דָּוִד עַבְדֶּךָ, וְזִכְרוֹן יְרוּשָׁלַיִם עִיר קָדְשֶׁךָ, וְזִכְרוֹן כָּל עַמְּךָ בֵּית יִשְׂרָאֵל,

לְפָנֶיךָ, לִפְלֵיטָה לְטוֹבָה, לְחֵן וּלְחֶסֶד וּלְרַחֲמִים, לְחַיִּים וּלְשָׁלוֹם בְּיוֹם
בראש חודש: רֹאשׁ הַחֹדֶשׁ / בפסח: חַג הַמַּצּוֹת / בסוכות: חַג הַסֻּכּוֹת
הַזֶּה. זָכְרֵנוּ יהוה אֱלֹהֵינוּ בּוֹ לְטוֹבָה, וּפָקְדֵנוּ בוֹ לִבְרָכָה, וְהוֹשִׁיעֵנוּ
בוֹ לְחַיִּים. וּבִדְבַר יְשׁוּעָה וְרַחֲמִים, חוּס וְחָנֵּנוּ וְרַחֵם עָלֵינוּ וְהוֹשִׁיעֵנוּ,
כִּי אֵלֶיךָ עֵינֵינוּ, כִּי אֵל מֶלֶךְ חַנּוּן וְרַחוּם אָתָּה.

וְתֶחֱזֶינָה עֵינֵינוּ בְּשׁוּבְךָ לְצִיּוֹן בְּרַחֲמִים.
בָּרוּךְ אַתָּה יהוה, הַמַּחֲזִיר שְׁכִינָתוֹ לְצִיּוֹן.

הודאה

כורע ב׳מודים׳ ואינו זוקף עד אמירת השם.

מוֹדִים אֲנַחְנוּ לָךְ
שָׁאַתָּה הוּא יהוה אֱלֹהֵינוּ
וֵאלֹהֵי אֲבוֹתֵינוּ לְעוֹלָם וָעֶד.
צוּר חַיֵּינוּ, מָגֵן יִשְׁעֵנוּ
אַתָּה הוּא לְדוֹר וָדוֹר.
נוֹדֶה לְּךָ וּנְסַפֵּר תְּהִלָּתֶךָ
עַל חַיֵּינוּ הַמְּסוּרִים בְּיָדֶךָ
וְעַל נִשְׁמוֹתֵינוּ הַפְּקוּדוֹת לָךְ
וְעַל נִסֶּיךָ שֶׁבְּכָל יוֹם עִמָּנוּ
וְעַל נִפְלְאוֹתֶיךָ וְטוֹבוֹתֶיךָ
שֶׁבְּכָל עֵת, עֶרֶב וָבֹקֶר וְצָהֳרָיִם.
הַטּוֹב, כִּי לֹא כָלוּ רַחֲמֶיךָ
וְהַמְרַחֵם, כִּי לֹא תַמּוּ חֲסָדֶיךָ
מֵעוֹלָם קִוִּינוּ לָךְ.

כששליח הציבור אומר ׳מודים׳, הקהל אומר בלחש:

מוֹדִים אֲנַחְנוּ לָךְ
שָׁאַתָּה הוּא יהוה אֱלֹהֵינוּ
וֵאלֹהֵי אֲבוֹתֵינוּ
אֱלֹהֵי כָל בָּשָׂר
יוֹצְרֵנוּ, יוֹצֵר בְּרֵאשִׁית.
בְּרָכוֹת וְהוֹדָאוֹת
לְשִׁמְךָ הַגָּדוֹל וְהַקָּדוֹשׁ
עַל שֶׁהֶחֱיִיתָנוּ וְקִיַּמְתָּנוּ.
כֵּן תְּחַיֵּנוּ וּתְקַיְּמֵנוּ
וְתֶאֱסֹף גָּלֻיּוֹתֵינוּ
לְחַצְרוֹת קָדְשֶׁךָ
לִשְׁמֹר חֻקֶּיךָ וְלַעֲשׂוֹת רְצוֹנֶךָ
וּלְעָבְדְּךָ בְּלֵבָב שָׁלֵם
עַל שֶׁאֲנַחְנוּ מוֹדִים לָךְ.
בָּרוּךְ אֵל הַהוֹדָאוֹת.

בחנוכה:

עַל הַנִּסִּים וְעַל הַפֻּרְקָן וְעַל הַגְּבוּרוֹת וְעַל הַתְּשׁוּעוֹת וְעַל הַמִּלְחָמוֹת שֶׁעָשִׂיתָ לַאֲבוֹתֵינוּ בַּיָּמִים הָהֵם בַּזְּמַן הַזֶּה.

בִּימֵי מַתִּתְיָהוּ בֶּן יוֹחָנָן כֹּהֵן גָּדוֹל חַשְׁמוֹנָאִי וּבָנָיו, כְּשֶׁעָמְדָה מַלְכוּת יָוָן הָרְשָׁעָה עַל עַמְּךָ יִשְׂרָאֵל לְהַשְׁכִּיחָם תּוֹרָתֶךָ וּלְהַעֲבִירָם מֵחֻקֵּי רְצוֹנֶךָ, וְאַתָּה בְּרַחֲמֶיךָ הָרַבִּים עָמַדְתָּ לָהֶם בְּעֵת צָרָתָם, רַבְתָּ אֶת רִיבָם, דַּנְתָּ אֶת דִּינָם, נָקַמְתָּ אֶת נִקְמָתָם, מָסַרְתָּ גִבּוֹרִים בְּיַד חַלָּשִׁים, וְרַבִּים בְּיַד מְעַטִּים, וּטְמֵאִים בְּיַד טְהוֹרִים, וּרְשָׁעִים בְּיַד צַדִּיקִים, וְזֵדִים בְּיַד עוֹסְקֵי תוֹרָתֶךָ, וּלְךָ עָשִׂיתָ שֵׁם גָּדוֹל וְקָדוֹשׁ בְּעוֹלָמֶךָ, וּלְעַמְּךָ יִשְׂרָאֵל עָשִׂיתָ תְּשׁוּעָה גְדוֹלָה וּפֻרְקָן כְּהַיּוֹם הַזֶּה. וְאַחַר כֵּן בָּאוּ בָנֶיךָ לִדְבִיר בֵּיתֶךָ, וּפִנּוּ אֶת הֵיכָלֶךָ, וְטִהֲרוּ אֶת מִקְדָּשֶׁךָ, וְהִדְלִיקוּ נֵרוֹת בְּחַצְרוֹת קָדְשֶׁךָ, וְקָבְעוּ שְׁמוֹנַת יְמֵי חֲנֻכָּה אֵלּוּ, לְהוֹדוֹת וּלְהַלֵּל לְשִׁמְךָ הַגָּדוֹל.

וממשיך ׳וְעַל כֻּלָּם׳.

בשושן פורים בירושלים:

עַל הַנִּסִּים וְעַל הַפֻּרְקָן וְעַל הַגְּבוּרוֹת וְעַל הַתְּשׁוּעוֹת וְעַל הַמִּלְחָמוֹת שֶׁעָשִׂיתָ לַאֲבוֹתֵינוּ בַּיָּמִים הָהֵם בַּזְּמַן הַזֶּה.

בִּימֵי מָרְדְּכַי וְאֶסְתֵּר בְּשׁוּשַׁן הַבִּירָה, כְּשֶׁעָמַד עֲלֵיהֶם הָמָן הָרָשָׁע, בִּקֵּשׁ
אסתר ג לְהַשְׁמִיד לַהֲרֹג וּלְאַבֵּד אֶת־כָּל־הַיְּהוּדִים מִנַּעַר וְעַד־זָקֵן טַף וְנָשִׁים בְּיוֹם
אֶחָד, בִּשְׁלוֹשָׁה עָשָׂר לְחֹדֶשׁ שְׁנֵים־עָשָׂר, הוּא־חֹדֶשׁ אֲדָר, וּשְׁלָלָם
לָבוֹז: וְאַתָּה בְּרַחֲמֶיךָ הָרַבִּים הֵפַרְתָּ אֶת עֲצָתוֹ, וְקִלְקַלְתָּ אֶת מַחֲשַׁבְתּוֹ,
וַהֲשֵׁבוֹתָ לּוֹ גְּמוּלוֹ בְּרֹאשׁוֹ, וְתָלוּ אוֹתוֹ וְאֶת בָּנָיו עַל הָעֵץ.

וממשיך ׳וְעַל כֻּלָּם׳.

וְעַל כֻּלָּם יִתְבָּרַךְ וְיִתְרוֹמַם שִׁמְךָ מַלְכֵּנוּ תָּמִיד לְעוֹלָם וָעֶד.

בשבת שובה: וּכְתֹב לְחַיִּים טוֹבִים כָּל בְּנֵי בְרִיתֶךָ.

וְכֹל הַחַיִּים יוֹדוּךָ סֶּלָה, וִיהַלְלוּ אֶת שִׁמְךָ בֶּאֱמֶת הָאֵל יְשׁוּעָתֵנוּ וְעֶזְרָתֵנוּ סֶלָה.

˙בָּרוּךְ אַתָּה יהוה, הַטּוֹב שִׁמְךָ וּלְךָ נָאֶה לְהוֹדוֹת.

שלום

יש אומרים כאן 'שָׁלוֹם רָב' (עמ' 111). ראה הלכה 251.

שִׂים שָׁלוֹם טוֹבָה וּבְרָכָה
חֵן וָחֶסֶד וְרַחֲמִים עָלֵינוּ וְעַל כָּל יִשְׂרָאֵל עַמֶּךָ.
בָּרְכֵנוּ אָבִינוּ כֻּלָּנוּ כְּאֶחָד בְּאוֹר פָּנֶיךָ
כִּי בְאוֹר פָּנֶיךָ נָתַתָּ לָּנוּ יהוה אֱלֹהֵינוּ
תּוֹרַת חַיִּים וְאַהֲבַת חֶסֶד
וּצְדָקָה וּבְרָכָה וְרַחֲמִים וְחַיִּים וְשָׁלוֹם.
וְטוֹב בְּעֵינֶיךָ לְבָרֵךְ אֶת עַמְּךָ יִשְׂרָאֵל
בְּכָל עֵת וּבְכָל שָׁעָה בִּשְׁלוֹמֶךָ.

בשבת שובה: בְּסֵפֶר חַיִּים, בְּרָכָה וְשָׁלוֹם, וּפַרְנָסָה טוֹבָה
נִזָּכֵר וְנִכָּתֵב לְפָנֶיךָ, אֲנַחְנוּ וְכָל עַמְּךָ בֵּית יִשְׂרָאֵל
לְחַיִּים טוֹבִים וּלְשָׁלוֹם.
בני חוץ לארץ מסיימים: בָּרוּךְ אַתָּה יהוה, עוֹשֵׂה הַשָּׁלוֹם.

בָּרוּךְ אַתָּה יהוה, הַמְבָרֵךְ אֶת עַמּוֹ יִשְׂרָאֵל בַּשָּׁלוֹם.

שליח הציבור מסיים באמירת הפסוק הבא בלחש,
ויש הנוהגים לאומרו גם בסוף תפילת לחש של יחיד. ראה הלכה 103.

יִהְיוּ לְרָצוֹן אִמְרֵי־פִי וְהֶגְיוֹן לִבִּי לְפָנֶיךָ, יהוה צוּרִי וְגֹאֲלִי: תהלים יט

אֱלֹהַי ברכות יז.
נְצֹר לְשׁוֹנִי מֵרָע וּשְׂפָתַי מִדַּבֵּר מִרְמָה
וְלִמְקַלְלַי נַפְשִׁי תִדֹּם, וְנַפְשִׁי כֶּעָפָר לַכֹּל תִּהְיֶה.
פְּתַח לִבִּי בְּתוֹרָתֶךָ, וּבְמִצְוֹתֶיךָ תִּרְדֹּף נַפְשִׁי.
וְכָל הַחוֹשְׁבִים עָלַי רָעָה
מְהֵרָה הָפֵר עֲצָתָם וְקַלְקֵל מַחֲשַׁבְתָּם.
עֲשֵׂה לְמַעַן שְׁמֶךָ, עֲשֵׂה לְמַעַן יְמִינֶךָ
עֲשֵׂה לְמַעַן קְדֻשָּׁתֶךָ, עֲשֵׂה לְמַעַן תּוֹרָתֶךָ.

תהלים ס לְמַעַן יֵחָלְצוּן יְדִידֶיךָ, הוֹשִׁיעָה יְמִינְךָ וַעֲנֵנִי:
תהלים יט יִהְיוּ לְרָצוֹן אִמְרֵי־פִי וְהֶגְיוֹן לִבִּי לְפָנֶיךָ, יהוה צוּרִי וְגוֹאֲלִי:

כורע ופוסע שלוש פסיעות לאחור. קד לשמאל, לימין ולפנים באמירת:

עֹשֶׂה שָׁלוֹם/ בשבת שובה: הַשָּׁלוֹם/ בִּמְרוֹמָיו
הוּא יַעֲשֶׂה שָׁלוֹם עָלֵינוּ וְעַל כָּל יִשְׂרָאֵל, וְאִמְרוּ אָמֵן.

יְהִי רָצוֹן מִלְּפָנֶיךָ יהוה אֱלֹהֵינוּ וֵאלֹהֵי אֲבוֹתֵינוּ
שֶׁיִּבָּנֶה בֵּית הַמִּקְדָּשׁ בִּמְהֵרָה בְיָמֵינוּ, וְתֵן חֶלְקֵנוּ בְּתוֹרָתֶךָ
וְשָׁם נַעֲבָדְךָ בְּיִרְאָה כִּימֵי עוֹלָם וּכְשָׁנִים קַדְמֹנִיּוֹת.
מלאכי ג וְעָרְבָה לַיהוה מִנְחַת יְהוּדָה וִירוּשָׁלָםִ כִּימֵי עוֹלָם וּכְשָׁנִים קַדְמֹנִיּוֹת:

אומרים שלושה פסוקי צידוק הדין במנחה של שבת, מפני שבשעה זו מת משה (רב שר שלום גאון, מובא בתוספות, מנחות ל ע״א) וכן יוסף ודוד (זוהר, תרומה קנו ע״א).

אם חל בשבת יום שאין אומרים בו תחנון אם היה חל בחול ראה עמ׳ 114. אין אומרים ׳צִדְקָתְךָ׳ בשבת (טור, רצב).

תהלים קיט צִדְקָתְךָ צֶדֶק לְעוֹלָם וְתוֹרָתְךָ אֱמֶת:
תהלים עא וְצִדְקָתְךָ אֱלֹהִים עַד־מָרוֹם, אֲשֶׁר־עָשִׂיתָ גְדֹלוֹת
אֱלֹהִים, מִי כָמוֹךָ:
תהלים לו צִדְקָתְךָ כְּהַרְרֵי־אֵל, מִשְׁפָּטֶיךָ תְּהוֹם רַבָּה
אָדָם וּבְהֵמָה תוֹשִׁיעַ יהוה:

קדיש שלם

ש״ץ: יִתְגַּדַּל וְיִתְקַדַּשׁ שְׁמֵהּ רַבָּא (קהל: אָמֵן)
בְּעָלְמָא דִּי בְרָא כִרְעוּתֵהּ
וְיַמְלִיךְ מַלְכוּתֵהּ
בְּחַיֵּיכוֹן וּבְיוֹמֵיכוֹן וּבְחַיֵּי דְכָל בֵּית יִשְׂרָאֵל
בַּעֲגָלָא וּבִזְמַן קָרִיב, וְאִמְרוּ אָמֵן. (קהל: אָמֵן)

קהל וש״ץ: יְהֵא שְׁמֵהּ רַבָּא מְבָרַךְ לְעָלַם וּלְעָלְמֵי עָלְמַיָּא.

ש״ץ: יִתְבָּרַךְ וְיִשְׁתַּבַּח וְיִתְפָּאַר וְיִתְרוֹמַם וְיִתְנַשֵּׂא
וְיִתְהַדָּר וְיִתְעַלֶּה וְיִתְהַלָּל
שְׁמֵהּ דְּקֻדְשָׁא בְּרִיךְ הוּא (קהל: בְּרִיךְ הוּא)
לְעֵלָּא מִן כָּל בִּרְכָתָא
/בשבת שובה: לְעֵלָּא לְעֵלָּא מִכָּל בִּרְכָתָא/
וְשִׁירָתָא, תֻּשְׁבְּחָתָא וְנֶחֱמָתָא
דַּאֲמִירָן בְּעָלְמָא, וְאִמְרוּ אָמֵן. (קהל: אָמֵן)

תִּתְקַבַּל צְלוֹתְהוֹן וּבָעוּתְהוֹן דְּכָל יִשְׂרָאֵל
קֳדָם אֲבוּהוֹן דִּי בִשְׁמַיָּא, וְאִמְרוּ אָמֵן. (קהל: אָמֵן)

יְהֵא שְׁלָמָא רַבָּא מִן שְׁמַיָּא
וְחַיִּים, עָלֵינוּ וְעַל כָּל יִשְׂרָאֵל, וְאִמְרוּ אָמֵן. (קהל: אָמֵן)

כורע ופוסע שלוש פסיעות לאחור, קד לשמאל, לימין ולפנים באמירת:

עֹשֶׂה שָׁלוֹם/ בשבת שובה: הַשָּׁלוֹם/ בִּמְרוֹמָיו
הוּא יַעֲשֶׂה שָׁלוֹם עָלֵינוּ וְעַל כָּל יִשְׂרָאֵל, וְאִמְרוּ אָמֵן. (קהל: אָמֵן)

אומרים ׳עָלֵינוּ׳ בעמידה ומשתחווים במקום המסומן ב*.

עָלֵינוּ לְשַׁבֵּחַ לַאֲדוֹן הַכֹּל, לָתֵת גְּדֻלָּה לְיוֹצֵר בְּרֵאשִׁית
שֶׁלֹּא עָשָׂנוּ כְּגוֹיֵי הָאֲרָצוֹת, וְלֹא שָׂמָנוּ כְּמִשְׁפְּחוֹת הָאֲדָמָה
שֶׁלֹּא שָׂם חֶלְקֵנוּ כָּהֶם וְגוֹרָלֵנוּ כְּכָל הֲמוֹנָם.
שֶׁהֵם מִשְׁתַּחֲוִים לְהֶבֶל וָרִיק וּמִתְפַּלְלִים אֶל אֵל לֹא יוֹשִׁיעַ.
*וַאֲנַחְנוּ כּוֹרְעִים וּמִשְׁתַּחֲוִים וּמוֹדִים
לִפְנֵי מֶלֶךְ מַלְכֵי הַמְּלָכִים, הַקָּדוֹשׁ בָּרוּךְ הוּא
שֶׁהוּא נוֹטֶה שָׁמַיִם וְיוֹסֵד אָרֶץ
וּמוֹשַׁב יְקָרוֹ בַּשָּׁמַיִם מִמַּעַל
וּשְׁכִינַת עֻזּוֹ בְּגָבְהֵי מְרוֹמִים.

הוּא אֱלֹהֵינוּ, אֵין עוֹד.
אֱמֶת מַלְכֵּנוּ, אֶפֶס זוּלָתוֹ
כַּכָּתוּב בְּתוֹרָתוֹ
דברים ד וְיָדַעְתָּ הַיּוֹם וַהֲשֵׁבֹתָ אֶל־לְבָבֶךָ
כִּי יהוה הוּא הָאֱלֹהִים בַּשָּׁמַיִם מִמַּעַל וְעַל־הָאָרֶץ מִתָּחַת
אֵין עוֹד:

עַל כֵּן נְקַוֶּה לְּךָ יהוה אֱלֹהֵינוּ, לִרְאוֹת מְהֵרָה בְּתִפְאֶרֶת עֻזֶּךָ
לְהַעֲבִיר גִּלּוּלִים מִן הָאָרֶץ, וְהָאֱלִילִים כָּרוֹת יִכָּרֵתוּן
לְתַקֵּן עוֹלָם בְּמַלְכוּת שַׁדַּי.
וְכָל בְּנֵי בָשָׂר יִקְרְאוּ בִשְׁמֶךָ לְהַפְנוֹת אֵלֶיךָ כָּל רִשְׁעֵי אָרֶץ.
יַכִּירוּ וְיֵדְעוּ כָּל יוֹשְׁבֵי תֵבֵל
כִּי לְךָ תִּכְרַע כָּל בֶּרֶךְ, תִּשָּׁבַע כָּל לָשׁוֹן.
לְפָנֶיךָ יהוה אֱלֹהֵינוּ יִכְרְעוּ וְיִפֹּלוּ, וְלִכְבוֹד שִׁמְךָ יְקָר יִתֵּנוּ
וִיקַבְּלוּ כֻלָּם אֶת עֹל מַלְכוּתֶךָ
וְתִמְלֹךְ עֲלֵיהֶם מְהֵרָה לְעוֹלָם וָעֶד.
כִּי הַמַּלְכוּת שֶׁלְּךָ הִיא וּלְעוֹלְמֵי עַד תִּמְלֹךְ בְּכָבוֹד
שמות טו כַּכָּתוּב בְּתוֹרָתֶךָ, יהוה יִמְלֹךְ לְעֹלָם וָעֶד:
זכריה יד ◄ וְנֶאֱמַר, וְהָיָה יהוה לְמֶלֶךְ עַל־כָּל־הָאָרֶץ
בַּיּוֹם הַהוּא יִהְיֶה יהוה אֶחָד וּשְׁמוֹ אֶחָד:

יש מוסיפים:

משלי ג אַל־תִּירָא מִפַּחַד פִּתְאֹם וּמִשֹּׁאַת רְשָׁעִים כִּי תָבֹא:
ישעיה ח עֻצוּ עֵצָה וְתֻפָר, דַּבְּרוּ דָבָר וְלֹא יָקוּם, כִּי עִמָּנוּ אֵל:
ישעיה מו וְעַד־זִקְנָה אֲנִי הוּא, וְעַד־שֵׂיבָה אֲנִי אֶסְבֹּל
אֲנִי עָשִׂיתִי וַאֲנִי אֶשָּׂא וַאֲנִי אֶסְבֹּל וַאֲמַלֵּט:

קדיש יתום

אבל: יִתְגַּדַּל וְיִתְקַדַּשׁ שְׁמֵהּ רַבָּא (קהל: אָמֵן)
בְּעָלְמָא דִּי בְרָא כִרְעוּתֵהּ
וְיַמְלִיךְ מַלְכוּתֵהּ
בְּחַיֵּיכוֹן וּבְיוֹמֵיכוֹן, וּבְחַיֵּי דְכָל בֵּית יִשְׂרָאֵל
בַּעֲגָלָא וּבִזְמַן קָרִיב, וְאִמְרוּ אָמֵן. (קהל: אָמֵן)

קהל ואבל: יְהֵא שְׁמֵהּ רַבָּא מְבָרַךְ לְעָלַם וּלְעָלְמֵי עָלְמַיָּא.

אבל: יִתְבָּרַךְ וְיִשְׁתַּבַּח וְיִתְפָּאַר
וְיִתְרוֹמַם וְיִתְנַשֵּׂא וְיִתְהַדָּר וְיִתְעַלֶּה וְיִתְהַלָּל
שְׁמֵהּ דְּקֻדְשָׁא בְּרִיךְ הוּא (קהל: בְּרִיךְ הוּא)
לְעֵלָּא מִן כָּל בִּרְכָתָא
/בשבת שובה: לְעֵלָּא לְעֵלָּא מִכָּל בִּרְכָתָא/
וְשִׁירָתָא, תֻּשְׁבְּחָתָא וְנֶחֱמָתָא
דַּאֲמִירָן בְּעָלְמָא, וְאִמְרוּ אָמֵן. (קהל: אָמֵן)

יְהֵא שְׁלָמָא רַבָּא מִן שְׁמַיָּא
וְחַיִּים, עָלֵינוּ וְעַל כָּל יִשְׂרָאֵל, וְאִמְרוּ אָמֵן. (קהל: אָמֵן)

כורע ופוסע שלוש פסיעות לאחור. קד לשמאל, לימין ולפנים באמירת:

עֹשֶׂה שָׁלוֹם/ בשבת שובה: הַשָּׁלוֹם/ בִּמְרוֹמָיו
הוּא יַעֲשֶׂה שָׁלוֹם
עָלֵינוּ וְעַל כָּל יִשְׂרָאֵל, וְאִמְרוּ אָמֵן. (קהל: אָמֵן)

משבת בראשית ועד לפני שבת הגדול נוהגים לומר 'בָּרְכִי נַפְשִׁי'
ושירי המעלות לאחר תפילת מנחה (בעמוד הבא).

מפסח ועד ראש השנה נוהגים לומר פרקי אבות (עמ' 302).

בבתי כנסת המתפללים בנוסח ספרד, מוסיפים את המזמור 'לְדָוִד ה' אוֹרִי וְיִשְׁעִי' (עמ' 348)
מר"ח אלול ועד הושענא רבה, ואחריו אומרים קדיש יתום.

ברכי נפשי

נוהגים לומר ׳בָּרְכִי נַפְשִׁי׳ משבת בראשית, כיוון שהוא עוסק בבריאה, ואחריו אומרים את שירי המעלות, שעליהם נאמר (סוכה נג ע״א) שהצילו את העולם מלשוב לתוהו ובוהו (׳לבוש׳, תרסט).

תהלים קד בָּרְכִי נַפְשִׁי אֶת־יהוה, יהוה אֱלֹהַי גָּדַלְתָּ מְּאֹד, הוֹד וְהָדָר לָבָשְׁתָּ: עֹטֶה־אוֹר כַּשַּׂלְמָה, נוֹטֶה שָׁמַיִם כַּיְרִיעָה: הַמְקָרֶה בַמַּיִם עֲלִיּוֹתָיו, הַשָּׂם־עָבִים רְכוּבוֹ, הַמְהַלֵּךְ עַל־כַּנְפֵי־רוּחַ: עֹשֶׂה מַלְאָכָיו רוּחוֹת, מְשָׁרְתָיו אֵשׁ לֹהֵט: יָסַד־אֶרֶץ עַל־מְכוֹנֶיהָ, בַּל־תִּמּוֹט עוֹלָם וָעֶד: תְּהוֹם כַּלְּבוּשׁ כִּסִּיתוֹ, עַל־הָרִים יַעַמְדוּ־מָיִם: מִן־גַּעֲרָתְךָ יְנוּסוּן, מִן־קוֹל רַעַמְךָ יֵחָפֵזוּן: יַעֲלוּ הָרִים, יֵרְדוּ בְקָעוֹת, אֶל־מְקוֹם זֶה יָסַדְתָּ לָהֶם: גְּבוּל־שַׂמְתָּ בַּל־יַעֲבֹרוּן, בַּל־יְשׁוּבוּן לְכַסּוֹת הָאָרֶץ: הַמְשַׁלֵּחַ מַעְיָנִים בַּנְּחָלִים, בֵּין הָרִים יְהַלֵּכוּן: יַשְׁקוּ כָּל־חַיְתוֹ שָׂדָי, יִשְׁבְּרוּ פְרָאִים צְמָאָם: עֲלֵיהֶם עוֹף־הַשָּׁמַיִם יִשְׁכּוֹן, מִבֵּין עֳפָאיִם יִתְּנוּ־קוֹל: מַשְׁקֶה הָרִים מֵעֲלִיּוֹתָיו, מִפְּרִי מַעֲשֶׂיךָ תִּשְׂבַּע הָאָרֶץ: מַצְמִיחַ חָצִיר לַבְּהֵמָה, וְעֵשֶׂב לַעֲבֹדַת הָאָדָם, לְהוֹצִיא לֶחֶם מִן־הָאָרֶץ: וְיַיִן יְשַׂמַּח לְבַב־אֱנוֹשׁ, לְהַצְהִיל פָּנִים מִשָּׁמֶן, וְלֶחֶם לְבַב־אֱנוֹשׁ יִסְעָד: יִשְׂבְּעוּ עֲצֵי יהוה, אַרְזֵי לְבָנוֹן אֲשֶׁר נָטָע: אֲשֶׁר־שָׁם צִפֳּרִים יְקַנֵּנוּ, חֲסִידָה בְּרוֹשִׁים בֵּיתָהּ: הָרִים הַגְּבֹהִים לַיְּעֵלִים, סְלָעִים מַחְסֶה לַשְׁפַנִּים: עָשָׂה יָרֵחַ לְמוֹעֲדִים, שֶׁמֶשׁ יָדַע מְבוֹאוֹ: תָּשֶׁת־חֹשֶׁךְ וִיהִי לָיְלָה, בּוֹ־תִרְמֹשׂ כָּל־חַיְתוֹ־יָעַר: הַכְּפִירִים שֹׁאֲגִים לַטָּרֶף, וּלְבַקֵּשׁ מֵאֵל אָכְלָם: תִּזְרַח הַשֶּׁמֶשׁ יֵאָסֵפוּן, וְאֶל־מְעוֹנֹתָם יִרְבָּצוּן: יֵצֵא אָדָם לְפָעֳלוֹ, וְלַעֲבֹדָתוֹ עֲדֵי־עָרֶב: מָה־רַבּוּ מַעֲשֶׂיךָ יהוה, כֻּלָּם בְּחָכְמָה עָשִׂיתָ, מָלְאָה הָאָרֶץ קִנְיָנֶךָ: זֶה הַיָּם גָּדוֹל וּרְחַב יָדָיִם, שָׁם־רֶמֶשׂ וְאֵין מִסְפָּר, חַיּוֹת קְטַנּוֹת עִם־גְּדֹלוֹת: שָׁם אֳנִיּוֹת יְהַלֵּכוּן, לִוְיָתָן זֶה־יָצַרְתָּ לְשַׂחֶק־בּוֹ: כֻּלָּם אֵלֶיךָ יְשַׂבֵּרוּן, לָתֵת אָכְלָם בְּעִתּוֹ: תִּתֵּן לָהֶם יִלְקֹטוּן, תִּפְתַּח יָדְךָ יִשְׂבְּעוּן טוֹב: תַּסְתִּיר פָּנֶיךָ יִבָּהֵלוּן, תֹּסֵף רוּחָם יִגְוָעוּן, וְאֶל־עֲפָרָם יְשׁוּבוּן: תְּשַׁלַּח רוּחֲךָ יִבָּרֵאוּן, וּתְחַדֵּשׁ פְּנֵי אֲדָמָה: יְהִי כְבוֹד יהוה לְעוֹלָם, יִשְׂמַח יהוה בְּמַעֲשָׂיו: הַמַּבִּיט לָאָרֶץ וַתִּרְעָד, יִגַּע בֶּהָרִים וְיֶעֱשָׁנוּ: אָשִׁירָה לַיהוה בְּחַיָּי, אֲזַמְּרָה לֵאלֹהַי בְּעוֹדִי: יֶעֱרַב עָלָיו שִׂיחִי, אָנֹכִי אֶשְׂמַח בַּיהוה: יִתַּמּוּ חַטָּאִים מִן־הָאָרֶץ, וּרְשָׁעִים עוֹד אֵינָם, בָּרְכִי נַפְשִׁי אֶת־יהוה, הַלְלוּיָהּ:

תהלים קכ שִׁיר הַמַּעֲלוֹת, אֶל־יהוה בַּצָּרָתָה לִּי, קָרָאתִי וַיַּעֲנֵנִי: יהוה הַצִּילָה נַפְשִׁי
מִשְּׂפַת־שֶׁקֶר, מִלָּשׁוֹן רְמִיָּה: מַה־יִּתֵּן לְךָ וּמַה־יֹּסִיף לָךְ, לָשׁוֹן רְמִיָּה:
חִצֵּי גִבּוֹר שְׁנוּנִים, עִם גַּחֲלֵי רְתָמִים: אוֹיָה־לִי כִּי־גַרְתִּי מֶשֶׁךְ, שָׁכַנְתִּי
עִם־אָהֳלֵי קֵדָר: רַבַּת שָׁכְנָה־לָּהּ נַפְשִׁי, עִם שׂוֹנֵא שָׁלוֹם: אֲנִי־שָׁלוֹם וְכִי
אֲדַבֵּר, הֵמָּה לַמִּלְחָמָה:

תהלים קכא שִׁיר לַמַּעֲלוֹת, אֶשָּׂא עֵינַי אֶל־הֶהָרִים, מֵאַיִן יָבֹא עֶזְרִי: עֶזְרִי מֵעִם יהוה,
עֹשֵׂה שָׁמַיִם וָאָרֶץ: אַל־יִתֵּן לַמּוֹט רַגְלֶךָ, אַל־יָנוּם שֹׁמְרֶךָ: הִנֵּה לֹא־יָנוּם
וְלֹא יִישָׁן שׁוֹמֵר יִשְׂרָאֵל: יהוה שֹׁמְרֶךָ, יהוה צִלְּךָ עַל־יַד יְמִינֶךָ: יוֹמָם
הַשֶּׁמֶשׁ לֹא־יַכֶּכָּה, וְיָרֵחַ בַּלָּיְלָה: יהוה יִשְׁמָרְךָ מִכָּל־רָע, יִשְׁמֹר אֶת־נַפְשֶׁךָ:
יהוה יִשְׁמָר־צֵאתְךָ וּבוֹאֶךָ, מֵעַתָּה וְעַד־עוֹלָם:

תהלים קכב שִׁיר הַמַּעֲלוֹת לְדָוִד, שָׂמַחְתִּי בְּאֹמְרִים לִי בֵּית יהוה נֵלֵךְ: עֹמְדוֹת הָיוּ
רַגְלֵינוּ, בִּשְׁעָרַיִךְ יְרוּשָׁלָםִ: יְרוּשָׁלַםִ הַבְּנוּיָה, כְּעִיר שֶׁחֻבְּרָה־לָּהּ יַחְדָּו:
שֶׁשָּׁם עָלוּ שְׁבָטִים שִׁבְטֵי־יָהּ, עֵדוּת לְיִשְׂרָאֵל, לְהֹדוֹת לְשֵׁם יהוה: כִּי
שָׁמָּה יָשְׁבוּ כִסְאוֹת לְמִשְׁפָּט, כִּסְאוֹת לְבֵית דָּוִד: שַׁאֲלוּ שְׁלוֹם יְרוּשָׁלָםִ,
יִשְׁלָיוּ אֹהֲבָיִךְ: יְהִי־שָׁלוֹם בְּחֵילֵךְ, שַׁלְוָה בְּאַרְמְנוֹתָיִךְ: לְמַעַן אַחַי וְרֵעָי,
אֲדַבְּרָה־נָּא שָׁלוֹם בָּךְ: לְמַעַן בֵּית־יהוה אֱלֹהֵינוּ, אֲבַקְשָׁה טוֹב לָךְ:

תהלים קכג שִׁיר הַמַּעֲלוֹת, אֵלֶיךָ נָשָׂאתִי אֶת־עֵינַי, הַיֹּשְׁבִי בַּשָּׁמָיִם: הִנֵּה כְעֵינֵי עֲבָדִים
אֶל־יַד אֲדוֹנֵיהֶם, כְּעֵינֵי שִׁפְחָה אֶל־יַד גְּבִרְתָּהּ, כֵּן עֵינֵינוּ אֶל־יהוה אֱלֹהֵינוּ,
עַד שֶׁיְּחָנֵּנוּ: חָנֵּנוּ יהוה חָנֵּנוּ, כִּי־רַב שָׂבַעְנוּ בוּז: רַבַּת שָׂבְעָה־לָּהּ נַפְשֵׁנוּ,
הַלַּעַג הַשַּׁאֲנַנִּים, הַבּוּז לִגְאֵי יוֹנִים:

תהלים קכד שִׁיר הַמַּעֲלוֹת לְדָוִד, לוּלֵי יהוה שֶׁהָיָה לָנוּ, יֹאמַר־נָא יִשְׂרָאֵל: לוּלֵי
יהוה שֶׁהָיָה לָנוּ, בְּקוּם עָלֵינוּ אָדָם: אֲזַי חַיִּים בְּלָעוּנוּ, בַּחֲרוֹת אַפָּם
בָּנוּ: אֲזַי הַמַּיִם שְׁטָפוּנוּ, נַחְלָה עָבַר עַל־נַפְשֵׁנוּ: אֲזַי עָבַר עַל־נַפְשֵׁנוּ,
הַמַּיִם הַזֵּידוֹנִים: בָּרוּךְ יהוה, שֶׁלֹּא נְתָנָנוּ טֶרֶף לְשִׁנֵּיהֶם: נַפְשֵׁנוּ כְּצִפּוֹר
נִמְלְטָה מִפַּח יוֹקְשִׁים, הַפַּח נִשְׁבָּר וַאֲנַחְנוּ נִמְלָטְנוּ: עֶזְרֵנוּ בְּשֵׁם יהוה,
עֹשֵׂה שָׁמַיִם וָאָרֶץ:

תהלים קכה שִׁיר הַמַּעֲלוֹת, הַבֹּטְחִים בַּיהוה, כְּהַר־צִיּוֹן לֹא־יִמּוֹט, לְעוֹלָם יֵשֵׁב: יְרוּשָׁלַםִ, הָרִים סָבִיב לָהּ, וַיהוה סָבִיב לְעַמּוֹ, מֵעַתָּה וְעַד־עוֹלָם: כִּי לֹא יָנוּחַ שֵׁבֶט הָרֶשַׁע עַל גּוֹרַל הַצַּדִּיקִים, לְמַעַן לֹא־יִשְׁלְחוּ הַצַּדִּיקִים בְּעַוְלָתָה יְדֵיהֶם: הֵיטִיבָה יהוה לַטּוֹבִים, וְלִישָׁרִים בְּלִבּוֹתָם: וְהַמַּטִּים עֲקַלְקַלּוֹתָם יוֹלִיכֵם יהוה אֶת־פֹּעֲלֵי הָאָוֶן, שָׁלוֹם עַל־יִשְׂרָאֵל:

תהלים קכו שִׁיר הַמַּעֲלוֹת, בְּשׁוּב יהוה אֶת־שִׁיבַת צִיּוֹן, הָיִינוּ כְּחֹלְמִים: אָז יִמָּלֵא שְׂחוֹק פִּינוּ וּלְשׁוֹנֵנוּ רִנָּה, אָז יֹאמְרוּ בַגּוֹיִם הִגְדִּיל יהוה לַעֲשׂוֹת עִם־אֵלֶּה: הִגְדִּיל יהוה לַעֲשׂוֹת עִמָּנוּ, הָיִינוּ שְׂמֵחִים: שׁוּבָה יהוה אֶת־שְׁבִיתֵנוּ, כַּאֲפִיקִים בַּנֶּגֶב: הַזֹּרְעִים בְּדִמְעָה בְּרִנָּה יִקְצֹרוּ: הָלוֹךְ יֵלֵךְ וּבָכֹה נֹשֵׂא מֶשֶׁךְ־הַזָּרַע, בֹּא־יָבֹא בְרִנָּה נֹשֵׂא אֲלֻמֹּתָיו:

תהלים קכז שִׁיר הַמַּעֲלוֹת לִשְׁלֹמֹה, אִם־יהוה לֹא־יִבְנֶה בַיִת, שָׁוְא עָמְלוּ בוֹנָיו בּוֹ, אִם־יהוה לֹא־יִשְׁמָר־עִיר, שָׁוְא שָׁקַד שׁוֹמֵר: שָׁוְא לָכֶם מַשְׁכִּימֵי קוּם מְאַחֲרֵי־שֶׁבֶת, אֹכְלֵי לֶחֶם הָעֲצָבִים, כֵּן יִתֵּן לִידִידוֹ שֵׁנָא: הִנֵּה נַחֲלַת יהוה בָּנִים, שָׂכָר פְּרִי הַבָּטֶן: כְּחִצִּים בְּיַד־גִּבּוֹר כֵּן בְּנֵי הַנְּעוּרִים: אַשְׁרֵי הַגֶּבֶר אֲשֶׁר מִלֵּא אֶת־אַשְׁפָּתוֹ מֵהֶם, לֹא־יֵבֹשׁוּ כִּי־יְדַבְּרוּ אֶת־אוֹיְבִים בַּשָּׁעַר:

תהלים קכח שִׁיר הַמַּעֲלוֹת, אַשְׁרֵי כָּל־יְרֵא יהוה, הַהֹלֵךְ בִּדְרָכָיו: יְגִיעַ כַּפֶּיךָ כִּי תֹאכֵל, אַשְׁרֶיךָ וְטוֹב לָךְ: אֶשְׁתְּךָ כְּגֶפֶן פֹּרִיָּה בְּיַרְכְּתֵי בֵיתֶךָ, בָּנֶיךָ כִּשְׁתִלֵי זֵיתִים, סָבִיב לְשֻׁלְחָנֶךָ: הִנֵּה כִי־כֵן יְבֹרַךְ גָּבֶר יְרֵא יהוה: יְבָרֶכְךָ יהוה מִצִּיּוֹן, וּרְאֵה בְּטוּב יְרוּשָׁלָםִ, כֹּל יְמֵי חַיֶּיךָ: וּרְאֵה־בָנִים לְבָנֶיךָ, שָׁלוֹם עַל־יִשְׂרָאֵל:

תהלים קכט שִׁיר הַמַּעֲלוֹת, רַבַּת צְרָרוּנִי מִנְּעוּרַי, יֹאמַר־נָא יִשְׂרָאֵל: רַבַּת צְרָרוּנִי מִנְּעוּרָי, גַּם לֹא־יָכְלוּ לִי: עַל־גַּבִּי חָרְשׁוּ חֹרְשִׁים, הֶאֱרִיכוּ לְמַעֲנִיתָם: יהוה צַדִּיק, קִצֵּץ עֲבוֹת רְשָׁעִים: יֵבֹשׁוּ וְיִסֹּגוּ אָחוֹר כֹּל שֹׂנְאֵי צִיּוֹן: יִהְיוּ כַּחֲצִיר גַּגּוֹת שֶׁקַּדְמַת שָׁלַף יָבֵשׁ: שֶׁלֹּא מִלֵּא כַפּוֹ קוֹצֵר, וְחִצְנוֹ מְעַמֵּר: וְלֹא אָמְרוּ הָעֹבְרִים, בִּרְכַּת־יהוה אֲלֵיכֶם, בֵּרַכְנוּ אֶתְכֶם בְּשֵׁם יהוה:

תהלים קל שִׁיר הַמַּעֲלוֹת, מִמַּעֲמַקִּים קְרָאתִיךָ יהוה: אֲדֹנָי שִׁמְעָה בְקוֹלִי, תִּהְיֶינָה אָזְנֶיךָ קַשֻּׁבוֹת לְקוֹל תַּחֲנוּנָי: אִם־עֲוֺנוֹת תִּשְׁמָר־יָהּ, אֲדֹנָי מִי יַעֲמֹד: כִּי־

עִמְּךָ הַסְּלִיחָה, לְמַעַן תִּוָּרֵא: קִוִּיתִי יהוה קִוְּתָה נַפְשִׁי, וְלִדְבָרוֹ הוֹחָלְתִּי: נַפְשִׁי לַאדֹנָי, מִשֹּׁמְרִים לַבֹּקֶר, שֹׁמְרִים לַבֹּקֶר: יַחֵל יִשְׂרָאֵל אֶל־יהוה, כִּי־עִם־יהוה הַחֶסֶד, וְהַרְבֵּה עִמּוֹ פְדוּת: וְהוּא יִפְדֶּה אֶת־יִשְׂרָאֵל, מִכֹּל עֲוֹנוֹתָיו:

תהלים קלא שִׁיר הַמַּעֲלוֹת לְדָוִד, יהוה לֹא־גָבַהּ לִבִּי, וְלֹא־רָמוּ עֵינַי, וְלֹא־הִלַּכְתִּי בִּגְדֹלוֹת וּבְנִפְלָאוֹת מִמֶּנִּי: אִם־לֹא שִׁוִּיתִי וְדוֹמַמְתִּי נַפְשִׁי, כְּגָמֻל עֲלֵי אִמּוֹ, כַּגָּמֻל עָלַי נַפְשִׁי: יַחֵל יִשְׂרָאֵל אֶל־יהוה, מֵעַתָּה וְעַד־עוֹלָם:

תהלים קלב שִׁיר הַמַּעֲלוֹת, זְכוֹר־יהוה לְדָוִד אֵת כָּל־עֻנּוֹתוֹ: אֲשֶׁר נִשְׁבַּע לַיהוה, נָדַר לַאֲבִיר יַעֲקֹב: אִם־אָבֹא בְּאֹהֶל בֵּיתִי, אִם־אֶעֱלֶה עַל־עֶרֶשׂ יְצוּעָי: אִם־אֶתֵּן שְׁנַת לְעֵינָי, לְעַפְעַפַּי תְּנוּמָה: עַד־אֶמְצָא מָקוֹם לַיהוה, מִשְׁכָּנוֹת לַאֲבִיר יַעֲקֹב: הִנֵּה־שְׁמַעֲנוּהָ בְאֶפְרָתָה, מְצָאנוּהָ בִּשְׂדֵי־יָעַר: נָבוֹאָה לְמִשְׁכְּנוֹתָיו, נִשְׁתַּחֲוֶה לַהֲדֹם רַגְלָיו: קוּמָה יהוה לִמְנוּחָתֶךָ, אַתָּה וַאֲרוֹן עֻזֶּךָ: כֹּהֲנֶיךָ יִלְבְּשׁוּ־צֶדֶק, וַחֲסִידֶיךָ יְרַנֵּנוּ: בַּעֲבוּר דָּוִד עַבְדֶּךָ, אַל־תָּשֵׁב פְּנֵי מְשִׁיחֶךָ: נִשְׁבַּע־יהוה לְדָוִד, אֱמֶת לֹא־יָשׁוּב מִמֶּנָּה, מִפְּרִי בִטְנְךָ אָשִׁית לְכִסֵּא־לָךְ: אִם־יִשְׁמְרוּ בָנֶיךָ בְּרִיתִי, וְעֵדֹתִי זוֹ אֲלַמְּדֵם, גַּם־בְּנֵיהֶם עֲדֵי־עַד, יֵשְׁבוּ לְכִסֵּא־לָךְ: כִּי־בָחַר יהוה בְּצִיּוֹן, אִוָּהּ לְמוֹשָׁב לוֹ: זֹאת־מְנוּחָתִי עֲדֵי־עַד, פֹּה אֵשֵׁב כִּי אִוִּתִיהָ: צֵידָהּ בָּרֵךְ אֲבָרֵךְ, אֶבְיוֹנֶיהָ אַשְׂבִּיעַ לָחֶם: וְכֹהֲנֶיהָ אַלְבִּישׁ יֶשַׁע, וַחֲסִידֶיהָ רַנֵּן יְרַנֵּנוּ: שָׁם אַצְמִיחַ קֶרֶן לְדָוִד, עָרַכְתִּי נֵר לִמְשִׁיחִי: אוֹיְבָיו אַלְבִּישׁ בֹּשֶׁת, וְעָלָיו יָצִיץ נִזְרוֹ:

תהלים קלג שִׁיר הַמַּעֲלוֹת לְדָוִד, הִנֵּה מַה־טּוֹב וּמַה־נָּעִים, שֶׁבֶת אַחִים גַּם־יָחַד: כַּשֶּׁמֶן הַטּוֹב עַל־הָרֹאשׁ, יֹרֵד עַל־הַזָּקָן, זְקַן־אַהֲרֹן שֶׁיֹּרֵד עַל־פִּי מִדּוֹתָיו: כְּטַל־חֶרְמוֹן שֶׁיֹּרֵד עַל־הַרְרֵי צִיּוֹן, כִּי שָׁם צִוָּה יהוה אֶת־הַבְּרָכָה, חַיִּים עַד־הָעוֹלָם:

תהלים קלד שִׁיר הַמַּעֲלוֹת, הִנֵּה בָּרְכוּ אֶת־יהוה כָּל־עַבְדֵי יהוה, הָעֹמְדִים בְּבֵית־יהוה בַּלֵּילוֹת: שְׂאוּ־יְדֵכֶם קֹדֶשׁ, וּבָרְכוּ אֶת־יהוה: יְבָרֶכְךָ יהוה מִצִּיּוֹן, עֹשֵׂה שָׁמַיִם וָאָרֶץ:

יש אומרים קדיש יתום (עמ׳ 297).

פרקי אבות

מימות הגאונים נהגו ללמוד פרקי אבות בשבת בין מנחה לערבית
(סדר רב עמרם גאון), באשכנז נהגו לומר פרקי אבות העוסקים במוסר, רק בקיץ
(מנהגי מהר״י טירנא), שאז הטבע מפתה ומושך את האדם (עולם התפילות).

לפני הלימוד אומרים את המשנה הראשונה מפרק ׳חלק׳, ואחריו את המשנה
האחרונה במסכת מכות כדי להדגיש את התכלית לקיום המצוות (מטה משה).

כָּל יִשְׂרָאֵל יֵשׁ לָהֶם חֵלֶק לָעוֹלָם הַבָּא. שֶׁנֶּאֱמַר: סנהדרין צ.
וְעַמֵּךְ כֻּלָּם צַדִּיקִים, לְעוֹלָם יִירְשׁוּ אָרֶץ ישעיה ס
נֵצֶר מַטָּעַי, מַעֲשֵׂה יָדַי לְהִתְפָּאֵר:

פרק ראשון

א מֹשֶׁה קִבֵּל תּוֹרָה מִסִּינַי וּמְסָרָהּ לִיהוֹשֻׁעַ, וִיהוֹשֻׁעַ לִזְקֵנִים, וּזְקֵנִים לִנְבִיאִים,
וּנְבִיאִים מְסָרוּהָ לְאַנְשֵׁי כְנֶסֶת הַגְּדוֹלָה. הֵם אָמְרוּ שְׁלֹשָׁה דְבָרִים: הֱווּ
מְתוּנִים בַּדִּין, וְהַעֲמִידוּ תַלְמִידִים הַרְבֵּה, וַעֲשׂוּ סְיָג לַתּוֹרָה.

ב שִׁמְעוֹן הַצַּדִּיק הָיָה מִשְּׁיָרֵי כְנֶסֶת הַגְּדוֹלָה. הוּא הָיָה אוֹמֵר: עַל שְׁלֹשָׁה
דְבָרִים הָעוֹלָם עוֹמֵד, עַל הַתּוֹרָה, וְעַל הָעֲבוֹדָה, וְעַל גְּמִילוּת חֲסָדִים.

ג אַנְטִיגְנוֹס אִישׁ סוֹכוֹ קִבֵּל מִשִּׁמְעוֹן הַצַּדִּיק. הוּא הָיָה אוֹמֵר: אַל תִּהְיוּ
כַּעֲבָדִים הַמְשַׁמְּשִׁים אֶת הָרַב עַל מְנָת לְקַבֵּל פְּרָס, אֶלָּא הֱווּ כַּעֲבָדִים
הַמְשַׁמְּשִׁים אֶת הָרַב שֶׁלֹּא עַל מְנָת לְקַבֵּל פְּרָס, וִיהִי מוֹרָא שָׁמַיִם עֲלֵיכֶם.

ד יוֹסֵי בֶּן יוֹעֶזֶר אִישׁ צְרֵדָה וְיוֹסֵי בֶּן יוֹחָנָן אִישׁ יְרוּשָׁלַיִם קִבְּלוּ מֵהֶם. יוֹסֵי
בֶּן יוֹעֶזֶר אִישׁ צְרֵדָה אוֹמֵר: יְהִי בֵיתְךָ בֵּית וַעַד לַחֲכָמִים, וֶהֱוֵי מִתְאַבֵּק
בַּעֲפַר רַגְלֵיהֶם, וֶהֱוֵי שׁוֹתֶה בַצָּמָא אֶת דִּבְרֵיהֶם.

ה יוֹסֵי בֶּן יוֹחָנָן אִישׁ יְרוּשָׁלַיִם אוֹמֵר: יְהִי בֵיתְךָ פָּתוּחַ לִרְוָחָה, וְיִהְיוּ עֲנִיִּים
בְּנֵי בֵיתֶךָ, וְאַל תַּרְבֶּה שִׂיחָה עִם הָאִשָּׁה. בְּאִשְׁתּוֹ אָמְרוּ, קַל וָחֹמֶר בְּאֵשֶׁת
חֲבֵרוֹ. מִכָּאן אָמְרוּ חֲכָמִים: כָּל הַמַּרְבֶּה שִׂיחָה עִם הָאִשָּׁה, גּוֹרֵם רָעָה
לְעַצְמוֹ, וּבוֹטֵל מִדִּבְרֵי תוֹרָה, וְסוֹפוֹ יוֹרֵשׁ גֵּיהִנֹּם.

ו יְהוֹשֻׁעַ בֶּן פְּרַחְיָה וְנִתַּאי הָאַרְבֵּלִי קִבְּלוּ מֵהֶם. יְהוֹשֻׁעַ בֶּן פְּרַחְיָה אוֹמֵר:
עֲשֵׂה לְךָ רַב, וּקְנֵה לְךָ חָבֵר, וֶהֱוֵי דָן אֶת כָּל הָאָדָם לְכַף זְכוּת.

ז נִתַּאי הָאַרְבֵּלִי אוֹמֵר: הַרְחֵק מִשָּׁכֵן רָע, וְאַל תִּתְחַבֵּר לָרָשָׁע, וְאַל תִּתְיָאֵשׁ
מִן הַפֻּרְעָנוּת.

ח יְהוּדָה בֶּן טַבַּאי וְשִׁמְעוֹן בֶּן שָׁטָח קִבְּלוּ מֵהֶם. יְהוּדָה בֶּן טַבַּאי אוֹמֵר:
אַל תַּעַשׂ עַצְמְךָ כְּעוֹרְכֵי הַדַּיָּנִין, וּכְשֶׁיִּהְיוּ בַּעֲלֵי הַדִּין עוֹמְדִים לְפָנֶיךָ יִהְיוּ
בְעֵינֶיךָ כִּרְשָׁעִים, וּכְשֶׁנִּפְטָרִים מִלְּפָנֶיךָ יִהְיוּ בְעֵינֶיךָ כְּזַכָּאִין, כְּשֶׁקִּבְּלוּ
עֲלֵיהֶם אֶת הַדִּין.

ט שִׁמְעוֹן בֶּן שָׁטָח אוֹמֵר: הֱוֵי מַרְבֶּה לַחְקֹר אֶת הָעֵדִים, וֶהֱוֵי זָהִיר בִּדְבָרֶיךָ,
שֶׁמָּא מִתּוֹכָם יִלְמְדוּ לְשַׁקֵּר.

י שְׁמַעְיָה וְאַבְטַלְיוֹן קִבְּלוּ מֵהֶם. שְׁמַעְיָה אוֹמֵר: אֱהֹב אֶת הַמְּלָאכָה, וּשְׂנָא
אֶת הָרַבָּנוּת, וְאַל תִּתְוַדַּע לָרָשׁוּת.

יא אַבְטַלְיוֹן אוֹמֵר: חֲכָמִים הִזָּהֲרוּ בְדִבְרֵיכֶם, שֶׁמָּא תָחוֹבוּ חוֹבַת גָּלוּת,
וְתִגְלוּ לִמְקוֹם מַיִם הָרָעִים, וְיִשְׁתּוּ הַתַּלְמִידִים הַבָּאִים אַחֲרֵיכֶם וְיָמוּתוּ,
וְנִמְצָא שֵׁם שָׁמַיִם מִתְחַלֵּל.

יב הִלֵּל וְשַׁמַּאי קִבְּלוּ מֵהֶם. הִלֵּל אוֹמֵר: הֱוֵי מִתַּלְמִידָיו שֶׁל אַהֲרֹן, אוֹהֵב
שָׁלוֹם וְרוֹדֵף שָׁלוֹם, אוֹהֵב אֶת הַבְּרִיּוֹת וּמְקָרְבָן לַתּוֹרָה.

יג הוּא הָיָה אוֹמֵר: נְגַד שְׁמָא אֲבַד שְׁמֵהּ, וּדְלָא מוֹסִיף יָסֵף, וּדְלָא יָלֵיף
קְטָלָא חַיָּב, וּדְאִשְׁתַּמַּשׁ בְּתָגָא חֲלָף.

יד הוּא הָיָה אוֹמֵר: אִם אֵין אֲנִי לִי מִי לִי, וּכְשֶׁאֲנִי לְעַצְמִי מָה אֲנִי, וְאִם לֹא
עַכְשָׁו אֵימָתָי.

טו שַׁמַּאי אוֹמֵר: עֲשֵׂה תוֹרָתְךָ קֶבַע, אֱמֹר מְעַט וַעֲשֵׂה הַרְבֵּה, וֶהֱוֵי מְקַבֵּל
אֶת כָּל הָאָדָם בְּסֵבֶר פָּנִים יָפוֹת.

טז רַבָּן גַּמְלִיאֵל אוֹמֵר: עֲשֵׂה לְךָ רַב, וְהִסְתַּלֵּק מִן הַסָּפֵק, וְאַל תַּרְבֶּה לְעַשֵּׂר
אֻמָּדוֹת.

יז שִׁמְעוֹן בְּנוֹ אוֹמֵר: כָּל יָמַי גָּדַלְתִּי בֵּין הַחֲכָמִים, וְלֹא מָצָאתִי לַגּוּף טוֹב
מִשְּׁתִיקָה, וְלֹא הַמִּדְרָשׁ עִקָּר אֶלָּא הַמַּעֲשֶׂה, וְכָל הַמַּרְבֶּה דְבָרִים מֵבִיא חֵטְא.

יח רַבָּן שִׁמְעוֹן בֶּן גַּמְלִיאֵל אוֹמֵר: עַל שְׁלֹשָׁה דְבָרִים הָעוֹלָם קַיָּם, עַל הַדִּין,
וְעַל הָאֱמֶת, וְעַל הַשָּׁלוֹם. שֶׁנֶּאֱמַר: אֱמֶת וּמִשְׁפַּט שָׁלוֹם שִׁפְטוּ בְּשַׁעֲרֵיכֶם: זכריה ח

רַבִּי חֲנַנְיָא בֶּן עֲקַשְׁיָא אוֹמֵר: רָצָה הַקָּדוֹשׁ בָּרוּךְ הוּא לְזַכּוֹת אֶת יִשְׂרָאֵל, לְפִיכָךְ מכות כג:
הִרְבָּה לָהֶם תּוֹרָה וּמִצְוֹת. שֶׁנֶּאֱמַר: יהוה חָפֵץ לְמַעַן צִדְקוֹ, יַגְדִּיל תּוֹרָה וְיַאְדִּיר: ישעיה מב

אם יש מניין, האבלים אומרים קדיש דרבנן (עמ׳ 264).

* * *

סנהדרין צ. כָּל יִשְׂרָאֵל יֵשׁ לָהֶם חֵלֶק לָעוֹלָם הַבָּא. שֶׁנֶּאֱמַר:
ישעיה ס וְעַמֵּךְ כֻּלָּם צַדִּיקִים, לְעוֹלָם יִירְשׁוּ אָרֶץ
נֵצֶר מַטָּעַי, מַעֲשֵׂה יָדַי לְהִתְפָּאֵר:

פרק שני

א רַבִּי אוֹמֵר: אֵיזוֹ הִיא דֶרֶךְ יְשָׁרָה שֶׁיָּבֹר לוֹ הָאָדָם, כָּל שֶׁהִיא תִּפְאֶרֶת
לְעֹשֶׂיהָ וְתִפְאֶרֶת לוֹ מִן הָאָדָם. וֶהֱוֵי זָהִיר בְּמִצְוָה קַלָּה כְּבַחֲמוּרָה, שֶׁאֵין
אַתָּה יוֹדֵעַ מַתַּן שְׂכָרָן שֶׁל מִצְוֹת. וֶהֱוֵי מְחַשֵּׁב הֶפְסֵד מִצְוָה כְּנֶגֶד שְׂכָרָהּ,
וּשְׂכַר עֲבֵרָה כְּנֶגֶד הֶפְסֵדָהּ. הִסְתַּכֵּל בִּשְׁלֹשָׁה דְבָרִים, וְאֵין אַתָּה בָא
לִידֵי עֲבֵרָה. דַּע מַה לְּמַעְלָה מִמְּךָ, עַיִן רוֹאָה, וְאֹזֶן שׁוֹמַעַת, וְכָל מַעֲשֶׂיךָ
בַּסֵּפֶר נִכְתָּבִים.

ב רַבָּן גַּמְלִיאֵל בְּנוֹ שֶׁל רַבִּי יְהוּדָה הַנָּשִׂיא אוֹמֵר: יָפֶה תַּלְמוּד תּוֹרָה עִם
דֶּרֶךְ אֶרֶץ, שֶׁיְּגִיעַת שְׁנֵיהֶם מְשַׁכַּחַת עָוֹן. וְכָל תּוֹרָה שֶׁאֵין עִמָּהּ מְלָאכָה,
סוֹפָהּ בְּטֵלָה וְגוֹרֶרֶת עָוֹן. וְכָל הָעוֹסְקִים עִם הַצִּבּוּר, יִהְיוּ עוֹסְקִים עִמָּהֶם
לְשֵׁם שָׁמַיִם, שֶׁזְּכוּת אֲבוֹתָם מְסַיַּעְתָּם, וְצִדְקָתָם עוֹמֶדֶת לָעַד. וְאַתֶּם,
מַעֲלֶה אֲנִי עֲלֵיכֶם שָׂכָר הַרְבֵּה כְּאִלּוּ עֲשִׂיתֶם.

ג הֱווּ זְהִירִין בָּרָשׁוּת, שֶׁאֵין מְקָרְבִין לוֹ לָאָדָם אֶלָּא לְצֹרֶךְ עַצְמָן. נִרְאִין
כְּאוֹהֲבִין בִּשְׁעַת הֲנָאָתָן, וְאֵין עוֹמְדִין לוֹ לָאָדָם בִּשְׁעַת דָּחֳקוֹ.

ד הוּא הָיָה אוֹמֵר: עֲשֵׂה רְצוֹנוֹ כִּרְצוֹנְךָ, כְּדֵי שֶׁיַּעֲשֶׂה רְצוֹנְךָ כִּרְצוֹנוֹ. בַּטֵּל
רְצוֹנְךָ מִפְּנֵי רְצוֹנוֹ, כְּדֵי שֶׁיְּבַטֵּל רְצוֹן אֲחֵרִים מִפְּנֵי רְצוֹנֶךָ.

ה הִלֵּל אוֹמֵר: אַל תִּפְרֹשׁ מִן הַצִּבּוּר, וְאַל תַּאֲמִין בְּעַצְמְךָ עַד יוֹם מוֹתְךָ,
וְאַל תָּדִין אֶת חֲבֵרְךָ עַד שֶׁתַּגִּיעַ לִמְקוֹמוֹ. וְאַל תֹּאמַר דָּבָר שֶׁאִי אֶפְשָׁר
לִשְׁמֹעַ, שֶׁסּוֹפוֹ לְהִשָּׁמַע. וְאַל תֹּאמַר לִכְשֶׁאֶפָּנֶה אֶשְׁנֶה, שֶׁמָּא לֹא
תִפָּנֶה.

ו הוּא הָיָה אוֹמֵר: אֵין בּוּר יְרֵא חֵטְא, וְלֹא עַם הָאָרֶץ חָסִיד, וְלֹא הַבַּיְשָׁן
לָמֵד, וְלֹא הַקַּפְּדָן מְלַמֵּד, וְלֹא כָל הַמַּרְבֶּה בִסְחוֹרָה מַחְכִּים. וּבְמָקוֹם
שֶׁאֵין אֲנָשִׁים, הִשְׁתַּדֵּל לִהְיוֹת אִישׁ.

ז אַף הוּא רָאָה גֻּלְגֹּלֶת אַחַת שֶׁצָּפָה עַל פְּנֵי הַמָּיִם. אָמַר לָהּ: עַל דַּאֲטֵפְתְּ
אַטְפוּךְ, וְסוֹף מְטִיפַיִךְ יְטוּפוּן.

ח הוּא הָיָה אוֹמֵר: מַרְבֶּה בָשָׂר, מַרְבֶּה רִמָּה. מַרְבֶּה נְכָסִים, מַרְבֶּה דְאָגָה.
מַרְבֶּה נָשִׁים, מַרְבֶּה כְשָׁפִים. מַרְבֶּה שְׁפָחוֹת, מַרְבֶּה זִמָּה. מַרְבֶּה עֲבָדִים,
מַרְבֶּה גָזֵל. מַרְבֶּה תוֹרָה, מַרְבֶּה חַיִּים. מַרְבֶּה יְשִׁיבָה, מַרְבֶּה חָכְמָה. מַרְבֶּה
עֵצָה, מַרְבֶּה תְבוּנָה. מַרְבֶּה צְדָקָה, מַרְבֶּה שָׁלוֹם. קָנָה שֵׁם טוֹב, קָנָה
לְעַצְמוֹ. קָנָה לוֹ דִבְרֵי תוֹרָה, קָנָה לוֹ חַיֵּי הָעוֹלָם הַבָּא.

ט רַבָּן יוֹחָנָן בֶּן זַכַּאי קִבֵּל מֵהִלֵּל וּמִשַּׁמַּאי. הוּא הָיָה אוֹמֵר: אִם לָמַדְתָּ
תּוֹרָה הַרְבֵּה, אַל תַּחֲזִיק טוֹבָה לְעַצְמְךָ, כִּי לְכָךְ נוֹצָרְתָּ.

י חֲמִשָּׁה תַלְמִידִים הָיוּ לְרַבָּן יוֹחָנָן בֶּן זַכַּאי. וְאֵלּוּ הֵן: רַבִּי אֱלִיעֶזֶר בֶּן
הוֹרְקְנוֹס, רַבִּי יְהוֹשֻׁעַ בֶּן חֲנַנְיָה, רַבִּי יוֹסֵי הַכֹּהֵן, רַבִּי שִׁמְעוֹן בֶּן נְתַנְאֵל,
רַבִּי אֶלְעָזָר בֶּן עֲרָךְ.

יא הוּא הָיָה מוֹנֶה שִׁבְחָם: אֱלִיעֶזֶר בֶּן הוֹרְקְנוֹס, בּוֹר סוּד שֶׁאֵינוֹ מְאַבֵּד טִפָּה.
יְהוֹשֻׁעַ בֶּן חֲנַנְיָה, אַשְׁרֵי יוֹלַדְתּוֹ. יוֹסֵי הַכֹּהֵן, חָסִיד. שִׁמְעוֹן בֶּן נְתַנְאֵל,
יְרֵא חֵטְא. אֶלְעָזָר בֶּן עֲרָךְ, כְּמַעְיָן הַמִּתְגַּבֵּר.

יב הוּא הָיָה אוֹמֵר: אִם יִהְיוּ כָּל חַכְמֵי יִשְׂרָאֵל בְּכַף מֹאזְנַיִם, וֶאֱלִיעֶזֶר בֶּן
הוֹרְקְנוֹס בְּכַף שְׁנִיָּה, מַכְרִיעַ אֶת כֻּלָּם. אַבָּא שָׁאוּל אוֹמֵר מִשְּׁמוֹ: אִם
יִהְיוּ כָּל חַכְמֵי יִשְׂרָאֵל בְּכַף מֹאזְנַיִם, וֶאֱלִיעֶזֶר בֶּן הוֹרְקְנוֹס אַף עִמָּהֶם,
וְאֶלְעָזָר בֶּן עֲרָךְ בְּכַף שְׁנִיָּה, מַכְרִיעַ אֶת כֻּלָּם.

יג אָמַר לָהֶם: צְאוּ וּרְאוּ אֵיזוֹ הִיא דֶּרֶךְ טוֹבָה, שֶׁיִּדְבַּק בָּהּ הָאָדָם. רַבִּי
אֱלִיעֶזֶר אוֹמֵר: עַיִן טוֹבָה. רַבִּי יְהוֹשֻׁעַ אוֹמֵר: חָבֵר טוֹב. רַבִּי יוֹסֵי אוֹמֵר:
שָׁכֵן טוֹב. רַבִּי שִׁמְעוֹן אוֹמֵר: הָרוֹאֶה אֶת הַנּוֹלָד. רַבִּי אֶלְעָזָר אוֹמֵר: לֵב
טוֹב. אָמַר לָהֶם, רוֹאֶה אֲנִי אֶת דִּבְרֵי אֶלְעָזָר בֶּן עֲרָךְ מִדִּבְרֵיכֶם, שֶׁבִּכְלַל
דְּבָרָיו דִּבְרֵיכֶם.

יד אָמַר לָהֶם: צְאוּ וּרְאוּ, אֵיזוֹ הִיא דֶּרֶךְ רָעָה, שֶׁיִּתְרַחֵק מִמֶּנָּה הָאָדָם. רַבִּי
אֱלִיעֶזֶר אוֹמֵר: עַיִן רָעָה. רַבִּי יְהוֹשֻׁעַ אוֹמֵר: חָבֵר רָע. רַבִּי יוֹסֵי אוֹמֵר:
שָׁכֵן רָע. רַבִּי שִׁמְעוֹן אוֹמֵר: הַלֹּוֶה וְאֵינוֹ מְשַׁלֵּם, אֶחָד הַלֹּוֶה מִן הָאָדָם
כְּלֹוֶה מִן הַמָּקוֹם, שֶׁנֶּאֱמַר: לֹוֶה רָשָׁע וְלֹא יְשַׁלֵּם, וְצַדִּיק חוֹנֵן וְנוֹתֵן: רַבִּי תהלים לז
אֶלְעָזָר אוֹמֵר: לֵב רָע. אָמַר לָהֶם: רוֹאֶה אֲנִי אֶת דִּבְרֵי אֶלְעָזָר בֶּן עֲרָךְ
מִדִּבְרֵיכֶם, שֶׁבִּכְלַל דְּבָרָיו דִּבְרֵיכֶם.

טו הֵם אָמְרוּ שְׁלֹשָׁה דְבָרִים. רַבִּי אֱלִיעֶזֶר אוֹמֵר: יְהִי כְבוֹד חֲבֵרְךָ חָבִיב עָלֶיךָ כְּשֶׁלָּךְ, וְאַל תְּהִי נוֹחַ לִכְעֹס. וְשׁוּב יוֹם אֶחָד לִפְנֵי מִיתָתְךָ. וֶהֱוֵי מִתְחַמֵּם כְּנֶגֶד אוּרָן שֶׁל חֲכָמִים, וֶהֱוֵי זָהִיר בְּגַחַלְתָּן שֶׁלֹּא תִכָּוֶה, שֶׁנְּשִׁיכָתָן נְשִׁיכַת שׁוּעָל, וַעֲקִיצָתָן עֲקִיצַת עַקְרָב, וּלְחִישָׁתָן לְחִישַׁת שָׂרָף, וְכָל דִּבְרֵיהֶם כְּגַחֲלֵי אֵשׁ.

טז רַבִּי יְהוֹשֻׁעַ אוֹמֵר: עַיִן הָרָע וְיֵצֶר הָרָע וְשִׂנְאַת הַבְּרִיּוֹת, מוֹצִיאִין אֶת הָאָדָם מִן הָעוֹלָם.

יז רַבִּי יוֹסֵי אוֹמֵר: יְהִי מָמוֹן חֲבֵרְךָ חָבִיב עָלֶיךָ כְּשֶׁלָּךְ. וְהַתְקֵן עַצְמְךָ לִלְמֹד תּוֹרָה, שֶׁאֵינָהּ יְרֻשָּׁה לָךְ. וְכָל מַעֲשֶׂיךָ יִהְיוּ לְשֵׁם שָׁמָיִם.

יח רַבִּי שִׁמְעוֹן אוֹמֵר: הֱוֵי זָהִיר בִּקְרִיאַת שְׁמַע וּבִתְפִלָּה. וּכְשֶׁאַתָּה מִתְפַּלֵּל
אַל תַּעַשׂ תְּפִלָּתְךָ קֶבַע, אֶלָּא רַחֲמִים וְתַחֲנוּנִים לִפְנֵי הַמָּקוֹם, שֶׁנֶּאֱמַר:
יואל ב כִּי־חַנּוּן וְרַחוּם הוּא, אֶרֶךְ אַפַּיִם וְרַב־חֶסֶד וְנִחָם עַל־הָרָעָה: וְאַל תְּהִי
רָשָׁע בִּפְנֵי עַצְמֶךָ.

יט רַבִּי אֶלְעָזָר אוֹמֵר: הֱוֵי שָׁקוּד לִלְמֹד תּוֹרָה. וְדַע מַה שֶּׁתָּשִׁיב לְאֶפִּיקוֹרוֹס. וְדַע לִפְנֵי מִי אַתָּה עָמֵל, וּמִי הוּא בַּעַל מְלַאכְתְּךָ, שֶׁיְּשַׁלֶּם לְךָ שְׂכַר פְּעֻלָּתֶךָ.

כ רַבִּי טַרְפוֹן אוֹמֵר: הַיּוֹם קָצֵר, וְהַמְּלָאכָה מְרֻבָּה, וְהַפּוֹעֲלִים עֲצֵלִים, וְהַשָּׂכָר הַרְבֵּה, וּבַעַל הַבַּיִת דּוֹחֵק.

כא הוּא הָיָה אוֹמֵר: לֹא עָלֶיךָ הַמְּלָאכָה לִגְמֹר, וְלֹא אַתָּה בֶן חוֹרִין לִבָּטֵל מִמֶּנָּה. אִם לָמַדְתָּ תּוֹרָה הַרְבֵּה, נוֹתְנִין לְךָ שָׂכָר הַרְבֵּה. וְנֶאֱמָן הוּא בַּעַל מְלַאכְתְּךָ, שֶׁיְּשַׁלֶּם לְךָ שְׂכַר פְּעֻלָּתֶךָ. וְדַע, שֶׁמַּתַּן שְׂכָרָן שֶׁל צַדִּיקִים לֶעָתִיד לָבוֹא.

מכות כג: רַבִּי חֲנַנְיָא בֶּן עֲקַשְׁיָא אוֹמֵר: רָצָה הַקָּדוֹשׁ בָּרוּךְ הוּא לְזַכּוֹת אֶת יִשְׂרָאֵל,
ישעיה מב לְפִיכָךְ הִרְבָּה לָהֶם תּוֹרָה וּמִצְוֹת. שֶׁנֶּאֱמַר: יהוה חָפֵץ לְמַעַן צִדְקוֹ, יַגְדִּיל
תּוֹרָה וְיַאְדִּיר:

אם יש מניין, האבלים אומרים קדיש דרבנן (עמ׳ 264).

* * *

כָּל יִשְׂרָאֵל יֵשׁ לָהֶם חֵלֶק לָעוֹלָם הַבָּא. שֶׁנֶּאֱמַר: סנהדרין צ.
וְעַמֵּךְ כֻּלָּם צַדִּיקִים, לְעוֹלָם יִירְשׁוּ אָרֶץ ישעיה ס
נֵצֶר מַטָּעַי, מַעֲשֵׂה יָדַי לְהִתְפָּאֵר:

פרק שלישי

א עֲקַבְיָא בֶּן מַהֲלַלְאֵל אוֹמֵר: הִסְתַּכֵּל בִּשְׁלֹשָׁה דְבָרִים, וְאֵין אַתָּה בָא
לִידֵי עֲבֵרָה. דַּע מֵאַיִן בָּאתָ, וּלְאָן אַתָּה הוֹלֵךְ, וְלִפְנֵי מִי אַתָּה עָתִיד לִתֵּן
דִּין וְחֶשְׁבּוֹן. מֵאַיִן בָּאתָ, מִטִּפָּה סְרוּחָה. וּלְאָן אַתָּה הוֹלֵךְ, לִמְקוֹם עָפָר,
רִמָּה וְתוֹלֵעָה. וְלִפְנֵי מִי אַתָּה עָתִיד לִתֵּן דִּין וְחֶשְׁבּוֹן, לִפְנֵי מֶלֶךְ מַלְכֵי
הַמְּלָכִים, הַקָּדוֹשׁ בָּרוּךְ הוּא.

ב רַבִּי חֲנִינָא סְגַן הַכֹּהֲנִים אוֹמֵר: הֱוֵי מִתְפַּלֵּל בִּשְׁלוֹמָהּ שֶׁל מַלְכוּת,
שֶׁאִלְמָלֵא מוֹרָאָהּ, אִישׁ אֶת רֵעֵהוּ חַיִּים בְּלָעוֹ.

ג רַבִּי חֲנִינָא בֶּן תְּרַדְיוֹן אוֹמֵר: שְׁנַיִם שֶׁיּוֹשְׁבִין, וְאֵין בֵּינֵיהֶם דִּבְרֵי תוֹרָה, הֲרֵי
זֶה מוֹשַׁב לֵצִים, שֶׁנֶּאֱמַר: וּבְמוֹשַׁב לֵצִים לֹא יָשָׁב: אֲבָל שְׁנַיִם שֶׁיּוֹשְׁבִין, תהלים א
וְיֵשׁ בֵּינֵיהֶם דִּבְרֵי תוֹרָה, שְׁכִינָה שְׁרוּיָה בֵינֵיהֶם, שֶׁנֶּאֱמַר: אָז נִדְבְּרוּ יִרְאֵי מלאכי ג
יהוה אִישׁ אֶל־רֵעֵהוּ, וַיַּקְשֵׁב יהוה וַיִּשְׁמָע, וַיִּכָּתֵב סֵפֶר זִכָּרוֹן לְפָנָיו
לְיִרְאֵי יהוה וּלְחֹשְׁבֵי שְׁמוֹ: אֵין לִי אֶלָּא שְׁנַיִם, מִנַּיִן אֲפִלּוּ אֶחָד שֶׁיּוֹשֵׁב
וְעוֹסֵק בַּתּוֹרָה שֶׁהַקָּדוֹשׁ בָּרוּךְ הוּא קוֹבֵעַ לוֹ שָׂכָר, שֶׁנֶּאֱמַר: יֵשֵׁב בָּדָד איכה ג
וְיִדֹּם כִּי נָטַל עָלָיו:

ד רַבִּי שִׁמְעוֹן אוֹמֵר: שְׁלֹשָׁה שֶׁאָכְלוּ עַל שֻׁלְחָן אֶחָד וְלֹא אָמְרוּ עָלָיו דִּבְרֵי
תוֹרָה, כְּאִלּוּ אָכְלוּ מִזִּבְחֵי מֵתִים, שֶׁנֶּאֱמַר: כִּי כָּל־שֻׁלְחָנוֹת מָלְאוּ קִיא ישעיה כח
צֹאָה בְּלִי מָקוֹם: אֲבָל שְׁלֹשָׁה שֶׁאָכְלוּ עַל שֻׁלְחָן אֶחָד, וְאָמְרוּ עָלָיו דִּבְרֵי
תוֹרָה, כְּאִלּוּ אָכְלוּ מִשֻּׁלְחָנוֹ שֶׁל מָקוֹם, שֶׁנֶּאֱמַר: וַיְדַבֵּר אֵלַי, זֶה הַשֻּׁלְחָן יחזקאל מא
אֲשֶׁר לִפְנֵי יהוה:

ה רַבִּי חֲנִינָא בֶּן חֲכִינַאי אוֹמֵר: הַנֵּעוֹר בַּלַּיְלָה, וְהַמְהַלֵּךְ בַּדֶּרֶךְ יְחִידִי,
וְהַמְפַנֶּה לִבּוֹ לְבַטָּלָה, הֲרֵי זֶה מִתְחַיֵּב בְּנַפְשׁוֹ.

ו רַבִּי נְחוּנְיָא בֶּן הַקָּנָה אוֹמֵר: כָּל הַמְקַבֵּל עָלָיו עֹל תּוֹרָה, מַעֲבִירִין מִמֶּנּוּ
עֹל מַלְכוּת וְעֹל דֶּרֶךְ אֶרֶץ. וְכָל הַפּוֹרֵק מִמֶּנּוּ עֹל תּוֹרָה, נוֹתְנִין עָלָיו עֹל
מַלְכוּת וְעֹל דֶּרֶךְ אֶרֶץ.

ז רַבִּי חֲלַפְתָּא בֶּן דּוֹסָא אִישׁ כְּפַר חֲנַנְיָה אוֹמֵר: עֲשָׂרָה שֶׁיּוֹשְׁבִין וְעוֹסְקִין
בַּתּוֹרָה שְׁכִינָה שְׁרוּיָה בֵינֵיהֶם, שֶׁנֶּאֱמַר: אֱלֹהִים נִצָּב בַּעֲדַת־אֵל: וּמִנַּיִן תהלים פב
אֲפִלּוּ חֲמִשָּׁה, שֶׁנֶּאֱמַר: וַאֲגֻדָּתוֹ עַל־אֶרֶץ יְסָדָהּ: וּמִנַּיִן אֲפִלּוּ שְׁלֹשָׁה, עמוס ט
שֶׁנֶּאֱמַר: בְּקֶרֶב אֱלֹהִים יִשְׁפֹּט: וּמִנַּיִן אֲפִלּוּ שְׁנַיִם, שֶׁנֶּאֱמַר: אָז נִדְבְּרוּ יִרְאֵי תהלים פב מלאכי ג
יהוה אִישׁ אֶל־רֵעֵהוּ, וַיַּקְשֵׁב יהוה וַיִּשְׁמָע: וּמִנַּיִן אֲפִלּוּ אֶחָד, שֶׁנֶּאֱמַר:
בְּכָל־הַמָּקוֹם אֲשֶׁר אַזְכִּיר אֶת־שְׁמִי, אָבוֹא אֵלֶיךָ וּבֵרַכְתִּיךָ: שמות כ
ח רַבִּי אֶלְעָזָר אִישׁ בַּרְתּוֹתָא אוֹמֵר: תֶּן לוֹ מִשֶּׁלּוֹ, שֶׁאַתָּה וְשֶׁלְּךָ שֶׁלּוֹ. וְכֵן
בְּדָוִד הוּא אוֹמֵר: כִּי־מִמְּךָ הַכֹּל, וּמִיָּדְךָ נָתַנּוּ לָךְ: דברי הימים א׳ כט
ט רַבִּי יַעֲקֹב אוֹמֵר: הַמְהַלֵּךְ בַּדֶּרֶךְ וְשׁוֹנֶה, וּמַפְסִיק מִמִּשְׁנָתוֹ וְאוֹמֵר, מַה
נָּאֶה אִילָן זֶה, מַה נָּאֶה נִיר זֶה, מַעֲלֶה עָלָיו הַכָּתוּב כְּאִלּוּ מִתְחַיֵּב בְּנַפְשׁוֹ.
י רַבִּי דוֹסְתַּאי בְּרַבִּי יַנַּאי מִשּׁוּם רַבִּי מֵאִיר אוֹמֵר: כָּל הַשּׁוֹכֵחַ דָּבָר אֶחָד
מִמִּשְׁנָתוֹ, מַעֲלֶה עָלָיו הַכָּתוּב כְּאִלּוּ מִתְחַיֵּב בְּנַפְשׁוֹ, שֶׁנֶּאֱמַר: רַק הִשָּׁמֶר דברים ד
לְךָ וּשְׁמֹר נַפְשְׁךָ מְאֹד, פֶּן־תִּשְׁכַּח אֶת־הַדְּבָרִים אֲשֶׁר־רָאוּ עֵינֶיךָ: יָכוֹל
אֲפִלּוּ תָּקְפָה עָלָיו מִשְׁנָתוֹ, תַּלְמוּד לוֹמַר: וּפֶן יָסוּרוּ מִלְּבָבְךָ כֹּל יְמֵי חַיֶּיךָ: דברים ד
הָא אֵינוֹ מִתְחַיֵּב בְּנַפְשׁוֹ, עַד שֶׁיֵּשֵׁב וִיסִירֵם מִלִּבּוֹ.
יא רַבִּי חֲנִינָא בֶּן דּוֹסָא אוֹמֵר: כָּל שֶׁיִּרְאַת חֶטְאוֹ קוֹדֶמֶת לְחָכְמָתוֹ, חָכְמָתוֹ
מִתְקַיֶּמֶת. וְכָל שֶׁחָכְמָתוֹ קוֹדֶמֶת לְיִרְאַת חֶטְאוֹ, אֵין חָכְמָתוֹ מִתְקַיֶּמֶת.
יב הוּא הָיָה אוֹמֵר: כָּל שֶׁמַּעֲשָׂיו מְרֻבִּין מֵחָכְמָתוֹ, חָכְמָתוֹ מִתְקַיֶּמֶת. וְכָל
שֶׁחָכְמָתוֹ מְרֻבָּה מִמַּעֲשָׂיו, אֵין חָכְמָתוֹ מִתְקַיֶּמֶת.
יג הוּא הָיָה אוֹמֵר: כָּל שֶׁרוּחַ הַבְּרִיּוֹת נוֹחָה הֵימֶנּוּ, רוּחַ הַמָּקוֹם נוֹחָה הֵימֶנּוּ.
וְכָל שֶׁאֵין רוּחַ הַבְּרִיּוֹת נוֹחָה הֵימֶנּוּ, אֵין רוּחַ הַמָּקוֹם נוֹחָה הֵימֶנּוּ.
יד רַבִּי דוֹסָא בֶּן הַרְכִּינַס אוֹמֵר: שֵׁנָה שֶׁל שַׁחֲרִית, וְיַיִן שֶׁל צָהֳרַיִם, וְשִׂיחַת
הַיְלָדִים, וִישִׁיבַת בָּתֵּי כְנֵסִיּוֹת שֶׁל עַמֵּי הָאָרֶץ, מוֹצִיאִין אֶת הָאָדָם מִן
הָעוֹלָם.
טו רַבִּי אֶלְעָזָר הַמּוֹדָעִי אוֹמֵר: הַמְחַלֵּל אֶת הַקֳּדָשִׁים, וְהַמְבַזֶּה אֶת הַמּוֹעֲדוֹת,
וְהַמַּלְבִּין פְּנֵי חֲבֵרוֹ בָּרַבִּים, וְהַמֵּפֵר בְּרִיתוֹ שֶׁל אַבְרָהָם אָבִינוּ, וְהַמְגַלֶּה
פָנִים בַּתּוֹרָה שֶׁלֹּא כַהֲלָכָה, אַף עַל פִּי שֶׁיֵּשׁ בְּיָדוֹ תּוֹרָה וּמַעֲשִׂים טוֹבִים,
אֵין לוֹ חֵלֶק לָעוֹלָם הַבָּא.

טו רַבִּי יִשְׁמָעֵאל אוֹמֵר: הֱוֵי קַל לְרֹאשׁ וְנוֹחַ לְתִשְׁחֹרֶת, וֶהֱוֵי מְקַבֵּל אֶת כָּל הָאָדָם בְּשִׂמְחָה.

טז רַבִּי עֲקִיבָא אוֹמֵר: שְׂחוֹק וְקַלּוּת רֹאשׁ מַרְגִּילִין אֶת הָאָדָם לְעֶרְוָה. מָסֹרֶת סְיָג לַתּוֹרָה, מַעַשְׂרוֹת סְיָג לָעֹשֶׁר, נְדָרִים סְיָג לַפְּרִישׁוּת, סְיָג לַחָכְמָה שְׁתִיקָה.

יז הוּא הָיָה אוֹמֵר, חָבִיב אָדָם שֶׁנִּבְרָא בְצֶלֶם, חִבָּה יְתֵרָה נוֹדַעַת לוֹ
שֶׁנִּבְרָא בְּצֶלֶם, שֶׁנֶּאֱמַר: כִּי בְּצֶלֶם אֱלֹהִים עָשָׂה אֶת־הָאָדָם: חֲבִיבִין בראשית ט
יִשְׂרָאֵל שֶׁנִּקְרְאוּ בָנִים לַמָּקוֹם, חִבָּה יְתֵרָה נוֹדַעַת לָהֶם שֶׁנִּקְרְאוּ בָנִים
לַמָּקוֹם, שֶׁנֶּאֱמַר: בָּנִים אַתֶּם לַיהוה אֱלֹהֵיכֶם: חֲבִיבִין יִשְׂרָאֵל שֶׁנִּתַּן לָהֶם דברים יד
כְּלִי חֶמְדָּה, חִבָּה יְתֵרָה נוֹדַעַת לָהֶם שֶׁנִּתַּן לָהֶם כְּלִי חֶמְדָּה שֶׁבּוֹ נִבְרָא
הָעוֹלָם, שֶׁנֶּאֱמַר: כִּי לֶקַח טוֹב נָתַתִּי לָכֶם, תּוֹרָתִי אַל־תַּעֲזֹבוּ: משלי ד

יח הַכֹּל צָפוּי, וְהָרְשׁוּת נְתוּנָה, וּבְטוּב הָעוֹלָם נִדּוֹן, וְהַכֹּל לְפִי רֹב הַמַּעֲשֶׂה.

כ הוּא הָיָה אוֹמֵר: הַכֹּל נָתוּן בְּעֵרָבוֹן, וּמְצוּדָה פְרוּסָה עַל כָּל הַחַיִּים. הֶחָנוּת פְּתוּחָה, וְהַחֶנְוָנִי מַקִּיף, וְהַפִּנְקָס פָּתוּחַ, וְהַיָּד כּוֹתֶבֶת, וְכָל הָרוֹצֶה לִלְווֹת יָבֹא וְיִלְוֶה. וְהַגַּבָּאִין מַחֲזִירִין תָּדִיר בְּכָל יוֹם, וְנִפְרָעִין מִן הָאָדָם מִדַּעְתּוֹ וְשֶׁלֹּא מִדַּעְתּוֹ, וְיֵשׁ לָהֶם עַל מַה שֶּׁיִּסְמֹכוּ. וְהַדִּין, דִּין אֱמֶת. וְהַכֹּל מְתֻקָּן לִסְעוּדָה.

כא רַבִּי אֶלְעָזָר בֶּן עֲזַרְיָה אוֹמֵר: אִם אֵין תּוֹרָה אֵין דֶּרֶךְ אֶרֶץ, אִם אֵין דֶּרֶךְ אֶרֶץ אֵין תּוֹרָה. אִם אֵין חָכְמָה אֵין יִרְאָה, אִם אֵין יִרְאָה אֵין חָכְמָה. אִם אֵין דַּעַת אֵין בִּינָה, אִם אֵין בִּינָה אֵין דָּעַת. אִם אֵין קֶמַח אֵין תּוֹרָה, אִם אֵין תּוֹרָה אֵין קֶמַח.

כב הוּא הָיָה אוֹמֵר: כָּל שֶׁחָכְמָתוֹ מְרֻבָּה מִמַּעֲשָׂיו, לְמָה הוּא דוֹמֶה, לְאִילָן
שֶׁעֲנָפָיו מְרֻבִּין וְשָׁרָשָׁיו מֻעָטִין, וְהָרוּחַ בָּאָה וְעוֹקַרְתּוֹ וְהוֹפַכְתּוֹ עַל פָּנָיו.
שֶׁנֶּאֱמַר, וְהָיָה כְּעַרְעָר בָּעֲרָבָה, וְלֹא יִרְאֶה כִּי־יָבוֹא טוֹב, וְשָׁכַן חֲרֵרִים ירמיה יז
בַּמִּדְבָּר, אֶרֶץ מְלֵחָה וְלֹא תֵשֵׁב: אֲבָל כָּל שֶׁמַּעֲשָׂיו מְרֻבִּין מֵחָכְמָתוֹ, לְמָה
הוּא דוֹמֶה, לְאִילָן שֶׁעֲנָפָיו מֻעָטִין וְשָׁרָשָׁיו מְרֻבִּין, שֶׁאֲפִלּוּ כָּל הָרוּחוֹת
שֶׁבָּעוֹלָם בָּאוֹת וְנוֹשְׁבוֹת בּוֹ, אֵין מְזִיזִין אוֹתוֹ מִמְּקוֹמוֹ. שֶׁנֶּאֱמַר: וְהָיָה שם
כְּעֵץ שָׁתוּל עַל־מַיִם, וְעַל־יוּבַל יְשַׁלַּח שָׁרָשָׁיו, וְלֹא יִרְא כִּי־יָבֹא חֹם, וְהָיָה
עָלֵהוּ רַעֲנָן, וּבִשְׁנַת בַּצֹּרֶת לֹא יִדְאָג, וְלֹא יָמִישׁ מֵעֲשׂוֹת פֶּרִי:

כג רַבִּי אֱלִיעֶזֶר בֶּן חִסְמָא אוֹמֵר: קִנִּין וּפִתְחֵי נִדָּה הֵן הֵן גּוּפֵי הֲלָכוֹת, תְּקוּפוֹת
וְגִימַטְרִיָּאוֹת פַּרְפְּרָאוֹת לַחָכְמָה.

רַבִּי חֲנַנְיָא בֶּן עֲקַשְׁיָא אוֹמֵר: רָצָה הַקָּדוֹשׁ בָּרוּךְ הוּא לְזַכּוֹת אֶת יִשְׂרָאֵל, מכות כג:
לְפִיכָךְ הִרְבָּה לָהֶם תּוֹרָה וּמִצְוֹת. שֶׁנֶּאֱמַר: יהוה חָפֵץ לְמַעַן צִדְקוֹ, יַגְדִּיל ישעיה מב
תּוֹרָה וְיַאְדִּיר:

אם יש מניין, האבלים אומרים קדיש דרבנן (עמ׳ 264).

* * *

כָּל יִשְׂרָאֵל יֵשׁ לָהֶם חֵלֶק לָעוֹלָם הַבָּא. שֶׁנֶּאֱמַר: סנהדרין צ.
וְעַמֵּךְ כֻּלָּם צַדִּיקִים, לְעוֹלָם יִירְשׁוּ אָרֶץ ישעיה ס
נֵצֶר מַטָּעַי, מַעֲשֵׂה יָדַי לְהִתְפָּאֵר:

פרק רביעי

א בֶּן זוֹמָא אוֹמֵר: אֵיזֶהוּ חָכָם, הַלּוֹמֵד מִכָּל אָדָם, שֶׁנֶּאֱמַר: מִכָּל־מְלַמְּדַי תהלים קיט
הִשְׂכַּלְתִּי, כִּי עֵדְוֹתֶיךָ שִׂיחָה לִּי: אֵיזֶהוּ גִבּוֹר, הַכּוֹבֵשׁ אֶת יִצְרוֹ, שֶׁנֶּאֱמַר:
טוֹב אֶרֶךְ אַפַּיִם מִגִּבּוֹר וּמֹשֵׁל בְּרוּחוֹ מִלֹּכֵד עִיר: אֵיזֶהוּ עָשִׁיר, הַשָּׂמֵחַ משלי טז
בְּחֶלְקוֹ, שֶׁנֶּאֱמַר: יְגִיעַ כַּפֶּיךָ כִּי תֹאכֵל אַשְׁרֶיךָ וְטוֹב לָךְ: אַשְׁרֶיךָ בָּעוֹלָם תהלים קכח
הַזֶּה וְטוֹב לָךְ לָעוֹלָם הַבָּא. אֵיזֶהוּ מְכֻבָּד, הַמְכַבֵּד אֶת הַבְּרִיּוֹת, שֶׁנֶּאֱמַר:
כִּי־מְכַבְּדַי אֲכַבֵּד, וּבֹזַי יֵקָלּוּ: שמואל א׳ ב

ב בֶּן עַזַּאי אוֹמֵר: הֱוֵי רָץ לְמִצְוָה קַלָּה וּבוֹרֵחַ מִן הָעֲבֵרָה. שֶׁמִּצְוָה גוֹרֶרֶת
מִצְוָה, וַעֲבֵרָה גוֹרֶרֶת עֲבֵרָה. שֶׁשְּׂכַר מִצְוָה מִצְוָה, וּשְׂכַר עֲבֵרָה עֲבֵרָה.

ג הוּא הָיָה אוֹמֵר: אַל תְּהִי בָז לְכָל אָדָם, וְאַל תְּהִי מַפְלִיג לְכָל דָּבָר. שֶׁאֵין
לְךָ אָדָם שֶׁאֵין לוֹ שָׁעָה, וְאֵין לְךָ דָבָר שֶׁאֵין לוֹ מָקוֹם.

ד רַבִּי לְוִיטַס אִישׁ יַבְנֶה אוֹמֵר: מְאֹד מְאֹד הֱוֵי שְׁפַל רוּחַ, שֶׁתִּקְוַת אֱנוֹשׁ רִמָּה.

ה רַבִּי יוֹחָנָן בֶּן בְּרוֹקָא אוֹמֵר: כָּל הַמְחַלֵּל שֵׁם שָׁמַיִם בְּסֵתֶר, נִפְרָעִין מִמֶּנּוּ
בְּגָלוּי. אֶחָד שׁוֹגֵג וְאֶחָד מֵזִיד בְּחִלּוּל הַשֵּׁם.

ו רַבִּי יִשְׁמָעֵאל בְּנוֹ אוֹמֵר: הַלּוֹמֵד עַל מְנָת לְלַמֵּד, מַסְפִּיקִין בְּיָדוֹ לִלְמֹד
וּלְלַמֵּד. וְהַלּוֹמֵד עַל מְנָת לַעֲשׂוֹת, מַסְפִּיקִין בְּיָדוֹ לִלְמֹד וּלְלַמֵּד, לִשְׁמֹר
וְלַעֲשׂוֹת.

ז רַבִּי צָדוֹק אוֹמֵר: אַל תִּפְרֹשׁ מִן הַצִּבּוּר, וְאַל תַּעַשׂ עַצְמְךָ כְּעוֹרְכֵי הַדַּיָּנִין,
וְאַל תַּעֲשֶׂהָ עֲטָרָה לְהִתְגַּדֵּל בָּהּ, וְלֹא קַרְדֹּם לַחְפֹּר בָּהּ. וְכָךְ הָיָה הִלֵּל
אוֹמֵר: וּדְאִשְׁתַּמֵּשׁ בְּתָגָא חֳלָף. הָא לָמַדְתָּ, כָּל הַנֶּהֱנֶה מִדִּבְרֵי תוֹרָה,
נוֹטֵל חַיָּיו מִן הָעוֹלָם.

ח רַבִּי יוֹסֵי אוֹמֵר: כָּל הַמְכַבֵּד אֶת הַתּוֹרָה, גּוּפוֹ מְכֻבָּד עַל הַבְּרִיּוֹת. וְכָל
הַמְחַלֵּל אֶת הַתּוֹרָה, גּוּפוֹ מְחֻלָּל עַל הַבְּרִיּוֹת.

ט רַבִּי יִשְׁמָעֵאל בְּנוֹ אוֹמֵר: הַחוֹשֵׂךְ עַצְמוֹ מִן הַדִּין, פּוֹרֵק מִמֶּנּוּ אֵיבָה וְגָזֵל
וּשְׁבוּעַת שָׁוְא. וְהַגַּס לִבּוֹ בְּהוֹרָאָה, שׁוֹטֶה, רָשָׁע וְגַס רוּחַ.

י הוּא הָיָה אוֹמֵר: אַל תְּהִי דָן יְחִידִי, שֶׁאֵין דָּן יְחִידִי אֶלָּא אֶחָד. וְאַל תֹּאמַר
קַבְּלוּ דַעְתִּי, שֶׁהֵן רַשָּׁאִין וְלֹא אָתָּה.

יא רַבִּי יוֹנָתָן אוֹמֵר: כָּל הַמְקַיֵּם אֶת הַתּוֹרָה מֵעֹנִי, סוֹפוֹ לְקַיְּמָהּ מֵעֹשֶׁר. וְכָל
הַמְבַטֵּל אֶת הַתּוֹרָה מֵעֹשֶׁר, סוֹפוֹ לְבַטְּלָהּ מֵעֹנִי.

יב רַבִּי מֵאִיר אוֹמֵר: הֱוֵי מְמַעֵט בְּעֵסֶק וַעֲסֹק בַּתּוֹרָה, וֶהֱוֵי שְׁפַל רוּחַ בִּפְנֵי
כָל אָדָם. וְאִם בָּטַלְתָּ מִן הַתּוֹרָה, יֶשׁ לְךָ בְטֵלִים הַרְבֵּה כְּנֶגְדְּךָ. וְאִם
עָמַלְתָּ בַּתּוֹרָה, יֶשׁ לוֹ שָׂכָר הַרְבֵּה לִתֶּן לָךְ.

יג רַבִּי אֱלִיעֶזֶר בֶּן יַעֲקֹב אוֹמֵר: הָעוֹשֶׂה מִצְוָה אַחַת, קוֹנֶה לוֹ פְּרַקְלִיט אֶחָד.
וְהָעוֹבֵר עֲבֵרָה אַחַת, קוֹנֶה לוֹ קַטֵּגוֹר אֶחָד. תְּשׁוּבָה וּמַעֲשִׂים טוֹבִים,
כִּתְרִיס בִּפְנֵי הַפֻּרְעָנוּת.

יד רַבִּי יוֹחָנָן הַסַּנְדְּלָר אוֹמֵר: כָּל כְּנֵסִיָּה שֶׁהִיא לְשֵׁם שָׁמַיִם, סוֹפָהּ לְהִתְקַיֵּם.
וְשֶׁאֵינָהּ לְשֵׁם שָׁמַיִם, אֵין סוֹפָהּ לְהִתְקַיֵּם.

טו רַבִּי אֶלְעָזָר בֶּן שַׁמּוּעַ אוֹמֵר: יְהִי כְבוֹד תַּלְמִידְךָ חָבִיב עָלֶיךָ כְּשֶׁלָּךְ, וּכְבוֹד
חֲבֵרְךָ כְּמוֹרָא רַבָּךְ, וּמוֹרָא רַבָּךְ כְּמוֹרָא שָׁמָיִם.

טז רַבִּי יְהוּדָה אוֹמֵר: הֱוֵי זָהִיר בְּתַלְמוּד, שֶׁשִּׁגְגַת תַּלְמוּד עוֹלָה זָדוֹן.

יז רַבִּי שִׁמְעוֹן אוֹמֵר: שְׁלֹשָׁה כְתָרִים הֵן, כֶּתֶר תּוֹרָה וְכֶתֶר כְּהֻנָּה וְכֶתֶר
מַלְכוּת, וְכֶתֶר שֵׁם טוֹב עוֹלֶה עַל גַּבֵּיהֶן.

יח רַבִּי נְהוֹרַאי אוֹמֵר: הֱוֵי גוֹלֶה לִמְקוֹם תּוֹרָה. וְאַל תֹּאמַר שֶׁהִיא תָבוֹא
אַחֲרֶיךָ, שֶׁחֲבֵרֶיךָ יְקַיְּמוּהָ בְיָדֶךָ. וְאֶל־בִּינָתְךָ אַל־תִּשָּׁעֵן: משלי ג

יט רַבִּי יַנַּאי אוֹמֵר: אֵין בְּיָדֵינוּ לֹא מִשַּׁלְוַת הָרְשָׁעִים וְאַף לֹא מִיִּסּוּרֵי הַצַּדִּיקִים.

כ רַבִּי מַתְיָא בֶּן חָרָשׁ אוֹמֵר: הֱוֵי מַקְדִּים בִּשְׁלוֹם כָּל אָדָם, וֶהֱוֵי זָנָב לָאֲרָיוֹת, וְאַל תְּהִי רֹאשׁ לַשּׁוּעָלִים.

כא רַבִּי יַעֲקֹב אוֹמֵר: הָעוֹלָם הַזֶּה דּוֹמֶה לִפְרוֹזְדוֹר בִּפְנֵי הָעוֹלָם הַבָּא. הַתְקֵן עַצְמְךָ בַּפְּרוֹזְדוֹר, כְּדֵי שֶׁתִּכָּנֵס לַטְּרַקְלִין.

כב הוּא הָיָה אוֹמֵר: יָפָה שָׁעָה אַחַת בִּתְשׁוּבָה וּמַעֲשִׂים טוֹבִים בָּעוֹלָם הַזֶּה, מִכָּל חַיֵּי הָעוֹלָם הַבָּא. וְיָפָה שָׁעָה אַחַת שֶׁל קוֹרַת רוּחַ בָּעוֹלָם הַבָּא, מִכָּל חַיֵּי הָעוֹלָם הַזֶּה.

כג רַבִּי שִׁמְעוֹן בֶּן אֶלְעָזָר אוֹמֵר: אַל תְּרַצֶּה אֶת חֲבֵרְךָ בִּשְׁעַת כַּעְסוֹ, וְאַל תְּנַחֲמֵהוּ בְּשָׁעָה שֶׁמֵּתוֹ מֻטָּל לְפָנָיו, וְאַל תִּשְׁאַל לוֹ בִּשְׁעַת נִדְרוֹ, וְאַל תִּשְׁתַּדֵּל לִרְאוֹתוֹ בִּשְׁעַת קַלְקָלָתוֹ.

כד שְׁמוּאֵל הַקָּטָן אוֹמֵר: בִּנְפֹל אוֹיִבְךָ אַל־תִּשְׂמָח, וּבִכָּשְׁלוֹ אַל־יָגֵל לִבֶּךָ: משלי כד
פֶּן־יִרְאֶה יהוה וְרַע בְּעֵינָיו, וְהֵשִׁיב מֵעָלָיו אַפּוֹ:

כה אֱלִישָׁע בֶּן אֲבוּיָה אוֹמֵר: הַלּוֹמֵד יֶלֶד, לְמָה הוּא דוֹמֶה, לִדְיוֹ כְתוּבָה עַל נְיָר חָדָשׁ. וְהַלּוֹמֵד זָקֵן, לְמָה הוּא דוֹמֶה, לִדְיוֹ כְתוּבָה עַל נְיָר מָחוּק.

כו רַבִּי יוֹסֵי בַּר יְהוּדָה אִישׁ כְּפַר הַבַּבְלִי אוֹמֵר: הַלּוֹמֵד מִן הַקְּטַנִּים, לְמָה הוּא דוֹמֶה, לְאוֹכֵל עֲנָבִים קֵהוֹת וְשׁוֹתֶה יַיִן מִגִּתּוֹ. וְהַלּוֹמֵד מִן הַזְּקֵנִים, לְמָה הוּא דוֹמֶה, לְאוֹכֵל עֲנָבִים בְּשׁוּלוֹת וְשׁוֹתֶה יַיִן יָשָׁן.

כז רַבִּי מֵאִיר אוֹמֵר: אַל תִּסְתַּכֵּל בַּקַּנְקַן, אֶלָּא בְּמַה שֶּׁיֵּשׁ בּוֹ. יֵשׁ קַנְקַן חָדָשׁ מָלֵא יָשָׁן, וְיָשָׁן שֶׁאֲפִלּוּ חָדָשׁ אֵין בּוֹ.

כח רַבִּי אֶלְעָזָר הַקַּפָּר אוֹמֵר: הַקִּנְאָה וְהַתַּאֲוָה וְהַכָּבוֹד, מוֹצִיאִין אֶת הָאָדָם מִן הָעוֹלָם.

כט הוּא הָיָה אוֹמֵר: הַיִּלּוֹדִים לָמוּת, וְהַמֵּתִים לִחְיוֹת, וְהַחַיִּים לִדּוֹן, לֵידַע וּלְהוֹדִיעַ וּלְהִוָּדַע, שֶׁהוּא אֵל, הוּא הַיּוֹצֵר, הוּא הַבּוֹרֵא, הוּא הַמֵּבִין, הוּא הַדַּיָּן, הוּא הָעֵד, הוּא בַּעַל דִּין, הוּא עָתִיד לָדוּן. בָּרוּךְ הוּא, שֶׁאֵין לְפָנָיו לֹא עַוְלָה וְלֹא שִׁכְחָה, וְלֹא מַשּׂוֹא פָנִים וְלֹא מִקַּח שֹׁחַד, שֶׁהַכֹּל

שֶׁלּוֹ. וְדַע, שֶׁהַכֹּל לְפִי הַחֶשְׁבּוֹן. וְאַל יַבְטִיחֲךָ יִצְרְךָ שֶׁהַשְּׁאוֹל בֵּית מָנוֹס לָךְ, שֶׁעַל כָּרְחֲךָ אַתָּה נוֹצָר, וְעַל כָּרְחֲךָ אַתָּה נוֹלָד, וְעַל כָּרְחֲךָ אַתָּה חַי, וְעַל כָּרְחֲךָ אַתָּה מֵת, וְעַל כָּרְחֲךָ אַתָּה עָתִיד לִתֵּן דִּין וְחֶשְׁבּוֹן לִפְנֵי מֶלֶךְ מַלְכֵי הַמְּלָכִים הַקָּדוֹשׁ בָּרוּךְ הוּא.

רַבִּי חֲנַנְיָא בֶּן עֲקַשְׁיָא אוֹמֵר: רָצָה הַקָּדוֹשׁ בָּרוּךְ הוּא לְזַכּוֹת אֶת יִשְׂרָאֵל, מכות כג:
לְפִיכָךְ הִרְבָּה לָהֶם תּוֹרָה וּמִצְוֹת. שֶׁנֶּאֱמַר: יהוה חָפֵץ לְמַעַן צִדְקוֹ, יַגְדִּיל ישעיה מב
תּוֹרָה וְיַאְדִּיר:

אם יש מניין, האבלים אומרים קדיש דרבנן (עמ׳ 264).

* * *

כָּל יִשְׂרָאֵל יֵשׁ לָהֶם חֵלֶק לָעוֹלָם הַבָּא. שֶׁנֶּאֱמַר: סנהדרין צ.
וְעַמֵּךְ כֻּלָּם צַדִּיקִים, לְעוֹלָם יִירְשׁוּ אָרֶץ ישעיה ס
נֵצֶר מַטָּעַי, מַעֲשֵׂה יָדַי לְהִתְפָּאֵר:

פרק חמישי

א בַּעֲשָׂרָה מַאֲמָרוֹת נִבְרָא הָעוֹלָם. וּמַה תַּלְמוּד לוֹמַר, וַהֲלֹא בְמַאֲמָר אֶחָד יָכוֹל לְהִבָּרְאוֹת, אֶלָּא לְהִפָּרַע מִן הָרְשָׁעִים, שֶׁמְּאַבְּדִין אֶת הָעוֹלָם שֶׁנִּבְרָא בַּעֲשָׂרָה מַאֲמָרוֹת, וְלִתֵּן שָׂכָר טוֹב לַצַּדִּיקִים, שֶׁמְּקַיְּמִין אֶת הָעוֹלָם שֶׁנִּבְרָא בַּעֲשָׂרָה מַאֲמָרוֹת.

ב עֲשָׂרָה דוֹרוֹת מֵאָדָם וְעַד נֹחַ, לְהוֹדִיעַ כַּמָּה אֶרֶךְ אַפַּיִם לְפָנָיו, שֶׁכָּל הַדּוֹרוֹת הָיוּ מַכְעִיסִין וּבָאִין, עַד שֶׁהֵבִיא עֲלֵיהֶם אֶת מֵי הַמַּבּוּל.

ג עֲשָׂרָה דוֹרוֹת מִנֹּחַ וְעַד אַבְרָהָם, לְהוֹדִיעַ כַּמָּה אֶרֶךְ אַפַּיִם לְפָנָיו, שֶׁכָּל הַדּוֹרוֹת הָיוּ מַכְעִיסִין וּבָאִין, עַד שֶׁבָּא אַבְרָהָם אָבִינוּ וְקִבֵּל שְׂכַר כֻּלָּם.

ד עֲשָׂרָה נִסְיוֹנוֹת נִתְנַסָּה אַבְרָהָם אָבִינוּ וְעָמַד בְּכֻלָּם, לְהוֹדִיעַ כַּמָּה חִבָּתוֹ שֶׁל אַבְרָהָם אָבִינוּ.

ה עֲשָׂרָה נִסִּים נַעֲשׂוּ לַאֲבוֹתֵינוּ בְּמִצְרַיִם, וַעֲשָׂרָה עַל הַיָּם. עֶשֶׂר מַכּוֹת הֵבִיא הַקָּדוֹשׁ בָּרוּךְ הוּא עַל הַמִּצְרִיִּים בְּמִצְרַיִם, וְעֶשֶׂר עַל הַיָּם.

ו עֲשָׂרָה נִסְיוֹנוֹת נִסּוּ אֲבוֹתֵינוּ אֶת הַקָּדוֹשׁ בָּרוּךְ הוּא בַּמִּדְבָּר, שֶׁנֶּאֱמַר:
וַיְנַסּוּ אֹתִי זֶה עֶשֶׂר פְּעָמִים, וְלֹא שָׁמְעוּ בְּקוֹלִי: במדבר יד

ז עֲשָׂרָה נִסִּים נַעֲשׂוּ לַאֲבוֹתֵינוּ בְּבֵית הַמִּקְדָּשׁ. לֹא הִפִּילָה אִשָּׁה מֵרֵיחַ בְּשַׂר הַקֹּדֶשׁ, וְלֹא הִסְרִיחַ בְּשַׂר הַקֹּדֶשׁ מֵעוֹלָם, וְלֹא נִרְאָה זְבוּב בְּבֵית הַמִּטְבְּחַיִם, וְלֹא אֵרַע קֶרִי לְכֹהֵן גָּדוֹל בְּיוֹם הַכִּפּוּרִים, וְלֹא כִבּוּ הַגְּשָׁמִים אֵשׁ שֶׁל עֲצֵי הַמַּעֲרָכָה, וְלֹא נִצְּחָה הָרוּחַ אֶת עַמּוּד הֶעָשָׁן, וְלֹא נִמְצָא פְסוּל בָּעֹמֶר וּבִשְׁתֵּי הַלֶּחֶם וּבְלֶחֶם הַפָּנִים, עוֹמְדִים צְפוּפִים וּמִשְׁתַּחֲוִים רְוָחִים, וְלֹא הִזִּיק נָחָשׁ וְעַקְרָב בִּירוּשָׁלַיִם מֵעוֹלָם, וְלֹא אָמַר אָדָם לַחֲבֵרוֹ: צַר לִי הַמָּקוֹם שֶׁאָלִין בִּירוּשָׁלָיִם.

ח עֲשָׂרָה דְבָרִים נִבְרְאוּ בְּעֶרֶב שַׁבָּת בֵּין הַשְּׁמָשׁוֹת. וְאֵלּוּ הֵן, פִּי הָאָרֶץ, פִּי הַבְּאֵר, פִּי הָאָתוֹן, הַקֶּשֶׁת, וְהַמָּן, וְהַמַּטֶּה, וְהַשָּׁמִיר, הַכְּתָב, וְהַמִּכְתָּב, וְהַלּוּחוֹת. וְיֵשׁ אוֹמְרִים, אַף הַמַּזִּיקִין, וּקְבוּרָתוֹ שֶׁל מֹשֶׁה, וְאֵילוֹ שֶׁל אַבְרָהָם אָבִינוּ. וְיֵשׁ אוֹמְרִים, אַף צְבַת בִּצְבַת עֲשׂוּיָה.

ט שִׁבְעָה דְבָרִים בַּגֹּלֶם, וְשִׁבְעָה בֶּחָכָם. חָכָם אֵינוֹ מְדַבֵּר לִפְנֵי מִי שֶׁגָּדוֹל מִמֶּנּוּ בְּחָכְמָה, וְאֵינוֹ נִכְנָס לְתוֹךְ דִּבְרֵי חֲבֵרוֹ, וְאֵינוֹ נִבְהָל לְהָשִׁיב, שׁוֹאֵל כָּעִנְיָן וּמֵשִׁיב כַּהֲלָכָה, וְאוֹמֵר עַל רִאשׁוֹן רִאשׁוֹן וְעַל אַחֲרוֹן אַחֲרוֹן, וְעַל מַה שֶּׁלֹּא שָׁמַע אוֹמֵר לֹא שָׁמַעְתִּי, וּמוֹדֶה עַל הָאֱמֶת. וְחִלּוּפֵיהֶן בַּגֹּלֶם.

י שִׁבְעָה מִינֵי פֻרְעָנִיּוֹת בָּאִין לָעוֹלָם עַל שִׁבְעָה גוּפֵי עֲבֵרָה. מִקְצָתָן מְעַשְּׂרִין וּמִקְצָתָן אֵינָן מְעַשְּׂרִין, רָעָב שֶׁל בַּצֹּרֶת בָּא, מִקְצָתָן רְעֵבִים וּמִקְצָתָן שְׂבֵעִים. גָּמְרוּ שֶׁלֹּא לְעַשֵּׂר, רָעָב שֶׁל מְהוּמָה וְשֶׁל בַּצֹּרֶת בָּא. וְשֶׁלֹּא לִטּוֹל אֶת הַחַלָּה, רָעָב שֶׁל כְּלָיָה בָּא.

יא דֶּבֶר בָּא לָעוֹלָם עַל מִיתוֹת הָאֲמוּרוֹת בַּתּוֹרָה שֶׁלֹּא נִמְסְרוּ לְבֵית דִּין, וְעַל פֵּרוֹת שְׁבִיעִית. חֶרֶב בָּאָה לָעוֹלָם עַל עִנּוּי הַדִּין, וְעַל עִוּוּת הַדִּין, וְעַל הַמּוֹרִים בַּתּוֹרָה שֶׁלֹּא כַהֲלָכָה.

יב חַיָּה רָעָה בָּאָה לָעוֹלָם עַל שְׁבוּעַת שָׁוְא וְעַל חִלּוּל הַשֵּׁם. גָּלוּת בָּאָה לָעוֹלָם עַל עֲבוֹדָה זָרָה, וְעַל גִּלּוּי עֲרָיוֹת, וְעַל שְׁפִיכוּת דָּמִים, וְעַל שְׁמִטַּת הָאָרֶץ.

יג בְּאַרְבָּעָה פְרָקִים הַדֶּבֶר מִתְרַבֶּה, בָּרְבִיעִית, וּבַשְּׁבִיעִית, וּבְמוֹצָאֵי שְׁבִיעִית, וּבְמוֹצָאֵי הֶחָג שֶׁבְּכָל שָׁנָה וְשָׁנָה. בָּרְבִיעִית, מִפְּנֵי מַעְשַׂר עָנִי שֶׁבַּשְּׁלִישִׁית. בַּשְּׁבִיעִית, מִפְּנֵי מַעְשַׂר עָנִי שֶׁבַּשִּׁשִּׁית. בְּמוֹצָאֵי שְׁבִיעִית, מִפְּנֵי פֵּרוֹת שְׁבִיעִית. בְּמוֹצָאֵי הֶחָג שֶׁבְּכָל שָׁנָה וְשָׁנָה, מִפְּנֵי גֵזֶל מַתְּנוֹת עֲנִיִּים.

יד אַרְבַּע מִדּוֹת בָּאָדָם. הָאוֹמֵר שֶׁלִּי שֶׁלִּי וְשֶׁלְּךָ שֶׁלָּךְ, זוֹ מִדָּה בֵינוֹנִית, וְיֵשׁ אוֹמְרִים, זוֹ מִדַּת סְדוֹם. שֶׁלִּי שֶׁלָּךְ וְשֶׁלְּךָ שֶׁלִּי, עַם הָאָרֶץ. שֶׁלִּי שֶׁלָּךְ וְשֶׁלְּךָ שֶׁלָּךְ, חָסִיד. שֶׁלְּךָ שֶׁלִּי וְשֶׁלִּי שֶׁלִּי, רָשָׁע.

טו אַרְבַּע מִדּוֹת בְּדֵעוֹת. נוֹחַ לִכְעֹס וְנוֹחַ לִרְצוֹת, יָצָא הֶפְסֵדוֹ בִּשְׂכָרוֹ. קָשֶׁה לִכְעֹס וְקָשֶׁה לִרְצוֹת, יָצָא שְׂכָרוֹ בְּהֶפְסֵדוֹ. קָשֶׁה לִכְעֹס וְנוֹחַ לִרְצוֹת, חָסִיד. נוֹחַ לִכְעֹס וְקָשֶׁה לִרְצוֹת, רָשָׁע.

טז אַרְבַּע מִדּוֹת בַּתַּלְמִידִים. מָהִיר לִשְׁמֹעַ וּמָהִיר לְאַבֵּד, יָצָא שְׂכָרוֹ בְּהֶפְסֵדוֹ. קָשֶׁה לִשְׁמֹעַ וְקָשֶׁה לְאַבֵּד, יָצָא הֶפְסֵדוֹ בִּשְׂכָרוֹ. מָהִיר לִשְׁמֹעַ וְקָשֶׁה לְאַבֵּד, זֶה חֵלֶק טוֹב. קָשֶׁה לִשְׁמֹעַ וּמָהִיר לְאַבֵּד, זֶה חֵלֶק רָע.

יז אַרְבַּע מִדּוֹת בְּנוֹתְנֵי צְדָקָה. הָרוֹצֶה שֶׁיִּתֵּן וְלֹא יִתְּנוּ אֲחֵרִים, עֵינוֹ רָעָה בְּשֶׁל אֲחֵרִים. יִתְּנוּ אֲחֵרִים וְהוּא לֹא יִתֵּן, עֵינוֹ רָעָה בְּשֶׁלּוֹ. יִתֵּן וְיִתְּנוּ אֲחֵרִים, חָסִיד. לֹא יִתֵּן וְלֹא יִתְּנוּ אֲחֵרִים, רָשָׁע.

יח אַרְבַּע מִדּוֹת בְּהוֹלְכֵי בֵית הַמִּדְרָשׁ. הוֹלֵךְ וְאֵינוֹ עוֹשֶׂה, שְׂכַר הֲלִיכָה בְּיָדוֹ. עוֹשֶׂה וְאֵינוֹ הוֹלֵךְ, שְׂכַר מַעֲשֶׂה בְּיָדוֹ. הוֹלֵךְ וְעוֹשֶׂה, חָסִיד. לֹא הוֹלֵךְ וְלֹא עוֹשֶׂה, רָשָׁע.

יט אַרְבַּע מִדּוֹת בְּיוֹשְׁבִים לִפְנֵי חֲכָמִים, סְפוֹג, וּמַשְׁפֵּךְ, מְשַׁמֶּרֶת, וְנָפָה. סְפוֹג, שֶׁהוּא סוֹפֵג אֶת הַכֹּל. וּמַשְׁפֵּךְ, שֶׁמַּכְנִיס בְּזוֹ וּמוֹצִיא בְזוֹ. מְשַׁמֶּרֶת, שֶׁמּוֹצִיאָה אֶת הַיַּיִן וְקוֹלֶטֶת אֶת הַשְּׁמָרִים. וְנָפָה, שֶׁמּוֹצִיאָה אֶת הַקֶּמַח וְקוֹלֶטֶת אֶת הַסֹּלֶת.

כ כָּל אַהֲבָה שֶׁהִיא תְלוּיָה בְדָבָר, בָּטֵל דָּבָר, בְּטֵלָה אַהֲבָה. וְשֶׁאֵינָהּ תְּלוּיָה בְדָבָר, אֵינָהּ בְּטֵלָה לְעוֹלָם. אֵיזוֹ הִיא אַהֲבָה שֶׁהִיא תְלוּיָה בְדָבָר, זוֹ אַהֲבַת אַמְנוֹן וְתָמָר. וְשֶׁאֵינָהּ תְּלוּיָה בְדָבָר, זוֹ אַהֲבַת דָּוִד וִיהוֹנָתָן.

כא כָּל מַחֲלֹקֶת שֶׁהִיא לְשֵׁם שָׁמַיִם, סוֹפָהּ לְהִתְקַיֵּם. וְשֶׁאֵינָהּ לְשֵׁם שָׁמַיִם, אֵין סוֹפָהּ לְהִתְקַיֵּם. אֵיזוֹ הִיא מַחֲלֹקֶת שֶׁהִיא לְשֵׁם שָׁמַיִם, זוֹ מַחֲלֹקֶת הִלֵּל וְשַׁמַּאי. וְשֶׁאֵינָהּ לְשֵׁם שָׁמַיִם, זוֹ מַחֲלֹקֶת קֹרַח וְכָל עֲדָתוֹ.

כב כָּל הַמְזַכֶּה אֶת הָרַבִּים, אֵין חֵטְא בָּא עַל יָדוֹ. וְכָל הַמַּחֲטִיא אֶת הָרַבִּים, אֵין מַסְפִּיקִין בְּיָדוֹ לַעֲשׂוֹת תְּשׁוּבָה. מֹשֶׁה זָכָה וְזִכָּה אֶת הָרַבִּים, זְכוּת הָרַבִּים תָּלוּי בּוֹ, שֶׁנֶּאֱמַר: צִדְקַת יהוה עָשָׂה וּמִשְׁפָּטָיו עִם־יִשְׂרָאֵל: יָרָבְעָם דברים לג

מלכים א׳ טו בֶּן נְבָט, חָטָא וְהֶחֱטִיא אֶת הָרַבִּים, חֵטְא הָרַבִּים תָּלוּי בּוֹ, שֶׁנֶּאֱמַר: עַל־
חַטֹּאות יָרָבְעָם אֲשֶׁר חָטָא וַאֲשֶׁר הֶחֱטִיא אֶת־יִשְׂרָאֵל:

כג כָּל מִי שֶׁיֵּשׁ בּוֹ שְׁלשָׁה דְבָרִים הַלָּלוּ, הוּא מִתַּלְמִידָיו שֶׁל אַבְרָהָם אָבִינוּ,
וּשְׁלשָׁה דְבָרִים אֲחֵרִים, הוּא מִתַּלְמִידָיו שֶׁל בִּלְעָם הָרָשָׁע. עַיִן טוֹבָה,
וְרוּחַ נְמוּכָה, וְנֶפֶשׁ שְׁפָלָה, תַּלְמִידָיו שֶׁל אַבְרָהָם אָבִינוּ. עַיִן רָעָה, וְרוּחַ
גְּבוֹהָה וְנֶפֶשׁ רְחָבָה, תַּלְמִידָיו שֶׁל בִּלְעָם הָרָשָׁע. מַה בֵּין תַּלְמִידָיו שֶׁל
אַבְרָהָם אָבִינוּ לְתַלְמִידָיו שֶׁל בִּלְעָם הָרָשָׁע. תַּלְמִידָיו שֶׁל אַבְרָהָם אָבִינוּ
משלי ח אוֹכְלִין בָּעוֹלָם הַזֶּה וְנוֹחֲלִין הָעוֹלָם הַבָּא, שֶׁנֶּאֱמַר: לְהַנְחִיל אֹהֲבַי יֵשׁ
וְאֹצְרֹתֵיהֶם אֲמַלֵּא: אֲבָל תַּלְמִידָיו שֶׁל בִּלְעָם הָרָשָׁע יוֹרְשִׁין גֵּיהִנָּם וְיוֹרְדִין
תהלים נה לִבְאֵר שַׁחַת, שֶׁנֶּאֱמַר: וְאַתָּה אֱלֹהִים תּוֹרִדֵם לִבְאֵר שַׁחַת, אַנְשֵׁי דָמִים
וּמִרְמָה לֹא־יֶחֱצוּ יְמֵיהֶם, וַאֲנִי אֶבְטַח־בָּךְ:

כד יְהוּדָה בֶּן תֵּימָא אוֹמֵר: הֱוֵי עַז כַּנָּמֵר וְקַל כַּנֶּשֶׁר, רָץ כַּצְּבִי וְגִבּוֹר כָּאֲרִי,
לַעֲשׂוֹת רְצוֹן אָבִיךָ שֶׁבַּשָּׁמַיִם. הוּא הָיָה אוֹמֵר: עַז פָּנִים לְגֵיהִנָּם, וּבֹשֶׁת
פָּנִים לְגַן עֵדֶן. יְהִי רָצוֹן מִלְּפָנֶיךָ, יהוה אֱלֹהֵינוּ וֵאלֹהֵי אֲבוֹתֵינוּ, שֶׁיִּבָּנֶה
בֵּית הַמִּקְדָּשׁ בִּמְהֵרָה בְיָמֵינוּ, וְתֵן חֶלְקֵנוּ בְּתוֹרָתֶךָ.

כה הוּא הָיָה אוֹמֵר: בֶּן חָמֵשׁ שָׁנִים לַמִּקְרָא, בֶּן עֶשֶׂר שָׁנִים לַמִּשְׁנָה, בֶּן שְׁלֹשׁ
עֶשְׂרֵה לַמִּצְוֹת, בֶּן חֲמֵשׁ עֶשְׂרֵה לַגְּמָרָא, בֶּן שְׁמוֹנֶה עֶשְׂרֵה לַחֻפָּה, בֶּן
עֶשְׂרִים לִרְדֹּף, בֶּן שְׁלֹשִׁים לַכֹּחַ, בֶּן אַרְבָּעִים לַבִּינָה, בֶּן חֲמִשִּׁים לָעֵצָה,
בֶּן שִׁשִּׁים לַזִּקְנָה, בֶּן שִׁבְעִים לַשֵּׂיבָה, בֶּן שְׁמוֹנִים לַגְּבוּרָה, בֶּן תִּשְׁעִים
לָשׁוּחַ, בֶּן מֵאָה כְּאִלּוּ מֵת וְעָבַר וּבָטֵל מִן הָעוֹלָם.

כו בֶּן בַּג בַּג אוֹמֵר: הֲפֹךְ בָּהּ וַהֲפֹךְ בָּהּ דְּכֹלָּא בָהּ, וּבַהּ תֶּחֱזֵי, וְסִיב וּבְלֵה
בַהּ, וּמִנַּהּ לָא תְזוּעַ, שֶׁאֵין לְךָ מִדָּה טוֹבָה הֵימֶנָּה. בֶּן הֵא הֵא אוֹמֵר:
לְפוּם צַעֲרָא אַגְרָא.

מכות כג: רַבִּי חֲנַנְיָא בֶּן עֲקַשְׁיָא אוֹמֵר: רָצָה הַקָּדוֹשׁ בָּרוּךְ הוּא לְזַכּוֹת אֶת יִשְׂרָאֵל,
ישעיה מב לְפִיכָךְ הִרְבָּה לָהֶם תּוֹרָה וּמִצְוֹת. שֶׁנֶּאֱמַר: יהוה חָפֵץ לְמַעַן צִדְקוֹ, יַגְדִּיל
תּוֹרָה וְיַאְדִּיר:

אם יש מניין, האבלים אומרים קדיש דרבנן (עמ׳ 264).

* * *

כָּל יִשְׂרָאֵל יֵשׁ לָהֶם חֵלֶק לָעוֹלָם הַבָּא. שֶׁנֶּאֱמַר: סנהדרין צ.
וְעַמֵּךְ כֻּלָּם צַדִּיקִים, לְעוֹלָם יִירְשׁוּ אָרֶץ ישעיה ס
נֵצֶר מַטָּעַי, מַעֲשֵׂה יָדַי לְהִתְפָּאֵר:

פרק שישי

שָׁנוּ חֲכָמִים בִּלְשׁוֹן הַמִּשְׁנָה, בָּרוּךְ שֶׁבָּחַר בָּהֶם וּבְמִשְׁנָתָם.

א רַבִּי מֵאִיר אוֹמֵר: כָּל הָעוֹסֵק בַּתּוֹרָה לִשְׁמָהּ, זוֹכֶה לִדְבָרִים הַרְבֵּה. וְלֹא
עוֹד, אֶלָּא שֶׁכָּל הָעוֹלָם כֻּלּוֹ כְּדַאי הוּא לוֹ. נִקְרָא רֵעַ, אָהוּב, אוֹהֵב אֶת
הַמָּקוֹם, אוֹהֵב אֶת הַבְּרִיּוֹת, מְשַׂמֵּחַ אֶת הַמָּקוֹם, מְשַׂמֵּחַ אֶת הַבְּרִיּוֹת,
וּמַלְבַּשְׁתּוֹ עֲנָוָה וְיִרְאָה, וּמַכְשַׁרְתּוֹ לִהְיוֹת צַדִּיק, חָסִיד, יָשָׁר, וְנֶאֱמָן,
וּמְרַחַקְתּוֹ מִן הַחֵטְא, וּמְקָרַבְתּוֹ לִידֵי זְכוּת, וְנֶהֱנִין מִמֶּנּוּ עֵצָה וְתוּשִׁיָּה,
בִּינָה וּגְבוּרָה, שֶׁנֶּאֱמַר: לִי־עֵצָה וְתוּשִׁיָּה, אֲנִי בִינָה, לִי גְבוּרָה: וְנוֹתֶנֶת לוֹ משלי ח
מַלְכוּת וּמֶמְשָׁלָה, וְחִקּוּר דִּין, וּמְגַלִּין לוֹ רָזֵי תוֹרָה, וְנַעֲשֶׂה כְּמַעְיָן הַמִּתְגַּבֵּר
וּכְנָהָר שֶׁאֵינוֹ פוֹסֵק, וְהֹוֶה צָנוּעַ, וְאֶרֶךְ רוּחַ, וּמוֹחֵל עַל עֶלְבּוֹנוֹ, וּמְגַדַּלְתּוֹ
וּמְרוֹמַמְתּוֹ עַל כָּל הַמַּעֲשִׂים.

ב אָמַר רַבִּי יְהוֹשֻׁעַ בֶּן לֵוִי: בְּכָל יוֹם וָיוֹם, בַּת קוֹל יוֹצֵאת מֵהַר חוֹרֵב
וּמַכְרֶזֶת וְאוֹמֶרֶת, אוֹי לָהֶם לַבְּרִיּוֹת מֵעֶלְבּוֹנָהּ שֶׁל תּוֹרָה, שֶׁכָּל מִי שֶׁאֵינוֹ
עוֹסֵק בַּתּוֹרָה נִקְרָא נָזוּף, שֶׁנֶּאֱמַר: נֶזֶם זָהָב בְּאַף חֲזִיר, אִשָּׁה יָפָה וְסָרַת משלי יא
טָעַם: וְאוֹמֵר: וְהַלֻּחֹת מַעֲשֵׂה אֱלֹהִים הֵמָּה, וְהַמִּכְתָּב מִכְתַּב אֱלֹהִים שמות לב
הוּא, חָרוּת עַל־הַלֻּחֹת: אַל תִּקְרָא חָרוּת אֶלָּא חֵרוּת, שֶׁאֵין לְךָ בֶּן חוֹרִין
אֶלָּא מִי שֶׁעוֹסֵק בְּתַלְמוּד תּוֹרָה. וְכָל מִי שֶׁעוֹסֵק בְּתַלְמוּד תּוֹרָה, הֲרֵי זֶה
מִתְעַלֶּה, שֶׁנֶּאֱמַר: וּמִמַּתָּנָה נַחֲלִיאֵל, וּמִנַּחֲלִיאֵל בָּמוֹת: במדבר כא

ג הַלּוֹמֵד מֵחֲבֵרוֹ פֶּרֶק אֶחָד, אוֹ הֲלָכָה אַחַת, אוֹ פָּסוּק אֶחָד, אוֹ דִבּוּר
אֶחָד, אוֹ אֲפִלּוּ אוֹת אַחַת, צָרִיךְ לִנְהָג בּוֹ כָּבוֹד. שֶׁכֵּן מָצִינוּ בְּדָוִד מֶלֶךְ
יִשְׂרָאֵל, שֶׁלֹּא לָמַד מֵאֲחִיתֹפֶל אֶלָּא שְׁנֵי דְבָרִים בִּלְבָד, קְרָאוֹ רַבּוֹ אַלּוּפוֹ
וּמְיֻדָּעוֹ, שֶׁנֶּאֱמַר: וְאַתָּה אֱנוֹשׁ כְּעֶרְכִּי, אַלּוּפִי וּמְיֻדָּעִי: וַהֲלֹא דְבָרִים קַל תהלים נה
וָחֹמֶר. וּמַה דָּוִד מֶלֶךְ יִשְׂרָאֵל, שֶׁלֹּא לָמַד מֵאֲחִיתֹפֶל אֶלָּא שְׁנֵי דְבָרִים
בִּלְבָד, קְרָאוֹ רַבּוֹ אַלּוּפוֹ וּמְיֻדָּעוֹ, הַלּוֹמֵד מֵחֲבֵרוֹ פֶּרֶק אֶחָד, אוֹ הֲלָכָה
אַחַת, אוֹ פָּסוּק אֶחָד, אוֹ דִבּוּר אֶחָד, אוֹ אֲפִלּוּ אוֹת אַחַת, עַל אַחַת

כַּמָּה וְכַמָּה שֶׁצָּרִיךְ לִנְהֹג בּוֹ כָּבוֹד. וְאֵין כָּבוֹד אֶלָּא תוֹרָה, שֶׁנֶּאֱמַר: כָּבוֹד משלי ג
חֲכָמִים יִנְחָלוּ: וּתְמִימִים יִנְחֲלוּ־טוֹב: וְאֵין טוֹב אֶלָּא תוֹרָה, שֶׁנֶּאֱמַר: כִּי משלי כח
לֶקַח טוֹב נָתַתִּי לָכֶם, תּוֹרָתִי אַל־תַּעֲזֹבוּ: משלי ד

ד כָּךְ הִיא דַּרְכָּהּ שֶׁל תּוֹרָה. פַּת בַּמֶּלַח תֹּאכֵל, וּמַיִם בִּמְשׂוּרָה תִּשְׁתֶּה, וְעַל
הָאָרֶץ תִּישַׁן, וְחַיֵּי צַעַר תִּחְיֶה, וּבַתּוֹרָה אַתָּה עָמֵל. אִם אַתָּה עוֹשֶׂה כֵּן,
אַשְׁרֶיךָ וְטוֹב לָךְ, אַשְׁרֶיךָ בָּעוֹלָם הַזֶּה, וְטוֹב לָךְ לָעוֹלָם הַבָּא.

ה אַל תְּבַקֵּשׁ גְּדֻלָּה לְעַצְמְךָ, וְאַל תַּחְמֹד כָּבוֹד. יוֹתֵר מִלִּמּוּדְךָ עֲשֵׂה. וְאַל
תִּתְאַוֶּה לְשֻׁלְחָנָם שֶׁל מְלָכִים, שֶׁשֻּׁלְחָנְךָ גָּדוֹל מִשֻּׁלְחָנָם, וְכִתְרְךָ גָּדוֹל
מִכִּתְרָם. וְנֶאֱמָן הוּא בַּעַל מְלַאכְתְּךָ, שֶׁיְּשַׁלֶּם לְךָ שְׂכַר פְּעֻלָּתֶךָ.

ו גְּדוֹלָה תוֹרָה יוֹתֵר מִן הַכְּהֻנָּה וּמִן הַמַּלְכוּת. שֶׁהַמַּלְכוּת נִקְנֵית בִּשְׁלֹשִׁים
מַעֲלוֹת, וְהַכְּהֻנָּה בְּעֶשְׂרִים וְאַרְבַּע, וְהַתּוֹרָה נִקְנֵית בְּאַרְבָּעִים וּשְׁמוֹנָה
דְבָרִים. וְאֵלּוּ הֵן, בְּתַלְמוּד, בִּשְׁמִיעַת הָאֹזֶן, בַּעֲרִיכַת שְׂפָתַיִם, בְּבִינַת הַלֵּב,
בְּאֵימָה, בְּיִרְאָה, בַּעֲנָוָה, בְּשִׂמְחָה, בְּטָהֳרָה, בְּשִׁמּוּשׁ חֲכָמִים, בְּדִקְדּוּק
חֲבֵרִים, בְּפִלְפּוּל הַתַּלְמִידִים, בְּיִשּׁוּב, בְּמִקְרָא, בְּמִשְׁנָה, בְּמִעוּט סְחוֹרָה,
בְּמִעוּט דֶּרֶךְ אֶרֶץ, בְּמִעוּט תַּעֲנוּג, בְּמִעוּט שֵׁנָה, בְּמִעוּט שִׂיחָה, בְּמִעוּט
שְׂחוֹק, בְּאֶרֶךְ אַפַּיִם, בְּלֵב טוֹב, בֶּאֱמוּנַת חֲכָמִים, בְּקַבָּלַת הַיִּסּוּרִין,
הַמַּכִּיר אֶת מְקוֹמוֹ, וְהַשָּׂמֵחַ בְּחֶלְקוֹ, וְהָעוֹשֶׂה סְיָג לִדְבָרָיו, וְאֵינוֹ מַחֲזִיק
טוֹבָה לְעַצְמוֹ, אָהוּב, אוֹהֵב אֶת הַמָּקוֹם, אוֹהֵב אֶת הַבְּרִיּוֹת, אוֹהֵב
אֶת הַצְּדָקוֹת, אוֹהֵב אֶת הַמֵּישָׁרִים, אוֹהֵב אֶת הַתּוֹכָחוֹת, וּמִתְרַחֵק מִן
הַכָּבוֹד, וְלֹא מֵגִיס לִבּוֹ בְּתַלְמוּדוֹ, וְאֵינוֹ שָׂמֵחַ בְּהוֹרָאָה, נוֹשֵׂא בְעֹל עִם
חֲבֵרוֹ, וּמַכְרִיעוֹ לְכַף זְכוּת, וּמַעֲמִידוֹ עַל הָאֱמֶת, וּמַעֲמִידוֹ עַל הַשָּׁלוֹם,
וּמִתְיַשֵּׁב לִבּוֹ בְּתַלְמוּדוֹ, שׁוֹאֵל וּמֵשִׁיב, שׁוֹמֵעַ וּמוֹסִיף, הַלּוֹמֵד עַל מְנָת
לְלַמֵּד, וְהַלּוֹמֵד עַל מְנָת לַעֲשׂוֹת, הַמַּחְכִּים אֶת רַבּוֹ, וְהַמְכַוֵּן אֶת שְׁמוּעָתוֹ,
וְהָאוֹמֵר דָּבָר בְּשֵׁם אוֹמְרוֹ. הָא לָמַדְתָּ, כָּל הָאוֹמֵר דָּבָר בְּשֵׁם אוֹמְרוֹ,
מֵבִיא גְאֻלָּה לָעוֹלָם, שֶׁנֶּאֱמַר: וַתֹּאמֶר אֶסְתֵּר לַמֶּלֶךְ בְּשֵׁם מָרְדֳּכָי: אסתר ב

ז גְּדוֹלָה תוֹרָה, שֶׁהִיא נוֹתֶנֶת חַיִּים לְעוֹשֶׂיהָ בָּעוֹלָם הַזֶּה וּבָעוֹלָם הַבָּא,
שֶׁנֶּאֱמַר: כִּי־חַיִּים הֵם לְמֹצְאֵיהֶם, וּלְכָל־בְּשָׂרוֹ מַרְפֵּא: וְאוֹמֵר: רִפְאוּת משלי ד
תְּהִי לְשָׁרֶּךָ, וְשִׁקּוּי לְעַצְמוֹתֶיךָ: וְאוֹמֵר: עֵץ־חַיִּים הִיא לַמַּחֲזִיקִים בָּהּ, משלי ג

וּתְמֻכֶיהָ מְאֻשָּׁר: וְאוֹמֵר: כִּי לִוְיַת חֵן הֵם לְרֹאשֶׁךָ, וַעֲנָקִים לְגַרְגְּרֹתֶיךָ: משלי א
וְאוֹמֵר: תִּתֵּן לְרֹאשְׁךָ לִוְיַת־חֵן, עֲטֶרֶת תִּפְאֶרֶת תְּמַגְּנֶךָּ: וְאוֹמֵר: כִּי־בִי יִרְבּוּ משלי ד משלי ט
יָמֶיךָ, וְיוֹסִיפוּ לְךָ שְׁנוֹת חַיִּים: וְאוֹמֵר: אֹרֶךְ יָמִים בִּימִינָהּ, בִּשְׂמֹאולָהּ עֹשֶׁר משלי ג
וְכָבוֹד: וְאוֹמֵר: כִּי אֹרֶךְ יָמִים וּשְׁנוֹת חַיִּים וְשָׁלוֹם יוֹסִיפוּ לָךְ: משלי ג

ח רַבִּי שִׁמְעוֹן בֶּן מְנַסְיָא מִשּׁוּם רַבִּי שִׁמְעוֹן בֶּן יוֹחַאי אוֹמֵר: הַנּוֹי, וְהַכֹּחַ,
וְהָעֹשֶׁר, וְהַכָּבוֹד, וְהַחָכְמָה, וְהַזִּקְנָה, וְהַשֵּׂיבָה, וְהַבָּנִים, נָאֶה לַצַּדִּיקִים
וְנָאֶה לָעוֹלָם, שֶׁנֶּאֱמַר: עֲטֶרֶת תִּפְאֶרֶת שֵׂיבָה, בְּדֶרֶךְ צְדָקָה תִּמָּצֵא: משלי טז
וְאוֹמֵר: עֲטֶרֶת חֲכָמִים עָשְׁרָם: וְאוֹמֵר: עֲטֶרֶת זְקֵנִים בְּנֵי בָנִים, וְתִפְאֶרֶת משלי יד משלי יז
בָּנִים אֲבוֹתָם: וְאוֹמֵר: תִּפְאֶרֶת בַּחוּרִים כֹּחָם, וַהֲדַר זְקֵנִים שֵׂיבָה: וְאוֹמֵר: משלי כ
וְחָפְרָה הַלְּבָנָה וּבוֹשָׁה הַחַמָּה, כִּי־מָלַךְ יהוה צְבָאוֹת בְּהַר צִיּוֹן וּבִירוּשָׁלַיִם, ישעיה כד
וְנֶגֶד זְקֵנָיו כָּבוֹד: רַבִּי שִׁמְעוֹן בֶּן מְנַסְיָא אוֹמֵר: אֵלּוּ שֶׁבַע מִדּוֹת שֶׁמָּנוּ
חֲכָמִים לַצַּדִּיקִים, כֻּלָּם נִתְקַיְּמוּ בְּרַבִּי וּבְבָנָיו.

ט אָמַר רַבִּי יוֹסֵי בֶּן קִסְמָא: פַּעַם אַחַת הָיִיתִי מְהַלֵּךְ בַּדֶּרֶךְ, וּפָגַע בִּי אָדָם
אֶחָד, וְנָתַן לִי שָׁלוֹם וְהֶחֱזַרְתִּי לוֹ שָׁלוֹם. אָמַר לִי, רַבִּי, מֵאֵיזֶה מָקוֹם
אָתָּה. אָמַרְתִּי לוֹ, מֵעִיר גְּדוֹלָה שֶׁל חֲכָמִים וְשֶׁל סוֹפְרִים אָנִי. אָמַר לִי,
רַבִּי, רְצוֹנְךָ שֶׁתָּדוּר עִמָּנוּ בִּמְקוֹמֵנוּ, וַאֲנִי אֶתֵּן לְךָ אֶלֶף אֲלָפִים דִּינְרֵי זָהָב
וַאֲבָנִים טוֹבוֹת וּמַרְגָּלִיּוֹת. אָמַרְתִּי לוֹ, אִם אַתָּה נוֹתֵן לִי כָּל כֶּסֶף וְזָהָב
וַאֲבָנִים טוֹבוֹת וּמַרְגָּלִיּוֹת שֶׁבָּעוֹלָם, אֵינִי דָר אֶלָּא בִּמְקוֹם תּוֹרָה, וְכֵן כָּתוּב
בְּסֵפֶר תְּהִלִּים עַל יְדֵי דָוִד מֶלֶךְ יִשְׂרָאֵל: טוֹב־לִי תוֹרַת־פִּיךָ מֵאַלְפֵי זָהָב תהלים קיט
וָכָסֶף: וְלֹא עוֹד, אֶלָּא שֶׁבִּשְׁעַת פְּטִירָתוֹ שֶׁל אָדָם, אֵין מְלַוִּין לוֹ לְאָדָם
לֹא כֶסֶף וְלֹא זָהָב וְלֹא אֲבָנִים טוֹבוֹת וּמַרְגָּלִיּוֹת, אֶלָּא תּוֹרָה וּמַעֲשִׂים
טוֹבִים בִּלְבָד, שֶׁנֶּאֱמַר: בְּהִתְהַלֶּכְךָ תַּנְחֶה אֹתָךְ, בְּשָׁכְבְּךָ תִּשְׁמֹר עָלֶיךָ, משלי ו
וַהֲקִיצוֹתָ הִיא תְשִׂיחֶךָ: בְּהִתְהַלֶּכְךָ תַּנְחֶה אֹתָךְ, בָּעוֹלָם הַזֶּה. בְּשָׁכְבְּךָ
תִּשְׁמֹר עָלֶיךָ, בַּקֶּבֶר. וַהֲקִיצוֹתָ הִיא תְשִׂיחֶךָ, לָעוֹלָם הַבָּא. וְאוֹמֵר: לִי חגי ב
הַכֶּסֶף וְלִי הַזָּהָב, נְאֻם יהוה צְבָאוֹת:

י חֲמִשָּׁה קִנְיָנִים קָנָה הַקָּדוֹשׁ בָּרוּךְ הוּא בְּעוֹלָמוֹ. וְאֵלּוּ הֵן, תּוֹרָה קִנְיָן
אֶחָד, שָׁמַיִם וָאָרֶץ קִנְיָן אֶחָד, אַבְרָהָם קִנְיָן אֶחָד, יִשְׂרָאֵל קִנְיָן אֶחָד, בֵּית
הַמִּקְדָּשׁ קִנְיָן אֶחָד. תּוֹרָה מִנַּיִן, דִּכְתִיב: יהוה קָנָנִי רֵאשִׁית דַּרְכּוֹ, קֶדֶם משלי ח

ישעיה סו מִפְּעָלָיו מֵאָז: שָׁמַיִם וָאָרֶץ מִנַּיִן, דִּכְתִיב: כֹּה אָמַר יהוה הַשָּׁמַיִם כִּסְאִי
וְהָאָרֶץ הֲדֹם רַגְלָי, אֵי־זֶה בַיִת אֲשֶׁר תִּבְנוּ־לִי, וְאֵי־זֶה מָקוֹם מְנוּחָתִי:
תהלים קד וְאוֹמֵר: מָה־רַבּוּ מַעֲשֶׂיךָ יהוה, כֻּלָּם בְּחָכְמָה עָשִׂיתָ, מָלְאָה הָאָרֶץ
בראשית יד קִנְיָנֶךָ: אַבְרָהָם מִנַּיִן, דִּכְתִיב: וַיְבָרְכֵהוּ וַיֹּאמַר, בָּרוּךְ אַבְרָם לְאֵל עֶלְיוֹן,
שמות טו קֹנֵה שָׁמַיִם וָאָרֶץ: יִשְׂרָאֵל מִנַּיִן, דִּכְתִיב: עַד־יַעֲבֹר עַמְּךָ יהוה, עַד־יַעֲבֹר
תהלים טז עַם־זוּ קָנִיתָ: וְאוֹמֵר: לִקְדוֹשִׁים אֲשֶׁר־בָּאָרֶץ הֵמָּה, וְאַדִּירֵי כָּל־חֶפְצִי־בָם:
שמות טו בֵּית הַמִּקְדָּשׁ מִנַּיִן, דִּכְתִיב: מָכוֹן לְשִׁבְתְּךָ פָּעַלְתָּ יהוה, מִקְּדָשׁ אֲדֹנָי כּוֹנְנוּ
תהלים עח יָדֶיךָ: וְאוֹמֵר: וַיְבִיאֵם אֶל־גְּבוּל קָדְשׁוֹ, הַר־זֶה קָנְתָה יְמִינוֹ:

יא כָּל מַה שֶּׁבָּרָא הַקָּדוֹשׁ בָּרוּךְ הוּא בְּעוֹלָמוֹ, לֹא בְרָאוֹ אֶלָּא לִכְבוֹדוֹ,
ישעיה מג שֶׁנֶּאֱמַר: כֹּל הַנִּקְרָא בִשְׁמִי וְלִכְבוֹדִי בְּרָאתִיו, יְצַרְתִּיו אַף־עֲשִׂיתִיו: וְאוֹמֵר:
שמות טו יהוה יִמְלֹךְ לְעֹלָם וָעֶד:

מכות כג: רַבִּי חֲנַנְיָא בֶּן עֲקַשְׁיָא אוֹמֵר: רָצָה הַקָּדוֹשׁ בָּרוּךְ הוּא לְזַכּוֹת אֶת יִשְׂרָאֵל,
ישעיה מב לְפִיכָךְ הִרְבָּה לָהֶם תּוֹרָה וּמִצְוֹת. שֶׁנֶּאֱמַר: יהוה חָפֵץ לְמַעַן צִדְקוֹ, יַגְדִּיל
תּוֹרָה וְיַאְדִּיר:

אם יש מניין, האבלים אומרים קדיש דרבנן (עמ׳ 264).

סעודה שלישית של שבת

יש אומרים:

אַתְקִֽינוּ סְעוּדְתָא דִמְהֵימְנוּתָא שְׁלִֽימְתָא, חֶדְוָתָא דְמַלְכָּא קַדִּישָׁא.
אַתְקִֽינוּ סְעוּדְתָא דְמַלְכָּא.
דָּא הִיא סְעוּדְתָא דִּזְעֵיר אַנְפִּין
וְעַתִּיקָא קַדִּישָׁא וַחֲקַל תַּפּוּחִין קַדִּישִׁין אָתַיִן לְסַעֲדָה בַּהֲדֵהּ.

זמר שחיבר האר״י לסעודה שלישית

בְּנֵי הֵיכְלָא, דִּכְסִיפִין לְמֶחֱזֵי זִיו זְעֵיר אַנְפִּין
יְהוֹן הָכָא, בְּהַאי תַּכָּא, דְּבֵהּ מַלְכָּא בְּגִלּוּפִין.
צְבוּ לַחֲדָא, בְּהַאי וַעֲדָא, בְּגוֹ עִירִין וְכָל גַּדְפִין.
חֲדוּ הַשְׁתָּא, בְּהַאי שַׁעְתָּא, דְּבֵהּ רַעֲוָא וְלֵית זַעְפִין.
קְרִֽיבוּ לִי, חֲזוּ חֵילִי, דְּלֵית דִּינִין דְּתַקִּיפִין.
לְבַר נָטְלִין, וְלָא עָלִין, הָנֵי כַלְבִין דַּחֲצִיפִין.
וְהָא אַזְמִין עַתִּיק יוֹמִין, לְמִצְחֵהּ עֲדֵי יְהוֹן חָלְפִין.
רְעוּ דִי לֵהּ, דְּגַלֵּי לֵהּ, לְבַטָּלָה בְּכָל קְלִיפִין.
יְשַׁוֵּי לוֹן, בִּנְקַבְהוֹן, וְיִטַּמְּרוּן בְּגוֹ כֵפִין.
אֲרֵי הַשְׁתָּא, בְּמִנְחָתָא, בְּחֶדְוָתָא דִּזְעֵיר אַנְפִּין.

מִזְמוֹר לְדָוִד, יהוה רֹעִי לֹא אֶחְסָר: בִּנְאוֹת דֶּשֶׁא יַרְבִּיצֵנִי, עַל־מֵי תהלים כג
מְנֻחוֹת יְנַהֲלֵנִי: נַפְשִׁי יְשׁוֹבֵב, יַנְחֵנִי בְמַעְגְּלֵי־צֶדֶק לְמַעַן שְׁמוֹ:
גַּם כִּי־אֵלֵךְ בְּגֵיא צַלְמָוֶת לֹא־אִירָא רָע, כִּי־אַתָּה עִמָּדִי, שִׁבְטְךָ
וּמִשְׁעַנְתֶּךָ הֵמָּה יְנַחֲמֻנִי: תַּעֲרֹךְ לְפָנַי שֻׁלְחָן נֶגֶד צֹרְרָי, דִּשַּׁנְתָּ
בַשֶּׁמֶן רֹאשִׁי, כּוֹסִי רְוָיָה: אַךְ טוֹב וָחֶסֶד יִרְדְּפוּנִי כָּל־יְמֵי חַיָּי,
וְשַׁבְתִּי בְּבֵית־יהוה לְאֹרֶךְ יָמִים:

זמר שחיבר ר׳ אליעזר אזכרי מחכמי צפת, המבטא אהבה עזה לקב״ה.

יְדִיד נֶפֶשׁ, אָב הָרַחֲמָן, מְשֹׁךְ עַבְדָּךְ אֶל רְצוֹנָךְ
יָרוּץ עַבְדָּךְ כְּמוֹ אַיָּל, יִשְׁתַּחֲוֶה מוּל הֲדָרָךְ
כִּי יֶעֱרַב לוֹ יְדִידוּתָךְ, מִנֹּפֶת צוּף וְכָל טָעַם.

הָדוּר, נָאֶה, זִיו הָעוֹלָם, נַפְשִׁי חוֹלַת אַהֲבָתָךְ
אָנָּא, אֵל נָא, רְפָא נָא לָהּ, בְּהַרְאוֹת לָהּ נֹעַם זִיוָךְ
אָז תִּתְחַזֵּק וְתִתְרַפֵּא, וְהָיְתָה לָךְ שִׁפְחַת עוֹלָם.

וָתִיק, יֶהֱמוּ רַחֲמֶיךָ, וְחוּס נָא עַל בֵּן אוֹהֲבָךְ
כִּי זֶה כַּמֶּה נִכְסֹף נִכְסַף לִרְאוֹת בְּתִפְאֶרֶת עֻזָּךְ
אָנָּא, אֵלִי, מַחְמַד לִבִּי, חוּשָׁה נָּא, וְאַל תִּתְעַלָּם.

הִגָּלֶה נָא וּפְרֹשׂ, חָבִיב, עָלַי אֶת סֻכַּת שְׁלוֹמָךְ
תָּאִיר אֶרֶץ מִכְּבוֹדָךְ, נָגִילָה וְנִשְׂמְחָה בָּךְ.
מַהֵר, אָהוּב, כִּי בָא מוֹעֵד, וְחָנֵּנִי כִּימֵי עוֹלָם.

זמר שחיבר ר׳ אברהם מימין ממקובלי צפת, המבוסס על עשר הספירות.

אֵל מִסְתַּתֵּר בְּשַׁפְרִיר חֶבְיוֹן, הַשֵּׂכֶל הַנֶּעְלָם מִכָּל רַעְיוֹן
עִלַּת הָעִלּוֹת מֻכְתָּר בְּכֶתֶר עֶלְיוֹן, כֶּתֶר יִתְּנוּ לְךָ יהוה.

בְּרֵאשִׁית תּוֹרָתְךָ הַקְּדוּמָה, רְשׁוּמָה חָכְמָתְךָ הַסְּתוּמָה
מֵאַיִן תִּמָּצֵא וְהִיא נֶעְלָמָה, רֵאשִׁית חָכְמָה יִרְאַת יהוה.

רְחוֹבוֹת הַנָּהָר נַחֲלֵי אֱמוּנָה, מַיִם עֲמֻקִּים יִדְלֵם אִישׁ תְּבוּנָה
תּוֹצְאוֹתֶיהָ חֲמִשִּׁים שַׁעֲרֵי בִינָה, אֱמוּנִים נוֹצֵר יהוה.

הָאֵל הַגָּדוֹל עֵינֵי כֹל נֶגְדֶּךָ, רַב חֶסֶד גָּדוֹל עַל הַשָּׁמַיִם חַסְדֶּךָ
אֱלֹהֵי אַבְרָהָם זְכֹר לְעַבְדֶּךָ, חַסְדֵי יהוה אַזְכִּיר תְּהִלּוֹת יהוה.

מָרוֹם נֶאְדָּר בְּכֹחַ וּגְבוּרָה, מוֹצִיא אוֹרָה מֵאֵין תְּמוּרָה
פַּחַד יִצְחָק מִשְׁפָּטֵנוּ הָאִירָה, אַתָּה גִּבּוֹר לְעוֹלָם יהוה.

מִי אֵל כָּמוֹךָ עוֹשֶׂה גְדוֹלוֹת, אֲבִיר יַעֲקֹב נוֹרָא תְהִלּוֹת
תִּפְאֶרֶת יִשְׂרָאֵל שׁוֹמֵעַ תְּפִלּוֹת, כִּי שׁוֹמֵעַ אֶל אֶבְיוֹנִים יהוה.

יָהּ, זְכוּת אָבוֹת יָגֵן עָלֵינוּ, נֵצַח יִשְׂרָאֵל, מִצָּרוֹתֵינוּ גָּאָלֵנוּ
וּמִבּוֹר גָּלוּת דְּלֵנוּ וְהַעֲלֵנוּ, לְנַצֵּחַ עַל מְלֶאכֶת בֵּית יהוה.

מִיָּמִין וּמִשְּׂמֹאל יְנִיקַת הַנְּבִיאִים, נֵצַח וָהוֹד מֵהֶם נִמְצָאִים
יָכִין וּבֹעַז בְּשֵׁם נִקְרָאִים, וְכָל בָּנַיִךְ לִמּוּדֵי יהוה.

יְסוֹד צַדִּיק בְּשִׁבְעָה נֶעְלָם, אוֹת בְּרִית הוּא לְעוֹלָם
מַעְיַן הַבְּרָכָה צַדִּיק יְסוֹד עוֹלָם, צַדִּיק אַתָּה יהוה.

נָא הָקֵם מַלְכוּת דָּוִד וּשְׁלֹמֹה, בָּעֲטָרָה שֶׁעִטְּרָה לּוֹ אִמּוֹ
כְּנֶסֶת יִשְׂרָאֵל כַּלָּה קְרוּאָה בִנְעִימָה, עֲטֶרֶת תִּפְאֶרֶת בְּיַד יהוה.

חָזָק מְיַחֵד כְּאֶחָד עֶשֶׂר סְפִירוֹת, וּמַפְרִיד אַלּוּף לֹא יִרְאֶה מְאוֹרוֹת
סַפִּיר גִּזְרָתָם יַחַד מְאִירוֹת, תִּקְרַב רִנָּתִי לְפָנֶיךָ יהוה.

לפני נטילת מים אחרונים:

יְדֵי אַסְחֵי אֲנָא לְגַבֵּי חַד מָנָא / לְסִטְרָא חוֹרָנָא דְּלֵית בַּהּ מְשָׁשָׁא
אֲזַמֵּן בִּתְלָתָא בְּכָסָא דְבִרְכְתָא / לְעִלַּת עִלָּתָא עַתִּיקָא קַדִּישָׁא

ברכת המזון בעמ׳ 503.

ערבית למוצאי שבת

"וַיִּירְאוּ יֹשְׁבֵי קְצָוֹת מֵאוֹתֹתֶיךָ, מוֹצָאֵי־בֹקֶר וָעֶרֶב תַּרְנִין" (תהלים סה, ט).
"תרנין – לך את הבריות... בבקר אומרים 'ברוך יוצר המאורות',
ובערב 'ברוך המעריב ערבים'" (רש"י שם).

מאחרים להתפלל בצאת השבת כדי להוסיף מהחול על הקודש (דרך החיים),
ולפני התפילה אומרים שני מזמורים אלה (סידור השל"ה).

תהלים קמד לְדָוִד, בָּרוּךְ יהוה צוּרִי, הַמְלַמֵּד יָדַי לַקְרָב, אֶצְבְּעוֹתַי לַמִּלְחָמָה:
חַסְדִּי וּמְצוּדָתִי מִשְׂגַּבִּי וּמְפַלְטִי לִי, מָגִנִּי וּבוֹ חָסִיתִי, הָרוֹדֵד עַמִּי
תַחְתָּי: יהוה מָה־אָדָם וַתֵּדָעֵהוּ, בֶּן־אֱנוֹשׁ וַתְּחַשְּׁבֵהוּ: אָדָם לַהֶבֶל
דָּמָה, יָמָיו כְּצֵל עוֹבֵר: יהוה הַט־שָׁמֶיךָ וְתֵרֵד, גַּע בֶּהָרִים וְיֶעֱשָׁנוּ:
בְּרוֹק בָּרָק וּתְפִיצֵם, שְׁלַח חִצֶּיךָ וּתְהֻמֵּם: שְׁלַח יָדֶיךָ מִמָּרוֹם, פְּצֵנִי
וְהַצִּילֵנִי מִמַּיִם רַבִּים, מִיַּד בְּנֵי נֵכָר: אֲשֶׁר פִּיהֶם דִּבֶּר־שָׁוְא, וִימִינָם
יְמִין שָׁקֶר: אֱלֹהִים שִׁיר חָדָשׁ אָשִׁירָה לָּךְ, בְּנֵבֶל עָשׂוֹר אֲזַמְּרָה־
לָּךְ: הַנּוֹתֵן תְּשׁוּעָה לַמְּלָכִים, הַפּוֹצֶה אֶת־דָּוִד עַבְדּוֹ מֵחֶרֶב רָעָה:
פְּצֵנִי וְהַצִּילֵנִי מִיַּד בְּנֵי נֵכָר, אֲשֶׁר פִּיהֶם דִּבֶּר־שָׁוְא, וִימִינָם יְמִין
שָׁקֶר: אֲשֶׁר בָּנֵינוּ כִּנְטִעִים, מְגֻדָּלִים בִּנְעוּרֵיהֶם, בְּנוֹתֵינוּ כְזָוִיֹּת,
מְחֻטָּבוֹת תַּבְנִית הֵיכָל: מְזָוֵינוּ מְלֵאִים, מְפִיקִים מִזַּן אֶל־זַן, צֹאונֵנוּ
מַאֲלִיפוֹת מְרֻבָּבוֹת בְּחוּצוֹתֵינוּ: אַלּוּפֵינוּ מְסֻבָּלִים, אֵין פֶּרֶץ וְאֵין
יוֹצֵאת, וְאֵין צְוָחָה בִּרְחֹבֹתֵינוּ: אַשְׁרֵי הָעָם שֶׁכָּכָה לּוֹ, אַשְׁרֵי
הָעָם שֶׁיהוה אֱלֹהָיו:

תהלים סז לַמְנַצֵּחַ בִּנְגִינֹת, מִזְמוֹר שִׁיר: אֱלֹהִים יְחָנֵּנוּ וִיבָרְכֵנוּ, יָאֵר פָּנָיו
אִתָּנוּ סֶלָה: לָדַעַת בָּאָרֶץ דַּרְכֶּךָ, בְּכָל־גּוֹיִם יְשׁוּעָתֶךָ: יוֹדוּךָ עַמִּים
אֱלֹהִים, יוֹדוּךָ עַמִּים כֻּלָּם: יִשְׂמְחוּ וִירַנְּנוּ לְאֻמִּים, כִּי־תִשְׁפֹּט עַמִּים
מִישֹׁר, וּלְאֻמִּים בָּאָרֶץ תַּנְחֵם סֶלָה: יוֹדוּךָ עַמִּים אֱלֹהִים, יוֹדוּךָ
עַמִּים כֻּלָּם: אֶרֶץ נָתְנָה יְבוּלָהּ, יְבָרְכֵנוּ אֱלֹהִים אֱלֹהֵינוּ: יְבָרְכֵנוּ
אֱלֹהִים, וְיִירְאוּ אוֹתוֹ כָּל־אַפְסֵי־אָרֶץ:

קודם התפילה שליח הציבור אומר 'וְהוּא רַחוּם' (סדר רב עמרם גאון), וביאר במחזור ויטרי שזה מכיוון שבערבית אין קרבנות ציבור שיכפרו עלינו כבשחרית ובמנחה.

וְהוּא רַחוּם, יְכַפֵּר עָוֹן וְלֹא־יַשְׁחִית תהלים עח
וְהִרְבָּה לְהָשִׁיב אַפּוֹ, וְלֹא־יָעִיר כָּל־חֲמָתוֹ:
יהוה הוֹשִׁיעָה, הַמֶּלֶךְ יַעֲנֵנוּ בְיוֹם־קָרְאֵנוּ: תהלים כ

קריאת שמע וברכותיה

שליח הציבור כורע בתיבת 'בָּרְכוּ' ווקף בשם.
הקהל כורע בתיבת 'בָּרוּךְ' ווקף בשם,
ושליח הציבור כורע שוב כאשר הוא חוזר אחריהם.

ש״ץ: **בָּרְכוּ**
אֶת יהוה הַמְבֹרָךְ.

קהל: בָּרוּךְ יהוה הַמְבֹרָךְ לְעוֹלָם וָעֶד.

ש״ץ: בָּרוּךְ יהוה הַמְבֹרָךְ לְעוֹלָם וָעֶד.

בָּרוּךְ אַתָּה יהוה אֱלֹהֵינוּ מֶלֶךְ הָעוֹלָם
אֲשֶׁר בִּדְבָרוֹ מַעֲרִיב עֲרָבִים
בְּחָכְמָה פּוֹתֵחַ שְׁעָרִים
וּבִתְבוּנָה מְשַׁנֶּה עִתִּים וּמַחֲלִיף אֶת הַזְּמַנִּים
וּמְסַדֵּר אֶת הַכּוֹכָבִים בְּמִשְׁמְרוֹתֵיהֶם בָּרָקִיעַ כִּרְצוֹנוֹ.

בּוֹרֵא יוֹם וָלָיְלָה, גּוֹלֵל אוֹר מִפְּנֵי חֹשֶׁךְ וְחֹשֶׁךְ מִפְּנֵי אוֹר
‹ וּמַעֲבִיר יוֹם וּמֵבִיא לָיְלָה
וּמַבְדִּיל בֵּין יוֹם וּבֵין לָיְלָה
יהוה צְבָאוֹת שְׁמוֹ.
אֵל חַי וְקַיָּם תָּמִיד, יִמְלֹךְ עָלֵינוּ לְעוֹלָם וָעֶד.
בָּרוּךְ אַתָּה יהוה, הַמַּעֲרִיב עֲרָבִים.

אַהֲבַת עוֹלָם בֵּית יִשְׂרָאֵל עַמְּךָ אָהָבְתָּ
תּוֹרָה וּמִצְוֹת, חֻקִּים וּמִשְׁפָּטִים, אוֹתָנוּ לִמַּדְתָּ
עַל כֵּן יהוה אֱלֹהֵינוּ בְּשָׁכְבֵנוּ וּבְקוּמֵנוּ נָשִׂיחַ בְּחֻקֶּיךָ
וְנִשְׂמַח בְּדִבְרֵי תוֹרָתֶךָ וּבְמִצְוֹתֶיךָ לְעוֹלָם וָעֶד
‹ כִּי הֵם חַיֵּינוּ וְאֹרֶךְ יָמֵינוּ, וּבָהֶם נֶהְגֶּה יוֹמָם וָלָיְלָה.
וְאַהֲבָתְךָ אַל תָּסִיר מִמֶּנּוּ לְעוֹלָמִים.
בָּרוּךְ אַתָּה יהוה, אוֹהֵב עַמּוֹ יִשְׂרָאֵל.

"יקרא קריאת שמע בכוונה – באימה, ביראה, ברתת וזיע" (שו"ע סא, א). ראה הלכה 72–73.

המתפלל ביחידות אומר:

אֵל מֶלֶךְ נֶאֱמָן

מכסה את עיניו בידו ואומר בכוונה ובקול רם:

שְׁמַע יִשְׂרָאֵל, יהוה אֱלֹהֵינוּ, יהוה ׀ אֶחָד: דברים ו

בלחש: בָּרוּךְ שֵׁם כְּבוֹד מַלְכוּתוֹ לְעוֹלָם וָעֶד.

וְאָהַבְתָּ אֵת יהוה אֱלֹהֶיךָ, בְּכָל־לְבָבְךָ וּבְכָל־נַפְשְׁךָ וּבְכָל־מְאֹדֶךָ: דברים ו
וְהָיוּ הַדְּבָרִים הָאֵלֶּה, אֲשֶׁר אָנֹכִי מְצַוְּךָ הַיּוֹם, עַל־לְבָבֶךָ: וְשִׁנַּנְתָּם
לְבָנֶיךָ וְדִבַּרְתָּ בָּם, בְּשִׁבְתְּךָ בְּבֵיתֶךָ וּבְלֶכְתְּךָ בַדֶּרֶךְ, וּבְשָׁכְבְּךָ
וּבְקוּמֶךָ: וּקְשַׁרְתָּם לְאוֹת עַל־יָדֶךָ וְהָיוּ לְטֹטָפֹת בֵּין עֵינֶיךָ:
וּכְתַבְתָּם עַל־מְזֻזוֹת בֵּיתֶךָ וּבִשְׁעָרֶיךָ:

וְהָיָה אִם־שָׁמֹעַ תִּשְׁמְעוּ אֶל־מִצְוֺתַי אֲשֶׁר אָנֹכִי מְצַוֶּה אֶתְכֶם דברים יא
הַיּוֹם, לְאַהֲבָה אֶת־יהוה אֱלֹהֵיכֶם וּלְעָבְדוֹ, בְּכָל־לְבַבְכֶם וּבְכָל־
נַפְשְׁכֶם: וְנָתַתִּי מְטַר־אַרְצְכֶם בְּעִתּוֹ, יוֹרֶה וּמַלְקוֹשׁ, וְאָסַפְתָּ דְגָנֶךָ
וְתִירֹשְׁךָ וְיִצְהָרֶךָ: וְנָתַתִּי עֵשֶׂב בְּשָׂדְךָ לִבְהֶמְתֶּךָ, וְאָכַלְתָּ וְשָׂבָעְתָּ:
הִשָּׁמְרוּ לָכֶם פֶּן־יִפְתֶּה לְבַבְכֶם, וְסַרְתֶּם וַעֲבַדְתֶּם אֱלֹהִים אֲחֵרִים
וְהִשְׁתַּחֲוִיתֶם לָהֶם: וְחָרָה אַף־יהוה בָּכֶם, וְעָצַר אֶת־הַשָּׁמַיִם
וְלֹא־יִהְיֶה מָטָר, וְהָאֲדָמָה לֹא תִתֵּן אֶת־יְבוּלָהּ, וַאֲבַדְתֶּם מְהֵרָה
מֵעַל הָאָרֶץ הַטֹּבָה אֲשֶׁר יהוה נֹתֵן לָכֶם: וְשַׂמְתֶּם אֶת־דְּבָרַי
אֵלֶּה עַל־לְבַבְכֶם וְעַל־נַפְשְׁכֶם, וּקְשַׁרְתֶּם אֹתָם לְאוֹת עַל־יֶדְכֶם,
וְהָיוּ לְטוֹטָפֹת בֵּין עֵינֵיכֶם: וְלִמַּדְתֶּם אֹתָם אֶת־בְּנֵיכֶם לְדַבֵּר בָּם,
בְּשִׁבְתְּךָ בְּבֵיתֶךָ וּבְלֶכְתְּךָ בַדֶּרֶךְ, וּבְשָׁכְבְּךָ וּבְקוּמֶךָ: וּכְתַבְתָּם עַל־
מְזוּזוֹת בֵּיתֶךָ וּבִשְׁעָרֶיךָ: לְמַעַן יִרְבּוּ יְמֵיכֶם וִימֵי בְנֵיכֶם עַל הָאֲדָמָה
אֲשֶׁר נִשְׁבַּע יהוה לַאֲבֹתֵיכֶם לָתֵת לָהֶם, כִּימֵי הַשָּׁמַיִם עַל־הָאָרֶץ:

וַיֹּאמֶר יהוה אֶל־מֹשֶׁה לֵּאמֹר: דַּבֵּר אֶל־בְּנֵי יִשְׂרָאֵל וְאָמַרְתָּ במדבר טו
אֲלֵהֶם, וְעָשׂוּ לָהֶם צִיצִת עַל־כַּנְפֵי בִגְדֵיהֶם לְדֹרֹתָם, וְנָתְנוּ עַל־
צִיצִת הַכָּנָף פְּתִיל תְּכֵלֶת: וְהָיָה לָכֶם לְצִיצִת, וּרְאִיתֶם אֹתוֹ
וּזְכַרְתֶּם אֶת־כָּל־מִצְוֺת יהוה וַעֲשִׂיתֶם אֹתָם, וְלֹא תָתֻרוּ אַחֲרֵי
לְבַבְכֶם וְאַחֲרֵי עֵינֵיכֶם, אֲשֶׁר־אַתֶּם זֹנִים אַחֲרֵיהֶם: לְמַעַן תִּזְכְּרוּ
וַעֲשִׂיתֶם אֶת־כָּל־מִצְוֺתָי, וִהְיִיתֶם קְדֹשִׁים לֵאלֹהֵיכֶם: אֲנִי יהוה
אֱלֹהֵיכֶם, אֲשֶׁר הוֹצֵאתִי אֶתְכֶם מֵאֶרֶץ מִצְרַיִם, לִהְיוֹת לָכֶם
לֵאלֹהִים, אֲנִי יהוה אֱלֹהֵיכֶם:

אֱמֶת

שליח הציבור חוזר ואומר:

› יהוה אֱלֹהֵיכֶם אֱמֶת

וֶאֱמוּנָה כָּל זֹאת וְקַיָּם עָלֵינוּ
כִּי הוּא יהוה אֱלֹהֵינוּ וְאֵין זוּלָתוֹ וַאֲנַחְנוּ יִשְׂרָאֵל עַמּוֹ.
הַפּוֹדֵנוּ מִיַּד מְלָכִים, מַלְכֵּנוּ הַגּוֹאֲלֵנוּ מִכַּף כָּל הֶעָרִיצִים.
הָאֵל הַנִּפְרָע לָנוּ מִצָּרֵינוּ
וְהַמְשַׁלֵּם גְּמוּל לְכָל אוֹיְבֵי נַפְשֵׁנוּ.
הָעוֹשֶׂה גְדוֹלוֹת עַד אֵין חֵקֶר, וְנִפְלָאוֹת עַד אֵין מִסְפָּר
הַשָּׂם נַפְשֵׁנוּ בַּחַיִּים, וְלֹא־נָתַן לַמּוֹט רַגְלֵנוּ: תהלים סו
הַמַּדְרִיכֵנוּ עַל בָּמוֹת אוֹיְבֵינוּ, וַיָּרֶם קַרְנֵנוּ עַל כָּל שׂוֹנְאֵינוּ.
הָעוֹשֶׂה לָּנוּ נִסִּים וּנְקָמָה בְּפַרְעֹה
אוֹתוֹת וּמוֹפְתִים בְּאַדְמַת בְּנֵי חָם.
הַמַּכֶּה בְעֶבְרָתוֹ כָּל בְּכוֹרֵי מִצְרָיִם
וַיּוֹצֵא אֶת עַמּוֹ יִשְׂרָאֵל מִתּוֹכָם לְחֵרוּת עוֹלָם.
הַמַּעֲבִיר בָּנָיו בֵּין גִּזְרֵי יַם סוּף
אֶת רוֹדְפֵיהֶם וְאֶת שׂוֹנְאֵיהֶם בִּתְהוֹמוֹת טִבַּע
וְרָאוּ בָנָיו גְּבוּרָתוֹ, שִׁבְּחוּ וְהוֹדוּ לִשְׁמוֹ
◂ וּמַלְכוּתוֹ בְּרָצוֹן קִבְּלוּ עֲלֵיהֶם.
מֹשֶׁה וּבְנֵי יִשְׂרָאֵל, לְךָ עָנוּ שִׁירָה בְּשִׂמְחָה רַבָּה
וְאָמְרוּ כֻלָּם
מִי־כָמֹכָה בָּאֵלִם יהוה שמות טו
מִי כָּמֹכָה נֶאְדָּר בַּקֹּדֶשׁ
נוֹרָא תְהִלֹּת עֹשֵׂה פֶלֶא:
◂ מַלְכוּתְךָ רָאוּ בָנֶיךָ, בּוֹקֵעַ יָם לִפְנֵי מֹשֶׁה
זֶה אֵלִי עָנוּ, וְאָמְרוּ
יהוה יִמְלֹךְ לְעֹלָם וָעֶד: שמות טו
◂ וְנֶאֱמַר, כִּי־פָדָה יהוה אֶת־יַעֲקֹב וּגְאָלוֹ מִיַּד חָזָק מִמֶּנּוּ: ירמיה לא
בָּרוּךְ אַתָּה יהוה, גָּאַל יִשְׂרָאֵל.

הַשְׁכִּיבֵנוּ יהוה אֱלֹהֵינוּ לְשָׁלוֹם
וְהַעֲמִידֵנוּ מַלְכֵּנוּ לְחַיִּים
וּפְרֹשׂ עָלֵינוּ סֻכַּת שְׁלוֹמֶךָ, וְתַקְּנֵנוּ בְּעֵצָה טוֹבָה מִלְּפָנֶיךָ
וְהוֹשִׁיעֵנוּ לְמַעַן שְׁמֶךָ.
וְהָגֵן בַּעֲדֵנוּ, וְהָסֵר מֵעָלֵינוּ, אוֹיֵב, דֶּבֶר וְחֶרֶב וְרָעָב וְיָגוֹן
וְהָסֵר שָׂטָן מִלְּפָנֵינוּ וּמֵאַחֲרֵינוּ, וּבְצֵל כְּנָפֶיךָ תַּסְתִּירֵנוּ
כִּי אֵל שׁוֹמְרֵנוּ וּמַצִּילֵנוּ אָתָּה
כִּי אֵל מֶלֶךְ חַנּוּן וְרַחוּם אָתָּה.
◂ וּשְׁמֹר צֵאתֵנוּ וּבוֹאֵנוּ לְחַיִּים וּלְשָׁלוֹם מֵעַתָּה וְעַד עוֹלָם.
בָּרוּךְ אַתָּה יהוה, שׁוֹמֵר עַמּוֹ יִשְׂרָאֵל לָעַד.

חצי קדיש

ש״ץ: יִתְגַּדַּל וְיִתְקַדַּשׁ שְׁמֵהּ רַבָּא (קהל: אָמֵן)
בְּעָלְמָא דִּי בְרָא כִרְעוּתֵהּ
וְיַמְלִיךְ מַלְכוּתֵהּ
בְּחַיֵּיכוֹן וּבְיוֹמֵיכוֹן וּבְחַיֵּי דְכָל בֵּית יִשְׂרָאֵל
בַּעֲגָלָא וּבִזְמַן קָרִיב, וְאִמְרוּ אָמֵן. (קהל: אָמֵן)

קהל וש״ץ: יְהֵא שְׁמֵהּ רַבָּא מְבָרַךְ לְעָלַם וּלְעָלְמֵי עָלְמַיָּא.

ש״ץ: יִתְבָּרַךְ וְיִשְׁתַּבַּח וְיִתְפָּאַר וְיִתְרוֹמַם וְיִתְנַשֵּׂא
וְיִתְהַדָּר וְיִתְעַלֶּה וְיִתְהַלָּל
שְׁמֵהּ דְּקֻדְשָׁא בְּרִיךְ הוּא (קהל: בְּרִיךְ הוּא)
לְעֵלָּא מִן כָּל בִּרְכָתָא
/בעשרת ימי תשובה: לְעֵלָּא לְעֵלָּא מִכָּל בִּרְכָתָא/
וְשִׁירָתָא, תֻּשְׁבְּחָתָא וְנֶחֱמָתָא
דַּאֲמִירָן בְּעָלְמָא, וְאִמְרוּ אָמֵן. (קהל: אָמֵן)

עמידה

"המתפלל צריך שיכוין בלבו פירוש המלות שמוציא בשפתיו; ויחשוב כאלו שכינה כנגדו ויסיר כל המחשבות הטורדות אותו עד שתשאר מחשבתו וכוונתו זכה בתפלתו" (שו"ע צח, א).

פוסע שלוש פסיעות לפנים כמי שנכנס לפני המלך.

עומד ומתפלל בלחש מכאן ועד 'וּכְשָׁנִים קַדְמֹנִיּוֹת' בעמ' 339.

כורע במקומות המסומנים ב', קד לפנים במילה הבאה וזוקף בשם.

תהלים נא אֲדֹנָי, שְׂפָתַי תִּפְתָּח, וּפִי יַגִּיד תְּהִלָּתֶךָ:

אבות

'בָּרוּךְ אַתָּה יהוה, אֱלֹהֵינוּ וֵאלֹהֵי אֲבוֹתֵינוּ
אֱלֹהֵי אַבְרָהָם, אֱלֹהֵי יִצְחָק, וֵאלֹהֵי יַעֲקֹב
הָאֵל הַגָּדוֹל הַגִּבּוֹר וְהַנּוֹרָא, אֵל עֶלְיוֹן
גּוֹמֵל חֲסָדִים טוֹבִים, וְקוֹנֵה הַכֹּל
וְזוֹכֵר חַסְדֵי אָבוֹת
וּמֵבִיא גוֹאֵל לִבְנֵי בְנֵיהֶם לְמַעַן שְׁמוֹ בְּאַהֲבָה.

בעשרת ימי תשובה: זָכְרֵנוּ לְחַיִּים, מֶלֶךְ חָפֵץ בַּחַיִּים
וְכָתְבֵנוּ בְּסֵפֶר הַחַיִּים, לְמַעַנְךָ אֱלֹהִים חַיִּים.

מֶלֶךְ עוֹזֵר וּמוֹשִׁיעַ וּמָגֵן.
'בָּרוּךְ אַתָּה יהוה, מָגֵן אַבְרָהָם.

גבורות

אַתָּה גִּבּוֹר לְעוֹלָם, אֲדֹנָי
מְחַיֵּה מֵתִים אַתָּה, רַב לְהוֹשִׁיעַ

אומרים 'מַשִּׁיב הָרוּחַ וּמוֹרִיד הַגֶּשֶׁם' משמיני עצרת עד יום טוב ראשון של פסח, ו'מוֹרִיד הַטָּל' מחול המועד פסח ועד הושענא רבה. ראה הלכה 94–99.

בחורף: מַשִּׁיב הָרוּחַ וּמוֹרִיד הַגֶּשֶׁם / בקיץ: מוֹרִיד הַטָּל

מְכַלְכֵּל חַיִּים בְּחֶסֶד
מְחַיֵּה מֵתִים בְּרַחֲמִים רַבִּים
סוֹמֵךְ נוֹפְלִים, וְרוֹפֵא חוֹלִים, וּמַתִּיר אֲסוּרִים
וּמְקַיֵּם אֱמוּנָתוֹ לִישֵׁנֵי עָפָר.

מִי כָמוֹךָ, בַּעַל גְּבוּרוֹת
וּמִי דּוֹמֶה לָּךְ
מֶלֶךְ, מֵמִית וּמְחַיֶּה וּמַצְמִיחַ יְשׁוּעָה.

בעשרת ימי תשובה: מִי כָמוֹךָ אַב הָרַחֲמִים
זוֹכֵר יְצוּרָיו לְחַיִּים בְּרַחֲמִים.

וְנֶאֱמָן אַתָּה לְהַחֲיוֹת מֵתִים.
בָּרוּךְ אַתָּה יהוה, מְחַיֵּה הַמֵּתִים.

קדושת השם
אַתָּה קָדוֹשׁ וְשִׁמְךָ קָדוֹשׁ
וּקְדוֹשִׁים בְּכָל יוֹם יְהַלְלוּךָ סֶּלָה.
בָּרוּךְ אַתָּה יהוה
הָאֵל הַקָּדוֹשׁ./ בעשרת ימי תשובה: הַמֶּלֶךְ הַקָּדוֹשׁ./
אם שכח, חוזר לראש התפילה.

דעת
אַתָּה חוֹנֵן לְאָדָם דַּעַת, וּמְלַמֵּד לֶאֱנוֹשׁ בִּינָה.
אַתָּה חוֹנַנְתָּנוּ לְמַדַּע תּוֹרָתֶךָ
וַתְּלַמְּדֵנוּ לַעֲשׂוֹת חֻקֵּי רְצוֹנֶךָ
וַתַּבְדֵּל יהוה אֱלֹהֵינוּ בֵּין קֹדֶשׁ לְחוֹל
בֵּין אוֹר לְחֹשֶׁךְ, בֵּין יִשְׂרָאֵל לָעַמִּים
בֵּין יוֹם הַשְּׁבִיעִי לְשֵׁשֶׁת יְמֵי הַמַּעֲשֶׂה.
אָבִינוּ מַלְכֵּנוּ
הָחֵל עָלֵינוּ הַיָּמִים הַבָּאִים לִקְרָאתֵנוּ לְשָׁלוֹם
חֲשׂוּכִים מִכָּל חֵטְא וּמְנֻקִּים מִכָּל עָוֹן וּמְדֻבָּקִים בְּיִרְאָתֶךָ.
וְחָנֵּנוּ מֵאִתְּךָ דֵּעָה בִּינָה וְהַשְׂכֵּל.
בָּרוּךְ אַתָּה יהוה, חוֹנֵן הַדָּעַת.

תשובה

הֲשִׁיבֵנוּ אָבִינוּ לְתוֹרָתֶךָ, וְקָרְבֵנוּ מַלְכֵּנוּ לַעֲבוֹדָתֶךָ
וְהַחֲזִירֵנוּ בִּתְשׁוּבָה שְׁלֵמָה לְפָנֶיךָ.
בָּרוּךְ אַתָּה יהוה, הָרוֹצֶה בִּתְשׁוּבָה.

סליחה

נוהגים להכות כנגד הלב במקומות המסומנים ב°.

סְלַח לָנוּ אָבִינוּ כִּי °חָטָאנוּ
מְחַל לָנוּ מַלְכֵּנוּ כִּי °פָשָׁעְנוּ
כִּי מוֹחֵל וְסוֹלֵחַ אָתָּה.
בָּרוּךְ אַתָּה יהוה, חַנּוּן הַמַּרְבֶּה לִסְלֹחַ.

גאולה

רְאֵה בְעָנְיֵנוּ, וְרִיבָה רִיבֵנוּ
וּגְאָלֵנוּ מְהֵרָה לְמַעַן שְׁמֶךָ
כִּי גּוֹאֵל חָזָק אָתָּה.
בָּרוּךְ אַתָּה יהוה, גּוֹאֵל יִשְׂרָאֵל.

רפואה

רְפָאֵנוּ יהוה וְנֵרָפֵא
הוֹשִׁיעֵנוּ וְנִוָּשֵׁעָה, כִּי תְהִלָּתֵנוּ אָתָּה
וְהַעֲלֵה רְפוּאָה שְׁלֵמָה לְכָל מַכּוֹתֵינוּ

המתפלל על חולה מוסיף:

יְהִי רָצוֹן מִלְּפָנֶיךָ יהוה אֱלֹהַי וֵאלֹהֵי אֲבוֹתַי, שֶׁתִּשְׁלַח מְהֵרָה רְפוּאָה שְׁלֵמָה מִן הַשָּׁמַיִם רְפוּאַת הַנֶּפֶשׁ וּרְפוּאַת הַגּוּף לַחוֹלֶה פלוני בֶּן פלונית/ לַחוֹלָה פלונית בַּת פלונית בְּתוֹךְ שְׁאָר חוֹלֵי יִשְׂרָאֵל

כִּי אֵל מֶלֶךְ רוֹפֵא נֶאֱמָן וְרַחֲמָן אָתָּה.
בָּרוּךְ אַתָּה יהוה, רוֹפֵא חוֹלֵי עַמּוֹ יִשְׂרָאֵל.

ברכת השנים

אומרים 'טַל וּמָטָר לִבְרָכָה' אור לז' במרחשוון עד ערב פסח.

בָּרֵךְ עָלֵינוּ יהוה אֱלֹהֵינוּ אֶת הַשָּׁנָה הַזֹּאת
וְאֶת כָּל מִינֵי תְבוּאָתָהּ, לְטוֹבָה
בחורף: וְתֵן טַל וּמָטָר לִבְרָכָה / בקיץ: וְתֵן בְּרָכָה
עַל פְּנֵי הָאֲדָמָה, וְשַׂבְּעֵנוּ מִטּוּבָהּ
וּבָרֵךְ שְׁנָתֵנוּ כַּשָּׁנִים הַטּוֹבוֹת.
בָּרוּךְ אַתָּה יהוה
מְבָרֵךְ הַשָּׁנִים.

קיבוץ גלויות

תְּקַע בְּשׁוֹפָר גָּדוֹל לְחֵרוּתֵנוּ
וְשָׂא נֵס לְקַבֵּץ גָּלֻיּוֹתֵינוּ
וְקַבְּצֵנוּ יַחַד מֵאַרְבַּע כַּנְפוֹת הָאָרֶץ.
בָּרוּךְ אַתָּה יהוה
מְקַבֵּץ נִדְחֵי עַמּוֹ יִשְׂרָאֵל.

השבת המשפט

הָשִׁיבָה שׁוֹפְטֵינוּ כְּבָרִאשׁוֹנָה
וְיוֹעֲצֵינוּ כְּבַתְּחִלָּה
וְהָסֵר מִמֶּנּוּ יָגוֹן וַאֲנָחָה
וּמְלֹךְ עָלֵינוּ אַתָּה יהוה לְבַדְּךָ בְּחֶסֶד וּבְרַחֲמִים
וְצַדְּקֵנוּ בַּמִּשְׁפָּט.
בָּרוּךְ אַתָּה יהוה
מֶלֶךְ אוֹהֵב צְדָקָה וּמִשְׁפָּט. / בעשרת ימי תשובה: הַמֶּלֶךְ הַמִּשְׁפָּט./

ברכת המינים

וְלַמַּלְשִׁינִים אַל תְּהִי תִקְוָה

וְכָל הָרִשְׁעָה כְּרֶגַע תֹּאבֵד

וְכָל אוֹיְבֵי עַמְּךָ מְהֵרָה יִכָּרֵתוּ

וְהַזֵּדִים מְהֵרָה תְעַקֵּר וּתְשַׁבֵּר וּתְמַגֵּר וְתַכְנִיעַ בִּמְהֵרָה בְיָמֵינוּ.

בָּרוּךְ אַתָּה יהוה, שׁוֹבֵר אוֹיְבִים וּמַכְנִיעַ זֵדִים.

על הצדיקים

עַל הַצַּדִּיקִים וְעַל הַחֲסִידִים

וְעַל זִקְנֵי עַמְּךָ בֵּית יִשְׂרָאֵל

וְעַל פְּלֵיטַת סוֹפְרֵיהֶם

וְעַל גֵּרֵי הַצֶּדֶק, וְעָלֵינוּ

יֶהֱמוּ רַחֲמֶיךָ יהוה אֱלֹהֵינוּ

וְתֵן שָׂכָר טוֹב לְכָל הַבּוֹטְחִים בְּשִׁמְךָ בֶּאֱמֶת

וְשִׂים חֶלְקֵנוּ עִמָּהֶם

וּלְעוֹלָם לֹא נֵבוֹשׁ כִּי בְךָ בָטָחְנוּ.

בָּרוּךְ אַתָּה יהוה, מִשְׁעָן וּמִבְטָח לַצַּדִּיקִים.

בניין ירושלים

וְלִירוּשָׁלַיִם עִירְךָ בְּרַחֲמִים תָּשׁוּב

וְתִשְׁכֹּן בְּתוֹכָהּ כַּאֲשֶׁר דִּבַּרְתָּ

וּבְנֵה אוֹתָהּ בְּקָרוֹב בְּיָמֵינוּ בִּנְיַן עוֹלָם

וְכִסֵּא דָוִד מְהֵרָה לְתוֹכָהּ תָּכִין.

בָּרוּךְ אַתָּה יהוה, בּוֹנֵה יְרוּשָׁלָיִם.

משיח בן דוד

אֶת צֶמַח דָּוִד עַבְדְּךָ מְהֵרָה תַצְמִיחַ
וְקַרְנוֹ תָּרוּם בִּישׁוּעָתֶךָ
כִּי לִישׁוּעָתְךָ קִוִּינוּ כָּל הַיּוֹם.
בָּרוּךְ אַתָּה יהוה, מַצְמִיחַ קֶרֶן יְשׁוּעָה.

שומע תפילה

שְׁמַע קוֹלֵנוּ יהוה אֱלֹהֵינוּ
חוּס וְרַחֵם עָלֵינוּ
וְקַבֵּל בְּרַחֲמִים וּבְרָצוֹן אֶת תְּפִלָּתֵנוּ
כִּי אֵל שׁוֹמֵעַ תְּפִלּוֹת וְתַחֲנוּנִים אָתָּה
וּמִלְּפָנֶיךָ מַלְכֵּנוּ רֵיקָם אַל תְּשִׁיבֵנוּ*
כִּי אַתָּה שׁוֹמֵעַ תְּפִלַּת עַמְּךָ יִשְׂרָאֵל בְּרַחֲמִים.
בָּרוּךְ אַתָּה יהוה, שׁוֹמֵעַ תְּפִלָּה.

*בזמן עצירת גשמים מוסיפים 'וַעֲנֵנוּ' בעמ' 130.

עבודה

רְצֵה יהוה אֱלֹהֵינוּ בְּעַמְּךָ יִשְׂרָאֵל וּבִתְפִלָּתָם
וְהָשֵׁב אֶת הָעֲבוֹדָה לִדְבִיר בֵּיתֶךָ
וְאִשֵּׁי יִשְׂרָאֵל וּתְפִלָּתָם בְּאַהֲבָה תְקַבֵּל בְּרָצוֹן
וּתְהִי לְרָצוֹן תָּמִיד עֲבוֹדַת יִשְׂרָאֵל עַמֶּךָ.

בראש חודש ובחול המועד:

אֱלֹהֵינוּ וֵאלֹהֵי אֲבוֹתֵינוּ, יַעֲלֶה וְיָבוֹא וְיַגִּיעַ, וְיֵרָאֶה וְיֵרָצֶה וְיִשָּׁמַע, וְיִפָּקֵד וְיִזָּכֵר זִכְרוֹנֵנוּ וּפִקְדוֹנֵנוּ וְזִכְרוֹן אֲבוֹתֵינוּ, וְזִכְרוֹן מָשִׁיחַ בֶּן דָּוִד עַבְדֶּךָ, וְזִכְרוֹן יְרוּשָׁלַיִם עִיר קָדְשֶׁךָ, וְזִכְרוֹן כָּל עַמְּךָ בֵּית יִשְׂרָאֵל,

לְפָנֶיךָ, לִפְלֵיטָה לְטוֹבָה, לְחֵן וּלְחֶסֶד וּלְרַחֲמִים, לְחַיִּים וּלְשָׁלוֹם בְּיוֹם
בראש חודש: רֹאשׁ הַחֹדֶשׁ / בפסח: חַג הַמַּצּוֹת / בסוכות: חַג הַסֻּכּוֹת
הַזֶּה. זָכְרֵנוּ יהוה אֱלֹהֵינוּ בּוֹ לְטוֹבָה, וּפָקְדֵנוּ בוֹ לִבְרָכָה, וְהוֹשִׁיעֵנוּ
בוֹ לְחַיִּים. וּבִדְבַר יְשׁוּעָה וְרַחֲמִים, חוּס וְחָנֵּנוּ וְרַחֵם עָלֵינוּ וְהוֹשִׁיעֵנוּ,
כִּי אֵלֶיךָ עֵינֵינוּ, כִּי אֵל מֶלֶךְ חַנּוּן וְרַחוּם אָתָּה.

וְתֶחֱזֶינָה עֵינֵינוּ בְּשׁוּבְךָ לְצִיּוֹן בְּרַחֲמִים.
בָּרוּךְ אַתָּה יהוה, הַמַּחֲזִיר שְׁכִינָתוֹ לְצִיּוֹן.

הודאה

כורע ב׳מוֹדִים׳ ואינו זוקף עד אמירת השם.

▾ מוֹדִים אֲנַחְנוּ לָךְ.
שָׁאַתָּה הוּא יהוה אֱלֹהֵינוּ וֵאלֹהֵי אֲבוֹתֵינוּ לְעוֹלָם וָעֶד.
צוּר חַיֵּינוּ, מָגֵן יִשְׁעֵנוּ
אַתָּה הוּא לְדוֹר וָדוֹר.
נוֹדֶה לְּךָ וּנְסַפֵּר תְּהִלָּתֶךָ
עַל חַיֵּינוּ הַמְּסוּרִים בְּיָדֶךָ
וְעַל נִשְׁמוֹתֵינוּ הַפְּקוּדוֹת לָךְ
וְעַל נִסֶּיךָ שֶׁבְּכָל יוֹם עִמָּנוּ
וְעַל נִפְלְאוֹתֶיךָ וְטוֹבוֹתֶיךָ שֶׁבְּכָל עֵת
עֶרֶב וָבֹקֶר וְצָהֳרָיִם.
הַטּוֹב, כִּי לֹא כָלוּ רַחֲמֶיךָ
וְהַמְרַחֵם, כִּי לֹא תַמּוּ חֲסָדֶיךָ
מֵעוֹלָם קִוִּינוּ לָךְ.

בחנוכה:

עַל הַנִּסִּים וְעַל הַפֻּרְקָן וְעַל הַגְּבוּרוֹת וְעַל הַתְּשׁוּעוֹת וְעַל הַמִּלְחָמוֹת שֶׁעָשִׂיתָ לַאֲבוֹתֵינוּ בַּיָּמִים הָהֵם בַּזְּמַן הַזֶּה.

בִּימֵי מַתִּתְיָהוּ בֶּן יוֹחָנָן כֹּהֵן גָּדוֹל חַשְׁמוֹנַאי וּבָנָיו, כְּשֶׁעָמְדָה מַלְכוּת יָוָן הָרְשָׁעָה עַל עַמְּךָ יִשְׂרָאֵל לְהַשְׁכִּיחָם תּוֹרָתֶךָ וּלְהַעֲבִירָם מֵחֻקֵּי רְצוֹנֶךָ, וְאַתָּה בְּרַחֲמֶיךָ הָרַבִּים עָמַדְתָּ לָהֶם בְּעֵת צָרָתָם, רַבְתָּ אֶת רִיבָם, דַּנְתָּ אֶת דִּינָם, נָקַמְתָּ אֶת נִקְמָתָם, מָסַרְתָּ גִבּוֹרִים בְּיַד חַלָּשִׁים, וְרַבִּים בְּיַד מְעַטִּים, וּטְמֵאִים בְּיַד טְהוֹרִים, וּרְשָׁעִים בְּיַד צַדִּיקִים, וְזֵדִים בְּיַד עוֹסְקֵי תוֹרָתֶךָ, וּלְךָ עָשִׂיתָ שֵׁם גָּדוֹל וְקָדוֹשׁ בְּעוֹלָמֶךָ, וּלְעַמְּךָ יִשְׂרָאֵל עָשִׂיתָ תְּשׁוּעָה גְדוֹלָה וּפֻרְקָן כְּהַיּוֹם הַזֶּה. וְאַחַר כֵּן בָּאוּ בָנֶיךָ לִדְבִיר בֵּיתֶךָ, וּפִנּוּ אֶת הֵיכָלֶךָ, וְטִהֲרוּ אֶת מִקְדָּשֶׁךָ, וְהִדְלִיקוּ נֵרוֹת בְּחַצְרוֹת קָדְשֶׁךָ, וְקָבְעוּ שְׁמוֹנַת יְמֵי חֲנֻכָּה אֵלּוּ, לְהוֹדוֹת וּלְהַלֵּל לְשִׁמְךָ הַגָּדוֹל.

וממשיך ׳וְעַל כֻּלָּם׳.

בפורים:

עַל הַנִּסִּים וְעַל הַפֻּרְקָן וְעַל הַגְּבוּרוֹת וְעַל הַתְּשׁוּעוֹת וְעַל הַמִּלְחָמוֹת שֶׁעָשִׂיתָ לַאֲבוֹתֵינוּ בַּיָּמִים הָהֵם בַּזְּמַן הַזֶּה.

בִּימֵי מָרְדְּכַי וְאֶסְתֵּר בְּשׁוּשַׁן הַבִּירָה, כְּשֶׁעָמַד עֲלֵיהֶם הָמָן הָרָשָׁע, בִּקֵּשׁ
לְהַשְׁמִיד לַהֲרֹג וּלְאַבֵּד אֶת־כָּל־הַיְּהוּדִים מִנַּעַר וְעַד־זָקֵן טַף וְנָשִׁים בְּיוֹם אסתר ג
אֶחָד, בִּשְׁלוֹשָׁה עָשָׂר לְחֹדֶשׁ שְׁנֵים־עָשָׂר, הוּא־חֹדֶשׁ אֲדָר, וּשְׁלָלָם
לָבוֹז: וְאַתָּה בְּרַחֲמֶיךָ הָרַבִּים הֵפַרְתָּ אֶת עֲצָתוֹ, וְקִלְקַלְתָּ אֶת מַחֲשַׁבְתּוֹ,
וַהֲשֵׁבוֹתָ לּוֹ גְּמוּלוֹ בְּרֹאשׁוֹ, וְתָלוּ אוֹתוֹ וְאֶת בָּנָיו עַל הָעֵץ.

וממשיך ׳וְעַל כֻּלָּם׳.

וְעַל כֻּלָּם יִתְבָּרַךְ וְיִתְרוֹמַם שִׁמְךָ מַלְכֵּנוּ תָּמִיד לְעוֹלָם וָעֶד.

בעשרת ימי תשובה: וּכְתֹב לְחַיִּים טוֹבִים כָּל בְּנֵי בְרִיתֶךָ.

וְכֹל הַחַיִּים יוֹדְוּךָ סֶּלָה, וִיהַלְלוּ אֶת שִׁמְךָ בֶּאֱמֶת הָאֵל יְשׁוּעָתֵנוּ וְעֶזְרָתֵנוּ סֶלָה.

ּבָּרוּךְ אַתָּה יהוה, הַטּוֹב שִׁמְךָ וּלְךָ נָאֶה לְהוֹדוֹת.

שלום

שָׁלוֹם רָב עַל יִשְׂרָאֵל עַמְּךָ תָּשִׂים לְעוֹלָם
כִּי אַתָּה הוּא מֶלֶךְ אָדוֹן לְכָל הַשָּׁלוֹם.
וְטוֹב בְּעֵינֶיךָ לְבָרֵךְ אֶת עַמְּךָ יִשְׂרָאֵל
בְּכָל עֵת וּבְכָל שָׁעָה בִּשְׁלוֹמֶךָ.

בעשרת ימי תשובה: בְּסֵפֶר חַיִּים, בְּרָכָה וְשָׁלוֹם, וּפַרְנָסָה טוֹבָה
נִזָּכֵר וְנִכָּתֵב לְפָנֶיךָ, אֲנַחְנוּ וְכָל עַמְּךָ בֵּית יִשְׂרָאֵל
לְחַיִּים טוֹבִים וּלְשָׁלוֹם.

בני חוץ לארץ מסיימים: בָּרוּךְ אַתָּה יהוה, עוֹשֶׂה הַשָּׁלוֹם.

בָּרוּךְ אַתָּה יהוה, הַמְבָרֵךְ אֶת עַמּוֹ יִשְׂרָאֵל בַּשָּׁלוֹם.

יש מוסיפים (ראה הלכה 103):

תהלים יט יִהְיוּ לְרָצוֹן אִמְרֵי־פִי וְהֶגְיוֹן לִבִּי לְפָנֶיךָ, יהוה צוּרִי וְגֹאֲלִי:

ברכות יז. אֱלֹהַי

נְצֹר לְשׁוֹנִי מֵרָע וּשְׂפָתַי מִדַּבֵּר מִרְמָה
וְלִמְקַלְלַי נַפְשִׁי תִדֹּם, וְנַפְשִׁי כֶּעָפָר לַכֹּל תִּהְיֶה.
פְּתַח לִבִּי בְּתוֹרָתֶךָ, וּבְמִצְוֹתֶיךָ תִּרְדֹּף נַפְשִׁי.
וְכָל הַחוֹשְׁבִים עָלַי רָעָה
מְהֵרָה הָפֵר עֲצָתָם וְקַלְקֵל מַחֲשַׁבְתָּם.
עֲשֵׂה לְמַעַן שְׁמֶךָ, עֲשֵׂה לְמַעַן יְמִינֶךָ
עֲשֵׂה לְמַעַן קְדֻשָּׁתֶךָ, עֲשֵׂה לְמַעַן תּוֹרָתֶךָ.

תהלים ס לְמַעַן יֵחָלְצוּן יְדִידֶיךָ, הוֹשִׁיעָה יְמִינְךָ וַעֲנֵנִי:

תהלים יט יִהְיוּ לְרָצוֹן אִמְרֵי־פִי וְהֶגְיוֹן לִבִּי לְפָנֶיךָ, יהוה צוּרִי וְגֹאֲלִי:

כורע ופוסע שלוש פסיעות לאחור, קד לשמאל, לימין ולפנים באמירת:

עֹשֶׂה שָׁלוֹם/ בעשרת ימי תשובה: הַשָּׁלוֹם/ בִּמְרוֹמָיו
הוּא יַעֲשֶׂה שָׁלוֹם עָלֵינוּ וְעַל כָּל יִשְׂרָאֵל, וְאִמְרוּ אָמֵן.

יְהִי רָצוֹן מִלְּפָנֶיךָ יהוה אֱלֹהֵינוּ וֵאלֹהֵי אֲבוֹתֵינוּ
שֶׁיִּבָּנֶה בֵּית הַמִּקְדָּשׁ בִּמְהֵרָה בְיָמֵינוּ, וְתֵן חֶלְקֵנוּ בְּתוֹרָתֶךָ
וְשָׁם נַעֲבָדְךָ בְּיִרְאָה כִּימֵי עוֹלָם וּכְשָׁנִים קַדְמֹנִיּוֹת.
וְעָרְבָה לַיהוה מִנְחַת יְהוּדָה וִירוּשָׁלָםִ כִּימֵי עוֹלָם וּכְשָׁנִים קַדְמֹנִיּוֹת: מלאכי ג

בתשעה באב ובפורים אומרים כאן קדיש שלם (עמ׳ 342), ואחריו קוראים את המגילה המתאימה (מגילת אסתר בעמ׳ 653 וברכותיה בעמ׳ 451; מגילת איכה בעמ׳ 639).

חצי קדיש

ש״ץ: יִתְגַּדַּל וְיִתְקַדַּשׁ שְׁמֵהּ רַבָּא (קהל: אָמֵן)
בְּעָלְמָא דִּי בְרָא כִרְעוּתֵהּ
וְיַמְלִיךְ מַלְכוּתֵהּ
בְּחַיֵּיכוֹן וּבְיוֹמֵיכוֹן וּבְחַיֵּי דְכָל בֵּית יִשְׂרָאֵל
בַּעֲגָלָא וּבִזְמַן קָרִיב
וְאִמְרוּ אָמֵן. (קהל: אָמֵן)

קהל וש״ץ: יְהֵא שְׁמֵהּ רַבָּא מְבָרַךְ לְעָלַם וּלְעָלְמֵי עָלְמַיָּא.

ש״ץ: יִתְבָּרַךְ וְיִשְׁתַּבַּח וְיִתְפָּאַר וְיִתְרוֹמַם וְיִתְנַשֵּׂא
וְיִתְהַדָּר וְיִתְעַלֶּה וְיִתְהַלָּל
שְׁמֵהּ דְּקֻדְשָׁא בְּרִיךְ הוּא (קהל: בְּרִיךְ הוּא)
לְעֵלָּא מִן כָּל בִּרְכָתָא
/בעשרת ימי תשובה: לְעֵלָּא לְעֵלָּא מִכָּל בִּרְכָתָא/
וְשִׁירָתָא, תֻּשְׁבְּחָתָא וְנֶחֱמָתָא
דַּאֲמִירָן בְּעָלְמָא
וְאִמְרוּ אָמֵן. (קהל: אָמֵן)

במוצאי שבת אומרים את מזמור צא, המכונה ׳מזמור של ברכה׳ (מחזור ויטרי, קמה), מקדימים לו את הפסוק ׳וִיהִי נֹעַם׳ שהוא תחילת הברכה (רש״י, שבועות טו), ולבסוף כופלים את הפסוק ׳אֹרֶךְ יָמִים אַשְׂבִּיעֵהוּ, וְאַרְאֵהוּ בִּישׁוּעָתִי׳ (טור, רצה).

אם יום טוב חל באחד מימות השבוע, אין אומרים ׳וִיהִי נֹעַם׳ ולא ׳וְאַתָּה קָדוֹשׁ׳, ושליח הציבור אומר מיד קדיש שלם בעמ׳ 342 (סדר רב עמרם גאון).

נחלקו הפוסקים אם אומרים ׳וִיהִי נֹעַם׳ בשבת הגדול כאשר ערב פסח חל ביום שישי, והמנהג הנפוץ שלא לאומרו, ולא במוצאי שבת של חול המועד. ראה הלכה 264.

׳וִיהִי נֹעַם׳ אומרים בעמידה, ׳וְאַתָּה קָדוֹשׁ׳ בישיבה (שעה״כ רצה, א בשם ר׳ חיים ויטל).

תהלים צ וִיהִי נֹעַם אֲדֹנָי אֱלֹהֵינוּ עָלֵינוּ וּמַעֲשֵׂה יָדֵינוּ כּוֹנְנָה עָלֵינוּ וּמַעֲשֵׂה יָדֵינוּ כּוֹנְנֵהוּ:

תהלים צא יֹשֵׁב בְּסֵתֶר עֶלְיוֹן, בְּצֵל שַׁדַּי יִתְלוֹנָן: אֹמַר לַיהוה מַחְסִי וּמְצוּדָתִי, אֱלֹהַי אֶבְטַח־בּוֹ: כִּי הוּא יַצִּילְךָ מִפַּח יָקוּשׁ, מִדֶּבֶר הַוּוֹת: בְּאֶבְרָתוֹ יָסֶךְ לָךְ, וְתַחַת־כְּנָפָיו תֶּחְסֶה, צִנָּה וְסֹחֵרָה אֲמִתּוֹ: לֹא־תִירָא מִפַּחַד לָיְלָה, מֵחֵץ יָעוּף יוֹמָם: מִדֶּבֶר בָּאֹפֶל יַהֲלֹךְ, מִקֶּטֶב יָשׁוּד צָהֳרָיִם: יִפֹּל מִצִּדְּךָ אֶלֶף, וּרְבָבָה מִימִינֶךָ, אֵלֶיךָ לֹא יִגָּשׁ: רַק בְּעֵינֶיךָ תַבִּיט, וְשִׁלֻּמַת רְשָׁעִים תִּרְאֶה: כִּי־אַתָּה יהוה מַחְסִי, עֶלְיוֹן שַׂמְתָּ מְעוֹנֶךָ: לֹא־תְאֻנֶּה אֵלֶיךָ רָעָה, וְנֶגַע לֹא־יִקְרַב בְּאָהֳלֶךָ: כִּי מַלְאָכָיו יְצַוֶּה־לָּךְ, לִשְׁמָרְךָ בְּכָל־דְּרָכֶיךָ: עַל־כַּפַּיִם יִשָּׂאוּנְךָ, פֶּן־תִּגֹּף בָּאֶבֶן רַגְלֶךָ: עַל־שַׁחַל וָפֶתֶן תִּדְרֹךְ, תִּרְמֹס כְּפִיר וְתַנִּין: כִּי בִי חָשַׁק וַאֲפַלְּטֵהוּ, אֲשַׂגְּבֵהוּ כִּי־יָדַע שְׁמִי: יִקְרָאֵנִי וְאֶעֱנֵהוּ, עִמּוֹ אָנֹכִי בְצָרָה, אֲחַלְּצֵהוּ וַאֲכַבְּדֵהוּ:
◂ אֹרֶךְ יָמִים אַשְׂבִּיעֵהוּ, וְאַרְאֵהוּ בִּישׁוּעָתִי:
אֹרֶךְ יָמִים אַשְׂבִּיעֵהוּ, וְאַרְאֵהוּ בִּישׁוּעָתִי:

כאשר אין אומרים ׳וִיהִי נֹעַם׳, אין אומרים ׳וְאַתָּה קָדוֹשׁ׳ (סדר רב עמרם גאון).
ואין אומרים ׳וּבָא לְצִיּוֹן גּוֹאֵל׳ מכיוון שאין גאולה בלילה, שנאמר ״בְּעֶצֶם הַיּוֹם הַזֶּה״ (שמות יב, יז) – בעיצומו של יום (ספר המנהיג, הלכות מגילה).

תהלים כב ◂ וְאַתָּה קָדוֹשׁ יוֹשֵׁב תְּהִלּוֹת יִשְׂרָאֵל: וְקָרָא זֶה אֶל־זֶה וְאָמַר
ישעיה ו קָדוֹשׁ, קָדוֹשׁ, קָדוֹשׁ, יהוה צְבָאוֹת, מְלֹא כָל־הָאָרֶץ כְּבוֹדוֹ:
תרגום יונתן ישעיה ו וּמְקַבְּלִין דֵּין מִן דֵּין וְאָמְרִין, קַדִּישׁ בִּשְׁמֵי מְרוֹמָא עִלָּאָה בֵּית שְׁכִינְתֵּהּ קַדִּישׁ עַל אַרְעָא עוֹבַד גְּבוּרְתֵּהּ, קַדִּישׁ לְעָלַם וּלְעָלְמֵי עָלְמַיָּא יהוה צְבָאוֹת, מַלְיָא כָל אַרְעָא זִיו יְקָרֵהּ.

▸ וַתִּשָּׂאֵנִי רוּחַ, וָאֶשְׁמַע אַחֲרַי קוֹל רַעַשׁ גָּדוֹל יחזקאל ג
בָּרוּךְ כְּבוֹד־יהוה מִמְּקוֹמוֹ:
וּנְטָלַתְנִי רוּחָא, וּשְׁמָעִית בַּתְרַי קָל זִיעַ סַגִּיא, דִּמְשַׁבְּחִין וְאָמְרִין תרגום יונתן יחזקאל ג
בְּרִיךְ יְקָרָא דַיהוה מֵאֲתַר בֵּית שְׁכִינְתֵהּ.

יהוה יִמְלֹךְ לְעֹלָם וָעֶד: שמות טו
יהוה מַלְכוּתֵהּ קָאֵם לְעָלַם וּלְעָלְמֵי עָלְמַיָּא. תרגום אונקלוס שמות טו

יהוה אֱלֹהֵי אַבְרָהָם יִצְחָק וְיִשְׂרָאֵל אֲבֹתֵינוּ, שָׁמְרָה־זֹּאת לְעוֹלָם דברי הימים א׳ כט
לְיֵצֶר מַחְשְׁבוֹת לְבַב עַמֶּךָ, וְהָכֵן לְבָבָם אֵלֶיךָ: וְהוּא רַחוּם יְכַפֵּר עָוֹן תהלים עח
וְלֹא־יַשְׁחִית, וְהִרְבָּה לְהָשִׁיב אַפּוֹ, וְלֹא־יָעִיר כָּל־חֲמָתוֹ: כִּי־אַתָּה אֲדֹנָי תהלים פו
טוֹב וְסַלָּח, וְרַב־חֶסֶד לְכָל־קֹרְאֶיךָ: צִדְקָתְךָ צֶדֶק לְעוֹלָם וְתוֹרָתְךָ תהלים קיט
אֱמֶת: תִּתֵּן אֱמֶת לְיַעֲקֹב, חֶסֶד לְאַבְרָהָם, אֲשֶׁר־נִשְׁבַּעְתָּ לַאֲבֹתֵינוּ מיכה ז
מִימֵי קֶדֶם: בָּרוּךְ אֲדֹנָי יוֹם יוֹם יַעֲמָס־לָנוּ, הָאֵל יְשׁוּעָתֵנוּ סֶלָה: יהוה תהלים סח תהלים מו
צְבָאוֹת עִמָּנוּ, מִשְׂגָּב לָנוּ אֱלֹהֵי יַעֲקֹב סֶלָה: יהוה צְבָאוֹת, אַשְׁרֵי תהלים פד
אָדָם בֹּטֵחַ בָּךְ: יהוה הוֹשִׁיעָה, הַמֶּלֶךְ יַעֲנֵנוּ בְיוֹם־קָרְאֵנוּ: תהלים כ

בָּרוּךְ הוּא אֱלֹהֵינוּ שֶׁבְּרָאָנוּ לִכְבוֹדוֹ, וְהִבְדִּילָנוּ מִן הַתּוֹעִים, וְנָתַן
לָנוּ תּוֹרַת אֱמֶת, וְחַיֵּי עוֹלָם נָטַע בְּתוֹכֵנוּ. הוּא יִפְתַּח לִבֵּנוּ בְּתוֹרָתוֹ,
וְיָשֵׂם בְּלִבֵּנוּ אַהֲבָתוֹ וְיִרְאָתוֹ וְלַעֲשׂוֹת רְצוֹנוֹ וּלְעָבְדוֹ בְּלֵבָב שָׁלֵם,
לְמַעַן לֹא נִיגַע לָרִיק וְלֹא נֵלֵד לַבֶּהָלָה.

יְהִי רָצוֹן מִלְּפָנֶיךָ יהוה אֱלֹהֵינוּ וֵאלֹהֵי אֲבוֹתֵינוּ, שֶׁנִּשְׁמֹר חֻקֶּיךָ
בָּעוֹלָם הַזֶּה, וְנִזְכֶּה וְנִחְיֶה וְנִרְאֶה וְנִירַשׁ טוֹבָה וּבְרָכָה, לִשְׁנֵי יְמוֹת
הַמָּשִׁיחַ וּלְחַיֵּי הָעוֹלָם הַבָּא. לְמַעַן יְזַמֶּרְךָ כָבוֹד וְלֹא יִדֹּם, יהוה תהלים ל
אֱלֹהַי, לְעוֹלָם אוֹדֶךָּ: בָּרוּךְ הַגֶּבֶר אֲשֶׁר יִבְטַח בַּיהוה, וְהָיָה יהוה ירמיה יז
מִבְטַחוֹ: בִּטְחוּ בַיהוה עֲדֵי־עַד, כִּי בְּיָהּ יהוה צוּר עוֹלָמִים: ▸ וְיִבְטְחוּ ישעיה כו תהלים ט
בְךָ יוֹדְעֵי שְׁמֶךָ, כִּי לֹא־עָזַבְתָּ דֹרְשֶׁיךָ, יהוה: יהוה חָפֵץ לְמַעַן צִדְקוֹ, ישעיה מב
יַגְדִּיל תּוֹרָה וְיַאְדִּיר:

קדיש שלם

ש״ץ: יִתְגַּדַּל וְיִתְקַדַּשׁ שְׁמֵהּ רַבָּא (קהל: אָמֵן)
בְּעָלְמָא דִּי בְרָא כִרְעוּתֵהּ
וְיַמְלִיךְ מַלְכוּתֵהּ
בְּחַיֵּיכוֹן וּבְיוֹמֵיכוֹן וּבְחַיֵּי דְכָל בֵּית יִשְׂרָאֵל
בַּעֲגָלָא וּבִזְמַן קָרִיב, וְאִמְרוּ אָמֵן. (קהל: אָמֵן)

קהל וש״ץ: יְהֵא שְׁמֵהּ רַבָּא מְבָרַךְ לְעָלַם וּלְעָלְמֵי עָלְמַיָּא.

ש״ץ: יִתְבָּרַךְ וְיִשְׁתַּבַּח וְיִתְפָּאַר
וְיִתְרוֹמַם וְיִתְנַשֵּׂא וְיִתְהַדָּר וְיִתְעַלֶּה וְיִתְהַלָּל
שְׁמֵהּ דְּקֻדְשָׁא בְּרִיךְ הוּא (קהל: בְּרִיךְ הוּא)
לְעֵלָּא מִן כָּל בִּרְכָתָא
/בעשרת ימי תשובה: לְעֵלָּא לְעֵלָּא מִכָּל בִּרְכָתָא/
וְשִׁירָתָא, תֻּשְׁבְּחָתָא וְנֶחֱמָתָא
דַּאֲמִירָן בְּעָלְמָא, וְאִמְרוּ אָמֵן. (קהל: אָמֵן)

תִּתְקַבַּל צְלוֹתְהוֹן וּבָעוּתְהוֹן דְּכָל יִשְׂרָאֵל
קָדָם אֲבוּהוֹן דִּי בִשְׁמַיָּא, וְאִמְרוּ אָמֵן. (קהל: אָמֵן)

יְהֵא שְׁלָמָא רַבָּא מִן שְׁמַיָּא
וְחַיִּים, עָלֵינוּ וְעַל כָּל יִשְׂרָאֵל, וְאִמְרוּ אָמֵן. (קהל: אָמֵן)

כורע ופוסע שלוש פסיעות לאחור, קד לשמאל, לימין ולפנים באמירת:

עֹשֶׂה שָׁלוֹם/ בעשרת ימי תשובה: הַשָּׁלוֹם/ בִּמְרוֹמָיו
הוּא יַעֲשֶׂה שָׁלוֹם
עָלֵינוּ וְעַל כָּל יִשְׂרָאֵל, וְאִמְרוּ אָמֵן. (קהל: אָמֵן)

ממוצאי יום טוב ראשון של פסח ועד ערב שבועות סופרים את העומר (עמ׳ 138).

בחנוכה מדליקים כאן נרות בבית הכנסת (עמ׳ 449).

פסוקי ברכה

פסוקי ברכה לקראת השבוע שיבוא. המנהג לאומרם נזכר כבר במחזור ויטרי,
ושם הנוסח שונה. יש מקהילות מערב אירופה שאמרו נוסח מקוצר ודילגו
על חלק מהפסקאות – אלו הכתובות באות קטנה (עבודת ישראל).
אומרים ׳וְיִתֶּן־לְךָ׳ אף אם אין אומרים ׳וִיהִי נֹעַם׳ (כלבו).
בבתי כנסת המתפללים בנוסח ספרד, אין אומרים ׳וְיִתֶּן־לְךָ׳, משום שהאר״י נהג לאומרו
אחרי הבדלה (׳שער הכוונות׳). כיום פשט מנהג זה גם לחלק מהמתפללים בנוסח אשכנז.
בבתי כנסת המתפללים בנוסח ספרד, אומרים כאן ׳שִׁיר לַמַּעֲלוֹת׳
(עמ׳ 350), קדיש יתום, ׳בָּרְכוּ׳, ׳עָלֵינוּ׳ וקדיש יתום.

וְיִתֶּן־לְךָ הָאֱלֹהִים מִטַּל הַשָּׁמַיִם וּמִשְׁמַנֵּי הָאָרֶץ, וְרֹב דָּגָן וְתִירֹשׁ: בראשית כז
יַעַבְדוּךָ עַמִּים וְיִשְׁתַּחֲוֻ לְךָ לְאֻמִּים, הֱוֵה גְבִיר לְאַחֶיךָ וְיִשְׁתַּחֲווּ לְךָ
בְּנֵי אִמֶּךָ, אֹרְרֶיךָ אָרוּר וּמְבָרְכֶיךָ בָּרוּךְ:

וְאֵל שַׁדַּי יְבָרֵךְ אֹתְךָ וְיַפְרְךָ וְיַרְבֶּךָ, וְהָיִיתָ לִקְהַל עַמִּים: וְיִתֶּן־לְךָ בראשית כח
אֶת־בִּרְכַּת אַבְרָהָם, לְךָ וּלְזַרְעֲךָ אִתָּךְ, לְרִשְׁתְּךָ אֶת־אֶרֶץ מְגֻרֶיךָ
אֲשֶׁר־נָתַן אֱלֹהִים לְאַבְרָהָם: מֵאֵל אָבִיךָ וְיַעְזְרֶךָּ וְאֵת שַׁדַּי וִיבָרְכֶךָּ, בראשית מט
בִּרְכֹת שָׁמַיִם מֵעָל בִּרְכֹת תְּהוֹם רֹבֶצֶת תָּחַת, בִּרְכֹת שָׁדַיִם וָרָחַם:
בִּרְכֹת אָבִיךָ גָּבְרוּ עַל־בִּרְכֹת הוֹרַי עַד־תַּאֲוַת גִּבְעֹת עוֹלָם, תִּהְיֶיןָ
לְרֹאשׁ יוֹסֵף וּלְקָדְקֹד נְזִיר אֶחָיו: וַאֲהֵבְךָ וּבֵרַכְךָ וְהִרְבֶּךָ, וּבֵרַךְ פְּרִי־ דברים ז
בִטְנְךָ וּפְרִי־אַדְמָתֶךָ, דְּגָנְךָ וְתִירֹשְׁךָ וְיִצְהָרֶךָ, שְׁגַר־אֲלָפֶיךָ וְעַשְׁתְּרֹת
צֹאנֶךָ, עַל הָאֲדָמָה אֲשֶׁר־נִשְׁבַּע לַאֲבֹתֶיךָ לָתֶת לָךְ: בָּרוּךְ תִּהְיֶה
מִכָּל־הָעַמִּים, לֹא־יִהְיֶה בְךָ עָקָר וַעֲקָרָה וּבִבְהֶמְתֶּךָ: וְהֵסִיר יהוה
מִמְּךָ כָּל־חֹלִי, וְכָל־מַדְוֵי מִצְרַיִם הָרָעִים אֲשֶׁר יָדַעְתָּ, לֹא יְשִׂימָם
בָּךְ, וּנְתָנָם בְּכָל־שֹׂנְאֶיךָ:

הַמַּלְאָךְ הַגֹּאֵל אֹתִי מִכָּל־רָע יְבָרֵךְ אֶת־הַנְּעָרִים, וְיִקָּרֵא בָהֶם שְׁמִי וְשֵׁם בראשית מח
אֲבֹתַי אַבְרָהָם וְיִצְחָק, וְיִדְגּוּ לָרֹב בְּקֶרֶב הָאָרֶץ: יהוה אֱלֹהֵיכֶם הִרְבָּה דברים א
אֶתְכֶם, וְהִנְּכֶם הַיּוֹם כְּכוֹכְבֵי הַשָּׁמַיִם לָרֹב: יהוה אֱלֹהֵי אֲבוֹתֵכֶם יֹסֵף
עֲלֵיכֶם כָּכֶם אֶלֶף פְּעָמִים, וִיבָרֵךְ אֶתְכֶם כַּאֲשֶׁר דִּבֶּר לָכֶם:

דברים כח בָּרוּךְ אַתָּה בָּעִיר, וּבָרוּךְ אַתָּה בַּשָּׂדֶה: בָּרוּךְ אַתָּה בְּבֹאֶךָ, וּבָרוּךְ
אַתָּה בְּצֵאתֶךָ: בָּרוּךְ טַנְאֲךָ וּמִשְׁאַרְתֶּךָ: בָּרוּךְ פְּרִי־בִטְנְךָ וּפְרִי
אַדְמָתֶךָ וּפְרִי בְהֶמְתֶּךָ, שְׁגַר אֲלָפֶיךָ וְעַשְׁתְּרוֹת צֹאנֶךָ: יְצַו יהוה אִתְּךָ
אֶת־הַבְּרָכָה בַּאֲסָמֶיךָ וּבְכֹל מִשְׁלַח יָדֶךָ, וּבֵרַכְךָ בָּאָרֶץ אֲשֶׁר־יהוה
אֱלֹהֶיךָ נֹתֵן לָךְ: יִפְתַּח יהוה לְךָ אֶת־אוֹצָרוֹ הַטּוֹב אֶת־הַשָּׁמַיִם, לָתֵת
מְטַר־אַרְצְךָ בְּעִתּוֹ, וּלְבָרֵךְ אֵת כָּל־מַעֲשֵׂה יָדֶךָ, וְהִלְוִיתָ גּוֹיִם רַבִּים
דברים טו וְאַתָּה לֹא תִלְוֶה: כִּי־יהוה אֱלֹהֶיךָ בֵּרַכְךָ כַּאֲשֶׁר דִּבֶּר־לָךְ, וְהַעֲבַטְתָּ
גּוֹיִם רַבִּים וְאַתָּה לֹא תַעֲבֹט, וּמָשַׁלְתָּ בְּגוֹיִם רַבִּים וּבְךָ לֹא יִמְשֹׁלוּ:
דברים לג אַשְׁרֶיךָ יִשְׂרָאֵל, מִי כָמוֹךָ, עַם נוֹשַׁע בַּיהוה, מָגֵן עֶזְרֶךָ וַאֲשֶׁר־חֶרֶב
גַּאֲוָתֶךָ, וְיִכָּחֲשׁוּ אֹיְבֶיךָ לָךְ, וְאַתָּה עַל־בָּמוֹתֵימוֹ תִדְרֹךְ:

ישעיה מד מָחִיתִי כָעָב פְּשָׁעֶיךָ וְכֶעָנָן חַטֹּאותֶיךָ, שׁוּבָה אֵלַי כִּי גְאַלְתִּיךָ: רָנּוּ שָׁמַיִם
כִּי־עָשָׂה יהוה, הָרִיעוּ תַּחְתִּיּוֹת אָרֶץ, פִּצְחוּ הָרִים רִנָּה, יַעַר וְכָל־עֵץ בּוֹ,
ישעיה מז כִּי־גָאַל יהוה יַעֲקֹב וּבְיִשְׂרָאֵל יִתְפָּאָר: גֹּאֲלֵנוּ, יהוה צְבָאוֹת שְׁמוֹ, קְדוֹשׁ
יִשְׂרָאֵל:

ישעיה מה יִשְׂרָאֵל נוֹשַׁע בַּיהוה תְּשׁוּעַת עוֹלָמִים, לֹא־תֵבֹשׁוּ וְלֹא־תִכָּלְמוּ עַד־
יואל ב עוֹלְמֵי עַד: וַאֲכַלְתֶּם אָכוֹל וְשָׂבוֹעַ, וְהִלַּלְתֶּם אֶת־שֵׁם יהוה אֱלֹהֵיכֶם
אֲשֶׁר־עָשָׂה עִמָּכֶם לְהַפְלִיא, וְלֹא־יֵבֹשׁוּ עַמִּי לְעוֹלָם: וִידַעְתֶּם כִּי
בְקֶרֶב יִשְׂרָאֵל אָנִי, וַאֲנִי יהוה אֱלֹהֵיכֶם וְאֵין עוֹד, וְלֹא־יֵבֹשׁוּ עַמִּי
ישעיה נה לְעוֹלָם: כִּי־בְשִׂמְחָה תֵצֵאוּ וּבְשָׁלוֹם תּוּבָלוּן, הֶהָרִים וְהַגְּבָעוֹת יִפְצְחוּ
ישעיה יב לִפְנֵיכֶם רִנָּה, וְכָל־עֲצֵי הַשָּׂדֶה יִמְחֲאוּ־כָף: הִנֵּה אֵל יְשׁוּעָתִי אֶבְטַח,
וְלֹא אֶפְחָד, כִּי־עָזִּי וְזִמְרָת יָהּ יהוה, וַיְהִי־לִי לִישׁוּעָה: וּשְׁאַבְתֶּם־מַיִם
בְּשָׂשׂוֹן, מִמַּעַיְנֵי הַיְשׁוּעָה: וַאֲמַרְתֶּם בַּיּוֹם הַהוּא, הוֹדוּ לַיהוה קִרְאוּ
בִשְׁמוֹ, הוֹדִיעוּ בָעַמִּים עֲלִילֹתָיו, הַזְכִּירוּ כִּי נִשְׂגָּב שְׁמוֹ: זַמְּרוּ יהוה
כִּי גֵאוּת עָשָׂה, מוּדַעַת זֹאת בְּכָל־הָאָרֶץ: צַהֲלִי וָרֹנִּי יוֹשֶׁבֶת צִיּוֹן,
ישעיה כה כִּי־גָדוֹל בְּקִרְבֵּךְ קְדוֹשׁ יִשְׂרָאֵל: וְאָמַר בַּיּוֹם הַהוּא, הִנֵּה אֱלֹהֵינוּ
זֶה קִוִּינוּ לוֹ וְיוֹשִׁיעֵנוּ, זֶה יהוה קִוִּינוּ לוֹ, נָגִילָה וְנִשְׂמְחָה בִּישׁוּעָתוֹ:

בֵּית יַעֲקֹב לְכוּ וְנֵלְכָה בְּאוֹר יהוה: וְהָיָה אֱמוּנַת עִתֶּיךָ, חֹסֶן יְשׁוּעֹת חָכְמַת ישעיה ב / ישעיה לג
וָדָעַת, יִרְאַת יהוה הִיא אוֹצָרוֹ: וַיְהִי דָוִד לְכָל־דְּרָכָו מַשְׂכִּיל, וַיהוה עִמּוֹ: שמואל א׳ יח

פָּדָה בְשָׁלוֹם נַפְשִׁי מִקְּרָב־לִי, כִּי־בְרַבִּים הָיוּ עִמָּדִי: וַיֹּאמֶר הָעָם אֶל־שָׁאוּל, תהלים נה / שמואל א׳ יד
הֲיוֹנָתָן יָמוּת אֲשֶׁר עָשָׂה הַיְשׁוּעָה הַגְּדוֹלָה הַזֹּאת בְּיִשְׂרָאֵל, חָלִילָה, חַי־
יהוה אִם־יִפֹּל מִשַּׂעֲרַת רֹאשׁוֹ אַרְצָה, כִּי־עִם־אֱלֹהִים עָשָׂה הַיּוֹם הַזֶּה, וַיִּפְדּוּ
הָעָם אֶת־יוֹנָתָן וְלֹא־מֵת: וּפְדוּיֵי יהוה יְשֻׁבוּן וּבָאוּ צִיּוֹן בְּרִנָּה, וְשִׂמְחַת ישעיה לה
עוֹלָם עַל־רֹאשָׁם, שָׂשׂוֹן וְשִׂמְחָה יַשִּׂיגוּ, וְנָסוּ יָגוֹן וַאֲנָחָה:

הָפַכְתָּ מִסְפְּדִי לְמָחוֹל לִי, פִּתַּחְתָּ שַׂקִּי, וַתְּאַזְּרֵנִי שִׂמְחָה: וְלֹא־אָבָה יהוה תהלים ל / דברים כג
אֱלֹהֶיךָ לִשְׁמֹעַ אֶל־בִּלְעָם, וַיַּהֲפֹךְ יהוה אֱלֹהֶיךָ לְּךָ אֶת־הַקְּלָלָה לִבְרָכָה,
כִּי אֲהֵבְךָ יהוה אֱלֹהֶיךָ: אָז תִּשְׂמַח בְּתוּלָה בְּמָחוֹל, וּבַחֻרִים וּזְקֵנִים יַחְדָּו, ירמיה לא
וְהָפַכְתִּי אֶבְלָם לְשָׂשׂוֹן, וְנִחַמְתִּים, וְשִׂמַּחְתִּים מִיגוֹנָם:

בּוֹרֵא נִיב שְׂפָתָיִם, שָׁלוֹם שָׁלוֹם לָרָחוֹק וְלַקָּרוֹב אָמַר יהוה, וּרְפָאתִיו: ישעיה נז
וְרוּחַ לָבְשָׁה אֶת־עֲמָשַׂי רֹאשׁ הַשָּׁלִישִׁים, לְךָ דָוִיד וְעִמְּךָ בֶן־יִשַׁי, דברי הימים א׳ יב
שָׁלוֹם שָׁלוֹם לְךָ וְשָׁלוֹם לְעֹזְרֶךָ, כִּי עֲזָרְךָ אֱלֹהֶיךָ, וַיְקַבְּלֵם דָּוִיד וַיִּתְּנֵם
בְּרָאשֵׁי הַגְּדוּד: וַאֲמַרְתֶּם כֹּה לֶחָי, וְאַתָּה שָׁלוֹם וּבֵיתְךָ שָׁלוֹם וְכֹל שמואל א׳ כה
אֲשֶׁר־לְךָ שָׁלוֹם: יהוה עֹז לְעַמּוֹ יִתֵּן, יהוה יְבָרֵךְ אֶת־עַמּוֹ בַשָּׁלוֹם: תהלים כט

אָמַר רַבִּי יוֹחָנָן: בְּכָל מָקוֹם שֶׁאַתָּה מוֹצֵא גְּדֻלָּתוֹ שֶׁל הַקָּדוֹשׁ בָּרוּךְ מגילה לא.
הוּא, שָׁם אַתָּה מוֹצֵא עַנְוְתָנוּתוֹ. דָּבָר זֶה כָּתוּב בַּתּוֹרָה, וְשָׁנוּי בַּנְּבִיאִים,
וּמְשֻׁלָּשׁ בַּכְּתוּבִים. כָּתוּב בַּתּוֹרָה: כִּי יהוה אֱלֹהֵיכֶם הוּא אֱלֹהֵי הָאֱלֹהִים דברים י
וַאֲדֹנֵי הָאֲדֹנִים, הָאֵל הַגָּדֹל הַגִּבֹּר וְהַנּוֹרָא, אֲשֶׁר לֹא־יִשָּׂא פָנִים וְלֹא יִקַּח
שֹׁחַד: וּכְתִיב בַּתְרֵהּ: עֹשֶׂה מִשְׁפַּט יָתוֹם וְאַלְמָנָה, וְאֹהֵב גֵּר לָתֶת לוֹ לֶחֶם
וְשִׂמְלָה: שָׁנוּי בַּנְּבִיאִים, דִּכְתִיב: כִּי כֹה אָמַר רָם וְנִשָּׂא שֹׁכֵן עַד וְקָדוֹשׁ ישעיה נז
שְׁמוֹ, מָרוֹם וְקָדוֹשׁ אֶשְׁכּוֹן, וְאֶת־דַּכָּא וּשְׁפַל־רוּחַ, לְהַחֲיוֹת רוּחַ שְׁפָלִים
וּלְהַחֲיוֹת לֵב נִדְכָּאִים: מְשֻׁלָּשׁ בַּכְּתוּבִים, דִּכְתִיב: שִׁירוּ לֵאלֹהִים, זַמְּרוּ תהלים סח
שְׁמוֹ, סֹלּוּ לָרֹכֵב בָּעֲרָבוֹת בְּיָהּ שְׁמוֹ, וְעִלְזוּ לְפָנָיו: וּכְתִיב בַּתְרֵהּ: אֲבִי
יְתוֹמִים וְדַיַּן אַלְמָנוֹת, אֱלֹהִים בִּמְעוֹן קָדְשׁוֹ:

מלכים א׳ ח יְהִי יהוה אֱלֹהֵינוּ עִמָּנוּ כַּאֲשֶׁר הָיָה עִם־אֲבֹתֵינוּ, אַל־יַעַזְבֵנוּ וְאַל־יִטְּשֵׁנוּ:
דברים ד וְאַתֶּם הַדְּבֵקִים בַּיהוה אֱלֹהֵיכֶם, חַיִּים כֻּלְּכֶם הַיּוֹם: כִּי־נִחַם יהוה צִיּוֹן,
ישעיה נא נִחַם כָּל־חָרְבֹתֶיהָ, וַיָּשֶׂם מִדְבָּרָהּ כְּעֵדֶן וְעַרְבָתָהּ כְּגַן־יהוה, שָׂשׂוֹן וְשִׂמְחָה
ישעיה מב יִמָּצֵא בָהּ, תּוֹדָה וְקוֹל זִמְרָה: יהוה חָפֵץ לְמַעַן צִדְקוֹ, יַגְדִּיל תּוֹרָה וְיַאְדִּיר:

תהלים קכח שִׁיר הַמַּעֲלוֹת, אַשְׁרֵי כָּל־יְרֵא יהוה, הַהֹלֵךְ בִּדְרָכָיו: יְגִיעַ כַּפֶּיךָ כִּי
תֹאכֵל, אַשְׁרֶיךָ וְטוֹב לָךְ: אֶשְׁתְּךָ כְּגֶפֶן פֹּרִיָּה בְּיַרְכְּתֵי בֵיתֶךָ, בָּנֶיךָ
כִּשְׁתִלֵי זֵיתִים, סָבִיב לְשֻׁלְחָנֶךָ: הִנֵּה כִי־כֵן יְבֹרַךְ גָּבֶר יְרֵא יהוה:
יְבָרֶכְךָ יהוה מִצִּיּוֹן, וּרְאֵה בְּטוּב יְרוּשָׁלָםִ, כֹּל יְמֵי חַיֶּיךָ: וּרְאֵה־בָנִים
לְבָנֶיךָ, שָׁלוֹם עַל־יִשְׂרָאֵל:

בבתי כנסת רבים נוהגים ששליח הציבור מבדיל על הכוס (עמ׳ 354). מי שמבדיל בביתו, מוטב שיתכוון שלא לצאת ידי חובתו. ראה הלכה 265, 271.

אומרים ׳עָלֵינוּ׳ בעמידה ומשתחווים במקום המסומן ב־*.

עָלֵינוּ לְשַׁבֵּחַ לַאֲדוֹן הַכֹּל, לָתֵת גְּדֻלָּה לְיוֹצֵר בְּרֵאשִׁית
שֶׁלֹּא עָשָׂנוּ כְּגוֹיֵי הָאֲרָצוֹת, וְלֹא שָׂמָנוּ כְּמִשְׁפְּחוֹת הָאֲדָמָה
שֶׁלֹּא שָׂם חֶלְקֵנוּ כָּהֶם וְגוֹרָלֵנוּ כְּכָל הֲמוֹנָם.
שֶׁהֵם מִשְׁתַּחֲוִים לְהֶבֶל וָרִיק וּמִתְפַּלְלִים אֶל אֵל לֹא יוֹשִׁיעַ.
*וַאֲנַחְנוּ כּוֹרְעִים וּמִשְׁתַּחֲוִים וּמוֹדִים
לִפְנֵי מֶלֶךְ מַלְכֵי הַמְּלָכִים, הַקָּדוֹשׁ בָּרוּךְ הוּא
שֶׁהוּא נוֹטֶה שָׁמַיִם וְיוֹסֵד אָרֶץ, וּמוֹשַׁב יְקָרוֹ בַּשָּׁמַיִם מִמַּעַל
וּשְׁכִינַת עֻזּוֹ בְּגָבְהֵי מְרוֹמִים.
הוּא אֱלֹהֵינוּ, אֵין עוֹד. אֱמֶת מַלְכֵּנוּ, אֶפֶס זוּלָתוֹ
דברים ד כַּכָּתוּב בְּתוֹרָתוֹ: וְיָדַעְתָּ הַיּוֹם וַהֲשֵׁבֹתָ אֶל־לְבָבֶךָ
כִּי יהוה הוּא הָאֱלֹהִים בַּשָּׁמַיִם מִמַּעַל וְעַל־הָאָרֶץ מִתָּחַת, אֵין עוֹד:

עַל כֵּן נְקַוֶּה לְּךָ יהוה אֱלֹהֵינוּ, לִרְאוֹת מְהֵרָה בְּתִפְאֶרֶת עֻזֶּךָ
לְהַעֲבִיר גִּלּוּלִים מִן הָאָרֶץ, וְהָאֱלִילִים כָּרוֹת יִכָּרֵתוּן
לְתַקֵּן עוֹלָם בְּמַלְכוּת שַׁדַּי.

וְכָל בְּנֵי בָשָׂר יִקְרְאוּ בִשְׁמֶךָ לְהַפְנוֹת אֵלֶיךָ כָּל רִשְׁעֵי אָרֶץ.
יַכִּירוּ וְיֵדְעוּ כָּל יוֹשְׁבֵי תֵבֵל
כִּי לְךָ תִּכְרַע כָּל בֶּרֶךְ, תִּשָּׁבַע כָּל לָשׁוֹן.
לְפָנֶיךָ יהוה אֱלֹהֵינוּ יִכְרְעוּ וְיִפֹּלוּ, וְלִכְבוֹד שִׁמְךָ יְקָר יִתֵּנוּ
וִיקַבְּלוּ כֻלָּם אֶת עֹל מַלְכוּתֶךָ
וְתִמְלֹךְ עֲלֵיהֶם מְהֵרָה לְעוֹלָם וָעֶד.
כִּי הַמַּלְכוּת שֶׁלְּךָ הִיא וּלְעוֹלְמֵי עַד תִּמְלֹךְ בְּכָבוֹד
כַּכָּתוּב בְּתוֹרָתֶךָ: יהוה יִמְלֹךְ לְעֹלָם וָעֶד: שמות טו
◂ וְנֶאֱמַר: וְהָיָה יהוה לְמֶלֶךְ עַל־כָּל־הָאָרֶץ זכריה יד
בַּיּוֹם הַהוּא יִהְיֶה יהוה אֶחָד וּשְׁמוֹ אֶחָד:

יש מוסיפים:

אַל־תִּירָא מִפַּחַד פִּתְאֹם וּמִשֹּׁאַת רְשָׁעִים כִּי תָבֹא: משלי ג
עֻצוּ עֵצָה וְתֻפָר, דַּבְּרוּ דָבָר וְלֹא יָקוּם, כִּי עִמָּנוּ אֵל: ישעיה ח
וְעַד־זִקְנָה אֲנִי הוּא, וְעַד־שֵׂיבָה אֲנִי אֶסְבֹּל ישעיה מו
אֲנִי עָשִׂיתִי וַאֲנִי אֶשָּׂא וַאֲנִי אֶסְבֹּל וַאֲמַלֵּט:

קדיש יתום

אבל: יִתְגַּדַּל וְיִתְקַדַּשׁ שְׁמֵהּ רַבָּא (קהל: אָמֵן)
בְּעָלְמָא דִּי בְרָא כִרְעוּתֵהּ
וְיַמְלִיךְ מַלְכוּתֵהּ
בְּחַיֵּיכוֹן וּבְיוֹמֵיכוֹן וּבְחַיֵּי דְכָל בֵּית יִשְׂרָאֵל
בַּעֲגָלָא וּבִזְמַן קָרִיב, וְאִמְרוּ אָמֵן. (קהל: אָמֵן)

קהל ואבל: יְהֵא שְׁמֵהּ רַבָּא מְבָרַךְ לְעָלַם וּלְעָלְמֵי עָלְמַיָּא.

אבל: יִתְבָּרַךְ וְיִשְׁתַּבַּח וְיִתְפָּאַר
וְיִתְרוֹמַם וְיִתְנַשֵּׂא וְיִתְהַדָּר וְיִתְעַלֶּה וְיִתְהַלָּל
שְׁמֵהּ דְּקֻדְשָׁא בְּרִיךְ הוּא (קהל: בְּרִיךְ הוּא)

לְעֵלָּא מִן כָּל בִּרְכָתָא / בעשרת ימי תשובה: לְעֵלָּא לְעֵלָּא מִכָּל בִּרְכָתָא/
וְשִׁירָתָא, תֻּשְׁבְּחָתָא וְנֶחֱמָתָא
דַּאֲמִירָן בְּעָלְמָא, וְאִמְרוּ אָמֵן. (קהל: אָמֵן)

יְהֵא שְׁלָמָא רַבָּא מִן שְׁמַיָּא
וְחַיִּים, עָלֵינוּ וְעַל כָּל יִשְׂרָאֵל, וְאִמְרוּ אָמֵן. (קהל: אָמֵן)

כורע ופוסע שלוש פסיעות לאחור. קד לשמאל, לימין ולפנים באמירת:

עֹשֶׂה שָׁלוֹם/ בעשרת ימי תשובה: הַשָּׁלוֹם/ בִּמְרוֹמָיו
הוּא יַעֲשֶׂה שָׁלוֹם עָלֵינוּ וְעַל כָּל יִשְׂרָאֵל, וְאִמְרוּ אָמֵן. (קהל: אָמֵן)

אם יש אדם בקהל שלא שמע 'בָּרְכוּ' לפני התפילה, האומר קדיש מוסיף (ריב״ש):

בָּרְכוּ אֶת יהוה הַמְבֹרָךְ.

והקהל עונה:

בָּרוּךְ יהוה הַמְבֹרָךְ לְעוֹלָם וָעֶד.

בבית האבל אומרים כאן 'מִכְתָּם לְדָוִד' (עמ' 542).
בחודש אלול אומרים לאחר 'לְדָוִד ה' אוֹרִי וְיִשְׁעִי'.

ברוב הקהילות נוהגים להוסיף את המזמור 'לְדָוִד ה' אוֹרִי וְיִשְׁעִי' מר״ח אלול ועד הושענא רבה.

תהלים כז לְדָוִד, יהוה אוֹרִי וְיִשְׁעִי, מִמִּי אִירָא, יהוה מָעוֹז־חַיַּי, מִמִּי אֶפְחָד: בִּקְרֹב עָלַי מְרֵעִים לֶאֱכֹל אֶת־בְּשָׂרִי, צָרַי וְאֹיְבַי לִי, הֵמָּה כָשְׁלוּ וְנָפָלוּ: אִם־תַּחֲנֶה עָלַי מַחֲנֶה, לֹא־יִירָא לִבִּי, אִם־תָּקוּם עָלַי מִלְחָמָה, בְּזֹאת אֲנִי בוֹטֵחַ: אַחַת שָׁאַלְתִּי מֵאֵת־יהוה, אוֹתָהּ אֲבַקֵּשׁ, שִׁבְתִּי בְּבֵית־יהוה כָּל־יְמֵי חַיַּי, לַחֲזוֹת בְּנֹעַם־יהוה, וּלְבַקֵּר בְּהֵיכָלוֹ: כִּי יִצְפְּנֵנִי בְּסֻכֹּה בְּיוֹם רָעָה, יַסְתִּרֵנִי בְּסֵתֶר אָהֳלוֹ, בְּצוּר יְרוֹמְמֵנִי: וְעַתָּה יָרוּם רֹאשִׁי עַל אֹיְבַי סְבִיבוֹתַי, וְאֶזְבְּחָה בְאָהֳלוֹ זִבְחֵי תְרוּעָה, אָשִׁירָה וַאֲזַמְּרָה לַיהוה: שְׁמַע־יהוה קוֹלִי אֶקְרָא, וְחָנֵּנִי וַעֲנֵנִי: לְךָ אָמַר לִבִּי בַּקְּשׁוּ פָנָי, אֶת־פָּנֶיךָ יהוה אֲבַקֵּשׁ: אַל־תַּסְתֵּר פָּנֶיךָ מִמֶּנִּי, אַל תַּט־בְּאַף עַבְדֶּךָ, עֶזְרָתִי הָיִיתָ, אַל־תִּטְּשֵׁנִי וְאַל־תַּעַזְבֵנִי, אֱלֹהֵי יִשְׁעִי: כִּי־אָבִי וְאִמִּי עֲזָבוּנִי, וַיהוה יַאַסְפֵנִי: הוֹרֵנִי יהוה דַּרְכֶּךָ, וּנְחֵנִי בְּאֹרַח מִישׁוֹר, לְמַעַן שׁוֹרְרָי: אַל־תִּתְּנֵנִי בְּנֶפֶשׁ צָרָי, כִּי קָמוּ־בִי עֵדֵי־שֶׁקֶר, וִיפֵחַ חָמָס: › לוּלֵא הֶאֱמַנְתִּי לִרְאוֹת בְּטוּב־יהוה בְּאֶרֶץ חַיִּים: קַוֵּה אֶל־יהוה, חֲזַק וְיַאֲמֵץ לִבֶּךָ, וְקַוֵּה אֶל־יהוה:

קדיש יתום (בעמוד הקודם)

קידוש לבנה

אומרים קידוש לבנה תחת כיפת השמים בזמן שהלבנה נראית,
משלושה ימים לאחר המולד. ראה הלכה 266–267.

הַלְלוּיָהּ תהלים קמח
הַלְלוּ אֶת־יהוה מִן־הַשָּׁמַיִם
הַלְלוּהוּ בַּמְּרוֹמִים:
הַלְלוּהוּ כָל־מַלְאָכָיו
הַלְלוּהוּ כָּל־צְבָאָו:
הַלְלוּהוּ שֶׁמֶשׁ וְיָרֵחַ
הַלְלוּהוּ כָּל־כּוֹכְבֵי אוֹר:
הַלְלוּהוּ שְׁמֵי הַשָּׁמָיִם, וְהַמַּיִם אֲשֶׁר מֵעַל הַשָּׁמָיִם:
יְהַלְלוּ אֶת־שֵׁם יהוה, כִּי הוּא צִוָּה וְנִבְרָאוּ:
וַיַּעֲמִידֵם לָעַד לְעוֹלָם, חָק־נָתַן וְלֹא יַעֲבוֹר:

יש הנוהגים להוסיף פסוקים אלה, בעקבות מנהג הספרדים.

כִּי־אֶרְאֶה שָׁמֶיךָ מַעֲשֵׂה אֶצְבְּעֹתֶיךָ תהלים ח
יָרֵחַ וְכוֹכָבִים אֲשֶׁר כּוֹנָנְתָּה:
מָה־אֱנוֹשׁ כִּי־תִזְכְּרֶנּוּ
וּבֶן־אָדָם כִּי תִפְקְדֶנּוּ:

מסתכל בלבנה ומברך:

בָּרוּךְ אַתָּה יהוה אֱלֹהֵינוּ מֶלֶךְ הָעוֹלָם, אֲשֶׁר בְּמַאֲמָרוֹ בָּרָא שְׁחָקִים, וּבְרוּחַ פִּיו כָּל צְבָאָם, חֹק וּזְמַן נָתַן לָהֶם שֶׁלֹּא יְשַׁנּוּ אֶת תַּפְקִידָם. שָׂשִׂים וּשְׂמֵחִים לַעֲשׂוֹת רְצוֹן קוֹנָם, פּוֹעֵל אֱמֶת שֶׁפְּעֻלָּתוֹ אֱמֶת. וְלַלְּבָנָה אָמַר שֶׁתִּתְחַדֵּשׁ, עֲטֶרֶת תִּפְאֶרֶת לַעֲמוּסֵי בָטֶן, שֶׁהֵם עֲתִידִים לְהִתְחַדֵּשׁ כְּמוֹתָהּ וּלְפָאֵר לְיוֹצְרָם עַל שֵׁם כְּבוֹד מַלְכוּתוֹ. בָּרוּךְ אַתָּה יהוה, מְחַדֵּשׁ חֳדָשִׁים.

אומר שלוש פעמים כל פסוק מן הפסוקים הבאים (מסכת סופרים):

בָּרוּךְ יוֹצְרֵךְ, בָּרוּךְ עוֹשֵׂךְ, בָּרוּךְ קוֹנֵךְ, בָּרוּךְ בּוֹרְאֵךְ.

מרקד כנגד הלבנה שלוש פעמים, ובכל פעם אומר:

כְּשֵׁם שֶׁאֲנִי רוֹקֵד כְּנֶגְדֵּךְ וְאֵינִי יָכוֹל לִנְגֹּעַ בָּךְ
כָּךְ לֹא יוּכְלוּ כָּל אוֹיְבַי לִנְגֹּעַ בִּי לְרָעָה.

שמות טו **תִּפֹּל עֲלֵיהֶם אֵימָתָה וָפַחַד, בִּגְדֹל זְרוֹעֲךָ יִדְּמוּ כָּאָבֶן:**

אומר את הפסוק הקודם גם בסדר הפוך (סידור הרוקח):

כָּאָבֶן יִדְּמוּ זְרוֹעֲךָ בִּגְדֹל, וָפַחַד אֵימָתָה עֲלֵיהֶם תִּפֹּל.

מזכיר את מלכות דוד שנמשלה ללבנה (רמ״א תקכו, א, על פי רבינו בחיי לבראשית לח, ל):

דָּוִד מֶלֶךְ יִשְׂרָאֵל חַי וְקַיָּם.

מברך שלוש פעמים את חברו או שלושה אנשים שונים (מסכת סופרים):

שָׁלוֹם עֲלֵיכֶם.

ועונים לו:

עֲלֵיכֶם שָׁלוֹם.

ואומר שלוש פעמים:

סִימָן טוֹב וּמַזָּל טוֹב יְהֵא לָנוּ וּלְכָל יִשְׂרָאֵל, אָמֵן.

נהגו להוסיף פסוקים אלה, על פי מנהג ר׳ יהודה החסיד (מובא במג״א, תכו, י).

שיר השירים ב **קוֹל דּוֹדִי הִנֵּה־זֶה בָּא, מְדַלֵּג עַל־הֶהָרִים, מְקַפֵּץ עַל־הַגְּבָעוֹת:**
דּוֹמֶה דוֹדִי לִצְבִי אוֹ לְעֹפֶר הָאַיָּלִים, הִנֵּה־זֶה עוֹמֵד אַחַר כָּתְלֵנוּ,
מַשְׁגִּיחַ מִן־הַחַלֹּנוֹת, מֵצִיץ מִן־הַחֲרַכִּים:

נהגו להוסיף שני מזמורים אלה (מג״א שם בשם השל״ה):

תהלים קכא **שִׁיר לַמַּעֲלוֹת, אֶשָּׂא עֵינַי אֶל־הֶהָרִים, מֵאַיִן יָבֹא עֶזְרִי: עֶזְרִי מֵעִם**
יהוה, עֹשֵׂה שָׁמַיִם וָאָרֶץ: אַל־יִתֵּן לַמּוֹט רַגְלֶךָ, אַל־יָנוּם שֹׁמְרֶךָ:

הִנֵּה לֹא־יָנוּם וְלֹא יִישָׁן, שׁוֹמֵר יִשְׂרָאֵל: יהוה שֹׁמְרֶךָ, יהוה צִלְּךָ עַל־יַד יְמִינֶךָ: יוֹמָם הַשֶּׁמֶשׁ לֹא־יַכֶּכָּה, וְיָרֵחַ בַּלָּיְלָה: יהוה יִשְׁמָרְךָ מִכָּל־רָע, יִשְׁמֹר אֶת־נַפְשֶׁךָ: יהוה יִשְׁמָר־צֵאתְךָ וּבוֹאֶךָ, מֵעַתָּה וְעַד־עוֹלָם:

תהלים קנ
הַלְלוּיָהּ, הַלְלוּ־אֵל בְּקָדְשׁוֹ, הַלְלוּהוּ בִּרְקִיעַ עֻזּוֹ: הַלְלוּהוּ בִגְבוּרֹתָיו, הַלְלוּהוּ כְּרֹב גֻּדְלוֹ: הַלְלוּהוּ בְּתֵקַע שׁוֹפָר, הַלְלוּהוּ בְּנֵבֶל וְכִנּוֹר: הַלְלוּהוּ בְּתֹף וּמָחוֹל, הַלְלוּהוּ בְּמִנִּים וְעוּגָב: הַלְלוּהוּ בְצִלְצְלֵי־שָׁמַע, הַלְלוּהוּ בְּצִלְצְלֵי תְרוּעָה: כֹּל הַנְּשָׁמָה תְּהַלֵּל יָהּ, הַלְלוּיָהּ:

סנהדרין מב.
תָּנָא דְּבֵי רַבִּי יִשְׁמָעֵאל: אִלְמָלֵי לֹא זָכוּ יִשְׂרָאֵל אֶלָּא לְהַקְבִּיל פְּנֵי אֲבִיהֶם שֶׁבַּשָּׁמַיִם פַּעַם אַחַת בַּחֹדֶשׁ, דַּיָּם. אָמַר אַבַּיֵּי: הִלְכָּךְ צָרִיךְ
שיר השירים ח
לְמֵימְרָא מְעֻמָּד. מִי זֹאת עֹלָה מִן־הַמִּדְבָּר, מִתְרַפֶּקֶת עַל־דּוֹדָהּ:

וִיהִי רָצוֹן מִלְּפָנֶיךָ יהוה אֱלֹהַי וֵאלֹהֵי אֲבוֹתַי, לְמַלֹּאת פְּגִימַת הַלְּבָנָה וְלֹא יִהְיֶה בָּהּ שׁוּם מִעוּט. וִיהִי אוֹר הַלְּבָנָה כְּאוֹר הַחַמָּה וּכְאוֹר שִׁבְעַת יְמֵי בְרֵאשִׁית, כְּמוֹ שֶׁהָיְתָה קֹדֶם מִעוּטָהּ, שֶׁנֶּאֱמַר:
בראשית א
אֶת־שְׁנֵי הַמְּאֹרֹת הַגְּדֹלִים: וְיִתְקַיֵּם בָּנוּ מִקְרָא שֶׁכָּתוּב: וּבִקְשׁוּ
הושע ג
אֶת־יהוה אֱלֹהֵיהֶם וְאֵת דָּוִיד מַלְכָּם: אָמֵן.

תהלים סז
לַמְנַצֵּחַ בִּנְגִינֹת, מִזְמוֹר שִׁיר: אֱלֹהִים יְחָנֵּנוּ וִיבָרְכֵנוּ, יָאֵר פָּנָיו אִתָּנוּ סֶלָה: לָדַעַת בָּאָרֶץ דַּרְכֶּךָ, בְּכָל־גּוֹיִם יְשׁוּעָתֶךָ: יוֹדוּךָ עַמִּים אֱלֹהִים, יוֹדוּךָ עַמִּים כֻּלָּם: יִשְׂמְחוּ וִירַנְּנוּ לְאֻמִּים, כִּי־תִשְׁפֹּט עַמִּים מִישֹׁר, וּלְאֻמִּים בָּאָרֶץ תַּנְחֵם סֶלָה: יוֹדוּךָ עַמִּים אֱלֹהִים, יוֹדוּךָ עַמִּים כֻּלָּם: אֶרֶץ נָתְנָה יְבוּלָהּ, יְבָרְכֵנוּ אֱלֹהִים אֱלֹהֵינוּ: יְבָרְכֵנוּ אֱלֹהִים, וְיִירְאוּ אוֹתוֹ כָּל־אַפְסֵי־אָרֶץ:

אומרים 'עָלֵינוּ' בעמידה ומשתחווים במקום המסומן ב*.

עָלֵינוּ לְשַׁבֵּחַ לַאֲדוֹן הַכֹּל, לָתֵת גְּדֻלָּה לְיוֹצֵר בְּרֵאשִׁית, שֶׁלֹּא עָשָׂנוּ כְּגוֹיֵי הָאֲרָצוֹת, וְלֹא שָׂמָנוּ כְּמִשְׁפְּחוֹת הָאֲדָמָה, שֶׁלֹּא שָׂם חֶלְקֵנוּ כָּהֶם וְגוֹרָלֵנוּ כְּכָל הֲמוֹנָם. שֶׁהֵם מִשְׁתַּחֲוִים לְהֶבֶל וָרִיק וּמִתְפַּלְלִים אֶל אֵל לֹא יוֹשִׁיעַ. *וַאֲנַחְנוּ כּוֹרְעִים וּמִשְׁתַּחֲוִים וּמוֹדִים, לִפְנֵי מֶלֶךְ מַלְכֵי הַמְּלָכִים, הַקָּדוֹשׁ בָּרוּךְ הוּא, שֶׁהוּא נוֹטֶה שָׁמַיִם וְיוֹסֵד אָרֶץ, וּמוֹשַׁב יְקָרוֹ בַּשָּׁמַיִם מִמַּעַל, וּשְׁכִינַת עֻזּוֹ בְּגָבְהֵי מְרוֹמִים. הוּא אֱלֹהֵינוּ, אֵין עוֹד. אֱמֶת מַלְכֵּנוּ, אֶפֶס
זוּלָתוֹ, כַּכָּתוּב בְּתוֹרָתוֹ, וְיָדַעְתָּ הַיּוֹם וַהֲשֵׁבֹתָ אֶל־לְבָבֶךָ, כִּי יהוה הוּא דברים ד
הָאֱלֹהִים בַּשָּׁמַיִם מִמַּעַל וְעַל־הָאָרֶץ מִתָּחַת, אֵין עוֹד:

עַל כֵּן נְקַוֶּה לְּךָ יהוה אֱלֹהֵינוּ, לִרְאוֹת מְהֵרָה בְּתִפְאֶרֶת עֻזֶּךָ, לְהַעֲבִיר גִּלּוּלִים מִן הָאָרֶץ, וְהָאֱלִילִים כָּרוֹת יִכָּרֵתוּן, לְתַקֵּן עוֹלָם בְּמַלְכוּת שַׁדַּי. וְכָל בְּנֵי בָשָׂר יִקְרְאוּ בִשְׁמֶךָ לְהַפְנוֹת אֵלֶיךָ כָּל רִשְׁעֵי אָרֶץ. יַכִּירוּ וְיֵדְעוּ כָּל יוֹשְׁבֵי תֵבֵל, כִּי לְךָ תִּכְרַע כָּל בֶּרֶךְ, תִּשָּׁבַע כָּל לָשׁוֹן. לְפָנֶיךָ יהוה אֱלֹהֵינוּ יִכְרְעוּ וְיִפֹּלוּ, וְלִכְבוֹד שִׁמְךָ יְקָר יִתֵּנוּ, וִיקַבְּלוּ כֻלָּם אֶת עֹל מַלְכוּתֶךָ וְתִמְלֹךְ עֲלֵיהֶם מְהֵרָה לְעוֹלָם וָעֶד. כִּי הַמַּלְכוּת שֶׁלְּךָ הִיא וּלְעוֹלְמֵי עַד תִּמְלֹךְ
בְּכָבוֹד, כַּכָּתוּב בְּתוֹרָתֶךָ, יהוה יִמְלֹךְ לְעֹלָם וָעֶד: ◂ וְנֶאֱמַר, וְהָיָה יהוה שמות טו
לְמֶלֶךְ עַל־כָּל־הָאָרֶץ, בַּיּוֹם הַהוּא יִהְיֶה יהוה אֶחָד וּשְׁמוֹ אֶחָד: זכריה יד

יש מוסיפים:

אַל־תִּירָא מִפַּחַד פִּתְאֹם וּמִשֹּׁאַת רְשָׁעִים כִּי תָבֹא: עֻצוּ עֵצָה וְתֻפָר, דַּבְּרוּ דָבָר וְלֹא משלי ג ישעיה ח
יָקוּם, כִּי עִמָּנוּ אֵל: וְעַד־זִקְנָה אֲנִי הוּא, וְעַד־שֵׂיבָה אֲנִי אֶסְבֹּל, אֲנִי עָשִׂיתִי וַאֲנִי אֶשָּׂא ישעיה מו
וַאֲנִי אֶסְבֹּל וַאֲמַלֵּט:

קדיש יתום

אם יש מניין, האבלים אומרים קדיש.

אבל: יִתְגַּדַּל וְיִתְקַדַּשׁ שְׁמֵהּ רַבָּא (קהל: אָמֵן)
בְּעָלְמָא דִּי בְרָא כִרְעוּתֵהּ, וְיַמְלִיךְ מַלְכוּתֵהּ
בְּחַיֵּיכוֹן וּבְיוֹמֵיכוֹן וּבְחַיֵּי דְכָל בֵּית יִשְׂרָאֵל
בַּעֲגָלָא וּבִזְמַן קָרִיב, וְאִמְרוּ אָמֵן. (קהל: אָמֵן)

קהל ואבל: יְהֵא שְׁמֵהּ רַבָּא מְבָרַךְ לְעָלַם וּלְעָלְמֵי עָלְמַיָּא.

אבל: יִתְבָּרַךְ וְיִשְׁתַּבַּח וְיִתְפָּאַר
וְיִתְרוֹמַם וְיִתְנַשֵּׂא וְיִתְהַדָּר וְיִתְעַלֶּה וְיִתְהַלָּל
שְׁמֵהּ דְּקֻדְשָׁא בְּרִיךְ הוּא (קהל: בְּרִיךְ הוּא)
לְעֵלָּא מִן כָּל בִּרְכָתָא
/בעשרת ימי תשובה: לְעֵלָּא לְעֵלָּא מִכָּל בִּרְכָתָא/
וְשִׁירָתָא, תֻּשְׁבְּחָתָא וְנֶחֱמָתָא
דַּאֲמִירָן בְּעָלְמָא, וְאִמְרוּ אָמֵן. (קהל: אָמֵן)
יְהֵא שְׁלָמָא רַבָּא מִן שְׁמַיָּא
וְחַיִּים, עָלֵינוּ וְעַל כָּל יִשְׂרָאֵל, וְאִמְרוּ אָמֵן. (קהל: אָמֵן)
כורע ופוסע שלוש פסיעות לאחור. קד לשמאל, לימין ולפנים באמירת:
עֹשֶׂה שָׁלוֹם/בעשרת ימי תשובה: הַשָּׁלוֹם/ בִּמְרוֹמָיו
הוּא יַעֲשֶׂה שָׁלוֹם עָלֵינוּ וְעַל כָּל יִשְׂרָאֵל, וְאִמְרוּ אָמֵן. (קהל: אָמֵן)

נוהגים לשיר:

טוֹבִים מְאוֹרוֹת שֶׁבָּרָא אֱלֹהֵינוּ
יְצָרָם בְּדַעַת בְּבִינָה וּבְהַשְׂכֵּל
כֹּחַ וּגְבוּרָה נָתַן בָּהֶם
לִהְיוֹת מוֹשְׁלִים בְּקֶרֶב תֵּבֵל.

מְלֵאִים זִיו וּמְפִיקִים נֹגַהּ
נָאֶה זִיוָם בְּכָל הָעוֹלָם
שְׂמֵחִים בְּצֵאתָם וְשָׂשִׂים בְּבוֹאָם
עוֹשִׂים בְּאֵימָה רְצוֹן קוֹנָם.

פְּאֵר וְכָבוֹד נוֹתְנִים לִשְׁמוֹ
צָהֳלָה וְרִנָּה לְזֵכֶר מַלְכוּתוֹ
קָרָא לַשֶּׁמֶשׁ וַיִּזְרַח אוֹר
רָאָה וְהִתְקִין צוּרַת הַלְּבָנָה.

סדר הבדלה בבית

במוצאי שבת אומרים פסוקי ברכה לפני ההבדלה.

במוצאי יום טוב שאינו מוצאי שבת, אין אומרים פסוקים אלה
ואין מברכים על הנר או על הבשמים. ראה הלכה 319.

המבדיל לוקח בידו כוס יין ואומר (ראה הלכות 273–276):

ישעיה יב הִנֵּה אֵל יְשׁוּעָתִי אֶבְטַח, וְלֹא אֶפְחָד, כִּי־עָזִּי וְזִמְרָת יָהּ יהוה,
תהלים ג וַיְהִי־לִי לִישׁוּעָה: וּשְׁאַבְתֶּם־מַיִם בְּשָׂשׂוֹן, מִמַּעַיְנֵי הַיְשׁוּעָה: לַיהוה
תהלים מו הַיְשׁוּעָה, עַל־עַמְּךָ בִרְכָתֶךָ סֶּלָה: יהוה צְבָאוֹת עִמָּנוּ, מִשְׂגָּב לָנוּ
תהלים פד / תהלים כ אֱלֹהֵי יַעֲקֹב סֶלָה: יהוה צְבָאוֹת, אַשְׁרֵי אָדָם בֹּטֵחַ בָּךְ: יהוה
אסתר ח הוֹשִׁיעָה, הַמֶּלֶךְ יַעֲנֵנוּ בְיוֹם־קָרְאֵנוּ: לַיְּהוּדִים הָיְתָה אוֹרָה וְשִׂמְחָה
תהלים קטז וְשָׂשֹׂן וִיקָר: כֵּן תִּהְיֶה לָּנוּ. כּוֹס־יְשׁוּעוֹת אֶשָּׂא, וּבְשֵׁם יהוה אֶקְרָא:

המבדיל לאחרים, מוסיף:

סַבְרִי מָרָנָן

בָּרוּךְ אַתָּה יהוה אֱלֹהֵינוּ מֶלֶךְ הָעוֹלָם, בּוֹרֵא פְּרִי הַגָּפֶן.

לוקח בידו את הבשמים ומברך:

בָּרוּךְ אַתָּה יהוה אֱלֹהֵינוּ מֶלֶךְ הָעוֹלָם, בּוֹרֵא מִינֵי בְשָׂמִים.

לאחר שהריח את הבשמים, מברך:

בָּרוּךְ אַתָּה יהוה אֱלֹהֵינוּ מֶלֶךְ הָעוֹלָם, בּוֹרֵא מְאוֹרֵי הָאֵשׁ.

המבדיל מסתכל באצבעותיו לאור האבוקה כדי ליהנות מהאור.
אחר כך חוזר ולוקח את הכוס בידו ומברך:

בָּרוּךְ אַתָּה יהוה אֱלֹהֵינוּ מֶלֶךְ הָעוֹלָם, הַמַּבְדִּיל בֵּין קֹדֶשׁ לְחֹל, בֵּין אוֹר לְחֹשֶׁךְ, בֵּין יִשְׂרָאֵל לָעַמִּים, בֵּין יוֹם הַשְּׁבִיעִי לְשֵׁשֶׁת יְמֵי הַמַּעֲשֶׂה. בָּרוּךְ אַתָּה יהוה, הַמַּבְדִּיל בֵּין קֹדֶשׁ לְחֹל.

במוצאי שבת חול המועד סוכות מברך:

בָּרוּךְ אַתָּה יהוה אֱלֹהֵינוּ מֶלֶךְ הָעוֹלָם
אֲשֶׁר קִדְּשָׁנוּ בְּמִצְוֹתָיו, וְצִוָּנוּ לֵישֵׁב בַּסֻּכָּה.

פיוט עתיק הנאמר לאחר הבדלה.

יש הסבורים שנכתב במקורו למוצאי יום הכיפורים דווקא (׳מרדכי׳ יומא, תשכו), אך כבר במחזור ויטרי מופיע כזמר לכל מוצאי שבת.

הַמַּבְדִּיל בֵּין קֹדֶשׁ לְחוֹל, חַטֹּאתֵינוּ הוּא יִמְחֹל
זַרְעֵנוּ וְכַסְפֵּנוּ יַרְבֶּה כַּחוֹל וְכַכּוֹכָבִים בַּלָּיְלָה.

יוֹם פָּנָה כְּצֵל תֹּמֶר, אֶקְרָא לָאֵל עָלַי גּוֹמֵר
אָמַר שֹׁמֵר, אָתָא בֹקֶר וְגַם־לָיְלָה: ישעיה כא

צִדְקָתְךָ כְּהַר תָּבוֹר, עַל חֲטָאַי עָבוֹר תַּעֲבֹר
כְּיוֹם אֶתְמוֹל כִּי יַעֲבֹר, וְאַשְׁמוּרָה בַלָּיְלָה: תהלים צ

חָלְפָה עוֹנַת מִנְחָתִי, מִי יִתֵּן מְנוּחָתִי
יָגַעְתִּי בְאַנְחָתִי, אַשְׂחֶה בְכָל־לַיְלָה: תהלים ו

קוֹלִי בַּל יֻנְטַל, פְּתַח לִי שַׁעַר הַמְנֻטָּל
שֶׁרֹּאשִׁי נִמְלָא טָל, קְוֻצּוֹתַי רְסִיסֵי לָיְלָה: שיר השירים ה

הֵעָתֵר נוֹרָא וְאָיֹם, אֲשַׁוֵּעַ, תְּנָה פִדְיוֹם
בְּנֶשֶׁף־בְּעֶרֶב יוֹם, בְּאִישׁוֹן לָיְלָה: משלי ז

קְרָאתִיךָ יָהּ, הוֹשִׁיעֵנִי, אֹרַח חַיִּים תּוֹדִיעֵנִי
מִדַּלָּה תְבַצְּעֵנִי, מִיּוֹם עַד־לָיְלָה.

טַהֵר טִנּוּף מַעֲשַׂי, פֶּן יֹאמְרוּ מַכְעִיסַי
אַיֵּה אֱלוֹהַּ עֹשָׂי, נֹתֵן זְמִרוֹת בַּלָּיְלָה: איוב לה

נַחְנוּ בְיָדְךָ כַּחֹמֶר, סְלַח נָא עַל קַל וָחֹמֶר
יוֹם לְיוֹם יַבִּיעַ אֹמֶר, וְלַיְלָה לְּלָיְלָה: תהלים יט

חגים ומועדים

סדר נטילת לולב

בכל ימי הסוכות (פרט לשבת) נוטלים את הלולב. נוהגים ליטול את ארבעת המינים קודם ההלל, ולאחוז אותם עד הקדיש שאחרי ההלל. ראה הלכה 518.

יש אומרים תחינה זו (מספר 'שערי ציון'):

יְהִי רָצוֹן מִלְּפָנֶיךָ יהוה אֱלֹהַי וֵאלֹהֵי אֲבוֹתַי, בִּפְרִי עֵץ הָדָר וְכַפֹּת תְּמָרִים וַעֲנַף עֵץ עָבוֹת וְעַרְבֵי נַחַל, אוֹתִיּוֹת שִׁמְךָ הַמְיֻחָד תְּקָרֵב אֶחָד אֶל אֶחָד וְהָיוּ לַאֲחָדִים בְּיָדִי, וְלֵידַע אֵיךְ שִׁמְךָ נִקְרָא עָלַי וְיִירְאוּ מִגֶּשֶׁת אֵלָי. וּבְנַעֲנוּעִי אוֹתָם תַּשְׁפִּיעַ שֶׁפַע בְּרָכוֹת מִדַּעַת עֶלְיוֹן לִנְוֵה אַפִּרְיוֹן לִמְכוֹן בֵּית אֱלֹהֵינוּ, וּתְהֵא חֲשׁוּבָה לְפָנֶיךָ מִצְוַת אַרְבָּעָה מִינִים אֵלּוּ כְּאִלּוּ קִיַּמְתִּיהָ בְּכָל פְּרָטוֹתֶיהָ וְשָׁרָשֶׁיהָ וְתַרְיַ״ג מִצְוֹת הַתְּלוּיוֹת בָּהּ, כִּי כַוָּנָתִי לְיַחֲדָא שְׁמָא דְקֻדְשָׁא בְּרִיךְ הוּא וּשְׁכִינְתֵּהּ בִּדְחִילוּ וּרְחִימוּ, לְיַחֵד שֵׁם י״ה בו״ה בְּיִחוּדָא שְׁלִים בְּשֵׁם כָּל יִשְׂרָאֵל, אָמֵן. בָּרוּךְ יהוה (תהלים פט) לְעוֹלָם, אָמֵן וְאָמֵן:

נוטל שלושה מינים ביד ימינו – הלולב באמצע, ההדסים מימינו והערבות משמאלו.
נוטל את האתרוג בשמאלו כשפיטמתו כלפי מטה, ומברך:

בָּרוּךְ אַתָּה יהוה אֱלֹהֵינוּ מֶלֶךְ הָעוֹלָם
אֲשֶׁר קִדְּשָׁנוּ בְּמִצְוֹתָיו וְצִוָּנוּ עַל נְטִילַת לוּלָב.

בפעם הראשונה בשנה, שבה נוטל לולב, מברך:

בָּרוּךְ אַתָּה יהוה אֱלֹהֵינוּ מֶלֶךְ הָעוֹלָם
שֶׁהֶחֱיָנוּ וְקִיְּמָנוּ וְהִגִּיעָנוּ לַזְּמַן הַזֶּה.

הופך את האתרוג כך שפיטמתו למעלה, ומנענע את ארבעת המינים לארבע רוחות השמים (סוכה לז ע״ב). מנענע שלוש פעמים לכל כיוון (ר״ח שם): לכיוון מורח ולימינו, לאחריו ולשמאלו, למעלה ולמטה (שו״ע תרנא, י). ראה הלכה 519.

סדר הלל

״שמונה עשר יום בשנה יחיד גומר בהם את ההלל...״ (תענית כח ע״ב).

אלו הימים שגומרים בהם את ההלל: ביום ראשון של פסח,
בשבועות, בכל ימי סוכות, בשמיני עצרת ובכל ימי חנוכה.

בארץ ישראל נתקבל המנהג לומר הלל בציבור גם בליל פסח (שו״ע תפז, ד),
וכן נוהגים לומר הלל ביום העצמאות וביום ירושלים.

בראש חודש, בחול המועד פסח ובשביעי של פסח קוראים הלל בדילוג. ראה הלכה 284–285.

אין להפסיק בדיבור באמצע הלל פרט לדברים שבקדושה (ראה טבלה בעמ׳ 812).

בָּרוּךְ אַתָּה יהוה אֱלֹהֵינוּ מֶלֶךְ הָעוֹלָם
אֲשֶׁר קִדְּשָׁנוּ בְּמִצְוֹתָיו וְצִוָּנוּ לִקְרֹא אֶת הַהַלֵּל.

תהלים קיג הַלְלוּיָהּ, הַלְלוּ עַבְדֵי יהוה, הַלְלוּ אֶת־שֵׁם יהוה: יְהִי שֵׁם יהוה מְבֹרָךְ, מֵעַתָּה וְעַד־עוֹלָם: מִמִּזְרַח־שֶׁמֶשׁ עַד־מְבוֹאוֹ, מְהֻלָּל שֵׁם יהוה: רָם עַל־כָּל־גּוֹיִם יהוה, עַל הַשָּׁמַיִם כְּבוֹדוֹ: מִי כַּיהוה אֱלֹהֵינוּ, הַמַּגְבִּיהִי לָשָׁבֶת: הַמַּשְׁפִּילִי לִרְאוֹת, בַּשָּׁמַיִם וּבָאָרֶץ: ◂ מְקִימִי מֵעָפָר דָּל, מֵאַשְׁפֹּת יָרִים אֶבְיוֹן: לְהוֹשִׁיבִי עִם־נְדִיבִים, עִם נְדִיבֵי עַמּוֹ: מוֹשִׁיבִי עֲקֶרֶת הַבַּיִת, אֵם־הַבָּנִים שְׂמֵחָה, הַלְלוּיָהּ:

תהלים קיד בְּצֵאת יִשְׂרָאֵל מִמִּצְרָיִם, בֵּית יַעֲקֹב מֵעַם לֹעֵז: הָיְתָה יְהוּדָה לְקָדְשׁוֹ, יִשְׂרָאֵל מַמְשְׁלוֹתָיו: הַיָּם רָאָה וַיָּנֹס, הַיַּרְדֵּן יִסֹּב לְאָחוֹר: הֶהָרִים רָקְדוּ כְאֵילִים, גְּבָעוֹת כִּבְנֵי־צֹאן: ◂ מַה־לְּךָ הַיָּם כִּי תָנוּס, הַיַּרְדֵּן תִּסֹּב לְאָחוֹר: הֶהָרִים תִּרְקְדוּ כְאֵילִים, גְּבָעוֹת כִּבְנֵי־צֹאן: מִלִּפְנֵי אָדוֹן חוּלִי אָרֶץ, מִלִּפְנֵי אֱלוֹהַּ יַעֲקֹב: הַהֹפְכִי הַצּוּר אֲגַם־מָיִם, חַלָּמִישׁ לְמַעְיְנוֹ־מָיִם:

בראש חודש (פרט לראש חודש טבת),
בחול המועד פסח ובשביעי של פסח ממשיכים 'יהוה זְכָרָנוּ יְבָרֵךְ'.

לֹא לָנוּ יהוה לֹא לָנוּ, כִּי־לְשִׁמְךָ תֵּן כָּבוֹד, עַל־חַסְדְּךָ עַל־אֲמִתֶּךָ: תהלים קטו
לָמָּה יֹאמְרוּ הַגּוֹיִם אַיֵּה־נָא אֱלֹהֵיהֶם: וֵאלֹהֵינוּ בַשָּׁמָיִם, כֹּל אֲשֶׁר־
חָפֵץ עָשָׂה: עֲצַבֵּיהֶם כֶּסֶף וְזָהָב, מַעֲשֵׂה יְדֵי אָדָם: פֶּה־לָהֶם וְלֹא
יְדַבֵּרוּ, עֵינַיִם לָהֶם וְלֹא יִרְאוּ: אָזְנַיִם לָהֶם וְלֹא יִשְׁמָעוּ, אַף לָהֶם
וְלֹא יְרִיחוּן: יְדֵיהֶם וְלֹא יְמִישׁוּן, רַגְלֵיהֶם וְלֹא יְהַלֵּכוּ, לֹא־יֶהְגּוּ
בִּגְרוֹנָם: כְּמוֹהֶם יִהְיוּ עֹשֵׂיהֶם, כֹּל אֲשֶׁר־בֹּטֵחַ בָּהֶם: ‹ יִשְׂרָאֵל
בְּטַח בַּיהוה, עֶזְרָם וּמָגִנָּם הוּא: בֵּית אַהֲרֹן בִּטְחוּ בַיהוה, עֶזְרָם
וּמָגִנָּם הוּא: יִרְאֵי יהוה בִּטְחוּ בַיהוה, עֶזְרָם וּמָגִנָּם הוּא:

יהוה זְכָרָנוּ יְבָרֵךְ, יְבָרֵךְ אֶת־בֵּית יִשְׂרָאֵל, יְבָרֵךְ אֶת־בֵּית אַהֲרֹן:
יְבָרֵךְ יִרְאֵי יהוה, הַקְּטַנִּים עִם־הַגְּדֹלִים: יֹסֵף יהוה עֲלֵיכֶם,
עֲלֵיכֶם וְעַל־בְּנֵיכֶם: בְּרוּכִים אַתֶּם לַיהוה, עֹשֵׂה שָׁמַיִם וָאָרֶץ:
‹ הַשָּׁמַיִם שָׁמַיִם לַיהוה, וְהָאָרֶץ נָתַן לִבְנֵי־אָדָם: לֹא הַמֵּתִים
יְהַלְלוּ־יָהּ, וְלֹא כָּל־יֹרְדֵי דוּמָה: וַאֲנַחְנוּ נְבָרֵךְ יָהּ, מֵעַתָּה וְעַד־
עוֹלָם, הַלְלוּיָהּ:

בראש חודש (פרט לראש חודש טבת),
בחול המועד פסח ובשביעי של פסח ממשיכים 'מָה־אָשִׁיב לַיהוה'.

אָהַבְתִּי, כִּי־יִשְׁמַע יהוה, אֶת־קוֹלִי תַּחֲנוּנָי: כִּי־הִטָּה אָזְנוֹ לִי, תהלים קטז
וּבְיָמַי אֶקְרָא: אֲפָפוּנִי חֶבְלֵי־מָוֶת, וּמְצָרֵי שְׁאוֹל מְצָאוּנִי, צָרָה
וְיָגוֹן אֶמְצָא: וּבְשֵׁם־יהוה אֶקְרָא, אָנָּה יהוה מַלְּטָה נַפְשִׁי: חַנּוּן
יהוה וְצַדִּיק, וֵאלֹהֵינוּ מְרַחֵם: שֹׁמֵר פְּתָאיִם יהוה, דַּלּוֹתִי וְלִי
יְהוֹשִׁיעַ: שׁוּבִי נַפְשִׁי לִמְנוּחָיְכִי, כִּי־יהוה גָּמַל עָלָיְכִי: כִּי חִלַּצְתָּ
נַפְשִׁי מִמָּוֶת, אֶת־עֵינִי מִן־דִּמְעָה, אֶת־רַגְלִי מִדֶּחִי: ‹ אֶתְהַלֵּךְ לִפְנֵי
יהוה, בְּאַרְצוֹת הַחַיִּים: הֶאֱמַנְתִּי כִּי אֲדַבֵּר, אֲנִי עָנִיתִי מְאֹד: אֲנִי
אָמַרְתִּי בְחָפְזִי, כָּל־הָאָדָם כֹּזֵב:

מָה־אָשִׁיב לַיהוה, כָּל־תַּגְמוּלוֹהִי עָלָי: כּוֹס־יְשׁוּעוֹת אֶשָּׂא, וּבְשֵׁם יהוה אֶקְרָא: נְדָרַי לַיהוה אֲשַׁלֵּם, נֶגְדָה־נָּא לְכָל־עַמּוֹ: יָקָר בְּעֵינֵי יהוה, הַמָּוְתָה לַחֲסִידָיו: אָנָּה יהוה כִּי־אֲנִי עַבְדֶּךָ, אֲנִי־עַבְדְּךָ בֶּן־אֲמָתֶךָ, פִּתַּחְתָּ לְמוֹסֵרָי: ◂ לְךָ־אֶזְבַּח זֶבַח תּוֹדָה, וּבְשֵׁם יהוה אֶקְרָא: נְדָרַי לַיהוה אֲשַׁלֵּם, נֶגְדָה־נָּא לְכָל־עַמּוֹ: בְּחַצְרוֹת בֵּית יהוה, בְּתוֹכֵכִי יְרוּשָׁלָםִ, הַלְלוּיָהּ:

תהלים קיז הַלְלוּ אֶת־יהוה כָּל־גּוֹיִם, שַׁבְּחוּהוּ כָּל־הָאֻמִּים:
כִּי גָבַר עָלֵינוּ חַסְדּוֹ, וֶאֱמֶת־יהוה לְעוֹלָם
הַלְלוּיָהּ:

שליח הציבור אומר את ארבעת הפסוקים הבאים בקול, והקהל עונה אחריו ׳הוֹדוּ לַיהוה כִּי־טוֹב כִּי לְעוֹלָם חַסְדּוֹ׳ (טור, תכב).

בסוכות נוהגים לנענע כאן את ארבעת המינים כסדר שנענעו בשעת הברכה (עמ׳ 359) – שליח הציבור בשני הפסוקים הראשונים, והקהל בכל פעם שאומר ׳הודו׳ (תוספות, סוכה לז ע״ב).

תהלים קיח הוֹדוּ לַיהוה כִּי־טוֹב כִּי לְעוֹלָם חַסְדּוֹ:
יֹאמַר־נָא יִשְׂרָאֵל כִּי לְעוֹלָם חַסְדּוֹ:
יֹאמְרוּ־נָא בֵית־אַהֲרֹן כִּי לְעוֹלָם חַסְדּוֹ:
יֹאמְרוּ־נָא יִרְאֵי יהוה כִּי לְעוֹלָם חַסְדּוֹ:

מִן־הַמֵּצַר קָרָאתִי יָּהּ, עָנָנִי בַמֶּרְחָב יָהּ: יהוה לִי לֹא אִירָא, מַה־יַּעֲשֶׂה לִי אָדָם: יהוה לִי בְּעֹזְרָי, וַאֲנִי אֶרְאֶה בְשֹׂנְאָי: טוֹב לַחֲסוֹת בַּיהוה, מִבְּטֹחַ בָּאָדָם: טוֹב לַחֲסוֹת בַּיהוה, מִבְּטֹחַ בִּנְדִיבִים: כָּל־גּוֹיִם סְבָבוּנִי, בְּשֵׁם יהוה כִּי אֲמִילַם: סַבּוּנִי גַם־סְבָבוּנִי, בְּשֵׁם יהוה כִּי אֲמִילַם: סַבּוּנִי כִדְבֹרִים, דֹּעֲכוּ כְּאֵשׁ קוֹצִים, בְּשֵׁם יהוה כִּי אֲמִילַם: דָּחֹה דְחִיתַנִי לִנְפֹּל, וַיהוה עֲזָרָנִי: עָזִּי וְזִמְרָת יָהּ,

וַיְהִי־לִי לִישׁוּעָה: קוֹל רִנָּה וִישׁוּעָה בְּאָהֳלֵי צַדִּיקִים, יְמִין יהוה
עֹשָׂה חָיִל: יְמִין יהוה רוֹמֵמָה, יְמִין יהוה עֹשָׂה חָיִל: לֹא־אָמוּת
כִּי־אֶחְיֶה, וַאֲסַפֵּר מַעֲשֵׂי יָהּ: יַסֹּר יִסְּרַנִּי יָּהּ, וְלַמָּוֶת לֹא נְתָנָנִי:
› פִּתְחוּ־לִי שַׁעֲרֵי־צֶדֶק, אָבֹא־בָם אוֹדֶה יָהּ: זֶה־הַשַּׁעַר לַיהוה,
צַדִּיקִים יָבֹאוּ בוֹ:

בפסחים קיט ע״א מובא שהפסוקים מ׳אוֹדְךָ׳ ועד סוף הפרק נאמרו כנבואה על מלכות דוד, ומשום כך נוהגים לכפול אותם (אבודרהם בשם רי״ץ גיאת).

אוֹדְךָ כִּי עֲנִיתָנִי, וַתְּהִי־לִי לִישׁוּעָה:
אוֹדְךָ כִּי עֲנִיתָנִי, וַתְּהִי־לִי לִישׁוּעָה:

אֶבֶן מָאֲסוּ הַבּוֹנִים, הָיְתָה לְרֹאשׁ פִּנָּה:
אֶבֶן מָאֲסוּ הַבּוֹנִים, הָיְתָה לְרֹאשׁ פִּנָּה:

מֵאֵת יהוה הָיְתָה זֹּאת, הִיא נִפְלָאת בְּעֵינֵינוּ:
מֵאֵת יהוה הָיְתָה זֹּאת, הִיא נִפְלָאת בְּעֵינֵינוּ:

זֶה־הַיּוֹם עָשָׂה יהוה, נָגִילָה וְנִשְׂמְחָה בוֹ:
זֶה־הַיּוֹם עָשָׂה יהוה, נָגִילָה וְנִשְׂמְחָה בוֹ:

הפסוק ׳אָנָּא יהוה הוֹשִׁיעָה נָּא, אָנָּא יהוה הַצְלִיחָה נָא׳ מחולק לשניים כמו בגמרא בפסחים (אבודרהם). ונהגים ששליח הציבור אומרו ואחריו הקהל.

בסוכות מנענעים בלולב כסדר שנענעו בשעת הברכה,
רק ב׳אָנָּא יהוה הוֹשִׁיעָה נָּא׳ (משנה, סוכה לז ע״ב).

אָנָּא יהוה הוֹשִׁיעָה נָּא:
אָנָּא יהוה הוֹשִׁיעָה נָּא:
אָנָּא יהוה הַצְלִיחָה נָא:
אָנָּא יהוה הַצְלִיחָה נָא:

בסוכות נוהגים לנענע בלולב כסדר שנענעו בשעת הברכה,
ב׳הודו לַיהוה כִּי־טוֹב, כִּי לְעוֹלָם חַסְדּוֹ׳.

בָּרוּךְ הַבָּא בְּשֵׁם יהוה, בֵּרַכְנוּכֶם מִבֵּית יהוה:
בָּרוּךְ הַבָּא בְּשֵׁם יהוה, בֵּרַכְנוּכֶם מִבֵּית יהוה:

אֵל יהוה וַיָּאֶר לָנוּ, אִסְרוּ־חַג בַּעֲבֹתִים עַד־קַרְנוֹת הַמִּזְבֵּחַ:
אֵל יהוה וַיָּאֶר לָנוּ, אִסְרוּ־חַג בַּעֲבֹתִים עַד־קַרְנוֹת הַמִּזְבֵּחַ:

אֵלִי אַתָּה וְאוֹדֶךָּ, אֱלֹהַי אֲרוֹמְמֶךָּ:
אֵלִי אַתָּה וְאוֹדֶךָּ, אֱלֹהַי אֲרוֹמְמֶךָּ:

הוֹדוּ לַיהוה כִּי־טוֹב, כִּי לְעוֹלָם חַסְדּוֹ:
הוֹדוּ לַיהוה כִּי־טוֹב, כִּי לְעוֹלָם חַסְדּוֹ:

יְהַלְלוּךָ יהוה אֱלֹהֵינוּ כָּל מַעֲשֶׂיךָ, וַחֲסִידֶיךָ צַדִּיקִים עוֹשֵׂי רְצוֹנֶךָ, וְכָל עַמְּךָ בֵּית יִשְׂרָאֵל בְּרִנָּה יוֹדוּ וִיבָרְכוּ וִישַׁבְּחוּ וִיפָאֲרוּ וִירוֹמְמוּ וְיַעֲרִיצוּ וְיַקְדִּישׁוּ וְיַמְלִיכוּ אֶת שִׁמְךָ מַלְכֵּנוּ, ◂ כִּי לְךָ טוֹב לְהוֹדוֹת וּלְשִׁמְךָ נָאֶה לְזַמֵּר, כִּי מֵעוֹלָם וְעַד עוֹלָם אַתָּה אֵל. בָּרוּךְ אַתָּה יהוה, מֶלֶךְ מְהֻלָּל בַּתִּשְׁבָּחוֹת.

בשבתות, בימים טובים ובהושענא רבה אומרים קדיש שלם (עמ׳ 235)
וממשיכים בהוצאת ספר התורה. בשמיני עצרת עוברים להקפות (עמ׳ 388).

בשבועות, בשבת חול המועד או בשבת שחל בה יום טוב של פסח או של סוכות, קוראים את המגילה המתאימה (עמ׳ 629) ואומרים אחריה קדיש יתום קודם הוצאת ספר התורה.

בראש חודש ובחול המועד אומרים קדיש שלם (עמ׳ 85)
וממשיכים בהוצאת ספר התורה לחול (עמ׳ 76).

בלילה הראשון של פסח אומרים קדיש שלם (עמ׳ 176) וממשיכים בסוף תפילת ערבית ליום טוב.

בחנוכה (פרט לשבת ולראש חודש טבת), וביום ירושלים אומרים חצי קדיש (עמ׳ 76), וממשיכים כסדר התפילה לחול. ביום העצמאות אומרים חצי קדיש וקוראים ״עוֹד הַיּוֹם בְּנֹב לַעֲמֹד״ (עמ׳ 459); ואם חל ביום חמישי, מקדימים לכך את קריאת התורה לחול (עמ׳ 77).

בבתי כנסת המתפללים בנוסח ספרד, אומרים בסוכות הושענות (עמ׳ 416)
לפני הקדיש, ובכל יום שאומרים קדיש שלם אומרים אחריו שיר של יום
(עמ׳ 88). ויש גם מקהילות אשכנז שאימצו מנהגים אלה.

מוסף לראש חודש

עמידה

"המתפלל צריך שיכוין בלבו פירוש המלות שמוציא בשפתיו; ויחשוב כאלו שכינה כנגדו ויסיר כל המחשבות הטורדות אותו עד שתשאר מחשבתו וכוונתו זכה בתפלתו" (שו"ע צח, א).

פוסע שלוש פסיעות לפנים כמי שנכנס לפני המלך. עומד ומתפלל
בלחש מכאן ועד 'וּכְשָׁנִים קַדְמֹנִיּוֹת' בעמ' 372.

כורע במקומות המסומנים ב', קד לפנים במילה הבאה וזוקף בשם.

כִּי שֵׁם יהוה אֶקְרָא, הָבוּ גֹדֶל לֵאלֹהֵינוּ: דברים לב
אֲדֹנָי, שְׂפָתַי תִּפְתָּח, וּפִי יַגִּיד תְּהִלָּתֶךָ: תהלים נא

אבות

'בָּרוּךְ אַתָּה יהוה, אֱלֹהֵינוּ וֵאלֹהֵי אֲבוֹתֵינוּ
אֱלֹהֵי אַבְרָהָם, אֱלֹהֵי יִצְחָק, וֵאלֹהֵי יַעֲקֹב
הָאֵל הַגָּדוֹל הַגִּבּוֹר וְהַנּוֹרָא, אֵל עֶלְיוֹן
גּוֹמֵל חֲסָדִים טוֹבִים, וְקֹנֵה הַכֹּל
וְזוֹכֵר חַסְדֵי אָבוֹת
וּמֵבִיא גוֹאֵל לִבְנֵי בְנֵיהֶם
לְמַעַן שְׁמוֹ בְּאַהֲבָה.
מֶלֶךְ עוֹזֵר וּמוֹשִׁיעַ וּמָגֵן.
'בָּרוּךְ אַתָּה יהוה, מָגֵן אַבְרָהָם.

גבורות

אַתָּה גִּבּוֹר לְעוֹלָם, אֲדֹנָי
מְחַיֵּה מֵתִים אַתָּה, רַב לְהוֹשִׁיעַ

אומרים 'מַשִּׁיב הָרוּחַ וּמוֹרִיד הַגֶּשֶׁם' משמיני עצרת עד יום טוב ראשון של פסח, ו'מוֹרִיד הַטָּל' מחול המועד פסח ועד הושענא רבה. ראה הלכה 94–99.

בחורף: מַשִּׁיב הָרוּחַ וּמוֹרִיד הַגֶּשֶׁם / בקיץ: מוֹרִיד הַטָּל

מְכַלְכֵּל חַיִּים בְּחֶסֶד, מְחַיֵּה מֵתִים בְּרַחֲמִים רַבִּים
סוֹמֵךְ נוֹפְלִים, וְרוֹפֵא חוֹלִים, וּמַתִּיר אֲסוּרִים
וּמְקַיֵּם אֱמוּנָתוֹ לִישֵׁנֵי עָפָר.
מִי כָמְוֹךָ, בַּעַל גְּבוּרוֹת, וּמִי דּוֹמֶה לָּךְ
מֶלֶךְ, מֵמִית וּמְחַיֶּה וּמַצְמִיחַ יְשׁוּעָה.
וְנֶאֱמָן אַתָּה לְהַחֲיוֹת מֵתִים.
בָּרוּךְ אַתָּה יהוה, מְחַיֵּה הַמֵּתִים.

בתפילת לחש ממשיך ׳אַתָּה קָדוֹשׁ׳ בעמוד הבא.

קדושה

בחורת הש״ץ הקהל עומד ואומר קדושה.

במקומות המסומנים ב״, המתפלל מתרומם על קצות אצבעותיו.

קהל ואחריו שליח הציבור (הלכה 113):

נְקַדֵּשׁ אֶת שִׁמְךָ בָּעוֹלָם, כְּשֵׁם שֶׁמַּקְדִּישִׁים אוֹתוֹ בִּשְׁמֵי מָרוֹם
כַּכָּתוּב עַל יַד נְבִיאֶךָ, וְקָרָא זֶה אֶל־זֶה וְאָמַר ישעיה ו

קהל ואחריו שליח הציבור:

״קָדוֹשׁ, ״קָדוֹשׁ, ״קָדוֹשׁ, יהוה צְבָאוֹת, מְלֹא כָל־הָאָרֶץ כְּבוֹדוֹ:
לְעֻמָּתָם בָּרוּךְ יֹאמֵרוּ

קהל ואחריו שליח הציבור:

״בָּרוּךְ כְּבוֹד־יהוה מִמְּקוֹמוֹ: יחזקאל ג
וּבְדִבְרֵי קָדְשְׁךָ כָּתוּב לֵאמֹר

קהל ואחריו שליח הציבור:

״יִמְלֹךְ יהוה לְעוֹלָם, אֱלֹהַיִךְ צִיּוֹן לְדֹר וָדֹר, הַלְלוּיָהּ: תהלים קמו

שליח הציבור:

לְדוֹר וָדוֹר נַגִּיד גָּדְלֶךָ, וּלְנֵצַח נְצָחִים קְדֻשָּׁתְךָ נַקְדִּישׁ
וְשִׁבְחֲךָ אֱלֹהֵינוּ מִפִּינוּ לֹא יָמוּשׁ לְעוֹלָם וָעֶד
כִּי אֵל מֶלֶךְ גָּדוֹל וְקָדוֹשׁ אָתָּה.
בָּרוּךְ אַתָּה יהוה, הָאֵל הַקָּדוֹשׁ.

שליח הציבור ממשיך ׳רָאשֵׁי חֳדָשִׁים׳ בעמוד הבא.

קדושת השם

אַתָּה קָדוֹשׁ וְשִׁמְךָ קָדוֹשׁ
וּקְדוֹשִׁים בְּכָל יוֹם יְהַלְלוּךָ סֶּלָה.
בָּרוּךְ אַתָּה יהוה, הָאֵל הַקָּדוֹשׁ.

קדושת היום

ראש חודש מבטא את הציפייה להתחדשות, כפי שהלבנה מתחדשת,
ומשום כך בתפילת מוסף אנו מייחלים לבניית המזבח החדש בירושלים (רש"ר הירש).

רָאשֵׁי חֳדָשִׁים לְעַמְּךָ נָתַתָּ
זְמַן כַּפָּרָה לְכָל תּוֹלְדוֹתָם
בִּהְיוֹתָם מַקְרִיבִים לְפָנֶיךָ זִבְחֵי רָצוֹן
וּשְׂעִירֵי חַטָּאת לְכַפֵּר בַּעֲדָם.
זִכָּרוֹן לְכֻלָּם יִהְיוּ, וּתְשׁוּעַת נַפְשָׁם מִיַּד שׂוֹנֵא.
מִזְבֵּחַ חָדָשׁ בְּצִיּוֹן תָּכִין
וְעוֹלַת רֹאשׁ חֹדֶשׁ נַעֲלֶה עָלָיו
וּשְׂעִירֵי עִזִּים נַעֲשֶׂה בְרָצוֹן
וּבַעֲבוֹדַת בֵּית הַמִּקְדָּשׁ נִשְׂמַח כֻּלָּנוּ
וּבְשִׁירֵי דָוִד עַבְדְּךָ הַנִּשְׁמָעִים בְּעִירֶךָ
הָאֲמוּרִים לִפְנֵי מִזְבְּחֶךָ.
אַהֲבַת עוֹלָם תָּבִיא לָהֶם
וּבְרִית אָבוֹת לַבָּנִים תִּזְכֹּר.

וַהֲבִיאֵנוּ לְצִיּוֹן עִירְךָ בְּרִנָּה
וְלִירוּשָׁלַיִם בֵּית מִקְדָּשְׁךָ בְּשִׂמְחַת עוֹלָם
וְשָׁם נַעֲשֶׂה לְפָנֶיךָ אֶת קָרְבְּנוֹת חוֹבוֹתֵינוּ
תְּמִידִים כְּסִדְרָם וּמוּסָפִים כְּהִלְכָתָם.

וְאֶת מוּסַף יוֹם רֹאשׁ הַחֹדֶשׁ הַזֶּה
נַעֲשֶׂה וְנַקְרִיב לְפָנֶיךָ בְּאַהֲבָה כְּמִצְוַת רְצוֹנֶךָ
כְּמוֹ שֶׁכָּתַבְתָּ עָלֵינוּ בְּתוֹרָתֶךָ
עַל יְדֵי מֹשֶׁה עַבְדֶּךָ מִפִּי כְבוֹדֶךָ
כָּאָמוּר

וּבְרָאשֵׁי חָדְשֵׁיכֶם תַּקְרִיבוּ עֹלָה לַיהוה במדבר כח
פָּרִים בְּנֵי־בָקָר שְׁנַיִם וְאַיִל אֶחָד
כְּבָשִׂים בְּנֵי־שָׁנָה שִׁבְעָה, תְּמִימִם:

וּמִנְחָתָם וְנִסְכֵּיהֶם כִּמְדֻבָּר
שְׁלֹשָׁה עֶשְׂרֹנִים לַפָּר
וּשְׁנֵי עֶשְׂרֹנִים לָאָיִל
וְעִשָּׂרוֹן לַכֶּבֶשׂ
וְיַיִן כְּנִסְכּוֹ, וְשָׂעִיר לְכַפֵּר
וּשְׁנֵי תְמִידִים כְּהִלְכָתָם.

אֱלֹהֵינוּ וֵאלֹהֵי אֲבוֹתֵינוּ
חַדֵּשׁ עָלֵינוּ אֶת הַחֹדֶשׁ הַזֶּה לְטוֹבָה וְלִבְרָכָה
לְשָׂשׂוֹן וּלְשִׂמְחָה, לִישׁוּעָה וּלְנֶחָמָה
לְפַרְנָסָה וּלְכַלְכָּלָה, לְחַיִּים וּלְשָׁלוֹם
לִמְחִילַת חֵטְא וְלִסְלִיחַת עָוֹן
(בשנת העיבור, בחודשי החורף, מוסיף (הלכה 295): וּלְכַפָּרַת פָּשַׁע)
כִּי בְעַמְּךָ יִשְׂרָאֵל בָּחַרְתָּ מִכָּל הָאֻמּוֹת
וְחֻקֵּי רָאשֵׁי חֳדָשִׁים לָהֶם קָבָעְתָּ.
בָּרוּךְ אַתָּה יהוה, מְקַדֵּשׁ יִשְׂרָאֵל וְרָאשֵׁי חֳדָשִׁים.

עבודה

רְצֵה יהוה אֱלֹהֵינוּ בְּעַמְּךָ יִשְׂרָאֵל וּבִתְפִלָּתָם
וְהָשֵׁב אֶת הָעֲבוֹדָה לִדְבִיר בֵּיתֶךָ
וְאִשֵּׁי יִשְׂרָאֵל וּתְפִלָּתָם בְּאַהֲבָה תְקַבֵּל בְּרָצוֹן
וּתְהִי לְרָצוֹן תָּמִיד עֲבוֹדַת יִשְׂרָאֵל עַמֶּךָ.
וְתֶחֱזֶינָה עֵינֵינוּ בְּשׁוּבְךָ לְצִיּוֹן בְּרַחֲמִים.
בָּרוּךְ אַתָּה יהוה, הַמַּחֲזִיר שְׁכִינָתוֹ לְצִיּוֹן.

הודאה

כורע ב׳מודים׳ ואינו זוקף עד אמירת השם.

˚מוֹדִים אֲנַחְנוּ לָךְ
שָׁאַתָּה הוּא יהוה אֱלֹהֵינוּ
וֵאלֹהֵי אֲבוֹתֵינוּ לְעוֹלָם וָעֶד.
צוּר חַיֵּינוּ, מָגֵן יִשְׁעֵנוּ
אַתָּה הוּא לְדוֹר וָדוֹר.
נוֹדֶה לְּךָ וּנְסַפֵּר תְּהִלָּתֶךָ
עַל חַיֵּינוּ הַמְּסוּרִים בְּיָדֶךָ
וְעַל נִשְׁמוֹתֵינוּ הַפְּקוּדוֹת לָךְ
וְעַל נִסֶּיךָ שֶׁבְּכָל יוֹם עִמָּנוּ
וְעַל נִפְלְאוֹתֶיךָ וְטוֹבוֹתֶיךָ
שֶׁבְּכָל עֵת, עֶרֶב וָבֹקֶר וְצָהֳרָיִם.
הַטּוֹב, כִּי לֹא כָלוּ רַחֲמֶיךָ
וְהַמְרַחֵם, כִּי לֹא תַמּוּ חֲסָדֶיךָ
מֵעוֹלָם קִוִּינוּ לָךְ.

כשׁשליח הציבור אומר ׳מודים׳, הקהל אומר בלחש:

˚מוֹדִים אֲנַחְנוּ לָךְ
שָׁאַתָּה הוּא יהוה אֱלֹהֵינוּ
וֵאלֹהֵי אֲבוֹתֵינוּ
אֱלֹהֵי כָל בָּשָׂר
יוֹצְרֵנוּ, יוֹצֵר בְּרֵאשִׁית.
בְּרָכוֹת וְהוֹדָאוֹת
לְשִׁמְךָ הַגָּדוֹל וְהַקָּדוֹשׁ
עַל שֶׁהֶחֱיִיתָנוּ וְקִיַּמְתָּנוּ.
כֵּן תְּחַיֵּנוּ וּתְקַיְּמֵנוּ
וְתֶאֱסֹף גָּלֻיּוֹתֵינוּ
לְחַצְרוֹת קָדְשֶׁךָ
לִשְׁמֹר חֻקֶּיךָ וְלַעֲשׂוֹת רְצוֹנֶךָ
וּלְעָבְדְּךָ בְּלֵבָב שָׁלֵם
עַל שֶׁאֲנַחְנוּ מוֹדִים לָךְ.
בָּרוּךְ אֵל הַהוֹדָאוֹת.

בחנוכה:

עַל הַנִּסִּים וְעַל הַפֻּרְקָן וְעַל הַגְּבוּרוֹת וְעַל הַתְּשׁוּעוֹת וְעַל הַמִּלְחָמוֹת שֶׁעָשִׂיתָ לַאֲבוֹתֵינוּ בַּיָּמִים הָהֵם בַּזְּמַן הַזֶּה.

בִּימֵי מַתִּתְיָהוּ בֶּן יוֹחָנָן כֹּהֵן גָּדוֹל חַשְׁמוֹנַאי וּבָנָיו, כְּשֶׁעָמְדָה מַלְכוּת יָוָן הָרְשָׁעָה עַל עַמְּךָ יִשְׂרָאֵל לְהַשְׁכִּיחָם תּוֹרָתֶךָ וּלְהַעֲבִירָם מֵחֻקֵּי רְצוֹנֶךָ, וְאַתָּה בְּרַחֲמֶיךָ הָרַבִּים עָמַדְתָּ לָהֶם בְּעֵת צָרָתָם, רַבְתָּ אֶת רִיבָם, דַּנְתָּ אֶת דִּינָם, נָקַמְתָּ אֶת נִקְמָתָם, מָסַרְתָּ גִבּוֹרִים בְּיַד חַלָּשִׁים, וְרַבִּים בְּיַד מְעַטִּים, וּטְמֵאִים בְּיַד טְהוֹרִים, וּרְשָׁעִים בְּיַד צַדִּיקִים, וְזֵדִים בְּיַד עוֹסְקֵי תוֹרָתֶךָ, וּלְךָ עָשִׂיתָ שֵׁם גָּדוֹל וְקָדוֹשׁ בְּעוֹלָמֶךָ, וּלְעַמְּךָ יִשְׂרָאֵל עָשִׂיתָ תְּשׁוּעָה גְדוֹלָה וּפֻרְקָן כְּהַיּוֹם הַזֶּה. וְאַחַר כֵּן בָּאוּ בָנֶיךָ לִדְבִיר בֵּיתֶךָ, וּפִנּוּ אֶת הֵיכָלֶךָ, וְטִהֲרוּ אֶת מִקְדָּשֶׁךָ, וְהִדְלִיקוּ נֵרוֹת בְּחַצְרוֹת קָדְשֶׁךָ, וְקָבְעוּ שְׁמוֹנַת יְמֵי חֲנֻכָּה אֵלּוּ, לְהוֹדוֹת וּלְהַלֵּל לְשִׁמְךָ הַגָּדוֹל.

וממשיך ׳וְעַל כֻּלָּם׳.

וְעַל כֻּלָּם יִתְבָּרַךְ וְיִתְרוֹמַם שִׁמְךָ מַלְכֵּנוּ תָּמִיד לְעוֹלָם וָעֶד.
וְכֹל הַחַיִּים יוֹדוּךָ סֶּלָה, וִיהַלְלוּ אֶת שִׁמְךָ בֶּאֱמֶת
הָאֵל יְשׁוּעָתֵנוּ וְעֶזְרָתֵנוּ סֶלָה.
׳בָּרוּךְ אַתָּה יהוה, הַטּוֹב שִׁמְךָ וּלְךָ נָאֶה לְהוֹדוֹת.

יחיד ממשיך ׳שִׂים שָׁלוֹם׳.

אם יותר מכוהן אחד עולה לדוכן, הגבאי קורא (הלכה 124):

כֹּהֲנִים

הכוהנים מברכים: בָּרוּךְ אַתָּה יהוה אֱלֹהֵינוּ מֶלֶךְ הָעוֹלָם, אֲשֶׁר קִדְּשָׁנוּ בִּקְדֻשָּׁתוֹ שֶׁל אַהֲרֹן, וְצִוָּנוּ לְבָרֵךְ אֶת עַמּוֹ יִשְׂרָאֵל בְּאַהֲבָה.

במדבר ו — הש״ץ מקריא מילה במילה, והכוהנים אחריו:

יְבָרֶכְךָ יהוה וְיִשְׁמְרֶךָ: קהל: אָמֵן
יָאֵר יהוה פָּנָיו אֵלֶיךָ וִיחֻנֶּךָּ: קהל: אָמֵן
יִשָּׂא יהוה פָּנָיו אֵלֶיךָ וְיָשֵׂם לְךָ שָׁלוֹם: קהל: אָמֵן

שליח הציבור ממשיך ׳שִׂים שָׁלוֹם׳.

הקהל אומר:

אַדִּיר בַּמָּרוֹם שׁוֹכֵן בִּגְבוּרָה, אַתָּה שָׁלוֹם וְשִׁמְךָ שָׁלוֹם. יְהִי רָצוֹן שֶׁתָּשִׂים עָלֵינוּ וְעַל כָּל עַמְּךָ בֵּית יִשְׂרָאֵל חַיִּים וּבְרָכָה לְמִשְׁמֶרֶת שָׁלוֹם.

הכוהנים אומרים:

רִבּוֹנוֹ שֶׁל עוֹלָם, עָשִׂינוּ מַה שֶּׁגָּזַרְתָּ עָלֵינוּ, אַף אַתָּה
עֲשֵׂה עִמָּנוּ כְּמוֹ שֶׁהִבְטַחְתָּנוּ. הַשְׁקִיפָה מִמְּעוֹן קָדְשְׁךָ דברים כו
מִן־הַשָּׁמַיִם, וּבָרֵךְ אֶת־עַמְּךָ אֶת־יִשְׂרָאֵל, וְאֵת הָאֲדָמָה
אֲשֶׁר נָתַתָּה לָנוּ, כַּאֲשֶׁר נִשְׁבַּעְתָּ לַאֲבֹתֵינוּ, אֶרֶץ זָבַת
חָלָב וּדְבָשׁ:

אם אין כוהנים העולים לדוכן, שליח הציבור אומר:

אֱלֹהֵינוּ וֵאלֹהֵי אֲבוֹתֵינוּ, בָּרְכֵנוּ בַבְּרָכָה הַמְשֻׁלֶּשֶׁת בַּתּוֹרָה, הַכְּתוּבָה עַל יְדֵי מֹשֶׁה עַבְדֶּךָ, הָאֲמוּרָה מִפִּי אַהֲרֹן וּבָנָיו כֹּהֲנִים עַם קְדוֹשֶׁיךָ, כָּאָמוּר

יְבָרֶכְךָ יהוה וְיִשְׁמְרֶךָ: קהל: כֵּן יְהִי רָצוֹן במדבר ו
יָאֵר יהוה פָּנָיו אֵלֶיךָ וִיחֻנֶּךָּ: קהל: כֵּן יְהִי רָצוֹן
יִשָּׂא יהוה פָּנָיו אֵלֶיךָ וְיָשֵׂם לְךָ שָׁלוֹם: קהל: כֵּן יְהִי רָצוֹן

שלום

שִׂים שָׁלוֹם טוֹבָה וּבְרָכָה
חֵן וָחֶסֶד וְרַחֲמִים עָלֵינוּ וְעַל כָּל יִשְׂרָאֵל עַמֶּךָ.
בָּרְכֵנוּ אָבִינוּ כֻּלָּנוּ כְּאֶחָד בְּאוֹר פָּנֶיךָ
כִּי בְאוֹר פָּנֶיךָ נָתַתָּ לָּנוּ יהוה אֱלֹהֵינוּ
תּוֹרַת חַיִּים וְאַהֲבַת חֶסֶד
וּצְדָקָה וּבְרָכָה וְרַחֲמִים וְחַיִּים וְשָׁלוֹם.
וְטוֹב בְּעֵינֶיךָ לְבָרֵךְ אֶת עַמְּךָ יִשְׂרָאֵל
בְּכָל עֵת וּבְכָל שָׁעָה בִּשְׁלוֹמֶךָ.
בָּרוּךְ אַתָּה יהוה
הַמְבָרֵךְ אֶת עַמּוֹ יִשְׂרָאֵל בַּשָּׁלוֹם.

שליח הציבור מסיים באמירת הפסוק הבא בלחש.
ויש הנוהגים לאומרו גם בסוף תפילת לחש של יחיד. ראה הלכה 103.

יִהְיוּ לְרָצוֹן אִמְרֵי־פִי וְהֶגְיוֹן לִבִּי לְפָנֶיךָ, יהוה צוּרִי וְגֹאֲלִי: תהלים יט

ברכות יז. אֱלֹהַי
נְצֹר לְשׁוֹנִי מֵרָע וּשְׂפָתַי מִדַּבֵּר מִרְמָה
וְלִמְקַלְלַי נַפְשִׁי תִדֹּם, וְנַפְשִׁי כֶּעָפָר לַכֹּל תִּהְיֶה.
פְּתַח לִבִּי בְּתוֹרָתֶךָ, וּבְמִצְוֹתֶיךָ תִּרְדֹּף נַפְשִׁי.
וְכָל הַחוֹשְׁבִים עָלַי רָעָה מְהֵרָה הָפֵר עֲצָתָם וְקַלְקֵל מַחֲשַׁבְתָּם.
עֲשֵׂה לְמַעַן שְׁמֶךָ
עֲשֵׂה לְמַעַן יְמִינֶךָ
עֲשֵׂה לְמַעַן קְדֻשָּׁתֶךָ
עֲשֵׂה לְמַעַן תּוֹרָתֶךָ.
תהלים ס לְמַעַן יֵחָלְצוּן יְדִידֶיךָ, הוֹשִׁיעָה יְמִינְךָ וַעֲנֵנִי:
תהלים יט יִהְיוּ לְרָצוֹן אִמְרֵי־פִי וְהֶגְיוֹן לִבִּי לְפָנֶיךָ, יהוה צוּרִי וְגֹאֲלִי:

כורע ופוסע שלוש פסיעות לאחור.
קד לשמאל, לימין ולפנים באמירת:

עֹשֶׂה שָׁלוֹם בִּמְרוֹמָיו
הוּא יַעֲשֶׂה שָׁלוֹם עָלֵינוּ וְעַל כָּל יִשְׂרָאֵל
וְאִמְרוּ אָמֵן.

יְהִי רָצוֹן מִלְּפָנֶיךָ יהוה אֱלֹהֵינוּ וֵאלֹהֵי אֲבוֹתֵינוּ
שֶׁיִּבָּנֶה בֵּית הַמִּקְדָּשׁ בִּמְהֵרָה בְיָמֵינוּ, וְתֵן חֶלְקֵנוּ בְּתוֹרָתֶךָ
וְשָׁם נַעֲבָדְךָ בְּיִרְאָה כִּימֵי עוֹלָם וּכְשָׁנִים קַדְמֹנִיּוֹת.
מלאכי ג וְעָרְבָה לַיהוה מִנְחַת יְהוּדָה וִירוּשָׁלָםִ כִּימֵי עוֹלָם וּכְשָׁנִים קַדְמֹנִיּוֹת:

אחרי חזרת הש״ץ אומרים קדיש שלם (עמ׳ 85)
וממשיכים עד סוף תפילת שחרית לחול.

ביעור חמץ

״אור לארבעה עשר בודקין את החמץ לאור הנר״ (פסחים ב ע״א).

נוהגים לבדוק את החמץ מיד לאחר צאת הכוכבים, ואין להפסיק בין הברכה לביטול החמץ שבסוף הבדיקה. ראה הלכה 642.

בָּרוּךְ אַתָּה יהוה אֱלֹהֵינוּ מֶלֶךְ הָעוֹלָם
אֲשֶׁר קִדְּשָׁנוּ בְּמִצְוֹתָיו וְצִוָּנוּ עַל בִּעוּר חָמֵץ.

לאחר הבדיקה מבטל את החמץ ואומר:

כָּל חֲמִירָא וַחֲמִיעָא דְּאִכָּא בִרְשׁוּתִי, דְּלָא חֲמִתֵּהּ וּדְלָא בִעַרְתֵּהּ לִבְטִיל וְלֶהֱוֵי הֶפְקֵר כְּעַפְרָא דְאַרְעָא.

בערב פסח בבוקר לאחר שרפת החמץ (ואם ערב פסח חל בשבת, לאחר ביעורו – ראה הלכה 653) מבטל את החמץ שוב ואומר:

כָּל חֲמִירָא וַחֲמִיעָא דְּאִכָּא בִרְשׁוּתִי, דַּחֲמִתֵּהּ וּדְלָא חֲמִתֵּהּ דְּבִעַרְתֵּהּ וּדְלָא בִעַרְתֵּהּ, לִבְטִיל וְלֶהֱוֵי הֶפְקֵר כְּעַפְרָא דְאַרְעָא.

עירוב תבשילין

אם יום טוב חל בערב שבת (או שראש השנה חל ביום חמישי), אסור להכין אוכל מיום טוב לשבת, אלא אם כן הניחו ׳עירובי תבשילין׳ (שו״ע תקכז, א).

המערב לוקח בערב יום טוב פת ותבשיל שהוא מייעד לאכלם בשבת, ומברך:

בָּרוּךְ אַתָּה יהוה אֱלֹהֵינוּ מֶלֶךְ הָעוֹלָם
אֲשֶׁר קִדְּשָׁנוּ בְּמִצְוֹתָיו וְצִוָּנוּ עַל מִצְוַת עֵרוּב.

ואומר:

בארמית: **בְּדֵין עֵרוּבָא יְהֵא שָׁרֵא לָנָא לְמֵיפָא וּלְבַשָּׁלָא וּלְאַטְמָנָא וּלְאַדְלָקָא שְׁרָגָא וּלְמֶעְבַּד כָּל צָרְכָּנָא מִיּוֹמָא טָבָא לְשַׁבְּתָא לָנוּ וּלְכָל יִשְׂרָאֵל הַדָּרִים בָּעִיר הַזֹּאת.**

או בעברית: **בְּעֵרוּב זֶה יְהֵא מֻתָּר לָנוּ לֶאֱפוֹת וּלְבַשֵּׁל וּלְהַטְמִין וּלְהַדְלִיק נֵר, וּלְהָכִין כָּל צָרְכֵּנוּ מִיּוֹם טוֹב לְשַׁבָּת לָנוּ וּלְכָל יִשְׂרָאֵל הַדָּרִים בָּעִיר הַזֹּאת.**

עירוב תחומין בעמ׳ 150. הדלקת נרות בעמ׳ 151.

קידוש לליל שלוש רגלים

נוהגים לעמוד בזמן הקידוש.

כשיום טוב חל בשבת, מוסיפים:

בראשית א   בלחש: וַיְהִי־עֶרֶב וַיְהִי־בֹקֶר

יוֹם הַשִּׁשִּׁי:

בראשית ב   וַיְכֻלּוּ הַשָּׁמַיִם וְהָאָרֶץ וְכָל־צְבָאָם:
וַיְכַל אֱלֹהִים בַּיּוֹם הַשְּׁבִיעִי מְלַאכְתּוֹ אֲשֶׁר עָשָׂה
וַיִּשְׁבֹּת בַּיּוֹם הַשְּׁבִיעִי מִכָּל־מְלַאכְתּוֹ אֲשֶׁר עָשָׂה:
וַיְבָרֶךְ אֱלֹהִים אֶת־יוֹם הַשְּׁבִיעִי, וַיְקַדֵּשׁ אֹתוֹ
כִּי בוֹ שָׁבַת מִכָּל־מְלַאכְתּוֹ, אֲשֶׁר־בָּרָא אֱלֹהִים, לַעֲשׂוֹת:

המקדש לאחרים, מוסיף:

סַבְרִי מָרָנָן

בָּרוּךְ אַתָּה יהוה אֱלֹהֵינוּ מֶלֶךְ הָעוֹלָם, בּוֹרֵא פְּרִי הַגָּפֶן.

כשיום טוב חל בשבת, מוסיפים את המילים שבסוגריים.

בָּרוּךְ אַתָּה יהוה אֱלֹהֵינוּ מֶלֶךְ הָעוֹלָם
אֲשֶׁר בָּחַר בָּנוּ מִכָּל עָם
וְרוֹמְמָנוּ מִכָּל לָשׁוֹן, וְקִדְּשָׁנוּ בְּמִצְוֹתָיו
וַתִּתֶּן לָנוּ יהוה אֱלֹהֵינוּ בְּאַהֲבָה
(שַׁבָּתוֹת לִמְנוּחָה וּ) מוֹעֲדִים לְשִׂמְחָה
חַגִּים וּזְמַנִּים לְשָׂשׂוֹן, אֶת יוֹם (הַשַּׁבָּת הַזֶּה וְאֶת יוֹם)

בפסח: חַג הַמַּצּוֹת הַזֶּה, זְמַן חֵרוּתֵנוּ

בשבועות: חַג הַשָּׁבוּעוֹת הַזֶּה, זְמַן מַתַּן תּוֹרָתֵנוּ

בסוכות: חַג הַסֻּכּוֹת הַזֶּה, זְמַן שִׂמְחָתֵנוּ

בשמיני עצרת: הַשְּׁמִינִי חַג הָעֲצֶרֶת הַזֶּה, זְמַן שִׂמְחָתֵנוּ

(בְּאַהֲבָה) מִקְרָא קֹדֶשׁ, זֵכֶר לִיצִיאַת מִצְרָיִם
כִּי בָנוּ בָחַרְתָּ וְאוֹתָנוּ קִדַּשְׁתָּ מִכָּל הָעַמִּים (וְשַׁבָּת
וּמוֹעֲדֵי קָדְשֶׁךָ (בְּאַהֲבָה וּבְרָצוֹן)
בְּשִׂמְחָה וּבְשָׂשׂוֹן הִנְחַלְתָּנוּ.
בָּרוּךְ אַתָּה יהוה, מְקַדֵּשׁ (הַשַּׁבָּת וְ) יִשְׂרָאֵל וְהַזְּמַנִּים.

כשיום טוב חל במוצאי שבת, מבדילים על הנר:

בָּרוּךְ אַתָּה יהוה אֱלֹהֵינוּ מֶלֶךְ הָעוֹלָם
בּוֹרֵא מְאוֹרֵי הָאֵשׁ.

בָּרוּךְ אַתָּה יהוה אֱלֹהֵינוּ מֶלֶךְ הָעוֹלָם, הַמַּבְדִּיל בֵּין קֹדֶשׁ לְחֹל, בֵּין אוֹר לְחֹשֶׁךְ, בֵּין יִשְׂרָאֵל לָעַמִּים, בֵּין יוֹם הַשְּׁבִיעִי לְשֵׁשֶׁת יְמֵי הַמַּעֲשֶׂה. בֵּין קְדֻשַּׁת שַׁבָּת לִקְדֻשַּׁת יוֹם טוֹב הִבְדַּלְתָּ, וְאֶת יוֹם הַשְּׁבִיעִי מִשֵּׁשֶׁת יְמֵי הַמַּעֲשֶׂה קִדַּשְׁתָּ, הִבְדַּלְתָּ וְקִדַּשְׁתָּ אֶת עַמְּךָ יִשְׂרָאֵל בִּקְדֻשָּׁתֶךָ. בָּרוּךְ אַתָּה יהוה, הַמַּבְדִּיל בֵּין קֹדֶשׁ לְקֹדֶשׁ.

בסוכות מוסיף:

בָּרוּךְ אַתָּה יהוה אֱלֹהֵינוּ מֶלֶךְ הָעוֹלָם
אֲשֶׁר קִדְּשָׁנוּ בְּמִצְוֹתָיו וְצִוָּנוּ לֵישֵׁב בַּסֻּכָּה.

בשביעי של פסח אין אומרים ׳שֶׁהֶחֱיָנוּ׳ (סוכה מז ע״א):

בָּרוּךְ אַתָּה יהוה אֱלֹהֵינוּ מֶלֶךְ הָעוֹלָם
שֶׁהֶחֱיָנוּ וְקִיְּמָנוּ וְהִגִּיעָנוּ לַזְּמַן הַזֶּה.

תפילה כשנכנסין לסוכה

בספר הזוהר (אמור, קג ע״ב) מובא שרב המנונא היה נוהג להזמין את
האבות ועוד צדיקים לישב עמו בסוכה באמירת ׳תִּיבוּ תִּיבוּ׳. התפילה
שלפני הזמנתם וה׳יְהִי רָצוֹן׳ שאחריה לקוחים מסידור השל״ה.

הֲרֵינִי מוּכָן וּמְזֻמָּן לְקַיֵּם מִצְוַת סֻכָּה, כַּאֲשֶׁר צִוַּנִי הַבּוֹרֵא יִתְבָּרַךְ
ויקרא כג שְׁמוֹ: בַּסֻּכֹּת תֵּשְׁבוּ שִׁבְעַת יָמִים, כָּל־הָאֶזְרָח בְּיִשְׂרָאֵל יֵשְׁבוּ בַּסֻּכֹּת:
לְמַעַן יֵדְעוּ דֹרֹתֵיכֶם, כִּי בַסֻּכּוֹת הוֹשַׁבְתִּי אֶת־בְּנֵי יִשְׂרָאֵל, בְּהוֹצִיאִי
אוֹתָם מֵאֶרֶץ מִצְרָיִם:

תִּיבוּ תִּיבוּ אֻשְׁפִּיזִין עִלָּאִין, תִּיבוּ תִּיבוּ אֻשְׁפִּיזִין קַדִּישִׁין, תִּיבוּ תִּיבוּ
דברים לב אֻשְׁפִּיזִין דִּמְהֵימְנוּתָא. זַכָּאָה חֻלְקְהוֹן דְּיִשְׂרָאֵל, דִּכְתִיב: כִּי חֵלֶק יהוה
עַמּוֹ, יַעֲקֹב חֶבֶל נַחֲלָתוֹ:

יְהִי רָצוֹן מִלְּפָנֶיךָ יהוה אֱלֹהַי וֵאלֹהֵי אֲבוֹתַי, שֶׁתַּשְׁרֶה שְׁכִינָתְךָ בֵּינֵינוּ, וְתִפְרֹס עָלֵינוּ סֻכַּת שְׁלוֹמֶךָ, בִּזְכוּת מִצְוַת סֻכָּה שֶׁאֲנַחְנוּ מְקַיְּמִין לְיַחֲדָא שְׁמָא דְקֻדְשָׁא בְּרִיךְ הוּא וּשְׁכִינְתֵּהּ בִּדְחִילוּ וּרְחִימוּ, לְיַחֲדָא שֵׁם י״ה בו״ה בְּיִחוּדָא שְׁלִים בְּשֵׁם כָּל יִשְׂרָאֵל, וּלְהַקִּיף אוֹתָהּ מִזִּיו כְּבוֹדְךָ הַקָּדוֹשׁ וְהַטָּהוֹר, נָטוּי עַל רָאשֵׁיהֶם מִלְמַעְלָה כַּנֶּשֶׁר יָעִיר קִנּוֹ, וּמִשָּׁם יַשְׁפַּע שֶׁפַע הַחַיִּים לְעַבְדְּךָ (פלוני בֶּן פלונית אֲמָתֶךָ). וּבִזְכוּת צֵאתִי מִבֵּיתִי הַחוּצָה וְדֶרֶךְ מִצְוֹתֶיךָ אָרוּצָה, יֵחָשֵׁב לִי זֹאת כְּאִלּוּ הִרְחַקְתִּי נְדוֹד, וְהֶרֶב כַּבְּסֵנִי מֵעֲוֹנִי וּמֵחַטָּאתִי טַהֲרֵנִי, וּמֵאֻשְׁפִּיזִין עִלָּאִין אֻשְׁפִּיזִין דִּמְהֵימְנוּתָא תִּהְיֶינָה אָזְנֶיךָ קַשֻּׁבוֹת רַב בְּרָכוֹת, וְלָרְעֵבִים גַּם צְמֵאִים תֶּן לַחְמָם וּמֵימָם הַנֶּאֱמָנִים, וְתִתֶּן לִי זְכוּת לָשֶׁבֶת וְלַחֲסוֹת בְּסֵתֶר צֵל כְּנָפֶיךָ בְּעֵת פְּטִירָתִי מִן הָעוֹלָם, וְלַחֲסוֹת מִזֶּרֶם וּמִמָּטָר, כִּי תַמְטִיר עַל רְשָׁעִים פַּחִים. וּתְהֵא חֲשׁוּבָה מִצְוַת סֻכָּה זוֹ שֶׁאֲנִי מְקַיֵּם, כְּאִלּוּ קִיַּמְתִּיהָ בְּכָל פְּרָטֶיהָ וְדִקְדּוּקֶיהָ וּתְנָאֶיהָ וְכָל מִצְוֹת הַתְּלוּיוֹת בָּהּ. וְתֵיטִיב לָנוּ הַחֲתִימָה, וּתְזַכֵּנוּ לֵישֵׁב יָמִים רַבִּים עַל הָאֲדָמָה אַדְמַת
תהלים פט קֹדֶשׁ, בַּעֲבוֹדָתְךָ וּבְיִרְאָתֶךָ. בָּרוּךְ יהוה לְעוֹלָם אָמֵן וְאָמֵן:

לפני הסעודה בכל יום נוהגים להזמין אחד מהצדיקים להיות האורח של אותו היום.

לפי דעת האר״י, סדר האושפיזין הוא: אברהם, יצחק, יעקב, משה, אהרן, יוסף ודוד;
אך למנהג אשכנז מזמינים אותם לפי סדר הדורות, כדעת השל״ה.

אֲזַמִּין לִסְעוּדָתִי אֻשְׁפִּיזִין עִלָּאִין
אַבְרָהָם יִצְחָק יַעֲקֹב יוֹסֵף מֹשֶׁה אַהֲרֹן וְדָוִד.

ביום הראשון אומר:

בְּמָטוּ מִנָּךְ אַבְרָהָם אֻשְׁפִּיזִי עִלָּאִי דְּתֵיתֵב עִמִּי
וְעִמָּךְ כָּל אֻשְׁפִּיזֵי עִלָּאֵי: יִצְחָק יַעֲקֹב יוֹסֵף מֹשֶׁה אַהֲרֹן וְדָוִד.

ביום השני אומר:

בְּמָטוּ מִנָּךְ יִצְחָק אֻשְׁפִּיזִי עִלָּאִי דְּתֵיתֵב עִמִּי
וְעִמָּךְ כָּל אֻשְׁפִּיזֵי עִלָּאֵי: אַבְרָהָם יַעֲקֹב יוֹסֵף מֹשֶׁה אַהֲרֹן וְדָוִד.

ביום השלישי אומר:

בְּמָטוּ מִנָּךְ יַעֲקֹב אֻשְׁפִּיזִי עִלָּאִי דְּתֵיתֵב עִמִּי
וְעִמָּךְ כָּל אֻשְׁפִּיזֵי עִלָּאֵי: אַבְרָהָם יִצְחָק יוֹסֵף מֹשֶׁה אַהֲרֹן וְדָוִד.

ביום הרביעי אומר:

בְּמָטוּ מִנָּךְ יוֹסֵף אֻשְׁפִּיזִי עִלָּאִי דְּתֵיתֵב עִמִּי
וְעִמָּךְ כָּל אֻשְׁפִּיזֵי עִלָּאֵי: אַבְרָהָם יִצְחָק יַעֲקֹב מֹשֶׁה אַהֲרֹן וְדָוִד.

ביום החמישי אומר:

בְּמָטוּ מִנָּךְ מֹשֶׁה אֻשְׁפִּיזִי עִלָּאִי דְּתֵיתֵב עִמִּי
וְעִמָּךְ כָּל אֻשְׁפִּיזֵי עִלָּאֵי: אַבְרָהָם יִצְחָק יַעֲקֹב יוֹסֵף אַהֲרֹן וְדָוִד.

ביום השישי אומר:

בְּמָטוּ מִנָּךְ אַהֲרֹן אֻשְׁפִּיזִי עִלָּאִי דְּתֵיתֵב עִמִּי
וְעִמָּךְ כָּל אֻשְׁפִּיזֵי עִלָּאֵי: אַבְרָהָם יִצְחָק יַעֲקֹב יוֹסֵף מֹשֶׁה וְדָוִד.

בהושענא רבה אומר:

בְּמָטוּ מִנָּךְ דָּוִד אֻשְׁפִּיזִי עִלָּאִי דְּתֵיתֵב עִמִּי
וְעִמָּךְ כָּל אֻשְׁפִּיזֵי עִלָּאֵי: אַבְרָהָם יִצְחָק יַעֲקֹב יוֹסֵף מֹשֶׁה וְאַהֲרֹן.

כשיוצא מן הסוכה אומר (׳כלבו׳ ע בשם מהר״ם):

יְהִי רָצוֹן מִלְּפָנֶיךָ יהוה אֱלֹהֵינוּ וֵאלֹהֵי אֲבוֹתֵינוּ
כְּשֵׁם שֶׁקִּיַּמְתִּי וְיָשַׁבְתִּי בְּסֻכָּה זוֹ
כֵּן אֶזְכֶּה לַשָּׁנָה הַבָּאָה לֵישֵׁב בְּסֻכַּת עוֹרוֹ שֶׁל לִוְיָתָן.

קידושא רבה לשלוש רגלים

ביום טוב החל בשבת מתחילים כאן (ויש המתחילים מ״עַל־כֵּן בֵּרַךְ״).
בשבת חול המועד אומרים את הקידוש לשבת (עמ׳ 273).

שמות לא וְשָׁמְרוּ בְנֵי־יִשְׂרָאֵל אֶת־הַשַּׁבָּת, לַעֲשׂוֹת אֶת־הַשַּׁבָּת לְדֹרֹתָם בְּרִית
עוֹלָם: בֵּינִי וּבֵין בְּנֵי יִשְׂרָאֵל אוֹת הִוא לְעֹלָם, כִּי־שֵׁשֶׁת יָמִים עָשָׂה יהוה
אֶת־הַשָּׁמַיִם וְאֶת־הָאָרֶץ וּבַיּוֹם הַשְּׁבִיעִי שָׁבַת וַיִּנָּפַשׁ:

שמות כ זָכוֹר אֶת־יוֹם הַשַּׁבָּת לְקַדְּשׁוֹ: שֵׁשֶׁת יָמִים תַּעֲבֹד, וְעָשִׂיתָ כָּל־מְלַאכְתֶּךָ:
וְיוֹם הַשְּׁבִיעִי שַׁבָּת לַיהוה אֱלֹהֶיךָ, לֹא־תַעֲשֶׂה כָל־מְלָאכָה אַתָּה וּבִנְךָ
וּבִתֶּךָ, עַבְדְּךָ וַאֲמָתְךָ וּבְהֶמְתֶּךָ, וְגֵרְךָ אֲשֶׁר בִּשְׁעָרֶיךָ: כִּי שֵׁשֶׁת־יָמִים
עָשָׂה יהוה אֶת־הַשָּׁמַיִם וְאֶת־הָאָרֶץ אֶת־הַיָּם וְאֶת־כָּל־אֲשֶׁר־בָּם, וַיָּנַח
בַּיּוֹם הַשְּׁבִיעִי

ביום טוב החל בשבת, יש המתחילים כאן:

עַל־כֵּן בֵּרַךְ יהוה אֶת־יוֹם הַשַּׁבָּת וַיְקַדְּשֵׁהוּ:

ביום טוב החל בחול, מתחילים כאן:

ויקרא כג אֵלֶּה מוֹעֲדֵי יהוה מִקְרָאֵי קֹדֶשׁ אֲשֶׁר־תִּקְרְאוּ אֹתָם בְּמוֹעֲדָם:
וַיְדַבֵּר מֹשֶׁה אֶת־מֹעֲדֵי יהוה אֶל־בְּנֵי יִשְׂרָאֵל:

המקדש לאחרים, מוסיף:

סַבְרִי מָרָנָן

בָּרוּךְ אַתָּה יהוה אֱלֹהֵינוּ מֶלֶךְ הָעוֹלָם
בּוֹרֵא פְּרִי הַגָּפֶן.

בסוכות מוסיף: בָּרוּךְ אַתָּה יהוה אֱלֹהֵינוּ מֶלֶךְ הָעוֹלָם
אֲשֶׁר קִדְּשָׁנוּ בְּמִצְוֹתָיו וְצִוָּנוּ לֵישֵׁב בַּסֻּכָּה.

שלוש רגלים

"הִנֵּה עַל־הֶהָרִים רַגְלֵי מְבַשֵּׂר מַשְׁמִיעַ שָׁלוֹם: חָגִּי יְהוּדָה חַגַּיִךְ!" (נחום ב, א).

עמידה לשחרית, למנחה ולערבית של יום טוב

"המתפלל צריך שיכוין בלבו פירוש המלות שמוציא בשפתיו; ויחשוב כאלו שכינה כנגדו ויסיר כל המחשבות הטורדות אותו עד שתשאר מחשבתו וכוונתו זכה בתפלתו" (שו"ע צח, א).

פוסע שלוש פסיעות לפנים כמי שנכנס לפני המלך.

עומד ומתפלל בלחש מכאן ועד 'וּכְשָׁנִים קַדְמֹנִיּוֹת' בעמ' 387.

כורע במקומות המסומנים ב', קד לפנים במילה הבאה וזוקף בשם.

במנחה מוסיף: כִּי שֵׁם יהוה אֶקְרָא, הָבוּ גֹדֶל לֵאלֹהֵינוּ: דברים לב

אֲדֹנָי, שְׂפָתַי תִּפְתָּח, וּפִי יַגִּיד תְּהִלָּתֶךָ: תהלים נא

אבות

'בָּרוּךְ אַתָּה יהוה, אֱלֹהֵינוּ וֵאלֹהֵי אֲבוֹתֵינוּ
אֱלֹהֵי אַבְרָהָם, אֱלֹהֵי יִצְחָק, וֵאלֹהֵי יַעֲקֹב
הָאֵל הַגָּדוֹל הַגִּבּוֹר וְהַנּוֹרָא, אֵל עֶלְיוֹן
גּוֹמֵל חֲסָדִים טוֹבִים, וְקוֹנֵה הַכֹּל, וְזוֹכֵר חַסְדֵי אָבוֹת
וּמֵבִיא גוֹאֵל לִבְנֵי בְנֵיהֶם לְמַעַן שְׁמוֹ בְּאַהֲבָה.
מֶלֶךְ עוֹזֵר וּמוֹשִׁיעַ וּמָגֵן.
'בָּרוּךְ אַתָּה יהוה, מָגֵן אַבְרָהָם.

גבורות

אַתָּה גִּבּוֹר לְעוֹלָם, אֲדֹנָי, מְחַיֵּה מֵתִים אַתָּה, רַב לְהוֹשִׁיעַ

במנחה של שמחת תורה ובערבית ובשחרית של יום א' של פסח אומר:

מַשִּׁיב הָרוּחַ וּמוֹרִיד הַגֶּשֶׁם

בשאר המועדים אומר:

מוֹרִיד הַטָּל

מְכַלְכֵּל חַיִּים בְּחֶסֶד, מְחַיֵּה מֵתִים בְּרַחֲמִים רַבִּים
סוֹמֵךְ נוֹפְלִים, וְרוֹפֵא חוֹלִים, וּמַתִּיר אֲסוּרִים
וּמְקַיֵּם אֱמוּנָתוֹ לִישֵׁנֵי עָפָר.
מִי כָמוֹךָ, בַּעַל גְּבוּרוֹת, וּמִי דּוֹמֶה לָּךְ

מֶלֶךְ, מֵמִית וּמְחַיֶּה וּמַצְמִיחַ יְשׁוּעָה.
וְנֶאֱמָן אַתָּה לְהַחֲיוֹת מֵתִים.
בָּרוּךְ אַתָּה יהוה, מְחַיֵּה הַמֵּתִים.

בתפילת לחש ממשיך 'אַתָּה קָדוֹשׁ' בעמוד הבא.

בחזרת הש"ץ במנחה אומר את הקדושה בעמוד הבא.

קדושה לשחרית

במקומות המסומנים ב־°, המתפלל מתרומם על קצות אצבעותיו.

קהל ואחריו שליח הציבור (ראה הלכה 113):

נְקַדֵּשׁ אֶת שִׁמְךָ בָּעוֹלָם, כְּשֵׁם שֶׁמַּקְדִּישִׁים אוֹתוֹ בִּשְׁמֵי מָרוֹם
ישעיה ו כַּכָּתוּב עַל יַד נְבִיאֶךָ: וְקָרָא זֶה אֶל־זֶה וְאָמַר

קהל ואחריו שליח הציבור:

°קָדוֹשׁ, °קָדוֹשׁ, °קָדוֹשׁ, יהוה צְבָאוֹת, מְלֹא כָל־הָאָרֶץ כְּבוֹדוֹ:
אָז בְּקוֹל רַעַשׁ גָּדוֹל אַדִּיר וְחָזָק, מַשְׁמִיעִים קוֹל
מִתְנַשְּׂאִים לְעֻמַּת שְׂרָפִים, לְעֻמָּתָם בָּרוּךְ יֹאמֵרוּ

קהל ואחריו שליח הציבור:

יחזקאל ג °בָּרוּךְ כְּבוֹד־יהוה מִמְּקוֹמוֹ:
מִמְּקוֹמְךָ מַלְכֵּנוּ תוֹפִיעַ וְתִמְלֹךְ עָלֵינוּ, כִּי מְחַכִּים אֲנַחְנוּ לָךְ
מָתַי תִּמְלֹךְ בְּצִיּוֹן, בְּקָרוֹב בְּיָמֵינוּ לְעוֹלָם וָעֶד תִּשְׁכֹּן
תִּתְגַּדַּל וְתִתְקַדַּשׁ בְּתוֹךְ יְרוּשָׁלַיִם עִירְךָ לְדוֹר וָדוֹר וּלְנֵצַח נְצָחִים.
וְעֵינֵינוּ תִרְאֶינָה מַלְכוּתֶךָ
כַּדָּבָר הָאָמוּר בְּשִׁירֵי עֻזֶּךָ עַל יְדֵי דָוִד מְשִׁיחַ צִדְקֶךָ.

קהל ואחריו שליח הציבור:

תהלים קמו °יִמְלֹךְ יהוה לְעוֹלָם, אֱלֹהַיִךְ צִיּוֹן לְדֹר וָדֹר, הַלְלוּיָהּ:

שליח הציבור:

לְדוֹר וָדוֹר נַגִּיד גָּדְלֶךָ, וּלְנֵצַח נְצָחִים קְדֻשָּׁתְךָ נַקְדִּישׁ
וְשִׁבְחֲךָ אֱלֹהֵינוּ מִפִּינוּ לֹא יָמוּשׁ לְעוֹלָם וָעֶד
כִּי אֵל מֶלֶךְ גָּדוֹל וְקָדוֹשׁ אָתָּה. בָּרוּךְ אַתָּה יהוה הָאֵל הַקָּדוֹשׁ.

שליח הציבור ממשיך 'אַתָּה בְחַרְתָּנוּ' בעמוד הבא.

קדושה למנחה

במקומות המסומנים ב־*, המתפלל מתרומם על קצות אצבעותיו.

קהל ואחריו שליח הציבור:

נְקַדֵּשׁ אֶת שִׁמְךָ בָּעוֹלָם, כְּשֵׁם שֶׁמַּקְדִּישִׁים אוֹתוֹ בִּשְׁמֵי מָרוֹם
כַּכָּתוּב עַל יַד נְבִיאֶךָ: וְקָרָא זֶה אֶל־זֶה וְאָמַר ישעיה ו

קהל ואחריו שליח הציבור:

***קָדוֹשׁ, *קָדוֹשׁ, *קָדוֹשׁ, יהוה צְבָאוֹת, מְלֹא כָל־הָאָרֶץ כְּבוֹדוֹ:**
לְעֻמָּתָם בָּרוּךְ יֹאמֵרוּ

קהל ואחריו שליח הציבור:

***בָּרוּךְ כְּבוֹד־יהוה מִמְּקוֹמוֹ:** יחזקאל ג
וּבְדִבְרֵי קָדְשְׁךָ כָּתוּב לֵאמֹר

קהל ואחריו שליח הציבור:

***יִמְלֹךְ יהוה לְעוֹלָם, אֱלֹהַיִךְ צִיּוֹן לְדֹר וָדֹר, הַלְלוּיָהּ:** תהלים קמו

שליח הציבור:

לְדוֹר וָדוֹר נַגִּיד גָּדְלֶךָ, וּלְנֵצַח נְצָחִים קְדֻשָּׁתְךָ נַקְדִּישׁ
וְשִׁבְחֲךָ אֱלֹהֵינוּ מִפִּינוּ לֹא יָמוּשׁ לְעוֹלָם וָעֶד
כִּי אֵל מֶלֶךְ גָּדוֹל וְקָדוֹשׁ אָתָּה.
בָּרוּךְ אַתָּה יהוה הָאֵל הַקָּדוֹשׁ.

שליח הציבור ממשיך 'אַתָּה בְחַרְתָּנוּ' למטה.

קדושת השם

אַתָּה קָדוֹשׁ וְשִׁמְךָ קָדוֹשׁ, וּקְדוֹשִׁים בְּכָל יוֹם יְהַלְלוּךָ סֶּלָה.
בָּרוּךְ אַתָּה יהוה, הָאֵל הַקָּדוֹשׁ.

קדושת היום

בניגוד לשבת, שהתקדשה בששת ימי בראשית, קדושת הרגלים תלויה בקידוש החודשים על ידי ישראל. לכן תפילות החגים פותחות בבחירת ישראל וחותמות 'מְקַדֵּשׁ יִשְׂרָאֵל וְהַזְּמַנִּים' (רש"י, ביצה יז ע"א).

אַתָּה בְחַרְתָּנוּ מִכָּל הָעַמִּים
אָהַבְתָּ אוֹתָנוּ וְרָצִיתָ בָּנוּ וְרוֹמַמְתָּנוּ מִכָּל הַלְּשׁוֹנוֹת

וְקִדַּשְׁתָּנוּ בְּמִצְוֹתֶיךָ
וְקֵרַבְתָּנוּ מַלְכֵּנוּ לַעֲבוֹדָתֶךָ
וְשִׁמְךָ הַגָּדוֹל וְהַקָּדוֹשׁ עָלֵינוּ קָרָאתָ.

במוצאי שבת מוסיפים (על פי ברכות לג ע״ב):

וַתּוֹדִיעֵנוּ יהוה אֱלֹהֵינוּ אֶת מִשְׁפְּטֵי צִדְקֶךָ, וַתְּלַמְּדֵנוּ לַעֲשׂוֹת חֻקֵּי רְצוֹנֶךָ, וַתִּתֶּן לָנוּ יהוה אֱלֹהֵינוּ מִשְׁפָּטִים יְשָׁרִים וְתוֹרוֹת אֱמֶת, חֻקִּים וּמִצְוֹת טוֹבִים, וַתַּנְחִילֵנוּ זְמַנֵּי שָׂשׂוֹן וּמוֹעֲדֵי קֹדֶשׁ וְחַגֵּי נְדָבָה, וַתּוֹרִישֵׁנוּ קְדֻשַּׁת שַׁבָּת וּכְבוֹד מוֹעֵד וַחֲגִיגַת הָרֶגֶל. וַתַּבְדֵּל יהוה אֱלֹהֵינוּ בֵּין קֹדֶשׁ לְחֹל, בֵּין אוֹר לְחֹשֶׁךְ, בֵּין יִשְׂרָאֵל לָעַמִּים, בֵּין יוֹם הַשְּׁבִיעִי לְשֵׁשֶׁת יְמֵי הַמַּעֲשֶׂה. בֵּין קְדֻשַּׁת שַׁבָּת לִקְדֻשַּׁת יוֹם טוֹב הִבְדַּלְתָּ, וְאֶת יוֹם הַשְּׁבִיעִי מִשֵּׁשֶׁת יְמֵי הַמַּעֲשֶׂה קִדַּשְׁתָּ, הִבְדַּלְתָּ וְקִדַּשְׁתָּ אֶת עַמְּךָ יִשְׂרָאֵל בִּקְדֻשָּׁתֶךָ.

בשבת מוסיפים את המילים שבסוגריים:

וַתִּתֶּן לָנוּ יהוה אֱלֹהֵינוּ בְּאַהֲבָה
(שַׁבָּתוֹת לִמְנוּחָה וּ) מוֹעֲדִים לְשִׂמְחָה
חַגִּים וּזְמַנִּים לְשָׂשׂוֹן
אֶת יוֹם (הַשַּׁבָּת הַזֶּה וְאֶת יוֹם)

בפסח: חַג הַמַּצּוֹת הַזֶּה, זְמַן חֵרוּתֵנוּ

בשבועות: חַג הַשָּׁבוּעוֹת הַזֶּה, זְמַן מַתַּן תּוֹרָתֵנוּ

בסוכות: חַג הַסֻּכּוֹת הַזֶּה, זְמַן שִׂמְחָתֵנוּ

בשמע״צ: הַשְּׁמִינִי חַג הָעֲצֶרֶת הַזֶּה, זְמַן שִׂמְחָתֵנוּ

(בְּאַהֲבָה) מִקְרָא קֹדֶשׁ, זֵכֶר לִיצִיאַת מִצְרָיִם.

אֱלֹהֵינוּ וֵאלֹהֵי אֲבוֹתֵינוּ, יַעֲלֶה וְיָבוֹא וְיַגִּיעַ, וְיֵרָאֶה וְיֵרָצֶה וְיִשָּׁמַע
וְיִפָּקֵד וְיִזָּכֵר זִכְרוֹנֵנוּ וּפִקְדוֹנֵנוּ וְזִכְרוֹן אֲבוֹתֵינוּ
וְזִכְרוֹן מָשִׁיחַ בֶּן דָּוִד עַבְדֶּךָ, וְזִכְרוֹן יְרוּשָׁלַיִם עִיר קָדְשֶׁךָ
וְזִכְרוֹן כָּל עַמְּךָ בֵּית יִשְׂרָאֵל, לְפָנֶיךָ
לִפְלֵיטָה לְטוֹבָה, לְחֵן וּלְחֶסֶד וּלְרַחֲמִים לְחַיִּים וּלְשָׁלוֹם בְּיוֹם

בפסח: חַג הַמַּצּוֹת הַזֶּה.

בשבועות: חַג הַשָּׁבוּעוֹת הַזֶּה.

בסוכות: חַג הַסֻּכּוֹת הַזֶּה.

בשמע"צ: הַשְּׁמִינִי חַג הָעֲצֶרֶת הַזֶּה.

זָכְרֵנוּ יהוה אֱלֹהֵינוּ בּוֹ לְטוֹבָה, וּפָקְדֵנוּ בוֹ לִבְרָכָה
וְהוֹשִׁיעֵנוּ בוֹ לְחַיִּים.
וּבִדְבַר יְשׁוּעָה וְרַחֲמִים, חוּס וְחָנֵּנוּ, וְרַחֵם עָלֵינוּ וְהוֹשִׁיעֵנוּ
כִּי אֵלֶיךָ עֵינֵינוּ, כִּי אֵל מֶלֶךְ חַנּוּן וְרַחוּם אָתָּה.

בשבת מוסיפים את המילים שבסוגריים:

וְהַשִּׂיאֵנוּ יהוה אֱלֹהֵינוּ אֶת בִּרְכַּת מוֹעֲדֶיךָ
לְחַיִּים וּלְשָׁלוֹם, לְשִׂמְחָה וּלְשָׂשׂוֹן
כַּאֲשֶׁר רָצִיתָ וְאָמַרְתָּ לְבָרְכֵנוּ.
(אֱלֹהֵינוּ וֵאלֹהֵי אֲבוֹתֵינוּ, רְצֵה בִמְנוּחָתֵנוּ)
קַדְּשֵׁנוּ בְּמִצְוֹתֶיךָ וְתֵן חֶלְקֵנוּ בְּתוֹרָתֶךָ
שַׂבְּעֵנוּ מִטּוּבֶךָ, וְשַׂמְּחֵנוּ בִּישׁוּעָתֶךָ
וְטַהֵר לִבֵּנוּ לְעָבְדְּךָ בֶּאֱמֶת.
וְהַנְחִילֵנוּ יהוה אֱלֹהֵינוּ (בְּאַהֲבָה וּבְרָצוֹן)
בְּשִׂמְחָה וּבְשָׂשׂוֹן (שַׁבָּת וּ) מוֹעֲדֵי קָדְשֶׁךָ
וְיִשְׂמְחוּ בְךָ יִשְׂרָאֵל מְקַדְּשֵׁי שְׁמֶךָ.
בָּרוּךְ אַתָּה יהוה, מְקַדֵּשׁ (הַשַּׁבָּת וְ) יִשְׂרָאֵל וְהַזְּמַנִּים.

עבודה

רְצֵה יהוה אֱלֹהֵינוּ בְּעַמְּךָ יִשְׂרָאֵל וּבִתְפִלָּתָם
וְהָשֵׁב אֶת הָעֲבוֹדָה לִדְבִיר בֵּיתֶךָ
וְאִשֵּׁי יִשְׂרָאֵל וּתְפִלָּתָם בְּאַהֲבָה תְקַבֵּל בְּרָצוֹן
וּתְהִי לְרָצוֹן תָּמִיד עֲבוֹדַת יִשְׂרָאֵל עַמֶּךָ.
וְתֶחֱזֶינָה עֵינֵינוּ בְּשׁוּבְךָ לְצִיּוֹן בְּרַחֲמִים.
בָּרוּךְ אַתָּה יהוה, הַמַּחֲזִיר שְׁכִינָתוֹ לְצִיּוֹן.

הודאה

כורע ב׳מוֹדִים׳ ואינו זוקף עד אמירת השם.

מוֹדִים אֲנַחְנוּ לָךְ
שָׁאַתָּה הוּא יהוה אֱלֹהֵינוּ
וֵאלֹהֵי אֲבוֹתֵינוּ לְעוֹלָם וָעֶד.
צוּר חַיֵּינוּ, מָגֵן יִשְׁעֵנוּ
אַתָּה הוּא לְדוֹר וָדוֹר.
נוֹדֶה לְּךָ וּנְסַפֵּר תְּהִלָּתֶךָ
עַל חַיֵּינוּ הַמְּסוּרִים בְּיָדֶךָ
וְעַל נִשְׁמוֹתֵינוּ הַפְּקוּדוֹת לָךְ
וְעַל נִסֶּיךָ שֶׁבְּכָל יוֹם עִמָּנוּ
וְעַל נִפְלְאוֹתֶיךָ וְטוֹבוֹתֶיךָ
שֶׁבְּכָל עֵת, עֶרֶב וָבֹקֶר וְצָהֳרָיִם.
הַטּוֹב, כִּי לֹא כָלוּ רַחֲמֶיךָ
וְהַמְרַחֵם, כִּי לֹא תַמּוּ חֲסָדֶיךָ
מֵעוֹלָם קִוִּינוּ לָךְ.

כששליח הציבור אומר ׳מוֹדִים׳, הקהל אומר בלחש:

מוֹדִים אֲנַחְנוּ לָךְ
שָׁאַתָּה הוּא יהוה אֱלֹהֵינוּ
וֵאלֹהֵי אֲבוֹתֵינוּ
אֱלֹהֵי כָל בָּשָׂר
יוֹצְרֵנוּ, יוֹצֵר בְּרֵאשִׁית.
בְּרָכוֹת וְהוֹדָאוֹת
לְשִׁמְךָ הַגָּדוֹל וְהַקָּדוֹשׁ
עַל שֶׁהֶחֱיִיתָנוּ וְקִיַּמְתָּנוּ.
כֵּן תְּחַיֵּנוּ וּתְקַיְּמֵנוּ
וְתֶאֱסֹף גָּלֻיּוֹתֵינוּ
לְחַצְרוֹת קָדְשֶׁךָ
לִשְׁמֹר חֻקֶּיךָ וְלַעֲשׂוֹת רְצוֹנֶךָ
וּלְעָבְדְּךָ בְּלֵבָב שָׁלֵם
עַל שֶׁאֲנַחְנוּ מוֹדִים לָךְ.
בָּרוּךְ אֵל הַהוֹדָאוֹת.

וְעַל כֻּלָּם יִתְבָּרַךְ וְיִתְרוֹמַם שִׁמְךָ מַלְכֵּנוּ תָּמִיד לְעוֹלָם וָעֶד.
וְכֹל הַחַיִּים יוֹדוּךָ סֶּלָה, וִיהַלְלוּ אֶת שִׁמְךָ בֶּאֱמֶת
הָאֵל יְשׁוּעָתֵנוּ וְעֶזְרָתֵנוּ סֶלָה.
בָּרוּךְ אַתָּה יהוה, הַטּוֹב שִׁמְךָ וּלְךָ נָאֶה לְהוֹדוֹת.

אם יותר מכוהן אחד עולה לדוכן, הגבאי קורא (הלכה 124):

כֹּהֲנִים

הכוהנים מברכים: **בָּרוּךְ אַתָּה יהוה אֱלֹהֵינוּ מֶלֶךְ הָעוֹלָם, אֲשֶׁר קִדְּשָׁנוּ בִּקְדֻשָּׁתוֹ שֶׁל אַהֲרֹן, וְצִוָּנוּ לְבָרֵךְ אֶת עַמּוֹ יִשְׂרָאֵל בְּאַהֲבָה.**

השׁ״ץ מקריא מילה במילה, והכוהנים אחריו:

במדבר ו **יְבָרֶכְךָ יהוה וְיִשְׁמְרֶךָ:** קהל: אָמֵן
יָאֵר יהוה פָּנָיו אֵלֶיךָ וִיחֻנֶּךָּ: קהל: אָמֵן
יִשָּׂא יהוה פָּנָיו אֵלֶיךָ וְיָשֵׂם לְךָ שָׁלוֹם: קהל: אָמֵן

שליח הציבור ממשיך ׳שִׂים שָׁלוֹם׳.

הקהל אומר:

אַדִּיר בַּמָּרוֹם שׁוֹכֵן בִּגְבוּרָה, אַתָּה שָׁלוֹם וְשִׁמְךָ שָׁלוֹם. יְהִי רָצוֹן שֶׁתָּשִׂים עָלֵינוּ וְעַל כָּל עַמְּךָ בֵּית יִשְׂרָאֵל חַיִּים וּבְרָכָה לְמִשְׁמֶרֶת שָׁלוֹם.

הכוהנים אומרים:

רִבּוֹנוֹ שֶׁל עוֹלָם, עָשִׂינוּ מַה שֶּׁגָּזַרְתָּ עָלֵינוּ, אַף אַתָּה עֲשֵׂה עִמָּנוּ כְּמוֹ שֶׁהִבְטַחְתָּנוּ. הַשְׁקִיפָה מִמְּעוֹן דברים כו
קָדְשְׁךָ מִן־הַשָּׁמַיִם, וּבָרֵךְ אֶת־עַמְּךָ אֶת־יִשְׂרָאֵל, וְאֵת הָאֲדָמָה אֲשֶׁר נָתַתָּה לָנוּ, כַּאֲשֶׁר נִשְׁבַּעְתָּ לַאֲבֹתֵינוּ, אֶרֶץ זָבַת חָלָב וּדְבָשׁ:

אם אין כוהנים העולים לדוכן, שליח הציבור אומר:

אֱלֹהֵינוּ וֵאלֹהֵי אֲבוֹתֵינוּ, בָּרְכֵנוּ בַּבְּרָכָה הַמְשֻׁלֶּשֶׁת בַּתּוֹרָה, הַכְּתוּבָה עַל יְדֵי מֹשֶׁה עַבְדֶּךָ, הָאֲמוּרָה מִפִּי אַהֲרֹן וּבָנָיו כֹּהֲנִים עַם קְדוֹשֶׁיךָ, כָּאָמוּר

במדבר ו **יְבָרֶכְךָ יהוה וְיִשְׁמְרֶךָ:** קהל: כֵּן יְהִי רָצוֹן
יָאֵר יהוה פָּנָיו אֵלֶיךָ וִיחֻנֶּךָּ: קהל: כֵּן יְהִי רָצוֹן
יִשָּׂא יהוה פָּנָיו אֵלֶיךָ וְיָשֵׂם לְךָ שָׁלוֹם: קהל: כֵּן יְהִי רָצוֹן

שלום

במנחה ובערבית:	בשחרית ובמנחה בשבת (למנהג רוב הקהילות):
שָׁלוֹם רָב	שִׂים שָׁלוֹם טוֹבָה וּבְרָכָה
עַל יִשְׂרָאֵל עַמְּךָ	חֵן וָחֶסֶד וְרַחֲמִים
תָּשִׂים לְעוֹלָם	עָלֵינוּ וְעַל כָּל יִשְׂרָאֵל עַמֶּךָ.
כִּי אַתָּה הוּא	בָּרְכֵנוּ אָבִינוּ כֻּלָּנוּ כְּאֶחָד בְּאוֹר פָּנֶיךָ
מֶלֶךְ אָדוֹן	כִּי בְאוֹר פָּנֶיךָ
לְכָל הַשָּׁלוֹם.	נָתַתָּ לָּנוּ יהוה אֱלֹהֵינוּ
וְטוֹב בְּעֵינֶיךָ	תּוֹרַת חַיִּים וְאַהֲבַת חֶסֶד
לְבָרֵךְ	וּצְדָקָה וּבְרָכָה וְרַחֲמִים וְחַיִּים וְשָׁלוֹם.
אֶת עַמְּךָ יִשְׂרָאֵל	וְטוֹב בְּעֵינֶיךָ לְבָרֵךְ אֶת עַמְּךָ יִשְׂרָאֵל
בְּכָל עֵת וּבְכָל שָׁעָה	בְּכָל עֵת וּבְכָל שָׁעָה
בִּשְׁלוֹמֶךָ.	בִּשְׁלוֹמֶךָ.

בָּרוּךְ אַתָּה יהוה, הַמְבָרֵךְ אֶת עַמּוֹ יִשְׂרָאֵל בַּשָּׁלוֹם.

שליח הציבור מסיים באמירת הפסוק הבא בלחש,
ויש הנוהגים לאומרו גם בסוף תפילת לחש של יחיד. ראה הלכה 103.

יִהְיוּ לְרָצוֹן אִמְרֵי־פִי וְהֶגְיוֹן לִבִּי לְפָנֶיךָ, יהוה צוּרִי וְגֹאֲלִי: תהלים יט

אֱלֹהַי ברכות יז.

נְצֹר לְשׁוֹנִי מֵרָע וּשְׂפָתַי מִדַּבֵּר מִרְמָה
וְלִמְקַלְלַי נַפְשִׁי תִדֹּם, וְנַפְשִׁי כֶּעָפָר לַכֹּל תִּהְיֶה.
פְּתַח לִבִּי בְּתוֹרָתֶךָ, וּבְמִצְוֹתֶיךָ תִּרְדֹּף נַפְשִׁי.
וְכָל הַחוֹשְׁבִים עָלַי רָעָה
מְהֵרָה הָפֵר עֲצָתָם וְקַלְקֵל מַחֲשַׁבְתָּם.

עֲשֵׂה לְמַעַן שְׁמֶךָ

עֲשֵׂה לְמַעַן יְמִינֶךָ

עֲשֵׂה לְמַעַן קְדֻשָּׁתֶךָ

עֲשֵׂה לְמַעַן תּוֹרָתֶךָ.

לְמַעַן יֵחָלְצוּן יְדִידֶיךָ, הוֹשִׁיעָה יְמִינְךָ וַעֲנֵנִי: תהלים ס

יִהְיוּ לְרָצוֹן אִמְרֵי־פִי וְהֶגְיוֹן לִבִּי לְפָנֶיךָ, יהוה צוּרִי וְגוֹאֲלִי: תהלים יט

כורע ופוסע שלוש פסיעות לאחור.
קד לשמאל, לימין ולפנים באמירת:

עֹשֶׂה שָׁלוֹם בִּמְרוֹמָיו

הוּא יַעֲשֶׂה שָׁלוֹם עָלֵינוּ וְעַל כָּל יִשְׂרָאֵל, וְאִמְרוּ אָמֵן.

יְהִי רָצוֹן מִלְּפָנֶיךָ יהוה אֱלֹהֵינוּ וֵאלֹהֵי אֲבוֹתֵינוּ
שֶׁיִּבָּנֶה בֵּית הַמִּקְדָּשׁ בִּמְהֵרָה בְיָמֵינוּ, וְתֵן חֶלְקֵנוּ בְּתוֹרָתֶךָ
וְשָׁם נַעֲבָדְךָ בְּיִרְאָה כִּימֵי עוֹלָם וּכְשָׁנִים קַדְמוֹנִיּוֹת.
וְעָרְבָה לַיהוה מִנְחַת יְהוּדָה וִירוּשָׁלָם כִּימֵי עוֹלָם וּכְשָׁנִים קַדְמוֹנִיּוֹת: מלאכי ג

בליל שבת אומרים ׳וַיְכֻלּוּ׳ וברכה מעין שבע (עמ׳ 174),
ובליל פסח אין אומרים ברכה מעין שבע.

בלילה הראשון של פסח נוהגים לקרוא הלל שלם (עמ׳ 360) ואחריו קדיש שלם
וממשיכים בתפילת ערבית ליום טוב (עמ׳ 176).

בשאר ימים טובים ממשיכים בקדיש ובערבית של יום טוב (עמ׳ 176),
אך בשמיני עצרת, אחרי הקדיש, מתחילים הקפות בעמוד הבא.

בשחרית קוראים כאן את ההלל (עמ׳ 360).

במנחה ממשיכים בקדיש שלם (עמ׳ 294) ו׳עָלֵינוּ׳.

סדר הקפות

בערבית ובשחרית של שמיני עצרת אומרים סדר זה לפני ההקפות (רמ״א, תרסט, א). שליח הציבור אומר פסוק פסוק והקהל אחריו:

דברים ד אַתָּה הָרְאֵתָ לָדַעַת, כִּי יהוה הוּא הָאֱלֹהִים, אֵין עוֹד מִלְּבַדּוֹ:
תהלים קלו לְעֹשֵׂה נִפְלָאוֹת גְּדֹלוֹת לְבַדּוֹ, כִּי לְעוֹלָם חַסְדּוֹ:
תהלים פו אֵין־כָּמְוֹךָ בָאֱלֹהִים, אֲדֹנָי, וְאֵין כְּמַעֲשֶׂיךָ:
תהלים קד יְהִי כְבוֹד יהוה לְעוֹלָם, יִשְׂמַח יהוה בְּמַעֲשָׂיו:
תהלים קיג יְהִי שֵׁם יהוה מְבֹרָךְ, מֵעַתָּה וְעַד־עוֹלָם:
מלכים א׳ ח יְהִי יהוה אֱלֹהֵינוּ עִמָּנוּ, כַּאֲשֶׁר הָיָה עִם־אֲבֹתֵינוּ
אַל־יַעַזְבֵנוּ וְאַל־יִטְּשֵׁנוּ:
דברי הימים א׳ טז וְאִמְרוּ, הוֹשִׁיעֵנוּ אֱלֹהֵי יִשְׁעֵנוּ, וְקַבְּצֵנוּ וְהַצִּילֵנוּ מִן־הַגּוֹיִם
לְהֹדוֹת לְשֵׁם קָדְשֶׁךָ, לְהִשְׁתַּבֵּחַ בִּתְהִלָּתֶךָ:
יהוה מֶלֶךְ, יהוה מָלָךְ, יהוה יִמְלֹךְ לְעֹלָם וָעֶד.
תהלים כט יהוה עֹז לְעַמּוֹ יִתֵּן, יהוה יְבָרֵךְ אֶת־עַמּוֹ בַשָּׁלוֹם:
וְיִהְיוּ נָא אֲמָרֵינוּ לְרָצוֹן, לִפְנֵי אֲדוֹן כֹּל.

פותחים את ארון הקודש.

במדבר י וַיְהִי בִּנְסֹעַ הָאָרֹן וַיֹּאמֶר מֹשֶׁה
קוּמָה יהוה וְיָפֻצוּ אֹיְבֶיךָ, וְיָנֻסוּ מְשַׂנְאֶיךָ מִפָּנֶיךָ:
תהלים קלב קוּמָה יהוה לִמְנוּחָתֶךָ, אַתָּה וַאֲרוֹן עֻזֶּךָ:
כֹּהֲנֶיךָ יִלְבְּשׁוּ־צֶדֶק, וַחֲסִידֶיךָ יְרַנֵּנוּ:
בַּעֲבוּר דָּוִד עַבְדֶּךָ, אַל־תָּשֵׁב פְּנֵי מְשִׁיחֶךָ:
ישעיה כה וְאָמַר בַּיּוֹם הַהוּא
הִנֵּה אֱלֹהֵינוּ זֶה קִוִּינוּ לוֹ, וְיוֹשִׁיעֵנוּ
זֶה יהוה קִוִּינוּ לוֹ, נָגִילָה וְנִשְׂמְחָה בִּישׁוּעָתוֹ:
תהלים קמה מַלְכוּתְךָ מַלְכוּת כָּל־עֹלָמִים, וּמֶמְשַׁלְתְּךָ בְּכָל־דּוֹר וָדֹר:
ישעיה ב כִּי מִצִּיּוֹן תֵּצֵא תוֹרָה, וּדְבַר־יהוה מִירוּשָׁלָםִ:
תהלים נא אַב הָרַחֲמִים, הֵיטִיבָה בִרְצוֹנְךָ אֶת־צִיּוֹן, תִּבְנֶה חוֹמוֹת יְרוּשָׁלָםִ:
כִּי בְךָ לְבַד בָּטָחְנוּ, מֶלֶךְ אֵל רָם וְנִשָּׂא, אֲדוֹן עוֹלָמִים.

מוציאים את כל ספרי התורה ומקיפים את הבימה שבע פעמים.

הקפה ראשונה:

אָנָּא יהוה הוֹשִֽׁיעָה נָּא, אָנָּא יהוה הַצְלִיחָה נָא: תהלים קיח

אָנָּא יהוה עֲנֵנוּ בְיוֹם קָרְאֵנוּ.

אֱלֹהֵי הָרוּחוֹת הוֹשִֽׁיעָה נָּא, בּוֹחֵן לְבָבוֹת הַצְלִיחָה נָא

גּוֹאֵל חָזָק עֲנֵנוּ בְיוֹם קָרְאֵנוּ.

הקפה שנייה:

דּוֹבֵר צְדָקוֹת הוֹשִֽׁיעָה נָּא, הָדוּר בִּלְבוּשׁוֹ הַצְלִיחָה נָא

וָתִיק וְחָסִיד עֲנֵנוּ בְיוֹם קָרְאֵנוּ.

הקפה שלישית:

זַךְ וְיָשָׁר הוֹשִֽׁיעָה נָּא, חַנּוּן וְרַחוּם הַצְלִיחָה נָא

טוֹב וּמֵטִיב עֲנֵנוּ בְיוֹם קָרְאֵנוּ.

הקפה רביעית:

יוֹדֵעַ מַחֲשָׁבוֹת הוֹשִֽׁיעָה נָּא, כַּבִּיר כֹּחַ הַצְלִיחָה נָא

לוֹבֵשׁ צְדָקוֹת עֲנֵנוּ בְיוֹם קָרְאֵנוּ.

הקפה חמישית:

מֶלֶךְ עוֹלָמִים הוֹשִֽׁיעָה נָּא, נָאוֹר וְאַדִּיר הַצְלִיחָה נָא

סוֹמֵךְ וְסוֹעֵד עֲנֵנוּ בְיוֹם קָרְאֵנוּ.

הקפה שישית:

עוֹזֵר דַּלִּים הוֹשִֽׁיעָה נָּא, פּוֹדֶה וּמַצִּיל הַצְלִיחָה נָא

צוּר עוֹלָמִים עֲנֵנוּ בְיוֹם קָרְאֵנוּ.

הקפה שביעית:

קָדוֹשׁ וְנוֹרָא הוֹשִֽׁיעָה נָּא, רַחוּם וְחַנּוּן הַצְלִיחָה נָא

שׁוֹכֵן שְׁחָקִים עֲנֵנוּ בְיוֹם קָרְאֵנוּ.

תּוֹמֵךְ תְּמִימִים הוֹשִֽׁיעָה נָּא, תַּקִּיף לָעַד הַצְלִיחָה נָא

תָּמִים בְּמַעֲשָׂיו עֲנֵנוּ בְיוֹם קָרְאֵנוּ.

ממשיכים בהוצאת ספר תורה (בערבית, מ״שְׁמַע יִשְׂרָאֵל״ בעמ׳ 238; בשחרית החל ביום חול, נוהגים לומר י״ג מידות בעמ׳ 236) ומחזירים את ספרי התורה לארון פרט לאלה שעתידים לקרוא בהם. בערבית המנהג המקובל להעלות שלושה קרואים בפרשת וזאת הברכה (עמ׳ 622), ויש המעלים חמישה קרואים. בשחרית נוהגים להעלות את כל המתפללים. ראה הלכה 541–542.

אקדמות

בשבועות, אחרי שקראו לעולה הראשון וקודם שהתחיל
את ברכת התורה (ט״ז, תצד, א), אומרים:

ש״ץ: אַקְדָּמוּת מִלִּין וְשָׁרָיוּת שׁוּתָא
אַוְלָא שָׁקֵלְנָא הַרְמָן וּרְשׁוּתָא.

קהל: בְּבָבֵי תְרֵי וּתְלָת דְּאֶפְתַּח בְּנַקְשׁוּתָא
בְּבָרֵי דְּבָרֵי וְטָרֵי עֲדֵי לְקַשִּׁישׁוּתָא.

ש״ץ: גְּבוּרָן עָלְמִין לֵהּ, וְלָא סְפֵק פְּרִישׁוּתָא
גְּוִיל אִלּוּ רְקִיעֵי, קְנֵי כָּל חֻרְשָׁתָא.

קהל: דְּיוֹ אִלּוּ יַמֵּי וְכָל מֵי כְנִישׁוּתָא
דָּיְרֵי אַרְעָא סָפְרֵי וְרָשְׁמֵי רַשְׁוָתָא.

ש״ץ: הֲדַר מָרֵי שְׁמַיָּא וְשַׁלִּיט בְּיַבֶּשְׁתָּא
הֲקֵים עָלְמָא יְחִידָאי, וְכַבְשֵׁהּ בְּכַבְשׁוּתָא.

קהל: וּבְלָא לֵאוּ שַׁכְלְלֵהּ, וּבְלָא תְשָׁשׁוּתָא
וּבְאָתָא קַלִּילָא דְּלֵית בַּהּ מְשָׁשׁוּתָא.

ש״ץ: זַמֵּן כָּל עֲבִידְתֵּהּ בְּהַךְ יוֹמֵי שִׁתָּא
זְהוֹר יְקָרֵהּ עַלִּי, עֲלֵי כֻרְסְיֵהּ דְּאֶשָּׁתָא.

קהל: חֵיל אֶלֶף אַלְפִין וְרִבּוֹא לְשַׁמָּשׁוּתָא
חַדְתִּין נְבוֹט לְצַפְרִין, סַגִּיאָה טְרָשׁוּתָא.

ש״ץ: טְפֵי יְקִידִין שְׂרָפִין, כְּלוֹל גַּפֵּי שִׁתָּא
טְעֵם עַד יִתְיְהֵב לְהוֹן, שְׁתִיקִין בְּאַדִּישְׁתָּא.

קהל: יְקַבְּלוּן דֵּין מִן דֵּין שָׁוֵי דְּלָא בְּשַׁשְׁתָּא
יְקָר מְלֵי כָּל אַרְעָא לְתַלּוּתֵי קְדֻשְׁתָּא.

ש״ץ: כְּקָל מִן קֳדָם שַׁדַּי, כְּקָל מֵי נְפִישׁוּתָא
כְּרוּבִין קֳבֵל גַּלְגִּלִּין מְרוֹמְמִין בְּאַוְשָׁתָא.

קהל: לְמֶחֱזֵי בְּאַנְפָּא עֵין כְּוָת גִּירֵי קַשְׁתָּא
לְכָל אֲתַר דְּמִשְׁתַּלְּחִין, זְרִיזִין בְּאַשְׁוָתָא.

ש״ץ: מְבָרְכִין בְּרִיךְ יְקָרֵהּ בְּכָל לִשַּׁן לְחִישׁוּתָא
מֵאֲתַר בֵּית שְׁכִינְתֵּהּ, דְּלָא צְרִיךְ בְּחִישׁוּתָא.

קהל: נְהֵם כָּל חֵיל מְרוֹמָא, מְקַלְּסִין בַּחֲשַׁשְׁתָּא
נְהִירָא מַלְכוּתֵהּ לְדָר וְדָר לְאַפְרַשְׁתָּא.

ש״ץ: סְדִירָא בְהוֹן קְדֻשְׁתָּא, וְכַד חָלְפָא שַׁעְתָּא
סִיּוּמָא דִּלְעָלַם, וְאוֹף לָא לְשַׁבוּעֲתָא.

קהל: עֲדַב יְקַר אַחְסַנְתֵּהּ חֲבִיבִין, דִּבְקַבַּעְתָּא
עֲבִידִין לֵהּ חֲטִיבָא בִּדְנַח וּשְׁקַעְתָּא.

ש״ץ: פְּרִישָׁן לְמָנָתֵהּ לְמֶעְבַּד לֵהּ רְעוּתָא
פְּרִישָׁתֵי שְׁבָחֵהּ יְחַוּוֹן בְּשָׁעוּתָא.

קהל: צְבִי וְחָמֵד וְרָגֵג דְּיִלְאוּן בְּלָעוּתָא
צְלוֹתְהוֹן בְּכֵן מְקַבֵּל, וְהָנְיָא בָעוּתָא.

ש״ץ: קְטִירָא לְחַי עָלְמָא בְּתָגָא בִּשְׁבוּעֲתָא
קֳבֵל יְקַר טוֹטַפְתָּא יְתִיבָא בִקְבִיעֲתָא.

קהל: רְשִׁימָא הִיא גוּפָא בְּחָכְמְתָא וּבְדַעְתָּא
רְבוּתְהוֹן דְּיִשְׂרָאֵל, קָרָאֵי בִשְׁמַעְתָּא.

ש״ץ: שְׁבַח רִבּוֹן עָלְמָא, אֲמִירָא דַכְוָתָא
שְׁפַר עֲלֵי לְחַוָּיֵהּ בְּאַפֵּי מַלְכְּוָתָא.

קהל: תָּאִין וּמִתְכַּנְּשִׁין כְּחֵזוּ אַדְוָתָא
תְּמֵהִין וְשָׁיְלִין לֵהּ בְּעֵסֶק אָתְוָתָא.

ש״ץ: מְנָן וּמַאן הוּא רְחִימָךְ, שַׁפִּירָא בְּרֵוְתָא
אֲרוּם בְּגִינֵהּ סְפֵית מְדוֹר אַרְיָוָתָא.

קהל: יְקָרָא וְיָאֵה אַתְּ, אִין תְּעָרְבִי לְמָרְוָתָא
רְעוּתֵךְ נַעֲבֵד לִיךְ בְּכָל אַתְרָוָתָא.

ש״ץ: בְּחָכְמְתָא מְתִיבְתָּא לְהוֹן, קְצָת לְהוֹדָעוּתָא
יְדַעְתּוּן חַכְּמִין לֵהּ בְּאִשְׁתְּמוֹדָעוּתָא.

קהל: רְבוּתְכוֹן מָה חֲשִׁיבָא קֳבֵל הַהִיא שְׁבַחְתָּא
רְבוּתָא דְיֵעֲבֵד לִי, כַּד מָטְיָא יְשׁוּעֲתָא.

ש״ץ: בְּמֵיתֵי לִי נְהוֹרָא, וְתַחֲפֵי לְכוֹן בַּהֲתָא
יְקָרֵהּ כַּד אִתְגְּלֵי בְּתַקְפָּא וּבְגֵיוְתָא.

קהל: יְשַׁלֵּם גְּמָלַיָּא לְשָׂנְאֵי וְנַגְוָתָא
צִדְקָתָא לְעַם חֲבִיב וְסַגֵּי זַכְוָתָא.

ש״ץ: חֲדוּ שְׁלֵמָא בְּמֵיתֵי, וּמָנָא דַכְוָתָא
קִרְיְתָא דִירוּשְׁלֵם כַּד יְכַנֵּשׁ גָּלְוָתָא.

קהל: יְקָרֵהּ מַטֵּל עֲלֵהּ בְּיוֹמֵי וְלֵילְוָתָא
גְּנוּנֵהּ לְמֶעְבַּד בַּהּ בְּתֻשְׁבְּחָן כְּלִילָתָא.

ש״ץ: דְּזֵהוֹר עֲנָנַיָּא לְמִשְׁפַּר כִּילָתָא
לְפֻמֵּהּ דַעֲבִידְתָּא עֲבִידָן מְטַלַּלְתָּא.

קהל: בְּתַכְתְּקֵי דְהַב פִּזָא, וְשִׁבְעָא מַעֲלָתָא
תְּחִימִין צַדִּיקֵי קֳדָם רַב פָּעֳלָתָא.

ש״ץ: וְרֵוֵיהוֹן דָּמֵי לְשָׂבְעָא חֶדְוָתָא
רְקִיעָא בְּזֵהוֹרֵהּ וְכוֹכְבֵי זִיוְתָא.

קהל: הֲדָרָא דְלָא אֶפְשַׁר לְמִפְרַט שִׂפְוָתָא,
וְלָא אִשְׁתְּמַע וַחֲמֵי נְבִיאָן חֶזְוָתָא.

ש״ץ: בְּלָא שָׁלְטָא בֵהּ עֵין, בְּגוֹ עֵדֶן גִּנְּתָא
מְטַיְּלֵי בֵהּ חִנְגָּא לְבַהֲדֵי דִשְׁכִינְתָּא.

קהל: עֲלֵהּ רָמְזֵי דֵּין הוּא, בְּרַם בְּאֵימְתָנוּתָא
שְׁבַרְנָא לֵהּ בְּשִׁבְיַן, תְּקוֹף הֵמָנוּתָא.

ש״ץ: יַדְבֵּר לַן עָלְמִין, עֲלְמִין מְדַמּוּתָא
מְנָת דִּילַן דְּמִלְּקַדְמִין פָּרֵשׁ בַּאֲרָמוּתָא.

קהל: טְלוּלָא דְלִוְיָתָן וְתוֹר טוּר רָמוּתָא
וְחַד בְּחַד כִּי סָבֵךְ וְעָבֵד קְרָבוּתָא.

ש״ץ: בְּקַרְנוֹהִי מְנַגַּח בְּהֵמוֹת בְּרַבְרְבוּתָא
יְקַרְטַע נוּן לְקִבְלֵהּ בְּצִיצוֹי בִּגְבוּרְתָא.

קהל: מְקָרֵב לֵהּ בָּרְיֵהּ בְּחַרְבֵּהּ בְּרַבְרְבוּתָא
אֲרִסְטוֹן לְצַדִּיקֵי יְתַקֵּן, וְשֵׁרוּתָא.

ש״ץ: מְסַחֲרִין עֲלֵי תַכֵּי דְּכַדְכֹּד וְגוּמַרְתָּא
נְגִידִין קָמֵיהוֹן אֲפַרְסְמוֹן נַהֲרָתָא.

קהל: וּמִתְפַּנְּקִין וְרָווּ בְּכַסֵּי רְוָיָתָא
חֲמַר מְרַת דְּמִבְּרֵאשִׁית נְטִיר בֵּי נַעֲוָתָא.

ש״ץ: זַכָּאִין, כַּד שְׁמַעְתּוּן שְׁבַח דָּא שִׁירָתָא
קְבִיעִין כֵּן תֶּהֱווּן בְּהַנְהוּ חֲבוּרָתָא.

קהל: וְתִזְכּוּן דִּי תֵיתְבוּן בְּעֵלָּא דָרָתָא
אֲרֵי תְצִיתוּן לְמִלּוֹי, דְּנָפְקִין בְּהַדְרָתָא.

ש״ץ: מְרוֹמַם הוּא אֱלָהִין בְּקַדְמִתָא וּבַתְרַיְתָא
צְבִי וְאִתְרְעֵי בַן, וּמְסַר לַן אוֹרַיְתָא.

ממשיכים בקריאת התורה בעמ׳ 615.

סדר הזכרת נשמות

נהגו באשכנז להזכיר את נשמות המתים ביום טוב אחרון (מחזור ויטרי, שיב).
בארץ ישראל קיבלו מנהג זה, ומזכירים נשמות בשביעי של פסח,
בשבועות ובשמיני עצרת אחרי קריאת התורה.
במקומות רבים נוהגים שמי שהוריו בחיים יוצא מבית
הכנסת בשעת הזכרת נשמות (שערי אפרים).

תהלים קמד יהוה מָה־אָדָם וַתֵּדָעֵהוּ, בֶּן־אֱנוֹשׁ וַתְּחַשְּׁבֵהוּ:
אָדָם לַהֶבֶל דָּמָה, יָמָיו כְּצֵל עוֹבֵר:
תהלים צ בַּבֹּקֶר יָצִיץ וְחָלָף, לָעֶרֶב יְמוֹלֵל וְיָבֵשׁ:
לִמְנוֹת יָמֵינוּ כֵּן הוֹדַע, וְנָבִא לְבַב חָכְמָה:
תהלים לז שְׁמָר־תָּם וּרְאֵה יָשָׁר, כִּי־אַחֲרִית לְאִישׁ שָׁלוֹם:
תהלים מט אַךְ־אֱלֹהִים יִפְדֶּה נַפְשִׁי מִיַּד שְׁאוֹל, כִּי יִקָּחֵנִי סֶלָה:
תהלים עג כָּלָה שְׁאֵרִי וּלְבָבִי, צוּר־לְבָבִי וְחֶלְקִי אֱלֹהִים לְעוֹלָם:
קהלת יב וְיָשֹׁב הֶעָפָר עַל־הָאָרֶץ כְּשֶׁהָיָה
וְהָרוּחַ תָּשׁוּב אֶל־הָאֱלֹהִים אֲשֶׁר נְתָנָהּ:

תהלים צא יֹשֵׁב בְּסֵתֶר עֶלְיוֹן, בְּצֵל שַׁדַּי יִתְלוֹנָן: אֹמַר לַיהוה מַחְסִי וּמְצוּדָתִי,
אֱלֹהַי אֶבְטַח־בּוֹ: כִּי הוּא יַצִּילְךָ מִפַּח יָקוּשׁ, מִדֶּבֶר הַוּוֹת: בְּאֶבְרָתוֹ
יָסֶךְ לָךְ, וְתַחַת־כְּנָפָיו תֶּחְסֶה, צִנָּה וְסֹחֵרָה אֲמִתּוֹ: לֹא־תִירָא מִפַּחַד
לָיְלָה, מֵחֵץ יָעוּף יוֹמָם: מִדֶּבֶר בָּאֹפֶל יַהֲלֹךְ, מִקֶּטֶב יָשׁוּד צָהֳרָיִם:
יִפֹּל מִצִּדְּךָ אֶלֶף, וּרְבָבָה מִימִינֶךָ, אֵלֶיךָ לֹא יִגָּשׁ: רַק בְּעֵינֶיךָ תַבִּיט,
וְשִׁלֻּמַת רְשָׁעִים תִּרְאֶה: כִּי־אַתָּה יהוה מַחְסִי, עֶלְיוֹן שַׂמְתָּ מְעוֹנֶךָ:
לֹא־תְאֻנֶּה אֵלֶיךָ רָעָה, וְנֶגַע לֹא־יִקְרַב בְּאָהֳלֶךָ: כִּי מַלְאָכָיו יְצַוֶּה־לָּךְ,
לִשְׁמָרְךָ בְּכָל־דְּרָכֶיךָ: עַל־כַּפַּיִם יִשָּׂאוּנְךָ, פֶּן־תִּגֹּף בָּאֶבֶן רַגְלֶךָ: עַל־
שַׁחַל וָפֶתֶן תִּדְרֹךְ, תִּרְמֹס כְּפִיר וְתַנִּין: כִּי בִי חָשַׁק וַאֲפַלְּטֵהוּ, אֲשַׂגְּבֵהוּ
כִּי־יָדַע שְׁמִי: יִקְרָאֵנִי וְאֶעֱנֵהוּ, עִמּוֹ־אָנֹכִי בְצָרָה, אֲחַלְּצֵהוּ וַאֲכַבְּדֵהוּ:
אֹרֶךְ יָמִים אַשְׂבִּיעֵהוּ, וְאַרְאֵהוּ בִּישׁוּעָתִי:
אֹרֶךְ יָמִים אַשְׂבִּיעֵהוּ, וְאַרְאֵהוּ בִּישׁוּעָתִי:

לזכרון אב:

יִזְכֹּר אֱלֹהִים נִשְׁמַת אָבִי מוֹרִי (פלוני בֶּן פלוני) שֶׁהָלַךְ לְעוֹלָמוֹ, בַּעֲבוּר שֶׁבְּלִי נֶדֶר אֶתֵּן צְדָקָה בַּעֲדוֹ. בִּשְׂכַר זֶה תְּהֵא נַפְשׁוֹ צְרוּרָה בִּצְרוֹר הַחַיִּים עִם נִשְׁמוֹת אַבְרָהָם יִצְחָק וְיַעֲקֹב, שָׂרָה רִבְקָה רָחֵל וְלֵאָה, וְעִם שְׁאָר צַדִּיקִים וְצִדְקָנִיּוֹת שֶׁבְּגַן עֵדֶן, וְנֹאמַר אָמֵן.

לזכרון אם:

יִזְכֹּר אֱלֹהִים נִשְׁמַת אִמִּי מוֹרָתִי (פלונית בַּת פלוני) שֶׁהָלְכָה לְעוֹלָמָהּ, בַּעֲבוּר שֶׁבְּלִי נֶדֶר אֶתֵּן צְדָקָה בַּעֲדָהּ. בִּשְׂכַר זֶה תְּהֵא נַפְשָׁהּ צְרוּרָה בִּצְרוֹר הַחַיִּים עִם נִשְׁמוֹת אַבְרָהָם יִצְחָק וְיַעֲקֹב, שָׂרָה רִבְקָה רָחֵל וְלֵאָה, וְעִם שְׁאָר צַדִּיקִים וְצִדְקָנִיּוֹת שֶׁבְּגַן עֵדֶן, וְנֹאמַר אָמֵן.

לזכרון קדושים:

יִזְכֹּר אֱלֹהִים נִשְׁמַת (לזכר: פלוני בֶּן פלוני / לנקבה: פלונית בַּת פלוני) וְנִשְׁמוֹת כָּל קְרוֹבַי וּקְרוֹבוֹתַי, הֵן מִצַּד אָבִי הֵן מִצַּד אִמִּי, שֶׁהוּמְתוּ וְשֶׁנֶּהֶרְגוּ וְשֶׁנִּשְׁחֲטוּ וְשֶׁנִּשְׂרְפוּ וְשֶׁנִּטְבְּעוּ וְשֶׁנֶּחְנְקוּ עַל קִדּוּשׁ הַשֵּׁם, בַּעֲבוּר שֶׁבְּלִי נֶדֶר אֶתֵּן צְדָקָה בְּעַד הַזְכָּרַת נִשְׁמוֹתֵיהֶם. בִּשְׂכַר זֶה תִּהְיֶינָה נַפְשׁוֹתֵיהֶם צְרוּרוֹת בִּצְרוֹר הַחַיִּים עִם נִשְׁמוֹת אַבְרָהָם יִצְחָק וְיַעֲקֹב, שָׂרָה רִבְקָה רָחֵל וְלֵאָה, וְעִם שְׁאָר צַדִּיקִים וְצִדְקָנִיּוֹת שֶׁבְּגַן עֵדֶן, וְנֹאמַר אָמֵן.

לזכרון קרוב:

אֵל מָלֵא רַחֲמִים, שׁוֹכֵן בַּמְּרוֹמִים, הַמְצֵא מְנוּחָה נְכוֹנָה עַל כַּנְפֵי הַשְּׁכִינָה, בְּמַעֲלוֹת קְדוֹשִׁים וּטְהוֹרִים, כְּזֹהַר הָרָקִיעַ מַזְהִירִים, לְנִשְׁמַת (פלוני בֶּן פלוני) שֶׁהָלַךְ לְעוֹלָמוֹ, בַּעֲבוּר שֶׁבְּלִי נֶדֶר אֶתֵּן צְדָקָה בְּעַד הַזְכָּרַת נִשְׁמָתוֹ, בְּגַן עֵדֶן תְּהֵא מְנוּחָתוֹ. לָכֵן, בַּעַל הָרַחֲמִים יַסְתִּירֵהוּ בְּסֵתֶר כְּנָפָיו לְעוֹלָמִים, וְיִצְרוֹר בִּצְרוֹר הַחַיִּים אֶת נִשְׁמָתוֹ, יהוה הוּא נַחֲלָתוֹ, וְיָנוּחַ בְּשָׁלוֹם עַל מִשְׁכָּבוֹ, וְנֹאמַר אָמֵן.

לזכרון קרובה:

אֵל מָלֵא רַחֲמִים, שׁוֹכֵן בַּמְּרוֹמִים, הַמְצֵא מְנוּחָה נְכוֹנָה עַל כַּנְפֵי הַשְּׁכִינָה, בְּמַעֲלוֹת קְדוֹשִׁים וּטְהוֹרִים, כְּזֹהַר הָרָקִיעַ מַזְהִירִים, לְנִשְׁמַת (פלונית בַּת פלוני) שֶׁהָלְכָה לְעוֹלָמָהּ, בַּעֲבוּר שֶׁבְּלִי נֶדֶר אֶתֵּן צְדָקָה בְּעַד הַזְכָּרַת נִשְׁמָתָהּ, בְּגַן עֵדֶן תְּהֵא מְנוּחָתָהּ. לָכֵן, בַּעַל הָרַחֲמִים יַסְתִּירֶהָ בְּסֵתֶר כְּנָפָיו לְעוֹלָמִים, וְיִצְרֹר בִּצְרוֹר הַחַיִּים אֶת נִשְׁמָתָהּ, יהוה הוּא נַחֲלָתָהּ, וְתָנוּחַ בְּשָׁלוֹם עַל מִשְׁכָּבָהּ, וְנֹאמַר אָמֵן.

אזכרה לחיילי צה״ל:

אֵל מָלֵא רַחֲמִים, שׁוֹכֵן בַּמְּרוֹמִים, הַמְצֵא מְנוּחָה נְכוֹנָה עַל כַּנְפֵי הַשְּׁכִינָה, בְּמַעֲלוֹת קְדוֹשִׁים טְהוֹרִים וְגִבּוֹרִים, כְּזֹהַר הָרָקִיעַ מַזְהִירִים, לְנִשְׁמוֹת הַקְּדוֹשִׁים שֶׁנִּלְחֲמוּ בְּכָל מַעַרְכוֹת יִשְׂרָאֵל, בַּמַּחְתֶּרֶת וּבִצְבָא הַהֲגָנָה לְיִשְׂרָאֵל, וְשֶׁנָּפְלוּ בְּמִלְחַמְתָּם וּמָסְרוּ נַפְשָׁם עַל קְדֻשַּׁת הַשֵּׁם, הָעָם וְהָאָרֶץ, בַּעֲבוּר שֶׁאָנוּ מִתְפַּלְלִים לְעִלּוּי נִשְׁמוֹתֵיהֶם. לָכֵן, בַּעַל הָרַחֲמִים יַסְתִּירֵם בְּסֵתֶר כְּנָפָיו לְעוֹלָמִים, וְיִצְרֹר בִּצְרוֹר הַחַיִּים אֶת נִשְׁמוֹתֵיהֶם, יהוה הוּא נַחֲלָתָם, בְּגַן עֵדֶן תְּהֵא מְנוּחָתָם, וְיָנוּחוּ בְשָׁלוֹם עַל מִשְׁכְּבוֹתֵיהֶם וְתַעֲמֹד לְכָל יִשְׂרָאֵל זְכוּתָם, וְיַעַמְדוּ לְגוֹרָלָם לְקֵץ הַיָּמִין, וְנֹאמַר אָמֵן.

אזכרה לקדושי השואה:

אֵל מָלֵא רַחֲמִים, דַּיַּן אַלְמָנוֹת וַאֲבִי יְתוֹמִים, אַל נָא תֶּחֱשֶׁה וְתִתְאַפַּק לְדַם יִשְׂרָאֵל שֶׁנִּשְׁפַּךְ כַּמָּיִם. הַמְצֵא מְנוּחָה נְכוֹנָה עַל כַּנְפֵי הַשְּׁכִינָה, בְּמַעֲלוֹת קְדוֹשִׁים וּטְהוֹרִים, כְּזֹהַר הָרָקִיעַ מְאִירִים וּמַזְהִירִים, לְנִשְׁמוֹתֵיהֶם שֶׁל רִבְבוֹת אַלְפֵי יִשְׂרָאֵל,

אֲנָשִׁים וְנָשִׁים, יְלָדִים וִילָדוֹת, שֶׁנֶּהֶרְגוּ וְנִשְׁחֲטוּ וְנִשְׂרְפוּ וְנֶחְנְקוּ וְנִקְבְּרוּ חַיִּים, בַּאֲרָצוֹת אֲשֶׁר נָגְעָה בָּהֶן יַד הַצּוֹרֵר הַגֶּרְמָנִי וּגְרוּרָיו. כֻּלָּם קְדוֹשִׁים וּטְהוֹרִים, וּבָהֶם גְּאוֹנִים וְצַדִּיקִים, אַרְזֵי הַלְּבָנוֹן אַדִּירֵי הַתּוֹרָה. בְּגַן עֵדֶן תְּהֵא מְנוּחָתָם. לָכֵן, בַּעַל הָרַחֲמִים יַסְתִּירֵם בְּסֵתֶר כְּנָפָיו לְעוֹלָמִים, וְיִצְרֹר בִּצְרוֹר הַחַיִּים אֶת נִשְׁמָתָם, יהוה הוּא נַחֲלָתָם, וְיָנוּחוּ בְשָׁלוֹם עַל מִשְׁכְּבָם, וְנֹאמַר אָמֵן.

והקהל אומר:

אַב הָרַחֲמִים שׁוֹכֵן מְרוֹמִים, בְּרַחֲמָיו הָעֲצוּמִים הוּא יִפְקֹד בְּרַחֲמִים הַחֲסִידִים וְהַיְשָׁרִים וְהַתְּמִימִים, קְהִלּוֹת הַקֹּדֶשׁ שֶׁמָּסְרוּ נַפְשָׁם עַל קְדֻשַּׁת הַשֵּׁם, הַנֶּאֱהָבִים וְהַנְּעִימִים בְּחַיֵּיהֶם, וּבְמוֹתָם לֹא נִפְרָדוּ, מִנְּשָׁרִים קַלּוּ וּמֵאֲרָיוֹת גָּבֵרוּ לַעֲשׂוֹת רְצוֹן קוֹנָם וְחֵפֶץ צוּרָם. יִזְכְּרֵם אֱלֹהֵינוּ לְטוֹבָה עִם שְׁאָר צַדִּיקֵי עוֹלָם, וְיִנְקֹם לְעֵינֵינוּ נִקְמַת דַּם עֲבָדָיו הַשָּׁפוּךְ, כַּכָּתוּב בְּתוֹרַת מֹשֶׁה
אִישׁ הָאֱלֹהִים, הַרְנִינוּ גוֹיִם עַמּוֹ, כִּי דַם־עֲבָדָיו יִקּוֹם, וְנָקָם דברים לב
יָשִׁיב לְצָרָיו, וְכִפֶּר אַדְמָתוֹ עַמּוֹ: וְעַל יְדֵי עֲבָדֶיךָ הַנְּבִיאִים כָּתוּב
לֵאמֹר, וְנִקֵּיתִי, דָּמָם לֹא־נִקֵּיתִי, וַיהוה שֹׁכֵן בְּצִיּוֹן: וּבְכִתְבֵי יואל ד
הַקֹּדֶשׁ נֶאֱמַר, לָמָּה יֹאמְרוּ הַגּוֹיִם אַיֵּה אֱלֹהֵיהֶם, יִוָּדַע בַּגּוֹיִם תהלים עט
לְעֵינֵינוּ נִקְמַת דַּם־עֲבָדֶיךָ הַשָּׁפוּךְ: וְאוֹמֵר, כִּי־דֹרֵשׁ דָּמִים תהלים ט
אוֹתָם זָכָר, לֹא־שָׁכַח צַעֲקַת עֲנָוִים: וְאוֹמֵר, יָדִין בַּגּוֹיִם מָלֵא תהלים קי
גְוִיּוֹת, מָחַץ רֹאשׁ עַל־אֶרֶץ רַבָּה: מִנַּחַל בַּדֶּרֶךְ יִשְׁתֶּה, עַל־כֵּן
יָרִים רֹאשׁ:

ממשיכים ׳אַשְׁרֵי׳ (עמ׳ 250), ומחזירים את ספרי התורה לארון הקודש.

פתיחה לתפילת מוסף לשלוש רגלים שהביא השל״ה.

ברוב הקהילות אין אומרים פיוט זה בימים שמזכירים נשמות,
ויש שאינם אומרים אותו בשבת.

יָהּ אֵלִי וְגוֹאֲלִי, אֶתְיַצְּבָה לִקְרָאתֶךָ
הָיָה וְיִהְיֶה, הָיָה וְהֹוֶה, כָּל גּוֹי אַדְמָתֶךָ.

וְתוֹדָה וְלָעוֹלָה וְלַמִּנְחָה וְלַחַטָּאת וְלָאָשָׁם
וְלַשְּׁלָמִים וְלַמִּלּוּאִים כָּל קָרְבָּנֶךָ.
זְכֹר נִלְאָה אֲשֶׁר נָשְׂאָה וְהָשִׁיבָה לְאַדְמָתֶךָ
סֶלָה אֲהַלֶּלְךָ בְּאַשְׁרֵי יוֹשְׁבֵי בֵיתֶךָ.

דַּק עַל דַּק, עַד אֵין נִבְדָּק, וְלִתְבוּנָתוֹ אֵין חֵקֶר
הָאֵל נוֹרָא, בְּאַחַת סְקִירָה, בֵּין טוֹב לְרַע יְבַקֵּר.

וְתוֹדָה וְלָעוֹלָה וְלַמִּנְחָה וְלַחַטָּאת וְלָאָשָׁם
וְלַשְּׁלָמִים וְלַמִּלּוּאִים כָּל קָרְבָּנֶךָ.
זְכֹר נִלְאָה אֲשֶׁר נָשְׂאָה וְהָשִׁיבָה לְאַדְמָתֶךָ
סֶלָה אֲהַלֶּלְךָ בְּאַשְׁרֵי יוֹשְׁבֵי בֵיתֶךָ.

אֲדוֹן צְבָאוֹת, בְּרֹב פְּלָאוֹת, חִבֵּר כָּל אָהֳלוֹ
בִּנְתִיבוֹת לֵב לְבָלֵב, הַצּוּר תָּמִים פָּעֳלוֹ.

וְתוֹדָה וְלָעוֹלָה וְלַמִּנְחָה וְלַחַטָּאת וְלָאָשָׁם
וְלַשְּׁלָמִים וְלַמִּלּוּאִים כָּל קָרְבָּנֶךָ.
זְכֹר נִלְאָה אֲשֶׁר נָשְׂאָה וְהָשִׁיבָה לְאַדְמָתֶךָ
סֶלָה אֲהַלֶּלְךָ בְּאַשְׁרֵי יוֹשְׁבֵי בֵיתֶךָ.

ממשיכים ׳אַשְׁרֵי׳ (עמ׳ 250), ומחזירים את ספרי התורה לארון הקודש.

תפילת טל

יש האומרים תפילת טל בחזרת הש״ץ.

רבים נוהגים לומר תפילת טל לפני תפילת מוסף, ורק את הפיוט שבעמוד הבא.

פותחים את ארון הקודש.

כִּי שֵׁם יהוה אֶקְרָא, הָבוּ גֹדֶל לֵאלֹהֵינוּ: דברים לב

אֲדֹנָי, שְׂפָתַי תִּפְתָּח, וּפִי יַגִּיד תְּהִלָּתֶךָ: תהלים נא

אבות

בָּרוּךְ אַתָּה יהוה, אֱלֹהֵינוּ וֵאלֹהֵי אֲבוֹתֵינוּ, אֱלֹהֵי אַבְרָהָם, אֱלֹהֵי יִצְחָק, וֵאלֹהֵי יַעֲקֹב, הָאֵל הַגָּדוֹל הַגִּבּוֹר וְהַנּוֹרָא, אֵל עֶלְיוֹן, גּוֹמֵל חֲסָדִים טוֹבִים, וְקוֹנֵה הַכֹּל, וְזוֹכֵר חַסְדֵי אָבוֹת, וּמֵבִיא גוֹאֵל לִבְנֵי בְנֵיהֶם לְמַעַן שְׁמוֹ בְּאַהֲבָה. מֶלֶךְ עוֹזֵר וּמוֹשִׁיעַ וּמָגֵן.

בְּדַעְתּוֹ אַבִּיעָה חִידוֹת
בְּעַם זוּ בְּזוּ בְּטַל לְהַחֲדוֹת.
טַל גַּיְא וּדְשָׁאֶיהָ לַחֲדוֹת
דָּצִים בְּצִלּוֹ לְהֵחָדוֹת.
אוֹת יַלְדוּת טַל, לְהָגֵן לְתוֹלָדוֹת.

בָּרוּךְ אַתָּה יהוה, מָגֵן אַבְרָהָם.

אַתָּה גִּבּוֹר לְעוֹלָם אֲדֹנָי
מְחַיֵּה מֵתִים אַתָּה, רַב לְהוֹשִׁיעַ

תְּהוֹמוֹת הֲדוֹם לִרְסִיסוֹ כְסוּפִים
וְכָל נְאוֹת דֶּשֶׁא לוֹ נִכְסָפִים.
טַל זִכְרוֹ גְּבוּרוֹת מוֹסִיפִים
חָקוּק בְּגִישַׁת מוּסָפִים
טַל, לְהַחֲיוֹת בּוֹ נְקוּקֵי סְעִיפִים.

ברוב הקהילות שאומרות תפילת טל לפני מוסף, מתחילים כאן:

אֱלֹהֵינוּ וֵאלֹהֵי אֲבוֹתֵינוּ

טַל תֵּן לִרְצוֹת אַרְצָךְ שִׁיתֵנוּ בְרָכָה בְּדִיצָךְ
רֹב דָּגָן וְתִירוֹשׁ בְּהַפְרִיצָךְ קוֹמֵם עִיר בָּהּ חֶפְצָךְ בְּטָל.

טַל צַוֵּה שָׁנָה טוֹבָה וּמְעֻטֶּרֶת פְּרִי הָאָרֶץ לְגָאוֹן וּלְתִפְאֶרֶת
עִיר כַּסֻּכָּה נוֹתֶרֶת שִׂימָהּ בְּיָדְךָ עֲטֶרֶת בְּטָל.

טַל נוֹפֵף עֲלֵי אֶרֶץ בְּרוּכָה מִמֶּגֶד שָׁמַיִם שַׂבְּעֵנוּ בְרָכָה
לְהָאִיר מִתּוֹךְ חֲשֵׁכָה כַּנָּה אַחֲרֶיךָ מְשׁוּכָה בְּטָל.

טַל יַעֲסִיס צוּף הָרִים טְעֵם בִּמְאוֹדֶיךָ מֻבְחָרִים
חֲנוּנֶיךָ חַלֵּץ מִמַּסְגְּרִים זִמְרָה נַנְעִים וְקוֹל נָרִים בְּטָל.

טַל וָשֹׂבַע מַלֵּא אֲסָמֵינוּ הֲכָעֵת תְּחַדֵּשׁ יָמֵינוּ
דּוֹד, כְּעֶרְכְּךָ הַעֲמֵד שְׁמֵנוּ גַּן רָוֶה שִׂימֵנוּ בְּטָל.

טַל בּוֹ תְּבָרֵךְ מָזוֹן בְּמַשְׁמַנֵּינוּ אַל יְהִי רָזוֹן
אֲיֻמָּה אֲשֶׁר הִסַּעְתָּ כַּצֹּאן אָנָּא תָּפֵק לָהּ רָצוֹן בְּטָל.

שליח הציבור:

שָׁאַתָּה הוּא יהוה אֱלֹהֵינוּ
מַשִּׁיב הָרְוּחַ וּמוֹרִיד הַטָּל

קהל ואחריו שליח הציבור:

לִבְרָכָה וְלֹא לִקְלָלָה קהל: **אָמֵן**
לְחַיִּים וְלֹא לְמָוֶת קהל: **אָמֵן**
לְשֹׂבַע וְלֹא לְרָזוֹן קהל: **אָמֵן**

סוגרים את ארון הקודש, ושליח הציבור אומר חצי קדיש (עמ׳ 252)
ואחריו מתפללים מוסף (עמ׳ 404).

אם אמרו תפילת טל בחזרת הש״ץ, שליח הציבור ממשיך ׳מְכַלְכֵּל חַיִּים בְּחֶסֶד׳ בעמ׳ 404.

תפילת גשם

יש האומרים תפילת גשם בחזרת הש״ץ.

רבים נוהגים לומר תפילת הגשם לפני תפילת מוסף, ואומרים רק את הפיוט שבעמוד הבא.

פותחים את ארון הקודש.

כִּי שֵׁם יהוה אֶקְרָא, הָבוּ גֹדֶל לֵאלֹהֵינוּ: דברים לב

אֲדֹנָי, שְׂפָתַי תִּפְתָּח, וּפִי יַגִּיד תְּהִלָּתֶךָ: תהלים נא

אבות

ˈבָּרוּךְ אַתָּה יהוה, אֱלֹהֵינוּ וֵאלֹהֵי אֲבוֹתֵינוּ, אֱלֹהֵי אַבְרָהָם, אֱלֹהֵי יִצְחָק, וֵאלֹהֵי יַעֲקֹב, הָאֵל הַגָּדוֹל הַגִּבּוֹר וְהַנּוֹרָא, אֵל עֶלְיוֹן, גּוֹמֵל חֲסָדִים טוֹבִים, וְקוֹנֵה הַכֹּל, וְזוֹכֵר חַסְדֵי אָבוֹת, וּמֵבִיא גוֹאֵל לִבְנֵי בְנֵיהֶם לְמַעַן שְׁמוֹ בְּאַהֲבָה. מֶלֶךְ עוֹזֵר וּמוֹשִׁיעַ וּמָגֵן.

אַף־בְּרִי אֻתַּת שֵׁם שַׂר מָטָר
לְהַעֲבִיב וּלְהַעֲנִין לְהָרִיק וּלְהַמְטַר
מַיִם אִבִּים בָּם גַּיא לַעֲטַר
לְבַל יֻעְצָרוּ בְּנִשְׁיוֹן שְׁטָר
אֱמוּנִים גְּנוֹן בָּם, שׁוֹאֲלֵי מָטָר.

ˈבָּרוּךְ אַתָּה יהוה, מָגֵן אַבְרָהָם.

אַתָּה גִּבּוֹר לְעוֹלָם אֲדֹנָי
מְחַיֵּה מֵתִים אַתָּה, רַב לְהוֹשִׁיעַ

יַטְרִיחַ לְפַלֵּג מִפֶּלֶג גֶּשֶׁם
לְמוֹגֵג פְּנֵי נֶשִׁי בְּצַחוֹת לֶשֶׁם
מַיִם לְאַדְּרָךְ כִּנִּיתָ בְּרֶשֶׁם
לְהַרְגִּיעַ בְּרַעֲפָם לִנְפוּחֵי נֶשֶׁם
לְהַחֲיוֹת מַזְכִּירִים גְּבוּרוֹת הַגֶּשֶׁם.

ברוב הקהילות שאומרות תפילת גשם לפני מוסף, מתחילים כאן:

אֱלֹהֵינוּ וֵאלֹהֵי אֲבוֹתֵינוּ

זְכוֹר אָב נִמְשַׁךְ אַחֲרֶיךָ כַּמַּיִם
בֵּרַכְתּוֹ כְּעֵץ שָׁתוּל עַל פַּלְגֵי מָיִם
גְּנַנְתּוֹ, הִצַּלְתּוֹ מֵאֵשׁ וּמִמַּיִם
דְּרַשְׁתּוֹ בְּזָרְעוֹ עַל כָּל מָיִם.
קהל: בַּעֲבוּרוֹ אַל תִּמְנַע מָיִם.

זְכוֹר הַנּוֹלָד בִּבְשׂוֹרַת יֻקַּח־נָא מְעַט־מַיִם — בראשית יח
וְשַׁחְתָּ לְהוֹרוֹ לְשָׁחֲטוֹ לִשְׁפֹּךְ דָּמוֹ כַּמַּיִם
זֵהֵר גַּם הוּא לִשְׁפֹּךְ לֵב כַּמַּיִם
חָפַר וּמָצָא בְּאֵרוֹת מָיִם.
קהל: בְּצִדְקוֹ חֹן חַשְׁרַת מָיִם.

זְכוֹר טָעַן מַקְלוֹ וְעָבַר יַרְדֵּן מַיִם
יִחַד לֵב וְגָל אֶבֶן מִפִּי בְּאֵר מַיִם
כְּנֶאֱבַק לוֹ שַׂר בָּלוּל מֵאֵשׁ וּמִמַּיִם
לָכֵן הִבְטַחְתּוֹ הֱיוֹת עִמּוֹ בָּאֵשׁ וּבַמָּיִם.
קהל: בַּעֲבוּרוֹ אַל תִּמְנַע מָיִם.

זְכוֹר מָשׁוּי בְּתֵבַת גֹּמֶא מִן הַמַּיִם
נָמוּ דָּלֹה דָלָה וְהִשְׁקָה צֹאן מַיִם
סְגוּלֶיךָ עֵת צָמְאוּ לַמַּיִם
עַל הַסֶּלַע הָךְ, וַיֵּצְאוּ מָיִם.
קהל: בְּצִדְקוֹ חֹן חַשְׁרַת מָיִם.

זְכוֹר פְּקִיד שָׁתוֹת, טוֹבֵל חָמֵשׁ טְבִילוֹת בַּמַּיִם
צוֹעֶה וּמַרְחִיץ כַּפָּיו בְּקִדּוּשׁ מַיִם
קוֹרֵא וּמַזֶּה טָהֳרַת מַיִם
רָחַק מֵעַם פַּחַז כַּמַּיִם.
קהל: בַּעֲבוּרוֹ אַל תִּמְנַע מָיִם.

זְכוֹר שְׁנֵים עָשָׂר שְׁבָטִים, שֶׁהֶעֱבַרְתָּ בְּגִזְרַת מַיִם
שֶׁהִמְתַּקְתָּ לָמוֹ מְרִירוּת מַיִם
תּוֹלְדוֹתָם נִשְׁפַּךְ דָּמָם עָלֶיךָ כַּמַּיִם
תֵּפֶן, כִּי נַפְשֵׁנוּ אָפְפוּ מָיִם.
קהל: בְּצִדְקָם חֹן חַשְׁרַת מָיִם.

שליח הציבור:

שָׁאַתָּה הוּא יהוה אֱלֹהֵינוּ
מַשִּׁיב הָרְוּחַ וּמוֹרִיד הַגֶּשֶׁם

קהל ואחריו שליח הציבור:

לִבְרָכָה וְלֹא לִקְלָלָה קהל: אָמֵן
לְחַיִּים וְלֹא לְמָוֶת קהל: אָמֵן
לְשֹׂבַע וְלֹא לְרָזוֹן קהל: אָמֵן

סוגרים את ארון הקודש, ושליח הציבור אומר חצי קדיש (עמ׳ 252)
ואחריו מתפללים מוסף (בעמוד הבא).

אם אמרו תפילת גשם בחזרת הש״ץ, שליח הציבור ממשיך ׳מְכַלְכֵּל חַיִּים בְּחֶסֶד׳ בעמוד הבא.

מוסף לשלוש רגלים

ליום טוב, לחול המועד ולשבת חול המועד

ביום טוב ראשון של פסח אומרים תפילת טל (עמ׳ 399) לפני תפילת מוסף,
ויש האומרים אותה בתחילת חזרת הש״ץ.

בשמיני עצרת אומרים תפילת גשם (עמ׳ 401) לפני תפילת מוסף,
ויש האומרים אותה בתחילת חזרת הש״ץ.

״המתפלל צריך שיכוין בלבו פירוש המלות שמוציא בשפתיו; ויחשוב כאלו שכינה כנגדו ויסיר כל המחשבות הטורדות אותו עד שתשאר מחשבתו וכוונתו זכה בתפלתו״ (שו״ע צח, א).

פוסע שלוש פסיעות לפנים כמי שנכנס לפני המלך.
עומד ומתפלל בלחש מכאן ועד ׳וּכְשָׁנִים קַדְמֹנִיּוֹת׳ בעמ׳ 415.

כורע במקומות המסומנים ב׳, קד לפנים מילה הבאה וזוקף בשם.

דברים לב כִּי שֵׁם יהוה אֶקְרָא, הָבוּ גֹדֶל לֵאלֹהֵינוּ:
תהלים נא אֲדֹנָי, שְׂפָתַי תִּפְתָּח, וּפִי יַגִּיד תְּהִלָּתֶךָ:

אבות

בָּרוּךְ אַתָּה יהוה, אֱלֹהֵינוּ וֵאלֹהֵי אֲבוֹתֵינוּ, אֱלֹהֵי אַבְרָהָם, אֱלֹהֵי יִצְחָק, וֵאלֹהֵי יַעֲקֹב, הָאֵל הַגָּדוֹל הַגִּבּוֹר וְהַנּוֹרָא, אֵל עֶלְיוֹן, גּוֹמֵל חֲסָדִים טוֹבִים, וְקֹנֵה הַכֹּל, וְזוֹכֵר חַסְדֵי אָבוֹת, וּמֵבִיא גוֹאֵל לִבְנֵי בְנֵיהֶם לְמַעַן שְׁמוֹ בְּאַהֲבָה. מֶלֶךְ עוֹזֵר וּמוֹשִׁיעַ וּמָגֵן. בָּרוּךְ אַתָּה יהוה, מָגֵן אַבְרָהָם.

גבורות

אַתָּה גִּבּוֹר לְעוֹלָם, אֲדֹנָי, מְחַיֵּה מֵתִים אַתָּה, רַב לְהוֹשִׁיעַ

בשמיני עצרת: מַשִּׁיב הָרוּחַ וּמוֹרִיד הַגֶּשֶׁם

בשאר המועדים: מוֹרִיד הַטָּל

מְכַלְכֵּל חַיִּים בְּחֶסֶד, מְחַיֵּה מֵתִים בְּרַחֲמִים רַבִּים, סוֹמֵךְ נוֹפְלִים, וְרוֹפֵא חוֹלִים, וּמַתִּיר אֲסוּרִים, וּמְקַיֵּם אֱמוּנָתוֹ לִישֵׁנֵי עָפָר. מִי כָמוֹךָ, בַּעַל גְּבוּרוֹת, וּמִי דּוֹמֶה לָּךְ, מֶלֶךְ, מֵמִית וּמְחַיֶּה וּמַצְמִיחַ יְשׁוּעָה. וְנֶאֱמָן אַתָּה לְהַחֲיוֹת מֵתִים. בָּרוּךְ אַתָּה יהוה, מְחַיֵּה הַמֵּתִים.

בתפילת לחש ממשיך ׳אַתָּה קָדוֹשׁ׳ בעמוד הבא.

קדושה לימים טובים, לשבת חול המועד ולהושענא רבה

במקומות המסומנים ב־˙, המתפלל מתרומם על קצות אצבעותיו.

קהל ואחריו שליח הציבור (ראה הלכה 113):

נַעֲרִיצְךָ וְנַקְדִּישְׁךָ כְּסוֹד שִׂיחַ שַׂרְפֵי קֹדֶשׁ, הַמַּקְדִּישִׁים שִׁמְךָ בַּקֹּדֶשׁ,
כַּכָּתוּב עַל יַד נְבִיאֶךָ: וְקָרָא זֶה אֶל־זֶה וְאָמַר ישעיה ו

קהל ואחריו שליח הציבור:

˙קָדוֹשׁ, ˙קָדוֹשׁ, ˙קָדוֹשׁ, יהוה צְבָאוֹת, מְלֹא כָל הָאָרֶץ כְּבוֹדוֹ: כְּבוֹדוֹ מָלֵא עוֹלָם, מְשָׁרְתָיו שׁוֹאֲלִים זֶה לָזֶה, אַיֵּה מְקוֹם כְּבוֹדוֹ, לְעֻמָּתָם בָּרוּךְ יֹאמֵרוּ

קהל ואחריו שליח הציבור:

˙בָּרוּךְ כְּבוֹד־יהוה מִמְּקוֹמוֹ: מִמְּקוֹמוֹ הוּא יִפֶן בְּרַחֲמִים, וְיָחֹן עַם הַמְיַחֲדִים יחזקאל ג
שְׁמוֹ, עֶרֶב וָבֹקֶר בְּכָל יוֹם תָּמִיד, פַּעֲמַיִם בְּאַהֲבָה שְׁמַע אוֹמְרִים

קהל ואחריו שליח הציבור:

שְׁמַע יִשְׂרָאֵל, יהוה אֱלֹהֵינוּ, יהוה אֶחָד: הוּא אֱלֹהֵינוּ, הוּא אָבִינוּ, הוּא דברים ו
מַלְכֵּנוּ, הוּא מוֹשִׁיעֵנוּ, וְהוּא יַשְׁמִיעֵנוּ בְּרַחֲמָיו שֵׁנִית לְעֵינֵי כָּל חָי, לִהְיוֹת במדבר טו
לָכֶם לֵאלֹהִים, אֲנִי יהוה אֱלֹהֵיכֶם:

בשבת חול המועד אין אומרים ׳אַדִּיר אַדִּירֵנוּ׳.

קהל ואחריו הש״ץ: אַדִּיר אַדִּירֵנוּ, יהוה אֲדֹנֵינוּ, מָה־אַדִּיר שִׁמְךָ בְּכָל־הָאָרֶץ: וְהָיָה יהוה תהלים ח
לְמֶלֶךְ עַל־כָּל־הָאָרֶץ, בַּיּוֹם הַהוּא יִהְיֶה יהוה אֶחָד וּשְׁמוֹ אֶחָד: זכריה יד

שליח הציבור:

וּבְדִבְרֵי קָדְשְׁךָ כָּתוּב לֵאמֹר

קהל ואחריו שליח הציבור:

˙יִמְלֹךְ יהוה לְעוֹלָם, אֱלֹהַיִךְ צִיּוֹן לְדֹר וָדֹר, הַלְלוּיָהּ: תהלים קמו

שליח הציבור:

לְדוֹר וָדוֹר נַגִּיד גָּדְלֶךָ, וּלְנֵצַח נְצָחִים קְדֻשָּׁתְךָ נַקְדִּישׁ, וְשִׁבְחֲךָ אֱלֹהֵינוּ מִפִּינוּ לֹא יָמוּשׁ לְעוֹלָם וָעֶד, כִּי אֵל מֶלֶךְ גָּדוֹל וְקָדוֹשׁ אָתָּה. בָּרוּךְ אַתָּה יהוה, הָאֵל הַקָּדוֹשׁ.

שליח הציבור ממשיך ׳אַתָּה בְחַרְתָּנוּ׳ בעמוד הבא.

קדושה לחול המועד

במקומות המסומנים ב׳, המתפלל מתרומם על קצות אצבעותיו.

קהל ואחריו שליח הציבור (ראה הלכה 113):

נְקַדֵּשׁ אֶת שִׁמְךָ בָּעוֹלָם, כְּשֵׁם שֶׁמַּקְדִּישִׁים אוֹתוֹ בִּשְׁמֵי מָרוֹם
ישעיה ו כַּכָּתוּב עַל יַד נְבִיאֶךָ: וְקָרָא זֶה אֶל־זֶה וְאָמַר

קהל ואחריו שליח הציבור:

׳קָדוֹשׁ, ׳קָדוֹשׁ, ׳קָדוֹשׁ, יהוה צְבָאוֹת, מְלֹא כָל־הָאָרֶץ כְּבוֹדוֹ:
לְעֻמָּתָם בָּרוּךְ יֹאמֵרוּ

קהל ואחריו שליח הציבור:

יחזקאל ג ׳בָּרוּךְ כְּבוֹד־יהוה מִמְּקוֹמוֹ:
וּבְדִבְרֵי קָדְשְׁךָ כָּתוּב לֵאמֹר

קהל ואחריו שליח הציבור:

תהלים קמו ׳יִמְלֹךְ יהוה לְעוֹלָם, אֱלֹהַיִךְ צִיּוֹן לְדֹר וָדֹר, הַלְלוּיָהּ:

שליח הציבור:

לְדוֹר וָדוֹר נַגִּיד גָּדְלֶךָ, וּלְנֵצַח נְצָחִים קְדֻשָּׁתְךָ נַקְדִּישׁ, וְשִׁבְחֲךָ אֱלֹהֵינוּ מִפִּינוּ לֹא יָמוּשׁ לְעוֹלָם וָעֶד, כִּי אֵל מֶלֶךְ גָּדוֹל וְקָדוֹשׁ אָתָּה. בָּרוּךְ אַתָּה יהוה, הָאֵל הַקָּדוֹשׁ.

שליח הציבור ממשיך ׳אַתָּה בְחַרְתָּנוּ׳ (למטה).

קדושת השם

אַתָּה קָדוֹשׁ וְשִׁמְךָ קָדוֹשׁ, וּקְדוֹשִׁים בְּכָל יוֹם יְהַלְלוּךָ סֶּלָה.
בָּרוּךְ אַתָּה יהוה, הָאֵל הַקָּדוֹשׁ.

קדושת היום

הירושלמי (ברכות פ״ד ה״ו) קובע שצריך אדם לחדש דבר בתפילת מוסף ביחס לשאר התפילות, וכתב ר״ת (הובא באבודרהם) שיש לומר את פסוקי הקרבן של אותו היום, כיוון שתפילת מוסף היא במקום הקרבת קרבן מוסף.

אַתָּה בְחַרְתָּנוּ מִכָּל הָעַמִּים
אָהַבְתָּ אוֹתָנוּ וְרָצִיתָ בָּנוּ, וְרוֹמַמְתָּנוּ מִכָּל הַלְּשׁוֹנוֹת

וְקִדַּשְׁתָּנוּ בְּמִצְוֹתֶיךָ
וְקֵרַבְתָּנוּ מַלְכֵּנוּ לַעֲבוֹדָתֶךָ
וְשִׁמְךָ הַגָּדוֹל וְהַקָּדוֹשׁ עָלֵינוּ קָרָאתָ.

בשבת מוסיפים את המילים שבסוגריים:

וַתִּתֶּן לָנוּ יהוה אֱלֹהֵינוּ בְּאַהֲבָה
(שַׁבָּתוֹת לִמְנוּחָה וּ) מוֹעֲדִים לְשִׂמְחָה, חַגִּים וּזְמַנִּים לְשָׂשׂוֹן
אֶת יוֹם (הַשַּׁבָּת הַזֶּה וְאֶת יוֹם)

בפסח: חַג הַמַּצּוֹת הַזֶּה, זְמַן חֵרוּתֵנוּ
בשבועות: חַג הַשָּׁבֻעוֹת הַזֶּה, זְמַן מַתַּן תּוֹרָתֵנוּ
בסוכות: חַג הַסֻּכּוֹת הַזֶּה, זְמַן שִׂמְחָתֵנוּ
בשמיני עצרת: הַשְּׁמִינִי חַג הָעֲצֶרֶת הַזֶּה, זְמַן שִׂמְחָתֵנוּ

(בְּאַהֲבָה) מִקְרָא קֹדֶשׁ, זֵכֶר לִיצִיאַת מִצְרָיִם.

וּמִפְּנֵי חֲטָאֵינוּ גָּלִינוּ מֵאַרְצֵנוּ, וְנִתְרַחַקְנוּ מֵעַל אַדְמָתֵנוּ
וְאֵין אֲנַחְנוּ יְכוֹלִים לַעֲלוֹת וְלֵרָאוֹת וּלְהִשְׁתַּחֲווֹת לְפָנֶיךָ
וְלַעֲשׂוֹת חוֹבוֹתֵינוּ בְּבֵית בְּחִירָתֶךָ
בַּבַּיִת הַגָּדוֹל וְהַקָּדוֹשׁ שֶׁנִּקְרָא שִׁמְךָ עָלָיו
מִפְּנֵי הַיָּד שֶׁנִּשְׁתַּלְּחָה בְּמִקְדָּשֶׁךָ.
יְהִי רָצוֹן מִלְּפָנֶיךָ יהוה אֱלֹהֵינוּ וֵאלֹהֵי אֲבוֹתֵינוּ, מֶלֶךְ רַחֲמָן
שֶׁתָּשׁוּב וּתְרַחֵם עָלֵינוּ וְעַל מִקְדָּשְׁךָ בְּרַחֲמֶיךָ הָרַבִּים
וְתִבְנֵהוּ מְהֵרָה וּתְגַדֵּל כְּבוֹדוֹ.
אָבִינוּ מַלְכֵּנוּ, גַּלֵּה כְּבוֹד מַלְכוּתְךָ עָלֵינוּ מְהֵרָה
וְהוֹפַע וְהִנָּשֵׂא עָלֵינוּ לְעֵינֵי כָּל חָי
וְקָרֵב פְּזוּרֵינוּ מִבֵּין הַגּוֹיִם, וּנְפוּצוֹתֵינוּ כַּנֵּס מִיַּרְכְּתֵי אָרֶץ.

וַהֲבִיאֵנוּ לְצִיּוֹן עִירְךָ בְּרִנָּה
וְלִירוּשָׁלַיִם בֵּית מִקְדָּשְׁךָ בְּשִׂמְחַת עוֹלָם
וְשָׁם נַעֲשֶׂה לְפָנֶיךָ אֶת קָרְבְּנוֹת חוֹבוֹתֵינוּ
תְּמִידִים כְּסִדְרָם וּמוּסָפִים כְּהִלְכָתָם
וְאֶת מוּסַף יוֹם / שבת: וְאֶת מוּסְפֵי יוֹם הַשַּׁבָּת הַזֶּה וְיוֹם/
בפסח: חַג הַמַּצּוֹת הַזֶּה
בשבועות: חַג הַשָּׁבוּעוֹת הַזֶּה
בסוכות: חַג הַסֻּכּוֹת הַזֶּה
בשמיני עצרת: הַשְּׁמִינִי חַג הָעֲצֶרֶת הַזֶּה
נַעֲשֶׂה וְנַקְרִיב לְפָנֶיךָ בְּאַהֲבָה כְּמִצְוַת רְצוֹנֶךָ
כְּמוֹ שֶׁכָּתַבְתָּ עָלֵינוּ בְּתוֹרָתֶךָ
עַל יְדֵי מֹשֶׁה עַבְדֶּךָ מִפִּי כְבוֹדֶךָ
כָּאָמוּר

בשבת:

במדבר כח וּבְיוֹם הַשַּׁבָּת, שְׁנֵי־כְבָשִׂים בְּנֵי־שָׁנָה תְּמִימִם, וּשְׁנֵי עֶשְׂרֹנִים סֹלֶת מִנְחָה
בְּלוּלָה בַשֶּׁמֶן וְנִסְכּוֹ: עֹלַת שַׁבַּת בְּשַׁבַּתּוֹ, עַל־עֹלַת הַתָּמִיד וְנִסְכָּהּ:

ביום טוב ראשון של פסח:

במדבר כח וּבַחֹדֶשׁ הָרִאשׁוֹן בְּאַרְבָּעָה עָשָׂר יוֹם לַחֹדֶשׁ, פֶּסַח לַיהוה: וּבַחֲמִשָּׁה עָשָׂר
יוֹם לַחֹדֶשׁ הַזֶּה חָג, שִׁבְעַת יָמִים מַצּוֹת יֵאָכֵל: בַּיּוֹם הָרִאשׁוֹן מִקְרָא־קֹדֶשׁ,
כָּל־מְלֶאכֶת עֲבֹדָה לֹא תַעֲשׂוּ: וְהִקְרַבְתֶּם אִשֶּׁה עֹלָה לַיהוה, פָּרִים בְּנֵי־בָקָר
שְׁנַיִם וְאַיִל אֶחָד, וְשִׁבְעָה כְבָשִׂים בְּנֵי שָׁנָה תְּמִימִם יִהְיוּ לָכֶם: וּמִנְחָתָם
וְנִסְכֵּיהֶם כִּמְדֻבָּר, שְׁלֹשָׁה עֶשְׂרֹנִים לַפָּר וּשְׁנֵי עֶשְׂרֹנִים לָאָיִל, וְעִשָּׂרוֹן לַכֶּבֶשׂ,
וְיַיִן כְּנִסְכּוֹ, וְשָׂעִיר לְכַפֵּר, וּשְׁנֵי תְמִידִים כְּהִלְכָתָם.

בשבת ממשיכים ׳יִשְׂמְחוּ בְמַלְכוּתְךָ׳ בעמ׳ 411,
וביום חול ממשיכים ׳אֱלֹהֵינוּ וֵאלֹהֵי אֲבוֹתֵינוּ׳ בעמ׳ 411.

בשאר ימי הפסח:

וְהִקְרַבְתֶּם אִשֶּׁה עֹלָה לַיהוה, פָּרִים בְּנֵי־בָקָר שְׁנַיִם וְאַיִל אֶחָד, וְשִׁבְעָה במדבר כח
כְבָשִׂים בְּנֵי שָׁנָה, תְּמִימִם יִהְיוּ לָכֶם: וּמִנְחָתָם וְנִסְכֵּיהֶם כִּמְדֻבָּר, שְׁלֹשָׁה
עֶשְׂרֹנִים לַפָּר וּשְׁנֵי עֶשְׂרֹנִים לָאָיִל, וְעִשָּׂרוֹן לַכֶּבֶשׂ, וְיַיִן כְּנִסְכּוֹ, וְשָׂעִיר לְכַפֵּר,
וּשְׁנֵי תְמִידִים כְּהִלְכָתָם.

בשבת ממשיכים ׳יִשְׂמְחוּ בְמַלְכוּתְךָ׳ בעמ׳ 411,
וביום חול ממשיכים ׳אֱלֹהֵינוּ וֵאלֹהֵי אֲבוֹתֵינוּ׳ בעמ׳ 411.

בשבועות:

וּבְיוֹם הַבִּכּוּרִים, בְּהַקְרִיבְכֶם מִנְחָה חֲדָשָׁה לַיהוה בְּשָׁבֻעֹתֵיכֶם, מִקְרָא־ במדבר כח
קֹדֶשׁ יִהְיֶה לָכֶם, כָּל־מְלֶאכֶת עֲבֹדָה לֹא תַעֲשׂוּ: וְהִקְרַבְתֶּם עוֹלָה לְרֵיחַ
נִיחֹחַ לַיהוה, פָּרִים בְּנֵי־בָקָר שְׁנַיִם, אַיִל אֶחָד, שִׁבְעָה כְבָשִׂים בְּנֵי שָׁנָה:
וּמִנְחָתָם וְנִסְכֵּיהֶם כִּמְדֻבָּר, שְׁלֹשָׁה עֶשְׂרֹנִים לַפָּר וּשְׁנֵי עֶשְׂרֹנִים לָאָיִל,
וְעִשָּׂרוֹן לַכֶּבֶשׂ, וְיַיִן כְּנִסְכּוֹ, וְשָׂעִיר לְכַפֵּר, וּשְׁנֵי תְמִידִים כְּהִלְכָתָם.

ממשיכים ׳אֱלֹהֵינוּ וֵאלֹהֵי אֲבוֹתֵינוּ׳ בעמ׳ 411.

ביום טוב ראשון של סוכות:

וּבַחֲמִשָּׁה עָשָׂר יוֹם לַחֹדֶשׁ הַשְּׁבִיעִי, מִקְרָא־קֹדֶשׁ יִהְיֶה לָכֶם, כָּל־מְלֶאכֶת במדבר כט
עֲבֹדָה לֹא תַעֲשׂוּ, וְחַגֹּתֶם חַג לַיהוה שִׁבְעַת יָמִים: וְהִקְרַבְתֶּם עֹלָה אִשֵּׁה
רֵיחַ נִיחֹחַ לַיהוה, פָּרִים בְּנֵי־בָקָר שְׁלֹשָׁה עָשָׂר, אֵילִם שְׁנָיִם, כְּבָשִׂים בְּנֵי־
שָׁנָה אַרְבָּעָה עָשָׂר, תְּמִימִם יִהְיוּ: וּמִנְחָתָם וְנִסְכֵּיהֶם כִּמְדֻבָּר, שְׁלֹשָׁה
עֶשְׂרֹנִים לַפָּר וּשְׁנֵי עֶשְׂרֹנִים לָאָיִל, וְעִשָּׂרוֹן לַכֶּבֶשׂ, וְיַיִן כְּנִסְכּוֹ, וְשָׂעִיר לְכַפֵּר,
וּשְׁנֵי תְמִידִים כְּהִלְכָתָם.

בשבת ממשיכים ׳יִשְׂמְחוּ בְמַלְכוּתְךָ׳ בעמ׳ 411,
וביום חול ממשיכים ׳אֱלֹהֵינוּ וֵאלֹהֵי אֲבוֹתֵינוּ׳ בעמ׳ 411.

ביום הראשון של חול המועד סוכות:

וּבַיּוֹם הַשֵּׁנִי, פָּרִים בְּנֵי־בָקָר שְׁנֵים עָשָׂר, אֵילִם שְׁנָיִם, כְּבָשִׂים בְּנֵי־שָׁנָה במדבר כט
אַרְבָּעָה עָשָׂר, תְּמִימִם: וּמִנְחָתָם וְנִסְכֵּיהֶם כִּמְדֻבָּר, שְׁלֹשָׁה עֶשְׂרֹנִים
לַפָּר, וּשְׁנֵי עֶשְׂרֹנִים לָאָיִל, וְעִשָּׂרוֹן לַכֶּבֶשׂ, וְיַיִן כְּנִסְכּוֹ, וְשָׂעִיר לְכַפֵּר, וּשְׁנֵי
תְמִידִים כְּהִלְכָתָם.

ממשיכים ׳אֱלֹהֵינוּ וֵאלֹהֵי אֲבוֹתֵינוּ׳ בעמ׳ 411.

ביום השני של חול המועד סוכות:

במדבר כט **וּבַיּוֹם הַשְּׁלִישִׁי, פָּרִים עַשְׁתֵּי־עָשָׂר, אֵילִם שְׁנָיִם, כְּבָשִׂים בְּנֵי־שָׁנָה אַרְבָּעָה עָשָׂר, תְּמִימִם: וּמִנְחָתָם וְנִסְכֵּיהֶם כִּמְדֻבָּר, שְׁלֹשָׁה עֶשְׂרֹנִים לַפָּר, וּשְׁנֵי עֶשְׂרֹנִים לָאָיִל, וְעִשָּׂרוֹן לַכֶּבֶשׂ, וְיַיִן כְּנִסְכּוֹ, וְשָׂעִיר לְכַפֵּר, וּשְׁנֵי תְמִידִים כְּהִלְכָתָם.**

בשבת ממשיכים ׳יִשְׂמְחוּ בְמַלְכוּתְךָ׳ בעמוד הבא,
וביום חול ממשיכים ׳אֱלֹהֵינוּ וֵאלֹהֵי אֲבוֹתֵינוּ׳ בעמוד הבא.

ביום השלישי של חול המועד סוכות:

במדבר כט **וּבַיּוֹם הָרְבִיעִי, פָּרִים עֲשָׂרָה, אֵילִם שְׁנָיִם, כְּבָשִׂים בְּנֵי־שָׁנָה אַרְבָּעָה עָשָׂר, תְּמִימִם: וּמִנְחָתָם וְנִסְכֵּיהֶם כִּמְדֻבָּר, שְׁלֹשָׁה עֶשְׂרֹנִים לַפָּר, וּשְׁנֵי עֶשְׂרֹנִים לָאָיִל, וְעִשָּׂרוֹן לַכֶּבֶשׂ, וְיַיִן כְּנִסְכּוֹ, וְשָׂעִיר לְכַפֵּר, וּשְׁנֵי תְמִידִים כְּהִלְכָתָם.**

ממשיכים ׳אֱלֹהֵינוּ וֵאלֹהֵי אֲבוֹתֵינוּ׳ בעמוד הבא.

ביום הרביעי של חול המועד סוכות:

במדבר כט **וּבַיּוֹם הַחֲמִישִׁי, פָּרִים תִּשְׁעָה, אֵילִם שְׁנָיִם, כְּבָשִׂים בְּנֵי־שָׁנָה אַרְבָּעָה עָשָׂר, תְּמִימִם: וּמִנְחָתָם וְנִסְכֵּיהֶם כִּמְדֻבָּר, שְׁלֹשָׁה עֶשְׂרֹנִים לַפָּר, וּשְׁנֵי עֶשְׂרֹנִים לָאָיִל, וְעִשָּׂרוֹן לַכֶּבֶשׂ, וְיַיִן כְּנִסְכּוֹ, וְשָׂעִיר לְכַפֵּר, וּשְׁנֵי תְמִידִים כְּהִלְכָתָם.**

בשבת ממשיכים ׳יִשְׂמְחוּ בְמַלְכוּתְךָ׳ בעמוד הבא,
וביום חול ממשיכים ׳אֱלֹהֵינוּ וֵאלֹהֵי אֲבוֹתֵינוּ׳ בעמוד הבא.

ביום החמישי של חול המועד סוכות:

במדבר כט **וּבַיּוֹם הַשִּׁשִּׁי, פָּרִים שְׁמֹנָה, אֵילִם שְׁנָיִם, כְּבָשִׂים בְּנֵי־שָׁנָה אַרְבָּעָה עָשָׂר, תְּמִימִם: וּמִנְחָתָם וְנִסְכֵּיהֶם כִּמְדֻבָּר, שְׁלֹשָׁה עֶשְׂרֹנִים לַפָּר, וּשְׁנֵי עֶשְׂרֹנִים לָאָיִל, וְעִשָּׂרוֹן לַכֶּבֶשׂ, וְיַיִן כְּנִסְכּוֹ, וְשָׂעִיר לְכַפֵּר, וּשְׁנֵי תְמִידִים כְּהִלְכָתָם.**

בשבת ממשיכים ׳יִשְׂמְחוּ בְמַלְכוּתְךָ׳ בעמוד הבא,
וביום חול ממשיכים ׳אֱלֹהֵינוּ וֵאלֹהֵי אֲבוֹתֵינוּ׳ בעמוד הבא.

בהושענא רבה:

במדבר כט **וּבַיּוֹם הַשְּׁבִיעִי, פָּרִים שִׁבְעָה, אֵילִם שְׁנָיִם, כְּבָשִׂים בְּנֵי־שָׁנָה אַרְבָּעָה עָשָׂר, תְּמִימִם: וּמִנְחָתָם וְנִסְכֵּיהֶם כִּמְדֻבָּר, שְׁלֹשָׁה עֶשְׂרֹנִים לַפָּר, וּשְׁנֵי עֶשְׂרֹנִים לָאָיִל, וְעִשָּׂרוֹן לַכֶּבֶשׂ, וְיַיִן כְּנִסְכּוֹ, וְשָׂעִיר לְכַפֵּר, וּשְׁנֵי תְמִידִים כְּהִלְכָתָם.**

ממשיכים ׳אֱלֹהֵינוּ וֵאלֹהֵי אֲבוֹתֵינוּ׳ בעמוד הבא.

בשמיני עצרת:

בַּיּוֹם הַשְּׁמִינִי, עֲצֶרֶת תִּהְיֶה לָכֶם, כָּל־מְלֶאכֶת עֲבֹדָה לֹא תַעֲשׂוּ: וְהִקְרַבְתֶּם במדבר כט
עֹלָה אִשֵּׁה רֵיחַ נִיחֹחַ לַיהוה, פַּר אֶחָד, אַיִל אֶחָד, כְּבָשִׂים בְּנֵי־שָׁנָה
שִׁבְעָה, תְּמִימִם: וּמִנְחָתָם וְנִסְכֵּיהֶם כִּמְדֻבָּר, שְׁלֹשָׁה עֶשְׂרֹנִים לַפָּר וּשְׁנֵי
עֶשְׂרֹנִים לָאַיִל, וְעִשָּׂרוֹן לַכֶּבֶשׂ, וְיַיִן כְּנִסְכּוֹ, וְשָׂעִיר לְכַפֵּר, וּשְׁנֵי תְמִידִים
כְּהִלְכָתָם.

בשבת ממשיכים ׳יִשְׂמְחוּ בְמַלְכוּתְךָ׳ מתחת הקו,
וביום חול ממשיכים ׳אֱלֹהֵינוּ וֵאלֹהֵי אֲבוֹתֵינוּ׳ למטה.

בשבת מוסיפים:

יִשְׂמְחוּ בְמַלְכוּתְךָ שׁוֹמְרֵי שַׁבָּת וְקוֹרְאֵי עֹנֶג. עַם מְקַדְּשֵׁי שְׁבִיעִי כֻּלָּם
יִשְׂבְּעוּ וְיִתְעַנְּגוּ מִטּוּבֶךָ, וּבַשְּׁבִיעִי רָצִיתָ בּוֹ וְקִדַּשְׁתּוֹ, חֶמְדַּת יָמִים אוֹתוֹ
קָרָאתָ, זֵכֶר לְמַעֲשֵׂה בְרֵאשִׁית.

אֱלֹהֵינוּ וֵאלֹהֵי אֲבוֹתֵינוּ
מֶלֶךְ רַחֲמָן רַחֵם עָלֵינוּ, טוֹב וּמֵטִיב הִדָּרֶשׁ לָנוּ
שׁוּבָה אֵלֵינוּ בַּהֲמוֹן רַחֲמֶיךָ, בִּגְלַל אָבוֹת שֶׁעָשׂוּ רְצוֹנֶךָ.
בְּנֵה בֵיתְךָ כְּבַתְּחִלָּה, וְכוֹנֵן מִקְדָּשְׁךָ עַל מְכוֹנוֹ
וְהַרְאֵנוּ בְּבִנְיָנוֹ, וְשַׂמְּחֵנוּ בְּתִקּוּנוֹ
וְהָשֵׁב כֹּהֲנִים לַעֲבוֹדָתָם, וּלְוִיִּם לְשִׁירָם וּלְזִמְרָם
וְהָשֵׁב יִשְׂרָאֵל לִנְוֵיהֶם.

וְשָׁם נַעֲלֶה וְנֵרָאֶה וְנִשְׁתַּחֲוֶה לְפָנֶיךָ בְּשָׁלֹשׁ פַּעֲמֵי רְגָלֵינוּ
כַּכָּתוּב בְּתוֹרָתֶךָ

שָׁלוֹשׁ פְּעָמִים בַּשָּׁנָה יֵרָאֶה כָל־זְכוּרְךָ אֶת־פְּנֵי יהוה אֱלֹהֶיךָ דברים טז
בַּמָּקוֹם אֲשֶׁר יִבְחָר
בְּחַג הַמַּצּוֹת, וּבְחַג הַשָּׁבֻעוֹת, וּבְחַג הַסֻּכּוֹת
וְלֹא יֵרָאֶה אֶת־פְּנֵי יהוה רֵיקָם:

אִישׁ כְּמַתְּנַת יָדוֹ
כְּבִרְכַּת יהוה אֱלֹהֶיךָ אֲשֶׁר נָתַן־לָךְ:

בשבת מוסיפים את המילים שבסוגריים:

וְהַשִּׂיאֵנוּ יהוה אֱלֹהֵינוּ אֶת בִּרְכַּת מוֹעֲדֶיךָ
לְחַיִּים וּלְשָׁלוֹם, לְשִׂמְחָה וּלְשָׂשׂוֹן
כַּאֲשֶׁר רָצִיתָ וְאָמַרְתָּ לְבָרְכֵנוּ.
(אֱלֹהֵינוּ וֵאלֹהֵי אֲבוֹתֵינוּ, רְצֵה בִמְנוּחָתֵנוּ)
קַדְּשֵׁנוּ בְּמִצְוֹתֶיךָ, וְתֵן חֶלְקֵנוּ בְּתוֹרָתֶךָ
שַׂבְּעֵנוּ מִטּוּבֶךָ, וְשַׂמְּחֵנוּ בִּישׁוּעָתֶךָ
וְטַהֵר לִבֵּנוּ לְעָבְדְּךָ בֶּאֱמֶת
וְהַנְחִילֵנוּ יהוה אֱלֹהֵינוּ (בְּאַהֲבָה וּבְרָצוֹן)
בְּשִׂמְחָה וּבְשָׂשׂוֹן (שַׁבָּת וּ) מוֹעֲדֵי קָדְשֶׁךָ
וְיִשְׂמְחוּ בְךָ יִשְׂרָאֵל מְקַדְּשֵׁי שְׁמֶךָ.
בָּרוּךְ אַתָּה יהוה, מְקַדֵּשׁ (הַשַּׁבָּת וְ) יִשְׂרָאֵל וְהַזְּמַנִּים.

עבודה

רְצֵה יהוה אֱלֹהֵינוּ בְּעַמְּךָ יִשְׂרָאֵל וּבִתְפִלָּתָם
וְהָשֵׁב אֶת הָעֲבוֹדָה לִדְבִיר בֵּיתֶךָ
וְאִשֵּׁי יִשְׂרָאֵל וּתְפִלָּתָם בְּאַהֲבָה תְקַבֵּל בְּרָצוֹן
וּתְהִי לְרָצוֹן תָּמִיד עֲבוֹדַת יִשְׂרָאֵל עַמֶּךָ.

אם כוהנים עולים לברך, אומרים כאן בחזרת הש״ץ ׳וְתֶעֱרַב׳, ואין אומרים ׳וְתֶעֱרַב׳ בחול המועד ובשבת חול המועד. מנהג חו״ל הוא להקדים ׳וְתֶחֱזֶינָה׳ ל׳וְשָׁם נַעֲבָדְךָ׳, ולחתום בברכה ״שֶׁאוֹתְךָ לְבַדְּךָ בְּיִרְאָה נַעֲבוֹד״, וכן נוסח ספרד. ראה הלכה 317.

קהל וש״ץ: וְתֶעֱרַב עָלֶיךָ עֲתִירָתֵנוּ כְּעוֹלָה וּכְקָרְבָּן. אָנָּא רַחוּם, בְּרַחֲמֶיךָ הָרַבִּים הָשֵׁב שְׁכִינָתְךָ לְצִיּוֹן עִירְךָ, וְסֵדֶר הָעֲבוֹדָה לִירוּשָׁלָיִם. וְשָׁם נַעֲבָדְךָ בְּיִרְאָה כִּימֵי עוֹלָם וּכְשָׁנִים קַדְמוֹנִיּוֹת.

וממשיך ׳וְתֶחֱזֶינָה׳ למטה.

וְתֶחֱזֶינָה עֵינֵינוּ בְּשׁוּבְךָ לְצִיּוֹן בְּרַחֲמִים.
בָּרוּךְ אַתָּה יהוה, הַמַּחֲזִיר שְׁכִינָתוֹ לְצִיּוֹן.

הודאה

כורע ב׳מודים׳ ואינו זוקף עד אמירת השם.

ימוֹדִים אֲנַחְנוּ לָךְ
שָׁאַתָּה הוּא יהוה אֱלֹהֵינוּ
וֵאלֹהֵי אֲבוֹתֵינוּ לְעוֹלָם וָעֶד.
צוּר חַיֵּינוּ, מָגֵן יִשְׁעֵנוּ
אַתָּה הוּא לְדוֹר וָדוֹר.
נוֹדֶה לְּךָ וּנְסַפֵּר תְּהִלָּתֶךָ
עַל חַיֵּינוּ הַמְּסוּרִים בְּיָדֶךָ
וְעַל נִשְׁמוֹתֵינוּ הַפְּקוּדוֹת לָךְ
וְעַל נִסֶּיךָ שֶׁבְּכָל יוֹם עִמָּנוּ
וְעַל נִפְלְאוֹתֶיךָ וְטוֹבוֹתֶיךָ
שֶׁבְּכָל עֵת, עֶרֶב וָבֹקֶר וְצָהֳרָיִם.
הַטּוֹב, כִּי לֹא כָלוּ רַחֲמֶיךָ
וְהַמְרַחֵם, כִּי לֹא תַמּוּ חֲסָדֶיךָ
מֵעוֹלָם קִוִּינוּ לָךְ.

כששליח הציבור אומר ׳מודים׳, הקהל אומר בלחש:

ימוֹדִים אֲנַחְנוּ לָךְ
שָׁאַתָּה הוּא יהוה אֱלֹהֵינוּ
וֵאלֹהֵי אֲבוֹתֵינוּ
אֱלֹהֵי כָל בָּשָׂר
יוֹצְרֵנוּ, יוֹצֵר בְּרֵאשִׁית.
בְּרָכוֹת וְהוֹדָאוֹת
לְשִׁמְךָ הַגָּדוֹל וְהַקָּדוֹשׁ
עַל שֶׁהֶחֱיִיתָנוּ וְקִיַּמְתָּנוּ.
כֵּן תְּחַיֵּנוּ וּתְקַיְּמֵנוּ
וְתֶאֱסֹף גָּלֻיּוֹתֵינוּ
לְחַצְרוֹת קָדְשֶׁךָ
לִשְׁמֹר חֻקֶּיךָ וְלַעֲשׂוֹת רְצוֹנֶךָ
וּלְעָבְדְּךָ בְּלֵבָב שָׁלֵם
עַל שֶׁאֲנַחְנוּ מוֹדִים לָךְ.
בָּרוּךְ אֵל הַהוֹדָאוֹת.

וְעַל כֻּלָּם יִתְבָּרַךְ וְיִתְרוֹמַם שִׁמְךָ מַלְכֵּנוּ תָּמִיד לְעוֹלָם וָעֶד.
וְכֹל הַחַיִּים יוֹדוּךָ סֶּלָה
וִיהַלְלוּ אֶת שִׁמְךָ בֶּאֱמֶת
הָאֵל יְשׁוּעָתֵנוּ וְעֶזְרָתֵנוּ סֶלָה.
יבָּרוּךְ אַתָּה יהוה, הַטּוֹב שִׁמְךָ וּלְךָ נָאֶה לְהוֹדוֹת.

אם יותר מכוהן אחד עולה לדוכן, הגבאי קורא (ראה הלכה 124):

כֹּהֲנִים

הכוהנים מברכים: בָּרוּךְ אַתָּה יהוה אֱלֹהֵינוּ מֶלֶךְ הָעוֹלָם, אֲשֶׁר קִדְּשָׁנוּ בִּקְדֻשָּׁתוֹ שֶׁל אַהֲרֹן, וְצִוָּנוּ לְבָרֵךְ אֶת עַמּוֹ יִשְׂרָאֵל בְּאַהֲבָה.

השי״ץ מקריא מילה במילה, והכוהנים אחריו:

במדבר ו יְבָרֶכְךָ יהוה וְיִשְׁמְרֶךָ: קהל: אָמֵן
יָאֵר יהוה פָּנָיו אֵלֶיךָ וִיחֻנֶּךָּ: קהל: אָמֵן
יִשָּׂא יהוה פָּנָיו אֵלֶיךָ וְיָשֵׂם לְךָ שָׁלוֹם: קהל: אָמֵן

שליח הציבור ממשיך ׳שִׂים שָׁלוֹם׳ בעמוד הבא.

הכוהנים אומרים:

רִבּוֹנוֹ שֶׁל עוֹלָם, עָשִׂינוּ מַה שֶּׁגָּזַרְתָּ עָלֵינוּ, אַף אַתָּה
דברים כו עֲשֵׂה עִמָּנוּ כְּמוֹ שֶׁהִבְטַחְתָּנוּ. הַשְׁקִיפָה מִמְּעוֹן
קָדְשְׁךָ מִן־הַשָּׁמַיִם, וּבָרֵךְ אֶת־עַמְּךָ אֶת־יִשְׂרָאֵל,
וְאֵת הָאֲדָמָה אֲשֶׁר נָתַתָּה לָנוּ, כַּאֲשֶׁר נִשְׁבַּעְתָּ
לַאֲבֹתֵינוּ, אֶרֶץ זָבַת חָלָב וּדְבָשׁ:

הקהל אומר:

אַדִּיר בַּמָּרוֹם שׁוֹכֵן בִּגְבוּרָה, אַתָּה שָׁלוֹם וְשִׁמְךָ שָׁלוֹם. יְהִי רָצוֹן שֶׁתָּשִׂים עָלֵינוּ וְעַל כָּל עַמְּךָ בֵּית יִשְׂרָאֵל חַיִּים וּבְרָכָה לְמִשְׁמֶרֶת שָׁלוֹם.

אם אין כוהנים העולים לדוכן, שליח הציבור אומר:

אֱלֹהֵינוּ וֵאלֹהֵי אֲבוֹתֵינוּ, בָּרְכֵנוּ בַּבְּרָכָה הַמְשֻׁלֶּשֶׁת בַּתּוֹרָה, הַכְּתוּבָה עַל יְדֵי מֹשֶׁה עַבְדֶּךָ, הָאֲמוּרָה מִפִּי אַהֲרֹן וּבָנָיו כֹּהֲנִים עַם קְדוֹשֶׁיךָ, כָּאָמוּר

במדבר ו יְבָרֶכְךָ יהוה וְיִשְׁמְרֶךָ: קהל: כֵּן יְהִי רָצוֹן
יָאֵר יהוה פָּנָיו אֵלֶיךָ וִיחֻנֶּךָּ: קהל: כֵּן יְהִי רָצוֹן
יִשָּׂא יהוה פָּנָיו אֵלֶיךָ וְיָשֵׂם לְךָ שָׁלוֹם: קהל: כֵּן יְהִי רָצוֹן

שלום

שִׂים שָׁלוֹם טוֹבָה וּבְרָכָה, חֵן וָחֶסֶד וְרַחֲמִים
עָלֵינוּ וְעַל כָּל יִשְׂרָאֵל עַמֶּךָ.
בָּרְכֵנוּ אָבִינוּ כֻּלָּנוּ כְּאֶחָד בְּאוֹר פָּנֶיךָ
כִּי בְאוֹר פָּנֶיךָ נָתַתָּ לָּנוּ יהוה אֱלֹהֵינוּ
תּוֹרַת חַיִּים וְאַהֲבַת חֶסֶד

וּצְדָקָה וּבְרָכָה וְרַחֲמִים וְחַיִּים וְשָׁלוֹם.
וְטוֹב בְּעֵינֶיךָ לְבָרֵךְ אֶת עַמְּךָ יִשְׂרָאֵל
בְּכָל עֵת וּבְכָל שָׁעָה בִּשְׁלוֹמֶךָ.
בָּרוּךְ אַתָּה יהוה, הַמְבָרֵךְ אֶת עַמּוֹ יִשְׂרָאֵל בַּשָּׁלוֹם.

שליח הציבור מסיים באמירת הפסוק הבא בלחש,
ויש הנוהגים לאומרו גם בסוף תפילת לחש של יחיד. ראה הלכה 103.
יִהְיוּ לְרָצוֹן אִמְרֵי־פִי וְהֶגְיוֹן לִבִּי לְפָנֶיךָ, יהוה צוּרִי וְגֹאֲלִי: תהלים יט

אֱלֹהַי ברכות יז.
נְצֹר לְשׁוֹנִי מֵרָע וּשְׂפָתַי מִדַּבֵּר מִרְמָה
וְלִמְקַלְלַי נַפְשִׁי תִדֹּם, וְנַפְשִׁי כֶּעָפָר לַכֹּל תִּהְיֶה.
פְּתַח לִבִּי בְּתוֹרָתֶךָ, וּבְמִצְוֹתֶיךָ תִּרְדֹּף נַפְשִׁי.
וְכָל הַחוֹשְׁבִים עָלַי רָעָה, מְהֵרָה הָפֵר עֲצָתָם וְקַלְקֵל מַחֲשַׁבְתָּם.
עֲשֵׂה לְמַעַן שְׁמֶךָ, עֲשֵׂה לְמַעַן יְמִינֶךָ
עֲשֵׂה לְמַעַן קְדֻשָּׁתֶךָ, עֲשֵׂה לְמַעַן תּוֹרָתֶךָ.
לְמַעַן יֵחָלְצוּן יְדִידֶיךָ, הוֹשִׁיעָה יְמִינְךָ וַעֲנֵנִי: תהלים ס
יִהְיוּ לְרָצוֹן אִמְרֵי־פִי וְהֶגְיוֹן לִבִּי לְפָנֶיךָ, יהוה צוּרִי וְגֹאֲלִי: תהלים יט
כורע ופוסע שלוש פסיעות לאחור. קד לשמאל, לימין ולפנים באמירת:
עֹשֶׂה שָׁלוֹם בִּמְרוֹמָיו
הוּא יַעֲשֶׂה שָׁלוֹם עָלֵינוּ וְעַל כָּל יִשְׂרָאֵל, וְאִמְרוּ אָמֵן.

יְהִי רָצוֹן מִלְּפָנֶיךָ יהוה אֱלֹהֵינוּ וֵאלֹהֵי אֲבוֹתֵינוּ
שֶׁיִּבָּנֶה בֵּית הַמִּקְדָּשׁ בִּמְהֵרָה בְיָמֵינוּ, וְתֵן חֶלְקֵנוּ בְּתוֹרָתֶךָ
וְשָׁם נַעֲבָדְךָ בְּיִרְאָה כִּימֵי עוֹלָם וּכְשָׁנִים קַדְמוֹנִיּוֹת.
וְעָרְבָה לַיהוה מִנְחַת יְהוּדָה וִירוּשָׁלָיִם כִּימֵי עוֹלָם וּכְשָׁנִים קַדְמֹנִיּוֹת: מלאכי ג

בסוכות אומרים כאן הושענות (עמ׳ 416).

בשאר ימים טובים ובשבת חוה״מ פסח אומרים קדיש שלם (עמ׳ 262)
וממשיכים בסיום תפילת מוסף לשבת (עמ׳ 263).

בחול המועד פסח (ובחול המועד סוכות, במקום שאומרים בו הושענות אחרי הלל)
אומרים קדיש שלם (עמ׳ 85) ומסיימים כבתפילת יום חול (עמ׳ 86).

הושענות

בשבעת ימי סוכות אומרים הושענות לאחר תפילת מוסף (טור, תרס).
יש קהילות שאימצו את מנהג ספרד, ובהן אומרים הושענות לאחר קריאת ההלל.

בימות החול (פרט להושענא רבה) מוציאים ספר תורה אל הבימה,
והקהל מקיף את הבימה עם ארבעת המינים (ספר הרוקח, רכא).

מי שאין לו ארבעת המינים אינו מקיף את הבימה (רמ״א תרס,
ב בשם רש״י), וכן מי שהוא אבל (שם בשם ה׳כלבו׳).

הושענות לשבת חול המועד בעמ׳ 420. הושענות להושענא רבה בעמ׳ 423.

כשחל	אומרים הושענות בסדר זה:					
א׳ דסוכות	א׳ דסוכות	א׳ דחוה״מ	ב׳ דחוה״מ	ג׳ דחוה״מ	ד׳ דחוה״מ	ה׳ דחוה״מ
ביום ב׳	למען אמתך	אבן שתיה	ארוך שועי	אום אני חומה	אל למושעות	אום נצורה
ביום ג׳	למען אמתך	אבן שתיה	ארוך שועי	אל למושעות	אום נצורה	אדון המושיע
ביום ה׳	למען אמתך	אבן שתיה	אום נצורה	ארוך שועי	אל למושעות	אדון המושיע
בשבת	אום נצורה	למען אמתך	ארוך שועי	אבן שתיה	אל למושעות	אדון המושיע

שליח הציבור ואחריו הקהל:

הוֹשַׁע נָא לְמַעַנְךָ אֱלֹהֵינוּ הוֹשַׁע נָא.

שליח הציבור ואחריו הקהל:

הוֹשַׁע נָא לְמַעַנְךָ בּוֹרְאֵנוּ הוֹשַׁע נָא.

שליח הציבור ואחריו הקהל:

הוֹשַׁע נָא לְמַעַנְךָ גּוֹאֲלֵנוּ הוֹשַׁע נָא.

שליח הציבור ואחריו הקהל:

הוֹשַׁע נָא לְמַעַנְךָ דּוֹרְשֵׁנוּ הוֹשַׁע נָא.

הוֹשַׁע נָא

לְמַעַן אֲמִתָּךְ. לְמַעַן בְּרִיתָךְ. לְמַעַן גָּדְלָךְ וְתִפְאַרְתָּךְ. לְמַעַן דָּתָךְ. לְמַעַן הוֹדָךְ. לְמַעַן וִעוּדָךְ. לְמַעַן זִכְרָךְ. לְמַעַן חַסְדָּךְ. לְמַעַן טוּבָךְ. לְמַעַן יִחוּדָךְ.

לְמַעַן כְּבוֹדָךְ. לְמַעַן לִמּוּדָךְ. לְמַעַן מַלְכוּתָךְ. לְמַעַן נִצְחָךְ. לְמַעַן סוֹדָךְ. לְמַעַן עֻזָּךְ. לְמַעַן פְּאֵרָךְ. לְמַעַן צִדְקָתָךְ. לְמַעַן קְדֻשָּׁתָךְ. לְמַעַן רַחֲמֶיךָ הָרַבִּים. לְמַעַן שְׁכִינָתָךְ. לְמַעַן תְּהִלָּתָךְ. הוֹשַׁע נָא.

וממשיך 'אֲנִי וָהוֹ הוֹשִׁיעָה נָּא' בעמוד הבא.

הוֹשַׁע נָא

אֶבֶן שְׁתִיָּה. בֵּית הַבְּחִירָה. גֹּרֶן אָרְנָן. דְּבִיר הַמֻּצְנָע. הַר הַמּוֹרִיָּה. וְהַר יֵרָאֶה. זְבוּל תִּפְאַרְתֶּךָ. חָנָה דָוִד. טוֹב הַלְּבָנוֹן. יְפֵה נוֹף מְשׂוֹשׂ כָּל הָאָרֶץ. כְּלִילַת יֹפִי. לִינַת הַצֶּדֶק. מָכוֹן לְשִׁבְתֶּךָ. נָוֶה שַׁאֲנָן. סֻכַּת שָׁלֵם. עֲלִיַּת שְׁבָטִים. פִּנַּת יִקְרַת. צִיּוֹן הַמְצֻיֶּנֶת. קֹדֶשׁ הַקֳּדָשִׁים. רָצוּף אַהֲבָה. שְׁכִינַת כְּבוֹדֶךָ. תֵּל תַּלְפִּיּוֹת. הוֹשַׁע נָא.

וממשיך 'אֲנִי וָהוֹ הוֹשִׁיעָה נָּא' בעמוד הבא.

הוֹשַׁע נָא

אֶעֱרֹךְ שׁוּעִי. בְּבֵית שַׁוְעִי. גִּלִּיתִי בַצּוֹם פִּשְׁעִי. דְּרַשְׁתִּיךָ בּוֹ לְהוֹשִׁיעִי. הַקְשִׁיבָה לְקוֹל שַׁוְעִי. וְקוּמָה וְהוֹשִׁיעִי. זְכֹר וְרַחֵם מוֹשִׁיעִי. חַי כֵּן תְּשַׁעְשְׁעִי. טוֹב בְּאֶנֶק שְׁעִי. יוֹחֵשׁ מוֹשִׁיעִי. כַּלֵּה מַרְשִׁיעִי. לְבַל עוֹד יַרְשִׁיעִי. מַהֵר אֱלֹהֵי יִשְׁעִי. נֶצַח לְהוֹשִׁיעִי. שָׂא נָא עֲוֹן רִשְׁעִי. עֲבֹר עַל פִּשְׁעִי. פְּנֵה נָא לְהוֹשִׁיעִי. צוּר צַדִּיק מוֹשִׁיעִי. קַבֵּל נָא שַׁוְעִי. רוֹמֵם קֶרֶן יִשְׁעִי. שַׁדַּי מוֹשִׁיעִי. תּוֹפִיעַ וְתוֹשִׁיעִי. הוֹשַׁע נָא.

וממשיך 'אֲנִי וָהוֹ הוֹשִׁיעָה נָּא' בעמוד הבא.

הוֹשַׁע נָא

אֹם אֲנִי חוֹמָה. בָּרָה כַּחַמָּה. גּוֹלָה וְסוּרָה. דָּמְתָה לְתָמָר. הַהֲרוּגָה עָלֶיךָ. וְנֶחְשֶׁבֶת כְּצֹאן טִבְחָה. זְרוּיָה בֵּין מַכְעִיסֶיהָ. חֲבוּקָה וּדְבוּקָה בָּךְ. טוֹעֶנֶת עֻלָּךְ. יְחִידָה לְיַחֲדָךְ. כְּבוּשָׁה בַגּוֹלָה. לוֹמֶדֶת יִרְאָתֶךָ. מְרוּטַת לֶחִי. נְתוּנָה לְמַכִּים. סוֹבֶלֶת סִבְלָךְ. עֲנִיָּה סוֹעֲרָה. פְּדוּיַת טוֹבִיָּה. צֹאן קָדָשִׁים. קְהִלּוֹת יַעֲקֹב. רְשׁוּמִים בִּשְׁמֶךָ. שׁוֹאֲגִים הוֹשַׁע נָא. תְּמוּכִים עָלֶיךָ. הוֹשַׁע נָא.

וממשיך 'אֲנִי וָהוֹ הוֹשִׁיעָה נָּא' בעמוד הבא.

הוֹשַׁע נָא

אֵל לְמוֹשָׁעוֹת. בְּאַרְבַּע שְׁבוּעוֹת. נָשִׁים בְּשַׁוְעוֹת. דּוֹפְקֵי עֶרֶךְ שׁוּעוֹת. הוֹגֵי שַׁעֲשׁוּעוֹת. וְחִידוֹת מִשְׁתַּעְשְׁעוֹת. זוֹעֲקִים לְהִשָּׁעוֹת. חוֹכֵי יְשׁוּעוֹת. טְפוּלִים בְּךָ שְׁעוֹת. יוֹדְעֵי בִּין שָׁעוֹת. כּוֹרְעֶיךָ בְּשַׁוְעוֹת. לְהָבִין שְׁמוּעוֹת. מִפִּיךָ נִשְׁמָעוֹת. נוֹתֵן תְּשׁוּעוֹת. סְפוּרוֹת מַשְׁמָעוֹת. עֵדוֹת מַשְׁמִיעוֹת. פּוֹעֵל יְשׁוּעוֹת. צַדִּיק נוֹשָׁעוֹת. קִרְיַת תְּשׁוּעוֹת. רֶגֶשׁ תְּשׁוּאוֹת. שָׁלֹשׁ שָׁעוֹת. תָּחִישׁ לִתְשׁוּעוֹת. הוֹשַׁע נָא.

וממשיך ׳אֲנִי וָהוּ הוֹשִׁיעָה נָּא׳ למטה.

הוֹשַׁע נָא

אָדוֹן הַמּוֹשִׁיעַ. בִּלְתְּךָ אֵין לְהוֹשִׁיעַ. גִּבּוֹר וְרַב לְהוֹשִׁיעַ. דַּלּוֹתִי וְלִי יְהוֹשִׁיעַ. הָאֵל הַמּוֹשִׁיעַ. וּמַצִּיל וּמוֹשִׁיעַ. זוֹעֲקֶיךָ תּוֹשִׁיעַ. חוֹכֶיךָ הוֹשִׁיעַ. טְלָאֶיךָ תַּשְׂבִּיעַ. יְבוּל לְהַשְׁפִּיעַ. כָּל שִׂיחַ תַּדְשֵׁא וְתוֹשִׁיעַ. לְגֵיא בַּל תַּרְשִׁיעַ. מְגָדִים תַּמְתִּיק וְתוֹשִׁיעַ. נְשִׂיאִים לְהַסִּיעַ. שְׂעִירִים לְהָנִיעַ. עֲנָנִים מִלְּהַמְנִיעַ. פּוֹתֵחַ יָד וּמַשְׂבִּיעַ. צְמֵאֶיךָ תַּשְׂבִּיעַ. קוֹרְאֶיךָ תּוֹשִׁיעַ. רְחוּמֶיךָ תּוֹשִׁיעַ. שׁוֹחֲרֶיךָ הוֹשִׁיעַ. תְּמִימֶיךָ תּוֹשִׁיעַ. הוֹשַׁע נָא.

אֲנִי וָהוּ הוֹשִׁיעָה נָּא.

כְּהוֹשַׁעְתָּ אֵלִים בְּלוּד עִמָּךְ.
בְּצֵאתְךָ לְיֵשַׁע עַמָּךְ. — כֵּן הוֹשַׁע נָא.

כְּהוֹשַׁעְתָּ גּוֹי וֵאלֹהִים.
דְּרוּשִׁים לְיֵשַׁע אֱלֹהִים. — כֵּן הוֹשַׁע נָא.

כְּהוֹשַׁעְתָּ הֲמוֹן צְבָאוֹת.
וְעִמָּם מַלְאֲכֵי צְבָאוֹת. — כֵּן הוֹשַׁע נָא.

כְּהוֹשַׁעְתָּ זַכִּים מִבֵּית עֲבָדִים.
חַנּוּן בְּיָדָם מַעֲבִידִים. — כֵּן הוֹשַׁע נָא.

כְּהוֹשַׁעְתָּ טְבוּעִים בְּצוּל גְּזָרִים.
יְקָרְךָ עִמָּם מַעֲבִירִים. כֵּן הוֹשַׁע נָא.

כְּהוֹשַׁעְתָּ כַּנָּה מְשׁוֹרֶרֶת וַיּוֹשַׁע.
לְגוֹחָהּ מְצַיֶּנֶת וַיִּוָּשַׁע. כֵּן הוֹשַׁע נָא.

כְּהוֹשַׁעְתָּ מַאֲמַר וְהוֹצֵאתִי אֶתְכֶם.
נָקוּב וְהוּצֵאתִי אִתְּכֶם. כֵּן הוֹשַׁע נָא.

כְּהוֹשַׁעְתָּ סוֹבְבֵי מִזְבֵּחַ.
עוֹמְסֵי עֲרָבָה לְהַקִּיף מִזְבֵּחַ. כֵּן הוֹשַׁע נָא.

כְּהוֹשַׁעְתָּ פִּלְאֵי אָרוֹן כְּהֻפְשַׁע.
צִעֵר פְּלֶשֶׁת בַּחֲרוֹן אַף, וְנוֹשַׁע. כֵּן הוֹשַׁע נָא.

כְּהוֹשַׁעְתָּ קְהִלּוֹת בָּבֶלָה שִׁלַּחְתָּ.
רַחוּם לְמַעֲנָם שֻׁלַּחְתָּ. כֵּן הוֹשַׁע נָא.

כְּהוֹשַׁעְתָּ שְׁבוּת שִׁבְטֵי יַעֲקֹב.
תָּשׁוּב וְתָשִׁיב שְׁבוּת אָהֳלֵי יַעֲקֹב. וְהוֹשִׁיעָה נָּא.

כְּהוֹשַׁעְתָּ שׁוֹמְרֵי מִצְוֹת וְחוֹכֵי יְשׁוּעוֹת.
אֵל לְמוֹשָׁעוֹת. וְהוֹשִׁיעָה נָּא.

אֲנִי וָהוֹ הוֹשִׁיעָה נָּא.

מחזירים את ספר התורה לארון הקודש ואומרים (על פי מנהג קדום המופיע במחזור ורמייזא):

תהלים כח הוֹשִׁיעָה אֶת־עַמֶּךָ, וּבָרֵךְ אֶת־נַחֲלָתֶךָ, וּרְעֵם וְנַשְּׂאֵם עַד־הָעוֹלָם: וְיִהְיוּ
מלכים א׳ ח דְבָרַי אֵלֶּה, אֲשֶׁר הִתְחַנַּנְתִּי לִפְנֵי יהוה, קְרֹבִים אֶל־יהוה אֱלֹהֵינוּ יוֹמָם
וָלָיְלָה, לַעֲשׂוֹת מִשְׁפַּט עַבְדּוֹ וּמִשְׁפַּט עַמּוֹ יִשְׂרָאֵל, דְּבַר־יוֹם בְּיוֹמוֹ:
לְמַעַן דַּעַת כָּל־עַמֵּי הָאָרֶץ כִּי יהוה הוּא הָאֱלֹהִים, אֵין עוֹד:

סוגרים את ארון הקודש.

ביום טוב שליח הציבור אומר קדיש שלם בעמ׳ 262 וממשיך בתפילת מוסף בעמ׳ 263
(אם אמרו הושענות אחרי הלל, ממשיכים בהוצאת ספר תורה בעמ׳ 236).

בחול המועד ממשיך בסיום תפילת שחרית לחול בעמ׳ 85 (או בהוצאת ספר תורה בעמ׳ 76).

הושענות לשבת

בשבת אומרים הושענות, אך אין מוציאים את ספר התורה ואין מקיפים את הבימה (הכרעת הטור בסימן תרס).

פותחים את ארון הקודש.

שליח הציבור ואחריו הקהל:

הושע נא למענך אלהינו הושע נא.

שליח הציבור ואחריו הקהל:

הושע נא למענך בוראנו הושע נא.

שליח הציבור ואחריו הקהל:

הושע נא למענך גואלנו הושע נא.

שליח הציבור ואחריו הקהל:

הושע נא למענך דורשנו הושע נא.

הושע נא

אם נצורה כבבת. בוננת בדת נפש משיבת. גומרת הלכות שבת. דורשת משאת שבת. הקובעת אלפים תחום שבת. ומשיבת רגל משבת. זכור ושמור מקימת בשבת. חשה למהר ביאת שבת. טורחת כל משׁשה לשבת. יושבת וממתנת עד כלות שבת. כבוד וענג קוראה לשבת. לבוש וכסות מחלפת בשבת. מאכל ומשתה מכינה לשבת. נעם מגדים מנעמת לשבת. סעודות שלש מקימת בשבת. על שתי ככרות בוצעת בשבת. פורטת ארבע רשיות שבת. צווי הדלקת נר מדלקת בשבת. קדוש היום מקדשת בשבת. רנן שבע מפללת בשבת. שבעה בדת קוראה בשבת. תנחילנה ליום שכלו שבת. הושע נא.

אני והו הושיעה נא.

כהושעת אדם יציר כפיך לגוננה.

בשבת קדש המצאתו כפר וחנינה. כן הושע נא.

כְּהוֹשַׁעְתָּ גּוֹי מְצֻיָּן מְקֻוִּים חֹפֶשׁ.
דֵּעָה כִּוְּנוּ לָבוּר שְׁבִיעִי לְנֹפֶשׁ. כֵּן הוֹשַׁע נָא.

כְּהוֹשַׁעְתָּ הָעָם נִהַגְתָּ כַּצֹּאן לְהַנְחוֹת.
וְחֹק שַׂמְתָּ בְּמָרָה עַל מֵי מְנוּחוֹת. כֵּן הוֹשַׁע נָא.

כְּהוֹשַׁעְתָּ זְבוּדֶיךָ בְּמִדְבַּר סִין בַּמַּחֲנֶה.
חָכְמוּ וְלָקְטוּ בַּשִּׁשִּׁי לֶחֶם מִשְׁנֶה. כֵּן הוֹשַׁע נָא.

כְּהוֹשַׁעְתָּ טְפוּלֶיךָ הוֹרוּ הֲכָנָה בְּמַדָּעָם.
יִשַּׁר כֹּחָם, וְהוֹדָה לָמוֹ רוֹעָם. כֵּן הוֹשַׁע נָא.

כְּהוֹשַׁעְתָּ כִּלְכַּלְתָּ בְּעֹנֶג מָן הַמִּשְׁמָר.
לֹא הָפַךְ עֵינוֹ וְרֵיחוֹ לֹא נָמָר. כֵּן הוֹשַׁע נָא.

כְּהוֹשַׁעְתָּ מִשְׁפְּטֵי מַשָּׂאוֹת שַׁבָּת גָּמָרוּ.
נָחוּ וְשָׁבְתוּ, רְשֻׁיּוֹת וּתְחוּמִים שָׁמָרוּ. כֵּן הוֹשַׁע נָא.

כְּהוֹשַׁעְתָּ סִינַי הָשְׁמְעוּ בְּדִבּוּר רְבִיעִי.
עִנְיַן זָכוֹר וְשָׁמוֹר לְקַדֵּשׁ שְׁבִיעִי. כֵּן הוֹשַׁע נָא.

כְּהוֹשַׁעְתָּ פָּקְדוּ יְרִיחוֹ שֶׁבַע לְהַקֵּף.
צָרוּ עַד רִדְתָּהּ בַּשַּׁבָּת לְתַקֵּף. כֵּן הוֹשַׁע נָא.

כְּהוֹשַׁעְתָּ קֹהֶלֶת וְעַמּוֹ בְּבֵית עוֹלָמִים.
רִצּוּךָ בְּחָגְגָם שִׁבְעָה וְשִׁבְעָה יָמִים. כֵּן הוֹשַׁע נָא.

כְּהוֹשַׁעְתָּ שָׁבִים עוֹלֵי גוֹלָה לְפִדְיוֹם.
תּוֹרָתְךָ בְּקָרְאָם בֶּחָג יוֹם יוֹם. כֵּן הוֹשַׁע נָא.

כְּהוֹשַׁעְתָּ מְשַׂמְּחֶיךָ בְּבִנְיַן שֵׁנִי הַמְחֻדָּשׁ.
נוֹטְלִין לוּלָב כָּל שִׁבְעָה בַּמִּקְדָּשׁ. כֵּן הוֹשַׁע נָא.

כְּהוֹשַׁעְתָּ חִבּוּט עֲרָבָה שַׁבָּת מַדְחִים.
מֻרְבִּיּוֹת מוֹצָא לִיסוֹד מִזְבֵּחַ מַנִּיחִים. כֵּן הוֹשַׁע נָא.

כְּהוֹשַׁעְתָּ בְּרֻכּוֹת וַאֲרֻכּוֹת וּגְבוֹהוֹת מְעֻלָּסִים.
בְּפְטִירָתָן יֹפִי לְךָ מִזְבֵּחַ מְקַלְּסִים. כֵּן הוֹשַׁע נָא.

כְּהוֹשַׁעְתָּ מוֹדִים וּמְיַחֲלִים וְלֹא מְשַׁנִּים.
כֻּלָּנוּ אָנוּ לְיָהּ וְעֵינֵינוּ לְיָהּ שׁוֹנִים. כֵּן הוֹשַׁע נָא.

כְּהוֹשַׁעְתָּ יֶקֶב מֵחֲצֵבֶיךָ סוֹבְבִים בִּרְנָנָה.
רוֹנְנִים אֲנִי וָהוֹ הוֹשִׁיעָה נָּא. כֵּן הוֹשַׁע נָא.

כְּהוֹשַׁעְתָּ חֵיל זְרִיזִים מְשָׁרְתִים בִּמְנוּחָה.
קָרְבַּן שַׁבָּת כָּפוּל, עוֹלָה וּמִנְחָה. כֵּן הוֹשַׁע נָא.

כְּהוֹשַׁעְתָּ לְוִיֶּיךָ עַל דּוּכָנָם לְהַרְבַּת.
אוֹמְרִים מִזְמוֹר שִׁיר לְיוֹם הַשַּׁבָּת. כֵּן הוֹשַׁע נָא.

כְּהוֹשַׁעְתָּ נְחוּמֶיךָ בְּמִצְוֹתֶיךָ תָּמִיד יִשְׁתַּעְשְׁעוּן.
וּרְצֵם וְהַחֲלִיצֵם בְּשׁוּבָה וָנַחַת יִוָּשֵׁעוּן. כֵּן הוֹשַׁע נָא.

כְּהוֹשַׁעְתָּ שְׁבוּת שִׁבְטֵי יַעֲקֹב.
תָּשׁוּב וְתָשִׁיב שְׁבוּת אָהֳלֵי יַעֲקֹב. וְהוֹשִׁיעָה נָּא.

כְּהוֹשַׁעְתָּ שׁוֹמְרֵי מִצְוֹת וְחוֹכֵי יְשׁוּעוֹת.
אֵל לְמוֹשָׁעוֹת. וְהוֹשִׁיעָה נָּא.

אֲנִי וָהוֹ הוֹשִׁיעָה נָּא.

תהלים כח הוֹשִׁיעָה אֶת־עַמֶּךָ, וּבָרֵךְ אֶת־נַחֲלָתֶךָ, וּרְעֵם וְנַשְּׂאֵם עַד־הָעוֹלָם: וְיִהְיוּ
מלכים א׳ ח דְבָרַי אֵלֶּה, אֲשֶׁר הִתְחַנַּנְתִּי לִפְנֵי יהוה, קְרֹבִים אֶל־יהוה אֱלֹהֵינוּ יוֹמָם
וָלָיְלָה, לַעֲשׂוֹת מִשְׁפַּט עַבְדּוֹ וּמִשְׁפַּט עַמּוֹ יִשְׂרָאֵל, דְּבַר־יוֹם בְּיוֹמוֹ:
לְמַעַן דַּעַת כָּל־עַמֵּי הָאָרֶץ כִּי יהוה הוּא הָאֱלֹהִים, אֵין עוֹד:

סוגרים את ארון הקודש.

ביום טוב שליח הציבור אומר קדיש שלם בעמ׳ 262 וממשיך בתפילת מוסף בעמ׳ 263
(אם אומרים הושענות אחרי הלל, ממשיכים בקריאת מגילת קהלת בעמ׳ 644).

הושענות להושענא רבה

פותחים את ארון הקודש ומוציאים את כל ספרי התורה אל הבימה (רמ"א תרס, א בשם מהר"י טירנא).
מקיפים את הבימה שבע פעמים, ואחרי כל הקפה מסיימים בפסוק המתייחס לאחת משבע הספירות (סידור השל"ה).

שליח הציבור ואחריו הקהל:

הוֹשַׁע נָא לְמַעַנְךָ אֱלֹהֵינוּ הוֹשַׁע נָא.

שליח הציבור ואחריו הקהל:

הוֹשַׁע נָא לְמַעַנְךָ בּוֹרְאֵנוּ הוֹשַׁע נָא.

שליח הציבור ואחריו הקהל:

הוֹשַׁע נָא לְמַעַנְךָ גּוֹאֲלֵנוּ הוֹשַׁע נָא.

שליח הציבור ואחריו הקהל:

הוֹשַׁע נָא לְמַעַנְךָ דּוֹרְשֵׁנוּ הוֹשַׁע נָא.

הוֹשַׁע נָא

הקפה ראשונה:

לְמַעַן אֲמִתָּךְ. לְמַעַן בְּרִיתָךְ. לְמַעַן גָּדְלָךְ וְתִפְאַרְתָּךְ. לְמַעַן דָּתָךְ. לְמַעַן הוֹדָךְ. לְמַעַן וִעוּדָךְ. לְמַעַן זִכְרָךְ. לְמַעַן חַסְדָּךְ. לְמַעַן טוּבָךְ. לְמַעַן יִחוּדָךְ. לְמַעַן כְּבוֹדָךְ. לְמַעַן לִמּוּדָךְ. לְמַעַן מַלְכוּתָךְ. לְמַעַן נִצְחָךְ. לְמַעַן סוֹדָךְ. לְמַעַן עֻזָּךְ. לְמַעַן פְּאֵרָךְ. לְמַעַן צִדְקָתָךְ. לְמַעַן קְדֻשָּׁתָךְ. לְמַעַן רַחֲמֶיךָ הָרַבִּים. לְמַעַן שְׁכִינָתָךְ. לְמַעַן תְּהִלָּתָךְ. הוֹשַׁע נָא.

כִּי־אָמַרְתִּי עוֹלָם חֶסֶד יִבָּנֶה: תהלים פט

הוֹשַׁע נָא

הקפה שנייה:

אֶבֶן שְׁתִיָּה. בֵּית הַבְּחִירָה. גֹּרֶן אָרְנָן. דְּבִיר הַמֻּצְנָע. הַר הַמּוֹרִיָּה. וְהַר יֵרָאֶה. זְבוּל תִּפְאַרְתֶּךָ. חָנָה דָוִד. טוֹב הַלְּבָנוֹן. יְפֵה נוֹף מְשׂוֹשׂ כָּל הָאָרֶץ. כְּלִילַת יֹפִי. לִינַת הַצֶּדֶק. מָכוֹן לְשִׁבְתֶּךָ. נָוֶה שַׁאֲנָן. סֻכַּת שָׁלֵם. עֲלִיַּת שְׁבָטִים. פִּנַּת יִקְרַת. צִיּוֹן הַמְצֻיֶּנֶת. קֹדֶשׁ הַקֳּדָשִׁים. רָצוּף אַהֲבָה. שְׁכִינַת כְּבוֹדֶךָ. תֵּל תַּלְפִּיּוֹת. הוֹשַׁע נָא.

תהלים פט לְךָ זְרוֹעַ עִם־גְּבוּרָה, תָּעֹז יָדְךָ תָּרוּם יְמִינֶךָ:

הוֹשַׁע נָא

הקפה שלישית:

אֹם אֲנִי חוֹמָה. בָּרָה כַּחַמָּה. גּוֹלָה וְסוּרָה. דָּמְתָה לְתָמָר. הַהֲרוּגָה עָלֶיךָ. וְנֶחְשֶׁבֶת כְּצֹאן טִבְחָה. זְרוּיָה בֵּין מַכְעִיסֶיהָ. חֲבוּקָה וּדְבוּקָה בָךְ. טוֹעֶנֶת עֻלָּךְ. יְחִידָה לְיַחֲדָךְ. כְּבוּשָׁה בַּגּוֹלָה. לוֹמֶדֶת יִרְאָתָךְ. מְרוּטַת לֶחִי. נְתוּנָה לְמַכִּים. סוֹבֶלֶת סִבְלָךְ. עֲנִיָּה סוֹעֲרָה. פְּדוּיַת טוֹבִיָּה. צֹאן קָדָשִׁים. קְהִלּוֹת יַעֲקֹב. רְשׁוּמִים בִּשְׁמֶךָ. שׁוֹאֲגִים הוֹשַׁע נָא. תְּמוּכִים עָלֶיךָ. הוֹשַׁע נָא.

מיכה ז תִּתֵּן אֱמֶת לְיַעֲקֹב, חֶסֶד לְאַבְרָהָם:

הוֹשַׁע נָא

הקפה רביעית:

אָדוֹן הַמּוֹשִׁיעַ. בִּלְתְּךָ אֵין לְהוֹשִׁיעַ. גִּבּוֹר וְרַב לְהוֹשִׁיעַ. דַּלּוֹתִי וְלִי יְהוֹשִׁיעַ. הָאֵל הַמּוֹשִׁיעַ. וּמַצִּיל וּמוֹשִׁיעַ. זוֹעֲקֶיךָ תּוֹשִׁיעַ. חוֹכֶיךָ הוֹשִׁיעַ. טְלָאֶיךָ תַּשְׂבִּיעַ. יְבוּל לְהַשְׁפִּיעַ. כָּל שִׂיחַ תַּדְשֵׁא וְתוֹשִׁיעַ. לְגֵיא בַּל תַּרְשִׁיעַ. מְגָדִים תַּמְתִּיק וְתוֹשִׁיעַ. נְשִׂיאִים לְהַסִּיעַ. שְׂעִירִים

לְהָנִיעַ. עֲנָנִים מִלְּהַמְנִיעַ. פּוֹתֵחַ יָד וּמַשְׂבִּיעַ. צְמֵאֶיךָ תַּשְׂבִּיעַ. קוֹרְאֶיךָ תּוֹשִׁיעַ. רְחוּמֶיךָ תּוֹשִׁיעַ. שׁוֹחֲרֶיךָ הוֹשִׁיעַ. תְּמִימֶיךָ תּוֹשִׁיעַ. הוֹשַׁע נָא.

נְעִמוֹת בִּימִינְךָ נֶצַח: תהלים טז

הוֹשַׁע נָא

הקפה חמישית:

אָדָם וּבְהֵמָה. בָּשָׂר וְרוּחַ וּנְשָׁמָה. גִּיד וְעֶצֶם וְקָרְמָה. דְּמוּת וְצֶלֶם וְרִקְמָה. הוֹד לַהֶבֶל דָּמָה. וְנִמְשַׁל כַּבְּהֵמוֹת נִדְמָה. זִיו וְתֹאַר וְקוֹמָה. חִדּוּשׁ פְּנֵי אֲדָמָה. טִיעַת עֲצֵי נְשַׁמָּה. יְקָבִים וְקָמָה. כְּרָמִים וְשִׁקְמָה. לְתֵבֵל הַמְּסֻיָּמָה. מְטָרוֹת עֹז לְסַמְּמָה. נְשִׁיָּה לְקַיְּמָה. שִׂיחִים לְקוֹמְמָה. עֲדָנִים לְעָצְמָה. פְּרָחִים לְהַעֲצִימָה. צְמָחִים לְגָשְׁמָה. קָרִים לְזָרְמָה. רְבִיבִים לְשַׁלְּמָה. שְׁתִיָּה לְרוֹמְמָה. תְּלוּיָה עַל בְּלִימָה. הוֹשַׁע נָא.

יהוה אֲדֹנֵינוּ מָה־אַדִּיר שִׁמְךָ בְּכָל־הָאָרֶץ תהלים ח
אֲשֶׁר־תְּנָה הוֹדְךָ עַל־הַשָּׁמָיִם:

הוֹשַׁע נָא

הקפה שישית:

אֲדָמָה מֵאֶרֶר. בְּהֵמָה מִמְּשַׁכֶּלֶת. גֹּרֶן מִגָּזָם. דָּגָן מִדַּלֶּקֶת. הוֹן מִמְּאֵרָה. וְאֹכֶל מִמְּהוּמָה. זַיִת מִנֶּשֶׁל. חִטָּה מֵחָגָב. טֶרֶף מִגּוֹבַי. יֶקֶב מִיֶּלֶק. כֶּרֶם מִתּוֹלַעַת. לֶקֶשׁ מֵאַרְבֶּה. מֶגֶד מִצְּלָצַל. נֶפֶשׁ מִבֶּהָלָה. שֹׂבַע מִסָּלְעָם. עֲדָרִים מִדַּלּוּת. פֵּרוֹת מִשִּׁדָּפוֹן. צֹאן מִצְּמִיתוּת. קָצִיר מִקְּלָלָה. רֹב מֵרָזוֹן. שִׁבֹּלֶת מִצִּנָּמוֹן. תְּבוּאָה מֵחָסִיל. הוֹשַׁע נָא.

צַדִּיק יהוה בְּכָל־דְּרָכָיו, וְחָסִיד בְּכָל־מַעֲשָׂיו: תהלים קמה

הוֹשַׁע נָא

הקפה שביעית:

לְמַעַן אֵיתָן הַנִּזְרָק בְּלַהַב אֵשׁ.
לְמַעַן בֵּן הַנֶּעֱקַד עַל עֵצִים וָאֵשׁ.
לְמַעַן גִּבּוֹר הַנֶּאֱבַק עִם שַׂר אֵשׁ.
לְמַעַן דְּגָלִים נָחִיתָ בְּאוֹר וַעֲנַן אֵשׁ.
לְמַעַן הָעֲלָה לַמָּרוֹם, וְנִתְעַלָּה כְּמַלְאֲכֵי אֵשׁ.
לְמַעַן וְהוּא לָךְ כְּסֶגֶן בְּאֶרְאֱלֵי אֵשׁ.
לְמַעַן זֶבֶד דִּבְּרוֹת הַנְּתוּנוֹת מֵאֵשׁ.
לְמַעַן חִפּוּי יְרִיעוֹת וַעֲנַן אֵשׁ.
לְמַעַן טֶכֶס הַר יָרַדְתָּ עָלָיו בָּאֵשׁ.
לְמַעַן יְדִידוּת בַּיִת אֲשֶׁר אָהַבְתָּ מִשְּׁמֵי אֵשׁ.
לְמַעַן כָּמַהּ עַד שָׁקְעָה הָאֵשׁ.
לְמַעַן לָקַח מַחְתַּת אֵשׁ וְהֵסִיר חֲרוֹן אֵשׁ.
לְמַעַן מְקַנֵּא קִנְאָה גְדוֹלָה בָּאֵשׁ.
לְמַעַן נָף יָדוֹ וְיָרְדוּ אַבְנֵי אֵשׁ.
לְמַעַן שָׂם טְלֵה חָלָב כְּלִיל אֵשׁ.
לְמַעַן עָמַד בַּגֹּרֶן וְנִתְרַצָּה בָאֵשׁ.
לְמַעַן פִּלֵּל בָּעֲזָרָה וְיָרְדָה הָאֵשׁ.
לְמַעַן צִיר עָלָה וְנִתְעַלָּה בְּרֶכֶב וְסוּסֵי אֵשׁ.
לְמַעַן קְדוֹשִׁים מֻשְׁלָכִים בָּאֵשׁ.
לְמַעַן רִבּוֹ רִבְבָן חָז וְנַהֲרֵי אֵשׁ.
לְמַעַן שְׁמָמוֹת עִירְךָ הַשְּׂרוּפָה בָאֵשׁ.
לְמַעַן תּוֹלְדוֹת אַלּוּפֵי יְהוּדָה, תָּשִׂים כְּכִיּוֹר אֵשׁ. הוֹשַׁע נָא.

לְךָ יהוה הַגְּדֻלָּה וְהַגְּבוּרָה וְהַתִּפְאֶרֶת וְהַנֵּצַח וְהַהוֹד, כִּי־כֹל בַּשָּׁמַיִם וּבָאָרֶץ דברי הימים א׳ כט
לְךָ יהוה הַמַּמְלָכָה וְהַמִּתְנַשֵּׂא לְכֹל לְרֹאשׁ:
וְהָיָה יהוה לְמֶלֶךְ עַל־כָּל־הָאָרֶץ, בַּיּוֹם הַהוּא יִהְיֶה יהוה אֶחָד וּשְׁמוֹ אֶחָד: זכריה יד
וּבְתוֹרָתְךָ כָּתוּב לֵאמֹר: שְׁמַע יִשְׂרָאֵל, יהוה אֱלֹהֵינוּ, יהוה אֶחָד: דברים ו
בָּרוּךְ שֵׁם כְּבוֹד מַלְכוּתוֹ לְעוֹלָם וָעֶד.

הקהל חוזר למקומו, וממשיכים:

אֲנִי וָהוּ הוֹשִׁיעָה נָּא.

כְּהוֹשַׁעְתָּ אֵלִים בְּלוּד עִמָּךְ.
בְּצֵאתְךָ לְיֵשַׁע עַמָּךְ. **כֵּן הוֹשַׁע נָא.**
כְּהוֹשַׁעְתָּ גּוֹי וֵאלֹהִים.
דְּרוּשִׁים לְיֵשַׁע אֱלֹהִים. **כֵּן הוֹשַׁע נָא.**
כְּהוֹשַׁעְתָּ הֲמוֹן צְבָאוֹת.
וְעִמָּם מַלְאֲכֵי צְבָאוֹת. **כֵּן הוֹשַׁע נָא.**
כְּהוֹשַׁעְתָּ זַכִּים מִבֵּית עֲבָדִים.
חַנּוּן בְּיָדָם מַעֲבִידִים. **כֵּן הוֹשַׁע נָא.**
כְּהוֹשַׁעְתָּ טְבוּעִים בְּצוּל גְּזָרִים.
יְקָרְךָ עִמָּם מַעֲבִירִים. **כֵּן הוֹשַׁע נָא.**
כְּהוֹשַׁעְתָּ כַּנָּה מְשׁוֹרֶרֶת וַיּוֹשַׁע.
לְגוֹחָהּ מְצֻיֶּנֶת וַיִּוָּשַׁע. **כֵּן הוֹשַׁע נָא.**
כְּהוֹשַׁעְתָּ מַאֲמַר וְהוֹצֵאתִי אֶתְכֶם.
נָקוּב וְהוּצֵאתִי אִתְּכֶם. **כֵּן הוֹשַׁע נָא.**
כְּהוֹשַׁעְתָּ סוֹבְבֵי מִזְבֵּחַ.
עוֹמְסֵי עֲרָבָה לְהַקִּיף מִזְבֵּחַ. **כֵּן הוֹשַׁע נָא.**
כְּהוֹשַׁעְתָּ פִּלְאֵי אָרוֹן כְּהֻפְשַׁע.
צִעֵר פְּלֶשֶׁת בַּחֲרוֹן אַף, וְנוֹשַׁע. **כֵּן הוֹשַׁע נָא.**
כְּהוֹשַׁעְתָּ קְהִלּוֹת בָּבֶלָה שִׁלַּחְתָּ.
רַחוּם לְמַעֲנָם שֻׁלַּחְתָּ. **כֵּן הוֹשַׁע נָא.**
כְּהוֹשַׁעְתָּ שְׁבוּת שִׁבְטֵי יַעֲקֹב.
תָּשׁוּב וְתָשִׁיב שְׁבוּת אָהֳלֵי יַעֲקֹב. **וְהוֹשִׁיעָה נָּא.**
כְּהוֹשַׁעְתָּ שׁוֹמְרֵי מִצְוֹת וְחוֹכֵי יְשׁוּעוֹת.
אֵל לְמוֹשָׁעוֹת. **וְהוֹשִׁיעָה נָּא.**

אֲנִי וָהוּ הוֹשִׁיעָה נָּא.

תִּתְּנֵנוּ לְשֵׁם וְלִתְהִלָּה. תְּחָנֵּנוּ בְּרַחֲמִים וּבְחֶמְלָה.
תְּשִׁיבֵנוּ אֶל הַחֶבֶל וְאֶל הַנַּחֲלָה. תַּזְכִּירֵנוּ בְּמִי זֹאת עוֹלָה.
תְּרוֹמְמֵנוּ לְמַעְלָה לְמָעְלָה. תּוֹשִׁיעֵנוּ לְקֵץ הַגְּאֻלָּה.
תְּקַבְּצֵנוּ לְבֵית הַתְּפִלָּה. תְּהַדְּרֵנוּ בְּזִיו הֲמֻלָּה.
תַּצִּיבֵנוּ כְּעֵץ עַל פַּלְגֵי מַיִם שְׁתוּלָה. תַּדְבִּיקֵנוּ כְּאֵזוֹר חֲתוּלָה.
תִּפְדֵּנוּ מִכָּל נֶגַע וּמַחֲלָה. תְּגַדְּלֵנוּ בְּיָד הַגְּדוֹלָה.
תְּעַטְּרֵנוּ בְּאַהֲבָה כְּלוּלָה. תְּבִיאֵנוּ לְבֵיתְךָ בְּרִנָּה וְצָהֳלָה.
תְּשַׂמְּחֵנוּ בְּבֵית הַתְּפִלָּה. תְּאַדְּרֵנוּ בְּיֶשַׁע וְגִילָה.
תְּנַהֲלֵנוּ עַל מֵי מְנוּחוֹת סֶלָה. תְּאַמְּצֵנוּ בְּרֶוַח וְהַצָּלָה.
תְּמַלְּאֵנוּ חָכְמָה וְשִׂכְלָה. תְּלַבְּבֵנוּ בְּבִנְיַן עִירְךָ כְּבַתְּחִלָּה.
תַּלְבִּישֵׁנוּ עֹז וּגְדֻלָּה. תְּעוֹרְרֵנוּ לְצִיּוֹן בְּשַׁכְלוּלָה.
תַּכְתִּירֵנוּ בְּכֶתֶר כְּלוּלָה. תְּזַכֵּנוּ בְּנִבְנְתָה הָעִיר עַל תִּלָּהּ.
תְּיַשְּׁרֵנוּ בְּאֹרַח סְלוּלָה. תַּרְבִּיצֵנוּ בְּשָׂשׂוֹן וְגִילָה.
תִּטָּעֵנוּ בְּיֹשֶׁר מְסִלָּה. תְּחַזְּקֵנוּ אֱלֹהֵי יַעֲקֹב סֶלָה.

הוֹשַׁע נָא.

אָנָּא, הוֹשִׁיעָה נָּא.

אָנָּא אֱזוֹן חִין תְּאֵבֵי יִשְׁעָךְ.
בְּעַרְבֵי נַחַל לְשַׁעְשְׁעָךְ. וְהוֹשִׁיעָה נָּא.

אָנָּא גְּאַל כַּנַּת נִטְעָךְ.
דּוּמָה בְּטַאטְאָךְ. וְהוֹשִׁיעָה נָּא.

אָנָּא הַבֵּט לַבְּרִית טִבְעָךְ.
וּמַחֲשַׁכֵּי אֶרֶץ בְּהַטְבִּיעָךְ. וְהוֹשִׁיעָה נָּא.

אָנָּא זְכָר לָנוּ אָב יְדָעָךְ.
חַסְדְּךָ לָמוֹ בְּהוֹדִיעָךְ. וְהוֹשִׁיעָה נָּא.

אָנָּא טְהוֹרֵי לֵב בְּהַפְלִיאָךְ.
יֶדַע כִּי הוּא פִלְאָךְ. וְהוֹשִׁיעָה נָּא.

אָנָּא כַּבִּיר כֹּחַ תֶּן לָנוּ יִשְׁעָךְ.
לַאֲבוֹתֵינוּ כְּהִשָּׁבְעָךְ. וְהוֹשִׁיעָה נָּא.

אָנָּא מַלֵּא מִשְׁאֲלוֹת עַם מְשַׁוְּעָךְ.
נֶעֱקַד בְּהַר מוֹר כְּמוֹ שׁוּעָךְ. וְהוֹשִׁיעָה נָּא.

אָנָּא סַגֵּב אֶשְׁלֵי נִטְעָךְ.
עֲרִיצִים בַּהֲנִיעָךְ. וְהוֹשִׁיעָה נָּא.

אָנָּא פְּתַח לָנוּ אוֹצְרוֹת רִבְעָךְ.
צִיָּה מֵהֶם בְּהַרְבִּיעָךְ. וְהוֹשִׁיעָה נָּא.

אָנָּא קוֹרְאֶיךָ אֶרֶץ בְּרוֹעֲעָךְ.
רְעֵם בְּטוּב מִרְעָךְ. וְהוֹשִׁיעָה נָּא.

אָנָּא שְׁעָרֶיךָ תַּעַל מִמְּשׁוֹאָךְ.
תֵּל תַּלְפִּיּוֹת בְּהַשִּׂיאָךְ. וְהוֹשִׁיעָה נָּא.

אָנָּא, אֵל נָא, הוֹשַׁע נָא וְהוֹשִׁיעָה נָּא.

אֵל נָא תָּעִינוּ כְּשֶׂה אוֹבֵד
שְׁמֵנוּ מִסִּפְרְךָ אַל תְּאַבֵּד הוֹשַׁע נָא וְהוֹשִׁיעָה נָּא.

אֵל נָא רְעֵה אֶת צֹאן הַהֲרֵגָה
קְצוּפָה, וְעָלֶיךָ הֲרוּגָה הוֹשַׁע נָא וְהוֹשִׁיעָה נָּא.

אֵל נָא צֹאנְךָ וְצֹאן מַרְעִיתֶךָ
פְּעֻלָּתְךָ וְרַעְיָתֶךָ הוֹשַׁע נָא וְהוֹשִׁיעָה נָּא.

אֵל נָא עֲנִיֵּי הַצֹּאן
שִׂיחָם עֲנֵה בְּעֵת רָצוֹן הוֹשַׁע נָא וְהוֹשִׁיעָה נָּא.

אֵל נָא נוֹשְׂאֵי לְךָ עַיִן
מִתְקוֹמְמֶיךָ יִהְיוּ כְּאַיִן הוֹשַׁע נָא וְהוֹשִׁיעָה נָּא.

אֵל נָא לִמְנַסְּכֵי לְךָ מַיִם
כְּמִמַּעַיְנֵי הַיְשׁוּעָה
יִשְׁאֲבוּן מַיִם הוֹשַׁע נָא וְהוֹשִׁיעָה נָּא.

אֵל נָא יַעֲלוּ לְצִיּוֹן מוֹשִׁיעִים
טְפוּלִים בְּךָ וּבְשִׁמְךָ נוֹשָׁעִים הוֹשַׁע נָא וְהוֹשִׁיעָה נָּא.

אֵל נָא חֲמוּץ בְּגָדִים
זְעֹם לְנַעֵר כָּל בּוֹגְדִים הוֹשַׁע נָא וְהוֹשִׁיעָה נָּא.

אֵל נָא וְזָכוֹר תִּזְכֹּר
הַנְּכוּרִים בְּלֶתֶךָ וָכֹר הוֹשַׁע נָא וְהוֹשִׁיעָה נָּא.

אֵל נָא דּוֹרְשֶׁיךָ בְּעַנְפֵי עֲרָבוֹת
גַּעְיָם שְׁעֵה מֵעֲרָבוֹת הוֹשַׁע נָא וְהוֹשִׁיעָה נָּא.

אֵל נָא בָּרֵךְ בְּעִטּוּר שָׁנָה
אֲמָרֵי רְצֵה בְּפִלּוּלִי
בְּיוֹם הוֹשַׁעְנָא הוֹשַׁע נָא וְהוֹשִׁיעָה נָּא.

אָנָּא, אֵל נָא, הוֹשַׁע נָא וְהוֹשִׁיעָה נָּא, אָבִינוּ אָתָּה.

לְמַעַן תָּמִים בְּדוֹרוֹתָיו, הַנִּמְלָט בְּרֹב צִדְקוֹתָיו
מֻצָּל מִשֶּׁטֶף בְּבוֹא מַבּוּל מַיִם.
לְאֹם אֲנִי חוֹמָה הוֹשַׁע נָא וְהוֹשִׁיעָה נָּא, אָבִינוּ אָתָּה.

לְמַעַן שָׁלֵם בְּכָל מַעֲשִׂים, הַמְנֻסֶּה בַּעֲשָׂרָה נִסִּים
כְּשָׂר מַלְאָכִים, נָם יֻקַּח נָא מְעַט מַיִם.
לְבָרָה כַּחַמָּה הוֹשַׁע נָא וְהוֹשִׁיעָה נָּא, אָבִינוּ אָתָּה.

לְמַעַן רַךְ וְיָחִיד נֶחֱנַט פְּרִי לְמֵאָה, זָעַק אַיֵּה הַשֶּׂה לְעֹלָה
בִּשְּׂרוּהוּ עֲבָדָיו מָצָאנוּ מָיִם.
לְגוֹלָה וְסוּרָה הוֹשַׁע נָּא וְהוֹשִׁיעָה נָּא, אָבִינוּ אָתָּה.

לְמַעַן קָדַם שְׂאֵת בְּרָכָה, הַנִּשְׂטָם וּלְשִׁמְךָ חִכָּה
מְיַחֵם בְּמַקְלוֹת בְּשִׁקְתוֹת הַמָּיִם.
לְדָמְתָה לְתָמָר הוֹשַׁע נָא וְהוֹשִׁיעָה נָּא, אָבִינוּ אָתָּה.

לְמַעַן צָדַק הֱיוֹת לְךָ לְכֹהֵן, כְּחָתָן פְּאֵר יְכַהֵן
מְנֻסֶּה בְּמַסָּה בְּמֵי מְרִיבַת מָיִם.
לְהָהָר הַטּוֹב הוֹשַׁע נָא וְהוֹשִׁיעָה נָּא, אָבִינוּ אָתָּה.

לְמַעַן פְּאֵר הֱיוֹת גְּבִיר לְאֶחָיו, יְהוּדָה אֲשֶׁר גָּבַר בְּאֶחָיו
מִסְפַּר רֹבַע מִדָּלְיָו יִזַּל מָיִם.
לֹא לָנוּ כִּי אִם לְמַעַנְךָ הוֹשַׁע נָא וְהוֹשִׁיעָה נָּא, אָבִינוּ אָתָּה.

לְמַעַן עָנָו מִכֹּל וְנֶאֱמָן, אֲשֶׁר בְּצִדְקוֹ כִּלְכֵּל הַמָּן
מָשׁוּךְ לְגוֹאֵל וּמָשׁוּי מִמָּיִם.
לְזֹאת הַנִּשְׁקָפָה הוֹשַׁע נָּא וְהוֹשִׁיעָה נָּא, אָבִינוּ אָתָּה.

לְמַעַן שַׁמְּתוֹ כְּמַלְאֲכֵי מְרוֹמִים, הַלּוֹבֵשׁ אוּרִים וְתֻמִּים
מְצֻוֶּה לָבוֹא בַּמִּקְדָּשׁ בְּקִדּוּשׁ יָדַיִם וְרַגְלַיִם וּרְחִיצַת מָיִם.
לְחוֹלַת אַהֲבָה הוֹשַׁע נָּא וְהוֹשִׁיעָה נָּא, אָבִינוּ אָתָּה.

לְמַעַן נְבִיאָה מְחוֹלַת מַחֲנַיִם, לְכַמֵּהֵי לֵב הוּשְׂמָה עֵינַיִם
לְרַגְלָהּ רָצָה עֲלוֹת וָרֶדֶת בְּאֵר מָיִם.
לְטוֹבוּ אֹהָלָיו הוֹשַׁע נָא וְהוֹשִׁיעָה נָּא, אָבִינוּ אָתָּה.

לְמַעַן מְשָׁרֵת לֹא מָשׁ מֵאֹהֶל, וְרוּחַ הַקֹּדֶשׁ עָלָיו אִהֵל
בְּעָבְרוֹ בַּיַּרְדֵּן נִכְרְתוּ הַמַּיִם.
לְיָפָה וּבָרָה הוֹשַׁע נָא וְהוֹשִׁיעָה נָּא, אָבִינוּ אָתָּה.

לְמַעַן לָמַד רָאוּת לְטוֹבָה אוֹת, זָעַק אַיֵּה נִפְלָאוֹת
מִצָּה טַל מִגִּזָּה מְלֹא הַסֵּפֶל מָיִם.
לְכַלַּת לְבָנוֹן הוֹשַׁע נָא וְהוֹשִׁיעָה נָּא, אָבִינוּ אָתָּה.

לְמַעַן כְּלוּלֵי עֲשׂוֹת מִלְחַמְתֶּךָ, אֲשֶׁר בְּיָדָם תַּתָּה תְּשׁוּעָתֶךָ
צְרוּפֵי מִגּוֹי בְּלָקְקָם בְּיָדָם מָיִם.
לְלֹא בָגְדוּ בָךְ הוֹשַׁע נָא וְהוֹשִׁיעָה נָּא, אָבִינוּ אָתָּה.

לְמַעַן יָחִיד צוֹרְרִים דָּשׁ, אֲשֶׁר מֵרֶחֶם לִנְזִיר הֻקְדָּשׁ
מִמַּכְתֵּשׁ לֶחִי הִבְקַעְתָּ לוֹ מָיִם.
לְמַעַן שֵׁם קָדְשֶׁךָ הוֹשַׁע נָא וְהוֹשִׁיעָה נָּא, אָבִינוּ אָתָּה.

לְמַעַן טוֹב הוֹלֵךְ וְגָדֵל, אֲשֶׁר מֵעֹשֶׁק עֵדָה חִדֵּל
בְּשׁוּב עַם מֵחֵטְא צִוָּה שְׁאֹב מָיִם.
לְנָאוָה כִּירוּשָׁלָיִם הוֹשַׁע נָא וְהוֹשִׁיעָה נָּא, אָבִינוּ אָתָּה.

לְמַעַן חִיךְ מְכַרְכֵּר בְּשִׁיר, הַמְלַמֵּד תּוֹרָה בְּכָל כְּלֵי שִׁיר
מְנַסֵּךְ לְפָנֶיךָ כְּתָאֵב שְׁתוֹת מָיִם.
לְשָׂמוּ בְךָ סִבְרָם הוֹשַׁע נָא וְהוֹשִׁיעָה נָּא, אָבִינוּ אָתָּה.

לְמַעַן זָךְ עָלָה בִּסְעָרָה, הַמְקַנֵּא וּמֵשִׁיב עֶבְרָה
לְפִלּוּלוֹ יָרְדָה אֵשׁ וְלִחֲכָה עָפָר וּמָיִם.
לְעֵינֶיהָ בְּרֵכוֹת הוֹשַׁע נָא וְהוֹשִׁיעָה נָּא, אָבִינוּ אָתָּה.

לְמַעַן וְשֵׁרֵת בֶּאֱמֶת לְרַבּוֹ, פִּי שְׁנַיִם בְּרוּחוֹ נֶאֱצַל בּוֹ
בְּקַחְתּוֹ מְנַגֵּן נִתְמַלְּאוּ גֵּבִים מָיִם.
לְפָצוּ מִי כָמֹכָה הוֹשַׁע נָא וְהוֹשִׁיעָה נָּא, אָבִינוּ אָתָּה.

לְמַעַן הִרְהֵר עֲשׂוֹת רְצוֹנֶךָ, הַמַּכְרִיז תְּשׁוּבָה לְצֹאנֶךָ
אָז בְּבוֹא מְחָרֵף סָתַם עֵינוֹת מָיִם.
לְצִיּוֹן מִכְלַל יֹפִי הוֹשַׁע נָא וְהוֹשִׁיעָה נָּא, אָבִינוּ אָתָּה.

לְמַעַן דָּרְשׁוּךָ בְּתוֹךְ הַגּוֹלָה, וְסוֹדְךָ לָמוֹ נִגְלָה
בְּלִי לְהִתְגָּאֵל דָּרְשׁוּ זֵרְעוֹנִים וּמָיִם.
לְקוֹרְאֶיךָ בַּצַּר הוֹשַׁע נָא וְהוֹשִׁיעָה נָּא, אָבִינוּ אָתָּה.

לְמַעַן גָּמַר חָכְמָה וּבִינָה, סוֹפֵר מָהִיר מְפַלֵּשׁ אֲמָנָה
מְחַכְּמֵנוּ אֲמָרִים הַמְשׁוּלִים בְּרַהֲבֵי מָיִם.
לְרַבָּתִי עָם הוֹשַׁע נָא וְהוֹשִׁיעָה נָּא, אָבִינוּ אָתָּה.

לְמַעַן בָּאֵי לְךָ הַיּוֹם בְּכָל לֵב, שׁוֹפְכִים לְךָ שִׂיחַ בְּלֹא לֵב וָלֵב
שׁוֹאֲלִים מִמְּךָ עֹז מִטְרוֹת מָיִם.
לְשׁוֹרְרוּ בַיָּם הוֹשַׁע נָא וְהוֹשִׁיעָה נָּא, אָבִינוּ אָתָּה.

לְמַעַן אוֹמְרֵי יִגְדַּל שְׁמֶךָ, וְהֵם נַחֲלָתְךָ וְעַמֶּךָ
צְמֵאִים לְיֶשְׁעֲךָ כְּאֶרֶץ עֲיֵפָה לַמָּיִם.
לְתַרְתָּ לָמוֹ מְנוּחָה הוֹשַׁע נָא וְהוֹשִׁיעָה נָּא, אָבִינוּ אָתָּה.

שליח הציבור ואחריו הקהל:

הוֹשַׁע נָא, אֵל נָא
אָנָּא הוֹשִׁיעָה נָּא.
הוֹשַׁע נָא, סְלַח נָא
וְהַצְלִיחָה נָא
וְהוֹשִׁיעֵנוּ אֵל מָעֻזֵּנוּ.

מניחים את הלולב ואת האתרוג ונוטלים את הערבות (רמ"א תרסד, ז).

תַּעֲנֶה אֱמוּנִים שׁוֹפְכִים לְךָ לֵב כַּמַּיִם וְהוֹשִׁיעָה נָּא.
לְמַעַן בָּא בָאֵשׁ וּבַמַּיִם וְהַצְלִיחָה נָא.
גָּזַר וְנָם יֻקַּח נָא מְעַט מַיִם וְהוֹשִׁיעֵנוּ אֵל מָעֻזֵּנוּ.

תַּעֲנֶה דְגָלִים גָּזוּ גִּזְרֵי מַיִם וְהוֹשִׁיעָה נָּא.
לְמַעַן הַנֶּעֱקַד בְּשַׁעַר הַשָּׁמַיִם וְהַצְלִיחָה נָא.
וְשָׁב וְחָפַר בְּאֵרוֹת מַיִם וְהוֹשִׁיעֵנוּ אֵל מָעֻזֵּנוּ.

תַּעֲנֶה זַכִּים חוֹנִים עֲלֵי מַיִם וְהוֹשִׁיעָה נָּא.
לְמַעַן חָלָק מְפַצֵּל מַקְלוֹת בְּשִׁקְתוֹת הַמַּיִם וְהַצְלִיחָה נָא.
טָעַן וְגָל אֶבֶן מִבְּאֵר מַיִם וְהוֹשִׁיעֵנוּ אֵל מָעֻזֵּנוּ.

תַּעֲנֶה יְדִידִים נוֹחֲלֵי דָת מְשׁוּלַת מַיִם וְהוֹשִׁיעָה נָּא.
לְמַעַן כָּרוּ בְּמִשְׁעֲנוֹתָם מַיִם וְהַצְלִיחָה נָא.
לְהָכִין לָמוֹ וּלְצֶאֱצָאֵימוֹ מַיִם וְהוֹשִׁיעֵנוּ אֵל מָעֻזֵּנוּ.

תַּעֲנֶה מִתְחַנְּנִים כְּבִישִׁימוֹן עֲלֵי מַיִם וְהוֹשִׁיעָה נָּא.
לְמַעַן נֶאֱמַן בַּיִת מַסְפִּיק לָעָם מַיִם וְהַצְלִיחָה נָא.
סֶלַע הָךְ וַיָּזוּבוּ מַיִם וְהוֹשִׁיעֵנוּ אֵל מָעֻזֵּנוּ.

תַּעֲנֶה עוֹנִים עֲלִי בְאֵר מַיִם וְהוֹשִׁיעָה נָּא.
לְמַעַן פְּקַד בְּמֵי מְרִיבַת מַיִם וְהַצְלִיחָה נָא.
צְמֵאִים לְהַשְׁקוֹת מַיִם וְהוֹשִׁיעֵנוּ אֵל מָעֻזֵּנוּ.

תַּעֲנֶה קְדוֹשִׁים מְנַסְּכִים לְךָ מַיִם וְהוֹשִׁיעָה נָּא.
לְמַעַן רֹאשׁ מְשׁוֹרְרִים כְּתָאַב שְׁתוֹת מַיִם וְהַצְלִיחָה נָא.
שָׁב וְנָסַךְ לְךָ מַיִם וְהוֹשִׁיעֵנוּ אֵל מָעֻזֵּנוּ.

תַּעֲנֶה שׁוֹאֲלִים בְּרִבּוּעַ אֶשְׁלֵי מַיִם וְהוֹשִׁיעָה נָּא.
לְמַעַן תֵּל תַּלְפִּיּוֹת מוֹצָא מַיִם וְהַצְלִיחָה נָא.
תִּפְתַּח אֶרֶץ וְתַרְעִיף שָׁמַיִם וְהוֹשִׁיעֵנוּ אֵל מָעֻזֵּנוּ.

רַחֵם נָא קְהַל עֲדַת יְשׁוּרוּן, סְלַח וּמְחַל עֲוֹנָם
וְהוֹשִׁיעֵנוּ אֱלֹהֵי יִשְׁעֵנוּ.

אָז כְּעֵינֵי עֲבָדִים אֶל יַד אֲדוֹנִים
בָּאנוּ לְפָנֶיךָ נְדוֹנִים. וְהוֹשִׁיעֵנוּ אֱלֹהֵי יִשְׁעֵנוּ.

גֵּאֶה אֲדוֹנֵי הָאֲדוֹנִים, נִתְגָּרוּ בָנוּ מְדָנִים
דְּשׁוּנוּ וּבְעָלוּנוּ זוּלָתְךָ אֲדוֹנִים. וְהוֹשִׁיעֵנוּ אֱלֹהֵי יִשְׁעֵנוּ.

הֵן גַּשְׁנוּ הַיּוֹם בְּתַחֲנוּן, עָדֶיךָ רַחוּם וְחַנּוּן
וְסִפַּרְנוּ נִפְלְאוֹתֶיךָ בְּשִׁנּוּן. וְהוֹשִׁיעֵנוּ אֱלֹהֵי יִשְׁעֵנוּ.

זָבַת חָלָב וּדְבַשׁ, נָא אַל תִּיבַשׁ
חַשְׁרַת מַיִם כְּאֵבָה תֶּחְבַּשׁ. וְהוֹשִׁיעֵנוּ אֱלֹהֵי יִשְׁעֵנוּ.

טָעֲנוּ בִּשְׁמֹנָה, בְּיַד שִׁבְעָה וּשְׁמוֹנָה
יָשָׁר צַדִּיק אֵל אֱמוּנָה. וְהוֹשִׁיעֵנוּ אֱלֹהֵי יִשְׁעֵנוּ.

כָּרַתָּ בְּרִית לָאָרֶץ, עוֹד כָּל יְמֵי הָאָרֶץ
לְבִלְתִּי פְּרָץ בָּהּ פֶּרֶץ. וְהוֹשִׁיעֵנוּ אֱלֹהֵי יִשְׁעֵנוּ.

מִתְחַנְּנִים עֲלֵי מַיִם, כַּעֲרָבִים עַל יִבְלֵי מָיִם
נָא זְכָר לָמוֹ נִסּוּךְ הַמָּיִם. וְהוֹשִׁיעֵנוּ אֱלֹהֵי יִשְׁעֵנוּ.

שִׂיחִים בְּדֶרֶךְ מַטָּעָתָם, עוֹמְסִים בְּשַׁוְעָתָם
עֲנֵם בְּקוֹל פְּגִיעָתָם. וְהוֹשִׁיעֵנוּ אֱלֹהֵי יִשְׁעֵנוּ.

פּוֹעֵל יְשׁוּעוֹת, פְּנֵה לְפִלּוּלָם שְׁעוֹת
צַדְּקֵם אֵל לְמוֹשָׁעוֹת. וְהוֹשִׁיעֵנוּ אֱלֹהֵי יִשְׁעֵנוּ.

קוֹל רִגְשָׁם תִּשַׁע, תִּפְתַּח אֶרֶץ וְיִפְרוּ יֶשַׁע
רַב לְהוֹשִׁיעַ וְלֹא חָפֵץ רֶשַׁע. וְהוֹשִׁיעֵנוּ אֱלֹהֵי יִשְׁעֵנוּ.

שליח הציבור ואחריו הקהל:

שַׁעֲרֵי שָׁמַיִם פְּתַח, וְאוֹצָרְךָ הַטּוֹב לָנוּ תִפְתַּח.
תּוֹשִׁיעֵנוּ וְרִיב אַל תִּמְתַּח. וְהוֹשִׁיעֵנוּ אֱלֹהֵי יִשְׁעֵנוּ.

שליח הציבור ואחריו הקהל:

קוֹל מְבַשֵּׂר מְבַשֵּׂר וְאוֹמֵר.

אָמֵן יֶשְׁעֲךָ בָּא, קוֹל דּוֹדִי הִנֵּה זֶה בָּא. מְבַשֵּׂר וְאוֹמֵר.
בָּא בְּרִבְבוֹת כִּתִּים, לַעֲמֹד עַל הַר הַזֵּיתִים. מְבַשֵּׂר וְאוֹמֵר.
גִּשְׁתּוֹ בַּשּׁוֹפָר לִתְקַע, תַּחְתָּיו הַר יִבָּקַע. מְבַשֵּׂר וְאוֹמֵר.
דָּפַק וְהֵצִיץ וְזָרַח, וּמָשׁ חֲצִי הָהָר מִמִּזְרָח. מְבַשֵּׂר וְאוֹמֵר.
הֵקִים מִלּוּל נְאֻמוֹ, וּבָא הוּא וְכָל קְדוֹשָׁיו עִמּוֹ. מְבַשֵּׂר וְאוֹמֵר.
וּלְכָל בָּאֵי הָעוֹלָם, בַּת קוֹל יִשָּׁמַע בָּעוֹלָם. מְבַשֵּׂר וְאוֹמֵר.
זֶרַע עֲמוּסֵי רַחְמוֹ, נוֹלְדוּ כְּיֶלֶד מִמְּעֵי אִמּוֹ. מְבַשֵּׂר וְאוֹמֵר.
חָלָה וְיָלְדָה מִי זֹאת, מִי־שָׁמַע כָּזֹאת. מְבַשֵּׂר וְאוֹמֵר. ישעיה סו
טָהוֹר פָּעַל כָּל אֵלֶּה, מִי רָאָה כָּאֵלֶּה. מְבַשֵּׂר וְאוֹמֵר. ישעיה סו
יֶשַׁע וּזְמַן הוּחַד, הֲיוּחַל אֶרֶץ בְּיוֹם אֶחָד. מְבַשֵּׂר וְאוֹמֵר. ישעיה סו
כַּבִּיר רוּם וָתַחַת, אִם־יִוָּלֵד גּוֹי פַּעַם אֶחָת. מְבַשֵּׂר וְאוֹמֵר. ישעיה סו
לְעֵת יִגְאַל עַמּוֹ נָאוֹר, וְהָיָה לְעֵת־עֶרֶב יִהְיֶה־אוֹר. מְבַשֵּׂר וְאוֹמֵר. זכריה יד
מוֹשִׁיעִים יַעֲלוּ לְהַר צִיּוֹן, כִּי־חָלָה גַּם־יָלְדָה צִיּוֹן. מְבַשֵּׂר וְאוֹמֵר. ישעיה סו
נִשְׁמַע בְּכָל גְּבוּלֵךְ, הַרְחִיבִי מְקוֹם אָהֳלֵךְ. מְבַשֵּׂר וְאוֹמֵר. ישעיה נד
שִׂימִי עַד דַּמֶּשֶׂק מִשְׁכְּנוֹתַיִךְ, קַבְּלִי בָנַיִךְ וּבְנוֹתַיִךְ. מְבַשֵּׂר וְאוֹמֵר.
עִלְזִי חֲבַצֶּלֶת הַשָּׁרוֹן, כִּי קָמוּ יְשֵׁנֵי חֶבְרוֹן. מְבַשֵּׂר וְאוֹמֵר.
פְּנוּ אֵלַי וְהִוָּשְׁעוּ, הַיּוֹם אִם בְּקוֹלִי תִשְׁמָעוּ. מְבַשֵּׂר וְאוֹמֵר.
צָמַח אִישׁ צֶמַח שְׁמוֹ, הוּא דָוִד בְּעַצְמוֹ. מְבַשֵּׂר וְאוֹמֵר.
קוּמוּ כְּפוּשֵׁי עָפָר, הָקִיצוּ וְרַנְּנוּ שֹׁכְנֵי עָפָר. מְבַשֵּׂר וְאוֹמֵר. ישעיה כו
רַבָּתִי עָם בְּהַמְלִיכוֹ, מִגְדּוֹל יְשׁוּעוֹת מַלְכּוֹ. מְבַשֵּׂר וְאוֹמֵר. שמואל ב׳ כב
שֵׁם רְשָׁעִים לְהַאֲבִיד, עֹשֶׂה־חֶסֶד לִמְשִׁיחוֹ לְדָוִד. מְבַשֵּׂר וְאוֹמֵר. שמואל ב׳ כב
תְּנָה יְשׁוּעוֹת לְעַם עוֹלָם, לְדָוִד וּלְזַרְעוֹ עַד־עוֹלָם. מְבַשֵּׂר וְאוֹמֵר. שמואל ב׳ כב

שליח הציבור אומר שלוש פעמים ואחריו הקהל:

קוֹל מְבַשֵּׂר מְבַשֵּׂר וְאוֹמֵר.

חובטים את הערבות חמש פעמים (ראה הלכה 536) ואומרים:

הוֹשִׁיעָה אֶת־עַמֶּךָ, וּבָרֵךְ אֶת־נַחֲלָתֶךָ תהלים כח
וּרְעֵם וְנַשְּׂאֵם עַד־הָעוֹלָם:
וְיִהְיוּ דְבָרַי אֵלֶּה, אֲשֶׁר הִתְחַנַּנְתִּי לִפְנֵי יהוה מלכים א׳ ח
קְרֹבִים אֶל־יהוה אֱלֹהֵינוּ יוֹמָם וָלָיְלָה
לַעֲשׂוֹת מִשְׁפַּט עַבְדּוֹ וּמִשְׁפַּט עַמּוֹ יִשְׂרָאֵל
דְּבַר־יוֹם בְּיוֹמוֹ:
לְמַעַן דַּעַת כָּל־עַמֵּי הָאָרֶץ כִּי יהוה הוּא הָאֱלֹהִים
אֵין עוֹד:

מחזירים את ספרי התורה לארון הקודש ואומרים תחינה זו. יש האומרים אותה אחר הקדיש.

יְהִי רָצוֹן מִלְּפָנֶיךָ יהוה אֱלֹהֵינוּ וֵאלֹהֵי אֲבוֹתֵינוּ, הַבּוֹחֵר בִּנְבִיאִים טוֹבִים וּבְמִנְהֲגֵיהֶם הַטּוֹבִים, שֶׁתְּקַבֵּל בְּרַחֲמִים וּבְרָצוֹן אֶת תְּפִלָּתֵנוּ וְהַקָּפוֹתֵינוּ. וּזְכָר לָנוּ זְכוּת שִׁבְעַת תְּמִימֶיךָ, וְתָסִיר מְחִצַּת הַבַּרְזֶל הַמַּפְסֶקֶת בֵּינֵינוּ וּבֵינֶיךָ, וְתַאֲזִין שַׁוְעָתֵנוּ, וְתֵיטִיב לָנוּ הַחֲתִימָה, תּוֹלֶה אֶרֶץ עַל בְּלִימָה, וְחָתְמֵנוּ בְּסֵפֶר חַיִּים טוֹבִים.

וְהַיּוֹם הַזֶּה תִּתֵּן בִּשְׁכִינַת עֻזֶּךָ חָמֵשׁ גְּבוּרוֹת מְמֻתָּקוֹת, עַל יְדֵי חֲבִיטַת עֲרָבָה מִנְהַג נְבִיאֶיךָ הַקְּדוֹשִׁים, וְתִתְעוֹרֵר הָאַהֲבָה בֵּינֵיהֶם. וּתְנַשְּׁקֵנוּ מִנְּשִׁיקוֹת פִּיךָ, מְמַתֶּקֶת כָּל הַגְּבוּרוֹת וְכָל הַדִּינִין. וְתָאִיר לִשְׁכִינַת עֻזְּךָ בְּשֵׁם יוּ״ד הֵ״א וָא״ו שֶׁהוּא טַל אוֹרוֹת טַלֶּךָ, וּמִשָּׁם תַּשְׁפִּיעַ שֶׁפַע לְעַבְדְּךָ הַמִּתְפַּלֵּל לְפָנֶיךָ, שֶׁתַּאֲרִיךְ יָמָיו וְתִמְחַל לוֹ חֲטָאָיו וַעֲוֹנוֹתָיו וּפְשָׁעָיו. וְתִפְשֹׁט יְמִינְךָ וְיָדְךָ לְקַבְּלוֹ בִּתְשׁוּבָה שְׁלֵמָה לְפָנֶיךָ. וְאוֹצָרְךָ הַטּוֹב תִּפְתַּח לְהַשְׂבִּיעַ מַיִם נֶפֶשׁ שׁוֹקֵקָה, כְּמוֹ שֶׁכָּתוּב: יִפְתַּח יהוה דברים כח
לְךָ אֶת־אוֹצָרוֹ הַטּוֹב אֶת־הַשָּׁמַיִם לָתֵת מְטַר־אַרְצְךָ בְּעִתּוֹ, וּלְבָרֵךְ אֵת כָּל־מַעֲשֵׂה יָדֶךָ: אָמֵן.

שליח הציבור אומר קדיש שלם וממשיך בתפילת חול בעמ׳ 85
(ואם אמרו הושענות אחר הלל, ממשיך בהוצאת ספר התורה בעמ׳ 236).

התרת נדרים

נוהגים להתיר נדרים בערב ראש השנה (הלכה 446).
המבקש התרה עומד לפני שלושה אנשים ואומר:

יש המשמיטים את המופיע בסוגריים.

שִׁמְעוּ נָא רַבּוֹתַי (דַּיָּנִים מֻמְחִים), כָּל נֶדֶר אוֹ שְׁבוּעָה אוֹ אִסָּר אוֹ קוֹנָם אוֹ חֵרֶם שֶׁנָּדַרְתִּי אוֹ נִשְׁבַּעְתִּי בְּהָקִיץ אוֹ בַחֲלוֹם, אוֹ נִשְׁבַּעְתִּי בְּשֵׁמוֹת הַקְּדוֹשִׁים שֶׁאֵינָם נִמְחָקִים וּבְשֵׁם הוי"ה בָּרוּךְ הוּא, וְכָל מִינֵי נְזִירוּת שֶׁקִּבַּלְתִּי עָלַי (וַאֲפִלּוּ נְזִירוּת שִׁמְשׁוֹן), וְכָל שׁוּם אִסּוּר וַאֲפִלּוּ אִסּוּר הֲנָאָה שֶׁאָסַרְתִּי עָלַי אוֹ עַל אֲחֵרִים בְּכָל לָשׁוֹן שֶׁל אִסּוּר בֵּין בִּלְשׁוֹן אִסּוּר אוֹ חֵרֶם אוֹ קוֹנָם, וְכָל שׁוּם קַבָּלָה אֲפִלּוּ שֶׁל מִצְוָה שֶׁקִּבַּלְתִּי עָלַי בֵּין בִּלְשׁוֹן נֶדֶר בֵּין בִּלְשׁוֹן נְדָבָה בֵּין בִּלְשׁוֹן שְׁבוּעָה בֵּין בִּלְשׁוֹן נְזִירוּת בֵּין בְּכָל לָשׁוֹן, וְגַם הַנַּעֲשֶׂה בִּתְקִיעַת כָּף. בֵּין כָּל נֶדֶר וּבֵין כָּל נְדָבָה וּבֵין שׁוּם מִנְהָג שֶׁל מִצְוָה שֶׁנָּהַגְתִּי אֶת עַצְמִי, וְכָל מוֹצָא שְׂפָתַי שֶׁיָּצָא מִפִּי אוֹ שֶׁנָּדַרְתִּי וְגָמַרְתִּי בְלִבִּי לַעֲשׂוֹת שׁוּם מִצְוָה מֵהַמִּצְוֹת אוֹ אֵיזוֹ הַנְהָגָה טוֹבָה אוֹ אֵיזֶה דָּבָר טוֹב שֶׁנָּהַגְתִּי שָׁלֹשׁ פְּעָמִים, וְלֹא הִתְנֵיתִי שֶׁיְּהֵא בְּלִי נֶדֶר. הֵן דָּבָר שֶׁעָשִׂיתִי, הֵן עַל עַצְמִי הֵן עַל אֲחֵרִים, הֵן אוֹתָן הַיְדוּעִים לִי הֵן אוֹתָן שֶׁכְּבָר שָׁכַחְתִּי. בְּכֻלְּהוֹן אִתְחֲרַטְנָא בְהוֹן מֵעִקָּרָא, וְשׁוֹאֵל וּמְבַקֵּשׁ אֲנִי מִמַּעֲלַתְכֶם הַתָּרָה עֲלֵיהֶם, כִּי יָרֵאתִי פֶּן אֶכָּשֵׁל וְנִלְכַּדְתִּי, חַס וְשָׁלוֹם, בַּעֲוֹן נְדָרִים וּשְׁבוּעוֹת וּנְזִירוֹת וַחֲרָמוֹת וְאִסּוּרִין וְקוֹנָמוֹת וְהַסְכָּמוֹת. וְאֵין אֲנִי תוֹהֵא, חַס וְשָׁלוֹם, עַל קִיּוּם הַמַּעֲשִׂים הַטּוֹבִים הָהֵם שֶׁעָשִׂיתִי, רַק אֲנִי מִתְחָרֵט עַל קַבָּלַת הָעִנְיָנִים בִּלְשׁוֹן נֶדֶר אוֹ שְׁבוּעָה אוֹ נְזִירוּת אוֹ אִסּוּר אוֹ חֵרֶם אוֹ קוֹנָם אוֹ הַסְכָּמָה אוֹ קַבָּלָה בְלֵב, וּמִתְחָרֵט אֲנִי עַל זֶה שֶׁלֹּא אָמַרְתִּי הִנְנִי עוֹשֶׂה דָבָר זֶה בְּלִי נֶדֶר וּשְׁבוּעָה וּנְזִירוּת וְחֵרֶם וְאִסּוּר וְקוֹנָם וְקַבָּלָה בְלֵב.

לָכֵן אֲנִי שׁוֹאֵל הַתָּרָה בְּכֻלְּהוֹן.

אֲנִי מִתְחָרֵט עַל כָּל הַנִּזְכָּר, בֵּין אִם הָיוּ הַמַּעֲשִׂים מִדְּבָרִים הַנּוֹגְעִים בְּמָמוֹן, בֵּין מֵהַדְּבָרִים הַנּוֹגְעִים בְּגוּף, בֵּין מֵהַדְּבָרִים הַנּוֹגְעִים אֶל הַנְּשָׁמָה.

בְּכֻלְּהוֹן אֲנִי מִתְחָרֵט עַל לְשׁוֹן נֶדֶר וּשְׁבוּעָה וּנְזִירוּת וְאִסּוּר וְחֵרֶם וְקוֹנָם וְקַבָּלָה בְלֵב.

וְהִנֵּה מִצַּד הַדִּין הַמִּתְחָרֵט וְהַמְבַקֵּשׁ הַתָּרָה צָרִיךְ לִפְרֹט הַנֶּדֶר, אַךְ דְּעוּ נָא רַבּוֹתַי, כִּי אִי אֶפְשָׁר לְפָרְטָם, כִּי רַבִּים הֵם. וְאֵין אֲנִי מְבַקֵּשׁ הַתָּרָה עַל אוֹתָם הַנְּדָרִים שֶׁאֵין לְהַתִּיר אוֹתָם, עַל כֵּן יִהְיוּ נָא בְעֵינֵיכֶם כְּאִלּוּ הָיִיתִי פוֹרְטָם.

הדיינים אומרים שלוש פעמים:

הַכֹּל יִהְיוּ מֻתָּרִים לָךְ, הַכֹּל מְחוּלִים לָךְ, הַכֹּל שְׁרוּיִים לָךְ. אֵין כָּאן לֹא נֶדֶר וְלֹא שְׁבוּעָה וְלֹא נְזִירוּת וְלֹא חֵרֶם וְלֹא אִסּוּר וְלֹא קוֹנָם וְלֹא נִדּוּי וְלֹא שַׁמְתָּא וְלֹא אָרוּר. אֲבָל יֵשׁ כָּאן מְחִילָה וּסְלִיחָה וְכַפָּרָה. וּכְשֵׁם שֶׁמַּתִּירִים בְּבֵית דִּין שֶׁל מַטָּה, כָּךְ יִהְיוּ מֻתָּרִים מִבֵּית דִּין שֶׁל מַעְלָה.

המבקש התרה, אומר:

הֲרֵי אֲנִי מוֹסֵר מוֹדָעָה לִפְנֵיכֶם, וַאֲנִי מְבַטֵּל מִכָּאן וּלְהַבָּא כָּל הַנְּדָרִים וְכָל שְׁבוּעוֹת וּנְזִירוֹת וְאִסּוּרִין וְקוֹנָמוֹת וַחֲרָמוֹת וְהַסְכָּמוֹת וְקַבָּלָה בְלֵב שֶׁאֲקַבֵּל עָלַי בְּעַצְמִי, הֵן בְּהָקִיץ הֵן בַּחֲלוֹם, חוּץ מִנִּדְרֵי תַעֲנִית בִּשְׁעַת מִנְחָה. וּבְאִם אֶשְׁכַּח לִתְנַאי מוֹדָעָה הַזֹּאת וְאֶדֹּר מֵהַיּוֹם עוֹד, מֵעַתָּה אֲנִי מִתְחָרֵט עֲלֵיהֶם וּמַתְנֶה עֲלֵיהֶם שֶׁיִּהְיוּ כֻלָּן בְּטֵלִין וּמְבֻטָּלִין, לָא שְׁרִירִין וְלָא קַיָּמִין, וְלָא יְהוֹן חָלִין כְּלָל וּכְלָל. בְּכֻלָּן אִתְחֲרַטְנָא בְּהוֹן מֵעַתָּה וְעַד עוֹלָם.

קידוש לליל ראש השנה

נוהגים לעמוד בזמן הקידוש.

כשראש השנה חל בשבת, מוסיפים:

בראשית א   בלחש: וַיְהִי־עֶרֶב וַיְהִי־בֹקֶר

יוֹם הַשִּׁשִּׁי:

בראשית ב   וַיְכֻלּוּ הַשָּׁמַיִם וְהָאָרֶץ וְכָל־צְבָאָם:
וַיְכַל אֱלֹהִים בַּיּוֹם הַשְּׁבִיעִי מְלַאכְתּוֹ אֲשֶׁר עָשָׂה
וַיִּשְׁבֹּת בַּיּוֹם הַשְּׁבִיעִי מִכָּל־מְלַאכְתּוֹ אֲשֶׁר עָשָׂה:
וַיְבָרֶךְ אֱלֹהִים אֶת־יוֹם הַשְּׁבִיעִי, וַיְקַדֵּשׁ אֹתוֹ
כִּי בוֹ שָׁבַת מִכָּל־מְלַאכְתּוֹ, אֲשֶׁר־בָּרָא אֱלֹהִים, לַעֲשׂוֹת:

המקדש לאחרים, מוסיף: סַבְרִי מָרָנָן

בָּרוּךְ אַתָּה יהוה אֱלֹהֵינוּ מֶלֶךְ הָעוֹלָם, בּוֹרֵא פְּרִי הַגָּפֶן.

כשראש השנה חל בשבת, מוסיפים את המילים שבסוגריים.

בָּרוּךְ אַתָּה יהוה אֱלֹהֵינוּ מֶלֶךְ הָעוֹלָם
אֲשֶׁר בָּחַר בָּנוּ מִכָּל עָם
וְרוֹמְמָנוּ מִכָּל לָשׁוֹן, וְקִדְּשָׁנוּ בְּמִצְוֹתָיו
וַתִּתֶּן לָנוּ יהוה אֱלֹהֵינוּ בְּאַהֲבָה
אֶת יוֹם (הַשַּׁבָּת הַזֶּה וְאֶת יוֹם)
הַזִּכָּרוֹן הַזֶּה, יוֹם (זִכְרוֹן) תְּרוּעָה
(בְּאַהֲבָה) מִקְרָא קֹדֶשׁ, זֵכֶר לִיצִיאַת מִצְרָיִם
כִּי בָנוּ בָחַרְתָּ וְאוֹתָנוּ קִדַּשְׁתָּ מִכָּל הָעַמִּים
וּדְבָרְךָ אֱמֶת וְקַיָּם לָעַד.
בָּרוּךְ אַתָּה יהוה, מֶלֶךְ עַל כָּל הָאָרֶץ
מְקַדֵּשׁ (הַשַּׁבָּת וְ) יִשְׂרָאֵל וְיוֹם הַזִּכָּרוֹן.

כשראש השנה חל במוצאי שבת, מבדילים על הנר:

בָּרוּךְ אַתָּה יהוה אֱלֹהֵינוּ מֶלֶךְ הָעוֹלָם, בּוֹרֵא מְאוֹרֵי הָאֵשׁ.

בָּרוּךְ אַתָּה יהוה אֱלֹהֵינוּ מֶלֶךְ הָעוֹלָם, הַמַּבְדִּיל בֵּין קֹדֶשׁ לְחֹל, בֵּין אוֹר לְחֹשֶׁךְ, בֵּין יִשְׂרָאֵל לָעַמִּים, בֵּין יוֹם הַשְּׁבִיעִי לְשֵׁשֶׁת יְמֵי הַמַּעֲשֶׂה. בֵּין קְדֻשַּׁת שַׁבָּת לִקְדֻשַּׁת יוֹם טוֹב הִבְדַּלְתָּ, וְאֶת יוֹם הַשְּׁבִיעִי מִשֵּׁשֶׁת יְמֵי הַמַּעֲשֶׂה קִדַּשְׁתָּ, הִבְדַּלְתָּ וְקִדַּשְׁתָּ אֶת עַמְּךָ יִשְׂרָאֵל בִּקְדֻשָּׁתֶךָ. בָּרוּךְ אַתָּה יהוה, הַמַּבְדִּיל בֵּין קֹדֶשׁ לְקֹדֶשׁ.

מברכים ׳שֶׁהֶחֱיָנוּ׳ בשני הימים, ונוהגים ביום השני ללבוש בגד חדש או להניח פרי חדש על השולחן כדי לכלול אותו בברכה (מהר״ם מרוטנברג).

בָּרוּךְ אַתָּה יהוה אֱלֹהֵינוּ מֶלֶךְ הָעוֹלָם
שֶׁהֶחֱיָנוּ וְקִיְּמָנוּ וְהִגִּיעָנוּ לַזְּמַן הַזֶּה.

בתחילת הסעודה נוהגים לטבול תפוח בדבש ולברך:

בָּרוּךְ אַתָּה יהוה אֱלֹהֵינוּ מֶלֶךְ הָעוֹלָם, בּוֹרֵא פְּרִי הָעֵץ.

ואומרים:

יְהִי רָצוֹן מִלְּפָנֶיךָ יהוה אֱלֹהֵינוּ וֵאלֹהֵי אֲבוֹתֵינוּ
שֶׁתְּחַדֵּשׁ עָלֵינוּ שָׁנָה טוֹבָה וּמְתוּקָה.

קידושא רבה לראש השנה

בשבת אומרים ׳וְשָׁמְרוּ׳ ו׳זָכוֹר׳ (עמ׳ 273).

יש המתחילים:

אֵלֶּה מוֹעֲדֵי יהוה מִקְרָאֵי קֹדֶשׁ אֲשֶׁר־תִּקְרְאוּ אֹתָם בְּמוֹעֲדָם: ויקרא כג
וַיְדַבֵּר מֹשֶׁה אֶת־מֹעֲדֵי יהוה אֶל־בְּנֵי יִשְׂרָאֵל:

תִּקְעוּ בַחֹדֶשׁ שׁוֹפָר, בַּכֶּסֶה לְיוֹם חַגֵּנוּ: תהלים פא
כִּי חֹק לְיִשְׂרָאֵל הוּא, מִשְׁפָּט לֵאלֹהֵי יַעֲקֹב:

המקדש לאחרים, אומר: סַבְרִי מָרָנָן

בָּרוּךְ אַתָּה יהוה אֱלֹהֵינוּ מֶלֶךְ הָעוֹלָם, בּוֹרֵא פְּרִי הַגָּפֶן.

סדר תשליך

ביום הראשון של ראש השנה (ואם חל בשבת, ביום השני) נוהגים לצאת אל הנהר, אל הים או אל בור מים ולומר (ראה הלכה 474):

מִי־אֵל כָּמְוֹךָ מיכה ז
נֹשֵׂא עָוֹן וְעֹבֵר עַל־פֶּשַׁע לִשְׁאֵרִית נַחֲלָתוֹ
לֹא־הֶחֱזִיק לָעַד אַפּוֹ
כִּי־חָפֵץ חֶסֶד הוּא:
יָשׁוּב יְרַחֲמֵנוּ, יִכְבֹּשׁ עֲוֹנֹתֵינוּ
וְתַשְׁלִיךְ בִּמְצֻלוֹת יָם כָּל־חַטֹּאתָם:
תִּתֵּן אֱמֶת לְיַעֲקֹב, חֶסֶד לְאַבְרָהָם
אֲשֶׁר־נִשְׁבַּעְתָּ לַאֲבֹתֵינוּ מִימֵי קֶדֶם:

מִן־הַמֵּצַר קָרָאתִי יָּהּ, עָנָנִי בַמֶּרְחָב יָהּ: תהלים קיח
יהוה לִי לֹא אִירָא, מַה־יַּעֲשֶׂה לִי אָדָם:
יהוה לִי בְּעֹזְרָי, וַאֲנִי אֶרְאֶה בְשֹׂנְאָי:
טוֹב לַחֲסוֹת בַּיהוה, מִבְּטֹחַ בָּאָדָם:
טוֹב לַחֲסוֹת בַּיהוה, מִבְּטֹחַ בִּנְדִיבִים:

סדר כפרות

בערב יום הכיפורים רבים נוהגים לערוך סדר כפרות (תשובות הגאונים; ראה הלכה 494).
לוקחים תרנגול לזכר ותרנגולת לנקבה ואומרים (מהרי״ל):

בְּנֵי אָדָם
יֹשְׁבֵי חֹשֶׁךְ וְצַלְמָוֶת, אֲסִירֵי עֳנִי וּבַרְזֶל: תהלים קז
יוֹצִיאֵם מֵחֹשֶׁךְ וְצַלְמָוֶת, וּמוֹסְרוֹתֵיהֶם יְנַתֵּק:
אֱוִלִים מִדֶּרֶךְ פִּשְׁעָם, וּמֵעֲוֹנֹתֵיהֶם יִתְעַנּוּ:
כָּל־אֹכֶל תְּתַעֵב נַפְשָׁם, וַיַּגִּיעוּ עַד־שַׁעֲרֵי מָוֶת:
וַיִּזְעֲקוּ אֶל־יהוה בַּצַּר לָהֶם, מִמְּצֻקוֹתֵיהֶם יוֹשִׁיעֵם:
יִשְׁלַח דְּבָרוֹ וְיִרְפָּאֵם, וִימַלֵּט מִשְּׁחִיתוֹתָם:
יוֹדוּ לַיהוה חַסְדּוֹ, וְנִפְלְאוֹתָיו לִבְנֵי אָדָם:
אִם־יֵשׁ עָלָיו מַלְאָךְ מֵלִיץ אֶחָד מִנִּי־אָלֶף, לְהַגִּיד לְאָדָם יָשְׁרוֹ: איוב לג
וַיְחֻנֶּנּוּ, וַיֹּאמֶר פְּדָעֵהוּ מֵרֶדֶת שַׁחַת, מָצָאתִי כֹפֶר:

מסובב את התרנגול סביב ראשו ואומר:

זֶה חֲלִיפָתִי, זֶה תְּמוּרָתִי, זֶה כַּפָּרָתִי.
זֶה הַתַּרְנְגוֹל יֵלֵךְ לְמִיתָה
וַאֲנִי אֵלֵךְ וְאֶכָּנֵס לְחַיִּים טוֹבִים אֲרֻכִּים וּלְשָׁלוֹם.

מסובבת את התרנגולת סביב ראשה ואומרת:

זֹאת חֲלִיפָתִי, זֹאת תְּמוּרָתִי, זֹאת כַּפָּרָתִי.
זֹאת הַתַּרְנְגֹלֶת תֵּלֵךְ לְמִיתָה
וַאֲנִי אֵלֵךְ וְאֶכָּנֵס לְחַיִּים טוֹבִים אֲרֻכִּים וּלְשָׁלוֹם.

יש הנוהגים לקיים את סדר הכפרות במעות ולתתם לצדקה (׳חיי אדם׳ קמד, ד).
מסובבים את הכסף סביב הראש ואומרים:

אֵלּוּ חֲלִיפָתִי, אֵלּוּ תְּמוּרָתִי, אֵלּוּ כַּפָּרָתִי.
אֵלּוּ הַמָּעוֹת יֵלְכוּ לִצְדָקָה
וַאֲנִי אֵלֵךְ וְאֶכָּנֵס לְחַיִּים טוֹבִים אֲרֻכִּים וּלְשָׁלוֹם.

וידוי למנחה בערב יום הכיפורים

בתפילת לחש של מנחה בערב יום הכיפורים, קודם 'אֱלֹהַי, נְצֹר' אומרים וידוי (יומא פז ע"ב).

נוהגים שחתן וכלה מתענים ביום כניסתם לחופה (רמ"א, אבהע"ז סא, א בשם הרוקח)
ומתוודים בתפילת מנחה, ואפילו בימים שאין אומרים בהם תחנון (פת"ש שם, ט).

אֱלֹהֵינוּ וֵאלֹהֵי אֲבוֹתֵינוּ
תָּבוֹא לְפָנֶיךָ תְּפִלָּתֵנוּ, וְאַל תִּתְעַלַּם מִתְּחִנָּתֵנוּ.
שֶׁאֵין אֲנַחְנוּ עַזֵּי פָנִים וּקְשֵׁי עֹרֶף לוֹמַר לְפָנֶיךָ
יהוה אֱלֹהֵינוּ וֵאלֹהֵי אֲבוֹתֵינוּ
צַדִּיקִים אֲנַחְנוּ וְלֹא חָטָאנוּ. אֲבָל אֲנַחְנוּ וַאֲבוֹתֵינוּ חָטָאנוּ.

כשמתוודה, מכה באגרופו על החזה כנגד הלב (מג"א תרז, ג, בשם מדרש קהלת).

אָשַׁמְנוּ, בָּגַדְנוּ, גָּזַלְנוּ, דִּבַּרְנוּ דֹפִי
הֶעֱוִינוּ, וְהִרְשַׁעְנוּ, זַדְנוּ, חָמַסְנוּ, טָפַלְנוּ שֶׁקֶר
יָעַצְנוּ רָע, כִּזַּבְנוּ, לַצְנוּ, מָרַדְנוּ, נִאַצְנוּ, סָרַרְנוּ
עָוִינוּ, פָּשַׁעְנוּ, צָרַרְנוּ, קִשִּׁינוּ עֹרֶף
רָשַׁעְנוּ, שִׁחַתְנוּ, תִּעַבְנוּ, תָּעִינוּ, תִּעְתָּעְנוּ.

סַרְנוּ מִמִּצְוֹתֶיךָ וּמִמִּשְׁפָּטֶיךָ הַטּוֹבִים, וְלֹא שָׁוָה לָנוּ.
וְאַתָּה צַדִּיק עַל כָּל־הַבָּא עָלֵינוּ נחמיה ט
כִּי־אֱמֶת עָשִׂיתָ, וַאֲנַחְנוּ הִרְשָׁעְנוּ:

מַה נֹּאמַר לְפָנֶיךָ יוֹשֵׁב מָרוֹם, וּמַה נְּסַפֵּר לְפָנֶיךָ שׁוֹכֵן שְׁחָקִים
הֲלֹא כָּל הַנִּסְתָּרוֹת וְהַנִּגְלוֹת אַתָּה יוֹדֵעַ.

אַתָּה יוֹדֵעַ רָזֵי עוֹלָם וְתַעֲלוּמוֹת סִתְרֵי כָּל חָי.
אַתָּה חוֹפֵשׂ כָּל חַדְרֵי בָטֶן וּבוֹחֵן כְּלָיוֹת וָלֵב.
אֵין דָּבָר נֶעְלָם מִמֶּךָּ וְאֵין נִסְתָּר מִנֶּגֶד עֵינֶיךָ.
וּבְכֵן, יְהִי רָצוֹן מִלְּפָנֶיךָ, יהוה אֱלֹהֵינוּ וֵאלֹהֵי אֲבוֹתֵינוּ
שֶׁתִּסְלַח לָנוּ עַל כָּל חַטֹּאתֵינוּ
וְתִמְחַל לָנוּ עַל כָּל עֲוֹנוֹתֵינוּ
וּתְכַפֵּר לָנוּ עַל כָּל פְּשָׁעֵינוּ.

על כל חטא שמונה, מכה באגרופו על החזה כנגד הלב.

עַל חֵטְא שֶׁחָטָאנוּ לְפָנֶיךָ בְּאֹנֶס וּבְרָצוֹן
וְעַל חֵטְא שֶׁחָטָאנוּ לְפָנֶיךָ בְּאִמּוּץ הַלֵּב

עַל חֵטְא שֶׁחָטָאנוּ לְפָנֶיךָ בִּבְלִי דָעַת
וְעַל חֵטְא שֶׁחָטָאנוּ לְפָנֶיךָ בְּבִטּוּי שְׂפָתָיִם

עַל חֵטְא שֶׁחָטָאנוּ לְפָנֶיךָ בְּגִלּוּי עֲרָיוֹת
וְעַל חֵטְא שֶׁחָטָאנוּ לְפָנֶיךָ בְּגָלוּי וּבַסָּתֶר

עַל חֵטְא שֶׁחָטָאנוּ לְפָנֶיךָ בְּדַעַת וּבְמִרְמָה
וְעַל חֵטְא שֶׁחָטָאנוּ לְפָנֶיךָ בְּדִבּוּר פֶּה

עַל חֵטְא שֶׁחָטָאנוּ לְפָנֶיךָ בְּהוֹנָאַת רֵעַ
וְעַל חֵטְא שֶׁחָטָאנוּ לְפָנֶיךָ בְּהִרְהוּר הַלֵּב

עַל חֵטְא שֶׁחָטָאנוּ לְפָנֶיךָ בִּוְעִידַת זְנוּת
וְעַל חֵטְא שֶׁחָטָאנוּ לְפָנֶיךָ בְּוִדּוּי פֶּה

עַל חֵטְא שֶׁחָטָאנוּ לְפָנֶיךָ בְּזִלְזוּל הוֹרִים וּמוֹרִים
וְעַל חֵטְא שֶׁחָטָאנוּ לְפָנֶיךָ בְּזָדוֹן וּבִשְׁגָגָה

עַל חֵטְא שֶׁחָטָאנוּ לְפָנֶיךָ בְּחֹזֶק יָד
וְעַל חֵטְא שֶׁחָטָאנוּ לְפָנֶיךָ בְּחִלּוּל הַשֵּׁם

עַל חֵטְא שֶׁחָטָאנוּ לְפָנֶיךָ בְּטֻמְאַת שְׂפָתָיִם
וְעַל חֵטְא שֶׁחָטָאנוּ לְפָנֶיךָ בְּטִפְשׁוּת פֶּה

עַל חֵטְא שֶׁחָטָאנוּ לְפָנֶיךָ בְּיֵצֶר הָרָע
וְעַל חֵטְא שֶׁחָטָאנוּ לְפָנֶיךָ בְּיוֹדְעִים וּבְלֹא יוֹדְעִים

וְעַל כֻּלָּם אֱלוֹהַּ סְלִיחוֹת סְלַח לָנוּ, מְחַל לָנוּ, כַּפֶּר לָנוּ.

עַל חֵטְא שֶׁחָטָאנוּ לְפָנֶיךָ בְּכַחַשׁ וּבְכָזָב
וְעַל חֵטְא שֶׁחָטָאנוּ לְפָנֶיךָ בְּכַפַּת שֹׁחַד

עַל חֵטְא שֶׁחָטָאנוּ לְפָנֶיךָ בְּלָצוֹן
וְעַל חֵטְא שֶׁחָטָאנוּ לְפָנֶיךָ בְּלָשׁוֹן הָרָע

עַל חֵטְא שֶׁחָטָאנוּ לְפָנֶיךָ בְּמַשָּׂא וּבְמַתָּן
וְעַל חֵטְא שֶׁחָטָאנוּ לְפָנֶיךָ בְּמַאֲכָל וּבְמִשְׁתֶּה

עַל חֵטְא שֶׁחָטָאנוּ לְפָנֶיךָ בְּנֶשֶׁךְ וּבְמַרְבִּית
וְעַל חֵטְא שֶׁחָטָאנוּ לְפָנֶיךָ בִּנְטִיַּת גָּרוֹן

עַל חֵטְא שֶׁחָטָאנוּ לְפָנֶיךָ בְּשִׂיחַ שִׂפְתוֹתֵינוּ
וְעַל חֵטְא שֶׁחָטָאנוּ לְפָנֶיךָ בְּשִׂקּוּר עָיִן

עַל חֵטְא שֶׁחָטָאנוּ לְפָנֶיךָ בְּעֵינַיִם רָמוֹת
וְעַל חֵטְא שֶׁחָטָאנוּ לְפָנֶיךָ בְּעַזּוּת מֵצַח

וְעַל כֻּלָּם אֱלוֹהַּ סְלִיחוֹת סְלַח לָנוּ, מְחַל לָנוּ, כַּפֶּר לָנוּ.

עַל חֵטְא שֶׁחָטָאנוּ לְפָנֶיךָ בִּפְרִיקַת עֹל
וְעַל חֵטְא שֶׁחָטָאנוּ לְפָנֶיךָ בִּפְלִילוּת

עַל חֵטְא שֶׁחָטָאנוּ לְפָנֶיךָ בִּצְדִיַּת רֵעַ
וְעַל חֵטְא שֶׁחָטָאנוּ לְפָנֶיךָ בְּצָרוּת עָיִן

עַל חֵטְא שֶׁחָטָאנוּ לְפָנֶיךָ בְּקַלּוּת רֹאשׁ
וְעַל חֵטְא שֶׁחָטָאנוּ לְפָנֶיךָ בְּקַשְׁיוּת עֹרֶף

עַל חֵטְא שֶׁחָטָאנוּ לְפָנֶיךָ בְּרִיצַת רַגְלַיִם לְהָרַע
וְעַל חֵטְא שֶׁחָטָאנוּ לְפָנֶיךָ בִּרְכִילוּת

עַל חֵטְא שֶׁחָטָאנוּ לְפָנֶיךָ בִּשְׁבוּעַת שָׁוְא
וְעַל חֵטְא שֶׁחָטָאנוּ לְפָנֶיךָ בְּשִׂנְאַת חִנָּם

עַל חֵטְא שֶׁחָטָאנוּ לְפָנֶיךָ בִּתְשׂוּמֶת יָד
וְעַל חֵטְא שֶׁחָטָאנוּ לְפָנֶיךָ בְּתִמְהוֹן לֵבָב

וְעַל כֻּלָּם אֱלוֹהַּ סְלִיחוֹת סְלַח לָנוּ, מְחַל לָנוּ, כַּפֶּר לָנוּ.

וְעַל חֲטָאִים שֶׁאָנוּ חַיָּבִים עֲלֵיהֶם עוֹלָה
וְעַל חֲטָאִים שֶׁאָנוּ חַיָּבִים עֲלֵיהֶם חַטָּאת
וְעַל חֲטָאִים שֶׁאָנוּ חַיָּבִים עֲלֵיהֶם קָרְבָּן עוֹלֶה וְיוֹרֵד
וְעַל חֲטָאִים שֶׁאָנוּ חַיָּבִים עֲלֵיהֶם אָשָׁם וַדַּאי וְתָלוּי
וְעַל חֲטָאִים שֶׁאָנוּ חַיָּבִים עֲלֵיהֶם מַכַּת מַרְדּוּת
וְעַל חֲטָאִים שֶׁאָנוּ חַיָּבִים עֲלֵיהֶם מַלְקוּת אַרְבָּעִים
וְעַל חֲטָאִים שֶׁאָנוּ חַיָּבִים עֲלֵיהֶם מִיתָה בִּידֵי שָׁמָיִם
וְעַל חֲטָאִים שֶׁאָנוּ חַיָּבִים עֲלֵיהֶם כָּרֵת וַעֲרִירִי
וְעַל חֲטָאִים שֶׁאָנוּ חַיָּבִים עֲלֵיהֶם אַרְבַּע מִיתוֹת בֵּית דִּין
סְקִילָה, שְׂרֵפָה, הֶרֶג, וְחֶנֶק.

עַל מִצְוַת עֲשֵׂה וְעַל מִצְוַת לֹא תַעֲשֶׂה.
בֵּין שֶׁיֵּשׁ בָּהּ קוּם עֲשֵׂה וּבֵין שֶׁאֵין בָּהּ קוּם עֲשֵׂה.
אֶת הַגְּלוּיִים לָנוּ וְאֶת שֶׁאֵינָם גְּלוּיִים לָנוּ
אֶת הַגְּלוּיִים לָנוּ, כְּבָר אֲמַרְנוּם לְפָנֶיךָ, וְהוֹדִינוּ לְךָ עֲלֵיהֶם
וְאֶת שֶׁאֵינָם גְּלוּיִים לָנוּ, לְפָנֶיךָ הֵם גְּלוּיִים וִידוּעִים
כַּדָּבָר שֶׁנֶּאֱמַר
הַנִּסְתָּרֹת לַיהוה אֱלֹהֵינוּ דברים כט
וְהַנִּגְלֹת לָנוּ וּלְבָנֵינוּ עַד־עוֹלָם
לַעֲשׂוֹת אֶת־כָּל־דִּבְרֵי הַתּוֹרָה הַזֹּאת:
כִּי אַתָּה סָלְחָן לְיִשְׂרָאֵל וּמָחֳלָן לְשִׁבְטֵי יְשֻׁרוּן בְּכָל דּוֹר וָדוֹר
וּמִבַּלְעָדֶיךָ אֵין לָנוּ מֶלֶךְ מוֹחֵל וְסוֹלֵחַ אֶלָּא אָתָּה.

אֱלֹהַי
עַד שֶׁלֹּא נוֹצַרְתִּי אֵינִי כְדַאי
וְעַכְשָׁיו שֶׁנּוֹצַרְתִּי, כְּאִלּוּ לֹא נוֹצַרְתִּי
עָפָר אֲנִי בְּחַיַּי, קַל וָחֹמֶר בְּמִיתָתִי.
הֲרֵי אֲנִי לְפָנֶיךָ כִּכְלִי מָלֵא בוּשָׁה וּכְלִמָּה.
יְהִי רָצוֹן מִלְּפָנֶיךָ, יהוה אֱלֹהַי וֵאלֹהֵי אֲבוֹתַי
שֶׁלֹּא אֶחֱטָא עוֹד.
וּמַה שֶּׁחָטָאתִי לְפָנֶיךָ, מְחֹק בְּרַחֲמֶיךָ הָרַבִּים
אֲבָל לֹא עַל יְדֵי יִסּוּרִים וָחֳלָיִם רָעִים.

אֱלֹהַי ברכות יז.
נְצֹר לְשׁוֹנִי מֵרָע וּשְׂפָתַי מִדַּבֵּר מִרְמָה
וְלִמְקַלְלַי נַפְשִׁי תִדֹּם, וְנַפְשִׁי כֶּעָפָר לַכֹּל תִּהְיֶה.
פְּתַח לִבִּי בְּתוֹרָתֶךָ, וּבְמִצְוֹתֶיךָ תִּרְדֹּף נַפְשִׁי.
וְכָל הַחוֹשְׁבִים עָלַי רָעָה
מְהֵרָה הָפֵר עֲצָתָם וְקַלְקֵל מַחֲשַׁבְתָּם.
עֲשֵׂה לְמַעַן שְׁמֶךָ, עֲשֵׂה לְמַעַן יְמִינֶךָ
עֲשֵׂה לְמַעַן קְדֻשָּׁתֶךָ, עֲשֵׂה לְמַעַן תּוֹרָתֶךָ.
לְמַעַן יֵחָלְצוּן יְדִידֶיךָ, הוֹשִׁיעָה יְמִינְךָ וַעֲנֵנִי: תהלים ס
יִהְיוּ לְרָצוֹן אִמְרֵי פִי וְהֶגְיוֹן לִבִּי לְפָנֶיךָ, יהוה צוּרִי וְגוֹאֲלִי: תהלים יט
כורע ופוסע שלוש פסיעות לאחור. קד לשמאל, לימין ולפנים באמירת:
עֹשֶׂה שָׁלוֹם/ בעשרת ימי תשובה: הַשָּׁלוֹם/ בִּמְרוֹמָיו
הוּא יַעֲשֶׂה שָׁלוֹם עָלֵינוּ וְעַל כָּל יִשְׂרָאֵל וְאִמְרוּ אָמֵן.

יְהִי רָצוֹן מִלְּפָנֶיךָ יהוה אֱלֹהֵינוּ וֵאלֹהֵי אֲבוֹתֵינוּ
שֶׁיִּבָּנֶה בֵּית הַמִּקְדָּשׁ בִּמְהֵרָה בְיָמֵינוּ, וְתֵן חֶלְקֵנוּ בְּתוֹרָתֶךָ
וְשָׁם נַעֲבָדְךָ בְּיִרְאָה כִּימֵי עוֹלָם וּכְשָׁנִים קַדְמוֹנִיּוֹת.
וְעָרְבָה לַיהוה מִנְחַת יְהוּדָה וִירוּשָׁלָםִ כִּימֵי עוֹלָם וּכְשָׁנִים קַדְמֹנִיּוֹת: מלאכי ג

סדר הדלקת נרות חנוכה

בשמונת ימי חנוכה מדליקים נרות בערב. בערב הראשון נר אחד, בערב השני שניים, ומוסיף והולך בכל יום – עד שבלילה האחרון מדליק שמונה (שבת כא ע״ב).

לפני ההדלקה מברך:

בָּרוּךְ אַתָּה יהוה אֱלֹהֵינוּ מֶלֶךְ הָעוֹלָם
אֲשֶׁר קִדְּשָׁנוּ בְּמִצְוֹתָיו וְצִוָּנוּ לְהַדְלִיק נֵר שֶׁל חֲנֻכָּה.

בָּרוּךְ אַתָּה יהוה אֱלֹהֵינוּ מֶלֶךְ הָעוֹלָם
שֶׁעָשָׂה נִסִּים לַאֲבוֹתֵינוּ בַּיָּמִים הָהֵם בַּזְּמַן הַזֶּה.

בערב הראשון מוסיף:

בָּרוּךְ אַתָּה יהוה אֱלֹהֵינוּ מֶלֶךְ הָעוֹלָם
שֶׁהֶחֱיָנוּ וְקִיְּמָנוּ וְהִגִּיעָנוּ לַזְּמַן הַזֶּה.

אחר ההדלקה אומר:

הַנֵּרוֹת הַלָּלוּ אָנוּ מַדְלִיקִים מסכת סופרים פרק ג
עַל הַנִּסִּים וְעַל הַנִּפְלָאוֹת וְעַל הַתְּשׁוּעוֹת וְעַל הַמִּלְחָמוֹת
שֶׁעָשִׂיתָ לַאֲבוֹתֵינוּ בַּיָּמִים הָהֵם בַּזְּמַן הַזֶּה
עַל יְדֵי כֹּהֲנֶיךָ הַקְּדוֹשִׁים.
וְכָל שְׁמוֹנַת יְמֵי חֲנֻכָּה
הַנֵּרוֹת הַלָּלוּ קֹדֶשׁ הֵם
וְאֵין לָנוּ רְשׁוּת לְהִשְׁתַּמֵּשׁ בָּהֶם
אֶלָּא לִרְאוֹתָם בִּלְבָד
כְּדֵי לְהוֹדוֹת וּלְהַלֵּל לְשִׁמְךָ הַגָּדוֹל
עַל נִסֶּיךָ וְעַל נִפְלְאוֹתֶיךָ וְעַל יְשׁוּעָתֶךָ.

נוהגים לשיר לאחר הדלקת הנרות פיוט זה (מובא בילקט יושר):

מָעוֹז צוּר יְשׁוּעָתִי לְךָ נָאֶה לְשַׁבֵּחַ
תִּכּוֹן בֵּית תְּפִלָּתִי וְשָׁם תּוֹדָה נְזַבֵּחַ
לְעֵת תָּכִין מַטְבֵּחַ מִצָּר הַמְנַבֵּחַ
אָז אֶגְמֹר בְּשִׁיר מִזְמוֹר חֲנֻכַּת הַמִּזְבֵּחַ.

רָעוֹת שָׂבְעָה נַפְשִׁי בְּיָגוֹן כֹּחִי כָּלָה
חַיַּי מֵרְרוּ בְקֹשִׁי בְּשִׁעְבּוּד מַלְכוּת עֶגְלָה
וּבְיָדוֹ הַגְּדוֹלָה הוֹצִיא אֶת הַסְּגֻלָּה
חֵיל פַּרְעֹה וְכָל זַרְעוֹ יָרְדוּ כְּאֶבֶן מְצוּלָה.

דְּבִיר קָדְשׁוֹ הֱבִיאַנִי וְגַם שָׁם לֹא שָׁקַטְתִּי
וּבָא נוֹגֵשׂ וְהִגְלַנִי כִּי זָרִים עָבַדְתִּי
וְיֵין רַעַל מָסַכְתִּי כִּמְעַט שֶׁעָבַרְתִּי
קֵץ בָּבֶל זְרֻבָּבֶל לְקֵץ שִׁבְעִים נוֹשַׁעְתִּי.

כְּרֹת קוֹמַת בְּרוֹשׁ בִּקֵּשׁ אֲגָגִי בֶּן הַמְּדָתָא
וְנִהְיָתָה לוֹ לְפַח וּלְמוֹקֵשׁ וְגַאֲוָתוֹ נִשְׁבָּתָה
רֹאשׁ יְמִינִי נִשֵּׂאתָ וְאוֹיֵב שְׁמוֹ מָחִיתָ
רֹב בָּנָיו וְקִנְיָנָיו עַל הָעֵץ תָּלִיתָ.

יְוָנִים נִקְבְּצוּ עָלַי אֲזַי בִּימֵי חַשְׁמַנִּים
וּפָרְצוּ חוֹמוֹת מִגְדָּלַי וְטִמְּאוּ כָּל הַשְּׁמָנִים
וּמִנּוֹתַר קַנְקַנִּים נַעֲשָׂה נֵס לַשּׁוֹשַׁנִּים
בְּנֵי בִינָה יְמֵי שְׁמוֹנָה קָבְעוּ שִׁיר וּרְנָנִים.

חֲשׂוֹף זְרוֹעַ קָדְשֶׁךָ וְקָרֵב קֵץ הַיְשׁוּעָה
נְקֹם נִקְמַת עֲבָדֶיךָ מֵאֻמָּה הָרְשָׁעָה
כִּי אָרְכָה לָנוּ הַשָּׁעָה וְאֵין קֵץ לִימֵי הָרָעָה
דְּחֵה אַדְמוֹן בְּצֵל צַלְמוֹן הָקֵם לָנוּ רוֹעִים שִׁבְעָה.

סדר קריאת המגילה בפורים

הקורא מברך שלוש ברכות לפני הקריאה:

בָּרוּךְ אַתָּה יהוה אֱלֹהֵינוּ מֶלֶךְ הָעוֹלָם
אֲשֶׁר קִדְּשָׁנוּ בְּמִצְוֹתָיו וְצִוָּנוּ עַל מִקְרָא מְגִלָּה.

בָּרוּךְ אַתָּה יהוה אֱלֹהֵינוּ מֶלֶךְ הָעוֹלָם
שֶׁעָשָׂה נִסִּים לַאֲבוֹתֵינוּ בַּיָּמִים הָהֵם בַּזְּמַן הַזֶּה.

בָּרוּךְ אַתָּה יהוה אֱלֹהֵינוּ מֶלֶךְ הָעוֹלָם
שֶׁהֶחֱיָנוּ וְקִיְּמָנוּ וְהִגִּיעָנוּ לַזְּמַן הַזֶּה.

קוראים מגילת אסתר בעמ׳ 653.
אחר הקריאה בציבור גוללים את המגילה והקורא מברך:

בָּרוּךְ אַתָּה יהוה אֱלֹהֵינוּ מֶלֶךְ הָעוֹלָם
הָרָב אֶת רִיבֵנוּ, וְהַדָּן אֶת דִּינֵנוּ, וְהַנּוֹקֵם אֶת נִקְמָתֵנוּ
וְהַמְשַׁלֵּם גְּמוּל לְכָל אוֹיְבֵי נַפְשֵׁנוּ, וְהַנִּפְרָע לָנוּ מִצָּרֵינוּ.
בָּרוּךְ אַתָּה יהוה
הַנִּפְרָע לְעַמּוֹ יִשְׂרָאֵל מִכָּל צָרֵיהֶם, הָאֵל הַמּוֹשִׁיעַ.

בערב אומרים לאחר הקריאה:

אֲשֶׁר הֵנִיא עֲצַת גּוֹיִם, וַיָּפֶר מַחְשְׁבוֹת עֲרוּמִים.
בְּקוּם עָלֵינוּ אָדָם רָשָׁע, נֵצֶר זָדוֹן מִזֶּרַע עֲמָלֵק.
גָּאָה בְעָשְׁרוֹ וְכָרָה לוֹ בּוֹר, וּגְדֻלָּתוֹ יָקְשָׁה לוֹ לָכַד.
דִּמָּה בְנַפְשׁוֹ לִלְכֹּד וְנִלְכַּד, בִּקֵּשׁ לְהַשְׁמִיד וְנִשְׁמַד מְהֵרָה.
הָמָן הוֹדִיעַ אֵיבַת אֲבוֹתָיו, וְעוֹרֵר שִׂנְאַת אַחִים לַבָּנִים.
וְלֹא זָכַר רַחֲמֵי שָׁאוּל, כִּי בְחֶמְלָתוֹ עַל אֲגָג נוֹלַד אוֹיֵב.
זָמַם רָשָׁע לְהַכְרִית צַדִּיק, וְנִלְכַּד טָמֵא בִּידֵי טָהוֹר.

חֶסֶד גָּבַר עַל שִׁגְגַת אָב, וְרָשָׁע הוֹסִיף חֵטְא עַל חֲטָאָיו.
טָמַן בְּלִבּוֹ מַחְשְׁבוֹת עֲרוּמָיו, וַיִּתְמַכֵּר לַעֲשׂוֹת רָעָה.
יָדוֹ שָׁלַח בִּקְדוֹשֵׁי אֵל, כַּסְפּוֹ נָתַן לְהַכְרִית זִכְרָם.
כִּרְאוֹת מָרְדְּכַי כִּי יָצָא קֶצֶף, וְדָתֵי הָמָן נִתְּנוּ בְשׁוּשָׁן.
לָבַשׁ שַׂק וְקָשַׁר מִסְפֵּד וְגָזַר צוֹם וַיֵּשֶׁב עַל הָאֵפֶר.
מִי זֶה יַעֲמֹד לְכַפֵּר שְׁגָגָה, וְלִמְחֹל חַטַּאת עֲוֹן אֲבוֹתֵינוּ.
נֵץ פָּרַח מִלּוּלָב, הֵן הֲדַסָּה עָמְדָה לְעוֹרֵר יְשֵׁנִים.
סָרִיסֶיהָ הִבְהִילוּ לְהָמָן, לְהַשְׁקוֹתוֹ יֵין חֲמַת תַּנִּינִים.
עָמַד בְּעָשְׁרוֹ וְנָפַל בְּרִשְׁעוֹ, עָשָׂה לוֹ עֵץ וְנִתְלָה עָלָיו.
פִּיהֶם פָּתְחוּ כָּל יוֹשְׁבֵי תֵבֵל, כִּי פוּר הָמָן נֶהְפַּךְ לְפוּרֵנוּ.
צַדִּיק נֶחֱלַץ מִיַּד רָשָׁע, אוֹיֵב נִתַּן תַּחַת נַפְשׁוֹ.
קִיְּמוּ עֲלֵיהֶם לַעֲשׂוֹת פּוּרִים וְלִשְׂמֹחַ בְּכָל שָׁנָה וְשָׁנָה.
רָאִיתָ אֶת תְּפִלַּת מָרְדְּכַי וְאֶסְתֵּר, הָמָן וּבָנָיו עַל הָעֵץ תָּלִיתָ.

אחר הקריאה בשחרית מתחילים כאן:

שׁוֹשַׁנַּת יַעֲקֹב צָהֲלָה וְשָׂמֵחָה בִּרְאוֹתָם יַחַד תְּכֵלֶת מָרְדְּכָי.
תְּשׁוּעָתָם הָיִיתָ לָנֶצַח, וְתִקְוָתָם בְּכָל דּוֹר וָדוֹר.
לְהוֹדִיעַ שֶׁכָּל קוֶֹיךָ לֹא יֵבֹשׁוּ, וְלֹא יִכָּלְמוּ לָנֶצַח כָּל הַחוֹסִים בָּךְ.
אָרוּר הָמָן אֲשֶׁר בִּקֵּשׁ לְאַבְּדִי, בָּרוּךְ מָרְדְּכַי הַיְּהוּדִי.
אֲרוּרָה זֶרֶשׁ אֵשֶׁת מַפְחִידִי, בְּרוּכָה אֶסְתֵּר בַּעֲדִי.
אֲרוּרִים כָּל הָרְשָׁעִים, בְּרוּכִים כָּל יִשְׂרָאֵל, וְגַם חַרְבוֹנָה זָכוּר לַטּוֹב.

בלילה אומרים ׳וְאַתָּה קָדוֹשׁ׳ בעמ׳ 340 (ואם חל במוצאי שבת מתחילים ׳וִיהִי נֹעַם׳ באותו עמוד) וקדיש שלם (עמ׳ 342) בלי השורה ׳תִּתְקַבַּל צְלוֹתְהוֹן׳.
אחר כך ממשיכים ׳עָלֵינוּ׳ (עמ׳ 346) עד סוף התפילה
(ואם חל במוצאי שבת, אומרים ׳וְיִתֶּן־לְךָ׳ בעמ׳ 343 קודם ׳עָלֵינוּ׳).

בשחרית ממשיכים ׳אַשְׁרֵי׳ בעמ׳ 82.

סדר תפילת שחרית ליום הזיכרון

יש נוהגים בתום תפילת שחרית, לאחר קדיש תתקבל, לפתוח את ארון הקודש ולומר:

לַמְנַצֵּחַ עַל־מוּת לַבֵּן מִזְמוֹר לְדָוִד: תהלים ט
אוֹדֶה יהוה בְּכָל־לִבִּי, אֲסַפְּרָה כָּל־נִפְלְאוֹתֶיךָ:
אֶשְׂמְחָה וְאֶעֶלְצָה בָךְ, אֲזַמְּרָה שִׁמְךָ עֶלְיוֹן:
בְּשׁוּב־אוֹיְבַי אָחוֹר, יִכָּשְׁלוּ וְיֹאבְדוּ מִפָּנֶיךָ:
כִּי־עָשִׂיתָ מִשְׁפָּטִי וְדִינִי, יָשַׁבְתָּ לְכִסֵּא שׁוֹפֵט צֶדֶק:
גָּעַרְתָּ גוֹיִם אִבַּדְתָּ רָשָׁע, שְׁמָם מָחִיתָ לְעוֹלָם וָעֶד:
הָאוֹיֵב תַּמּוּ חֳרָבוֹת לָנֶצַח, וְעָרִים נָתַשְׁתָּ, אָבַד זִכְרָם הֵמָּה:
וַיהוה לְעוֹלָם יֵשֵׁב, כּוֹנֵן לַמִּשְׁפָּט כִּסְאוֹ:
וְהוּא יִשְׁפֹּט־תֵּבֵל בְּצֶדֶק, יָדִין לְאֻמִּים בְּמֵישָׁרִים:
וִיהִי יהוה מִשְׂגָּב לַדָּךְ, מִשְׂגָּב לְעִתּוֹת בַּצָּרָה:
וְיִבְטְחוּ בְךָ יוֹדְעֵי שְׁמֶךָ, כִּי לֹא־עָזַבְתָּ דֹרְשֶׁיךָ, יהוה:
זַמְּרוּ לַיהוה יֹשֵׁב צִיּוֹן, הַגִּידוּ בָעַמִּים עֲלִילוֹתָיו:
כִּי־דֹרֵשׁ דָּמִים אוֹתָם זָכָר, לֹא־שָׁכַח צַעֲקַת עֲנָוִים:
חָנְנֵנִי יהוה רְאֵה עָנְיִי מִשֹּׂנְאָי, מְרוֹמְמִי מִשַּׁעֲרֵי־מָוֶת:
לְמַעַן אֲסַפְּרָה כָּל־תְּהִלָּתֶיךָ, בְּשַׁעֲרֵי בַת־צִיּוֹן אָגִילָה בִּישׁוּעָתֶךָ:
טָבְעוּ גוֹיִם בְּשַׁחַת עָשׂוּ, בְּרֶשֶׁת־זוּ טָמָנוּ נִלְכְּדָה רַגְלָם:
נוֹדַע יהוה מִשְׁפָּט עָשָׂה, בְּפֹעַל כַּפָּיו נוֹקֵשׁ רָשָׁע, הִגָּיוֹן סֶלָה:
יָשׁוּבוּ רְשָׁעִים לִשְׁאוֹלָה, כָּל־גּוֹיִם שְׁכֵחֵי אֱלֹהִים:
כִּי לֹא לָנֶצַח יִשָּׁכַח אֶבְיוֹן, תִּקְוַת עֲנִיִּים תֹּאבַד לָעַד:
קוּמָה יהוה אַל־יָעֹז אֱנוֹשׁ, יִשָּׁפְטוּ גוֹיִם עַל־פָּנֶיךָ:
שִׁיתָה יהוה מוֹרָה לָהֶם, יֵדְעוּ גוֹיִם, אֱנוֹשׁ הֵמָּה סֶּלָה:

סוגרים את ארון הקודש.

תפילת אזכרה

אָבִינוּ שֶׁבַּשָּׁמַיִם, אֵל אֱלֹהֵי הָרוּחוֹת לְכָל בָּשָׂר
זְכֹר נָא אֶת הַנְּשָׁמוֹת הַזַּכּוֹת וְהַטְּהוֹרוֹת שֶׁל בָּנֵינוּ וּבְנוֹתֵינוּ
אֲשֶׁר הֶעֱרוּ אֶת נַפְשָׁם לָמוּת מוֹת גִּבּוֹרִים
בְּהֵחָלְצָם לְעֶזְרַת הָעָם וְהָאָרֶץ.
מִנְּשָׁרִים קַלּוּ מֵאֲרָיוֹת גָּבֵרוּ
בְּמִלְחַמְתָּם לְמַעַן שִׁחְרוּר עַמָּם וּמוֹלַדְתָּם.
בַּעֲלוֹתָם עַל מִזְבַּח תְּקוּמַת יִשְׂרָאֵל בְּאֶרֶץ קָדְשׁוֹ
הֵפִּיחוּ רוּחַ עֹז וּגְבוּרָה בְּכָל בֵּית יִשְׂרָאֵל בָּאָרֶץ וּבַתְּפוּצוֹת
וַיִּתְעוֹרֵר לִקְרַאת גְּאֻלָּתוֹ וּפְדוּת נַפְשׁוֹ.
יִזְכְּרֵם אֱלֹהֵינוּ לְטוֹבָה
עִם רִבְבוֹת אַלְפֵי קְדוֹשֵׁי יִשְׂרָאֵל וְגִבּוֹרָיו מִימֵי עוֹלָם
בִּצְרוֹר הַחַיִּים יִצְרֹר אֶת נִשְׁמָתָם
בְּגַן עֵדֶן תְּהֵא מְנוּחָתָם
וְיָנוּחוּ בְּשָׁלוֹם עַל מִשְׁכָּבָם
וְיַעַמְדוּ לְגוֹרָלָם לְקֵץ הַיָּמִין
אָמֵן.

תהלים קמד
לְדָוִד בָּרוּךְ יהוה צוּרִי הַמְלַמֵּד יָדַי לַקְרָב, אֶצְבְּעוֹתַי לַמִּלְחָמָה: חַסְדִּי וּמְצוּדָתִי
מִשְׂגַּבִּי וּמְפַלְטִי לִי מָגִנִּי וּבוֹ חָסִיתִי הָרוֹדֵד עַמִּי תַחְתָּי: יהוה מָה־אָדָם וַתֵּדָעֵהוּ,
בֶּן־אֱנוֹשׁ וַתְּחַשְּׁבֵהוּ: אָדָם לַהֶבֶל דָּמָה יָמָיו כְּצֵל עוֹבֵר: יהוה הַט־שָׁמֶיךָ
וְתֵרֵד גַּע בֶּהָרִים וְיֶעֱשָׁנוּ: בְּרוֹק בָּרָק וּתְפִיצֵם, שְׁלַח חִצֶּיךָ וּתְהֻמֵּם: שְׁלַח
יָדֶיךָ מִמָּרוֹם פְּצֵנִי וְהַצִּילֵנִי מִמַּיִם רַבִּים מִיַּד בְּנֵי נֵכָר: אֲשֶׁר פִּיהֶם דִּבֶּר־שָׁוְא,
וִימִינָם יְמִין שָׁקֶר: אֱלֹהִים שִׁיר חָדָשׁ אָשִׁירָה לָּךְ, בְּנֵבֶל עָשׂוֹר אֲזַמְּרָה־לָּךְ:
הַנּוֹתֵן תְּשׁוּעָה לַמְּלָכִים הַפּוֹצֶה אֶת־דָּוִד עַבְדּוֹ מֵחֶרֶב רָעָה: פְּצֵנִי וְהַצִּילֵנִי מִיַּד
בְּנֵי־נֵכָר אֲשֶׁר־פִּיהֶם דִּבֶּר־שָׁוְא וִימִינָם יְמִין שָׁקֶר: אֲשֶׁר בָּנֵינוּ כִּנְטִעִים מְגֻדָּלִים
בִּנְעוּרֵיהֶם בְּנוֹתֵינוּ כְזָוִיֹּת מְחֻטָּבוֹת תַּבְנִית הֵיכָל: מְזָוֵינוּ מְלֵאִים מְפִיקִים מִזַּן
אֶל־זַן צֹאונֵנוּ מַאֲלִיפוֹת מְרֻבָּבוֹת בְּחוּצוֹתֵינוּ: אַלּוּפֵינוּ מְסֻבָּלִים אֵין פֶּרֶץ וְאֵין
יוֹצֵאת וְאֵין צְוָחָה בִּרְחֹבֹתֵינוּ: אַשְׁרֵי הָעָם שֶׁכָּכָה לּוֹ אַשְׁרֵי הָעָם שֶׁיהוה אֱלֹהָיו:

וממשיכים 'עָלֵינוּ' עד סוף התפילה (עמ' 86).

ערבית ליום העצמאות

לפני תפילת ערבית נוהגים לומר מזמורים אלה במנגינה של יום טוב:

תהלים קז
הֹדוּ לַיהוה כִּי־טוֹב, כִּי לְעוֹלָם חַסְדּוֹ: יֹאמְרוּ גְּאוּלֵי יהוה, אֲשֶׁר גְּאָלָם
מִיַּד־צָר: וּמֵאֲרָצוֹת קִבְּצָם, מִמִּזְרָח וּמִמַּעֲרָב, מִצָּפוֹן וּמִיָּם: תָּעוּ
בַמִּדְבָּר, בִּישִׁימוֹן דָּרֶךְ, עִיר מוֹשָׁב לֹא מָצָאוּ: רְעֵבִים גַּם־צְמֵאִים,
נַפְשָׁם בָּהֶם תִּתְעַטָּף: וַיִּצְעֲקוּ אֶל־יהוה בַּצַּר לָהֶם, מִמְּצוּקוֹתֵיהֶם
יַצִּילֵם: וַיַּדְרִיכֵם בְּדֶרֶךְ יְשָׁרָה, לָלֶכֶת אֶל־עִיר מוֹשָׁב: יוֹדוּ לַיהוה
חַסְדּוֹ, וְנִפְלְאוֹתָיו לִבְנֵי אָדָם: כִּי־הִשְׂבִּיעַ נֶפֶשׁ שֹׁקֵקָה, וְנֶפֶשׁ רְעֵבָה
מִלֵּא־טוֹב: יֹשְׁבֵי חֹשֶׁךְ וְצַלְמָוֶת, אֲסִירֵי עֳנִי וּבַרְזֶל: כִּי־הִמְרוּ אִמְרֵי־
אֵל, וַעֲצַת עֶלְיוֹן נָאָצוּ: וַיַּכְנַע בֶּעָמָל לִבָּם, כָּשְׁלוּ וְאֵין עֹזֵר: וַיִּזְעֲקוּ
אֶל־יהוה בַּצַּר לָהֶם, מִמְּצֻקוֹתֵיהֶם יוֹשִׁיעֵם: יוֹצִיאֵם מֵחֹשֶׁךְ וְצַלְמָוֶת,
וּמוֹסְרוֹתֵיהֶם יְנַתֵּק: יוֹדוּ לַיהוה חַסְדּוֹ, וְנִפְלְאוֹתָיו לִבְנֵי אָדָם: כִּי־
שִׁבַּר דַּלְתוֹת נְחֹשֶׁת, וּבְרִיחֵי בַרְזֶל גִּדֵּעַ: אֱוִלִים מִדֶּרֶךְ פִּשְׁעָם,
וּמֵעֲוֹנֹתֵיהֶם יִתְעַנּוּ: כָּל־אֹכֶל תְּתַעֵב נַפְשָׁם, וַיַּגִּיעוּ עַד־שַׁעֲרֵי מָוֶת:
וַיִּזְעֲקוּ אֶל־יהוה בַּצַּר לָהֶם, מִמְּצֻקוֹתֵיהֶם יוֹשִׁיעֵם: יִשְׁלַח דְּבָרוֹ
וְיִרְפָּאֵם, וִימַלֵּט מִשְּׁחִיתוֹתָם: יוֹדוּ לַיהוה חַסְדּוֹ, וְנִפְלְאוֹתָיו לִבְנֵי
אָדָם: וְיִזְבְּחוּ זִבְחֵי תוֹדָה וִיסַפְּרוּ מַעֲשָׂיו בְּרִנָּה: יוֹרְדֵי הַיָּם בָּאֳנִיּוֹת,
עֹשֵׂי מְלָאכָה בְּמַיִם רַבִּים: הֵמָּה רָאוּ מַעֲשֵׂי יהוה, וְנִפְלְאוֹתָיו
בִּמְצוּלָה: וַיֹּאמֶר, וַיַּעֲמֵד רוּחַ סְעָרָה, וַתְּרוֹמֵם גַּלָּיו: יַעֲלוּ שָׁמַיִם, יֵרְדוּ
תְהוֹמוֹת, נַפְשָׁם בְּרָעָה תִתְמוֹגָג: יָחוֹגּוּ וְיָנוּעוּ כַּשִּׁכּוֹר, וְכָל־חָכְמָתָם
תִּתְבַּלָּע: וַיִּצְעֲקוּ אֶל־יהוה בַּצַּר לָהֶם, וּמִמְּצוּקֹתֵיהֶם יוֹצִיאֵם: יָקֵם
סְעָרָה לִדְמָמָה, וַיֶּחֱשׁוּ גַּלֵּיהֶם: וַיִּשְׂמְחוּ כִי־יִשְׁתֹּקוּ, וַיַּנְחֵם אֶל־
מְחוֹז חֶפְצָם: יוֹדוּ לַיהוה חַסְדּוֹ, וְנִפְלְאוֹתָיו לִבְנֵי אָדָם: וִירֹמְמוּהוּ
בִּקְהַל־עָם, וּבְמוֹשַׁב זְקֵנִים יְהַלְלוּהוּ: יָשֵׂם נְהָרוֹת לְמִדְבָּר, וּמֹצָאֵי

מַיִם לְצִמָּאוֹן׃ אֶרֶץ פְּרִי לִמְלֵחָה, מֵרָעַת יֽוֹשְׁבֵי בָהּ׃ יָשֵׂם מִדְבָּר לַאֲגַם־מַיִם, וְאֶרֶץ צִיָּה לְמֹצָאֵי מָיִם׃ וַיּוֹשֶׁב שָׁם רְעֵבִים, וַיְכוֹנְנוּ עִיר מוֹשָׁב׃ וַיִּזְרְעוּ שָׂדוֹת, וַיִּטְּעוּ כְרָמִים, וַיַּעֲשׂוּ פְּרִי תְבוּאָה׃ וַיְבָרְכֵם וַיִּרְבּוּ מְאֹד, וּבְהֶמְתָּם לֹא יַמְעִיט׃ וַיִּמְעֲטוּ וַיָּשֹׁחוּ, מֵעֹצֶר רָעָה וְיָגוֹן׃ שֹׁפֵךְ בּוּז עַל־נְדִיבִים, וַיַּתְעֵם בְּתֹהוּ לֹא־דָרֶךְ׃ ◂ וַיְשַׂגֵּב אֶבְיוֹן מֵעוֹנִי, וַיָּשֶׂם כַּצֹּאן מִשְׁפָּחוֹת׃ יִרְאוּ יְשָׁרִים וְיִשְׂמָחוּ, וְכָל־עַוְלָה קָפְצָה פִּיהָ׃ מִי־חָכָם וְיִשְׁמָר־אֵלֶּה, וְיִתְבּוֹנְנוּ חַסְדֵי יהוה׃

תהלים צז יהוה מָלָךְ תָּגֵל הָאָרֶץ, יִשְׂמְחוּ אִיִּים רַבִּים׃ עָנָן וַעֲרָפֶל סְבִיבָיו, צֶדֶק וּמִשְׁפָּט מְכוֹן כִּסְאוֹ׃ אֵשׁ לְפָנָיו תֵּלֵךְ, וּתְלַהֵט סָבִיב צָרָיו׃ הֵאִירוּ בְרָקָיו תֵּבֵל, רָאֲתָה וַתָּחֵל הָאָרֶץ׃ הָרִים כַּדּוֹנַג נָמַסּוּ מִלִּפְנֵי יהוה, מִלִּפְנֵי אֲדוֹן כָּל־הָאָרֶץ׃ הִגִּידוּ הַשָּׁמַיִם צִדְקוֹ, וְרָאוּ כָל־הָעַמִּים כְּבוֹדוֹ׃ יֵבֹשׁוּ כָּל־עֹבְדֵי פֶסֶל הַמִּתְהַלְלִים בָּאֱלִילִים, הִשְׁתַּחֲווּ־לוֹ כָּל־אֱלֹהִים׃ שָׁמְעָה וַתִּשְׂמַח צִיּוֹן, וַתָּגֵלְנָה בְּנוֹת יְהוּדָה, לְמַעַן מִשְׁפָּטֶיךָ יהוה׃ כִּי־אַתָּה יהוה עֶלְיוֹן עַל־כָּל־הָאָרֶץ, מְאֹד נַעֲלֵיתָ עַל־כָּל־אֱלֹהִים׃ אֹהֲבֵי יהוה שִׂנְאוּ רָע, שֹׁמֵר נַפְשׁוֹת חֲסִידָיו, מִיַּד רְשָׁעִים יַצִּילֵם׃ ◂ אוֹר זָרֻעַ לַצַּדִּיק, וּלְיִשְׁרֵי־לֵב שִׂמְחָה׃ שִׂמְחוּ צַדִּיקִים בַּיהוה, וְהוֹדוּ לְזֵכֶר קָדְשׁוֹ׃

תהלים צח מִזְמוֹר, שִׁירוּ לַיהוה שִׁיר חָדָשׁ כִּי־נִפְלָאוֹת עָשָׂה, הוֹשִׁיעָה־לּוֹ יְמִינוֹ וּזְרוֹעַ קָדְשׁוֹ׃ הוֹדִיעַ יהוה יְשׁוּעָתוֹ, לְעֵינֵי הַגּוֹיִם גִּלָּה צִדְקָתוֹ׃ זָכַר חַסְדּוֹ וֶאֱמוּנָתוֹ לְבֵית יִשְׂרָאֵל, רָאוּ כָל־אַפְסֵי־אָרֶץ אֵת יְשׁוּעַת אֱלֹהֵינוּ׃ הָרִיעוּ לַיהוה כָּל־הָאָרֶץ, פִּצְחוּ וְרַנְּנוּ וְזַמֵּרוּ׃ זַמְּרוּ לַיהוה בְּכִנּוֹר, בְּכִנּוֹר וְקוֹל זִמְרָה׃ בַּחֲצֹצְרוֹת וְקוֹל שׁוֹפָר, הָרִיעוּ לִפְנֵי הַמֶּלֶךְ יהוה׃ ◂ יִרְעַם הַיָּם וּמְלֹאוֹ, תֵּבֵל וְיֹשְׁבֵי בָהּ׃ נְהָרוֹת יִמְחֲאוּ־כָף, יַחַד הָרִים יְרַנֵּנוּ׃ לִפְנֵי־יהוה כִּי בָא לִשְׁפֹּט הָאָרֶץ, יִשְׁפֹּט־תֵּבֵל בְּצֶדֶק, וְעַמִּים בְּמֵישָׁרִים׃

ונוהגים לשיר:

הִתְעוֹרְרִי הִתְעוֹרְרִי
כִּי בָא אוֹרֵךְ קוּמִי אוֹרִי
עוּרִי עוּרִי, שִׁיר דַּבֵּרִי
כְּבוֹד יהוה עָלַיִךְ נִגְלָה.

זֶה־הַיּוֹם עָשָׂה יהוה, נָגִילָה וְנִשְׂמְחָה בוֹ: תהלים קיח

לֹא תֵבֹשִׁי וְלֹא תִכָּלְמִי
מַה תִּשְׁתּוֹחֲחִי וּמַה תֶּהֱמִי
בָּךְ יֶחֱסוּ עֲנִיֵּי עַמִּי
וְנִבְנְתָה עִיר עַל תִּלָּהּ.

זֶה־הַיּוֹם עָשָׂה יהוה, נָגִילָה וְנִשְׂמְחָה בוֹ:

יָמִין וּשְׂמֹאל תִּפְרֹצִי
וְאֶת יהוה תַּעֲרִיצִי
עַל יַד אִישׁ בֶּן פַּרְצִי
וְנִשְׂמְחָה וְנָגִילָה.

זֶה־הַיּוֹם עָשָׂה יהוה, נָגִילָה וְנִשְׂמְחָה בוֹ:

מתפללים תפילת ערבית (עמ׳ 119) במנגינה של יום טוב.
אחרי קדיש תתקבל יש נוהגים לפתוח את ארון הקודש, ושליח הציבור אומר ואחריו הקהל:

שְׁמַע יִשְׂרָאֵל, יהוה אֱלֹהֵינוּ, יהוה אֶחָד: דברים ו

שלוש פעמים:

יהוה הוּא הָאֱלֹהִים.

שליח הציבור ואחריו הקהל:

מִי שֶׁעָשָׂה נִסִּים לַאֲבוֹתֵינוּ וְלָנוּ
וּגְאָלָנוּ מֵעַבְדוּת לְחֵרוּת
הוּא יִגְאָלֵנוּ גְּאֻלָּה שְׁלֵמָה בְּקָרוֹב
וִיקַבֵּץ נִדָּחֵינוּ מֵאַרְבַּע כַּנְפוֹת הָאָרֶץ
חֲבֵרִים כָּל יִשְׂרָאֵל, וְנֹאמַר אָמֵן.

סוגרים את ארון הקודש.

שליח הציבור אומר:

במדבר י וְכִי־תָבֹאוּ מִלְחָמָה בְּאַרְצְכֶם עַל־הַצַּר הַצֹּרֵר אֶתְכֶם, וַהֲרֵעֹתֶם
בַּחֲצֹצְרֹת, וְנִזְכַּרְתֶּם לִפְנֵי יהוה אֱלֹהֵיכֶם, וְנוֹשַׁעְתֶּם מֵאֹיְבֵיכֶם:
וּבְיוֹם שִׂמְחַתְכֶם וּבְמוֹעֲדֵיכֶם וּבְרָאשֵׁי חָדְשֵׁכֶם, וּתְקַעְתֶּם
בַּחֲצֹצְרֹת עַל עֹלֹתֵיכֶם וְעַל זִבְחֵי שַׁלְמֵיכֶם, וְהָיוּ לָכֶם לְזִכָּרוֹן
לִפְנֵי אֱלֹהֵיכֶם, אֲנִי יהוה אֱלֹהֵיכֶם:

תוקעים תקיעה גדולה ואומרים:

לַשָּׁנָה הַבָּאָה בִּירוּשָׁלַיִם הַבְּנוּיָה.

יְהִי רָצוֹן מִלְּפָנֶיךָ יהוה אֱלֹהֵינוּ וֵאלֹהֵי אֲבוֹתֵינוּ
שֶׁכְּשֵׁם שֶׁזָּכִינוּ לְאַתְחַלְתָּא דִגְאֻלָּה
כֵּן נִזְכֶּה לִשְׁמֹעַ קוֹל שׁוֹפָרוֹ שֶׁל מָשִׁיחַ צִדְקֵנוּ בִּמְהֵרָה בְיָמֵינוּ.

ושרים:

תהלים קכו שִׁיר הַמַּעֲלוֹת, בְּשׁוּב יהוה אֶת־שִׁיבַת צִיּוֹן, הָיִינוּ כְּחֹלְמִים: אָז יִמָּלֵא
שְׂחוֹק פִּינוּ וּלְשׁוֹנֵנוּ רִנָּה, אָז יֹאמְרוּ בַגּוֹיִם הִגְדִּיל יהוה לַעֲשׂוֹת
עִם־אֵלֶּה: הִגְדִּיל יהוה לַעֲשׂוֹת עִמָּנוּ, הָיִינוּ שְׂמֵחִים: שׁוּבָה יהוה
אֶת־שְׁבִיתֵנוּ, כַּאֲפִיקִים בַּנֶּגֶב: הַזֹּרְעִים בְּדִמְעָה בְּרִנָּה יִקְצֹרוּ: הָלוֹךְ
יֵלֵךְ וּבָכֹה נֹשֵׂא מֶשֶׁךְ־הַזָּרַע, בֹּא־יָבֹא בְרִנָּה נֹשֵׂא אֲלֻמֹּתָיו:

סופרים את העומר (עמ׳ 138) וממשיכים עד סוף תפילת ערבית.

ושרים:

אֲנִי מַאֲמִין בֶּאֱמוּנָה שְׁלֵמָה בְּבִיאַת הַמָּשִׁיחַ
וְאַף עַל פִּי שֶׁיִּתְמַהְמֵהַּ
עִם כָּל זֶה אֲחַכֶּה לוֹ בְּכָל יוֹם שֶׁיָּבוֹא.

יש הנוהגים לברך:

מוֹעֲדִים לְשִׂמְחָה לִגְאֻלָּה שְׁלֵמָה

שחרית ליום העצמאות

אומרים פסוקי דזמרה ליום טוב (עמ׳ 193), ומוסיפים ׳מִזְמוֹר לְתוֹדָה׳.
אומרים שירת הים פסוק פסוק (עמ׳ 209). אחר חזרת הש״ץ קוראים הלל שלם (עמ׳ 360),
ואחרי חצי קדיש בעמ׳ 76 (או אחרי קריאת התורה, אם חל בחמישי) קוראים בלא ברכה:

ישעיה י,לב–יב,ו

עוֹד הַיּוֹם בְּנֹב לַעֲמֹד יְנֹפֵף יָדוֹ הַר בַּת־צִיּוֹן גִּבְעַת יְרוּשָׁלָםִ: הִנֵּה הָאָדוֹן יהוה צְבָאוֹת מְסָעֵף פֻּארָה בְּמַעֲרָצָה וְרָמֵי הַקּוֹמָה גְּדֻעִים וְהַגְּבֹהִים יִשְׁפָּלוּ: וְנִקַּף סִבְכֵי הַיַּעַר בַּבַּרְזֶל וְהַלְּבָנוֹן בְּאַדִּיר יִפּוֹל: וְיָצָא חֹטֶר מִגֵּזַע יִשָׁי וְנֵצֶר מִשָּׁרָשָׁיו יִפְרֶה: וְנָחָה עָלָיו רוּחַ יהוה רוּחַ חָכְמָה וּבִינָה רוּחַ עֵצָה וּגְבוּרָה רוּחַ דַּעַת וְיִרְאַת יהוה: וַהֲרִיחוֹ בְּיִרְאַת יהוה וְלֹא־לְמַרְאֵה עֵינָיו יִשְׁפּוֹט וְלֹא־לְמִשְׁמַע אָזְנָיו יוֹכִיחַ: וְשָׁפַט בְּצֶדֶק דַּלִּים וְהוֹכִיחַ בְּמִישׁוֹר לְעַנְוֵי־אָרֶץ וְהִכָּה־אֶרֶץ בְּשֵׁבֶט פִּיו וּבְרוּחַ שְׂפָתָיו יָמִית רָשָׁע: וְהָיָה צֶדֶק אֵזוֹר מָתְנָיו וְהָאֱמוּנָה אֵזוֹר חֲלָצָיו: וְגָר זְאֵב עִם־כֶּבֶשׂ וְנָמֵר עִם־גְּדִי יִרְבָּץ וְעֵגֶל וּכְפִיר וּמְרִיא יַחְדָּו וְנַעַר קָטֹן נֹהֵג בָּם: וּפָרָה וָדֹב תִּרְעֶינָה יַחְדָּו יִרְבְּצוּ יַלְדֵיהֶן וְאַרְיֵה כַּבָּקָר יֹאכַל־תֶּבֶן: וְשִׁעֲשַׁע יוֹנֵק עַל־חֻר פָּתֶן וְעַל מְאוּרַת צִפְעוֹנִי גָּמוּל יָדוֹ הָדָה: לֹא־יָרֵעוּ וְלֹא־יַשְׁחִיתוּ בְּכָל־הַר קָדְשִׁי כִּי־מָלְאָה הָאָרֶץ דֵּעָה אֶת־יהוה כַּמַּיִם לַיָּם מְכַסִּים: וְהָיָה בַּיּוֹם הַהוּא שֹׁרֶשׁ יִשַׁי אֲשֶׁר עֹמֵד לְנֵס עַמִּים אֵלָיו גּוֹיִם יִדְרֹשׁוּ וְהָיְתָה מְנֻחָתוֹ כָּבוֹד: וְהָיָה ׀ בַּיּוֹם הַהוּא יוֹסִיף אֲדֹנָי ׀ שֵׁנִית יָדוֹ לִקְנוֹת אֶת־שְׁאָר עַמּוֹ אֲשֶׁר יִשָּׁאֵר מֵאַשּׁוּר וּמִמִּצְרַיִם וּמִפַּתְרוֹס וּמִכּוּשׁ וּמֵעֵילָם וּמִשִּׁנְעָר וּמֵחֲמָת וּמֵאִיֵּי הַיָּם: וְנָשָׂא נֵס לַגּוֹיִם וְאָסַף נִדְחֵי יִשְׂרָאֵל וּנְפֻצוֹת יְהוּדָה יְקַבֵּץ מֵאַרְבַּע כַּנְפוֹת הָאָרֶץ: וְסָרָה קִנְאַת אֶפְרַיִם וְצֹרְרֵי

יְהוּדָה יִכָּרֵתוּ אֶפְרַיִם לֹא־יְקַנֵּא אֶת־יְהוּדָה וִיהוּדָה לֹא־יָצֹר אֶת־אֶפְרָיִם: וְעָפוּ בְכָתֵף פְּלִשְׁתִּים יָמָּה יַחְדָּו יָבֹזּוּ אֶת־בְּנֵי־קֶדֶם אֱדוֹם וּמוֹאָב מִשְׁלוֹחַ יָדָם וּבְנֵי עַמּוֹן מִשְׁמַעְתָּם: וְהֶחֱרִים יְהוָה אֵת לְשׁוֹן יָם־מִצְרַיִם וְהֵנִיף יָדוֹ עַל־הַנָּהָר בַּעְיָם רוּחוֹ וְהִכָּהוּ לְשִׁבְעָה נְחָלִים וְהִדְרִיךְ בַּנְּעָלִים: וְהָיְתָה מְסִלָּה לִשְׁאָר עַמּוֹ אֲשֶׁר יִשָּׁאֵר מֵאַשּׁוּר כַּאֲשֶׁר הָיְתָה לְיִשְׂרָאֵל בְּיוֹם עֲלֹתוֹ מֵאֶרֶץ מִצְרָיִם: וְאָמַרְתָּ בַּיּוֹם הַהוּא אוֹדְךָ יְהוָה כִּי אָנַפְתָּ בִּי יָשֹׁב אַפְּךָ וּתְנַחֲמֵנִי: הִנֵּה אֵל יְשׁוּעָתִי אֶבְטַח וְלֹא אֶפְחָד כִּי־עָזִּי וְזִמְרָת יָהּ יְהוָה וַיְהִי־לִי לִישׁוּעָה: וּשְׁאַבְתֶּם־מַיִם בְּשָׂשׂוֹן מִמַּעַיְנֵי הַיְשׁוּעָה: וַאֲמַרְתֶּם בַּיּוֹם הַהוּא הוֹדוּ לַיהוָה קִרְאוּ בִשְׁמוֹ הוֹדִיעוּ בָעַמִּים עֲלִילֹתָיו הַזְכִּירוּ כִּי נִשְׂגָּב שְׁמוֹ: זַמְּרוּ יְהוָה כִּי גֵאוּת עָשָׂה מוּדַעַת זֹאת בְּכָל־הָאָרֶץ: צַהֲלִי וָרֹנִּי יוֹשֶׁבֶת צִיּוֹן כִּי־גָדוֹל בְּקִרְבֵּךְ קְדוֹשׁ יִשְׂרָאֵל:

אומרים תפילה לשלום המדינה (עמ׳ 246), אזכרה לחללי צה״ל (עמ׳ 454), וממשיכים ׳אַשְׁרֵי׳ (עמ׳ 82) עד סוף התפילה.

יש נוהגים לשיר:

אֲנִי מַאֲמִין בֶּאֱמוּנָה שְׁלֵמָה בְּבִיאַת הַמָּשִׁיחַ
וְאַף עַל פִּי שֶׁיִּתְמַהְמֵהַּ
עִם כָּל זֶה אֲחַכֶּה לוֹ בְּכָל יוֹם שֶׁיָּבוֹא.

יום חירות ירושלים

בערב מתפללים במנגינה של יום טוב, ויש המוסיפים מזמורי הודיה.

בשחרית מתפללים פסוקי דזמרה של יום טוב (עמ׳ 193) ואומרים ׳מִזְמוֹר לְתוֹדָה׳. אחרי חזרת הש״ץ קוראים הלל שלם (עמ׳ 360), וממשיכים את התפילה כרגיל.

סליחות

יש הנוהגים לומר סליחות בימי שני, חמישי ושני שאחריו, בתחילת חודשי חשוון ואייר (טור, תצב). ראה הלכה 554–555.

סליחות לשני קמא

סְלַח לָנוּ, אָבִינוּ, כִּי בְּרֹב אִוַּלְתֵּנוּ שָׁגִינוּ.
מְחַל לָנוּ, מַלְכֵּנוּ, כִּי רַבּוּ עֲוֹנֵינוּ.

אֵל אֶרֶךְ אַפַּיִם אַתָּה. וּבַעַל הָרַחֲמִים נִקְרֵאתָ. וְדֶרֶךְ תְּשׁוּבָה הוֹרֵיתָ. גְּדֻלַּת רַחֲמֶיךָ וַחֲסָדֶיךָ תִּזְכֹּר הַיּוֹם וּבְכָל יוֹם לְזֶרַע יְדִידֶיךָ. תֵּפֶן אֵלֵינוּ בְּרַחֲמִים, כִּי אַתָּה הוּא בַּעַל הָרַחֲמִים. בְּתַחֲנוּן וּבִתְפִלָּה פָּנֶיךָ נְקַדֵּם, כְּהוֹדַעְתָּ לֶעָנָו מִקֶּדֶם. מֵחֲרוֹן אַפְּךָ שׁוּב, כְּמוֹ בְּתוֹרָתְךָ כָּתוּב. וּבְצֵל כְּנָפֶיךָ נֶחֱסֶה וְנִתְלוֹנָן, כְּיוֹם וַיֵּרֶד יהוה בֶּעָנָן. תַּעֲבֹר עַל פֶּשַׁע וְתִמְחֶה אָשָׁם, כְּיוֹם וַיִּתְיַצֵּב עִמּוֹ שָׁם. ‹ תַּאֲזִין שַׁוְעָתֵנוּ וְתַקְשִׁיב מֶנּוּ מַאֲמָר, כְּיוֹם וַיִּקְרָא בְשֵׁם יהוה. וְשָׁם נֶאֱמַר

קהל ואחריו שליח הציבור:

וַיַּעֲבֹר יהוה עַל־פָּנָיו וַיִּקְרָא שמות לד

יהוה, יהוה, אֵל רַחוּם וְחַנּוּן, אֶרֶךְ אַפַּיִם, וְרַב־חֶסֶד וֶאֱמֶת: נֹצֵר חֶסֶד לָאֲלָפִים, נֹשֵׂא עָוֹן וָפֶשַׁע וְחַטָּאָה, וְנַקֵּה: וְסָלַחְתָּ לַעֲוֹנֵנוּ וּלְחַטָּאתֵנוּ וּנְחַלְתָּנוּ:

סְלַח לָנוּ, אָבִינוּ, כִּי חָטָאנוּ. מְחַל לָנוּ, מַלְכֵּנוּ, כִּי פָשָׁעְנוּ. כִּי־אַתָּה, יהוה, תהלים פו
טוֹב וְסַלָּח וְרַב־חֶסֶד לְכָל־קֹרְאֶיךָ:

הוֹשִׁיעָה יהוה, כִּי־גָמַר חָסִיד, כִּי־פַסּוּ אֱמוּנִים מִבְּנֵי אָדָם: תהלים יב
לוּלֵי יהוה שֶׁהָיָה לָנוּ, בְּקוּם עָלֵינוּ אָדָם: תהלים קכד
אֲזַי חַיִּים בְּלָעוּנוּ, בַּחֲרוֹת אַפָּם בָּנוּ:

כְּרַחֵם אָב עַל בָּנִים, כֵּן תְּרַחֵם יהוה עָלֵינוּ.

תהלים ג לַיהוה הַיְשׁוּעָה, עַל־עַמְּךָ בִרְכָתֶךָ סֶּלָה:

תהלים מו יהוה צְבָאוֹת עִמָּנוּ, מִשְׂגָּב לָנוּ אֱלֹהֵי יַעֲקֹב סֶלָה:

תהלים פד יהוה צְבָאוֹת, אַשְׁרֵי אָדָם בֹּטֵחַ בָּךְ:

תהלים כ יהוה הוֹשִׁיעָה, הַמֶּלֶךְ יַעֲנֵנוּ בְיוֹם־קָרְאֵנוּ:

במדבר יד ◂ סְלַח־נָא לַעֲוֹן הָעָם הַזֶּה כְּגֹדֶל חַסְדֶּךָ
וְכַאֲשֶׁר נָשָׂאתָה לָעָם הַזֶּה מִמִּצְרַיִם וְעַד־הֵנָּה:
וְשָׁם נֶאֱמַר

קהל ואחריו שליח הציבור:

וַיֹּאמֶר יהוה, סָלַחְתִּי כִּדְבָרֶךָ:

דניאל ט הַטֵּה אֱלֹהַי אָזְנְךָ וּשְׁמָע, פְּקַח עֵינֶיךָ וּרְאֵה שֹׁמְמֹתֵינוּ וְהָעִיר אֲשֶׁר־נִקְרָא שִׁמְךָ עָלֶיהָ, כִּי לֹא עַל־צִדְקֹתֵינוּ אֲנַחְנוּ מַפִּילִים תַּחֲנוּנֵינוּ לְפָנֶיךָ, כִּי עַל־רַחֲמֶיךָ הָרַבִּים: אֲדֹנָי שְׁמָעָה, אֲדֹנָי סְלָחָה, אֲדֹנָי הַקְשִׁיבָה וַעֲשֵׂה אַל תְּאַחַר, לְמַעַנְךָ אֱלֹהַי כִּי־שִׁמְךָ נִקְרָא עַל־עִירְךָ וְעַל־עַמֶּךָ:

אֱלֹהֵינוּ וֵאלֹהֵי אֲבוֹתֵינוּ

יִשְׂרָאֵל עַמְּךָ תְּחִנָּה עוֹרְכִים, שֶׁהֵם מְצֵרִים וּלְהִוָּשֵׁעַ צְרִיכִים, צָרֵיהֶם עֲלֵיהֶם עֹל מַאֲרִיכִים, כָּל זֹאת הַגַּעְתָּם וְשִׁמְךָ מְבָרְכִים. חֳלִי וּמַכְאוֹב לְהִכָּתֵב לֹא נִמְסַר, עֲלוּבִים מִנֹּעַר וּמֵהֶם לֹא הוּסַר, קָדוֹשׁ בְּיָדְךָ לְפַתֵּחַ מוּסָר, כְּאֻמָּנוּתְךָ הַנְּקִיָּה וְלֹא כְּאֻמָּנוּת בָּשָׂר. הַלּוֹבֵשׁ צְדָקָה וְלוֹ כַּמְעִיל עֲטוּיָה, וּמַכָּה עַצְמָהּ מְתַקֵּן רְטִיָּה, קוֹמֵם עֲדָתְךָ מִנְּפִילָתָהּ הַמְּטוּיָה, בְּכֹחֲךָ הַגָּדוֹל וּבִזְרוֹעֲךָ הַנְּטוּיָה. טְמֵאִים אוֹמְרִים נַחֲלָתְךָ לְחַבֵּל, כְּבוֹדְךָ לְהָמִיר וּבְהֶבְלָם לְהִתְהַבֵּל, נֵצֶר נִתְעָב לֶאֱלוֹהַּ לְקַבֵּל, וְיִרְאָתְךָ הַקְּדוֹשָׁה לִנְטֹשׁ וּלְנַבֵּל. בְּאַהֲבָתְךָ וּבְחֶמְלָתְךָ מְנַשֵּׂא וּמְנַטֵּל, עֲצָתָם תְּסַכֵּל וּמַחְשְׁבוֹתָם תְּבַטֵּל, רַבָּה הַמְּהוּמָה בֵּינֵיהֶם הַטֵּל, וּמַלְאָךְ אַכְזָרִי דּוֹחֶה וּמְטַלְטֵל. בַּעֲבוּר כְּבוֹד שִׁמְךָ שֵׁם קָדְשְׁךָ הַמְּהֻלָּל, נוֹרָאוֹת הַפְלֵא לְבַל בַּגּוֹיִם יִתְחַלָּל, יוֹעֲצֵיהֶם וְאֵיתָנֵיהֶם תּוֹלִיךְ שׁוֹלָל, וּבָהֶם תְּעוֹלֵל כַּאֲשֶׁר בִּי הִתְעוֹלָל. מֵקִים מֵעָפָר דָּל וְאֶבְיוֹן מֵאַשְׁפָּה, כְּנֵסִיָּתְךָ בַּל תִּתֵּן לְכָלָה וּלְחֶרְפָּה, אִם בְּפִקּוּדֶיךָ מִתְעַצֶּלֶת וּמְרַפָּה, עַל כָּל פְּשָׁעֶיהָ אַהֲבָתְךָ תְּהֵא מְחַפָּה. יְתֵרָה חִבָּתָם

לְפָנֶיךָ אֲדוֹנֵי הָאֲדוֹנִים, בֵּין כָּךְ וּבֵין כָּךְ קְרוּאִים לְךָ בָּנִים, רַחֲמֶיךָ יְקַדְּמוּנוּ אֱלֹהֵי עֶלְיוֹנִים וְתַחְתּוֹנִים, טֶרֶם יִשְׁטְפוּנוּ הַמַּיִם הַזֵּידוֹנִים. › חֲפֵצֵי קִרְבָתְךָ עַל כָּל הַבָּאוֹת, הָחִישָׁה לָמוֹ יְשׁוּעוֹת הַנִּבָּאוֹת, קָדוֹשׁ עֲשֵׂה עִמָּהֶם לְטוֹבָה אוֹת, חָזָק וְאַמִּיץ גּוֹאֲלָם, יהוה צְבָאוֹת.

אֵל מֶלֶךְ יוֹשֵׁב עַל כִּסֵּא רַחֲמִים, מִתְנַהֵג בַּחֲסִידוּת. מוֹחֵל עֲוֹנוֹת עַמּוֹ, מַעֲבִיר רִאשׁוֹן רִאשׁוֹן. מַרְבֶּה מְחִילָה לְחַטָּאִים, וּסְלִיחָה לְפוֹשְׁעִים. עֹשֶׂה צְדָקוֹת עִם כָּל בָּשָׂר וָרוּחַ, לֹא כְרָעָתָם תִּגְמֹל. › אֵל, הוֹרֵיתָ לָּנוּ לוֹמַר שְׁלֹשׁ עֶשְׂרֵה, וּזְכֹר לָנוּ הַיּוֹם בְּרִית שְׁלֹשׁ עֶשְׂרֵה, כְּמוֹ שֶׁהוֹדַעְתָּ לֶעָנָו מִקֶּדֶם, כְּמוֹ שֶׁכָּתוּב, וַיֵּרֶד יהוה בֶּעָנָן, וַיִּתְיַצֵּב עִמּוֹ שָׁם, וַיִּקְרָא בְשֵׁם יהוה: שמות לד

קהל ואחריו שליח הציבור:

וַיַּעֲבֹר יהוה עַל־פָּנָיו וַיִּקְרָא שמות לד

יהוה, יהוה, אֵל רַחוּם וְחַנּוּן, אֶרֶךְ אַפַּיִם, וְרַב־חֶסֶד וֶאֱמֶת: נֹצֵר חֶסֶד לָאֲלָפִים, נֹשֵׂא עָוֹן וָפֶשַׁע וְחַטָּאָה, וְנַקֵּה: וְסָלַחְתָּ לַעֲוֹנֵנוּ וּלְחַטָּאתֵנוּ וּנְחַלְתָּנוּ:

סְלַח לָנוּ, אָבִינוּ, כִּי חָטָאנוּ. מְחַל לָנוּ, מַלְכֵּנוּ, כִּי פָשָׁעְנוּ. כִּי־אַתָּה, יהוה, תהלים פו
טוֹב וְסַלָּח וְרַב־חֶסֶד לְכָל־קֹרְאֶיךָ:

נִשָּׂא לְבָבֵנוּ אֶל־כַּפַּיִם אֶל־אֵל בַּשָּׁמָיִם: תָּבוֹא לְפָנֶיךָ אֶנְקַת אָסִיר, כְּגֹדֶל איכה ג תהלים עט
זְרוֹעֲךָ הוֹתֵר בְּנֵי תְמוּתָה: לַאדֹנָי אֱלֹהֵינוּ הָרַחֲמִים וְהַסְּלִיחוֹת כִּי מָרַדְנוּ בּוֹ: דניאל ט

כְּרַחֵם אָב עַל בָּנִים, כֵּן תְּרַחֵם יהוה עָלֵינוּ.
לַיהוה הַיְשׁוּעָה, עַל־עַמְּךָ בִרְכָתֶךָ סֶּלָה: תהלים ג
יהוה צְבָאוֹת עִמָּנוּ, מִשְׂגָּב לָנוּ אֱלֹהֵי יַעֲקֹב סֶלָה: תהלים מו
יהוה צְבָאוֹת, אַשְׁרֵי אָדָם בֹּטֵחַ בָּךְ: תהלים פד
יהוה הוֹשִׁיעָה, הַמֶּלֶךְ יַעֲנֵנוּ בְיוֹם־קָרְאֵנוּ: תהלים כ

אֱלֹהִים בְּיִשְׂרָאֵל גָּדוֹל נוֹדַעְתָּ. אַתָּה יהוה אָבִינוּ אָתָּה. בְּכָל קָרְאֵנוּ אֵלֶיךָ קָרְבֵנוּ. רָם וְנִשָּׂא אַתָּה בְּקִרְבֵּנוּ. גְּמַלְתָּנוּ הַטּוֹבוֹת גַּם בְּחוֹבֵנוּ. לֹא בְצִדְקוֹתֵינוּ וּבְיֹשֶׁר לְבָבֵנוּ. דּוֹדֵנוּ, גַּם כִּי זְנַחְנוּ. גְּאָלֵנוּ כִּי עֲבָדִים אֲנָחְנוּ.

הִנְנוּ בַּעֲוֹנֵינוּ עַד דַּכָּא. וַתִּקְצַר נֶפֶשׁ לָךְ מְחַכָּה. וְאַיֵּה חֲסָדֶיךָ הָרִאשׁוֹנִים עִמָּנוּ. מֵעוֹלָם וְעַד עוֹלָם נֶאֱמָנוּ. זַעַף נִשָּׂא וְתַשׁ כֹּחֵנוּ. יהוה, אַל בְּאַפְּךָ תוֹכִיחֵנוּ. חַלְחָלוֹת רַבּוֹת בְּלוּ בְשָׂרֵנוּ. נָא אַל בַּחֲמָתְךָ תְּיַסְּרֵנוּ. טֹרַח הַצָּרוֹת אֵין לְהִסָּפֵר. אַיֵּה שׁוֹקֵל וְאַיֵּה סוֹפֵר. יָדַעְנוּ רִשְׁעֵנוּ כִּי פָשַׁעְנוּ. כִּי אֱמֶת עָשִׂיתָ וַאֲנַחְנוּ הִרְשָׁעְנוּ. כַּעַס וְחָרוֹן מֶנּוּ יֶחְדָּל. כִּי קָטֹן יַעֲקֹב וָדָל. לַחַץ יוּסַר וְעֹל מֶנּוּ יְחֻבַּל. כִּי כָשַׁל כֹּחַ הַסַּבָּל. מְנָת מִדָּתֵנוּ לֹא תִגְבַּהּ. כִּי נִשְׁאַרְנוּ מְעַט מֵהַרְבֵּה. נָחֵם עַל הָרָעָה לְאֻמָּתֶךָ. מַטֵּה כְּלַפֵּי חֶסֶד אֱמוּנָתֶךָ. סְלִחָה אִם עֲוֹנֵינוּ עָנוּ בָנוּ. עָזְרֵנוּ כִּי עָלֶיךָ נִשְׁעָנוּ. עָרְפֵּנוּ כֹּף לְךָ לְהִשְׁתַּעְבֵּד. לְאַהֲבָה וּלְיִרְאָה אוֹתְךָ, וּלְכַבֵּד. פּוֹקְדֶיךָ קִדְּשׁוּ צוֹמוֹת לִקְבֹּעַ. דַּעְתָּם קְצָרָה צָרְכָּם לִתְבֹּעַ. צִקּוּן לַחֲשָׁם אֵלֶיךָ יָבוֹא. חִתֵּל לְאִישׁ אִישׁ נִגְעוֹ וּמַכְאוֹבוֹ. קוֹל יַעֲקֹב נוֹהֵם מִתְּהוֹמוֹתֶיךָ. תִּשְׁמַע הַשָּׁמַיִם מְכוֹן שִׁבְתֶּךָ. רוֹדֵה רוֹדֵף בְּאַף תְּכַלֶּה. שְׁנַת שִׁלּוּמִים לְרִיב צִיּוֹן תְּגַלֶּה. שָׁרַתְּ וְרָדַתְּ מִנֹּעַר קְנוּתֵנוּ. וְאַל תַּשְׁלִיכֵנוּ לְעֵת זִקְנָתֵנוּ. תָּעִינוּ לִשְׂמֹאל וִימִינְךָ תְקָרְבֵנוּ. כִּכְלוֹת כֹּחֵנוּ אַל תַּעַזְבֵנוּ. תַּבִּיט וְתָצִיץ וְתַשְׁגִּיחַ לְרַחוּמֶיךָ.
› תִּתְאַזֵּר בַּחֲנִינוּתֶךָ, תִּתְלַבֵּשׁ בְּצִדְקוֹתֶיךָ. תִּתְכַּסֶּה בְּרַחֲמֶיךָ וְתִתְעַטֵּף בַּחֲסִידוּתֶךָ. וְתָבוֹא לְפָנֶיךָ מִדַּת טוּבְךָ וְעַנְוְתָנוּתֶךָ.

אֵל מֶלֶךְ יוֹשֵׁב עַל כִּסֵּא רַחֲמִים, מִתְנַהֵג בַּחֲסִידוּת. מוֹחֵל עֲוֹנוֹת עַמּוֹ, מַעֲבִיר רִאשׁוֹן רִאשׁוֹן. מַרְבֶּה מְחִילָה לְחַטָּאִים, וּסְלִיחָה לְפוֹשְׁעִים. עֹשֶׂה צְדָקוֹת עִם כָּל בָּשָׂר וָרוּחַ, לֹא כְרָעָתָם תִּגְמֹל. › אֵל, הוֹרֵיתָ לָנוּ לוֹמַר שְׁלֹשׁ עֶשְׂרֵה, וּזְכֹר לָנוּ הַיּוֹם בְּרִית שְׁלֹשׁ עֶשְׂרֵה, כְּמוֹ שֶׁהוֹדַעְתָּ לֶעָנָו מִקֶּדֶם,
כְּמוֹ שֶׁכָּתוּב, וַיֵּרֶד יהוה בֶּעָנָן, וַיִּתְיַצֵּב עִמּוֹ שָׁם, וַיִּקְרָא בְשֵׁם יהוה: שמות לד

קהל ואחריו שליח הציבור:

וַיַּעֲבֹר יהוה עַל־פָּנָיו וַיִּקְרָא שמות לד

יהוה, יהוה, אֵל רַחוּם וְחַנּוּן, אֶרֶךְ אַפַּיִם, וְרַב־חֶסֶד וֶאֱמֶת: נֹצֵר חֶסֶד לָאֲלָפִים, נֹשֵׂא עָוֹן וָפֶשַׁע וְחַטָּאָה, וְנַקֵּה: וְסָלַחְתָּ לַעֲוֹנֵנוּ וּלְחַטָּאתֵנוּ וּנְחַלְתָּנוּ:

סְלַח לָנוּ, אָבִינוּ, כִּי חָטָאנוּ. מְחַל לָנוּ, מַלְכֵּנוּ, כִּי פָשָׁעְנוּ. כִּי־אַתָּה, יהוה, טוֹב וְסַלָּח וְרַב־חֶסֶד לְכָל־קֹרְאֶיךָ: תהלים פו

יש קהילות האומרות את הפיוט ׳מַלְאֲכֵי רַחֲמִים׳ (עמ׳ 469).

הקהל אומר פיוט זה בית בית, ושליח הציבור חוזר אחריו בקול:

יִשְׂרָאֵל נוֹשַׁע בַּיהוה תְּשׁוּעַת עוֹלָמִים ישעיה מה
גַּם הַיּוֹם יִוָּשְׁעוּ מִפִּיךָ, שׁוֹכֵן מְרוֹמִים

כִּי אַתָּה רַב סְלִיחוֹת וּבַעַל הָרַחֲמִים.

שְׁעָרֶיךָ הֵם דּוֹפְקִים כַּעֲנִיִּים וְדַלִּים
צָקוּן לַחֲשָׁם קְשֹׁב יָהּ שׁוֹכֵן מְעָלִים

כִּי אַתָּה רַב סְלִיחוֹת וּבַעַל הָרַחֲמִים.

פְּחוּדִים הֵם מִכָּל צָרוֹת
מִמְּחָרְפֵיהֶם וּמִלּוֹחֲצֵיהֶם
נָא אַל תַּעַזְבֵם יהוה אֱלֹהֵי אֲבוֹתֵיהֶם

כִּי אַתָּה רַב סְלִיחוֹת וּבַעַל הָרַחֲמִים.

טוּבוֹתֶיךָ יְקַדְּמוּ לָהֶם בְּיוֹם תּוֹכֵחָה
וּמִתּוֹךְ צָרָה הַמְצִיאֵם פְּדוּת וּרְוָחָה

כִּי אַתָּה רַב סְלִיחוֹת וּבַעַל הָרַחֲמִים.

יִוָּשְׁעוּ לְעֵין כֹּל, וְאַל יִמְשְׁלוּ בָם רְשָׁעִים
כַּלֵּה שֵׂעִיר וְחוֹתְנוֹ, וְיַעֲלוּ לְצִיּוֹן מוֹשִׁיעִים

כִּי אַתָּה רַב סְלִיחוֹת וּבַעַל הָרַחֲמִים.

הַקְשִׁיבָה אָדוֹן לְקוֹל שַׁוְעָתָם
וְלִמְכוֹן שִׁבְתְּךָ הַשָּׁמַיִם תַּעֲלֶה תְפִלָּתָם

כִּי אַתָּה רַב סְלִיחוֹת וּבַעַל הָרַחֲמִים.

ממשיכים ׳אֵל מֶלֶךְ׳ בעמ׳ 492.

סליחות לחמישי

סְלַח לָנוּ, אָבִינוּ, כִּי בְּרֹב אִוַּלְתֵּנוּ שָׁגִינוּ.
מְחַל לָנוּ, מַלְכֵּנוּ, כִּי רַבּוּ עֲוֹנֵינוּ.

אֵל אֶרֶךְ אַפַּיִם אַתָּה. וּבַעַל הָרַחֲמִים נִקְרֵאתָ. וְדֶרֶךְ תְּשׁוּבָה הוֹרֵיתָ. גְּדֻלַּת רַחֲמֶיךָ וַחֲסָדֶיךָ תִּזְכֹּר הַיּוֹם וּבְכָל יוֹם לְזֶרַע יְדִידֶיךָ. תֵּפֶן אֵלֵינוּ בְּרַחֲמִים, כִּי אַתָּה הוּא בַּעַל הָרַחֲמִים. בְּתַחֲנוּן וּבִתְפִלָּה פָּנֶיךָ נְקַדֵּם, כְּהוֹדַעְתָּ לֶעָנָו מִקֶּדֶם. מֵחֲרוֹן אַפְּךָ שׁוּב, כְּמוֹ בְּתוֹרָתְךָ כָּתוּב. וּבְצֵל כְּנָפֶיךָ נֶחֱסֶה וְנִתְלוֹנָן, כְּיוֹם וַיֵּרֶד יהוה בֶּעָנָן. ‹ תַּעֲבֹר עַל פֶּשַׁע וְתִמְחֶה אָשָׁם, כְּיוֹם וַיִּתְיַצֵּב עִמּוֹ שָׁם. תַּאֲזִין שַׁוְעָתֵנוּ וְתַקְשִׁיב מֶנּוּ מַאֲמָר, כְּיוֹם וַיִּקְרָא בְשֵׁם יהוה. וְשָׁם נֶאֱמַר

קהל ואחריו שליח הציבור:

וַיַּעֲבֹר יהוה עַל־פָּנָיו וַיִּקְרָא שמות לד

יהוה, יהוה, אֵל רַחוּם וְחַנּוּן, אֶרֶךְ אַפַּיִם, וְרַב־חֶסֶד וֶאֱמֶת: נֹצֵר חֶסֶד לָאֲלָפִים, נֹשֵׂא עָוֹן וָפֶשַׁע וְחַטָּאָה, וְנַקֵּה: וְסָלַחְתָּ לַעֲוֹנֵנוּ וּלְחַטָּאתֵנוּ וּנְחַלְתָּנוּ:

סְלַח לָנוּ, אָבִינוּ, כִּי חָטָאנוּ. מְחַל לָנוּ, מַלְכֵּנוּ, כִּי פָשָׁעְנוּ. כִּי־אַתָּה, יהוה, תהלים פו
טוֹב וְסַלָּח וְרַב־חֶסֶד לְכָל־קֹרְאֶיךָ:

הַאֲזִינָה יהוה תְּפִלָּתֵנוּ, הַקְשִׁיבָה לְקוֹל תַּחֲנוּנוֹתֵינוּ. הַקְשִׁיבָה לְקוֹל שַׁוְעֵנוּ מַלְכֵּנוּ וֵאלֹהֵינוּ כִּי אֵלֶיךָ נִתְפַּלָּל. שְׁמַע יהוה וְחָנֵּנוּ, יהוה הֱיֵה עוֹזֵר לָנוּ.

כְּרַחֵם אָב עַל בָּנִים, כֵּן תְּרַחֵם יהוה עָלֵינוּ.
לַיהוה הַיְשׁוּעָה, עַל־עַמְּךָ בִרְכָתֶךָ סֶּלָה: תהלים ג
יהוה צְבָאוֹת עִמָּנוּ, מִשְׂגָּב לָנוּ אֱלֹהֵי יַעֲקֹב סֶלָה: תהלים מו
יהוה צְבָאוֹת, אַשְׁרֵי אָדָם בֹּטֵחַ בָּךְ: תהלים פד
יהוה הוֹשִׁיעָה, הַמֶּלֶךְ יַעֲנֵנוּ בְיוֹם־קָרְאֵנוּ: תהלים כ

› סְלַח־נָא לַעֲוֹן הָעָם הַזֶּה כְּגֹדֶל חַסְדֶּךָ במדבר יד
וְכַאֲשֶׁר נָשָׂאתָה לָעָם הַזֶּה מִמִּצְרַיִם וְעַד־הֵנָּה:
וְשָׁם נֶאֱמַר

קהל ואחריו שליח הציבור:

וַיֹּאמֶר יהוה, סָלַחְתִּי כִּדְבָרֶךָ:

הַטֵּה אֱלֹהַי אָזְנְךָ וּשְׁמָע, פְּקַח עֵינֶיךָ וּרְאֵה שֹׁמְמֹתֵינוּ וְהָעִיר אֲשֶׁר־נִקְרָא דניאל ט
שִׁמְךָ עָלֶיהָ, כִּי לֹא עַל־צִדְקֹתֵינוּ אֲנַחְנוּ מַפִּילִים תַּחֲנוּנֵינוּ לְפָנֶיךָ, כִּי עַל־רַחֲמֶיךָ הָרַבִּים: אֲדֹנָי שְׁמָעָה, אֲדֹנָי סְלָחָה, אֲדֹנָי הַקְשִׁיבָה וַעֲשֵׂה אַל תְּאַחַר, לְמַעַנְךָ אֱלֹהַי כִּי־שִׁמְךָ נִקְרָא עַל־עִירְךָ וְעַל־עַמֶּךָ:

אֱלֹהֵינוּ וֵאלֹהֵי אֲבוֹתֵינוּ

תַּעֲנִית צִבּוּר (תְּפִלָּה) קָבְעוּ תֶּבַע צְרָכִים, שׁוּב עָדֶיךָ חַפֵּשׂ וְלַחֲקֹר דְּרָכִים, רַךְ לִרְצוֹת בִּשְׁלֹשׁ עֶשְׂרֵה עֲרָכִים, קָשֶׁה לִכְעֹס תֵּת לְאַפַּיִם אֲרֻכִּים. צְדָדֶיךָ מְקֻשָּׁטִים עֲדָיִם בְּלִי תַפְשִׁיט, פְּאֵר הָרַחֲמִים וְהַסְּלִיחוֹת הוֹד תַּכְשִׁיט, עֶרֶךְ שַׁוְעָתֵנוּ לְךָ לְבַד נוֹשִׁיט, סֵדֶר חַיִּים וּפַרְנָסָה לִיצוּרִים תּוֹשִׁיט. נִסְתְּמָה הַכִּירָה וְנִתְרוֹקַן טֹהַר הַשֻּׁלְחָן, מֵזִין וּמֵזִיחַ סִתֵּר מֵעֲבוֹדַת פָּלְחָן, לִשְׁפִיכַת הַנֶּפֶשׁ חָשַׁב כְּבַשִּׁית זָלְחָן, כִּמְעַטֵּר וּמַשְׂבִּיעַ גּוֹאֵל וְרוֹפֵא וְסַלְחָן. יָאוֹת לְךָ, יַעַן מִמְּנָתְךָ נִשְׁנֶסֶת, טוּב רוּחֲךָ הֱיוֹת נִזּוֹנֶת וּמִתְפַּרְנֶסֶת, חֵלֶף שׁוֹאֶלֶת קוֹבֶלֶת וּמִתְנוֹסֶסֶת, זֵכֶר דַּאֲגוֹתֶיהָ לְפָנֶיךָ מְשִׂיחָה וּמְכַנֶּסֶת. וְאֵלֶיךָ הִיא נְשׁוּיָה וּבְךָ חָסְיָה, הַוּוֹתֶיהָ הַעֲבֵר מִי כָמוֹךָ חֲסִין יָהּ, דֶּרֶךְ אֻמָּנוּתְךָ בְּחֶלְקְךָ לִלְגְיוֹנְךָ אַפְסַנְיָא, גְּמֹל חֶסֶד לַעֲלוּבָה הַלָּזוּ אַכְסַנְיָא. בְּקִיאִים וּמְיֻשָּׁבִים לִרְצוֹתְךָ בִּדְבָרִים עֲרֵבִים, אָפְסוּ פַּסּוּ בְּכֹחָם קָטֵגוֹר מְעַרְבְּבִים, מְאַהֲבֵי לַאֲבִיהֶם שֶׁבַּשָּׁמַיִם זְרִיזִים וּמְעֻרְבָּבִים, יֵרָאוּ נִדְבָּרִים דָּתוֹ שְׁחָרִים וַעֲרָבִים. הִקְדַּשְׁנוּ צוֹם (תְּפִלַּת) עוֹלָלִים וְזִקְנֵי אֲסֻפּוֹת, יְשַׁרְנוּ רִנָּה וּתְפִלָּה וְשָׁקַדְנוּ סִפּוֹת, חָשַׁךְ לְמַטָּה מָעוֹן וּשְׁלוֹמֵנוּ תִשְׁפֹּת, זְקֹף דַּל מֵעָפָר וְאֶבְיוֹן מֵאַשְׁפּוֹת. › בְּתוֹר הַמַּעֲלָה וּבְמִדּוֹת הֲגוּנוֹת תְּרוּמוֹת, עֲרֻבָּתֵנוּ שִׂים לְטוֹב יוֹשֵׁב מְרוֹמוֹת, וּבְמִקְוֵה טֹהַר תָּדִיחַ קָלוֹת וְרָמוֹת, מְצוֹא תְּפִלָּתֵנוּ חֶסֶד לְאַדֶּרְךָ רוֹמְמוֹת.

אֵל מֶלֶךְ יוֹשֵׁב עַל כִּסֵּא רַחֲמִים, מִתְנַהֵג בַּחֲסִידוּת. מוֹחֵל עֲוֹנוֹת עַמּוֹ,
מַעֲבִיר רִאשׁוֹן רִאשׁוֹן. מַרְבֶּה מְחִילָה לְחַטָּאִים, וּסְלִיחָה לְפוֹשְׁעִים. עֹשֶׂה
צְדָקוֹת עִם כָּל בָּשָׂר וָרוּחַ, לֹא כְרָעָתָם תִּגְמֹל. ‹ אֵל, הוֹרֵיתָ לָּנוּ לוֹמַר שְׁלֹשׁ
עֶשְׂרֵה, וּזְכָר לָנוּ הַיּוֹם בְּרִית שְׁלֹשׁ עֶשְׂרֵה, כְּמוֹ שֶׁהוֹדַעְתָּ לֶעָנָו מִקֶּדֶם,
שמות לד כְּמוֹ שֶׁכָּתוּב, וַיֵּרֶד יהוה בֶּעָנָן, וַיִּתְיַצֵּב עִמּוֹ שָׁם, וַיִּקְרָא בְשֵׁם יהוה:

קהל ואחריו שליח הציבור:

שמות לד וַיַּעֲבֹר יהוה עַל־פָּנָיו וַיִּקְרָא

יהוה, יהוה, אֵל רַחוּם וְחַנּוּן, אֶרֶךְ אַפַּיִם, וְרַב־חֶסֶד וֶאֱמֶת: נֹצֵר חֶסֶד לָאֲלָפִים, נֹשֵׂא עָוֹן וָפֶשַׁע וְחַטָּאָה, וְנַקֵּה: וְסָלַחְתָּ לַעֲוֹנֵנוּ וּלְחַטָּאתֵנוּ וּנְחַלְתָּנוּ:

תהלים פו סְלַח לָנוּ, אָבִינוּ, כִּי חָטָאנוּ. מְחַל לָנוּ, מַלְכֵּנוּ, כִּי פָשָׁעְנוּ. כִּי־אַתָּה, יהוה,
טוֹב וְסַלָּח וְרַב־חֶסֶד לְכָל־קֹרְאֶיךָ:

תהלים יב הוֹשִׁיעָה, יהוה, כִּי־גָמַר חָסִיד, כִּי־פַסּוּ אֱמוּנִים מִבְּנֵי אָדָם: כִּי אָדָם אֵין
קהלת ז
ירמיה לא צַדִּיק בָּאָרֶץ, אֲשֶׁר יַעֲשֶׂה־טּוֹב וְלֹא יֶחֱטָא: הוֹשַׁע, יהוה, אֶת־עַמְּךָ, אֵת
ישעיה מה שְׁאֵרִית יִשְׂרָאֵל: יִשְׂרָאֵל נוֹשַׁע בַּיהוה תְּשׁוּעַת עוֹלָמִים.

כְּרַחֵם אָב עַל בָּנִים, כֵּן תְּרַחֵם יהוה עָלֵינוּ.
תהלים ג לַיהוה הַיְשׁוּעָה, עַל־עַמְּךָ בִרְכָתֶךָ סֶּלָה:
תהלים מו יהוה צְבָאוֹת עִמָּנוּ, מִשְׂגָּב לָנוּ אֱלֹהֵי יַעֲקֹב סֶלָה:
תהלים פד יהוה צְבָאוֹת, אַשְׁרֵי אָדָם בֹּטֵחַ בָּךְ:
תהלים כ יהוה הוֹשִׁיעָה, הַמֶּלֶךְ יַעֲנֵנוּ בְיוֹם־קָרְאֵנוּ:

אֱלֹהֵינוּ וֵאלֹהֵי אֲבוֹתֵינוּ

אַנְשֵׁי אֱמָנָה אָבָדוּ, בָּאִים בְּכֹחַ מַעֲשֵׂיהֶם. גִּבּוֹרִים לַעֲמֹד בַּפֶּרֶץ, דּוֹחִים אֶת הַגְּזֵרוֹת. הָיוּ לָנוּ לְחוֹמָה, וּלְמַחְסֶה בְּיוֹם זָעַם. זוֹעֲכִים אַף בְּלַחֲשָׁם, חֵמָה עוֹצְרִים בְּשַׁוְעָם. טֶרֶם קְרָאוּךָ עֲנִיתָם, יוֹדְעִים לַעְתֹּר וּלְרַצֵּךְ. כְּאָב רִחַמְתָּ לְמַעֲנָם, לֹא הֱשִׁיבוֹתָ פְּנֵיהֶם רֵיקָם. מֵרֹב עֲוֹנֵינוּ אֲבַדְנוּם, נֶאֶסְפוּ מֶנּוּ בְּחֲטָאֵינוּ. סָעוּ הֵמָּה לִמְנוּחוֹת, עָזְבוּ אוֹתָנוּ לַאֲנָחוֹת. פַּסּוּ גוֹדְרֵי פֶרֶץ,

צְמֵתוּ מְשִׁיבֵי חֵמָה. קָמִים בַּפֶּרֶץ אַיִן, רְאוּיִם לְרַצּוֹתְךָ בְּעֶתֶר. ▸ שֻׁטַּטְנוּ בְּאַרְבַּע פִּנּוֹת, תְּרוּפָה לֹא מָצָאנוּ, שַׁבְנוּ אֵלֶיךָ בְּבֹשֶׁת פָּנִים, לְשַׁחֶרְךָ אֵל, בְּעֵת צָרוֹתֵינוּ.

אֵל מֶלֶךְ יוֹשֵׁב עַל כִּסֵּא רַחֲמִים, מִתְנַהֵג בַּחֲסִידוּת. מוֹחֵל עֲוֹנוֹת עַמּוֹ, מַעֲבִיר רִאשׁוֹן רִאשׁוֹן. מַרְבֶּה מְחִילָה לְחַטָּאִים, וּסְלִיחָה לְפוֹשְׁעִים. עֹשֶׂה צְדָקוֹת עִם כָּל בָּשָׂר וָרוּחַ, לֹא כְרָעָתָם תִּגְמֹל. ▸ אֵל, הוֹרֵיתָ לָּנוּ לוֹמַר שְׁלֹשׁ עֶשְׂרֵה, וּזְכָר לָנוּ הַיּוֹם בְּרִית שְׁלֹשׁ עֶשְׂרֵה, כְּמוֹ שֶׁהוֹדַעְתָּ לֶעָנָו מִקֶּדֶם,
כְּמוֹ שֶׁכָּתוּב, וַיֵּרֶד יהוה בֶּעָנָן, וַיִּתְיַצֵּב עִמּוֹ שָׁם, וַיִּקְרָא בְשֵׁם יהוה: שמות לד

קהל ואחריו שליח הציבור:

וַיַּעֲבֹר יהוה עַל־פָּנָיו וַיִּקְרָא שמות לד

יהוה, יהוה, אֵל רַחוּם וְחַנּוּן, אֶרֶךְ אַפַּיִם, וְרַב־חֶסֶד וֶאֱמֶת: נֹצֵר חֶסֶד לָאֲלָפִים, נֹשֵׂא עָוֹן וָפֶשַׁע וְחַטָּאָה, וְנַקֵּה: וְסָלַחְתָּ לַעֲוֹנֵנוּ וּלְחַטָּאתֵנוּ וּנְחַלְתָּנוּ:

סְלַח לָנוּ, אָבִינוּ, כִּי חָטָאנוּ. מְחַל לָנוּ, מַלְכֵּנוּ, כִּי פָשָׁעְנוּ. כִּי־אַתָּה, יהוה, תהלים פו
טוֹב וְסַלָּח וְרַב־חֶסֶד לְכָל־קֹרְאֶיךָ:

יש קהילות האומרות בחמישי את הפיוט ״יִשְׂרָאֵל נוֹשַׁע בַּה׳״ (עמ׳ 465).

הקהל אומר פיוט זה בית בית,
ושליח הציבור חוזר אחריו בקול:

מַלְאֲכֵי רַחֲמִים, מְשָׁרְתֵי עֶלְיוֹן
חַלּוּ נָא פְּנֵי אֵל בְּמֵיטַב הִגָּיוֹן

אוּלַי יָחוּס עַם עָנִי וְאֶבְיוֹן, אוּלַי יְרַחֵם.

אוּלַי יְרַחֵם שְׁאֵרִית יוֹסֵף
שְׁפָלִים וּנְבְזִים, פְּשׁוּחֵי שֶׁסֶף
שְׁבוּיֵי חִנָּם, מְכוּרֵי בְּלֹא כֶסֶף
שׁוֹאֲגִים בִּתְפִלָּה וּמְבַקְשִׁים רִשָּׁיוֹן.

אוּלַי יָחוּס עַם עָנִי וְאֶבְיוֹן, אוּלַי יְרַחֵם.

אוּלַי יְרַחֵם מְעַנֵּי כֶבֶל
מְלֻמְּדֵי מַכּוֹת בְּעִנּוּי סֵבֶל
מְנוֹד רֹאשׁ נְתוּנִים לְיוֹשְׁבֵי תֵבֵל
מָשָׁל בָּעַמִּים קֶצֶף וּבִזָּיוֹן.
אוּלַי יָחוּס עַם עָנִי וְאֶבְיוֹן, אוּלַי יְרַחֵם.

אוּלַי יְרַחֵם וְיִרְאֶה בָּעֳנִי עַמּוֹ
וְיַקְשִׁיב וְיִשְׁמַע הַצָּגִים לְעֻמּוֹ
וְעוֹדִים בְּלַחַשׁ מוּסָר לָמוֹ
וְעֵינֵיהֶם תּוֹלִים לִמְצוֹא רָצוֹן.
אוּלַי יָחוּס עַם עָנִי וְאֶבְיוֹן, אוּלַי יְרַחֵם.

אוּלַי יְרַחֵם אוֹמְרֵי סְלַח נָא
אוֹמְצֵי שִׁבְחוֹ בְּכָל עֵת וְעוֹנָה
אֲגוּדִים בְּצָרָה לִשְׁפֹּךְ תְּחִנָּה
אֶת פְּנֵי אֱלֹהֵיהֶם שׁוֹפְכִים לֵב דִּוָּיוֹן.
אוּלַי יָחוּס עַם עָנִי וְאֶבְיוֹן, אוּלַי יְרַחֵם.

אוּלַי יְרַחֵם לְקָחָה בְּכִפְלַיִם
לְעוֹטָה אֲרָיוֹת כְּמוֹ בְּפִי שְׁחָלִים
לוֹקָה וּמְשַׁתַּלֶּמֶת בַּעֲוֹן שׁוּלַיִם
לֹא שָׁכְחָה בְּכָל זֹאת מִכְתַּב עֹז חֶבְיוֹן.
אוּלַי יָחוּס עַם עָנִי וְאֶבְיוֹן, אוּלַי יְרַחֵם.

אוּלַי יְרַחֵם כְּבוּשֵׁי פָנִים
הַשּׁוֹמְעִים חֶרְפָּתָם וְלֹא מְשִׁיבִים וְעוֹנִים
נִצְחָם מְקַוִּים וְלִישְׁעוֹ נִשְׁעָנִים
כִּי לֹא כָלוּ רַחֲמָיו בְּכִלָּיוֹן.
אוּלַי יָחוּס עַם עָנִי וְאֶבְיוֹן, אוּלַי יְרַחֵם.

אוּלַי יְרַחֵם יְחַלֵּץ עָנִי בְּעָנְיוֹ
חֲבוּשׁוֹ יַתִּיר מֵאֶרֶץ שִׁבְיוֹ
יַגְהֶה מְזוֹרוֹ וְיַחְבֹּשׁ חֳלָיוֹ
צַעֲקָתוֹ יִשְׁמַע וְיָחִישׁ עֵת פִּדְיוֹן.
אוּלַי יָחוּס עַם עָנִי וְאֶבְיוֹן, אוּלַי יְרַחֵם.

ממשיכים ׳אֵל מֶלֶךְ׳ בעמ׳ 492.

סליחות לשני תנינא

סְלַח לָנוּ, אָבִינוּ, כִּי בְּרֹב אִוַּלְתֵּנוּ שָׁגִינוּ.
מְחַל לָנוּ, מַלְכֵּנוּ, כִּי רַבּוּ עֲוֹנֵינוּ.

אֵל אֶרֶךְ אַפַּיִם אַתָּה. וּבַעַל הָרַחֲמִים נִקְרֵאתָ. וְדֶרֶךְ תְּשׁוּבָה הוֹרֵיתָ. גְּדֻלַּת רַחֲמֶיךָ וַחֲסָדֶיךָ תִּזְכֹּר הַיּוֹם וּבְכָל יוֹם לְזֶרַע יְדִידֶיךָ. תֵּפֶן אֵלֵינוּ בְּרַחֲמִים, כִּי אַתָּה הוּא בַּעַל הָרַחֲמִים. בְּתַחֲנוּן וּבִתְפִלָּה פָּנֶיךָ נְקַדֵּם, כְּהוֹדַעְתָּ לֶעָנָו מִקֶּדֶם. מֵחֲרוֹן אַפְּךָ שׁוּב, כְּמוֹ בְּתוֹרָתְךָ כָּתוּב. וּבְצֵל כְּנָפֶיךָ נֶחֱסֶה וְנִתְלוֹנָן, כְּיוֹם וַיֵּרֶד יהוה בֶּעָנָן. ‹ תַּעֲבֹר עַל פֶּשַׁע וְתִמְחֶה אָשָׁם, כְּיוֹם וַיִּתְיַצֵּב עִמּוֹ שָׁם. תַּאֲזִין שַׁוְעָתֵנוּ וְתַקְשִׁיב מֶנּוּ מַאֲמָר, כְּיוֹם וַיִּקְרָא בְשֵׁם יהוה. וְשָׁם נֶאֱמַר

קהל ואחריו שליח הציבור:

וַיַּעֲבֹר יהוה עַל־פָּנָיו וַיִּקְרָא שמות לד

יהוה, יהוה, אֵל רַחוּם וְחַנּוּן, אֶרֶךְ אַפַּיִם, וְרַב־חֶסֶד וֶאֱמֶת: נֹצֵר חֶסֶד לָאֲלָפִים, נֹשֵׂא עָוֹן וָפֶשַׁע וְחַטָּאָה, וְנַקֵּה: וְסָלַחְתָּ לַעֲוֹנֵנוּ וּלְחַטָּאתֵנוּ וּנְחַלְתָּנוּ:

סְלַח לָנוּ, אָבִינוּ, כִּי חָטָאנוּ. מְחַל לָנוּ, מַלְכֵּנוּ, כִּי פָשָׁעְנוּ. כִּי־אַתָּה, יהוה, תהלים פו
טוֹב וְסַלָּח וְרַב־חֶסֶד לְכָל־קֹרְאֶיךָ:

ישעיה סד אַל־תִּקְצֹף יהוה עַד־מְאֹד, וְאַל־לָעַד תִּזְכֹּר עָוֹן, הֵן הַבֶּט־נָא עַמְּךָ כֻלָּנוּ:
תהלים צ הַעַל־אֵלֶּה תִתְאַפַּק יהוה, תֶּחֱשֶׁה וּתְעַנֵּנוּ עַד־מְאֹד: שׁוּבָה יהוה עַד־
מָתָי, וְהִנָּחֵם עַל־עֲבָדֶיךָ:

כְּרַחֵם אָב עַל בָּנִים, כֵּן תְּרַחֵם יהוה עָלֵינוּ.
תהלים ג לַיהוה הַיְשׁוּעָה, עַל־עַמְּךָ בִרְכָתֶךָ סֶּלָה:
תהלים מו יהוה צְבָאוֹת עִמָּנוּ, מִשְׂגָּב לָנוּ אֱלֹהֵי יַעֲקֹב סֶלָה:
תהלים פד יהוה צְבָאוֹת, אַשְׁרֵי אָדָם בֹּטֵחַ בָּךְ:
תהלים כ יהוה הוֹשִׁיעָה, הַמֶּלֶךְ יַעֲנֵנוּ בְיוֹם־קָרְאֵנוּ:

במדבר יד ◂ סְלַח־נָא לַעֲוֹן הָעָם הַזֶּה כְּגֹדֶל חַסְדֶּךָ
וְכַאֲשֶׁר נָשָׂאתָה לָעָם הַזֶּה מִמִּצְרַיִם וְעַד־הֵנָּה:
וְשָׁם נֶאֱמַר קהל ואחריו שליח הציבור:

וַיֹּאמֶר יהוה, סָלַחְתִּי כִּדְבָרֶךָ:

דניאל ט הַטֵּה אֱלֹהַי אָזְנְךָ וּשֲׁמָע, פְּקַח עֵינֶיךָ וּרְאֵה שֹׁמְמֹתֵינוּ וְהָעִיר אֲשֶׁר־נִקְרָא
שִׁמְךָ עָלֶיהָ, כִּי לֹא עַל־צִדְקֹתֵינוּ אֲנַחְנוּ מַפִּילִים תַּחֲנוּנֵינוּ לְפָנֶיךָ, כִּי עַל־
רַחֲמֶיךָ הָרַבִּים: אֲדֹנָי שְׁמָעָה, אֲדֹנָי סְלָחָה, אֲדֹנָי הַקְשִׁיבָה וַעֲשֵׂה אַל
תְּאַחַר, לְמַעַנְךָ אֱלֹהַי כִּי־שִׁמְךָ נִקְרָא עַל־עִירְךָ וְעַל־עַמֶּךָ:

אֱלֹהֵינוּ וֵאלֹהֵי אֲבוֹתֵינוּ

אֲפָפוּנוּ מַיִם עַד נֶפֶשׁ. בָּאנוּ בְּעִמְקֵי מְצוּלָה. גַּלֵּי יָם עָבְרוּ עָלֵינוּ. דָּכְיוֹת תְּהוֹם כִּסָּתְנוּ. הוֹדֵנוּ נֶהְפַּךְ לְמַשְׁחִית. וְעוֹד לֹא עָצַרְנוּ כֹחַ. זַלְעָפוּנוּ עַל חַטֹּאתֵינוּ. חָלְחַלְנוּ עַל רֹב פְּשָׁעֵינוּ. טִכַּסְנוּ עֵצָה מַה לַּעֲשׂוֹת. יוֹעֵץ בְּקִרְבֵּנוּ אָיִן. כּוֹנַנּוּ בְּלֵב מַחֲשָׁבוֹת. לְמֵרָחוֹק שְׂאֵת דֵּעָה. מָסֹרֶת בְּיָדֵינוּ מֵאֲבוֹתֵינוּ. נְאָקָה תְּשׁוּבָה וּצְדָקָה. סוֹתְרוֹת רֹעַ גְּזֵרוֹת. עוֹד מְעַנּוֹת עָם. פַּצְנוּ בְּהַסְכָּמָה אַחַת. (צוֹם) שֵׁנִי וַחֲמִישִׁי וְשֵׁנִי. קָדוֹשׁ אוּלַי יַשְׁקִיף. רַחֲמָיו לְקַדֵּם לְרֹגֶז. שַׁדַּי עֲשֵׂינוּ אֶת שֶׁלָּנוּ. תַּקִּיף עֲשֵׂה אֶת שֶׁלָּךְ. ◂ אַל תֵּשֵׁב עִמָּנוּ בַּדִּין. מִדֶּבֶר וּמִדֶּבֶר וּמֵחֶרֶב וּמֵרָעָב מַלְּטֵנוּ. תֵּיקַר נַפְשֵׁנוּ בְּעֵינֶיךָ. יָהּ, סְלַח לָנוּ, מְחַל לָנוּ, כַּפֶּר לָנוּ, כְּיוֹם רְדִתְךָ בֶּעָנָן.

אֵל מֶלֶךְ יוֹשֵׁב עַל כִּסֵּא רַחֲמִים, מִתְנַהֵג בַּחֲסִידוּת. מוֹחֵל עֲוֹנוֹת עַמּוֹ, מַעֲבִיר רִאשׁוֹן רִאשׁוֹן. מַרְבֶּה מְחִילָה לְחַטָּאִים, וּסְלִיחָה לְפוֹשְׁעִים. עֹשֶׂה צְדָקוֹת עִם כָּל בָּשָׂר וָרוּחַ, לֹא כְרָעָתָם תִּגְמֹל. › אֵל, הוֹרֵיתָ לָּנוּ לוֹמַר שְׁלֹשׁ עֶשְׂרֵה, וּזְכָר לָנוּ הַיּוֹם בְּרִית שְׁלֹשׁ עֶשְׂרֵה, כְּמוֹ שֶׁהוֹדַעְתָּ לֶעָנָו מִקֶּדֶם,
כְּמוֹ שֶׁכָּתוּב, וַיֵּרֶד יהוה בֶּעָנָן, וַיִּתְיַצֵּב עִמּוֹ שָׁם, וַיִּקְרָא בְשֵׁם יהוה: שמות לד

קהל ואחריו שליח הציבור:

וַיַּעֲבֹר יהוה עַל־פָּנָיו וַיִּקְרָא שמות לד

יהוה, יהוה, אֵל רַחוּם וְחַנּוּן, אֶרֶךְ אַפַּיִם, וְרַב־חֶסֶד וֶאֱמֶת: נֹצֵר חֶסֶד לָאֲלָפִים, נֹשֵׂא עָוֹן וָפֶשַׁע וְחַטָּאָה, וְנַקֵּה: וְסָלַחְתָּ לַעֲוֹנֵנוּ וּלְחַטָּאתֵנוּ וּנְחַלְתָּנוּ:

סְלַח לָנוּ, אָבִינוּ, כִּי חָטָאנוּ. מְחַל לָנוּ, מַלְכֵּנוּ, כִּי פָשָׁעְנוּ. כִּי־אַתָּה, יהוה, תהלים פו
טוֹב וְסַלָּח וְרַב־חֶסֶד לְכָל־קֹרְאֶיךָ:

הַאֲזִינָה, יהוה, תְּפִלָּתֵנוּ וְהַקְשִׁיבָה בְּקוֹל תַּחֲנוּנוֹתֵינוּ. שְׁמַע, יהוה, קוֹלֵנוּ נִקְרָא וְחָנֵּנוּ וַעֲנֵנוּ. שִׁמְעָה, יהוה, צֶדֶק הַקְשִׁיבָה רִנָּתֵנוּ, הַאֲזִינָה תְּפִלָּתֵנוּ. שְׁמַע, יהוה, וְחָנֵּנוּ. יהוה, הֱיֵה עוֹזֵר לָנוּ.

כְּרַחֵם אָב עַל בָּנִים, כֵּן תְּרַחֵם יהוה עָלֵינוּ.
לַיהוה הַיְשׁוּעָה, עַל־עַמְּךָ בִרְכָתֶךָ סֶּלָה: תהלים ג
יהוה צְבָאוֹת עִמָּנוּ, מִשְׂגָּב לָנוּ אֱלֹהֵי יַעֲקֹב סֶלָה: תהלים מו
יהוה צְבָאוֹת, אַשְׁרֵי אָדָם בֹּטֵחַ בָּךְ: תהלים פד
יהוה הוֹשִׁיעָה, הַמֶּלֶךְ יַעֲנֵנוּ בְיוֹם־קָרְאֵנוּ: תהלים כ

אֱלֹהֵינוּ וֵאלֹהֵי אֲבוֹתֵינוּ

אֹזֶן תַּחַן וְהַסְכֵּת עֲתִירָה, אַף הָפֵר וְשַׁכֵּךְ עֶבְרָה. בָּאֵי לְחַלּוֹתְךָ בְּנֶפֶשׁ מָרָה, בְּשִׁמְךָ הַגָּדוֹל יִמְצְאוּ עֶזְרָה. גַּעְיַת נֶאֱנָחִים וַעֲנוּתָם חֲזֵה, גְּחִינַת קוֹמָתָם נָא לֹא תִבְזֶה. דְּרֹשׁ עֶלְבּוֹנָם מִצַּר בּוֹזֶה, דֶּרֶךְ פּוּרָה וְנִצְחָם יִזֶּה. הֲלֹא אַתָּה הָיִיתָ וְהִנְּךָ, הָיֹה תִהְיֶה בַּהֲדַר גְּאוֹנֶךָ. וְנַמְתָּ יִכּוֹן זֶרַע אֱמוּנֶיךָ,

וְהִנָּם כָּלִים מִתִּגְרַת חֲרוֹנֶךָ. וְעַמּוּ בְּעִוּוּיִם וּמִמַּאֲוַיִּם נִסָּחוּ, זֵרוּ בְּאֲפָסִים וְלֹא נָחוּ. חֻבְּלָה רוֹחָם וְלֶעָפָר שָׁחוּ, חָרְשׁוּ חוֹרְשִׁים וּמַעֲנִית הִמְתִּיחוּ. טָבְעוּ בְּבֹץ וְאֵין פּוֹצֶה, טוֹרְפֵיהֶם שָׁלוּ מִקָּצֶה אֶל קָצֶה. יוֹם יוֹם לוֹחֲמָם מְנַצֶּה, יָד פּוֹרְשִׂים מִלַּחַץ לֵיצֵא. כָּלוּ חַיֵּיהֶם בְּיָגוֹן וַאֲנָחָה, כּוֹשֵׁל רַבָּה וְעָרְבָה שִׂמְחָה. לְיֶשַׁע חוֹכִים וְהִנֵּה צְוָחָה, לְבִטּוּם קָמִים וְכָרוּ שׁוּחָה. מַעֲרִימִים סוֹד מִמְּךָ לְהַדִּיחָם, מַכְבִּידִים עֹל לְהַכְשִׁיל כֹּחָם. נוֹאֲקִים אֵלֶיךָ בְּהִתְעַטֵּף רוּחָם, נַחַת מְצוֹא מִכֹּבֶד טָרְחָם. שִׂיחַ צָקִים בְּמַעֲמָד צָפוּף, סְלִיחָה מְבַקְשִׁים בְּקָדְקֹד כָּפוּף. עוֹשְׁקֵיהֶם יַקְנִיאוּם בְּנֵצֶר נַאֲפוּף, עֹוְעִים יְמַסְּכוּ וְיִהְיוּ לְסִפּוּף. פְּדֵה דְבֵקֶיךָ מֵחֶרֶץ וְכִלּוּי, פַּלְּטֵם מִצּוֹרֵר וּתְנֵם לְעִלּוּי. צַוֵּה יְשׁוּעוֹת מְשַׁחֲרֶיךָ בְּחִלּוּי, צוּר עוֹלָמִים הוֹשִׁיעֵנוּ בְּגָלוּי. קַנּוֹא וְנוֹקֵם קַנֵּא לִשְׁמֶךָ, קַצֵּץ סִמְלוֹנִים מִצַּוַּאר עַמֶּךָ. רְאֵה עֲמָלֵנוּ וְשׁוּב מִזַּעְמֶךָ, רִיבָה רִיבֵנוּ מֵעַם חֶרְמֶךָ. › שַׁבְעָתַיִם הָשֵׁב לְחֵיק מְאַנְיַי, שְׂכַר חֵצֶיךָ מִדַּם מְעַנַּי. תַּטֶּה אָזְנְךָ לְקוֹל תַּחֲנוּנַי, תִּרְצֵנִי בְּקָרְאִי יהוה יהוה.

אֵל מֶלֶךְ יוֹשֵׁב עַל כִּסֵּא רַחֲמִים, מִתְנַהֵג בַּחֲסִידוּת. מוֹחֵל עֲוֹנוֹת עַמּוֹ, מַעֲבִיר רִאשׁוֹן רִאשׁוֹן. מַרְבֶּה מְחִילָה לְחַטָּאִים, וּסְלִיחָה לְפוֹשְׁעִים. עֹשֶׂה צְדָקוֹת עִם כָּל בָּשָׂר וָרוּחַ, לֹא כְרָעָתָם תִּגְמֹל. › אֵל, הוֹרֵיתָ לָּנוּ לוֹמַר שְׁלֹשׁ עֶשְׂרֵה, וּזְכָר לָנוּ הַיּוֹם בְּרִית שְׁלֹשׁ עֶשְׂרֵה, כְּמוֹ שֶׁהוֹדַעְתָּ לֶעָנָו מִקֶּדֶם,
כְּמוֹ שֶׁכָּתוּב, וַיֵּרֶד יהוה בֶּעָנָן, וַיִּתְיַצֵּב עִמּוֹ שָׁם, וַיִּקְרָא בְשֵׁם יהוה: שמות לד

קהל ואחריו שליח הציבור:

וַיַּעֲבֹר יהוה עַל־פָּנָיו וַיִּקְרָא שמות לד

יהוה, יהוה, אֵל רַחוּם וְחַנּוּן, אֶרֶךְ אַפַּיִם, וְרַב־חֶסֶד וֶאֱמֶת: נֹצֵר חֶסֶד לָאֲלָפִים, נֹשֵׂא עָוֹן וָפֶשַׁע וְחַטָּאָה, וְנַקֵּה: וְסָלַחְתָּ לַעֲוֹנֵנוּ וּלְחַטָּאתֵנוּ וּנְחַלְתָּנוּ:

סְלַח לָנוּ, אָבִינוּ, כִּי חָטָאנוּ. מְחַל לָנוּ, מַלְכֵּנוּ, כִּי פָשָׁעְנוּ. כִּי־אַתָּה, יהוה, תהלים פו
טוֹב וְסַלָּח וְרַב־חֶסֶד לְכָל־קֹרְאֶיךָ:

הקהל אומר פיוט זה בית בית,
ושליח הציבור חוזר אחריו בקול:

יהוה, יהוה, אֵל רַחוּם וְחַנּוּן שמות לד
אֶרֶךְ אַפַּיִם, וְרַב־חֶסֶד וֶאֱמֶת:
נֹצֵר חֶסֶד לָאֲלָפִים
נֹשֵׂא עָוֹן וָפֶשַׁע וְחַטָּאָה, וְנַקֵּה
וְסָלַחְתָּ לַעֲוֺנֵנוּ וּלְחַטָּאתֵנוּ וּנְחַלְתָּנוּ:

אֶזְכְּרָה אֱלֹהִים וְאֶהֱמֶיָה
בִּרְאוֹתִי כָּל עִיר עַל תִּלָּהּ בְּנוּיָה
וְעִיר הָאֱלֹהִים מֻשְׁפֶּלֶת עַד שְׁאוֹל תַּחְתִּיָּה
וּבְכָל זֹאת אָנוּ לְיָהּ וְעֵינֵינוּ לְיָהּ.

מִדַּת הָרַחֲמִים עָלֵינוּ הִתְגַּלְגְּלִי
וְלִפְנֵי קוֹנֵךְ תְּחִנָּתֵנוּ הַפִּילִי
וּבְעַד עַמֵּךְ רַחֲמִים שַׁאֲלִי
כִּי כָל לֵבָב דַּוָּי וְכָל רֹאשׁ לָחֳלִי.

תָּמַכְתִּי יְתֵדוֹתַי בִּשְׁלֹשׁ עֶשְׂרֵה תֵבוֹת
וּבְשַׁעֲרֵי דְמָעוֹת כִּי לֹא נִשְׁלָבוֹת
לָכֵן שָׁפַכְתִּי שִׂיחַ פְּנֵי בוֹחֵן לִבּוֹת
בָּטוּחַ אֲנִי בְּאֵלֶּה וּבִזְכוּת שְׁלֹשֶׁת אָבוֹת.

יְהִי רָצוֹן מִלְּפָנֶיךָ, שׁוֹמֵעַ קוֹל בְּכִיּוֹת
שֶׁתָּשִׂים דִּמְעוֹתֵינוּ בְּנֹאדְךָ לִהְיוֹת
וְתַצִּילֵנוּ מִכָּל גְּזֵרוֹת אַכְזָרִיּוֹת
כִּי לְךָ לְבַד עֵינֵינוּ תְלוּיוֹת.

ממשיכים ׳אֵל מֶלֶךְ׳ בעמ׳ 492.

בתעניות ציבור (פרט לצום גדליה ולתשעה באב) אומרים סליחות אחרי חזרת הש״ץ.

סליחות לעשרה בטבת

סְלַח לָנוּ, אָבִינוּ, כִּי בְּרֹב אִוַּלְתֵּנוּ שָׁגִינוּ.
מְחַל לָנוּ, מַלְכֵּנוּ, כִּי רַבּוּ עֲוֹנֵינוּ.

אֵל אֶרֶךְ אַפַּיִם אַתָּה, וּבַעַל הָרַחֲמִים נִקְרֵאתָ, וְדֶרֶךְ תְּשׁוּבָה הוֹרֵיתָ. גְּדֻלַּת רַחֲמֶיךָ וַחֲסָדֶיךָ, תִּזְכֹּר הַיּוֹם וּבְכָל יוֹם לְזֶרַע יְדִידֶיךָ. תֵּפֶן אֵלֵינוּ בְּרַחֲמִים, כִּי אַתָּה הוּא בַּעַל הָרַחֲמִים. בְּתַחֲנוּן וּבִתְפִלָּה פָּנֶיךָ נְקַדֵּם, כְּהוֹדַעְתָּ לֶעָנָו מִקֶּדֶם. מֵחֲרוֹן אַפְּךָ שׁוּב, כְּמוֹ בְּתוֹרָתְךָ כָּתוּב. וּבְצֵל כְּנָפֶיךָ נֶחֱסֶה וְנִתְלוֹנָן, כְּיוֹם וַיֵּרֶד יהוה בֶּעָנָן. ‹ תַּעֲבֹר עַל פֶּשַׁע וְתִמְחֶה אָשָׁם, כְּיוֹם וַיִּתְיַצֵּב עִמּוֹ שָׁם. תַּאֲזִין שַׁוְעָתֵנוּ וְתַקְשִׁיב מֶנּוּ מַאֲמָר, כְּיוֹם וַיִּקְרָא בְשֵׁם יהוה, וְשָׁם נֶאֱמַר

קהל ואחריו שליח הציבור:

שמות לד וַיַּעֲבֹר יהוה עַל־פָּנָיו וַיִּקְרָא

יהוה, יהוה, אֵל רַחוּם וְחַנּוּן, אֶרֶךְ אַפַּיִם, וְרַב־חֶסֶד וֶאֱמֶת: נֹצֵר חֶסֶד לָאֲלָפִים, נֹשֵׂא עָוֹן וָפֶשַׁע וְחַטָּאָה, וְנַקֵּה: וְסָלַחְתָּ לַעֲוֹנֵנוּ וּלְחַטָּאתֵנוּ, וּנְחַלְתָּנוּ:

תהלים פו סְלַח לָנוּ אָבִינוּ כִּי חָטָאנוּ, מְחַל לָנוּ מַלְכֵּנוּ כִּי פָשָׁעְנוּ. כִּי־אַתָּה אֲדֹנָי טוֹב
וְסַלָּח, וְרַב־חֶסֶד לְכָל־קֹרְאֶיךָ:

תהלים קל כִּי־עִם־יהוה הַחֶסֶד, וְהַרְבֵּה עִמּוֹ פְדוּת: פְּדֵה אֱלֹהִים אֶת־יִשְׂרָאֵל מִכֹּל
תהלים כה
תהלים קל צָרוֹתָיו: וְהוּא יִפְדֶּה אֶת־יִשְׂרָאֵל מִכֹּל עֲוֹנוֹתָיו: פּוֹדֶה יהוה נֶפֶשׁ עֲבָדָיו,
תהלים לד
וְלֹא יֶאְשְׁמוּ כָּל־הַחֹסִים בּוֹ:

כְּרַחֵם אָב עַל בָּנִים, כֵּן תְּרַחֵם יהוה עָלֵינוּ.
תהלים ג לַיהוה הַיְשׁוּעָה, עַל־עַמְּךָ בִרְכָתֶךָ סֶּלָה:
תהלים מו יהוה צְבָאוֹת עִמָּנוּ, מִשְׂגָּב לָנוּ אֱלֹהֵי יַעֲקֹב סֶלָה:
תהלים פד יהוה צְבָאוֹת, אַשְׁרֵי אָדָם בֹּטֵחַ בָּךְ:
תהלים כ יהוה הוֹשִׁיעָה, הַמֶּלֶךְ יַעֲנֵנוּ בְיוֹם־קָרְאֵנוּ:

במדבר יד ‹ סְלַח־נָא לַעֲוֹן הָעָם הַזֶּה כְּגֹדֶל חַסְדֶּךָ
וְכַאֲשֶׁר נָשָׂאתָה לָעָם הַזֶּה מִמִּצְרַיִם וְעַד־הֵנָּה:
וְשָׁם נֶאֱמַר

קהל ואחריו שליח הציבור:

וַיֹּאמֶר יהוה, סָלַחְתִּי כִּדְבָרֶךָ:

דניאל ט הַטֵּה אֱלֹהַי אָזְנְךָ וּשֲׁמָע, פְּקַח עֵינֶיךָ וּרְאֵה שֹׁמְמֹתֵינוּ וְהָעִיר אֲשֶׁר־נִקְרָא
שִׁמְךָ עָלֶיהָ, כִּי לֹא עַל־צִדְקֹתֵינוּ אֲנַחְנוּ מַפִּילִים תַּחֲנוּנֵינוּ לְפָנֶיךָ, כִּי עַל־
רַחֲמֶיךָ הָרַבִּים: אֲדֹנָי שְׁמָעָה, אֲדֹנָי סְלָחָה, אֲדֹנָי הַקְשִׁיבָה וַעֲשֵׂה אַל־
תְּאַחַר, לְמַעַנְךָ אֱלֹהַי, כִּי־שִׁמְךָ נִקְרָא עַל־עִירְךָ וְעַל־עַמֶּךָ:

אֱלֹהֵינוּ וֵאלֹהֵי אֲבוֹתֵינוּ

אֶזְכְּרָה מָצוֹק אֲשֶׁר קְרָאָנִי. בְּשָׁלֹשׁ מַכּוֹת בַּחֹדֶשׁ הַזֶּה הִכָּנִי. גִּדְּעַנִי הֱנִיאָנִי
איוב טז הִכְאָנִי. אַךְ־עַתָּה הֶלְאָנִי: דִּעְכַנִי בִּשְׁמוֹנָה בּוֹ שְׂמָאלִית וִימָנִית. הֲלֹא
שְׁלָשְׁתָּן קָבַעְתִּי תַּעֲנִית. וּמֶלֶךְ יָוָן אֲנָסַנִי לִכְתֹּב דָּת, יְוָנִית. עַל גַּבִּי חָרְשׁוּ
חוֹרְשִׁים, הֶאֱרִיכוּ מַעֲנִית. זֹעַמְתִּי בְּתִשְׁעָה בּוֹ בִּכְלִמָּה וְחָפֶר. חָשַׁךְ מֵעָלַי
מְעִיל הוֹד וָצֶפֶר. טָרֹף טֹרַף בּוֹ הַנּוֹתֵן אִמְרֵי שֶׁפֶר. הוּא עֶזְרָא הַסּוֹפֵר. יוֹם
עֲשִׂירִי, צֻוֵּה בֶן בּוּזִי הַחוֹזֶה. כְּתָב לְךָ בְּסֵפֶר הַמַּחֲזֶה. לְזִכָּרוֹן לָעַם נָמֵס
יחזקאל כד וְנִבְזֶה. אֶת־עֶצֶם הַיּוֹם הַזֶּה: מִנְיַן סֵדֶר חֳדָשִׁים בַּעֲשָׂרָה בּוֹ הָעִיר. נְהִי
וִילֵל בְּמוֹ פִּי אַפְעִיר. סֵדֶר פַּרְעָנִיּוֹת בְּתוֹךְ לְבָבִי יַבְעִיר. בְּבֹא אֵלַי הַפָּלִיט
לֵאמֹר הֻכְּתָה הָעִיר. עַל אֵלֶּה, עַל פְּנֵי אָבָק זֵרִיתִי. פַּצְתִּי עַל אַרְבַּעְתָּן, לוּ
איכה א חֵץ בִּלְבָבִי יָרִיתִי. צָרוֹת עַל אֵלֶּה, קֶבֶר לִי כָּרִיתִי. צַדִּיק הוּא יהוה, כִּי פִיהוּ
מָרִיתִי: קָרָאתִי שִׁמְךָ, מִתְנַחֵם עַל רָעָתִי. רְאֵה עָנְיִי וּשְׁמַע קוֹל פְּגִיעָתִי.
איכה ג שְׁמַע תְּחִנָּתִי, חִישׁ נָא יְשׁוּעָתִי. אַל־תַּעְלֵם אָזְנְךָ לְרַוְחָתִי לְשַׁוְעָתִי: ‹ יֶרַח
טֵבֵת, מְאֹד לָקִיתִי בּוֹ. וְנִשְׂתָּרְגוּ עָלַי סִדְרֵי נְתִיבוֹ. סַרְתִּי, פָּשַׁעְתִּי, יְגַלֶּה לִי
טוּבוֹ. הָאוֹמֵר לַיָּם עַד פֹּה תָבוֹא.

אֵל מֶלֶךְ יוֹשֵׁב עַל כִּסֵּא רַחֲמִים, מִתְנַהֵג בַּחֲסִידוּת. מוֹחֵל עֲוֹנוֹת עַמּוֹ,
מַעֲבִיר רִאשׁוֹן רִאשׁוֹן. מַרְבֶּה מְחִילָה לְחַטָּאִים, וּסְלִיחָה לְפוֹשְׁעִים. עֹשֶׂה
צְדָקוֹת עִם כָּל בָּשָׂר וָרוּחַ, לֹא כְרָעָתָם תִּגְמֹל. ‹ אֵל, הוֹרֵיתָ לָּנוּ לוֹמַר שְׁלֹשׁ

עֶשְׂרֵה, וּזְכָר לָנוּ הַיּוֹם בְּרִית שְׁלֹשׁ עֶשְׂרֵה, כְּמוֹ שֶׁהוֹדַעְתָּ לֶעָנָו מִקֶּדֶם,
שמות לד כְּמוֹ שֶׁכָּתוּב: וַיֵּרֶד יהוה בֶּעָנָן, וַיִּתְיַצֵּב עִמּוֹ שָׁם, וַיִּקְרָא בְשֵׁם, יהוה:

קהל ואחריו שליח הציבור:

שמות לד וַיַּעֲבֹר יהוה עַל־פָּנָיו וַיִּקְרָא

יהוה, יהוה, אֵל רַחוּם וְחַנּוּן, אֶרֶךְ אַפַּיִם, וְרַב־חֶסֶד וֶאֱמֶת: נֹצֵר חֶסֶד לָאֲלָפִים, נֹשֵׂא עָוֹן וָפֶשַׁע וְחַטָּאָה, וְנַקֵּה: וְסָלַחְתָּ לַעֲוֹנֵנוּ וּלְחַטָּאתֵנוּ, וּנְחַלְתָּנוּ:

תהלים פו סְלַח לָנוּ אָבִינוּ כִּי חָטָאנוּ, מְחַל לָנוּ מַלְכֵּנוּ כִּי פָשָׁעְנוּ. כִּי־אַתָּה אֲדֹנָי טוֹב וְסַלָּח, וְרַב־חֶסֶד לְכָל־קֹרְאֶיךָ:

תהלים עט אֱלֹהִים בָּאוּ גוֹיִם בְּנַחֲלָתֶךָ, טִמְּאוּ אֶת־הֵיכַל קָדְשֶׁךָ, שָׂמוּ אֶת־יְרוּשָׁלַםִ לְעִיִּים: אֱלֹהִים, זֵדִים קָמוּ עָלֵינוּ, וַעֲדַת עָרִיצִים בִּקְשׁוּ נַפְשֵׁנוּ, וְלֹא שָׂמוּךָ לְנֶגְדָּם.

כְּרַחֵם אָב עַל בָּנִים, כֵּן תְּרַחֵם יהוה עָלֵינוּ.
תהלים ג לַיהוה הַיְשׁוּעָה, עַל־עַמְּךָ בִרְכָתֶךָ סֶּלָה:
תהלים מו יהוה צְבָאוֹת עִמָּנוּ, מִשְׂגָּב לָנוּ אֱלֹהֵי יַעֲקֹב סֶלָה:
תהלים פד יהוה צְבָאוֹת, אַשְׁרֵי אָדָם בֹּטֵחַ בָּךְ:
תהלים כ יהוה הוֹשִׁיעָה, הַמֶּלֶךְ יַעֲנֵנוּ בְיוֹם־קָרְאֵנוּ:

אֱלֹהֵינוּ וֵאלֹהֵי אֲבוֹתֵינוּ

אֶבֶן הָרֹאשָׁה, לְעִיִּים וְלַחֲרִישָׁה, וְנוֹחֲלֵי מוֹרָשָׁה, מְנוֹד רֹאשׁ בַּלְאֻמִּים. בְּקִרְבִּי לֵב נִכְאָב, נִדְוֶה וְנִדְאָב, נִשְׁאַרְנוּ כְּאֵין אָב, וְהָיִינוּ כִּיתוֹמִים. רַכָּה וַעֲנֻגָּה, בַּשּׁוֹשַׁנִּים סוּגָה, וְעַתָּה הִיא נוּגָה, מְסוּרָה בְּיַד קָמִים. הָיְתָה כְּאַלְמָנָה, קִרְיָה נֶאֱמָנָה, וְזֶרַע מִי מָנָה, נִמְכְּרוּ בְּלֹא דָמִים. מְעֻנָּגָה וְרַכָּה, צָלְחָה לִמְלוּכָה, וּמַעֲנִיתָהּ אָרְכָה, זֶה כַּמָּה שָׁנִים וְיָמִים. בֵּית יַעֲקֹב לְבִזָּה, לְלַעַג וּלְעִזָּה, וְהָעִיר הָעַלִּיזָה, לְמַטְּעֵי כְרָמִים. רְווּיָה תַרְעֵלָה, בְּיַד בְּנֵי עַוְלָה, הָרְצוּיָה כְּעוֹלָה, וְכִקְטֹרֶת הַסַּמִּים. מָאֲסָה לִזְנֹחַ, תּוֹרַת אֲבִי זָנוֹחַ, וְלֹא

מָצְאָה מָנוֹחַ, לֵילוֹת וְגַם יָמִים. נוֹרָא אֵל עֶלְיוֹן, מִמְּךָ יְהִי צִבְיוֹן, לְהָשִׁיב לְרִיב צִיּוֹן, שְׁנַת שִׁלּוּמִים. חַדֵּשׁ יָמֵינוּ כְּקֶדֶם, מְעוֹנָה אֱלֹהֵי קֶדֶם, וְלַבֵּן כְּצֶמֶר אָדֹם, וְכַשֶּׁלֶג כְּתָמִים. ‹ חַזְּקֵנוּ בְּיִרְאָתֶךָ, וּבְקִיּוּם תּוֹרָתֶךָ, וּפָקְדֵנוּ בִּישׁוּעָתֶךָ, אֵל מָלֵא רַחֲמִים.

אֵל מֶלֶךְ יוֹשֵׁב עַל כִּסֵּא רַחֲמִים, מִתְנַהֵג בַּחֲסִידוּת. מוֹחֵל עֲוֹנוֹת עַמּוֹ, מַעֲבִיר רִאשׁוֹן רִאשׁוֹן. מַרְבֶּה מְחִילָה לְחַטָּאִים, וּסְלִיחָה לְפוֹשְׁעִים. עֹשֶׂה צְדָקוֹת עִם כָּל בָּשָׂר וָרוּחַ, לֹא כְרָעָתָם תִּגְמֹל. ‹ אֵל, הוֹרֵיתָ לָּנוּ לוֹמַר שְׁלֹשׁ עֶשְׂרֵה, וּזְכָר לָנוּ הַיּוֹם בְּרִית שְׁלֹשׁ עֶשְׂרֵה, כְּמוֹ שֶׁהוֹדַעְתָּ לֶעָנָו מִקֶּדֶם,
כְּמוֹ שֶׁכָּתוּב: וַיֵּרֶד יהוה בֶּעָנָן, וַיִּתְיַצֵּב עִמּוֹ שָׁם, וַיִּקְרָא בְשֵׁם, יהוה: שמות לד

קהל ואחריו שליח הציבור:

וַיַּעֲבֹר יהוה עַל־פָּנָיו וַיִּקְרָא שמות לד

יהוה, יהוה, אֵל רַחוּם וְחַנּוּן, אֶרֶךְ אַפַּיִם, וְרַב־חֶסֶד וֶאֱמֶת: נֹצֵר חֶסֶד לָאֲלָפִים, נֹשֵׂא עָוֹן וָפֶשַׁע וְחַטָּאָה, וְנַקֵּה: וְסָלַחְתָּ לַעֲוֹנֵנוּ וּלְחַטָּאתֵנוּ, וּנְחַלְתָּנוּ:

סְלַח לָנוּ אָבִינוּ כִּי חָטָאנוּ, מְחַל לָנוּ מַלְכֵּנוּ כִּי פָשָׁעְנוּ. כִּי־אַתָּה אֲדֹנָי טוֹב תהלים פו
וְסַלָּח, וְרַב־חֶסֶד לְכָל־קֹרְאֶיךָ:

הקהל אומר פיוט זה בית בית, ושליח הציבור חוזר אחריו בקול:

אֲבוֹתַי כִּי בָטְחוּ בְּשֵׁם אֱלֹהֵי צוּרִי
גָּדְלוּ וְהִצְלִיחוּ וְגַם עָשׂוּ פֶּרִי
וּמֵעֵת הֻדְּחוּ וְהָלְכוּ עִמּוֹ קֶרִי
הָיוּ הָלוֹךְ וְחָסוֹר עַד הַחֹדֶשׁ הָעֲשִׂירִי. בראשית ח

בָּעֲשִׂירִי לַחֹדֶשׁ סָמַךְ מֶלֶךְ בָּבֶל
וְצָר עַל עִיר הַקֹּדֶשׁ, וְנִקְרַב רַב הַחוֹבֵל
נִתַּתִּי הָדֵשׁ וְעֻנֵּיתִי בַּכֶּבֶל
וְהָיָה מִדֵּי חֹדֶשׁ לְאֵבֶל כִּנּוֹרִי.

רֵאשִׁית בִּכּוּרָה לְרֵאשִׁית הַחֲרָם
שֵׂם אֲחֵרִים הִזְכִּירָה, וְהֶעָוֹן גּוֹרֵם
פְּנֵי אֵל לֹא הִכִּירָה, וְשָׁטְפָה בְּזֶרֶם
צָרָה כְּמַבְכִּירָה כָּעֵת בַּמָּרוֹם תַּמְרִיא.

הָאֱלֹהִים הֵבִיא יוֹם רָעָה וּמָצוֹר
צִוָּה צָרֵי סְבִיבַי עוֹלָלַי לִבְצוֹר
יוֹם הֵרַךְ לְבָבִי וְאֵין כֹּחַ לַעְצוֹר
וְדִבֶּר אֶל נָבִיא, מְשֹׁל אֶל בֵּית הַמֶּרִי.

מִיּוֹשְׁבֵי שַׁעַר הֶעֱבִיר אַדֶּרֶת
חֲמָתוֹ כָּאֵשׁ בָּעַר, וְהָרִים עֲטֶרֶת
וּמִלְּבָנוֹן יַעַר הִשְׁלִיךְ תִּפְאֶרֶת
וְרוּחַ סוֹעָה וָסַעַר תְּסַמֵּר שַׂעֲרַת בְּשָׂרִי.

יְפֵיפִית נִמְשַׁלְתְּ, וְעַתָּה קְדוֹרַנִּית
בְּעָוֹן כִּי כָשַׁלְתְּ, וְלִבֵּךְ אֲחוֹרַנִּית
זְנִבּוּךְ וְנֶחֱשַׁלְתְּ רִאשׁוֹנָה וְשֵׁנִית
וְהָדְוֵה לֹא חָתַלְתְּ מְעַט צֳרִי.

צַדִּיק הַצּוּר תָּם, נָשָׂא עָוֹן נִלְאָה
מִכְּרוּב לְמִפְתָּן, לְפִנַּת גַּג דָּאָה
מֵעֲוֹן הִנְכִּתָם, וְצַעֲקָתָם בָּאָה
רַבָּה רָעָתָם כְּעֵץ עֹשֶׂה פֶּרִי.

חִזֵּק כָּל קָמַי, תּוֹכֵן הָעֲלִילוֹת
כִּי מָלְאוּ יָמַי בְּרֹעַ מִפְעָלוֹת
וּמִבֹּשֶׁת עֲלוּמַי שָׁכַחְתִּי גְמוּלוֹת
נוֹתֵן לַחְמִי וּמֵימַי, פִּשְׁתִּי וְצַמְרִי.

קָמַי פִּיהֶם פָּעֲרוּ וְנַחֲלָתִי בִּלְּעוּ
מְאֹד עָלַי גָּבְרוּ וְדָמִי שָׁתוּ וְלָעוּ
נָכְרִים עָלַי צָרוּ וְאֶת אַחַי הֵרֵעוּ
הָאוֹמְרִים עָרוּ עָרוּ, בְּנֵי שֵׂעִיר הַחֹרִי.

אָמְרוּ לְכוּ נְכַלֵּם, וְנַשְׁבִּיתָה זִכְרָם
אֵל קַנּוֹא וְנוֹקֵם, גָּמְלֵם, יִשְׂאוּ אֶת שִׁבְרָם
כְּמַעֲשֵׂיהֶם שַׁלֵּם וְיֵבוֹשׁוּ מִשִּׁבְרָם
כְּאִישׁ חֲלוֹם חוֹלֵם שְׁלֹשָׁה סַלֵּי חֹרִי.

פְּצָעַי לֹא רֻכְּכָה וְחַבּוּרוֹתַי רֵצַח
וְעֵינַי הַכְהֲתָה, צוֹפָה לְדוֹדִי צַח
הַעוֹד לֹא שָׁכְכָה חֲמָתוֹ לָנֶצַח
עַל מָה עָשָׂה כָּכָה וּמֶה חֳרִי.

רַחוּם זֶה אֵלִי, אַל לָעַד תִּזְנַח
אָרְכוּ יְמֵי אֶבְלִי וְעוֹד לִבִּי נֶאֱנָח
שׁוּבָה אֵל לְאָהֳלִי, מְקוֹמְךָ אַל תַּנַּח
שַׁלֵּם יְמֵי אֶבְלִי כִּי תָבוֹא עַל שְׂכָרִי.

יהוה מְנָת חֶלְקִי, חוּשָׁה לִּי לְעֶזְרָה
וּפִתַּחְתָּ שַׂקִּי, שִׂמְחָה לִי לְאַזְּרָה
וְתַגִּיהַּ אֶת חָשְׁכִּי בְּאוֹרְךָ לְהָאִירָה
אֶת נֶשֶׁף חִשְׁקִי, כִּי אַתָּה נֵרִי.

מִיָּגוֹן וַאֲנָחָה, פְּדֵה אֵל אֶת נַפְשִׁי
עֲשֵׂה לְעַמְּךָ הֲנָחָה, מַלְכִּי וּקְדוֹשִׁי
תַּהֲפוֹךְ לִרְוָחָה אֶת צוֹם הַחֲמִישִׁי
לְשָׂשׂוֹן וּלְשִׂמְחָה, צוֹם הָרְבִיעִי וְצוֹם הָעֲשִׂירִי.

ממשיכים 'אֵל מֶלֶךְ' בעמ' 492.

סליחות לתענית אסתר

סְלַח לָֽנוּ, אָבִֽינוּ, כִּי בְּרֹב אִוַּלְתֵּֽנוּ שָׁגִֽינוּ.
מְחַל לָֽנוּ, מַלְכֵּֽנוּ, כִּי רַבּוּ עֲוֹנֵֽינוּ.

אֵל אֶֽרֶךְ אַפַּֽיִם אַתָּה, וּבַֽעַל הָרַחֲמִים נִקְרֵֽאתָ, וְדֶֽרֶךְ תְּשׁוּבָה הוֹרֵֽיתָ. גְּדֻלַּת רַחֲמֶֽיךָ וַחֲסָדֶֽיךָ, תִּזְכֹּר הַיּוֹם וּבְכָל יוֹם לְזֶֽרַע יְדִידֶֽיךָ. תֵּֽפֶן אֵלֵֽינוּ בְּרַחֲמִים, כִּי אַתָּה הוּא בַּֽעַל הָרַחֲמִים. בְּתַחֲנוּן וּבִתְפִלָּה פָּנֶֽיךָ נְקַדֵּם, כְּהוֹדַֽעְתָּ לֶעָנָו מִקֶּֽדֶם. מֵחֲרוֹן אַפְּךָ שׁוּב, כְּמוֹ בְּתוֹרָתְךָ כָּתוּב. וּבְצֵל כְּנָפֶֽיךָ נֶחֱסֶה וְנִתְלוֹנָן, כְּיוֹם וַיֵּֽרֶד יהוה בֶּעָנָן. ‹ תַּעֲבֹר עַל פֶּֽשַׁע וְתִמְחֶה אָֽשָׁם, כְּיוֹם וַיִּתְיַצֵּב עִמּוֹ שָׁם. תַּאֲזִין שַׁוְעָתֵֽנוּ וְתַקְשִׁיב מֶֽנּוּ מַאֲמָר, כְּיוֹם וַיִּקְרָא בְשֵׁם יהוה, וְשָׁם נֶאֱמַר

קהל ואחריו שליח הציבור:

וַיַּעֲבֹר יהוה עַל־פָּנָיו וַיִּקְרָא שמות לד

יהוה, יהוה, אֵל רַחוּם וְחַנּוּן, אֶֽרֶךְ אַפַּֽיִם, וְרַב־חֶֽסֶד וֶאֱמֶת: נֹצֵר חֶֽסֶד לָאֲלָפִים, נֹשֵׂא עָוֹן וָפֶֽשַׁע וְחַטָּאָה, וְנַקֵּה: וְסָלַחְתָּ לַעֲוֹנֵֽנוּ וּלְחַטָּאתֵֽנוּ, וּנְחַלְתָּֽנוּ:

סְלַח לָֽנוּ אָבִֽינוּ כִּי חָטָֽאנוּ, מְחַל לָֽנוּ מַלְכֵּֽנוּ כִּי פָשָֽׁעְנוּ. כִּי־אַתָּה אֲדֹנָי טוֹב תהלים פו
וְסַלָּח, וְרַב־חֶֽסֶד לְכָל־קֹרְאֶֽיךָ:

קַוֵּה קִוִּֽינוּ יהוה, וַיֵּט אֵלֵֽינוּ וַיִּשְׁמַע שַׁוְעָתֵֽנוּ. אַף אֹֽרַח מִשְׁפָּטֶֽיךָ יהוה ישעיה כו
קִוִּינֽוּךָ, לְשִׁמְךָ וּלְזִכְרְךָ תַּאֲוַת־נָֽפֶשׁ:

כְּרַחֵם אָב עַל בָּנִים, כֵּן תְּרַחֵם יהוה עָלֵֽינוּ.
לַיהוה הַיְשׁוּעָה, עַל־עַמְּךָ בִרְכָתֶֽךָ סֶּֽלָה: תהלים ג
יהוה צְבָאוֹת עִמָּֽנוּ, מִשְׂגָּב לָֽנוּ אֱלֹהֵי יַעֲקֹב סֶֽלָה: תהלים מו
יהוה צְבָאוֹת, אַשְׁרֵי אָדָם בֹּטֵֽחַ בָּךְ: תהלים פד
יהוה הוֹשִֽׁיעָה, הַמֶּֽלֶךְ יַעֲנֵֽנוּ בְיוֹם־קָרְאֵֽנוּ: תהלים כ

סְלַח־נָא לַעֲוֹן הָעָם הַזֶּה כְּגֹדֶל חַסְדֶּךָ
וְכַאֲשֶׁר נָשָׂאתָה לָעָם הַזֶּה מִמִּצְרַיִם וְעַד־הֵנָּה:
וְשָׁם נֶאֱמַר
קהל ואחריו שליח הציבור:

וַיֹּאמֶר יהוה, סָלַחְתִּי כִּדְבָרֶךָ:

הַטֵּה אֱלֹהַי אָזְנְךָ וּשְׁמָע, פְּקַח עֵינֶיךָ וּרְאֵה שֹׁמְמֹתֵינוּ וְהָעִיר אֲשֶׁר־נִקְרָא דניאל ט
שִׁמְךָ עָלֶיהָ, כִּי לֹא עַל־צִדְקֹתֵינוּ אֲנַחְנוּ מַפִּילִים תַּחֲנוּנֵינוּ לְפָנֶיךָ, כִּי עַל־
רַחֲמֶיךָ הָרַבִּים: אֲדֹנָי שְׁמָעָה, אֲדֹנָי סְלָחָה, אֲדֹנָי הַקְשִׁיבָה וַעֲשֵׂה אַל־
תְּאַחַר, לְמַעַנְךָ אֱלֹהַי, כִּי־שִׁמְךָ נִקְרָא עַל־עִירְךָ וְעַל־עַמֶּךָ:

אֱלֹהֵינוּ וֵאלֹהֵי אֲבוֹתֵינוּ

אָדָם בְּקוּם עָלֵינוּ, חִיל אֲחָזַתְנוּ לִרְעֹד. בְּהִסְתַּפְּחוֹ לְמַלְכוּת חָנֵף, כִּמְעַט
כָּשַׁלְנוּ לִמְעֹד. גָּמְרוּ לְמָכְרֵנוּ כְּתֵל וְחָרִיץ בְּלִי מִסְעוֹד. אָמְרוּ לְכוּ וְנַכְחִידֵם תהלים פג
מִגּוֹי, וְלֹא־יִזָּכֵר שֵׁם־יִשְׂרָאֵל עוֹד: דַּלּוּ עֵינַי לַמָּרוֹם, קְרָאתִיךָ אוֹיְבַי לָקֹב.
הַכְרֵת שֵׁם וּשְׁאָר, וּמְחֵה שֵׁם לִרְקֹב. וְצַר צוֹרְרֵי בְּנִכְלֵיהֶם אֲשֶׁר נִכְּלוּ
לַעֲקֹב. וַיֹּאמְרוּ, לֹא יִרְאֶה־יָּהּ, וְלֹא־יָבִין אֱלֹהֵי יַעֲקֹב: זְרוּיִים עָנָה וְיָגָה, וְלֹא תהלים צד
מִלֵּב לְכַלּוֹתָם. חָבוּ לְפָנִים, וְיֹרְדִים בְּהֲסָרַת טַבַּעַת לְהַחֲלוֹתָם. טוֹב דְּבָרוֹ
הֵקִים לְעֵינֵי הַגּוֹיִם לְהַעֲלוֹתָם. בְּאֶרֶץ אֹיְבֵיהֶם לֹא־מְאַסְתִּים וְלֹא־גְעַלְתִּים ויקרא כו
לְכַלֹּתָם: יָדַע רֶמֶז הַקּוֹרוֹת לְעַם מֵעֵפֶר וּמֵהֲדַס. כָּתַב הַסֵּתֶר אַסְתִּיר
וּמָר דְּרוֹר מְפֹרָדֶס. לְשַׁבַּת הָמָן מִמָּחֳרַת, הָמָן הָעֵץ קְנָדֶס. תַּחַת הַנַּעֲצוּץ ישעיה נה
יַעֲלֶה בְרוֹשׁ וְתַחַת הַסִּרְפַּד יַעֲלֶה הֲדַס: מַקְשִׁיב דְּבַר שֶׁקֶר כָּתַב שִׂטְנָה
וְעָצַב. נִתְעַטֵּף בְּבִגְדֵי שְׂרָד כְּטָעָה בְּמִנְיַן קֶצֶב. סָדַר לְהִשְׁתַּמֵּשׁ בְּשׁוֹנִים
כְּלֵי הַמַּחְצֵב. וַיָּבוֹא גַם־הַשָּׂטָן בְּתֹכָם לְהִתְיַצֵּב: עִם הַנִּמְצָאִים בְּשׁוּשָׁן, איוב ב
בְּאָכְלָם מִזֶּבַח עוֹכְרָם. פָּעַר פִּיו לְהַשְׂטִינָם, וּלְהַסְגִּירָם בְּיַד נוֹתֵן מִכְרָם. צוּר
הַסְּכִּים לִכְתֹּב אִגֶּרֶת לְאַבֵּד שִׁבְרָם. אָמַרְתִּי אַפְאֵיהֶם, אַשְׁבִּיתָה מֵאֱנוֹשׁ דברים לב
זִכְרָם: קְדוֹשִׁים מַלְאֲכֵי שָׁלוֹם מַר יִבְכָּיוּן בִּצְעָקָה. רַחוּם הַבֵּט לִבְרִית
וְאַל תָּפֵר לְהַרְחִיקָה. שָׁמְעָה מוֹרָשָׁה, וַתִּלְבַּשׁ בִּגְדֵי אַלְמְנוּת וּמוּעָקָה.
וַתָּשֶׂם יָדָהּ עַל־רֹאשָׁהּ, וַתֵּלֶךְ הָלוֹךְ וְזָעָקָה: תִּשְׁבִּי שָׂם אֵזוֹר שַׂק בְּמָתְנָיו שמואל ב׳ יג
תַּחְבֹּשֶׁת. מִהֵר וְהוֹדִיעַ יְשֵׁנֵי מַכְפֵּל, אָבוֹת שְׁלֹשֶׁת. נָחַץ לְרוֹעֶה, מַה לְּךָ

נִרְדָּם לְהִתְעַשֵּׁת. קוּם קְרָא אֶל־אֱלֹהֶיךָ, אוּלַי יִתְעַשֵּׁת: חוֹתָם טִיט אֲשֶׁר יונה א
נַעֲשָׂה, לְבִלְשַׁן סִפֵּר. מִנִּינְוֵה לָמְדוּ לְאַחַר גְּזֵרָה כַּעַס לְהָפֵר. בֶּן קִישׁ הִקִּישׁ
דַּלְתוֹת בֵּית הַסֵּפֶר. וַיְכַס שַׂק, וַיֵּשֶׁב עַל־הָאֵפֶר: רִבֵּץ תִּינוֹקוֹת לְפָנָיו יָמִים יונה ג
שְׁלֹשָׁה, צְמֵאִים וּמְכֻפָּנִים. בְּקוֹל יַעֲקֹב לַחֲלֹשׁ יְדֵי עַז פָּנִים. יָדָיו אֱמוּנָה
לָאֵל, הַצִּילֵנִי נָא מֵעֶלְבּוֹנִים. פֶּן־יָבוֹא וְהִכַּנִי אֵם עַל־בָּנִים: מִזֶּה אֵלֶּה בראשית לב
וּמִזֶּה אֵלֶּה, בְּנֵי אִיתְנֵי וְרַבָּנֵי. כֻּלָּם צָעֲקוּ, וַתַּעַל שַׁוְעָתָם אֶל יהוה. יָהּ,
לְקוֹל רִנּוּן כְּבוֹא, שָׁאַל לְפָנָי. וּמֶה קוֹל־הַצֹּאן הַזֶּה בְּאָזְנָי: רוֹעֶה הֱשִׁיבוֹ, שמואל א׳ טו
הֵם קְטַנֵּי קֹדֶשׁ זָרַע. יָהּ, הַצֵּל לְקוּחִים לַמָּוֶת מֵאוֹיֵב הָרָע. חַנּוּן נִכְמְרוּ
רַחֲמָיו וַיְבַקֵּשׁ לְבַכּוֹת הַמְאֹרָע. וַיְהִי כִּקְרֹא מֶלֶךְ־יִשְׂרָאֵל אֶת־הַסֵּפֶר, מלכים ב׳ ה
וַיִּקְרַע: יְהוּדִי הוֹקִיעַ, יְלָדָיו לְמַטָּה וַאֲבִיהֶם לְמַעְלָה. אִישׁ אִישׁ בִּשְׁלֹשׁ
אֻמּוֹת, וְהָרְבִיעִית אֲוִיר מְגֻלָּה. מִשְׁנֶה נָקַם חָזָה, וְשָׂמַח וְשָׁח תְּהִלָּה. אֹתִי בראשית מא
הֵשִׁיב עַל־כַּנִּי וְאֹתוֹ תָלָה: ׳ וַתִּכְתֹּב אֶסְתֵּר תֹּקֶף, לִקְרֹא כְּבְהַלֵּל מְהוֹדִים.
מִלְמַעְלָה קִיְּמוּ מַה שֶּׁקִּבְּלוּ לְמַטָּה דוֹדִים. נֵס יְנוֹסֵס לְפַרְסֵם כְּאָז פִּלְאוֹ
מַסְהִידִים. בָּעֵת הַזֹּאת רֶוַח וְהַצָּלָה יַעֲמוֹד לַיְּהוּדִים: אסתר ד

אֵל מֶלֶךְ יוֹשֵׁב עַל כִּסֵּא רַחֲמִים, מִתְנַהֵג בַּחֲסִידוּת. מוֹחֵל עֲוֹנוֹת עַמּוֹ, מַעֲבִיר רִאשׁוֹן רִאשׁוֹן. מַרְבֶּה מְחִילָה לְחַטָּאִים, וּסְלִיחָה לְפוֹשְׁעִים. עֹשֶׂה צְדָקוֹת עִם כָּל בָּשָׂר וָרוּחַ, לֹא כְרָעָתָם תִּגְמֹל. ׳ אֵל, הוֹרֵיתָ לָּנוּ לוֹמַר שְׁלֹשׁ עֶשְׂרֵה, וּזְכֹר לָנוּ הַיּוֹם בְּרִית שְׁלֹשׁ עֶשְׂרֵה, כְּמוֹ שֶׁהוֹדַעְתָּ לֶעָנָו מִקֶּדֶם, כְּמוֹ שֶׁכָּתוּב: וַיֵּרֶד יהוה בֶּעָנָן, וַיִּתְיַצֵּב עִמּוֹ שָׁם, וַיִּקְרָא בְשֵׁם, יהוה:

קהל ואחריו שליח הציבור:

וַיַּעֲבֹר יהוה עַל־פָּנָיו וַיִּקְרָא שמות לד

יהוה, יהוה, אֵל רַחוּם וְחַנּוּן, אֶרֶךְ אַפַּיִם, וְרַב־חֶסֶד וֶאֱמֶת: נֹצֵר חֶסֶד לָאֲלָפִים, נֹשֵׂא עָוֹן וָפֶשַׁע וְחַטָּאָה, וְנַקֵּה: וְסָלַחְתָּ לַעֲוֹנֵנוּ וּלְחַטָּאתֵנוּ, וּנְחַלְתָּנוּ:

סְלַח לָנוּ אָבִינוּ כִּי חָטָאנוּ, מְחַל לָנוּ מַלְכֵּנוּ כִּי פָשָׁעְנוּ. כִּי־אַתָּה אֲדֹנָי טוֹב תהלים פו
וְסַלָּח, וְרַב־חֶסֶד לְכָל־קֹרְאֶיךָ:

כִּי־עִמְּךָ מְקוֹר חַיִּים, בְּאוֹרְךָ נִרְאֶה־אוֹר: בְּקָרְאֵנוּ עֲנֵנוּ אֱלֹהֵי צִדְקֵנוּ, תהלים לו
בַּצָּר הִרְחַבְתָּ לָּנוּ, חָנֵּנוּ וּשְׁמַע תְּפִלָּתֵנוּ. וְעַתָּה יִגְדַּל־נָא כֹּחַ אֲדֹנָי, כַּאֲשֶׁר במדבר יד
דִּבַּרְתָּ לֵאמֹר:

כְּרַחֵם אָב עַל בָּנִים, כֵּן תְּרַחֵם יהוה עָלֵינוּ.
לַיהוה הַיְשׁוּעָה, עַל־עַמְּךָ בִרְכָתֶךָ סֶּלָה: תהלים ג
יהוה צְבָאוֹת עִמָּנוּ, מִשְׂגָּב לָנוּ אֱלֹהֵי יַעֲקֹב סֶלָה: תהלים מו
יהוה צְבָאוֹת, אַשְׁרֵי אָדָם בֹּטֵחַ בָּךְ: תהלים פד
יהוה הוֹשִׁיעָה, הַמֶּלֶךְ יַעֲנֵנוּ בְיוֹם־קָרְאֵנוּ: תהלים כ

אֱלֹהֵינוּ וֵאלֹהֵי אֲבוֹתֵינוּ

אַתָּה הָאֵל עוֹשֵׂה פְלָאוֹת, בָּעַמִּים הוֹדַעְתָּ עֹז נוֹרָאוֹת, גָּאַלְתָּ בִּזְרוֹעַ עַמְּךָ מִתְּלָאוֹת, דִּכִּיתָ צָרֵיהֶם בְּמוֹתֵי תַחֲלוּאוֹת. הָאוֹיֵב בְּקוּמוֹ לְעוֹרֵר מְדָנִים, וְדִמָּה לְהַכְרִית פִּרְחֵי עֲדָנִים, זָמַם לִשְׁקֹל לְגִנְזֵי אֲדוֹנִים, חֲלִיפֵי מְאַת כִּכְּרֵי אֲדָנִים. טְלָאֶיךָ הִזְהַרְתָּ שִׁקְלֵיהֶם לְהַקְדִּים, יָדַעְתָּ הָעֲתִידוֹת וְדָרַשְׁתָּ נִשְׁקָדִים, כִּבּוּי לְהַמְצִיא לְלַהַב יוֹקְדִים, לְקוֹחִים לַמָּוֶת לְתֶחִי נִפְקָדִים. מַסֵּכָה צָרָה בְּעָבְדָם לְפָנִים, נִמְסְרוּ לְהָתֵז קְנוֹקְנוֹת וּגְפָנִים, סְבָבוּם מוֹקְשִׁים בְּכָל דְּפָנִים, עֵינֵיהֶם לְךָ תּוֹלִים וּבְסִתְרְךָ נִצְפָּנִים. פּוּר נֶהְפַּךְ בְּאוֹיְבִים לִשְׁלֹט, צְלִיבָה הוּכַן אֲגָגִי לִקְלֹט, קַלַּע וּבִלַּע פְּנֵי הַלּוֹט הַלּוֹט, רִיבֵי עָם בְּאַשְׁמַנִּים לַעֲלֹט. שָׁלוֹם וֶאֱמֶת נִכְתַּב מִכָּל צַד, תֹּקֶף יֶשַׁע סֶלַע וּמְצָד, שׁוֹדֵד הַשֻּׁדַּד וּבְרִשְׁתּוֹ נוֹצַד, מִלְּשׁוֹנִי נִסְחַף נִצְמַת וְנִרְצַד. עָשׂוּ שְׂמָחוֹת וְלַדּוֹרוֹת קְבָעוּם, וּמִקְרָאוֹת שְׁלֹשׁוּם וְלֹא רִבְּעוּם, נִסְכְּמוּ מִמַּעַל וּלְמַטָּה טְבָעוּם, בְּסֵפֶר נֶחְקַק עַל מָה קְבָעוּם. רָמָה יָדְךָ לִסְלֹחַ לַפּוֹשְׁעִים, יְהוּדִי וַהֲדַסָּה הֲקָמֹתָ מוֹשִׁיעִים, צִדְקָתָם עוֹמֶדֶת לָעַד לְשַׁעֲשׁוּעִים, חֵקֶר כְּבוֹדָם לְהִזָּכֵר לְנוֹשָׁעִים. קַנֵּא לְשִׁמְךָ נוֹרָא וְנִקְדָּשׁ, חַזֵּה כַרְמְךָ נֶהֱרָס וְנִדָּשׁ, זְרוּיֵינוּ קַבֵּץ וְשִׁיר לְךָ יְחֻדָּשׁ, קַיְּמֵם וְהַחֲיֵם בְּבִנְיַן בֵּית הַמִּקְדָּשׁ. › וְכַעֲשׂוֹתְךָ נוֹרָאוֹת בְּאוֹתָן הַיָּמִים, אִתָּנוּ הַפְלֵא תְּשׁוּעַת עוֹלָמִים, מָצוֹא לְפָנֶיךָ כֹּפֶר וְתַנְחוּמִים, אֵל מֶלֶךְ יוֹשֵׁב עַל כִּסֵּא רַחֲמִים.

אֵל מֶלֶךְ יוֹשֵׁב עַל כִּסֵּא רַחֲמִים, מִתְנַהֵג בַּחֲסִידוּת. מוֹחֵל עֲוֹנוֹת עַמּוֹ, מַעֲבִיר רִאשׁוֹן רִאשׁוֹן. מַרְבֶּה מְחִילָה לְחַטָּאִים, וּסְלִיחָה לְפוֹשְׁעִים. עֹשֶׂה צְדָקוֹת עִם כָּל בָּשָׂר וָרוּחַ, לֹא כְרָעָתָם תִּגְמֹל. ◂ אֵל, הוֹרֵיתָ לָּנוּ לוֹמַר שְׁלֹשׁ עֶשְׂרֵה, וּזְכָר לָנוּ הַיּוֹם בְּרִית שְׁלֹשׁ עֶשְׂרֵה, כְּמוֹ שֶׁהוֹדַעְתָּ לֶעָנָו מִקֶּדֶם, כְּמוֹ שֶׁכָּתוּב: וַיֵּרֶד יהוה בֶּעָנָן, וַיִּתְיַצֵּב עִמּוֹ שָׁם, וַיִּקְרָא בְשֵׁם, יהוה:

קהל ואחריו שליח הציבור:

שמות לד וַיַּעֲבֹר יהוה עַל־פָּנָיו וַיִּקְרָא

יהוה, יהוה, אֵל רַחוּם וְחַנּוּן, אֶרֶךְ אַפַּיִם, וְרַב־חֶסֶד וֶאֱמֶת: נֹצֵר חֶסֶד לָאֲלָפִים, נֹשֵׂא עָוֹן וָפֶשַׁע וְחַטָּאָה, וְנַקֵּה: וְסָלַחְתָּ לַעֲוֹנֵנוּ וּלְחַטָּאתֵנוּ, וּנְחַלְתָּנוּ:

תהלים פו סְלַח לָנוּ אָבִינוּ כִּי חָטָאנוּ, מְחַל לָנוּ מַלְכֵּנוּ כִּי פָשָׁעְנוּ. כִּי־אַתָּה אֲדֹנָי טוֹב וְסַלָּח, וְרַב־חֶסֶד לְכָל־קֹרְאֶיךָ:

הקהל אומר פיוט זה בית בית, ושליח הציבור חוזר אחריו בקול:

בְּמָתֵי מִסְפָּר חִלִּינוּ פָנֶיךָ. לְשַׁוְעַת נִכְאִים אַל תַּעְלֵם אָזְנֶךָ.
הַקְשֵׁב תְּחִנָּתָם מִשְּׁמֵי מְעוֹנֶךָ. כְּבִימֵי מָר וַהֲדַס הוֹשַׁעְתָּ בָּנֶיךָ.

תְּהִלּוֹת יִשְׂרָאֵל אַתָּה יוֹשֵׁב. שַׁוְעָתָם מַאֲזִין וְרִנָּתָם קוֹשֵׁב.
רְפָאוּת לְמַחַץ מַקְדִּים וּמְחַשֵּׁב. קְנוּיֶיךָ לְהֵיטִיב וְנָוֵיהֶם לְיַשֵּׁב.

צַר וְאוֹיֵב הִלְטִישׁ עֵינָיו. פִּיהוּ פָּעַר לִשְׁאֹף עָנָו.
עָשַׁת בְּשִׁלּוֹ לְהַשְׁמִיד קְהַל הֲמוֹנָיו. סָגַל לְאַבֵּד חָרַת בְּנִשְׁתְּוָנָיו.

נוֹקֵם לְצָרִים וְנוֹטֵר לְאוֹיְבִים. מָדַדְתָּ מִדָּתָם כְּזָדוּ לַאֲהוּבִים.
לוֹחֵם וּבָנָיו הָתְלוּ מְצֻלָּבִים. כִּבְחִירוֹת דָּגִים חָרְזוּ תְּחוּבִים.

יוֹם אֲשֶׁר שִׂבְּרוּ צוֹרְרִים. טִבְחָה לָשִׁית בְּעַם נְצוּרִים.
חֻלְּפָה הַדָּת וְנָפְלוּ פְגָרִים. זָלְעָפוּ זָעֲמוּ מוּבָסִים מְגֻרִים.

וּבְכֵן יִתְעַלֶּה שִׁמְךָ וְיִתְנַשָּׂא. הוֹדְךָ שְׁמֵי שָׁמַיִם כִּסָּה.
דַּכִּים בְּרוֹמְמְךָ נְתוּנִים לִמְשִׁסָּה. גַּיְא וַאֲפָסֶיהָ תְּהִלָּתְךָ מְכַסָּה.

בִּינָה הֲגִיגֵנוּ עַתָּה, וּרְאֵה בְּצָר. בְּאַפְּךָ קוּמָה עַל צוֹרֵר הַצָּר.
אָדוֹן, קְרָאנוּךָ מִן הַמֵּצַר. אָנָּא הוֹצִיאֵנוּ לַמֶּרְחָב וְחַלְּצֵנוּ מִצָּר.

מְאֹד תַּרְבֶּה לָּנוּ מְחִילָה. שְׁמַע תְּפִלָּה, וְהַעֲבֵר תִּפְלָה.
לוֹחֲצֵינוּ הַמְעֵד וּמַלְאֵם חַלְחָלָה. מִמֶּנּוּ רַחֲמֶיךָ לָעַד לֹא תִכְלָא.

ממשיכים 'אֵל מֶלֶךְ' בעמ' 492.

סליחות לשבעה עשר בתמוז

סְלַח לָנוּ, אָבִינוּ, כִּי בְרֹב אִוַּלְתֵּנוּ שָׁגִינוּ.
מְחַל לָנוּ, מַלְכֵּנוּ, כִּי רַבּוּ עֲוֹנֵינוּ.

אֵל אֶרֶךְ אַפַּיִם אַתָּה, וּבַעַל הָרַחֲמִים נִקְרֵאתָ, וְדֶרֶךְ תְּשׁוּבָה הוֹרֵיתָ. גְּדֻלַּת רַחֲמֶיךָ וַחֲסָדֶיךָ, תִּזְכֹּר הַיּוֹם וּבְכָל יוֹם לְזֶרַע יְדִידֶיךָ. תֵּפֶן אֵלֵינוּ בְּרַחֲמִים, כִּי אַתָּה הוּא בַּעַל הָרַחֲמִים. בְּתַחֲנוּן וּבִתְפִלָּה פָּנֶיךָ נְקַדֵּם, כְּהוֹדַעְתָּ לֶעָנָו מִקֶּדֶם. מֵחֲרוֹן אַפְּךָ שׁוּב, כְּמוֹ בְּתוֹרָתְךָ כָּתוּב. וּבְצֵל כְּנָפֶיךָ נֶחֱסֶה וְנִתְלוֹנָן, כְּיוֹם וַיֵּרֶד יהוה בֶּעָנָן. › תַּעֲבֹר עַל פֶּשַׁע וְתִמְחֶה אָשָׁם, כְּיוֹם וַיִּתְיַצֵּב עִמּוֹ שָׁם. תַּאֲזִין שַׁוְעָתֵנוּ וְתַקְשִׁיב מֶנּוּ מַאֲמָר, כְּיוֹם וַיִּקְרָא בְשֵׁם יהוה, וְשָׁם נֶאֱמַר

קהל ואחריו שליח הציבור:

וַיַּעֲבֹר יהוה עַל־פָּנָיו וַיִּקְרָא שמות לד

יהוה, יהוה, אֵל רַחוּם וְחַנּוּן, אֶרֶךְ אַפַּיִם, וְרַב־חֶסֶד וֶאֱמֶת: נֹצֵר חֶסֶד לָאֲלָפִים, נֹשֵׂא עָוֹן וָפֶשַׁע וְחַטָּאָה, וְנַקֵּה: וְסָלַחְתָּ לַעֲוֹנֵנוּ וּלְחַטָּאתֵנוּ, וּנְחַלְתָּנוּ:

תהלים פו סְלַח לָנוּ אָבִינוּ כִּי חָטָאנוּ, מְחַל לָנוּ מַלְכֵּנוּ כִּי פָשָׁעְנוּ. כִּי־אַתָּה אֲדֹנָי
טוֹב וְסַלָּח, וְרַב־חֶסֶד לְכָל־קֹרְאֶיךָ:
ישעיה סב וְאַל־תִּתְּנוּ דֳמִי לוֹ, עַד־יְכוֹנֵן וְעַד־יָשִׂים אֶת־יְרוּשָׁלַםִ תְּהִלָּה בָּאָרֶץ:
תהלים לו כִּי־עִמְּךָ מְקוֹר חַיִּים, בְּאוֹרְךָ נִרְאֶה־אוֹר: אֱלֹהֵינוּ, בֹּשְׁנוּ בְּמַעֲשֵׂינוּ
וְנִכְלַמְנוּ בַּעֲוֹנֵינוּ.

כְּרַחֵם אָב עַל בָּנִים, כֵּן תְּרַחֵם יהוה עָלֵינוּ.
תהלים ג לַיהוה הַיְשׁוּעָה, עַל־עַמְּךָ בִרְכָתֶךָ סֶּלָה:
תהלים מו יהוה צְבָאוֹת עִמָּנוּ, מִשְׂגָּב לָנוּ אֱלֹהֵי יַעֲקֹב סֶלָה:
תהלים פד יהוה צְבָאוֹת, אַשְׁרֵי אָדָם בֹּטֵחַ בָּךְ:
תהלים כ יהוה הוֹשִׁיעָה, הַמֶּלֶךְ יַעֲנֵנוּ בְיוֹם־קָרְאֵנוּ:

במדבר יד ◄ סְלַח־נָא לַעֲוֹן הָעָם הַזֶּה כְּגֹדֶל חַסְדֶּךָ
וְכַאֲשֶׁר נָשָׂאתָה לָעָם הַזֶּה מִמִּצְרַיִם וְעַד־הֵנָּה:
וְשָׁם נֶאֱמַר

קהל ואחריו שליח הציבור:

וַיֹּאמֶר יהוה, סָלַחְתִּי כִּדְבָרֶךָ:

דניאל ט הַטֵּה אֱלֹהַי אָזְנְךָ וּשְׁמָע, פְּקַח עֵינֶיךָ וּרְאֵה שֹׁמְמֹתֵינוּ וְהָעִיר אֲשֶׁר־נִקְרָא
שִׁמְךָ עָלֶיהָ, כִּי לֹא עַל־צִדְקֹתֵינוּ אֲנַחְנוּ מַפִּילִים תַּחֲנוּנֵינוּ לְפָנֶיךָ, כִּי עַל־
רַחֲמֶיךָ הָרַבִּים: אֲדֹנָי שְׁמָעָה, אֲדֹנָי סְלָחָה, אֲדֹנָי הַקְשִׁיבָה וַעֲשֵׂה אַל־
תְּאַחַר, לְמַעַנְךָ אֱלֹהַי, כִּי־שִׁמְךָ נִקְרָא עַל־עִירְךָ וְעַל־עַמֶּךָ:

אֱלֹהֵינוּ וֵאלֹהֵי אֲבוֹתֵינוּ

אָתָנוּ לְךָ יוֹצֵר רוּחוֹת, בְּרוֹב עֲוֹנֵינוּ כָּבְדוּ אֲנָחוֹת, גְּזֵרוֹת עָצְמוּ וְרַבּוּ צְרִיחוֹת, כִּי בְּשִׁבְעָה עָשָׂר בְּתַמּוּז נִשְׁתַּבְּרוּ הַלֻּחוֹת. גָּלִינוּ מִבֵּית הַבְּחִירָה, דִּינֵנוּ נֶחְתַּם וְנִגְזְרָה גְּזֵרָה, וְחָשַׁךְ בַּעֲדֵנוּ אוֹרָה, כִּי בְּשִׁבְעָה עָשָׂר בְּתַמּוּז נִשְׂרְפָה הַתּוֹרָה. הָרְסוּ אוֹיְבֵינוּ הַהֵיכָל, וּבָרְחָה שְׁכִינָה מִזָּוִית הֵיכָל, וְנִמְסַרְנוּ בִּידֵי זֵדִים לְהִתְאַכָּל, כִּי בְּשִׁבְעָה עָשָׂר בְּתַמּוּז הָעֳמַד צֶלֶם בַּהֵיכָל. זֵרוּנוּ מֵעִיר

אֶל עִיר, וְנִלְכַּד מִמֶּנּוּ רַב וְצָעִיר, חָרְבָה מְשׂוֹשֵׂנוּ וְאֵשׁ בָּהּ הִבְעִיר, כִּי בְּשִׁבְעָה עָשָׂר בְּתַמּוּז הָבְקְעָה הָעִיר. טָפַשׁ מִקְדָּשֵׁנוּ צַר הַמַּשְׁמִיד, וְנִטַּל מֵחָתָן וְכַלָּה אֶצְעָדָה וְצָמִיד, יַעַן כְּעַסְנוּךָ נִתַּנּוּ לְהַשְׁמִיד, כִּי בְּשִׁבְעָה עָשָׂר בְּתַמּוּז בֻּטַּל הַתָּמִיד. כָּלָה מִנּוּ כָּל הוֹד וָשֶׁבַח, חַרְבּוֹ שָׁלַף אוֹיֵב עָלֵינוּ לָאֶבַח, לִהְיוֹת עוֹלָלִים וְיוֹנְקִים מוּכָנִים לַטֶּבַח, כִּי בְּשִׁבְעָה עָשָׂר בְּתַמּוּז בָּטְלוּ עוֹלָה וָזֶבַח. מָרַדְנוּ לְשׁוֹכֵן מְעוֹנוֹת, לָכֵן נִתְפַּזַּרְנוּ בְּכָל פִּנּוֹת, נֶהְפַּךְ מְחוֹלֵנוּ לְקִינוֹת, כִּי בְּשִׁבְעָה עָשָׂר בְּתַמּוּז בָּטְלוּ קָרְבָּנוֹת. סָרַרְנוּ לְפָנֶיךָ מֵרִיב לְשׁוֹנוֹת, לָכֵן לָמְדָה לְשׁוֹנֵנוּ לוֹמַר קִינוֹת, עֱזַבְנוּ בְּלִי לְהִמָּנוֹת, כִּי בְּשִׁבְעָה עָשָׂר בְּתַמּוּז גָּרְמוּ לָנוּ עֲוֹנוֹת. פֹּזַּרְנוּ בְּלִי מְצוֹא רְוָחָה, לָכֵן רָבְתָה בָּנוּ אֲנָחָה, צוּר רְאֵה נַפְשֵׁנוּ כִּי שָׁחָה, וְשִׁבְעָה עָשָׂר בְּתַמּוּז הֲפָךְ לָנוּ לְשָׂשׂוֹן וּלְשִׂמְחָה. קָשִׁינוּ עֹרֶף וְרָבְתָה בָּנוּ אָסוֹן, לָכֵן נִתַּנּוּ לִמְשִׁסָּה וְרִפְשׁוֹן, רְאֵה יהוה וְחַלְּצֵנוּ מֵאָסוֹן, וְשִׁבְעָה עָשָׂר בְּתַמּוּז הֲפָךְ לָנוּ לְשִׂמְחָה וּלְשָׂשׂוֹן. ◂ שְׁעֵנוּ שׁוֹכֵן רוּמָה, וְקַבֵּץ נְפוּצוֹתֵינוּ מִקַּצְווֹת אֲדָמָה, תֹּאמַר לְצִיּוֹן קוּמָה, וְשִׁבְעָה עָשָׂר בְּתַמּוּז הֲפָךְ לָנוּ לְיוֹם יְשׁוּעָה וְנֶחָמָה.

אֵל מֶלֶךְ יוֹשֵׁב עַל כִּסֵּא רַחֲמִים, מִתְנַהֵג בַּחֲסִידוּת. מוֹחֵל עֲוֹנוֹת עַמּוֹ, מַעֲבִיר רִאשׁוֹן רִאשׁוֹן. מַרְבֶּה מְחִילָה לְחַטָּאִים, וּסְלִיחָה לְפוֹשְׁעִים. עֹשֶׂה צְדָקוֹת עִם כָּל בָּשָׂר וָרוּחַ, לֹא כְרָעָתָם תִּגְמֹל. ◂ אֵל, הוֹרֵיתָ לָּנוּ לוֹמַר שְׁלֹשׁ עֶשְׂרֵה, וּזְכֹר לָנוּ הַיּוֹם בְּרִית שְׁלֹשׁ עֶשְׂרֵה, כְּמוֹ שֶׁהוֹדַעְתָּ לֶעָנָו מִקֶּדֶם, כְּמוֹ שֶׁכָּתוּב: וַיֵּרֶד יהוה בֶּעָנָן, וַיִּתְיַצֵּב עִמּוֹ שָׁם, וַיִּקְרָא בְשֵׁם, יהוה:

קהל ואחריו שליח הציבור:

וַיַּעֲבֹר יהוה עַל־פָּנָיו וַיִּקְרָא שמות לד

יהוה, יהוה, אֵל רַחוּם וְחַנּוּן, אֶרֶךְ אַפַּיִם, וְרַב־חֶסֶד וֶאֱמֶת: נֹצֵר חֶסֶד לָאֲלָפִים, נֹשֵׂא עָוֺן וָפֶשַׁע וְחַטָּאָה, וְנַקֵּה: וְסָלַחְתָּ לַעֲוֺנֵנוּ וּלְחַטָּאתֵנוּ, וּנְחַלְתָּנוּ:

תהלים פו סְלַח לָנוּ אָבִינוּ כִּי חָטָאנוּ, מְחַל לָנוּ מַלְכֵּנוּ כִּי פָשָׁעְנוּ. כִּי־אַתָּה אֲדֹנָי טוֹב
וְסַלָּח, וְרַב־חֶסֶד לְכָל־קֹרְאֶיךָ:

תהלים פג אֱלֹהִים אַל־דֳּמִי־לָךְ, אַל־תֶּחֱרַשׁ וְאַל־תִּשְׁקֹט אֵל: כִּי־הִנֵּה אוֹיְבֶיךָ יֶהֱמָיוּן,
תהלים צד וּמְשַׂנְאֶיךָ נָשְׂאוּ רֹאשׁ: אֵל־נְקָמוֹת יהוה, אֵל נְקָמוֹת הוֹפִיעַ:

כְּרַחֵם אָב עַל בָּנִים, כֵּן תְּרַחֵם יהוה עָלֵינוּ.
תהלים ג לַיהוה הַיְשׁוּעָה, עַל־עַמְּךָ בִרְכָתֶךָ סֶּלָה:
תהלים מו יהוה צְבָאוֹת עִמָּנוּ, מִשְׂגָּב לָנוּ אֱלֹהֵי יַעֲקֹב סֶלָה:
תהלים פד יהוה צְבָאוֹת, אַשְׁרֵי אָדָם בֹּטֵחַ בָּךְ:
תהלים כ יהוה הוֹשִׁיעָה, הַמֶּלֶךְ יַעֲנֵנוּ בְיוֹם־קָרְאֵנוּ:

אֱלֹהֵינוּ וֵאלֹהֵי אֲבוֹתֵינוּ

אֶמְרַר בִּבְכִי מִפְּנֵי יַד שְׁלוּחָה בִּעִי. בְּנָאצִי בְּתוֹךְ בֵּיתוֹ בְּבִגְדִי וְקָבְעִי. גָּח וּבָרַח וְנָסַע עֶשֶׂר וְעָלָה לַשְּׁבִיעִי. דִּמָּנִי הֵצִיקַנִי הִשִּׁיקַנִי בַּחֹדֶשׁ הָרְבִיעִי. הֵבִיא מוֹעֵד בִּמְלֹאתוֹ לִשְׁבֹּר בַּחוּרֵי גִּמּוּז. וְרִבָּה בוֹ פְּעָמִים בְּמִסְמוּס וּמִזְמוּז. זְבוּלוֹ כְּשֶׁר שֶׁאֲנָנוֹת מְבַכּוֹת אֶת הַתַּמּוּז. חִיְּבַנִי וְאִיְּבַנִי אֲזַי בְּיֶרַח תַּמּוּז. טָמְנוּ פַּחִים חֲמִשָּׁה בְּמִקְרָא תְּלָאוֹת מְשֻׁלָּחוֹת. יָכְלוּ לִי בְּשִׁבְעָה עָשָׂר בּוֹ בַּאֲלִיחוּת. כִּי נוֹקַשְׁתִּי כְּכַלָּה עֲלוּבָה בְּחֻפַּת שַׁלְוָה וְהַצְלָחוֹת. לְרוֹעִי לֹא הִתְמַהְמַהְתִּי שֵׁשׁ, וְנִשְׁתַּבְּרוּ הַלֻּחוֹת. מִיָּדוֹ עֲדִיתִי חֲלִי כֶתֶם, אֶצְעָדָה וְצָמִיד. נִגָּרוֹת בְּיוֹם אַפּוֹ, כְּשִׁחַתִּי דְרָכַי לְהַשְׁמִיד. סֵדֶר עֲבוֹדָתוֹ וְקֵיץ מִזְבְּחוֹ קָצְתִּי לְהַעֲמִיד. עַל כֵּן מִלִּשְׁכַּת הַטְּלָאִים בָּטַל הַתָּמִיד. פּוֹר הִתְפּוֹרְרָה וְנִתְפַּזְּרָה סֹעֲרָה עֲנִיָּה. צִי נִמְשְׁלָה מִבְּלִי חוֹבֵל, וְנִטְרְפָה כָּאֳנִיָּה. קַחְתָּהּ בְּחַטָּאתָהּ בְּרֹאשָׁהּ, וּבְכֵפֶל תַּאֲנִיָּה וַאֲנִיָּה. רִיבוֹתָהּ צָרִיָה כַּהַיּוֹם, וְהָבְקְעָה הָעִיר בַּשְּׁנִיָּה. שִׁלְּחָה כִּצְבִי מֻדָּח מֵאֵין דּוֹרֵשׁ לְהַסְתִּירָה. שָׁנְנוּ לְשׁוֹנָם וּנְתָנוּהָ כְּשֶׂה, צָמְרָהּ וַחֲלָבָהּ לְהַתִּירָה. תִּצְעַק עַל כְּלִי חֶמְדָּה שֶׁבּוֹ נִכְתְּרָה. תַּחְמוֹד עֵינֶיהָ נֻצַּל כְּשָׂרַף אַפּוֹסְטְמוֹס הַתּוֹרָה. חֵרֵף עֲשׁוּקִים וּרְצוּצִים בַּעֲבוּר הָרְעִימָם סֹכֶל. יְרוּדִים בּוֹהֲיָה לֶאֱכֹל וּבְהַסְתֵּר פָּנִים מִלְּהִסְתַּכֵּל. יַד הַשְּׁלִים מִכְּנַף שִׁקּוּצִים נֶאֱכָל. עֵת צָרָה כְּהִתְכַּנֵּס וְהָעֳמַד צֶלֶם בְּהֵיכָל. דְּוּוִים סְגוּפִים בָּנִים הָיוּ מִקֶּדֶם רִאשׁוֹנִים. סְמוּכוֹת צָרוֹתֵיהֶם זוֹ לָזוֹ כַּמָּה שָׁנִים. לוֹקִים

כַּאֲשֶׁר תַּעֲשֶׂינָה הַדְּבוֹרִים, וְהָעַקְרַבִּים שׁוֹנִים. הוֹגִים אָבַד שִׁבְרָם וּבָטֵל סִכּוּיָם בָּאִישׁוֹנִים. › אֵל קַנָּא, בְּהִתְאַפֵּק בִּמְקַנְאֶיךָ דְּשֵׁנִים וְטוֹבִים. מְחַכִּים תָּקִים עוֹמְדִים לְעוֹלָמִים, כִּנְטִיעִים מְחֻטָּבִים בַּאֲהָבִים. הָאֱמֶת וְהַשָּׁלוֹם בְּצוּמוֹת חֲטוּבִים. נֵצַח הֱיוֹתָם לְשִׂמְחָה וּלְשָׂשׂוֹן וּלְמוֹעֲדִים טוֹבִים.

אֵל מֶלֶךְ יוֹשֵׁב עַל כִּסֵּא רַחֲמִים, מִתְנַהֵג בַּחֲסִידוּת. מוֹחֵל עֲוֹנוֹת עַמּוֹ, מַעֲבִיר רִאשׁוֹן רִאשׁוֹן. מַרְבֶּה מְחִילָה לְחַטָּאִים, וּסְלִיחָה לְפוֹשְׁעִים. עֹשֶׂה צְדָקוֹת עִם כָּל בָּשָׂר וָרוּחַ, לֹא כְרָעָתָם תִּגְמֹל. › אֵל, הוֹרֵיתָ לָּנוּ לוֹמַר שְׁלֹשׁ עֶשְׂרֵה, וּזְכָר לָנוּ הַיּוֹם בְּרִית שְׁלֹשׁ עֶשְׂרֵה, כְּמוֹ שֶׁהוֹדַעְתָּ לֶעָנָו מִקֶּדֶם, כְּמוֹ שֶׁכָּתוּב: וַיֵּרֶד יהוה בֶּעָנָן, וַיִּתְיַצֵּב עִמּוֹ שָׁם, וַיִּקְרָא בְשֵׁם, יהוה:

קהל ואחריו שליח הציבור:

וַיַּעֲבֹר יהוה עַל־פָּנָיו וַיִּקְרָא שמות לד

יהוה, יהוה, אֵל רַחוּם וְחַנּוּן, אֶרֶךְ אַפַּיִם, וְרַב־חֶסֶד וֶאֱמֶת: נֹצֵר חֶסֶד לָאֲלָפִים, נֹשֵׂא עָוֹן וָפֶשַׁע וְחַטָּאָה, וְנַקֵּה: וְסָלַחְתָּ לַעֲוֹנֵנוּ וּלְחַטָּאתֵנוּ, וּנְחַלְתָּנוּ:

סְלַח לָנוּ אָבִינוּ כִּי חָטָאנוּ, מְחַל לָנוּ מַלְכֵּנוּ כִּי פָשָׁעְנוּ. כִּי־אַתָּה אֲדֹנָי טוֹב תהלים פו
וְסַלָּח, וְרַב־חֶסֶד לְכָל־קֹרְאֶיךָ:

הקהל אומר פיוט זה בית בית, ושליח הציבור חוזר אחריו בקול:

שְׁעֵה נֶאֱסָר, אֲשֶׁר נִמְסַר, בְּיַד בָּבֶל וְגַם שֵׂעִיר.
לְךָ יֶהֱמֶה, זֶה כַּמֶּה, וְיִתְחַנֵּן כְּבֶן צָעִיר.

יוֹם גָּבַר הָאוֹיֵב וַתִּבָּקַע הָעִיר.

לְזֹאת אֶבְךְּ, וְאֶסְפֹּק כַּף, בְּיוֹם חֲמֵשׁ פִּזְרוֹנִי.
וְעַל רֶגֶל הָעֵגֶל, הַלֻּחוֹת יְצָאוּנִי.
וְגַם הִשְׁמִיד הַתָּמִיד, וּבַסּוּגַר הֱבִיאָנִי.
וְהוּשַׂם אֱלִיל בְּהֵיכַל כָּלִיל, וּמֵעֲצָתוֹ כְּלָאֵנִי.
וְהַמִּנְחָה הוּנָחָה, וְדָתְךָ, צַר בָּאֵשׁ הִבְעִיר.

יוֹם גָּבַר הָאוֹיֵב וַתִּבָּקַע הָעִיר.

מְאֹד אֶתְחַל, וְאֶתְחַלְחַל, בְּיוֹם שַׁדַּי דְּחָפַנִי.
וְהַשְּׁפִיפוֹן מִצָּפוֹן, כְּשִׁבֹּלֶת שְׁטָפַנִי.
מְאוֹר חָשַׁךְ, וְגַם שֵׁשַׁךְ, כְּמוֹ כַדּוּר צְנָפַנִי.
וְהַצַּיָּד שָׁלַח יָד, וְהַצָּפִיר וְהַשָּׂעִיר.

יוֹם גָּבַר הָאוֹיֵב וַתִּבָּקַע הָעִיר.

הוֹד לִבִּי וּמִשְׂגַּבִּי, הֲלָעַד אַפְּךָ יֶעְשַׁן.
הֲלֹא תִרְאֶה עַם נִלְאֶה, אֲשֶׁר הָשְׁחַר כְּמוֹ כִבְשָׁן.
גְּדֹר פִּרְצִי בְּבֶן פַּרְצִי, וּמְחֵדֶק לְקֹט שׁוֹשָׁן.
בְּנֵה בֵּית זְבוּל, וְהָשֵׁב גְּבוּל הַכַּרְמֶל וְהַבָּשָׁן.
וְעַיִן פְּקַח, וְנָקָם קַח מֵאֶצֶר וּמִדִּישָׁן.
שְׁפֹט אִלֵּם, וְאָז יְשַׁלֵּם הַמַּבְעֶה וְהַמַּבְעִיר.

יוֹם גָּבַר הָאוֹיֵב וַתִּבָּקַע הָעִיר.

מכאן ממשיכים בכל יום שאומרים סליחות:

אֵל מֶלֶךְ יוֹשֵׁב עַל כִּסֵּא רַחֲמִים, מִתְנַהֵג בַּחֲסִידוּת. מוֹחֵל עֲוֹנוֹת עַמּוֹ, מַעֲבִיר רִאשׁוֹן רִאשׁוֹן. מַרְבֶּה מְחִילָה לְחַטָּאִים, וּסְלִיחָה לְפוֹשְׁעִים. עֹשֶׂה צְדָקוֹת עִם כָּל בָּשָׂר וָרוּחַ, לֹא כְרָעָתָם תִּגְמֹל. ‹ אֵל, הוֹרֵיתָ לָּנוּ לוֹמַר שְׁלֹשׁ עֶשְׂרֵה, וּזְכָר לָנוּ הַיּוֹם בְּרִית שְׁלֹשׁ עֶשְׂרֵה, כְּמוֹ שֶׁהוֹדַעְתָּ לֶעָנָו מִקֶּדֶם, כְּמוֹ שֶׁכָּתוּב: וַיֵּרֶד יהוה בֶּעָנָן, וַיִּתְיַצֵּב עִמּוֹ שָׁם, וַיִּקְרָא בְשֵׁם, יהוה:

קהל ואחריו שליח הציבור:

שמות לד
וַיַּעֲבֹר יהוה עַל־פָּנָיו וַיִּקְרָא

יהוה, יהוה, אֵל רַחוּם וְחַנּוּן, אֶרֶךְ אַפַּיִם, וְרַב־חֶסֶד וֶאֱמֶת: נֹצֵר חֶסֶד לָאֲלָפִים, נֹשֵׂא עָוֹן וָפֶשַׁע וְחַטָּאָה, וְנַקֵּה: וְסָלַחְתָּ לַעֲוֹנֵנוּ וּלְחַטָּאתֵנוּ, וּנְחַלְתָּנוּ:

תהלים פו
סְלַח לָנוּ אָבִינוּ כִּי חָטָאנוּ, מְחַל לָנוּ מַלְכֵּנוּ כִּי פָשָׁעְנוּ. כִּי־אַתָּה אֲדֹנָי טוֹב
וְסַלָּח, וְרַב־חֶסֶד לְכָל־קֹרְאֶיךָ:

זְכֹר־רַחֲמֶיךָ יהוה וַחֲסָדֶיךָ, כִּי מֵעוֹלָם הֵמָּה: תהלים כה

זָכְרֵנוּ יהוה בִּרְצוֹן עַמֶּךָ, פָּקְדֵנוּ בִּישׁוּעָתֶךָ.

זְכֹר עֲדָתְךָ קָנִיתָ קֶּדֶם, גָּאַלְתָּ שֵׁבֶט נַחֲלָתֶךָ תהלים עד

הַר־צִיּוֹן זֶה שָׁכַנְתָּ בּוֹ:

זְכֹר יהוה חִבַּת יְרוּשָׁלַיִם, אַהֲבַת צִיּוֹן אַל תִּשְׁכַּח לָנֶצַח.

אַתָּה תָקוּם תְּרַחֵם צִיּוֹן, כִּי־עֵת לְחֶנְנָהּ, כִּי־בָא מוֹעֵד: תהלים קב

זְכֹר יהוה לִבְנֵי אֱדוֹם אֵת יוֹם יְרוּשָׁלָיִם תהלים קלז

הָאֹמְרִים עָרוּ עָרוּ, עַד הַיְסוֹד בָּהּ:

זְכֹר לְאַבְרָהָם לְיִצְחָק וּלְיִשְׂרָאֵל עֲבָדֶיךָ, אֲשֶׁר נִשְׁבַּעְתָּ לָהֶם בָּךְ שמות לב

וַתְּדַבֵּר אֲלֵהֶם, אַרְבֶּה אֶת־זַרְעֲכֶם כְּכוֹכְבֵי הַשָּׁמָיִם

וְכָל־הָאָרֶץ הַזֹּאת אֲשֶׁר אָמַרְתִּי אֶתֵּן לְזַרְעֲכֶם, וְנָחֲלוּ לְעֹלָם:

זְכֹר לַעֲבָדֶיךָ לְאַבְרָהָם לְיִצְחָק וּלְיַעֲקֹב דברים ט

אַל־תֵּפֶן אֶל־קְשִׁי הָעָם הַזֶּה וְאֶל־רִשְׁעוֹ וְאֶל־חַטָּאתוֹ:

אַל־נָא תָשֵׁת עָלֵינוּ חַטָּאת אֲשֶׁר נוֹאַלְנוּ וַאֲשֶׁר חָטָאנוּ: במדבר יב

חָטָאנוּ צוּרֵנוּ, סְלַח לָנוּ יוֹצְרֵנוּ.

יש המוסיפים פיוט זה. הקהל אומר אותו בית בית,
ושליח הציבור חוזר אחריו בקול:

אֵל נָא, רְפָא נָא תַּחֲלוּאֵי גֶּפֶן פּוֹרִיָּה
בּוֹשָׁה וְחָפְרָה, וְאֻמְלַל פִּרְיָהּ
גְּאָלֶנָּה מִשַּׁחַת וּמִמַּכָּה טְרִיָּה.
עֲנֵנוּ כְּשֶׁעָנִיתָ לְאַבְרָהָם אָבִינוּ בְּהַר הַמּוֹרִיָּה.

חָטָאנוּ צוּרֵנוּ, סְלַח לָנוּ יוֹצְרֵנוּ.

דְּגָלֵי עָם, פְּדוּיֵי בִּזְרוֹעַ חָשׂוּף
הַצֵּל מִנֶּגֶף וְאַל יִהְיוּ לְשִׁסּוּף
וְתַעֲנֶה קְרִיאָתֵנוּ וּלְמַעֲשֵׂה יָדֶיךָ תִּכְסֹף
עֲנֵנוּ כְּשֶׁעָנִיתָ לַאֲבוֹתֵינוּ עַל יַם סוּף.

חָטָאנוּ צוּרֵנוּ, סְלַח לָנוּ יוֹצְרֵנוּ.

זְכוּת צוּר חֻצַּב הַיּוֹם לָנוּ תְגַל
חָשְׂכֵנוּ מֵאֱנֹף וּנְחֵנוּ בְּיֹשֶׁר מַעְגָּל
טַהֵר טֻמְאָתֵנוּ וְלִמְאוֹר תּוֹרָתְךָ עֵינֵינוּ גַל
עֲנֵנוּ כְּשֶׁעָנִיתָ לִיהוֹשֻׁעַ בַּגִּלְגָּל.

חָטָאנוּ צוּרֵנוּ, סְלַח לָנוּ יוֹצְרֵנוּ.

יָהּ, רְאֵה דֶּשֶׁן עָקוּד, וְהַצְמַח לָנוּ תְרוּפָה
כַּלֵּה שֹׁד וָשֶׁבֶר, סַעַר וְסוּפָה
לַמְּדֵנוּ וְחַכְּמֵנוּ אִמְרָתְךָ הַצְּרוּפָה
עֲנֵנוּ כְּשֶׁעָנִיתָ לִשְׁמוּאֵל בַּמִּצְפָּה.

חָטָאנוּ צוּרֵנוּ, סְלַח לָנוּ יוֹצְרֵנוּ.

מְתֻמָּם מְרֻחָם, שָׁרָשָׁיו אַל תְּקַמֵּל
נַקֵּנוּ מִכֶּתֶם וְשֶׁמֶץ, וְלֹא נֶאֱמַל
סַעֲדֵנוּ וְנִוָּשֵׁעָה, וְאָרְחוֹת חֲסָדֶיךָ נִגָּמֵל
עֲנֵנוּ כְּשֶׁעָנִיתָ לְאֵלִיָּהוּ בְּהַר הַכַּרְמֶל.

חָטָאנוּ צוּרֵנוּ, סְלַח לָנוּ יוֹצְרֵנוּ.

עוֹדְדֵנוּ בְּצֶדֶק מָשׁוּי מִמַּיִם, וְכַפֵּר זָדוֹן וּמְשׁוּגָה
פְּדֵנוּ מִמְּהוּמַת מָוֶת, וְאָחוֹר בַּל נִסּוֹגָה
צַוֵּה יְשׁוּעָתֵנוּ, וּבַעֲוֹנוֹתֵינוּ אַל נִתְמוֹגְגָה
עֲנֵנוּ כְּשֶׁעָנִיתָ לְיוֹנָה בִּמְעֵי הַדָּגָה.

חָטָאנוּ צוּרֵנוּ, סְלַח לָנוּ יוֹצְרֵנוּ.

קְדֻשַּׁת אִישׁ חֲסִידֶךָ זְכֹר לְיִפַּת פַּעֲמַיִם
רַחֲמֶיךָ תְּעוֹרֵר כִּי לָקִינוּ בְּכִפְלַיִם
שׁוּבֵנוּ תְּקֵף לְיִרְאָתֶךָ וְלֹא נֶחְשַׂף שׁוּלַיִם
עֲנֵנוּ כְּשֶׁעָנִיתָ לְדָוִד וְלִשְׁלֹמֹה בְנוֹ בִּירוּשָׁלָיִם.

חָטָאנוּ צוּרֵנוּ, סְלַח לָנוּ יוֹצְרֵנוּ.

בתענית אסתר נוהגים להוסיף:

תַּעֲנֶה לְקוֹרְאֶיךָ, וְהַסְכֵּת מִמְּעוֹנִים
תִּשְׁמַע שַׁוְעַת צוֹעֲקֶיךָ, שׁוֹמֵעַ אֶל אֶבְיוֹנִים
תְּרַחֵם עַל בָּנֶיךָ כְּרַחֵם אָב עַל בָּנִים
עֲנֵנוּ כְּמוֹ שֶׁעָנִיתָ לְמָרְדְּכַי וְאֶסְתֵּר
וְתָלוּ עַל עֵץ־חֲמִשִּׁים הָאָב עִם בָּנִים.

חָטָאנוּ צוּרֵנוּ, סְלַח לָנוּ יוֹצְרֵנוּ.

זְכֹר לָנוּ בְּרִית אָבוֹת כַּאֲשֶׁר אָמַרְתָּ: וְזָכַרְתִּי אֶת־בְּרִיתִי יַעֲקוֹב ויקרא כו
וְאַף אֶת־בְּרִיתִי יִצְחָק וְאַף אֶת־בְּרִיתִי אַבְרָהָם אֶזְכֹּר
וְהָאָרֶץ אֶזְכֹּר:

זְכֹר לָנוּ בְּרִית רִאשׁוֹנִים כַּאֲשֶׁר אָמַרְתָּ: וְזָכַרְתִּי לָהֶם בְּרִית רִאשֹׁנִים ויקרא כו
אֲשֶׁר הוֹצֵאתִי־אֹתָם מֵאֶרֶץ מִצְרַיִם לְעֵינֵי הַגּוֹיִם
לִהְיוֹת לָהֶם לֵאלֹהִים, אֲנִי יהוה:

עֲשֵׂה עִמָּנוּ כְּמָה שֶׁהִבְטַחְתָּנוּ: וְאַף גַּם־זֹאת בִּהְיוֹתָם בְּאֶרֶץ אֹיְבֵיהֶם, ויקרא כו
לֹא־מְאַסְתִּים וְלֹא־גְעַלְתִּים לְכַלֹּתָם, לְהָפֵר בְּרִיתִי אִתָּם, כִּי אֲנִי יהוה
אֱלֹהֵיהֶם: הָשֵׁב שְׁבוּתֵנוּ וְרַחֲמֵנוּ כְּמָה שֶׁכָּתוּב: וְשָׁב יהוה אֱלֹהֶיךָ אֶת־ דברים ל
שְׁבוּתְךָ וְרִחֲמֶךָ, וְשָׁב וְקִבֶּצְךָ מִכָּל־הָעַמִּים אֲשֶׁר הֱפִיצְךָ יהוה אֱלֹהֶיךָ
שָׁמָּה: קַבֵּץ נִדָּחֵינוּ כְּמָה שֶׁכָּתוּב: אִם־יִהְיֶה נִדַּחֲךָ בִּקְצֵה הַשָּׁמָיִם, מִשָּׁם דברים ל
יְקַבֶּצְךָ יהוה אֱלֹהֶיךָ וּמִשָּׁם יִקָּחֶךָ: מְחֵה פְשָׁעֵינוּ כָּעָב וְכֶעָנָן כְּמָה שֶׁכָּתוּב:
מָחִיתִי כָעָב פְּשָׁעֶיךָ וְכֶעָנָן חַטֹּאותֶיךָ, שׁוּבָה אֵלַי כִּי גְאַלְתִּיךָ: מְחֵה פְשָׁעֵינוּ ישעיה מד
לְמַעַנְךָ כַּאֲשֶׁר אָמַרְתָּ: אָנֹכִי אָנֹכִי הוּא מֹחֶה פְשָׁעֶיךָ לְמַעֲנִי, וְחַטֹּאתֶיךָ ישעיה מג
לֹא אֶזְכֹּר: הַלְבֵּן חֲטָאֵינוּ כַּשֶּׁלֶג וְכַצֶּמֶר כְּמָה שֶׁכָּתוּב: לְכוּ־נָא וְנִוָּכְחָה ישעיה א
יֹאמַר יהוה, אִם־יִהְיוּ חֲטָאֵיכֶם כַּשָּׁנִים כַּשֶּׁלֶג יַלְבִּינוּ, אִם־יַאְדִּימוּ כַתּוֹלָע
כַּצֶּמֶר יִהְיוּ: זְרֹק עָלֵינוּ מַיִם טְהוֹרִים וְטַהֲרֵנוּ כְּמָה שֶׁכָּתוּב: וְזָרַקְתִּי עֲלֵיכֶם יחזקאל לו
מַיִם טְהוֹרִים וּטְהַרְתֶּם, מִכֹּל טֻמְאוֹתֵיכֶם וּמִכָּל־גִּלּוּלֵיכֶם אֲטַהֵר אֶתְכֶם:
רַחֵם עָלֵינוּ וְאַל תַּשְׁחִיתֵנוּ כְּמָה שֶׁכָּתוּב: כִּי אֵל רַחוּם יהוה אֱלֹהֶיךָ, לֹא דברים ד

יְרַפְּךָ וְלֹא יַשְׁחִיתֶךָ, וְלֹא יִשְׁכַּח אֶת־בְּרִית אֲבוֹתֶיךָ אֲשֶׁר נִשְׁבַּע לָהֶם: מוֹל
דברים ל אֶת לְבָבֵנוּ לְאַהֲבָה אֶת שְׁמֶךָ כְּמָה שֶׁכָּתוּב: וּמָל יהוה אֱלֹהֶיךָ אֶת־לְבָבְךָ
וְאֶת־לְבַב זַרְעֶךָ, לְאַהֲבָה אֶת־יהוה אֱלֹהֶיךָ בְּכָל־לְבָבְךָ וּבְכָל־נַפְשְׁךָ, לְמַעַן
דברים ד חַיֶּיךָ: הִמָּצֵא לָנוּ בְּבַקָּשָׁתֵנוּ כְּמָה שֶׁכָּתוּב: וּבִקַּשְׁתֶּם מִשָּׁם אֶת־יהוה
אֱלֹהֶיךָ וּמָצָאתָ, כִּי תִדְרְשֶׁנּוּ בְּכָל־לְבָבְךָ וּבְכָל־נַפְשֶׁךָ: תְּבִיאֵנוּ אֶל הַר
ישעיה נו קָדְשֶׁךָ וְשַׂמְּחֵנוּ בְּבֵית תְּפִלָּתֶךָ כְּמָה שֶׁכָּתוּב: וַהֲבִיאוֹתִים אֶל־הַר קָדְשִׁי
וְשִׂמַּחְתִּים בְּבֵית תְּפִלָּתִי, עוֹלֹתֵיהֶם וְזִבְחֵיהֶם לְרָצוֹן עַל־מִזְבְּחִי, כִּי בֵיתִי
בֵּית־תְּפִלָּה יִקָּרֵא לְכָל־הָעַמִּים:

פותחים את ארון הקודש ואומרים פסוק פסוק עד 'אַל תַּעַזְבֵנוּ'.
יש קהילות האומרות את הפסוקים בסדר אחר: 'שְׁמַע קוֹלֵנוּ', 'הֲשִׁיבֵנוּ',
'אֲמָרֵינוּ הַאֲזִינָה' (בקול), 'יִהְיוּ לְרָצוֹן' (בלחש), 'אַל תַּשְׁלִיכֵנוּ מִלְּפָנֶיךָ' וממשיכים כרגיל.
הקהל ואחריו שליח הציבור בקול.

שְׁמַע קוֹלֵנוּ, יהוה אֱלֹהֵינוּ, חוּס וְרַחֵם עָלֵינוּ
וְקַבֵּל בְּרַחֲמִים וּבְרָצוֹן אֶת תְּפִלָּתֵנוּ.
איכה ה הֲשִׁיבֵנוּ יהוה אֵלֶיךָ וְנָשׁוּבָה, חַדֵּשׁ יָמֵינוּ כְּקֶדֶם:
אַל תַּשְׁלִיכֵנוּ מִלְּפָנֶיךָ, וְרוּחַ קָדְשְׁךָ אַל תִּקַּח מִמֶּנּוּ.
אַל תַּשְׁלִיכֵנוּ לְעֵת זִקְנָה, כִּכְלוֹת כֹּחֵנוּ אַל תַּעַזְבֵנוּ.
אַל תַּעַזְבֵנוּ יהוה, אֱלֹהֵינוּ אַל תִּרְחַק מִמֶּנּוּ.
עֲשֵׂה עִמָּנוּ אוֹת לְטוֹבָה, וְיִרְאוּ שׂוֹנְאֵינוּ וְיֵבֹשׁוּ
כִּי אַתָּה יהוה עֲזַרְתָּנוּ וְנִחַמְתָּנוּ.
אֲמָרֵינוּ הַאֲזִינָה יהוה, בִּינָה הֲגִיגֵנוּ.
יִהְיוּ לְרָצוֹן אִמְרֵי פִינוּ וְהֶגְיוֹן לִבֵּנוּ לְפָנֶיךָ, יהוה צוּרֵנוּ וְגוֹאֲלֵנוּ.
כִּי לְךָ יהוה הוֹחָלְנוּ, אַתָּה תַעֲנֶה אֲדֹנָי אֱלֹהֵינוּ.

סוגרים את ארון הקודש.

וידוי

אֱלֹהֵֽינוּ וֵאלֹהֵי אֲבוֹתֵֽינוּ
תָּבֹא לְפָנֶֽיךָ תְּפִלָּתֵֽנוּ, וְאַל תִּתְעַלַּם מִתְּחִנָּתֵֽנוּ.
שֶׁאֵין אֲנוּ עַזֵּי פָנִים וּקְשֵׁי עֹֽרֶף לוֹמַר לְפָנֶֽיךָ
יהוה אֱלֹהֵֽינוּ וֵאלֹהֵי אֲבוֹתֵֽינוּ, צַדִּיקִים אֲנַֽחְנוּ וְלֹא חָטָֽאנוּ.
אֲבָל אֲנַֽחְנוּ וַאֲבוֹתֵֽינוּ חָטָֽאנוּ.

כשמתוודה, מכה באגרופו על החזה כנגד הלב בכל חטא שמזכיר.

אָשַֽׁמְנוּ, בָּגַֽדְנוּ, גָּזַֽלְנוּ, דִּבַּֽרְנוּ דֹפִי. הֶעֱוִֽינוּ, וְהִרְשַֽׁעְנוּ, זַֽדְנוּ, חָמַֽסְנוּ, טָפַֽלְנוּ שֶֽׁקֶר. יָעַֽצְנוּ רָע, כִּזַּֽבְנוּ, לַֽצְנוּ, מָרַֽדְנוּ, נִאַֽצְנוּ, סָרַֽרְנוּ, עָוִֽינוּ, פָּשַֽׁעְנוּ, צָרַֽרְנוּ, קִשִּֽׁינוּ עֹֽרֶף. רָשַֽׁעְנוּ, שִׁחַֽתְנוּ, תִּעַֽבְנוּ, תָּעִֽינוּ, תִּעְתָּֽעְנוּ.

סַֽרְנוּ מִמִּצְוֹתֶֽיךָ וּמִמִּשְׁפָּטֶֽיךָ הַטּוֹבִים, וְלֹא שָֽׁוָה לָֽנוּ. וְאַתָּה צַדִּיק עַל נחמיה ט
כָּל־הַבָּא עָלֵֽינוּ, כִּי־אֱמֶת עָשִֽׂיתָ וַאֲנַֽחְנוּ הִרְשָֽׁעְנוּ.

הִרְשַֽׁעְנוּ וּפָשַֽׁעְנוּ לָכֵן לֹא נוֹשָֽׁעְנוּ. וְתֵן בְּלִבֵּֽנוּ לַעֲזֹב דֶּֽרֶךְ רֶֽשַׁע, וְחִישׁ
לָֽנוּ יֶֽשַׁע, כַּכָּתוּב עַל יַד נְבִיאֶֽךָ: יַעֲזֹב רָשָׁע דַּרְכּוֹ וְאִישׁ אָֽוֶן מַחְשְׁבֹתָיו, ישעיה נה
וְיָשֹׁב אֶל־יהוה וִירַחֲמֵֽהוּ וְאֶל־אֱלֹהֵֽינוּ כִּי־יַרְבֶּה לִסְלֽוֹחַ:

מְשִֽׁיחַ צִדְקֶֽךָ אָמַר לְפָנֶֽיךָ: שְׁגִיאוֹת מִי־יָבִין, מִנִּסְתָּרוֹת נַקֵּֽנִי: נַקֵּֽנוּ יהוה תהלים יט
אֱלֹהֵֽינוּ מִכָּל פְּשָׁעֵֽינוּ וְטַהֲרֵֽנוּ מִכָּל טֻמְאוֹתֵֽינוּ וּזְרֹק עָלֵֽינוּ מַֽיִם טְהוֹרִים
וְטַהֲרֵֽנוּ, כַּכָּתוּב עַל יַד נְבִיאֶֽךָ: וְזָרַקְתִּי עֲלֵיכֶם מַֽיִם טְהוֹרִים וּטְהַרְתֶּם, יחזקאל לו
מִכֹּל טֻמְאוֹתֵיכֶם וּמִכָּל־גִּלּוּלֵיכֶם אֲטַהֵר אֶתְכֶם: עַמְּךָ וְנַחֲלָתְךָ רְעֵבֵי
טוּבְךָ, צְמֵאֵי חַסְדְּךָ, תְּאֵבֵי יִשְׁעֶֽךָ. יַכִּֽירוּ וְיֵדְעוּ, כִּי לַיהוה אֱלֹהֵֽינוּ
הָרַחֲמִים וְהַסְּלִיחוֹת.

אם אין אומרים תחנון, כגון שיש חתן או בעל ברית, מפסיקים את הסליחות כאן
ואומרים 'אָבִֽינוּ מַלְכֵּֽנוּ' (עמ' 67) וחצי קדיש (עמ' 76).

אֵל רַחוּם שְׁמֶךָ. אֵל חַנּוּן שְׁמֶךָ. בָּנוּ נִקְרָא שְׁמֶךָ. יהוה עֲשֵׂה לְמַעַן שְׁמֶךָ. עֲשֵׂה לְמַעַן אֲמִתָּךְ. עֲשֵׂה לְמַעַן בְּרִיתָךְ. עֲשֵׂה לְמַעַן גָּדְלָךְ וְתִפְאַרְתָּךְ. עֲשֵׂה לְמַעַן דָּתָךְ. עֲשֵׂה לְמַעַן הוֹדָךְ. עֲשֵׂה לְמַעַן וִעוּדָךְ. עֲשֵׂה לְמַעַן זִכְרָךְ. עֲשֵׂה לְמַעַן חַסְדָּךְ. עֲשֵׂה לְמַעַן טוּבָךְ. עֲשֵׂה לְמַעַן יִחוּדָךְ. עֲשֵׂה לְמַעַן כְּבוֹדָךְ. עֲשֵׂה לְמַעַן לִמּוּדָךְ. עֲשֵׂה לְמַעַן מַלְכוּתָךְ. עֲשֵׂה לְמַעַן נִצְחָךְ. עֲשֵׂה לְמַעַן סוֹדָךְ. עֲשֵׂה לְמַעַן עֻזָּךְ. עֲשֵׂה לְמַעַן פְּאֵרָךְ. עֲשֵׂה לְמַעַן צִדְקָתָךְ. עֲשֵׂה לְמַעַן קְדֻשָּׁתָךְ. עֲשֵׂה לְמַעַן רַחֲמֶיךָ הָרַבִּים. עֲשֵׂה לְמַעַן שְׁכִינָתָךְ. עֲשֵׂה לְמַעַן תְּהִלָּתָךְ. עֲשֵׂה לְמַעַן אוֹהֲבֶיךָ שׁוֹכְנֵי עָפָר. עֲשֵׂה לְמַעַן אַבְרָהָם יִצְחָק וְיַעֲקֹב. עֲשֵׂה לְמַעַן מֹשֶׁה וְאַהֲרֹן. עֲשֵׂה לְמַעַן דָּוִד וּשְׁלֹמֹה. עֲשֵׂה לְמַעַן יְרוּשָׁלַיִם עִיר קָדְשֶׁךָ. עֲשֵׂה לְמַעַן צִיּוֹן מִשְׁכַּן כְּבוֹדֶךָ. עֲשֵׂה לְמַעַן שִׁמְמוֹת הֵיכָלֶךָ. עֲשֵׂה לְמַעַן הֲרִיסוּת מִזְבְּחֶךָ. עֲשֵׂה לְמַעַן הֲרוּגִים עַל שֵׁם קָדְשֶׁךָ. עֲשֵׂה לְמַעַן טְבוּחִים עַל יִחוּדֶךָ. עֲשֵׂה לְמַעַן בָּאֵי בָאֵשׁ וּבַמַּיִם עַל קִדּוּשׁ שְׁמֶךָ. עֲשֵׂה לְמַעַן יוֹנְקֵי שָׁדַיִם שֶׁלֹּא חָטְאוּ. עֲשֵׂה לְמַעַן גְּמוּלֵי חָלָב שֶׁלֹּא פָשְׁעוּ. עֲשֵׂה לְמַעַן תִּינוֹקוֹת שֶׁל בֵּית רַבָּן. עֲשֵׂה לְמַעַנְךָ אִם לֹא לְמַעֲנֵנוּ. עֲשֵׂה לְמַעַנְךָ וְהוֹשִׁיעֵנוּ.

עֲנֵנוּ יהוה עֲנֵנוּ. עֲנֵנוּ אֱלֹהֵינוּ עֲנֵנוּ. עֲנֵנוּ אָבִינוּ עֲנֵנוּ. עֲנֵנוּ בּוֹרְאֵנוּ עֲנֵנוּ. עֲנֵנוּ גּוֹאֲלֵנוּ עֲנֵנוּ. עֲנֵנוּ דּוֹרְשֵׁנוּ עֲנֵנוּ. עֲנֵנוּ הָאֵל הַנֶּאֱמָן עֲנֵנוּ. עֲנֵנוּ וָתִיק וְחָסִיד עֲנֵנוּ. עֲנֵנוּ זַךְ וְיָשָׁר עֲנֵנוּ. עֲנֵנוּ חַי וְקַיָּם עֲנֵנוּ. עֲנֵנוּ טוֹב וּמֵטִיב עֲנֵנוּ. עֲנֵנוּ יוֹדֵעַ יֵצֶר עֲנֵנוּ. עֲנֵנוּ כּוֹבֵשׁ כְּעָסִים עֲנֵנוּ. עֲנֵנוּ לוֹבֵשׁ צְדָקוֹת עֲנֵנוּ. עֲנֵנוּ מֶלֶךְ מַלְכֵי הַמְּלָכִים עֲנֵנוּ. עֲנֵנוּ נוֹרָא וְנִשְׂגָּב עֲנֵנוּ. עֲנֵנוּ סוֹלֵחַ וּמוֹחֵל עֲנֵנוּ. עֲנֵנוּ עוֹנֶה בְּעֵת צָרָה עֲנֵנוּ. עֲנֵנוּ פּוֹדֶה וּמַצִּיל עֲנֵנוּ. עֲנֵנוּ צַדִּיק וְיָשָׁר עֲנֵנוּ. עֲנֵנוּ קָרוֹב לְקוֹרְאָיו עֲנֵנוּ. עֲנֵנוּ רַחוּם וְחַנּוּן עֲנֵנוּ. עֲנֵנוּ שׁוֹמֵעַ אֶל אֶבְיוֹנִים עֲנֵנוּ. עֲנֵנוּ תּוֹמֵךְ תְּמִימִים עֲנֵנוּ. עֲנֵנוּ אֱלֹהֵי אֲבוֹתֵינוּ עֲנֵנוּ. עֲנֵנוּ אֱלֹהֵי אַבְרָהָם עֲנֵנוּ. עֲנֵנוּ פַּחַד יִצְחָק עֲנֵנוּ. עֲנֵנוּ אֲבִיר יַעֲקֹב עֲנֵנוּ. עֲנֵנוּ עֶזְרַת הַשְּׁבָטִים עֲנֵנוּ. עֲנֵנוּ מִשְׂגַּב אִמָּהוֹת עֲנֵנוּ. עֲנֵנוּ קָשֶׁה לִכְעֹס עֲנֵנוּ. עֲנֵנוּ רַךְ לִרְצוֹת עֲנֵנוּ. עֲנֵנוּ עוֹנֶה בְּעֵת רָצוֹן עֲנֵנוּ. עֲנֵנוּ אֲבִי יְתוֹמִים עֲנֵנוּ. עֲנֵנוּ דַּיַּן אַלְמָנוֹת עֲנֵנוּ.

מִי שֶׁעָנָה לְאַבְרָהָם אָבִינוּ בְּהַר הַמּוֹרִיָּה, הוּא יַעֲנֵנוּ.
מִי שֶׁעָנָה לְיִצְחָק בְּנוֹ כְּשֶׁנֶּעֱקַד עַל גַּבֵּי הַמִּזְבֵּחַ, הוּא יַעֲנֵנוּ.
מִי שֶׁעָנָה לְיַעֲקֹב בְּבֵית אֵל, הוּא יַעֲנֵנוּ.
מִי שֶׁעָנָה לְיוֹסֵף בְּבֵית הָאֲסוּרִים, הוּא יַעֲנֵנוּ.
מִי שֶׁעָנָה לַאֲבוֹתֵינוּ עַל יַם סוּף, הוּא יַעֲנֵנוּ.
מִי שֶׁעָנָה לְמֹשֶׁה בְּחוֹרֵב, הוּא יַעֲנֵנוּ.
מִי שֶׁעָנָה לְאַהֲרֹן בַּמַּחְתָּה, הוּא יַעֲנֵנוּ.
מִי שֶׁעָנָה לְפִינְחָס בְּקוּמוֹ מִתּוֹךְ הָעֵדָה, הוּא יַעֲנֵנוּ.
מִי שֶׁעָנָה לִיהוֹשֻׁעַ בַּגִּלְגָּל, הוּא יַעֲנֵנוּ.
מִי שֶׁעָנָה לִשְׁמוּאֵל בַּמִּצְפָּה, הוּא יַעֲנֵנוּ.
מִי שֶׁעָנָה לְדָוִד וּשְׁלֹמֹה בְנוֹ בִּירוּשָׁלָיִם, הוּא יַעֲנֵנוּ.
מִי שֶׁעָנָה לְאֵלִיָּהוּ בְּהַר הַכַּרְמֶל, הוּא יַעֲנֵנוּ.
מִי שֶׁעָנָה לֶאֱלִישָׁע בִּירִיחוֹ, הוּא יַעֲנֵנוּ.
מִי שֶׁעָנָה לְיוֹנָה בִּמְעֵי הַדָּגָה, הוּא יַעֲנֵנוּ.
מִי שֶׁעָנָה לְחִזְקִיָּהוּ מֶלֶךְ יְהוּדָה בְּחָלְיוֹ, הוּא יַעֲנֵנוּ.
מִי שֶׁעָנָה לַחֲנַנְיָה מִישָׁאֵל וַעֲזַרְיָה בְּתוֹךְ כִּבְשַׁן הָאֵשׁ, הוּא יַעֲנֵנוּ.
מִי שֶׁעָנָה לְדָנִיֵּאל בְּגוֹב הָאֲרָיוֹת, הוּא יַעֲנֵנוּ.
מִי שֶׁעָנָה לְמָרְדְּכַי וְאֶסְתֵּר בְּשׁוּשַׁן הַבִּירָה, הוּא יַעֲנֵנוּ.
מִי שֶׁעָנָה לְעֶזְרָא בַּגּוֹלָה, הוּא יַעֲנֵנוּ.
מִי שֶׁעָנָה לְכָל הַצַּדִּיקִים וְהַחֲסִידִים וְהַתְּמִימִים וְהַיְשָׁרִים, הוּא יַעֲנֵנוּ.

רַחֲמָנָא דְּעָנֵי לַעֲנִיֵּי עֲנֵינָן.
רַחֲמָנָא דְּעָנֵי לִתְבִירֵי לִבָּא עֲנֵינָן.
רַחֲמָנָא דְּעָנֵי לְמַכִּיכֵי רוּחָא עֲנֵינָן.
רַחֲמָנָא עֲנֵינָן.
רַחֲמָנָא חוּס, רַחֲמָנָא פְּרֹק, רַחֲמָנָא שֵׁיזִב.
רַחֲמָנָא רַחֵם עֲלָן, הַשְׁתָּא בַּעֲגָלָא וּבִזְמַן קָרִיב.

ממשיכים 'אָבִינוּ מַלְכֵּנוּ' בעמ' 67.
בשני ובחמישי אומרים 'וְהוּא רַחוּם' (עמ' 70), ובשאר הימים נפילת אפיים (עמ' 73).

ברכות

סדר סעודה וברכותיה

לפני נטילת ידיים לסעודה יש אומרים (כף החיים):

תהלים קלד שְׂאוּ־יְדֵכֶם קֹדֶשׁ, וּבָרְכוּ אֶת־יהוה:

כשנוטל את ידיו לפני הסעודה, מברך (הלכה 353):

בָּרוּךְ אַתָּה יהוה אֱלֹהֵינוּ מֶלֶךְ הָעוֹלָם
אֲשֶׁר קִדְּשָׁנוּ בְּמִצְוֹתָיו וְצִוָּנוּ עַל נְטִילַת יָדָיִם.

על אכילת לחם מברך:

בָּרוּךְ אַתָּה יהוה אֱלֹהֵינוּ מֶלֶךְ הָעוֹלָם
הַמּוֹצִיא לֶחֶם מִן הָאָרֶץ.

ברכת המזון

גם כאשר אדם אוכל ושבע, עליו לזכור את החורבן ואת הצורך בתיקון העולם. משום כך נוהגים לומר ביום חול קודם ברכת המזון מזמור זה (סידור השל"ה):

תהלים קלז עַל־נַהֲרוֹת בָּבֶל, שָׁם יָשַׁבְנוּ גַּם־בָּכִינוּ, בְּזָכְרֵנוּ אֶת־צִיּוֹן: עַל־עֲרָבִים בְּתוֹכָהּ תָּלִינוּ כִּנֹּרוֹתֵינוּ: כִּי שָׁם שְׁאֵלוּנוּ שׁוֹבֵינוּ דִּבְרֵי־שִׁיר וְתוֹלָלֵינוּ שִׂמְחָה, שִׁירוּ לָנוּ מִשִּׁיר צִיּוֹן: אֵיךְ נָשִׁיר אֶת־שִׁיר־יהוה עַל אַדְמַת נֵכָר: אִם־אֶשְׁכָּחֵךְ יְרוּשָׁלָםִ, תִּשְׁכַּח יְמִינִי: תִּדְבַּק לְשׁוֹנִי לְחִכִּי אִם־לֹא אֶזְכְּרֵכִי, אִם־לֹא אַעֲלֶה אֶת־יְרוּשָׁלַםִ עַל רֹאשׁ שִׂמְחָתִי: זְכֹר יהוה לִבְנֵי אֱדוֹם אֵת יוֹם יְרוּשָׁלָםִ, הָאֹמְרִים עָרוּ עָרוּ עַד הַיְסוֹד בָּהּ: בַּת־בָּבֶל הַשְּׁדוּדָה, אַשְׁרֵי שֶׁיְשַׁלֶּם־לָךְ אֶת־גְּמוּלֵךְ שֶׁגָּמַלְתְּ לָנוּ: אַשְׁרֵי שֶׁיֹּאחֵז, וְנִפֵּץ אֶת־עֹלָלַיִךְ אֶל־הַסָּלַע:

בשבתות ובימים טובים, שאין מתאבלים בהם על החורבן, נוהגים לומר מזמור זה (שם):

תהלים קכו שִׁיר הַמַּעֲלוֹת, בְּשׁוּב יהוה אֶת־שִׁיבַת צִיּוֹן, הָיִינוּ כְּחֹלְמִים: אָז יִמָּלֵא שְׂחוֹק פִּינוּ וּלְשׁוֹנֵנוּ רִנָּה, אָז יֹאמְרוּ בַגּוֹיִם הִגְדִּיל יהוה לַעֲשׂוֹת עִם־אֵלֶּה: הִגְדִּיל יהוה לַעֲשׂוֹת עִמָּנוּ, הָיִינוּ שְׂמֵחִים: שׁוּבָה יהוה אֶת־שְׁבִיתֵנוּ, כַּאֲפִיקִים בַּנֶּגֶב: הַזֹּרְעִים בְּדִמְעָה בְּרִנָּה יִקְצֹרוּ: הָלוֹךְ יֵלֵךְ וּבָכֹה נֹשֵׂא מֶשֶׁךְ־הַזָּרַע, בֹּא־יָבֹא בְרִנָּה נֹשֵׂא אֲלֻמֹּתָיו:

יש נוהגים להוסיף פסוקים אלה, שלדעת האר״י הם פתיחה לברכת המזון:

תהלים קמה / תהלים קטו — תְּהִלַּת יהוה יְדַבֶּר פִּי, וִיבָרֵךְ כָּל־בָּשָׂר שֵׁם קָדְשׁוֹ לְעוֹלָם וָעֶד: וַאֲנַחְנוּ
תהלים קלו — נְבָרֵךְ יָהּ מֵעַתָּה וְעַד־עוֹלָם, הַלְלוּיָהּ: הוֹדוּ לַיהוה כִּי־טוֹב, כִּי לְעוֹלָם
תהלים קו — חַסְדּוֹ: מִי יְמַלֵּל גְּבוּרוֹת יהוה, יַשְׁמִיעַ כָּל־תְּהִלָּתוֹ:

סדר הזימון

שלושה שאכלו כאחד חייבים לזמן (משנה, ברכות מה ע״א).

אם עשרה אכלו יחד, מזכירים את השם בזימון.

זימון בסעודת ברית מילה בעמ׳ 526,
בסעודת שבע ברכות בעמ׳ 536, ובבית האבל בעמ׳ 546.

המזמן אומר: רַבּוֹתַי, נְבָרֵךְ.

תהלים קיג — המסובין: יְהִי שֵׁם יהוה מְבֹרָךְ מֵעַתָּה וְעַד־עוֹלָם:

המזמן חוזר: יְהִי שֵׁם יהוה מְבֹרָךְ מֵעַתָּה וְעַד־עוֹלָם:
בִּרְשׁוּת (אָבִי מוֹרִי / אִמִּי מוֹרָתִי / כֹּהֲנִים / מוֹרֵנוּ הָרַב /
בַּעַל הַבַּיִת הַזֶּה / בַּעֲלַת הַבַּיִת הַזֶּה)
מָרָנָן וְרַבָּנָן וְרַבּוֹתַי
נְבָרֵךְ (במניין: אֱלֹהֵינוּ) שֶׁאָכַלְנוּ מִשֶּׁלּוֹ.

המסובין: בָּרוּךְ (במניין: אֱלֹהֵינוּ) שֶׁאָכַלְנוּ מִשֶּׁלּוֹ וּבְטוּבוֹ חָיִינוּ.

מי שלא אכל, אומר:
בָּרוּךְ וּמְבֹרָךְ שְׁמוֹ תָּמִיד לְעוֹלָם וָעֶד.

המזמן חוזר: בָּרוּךְ (במניין: אֱלֹהֵינוּ) שֶׁאָכַלְנוּ מִשֶּׁלּוֹ וּבְטוּבוֹ חָיִינוּ.
בָּרוּךְ הוּא וּבָרוּךְ שְׁמוֹ.

ברכת הזן

בָּרוּךְ אַתָּה יהוה אֱלֹהֵינוּ מֶלֶךְ הָעוֹלָם
הַזָּן אֶת הָעוֹלָם כֻּלּוֹ בְּטוּבוֹ
בְּחֵן בְּחֶסֶד וּבְרַחֲמִים
הוּא נוֹתֵן לֶחֶם לְכָל בָּשָׂר
כִּי לְעוֹלָם חַסְדּוֹ.
וּבְטוּבוֹ הַגָּדוֹל, תָּמִיד לֹא חָסַר לָנוּ
וְאַל יֶחְסַר לָנוּ מָזוֹן לְעוֹלָם וָעֶד
בַּעֲבוּר שְׁמוֹ הַגָּדוֹל.
כִּי הוּא אֵל זָן וּמְפַרְנֵס לַכֹּל
וּמֵטִיב לַכֹּל
וּמֵכִין מָזוֹן לְכָל בְּרִיּוֹתָיו אֲשֶׁר בָּרָא.
בָּרוּךְ אַתָּה יהוה, הַזָּן אֶת הַכֹּל.

ברכת הארץ

נוֹדֶה לְּךָ, יהוה אֱלֹהֵינוּ
עַל שֶׁהִנְחַלְתָּ לַאֲבוֹתֵינוּ אֶרֶץ חֶמְדָּה טוֹבָה וּרְחָבָה
וְעַל שֶׁהוֹצֵאתָנוּ יהוה אֱלֹהֵינוּ מֵאֶרֶץ מִצְרַיִם
וּפְדִיתָנוּ מִבֵּית עֲבָדִים
וְעַל בְּרִיתְךָ שֶׁחָתַמְתָּ בִּבְשָׂרֵנוּ
וְעַל תּוֹרָתְךָ שֶׁלִּמַּדְתָּנוּ
וְעַל חֻקֶּיךָ שֶׁהוֹדַעְתָּנוּ
וְעַל חַיִּים חֵן וָחֶסֶד שֶׁחוֹנַנְתָּנוּ
וְעַל אֲכִילַת מָזוֹן שָׁאַתָּה זָן וּמְפַרְנֵס אוֹתָנוּ תָּמִיד
בְּכָל יוֹם וּבְכָל עֵת וּבְכָל שָׁעָה.

בחנוכה:

עַל הַנִּסִּים וְעַל הַפֻּרְקָן וְעַל הַגְּבוּרוֹת וְעַל הַתְּשׁוּעוֹת וְעַל הַמִּלְחָמוֹת שֶׁעָשִׂיתָ לַאֲבוֹתֵינוּ בַּיָּמִים הָהֵם בַּזְּמַן הַזֶּה.

בִּימֵי מַתִּתְיָהוּ בֶּן יוֹחָנָן כֹּהֵן גָּדוֹל חַשְׁמוֹנַאי וּבָנָיו, כְּשֶׁעָמְדָה מַלְכוּת יָוָן הָרְשָׁעָה עַל עַמְּךָ יִשְׂרָאֵל לְהַשְׁכִּיחָם תּוֹרָתֶךָ וּלְהַעֲבִירָם מֵחֻקֵּי רְצוֹנֶךָ, וְאַתָּה בְּרַחֲמֶיךָ הָרַבִּים עָמַדְתָּ לָהֶם בְּעֵת צָרָתָם, רַבְתָּ אֶת רִיבָם, דַּנְתָּ אֶת דִּינָם, נָקַמְתָּ אֶת נִקְמָתָם, מָסַרְתָּ גִבּוֹרִים בְּיַד חַלָּשִׁים, וְרַבִּים בְּיַד מְעַטִּים, וּטְמֵאִים בְּיַד טְהוֹרִים, וּרְשָׁעִים בְּיַד צַדִּיקִים, וְזֵדִים בְּיַד עוֹסְקֵי תוֹרָתֶךָ, וּלְךָ עָשִׂיתָ שֵׁם גָּדוֹל וְקָדוֹשׁ בְּעוֹלָמֶךָ, וּלְעַמְּךָ יִשְׂרָאֵל עָשִׂיתָ תְּשׁוּעָה גְדוֹלָה וּפֻרְקָן כְּהַיּוֹם הַזֶּה. וְאַחַר כֵּן בָּאוּ בָנֶיךָ לִדְבִיר בֵּיתֶךָ, וּפִנּוּ אֶת הֵיכָלֶךָ, וְטִהֲרוּ אֶת מִקְדָּשֶׁךָ, וְהִדְלִיקוּ נֵרוֹת בְּחַצְרוֹת קָדְשֶׁךָ, וְקָבְעוּ שְׁמוֹנַת יְמֵי חֲנֻכָּה אֵלּוּ, לְהוֹדוֹת וּלְהַלֵּל לְשִׁמְךָ הַגָּדוֹל.

וממשיך ׳וְעַל הַכֹּל׳.

בפורים:

עַל הַנִּסִּים וְעַל הַפֻּרְקָן וְעַל הַגְּבוּרוֹת וְעַל הַתְּשׁוּעוֹת וְעַל הַמִּלְחָמוֹת שֶׁעָשִׂיתָ לַאֲבוֹתֵינוּ בַּיָּמִים הָהֵם בַּזְּמַן הַזֶּה.

בִּימֵי מָרְדְּכַי וְאֶסְתֵּר בְּשׁוּשַׁן הַבִּירָה, כְּשֶׁעָמַד עֲלֵיהֶם הָמָן הָרָשָׁע, בִּקֵּשׁ
אסתר ג לְהַשְׁמִיד לַהֲרֹג וּלְאַבֵּד אֶת־כָּל־הַיְּהוּדִים מִנַּעַר וְעַד־זָקֵן טַף וְנָשִׁים בְּיוֹם
אֶחָד, בִּשְׁלוֹשָׁה עָשָׂר לְחֹדֶשׁ שְׁנֵים־עָשָׂר, הוּא־חֹדֶשׁ אֲדָר, וּשְׁלָלָם
לָבוֹז: וְאַתָּה בְּרַחֲמֶיךָ הָרַבִּים הֵפַרְתָּ אֶת עֲצָתוֹ, וְקִלְקַלְתָּ אֶת מַחֲשַׁבְתּוֹ,
וַהֲשֵׁבוֹתָ לּוֹ גְּמוּלוֹ בְּרֹאשׁוֹ, וְתָלוּ אוֹתוֹ וְאֶת בָּנָיו עַל הָעֵץ.

וממשיך ׳וְעַל הַכֹּל׳.

וְעַל הַכֹּל, יהוה אֱלֹהֵינוּ
אֲנַחְנוּ מוֹדִים לָךְ וּמְבָרְכִים אוֹתָךְ
יִתְבָּרַךְ שִׁמְךָ בְּפִי כָּל חַי תָּמִיד לְעוֹלָם וָעֶד
דברים ח כַּכָּתוּב: וְאָכַלְתָּ וְשָׂבָעְתָּ, וּבֵרַכְתָּ אֶת־יהוה אֱלֹהֶיךָ
עַל־הָאָרֶץ הַטֹּבָה אֲשֶׁר נָתַן־לָךְ:
בָּרוּךְ אַתָּה יהוה, עַל הָאָרֶץ וְעַל הַמָּזוֹן.

ברכת ירושלים

רַחֵם נָא, יהוה אֱלֹהֵינוּ
עַל יִשְׂרָאֵל עַמֶּךָ
וְעַל יְרוּשָׁלַיִם עִירֶךָ
וְעַל צִיּוֹן מִשְׁכַּן כְּבוֹדֶךָ
וְעַל מַלְכוּת בֵּית דָּוִד מְשִׁיחֶךָ
וְעַל הַבַּיִת הַגָּדוֹל וְהַקָּדוֹשׁ שֶׁנִּקְרָא שִׁמְךָ עָלָיו.
אֱלֹהֵינוּ, אָבִינוּ
רְעֵנוּ, זוּנֵנוּ, פַּרְנְסֵנוּ וְכַלְכְּלֵנוּ
וְהַרְוִיחֵנוּ, וְהַרְוַח לָנוּ יהוה אֱלֹהֵינוּ מְהֵרָה מִכָּל צָרוֹתֵינוּ.
וְנָא אַל תַּצְרִיכֵנוּ, יהוה אֱלֹהֵינוּ
לֹא לִידֵי מַתְּנַת בָּשָׂר וָדָם
וְלֹא לִידֵי הַלְוָאָתָם
כִּי אִם לְיָדְךָ הַמְּלֵאָה, הַפְּתוּחָה, הַקְּדוֹשָׁה וְהָרְחָבָה
שֶׁלֹּא נֵבוֹשׁ וְלֹא נִכָּלֵם לְעוֹלָם וָעֶד.

בשבת:

רְצֵה וְהַחֲלִיצֵנוּ, יהוה אֱלֹהֵינוּ, בְּמִצְוֹתֶיךָ
וּבְמִצְוַת יוֹם הַשְּׁבִיעִי הַשַּׁבָּת הַגָּדוֹל וְהַקָּדוֹשׁ הַזֶּה
כִּי יוֹם זֶה גָּדוֹל וְקָדוֹשׁ הוּא לְפָנֶיךָ
לִשְׁבָּת בּוֹ, וְלָנוּחַ בּוֹ בְּאַהֲבָה כְּמִצְוַת רְצוֹנֶךָ
וּבִרְצוֹנְךָ הָנִיחַ לָנוּ, יהוה אֱלֹהֵינוּ
שֶׁלֹּא תְהֵא צָרָה וְיָגוֹן וַאֲנָחָה בְּיוֹם מְנוּחָתֵנוּ
וְהַרְאֵנוּ, יהוה אֱלֹהֵינוּ, בְּנֶחָמַת צִיּוֹן עִירֶךָ
וּבְבִנְיַן יְרוּשָׁלַיִם עִיר קָדְשֶׁךָ
כִּי אַתָּה הוּא בַּעַל הַיְשׁוּעוֹת וּבַעַל הַנֶּחָמוֹת.

בחגים, בחול המועד ובראש חודש:

אֱלֹהֵינוּ וֵאלֹהֵי אֲבוֹתֵינוּ
יַעֲלֶה וְיָבוֹא וְיַגִּיעַ
וְיֵרָאֶה וְיֵרָצֶה וְיִשָּׁמַע
וְיִפָּקֵד וְיִזָּכֵר זִכְרוֹנֵנוּ וּפִקְדוֹנֵנוּ, וְזִכְרוֹן אֲבוֹתֵינוּ
וְזִכְרוֹן מָשִׁיחַ בֶּן דָּוִד עַבְדֶּךָ
וְזִכְרוֹן יְרוּשָׁלַיִם עִיר קָדְשֶׁךָ
וְזִכְרוֹן כָּל עַמְּךָ בֵּית יִשְׂרָאֵל
לְפָנֶיךָ, לִפְלֵיטָה לְטוֹבָה, לְחֵן וּלְחֶסֶד וּלְרַחֲמִים
לְחַיִּים וּלְשָׁלוֹם בְּיוֹם

בראש חודש: **רֹאשׁ הַחֹדֶשׁ הַזֶּה.**
בראש השנה: **הַזִּכָּרוֹן הַזֶּה.**
בפסח: **חַג הַמַּצּוֹת הַזֶּה.**
בשבועות: **חַג הַשָּׁבוּעוֹת הַזֶּה.**
בסוכות: **חַג הַסֻּכּוֹת הַזֶּה.**
בשמיני עצרת: **הַשְּׁמִינִי חַג הָעֲצֶרֶת הַזֶּה.**

זָכְרֵנוּ יהוה אֱלֹהֵינוּ בּוֹ לְטוֹבָה
וּפָקְדֵנוּ בוֹ לִבְרָכָה
וְהוֹשִׁיעֵנוּ בוֹ לְחַיִּים.
וּבִדְבַר יְשׁוּעָה וְרַחֲמִים, חוּס וְחָנֵּנוּ וְרַחֵם עָלֵינוּ, וְהוֹשִׁיעֵנוּ
כִּי אֵלֶיךָ עֵינֵינוּ, כִּי אֵל (בראש השנה: מֶלֶךְ) חַנּוּן וְרַחוּם אָתָּה.

בבית האבל אומרים כאן 'נַחֵם' בעמ' 546.

וּבְנֵה יְרוּשָׁלַיִם עִיר הַקֹּדֶשׁ בִּמְהֵרָה בְיָמֵינוּ.
בָּרוּךְ אַתָּה יהוה
בּוֹנֶה בְרַחֲמָיו יְרוּשָׁלָיִם, אָמֵן.

ברכת הטוב והמטיב

בָּרוּךְ אַתָּה יהוה אֱלֹהֵינוּ מֶלֶךְ הָעוֹלָם
הָאֵל אָבִינוּ, מַלְכֵּנוּ, אַדִּירֵנוּ
בּוֹרְאֵנוּ, גּוֹאֲלֵנוּ, יוֹצְרֵנוּ, קְדוֹשֵׁנוּ, קְדוֹשׁ יַעֲקֹב
רוֹעֵנוּ, רוֹעֵה יִשְׂרָאֵל, הַמֶּלֶךְ הַטּוֹב וְהַמֵּטִיב לַכֹּל, שֶׁבְּכָל יוֹם וָיוֹם
הוּא הֵיטִיב, הוּא מֵיטִיב, הוּא יֵיטִיב לָנוּ
הוּא גְמָלָנוּ, הוּא גוֹמְלֵנוּ, הוּא יִגְמְלֵנוּ לָעַד
לְחֵן וּלְחֶסֶד וּלְרַחֲמִים, וּלְרֶוַח, הַצָּלָה וְהַצְלָחָה
בְּרָכָה וִישׁוּעָה, נֶחָמָה, פַּרְנָסָה וְכַלְכָּלָה
וְרַחֲמִים וְחַיִּים וְשָׁלוֹם וְכָל טוֹב, וּמִכָּל טוּב לְעוֹלָם אַל יְחַסְּרֵנוּ.

בקשות נוספות

הָרַחֲמָן הוּא יִמְלֹךְ עָלֵינוּ לְעוֹלָם וָעֶד.
הָרַחֲמָן הוּא יִתְבָּרַךְ בַּשָּׁמַיִם וּבָאָרֶץ.
הָרַחֲמָן הוּא יִשְׁתַּבַּח לְדוֹר דּוֹרִים, וְיִתְפָּאַר בָּנוּ לָעַד וּלְנֵצַח נְצָחִים
וְיִתְהַדַּר בָּנוּ לָעַד וּלְעוֹלְמֵי עוֹלָמִים.
הָרַחֲמָן הוּא יְפַרְנְסֵנוּ בְּכָבוֹד.
הָרַחֲמָן הוּא יִשְׁבֹּר עֻלֵּנוּ מֵעַל צַוָּארֵנוּ
וְהוּא יוֹלִיכֵנוּ קוֹמְמִיּוּת לְאַרְצֵנוּ.
הָרַחֲמָן הוּא יִשְׁלַח לָנוּ בְּרָכָה מְרֻבָּה בַּבַּיִת הַזֶּה
וְעַל שֻׁלְחָן זֶה שֶׁאָכַלְנוּ עָלָיו.
הָרַחֲמָן הוּא יִשְׁלַח לָנוּ אֶת אֵלִיָּהוּ הַנָּבִיא זָכוּר לַטּוֹב
וִיבַשֶּׂר לָנוּ בְּשׂוֹרוֹת טוֹבוֹת יְשׁוּעוֹת וְנֶחָמוֹת.
הָרַחֲמָן הוּא יְבָרֵךְ אֶת מְדִינַת יִשְׂרָאֵל, רֵאשִׁית צְמִיחַת גְּאֻלָּתֵנוּ.
הָרַחֲמָן הוּא יְבָרֵךְ אֶת חַיָּלֵי צְבָא הַהֲגָנָה לְיִשְׂרָאֵל
הָעוֹמְדִים עַל מִשְׁמַר אַרְצֵנוּ.

ברכת האורח:

יְהִי רָצוֹן שֶׁלֹּא יֵבוֹשׁ בַּעַל הַבַּיִת בָּעוֹלָם הַזֶּה, וְלֹא יִכָּלֵם לָעוֹלָם הַבָּא, וְיִצְלַח מְאֹד בְּכָל נְכָסָיו, וְיִהְיוּ נְכָסָיו וּנְכָסֵינוּ מֻצְלָחִים וּקְרוֹבִים לָעִיר, וְאַל יִשְׁלֹט שָׂטָן לֹא בְּמַעֲשֵׂה יָדָיו וְלֹא בְּמַעֲשֵׂה יָדֵינוּ. וְאַל יִזְדַּקֵּק לֹא לְפָנָיו וְלֹא לְפָנֵינוּ שׁוּם דְּבַר הִרְהוּר חֵטְא, עֲבֵרָה וְעָוֹן, מֵעַתָּה וְעַד עוֹלָם.

הָרַחֲמָן הוּא יְבָרֵךְ

אם סמוך על שולחן עצמו, אומר:

אוֹתִי (וְאֶת אִשְׁתִּי / וְאֶת בַּעְלִי / וְאֶת אָבִי מוֹרִי / וְאֶת אִמִּי מוֹרָתִי / וְאֶת זַרְעִי) וְאֶת כָּל אֲשֶׁר לִי.

אורח אומר:

אֶת בַּעַל הַבַּיִת הַזֶּה, אוֹתוֹ (וְאֶת אִשְׁתּוֹ בַּעֲלַת הַבַּיִת הַזֶּה / וְאֶת זַרְעוֹ) וְאֶת כָּל אֲשֶׁר לוֹ.

אם אכל על שולחן הוריו אומר:

אֶת אָבִי מוֹרִי (בַּעַל הַבַּיִת הַזֶּה), וְאֶת אִמִּי מוֹרָתִי (בַּעֲלַת הַבַּיִת הַזֶּה), אוֹתָם וְאֶת בֵּיתָם וְאֶת זַרְעָם וְאֶת כָּל אֲשֶׁר לָהֶם

אם יש אורחים נוספים, מוסיף:

וְאֶת כָּל הַמְסֻבִּין כָּאן

אוֹתָנוּ וְאֶת כָּל אֲשֶׁר לָנוּ
כְּמוֹ שֶׁנִּתְבָּרְכוּ אֲבוֹתֵינוּ
אַבְרָהָם יִצְחָק וְיַעֲקֹב, בַּכֹּל, מִכֹּל, כֹּל
כֵּן יְבָרֵךְ אוֹתָנוּ כֻּלָּנוּ יַחַד בִּבְרָכָה שְׁלֵמָה, וְנֹאמַר אָמֵן.

בַּמָּרוֹם יְלַמְּדוּ עֲלֵיהֶם וְעָלֵינוּ זְכוּת שֶׁתְּהֵא לְמִשְׁמֶרֶת שָׁלוֹם
וְנִשָּׂא בְרָכָה מֵאֵת יהוה וּצְדָקָה מֵאֱלֹהֵי יִשְׁעֵנוּ
וְנִמְצָא חֵן וְשֵׂכֶל טוֹב בְּעֵינֵי אֱלֹהִים וְאָדָם.

בסעודת ברית מוסיפים: 'הָרַחֲמָן הוּא יְבָרֵךְ אֲבִי הַיֶּלֶד' בעמ' 527.

בשבת: הָרַחֲמָן הוּא יַנְחִילֵנוּ
יוֹם שֶׁכֻּלּוֹ שַׁבָּת וּמְנוּחָה לְחַיֵּי הָעוֹלָמִים.

בראש חודש: הָרַחֲמָן הוּא יְחַדֵּשׁ עָלֵינוּ
אֶת הַחֹדֶשׁ הַזֶּה לְטוֹבָה וְלִבְרָכָה.

בראש השנה: הָרַחֲמָן הוּא יְחַדֵּשׁ עָלֵינוּ
אֶת הַשָּׁנָה הַזֹּאת לְטוֹבָה וְלִבְרָכָה.

ביום טוב: הָרַחֲמָן הוּא יַנְחִילֵנוּ יוֹם שֶׁכֻּלּוֹ טוֹב.

בסוכות: הָרַחֲמָן הוּא יָקִים לָנוּ אֶת סֻכַּת דָּוִד הַנּוֹפֶלֶת.

הָרַחֲמָן הוּא יְזַכֵּנוּ לִימוֹת הַמָּשִׁיחַ וּלְחַיֵּי הָעוֹלָם הַבָּא
מַגְדִּל/ בשבת, במועדים ובראש חודש: מִגְדּוֹל/ יְשׁוּעוֹת מַלְכּוֹ שמואל ב׳ כב
וְעֹשֶׂה־חֶסֶד לִמְשִׁיחוֹ, לְדָוִד וּלְזַרְעוֹ עַד־עוֹלָם:
עֹשֶׂה שָׁלוֹם בִּמְרוֹמָיו
הוּא יַעֲשֶׂה שָׁלוֹם עָלֵינוּ וְעַל כָּל יִשְׂרָאֵל
וְאִמְרוּ אָמֵן.

יְראוּ אֶת־יהוה קְדֹשָׁיו, כִּי־אֵין מַחְסוֹר לִירֵאָיו: תהלים לד
כְּפִירִים רָשׁוּ וְרָעֵבוּ, וְדֹרְשֵׁי יהוה לֹא־יַחְסְרוּ כָל־טוֹב:
הוֹדוּ לַיהוה כִּי־טוֹב, כִּי לְעוֹלָם חַסְדּוֹ: תהלים קלו
פּוֹתֵחַ אֶת־יָדֶךָ, וּמַשְׂבִּיעַ לְכָל־חַי רָצוֹן: תהלים קמה
בָּרוּךְ הַגֶּבֶר אֲשֶׁר יִבְטַח בַּיהוה, וְהָיָה יהוה מִבְטַחוֹ: ירמיה יז
נַעַר הָיִיתִי גַּם־זָקַנְתִּי, וְלֹא־רָאִיתִי צַדִּיק נֶעֱזָב וְזַרְעוֹ מְבַקֶּשׁ־לָחֶם: תהלים לז
יהוה עֹז לְעַמּוֹ יִתֵּן, יהוה יְבָרֵךְ אֶת־עַמּוֹ בַשָּׁלוֹם: תהלים כט

אם בירך ברכת המזון על כוס יין, מברך אחריה ׳בּוֹרֵא פְּרִי הַגָּפֶן׳,
שותה רביעית ומברך ברכה מעין שלוש בעמוד הבא.
בסעודת נישואין או בשבעת ימי המשתה מברכים אחר ברכת המזון ׳שבע ברכות׳ (עמ׳ 534).

על תבשיל או על מאפה (חוץ מלחם או מצה) מחמשת מיני דגן
או מאורז (הלכה 347) מברך:

בָּרוּךְ אַתָּה יהוה אֱלֹהֵינוּ מֶלֶךְ הָעוֹלָם, בּוֹרֵא מִינֵי מְזוֹנוֹת.

על יין (או על מיץ ענבים) מברך:

בָּרוּךְ אַתָּה יהוה אֱלֹהֵינוּ מֶלֶךְ הָעוֹלָם, בּוֹרֵא פְּרִי הַגָּפֶן.

על פרי העץ (מעצים רב־שנתיים) מברך:

בָּרוּךְ אַתָּה יהוה אֱלֹהֵינוּ מֶלֶךְ הָעוֹלָם, בּוֹרֵא פְּרִי הָעֵץ.

על ירקות (ועל פירות שאינם כלולים בברכה שלמעלה) מברך:

בָּרוּךְ אַתָּה יהוה אֱלֹהֵינוּ מֶלֶךְ הָעוֹלָם, בּוֹרֵא פְּרִי הָאֲדָמָה.

על משקה חוץ מן היין ועל אוכל שאינו מן הצומח, מברך:

בָּרוּךְ אַתָּה יהוה אֱלֹהֵינוּ מֶלֶךְ הָעוֹלָם, שֶׁהַכֹּל נִהְיָה בִּדְבָרוֹ.

כשאוכלים בפעם הראשונה פירות חדשים של השנה, מוסיפים לאחר הברכה על הפרי:

בָּרוּךְ אַתָּה יהוה אֱלֹהֵינוּ מֶלֶךְ הָעוֹלָם
שֶׁהֶחֱיָנוּ וְקִיְּמָנוּ וְהִגִּיעָנוּ לַזְּמַן הַזֶּה.

ברכה מעין שלוש

אחרי אכילת מזונות מחמשת מיני דגן, שתיית יין או אכילת פירות משבעת המינים מברך:

בָּרוּךְ אַתָּה יהוה אֱלֹהֵינוּ מֶלֶךְ הָעוֹלָם, עַל

על מזונות:	על יין:	על פירות משבעת המינים:
הַמִּחְיָה וְעַל הַכַּלְכָּלָה	**הַגֶּפֶן וְעַל פְּרִי הַגֶּפֶן**	**הָעֵץ וְעַל פְּרִי הָעֵץ**

על יין ומזונות יחד:

הַמִּחְיָה וְעַל הַכַּלְכָּלָה וְעַל הַגֶּפֶן וְעַל פְּרִי הַגֶּפֶן

וְעַל תְּנוּבַת הַשָּׂדֶה וְעַל אֶרֶץ חֶמְדָּה טוֹבָה וּרְחָבָה, שֶׁרָצִיתָ וְהִנְחַלְתָּ לַאֲבוֹתֵינוּ לֶאֱכֹל מִפִּרְיָהּ וְלִשְׂבֹּעַ מִטּוּבָהּ. רַחֶם נָא יהוה אֱלֹהֵינוּ עַל יִשְׂרָאֵל עַמֶּךָ וְעַל יְרוּשָׁלַיִם עִירֶךָ וְעַל צִיּוֹן מִשְׁכַּן כְּבוֹדֶךָ וְעַל מִזְבְּחֶךָ

וְעַל הֵיכָלֶךָ. וּבְנֵה יְרוּשָׁלַיִם עִיר הַקֹּדֶשׁ בִּמְהֵרָה בְיָמֵינוּ, וְהַעֲלֵנוּ לְתוֹכָהּ וְשַׂמְּחֵנוּ בְּבִנְיָנָהּ וְנֹאכַל מִפִּרְיָהּ וְנִשְׂבַּע מִטּוּבָהּ, וּנְבָרֶכְךָ עָלֶיהָ בִּקְדֻשָּׁה וּבְטָהֳרָה.

בשבת: **וּרְצֵה וְהַחֲלִיצֵנוּ בְּיוֹם הַשַּׁבָּת הַזֶּה**

בראש חודש: **וְזָכְרֵנוּ לְטוֹבָה בְּיוֹם רֹאשׁ הַחֹדֶשׁ הַזֶּה**

בראש השנה: **וְזָכְרֵנוּ לְטוֹבָה בְּיוֹם הַזִּכָּרוֹן הַזֶּה**

בפסח: **וְשַׂמְּחֵנוּ בְּיוֹם חַג הַמַּצּוֹת הַזֶּה**

בשבועות: **וְשַׂמְּחֵנוּ בְּיוֹם חַג הַשָּׁבוּעוֹת הַזֶּה**

בסוכות: **וְשַׂמְּחֵנוּ בְּיוֹם חַג הַסֻּכּוֹת הַזֶּה**

בשמיני עצרת: **וְשַׂמְּחֵנוּ בְּיוֹם הַשְּׁמִינִי חַג הָעֲצֶרֶת הַזֶּה**

כִּי אַתָּה יהוה טוֹב וּמֵטִיב לַכֹּל, וְנוֹדֶה לְּךָ עַל הָאָרֶץ

על מזונות:	על יין:	על פירות משבעת המינים:
וְעַל הַמִּחְיָה.	וְעַל פְּרִי גַפְנָהּ.*	וְעַל פֵּרוֹתֶיהָ.**
בָּרוּךְ אַתָּה יהוה עַל הָאָרֶץ וְעַל הַמִּחְיָה.	בָּרוּךְ אַתָּה יהוה עַל הָאָרֶץ וְעַל פְּרִי גַפְנָהּ.*	בָּרוּךְ אַתָּה יהוה עַל הָאָרֶץ וְעַל פֵּרוֹתֶיהָ.**

על יין ומזונות יחד:

וְעַל הַמִּחְיָה וְעַל פְּרִי גַפְנָהּ.*

בָּרוּךְ אַתָּה יהוה, עַל הָאָרֶץ וְעַל הַמִּחְיָה וְעַל פְּרִי גַפְנָהּ.*

*על יין מחו״ל אומרים: **הַגָּפֶן.**

על פירות מחו״ל אומרים: **הַפֵּרוֹת.

בורא נפשות

אחרי אכילת פירות האדמה, פירות העץ שאינם משבעת המינים
או מזון שאינו מן הצומח, וכן אחרי שתיית משקה חוץ מיין מברך:

בָּרוּךְ אַתָּה יהוה אֱלֹהֵינוּ מֶלֶךְ הָעוֹלָם, בּוֹרֵא נְפָשׁוֹת רַבּוֹת וְחֶסְרוֹנָן עַל כָּל מַה שֶּׁבָּרָאתָ לְהַחֲיוֹת בָּהֶם נֶפֶשׁ כָּל חָי. בָּרוּךְ חֵי הָעוֹלָמִים.

ברכות

ברכות המצוות

על הפרשת תרומה ומעשר ראשון (ואם יש ספק אם הפירות מעושרים, לא יברך):

בָּרוּךְ אַתָּה יהוה אֱלֹהֵינוּ מֶלֶךְ הָעוֹלָם, אֲשֶׁר קִדְּשָׁנוּ בְּמִצְוֹתָיו וְצִוָּנוּ לְהַפְרִישׁ תְּרוּמוֹת וּמַעַשְׂרוֹת.

מַה שֶּׁהוּא יוֹתֵר מֵאֶחָד מִמֵּאָה מִן הַכֹּל שֶׁיֵּשׁ כָּאן, הֲרֵי הוּא תְּרוּמָה גְדוֹלָה בִּצְפוֹנוֹ, וְהָאֶחָד מִמֵּאָה שֶׁנִּשְׁאַר כָּאן עִם תִּשְׁעָה חֲלָקִים כָּמוֹהוּ בְּצַד הָעֶלְיוֹן שֶׁל הַפֵּרוֹת הַלָּלוּ, הֲרֵי הֵם מַעֲשֵׂר רִאשׁוֹן. אוֹתוֹ הָאֶחָד מִמֵּאָה שֶׁעֲשִׂיתִיו מַעֲשֵׂר רִאשׁוֹן הֲרֵי הוּא תְּרוּמַת מַעֲשֵׂר. עוֹד תִּשְׁעָה חֲלָקִים כָּאֵלֶּה בְּצַד הַתַּחְתּוֹן שֶׁל הַפֵּרוֹת הֲרֵי הֵם מַעֲשֵׂר שֵׁנִי, וְאִם הֵם חַיָּבִים בְּמַעֲשַׂר עָנִי, הֲרֵי הֵם מַעֲשַׂר עָנִי.

על פדיון מעשר שני מברך (ואם יש ספק אם הפירות מעושרים, לא יברך):

בָּרוּךְ אַתָּה יהוה אֱלֹהֵינוּ מֶלֶךְ הָעוֹלָם, אֲשֶׁר קִדְּשָׁנוּ בְּמִצְוֹתָיו וְצִוָּנוּ עַל פִּדְיוֹן מַעֲשֵׂר שֵׁנִי.

מַעֲשֵׂר שֵׁנִי זֶה, הוּא וְחֻמְשׁוֹ, הֲרֵי הוּא מְחֻלָּל עַל פְּרוּטָה אַחַת מִן הַמַּטְבֵּעַ שֶׁיִּחַדְתִּי לְפִדְיוֹן מַעֲשֵׂר שֵׁנִי.

המפריש חלה, מברך:

בָּרוּךְ אַתָּה יהוה אֱלֹהֵינוּ מֶלֶךְ הָעוֹלָם, אֲשֶׁר קִדְּשָׁנוּ בְּמִצְוֹתָיו וְצִוָּנוּ לְהַפְרִישׁ חַלָּה מִן הָעִסָּה.

הפודה פירות מנטע רבעי, מברך:

בָּרוּךְ אַתָּה יהוה אֱלֹהֵינוּ מֶלֶךְ הָעוֹלָם, אֲשֶׁר קִדְּשָׁנוּ בְּמִצְוֹתָיו וְצִוָּנוּ עַל פִּדְיוֹן נֶטַע רְבָעִי.

הקובע מזוזה בפתחו, מברך:

בָּרוּךְ אַתָּה יהוה אֱלֹהֵינוּ מֶלֶךְ הָעוֹלָם, אֲשֶׁר קִדְּשָׁנוּ בְּמִצְוֹתָיו וְצִוָּנוּ לִקְבֹּעַ מְזוּזָה.

הבונה מעקה לגגו וגדר לבורו, מברך:

בָּרוּךְ אַתָּה יהוה אֱלֹהֵינוּ מֶלֶךְ הָעוֹלָם, אֲשֶׁר קִדְּשָׁנוּ בְּמִצְוֹתָיו וְצִוָּנוּ לַעֲשׂוֹת מַעֲקֶה.

אישה המיטהרת וגר הטובל בעת גיורו, מברכים:

בָּרוּךְ אַתָּה יהוה אֱלֹהֵינוּ מֶלֶךְ הָעוֹלָם, אֲשֶׁר קִדְּשָׁנוּ בְּמִצְוֹתָיו וְצִוָּנוּ עַל הַטְּבִילָה.

הטובל כלים חדשים שעשאם נכרי, מברך (ואם אינם כלי מתכת או זכוכית, טובל בלא ברכה):

בָּרוּךְ אַתָּה יהוה אֱלֹהֵינוּ מֶלֶךְ הָעוֹלָם, אֲשֶׁר קִדְּשָׁנוּ בְּמִצְוֹתָיו וְצִוָּנוּ עַל טְבִילַת כֶּלִי (כֵּלִים).

ברכות הנהנין, הראייה והשמיעה

על כלים ועל בגדים חדשים מברך:

בָּרוּךְ אַתָּה יהוה אֱלֹהֵינוּ מֶלֶךְ הָעוֹלָם, שֶׁהֶחֱיָנוּ וְקִיְּמָנוּ וְהִגִּיעָנוּ לַזְּמַן הַזֶּה.

הלובש מלבוש חדש, מברך:

בָּרוּךְ אַתָּה יהוה אֱלֹהֵינוּ מֶלֶךְ הָעוֹלָם, מַלְבִּישׁ עֲרֻמִּים.

על ריח טוב של אילנות ושיחים מברך:

בָּרוּךְ אַתָּה יהוה אֱלֹהֵינוּ מֶלֶךְ הָעוֹלָם, בּוֹרֵא עֲצֵי בְשָׂמִים.

על ריח טוב של עשבים מברך:

בָּרוּךְ אַתָּה יהוה אֱלֹהֵינוּ מֶלֶךְ הָעוֹלָם, בּוֹרֵא עִשְׂבֵי בְשָׂמִים.

על ריח טוב של פירות מברך:

בָּרוּךְ אַתָּה יהוה אֱלֹהֵינוּ מֶלֶךְ הָעוֹלָם, הַנּוֹתֵן רֵיחַ טוֹב בַּפֵּרוֹת.

על שמן אפרסמון מברך:

בָּרוּךְ אַתָּה יהוה אֱלֹהֵינוּ מֶלֶךְ הָעוֹלָם, בּוֹרֵא שֶׁמֶן עָרֵב.

על שאר בשמים מברך:

בָּרוּךְ אַתָּה יהוה אֱלֹהֵינוּ מֶלֶךְ הָעוֹלָם, בּוֹרֵא מִינֵי בְשָׂמִים.

הרואה ברק ותופעות טבע שאינן רגילות, או המברך ברכת החמה, מברך:

בָּרוּךְ אַתָּה יהוה אֱלֹהֵינוּ מֶלֶךְ הָעוֹלָם, עוֹשֶׂה מַעֲשֵׂה בְרֵאשִׁית.

השומע קול רעם, מברך:

בָּרוּךְ אַתָּה יהוה אֱלֹהֵינוּ מֶלֶךְ הָעוֹלָם, שֶׁכֹּחוֹ וּגְבוּרָתוֹ מָלֵא עוֹלָם.

הרואה קשת בענן, מברך:

בָּרוּךְ אַתָּה יהוה אֱלֹהֵינוּ מֶלֶךְ הָעוֹלָם
זוֹכֵר הַבְּרִית וְנֶאֱמָן בִּבְרִיתוֹ וְקַיָּם בְּמַאֲמָרוֹ.

הרואה את הים התיכון (שו"ע רכח, א) או את האוקיינוס (משנ"ב שם, ב), מברך:

בָּרוּךְ אַתָּה יהוה אֱלֹהֵינוּ מֶלֶךְ הָעוֹלָם, שֶׁעָשָׂה אֶת הַיָּם הַגָּדוֹל.

הרואה בפעם הראשונה אילנות בפריחתם בחודש ניסן (ראה הלכה 633), מברך:

בָּרוּךְ אַתָּה יהוה אֱלֹהֵינוּ מֶלֶךְ הָעוֹלָם, שֶׁלֹּא חִסַּר בְּעוֹלָמוֹ כְּלוּם
וּבָרָא בוֹ בְּרִיּוֹת טוֹבוֹת וְאִילָנוֹת טוֹבִים לְהַנּוֹת בָּהֶם בְּנֵי אָדָם.

הרואה מראות טבע יפים ביותר, מברך:

בָּרוּךְ אַתָּה יהוה אֱלֹהֵינוּ מֶלֶךְ הָעוֹלָם, שֶׁכָּכָה לּוֹ בְּעוֹלָמוֹ.

הרואה אדם (או ברייה אחרת) משונה ביותר, מברך:

בָּרוּךְ אַתָּה יהוה אֱלֹהֵינוּ מֶלֶךְ הָעוֹלָם, מְשַׁנֶּה הַבְּרִיּוֹת.

על שמועות טובות לו ולאחרים, מברך:

בָּרוּךְ אַתָּה יהוה אֱלֹהֵינוּ מֶלֶךְ הָעוֹלָם, הַטּוֹב וְהַמֵּטִיב.

אם הן טובות רק לו, מברך 'שֶׁהֶחֱיָנוּ' (עמ' 515).

על שמועות רעות רח"ל (וכן אבל קודם הקריעה) מברך:

בָּרוּךְ אַתָּה יהוה אֱלֹהֵינוּ מֶלֶךְ הָעוֹלָם, דַּיַּן הָאֱמֶת.

הרואה גדול בתורה, מברך:

בָּרוּךְ אַתָּה יהוה אֱלֹהֵינוּ מֶלֶךְ הָעוֹלָם, שֶׁחָלַק מֵחָכְמָתוֹ לִירֵאָיו.

הרואה חכם גדול בשאר חכמות, מברך:

בָּרוּךְ אַתָּה יהוה אֱלֹהֵינוּ מֶלֶךְ הָעוֹלָם
שֶׁנָּתַן מֵחָכְמָתוֹ לְבָשָׂר וָדָם.

הרואה מלך מאומות העולם, מברך:

בָּרוּךְ אַתָּה יהוה אֱלֹהֵינוּ מֶלֶךְ הָעוֹלָם
שֶׁנָּתַן מִכְּבוֹדוֹ לְבָשָׂר וָדָם.

הרואה שישים ריבוא מישראל ביחד בארץ ישראל, מברך:

בָּרוּךְ אַתָּה יהוה אֱלֹהֵינוּ מֶלֶךְ הָעוֹלָם, חֲכַם הָרָזִים.

הרואה בתי ישראל ביישובם בארץ ישראל, מברך:

בָּרוּךְ אַתָּה יהוה אֱלֹהֵינוּ מֶלֶךְ הָעוֹלָם, מַצִּיב גְּבוּל אַלְמָנָה.

הרואה מקום שנעשו בו נסים לישראל, מברך:

בָּרוּךְ אַתָּה יהוה אֱלֹהֵינוּ מֶלֶךְ הָעוֹלָם
שֶׁעָשָׂה נִסִּים לַאֲבוֹתֵינוּ בַּמָּקוֹם הַזֶּה.

הרואה מקום שנעשה לו (או לאבותיו) בו נס, מברך:

בָּרוּךְ אַתָּה יהוה אֱלֹהֵינוּ מֶלֶךְ הָעוֹלָם
שֶׁעָשָׂה לִי (לְאָבִי/לְאִמִּי/לַאֲבוֹתַי) נֵס בַּמָּקוֹם הַזֶּה.

ברכות נוספות

הרואה קברי ישראל (שלא ראם שלושים יום), מברך:

בָּרוּךְ אַתָּה יהוה אֱלֹהֵינוּ מֶלֶךְ הָעוֹלָם, אֲשֶׁר יָצַר אֶתְכֶם בַּדִּין, וְזָן וְכִלְכֵּל אֶתְכֶם בַּדִּין, וְהֵמִית אֶתְכֶם בַּדִּין, וְיוֹדֵעַ מִסְפַּר כֻּלְּכֶם בַּדִּין, וְהוּא עָתִיד לְהַחֲיוֹתְכֶם וּלְקַיֵּם אֶתְכֶם בַּדִּין. בָּרוּךְ אַתָּה יהוה, מְחַיֵּה הַמֵּתִים.

אַתָּה גִּבּוֹר לְעוֹלָם אֲדֹנָי, מְחַיֵּה מֵתִים אַתָּה, רַב לְהוֹשִׁיעַ, מְכַלְכֵּל חַיִּים בְּחֶסֶד, מְחַיֵּה מֵתִים בְּרַחֲמִים רַבִּים, סוֹמֵךְ נוֹפְלִים, וְרוֹפֵא חוֹלִים, וּמַתִּיר אֲסוּרִים, וּמְקַיֵּם אֱמוּנָתוֹ לִישֵׁנֵי עָפָר. מִי כָמוֹךָ בַּעַל גְּבוּרוֹת וּמִי דּוֹמֶה לָּךְ, מֶלֶךְ מֵמִית וּמְחַיֶּה וּמַצְמִיחַ יְשׁוּעָה, וְנֶאֱמָן אַתָּה לְהַחֲיוֹת מֵתִים.

בחו״ל, לאחר ברכת ׳הַשְׁכִּיבֵנוּ׳, נוהגים להוסיף את הפסוקים ׳בָּרוּךְ ה׳ לְעוֹלָם׳ ואת ברכת ׳יִרְאוּ עֵינֵינוּ׳, וברוב הקהילות אין מוסיפים אותם במוצאי שבת. ראה הלכה 192.

בָּרוּךְ יהוה לְעוֹלָם, אָמֵן וְאָמֵן: בָּרוּךְ יהוה מִצִּיּוֹן, שֹׁכֵן יְרוּשָׁלָםִ, הַלְלוּיָהּ: תהלים פט תהלים קלה
בָּרוּךְ יהוה אֱלֹהִים אֱלֹהֵי יִשְׂרָאֵל, עֹשֵׂה נִפְלָאוֹת לְבַדּוֹ: וּבָרוּךְ שֵׁם כְּבוֹדוֹ תהלים עב
לְעוֹלָם, וְיִמָּלֵא כְבוֹדוֹ אֶת־כָּל־הָאָרֶץ, אָמֵן וְאָמֵן: יְהִי כְבוֹד יהוה לְעוֹלָם, תהלים קד
יִשְׂמַח יהוה בְּמַעֲשָׂיו: יְהִי שֵׁם יהוה מְבֹרָךְ מֵעַתָּה וְעַד־עוֹלָם: כִּי לֹא־יִטֹּשׁ שמואל א, יב תהלים קיג
יהוה אֶת־עַמּוֹ בַּעֲבוּר שְׁמוֹ הַגָּדוֹל, כִּי הוֹאִיל יהוה לַעֲשׂוֹת אֶתְכֶם לוֹ לְעָם:
וַיַּרְא כָּל־הָעָם וַיִּפְּלוּ עַל־פְּנֵיהֶם, וַיֹּאמְרוּ, יהוה הוּא הָאֱלֹהִים, יהוה הוּא מלכים א, יח
הָאֱלֹהִים: וְהָיָה יהוה לְמֶלֶךְ עַל־כָּל־הָאָרֶץ, בַּיּוֹם הַהוּא יִהְיֶה יהוה אֶחָד זכריה יד
וּשְׁמוֹ אֶחָד: יְהִי־חַסְדְּךָ יהוה עָלֵינוּ, כַּאֲשֶׁר יִחַלְנוּ לָךְ: הוֹשִׁיעֵנוּ יהוה אֱלֹהֵינוּ, תהלים לג תהלים קו
וְקַבְּצֵנוּ מִן־הַגּוֹיִם, לְהוֹדוֹת לְשֵׁם קָדְשֶׁךָ, לְהִשְׁתַּבֵּחַ בִּתְהִלָּתֶךָ: כָּל־גּוֹיִם תהלים פו
אֲשֶׁר עָשִׂיתָ, יָבוֹאוּ וְיִשְׁתַּחֲווּ לְפָנֶיךָ, אֲדֹנָי, וִיכַבְּדוּ לִשְׁמֶךָ: כִּי־גָדוֹל אַתָּה

וְעֹשֵׂה נִפְלָאוֹת, אַתָּה אֱלֹהִים לְבַדֶּךָ: וַאֲנַחְנוּ עַמְּךָ וְצֹאן מַרְעִיתֶךָ, נוֹדֶה לְּךָ תהלים עט
לְעוֹלָם לְדוֹר וָדֹר נְסַפֵּר תְּהִלָּתֶךָ:

בָּרוּךְ יהוה בַּיּוֹם, בָּרוּךְ יהוה בַּלָּיְלָה, בָּרוּךְ יהוה בְּשָׁכְבֵנוּ, בָּרוּךְ יהוה בְּקוּמֵנוּ.
כִּי בְיָדְךָ נַפְשׁוֹת הַחַיִּים וְהַמֵּתִים. אֲשֶׁר בְּיָדוֹ נֶפֶשׁ כָּל־חָי, וְרוּחַ כָּל־בְּשַׂר־ איוב יב
אִישׁ: בְּיָדְךָ אַפְקִיד רוּחִי, פָּדִיתָה אוֹתִי יהוה אֵל אֱמֶת: אֱלֹהֵינוּ שֶׁבַּשָּׁמַיִם, תהלים לא
יַחֵד שִׁמְךָ וְקַיֵּם מַלְכוּתְךָ תָּמִיד, וּמְלֹךְ עָלֵינוּ לְעוֹלָם וָעֶד.

יִרְאוּ עֵינֵינוּ וְיִשְׂמַח לִבֵּנוּ, וְתָגֵל נַפְשֵׁנוּ בִּישׁוּעָתְךָ בֶּאֱמֶת, בֶּאֱמֹר לְצִיּוֹן מָלַךְ אֱלֹהָיִךְ. יהוה מֶלֶךְ, יהוה מָלָךְ, יהוה יִמְלֹךְ לְעֹלָם וָעֶד. • כִּי הַמַּלְכוּת שֶׁלְּךָ הִיא, וּלְעוֹלְמֵי עַד תִּמְלֹךְ בְּכָבוֹד, כִּי אֵין לָנוּ מֶלֶךְ אֶלָּא אָתָּה. בָּרוּךְ אַתָּה יהוה, הַמֶּלֶךְ בִּכְבוֹדוֹ תָּמִיד, יִמְלֹךְ עָלֵינוּ לְעוֹלָם וָעֶד וְעַל כָּל מַעֲשָׂיו.

ממשיכים בחצי קדיש (עמ׳ 124).

תפילה קצרה לשעת הדחק

בשעת הדחק רשאי אדם להתפלל תפילה קצרה במקום שמונה עשרה ברכות שלמות. אומר שלוש ברכות ראשונות עד ׳הָאֵל הַקָּדוֹשׁ׳ (עמ׳ 55–57), אחר כך אומר (ראה הלכה 104):

הֲבִינֵנוּ יהוה אֱלֹהֵינוּ לָדַעַת דְּרָכֶיךָ, וּמוֹל אֶת לְבָבֵנוּ לְיִרְאָתֶךָ, וְתִסְלַח לָנוּ לִהְיוֹת גְּאוּלִים, וְרַחֲקֵנוּ מִמַּכְאוֹב, וְדַשְּׁנֵנוּ בִּנְאוֹת אַרְצֶךָ, וּנְפוּצוֹתֵינוּ מֵאַרְבַּע תְּקַבֵּץ, וְהַתּוֹעִים עַל דַּעְתְּךָ יִשָּׁפֵטוּ, וְעַל הָרְשָׁעִים תָּנִיף יָדֶךָ, וְיִשְׂמְחוּ צַדִּיקִים בְּבִנְיַן עִירֶךָ וּבְתִקּוּן הֵיכָלֶךָ, וּבִצְמִיחַת קֶרֶן לְדָוִד עַבְדֶּךָ וּבַעֲרִיכַת נֵר לְבֶן יִשַׁי מְשִׁיחֶךָ, טֶרֶם נִקְרָא אַתָּה תַעֲנֶה. בָּרוּךְ אַתָּה יהוה, שׁוֹמֵעַ תְּפִלָּה.

וממשיך בשלוש הברכות האחרונות ׳רְצֵה׳ (עמ׳ 61) ועד הסוף.

מי שאינו יכול לומר תפילה קצרה, אומר את הבקשה הבאה (הלכה 105):

צָרְכֵי עַמְּךָ יִשְׂרָאֵל מְרֻבִּים וְדַעְתָּם קְצָרָה. יְהִי רָצוֹן מִלְּפָנֶיךָ יהוה אֱלֹהֵינוּ וֵאלֹהֵי אֲבוֹתֵינוּ, שֶׁתִּתֵּן לְכָל אֶחָד וְאֶחָד כְּדֵי פַרְנָסָתוֹ, וּלְכָל גְּוִיָּה וּגְוִיָּה דֵּי מַחְסוֹרָהּ, וְהַטּוֹב בְּעֵינֶיךָ עֲשֵׂה. בָּרוּךְ אַתָּה יהוה, שׁוֹמֵעַ תְּפִלָּה.

ואם יכול להתפלל אחר כך, מתפלל תפילה מלאה (ראה הלכה 104).

סדר חנוכת הבית

מִזְמוֹר שִׁיר־חֲנֻכַּת הַבַּיִת לְדָוִד: אֲרוֹמִמְךָ יהוה כִּי דִלִּיתָנִי, וְלֹא־שִׂמַּחְתָּ אֹיְבַי תהלים ל
לִי: יהוה אֱלֹהָי, שִׁוַּעְתִּי אֵלֶיךָ וַתִּרְפָּאֵנִי: יהוה, הֶעֱלִיתָ מִן־שְׁאוֹל נַפְשִׁי, חִיִּיתַנִי
מִיָּרְדִי־בוֹר: זַמְּרוּ לַיהוה חֲסִידָיו, וְהוֹדוּ לְזֵכֶר קָדְשׁוֹ: כִּי רֶגַע בְּאַפּוֹ, חַיִּים
בִּרְצוֹנוֹ, בָּעֶרֶב יָלִין בֶּכִי וְלַבֹּקֶר רִנָּה: וַאֲנִי אָמַרְתִּי בְשַׁלְוִי, בַּל־אֶמּוֹט לְעוֹלָם:
יהוה, בִּרְצוֹנְךָ הֶעֱמַדְתָּה לְהַרְרִי עֹז, הִסְתַּרְתָּ פָנֶיךָ הָיִיתִי נִבְהָל: אֵלֶיךָ יהוה
אֶקְרָא, וְאֶל־אֲדֹנָי אֶתְחַנָּן: מַה־בֶּצַע בְּדָמִי, בְּרִדְתִּי אֶל שָׁחַת, הֲיוֹדְךָ עָפָר, הֲיַגִּיד
אֲמִתֶּךָ: שְׁמַע־יהוה וְחָנֵּנִי, יהוה הֱיֵה־עֹזֵר לִי: הָפַכְתָּ מִסְפְּדִי לְמָחוֹל לִי, פִּתַּחְתָּ
שַׂקִּי, וַתְּאַזְּרֵנִי שִׂמְחָה: לְמַעַן יְזַמֶּרְךָ כָבוֹד וְלֹא יִדֹּם, יהוה אֱלֹהַי, לְעוֹלָם אוֹדֶךָּ:

מִזְמוֹר לְדָוִד, יהוה מִי־יָגוּר בְּאָהֳלֶךָ, מִי־יִשְׁכֹּן בְּהַר קָדְשֶׁךָ: הוֹלֵךְ תָּמִים וּפֹעֵל תהלים טו
צֶדֶק, וְדֹבֵר אֱמֶת בִּלְבָבוֹ: לֹא־רָגַל עַל־לְשֹׁנוֹ, לֹא־עָשָׂה לְרֵעֵהוּ רָעָה, וְחֶרְפָּה
לֹא־נָשָׂא עַל־קְרֹבוֹ: נִבְזֶה בְּעֵינָיו נִמְאָס, וְאֶת־יִרְאֵי יהוה יְכַבֵּד, נִשְׁבַּע לְהָרַע וְלֹא
יָמִר: כַּסְפּוֹ לֹא־נָתַן בְּנֶשֶׁךְ, וְשֹׁחַד עַל־נָקִי לֹא־לָקָח, עֹשֵׂה אֵלֶּה, לֹא יִמּוֹט לְעוֹלָם:

רִבּוֹן הָעוֹלָם, הַשְׁקִיפָה מִמְּעוֹן קָדְשְׁךָ, וְקַבֵּל בְּרַחֲמִים וּבְרָצוֹן אֶת תְּפִלַּת בָּנֶיךָ וְתַחֲנוּנָם, אֲשֶׁר הִתְאַסְּפוּ פֹּה לַחֲנֹךְ אֶת הַבַּיִת הַזֶּה וּלְהַקְרִיב לְפָנֶיךָ אֶת תּוֹדָתָם עַל כָּל הַחֶסֶד וְהָאֱמֶת אֲשֶׁר עָשִׂיתָ אִתָּם. אָנָּא חַסְדְּךָ מֵאִתָּם אַל יָמוּשׁ, וּבְרִית שְׁלוֹמְךָ אַל תָּמוּט. הָגֵן בְּעַד בֵּית מְגוּרֵיהֶם, לֹא תְאֻנֶּה אֵלָיו רָעָה, וְנֶגַע וְצַעַר לֹא יִקְרְבוּ אֵלָיו, וְלֹא יִשָּׁמַע קוֹל צְוָחָה בְּתוֹכוֹ. זַכֵּה אֶת בְּנֵי הַבַּיִת לָשֶׁבֶת בְּמִשְׁכְּנָם בְּאַחֲוָה וְרֵעוּת, לְאַהֲבָה וּלְיִרְאָה אוֹתְךָ וּלְדָבְקָה בָךְ, לַהֲגוֹת בְּתוֹרָתְךָ וּלְקַיֵּם מִצְוֹתֶיהָ.

אם יש לבני הזוג ילדים, מוסיפים את המילים שבסוגריים.

הָרֵק בִּרְכוֹתֶיךָ עַל בַּעַל הַבַּיִת. בָּרֵךְ יהוה חֵילוֹ, וּפֹעַל יָדָיו תִּרְצֶה: הַרְחִיקֵהוּ מִידֵי דברים לג
עֲבֵרָה וְעָוֹן, וִיהִי נָעֳמְךָ עָלָיו, וּמַעֲשֵׂה יָדָיו כּוֹנְנֵהוּ. יְהִי נָא חַסְדְּךָ אֶת אִשְׁתּוֹ,
צוֹפִיָּה הֲלִיכוֹת בֵּיתָהּ: וְתֵדַע כִּי, אִשָּׁה יִרְאַת־יהוה הִיא תִתְהַלָּל: (הוֹפַע עַל משלי לא
בְּנֵיהֶם וּבְנוֹתֵיהֶם רוּחַ חָכְמָה וּבִינָה, הַדְרִיכֵם בִּנְתִיב מִצְוֹתֶיךָ, וְכָל־רֹאֵיהֶם ישעיה סא
יַכִּירוּם כִּי הֵם זֶרַע בֵּרַךְ יהוה, בְּרוּכִים בַּתּוֹרָה וּבְיִרְאַת שָׁמָיִם.) שָׁמְרֵם מִכָּל רָע,
שְׁמֹר אֶת נַפְשָׁם, וִיקַיֵּם בָּהֶם: בָּרוּךְ אַתָּה בְּבֹאֶךָ, וּבָרוּךְ אַתָּה בְּצֵאתֶךָ: וְכַאֲשֶׁר דברים כח
זִכִּיתָנוּ לַחֲנֹךְ אֶת הַבַּיִת הַזֶּה עַתָּה, כֵּן נִזְכֶּה גַּם יַחַד לִרְאוֹת חֲנֻכַּת הַבַּיִת הַגָּדוֹל
וְהַקָּדוֹשׁ בִּירוּשָׁלַיִם עִירְךָ, קִרְיַת מוֹעֲדֵינוּ, בִּמְהֵרָה בְיָמֵינוּ, אָמֵן.

תפילת הדרך

היוצא לדרך אומר תפילה זו (ברכות כט ע״ב).

ואם בדעתו לחזור באותו היום, אומר את המילים שבסוגריים (הגר״א).

יְהִי רָצוֹן מִלְּפָנֶיךָ, יהוה אֱלֹהֵינוּ וֵאלֹהֵי אֲבוֹתֵינוּ
שֶׁתּוֹלִיכֵנוּ לְשָׁלוֹם, וְתַצְעִידֵנוּ לְשָׁלוֹם, וְתַדְרִיכֵנוּ לְשָׁלוֹם
וְתַגִּיעֵנוּ לִמְחוֹז חֶפְצֵנוּ לְחַיִּים וּלְשִׂמְחָה וּלְשָׁלוֹם
(וְתַחֲזִירֵנוּ לְבֵיתֵנוּ לְשָׁלוֹם)
וְתַצִּילֵנוּ מִכַּף כָּל אוֹיֵב וְאוֹרֵב בַּדֶּרֶךְ
וּמִכָּל מִינֵי פֻּרְעָנִיּוֹת הַמִּתְרַגְּשׁוֹת לָבוֹא לָעוֹלָם
וְתִשְׁלַח בְּרָכָה בְּמַעֲשֵׂה יָדֵינוּ
וְתִתְּנֵנוּ לְחֵן וּלְחֶסֶד וּלְרַחֲמִים בְּעֵינֶיךָ וּבְעֵינֵי כָל רוֹאֵינוּ
וְתִשְׁמַע קוֹל תַּחֲנוּנֵינוּ
כִּי אֵל שׁוֹמֵעַ תְּפִלָּה וְתַחֲנוּן אָתָּה.
בָּרוּךְ אַתָּה יהוה, שׁוֹמֵעַ תְּפִלָּה.

לאחר תפילת הדרך נוהגים להוסיף פסוקים לברכה (׳אליה רבה׳ קי, ח).

יהוה יִשְׁמָר־צֵאתְךָ וּבוֹאֶךָ, מֵעַתָּה וְעַד־עוֹלָם: תהלים קכא

אומר שלוש פעמים:

וְיַעֲקֹב הָלַךְ לְדַרְכּוֹ, וַיִּפְגְּעוּ־בוֹ מַלְאֲכֵי אֱלֹהִים: בראשית לב
וַיֹּאמֶר יַעֲקֹב כַּאֲשֶׁר רָאָם, מַחֲנֵה אֱלֹהִים זֶה
וַיִּקְרָא שֵׁם־הַמָּקוֹם הַהוּא מַחֲנָיִם:

אומר שלוש פעמים:

יְבָרֶכְךָ יהוה וְיִשְׁמְרֶךָ: במדבר ו
יָאֵר יהוה פָּנָיו אֵלֶיךָ וִיחֻנֶּךָּ:
יִשָּׂא יהוה פָּנָיו אֵלֶיךָ וְיָשֵׂם לְךָ שָׁלוֹם:

שִׁיר לַמַּעֲלוֹת, אֶשָּׂא עֵינַי אֶל־הֶהָרִים, מֵאַיִן יָבֹא עֶזְרִי: עֶזְרִי מֵעִם יהוה, תהלים קכא
עֹשֵׂה שָׁמַיִם וָאָרֶץ: אַל־יִתֵּן לַמּוֹט רַגְלֶךָ, אַל־יָנוּם שֹׁמְרֶךָ: הִנֵּה לֹא־יָנוּם וְלֹא
יִישָׁן, שׁוֹמֵר יִשְׂרָאֵל: יהוה שֹׁמְרֶךָ, יהוה צִלְּךָ עַל־יַד יְמִינֶךָ: יוֹמָם הַשֶּׁמֶשׁ
לֹא־יַכֶּכָּה, וְיָרֵחַ בַּלָּיְלָה: יהוה יִשְׁמָרְךָ מִכָּל־רָע, יִשְׁמֹר אֶת־נַפְשֶׁךָ: יהוה
יִשְׁמָר־צֵאתְךָ וּבוֹאֶךָ, מֵעַתָּה וְעַד־עוֹלָם:

מעגל החיים

סדר ברית מילה

כשמביאים את הילד, הקהל עומד על רגליו ואומר (ספר המנהיג):

בָּרוּךְ הַבָּא.

פסוק זה נדרש בזוהר (לך לך, צו ע״ב)
על הבחירה בישראל הבאה לידי ביטוי בברית המילה.

המוהל: **אַשְׁרֵי תִּבְחַר וּתְקָרֵב, יִשְׁכֹּן חֲצֵרֶיךָ** תהלים סה

הקהל: **נִשְׂבְּעָה בְּטוּב בֵּיתֶךָ, קְדֹשׁ הֵיכָלֶךָ:**

האב לוקח את בנו ואומר בלחש:

אִם־אֶשְׁכָּחֵךְ יְרוּשָׁלָםִ, תִּשְׁכַּח יְמִינִי: תהלים קלז
תִּדְבַּק לְשׁוֹנִי לְחִכִּי אִם־לֹא אֶזְכְּרֵכִי
אִם־לֹא אַעֲלֶה אֶת־יְרוּשָׁלַםִ עַל רֹאשׁ שִׂמְחָתִי:

מנהג ארץ ישראל הוא שהאב אומר את הפסוקים הבאים בקול רם, והקהל אחריו:

שְׁמַע יִשְׂרָאֵל, יהוה אֱלֹהֵינוּ, יהוה אֶחָד: דברים ו

פעמיים: **יהוה מֶלֶךְ, יהוה מָלָךְ, יהוה יִמְלֹךְ לְעוֹלָם וָעֶד.**

פעמיים: **אָנָּא יהוה הוֹשִׁיעָה נָּא** תהלים קיח

פעמיים: **אָנָּא יהוה הַצְלִיחָה נָא:**

לאחר שאליהו הנביא קינא לקיום ברית המילה,
שנאמר ״קַנֹּא קִנֵּאתִי לַה׳ אֱלֹהֵי צְבָאוֹת, כִּי־עָזְבוּ בְרִיתְךָ בְּנֵי יִשְׂרָאֵל״ (מל״א יט, יד),
הקב״ה ציווה עליו שיהא נוכח בכל טקס מילה (שיבולי הלקט).

מניחים את הילד על כיסא אליהו, והמוהל אומר:

זֶה הַכִּסֵּא שֶׁל אֵלִיָּהוּ הַנָּבִיא זָכוּר לַטּוֹב.

בראשית מט לִישׁוּעָתְךָ קִוִּיתִי יהוה:

תהלים קיט שִׂבַּרְתִּי לִישׁוּעָתְךָ יהוה, וּמִצְוֹתֶיךָ עָשִׂיתִי:

אֵלִיָּהוּ מַלְאַךְ הַבְּרִית, הִנֵּה שֶׁלְּךָ לְפָנֶיךָ, עֲמֹד עַל יְמִינִי וְסָמְכֵנִי.

תהלים קיט שִׂבַּרְתִּי לִישׁוּעָתְךָ יהוה:

שָׂשׂ אָנֹכִי עַל־אִמְרָתֶךָ, כְּמוֹצֵא שָׁלָל רָב:

שָׁלוֹם רָב לְאֹהֲבֵי תוֹרָתֶךָ, וְאֵין־לָמוֹ מִכְשׁוֹל:

תהלים סה אַשְׁרֵי תִּבְחַר וּתְקָרֵב, יִשְׁכֹּן חֲצֵרֶיךָ

והקהל עונה:

נִשְׂבְּעָה בְּטוּב בֵּיתֶךָ, קְדֹשׁ הֵיכָלֶךָ:

הסנדק מקבל את הילד על ברכיו, והמוהל מברך:

בָּרוּךְ אַתָּה יהוה אֱלֹהֵינוּ מֶלֶךְ הָעוֹלָם

אֲשֶׁר קִדְּשָׁנוּ בְּמִצְוֹתָיו וְצִוָּנוּ עַל הַמִּילָה.

ומיד אבי הבן מברך:

בָּרוּךְ אַתָּה יהוה אֱלֹהֵינוּ מֶלֶךְ הָעוֹלָם

אֲשֶׁר קִדְּשָׁנוּ בְּמִצְוֹתָיו

וְצִוָּנוּ לְהַכְנִיסוֹ בִּבְרִיתוֹ שֶׁל אַבְרָהָם אָבִינוּ.

בארץ ישראל נוהגים שהאב מברך 'שֶׁהֶחֱיָנוּ' (רמב"ם):

בָּרוּךְ אַתָּה יהוה אֱלֹהֵינוּ מֶלֶךְ הָעוֹלָם

שֶׁהֶחֱיָנוּ וְקִיְּמָנוּ וְהִגִּיעָנוּ לַזְּמַן הַזֶּה.

הקהל עונה:

אָמֵן. כְּשֵׁם שֶׁנִּכְנַס לַבְּרִית

כֵּן יִכָּנֵס לְתוֹרָה וּלְחֻפָּה וּלְמַעֲשִׂים טוֹבִים.

אחר המילה מברך (שבת קלז ע״ב):

בָּרוּךְ אַתָּה יהוה אֱלֹהֵינוּ מֶלֶךְ הָעוֹלָם, בּוֹרֵא פְּרִי הַגָּפֶן.

בָּרוּךְ אַתָּה יהוה אֱלֹהֵינוּ מֶלֶךְ הָעוֹלָם, אֲשֶׁר קִדַּשׁ יְדִיד מִבֶּטֶן, וְחֹק בִּשְׁאֵרוֹ שָׂם, וְצֶאֱצָאָיו חָתַם בְּאוֹת בְּרִית קֹדֶשׁ. עַל כֵּן בִּשְׂכַר זֹאת, אֵל חַי חֶלְקֵנוּ צוּרֵנוּ צַוֵּה לְהַצִּיל יְדִידוּת שְׁאֵרֵנוּ מִשַּׁחַת, לְמַעַן בְּרִיתוֹ אֲשֶׁר שָׂם בִּבְשָׂרֵנוּ. בָּרוּךְ אַתָּה יהוה, כּוֹרֵת הַבְּרִית.

המברך אומר:

אֱלֹהֵינוּ וֵאלֹהֵי אֲבוֹתֵינוּ, קַיֵּם אֶת הַיֶּלֶד הַזֶּה לְאָבִיו וּלְאִמּוֹ,
וְיִקָּרֵא שְׁמוֹ בְּיִשְׂרָאֵל (פלוני בֶּן פלוני)**. יִשְׂמַח הָאָב בְּיוֹצֵא חֲלָצָיו**
וְתָגֵל אִמּוֹ בִּפְרִי בִטְנָהּ, כַּכָּתוּב: יִשְׂמַח־אָבִיךָ וְאִמֶּךָ, וְתָגֵל משלי כג
יוֹלַדְתֶּךָ: וְנֶאֱמַר: וָאֶעֱבֹר עָלַיִךְ וָאֶרְאֵךְ מִתְבּוֹסֶסֶת בְּדָמָיִךְ, יחזקאל טז
וָאֹמַר לָךְ בְּדָמַיִךְ חֲיִי, וָאֹמַר לָךְ בְּדָמַיִךְ חֲיִי: וְנֶאֱמַר: זָכַר לְעוֹלָם תהלים קה
בְּרִיתוֹ, דָּבָר צִוָּה לְאֶלֶף דּוֹר: אֲשֶׁר כָּרַת אֶת־אַבְרָהָם, וּשְׁבוּעָתוֹ
לְיִשְׂחָק: וַיַּעֲמִידֶהָ לְיַעֲקֹב לְחֹק, לְיִשְׂרָאֵל בְּרִית עוֹלָם: וְנֶאֱמַר:
וַיָּמָל אַבְרָהָם אֶת־יִצְחָק בְּנוֹ בֶּן־שְׁמֹנַת יָמִים, כַּאֲשֶׁר צִוָּה אֹתוֹ בראשית כא
אֱלֹהִים: הוֹדוּ לַיהוה כִּי־טוֹב, כִּי לְעוֹלָם חַסְדּוֹ: תהלים קיח

הקהל עונה:

הוֹדוּ לַיהוה כִּי־טוֹב, כִּי לְעוֹלָם חַסְדּוֹ:

המברך ממשיך:

(פלוני בֶּן פלוני) **זֶה הַקָּטָן גָּדוֹל יִהְיֶה, כְּשֵׁם שֶׁנִּכְנַס לַבְּרִית, כֵּן יִכָּנֵס לְתוֹרָה וּלְחֻפָּה וּלְמַעֲשִׂים טוֹבִים.**

נותנים מעט מהיין לתינוק, לסנדק ולאם.

אומרים ׳עָלֵינוּ׳ (עמ׳ 86), ואחריו קדיש יתום (עמ׳ 87).

ברכת המזון לברית מילה

המזמן אומר: רַבּוֹתַי, נְבָרֵךְ.

תהלים קיג המסובין: יְהִי שֵׁם יהוה מְבֹרָךְ מֵעַתָּה וְעַד־עוֹלָם:

המזמן חוזר: יְהִי שֵׁם יהוה מְבֹרָךְ מֵעַתָּה וְעַד־עוֹלָם:

המזמן ואחריו המסובין: נוֹדֶה לְשִׁמְךָ בְּתוֹךְ אֱמוּנַי, בְּרוּכִים אַתֶּם לַיהוה.

המזמן: בִּרְשׁוּת אֵל אָיֹם וְנוֹרָא
מִשְׂגָּב לְעִתּוֹת בַּצָּרָה
אֵל נֶאְזָר בִּגְבוּרָה
אַדִּיר בַּמָּרוֹם יהוה.

המסובין: נוֹדֶה לְשִׁמְךָ בְּתוֹךְ אֱמוּנַי, בְּרוּכִים אַתֶּם לַיהוה.

המזמן: בִּרְשׁוּת הַתּוֹרָה הַקְּדוֹשָׁה
טְהוֹרָה הִיא וְגַם פְּרוּשָׁה
צִוָּה לָנוּ מוֹרָשָׁה
מֹשֶׁה עֶבֶד יהוה.

המסובין: נוֹדֶה לְשִׁמְךָ בְּתוֹךְ אֱמוּנַי, בְּרוּכִים אַתֶּם לַיהוה.

המזמן: בִּרְשׁוּת הַכֹּהֲנִים וְהַלְוִיִּם
אֶקְרָא לֵאלֹהֵי הָעִבְרִיִּים
אֲהוֹדֶנּוּ בְּכָל אִיִּים
אֲבָרְכָה אֶת יהוה.

המסובין: נוֹדֶה לְשִׁמְךָ בְּתוֹךְ אֱמוּנַי, בְּרוּכִים אַתֶּם לַיהוה.

המזמן: בִּרְשׁוּת מָרָנָן וְרַבָּנָן וְרַבּוֹתַי
אֶפְתְּחָה בְּשִׁיר פִּי וּשְׂפָתַי
וְתֹאמַרְנָה עַצְמוֹתַי
בָּרוּךְ הַבָּא בְּשֵׁם יהוה.

המסובין: נוֹדֶה לְשִׁמְךָ בְּתוֹךְ אֱמוּנַי, בְּרוּכִים אַתֶּם לַיהוה.

המזמן אומר: בִּרְשׁוּת מָרָנָן וְרַבָּנָן וְרַבּוֹתַי
נְבָרֵךְ (במניין: אֱלֹהֵינוּ) שֶׁאָכַלְנוּ מִשֶּׁלּוֹ.

המסובין: בָּרוּךְ (במניין: אֱלֹהֵינוּ) שֶׁאָכַלְנוּ מִשֶּׁלּוֹ וּבְטוּבוֹ חָיִינוּ.

המזמן חוזר: בָּרוּךְ (במניין: אֱלֹהֵינוּ) שֶׁאָכַלְנוּ מִשֶּׁלּוֹ וּבְטוּבוֹ חָיִינוּ.
בָּרוּךְ הוּא וּבָרוּךְ שְׁמוֹ.

מברכים ברכת המזון (עמ׳ 505) עד ׳בְּעֵינֵי אֱלֹהִים וְאָדָם׳ בעמ׳ 510, וממשיכים:

הָרַחֲמָן הוּא יְבָרֵךְ אֲבִי הַיֶּלֶד וְאִמּוֹ
וְיִזְכּוּ לְגַדְּלוֹ וּלְחַנְּכוֹ וּלְחַכְּמוֹ
מִיּוֹם הַשְּׁמִינִי וָהָלְאָה יֵרָצֶה דָמוֹ
וִיהִי יהוה אֱלֹהָיו עִמּוֹ.

הָרַחֲמָן הוּא יְבָרֵךְ בַּעַל בְּרִית הַמִּילָה
אֲשֶׁר שָׂשׂ לַעֲשׂוֹת צֶדֶק בְּגִילָה
וִישַׁלֵּם פָּעֳלוֹ וּמַשְׂכֻּרְתּוֹ כְּפוּלָה
וְיִתְּנֵהוּ לְמַעְלָה לְמָעְלָה.

הָרַחֲמָן הוּא יְבָרֵךְ רַךְ הַנִּמּוֹל לִשְׁמוֹנָה
וְיִהְיוּ יָדָיו וְלִבּוֹ לָאֵל אֱמוּנָה
וְיִזְכֶּה לִרְאוֹת פְּנֵי הַשְּׁכִינָה
שָׁלֹשׁ פְּעָמִים בַּשָּׁנָה.

הָרַחֲמָן הוּא יְבָרֵךְ הַמָּל בְּשַׂר הָעָרְלָה
וּפָרַע וּמָצַץ דְּמֵי הַמִּילָה
אִישׁ הַיָּרֵא וְרַךְ הַלֵּבָב עֲבוֹדָתוֹ פְּסוּלָה
אִם שְׁלָשׁ אֵלֶּה לֹא יַעֲשֶׂה לָהּ.

הָרַחֲמָן הוּא יִשְׁלַח לָנוּ מְשִׁיחוֹ הוֹלֵךְ תָּמִים
בִּזְכוּת חֲתַן לַמּוּלוֹת דָּמִים
לְבַשֵּׂר בְּשׂוֹרוֹת טוֹבוֹת וְנִחוּמִים
לְעַם אֶחָד מְפֻזָּר וּמְפֹרָד בֵּין הָעַמִּים.

הָרַחֲמָן הוּא יִשְׁלַח לָנוּ כֹּהֵן צֶדֶק אֲשֶׁר לֻקַּח לְעֵילֹם
עַד הוּכַן כִּסְאוֹ כַּשֶּׁמֶשׁ וְיַהֲלֹם
וַיָּלֶט פָּנָיו בְּאַדַּרְתּוֹ וַיִּגְלֹם
בְּרִיתִי הָיְתָה אִתּוֹ הַחַיִּים וְהַשָּׁלוֹם.

ממשיכים 'הָרַחֲמָן הוּא יְזַכֵּנוּ' (עמ' 511) עד סוף הברכה
(בשבת, במועד או בראש חודש אומר את 'הָרַחֲמָן' המתאים).

סדר פדיון הבן

האב מביא את הבכור לכוהן ואומר:

זֶה בְּנִי בְּכוֹרִי הוּא פֶּטֶר רֶחֶם לְאִמּוֹ
וְהַקָּדוֹשׁ בָּרוּךְ הוּא צִוָּה לִפְדּוֹתוֹ
שֶׁנֶּאֱמַר
וּפְדוּיָו מִבֶּן־חֹדֶשׁ תִּפְדֶּה במדבר יח
בְּעֶרְכְּךָ כֶּסֶף חֲמֵשֶׁת שְׁקָלִים בְּשֶׁקֶל הַקֹּדֶשׁ
עֶשְׂרִים גֵּרָה הוּא:
וְנֶאֱמַר
קַדֶּשׁ־לִי כָל־בְּכוֹר פֶּטֶר כָּל־רֶחֶם שמות יג
בִּבְנֵי יִשְׂרָאֵל בָּאָדָם וּבַבְּהֵמָה
לִי הוּא:

הכוהן שואל את אם הילד, שמא ילדה או הפילה קודם.
אם אמרה לא, שואל את האב:

*מַאי בָּעֵית טְפֵי
לִתֵּן לִי בִּנְךָ בְּכוֹרְךָ שֶׁהוּא פֶּטֶר רֶחֶם לְאִמּוֹ
אוֹ בָּעֵית לִפְדּוֹתוֹ בְּעַד חָמֵשׁ סְלָעִים
כִּדְמִחַיַּבְתְּ מִדְּאוֹרַיְתָא.

*יש אומרים:

אֵיזֶה תִּרְצֶה יוֹתֵר, בִּנְךָ בְּכוֹרְךָ זֶה,
אוֹ חֲמִשָּׁה סְלָעִים, שֶׁנִּתְחַיַּבְתָּ בְּפִדְיוֹנוֹ.

האב אומר:

חָפֵץ אֲנִי לִפְדּוֹת אֶת בְּנִי
וְהֵילָךְ דְּמֵי פִדְיוֹנוֹ כִּדְמִחַיַּבְנָא מִדְּאוֹרַיְתָא.

האב נוטל את כסף הפדיון ומברך:

בָּרוּךְ אַתָּה יהוה אֱלֹהֵינוּ מֶלֶךְ הָעוֹלָם
אֲשֶׁר קִדְּשָׁנוּ בְּמִצְוֹתָיו וְצִוָּנוּ עַל פִּדְיוֹן הַבֵּן.

בָּרוּךְ אַתָּה יהוה אֱלֹהֵינוּ מֶלֶךְ הָעוֹלָם
שֶׁהֶחֱיָנוּ וְקִיְּמָנוּ וְהִגִּיעָנוּ לַזְּמַן הַזֶּה.

האב מוסר את הכסף לכוהן ומקבל ממנו את הילד.
הכוהן מברך על הכוס:

בָּרוּךְ אַתָּה יהוה אֱלֹהֵינוּ מֶלֶךְ הָעוֹלָם
בּוֹרֵא פְּרִי הַגָּפֶן.

הכוהן מניח את ידיו על ראש הילד ומברכו:

יְשִׂמְךָ אֱלֹהִים כְּאֶפְרַיִם וְכִמְנַשֶּׁה: בראשית מח
יְבָרֶכְךָ יהוה וְיִשְׁמְרֶךָ: במדבר ו
יָאֵר יהוה פָּנָיו אֵלֶיךָ וִיחֻנֶּךָּ:
יִשָּׂא יהוה פָּנָיו אֵלֶיךָ וְיָשֵׂם לְךָ שָׁלוֹם:
יהוה שֹׁמְרֶךָ, יהוה צִלְּךָ עַל־יַד יְמִינֶךָ: תהלים קכא
יהוה יִשְׁמָרְךָ מִכָּל־רָע, יִשְׁמֹר אֶת־נַפְשֶׁךָ:
כִּי אֹרֶךְ יָמִים וּשְׁנוֹת חַיִּים וְשָׁלוֹם יוֹסִיפוּ לָךְ: משלי ג

סדר תפילה ליולדת

כשהיולדת באה לבית הכנסת, היא אומרת:

וַאֲנִי בְּרֹב חַסְדְּךָ אָבוֹא בֵיתֶךָ תהלים ה
אֶשְׁתַּחֲוֶה אֶל־הֵיכַל־קָדְשְׁךָ בְּיִרְאָתֶךָ:

אָהַבְתִּי, כִּי־יִשְׁמַע יהוה, אֶת־קוֹלִי תַּחֲנוּנָי: תהלים קטז
כִּי־הִטָּה אָזְנוֹ לִי, וּבְיָמַי אֶקְרָא:
אֲפָפוּנִי חֶבְלֵי־מָוֶת, וּמְצָרֵי שְׁאוֹל מְצָאוּנִי, צָרָה וְיָגוֹן אֶמְצָא:
וּבְשֵׁם־יהוה אֶקְרָא, אָנָּה יהוה מַלְּטָה נַפְשִׁי:
חַנּוּן יהוה וְצַדִּיק, וֵאלֹהֵינוּ מְרַחֵם:
שֹׁמֵר פְּתָאִים יהוה, דַּלּוֹתִי וְלִי יְהוֹשִׁיעַ:
שׁוּבִי נַפְשִׁי לִמְנוּחָיְכִי, כִּי־יהוה גָּמַל עָלָיְכִי:
כִּי חִלַּצְתָּ נַפְשִׁי מִמָּוֶת, אֶת־עֵינִי מִן־דִּמְעָה, אֶת־רַגְלִי מִדֶּחִי:
אֶתְהַלֵּךְ לִפְנֵי יהוה, בְּאַרְצוֹת הַחַיִּים:
הֶאֱמַנְתִּי כִּי אֲדַבֵּר, אֲנִי עָנִיתִי מְאֹד:
אֲנִי אָמַרְתִּי בְחָפְזִי, כָּל־הָאָדָם כֹּזֵב:
מָה־אָשִׁיב לַיהוה, כָּל־תַּגְמוּלוֹהִי עָלָי:
לְךָ־אֶזְבַּח זֶבַח תּוֹדָה, וּבְשֵׁם יהוה אֶקְרָא:
נְדָרַי לַיהוה אֲשַׁלֵּם, נֶגְדָה־נָּא לְכָל־עַמּוֹ:
בְּחַצְרוֹת בֵּית יהוה, בְּתוֹכֵכִי יְרוּשָׁלָםִ, הַלְלוּיָהּ:

היולדת מברכת במניין:

בָּרוּךְ אַתָּה יהוה אֱלֹהֵינוּ מֶלֶךְ הָעוֹלָם
הַגּוֹמֵל לְחַיָּבִים טוֹבוֹת, שֶׁגְּמָלַנִי כָּל טוֹב.

והקהל עונה:

אָמֵן. מִי שֶׁגְּמָלֵךְ כָּל טוֹב, הוּא יִגְמְלֵךְ כָּל טוֹב, סֶלָה.

סדר זבד הבת

"וַתֹּאמֶר לֵאָה: זְבָדַנִי אֱלֹהִים אֹתִי זֵבֶד טוֹב" (בראשית ל, כ).
"זבד – לשון חלק, ומנה יפה" (רשב"ם, על פי תרגום אונקלוס).

לסעודת הודיה לכבוד הולדת בת לא נתקבל נוסח אחיד.

את הנוסח שלהלן הציע הרב זקס:

אחד ההורים אומר:

שיר השירים ב **יוֹנָתִי בְּחַגְוֵי הַסֶּלַע, בְּסֵתֶר הַמַּדְרֵגָה**
הַרְאִינִי אֶת־מַרְאַיִךְ, הַשְׁמִיעִנִי אֶת־קוֹלֵךְ
כִּי־קוֹלֵךְ עָרֵב וּמַרְאֵיךְ נָאוֶה:

אם הבת בכורה לאמה, מוסיפים:

שיר השירים ו **אַחַת הִיא יוֹנָתִי תַמָּתִי**
אַחַת הִיא לְאִמָּהּ, בָּרָה הִיא לְיוֹלַדְתָּהּ
רָאוּהָ בָנוֹת וַיְאַשְּׁרוּהָ, מְלָכוֹת וּפִילַגְשִׁים וַיְהַלְלוּהָ:

מי שבירך ליולדת:

מִי שֶׁבֵּרַךְ אֲבוֹתֵינוּ אַבְרָהָם יִצְחָק וְיַעֲקֹב
משֶׁה וְאַהֲרֹן דָּוִד וּשְׁלֹמֹה, שָׂרָה רִבְקָה רָחֵל וְלֵאָה
הוּא יְבָרֵךְ אֶת הָאִשָּׁה הַיּוֹלֶדֶת (פלונית בַּת פלונית)

וְאֶת בִּתָּהּ (פלונית בַּת פלוני) **שֶׁנּוֹלְדָה לָהּ בְּמַזָּל טוֹב.**

אם עדיין לא קראו לילדה שם, אומרים:

וְאֶת בִּתָּהּ שֶׁנּוֹלְדָה לָהּ בְּמַזָּל טוֹב
וְיִקָּרֵא שְׁמָהּ בְּיִשְׂרָאֵל (פלונית בַּת פלוני).

אָנָּא בָּרֵךְ אֶת אָבִיהָ וְאֶת אִמָּהּ
וְיִזְכּוּ לְגַדְּלָהּ לְתוֹרָה וּלְחֻפָּה וּלְמַעֲשִׂים טוֹבִים, וְנֹאמַר אָמֵן.

האב מברך את בתו:

יְשִׂמֵךְ אֱלֹהִים כְּשָׂרָה רִבְקָה רָחֵל וְלֵאָה.

יְבָרֶכְךָ יהוה וְיִשְׁמְרֶךָ: במדבר ו
יָאֵר יהוה פָּנָיו אֵלֶיךָ וִיחֻנֶּךָּ:
יִשָּׂא יהוה פָּנָיו אֵלֶיךָ, וְיָשֵׂם לְךָ שָׁלוֹם:

נוסח ׳ברכת הבנים׳ לערב יום הכיפורים (חיי אדם):

וִיהִי רָצוֹן מִלִּפְנֵי אָבִינוּ שֶׁבַּשָּׁמַיִם
שֶׁיִּתֵּן בְּלִבֵּךְ אַהֲבָתוֹ וְיִרְאָתוֹ
וּתְהִיֶה יִרְאַת יהוה עַל פָּנַיִךְ כָּל יָמַיִךְ שֶׁלֹּא תֶחֱטָאִי
וִיהִי חֶשְׁקֵךְ בַּתּוֹרָה וּבַמִּצְוֹת.
עֵינַיִךְ לְנֹכַח יַבִּיטוּ
פִּיךְ יְדַבֵּר חָכְמוֹת וְלִבֵּךְ יֶהְגֶּה אֵימוֹת
יָדַיִךְ יַעַסְקוּ בְּמִצְוֹת
וְרַגְלַיִךְ יָרוּצוּ לַעֲשׂוֹת רְצוֹן אָבִיךְ שֶׁבַּשָּׁמָיִם.

אם הסבים או הסבתות נוכחים, הם אומרים:

הָאֱלֹהִים אֲשֶׁר הִתְהַלְּכוּ אֲבֹתַי לְפָנָיו, אַבְרָהָם וְיִצְחָק בראשית מח
הָאֱלֹהִים הָרֹעֶה אֹתִי, מֵעוֹדִי עַד־הַיּוֹם הַזֶּה:
הַמַּלְאָךְ הַגֹּאֵל אֹתִי מִכָּל־רָע, יְבָרֵךְ אֶת־הַנְּעָרִים
וְיִקָּרֵא בָהֶם שְׁמִי, וְשֵׁם אֲבֹתַי אַבְרָהָם וְיִצְחָק
וְיִדְגּוּ לָרֹב בְּקֶרֶב הָאָרֶץ:

הקהל אומר:

אֲחֹתֵנוּ, אַתְּ הֲיִי לְאַלְפֵי רְבָבָה: בראשית כד

סדר קידושין ונישואין

ברכות האירוסין

מסדר הקידושין נוטל כוס יין בידו ומברך:

בָּרוּךְ אַתָּה יהוה אֱלֹהֵינוּ מֶלֶךְ הָעוֹלָם, בּוֹרֵא פְּרִי הַגָּפֶן.

בָּרוּךְ אַתָּה יהוה אֱלֹהֵינוּ מֶלֶךְ הָעוֹלָם, אֲשֶׁר קִדְּשָׁנוּ בְּמִצְוֹתָיו, וְצִוָּנוּ עַל הָעֲרָיוֹת, וְאָסַר לָנוּ אֶת הָאֲרוּסוֹת, וְהִתִּיר לָנוּ אֶת הַנְּשׂוּאוֹת לָנוּ עַל יְדֵי חֻפָּה וְקִדּוּשִׁין. בָּרוּךְ אַתָּה יהוה, מְקַדֵּשׁ עַמּוֹ יִשְׂרָאֵל עַל יְדֵי חֻפָּה וְקִדּוּשִׁין.

החתן והכלה שותים מן היין.

החתן אומר:

הֲרֵי אַתְּ מְקֻדֶּשֶׁת לִי בְּטַבַּעַת זוֹ כְּדַת מֹשֶׁה וְיִשְׂרָאֵל.

החתן עונד את הטבעת על אצבע הכלה.

הרב (או אחד המוזמנים) קורא את הכתובה
והחתן מוסר אותה לכלה. אחר כך מברכים שבע ברכות:

שבע ברכות הנישואין

בָּרוּךְ אַתָּה יהוה אֱלֹהֵינוּ מֶלֶךְ הָעוֹלָם, בּוֹרֵא פְּרִי הַגָּפֶן.

בָּרוּךְ אַתָּה יהוה אֱלֹהֵינוּ מֶלֶךְ הָעוֹלָם, שֶׁהַכֹּל בָּרָא לִכְבוֹדוֹ.

בָּרוּךְ אַתָּה יהוה אֱלֹהֵינוּ מֶלֶךְ הָעוֹלָם, יוֹצֵר הָאָדָם.

בָּרוּךְ אַתָּה יהוה אֱלֹהֵינוּ מֶלֶךְ הָעוֹלָם
אֲשֶׁר יָצַר אֶת הָאָדָם בְּצַלְמוֹ, בְּצֶלֶם דְּמוּת תַּבְנִיתוֹ
וְהִתְקִין לוֹ מִמֶּנּוּ בִּנְיַן עֲדֵי עַד.
בָּרוּךְ אַתָּה יהוה, יוֹצֵר הָאָדָם.

שׂוֹשׂ תָּשִׂישׂ וְתָגֵל הָעֲקָרָה בְּקִבּוּץ בָּנֶיהָ לְתוֹכָהּ בְּשִׂמְחָה.
בָּרוּךְ אַתָּה יהוה, מְשַׂמֵּחַ צִיּוֹן בְּבָנֶיהָ.

שַׂמֵּחַ תְּשַׂמַּח רֵעִים הָאֲהוּבִים כְּשַׂמֵּחֲךָ יְצִירְךָ בְּגַן עֵדֶן מִקֶּדֶם.
בָּרוּךְ אַתָּה יהוה, מְשַׂמֵּחַ חָתָן וְכַלָּה.

בָּרוּךְ אַתָּה יהוה אֱלֹהֵינוּ מֶלֶךְ הָעוֹלָם
אֲשֶׁר בָּרָא שָׂשׂוֹן וְשִׂמְחָה, חָתָן וְכַלָּה
גִּילָה, רִנָּה, דִּיצָה וְחֶדְוָה, אַהֲבָה וְאַחֲוָה וְשָׁלוֹם וְרֵעוּת.
מְהֵרָה יהוה אֱלֹהֵינוּ
יִשָּׁמַע בְּעָרֵי יְהוּדָה וּבְחוּצוֹת יְרוּשָׁלָיִם
קוֹל שָׂשׂוֹן וְקוֹל שִׂמְחָה, קוֹל חָתָן וְקוֹל כַּלָּה
קוֹל מִצְהֲלוֹת חֲתָנִים מֵחֻפָּתָם וּנְעָרִים מִמִּשְׁתֵּה נְגִינָתָם.
בָּרוּךְ אַתָּה יהוה, מְשַׂמֵּחַ הֶחָתָן עִם הַכַּלָּה.

החתן והכלה שותים מן היין.

לפני שבירת הכוס נוהגים שהחתן אומר:

אִם־אֶשְׁכָּחֵךְ יְרוּשָׁלָםִ, תִּשְׁכַּח יְמִינִי: תהלים קלז
תִּדְבַּק לְשׁוֹנִי לְחִכִּי אִם־לֹא אֶזְכְּרֵכִי
אִם־לֹא אַעֲלֶה אֶת־יְרוּשָׁלַםִ עַל רֹאשׁ שִׂמְחָתִי:

זימון לסעודת שבע ברכות

המזמן נוטל את כוס היין בידו ואומר:

רַבּוֹתַי, נְבָרֵךְ.

תהלים קיג המסובין: יְהִי שֵׁם יהוה מְבֹרָךְ מֵעַתָּה וְעַד־עוֹלָם:

המזמן חוזר: יְהִי שֵׁם יהוה מְבֹרָךְ מֵעַתָּה וְעַד־עוֹלָם:

דְּוַי הָסֵר וְגַם חָרוֹן וְאָז אִלֵּם בְּשִׁיר יָרֹן.
נְחֵנוּ בְּמַעְגְּלֵי צֶדֶק שְׁעֵה בִּרְכַּת בְּנֵי אַהֲרֹן.

בִּרְשׁוּת
(אָבִי מוֹרִי / אִמִּי מוֹרָתִי / כֹּהֲנִים / מוֹרֵנוּ הָרַב /
בַּעַל הַבַּיִת הַזֶּה / בַּעֲלַת הַבַּיִת הַזֶּה)
מָרָנָן וְרַבָּנָן וְרַבּוֹתַי
נְבָרֵךְ אֱלֹהֵינוּ שֶׁהַשִּׂמְחָה בִּמְעוֹנוֹ, וְשֶׁאָכַלְנוּ מִשֶּׁלּוֹ.

המסובין: בָּרוּךְ אֱלֹהֵינוּ שֶׁהַשִּׂמְחָה בִּמְעוֹנוֹ
שֶׁאָכַלְנוּ מִשֶּׁלּוֹ וּבְטוּבוֹ חָיִינוּ.

המזמן: בָּרוּךְ אֱלֹהֵינוּ שֶׁהַשִּׂמְחָה בִּמְעוֹנוֹ
שֶׁאָכַלְנוּ מִשֶּׁלּוֹ וּבְטוּבוֹ חָיִינוּ.
בָּרוּךְ הוּא וּבָרוּךְ שְׁמוֹ.

מברכים ברכת המזון (עמ׳ 505), אחריה מברכים שבע ברכות (עמ׳ 534)
על כוס יין שנייה ומתחילים ׳שֶׁהַכֹּל בָּרָא לִכְבוֹדוֹ׳. אחר כך מברכים
׳בּוֹרֵא פְּרִי הַגָּפֶן׳ על הכוס שזימנו עליה, ונותנים לחתן ולכלה לשתות מהיין.

וידוי שכיב מרע

״נטה למות, אומרים לו: התודה. ואומרים לו: הרבה התודו ולא מתו, והרבה שלא התודו, מתו, ובשכר שאתה מתודה אתה חי, וכל המתודה יש לו חלק לעולם הבא. ואם אינו יכול להתודות בפיו, יתודה בלבו״ (שו״ע, יו״ד שלח, א, על פי הרמב״ן).

מוֹדֶה אֲנִי לְפָנֶיךָ, יהוה אֱלֹהַי וֵאלֹהֵי אֲבוֹתַי, שֶׁרְפוּאָתִי וּמִיתָתִי בְּיָדֶךָ. יְהִי רָצוֹן מִלְּפָנֶיךָ, שֶׁתְּרַפְּאֵנִי רְפוּאָה שְׁלֵמָה, וְאִם אָמוּת, תְּהִי מִיתָתִי כַּפָּרָה עַל כָּל חֲטָאִים וַעֲוֹנוֹת וּפְשָׁעִים שֶׁחָטָאתִי
וְשֶׁעָוִיתִי וְשֶׁפָּשַׁעְתִּי לְפָנֶיךָ. וְזַכֵּנִי לָעוֹלָם הַבָּא הַצָּפוּן לַצַּדִּיקִים.
תוֹדִיעֵנִי אֹרַח חַיִּים, שֹׂבַע שְׂמָחוֹת אֶת־פָּנֶיךָ, נְעִימוֹת בִּימִינְךָ תהלים טז
נֶצַח: אֲבִי יְתוֹמִים וְדַיַּן אַלְמָנוֹת, הָגֵן בְּעַד קְרוֹבַי הַיְקָרִים, אֲשֶׁר
נַפְשִׁי קְשׁוּרָה בְּנַפְשָׁם.

אומר וידוי (עמ׳ 444), ואם יכול, טוב לומר גם ׳על חֵטְא׳ (עמ׳ 445) (רמ״א שם, ב, על פי ה׳כלבו׳). אחר כך אומר (על פי ׳תוצאות חיים׳):

בְּיָדְךָ אַפְקִיד רוּחִי, פָּדִיתָה אוֹתִי יהוה אֵל אֱמֶת: אָמֵן וְאָמֵן. תהלים לא

שְׁמַע יִשְׂרָאֵל, יהוה אֱלֹהֵינוּ, יהוה אֶחָד: דברים ו

בָּרוּךְ שֵׁם כְּבוֹד מַלְכוּתוֹ לְעוֹלָם וָעֶד.

פעמיים:

יהוה מֶלֶךְ, יהוה מָלָךְ, יהוה יִמְלֹךְ לְעוֹלָם וָעֶד.

שלוש פעמים:

יהוה הוּא הָאֱלֹהִים: מלכים א׳ יח

הוּא אֱלֹהֵינוּ, אֵין עוֹד.

יש המשתדלים לומר עם הגוסס ׳שְׁמַע יִשְׂרָאֵל׳ סמוך ככל האפשר ליציאת הנשמה (׳מעבר יבוק׳, על פי ברכות סא ע״ב).

לוויית המת

משנה אבות ג, א
עֲקַבְיָא בֶּן מַהֲלַלְאֵל אוֹמֵר: הִסְתַּכֵּל בִּשְׁלשָׁה דְבָרִים, וְאֵין אַתָּה בָא לִידֵי עֲבֵרָה. דַּע מֵאַיִן בָּאתָ, וּלְאָן אַתָּה הוֹלֵךְ, וְלִפְנֵי מִי אַתָּה עָתִיד לִתֵּן דִּין וְחֶשְׁבּוֹן. מֵאַיִן בָּאתָ, מִטִּפָּה סְרוּחָה. וּלְאָן אַתָּה הוֹלֵךְ, לִמְקוֹם עָפָר, רִמָּה וְתוֹלֵעָה. וְלִפְנֵי מִי אַתָּה עָתִיד לִתֵּן דִּין וְחֶשְׁבּוֹן, לִפְנֵי מֶלֶךְ מַלְכֵי הַמְּלָכִים, הַקָּדוֹשׁ בָּרוּךְ הוּא.

בדרך לבית העלמין אומרים:

תהלים צא
יֹשֵׁב בְּסֵתֶר עֶלְיוֹן, בְּצֵל שַׁדַּי יִתְלוֹנָן: אֹמַר לַיהוה מַחְסִי וּמְצוּדָתִי, אֱלֹהַי אֶבְטַח־בּוֹ: כִּי הוּא יַצִּילְךָ מִפַּח יָקוּשׁ, מִדֶּבֶר הַוּוֹת: בְּאֶבְרָתוֹ יָסֶךְ לָךְ, וְתַחַת־כְּנָפָיו תֶּחְסֶה, צִנָּה וְסֹחֵרָה אֲמִתּוֹ: לֹא־תִירָא מִפַּחַד לָיְלָה, מֵחֵץ יָעוּף יוֹמָם: מִדֶּבֶר בָּאֹפֶל יַהֲלֹךְ, מִקֶּטֶב יָשׁוּד צָהֳרָיִם: יִפֹּל מִצִּדְּךָ אֶלֶף, וּרְבָבָה מִימִינֶךָ, אֵלֶיךָ לֹא יִגָּשׁ: רַק בְּעֵינֶיךָ תַבִּיט, וְשִׁלֻּמַת רְשָׁעִים תִּרְאֶה: כִּי־אַתָּה יהוה מַחְסִי, עֶלְיוֹן שַׂמְתָּ מְעוֹנֶךָ: לֹא־תְאֻנֶּה אֵלֶיךָ רָעָה, וְנֶגַע לֹא־יִקְרַב בְּאָהֳלֶךָ: כִּי מַלְאָכָיו יְצַוֶּה־לָּךְ, לִשְׁמָרְךָ בְּכָל־דְּרָכֶיךָ: עַל־כַּפַּיִם יִשָּׂאוּנְךָ, פֶּן־תִּגֹּף בָּאֶבֶן רַגְלֶךָ: עַל־שַׁחַל וָפֶתֶן תִּדְרֹךְ, תִּרְמֹס כְּפִיר וְתַנִּין: כִּי בִי חָשַׁק וַאֲפַלְּטֵהוּ, אֲשַׂגְּבֵהוּ כִּי־יָדַע שְׁמִי: יִקְרָאֵנִי וְאֶעֱנֵהוּ, עִמּוֹ אָנֹכִי בְצָרָה, אֲחַלְּצֵהוּ וַאֲכַבְּדֵהוּ: אֹרֶךְ יָמִים אַשְׂבִּיעֵהוּ, וְאַרְאֵהוּ בִּישׁוּעָתִי:
אֹרֶךְ יָמִים אַשְׂבִּיעֵהוּ, וְאַרְאֵהוּ בִּישׁוּעָתִי:

לאחר הלוויה אומרים צידוק הדין (ויש האומרים אותו מיד כשהמת נפטר).

נחלקו הראשונים אם אומרים צידוק הדין בימים שאין אומרים בהם תחנון (עמ׳ 66), ולהלכה אין אומרים אותו (רמ״א, יו״ד תא, ו על פי רי״ץ גיאת), וכן אין אומרים אותו בלילה (שם בשם ה׳כלבו׳).

צידוק הדין

הַצּוּר תָּמִים פָּעֳלוֹ, כִּי כָל־דְּרָכָיו מִשְׁפָּט דברים לב
אֵל אֱמוּנָה וְאֵין עָוֶל, צַדִּיק וְיָשָׁר הוּא:

הַצּוּר תָּמִים בְּכָל פֹּעַל, מִי יֹאמַר לוֹ מַה תִּפְעַל
הַשַּׁלִּיט בְּמַטָּה וּבְמַעַל. מֵמִית וּמְחַיֶּה, מוֹרִיד שְׁאוֹל וַיָּעַל: שמואל א׳ ב

הַצּוּר תָּמִים בְּכָל מַעֲשֶׂה, מִי יֹאמַר לוֹ מַה תַּעֲשֶׂה
הָאוֹמֵר וְעוֹשֶׂה, חֶסֶד חִנָּם לָנוּ תַעֲשֶׂה
וּבִזְכוּת הַנֶּעֱקַד כְּשֶׂה, הַקְשִׁיבָה וַעֲשֵׂה.

צַדִּיק בְּכָל דְּרָכָיו הַצּוּר תָּמִים, אֶרֶךְ אַפַּיִם וּמָלֵא רַחֲמִים
חֲמָל נָא וְחוּס נָא עַל אָבוֹת וּבָנִים
כִּי לְךָ אָדוֹן הַסְּלִיחוֹת וְהָרַחֲמִים.

צַדִּיק אַתָּה יהוה לְהָמִית וּלְהַחֲיוֹת
אֲשֶׁר בְּיָדְךָ פִּקְדוֹן כָּל רוּחוֹת, חָלִילָה לְּךָ זִכְרוֹנֵנוּ לִמְחוֹת
וְיִהְיוּ נָא עֵינֶיךָ בְּרַחֲמִים עָלֵינוּ פְקוּחוֹת
כִּי לְךָ אָדוֹן הָרַחֲמִים וְהַסְּלִיחוֹת.

אָדָם אִם בֶּן שָׁנָה יִהְיֶה, אוֹ אֶלֶף שָׁנִים יִחְיֶה
מַה יִּתְרוֹן לוֹ, כְּלֹא הָיָה יִהְיֶה
בָּרוּךְ דַּיַּן הָאֱמֶת, מֵמִית וּמְחַיֶּה.

בָּרוּךְ הוּא כִּי אֱמֶת דִּינוֹ, וּמְשׁוֹטֵט הַכֹּל בְּעֵינוֹ
וּמְשַׁלֵּם לְאָדָם חֶשְׁבּוֹנוֹ וְדִינוֹ, וְהַכֹּל לִשְׁמוֹ הוֹדָיָה יִתֵּנוּ.

יָדַעְנוּ יהוה כִּי צֶדֶק מִשְׁפָּטֶךָ, תִּצְדַּק בְּדָבְרֶךָ וְתִזְכֶּה בְשָׁפְטֶךָ
וְאֵין לְהַרְהֵר אַחַר מִדַּת שָׁפְטֶךָ. צַדִּיק אַתָּה יהוה, וְיָשָׁר מִשְׁפָּטֶיךָ: תהלים קיט

דַּיַּן אֱמֶת, שׁוֹפֵט צֶדֶק וֶאֱמֶת
בָּרוּךְ דַּיַּן הָאֱמֶת, שֶׁכָּל מִשְׁפָּטָיו צֶדֶק וֶאֱמֶת.

נֶפֶשׁ כָּל חַי בְּיָדֶךָ, צֶדֶק מָלְאָה יְמִינְךָ וְיָדֶךָ
רַחֵם עַל פְּלֵטַת צֹאן עֲבָדֶיךָ, וְתֹאמַר לַמַּלְאָךְ הֶרֶף יָדֶךָ.

ירמיה לב גְּדֹל הָעֵצָה וְרַב הָעֲלִילִיָּה
אֲשֶׁר־עֵינֶיךָ פְקֻחוֹת עַל־כָּל־דַּרְכֵי בְּנֵי אָדָם
לָתֵת לְאִישׁ כִּדְרָכָיו, וְכִפְרִי מַעֲלָלָיו:

תהלים צב לְהַגִּיד כִּי־יָשָׁר יהוה, צוּרִי וְלֹא־עַוְלָתָה בּוֹ:

איוב א יהוה נָתַן וַיהוה לָקָח, יְהִי שֵׁם יהוה מְבֹרָךְ:

תהלים עח וְהוּא רַחוּם, יְכַפֵּר עָוֹן וְלֹא־יַשְׁחִית
וְהִרְבָּה לְהָשִׁיב אַפּוֹ, וְלֹא־יָעִיר כָּל־חֲמָתוֹ:

קדיש הגדול

האבלים אומרים:

אבל: יִתְגַּדַּל וְיִתְקַדַּשׁ שְׁמֵהּ רַבָּא (קהל: אָמֵן)
בְּעָלְמָא דְּהוּא עָתִיד לְאִתְחַדָּתָא
וּלְאַחֲיָאָה מֵתַיָּא, וּלְאַסָּקָא יָתְהוֹן לְחַיֵּי עָלְמָא
וּלְמִבְנֵא קַרְתָּא דִירוּשְׁלֵם, וּלְשַׁכְלָלָא הֵיכְלֵהּ בְּגַוַּהּ
וּלְמֶעְקַר פָּלְחָנָא נֻכְרָאָה מֵאַרְעָא
וּלְאָתָבָא פָּלְחָנָא דִשְׁמַיָּא לְאַתְרֵהּ
וְיַמְלִיךְ קֻדְשָׁא בְּרִיךְ הוּא בְּמַלְכוּתֵהּ וִיקָרֵהּ
בְּחַיֵּיכוֹן וּבְיוֹמֵיכוֹן וּבְחַיֵּי דְכָל בֵּית יִשְׂרָאֵל
בַּעֲגָלָא וּבִזְמַן קָרִיב, וְאִמְרוּ אָמֵן. (קהל: אָמֵן)

קהל ואבל: יְהֵא שְׁמֵהּ רַבָּא מְבָרַךְ לְעָלַם וּלְעָלְמֵי עָלְמַיָּא.

אבל: יִתְבָּרַךְ וְיִשְׁתַּבַּח וְיִתְפָּאַר
וְיִתְרוֹמַם וְיִתְנַשֵּׂא וְיִתְהַדָּר וְיִתְעַלֶּה וְיִתְהַלָּל
שְׁמֵהּ דְּקֻדְשָׁא בְּרִיךְ הוּא (קהל: בְּרִיךְ הוּא)
לְעֵלָּא מִן כָּל בִּרְכָתָא
/בעשרת ימי תשובה: לְעֵלָּא לְעֵלָּא מִכָּל בִּרְכָתָא/
וְשִׁירָתָא, תֻּשְׁבְּחָתָא וְנֶחֱמָתָא
דַּאֲמִירָן בְּעָלְמָא, וְאִמְרוּ אָמֵן. (קהל: אָמֵן)

יְהֵא שְׁלָמָא רַבָּא מִן שְׁמַיָּא
וְחַיִּים, עָלֵינוּ וְעַל כָּל יִשְׂרָאֵל, וְאִמְרוּ אָמֵן. (קהל: אָמֵן)

כורע ופוסע שלוש פסיעות לאחור. קד לשמאל, לימין ולפנים באמירת:

עֹשֶׂה שָׁלוֹם/ בעשרת ימי תשובה: הַשָּׁלוֹם/ בִּמְרוֹמָיו
הוּא יַעֲשֶׂה שָׁלוֹם
עָלֵינוּ וְעַל כָּל יִשְׂרָאֵל, וְאִמְרוּ אָמֵן. (קהל: אָמֵן)

לאחר הלוויה המנחמים עומדים בשורה. האבלים עוברים על פניהם, והמנחמים אומרים:

הַמָּקוֹם יְנַחֵם אוֹתְךָ/אוֹתָךְ/אֶתְכֶם
בְּתוֹךְ שְׁאָר אֲבֵלֵי צִיּוֹן וִירוּשָׁלָיִם.

ויש מוסיפים:

וְלֹא תוֹסִיפוּ לְדַאֲבָה עוֹד.

נוהגים ללקט עשבים סביבות הקבר כרמז לתחיית המתים ולומר (סידור הרוקח):

וְיָצִיצוּ מֵעִיר כְּעֵשֶׂב הָאָרֶץ: תהלים עב

או להניח רגב עפר על הקבר ולומר (מטה משה):

זָכוּר כִּי־עָפָר אֲנָחְנוּ: תהלים קג

כשיוצאים מבית הקברות, נוהגים ליטול ידיים ולומר (רמב״ן):

בִּלַּע הַמָּוֶת לָנֶצַח, וּמָחָה אֲדֹנָי יֱהֹוִה דִּמְעָה מֵעַל כָּל־פָּנִים, וְחֶרְפַּת ישעיה כה
עַמּוֹ יָסִיר מֵעַל כָּל־הָאָרֶץ, כִּי יהוה דִּבֵּר:

תפילה בבית האבל

בבית האבל נוהגים לאחר תפילת שחרית וערבית (למנהג ספרד, שחרית ומנחה) לומר מזמור מט, ובימים שאין אומרים בהם תחנון (ראה עמ' 66), את מזמור טז (קיצור שו"ע, קצט, ט):

תהלים מט לַמְנַצֵּחַ לִבְנֵי־קֹרַח מִזְמוֹר: שִׁמְעוּ־זֹאת כָּל־הָעַמִּים, הַאֲזִינוּ כָּל־יֹשְׁבֵי חָלֶד: גַּם־בְּנֵי אָדָם, גַּם־בְּנֵי־אִישׁ, יַחַד עָשִׁיר וְאֶבְיוֹן: פִּי יְדַבֵּר חָכְמוֹת, וְהָגוּת לִבִּי תְבוּנוֹת: אַטֶּה לְמָשָׁל אָזְנִי, אֶפְתַּח בְּכִנּוֹר חִידָתִי: לָמָּה אִירָא בִּימֵי רָע, עֲוֺן עֲקֵבַי יְסֻבֵּנִי: הַבֹּטְחִים עַל־חֵילָם, וּבְרֹב עָשְׁרָם יִתְהַלָּלוּ: אָח לֹא־פָדֹה יִפְדֶּה אִישׁ, לֹא־יִתֵּן לֵאלֹהִים כָּפְרוֹ: וְיֵקַר פִּדְיוֹן נַפְשָׁם, וְחָדַל לְעוֹלָם: וִיחִי־עוֹד לָנֶצַח, לֹא יִרְאֶה הַשָּׁחַת: כִּי יִרְאֶה חֲכָמִים יָמוּתוּ, יַחַד כְּסִיל וָבַעַר יֹאבֵדוּ, וְעָזְבוּ לַאֲחֵרִים חֵילָם: קִרְבָּם בָּתֵּימוֹ לְעוֹלָם, מִשְׁכְּנֹתָם לְדוֹר וָדֹר, קָרְאוּ בִשְׁמוֹתָם עֲלֵי אֲדָמוֹת: וְאָדָם בִּיקָר בַּל־יָלִין, נִמְשַׁל כַּבְּהֵמוֹת נִדְמוּ: זֶה דַרְכָּם, כֵּסֶל לָמוֹ, וְאַחֲרֵיהֶם בְּפִיהֶם יִרְצוּ סֶלָה: כַּצֹּאן לִשְׁאוֹל שַׁתּוּ, מָוֶת יִרְעֵם, וַיִּרְדּוּ בָם יְשָׁרִים לַבֹּקֶר, וְצוּרָם לְבַלּוֹת שְׁאוֹל מִזְּבֻל לוֹ: אַךְ־אֱלֹהִים יִפְדֶּה נַפְשִׁי מִיַּד שְׁאוֹל, כִּי יִקָּחֵנִי סֶלָה: אַל־תִּירָא כִּי־יַעֲשִׁר אִישׁ, כִּי־יִרְבֶּה כְּבוֹד בֵּיתוֹ: כִּי לֹא בְמוֹתוֹ יִקַּח הַכֹּל, לֹא־יֵרֵד אַחֲרָיו כְּבוֹדוֹ: כִּי־נַפְשׁוֹ בְּחַיָּיו יְבָרֵךְ, וְיוֹדֻךָ כִּי־תֵיטִיב לָךְ: תָּבוֹא עַד־דּוֹר אֲבוֹתָיו, עַד־נֵצַח לֹא יִרְאוּ־אוֹר: אָדָם בִּיקָר וְלֹא יָבִין, נִמְשַׁל כַּבְּהֵמוֹת נִדְמוּ:

קדיש יתום (עמ' 545).

בימים שאין אומרים בהם תחנון:

תהלים טז מִכְתָּם לְדָוִד, שָׁמְרֵנִי אֵל כִּי־חָסִיתִי בָךְ: אָמַרְתְּ לַיהוה, אֲדֹנָי אָתָּה, טוֹבָתִי בַּל־עָלֶיךָ: לִקְדוֹשִׁים אֲשֶׁר־בָּאָרֶץ הֵמָּה, וְאַדִּירֵי כָּל־חֶפְצִי־בָם: יִרְבּוּ עַצְּבוֹתָם אַחֵר מָהָרוּ, בַּל־אַסִּיךְ נִסְכֵּיהֶם מִדָּם, וּבַל־אֶשָּׂא אֶת־שְׁמוֹתָם עַל־שְׂפָתָי: יהוה, מְנָת־חֶלְקִי וְכוֹסִי, אַתָּה תּוֹמִיךְ גּוֹרָלִי: חֲבָלִים נָפְלוּ־לִי בַּנְּעִמִים, אַף־נַחֲלָת שָׁפְרָה עָלָי: אֲבָרֵךְ אֶת־יהוה אֲשֶׁר יְעָצָנִי, אַף־לֵילוֹת יִסְּרוּנִי כִלְיוֹתָי: שִׁוִּיתִי יהוה לְנֶגְדִּי תָמִיד, כִּי מִימִינִי בַּל־אֶמּוֹט: לָכֵן שָׂמַח לִבִּי וַיָּגֶל כְּבוֹדִי, אַף־בְּשָׂרִי יִשְׁכֹּן לָבֶטַח: כִּי לֹא־תַעֲזֹב נַפְשִׁי לִשְׁאוֹל, לֹא־תִתֵּן חֲסִידְךָ לִרְאוֹת שָׁחַת: תּוֹדִיעֵנִי אֹרַח חַיִּים, שֹׂבַע שְׂמָחוֹת אֶת־פָּנֶיךָ, נְעִמוֹת בִּימִינְךָ נֶצַח:

קדיש יתום (עמ' 545).

אזכרה

אָנָּא יהוה מֶלֶךְ מָלֵא רַחֲמִים, אֱלֹהֵי הָרוּחוֹת לְכָל בָּשָׂר, אֲשֶׁר בְּיָדְךָ נַפְשׁוֹת הַחַיִּים וְהַמֵּתִים, אָנָּא קַבֵּל בְּחַסְדְּךָ הַגָּדוֹל אֶת נִשְׁמַת

לזכר:

(פלוני בֶּן פלוני) אֲשֶׁר נֶאֱסַף אֶל עַמָּיו. חוּס וַחֲמֹל עָלָיו, סְלַח וּמְחַל
לְכָל פְּשָׁעָיו. כִּי אָדָם אֵין צַדִּיק בָּאָרֶץ, אֲשֶׁר יַעֲשֶׂה־טּוֹב וְלֹא קהלת ז
יֶחֱטָא: זְכֹר לוֹ צִדְקָתוֹ אֲשֶׁר עָשָׂה, וִיהִי שְׂכָרוֹ אִתּוֹ, וּפְעֻלָּתוֹ לְפָנָיו.
אָנָּא הַסְתֵּר אֶת נִשְׁמָתוֹ בְּצֵל כְּנָפֶיךָ, הוֹדִיעֵהוּ אֹרַח חַיִּים, שֹׂבַע
שְׂמָחוֹת אֶת פָּנֶיךָ, נְעִימוֹת בִּימִינְךָ נֶצַח, וְתַשְׁפִּיעַ לוֹ מֵרַב טוּב הַצָּפוּן
לַצַּדִּיקִים.

לנקבה:

(פלונית בַּת פלוני) אֲשֶׁר נֶאֶסְפָה אֶל עַמֶּיהָ. חוּס וַחֲמֹל עָלֶיהָ, סְלַח
וּמְחַל לְכָל פְּשָׁעֶיהָ. כִּי אָדָם אֵין צַדִּיק בָּאָרֶץ, אֲשֶׁר יַעֲשֶׂה־טּוֹב וְלֹא קהלת ז
יֶחֱטָא: זְכֹר לָהּ צִדְקָתָהּ אֲשֶׁר עָשְׂתָה, וִיהִי שְׂכָרָהּ אִתָּהּ, וּפְעֻלָּתָהּ
לְפָנֶיהָ. אָנָּא הַסְתֵּר אֶת נִשְׁמָתָהּ בְּצֵל כְּנָפֶיךָ, הוֹדִיעֶהָ אֹרַח חַיִּים,
שֹׂבַע שְׂמָחוֹת אֶת פָּנֶיךָ, נְעִימוֹת בִּימִינְךָ נֶצַח, וְתַשְׁפִּיעַ לָהּ מֵרַב
טוּב הַצָּפוּן לַצַּדִּיקִים.

לילד:

(פלוני בֶּן פלוני) אֲשֶׁר נֶאֱסַף אֶל עַמָּיו. זְכֹר לוֹ צִדְקָתוֹ אֲשֶׁר עָשָׂה, וִיהִי שְׂכָרוֹ אִתּוֹ, וּפְעֻלָּתוֹ לְפָנָיו. אָנָּא הַסְתֵּר אֶת נִשְׁמָתוֹ בְּצֵל כְּנָפֶיךָ, הוֹדִיעֵהוּ אֹרַח חַיִּים, שֹׂבַע שְׂמָחוֹת אֶת פָּנֶיךָ, נְעִימוֹת בִּימִינְךָ נֶצַח, וְתַשְׁפִּיעַ לוֹ מֵרַב טוּב הַצָּפוּן לַצַּדִּיקִים.

לילדה:

(פלונית בַּת פלוני) אֲשֶׁר נֶאֶסְפָה אֶל עַמֶּיהָ. זְכֹר לָהּ צִדְקָתָהּ אֲשֶׁר עָשְׂתָה, וִיהִי שְׂכָרָהּ אִתָּהּ, וּפְעֻלָּתָהּ לְפָנֶיהָ. אָנָּא הַסְתֵּר אֶת נִשְׁמָתָהּ בְּצֵל כְּנָפֶיךָ, הוֹדִיעֶהָ אֹרַח חַיִּים, שֹׂבַע שְׂמָחוֹת אֶת פָּנֶיךָ, נְעִימוֹת בִּימִינְךָ נֶצַח, וְתַשְׁפִּיעַ לָהּ מֵרַב טוּב הַצָּפוּן לַצַּדִּיקִים.

כְּמוֹ שֶׁכָּתוּב:

מָה רַב טוּבְךָ אֲשֶׁר־צָפַנְתָּ לִּירֵאֶיךָ תהלים לא
פָּעַלְתָּ לַחוֹסִים בָּךְ נֶגֶד בְּנֵי אָדָם:

אָנָּא יהוה, הָרוֹפֵא לִשְׁבוּרֵי לֵב וּמְחַבֵּשׁ לְעַצְּבוֹתָם תהלים קמז
שַׁלֵּם נִחוּמִים לָאֲבֵלִים.

לילד:

וּתְהִי פְּטִירַת הַיֶּלֶד הַזֶּה קֵץ לְכָל צָרָה וְצוּקָה לְאָבִיו וּלְאִמּוֹ.

לילדה:

וּתְהִי פְּטִירַת הַיַּלְדָּה הַזֹּאת קֵץ לְכָל צָרָה וְצוּקָה לְאָבִיהָ וּלְאִמָּהּ.

אם הנפטרים הותירו ילדים מוסיפים את המילים שבסוגריים.

חַזְּקֵם וְאַמְּצֵם בְּיוֹם אֶבְלָם וִיגוֹנָם
וְזָכְרֵם (וּזְכֹר אֶת בְּנֵי בֵיתָם) לְחַיִּים טוֹבִים וַאֲרֻכִּים.
תֵּן בְּלִבָּם יִרְאָתְךָ וְאַהֲבָתְךָ לְעָבְדְךָ בְּלֵבָב שָׁלֵם
וּתְהִי אַחֲרִיתָם שָׁלוֹם, אָמֵן.

כְּאִישׁ אֲשֶׁר אִמּוֹ תְּנַחֲמֶנּוּ ישעיה סו
כֵּן אָנֹכִי אֲנַחֶמְכֶם
וּבִירוּשָׁלַםִ תְּנֻחָמוּ:

לֹא־יָבוֹא עוֹד שִׁמְשֵׁךְ, וִירֵחֵךְ לֹא יֵאָסֵף ישעיה ס
כִּי יהוה יִהְיֶה־לָּךְ לְאוֹר עוֹלָם
וְשָׁלְמוּ יְמֵי אֶבְלֵךְ:

בִּלַּע הַמָּוֶת לָנֶצַח ישעיה כה
וּמָחָה אֲדֹנָי יֱהוִֹה דִּמְעָה מֵעַל כָּל־פָּנִים
וְחֶרְפַּת עַמּוֹ יָסִיר מֵעַל כָּל־הָאָרֶץ
כִּי יהוה דִּבֵּר:

קדיש יתום

אבל: יִתְגַּדַּל וְיִתְקַדַּשׁ שְׁמֵהּ רַבָּא (קהל: אָמֵן)
בְּעָלְמָא דִּי בְרָא כִרְעוּתֵהּ
וְיַמְלִיךְ מַלְכוּתֵהּ
בְּחַיֵּיכוֹן וּבְיוֹמֵיכוֹן וּבְחַיֵּי דְכָל בֵּית יִשְׂרָאֵל
בַּעֲגָלָא וּבִזְמַן קָרִיב
וְאִמְרוּ אָמֵן. (קהל: אָמֵן)

קהל ואבל: יְהֵא שְׁמֵהּ רַבָּא מְבָרַךְ לְעָלַם וּלְעָלְמֵי עָלְמַיָּא.

אבל: יִתְבָּרַךְ וְיִשְׁתַּבַּח וְיִתְפָּאַר
וְיִתְרוֹמַם וְיִתְנַשֵּׂא וְיִתְהַדָּר וְיִתְעַלֶּה וְיִתְהַלָּל
שְׁמֵהּ דְּקֻדְשָׁא בְּרִיךְ הוּא (קהל: בְּרִיךְ הוּא)
לְעֵלָּא מִן כָּל בִּרְכָתָא
/בעשרת ימי תשובה: לְעֵלָּא לְעֵלָּא מִכָּל בִּרְכָתָא/
וְשִׁירָתָא, תֻּשְׁבְּחָתָא וְנֶחֱמָתָא
דַּאֲמִירָן בְּעָלְמָא
וְאִמְרוּ אָמֵן. (קהל: אָמֵן)

יְהֵא שְׁלָמָא רַבָּא מִן שְׁמַיָּא
וְחַיִּים, עָלֵינוּ וְעַל כָּל יִשְׂרָאֵל
וְאִמְרוּ אָמֵן. (קהל: אָמֵן)

כורע ופוסע שלוש פסיעות לאחור. קד לשמאל, לימין ולפנים באמירת:

עֹשֶׂה שָׁלוֹם/ בעשרת ימי תשובה: הַשָּׁלוֹם/ בִּמְרוֹמָיו
הוּא יַעֲשֶׂה שָׁלוֹם עָלֵינוּ וְעַל כָּל יִשְׂרָאֵל
וְאִמְרוּ אָמֵן. (קהל: אָמֵן)

ברכת המזון בבית האבל

המזמן אומר: רַבּוֹתַי, נְבָרֵךְ.

תהלים קיג המסובין: יְהִי שֵׁם יהוה מְבֹרָךְ מֵעַתָּה וְעַד־עוֹלָם:

המזמן חוזר: יְהִי שֵׁם יהוה מְבֹרָךְ מֵעַתָּה וְעַד־עוֹלָם:
בִּרְשׁוּת רַבּוֹתַי, נְבָרֵךְ מְנַחֵם אֲבֵלִים שֶׁאָכַלְנוּ מִשֶּׁלּוֹ.

המסובין: בָּרוּךְ מְנַחֵם אֲבֵלִים, שֶׁאָכַלְנוּ מִשֶּׁלּוֹ וּבְטוּבוֹ חָיִינוּ.

מי שלא אכל, אומר:

בָּרוּךְ מְנַחֵם אֲבֵלִים, וּמְבֹרָךְ שְׁמוֹ תָּמִיד לְעוֹלָם וָעֶד.

המזמן חוזר: בָּרוּךְ מְנַחֵם אֲבֵלִים, שֶׁאָכַלְנוּ מִשֶּׁלּוֹ וּבְטוּבוֹ חָיִינוּ.
בָּרוּךְ הוּא וּבָרוּךְ שְׁמוֹ.

מברכים ברכת המזון (עמ' 505). לפני 'וּבְנֵה יְרוּשָׁלַיִם' (עמ' 508) מוסיפים:

נַחֵם יהוה אֱלֹהֵינוּ אֶת אֲבֵלֵי יְרוּשָׁלַיִם, וְאֶת הָאֲבֵלִים הַמִּתְאַבְּלִים
ישעיה סו בָּאֵבֶל הַזֶּה. נַחֲמֵם מֵאֶבְלָם וְשַׂמְּחֵם מִיגוֹנָם, כָּאָמוּר: כְּאִישׁ אֲשֶׁר
אִמּוֹ תְּנַחֲמֶנּוּ, כֵּן אָנֹכִי אֲנַחֶמְכֶם וּבִירוּשָׁלַיִם תְּנֻחָמוּ: בָּרוּךְ אַתָּה יהוה,
מְנַחֵם צִיּוֹן בְּבִנְיַן יְרוּשָׁלָיִם. אָמֵן.

בָּרוּךְ אַתָּה יהוה אֱלֹהֵינוּ מֶלֶךְ הָעוֹלָם, הָאֵל אָבִינוּ מַלְכֵּנוּ אַדִּירֵנוּ בּוֹרְאֵנוּ גּוֹאֲלֵנוּ יוֹצְרֵנוּ קְדוֹשֵׁנוּ קְדוֹשׁ יַעֲקֹב, רוֹעֵנוּ רוֹעֵה יִשְׂרָאֵל, הַמֶּלֶךְ הַחַי, הַטּוֹב וְהַמֵּטִיב. אֵל אֱמֶת, דַּיַּן אֱמֶת, שׁוֹפֵט צֶדֶק, לוֹקֵחַ נְפָשׁוֹת בְּמִשְׁפָּט, וְשַׁלִּיט בְּעוֹלָמוֹ לַעֲשׂוֹת בּוֹ כִּרְצוֹנוֹ, כִּי כָל דְּרָכָיו מִשְׁפָּט, וַאֲנַחְנוּ עַמּוֹ וַעֲבָדָיו, וְעַל הַכֹּל אֲנַחְנוּ חַיָּבִים לְהוֹדוֹת לוֹ וּלְבָרְכוֹ. גּוֹדֵר פִּרְצוֹת יִשְׂרָאֵל, הוּא יִגְדֹּר אֶת הַפִּרְצָה הַזֹּאת מֵעָלֵינוּ לְחַיִּים וּלְשָׁלוֹם. הוּא יִגְמְלֵנוּ לָעַד חֵן וָחֶסֶד וְרַחֲמִים וְכָל טוֹב, וּמִכָּל טוּב לְעוֹלָם אַל יְחַסְּרֵנוּ.

ממשיכים 'הָרַחֲמָן הוּא יִמְלֹךְ' (עמ' 509).

קריאת התורה

קריאת התורה לימי שני וחמישי ולמנחה של שבת

בראשית

בראשית א, א–כג בְּרֵאשִׁית בָּרָא אֱלֹהִים אֵת הַשָּׁמַיִם וְאֵת הָאָרֶץ: וְהָאָרֶץ הָיְתָה תֹהוּ וָבֹהוּ
וְחֹשֶׁךְ עַל־פְּנֵי תְהוֹם וְרוּחַ אֱלֹהִים מְרַחֶפֶת עַל־פְּנֵי הַמָּיִם: וַיֹּאמֶר אֱלֹהִים
יְהִי־אוֹר וַיְהִי־אוֹר: וַיַּרְא אֱלֹהִים אֶת־הָאוֹר כִּי־טוֹב וַיַּבְדֵּל אֱלֹהִים בֵּין הָאוֹר
וּבֵין הַחֹשֶׁךְ: וַיִּקְרָא אֱלֹהִים ׀ לָאוֹר יוֹם וְלַחֹשֶׁךְ קָרָא לָיְלָה וַיְהִי־עֶרֶב וַיְהִי־
בֹקֶר יוֹם אֶחָד:

לוי וַיֹּאמֶר אֱלֹהִים יְהִי רָקִיעַ בְּתוֹךְ הַמָּיִם וִיהִי מַבְדִּיל בֵּין מַיִם לָמָיִם: וַיַּעַשׂ
אֱלֹהִים אֶת־הָרָקִיעַ וַיַּבְדֵּל בֵּין הַמַּיִם אֲשֶׁר מִתַּחַת לָרָקִיעַ וּבֵין הַמַּיִם אֲשֶׁר
מֵעַל לָרָקִיעַ וַיְהִי־כֵן: וַיִּקְרָא אֱלֹהִים לָרָקִיעַ שָׁמָיִם וַיְהִי־עֶרֶב וַיְהִי־בֹקֶר
יוֹם שֵׁנִי:

ישראל וַיֹּאמֶר אֱלֹהִים יִקָּווּ הַמַּיִם מִתַּחַת הַשָּׁמַיִם אֶל־מָקוֹם אֶחָד וְתֵרָאֶה הַיַּבָּשָׁה
וַיְהִי־כֵן: וַיִּקְרָא אֱלֹהִים ׀ לַיַּבָּשָׁה אֶרֶץ וּלְמִקְוֵה הַמַּיִם קָרָא יַמִּים וַיַּרְא
אֱלֹהִים כִּי־טוֹב: וַיֹּאמֶר אֱלֹהִים תַּדְשֵׁא הָאָרֶץ דֶּשֶׁא עֵשֶׂב מַזְרִיעַ זֶרַע עֵץ
פְּרִי עֹשֶׂה פְּרִי לְמִינוֹ אֲשֶׁר זַרְעוֹ־בוֹ עַל־הָאָרֶץ וַיְהִי־כֵן: וַתּוֹצֵא הָאָרֶץ דֶּשֶׁא
עֵשֶׂב מַזְרִיעַ זֶרַע לְמִינֵהוּ וְעֵץ עֹשֶׂה־פְּרִי אֲשֶׁר זַרְעוֹ־בוֹ לְמִינֵהוּ וַיַּרְא אֱלֹהִים
כִּי־טוֹב: וַיְהִי־עֶרֶב וַיְהִי־בֹקֶר יוֹם שְׁלִישִׁי:

כשקוראים בתורה ביום חמישי, יש הנוהגים להאריך את הקריאה לשלישי (יעב״ץ, הגר״א):

וַיֹּאמֶר אֱלֹהִים יְהִי מְאֹרֹת בִּרְקִיעַ הַשָּׁמַיִם לְהַבְדִּיל בֵּין הַיּוֹם וּבֵין הַלָּיְלָה
וְהָיוּ לְאֹתֹת וּלְמוֹעֲדִים וּלְיָמִים וְשָׁנִים: וְהָיוּ לִמְאוֹרֹת בִּרְקִיעַ הַשָּׁמַיִם לְהָאִיר
עַל־הָאָרֶץ וַיְהִי־כֵן: וַיַּעַשׂ אֱלֹהִים אֶת־שְׁנֵי הַמְּאֹרֹת הַגְּדֹלִים אֶת־הַמָּאוֹר
הַגָּדֹל לְמֶמְשֶׁלֶת הַיּוֹם וְאֶת־הַמָּאוֹר הַקָּטֹן לְמֶמְשֶׁלֶת הַלַּיְלָה וְאֵת הַכּוֹכָבִים:
וַיִּתֵּן אֹתָם אֱלֹהִים בִּרְקִיעַ הַשָּׁמָיִם לְהָאִיר עַל־הָאָרֶץ: וְלִמְשֹׁל בַּיּוֹם וּבַלַּיְלָה
וּלְהַבְדִּיל בֵּין הָאוֹר וּבֵין הַחֹשֶׁךְ וַיַּרְא אֱלֹהִים כִּי־טוֹב: וַיְהִי־עֶרֶב וַיְהִי־בֹקֶר
יוֹם רְבִיעִי:

וַיֹּאמֶר אֱלֹהִים יִשְׁרְצוּ הַמַּיִם שֶׁרֶץ נֶפֶשׁ חַיָּה וְעוֹף יְעוֹפֵף עַל־הָאָרֶץ עַל־פְּנֵי
רְקִיעַ הַשָּׁמָיִם: וַיִּבְרָא אֱלֹהִים אֶת־הַתַּנִּינִם הַגְּדֹלִים וְאֵת כָּל־נֶפֶשׁ הַחַיָּה ׀
הָרֹמֶשֶׂת אֲשֶׁר שָׁרְצוּ הַמַּיִם לְמִינֵהֶם וְאֵת כָּל־עוֹף כָּנָף לְמִינֵהוּ וַיַּרְא אֱלֹהִים
כִּי־טוֹב: וַיְבָרֶךְ אֹתָם אֱלֹהִים לֵאמֹר פְּרוּ וּרְבוּ וּמִלְאוּ אֶת־הַמַּיִם בַּיַּמִּים וְהָעוֹף
יִרֶב בָּאָרֶץ: וַיְהִי־עֶרֶב וַיְהִי־בֹקֶר יוֹם חֲמִישִׁי:

נח

אֵלֶּה תּוֹלְדֹת נֹחַ נֹחַ אִישׁ צַדִּיק תָּמִים הָיָה בְּדֹרֹתָיו אֶת־הָאֱלֹהִים הִתְהַלֶּךְ־ בראשית ו, ט–כב
נֹחַ: וַיּוֹלֶד נֹחַ שְׁלֹשָׁה בָנִים אֶת־שֵׁם אֶת־חָם וְאֶת־יָפֶת: וַתִּשָּׁחֵת הָאָרֶץ
לִפְנֵי הָאֱלֹהִים וַתִּמָּלֵא הָאָרֶץ חָמָס: וַיַּרְא אֱלֹהִים אֶת־הָאָרֶץ וְהִנֵּה נִשְׁחָתָה
כִּי־הִשְׁחִית כָּל־בָּשָׂר אֶת־דַּרְכּוֹ עַל־הָאָרֶץ: וַיֹּאמֶר אֱלֹהִים
לְנֹחַ קֵץ כָּל־בָּשָׂר בָּא לְפָנַי כִּי־מָלְאָה הָאָרֶץ חָמָס מִפְּנֵיהֶם וְהִנְנִי מַשְׁחִיתָם
אֶת־הָאָרֶץ: עֲשֵׂה לְךָ תֵּבַת עֲצֵי־גֹפֶר קִנִּים תַּעֲשֶׂה אֶת־הַתֵּבָה וְכָפַרְתָּ אֹתָהּ
מִבַּיִת וּמִחוּץ בַּכֹּפֶר: וְזֶה אֲשֶׁר תַּעֲשֶׂה אֹתָהּ שְׁלֹשׁ מֵאוֹת אַמָּה אֹרֶךְ הַתֵּבָה
חֲמִשִּׁים אַמָּה רָחְבָּהּ וּשְׁלֹשִׁים אַמָּה קוֹמָתָהּ: צֹהַר ׀ תַּעֲשֶׂה לַתֵּבָה וְאֶל־אַמָּה
תְּכַלֶּנָּה מִלְמַעְלָה וּפֶתַח הַתֵּבָה בְּצִדָּהּ תָּשִׂים תַּחְתִּיִּם שְׁנִיִּם וּשְׁלִשִׁים תַּעֲשֶׂהָ:
*וַאֲנִי הִנְנִי מֵבִיא אֶת־הַמַּבּוּל מַיִם עַל־הָאָרֶץ לְשַׁחֵת כָּל־בָּשָׂר אֲשֶׁר־בּוֹ לוי
רוּחַ חַיִּים מִתַּחַת הַשָּׁמָיִם כֹּל אֲשֶׁר־בָּאָרֶץ יִגְוָע: וַהֲקִמֹתִי אֶת־בְּרִיתִי אִתָּךְ
וּבָאתָ אֶל־הַתֵּבָה אַתָּה וּבָנֶיךָ וְאִשְׁתְּךָ וּנְשֵׁי־בָנֶיךָ אִתָּךְ: וּמִכָּל־הָחַי מִכָּל־
בָּשָׂר שְׁנַיִם מִכֹּל תָּבִיא אֶל־הַתֵּבָה לְהַחֲיֹת אִתָּךְ זָכָר וּנְקֵבָה יִהְיוּ: *מֵהָעוֹף ישראל
לְמִינֵהוּ וּמִן־הַבְּהֵמָה לְמִינָהּ מִכֹּל רֶמֶשׂ הָאֲדָמָה לְמִינֵהוּ שְׁנַיִם מִכֹּל יָבֹאוּ
אֵלֶיךָ לְהַחֲיוֹת: וְאַתָּה קַח־לְךָ מִכָּל־מַאֲכָל אֲשֶׁר יֵאָכֵל וְאָסַפְתָּ אֵלֶיךָ וְהָיָה
לְךָ וְלָהֶם לְאָכְלָה: וַיַּעַשׂ נֹחַ כְּכֹל אֲשֶׁר צִוָּה אֹתוֹ אֱלֹהִים כֵּן עָשָׂה:

לך לך

וַיֹּאמֶר יהוה אֶל־אַבְרָם לֶךְ־לְךָ מֵאַרְצְךָ וּמִמּוֹלַדְתְּךָ וּמִבֵּית אָבִיךָ אֶל־הָאָרֶץ בראשית יב, א–יג
אֲשֶׁר אַרְאֶךָּ: וְאֶעֶשְׂךָ לְגוֹי גָּדוֹל וַאֲבָרֶכְךָ וַאֲגַדְּלָה שְׁמֶךָ וֶהְיֵה בְּרָכָה: וַאֲבָרְכָה
מְבָרְכֶיךָ וּמְקַלֶּלְךָ אָאֹר וְנִבְרְכוּ בְךָ כֹּל מִשְׁפְּחֹת הָאֲדָמָה: *וַיֵּלֶךְ אַבְרָם כַּאֲשֶׁר לוי
דִּבֶּר אֵלָיו יהוה וַיֵּלֶךְ אִתּוֹ לוֹט וְאַבְרָם בֶּן־חָמֵשׁ שָׁנִים וְשִׁבְעִים שָׁנָה בְּצֵאתוֹ

מחרן: ויקח אברם את־שרי אשתו ואת־לוט בן־אחיו ואת־כל־רכושם
אשר רכשו ואת־הנפש אשר־עשו בחרן ויצאו ללכת ארצה כנען ויבאו
ארצה כנען: ויעבר אברם בארץ עד מקום שכם עד אלון מורה והכנעני
אז בארץ: וירא יהוה אל־אברם ויאמר לזרעך אתן את־הארץ הזאת ויבן
שם מזבח ליהוה הנראה אליו: ויעתק משם ההרה מקדם לבית־אל ויט
אהלה בית־אל מים והעי מקדם ויבן־שם מזבח ליהוה ויקרא בשם יהוה:
ויסע אברם הלוך ונסוע הנגבה:
ויהי רעב בארץ וירד אברם מצרימה לגור שם כי־כבד הרעב בארץ: ישראל
ויהי כאשר הקריב לבוא מצרימה ויאמר אל־שרי אשתו הנה־נא ידעתי
כי אשה יפת־מראה את: והיה כי־יראו אתך המצרים ואמרו אשתו זאת
והרגו אתי ואתך יחיו: אמרי־נא אחתי את למען ייטב־לי בעבורך וחיתה
נפשי בגללך:

וירא

וירא אליו יהוה באלני ממרא והוא ישב פתח־האהל כחם היום: וישא בראשית יח, א–יד
עיניו וירא והנה שלשה אנשים נצבים עליו וירא וירץ לקראתם מפתח
האהל וישתחו ארצה: ויאמר אדני אם־נא מצאתי חן בעיניך אל־נא
תעבר מעל עבדך: יקח־נא מעט־מים ורחצו רגליכם והשענו תחת העץ:
ואקחה פת־לחם וסעדו לבכם אחר תעברו כי־על־כן עברתם על־עבדכם
ויאמרו כן תעשה כאשר דברת: *וימהר אברהם האהלה אל־שרה ויאמר לוי
מהרי שלש סאים קמח סלת לושי ועשי עגות: ואל־הבקר רץ אברהם
ויקח בן־בקר רך וטוב ויתן אל־הנער וימהר לעשות אתו: ויקח חמאה
וחלב ובן־הבקר אשר עשה ויתן לפניהם והוא עמד עליהם תחת העץ
ויאכלו: *ויאמרו אליו איה שרה אשתך ויאמר הנה באהל: ויאמר שוב ישראל
אשוב אליך כעת חיה והנה־בן לשרה אשתך ושרה שמעת פתח האהל
והוא אחריו: ואברהם ושרה זקנים באים בימים חדל להיות לשרה ארח
כנשים: ותצחק שרה בקרבה לאמר אחרי בלתי היתה־לי עדנה ואדני
זקן: ויאמר יהוה אל־אברהם למה זה צחקה שרה לאמר האף אמנם אלד
ואני זקנתי: היפלא מיהוה דבר למועד אשוב אליך כעת חיה ולשרה בן:

חיי שרה

בראשית כג, א–טז וַיִּהְיוּ חַיֵּי שָׂרָה מֵאָה שָׁנָה וְעֶשְׂרִים שָׁנָה וְשֶׁבַע שָׁנִים שְׁנֵי חַיֵּי שָׂרָה: וַתָּמָת
שָׂרָה בְּקִרְיַת אַרְבַּע הִוא חֶבְרוֹן בְּאֶרֶץ כְּנָעַן וַיָּבֹא אַבְרָהָם לִסְפֹּד לְשָׂרָה
וְלִבְכֹּתָהּ: וַיָּקָם אַבְרָהָם מֵעַל פְּנֵי מֵתוֹ וַיְדַבֵּר אֶל־בְּנֵי־חֵת לֵאמֹר: גֵּר־וְתוֹשָׁב
אָנֹכִי עִמָּכֶם תְּנוּ לִי אֲחֻזַּת־קֶבֶר עִמָּכֶם וְאֶקְבְּרָה מֵתִי מִלְּפָנָי: וַיַּעֲנוּ בְנֵי־חֵת
אֶת־אַבְרָהָם לֵאמֹר לוֹ: שְׁמָעֵנוּ ׀ אֲדֹנִי נְשִׂיא אֱלֹהִים אַתָּה בְּתוֹכֵנוּ בְּמִבְחַר
קְבָרֵינוּ קְבֹר אֶת־מֵתֶךָ אִישׁ מִמֶּנּוּ אֶת־קִבְרוֹ לֹא־יִכְלֶה מִמְּךָ מִקְּבֹר מֵתֶךָ:
לוי וַיָּקָם אַבְרָהָם וַיִּשְׁתַּחוּ לְעַם־הָאָרֶץ לִבְנֵי־חֵת: *וַיְדַבֵּר אִתָּם לֵאמֹר אִם־יֵשׁ
אֶת־נַפְשְׁכֶם לִקְבֹּר אֶת־מֵתִי מִלְּפָנַי שְׁמָעוּנִי וּפִגְעוּ־לִי בְּעֶפְרוֹן בֶּן־צֹחַר:
וְיִתֶּן־לִי אֶת־מְעָרַת הַמַּכְפֵּלָה אֲשֶׁר־לוֹ אֲשֶׁר בִּקְצֵה שָׂדֵהוּ בְּכֶסֶף מָלֵא יִתְּנֶנָּה
לִּי בְּתוֹכְכֶם לַאֲחֻזַּת־קָבֶר: וְעֶפְרוֹן יֹשֵׁב בְּתוֹךְ בְּנֵי־חֵת וַיַּעַן עֶפְרוֹן הַחִתִּי
אֶת־אַבְרָהָם בְּאָזְנֵי בְנֵי־חֵת לְכֹל בָּאֵי שַׁעַר־עִירוֹ לֵאמֹר: לֹא־אֲדֹנִי שְׁמָעֵנִי
הַשָּׂדֶה נָתַתִּי לָךְ וְהַמְּעָרָה אֲשֶׁר־בּוֹ לְךָ נְתַתִּיהָ לְעֵינֵי בְנֵי־עַמִּי נְתַתִּיהָ לָּךְ
ישראל קְבֹר מֵתֶךָ: וַיִּשְׁתַּחוּ אַבְרָהָם לִפְנֵי עַם־הָאָרֶץ: *וַיְדַבֵּר אֶל־עֶפְרוֹן בְּאָזְנֵי עַם־
הָאָרֶץ לֵאמֹר אַךְ אִם־אַתָּה לוּ שְׁמָעֵנִי נָתַתִּי כֶּסֶף הַשָּׂדֶה קַח מִמֶּנִּי וְאֶקְבְּרָה
אֶת־מֵתִי שָׁמָּה: וַיַּעַן עֶפְרוֹן אֶת־אַבְרָהָם לֵאמֹר לוֹ: אֲדֹנִי שְׁמָעֵנִי אֶרֶץ אַרְבַּע
מֵאֹת שֶׁקֶל־כֶּסֶף בֵּינִי וּבֵינְךָ מַה־הִוא וְאֶת־מֵתְךָ קְבֹר: וַיִּשְׁמַע אַבְרָהָם אֶל־
עֶפְרוֹן וַיִּשְׁקֹל אַבְרָהָם לְעֶפְרֹן אֶת־הַכֶּסֶף אֲשֶׁר דִּבֶּר בְּאָזְנֵי בְנֵי־חֵת אַרְבַּע
מֵאוֹת שֶׁקֶל כֶּסֶף עֹבֵר לַסֹּחֵר:

תולדות

בראשית כה, יט–כו, ה וְאֵלֶּה תּוֹלְדֹת יִצְחָק בֶּן־אַבְרָהָם אַבְרָהָם הוֹלִיד אֶת־יִצְחָק: וַיְהִי יִצְחָק בֶּן־
אַרְבָּעִים שָׁנָה בְּקַחְתּוֹ אֶת־רִבְקָה בַּת־בְּתוּאֵל הָאֲרַמִּי מִפַּדַּן אֲרָם אֲחוֹת לָבָן
הָאֲרַמִּי לוֹ לְאִשָּׁה: וַיֶּעְתַּר יִצְחָק לַיהוָה לְנֹכַח אִשְׁתּוֹ כִּי עֲקָרָה הִוא וַיֵּעָתֶר
לוֹ יְהוָה וַתַּהַר רִבְקָה אִשְׁתּוֹ: וַיִּתְרֹצְצוּ הַבָּנִים בְּקִרְבָּהּ וַתֹּאמֶר אִם־כֵּן לָמָּה
לוי גוים זֶּה אָנֹכִי וַתֵּלֶךְ לִדְרֹשׁ אֶת־יְהוָה: *וַיֹּאמֶר יְהוָה לָהּ שְׁנֵי גיים בְּבִטְנֵךְ וּשְׁנֵי
לְאֻמִּים מִמֵּעַיִךְ יִפָּרֵדוּ וּלְאֹם מִלְאֹם יֶאֱמָץ וְרַב יַעֲבֹד צָעִיר: וַיִּמְלְאוּ יָמֶיהָ
לָלֶדֶת וְהִנֵּה תוֹמִם בְּבִטְנָהּ: וַיֵּצֵא הָרִאשׁוֹן אַדְמוֹנִי כֻּלּוֹ כְּאַדֶּרֶת שֵׂעָר וַיִּקְרְאוּ
שְׁמוֹ עֵשָׂו: וְאַחֲרֵי־כֵן יָצָא אָחִיו וְיָדוֹ אֹחֶזֶת בַּעֲקֵב עֵשָׂו וַיִּקְרָא שְׁמוֹ יַעֲקֹב

וְיִצְחָק בֶּן־שִׁשִּׁים שָׁנָה בְּלֶדֶת אֹתָם: *וַיִּגְדְּלוּ הַנְּעָרִים וַיְהִי עֵשָׂו אִישׁ יֹדֵעַ ישראל
צַיִד אִישׁ שָׂדֶה וְיַעֲקֹב אִישׁ תָּם יֹשֵׁב אֹהָלִים: וַיֶּאֱהַב יִצְחָק אֶת־עֵשָׂו כִּי־צַיִד
בְּפִיו וְרִבְקָה אֹהֶבֶת אֶת־יַעֲקֹב: וַיָּזֶד יַעֲקֹב נָזִיד וַיָּבֹא עֵשָׂו מִן־הַשָּׂדֶה וְהוּא
עָיֵף: וַיֹּאמֶר עֵשָׂו אֶל־יַעֲקֹב הַלְעִיטֵנִי נָא מִן־הָאָדֹם הָאָדֹם הַזֶּה כִּי עָיֵף אָנֹכִי
עַל־כֵּן קָרָא־שְׁמוֹ אֱדוֹם: וַיֹּאמֶר יַעֲקֹב מִכְרָה כַיּוֹם אֶת־בְּכֹרָתְךָ לִי: וַיֹּאמֶר
עֵשָׂו הִנֵּה אָנֹכִי הוֹלֵךְ לָמוּת וְלָמָּה־זֶּה לִי בְּכֹרָה: וַיֹּאמֶר יַעֲקֹב הִשָּׁבְעָה לִּי
כַּיּוֹם וַיִּשָּׁבַע לוֹ וַיִּמְכֹּר אֶת־בְּכֹרָתוֹ לְיַעֲקֹב: וְיַעֲקֹב נָתַן לְעֵשָׂו לֶחֶם וּנְזִיד
עֲדָשִׁים וַיֹּאכַל וַיֵּשְׁתְּ וַיָּקָם וַיֵּלַךְ וַיִּבֶז עֵשָׂו אֶת־הַבְּכֹרָה:

וַיְהִי רָעָב בָּאָרֶץ מִלְּבַד הָרָעָב הָרִאשׁוֹן אֲשֶׁר הָיָה בִּימֵי אַבְרָהָם וַיֵּלֶךְ יִצְחָק
אֶל־אֲבִימֶלֶךְ מֶלֶךְ־פְּלִשְׁתִּים גְּרָרָה: וַיֵּרָא אֵלָיו יְהוָה וַיֹּאמֶר אַל־תֵּרֵד מִצְרָיְמָה
שְׁכֹן בָּאָרֶץ אֲשֶׁר אֹמַר אֵלֶיךָ: גּוּר בָּאָרֶץ הַזֹּאת וְאֶהְיֶה עִמְּךָ וַאֲבָרְכֶךָּ כִּי־לְךָ
וּלְזַרְעֲךָ אֶתֵּן אֶת־כָּל־הָאֲרָצֹת הָאֵל וַהֲקִמֹתִי אֶת־הַשְּׁבֻעָה אֲשֶׁר נִשְׁבַּעְתִּי
לְאַבְרָהָם אָבִיךָ: וְהִרְבֵּיתִי אֶת־זַרְעֲךָ כְּכוֹכְבֵי הַשָּׁמַיִם וְנָתַתִּי לְזַרְעֲךָ אֵת כָּל־
הָאֲרָצֹת הָאֵל וְהִתְבָּרְכוּ בְזַרְעֲךָ כֹּל גּוֹיֵי הָאָרֶץ: עֵקֶב אֲשֶׁר־שָׁמַע אַבְרָהָם
בְּקֹלִי וַיִּשְׁמֹר מִשְׁמַרְתִּי מִצְוֺתַי חֻקּוֹתַי וְתוֹרֹתָי:

ויצא

וַיֵּצֵא יַעֲקֹב מִבְּאֵר שָׁבַע וַיֵּלֶךְ חָרָנָה: וַיִּפְגַּע בַּמָּקוֹם וַיָּלֶן שָׁם כִּי־בָא הַשֶּׁמֶשׁ בראשית כח, י–כב
וַיִּקַּח מֵאַבְנֵי הַמָּקוֹם וַיָּשֶׂם מְרַאֲשֹׁתָיו וַיִּשְׁכַּב בַּמָּקוֹם הַהוּא: וַיַּחֲלֹם וְהִנֵּה
סֻלָּם מֻצָּב אַרְצָה וְרֹאשׁוֹ מַגִּיעַ הַשָּׁמָיְמָה וְהִנֵּה מַלְאֲכֵי אֱלֹהִים עֹלִים וְיֹרְדִים
בּוֹ: *וְהִנֵּה יְהוָה נִצָּב עָלָיו וַיֹּאמַר אֲנִי יְהוָה אֱלֹהֵי אַבְרָהָם אָבִיךָ וֵאלֹהֵי יִצְחָק לוי
הָאָרֶץ אֲשֶׁר אַתָּה שֹׁכֵב עָלֶיהָ לְךָ אֶתְּנֶנָּה וּלְזַרְעֶךָ: וְהָיָה זַרְעֲךָ כַּעֲפַר הָאָרֶץ
וּפָרַצְתָּ יָמָּה וָקֵדְמָה וְצָפֹנָה וָנֶגְבָּה וְנִבְרְכוּ בְךָ כָּל־מִשְׁפְּחֹת הָאֲדָמָה וּבְזַרְעֶךָ:
וְהִנֵּה אָנֹכִי עִמָּךְ וּשְׁמַרְתִּיךָ בְּכֹל אֲשֶׁר־תֵּלֵךְ וַהֲשִׁבֹתִיךָ אֶל־הָאֲדָמָה הַזֹּאת כִּי
לֹא אֶעֱזָבְךָ עַד אֲשֶׁר אִם־עָשִׂיתִי אֵת אֲשֶׁר־דִּבַּרְתִּי לָךְ: וַיִּיקַץ יַעֲקֹב מִשְּׁנָתוֹ
וַיֹּאמֶר אָכֵן יֵשׁ יְהוָה בַּמָּקוֹם הַזֶּה וְאָנֹכִי לֹא יָדָעְתִּי: וַיִּירָא וַיֹּאמַר מַה־נּוֹרָא
הַמָּקוֹם הַזֶּה אֵין זֶה כִּי אִם־בֵּית אֱלֹהִים וְזֶה שַׁעַר הַשָּׁמָיִם: *וַיַּשְׁכֵּם יַעֲקֹב ישראל
בַּבֹּקֶר וַיִּקַּח אֶת־הָאֶבֶן אֲשֶׁר־שָׂם מְרַאֲשֹׁתָיו וַיָּשֶׂם אֹתָהּ מַצֵּבָה וַיִּצֹק שֶׁמֶן
עַל־רֹאשָׁהּ: וַיִּקְרָא אֶת־שֵׁם־הַמָּקוֹם הַהוּא בֵּית־אֵל וְאוּלָם לוּז שֵׁם־הָעִיר

לָרִאשֹׁנָה: וַיִּדַּר יַעֲקֹב נֶדֶר לֵאמֹר אִם־יִהְיֶה אֱלֹהִים עִמָּדִי וּשְׁמָרַנִי בַּדֶּרֶךְ הַזֶּה
אֲשֶׁר אָנֹכִי הוֹלֵךְ וְנָתַן־לִי לֶחֶם לֶאֱכֹל וּבֶגֶד לִלְבֹּשׁ: וְשַׁבְתִּי בְשָׁלוֹם אֶל־בֵּית
אָבִי וְהָיָה יְהוָה לִי לֵאלֹהִים: וְהָאֶבֶן הַזֹּאת אֲשֶׁר־שַׂמְתִּי מַצֵּבָה יִהְיֶה בֵּית
אֱלֹהִים וְכֹל אֲשֶׁר תִּתֶּן־לִי עַשֵּׂר אֲעַשְּׂרֶנּוּ לָךְ:

וישלח

בראשית לב, ג־יב וַיִּשְׁלַח יַעֲקֹב מַלְאָכִים לְפָנָיו אֶל־עֵשָׂו אָחִיו אַרְצָה שֵׂעִיר שְׂדֵה אֱדוֹם: וַיְצַו
אֹתָם לֵאמֹר כֹּה תֹאמְרוּן לַאדֹנִי לְעֵשָׂו כֹּה אָמַר עַבְדְּךָ יַעֲקֹב עִם־לָבָן גַּרְתִּי
וָאֵחַר עַד־עָתָּה: וַיְהִי־לִי שׁוֹר וַחֲמוֹר צֹאן וְעֶבֶד וְשִׁפְחָה וָאֶשְׁלְחָה לְהַגִּיד
לוי לַאדֹנִי לִמְצֹא־חֵן בְּעֵינֶיךָ: *וַיָּשֻׁבוּ הַמַּלְאָכִים אֶל־יַעֲקֹב לֵאמֹר בָּאנוּ אֶל־
אָחִיךָ אֶל־עֵשָׂו וְגַם הֹלֵךְ לִקְרָאתְךָ וְאַרְבַּע־מֵאוֹת אִישׁ עִמּוֹ: וַיִּירָא יַעֲקֹב
מְאֹד וַיֵּצֶר לוֹ וַיַּחַץ אֶת־הָעָם אֲשֶׁר־אִתּוֹ וְאֶת־הַצֹּאן וְאֶת־הַבָּקָר וְהַגְּמַלִּים
לִשְׁנֵי מַחֲנוֹת: וַיֹּאמֶר אִם־יָבוֹא עֵשָׂו אֶל־הַמַּחֲנֶה הָאַחַת וְהִכָּהוּ וְהָיָה הַמַּחֲנֶה
ישראל הַנִּשְׁאָר לִפְלֵיטָה: *וַיֹּאמֶר יַעֲקֹב אֱלֹהֵי אָבִי אַבְרָהָם וֵאלֹהֵי אָבִי יִצְחָק יְהוָה
הָאֹמֵר אֵלַי שׁוּב לְאַרְצְךָ וּלְמוֹלַדְתְּךָ וְאֵיטִיבָה עִמָּךְ: קָטֹנְתִּי מִכֹּל הַחֲסָדִים
וּמִכָּל־הָאֱמֶת אֲשֶׁר עָשִׂיתָ אֶת־עַבְדֶּךָ כִּי בְמַקְלִי עָבַרְתִּי אֶת־הַיַּרְדֵּן הַזֶּה
וְעַתָּה הָיִיתִי לִשְׁנֵי מַחֲנוֹת: הַצִּילֵנִי נָא מִיַּד אָחִי מִיַּד עֵשָׂו כִּי־יָרֵא אָנֹכִי
אֹתוֹ פֶּן־יָבוֹא וְהִכַּנִי אֵם עַל־בָּנִים: וְאַתָּה אָמַרְתָּ הֵיטֵב אֵיטִיב עִמָּךְ וְשַׂמְתִּי
אֶת־זַרְעֲךָ כְּחוֹל הַיָּם אֲשֶׁר לֹא־יִסָּפֵר מֵרֹב:

וישב

בראשית לז, א־יא וַיֵּשֶׁב יַעֲקֹב בְּאֶרֶץ מְגוּרֵי אָבִיו בְּאֶרֶץ כְּנָעַן: אֵלֶּה ׀ תֹּלְדוֹת יַעֲקֹב יוֹסֵף
בֶּן־שְׁבַע־עֶשְׂרֵה שָׁנָה הָיָה רֹעֶה אֶת־אֶחָיו בַּצֹּאן וְהוּא נַעַר אֶת־בְּנֵי בִלְהָה
וְאֶת־בְּנֵי זִלְפָּה נְשֵׁי אָבִיו וַיָּבֵא יוֹסֵף אֶת־דִּבָּתָם רָעָה אֶל־אֲבִיהֶם: וְיִשְׂרָאֵל
לוי אָהַב אֶת־יוֹסֵף מִכָּל־בָּנָיו כִּי־בֶן־זְקֻנִים הוּא לוֹ וְעָשָׂה לוֹ כְּתֹנֶת פַּסִּים: *וַיִּרְאוּ
אֶחָיו כִּי־אֹתוֹ אָהַב אֲבִיהֶם מִכָּל־אֶחָיו וַיִּשְׂנְאוּ אֹתוֹ וְלֹא יָכְלוּ דַּבְּרוֹ לְשָׁלֹם:
וַיַּחֲלֹם יוֹסֵף חֲלוֹם וַיַּגֵּד לְאֶחָיו וַיּוֹסִפוּ עוֹד שְׂנֹא אֹתוֹ: וַיֹּאמֶר אֲלֵיהֶם שִׁמְעוּ־
נָא הַחֲלוֹם הַזֶּה אֲשֶׁר חָלָמְתִּי: וְהִנֵּה אֲנַחְנוּ מְאַלְּמִים אֲלֻמִּים בְּתוֹךְ הַשָּׂדֶה
וְהִנֵּה קָמָה אֲלֻמָּתִי וְגַם־נִצָּבָה וְהִנֵּה תְסֻבֶּינָה אֲלֻמֹּתֵיכֶם וַתִּשְׁתַּחֲוֶיןָ לַאֲלֻמָּתִי:

ישראל *וַיֹּאמְרוּ לוֹ אֶחָיו הֲמָלֹךְ תִּמְלֹךְ עָלֵינוּ אִם־מָשׁוֹל תִּמְשֹׁל בָּנוּ וַיּוֹסִפוּ עוֹד
שְׂנֹא אֹתוֹ עַל־חֲלֹמֹתָיו וְעַל־דְּבָרָיו: וַיַּחֲלֹם עוֹד חֲלוֹם אַחֵר וַיְסַפֵּר אֹתוֹ
לְאֶחָיו וַיֹּאמֶר הִנֵּה חָלַמְתִּי חֲלוֹם עוֹד וְהִנֵּה הַשֶּׁמֶשׁ וְהַיָּרֵחַ וְאַחַד עָשָׂר
כּוֹכָבִים מִשְׁתַּחֲוִים לִי: וַיְסַפֵּר אֶל־אָבִיו וְאֶל־אֶחָיו וַיִּגְעַר־בּוֹ אָבִיו וַיֹּאמֶר לוֹ
מָה הַחֲלוֹם הַזֶּה אֲשֶׁר חָלָמְתָּ הֲבוֹא נָבוֹא אֲנִי וְאִמְּךָ וְאַחֶיךָ לְהִשְׁתַּחֲוֹת לְךָ
אָרְצָה: וַיְקַנְאוּ־בוֹ אֶחָיו וְאָבִיו שָׁמַר אֶת־הַדָּבָר:

מקץ

בראשית מא, א–יד וַיְהִי מִקֵּץ שְׁנָתַיִם יָמִים וּפַרְעֹה חֹלֵם וְהִנֵּה עֹמֵד עַל־הַיְאֹר: וְהִנֵּה מִן־הַיְאֹר
עֹלֹת שֶׁבַע פָּרוֹת יְפוֹת מַרְאֶה וּבְרִיאֹת בָּשָׂר וַתִּרְעֶינָה בָּאָחוּ: וְהִנֵּה שֶׁבַע
פָּרוֹת אֲחֵרוֹת עֹלוֹת אַחֲרֵיהֶן מִן־הַיְאֹר רָעוֹת מַרְאֶה וְדַקּוֹת בָּשָׂר וַתַּעֲמֹדְנָה
אֵצֶל הַפָּרוֹת עַל־שְׂפַת הַיְאֹר: וַתֹּאכַלְנָה הַפָּרוֹת רָעוֹת הַמַּרְאֶה וְדַקֹּת הַבָּשָׂר
לוי אֵת שֶׁבַע הַפָּרוֹת יְפֹת הַמַּרְאֶה וְהַבְּרִיאֹת וַיִּיקַץ פַּרְעֹה: *וַיִּישָׁן וַיַּחֲלֹם שֵׁנִית
וְהִנֵּה ׀ שֶׁבַע שִׁבֳּלִים עֹלוֹת בְּקָנֶה אֶחָד בְּרִיאוֹת וְטֹבוֹת: וְהִנֵּה שֶׁבַע שִׁבֳּלִים
דַּקּוֹת וּשְׁדוּפֹת קָדִים צֹמְחוֹת אַחֲרֵיהֶן: וַתִּבְלַעְנָה הַשִּׁבֳּלִים הַדַּקּוֹת אֵת
ישראל שֶׁבַע הַשִּׁבֳּלִים הַבְּרִיאוֹת וְהַמְּלֵאוֹת וַיִּיקַץ פַּרְעֹה וְהִנֵּה חֲלוֹם: *וַיְהִי בַבֹּקֶר
וַתִּפָּעֶם רוּחוֹ וַיִּשְׁלַח וַיִּקְרָא אֶת־כָּל־חַרְטֻמֵּי מִצְרַיִם וְאֶת־כָּל־חֲכָמֶיהָ וַיְסַפֵּר
פַּרְעֹה לָהֶם אֶת־חֲלֹמוֹ וְאֵין־פּוֹתֵר אוֹתָם לְפַרְעֹה: וַיְדַבֵּר שַׂר הַמַּשְׁקִים אֶת־
פַּרְעֹה לֵאמֹר אֶת־חֲטָאַי אֲנִי מַזְכִּיר הַיּוֹם: פַּרְעֹה קָצַף עַל־עֲבָדָיו וַיִּתֵּן אֹתִי
בְּמִשְׁמַר בֵּית שַׂר הַטַּבָּחִים אֹתִי וְאֵת שַׂר הָאֹפִים: וַנַּחַלְמָה חֲלוֹם בְּלַיְלָה
אֶחָד אֲנִי וָהוּא אִישׁ כְּפִתְרוֹן חֲלֹמוֹ חָלָמְנוּ: וְשָׁם אִתָּנוּ נַעַר עִבְרִי עֶבֶד לְשַׂר
הַטַּבָּחִים וַנְּסַפֶּר־לוֹ וַיִּפְתָּר־לָנוּ אֶת־חֲלֹמֹתֵינוּ אִישׁ כַּחֲלֹמוֹ פָּתָר: וַיְהִי כַּאֲשֶׁר
פָּתַר־לָנוּ כֵּן הָיָה אֹתִי הֵשִׁיב עַל־כַּנִּי וְאֹתוֹ תָלָה: וַיִּשְׁלַח פַּרְעֹה וַיִּקְרָא אֶת־
יוֹסֵף וַיְרִיצֻהוּ מִן־הַבּוֹר וַיְגַלַּח וַיְחַלֵּף שִׂמְלֹתָיו וַיָּבֹא אֶל־פַּרְעֹה:

ויגש

בראשית מד, יח–ל וַיִּגַּשׁ אֵלָיו יְהוּדָה וַיֹּאמֶר בִּי אֲדֹנִי יְדַבֶּר־נָא עַבְדְּךָ דָבָר בְּאָזְנֵי אֲדֹנִי וְאַל־יִחַר
אַפְּךָ בְּעַבְדֶּךָ כִּי כָמוֹךָ כְּפַרְעֹה: אֲדֹנִי שָׁאַל אֶת־עֲבָדָיו לֵאמֹר הֲיֵשׁ־לָכֶם אָב
אוֹ־אָח: וַנֹּאמֶר אֶל־אֲדֹנִי יֶשׁ־לָנוּ אָב זָקֵן וְיֶלֶד זְקֻנִים קָטָן וְאָחִיו מֵת וַיִּוָּתֵר הוּא

לוי לבדו לאמו ואביו אהבו: *ותאמר אל־עבדיך הורדהו אלי ואשימה עיני
עליו: ונאמר אל־אדני לא־יוכל הנער לעזב את־אביו ועזב את־אביו ומת:
ותאמר אל־עבדיך אם־לא ירד אחיכם הקטן אתכם לא תספון לראות פני:
ישראל ויהי כי עלינו אל־עבדך אבי ונגד־לו את דברי אדני: *ויאמר אבינו שבו
שברו־לנו מעט־אכל: ונאמר לא נוכל לרדת אם־יש אחינו הקטן אתנו
וירדנו כי־לא נוכל לראות פני האיש ואחינו הקטן איננו אתנו: ויאמר
עבדך אבי אלינו אתם ידעתם כי שנים ילדה־לי אשתי: ויצא האחד מאתי
ואמר אך טרף טרף ולא ראיתיו עד־הנה: ולקחתם גם־את־זה מעם פני
וקרהו אסון והורדתם את־שיבתי ברעה שאלה: ועתה כבאי אל־עבדך
אבי והנער איננו אתנו ונפשו קשורה בנפשו:

ויחי

בראשית מז,כח–מח,ט ויחי יעקב בארץ מצרים שבע עשרה שנה ויהי ימי־יעקב שני חייו שבע
שנים וארבעים ומאת שנה: ויקרבו ימי־ישראל למות ויקרא | לבנו ליוסף
ויאמר לו אם־נא מצאתי חן בעיניך שים־נא ידך תחת ירכי ועשית עמדי
חסד ואמת אל־נא תקברני במצרים: ושכבתי עם־אבתי ונשאתני ממצרים
וקברתני בקברתם ויאמר אנכי אעשה כדברך: ויאמר השבעה לי וישבע
לו וישתחו ישראל על־ראש המטה:

לוי ויהי אחרי הדברים האלה ויאמר ליוסף הנה אביך חלה ויקח את־שני
בניו עמו את־מנשה ואת־אפרים: ויגד ליעקב ויאמר הנה בנך יוסף בא
אליך ויתחזק ישראל וישב על־המטה: ויאמר יעקב אל־יוסף אל שדי
ישראל נראה־אלי בלוז בארץ כנען ויברך אתי: *ויאמר אלי הנני מפרך והרביתך
ונתתיך לקהל עמים ונתתי את־הארץ הזאת לזרעך אחריך אחזת עולם:
ועתה שני־בניך הנולדים לך בארץ מצרים עד־באי אליך מצרימה לי־הם
אפרים ומנשה כראובן ושמעון יהיו־לי: ומולדתך אשר־הולדת אחריהם
לך יהיו על שם אחיהם יקראו בנחלתם: ואני | בבאי מפדן מתה עלי רחל
בארץ כנען בדרך בעוד כברת־ארץ לבא אפרתה ואקברה שם בדרך
אפרת הוא בית לחם: וירא ישראל את־בני יוסף ויאמר מי־אלה: ויאמר
יוסף אל־אביו בני הם אשר־נתן־לי אלהים בזה ויאמר קחם־נא אלי
ואברכם:

שמות

ואלה שמות בני ישראל הבאים מצרימה את יעקב איש וביתו באו: שמות א, א–יז
ראובן שמעון לוי ויהודה: יששכר זבולן ובנימן: דן ונפתלי גד ואשר:
ויהי כל־נפש יצאי ירך־יעקב שבעים נפש ויוסף היה במצרים: וימת יוסף
וכל־אחיו וכל הדור ההוא: ובני ישראל פרו וישרצו וירבו ויעצמו במאד
מאד ותמלא הארץ אתם:
ויקם מלך־חדש על־מצרים אשר לא־ידע את־יוסף: ויאמר אל־עמו הנה עם לוי
בני ישראל רב ועצום ממנו: הבה נתחכמה לו פן־ירבה והיה כי־תקראנה
מלחמה ונוסף גם־הוא על־שנאינו ונלחם־בנו ועלה מן־הארץ: וישימו
עליו שרי מסים למען ענתו בסבלתם ויבן ערי מסכנות לפרעה את־פתם
ואת־רעמסס: וכאשר יענו אתו כן ירבה וכן יפרץ ויקצו מפני בני ישראל:
*ויעבדו מצרים את־בני ישראל בפרך: וימררו את־חייהם בעבדה קשה ישראל
בחמר ובלבנים ובכל־עבדה בשדה את כל־עבדתם אשר־עבדו בהם
בפרך: ויאמר מלך מצרים למילדת העברית אשר שם האחת שפרה ושם
השנית פועה: ויאמר בילדכן את־העבריות וראיתן על־האבנים אם־בן
הוא והמתן אתו ואם־בת הוא וחיה: ותיראן המילדת את־האלהים ולא
עשו כאשר דבר אליהן מלך מצרים ותחיין את־הילדים:

וארא

וידבר אלהים אל־משה ויאמר אליו אני יהוה: וארא אל־אברהם אל־יצחק שמות ו, ב–יג
ואל־יעקב באל שדי ושמי יהוה לא נודעתי להם: וגם הקמתי את־בריתי
אתם לתת להם את־ארץ כנען את ארץ מגריהם אשר־גרו בה: וגם ׀ אני
שמעתי את־נאקת בני ישראל אשר מצרים מעבדים אתם ואזכר את־
בריתי: *לכן אמר לבני־ישראל אני יהוה והוצאתי אתכם מתחת סבלת לוי
מצרים והצלתי אתכם מעבדתם וגאלתי אתכם בזרוע נטויה ובשפטים
גדלים: ולקחתי אתכם לי לעם והייתי לכם לאלהים וידעתם כי אני יהוה
אלהיכם המוציא אתכם מתחת סבלות מצרים: והבאתי אתכם אל־הארץ
אשר נשאתי את־ידי לתת אתה לאברהם ליצחק וליעקב ונתתי אתה לכם
מורשה אני יהוה: וידבר משה כן אל־בני ישראל ולא שמעו אל־משה
מקצר רוח ומעבדה קשה:

ישראל וַיְדַבֵּר יְהוָה אֶל־מֹשֶׁה לֵּאמֹר: בֹּא דַבֵּר אֶל־פַּרְעֹה מֶלֶךְ מִצְרָיִם וִישַׁלַּח אֶת־
בְּנֵי־יִשְׂרָאֵל מֵאַרְצוֹ: וַיְדַבֵּר מֹשֶׁה לִפְנֵי יְהוָה לֵאמֹר הֵן בְּנֵי־יִשְׂרָאֵל לֹא־שָׁמְעוּ
אֵלַי וְאֵיךְ יִשְׁמָעֵנִי פַרְעֹה וַאֲנִי עֲרַל שְׂפָתָיִם:
וַיְדַבֵּר יְהוָה אֶל־מֹשֶׁה וְאֶל־אַהֲרֹן וַיְצַוֵּם אֶל־בְּנֵי יִשְׂרָאֵל וְאֶל־פַּרְעֹה מֶלֶךְ
מִצְרָיִם לְהוֹצִיא אֶת־בְּנֵי־יִשְׂרָאֵל מֵאֶרֶץ מִצְרָיִם:

בא

שמות י, א–יא וַיֹּאמֶר יְהוָה אֶל־מֹשֶׁה בֹּא אֶל־פַּרְעֹה כִּי־אֲנִי הִכְבַּדְתִּי אֶת־לִבּוֹ וְאֶת־לֵב
עֲבָדָיו לְמַעַן שִׁתִי אֹתֹתַי אֵלֶּה בְּקִרְבּוֹ: וּלְמַעַן תְּסַפֵּר בְּאָזְנֵי בִנְךָ וּבֶן־בִּנְךָ אֵת
אֲשֶׁר הִתְעַלַּלְתִּי בְּמִצְרַיִם וְאֶת־אֹתֹתַי אֲשֶׁר־שַׂמְתִּי בָם וִידַעְתֶּם כִּי־אֲנִי יְהוָה:
וַיָּבֹא מֹשֶׁה וְאַהֲרֹן אֶל־פַּרְעֹה וַיֹּאמְרוּ אֵלָיו כֹּה־אָמַר יְהוָה אֱלֹהֵי הָעִבְרִים
לוי עַד־מָתַי מֵאַנְתָּ לֵעָנֹת מִפָּנָי שַׁלַּח עַמִּי וְיַעַבְדֻנִי: *כִּי אִם־מָאֵן אַתָּה לְשַׁלֵּחַ
אֶת־עַמִּי הִנְנִי מֵבִיא מָחָר אַרְבֶּה בִּגְבֻלֶךָ: וְכִסָּה אֶת־עֵין הָאָרֶץ וְלֹא יוּכַל
לִרְאֹת אֶת־הָאָרֶץ וְאָכַל ׀ אֶת־יֶתֶר הַפְּלֵטָה הַנִּשְׁאֶרֶת לָכֶם מִן־הַבָּרָד וְאָכַל
אֶת־כָּל־הָעֵץ הַצֹּמֵחַ לָכֶם מִן־הַשָּׂדֶה: וּמָלְאוּ בָתֶּיךָ וּבָתֵּי כָל־עֲבָדֶיךָ וּבָתֵּי
כָל־מִצְרַיִם אֲשֶׁר לֹא־רָאוּ אֲבֹתֶיךָ וַאֲבוֹת אֲבֹתֶיךָ מִיּוֹם הֱיוֹתָם עַל־הָאֲדָמָה
ישראל עַד הַיּוֹם הַזֶּה וַיִּפֶן וַיֵּצֵא מֵעִם פַּרְעֹה: *וַיֹּאמְרוּ עַבְדֵי פַרְעֹה אֵלָיו עַד־מָתַי
יִהְיֶה זֶה לָנוּ לְמוֹקֵשׁ שַׁלַּח אֶת־הָאֲנָשִׁים וְיַעַבְדוּ אֶת־יְהוָה אֱלֹהֵיהֶם הֲטֶרֶם
תֵּדַע כִּי אָבְדָה מִצְרָיִם: וַיּוּשַׁב אֶת־מֹשֶׁה וְאֶת־אַהֲרֹן אֶל־פַּרְעֹה וַיֹּאמֶר
אֲלֵהֶם לְכוּ עִבְדוּ אֶת־יְהוָה אֱלֹהֵיכֶם מִי וָמִי הַהֹלְכִים: וַיֹּאמֶר מֹשֶׁה בִּנְעָרֵינוּ
וּבִזְקֵנֵינוּ נֵלֵךְ בְּבָנֵינוּ וּבִבְנוֹתֵנוּ בְּצֹאנֵנוּ וּבִבְקָרֵנוּ נֵלֵךְ כִּי חַג־יְהוָה לָנוּ: וַיֹּאמֶר
אֲלֵהֶם יְהִי כֵן יְהוָה עִמָּכֶם כַּאֲשֶׁר אֲשַׁלַּח אֶתְכֶם וְאֶת־טַפְּכֶם רְאוּ כִּי רָעָה
נֶגֶד פְּנֵיכֶם: לֹא כֵן לְכוּ־נָא הַגְּבָרִים וְעִבְדוּ אֶת־יְהוָה כִּי אֹתָהּ אַתֶּם מְבַקְשִׁים
וַיְגָרֶשׁ אֹתָם מֵאֵת פְּנֵי פַרְעֹה:

בשלח

שמות יג, יז–יד, ח וַיְהִי בְּשַׁלַּח פַּרְעֹה אֶת־הָעָם וְלֹא־נָחָם אֱלֹהִים דֶּרֶךְ אֶרֶץ פְּלִשְׁתִּים כִּי קָרוֹב
הוּא כִּי ׀ אָמַר אֱלֹהִים פֶּן־יִנָּחֵם הָעָם בִּרְאֹתָם מִלְחָמָה וְשָׁבוּ מִצְרָיְמָה: וַיַּסֵּב
אֱלֹהִים ׀ אֶת־הָעָם דֶּרֶךְ הַמִּדְבָּר יַם־סוּף וַחֲמֻשִׁים עָלוּ בְנֵי־יִשְׂרָאֵל מֵאֶרֶץ
מִצְרָיִם: וַיִּקַּח מֹשֶׁה אֶת־עַצְמוֹת יוֹסֵף עִמּוֹ כִּי הַשְׁבֵּעַ הִשְׁבִּיעַ אֶת־בְּנֵי יִשְׂרָאֵל

לֵאמֹר פָּקֹד יִפְקֹד אֱלֹהִים אֶתְכֶם וְהַעֲלִיתֶם אֶת־עַצְמֹתַי מִזֶּה אִתְּכֶם: וַיִּסְעוּ
מִסֻּכֹּת וַיַּחֲנוּ בְאֵתָם בִּקְצֵה הַמִּדְבָּר: וַיהוה הֹלֵךְ לִפְנֵיהֶם יוֹמָם בְּעַמּוּד עָנָן
לַנְחֹתָם הַדֶּרֶךְ וְלַיְלָה בְּעַמּוּד אֵשׁ לְהָאִיר לָהֶם לָלֶכֶת יוֹמָם וָלָיְלָה: לֹא־יָמִישׁ
עַמּוּד הֶעָנָן יוֹמָם וְעַמּוּד הָאֵשׁ לָיְלָה לִפְנֵי הָעָם:
וַיְדַבֵּר יהוה אֶל־מֹשֶׁה לֵּאמֹר: דַּבֵּר אֶל־בְּנֵי יִשְׂרָאֵל וְיָשֻׁבוּ וְיַחֲנוּ לִפְנֵי פִּי לוי
הַחִירֹת בֵּין מִגְדֹּל וּבֵין הַיָּם לִפְנֵי בַּעַל צְפֹן נִכְחוֹ תַחֲנוּ עַל־הַיָּם: וְאָמַר פַּרְעֹה
לִבְנֵי יִשְׂרָאֵל נְבֻכִים הֵם בָּאָרֶץ סָגַר עֲלֵיהֶם הַמִּדְבָּר: וְחִזַּקְתִּי אֶת־לֵב־פַּרְעֹה
וְרָדַף אַחֲרֵיהֶם וְאִכָּבְדָה בְּפַרְעֹה וּבְכָל־חֵילוֹ וְיָדְעוּ מִצְרַיִם כִּי־אֲנִי יהוה וַיַּעֲשׂוּ־
כֵן: *וַיֻּגַּד לְמֶלֶךְ מִצְרַיִם כִּי בָרַח הָעָם וַיֵּהָפֵךְ לְבַב פַּרְעֹה וַעֲבָדָיו אֶל־הָעָם ישראל
וַיֹּאמְרוּ מַה־זֹּאת עָשִׂינוּ כִּי־שִׁלַּחְנוּ אֶת־יִשְׂרָאֵל מֵעָבְדֵנוּ: וַיֶּאְסֹר אֶת־רִכְבּוֹ
וְאֶת־עַמּוֹ לָקַח עִמּוֹ: וַיִּקַּח שֵׁשׁ־מֵאוֹת רֶכֶב בָּחוּר וְכֹל רֶכֶב מִצְרָיִם וְשָׁלִשִׁם
עַל־כֻּלּוֹ: וַיְחַזֵּק יהוה אֶת־לֵב פַּרְעֹה מֶלֶךְ מִצְרַיִם וַיִּרְדֹּף אַחֲרֵי בְּנֵי יִשְׂרָאֵל
וּבְנֵי יִשְׂרָאֵל יֹצְאִים בְּיָד רָמָה:

יתרו

וַיִּשְׁמַע יִתְרוֹ כֹהֵן מִדְיָן חֹתֵן מֹשֶׁה אֵת כָּל־אֲשֶׁר עָשָׂה אֱלֹהִים לְמֹשֶׁה שמות יח, א–יב
וּלְיִשְׂרָאֵל עַמּוֹ כִּי־הוֹצִיא יהוה אֶת־יִשְׂרָאֵל מִמִּצְרָיִם: וַיִּקַּח יִתְרוֹ חֹתֵן
מֹשֶׁה אֶת־צִפֹּרָה אֵשֶׁת מֹשֶׁה אַחַר שִׁלּוּחֶיהָ: וְאֵת שְׁנֵי בָנֶיהָ אֲשֶׁר שֵׁם הָאֶחָד
גֵּרְשֹׁם כִּי אָמַר גֵּר הָיִיתִי בְּאֶרֶץ נָכְרִיָּה: וְשֵׁם הָאֶחָד אֱלִיעֶזֶר כִּי־אֱלֹהֵי אָבִי
בְּעֶזְרִי וַיַּצִּלֵנִי מֵחֶרֶב פַּרְעֹה: *וַיָּבֹא יִתְרוֹ חֹתֵן מֹשֶׁה וּבָנָיו וְאִשְׁתּוֹ אֶל־מֹשֶׁה לוי
אֶל־הַמִּדְבָּר אֲשֶׁר־הוּא חֹנֶה שָׁם הַר הָאֱלֹהִים: וַיֹּאמֶר אֶל־מֹשֶׁה אֲנִי חֹתֶנְךָ
יִתְרוֹ בָּא אֵלֶיךָ וְאִשְׁתְּךָ וּשְׁנֵי בָנֶיהָ עִמָּהּ: וַיֵּצֵא מֹשֶׁה לִקְרַאת חֹתְנוֹ וַיִּשְׁתַּחוּ
וַיִּשַּׁק־לוֹ וַיִּשְׁאֲלוּ אִישׁ־לְרֵעֵהוּ לְשָׁלוֹם וַיָּבֹאוּ הָאֹהֱלָה: וַיְסַפֵּר מֹשֶׁה לְחֹתְנוֹ
אֵת כָּל־אֲשֶׁר עָשָׂה יהוה לְפַרְעֹה וּלְמִצְרַיִם עַל אוֹדֹת יִשְׂרָאֵל אֵת כָּל־הַתְּלָאָה
אֲשֶׁר מְצָאָתַם בַּדֶּרֶךְ וַיַּצִּלֵם יהוה: *וַיִּחַדְּ יִתְרוֹ עַל כָּל־הַטּוֹבָה אֲשֶׁר־עָשָׂה ישראל
יהוה לְיִשְׂרָאֵל אֲשֶׁר הִצִּילוֹ מִיַּד מִצְרָיִם: וַיֹּאמֶר יִתְרוֹ בָּרוּךְ יהוה אֲשֶׁר הִצִּיל
אֶתְכֶם מִיַּד מִצְרַיִם וּמִיַּד פַּרְעֹה אֲשֶׁר הִצִּיל אֶת־הָעָם מִתַּחַת יַד־מִצְרָיִם:
עַתָּה יָדַעְתִּי כִּי־גָדוֹל יהוה מִכָּל־הָאֱלֹהִים כִּי בַדָּבָר אֲשֶׁר זָדוּ עֲלֵיהֶם: וַיִּקַּח
יִתְרוֹ חֹתֵן מֹשֶׁה עֹלָה וּזְבָחִים לֵאלֹהִים וַיָּבֹא אַהֲרֹן וְכֹל ׀ זִקְנֵי יִשְׂרָאֵל לֶאֱכָל־
לֶחֶם עִם־חֹתֵן מֹשֶׁה לִפְנֵי הָאֱלֹהִים:

משפטים

שמות כא, א–יט וְאֵלֶּה הַמִּשְׁפָּטִים אֲשֶׁר תָּשִׂים לִפְנֵיהֶם: כִּי תִקְנֶה עֶבֶד עִבְרִי שֵׁשׁ שָׁנִים
יַעֲבֹד וּבַשְּׁבִעִת יֵצֵא לַחָפְשִׁי חִנָּם: אִם־בְּגַפּוֹ יָבֹא בְּגַפּוֹ יֵצֵא אִם־בַּעַל אִשָּׁה
הוּא וְיָצְאָה אִשְׁתּוֹ עִמּוֹ: אִם־אֲדֹנָיו יִתֶּן־לוֹ אִשָּׁה וְיָלְדָה־לוֹ בָנִים אוֹ בָנוֹת
הָאִשָּׁה וִילָדֶיהָ תִּהְיֶה לַאדֹנֶיהָ וְהוּא יֵצֵא בְגַפּוֹ: וְאִם־אָמֹר יֹאמַר הָעֶבֶד
אָהַבְתִּי אֶת־אֲדֹנִי אֶת־אִשְׁתִּי וְאֶת־בָּנָי לֹא אֵצֵא חָפְשִׁי: וְהִגִּישׁוֹ אֲדֹנָיו
אֶל־הָאֱלֹהִים וְהִגִּישׁוֹ אֶל־הַדֶּלֶת אוֹ אֶל־הַמְּזוּזָה וְרָצַע אֲדֹנָיו אֶת־אָזְנוֹ
לוי בַּמַּרְצֵעַ וַעֲבָדוֹ לְעֹלָם: *וְכִי־יִמְכֹּר אִישׁ אֶת־בִּתּוֹ לְאָמָה לֹא
לו תֵצֵא כְּצֵאת הָעֲבָדִים: אִם־רָעָה בְּעֵינֵי אֲדֹנֶיהָ אֲשֶׁר־לֹא יְעָדָהּ וְהֶפְדָּהּ לְעַם
נָכְרִי לֹא־יִמְשֹׁל לְמָכְרָהּ בְּבִגְדוֹ־בָהּ: וְאִם־לִבְנוֹ יִיעָדֶנָּה כְּמִשְׁפַּט הַבָּנוֹת
יַעֲשֶׂה־לָּהּ: אִם־אַחֶרֶת יִקַּח־לוֹ שְׁאֵרָהּ כְּסוּתָהּ וְעֹנָתָהּ לֹא יִגְרָע: וְאִם־שְׁלָשׁ־
ישראל אֵלֶּה לֹא יַעֲשֶׂה לָהּ וְיָצְאָה חִנָּם אֵין כָּסֶף: *מַכֵּה אִישׁ וָמֵת מוֹת
יוּמָת: וַאֲשֶׁר לֹא צָדָה וְהָאֱלֹהִים אִנָּה לְיָדוֹ וְשַׂמְתִּי לְךָ מָקוֹם אֲשֶׁר יָנוּס
שָׁמָּה: וְכִי־יָזִד אִישׁ עַל־רֵעֵהוּ לְהָרְגוֹ בְעָרְמָה מֵעִם מִזְבְּחִי
תִּקָּחֶנּוּ לָמוּת: וּמַכֵּה אָבִיו וְאִמּוֹ מוֹת יוּמָת: וְגֹנֵב
אִישׁ וּמְכָרוֹ וְנִמְצָא בְיָדוֹ מוֹת יוּמָת: וּמְקַלֵּל אָבִיו וְאִמּוֹ מוֹת
יוּמָת: וְכִי־יְרִיבֻן אֲנָשִׁים וְהִכָּה־אִישׁ אֶת־רֵעֵהוּ בְּאֶבֶן אוֹ בְאֶגְרֹף
וְלֹא יָמוּת וְנָפַל לְמִשְׁכָּב: אִם־יָקוּם וְהִתְהַלֵּךְ בַּחוּץ עַל־מִשְׁעַנְתּוֹ וְנִקָּה הַמַּכֶּה
רַק שִׁבְתּוֹ יִתֵּן וְרַפֹּא יְרַפֵּא:

תרומה

שמות כה, א–טז וַיְדַבֵּר יְהוָה אֶל־מֹשֶׁה לֵּאמֹר: דַּבֵּר אֶל־בְּנֵי יִשְׂרָאֵל וְיִקְחוּ־לִי תְּרוּמָה מֵאֵת
כָּל־אִישׁ אֲשֶׁר יִדְּבֶנּוּ לִבּוֹ תִּקְחוּ אֶת־תְּרוּמָתִי: וְזֹאת הַתְּרוּמָה אֲשֶׁר תִּקְחוּ
מֵאִתָּם זָהָב וָכֶסֶף וּנְחֹשֶׁת: וּתְכֵלֶת וְאַרְגָּמָן וְתוֹלַעַת שָׁנִי וְשֵׁשׁ וְעִזִּים: וְעֹרֹת
לוי אֵילִם מְאָדָּמִים וְעֹרֹת תְּחָשִׁים וַעֲצֵי שִׁטִּים: *שֶׁמֶן לַמָּאֹר בְּשָׂמִים לְשֶׁמֶן
הַמִּשְׁחָה וְלִקְטֹרֶת הַסַּמִּים: אַבְנֵי־שֹׁהַם וְאַבְנֵי מִלֻּאִים לָאֵפֹד וְלַחֹשֶׁן: וְעָשׂוּ
לִי מִקְדָּשׁ וְשָׁכַנְתִּי בְּתוֹכָם: כְּכֹל אֲשֶׁר אֲנִי מַרְאֶה אוֹתְךָ אֵת תַּבְנִית הַמִּשְׁכָּן
ישראל וְאֵת תַּבְנִית כָּל־כֵּלָיו וְכֵן תַּעֲשׂוּ: *וְעָשׂוּ אֲרוֹן עֲצֵי שִׁטִּים אַמָּתַיִם
וָחֵצִי אָרְכּוֹ וְאַמָּה וָחֵצִי רָחְבּוֹ וְאַמָּה וָחֵצִי קֹמָתוֹ: וְצִפִּיתָ אֹתוֹ זָהָב טָהוֹר
מִבַּיִת וּמִחוּץ תְּצַפֶּנּוּ וְעָשִׂיתָ עָלָיו זֵר זָהָב סָבִיב: וְיָצַקְתָּ לּוֹ אַרְבַּע טַבְּעֹת

זָהָב וְנָתַתָּה עַל אַרְבַּע פַּעֲמֹתָיו וּשְׁתֵּי טַבָּעֹת עַל־צַלְעוֹ הָאֶחָת וּשְׁתֵּי טַבָּעֹת
עַל־צַלְעוֹ הַשֵּׁנִית: וְעָשִׂיתָ בַדֵּי עֲצֵי שִׁטִּים וְצִפִּיתָ אֹתָם זָהָב: וְהֵבֵאתָ אֶת־
הַבַּדִּים בַּטַּבָּעֹת עַל צַלְעֹת הָאָרֹן לָשֵׂאת אֶת־הָאָרֹן בָּהֶם: בְּטַבְּעֹת הָאָרֹן
יִהְיוּ הַבַּדִּים לֹא יָסֻרוּ מִמֶּנּוּ: וְנָתַתָּ אֶל־הָאָרֹן אֵת הָעֵדֻת אֲשֶׁר אֶתֵּן אֵלֶיךָ:

תצוה

וְאַתָּה תְּצַוֶּה ׀ אֶת־בְּנֵי יִשְׂרָאֵל וְיִקְחוּ אֵלֶיךָ שֶׁמֶן זַיִת זָךְ כָּתִית לַמָּאוֹר שמות כז,כ–כח,יב
לְהַעֲלֹת נֵר תָּמִיד: בְּאֹהֶל מוֹעֵד מִחוּץ לַפָּרֹכֶת אֲשֶׁר עַל־הָעֵדֻת יַעֲרֹךְ
אֹתוֹ אַהֲרֹן וּבָנָיו מֵעֶרֶב עַד־בֹּקֶר לִפְנֵי יְהוָה חֻקַּת עוֹלָם לְדֹרֹתָם מֵאֵת בְּנֵי
יִשְׂרָאֵל: וְאַתָּה הַקְרֵב אֵלֶיךָ אֶת־אַהֲרֹן אָחִיךָ וְאֶת־בָּנָיו אִתּוֹ מִתּוֹךְ
בְּנֵי יִשְׂרָאֵל לְכַהֲנוֹ־לִי אַהֲרֹן נָדָב וַאֲבִיהוּא אֶלְעָזָר וְאִיתָמָר בְּנֵי אַהֲרֹן: וְעָשִׂיתָ
בִגְדֵי־קֹדֶשׁ לְאַהֲרֹן אָחִיךָ לְכָבוֹד וּלְתִפְאָרֶת: וְאַתָּה תְּדַבֵּר אֶל־כָּל־חַכְמֵי־לֵב
אֲשֶׁר מִלֵּאתִיו רוּחַ חָכְמָה וְעָשׂוּ אֶת־בִּגְדֵי אַהֲרֹן לְקַדְּשׁוֹ לְכַהֲנוֹ־לִי: וְאֵלֶּה
הַבְּגָדִים אֲשֶׁר יַעֲשׂוּ חֹשֶׁן וְאֵפוֹד וּמְעִיל וּכְתֹנֶת תַּשְׁבֵּץ מִצְנֶפֶת וְאַבְנֵט וְעָשׂוּ
בִגְדֵי־קֹדֶשׁ לְאַהֲרֹן אָחִיךָ וּלְבָנָיו לְכַהֲנוֹ־לִי: וְהֵם יִקְחוּ אֶת־הַזָּהָב וְאֶת־הַתְּכֵלֶת
וְאֶת־הָאַרְגָּמָן וְאֶת־תּוֹלַעַת הַשָּׁנִי וְאֶת־הַשֵּׁשׁ:
וְעָשׂוּ אֶת־הָאֵפֹד זָהָב תְּכֵלֶת וְאַרְגָּמָן תּוֹלַעַת שָׁנִי וְשֵׁשׁ מָשְׁזָר מַעֲשֵׂה חֹשֵׁב: לוי
שְׁתֵּי כְתֵפֹת חֹבְרֹת יִהְיֶה־לּוֹ אֶל־שְׁנֵי קְצוֹתָיו וְחֻבָּר: וְחֵשֶׁב אֲפֻדָּתוֹ אֲשֶׁר עָלָיו
כְּמַעֲשֵׂהוּ מִמֶּנּוּ יִהְיֶה זָהָב תְּכֵלֶת וְאַרְגָּמָן וְתוֹלַעַת שָׁנִי וְשֵׁשׁ מָשְׁזָר: וְלָקַחְתָּ
אֶת־שְׁתֵּי אַבְנֵי־שֹׁהַם וּפִתַּחְתָּ עֲלֵיהֶם שְׁמוֹת בְּנֵי יִשְׂרָאֵל: *שִׁשָּׁה מִשְּׁמֹתָם עַל ישראל
הָאֶבֶן הָאֶחָת וְאֶת־שְׁמוֹת הַשִּׁשָּׁה הַנּוֹתָרִים עַל־הָאֶבֶן הַשֵּׁנִית כְּתוֹלְדֹתָם:
מַעֲשֵׂה חָרַשׁ אֶבֶן פִּתּוּחֵי חֹתָם תְּפַתַּח אֶת־שְׁתֵּי הָאֲבָנִים עַל־שְׁמֹת בְּנֵי
יִשְׂרָאֵל מֻסַבֹּת מִשְׁבְּצוֹת זָהָב תַּעֲשֶׂה אֹתָם: וְשַׂמְתָּ אֶת־שְׁתֵּי הָאֲבָנִים עַל
כִּתְפֹת הָאֵפֹד אַבְנֵי זִכָּרֹן לִבְנֵי יִשְׂרָאֵל וְנָשָׂא אַהֲרֹן אֶת־שְׁמוֹתָם לִפְנֵי יְהוָה
עַל־שְׁתֵּי כְתֵפָיו לְזִכָּרֹן:

כי תשא

וַיְדַבֵּר יְהוָה אֶל־מֹשֶׁה לֵּאמֹר: כִּי תִשָּׂא אֶת־רֹאשׁ בְּנֵי־יִשְׂרָאֵל לִפְקֻדֵיהֶם שמות ל, יא–כא
וְנָתְנוּ אִישׁ כֹּפֶר נַפְשׁוֹ לַיהוָה בִּפְקֹד אֹתָם וְלֹא־יִהְיֶה בָהֶם נֶגֶף בִּפְקֹד אֹתָם:
זֶה ׀ יִתְּנוּ כָּל־הָעֹבֵר עַל־הַפְּקֻדִים מַחֲצִית הַשֶּׁקֶל בְּשֶׁקֶל הַקֹּדֶשׁ עֶשְׂרִים

לוי גֵּרָה הַשֶּׁקֶל מַחֲצִית הַשֶּׁקֶל תְּרוּמָה לַיהוה: *כֹּל הָעֹבֵר עַל־הַפְּקֻדִים מִבֶּן
עֶשְׂרִים שָׁנָה וָמָעְלָה יִתֵּן תְּרוּמַת יהוה: הֶעָשִׁיר לֹא־יַרְבֶּה וְהַדַּל לֹא יַמְעִיט
מִמַּחֲצִית הַשָּׁקֶל לָתֵת אֶת־תְּרוּמַת יהוה לְכַפֵּר עַל־נַפְשֹׁתֵיכֶם: וְלָקַחְתָּ אֶת־
כֶּסֶף הַכִּפֻּרִים מֵאֵת בְּנֵי יִשְׂרָאֵל וְנָתַתָּ אֹתוֹ עַל־עֲבֹדַת אֹהֶל מוֹעֵד וְהָיָה לִבְנֵי
יִשְׂרָאֵל לְזִכָּרוֹן לִפְנֵי יהוה לְכַפֵּר עַל־נַפְשֹׁתֵיכֶם:

ישראל וַיְדַבֵּר יהוה אֶל־מֹשֶׁה לֵּאמֹר: וְעָשִׂיתָ כִּיּוֹר נְחֹשֶׁת וְכַנּוֹ נְחֹשֶׁת לְרָחְצָה וְנָתַתָּ
אֹתוֹ בֵּין־אֹהֶל מוֹעֵד וּבֵין הַמִּזְבֵּחַ וְנָתַתָּ שָׁמָּה מָיִם: וְרָחֲצוּ אַהֲרֹן וּבָנָיו מִמֶּנּוּ
אֶת־יְדֵיהֶם וְאֶת־רַגְלֵיהֶם: בְּבֹאָם אֶל־אֹהֶל מוֹעֵד יִרְחֲצוּ־מַיִם וְלֹא יָמֻתוּ אוֹ
בְגִשְׁתָּם אֶל־הַמִּזְבֵּחַ לְשָׁרֵת לְהַקְטִיר אִשֶּׁה לַיהוה: וְרָחֲצוּ יְדֵיהֶם וְרַגְלֵיהֶם
וְלֹא יָמֻתוּ וְהָיְתָה לָהֶם חָק־עוֹלָם לוֹ וּלְזַרְעוֹ לְדֹרֹתָם:

ויקהל

שמות לה, א–כ וַיַּקְהֵל מֹשֶׁה אֶת־כָּל־עֲדַת בְּנֵי יִשְׂרָאֵל וַיֹּאמֶר אֲלֵהֶם אֵלֶּה הַדְּבָרִים אֲשֶׁר־
צִוָּה יהוה לַעֲשֹׂת אֹתָם: שֵׁשֶׁת יָמִים תֵּעָשֶׂה מְלָאכָה וּבַיּוֹם הַשְּׁבִיעִי יִהְיֶה
לָכֶם קֹדֶשׁ שַׁבַּת שַׁבָּתוֹן לַיהוה כָּל־הָעֹשֶׂה בוֹ מְלָאכָה יוּמָת: לֹא־תְבַעֲרוּ
אֵשׁ בְּכֹל מֹשְׁבֹתֵיכֶם בְּיוֹם הַשַּׁבָּת:

לוי וַיֹּאמֶר מֹשֶׁה אֶל־כָּל־עֲדַת בְּנֵי־יִשְׂרָאֵל לֵאמֹר זֶה הַדָּבָר אֲשֶׁר־צִוָּה יהוה
לֵאמֹר: קְחוּ מֵאִתְּכֶם תְּרוּמָה לַיהוה כֹּל נְדִיב לִבּוֹ יְבִיאֶהָ אֵת תְּרוּמַת יהוה
זָהָב וָכֶסֶף וּנְחֹשֶׁת: וּתְכֵלֶת וְאַרְגָּמָן וְתוֹלַעַת שָׁנִי וְשֵׁשׁ וְעִזִּים: וְעֹרֹת אֵילִם
מְאָדָּמִים וְעֹרֹת תְּחָשִׁים וַעֲצֵי שִׁטִּים: וְשֶׁמֶן לַמָּאוֹר וּבְשָׂמִים לְשֶׁמֶן הַמִּשְׁחָה
וְלִקְטֹרֶת הַסַּמִּים: וְאַבְנֵי־שֹׁהַם וְאַבְנֵי מִלֻּאִים לָאֵפוֹד וְלַחֹשֶׁן: וְכָל־חֲכַם־לֵב
ישראל בָּכֶם יָבֹאוּ וְיַעֲשׂוּ אֵת כָּל־אֲשֶׁר צִוָּה יהוה: *אֶת־הַמִּשְׁכָּן אֶת־אָהֳלוֹ וְאֶת־
מִכְסֵהוּ אֶת־קְרָסָיו וְאֶת־קְרָשָׁיו אֶת־בְּרִיחָו אֶת־עַמֻּדָיו וְאֶת־אֲדָנָיו: אֶת־
הָאָרֹן וְאֶת־בַּדָּיו אֶת־הַכַּפֹּרֶת וְאֵת פָּרֹכֶת הַמָּסָךְ: אֶת־הַשֻּׁלְחָן וְאֶת־בַּדָּיו
וְאֶת־כָּל־כֵּלָיו וְאֵת לֶחֶם הַפָּנִים: וְאֶת־מְנֹרַת הַמָּאוֹר וְאֶת־כֵּלֶיהָ וְאֶת־נֵרֹתֶיהָ
וְאֵת שֶׁמֶן הַמָּאוֹר: וְאֶת־מִזְבַּח הַקְּטֹרֶת וְאֶת־בַּדָּיו וְאֵת שֶׁמֶן הַמִּשְׁחָה וְאֵת
קְטֹרֶת הַסַּמִּים וְאֶת־מָסַךְ הַפֶּתַח לְפֶתַח הַמִּשְׁכָּן: אֵת | מִזְבַּח הָעֹלָה וְאֶת־
מִכְבַּר הַנְּחֹשֶׁת אֲשֶׁר־לוֹ אֶת־בַּדָּיו וְאֶת־כָּל־כֵּלָיו אֶת־הַכִּיֹּר וְאֶת־כַּנּוֹ: אֵת
קַלְעֵי הֶחָצֵר אֶת־עַמֻּדָיו וְאֶת־אֲדָנֶיהָ וְאֵת מָסַךְ שַׁעַר הֶחָצֵר: אֶת־יִתְדֹת

הַמִּשְׁכָּן וְאֶת־יִתְדֹת הֶחָצֵר וְאֶת־מֵיתְרֵיהֶם: אֶת־בִּגְדֵי הַשְּׂרָד לְשָׁרֵת בַּקֹּדֶשׁ אֶת־בִּגְדֵי הַקֹּדֶשׁ לְאַהֲרֹן הַכֹּהֵן וְאֶת־בִּגְדֵי בָנָיו לְכַהֵן: וַיֵּצְאוּ כָּל־עֲדַת בְּנֵי־יִשְׂרָאֵל מִלִּפְנֵי מֹשֶׁה:

פקודי

שמות לח,כא–לט,א אֵלֶּה פְקוּדֵי הַמִּשְׁכָּן מִשְׁכַּן הָעֵדֻת אֲשֶׁר פֻּקַּד עַל־פִּי מֹשֶׁה עֲבֹדַת הַלְוִיִּם בְּיַד
אִיתָמָר בֶּן־אַהֲרֹן הַכֹּהֵן: וּבְצַלְאֵל בֶּן־אוּרִי בֶן־חוּר לְמַטֵּה יְהוּדָה עָשָׂה אֵת
כָּל־אֲשֶׁר־צִוָּה יהוה אֶת־מֹשֶׁה: וְאִתּוֹ אָהֳלִיאָב בֶּן־אֲחִיסָמָךְ לְמַטֵּה־דָן חָרָשׁ
וְחֹשֵׁב וְרֹקֵם בַּתְּכֵלֶת וּבָאַרְגָּמָן וּבְתוֹלַעַת הַשָּׁנִי וּבַשֵּׁשׁ: *כָּל־הַזָּהָב לוי
הֶעָשׂוּי לַמְּלָאכָה בְּכֹל מְלֶאכֶת הַקֹּדֶשׁ וַיְהִי | זְהַב הַתְּנוּפָה תֵּשַׁע וְעֶשְׂרִים
כִּכָּר וּשְׁבַע מֵאוֹת וּשְׁלֹשִׁים שֶׁקֶל בְּשֶׁקֶל הַקֹּדֶשׁ: וְכֶסֶף פְּקוּדֵי הָעֵדָה מְאַת
כִּכָּר וְאֶלֶף וּשְׁבַע מֵאוֹת וַחֲמִשָּׁה וְשִׁבְעִים שֶׁקֶל בְּשֶׁקֶל הַקֹּדֶשׁ: בֶּקַע לַגֻּלְגֹּלֶת
מַחֲצִית הַשֶּׁקֶל בְּשֶׁקֶל הַקֹּדֶשׁ לְכֹל הָעֹבֵר עַל־הַפְּקֻדִים מִבֶּן עֶשְׂרִים שָׁנָה
וָמַעְלָה לְשֵׁשׁ־מֵאוֹת אֶלֶף וּשְׁלֹשֶׁת אֲלָפִים וַחֲמֵשׁ מֵאוֹת וַחֲמִשִּׁים: וַיְהִי
מְאַת כִּכַּר הַכֶּסֶף לָצֶקֶת אֵת אַדְנֵי הַקֹּדֶשׁ וְאֵת אַדְנֵי הַפָּרֹכֶת מְאַת אֲדָנִים
לִמְאַת הַכִּכָּר כִּכָּר לָאָדֶן: *וְאֶת־הָאֶלֶף וּשְׁבַע הַמֵּאוֹת וַחֲמִשָּׁה וְשִׁבְעִים ישראל
עָשָׂה וָוִים לָעַמּוּדִים וְצִפָּה רָאשֵׁיהֶם וְחִשַּׁק אֹתָם: וּנְחֹשֶׁת הַתְּנוּפָה שִׁבְעִים
כִּכָּר וְאַלְפַּיִם וְאַרְבַּע־מֵאוֹת שָׁקֶל: וַיַּעַשׂ בָּהּ אֶת־אַדְנֵי פֶּתַח אֹהֶל מוֹעֵד
וְאֵת מִזְבַּח הַנְּחֹשֶׁת וְאֶת־מִכְבַּר הַנְּחֹשֶׁת אֲשֶׁר־לוֹ וְאֵת כָּל־כְּלֵי הַמִּזְבֵּחַ:
וְאֶת־אַדְנֵי הֶחָצֵר סָבִיב וְאֶת־אַדְנֵי שַׁעַר הֶחָצֵר וְאֵת כָּל־יִתְדֹת הַמִּשְׁכָּן
וְאֶת־כָּל־יִתְדֹת הֶחָצֵר סָבִיב: וּמִן־הַתְּכֵלֶת וְהָאַרְגָּמָן וְתוֹלַעַת הַשָּׁנִי עָשׂוּ
בִגְדֵי־שְׂרָד לְשָׁרֵת בַּקֹּדֶשׁ וַיַּעֲשׂוּ אֶת־בִּגְדֵי הַקֹּדֶשׁ אֲשֶׁר לְאַהֲרֹן כַּאֲשֶׁר צִוָּה
יהוה אֶת־מֹשֶׁה:

ויקרא

ויקרא א,א–יג וַיִּקְרָא אֶל־מֹשֶׁה וַיְדַבֵּר יהוה אֵלָיו מֵאֹהֶל מוֹעֵד לֵאמֹר: דַּבֵּר אֶל־בְּנֵי יִשְׂרָאֵל
וְאָמַרְתָּ אֲלֵהֶם אָדָם כִּי־יַקְרִיב מִכֶּם קָרְבָּן לַיהוה מִן־הַבְּהֵמָה מִן־הַבָּקָר
וּמִן־הַצֹּאן תַּקְרִיבוּ אֶת־קָרְבַּנְכֶם: אִם־עֹלָה קָרְבָּנוֹ מִן־הַבָּקָר זָכָר תָּמִים
יַקְרִיבֶנּוּ אֶל־פֶּתַח אֹהֶל מוֹעֵד יַקְרִיב אֹתוֹ לִרְצֹנוֹ לִפְנֵי יהוה: וְסָמַךְ יָדוֹ עַל

לוי רֹאשׁ הָעֹלָה וְנִרְצָה לוֹ לְכַפֵּר עָלָיו: *וְשָׁחַט אֶת־בֶּן הַבָּקָר לִפְנֵי יְהוָה וְהִקְרִיבוּ
בְּנֵי אַהֲרֹן הַכֹּהֲנִים אֶת־הַדָּם וְזָרְקוּ אֶת־הַדָּם עַל־הַמִּזְבֵּחַ סָבִיב אֲשֶׁר־פֶּתַח
אֹהֶל מוֹעֵד: וְהִפְשִׁיט אֶת־הָעֹלָה וְנִתַּח אֹתָהּ לִנְתָחֶיהָ: וְנָתְנוּ בְּנֵי אַהֲרֹן
הַכֹּהֵן אֵשׁ עַל־הַמִּזְבֵּחַ וְעָרְכוּ עֵצִים עַל־הָאֵשׁ: וְעָרְכוּ בְּנֵי אַהֲרֹן הַכֹּהֲנִים
אֵת הַנְּתָחִים אֶת־הָרֹאשׁ וְאֶת־הַפָּדֶר עַל־הָעֵצִים אֲשֶׁר עַל־הָאֵשׁ אֲשֶׁר עַל־
הַמִּזְבֵּחַ: וְקִרְבּוֹ וּכְרָעָיו יִרְחַץ בַּמָּיִם וְהִקְטִיר הַכֹּהֵן אֶת־הַכֹּל הַמִּזְבֵּחָה עֹלָה
ישראל אִשֵּׁה רֵיחַ־נִיחוֹחַ לַיהוָה: *וְאִם־מִן־הַצֹּאן קָרְבָּנוֹ מִן־הַכְּשָׂבִים
אוֹ מִן־הָעִזִּים לְעֹלָה זָכָר תָּמִים יַקְרִיבֶנּוּ: וְשָׁחַט אֹתוֹ עַל יֶרֶךְ הַמִּזְבֵּחַ צָפֹנָה
לִפְנֵי יְהוָה וְזָרְקוּ בְּנֵי אַהֲרֹן הַכֹּהֲנִים אֶת־דָּמוֹ עַל־הַמִּזְבֵּחַ סָבִיב: וְנִתַּח אֹתוֹ
לִנְתָחָיו וְאֶת־רֹאשׁוֹ וְאֶת־פִּדְרוֹ וְעָרַךְ הַכֹּהֵן אֹתָם עַל־הָעֵצִים אֲשֶׁר עַל־הָאֵשׁ
אֲשֶׁר עַל־הַמִּזְבֵּחַ: וְהַקֶּרֶב וְהַכְּרָעַיִם יִרְחַץ בַּמָּיִם וְהִקְרִיב הַכֹּהֵן אֶת־הַכֹּל
וְהִקְטִיר הַמִּזְבֵּחָה עֹלָה הוּא אִשֵּׁה רֵיחַ נִיחֹחַ לַיהוָה:

צו

ויקרא ו, א–יא וַיְדַבֵּר יְהוָה אֶל־מֹשֶׁה לֵּאמֹר: צַו אֶת־אַהֲרֹן וְאֶת־בָּנָיו לֵאמֹר זֹאת תּוֹרַת
הָעֹלָה הִוא הָעֹלָה עַל מוֹקְדָה עַל־הַמִּזְבֵּחַ כָּל־הַלַּיְלָה עַד־הַבֹּקֶר וְאֵשׁ הַמִּזְבֵּחַ
תּוּקַד בּוֹ: וְלָבַשׁ הַכֹּהֵן מִדּוֹ בַד וּמִכְנְסֵי־בַד יִלְבַּשׁ עַל־בְּשָׂרוֹ וְהֵרִים אֶת־הַדֶּשֶׁן
לוי אֲשֶׁר תֹּאכַל הָאֵשׁ אֶת־הָעֹלָה עַל־הַמִּזְבֵּחַ וְשָׂמוֹ אֵצֶל הַמִּזְבֵּחַ: *וּפָשַׁט אֶת־
בְּגָדָיו וְלָבַשׁ בְּגָדִים אֲחֵרִים וְהוֹצִיא אֶת־הַדֶּשֶׁן אֶל־מִחוּץ לַמַּחֲנֶה אֶל־מָקוֹם
טָהוֹר: וְהָאֵשׁ עַל־הַמִּזְבֵּחַ תּוּקַד־בּוֹ לֹא תִכְבֶּה וּבִעֵר עָלֶיהָ הַכֹּהֵן עֵצִים בַּבֹּקֶר
בַּבֹּקֶר וְעָרַךְ עָלֶיהָ הָעֹלָה וְהִקְטִיר עָלֶיהָ חֶלְבֵי הַשְּׁלָמִים: אֵשׁ תָּמִיד תּוּקַד
ישראל עַל־הַמִּזְבֵּחַ לֹא תִכְבֶּה: *וְזֹאת תּוֹרַת הַמִּנְחָה הַקְרֵב אֹתָהּ
בְּנֵי־אַהֲרֹן לִפְנֵי יְהוָה אֶל־פְּנֵי הַמִּזְבֵּחַ: וְהֵרִים מִמֶּנּוּ בְּקֻמְצוֹ מִסֹּלֶת הַמִּנְחָה
וּמִשַּׁמְנָהּ וְאֵת כָּל־הַלְּבֹנָה אֲשֶׁר עַל־הַמִּנְחָה וְהִקְטִיר הַמִּזְבֵּחַ רֵיחַ נִיחֹחַ
אַזְכָּרָתָהּ לַיהוָה: וְהַנּוֹתֶרֶת מִמֶּנָּה יֹאכְלוּ אַהֲרֹן וּבָנָיו מַצּוֹת תֵּאָכֵל בְּמָקוֹם
קָדֹשׁ בַּחֲצַר אֹהֶל־מוֹעֵד יֹאכְלוּהָ: לֹא תֵאָפֶה חָמֵץ חֶלְקָם נָתַתִּי אֹתָהּ מֵאִשָּׁי
קֹדֶשׁ קָדָשִׁים הִוא כַּחַטָּאת וְכָאָשָׁם: כָּל־זָכָר בִּבְנֵי אַהֲרֹן יֹאכְלֶנָּה חָק־עוֹלָם
לְדֹרֹתֵיכֶם מֵאִשֵּׁי יְהוָה כֹּל אֲשֶׁר־יִגַּע בָּהֶם יִקְדָּשׁ:

שמיני

וַיְהִי בַּיּוֹם הַשְּׁמִינִי קָרָא מֹשֶׁה לְאַהֲרֹן וּלְבָנָיו וּלְזִקְנֵי יִשְׂרָאֵל: וַיֹּאמֶר אֶל־אַהֲרֹן ויקרא ט, א–טז
קַח־לְךָ עֵגֶל בֶּן־בָּקָר לְחַטָּאת וְאַיִל לְעֹלָה תְּמִימִם וְהַקְרֵב לִפְנֵי יהוה: וְאֶל־
בְּנֵי יִשְׂרָאֵל תְּדַבֵּר לֵאמֹר קְחוּ שְׂעִיר־עִזִּים לְחַטָּאת וְעֵגֶל וָכֶבֶשׂ בְּנֵי־שָׁנָה
תְּמִימִם לְעֹלָה: וְשׁוֹר וָאַיִל לִשְׁלָמִים לִזְבֹּחַ לִפְנֵי יהוה וּמִנְחָה בְּלוּלָה בַשָּׁמֶן
כִּי הַיּוֹם יהוה נִרְאָה אֲלֵיכֶם: וַיִּקְחוּ אֵת אֲשֶׁר צִוָּה מֹשֶׁה אֶל־פְּנֵי אֹהֶל מוֹעֵד
וַיִּקְרְבוּ כָּל־הָעֵדָה וַיַּעַמְדוּ לִפְנֵי יהוה: וַיֹּאמֶר מֹשֶׁה זֶה הַדָּבָר אֲשֶׁר־צִוָּה יהוה
תַּעֲשׂוּ וְיֵרָא אֲלֵיכֶם כְּבוֹד יהוה: *וַיֹּאמֶר מֹשֶׁה אֶל־אַהֲרֹן קְרַב אֶל־הַמִּזְבֵּחַ לוי
וַעֲשֵׂה אֶת־חַטָּאתְךָ וְאֶת־עֹלָתֶךָ וְכַפֵּר בַּעַדְךָ וּבְעַד הָעָם וַעֲשֵׂה אֶת־קָרְבַּן
הָעָם וְכַפֵּר בַּעֲדָם כַּאֲשֶׁר צִוָּה יהוה: וַיִּקְרַב אַהֲרֹן אֶל־הַמִּזְבֵּחַ וַיִּשְׁחַט אֶת־
עֵגֶל הַחַטָּאת אֲשֶׁר־לוֹ: וַיַּקְרִבוּ בְּנֵי אַהֲרֹן אֶת־הַדָּם אֵלָיו וַיִּטְבֹּל אֶצְבָּעוֹ
בַּדָּם וַיִּתֵּן עַל־קַרְנוֹת הַמִּזְבֵּחַ וְאֶת־הַדָּם יָצַק אֶל־יְסוֹד הַמִּזְבֵּחַ: וְאֶת־הַחֵלֶב
וְאֶת־הַכְּלָיֹת וְאֶת־הַיֹּתֶרֶת מִן־הַכָּבֵד מִן־הַחַטָּאת הִקְטִיר הַמִּזְבֵּחָה כַּאֲשֶׁר
צִוָּה יהוה אֶת־מֹשֶׁה: *וְאֶת־הַבָּשָׂר וְאֶת־הָעוֹר שָׂרַף בָּאֵשׁ מִחוּץ לַמַּחֲנֶה: ישראל
וַיִּשְׁחַט אֶת־הָעֹלָה וַיַּמְצִאוּ בְּנֵי אַהֲרֹן אֵלָיו אֶת־הַדָּם וַיִּזְרְקֵהוּ עַל־הַמִּזְבֵּחַ
סָבִיב: וְאֶת־הָעֹלָה הִמְצִיאוּ אֵלָיו לִנְתָחֶיהָ וְאֶת־הָרֹאשׁ וַיַּקְטֵר עַל־הַמִּזְבֵּחַ:
וַיִּרְחַץ אֶת־הַקֶּרֶב וְאֶת־הַכְּרָעָיִם וַיַּקְטֵר עַל־הָעֹלָה הַמִּזְבֵּחָה: וַיַּקְרֵב אֵת קָרְבַּן
הָעָם וַיִּקַּח אֶת־שְׂעִיר הַחַטָּאת אֲשֶׁר לָעָם וַיִּשְׁחָטֵהוּ וַיְחַטְּאֵהוּ כָּרִאשׁוֹן:
וַיַּקְרֵב אֶת־הָעֹלָה וַיַּעֲשֶׂהָ כַּמִּשְׁפָּט:

תזריע

וַיְדַבֵּר יהוה אֶל־מֹשֶׁה לֵּאמֹר: דַּבֵּר אֶל־בְּנֵי יִשְׂרָאֵל לֵאמֹר אִשָּׁה כִּי תַזְרִיעַ ויקרא יב, א–יג, ה
וְיָלְדָה זָכָר וְטָמְאָה שִׁבְעַת יָמִים כִּימֵי נִדַּת דְּוֹתָהּ תִּטְמָא: וּבַיּוֹם הַשְּׁמִינִי
יִמּוֹל בְּשַׂר עָרְלָתוֹ: וּשְׁלֹשִׁים יוֹם וּשְׁלֹשֶׁת יָמִים תֵּשֵׁב בִּדְמֵי טָהֳרָה בְּכָל־
קֹדֶשׁ לֹא־תִגָּע וְאֶל־הַמִּקְדָּשׁ לֹא תָבֹא עַד־מְלֹאת יְמֵי טָהֳרָהּ: *וְאִם־נְקֵבָה לוי
תֵלֵד וְטָמְאָה שְׁבֻעַיִם כְּנִדָּתָהּ וְשִׁשִּׁים יוֹם וְשֵׁשֶׁת יָמִים תֵּשֵׁב עַל־דְּמֵי טָהֳרָה:
וּבִמְלֹאת ׀ יְמֵי טָהֳרָהּ לְבֵן אוֹ לְבַת תָּבִיא כֶּבֶשׂ בֶּן־שְׁנָתוֹ לְעֹלָה וּבֶן־יוֹנָה
אוֹ־תֹר לְחַטָּאת אֶל־פֶּתַח אֹהֶל־מוֹעֵד אֶל־הַכֹּהֵן: וְהִקְרִיבוֹ לִפְנֵי יהוה וְכִפֶּר

עָלֶיהָ וְטָהֲרָה מִמְּקֹר דָּמֶיהָ זֹאת תּוֹרַת הַיֹּלֶדֶת לַזָּכָר אוֹ לַנְּקֵבָה: וְאִם־לֹא
תִמְצָא יָדָהּ דֵּי שֶׂה וְלָקְחָה שְׁתֵּי־תֹרִים אוֹ שְׁנֵי בְּנֵי יוֹנָה אֶחָד לְעֹלָה וְאֶחָד
לְחַטָּאת וְכִפֶּר עָלֶיהָ הַכֹּהֵן וְטָהֵרָה:
ישראל וַיְדַבֵּר יהוה אֶל־מֹשֶׁה וְאֶל־אַהֲרֹן לֵאמֹר: אָדָם כִּי־יִהְיֶה בְעוֹר־בְּשָׂרוֹ שְׂאֵת
אוֹ־סַפַּחַת אוֹ בַהֶרֶת וְהָיָה בְעוֹר־בְּשָׂרוֹ לְנֶגַע צָרָעַת וְהוּבָא אֶל־אַהֲרֹן הַכֹּהֵן
אוֹ אֶל־אַחַד מִבָּנָיו הַכֹּהֲנִים: וְרָאָה הַכֹּהֵן אֶת־הַנֶּגַע בְּעוֹר־הַבָּשָׂר וְשֵׂעָר בַּנֶּגַע
הָפַךְ ׀ לָבָן וּמַרְאֵה הַנֶּגַע עָמֹק מֵעוֹר בְּשָׂרוֹ נֶגַע צָרַעַת הוּא וְרָאָהוּ הַכֹּהֵן
וְטִמֵּא אֹתוֹ: וְאִם־בַּהֶרֶת לְבָנָה הִוא בְּעוֹר בְּשָׂרוֹ וְעָמֹק אֵין־מַרְאֶהָ מִן־הָעוֹר
וּשְׂעָרָה לֹא־הָפַךְ לָבָן וְהִסְגִּיר הַכֹּהֵן אֶת־הַנֶּגַע שִׁבְעַת יָמִים: וְרָאָהוּ הַכֹּהֵן
בַּיּוֹם הַשְּׁבִיעִי וְהִנֵּה הַנֶּגַע עָמַד בְּעֵינָיו לֹא־פָשָׂה הַנֶּגַע בָּעוֹר וְהִסְגִּירוֹ הַכֹּהֵן
שִׁבְעַת יָמִים שֵׁנִית:

מצורע

ויקרא יד, א-יב וַיְדַבֵּר יהוה אֶל־מֹשֶׁה לֵּאמֹר: זֹאת תִּהְיֶה תּוֹרַת הַמְּצֹרָע בְּיוֹם טָהֳרָתוֹ
וְהוּבָא אֶל־הַכֹּהֵן: וְיָצָא הַכֹּהֵן אֶל־מִחוּץ לַמַּחֲנֶה וְרָאָה הַכֹּהֵן וְהִנֵּה נִרְפָּא
נֶגַע־הַצָּרַעַת מִן־הַצָּרוּעַ: וְצִוָּה הַכֹּהֵן וְלָקַח לַמִּטַּהֵר שְׁתֵּי־צִפֳּרִים חַיּוֹת
טְהֹרוֹת וְעֵץ אֶרֶז וּשְׁנִי תוֹלַעַת וְאֵזֹב: וְצִוָּה הַכֹּהֵן וְשָׁחַט אֶת־הַצִּפּוֹר הָאֶחָת
לוי אֶל־כְּלִי־חֶרֶשׂ עַל־מַיִם חַיִּים: *אֶת־הַצִּפֹּר הַחַיָּה יִקַּח אֹתָהּ וְאֶת־עֵץ הָאֶרֶז
וְאֶת־שְׁנִי הַתּוֹלַעַת וְאֶת־הָאֵזֹב וְטָבַל אוֹתָם וְאֵת ׀ הַצִּפֹּר הַחַיָּה בְּדַם הַצִּפֹּר
הַשְּׁחֻטָה עַל הַמַּיִם הַחַיִּים: וְהִזָּה עַל הַמִּטַּהֵר מִן־הַצָּרַעַת שֶׁבַע פְּעָמִים
וְטִהֲרוֹ וְשִׁלַּח אֶת־הַצִּפֹּר הַחַיָּה עַל־פְּנֵי הַשָּׂדֶה: וְכִבֶּס הַמִּטַּהֵר אֶת־בְּגָדָיו
וְגִלַּח אֶת־כָּל־שְׂעָרוֹ וְרָחַץ בַּמַּיִם וְטָהֵר וְאַחַר יָבוֹא אֶל־הַמַּחֲנֶה וְיָשַׁב מִחוּץ
לְאָהֳלוֹ שִׁבְעַת יָמִים: וְהָיָה בַיּוֹם הַשְּׁבִיעִי יְגַלַּח אֶת־כָּל־שְׂעָרוֹ אֶת־רֹאשׁוֹ
וְאֶת־זְקָנוֹ וְאֵת גַּבֹּת עֵינָיו וְאֶת־כָּל־שְׂעָרוֹ יְגַלֵּחַ וְכִבֶּס אֶת־בְּגָדָיו וְרָחַץ אֶת־
ישראל בְּשָׂרוֹ בַּמַּיִם וְטָהֵר: *וּבַיּוֹם הַשְּׁמִינִי יִקַּח שְׁנֵי־כְבָשִׂים תְּמִימִם וְכַבְשָׂה אַחַת
בַּת־שְׁנָתָהּ תְּמִימָה וּשְׁלֹשָׁה עֶשְׂרֹנִים סֹלֶת מִנְחָה בְּלוּלָה בַשֶּׁמֶן וְלֹג אֶחָד
שָׁמֶן: וְהֶעֱמִיד הַכֹּהֵן הַמְטַהֵר אֵת הָאִישׁ הַמִּטַּהֵר וְאֹתָם לִפְנֵי יהוה פֶּתַח
אֹהֶל מוֹעֵד: וְלָקַח הַכֹּהֵן אֶת־הַכֶּבֶשׂ הָאֶחָד וְהִקְרִיב אֹתוֹ לְאָשָׁם וְאֶת־לֹג
הַשָּׁמֶן וְהֵנִיף אֹתָם תְּנוּפָה לִפְנֵי יהוה:

אחרי מות

וַיְדַבֵּר יְהוָה אֶל־מֹשֶׁה אַחֲרֵי מוֹת שְׁנֵי בְּנֵי אַהֲרֹן בְּקָרְבָתָם לִפְנֵי־יְהוָה וַיָּמֻתוּ׃ ויקרא טז, א–יז
וַיֹּאמֶר יְהוָה אֶל־מֹשֶׁה דַּבֵּר אֶל־אַהֲרֹן אָחִיךָ וְאַל־יָבֹא בְכָל־עֵת אֶל־הַקֹּדֶשׁ
מִבֵּית לַפָּרֹכֶת אֶל־פְּנֵי הַכַּפֹּרֶת אֲשֶׁר עַל־הָאָרֹן וְלֹא יָמוּת כִּי בֶּעָנָן אֵרָאֶה
עַל־הַכַּפֹּרֶת׃ בְּזֹאת יָבֹא אַהֲרֹן אֶל־הַקֹּדֶשׁ בְּפַר בֶּן־בָּקָר לְחַטָּאת וְאַיִל
לְעֹלָה׃ כְּתֹנֶת־בַּד קֹדֶשׁ יִלְבָּשׁ וּמִכְנְסֵי־בַד יִהְיוּ עַל־בְּשָׂרוֹ וּבְאַבְנֵט בַּד יַחְגֹּר
וּבְמִצְנֶפֶת בַּד יִצְנֹף בִּגְדֵי־קֹדֶשׁ הֵם וְרָחַץ בַּמַּיִם אֶת־בְּשָׂרוֹ וּלְבֵשָׁם׃ וּמֵאֵת
עֲדַת בְּנֵי יִשְׂרָאֵל יִקַּח שְׁנֵי־שְׂעִירֵי עִזִּים לְחַטָּאת וְאַיִל אֶחָד לְעֹלָה׃ וְהִקְרִיב
אַהֲרֹן אֶת־פַּר הַחַטָּאת אֲשֶׁר־לוֹ וְכִפֶּר בַּעֲדוֹ וּבְעַד בֵּיתוֹ׃ *וְלָקַח אֶת־שְׁנֵי לוי
הַשְּׂעִירִם וְהֶעֱמִיד אֹתָם לִפְנֵי יְהוָה פֶּתַח אֹהֶל מוֹעֵד׃ וְנָתַן אַהֲרֹן עַל־שְׁנֵי
הַשְּׂעִירִם גֹּרָלוֹת גּוֹרָל אֶחָד לַיהוָה וְגוֹרָל אֶחָד לַעֲזָאזֵל׃ וְהִקְרִיב אַהֲרֹן אֶת־
הַשָּׂעִיר אֲשֶׁר עָלָה עָלָיו הַגּוֹרָל לַיהוָה וְעָשָׂהוּ חַטָּאת׃ וְהַשָּׂעִיר אֲשֶׁר עָלָה
עָלָיו הַגּוֹרָל לַעֲזָאזֵל יָעֳמַד־חַי לִפְנֵי יְהוָה לְכַפֵּר עָלָיו לְשַׁלַּח אֹתוֹ לַעֲזָאזֵל
הַמִּדְבָּרָה׃ וְהִקְרִיב אַהֲרֹן אֶת־פַּר הַחַטָּאת אֲשֶׁר־לוֹ וְכִפֶּר בַּעֲדוֹ וּבְעַד בֵּיתוֹ
וְשָׁחַט אֶת־פַּר הַחַטָּאת אֲשֶׁר־לוֹ׃ *וְלָקַח מְלֹא־הַמַּחְתָּה גַּחֲלֵי־אֵשׁ מֵעַל ישראל
הַמִּזְבֵּחַ מִלִּפְנֵי יְהוָה וּמְלֹא חָפְנָיו קְטֹרֶת סַמִּים דַּקָּה וְהֵבִיא מִבֵּית לַפָּרֹכֶת׃
וְנָתַן אֶת־הַקְּטֹרֶת עַל־הָאֵשׁ לִפְנֵי יְהוָה וְכִסָּה ׀ עֲנַן הַקְּטֹרֶת אֶת־הַכַּפֹּרֶת
אֲשֶׁר עַל־הָעֵדוּת וְלֹא יָמוּת׃ וְלָקַח מִדַּם הַפָּר וְהִזָּה בְאֶצְבָּעוֹ עַל־פְּנֵי הַכַּפֹּרֶת
קֵדְמָה וְלִפְנֵי הַכַּפֹּרֶת יַזֶּה שֶׁבַע־פְּעָמִים מִן־הַדָּם בְּאֶצְבָּעוֹ׃ וְשָׁחַט אֶת־שְׂעִיר
הַחַטָּאת אֲשֶׁר לָעָם וְהֵבִיא אֶת־דָּמוֹ אֶל־מִבֵּית לַפָּרֹכֶת וְעָשָׂה אֶת־דָּמוֹ
כַּאֲשֶׁר עָשָׂה לְדַם הַפָּר וְהִזָּה אֹתוֹ עַל־הַכַּפֹּרֶת וְלִפְנֵי הַכַּפֹּרֶת׃ וְכִפֶּר עַל־
הַקֹּדֶשׁ מִטֻּמְאֹת בְּנֵי יִשְׂרָאֵל וּמִפִּשְׁעֵיהֶם לְכָל־חַטֹּאתָם וְכֵן יַעֲשֶׂה לְאֹהֶל
מוֹעֵד הַשֹּׁכֵן אִתָּם בְּתוֹךְ טֻמְאֹתָם׃ וְכָל־אָדָם לֹא־יִהְיֶה ׀ בְּאֹהֶל מוֹעֵד בְּבֹאוֹ
לְכַפֵּר בַּקֹּדֶשׁ עַד־צֵאתוֹ וְכִפֶּר בַּעֲדוֹ וּבְעַד בֵּיתוֹ וּבְעַד כָּל־קְהַל יִשְׂרָאֵל׃

קדושים

וַיְדַבֵּר יְהוָה אֶל־מֹשֶׁה לֵּאמֹר׃ דַּבֵּר אֶל־כָּל־עֲדַת בְּנֵי־יִשְׂרָאֵל וְאָמַרְתָּ אֲלֵהֶם ויקרא יט, א–יד
קְדֹשִׁים תִּהְיוּ כִּי קָדוֹשׁ אֲנִי יְהוָה אֱלֹהֵיכֶם׃ אִישׁ אִמּוֹ וְאָבִיו תִּירָאוּ וְאֶת־
שַׁבְּתֹתַי תִּשְׁמֹרוּ אֲנִי יְהוָה אֱלֹהֵיכֶם׃ אַל־תִּפְנוּ אֶל־הָאֱלִילִם וֵאלֹהֵי מַסֵּכָה

לוי לֹא תַעֲשׂוּ לָכֶם אֲנִי יְהוָה אֱלֹהֵיכֶם: *וְכִי תִזְבְּחוּ זֶבַח שְׁלָמִים לַיהוָה לִרְצֹנְכֶם
תִּזְבָּחֻהוּ: בְּיוֹם זִבְחֲכֶם יֵאָכֵל וּמִמָּחֳרָת וְהַנּוֹתָר עַד־יוֹם הַשְּׁלִישִׁי בָּאֵשׁ יִשָּׂרֵף:
וְאִם הֵאָכֹל יֵאָכֵל בַּיּוֹם הַשְּׁלִישִׁי פִּגּוּל הוּא לֹא יֵרָצֶה: וְאֹכְלָיו עֲוֺנוֹ יִשָּׂא כִּי־
אֶת־קֹדֶשׁ יְהוָה חִלֵּל וְנִכְרְתָה הַנֶּפֶשׁ הַהִוא מֵעַמֶּיהָ: וּבְקֻצְרְכֶם אֶת־קְצִיר
אַרְצְכֶם לֹא תְכַלֶּה פְּאַת שָׂדְךָ לִקְצֹר וְלֶקֶט קְצִירְךָ לֹא תְלַקֵּט: וְכַרְמְךָ לֹא
תְעוֹלֵל וּפֶרֶט כַּרְמְךָ לֹא תְלַקֵּט לֶעָנִי וְלַגֵּר תַּעֲזֹב אֹתָם אֲנִי יְהוָה אֱלֹהֵיכֶם:
ישראל *לֹא תִּגְנֹבוּ וְלֹא־תְכַחֲשׁוּ וְלֹא־תְשַׁקְּרוּ אִישׁ בַּעֲמִיתוֹ: וְלֹא־תִשָּׁבְעוּ בִשְׁמִי
לַשָּׁקֶר וְחִלַּלְתָּ אֶת־שֵׁם אֱלֹהֶיךָ אֲנִי יְהוָה: לֹא־תַעֲשֹׁק אֶת־רֵעֲךָ וְלֹא תִגְזֹל
לֹא־תָלִין פְּעֻלַּת שָׂכִיר אִתְּךָ עַד־בֹּקֶר: לֹא־תְקַלֵּל חֵרֵשׁ וְלִפְנֵי עִוֵּר לֹא תִתֵּן
מִכְשֹׁל וְיָרֵאתָ מֵּאֱלֹהֶיךָ אֲנִי יְהוָה:

אמור

ויקרא כא, א–טו וַיֹּאמֶר יְהוָה אֶל־מֹשֶׁה אֱמֹר אֶל־הַכֹּהֲנִים בְּנֵי אַהֲרֹן וְאָמַרְתָּ אֲלֵהֶם לְנֶפֶשׁ
לֹא־יִטַּמָּא בְּעַמָּיו: כִּי אִם־לִשְׁאֵרוֹ הַקָּרֹב אֵלָיו לְאִמּוֹ וּלְאָבִיו וְלִבְנוֹ וּלְבִתּוֹ
וּלְאָחִיו: וְלַאֲחֹתוֹ הַבְּתוּלָה הַקְּרוֹבָה אֵלָיו אֲשֶׁר לֹא־הָיְתָה לְאִישׁ לָהּ יִטַּמָּא:
יִקְרְחוּ לֹא יִטַּמָּא בַּעַל בְּעַמָּיו לְהֵחַלּוֹ: לֹא־יקרחה קָרְחָה בְּרֹאשָׁם וּפְאַת זְקָנָם
לֹא יְגַלֵּחוּ וּבִבְשָׂרָם לֹא יִשְׂרְטוּ שָׂרָטֶת: קְדֹשִׁים יִהְיוּ לֵאלֹהֵיהֶם וְלֹא יְחַלְּלוּ
שֵׁם אֱלֹהֵיהֶם כִּי אֶת־אִשֵּׁי יְהוָה לֶחֶם אֱלֹהֵיהֶם הֵם מַקְרִיבִם וְהָיוּ קֹדֶשׁ:
לוי *אִשָּׁה זֹנָה וַחֲלָלָה לֹא יִקָּחוּ וְאִשָּׁה גְּרוּשָׁה מֵאִישָׁהּ לֹא יִקָּחוּ כִּי־קָדֹשׁ הוּא
לֵאלֹהָיו: וְקִדַּשְׁתּוֹ כִּי־אֶת־לֶחֶם אֱלֹהֶיךָ הוּא מַקְרִיב קָדֹשׁ יִהְיֶה־לָּךְ כִּי קָדוֹשׁ
אֲנִי יְהוָה מְקַדִּשְׁכֶם: וּבַת אִישׁ כֹּהֵן כִּי תֵחֵל לִזְנוֹת אֶת־אָבִיהָ הִיא מְחַלֶּלֶת
בָּאֵשׁ תִּשָּׂרֵף: וְהַכֹּהֵן הַגָּדוֹל מֵאֶחָיו אֲשֶׁר־יוּצַק עַל־רֹאשׁוֹ ׀ שֶׁמֶן
הַמִּשְׁחָה וּמִלֵּא אֶת־יָדוֹ לִלְבֹּשׁ אֶת־הַבְּגָדִים אֶת־רֹאשׁוֹ לֹא יִפְרָע וּבְגָדָיו לֹא
יִפְרֹם: וְעַל כָּל־נַפְשֹׁת מֵת לֹא יָבֹא לְאָבִיו וּלְאִמּוֹ לֹא יִטַּמָּא: וּמִן־הַמִּקְדָּשׁ
לֹא יֵצֵא וְלֹא יְחַלֵּל אֵת מִקְדַּשׁ אֱלֹהָיו כִּי נֵזֶר שֶׁמֶן מִשְׁחַת אֱלֹהָיו עָלָיו אֲנִי
ישראל יְהוָה: *וְהוּא אִשָּׁה בִבְתוּלֶיהָ יִקָּח: אַלְמָנָה וּגְרוּשָׁה וַחֲלָלָה זֹנָה אֶת־אֵלֶּה
לֹא יִקָּח כִּי אִם־בְּתוּלָה מֵעַמָּיו יִקַּח אִשָּׁה: וְלֹא־יְחַלֵּל זַרְעוֹ בְּעַמָּיו כִּי אֲנִי
יְהוָה מְקַדְּשׁוֹ:

בהר

ויקרא כה, א–יג וַיְדַבֵּר יהוה אֶל־מֹשֶׁה בְּהַר סִינַי לֵאמֹר: דַּבֵּר אֶל־בְּנֵי יִשְׂרָאֵל וְאָמַרְתָּ
אֲלֵהֶם כִּי תָבֹאוּ אֶל־הָאָרֶץ אֲשֶׁר אֲנִי נֹתֵן לָכֶם וְשָׁבְתָה הָאָרֶץ שַׁבָּת לַיהוה:
שֵׁשׁ שָׁנִים תִּזְרַע שָׂדֶךָ וְשֵׁשׁ שָׁנִים תִּזְמֹר כַּרְמֶךָ וְאָסַפְתָּ אֶת־תְּבוּאָתָהּ:
לוי *וּבַשָּׁנָה הַשְּׁבִיעִת שַׁבַּת שַׁבָּתוֹן יִהְיֶה לָאָרֶץ שַׁבָּת לַיהוה שָׂדְךָ לֹא תִזְרָע
וְכַרְמְךָ לֹא תִזְמֹר: אֵת סְפִיחַ קְצִירְךָ לֹא תִקְצוֹר וְאֶת־עִנְּבֵי נְזִירֶךָ לֹא תִבְצֹר
שְׁנַת שַׁבָּתוֹן יִהְיֶה לָאָרֶץ: וְהָיְתָה שַׁבַּת הָאָרֶץ לָכֶם לְאָכְלָה לְךָ וּלְעַבְדְּךָ
וְלַאֲמָתֶךָ וְלִשְׂכִירְךָ וּלְתוֹשָׁבְךָ הַגָּרִים עִמָּךְ: וְלִבְהֶמְתְּךָ וְלַחַיָּה אֲשֶׁר בְּאַרְצֶךָ
ישראל תִּהְיֶה כָל־תְּבוּאָתָהּ לֶאֱכֹל: *וְסָפַרְתָּ לְךָ שֶׁבַע שַׁבְּתֹת שָׁנִים
שֶׁבַע שָׁנִים שֶׁבַע פְּעָמִים וְהָיוּ לְךָ יְמֵי שֶׁבַע שַׁבְּתֹת הַשָּׁנִים תֵּשַׁע וְאַרְבָּעִים
שָׁנָה: וְהַעֲבַרְתָּ שׁוֹפַר תְּרוּעָה בַּחֹדֶשׁ הַשְּׁבִעִי בֶּעָשׂוֹר לַחֹדֶשׁ בְּיוֹם הַכִּפֻּרִים
תַּעֲבִירוּ שׁוֹפָר בְּכָל־אַרְצְכֶם: וְקִדַּשְׁתֶּם אֵת שְׁנַת הַחֲמִשִּׁים שָׁנָה וּקְרָאתֶם
דְּרוֹר בָּאָרֶץ לְכָל־יֹשְׁבֶיהָ יוֹבֵל הִוא תִּהְיֶה לָכֶם וְשַׁבְתֶּם אִישׁ אֶל־אֲחֻזָּתוֹ
וְאִישׁ אֶל־מִשְׁפַּחְתּוֹ תָּשֻׁבוּ: יוֹבֵל הִוא שְׁנַת הַחֲמִשִּׁים שָׁנָה תִּהְיֶה לָכֶם לֹא
תִזְרָעוּ וְלֹא תִקְצְרוּ אֶת־סְפִיחֶיהָ וְלֹא תִבְצְרוּ אֶת־נְזִרֶיהָ: כִּי יוֹבֵל הִוא קֹדֶשׁ
תִּהְיֶה לָכֶם מִן־הַשָּׂדֶה תֹּאכְלוּ אֶת־תְּבוּאָתָהּ: בִּשְׁנַת הַיּוֹבֵל הַזֹּאת תָּשֻׁבוּ
אִישׁ אֶל־אֲחֻזָּתוֹ:

בחוקותי

ויקרא כו, ג–יג אִם־בְּחֻקֹּתַי תֵּלֵכוּ וְאֶת־מִצְוֹתַי תִּשְׁמְרוּ וַעֲשִׂיתֶם אֹתָם: וְנָתַתִּי גִשְׁמֵיכֶם בְּעִתָּם
וְנָתְנָה הָאָרֶץ יְבוּלָהּ וְעֵץ הַשָּׂדֶה יִתֵּן פִּרְיוֹ: וְהִשִּׂיג לָכֶם דַּיִשׁ אֶת־בָּצִיר וּבָצִיר
לוי יַשִּׂיג אֶת־זָרַע וַאֲכַלְתֶּם לַחְמְכֶם לָשֹׂבַע וִישַׁבְתֶּם לָבֶטַח בְּאַרְצְכֶם: *וְנָתַתִּי
שָׁלוֹם בָּאָרֶץ וּשְׁכַבְתֶּם וְאֵין מַחֲרִיד וְהִשְׁבַּתִּי חַיָּה רָעָה מִן־הָאָרֶץ וְחֶרֶב
לֹא־תַעֲבֹר בְּאַרְצְכֶם: וּרְדַפְתֶּם אֶת־אֹיְבֵיכֶם וְנָפְלוּ לִפְנֵיכֶם לֶחָרֶב: וְרָדְפוּ
מִכֶּם חֲמִשָּׁה מֵאָה וּמֵאָה מִכֶּם רְבָבָה יִרְדֹּפוּ וְנָפְלוּ אֹיְבֵיכֶם לִפְנֵיכֶם לֶחָרֶב:
וּפָנִיתִי אֲלֵיכֶם וְהִפְרֵיתִי אֶתְכֶם וְהִרְבֵּיתִי אֶתְכֶם וַהֲקִימֹתִי אֶת־בְּרִיתִי אִתְּכֶם:
ישראל *וַאֲכַלְתֶּם יָשָׁן נוֹשָׁן וְיָשָׁן מִפְּנֵי חָדָשׁ תּוֹצִיאוּ: וְנָתַתִּי מִשְׁכָּנִי בְּתוֹכְכֶם וְלֹא־
תִגְעַל נַפְשִׁי אֶתְכֶם: וְהִתְהַלַּכְתִּי בְּתוֹכְכֶם וְהָיִיתִי לָכֶם לֵאלֹהִים וְאַתֶּם תִּהְיוּ־לִי

לָעָם: אֲנִי יְהוָה אֱלֹהֵיכֶם אֲשֶׁר הוֹצֵאתִי אֶתְכֶם מֵאֶרֶץ מִצְרַיִם מִהְיֹת לָהֶם
עֲבָדִים וָאֶשְׁבֹּר מֹטֹת עֻלְּכֶם וָאוֹלֵךְ אֶתְכֶם קוֹמְמִיּוּת:

במדבר

וַיְדַבֵּר יְהוָה אֶל־מֹשֶׁה בְּמִדְבַּר סִינַי בְּאֹהֶל מוֹעֵד בְּאֶחָד לַחֹדֶשׁ הַשֵּׁנִי בַּשָּׁנָה במדבר א, א–יט
הַשֵּׁנִית לְצֵאתָם מֵאֶרֶץ מִצְרַיִם לֵאמֹר: שְׂאוּ אֶת־רֹאשׁ כָּל־עֲדַת בְּנֵי־יִשְׂרָאֵל
לְמִשְׁפְּחֹתָם לְבֵית אֲבֹתָם בְּמִסְפַּר שֵׁמוֹת כָּל־זָכָר לְגֻלְגְּלֹתָם: מִבֶּן עֶשְׂרִים
שָׁנָה וָמַעְלָה כָּל־יֹצֵא צָבָא בְּיִשְׂרָאֵל תִּפְקְדוּ אֹתָם לְצִבְאֹתָם אַתָּה וְאַהֲרֹן:
וְאִתְּכֶם יִהְיוּ אִישׁ אִישׁ לַמַּטֶּה אִישׁ רֹאשׁ לְבֵית־אֲבֹתָיו הוּא: *וְאֵלֶּה שְׁמוֹת לוי
הָאֲנָשִׁים אֲשֶׁר יַעַמְדוּ אִתְּכֶם לִרְאוּבֵן אֱלִיצוּר בֶּן־שְׁדֵיאוּר: לְשִׁמְעוֹן שְׁלֻמִיאֵל
בֶּן־צוּרִישַׁדָּי: לִיהוּדָה נַחְשׁוֹן בֶּן־עַמִּינָדָב: לְיִשָּׂשכָר נְתַנְאֵל בֶּן־צוּעָר:
לִזְבוּלֻן אֱלִיאָב בֶּן־חֵלֹן: לִבְנֵי יוֹסֵף לְאֶפְרַיִם אֱלִישָׁמָע בֶּן־עַמִּיהוּד לִמְנַשֶּׁה
גַּמְלִיאֵל בֶּן־פְּדָהצוּר: לְבִנְיָמִן אֲבִידָן בֶּן־גִּדְעֹנִי: לְדָן אֲחִיעֶזֶר בֶּן־עַמִּישַׁדָּי:
לְאָשֵׁר פַּגְעִיאֵל בֶּן־עָכְרָן: לְגָד אֶלְיָסָף בֶּן־דְּעוּאֵל: לְנַפְתָּלִי אֲחִירַע בֶּן־
עֵינָן: אֵלֶּה קריאי הָעֵדָה נְשִׂיאֵי מַטּוֹת אֲבוֹתָם רָאשֵׁי אַלְפֵי יִשְׂרָאֵל הֵם: קְרוּאֵי
*וַיִּקַּח מֹשֶׁה וְאַהֲרֹן אֵת הָאֲנָשִׁים הָאֵלֶּה אֲשֶׁר נִקְּבוּ בְּשֵׁמוֹת: וְאֵת כָּל־הָעֵדָה ישראל
הִקְהִילוּ בְּאֶחָד לַחֹדֶשׁ הַשֵּׁנִי וַיִּתְיַלְדוּ עַל־מִשְׁפְּחֹתָם לְבֵית אֲבֹתָם בְּמִסְפַּר
שֵׁמוֹת מִבֶּן עֶשְׂרִים שָׁנָה וָמַעְלָה לְגֻלְגְּלֹתָם: כַּאֲשֶׁר צִוָּה יְהוָה אֶת־מֹשֶׁה
וַיִּפְקְדֵם בְּמִדְבַּר סִינָי:

נשא

וַיְדַבֵּר יְהוָה אֶל־מֹשֶׁה לֵּאמֹר: נָשֹׂא אֶת־רֹאשׁ בְּנֵי גֵרְשׁוֹן גַּם־הֵם לְבֵית אֲבֹתָם במדבר ד, כא–לז
לְמִשְׁפְּחֹתָם: מִבֶּן שְׁלֹשִׁים שָׁנָה וָמַעְלָה עַד בֶּן־חֲמִשִּׁים שָׁנָה תִּפְקֹד אוֹתָם
כָּל־הַבָּא לִצְבֹא צָבָא לַעֲבֹד עֲבֹדָה בְּאֹהֶל מוֹעֵד: זֹאת עֲבֹדַת מִשְׁפְּחֹת
הַגֵּרְשֻׁנִּי לַעֲבֹד וּלְמַשָּׂא: *וְנָשְׂאוּ אֶת־יְרִיעֹת הַמִּשְׁכָּן וְאֶת־אֹהֶל מוֹעֵד מִכְסֵהוּ לוי
וּמִכְסֵה הַתַּחַשׁ אֲשֶׁר־עָלָיו מִלְמָעְלָה וְאֶת־מָסַךְ פֶּתַח אֹהֶל מוֹעֵד: וְאֵת קַלְעֵי
הֶחָצֵר וְאֶת־מָסַךְ ׀ פֶּתַח ׀ שַׁעַר הֶחָצֵר אֲשֶׁר עַל־הַמִּשְׁכָּן וְעַל־הַמִּזְבֵּחַ סָבִיב
וְאֵת מֵיתְרֵיהֶם וְאֶת־כָּל־כְּלֵי עֲבֹדָתָם וְאֵת כָּל־אֲשֶׁר יֵעָשֶׂה לָהֶם וְעָבָדוּ:
עַל־פִּי אַהֲרֹן וּבָנָיו תִּהְיֶה כָּל־עֲבֹדַת בְּנֵי הַגֵּרְשֻׁנִּי לְכָל־מַשָּׂאָם וּלְכֹל עֲבֹדָתָם

וּפְקַדְתֶּם עֲלֵיהֶם בְּמִשְׁמֶרֶת אֵת כָּל־מַשָּׂאָם׃ זֹאת עֲבֹדַת מִשְׁפְּחֹת בְּנֵי הַגֵּרְשֻׁנִּי
בְּאֹהֶל מוֹעֵד וּמִשְׁמַרְתָּם בְּיַד אִיתָמָר בֶּן־אַהֲרֹן הַכֹּהֵן׃ *בְּנֵי מְרָרִי ישראל
לְמִשְׁפְּחֹתָם לְבֵית־אֲבֹתָם תִּפְקֹד אֹתָם׃ מִבֶּן שְׁלֹשִׁים שָׁנָה וָמַעְלָה וְעַד בֶּן־
חֲמִשִּׁים שָׁנָה תִּפְקְדֵם כָּל־הַבָּא לַצָּבָא לַעֲבֹד אֶת־עֲבֹדַת אֹהֶל מוֹעֵד׃ וְזֹאת
מִשְׁמֶרֶת מַשָּׂאָם לְכָל־עֲבֹדָתָם בְּאֹהֶל מוֹעֵד קַרְשֵׁי הַמִּשְׁכָּן וּבְרִיחָיו וְעַמּוּדָיו
וַאֲדָנָיו׃ וְעַמּוּדֵי הֶחָצֵר סָבִיב וְאַדְנֵיהֶם וִיתֵדֹתָם וּמֵיתְרֵיהֶם לְכָל־כְּלֵיהֶם וּלְכֹל
עֲבֹדָתָם וּבְשֵׁמֹת תִּפְקְדוּ אֶת־כְּלֵי מִשְׁמֶרֶת מַשָּׂאָם׃ זֹאת עֲבֹדַת מִשְׁפְּחֹת בְּנֵי
מְרָרִי לְכָל־עֲבֹדָתָם בְּאֹהֶל מוֹעֵד בְּיַד אִיתָמָר בֶּן־אַהֲרֹן הַכֹּהֵן׃

יש המאריכים את קריאת השלישי, כדי לסיים בסוף פרשייה (סידור יעב"ץ).

וַיִּפְקֹד מֹשֶׁה וְאַהֲרֹן וּנְשִׂיאֵי הָעֵדָה אֶת־בְּנֵי הַקְּהָתִי לְמִשְׁפְּחֹתָם וּלְבֵית אֲבֹתָם׃
מִבֶּן שְׁלֹשִׁים שָׁנָה וָמַעְלָה וְעַד בֶּן־חֲמִשִּׁים שָׁנָה כָּל־הַבָּא לַצָּבָא לַעֲבֹדָה
בְּאֹהֶל מוֹעֵד׃ וַיִּהְיוּ פְקֻדֵיהֶם לְמִשְׁפְּחֹתָם אַלְפַּיִם שְׁבַע מֵאוֹת וַחֲמִשִּׁים׃ אֵלֶּה
פְקוּדֵי מִשְׁפְּחֹת הַקְּהָתִי כָּל־הָעֹבֵד בְּאֹהֶל מוֹעֵד אֲשֶׁר פָּקַד מֹשֶׁה וְאַהֲרֹן
עַל־פִּי יְהוָה בְּיַד־מֹשֶׁה׃

בהעלותך

וַיְדַבֵּר יְהוָה אֶל־מֹשֶׁה לֵּאמֹר׃ דַּבֵּר אֶל־אַהֲרֹן וְאָמַרְתָּ אֵלָיו בְּהַעֲלֹתְךָ אֶת־ במדבר ח, א–יד
הַנֵּרֹת אֶל־מוּל פְּנֵי הַמְּנוֹרָה יָאִירוּ שִׁבְעַת הַנֵּרוֹת׃ וַיַּעַשׂ כֵּן אַהֲרֹן אֶל־מוּל
פְּנֵי הַמְּנוֹרָה הֶעֱלָה נֵרֹתֶיהָ כַּאֲשֶׁר צִוָּה יְהוָה אֶת־מֹשֶׁה׃ וְזֶה מַעֲשֵׂה הַמְּנֹרָה
מִקְשָׁה זָהָב עַד־יְרֵכָהּ עַד־פִּרְחָהּ מִקְשָׁה הִוא כַּמַּרְאֶה אֲשֶׁר הֶרְאָה יְהוָה
אֶת־מֹשֶׁה כֵּן עָשָׂה אֶת־הַמְּנֹרָה׃

וַיְדַבֵּר יְהוָה אֶל־מֹשֶׁה לֵּאמֹר׃ קַח אֶת־הַלְוִיִּם מִתּוֹךְ בְּנֵי יִשְׂרָאֵל וְטִהַרְתָּ לוי
אֹתָם׃ וְכֹה־תַעֲשֶׂה לָהֶם לְטַהֲרָם הַזֵּה עֲלֵיהֶם מֵי חַטָּאת וְהֶעֱבִירוּ תַעַר
עַל־כָּל־בְּשָׂרָם וְכִבְּסוּ בִגְדֵיהֶם וְהִטֶּהָרוּ׃ וְלָקְחוּ פַּר בֶּן־בָּקָר וּמִנְחָתוֹ סֹלֶת
בְּלוּלָה בַשָּׁמֶן וּפַר־שֵׁנִי בֶן־בָּקָר תִּקַּח לְחַטָּאת׃ וְהִקְרַבְתָּ אֶת־הַלְוִיִּם לִפְנֵי
אֹהֶל מוֹעֵד וְהִקְהַלְתָּ אֶת־כָּל־עֲדַת בְּנֵי יִשְׂרָאֵל׃ *וְהִקְרַבְתָּ אֶת־הַלְוִיִּם לִפְנֵי ישראל
יְהוָה וְסָמְכוּ בְנֵי־יִשְׂרָאֵל אֶת־יְדֵיהֶם עַל־הַלְוִיִּם׃ וְהֵנִיף אַהֲרֹן אֶת־הַלְוִיִּם
תְּנוּפָה לִפְנֵי יְהוָה מֵאֵת בְּנֵי יִשְׂרָאֵל וְהָיוּ לַעֲבֹד אֶת־עֲבֹדַת יְהוָה׃ וְהַלְוִיִּם
יִסְמְכוּ אֶת־יְדֵיהֶם עַל רֹאשׁ הַפָּרִים וַעֲשֵׂה אֶת־הָאֶחָד חַטָּאת וְאֶת־הָאֶחָד

עֹלָה לַיהוָה לְכַפֵּר עַל־הַלְוִיִּם׃ וְהַעֲמַדְתָּ אֶת־הַלְוִיִּם לִפְנֵי אַהֲרֹן וְלִפְנֵי בָנָיו וְהֵנַפְתָּ אֹתָם תְּנוּפָה לַיהוָה׃ וְהִבְדַּלְתָּ אֶת־הַלְוִיִּם מִתּוֹךְ בְּנֵי יִשְׂרָאֵל וְהָיוּ לִי הַלְוִיִּם׃

שלח

במדבר יג, א–כ וַיְדַבֵּר יְהוָה אֶל־מֹשֶׁה לֵּאמֹר׃ שְׁלַח־לְךָ אֲנָשִׁים וְיָתֻרוּ אֶת־אֶרֶץ כְּנַעַן אֲשֶׁר־
אֲנִי נֹתֵן לִבְנֵי יִשְׂרָאֵל אִישׁ אֶחָד אִישׁ אֶחָד לְמַטֵּה אֲבֹתָיו תִּשְׁלָחוּ כֹּל נָשִׂיא
בָהֶם׃ וַיִּשְׁלַח אֹתָם מֹשֶׁה מִמִּדְבַּר פָּארָן עַל־פִּי יְהוָה כֻּלָּם אֲנָשִׁים רָאשֵׁי
לוי בְנֵי־יִשְׂרָאֵל הֵמָּה׃ *וְאֵלֶּה שְׁמוֹתָם לְמַטֵּה רְאוּבֵן שַׁמּוּעַ בֶּן־זַכּוּר׃ לְמַטֵּה
שִׁמְעוֹן שָׁפָט בֶּן־חוֹרִי׃ לְמַטֵּה יְהוּדָה כָּלֵב בֶּן־יְפֻנֶּה׃ לְמַטֵּה יִשָּׂשכָר יִגְאָל
בֶּן־יוֹסֵף׃ לְמַטֵּה אֶפְרָיִם הוֹשֵׁעַ בִּן־נוּן׃ לְמַטֵּה בִנְיָמִן פַּלְטִי בֶּן־רָפוּא׃ לְמַטֵּה
זְבוּלֻן גַּדִּיאֵל בֶּן־סוֹדִי׃ לְמַטֵּה יוֹסֵף לְמַטֵּה מְנַשֶּׁה גַּדִּי בֶּן־סוּסִי׃ לְמַטֵּה דָן
עַמִּיאֵל בֶּן־גְּמַלִּי׃ לְמַטֵּה אָשֵׁר סְתוּר בֶּן־מִיכָאֵל׃ לְמַטֵּה נַפְתָּלִי נַחְבִּי בֶּן־
וָפְסִי׃ לְמַטֵּה גָד גְּאוּאֵל בֶּן־מָכִי׃ אֵלֶּה שְׁמוֹת הָאֲנָשִׁים אֲשֶׁר־שָׁלַח מֹשֶׁה
ישראל לָתוּר אֶת־הָאָרֶץ וַיִּקְרָא מֹשֶׁה לְהוֹשֵׁעַ בִּן־נוּן יְהוֹשֻׁעַ׃ *וַיִּשְׁלַח אֹתָם מֹשֶׁה
לָתוּר אֶת־אֶרֶץ כְּנָעַן וַיֹּאמֶר אֲלֵהֶם עֲלוּ זֶה בַּנֶּגֶב וַעֲלִיתֶם אֶת־הָהָר׃ וּרְאִיתֶם
אֶת־הָאָרֶץ מַה־הִוא וְאֶת־הָעָם הַיֹּשֵׁב עָלֶיהָ הֶחָזָק הוּא הֲרָפֶה הַמְעַט הוּא
אִם־רָב׃ וּמָה הָאָרֶץ אֲשֶׁר־הוּא יֹשֵׁב בָּהּ הֲטוֹבָה הִוא אִם־רָעָה וּמָה הֶעָרִים
אֲשֶׁר־הוּא יוֹשֵׁב בָּהֵנָּה הַבְּמַחֲנִים אִם בְּמִבְצָרִים׃ וּמָה הָאָרֶץ הַשְּׁמֵנָה הִוא
אִם־רָזָה הֲיֵשׁ־בָּהּ עֵץ אִם־אַיִן וְהִתְחַזַּקְתֶּם וּלְקַחְתֶּם מִפְּרִי הָאָרֶץ וְהַיָּמִים
יְמֵי בִּכּוּרֵי עֲנָבִים׃

קורח

במדבר טז, א–יג וַיִּקַּח קֹרַח בֶּן־יִצְהָר בֶּן־קְהָת בֶּן־לֵוִי וְדָתָן וַאֲבִירָם בְּנֵי אֱלִיאָב וְאוֹן בֶּן־
פֶּלֶת בְּנֵי רְאוּבֵן׃ וַיָּקֻמוּ לִפְנֵי מֹשֶׁה וַאֲנָשִׁים מִבְּנֵי־יִשְׂרָאֵל חֲמִשִּׁים וּמָאתָיִם
נְשִׂיאֵי עֵדָה קְרִאֵי מוֹעֵד אַנְשֵׁי־שֵׁם׃ וַיִּקָּהֲלוּ עַל־מֹשֶׁה וְעַל־אַהֲרֹן וַיֹּאמְרוּ
אֲלֵהֶם רַב־לָכֶם כִּי כָל־הָעֵדָה כֻּלָּם קְדֹשִׁים וּבְתוֹכָם יְהוָה וּמַדּוּעַ תִּתְנַשְּׂאוּ
לוי עַל־קְהַל יְהוָה׃ *וַיִּשְׁמַע מֹשֶׁה וַיִּפֹּל עַל־פָּנָיו׃ וַיְדַבֵּר אֶל־קֹרַח וְאֶל־כָּל־
עֲדָתוֹ לֵאמֹר בֹּקֶר וְיֹדַע יְהוָה אֶת־אֲשֶׁר־לוֹ וְאֶת־הַקָּדוֹשׁ וְהִקְרִיב אֵלָיו וְאֶת

אֲשֶׁר יִבְחַר־בּוֹ יַקְרִיב אֵלָיו: זֹאת עֲשׂוּ קְחוּ־לָכֶם מַחְתּוֹת קֹרַח וְכָל־עֲדָתוֹ:
וּתְנוּ־בָהֵן ׀ אֵשׁ וְשִׂימוּ עֲלֵיהֶן ׀ קְטֹרֶת לִפְנֵי יהוה מָחָר וְהָיָה הָאִישׁ אֲשֶׁר־
יִבְחַר יהוה הוּא הַקָּדוֹשׁ רַב־לָכֶם בְּנֵי לֵוִי: *וַיֹּאמֶר מֹשֶׁה אֶל־קֹרַח שִׁמְעוּ־ ישראל
נָא בְּנֵי לֵוִי: הַמְעַט מִכֶּם כִּי־הִבְדִּיל אֱלֹהֵי יִשְׂרָאֵל אֶתְכֶם מֵעֲדַת יִשְׂרָאֵל
לְהַקְרִיב אֶתְכֶם אֵלָיו לַעֲבֹד אֶת־עֲבֹדַת מִשְׁכַּן יהוה וְלַעֲמֹד לִפְנֵי הָעֵדָה
לְשָׁרְתָם: וַיַּקְרֵב אֹתְךָ וְאֶת־כָּל־אַחֶיךָ בְנֵי־לֵוִי אִתָּךְ וּבִקַּשְׁתֶּם גַּם־כְּהֻנָּה:
לָכֵן אַתָּה וְכָל־עֲדָתְךָ הַנֹּעָדִים עַל־יהוה וְאַהֲרֹן מַה־הוּא כִּי תלונו עָלָיו: תַּלִּינוּ
וַיִּשְׁלַח מֹשֶׁה לִקְרֹא לְדָתָן וְלַאֲבִירָם בְּנֵי אֱלִיאָב וַיֹּאמְרוּ לֹא נַעֲלֶה: הַמְעַט
כִּי הֶעֱלִיתָנוּ מֵאֶרֶץ זָבַת חָלָב וּדְבַשׁ לַהֲמִיתֵנוּ בַּמִּדְבָּר כִּי־תִשְׂתָּרֵר עָלֵינוּ
גַּם־הִשְׂתָּרֵר:

חוקת

וַיְדַבֵּר יהוה אֶל־מֹשֶׁה וְאֶל־אַהֲרֹן לֵאמֹר: זֹאת חֻקַּת הַתּוֹרָה אֲשֶׁר־צִוָּה יהוה במדבר יט, א–יז
לֵאמֹר דַּבֵּר ׀ אֶל־בְּנֵי יִשְׂרָאֵל וְיִקְחוּ אֵלֶיךָ פָרָה אֲדֻמָּה תְּמִימָה אֲשֶׁר אֵין־בָּהּ
מוּם אֲשֶׁר לֹא־עָלָה עָלֶיהָ עֹל: וּנְתַתֶּם אֹתָהּ אֶל־אֶלְעָזָר הַכֹּהֵן וְהוֹצִיא אֹתָהּ
אֶל־מִחוּץ לַמַּחֲנֶה וְשָׁחַט אֹתָהּ לְפָנָיו: וְלָקַח אֶלְעָזָר הַכֹּהֵן מִדָּמָהּ בְּאֶצְבָּעוֹ
וְהִזָּה אֶל־נֹכַח פְּנֵי אֹהֶל־מוֹעֵד מִדָּמָהּ שֶׁבַע פְּעָמִים: וְשָׂרַף אֶת־הַפָּרָה לְעֵינָיו
אֶת־עֹרָהּ וְאֶת־בְּשָׂרָהּ וְאֶת־דָּמָהּ עַל־פִּרְשָׁהּ יִשְׂרֹף: וְלָקַח הַכֹּהֵן עֵץ אֶרֶז
וְאֵזוֹב וּשְׁנִי תוֹלָעַת וְהִשְׁלִיךְ אֶל־תּוֹךְ שְׂרֵפַת הַפָּרָה: *וְכִבֶּס בְּגָדָיו הַכֹּהֵן לוי
וְרָחַץ בְּשָׂרוֹ בַּמַּיִם וְאַחַר יָבֹא אֶל־הַמַּחֲנֶה וְטָמֵא הַכֹּהֵן עַד־הָעָרֶב: וְהַשֹּׂרֵף
אֹתָהּ יְכַבֵּס בְּגָדָיו בַּמַּיִם וְרָחַץ בְּשָׂרוֹ בַּמָּיִם וְטָמֵא עַד־הָעָרֶב: וְאָסַף ׀ אִישׁ
טָהוֹר אֵת אֵפֶר הַפָּרָה וְהִנִּיחַ מִחוּץ לַמַּחֲנֶה בְּמָקוֹם טָהוֹר וְהָיְתָה לַעֲדַת
בְּנֵי־יִשְׂרָאֵל לְמִשְׁמֶרֶת לְמֵי נִדָּה חַטָּאת הִוא: *וְכִבֶּס הָאֹסֵף אֶת־אֵפֶר הַפָּרָה ישראל
אֶת־בְּגָדָיו וְטָמֵא עַד־הָעָרֶב וְהָיְתָה לִבְנֵי יִשְׂרָאֵל וְלַגֵּר הַגָּר בְּתוֹכָם לְחֻקַּת
עוֹלָם: הַנֹּגֵעַ בְּמֵת לְכָל־נֶפֶשׁ אָדָם וְטָמֵא שִׁבְעַת יָמִים: הוּא יִתְחַטָּא־בוֹ
בַּיּוֹם הַשְּׁלִישִׁי וּבַיּוֹם הַשְּׁבִיעִי יִטְהָר וְאִם־לֹא יִתְחַטָּא בַּיּוֹם הַשְּׁלִישִׁי וּבַיּוֹם
הַשְּׁבִיעִי לֹא יִטְהָר: כָּל־הַנֹּגֵעַ בְּמֵת בְּנֶפֶשׁ הָאָדָם אֲשֶׁר־יָמוּת וְלֹא יִתְחַטָּא
אֶת־מִשְׁכַּן יהוה טִמֵּא וְנִכְרְתָה הַנֶּפֶשׁ הַהִוא מִיִּשְׂרָאֵל כִּי מֵי נִדָּה לֹא־זֹרַק
עָלָיו טָמֵא יִהְיֶה עוֹד טֻמְאָתוֹ בוֹ: זֹאת הַתּוֹרָה אָדָם כִּי־יָמוּת בְּאֹהֶל כָּל־

הַבָּא אֶל־הָאֹהֶל וְכָל־אֲשֶׁר בָּאֹהֶל יִטְמָא שִׁבְעַת יָמִים: וְכֹל כְּלִי פָתוּחַ אֲשֶׁר
אֵין־צָמִיד פָּתִיל עָלָיו טָמֵא הוּא: וְכֹל אֲשֶׁר־יִגַּע עַל־פְּנֵי הַשָּׂדֶה בַּחֲלַל־חֶרֶב
אוֹ בְמֵת אוֹ־בְעֶצֶם אָדָם אוֹ בְקָבֶר יִטְמָא שִׁבְעַת יָמִים: וְלָקְחוּ לַטָּמֵא מֵעֲפַר
שְׂרֵפַת הַחַטָּאת וְנָתַן עָלָיו מַיִם חַיִּים אֶל־כֶּלִי:

בלק

במדבר כב, ב–יב וַיַּרְא בָּלָק בֶּן־צִפּוֹר אֵת כָּל־אֲשֶׁר־עָשָׂה יִשְׂרָאֵל לָאֱמֹרִי: וַיָּגָר מוֹאָב מִפְּנֵי
הָעָם מְאֹד כִּי רַב־הוּא וַיָּקָץ מוֹאָב מִפְּנֵי בְּנֵי יִשְׂרָאֵל: וַיֹּאמֶר מוֹאָב אֶל־זִקְנֵי
מִדְיָן עַתָּה יְלַחֲכוּ הַקָּהָל אֶת־כָּל־סְבִיבֹתֵינוּ כִּלְחֹךְ הַשּׁוֹר אֵת יֶרֶק הַשָּׂדֶה
לוי וּבָלָק בֶּן־צִפּוֹר מֶלֶךְ לְמוֹאָב בָּעֵת הַהִוא: *וַיִּשְׁלַח מַלְאָכִים אֶל־בִּלְעָם
בֶּן־בְּעוֹר פְּתוֹרָה אֲשֶׁר עַל־הַנָּהָר אֶרֶץ בְּנֵי־עַמּוֹ לִקְרֹא־לוֹ לֵאמֹר הִנֵּה עַם
יָצָא מִמִּצְרַיִם הִנֵּה כִסָּה אֶת־עֵין הָאָרֶץ וְהוּא יֹשֵׁב מִמֻּלִי: וְעַתָּה לְכָה־נָּא
אָרָה־לִּי אֶת־הָעָם הַזֶּה כִּי־עָצוּם הוּא מִמֶּנִּי אוּלַי אוּכַל נַכֶּה־בּוֹ וַאֲגָרְשֶׁנּוּ
מִן־הָאָרֶץ כִּי יָדַעְתִּי אֵת אֲשֶׁר־תְּבָרֵךְ מְבֹרָךְ וַאֲשֶׁר תָּאֹר יוּאָר: וַיֵּלְכוּ זִקְנֵי
מוֹאָב וְזִקְנֵי מִדְיָן וּקְסָמִים בְּיָדָם וַיָּבֹאוּ אֶל־בִּלְעָם וַיְדַבְּרוּ אֵלָיו דִּבְרֵי בָלָק:
ישראל *וַיֹּאמֶר אֲלֵיהֶם לִינוּ פֹה הַלַּיְלָה וַהֲשִׁבֹתִי אֶתְכֶם דָּבָר כַּאֲשֶׁר יְדַבֵּר יהוה אֵלָי
וַיֵּשְׁבוּ שָׂרֵי־מוֹאָב עִם־בִּלְעָם: וַיָּבֹא אֱלֹהִים אֶל־בִּלְעָם וַיֹּאמֶר מִי הָאֲנָשִׁים
הָאֵלֶּה עִמָּךְ: וַיֹּאמֶר בִּלְעָם אֶל־הָאֱלֹהִים בָּלָק בֶּן־צִפֹּר מֶלֶךְ מוֹאָב שָׁלַח
אֵלָי: הִנֵּה הָעָם הַיֹּצֵא מִמִּצְרַיִם וַיְכַס אֶת־עֵין הָאָרֶץ עַתָּה לְכָה קָבָה־לִּי אֹתוֹ
אוּלַי אוּכַל לְהִלָּחֶם בּוֹ וְגֵרַשְׁתִּיו: וַיֹּאמֶר אֱלֹהִים אֶל־בִּלְעָם לֹא תֵלֵךְ עִמָּהֶם
לֹא תָאֹר אֶת־הָעָם כִּי בָרוּךְ הוּא:

פינחס

במדבר כה, י–כו, ד וַיְדַבֵּר יהוה אֶל־מֹשֶׁה לֵּאמֹר: פִּינְחָס בֶּן־אֶלְעָזָר בֶּן־אַהֲרֹן הַכֹּהֵן הֵשִׁיב
אֶת־חֲמָתִי מֵעַל בְּנֵי־יִשְׂרָאֵל בְּקַנְאוֹ אֶת־קִנְאָתִי בְּתוֹכָם וְלֹא־כִלִּיתִי אֶת־
לוי בְּנֵי־יִשְׂרָאֵל בְּקִנְאָתִי: לָכֵן אֱמֹר הִנְנִי נֹתֵן לוֹ אֶת־בְּרִיתִי שָׁלוֹם: *וְהָיְתָה לּוֹ
וּלְזַרְעוֹ אַחֲרָיו בְּרִית כְּהֻנַּת עוֹלָם תַּחַת אֲשֶׁר קִנֵּא לֵאלֹהָיו וַיְכַפֵּר עַל־בְּנֵי
יִשְׂרָאֵל: וְשֵׁם אִישׁ יִשְׂרָאֵל הַמֻּכֶּה אֲשֶׁר הֻכָּה אֶת־הַמִּדְיָנִית זִמְרִי בֶּן־סָלוּא

נְשִׂיא בֵית־אָב לַשִּׁמְעֹנִי: וְשֵׁם הָאִשָּׁה הַמֻּכָּה הַמִּדְיָנִית כׇּזְבִּי בַת־צוּר רֹאשׁ
אֻמּוֹת בֵּית־אָב בְּמִדְיָן הוּא:
ישראל וַיְדַבֵּר יהוה אֶל־מֹשֶׁה לֵּאמֹר: צָרוֹר אֶת־הַמִּדְיָנִים וְהִכִּיתֶם אוֹתָם: כִּי
צֹרְרִים הֵם לָכֶם בְּנִכְלֵיהֶם אֲשֶׁר־נִכְּלוּ לָכֶם עַל־דְּבַר פְּעוֹר וְעַל־דְּבַר כׇּזְבִּי
בַת־נְשִׂיא מִדְיָן אֲחֹתָם הַמֻּכָּה בְיוֹם־הַמַּגֵּפָה עַל־דְּבַר פְּעוֹר: וַיְהִי אַחֲרֵי
הַמַּגֵּפָה

וַיֹּאמֶר יהוה אֶל־מֹשֶׁה וְאֶל אֶלְעָזָר בֶּן־אַהֲרֹן הַכֹּהֵן לֵאמֹר: שְׂאוּ אֶת־רֹאשׁ ׀
כׇּל־עֲדַת בְּנֵי־יִשְׂרָאֵל מִבֶּן עֶשְׂרִים שָׁנָה וָמַעְלָה לְבֵית אֲבֹתָם כׇּל־יֹצֵא צָבָא
בְּיִשְׂרָאֵל: וַיְדַבֵּר מֹשֶׁה וְאֶלְעָזָר הַכֹּהֵן אֹתָם בְּעַרְבֹת מוֹאָב עַל־יַרְדֵּן יְרֵחוֹ
לֵאמֹר: מִבֶּן עֶשְׂרִים שָׁנָה וָמָעְלָה כַּאֲשֶׁר צִוָּה יהוה אֶת־מֹשֶׁה וּבְנֵי יִשְׂרָאֵל
הַיֹּצְאִים מֵאֶרֶץ מִצְרָיִם:

מטות

במדבר ל, ב–ז וַיְדַבֵּר מֹשֶׁה אֶל־רָאשֵׁי הַמַּטּוֹת לִבְנֵי יִשְׂרָאֵל לֵאמֹר זֶה הַדָּבָר אֲשֶׁר צִוָּה
יהוה: אִישׁ כִּי־יִדֹּר נֶדֶר לַיהוה אוֹ־הִשָּׁבַע שְׁבֻעָה לֶאְסֹר אִסָּר עַל־נַפְשׁוֹ לֹא
יַחֵל דְּבָרוֹ כְּכׇל־הַיֹּצֵא מִפִּיו יַעֲשֶׂה: וְאִשָּׁה כִּי־תִדֹּר נֶדֶר לַיהוה וְאָסְרָה אִסָּר
בְּבֵית אָבִיהָ בִּנְעֻרֶיהָ: וְשָׁמַע אָבִיהָ אֶת־נִדְרָהּ וֶאֱסָרָהּ אֲשֶׁר אָסְרָה עַל־
נַפְשָׁהּ וְהֶחֱרִישׁ לָהּ אָבִיהָ וְקָמוּ כׇּל־נְדָרֶיהָ וְכׇל־אִסָּר אֲשֶׁר־אָסְרָה עַל־נַפְשָׁהּ
יָקוּם: וְאִם־הֵנִיא אָבִיהָ אֹתָהּ בְּיוֹם שׇׁמְעוֹ כׇּל־נְדָרֶיהָ וֶאֱסָרֶיהָ אֲשֶׁר־אָסְרָה
עַל־נַפְשָׁהּ לֹא יָקוּם וַיהוה יִסְלַח־לָהּ כִּי־הֵנִיא אָבִיהָ אֹתָהּ: וְאִם־הָיוֹ תִהְיֶה
לְאִישׁ וּנְדָרֶיהָ עָלֶיהָ אוֹ מִבְטָא שְׂפָתֶיהָ אֲשֶׁר אָסְרָה עַל־נַפְשָׁהּ: וְשָׁמַע
אִישָׁהּ בְּיוֹם שׇׁמְעוֹ וְהֶחֱרִישׁ לָהּ וְקָמוּ נְדָרֶיהָ וֶאֱסָרֶהָ אֲשֶׁר־אָסְרָה עַל־נַפְשָׁהּ
יָקֻמוּ: וְאִם בְּיוֹם שְׁמֹעַ אִישָׁהּ יָנִיא אוֹתָהּ וְהֵפֵר אֶת־נִדְרָהּ אֲשֶׁר עָלֶיהָ וְאֵת
לוי מִבְטָא שְׂפָתֶיהָ אֲשֶׁר אָסְרָה עַל־נַפְשָׁהּ וַיהוה יִסְלַח־לָהּ: *וְנֵדֶר אַלְמָנָה
וּגְרוּשָׁה כֹּל אֲשֶׁר־אָסְרָה עַל־נַפְשָׁהּ יָקוּם עָלֶיהָ: וְאִם־בֵּית אִישָׁהּ נָדָרָה
אוֹ־אָסְרָה אִסָּר עַל־נַפְשָׁהּ בִּשְׁבֻעָה: וְשָׁמַע אִישָׁהּ וְהֶחֱרִשׁ לָהּ לֹא הֵנִיא
אֹתָהּ וְקָמוּ כׇּל־נְדָרֶיהָ וְכׇל־אִסָּר אֲשֶׁר־אָסְרָה עַל־נַפְשָׁהּ יָקוּם: וְאִם־הָפֵר
יָפֵר אֹתָם ׀ אִישָׁהּ בְּיוֹם שׇׁמְעוֹ כׇּל־מוֹצָא שְׂפָתֶיהָ לִנְדָרֶיהָ וּלְאִסַּר נַפְשָׁהּ לֹא

ישראל יקום אישה הפרם ויהוה יסלח־לה: *כל־נדר וכל־שבעת אסר לענת נפש
אישה יקימנו ואישה יפרנו: ואם־החרש יחריש לה אישה מיום אל־יום
והקים את־כל־נדריה או את־כל־אסריה אשר עליה הקים אתם כי־החרש
לה ביום שמעו: ואם־הפר יפר אתם אחרי שמעו ונשא את־עונה: אלה
החקים אשר צוה יהוה את־משה בין איש לאשתו בין־אב לבתו בנעריה
בית אביה:

מסעי

במדבר לג, א–נג אלה מסעי בני־ישראל אשר יצאו מארץ מצרים לצבאתם ביד־משה
ואהרן: ויכתב משה את־מוצאיהם למסעיהם על־פי יהוה ואלה מסעיהם
למוצאיהם: ויסעו מרעמסס בחדש הראשון בחמשה עשר יום לחדש
הראשון ממחרת הפסח יצאו בני־ישראל ביד רמה לעיני כל־מצרים:
לוי *ומצרים מקברים את אשר הכה יהוה בהם כל־בכור ובאלהיהם עשה
יהוה שפטים: ויסעו בני־ישראל מרעמסס ויחנו בסכת: ויסעו מסכת
ישראל (ברוב הקהילות) ויחנו באתם אשר בקצה המדבר: *ויסעו מאתם וישב על־פי החירת אשר
על־פני בעל צפון ויחנו לפני מגדל: ויסעו מפני החירת ויעברו בתוך־הים
המדברה וילכו דרך שלשת ימים במדבר אתם ויחנו במרה: ויסעו ממרה
ויבאו אילמה ובאילם שתים עשרה עינת מים ושבעים תמרים ויחנו־שם:
ויסעו מאילם ויחנו על־ים־סוף:

יש המאריכים את הקריאה ללוי, כדי שלא להפסיק באמצע
רשימת המסעות (מג"א תכח, ח בשם 'צרור המור'):

ויסעו מים־סוף ויחנו במדבר־סין: ויסעו ממדבר־סין ויחנו בדפקה: ויסעו
מדפקה ויחנו באלוש: ויסעו מאלוש ויחנו ברפידם ולא־היה שם מים
לעם לשתות: ויסעו מרפידם ויחנו במדבר סיני: ויסעו ממדבר סיני ויחנו
בקברת התאוה: ויסעו מקברת התאוה ויחנו בחצרת: ויסעו מחצרת
ויחנו ברתמה: ויסעו מרתמה ויחנו ברמן פרץ: ויסעו מרמן פרץ ויחנו
בלבנה: ויסעו מלבנה ויחנו ברסה: ויסעו מרסה ויחנו בקהלתה: ויסעו
מקהלתה ויחנו בהר־שפר: ויסעו מהר־שפר ויחנו בחרדה: ויסעו מחרדה
ויחנו במקהלת: ויסעו ממקהלת ויחנו בתחת: ויסעו מתחת ויחנו בתרח:

וַיִּסְעוּ מִתָּרַח וַיַּחֲנוּ בְּמִתְקָה: וַיִּסְעוּ מִמִּתְקָה וַיַּחֲנוּ בְּחַשְׁמֹנָה: וַיִּסְעוּ מֵחַשְׁמֹנָה
וַיַּחֲנוּ בְּמֹסֵרוֹת: וַיִּסְעוּ מִמֹּסֵרוֹת וַיַּחֲנוּ בִּבְנֵי יַעֲקָן: וַיִּסְעוּ מִבְּנֵי יַעֲקָן וַיַּחֲנוּ בְּחֹר
הַגִּדְגָּד: וַיִּסְעוּ מֵחֹר הַגִּדְגָּד וַיַּחֲנוּ בְּיָטְבָתָה: וַיִּסְעוּ מִיָּטְבָתָה וַיַּחֲנוּ בְּעַבְרֹנָה:
וַיִּסְעוּ מֵעַבְרֹנָה וַיַּחֲנוּ בְּעֶצְיֹן גָּבֶר: וַיִּסְעוּ מֵעֶצְיֹן גָּבֶר וַיַּחֲנוּ בְמִדְבַּר־צִן הִוא
קָדֵשׁ: וַיִּסְעוּ מִקָּדֵשׁ וַיַּחֲנוּ בְּהֹר הָהָר בִּקְצֵה אֶרֶץ אֱדוֹם: וַיַּעַל אַהֲרֹן הַכֹּהֵן אֶל־
הֹר הָהָר עַל־פִּי יהוה וַיָּמָת שָׁם בִּשְׁנַת הָאַרְבָּעִים לְצֵאת בְּנֵי־יִשְׂרָאֵל מֵאֶרֶץ
מִצְרַיִם בַּחֹדֶשׁ הַחֲמִישִׁי בְּאֶחָד לַחֹדֶשׁ: וְאַהֲרֹן בֶּן־שָׁלֹשׁ וְעֶשְׂרִים וּמְאַת
שָׁנָה בְּמֹתוֹ בְּהֹר הָהָר: וַיִּשְׁמַע הַכְּנַעֲנִי מֶלֶךְ עֲרָד וְהוּא־יֹשֵׁב
בַּנֶּגֶב בְּאֶרֶץ כְּנָעַן בְּבֹא בְּנֵי יִשְׂרָאֵל: וַיִּסְעוּ מֵהֹר הָהָר וַיַּחֲנוּ בְּצַלְמֹנָה: וַיִּסְעוּ
מִצַּלְמֹנָה וַיַּחֲנוּ בְּפוּנֹן: וַיִּסְעוּ מִפּוּנֹן וַיַּחֲנוּ בְּאֹבֹת: וַיִּסְעוּ מֵאֹבֹת וַיַּחֲנוּ בְּעִיֵּי
הָעֲבָרִים בִּגְבוּל מוֹאָב: וַיִּסְעוּ מֵעִיִּים וַיַּחֲנוּ בְּדִיבֹן גָּד: וַיִּסְעוּ מִדִּיבֹן גָּד וַיַּחֲנוּ
בְּעַלְמֹן דִּבְלָתָיְמָה: וַיִּסְעוּ מֵעַלְמֹן דִּבְלָתָיְמָה וַיַּחֲנוּ בְּהָרֵי הָעֲבָרִים לִפְנֵי נְבוֹ:
וַיִּסְעוּ מֵהָרֵי הָעֲבָרִים וַיַּחֲנוּ בְּעַרְבֹת מוֹאָב עַל יַרְדֵּן יְרֵחוֹ: וַיַּחֲנוּ עַל־הַיַּרְדֵּן
מִבֵּית הַיְשִׁמֹת עַד אָבֵל הַשִּׁטִּים בְּעַרְבֹת מוֹאָב: *וַיְדַבֵּר ישראל
יהוה אֶל־מֹשֶׁה בְּעַרְבֹת מוֹאָב עַל־יַרְדֵּן יְרֵחוֹ לֵאמֹר: דַּבֵּר אֶל־בְּנֵי יִשְׂרָאֵל
וְאָמַרְתָּ אֲלֵהֶם כִּי אַתֶּם עֹבְרִים אֶת־הַיַּרְדֵּן אֶל־אֶרֶץ כְּנָעַן: וְהוֹרַשְׁתֶּם אֶת־
כָּל־יֹשְׁבֵי הָאָרֶץ מִפְּנֵיכֶם וְאִבַּדְתֶּם אֵת כָּל־מַשְׂכִּיֹּתָם וְאֵת כָּל־צַלְמֵי מַסֵּכֹתָם
תְּאַבֵּדוּ וְאֵת כָּל־בָּמוֹתָם תַּשְׁמִידוּ: וְהוֹרַשְׁתֶּם אֶת־הָאָרֶץ וִישַׁבְתֶּם־בָּהּ כִּי
לָכֶם נָתַתִּי אֶת־הָאָרֶץ לָרֶשֶׁת אֹתָהּ:

דברים

אֵלֶּה הַדְּבָרִים אֲשֶׁר דִּבֶּר מֹשֶׁה אֶל־כָּל־יִשְׂרָאֵל בְּעֵבֶר הַיַּרְדֵּן בַּמִּדְבָּר בָּעֲרָבָה דברים א, א–יא
מוֹל סוּף בֵּין־פָּארָן וּבֵין־תֹּפֶל וְלָבָן וַחֲצֵרֹת וְדִי זָהָב: אַחַד עָשָׂר יוֹם מֵחֹרֵב
דֶּרֶךְ הַר־שֵׂעִיר עַד קָדֵשׁ בַּרְנֵעַ: וַיְהִי בְּאַרְבָּעִים שָׁנָה בְּעַשְׁתֵּי־עָשָׂר חֹדֶשׁ
בְּאֶחָד לַחֹדֶשׁ דִּבֶּר מֹשֶׁה אֶל־בְּנֵי יִשְׂרָאֵל כְּכֹל אֲשֶׁר צִוָּה יהוה אֹתוֹ אֲלֵהֶם:
*אַחֲרֵי הַכֹּתוֹ אֵת סִיחֹן מֶלֶךְ הָאֱמֹרִי אֲשֶׁר יוֹשֵׁב בְּחֶשְׁבּוֹן וְאֵת עוֹג מֶלֶךְ לוי
הַבָּשָׁן אֲשֶׁר־יוֹשֵׁב בְּעַשְׁתָּרֹת בְּאֶדְרֶעִי: בְּעֵבֶר הַיַּרְדֵּן בְּאֶרֶץ מוֹאָב הוֹאִיל
מֹשֶׁה בֵּאֵר אֶת־הַתּוֹרָה הַזֹּאת לֵאמֹר: יהוה אֱלֹהֵינוּ דִּבֶּר אֵלֵינוּ בְּחֹרֵב לֵאמֹר
רַב־לָכֶם שֶׁבֶת בָּהָר הַזֶּה: פְּנוּ ׀ וּסְעוּ לָכֶם וּבֹאוּ הַר הָאֱמֹרִי וְאֶל־כָּל־שְׁכֵנָיו

בָּעֲרָבָה בָהָר וּבַשְּׁפֵלָה וּבַנֶּגֶב וּבְחוֹף הַיָּם אֶרֶץ הַכְּנַעֲנִי וְהַלְּבָנוֹן עַד־הַנָּהָר
ישראל הַגָּדֹל נְהַר־פְּרָת׃ *רְאֵה נָתַתִּי לִפְנֵיכֶם אֶת־הָאָרֶץ בֹּאוּ וּרְשׁוּ אֶת־הָאָרֶץ
אֲשֶׁר נִשְׁבַּע יְהוָה לַאֲבֹתֵיכֶם לְאַבְרָהָם לְיִצְחָק וּלְיַעֲקֹב לָתֵת לָהֶם וּלְזַרְעָם
אַחֲרֵיהֶם׃ וָאֹמַר אֲלֵכֶם בָּעֵת הַהִוא לֵאמֹר לֹא־אוּכַל לְבַדִּי שְׂאֵת אֶתְכֶם׃
יְהוָה אֱלֹהֵיכֶם הִרְבָּה אֶתְכֶם וְהִנְּכֶם הַיּוֹם כְּכוֹכְבֵי הַשָּׁמַיִם לָרֹב׃ יְהוָה אֱלֹהֵי
אֲבוֹתֵכֶם יֹסֵף עֲלֵיכֶם כָּכֶם אֶלֶף פְּעָמִים וִיבָרֵךְ אֶתְכֶם כַּאֲשֶׁר דִּבֶּר לָכֶם׃

ואתחנן

דברים ג,כג–ד,ח וָאֶתְחַנַּן אֶל־יְהוָה בָּעֵת הַהִוא לֵאמֹר׃ אֲדֹנָי יְהוִה אַתָּה הַחִלּוֹתָ לְהַרְאוֹת
אֶת־עַבְדְּךָ אֶת־גָּדְלְךָ וְאֶת־יָדְךָ הַחֲזָקָה אֲשֶׁר מִי־אֵל בַּשָּׁמַיִם וּבָאָרֶץ אֲשֶׁר־
יַעֲשֶׂה כְמַעֲשֶׂיךָ וְכִגְבוּרֹתֶךָ׃ אֶעְבְּרָה־נָּא וְאֶרְאֶה אֶת־הָאָרֶץ הַטּוֹבָה אֲשֶׁר
לוי בְּעֵבֶר הַיַּרְדֵּן הָהָר הַטּוֹב הַזֶּה וְהַלְּבָנֹן׃ *וַיִּתְעַבֵּר יְהוָה בִּי לְמַעַנְכֶם וְלֹא
שָׁמַע אֵלָי וַיֹּאמֶר יְהוָה אֵלַי רַב־לָךְ אַל־תּוֹסֶף דַּבֵּר אֵלַי עוֹד בַּדָּבָר הַזֶּה׃
עֲלֵה ׀ רֹאשׁ הַפִּסְגָּה וְשָׂא עֵינֶיךָ יָמָּה וְצָפֹנָה וְתֵימָנָה וּמִזְרָחָה וּרְאֵה בְעֵינֶיךָ
כִּי־לֹא תַעֲבֹר אֶת־הַיַּרְדֵּן הַזֶּה׃ וְצַו אֶת־יְהוֹשֻׁעַ וְחַזְּקֵהוּ וְאַמְּצֵהוּ כִּי־הוּא
יַעֲבֹר לִפְנֵי הָעָם הַזֶּה וְהוּא יַנְחִיל אוֹתָם אֶת־הָאָרֶץ אֲשֶׁר תִּרְאֶה׃ וַנֵּשֶׁב
בַּגָּיְא מוּל בֵּית פְּעוֹר׃
וְעַתָּה יִשְׂרָאֵל שְׁמַע אֶל־הַחֻקִּים וְאֶל־הַמִּשְׁפָּטִים אֲשֶׁר אָנֹכִי מְלַמֵּד אֶתְכֶם
לַעֲשׂוֹת לְמַעַן תִּחְיוּ וּבָאתֶם וִירִשְׁתֶּם אֶת־הָאָרֶץ אֲשֶׁר יְהוָה אֱלֹהֵי אֲבֹתֵיכֶם
נֹתֵן לָכֶם׃ לֹא תֹסִפוּ עַל־הַדָּבָר אֲשֶׁר אָנֹכִי מְצַוֶּה אֶתְכֶם וְלֹא תִגְרְעוּ מִמֶּנּוּ
לִשְׁמֹר אֶת־מִצְוֺת יְהוָה אֱלֹהֵיכֶם אֲשֶׁר אָנֹכִי מְצַוֶּה אֶתְכֶם׃ עֵינֵיכֶם הָרֹאוֹת
אֵת אֲשֶׁר־עָשָׂה יְהוָה בְּבַעַל פְּעוֹר כִּי כָל־הָאִישׁ אֲשֶׁר הָלַךְ אַחֲרֵי בַעַל־פְּעוֹר
הִשְׁמִידוֹ יְהוָה אֱלֹהֶיךָ מִקִּרְבֶּךָ׃ וְאַתֶּם הַדְּבֵקִים בַּיהוָה אֱלֹהֵיכֶם חַיִּים כֻּלְּכֶם
ישראל הַיּוֹם׃ *רְאֵה ׀ לִמַּדְתִּי אֶתְכֶם חֻקִּים וּמִשְׁפָּטִים כַּאֲשֶׁר צִוַּנִי יְהוָה אֱלֹהָי לַעֲשׂוֹת
כֵּן בְּקֶרֶב הָאָרֶץ אֲשֶׁר אַתֶּם בָּאִים שָׁמָּה לְרִשְׁתָּהּ׃ וּשְׁמַרְתֶּם וַעֲשִׂיתֶם כִּי
הִוא חָכְמַתְכֶם וּבִינַתְכֶם לְעֵינֵי הָעַמִּים אֲשֶׁר יִשְׁמְעוּן אֵת כָּל־הַחֻקִּים הָאֵלֶּה
וְאָמְרוּ רַק עַם־חָכָם וְנָבוֹן הַגּוֹי הַגָּדוֹל הַזֶּה׃ כִּי מִי־גוֹי גָּדוֹל אֲשֶׁר־לוֹ אֱלֹהִים
קְרֹבִים אֵלָיו כַּיהוָה אֱלֹהֵינוּ בְּכָל־קָרְאֵנוּ אֵלָיו׃ וּמִי גּוֹי גָּדוֹל אֲשֶׁר־לוֹ חֻקִּים
וּמִשְׁפָּטִים צַדִּיקִם כְּכֹל הַתּוֹרָה הַזֹּאת אֲשֶׁר אָנֹכִי נֹתֵן לִפְנֵיכֶם הַיּוֹם׃

עקב

וְהָיָה ׀ עֵקֶב תִּשְׁמְעוּן אֵת הַמִּשְׁפָּטִים הָאֵלֶּה וּשְׁמַרְתֶּם וַעֲשִׂיתֶם אֹתָם וְשָׁמַר דברים ז,יב–ח,י
יְהוָה אֱלֹהֶיךָ לְךָ אֶת־הַבְּרִית וְאֶת־הַחֶסֶד אֲשֶׁר נִשְׁבַּע לַאֲבֹתֶיךָ: וַאֲהֵבְךָ
וּבֵרַכְךָ וְהִרְבֶּךָ וּבֵרַךְ פְּרִי־בִטְנְךָ וּפְרִי־אַדְמָתֶךָ דְּגָנְךָ וְתִירֹשְׁךָ וְיִצְהָרֶךָ שְׁגַר־
אֲלָפֶיךָ וְעַשְׁתְּרֹת צֹאנֶךָ עַל הָאֲדָמָה אֲשֶׁר־נִשְׁבַּע לַאֲבֹתֶיךָ לָתֶת לָךְ: בָּרוּךְ
תִּהְיֶה מִכָּל־הָעַמִּים לֹא־יִהְיֶה בְךָ עָקָר וַעֲקָרָה וּבִבְהֶמְתֶּךָ: וְהֵסִיר יְהוָה
מִמְּךָ כָּל־חֹלִי וְכָל־מַדְוֵי מִצְרַיִם הָרָעִים אֲשֶׁר יָדַעְתָּ לֹא יְשִׂימָם בָּךְ וּנְתָנָם
בְּכָל־שֹׂנְאֶיךָ: וְאָכַלְתָּ אֶת־כָּל־הָעַמִּים אֲשֶׁר יְהוָה אֱלֹהֶיךָ נֹתֵן לָךְ לֹא־תָחוֹס
עֵינְךָ עֲלֵיהֶם וְלֹא תַעֲבֹד אֶת־אֱלֹהֵיהֶם כִּי־מוֹקֵשׁ הוּא לָךְ: כִּי
תֹאמַר בִּלְבָבְךָ רַבִּים הַגּוֹיִם הָאֵלֶּה מִמֶּנִּי אֵיכָה אוּכַל לְהוֹרִישָׁם: לֹא תִירָא
מֵהֶם זָכֹר תִּזְכֹּר אֵת אֲשֶׁר־עָשָׂה יְהוָה אֱלֹהֶיךָ לְפַרְעֹה וּלְכָל־מִצְרָיִם: הַמַּסֹּת
הַגְּדֹלֹת אֲשֶׁר־רָאוּ עֵינֶיךָ וְהָאֹתֹת וְהַמֹּפְתִים וְהַיָּד הַחֲזָקָה וְהַזְּרֹעַ הַנְּטוּיָה
אֲשֶׁר הוֹצִאֲךָ יְהוָה אֱלֹהֶיךָ כֵּן־יַעֲשֶׂה יְהוָה אֱלֹהֶיךָ לְכָל־הָעַמִּים אֲשֶׁר־אַתָּה
יָרֵא מִפְּנֵיהֶם: וְגַם אֶת־הַצִּרְעָה יְשַׁלַּח יְהוָה אֱלֹהֶיךָ בָּם עַד־אֲבֹד הַנִּשְׁאָרִים
וְהַנִּסְתָּרִים מִפָּנֶיךָ: לֹא תַעֲרֹץ מִפְּנֵיהֶם כִּי־יְהוָה אֱלֹהֶיךָ בְּקִרְבֶּךָ אֵל גָּדוֹל
וְנוֹרָא: *וְנָשַׁל יְהוָה אֱלֹהֶיךָ אֶת־הַגּוֹיִם הָאֵל מִפָּנֶיךָ מְעַט מְעָט לֹא תוּכַל לוי
כַּלֹּתָם מַהֵר פֶּן־תִּרְבֶּה עָלֶיךָ חַיַּת הַשָּׂדֶה: וּנְתָנָם יְהוָה אֱלֹהֶיךָ לְפָנֶיךָ וְהָמָם
מְהוּמָה גְדֹלָה עַד הִשָּׁמְדָם: וְנָתַן מַלְכֵיהֶם בְּיָדֶךָ וְהַאֲבַדְתָּ אֶת־שְׁמָם מִתַּחַת
הַשָּׁמָיִם לֹא־יִתְיַצֵּב אִישׁ בְּפָנֶיךָ עַד הִשְׁמִדְךָ אֹתָם: פְּסִילֵי אֱלֹהֵיהֶם תִּשְׂרְפוּן
בָּאֵשׁ לֹא־תַחְמֹד כֶּסֶף וְזָהָב עֲלֵיהֶם וְלָקַחְתָּ לָךְ פֶּן תִּוָּקֵשׁ בּוֹ כִּי תוֹעֲבַת
יְהוָה אֱלֹהֶיךָ הוּא: וְלֹא־תָבִיא תוֹעֵבָה אֶל־בֵּיתֶךָ וְהָיִיתָ חֵרֶם כָּמֹהוּ שַׁקֵּץ ׀
תְּשַׁקְּצֶנּוּ וְתַעֵב ׀ תְּתַעֲבֶנּוּ כִּי־חֵרֶם הוּא:
כָּל־הַמִּצְוָה אֲשֶׁר אָנֹכִי מְצַוְּךָ הַיּוֹם תִּשְׁמְרוּן לַעֲשׂוֹת לְמַעַן תִּחְיוּן וּרְבִיתֶם
וּבָאתֶם וִירִשְׁתֶּם אֶת־הָאָרֶץ אֲשֶׁר־נִשְׁבַּע יְהוָה לַאֲבֹתֵיכֶם: וְזָכַרְתָּ אֶת־כָּל־
הַדֶּרֶךְ אֲשֶׁר הוֹלִיכְךָ יְהוָה אֱלֹהֶיךָ זֶה אַרְבָּעִים שָׁנָה בַּמִּדְבָּר לְמַעַן עַנֹּתְךָ
לְנַסֹּתְךָ לָדַעַת אֶת־אֲשֶׁר בִּלְבָבְךָ הֲתִשְׁמֹר מִצְוֺתָו אִם־לֹא: וַיְעַנְּךָ וַיַּרְעִבֶךָ
וַיַּאֲכִלְךָ אֶת־הַמָּן אֲשֶׁר לֹא־יָדַעְתָּ וְלֹא יָדְעוּן אֲבֹתֶיךָ לְמַעַן הוֹדִיעֲךָ כִּי
לֹא עַל־הַלֶּחֶם לְבַדּוֹ יִחְיֶה הָאָדָם כִּי עַל־כָּל־מוֹצָא פִי־יְהוָה יִחְיֶה הָאָדָם:
*שִׂמְלָתְךָ לֹא בָלְתָה מֵעָלֶיךָ וְרַגְלְךָ לֹא בָצֵקָה זֶה אַרְבָּעִים שָׁנָה: וְיָדַעְתָּ עִם־ ישראל

לְבָבֶךָ כִּי כַּאֲשֶׁר יְיַסֵּר אִישׁ אֶת־בְּנוֹ יהוה אֱלֹהֶיךָ מְיַסְּרֶךָּ׃ וְשָׁמַרְתָּ אֶת־מִצְוֺת יהוה אֱלֹהֶיךָ לָלֶכֶת בִּדְרָכָיו וּלְיִרְאָה אֹתוֹ׃ כִּי יהוה אֱלֹהֶיךָ מְבִיאֲךָ אֶל־אֶרֶץ טוֹבָה אֶרֶץ נַחֲלֵי מָיִם עֲיָנֹת וּתְהֹמֹת יֹצְאִים בַּבִּקְעָה וּבָהָר׃ אֶרֶץ חִטָּה וּשְׂעֹרָה וְגֶפֶן וּתְאֵנָה וְרִמּוֹן אֶרֶץ־זֵית שֶׁמֶן וּדְבָשׁ׃ אֶרֶץ אֲשֶׁר לֹא בְמִסְכֵּנֻת תֹּאכַל־בָּהּ לֶחֶם לֹא־תֶחְסַר כֹּל בָּהּ אֶרֶץ אֲשֶׁר אֲבָנֶיהָ בַרְזֶל וּמֵהֲרָרֶיהָ תַּחְצֹב נְחֹשֶׁת׃ וְאָכַלְתָּ וְשָׂבָעְתָּ וּבֵרַכְתָּ אֶת־יהוה אֱלֹהֶיךָ עַל־הָאָרֶץ הַטֹּבָה אֲשֶׁר נָתַן־לָךְ׃

ראה

דברים יא,כו–יב,י רְאֵה אָנֹכִי נֹתֵן לִפְנֵיכֶם הַיּוֹם בְּרָכָה וּקְלָלָה׃ אֶת־הַבְּרָכָה אֲשֶׁר תִּשְׁמְעוּ
אֶל־מִצְוֺת יהוה אֱלֹהֵיכֶם אֲשֶׁר אָנֹכִי מְצַוֶּה אֶתְכֶם הַיּוֹם׃ וְהַקְּלָלָה אִם־לֹא
תִשְׁמְעוּ אֶל־מִצְוֺת יהוה אֱלֹהֵיכֶם וְסַרְתֶּם מִן־הַדֶּרֶךְ אֲשֶׁר אָנֹכִי מְצַוֶּה אֶתְכֶם
הַיּוֹם לָלֶכֶת אַחֲרֵי אֱלֹהִים אֲחֵרִים אֲשֶׁר לֹא־יְדַעְתֶּם׃ וְהָיָה כִּי
יְבִיאֲךָ יהוה אֱלֹהֶיךָ אֶל־הָאָרֶץ אֲשֶׁר־אַתָּה בָא־שָׁמָּה לְרִשְׁתָּהּ וְנָתַתָּה אֶת־
הַבְּרָכָה עַל־הַר גְּרִזִים וְאֶת־הַקְּלָלָה עַל־הַר עֵיבָל׃ הֲלֹא־הֵמָּה בְּעֵבֶר הַיַּרְדֵּן
אַחֲרֵי דֶּרֶךְ מְבוֹא הַשֶּׁמֶשׁ בְּאֶרֶץ הַכְּנַעֲנִי הַיֹּשֵׁב בָּעֲרָבָה מוּל הַגִּלְגָּל אֵצֶל
אֵלוֹנֵי מֹרֶה׃ כִּי אַתֶּם עֹבְרִים אֶת־הַיַּרְדֵּן לָבֹא לָרֶשֶׁת אֶת־הָאָרֶץ אֲשֶׁר־יהוה
לוי אֱלֹהֵיכֶם נֹתֵן לָכֶם וִירִשְׁתֶּם אֹתָהּ וִישַׁבְתֶּם־בָּהּ׃ *וּשְׁמַרְתֶּם לַעֲשׂוֹת אֵת
כָּל־הַחֻקִּים וְאֶת־הַמִּשְׁפָּטִים אֲשֶׁר אָנֹכִי נֹתֵן לִפְנֵיכֶם הַיּוֹם׃ אֵלֶּה הַחֻקִּים
וְהַמִּשְׁפָּטִים אֲשֶׁר תִּשְׁמְרוּן לַעֲשׂוֹת בָּאָרֶץ אֲשֶׁר נָתַן יהוה אֱלֹהֵי אֲבֹתֶיךָ
לְךָ לְרִשְׁתָּהּ כָּל־הַיָּמִים אֲשֶׁר־אַתֶּם חַיִּים עַל־הָאֲדָמָה׃ אַבֵּד תְּאַבְּדוּן אֶת־
כָּל־הַמְּקֹמוֹת אֲשֶׁר עָבְדוּ־שָׁם הַגּוֹיִם אֲשֶׁר אַתֶּם יֹרְשִׁים אֹתָם אֶת־אֱלֹהֵיהֶם
עַל־הֶהָרִים הָרָמִים וְעַל־הַגְּבָעוֹת וְתַחַת כָּל־עֵץ רַעֲנָן׃ וְנִתַּצְתֶּם אֶת־מִזְבְּחֹתָם
וְשִׁבַּרְתֶּם אֶת־מַצֵּבֹתָם וַאֲשֵׁרֵיהֶם תִּשְׂרְפוּן בָּאֵשׁ וּפְסִילֵי אֱלֹהֵיהֶם תְּגַדֵּעוּן
וְאִבַּדְתֶּם אֶת־שְׁמָם מִן־הַמָּקוֹם הַהוּא׃ לֹא־תַעֲשׂוּן כֵּן לַיהוה אֱלֹהֵיכֶם׃ כִּי
אִם־אֶל־הַמָּקוֹם אֲשֶׁר־יִבְחַר יהוה אֱלֹהֵיכֶם מִכָּל־שִׁבְטֵיכֶם לָשׂוּם אֶת־שְׁמוֹ
ישראל שָׁם לְשִׁכְנוֹ תִדְרְשׁוּ וּבָאתָ שָׁמָּה׃ *וַהֲבֵאתֶם שָׁמָּה עֹלֹתֵיכֶם וְזִבְחֵיכֶם וְאֵת
מַעְשְׂרֹתֵיכֶם וְאֵת תְּרוּמַת יֶדְכֶם וְנִדְרֵיכֶם וְנִדְבֹתֵיכֶם וּבְכֹרֹת בְּקַרְכֶם וְצֹאנְכֶם׃
וַאֲכַלְתֶּם־שָׁם לִפְנֵי יהוה אֱלֹהֵיכֶם וּשְׂמַחְתֶּם בְּכֹל מִשְׁלַח יֶדְכֶם אַתֶּם וּבָתֵּיכֶם
אֲשֶׁר בֵּרַכְךָ יהוה אֱלֹהֶיךָ׃ לֹא תַעֲשׂוּן כְּכֹל אֲשֶׁר אֲנַחְנוּ עֹשִׂים פֹּה הַיּוֹם

אִישׁ כָּל־הַיָּשָׁר בְּעֵינָיו׃ כִּי לֹא־בָאתֶם עַד־עָתָּה אֶל־הַמְּנוּחָה וְאֶל־הַנַּחֲלָה
אֲשֶׁר־יְהוָה אֱלֹהֶיךָ נֹתֵן לָךְ׃ וַעֲבַרְתֶּם אֶת־הַיַּרְדֵּן וִישַׁבְתֶּם בָּאָרֶץ אֲשֶׁר־יְהוָה
אֱלֹהֵיכֶם מַנְחִיל אֶתְכֶם וְהֵנִיחַ לָכֶם מִכָּל־אֹיְבֵיכֶם מִסָּבִיב וִישַׁבְתֶּם־בֶּטַח׃

שופטים

שֹׁפְטִים וְשֹׁטְרִים תִּתֶּן־לְךָ בְּכָל־שְׁעָרֶיךָ אֲשֶׁר יְהוָה אֱלֹהֶיךָ נֹתֵן לְךָ לִשְׁבָטֶיךָ דברים
וְשָׁפְטוּ אֶת־הָעָם מִשְׁפַּט־צֶדֶק׃ לֹא־תַטֶּה מִשְׁפָּט לֹא תַכִּיר פָּנִים וְלֹא־תִקַּח טז,יח–יז,יג
שֹׁחַד כִּי הַשֹּׁחַד יְעַוֵּר עֵינֵי חֲכָמִים וִיסַלֵּף דִּבְרֵי צַדִּיקִם׃ צֶדֶק צֶדֶק תִּרְדֹּף לְמַעַן
תִּחְיֶה וְיָרַשְׁתָּ אֶת־הָאָרֶץ אֲשֶׁר־יְהוָה אֱלֹהֶיךָ נֹתֵן לָךְ׃ *לֹא־ לוי
תִטַּע לְךָ אֲשֵׁרָה כָּל־עֵץ אֵצֶל מִזְבַּח יְהוָה אֱלֹהֶיךָ אֲשֶׁר תַּעֲשֶׂה־לָּךְ׃ וְלֹא־
תָקִים לְךָ מַצֵּבָה אֲשֶׁר שָׂנֵא יְהוָה אֱלֹהֶיךָ׃ לֹא־תִזְבַּח לַיהוָה
אֱלֹהֶיךָ שׁוֹר וָשֶׂה אֲשֶׁר יִהְיֶה בוֹ מוּם כֹּל דָּבָר רָע כִּי תוֹעֲבַת יְהוָה אֱלֹהֶיךָ
הוּא׃ כִּי־יִמָּצֵא בְקִרְבְּךָ בְּאַחַד שְׁעָרֶיךָ אֲשֶׁר־יְהוָה אֱלֹהֶיךָ נֹתֵן
לָךְ אִישׁ אוֹ־אִשָּׁה אֲשֶׁר יַעֲשֶׂה אֶת־הָרַע בְּעֵינֵי יְהוָה־אֱלֹהֶיךָ לַעֲבֹר בְּרִיתוֹ׃
וַיֵּלֶךְ וַיַּעֲבֹד אֱלֹהִים אֲחֵרִים וַיִּשְׁתַּחוּ לָהֶם וְלַשֶּׁמֶשׁ ׀ אוֹ לַיָּרֵחַ אוֹ לְכָל־צְבָא
הַשָּׁמַיִם אֲשֶׁר לֹא־צִוִּיתִי׃ וְהֻגַּד־לְךָ וְשָׁמָעְתָּ וְדָרַשְׁתָּ הֵיטֵב וְהִנֵּה אֱמֶת נָכוֹן
הַדָּבָר נֶעֶשְׂתָה הַתּוֹעֵבָה הַזֹּאת בְּיִשְׂרָאֵל׃ וְהוֹצֵאתָ אֶת־הָאִישׁ הַהוּא אוֹ
אֶת־הָאִשָּׁה הַהִוא אֲשֶׁר עָשׂוּ אֶת־הַדָּבָר הָרָע הַזֶּה אֶל־שְׁעָרֶיךָ אֶת־הָאִישׁ
אוֹ אֶת־הָאִשָּׁה וּסְקַלְתָּם בָּאֲבָנִים וָמֵתוּ׃ עַל־פִּי ׀ שְׁנַיִם עֵדִים אוֹ שְׁלֹשָׁה
עֵדִים יוּמַת הַמֵּת לֹא יוּמַת עַל־פִּי עֵד אֶחָד׃ יַד הָעֵדִים תִּהְיֶה־בּוֹ בָרִאשֹׁנָה
לַהֲמִיתוֹ וְיַד כָּל־הָעָם בָּאַחֲרֹנָה וּבִעַרְתָּ הָרָע מִקִּרְבֶּךָ׃
כִּי יִפָּלֵא מִמְּךָ דָבָר לַמִּשְׁפָּט בֵּין־דָּם ׀ לְדָם בֵּין־דִּין לְדִין וּבֵין נֶגַע לָנֶגַע דִּבְרֵי
רִיבֹת בִּשְׁעָרֶיךָ וְקַמְתָּ וְעָלִיתָ אֶל־הַמָּקוֹם אֲשֶׁר יִבְחַר יְהוָה אֱלֹהֶיךָ בּוֹ׃ וּבָאתָ
אֶל־הַכֹּהֲנִים הַלְוִיִּם וְאֶל־הַשֹּׁפֵט אֲשֶׁר יִהְיֶה בַּיָּמִים הָהֵם וְדָרַשְׁתָּ וְהִגִּידוּ לְךָ
אֵת דְּבַר הַמִּשְׁפָּט׃ וְעָשִׂיתָ עַל־פִּי הַדָּבָר אֲשֶׁר יַגִּידוּ לְךָ מִן־הַמָּקוֹם הַהוּא
אֲשֶׁר יִבְחַר יְהוָה וְשָׁמַרְתָּ לַעֲשׂוֹת כְּכֹל אֲשֶׁר יוֹרוּךָ׃ *עַל־פִּי הַתּוֹרָה אֲשֶׁר ישראל
יוֹרוּךָ וְעַל־הַמִּשְׁפָּט אֲשֶׁר־יֹאמְרוּ לְךָ תַּעֲשֶׂה לֹא תָסוּר מִן־הַדָּבָר אֲשֶׁר־יַגִּידוּ
לְךָ יָמִין וּשְׂמֹאל׃ וְהָאִישׁ אֲשֶׁר־יַעֲשֶׂה בְזָדוֹן לְבִלְתִּי שְׁמֹעַ אֶל־הַכֹּהֵן הָעֹמֵד
לְשָׁרֶת שָׁם אֶת־יְהוָה אֱלֹהֶיךָ אוֹ אֶל־הַשֹּׁפֵט וּמֵת הָאִישׁ הַהוּא וּבִעַרְתָּ הָרָע
מִיִּשְׂרָאֵל׃ וְכָל־הָעָם יִשְׁמְעוּ וְיִרָאוּ וְלֹא יְזִידוּן עוֹד׃

כי תצא

דברים כא, י–כא כִּי־תֵצֵא לַמִּלְחָמָה עַל־אֹיְבֶיךָ וּנְתָנוֹ יהוה אֱלֹהֶיךָ בְּיָדֶךָ וְשָׁבִיתָ שִׁבְיוֹ: וְרָאִיתָ
בַּשִּׁבְיָה אֵשֶׁת יְפַת־תֹּאַר וְחָשַׁקְתָּ בָהּ וְלָקַחְתָּ לְךָ לְאִשָּׁה: וַהֲבֵאתָהּ אֶל־
תּוֹךְ בֵּיתֶךָ וְגִלְּחָה אֶת־רֹאשָׁהּ וְעָשְׂתָה אֶת־צִפָּרְנֶיהָ: וְהֵסִירָה אֶת־שִׂמְלַת
שִׁבְיָהּ מֵעָלֶיהָ וְיָשְׁבָה בְּבֵיתֶךָ וּבָכְתָה אֶת־אָבִיהָ וְאֶת־אִמָּהּ יֶרַח יָמִים
וְאַחַר כֵּן תָּבוֹא אֵלֶיהָ וּבְעַלְתָּהּ וְהָיְתָה לְךָ לְאִשָּׁה: וְהָיָה אִם־לֹא חָפַצְתָּ בָּהּ
וְשִׁלַּחְתָּהּ לְנַפְשָׁהּ וּמָכֹר לֹא־תִמְכְּרֶנָּה בַּכָּסֶף לֹא־תִתְעַמֵּר בָּהּ תַּחַת אֲשֶׁר
לוי עִנִּיתָהּ: *כִּי־תִהְיֶיןָ לְאִישׁ שְׁתֵּי נָשִׁים הָאַחַת אֲהוּבָה וְהָאַחַת
שְׂנוּאָה וְיָלְדוּ־לוֹ בָנִים הָאֲהוּבָה וְהַשְּׂנוּאָה וְהָיָה הַבֵּן הַבְּכֹר לַשְּׂנִיאָה: וְהָיָה
בְּיוֹם הַנְחִילוֹ אֶת־בָּנָיו אֵת אֲשֶׁר־יִהְיֶה לוֹ לֹא יוּכַל לְבַכֵּר אֶת־בֶּן־הָאֲהוּבָה
עַל־פְּנֵי בֶן־הַשְּׂנוּאָה הַבְּכֹר: כִּי אֶת־הַבְּכֹר בֶּן־הַשְּׂנוּאָה יַכִּיר לָתֶת לוֹ פִּי שְׁנַיִם
ישראל בְּכֹל אֲשֶׁר־יִמָּצֵא לוֹ כִּי־הוּא רֵאשִׁית אֹנוֹ לוֹ מִשְׁפַּט הַבְּכֹרָה: *כִּי־
יִהְיֶה לְאִישׁ בֵּן סוֹרֵר וּמוֹרֶה אֵינֶנּוּ שֹׁמֵעַ בְּקוֹל אָבִיו וּבְקוֹל אִמּוֹ וְיִסְּרוּ אֹתוֹ
וְלֹא יִשְׁמַע אֲלֵיהֶם: וְתָפְשׂוּ בוֹ אָבִיו וְאִמּוֹ וְהוֹצִיאוּ אֹתוֹ אֶל־זִקְנֵי עִירוֹ וְאֶל־
שַׁעַר מְקֹמוֹ: וְאָמְרוּ אֶל־זִקְנֵי עִירוֹ בְּנֵנוּ זֶה סוֹרֵר וּמֹרֶה אֵינֶנּוּ שֹׁמֵעַ בְּקֹלֵנוּ
זוֹלֵל וְסֹבֵא: וּרְגָמֻהוּ כָּל־אַנְשֵׁי עִירוֹ בָאֲבָנִים וָמֵת וּבִעַרְתָּ הָרָע מִקִּרְבֶּךָ
וְכָל־יִשְׂרָאֵל יִשְׁמְעוּ וְיִרָאוּ:

כי תבוא

דברים כו, א–טו וְהָיָה כִּי־תָבוֹא אֶל־הָאָרֶץ אֲשֶׁר יהוה אֱלֹהֶיךָ נֹתֵן לְךָ נַחֲלָה וִירִשְׁתָּהּ וְיָשַׁבְתָּ
בָּהּ: וְלָקַחְתָּ מֵרֵאשִׁית ׀ כָּל־פְּרִי הָאֲדָמָה אֲשֶׁר תָּבִיא מֵאַרְצְךָ אֲשֶׁר יהוה
אֱלֹהֶיךָ נֹתֵן לָךְ וְשַׂמְתָּ בַטֶּנֶא וְהָלַכְתָּ אֶל־הַמָּקוֹם אֲשֶׁר יִבְחַר יהוה אֱלֹהֶיךָ
לְשַׁכֵּן שְׁמוֹ שָׁם: וּבָאתָ אֶל־הַכֹּהֵן אֲשֶׁר יִהְיֶה בַּיָּמִים הָהֵם וְאָמַרְתָּ אֵלָיו
הִגַּדְתִּי הַיּוֹם לַיהוה אֱלֹהֶיךָ כִּי־בָאתִי אֶל־הָאָרֶץ אֲשֶׁר נִשְׁבַּע יהוה לַאֲבֹתֵינוּ
לוי לָתֶת לָנוּ: *וְלָקַח הַכֹּהֵן הַטֶּנֶא מִיָּדֶךָ וְהִנִּיחוֹ לִפְנֵי מִזְבַּח יהוה אֱלֹהֶיךָ: וְעָנִיתָ
וְאָמַרְתָּ לִפְנֵי ׀ יהוה אֱלֹהֶיךָ אֲרַמִּי אֹבֵד אָבִי וַיֵּרֶד מִצְרַיְמָה וַיָּגָר שָׁם בִּמְתֵי
מְעָט וַיְהִי־שָׁם לְגוֹי גָּדוֹל עָצוּם וָרָב: וַיָּרֵעוּ אֹתָנוּ הַמִּצְרִים וַיְעַנּוּנוּ וַיִּתְּנוּ עָלֵינוּ
עֲבֹדָה קָשָׁה: וַנִּצְעַק אֶל־יהוה אֱלֹהֵי אֲבֹתֵינוּ וַיִּשְׁמַע יהוה אֶת־קֹלֵנוּ וַיַּרְא
אֶת־עָנְיֵנוּ וְאֶת־עֲמָלֵנוּ וְאֶת־לַחֲצֵנוּ: וַיּוֹצִאֵנוּ יהוה מִמִּצְרַיִם בְּיָד חֲזָקָה וּבִזְרֹעַ
נְטוּיָה וּבְמֹרָא גָּדֹל וּבְאֹתוֹת וּבְמֹפְתִים: וַיְבִאֵנוּ אֶל־הַמָּקוֹם הַזֶּה וַיִּתֶּן־לָנוּ

אֶת־הָאָרֶץ הַזֹּאת אֶרֶץ זָבַת חָלָב וּדְבָשׁ: וְעַתָּה הִנֵּה הֵבֵאתִי אֶת־רֵאשִׁית
פְּרִי הָאֲדָמָה אֲשֶׁר־נָתַתָּה לִּי יהוה וְהִנַּחְתּוֹ לִפְנֵי יהוה אֱלֹהֶיךָ וְהִשְׁתַּחֲוִיתָ
לִפְנֵי יהוה אֱלֹהֶיךָ: וְשָׂמַחְתָּ בְכָל־הַטּוֹב אֲשֶׁר נָתַן־לְךָ יהוה אֱלֹהֶיךָ וּלְבֵיתֶךָ
אַתָּה וְהַלֵּוִי וְהַגֵּר אֲשֶׁר בְּקִרְבֶּךָ: *כִּי תְכַלֶּה לַעְשֵׂר אֶת־כָּל־מַעְשַׂר ישראל
תְּבוּאָתְךָ בַּשָּׁנָה הַשְּׁלִישִׁת שְׁנַת הַמַּעֲשֵׂר וְנָתַתָּה לַלֵּוִי לַגֵּר לַיָּתוֹם וְלָאַלְמָנָה
וְאָכְלוּ בִשְׁעָרֶיךָ וְשָׂבֵעוּ: וְאָמַרְתָּ לִפְנֵי יהוה אֱלֹהֶיךָ בִּעַרְתִּי הַקֹּדֶשׁ מִן־הַבַּיִת
וְגַם נְתַתִּיו לַלֵּוִי וְלַגֵּר לַיָּתוֹם וְלָאַלְמָנָה כְּכָל־מִצְוָתְךָ אֲשֶׁר צִוִּיתָנִי לֹא־עָבַרְתִּי
מִמִּצְוֺתֶיךָ וְלֹא שָׁכָחְתִּי: לֹא־אָכַלְתִּי בְאֹנִי מִמֶּנּוּ וְלֹא־בִעַרְתִּי מִמֶּנּוּ בְּטָמֵא
וְלֹא־נָתַתִּי מִמֶּנּוּ לְמֵת שָׁמַעְתִּי בְּקוֹל יהוה אֱלֹהָי עָשִׂיתִי כְּכֹל אֲשֶׁר צִוִּיתָנִי:
הַשְׁקִיפָה מִמְּעוֹן קָדְשְׁךָ מִן־הַשָּׁמַיִם וּבָרֵךְ אֶת־עַמְּךָ אֶת־יִשְׂרָאֵל וְאֵת
הָאֲדָמָה אֲשֶׁר נָתַתָּה לָנוּ כַּאֲשֶׁר נִשְׁבַּעְתָּ לַאֲבֹתֵינוּ אֶרֶץ זָבַת חָלָב וּדְבָשׁ:

נצבים

אַתֶּם נִצָּבִים הַיּוֹם כֻּלְּכֶם לִפְנֵי יהוה אֱלֹהֵיכֶם רָאשֵׁיכֶם שִׁבְטֵיכֶם זִקְנֵיכֶם דברים כט, ט–כח
וְשֹׁטְרֵיכֶם כֹּל אִישׁ יִשְׂרָאֵל: טַפְּכֶם נְשֵׁיכֶם וְגֵרְךָ אֲשֶׁר בְּקֶרֶב מַחֲנֶיךָ מֵחֹטֵב
עֵצֶיךָ עַד שֹׁאֵב מֵימֶיךָ: לְעָבְרְךָ בִּבְרִית יהוה אֱלֹהֶיךָ וּבְאָלָתוֹ אֲשֶׁר יהוה
אֱלֹהֶיךָ כֹּרֵת עִמְּךָ הַיּוֹם: *לְמַעַן הָקִים־אֹתְךָ הַיּוֹם ׀ לוֹ לְעָם וְהוּא יִהְיֶה־לְּךָ לוי
לֵאלֹהִים כַּאֲשֶׁר דִּבֶּר־לָךְ וְכַאֲשֶׁר נִשְׁבַּע לַאֲבֹתֶיךָ לְאַבְרָהָם לְיִצְחָק וּלְיַעֲקֹב:
וְלֹא אִתְּכֶם לְבַדְּכֶם אָנֹכִי כֹּרֵת אֶת־הַבְּרִית הַזֹּאת וְאֶת־הָאָלָה הַזֹּאת: כִּי
אֶת־אֲשֶׁר יֶשְׁנוֹ פֹּה עִמָּנוּ עֹמֵד הַיּוֹם לִפְנֵי יהוה אֱלֹהֵינוּ וְאֵת אֲשֶׁר אֵינֶנּוּ פֹּה
עִמָּנוּ הַיּוֹם: *כִּי־אַתֶּם יְדַעְתֶּם אֵת אֲשֶׁר־יָשַׁבְנוּ בְּאֶרֶץ מִצְרָיִם וְאֵת אֲשֶׁר־ ישראל
עָבַרְנוּ בְּקֶרֶב הַגּוֹיִם אֲשֶׁר עֲבַרְתֶּם: וַתִּרְאוּ אֶת־שִׁקּוּצֵיהֶם וְאֵת גִּלֻּלֵיהֶם
עֵץ וָאֶבֶן כֶּסֶף וְזָהָב אֲשֶׁר עִמָּהֶם: פֶּן־יֵשׁ בָּכֶם אִישׁ אוֹ־אִשָּׁה אוֹ מִשְׁפָּחָה
אוֹ־שֵׁבֶט אֲשֶׁר לְבָבוֹ פֹנֶה הַיּוֹם מֵעִם יהוה אֱלֹהֵינוּ לָלֶכֶת לַעֲבֹד אֶת־אֱלֹהֵי
הַגּוֹיִם הָהֵם פֶּן־יֵשׁ בָּכֶם שֹׁרֶשׁ פֹּרֶה רֹאשׁ וְלַעֲנָה: וְהָיָה בְּשָׁמְעוֹ אֶת־דִּבְרֵי
הָאָלָה הַזֹּאת וְהִתְבָּרֵךְ בִּלְבָבוֹ לֵאמֹר שָׁלוֹם יִהְיֶה־לִּי כִּי בִּשְׁרִרוּת לִבִּי אֵלֵךְ
לְמַעַן סְפוֹת הָרָוָה אֶת־הַצְּמֵאָה: לֹא־יֹאבֶה יהוה סְלֹחַ לוֹ כִּי אָז יֶעְשַׁן אַף־
יהוה וְקִנְאָתוֹ בָּאִישׁ הַהוּא וְרָבְצָה בּוֹ כָּל־הָאָלָה הַכְּתוּבָה בַּסֵּפֶר הַזֶּה וּמָחָה
יהוה אֶת־שְׁמוֹ מִתַּחַת הַשָּׁמָיִם: וְהִבְדִּילוֹ יהוה לְרָעָה מִכֹּל שִׁבְטֵי יִשְׂרָאֵל
כְּכֹל אָלוֹת הַבְּרִית הַכְּתוּבָה בְּסֵפֶר הַתּוֹרָה הַזֶּה: וְאָמַר הַדּוֹר הָאַחֲרוֹן בְּנֵיכֶם

אֲשֶׁר יָקוּמוּ מֵאַחֲרֵיכֶם וְהַנָּכְרִי אֲשֶׁר יָבֹא מֵאֶרֶץ רְחוֹקָה וְרָאוּ אֶת־מַכּוֹת
הָאָרֶץ הַהִוא וְאֶת־תַּחֲלֻאֶיהָ אֲשֶׁר־חִלָּה יהוה בָּהּ׃ גָּפְרִית וָמֶלַח שְׂרֵפָה כָל־
אַרְצָהּ לֹא תִזָּרַע וְלֹא תַצְמִחַ וְלֹא־יַעֲלֶה בָהּ כָּל־עֵשֶׂב כְּמַהְפֵּכַת סְדֹם וַעֲמֹרָה
אַדְמָה וצביים אֲשֶׁר הָפַךְ יהוה בְּאַפּוֹ וּבַחֲמָתוֹ׃ וְאָמְרוּ כָּל־הַגּוֹיִם עַל־מֶה וּצְבוֹיִם
עָשָׂה יהוה כָּכָה לָאָרֶץ הַזֹּאת מֶה חֳרִי הָאַף הַגָּדוֹל הַזֶּה׃ וְאָמְרוּ עַל אֲשֶׁר
עָזְבוּ אֶת־בְּרִית יהוה אֱלֹהֵי אֲבֹתָם אֲשֶׁר כָּרַת עִמָּם בְּהוֹצִיאוֹ אֹתָם מֵאֶרֶץ
מִצְרָיִם׃ וַיֵּלְכוּ וַיַּעַבְדוּ אֱלֹהִים אֲחֵרִים וַיִּשְׁתַּחֲווּ לָהֶם אֱלֹהִים אֲשֶׁר לֹא־יְדָעוּם
וְלֹא חָלַק לָהֶם׃ וַיִּחַר־אַף יהוה בָּאָרֶץ הַהִוא לְהָבִיא עָלֶיהָ אֶת־כָּל־הַקְּלָלָה
הַכְּתוּבָה בַּסֵּפֶר הַזֶּה׃ וַיִּתְּשֵׁם יהוה מֵעַל אַדְמָתָם בְּאַף וּבְחֵמָה וּבְקֶצֶף גָּדוֹל
וַיַּשְׁלִכֵם אֶל־אֶרֶץ אַחֶרֶת כַּיּוֹם הַזֶּה׃ הַנִּסְתָּרֹת לַיהוה אֱלֹהֵינוּ וְהַנִּגְלֹת לָנוּ
וּלְבָנֵינוּ עַד־עוֹלָם לַעֲשׂוֹת אֶת־כָּל־דִּבְרֵי הַתּוֹרָה הַזֹּאת׃

וילך

וַיֵּלֶךְ מֹשֶׁה וַיְדַבֵּר אֶת־הַדְּבָרִים הָאֵלֶּה אֶל־כָּל־יִשְׂרָאֵל׃ וַיֹּאמֶר אֲלֵהֶם בֶּן־ דברים לא, א–יג
מֵאָה וְעֶשְׂרִים שָׁנָה אָנֹכִי הַיּוֹם לֹא־אוּכַל עוֹד לָצֵאת וְלָבוֹא וַיהוה אָמַר אֵלַי
לֹא תַעֲבֹר אֶת־הַיַּרְדֵּן הַזֶּה׃ יהוה אֱלֹהֶיךָ הוּא ׀ עֹבֵר לְפָנֶיךָ הוּא־יַשְׁמִיד
אֶת־הַגּוֹיִם הָאֵלֶּה מִלְּפָנֶיךָ וִירִשְׁתָּם יְהוֹשֻׁעַ הוּא עֹבֵר לְפָנֶיךָ כַּאֲשֶׁר דִּבֶּר
יהוה׃ *וְעָשָׂה יהוה לָהֶם כַּאֲשֶׁר עָשָׂה לְסִיחוֹן וּלְעוֹג מַלְכֵי הָאֱמֹרִי וּלְאַרְצָם לוי
אֲשֶׁר הִשְׁמִיד אֹתָם׃ וּנְתָנָם יהוה לִפְנֵיכֶם וַעֲשִׂיתֶם לָהֶם כְּכָל־הַמִּצְוָה אֲשֶׁר
צִוִּיתִי אֶתְכֶם׃ חִזְקוּ וְאִמְצוּ אַל־תִּירְאוּ וְאַל־תַּעַרְצוּ מִפְּנֵיהֶם כִּי ׀ יהוה אֱלֹהֶיךָ
הוּא הַהֹלֵךְ עִמָּךְ לֹא יַרְפְּךָ וְלֹא יַעַזְבֶךָּ׃ *וַיִּקְרָא מֹשֶׁה לִיהוֹשֻׁעַ ישראל
וַיֹּאמֶר אֵלָיו לְעֵינֵי כָל־יִשְׂרָאֵל חֲזַק וֶאֱמָץ כִּי אַתָּה תָּבוֹא אֶת־הָעָם הַזֶּה
אֶל־הָאָרֶץ אֲשֶׁר נִשְׁבַּע יהוה לַאֲבֹתָם לָתֵת לָהֶם וְאַתָּה תַּנְחִילֶנָּה אוֹתָם׃
וַיהוה הוּא ׀ הַהֹלֵךְ לְפָנֶיךָ הוּא יִהְיֶה עִמָּךְ לֹא יַרְפְּךָ וְלֹא יַעַזְבֶךָּ לֹא תִירָא וְלֹא
תֵחָת׃ וַיִּכְתֹּב מֹשֶׁה אֶת־הַתּוֹרָה הַזֹּאת וַיִּתְּנָהּ אֶל־הַכֹּהֲנִים בְּנֵי לֵוִי הַנֹּשְׂאִים
אֶת־אֲרוֹן בְּרִית יהוה וְאֶל־כָּל־זִקְנֵי יִשְׂרָאֵל׃ וַיְצַו מֹשֶׁה אוֹתָם לֵאמֹר מִקֵּץ ׀
שֶׁבַע שָׁנִים בְּמֹעֵד שְׁנַת הַשְּׁמִטָּה בְּחַג הַסֻּכּוֹת׃ בְּבוֹא כָל־יִשְׂרָאֵל לֵרָאוֹת
אֶת־פְּנֵי יהוה אֱלֹהֶיךָ בַּמָּקוֹם אֲשֶׁר יִבְחָר תִּקְרָא אֶת־הַתּוֹרָה הַזֹּאת נֶגֶד
כָּל־יִשְׂרָאֵל בְּאָזְנֵיהֶם׃ הַקְהֵל אֶת־הָעָם הָאֲנָשִׁים וְהַנָּשִׁים וְהַטַּף וְגֵרְךָ אֲשֶׁר
בִּשְׁעָרֶיךָ לְמַעַן יִשְׁמְעוּ וּלְמַעַן יִלְמְדוּ וְיָרְאוּ אֶת־יהוה אֱלֹהֵיכֶם וְשָׁמְרוּ

לַעֲשׂוֹת אֶת־כָּל־דִּבְרֵי הַתּוֹרָה הַזֹּאת: וּבְנֵיהֶם אֲשֶׁר לֹא־יָדְעוּ יִשְׁמְעוּ וְלָמְדוּ
לְיִרְאָה אֶת־יְהוָה אֱלֹהֵיכֶם כָּל־הַיָּמִים אֲשֶׁר אַתֶּם חַיִּים עַל־הָאֲדָמָה אֲשֶׁר
אַתֶּם עֹבְרִים אֶת־הַיַּרְדֵּן שָׁמָּה לְרִשְׁתָּהּ:

האזינו

הַאֲזִינוּ הַשָּׁמַיִם וַאֲדַבֵּרָה   וְתִשְׁמַע הָאָרֶץ אִמְרֵי־פִי: דברים לב, א–יח
יַעֲרֹף כַּמָּטָר לִקְחִי   תִּזַּל כַּטַּל אִמְרָתִי
כִּשְׂעִירִם עֲלֵי־דֶשֶׁא   וְכִרְבִיבִים עֲלֵי־עֵשֶׂב:
כִּי שֵׁם יְהוָה אֶקְרָא   הָבוּ גֹדֶל לֵאלֹהֵינוּ:
*הַצּוּר תָּמִים פָּעֳלוֹ   כִּי כָל־דְּרָכָיו מִשְׁפָּט לוי (ברוב הקהילות)
אֵל אֱמוּנָה וְאֵין עָוֶל   צַדִּיק וְיָשָׁר הוּא:
שִׁחֵת לוֹ לֹא בָּנָיו מוּמָם   דּוֹר עִקֵּשׁ וּפְתַלְתֹּל:
הַ לַיהוָה תִּגְמְלוּ־זֹאת   עַם נָבָל וְלֹא חָכָם
הֲלוֹא־הוּא אָבִיךָ קָּנֶךָ   הוּא עָשְׂךָ וַיְכֹנְנֶךָ:

יש המתחילים כאן את הקריאה ללוי:

*זְכֹר יְמוֹת עוֹלָם   בִּינוּ שְׁנוֹת דֹּר־וָדֹר ישראל
שְׁאַל אָבִיךָ וְיַגֵּדְךָ   זְקֵנֶיךָ וְיֹאמְרוּ לָךְ:
בְּהַנְחֵל עֶלְיוֹן גּוֹיִם   בְּהַפְרִידוֹ בְּנֵי אָדָם
יַצֵּב גְּבֻלֹת עַמִּים   לְמִסְפַּר בְּנֵי יִשְׂרָאֵל:
כִּי חֵלֶק יְהוָה עַמּוֹ   יַעֲקֹב חֶבֶל נַחֲלָתוֹ:
יִמְצָאֵהוּ בְּאֶרֶץ מִדְבָּר   וּבְתֹהוּ יְלֵל יְשִׁמֹן
יְסֹבְבֶנְהוּ יְבוֹנְנֵהוּ   יִצְּרֶנְהוּ כְּאִישׁוֹן עֵינוֹ:
כְּנֶשֶׁר יָעִיר קִנּוֹ   עַל־גּוֹזָלָיו יְרַחֵף
יִפְרֹשׂ כְּנָפָיו יִקָּחֵהוּ   יִשָּׂאֵהוּ עַל־אֶבְרָתוֹ:
יְהוָה בָּדָד יַנְחֶנּוּ   וְאֵין עִמּוֹ אֵל נֵכָר:

עד כאן ברוב הקהילות. יש המתחילים כאן את הקריאה לישראל
כדי לקרוא כסדר הנזכר בראש השנה לא ע״א (שו״ע תכח, ה):

*יַרְכִּבֵהוּ עַל־בָּמֳותֵי אָרֶץ   וַיֹּאכַל תְּנוּבֹת שָׂדָי בּמתי
וַיֵּנִקֵהוּ דְבַשׁ מִסֶּלַע   וְשֶׁמֶן מֵחַלְמִישׁ צוּר:
חֶמְאַת בָּקָר וַחֲלֵב צֹאן   עִם־חֵלֶב כָּרִים
וְאֵילִים בְּנֵי־בָשָׁן וְעַתּוּדִים   עִם־חֵלֶב כִּלְיוֹת חִטָּה

וְדַם־עֵנָב תִּשְׁתֶּה־חָמֶר׃	וַיִּשְׁמַן יְשֻׁרוּן וַיִּבְעָט
שָׁמַנְתָּ עָבִיתָ כָּשִׂיתָ	וַיִּטֹּשׁ אֱלוֹהַּ עָשָׂהוּ
וַיְנַבֵּל צוּר יְשֻׁעָתוֹ׃	יַקְנִאֻהוּ בְּזָרִים
בְּתוֹעֵבֹת יַכְעִיסֻהוּ׃	יִזְבְּחוּ לַשֵּׁדִים לֹא אֱלֹהַּ
אֱלֹהִים לֹא יְדָעוּם	חֲדָשִׁים מִקָּרֹב בָּאוּ
לֹא שְׂעָרוּם אֲבֹתֵיכֶם׃	צוּר יְלָדְךָ תֶּשִׁי
וַתִּשְׁכַּח אֵל מְחֹלְלֶךָ׃	

וזאת הברכה

דברים לג, א–יז וְזֹאת הַבְּרָכָה אֲשֶׁר בֵּרַךְ מֹשֶׁה אִישׁ הָאֱלֹהִים אֶת־בְּנֵי יִשְׂרָאֵל לִפְנֵי מוֹתוֹ׃
וַיֹּאמַר יהוה מִסִּינַי בָּא וְזָרַח מִשֵּׂעִיר לָמוֹ הוֹפִיעַ מֵהַר פָּארָן וְאָתָה מֵרִבְבֹת
אֵשׁ דָּת קֹדֶשׁ מִימִינוֹ אֵשְׁדָּת לָמוֹ׃ אַף חֹבֵב עַמִּים כָּל־קְדֹשָׁיו בְּיָדֶךָ וְהֵם תֻּכּוּ לְרַגְלֶךָ
יִשָּׂא מִדַּבְּרֹתֶיךָ׃ תּוֹרָה צִוָּה־לָנוּ מֹשֶׁה מוֹרָשָׁה קְהִלַּת יַעֲקֹב׃ וַיְהִי בִישֻׁרוּן
מֶלֶךְ בְּהִתְאַסֵּף רָאשֵׁי עָם יַחַד שִׁבְטֵי יִשְׂרָאֵל׃ יְחִי רְאוּבֵן וְאַל־יָמֹת וִיהִי מְתָיו
מִסְפָּר׃ וְזֹאת לִיהוּדָה וַיֹּאמַר שְׁמַע יהוה קוֹל יְהוּדָה וְאֶל־עַמּוֹ
תְּבִיאֶנּוּ יָדָיו רָב לוֹ וְעֵזֶר מִצָּרָיו תִּהְיֶה׃
לוי וּלְלֵוִי אָמַר תֻּמֶּיךָ וְאוּרֶיךָ לְאִישׁ חֲסִידֶךָ אֲשֶׁר נִסִּיתוֹ בְּמַסָּה תְּרִיבֵהוּ עַל־מֵי
מְרִיבָה׃ הָאֹמֵר לְאָבִיו וּלְאִמּוֹ לֹא רְאִיתִיו וְאֶת־אֶחָיו לֹא הִכִּיר וְאֶת־בָּנוֹ לֹא
יָדָע כִּי שָׁמְרוּ אִמְרָתֶךָ וּבְרִיתְךָ יִנְצֹרוּ׃ יוֹרוּ מִשְׁפָּטֶיךָ לְיַעֲקֹב וְתוֹרָתְךָ לְיִשְׂרָאֵל
יָשִׂימוּ קְטוֹרָה בְּאַפֶּךָ וְכָלִיל עַל־מִזְבְּחֶךָ׃ בָּרֵךְ יהוה חֵילוֹ וּפֹעַל יָדָיו תִּרְצֶה
מְחַץ מָתְנַיִם קָמָיו וּמְשַׂנְאָיו מִן־יְקוּמוּן׃ לְבִנְיָמִן אָמַר יְדִיד יהוה
ישראל יִשְׁכֹּן לָבֶטַח עָלָיו חֹפֵף עָלָיו כָּל־הַיּוֹם וּבֵין כְּתֵפָיו שָׁכֵן׃ *וּלְיוֹסֵף
אָמַר מְבֹרֶכֶת יהוה אַרְצוֹ מִמֶּגֶד שָׁמַיִם מִטָּל וּמִתְּהוֹם רֹבֶצֶת תָּחַת׃ וּמִמֶּגֶד
תְּבוּאֹת שָׁמֶשׁ וּמִמֶּגֶד גֶּרֶשׁ יְרָחִים׃ וּמֵרֹאשׁ הַרְרֵי־קֶדֶם וּמִמֶּגֶד גִּבְעוֹת עוֹלָם׃
וּמִמֶּגֶד אֶרֶץ וּמְלֹאָהּ וּרְצוֹן שֹׁכְנִי סְנֶה תָּבוֹאתָה לְרֹאשׁ יוֹסֵף וּלְקָדְקֹד נְזִיר
אֶחָיו׃ בְּכוֹר שׁוֹרוֹ הָדָר לוֹ וְקַרְנֵי רְאֵם קַרְנָיו בָּהֶם עַמִּים יְנַגַּח יַחְדָּו אַפְסֵי־
אָרֶץ וְהֵם רִבְבוֹת אֶפְרַיִם וְהֵם אַלְפֵי מְנַשֶּׁה׃

קריאת התורה לראש חודש, לתעניות ציבור, לחנוכה ולפורים

קריאה לראש חודש

בראש חודש המנהג המקובל הוא לקרוא לכהן שלושה פסוקים עד 'עֹלָה תָמִיד', ללוי לחזור על הפסוק שלפניו 'וְאָמַרְתָּ לָהֶם', לקרוא עד 'רְבִיעִת הַהִין' ולהמשיך כרגיל.

הנוהגים כמנהג הגר"א משנים את הקריאה ללוי – מתחילים 'אֶת־הַכֶּבֶשׂ' וקוראים עד 'רֵיחַ נִיחֹחַ לַה'', ולשלישי חוזרים שלושה פסוקים לאחור ומתחילים 'עֹלַת תָּמִיד'. ראה הלכה 294.

בראש חודש טבת הכוהן קורא עד 'רְבִיעִת הַהִין', הלוי קורא את הקריאה לשלישי, השלישי קורא את הקריאה לרביעי, והרביעי קורא את הקריאה לחנוכה המתאימה לאותו יום בעמ' 592.

וַיְדַבֵּר יְהוָה אֶל־מֹשֶׁה לֵּאמֹר: צַו אֶת־בְּנֵי יִשְׂרָאֵל וְאָמַרְתָּ אֲלֵהֶם אֶת־ במדבר כח, א–טו
קָרְבָּנִי לַחְמִי לְאִשַּׁי רֵיחַ נִיחֹחִי תִּשְׁמְרוּ לְהַקְרִיב לִי בְּמוֹעֲדוֹ: *וְאָמַרְתָּ לוי
לָהֶם זֶה הָאִשֶּׁה אֲשֶׁר תַּקְרִיבוּ לַיהוָה כְּבָשִׂים בְּנֵי־שָׁנָה תְמִימִם שְׁנַיִם לַיּוֹם
עֹלָה תָמִיד:* אֶת־הַכֶּבֶשׂ אֶחָד תַּעֲשֶׂה בַבֹּקֶר וְאֵת הַכֶּבֶשׂ הַשֵּׁנִי תַּעֲשֶׂה עד כאן לכהן
בֵּין הָעַרְבָּיִם: וַעֲשִׂירִית הָאֵיפָה סֹלֶת לְמִנְחָה בְּלוּלָה בְּשֶׁמֶן כָּתִית רְבִיעִת
הַהִין: *עֹלַת תָּמִיד הָעֲשֻׂיָה בְּהַר סִינַי לְרֵיחַ נִיחֹחַ אִשֶּׁה לַיהוָה: וְנִסְכּוֹ שלישי
רְבִיעִת הַהִין לַכֶּבֶשׂ הָאֶחָד בַּקֹּדֶשׁ הַסֵּךְ נֶסֶךְ שֵׁכָר לַיהוָה: וְאֵת הַכֶּבֶשׂ
הַשֵּׁנִי תַּעֲשֶׂה בֵּין הָעַרְבָּיִם כְּמִנְחַת הַבֹּקֶר וּכְנִסְכּוֹ תַּעֲשֶׂה אִשֵּׁה רֵיחַ נִיחֹחַ
לַיהוָה:

וּבְיוֹם הַשַּׁבָּת שְׁנֵי־כְבָשִׂים בְּנֵי־שָׁנָה תְּמִימִם וּשְׁנֵי עֶשְׂרֹנִים סֹלֶת מִנְחָה בְּלוּלָה
בַשֶּׁמֶן וְנִסְכּוֹ: עֹלַת שַׁבַּת בְּשַׁבַּתּוֹ עַל־עֹלַת הַתָּמִיד וְנִסְכָּהּ:

וּבְרָאשֵׁי חָדְשֵׁיכֶם תַּקְרִיבוּ עֹלָה לַיהוָה פָּרִים בְּנֵי־בָקָר שְׁנַיִם וְאַיִל אֶחָד רביעי
כְּבָשִׂים בְּנֵי־שָׁנָה שִׁבְעָה תְּמִימִם: וּשְׁלֹשָׁה עֶשְׂרֹנִים סֹלֶת מִנְחָה בְּלוּלָה
בַשֶּׁמֶן לַפָּר הָאֶחָד וּשְׁנֵי עֶשְׂרֹנִים סֹלֶת מִנְחָה בְּלוּלָה בַשֶּׁמֶן לָאַיִל הָאֶחָד:
וְעִשָּׂרֹן עִשָּׂרוֹן סֹלֶת מִנְחָה בְּלוּלָה בַשֶּׁמֶן לַכֶּבֶשׂ הָאֶחָד עֹלָה רֵיחַ נִיחֹחַ
אִשֶּׁה לַיהוָה: וְנִסְכֵּיהֶם חֲצִי הַהִין יִהְיֶה לַפָּר וּשְׁלִישִׁת הַהִין לָאַיִל וּרְבִיעִת
הַהִין לַכֶּבֶשׂ יָיִן זֹאת עֹלַת חֹדֶשׁ בְּחָדְשׁוֹ לְחָדְשֵׁי הַשָּׁנָה: וּשְׂעִיר עִזִּים אֶחָד
לְחַטָּאת לַיהוָה עַל־עֹלַת הַתָּמִיד יֵעָשֶׂה וְנִסְכּוֹ:

קריאה לתענית ציבור

קוראים פרשה זו בתענית ציבור בשחרית, במנחה ובמנחה לתשעה באב.
במנחה השלישי קורא גם את ההפטרה.

נוהגים שהקהל קורא בקול רם את קטעי התחנונים שבקריאה, ושליח הציבור חוזר אחריו (ראה הלכה 484). פסוקים אלה מסומנים ב· לפניהם וב· בסופם.

שמות לב, יא–יד וַיְחַל מֹשֶׁה אֶת־פְּנֵי יהוה אֱלֹהָיו וַיֹּאמֶר לָמָה יהוה יֶחֱרֶה אַפְּךָ בְּעַמֶּךָ אֲשֶׁר הוֹצֵאתָ מֵאֶרֶץ מִצְרַיִם בְּכֹחַ גָּדוֹל וּבְיָד חֲזָקָה: לָמָּה יֹאמְרוּ מִצְרַיִם לֵאמֹר בְּרָעָה הוֹצִיאָם לַהֲרֹג אֹתָם בֶּהָרִים וּלְכַלֹּתָם מֵעַל פְּנֵי הָאֲדָמָה · שׁוּב מֵחֲרוֹן אַפֶּךָ וְהִנָּחֵם עַל־הָרָעָה לְעַמֶּךָ: · זְכֹר לְאַבְרָהָם לְיִצְחָק וּלְיִשְׂרָאֵל עֲבָדֶיךָ אֲשֶׁר נִשְׁבַּעְתָּ לָהֶם בָּךְ וַתְּדַבֵּר אֲלֵהֶם אַרְבֶּה אֶת־זַרְעֲכֶם כְּכוֹכְבֵי הַשָּׁמָיִם וְכָל־הָאָרֶץ הַזֹּאת אֲשֶׁר אָמַרְתִּי אֶתֵּן לְזַרְעֲכֶם וְנָחֲלוּ לְעֹלָם: וַיִּנָּחֶם יהוה עַל־הָרָעָה אֲשֶׁר דִּבֶּר לַעֲשׂוֹת לְעַמּוֹ:

שמות לד, א–י לוי וַיֹּאמֶר יהוה אֶל־מֹשֶׁה פְּסָל־לְךָ שְׁנֵי־לֻחֹת אֲבָנִים כָּרִאשֹׁנִים וְכָתַבְתִּי עַל־הַלֻּחֹת אֶת־הַדְּבָרִים אֲשֶׁר הָיוּ עַל־הַלֻּחֹת הָרִאשֹׁנִים אֲשֶׁר שִׁבַּרְתָּ: וֶהְיֵה נָכוֹן לַבֹּקֶר וְעָלִיתָ בַבֹּקֶר אֶל־הַר סִינַי וְנִצַּבְתָּ לִי שָׁם עַל־רֹאשׁ הָהָר: וְאִישׁ לֹא־יַעֲלֶה עִמָּךְ וְגַם־אִישׁ אַל־יֵרָא בְּכָל־הָהָר גַּם־הַצֹּאן וְהַבָּקָר אַל־יִרְעוּ אֶל־מוּל הָהָר הַהוּא: ישראל *וַיִּפְסֹל שְׁנֵי־לֻחֹת אֲבָנִים כָּרִאשֹׁנִים וַיַּשְׁכֵּם מֹשֶׁה בַבֹּקֶר וַיַּעַל אֶל־הַר סִינַי כַּאֲשֶׁר צִוָּה יהוה אֹתוֹ וַיִּקַּח בְּיָדוֹ שְׁנֵי לֻחֹת אֲבָנִים: וַיֵּרֶד יהוה בֶּעָנָן וַיִּתְיַצֵּב עִמּוֹ שָׁם וַיִּקְרָא בְשֵׁם יהוה: וַיַּעֲבֹר יהוה ׀ עַל־פָּנָיו וַיִּקְרָא · יהוה ׀ יהוה אֵל רַחוּם וְחַנּוּן אֶרֶךְ אַפַּיִם וְרַב־חֶסֶד וֶאֱמֶת: נֹצֵר חֶסֶד לָאֲלָפִים נֹשֵׂא עָוֺן וָפֶשַׁע וְחַטָּאָה וְנַקֵּה · לֹא יְנַקֶּה פֹּקֵד ׀ עֲוֺן אָבוֹת עַל־בָּנִים וְעַל־בְּנֵי בָנִים עַל־שִׁלֵּשִׁים וְעַל־רִבֵּעִים: וַיְמַהֵר מֹשֶׁה וַיִּקֹּד אַרְצָה וַיִּשְׁתָּחוּ: וַיֹּאמֶר אִם־נָא מָצָאתִי חֵן בְּעֵינֶיךָ אֲדֹנָי יֵלֶךְ־נָא אֲדֹנָי בְּקִרְבֵּנוּ כִּי עַם־קְשֵׁה־עֹרֶף הוּא · וְסָלַחְתָּ לַעֲוֺנֵנוּ וּלְחַטָּאתֵנוּ וּנְחַלְתָּנוּ: · וַיֹּאמֶר הִנֵּה אָנֹכִי כֹּרֵת בְּרִית נֶגֶד כָּל־עַמְּךָ אֶעֱשֶׂה נִפְלָאֹת אֲשֶׁר לֹא־נִבְרְאוּ בְכָל־הָאָרֶץ וּבְכָל־הַגּוֹיִם וְרָאָה כָל־הָעָם אֲשֶׁר־אַתָּה בְקִרְבּוֹ אֶת־מַעֲשֵׂה יהוה כִּי־נוֹרָא הוּא אֲשֶׁר אֲנִי עֹשֶׂה עִמָּךְ:

הפטרה לתענית ציבור

לפני ההפטרה קוראים את הברכה בעמ׳ 243.

ישעיה נה, ו–נו, ח דִּרְשׁוּ יהוה בְּהִמָּצְאוֹ קְרָאֻהוּ בִּהְיוֹתוֹ קָרוֹב: יַעֲזֹב רָשָׁע דַּרְכּוֹ וְאִישׁ אָוֶן מַחְשְׁבֹתָיו וְיָשֹׁב אֶל־יהוה וִירַחֲמֵהוּ וְאֶל־אֱלֹהֵינוּ כִּי־יַרְבֶּה לִסְלוֹחַ: כִּי לֹא

מַחְשְׁבוֹתַי מַחְשְׁבוֹתֵיכֶם וְלֹא דַרְכֵיכֶם דְּרָכָי נְאֻם יהוה: כִּי־גָבְהוּ שָׁמַיִם
מֵאָרֶץ כֵּן גָּבְהוּ דְרָכַי מִדַּרְכֵיכֶם וּמַחְשְׁבֹתַי מִמַּחְשְׁבֹתֵיכֶם: כִּי כַּאֲשֶׁר יֵרֵד
הַגֶּשֶׁם וְהַשֶּׁלֶג מִן־הַשָּׁמַיִם וְשָׁמָּה לֹא יָשׁוּב כִּי אִם־הִרְוָה אֶת־הָאָרֶץ וְהוֹלִידָהּ
וְהִצְמִיחָהּ וְנָתַן זֶרַע לַזֹּרֵעַ וְלֶחֶם לָאֹכֵל: כֵּן יִהְיֶה דְבָרִי אֲשֶׁר יֵצֵא מִפִּי לֹא־
יָשׁוּב אֵלַי רֵיקָם כִּי אִם־עָשָׂה אֶת־אֲשֶׁר חָפַצְתִּי וְהִצְלִיחַ אֲשֶׁר שְׁלַחְתִּיו:
כִּי־בְשִׂמְחָה תֵצֵאוּ וּבְשָׁלוֹם תּוּבָלוּן הֶהָרִים וְהַגְּבָעוֹת יִפְצְחוּ לִפְנֵיכֶם רִנָּה
וְכָל־עֲצֵי הַשָּׂדֶה יִמְחֲאוּ־כָף: תַּחַת הַנַּעֲצוּץ יַעֲלֶה בְרוֹשׁ תַּחַת הַסִּרְפַּד יַעֲלֶה וְתַחַת
הֲדַס וְהָיָה לַיהוה לְשֵׁם לְאוֹת עוֹלָם לֹא יִכָּרֵת: כֹּה אָמַר יהוה
שִׁמְרוּ מִשְׁפָּט וַעֲשׂוּ צְדָקָה כִּי־קְרוֹבָה יְשׁוּעָתִי לָבוֹא וְצִדְקָתִי לְהִגָּלוֹת: אַשְׁרֵי
אֱנוֹשׁ יַעֲשֶׂה־זֹּאת וּבֶן־אָדָם יַחֲזִיק בָּהּ שֹׁמֵר שַׁבָּת מֵחַלְּלוֹ וְשֹׁמֵר יָדוֹ מֵעֲשׂוֹת
כָּל־רָע: וְאַל־יֹאמַר בֶּן־הַנֵּכָר הַנִּלְוָה אֶל־יהוה לֵאמֹר הַבְדֵּל יַבְדִּילַנִי יהוה
מֵעַל עַמּוֹ וְאַל־יֹאמַר הַסָּרִיס הֵן אֲנִי עֵץ יָבֵשׁ: כִּי־כֹה | אָמַר
יהוה לַסָּרִיסִים אֲשֶׁר יִשְׁמְרוּ אֶת־שַׁבְּתוֹתַי וּבָחֲרוּ בַּאֲשֶׁר חָפָצְתִּי וּמַחֲזִיקִים
בִּבְרִיתִי: וְנָתַתִּי לָהֶם בְּבֵיתִי וּבְחוֹמֹתַי יָד וָשֵׁם טוֹב מִבָּנִים וּמִבָּנוֹת שֵׁם עוֹלָם
אֶתֶּן־לוֹ אֲשֶׁר לֹא יִכָּרֵת: וּבְנֵי הַנֵּכָר הַנִּלְוִים עַל־יהוה לְשָׁרְתוֹ
וּלְאַהֲבָה אֶת־שֵׁם יהוה לִהְיוֹת לוֹ לַעֲבָדִים כָּל־שֹׁמֵר שַׁבָּת מֵחַלְּלוֹ וּמַחֲזִיקִים
בִּבְרִיתִי: וַהֲבִיאוֹתִים אֶל־הַר קָדְשִׁי וְשִׂמַּחְתִּים בְּבֵית תְּפִלָּתִי עוֹלֹתֵיהֶם
וְזִבְחֵיהֶם לְרָצוֹן עַל־מִזְבְּחִי כִּי בֵיתִי בֵּית־תְּפִלָּה יִקָּרֵא לְכָל־הָעַמִּים: נְאֻם
אֲדֹנָי יֱהֹוִה מְקַבֵּץ נִדְחֵי יִשְׂרָאֵל עוֹד אֲקַבֵּץ עָלָיו לְנִקְבָּצָיו:

אחרי ההפטרה קוראים את שלוש הברכות הראשונות בעמ׳ 243 עד ׳מָגֵן דָּוִד׳.

קריאה לתשעה באב

בשחרית לתשעה באב קוראים ׳כִּי־תוֹלִיד׳. השלישי קורא גם את ההפטרה בעמוד הבא. במנחה קוראים כבשאר תעניות ציבור.

כִּי־תוֹלִיד בָּנִים וּבְנֵי בָנִים וְנוֹשַׁנְתֶּם בָּאָרֶץ וְהִשְׁחַתֶּם וַעֲשִׂיתֶם פֶּסֶל תְּמוּנַת דברים ד, כה–מ
כֹּל וַעֲשִׂיתֶם הָרַע בְּעֵינֵי־יהוה אֱלֹהֶיךָ לְהַכְעִיסוֹ: הַעִידֹתִי בָכֶם הַיּוֹם אֶת־
הַשָּׁמַיִם וְאֶת־הָאָרֶץ כִּי־אָבֹד תֹּאבֵדוּן מַהֵר מֵעַל הָאָרֶץ אֲשֶׁר אַתֶּם עֹבְרִים
אֶת־הַיַּרְדֵּן שָׁמָּה לְרִשְׁתָּהּ לֹא־תַאֲרִיכֻן יָמִים עָלֶיהָ כִּי הִשָּׁמֵד תִּשָּׁמֵדוּן: וְהֵפִיץ
יהוה אֶתְכֶם בָּעַמִּים וְנִשְׁאַרְתֶּם מְתֵי מִסְפָּר בַּגּוֹיִם אֲשֶׁר יְנַהֵג יהוה אֶתְכֶם
שָׁמָּה: וַעֲבַדְתֶּם־שָׁם אֱלֹהִים מַעֲשֵׂה יְדֵי אָדָם עֵץ וָאֶבֶן אֲשֶׁר לֹא־יִרְאוּן וְלֹא

יִשָּׁמְעוּן וְלֹא יֹאכְלוּן וְלֹא יְרִיחֻן: וּבִקַּשְׁתֶּם מִשָּׁם אֶת־יהוה אֱלֹהֶיךָ וּמָצָאתָ
כִּי תִדְרְשֶׁנּוּ בְּכָל־לְבָבְךָ וּבְכָל־נַפְשֶׁךָ: *בַּצַּר לְךָ וּמְצָאוּךָ כֹּל הַדְּבָרִים הָאֵלֶּה לוי
בְּאַחֲרִית הַיָּמִים וְשַׁבְתָּ עַד־יהוה אֱלֹהֶיךָ וְשָׁמַעְתָּ בְּקֹלוֹ: כִּי אֵל רַחוּם יהוה
אֱלֹהֶיךָ לֹא יַרְפְּךָ וְלֹא יַשְׁחִיתֶךָ וְלֹא יִשְׁכַּח אֶת־בְּרִית אֲבֹתֶיךָ אֲשֶׁר נִשְׁבַּע
לָהֶם: כִּי שְׁאַל־נָא לְיָמִים רִאשֹׁנִים אֲשֶׁר־הָיוּ לְפָנֶיךָ לְמִן־הַיּוֹם אֲשֶׁר בָּרָא
אֱלֹהִים ׀ אָדָם עַל־הָאָרֶץ וּלְמִקְצֵה הַשָּׁמַיִם וְעַד־קְצֵה הַשָּׁמָיִם הֲנִהְיָה כַּדָּבָר
הַגָּדוֹל הַזֶּה אוֹ הֲנִשְׁמַע כָּמֹהוּ: הֲשָׁמַע עָם קוֹל אֱלֹהִים מְדַבֵּר מִתּוֹךְ־הָאֵשׁ
כַּאֲשֶׁר־שָׁמַעְתָּ אַתָּה וַיֶּחִי: אוֹ ׀ הֲנִסָּה אֱלֹהִים לָבוֹא לָקַחַת לוֹ גוֹי מִקֶּרֶב גּוֹי
בְּמַסֹּת בְּאֹתֹת וּבְמוֹפְתִים וּבְמִלְחָמָה וּבְיָד חֲזָקָה וּבִזְרוֹעַ נְטוּיָה וּבְמוֹרָאִים
גְּדֹלִים כְּכֹל אֲשֶׁר־עָשָׂה לָכֶם יהוה אֱלֹהֵיכֶם בְּמִצְרַיִם לְעֵינֶיךָ: אַתָּה הָרְאֵתָ
לָדַעַת כִּי יהוה הוּא הָאֱלֹהִים אֵין עוֹד מִלְּבַדּוֹ: *מִן־הַשָּׁמַיִם הִשְׁמִיעֲךָ אֶת־ ישראל
קֹלוֹ לְיַסְּרֶךָּ וְעַל־הָאָרֶץ הֶרְאֲךָ אֶת־אִשּׁוֹ הַגְּדוֹלָה וּדְבָרָיו שָׁמַעְתָּ מִתּוֹךְ
הָאֵשׁ: וְתַחַת כִּי אָהַב אֶת־אֲבֹתֶיךָ וַיִּבְחַר בְּזַרְעוֹ אַחֲרָיו וַיּוֹצִאֲךָ בְּפָנָיו בְּכֹחוֹ
הַגָּדֹל מִמִּצְרָיִם: לְהוֹרִישׁ גּוֹיִם גְּדֹלִים וַעֲצֻמִים מִמְּךָ מִפָּנֶיךָ לַהֲבִיאֲךָ לָתֶת־לְךָ
אֶת־אַרְצָם נַחֲלָה כַּיּוֹם הַזֶּה: וְיָדַעְתָּ הַיּוֹם וַהֲשֵׁבֹתָ אֶל־לְבָבֶךָ כִּי יהוה הוּא
הָאֱלֹהִים בַּשָּׁמַיִם מִמַּעַל וְעַל־הָאָרֶץ מִתָּחַת אֵין עוֹד: וְשָׁמַרְתָּ אֶת־חֻקָּיו וְאֶת־
מִצְוֺתָיו אֲשֶׁר אָנֹכִי מְצַוְּךָ הַיּוֹם אֲשֶׁר יִיטַב לְךָ וּלְבָנֶיךָ אַחֲרֶיךָ וּלְמַעַן תַּאֲרִיךְ
יָמִים עַל־הָאֲדָמָה אֲשֶׁר יהוה אֱלֹהֶיךָ נֹתֵן לְךָ כָּל־הַיָּמִים:

הפטרה לתשעה באב

לפני ההפטרה קוראים את הברכה בעמ' 243.

אָסֹף אֲסִיפֵם נְאֻם־יהוה אֵין עֲנָבִים בַּגֶּפֶן וְאֵין תְּאֵנִים בַּתְּאֵנָה וְהֶעָלֶה נָבֵל ירמיה ח,יג–ט,כג
וָאֶתֵּן לָהֶם יַעַבְרוּם: עַל־מָה אֲנַחְנוּ יֹשְׁבִים הֵאָסְפוּ וְנָבוֹא אֶל־עָרֵי הַמִּבְצָר
וְנִדְּמָה־שָּׁם כִּי יהוה אֱלֹהֵינוּ הֲדִמָּנוּ וַיַּשְׁקֵנוּ מֵי־רֹאשׁ כִּי חָטָאנוּ לַיהוה: קַוֵּה
לְשָׁלוֹם וְאֵין טוֹב לְעֵת מַרְפֵּה וְהִנֵּה בְעָתָה: מִדָּן נִשְׁמַע נַחְרַת סוּסָיו מִקּוֹל
מִצְהֲלוֹת אַבִּירָיו רָעֲשָׁה כָּל־הָאָרֶץ וַיָּבוֹאוּ וַיֹּאכְלוּ אֶרֶץ וּמְלוֹאָהּ עִיר וְיֹשְׁבֵי
בָהּ: כִּי הִנְנִי מְשַׁלֵּחַ בָּכֶם נְחָשִׁים צִפְעֹנִים אֲשֶׁר אֵין־לָהֶם לָחַשׁ וְנִשְּׁכוּ אֶתְכֶם
נְאֻם־יהוה: מַבְלִיגִיתִי עֲלֵי יָגוֹן עָלַי לִבִּי דַוָּי: הִנֵּה־קוֹל שַׁוְעַת
בַּת־עַמִּי מֵאֶרֶץ מַרְחַקִּים הַיהוה אֵין בְּצִיּוֹן אִם־מַלְכָּהּ אֵין בָּהּ מַדּוּעַ הִכְעִסוּנִי
בִּפְסִלֵיהֶם בְּהַבְלֵי נֵכָר: עָבַר קָצִיר כָּלָה קָיִץ וַאֲנַחְנוּ לוֹא נוֹשָׁעְנוּ: עַל־שֶׁבֶר

בַּת־עַמִּי הָשְׁבָּרְתִּי קָדַרְתִּי שַׁמָּה הֶחֱזִקָתְנִי: הַצֳרִי אֵין בְּגִלְעָד אִם־רֹפֵא אֵין
שָׁם כִּי מַדּוּעַ לֹא עָלְתָה אֲרֻכַת בַּת־עַמִּי: מִי־יִתֵּן רֹאשִׁי מַיִם וְעֵינִי
מְקוֹר דִּמְעָה וְאֶבְכֶּה יוֹמָם וָלַיְלָה אֵת חַלְלֵי בַת־עַמִּי: מִי־יִתְּנֵנִי בַמִּדְבָּר מְלוֹן
אֹרְחִים וְאֶעֶזְבָה אֶת־עַמִּי וְאֵלְכָה מֵאִתָּם כִּי כֻלָּם מְנָאֲפִים עֲצֶרֶת בֹּגְדִים:
וַיַּדְרְכוּ אֶת־לְשׁוֹנָם קַשְׁתָּם שֶׁקֶר וְלֹא לֶאֱמוּנָה גָּבְרוּ בָאָרֶץ כִּי מֵרָעָה אֶל־
רָעָה ׀ יָצָאוּ וְאֹתִי לֹא־יָדָעוּ נְאֻם־יהוה: אִישׁ מֵרֵעֵהוּ הִשָּׁמֵרוּ וְעַל־כָּל־אָח
אַל־תִּבְטָחוּ כִּי כָל־אָח עָקוֹב יַעְקֹב וְכָל־רֵעַ רָכִיל יַהֲלֹךְ: וְאִישׁ בְּרֵעֵהוּ יְהָתֵלּוּ
וֶאֱמֶת לֹא יְדַבֵּרוּ לִמְּדוּ לְשׁוֹנָם דַּבֶּר־שֶׁקֶר הַעֲוֵה נִלְאוּ: שִׁבְתְּךָ בְּתוֹךְ מִרְמָה
בְּמִרְמָה מֵאֲנוּ דַעַת־אוֹתִי נְאֻם־יהוה: לָכֵן כֹּה אָמַר יהוה צְבָאוֹת
הִנְנִי צוֹרְפָם וּבְחַנְתִּים כִּי־אֵיךְ אֶעֱשֶׂה מִפְּנֵי בַּת־עַמִּי: חֵץ שוחט לְשׁוֹנָם מִרְמָה שָׁחוּט
דִבֵּר בְּפִיו שָׁלוֹם אֶת־רֵעֵהוּ יְדַבֵּר וּבְקִרְבּוֹ יָשִׂים אָרְבּוֹ: הַעַל־אֵלֶּה לֹא־אֶפְקָד־
בָּם נְאֻם־יהוה אִם בְּגוֹי אֲשֶׁר־כָּזֶה לֹא תִתְנַקֵּם נַפְשִׁי: עַל־הֶהָרִים
אֶשָּׂא בְכִי וָנֶהִי וְעַל־נְאוֹת מִדְבָּר קִינָה כִּי נִצְּתוּ מִבְּלִי־אִישׁ עֹבֵר וְלֹא שָׁמְעוּ
קוֹל מִקְנֶה מֵעוֹף הַשָּׁמַיִם וְעַד־בְּהֵמָה נָדְדוּ הָלָכוּ: וְנָתַתִּי אֶת־יְרוּשָׁלִַם
לְגַלִּים מְעוֹן תַּנִּים וְאֶת־עָרֵי יְהוּדָה אֶתֵּן שְׁמָמָה מִבְּלִי יוֹשֵׁב: מִי־
הָאִישׁ הֶחָכָם וְיָבֵן אֶת־זֹאת וַאֲשֶׁר דִּבֶּר פִּי־יהוה אֵלָיו וְיַגִּדָהּ עַל־מָה אָבְדָה
הָאָרֶץ נִצְּתָה כַמִּדְבָּר מִבְּלִי עֹבֵר: וַיֹּאמֶר יהוה עַל־עָזְבָם
אֶת־תּוֹרָתִי אֲשֶׁר נָתַתִּי לִפְנֵיהֶם וְלֹא־שָׁמְעוּ בְקוֹלִי וְלֹא־הָלְכוּ בָהּ: וַיֵּלְכוּ
אַחֲרֵי שְׁרִרוּת לִבָּם וְאַחֲרֵי הַבְּעָלִים אֲשֶׁר לִמְּדוּם אֲבוֹתָם: לָכֵן
כֹּה־אָמַר יהוה צְבָאוֹת אֱלֹהֵי יִשְׂרָאֵל הִנְנִי מַאֲכִילָם אֶת־הָעָם הַזֶּה לַעֲנָה
וְהִשְׁקִיתִים מֵי־רֹאשׁ: וַהֲפִצוֹתִים בַּגּוֹיִם אֲשֶׁר לֹא יָדְעוּ הֵמָּה וַאֲבוֹתָם וְשִׁלַּחְתִּי
אַחֲרֵיהֶם אֶת־הַחֶרֶב עַד כַּלּוֹתִי אוֹתָם: כֹּה אָמַר יהוה צְבָאוֹת
הִתְבּוֹנְנוּ וְקִרְאוּ לַמְקוֹנְנוֹת וּתְבוֹאֶינָה וְאֶל־הַחֲכָמוֹת שִׁלְחוּ וְתָבוֹאנָה:
וּתְמַהֵרְנָה וְתִשֶּׂנָה עָלֵינוּ נֶהִי וְתֵרַדְנָה עֵינֵינוּ דִּמְעָה וְעַפְעַפֵּינוּ יִזְּלוּ־מָיִם:
כִּי קוֹל נְהִי נִשְׁמַע מִצִּיּוֹן אֵיךְ שֻׁדָּדְנוּ בֹּשְׁנוּ מְאֹד כִּי־עָזַבְנוּ אָרֶץ כִּי הִשְׁלִיכוּ
מִשְׁכְּנוֹתֵינוּ: כִּי־שְׁמַעְנָה נָשִׁים דְּבַר־יהוה וְתִקַּח אָזְנְכֶם דְּבַר־
פִּיו וְלַמֵּדְנָה בְנוֹתֵיכֶם נֶהִי וְאִשָּׁה רְעוּתָהּ קִינָה: כִּי־עָלָה מָוֶת בְּחַלּוֹנֵינוּ בָּא
בְּאַרְמְנוֹתֵינוּ לְהַכְרִית עוֹלָל מִחוּץ בַּחוּרִים מֵרְחֹבוֹת: דַּבֵּר כֹּה נְאֻם־יהוה
וְנָפְלָה נִבְלַת הָאָדָם כְּדֹמֶן עַל־פְּנֵי הַשָּׂדֶה וּכְעָמִיר מֵאַחֲרֵי הַקֹּצֵר וְאֵין
מְאַסֵּף: כֹּה ׀ אָמַר יהוה אַל־יִתְהַלֵּל חָכָם בְּחָכְמָתוֹ וְאַל־יִתְהַלֵּל

הַגִּבּוֹר בִּגְבוּרָתוֹ אַל־יִתְהַלֵּל עָשִׁיר בְּעָשְׁרוֹ: כִּי אִם־בְּזֹאת יִתְהַלֵּל הַמִּתְהַלֵּל
הַשְׂכֵּל וְיָדֹעַ אוֹתִי כִּי אֲנִי יהוה עֹשֶׂה חֶסֶד מִשְׁפָּט וּצְדָקָה בָּאָרֶץ כִּי־בְאֵלֶּה
חָפַצְתִּי נְאֻם־יהוה:

אחרי ההפטרה קוראים את שלוש הברכות הראשונות בעמ׳ 243 עד ׳מָגֵן דָּוִד׳.

קריאה ליום הראשון של חנוכה

יש המתחילים:

במדבר ו,כב–ז,יז וַיְדַבֵּר יהוה אֶל־מֹשֶׁה לֵּאמֹר: דַּבֵּר אֶל־אַהֲרֹן וְאֶל־בָּנָיו לֵאמֹר
כֹּה תְבָרְכוּ אֶת־בְּנֵי יִשְׂרָאֵל אָמוֹר לָהֶם: יְבָרֶכְךָ יהוה
וְיִשְׁמְרֶךָ: יָאֵר יהוה ׀ פָּנָיו אֵלֶיךָ וִיחֻנֶּךָּ: יִשָּׂא יהוה ׀
פָּנָיו אֵלֶיךָ וְיָשֵׂם לְךָ שָׁלוֹם: וְשָׂמוּ אֶת־שְׁמִי עַל־בְּנֵי יִשְׂרָאֵל וַאֲנִי
אֲבָרְכֵם:

ברוב הקהילות מתחילים (ראה הלכה 574):

וַיְהִי בְּיוֹם כַּלּוֹת מֹשֶׁה לְהָקִים אֶת־הַמִּשְׁכָּן וַיִּמְשַׁח אֹתוֹ וַיְקַדֵּשׁ אֹתוֹ וְאֶת־כָּל־כֵּלָיו וְאֶת־הַמִּזְבֵּחַ וְאֶת־כָּל־כֵּלָיו וַיִּמְשָׁחֵם וַיְקַדֵּשׁ אֹתָם: וַיַּקְרִיבוּ נְשִׂיאֵי יִשְׂרָאֵל רָאשֵׁי בֵּית אֲבֹתָם הֵם נְשִׂיאֵי הַמַּטֹּת הֵם הָעֹמְדִים עַל־הַפְּקֻדִים: וַיָּבִיאוּ אֶת־קָרְבָּנָם לִפְנֵי יהוה שֵׁשׁ־עֶגְלֹת צָב וּשְׁנֵי־עָשָׂר בָּקָר עֲגָלָה עַל־שְׁנֵי הַנְּשִׂאִים וְשׁוֹר לְאֶחָד וַיַּקְרִיבוּ אוֹתָם לִפְנֵי הַמִּשְׁכָּן: וַיֹּאמֶר יהוה אֶל־מֹשֶׁה לֵּאמֹר: קַח מֵאִתָּם וְהָיוּ לַעֲבֹד אֶת־עֲבֹדַת אֹהֶל מוֹעֵד וְנָתַתָּה אוֹתָם אֶל־הַלְוִיִּם אִישׁ כְּפִי עֲבֹדָתוֹ: וַיִּקַּח מֹשֶׁה אֶת־הָעֲגָלֹת וְאֶת־הַבָּקָר וַיִּתֵּן אוֹתָם אֶל־הַלְוִיִּם: אֵת ׀ שְׁתֵּי הָעֲגָלוֹת וְאֵת אַרְבַּעַת הַבָּקָר נָתַן לִבְנֵי גֵרְשׁוֹן כְּפִי עֲבֹדָתָם: וְאֵת ׀ אַרְבַּע הָעֲגָלֹת וְאֵת שְׁמֹנַת הַבָּקָר נָתַן לִבְנֵי מְרָרִי כְּפִי עֲבֹדָתָם בְּיַד אִיתָמָר בֶּן־אַהֲרֹן הַכֹּהֵן: וְלִבְנֵי קְהָת לֹא נָתָן כִּי־עֲבֹדַת הַקֹּדֶשׁ עֲלֵהֶם בַּכָּתֵף יִשָּׂאוּ: וַיַּקְרִיבוּ הַנְּשִׂאִים אֵת חֲנֻכַּת הַמִּזְבֵּחַ בְּיוֹם הִמָּשַׁח אֹתוֹ וַיַּקְרִיבוּ הַנְּשִׂיאִם אֶת־קָרְבָּנָם לִפְנֵי הַמִּזְבֵּחַ: וַיֹּאמֶר יהוה אֶל־מֹשֶׁה נָשִׂיא אֶחָד לַיּוֹם
לוי נָשִׂיא אֶחָד לַיּוֹם יַקְרִיבוּ אֶת־קָרְבָּנָם לַחֲנֻכַּת הַמִּזְבֵּחַ: *וַיְהִי
הַמַּקְרִיב בַּיּוֹם הָרִאשׁוֹן אֶת־קָרְבָּנוֹ נַחְשׁוֹן בֶּן־עַמִּינָדָב לְמַטֵּה יְהוּדָה: וְקָרְבָּנוֹ קַעֲרַת־כֶּסֶף אַחַת שְׁלֹשִׁים וּמֵאָה מִשְׁקָלָהּ מִזְרָק אֶחָד כֶּסֶף שִׁבְעִים שֶׁקֶל בְּשֶׁקֶל הַקֹּדֶשׁ שְׁנֵיהֶם ׀ מְלֵאִים סֹלֶת בְּלוּלָה בַשֶּׁמֶן לְמִנְחָה: כַּף אַחַת
ישראל עֲשָׂרָה זָהָב מְלֵאָה קְטֹרֶת: *פַּר אֶחָד בֶּן־בָּקָר אַיִל אֶחָד כֶּבֶשׂ־אֶחָד בֶּן־

שְׁנָתוֹ לְעֹלָה: שְׂעִיר־עִזִּים אֶחָד לְחַטָּאת: וּלְזֶבַח הַשְּׁלָמִים בָּקָר שְׁנַיִם
אֵילִם חֲמִשָּׁה עַתּוּדִים חֲמִשָּׁה כְּבָשִׂים בְּנֵי־שָׁנָה חֲמִשָּׁה זֶה קָרְבַּן נַחְשׁוֹן
בֶּן־עַמִּינָדָב:

קריאה ליום השני של חנוכה

השלישי חוזר וקורא את כל הפרשה מ'בַּיּוֹם הַשֵּׁנִי' ועד 'נְתַנְאֵל בֶּן־צוּעָר'.

במדבר ז, יח–כג בַּיּוֹם הַשֵּׁנִי הִקְרִיב נְתַנְאֵל בֶּן־צוּעָר נְשִׂיא יִשָּׂשכָר: הִקְרִב אֶת־קָרְבָּנוֹ קַעֲרַת־
כֶּסֶף אַחַת שְׁלֹשִׁים וּמֵאָה מִשְׁקָלָהּ מִזְרָק אֶחָד כֶּסֶף שִׁבְעִים שֶׁקֶל בְּשֶׁקֶל
הַקֹּדֶשׁ שְׁנֵיהֶם ׀ מְלֵאִים סֹלֶת בְּלוּלָה בַשֶּׁמֶן לְמִנְחָה: כַּף אַחַת עֲשָׂרָה זָהָב
לוי מְלֵאָה קְטֹרֶת: *פַּר אֶחָד בֶּן־בָּקָר אַיִל אֶחָד כֶּבֶשׂ־אֶחָד בֶּן־שְׁנָתוֹ לְעֹלָה:
שְׂעִיר־עִזִּים אֶחָד לְחַטָּאת: וּלְזֶבַח הַשְּׁלָמִים בָּקָר שְׁנַיִם אֵילִם חֲמִשָּׁה עַתֻּדִים
חֲמִשָּׁה כְּבָשִׂים בְּנֵי־שָׁנָה חֲמִשָּׁה זֶה קָרְבַּן נְתַנְאֵל בֶּן־צוּעָר:

קריאה ליום השלישי של חנוכה

השלישי חוזר וקורא את כל הפרשה מ'בַּיּוֹם הַשְּׁלִישִׁי' ועד 'אֱלִיאָב בֶּן־חֵלֹן'.

במדבר ז, כד–כט בַּיּוֹם הַשְּׁלִישִׁי נָשִׂיא לִבְנֵי זְבוּלֻן אֱלִיאָב בֶּן־חֵלֹן: קָרְבָּנוֹ קַעֲרַת־כֶּסֶף אַחַת
שְׁלֹשִׁים וּמֵאָה מִשְׁקָלָהּ מִזְרָק אֶחָד כֶּסֶף שִׁבְעִים שֶׁקֶל בְּשֶׁקֶל הַקֹּדֶשׁ שְׁנֵיהֶם ׀
מְלֵאִים סֹלֶת בְּלוּלָה בַשֶּׁמֶן לְמִנְחָה: כַּף אַחַת עֲשָׂרָה זָהָב מְלֵאָה קְטֹרֶת:
לוי *פַּר אֶחָד בֶּן־בָּקָר אַיִל אֶחָד כֶּבֶשׂ־אֶחָד בֶּן־שְׁנָתוֹ לְעֹלָה: שְׂעִיר־עִזִּים אֶחָד
לְחַטָּאת: וּלְזֶבַח הַשְּׁלָמִים בָּקָר שְׁנַיִם אֵילִם חֲמִשָּׁה עַתֻּדִים חֲמִשָּׁה כְּבָשִׂים
בְּנֵי־שָׁנָה חֲמִשָּׁה זֶה קָרְבַּן אֱלִיאָב בֶּן־חֵלֹן:

קריאה ליום הרביעי של חנוכה

השלישי חוזר וקורא את כל הפרשה מ'בַּיּוֹם הָרְבִיעִי' ועד 'אֱלִיצוּר בֶּן־שְׁדֵיאוּר'.

במדבר ז, ל–לה בַּיּוֹם הָרְבִיעִי נָשִׂיא לִבְנֵי רְאוּבֵן אֱלִיצוּר בֶּן־שְׁדֵיאוּר: קָרְבָּנוֹ קַעֲרַת־כֶּסֶף
אַחַת שְׁלֹשִׁים וּמֵאָה מִשְׁקָלָהּ מִזְרָק אֶחָד כֶּסֶף שִׁבְעִים שֶׁקֶל בְּשֶׁקֶל הַקֹּדֶשׁ
שְׁנֵיהֶם ׀ מְלֵאִים סֹלֶת בְּלוּלָה בַשֶּׁמֶן לְמִנְחָה: כַּף אַחַת עֲשָׂרָה זָהָב מְלֵאָה
לוי קְטֹרֶת: *פַּר אֶחָד בֶּן־בָּקָר אַיִל אֶחָד כֶּבֶשׂ־אֶחָד בֶּן־שְׁנָתוֹ לְעֹלָה: שְׂעִיר־
עִזִּים אֶחָד לְחַטָּאת: וּלְזֶבַח הַשְּׁלָמִים בָּקָר שְׁנַיִם אֵילִם חֲמִשָּׁה עַתֻּדִים
חֲמִשָּׁה כְּבָשִׂים בְּנֵי־שָׁנָה חֲמִשָּׁה זֶה קָרְבַּן אֱלִיצוּר בֶּן־שְׁדֵיאוּר:

קריאה ליום החמישי של חנוכה

השלישי חוזר וקורא את כל הפרשה מ׳בַּיּוֹם הַחֲמִישִׁי׳ ועד ׳שְׁלֻמִיאֵל בֶּן־צוּרִישַׁדָּי׳.

במדבר ז, לו–מא בַּיּוֹם הַחֲמִישִׁי נָשִׂיא לִבְנֵי שִׁמְעוֹן שְׁלֻמִיאֵל בֶּן־צוּרִישַׁדָּי: קָרְבָּנוֹ קַעֲרַת־כֶּסֶף
אַחַת שְׁלֹשִׁים וּמֵאָה מִשְׁקָלָהּ מִזְרָק אֶחָד כֶּסֶף שִׁבְעִים שֶׁקֶל בְּשֶׁקֶל הַקֹּדֶשׁ
שְׁנֵיהֶם | מְלֵאִים סֹלֶת בְּלוּלָה בַשֶּׁמֶן לְמִנְחָה: כַּף אַחַת עֲשָׂרָה זָהָב מְלֵאָה
לוי קְטֹרֶת: *פַּר אֶחָד בֶּן־בָּקָר אַיִל אֶחָד כֶּבֶשׂ־אֶחָד בֶּן־שְׁנָתוֹ לְעֹלָה: שְׂעִיר־
עִזִּים אֶחָד לְחַטָּאת: וּלְזֶבַח הַשְּׁלָמִים בָּקָר שְׁנַיִם אֵילִם חֲמִשָּׁה עַתֻּדִים חֲמִשָּׁה
כְּבָשִׂים בְּנֵי־שָׁנָה חֲמִשָּׁה זֶה קָרְבַּן שְׁלֻמִיאֵל בֶּן־צוּרִישַׁדָּי:

קריאה ליום השישי של חנוכה

היום השישי לחנוכה הוא ראש חודש טבת. מוציאים שני ספרי תורה מארון הקודש וקוראים לשלושה עולים את קריאת ראש חודש (עמ׳ 587). לרביעי קוראים מהספר השני ׳בַּיּוֹם הַשִּׁשִּׁי׳.

במדבר ז, מב–מז בַּיּוֹם הַשִּׁשִּׁי נָשִׂיא לִבְנֵי גָד אֶלְיָסָף בֶּן־דְּעוּאֵל: קָרְבָּנוֹ קַעֲרַת־כֶּסֶף אַחַת
שְׁלֹשִׁים וּמֵאָה מִשְׁקָלָהּ מִזְרָק אֶחָד כֶּסֶף שִׁבְעִים שֶׁקֶל בְּשֶׁקֶל הַקֹּדֶשׁ שְׁנֵיהֶם |
מְלֵאִים סֹלֶת בְּלוּלָה בַשֶּׁמֶן לְמִנְחָה: כַּף אַחַת עֲשָׂרָה זָהָב מְלֵאָה קְטֹרֶת:
פַּר אֶחָד בֶּן־בָּקָר אַיִל אֶחָד כֶּבֶשׂ־אֶחָד בֶּן־שְׁנָתוֹ לְעֹלָה: שְׂעִיר־עִזִּים אֶחָד
לְחַטָּאת: וּלְזֶבַח הַשְּׁלָמִים בָּקָר שְׁנַיִם אֵילִם חֲמִשָּׁה עַתֻּדִים חֲמִשָּׁה כְּבָשִׂים
בְּנֵי־שָׁנָה חֲמִשָּׁה זֶה קָרְבַּן אֶלְיָסָף בֶּן־דְּעוּאֵל:

קריאה ליום השביעי של חנוכה

השלישי חוזר וקורא את כל הפרשה מ׳בַּיּוֹם הַשְּׁבִיעִי׳ ועד ׳אֱלִישָׁמָע בֶּן־עַמִּיהוּד׳.

אם היום השביעי לחנוכה הוא ראש חודש טבת, מוציאים שני ספרי תורה מארון הקודש, וקוראים לשלושה עולים את קריאת ראש חודש (עמ׳ 587). לרביעי קוראים מהספר השני ׳בַּיּוֹם הַשְּׁבִיעִי׳.

במדבר ז, מח–נג בַּיּוֹם הַשְּׁבִיעִי נָשִׂיא לִבְנֵי אֶפְרָיִם אֱלִישָׁמָע בֶּן־עַמִּיהוּד: קָרְבָּנוֹ קַעֲרַת־כֶּסֶף
אַחַת שְׁלֹשִׁים וּמֵאָה מִשְׁקָלָהּ מִזְרָק אֶחָד כֶּסֶף שִׁבְעִים שֶׁקֶל בְּשֶׁקֶל הַקֹּדֶשׁ
שְׁנֵיהֶם | מְלֵאִים סֹלֶת בְּלוּלָה בַשֶּׁמֶן לְמִנְחָה: כַּף אַחַת עֲשָׂרָה זָהָב מְלֵאָה
לוי קְטֹרֶת: *פַּר אֶחָד בֶּן־בָּקָר אַיִל אֶחָד כֶּבֶשׂ־אֶחָד בֶּן־שְׁנָתוֹ לְעֹלָה: שְׂעִיר־
עִזִּים אֶחָד לְחַטָּאת: וּלְזֶבַח הַשְּׁלָמִים בָּקָר שְׁנַיִם אֵילִם חֲמִשָּׁה עַתֻּדִים חֲמִשָּׁה
כְּבָשִׂים בְּנֵי־שָׁנָה חֲמִשָּׁה זֶה קָרְבַּן אֱלִישָׁמָע בֶּן־עַמִּיהוּד:

קריאה ליום השמיני של חנוכה

בַּיּוֹם הַשְּׁמִינִי נָשִׂיא לִבְנֵי מְנַשֶּׁה גַּמְלִיאֵל בֶּן־פְּדָהצוּר: קָרְבָּנוֹ קַעֲרַת־כֶּסֶף במדבר ז,נד-ח,ד
אַחַת שְׁלֹשִׁים וּמֵאָה מִשְׁקָלָהּ מִזְרָק אֶחָד כֶּסֶף שִׁבְעִים שֶׁקֶל בְּשֶׁקֶל הַקֹּדֶשׁ
שְׁנֵיהֶם ׀ מְלֵאִים סֹלֶת בְּלוּלָה בַשֶּׁמֶן לְמִנְחָה: כַּף אַחַת עֲשָׂרָה זָהָב מְלֵאָה
קְטֹרֶת: *פַּר אֶחָד בֶּן־בָּקָר אַיִל אֶחָד כֶּבֶשׂ־אֶחָד בֶּן־שְׁנָתוֹ לְעֹלָה: שְׂעִיר־עִזִּים לוי
אֶחָד לְחַטָּאת: וּלְזֶבַח הַשְּׁלָמִים בָּקָר שְׁנַיִם אֵילִם חֲמִשָּׁה עַתֻּדִים חֲמִשָּׁה
כְּבָשִׂים בְּנֵי־שָׁנָה חֲמִשָּׁה זֶה קָרְבַּן גַּמְלִיאֵל בֶּן־פְּדָהצוּר:

בַּיּוֹם הַתְּשִׁיעִי נָשִׂיא לִבְנֵי בִנְיָמִן אֲבִידָן בֶּן־גִּדְעֹנִי: קָרְבָּנוֹ קַעֲרַת־כֶּסֶף אַחַת ישראל
שְׁלֹשִׁים וּמֵאָה מִשְׁקָלָהּ מִזְרָק אֶחָד כֶּסֶף שִׁבְעִים שֶׁקֶל בְּשֶׁקֶל הַקֹּדֶשׁ שְׁנֵיהֶם ׀
מְלֵאִים סֹלֶת בְּלוּלָה בַשֶּׁמֶן לְמִנְחָה: כַּף אַחַת עֲשָׂרָה זָהָב מְלֵאָה קְטֹרֶת:
פַּר אֶחָד בֶּן־בָּקָר אַיִל אֶחָד כֶּבֶשׂ־אֶחָד בֶּן־שְׁנָתוֹ לְעֹלָה: שְׂעִיר־עִזִּים אֶחָד
לְחַטָּאת: וּלְזֶבַח הַשְּׁלָמִים בָּקָר שְׁנַיִם אֵילִם חֲמִשָּׁה עַתֻּדִים חֲמִשָּׁה כְּבָשִׂים
בְּנֵי־שָׁנָה חֲמִשָּׁה זֶה קָרְבַּן אֲבִידָן בֶּן־גִּדְעֹנִי:

בַּיּוֹם הָעֲשִׂירִי נָשִׂיא לִבְנֵי דָן אֲחִיעֶזֶר בֶּן־עַמִּישַׁדָּי: קָרְבָּנוֹ קַעֲרַת־כֶּסֶף אַחַת
שְׁלֹשִׁים וּמֵאָה מִשְׁקָלָהּ מִזְרָק אֶחָד כֶּסֶף שִׁבְעִים שֶׁקֶל בְּשֶׁקֶל הַקֹּדֶשׁ שְׁנֵיהֶם ׀
מְלֵאִים סֹלֶת בְּלוּלָה בַשֶּׁמֶן לְמִנְחָה: כַּף אַחַת עֲשָׂרָה זָהָב מְלֵאָה קְטֹרֶת:
פַּר אֶחָד בֶּן־בָּקָר אַיִל אֶחָד כֶּבֶשׂ־אֶחָד בֶּן־שְׁנָתוֹ לְעֹלָה: שְׂעִיר־עִזִּים אֶחָד
לְחַטָּאת: וּלְזֶבַח הַשְּׁלָמִים בָּקָר שְׁנַיִם אֵילִם חֲמִשָּׁה עַתֻּדִים חֲמִשָּׁה כְּבָשִׂים
בְּנֵי־שָׁנָה חֲמִשָּׁה זֶה קָרְבַּן אֲחִיעֶזֶר בֶּן־עַמִּישַׁדָּי:

בַּיּוֹם עַשְׁתֵּי עָשָׂר יוֹם נָשִׂיא לִבְנֵי אָשֵׁר פַּגְעִיאֵל בֶּן־עָכְרָן: קָרְבָּנוֹ קַעֲרַת־כֶּסֶף
אַחַת שְׁלֹשִׁים וּמֵאָה מִשְׁקָלָהּ מִזְרָק אֶחָד כֶּסֶף שִׁבְעִים שֶׁקֶל בְּשֶׁקֶל הַקֹּדֶשׁ
שְׁנֵיהֶם ׀ מְלֵאִים סֹלֶת בְּלוּלָה בַשֶּׁמֶן לְמִנְחָה: כַּף אַחַת עֲשָׂרָה זָהָב מְלֵאָה
קְטֹרֶת: פַּר אֶחָד בֶּן־בָּקָר אַיִל אֶחָד כֶּבֶשׂ־אֶחָד בֶּן־שְׁנָתוֹ לְעֹלָה: שְׂעִיר־עִזִּים
אֶחָד לְחַטָּאת: וּלְזֶבַח הַשְּׁלָמִים בָּקָר שְׁנַיִם אֵילִם חֲמִשָּׁה עַתֻּדִים חֲמִשָּׁה
כְּבָשִׂים בְּנֵי־שָׁנָה חֲמִשָּׁה זֶה קָרְבַּן פַּגְעִיאֵל בֶּן־עָכְרָן:

בְּיוֹם שְׁנֵים עָשָׂר יוֹם נָשִׂיא לִבְנֵי נַפְתָּלִי אֲחִירַע בֶּן־עֵינָן: קָרְבָּנוֹ קַעֲרַת־כֶּסֶף
אַחַת שְׁלֹשִׁים וּמֵאָה מִשְׁקָלָהּ מִזְרָק אֶחָד כֶּסֶף שִׁבְעִים שֶׁקֶל בְּשֶׁקֶל הַקֹּדֶשׁ
שְׁנֵיהֶם ׀ מְלֵאִים סֹלֶת בְּלוּלָה בַשֶּׁמֶן לְמִנְחָה: כַּף אַחַת עֲשָׂרָה זָהָב מְלֵאָה
קְטֹרֶת: פַּר אֶחָד בֶּן־בָּקָר אַיִל אֶחָד כֶּבֶשׂ־אֶחָד בֶּן־שְׁנָתוֹ לְעֹלָה: שְׂעִיר־עִזִּים

אֶחָד לְחַטָּאת: וּלְזֶבַח הַשְּׁלָמִים בָּקָר שְׁנַיִם אֵילִם חֲמִשָּׁה עַתֻּדִים חֲמִשָּׁה כְּבָשִׂים בְּנֵי־שָׁנָה חֲמִשָּׁה זֶה קָרְבַּן אֲחִירַע בֶּן־עֵינָן:
זֹאת ׀ חֲנֻכַּת הַמִּזְבֵּחַ בְּיוֹם הִמָּשַׁח אֹתוֹ מֵאֵת נְשִׂיאֵי יִשְׂרָאֵל קַעֲרֹת כֶּסֶף שְׁתֵּים עֶשְׂרֵה מִזְרְקֵי־כֶסֶף שְׁנֵים עָשָׂר כַּפּוֹת זָהָב שְׁתֵּים עֶשְׂרֵה: שְׁלֹשִׁים וּמֵאָה הַקְּעָרָה הָאַחַת כֶּסֶף וְשִׁבְעִים הַמִּזְרָק הָאֶחָד כֹּל כֶּסֶף הַכֵּלִים אַלְפַּיִם וְאַרְבַּע־מֵאוֹת בְּשֶׁקֶל הַקֹּדֶשׁ: כַּפּוֹת זָהָב שְׁתֵּים־עֶשְׂרֵה מְלֵאֹת קְטֹרֶת עֲשָׂרָה עֲשָׂרָה הַכַּף בְּשֶׁקֶל הַקֹּדֶשׁ כָּל־זְהַב הַכַּפּוֹת עֶשְׂרִים וּמֵאָה: כָּל־הַבָּקָר לָעֹלָה שְׁנֵים עָשָׂר פָּרִים אֵילִם שְׁנֵים־עָשָׂר כְּבָשִׂים בְּנֵי־שָׁנָה שְׁנֵים עָשָׂר וּמִנְחָתָם וּשְׂעִירֵי עִזִּים שְׁנֵים עָשָׂר לְחַטָּאת: וְכֹל בְּקַר ׀ זֶבַח הַשְּׁלָמִים עֶשְׂרִים וְאַרְבָּעָה פָּרִים אֵילִם שִׁשִּׁים עַתֻּדִים שִׁשִּׁים כְּבָשִׂים בְּנֵי־שָׁנָה שִׁשִּׁים זֹאת חֲנֻכַּת הַמִּזְבֵּחַ אַחֲרֵי הִמָּשַׁח אֹתוֹ: וּבְבֹא מֹשֶׁה אֶל־אֹהֶל מוֹעֵד לְדַבֵּר אִתּוֹ וַיִּשְׁמַע אֶת־הַקּוֹל מִדַּבֵּר אֵלָיו מֵעַל הַכַּפֹּרֶת אֲשֶׁר עַל־אֲרֹן הָעֵדֻת מִבֵּין שְׁנֵי הַכְּרֻבִים וַיְדַבֵּר אֵלָיו:
וַיְדַבֵּר יהוה אֶל־מֹשֶׁה לֵּאמֹר: דַּבֵּר אֶל־אַהֲרֹן וְאָמַרְתָּ אֵלָיו בְּהַעֲלֹתְךָ אֶת־הַנֵּרֹת אֶל־מוּל פְּנֵי הַמְּנוֹרָה יָאִירוּ שִׁבְעַת הַנֵּרוֹת: וַיַּעַשׂ כֵּן אַהֲרֹן אֶל־מוּל פְּנֵי הַמְּנוֹרָה הֶעֱלָה נֵרֹתֶיהָ כַּאֲשֶׁר צִוָּה יהוה אֶת־מֹשֶׁה: וְזֶה מַעֲשֵׂה הַמְּנֹרָה מִקְשָׁה זָהָב עַד־יְרֵכָהּ עַד־פִּרְחָהּ מִקְשָׁה הִוא כַּמַּרְאֶה אֲשֶׁר הֶרְאָה יהוה אֶת־מֹשֶׁה כֵּן עָשָׂה אֶת־הַמְּנֹרָה:

קריאה לפורים

שמות יז, ח–טז וַיָּבֹא עֲמָלֵק וַיִּלָּחֶם עִם־יִשְׂרָאֵל בִּרְפִידִם: וַיֹּאמֶר מֹשֶׁה אֶל־יְהוֹשֻׁעַ בְּחַר־לָנוּ
אֲנָשִׁים וְצֵא הִלָּחֵם בַּעֲמָלֵק מָחָר אָנֹכִי נִצָּב עַל־רֹאשׁ הַגִּבְעָה וּמַטֵּה הָאֱלֹהִים
בְּיָדִי: וַיַּעַשׂ יְהוֹשֻׁעַ כַּאֲשֶׁר אָמַר־לוֹ מֹשֶׁה לְהִלָּחֵם בַּעֲמָלֵק וּמֹשֶׁה אַהֲרֹן וְחוּר
לוי עָלוּ רֹאשׁ הַגִּבְעָה: *וְהָיָה כַּאֲשֶׁר יָרִים מֹשֶׁה יָדוֹ וְגָבַר יִשְׂרָאֵל וְכַאֲשֶׁר יָנִיחַ
יָדוֹ וְגָבַר עֲמָלֵק: וִידֵי מֹשֶׁה כְּבֵדִים וַיִּקְחוּ־אֶבֶן וַיָּשִׂימוּ תַחְתָּיו וַיֵּשֶׁב עָלֶיהָ
וְאַהֲרֹן וְחוּר תָּמְכוּ בְיָדָיו מִזֶּה אֶחָד וּמִזֶּה אֶחָד וַיְהִי יָדָיו אֱמוּנָה עַד־בֹּא
הַשָּׁמֶשׁ: וַיַּחֲלֹשׁ יְהוֹשֻׁעַ אֶת־עֲמָלֵק וְאֶת־עַמּוֹ לְפִי־חָרֶב:
ישראל וַיֹּאמֶר יהוה אֶל־מֹשֶׁה כְּתֹב זֹאת זִכָּרוֹן בַּסֵּפֶר וְשִׂים בְּאָזְנֵי יְהוֹשֻׁעַ כִּי־מָחֹה
אֶמְחֶה אֶת־זֵכֶר עֲמָלֵק מִתַּחַת הַשָּׁמָיִם: וַיִּבֶן מֹשֶׁה מִזְבֵּחַ וַיִּקְרָא שְׁמוֹ יהוה ׀
נִסִּי: וַיֹּאמֶר כִּי־יָד עַל־כֵּס יָהּ מִלְחָמָה לַיהוה בַּעֲמָלֵק מִדֹּר דֹּר:

קריאת התורה לשלוש רגלים:
פסח, שבועות וסוכות

קריאה ליום הראשון של פסח

וַיִּקְרָא מֹשֶׁה לְכָל־זִקְנֵי יִשְׂרָאֵל וַיֹּאמֶר אֲלֵהֶם מִשְׁכוּ וּקְחוּ לָכֶם צֹאן (שמות יב, כא–נא)
לְמִשְׁפְּחֹתֵיכֶם וְשַׁחֲטוּ הַפָּסַח: וּלְקַחְתֶּם אֲגֻדַּת אֵזוֹב וּטְבַלְתֶּם בַּדָּם אֲשֶׁר־בַּסַּף
וְהִגַּעְתֶּם אֶל־הַמַּשְׁקוֹף וְאֶל־שְׁתֵּי הַמְּזוּזֹת מִן־הַדָּם אֲשֶׁר בַּסָּף וְאַתֶּם לֹא תֵצְאוּ
אִישׁ מִפֶּתַח־בֵּיתוֹ עַד־בֹּקֶר: וְעָבַר יהוה לִנְגֹּף אֶת־מִצְרַיִם וְרָאָה אֶת־הַדָּם
עַל־הַמַּשְׁקוֹף וְעַל שְׁתֵּי הַמְּזוּזֹת וּפָסַח יהוה עַל־הַפֶּתַח וְלֹא יִתֵּן הַמַּשְׁחִית
לָבֹא אֶל־בָּתֵּיכֶם לִנְגֹּף: וּשְׁמַרְתֶּם אֶת־הַדָּבָר הַזֶּה לְחָק־לְךָ וּלְבָנֶיךָ עַד־עוֹלָם:
*וְהָיָה כִּי־תָבֹאוּ אֶל־הָאָרֶץ אֲשֶׁר יִתֵּן יהוה לָכֶם כַּאֲשֶׁר דִּבֵּר וּשְׁמַרְתֶּם אֶת־ לוי
הָעֲבֹדָה הַזֹּאת: וְהָיָה כִּי־יֹאמְרוּ אֲלֵיכֶם בְּנֵיכֶם מָה הָעֲבֹדָה הַזֹּאת לָכֶם:
וַאֲמַרְתֶּם זֶבַח־פֶּסַח הוּא לַיהוה אֲשֶׁר פָּסַח עַל־בָּתֵּי בְנֵי־יִשְׂרָאֵל בְּמִצְרַיִם
בְּנָגְפּוֹ אֶת־מִצְרַיִם וְאֶת־בָּתֵּינוּ הִצִּיל וַיִּקֹּד הָעָם וַיִּשְׁתַּחֲווּ: וַיֵּלְכוּ וַיַּעֲשׂוּ בְּנֵי
יִשְׂרָאֵל כַּאֲשֶׁר צִוָּה יהוה אֶת־מֹשֶׁה וְאַהֲרֹן כֵּן עָשׂוּ: *וַיְהִי ׀ בַּחֲצִי שלישי
הַלַּיְלָה וַיהוה הִכָּה כָל־בְּכוֹר בְּאֶרֶץ מִצְרַיִם מִבְּכֹר פַּרְעֹה הַיֹּשֵׁב עַל־כִּסְאוֹ
עַד בְּכוֹר הַשְּׁבִי אֲשֶׁר בְּבֵית הַבּוֹר וְכֹל בְּכוֹר בְּהֵמָה: וַיָּקָם פַּרְעֹה לַיְלָה הוּא
וְכָל־עֲבָדָיו וְכָל־מִצְרַיִם וַתְּהִי צְעָקָה גְדֹלָה בְּמִצְרָיִם כִּי־אֵין בַּיִת אֲשֶׁר אֵין־
שָׁם מֵת: וַיִּקְרָא לְמֹשֶׁה וּלְאַהֲרֹן לַיְלָה וַיֹּאמֶר קוּמוּ צְּאוּ מִתּוֹךְ עַמִּי גַּם־אַתֶּם
גַּם־בְּנֵי יִשְׂרָאֵל וּלְכוּ עִבְדוּ אֶת־יהוה כְּדַבֶּרְכֶם: גַּם־צֹאנְכֶם גַּם־בְּקַרְכֶם קְחוּ
כַּאֲשֶׁר דִּבַּרְתֶּם וָלֵכוּ וּבֵרַכְתֶּם גַּם־אֹתִי: *וַתֶּחֱזַק מִצְרַיִם עַל־הָעָם לְמַהֵר (בשבת רביעי)
לְשַׁלְּחָם מִן־הָאָרֶץ כִּי אָמְרוּ כֻּלָּנוּ מֵתִים: וַיִּשָּׂא הָעָם אֶת־בְּצֵקוֹ טֶרֶם יֶחְמָץ
מִשְׁאֲרֹתָם צְרֻרֹת בְּשִׂמְלֹתָם עַל־שִׁכְמָם: וּבְנֵי־יִשְׂרָאֵל עָשׂוּ כִּדְבַר מֹשֶׁה
וַיִּשְׁאֲלוּ מִמִּצְרַיִם כְּלֵי־כֶסֶף וּכְלֵי זָהָב וּשְׂמָלֹת: וַיהוה נָתַן אֶת־חֵן הָעָם בְּעֵינֵי
מִצְרַיִם וַיַּשְׁאִלוּם וַיְנַצְּלוּ אֶת־מִצְרָיִם:
וַיִּסְעוּ בְנֵי־יִשְׂרָאֵל מֵרַעְמְסֵס סֻכֹּתָה כְּשֵׁשׁ־מֵאוֹת אֶלֶף רַגְלִי הַגְּבָרִים לְבַד רביעי (בשבת חמישי)
מִטָּף: וְגַם־עֵרֶב רַב עָלָה אִתָּם וְצֹאן וּבָקָר מִקְנֶה כָּבֵד מְאֹד: וַיֹּאפוּ אֶת־
הַבָּצֵק אֲשֶׁר הוֹצִיאוּ מִמִּצְרַיִם עֻגֹת מַצּוֹת כִּי לֹא חָמֵץ כִּי־גֹרְשׁוּ מִמִּצְרַיִם וְלֹא
יָכְלוּ לְהִתְמַהְמֵהַּ וְגַם־צֵדָה לֹא־עָשׂוּ לָהֶם: וּמוֹשַׁב בְּנֵי יִשְׂרָאֵל אֲשֶׁר יָשְׁבוּ
בְּמִצְרָיִם שְׁלֹשִׁים שָׁנָה וְאַרְבַּע מֵאוֹת שָׁנָה: וַיְהִי מִקֵּץ שְׁלֹשִׁים שָׁנָה וְאַרְבַּע

מֵאוֹת שָׁנָה וַיְהִי בְּעֶצֶם הַיּוֹם הַזֶּה יָצְאוּ כָּל־צִבְאוֹת יְהוָה מֵאֶרֶץ מִצְרָיִם:
לֵיל שִׁמֻּרִים הוּא לַיהוָה לְהוֹצִיאָם מֵאֶרֶץ מִצְרָיִם הוּא־הַלַּיְלָה הַזֶּה לַיהוָה
שִׁמֻּרִים לְכָל־בְּנֵי יִשְׂרָאֵל לְדֹרֹתָם:
חמישי (בשבת שישי) וַיֹּאמֶר יְהוָה אֶל־מֹשֶׁה וְאַהֲרֹן זֹאת חֻקַּת הַפָּסַח כָּל־בֶּן־נֵכָר לֹא־יֹאכַל בּוֹ: וְכָל־
עֶבֶד אִישׁ מִקְנַת־כָּסֶף וּמַלְתָּה אֹתוֹ אָז יֹאכַל בּוֹ: תּוֹשָׁב וְשָׂכִיר לֹא־יֹאכַל בּוֹ:
בְּבַיִת אֶחָד יֵאָכֵל לֹא־תוֹצִיא מִן־הַבַּיִת מִן־הַבָּשָׂר חוּצָה וְעֶצֶם לֹא תִשְׁבְּרוּ־
(בשבת שביעי) בוֹ: כָּל־עֲדַת יִשְׂרָאֵל יַעֲשׂוּ אֹתוֹ: *וְכִי־יָגוּר אִתְּךָ גֵּר וְעָשָׂה פֶסַח לַיהוָה הִמּוֹל
לוֹ כָל־זָכָר וְאָז יִקְרַב לַעֲשֹׂתוֹ וְהָיָה כְּאֶזְרַח הָאָרֶץ וְכָל־עָרֵל לֹא־יֹאכַל בּוֹ:
תּוֹרָה אַחַת יִהְיֶה לָאֶזְרָח וְלַגֵּר הַגָּר בְּתוֹכְכֶם: וַיַּעֲשׂוּ כָּל־בְּנֵי יִשְׂרָאֵל כַּאֲשֶׁר
צִוָּה יְהוָה אֶת־מֹשֶׁה וְאֶת־אַהֲרֹן כֵּן עָשׂוּ: וַיְהִי בְּעֶצֶם הַיּוֹם הַזֶּה
הוֹצִיא יְהוָה אֶת־בְּנֵי יִשְׂרָאֵל מֵאֶרֶץ מִצְרַיִם עַל־צִבְאֹתָם:

אומרים חצי קדיש (עמ' 242), וקוראים למפטיר מספר התורה השני:

במדבר כח, טז–כה וּבַחֹדֶשׁ הָרִאשׁוֹן בְּאַרְבָּעָה עָשָׂר יוֹם לַחֹדֶשׁ פֶּסַח לַיהוָה: וּבַחֲמִשָּׁה עָשָׂר
יוֹם לַחֹדֶשׁ הַזֶּה חָג שִׁבְעַת יָמִים מַצּוֹת יֵאָכֵל: בַּיּוֹם הָרִאשׁוֹן מִקְרָא־קֹדֶשׁ
כָּל־מְלֶאכֶת עֲבֹדָה לֹא תַעֲשׂוּ: וְהִקְרַבְתֶּם אִשֶּׁה עֹלָה לַיהוָה פָּרִים בְּנֵי־בָקָר
שְׁנַיִם וְאַיִל אֶחָד וְשִׁבְעָה כְבָשִׂים בְּנֵי שָׁנָה תְּמִימִם יִהְיוּ לָכֶם: וּמִנְחָתָם סֹלֶת
בְּלוּלָה בַשָּׁמֶן שְׁלֹשָׁה עֶשְׂרֹנִים לַפָּר וּשְׁנֵי עֶשְׂרֹנִים לָאַיִל תַּעֲשׂוּ: עִשָּׂרוֹן עִשָּׂרוֹן
תַּעֲשֶׂה לַכֶּבֶשׂ הָאֶחָד לְשִׁבְעַת הַכְּבָשִׂים: וּשְׂעִיר חַטָּאת אֶחָד לְכַפֵּר עֲלֵיכֶם:
מִלְּבַד עֹלַת הַבֹּקֶר אֲשֶׁר לְעֹלַת הַתָּמִיד תַּעֲשׂוּ אֶת־אֵלֶּה: כָּאֵלֶּה תַּעֲשׂוּ לַיּוֹם
שִׁבְעַת יָמִים לֶחֶם אִשֵּׁה רֵיחַ־נִיחֹחַ לַיהוָה עַל־עוֹלַת הַתָּמִיד יֵעָשֶׂה וְנִסְכּוֹ:
וּבַיּוֹם הַשְּׁבִיעִי מִקְרָא־קֹדֶשׁ יִהְיֶה לָכֶם כָּל־מְלֶאכֶת עֲבֹדָה לֹא תַעֲשׂוּ:

הפטרה ליום הראשון של פסח

יש מתחילים (סדר רב עמרם גאון):

יהושע ג, ה–ז וַיֹּאמֶר יְהוֹשֻׁעַ אֶל־הָעָם הִתְקַדָּשׁוּ כִּי מָחָר יַעֲשֶׂה יְהוָה בְּקִרְבְּכֶם נִפְלָאוֹת:
וַיֹּאמֶר יְהוֹשֻׁעַ אֶל־הַכֹּהֲנִים לֵאמֹר שְׂאוּ אֶת־אֲרוֹן הַבְּרִית וְעִבְרוּ לִפְנֵי הָעָם
וַיִּשְׂאוּ אֶת־אֲרוֹן הַבְּרִית וַיֵּלְכוּ לִפְנֵי הָעָם: וַיֹּאמֶר יְהוָה אֶל־
יְהוֹשֻׁעַ הַיּוֹם הַזֶּה אָחֵל גַּדֶּלְךָ בְּעֵינֵי כָּל־יִשְׂרָאֵל אֲשֶׁר יֵדְעוּן כִּי כַּאֲשֶׁר הָיִיתִי
עִם־מֹשֶׁה אֶהְיֶה עִמָּךְ:

ברוב הקהילות מתחילים (רב האי גאון):

בָּעֵת הַהִיא אָמַר יהוה אֶל־יְהוֹשֻׁעַ עֲשֵׂה לְךָ חַרְבוֹת צֻרִים וְשׁוּב מֹל אֶת־ יהושע ה, ב–ו, א
בְּנֵי־יִשְׂרָאֵל שֵׁנִית: וַיַּעַשׂ־לוֹ יְהוֹשֻׁעַ חַרְבוֹת צֻרִים וַיָּמָל אֶת־בְּנֵי יִשְׂרָאֵל
אֶל־גִּבְעַת הָעֲרָלוֹת: וְזֶה הַדָּבָר אֲשֶׁר־מָל יְהוֹשֻׁעַ כָּל־הָעָם הַיֹּצֵא מִמִּצְרַיִם
הַזְּכָרִים כֹּל | אַנְשֵׁי הַמִּלְחָמָה מֵתוּ בַמִּדְבָּר בַּדֶּרֶךְ בְּצֵאתָם מִמִּצְרָיִם: כִּי־מֻלִים
הָיוּ כָּל־הָעָם הַיֹּצְאִים וְכָל־הָעָם הַיִּלֹּדִים בַּמִּדְבָּר בַּדֶּרֶךְ בְּצֵאתָם מִמִּצְרַיִם
לֹא־מָלוּ: כִּי | אַרְבָּעִים שָׁנָה הָלְכוּ בְנֵי־יִשְׂרָאֵל בַּמִּדְבָּר עַד־תֹּם כָּל־הַגּוֹי
אַנְשֵׁי הַמִּלְחָמָה הַיֹּצְאִים מִמִּצְרַיִם אֲשֶׁר לֹא־שָׁמְעוּ בְּקוֹל יהוה אֲשֶׁר נִשְׁבַּע
יהוה לָהֶם לְבִלְתִּי הַרְאוֹתָם אֶת־הָאָרֶץ אֲשֶׁר נִשְׁבַּע יהוה לַאֲבוֹתָם לָתֶת
לָנוּ אֶרֶץ זָבַת חָלָב וּדְבָשׁ: וְאֶת־בְּנֵיהֶם הֵקִים תַּחְתָּם אֹתָם מָל יְהוֹשֻׁעַ
כִּי־עֲרֵלִים הָיוּ כִּי לֹא־מָלוּ אוֹתָם בַּדָּרֶךְ: וַיְהִי כַּאֲשֶׁר־תַּמּוּ כָל־הַגּוֹי לְהִמּוֹל
וַיֵּשְׁבוּ תַחְתָּם בַּמַּחֲנֶה עַד חֲיוֹתָם: וַיֹּאמֶר יהוה אֶל־יְהוֹשֻׁעַ הַיּוֹם
גַּלּוֹתִי אֶת־חֶרְפַּת מִצְרַיִם מֵעֲלֵיכֶם וַיִּקְרָא שֵׁם הַמָּקוֹם הַהוּא גִּלְגָּל עַד הַיּוֹם
הַזֶּה: וַיַּחֲנוּ בְנֵי־יִשְׂרָאֵל בַּגִּלְגָּל וַיַּעֲשׂוּ אֶת־הַפֶּסַח בְּאַרְבָּעָה עָשָׂר יוֹם לַחֹדֶשׁ
בָּעֶרֶב בְּעַרְבוֹת יְרִיחוֹ: וַיֹּאכְלוּ מֵעֲבוּר הָאָרֶץ מִמָּחֳרַת הַפֶּסַח מַצּוֹת וְקָלוּי
בְּעֶצֶם הַיּוֹם הַזֶּה: וַיִּשְׁבֹּת הַמָּן מִמָּחֳרָת בְּאָכְלָם מֵעֲבוּר הָאָרֶץ וְלֹא־הָיָה עוֹד
לִבְנֵי יִשְׂרָאֵל מָן וַיֹּאכְלוּ מִתְּבוּאַת אֶרֶץ כְּנַעַן בַּשָּׁנָה הַהִיא: וַיְהִי
בִּהְיוֹת יְהוֹשֻׁעַ בִּירִיחוֹ וַיִּשָּׂא עֵינָיו וַיַּרְא וְהִנֵּה־אִישׁ עֹמֵד לְנֶגְדּוֹ וְחַרְבּוֹ שְׁלוּפָה
בְּיָדוֹ וַיֵּלֶךְ יְהוֹשֻׁעַ אֵלָיו וַיֹּאמֶר לוֹ הֲלָנוּ אַתָּה אִם־לְצָרֵינוּ: וַיֹּאמֶר | לֹא כִּי
אֲנִי שַׂר־צְבָא־יהוה עַתָּה בָאתִי וַיִּפֹּל יְהוֹשֻׁעַ אֶל־פָּנָיו אַרְצָה וַיִּשְׁתָּחוּ וַיֹּאמֶר
לוֹ מָה אֲדֹנִי מְדַבֵּר אֶל־עַבְדּוֹ: וַיֹּאמֶר שַׂר־צְבָא יהוה אֶל־יְהוֹשֻׁעַ שַׁל־נַעַלְךָ
מֵעַל רַגְלֶךָ כִּי הַמָּקוֹם אֲשֶׁר אַתָּה עֹמֵד עָלָיו קֹדֶשׁ הוּא וַיַּעַשׂ יְהוֹשֻׁעַ כֵּן:
וִירִיחוֹ סֹגֶרֶת וּמְסֻגֶּרֶת מִפְּנֵי בְּנֵי יִשְׂרָאֵל אֵין יוֹצֵא וְאֵין בָּא:

יש מוסיפים (רי״ץ גיאת):

וַיְהִי יהוה אֶת־יְהוֹשֻׁעַ וַיְהִי שָׁמְעוֹ בְּכָל־הָאָרֶץ: יהושע ו, כז

קריאה ליום השני של פסח, וכן ליום הראשון של סוכות

וַיְדַבֵּר יהוה אֶל־מֹשֶׁה לֵּאמֹר: שׁוֹר אוֹ־כֶשֶׂב אוֹ־עֵז כִּי יִוָּלֵד וְהָיָה שִׁבְעַת יָמִים ויקרא
תַּחַת אִמּוֹ וּמִיּוֹם הַשְּׁמִינִי וָהָלְאָה יֵרָצֶה לְקָרְבַּן אִשֶּׁה לַיהוה: וְשׁוֹר אוֹ־שֶׂה כב, כו–כג, מד

אֹתוֹ וְאֶת־בְּנוֹ לֹא תִשְׁחֲטוּ בְּיוֹם אֶחָד: וְכִי־תִזְבְּחוּ זֶבַח־תּוֹדָה לַיהוָה לִרְצֹנְכֶם
תִּזְבָּחוּ: בַּיּוֹם הַהוּא יֵאָכֵל לֹא־תוֹתִירוּ מִמֶּנּוּ עַד־בֹּקֶר אֲנִי יהוָה: וּשְׁמַרְתֶּם
מִצְוֹתַי וַעֲשִׂיתֶם אֹתָם אֲנִי יהוָה: וְלֹא תְחַלְּלוּ אֶת־שֵׁם קָדְשִׁי וְנִקְדַּשְׁתִּי בְּתוֹךְ
בְּנֵי יִשְׂרָאֵל אֲנִי יהוָה מְקַדִּשְׁכֶם: הַמּוֹצִיא אֶתְכֶם מֵאֶרֶץ מִצְרַיִם לִהְיוֹת לָכֶם
לֵאלֹהִים אֲנִי יהוָה:

(בשבת לוי) וַיְדַבֵּר יהוָה אֶל־מֹשֶׁה לֵּאמֹר: דַּבֵּר אֶל־בְּנֵי יִשְׂרָאֵל וְאָמַרְתָּ אֲלֵהֶם מוֹעֲדֵי
יהוָה אֲשֶׁר־תִּקְרְאוּ אֹתָם מִקְרָאֵי קֹדֶשׁ אֵלֶּה הֵם מוֹעֲדָי: שֵׁשֶׁת יָמִים תֵּעָשֶׂה
מְלָאכָה וּבַיּוֹם הַשְּׁבִיעִי שַׁבַּת שַׁבָּתוֹן מִקְרָא־קֹדֶשׁ כָּל־מְלָאכָה לֹא תַעֲשׂוּ
שַׁבָּת הִוא לַיהוָה בְּכֹל מוֹשְׁבֹתֵיכֶם:

לוי (בשבת שלישי) אֵלֶּה מוֹעֲדֵי יהוָה מִקְרָאֵי קֹדֶשׁ אֲשֶׁר־תִּקְרְאוּ אֹתָם בְּמוֹעֲדָם: בַּחֹדֶשׁ
הָרִאשׁוֹן בְּאַרְבָּעָה עָשָׂר לַחֹדֶשׁ בֵּין הָעַרְבָּיִם פֶּסַח לַיהוָה: וּבַחֲמִשָּׁה עָשָׂר
יוֹם לַחֹדֶשׁ הַזֶּה חַג הַמַּצּוֹת לַיהוָה שִׁבְעַת יָמִים מַצּוֹת תֹּאכֵלוּ: בַּיּוֹם הָרִאשׁוֹן
מִקְרָא־קֹדֶשׁ יִהְיֶה לָכֶם כָּל־מְלֶאכֶת עֲבֹדָה לֹא תַעֲשׂוּ: וְהִקְרַבְתֶּם אִשֶּׁה
לַיהוָה שִׁבְעַת יָמִים בַּיּוֹם הַשְּׁבִיעִי מִקְרָא־קֹדֶשׁ כָּל־מְלֶאכֶת עֲבֹדָה לֹא
תַעֲשׂוּ:

(בשבת רביעי) וַיְדַבֵּר יהוָה אֶל־מֹשֶׁה לֵּאמֹר: דַּבֵּר אֶל־בְּנֵי יִשְׂרָאֵל וְאָמַרְתָּ אֲלֵהֶם כִּי־תָבֹאוּ
לוי בחוה"מ פסח) אֶל־הָאָרֶץ אֲשֶׁר אֲנִי נֹתֵן לָכֶם וּקְצַרְתֶּם אֶת־קְצִירָהּ וַהֲבֵאתֶם אֶת־עֹמֶר
רֵאשִׁית קְצִירְכֶם אֶל־הַכֹּהֵן: וְהֵנִיף אֶת־הָעֹמֶר לִפְנֵי יהוָה לִרְצֹנְכֶם מִמָּחֳרַת
הַשַּׁבָּת יְנִיפֶנּוּ הַכֹּהֵן: וַעֲשִׂיתֶם בְּיוֹם הֲנִיפְכֶם אֶת־הָעֹמֶר כֶּבֶשׂ תָּמִים בֶּן־
שְׁנָתוֹ לְעֹלָה לַיהוָה: וּמִנְחָתוֹ שְׁנֵי עֶשְׂרֹנִים סֹלֶת בְּלוּלָה בַשֶּׁמֶן אִשֶּׁה לַיהוָה
רֵיחַ נִיחֹחַ וְנִסְכֹּה יַיִן רְבִיעִת הַהִין: וְלֶחֶם וְקָלִי וְכַרְמֶל לֹא תֹאכְלוּ עַד־עֶצֶם
הַיּוֹם הַזֶּה עַד הֲבִיאֲכֶם אֶת־קָרְבַּן אֱלֹהֵיכֶם חֻקַּת עוֹלָם לְדֹרֹתֵיכֶם בְּכֹל
שלישי ביו"ט ובחוה"מ מֹשְׁבֹתֵיכֶם: *וּסְפַרְתֶּם לָכֶם מִמָּחֳרַת הַשַּׁבָּת מִיּוֹם הֲבִיאֲכֶם אֶת־
(בשבת חמישי) עֹמֶר הַתְּנוּפָה שֶׁבַע שַׁבָּתוֹת תְּמִימֹת תִּהְיֶינָה: עַד מִמָּחֳרַת הַשַּׁבָּת הַשְּׁבִיעִת
תִּסְפְּרוּ חֲמִשִּׁים יוֹם וְהִקְרַבְתֶּם מִנְחָה חֲדָשָׁה לַיהוָה: מִמּוֹשְׁבֹתֵיכֶם תָּבִיאוּ ׀
לֶחֶם תְּנוּפָה שְׁתַּיִם שְׁנֵי עֶשְׂרֹנִים סֹלֶת תִּהְיֶינָה חָמֵץ תֵּאָפֶינָה בִּכּוּרִים לַיהוָה:
וְהִקְרַבְתֶּם עַל־הַלֶּחֶם שִׁבְעַת כְּבָשִׂים תְּמִימִם בְּנֵי שָׁנָה וּפַר בֶּן־בָּקָר אֶחָד
וְאֵילִם שְׁנָיִם יִהְיוּ עֹלָה לַיהוָה וּמִנְחָתָם וְנִסְכֵּיהֶם אִשֵּׁה רֵיחַ־נִיחֹחַ לַיהוָה:
וַעֲשִׂיתֶם שְׂעִיר־עִזִּים אֶחָד לְחַטָּאת וּשְׁנֵי כְבָשִׂים בְּנֵי שָׁנָה לְזֶבַח שְׁלָמִים:

וְהֵנִיף הַכֹּהֵן ׀ אֹתָם עַל לֶחֶם הַבִּכֻּרִים תְּנוּפָה לִפְנֵי יהוה עַל־שְׁנֵי כְּבָשִׂים קֹדֶשׁ
יִהְיוּ לַיהוה לַכֹּהֵן: וּקְרָאתֶם בְּעֶצֶם ׀ הַיּוֹם הַזֶּה מִקְרָא־קֹדֶשׁ יִהְיֶה לָכֶם כָּל־
מְלֶאכֶת עֲבֹדָה לֹא תַעֲשׂוּ חֻקַּת עוֹלָם בְּכָל־מוֹשְׁבֹתֵיכֶם לְדֹרֹתֵיכֶם: וּבְקֻצְרְכֶם
אֶת־קְצִיר אַרְצְכֶם לֹא־תְכַלֶּה פְּאַת שָׂדְךָ בְּקֻצְרֶךָ וְלֶקֶט קְצִירְךָ לֹא תְלַקֵּט
לֶעָנִי וְלַגֵּר תַּעֲזֹב אֹתָם אֲנִי יהוה אֱלֹהֵיכֶם:

וַיְדַבֵּר יהוה אֶל־מֹשֶׁה לֵּאמֹר: דַּבֵּר אֶל־בְּנֵי יִשְׂרָאֵל לֵאמֹר בַּחֹדֶשׁ הַשְּׁבִיעִי רביעי
בְּאֶחָד לַחֹדֶשׁ יִהְיֶה לָכֶם שַׁבָּתוֹן זִכְרוֹן תְּרוּעָה מִקְרָא־קֹדֶשׁ: כָּל־מְלֶאכֶת (בשבת
עֲבֹדָה לֹא תַעֲשׂוּ וְהִקְרַבְתֶּם אִשֶּׁה לַיהוה: וַיְדַבֵּר יהוה אֶל־ שישי)
מֹשֶׁה לֵּאמֹר: אַךְ בֶּעָשׂוֹר לַחֹדֶשׁ הַשְּׁבִיעִי הַזֶּה יוֹם הַכִּפֻּרִים הוּא מִקְרָא־קֹדֶשׁ
יִהְיֶה לָכֶם וְעִנִּיתֶם אֶת־נַפְשֹׁתֵיכֶם וְהִקְרַבְתֶּם אִשֶּׁה לַיהוה: וְכָל־מְלָאכָה לֹא
תַעֲשׂוּ בְּעֶצֶם הַיּוֹם הַזֶּה כִּי יוֹם כִּפֻּרִים הוּא לְכַפֵּר עֲלֵיכֶם לִפְנֵי יהוה אֱלֹהֵיכֶם:
כִּי כָל־הַנֶּפֶשׁ אֲשֶׁר לֹא־תְעֻנֶּה בְּעֶצֶם הַיּוֹם הַזֶּה וְנִכְרְתָה מֵעַמֶּיהָ: וְכָל־הַנֶּפֶשׁ
אֲשֶׁר תַּעֲשֶׂה כָּל־מְלָאכָה בְּעֶצֶם הַיּוֹם הַזֶּה וְהַאֲבַדְתִּי אֶת־הַנֶּפֶשׁ הַהִוא
מִקֶּרֶב עַמָּהּ: כָּל־מְלָאכָה לֹא תַעֲשׂוּ חֻקַּת עוֹלָם לְדֹרֹתֵיכֶם בְּכֹל מֹשְׁבֹתֵיכֶם:
שַׁבַּת שַׁבָּתוֹן הוּא לָכֶם וְעִנִּיתֶם אֶת־נַפְשֹׁתֵיכֶם בְּתִשְׁעָה לַחֹדֶשׁ בָּעֶרֶב מֵעֶרֶב
עַד־עֶרֶב תִּשְׁבְּתוּ שַׁבַּתְּכֶם:

וַיְדַבֵּר יהוה אֶל־מֹשֶׁה לֵּאמֹר: דַּבֵּר אֶל־בְּנֵי יִשְׂרָאֵל לֵאמֹר בַּחֲמִשָּׁה עָשָׂר יוֹם חמישי
לַחֹדֶשׁ הַשְּׁבִיעִי הַזֶּה חַג הַסֻּכּוֹת שִׁבְעַת יָמִים לַיהוה: בַּיּוֹם הָרִאשׁוֹן מִקְרָא־ (בשבת
קֹדֶשׁ כָּל־מְלֶאכֶת עֲבֹדָה לֹא תַעֲשׂוּ: שִׁבְעַת יָמִים תַּקְרִיבוּ אִשֶּׁה לַיהוה בַּיּוֹם שביעי)
הַשְּׁמִינִי מִקְרָא־קֹדֶשׁ יִהְיֶה לָכֶם וְהִקְרַבְתֶּם אִשֶּׁה לַיהוה עֲצֶרֶת הִוא כָּל־
מְלֶאכֶת עֲבֹדָה לֹא תַעֲשׂוּ: אֵלֶּה מוֹעֲדֵי יהוה אֲשֶׁר־תִּקְרְאוּ אֹתָם מִקְרָאֵי
קֹדֶשׁ לְהַקְרִיב אִשֶּׁה לַיהוה עֹלָה וּמִנְחָה זֶבַח וּנְסָכִים דְּבַר־יוֹם בְּיוֹמוֹ: מִלְּבַד
שַׁבְּתֹת יהוה וּמִלְּבַד מַתְּנוֹתֵיכֶם וּמִלְּבַד כָּל־נִדְרֵיכֶם וּמִלְּבַד כָּל־נִדְבֹתֵיכֶם אֲשֶׁר
תִּתְּנוּ לַיהוה: אַךְ בַּחֲמִשָּׁה עָשָׂר יוֹם לַחֹדֶשׁ הַשְּׁבִיעִי בְּאָסְפְּכֶם אֶת־תְּבוּאַת
הָאָרֶץ תָּחֹגּוּ אֶת־חַג־יהוה שִׁבְעַת יָמִים בַּיּוֹם הָרִאשׁוֹן שַׁבָּתוֹן וּבַיּוֹם הַשְּׁמִינִי
שַׁבָּתוֹן: וּלְקַחְתֶּם לָכֶם בַּיּוֹם הָרִאשׁוֹן פְּרִי עֵץ הָדָר כַּפֹּת תְּמָרִים וַעֲנַף עֵץ־עָבֹת
וְעַרְבֵי־נָחַל וּשְׂמַחְתֶּם לִפְנֵי יהוה אֱלֹהֵיכֶם שִׁבְעַת יָמִים: וְחַגֹּתֶם אֹתוֹ חַג לַיהוה
שִׁבְעַת יָמִים בַּשָּׁנָה חֻקַּת עוֹלָם לְדֹרֹתֵיכֶם בַּחֹדֶשׁ הַשְּׁבִיעִי תָּחֹגּוּ אֹתוֹ: בַּסֻּכֹּת
תֵּשְׁבוּ שִׁבְעַת יָמִים כָּל־הָאֶזְרָח בְּיִשְׂרָאֵל יֵשְׁבוּ בַּסֻּכֹּת: לְמַעַן יֵדְעוּ דֹרֹתֵיכֶם

כִּי בַסֻּכּוֹת הוֹשַׁבְתִּי אֶת־בְּנֵי יִשְׂרָאֵל בְּהוֹצִיאִי אוֹתָם מֵאֶרֶץ מִצְרָיִם אֲנִי יְהוָה
אֱלֹהֵיכֶם: וַיְדַבֵּר מֹשֶׁה אֶת־מֹעֲדֵי יְהוָה אֶל־בְּנֵי יִשְׂרָאֵל:

בסוכות אומרים חצי קדיש (עמ׳ 242), וקוראים למפטיר מספר התורה השני ׳וּבַחֲמִשָּׁה עָשָׂר יוֹם׳ (עמ׳ 618). בחול המועד פסח קוראים לרביעי מהספר השני ׳וְהִקְרַבְתֶּם׳ למטה ואומרים חצי קדיש אחריו.

קריאה ליום השלישי של פסח

אם היום השלישי של פסח חל בשבת, קוראים את הקריאה לשבת חול המועד (עמ׳ 606).

שמות יג, א–טז וַיְדַבֵּר יְהוָה אֶל־מֹשֶׁה לֵּאמֹר: קַדֶּשׁ־לִי כָל־בְּכוֹר פֶּטֶר כָּל־רֶחֶם בִּבְנֵי יִשְׂרָאֵל
בָּאָדָם וּבַבְּהֵמָה לִי הוּא: וַיֹּאמֶר מֹשֶׁה אֶל־הָעָם זָכוֹר אֶת־הַיּוֹם הַזֶּה אֲשֶׁר
יְצָאתֶם מִמִּצְרַיִם מִבֵּית עֲבָדִים כִּי בְּחֹזֶק יָד הוֹצִיא יְהוָה אֶתְכֶם מִזֶּה וְלֹא יֵאָכֵל
לוי חָמֵץ: הַיּוֹם אַתֶּם יֹצְאִים בְּחֹדֶשׁ הָאָבִיב: *וְהָיָה כִי־יְבִיאֲךָ יְהוָה אֶל־אֶרֶץ
הַכְּנַעֲנִי וְהַחִתִּי וְהָאֱמֹרִי וְהַחִוִּי וְהַיְבוּסִי אֲשֶׁר נִשְׁבַּע לַאֲבֹתֶיךָ לָתֶת לָךְ אֶרֶץ
זָבַת חָלָב וּדְבָשׁ וְעָבַדְתָּ אֶת־הָעֲבֹדָה הַזֹּאת בַּחֹדֶשׁ הַזֶּה: שִׁבְעַת יָמִים תֹּאכַל
מַצֹּת וּבַיּוֹם הַשְּׁבִיעִי חַג לַיהוָה: מַצּוֹת יֵאָכֵל אֵת שִׁבְעַת הַיָּמִים וְלֹא־יֵרָאֶה
לְךָ חָמֵץ וְלֹא־יֵרָאֶה לְךָ שְׂאֹר בְּכָל־גְּבֻלֶךָ: וְהִגַּדְתָּ לְבִנְךָ בַּיּוֹם הַהוּא לֵאמֹר
בַּעֲבוּר זֶה עָשָׂה יְהוָה לִי בְּצֵאתִי מִמִּצְרָיִם: וְהָיָה לְךָ לְאוֹת עַל־יָדְךָ וּלְזִכָּרוֹן
בֵּין עֵינֶיךָ לְמַעַן תִּהְיֶה תּוֹרַת יְהוָה בְּפִיךָ כִּי בְּיָד חֲזָקָה הוֹצִאֲךָ יְהוָה מִמִּצְרָיִם:
וְשָׁמַרְתָּ אֶת־הַחֻקָּה הַזֹּאת לְמוֹעֲדָהּ מִיָּמִים יָמִימָה:
שלישי וְהָיָה כִּי־יְבִאֲךָ יְהוָה אֶל־אֶרֶץ הַכְּנַעֲנִי כַּאֲשֶׁר נִשְׁבַּע לְךָ וְלַאֲבֹתֶיךָ וּנְתָנָהּ לָךְ:
וְהַעֲבַרְתָּ כָל־פֶּטֶר־רֶחֶם לַיהוָה וְכָל־פֶּטֶר ׀ שֶׁגֶר בְּהֵמָה אֲשֶׁר יִהְיֶה לְךָ הַזְּכָרִים
לַיהוָה: וְכָל־פֶּטֶר חֲמֹר תִּפְדֶּה בְשֶׂה וְאִם־לֹא תִפְדֶּה וַעֲרַפְתּוֹ וְכֹל בְּכוֹר אָדָם
בְּבָנֶיךָ תִּפְדֶּה: וְהָיָה כִּי־יִשְׁאָלְךָ בִנְךָ מָחָר לֵאמֹר מַה־זֹּאת וְאָמַרְתָּ אֵלָיו בְּחֹזֶק
יָד הוֹצִיאָנוּ יְהוָה מִמִּצְרַיִם מִבֵּית עֲבָדִים: וַיְהִי כִּי־הִקְשָׁה פַרְעֹה לְשַׁלְּחֵנוּ
וַיַּהֲרֹג יְהוָה כָּל־בְּכוֹר בְּאֶרֶץ מִצְרַיִם מִבְּכֹר אָדָם וְעַד־בְּכוֹר בְּהֵמָה עַל־כֵּן אֲנִי
זֹבֵחַ לַיהוָה כָּל־פֶּטֶר רֶחֶם הַזְּכָרִים וְכָל־בְּכוֹר בָּנַי אֶפְדֶּה: וְהָיָה לְאוֹת עַל־יָדְכָה
וּלְטוֹטָפֹת בֵּין עֵינֶיךָ כִּי בְּחֹזֶק יָד הוֹצִיאָנוּ יְהוָה מִמִּצְרָיִם:

לרביעי קוראים מספר התורה השני:

במדבר כח, יט–כה וְהִקְרַבְתֶּם אִשֶּׁה עֹלָה לַיהוָה פָּרִים בְּנֵי־בָקָר שְׁנַיִם וְאַיִל אֶחָד וְשִׁבְעָה כְבָשִׂים
בְּנֵי שָׁנָה תְּמִימִם יִהְיוּ לָכֶם: וּמִנְחָתָם סֹלֶת בְּלוּלָה בַשָּׁמֶן שְׁלֹשָׁה עֶשְׂרֹנִים
לַפָּר וּשְׁנֵי עֶשְׂרֹנִים לָאַיִל תַּעֲשׂוּ: עִשָּׂרוֹן עִשָּׂרוֹן תַּעֲשֶׂה לַכֶּבֶשׂ הָאֶחָד לְשִׁבְעַת

הַכְּבָשִׂים: וּשְׂעִיר חַטָּאת אֶחָד לְכַפֵּר עֲלֵיכֶם: מִלְּבַד עֹלַת הַבֹּקֶר אֲשֶׁר לְעֹלַת
הַתָּמִיד תַּעֲשׂוּ אֶת־אֵלֶּה: כָּאֵלֶּה תַּעֲשׂוּ לַיּוֹם שִׁבְעַת יָמִים לֶחֶם אִשֵּׁה רֵיחַ־
נִיחֹחַ לַיהוָה עַל־עוֹלַת הַתָּמִיד יֵעָשֶׂה וְנִסְכּוֹ: וּבַיּוֹם הַשְּׁבִיעִי מִקְרָא־קֹדֶשׁ
יִהְיֶה לָכֶם כָּל־מְלֶאכֶת עֲבֹדָה לֹא תַעֲשׂוּ:

קריאה ליום הרביעי של פסח

אם היום הרביעי של פסח חל ביום ראשון, קוראים ״וַיְדַבֵּר ה׳״ בעמוד הקודם.

אִם־כֶּסֶף ׀ תַּלְוֶה אֶת־עַמִּי אֶת־הֶעָנִי עִמָּךְ לֹא־תִהְיֶה לוֹ כְּנֹשֶׁה לֹא־תְשִׂימוּן שמות כב, כד–כג, יט
עָלָיו נֶשֶׁךְ: אִם־חָבֹל תַּחְבֹּל שַׂלְמַת רֵעֶךָ עַד־בֹּא הַשֶּׁמֶשׁ תְּשִׁיבֶנּוּ לוֹ: כִּי הִוא
כְסוּתֹה לְבַדָּהּ הִוא שִׂמְלָתוֹ לְעֹרוֹ בַּמֶּה יִשְׁכָּב וְהָיָה כִּי־יִצְעַק אֵלַי וְשָׁמַעְתִּי
כִּי־חַנּוּן אָנִי: *אֱלֹהִים לֹא תְקַלֵּל וְנָשִׂיא בְעַמְּךָ לֹא תָאֹר: מְלֵאָתְךָ לוי
וְדִמְעֲךָ לֹא תְאַחֵר בְּכוֹר בָּנֶיךָ תִּתֶּן־לִי: כֵּן־תַּעֲשֶׂה לְשֹׁרְךָ לְצֹאנֶךָ שִׁבְעַת יָמִים
יִהְיֶה עִם־אִמּוֹ בַּיּוֹם הַשְּׁמִינִי תִּתְּנוֹ־לִי: וְאַנְשֵׁי־קֹדֶשׁ תִּהְיוּן לִי וּבָשָׂר בַּשָּׂדֶה
טְרֵפָה לֹא תֹאכֵלוּ לַכֶּלֶב תַּשְׁלִכוּן אֹתוֹ: לֹא תִשָּׂא שֵׁמַע שָׁוְא
אַל־תָּשֶׁת יָדְךָ עִם־רָשָׁע לִהְיֹת עֵד חָמָס: לֹא־תִהְיֶה אַחֲרֵי־רַבִּים לְרָעֹת וְלֹא־
תַעֲנֶה עַל־רִב לִנְטֹת אַחֲרֵי רַבִּים לְהַטֹּת: וְדָל לֹא תֶהְדַּר בְּרִיבוֹ: כִּי
תִפְגַּע שׁוֹר אֹיִבְךָ אוֹ חֲמֹרוֹ תֹּעֶה הָשֵׁב תְּשִׁיבֶנּוּ לוֹ: כִּי־תִרְאֶה חֲמוֹר
שֹׂנַאֲךָ רֹבֵץ תַּחַת מַשָּׂאוֹ וְחָדַלְתָּ מֵעֲזֹב לוֹ עָזֹב תַּעֲזֹב עִמּוֹ: *לֹא שלישי
תַטֶּה מִשְׁפַּט אֶבְיֹנְךָ בְּרִיבוֹ: מִדְּבַר־שֶׁקֶר תִּרְחָק וְנָקִי וְצַדִּיק אַל־תַּהֲרֹג כִּי לֹא־
אַצְדִּיק רָשָׁע: וְשֹׁחַד לֹא תִקָּח כִּי הַשֹּׁחַד יְעַוֵּר פִּקְחִים וִיסַלֵּף דִּבְרֵי צַדִּיקִים:
וְגֵר לֹא תִלְחָץ וְאַתֶּם יְדַעְתֶּם אֶת־נֶפֶשׁ הַגֵּר כִּי־גֵרִים הֱיִיתֶם בְּאֶרֶץ מִצְרָיִם:
וְשֵׁשׁ שָׁנִים תִּזְרַע אֶת־אַרְצֶךָ וְאָסַפְתָּ אֶת־תְּבוּאָתָהּ: וְהַשְּׁבִיעִת תִּשְׁמְטֶנָּה
וּנְטַשְׁתָּהּ וְאָכְלוּ אֶבְיֹנֵי עַמֶּךָ וְיִתְרָם תֹּאכַל חַיַּת הַשָּׂדֶה כֵּן־תַּעֲשֶׂה לְכַרְמְךָ
לְזֵיתֶךָ: שֵׁשֶׁת יָמִים תַּעֲשֶׂה מַעֲשֶׂיךָ וּבַיּוֹם הַשְּׁבִיעִי תִּשְׁבֹּת לְמַעַן יָנוּחַ שׁוֹרְךָ
וַחֲמֹרֶךָ וְיִנָּפֵשׁ בֶּן־אֲמָתְךָ וְהַגֵּר: וּבְכֹל אֲשֶׁר־אָמַרְתִּי אֲלֵיכֶם תִּשָּׁמֵרוּ וְשֵׁם
אֱלֹהִים אֲחֵרִים לֹא תַזְכִּירוּ לֹא יִשָּׁמַע עַל־פִּיךָ: שָׁלֹשׁ רְגָלִים תָּחֹג לִי בַּשָּׁנָה:
אֶת־חַג הַמַּצּוֹת תִּשְׁמֹר שִׁבְעַת יָמִים תֹּאכַל מַצּוֹת כַּאֲשֶׁר צִוִּיתִךָ לְמוֹעֵד חֹדֶשׁ
הָאָבִיב כִּי־בוֹ יָצָאתָ מִמִּצְרָיִם וְלֹא־יֵרָאוּ פָנַי רֵיקָם: וְחַג הַקָּצִיר בִּכּוּרֵי מַעֲשֶׂיךָ
אֲשֶׁר תִּזְרַע בַּשָּׂדֶה וְחַג הָאָסִף בְּצֵאת הַשָּׁנָה בְּאָסְפְּךָ אֶת־מַעֲשֶׂיךָ מִן־הַשָּׂדֶה:
שָׁלֹשׁ פְּעָמִים בַּשָּׁנָה יֵרָאֶה כָּל־זְכוּרְךָ אֶל־פְּנֵי הָאָדֹן ׀ יְהוָה: לֹא־תִזְבַּח עַל־

חָמֵץ דַּם־זִבְחִי וְלֹא־יָלִין חֵלֶב־חַגִּי עַד־בֹּקֶר: רֵאשִׁית בִּכּוּרֵי אַדְמָתְךָ תָּבִיא בֵּית יהוה אֱלֹהֶיךָ לֹא־תְבַשֵּׁל גְּדִי בַּחֲלֵב אִמּוֹ:

לרביעי קוראים מספר התורה השני:

במדבר כח, יט–כה וְהִקְרַבְתֶּם אִשֶּׁה עֹלָה לַיהוה פָּרִים בְּנֵי־בָקָר שְׁנַיִם וְאַיִל אֶחָד וְשִׁבְעָה כְבָשִׂים בְּנֵי שָׁנָה תְּמִימִם יִהְיוּ לָכֶם: וּמִנְחָתָם סֹלֶת בְּלוּלָה בַשָּׁמֶן שְׁלֹשָׁה עֶשְׂרֹנִים לַפָּר וּשְׁנֵי עֶשְׂרֹנִים לָאַיִל תַּעֲשׂוּ: עִשָּׂרוֹן עִשָּׂרוֹן תַּעֲשֶׂה לַכֶּבֶשׂ הָאֶחָד לְשִׁבְעַת הַכְּבָשִׂים: וּשְׂעִיר חַטָּאת אֶחָד לְכַפֵּר עֲלֵיכֶם: מִלְּבַד עֹלַת הַבֹּקֶר אֲשֶׁר לְעֹלַת הַתָּמִיד תַּעֲשׂוּ אֶת־אֵלֶּה: כָּאֵלֶּה תַּעֲשׂוּ לַיּוֹם שִׁבְעַת יָמִים לֶחֶם אִשֵּׁה רֵיחַ־נִיחֹחַ לַיהוה עַל־עוֹלַת הַתָּמִיד יֵעָשֶׂה וְנִסְכּוֹ: וּבַיּוֹם הַשְּׁבִיעִי מִקְרָא־קֹדֶשׁ יִהְיֶה לָכֶם כָּל־מְלֶאכֶת עֲבֹדָה לֹא תַעֲשׂוּ:

קריאה ליום החמישי של פסח

אם היום החמישי של פסח חל בשבת, קוראים את הקריאה לשבת חול המועד (עמ׳ 606).
ואם חל ביום שני קוראים ׳אִם־כֶּסֶף׳ בעמוד הקודם.

שמות לד, א–כו וַיֹּאמֶר יהוה אֶל־מֹשֶׁה פְּסָל־לְךָ שְׁנֵי־לֻחֹת אֲבָנִים כָּרִאשֹׁנִים וְכָתַבְתִּי עַל־
הַלֻּחֹת אֶת־הַדְּבָרִים אֲשֶׁר הָיוּ עַל־הַלֻּחֹת הָרִאשֹׁנִים אֲשֶׁר שִׁבַּרְתָּ: וֶהְיֵה
נָכוֹן לַבֹּקֶר וְעָלִיתָ בַבֹּקֶר אֶל־הַר סִינַי וְנִצַּבְתָּ לִי שָׁם עַל־רֹאשׁ הָהָר: וְאִישׁ
לֹא־יַעֲלֶה עִמָּךְ וְגַם־אִישׁ אַל־יֵרָא בְּכָל־הָהָר גַּם־הַצֹּאן וְהַבָּקָר אַל־יִרְעוּ אֶל־
לוי מוּל הָהָר הַהוּא: *וַיִּפְסֹל שְׁנֵי־לֻחֹת אֲבָנִים כָּרִאשֹׁנִים וַיַּשְׁכֵּם מֹשֶׁה בַבֹּקֶר
וַיַּעַל אֶל־הַר סִינַי כַּאֲשֶׁר צִוָּה יהוה אֹתוֹ וַיִּקַּח בְּיָדוֹ שְׁנֵי לֻחֹת אֲבָנִים: וַיֵּרֶד
יהוה בֶּעָנָן וַיִּתְיַצֵּב עִמּוֹ שָׁם וַיִּקְרָא בְשֵׁם יהוה: וַיַּעֲבֹר יהוה ׀ עַל־פָּנָיו וַיִּקְרָא
יהוה ׀ יהוה אֵל רַחוּם וְחַנּוּן אֶרֶךְ אַפַּיִם וְרַב־חֶסֶד וֶאֱמֶת: נֹצֵר חֶסֶד לָאֲלָפִים
נֹשֵׂא עָוֹן וָפֶשַׁע וְחַטָּאָה וְנַקֵּה לֹא יְנַקֶּה פֹּקֵד ׀ עֲוֹן אָבוֹת עַל־בָּנִים וְעַל־בְּנֵי
בָנִים עַל־שִׁלֵּשִׁים וְעַל־רִבֵּעִים: וַיְמַהֵר מֹשֶׁה וַיִּקֹּד אַרְצָה וַיִּשְׁתָּחוּ: וַיֹּאמֶר
אִם־נָא מָצָאתִי חֵן בְּעֵינֶיךָ אֲדֹנָי יֵלֶךְ־נָא אֲדֹנָי בְּקִרְבֵּנוּ כִּי עַם־קְשֵׁה־עֹרֶף
הוּא וְסָלַחְתָּ לַעֲוֹנֵנוּ וּלְחַטָּאתֵנוּ וּנְחַלְתָּנוּ: וַיֹּאמֶר הִנֵּה אָנֹכִי כֹּרֵת בְּרִית נֶגֶד
כָּל־עַמְּךָ אֶעֱשֶׂה נִפְלָאֹת אֲשֶׁר לֹא־נִבְרְאוּ בְכָל־הָאָרֶץ וּבְכָל־הַגּוֹיִם וְרָאָה
כָל־הָעָם אֲשֶׁר־אַתָּה בְקִרְבּוֹ אֶת־מַעֲשֵׂה יהוה כִּי־נוֹרָא הוּא אֲשֶׁר אֲנִי עֹשֶׂה
שלישי עִמָּךְ: *שְׁמָר־לְךָ אֵת אֲשֶׁר אָנֹכִי מְצַוְּךָ הַיּוֹם הִנְנִי גֹרֵשׁ מִפָּנֶיךָ אֶת־הָאֱמֹרִי
וְהַכְּנַעֲנִי וְהַחִתִּי וְהַפְּרִזִּי וְהַחִוִּי וְהַיְבוּסִי: הִשָּׁמֶר לְךָ פֶּן־תִּכְרֹת בְּרִית לְיוֹשֵׁב

הָאָרֶץ אֲשֶׁר אַתָּה בָּא עָלֶיהָ פֶּן־יִהְיֶה לְמוֹקֵשׁ בְּקִרְבֶּךָ: כִּי אֶת־מִזְבְּחֹתָם
תִּתֹּצוּן וְאֶת־מַצֵּבֹתָם תְּשַׁבֵּרוּן וְאֶת־אֲשֵׁרָיו תִּכְרֹתוּן: כִּי לֹא תִשְׁתַּחֲוֶה לְאֵל
אַחֵר כִּי יהוה קַנָּא שְׁמוֹ אֵל קַנָּא הוּא: פֶּן־תִּכְרֹת בְּרִית לְיוֹשֵׁב הָאָרֶץ וְזָנוּ ׀
אַחֲרֵי אֱלֹהֵיהֶם וְזָבְחוּ לֵאלֹהֵיהֶם וְקָרָא לְךָ וְאָכַלְתָּ מִזִּבְחוֹ: וְלָקַחְתָּ מִבְּנֹתָיו
לְבָנֶיךָ וְזָנוּ בְנֹתָיו אַחֲרֵי אֱלֹהֵיהֶן וְהִזְנוּ אֶת־בָּנֶיךָ אַחֲרֵי אֱלֹהֵיהֶן: אֱלֹהֵי מַסֵּכָה
לֹא תַעֲשֶׂה־לָּךְ: אֶת־חַג הַמַּצּוֹת תִּשְׁמֹר שִׁבְעַת יָמִים תֹּאכַל מַצּוֹת אֲשֶׁר
צִוִּיתִךָ לְמוֹעֵד חֹדֶשׁ הָאָבִיב כִּי בְּחֹדֶשׁ הָאָבִיב יָצָאתָ מִמִּצְרָיִם: כָּל־פֶּטֶר
רֶחֶם לִי וְכָל־מִקְנְךָ תִּזָּכָר פֶּטֶר שׁוֹר וָשֶׂה: וּפֶטֶר חֲמוֹר תִּפְדֶּה בְשֶׂה וְאִם־
לֹא תִפְדֶּה וַעֲרַפְתּוֹ כֹּל בְּכוֹר בָּנֶיךָ תִּפְדֶּה וְלֹא־יֵרָאוּ פָנַי רֵיקָם: שֵׁשֶׁת יָמִים
תַּעֲבֹד וּבַיּוֹם הַשְּׁבִיעִי תִּשְׁבֹּת בֶּחָרִישׁ וּבַקָּצִיר תִּשְׁבֹּת: וְחַג שָׁבֻעֹת תַּעֲשֶׂה
לְךָ בִּכּוּרֵי קְצִיר חִטִּים וְחַג הָאָסִיף תְּקוּפַת הַשָּׁנָה: שָׁלֹשׁ פְּעָמִים בַּשָּׁנָה
יֵרָאֶה כָּל־זְכוּרְךָ אֶת־פְּנֵי הָאָדֹן ׀ יהוה אֱלֹהֵי יִשְׂרָאֵל: כִּי־אוֹרִישׁ גּוֹיִם מִפָּנֶיךָ
וְהִרְחַבְתִּי אֶת־גְּבֻלֶךָ וְלֹא־יַחְמֹד אִישׁ אֶת־אַרְצְךָ בַּעֲלֹתְךָ לֵרָאוֹת אֶת־פְּנֵי
יהוה אֱלֹהֶיךָ שָׁלֹשׁ פְּעָמִים בַּשָּׁנָה: לֹא־תִשְׁחַט עַל־חָמֵץ דַּם־זִבְחִי וְלֹא־יָלִין
לַבֹּקֶר זֶבַח חַג הַפָּסַח: רֵאשִׁית בִּכּוּרֵי אַדְמָתְךָ תָּבִיא בֵּית יהוה אֱלֹהֶיךָ לֹא־
תְבַשֵּׁל גְּדִי בַּחֲלֵב אִמּוֹ:

לרביעי קוראים מספר התורה השני:

וְהִקְרַבְתֶּם אִשֶּׁה עֹלָה לַיהוה פָּרִים בְּנֵי־בָקָר שְׁנַיִם וְאַיִל אֶחָד וְשִׁבְעָה כְבָשִׂים במדבר כח, יט–כה
בְּנֵי שָׁנָה תְּמִימִם יִהְיוּ לָכֶם: וּמִנְחָתָם סֹלֶת בְּלוּלָה בַשָּׁמֶן שְׁלֹשָׁה עֶשְׂרֹנִים
לַפָּר וּשְׁנֵי עֶשְׂרֹנִים לָאַיִל תַּעֲשׂוּ: עִשָּׂרוֹן עִשָּׂרוֹן תַּעֲשֶׂה לַכֶּבֶשׂ הָאֶחָד לְשִׁבְעַת
הַכְּבָשִׂים: וּשְׂעִיר חַטָּאת אֶחָד לְכַפֵּר עֲלֵיכֶם: מִלְּבַד עֹלַת הַבֹּקֶר אֲשֶׁר לְעֹלַת
הַתָּמִיד תַּעֲשׂוּ אֶת־אֵלֶּה: כָּאֵלֶּה תַּעֲשׂוּ לַיּוֹם שִׁבְעַת יָמִים לֶחֶם אִשֵּׁה רֵיחַ־
נִיחֹחַ לַיהוה עַל־עוֹלַת הַתָּמִיד יֵעָשֶׂה וְנִסְכּוֹ: וּבַיּוֹם הַשְּׁבִיעִי מִקְרָא־קֹדֶשׁ
יִהְיֶה לָכֶם כָּל־מְלֶאכֶת עֲבֹדָה לֹא תַעֲשׂוּ:

קריאה ליום השישי של פסח

וַיְדַבֵּר יהוה אֶל־מֹשֶׁה בְמִדְבַּר־סִינַי בַּשָּׁנָה הַשֵּׁנִית לְצֵאתָם מֵאֶרֶץ מִצְרַיִם במדבר ט, א–יד
בַּחֹדֶשׁ הָרִאשׁוֹן לֵאמֹר: וְיַעֲשׂוּ בְנֵי־יִשְׂרָאֵל אֶת־הַפָּסַח בְּמוֹעֲדוֹ: בְּאַרְבָּעָה
עָשָׂר־יוֹם בַּחֹדֶשׁ הַזֶּה בֵּין הָעַרְבַּיִם תַּעֲשׂוּ אֹתוֹ בְּמֹעֲדוֹ כְּכָל־חֻקֹּתָיו וּכְכָל־

מִשְׁפָּטָיו תַּעֲשׂוּ אֹתוֹ: וַיְדַבֵּר מֹשֶׁה אֶל־בְּנֵי יִשְׂרָאֵל לַעֲשֹׂת הַפָּסַח: וַיַּעֲשׂוּ
אֶת־הַפֶּסַח בָּרִאשׁוֹן בְּאַרְבָּעָה עָשָׂר יוֹם לַחֹדֶשׁ בֵּין הָעַרְבַּיִם בְּמִדְבַּר סִינָי
לוי כְּכֹל אֲשֶׁר צִוָּה יהוה אֶת־מֹשֶׁה כֵּן עָשׂוּ בְּנֵי יִשְׂרָאֵל: *וַיְהִי אֲנָשִׁים אֲשֶׁר הָיוּ
טְמֵאִים לְנֶפֶשׁ אָדָם וְלֹא־יָכְלוּ לַעֲשֹׂת־הַפֶּסַח בַּיּוֹם הַהוּא וַיִּקְרְבוּ לִפְנֵי מֹשֶׁה
וְלִפְנֵי אַהֲרֹן בַּיּוֹם הַהוּא: וַיֹּאמְרוּ הָאֲנָשִׁים הָהֵמָּה אֵלָיו אֲנַחְנוּ טְמֵאִים לְנֶפֶשׁ
אָדָם לָמָּה נִגָּרַע לְבִלְתִּי הַקְרִב אֶת־קָרְבַּן יהוה בְּמֹעֲדוֹ בְּתוֹךְ בְּנֵי יִשְׂרָאֵל:
וַיֹּאמֶר אֲלֵהֶם מֹשֶׁה עִמְדוּ וְאֶשְׁמְעָה מַה־יְצַוֶּה יהוה לָכֶם:
שלישי וַיְדַבֵּר יהוה אֶל־מֹשֶׁה לֵּאמֹר: דַּבֵּר אֶל־בְּנֵי יִשְׂרָאֵל לֵאמֹר אִישׁ אִישׁ כִּי־
יִהְיֶה טָמֵא ׀ לָנֶפֶשׁ אוֹ בְדֶרֶךְ רְחֹקָה לָכֶם אוֹ לְדֹרֹתֵיכֶם וְעָשָׂה פֶסַח לַיהוה:
בַּחֹדֶשׁ הַשֵּׁנִי בְּאַרְבָּעָה עָשָׂר יוֹם בֵּין הָעַרְבַּיִם יַעֲשׂוּ אֹתוֹ עַל־מַצּוֹת וּמְרֹרִים
יֹאכְלֻהוּ: לֹא־יַשְׁאִירוּ מִמֶּנּוּ עַד־בֹּקֶר וְעֶצֶם לֹא יִשְׁבְּרוּ־בוֹ כְּכָל־חֻקַּת הַפֶּסַח
יַעֲשׂוּ אֹתוֹ: וְהָאִישׁ אֲשֶׁר־הוּא טָהוֹר וּבְדֶרֶךְ לֹא־הָיָה וְחָדַל לַעֲשׂוֹת הַפֶּסַח
וְנִכְרְתָה הַנֶּפֶשׁ הַהִוא מֵעַמֶּיהָ כִּי ׀ קָרְבַּן יהוה לֹא הִקְרִיב בְּמֹעֲדוֹ חֶטְאוֹ יִשָּׂא
הָאִישׁ הַהוּא: וְכִי־יָגוּר אִתְּכֶם גֵּר וְעָשָׂה פֶסַח לַיהוה כְּחֻקַּת הַפֶּסַח וּכְמִשְׁפָּטוֹ
כֵּן יַעֲשֶׂה חֻקָּה אַחַת יִהְיֶה לָכֶם וְלַגֵּר וּלְאֶזְרַח הָאָרֶץ:

לרביעי קוראים מספר התורה השני:

במדבר כח, יט-כה וְהִקְרַבְתֶּם אִשֶּׁה עֹלָה לַיהוה פָּרִים בְּנֵי־בָקָר שְׁנַיִם וְאַיִל אֶחָד וְשִׁבְעָה כְבָשִׂים
בְּנֵי שָׁנָה תְּמִימִם יִהְיוּ לָכֶם: וּמִנְחָתָם סֹלֶת בְּלוּלָה בַשָּׁמֶן שְׁלֹשָׁה עֶשְׂרֹנִים
לַפָּר וּשְׁנֵי עֶשְׂרֹנִים לָאַיִל תַּעֲשׂוּ: עִשָּׂרוֹן עִשָּׂרוֹן תַּעֲשֶׂה לַכֶּבֶשׂ הָאֶחָד לְשִׁבְעַת
הַכְּבָשִׂים: וּשְׂעִיר חַטָּאת אֶחָד לְכַפֵּר עֲלֵיכֶם: מִלְּבַד עֹלַת הַבֹּקֶר אֲשֶׁר לְעֹלַת
הַתָּמִיד תַּעֲשׂוּ אֶת־אֵלֶּה: כָּאֵלֶּה תַּעֲשׂוּ לַיּוֹם שִׁבְעַת יָמִים לֶחֶם אִשֵּׁה רֵיחַ־
נִיחֹחַ לַיהוה עַל־עוֹלַת הַתָּמִיד יֵעָשֶׂה וְנִסְכּוֹ: וּבַיּוֹם הַשְּׁבִיעִי מִקְרָא־קֹדֶשׁ
יִהְיֶה לָכֶם כָּל־מְלֶאכֶת עֲבֹדָה לֹא תַעֲשׂוּ:

קריאה לשבת חול המועד פסח וסוכות

שמות לג, יב-לד, כו וַיֹּאמֶר מֹשֶׁה אֶל־יהוה רְאֵה אַתָּה אֹמֵר אֵלַי הַעַל אֶת־הָעָם הַזֶּה וְאַתָּה לֹא
הוֹדַעְתַּנִי אֵת אֲשֶׁר־תִּשְׁלַח עִמִּי וְאַתָּה אָמַרְתָּ יְדַעְתִּיךָ בְשֵׁם וְגַם־מָצָאתָ
חֵן בְּעֵינָי: וְעַתָּה אִם־נָא מָצָאתִי חֵן בְּעֵינֶיךָ הוֹדִעֵנִי נָא אֶת־דְּרָכֶךָ וְאֵדָעֲךָ
לְמַעַן אֶמְצָא־חֵן בְּעֵינֶיךָ וּרְאֵה כִּי עַמְּךָ הַגּוֹי הַזֶּה: וַיֹּאמַר פָּנַי יֵלֵכוּ וַהֲנִחֹתִי

לָךְ: וַיֹּאמֶר אֵלָיו אִם־אֵין פָּנֶיךָ הֹלְכִים אַל־תַּעֲלֵנוּ מִזֶּה: וּבַמֶּה ׀ יִוָּדַע אֵפוֹא
כִּי־מָצָאתִי חֵן בְּעֵינֶיךָ אֲנִי וְעַמֶּךָ הֲלוֹא בְּלֶכְתְּךָ עִמָּנוּ וְנִפְלֵינוּ אֲנִי וְעַמְּךָ
מִכָּל־הָעָם אֲשֶׁר עַל־פְּנֵי הָאֲדָמָה:
לוי וַיֹּאמֶר יהוה אֶל־מֹשֶׁה גַּם אֶת־הַדָּבָר הַזֶּה אֲשֶׁר דִּבַּרְתָּ אֶעֱשֶׂה כִּי־מָצָאתָ
חֵן בְּעֵינַי וָאֵדָעֲךָ בְּשֵׁם: וַיֹּאמַר הַרְאֵנִי נָא אֶת־כְּבֹדֶךָ: וַיֹּאמֶר אֲנִי אַעֲבִיר
כָּל־טוּבִי עַל־פָּנֶיךָ וְקָרָאתִי בְשֵׁם יהוה לְפָנֶיךָ וְחַנֹּתִי אֶת־אֲשֶׁר אָחֹן וְרִחַמְתִּי
שלישי אֶת־אֲשֶׁר אֲרַחֵם: *וַיֹּאמֶר לֹא תוּכַל לִרְאֹת אֶת־פָּנָי כִּי לֹא־יִרְאַנִי הָאָדָם וָחָי:
וַיֹּאמֶר יהוה הִנֵּה מָקוֹם אִתִּי וְנִצַּבְתָּ עַל־הַצּוּר: וְהָיָה בַּעֲבֹר כְּבֹדִי וְשַׂמְתִּיךָ
בְּנִקְרַת הַצּוּר וְשַׂכֹּתִי כַפִּי עָלֶיךָ עַד־עָבְרִי: וַהֲסִרֹתִי אֶת־כַּפִּי וְרָאִיתָ אֶת־
אֲחֹרָי וּפָנַי לֹא יֵרָאוּ:
רביעי וַיֹּאמֶר יהוה אֶל־מֹשֶׁה פְּסָל־לְךָ שְׁנֵי־לֻחֹת אֲבָנִים כָּרִאשֹׁנִים וְכָתַבְתִּי עַל־
הַלֻּחֹת אֶת־הַדְּבָרִים אֲשֶׁר הָיוּ עַל־הַלֻּחֹת הָרִאשֹׁנִים אֲשֶׁר שִׁבַּרְתָּ: וֶהְיֵה
נָכוֹן לַבֹּקֶר וְעָלִיתָ בַבֹּקֶר אֶל־הַר סִינַי וְנִצַּבְתָּ לִי שָׁם עַל־רֹאשׁ הָהָר: וְאִישׁ
לֹא־יַעֲלֶה עִמָּךְ וְגַם־אִישׁ אַל־יֵרָא בְּכָל־הָהָר גַּם־הַצֹּאן וְהַבָּקָר אַל־יִרְעוּ אֶל־
חמישי מוּל הָהָר הַהוּא: *וַיִּפְסֹל שְׁנֵי־לֻחֹת אֲבָנִים כָּרִאשֹׁנִים וַיַּשְׁכֵּם מֹשֶׁה בַבֹּקֶר
וַיַּעַל אֶל־הַר סִינַי כַּאֲשֶׁר צִוָּה יהוה אֹתוֹ וַיִּקַּח בְּיָדוֹ שְׁנֵי לֻחֹת אֲבָנִים: וַיֵּרֶד
יהוה בֶּעָנָן וַיִּתְיַצֵּב עִמּוֹ שָׁם וַיִּקְרָא בְשֵׁם יהוה: וַיַּעֲבֹר יהוה ׀ עַל־פָּנָיו וַיִּקְרָא
יהוה ׀ יהוה אֵל רַחוּם וְחַנּוּן אֶרֶךְ אַפַּיִם וְרַב־חֶסֶד וֶאֱמֶת: נֹצֵר חֶסֶד לָאֲלָפִים
נֹשֵׂא עָוֺן וָפֶשַׁע וְחַטָּאָה וְנַקֵּה לֹא יְנַקֶּה פֹּקֵד ׀ עֲוֺן אָבוֹת עַל־בָּנִים וְעַל־בְּנֵי
בָנִים עַל־שִׁלֵּשִׁים וְעַל־רִבֵּעִים: וַיְמַהֵר מֹשֶׁה וַיִּקֹּד אַרְצָה וַיִּשְׁתָּחוּ: וַיֹּאמֶר
אִם־נָא מָצָאתִי חֵן בְּעֵינֶיךָ אֲדֹנָי יֵלֶךְ־נָא אֲדֹנָי בְּקִרְבֵּנוּ כִּי עַם־קְשֵׁה־עֹרֶף
הוּא וְסָלַחְתָּ לַעֲוֺנֵנוּ וּלְחַטָּאתֵנוּ וּנְחַלְתָּנוּ: וַיֹּאמֶר הִנֵּה אָנֹכִי כֹּרֵת בְּרִית נֶגֶד
כָּל־עַמְּךָ אֶעֱשֶׂה נִפְלָאֹת אֲשֶׁר לֹא־נִבְרְאוּ בְכָל־הָאָרֶץ וּבְכָל־הַגּוֹיִם וְרָאָה
כָל־הָעָם אֲשֶׁר־אַתָּה בְקִרְבּוֹ אֶת־מַעֲשֵׂה יהוה כִּי־נוֹרָא הוּא אֲשֶׁר אֲנִי עֹשֶׂה
שישי עִמָּךְ: *שְׁמָר־לְךָ אֵת אֲשֶׁר אָנֹכִי מְצַוְּךָ הַיּוֹם הִנְנִי גֹרֵשׁ מִפָּנֶיךָ אֶת־הָאֱמֹרִי
וְהַכְּנַעֲנִי וְהַחִתִּי וְהַפְּרִזִּי וְהַחִוִּי וְהַיְבוּסִי: הִשָּׁמֶר לְךָ פֶּן־תִּכְרֹת בְּרִית לְיוֹשֵׁב
הָאָרֶץ אֲשֶׁר אַתָּה בָּא עָלֶיהָ פֶּן־יִהְיֶה לְמוֹקֵשׁ בְּקִרְבֶּךָ: כִּי אֶת־מִזְבְּחֹתָם
תִּתֹּצוּן וְאֶת־מַצֵּבֹתָם תְּשַׁבֵּרוּן וְאֶת־אֲשֵׁרָיו תִּכְרֹתוּן: כִּי לֹא תִשְׁתַּחֲוֶה לְאֵל
אַחֵר כִּי יהוה קַנָּא שְׁמוֹ אֵל קַנָּא הוּא: פֶּן־תִּכְרֹת בְּרִית לְיוֹשֵׁב הָאָרֶץ וְזָנוּ ׀

אַחֲרֵי אֱלֹהֵיהֶם וְזָבְחוּ לֵאלֹהֵיהֶם וְקָרָא לְךָ וְאָכַלְתָּ מִזִּבְחוֹ: וְלָקַחְתָּ מִבְּנֹתָיו
לְבָנֶיךָ וְזָנוּ בְנֹתָיו אַחֲרֵי אֱלֹהֵיהֶן וְהִזְנוּ אֶת־בָּנֶיךָ אַחֲרֵי אֱלֹהֵיהֶן: אֱלֹהֵי מַסֵּכָה
שביעי לֹא תַעֲשֶׂה־לָּךְ: *אֶת־חַג הַמַּצּוֹת תִּשְׁמֹר שִׁבְעַת יָמִים תֹּאכַל מַצּוֹת אֲשֶׁר
צִוִּיתִךָ לְמוֹעֵד חֹדֶשׁ הָאָבִיב כִּי בְּחֹדֶשׁ הָאָבִיב יָצָאתָ מִמִּצְרָיִם: כָּל־פֶּטֶר
רֶחֶם לִי וְכָל־מִקְנְךָ תִּזָּכָר פֶּטֶר שׁוֹר וָשֶׂה: וּפֶטֶר חֲמוֹר תִּפְדֶּה בְשֶׂה וְאִם־
לֹא תִפְדֶּה וַעֲרַפְתּוֹ כֹּל בְּכוֹר בָּנֶיךָ תִּפְדֶּה וְלֹא־יֵרָאוּ פָנַי רֵיקָם: שֵׁשֶׁת יָמִים
תַּעֲבֹד וּבַיּוֹם הַשְּׁבִיעִי תִּשְׁבֹּת בֶּחָרִישׁ וּבַקָּצִיר תִּשְׁבֹּת: וְחַג שָׁבֻעֹת תַּעֲשֶׂה
לְךָ בִּכּוּרֵי קְצִיר חִטִּים וְחַג הָאָסִיף תְּקוּפַת הַשָּׁנָה: שָׁלֹשׁ פְּעָמִים בַּשָּׁנָה
יֵרָאֶה כָּל־זְכוּרְךָ אֶת־פְּנֵי הָאָדֹן ׀ יהוה אֱלֹהֵי יִשְׂרָאֵל: כִּי־אוֹרִישׁ גּוֹיִם מִפָּנֶיךָ
וְהִרְחַבְתִּי אֶת־גְּבֻלֶךָ וְלֹא־יַחְמֹד אִישׁ אֶת־אַרְצְךָ בַּעֲלֹתְךָ לֵרָאוֹת אֶת־פְּנֵי
יהוה אֱלֹהֶיךָ שָׁלֹשׁ פְּעָמִים בַּשָּׁנָה: לֹא־תִשְׁחַט עַל־חָמֵץ דַּם־זִבְחִי וְלֹא־יָלִין
לַבֹּקֶר זֶבַח חַג הַפָּסַח: רֵאשִׁית בִּכּוּרֵי אַדְמָתְךָ תָּבִיא בֵּית יהוה אֱלֹהֶיךָ לֹא־
תְבַשֵּׁל גְּדִי בַּחֲלֵב אִמּוֹ:

בשבת חול המועד פסח קוראים למפטיר ׳וְהִקְרַבְתֶּם׳ כבשאר ימי המועד (עמ׳ 602).
בשבת חול המועד סוכות קוראים את הקריאה ליום המתאים (עמ׳ 620).

הפטרה לשבת חול המועד פסח

יחזקאל לז, א–יד הָיְתָה עָלַי יַד־יהוה וַיּוֹצִאֵנִי בְרוּחַ יהוה וַיְנִיחֵנִי בְּתוֹךְ הַבִּקְעָה וְהִיא מְלֵאָה
עֲצָמוֹת: וְהֶעֱבִירַנִי עֲלֵיהֶם סָבִיב ׀ סָבִיב וְהִנֵּה רַבּוֹת מְאֹד עַל־פְּנֵי הַבִּקְעָה
וְהִנֵּה יְבֵשׁוֹת מְאֹד: וַיֹּאמֶר אֵלַי בֶּן־אָדָם הֲתִחְיֶינָה הָעֲצָמוֹת הָאֵלֶּה וָאֹמַר
אֲדֹנָי יֱהֹוִה אַתָּה יָדָעְתָּ: וַיֹּאמֶר אֵלַי הִנָּבֵא עַל־הָעֲצָמוֹת הָאֵלֶּה וְאָמַרְתָּ
אֲלֵיהֶם הָעֲצָמוֹת הַיְבֵשׁוֹת שִׁמְעוּ דְּבַר־יהוה: כֹּה אָמַר אֲדֹנָי יֱהֹוִה לָעֲצָמוֹת
הָאֵלֶּה הִנֵּה אֲנִי מֵבִיא בָכֶם רוּחַ וִחְיִיתֶם: וְנָתַתִּי עֲלֵיכֶם גִּידִים וְהַעֲלֵתִי
עֲלֵיכֶם בָּשָׂר וְקָרַמְתִּי עֲלֵיכֶם עוֹר וְנָתַתִּי בָכֶם רוּחַ וִחְיִיתֶם וִידַעְתֶּם כִּי־אֲנִי
יהוה: וְנִבֵּאתִי כַּאֲשֶׁר צֻוֵּיתִי וַיְהִי־קוֹל כְּהִנָּבְאִי וְהִנֵּה־רַעַשׁ וַתִּקְרְבוּ עֲצָמוֹת
עֶצֶם אֶל־עַצְמוֹ: וְרָאִיתִי וְהִנֵּה־עֲלֵיהֶם גִּדִים וּבָשָׂר עָלָה וַיִּקְרַם עֲלֵיהֶם עוֹר
מִלְמָעְלָה וְרוּחַ אֵין בָּהֶם: וַיֹּאמֶר אֵלַי הִנָּבֵא אֶל־הָרוּחַ הִנָּבֵא בֶן־אָדָם
וְאָמַרְתָּ אֶל־הָרוּחַ כֹּה־אָמַר ׀ אֲדֹנָי יֱהֹוִה מֵאַרְבַּע רוּחוֹת בֹּאִי הָרוּחַ וּפְחִי

בַּהֲרוּגִים הָאֵלֶּה וְיִחְיוּ: וְהִנַּבֵּאתִי כַּאֲשֶׁר צִוָּנִי וַתָּבוֹא בָהֶם הָרוּחַ וַיִּחְיוּ וַיַּעַמְדוּ עַל־רַגְלֵיהֶם חַיִל גָּדוֹל מְאֹד מְאֹד: וַיֹּאמֶר אֵלַי בֶּן־אָדָם הָעֲצָמוֹת הָאֵלֶּה כָּל־בֵּית יִשְׂרָאֵל הֵמָּה הִנֵּה אֹמְרִים יָבְשׁוּ עַצְמוֹתֵינוּ וְאָבְדָה תִקְוָתֵנוּ נִגְזַרְנוּ לָנוּ: לָכֵן הִנָּבֵא וְאָמַרְתָּ אֲלֵיהֶם כֹּה־אָמַר אֲדֹנָי יֱהוִה הִנֵּה אֲנִי פֹתֵחַ אֶת־קִבְרוֹתֵיכֶם וְהַעֲלֵיתִי אֶתְכֶם מִקִּבְרוֹתֵיכֶם עַמִּי וְהֵבֵאתִי אֶתְכֶם אֶל־אַדְמַת יִשְׂרָאֵל: וִידַעְתֶּם כִּי־אֲנִי יהוה בְּפִתְחִי אֶת־קִבְרוֹתֵיכֶם וּבְהַעֲלוֹתִי אֶתְכֶם מִקִּבְרוֹתֵיכֶם עַמִּי: וְנָתַתִּי רוּחִי בָכֶם וִחְיִיתֶם וְהִנַּחְתִּי אֶתְכֶם עַל־אַדְמַתְכֶם וִידַעְתֶּם כִּי אֲנִי יהוה דִּבַּרְתִּי וְעָשִׂיתִי נְאֻם־יהוה:

קריאה לשביעי של פסח

וַיְהִי בְּשַׁלַּח פַּרְעֹה אֶת־הָעָם וְלֹא־נָחָם אֱלֹהִים דֶּרֶךְ אֶרֶץ פְּלִשְׁתִּים כִּי קָרוֹב שמות יג, יז–טו, כו
הוּא כִּי ׀ אָמַר אֱלֹהִים פֶּן־יִנָּחֵם הָעָם בִּרְאֹתָם מִלְחָמָה וְשָׁבוּ מִצְרָיְמָה: וַיַּסֵּב
אֱלֹהִים ׀ אֶת־הָעָם דֶּרֶךְ הַמִּדְבָּר יַם־סוּף וַחֲמֻשִׁים עָלוּ בְנֵי־יִשְׂרָאֵל מֵאֶרֶץ
מִצְרָיִם: וַיִּקַּח מֹשֶׁה אֶת־עַצְמוֹת יוֹסֵף עִמּוֹ כִּי הַשְׁבֵּעַ הִשְׁבִּיעַ אֶת־בְּנֵי יִשְׂרָאֵל
לֵאמֹר פָּקֹד יִפְקֹד אֱלֹהִים אֶתְכֶם וְהַעֲלִיתֶם אֶת־עַצְמֹתַי מִזֶּה אִתְּכֶם: *וַיִּסְעוּ (בשבת
מִסֻּכֹּת וַיַּחֲנוּ בְאֵתָם בִּקְצֵה הַמִּדְבָּר: וַיהוה הֹלֵךְ לִפְנֵיהֶם יוֹמָם בְּעַמּוּד עָנָן לוי)
לַנְחֹתָם הַדֶּרֶךְ וְלַיְלָה בְּעַמּוּד אֵשׁ לְהָאִיר לָהֶם לָלֶכֶת יוֹמָם וָלָיְלָה: לֹא־יָמִישׁ
עַמּוּד הֶעָנָן יוֹמָם וְעַמּוּד הָאֵשׁ לָיְלָה לִפְנֵי הָעָם:
וַיְדַבֵּר יהוה אֶל־מֹשֶׁה לֵּאמֹר: דַּבֵּר אֶל־בְּנֵי יִשְׂרָאֵל וְיָשֻׁבוּ וְיַחֲנוּ לִפְנֵי פִּי לוי
הַחִירֹת בֵּין מִגְדֹּל וּבֵין הַיָּם לִפְנֵי בַּעַל צְפֹן נִכְחוֹ תַחֲנוּ עַל־הַיָּם: וְאָמַר פַּרְעֹה (בשבת שלישי)
לִבְנֵי יִשְׂרָאֵל נְבֻכִים הֵם בָּאָרֶץ סָגַר עֲלֵיהֶם הַמִּדְבָּר: וְחִזַּקְתִּי אֶת־לֵב־פַּרְעֹה
וְרָדַף אַחֲרֵיהֶם וְאִכָּבְדָה בְּפַרְעֹה וּבְכָל־חֵילוֹ וְיָדְעוּ מִצְרַיִם כִּי־אֲנִי יהוה וַיַּעֲשׂוּ־
כֵן: *וַיֻּגַּד לְמֶלֶךְ מִצְרַיִם כִּי בָרַח הָעָם וַיֵּהָפֵךְ לְבַב פַּרְעֹה וַעֲבָדָיו אֶל־הָעָם (בשבת
וַיֹּאמְרוּ מַה־זֹּאת עָשִׂינוּ כִּי־שִׁלַּחְנוּ אֶת־יִשְׂרָאֵל מֵעָבְדֵנוּ: וַיֶּאְסֹר אֶת־רִכְבּוֹ רביעי)
וְאֶת־עַמּוֹ לָקַח עִמּוֹ: וַיִּקַּח שֵׁשׁ־מֵאוֹת רֶכֶב בָּחוּר וְכֹל רֶכֶב מִצְרָיִם וְשָׁלִשִׁם
עַל־כֻּלּוֹ: וַיְחַזֵּק יהוה אֶת־לֵב פַּרְעֹה מֶלֶךְ מִצְרַיִם וַיִּרְדֹּף אַחֲרֵי בְּנֵי יִשְׂרָאֵל
וּבְנֵי יִשְׂרָאֵל יֹצְאִים בְּיָד רָמָה: *וַיִּרְדְּפוּ מִצְרַיִם אַחֲרֵיהֶם וַיַּשִּׂיגוּ אוֹתָם חֹנִים שלישי
עַל־הַיָּם כָּל־סוּס רֶכֶב פַּרְעֹה וּפָרָשָׁיו וְחֵילוֹ עַל־פִּי הַחִירֹת לִפְנֵי בַּעַל צְפֹן: (בשבת חמישי)
וּפַרְעֹה הִקְרִיב וַיִּשְׂאוּ בְנֵי־יִשְׂרָאֵל אֶת־עֵינֵיהֶם וְהִנֵּה מִצְרַיִם ׀ נֹסֵעַ אַחֲרֵיהֶם

וַיִּירְאוּ מְאֹד וַיִּצְעֲקוּ בְנֵי־יִשְׂרָאֵל אֶל־יהוה: וַיֹּאמְרוּ אֶל־מֹשֶׁה הֲמִבְּלִי אֵין־קְבָרִים בְּמִצְרַיִם לְקַחְתָּנוּ לָמוּת בַּמִּדְבָּר מַה־זֹּאת עָשִׂיתָ לָּנוּ לְהוֹצִיאָנוּ מִמִּצְרָיִם: הֲלֹא־זֶה הַדָּבָר אֲשֶׁר דִּבַּרְנוּ אֵלֶיךָ בְמִצְרַיִם לֵאמֹר חֲדַל מִמֶּנּוּ וְנַעַבְדָה אֶת־מִצְרָיִם כִּי טוֹב לָנוּ עֲבֹד אֶת־מִצְרַיִם מִמֻּתֵנוּ בַּמִּדְבָּר: וַיֹּאמֶר מֹשֶׁה אֶל־הָעָם אַל־תִּירָאוּ הִתְיַצְּבוּ וּרְאוּ אֶת־יְשׁוּעַת יהוה אֲשֶׁר־יַעֲשֶׂה לָכֶם הַיּוֹם כִּי אֲשֶׁר רְאִיתֶם אֶת־מִצְרַיִם הַיּוֹם לֹא תֹסִפוּ לִרְאֹתָם עוֹד עַד־עוֹלָם: יהוה יִלָּחֵם לָכֶם וְאַתֶּם תַּחֲרִשׁוּן:

רביעי (בשבת שישי) וַיֹּאמֶר יהוה אֶל־מֹשֶׁה מַה־תִּצְעַק אֵלָי דַּבֵּר אֶל־בְּנֵי־יִשְׂרָאֵל וְיִסָּעוּ: וְאַתָּה הָרֵם אֶת־מַטְּךָ וּנְטֵה אֶת־יָדְךָ עַל־הַיָּם וּבְקָעֵהוּ וְיָבֹאוּ בְנֵי־יִשְׂרָאֵל בְּתוֹךְ הַיָּם בַּיַּבָּשָׁה: וַאֲנִי הִנְנִי מְחַזֵּק אֶת־לֵב מִצְרַיִם וְיָבֹאוּ אַחֲרֵיהֶם וְאִכָּבְדָה בְּפַרְעֹה וּבְכָל־חֵילוֹ בְּרִכְבּוֹ וּבְפָרָשָׁיו: וְיָדְעוּ מִצְרַיִם כִּי־אֲנִי יהוה בְּהִכָּבְדִי בְּפַרְעֹה בְּרִכְבּוֹ וּבְפָרָשָׁיו: וַיִּסַּע מַלְאַךְ הָאֱלֹהִים הַהֹלֵךְ לִפְנֵי מַחֲנֵה יִשְׂרָאֵל וַיֵּלֶךְ מֵאַחֲרֵיהֶם וַיִּסַּע עַמּוּד הֶעָנָן מִפְּנֵיהֶם וַיַּעֲמֹד מֵאַחֲרֵיהֶם: וַיָּבֹא בֵּין ׀ מַחֲנֵה מִצְרַיִם וּבֵין מַחֲנֵה יִשְׂרָאֵל וַיְהִי הֶעָנָן וְהַחֹשֶׁךְ וַיָּאֶר אֶת־הַלָּיְלָה וְלֹא־קָרַב זֶה אֶל־זֶה כָּל־הַלָּיְלָה: וַיֵּט מֹשֶׁה אֶת־יָדוֹ עַל־הַיָּם וַיּוֹלֶךְ יהוה ׀ אֶת־הַיָּם בְּרוּחַ קָדִים עַזָּה כָּל־הַלַּיְלָה וַיָּשֶׂם אֶת־הַיָּם לֶחָרָבָה וַיִּבָּקְעוּ הַמָּיִם: וַיָּבֹאוּ בְנֵי־יִשְׂרָאֵל בְּתוֹךְ הַיָּם בַּיַּבָּשָׁה וְהַמַּיִם לָהֶם חוֹמָה מִימִינָם וּמִשְּׂמֹאלָם: וַיִּרְדְּפוּ מִצְרַיִם וַיָּבֹאוּ אַחֲרֵיהֶם כֹּל סוּס פַּרְעֹה רִכְבּוֹ וּפָרָשָׁיו אֶל־תּוֹךְ הַיָּם: וַיְהִי בְּאַשְׁמֹרֶת הַבֹּקֶר וַיַּשְׁקֵף יהוה אֶל־מַחֲנֵה מִצְרַיִם בְּעַמּוּד אֵשׁ וְעָנָן וַיָּהָם אֵת מַחֲנֵה מִצְרָיִם: וַיָּסַר אֵת אֹפַן מַרְכְּבֹתָיו וַיְנַהֲגֵהוּ בִּכְבֵדֻת וַיֹּאמֶר מִצְרַיִם אָנוּסָה מִפְּנֵי יִשְׂרָאֵל כִּי יהוה נִלְחָם לָהֶם בְּמִצְרָיִם:

חמישי (בשבת שביעי) וַיֹּאמֶר יהוה אֶל־מֹשֶׁה נְטֵה אֶת־יָדְךָ עַל־הַיָּם וְיָשֻׁבוּ הַמַּיִם עַל־מִצְרַיִם עַל־רִכְבּוֹ וְעַל־פָּרָשָׁיו: וַיֵּט מֹשֶׁה אֶת־יָדוֹ עַל־הַיָּם וַיָּשָׁב הַיָּם לִפְנוֹת בֹּקֶר לְאֵיתָנוֹ וּמִצְרַיִם נָסִים לִקְרָאתוֹ וַיְנַעֵר יהוה אֶת־מִצְרַיִם בְּתוֹךְ הַיָּם: וַיָּשֻׁבוּ הַמַּיִם וַיְכַסּוּ אֶת־הָרֶכֶב וְאֶת־הַפָּרָשִׁים לְכֹל חֵיל פַּרְעֹה הַבָּאִים אַחֲרֵיהֶם בַּיָּם לֹא־נִשְׁאַר בָּהֶם עַד־אֶחָד: וּבְנֵי יִשְׂרָאֵל הָלְכוּ בַיַּבָּשָׁה בְּתוֹךְ הַיָּם וְהַמַּיִם לָהֶם חֹמָה מִימִינָם וּמִשְּׂמֹאלָם: וַיּוֹשַׁע יהוה בַּיּוֹם הַהוּא אֶת־יִשְׂרָאֵל מִיַּד מִצְרָיִם וַיַּרְא יִשְׂרָאֵל אֶת־מִצְרַיִם מֵת עַל־שְׂפַת הַיָּם: וַיַּרְא יִשְׂרָאֵל אֶת־הַיָּד הַגְּדֹלָה אֲשֶׁר עָשָׂה יהוה בְּמִצְרַיִם וַיִּירְאוּ הָעָם אֶת־יהוה וַיַּאֲמִינוּ בַּיהוה וּבְמֹשֶׁה עַבְדּוֹ:

אָ֣ז יָשִֽׁיר־מֹשֶׁה֩ וּבְנֵ֨י יִשְׂרָאֵ֜ל אֶת־הַשִּׁירָ֤ה הַזֹּאת֙ לַֽיהוָ֔ה וַיֹּאמְר֖וּ
לֵאמֹ֑ר   אָשִׁ֤ירָה לַּֽיהוָה֙ כִּֽי־גָאֹ֣ה גָּאָ֔ה   ס֥וּס
וְרֹכְב֖וֹ רָמָ֥ה בַיָּֽם׃   עָזִּ֤י וְזִמְרָת֙ יָ֔הּ וַֽיְהִי־לִ֖י
לִֽישׁוּעָ֑ה   זֶ֤ה אֵלִי֙ וְאַנְוֵ֔הוּ   אֱלֹהֵ֥י
אָבִ֖י וַאֲרֹמְמֶֽנְהוּ׃   יְהוָ֖ה אִ֣ישׁ מִלְחָמָ֑ה יְהוָ֖ה
שְׁמֽוֹ׃   מַרְכְּבֹ֥ת פַּרְעֹ֛ה וְחֵיל֖וֹ יָרָ֣ה בַיָּ֑ם   וּמִבְחַ֣ר
שָֽׁלִשָׁ֔יו טֻבְּע֖וּ בְיַם־סֽוּף׃   תְּהֹמֹ֖ת יְכַסְיֻ֑מוּ יָרְד֥וּ בִמְצוֹלֹ֖ת כְּמוֹ־
אָֽבֶן׃   יְמִֽינְךָ֣ יְהוָ֔ה נֶאְדָּרִ֖י בַּכֹּ֑חַ   יְמִֽינְךָ֥
יְהוָ֖ה תִּרְעַ֥ץ אוֹיֵֽב׃   וּבְרֹ֥ב גְּאוֹנְךָ֖ תַּהֲרֹ֣ס
קָמֶ֑יךָ   תְּשַׁלַּח֙ חֲרֹ֣נְךָ֔ יֹאכְלֵ֖מוֹ כַּקַּֽשׁ׃   וּבְר֤וּחַ
אַפֶּ֙יךָ֙ נֶ֣עֶרְמוּ מַ֔יִם   נִצְּב֥וּ כְמוֹ־נֵ֖ד
נֹזְלִ֑ים   קָֽפְא֥וּ תְהֹמֹ֖ת בְּלֶב־יָֽם׃   אָמַ֥ר
אוֹיֵ֛ב אֶרְדֹּ֥ף אַשִּׂ֖יג   אֲחַלֵּ֣ק שָׁלָ֑ל תִּמְלָאֵ֣מוֹ
נַפְשִׁ֔י   אָרִ֣יק חַרְבִּ֔י תּוֹרִישֵׁ֖מוֹ יָדִֽי׃   נָשַׁ֥פְתָּ
בְרוּחֲךָ֖ כִּסָּ֣מוֹ יָ֑ם   צָֽלְלוּ֙ כַּֽעוֹפֶ֔רֶת בְּמַ֖יִם
אַדִּירִֽים׃   מִֽי־כָמֹ֤כָה בָּֽאֵלִם֙ יְהוָ֔ה   מִ֥י
כָּמֹ֖כָה נֶאְדָּ֣ר בַּקֹּ֑דֶשׁ   נוֹרָ֥א תְהִלֹּ֖ת עֹ֥שֵׂה
פֶֽלֶא׃   נָטִ֙יתָ֙ יְמִ֣ינְךָ֔ תִּבְלָעֵ֖מוֹ אָֽרֶץ׃   נָחִ֥יתָ
בְחַסְדְּךָ֖ עַם־ז֣וּ גָּאָ֑לְתָּ   נֵהַ֥לְתָּ בְעָזְּךָ֖ אֶל־נְוֵ֥ה
קָדְשֶֽׁךָ׃   שָֽׁמְע֥וּ עַמִּ֖ים יִרְגָּז֑וּן   חִ֣יל
אָחַ֔ז יֹשְׁבֵ֖י פְּלָֽשֶׁת׃   אָ֤ז נִבְהֲלוּ֙ אַלּוּפֵ֣י
אֱד֔וֹם   אֵילֵ֣י מוֹאָ֔ב יֹאחֲזֵ֖מוֹ רָ֑עַד   נָמֹ֕גוּ
כֹּ֖ל יֹשְׁבֵ֥י כְנָֽעַן׃   תִּפֹּ֨ל עֲלֵיהֶ֤ם אֵימָ֙תָה֙
וָפַ֔חַד   בִּגְדֹ֥ל זְרוֹעֲךָ֖ יִדְּמ֣וּ כָּאָ֑בֶן   עַד־
יַעֲבֹ֤ר עַמְּךָ֙ יְהוָ֔ה   עַֽד־יַעֲבֹ֖ר עַם־ז֥וּ
קָנִֽיתָ׃   תְּבִאֵ֗מוֹ וְתִטָּעֵ֙מוֹ֙ בְּהַ֣ר נַחֲלָֽתְךָ֔   מָכ֧וֹן
לְשִׁבְתְּךָ֛ פָּעַ֖לְתָּ יְהוָ֑ה   מִקְּדָ֕שׁ אֲדֹנָ֖י כּוֹנְנ֥וּ
יָדֶֽיךָ׃   יְהוָ֥ה ׀ יִמְלֹ֖ךְ לְעֹלָ֥ם וָעֶֽד׃   כִּ֣י
בָא֩ ס֨וּס פַּרְעֹ֜ה בְּרִכְבּ֤וֹ וּבְפָרָשָׁיו֙ בַּיָּ֔ם   וַיָּ֧שֶׁב יְהוָ֛ה עֲלֵהֶ֖ם אֶת־מֵ֣י
הַיָּ֑ם   וּבְנֵ֧י יִשְׂרָאֵ֛ל הָלְכ֥וּ בַיַּבָּשָׁ֖ה בְּת֥וֹךְ   הַיָּֽם׃

וַתִּקַּח מִרְיָם הַנְּבִיאָה אֲחוֹת אַהֲרֹן אֶת־הַתֹּף בְּיָדָהּ וַתֵּצֶאןָ כָל־הַנָּשִׁים אַחֲרֶיהָ
בְּתֻפִּים וּבִמְחֹלֹת: וַתַּעַן לָהֶם מִרְיָם שִׁירוּ לַיהוה כִּי־גָאֹה גָּאָה סוּס וְרֹכְבוֹ
רָמָה בַיָּם: וַיַּסַּע מֹשֶׁה אֶת־יִשְׂרָאֵל מִיַּם־סוּף וַיֵּצְאוּ אֶל־מִדְבַּר־שׁוּר
וַיֵּלְכוּ שְׁלֹשֶׁת־יָמִים בַּמִּדְבָּר וְלֹא־מָצְאוּ מָיִם: וַיָּבֹאוּ מָרָתָה וְלֹא יָכְלוּ לִשְׁתֹּת
מַיִם מִמָּרָה כִּי מָרִים הֵם עַל־כֵּן קָרָא־שְׁמָהּ מָרָה: וַיִּלֹּנוּ הָעָם עַל־מֹשֶׁה לֵּאמֹר
מַה־נִּשְׁתֶּה: וַיִּצְעַק אֶל־יהוה וַיּוֹרֵהוּ יהוה עֵץ וַיַּשְׁלֵךְ אֶל־הַמַּיִם וַיִּמְתְּקוּ הַמָּיִם
שָׁם שָׂם לוֹ חֹק וּמִשְׁפָּט וְשָׁם נִסָּהוּ: וַיֹּאמֶר אִם־שָׁמוֹעַ תִּשְׁמַע לְקוֹל ׀ יהוה
אֱלֹהֶיךָ וְהַיָּשָׁר בְּעֵינָיו תַּעֲשֶׂה וְהַאֲזַנְתָּ לְמִצְוֺתָיו וְשָׁמַרְתָּ כָּל־חֻקָּיו כָּל־הַמַּחֲלָה
אֲשֶׁר־שַׂמְתִּי בְמִצְרַיִם לֹא־אָשִׂים עָלֶיךָ כִּי אֲנִי יהוה רֹפְאֶךָ:

למפטיר קוראים מספר התורה השני:

במדבר כח, יט–כה וְהִקְרַבְתֶּם אִשֶּׁה עֹלָה לַיהוה פָּרִים בְּנֵי־בָקָר שְׁנַיִם וְאַיִל אֶחָד וְשִׁבְעָה כְבָשִׂים
בְּנֵי שָׁנָה תְּמִימִם יִהְיוּ לָכֶם: וּמִנְחָתָם סֹלֶת בְּלוּלָה בַשָּׁמֶן שְׁלֹשָׁה עֶשְׂרֹנִים
לַפָּר וּשְׁנֵי עֶשְׂרֹנִים לָאַיִל תַּעֲשׂוּ: עִשָּׂרוֹן עִשָּׂרוֹן תַּעֲשֶׂה לַכֶּבֶשׂ הָאֶחָד לְשִׁבְעַת
הַכְּבָשִׂים: וּשְׂעִיר חַטָּאת אֶחָד לְכַפֵּר עֲלֵיכֶם: מִלְּבַד עֹלַת הַבֹּקֶר אֲשֶׁר לְעֹלַת
הַתָּמִיד תַּעֲשׂוּ אֶת־אֵלֶּה: כָּאֵלֶּה תַּעֲשׂוּ לַיּוֹם שִׁבְעַת יָמִים לֶחֶם אִשֵּׁה רֵיחַ־
נִיחֹחַ לַיהוה עַל־עוֹלַת הַתָּמִיד יֵעָשֶׂה וְנִסְכּוֹ: וּבַיּוֹם הַשְּׁבִיעִי מִקְרָא־קֹדֶשׁ
יִהְיֶה לָכֶם כָּל־מְלֶאכֶת עֲבֹדָה לֹא תַעֲשׂוּ:

הפטרה לשביעי של פסח

שמואל ב׳ כב, א–נא וַיְדַבֵּר דָּוִד לַיהוה אֶת־דִּבְרֵי הַשִּׁירָה הַזֹּאת בְּיוֹם
הִצִּיל יהוה אֹתוֹ מִכַּף כָּל־אֹיְבָיו וּמִכַּף שָׁאוּל:
וַיֹּאמַר יהוה סַלְעִי וּמְצֻדָתִי וּמְפַלְטִי־לִי: אֱלֹהֵי
צוּרִי אֶחֱסֶה־בּוֹ מָגִנִּי וְקֶרֶן יִשְׁעִי מִשְׂגַּבִּי
וּמְנוּסִי מֹשִׁעִי מֵחָמָס תֹּשִׁעֵנִי: מְהֻלָּל
אֶקְרָא יהוה וּמֵאֹיְבַי אִוָּשֵׁעַ: כִּי אֲפָפֻנִי מִשְׁבְּרֵי־
מָוֶת נַחֲלֵי בְלִיַּעַל יְבַעֲתֻנִי: חֶבְלֵי
שְׁאוֹל סַבֻּנִי קִדְּמֻנִי מֹקְשֵׁי־
מָוֶת: בַּצַּר־לִי אֶקְרָא יהוה וְאֶל־
אֱלֹהַי אֶקְרָא וַיִּשְׁמַע מֵהֵיכָלוֹ
וַיִּתְגָּעַשׁ קוֹלִי וְשַׁוְעָתִי בְּאָזְנָיו: ותגעש

וַתִּרְעַשׁ הָאָרֶץ   מוֹסְדוֹת הַשָּׁמַיִם
יִרְגָּזוּ   וַיִּתְגָּעֲשׁוּ כִּי־חָרָה לוֹ:   עָלָה
עָשָׁן בְּאַפּוֹ   וְאֵשׁ מִפִּיו
תֹּאכֵל   גֶּחָלִים בָּעֲרוּ מִמֶּנּוּ:   וַיֵּט
שָׁמַיִם וַיֵּרַד   וַעֲרָפֶל תַּחַת
רַגְלָיו: וַיִּרְכַּב עַל־כְּרוּב וַיָּעֹף   וַיֵּרָא
עַל־כַּנְפֵי־רוּחַ:   וַיָּשֶׁת חֹשֶׁךְ סְבִיבֹתָיו
סֻכּוֹת   חַשְׁרַת־מַיִם עָבֵי שְׁחָקִים: מִנֹּגַהּ
נֶגְדּוֹ בָּעֲרוּ גַּחֲלֵי־אֵשׁ:   יַרְעֵם מִן־שָׁמַיִם
יְהוָה   וְעֶלְיוֹן יִתֵּן קוֹלוֹ:   וַיִּשְׁלַח
חִצִּים וַיְפִיצֵם בָּרָק ויהמם: וַיֵּרָאוּ אֲפִקֵי   וַיָּהֹם
יָם   יִגָּלוּ מֹסְדוֹת תֵּבֵל   בְּגַעֲרַת
יְהוָה מִנִּשְׁמַת רוּחַ אַפּוֹ:   יִשְׁלַח מִמָּרוֹם
יִקָּחֵנִי   יַמְשֵׁנִי מִמַּיִם רַבִּים: יַצִּילֵנִי
מֵאֹיְבִי עָז   מִשֹּׂנְאַי כִּי אָמְצוּ
מִמֶּנִּי: יְקַדְּמֻנִי בְּיוֹם אֵידִי   וַיְהִי
יְהוָה מִשְׁעָן לִי: וַיֹּצֵא לַמֶּרְחָב
אֹתִי   יְחַלְּצֵנִי כִּי־חָפֵץ בִּי: יִגְמְלֵנִי
יְהוָה כְּצִדְקָתִי   כְּבֹר יָדַי יָשִׁיב
לִי: כִּי שָׁמַרְתִּי דַּרְכֵי יְהוָה   וְלֹא
רָשַׁעְתִּי מֵאֱלֹהָי: כִּי כָל־מִשְׁפָּטָו
לְנֶגְדִּי   וְחֻקֹּתָיו לֹא־אָסוּר מִמֶּנָּה: וָאֶהְיֶה
תָמִים לוֹ וָאֶשְׁתַּמְּרָה מֵעֲוֹנִי: וַיָּשֶׁב יְהוָה לִי
כְּצִדְקָתִי   כְּבֹרִי לְנֶגֶד עֵינָיו: עִם־
חָסִיד תִּתְחַסָּד   עִם־גִּבּוֹר תָּמִים
תִּתַּמָּם: עִם־נָבָר תִּתָּבָר   וְעִם־
עִקֵּשׁ תִּתַּפָּל: וְאֶת־עַם עָנִי
תּוֹשִׁיעַ   וְעֵינֶיךָ עַל־רָמִים תַּשְׁפִּיל: כִּי־
אַתָּה נֵירִי יְהוָה   וַיהוָה יַגִּיהַּ
חָשְׁכִּי: כִּי בְכָה אָרוּץ גְּדוּד   בֵּאלֹהַי

אֲדַלֶּג־שׁוּר׃ הָאֵל תָּמִים
דַּרְכּוֹ אִמְרַת יהוה צְרוּפָה מָגֵן
הוּא לְכֹל הַחֹסִים בּוֹ׃ כִּי מִי־אֵל מִבַּלְעֲדֵי
יהוה וּמִי צוּר מִבַּלְעֲדֵי אֱלֹהֵינוּ׃ הָאֵל
מָעוּזִּי חָיִל וַיַּתֵּר תָּמִים
דרכו׃ מְשַׁוֶּה רגליו כָּאַיָּלוֹת וְעַל־ דַּרְכִּי רַגְלַי
בָּמֹתַי יַעֲמִדֵנִי׃ מְלַמֵּד יָדַי
לַמִּלְחָמָה וְנִחַת קֶשֶׁת־נְחוּשָׁה זְרֹעֹתָי׃ וַתִּתֶּן־
לִי מָגֵן יִשְׁעֶךָ וַעֲנֹתְךָ תַּרְבֵּנִי׃ תַּרְחִיב צַעֲדִי
תַּחְתֵּנִי וְלֹא מָעֲדוּ קַרְסֻלָּי׃ אֶרְדְּפָה
אֹיְבַי וָאַשְׁמִידֵם וְלֹא אָשׁוּב עַד־
כַּלּוֹתָם׃ וָאֲכַלֵּם וָאֶמְחָצֵם וְלֹא יְקוּמוּן וַיִּפְּלוּ
תַּחַת רַגְלָי׃ וַתַּזְרֵנִי חַיִל
לַמִּלְחָמָה תַּכְרִיעַ קָמַי תַּחְתֵּנִי׃ וְאֹיְבַי
תַּתָּה לִּי עֹרֶף מְשַׂנְאַי וָאַצְמִיתֵם׃ יִשְׁעוּ וְאֵין
מֹשִׁיעַ אֶל־יהוה וְלֹא עָנָם׃ וְאֶשְׁחָקֵם
כַּעֲפַר־אָרֶץ כְּטִיט־חוּצוֹת אֲדִקֵּם
אֶרְקָעֵם׃ וַתְּפַלְּטֵנִי מֵרִיבֵי עַמִּי תִּשְׁמְרֵנִי
לְרֹאשׁ גּוֹיִם עַם לֹא־יָדַעְתִּי
יַעַבְדֻנִי׃ בְּנֵי נֵכָר יִתְכַּחֲשׁוּ־לִי לִשְׁמוֹעַ
אֹזֶן יִשָּׁמְעוּ לִי׃ בְּנֵי נֵכָר יִבֹּלוּ וְיַחְגְּרוּ
מִמִּסְגְּרוֹתָם׃ חַי־יהוה וּבָרוּךְ צוּרִי וְיָרֻם
אֱלֹהֵי צוּר יִשְׁעִי׃ הָאֵל הַנֹּתֵן נְקָמֹת
לִי וּמוֹרִיד עַמִּים תַּחְתֵּנִי׃ וּמוֹצִיאִי
מֵאֹיְבָי וּמִקָּמַי תְּרוֹמְמֵנִי מֵאִישׁ חֲמָסִים
תַּצִּילֵנִי׃ עַל־כֵּן אוֹדְךָ יהוה בַּגּוֹיִם וּלְשִׁמְךָ
אֲזַמֵּר׃ מגדיל יְשׁוּעוֹת מִגְדּוֹל
מַלְכּוֹ וְעֹשֶׂה־חֶסֶד לִמְשִׁיחוֹ
לְדָוִד וּלְזַרְעוֹ עַד־עוֹלָם׃

קריאה לשבועות

לפני קריאת התורה נוהגים לומר 'אַקְדָּמוּת' בעמ' 390.

בַּחֹדֶשׁ הַשְּׁלִישִׁי לְצֵאת בְּנֵי־יִשְׂרָאֵל מֵאֶרֶץ מִצְרָיִם בַּיּוֹם הַזֶּה בָּאוּ מִדְבַּר סִינָי׃ שמות יט, א–כ, כג
וַיִּסְעוּ מֵרְפִידִים וַיָּבֹאוּ מִדְבַּר סִינַי וַיַּחֲנוּ בַּמִּדְבָּר וַיִּחַן־שָׁם יִשְׂרָאֵל נֶגֶד הָהָר׃
וּמֹשֶׁה עָלָה אֶל־הָאֱלֹהִים וַיִּקְרָא אֵלָיו יהוה מִן־הָהָר לֵאמֹר כֹּה תֹאמַר לְבֵית
יַעֲקֹב וְתַגֵּיד לִבְנֵי יִשְׂרָאֵל׃ אַתֶּם רְאִיתֶם אֲשֶׁר עָשִׂיתִי לְמִצְרָיִם וָאֶשָּׂא אֶתְכֶם
עַל־כַּנְפֵי נְשָׁרִים וָאָבִא אֶתְכֶם אֵלָי׃ וְעַתָּה אִם־שָׁמוֹעַ תִּשְׁמְעוּ בְּקֹלִי וּשְׁמַרְתֶּם
אֶת־בְּרִיתִי וִהְיִיתֶם לִי סְגֻלָּה מִכָּל־הָעַמִּים כִּי־לִי כָּל־הָאָרֶץ׃ וְאַתֶּם תִּהְיוּ־לִי
מַמְלֶכֶת כֹּהֲנִים וְגוֹי קָדוֹשׁ אֵלֶּה הַדְּבָרִים אֲשֶׁר תְּדַבֵּר אֶל־בְּנֵי יִשְׂרָאֵל׃ *וַיָּבֹא לוי
מֹשֶׁה וַיִּקְרָא לְזִקְנֵי הָעָם וַיָּשֶׂם לִפְנֵיהֶם אֵת כָּל־הַדְּבָרִים הָאֵלֶּה אֲשֶׁר צִוָּהוּ
יהוה׃ וַיַּעֲנוּ כָל־הָעָם יַחְדָּו וַיֹּאמְרוּ כֹּל אֲשֶׁר־דִּבֶּר יהוה נַעֲשֶׂה וַיָּשֶׁב מֹשֶׁה
אֶת־דִּבְרֵי הָעָם אֶל־יהוה׃ וַיֹּאמֶר יהוה אֶל־מֹשֶׁה הִנֵּה אָנֹכִי בָּא אֵלֶיךָ בְּעַב
הֶעָנָן בַּעֲבוּר יִשְׁמַע הָעָם בְּדַבְּרִי עִמָּךְ וְגַם־בְּךָ יַאֲמִינוּ לְעוֹלָם וַיַּגֵּד מֹשֶׁה אֶת־
דִּבְרֵי הָעָם אֶל־יהוה׃ וַיֹּאמֶר יהוה אֶל־מֹשֶׁה לֵךְ אֶל־הָעָם וְקִדַּשְׁתָּם הַיּוֹם
וּמָחָר וְכִבְּסוּ שִׂמְלֹתָם׃ וְהָיוּ נְכֹנִים לַיּוֹם הַשְּׁלִישִׁי כִּי ׀ בַּיּוֹם הַשְּׁלִשִׁי יֵרֵד יהוה
לְעֵינֵי כָל־הָעָם עַל־הַר סִינָי׃ וְהִגְבַּלְתָּ אֶת־הָעָם סָבִיב לֵאמֹר הִשָּׁמְרוּ לָכֶם
עֲלוֹת בָּהָר וּנְגֹעַ בְּקָצֵהוּ כָּל־הַנֹּגֵעַ בָּהָר מוֹת יוּמָת׃ לֹא־תִגַּע בּוֹ יָד כִּי־סָקוֹל
יִסָּקֵל אוֹ־יָרֹה יִיָּרֶה אִם־בְּהֵמָה אִם־אִישׁ לֹא יִחְיֶה בִּמְשֹׁךְ הַיֹּבֵל הֵמָּה יַעֲלוּ
בָהָר׃ *וַיֵּרֶד מֹשֶׁה מִן־הָהָר אֶל־הָעָם וַיְקַדֵּשׁ אֶת־הָעָם וַיְכַבְּסוּ שִׂמְלֹתָם׃ שלישי
וַיֹּאמֶר אֶל־הָעָם הֱיוּ נְכֹנִים לִשְׁלֹשֶׁת יָמִים אַל־תִּגְּשׁוּ אֶל־אִשָּׁה׃ וַיְהִי בַיּוֹם
הַשְּׁלִישִׁי בִּהְיֹת הַבֹּקֶר וַיְהִי קֹלֹת וּבְרָקִים וְעָנָן כָּבֵד עַל־הָהָר וְקֹל שֹׁפָר חָזָק
מְאֹד וַיֶּחֱרַד כָּל־הָעָם אֲשֶׁר בַּמַּחֲנֶה׃ וַיּוֹצֵא מֹשֶׁה אֶת־הָעָם לִקְרַאת הָאֱלֹהִים
מִן־הַמַּחֲנֶה וַיִּתְיַצְּבוּ בְּתַחְתִּית הָהָר׃ וְהַר סִינַי עָשַׁן כֻּלּוֹ מִפְּנֵי אֲשֶׁר יָרַד עָלָיו
יהוה בָּאֵשׁ וַיַּעַל עֲשָׁנוֹ כְּעֶשֶׁן הַכִּבְשָׁן וַיֶּחֱרַד כָּל־הָהָר מְאֹד׃ וַיְהִי קוֹל הַשֹּׁפָר
הוֹלֵךְ וְחָזֵק מְאֹד מֹשֶׁה יְדַבֵּר וְהָאֱלֹהִים יַעֲנֶנּוּ בְקוֹל׃ *וַיֵּרֶד יהוה עַל־הַר רביעי
סִינַי אֶל־רֹאשׁ הָהָר וַיִּקְרָא יהוה לְמֹשֶׁה אֶל־רֹאשׁ הָהָר וַיַּעַל מֹשֶׁה׃ וַיֹּאמֶר
יהוה אֶל־מֹשֶׁה רֵד הָעֵד בָּעָם פֶּן־יֶהֶרְסוּ אֶל־יהוה לִרְאוֹת וְנָפַל מִמֶּנּוּ רָב׃
וְגַם הַכֹּהֲנִים הַנִּגָּשִׁים אֶל־יהוה יִתְקַדָּשׁוּ פֶּן־יִפְרֹץ בָּהֶם יהוה׃ וַיֹּאמֶר מֹשֶׁה
אֶל־יהוה לֹא־יוּכַל הָעָם לַעֲלֹת אֶל־הַר סִינָי כִּי־אַתָּה הַעֵדֹתָה בָּנוּ לֵאמֹר

הַגְבֵּל אֶת־הָהָר וְקִדַּשְׁתּוֹ: וַיֹּאמֶר אֵלָיו יהוה לֶךְ־רֵד וְעָלִיתָ אַתָּה וְאַהֲרֹן
עִמָּךְ וְהַכֹּהֲנִים וְהָעָם אַל־יֶהֶרְסוּ לַעֲלֹת אֶל־יהוה פֶּן־יִפְרָץ־בָּם: וַיֵּרֶד מֹשֶׁה
אֶל־הָעָם וַיֹּאמֶר אֲלֵהֶם: וַיְדַבֵּר אֱלֹהִים אֵת כָּל־הַדְּבָרִים הָאֵלֶּה
לֵאמֹר: אָנֹכִי יהוה אֱלֹהֶיךָ אֲשֶׁר הוֹצֵאתִיךָ מֵאֶרֶץ מִצְרַיִם מִבֵּית
עֲבָדִים: לֹא־יִהְיֶה לְךָ אֱלֹהִים אֲחֵרִים עַל־פָּנַי לֹא תַעֲשֶׂה־לְךָ פֶסֶל ׀ וְכָל־
תְּמוּנָה אֲשֶׁר בַּשָּׁמַיִם ׀ מִמַּעַל וַאֲשֶׁר בָּאָרֶץ מִתָּחַת וַאֲשֶׁר בַּמַּיִם ׀ מִתַּחַת
לָאָרֶץ לֹא־תִשְׁתַּחֲוֶה לָהֶם וְלֹא תָעָבְדֵם כִּי אָנֹכִי יהוה אֱלֹהֶיךָ אֵל קַנָּא פֹּקֵד
עֲוֺן אָבֹת עַל־בָּנִים עַל־שִׁלֵּשִׁים וְעַל־רִבֵּעִים לְשֹׂנְאָי וְעֹשֶׂה חֶסֶד לַאֲלָפִים
לְאֹהֲבַי וּלְשֹׁמְרֵי מִצְוֺתָי: לֹא תִשָּׂא אֶת־שֵׁם־יהוה אֱלֹהֶיךָ לַשָּׁוְא
כִּי לֹא יְנַקֶּה יהוה אֵת אֲשֶׁר־יִשָּׂא אֶת־שְׁמוֹ לַשָּׁוְא:
זָכוֹר אֶת־יוֹם הַשַּׁבָּת לְקַדְּשׁוֹ שֵׁשֶׁת יָמִים תַּעֲבֹד וְעָשִׂיתָ כָּל־מְלַאכְתֶּךָ
וְיוֹם הַשְּׁבִיעִי שַׁבָּת ׀ לַיהוה אֱלֹהֶיךָ לֹא תַעֲשֶׂה כָל־מְלָאכָה אַתָּה וּבִנְךָ
וּבִתֶּךָ עַבְדְּךָ וַאֲמָתְךָ וּבְהֶמְתֶּךָ וְגֵרְךָ אֲשֶׁר בִּשְׁעָרֶיךָ כִּי שֵׁשֶׁת־יָמִים עָשָׂה
יהוה אֶת־הַשָּׁמַיִם וְאֶת־הָאָרֶץ אֶת־הַיָּם וְאֶת־כָּל־אֲשֶׁר־בָּם וַיָּנַח בַּיּוֹם
הַשְּׁבִיעִי עַל־כֵּן בֵּרַךְ יהוה אֶת־יוֹם הַשַּׁבָּת וַיְקַדְּשֵׁהוּ: כַּבֵּד
אֶת־אָבִיךָ וְאֶת־אִמֶּךָ לְמַעַן יַאֲרִכוּן יָמֶיךָ עַל הָאֲדָמָה אֲשֶׁר־יהוה אֱלֹהֶיךָ
נֹתֵן לָךְ: לֹא תִרְצָח: לֹא
תִנְאָף: לֹא תִגְנֹב: לֹא־
תַעֲנֶה בְרֵעֲךָ עֵד שָׁקֶר: לֹא
תַחְמֹד בֵּית רֵעֶךָ לֹא־
תַחְמֹד אֵשֶׁת רֵעֶךָ וְעַבְדּוֹ וַאֲמָתוֹ וְשׁוֹרוֹ וַחֲמֹרוֹ וְכֹל אֲשֶׁר
לְרֵעֶךָ:
חמישי וְכָל־הָעָם רֹאִים אֶת־הַקּוֹלֹת וְאֶת־הַלַּפִּידִם וְאֵת קוֹל הַשֹּׁפָר וְאֶת־הָהָר
עָשֵׁן וַיַּרְא הָעָם וַיָּנֻעוּ וַיַּעַמְדוּ מֵרָחֹק: וַיֹּאמְרוּ אֶל־מֹשֶׁה דַּבֵּר־אַתָּה עִמָּנוּ
וְנִשְׁמָעָה וְאַל־יְדַבֵּר עִמָּנוּ אֱלֹהִים פֶּן־נָמוּת: וַיֹּאמֶר מֹשֶׁה אֶל־הָעָם אַל־
תִּירָאוּ כִּי לְבַעֲבוּר נַסּוֹת אֶתְכֶם בָּא הָאֱלֹהִים וּבַעֲבוּר תִּהְיֶה יִרְאָתוֹ עַל־פְּנֵיכֶם
לְבִלְתִּי תֶחֱטָאוּ: וַיַּעֲמֹד הָעָם מֵרָחֹק וּמֹשֶׁה נִגַּשׁ אֶל־הָעֲרָפֶל אֲשֶׁר־שָׁם
הָאֱלֹהִים: וַיֹּאמֶר יהוה אֶל־מֹשֶׁה כֹּה תֹאמַר אֶל־בְּנֵי יִשְׂרָאֵל
אַתֶּם רְאִיתֶם כִּי מִן־הַשָּׁמַיִם דִּבַּרְתִּי עִמָּכֶם: לֹא תַעֲשׂוּן אִתִּי אֱלֹהֵי כֶסֶף

ואלהי זהב לא תעשו לכם: מזבח אדמה תעשה־לי וזבחת עליו את־עלתיך
ואת־שלמיך את־צאנך ואת־בקרך בכל־המקום אשר אזכיר את־שמי
אבוא אליך וברכתיך: ואם־מזבח אבנים תעשה־לי לא־תבנה אתהן גזית
כי חרבך הנפת עליה ותחללה: ולא־תעלה במעלת על־מזבחי אשר לא־
תגלה ערותך עליו:

למפטיר קוראים מספר התורה השני:

במדבר כח, כו–לא
וביום הבכורים בהקריבכם מנחה חדשה ליהוה בשבעתיכם מקרא־
קדש יהיה לכם כל־מלאכת עבדה לא תעשו: והקרבתם עולה לריח
ניחח ליהוה פרים בני־בקר שנים איל אחד שבעה כבשים בני שנה:
ומנחתם סלת בלולה בשמן שלשה עשרנים לפר האחד שני עשרנים
לאיל האחד: עשרון עשרון לכבש האחד לשבעת הכבשים: שעיר עזים
אחד לכפר עליכם: מלבד עלת התמיד ומנחתו תעשו תמימם יהיו־לכם
ונסכיהם:

הפטרה לשבועות

יחזקאל א, א–כח
ויהי | בשלשים שנה ברביעי בחמשה לחדש ואני בתוך־הגולה על־נהר־
כבר נפתחו השמים ואראה מראות אלהים: בחמשה לחדש היא השנה
החמישית לגלות המלך יויכין: היה היה דבר־יהוה אל־יחזקאל בן־בוזי
הכהן בארץ כשדים על־נהר־כבר ותהי עליו שם יד־יהוה: וארא והנה רוח
סערה באה מן־הצפון ענן גדול ואש מתלקחת ונגה לו סביב ומתוכה כעין
החשמל מתוך האש: ומתוכה דמות ארבע חיות וזה מראיהן דמות אדם
להנה: וארבעה פנים לאחת וארבע כנפים לאחת להם: ורגליהם רגל ישרה
וכף רגליהם ככף רגל עגל ונצצים כעין נחשת קלל: וידו אדם מתחת כנפיהם (וידי)
על ארבעת רבעיהם ופניהם וכנפיהם לארבעתם: חברת אשה אל־אחותה
כנפיהם לא־יסבו בלכתן איש אל־עבר פניו ילכו: ודמות פניהם פני אדם
ופני אריה אל־הימין לארבעתם ופני־שור מהשמאול לארבעתן ופני־נשר
לארבעתן: ופניהם וכנפיהם פרדות מלמעלה לאיש שתים חברות איש
ושתים מכסות את גויתיהנה: ואיש אל־עבר פניו ילכו אל אשר יהיה־שמה
הרוח ללכת ילכו לא יסבו בלכתן: ודמות החיות מראיהם כגחלי־אש

בֹּעֲרוֹת כְּמַרְאֵה הַלַּפִּדִים הִיא מִתְהַלֶּכֶת בֵּין הַחַיּוֹת וְנֹגַהּ לָאֵשׁ וּמִן־הָאֵשׁ יוֹצֵא בָרָק: וְהַחַיּוֹת רָצוֹא וָשׁוֹב כְּמַרְאֵה הַבָּזָק: וָאֵרֶא הַחַיּוֹת וְהִנֵּה אוֹפַן אֶחָד בָּאָרֶץ אֵצֶל הַחַיּוֹת לְאַרְבַּעַת פָּנָיו: מַרְאֵה הָאוֹפַנִּים וּמַעֲשֵׂיהֶם כְּעֵין תַּרְשִׁישׁ וּדְמוּת אֶחָד לְאַרְבַּעְתָּן וּמַרְאֵיהֶם וּמַעֲשֵׂיהֶם כַּאֲשֶׁר יִהְיֶה הָאוֹפַן בְּתוֹךְ הָאוֹפָן: עַל־אַרְבַּעַת רִבְעֵיהֶן בְּלֶכְתָּם יֵלֵכוּ לֹא יִסַּבּוּ בְּלֶכְתָּן: וְגַבֵּיהֶן וְגֹבַהּ לָהֶם וְיִרְאָה לָהֶם וְגַבֹּתָם מְלֵאֹת עֵינַיִם סָבִיב לְאַרְבַּעְתָּן: וּבְלֶכֶת הַחַיּוֹת יֵלְכוּ הָאוֹפַנִּים אֶצְלָם וּבְהִנָּשֵׂא הַחַיּוֹת מֵעַל הָאָרֶץ יִנָּשְׂאוּ הָאוֹפַנִּים: עַל אֲשֶׁר יִהְיֶה־שָּׁם הָרוּחַ לָלֶכֶת יֵלֵכוּ שָׁמָּה הָרוּחַ לָלֶכֶת וְהָאוֹפַנִּים יִנָּשְׂאוּ לְעֻמָּתָם כִּי רוּחַ הַחַיָּה בָּאוֹפַנִּים: בְּלֶכְתָּם יֵלֵכוּ וּבְעָמְדָם יַעֲמֹדוּ וּבְהִנָּשְׂאָם מֵעַל הָאָרֶץ יִנָּשְׂאוּ הָאוֹפַנִּים לְעֻמָּתָם כִּי רוּחַ הַחַיָּה בָּאוֹפַנִּים: וּדְמוּת עַל־רָאשֵׁי הַחַיָּה רָקִיעַ כְּעֵין הַקֶּרַח הַנּוֹרָא נָטוּי עַל־רָאשֵׁיהֶם מִלְמָעְלָה: וְתַחַת הָרָקִיעַ כַּנְפֵיהֶם יְשָׁרוֹת אִשָּׁה אֶל־אֲחוֹתָהּ לְאִישׁ שְׁתַּיִם מְכַסּוֹת לָהֵנָּה וּלְאִישׁ שְׁתַּיִם מְכַסּוֹת לָהֵנָּה אֵת גְּוִיֹּתֵיהֶם: וָאֶשְׁמַע אֶת־קוֹל כַּנְפֵיהֶם כְּקוֹל מַיִם רַבִּים כְּקוֹל־שַׁדַּי בְּלֶכְתָּם קוֹל הֲמֻלָּה כְּקוֹל מַחֲנֶה בְּעָמְדָם תְּרַפֶּינָה כַנְפֵיהֶן: וַיְהִי־קוֹל מֵעַל לָרָקִיעַ אֲשֶׁר עַל־רֹאשָׁם בְּעָמְדָם תְּרַפֶּינָה כַנְפֵיהֶן: וּמִמַּעַל לָרָקִיעַ אֲשֶׁר עַל־רֹאשָׁם כְּמַרְאֵה אֶבֶן־סַפִּיר דְּמוּת כִּסֵּא וְעַל דְּמוּת הַכִּסֵּא דְּמוּת כְּמַרְאֵה אָדָם עָלָיו מִלְמָעְלָה: וָאֵרֶא ׀ כְּעֵין חַשְׁמַל כְּמַרְאֵה־אֵשׁ בֵּית־לָהּ סָבִיב מִמַּרְאֵה מָתְנָיו וּלְמָעְלָה וּמִמַּרְאֵה מָתְנָיו וּלְמַטָּה רָאִיתִי כְּמַרְאֵה־אֵשׁ וְנֹגַהּ לוֹ סָבִיב: כְּמַרְאֵה הַקֶּשֶׁת אֲשֶׁר יִהְיֶה בֶעָנָן בְּיוֹם הַגֶּשֶׁם כֵּן מַרְאֵה הַנֹּגַהּ סָבִיב הוּא מַרְאֵה דְּמוּת כְּבוֹד־יהוה וָאֶרְאֶה וָאֶפֹּל עַל־פָּנַי וָאֶשְׁמַע קוֹל מְדַבֵּר:

ומוסיפים (סדר רב עמרם גאון):

וַתִּשָּׂאֵנִי רוּחַ וָאֶשְׁמַע אַחֲרַי קוֹל רַעַשׁ גָּדוֹל בָּרוּךְ כְּבוֹד־יהוה מִמְּקוֹמוֹ: יחזקאל ג, יב

מפטיר ליום הראשון של סוכות

קריאת התורה היא כביום השני של פסח (עמ׳ 599). למפטיר קוראים מספר התורה השני:

וּבַחֲמִשָּׁה עָשָׂר יוֹם לַחֹדֶשׁ הַשְּׁבִיעִי מִקְרָא־קֹדֶשׁ יִהְיֶה לָכֶם כָּל־מְלֶאכֶת עֲבֹדָה לֹא תַעֲשׂוּ וְחַגֹּתֶם חַג לַיהוה שִׁבְעַת יָמִים: וְהִקְרַבְתֶּם עֹלָה אִשֵּׁה רֵיחַ נִיחֹחַ לַיהוה פָּרִים בְּנֵי־בָקָר שְׁלֹשָׁה עָשָׂר אֵילִם שְׁנָיִם כְּבָשִׂים בְּנֵי־שָׁנָה אַרְבָּעָה עָשָׂר תְּמִימִם יִהְיוּ: וּמִנְחָתָם סֹלֶת בְּלוּלָה בַשָּׁמֶן שְׁלֹשָׁה עֶשְׂרֹנִים במדבר כט, יב–טז

לַפָּר הָאֶחָד לִשְׁלֹשָׁה עָשָׂר פָּרִים שְׁנֵי עֶשְׂרֹנִים לָאַיִל הָאֶחָד לִשְׁנֵי הָאֵילִם: וְעִשָּׂרוֹן עִשָּׂרוֹן לַכֶּבֶשׂ הָאֶחָד לְאַרְבָּעָה עָשָׂר כְּבָשִׂים: וּשְׂעִיר־עִזִּים אֶחָד חַטָּאת מִלְּבַד עֹלַת הַתָּמִיד מִנְחָתָהּ וְנִסְכָּהּ:

הפטרה ליום הראשון של סוכות

זכריה יד, א–כא

הִנֵּה יוֹם־בָּא לַיהוָה וְחֻלַּק שְׁלָלֵךְ בְּקִרְבֵּךְ: וְאָסַפְתִּי אֶת־כָּל־הַגּוֹיִם ׀ אֶל־יְרוּשָׁלִַם לַמִּלְחָמָה וְנִלְכְּדָה הָעִיר וְנָשַׁסּוּ הַבָּתִּים וְהַנָּשִׁים תשגלנה [תִּשָּׁכַבְנָה] וְיָצָא חֲצִי הָעִיר בַּגּוֹלָה וְיֶתֶר הָעָם לֹא יִכָּרֵת מִן־הָעִיר: וְיָצָא יְהוָה וְנִלְחַם בַּגּוֹיִם הָהֵם כְּיוֹם הִלָּחֲמוֹ בְּיוֹם קְרָב: וְעָמְדוּ רַגְלָיו בַּיּוֹם־הַהוּא עַל־הַר הַזֵּיתִים אֲשֶׁר עַל־פְּנֵי יְרוּשָׁלִַם מִקֶּדֶם וְנִבְקַע הַר הַזֵּיתִים מֵחֶצְיוֹ מִזְרָחָה וָיָמָּה גֵּיא גְּדוֹלָה מְאֹד וּמָשׁ חֲצִי הָהָר צָפוֹנָה וְחֶצְיוֹ נֶגְבָּה: וְנַסְתֶּם גֵּיא־הָרַי כִּי־יַגִּיעַ גֵּי־הָרִים אֶל־אָצַל וְנַסְתֶּם כַּאֲשֶׁר נַסְתֶּם מִפְּנֵי הָרַעַשׁ בִּימֵי עֻזִּיָּה מֶלֶךְ־יְהוּדָה וּבָא יְהוָה אֱלֹהַי כָּל־קְדֹשִׁים עִמָּךְ: וְהָיָה בַּיּוֹם הַהוּא לֹא־יִהְיֶה אוֹר יְקָרוֹת יקפאון [וְקִפָּאוֹן]: וְהָיָה יוֹם־אֶחָד הוּא יִוָּדַע לַיהוָה לֹא־יוֹם וְלֹא־לָיְלָה וְהָיָה לְעֵת־עֶרֶב יִהְיֶה־אוֹר: וְהָיָה ׀ בַּיּוֹם הַהוּא יֵצְאוּ מַיִם־חַיִּים מִירוּשָׁלִַם חֶצְיָם אֶל־הַיָּם הַקַּדְמוֹנִי וְחֶצְיָם אֶל־הַיָּם הָאַחֲרוֹן בַּקַּיִץ וּבָחֹרֶף יִהְיֶה: וְהָיָה יְהוָה לְמֶלֶךְ עַל־כָּל־הָאָרֶץ בַּיּוֹם הַהוּא יִהְיֶה יְהוָה אֶחָד וּשְׁמוֹ אֶחָד: יִסּוֹב כָּל־הָאָרֶץ כָּעֲרָבָה מִגֶּבַע לְרִמּוֹן נֶגֶב יְרוּשָׁלִָם וְרָאֲמָה וְיָשְׁבָה תַחְתֶּיהָ לְמִשַּׁעַר בִּנְיָמִן עַד־מְקוֹם שַׁעַר הָרִאשׁוֹן עַד־שַׁעַר הַפִּנִּים וּמִגְדַּל חֲנַנְאֵל עַד יִקְבֵי הַמֶּלֶךְ: וְיָשְׁבוּ בָהּ וְחֵרֶם לֹא יִהְיֶה־עוֹד וְיָשְׁבָה יְרוּשָׁלִַם לָבֶטַח: וְזֹאת ׀ תִּהְיֶה הַמַּגֵּפָה אֲשֶׁר יִגֹּף יְהוָה אֶת־כָּל־הָעַמִּים אֲשֶׁר צָבְאוּ עַל־יְרוּשָׁלִָם הָמֵק ׀ בְּשָׂרוֹ וְהוּא עֹמֵד עַל־רַגְלָיו וְעֵינָיו תִּמַּקְנָה בְחֹרֵיהֶן וּלְשׁוֹנוֹ תִּמַּק בְּפִיהֶם: וְהָיָה בַּיּוֹם הַהוּא תִּהְיֶה מְהוּמַת־יְהוָה רַבָּה בָּהֶם וְהֶחֱזִיקוּ אִישׁ יַד רֵעֵהוּ וְעָלְתָה יָדוֹ עַל־יַד רֵעֵהוּ: וְגַם־יְהוּדָה תִּלָּחֵם בִּירוּשָׁלִָם וְאֻסַּף חֵיל כָּל־הַגּוֹיִם סָבִיב זָהָב וָכֶסֶף וּבְגָדִים לָרֹב מְאֹד: וְכֵן תִּהְיֶה מַגֵּפַת הַסּוּס הַפֶּרֶד הַגָּמָל וְהַחֲמוֹר וְכָל־הַבְּהֵמָה אֲשֶׁר יִהְיֶה בַּמַּחֲנוֹת הָהֵמָּה כַּמַּגֵּפָה הַזֹּאת: וְהָיָה כָּל־הַנּוֹתָר מִכָּל־הַגּוֹיִם הַבָּאִים עַל־יְרוּשָׁלִָם וְעָלוּ מִדֵּי שָׁנָה בְשָׁנָה לְהִשְׁתַּחֲוֹת לְמֶלֶךְ יְהוָה צְבָאוֹת וְלָחֹג אֶת־חַג הַסֻּכּוֹת: וְהָיָה אֲשֶׁר לֹא־יַעֲלֶה מֵאֵת מִשְׁפְּחוֹת הָאָרֶץ אֶל־יְרוּשָׁלִַם לְהִשְׁתַּחֲוֹת לְמֶלֶךְ יְהוָה צְבָאוֹת וְלֹא עֲלֵיהֶם יִהְיֶה הַגָּשֶׁם: וְאִם־מִשְׁפַּחַת מִצְרַיִם לֹא־תַעֲלֶה וְלֹא בָאָה וְלֹא עֲלֵיהֶם תִּהְיֶה הַמַּגֵּפָה אֲשֶׁר יִגֹּף יְהוָה אֶת־

הַגּוֹיִם אֲשֶׁר לֹא יַעֲלוּ לָחֹג אֶת־חַג הַסֻּכּוֹת: זֹאת תִּהְיֶה חַטַּאת מִצְרָיִם וְחַטַּאת כָּל־הַגּוֹיִם אֲשֶׁר לֹא יַעֲלוּ לָחֹג אֶת־חַג הַסֻּכּוֹת: בַּיּוֹם הַהוּא יִהְיֶה עַל־מְצִלּוֹת הַסּוּס קֹדֶשׁ לַיהוה וְהָיָה הַסִּירוֹת בְּבֵית יהוה כַּמִּזְרָקִים לִפְנֵי הַמִּזְבֵּחַ: וְהָיָה כָּל־סִיר בִּירוּשָׁלַםִ וּבִיהוּדָה קֹדֶשׁ לַיהוה צְבָאוֹת וּבָאוּ כָּל־הַזֹּבְחִים וְלָקְחוּ מֵהֶם וּבִשְּׁלוּ בָהֶם וְלֹא־יִהְיֶה כְנַעֲנִי עוֹד בְּבֵית־יהוה צְבָאוֹת בַּיּוֹם הַהוּא:

קריאה לחול המועד סוכות

בחול המועד סוכות מעלים לתורה ארבעה קרואים, וקוראים לכל אחד מהם את מוסף אותו היום.

בשבת חול המועד מוציאים שני ספרי תורה. בראשון קוראים לשבעה עולים כבחול המועד פסח (עמ׳ 606), ובאחר קוראים למפטיר את הקריאה ליום המתאים.

ביום ראשון דחוה״מ קוראים:

במדבר כט, יז–יט וּבַיּוֹם הַשֵּׁנִי פָּרִים בְּנֵי־בָקָר שְׁנֵים עָשָׂר אֵילִם שְׁנָיִם כְּבָשִׂים בְּנֵי־שָׁנָה אַרְבָּעָה
עָשָׂר תְּמִימִם: וּמִנְחָתָם וְנִסְכֵּיהֶם לַפָּרִים לָאֵילִם וְלַכְּבָשִׂים בְּמִסְפָּרָם כַּמִּשְׁפָּט:
וּשְׂעִיר־עִזִּים אֶחָד חַטָּאת מִלְּבַד עֹלַת הַתָּמִיד וּמִנְחָתָהּ וְנִסְכֵּיהֶם:

ביום שני דחוה״מ קוראים:

במדבר כט, כ–כב וּבַיּוֹם הַשְּׁלִישִׁי פָּרִים עַשְׁתֵּי־עָשָׂר אֵילִם שְׁנָיִם כְּבָשִׂים בְּנֵי־שָׁנָה אַרְבָּעָה עָשָׂר
תְּמִימִם: וּמִנְחָתָם וְנִסְכֵּיהֶם לַפָּרִים לָאֵילִם וְלַכְּבָשִׂים בְּמִסְפָּרָם כַּמִּשְׁפָּט:
וּשְׂעִיר חַטָּאת אֶחָד מִלְּבַד עֹלַת הַתָּמִיד וּמִנְחָתָהּ וְנִסְכָּהּ:

ביום שלישי דחוה״מ קוראים:

במדבר כט, כג–כה וּבַיּוֹם הָרְבִיעִי פָּרִים עֲשָׂרָה אֵילִם שְׁנָיִם כְּבָשִׂים בְּנֵי־שָׁנָה אַרְבָּעָה עָשָׂר
תְּמִימִם: מִנְחָתָם וְנִסְכֵּיהֶם לַפָּרִים לָאֵילִם וְלַכְּבָשִׂים בְּמִסְפָּרָם כַּמִּשְׁפָּט:
וּשְׂעִיר־עִזִּים אֶחָד חַטָּאת מִלְּבַד עֹלַת הַתָּמִיד מִנְחָתָהּ וְנִסְכָּהּ:

ביום רביעי דחוה״מ קוראים:

במדבר כט, כו–כח וּבַיּוֹם הַחֲמִישִׁי פָּרִים תִּשְׁעָה אֵילִם שְׁנָיִם כְּבָשִׂים בְּנֵי־שָׁנָה אַרְבָּעָה עָשָׂר
תְּמִימִם: וּמִנְחָתָם וְנִסְכֵּיהֶם לַפָּרִים לָאֵילִם וְלַכְּבָשִׂים בְּמִסְפָּרָם כַּמִּשְׁפָּט:
וּשְׂעִיר חַטָּאת אֶחָד מִלְּבַד עֹלַת הַתָּמִיד וּמִנְחָתָהּ וְנִסְכָּהּ:

ביום חמישי דחוה״מ קוראים:

במדבר כט, כט–לא וּבַיּוֹם הַשִּׁשִּׁי פָּרִים שְׁמֹנָה אֵילִם שְׁנָיִם כְּבָשִׂים בְּנֵי־שָׁנָה אַרְבָּעָה עָשָׂר
תְּמִימִם: וּמִנְחָתָם וְנִסְכֵּיהֶם לַפָּרִים לָאֵילִם וְלַכְּבָשִׂים בְּמִסְפָּרָם כַּמִּשְׁפָּט:
וּשְׂעִיר חַטָּאת אֶחָד מִלְּבַד עֹלַת הַתָּמִיד מִנְחָתָהּ וּנְסָכֶיהָ:

בהושענא רבה קוראים:

וּבַיּוֹם הַשְּׁבִיעִי פָּרִים שִׁבְעָה אֵילִם שְׁנָיִם כְּבָשִׂים בְּנֵי־שָׁנָה אַרְבָּעָה עָשָׂר במדבר כט, לב–לד
תְּמִימִם: וּמִנְחָתָם וְנִסְכֵּהֶם לַפָּרִים לָאֵילִם וְלַכְּבָשִׂים בְּמִסְפָּרָם כְּמִשְׁפָּטָם:
וּשְׂעִיר חַטָּאת אֶחָד מִלְּבַד עֹלַת הַתָּמִיד מִנְחָתָהּ וְנִסְכָּהּ:

הפטרה לשבת חול המועד סוכות

וְהָיָה ׀ בַּיּוֹם הַהוּא בְּיוֹם בּוֹא גוֹג עַל־אַדְמַת יִשְׂרָאֵל נְאֻם אֲדֹנָי יֱהוִה תַּעֲלֶה יחזקאל לח, יח–לט, טז
חֲמָתִי בְּאַפִּי: וּבְקִנְאָתִי בְאֵשׁ־עֶבְרָתִי דִּבַּרְתִּי אִם־לֹא ׀ בַּיּוֹם הַהוּא יִהְיֶה רַעַשׁ
גָּדוֹל עַל אַדְמַת יִשְׂרָאֵל: וְרָעֲשׁוּ מִפָּנַי דְּגֵי הַיָּם וְעוֹף הַשָּׁמַיִם וְחַיַּת הַשָּׂדֶה
וְכָל־הָרֶמֶשׂ הָרֹמֵשׂ עַל־הָאֲדָמָה וְכֹל הָאָדָם אֲשֶׁר עַל־פְּנֵי הָאֲדָמָה וְנֶהֶרְסוּ
הֶהָרִים וְנָפְלוּ הַמַּדְרֵגוֹת וְכָל־חוֹמָה לָאָרֶץ תִּפּוֹל: וְקָרָאתִי עָלָיו לְכָל־הָרַי
חֶרֶב נְאֻם אֲדֹנָי יֱהוִה חֶרֶב אִישׁ בְּאָחִיו תִּהְיֶה: וְנִשְׁפַּטְתִּי אִתּוֹ בְּדֶבֶר וּבְדָם
וְגֶשֶׁם שׁוֹטֵף וְאַבְנֵי אֶלְגָּבִישׁ אֵשׁ וְגָפְרִית אַמְטִיר עָלָיו וְעַל־אֲגַפָּיו וְעַל־עַמִּים
רַבִּים אֲשֶׁר אִתּוֹ: וְהִתְגַּדִּלְתִּי וְהִתְקַדִּשְׁתִּי וְנוֹדַעְתִּי לְעֵינֵי גּוֹיִם רַבִּים וְיָדְעוּ
כִּי־אֲנִי יְהוָה: וְאַתָּה בֶן־אָדָם הִנָּבֵא עַל־גּוֹג וְאָמַרְתָּ כֹּה אָמַר
אֲדֹנָי יֱהוִה הִנְנִי אֵלֶיךָ גּוֹג נְשִׂיא רֹאשׁ מֶשֶׁךְ וְתֻבָל: וְשֹׁבַבְתִּיךָ וְשִׁשֵּׁאתִיךָ
וְהַעֲלִיתִיךָ מִיַּרְכְּתֵי צָפוֹן וַהֲבִאוֹתִיךָ עַל־הָרֵי יִשְׂרָאֵל: וְהִכֵּיתִי קַשְׁתְּךָ מִיַּד
שְׂמֹאולֶךָ וְחִצֶּיךָ מִיַּד יְמִינְךָ אַפִּיל: עַל־הָרֵי יִשְׂרָאֵל תִּפּוֹל אַתָּה וְכָל־אֲגַפֶּיךָ
וְעַמִּים אֲשֶׁר אִתָּךְ לְעֵיט צִפּוֹר כָּל־כָּנָף וְחַיַּת הַשָּׂדֶה נְתַתִּיךָ לְאָכְלָה: עַל־פְּנֵי
הַשָּׂדֶה תִּפּוֹל כִּי אֲנִי דִבַּרְתִּי נְאֻם אֲדֹנָי יֱהוִה: וְשִׁלַּחְתִּי־אֵשׁ בְּמָגוֹג וּבְיֹשְׁבֵי
הָאִיִּים לָבֶטַח וְיָדְעוּ כִּי־אֲנִי יְהוָה: וְאֶת־שֵׁם קָדְשִׁי אוֹדִיעַ בְּתוֹךְ עַמִּי יִשְׂרָאֵל
וְלֹא־אַחֵל אֶת־שֵׁם־קָדְשִׁי עוֹד וְיָדְעוּ הַגּוֹיִם כִּי־אֲנִי יְהוָה קָדוֹשׁ בְּיִשְׂרָאֵל:
הִנֵּה בָאָה וְנִהְיָתָה נְאֻם אֲדֹנָי יֱהוִה הוּא הַיּוֹם אֲשֶׁר דִּבַּרְתִּי: וְיָצְאוּ יֹשְׁבֵי ׀
עָרֵי יִשְׂרָאֵל וּבִעֲרוּ וְהִשִּׂיקוּ בְּנֶשֶׁק וּמָגֵן וְצִנָּה בְּקֶשֶׁת וּבְחִצִּים וּבְמַקֵּל יָד
וּבְרֹמַח וּבִעֲרוּ בָהֶם אֵשׁ שֶׁבַע שָׁנִים: וְלֹא־יִשְׂאוּ עֵצִים מִן־הַשָּׂדֶה וְלֹא יַחְטְבוּ
מִן־הַיְּעָרִים כִּי בַנֶּשֶׁק יְבַעֲרוּ־אֵשׁ וְשָׁלְלוּ אֶת־שֹׁלְלֵיהֶם וּבָזְזוּ אֶת־בֹּזְזֵיהֶם
נְאֻם אֲדֹנָי יֱהוִה: וְהָיָה בַיּוֹם הַהוּא אֶתֵּן לְגוֹג ׀ מְקוֹם־שָׁם קֶבֶר
בְּיִשְׂרָאֵל גֵּי הָעֹבְרִים קִדְמַת הַיָּם וְחֹסֶמֶת הִיא אֶת־הָעֹבְרִים וְקָבְרוּ שָׁם אֶת־
גּוֹג וְאֶת־כָּל־הֲמוֹנֹה וְקָרְאוּ גֵּיא הֲמוֹן גּוֹג: וּקְבָרוּם בֵּית יִשְׂרָאֵל לְמַעַן טַהֵר

אֶת־הָאָ֖רֶץ שִׁבְעָ֥ה חֳדָשִֽׁים׃ וְקָבְרוּ֙ כָּל־עַ֣ם הָאָ֔רֶץ וְהָיָ֥ה לָהֶ֖ם לְשֵׁ֑ם י֚וֹם הִכָּ֣בְדִ֔י
נְאֻ֖ם אֲדֹנָ֥י יֱהֹוִֽה׃ וְאַנְשֵׁ֨י תָמִ֤יד יַבְדִּ֙ילוּ֙ עֹבְרִ֣ים בָּאָ֔רֶץ מְקַבְּרִ֣ים אֶת־הָעֹבְרִ֗ים
אֶת־הַנּֽוֹתָרִ֛ים עַל־פְּנֵ֥י הָאָ֖רֶץ לְטַהֲרָ֑הּ מִקְצֵ֥ה שִׁבְעָֽה־חֳדָשִׁ֖ים יַחְקֹֽרוּ׃ וְעָבְר֤וּ
הָעֹֽבְרִים֙ בָּאָ֔רֶץ וְרָאָה֙ עֶ֣צֶם אָדָ֔ם וּבָנָ֥ה אֶצְל֖וֹ צִיּ֑וּן עַ֣ד קָבְר֤וּ אֹתוֹ֙ הַֽמְקַבְּרִ֔ים
אֶל־גֵּ֖יא הֲמ֥וֹן גּֽוֹג׃ וְגַ֧ם שֶׁם־עִ֛יר הֲמוֹנָ֖ה וְטִהֲר֥וּ הָאָֽרֶץ׃

קריאה לשמיני עצרת

אם שמיני עצרת חל בשבת, רבים נוהגים לקרוא לראשון עד ׳יִשָּׂא מִדַּבְּרֹתֶיךָ׳,
להמשיך כרגיל ולקרוא לשביעי את שלושת הפסוקים הראשונים מהקריאה
לחתן תורה (עמ׳ 624), מ׳מְעֹנָה אֱלֹהֵי קֶדֶם׳ עד ׳עַל־בָּמוֹתֵימוֹ תִדְרֹךְ׳.

דברים לג, א–כו וְזֹ֥את הַבְּרָכָ֛ה אֲשֶׁ֨ר בֵּרַ֥ךְ מֹשֶׁ֛ה אִ֥ישׁ הָאֱלֹהִ֖ים אֶת־בְּנֵ֣י יִשְׂרָאֵ֑ל לִפְנֵ֖י מוֹתֽוֹ׃
וַיֹּאמַ֗ר יהוה מִסִּינַ֥י בָּא֙ וְזָרַ֤ח מִשֵּׂעִיר֙ לָ֔מוֹ הוֹפִ֙יעַ֙ מֵהַ֣ר פָּארָ֔ן וְאָתָ֖ה מֵרִבְבֹ֣ת
אֵשׁ דָּת קֹ֑דֶשׁ מִֽימִינ֕וֹ אשדת לָֽמוֹ׃ אַ֚ף חֹבֵ֣ב עַמִּ֔ים כָּל־קְדֹשָׁ֖יו בְּיָדֶ֑ךָ וְהֵם֙ תֻּכּ֣וּ לְרַגְלֶ֔ךָ
יִשָּׂ֖א מִדַּבְּרֹתֶֽיךָ׃ תּוֹרָ֥ה צִוָּה־לָ֖נוּ מֹשֶׁ֑ה מוֹרָשָׁ֖ה קְהִלַּ֥ת יַעֲקֹֽב׃ וַיְהִ֥י בִישֻׁר֖וּן
מֶ֑לֶךְ בְּהִתְאַסֵּף֙ רָ֣אשֵׁי עָ֔ם יַ֖חַד שִׁבְטֵ֥י יִשְׂרָאֵֽל׃ יְחִ֥י רְאוּבֵ֖ן וְאַל־יָמֹ֑ת וִיהִ֥י מְתָ֖יו
מִסְפָּֽר׃ וְזֹ֣את לִֽיהוּדָה֮ וַיֹּאמַר֒ שְׁמַ֤ע יהוה֙ ק֣וֹל יְהוּדָ֔ה וְאֶל־עַמּ֖וֹ
תְּבִיאֶ֑נּוּ יָדָיו֙ רָ֣ב ל֔וֹ וְעֵ֥זֶר מִצָּרָ֖יו תִּהְיֶֽה׃
לוי וּלְלֵוִ֣י אָמַ֔ר תֻּמֶּ֥יךָ וְאוּרֶ֖יךָ לְאִ֣ישׁ חֲסִידֶ֑ךָ אֲשֶׁ֤ר נִסִּיתוֹ֙ בְּמַסָּ֔ה תְּרִיבֵ֖הוּ עַל־מֵ֥י
מְרִיבָֽה׃ הָאֹמֵ֞ר לְאָבִ֤יו וּלְאִמּוֹ֙ לֹ֣א רְאִיתִ֔יו וְאֶת־אֶחָיו֙ לֹ֣א הִכִּ֔יר וְאֶת־בָּנָ֖ו לֹ֣א
יָדָ֑ע כִּ֤י שָֽׁמְרוּ֙ אִמְרָתֶ֔ךָ וּבְרִֽיתְךָ֖ יִנְצֹֽרוּ׃ יוֹר֤וּ מִשְׁפָּטֶ֙יךָ֙ לְיַעֲקֹ֔ב וְתוֹרָתְךָ֖ לְיִשְׂרָאֵ֑ל
יָשִׂ֤ימוּ קְטוֹרָה֙ בְּאַפֶּ֔ךָ וְכָלִ֖יל עַֽל־מִזְבְּחֶֽךָ׃ בָּרֵ֤ךְ יהוה֙ חֵיל֔וֹ וּפֹ֥עַל יָדָ֖יו תִּרְצֶ֑ה
מְחַ֨ץ מָתְנַ֧יִם קָמָ֛יו וּמְשַׂנְאָ֖יו מִן־יְקוּמֽוּן׃ לְבִנְיָמִ֣ן אָמַ֔ר יְדִ֣יד יהוה
שלישי יִשְׁכֹּ֥ן לָבֶ֖טַח עָלָ֑יו חֹפֵ֤ף עָלָיו֙ כָּל־הַיּ֔וֹם וּבֵ֥ין כְּתֵפָ֖יו שָׁכֵֽן׃ *וּלְיוֹסֵ֣ף
אָמַ֔ר מְבֹרֶ֥כֶת יהוה אַרְצ֑וֹ מִמֶּ֤גֶד שָׁמַ֙יִם֙ מִטָּ֔ל וּמִתְּה֖וֹם רֹבֶ֥צֶת תָּֽחַת׃ וּמִמֶּ֖גֶד
תְּבוּאֹ֣ת שָׁ֑מֶשׁ וּמִמֶּ֖גֶד גֶּ֥רֶשׁ יְרָחִֽים׃ וּמֵרֹ֖אשׁ הַרְרֵי־קֶ֑דֶם וּמִמֶּ֖גֶד גִּבְע֥וֹת עוֹלָֽם׃
וּמִמֶּ֗גֶד אֶ֚רֶץ וּמְלֹאָ֔הּ וּרְצ֥וֹן שֹׁכְנִ֖י סְנֶ֑ה תָּב֙וֹאתָה֙ לְרֹ֣אשׁ יוֹסֵ֔ף וּלְקָדְקֹ֖ד נְזִ֥יר
אֶחָֽיו׃ בְּכ֨וֹר שׁוֹר֜וֹ הָדָ֣ר ל֗וֹ וְקַרְנֵ֤י רְאֵם֙ קַרְנָ֔יו בָּהֶ֗ם עַמִּ֛ים יְנַגַּ֥ח יַחְדָּ֖ו אַפְסֵי־אָ֑רֶץ
רביעי וְהֵם֙ רִבְב֣וֹת אֶפְרַ֔יִם וְהֵ֖ם אַלְפֵ֥י מְנַשֶּֽׁה׃ *וְלִזְבוּלֻ֣ן אָמַ֔ר שְׂמַ֥ח זְבוּלֻ֖ן
בְּצֵאתֶ֑ךָ וְיִשָּׂשכָ֖ר בְּאֹהָלֶֽיךָ׃ עַמִּים֙ הַר־יִקְרָ֔אוּ שָׁ֖ם יִזְבְּח֣וּ זִבְחֵי־צֶ֑דֶק כִּ֣י שֶׁ֤פַע
יַמִּים֙ יִינָ֔קוּ וּשְׂפֻנֵ֖י טְמ֥וּנֵי חֽוֹל׃ וּלְגָ֣ד אָמַ֔ר בָּר֖וּךְ מַרְחִ֣יב גָּ֑ד כְּלָבִ֣יא

שָׁכֵן וְטָרַף זְרוֹעַ אַף־קָדְקֹד: וַיַּרְא רֵאשִׁית לוֹ כִּי־שָׁם חֶלְקַת מְחֹקֵק סָפוּן
וַיֵּתֵא רָאשֵׁי עָם צִדְקַת יהוה עָשָׂה וּמִשְׁפָּטָיו עִם־יִשְׂרָאֵל: *וּלְדָן חמישי
אָמַר דָּן גּוּר אַרְיֵה יְזַנֵּק מִן־הַבָּשָׁן: וּלְנַפְתָּלִי אָמַר נַפְתָּלִי שְׂבַע רָצוֹן וּמָלֵא
בִּרְכַּת יהוה יָם וְדָרוֹם יְרָשָׁה: וּלְאָשֵׁר אָמַר בָּרוּךְ מִבָּנִים אָשֵׁר
יְהִי רְצוּי אֶחָיו וְטֹבֵל בַּשֶּׁמֶן רַגְלוֹ: בַּרְזֶל וּנְחֹשֶׁת מִנְעָלֶךָ וּכְיָמֶיךָ דָּבְאֶךָ: אֵין
כָּאֵל יְשֻׁרוּן רֹכֵב שָׁמַיִם בְּעֶזְרֶךָ וּבְגַאֲוָתוֹ שְׁחָקִים:

רשות לחתן תורה

לפני שקוראים לחתן התורה, הגבאי אומר:

מֵרְשׁוּת הָאֵל הַגָּדוֹל הַגִּבּוֹר וְהַנּוֹרָא, וּמֵרְשׁוּת מִפָּז וּמִפְּנִינִים יְקָרָה, וּמֵרְשׁוּת סַנְהֶדְרִין הַקְּדוֹשָׁה וְהַבְּחוּרָה, וּמֵרְשׁוּת רָאשֵׁי יְשִׁיבוֹת וְאַלּוּפֵי תוֹרָה, וּמֵרְשׁוּת זְקֵנִים וּנְעָרִים יוֹשְׁבֵי שׁוּרָה, אֶפְתְּחָה פִּי בְּשִׁיר וּבְזִמְרָה, לְהוֹדוֹת וּלְהַלֵּל לְדָר בִּנְהוֹרָא, שֶׁהֶחֱיָנוּ וְקִיְּמָנוּ בְּיִרְאָתוֹ הַטְּהוֹרָה, וְהִגִּיעָנוּ לִשְׂמֹחַ בְּשִׂמְחַת הַתּוֹרָה, הַמְשַׂמַּחַת לֵב וְעֵינַיִם מְאִירָה, הַנּוֹתֶנֶת חַיִּים וְעֹשֶׁר וְכָבוֹד וְתִפְאָרָה, הַמְאַשֶּׁרֶת הוֹלְכִים בְּדֶרֶךְ הַטּוֹבָה וְהַיְשָׁרָה, הַמַּאֲרֶכֶת יָמִים וּמוֹסֶפֶת גְּבוּרָה, לְאוֹהֲבֶיהָ וּלְשׁוֹמְרֶיהָ בְּצִוּוּי וְאַזְהָרָה, לְעוֹסְקֶיהָ וּלְנוֹצְרֶיהָ בְּאַהַב וּבְמוֹרָא. וּבְכֵן יְהִי רָצוֹן מִלִּפְנֵי הַגְּבוּרָה, לָתֵת חֵן וָחֶסֶד וְחַיִּים וָנֵזֶר וַעֲטָרָה, לְרַבִּי (פלוני ב״ר פלוני) הַנִּבְחָר לְהַשְׁלִים הַתּוֹרָה, לְאַמְּצוֹ לְבָרְכוֹ לְגַדְּלוֹ בְּתַלְמוּד תּוֹרָה, לְדָרְשׁוֹ לְהַדְּרוֹ לְוַעֲדוֹ בַּחֲבוּרָה, לְזַכּוֹתוֹ לְחַיּוֹתוֹ לְטַכְּסוֹ בְּטֶכֶס אוֹרָה, לְיַשְּׁרוֹ לְכַלְּלוֹ לְלַמְּדוֹ לֶקַח וּסְבָרָה, לְמַלְּטוֹ לְנַשְּׂאוֹ לְסַעֲדוֹ בְּסַעַד בְּרוּרָה, לְעַדְּנוֹ לְפַרְנְסוֹ לְצַדְּקוֹ בְּעַם נִבְרָא, לְקָרְבוֹ לְרַחֲמוֹ לְשָׁמְרוֹ מִכָּל צוּקָה וְצָרָה, לְתָקְפוֹ לְתָמְכוֹ לְתוֹמְמוֹ בְּרוּחַ נִשְׁבָּרָה. עֲמֹד עֲמֹד עֲמֹד רַבִּי (פלוני ב״ר פלוני) חֲתַן הַתּוֹרָה, וְתֵן כָּבוֹד לָאֵל גָּדוֹל וְנוֹרָא, וּבִשְׂכַר זֶה תִּזְכֶּה מֵאֵל נוֹרָא, לִרְאוֹת בָּנִים וּבְנֵי בָנִים עוֹסְקִים בַּתּוֹרָה, וּמְקַיְּמֵי מִצְוֹת בְּתוֹךְ עַם יָפָה וּבָרָה, וְתִזְכֶּה לִשְׂמֹחַ בְּשִׂמְחַת בֵּית הַבְּחִירָה, וּפָנֶיךָ לְהָאִיר בִּצְדָקָה כְּאַסְפַּקְלַרְיָא הַמְּאִירָה, כִּנְבוּאַת יְשַׁעְיָהוּ מָלֵא רוּחַ עֵצָה וּגְבוּרָה, שִׂמְחוּ אֶת יְרוּשָׁלַיִם וְגִילוּ בָהּ מְהֵרָה, שִׂישׂוּ אִתָּהּ מָשׂוֹשׂ כָּל הַמִּתְאַבְּלִים בַּאֲבֵלָה וְצָרָה, עֲמֹד עֲמֹד עֲמֹד רַבִּי (פלוני ב״ר פלוני) חֲתַן הַתּוֹרָה, מֵרְשׁוּת כָּל הַקָּהָל הַקָּדוֹשׁ הַזֶּה וְהַשְׁלֵם הַתּוֹרָה. יַעֲמֹד רַבִּי (פלוני ב״ר פלוני) חֲתַן הַתּוֹרָה.

קריאה לחתן תורה

דברים לג,כז-לד,יב מְעֹנָה אֱלֹהֵי קֶדֶם וּמִתַּחַת זְרֹעֹת עוֹלָם וַיְגָרֶשׁ מִפָּנֶיךָ אוֹיֵב וַיֹּאמֶר הַשְׁמֵד: וַיִּשְׁכֹּן יִשְׂרָאֵל בֶּטַח בָּדָד עֵין יַעֲקֹב אֶל־אֶרֶץ דָּגָן וְתִירוֹשׁ אַף־שָׁמָיו יַעַרְפוּ־טָל: אַשְׁרֶיךָ יִשְׂרָאֵל מִי כָמוֹךָ עַם נוֹשַׁע בַּיהוָה מָגֵן עֶזְרֶךָ וַאֲשֶׁר־חֶרֶב גַּאֲוָתֶךָ וְיִכָּחֲשׁוּ אֹיְבֶיךָ לָךְ וְאַתָּה עַל־בָּמוֹתֵימוֹ תִדְרֹךְ: וַיַּעַל מֹשֶׁה מֵעַרְבֹת מוֹאָב אֶל־הַר נְבוֹ רֹאשׁ הַפִּסְגָּה אֲשֶׁר עַל־פְּנֵי יְרֵחוֹ וַיַּרְאֵהוּ יְהוָה אֶת־כָּל־הָאָרֶץ אֶת־הַגִּלְעָד עַד־דָּן: וְאֵת כָּל־נַפְתָּלִי וְאֶת־אֶרֶץ אֶפְרַיִם וּמְנַשֶּׁה וְאֵת כָּל־אֶרֶץ יְהוּדָה עַד הַיָּם הָאַחֲרוֹן: וְאֶת־הַנֶּגֶב וְאֶת־הַכִּכָּר בִּקְעַת יְרֵחוֹ עִיר הַתְּמָרִים עַד־צֹעַר: וַיֹּאמֶר יְהוָה אֵלָיו זֹאת הָאָרֶץ אֲשֶׁר נִשְׁבַּעְתִּי לְאַבְרָהָם לְיִצְחָק וּלְיַעֲקֹב לֵאמֹר לְזַרְעֲךָ אֶתְּנֶנָּה הֶרְאִיתִיךָ בְעֵינֶיךָ וְשָׁמָּה לֹא תַעֲבֹר: וַיָּמָת שָׁם מֹשֶׁה עֶבֶד־יְהוָה בְּאֶרֶץ מוֹאָב עַל־פִּי יְהוָה: וַיִּקְבֹּר אֹתוֹ בַגַּי בְּאֶרֶץ מוֹאָב מוּל בֵּית פְּעוֹר וְלֹא־יָדַע אִישׁ אֶת־קְבֻרָתוֹ עַד הַיּוֹם הַזֶּה: וּמֹשֶׁה בֶּן־מֵאָה וְעֶשְׂרִים שָׁנָה בְּמֹתוֹ לֹא־כָהֲתָה עֵינוֹ וְלֹא־נָס לֵחֹה: וַיִּבְכּוּ בְנֵי יִשְׂרָאֵל אֶת־מֹשֶׁה בְּעַרְבֹת מוֹאָב שְׁלֹשִׁים יוֹם וַיִּתְּמוּ יְמֵי בְכִי אֵבֶל מֹשֶׁה: וִיהוֹשֻׁעַ בִּן־נוּן מָלֵא רוּחַ חָכְמָה כִּי־סָמַךְ מֹשֶׁה אֶת־יָדָיו עָלָיו וַיִּשְׁמְעוּ אֵלָיו בְּנֵי־יִשְׂרָאֵל וַיַּעֲשׂוּ כַּאֲשֶׁר צִוָּה יְהוָה אֶת־מֹשֶׁה: וְלֹא־קָם נָבִיא עוֹד בְּיִשְׂרָאֵל כְּמֹשֶׁה אֲשֶׁר יְדָעוֹ יְהוָה פָּנִים אֶל־פָּנִים: לְכָל־הָאֹתֹת וְהַמּוֹפְתִים אֲשֶׁר שְׁלָחוֹ יְהוָה לַעֲשׂוֹת בְּאֶרֶץ מִצְרָיִם לְפַרְעֹה וּלְכָל־עֲבָדָיו וּלְכָל־אַרְצוֹ: וּלְכֹל הַיָּד הַחֲזָקָה וּלְכֹל הַמּוֹרָא הַגָּדוֹל אֲשֶׁר עָשָׂה מֹשֶׁה לְעֵינֵי כָּל־יִשְׂרָאֵל:

רשות לחתן בראשית

לפני שקוראים לחתן בראשית, הגבאי אומר:

מֵרְשׁוּת מְרוֹמָם עַל כָּל בְּרָכָה וְשִׁירָה, נוֹרָא עַל כָּל תְּהִלָּה וְזִמְרָה, חֲכַם לֵבָב וְאַמִּיץ כֹּחַ וּגְבוּרָה, מוֹשֵׁל עוֹלָם אֲדוֹן כָּל יְצִירָה, וּמֵרְשׁוּת כְּבוּדָּה בַּת מֶלֶךְ פְּנִימָה וַעֲצוּרָה, רֵאשִׁית קִנְיָנָהּ אַלְפַּיִם אֲצוּרָה, בָּרָה תְּמִימָה מְשִׁיבַת נֶפֶשׁ וּמַחֲזִירָה, יְשֻׁרוּן נִתְּנָה מוֹרָשָׁה לְעָבְדָהּ וּלְשָׁמְרָהּ, מְלַמְּדֶיהָ גְּאוֹנֵי יַעֲקֹב לְפָתְחָהּ וּלְסָגְרָהּ, כְּלִיל הוֹד נְשִׂיא מַרְבֵּה הַמִּשְׂרָה, יוֹשְׁבֵי מָדִין מְשִׁיבֵי מִלְחָמָה שַׁעְרָה, רָאשֵׁי יְשִׁיבוֹת רָאשֵׁי גוֹלָה פְּזוּרָה, וּמֵרְשׁוּת חֲבוּרַת צֶדֶק עֵדָה זוֹ הַמְאֻשָּׁרָה, זְקֵנִים וּנְעָרִים יַחַד בְּכָל שׁוּרָה, קְבוּצִים פֹּה הַיּוֹם לְשִׂמְחַת תּוֹרָה, וְנֶעֱצָרִים לְסַיֵּם וּלְהָחֵל בְּגִיל וּבְמוֹרָא, אוֹתָהּ מְחַבְּבִים כְּיוֹם נְתִינָתָהּ

בַּהֲדָרָהּ, מְסַלְסְלִים בָּהּ כַּחֲדָשָׁה וְלֹא כִּישָׁנָה שֶׁעָבְרָה, צְמֵאִים לָמֹץ וּלְהִתְעַנֵּג מִזִּיו יְקָרָהּ, בְּיַעַן מְשַׂמַּחַת לֵב וְעֶצֶב מְסִירָה, תַּנְחוּמֶיהָ יְשַׁעַשְׁעוּ נַפְשָׁם בָּהּ לְהִתְפָּאֲרָה, וְהוֹגִים בְּמִקְרָא וְהַגָּדָה בְּמִשְׁנָה וּגְמָרָא, רָצִים וּמְבִיאִים טַפָּם לְבֵית הָעֲתִירָה, הוֹלְכִים וְעוֹשִׂים לְהַזְהִירָה, לָכֵן גָּדוֹל שְׂכָרָם מֵאֵת הַגְּבוּרָה, עַל רֹאשָׁם שִׂמְחַת עוֹלָם קְשׁוּרָה, דָּאִים לִרְאוֹת בְּבֵית הַבְּחִירָה, וּבְכֵן נִסְמַכְתִּי דַּעַת כֻּלָּם לְבָרְרָה, בָּחוּר הֲרִימוֹתִי מֵעָם תּוֹךְ הַחֲבוּרָה, מְצָאתִיו לֵב נָבוֹן לְהַסְבִּירָה, צֶדֶק וָחֶסֶד רוֹדֵף בְּאֹרַח יְשָׁרָה, וּנְשָׂאוֹ לִבּוֹ וְנָדְבָה רוּחוֹ לְהִתְעוֹרְרָה, תְּחִלָּה וְרִאשׁוֹן הֱיוֹת לְהַתְחִיל הַתּוֹרָה. וְעַתָּה קוּם רַבִּי (פלוני ב״ר פלוני) עֲמֹד לְהִתְאַזְּרָה, בֹּא וְהִתְיַצֵּב וַעֲמֹד לִימִינִי וּקְרָא, מַעֲשֵׂה בְּרֵאשִׁית לִכְבוֹדוֹ צוּר בָּרָא, עַל זֹאת מַתְכִּיפִין הַתְחָלָה לְהַשְׁלָמָה בִּתְדִירָה, שָׂטָן שֶׁלֹּא יְרַגֵּל בְּעַם זוּ לְשַׁקְּרָה, יַעַן נַעֲשֵׂיתָ רִאשׁוֹן לְמִצְוָה גְּמוּרָה, מָה רַב טוּבְךָ וּמַשְׂכֻּרְתְּךָ יְתֵרָה, טוּב עַיִן תְּבֹרַךְ בְּנִדְבָתְךָ מִלְּעָצְרָה, וּמְבֹרֶכֶת בּוֹרְאֲךָ תִּדּוֹר יָדְךָ מִלְּקַצְּרָה, בַּעֲבוּר שֶׁכָּל הַמְכַבֵּד תּוֹרָה בִּצְפִירָה, יְהֵא גּוּפוֹ מְכֻבָּד לְהִתְאַשְּׁרָה. מַהֵר עֲמֹד עֲמֹד רַבִּי (פלוני ב״ר פלוני) חֲתַן בְּרֵאשִׁית בָּרָא, מֵרְשׁוּת הַקָּהָל הַקָּדוֹשׁ הַזֶּה וּבָרֵךְ אֵל גָּדוֹל וְנוֹרָא, אָמֵן יַעֲנוּ אַחֲרֶיךָ הַכֹּל מְהֵרָה. יַעֲמֹד רַבִּי (פלוני ב״ר פלוני) חֲתַן בְּרֵאשִׁית.

קריאה לחתן בראשית

בראשית א,א–ב,ג בְּרֵאשִׁ֖ית בָּרָ֣א אֱלֹהִ֑ים אֵ֥ת הַשָּׁמַ֖יִם וְאֵ֥ת הָאָֽרֶץ׃ וְהָאָ֗רֶץ הָיְתָ֥ה תֹ֙הוּ֙ וָבֹ֔הוּ
וְחֹ֖שֶׁךְ עַל־פְּנֵ֣י תְה֑וֹם וְר֣וּחַ אֱלֹהִ֔ים מְרַחֶ֖פֶת עַל־פְּנֵ֥י הַמָּֽיִם׃ וַיֹּ֥אמֶר אֱלֹהִ֖ים
יְהִ֣י א֑וֹר וַֽיְהִי־אֽוֹר׃ וַיַּ֧רְא אֱלֹהִ֛ים אֶת־הָא֖וֹר כִּי־ט֑וֹב וַיַּבְדֵּ֣ל אֱלֹהִ֔ים בֵּ֥ין הָא֖וֹר
וּבֵ֥ין הַחֹֽשֶׁךְ׃ וַיִּקְרָ֨א אֱלֹהִ֤ים ׀ לָאוֹר֙ י֔וֹם וְלַחֹ֖שֶׁךְ קָ֣רָא לָ֑יְלָה וַֽיְהִי־עֶ֥רֶב וַֽיְהִי־
בֹ֖קֶר י֥וֹם אֶחָֽד׃
וַיֹּ֣אמֶר אֱלֹהִ֔ים יְהִ֥י רָקִ֖יעַ בְּת֣וֹךְ הַמָּ֑יִם וִיהִ֣י מַבְדִּ֔יל בֵּ֥ין מַ֖יִם לָמָֽיִם׃ וַיַּ֣עַשׂ אֱלֹהִים֮ אֶת־הָרָקִיעַ֒ וַיַּבְדֵּ֗ל בֵּ֤ין הַמַּ֙יִם֙ אֲשֶׁר֙ מִתַּ֣חַת לָרָקִ֔יעַ וּבֵ֣ין הַמַּ֔יִם אֲשֶׁ֖ר מֵעַ֣ל לָרָקִ֑יעַ וַֽיְהִי־כֵֽן׃ וַיִּקְרָ֧א אֱלֹהִ֛ים לָֽרָקִ֖יעַ שָׁמָ֑יִם וַֽיְהִי־עֶ֥רֶב וַֽיְהִי־בֹ֖קֶר י֥וֹם שֵׁנִֽי׃
וַיֹּ֣אמֶר אֱלֹהִ֗ים יִקָּו֨וּ הַמַּ֜יִם מִתַּ֤חַת הַשָּׁמַ֙יִם֙ אֶל־מָק֣וֹם אֶחָ֔ד וְתֵרָאֶ֖ה הַיַּבָּשָׁ֑ה וַֽיְהִי־כֵֽן׃ וַיִּקְרָ֨א אֱלֹהִ֤ים ׀ לַיַּבָּשָׁה֙ אֶ֔רֶץ וּלְמִקְוֵ֥ה הַמַּ֖יִם קָרָ֣א יַמִּ֑ים וַיַּ֥רְא אֱלֹהִ֖ים כִּי־טֽוֹב׃ וַיֹּ֣אמֶר אֱלֹהִ֗ים תַּֽדְשֵׁ֤א הָאָ֙רֶץ֙ דֶּ֔שֶׁא עֵ֚שֶׂב מַזְרִ֣יעַ זֶ֔רַע עֵ֣ץ

פְּרִי עֹשֶׂה פְּרִי לְמִינוֹ אֲשֶׁר זַרְעוֹ־בוֹ עַל־הָאָרֶץ וַיְהִי־כֵן: וַתּוֹצֵא הָאָרֶץ דֶּשֶׁא עֵשֶׂב מַזְרִיעַ זֶרַע לְמִינֵהוּ וְעֵץ עֹשֶׂה־פְּרִי אֲשֶׁר זַרְעוֹ־בוֹ לְמִינֵהוּ וַיַּרְא אֱלֹהִים כִּי־טוֹב: וַיְהִי־עֶרֶב וַיְהִי־בֹקֶר יוֹם שְׁלִישִׁי:

וַיֹּאמֶר אֱלֹהִים יְהִי מְאֹרֹת בִּרְקִיעַ הַשָּׁמַיִם לְהַבְדִּיל בֵּין הַיּוֹם וּבֵין הַלָּיְלָה וְהָיוּ לְאֹתֹת וּלְמוֹעֲדִים וּלְיָמִים וְשָׁנִים: וְהָיוּ לִמְאוֹרֹת בִּרְקִיעַ הַשָּׁמַיִם לְהָאִיר עַל־הָאָרֶץ וַיְהִי־כֵן: וַיַּעַשׂ אֱלֹהִים אֶת־שְׁנֵי הַמְּאֹרֹת הַגְּדֹלִים אֶת־הַמָּאוֹר הַגָּדֹל לְמֶמְשֶׁלֶת הַיּוֹם וְאֶת־הַמָּאוֹר הַקָּטֹן לְמֶמְשֶׁלֶת הַלַּיְלָה וְאֵת הַכּוֹכָבִים: וַיִּתֵּן אֹתָם אֱלֹהִים בִּרְקִיעַ הַשָּׁמָיִם לְהָאִיר עַל־הָאָרֶץ: וְלִמְשֹׁל בַּיּוֹם וּבַלַּיְלָה וּֽלְהַבְדִּיל בֵּין הָאוֹר וּבֵין הַחֹשֶׁךְ וַיַּרְא אֱלֹהִים כִּי־טוֹב: וַיְהִי־עֶרֶב וַיְהִי־בֹקֶר יוֹם רְבִיעִי:

וַיֹּאמֶר אֱלֹהִים יִשְׁרְצוּ הַמַּיִם שֶׁרֶץ נֶפֶשׁ חַיָּה וְעוֹף יְעוֹפֵף עַל־הָאָרֶץ עַל־פְּנֵי רְקִיעַ הַשָּׁמָיִם: וַיִּבְרָא אֱלֹהִים אֶת־הַתַּנִּינִם הַגְּדֹלִים וְאֵת כָּל־נֶפֶשׁ הַחַיָּה ׀ הָֽרֹמֶשֶׂת אֲשֶׁר שָׁרְצוּ הַמַּיִם לְמִינֵהֶם וְאֵת כָּל־עוֹף כָּנָף לְמִינֵהוּ וַיַּרְא אֱלֹהִים כִּי־טוֹב: וַיְבָרֶךְ אֹתָם אֱלֹהִים לֵאמֹר פְּרוּ וּרְבוּ וּמִלְאוּ אֶת־הַמַּיִם בַּיַּמִּים וְהָעוֹף יִרֶב בָּאָרֶץ: וַיְהִי־עֶרֶב וַיְהִי־בֹקֶר יוֹם חֲמִישִׁי:

וַיֹּאמֶר אֱלֹהִים תּוֹצֵא הָאָרֶץ נֶפֶשׁ חַיָּה לְמִינָהּ בְּהֵמָה וָרֶמֶשׂ וְחַיְתוֹ־אֶרֶץ לְמִינָהּ וַיְהִי־כֵן: וַיַּעַשׂ אֱלֹהִים אֶת־חַיַּת הָאָרֶץ לְמִינָהּ וְאֶת־הַבְּהֵמָה לְמִינָהּ וְאֵת כָּל־רֶמֶשׂ הָאֲדָמָה לְמִינֵהוּ וַיַּרְא אֱלֹהִים כִּי־טוֹב: וַיֹּאמֶר אֱלֹהִים נַעֲשֶׂה אָדָם בְּצַלְמֵנוּ כִּדְמוּתֵנוּ וְיִרְדּוּ בִדְגַת הַיָּם וּבְעוֹף הַשָּׁמַיִם וּבַבְּהֵמָה וּבְכָל־הָאָרֶץ וּבְכָל־הָרֶמֶשׂ הָרֹמֵשׂ עַל־הָאָרֶץ: וַיִּבְרָא אֱלֹהִים ׀ אֶת־הָאָדָם בְּצַלְמוֹ בְּצֶלֶם אֱלֹהִים בָּרָא אֹתוֹ זָכָר וּנְקֵבָה בָּרָא אֹתָם: וַיְבָרֶךְ אֹתָם אֱלֹהִים וַיֹּאמֶר לָהֶם אֱלֹהִים פְּרוּ וּרְבוּ וּמִלְאוּ אֶת־הָאָרֶץ וְכִבְשֻׁהָ וּרְדוּ בִּדְגַת הַיָּם וּבְעוֹף הַשָּׁמַיִם וּבְכָל־חַיָּה הָרֹמֶשֶׂת עַל־הָאָרֶץ: וַיֹּאמֶר אֱלֹהִים הִנֵּה נָתַתִּי לָכֶם אֶת־כָּל־עֵשֶׂב ׀ זֹרֵעַ זֶרַע אֲשֶׁר עַל־פְּנֵי כָל־הָאָרֶץ וְאֶת־כָּל־הָעֵץ אֲשֶׁר־בּוֹ פְרִי־עֵץ זֹרֵעַ זָרַע לָכֶם יִהְיֶה לְאָכְלָה: וּֽלְכָל־חַיַּת הָאָרֶץ וּלְכָל־עוֹף הַשָּׁמַיִם וּלְכֹל ׀ רוֹמֵשׂ עַל־הָאָרֶץ אֲשֶׁר־בּוֹ נֶפֶשׁ חַיָּה אֶת־כָּל־יֶרֶק עֵשֶׂב לְאָכְלָה וַיְהִי־כֵן: וַיַּרְא אֱלֹהִים אֶת־כָּל־אֲשֶׁר עָשָׂה וְהִנֵּה־טוֹב מְאֹד וַיְהִי־עֶרֶב וַיְהִי־בֹקֶר יוֹם הַשִּׁשִּׁי:

וַיְכֻלּוּ הַשָּׁמַיִם וְהָאָרֶץ וְכָל־צְבָאָם: וַיְכַל אֱלֹהִים בַּיּוֹם הַשְּׁבִיעִי מְלַאכְתּוֹ

אֲשֶׁר עָשָׂה וַיִּשְׁבֹּת בַּיּוֹם הַשְּׁבִיעִי מִכָּל־מְלַאכְתּוֹ אֲשֶׁר עָשָׂה: וַיְבָרֶךְ אֱלֹהִים אֶת־יוֹם הַשְּׁבִיעִי וַיְקַדֵּשׁ אֹתוֹ כִּי בוֹ שָׁבַת מִכָּל־מְלַאכְתּוֹ אֲשֶׁר־בָּרָא אֱלֹהִים לַעֲשׂוֹת:

מפטיר לשמיני עצרת

למפטיר קוראים מספר התורה השלישי:

בַּיּוֹם הַשְּׁמִינִי עֲצֶרֶת תִּהְיֶה לָכֶם כָּל־מְלֶאכֶת עֲבֹדָה לֹא תַעֲשׂוּ: וְהִקְרַבְתֶּם במדבר
עֹלָה אִשֵּׁה רֵיחַ נִיחֹחַ לַיהוָה פַּר אֶחָד אַיִל אֶחָד כְּבָשִׂים בְּנֵי־שָׁנָה שִׁבְעָה כט,לה–ל,א
תְּמִימִם: מִנְחָתָם וְנִסְכֵּיהֶם לַפָּר לָאַיִל וְלַכְּבָשִׂים בְּמִסְפָּרָם כַּמִּשְׁפָּט: וּשְׂעִיר
חַטָּאת אֶחָד מִלְּבַד עֹלַת הַתָּמִיד וּמִנְחָתָהּ וְנִסְכָּהּ: אֵלֶּה תַּעֲשׂוּ לַיהוָה
בְּמוֹעֲדֵיכֶם לְבַד מִנִּדְרֵיכֶם וְנִדְבֹתֵיכֶם לְעֹלֹתֵיכֶם וּלְמִנְחֹתֵיכֶם וּלְנִסְכֵּיכֶם
וּלְשַׁלְמֵיכֶם: וַיֹּאמֶר מֹשֶׁה אֶל־בְּנֵי יִשְׂרָאֵל כְּכֹל אֲשֶׁר־צִוָּה יְהוָה אֶת־
מֹשֶׁה:

הפטרה לשמיני עצרת

וַיְהִי אַחֲרֵי מוֹת מֹשֶׁה עֶבֶד יְהוָה וַיֹּאמֶר יְהוָה אֶל־יְהוֹשֻׁעַ בִּן־נוּן מְשָׁרֵת מֹשֶׁה יהושע א, א–יח
לֵאמֹר: מֹשֶׁה עַבְדִּי מֵת וְעַתָּה קוּם עֲבֹר אֶת־הַיַּרְדֵּן הַזֶּה אַתָּה וְכָל־הָעָם
הַזֶּה אֶל־הָאָרֶץ אֲשֶׁר אָנֹכִי נֹתֵן לָהֶם לִבְנֵי יִשְׂרָאֵל: כָּל־מָקוֹם אֲשֶׁר תִּדְרֹךְ
כַּף־רַגְלְכֶם בּוֹ לָכֶם נְתַתִּיו כַּאֲשֶׁר דִּבַּרְתִּי אֶל־מֹשֶׁה: מֵהַמִּדְבָּר וְהַלְּבָנוֹן הַזֶּה
וְעַד־הַנָּהָר הַגָּדוֹל נְהַר־פְּרָת כֹּל אֶרֶץ הַחִתִּים וְעַד־הַיָּם הַגָּדוֹל מְבוֹא הַשָּׁמֶשׁ
יִהְיֶה גְּבוּלְכֶם: לֹא־יִתְיַצֵּב אִישׁ לְפָנֶיךָ כֹּל יְמֵי חַיֶּיךָ כַּאֲשֶׁר הָיִיתִי עִם־מֹשֶׁה
אֶהְיֶה עִמָּךְ לֹא אַרְפְּךָ וְלֹא אֶעֶזְבֶךָּ: חֲזַק וֶאֱמָץ כִּי אַתָּה תַּנְחִיל אֶת־הָעָם
הַזֶּה אֶת־הָאָרֶץ אֲשֶׁר־נִשְׁבַּעְתִּי לַאֲבוֹתָם לָתֵת לָהֶם: רַק חֲזַק וֶאֱמַץ מְאֹד
לִשְׁמֹר לַעֲשׂוֹת כְּכָל־הַתּוֹרָה אֲשֶׁר צִוְּךָ מֹשֶׁה עַבְדִּי אַל־תָּסוּר מִמֶּנּוּ יָמִין
וּשְׂמֹאול לְמַעַן תַּשְׂכִּיל בְּכֹל אֲשֶׁר תֵּלֵךְ: לֹא־יָמוּשׁ סֵפֶר הַתּוֹרָה הַזֶּה מִפִּיךָ
וְהָגִיתָ בּוֹ יוֹמָם וָלַיְלָה לְמַעַן תִּשְׁמֹר לַעֲשׂוֹת כְּכָל־הַכָּתוּב בּוֹ כִּי־אָז תַּצְלִיחַ
אֶת־דְּרָכֶךָ וְאָז תַּשְׂכִּיל: הֲלוֹא צִוִּיתִיךָ חֲזַק וֶאֱמָץ אַל־תַּעֲרֹץ וְאַל־תֵּחָת כִּי
עִמְּךָ יְהוָה אֱלֹהֶיךָ בְּכֹל אֲשֶׁר תֵּלֵךְ: וַיְצַו יְהוֹשֻׁעַ אֶת־שֹׁטְרֵי
הָעָם לֵאמֹר: עִבְרוּ בְּקֶרֶב הַמַּחֲנֶה וְצַוּוּ אֶת־הָעָם לֵאמֹר הָכִינוּ לָכֶם צֵידָה כִּי

בְּעוֹד שְׁלֹשֶׁת יָמִים אַתֶּם עֹבְרִים אֶת־הַיַּרְדֵּן הַזֶּה לָבוֹא לָרֶשֶׁת אֶת־הָאָרֶץ
אֲשֶׁר יְהוָה אֱלֹהֵיכֶם נֹתֵן לָכֶם לְרִשְׁתָּהּ׃ וְלָרֻאוּבֵנִי וְלַגָּדִי וְלַחֲצִי
שֵׁבֶט הַמְנַשֶּׁה אָמַר יְהוֹשֻׁעַ לֵאמֹר׃ זָכוֹר אֶת־הַדָּבָר אֲשֶׁר צִוָּה אֶתְכֶם מֹשֶׁה
עֶבֶד־יְהוָה לֵאמֹר יְהוָה אֱלֹהֵיכֶם מֵנִיחַ לָכֶם וְנָתַן לָכֶם אֶת־הָאָרֶץ הַזֹּאת׃
נְשֵׁיכֶם טַפְּכֶם וּמִקְנֵיכֶם יֵשְׁבוּ בָּאָרֶץ אֲשֶׁר נָתַן לָכֶם מֹשֶׁה בְּעֵבֶר הַיַּרְדֵּן
וְאַתֶּם תַּעַבְרוּ חֲמֻשִׁים לִפְנֵי אֲחֵיכֶם כֹּל גִּבּוֹרֵי הַחַיִל וַעֲזַרְתֶּם אוֹתָם׃ עַד
אֲשֶׁר־יָנִיחַ יְהוָה לַאֲחֵיכֶם כָּכֶם וְיָרְשׁוּ גַם־הֵמָּה אֶת־הָאָרֶץ אֲשֶׁר־יְהוָה
אֱלֹהֵיכֶם נֹתֵן לָהֶם וְשַׁבְתֶּם לְאֶרֶץ יְרֻשַּׁתְכֶם וִירִשְׁתֶּם אוֹתָהּ אֲשֶׁר נָתַן לָכֶם
מֹשֶׁה עֶבֶד יְהוָה בְּעֵבֶר הַיַּרְדֵּן מִזְרַח הַשָּׁמֶשׁ׃ וַיַּעֲנוּ אֶת־יְהוֹשֻׁעַ לֵאמֹר כֹּל
אֲשֶׁר־צִוִּיתָנוּ נַעֲשֶׂה וְאֶל־כָּל־אֲשֶׁר תִּשְׁלָחֵנוּ נֵלֵךְ׃ כְּכֹל אֲשֶׁר־שָׁמַעְנוּ אֶל־
מֹשֶׁה כֵּן נִשְׁמַע אֵלֶיךָ רַק יִהְיֶה יְהוָה אֱלֹהֶיךָ עִמָּךְ כַּאֲשֶׁר הָיָה עִם־מֹשֶׁה׃
כָּל־אִישׁ אֲשֶׁר־יַמְרֶה אֶת־פִּיךָ וְלֹא־יִשְׁמַע אֶת־דְּבָרֶיךָ לְכֹל אֲשֶׁר־תְּצַוֶּנּוּ
יוּמָת רַק חֲזַק וֶאֱמָץ׃

מגילות

שיר השירים

א שִׁיר הַשִּׁירִים אֲשֶׁר לִשְׁלֹמֹה: יִשָּׁקֵנִי מִנְּשִׁיקוֹת פִּיהוּ כִּי־טוֹבִים דֹּדֶיךָ מִיָּיִן:
לְרֵיחַ שְׁמָנֶיךָ טוֹבִים שֶׁמֶן תּוּרַק שְׁמֶךָ עַל־כֵּן עֲלָמוֹת אֲהֵבוּךָ: מָשְׁכֵנִי אַחֲרֶיךָ
נָּרוּצָה הֱבִיאַנִי הַמֶּלֶךְ חֲדָרָיו נָגִילָה וְנִשְׂמְחָה בָּךְ נַזְכִּירָה דֹדֶיךָ מִיַּיִן מֵישָׁרִים
אֲהֵבוּךָ: שְׁחוֹרָה אֲנִי וְנָאוָה בְּנוֹת יְרוּשָׁלִָם כְּאָהֳלֵי קֵדָר כִּירִיעוֹת
שְׁלֹמֹה: אַל־תִּרְאוּנִי שֶׁאֲנִי שְׁחַרְחֹרֶת שֶׁשְּׁזָפַתְנִי הַשָּׁמֶשׁ בְּנֵי אִמִּי נִחֲרוּ־בִי
שָׂמֻנִי נֹטֵרָה אֶת־הַכְּרָמִים כַּרְמִי שֶׁלִּי לֹא נָטָרְתִּי: הַגִּידָה לִּי שֶׁאָהֲבָה נַפְשִׁי
אֵיכָה תִרְעֶה אֵיכָה תַּרְבִּיץ בַּצָּהֳרָיִם שַׁלָּמָה אֶהְיֶה כְּעֹטְיָה עַל עֶדְרֵי חֲבֵרֶיךָ:
אִם־לֹא תֵדְעִי לָךְ הַיָּפָה בַּנָּשִׁים צְאִי־לָךְ בְּעִקְבֵי הַצֹּאן וּרְעִי אֶת־גְּדִיֹּתַיִךְ עַל
מִשְׁכְּנוֹת הָרֹעִים: לְסֻסָתִי בְּרִכְבֵי פַרְעֹה דִּמִּיתִיךְ רַעְיָתִי: נָאווּ
לְחָיַיִךְ בַּתֹּרִים צַוָּארֵךְ בַּחֲרוּזִים: תּוֹרֵי זָהָב נַעֲשֶׂה־לָּךְ עִם נְקֻדּוֹת הַכָּסֶף:
עַד־שֶׁהַמֶּלֶךְ בִּמְסִבּוֹ נִרְדִּי נָתַן רֵיחוֹ: צְרוֹר הַמֹּר ׀ דּוֹדִי לִי בֵּין שָׁדַי יָלִין:
אֶשְׁכֹּל הַכֹּפֶר ׀ דּוֹדִי לִי בְּכַרְמֵי עֵין גֶּדִי: הִנָּךְ יָפָה רַעְיָתִי הִנָּךְ יָפָה
עֵינַיִךְ יוֹנִים: הִנְּךָ יָפֶה דוֹדִי אַף נָעִים אַף־עַרְשֵׂנוּ רַעֲנָנָה: קֹרוֹת בָּתֵּינוּ אֲרָזִים
ב רחיטנו בְּרוֹתִים: אֲנִי חֲבַצֶּלֶת הַשָּׁרוֹן שׁוֹשַׁנַּת הָעֲמָקִים: כְּשׁוֹשַׁנָּה בֵּין הַחוֹחִים רָהִיטֵנוּ
כֵּן רַעְיָתִי בֵּין הַבָּנוֹת: כְּתַפּוּחַ בַּעֲצֵי הַיַּעַר כֵּן דּוֹדִי בֵּין הַבָּנִים בְּצִלּוֹ חִמַּדְתִּי
וְיָשַׁבְתִּי וּפִרְיוֹ מָתוֹק לְחִכִּי: הֱבִיאַנִי אֶל־בֵּית הַיָּיִן וְדִגְלוֹ עָלַי אַהֲבָה: סַמְּכוּנִי
בָּאֲשִׁישׁוֹת רַפְּדוּנִי בַּתַּפּוּחִים כִּי־חוֹלַת אַהֲבָה אָנִי: שְׂמֹאלוֹ תַּחַת לְרֹאשִׁי
וִימִינוֹ תְּחַבְּקֵנִי: הִשְׁבַּעְתִּי אֶתְכֶם בְּנוֹת יְרוּשָׁלִַם בִּצְבָאוֹת אוֹ בְּאַיְלוֹת הַשָּׂדֶה
אִם־תָּעִירוּ ׀ וְאִם־תְּעוֹרְרוּ אֶת־הָאַהֲבָה עַד שֶׁתֶּחְפָּץ: קוֹל דּוֹדִי
הִנֵּה־זֶה בָּא מְדַלֵּג עַל־הֶהָרִים מְקַפֵּץ עַל־הַגְּבָעוֹת: דּוֹמֶה דוֹדִי לִצְבִי אוֹ
לְעֹפֶר הָאַיָּלִים הִנֵּה־זֶה עוֹמֵד אַחַר כָּתְלֵנוּ מַשְׁגִּיחַ מִן־הַחַלֹּנוֹת מֵצִיץ מִן־
הַחֲרַכִּים: עָנָה דוֹדִי וְאָמַר לִי קוּמִי לָךְ רַעְיָתִי יָפָתִי וּלְכִי־לָךְ: כִּי־הִנֵּה הַסְּתָו
עָבָר הַגֶּשֶׁם חָלַף הָלַךְ לוֹ: הַנִּצָּנִים נִרְאוּ בָאָרֶץ עֵת הַזָּמִיר הִגִּיעַ וְקוֹל הַתּוֹר
נִשְׁמַע בְּאַרְצֵנוּ: הַתְּאֵנָה חָנְטָה פַגֶּיהָ וְהַגְּפָנִים ׀ סְמָדַר נָתְנוּ רֵיחַ קוּמִי לכי לָךְ
רַעְיָתִי יָפָתִי וּלְכִי־לָךְ: יוֹנָתִי בְּחַגְוֵי הַסֶּלַע בְּסֵתֶר הַמַּדְרֵגָה הַרְאִינִי
אֶת־מַרְאַיִךְ הַשְׁמִיעִנִי אֶת־קוֹלֵךְ כִּי־קוֹלֵךְ עָרֵב וּמַרְאֵיךְ נָאוֶה: אֶחֱזוּ־
לָנוּ שׁוּעָלִים שֻׁעָלִים קְטַנִּים מְחַבְּלִים כְּרָמִים וּכְרָמֵינוּ סְמָדַר: דּוֹדִי לִי וַאֲנִי

לוֹ הָרֹעֶה בַּשּׁוֹשַׁנִּים׃ עַד שֶׁיָּפוּחַ הַיּוֹם וְנָסוּ הַצְּלָלִים סֹב דְּמֵה־לְךָ דוֹדִי לִצְבִי
ג אוֹ לְעֹפֶר הָאַיָּלִים עַל־הָרֵי בָתֶר׃ עַל־מִשְׁכָּבִי בַּלֵּילוֹת בִּקַּשְׁתִּי
אֵת שֶׁאָהֲבָה נַפְשִׁי בִּקַּשְׁתִּיו וְלֹא מְצָאתִיו׃ אָקוּמָה נָּא וַאֲסוֹבְבָה בָעִיר
בַּשְּׁוָקִים וּבָרְחֹבוֹת אֲבַקְשָׁה אֵת שֶׁאָהֲבָה נַפְשִׁי בִּקַּשְׁתִּיו וְלֹא מְצָאתִיו׃
מְצָאוּנִי הַשֹּׁמְרִים הַסֹּבְבִים בָּעִיר אֵת שֶׁאָהֲבָה נַפְשִׁי רְאִיתֶם׃ כִּמְעַט
שֶׁעָבַרְתִּי מֵהֶם עַד שֶׁמָּצָאתִי אֵת שֶׁאָהֲבָה נַפְשִׁי אֲחַזְתִּיו וְלֹא אַרְפֶּנּוּ עַד־
שֶׁהֲבֵיאתִיו אֶל־בֵּית אִמִּי וְאֶל־חֶדֶר הוֹרָתִי׃ הִשְׁבַּעְתִּי אֶתְכֶם בְּנוֹת יְרוּשָׁלִַם
בִּצְבָאוֹת אוֹ בְּאַיְלוֹת הַשָּׂדֶה אִם־תָּעִירוּ ׀ וְאִם־תְּעוֹרְרוּ אֶת־הָאַהֲבָה עַד
שֶׁתֶּחְפָּץ׃ מִי זֹאת עֹלָה מִן־הַמִּדְבָּר כְּתִימְרוֹת עָשָׁן מְקֻטֶּרֶת מוֹר
וּלְבוֹנָה מִכֹּל אַבְקַת רוֹכֵל׃ הִנֵּה מִטָּתוֹ שֶׁלִּשְׁלֹמֹה שִׁשִּׁים גִּבֹּרִים סָבִיב לָהּ
מִגִּבֹּרֵי יִשְׂרָאֵל׃ כֻּלָּם אֲחֻזֵי חֶרֶב מְלֻמְּדֵי מִלְחָמָה אִישׁ חַרְבּוֹ עַל־יְרֵכוֹ מִפַּחַד
בַּלֵּילוֹת׃ אַפִּרְיוֹן עָשָׂה לוֹ הַמֶּלֶךְ שְׁלֹמֹה מֵעֲצֵי הַלְּבָנוֹן׃ עַמּוּדָיו
עָשָׂה כֶסֶף רְפִידָתוֹ זָהָב מֶרְכָּבוֹ אַרְגָּמָן תּוֹכוֹ רָצוּף אַהֲבָה מִבְּנוֹת יְרוּשָׁלִָם׃
צְאֶינָה ׀ וּרְאֶינָה בְּנוֹת צִיּוֹן בַּמֶּלֶךְ שְׁלֹמֹה בָּעֲטָרָה שֶׁעִטְּרָה־לּוֹ אִמּוֹ בְּיוֹם
ד חֲתֻנָּתוֹ וּבְיוֹם שִׂמְחַת לִבּוֹ׃ הִנָּךְ יָפָה רַעְיָתִי הִנָּךְ יָפָה עֵינַיִךְ יוֹנִים
מִבַּעַד לְצַמָּתֵךְ שַׂעְרֵךְ כְּעֵדֶר הָעִזִּים שֶׁגָּלְשׁוּ מֵהַר גִּלְעָד׃ שִׁנַּיִךְ כְּעֵדֶר
הַקְּצוּבוֹת שֶׁעָלוּ מִן־הָרַחְצָה שֶׁכֻּלָּם מַתְאִימוֹת וְשַׁכֻּלָה אֵין בָּהֶם׃ כְּחוּט
הַשָּׁנִי שִׂפְתוֹתַיִךְ וּמִדְבָּרֵיךְ נָאוֶה כְּפֶלַח הָרִמּוֹן רַקָּתֵךְ מִבַּעַד לְצַמָּתֵךְ׃ כְּמִגְדַּל
דָּוִיד צַוָּארֵךְ בָּנוּי לְתַלְפִּיּוֹת אֶלֶף הַמָּגֵן תָּלוּי עָלָיו כֹּל שִׁלְטֵי הַגִּבֹּרִים׃ שְׁנֵי
שָׁדַיִךְ כִּשְׁנֵי עֳפָרִים תְּאוֹמֵי צְבִיָּה הָרֹעִים בַּשּׁוֹשַׁנִּים׃ עַד שֶׁיָּפוּחַ הַיּוֹם וְנָסוּ
הַצְּלָלִים אֵלֶךְ לִי אֶל־הַר הַמּוֹר וְאֶל־גִּבְעַת הַלְּבוֹנָה׃ כֻּלָּךְ יָפָה רַעְיָתִי וּמוּם
אֵין בָּךְ׃ אִתִּי מִלְּבָנוֹן כַּלָּה אִתִּי מִלְּבָנוֹן תָּבוֹאִי תָּשׁוּרִי ׀ מֵרֹאשׁ
אֲמָנָה מֵרֹאשׁ שְׂנִיר וְחֶרְמוֹן מִמְּעֹנוֹת אֲרָיוֹת מֵהַרְרֵי נְמֵרִים׃ לִבַּבְתִּנִי אֲחֹתִי
כַלָּה לִבַּבְתִּנִי באחד מֵעֵינַיִךְ בְּאַחַד עֲנָק מִצַּוְּרֹנָיִךְ׃ מַה־יָּפוּ דֹדַיִךְ אֲחֹתִי כַלָּה בְּאַחַת
מַה־טֹּבוּ דֹדַיִךְ מִיַּיִן וְרֵיחַ שְׁמָנַיִךְ מִכָּל־בְּשָׂמִים׃ נֹפֶת תִּטֹּפְנָה שִׂפְתוֹתַיִךְ כַּלָּה
דְּבַשׁ וְחָלָב תַּחַת לְשׁוֹנֵךְ וְרֵיחַ שַׂלְמֹתַיִךְ כְּרֵיחַ לְבָנוֹן׃ גַּן ׀ נָעוּל
אֲחֹתִי כַלָּה גַּל נָעוּל מַעְיָן חָתוּם׃ שְׁלָחַיִךְ פַּרְדֵּס רִמּוֹנִים עִם פְּרִי מְגָדִים כְּפָרִים
עִם־נְרָדִים׃ נֵרְדְּ ׀ וְכַרְכֹּם קָנֶה וְקִנָּמוֹן עִם כָּל־עֲצֵי לְבוֹנָה מֹר וַאֲהָלוֹת עִם
כָּל־רָאשֵׁי בְשָׂמִים׃ מַעְיַן גַּנִּים בְּאֵר מַיִם חַיִּים וְנֹזְלִים מִן־לְבָנוֹן׃ עוּרִי צָפוֹן

ה וּבוֹאִי תֵימָן הָפִיחִי גַנִּי יִזְּלוּ בְשָׂמָיו יָבֹא דוֹדִי לְגַנּוֹ וְיֹאכַל פְּרִי מְגָדָיו׃ בָּאתִי
לְגַנִּי אֲחֹתִי כַלָּה אָרִיתִי מוֹרִי עִם־בְּשָׂמִי אָכַלְתִּי יַעְרִי עִם־דִּבְשִׁי שָׁתִיתִי יֵינִי
עִם־חֲלָבִי אִכְלוּ רֵעִים שְׁתוּ וְשִׁכְרוּ דּוֹדִים׃ אֲנִי יְשֵׁנָה וְלִבִּי עֵר
קוֹל ׀ דּוֹדִי דוֹפֵק פִּתְחִי־לִי אֲחֹתִי רַעְיָתִי יוֹנָתִי תַמָּתִי שֶׁרֹּאשִׁי נִמְלָא־טָל
קְוֻצּוֹתַי רְסִיסֵי לָיְלָה׃ פָּשַׁטְתִּי אֶת־כֻּתָּנְתִּי אֵיכָכָה אֶלְבָּשֶׁנָּה רָחַצְתִּי אֶת־רַגְלַי
אֵיכָכָה אֲטַנְּפֵם׃ דּוֹדִי שָׁלַח יָדוֹ מִן־הַחֹר וּמֵעַי הָמוּ עָלָיו׃ קַמְתִּי אֲנִי לִפְתֹּחַ
לְדוֹדִי וְיָדַי נָטְפוּ־מוֹר וְאֶצְבְּעֹתַי מוֹר עֹבֵר עַל כַּפּוֹת הַמַּנְעוּל׃ פָּתַחְתִּי אֲנִי
לְדוֹדִי וְדוֹדִי חָמַק עָבָר נַפְשִׁי יָצְאָה בְדַבְּרוֹ בִּקַּשְׁתִּיהוּ וְלֹא מְצָאתִיהוּ קְרָאתִיו
וְלֹא עָנָנִי׃ מְצָאֻנִי הַשֹּׁמְרִים הַסֹּבְבִים בָּעִיר הִכּוּנִי פְצָעוּנִי נָשְׂאוּ אֶת־רְדִידִי
מֵעָלַי שֹׁמְרֵי הַחֹמוֹת׃ הִשְׁבַּעְתִּי אֶתְכֶם בְּנוֹת יְרוּשָׁלִָם אִם־תִּמְצְאוּ אֶת־דּוֹדִי
מַה־תַּגִּידוּ לוֹ שֶׁחוֹלַת אַהֲבָה אָנִי׃ מַה־דּוֹדֵךְ מִדּוֹד הַיָּפָה בַּנָּשִׁים מַה־דּוֹדֵךְ
מִדּוֹד שֶׁכָּכָה הִשְׁבַּעְתָּנוּ׃ דּוֹדִי צַח וְאָדוֹם דָּגוּל מֵרְבָבָה׃ רֹאשׁוֹ כֶּתֶם פָּז
קְוֻצּוֹתָיו תַּלְתַּלִּים שְׁחֹרוֹת כָּעוֹרֵב׃ עֵינָיו כְּיוֹנִים עַל־אֲפִיקֵי מָיִם רֹחֲצוֹת בֶּחָלָב
יֹשְׁבוֹת עַל־מִלֵּאת׃ לְחָיָו כַּעֲרוּגַת הַבֹּשֶׂם מִגְדְּלוֹת מֶרְקָחִים שִׂפְתוֹתָיו שׁוֹשַׁנִּים
נֹטְפוֹת מוֹר עֹבֵר׃ יָדָיו גְּלִילֵי זָהָב מְמֻלָּאִים בַּתַּרְשִׁישׁ מֵעָיו עֶשֶׁת שֵׁן מְעֻלֶּפֶת
סַפִּירִים׃ שׁוֹקָיו עַמּוּדֵי שֵׁשׁ מְיֻסָּדִים עַל־אַדְנֵי־פָז מַרְאֵהוּ כַּלְּבָנוֹן בָּחוּר
ו כָּאֲרָזִים׃ חִכּוֹ מַמְתַקִּים וְכֻלּוֹ מַחֲמַדִּים זֶה דוֹדִי וְזֶה רֵעִי בְּנוֹת יְרוּשָׁלִָם׃ אָנָה
הָלַךְ דּוֹדֵךְ הַיָּפָה בַּנָּשִׁים אָנָה פָּנָה דוֹדֵךְ וּנְבַקְשֶׁנּוּ עִמָּךְ׃ דּוֹדִי יָרַד לְגַנּוֹ
לַעֲרוּגוֹת הַבֹּשֶׂם לִרְעוֹת בַּגַּנִּים וְלִלְקֹט שׁוֹשַׁנִּים׃ אֲנִי לְדוֹדִי וְדוֹדִי לִי הָרֹעֶה
בַּשּׁוֹשַׁנִּים׃
יָפָה אַתְּ רַעְיָתִי כְּתִרְצָה נָאוָה כִּירוּשָׁלִָם אֲיֻמָּה כַּנִּדְגָּלוֹת׃ הָסֵבִּי עֵינַיִךְ מִנֶּגְדִּי
שֶׁהֵם הִרְהִיבֻנִי שַׂעְרֵךְ כְּעֵדֶר הָעִזִּים שֶׁגָּלְשׁוּ מִן־הַגִּלְעָד׃ שִׁנַּיִךְ כְּעֵדֶר הָרְחֵלִים
שֶׁעָלוּ מִן־הָרַחְצָה שֶׁכֻּלָּם מַתְאִימוֹת וְשַׁכֻּלָה אֵין בָּהֶם׃ כְּפֶלַח הָרִמּוֹן רַקָּתֵךְ
מִבַּעַד לְצַמָּתֵךְ׃ שִׁשִּׁים הֵמָּה מְלָכוֹת וּשְׁמֹנִים פִּילַגְשִׁים וַעֲלָמוֹת אֵין מִסְפָּר׃
אַחַת הִיא יוֹנָתִי תַמָּתִי אַחַת הִיא לְאִמָּהּ בָּרָה הִיא לְיוֹלַדְתָּהּ רָאוּהָ בָנוֹת
וַיְאַשְּׁרוּהָ מְלָכוֹת וּפִילַגְשִׁים וַיְהַלְלוּהָ׃ מִי־זֹאת הַנִּשְׁקָפָה כְּמוֹ־שָׁחַר
יָפָה כַלְּבָנָה בָּרָה כַּחַמָּה אֲיֻמָּה כַּנִּדְגָּלוֹת׃ אֶל־גִּנַּת אֱגוֹז יָרַדְתִּי לִרְאוֹת בְּאִבֵּי
הַנָּחַל לִרְאוֹת הֲפָרְחָה הַגֶּפֶן הֵנֵצוּ הָרִמֹּנִים׃ לֹא יָדַעְתִּי נַפְשִׁי שָׂמַתְנִי מַרְכְּבוֹת
ז עַמִּי נָדִיב׃ שׁוּבִי שׁוּבִי הַשּׁוּלַמִּית שׁוּבִי שׁוּבִי וְנֶחֱזֶה־בָּךְ מַה־תֶּחֱזוּ בַּשּׁוּלַמִּית

כִּמְחֹלַת הַמַּחֲנָיִם: מַה־יָּפוּ פְעָמַיִךְ בַּנְּעָלִים בַּת־נָדִיב חַמּוּקֵי יְרֵכַיִךְ כְּמוֹ חֲלָאִים
מַעֲשֵׂה יְדֵי אָמָּן: שָׁרְרֵךְ אַגַּן הַסַּהַר אַל־יֶחְסַר הַמָּזֶג בִּטְנֵךְ עֲרֵמַת חִטִּים סוּגָה
בַּשּׁוֹשַׁנִּים: שְׁנֵי שָׁדַיִךְ כִּשְׁנֵי עֳפָרִים תָּאֳמֵי צְבִיָּה: צַוָּארֵךְ כְּמִגְדַּל הַשֵּׁן עֵינַיִךְ
בְּרֵכוֹת בְּחֶשְׁבּוֹן עַל־שַׁעַר בַּת־רַבִּים אַפֵּךְ כְּמִגְדַּל הַלְּבָנוֹן צוֹפֶה פְּנֵי דַמָּשֶׂק:
רֹאשֵׁךְ עָלַיִךְ כַּכַּרְמֶל וְדַלַּת רֹאשֵׁךְ כָּאַרְגָּמָן מֶלֶךְ אָסוּר בָּרְהָטִים: מַה־יָּפִית
וּמַה־נָּעַמְתְּ אַהֲבָה בַּתַּעֲנוּגִים: זֹאת קוֹמָתֵךְ דָּמְתָה לְתָמָר וְשָׁדַיִךְ לְאַשְׁכֹּלוֹת:
אָמַרְתִּי אֶעֱלֶה בְתָמָר אֹחֲזָה בְּסַנְסִנָּיו וְיִהְיוּ־נָא שָׁדַיִךְ כְּאֶשְׁכְּלוֹת הַגֶּפֶן וְרֵיחַ
אַפֵּךְ כַּתַּפּוּחִים: וְחִכֵּךְ כְּיֵין הַטּוֹב הוֹלֵךְ לְדוֹדִי לְמֵישָׁרִים דּוֹבֵב שִׂפְתֵי יְשֵׁנִים:
אֲנִי לְדוֹדִי וְעָלַי תְּשׁוּקָתוֹ: לְכָה דוֹדִי נֵצֵא הַשָּׂדֶה נָלִינָה בַּכְּפָרִים: נַשְׁכִּימָה
לַכְּרָמִים נִרְאֶה אִם־פָּרְחָה הַגֶּפֶן פִּתַּח הַסְּמָדַר הֵנֵצוּ הָרִמּוֹנִים שָׁם אֶתֵּן אֶת־
דֹּדַי לָךְ: הַדּוּדָאִים נָתְנוּ־רֵיחַ וְעַל־פְּתָחֵינוּ כָּל־מְגָדִים חֲדָשִׁים גַּם־יְשָׁנִים
ח דּוֹדִי צָפַנְתִּי לָךְ: מִי יִתֶּנְךָ כְּאָח לִי יוֹנֵק שְׁדֵי אִמִּי אֶמְצָאֲךָ בַחוּץ אֶשָּׁקְךָ גַּם
לֹא־יָבֻזוּ לִי: אֶנְהָגְךָ אֲבִיאֲךָ אֶל־בֵּית אִמִּי תְּלַמְּדֵנִי אַשְׁקְךָ מִיַּיִן הָרֶקַח מֵעֲסִיס
רִמֹּנִי: שְׂמֹאלוֹ תַּחַת רֹאשִׁי וִימִינוֹ תְּחַבְּקֵנִי: הִשְׁבַּעְתִּי אֶתְכֶם בְּנוֹת יְרוּשָׁלִָם
מַה־תָּעִירוּ ׀ וּמַה־תְּעֹרְרוּ אֶת־הָאַהֲבָה עַד שֶׁתֶּחְפָּץ: מִי זֹאת עֹלָה
מִן־הַמִּדְבָּר מִתְרַפֶּקֶת עַל־דּוֹדָהּ תַּחַת הַתַּפּוּחַ עוֹרַרְתִּיךָ שָׁמָּה חִבְּלַתְךָ אִמֶּךָ
שָׁמָּה חִבְּלָה יְלָדַתְךָ: שִׂימֵנִי כַחוֹתָם עַל־לִבֶּךָ כַּחוֹתָם עַל־זְרוֹעֶךָ כִּי־עַזָּה כַמָּוֶת
אַהֲבָה קָשָׁה כִשְׁאוֹל קִנְאָה רְשָׁפֶיהָ רִשְׁפֵּי אֵשׁ שַׁלְהֶבֶתְיָה: מַיִם רַבִּים לֹא יוּכְלוּ
לְכַבּוֹת אֶת־הָאַהֲבָה וּנְהָרוֹת לֹא יִשְׁטְפוּהָ אִם־יִתֵּן אִישׁ אֶת־כָּל־הוֹן בֵּיתוֹ
בָּאַהֲבָה בּוֹז יָבוּזוּ לוֹ: אָחוֹת לָנוּ קְטַנָּה וְשָׁדַיִם אֵין לָהּ מַה־נַּעֲשֶׂה
לַאֲחֹתֵנוּ בַּיּוֹם שֶׁיְּדֻבַּר־בָּהּ: אִם־חוֹמָה הִיא נִבְנֶה עָלֶיהָ טִירַת כָּסֶף וְאִם־
דֶּלֶת הִיא נָצוּר עָלֶיהָ לוּחַ אָרֶז: אֲנִי חוֹמָה וְשָׁדַי כַּמִּגְדָּלוֹת אָז הָיִיתִי בְעֵינָיו
כְּמוֹצְאֵת שָׁלוֹם: כֶּרֶם הָיָה לִשְׁלֹמֹה בְּבַעַל הָמוֹן נָתַן אֶת־הַכֶּרֶם לַנֹּטְרִים אִישׁ
יָבִא בְּפִרְיוֹ אֶלֶף כָּסֶף: כַּרְמִי שֶׁלִּי לְפָנָי הָאֶלֶף לְךָ שְׁלֹמֹה וּמָאתַיִם לְנֹטְרִים
אֶת־פִּרְיוֹ: הַיּוֹשֶׁבֶת בַּגַּנִּים חֲבֵרִים מַקְשִׁיבִים לְקוֹלֵךְ הַשְׁמִיעִנִי: בְּרַח ׀ דּוֹדִי
וּדְמֵה־לְךָ לִצְבִי אוֹ לְעֹפֶר הָאַיָּלִים עַל הָרֵי בְשָׂמִים:

רות

א וַיְהִי בִּימֵי שְׁפֹט הַשֹּׁפְטִים וַיְהִי רָעָב בָּאָרֶץ וַיֵּלֶךְ אִישׁ מִבֵּית לֶחֶם יְהוּדָה
לָגוּר בִּשְׂדֵי מוֹאָב הוּא וְאִשְׁתּוֹ וּשְׁנֵי בָנָיו׃ וְשֵׁם הָאִישׁ אֱלִימֶלֶךְ וְשֵׁם אִשְׁתּוֹ
נָעֳמִי וְשֵׁם שְׁנֵי־בָנָיו ׀ מַחְלוֹן וְכִלְיוֹן אֶפְרָתִים מִבֵּית לֶחֶם יְהוּדָה וַיָּבֹאוּ שְׂדֵי־
מוֹאָב וַיִּהְיוּ־שָׁם׃ וַיָּמָת אֱלִימֶלֶךְ אִישׁ נָעֳמִי וַתִּשָּׁאֵר הִיא וּשְׁנֵי בָנֶיהָ׃ וַיִּשְׂאוּ
לָהֶם נָשִׁים מֹאֲבִיּוֹת שֵׁם הָאַחַת עָרְפָּה וְשֵׁם הַשֵּׁנִית רוּת וַיֵּשְׁבוּ שָׁם כְּעֶשֶׂר
שָׁנִים׃ וַיָּמוּתוּ גַם־שְׁנֵיהֶם מַחְלוֹן וְכִלְיוֹן וַתִּשָּׁאֵר הָאִשָּׁה מִשְּׁנֵי יְלָדֶיהָ וּמֵאִישָׁהּ׃
וַתָּקָם הִיא וְכַלֹּתֶיהָ וַתָּשָׁב מִשְּׂדֵי מוֹאָב כִּי שָׁמְעָה בִּשְׂדֵה מוֹאָב כִּי־פָקַד
יהוה אֶת־עַמּוֹ לָתֵת לָהֶם לָחֶם׃ וַתֵּצֵא מִן־הַמָּקוֹם אֲשֶׁר הָיְתָה־שָׁמָּה וּשְׁתֵּי
כַלֹּתֶיהָ עִמָּהּ וַתֵּלַכְנָה בַדֶּרֶךְ לָשׁוּב אֶל־אֶרֶץ יְהוּדָה׃ וַתֹּאמֶר נָעֳמִי לִשְׁתֵּי
כַלֹּתֶיהָ לֵכְנָה שֹּׁבְנָה אִשָּׁה לְבֵית אִמָּהּ יעשה יהוה עִמָּכֶם חֶסֶד כַּאֲשֶׁר עֲשִׂיתֶם יַעַשׂ
עִם־הַמֵּתִים וְעִמָּדִי׃ יִתֵּן יהוה לָכֶם וּמְצֶאןָ מְנוּחָה אִשָּׁה בֵּית אִישָׁהּ וַתִּשַּׁק
לָהֶן וַתִּשֶּׂאנָה קוֹלָן וַתִּבְכֶּינָה׃ וַתֹּאמַרְנָה־לָּהּ כִּי־אִתָּךְ נָשׁוּב לְעַמֵּךְ׃ וַתֹּאמֶר
נָעֳמִי שֹׁבְנָה בְנֹתַי לָמָּה תֵלַכְנָה עִמִּי הַעוֹד־לִי בָנִים בְּמֵעַי וְהָיוּ לָכֶם לַאֲנָשִׁים׃
שֹׁבְנָה בְנֹתַי לֵכְןָ כִּי זָקַנְתִּי מִהְיוֹת לְאִישׁ כִּי אָמַרְתִּי יֶשׁ־לִי תִקְוָה גַּם הָיִיתִי
הַלַּיְלָה לְאִישׁ וְגַם יָלַדְתִּי בָנִים׃ הֲלָהֵן ׀ תְּשַׂבֵּרְנָה עַד אֲשֶׁר יִגְדָּלוּ הֲלָהֵן תֵּעָגֵנָה
לְבִלְתִּי הֱיוֹת לְאִישׁ אַל בְּנֹתַי כִּי־מַר־לִי מְאֹד מִכֶּם כִּי־יָצְאָה בִי יַד־יהוה׃
וַתִּשֶּׂנָה קוֹלָן וַתִּבְכֶּינָה עוֹד וַתִּשַּׁק עָרְפָּה לַחֲמוֹתָהּ וְרוּת דָּבְקָה בָּהּ׃ וַתֹּאמֶר
הִנֵּה שָׁבָה יְבִמְתֵּךְ אֶל־עַמָּהּ וְאֶל־אֱלֹהֶיהָ שׁוּבִי אַחֲרֵי יְבִמְתֵּךְ׃ וַתֹּאמֶר רוּת
אַל־תִּפְגְּעִי־בִי לְעָזְבֵךְ לָשׁוּב מֵאַחֲרָיִךְ כִּי אֶל־אֲשֶׁר תֵּלְכִי אֵלֵךְ וּבַאֲשֶׁר תָּלִינִי
אָלִין עַמֵּךְ עַמִּי וֵאלֹהַיִךְ אֱלֹהָי׃ בַּאֲשֶׁר תָּמוּתִי אָמוּת וְשָׁם אֶקָּבֵר כֹּה יַעֲשֶׂה
יהוה לִי וְכֹה יֹסִיף כִּי הַמָּוֶת יַפְרִיד בֵּינִי וּבֵינֵךְ׃ וַתֵּרֶא כִּי־מִתְאַמֶּצֶת הִיא
לָלֶכֶת אִתָּהּ וַתֶּחְדַּל לְדַבֵּר אֵלֶיהָ׃ וַתֵּלַכְנָה שְׁתֵּיהֶם עַד־בּוֹאָנָה בֵּית לָחֶם
וַיְהִי כְּבֹאָנָה בֵּית לֶחֶם וַתֵּהֹם כָּל־הָעִיר עֲלֵיהֶן וַתֹּאמַרְנָה הֲזֹאת נָעֳמִי׃
וַתֹּאמֶר אֲלֵיהֶן אַל־תִּקְרֶאנָה לִי נָעֳמִי קְרֶאןָ לִי מָרָא כִּי־הֵמַר שַׁדַּי לִי מְאֹד׃
אֲנִי מְלֵאָה הָלַכְתִּי וְרֵיקָם הֱשִׁיבַנִי יהוה לָמָּה תִקְרֶאנָה לִי נָעֳמִי וַיהוה עָנָה
בִי וְשַׁדַּי הֵרַע לִי׃ וַתָּשָׁב נָעֳמִי וְרוּת הַמּוֹאֲבִיָּה כַלָּתָהּ עִמָּהּ הַשָּׁבָה מִשְּׂדֵי
ב מוֹאָב וְהֵמָּה בָּאוּ בֵּית לֶחֶם בִּתְחִלַּת קְצִיר שְׂעֹרִים׃ וּלְנָעֳמִי מידע לְאִישָׁהּ מוֹדַע

אִישׁ גִּבּוֹר חַיִל מִמִּשְׁפַּחַת אֱלִימֶלֶךְ וּשְׁמוֹ בֹּעַז: וַתֹּאמֶר רוּת הַמּוֹאֲבִיָּה אֶל־
נָעֳמִי אֵלְכָה־נָּא הַשָּׂדֶה וַאֲלַקֳטָה בַשִּׁבֳּלִים אַחַר אֲשֶׁר אֶמְצָא־חֵן בְּעֵינָיו
וַתֹּאמֶר לָהּ לְכִי בִתִּי: וַתֵּלֶךְ וַתָּבוֹא וַתְּלַקֵּט בַּשָּׂדֶה אַחֲרֵי הַקֹּצְרִים וַיִּקֶר
מִקְרֶהָ חֶלְקַת הַשָּׂדֶה לְבֹעַז אֲשֶׁר מִמִּשְׁפַּחַת אֱלִימֶלֶךְ: וְהִנֵּה־בֹעַז בָּא מִבֵּית
לֶחֶם וַיֹּאמֶר לַקּוֹצְרִים יהוה עִמָּכֶם וַיֹּאמְרוּ לוֹ יְבָרֶכְךָ יהוה: וַיֹּאמֶר בֹּעַז לְנַעֲרוֹ
הַנִּצָּב עַל־הַקּוֹצְרִים לְמִי הַנַּעֲרָה הַזֹּאת: וַיַּעַן הַנַּעַר הַנִּצָּב עַל־הַקּוֹצְרִים
וַיֹּאמַר נַעֲרָה מוֹאֲבִיָּה הִיא הַשָּׁבָה עִם־נָעֳמִי מִשְּׂדֵה מוֹאָב: וַתֹּאמֶר אֲלַקֳטָה־
נָּא וְאָסַפְתִּי בָעֳמָרִים אַחֲרֵי הַקּוֹצְרִים וַתָּבוֹא וַתַּעֲמוֹד מֵאָז הַבֹּקֶר וְעַד־עַתָּה
זֶה שִׁבְתָּהּ הַבַּיִת מְעָט: וַיֹּאמֶר בֹּעַז אֶל־רוּת הֲלוֹא שָׁמַעַתְּ בִּתִּי אַל־תֵּלְכִי
לִלְקֹט בְּשָׂדֶה אַחֵר וְגַם לֹא תַעֲבוּרִי מִזֶּה וְכֹה תִדְבָּקִין עִם־נַעֲרֹתָי: עֵינַיִךְ
בַּשָּׂדֶה אֲשֶׁר־יִקְצֹרוּן וְהָלַכְתְּ אַחֲרֵיהֶן הֲלוֹא צִוִּיתִי אֶת־הַנְּעָרִים לְבִלְתִּי נָגְעֵךְ
וְצָמִת וְהָלַכְתְּ אֶל־הַכֵּלִים וְשָׁתִית מֵאֲשֶׁר יִשְׁאֲבוּן הַנְּעָרִים: וַתִּפֹּל עַל־פָּנֶיהָ
וַתִּשְׁתַּחוּ אָרְצָה וַתֹּאמֶר אֵלָיו מַדּוּעַ מָצָאתִי חֵן בְּעֵינֶיךָ לְהַכִּירֵנִי וְאָנֹכִי
נָכְרִיָּה: וַיַּעַן בֹּעַז וַיֹּאמֶר לָהּ הֻגֵּד הֻגַּד לִי כֹּל אֲשֶׁר־עָשִׂית אֶת־חֲמוֹתֵךְ אַחֲרֵי
מוֹת אִישֵׁךְ וַתַּעַזְבִי אָבִיךְ וְאִמֵּךְ וְאֶרֶץ מוֹלַדְתֵּךְ וַתֵּלְכִי אֶל־עַם אֲשֶׁר לֹא־
יָדַעַתְּ תְּמוֹל שִׁלְשׁוֹם: יְשַׁלֵּם יהוה פָּעֳלֵךְ וּתְהִי מַשְׂכֻּרְתֵּךְ שְׁלֵמָה מֵעִם יהוה
אֱלֹהֵי יִשְׂרָאֵל אֲשֶׁר־בָּאת לַחֲסוֹת תַּחַת־כְּנָפָיו: וַתֹּאמֶר אֶמְצָא־חֵן בְּעֵינֶיךָ
אֲדֹנִי כִּי נִחַמְתָּנִי וְכִי דִבַּרְתָּ עַל־לֵב שִׁפְחָתֶךָ וְאָנֹכִי לֹא אֶהְיֶה כְּאַחַת שִׁפְחֹתֶיךָ:
וַיֹּאמֶר לָהּ בֹעַז לְעֵת הָאֹכֶל גֹּשִׁי הֲלֹם וְאָכַלְתְּ מִן־הַלֶּחֶם וְטָבַלְתְּ פִּתֵּךְ בַּחֹמֶץ
וַתֵּשֶׁב מִצַּד הַקֹּצְרִים וַיִּצְבָּט־לָהּ קָלִי וַתֹּאכַל וַתִּשְׂבַּע וַתֹּתַר: וַתָּקָם לְלַקֵּט
וַיְצַו בֹּעַז אֶת־נְעָרָיו לֵאמֹר גַּם בֵּין הָעֳמָרִים תְּלַקֵּט וְלֹא תַכְלִימוּהָ: וְגַם שֹׁל־
תָּשֹׁלּוּ לָהּ מִן־הַצְּבָתִים וַעֲזַבְתֶּם וְלִקְּטָה וְלֹא תִגְעֲרוּ־בָהּ: וַתְּלַקֵּט בַּשָּׂדֶה
עַד־הָעָרֶב וַתַּחְבֹּט אֵת אֲשֶׁר־לִקֵּטָה וַיְהִי כְּאֵיפָה שְׂעֹרִים: וַתִּשָּׂא וַתָּבוֹא
הָעִיר וַתֵּרֶא חֲמוֹתָהּ אֵת אֲשֶׁר־לִקֵּטָה וַתּוֹצֵא וַתִּתֶּן־לָהּ אֵת אֲשֶׁר־הוֹתִרָה
מִשָּׂבְעָהּ: וַתֹּאמֶר לָהּ חֲמוֹתָהּ אֵיפֹה לִקַּטְתְּ הַיּוֹם וְאָנָה עָשִׂית יְהִי מַכִּירֵךְ
בָּרוּךְ וַתַּגֵּד לַחֲמוֹתָהּ אֵת אֲשֶׁר־עָשְׂתָה עִמּוֹ וַתֹּאמֶר שֵׁם הָאִישׁ אֲשֶׁר עָשִׂיתִי
עִמּוֹ הַיּוֹם בֹּעַז: וַתֹּאמֶר נָעֳמִי לְכַלָּתָהּ בָּרוּךְ הוּא לַיהוה אֲשֶׁר לֹא־עָזַב חַסְדּוֹ
אֶת־הַחַיִּים וְאֶת־הַמֵּתִים וַתֹּאמֶר לָהּ נָעֳמִי קָרוֹב לָנוּ הָאִישׁ מִגֹּאֲלֵנוּ הוּא:
וַתֹּאמֶר רוּת הַמּוֹאֲבִיָּה גַּם ׀ כִּי־אָמַר אֵלַי עִם־הַנְּעָרִים אֲשֶׁר־לִי תִּדְבָּקִין עַד

אִם־כִּלּוּ אֵת כָּל־הַקָּצִיר אֲשֶׁר־לִי: וַתֹּאמֶר נָעֳמִי אֶל־רוּת כַּלָּתָהּ טוֹב בִּתִּי
כִּי תֵצְאִי עִם־נַעֲרוֹתָיו וְלֹא יִפְגְּעוּ־בָךְ בְּשָׂדֶה אַחֵר: וַתִּדְבַּק בְּנַעֲרוֹת בֹּעַז
ג לְלַקֵּט עַד־כְּלוֹת קְצִיר־הַשְּׂעֹרִים וּקְצִיר הַחִטִּים וַתֵּשֶׁב אֶת־חֲמוֹתָהּ: וַתֹּאמֶר
לָהּ נָעֳמִי חֲמוֹתָהּ בִּתִּי הֲלֹא אֲבַקֶּשׁ־לָךְ מָנוֹחַ אֲשֶׁר יִיטַב־לָךְ: וְעַתָּה הֲלֹא
בֹעַז מֹדַעְתָּנוּ אֲשֶׁר הָיִית אֶת־נַעֲרוֹתָיו הִנֵּה־הוּא זֹרֶה אֶת־גֹּרֶן הַשְּׂעֹרִים
הַלָּיְלָה: וְרָחַצְתְּ ׀ וָסַכְתְּ וְשַׂמְתְּ שמלתך עָלַיִךְ וירדתי הַגֹּרֶן אַל־תִּוָּדְעִי לָאִישׁ שִׂמְלֹתַיִךְ
עַד כַּלֹּתוֹ לֶאֱכֹל וְלִשְׁתּוֹת: וִיהִי בְשָׁכְבוֹ וְיָדַעַתְּ אֶת־הַמָּקוֹם אֲשֶׁר יִשְׁכַּב־שָׁם וְיָרַדְתְּ
וּבָאת וְגִלִּית מַרְגְּלֹתָיו ושכבתי וְהוּא יַגִּיד לָךְ אֵת אֲשֶׁר תַּעֲשִׂין: וַתֹּאמֶר וְשָׁכָבְתְּ
אֵלֶיהָ כֹּל אֲשֶׁר־תֹּאמְרִי   אֶעֱשֶׂה: וַתֵּרֶד הַגֹּרֶן וַתַּעַשׂ כְּכֹל אֲשֶׁר־צִוַּתָּה אֵלַי
חֲמוֹתָהּ: וַיֹּאכַל בֹּעַז וַיֵּשְׁתְּ וַיִּיטַב לִבּוֹ וַיָּבֹא לִשְׁכַּב בִּקְצֵה הָעֲרֵמָה וַתָּבֹא
בַלָּט וַתְּגַל מַרְגְּלֹתָיו וַתִּשְׁכָּב: וַיְהִי בַּחֲצִי הַלַּיְלָה וַיֶּחֱרַד הָאִישׁ וַיִּלָּפֵת וְהִנֵּה
אִשָּׁה שֹׁכֶבֶת מַרְגְּלֹתָיו: וַיֹּאמֶר מִי־אָתְּ וַתֹּאמֶר אָנֹכִי רוּת אֲמָתֶךָ וּפָרַשְׂתָּ
כְנָפֶךָ עַל־אֲמָתְךָ כִּי גֹאֵל אָתָּה: וַיֹּאמֶר בְּרוּכָה אַתְּ לַיהוה בִּתִּי הֵיטַבְתְּ חַסְדֵּךְ
הָאַחֲרוֹן מִן־הָרִאשׁוֹן לְבִלְתִּי־לֶכֶת אַחֲרֵי הַבַּחוּרִים אִם־דַּל וְאִם־עָשִׁיר:
וְעַתָּה בִּתִּי אַל־תִּירְאִי כֹּל אֲשֶׁר־תֹּאמְרִי אֶעֱשֶׂה־לָּךְ כִּי יוֹדֵעַ כָּל־שַׁעַר עַמִּי
כִּי אֵשֶׁת חַיִל אָתְּ: וְעַתָּה כִּי אָמְנָם כִּי אם גֹאֵל אָנֹכִי וְגַם יֵשׁ גֹּאֵל קָרוֹב מִמֶּנִּי:
לִינִי ׀ הַלַּיְלָה וְהָיָה בַבֹּקֶר אִם־יִגְאָלֵךְ טוֹב יִגְאָל וְאִם־לֹא יַחְפֹּץ לְגָאֳלֵךְ
וּגְאַלְתִּיךְ אָנֹכִי חַי־יהוה שִׁכְבִי עַד־הַבֹּקֶר: וַתִּשְׁכַּב מַרְגְּלוֹתָו עַד־הַבֹּקֶר
וַתָּקָם בטרום יַכִּיר אִישׁ אֶת־רֵעֵהוּ וַיֹּאמֶר אַל־יִוָּדַע כִּי־בָאָה הָאִשָּׁה הַגֹּרֶן: בְּטֶרֶם
וַיֹּאמֶר הָבִי הַמִּטְפַּחַת אֲשֶׁר־עָלַיִךְ וְאֶחֳזִי־בָהּ וַתֹּאחֶז בָּהּ וַיָּמָד שֵׁשׁ־שְׂעֹרִים
וַיָּשֶׁת עָלֶיהָ וַיָּבֹא הָעִיר: וַתָּבוֹא אֶל־חֲמוֹתָהּ וַתֹּאמֶר מִי־אַתְּ בִּתִּי וַתַּגֶּד־לָהּ
אֵת כָּל־אֲשֶׁר עָשָׂה־לָהּ הָאִישׁ: וַתֹּאמֶר שֵׁשׁ־הַשְּׂעֹרִים הָאֵלֶּה נָתַן לִי כִּי
אָמַר   אַל־תָּבוֹאִי רֵיקָם אֶל־חֲמוֹתֵךְ: וַתֹּאמֶר שְׁבִי בִתִּי עַד אֲשֶׁר תֵּדְעִין אֵלַי
ד אֵיךְ יִפֹּל דָּבָר כִּי לֹא יִשְׁקֹט הָאִישׁ כִּי־אִם־כִּלָּה הַדָּבָר הַיּוֹם: וּבֹעַז עָלָה הַשַּׁעַר
וַיֵּשֶׁב שָׁם וְהִנֵּה הַגֹּאֵל עֹבֵר אֲשֶׁר דִּבֶּר־בֹּעַז וַיֹּאמֶר סוּרָה שְׁבָה־פֹּה פְּלֹנִי
אַלְמֹנִי וַיָּסַר וַיֵּשֵׁב: וַיִּקַּח עֲשָׂרָה אֲנָשִׁים מִזִּקְנֵי הָעִיר וַיֹּאמֶר שְׁבוּ־פֹה וַיֵּשֵׁבוּ:
וַיֹּאמֶר לַגֹּאֵל חֶלְקַת הַשָּׂדֶה אֲשֶׁר לְאָחִינוּ לֶאֱלִימֶלֶךְ מָכְרָה נָעֳמִי הַשָּׁבָה
מִשְּׂדֵה מוֹאָב: וַאֲנִי אָמַרְתִּי אֶגְלֶה אָזְנְךָ לֵאמֹר קְנֵה נֶגֶד הַיֹּשְׁבִים וְנֶגֶד זִקְנֵי
עַמִּי אִם־תִּגְאַל גְּאָל וְאִם־לֹא יִגְאַל הַגִּידָה לִּי וְאֵדַע כִּי אֵין זוּלָתְךָ לִגְאוֹל

וְאָנֹכִי אַחֲרֶיךָ וַיֹּאמֶר אָנֹכִי אֶגְאָל׃ וַיֹּאמֶר בֹּעַז בְּיוֹם־קְנוֹתְךָ הַשָּׂדֶה מִיַּד נָעֳמִי
קָנִיתָ וּמֵאֵת רוּת הַמּוֹאֲבִיָּה אֵשֶׁת־הַמֵּת קניתי לְהָקִים שֵׁם־הַמֵּת עַל־נַחֲלָתוֹ׃
לִגְאָל־ וַיֹּאמֶר הַגֹּאֵל לֹא אוּכַל לגאול־לִי פֶּן־אַשְׁחִית אֶת־נַחֲלָתִי גְּאַל־לְךָ אַתָּה
אֶת־גְּאֻלָּתִי כִּי לֹא־אוּכַל לִגְאֹל׃ וְזֹאת לְפָנִים בְּיִשְׂרָאֵל עַל־הַגְּאוּלָּה וְעַל־
הַתְּמוּרָה לְקַיֵּם כָּל־דָּבָר שָׁלַף אִישׁ נַעֲלוֹ וְנָתַן לְרֵעֵהוּ וְזֹאת הַתְּעוּדָה
בְּיִשְׂרָאֵל׃ וַיֹּאמֶר הַגֹּאֵל לְבֹעַז קְנֵה־לָךְ וַיִּשְׁלֹף נַעֲלוֹ׃ וַיֹּאמֶר בֹּעַז לַזְּקֵנִים
וְכָל־הָעָם עֵדִים אַתֶּם הַיּוֹם כִּי קָנִיתִי אֶת־כָּל־אֲשֶׁר לֶאֱלִימֶלֶךְ וְאֵת כָּל־אֲשֶׁר
לְכִלְיוֹן וּמַחְלוֹן מִיַּד נָעֳמִי׃ וְגַם אֶת־רוּת הַמֹּאֲבִיָּה אֵשֶׁת מַחְלוֹן קָנִיתִי לִי
לְאִשָּׁה לְהָקִים שֵׁם־הַמֵּת עַל־נַחֲלָתוֹ וְלֹא־יִכָּרֵת שֵׁם־הַמֵּת מֵעִם אֶחָיו וּמִשַּׁעַר
מְקוֹמוֹ עֵדִים אַתֶּם הַיּוֹם׃ וַיֹּאמְרוּ כָּל־הָעָם אֲשֶׁר־בַּשַּׁעַר וְהַזְּקֵנִים עֵדִים יִתֵּן
יהוה אֶת־הָאִשָּׁה הַבָּאָה אֶל־בֵּיתֶךָ כְּרָחֵל ׀ וּכְלֵאָה אֲשֶׁר בָּנוּ שְׁתֵּיהֶם אֶת־
בֵּית יִשְׂרָאֵל וַעֲשֵׂה־חַיִל בְּאֶפְרָתָה וּקְרָא־שֵׁם בְּבֵית לָחֶם׃ וִיהִי בֵיתְךָ כְּבֵית
פֶּרֶץ אֲשֶׁר־יָלְדָה תָמָר לִיהוּדָה מִן־הַזֶּרַע אֲשֶׁר יִתֵּן יהוה לְךָ מִן־הַנַּעֲרָה
הַזֹּאת׃ וַיִּקַּח בֹּעַז אֶת־רוּת וַתְּהִי־לוֹ לְאִשָּׁה וַיָּבֹא אֵלֶיהָ וַיִּתֵּן יהוה לָהּ הֵרָיוֹן
וַתֵּלֶד בֵּן׃ וַתֹּאמַרְנָה הַנָּשִׁים אֶל־נָעֳמִי בָּרוּךְ יהוה אֲשֶׁר לֹא הִשְׁבִּית לָךְ גֹּאֵל
הַיּוֹם וְיִקָּרֵא שְׁמוֹ בְּיִשְׂרָאֵל׃ וְהָיָה לָךְ לְמֵשִׁיב נֶפֶשׁ וּלְכַלְכֵּל אֶת־שֵׂיבָתֵךְ כִּי
כַלָּתֵךְ אֲשֶׁר־אֲהֵבַתֶךְ יְלָדַתּוּ אֲשֶׁר־הִיא טוֹבָה לָךְ מִשִּׁבְעָה בָּנִים׃ וַתִּקַּח
נָעֳמִי אֶת־הַיֶּלֶד וַתְּשִׁתֵהוּ בְחֵיקָהּ וַתְּהִי־לוֹ לְאֹמֶנֶת׃ וַתִּקְרֶאנָה לוֹ הַשְּׁכֵנוֹת
שֵׁם לֵאמֹר יֻלַּד־בֵּן לְנָעֳמִי וַתִּקְרֶאנָה שְׁמוֹ עוֹבֵד הוּא אֲבִי־יִשַׁי אֲבִי דָוִד׃

וְאֵלֶּה תּוֹלְדוֹת פָּרֶץ פֶּרֶץ הוֹלִיד אֶת־חֶצְרוֹן׃ וְחֶצְרוֹן הוֹלִיד אֶת־רָם וְרָם
הוֹלִיד אֶת־עַמִּינָדָב׃ וְעַמִּינָדָב הוֹלִיד אֶת־נַחְשׁוֹן וְנַחְשׁוֹן הוֹלִיד אֶת־שַׂלְמָה׃
וְשַׂלְמוֹן הוֹלִיד אֶת־בֹּעַז וּבֹעַז הוֹלִיד אֶת־עוֹבֵד׃ וְעֹבֵד הוֹלִיד אֶת־יִשָׁי וְיִשַׁי
הוֹלִיד אֶת־דָּוִד׃

איכה

א אֵיכָה ׀ יָשְׁבָה בָדָד הָעִיר רַבָּתִי עָם הָיְתָה כְּאַלְמָנָה רַבָּתִי בַגּוֹיִם שָׂרָתִי
בַּמְּדִינוֹת הָיְתָה לָמַס: בָּכוֹ תִבְכֶּה בַּלַּיְלָה וְדִמְעָתָהּ עַל לֶחֱיָהּ אֵין־לָהּ מְנַחֵם
מִכָּל־אֹהֲבֶיהָ כָּל־רֵעֶיהָ בָּגְדוּ בָהּ הָיוּ לָהּ לְאֹיְבִים: גָּלְתָה יְהוּדָה מֵעֹנִי וּמֵרֹב
עֲבֹדָה הִיא יָשְׁבָה בַגּוֹיִם לֹא מָצְאָה מָנוֹחַ כָּל־רֹדְפֶיהָ הִשִּׂיגוּהָ בֵּין הַמְּצָרִים:
דַּרְכֵי צִיּוֹן אֲבֵלוֹת מִבְּלִי בָּאֵי מוֹעֵד כָּל־שְׁעָרֶיהָ שׁוֹמֵמִין כֹּהֲנֶיהָ נֶאֱנָחִים
בְּתוּלֹתֶיהָ נּוּגוֹת וְהִיא מַר־לָהּ: הָיוּ צָרֶיהָ לְרֹאשׁ אֹיְבֶיהָ שָׁלוּ כִּי־יְהוָה הוֹגָהּ
עַל־רֹב פְּשָׁעֶיהָ עוֹלָלֶיהָ הָלְכוּ שְׁבִי לִפְנֵי־צָר: וַיֵּצֵא מן בת־צִיּוֹן כָּל־הֲדָרָהּ הָיוּ מִבַּת־
שָׂרֶיהָ כְּאַיָּלִים לֹא־מָצְאוּ מִרְעֶה וַיֵּלְכוּ בְלֹא־כֹחַ לִפְנֵי רוֹדֵף: זָכְרָה יְרוּשָׁלִַם
יְמֵי עָנְיָהּ וּמְרוּדֶיהָ כֹּל מַחֲמֻדֶיהָ אֲשֶׁר הָיוּ מִימֵי קֶדֶם בִּנְפֹל עַמָּהּ בְּיַד־צָר וְאֵין
עוֹזֵר לָהּ רָאוּהָ צָרִים שָׂחֲקוּ עַל מִשְׁבַּתֶּהָ: חֵטְא חָטְאָה יְרוּשָׁלִַם עַל־כֵּן לְנִידָה
הָיָתָה כָּל־מְכַבְּדֶיהָ הִזִּילוּהָ כִּי־רָאוּ עֶרְוָתָהּ גַּם־הִיא נֶאֶנְחָה וַתָּשָׁב אָחוֹר:
טֻמְאָתָהּ בְּשׁוּלֶיהָ לֹא זָכְרָה אַחֲרִיתָהּ וַתֵּרֶד פְּלָאִים אֵין מְנַחֵם לָהּ רְאֵה יְהוָה
אֶת־עָנְיִי כִּי הִגְדִּיל אוֹיֵב: יָדוֹ פָּרַשׂ צָר עַל כָּל־מַחֲמַדֶּיהָ כִּי־רָאֲתָה גוֹיִם בָּאוּ
מִקְדָּשָׁהּ אֲשֶׁר צִוִּיתָה לֹא־יָבֹאוּ בַקָּהָל לָךְ: כָּל־עַמָּהּ נֶאֱנָחִים מְבַקְּשִׁים לֶחֶם
נָתְנוּ מחמודיהם בְּאֹכֶל לְהָשִׁיב נָפֶשׁ רְאֵה יְהוָה וְהַבִּיטָה כִּי הָיִיתִי זוֹלֵלָה: מַחֲמַדֵּיהֶם
לוֹא אֲלֵיכֶם כָּל־עֹבְרֵי דֶרֶךְ הַבִּיטוּ וּרְאוּ אִם־יֵשׁ מַכְאוֹב כְּמַכְאֹבִי אֲשֶׁר עוֹלַל
לִי אֲשֶׁר הוֹגָה יְהוָה בְּיוֹם חֲרוֹן אַפּוֹ: מִמָּרוֹם שָׁלַח־אֵשׁ בְּעַצְמֹתַי וַיִּרְדֶּנָּה פָּרַשׂ
רֶשֶׁת לְרַגְלַי הֱשִׁיבַנִי אָחוֹר נְתָנַנִי שֹׁמֵמָה כָּל־הַיּוֹם דָּוָה: נִשְׂקַד עֹל פְּשָׁעַי
בְּיָדוֹ יִשְׂתָּרְגוּ עָלוּ עַל־צַוָּארִי הִכְשִׁיל כֹּחִי נְתָנַנִי אֲדֹנָי בִּידֵי לֹא־אוּכַל קוּם:
סִלָּה כָל־אַבִּירַי ׀ אֲדֹנָי בְּקִרְבִּי קָרָא עָלַי מוֹעֵד לִשְׁבֹּר בַּחוּרָי גַּת דָּרַךְ אֲדֹנָי
לִבְתוּלַת בַּת־יְהוּדָה: עַל־אֵלֶּה ׀ אֲנִי בוֹכִיָּה עֵינִי ׀ עֵינִי יֹרְדָה מַּיִם כִּי־רָחַק
מִמֶּנִּי מְנַחֵם מֵשִׁיב נַפְשִׁי הָיוּ בָנַי שׁוֹמֵמִים כִּי גָבַר אוֹיֵב: פֵּרְשָׂה צִיּוֹן בְּיָדֶיהָ
אֵין מְנַחֵם לָהּ צִוָּה יְהוָה לְיַעֲקֹב סְבִיבָיו צָרָיו הָיְתָה יְרוּשָׁלִַם לְנִדָּה בֵּינֵיהֶם:
צַדִּיק הוּא יְהוָה כִּי פִיהוּ מָרִיתִי שִׁמְעוּ־נָא כָל־עַמִּים וּרְאוּ מַכְאֹבִי בְּתוּלֹתַי הָעַמִּים
וּבַחוּרַי הָלְכוּ בַשֶּׁבִי: קָרָאתִי לַמְאַהֲבַי הֵמָּה רִמּוּנִי כֹּהֲנַי וּזְקֵנַי בָּעִיר גָּוָעוּ
כִּי־בִקְשׁוּ אֹכֶל לָמוֹ וְיָשִׁיבוּ אֶת־נַפְשָׁם: רְאֵה יְהוָה כִּי־צַר־לִי מֵעַי חֳמַרְמָרוּ
נֶהְפַּךְ לִבִּי בְּקִרְבִּי כִּי מָרוֹ מָרִיתִי מִחוּץ שִׁכְּלָה־חֶרֶב בַּבַּיִת כַּמָּוֶת: שָׁמְעוּ כִּי

נֶאֱנָחָה אָנִי אֵין מְנַחֵם לִי כׇּל־אֹיְבַי שָׁמְעוּ רָעָתִי שָׂשׂוּ כִּי אַתָּה עָשִׂיתָ הֵבֵאתָ
יוֹם־קָרָאתָ וְיִהְיוּ כָמֹנִי׃ תָּבֹא כׇל־רָעָתָם לְפָנֶיךָ וְעוֹלֵל לָמוֹ כַּאֲשֶׁר עוֹלַלְתָּ לִי
עַל כׇּל־פְּשָׁעָי כִּי־רַבּוֹת אַנְחֹתַי וְלִבִּי דַוָּי׃
ב אֵיכָה יָעִיב בְּאַפּוֹ ׀ אֲדֹנָי אֶת־בַּת־צִיּוֹן הִשְׁלִיךְ מִשָּׁמַיִם אֶרֶץ תִּפְאֶרֶת יִשְׂרָאֵל
וְלֹא וְלֹא־זָכַר הֲדֹם־רַגְלָיו בְּיוֹם אַפּוֹ׃ בִּלַּע אֲדֹנָי לֹא חָמַל אֵת כׇּל־נְאוֹת יַעֲקֹב
הָרַס בְּעֶבְרָתוֹ מִבְצְרֵי בַת־יְהוּדָה הִגִּיעַ לָאָרֶץ חִלֵּל מַמְלָכָה וְשָׂרֶיהָ׃ גָּדַע
בׇּחֳרִי־אַף כֹּל קֶרֶן יִשְׂרָאֵל הֵשִׁיב אָחוֹר יְמִינוֹ מִפְּנֵי אוֹיֵב וַיִּבְעַר בְּיַעֲקֹב כְּאֵשׁ
לֶהָבָה אָכְלָה סָבִיב׃ דָּרַךְ קַשְׁתּוֹ כְּאוֹיֵב נִצָּב יְמִינוֹ כְּצָר וַיַּהֲרֹג כֹּל מַחֲמַדֵּי־עָיִן
בְּאֹהֶל בַּת־צִיּוֹן שָׁפַךְ כָּאֵשׁ חֲמָתוֹ׃ הָיָה אֲדֹנָי ׀ כְּאוֹיֵב בִּלַּע יִשְׂרָאֵל בִּלַּע כׇּל־
אַרְמְנוֹתֶיהָ שִׁחֵת מִבְצָרָיו וַיֶּרֶב בְּבַת־יְהוּדָה תַּאֲנִיָּה וַאֲנִיָּה׃ וַיַּחְמֹס כַּגַּן שֻׂכּוֹ
שִׁחֵת מֹעֲדוֹ שִׁכַּח יְהוָה ׀ בְּצִיּוֹן מוֹעֵד וְשַׁבָּת וַיִּנְאַץ בְּזַעַם־אַפּוֹ מֶלֶךְ וְכֹהֵן׃
זָנַח אֲדֹנָי ׀ מִזְבְּחוֹ נִאֵר מִקְדָּשׁוֹ הִסְגִּיר בְּיַד־אוֹיֵב חוֹמֹת אַרְמְנוֹתֶיהָ קוֹל נָתְנוּ
בְּבֵית־יְהוָה כְּיוֹם מוֹעֵד׃ חָשַׁב יְהוָה ׀ לְהַשְׁחִית חוֹמַת בַּת־צִיּוֹן נָטָה קָו לֹא־
הֵשִׁיב יָדוֹ מִבַּלֵּעַ וַיַּאֲבֶל־חֵל וְחוֹמָה יַחְדָּו אֻמְלָלוּ׃ טָבְעוּ בָאָרֶץ שְׁעָרֶיהָ אִבַּד
וְשִׁבַּר בְּרִיחֶיהָ מַלְכָּהּ וְשָׂרֶיהָ בַגּוֹיִם אֵין תּוֹרָה גַּם־נְבִיאֶיהָ לֹא־מָצְאוּ חָזוֹן
מֵיְהוָה׃ יֵשְׁבוּ לָאָרֶץ יִדְּמוּ זִקְנֵי בַת־צִיּוֹן הֶעֱלוּ עָפָר עַל־רֹאשָׁם חָגְרוּ שַׂקִּים
הוֹרִידוּ לָאָרֶץ רֹאשָׁן בְּתוּלֹת יְרוּשָׁלָ͏ִם׃ כָּלוּ בַדְּמָעוֹת עֵינַי חֳמַרְמְרוּ מֵעַי נִשְׁפַּךְ
לָאָרֶץ כְּבֵדִי עַל־שֶׁבֶר בַּת־עַמִּי בֵּעָטֵף עוֹלֵל וְיוֹנֵק בִּרְחֹבוֹת קִרְיָה׃ לְאִמֹּתָם
יֹאמְרוּ אַיֵּה דָּגָן וָיָיִן בְּהִתְעַטְּפָם כֶּחָלָל בִּרְחֹבוֹת עִיר בְּהִשְׁתַּפֵּךְ נַפְשָׁם אֶל־חֵיק
אֲעִידֵךְ אִמֹּתָם׃ מָה־אעודך מָה אֲדַמֶּה־לָּךְ הַבַּת יְרוּשָׁלַ͏ִם מָה אַשְׁוֶה־לָּךְ וַאֲנַחֲמֵךְ
בְּתוּלַת בַּת־צִיּוֹן כִּי־גָדוֹל כַּיָּם שִׁבְרֵךְ מִי יִרְפָּא־לָךְ׃ נְבִיאַיִךְ חָזוּ לָךְ שָׁוְא
שְׁבוּתֵךְ וְתָפֵל וְלֹא־גִלּוּ עַל־עֲוֺנֵךְ לְהָשִׁיב שביתך וַיֶּחֱזוּ לָךְ מַשְׂאוֹת שָׁוְא וּמַדּוּחִים׃
סָפְקוּ עָלַיִךְ כַּפַּיִם כׇּל־עֹבְרֵי דֶרֶךְ שָׁרְקוּ וַיָּנִעוּ רֹאשָׁם עַל־בַּת יְרוּשָׁלָ͏ִם הֲזֹאת
הָעִיר שֶׁיֹּאמְרוּ כְּלִילַת יֹפִי מָשׂוֹשׂ לְכׇל־הָאָרֶץ׃ פָּצוּ עָלַיִךְ פִּיהֶם כׇּל־אוֹיְבַיִךְ
שָׁרְקוּ וַיַּחַרְקוּ־שֵׁן אָמְרוּ בִּלָּעְנוּ אַךְ זֶה הַיּוֹם שֶׁקִּוִּינֻהוּ מָצָאנוּ רָאִינוּ׃ עָשָׂה
יְהוָה אֲשֶׁר זָמָם בִּצַּע אֶמְרָתוֹ אֲשֶׁר צִוָּה מִימֵי־קֶדֶם הָרַס וְלֹא חָמָל וַיְשַׂמַּח
עָלַיִךְ אוֹיֵב הֵרִים קֶרֶן צָרָיִךְ׃ צָעַק לִבָּם אֶל־אֲדֹנָי חוֹמַת בַּת־צִיּוֹן הוֹרִידִי
כַנַּחַל דִּמְעָה יוֹמָם וָלַיְלָה אַל־תִּתְּנִי פוּגַת לָךְ אַל־תִּדֹּם בַּת־עֵינֵךְ׃ קוּמִי ׀
רֹנִּי בַלַּיְלָה לְרֹאשׁ אַשְׁמֻרוֹת שִׁפְכִי כַמַּיִם לִבֵּךְ נֹכַח פְּנֵי אֲדֹנָי שְׂאִי אֵלָיו כַּפַּיִךְ

עַל־נֶפֶשׁ עוֹלָלַיִךְ הָעֲטוּפִים בְּרָעָב בְּרֹאשׁ כָּל־חוּצוֹת׃ רְאֵה יהוה וְהַבִּיטָה
לְמִי עוֹלַלְתָּ כֹּה אִם־תֹּאכַלְנָה נָשִׁים פִּרְיָם עֹלֲלֵי טִפֻּחִים אִם־יֵהָרֵג בְּמִקְדַּשׁ
אֲדֹנָי כֹּהֵן וְנָבִיא׃ שָׁכְבוּ לָאָרֶץ חוּצוֹת נַעַר וְזָקֵן בְּתוּלֹתַי וּבַחוּרַי נָפְלוּ בֶחָרֶב
הָרַגְתָּ בְּיוֹם אַפֶּךָ טָבַחְתָּ לֹא חָמָלְתָּ׃ תִּקְרָא כְיוֹם מוֹעֵד מְגוּרַי מִסָּבִיב וְלֹא
הָיָה בְּיוֹם אַף־יהוה פָּלִיט וְשָׂרִיד אֲשֶׁר־טִפַּחְתִּי וְרִבִּיתִי אֹיְבִי כִלָּם׃
ג אֲנִי הַגֶּבֶר רָאָה עֳנִי בְּשֵׁבֶט עֶבְרָתוֹ׃ אוֹתִי נָהַג וַיֹּלַךְ חֹשֶׁךְ וְלֹא־אוֹר׃ אַךְ
בִּי יָשֻׁב יַהֲפֹךְ יָדוֹ כָּל־הַיּוֹם׃ בִּלָּה בְשָׂרִי וְעוֹרִי שִׁבַּר עַצְמוֹתָי׃ בָּנָה עָלַי
וַיַּקַּף רֹאשׁ וּתְלָאָה׃ בְּמַחֲשַׁכִּים הוֹשִׁיבַנִי כְּמֵתֵי עוֹלָם׃ גָּדַר בַּעֲדִי וְלֹא אֵצֵא
הִכְבִּיד נְחָשְׁתִּי׃ גַּם כִּי אֶזְעַק וַאֲשַׁוֵּעַ שָׂתַם תְּפִלָּתִי׃ גָּדַר דְּרָכַי בְּגָזִית נְתִיבֹתַי
עִוָּה׃ דֹּב אֹרֵב הוּא לִי אריה בְּמִסְתָּרִים׃ דְּרָכַי סוֹרֵר וַיְפַשְּׁחֵנִי שָׂמַנִי שֹׁמֵם׃ אֲרִי
דָּרַךְ קַשְׁתּוֹ וַיַּצִּיבֵנִי כַּמַּטָּרָא לַחֵץ׃ הֵבִיא בְּכִלְיוֹתָי בְּנֵי אַשְׁפָּתוֹ׃ הָיִיתִי שְּׂחֹק
לְכָל־עַמִּי נְגִינָתָם כָּל־הַיּוֹם׃ הִשְׂבִּיעַנִי בַמְּרוֹרִים הִרְוַנִי לַעֲנָה׃ וַיַּגְרֵס בֶּחָצָץ
שִׁנָּי הִכְפִּישַׁנִי בָּאֵפֶר׃ וַתִּזְנַח מִשָּׁלוֹם נַפְשִׁי נָשִׁיתִי טוֹבָה׃ וָאֹמַר אָבַד נִצְחִי
וְתוֹחַלְתִּי מֵיהוה׃ זְכָר־עָנְיִי וּמְרוּדִי לַעֲנָה וָרֹאשׁ׃ זָכוֹר תִּזְכּוֹר ותשיח עָלַי וְתָשׁוֹחַ
נַפְשִׁי׃ זֹאת אָשִׁיב אֶל־לִבִּי עַל־כֵּן אוֹחִיל׃ חַסְדֵי יהוה כִּי לֹא־תָמְנוּ כִּי לֹא־
כָלוּ רַחֲמָיו׃ חֲדָשִׁים לַבְּקָרִים רַבָּה אֱמוּנָתֶךָ׃ חֶלְקִי יהוה אָמְרָה נַפְשִׁי עַל־כֵּן
אוֹחִיל לוֹ׃ טוֹב יהוה לְקֹוָו לְנֶפֶשׁ תִּדְרְשֶׁנּוּ׃ טוֹב וְיָחִיל וְדוּמָם לִתְשׁוּעַת יהוה׃
טוֹב לַגֶּבֶר כִּי־יִשָּׂא עֹל בִּנְעוּרָיו׃ יֵשֵׁב בָּדָד וְיִדֹּם כִּי נָטַל עָלָיו׃ יִתֵּן בֶּעָפָר פִּיהוּ
אוּלַי יֵשׁ תִּקְוָה׃ יִתֵּן לְמַכֵּהוּ לֶחִי יִשְׂבַּע בְּחֶרְפָּה׃ כִּי לֹא יִזְנַח לְעוֹלָם אֲדֹנָי׃ כִּי
אִם־הוֹגָה וְרִחַם כְּרֹב חֲסָדָו׃ כִּי לֹא עִנָּה מִלִּבּוֹ וַיַּגֶּה בְּנֵי־אִישׁ׃ לְדַכֵּא תַּחַת
רַגְלָיו כֹּל אֲסִירֵי אָרֶץ׃ לְהַטּוֹת מִשְׁפַּט־גָּבֶר נֶגֶד פְּנֵי עֶלְיוֹן׃ לְעַוֵּת אָדָם בְּרִיבוֹ
אֲדֹנָי לֹא רָאָה׃ מִי זֶה אָמַר וַתֶּהִי אֲדֹנָי לֹא צִוָּה׃ מִפִּי עֶלְיוֹן לֹא תֵצֵא הָרָעוֹת
וְהַטּוֹב׃ מַה־יִּתְאוֹנֵן אָדָם חָי גֶּבֶר עַל־חֲטָאָו׃ נַחְפְּשָׂה דְרָכֵינוּ וְנַחְקֹרָה וְנָשׁוּבָה
עַד־יהוה׃ נִשָּׂא לְבָבֵנוּ אֶל־כַּפָּיִם אֶל־אֵל בַּשָּׁמָיִם׃ נַחְנוּ פָשַׁעְנוּ וּמָרִינוּ אַתָּה
לֹא סָלָחְתָּ׃ סַכֹּתָה בָאַף וַתִּרְדְּפֵנוּ הָרַגְתָּ לֹא חָמָלְתָּ׃ סַכֹּתָה בֶעָנָן לָךְ מֵעֲבוֹר
תְּפִלָּה׃ סְחִי וּמָאוֹס תְּשִׂימֵנוּ בְּקֶרֶב הָעַמִּים׃ פָּצוּ עָלֵינוּ פִּיהֶם כָּל־אֹיְבֵינוּ׃
פַּחַד וָפַחַת הָיָה לָנוּ הַשֵּׁאת וְהַשָּׁבֶר׃ פַּלְגֵי־מַיִם תֵּרַד עֵינִי עַל־שֶׁבֶר בַּת־עַמִּי׃
עֵינִי נִגְּרָה וְלֹא תִדְמֶה מֵאֵין הֲפֻגוֹת׃ עַד־יַשְׁקִיף וְיֵרֶא יהוה מִשָּׁמָיִם׃ עֵינִי
עוֹלְלָה לְנַפְשִׁי מִכֹּל בְּנוֹת עִירִי׃ צוֹד צָדוּנִי כַּצִּפּוֹר אֹיְבַי חִנָּם׃ צָמְתוּ בַבּוֹר

חַיָּי וַיַּדּוּ־אֶבֶן בִּי׃ צָפוּ־מַיִם עַל־רֹאשִׁי אָמַרְתִּי נִגְזָרְתִּי׃ קָרָאתִי שִׁמְךָ יהוה
מִבּוֹר תַּחְתִּיּוֹת׃ קוֹלִי שָׁמָעְתָּ אַל־תַּעְלֵם אָזְנְךָ לְרַוְחָתִי לְשַׁוְעָתִי׃ קָרַבְתָּ
בְּיוֹם אֶקְרָאֶךָּ אָמַרְתָּ אַל־תִּירָא׃ רַבְתָּ אֲדֹנָי רִיבֵי נַפְשִׁי גָּאַלְתָּ חַיָּי׃ רָאִיתָה
יהוה עַוָּתָתִי שָׁפְטָה מִשְׁפָּטִי׃ רָאִיתָה כָּל־נִקְמָתָם כָּל־מַחְשְׁבֹתָם לִי׃ שָׁמַעְתָּ
חֶרְפָּתָם יהוה כָּל־מַחְשְׁבֹתָם עָלָי׃ שִׂפְתֵי קָמַי וְהֶגְיוֹנָם עָלַי כָּל־הַיּוֹם׃ שִׁבְתָּם
וְקִימָתָם הַבִּיטָה אֲנִי מַנְגִּינָתָם׃ תָּשִׁיב לָהֶם גְּמוּל יהוה כְּמַעֲשֵׂה יְדֵיהֶם׃ תִּתֵּן
לָהֶם מְגִנַּת־לֵב תַּאֲלָתְךָ לָהֶם׃ תִּרְדֹּף בְּאַף וְתַשְׁמִידֵם מִתַּחַת שְׁמֵי יהוה׃
ד אֵיכָה יוּעַם זָהָב יִשְׁנֶא הַכֶּתֶם הַטּוֹב תִּשְׁתַּפֵּכְנָה אַבְנֵי־קֹדֶשׁ בְּרֹאשׁ כָּל־
חוּצוֹת׃ בְּנֵי צִיּוֹן הַיְקָרִים הַמְסֻלָּאִים בַּפָּז אֵיכָה נֶחְשְׁבוּ לְנִבְלֵי־חֶרֶשׂ מַעֲשֵׂה
יְדֵי יוֹצֵר׃ גַּם־תנין חָלְצוּ שַׁד הֵינִיקוּ גּוּרֵיהֶן בַּת־עַמִּי לְאַכְזָר כי ענים בַּמִּדְבָּר׃ תַּנִּים כַּיְעֵנִים
דָּבַק לְשׁוֹן יוֹנֵק אֶל־חִכּוֹ בַּצָּמָא עוֹלָלִים שָׁאֲלוּ לֶחֶם פֹּרֵשׂ אֵין לָהֶם׃ הָאֹכְלִים
לְמַעֲדַנִּים נָשַׁמּוּ בַּחוּצוֹת הָאֱמֻנִים עֲלֵי תוֹלָע חִבְּקוּ אַשְׁפַּתּוֹת׃ וַיִּגְדַּל עֲוֹן
בַּת־עַמִּי מֵחַטַּאת סְדֹם הַהֲפוּכָה כְמוֹ־רָגַע וְלֹא־חָלוּ בָהּ יָדָיִם׃ זַכּוּ נְזִירֶיהָ
מִשֶּׁלֶג צַחוּ מֵחָלָב אָדְמוּ עֶצֶם מִפְּנִינִים סַפִּיר גִּזְרָתָם׃ חָשַׁךְ מִשְּׁחוֹר תָּאֳרָם
לֹא נִכְּרוּ בַּחוּצוֹת צָפַד עוֹרָם עַל־עַצְמָם יָבֵשׁ הָיָה כָעֵץ׃ טוֹבִים הָיוּ חַלְלֵי־
חֶרֶב מֵחַלְלֵי רָעָב שֶׁהֵם יָזוּבוּ מְדֻקָּרִים מִתְּנוּבֹת שָׂדָי׃ יְדֵי נָשִׁים רַחֲמָנִיּוֹת
בִּשְּׁלוּ יַלְדֵיהֶן הָיוּ לְבָרוֹת לָמוֹ בְּשֶׁבֶר בַּת־עַמִּי׃ כִּלָּה יהוה אֶת־חֲמָתוֹ שָׁפַךְ
חֲרוֹן אַפּוֹ וַיַּצֶּת־אֵשׁ בְּצִיּוֹן וַתֹּאכַל יְסוֹדֹתֶיהָ׃ לֹא הֶאֱמִינוּ מַלְכֵי־אֶרֶץ וכל כֹּל
יֹשְׁבֵי תֵבֵל כִּי יָבֹא צַר וְאוֹיֵב בְּשַׁעֲרֵי יְרוּשָׁלָם׃ מֵחַטֹּאת נְבִיאֶיהָ עֲוֹנֹת
כֹּהֲנֶיהָ הַשֹּׁפְכִים בְּקִרְבָּהּ דַּם צַדִּיקִים׃ נָעוּ עִוְרִים בַּחוּצוֹת נְגֹאֲלוּ בַּדָּם בְּלֹא
יוּכְלוּ יִגְּעוּ בִּלְבֻשֵׁיהֶם׃ סוּרוּ טָמֵא קָרְאוּ לָמוֹ סוּרוּ סוּרוּ אַל־תִּגָּעוּ כִּי נָצוּ
גַּם־נָעוּ אָמְרוּ בַּגּוֹיִם לֹא יוֹסִפוּ לָגוּר׃ פְּנֵי יהוה חִלְּקָם לֹא יוֹסִיף לְהַבִּיטָם פְּנֵי
כֹהֲנִים לֹא נָשָׂאוּ זקנים לֹא חָנָנוּ׃ עודינה תִּכְלֶינָה עֵינֵינוּ אֶל־עֶזְרָתֵנוּ הָבֶל וּזְקֵנִים עוֹדֵינוּ
בְּצִפִּיָּתֵנוּ צִפִּינוּ אֶל־גּוֹי לֹא יוֹשִׁעַ׃ צָדוּ צְעָדֵינוּ מִלֶּכֶת בִּרְחֹבֹתֵינוּ קָרַב קִצֵּנוּ
מָלְאוּ יָמֵינוּ כִּי־בָא קִצֵּנוּ׃ קַלִּים הָיוּ רֹדְפֵינוּ מִנִּשְׁרֵי שָׁמָיִם עַל־הֶהָרִים דְּלָקֻנוּ
בַּמִּדְבָּר אָרְבוּ לָנוּ׃ רוּחַ אַפֵּינוּ מְשִׁיחַ יהוה נִלְכַּד בִּשְׁחִיתוֹתָם אֲשֶׁר אָמַרְנוּ
בְּצִלּוֹ נִחְיֶה בַגּוֹיִם׃ שִׂישִׂי וְשִׂמְחִי בַּת־אֱדוֹם יושבתי בְּאֶרֶץ עוּץ גַּם־עָלַיִךְ יוֹשֶׁבֶת
תַּעֲבָר־כּוֹס תִּשְׁכְּרִי וְתִתְעָרִי׃ תַּם־עֲוֹנֵךְ בַּת־צִיּוֹן לֹא יוֹסִיף לְהַגְלוֹתֵךְ פָּקַד
עֲוֹנֵךְ בַּת־אֱדוֹם גִּלָּה עַל־חַטֹּאתָיִךְ׃

ה זְכֹר יהוה מֶה־הָיָה לָנוּ הַבִּיטָ וּרְאֵה אֶת־חֶרְפָּתֵנוּ: נַחֲלָתֵנוּ נֶהֶפְכָה לְזָרִים
בָּתֵּינוּ לְנָכְרִים: יְתוֹמִים הָיִינוּ אֵין אָב אִמֹּתֵינוּ כְּאַלְמָנוֹת: מֵימֵינוּ בְּכֶסֶף שָׁתִינוּ וְאֵין
עֵצֵינוּ בִּמְחִיר יָבֹאוּ: עַל צַוָּארֵנוּ נִרְדָּפְנוּ יָגַעְנוּ לֹא הוּנַח־לָנוּ: מִצְרַיִם נָתַנּוּ וְלֹא
יָד אַשּׁוּר לִשְׂבֹּעַ לָחֶם: אֲבֹתֵינוּ חָטְאוּ אֵינָם אֲנַחְנוּ עֲוֺנֹתֵיהֶם סָבָלְנוּ: עֲבָדִים וְאֵינָם וַאֲנַחְנוּ
מָשְׁלוּ בָנוּ פֹּרֵק אֵין מִיָּדָם: בְּנַפְשֵׁנוּ נָבִיא לַחְמֵנוּ מִפְּנֵי חֶרֶב הַמִּדְבָּר: עוֹרֵנוּ
כְּתַנּוּר נִכְמָרוּ מִפְּנֵי זַלְעֲפוֹת רָעָב: נָשִׁים בְּצִיּוֹן עִנּוּ בְּתֻלֹת בְּעָרֵי יְהוּדָה:
שָׂרִים בְּיָדָם נִתְלוּ פְּנֵי זְקֵנִים לֹא נֶהְדָּרוּ: בַּחוּרִים טְחוֹן נָשָׂאוּ וּנְעָרִים בָּעֵץ
כָּשָׁלוּ: זְקֵנִים מִשַּׁעַר שָׁבָתוּ בַּחוּרִים מִנְּגִינָתָם: שָׁבַת מְשׂוֹשׂ לִבֵּנוּ נֶהְפַּךְ
לְאֵבֶל מְחֹלֵנוּ: נָפְלָה עֲטֶרֶת רֹאשֵׁנוּ אוֹי־נָא לָנוּ כִּי חָטָאנוּ: עַל־זֶה הָיָה
דָוֶה לִבֵּנוּ עַל־אֵלֶּה חָשְׁכוּ עֵינֵינוּ: עַל הַר־צִיּוֹן שֶׁשָּׁמֵם שׁוּעָלִים הִלְּכוּ־בוֹ:
אַתָּה יהוה לְעוֹלָם תֵּשֵׁב כִּסְאֲךָ לְדוֹר וָדוֹר: לָמָּה לָנֶצַח תִּשְׁכָּחֵנוּ תַּעַזְבֵנוּ
לְאֹרֶךְ יָמִים: הֲשִׁיבֵנוּ יהוה ׀ אֵלֶיךָ וְנָשׁוּבָה חַדֵּשׁ יָמֵינוּ כְּקֶדֶם: כִּי אִם־מָאֹס
מְאַסְתָּנוּ קָצַפְתָּ עָלֵינוּ עַד־מְאֹד:

השיבנו יהוה אליך ונשובה
חדש ימינו כקדם

קהלת

דִּבְרֵי קֹהֶלֶת בֶּן־דָּוִד מֶלֶךְ בִּירוּשָׁלִָם׃ הֲבֵל הֲבָלִים אָמַר קֹהֶלֶת הֲבֵל הֲבָלִים א
הַכֹּל הָבֶל׃ מַה־יִּתְרוֹן לָאָדָם בְּכָל־עֲמָלוֹ שֶׁיַּעֲמֹל תַּחַת הַשָּׁמֶשׁ׃ דּוֹר הֹלֵךְ
וְדוֹר בָּא וְהָאָרֶץ לְעוֹלָם עֹמָדֶת׃ וְזָרַח הַשֶּׁמֶשׁ וּבָא הַשָּׁמֶשׁ וְאֶל־מְקוֹמוֹ
שׁוֹאֵף זוֹרֵחַ הוּא שָׁם׃ הוֹלֵךְ אֶל־דָּרוֹם וְסוֹבֵב אֶל־צָפוֹן סוֹבֵב ׀ סֹבֵב הוֹלֵךְ
הָרוּחַ וְעַל־סְבִיבֹתָיו שָׁב הָרוּחַ׃ כָּל־הַנְּחָלִים הֹלְכִים אֶל־הַיָּם וְהַיָּם אֵינֶנּוּ
מָלֵא אֶל־מְקוֹם שֶׁהַנְּחָלִים הֹלְכִים שָׁם הֵם שָׁבִים לָלָכֶת׃ כָּל־הַדְּבָרִים יְגֵעִים
לֹא־יוּכַל אִישׁ לְדַבֵּר לֹא־תִשְׂבַּע עַיִן לִרְאוֹת וְלֹא־תִמָּלֵא אֹזֶן מִשְּׁמֹעַ׃ מַה־
שֶּׁהָיָה הוּא שֶׁיִּהְיֶה וּמַה־שֶּׁנַּעֲשָׂה הוּא שֶׁיֵּעָשֶׂה וְאֵין כָּל־חָדָשׁ תַּחַת הַשָּׁמֶשׁ׃
יֵשׁ דָּבָר שֶׁיֹּאמַר רְאֵה־זֶה חָדָשׁ הוּא כְּבָר הָיָה לְעֹלָמִים אֲשֶׁר הָיָה מִלְּפָנֵנוּ׃
אֵין זִכְרוֹן לָרִאשֹׁנִים וְגַם לָאַחֲרֹנִים שֶׁיִּהְיוּ לֹא־יִהְיֶה לָהֶם זִכָּרוֹן עִם שֶׁיִּהְיוּ
לָאַחֲרֹנָה׃
אֲנִי קֹהֶלֶת הָיִיתִי מֶלֶךְ עַל־יִשְׂרָאֵל בִּירוּשָׁלִָם׃ וְנָתַתִּי אֶת־לִבִּי לִדְרוֹשׁ וְלָתוּר
בַּחָכְמָה עַל כָּל־אֲשֶׁר נַעֲשָׂה תַּחַת הַשָּׁמָיִם הוּא ׀ עִנְיַן רָע נָתַן אֱלֹהִים לִבְנֵי
הָאָדָם לַעֲנוֹת בּוֹ׃ רָאִיתִי אֶת־כָּל־הַמַּעֲשִׂים שֶׁנַּעֲשׂוּ תַּחַת הַשָּׁמֶשׁ וְהִנֵּה
הַכֹּל הֶבֶל וּרְעוּת רוּחַ׃ מְעֻוָּת לֹא־יוּכַל לִתְקֹן וְחֶסְרוֹן לֹא־יוּכַל לְהִמָּנוֹת׃
דִּבַּרְתִּי אֲנִי עִם־לִבִּי לֵאמֹר אֲנִי הִנֵּה הִגְדַּלְתִּי וְהוֹסַפְתִּי חָכְמָה עַל כָּל־
אֲשֶׁר־הָיָה לְפָנַי עַל־יְרוּשָׁלִָם וְלִבִּי רָאָה הַרְבֵּה חָכְמָה וָדָעַת׃ וָאֶתְּנָה לִבִּי
לָדַעַת חָכְמָה וְדַעַת הוֹלֵלוֹת וְשִׂכְלוּת יָדַעְתִּי שֶׁגַּם־זֶה הוּא רַעְיוֹן רוּחַ׃ כִּי
בְּרֹב חָכְמָה רָב־כָּעַס וְיוֹסִיף דַּעַת יוֹסִיף מַכְאוֹב׃ אָמַרְתִּי אֲנִי בְּלִבִּי לְכָה־נָּא ב
אֲנַסְּכָה בְשִׂמְחָה וּרְאֵה בְטוֹב וְהִנֵּה גַם־הוּא הָבֶל׃ לִשְׂחוֹק אָמַרְתִּי מְהוֹלָל
וּלְשִׂמְחָה מַה־זֹּה עֹשָׂה׃ תַּרְתִּי בְלִבִּי לִמְשׁוֹךְ בַּיַּיִן אֶת־בְּשָׂרִי וְלִבִּי נֹהֵג בַּחָכְמָה
וְלֶאֱחֹז בְּסִכְלוּת עַד אֲשֶׁר־אֶרְאֶה אֵי־זֶה טוֹב לִבְנֵי הָאָדָם אֲשֶׁר יַעֲשׂוּ תַּחַת
הַשָּׁמַיִם מִסְפַּר יְמֵי חַיֵּיהֶם׃ הִגְדַּלְתִּי מַעֲשָׂי בָּנִיתִי לִי בָּתִּים נָטַעְתִּי לִי כְּרָמִים׃
עָשִׂיתִי לִי גַּנּוֹת וּפַרְדֵּסִים וְנָטַעְתִּי בָהֶם עֵץ כָּל־פֶּרִי׃ עָשִׂיתִי לִי בְּרֵכוֹת מָיִם
לְהַשְׁקוֹת מֵהֶם יַעַר צוֹמֵחַ עֵצִים׃ קָנִיתִי עֲבָדִים וּשְׁפָחוֹת וּבְנֵי־בַיִת הָיָה לִי
גַּם מִקְנֶה בָקָר וָצֹאן הַרְבֵּה הָיָה לִי מִכֹּל שֶׁהָיוּ לְפָנַי בִּירוּשָׁלִָם׃ כָּנַסְתִּי לִי
גַּם־כֶּסֶף וְזָהָב וּסְגֻלַּת מְלָכִים וְהַמְּדִינוֹת עָשִׂיתִי לִי שָׁרִים וְשָׁרוֹת וְתַעֲנֻגוֹת

בְּנֵי הָאָדָם שִׁדָּה וְשִׁדּוֹת: וְגָדַלְתִּי וְהוֹסַפְתִּי מִכֹּל שֶׁהָיָה לְפָנַי בִּירוּשָׁלִָם אַף
חָכְמָתִי עָמְדָה לִּי: וְכֹל אֲשֶׁר שָׁאֲלוּ עֵינַי לֹא אָצַלְתִּי מֵהֶם לֹא־מָנַעְתִּי אֶת־
לִבִּי מִכָּל־שִׂמְחָה כִּי־לִבִּי שָׂמֵחַ מִכָּל־עֲמָלִי וְזֶה־הָיָה חֶלְקִי מִכָּל־עֲמָלִי:
וּפָנִיתִי אֲנִי בְּכָל־מַעֲשַׂי שֶׁעָשׂוּ יָדַי וּבֶעָמָל שֶׁעָמַלְתִּי לַעֲשׂוֹת וְהִנֵּה הַכֹּל הֶבֶל
וּרְעוּת רוּחַ וְאֵין יִתְרוֹן תַּחַת הַשָּׁמֶשׁ: וּפָנִיתִי אֲנִי לִרְאוֹת חָכְמָה וְהוֹלֵלוֹת
וְסִכְלוּת כִּי ׀ מֶה הָאָדָם שֶׁיָּבוֹא אַחֲרֵי הַמֶּלֶךְ אֵת אֲשֶׁר־כְּבָר עָשׂוּהוּ: וְרָאִיתִי
אָנִי שֶׁיֵּשׁ יִתְרוֹן לַחָכְמָה מִן־הַסִּכְלוּת כִּיתְרוֹן הָאוֹר מִן־הַחֹשֶׁךְ: הֶחָכָם
עֵינָיו בְּרֹאשׁוֹ וְהַכְּסִיל בַּחֹשֶׁךְ הוֹלֵךְ וְיָדַעְתִּי גַם־אָנִי שֶׁמִּקְרֶה אֶחָד יִקְרֶה
אֶת־כֻּלָּם: וְאָמַרְתִּי אֲנִי בְּלִבִּי כְּמִקְרֵה הַכְּסִיל גַּם־אֲנִי יִקְרֵנִי וְלָמָּה חָכַמְתִּי
אֲנִי אָז יֹתֵר וְדִבַּרְתִּי בְלִבִּי שֶׁגַּם־זֶה הָבֶל: כִּי אֵין זִכְרוֹן לֶחָכָם עִם־הַכְּסִיל
לְעוֹלָם בְּשֶׁכְּבָר הַיָּמִים הַבָּאִים הַכֹּל נִשְׁכָּח וְאֵיךְ יָמוּת הֶחָכָם עִם־הַכְּסִיל:
וְשָׂנֵאתִי אֶת־הַחַיִּים כִּי רַע עָלַי הַמַּעֲשֶׂה שֶׁנַּעֲשָׂה תַּחַת הַשָּׁמֶשׁ כִּי־הַכֹּל הֶבֶל
וּרְעוּת רוּחַ: וְשָׂנֵאתִי אֲנִי אֶת־כָּל־עֲמָלִי שֶׁאֲנִי עָמֵל תַּחַת הַשָּׁמֶשׁ שֶׁאַנִּיחֶנּוּ
לָאָדָם שֶׁיִּהְיֶה אַחֲרָי: וּמִי יוֹדֵעַ הֶחָכָם יִהְיֶה אוֹ סָכָל וְיִשְׁלַט בְּכָל־עֲמָלִי
שֶׁעָמַלְתִּי וְשֶׁחָכַמְתִּי תַּחַת הַשָּׁמֶשׁ גַּם־זֶה הָבֶל: וְסַבּוֹתִי אֲנִי לְיַאֵשׁ אֶת־לִבִּי
עַל כָּל־הֶעָמָל שֶׁעָמַלְתִּי תַּחַת הַשָּׁמֶשׁ: כִּי־יֵשׁ אָדָם שֶׁעֲמָלוֹ בְּחָכְמָה וּבְדַעַת
וּבְכִשְׁרוֹן וּלְאָדָם שֶׁלֹּא עָמַל־בּוֹ יִתְּנֶנּוּ חֶלְקוֹ גַּם־זֶה הֶבֶל וְרָעָה רַבָּה: כִּי מֶה־
הֹוֶה לָאָדָם בְּכָל־עֲמָלוֹ וּבְרַעְיוֹן לִבּוֹ שֶׁהוּא עָמֵל תַּחַת הַשָּׁמֶשׁ: כִּי כָל־יָמָיו
מַכְאֹבִים וָכַעַס עִנְיָנוֹ גַּם־בַּלַּיְלָה לֹא־שָׁכַב לִבּוֹ גַּם־זֶה הֶבֶל הוּא: אֵין־טוֹב
בָּאָדָם שֶׁיֹּאכַל וְשָׁתָה וְהֶרְאָה אֶת־נַפְשׁוֹ טוֹב בַּעֲמָלוֹ גַּם־זֹה רָאִיתִי אָנִי כִּי
מִיַּד הָאֱלֹהִים הִיא: כִּי מִי יֹאכַל וּמִי יָחוּשׁ חוּץ מִמֶּנִּי: כִּי לְאָדָם שֶׁטּוֹב לְפָנָיו
נָתַן חָכְמָה וְדַעַת וְשִׂמְחָה וְלַחוֹטֶא נָתַן עִנְיָן לֶאֱסֹף וְלִכְנוֹס לָתֵת לְטוֹב לִפְנֵי
ג הָאֱלֹהִים גַּם־זֶה הֶבֶל וּרְעוּת רוּחַ: לַכֹּל זְמָן וְעֵת לְכָל־חֵפֶץ תַּחַת הַשָּׁמָיִם:

עֵת לָלֶדֶת   וְעֵת לָמוּת
עֵת לָטַעַת   וְעֵת לַעֲקוֹר נָטוּעַ:
עֵת לַהֲרוֹג   וְעֵת לִרְפּוֹא
עֵת לִפְרוֹץ   וְעֵת לִבְנוֹת:
עֵת לִבְכּוֹת   וְעֵת לִשְׂחוֹק
עֵת סְפוֹד   וְעֵת רְקוֹד:

עֵת לְהַשְׁלִיךְ אֲבָנִים וְעֵת כְּנוֹס אֲבָנִים
עֵת לַחֲבוֹק וְעֵת לִרְחֹק מֵחַבֵּק:
עֵת לְבַקֵּשׁ וְעֵת לְאַבֵּד
עֵת לִשְׁמוֹר וְעֵת לְהַשְׁלִיךְ:
עֵת לִקְרוֹעַ וְעֵת לִתְפּוֹר
עֵת לַחֲשׁוֹת וְעֵת לְדַבֵּר:
עֵת לֶאֱהֹב וְעֵת לִשְׂנֹא
עֵת מִלְחָמָה וְעֵת שָׁלוֹם:

מַה־יִּתְרוֹן הָעוֹשֶׂה בַּאֲשֶׁר הוּא עָמֵל: רָאִיתִי אֶת־הָעִנְיָן אֲשֶׁר נָתַן אֱלֹהִים
לִבְנֵי הָאָדָם לַעֲנוֹת בּוֹ: אֶת־הַכֹּל עָשָׂה יָפֶה בְעִתּוֹ גַּם אֶת־הָעֹלָם נָתַן בְּלִבָּם
מִבְּלִי אֲשֶׁר לֹא־יִמְצָא הָאָדָם אֶת־הַמַּעֲשֶׂה אֲשֶׁר־עָשָׂה הָאֱלֹהִים מֵרֹאשׁ
וְעַד־סוֹף: יָדַעְתִּי כִּי אֵין טוֹב בָּם כִּי אִם־לִשְׂמוֹחַ וְלַעֲשׂוֹת טוֹב בְּחַיָּיו: וְגַם
כָּל־הָאָדָם שֶׁיֹּאכַל וְשָׁתָה וְרָאָה טוֹב בְּכָל־עֲמָלוֹ מַתַּת אֱלֹהִים הִיא: יָדַעְתִּי
כִּי כָּל־אֲשֶׁר יַעֲשֶׂה הָאֱלֹהִים הוּא יִהְיֶה לְעוֹלָם עָלָיו אֵין לְהוֹסִיף וּמִמֶּנּוּ אֵין
לִגְרֹעַ וְהָאֱלֹהִים עָשָׂה שֶׁיִּרְאוּ מִלְּפָנָיו: מַה־שֶּׁהָיָה כְּבָר הוּא וַאֲשֶׁר לִהְיוֹת
כְּבָר הָיָה וְהָאֱלֹהִים יְבַקֵּשׁ אֶת־נִרְדָּף: וְעוֹד רָאִיתִי תַּחַת הַשָּׁמֶשׁ מְקוֹם
הַמִּשְׁפָּט שָׁמָּה הָרֶשַׁע וּמְקוֹם הַצֶּדֶק שָׁמָּה הָרָשַׁע: אָמַרְתִּי אֲנִי בְּלִבִּי אֶת־
הַצַּדִּיק וְאֶת־הָרָשָׁע יִשְׁפֹּט הָאֱלֹהִים כִּי־עֵת לְכָל־חֵפֶץ וְעַל כָּל־הַמַּעֲשֶׂה
שָׁם: אָמַרְתִּי אֲנִי בְּלִבִּי עַל־דִּבְרַת בְּנֵי הָאָדָם לְבָרָם הָאֱלֹהִים וְלִרְאוֹת שְׁהֶם־
בְּהֵמָה הֵמָּה לָהֶם: כִּי מִקְרֶה בְנֵי־הָאָדָם וּמִקְרֶה הַבְּהֵמָה וּמִקְרֶה אֶחָד לָהֶם
כְּמוֹת זֶה כֵּן מוֹת זֶה וְרוּחַ אֶחָד לַכֹּל וּמוֹתַר הָאָדָם מִן־הַבְּהֵמָה אָיִן כִּי הַכֹּל
הָבֶל: הַכֹּל הוֹלֵךְ אֶל־מָקוֹם אֶחָד הַכֹּל הָיָה מִן־הֶעָפָר וְהַכֹּל שָׁב אֶל־הֶעָפָר:
מִי יוֹדֵעַ רוּחַ בְּנֵי הָאָדָם הָעֹלָה הִיא לְמָעְלָה וְרוּחַ הַבְּהֵמָה הַיֹּרֶדֶת הִיא
לְמַטָּה לָאָרֶץ: וְרָאִיתִי כִּי אֵין טוֹב מֵאֲשֶׁר יִשְׂמַח הָאָדָם בְּמַעֲשָׂיו כִּי־הוּא
ד חֶלְקוֹ כִּי מִי יְבִיאֶנּוּ לִרְאוֹת בְּמֶה שֶׁיִּהְיֶה אַחֲרָיו: וְשַׁבְתִּי אֲנִי וָאֶרְאֶה אֶת־
כָּל־הָעֲשֻׁקִים אֲשֶׁר נַעֲשִׂים תַּחַת הַשָּׁמֶשׁ וְהִנֵּה ׀ דִּמְעַת הָעֲשֻׁקִים וְאֵין לָהֶם
מְנַחֵם וּמִיַּד עֹשְׁקֵיהֶם כֹּחַ וְאֵין לָהֶם מְנַחֵם: וְשַׁבֵּחַ אֲנִי אֶת־הַמֵּתִים שֶׁכְּבָר
מֵתוּ מִן־הַחַיִּים אֲשֶׁר הֵמָּה חַיִּים עֲדֶנָה: וְטוֹב מִשְּׁנֵיהֶם אֵת אֲשֶׁר־עֲדֶן לֹא
הָיָה אֲשֶׁר לֹא־רָאָה אֶת־הַמַּעֲשֶׂה הָרָע אֲשֶׁר נַעֲשָׂה תַּחַת הַשָּׁמֶשׁ: וְרָאִיתִי

אֲנִי אֶת־כָּל־עָמָל וְאֵת כָּל־כִּשְׁרוֹן הַמַּעֲשֶׂה כִּי הִיא קִנְאַת־אִישׁ מֵרֵעֵהוּ גַּם־
זֶה הֶבֶל וּרְעוּת רוּחַ: הַכְּסִיל חֹבֵק אֶת־יָדָיו וְאֹכֵל אֶת־בְּשָׂרוֹ: טוֹב מְלֹא כַף
נָחַת מִמְּלֹא חָפְנַיִם עָמָל וּרְעוּת רוּחַ: וְשַׁבְתִּי אֲנִי וָאֶרְאֶה הֶבֶל תַּחַת הַשָּׁמֶשׁ:
יֵשׁ אֶחָד וְאֵין שֵׁנִי גַּם בֵּן וָאָח אֵין־לוֹ וְאֵין קֵץ לְכָל־עֲמָלוֹ גַּם־עינָיו לֹא־תִשְׂבַּע עֵינוֹ
עֹשֶׁר וּלְמִי | אֲנִי עָמֵל וּמְחַסֵּר אֶת־נַפְשִׁי מִטּוֹבָה גַּם־זֶה הֶבֶל וְעִנְיַן רָע הוּא:
טוֹבִים הַשְּׁנַיִם מִן־הָאֶחָד אֲשֶׁר יֵשׁ־לָהֶם שָׂכָר טוֹב בַּעֲמָלָם: כִּי אִם־יִפֹּלוּ
הָאֶחָד יָקִים אֶת־חֲבֵרוֹ וְאִילוֹ הָאֶחָד שֶׁיִּפּוֹל וְאֵין שֵׁנִי לַהֲקִימוֹ: גַּם אִם־יִשְׁכְּבוּ
שְׁנַיִם וְחַם לָהֶם וּלְאֶחָד אֵיךְ יֵחָם: וְאִם־יִתְקְפוֹ הָאֶחָד הַשְּׁנַיִם יַעַמְדוּ נֶגְדּוֹ
וְהַחוּט הַמְשֻׁלָּשׁ לֹא בִמְהֵרָה יִנָּתֵק: טוֹב יֶלֶד מִסְכֵּן וְחָכָם מִמֶּלֶךְ זָקֵן וּכְסִיל
אֲשֶׁר לֹא־יָדַע לְהִזָּהֵר עוֹד: כִּי־מִבֵּית הָסוּרִים יָצָא לִמְלֹךְ כִּי גַּם בְּמַלְכוּתוֹ
נוֹלַד רָשׁ: רָאִיתִי אֶת־כָּל־הַחַיִּים הַמְהַלְּכִים תַּחַת הַשָּׁמֶשׁ עִם הַיֶּלֶד הַשֵּׁנִי
אֲשֶׁר יַעֲמֹד תַּחְתָּיו: אֵין־קֵץ לְכָל־הָעָם לְכֹל אֲשֶׁר־הָיָה לִפְנֵיהֶם גַּם הָאַחֲרוֹנִים
לֹא יִשְׂמְחוּ־בוֹ כִּי־גַם־זֶה הֶבֶל וְרַעְיוֹן רוּחַ: שְׁמֹר רגליך כַּאֲשֶׁר תֵּלֵךְ אֶל־בֵּית רַגְלְךָ
הָאֱלֹהִים וְקָרוֹב לִשְׁמֹעַ מִתֵּת הַכְּסִילִים זָבַח כִּי־אֵינָם יוֹדְעִים לַעֲשׂוֹת רָע:
ה אַל־תְּבַהֵל עַל־פִּיךָ וְלִבְּךָ אַל־יְמַהֵר לְהוֹצִיא דָבָר לִפְנֵי הָאֱלֹהִים כִּי הָאֱלֹהִים
בַּשָּׁמַיִם וְאַתָּה עַל־הָאָרֶץ עַל־כֵּן יִהְיוּ דְבָרֶיךָ מְעַטִּים: כִּי בָּא הַחֲלוֹם בְּרֹב
עִנְיָן וְקוֹל כְּסִיל בְּרֹב דְּבָרִים: כַּאֲשֶׁר תִּדֹּר נֶדֶר לֵאלֹהִים אַל־תְּאַחֵר לְשַׁלְּמוֹ
כִּי אֵין חֵפֶץ בַּכְּסִילִים אֵת אֲשֶׁר־תִּדֹּר שַׁלֵּם: טוֹב אֲשֶׁר לֹא־תִדֹּר מִשֶּׁתִּדּוֹר
וְלֹא תְשַׁלֵּם: אַל־תִּתֵּן אֶת־פִּיךָ לַחֲטִיא אֶת־בְּשָׂרֶךָ וְאַל־תֹּאמַר לִפְנֵי הַמַּלְאָךְ
כִּי שְׁגָגָה הִיא לָמָּה יִקְצֹף הָאֱלֹהִים עַל־קוֹלֶךָ וְחִבֵּל אֶת־מַעֲשֵׂה יָדֶיךָ: כִּי
בְרֹב חֲלֹמוֹת וַהֲבָלִים וּדְבָרִים הַרְבֵּה כִּי אֶת־הָאֱלֹהִים יְרָא: אִם־עֹשֶׁק רָשׁ
וְגֵזֶל מִשְׁפָּט וָצֶדֶק תִּרְאֶה בַמְּדִינָה אַל־תִּתְמַהּ עַל־הַחֵפֶץ כִּי גָבֹהַּ מֵעַל גָּבֹהַּ
שֹׁמֵר וּגְבֹהִים עֲלֵיהֶם: וְיִתְרוֹן אֶרֶץ בַּכֹּל היא מֶלֶךְ לְשָׂדֶה נֶעֱבָד: אֹהֵב כֶּסֶף הוּא
לֹא־יִשְׂבַּע כֶּסֶף וּמִי־אֹהֵב בֶּהָמוֹן לֹא תְבוּאָה גַּם־זֶה הָבֶל: בִּרְבוֹת הַטּוֹבָה
רַבּוּ אוֹכְלֶיהָ וּמַה־כִּשְׁרוֹן לִבְעָלֶיהָ כִּי אִם־ראית עֵינָיו: מְתוּקָה שְׁנַת הָעֹבֵד רְאוּת
אִם־מְעַט וְאִם־הַרְבֵּה יֹאכֵל וְהַשָּׂבָע לֶעָשִׁיר אֵינֶנּוּ מַנִּיחַ לוֹ לִישׁוֹן: יֵשׁ רָעָה
חוֹלָה רָאִיתִי תַּחַת הַשָּׁמֶשׁ עֹשֶׁר שָׁמוּר לִבְעָלָיו לְרָעָתוֹ: וְאָבַד הָעֹשֶׁר הַהוּא
בְּעִנְיַן רָע וְהוֹלִיד בֵּן וְאֵין בְּיָדוֹ מְאוּמָה: כַּאֲשֶׁר יָצָא מִבֶּטֶן אִמּוֹ עָרוֹם יָשׁוּב
לָלֶכֶת כְּשֶׁבָּא וּמְאוּמָה לֹא־יִשָּׂא בַעֲמָלוֹ שֶׁיֹּלֵךְ בְּיָדוֹ: וְגַם־זֹה רָעָה חוֹלָה

כָּל־עֻמַּת שֶׁבָּא כֵּן יֵלֵךְ וּמַה־יִּתְרוֹן לוֹ שֶׁיַּעֲמֹל לָרוּחַ׃ גַּם כָּל־יָמָיו בַּחֹשֶׁךְ
יֹאכֵל וְכָעַס הַרְבֵּה וְחָלְיוֹ וָקָצֶף׃ הִנֵּה אֲשֶׁר־רָאִיתִי אָנִי טוֹב אֲשֶׁר־יָפֶה לֶאֱכוֹל
וְלִשְׁתּוֹת וְלִרְאוֹת טוֹבָה בְּכָל־עֲמָלוֹ ׀ שֶׁיַּעֲמֹל תַּחַת־הַשֶּׁמֶשׁ מִסְפַּר יְמֵי־חַיָּו
אֲשֶׁר־נָתַן־לוֹ הָאֱלֹהִים כִּי־הוּא חֶלְקוֹ׃ גַּם כָּל־הָאָדָם אֲשֶׁר נָתַן־לוֹ הָאֱלֹהִים
עֹשֶׁר וּנְכָסִים וְהִשְׁלִיטוֹ לֶאֱכֹל מִמֶּנּוּ וְלָשֵׂאת אֶת־חֶלְקוֹ וְלִשְׂמֹחַ בַּעֲמָלוֹ זֹה
מַתַּת אֱלֹהִים הִיא׃ כִּי לֹא הַרְבֵּה יִזְכֹּר אֶת־יְמֵי חַיָּיו כִּי הָאֱלֹהִים מַעֲנֶה
בְּשִׂמְחַת לִבּוֹ׃ יֵשׁ רָעָה אֲשֶׁר רָאִיתִי תַּחַת הַשָּׁמֶשׁ וְרַבָּה הִיא עַל־הָאָדָם׃ ו
אִישׁ אֲשֶׁר יִתֶּן־לוֹ הָאֱלֹהִים עֹשֶׁר וּנְכָסִים וְכָבוֹד וְאֵינֶנּוּ חָסֵר לְנַפְשׁוֹ ׀ מִכֹּל
אֲשֶׁר־יִתְאַוֶּה וְלֹא־יַשְׁלִיטֶנּוּ הָאֱלֹהִים לֶאֱכֹל מִמֶּנּוּ כִּי אִישׁ נָכְרִי יֹאכְלֶנּוּ זֶה
הֶבֶל וָחֳלִי רָע הוּא׃ אִם־יוֹלִיד אִישׁ מֵאָה וְשָׁנִים רַבּוֹת יִחְיֶה וְרַב ׀ שֶׁיִּהְיוּ
יְמֵי־שָׁנָיו וְנַפְשׁוֹ לֹא־תִשְׂבַּע מִן־הַטּוֹבָה וְגַם־קְבוּרָה לֹא־הָיְתָה לּוֹ אָמַרְתִּי
טוֹב מִמֶּנּוּ הַנָּפֶל׃ כִּי־בַהֶבֶל בָּא וּבַחֹשֶׁךְ יֵלֵךְ וּבַחֹשֶׁךְ שְׁמוֹ יְכֻסֶּה׃ גַּם־שֶׁמֶשׁ
לֹא־רָאָה וְלֹא יָדָע נַחַת לָזֶה מִזֶּה׃ וְאִלּוּ חָיָה אֶלֶף שָׁנִים פַּעֲמַיִם וְטוֹבָה לֹא
רָאָה הֲלֹא אֶל־מָקוֹם אֶחָד הַכֹּל הוֹלֵךְ׃ כָּל־עֲמַל הָאָדָם לְפִיהוּ וְגַם־הַנֶּפֶשׁ
לֹא תִמָּלֵא׃ כִּי מַה־יּוֹתֵר לֶחָכָם מִן־הַכְּסִיל מַה־לֶּעָנִי יוֹדֵעַ לַהֲלֹךְ נֶגֶד הַחַיִּים׃
טוֹב מַרְאֵה עֵינַיִם מֵהֲלָךְ־נָפֶשׁ גַּם־זֶה הֶבֶל וּרְעוּת רוּחַ׃ מַה־שֶּׁהָיָה כְּבָר
שֶׁתַּקִּיף נִקְרָא שְׁמוֹ וְנוֹדָע אֲשֶׁר־הוּא אָדָם וְלֹא־יוּכַל לָדִין עִם שהתקיף מִמֶּנּוּ׃ כִּי
יֵשׁ־דְּבָרִים הַרְבֵּה מַרְבִּים הָבֶל מַה־יֹּתֵר לָאָדָם׃ כִּי מִי־יוֹדֵעַ מַה־טּוֹב לָאָדָם
בַּחַיִּים מִסְפַּר יְמֵי־חַיֵּי הֶבְלוֹ וְיַעֲשֵׂם כַּצֵּל אֲשֶׁר מִי־יַגִּיד לָאָדָם מַה־יִּהְיֶה
אַחֲרָיו תַּחַת הַשָּׁמֶשׁ׃ טוֹב שֵׁם מִשֶּׁמֶן טוֹב וְיוֹם הַמָּוֶת מִיּוֹם הִוָּלְדוֹ׃ ז
טוֹב לָלֶכֶת אֶל־בֵּית־אֵבֶל מִלֶּכֶת אֶל־בֵּית מִשְׁתֶּה בַּאֲשֶׁר הוּא סוֹף כָּל־הָאָדָם
וְהַחַי יִתֵּן אֶל־לִבּוֹ׃ טוֹב כַּעַס מִשְּׂחוֹק כִּי־בְרֹעַ פָּנִים יִיטַב לֵב׃ לֵב חֲכָמִים
בְּבֵית אֵבֶל וְלֵב כְּסִילִים בְּבֵית שִׂמְחָה׃ טוֹב לִשְׁמוֹעַ גַּעֲרַת חָכָם מֵאִישׁ שֹׁמֵעַ
שִׁיר כְּסִילִים׃ כִּי כְקוֹל הַסִּירִים תַּחַת הַסִּיר כֵּן שְׂחֹק הַכְּסִיל וְגַם־זֶה הָבֶל׃
כִּי הָעֹשֶׁק יְהוֹלֵל חָכָם וִיאַבֵּד אֶת־לֵב מַתָּנָה׃ טוֹב אַחֲרִית דָּבָר מֵרֵאשִׁיתוֹ
טוֹב אֶרֶךְ־רוּחַ מִגְּבַהּ רוּחַ׃ אַל־תְּבַהֵל בְּרוּחֲךָ לִכְעוֹס כִּי כַעַס בְּחֵיק כְּסִילִים
יָנוּחַ׃ אַל־תֹּאמַר מֶה הָיָה שֶׁהַיָּמִים הָרִאשֹׁנִים הָיוּ טוֹבִים מֵאֵלֶּה כִּי לֹא
מֵחָכְמָה שָׁאַלְתָּ עַל־זֶה׃ טוֹבָה חָכְמָה עִם־נַחֲלָה וְיֹתֵר לְרֹאֵי הַשָּׁמֶשׁ׃ כִּי
בְּצֵל הַחָכְמָה בְּצֵל הַכָּסֶף וְיִתְרוֹן דַּעַת הַחָכְמָה תְּחַיֶּה בְעָלֶיהָ׃ רְאֵה אֶת־

מַעֲשֵׂה הָאֱלֹהִים כִּי מִי יוּכַל לְתַקֵּן אֵת אֲשֶׁר עִוְּתוֹ׃ בְּיוֹם טוֹבָה הֱיֵה בְטוֹב
וּבְיוֹם רָעָה רְאֵה גַּם אֶת־זֶה לְעֻמַּת־זֶה עָשָׂה הָאֱלֹהִים עַל־דִּבְרַת שֶׁלֹּא יִמְצָא
הָאָדָם אַחֲרָיו מְאוּמָה׃ אֶת־הַכֹּל רָאִיתִי בִּימֵי הֶבְלִי יֵשׁ צַדִּיק אֹבֵד בְּצִדְקוֹ
וְיֵשׁ רָשָׁע מַאֲרִיךְ בְּרָעָתוֹ׃ אַל־תְּהִי צַדִּיק הַרְבֵּה וְאַל־תִּתְחַכַּם יוֹתֵר לָמָּה
תִּשּׁוֹמֵם׃ אַל־תִּרְשַׁע הַרְבֵּה וְאַל־תְּהִי סָכָל לָמָּה תָמוּת בְּלֹא עִתֶּךָ׃ טוֹב
אֲשֶׁר תֶּאֱחֹז בָּזֶה וְגַם־מִזֶּה אַל־תַּנַּח אֶת־יָדֶךָ כִּי־יְרֵא אֱלֹהִים יֵצֵא אֶת־כֻּלָּם׃
הַחָכְמָה תָּעֹז לֶחָכָם מֵעֲשָׂרָה שַׁלִּיטִים אֲשֶׁר הָיוּ בָּעִיר׃ כִּי אָדָם אֵין צַדִּיק
בָּאָרֶץ אֲשֶׁר יַעֲשֶׂה־טּוֹב וְלֹא יֶחֱטָא׃ גַּם לְכָל־הַדְּבָרִים אֲשֶׁר יְדַבֵּרוּ אַל־תִּתֵּן
לִבֶּךָ אֲשֶׁר לֹא־תִשְׁמַע אֶת־עַבְדְּךָ מְקַלְלֶךָ׃ כִּי גַּם־פְּעָמִים רַבּוֹת יָדַע לִבֶּךָ
אֲשֶׁר גַּם־אַתָּ קִלַּלְתָּ אֲחֵרִים׃ כָּל־זֹה נִסִּיתִי בַחָכְמָה אָמַרְתִּי אֶחְכָּמָה וְהִיא
רְחוֹקָה מִמֶּנִּי׃ רָחוֹק מַה־שֶּׁהָיָה וְעָמֹק ׀ עָמֹק מִי יִמְצָאֶנּוּ׃ סַבּוֹתִי אֲנִי וְלִבִּי
לָדַעַת וְלָתוּר וּבַקֵּשׁ חָכְמָה וְחֶשְׁבּוֹן וְלָדַעַת רֶשַׁע כֶּסֶל וְהַסִּכְלוּת הוֹלֵלוֹת׃
וּמוֹצֶא אֲנִי מַר מִמָּוֶת אֶת־הָאִשָּׁה אֲשֶׁר־הִיא מְצוֹדִים וַחֲרָמִים לִבָּהּ אֲסוּרִים
יָדֶיהָ טוֹב לִפְנֵי הָאֱלֹהִים יִמָּלֵט מִמֶּנָּה וְחוֹטֵא יִלָּכֶד בָּהּ׃ רְאֵה זֶה מָצָאתִי
אָמְרָה קֹהֶלֶת אַחַת לְאַחַת לִמְצֹא חֶשְׁבּוֹן׃ אֲשֶׁר עוֹד־בִּקְשָׁה נַפְשִׁי וְלֹא
מָצָאתִי אָדָם אֶחָד מֵאֶלֶף מָצָאתִי וְאִשָּׁה בְכָל־אֵלֶּה לֹא מָצָאתִי׃ לְבַד רְאֵה־
זֶה מָצָאתִי אֲשֶׁר עָשָׂה הָאֱלֹהִים אֶת־הָאָדָם יָשָׁר וְהֵמָּה בִקְשׁוּ חִשְּׁבֹנוֹת
ח רַבִּים׃ מִי כְּהֶחָכָם וּמִי יוֹדֵעַ פֵּשֶׁר דָּבָר חָכְמַת אָדָם תָּאִיר פָּנָיו וְעֹז פָּנָיו יְשֻׁנֶּא׃
אֲנִי פִּי־מֶלֶךְ שְׁמֹר וְעַל דִּבְרַת שְׁבוּעַת אֱלֹהִים׃ אַל־תִּבָּהֵל מִפָּנָיו תֵּלֵךְ אַל־
תַּעֲמֹד בְּדָבָר רָע כִּי כָּל־אֲשֶׁר יַחְפֹּץ יַעֲשֶׂה׃ בַּאֲשֶׁר דְּבַר־מֶלֶךְ שִׁלְטוֹן וּמִי
יֹאמַר־לוֹ מַה־תַּעֲשֶׂה׃ שׁוֹמֵר מִצְוָה לֹא יֵדַע דָּבָר רָע וְעֵת וּמִשְׁפָּט יֵדַע לֵב
חָכָם׃ כִּי לְכָל־חֵפֶץ יֵשׁ עֵת וּמִשְׁפָּט כִּי־רָעַת הָאָדָם רַבָּה עָלָיו׃ כִּי־אֵינֶנּוּ יֹדֵעַ
מַה־שֶּׁיִּהְיֶה כִּי כַּאֲשֶׁר יִהְיֶה מִי יַגִּיד לוֹ׃ אֵין אָדָם שַׁלִּיט בָּרוּחַ לִכְלוֹא אֶת־
הָרוּחַ וְאֵין שִׁלְטוֹן בְּיוֹם הַמָּוֶת וְאֵין מִשְׁלַחַת בַּמִּלְחָמָה וְלֹא־יְמַלֵּט רֶשַׁע
אֶת־בְּעָלָיו׃ אֶת־כָּל־זֶה רָאִיתִי וְנָתוֹן אֶת־לִבִּי לְכָל־מַעֲשֶׂה אֲשֶׁר נַעֲשָׂה תַּחַת
הַשָּׁמֶשׁ עֵת אֲשֶׁר שָׁלַט הָאָדָם בְּאָדָם לְרַע לוֹ׃ וּבְכֵן רָאִיתִי רְשָׁעִים קְבֻרִים
וָבָאוּ וּמִמְּקוֹם קָדוֹשׁ יְהַלֵּכוּ וְיִשְׁתַּכְּחוּ בָעִיר אֲשֶׁר כֵּן־עָשׂוּ גַּם־זֶה הָבֶל׃ אֲשֶׁר
אֵין־נַעֲשָׂה פִתְגָם מַעֲשֵׂה הָרָעָה מְהֵרָה עַל־כֵּן מָלֵא לֵב בְּנֵי־הָאָדָם בָּהֶם
לַעֲשׂוֹת רָע׃ אֲשֶׁר חֹטֶא עֹשֶׂה רָע מְאַת וּמַאֲרִיךְ לוֹ כִּי גַּם־יוֹדֵעַ אָנִי אֲשֶׁר

יִהְיֶה־טּוֹב לְיִרְאֵי הָאֱלֹהִים אֲשֶׁר יִירְאוּ מִלְּפָנָיו׃ וְטוֹב לֹא־יִהְיֶה לָרָשָׁע וְלֹא־
יַאֲרִיךְ יָמִים כַּצֵּל אֲשֶׁר אֵינֶנּוּ יָרֵא מִלִּפְנֵי אֱלֹהִים׃ יֶשׁ־הֶבֶל אֲשֶׁר נַעֲשָׂה
עַל־הָאָרֶץ אֲשֶׁר ׀ יֵשׁ צַדִּיקִים אֲשֶׁר מַגִּיעַ אֲלֵהֶם כְּמַעֲשֵׂה הָרְשָׁעִים וְיֵשׁ
רְשָׁעִים שֶׁמַּגִּיעַ אֲלֵהֶם כְּמַעֲשֵׂה הַצַּדִּיקִים אָמַרְתִּי שֶׁגַּם־זֶה הָבֶל׃ וְשִׁבַּחְתִּי
אֲנִי אֶת־הַשִּׂמְחָה אֲשֶׁר אֵין־טוֹב לָאָדָם תַּחַת הַשֶּׁמֶשׁ כִּי אִם־לֶאֱכוֹל וְלִשְׁתּוֹת
וְלִשְׂמוֹחַ וְהוּא יִלְוֶנּוּ בַעֲמָלוֹ יְמֵי חַיָּיו אֲשֶׁר־נָתַן־לוֹ הָאֱלֹהִים תַּחַת הַשָּׁמֶשׁ׃
כַּאֲשֶׁר נָתַתִּי אֶת־לִבִּי לָדַעַת חָכְמָה וְלִרְאוֹת אֶת־הָעִנְיָן אֲשֶׁר נַעֲשָׂה עַל־
הָאָרֶץ כִּי גַם בַּיּוֹם וּבַלַּיְלָה שֵׁנָה בְּעֵינָיו אֵינֶנּוּ רֹאֶה׃ וְרָאִיתִי אֶת־כָּל־מַעֲשֵׂה
הָאֱלֹהִים כִּי לֹא יוּכַל הָאָדָם לִמְצוֹא אֶת־הַמַּעֲשֶׂה אֲשֶׁר נַעֲשָׂה תַחַת־הַשֶּׁמֶשׁ
בְּשֶׁל אֲשֶׁר יַעֲמֹל הָאָדָם לְבַקֵּשׁ וְלֹא יִמְצָא וְגַם אִם־יֹאמַר הֶחָכָם לָדַעַת לֹא
יוּכַל לִמְצֹא׃ כִּי אֶת־כָּל־זֶה נָתַתִּי אֶל־לִבִּי וְלָבוּר אֶת־כָּל־זֶה אֲשֶׁר הַצַּדִּיקִים ט
וְהַחֲכָמִים וַעֲבָדֵיהֶם בְּיַד הָאֱלֹהִים גַּם־אַהֲבָה גַם־שִׂנְאָה אֵין יוֹדֵעַ הָאָדָם
הַכֹּל לִפְנֵיהֶם׃ הַכֹּל כַּאֲשֶׁר לַכֹּל מִקְרֶה אֶחָד לַצַּדִּיק וְלָרָשָׁע לַטּוֹב וְלַטָּהוֹר
וְלַטָּמֵא וְלַזֹּבֵחַ וְלַאֲשֶׁר אֵינֶנּוּ זֹבֵחַ כַּטּוֹב כַּחֹטֶא הַנִּשְׁבָּע כַּאֲשֶׁר שְׁבוּעָה יָרֵא׃
זֶה ׀ רָע בְּכֹל אֲשֶׁר־נַעֲשָׂה תַּחַת הַשֶּׁמֶשׁ כִּי־מִקְרֶה אֶחָד לַכֹּל וְגַם לֵב בְּנֵי־
הָאָדָם מָלֵא־רָע וְהוֹלֵלוֹת בִּלְבָבָם בְּחַיֵּיהֶם וְאַחֲרָיו אֶל־הַמֵּתִים׃ כִּי־מִי אֲשֶׁר
יְחֻבַּר יבחר אֶל כָּל־הַחַיִּים יֵשׁ בִּטָּחוֹן כִּי־לְכֶלֶב חַי הוּא טוֹב מִן־הָאַרְיֵה הַמֵּת׃ כִּי
הַחַיִּים יוֹדְעִים שֶׁיָּמֻתוּ וְהַמֵּתִים אֵינָם יוֹדְעִים מְאוּמָה וְאֵין־עוֹד לָהֶם שָׂכָר
כִּי נִשְׁכַּח זִכְרָם׃ גַּם אַהֲבָתָם גַּם־שִׂנְאָתָם גַּם־קִנְאָתָם כְּבָר אָבָדָה וְחֵלֶק
אֵין־לָהֶם עוֹד לְעוֹלָם בְּכֹל אֲשֶׁר־נַעֲשָׂה תַּחַת הַשָּׁמֶשׁ׃ לֵךְ אֱכֹל בְּשִׂמְחָה
לַחְמֶךָ וּשְׁתֵה בְלֶב־טוֹב יֵינֶךָ כִּי כְבָר רָצָה הָאֱלֹהִים אֶת־מַעֲשֶׂיךָ׃ בְּכָל־עֵת
יִהְיוּ בְגָדֶיךָ לְבָנִים וְשֶׁמֶן עַל־רֹאשְׁךָ אַל־יֶחְסָר׃ רְאֵה חַיִּים עִם־אִשָּׁה אֲשֶׁר־
אָהַבְתָּ כָּל־יְמֵי חַיֵּי הֶבְלֶךָ אֲשֶׁר נָתַן־לְךָ תַּחַת הַשֶּׁמֶשׁ כֹּל יְמֵי הֶבְלֶךָ כִּי הוּא
חֶלְקְךָ בַּחַיִּים וּבַעֲמָלְךָ אֲשֶׁר־אַתָּה עָמֵל תַּחַת הַשָּׁמֶשׁ׃ כֹּל אֲשֶׁר תִּמְצָא יָדְךָ
לַעֲשׂוֹת בְּכֹחֲךָ עֲשֵׂה כִּי אֵין מַעֲשֶׂה וְחֶשְׁבּוֹן וְדַעַת וְחָכְמָה בִּשְׁאוֹל אֲשֶׁר
אַתָּה הֹלֵךְ שָׁמָּה׃ שַׁבְתִּי וְרָאֹה תַחַת־הַשֶּׁמֶשׁ כִּי לֹא לַקַּלִּים הַמֵּרוֹץ וְלֹא
לַגִּבּוֹרִים הַמִּלְחָמָה וְגַם לֹא לַחֲכָמִים לֶחֶם וְגַם לֹא לַנְּבֹנִים עֹשֶׁר וְגַם לֹא
לַיֹּדְעִים חֵן כִּי־עֵת וָפֶגַע יִקְרֶה אֶת־כֻּלָּם׃ כִּי גַּם לֹא־יֵדַע הָאָדָם אֶת־עִתּוֹ
כַּדָּגִים שֶׁנֶּאֱחָזִים בִּמְצוֹדָה רָעָה וְכַצִּפֳּרִים הָאֲחֻזוֹת בַּפָּח כָּהֵם יוּקָשִׁים בְּנֵי

הָאָדָם לְעֵת רָעָה כְּשֶׁתִּפּוֹל עֲלֵיהֶם פִּתְאֹם: גַּם־זֹה רָאִיתִי חָכְמָה תַּחַת הַשָּׁמֶשׁ
וּגְדוֹלָה הִיא אֵלָי: עִיר קְטַנָּה וַאֲנָשִׁים בָּהּ מְעָט וּבָא־אֵלֶיהָ מֶלֶךְ גָּדוֹל וְסָבַב
אֹתָהּ וּבָנָה עָלֶיהָ מְצוֹדִים גְּדֹלִים: וּמָצָא בָהּ אִישׁ מִסְכֵּן חָכָם וּמִלַּט־הוּא
אֶת־הָעִיר בְּחָכְמָתוֹ וְאָדָם לֹא זָכַר אֶת־הָאִישׁ הַמִּסְכֵּן הַהוּא: וְאָמַרְתִּי אָנִי
טוֹבָה חָכְמָה מִגְּבוּרָה וְחָכְמַת הַמִּסְכֵּן בְּזוּיָה וּדְבָרָיו אֵינָם נִשְׁמָעִים: דִּבְרֵי
חֲכָמִים בְּנַחַת נִשְׁמָעִים מִזַּעֲקַת מוֹשֵׁל בַּכְּסִילִים: טוֹבָה חָכְמָה מִכְּלֵי קְרָב
י וְחוֹטֶא אֶחָד יְאַבֵּד טוֹבָה הַרְבֵּה: זְבוּבֵי מָוֶת יַבְאִישׁ יַבִּיעַ שֶׁמֶן רוֹקֵחַ יָקָר
מֵחָכְמָה מִכָּבוֹד סִכְלוּת מְעָט: לֵב חָכָם לִימִינוֹ וְלֵב כְּסִיל לִשְׂמֹאלוֹ: וְגַם־
בַּדֶּרֶךְ כשהסכל הֹלֵךְ לִבּוֹ חָסֵר וְאָמַר לַכֹּל סָכָל הוּא: אִם־רוּחַ הַמּוֹשֵׁל כְּשֶׁסָּכָל
תַּעֲלֶה עָלֶיךָ מְקוֹמְךָ אַל־תַּנַּח כִּי מַרְפֵּא יַנִּיחַ חֲטָאִים גְּדוֹלִים: יֵשׁ רָעָה רָאִיתִי
תַּחַת הַשָּׁמֶשׁ כִּשְׁגָגָה שֶׁיֹּצָא מִלִּפְנֵי הַשַּׁלִּיט: נִתַּן הַסֶּכֶל בַּמְּרוֹמִים רַבִּים
וַעֲשִׁירִים בַּשֵּׁפֶל יֵשֵׁבוּ: רָאִיתִי עֲבָדִים עַל־סוּסִים וְשָׂרִים הֹלְכִים כַּעֲבָדִים
עַל־הָאָרֶץ: חֹפֵר גּוּמָּץ בּוֹ יִפּוֹל וּפֹרֵץ גָּדֵר יִשְּׁכֶנּוּ נָחָשׁ: מַסִּיעַ אֲבָנִים יֵעָצֵב
בָּהֶם בּוֹקֵעַ עֵצִים יִסָּכֶן בָּם: אִם־קֵהָה הַבַּרְזֶל וְהוּא לֹא־פָנִים קִלְקַל וַחֲיָלִים
יְגַבֵּר וְיִתְרוֹן הַכְשֵׁיר חָכְמָה: אִם־יִשֹּׁךְ הַנָּחָשׁ בְּלוֹא־לָחַשׁ וְאֵין יִתְרוֹן לְבַעַל
הַלָּשׁוֹן: דִּבְרֵי פִי־חָכָם חֵן וְשִׂפְתוֹת כְּסִיל תְּבַלְּעֶנּוּ: תְּחִלַּת דִּבְרֵי־פִיהוּ סִכְלוּת
וְאַחֲרִית פִּיהוּ הוֹלֵלוּת רָעָה: וְהַסָּכָל יַרְבֶּה דְבָרִים לֹא־יֵדַע הָאָדָם מַה־שֶּׁיִּהְיֶה
וַאֲשֶׁר יִהְיֶה מֵאַחֲרָיו מִי יַגִּיד לוֹ: עֲמַל הַכְּסִילִים תְּיַגְּעֶנּוּ אֲשֶׁר לֹא־יָדַע לָלֶכֶת
אֶל־עִיר: אִי־לָךְ אֶרֶץ שֶׁמַּלְכֵּךְ נָעַר וְשָׂרַיִךְ בַּבֹּקֶר יֹאכֵלוּ: אַשְׁרֵיךְ אֶרֶץ
שֶׁמַּלְכֵּךְ בֶּן־חוֹרִים וְשָׂרַיִךְ בָּעֵת יֹאכֵלוּ בִּגְבוּרָה וְלֹא בַשְּׁתִי: בַּעֲצַלְתַּיִם יִמַּךְ
הַמְּקָרֶה וּבְשִׁפְלוּת יָדַיִם יִדְלֹף הַבָּיִת: לִשְׂחוֹק עֹשִׂים לֶחֶם וְיַיִן יְשַׂמַּח חַיִּים
וְהַכֶּסֶף יַעֲנֶה אֶת־הַכֹּל: גַּם בְּמַדָּעֲךָ מֶלֶךְ אַל־תְּקַלֵּל וּבְחַדְרֵי מִשְׁכָּבְךָ אַל־
יא תְּקַלֵּל עָשִׁיר כִּי עוֹף הַשָּׁמַיִם יוֹלִיךְ אֶת־הַקּוֹל וּבַעַל הכנפים יַגֵּיד דָּבָר: שַׁלַּח כְּנָפַיִם
לַחְמְךָ עַל־פְּנֵי הַמָּיִם כִּי־בְרֹב הַיָּמִים תִּמְצָאֶנּוּ: תֶּן־חֵלֶק לְשִׁבְעָה וְגַם לִשְׁמוֹנָה
כִּי לֹא תֵדַע מַה־יִּהְיֶה רָעָה עַל־הָאָרֶץ: אִם־יִמָּלְאוּ הֶעָבִים גֶּשֶׁם עַל־הָאָרֶץ
יָרִיקוּ וְאִם־יִפּוֹל עֵץ בַּדָּרוֹם וְאִם בַּצָּפוֹן מְקוֹם שֶׁיִּפּוֹל הָעֵץ שָׁם יְהוּא: שֹׁמֵר
רוּחַ לֹא יִזְרָע וְרֹאֶה בֶעָבִים לֹא יִקְצוֹר: כַּאֲשֶׁר אֵינְךָ יוֹדֵעַ מַה־דֶּרֶךְ הָרוּחַ
כַּעֲצָמִים בְּבֶטֶן הַמְּלֵאָה כָּכָה לֹא תֵדַע אֶת־מַעֲשֵׂה הָאֱלֹהִים אֲשֶׁר יַעֲשֶׂה
אֶת־הַכֹּל: בַּבֹּקֶר זְרַע אֶת־זַרְעֶךָ וְלָעֶרֶב אַל־תַּנַּח יָדֶךָ כִּי אֵינְךָ יוֹדֵעַ אֵי זֶה

יִכְשָׁר הֲזֶה אוֹ־זֶה וְאִם־שְׁנֵיהֶם כְּאֶחָד טוֹבִים: וּמָתוֹק הָאוֹר וְטוֹב לַעֵינַיִם
לִרְאוֹת אֶת־הַשָּׁמֶשׁ: כִּי אִם־שָׁנִים הַרְבֵּה יִחְיֶה הָאָדָם בְּכֻלָּם יִשְׂמָח וְיִזְכֹּר
אֶת־יְמֵי הַחֹשֶׁךְ כִּי־הַרְבֵּה יִהְיוּ כָּל־שֶׁבָּא הָבֶל: שְׂמַח בָּחוּר בְּיַלְדוּתֶךָ וִיטִיבְךָ
לִבְּךָ בִּימֵי בְחוּרוֹתֶךָ וְהַלֵּךְ בְּדַרְכֵי לִבְּךָ ובמראי עֵינֶיךָ וְדָע כִּי עַל־כָּל־אֵלֶּה וּבְמַרְאֵה
יְבִיאֲךָ הָאֱלֹהִים בַּמִּשְׁפָּט: וְהָסֵר כַּעַס מִלִּבֶּךָ וְהַעֲבֵר רָעָה מִבְּשָׂרֶךָ כִּי־הַיַּלְדוּת
יב וְהַשַּׁחֲרוּת הָבֶל: וּזְכֹר אֶת־בּוֹרְאֶיךָ בִּימֵי בְּחוּרֹתֶיךָ עַד אֲשֶׁר לֹא־יָבֹאוּ יְמֵי
הָרָעָה וְהִגִּיעוּ שָׁנִים אֲשֶׁר תֹּאמַר אֵין־לִי בָהֶם חֵפֶץ: עַד אֲשֶׁר לֹא־תֶחְשַׁךְ
הַשֶּׁמֶשׁ וְהָאוֹר וְהַיָּרֵחַ וְהַכּוֹכָבִים וְשָׁבוּ הֶעָבִים אַחַר הַגָּשֶׁם: בַּיּוֹם שֶׁיָּזֻעוּ
שֹׁמְרֵי הַבַּיִת וְהִתְעַוְּתוּ אַנְשֵׁי הֶחָיִל וּבָטְלוּ הַטֹּחֲנוֹת כִּי מִעֵטוּ וְחָשְׁכוּ הָרֹאוֹת
בָּאֲרֻבּוֹת: וְסֻגְּרוּ דְלָתַיִם בַּשּׁוּק בִּשְׁפַל קוֹל הַטַּחֲנָה וְיָקוּם לְקוֹל הַצִּפּוֹר וְיִשַּׁחוּ
כָּל־בְּנוֹת הַשִּׁיר: גַּם מִגָּבֹהַּ יִרָאוּ וְחַתְחַתִּים בַּדֶּרֶךְ וְיָנֵאץ הַשָּׁקֵד וְיִסְתַּבֵּל
הֶחָגָב וְתָפֵר הָאֲבִיּוֹנָה כִּי־הֹלֵךְ הָאָדָם אֶל־בֵּית עוֹלָמוֹ וְסָבְבוּ בַשּׁוּק הַסֹּפְדִים:
עַד אֲשֶׁר לֹא־ירחק חֶבֶל הַכֶּסֶף וְתָרֻץ גֻּלַּת הַזָּהָב וְתִשָּׁבֶר כַּד עַל־הַמַּבּוּעַ יֵרָתֵק
וְנָרֹץ הַגַּלְגַּל אֶל־הַבּוֹר: וְיָשֹׁב הֶעָפָר עַל־הָאָרֶץ כְּשֶׁהָיָה וְהָרוּחַ תָּשׁוּב אֶל־
הָאֱלֹהִים אֲשֶׁר נְתָנָהּ: הֲבֵל הֲבָלִים אָמַר הַקּוֹהֶלֶת הַכֹּל הָבֶל: וְיֹתֵר שֶׁהָיָה
קֹהֶלֶת חָכָם עוֹד לִמַּד־דַּעַת אֶת־הָעָם וְאִזֵּן וְחִקֵּר תִּקֵּן מְשָׁלִים הַרְבֵּה: בִּקֵּשׁ
קֹהֶלֶת לִמְצֹא דִּבְרֵי־חֵפֶץ וְכָתוּב יֹשֶׁר דִּבְרֵי אֱמֶת: דִּבְרֵי חֲכָמִים כַּדָּרְבֹנוֹת
וּכְמַשְׂמְרוֹת נְטוּעִים בַּעֲלֵי אֲסֻפּוֹת נִתְּנוּ מֵרֹעֶה אֶחָד: וְיֹתֵר מֵהֵמָּה בְּנִי הִזָּהֵר
עֲשׂוֹת סְפָרִים הַרְבֵּה אֵין קֵץ וְלַהַג הַרְבֵּה יְגִעַת בָּשָׂר: סוֹף דָּבָר הַכֹּל נִשְׁמָע
אֶת־הָאֱלֹהִים יְרָא וְאֶת־מִצְוֺתָיו שְׁמוֹר כִּי־זֶה כָּל־הָאָדָם: כִּי אֶת־כָּל־מַעֲשֶׂה
הָאֱלֹהִים יָבִא בְמִשְׁפָּט עַל כָּל־נֶעְלָם אִם־טוֹב וְאִם־רָע:

סוף דבר הכל נשמע
את האלהים ירא ואת מצותיו שמור
כי זה כל האדם

אסתר

נוהגים שהקהל קורא בקול רם פסוקים אחדים מהמגילה, ושליח הציבור חוזר אחריו (ראה הלכה 615). פסוקים אלה מסומנים ב· לפניהם וב· בסופם.

א וַיְהִי בִּימֵי אֲחַשְׁוֵרוֹשׁ הוּא אֲחַשְׁוֵרוֹשׁ הַמֹּלֵךְ מֵהֹדּוּ וְעַד־כּוּשׁ שֶׁבַע וְעֶשְׂרִים
וּמֵאָה מְדִינָה: בַּיָּמִים הָהֵם כְּשֶׁבֶת ׀ הַמֶּלֶךְ אֲחַשְׁוֵרוֹשׁ עַל כִּסֵּא מַלְכוּתוֹ אֲשֶׁר
בְּשׁוּשַׁן הַבִּירָה: בִּשְׁנַת שָׁלוֹשׁ לְמָלְכוֹ עָשָׂה מִשְׁתֶּה לְכָל־שָׂרָיו וַעֲבָדָיו חֵיל ׀
פָּרַס וּמָדַי הַפַּרְתְּמִים וְשָׂרֵי הַמְּדִינוֹת לְפָנָיו: בְּהַרְאֹתוֹ אֶת־עֹשֶׁר כְּבוֹד מַלְכוּתוֹ
וְאֶת־יְקָר תִּפְאֶרֶת גְּדוּלָּתוֹ יָמִים רַבִּים שְׁמוֹנִים וּמְאַת יוֹם: וּבִמְלוֹאת ׀ הַיָּמִים
הָאֵלֶּה עָשָׂה הַמֶּלֶךְ לְכָל־הָעָם הַנִּמְצְאִים בְּשׁוּשַׁן הַבִּירָה לְמִגָּדוֹל וְעַד־קָטָן
מִשְׁתֶּה שִׁבְעַת יָמִים בַּחֲצַר גִּנַּת בִּיתַן הַמֶּלֶךְ: חוּר ׀ כַּרְפַּס וּתְכֵלֶת אָחוּז
בְּחַבְלֵי־בוּץ וְאַרְגָּמָן עַל־גְּלִילֵי כֶסֶף וְעַמּוּדֵי שֵׁשׁ מִטּוֹת ׀ זָהָב וָכֶסֶף עַל רִצְפַת
בַּהַט־וָשֵׁשׁ וְדַר וְסֹחָרֶת: וְהַשְׁקוֹת בִּכְלֵי זָהָב וְכֵלִים מִכֵּלִים שׁוֹנִים וְיֵין מַלְכוּת
רָב כְּיַד הַמֶּלֶךְ: וְהַשְּׁתִיָּה כַדָּת אֵין אֹנֵס כִּי־כֵן ׀ יִסַּד הַמֶּלֶךְ עַל כָּל־רַב בֵּיתוֹ
לַעֲשׂוֹת כִּרְצוֹן אִישׁ־וָאִישׁ: גַּם וַשְׁתִּי הַמַּלְכָּה עָשְׂתָה מִשְׁתֵּה נָשִׁים
בֵּית הַמַּלְכוּת אֲשֶׁר לַמֶּלֶךְ אֲחַשְׁוֵרוֹשׁ: בַּיּוֹם הַשְּׁבִיעִי כְּטוֹב לֵב־הַמֶּלֶךְ בַּיָּיִן
אָמַר לִמְהוּמָן בִּזְּתָא חַרְבוֹנָא בִּגְתָא וַאֲבַגְתָא זֵתַר וְכַרְכַּס שִׁבְעַת הַסָּרִיסִים
הַמְשָׁרְתִים אֶת־פְּנֵי הַמֶּלֶךְ אֲחַשְׁוֵרוֹשׁ: לְהָבִיא אֶת־וַשְׁתִּי הַמַּלְכָּה לִפְנֵי הַמֶּלֶךְ
בְּכֶתֶר מַלְכוּת לְהַרְאוֹת הָעַמִּים וְהַשָּׂרִים אֶת־יָפְיָהּ כִּי־טוֹבַת מַרְאֶה הִיא:
וַתְּמָאֵן הַמַּלְכָּה וַשְׁתִּי לָבוֹא בִּדְבַר הַמֶּלֶךְ אֲשֶׁר בְּיַד הַסָּרִיסִים וַיִּקְצֹף הַמֶּלֶךְ
מְאֹד וַחֲמָתוֹ בָּעֲרָה בוֹ: וַיֹּאמֶר הַמֶּלֶךְ לַחֲכָמִים יֹדְעֵי הָעִתִּים כִּי־
כֵן דְּבַר הַמֶּלֶךְ לִפְנֵי כָּל־יֹדְעֵי דָּת וָדִין: וְהַקָּרֹב אֵלָיו כַּרְשְׁנָא שֵׁתָר אַדְמָתָא
תַרְשִׁישׁ מֶרֶס מַרְסְנָא מְמוּכָן שִׁבְעַת שָׂרֵי ׀ פָּרַס וּמָדַי רֹאֵי פְּנֵי הַמֶּלֶךְ הַיֹּשְׁבִים
רִאשֹׁנָה בַּמַּלְכוּת: כְּדָת מַה־לַּעֲשׂוֹת בַּמַּלְכָּה וַשְׁתִּי עַל ׀ אֲשֶׁר לֹא־עָשְׂתָה
אֶת־מַאֲמַר הַמֶּלֶךְ אֲחַשְׁוֵרוֹשׁ בְּיַד הַסָּרִיסִים: וַיֹּאמֶר מומכן לִפְנֵי מְמוּכָן
הַמֶּלֶךְ וְהַשָּׂרִים לֹא עַל־הַמֶּלֶךְ לְבַדּוֹ עָוְתָה וַשְׁתִּי הַמַּלְכָּה כִּי עַל־כָּל־הַשָּׂרִים
וְעַל־כָּל־הָעַמִּים אֲשֶׁר בְּכָל־מְדִינוֹת הַמֶּלֶךְ אֲחַשְׁוֵרוֹשׁ: כִּי־יֵצֵא דְבַר־הַמַּלְכָּה
עַל־כָּל־הַנָּשִׁים לְהַבְזוֹת בַּעְלֵיהֶן בְּעֵינֵיהֶן בְּאָמְרָם הַמֶּלֶךְ אֲחַשְׁוֵרוֹשׁ אָמַר
לְהָבִיא אֶת־וַשְׁתִּי הַמַּלְכָּה לְפָנָיו וְלֹא־בָאָה: וְהַיּוֹם הַזֶּה תֹּאמַרְנָה ׀ שָׂרוֹת
פָּרַס־וּמָדַי אֲשֶׁר שָׁמְעוּ אֶת־דְּבַר הַמַּלְכָּה לְכֹל שָׂרֵי הַמֶּלֶךְ וּכְדַי בִּזָּיוֹן וָקָצֶף:

אִם־עַל־הַמֶּלֶךְ טוֹב יֵצֵא דְבַר־מַלְכוּת מִלְּפָנָיו וְיִכָּתֵב בְּדָתֵי פָרַס־וּמָדַי וְלֹא
יַעֲבוֹר אֲשֶׁר לֹא־תָבוֹא וַשְׁתִּי לִפְנֵי הַמֶּלֶךְ אֲחַשְׁוֵרוֹשׁ וּמַלְכוּתָהּ יִתֵּן הַמֶּלֶךְ
לִרְעוּתָהּ הַטּוֹבָה מִמֶּנָּה׃ וְנִשְׁמַע פִּתְגָם הַמֶּלֶךְ אֲשֶׁר־יַעֲשֶׂה בְּכָל־מַלְכוּתוֹ כִּי
רַבָּה הִיא וְכָל־הַנָּשִׁים יִתְּנוּ יְקָר לְבַעְלֵיהֶן לְמִגָּדוֹל וְעַד־קָטָן׃ וַיִּיטַב הַדָּבָר
בְּעֵינֵי הַמֶּלֶךְ וְהַשָּׂרִים וַיַּעַשׂ הַמֶּלֶךְ כִּדְבַר מְמוּכָן׃ וַיִּשְׁלַח סְפָרִים אֶל־כָּל־
מְדִינוֹת הַמֶּלֶךְ אֶל־מְדִינָה וּמְדִינָה כִּכְתָבָהּ וְאֶל־עַם וָעָם כִּלְשׁוֹנוֹ לִהְיוֹת
ב כָּל־אִישׁ שֹׂרֵר בְּבֵיתוֹ וּמְדַבֵּר כִּלְשׁוֹן עַמּוֹ׃ אַחַר הַדְּבָרִים הָאֵלֶּה
כְּשֹׁךְ חֲמַת הַמֶּלֶךְ אֲחַשְׁוֵרוֹשׁ זָכַר אֶת־וַשְׁתִּי וְאֵת אֲשֶׁר־עָשָׂתָה וְאֵת אֲשֶׁר־
נִגְזַר עָלֶיהָ׃ וַיֹּאמְרוּ נַעֲרֵי־הַמֶּלֶךְ מְשָׁרְתָיו יְבַקְשׁוּ לַמֶּלֶךְ נְעָרוֹת בְּתוּלוֹת
טוֹבוֹת מַרְאֶה׃ וְיַפְקֵד הַמֶּלֶךְ פְּקִידִים בְּכָל־מְדִינוֹת מַלְכוּתוֹ וְיִקְבְּצוּ אֶת־
כָּל־נַעֲרָה־בְתוּלָה טוֹבַת מַרְאֶה אֶל־שׁוּשַׁן הַבִּירָה אֶל־בֵּית הַנָּשִׁים אֶל־יַד
הֵגֶא סְרִיס הַמֶּלֶךְ שֹׁמֵר הַנָּשִׁים וְנָתוֹן תַּמְרוּקֵיהֶן׃ וְהַנַּעֲרָה אֲשֶׁר תִּיטַב בְּעֵינֵי
הַמֶּלֶךְ תִּמְלֹךְ תַּחַת וַשְׁתִּי וַיִּיטַב הַדָּבָר בְּעֵינֵי הַמֶּלֶךְ וַיַּעַשׂ כֵּן׃ · אִישׁ
יְהוּדִי הָיָה בְּשׁוּשַׁן הַבִּירָה וּשְׁמוֹ מָרְדֳּכַי בֶּן יָאִיר בֶּן־שִׁמְעִי בֶּן־קִישׁ אִישׁ
יְמִינִי׃ · אֲשֶׁר הָגְלָה מִירוּשָׁלַיִם עִם־הַגֹּלָה אֲשֶׁר הָגְלְתָה עִם יְכָנְיָה מֶלֶךְ־
יְהוּדָה אֲשֶׁר הֶגְלָה נְבוּכַדְנֶצַּר מֶלֶךְ בָּבֶל׃ וַיְהִי אֹמֵן אֶת־הֲדַסָּה הִיא אֶסְתֵּר
בַּת־דֹּדוֹ כִּי אֵין לָהּ אָב וָאֵם וְהַנַּעֲרָה יְפַת־תֹּאַר וְטוֹבַת מַרְאֶה וּבְמוֹת אָבִיהָ
וְאִמָּהּ לְקָחָהּ מָרְדֳּכַי לוֹ לְבַת׃ וַיְהִי בְּהִשָּׁמַע דְּבַר־הַמֶּלֶךְ וְדָתוֹ וּבְהִקָּבֵץ
נְעָרוֹת רַבּוֹת אֶל־שׁוּשַׁן הַבִּירָה אֶל־יַד הֵגָי וַתִּלָּקַח אֶסְתֵּר אֶל־בֵּית הַמֶּלֶךְ
אֶל־יַד הֵגַי שֹׁמֵר הַנָּשִׁים׃ וַתִּיטַב הַנַּעֲרָה בְעֵינָיו וַתִּשָּׂא חֶסֶד לְפָנָיו וַיְבַהֵל
אֶת־תַּמְרוּקֶיהָ וְאֶת־מָנוֹתֶהָ לָתֵת לָהּ וְאֵת שֶׁבַע הַנְּעָרוֹת הָרְאֻיוֹת לָתֶת־לָהּ
מִבֵּית הַמֶּלֶךְ וַיְשַׁנֶּהָ וְאֶת־נַעֲרוֹתֶיהָ לְטוֹב בֵּית הַנָּשִׁים׃ לֹא־הִגִּידָה אֶסְתֵּר
אֶת־עַמָּהּ וְאֶת־מוֹלַדְתָּהּ כִּי מָרְדֳּכַי צִוָּה עָלֶיהָ אֲשֶׁר לֹא־תַגִּיד׃ וּבְכָל־יוֹם
וָיוֹם מָרְדֳּכַי מִתְהַלֵּךְ לִפְנֵי חֲצַר בֵּית־הַנָּשִׁים לָדַעַת אֶת־שְׁלוֹם אֶסְתֵּר וּמַה־
יֵּעָשֶׂה בָּהּ׃ וּבְהַגִּיעַ תֹּר נַעֲרָה וְנַעֲרָה לָבוֹא ׀ אֶל־הַמֶּלֶךְ אֲחַשְׁוֵרוֹשׁ מִקֵּץ
הֱיוֹת לָהּ כְּדָת הַנָּשִׁים שְׁנֵים עָשָׂר חֹדֶשׁ כִּי כֵּן יִמְלְאוּ יְמֵי מְרוּקֵיהֶן שִׁשָּׁה
חֳדָשִׁים בְּשֶׁמֶן הַמֹּר וְשִׁשָּׁה חֳדָשִׁים בַּבְּשָׂמִים וּבְתַמְרוּקֵי הַנָּשִׁים׃ וּבָזֶה
הַנַּעֲרָה בָּאָה אֶל־הַמֶּלֶךְ אֵת כָּל־אֲשֶׁר תֹּאמַר יִנָּתֵן לָהּ לָבוֹא עִמָּהּ מִבֵּית
הַנָּשִׁים עַד־בֵּית הַמֶּלֶךְ׃ בָּעֶרֶב ׀ הִיא בָאָה וּבַבֹּקֶר הִיא שָׁבָה אֶל־בֵּית הַנָּשִׁים

שֵׁנִי אֶל־יַד שַׁעַשְׁגַז סְרִיס הַמֶּלֶךְ שֹׁמֵר הַפִּילַגְשִׁים לֹא־תָבוֹא עוֹד אֶל־הַמֶּלֶךְ
כִּי אִם־חָפֵץ בָּהּ הַמֶּלֶךְ וְנִקְרְאָה בְשֵׁם: וּבְהַגִּיעַ תֹּר־אֶסְתֵּר בַּת־אֲבִיחַיִל ׀ דֹּד
מָרְדֳּכַי אֲשֶׁר לָקַח־לוֹ לְבַת לָבוֹא אֶל־הַמֶּלֶךְ לֹא בִקְשָׁה דָּבָר כִּי אִם אֶת־אֲשֶׁר
יֹאמַר הֵגַי סְרִיס־הַמֶּלֶךְ שֹׁמֵר הַנָּשִׁים וַתְּהִי אֶסְתֵּר נֹשֵׂאת חֵן בְּעֵינֵי כָּל־רֹאֶיהָ:
וַתִּלָּקַח אֶסְתֵּר אֶל־הַמֶּלֶךְ אֲחַשְׁוֵרוֹשׁ אֶל־בֵּית מַלְכוּתוֹ בַּחֹדֶשׁ הָעֲשִׂירִי
הוּא־חֹדֶשׁ טֵבֵת בִּשְׁנַת־שֶׁבַע לְמַלְכוּתוֹ: וַיֶּאֱהַב הַמֶּלֶךְ אֶת־אֶסְתֵּר מִכָּל־
הַנָּשִׁים וַתִּשָּׂא־חֵן וָחֶסֶד לְפָנָיו מִכָּל־הַבְּתוּלוֹת וַיָּשֶׂם כֶּתֶר־מַלְכוּת בְּרֹאשָׁהּ
וַיַּמְלִיכֶהָ תַּחַת וַשְׁתִּי: וַיַּעַשׂ הַמֶּלֶךְ מִשְׁתֶּה גָדוֹל לְכָל־שָׂרָיו וַעֲבָדָיו אֵת
מִשְׁתֵּה אֶסְתֵּר וַהֲנָחָה לַמְּדִינוֹת עָשָׂה וַיִּתֵּן מַשְׂאֵת כְּיַד הַמֶּלֶךְ: וּבְהִקָּבֵץ
בְּתוּלוֹת שֵׁנִית וּמָרְדֳּכַי יֹשֵׁב בְּשַׁעַר־הַמֶּלֶךְ: אֵין אֶסְתֵּר מַגֶּדֶת מוֹלַדְתָּהּ
וְאֶת־עַמָּהּ כַּאֲשֶׁר צִוָּה עָלֶיהָ מָרְדֳּכָי וְאֶת־מַאֲמַר מָרְדֳּכַי אֶסְתֵּר עֹשָׂה כַּאֲשֶׁר
הָיְתָה בְאָמְנָה אִתּוֹ: בַּיָּמִים הָהֵם וּמָרְדֳּכַי יֹשֵׁב בְּשַׁעַר־הַמֶּלֶךְ
קָצַף בִּגְתָן וָתֶרֶשׁ שְׁנֵי־סָרִיסֵי הַמֶּלֶךְ מִשֹּׁמְרֵי הַסַּף וַיְבַקְשׁוּ לִשְׁלֹחַ יָד בַּמֶּלֶךְ
אֲחַשְׁוֵרֹשׁ: וַיִּוָּדַע הַדָּבָר לְמָרְדֳּכַי וַיַּגֵּד לְאֶסְתֵּר הַמַּלְכָּה וַתֹּאמֶר אֶסְתֵּר לַמֶּלֶךְ
בְּשֵׁם מָרְדֳּכָי: וַיְבֻקַּשׁ הַדָּבָר וַיִּמָּצֵא וַיִּתָּלוּ שְׁנֵיהֶם עַל־עֵץ וַיִּכָּתֵב בְּסֵפֶר דִּבְרֵי
הַיָּמִים לִפְנֵי הַמֶּלֶךְ: אַחַר ׀ הַדְּבָרִים הָאֵלֶּה גִּדַּל הַמֶּלֶךְ אֲחַשְׁוֵרוֹשׁ ג
אֶת־הָמָן בֶּן־הַמְּדָתָא הָאֲגָגִי וַיְנַשְּׂאֵהוּ וַיָּשֶׂם אֶת־כִּסְאוֹ מֵעַל כָּל־הַשָּׂרִים
אֲשֶׁר אִתּוֹ: וְכָל־עַבְדֵי הַמֶּלֶךְ אֲשֶׁר־בְּשַׁעַר הַמֶּלֶךְ כֹּרְעִים וּמִשְׁתַּחֲוִים לְהָמָן
כִּי־כֵן צִוָּה־לוֹ הַמֶּלֶךְ וּמָרְדֳּכַי לֹא יִכְרַע וְלֹא יִשְׁתַּחֲוֶה: וַיֹּאמְרוּ עַבְדֵי הַמֶּלֶךְ
אֲשֶׁר־בְּשַׁעַר הַמֶּלֶךְ לְמָרְדֳּכָי מַדּוּעַ אַתָּה עוֹבֵר אֵת מִצְוַת הַמֶּלֶךְ: וַיְהִי
באמרם אֵלָיו יוֹם וָיוֹם וְלֹא שָׁמַע אֲלֵיהֶם וַיַּגִּידוּ לְהָמָן לִרְאוֹת הֲיַעַמְדוּ דִּבְרֵי כְּאָמְרָם
מָרְדֳּכַי כִּי־הִגִּיד לָהֶם אֲשֶׁר־הוּא יְהוּדִי: וַיַּרְא הָמָן כִּי־אֵין מָרְדֳּכַי כֹּרֵעַ
וּמִשְׁתַּחֲוֶה לוֹ וַיִּמָּלֵא הָמָן חֵמָה: וַיִּבֶז בְּעֵינָיו לִשְׁלֹחַ יָד בְּמָרְדֳּכַי לְבַדּוֹ כִּי־
הִגִּידוּ לוֹ אֶת־עַם מָרְדֳּכָי וַיְבַקֵּשׁ הָמָן לְהַשְׁמִיד אֶת־כָּל־הַיְּהוּדִים אֲשֶׁר
בְּכָל־מַלְכוּת אֲחַשְׁוֵרוֹשׁ עַם מָרְדֳּכָי: בַּחֹדֶשׁ הָרִאשׁוֹן הוּא־חֹדֶשׁ נִיסָן בִּשְׁנַת
שְׁתֵּים עֶשְׂרֵה לַמֶּלֶךְ אֲחַשְׁוֵרוֹשׁ הִפִּיל פּוּר הוּא הַגּוֹרָל לִפְנֵי הָמָן מִיּוֹם ׀ לְיוֹם
וּמֵחֹדֶשׁ לְחֹדֶשׁ שְׁנֵים־עָשָׂר הוּא־חֹדֶשׁ אֲדָר: וַיֹּאמֶר הָמָן לַמֶּלֶךְ
אֲחַשְׁוֵרוֹשׁ יֶשְׁנוֹ עַם־אֶחָד מְפֻזָּר וּמְפֹרָד בֵּין הָעַמִּים בְּכֹל מְדִינוֹת מַלְכוּתֶךָ
וְדָתֵיהֶם שֹׁנוֹת מִכָּל־עָם וְאֶת־דָּתֵי הַמֶּלֶךְ אֵינָם עֹשִׂים וְלַמֶּלֶךְ אֵין־שֹׁוֶה

לְהַנִּיחָם׃ אִם־עַל־הַמֶּלֶךְ טוֹב יִכָּתֵב לְאַבְּדָם וַעֲשֶׂרֶת אֲלָפִים כִּכַּר־כֶּסֶף
אֶשְׁקוֹל עַל־יְדֵי עֹשֵׂי הַמְּלָאכָה לְהָבִיא אֶל־גִּנְזֵי הַמֶּלֶךְ׃ וַיָּסַר הַמֶּלֶךְ אֶת־
טַבַּעְתּוֹ מֵעַל יָדוֹ וַיִּתְּנָהּ לְהָמָן בֶּן־הַמְּדָתָא הָאֲגָגִי צֹרֵר הַיְּהוּדִים׃ וַיֹּאמֶר
הַמֶּלֶךְ לְהָמָן הַכֶּסֶף נָתוּן לָךְ וְהָעָם לַעֲשׂוֹת בּוֹ כַּטּוֹב בְּעֵינֶיךָ׃ וַיִּקָּרְאוּ סֹפְרֵי
הַמֶּלֶךְ בַּחֹדֶשׁ הָרִאשׁוֹן בִּשְׁלוֹשָׁה עָשָׂר יוֹם בּוֹ וַיִּכָּתֵב כְּכָל־אֲשֶׁר־צִוָּה הָמָן
אֶל אֲחַשְׁדַּרְפְּנֵי־הַמֶּלֶךְ וְאֶל־הַפַּחוֹת אֲשֶׁר ׀ עַל־מְדִינָה וּמְדִינָה וְאֶל־שָׂרֵי
עַם וָעָם מְדִינָה וּמְדִינָה כִּכְתָבָהּ וְעַם וָעָם כִּלְשׁוֹנוֹ בְּשֵׁם הַמֶּלֶךְ אֲחַשְׁוֵרֹשׁ
נִכְתָּב וְנֶחְתָּם בְּטַבַּעַת הַמֶּלֶךְ׃ וְנִשְׁלוֹחַ סְפָרִים בְּיַד הָרָצִים אֶל־כָּל־מְדִינוֹת
הַמֶּלֶךְ לְהַשְׁמִיד לַהֲרֹג וּלְאַבֵּד אֶת־כָּל־הַיְּהוּדִים מִנַּעַר וְעַד־זָקֵן טַף וְנָשִׁים
בְּיוֹם אֶחָד בִּשְׁלוֹשָׁה עָשָׂר לְחֹדֶשׁ שְׁנֵים־עָשָׂר הוּא־חֹדֶשׁ אֲדָר וּשְׁלָלָם לָבוֹז׃
פַּתְשֶׁגֶן הַכְּתָב לְהִנָּתֵן דָּת בְּכָל־מְדִינָה וּמְדִינָה גָּלוּי לְכָל־הָעַמִּים לִהְיוֹת
עֲתִדִים לַיּוֹם הַזֶּה׃ הָרָצִים יָצְאוּ דְחוּפִים בִּדְבַר הַמֶּלֶךְ וְהַדָּת נִתְּנָה בְּשׁוּשַׁן
הַבִּירָה וְהַמֶּלֶךְ וְהָמָן יָשְׁבוּ לִשְׁתּוֹת וְהָעִיר שׁוּשָׁן נָבוֹכָה׃ וּמָרְדֳּכַי ד
יָדַע אֶת־כָּל־אֲשֶׁר נַעֲשָׂה וַיִּקְרַע מָרְדֳּכַי אֶת־בְּגָדָיו וַיִּלְבַּשׁ שַׂק וָאֵפֶר וַיֵּצֵא
בְּתוֹךְ הָעִיר וַיִּזְעַק זְעָקָה גְדֹלָה וּמָרָה׃ וַיָּבוֹא עַד לִפְנֵי שַׁעַר־הַמֶּלֶךְ כִּי אֵין
לָבוֹא אֶל־שַׁעַר הַמֶּלֶךְ בִּלְבוּשׁ שָׂק׃ וּבְכָל־מְדִינָה וּמְדִינָה מְקוֹם אֲשֶׁר דְּבַר־
הַמֶּלֶךְ וְדָתוֹ מַגִּיעַ אֵבֶל גָּדוֹל לַיְּהוּדִים וְצוֹם וּבְכִי וּמִסְפֵּד שַׂק וָאֵפֶר יֻצַּע
לָרַבִּים׃ ותבואינה נַעֲרוֹת אֶסְתֵּר וְסָרִיסֶיהָ וַיַּגִּידוּ לָהּ וַתִּתְחַלְחַל הַמַּלְכָּה וַתָּבוֹאנָה
מְאֹד וַתִּשְׁלַח בְּגָדִים לְהַלְבִּישׁ אֶת־מָרְדֳּכַי וּלְהָסִיר שַׂקּוֹ מֵעָלָיו וְלֹא קִבֵּל׃
וַתִּקְרָא אֶסְתֵּר לַהֲתָךְ מִסָּרִיסֵי הַמֶּלֶךְ אֲשֶׁר הֶעֱמִיד לְפָנֶיהָ וַתְּצַוֵּהוּ עַל־מָרְדֳּכָי
לָדַעַת מַה־זֶּה וְעַל־מַה־זֶּה׃ וַיֵּצֵא הֲתָךְ אֶל־מָרְדֳּכָי אֶל־רְחוֹב הָעִיר אֲשֶׁר
לִפְנֵי שַׁעַר־הַמֶּלֶךְ׃ וַיַּגֶּד־לוֹ מָרְדֳּכַי אֵת כָּל־אֲשֶׁר קָרָהוּ וְאֵת ׀ פָּרָשַׁת הַכֶּסֶף
אֲשֶׁר אָמַר הָמָן לִשְׁקוֹל עַל־גִּנְזֵי הַמֶּלֶךְ ביהודיים לְאַבְּדָם׃ וְאֶת־פַּתְשֶׁגֶן בַּיְּהוּדִים
כְּתָב־הַדָּת אֲשֶׁר־נִתַּן בְּשׁוּשָׁן לְהַשְׁמִידָם נָתַן לוֹ לְהַרְאוֹת אֶת־אֶסְתֵּר וּלְהַגִּיד
לָהּ וּלְצַוּוֹת עָלֶיהָ לָבוֹא אֶל־הַמֶּלֶךְ לְהִתְחַנֶּן־לוֹ וּלְבַקֵּשׁ מִלְּפָנָיו עַל־עַמָּהּ׃
וַיָּבוֹא הֲתָךְ וַיַּגֵּד לְאֶסְתֵּר אֵת דִּבְרֵי מָרְדֳּכָי׃ וַתֹּאמֶר אֶסְתֵּר לַהֲתָךְ וַתְּצַוֵּהוּ
אֶל־מָרְדֳּכָי׃ כָּל־עַבְדֵי הַמֶּלֶךְ וְעַם־מְדִינוֹת הַמֶּלֶךְ יֹדְעִים אֲשֶׁר כָּל־אִישׁ וְאִשָּׁה
אֲשֶׁר־יָבוֹא אֶל־הַמֶּלֶךְ אֶל־הֶחָצֵר הַפְּנִימִית אֲשֶׁר לֹא־יִקָּרֵא אַחַת דָּתוֹ
לְהָמִית לְבַד מֵאֲשֶׁר יוֹשִׁיט־לוֹ הַמֶּלֶךְ אֶת־שַׁרְבִיט הַזָּהָב וְחָיָה וַאֲנִי לֹא

נִקְרֵאתִי לָבוֹא אֶל־הַמֶּלֶךְ זֶה שְׁלוֹשִׁים יוֹם׃ וַיַּגִּידוּ לְמָרְדֳּכָי אֵת דִּבְרֵי אֶסְתֵּר׃
וַיֹּאמֶר מָרְדֳּכַי לְהָשִׁיב אֶל־אֶסְתֵּר אַל־תְּדַמִּי בְנַפְשֵׁךְ לְהִמָּלֵט בֵּית־הַמֶּלֶךְ
מִכָּל־הַיְּהוּדִים׃ כִּי אִם־הַחֲרֵשׁ תַּחֲרִישִׁי בָּעֵת הַזֹּאת רֶוַח וְהַצָּלָה יַעֲמוֹד
לַיְּהוּדִים מִמָּקוֹם אַחֵר וְאַתְּ וּבֵית־אָבִיךְ תֹּאבֵדוּ וּמִי יוֹדֵעַ אִם־לְעֵת כָּזֹאת
הִגַּעַתְּ לַמַּלְכוּת׃ וַתֹּאמֶר אֶסְתֵּר לְהָשִׁיב אֶל־מָרְדֳּכָי׃ לֵךְ כְּנוֹס אֶת־כָּל־
הַיְּהוּדִים הַנִּמְצְאִים בְּשׁוּשָׁן וְצוּמוּ עָלַי וְאַל־תֹּאכְלוּ וְאַל־תִּשְׁתּוּ שְׁלֹשֶׁת יָמִים
לַיְלָה וָיוֹם גַּם־אֲנִי וְנַעֲרֹתַי אָצוּם כֵּן וּבְכֵן אָבוֹא אֶל־הַמֶּלֶךְ אֲשֶׁר לֹא־כַדָּת
וְכַאֲשֶׁר אָבַדְתִּי אָבָדְתִּי׃ וַיַּעֲבֹר מָרְדֳּכָי וַיַּעַשׂ כְּכֹל אֲשֶׁר־צִוְּתָה עָלָיו אֶסְתֵּר׃
ה וַיְהִי ׀ בַּיּוֹם הַשְּׁלִישִׁי וַתִּלְבַּשׁ אֶסְתֵּר מַלְכוּת וַתַּעֲמֹד בַּחֲצַר בֵּית־הַמֶּלֶךְ
הַפְּנִימִית נֹכַח בֵּית הַמֶּלֶךְ וְהַמֶּלֶךְ יוֹשֵׁב עַל־כִּסֵּא מַלְכוּתוֹ בְּבֵית הַמַּלְכוּת
נֹכַח פֶּתַח הַבָּיִת׃ וַיְהִי כִרְאוֹת הַמֶּלֶךְ אֶת־אֶסְתֵּר הַמַּלְכָּה עֹמֶדֶת בֶּחָצֵר
נָשְׂאָה חֵן בְּעֵינָיו וַיּוֹשֶׁט הַמֶּלֶךְ לְאֶסְתֵּר אֶת־שַׁרְבִיט הַזָּהָב אֲשֶׁר בְּיָדוֹ וַתִּקְרַב
אֶסְתֵּר וַתִּגַּע בְּרֹאשׁ הַשַּׁרְבִיט׃ וַיֹּאמֶר לָהּ הַמֶּלֶךְ מַה־לָּךְ אֶסְתֵּר הַמַּלְכָּה
וּמַה־בַּקָּשָׁתֵךְ עַד־חֲצִי הַמַּלְכוּת וְיִנָּתֵן לָךְ׃ וַתֹּאמֶר אֶסְתֵּר אִם־עַל־הַמֶּלֶךְ
טוֹב יָבוֹא הַמֶּלֶךְ וְהָמָן הַיּוֹם אֶל־הַמִּשְׁתֶּה אֲשֶׁר־עָשִׂיתִי לוֹ׃ וַיֹּאמֶר הַמֶּלֶךְ
מַהֲרוּ אֶת־הָמָן לַעֲשׂוֹת אֶת־דְּבַר אֶסְתֵּר וַיָּבֹא הַמֶּלֶךְ וְהָמָן אֶל־הַמִּשְׁתֶּה
אֲשֶׁר־עָשְׂתָה אֶסְתֵּר׃ וַיֹּאמֶר הַמֶּלֶךְ לְאֶסְתֵּר בְּמִשְׁתֵּה הַיַּיִן מַה־שְּׁאֵלָתֵךְ
וְיִנָּתֵן לָךְ וּמַה־בַּקָּשָׁתֵךְ עַד־חֲצִי הַמַּלְכוּת וְתֵעָשׂ׃ וַתַּעַן אֶסְתֵּר וַתֹּאמַר
שְׁאֵלָתִי וּבַקָּשָׁתִי׃ אִם־מָצָאתִי חֵן בְּעֵינֵי הַמֶּלֶךְ וְאִם־עַל־הַמֶּלֶךְ טוֹב לָתֵת
אֶת־שְׁאֵלָתִי וְלַעֲשׂוֹת אֶת־בַּקָּשָׁתִי יָבוֹא הַמֶּלֶךְ וְהָמָן אֶל־הַמִּשְׁתֶּה אֲשֶׁר
אֶעֱשֶׂה לָהֶם וּמָחָר אֶעֱשֶׂה כִּדְבַר הַמֶּלֶךְ׃ וַיֵּצֵא הָמָן בַּיּוֹם הַהוּא שָׂמֵחַ וְטוֹב
לֵב וְכִרְאוֹת הָמָן אֶת־מָרְדֳּכַי בְּשַׁעַר הַמֶּלֶךְ וְלֹא־קָם וְלֹא־זָע מִמֶּנּוּ וַיִּמָּלֵא
הָמָן עַל־מָרְדֳּכַי חֵמָה׃ וַיִּתְאַפַּק הָמָן וַיָּבוֹא אֶל־בֵּיתוֹ וַיִּשְׁלַח וַיָּבֵא אֶת־אֹהֲבָיו
וְאֶת־זֶרֶשׁ אִשְׁתּוֹ׃ וַיְסַפֵּר לָהֶם הָמָן אֶת־כְּבוֹד עָשְׁרוֹ וְרֹב בָּנָיו וְאֵת כָּל־אֲשֶׁר
גִּדְּלוֹ הַמֶּלֶךְ וְאֵת אֲשֶׁר נִשְּׂאוֹ עַל־הַשָּׂרִים וְעַבְדֵי הַמֶּלֶךְ׃ וַיֹּאמֶר הָמָן אַף
לֹא־הֵבִיאָה אֶסְתֵּר הַמַּלְכָּה עִם־הַמֶּלֶךְ אֶל־הַמִּשְׁתֶּה אֲשֶׁר־עָשָׂתָה כִּי אִם־
אוֹתִי וְגַם־לְמָחָר אֲנִי קָרוּא־לָהּ עִם־הַמֶּלֶךְ׃ וְכָל־זֶה אֵינֶנּוּ שֹׁוֶה לִי בְּכָל־עֵת
אֲשֶׁר אֲנִי רֹאֶה אֶת־מָרְדֳּכַי הַיְּהוּדִי יוֹשֵׁב בְּשַׁעַר הַמֶּלֶךְ׃ וַתֹּאמֶר לוֹ זֶרֶשׁ
אִשְׁתּוֹ וְכָל־אֹהֲבָיו יַעֲשׂוּ־עֵץ גָּבֹהַּ חֲמִשִּׁים אַמָּה וּבַבֹּקֶר ׀ אֱמֹר לַמֶּלֶךְ וְיִתְלוּ

אֶת־מָרְדֳּכַי עָלָיו וּבֹא עִם־הַמֶּלֶךְ אֶל־הַמִּשְׁתֶּה שָׂמֵחַ וַיִּיטַב הַדָּבָר לִפְנֵי הָמָן
וַיַּעַשׂ הָעֵץ: בַּלַּיְלָה הַהוּא נָדְדָה שְׁנַת הַמֶּלֶךְ וַיֹּאמֶר לְהָבִיא אֶת־ ו
סֵפֶר הַזִּכְרֹנוֹת דִּבְרֵי הַיָּמִים וַיִּהְיוּ נִקְרָאִים לִפְנֵי הַמֶּלֶךְ: וַיִּמָּצֵא כָתוּב אֲשֶׁר
הִגִּיד מָרְדֳּכַי עַל־בִּגְתָנָא וָתֶרֶשׁ שְׁנֵי סָרִיסֵי הַמֶּלֶךְ מִשֹּׁמְרֵי הַסַּף אֲשֶׁר בִּקְשׁוּ
לִשְׁלֹחַ יָד בַּמֶּלֶךְ אֲחַשְׁוֵרוֹשׁ: וַיֹּאמֶר הַמֶּלֶךְ מַה־נַּעֲשָׂה יְקָר וּגְדוּלָּה לְמָרְדֳּכַי
עַל־זֶה וַיֹּאמְרוּ נַעֲרֵי הַמֶּלֶךְ מְשָׁרְתָיו לֹא־נַעֲשָׂה עִמּוֹ דָּבָר: וַיֹּאמֶר הַמֶּלֶךְ מִי
בֶחָצֵר וְהָמָן בָּא לַחֲצַר בֵּית־הַמֶּלֶךְ הַחִיצוֹנָה לֵאמֹר לַמֶּלֶךְ לִתְלוֹת אֶת־מָרְדֳּכַי
עַל־הָעֵץ אֲשֶׁר־הֵכִין לוֹ: וַיֹּאמְרוּ נַעֲרֵי הַמֶּלֶךְ אֵלָיו הִנֵּה הָמָן עֹמֵד בֶּחָצֵר
וַיֹּאמֶר הַמֶּלֶךְ יָבוֹא: וַיָּבוֹא הָמָן וַיֹּאמֶר לוֹ הַמֶּלֶךְ מַה־לַּעֲשׂוֹת בָּאִישׁ אֲשֶׁר
הַמֶּלֶךְ חָפֵץ בִּיקָרוֹ וַיֹּאמֶר הָמָן בְּלִבּוֹ לְמִי יַחְפֹּץ הַמֶּלֶךְ לַעֲשׂוֹת יְקָר יוֹתֵר
מִמֶּנִּי: וַיֹּאמֶר הָמָן אֶל־הַמֶּלֶךְ אִישׁ אֲשֶׁר הַמֶּלֶךְ חָפֵץ בִּיקָרוֹ: יָבִיאוּ לְבוּשׁ
מַלְכוּת אֲשֶׁר לָבַשׁ־בּוֹ הַמֶּלֶךְ וְסוּס אֲשֶׁר רָכַב עָלָיו הַמֶּלֶךְ וַאֲשֶׁר נִתַּן כֶּתֶר
מַלְכוּת בְּרֹאשׁוֹ: וְנָתוֹן הַלְּבוּשׁ וְהַסּוּס עַל־יַד־אִישׁ מִשָּׂרֵי הַמֶּלֶךְ הַפַּרְתְּמִים
וְהִלְבִּישׁוּ אֶת־הָאִישׁ אֲשֶׁר הַמֶּלֶךְ חָפֵץ בִּיקָרוֹ וְהִרְכִּיבֻהוּ עַל־הַסּוּס בִּרְחוֹב
הָעִיר וְקָרְאוּ לְפָנָיו כָּכָה יֵעָשֶׂה לָאִישׁ אֲשֶׁר הַמֶּלֶךְ חָפֵץ בִּיקָרוֹ: וַיֹּאמֶר הַמֶּלֶךְ
לְהָמָן מַהֵר קַח אֶת־הַלְּבוּשׁ וְאֶת־הַסּוּס כַּאֲשֶׁר דִּבַּרְתָּ וַעֲשֵׂה־כֵן לְמָרְדֳּכַי
הַיְּהוּדִי הַיּוֹשֵׁב בְּשַׁעַר הַמֶּלֶךְ אַל־תַּפֵּל דָּבָר מִכֹּל אֲשֶׁר דִּבַּרְתָּ: וַיִּקַּח הָמָן
אֶת־הַלְּבוּשׁ וְאֶת־הַסּוּס וַיַּלְבֵּשׁ אֶת־מָרְדֳּכָי וַיַּרְכִּיבֵהוּ בִּרְחוֹב הָעִיר וַיִּקְרָא
לְפָנָיו כָּכָה יֵעָשֶׂה לָאִישׁ אֲשֶׁר הַמֶּלֶךְ חָפֵץ בִּיקָרוֹ: וַיָּשָׁב מָרְדֳּכַי אֶל־שַׁעַר
הַמֶּלֶךְ וְהָמָן נִדְחַף אֶל־בֵּיתוֹ אָבֵל וַחֲפוּי רֹאשׁ: וַיְסַפֵּר הָמָן לְזֶרֶשׁ אִשְׁתּוֹ
וּלְכָל־אֹהֲבָיו אֵת כָּל־אֲשֶׁר קָרָהוּ וַיֹּאמְרוּ לוֹ חֲכָמָיו וְזֶרֶשׁ אִשְׁתּוֹ אִם מִזֶּרַע
הַיְּהוּדִים מָרְדֳּכַי אֲשֶׁר הַחִלּוֹתָ לִנְפֹּל לְפָנָיו לֹא־תוּכַל לוֹ כִּי־נָפוֹל תִּפּוֹל לְפָנָיו:
עוֹדָם מְדַבְּרִים עִמּוֹ וְסָרִיסֵי הַמֶּלֶךְ הִגִּיעוּ וַיַּבְהִלוּ לְהָבִיא אֶת־הָמָן אֶל־
הַמִּשְׁתֶּה אֲשֶׁר־עָשְׂתָה אֶסְתֵּר: וַיָּבֹא הַמֶּלֶךְ וְהָמָן לִשְׁתּוֹת עִם־אֶסְתֵּר ז
הַמַּלְכָּה: וַיֹּאמֶר הַמֶּלֶךְ לְאֶסְתֵּר גַּם בַּיּוֹם הַשֵּׁנִי בְּמִשְׁתֵּה הַיַּיִן מַה־שְּׁאֵלָתֵךְ
אֶסְתֵּר הַמַּלְכָּה וְתִנָּתֵן לָךְ וּמַה־בַּקָּשָׁתֵךְ עַד־חֲצִי הַמַּלְכוּת וְתֵעָשׂ: וַתַּעַן
אֶסְתֵּר הַמַּלְכָּה וַתֹּאמַר אִם־מָצָאתִי חֵן בְּעֵינֶיךָ הַמֶּלֶךְ וְאִם־עַל־הַמֶּלֶךְ טוֹב
תִּנָּתֶן־לִי נַפְשִׁי בִּשְׁאֵלָתִי וְעַמִּי בְּבַקָּשָׁתִי: כִּי נִמְכַּרְנוּ אֲנִי וְעַמִּי לְהַשְׁמִיד
לַהֲרוֹג וּלְאַבֵּד וְאִלּוּ לַעֲבָדִים וְלִשְׁפָחוֹת נִמְכַּרְנוּ הֶחֱרַשְׁתִּי כִּי אֵין הַצָּר שֹׁוֶה

בְּנֵזֶק הַמֶּלֶךְ: וַיֹּאמֶר הַמֶּלֶךְ אֲחַשְׁוֵרוֹשׁ וַיֹּאמֶר לְאֶסְתֵּר הַמַּלְכָּה
מִי הוּא זֶה וְאֵי־זֶה הוּא אֲשֶׁר־מְלָאוֹ לִבּוֹ לַעֲשׂוֹת כֵּן: וַתֹּאמֶר אֶסְתֵּר אִישׁ
צַר וְאוֹיֵב הָמָן הָרָע הַזֶּה וְהָמָן נִבְעַת מִלִּפְנֵי הַמֶּלֶךְ וְהַמַּלְכָּה: וְהַמֶּלֶךְ קָם
בַּחֲמָתוֹ מִמִּשְׁתֵּה הַיַּיִן אֶל־גִּנַּת הַבִּיתָן וְהָמָן עָמַד לְבַקֵּשׁ עַל־נַפְשׁוֹ מֵאֶסְתֵּר
הַמַּלְכָּה כִּי רָאָה כִּי־כָלְתָה אֵלָיו הָרָעָה מֵאֵת הַמֶּלֶךְ: וְהַמֶּלֶךְ שָׁב מִגִּנַּת
הַבִּיתָן אֶל־בֵּית ׀ מִשְׁתֵּה הַיַּיִן וְהָמָן נֹפֵל עַל־הַמִּטָּה אֲשֶׁר אֶסְתֵּר עָלֶיהָ
וַיֹּאמֶר הַמֶּלֶךְ הֲגַם לִכְבּוֹשׁ אֶת־הַמַּלְכָּה עִמִּי בַּבָּיִת הַדָּבָר יָצָא מִפִּי הַמֶּלֶךְ
וּפְנֵי הָמָן חָפוּ: וַיֹּאמֶר חַרְבוֹנָה אֶחָד מִן־הַסָּרִיסִים לִפְנֵי הַמֶּלֶךְ גַּם הִנֵּה־הָעֵץ
אֲשֶׁר־עָשָׂה הָמָן לְמָרְדֳּכַי אֲשֶׁר דִּבֶּר־טוֹב עַל־הַמֶּלֶךְ עֹמֵד בְּבֵית הָמָן גָּבֹהַּ
חֲמִשִּׁים אַמָּה וַיֹּאמֶר הַמֶּלֶךְ תְּלֻהוּ עָלָיו: וַיִּתְלוּ אֶת־הָמָן עַל־הָעֵץ אֲשֶׁר־הֵכִין
ח לְמָרְדֳּכָי וַחֲמַת הַמֶּלֶךְ שָׁכָכָה: בַּיּוֹם הַהוּא נָתַן הַמֶּלֶךְ אֲחַשְׁוֵרוֹשׁ
לְאֶסְתֵּר הַמַּלְכָּה אֶת־בֵּית הָמָן צֹרֵר היהודיים וּמָרְדֳּכַי בָּא לִפְנֵי הַמֶּלֶךְ כִּי־ הַיְּהוּדִים
הִגִּידָה אֶסְתֵּר מַה הוּא־לָהּ: וַיָּסַר הַמֶּלֶךְ אֶת־טַבַּעְתּוֹ אֲשֶׁר הֶעֱבִיר מֵהָמָן
וַיִּתְּנָהּ לְמָרְדֳּכָי וַתָּשֶׂם אֶסְתֵּר אֶת־מָרְדֳּכַי עַל־בֵּית הָמָן: וַתּוֹסֶף
אֶסְתֵּר וַתְּדַבֵּר לִפְנֵי הַמֶּלֶךְ וַתִּפֹּל לִפְנֵי רַגְלָיו וַתֵּבְךְּ וַתִּתְחַנֶּן־לוֹ לְהַעֲבִיר
אֶת־רָעַת הָמָן הָאֲגָגִי וְאֵת מַחֲשַׁבְתּוֹ אֲשֶׁר חָשַׁב עַל־הַיְּהוּדִים: וַיּוֹשֶׁט הַמֶּלֶךְ
לְאֶסְתֵּר אֵת שַׁרְבִט הַזָּהָב וַתָּקָם אֶסְתֵּר וַתַּעֲמֹד לִפְנֵי הַמֶּלֶךְ: וַתֹּאמֶר אִם־
עַל־הַמֶּלֶךְ טוֹב וְאִם־מָצָאתִי חֵן לְפָנָיו וְכָשֵׁר הַדָּבָר לִפְנֵי הַמֶּלֶךְ וְטוֹבָה
אֲנִי בְּעֵינָיו יִכָּתֵב לְהָשִׁיב אֶת־הַסְּפָרִים מַחֲשֶׁבֶת הָמָן בֶּן־הַמְּדָתָא הָאֲגָגִי
אֲשֶׁר כָּתַב לְאַבֵּד אֶת־הַיְּהוּדִים אֲשֶׁר בְּכָל־מְדִינוֹת הַמֶּלֶךְ: כִּי אֵיכָכָה
אוּכַל וְרָאִיתִי בָּרָעָה אֲשֶׁר־יִמְצָא אֶת־עַמִּי וְאֵיכָכָה אוּכַל וְרָאִיתִי בְּאָבְדַן
מוֹלַדְתִּי: וַיֹּאמֶר הַמֶּלֶךְ אֲחַשְׁוֵרֹשׁ לְאֶסְתֵּר הַמַּלְכָּה וּלְמָרְדֳּכַי
הַיְּהוּדִי הִנֵּה בֵית־הָמָן נָתַתִּי לְאֶסְתֵּר וְאֹתוֹ תָּלוּ עַל־הָעֵץ עַל אֲשֶׁר־שָׁלַח
יָדוֹ ביהודיים: וְאַתֶּם כִּתְבוּ עַל־הַיְּהוּדִים כַּטּוֹב בְּעֵינֵיכֶם בְּשֵׁם הַמֶּלֶךְ וְחִתְמוּ בַּיְּהוּדִים
בְּטַבַּעַת הַמֶּלֶךְ כִּי־כְתָב אֲשֶׁר־נִכְתָּב בְּשֵׁם־הַמֶּלֶךְ וְנַחְתּוֹם בְּטַבַּעַת הַמֶּלֶךְ
אֵין לְהָשִׁיב: וַיִּקָּרְאוּ סֹפְרֵי־הַמֶּלֶךְ בָּעֵת־הַהִיא בַּחֹדֶשׁ הַשְּׁלִישִׁי הוּא־חֹדֶשׁ
סִיוָן בִּשְׁלוֹשָׁה וְעֶשְׂרִים בּוֹ וַיִּכָּתֵב כְּכָל־אֲשֶׁר־צִוָּה מָרְדֳּכַי אֶל־הַיְּהוּדִים וְאֶל
הָאֲחַשְׁדַּרְפְּנִים וְהַפַּחוֹת וְשָׂרֵי הַמְּדִינוֹת אֲשֶׁר ׀ מֵהֹדּוּ וְעַד־כּוּשׁ שֶׁבַע וְעֶשְׂרִים
וּמֵאָה מְדִינָה מְדִינָה וּמְדִינָה כִּכְתָבָהּ וְעַם וָעָם כִּלְשֹׁנוֹ וְאֶל־הַיְּהוּדִים כִּכְתָבָם

וְכִלְשׁוֹנָם׃ וַיִּכְתֹּב בְּשֵׁם הַמֶּלֶךְ אֲחַשְׁוֵרֹשׁ וַיַּחְתֹּם בְּטַבַּעַת הַמֶּלֶךְ וַיִּשְׁלַח
סְפָרִים בְּיַד הָרָצִים בַּסּוּסִים רֹכְבֵי הָרֶכֶשׁ הָאֲחַשְׁתְּרָנִים בְּנֵי הָרַמָּכִים׃ אֲשֶׁר
נָתַן הַמֶּלֶךְ לַיְּהוּדִים ׀ אֲשֶׁר ׀ בְּכָל־עִיר וָעִיר לְהִקָּהֵל וְלַעֲמֹד עַל־נַפְשָׁם
לְהַשְׁמִיד וְלַהֲרֹג וּלְאַבֵּד אֶת־כָּל־חֵיל עַם וּמְדִינָה הַצָּרִים אֹתָם טַף וְנָשִׁים
וּשְׁלָלָם לָבוֹז׃ בְּיוֹם אֶחָד בְּכָל־מְדִינוֹת הַמֶּלֶךְ אֲחַשְׁוֵרוֹשׁ בִּשְׁלוֹשָׁה עָשָׂר
לְחֹדֶשׁ שְׁנֵים־עָשָׂר הוּא־חֹדֶשׁ אֲדָר׃ פַּתְשֶׁגֶן הַכְּתָב לְהִנָּתֵן דָּת בְּכָל־מְדִינָה
וּמְדִינָה גָּלוּי לְכָל־הָעַמִּים וְלִהְיוֹת היהודיים עתודים לַיּוֹם הַזֶּה לְהִנָּקֵם הַיְּהוּדִים עֲתִידִים
מֵאֹיְבֵיהֶם׃ הָרָצִים רֹכְבֵי הָרֶכֶשׁ הָאֲחַשְׁתְּרָנִים יָצְאוּ מְבֹהָלִים וּדְחוּפִים בִּדְבַר
הַמֶּלֶךְ וְהַדָּת נִתְּנָה בְּשׁוּשַׁן הַבִּירָה׃ · וּמָרְדֳּכַי יָצָא ׀ מִלִּפְנֵי הַמֶּלֶךְ
בִּלְבוּשׁ מַלְכוּת תְּכֵלֶת וָחוּר וַעֲטֶרֶת זָהָב גְּדוֹלָה וְתַכְרִיךְ בּוּץ וְאַרְגָּמָן וְהָעִיר
שׁוּשָׁן צָהֲלָה וְשָׂמֵחָה׃ · · לַיְּהוּדִים הָיְתָה אוֹרָה וְשִׂמְחָה וְשָׂשֹׂן וִיקָר׃ ·
וּבְכָל־מְדִינָה וּמְדִינָה וּבְכָל־עִיר וָעִיר מְקוֹם אֲשֶׁר דְּבַר־הַמֶּלֶךְ וְדָתוֹ מַגִּיעַ
שִׂמְחָה וְשָׂשׂוֹן לַיְּהוּדִים מִשְׁתֶּה וְיוֹם טוֹב וְרַבִּים מֵעַמֵּי הָאָרֶץ מִתְיַהֲדִים
כִּי־נָפַל פַּחַד־הַיְּהוּדִים עֲלֵיהֶם׃ וּבִשְׁנֵים עָשָׂר חֹדֶשׁ הוּא־חֹדֶשׁ אֲדָר ט
בִּשְׁלוֹשָׁה עָשָׂר יוֹם בּוֹ אֲשֶׁר הִגִּיעַ דְּבַר־הַמֶּלֶךְ וְדָתוֹ לְהֵעָשׂוֹת בַּיּוֹם אֲשֶׁר
שִׂבְּרוּ אֹיְבֵי הַיְּהוּדִים לִשְׁלוֹט בָּהֶם וְנַהֲפוֹךְ הוּא אֲשֶׁר יִשְׁלְטוּ הַיְּהוּדִים
הֵמָּה בְּשֹׂנְאֵיהֶם׃ נִקְהֲלוּ הַיְּהוּדִים בְּעָרֵיהֶם בְּכָל־מְדִינוֹת הַמֶּלֶךְ אֲחַשְׁוֵרוֹשׁ
לִשְׁלֹחַ יָד בִּמְבַקְשֵׁי רָעָתָם וְאִישׁ לֹא־עָמַד לִפְנֵיהֶם כִּי־נָפַל פַּחְדָּם עַל־כָּל־
הָעַמִּים׃ וְכָל־שָׂרֵי הַמְּדִינוֹת וְהָאֲחַשְׁדַּרְפְּנִים וְהַפַּחוֹת וְעֹשֵׂי הַמְּלָאכָה
אֲשֶׁר לַמֶּלֶךְ מְנַשְּׂאִים אֶת־הַיְּהוּדִים כִּי־נָפַל פַּחַד־מָרְדֳּכַי עֲלֵיהֶם׃ כִּי־
גָדוֹל מָרְדֳּכַי בְּבֵית הַמֶּלֶךְ וְשָׁמְעוֹ הוֹלֵךְ בְּכָל־הַמְּדִינוֹת כִּי־הָאִישׁ מָרְדֳּכַי
הוֹלֵךְ וְגָדוֹל׃ וַיַּכּוּ הַיְּהוּדִים בְּכָל־אֹיְבֵיהֶם מַכַּת־חֶרֶב וְהֶרֶג וְאַבְדָן וַיַּעֲשׂוּ
בְשֹׂנְאֵיהֶם כִּרְצוֹנָם׃ וּבְשׁוּשַׁן הַבִּירָה הָרְגוּ הַיְּהוּדִים וְאַבֵּד · חֲמֵשׁ מֵאוֹת

אִישׁ׃ וְאֵת ׀
פַּרְשַׁנְדָּתָא וְאֵת ׀
דַּלְפוֹן וְאֵת ׀
אַסְפָּתָא׃ וְאֵת ׀
פּוֹרָתָא וְאֵת ׀
אֲדַלְיָא וְאֵת ׀

אֲרִידָתָא׃ וְאֵת
פַּרְמַשְׁתָּא וְאֵת
אֲרִיסַי וְאֵת
אֲרִידַי וְאֵת
וַיְזָתָא׃ עֲשֶׂרֶת

בְּנֵי הָמָן בֶּן־הַמְּדָתָא צֹרֵר הַיְּהוּדִים הָרָגוּ וּבַבִּזָּה לֹא שָׁלְחוּ אֶת־יָדָם׃ בַּיּוֹם
הַהוּא בָּא מִסְפַּר הַהֲרוּגִים בְּשׁוּשַׁן הַבִּירָה לִפְנֵי הַמֶּלֶךְ׃ וַיֹּאמֶר הַמֶּלֶךְ לְאֶסְתֵּר
הַמַּלְכָּה בְּשׁוּשַׁן הַבִּירָה הָרְגוּ הַיְּהוּדִים וְאַבֵּד חֲמֵשׁ מֵאוֹת אִישׁ וְאֵת עֲשֶׂרֶת
בְּנֵי־הָמָן בִּשְׁאָר מְדִינוֹת הַמֶּלֶךְ מֶה עָשׂוּ וּמַה־שְּׁאֵלָתֵךְ וְיִנָּתֵן לָךְ וּמַה־בַּקָּשָׁתֵךְ
עוֹד וְתֵעָשׂ׃ וַתֹּאמֶר אֶסְתֵּר אִם־עַל־הַמֶּלֶךְ טוֹב יִנָּתֵן גַּם־מָחָר לַיְּהוּדִים אֲשֶׁר
בְּשׁוּשָׁן לַעֲשׂוֹת כְּדָת הַיּוֹם וְאֵת עֲשֶׂרֶת בְּנֵי־הָמָן יִתְלוּ עַל־הָעֵץ׃ וַיֹּאמֶר
הַמֶּלֶךְ לְהֵעָשׂוֹת כֵּן וַתִּנָּתֵן דָּת בְּשׁוּשָׁן וְאֵת עֲשֶׂרֶת בְּנֵי־הָמָן תָּלוּ׃ וַיִּקָּהֲלוּ
היהודיים אֲשֶׁר־בְּשׁוּשָׁן גַּם בְּיוֹם אַרְבָּעָה עָשָׂר לְחֹדֶשׁ אֲדָר וַיַּהַרְגוּ בְשׁוּשָׁן הַיְּהוּדִים
שְׁלֹשׁ מֵאוֹת אִישׁ וּבַבִּזָּה לֹא שָׁלְחוּ אֶת־יָדָם׃ וּשְׁאָר הַיְּהוּדִים אֲשֶׁר בִּמְדִינוֹת
הַמֶּלֶךְ נִקְהֲלוּ ׀ וְעָמֹד עַל־נַפְשָׁם וְנוֹחַ מֵאֹיְבֵיהֶם וְהָרוֹג בְּשֹׂנְאֵיהֶם חֲמִשָּׁה
וְשִׁבְעִים אָלֶף וּבַבִּזָּה לֹא שָׁלְחוּ אֶת־יָדָם׃ בְּיוֹם־שְׁלֹשָׁה עָשָׂר לְחֹדֶשׁ אֲדָר וְנוֹחַ
בְּאַרְבָּעָה עָשָׂר בּוֹ וְעָשֹׂה אֹתוֹ יוֹם מִשְׁתֶּה וְשִׂמְחָה׃ והיהודיים אֲשֶׁר־בְּשׁוּשָׁן וְהַיְּהוּדִים
נִקְהֲלוּ בִּשְׁלוֹשָׁה עָשָׂר בּוֹ וּבְאַרְבָּעָה עָשָׂר בּוֹ וְנוֹחַ בַּחֲמִשָּׁה עָשָׂר בּוֹ וְעָשֹׂה
אֹתוֹ יוֹם מִשְׁתֶּה וְשִׂמְחָה׃ עַל־כֵּן הַיְּהוּדִים הפרוזים הַיֹּשְׁבִים בְּעָרֵי הַפְּרָזוֹת הַפְּרָזִים
עֹשִׂים אֵת יוֹם אַרְבָּעָה עָשָׂר לְחֹדֶשׁ אֲדָר שִׂמְחָה וּמִשְׁתֶּה וְיוֹם טוֹב וּמִשְׁלוֹחַ
מָנוֹת אִישׁ לְרֵעֵהוּ׃ וַיִּכְתֹּב מָרְדֳּכַי אֶת־הַדְּבָרִים הָאֵלֶּה וַיִּשְׁלַח סְפָרִים אֶל־כָּל־
הַיְּהוּדִים אֲשֶׁר בְּכָל־מְדִינוֹת הַמֶּלֶךְ אֲחַשְׁוֵרוֹשׁ הַקְּרוֹבִים וְהָרְחוֹקִים׃ לְקַיֵּם
עֲלֵיהֶם לִהְיוֹת עֹשִׂים אֵת יוֹם אַרְבָּעָה עָשָׂר לְחֹדֶשׁ אֲדָר וְאֵת יוֹם־חֲמִשָּׁה
עָשָׂר בּוֹ בְּכָל־שָׁנָה וְשָׁנָה׃ כַּיָּמִים אֲשֶׁר־נָחוּ בָהֶם הַיְּהוּדִים מֵאֹיְבֵיהֶם וְהַחֹדֶשׁ
אֲשֶׁר נֶהְפַּךְ לָהֶם מִיָּגוֹן לְשִׂמְחָה וּמֵאֵבֶל לְיוֹם טוֹב לַעֲשׂוֹת אוֹתָם יְמֵי מִשְׁתֶּה
וְשִׂמְחָה וּמִשְׁלוֹחַ מָנוֹת אִישׁ לְרֵעֵהוּ וּמַתָּנוֹת לָאֶבְיֹנִים׃ וְקִבֵּל הַיְּהוּדִים אֵת
אֲשֶׁר־הֵחֵלּוּ לַעֲשׂוֹת וְאֵת אֲשֶׁר־כָּתַב מָרְדֳּכַי אֲלֵיהֶם׃ כִּי הָמָן בֶּן־הַמְּדָתָא
הָאֲגָגִי צֹרֵר כָּל־הַיְּהוּדִים חָשַׁב עַל־הַיְּהוּדִים לְאַבְּדָם וְהִפִּל פּוּר הוּא הַגּוֹרָל
לְהֻמָּם וּלְאַבְּדָם׃ וּבְבֹאָהּ לִפְנֵי הַמֶּלֶךְ אָמַר עִם־הַסֵּפֶר יָשׁוּב מַחֲשַׁבְתּוֹ הָרָעָה

אֲשֶׁר־חָשַׁב עַל־הַיְּהוּדִים עַל־רֹאשׁוֹ וְתָלוּ אֹתוֹ וְאֶת־בָּנָיו עַל־הָעֵץ׃ עַל־כֵּן
קָרְאוּ לַיָּמִים הָאֵלֶּה פוּרִים עַל־שֵׁם הַפּוּר עַל־כֵּן עַל־כָּל־דִּבְרֵי הָאִגֶּרֶת הַזֹּאת
וּמָה־רָאוּ עַל־כָּכָה וּמָה הִגִּיעַ אֲלֵיהֶם׃ קִיְּמוּ וְקִבְּלֻ הַיְּהוּדִים ׀ עֲלֵיהֶם ׀ וְעַל־
זַרְעָם וְעַל כָּל־הַנִּלְוִים עֲלֵיהֶם וְלֹא יַעֲבוֹר לִהְיוֹת עֹשִׂים אֵת שְׁנֵי הַיָּמִים הָאֵלֶּה
כִּכְתָבָם וְכִזְמַנָּם בְּכָל־שָׁנָה וְשָׁנָה׃ וְהַיָּמִים הָאֵלֶּה נִזְכָּרִים וְנַעֲשִׂים בְּכָל־דּוֹר
וָדוֹר מִשְׁפָּחָה וּמִשְׁפָּחָה מְדִינָה וּמְדִינָה וְעִיר וָעִיר וִימֵי הַפּוּרִים הָאֵלֶּה לֹא
יַעַבְרוּ מִתּוֹךְ הַיְּהוּדִים וְזִכְרָם לֹא־יָסוּף מִזַּרְעָם׃ וַתִּכְתֹּב אֶסְתֵּר
הַמַּלְכָּה בַת־אֲבִיחַיִל וּמָרְדֳּכַי הַיְּהוּדִי אֶת־כָּל־תֹּקֶף לְקַיֵּם אֵת אִגֶּרֶת הַפֻּרִים
הַזֹּאת הַשֵּׁנִית׃ וַיִּשְׁלַח סְפָרִים אֶל־כָּל־הַיְּהוּדִים אֶל־שֶׁבַע וְעֶשְׂרִים וּמֵאָה
מְדִינָה מַלְכוּת אֲחַשְׁוֵרוֹשׁ דִּבְרֵי שָׁלוֹם וֶאֱמֶת׃ לְקַיֵּם אֶת־יְמֵי הַפֻּרִים הָאֵלֶּה
בִּזְמַנֵּיהֶם כַּאֲשֶׁר קִיַּם עֲלֵיהֶם מָרְדֳּכַי הַיְּהוּדִי וְאֶסְתֵּר הַמַּלְכָּה וְכַאֲשֶׁר קִיְּמוּ
עַל־נַפְשָׁם וְעַל־זַרְעָם דִּבְרֵי הַצּוֹמוֹת וְזַעֲקָתָם׃ וּמַאֲמַר אֶסְתֵּר קִיַּם דִּבְרֵי
הַפֻּרִים הָאֵלֶּה וְנִכְתָּב בַּסֵּפֶר׃ וַיָּשֶׂם הַמֶּלֶךְ אחשרש ׀ מַס עַל־ י (אֲחַשְׁוֵרוֹשׁ)
הָאָרֶץ וְאִיֵּי הַיָּם׃ וְכָל־מַעֲשֵׂה תָקְפּוֹ וּגְבוּרָתוֹ וּפָרָשַׁת גְּדֻלַּת מָרְדֳּכַי אֲשֶׁר
גִּדְּלוֹ הַמֶּלֶךְ הֲלוֹא־הֵם כְּתוּבִים עַל־סֵפֶר דִּבְרֵי הַיָּמִים לְמַלְכֵי מָדַי וּפָרָס׃
• כִּי ׀ מָרְדֳּכַי הַיְּהוּדִי מִשְׁנֶה לַמֶּלֶךְ אֲחַשְׁוֵרוֹשׁ וְגָדוֹל לַיְּהוּדִים וְרָצוּי לְרֹב
אֶחָיו דֹּרֵשׁ טוֹב לְעַמּוֹ וְדֹבֵר שָׁלוֹם לְכָל־זַרְעוֹ׃ •

אחר הקריאה בציבור גוללים את המגילה והקורא מברך את הברכות שבעמוד 451.

תהלים

לפני אמירת תהלים נוהגים לומר (שערי ציון):

יְהִי רָצוֹן מִלְּפָנֶיךָ, יהוה אֱלֹהֵינוּ וֵאלֹהֵי אֲבוֹתֵינוּ, הַבּוֹחֵר בְּדָוִד עַבְדּוֹ וּבְזַרְעוֹ
אַחֲרָיו, וְהַבּוֹחֵר בְּשִׁירוֹת וְתִשְׁבָּחוֹת, שֶׁתֵּפֶן בְּרַחֲמִים אֶל קְרִיאַת מִזְמוֹרֵי
תְהִלִּים שֶׁאֶקְרָא כְּאִלּוּ אֲמָרָם דָּוִד הַמֶּלֶךְ עָלָיו הַשָּׁלוֹם בְּעַצְמוֹ, זְכוּתוֹ
תָּגֵן עָלֵינוּ, וְתַעֲמָד לָנוּ זְכוּת פְּסוּקֵי תְהִלִּים וּזְכוּת תֵּבוֹתֵיהֶם וְאוֹתִיּוֹתֵיהֶם
וּנְקֻדּוֹתֵיהֶם וְטַעֲמֵיהֶם וְהַשֵּׁמוֹת הַיּוֹצְאִים מֵהֶם מֵרָאשֵׁי תֵבוֹת וּמִסּוֹפֵי תֵבוֹת
לְכַפֵּר פְּשָׁעֵינוּ וַעֲוֹנוֹתֵינוּ וְחַטֹּאתֵינוּ, וּלְזַמֵּר עָרִיצִים וּלְהַכְרִית כָּל הַחוֹחִים
וְהַקּוֹצִים הַסּוֹבְבִים אֶת הַשּׁוֹשַׁנָּה הָעֶלְיוֹנָה וּלְחַבֵּר אֵשֶׁת נְעוּרִים עִם דּוֹדָהּ
בְּאַהֲבָה וְאַחֲוָה וְרֵעוּת, וּמִשָּׁם יִמָּשֵׁךְ לָנוּ שֶׁפַע לְנֶפֶשׁ רוּחַ וּנְשָׁמָה לְטַהֲרֵנוּ
מֵעֲוֹנוֹתֵינוּ וְלִסְלֹחַ חַטֹּאתֵינוּ וּלְכַפֵּר פְּשָׁעֵינוּ, כְּמוֹ שֶׁסָּלַחְתָּ לְדָוִד שֶׁאָמַר
מִזְמוֹרִים אֵלּוּ לְפָנֶיךָ, כְּמוֹ שֶׁנֶּאֱמַר, גַּם־יהוה הֶעֱבִיר חַטָּאתְךָ לֹא תָמוּת: שמואל ב׳ יב
וְאַל תִּקָּחֵנוּ מֵהָעוֹלָם הַזֶּה קֹדֶם זְמַנֵּנוּ עַד מְלֹאת שְׁנוֹתֵינוּ בָּהֶם שִׁבְעִים
שָׁנָה, בְּאֹפֶן שֶׁנּוּכַל לְתַקֵּן אֶת אֲשֶׁר שִׁחַתְנוּ, וּזְכוּת דָּוִד הַמֶּלֶךְ עָלָיו הַשָּׁלוֹם
תָּגֵן עָלֵינוּ וּבַעֲדֵנוּ, שֶׁתַּאֲרִיךְ אַפְּךָ עַד שׁוּבֵנוּ אֵלֶיךָ בִּתְשׁוּבָה שְׁלֵמָה לְפָנֶיךָ,
וּמֵאוֹצַר מַתְּנַת חִנָּם חָנֵּנוּ, כְּדִכְתִיב, וְחַנֹּתִי אֶת־אֲשֶׁר אָחֹן וְרִחַמְתִּי אֶת־אֲשֶׁר שמות לג
אֲרַחֵם: וּכְשֵׁם שֶׁאָנוּ אוֹמְרִים לְפָנֶיךָ שִׁירָה בָּעוֹלָם הַזֶּה, כָּךְ נִזְכֶּה לוֹמַר לְפָנֶיךָ
יהוה אֱלֹהֵינוּ שִׁיר וּשְׁבָחָה לָעוֹלָם הַבָּא. וְעַל יְדֵי אֲמִירַת תְּהִלִּים, תִּתְעוֹרֵר
חֲבַצֶּלֶת הַשָּׁרוֹן וְלָשִׁיר בְּקוֹל נָעִים בְּגִילַת וְרַנֵּן, כְּבוֹד הַלְּבָנוֹן נִתַּן לָהּ הוֹד
וְהָדָר בְּבֵית אֱלֹהֵינוּ בִּמְהֵרָה בְיָמֵינוּ, אָמֵן סֶלָה.

לְכוּ נְרַנְּנָה לַיהוה, נָרִיעָה לְצוּר יִשְׁעֵנוּ: תהלים צה
נְקַדְּמָה פָנָיו בְּתוֹדָה, בִּזְמִרוֹת נָרִיעַ לוֹ:
כִּי אֵל גָּדוֹל יהוה, וּמֶלֶךְ גָּדוֹל עַל־כָּל־אֱלֹהִים:

ספר ראשון

א* אַשְׁרֵי־הָאִישׁ אֲשֶׁר ׀ לֹא הָלַךְ בַּעֲצַת רְשָׁעִים וּבְדֶרֶךְ חַטָּאִים לֹא עָמָד
וּבְמוֹשַׁב לֵצִים לֹא יָשָׁב: כִּי אִם בְּתוֹרַת יהוה חֶפְצוֹ וּבְתוֹרָתוֹ יֶהְגֶּה יוֹמָם
וָלָיְלָה: וְהָיָה כְּעֵץ שָׁתוּל עַל־פַּלְגֵי מָיִם אֲשֶׁר פִּרְיוֹ ׀ יִתֵּן בְּעִתּוֹ וְעָלֵהוּ לֹא־
יִבּוֹל וְכֹל אֲשֶׁר־יַעֲשֶׂה יַצְלִיחַ: לֹא־כֵן הָרְשָׁעִים כִּי אִם־כַּמֹּץ אֲשֶׁר־תִּדְּפֶנּוּ
רוּחַ: עַל־כֵּן ׀ לֹא־יָקֻמוּ רְשָׁעִים בַּמִּשְׁפָּט וְחַטָּאִים בַּעֲדַת צַדִּיקִים: כִּי־יוֹדֵעַ
יהוה דֶּרֶךְ צַדִּיקִים וְדֶרֶךְ רְשָׁעִים תֹּאבֵד:
ב לָמָּה רָגְשׁוּ גוֹיִם וּלְאֻמִּים יֶהְגּוּ־רִיק: יִתְיַצְּבוּ ׀ מַלְכֵי־אֶרֶץ וְרוֹזְנִים נוֹסְדוּ־יָחַד
עַל־יהוה וְעַל־מְשִׁיחוֹ: נְנַתְּקָה אֶת־מוֹסְרוֹתֵימוֹ וְנַשְׁלִיכָה מִמֶּנּוּ עֲבֹתֵימוֹ:
יוֹשֵׁב בַּשָּׁמַיִם יִשְׂחָק אֲדֹנָי יִלְעַג־לָמוֹ: אָז יְדַבֵּר אֵלֵימוֹ בְאַפּוֹ וּבַחֲרוֹנוֹ יְבַהֲלֵמוֹ:
וַאֲנִי נָסַכְתִּי מַלְכִּי עַל־צִיּוֹן הַר־קָדְשִׁי: אֲסַפְּרָה אֶל חֹק יהוה אָמַר אֵלַי
בְּנִי־אַתָּה אֲנִי הַיּוֹם יְלִדְתִּיךָ: שְׁאַל מִמֶּנִּי וְאֶתְּנָה גוֹיִם נַחֲלָתֶךָ וַאֲחֻזָּתְךָ אַפְסֵי־
אָרֶץ: תְּרֹעֵם בְּשֵׁבֶט בַּרְזֶל כִּכְלִי יוֹצֵר תְּנַפְּצֵם: וְעַתָּה מְלָכִים הַשְׂכִּילוּ הִוָּסְרוּ
שֹׁפְטֵי אָרֶץ: עִבְדוּ אֶת־יהוה בְּיִרְאָה וְגִילוּ בִּרְעָדָה: נַשְּׁקוּ־בַר פֶּן־יֶאֱנַף ׀
וְתֹאבְדוּ דֶרֶךְ כִּי־יִבְעַר כִּמְעַט אַפּוֹ אַשְׁרֵי כָּל־חוֹסֵי בוֹ:
ג מִזְמוֹר לְדָוִד בְּבָרְחוֹ מִפְּנֵי ׀ אַבְשָׁלוֹם בְּנוֹ: יהוה מָה־רַבּוּ צָרָי רַבִּים קָמִים
עָלָי: רַבִּים אֹמְרִים לְנַפְשִׁי אֵין יְשׁוּעָתָה לּוֹ בֵאלֹהִים סֶלָה: וְאַתָּה יהוה מָגֵן
בַּעֲדִי כְּבוֹדִי וּמֵרִים רֹאשִׁי: קוֹלִי אֶל־יהוה אֶקְרָא וַיַּעֲנֵנִי מֵהַר קָדְשׁוֹ סֶלָה:
אֲנִי שָׁכַבְתִּי וָאִישָׁנָה הֱקִיצוֹתִי כִּי יהוה יִסְמְכֵנִי: לֹא־אִירָא מֵרִבְבוֹת עָם אֲשֶׁר
סָבִיב שָׁתוּ עָלָי: קוּמָה יהוה ׀ הוֹשִׁיעֵנִי אֱלֹהַי כִּי־הִכִּיתָ אֶת־כָּל־אֹיְבַי לֶחִי
שִׁנֵּי רְשָׁעִים שִׁבַּרְתָּ: לַיהוה הַיְשׁוּעָה עַל־עַמְּךָ בִרְכָתֶךָ סֶּלָה:
ד לַמְנַצֵּחַ בִּנְגִינוֹת מִזְמוֹר לְדָוִד: בְּקָרְאִי עֲנֵנִי ׀ אֱלֹהֵי צִדְקִי בַּצָּר הִרְחַבְתָּ לִּי
חָנֵּנִי וּשְׁמַע תְּפִלָּתִי: בְּנֵי־אִישׁ עַד־מֶה כְבוֹדִי לִכְלִמָּה תֶּאֱהָבוּן רִיק תְּבַקְשׁוּ
כָזָב סֶלָה: וּדְעוּ כִּי־הִפְלָה יהוה חָסִיד לוֹ יהוה יִשְׁמַע בְּקָרְאִי אֵלָיו: רִגְזוּ
וְאַל־תֶּחֱטָאוּ אִמְרוּ בִלְבַבְכֶם עַל־מִשְׁכַּבְכֶם וְדֹמּוּ סֶלָה: זִבְחוּ זִבְחֵי־צֶדֶק
וּבִטְחוּ אֶל־יהוה: רַבִּים אֹמְרִים מִי־יַרְאֵנוּ טוֹב נְסָה־עָלֵינוּ אוֹר פָּנֶיךָ יהוה:
נָתַתָּה שִׂמְחָה בְלִבִּי מֵעֵת דְּגָנָם וְתִירוֹשָׁם רָבּוּ: בְּשָׁלוֹם יַחְדָּו אֶשְׁכְּבָה וְאִישָׁן
כִּי־אַתָּה יהוה לְבָדָד לָבֶטַח תּוֹשִׁיבֵנִי:
ה לַמְנַצֵּחַ אֶל־הַנְּחִילוֹת מִזְמוֹר לְדָוִד: אֲמָרַי הַאֲזִינָה ׀ יהוה בִּינָה הֲגִיגִי:

*א לחודש / ליום הראשון

הַקְשִׁיבָה ׀ לְקוֹל שַׁוְעִי מַלְכִּי וֵאלֹהָי כִּי־אֵלֶיךָ אֶתְפַּלָּל׃ יְהוָה בֹּקֶר תִּשְׁמַע
קוֹלִי בֹּקֶר אֶעֱרָךְ־לְךָ וַאֲצַפֶּה׃ כִּי ׀ לֹא אֵל־חָפֵץ רֶשַׁע ׀ אָתָּה לֹא יְגֻרְךָ רָע׃
לֹא־יִתְיַצְּבוּ הוֹלְלִים לְנֶגֶד עֵינֶיךָ שָׂנֵאתָ כָּל־פֹּעֲלֵי אָוֶן׃ תְּאַבֵּד דֹּבְרֵי כָזָב
אִישׁ־דָּמִים וּמִרְמָה יְתָעֵב ׀ יְהוָה׃ וַאֲנִי בְּרֹב חַסְדְּךָ אָבוֹא בֵיתֶךָ אֶשְׁתַּחֲוֶה
הַיְשַׁר אֶל־הֵיכַל־קָדְשְׁךָ בְּיִרְאָתֶךָ׃ יְהוָה ׀ נְחֵנִי בְצִדְקָתֶךָ לְמַעַן שׁוֹרְרָי הושר לְפָנַי
דַּרְכֶּךָ׃ כִּי אֵין בְּפִיהוּ נְכוֹנָה קִרְבָּם הַוּוֹת קֶבֶר־פָּתוּחַ גְּרוֹנָם לְשׁוֹנָם יַחֲלִיקוּן׃
הַאֲשִׁימֵם ׀ אֱלֹהִים יִפְּלוּ מִמֹּעֲצוֹתֵיהֶם בְּרֹב פִּשְׁעֵיהֶם הַדִּיחֵמוֹ כִּי מָרוּ בָךְ׃
וְיִשְׂמְחוּ כָל־חוֹסֵי בָךְ לְעוֹלָם יְרַנֵּנוּ וְתָסֵךְ עָלֵימוֹ וְיַעְלְצוּ בְךָ אֹהֲבֵי שְׁמֶךָ׃
כִּי־אַתָּה תְּבָרֵךְ צַדִּיק יְהוָה כַּצִּנָּה רָצוֹן תַּעְטְרֶנּוּ׃
ו לַמְנַצֵּחַ בִּנְגִינוֹת עַל־הַשְּׁמִינִית מִזְמוֹר לְדָוִד׃ יְהוָה אַל־בְּאַפְּךָ תוֹכִיחֵנִי
וְאַל־בַּחֲמָתְךָ תְיַסְּרֵנִי׃ חָנֵּנִי יְהוָה כִּי אֻמְלַל אָנִי רְפָאֵנִי יְהוָה כִּי נִבְהֲלוּ עֲצָמָי׃
וְנַפְשִׁי נִבְהֲלָה מְאֹד וְאַתְּ יְהוָה עַד־מָתָי׃ שׁוּבָה יְהוָה חַלְּצָה נַפְשִׁי הוֹשִׁיעֵנִי
לְמַעַן חַסְדֶּךָ׃ כִּי אֵין בַּמָּוֶת זִכְרֶךָ בִּשְׁאוֹל מִי יוֹדֶה־לָּךְ׃ יָגַעְתִּי ׀ בְּאַנְחָתִי
אַשְׂחֶה בְכָל־לַיְלָה מִטָּתִי בְּדִמְעָתִי עַרְשִׂי אַמְסֶה׃ עָשְׁשָׁה מִכַּעַס עֵינִי
עָתְקָה בְּכָל־צוֹרְרָי׃ סוּרוּ מִמֶּנִּי כָּל־פֹּעֲלֵי אָוֶן כִּי־שָׁמַע יְהוָה קוֹל בִּכְיִי׃
שָׁמַע יְהוָה תְּחִנָּתִי יְהוָה תְּפִלָּתִי יִקָּח׃ יֵבֹשׁוּ ׀ וְיִבָּהֲלוּ מְאֹד כָּל־אֹיְבָי יָשֻׁבוּ
יֵבֹשׁוּ רָגַע׃
ז שִׁגָּיוֹן לְדָוִד אֲשֶׁר־שָׁר לַיהוָה עַל־דִּבְרֵי־כוּשׁ בֶּן־יְמִינִי׃ יְהוָה אֱלֹהַי בְּךָ חָסִיתִי
הוֹשִׁיעֵנִי מִכָּל־רֹדְפַי וְהַצִּילֵנִי׃ פֶּן־יִטְרֹף כְּאַרְיֵה נַפְשִׁי פֹּרֵק וְאֵין מַצִּיל׃ יְהוָה
אֱלֹהַי אִם־עָשִׂיתִי זֹאת אִם־יֶשׁ־עָוֶל בְּכַפָּי׃ אִם־גָּמַלְתִּי שׁוֹלְמִי רָע וָאֲחַלְּצָה
צוֹרְרִי רֵיקָם׃ יִרַדֹּף אוֹיֵב ׀ נַפְשִׁי וְיַשֵּׂג וְיִרְמֹס לָאָרֶץ חַיָּי וּכְבוֹדִי ׀ לֶעָפָר יַשְׁכֵּן
סֶלָה׃ קוּמָה יְהוָה ׀ בְּאַפֶּךָ הִנָּשֵׂא בְּעַבְרוֹת צוֹרְרָי וְעוּרָה אֵלַי מִשְׁפָּט צִוִּיתָ׃
וַעֲדַת לְאֻמִּים תְּסוֹבְבֶךָּ וְעָלֶיהָ לַמָּרוֹם שׁוּבָה׃ יְהוָה יָדִין עַמִּים שָׁפְטֵנִי יְהוָה
כְּצִדְקִי וּכְתֻמִּי עָלָי׃ יִגְמָר־נָא רַע ׀ רְשָׁעִים וּתְכוֹנֵן צַדִּיק וּבֹחֵן לִבּוֹת וּכְלָיוֹת
אֱלֹהִים צַדִּיק׃ מָגִנִּי עַל־אֱלֹהִים מוֹשִׁיעַ יִשְׁרֵי־לֵב׃ אֱלֹהִים שׁוֹפֵט צַדִּיק וְאֵל
זֹעֵם בְּכָל־יוֹם׃ אִם־לֹא יָשׁוּב חַרְבּוֹ יִלְטוֹשׁ קַשְׁתּוֹ דָרַךְ וַיְכוֹנְנֶהָ׃ וְלוֹ הֵכִין
כְּלֵי־מָוֶת חִצָּיו לְדֹלְקִים יִפְעָל׃ הִנֵּה יְחַבֶּל־אָוֶן וְהָרָה עָמָל וְיָלַד שָׁקֶר׃ בּוֹר
כָּרָה וַיַּחְפְּרֵהוּ וַיִּפֹּל בְּשַׁחַת יִפְעָל׃ יָשׁוּב עֲמָלוֹ בְרֹאשׁוֹ וְעַל קָדְקֳדוֹ חֲמָסוֹ
יֵרֵד׃ אוֹדֶה יְהוָה כְּצִדְקוֹ וַאֲזַמְּרָה שֵׁם־יְהוָה עֶלְיוֹן׃

ח לַמְנַצֵּחַ עַל־הַגִּתִּית מִזְמוֹר לְדָוִד: יְהוָה אֲדֹנֵינוּ מָה־אַדִּיר שִׁמְךָ בְּכָל־הָאָרֶץ
אֲשֶׁר־תְּנָה הוֹדְךָ עַל־הַשָּׁמָיִם: מִפִּי עוֹלְלִים | וְיֹנְקִים יִסַּדְתָּ עֹז לְמַעַן צוֹרְרֶיךָ
לְהַשְׁבִּית אוֹיֵב וּמִתְנַקֵּם: כִּי־אֶרְאֶה שָׁמֶיךָ מַעֲשֵׂה אֶצְבְּעֹתֶיךָ יָרֵחַ וְכוֹכָבִים
אֲשֶׁר כּוֹנָנְתָּה: מָה־אֱנוֹשׁ כִּי־תִזְכְּרֶנּוּ וּבֶן־אָדָם כִּי תִפְקְדֶנּוּ: וַתְּחַסְּרֵהוּ מְּעַט
מֵאֱלֹהִים וְכָבוֹד וְהָדָר תְּעַטְּרֵהוּ: תַּמְשִׁילֵהוּ בְּמַעֲשֵׂי יָדֶיךָ כֹּל שַׁתָּה תַחַת־
רַגְלָיו: צֹנֶה וַאֲלָפִים כֻּלָּם וְגַם בַּהֲמוֹת שָׂדָי: צִפּוֹר שָׁמַיִם וּדְגֵי הַיָּם עֹבֵר אָרְחוֹת
יַמִּים: יְהוָה אֲדֹנֵינוּ מָה־אַדִּיר שִׁמְךָ בְּכָל־הָאָרֶץ:
ט לַמְנַצֵּחַ עַל־מוּת לַבֵּן מִזְמוֹר לְדָוִד: אוֹדֶה יְהוָה בְּכָל־לִבִּי אֲסַפְּרָה כָּל־
נִפְלְאוֹתֶיךָ: אֶשְׂמְחָה וְאֶעֶלְצָה בָךְ אֲזַמְּרָה שִׁמְךָ עֶלְיוֹן: בְּשׁוּב־אוֹיְבַי אָחוֹר
יִכָּשְׁלוּ וְיֹאבְדוּ מִפָּנֶיךָ: כִּי־עָשִׂיתָ מִשְׁפָּטִי וְדִינִי יָשַׁבְתָּ לְכִסֵּא שׁוֹפֵט צֶדֶק:
גָּעַרְתָּ גוֹיִם אִבַּדְתָּ רָשָׁע שְׁמָם מָחִיתָ לְעוֹלָם וָעֶד: הָאוֹיֵב | תַּמּוּ חֳרָבוֹת
לָנֶצַח וְעָרִים נָתַשְׁתָּ אָבַד זִכְרָם הֵמָּה: וַיהוָה לְעוֹלָם יֵשֵׁב כּוֹנֵן לַמִּשְׁפָּט
כִּסְאוֹ: וְהוּא יִשְׁפֹּט־תֵּבֵל בְּצֶדֶק יָדִין לְאֻמִּים בְּמֵישָׁרִים: וִיהִי יְהוָה מִשְׂגָּב
לַדָּךְ מִשְׂגָּב לְעִתּוֹת בַּצָּרָה: וְיִבְטְחוּ בְךָ יוֹדְעֵי שְׁמֶךָ כִּי לֹא־עָזַבְתָּ דֹרְשֶׁיךָ
יְהוָה: זַמְּרוּ לַיהוָה יֹשֵׁב צִיּוֹן הַגִּידוּ בָעַמִּים עֲלִילוֹתָיו: כִּי־דֹרֵשׁ דָּמִים אוֹתָם
זָכָר לֹא־שָׁכַח צַעֲקַת עניים: חָנְנֵנִי יְהוָה רְאֵה עָנְיִי מִשֹּׂנְאָי מְרוֹמְמִי מִשַּׁעֲרֵי־ עֲנָוִים
מָוֶת: לְמַעַן אֲסַפְּרָה כָּל־תְּהִלָּתֶיךָ בְּשַׁעֲרֵי בַת־צִיּוֹן אָגִילָה בִּישׁוּעָתֶךָ: טָבְעוּ
גוֹיִם בְּשַׁחַת עָשׂוּ בְּרֶשֶׁת־זוּ טָמָנוּ נִלְכְּדָה רַגְלָם: נוֹדַע | יְהוָה מִשְׁפָּט עָשָׂה
בְּפֹעַל כַּפָּיו נוֹקֵשׁ רָשָׁע הִגָּיוֹן סֶלָה: יָשׁוּבוּ רְשָׁעִים לִשְׁאוֹלָה כָּל־גּוֹיִם שְׁכֵחֵי
אֱלֹהִים: כִּי לֹא לָנֶצַח יִשָּׁכַח אֶבְיוֹן תִּקְוַת ענוים תֹּאבַד לָעַד: קוּמָה יְהוָה עֲנִיִּים
אַל־יָעֹז אֱנוֹשׁ יִשָּׁפְטוּ גוֹיִם עַל־פָּנֶיךָ: שִׁיתָה יְהוָה | מוֹרָה לָהֶם יֵדְעוּ גוֹיִם
אֱנוֹשׁ הֵמָּה סֶּלָה:
*י לָמָה יְהוָה תַּעֲמֹד בְּרָחוֹק תַּעְלִים לְעִתּוֹת בַּצָּרָה: בְּגַאֲוַת רָשָׁע יִדְלַק עָנִי
יִתָּפְשׂוּ | בִּמְזִמּוֹת זוּ חָשָׁבוּ: כִּי־הִלֵּל רָשָׁע עַל־תַּאֲוַת נַפְשׁוֹ וּבֹצֵעַ בֵּרֵךְ נִאֵץ |
יְהוָה: רָשָׁע כְּגֹבַהּ אַפּוֹ בַּל־יִדְרֹשׁ אֵין אֱלֹהִים כָּל־מְזִמּוֹתָיו: יָחִילוּ דְרָכָו |
בְּכָל־עֵת מָרוֹם מִשְׁפָּטֶיךָ מִנֶּגְדּוֹ כָּל־צוֹרְרָיו יָפִיחַ בָּהֶם: אָמַר בְּלִבּוֹ בַּל־אֶמּוֹט
לְדֹר וָדֹר אֲשֶׁר לֹא־בְרָע: אָלָה | פִּיהוּ מָלֵא וּמִרְמוֹת וָתֹךְ תַּחַת לְשׁוֹנוֹ עָמָל
וָאָוֶן: יֵשֵׁב | בְּמַאְרַב חֲצֵרִים בַּמִּסְתָּרִים יַהֲרֹג נָקִי עֵינָיו לְחֵלְכָה יִצְפֹּנוּ: יֶאֱרֹב
בַּמִּסְתָּר | כְּאַרְיֵה בְסֻכֹּה יֶאֱרֹב לַחֲטוֹף עָנִי יַחְטֹף עָנִי בְּמָשְׁכוֹ בְרִשְׁתּוֹ: ודכה יִדְכֶּה

*ב לחודש

יָשֹׁחַ וְנָפַל בַּעֲצוּמָיו חלכאים: אָמַר בְּלִבּוֹ שָׁכַח אֵל הִסְתִּיר פָּנָיו בַּל־רָאָה חֵל כָּאִים
לָנֶצַח: קוּמָה יהוה אֵל נְשָׂא יָדֶךָ אַל־תִּשְׁכַּח עניים: עַל־מֶה ׀ נִאֵץ רָשָׁע ׀ עֲנָוִים
אֱלֹהִים אָמַר בְּלִבּוֹ לֹא תִדְרֹשׁ: רָאִתָה כִּי־אַתָּה ׀ עָמָל וָכַעַס ׀ תַּבִּיט לָתֵת
בְּיָדֶךָ עָלֶיךָ יַעֲזֹב חֵלֶכָה יָתוֹם אַתָּה ׀ הָיִיתָ עוֹזֵר: שְׁבֹר זְרוֹעַ רָשָׁע וָרָע
תִּדְרוֹשׁ־רִשְׁעוֹ בַל־תִּמְצָא: יהוה מֶלֶךְ עוֹלָם וָעֶד אָבְדוּ גוֹיִם מֵאַרְצוֹ: תַּאֲוַת
עֲנָוִים שָׁמַעְתָּ יהוה תָּכִין לִבָּם תַּקְשִׁיב אָזְנֶךָ: לִשְׁפֹּט יָתוֹם וָדָךְ בַּל־יוֹסִיף
עוֹד לַעֲרֹץ אֱנוֹשׁ מִן־הָאָרֶץ:
יא לַמְנַצֵּחַ לְדָוִד בַּיהוה ׀ חָסִיתִי אֵיךְ תֹּאמְרוּ לְנַפְשִׁי נודו הַרְכֶם צִפּוֹר: כִּי הִנֵּה נוּדִי
הָרְשָׁעִים יִדְרְכוּן קֶשֶׁת כּוֹנְנוּ חִצָּם עַל־יֶתֶר לִירוֹת בְּמוֹ־אֹפֶל לְיִשְׁרֵי־לֵב:
כִּי הַשָּׁתוֹת יֵהָרֵסוּן צַדִּיק מַה־פָּעָל: יהוה ׀ בְּהֵיכַל קָדְשׁוֹ יהוה בַּשָּׁמַיִם
כִּסְאוֹ עֵינָיו יֶחֱזוּ עַפְעַפָּיו יִבְחֲנוּ בְּנֵי אָדָם: יהוה צַדִּיק יִבְחָן וְרָשָׁע וְאֹהֵב
חָמָס שָׂנְאָה נַפְשׁוֹ: יַמְטֵר עַל־רְשָׁעִים פַּחִים אֵשׁ וְגָפְרִית וְרוּחַ זִלְעָפוֹת
מְנָת כּוֹסָם: כִּי־צַדִּיק יהוה צְדָקוֹת אָהֵב יָשָׁר יֶחֱזוּ פָנֵימוֹ:
יב לַמְנַצֵּחַ עַל־הַשְּׁמִינִית מִזְמוֹר לְדָוִד: הוֹשִׁיעָה יהוה כִּי־גָמַר חָסִיד כִּי־פַסּוּ
אֱמוּנִים מִבְּנֵי אָדָם: שָׁוְא ׀ יְדַבְּרוּ אִישׁ אֶת־רֵעֵהוּ שְׂפַת חֲלָקוֹת בְּלֵב וָלֵב
יְדַבֵּרוּ: יַכְרֵת יהוה כָּל־שִׂפְתֵי חֲלָקוֹת לָשׁוֹן מְדַבֶּרֶת גְּדֹלוֹת: אֲשֶׁר אָמְרוּ ׀
לִלְשֹׁנֵנוּ נַגְבִּיר שְׂפָתֵינוּ אִתָּנוּ מִי אָדוֹן לָנוּ: מִשֹּׁד עֲנִיִּים מֵאַנְקַת אֶבְיוֹנִים
עַתָּה אָקוּם יֹאמַר יהוה אָשִׁית בְּיֵשַׁע יָפִיחַ לוֹ: אֲמָרוֹת יהוה אֲמָרוֹת טְהֹרוֹת
כֶּסֶף צָרוּף בַּעֲלִיל לָאָרֶץ מְזֻקָּק שִׁבְעָתָיִם: אַתָּה־יהוה תִּשְׁמְרֵם תִּצְּרֶנּוּ ׀
מִן־הַדּוֹר זוּ לְעוֹלָם: סָבִיב רְשָׁעִים יִתְהַלָּכוּן כְּרֻם זֻלּוּת לִבְנֵי אָדָם:
יג לַמְנַצֵּחַ מִזְמוֹר לְדָוִד: עַד־אָנָה יהוה תִּשְׁכָּחֵנִי נֶצַח עַד־אָנָה ׀ תַּסְתִּיר אֶת־
פָּנֶיךָ מִמֶּנִּי: עַד־אָנָה אָשִׁית עֵצוֹת בְּנַפְשִׁי יָגוֹן בִּלְבָבִי יוֹמָם עַד־אָנָה ׀ יָרוּם
אֹיְבִי עָלָי: הַבִּיטָה עֲנֵנִי יהוה אֱלֹהָי הָאִירָה עֵינַי פֶּן־אִישַׁן הַמָּוֶת: פֶּן־יֹאמַר
אֹיְבִי יְכָלְתִּיו צָרַי יָגִילוּ כִּי אֶמּוֹט: וַאֲנִי ׀ בְּחַסְדְּךָ בָטַחְתִּי יָגֵל לִבִּי בִּישׁוּעָתֶךָ
אָשִׁירָה לַיהוה כִּי גָמַל עָלָי:
יד לַמְנַצֵּחַ לְדָוִד אָמַר נָבָל בְּלִבּוֹ אֵין אֱלֹהִים הִשְׁחִיתוּ הִתְעִיבוּ עֲלִילָה אֵין
עֹשֵׂה־טוֹב: יהוה מִשָּׁמַיִם הִשְׁקִיף עַל־בְּנֵי־אָדָם לִרְאוֹת הֲיֵשׁ מַשְׂכִּיל דֹּרֵשׁ
אֶת־אֱלֹהִים: הַכֹּל סָר יַחְדָּו נֶאֱלָחוּ אֵין עֹשֵׂה־טוֹב אֵין גַּם־אֶחָד: הֲלֹא יָדְעוּ
כָּל־פֹּעֲלֵי אָוֶן אֹכְלֵי עַמִּי אָכְלוּ לֶחֶם יהוה לֹא קָרָאוּ: שָׁם ׀ פָּחֲדוּ פַחַד כִּי־

אֱלֹהִים בְּדוֹר צַדִּיק: עֲצַת־עָנִי תָבִישׁוּ כִּי יְהוָה מַחְסֵהוּ: מִי יִתֵּן מִצִּיּוֹן יְשׁוּעַת
יִשְׂרָאֵל בְּשׁוּב יְהוָה שְׁבוּת עַמּוֹ יָגֵל יַעֲקֹב יִשְׂמַח יִשְׂרָאֵל:
טו מִזְמוֹר לְדָוִד יְהוָה מִי־יָגוּר בְּאָהֳלֶךָ מִי־יִשְׁכֹּן בְּהַר קָדְשֶׁךָ: הוֹלֵךְ תָּמִים
וּפֹעֵל צֶדֶק וְדֹבֵר אֱמֶת בִּלְבָבוֹ: לֹא־רָגַל ׀ עַל־לְשֹׁנוֹ לֹא־עָשָׂה לְרֵעֵהוּ רָעָה
וְחֶרְפָּה לֹא־נָשָׂא עַל־קְרֹבוֹ: נִבְזֶה ׀ בְּעֵינָיו נִמְאָס וְאֶת־יִרְאֵי יְהוָה יְכַבֵּד נִשְׁבַּע
לְהָרַע וְלֹא יָמִר: כַּסְפּוֹ ׀ לֹא־נָתַן בְּנֶשֶׁךְ וְשֹׁחַד עַל־נָקִי לֹא־לָקָח עֹשֵׂה אֵלֶּה
לֹא יִמּוֹט לְעוֹלָם:
טז מִכְתָּם לְדָוִד שָׁמְרֵנִי אֵל כִּי־חָסִיתִי בָךְ: אָמַרְתְּ לַיהוָה אֲדֹנָי אָתָּה טוֹבָתִי
בַּל־עָלֶיךָ: לִקְדוֹשִׁים אֲשֶׁר־בָּאָרֶץ הֵמָּה וְאַדִּירֵי כָּל־חֶפְצִי־בָם: יִרְבּוּ עַצְּבוֹתָם
אַחֵר מָהָרוּ בַּל־אַסִּיךְ נִסְכֵּיהֶם מִדָּם וּבַל־אֶשָּׂא אֶת־שְׁמוֹתָם עַל־שְׂפָתָי:
יְהוָה מְנָת־חֶלְקִי וְכוֹסִי אַתָּה תּוֹמִיךְ גּוֹרָלִי: חֲבָלִים נָפְלוּ־לִי בַּנְּעִמִים אַף־
נַחֲלָת שָׁפְרָה עָלָי: אֲבָרֵךְ אֶת־יְהוָה אֲשֶׁר יְעָצָנִי אַף־לֵילוֹת יִסְּרוּנִי כִלְיוֹתָי:
שִׁוִּיתִי יְהוָה לְנֶגְדִּי תָמִיד כִּי מִימִינִי בַּל־אֶמּוֹט: לָכֵן ׀ שָׂמַח לִבִּי וַיָּגֶל כְּבוֹדִי
אַף־בְּשָׂרִי יִשְׁכֹּן לָבֶטַח: כִּי ׀ לֹא־תַעֲזֹב נַפְשִׁי לִשְׁאוֹל לֹא־תִתֵּן חסידיך חֲסִידְךָ
לִרְאוֹת שָׁחַת: תּוֹדִיעֵנִי אֹרַח חַיִּים שֹׂבַע שְׂמָחוֹת אֶת־פָּנֶיךָ נְעִמוֹת בִּימִינְךָ
נֶצַח:
יז תְּפִלָּה לְדָוִד שִׁמְעָה יְהוָה ׀ צֶדֶק הַקְשִׁיבָה רִנָּתִי הַאֲזִינָה תְפִלָּתִי בְּלֹא שִׂפְתֵי
מִרְמָה: מִלְּפָנֶיךָ מִשְׁפָּטִי יֵצֵא עֵינֶיךָ תֶּחֱזֶינָה מֵישָׁרִים: בָּחַנְתָּ לִבִּי ׀ פָּקַדְתָּ
לַּיְלָה צְרַפְתַּנִי בַל־תִּמְצָא זַמֹּתִי בַּל־יַעֲבָר־פִּי: לִפְעֻלּוֹת אָדָם בִּדְבַר שְׂפָתֶיךָ
אֲנִי שָׁמַרְתִּי אָרְחוֹת פָּרִיץ: תָּמֹךְ אֲשֻׁרַי בְּמַעְגְּלוֹתֶיךָ בַּל־נָמוֹטּוּ פְעָמָי:
אֲנִי־קְרָאתִיךָ כִי־תַעֲנֵנִי אֵל הַט־אָזְנְךָ לִי שְׁמַע אִמְרָתִי: הַפְלֵה חֲסָדֶיךָ מוֹשִׁיעַ
חוֹסִים מִמִּתְקוֹמְמִים בִּימִינֶךָ: שָׁמְרֵנִי כְּאִישׁוֹן בַּת־עָיִן בְּצֵל כְּנָפֶיךָ תַּסְתִּירֵנִי:
מִפְּנֵי רְשָׁעִים זוּ שַׁדּוּנִי אֹיְבַי בְּנֶפֶשׁ יַקִּיפוּ עָלָי: חֶלְבָּמוֹ סָּגְרוּ פִּימוֹ דִּבְּרוּ
בְגֵאוּת: אַשֻּׁרֵנוּ עַתָּה סבבוני עֵינֵיהֶם יָשִׁיתוּ לִנְטוֹת בָּאָרֶץ: דִּמְיֹנוֹ כְּאַרְיֵה סְבָבוּנוּ
יִכְסוֹף לִטְרוֹף וְכִכְפִיר יֹשֵׁב בְּמִסְתָּרִים: קוּמָה יְהוָה קַדְּמָה פָנָיו הַכְרִיעֵהוּ
פַּלְּטָה נַפְשִׁי מֵרָשָׁע חַרְבֶּךָ: מִמְתִים יָדְךָ ׀ יְהוָה מִמְתִים מֵחֶלֶד חֶלְקָם בַּחַיִּים
וצפינך תְּמַלֵּא בִטְנָם יִשְׂבְּעוּ בָנִים וְהִנִּיחוּ יִתְרָם לְעוֹלְלֵיהֶם: אֲנִי בְּצֶדֶק אֶחֱזֶה וּצְפוּנְךָ
פָנֶיךָ אֶשְׂבְּעָה בְהָקִיץ תְּמוּנָתֶךָ:
*יח לַמְנַצֵּחַ לְעֶבֶד יְהוָה לְדָוִד אֲשֶׁר דִּבֶּר ׀ לַיהוָה אֶת־דִּבְרֵי הַשִּׁירָה הַזֹּאת בְּיוֹם ׀

*ג לחודש

הִצִּיל־יְהֹוָה אוֹתוֹ מִכַּף כָּל־אֹיְבָיו וּמִיַּד שָׁאוּל: וַיֹּאמַר אֶרְחָמְךָ יְהֹוָה חִזְקִי:
יְהֹוָה ׀ סַלְעִי וּמְצוּדָתִי וּמְפַלְטִי אֵלִי צוּרִי אֶחֱסֶה־בּוֹ מָגִנִּי וְקֶרֶן־יִשְׁעִי מִשְׂגַּבִּי:
מְהֻלָּל אֶקְרָא יְהֹוָה וּמִן־אֹיְבַי אִוָּשֵׁעַ: אֲפָפוּנִי חֶבְלֵי־מָוֶת וְנַחֲלֵי בְלִיַּעַל
יְבַעֲתוּנִי: חֶבְלֵי שְׁאוֹל סְבָבוּנִי קִדְּמוּנִי מוֹקְשֵׁי מָוֶת: בַּצַּר־לִי ׀ אֶקְרָא יְהֹוָה
וְאֶל־אֱלֹהַי אֲשַׁוֵּעַ יִשְׁמַע מֵהֵיכָלוֹ קוֹלִי וְשַׁוְעָתִי לְפָנָיו ׀ תָּבוֹא בְאָזְנָיו: וַתִּגְעַשׁ
וַתִּרְעַשׁ ׀ הָאָרֶץ וּמוֹסְדֵי הָרִים יִרְגָּזוּ וַיִּתְגָּעֲשׁוּ כִּי־חָרָה לוֹ: עָלָה עָשָׁן ׀ בְּאַפּוֹ
וְאֵשׁ־מִפִּיו תֹּאכֵל גֶּחָלִים בָּעֲרוּ מִמֶּנּוּ: וַיֵּט שָׁמַיִם וַיֵּרַד וַעֲרָפֶל תַּחַת רַגְלָיו:
וַיִּרְכַּב עַל־כְּרוּב וַיָּעֹף וַיֵּדֶא עַל־כַּנְפֵי־רוּחַ: יָשֶׁת חֹשֶׁךְ ׀ סִתְרוֹ סְבִיבוֹתָיו סֻכָּתוֹ
חֶשְׁכַת־מַיִם עָבֵי שְׁחָקִים: מִנֹּגַהּ נֶגְדּוֹ עָבָיו עָבְרוּ בָּרָד וְגַחֲלֵי־אֵשׁ: וַיַּרְעֵם
בַּשָּׁמַיִם ׀ יְהֹוָה וְעֶלְיוֹן יִתֵּן קֹלוֹ בָּרָד וְגַחֲלֵי־אֵשׁ: וַיִּשְׁלַח חִצָּיו וַיְפִיצֵם וּבְרָקִים
רָב וַיְהֻמֵּם: וַיֵּרָאוּ ׀ אֲפִיקֵי מַיִם וַיִּגָּלוּ מוֹסְדוֹת תֵּבֵל מִגַּעֲרָתְךָ יְהֹוָה מִנִּשְׁמַת
רוּחַ אַפֶּךָ: יִשְׁלַח מִמָּרוֹם יִקָּחֵנִי יַמְשֵׁנִי מִמַּיִם רַבִּים: יַצִּילֵנִי מֵאֹיְבִי עָז וּמִשֹּׂנְאַי
כִּי־אָמְצוּ מִמֶּנִּי: יְקַדְּמוּנִי בְיוֹם־אֵידִי וַיְהִי־יְהֹוָה לְמִשְׁעָן לִי: וַיּוֹצִיאֵנִי לַמֶּרְחָב
יְחַלְּצֵנִי כִּי חָפֵץ בִּי: יִגְמְלֵנִי יְהֹוָה כְּצִדְקִי כְּבֹר יָדַי יָשִׁיב לִי: כִּי־שָׁמַרְתִּי דַּרְכֵי
יְהֹוָה וְלֹא־רָשַׁעְתִּי מֵאֱלֹהָי: כִּי כָל־מִשְׁפָּטָיו לְנֶגְדִּי וְחֻקֹּתָיו לֹא־אָסִיר מֶנִּי:
וָאֱהִי תָמִים עִמּוֹ וָאֶשְׁתַּמֵּר מֵעֲוֺנִי: וַיָּשֶׁב־יְהֹוָה לִי כְצִדְקִי כְּבֹר יָדַי לְנֶגֶד עֵינָיו:
עִם־חָסִיד תִּתְחַסָּד עִם־גְּבַר תָּמִים תִּתַּמָּם: עִם־נָבָר תִּתְבָּרָר וְעִם־עִקֵּשׁ
תִּתְפַּתָּל: כִּי־אַתָּה עַם־עָנִי תוֹשִׁיעַ וְעֵינַיִם רָמוֹת תַּשְׁפִּיל: כִּי־אַתָּה תָּאִיר נֵרִי
יְהֹוָה אֱלֹהַי יַגִּיהַּ חָשְׁכִּי: כִּי־בְךָ אָרֻץ גְּדוּד וּבֵאלֹהַי אֲדַלֶּג־שׁוּר: הָאֵל תָּמִים
דַּרְכּוֹ אִמְרַת־יְהֹוָה צְרוּפָה מָגֵן הוּא לְכֹל ׀ הַחֹסִים בּוֹ: כִּי מִי אֱלוֹהַּ מִבַּלְעֲדֵי
יְהֹוָה וּמִי צוּר זוּלָתִי אֱלֹהֵינוּ: הָאֵל הַמְאַזְּרֵנִי חָיִל וַיִּתֵּן תָּמִים דַּרְכִּי: מְשַׁוֶּה
רַגְלַי כָּאַיָּלוֹת וְעַל בָּמֹתַי יַעֲמִידֵנִי: מְלַמֵּד יָדַי לַמִּלְחָמָה וְנִחֲתָה קֶשֶׁת־נְחוּשָׁה
זְרוֹעֹתָי: וַתִּתֶּן־לִי מָגֵן יִשְׁעֶךָ וִימִינְךָ תִסְעָדֵנִי וְעַנְוַתְךָ תַרְבֵּנִי: תַּרְחִיב צַעֲדִי
תַחְתָּי וְלֹא מָעֲדוּ קַרְסֻלָּי: אֶרְדּוֹף אוֹיְבַי וְאַשִּׂיגֵם וְלֹא־אָשׁוּב עַד־כַּלּוֹתָם:
אֶמְחָצֵם וְלֹא־יֻכְלוּ קוּם יִפְּלוּ תַּחַת רַגְלָי: וַתְּאַזְּרֵנִי חַיִל לַמִּלְחָמָה תַּכְרִיעַ
קָמַי תַּחְתָּי: וְאֹיְבַי נָתַתָּה לִּי עֹרֶף וּמְשַׂנְאַי אַצְמִיתֵם: יְשַׁוְּעוּ וְאֵין־מוֹשִׁיעַ
עַל־יְהֹוָה וְלֹא עָנָם: וְאֶשְׁחָקֵם כְּעָפָר עַל־פְּנֵי־רוּחַ כְּטִיט חוּצוֹת אֲרִיקֵם:
תְּפַלְּטֵנִי מֵרִיבֵי עָם תְּשִׂימֵנִי לְרֹאשׁ גּוֹיִם עַם לֹא־יָדַעְתִּי יַעַבְדוּנִי: לְשֵׁמַע אֹזֶן
יִשָּׁמְעוּ לִי בְּנֵי־נֵכָר יְכַחֲשׁוּ־לִי: בְּנֵי־נֵכָר יִבֹּלוּ וְיַחְרְגוּ מִמִּסְגְּרוֹתֵיהֶם: חַי־יְהֹוָה

וּבָרוּךְ צוּרִי וְיָרוּם אֱלוֹהֵי יִשְׁעִי: הָאֵל הַנּוֹתֵן נְקָמוֹת לִי וַיַּדְבֵּר עַמִּים תַּחְתָּי:
מְפַלְּטִי מֵאֹיְבָי אַף מִן־קָמַי תְּרוֹמְמֵנִי מֵאִישׁ חָמָס תַּצִּילֵנִי: עַל־כֵּן ׀ אוֹדְךָ
בַגּוֹיִם ׀ יהוה וּלְשִׁמְךָ אֲזַמֵּרָה: מַגְדִּל יְשׁוּעוֹת מַלְכּוֹ וְעֹשֶׂה חֶסֶד ׀ לִמְשִׁיחוֹ
לְדָוִד וּלְזַרְעוֹ עַד־עוֹלָם:
יט לַמְנַצֵּחַ מִזְמוֹר לְדָוִד: הַשָּׁמַיִם מְסַפְּרִים כְּבוֹד־אֵל וּמַעֲשֵׂה יָדָיו מַגִּיד הָרָקִיעַ:
יוֹם לְיוֹם יַבִּיעַ אֹמֶר וְלַיְלָה לְּלַיְלָה יְחַוֶּה־דָּעַת: אֵין־אֹמֶר וְאֵין דְּבָרִים בְּלִי
נִשְׁמָע קוֹלָם: בְּכָל־הָאָרֶץ ׀ יָצָא קַוָּם וּבִקְצֵה תֵבֵל מִלֵּיהֶם לַשֶּׁמֶשׁ שָׂם־
אֹהֶל בָּהֶם: וְהוּא כְּחָתָן יֹצֵא מֵחֻפָּתוֹ יָשִׂישׂ כְּגִבּוֹר לָרוּץ אֹרַח: מִקְצֵה
הַשָּׁמַיִם ׀ מוֹצָאוֹ וּתְקוּפָתוֹ עַל־קְצוֹתָם וְאֵין נִסְתָּר מֵחַמָּתוֹ: תּוֹרַת יהוה
תְּמִימָה מְשִׁיבַת נָפֶשׁ עֵדוּת יהוה נֶאֱמָנָה מַחְכִּימַת פֶּתִי: פִּקּוּדֵי יהוה יְשָׁרִים
מְשַׂמְּחֵי־לֵב מִצְוַת יהוה בָּרָה מְאִירַת עֵינָיִם: יִרְאַת יהוה ׀ טְהוֹרָה עוֹמֶדֶת
לָעַד מִשְׁפְּטֵי־יהוה אֱמֶת צָדְקוּ יַחְדָּו: הַנֶּחֱמָדִים מִזָּהָב וּמִפַּז רָב וּמְתוּקִים
מִדְּבַשׁ וְנֹפֶת צוּפִים: גַּם־עַבְדְּךָ נִזְהָר בָּהֶם בְּשָׁמְרָם עֵקֶב רָב: שְׁגִיאוֹת מִי־יָבִין
מִנִּסְתָּרוֹת נַקֵּנִי: גַּם מִזֵּדִים ׀ חֲשֹׂךְ עַבְדֶּךָ אַל־יִמְשְׁלוּ־בִי אָז אֵיתָם וְנִקֵּיתִי
מִפֶּשַׁע רָב: יִהְיוּ לְרָצוֹן ׀ אִמְרֵי־פִי וְהֶגְיוֹן לִבִּי לְפָנֶיךָ יהוה צוּרִי וְגֹאֲלִי:
כ לַמְנַצֵּחַ מִזְמוֹר לְדָוִד: יַעַנְךָ יהוה בְּיוֹם צָרָה יְשַׂגֶּבְךָ שֵׁם ׀ אֱלֹהֵי יַעֲקֹב: יִשְׁלַח־
עֶזְרְךָ מִקֹּדֶשׁ וּמִצִּיּוֹן יִסְעָדֶךָּ: יִזְכֹּר כָּל־מִנְחֹתֶךָ וְעוֹלָתְךָ יְדַשְּׁנֶה סֶלָה: יִתֶּן־
לְךָ כִלְבָבֶךָ וְכָל־עֲצָתְךָ יְמַלֵּא: נְרַנְּנָה ׀ בִּישׁוּעָתֶךָ וּבְשֵׁם־אֱלֹהֵינוּ נִדְגֹּל יְמַלֵּא
יהוה כָּל־מִשְׁאֲלוֹתֶיךָ: עַתָּה יָדַעְתִּי כִּי הוֹשִׁיעַ ׀ יהוה מְשִׁיחוֹ יַעֲנֵהוּ מִשְּׁמֵי
קָדְשׁוֹ בִּגְבֻרוֹת יֵשַׁע יְמִינוֹ: אֵלֶּה בָרֶכֶב וְאֵלֶּה בַסּוּסִים וַאֲנַחְנוּ ׀ בְּשֵׁם־יהוה
אֱלֹהֵינוּ נַזְכִּיר: הֵמָּה כָּרְעוּ וְנָפָלוּ וַאֲנַחְנוּ קַּמְנוּ וַנִּתְעוֹדָד: יהוה הוֹשִׁיעָה
הַמֶּלֶךְ יַעֲנֵנוּ בְיוֹם־קָרְאֵנוּ:
כא לַמְנַצֵּחַ מִזְמוֹר לְדָוִד: יהוה בְּעָזְּךָ יִשְׂמַח־מֶלֶךְ וּבִישׁוּעָתְךָ מַה־יָּגֶיל מְאֹד: יָגֶל
תַּאֲוַת לִבּוֹ נָתַתָּה לּוֹ וַאֲרֶשֶׁת שְׂפָתָיו בַּל־מָנַעְתָּ סֶּלָה: כִּי־תְקַדְּמֶנּוּ בִּרְכוֹת
טוֹב תָּשִׁית לְרֹאשׁוֹ עֲטֶרֶת פָּז: חַיִּים ׀ שָׁאַל מִמְּךָ נָתַתָּה לּוֹ אֹרֶךְ יָמִים עוֹלָם
וָעֶד: גָּדוֹל כְּבוֹדוֹ בִּישׁוּעָתֶךָ הוֹד וְהָדָר תְּשַׁוֶּה עָלָיו: כִּי־תְשִׁיתֵהוּ בְרָכוֹת לָעַד
תְּחַדֵּהוּ בְשִׂמְחָה אֶת־פָּנֶיךָ: כִּי־הַמֶּלֶךְ בֹּטֵחַ בַּיהוה וּבְחֶסֶד עֶלְיוֹן בַּל־יִמּוֹט:
תִּמְצָא יָדְךָ לְכָל־אֹיְבֶיךָ יְמִינְךָ תִּמְצָא שֹׂנְאֶיךָ: תְּשִׁיתֵמוֹ ׀ כְּתַנּוּר אֵשׁ לְעֵת
פָּנֶיךָ יהוה בְּאַפּוֹ יְבַלְּעֵם וְתֹאכְלֵם אֵשׁ: פִּרְיָמוֹ מֵאֶרֶץ תְּאַבֵּד וְזַרְעָם מִבְּנֵי

אדם: כי־נטו עליך רעה חשבו מזמה בל־יוכלו: כי תשיתמו שכם במיתריך
תכונן על־פניהם: רומה יהוה בעזך נשירה ונזמרה גבורתך:
כב למנצח על־אילת השחר מזמור לדוד: אלי אלי למה עזבתני רחוק
מישועתי דברי שאגתי: אלהי אקרא יומם ולא תענה ולילה ולא־דומיה לי:
ואתה קדוש יושב תהלות ישראל: בך בטחו אבתינו בטחו ותפלטמו:
אליך זעקו ונמלטו בך בטחו ולא־בושו: ואנכי תולעת ולא־איש חרפת
אדם ובזוי עם: כל־ראי ילעגו לי יפטירו בשפה יניעו ראש: גל אל־יהוה
יפלטהו יצילהו כי חפץ בו: כי־אתה גחי מבטן מבטיחי על־שדי אמי: עליך
השלכתי מרחם מבטן אמי אלי אתה: אל־תרחק ממני כי־צרה קרובה כי־
אין עוזר: סבבוני פרים רבים אבירי בשן כתרוני: פצו עלי פיהם אריה טרף
ושאג: כמים נשפכתי והתפרדו כל־עצמותי היה לבי כדונג נמס בתוך מעי:
יבש כחרש ׀ כחי ולשוני מדבק מלקוחי ולעפר־מות תשפתני: כי סבבוני
כלבים עדת מרעים הקיפוני כארי ידי ורגלי: אספר כל־עצמותי המה יביטו
יראו־בי: יחלקו בגדי להם ועל־לבושי יפילו גורל: ואתה יהוה אל־תרחק
אילותי לעזרתי חושה: הצילה מחרב נפשי מיד־כלב יחידתי: הושיעני
מפי אריה ומקרני רמים עניתני: אספרה שמך לאחי בתוך קהל אהללך:
יראי יהוה ׀ הללוהו כל־זרע יעקב כבדוהו וגורו ממנו כל־זרע ישראל: כי
לא־בזה ולא שקץ ענות עני ולא־הסתיר פניו ממנו ובשועו אליו שמע:
מאתך תהלתי בקהל רב נדרי אשלם נגד יראיו: יאכלו ענוים ׀ וישבעו
יהללו יהוה דרשיו יחי לבבכם לעד: יזכרו ׀ וישבו אל־יהוה כל־אפסי־
ארץ וישתחוו לפניך כל־משפחות גוים: כי ליהוה המלוכה ומשל בגוים:
אכלו וישתחוו ׀ כל־דשני־ארץ לפניו יכרעו כל־יורדי עפר ונפשו לא חיה:
זרע יעבדנו יספר לאדני לדור: יבאו ויגידו צדקתו לעם נולד כי עשה:
כג* מזמור לדוד יהוה רעי לא אחסר: בנאות דשא ירביצני על־מי מנחות
ינהלני: נפשי ישובב ינחני במעגלי־צדק למען שמו: גם כי־אלך בגיא
צלמות לא־אירא רע כי־אתה עמדי שבטך ומשענתך המה ינחמני: תערך
לפני ׀ שלחן נגד צררי דשנת בשמן ראשי כוסי רויה: אך ׀ טוב וחסד
ירדפוני כל־ימי חיי ושבתי בבית־יהוה לארך ימים:
כד לדוד מזמור ליהוה הארץ ומלואה תבל וישבי בה: כי־הוא על־ימים יסדה

*ד לחודש

וְעַל־נְהָרוֹת יְכוֹנְנֶהָ: מִי־יַעֲלֶה בְהַר־יהוה וּמִי־יָקוּם בִּמְקוֹם קָדְשׁוֹ: נְקִי
כַפַּיִם וּבַר־לֵבָב אֲשֶׁר לֹא־נָשָׂא לַשָּׁוְא נפשו וְלֹא נִשְׁבַּע לְמִרְמָה: יִשָּׂא בְרָכָה נַפְשִׁי
מֵאֵת יהוה וּצְדָקָה מֵאֱלֹהֵי יִשְׁעוֹ: זֶה דּוֹר דֹּרְשָׁו מְבַקְשֵׁי פָנֶיךָ יַעֲקֹב סֶלָה:
שְׂאוּ שְׁעָרִים ׀ רָאשֵׁיכֶם וְהִנָּשְׂאוּ פִּתְחֵי עוֹלָם וְיָבוֹא מֶלֶךְ הַכָּבוֹד: מִי זֶה
מֶלֶךְ הַכָּבוֹד יהוה עִזּוּז וְגִבּוֹר יהוה גִּבּוֹר מִלְחָמָה: שְׂאוּ שְׁעָרִים ׀ רָאשֵׁיכֶם
וּשְׂאוּ פִּתְחֵי עוֹלָם וְיָבֹא מֶלֶךְ הַכָּבוֹד: מִי הוּא זֶה מֶלֶךְ הַכָּבוֹד יהוה צְבָאוֹת
הוּא מֶלֶךְ הַכָּבוֹד סֶלָה:
כה לְדָוִד אֵלֶיךָ יהוה נַפְשִׁי אֶשָּׂא: אֱלֹהַי בְּךָ בָטַחְתִּי אַל־אֵבוֹשָׁה אַל־יַעַלְצוּ
אוֹיְבַי לִי: גַּם כָּל־קוֶֹיךָ לֹא יֵבֹשׁוּ יֵבֹשׁוּ הַבּוֹגְדִים רֵיקָם: דְּרָכֶיךָ יהוה הוֹדִיעֵנִי
אֹרְחוֹתֶיךָ לַמְּדֵנִי: הַדְרִיכֵנִי בַאֲמִתֶּךָ ׀ וְלַמְּדֵנִי כִּי־אַתָּה אֱלֹהֵי יִשְׁעִי אוֹתְךָ
קִוִּיתִי כָּל־הַיּוֹם: זְכֹר־רַחֲמֶיךָ יהוה וַחֲסָדֶיךָ כִּי מֵעוֹלָם הֵמָּה: חַטֹּאות נְעוּרַי ׀
וּפְשָׁעַי אַל־תִּזְכֹּר כְּחַסְדְּךָ זְכָר־לִי־אַתָּה לְמַעַן טוּבְךָ יהוה: טוֹב־וְיָשָׁר יהוה
עַל־כֵּן יוֹרֶה חַטָּאִים בַּדָּרֶךְ: יַדְרֵךְ עֲנָוִים בַּמִּשְׁפָּט וִילַמֵּד עֲנָוִים דַּרְכּוֹ: כָּל־
אָרְחוֹת יהוה חֶסֶד וֶאֱמֶת לְנֹצְרֵי בְרִיתוֹ וְעֵדֹתָיו: לְמַעַן־שִׁמְךָ יהוה וְסָלַחְתָּ
לַעֲוֹנִי כִּי רַב־הוּא: מִי־זֶה הָאִישׁ יְרֵא יהוה יוֹרֶנּוּ בְּדֶרֶךְ יִבְחָר: נַפְשׁוֹ בְּטוֹב תָּלִין
וְזַרְעוֹ יִירַשׁ אָרֶץ: סוֹד יהוה לִירֵאָיו וּבְרִיתוֹ לְהוֹדִיעָם: עֵינַי תָּמִיד אֶל־יהוה
כִּי הוּא־יוֹצִיא מֵרֶשֶׁת רַגְלָי: פְּנֵה־אֵלַי וְחָנֵּנִי כִּי־יָחִיד וְעָנִי אָנִי: צָרוֹת לְבָבִי
הִרְחִיבוּ מִמְּצוּקוֹתַי הוֹצִיאֵנִי: רְאֵה עָנְיִי וַעֲמָלִי וְשָׂא לְכָל־חַטֹּאותָי: רְאֵה־אוֹיְבַי
כִּי־רָבּוּ וְשִׂנְאַת חָמָס שְׂנֵאוּנִי: שָׁמְרָה נַפְשִׁי וְהַצִּילֵנִי אַל־אֵבוֹשׁ כִּי־חָסִיתִי
בָךְ: תֹּם־וָיֹשֶׁר יִצְּרוּנִי כִּי קִוִּיתִיךָ: פְּדֵה אֱלֹהִים אֶת־יִשְׂרָאֵל מִכֹּל צָרוֹתָיו:
כו לְדָוִד ׀ שָׁפְטֵנִי יהוה כִּי־אֲנִי בְּתֻמִּי הָלַכְתִּי וּבַיהוה בָּטַחְתִּי לֹא אֶמְעָד: בְּחָנֵנִי
יהוה וְנַסֵּנִי צרופה כִלְיוֹתַי וְלִבִּי: כִּי־חַסְדְּךָ לְנֶגֶד עֵינָי וְהִתְהַלַּכְתִּי בַּאֲמִתֶּךָ: צָרְפָה
לֹא־יָשַׁבְתִּי עִם־מְתֵי־שָׁוְא וְעִם נַעֲלָמִים לֹא אָבוֹא: שָׂנֵאתִי קְהַל מְרֵעִים
וְעִם־רְשָׁעִים לֹא אֵשֵׁב: אֶרְחַץ בְּנִקָּיוֹן כַּפָּי וַאֲסֹבְבָה אֶת־מִזְבַּחֲךָ יהוה: לַשְׁמִעַ
בְּקוֹל תּוֹדָה וּלְסַפֵּר כָּל־נִפְלְאוֹתֶיךָ: יהוה אָהַבְתִּי מְעוֹן בֵּיתֶךָ וּמְקוֹם מִשְׁכַּן
כְּבוֹדֶךָ: אַל־תֶּאֱסֹף עִם־חַטָּאִים נַפְשִׁי וְעִם־אַנְשֵׁי דָמִים חַיָּי: אֲשֶׁר־בִּידֵיהֶם
זִמָּה וִימִינָם מָלְאָה שֹּׁחַד: וַאֲנִי בְּתֻמִּי אֵלֵךְ פְּדֵנִי וְחָנֵּנִי: רַגְלִי עָמְדָה בְמִישׁוֹר
בְּמַקְהֵלִים אֲבָרֵךְ יהוה:
כז לְדָוִד ׀ יהוה ׀ אוֹרִי וְיִשְׁעִי מִמִּי אִירָא יהוה מָעוֹז־חַיַּי מִמִּי אֶפְחָד: בִּקְרֹב

עָלַי ׀ מְרֵעִים לֶאֱכֹל אֶת־בְּשָׂרִי צָרַי וְאֹיְבַי לִי הֵמָּה כָשְׁלוּ וְנָפָלוּ: אִם־תַּחֲנֶה
עָלַי ׀ מַחֲנֶה לֹא־יִירָא לִבִּי אִם־תָּקוּם עָלַי מִלְחָמָה בְּזֹאת אֲנִי בוֹטֵחַ: אַחַת ׀
שָׁאַלְתִּי מֵאֵת־יהוה אוֹתָהּ אֲבַקֵּשׁ שִׁבְתִּי בְּבֵית־יהוה כָּל־יְמֵי חַיַּי לַחֲזוֹת
בְּנֹעַם־יהוה וּלְבַקֵּר בְּהֵיכָלוֹ: כִּי יִצְפְּנֵנִי ׀ בְּסֻכֹּה בְּיוֹם רָעָה יַסְתִּרֵנִי בְּסֵתֶר
אָהֳלוֹ בְּצוּר יְרוֹמְמֵנִי: וְעַתָּה יָרוּם רֹאשִׁי עַל אֹיְבַי סְבִיבוֹתַי וְאֶזְבְּחָה בְאָהֳלוֹ
זִבְחֵי תְרוּעָה אָשִׁירָה וַאֲזַמְּרָה לַיהוה: שְׁמַע־יהוה קוֹלִי אֶקְרָא וְחָנֵּנִי וַעֲנֵנִי:
לְךָ ׀ אָמַר לִבִּי בַּקְּשׁוּ פָנָי אֶת־פָּנֶיךָ יהוה אֲבַקֵּשׁ: אַל־תַּסְתֵּר פָּנֶיךָ ׀ מִמֶּנִּי
אַל תַּט־בְּאַף עַבְדֶּךָ עֶזְרָתִי הָיִיתָ אַל־תִּטְּשֵׁנִי וְאַל־תַּעַזְבֵנִי אֱלֹהֵי יִשְׁעִי:
כִּי־אָבִי וְאִמִּי עֲזָבוּנִי וַיהוה יַאַסְפֵנִי: הוֹרֵנִי יהוה דַּרְכֶּךָ וּנְחֵנִי בְּאֹרַח מִישׁוֹר
לְמַעַן שׁוֹרְרָי: אַל־תִּתְּנֵנִי בְּנֶפֶשׁ צָרָי כִּי קָמוּ־בִי עֵדֵי־שֶׁקֶר וִיפֵחַ חָמָס: לוּלֵא
הֶאֱמַנְתִּי לִרְאוֹת בְּטוּב־יהוה בְּאֶרֶץ חַיִּים: קַוֵּה אֶל־יהוה חֲזַק וְיַאֲמֵץ לִבֶּךָ
וְקַוֵּה אֶל־יהוה:

כח לְדָוִד אֵלֶיךָ יהוה ׀ אֶקְרָא צוּרִי אַל־תֶּחֱרַשׁ מִמֶּנִּי פֶּן־תֶּחֱשֶׁה מִמֶּנִּי וְנִמְשַׁלְתִּי
עִם־יוֹרְדֵי בוֹר: שְׁמַע קוֹל תַּחֲנוּנַי בְּשַׁוְּעִי אֵלֶיךָ בְּנָשְׂאִי יָדַי אֶל־דְּבִיר קָדְשֶׁךָ:
אַל־תִּמְשְׁכֵנִי עִם־רְשָׁעִים וְעִם־פֹּעֲלֵי אָוֶן דֹּבְרֵי שָׁלוֹם עִם־רֵעֵיהֶם וְרָעָה
בִּלְבָבָם: תֶּן־לָהֶם כְּפָעֳלָם וּכְרֹעַ מַעַלְלֵיהֶם כְּמַעֲשֵׂה יְדֵיהֶם תֵּן לָהֶם הָשֵׁב
גְּמוּלָם לָהֶם: כִּי לֹא יָבִינוּ אֶל־פְּעֻלֹּת יהוה וְאֶל־מַעֲשֵׂה יָדָיו יֶהֶרְסֵם וְלֹא יִבְנֵם:
בָּרוּךְ יהוה כִּי־שָׁמַע קוֹל תַּחֲנוּנָי: יהוה ׀ עֻזִּי וּמָגִנִּי בּוֹ בָטַח לִבִּי וְנֶעֱזָרְתִּי וַיַּעֲלֹז
לִבִּי וּמִשִּׁירִי אֲהוֹדֶנּוּ: יהוה עֹז־לָמוֹ וּמָעוֹז יְשׁוּעוֹת מְשִׁיחוֹ הוּא: הוֹשִׁיעָה ׀
אֶת־עַמֶּךָ וּבָרֵךְ אֶת־נַחֲלָתֶךָ וּרְעֵם וְנַשְּׂאֵם עַד־הָעוֹלָם:

כט* מִזְמוֹר לְדָוִד הָבוּ לַיהוה בְּנֵי אֵלִים הָבוּ לַיהוה כָּבוֹד וָעֹז: הָבוּ לַיהוה כְּבוֹד
שְׁמוֹ הִשְׁתַּחֲווּ לַיהוה בְּהַדְרַת־קֹדֶשׁ: קוֹל יהוה עַל־הַמָּיִם אֵל־הַכָּבוֹד הִרְעִים
יהוה עַל־מַיִם רַבִּים: קוֹל־יהוה בַּכֹּחַ קוֹל יהוה בֶּהָדָר: קוֹל יהוה שֹׁבֵר אֲרָזִים
וַיְשַׁבֵּר יהוה אֶת־אַרְזֵי הַלְּבָנוֹן: וַיַּרְקִידֵם כְּמוֹ־עֵגֶל לְבָנוֹן וְשִׂרְיֹן כְּמוֹ בֶן־
רְאֵמִים: קוֹל־יהוה חֹצֵב לַהֲבוֹת אֵשׁ: קוֹל יהוה יָחִיל מִדְבָּר יָחִיל יהוה מִדְבַּר
קָדֵשׁ: קוֹל יהוה ׀ יְחוֹלֵל אַיָּלוֹת וַיֶּחֱשֹׂף יְעָרוֹת וּבְהֵיכָלוֹ כֻּלּוֹ אֹמֵר כָּבוֹד:
יהוה לַמַּבּוּל יָשָׁב וַיֵּשֶׁב יהוה מֶלֶךְ לְעוֹלָם: יהוה עֹז לְעַמּוֹ יִתֵּן יהוה ׀ יְבָרֵךְ
אֶת־עַמּוֹ בַשָּׁלוֹם:

ל** מִזְמוֹר שִׁיר־חֲנֻכַּת הַבַּיִת לְדָוִד: אֲרוֹמִמְךָ יהוה כִּי דִלִּיתָנִי וְלֹא־שִׂמַּחְתָּ אֹיְבַי

*ה לחודש **ליום השני

לִי׃ יְהוָה אֱלֹהָי שִׁוַּעְתִּי אֵלֶיךָ וַתִּרְפָּאֵנִי׃ יְהוָה הֶעֱלִיתָ מִן־שְׁאוֹל נַפְשִׁי חִיִּיתַנִי
מִיָּרְדִי־ מִיורדי־בוֹר׃ זַמְּרוּ לַיהוָה חֲסִידָיו וְהוֹדוּ לְזֵכֶר קָדְשׁוֹ׃ כִּי רֶגַע ׀ בְּאַפּוֹ חַיִּים
בִּרְצוֹנוֹ בָּעֶרֶב יָלִין בֶּכִי וְלַבֹּקֶר רִנָּה׃ וַאֲנִי אָמַרְתִּי בְשַׁלְוִי בַּל־אֶמּוֹט לְעוֹלָם׃
יְהוָה בִּרְצוֹנְךָ הֶעֱמַדְתָּה לְהַרְרִי עֹז הִסְתַּרְתָּ פָנֶיךָ הָיִיתִי נִבְהָל׃ אֵלֶיךָ יְהוָה
אֶקְרָא וְאֶל־אֲדֹנָי אֶתְחַנָּן׃ מַה־בֶּצַע בְּדָמִי בְּרִדְתִּי אֶל שָׁחַת הֲיוֹדְךָ עָפָר
הֲיַגִּיד אֲמִתֶּךָ׃ שְׁמַע־יְהוָה וְחָנֵּנִי יְהוָה הֱיֵה־עֹזֵר לִי׃ הָפַכְתָּ מִסְפְּדִי לְמָחוֹל
לִי פִּתַּחְתָּ שַׂקִּי וַתְּאַזְּרֵנִי שִׂמְחָה׃ לְמַעַן ׀ יְזַמֶּרְךָ כָבוֹד וְלֹא יִדֹּם יְהוָה אֱלֹהַי
לְעוֹלָם אוֹדֶךָּ׃
לא לַמְנַצֵּחַ מִזְמוֹר לְדָוִד׃ בְּךָ־יְהוָה חָסִיתִי אַל־אֵבוֹשָׁה לְעוֹלָם בְּצִדְקָתְךָ
פַלְּטֵנִי׃ הַטֵּה אֵלַי ׀ אָזְנְךָ מְהֵרָה הַצִּילֵנִי הֱיֵה לִי ׀ לְצוּר־מָעוֹז לְבֵית מְצוּדוֹת
לְהוֹשִׁיעֵנִי׃ כִּי־סַלְעִי וּמְצוּדָתִי אָתָּה וּלְמַעַן שִׁמְךָ תַּנְחֵנִי וּתְנַהֲלֵנִי׃ תּוֹצִיאֵנִי
מֵרֶשֶׁת זוּ טָמְנוּ לִי כִּי־אַתָּה מָעוּזִּי׃ בְּיָדְךָ אַפְקִיד רוּחִי פָּדִיתָה אוֹתִי יְהוָה אֵל
אֱמֶת׃ שָׂנֵאתִי הַשֹּׁמְרִים הַבְלֵי־שָׁוְא וַאֲנִי אֶל־יְהוָה בָּטָחְתִּי׃ אָגִילָה וְאֶשְׂמְחָה
בְּחַסְדֶּךָ אֲשֶׁר רָאִיתָ אֶת־עָנְיִי יָדַעְתָּ בְּצָרוֹת נַפְשִׁי׃ וְלֹא הִסְגַּרְתַּנִי בְּיַד־אוֹיֵב
הֶעֱמַדְתָּ בַמֶּרְחָב רַגְלָי׃ חָנֵּנִי יְהוָה כִּי צַר לִי עָשְׁשָׁה בְכַעַס עֵינִי נַפְשִׁי וּבִטְנִי׃
כִּי כָלוּ בְיָגוֹן חַיַּי וּשְׁנוֹתַי בַּאֲנָחָה כָּשַׁל בַּעֲוֺנִי כֹחִי וַעֲצָמַי עָשֵׁשׁוּ׃ מִכָּל־צֹרְרַי
הָיִיתִי חֶרְפָּה וְלִשְׁכֵנַי ׀ מְאֹד וּפַחַד לִמְיֻדָּעָי רֹאַי בַּחוּץ נָדְדוּ מִמֶּנִּי׃ נִשְׁכַּחְתִּי
כְּמֵת מִלֵּב הָיִיתִי כִּכְלִי אֹבֵד׃ כִּי שָׁמַעְתִּי ׀ דִּבַּת רַבִּים מָגוֹר מִסָּבִיב בְּהִוָּסְדָם
יַחַד עָלַי לָקַחַת נַפְשִׁי זָמָמוּ׃ וַאֲנִי ׀ עָלֶיךָ בָטַחְתִּי יְהוָה אָמַרְתִּי אֱלֹהַי אָתָּה׃
בְּיָדְךָ עִתֹּתָי הַצִּילֵנִי מִיַּד־אוֹיְבַי וּמֵרֹדְפָי׃ הָאִירָה פָנֶיךָ עַל־עַבְדֶּךָ הוֹשִׁיעֵנִי
בְחַסְדֶּךָ׃ יְהוָה אַל־אֵבוֹשָׁה כִּי קְרָאתִיךָ יֵבֹשׁוּ רְשָׁעִים יִדְּמוּ לִשְׁאוֹל׃ תֵּאָלַמְנָה
שִׂפְתֵי שָׁקֶר הַדֹּבְרוֹת עַל־צַדִּיק עָתָק בְּגַאֲוָה וָבוּז׃ מָה רַב טוּבְךָ אֲשֶׁר־צָפַנְתָּ
לִּירֵאֶיךָ פָּעַלְתָּ לַחֹסִים בָּךְ נֶגֶד בְּנֵי אָדָם׃ תַּסְתִּירֵם ׀ בְּסֵתֶר פָּנֶיךָ מֵרֻכְסֵי אִישׁ
תִּצְפְּנֵם בְּסֻכָּה מֵרִיב לְשֹׁנוֹת׃ בָּרוּךְ יְהוָה כִּי הִפְלִיא חַסְדּוֹ לִי בְּעִיר מָצוֹר׃
וַאֲנִי ׀ אָמַרְתִּי בְחָפְזִי נִגְרַזְתִּי מִנֶּגֶד עֵינֶיךָ אָכֵן שָׁמַעְתָּ קוֹל תַּחֲנוּנַי בְּשַׁוְּעִי
אֵלֶיךָ׃ אֶהֱבוּ אֶת־יְהוָה כָּל־חֲסִידָיו אֱמוּנִים נֹצֵר יְהוָה וּמְשַׁלֵּם עַל־יֶתֶר עֹשֵׂה
גַאֲוָה׃ חִזְקוּ וְיַאֲמֵץ לְבַבְכֶם כָּל־הַמְיַחֲלִים לַיהוָה׃
לב לְדָוִד מַשְׂכִּיל אַשְׁרֵי נְשׂוּי־פֶּשַׁע כְּסוּי חֲטָאָה׃ אַשְׁרֵי־אָדָם לֹא יַחְשֹׁב יְהוָה לוֹ
עָוֺן וְאֵין בְּרוּחוֹ רְמִיָּה׃ כִּי־הֶחֱרַשְׁתִּי בָּלוּ עֲצָמָי בְּשַׁאֲגָתִי כָּל־הַיּוֹם׃ כִּי ׀ יוֹמָם

וְלַיְלָה תִּכְבַּד עָלַי יָדֶךָ נֶהְפַּךְ לְשַׁדִּי בְּחַרְבֹנֵי קַיִץ סֶלָה: חַטָּאתִי אוֹדִיעֲךָ וַעֲוֺנִי
לֹא־כִסִּיתִי אָמַרְתִּי אוֹדֶה עֲלֵי פְשָׁעַי לַיהוה וְאַתָּה נָשָׂאתָ עֲוֺן חַטָּאתִי סֶלָה:
עַל־זֹאת יִתְפַּלֵּל כָּל־חָסִיד ׀ אֵלֶיךָ לְעֵת מְצֹא רַק לְשֵׁטֶף מַיִם רַבִּים אֵלָיו
לֹא יַגִּיעוּ: אַתָּה ׀ סֵתֶר לִי מִצַּר תִּצְּרֵנִי רָנֵּי פַלֵּט תְּסוֹבְבֵנִי סֶלָה: אַשְׂכִּילְךָ ׀
וְאוֹרְךָ בְּדֶרֶךְ־זוּ תֵלֵךְ אִיעֲצָה עָלֶיךָ עֵינִי: אַל־תִּהְיוּ ׀ כְּסוּס כְּפֶרֶד אֵין הָבִין
בְּמֶתֶג־וָרֶסֶן עֶדְיוֹ לִבְלוֹם בַּל קְרֹב אֵלֶיךָ: רַבִּים מַכְאוֹבִים לָרָשָׁע וְהַבּוֹטֵחַ
בַּיהוה חֶסֶד יְסוֹבְבֶנּוּ: שִׂמְחוּ בַיהוה וְגִילוּ צַדִּיקִים וְהַרְנִינוּ כָּל־יִשְׁרֵי־לֵב:
לג רַנְּנוּ צַדִּיקִים בַּיהוה לַיְשָׁרִים נָאוָה תְהִלָּה: הוֹדוּ לַיהוה בְּכִנּוֹר בְּנֵבֶל עָשׂוֹר
זַמְּרוּ־לוֹ: שִׁירוּ־לוֹ שִׁיר חָדָשׁ הֵיטִיבוּ נַגֵּן בִּתְרוּעָה: כִּי־יָשָׁר דְּבַר־יהוה וְכָל־
מַעֲשֵׂהוּ בֶּאֱמוּנָה: אֹהֵב צְדָקָה וּמִשְׁפָּט חֶסֶד יהוה מָלְאָה הָאָרֶץ: בִּדְבַר יהוה
שָׁמַיִם נַעֲשׂוּ וּבְרוּחַ פִּיו כָּל־צְבָאָם: כֹּנֵס כַּנֵּד מֵי הַיָּם נֹתֵן בְּאֹצָרוֹת תְּהוֹמוֹת:
יִירְאוּ מֵיהוה כָּל־הָאָרֶץ מִמֶּנּוּ יָגוּרוּ כָּל־יֹשְׁבֵי תֵבֵל: כִּי הוּא אָמַר וַיֶּהִי הוּא־
צִוָּה וַיַּעֲמֹד: יהוה הֵפִיר עֲצַת־גּוֹיִם הֵנִיא מַחְשְׁבוֹת עַמִּים: עֲצַת יהוה לְעוֹלָם
תַּעֲמֹד מַחְשְׁבוֹת לִבּוֹ לְדֹר וָדֹר: אַשְׁרֵי הַגּוֹי אֲשֶׁר־יהוה אֱלֹהָיו הָעָם ׀ בָּחַר
לְנַחֲלָה לוֹ: מִשָּׁמַיִם הִבִּיט יהוה רָאָה אֶת־כָּל־בְּנֵי הָאָדָם: מִמְּכוֹן־שִׁבְתּוֹ
הִשְׁגִּיחַ אֶל כָּל־יֹשְׁבֵי הָאָרֶץ: הַיֹּצֵר יַחַד לִבָּם הַמֵּבִין אֶל־כָּל־מַעֲשֵׂיהֶם: אֵין־
הַמֶּלֶךְ נוֹשָׁע בְּרָב־חָיִל גִּבּוֹר לֹא־יִנָּצֵל בְּרָב־כֹּחַ: שֶׁקֶר הַסּוּס לִתְשׁוּעָה וּבְרֹב
חֵילוֹ לֹא יְמַלֵּט: הִנֵּה עֵין יהוה אֶל־יְרֵאָיו לַמְיַחֲלִים לְחַסְדּוֹ: לְהַצִּיל מִמָּוֶת
נַפְשָׁם וּלְחַיּוֹתָם בָּרָעָב: נַפְשֵׁנוּ חִכְּתָה לַיהוה עֶזְרֵנוּ וּמָגִנֵּנוּ הוּא: כִּי־בוֹ יִשְׂמַח
לִבֵּנוּ כִּי בְשֵׁם קָדְשׁוֹ בָטָחְנוּ: יְהִי־חַסְדְּךָ יהוה עָלֵינוּ כַּאֲשֶׁר יִחַלְנוּ לָךְ:
לד לְדָוִד בְּשַׁנּוֹתוֹ אֶת־טַעְמוֹ לִפְנֵי אֲבִימֶלֶךְ וַיְגָרְשֵׁהוּ וַיֵּלַךְ: אֲבָרְכָה אֶת־יהוה
בְּכָל־עֵת תָּמִיד תְּהִלָּתוֹ בְּפִי: בַּיהוה תִּתְהַלֵּל נַפְשִׁי יִשְׁמְעוּ עֲנָוִים וְיִשְׂמָחוּ:
גַּדְּלוּ לַיהוה אִתִּי וּנְרוֹמְמָה שְׁמוֹ יַחְדָּו: דָּרַשְׁתִּי אֶת־יהוה וְעָנָנִי וּמִכָּל־מְגוּרוֹתַי
הִצִּילָנִי: הִבִּיטוּ אֵלָיו וְנָהָרוּ וּפְנֵיהֶם אַל־יֶחְפָּרוּ: זֶה עָנִי קָרָא וַיהוה שָׁמֵעַ
וּמִכָּל־צָרוֹתָיו הוֹשִׁיעוֹ: חֹנֶה מַלְאַךְ־יהוה סָבִיב לִירֵאָיו וַיְחַלְּצֵם: טַעֲמוּ וּרְאוּ
כִּי־טוֹב יהוה אַשְׁרֵי הַגֶּבֶר יֶחֱסֶה־בּוֹ: יְראוּ אֶת־יהוה קְדֹשָׁיו כִּי־אֵין מַחְסוֹר
לִירֵאָיו: כְּפִירִים רָשׁוּ וְרָעֵבוּ וְדֹרְשֵׁי יהוה לֹא־יַחְסְרוּ כָל־טוֹב: לְכוּ־בָנִים
שִׁמְעוּ־לִי יִרְאַת יהוה אֲלַמֶּדְכֶם: מִי־הָאִישׁ הֶחָפֵץ חַיִּים אֹהֵב יָמִים לִרְאוֹת
טוֹב: נְצֹר לְשׁוֹנְךָ מֵרָע וּשְׂפָתֶיךָ מִדַּבֵּר מִרְמָה: סוּר מֵרָע וַעֲשֵׂה־טוֹב בַּקֵּשׁ

שָׁלוֹם וְרׇדְפֵהוּ׃ עֵינֵי יְהוָה אֶל־צַדִּיקִים וְאׇזְנָיו אֶל־שַׁוְעָתָם׃ פְּנֵי יְהוָה בְּעֹשֵׂי
רָע לְהַכְרִית מֵאֶרֶץ זִכְרָם׃ צָעֲקוּ וַיהוָה שָׁמֵעַ וּמִכׇּל־צָרוֹתָם הִצִּילָם׃ קָרוֹב
יְהוָה לְנִשְׁבְּרֵי־לֵב וְאֶת־דַּכְּאֵי־רוּחַ יוֹשִׁיעַ׃ רַבּוֹת רָעוֹת צַדִּיק וּמִכֻּלָּם יַצִּילֶנּוּ
יְהוָה׃ שֹׁמֵר כׇּל־עַצְמוֹתָיו אַחַת מֵהֵנָּה לֹא נִשְׁבָּרָה׃ תְּמוֹתֵת רָשָׁע רָעָה וְשֹׂנְאֵי
צַדִּיק יֶאְשָׁמוּ׃ פּוֹדֶה יְהוָה נֶפֶשׁ עֲבָדָיו וְלֹא יֶאְשְׁמוּ כׇּל־הַחֹסִים בּוֹ׃
לְדָוִד ׀ רִיבָה יְהוָה אֶת־יְרִיבַי לְחַם אֶת־לֹחֲמָי׃ הַחֲזֵק מָגֵן וְצִנָּה וְקוּמָה בְּעֶזְרָתִי׃ *לה
וְהָרֵק חֲנִית וּסְגֹר לִקְרַאת רֹדְפָי אֱמֹר לְנַפְשִׁי יְשֻׁעָתֵךְ אָנִי׃ יֵבֹשׁוּ וְיִכָּלְמוּ
מְבַקְשֵׁי נַפְשִׁי יִסֹּגוּ אָחוֹר וְיַחְפְּרוּ חֹשְׁבֵי רָעָתִי׃ יִהְיוּ כְּמֹץ לִפְנֵי־רוּחַ וּמַלְאַךְ
יְהוָה דּוֹחֶה׃ יְהִי־דַרְכָּם חֹשֶׁךְ וַחֲלַקְלַקֹּת וּמַלְאַךְ יְהוָה רֹדְפָם׃ כִּי־חִנָּם טָמְנוּ־
לִי שַׁחַת רִשְׁתָּם חִנָּם חָפְרוּ לְנַפְשִׁי׃ תְּבוֹאֵהוּ שׁוֹאָה לֹא־יֵדָע וְרִשְׁתּוֹ אֲשֶׁר־
טָמַן תִּלְכְּדוֹ בְּשׁוֹאָה יִפׇּל־בָּהּ׃ וְנַפְשִׁי תָּגִיל בַּיהוָה תָּשִׂישׂ בִּישׁוּעָתוֹ׃ כׇּל
עַצְמוֹתַי ׀ תֹּאמַרְנָה יְהוָה מִי כָמוֹךָ מַצִּיל עָנִי מֵחָזָק מִמֶּנּוּ וְעָנִי וְאֶבְיוֹן מִגֹּזְלוֹ׃
יְקוּמוּן עֵדֵי חָמָס אֲשֶׁר לֹא־יָדַעְתִּי יִשְׁאָלוּנִי׃ יְשַׁלְּמוּנִי רָעָה תַּחַת טוֹבָה שְׁכוֹל
לְנַפְשִׁי׃ וַאֲנִי ׀ בַּחֲלוֹתָם לְבוּשִׁי שָׂק עִנֵּיתִי בַצּוֹם נַפְשִׁי וּתְפִלָּתִי עַל־חֵיקִי
תָשׁוּב׃ כְּרֵעַ־כְּאָח לִי הִתְהַלָּכְתִּי כַּאֲבֶל־אֵם קֹדֵר שַׁחוֹתִי׃ וּבְצַלְעִי שָׂמְחוּ
וְנֶאֱסָפוּ נֶאֶסְפוּ עָלַי נֵכִים וְלֹא יָדַעְתִּי קָרְעוּ וְלֹא־דָמּוּ׃ בְּחַנְפֵי לַעֲגֵי מָעוֹג
חָרֹק עָלַי שִׁנֵּימוֹ׃ אֲדֹנָי כַּמָּה תִּרְאֶה הָשִׁיבָה נַפְשִׁי מִשֹּׁאֵיהֶם מִכְּפִירִים יְחִידָתִי׃
אוֹדְךָ בְּקָהָל רָב בְּעַם עָצוּם אֲהַלְלֶךָּ׃ אַל־יִשְׂמְחוּ־לִי אֹיְבַי שֶׁקֶר שֹׂנְאַי חִנָּם
יִקְרְצוּ־עָיִן׃ כִּי לֹא שָׁלוֹם יְדַבֵּרוּ וְעַל רִגְעֵי־אֶרֶץ דִּבְרֵי מִרְמוֹת יַחֲשֹׁבוּן׃ וַיַּרְחִיבוּ
עָלַי פִּיהֶם אָמְרוּ הֶאָח ׀ הֶאָח רָאֲתָה עֵינֵנוּ׃ רָאִיתָה יְהוָה אַל־תֶּחֱרַשׁ אֲדֹנָי
אַל־תִּרְחַק מִמֶּנִּי׃ הָעִירָה וְהָקִיצָה לְמִשְׁפָּטִי אֱלֹהַי וַאדֹנָי לְרִיבִי׃ שׇׁפְטֵנִי
כְצִדְקְךָ יְהוָה אֱלֹהָי וְאַל־יִשְׂמְחוּ־לִי׃ אַל־יֹאמְרוּ בְלִבָּם הֶאָח נַפְשֵׁנוּ אַל־
יֹאמְרוּ בִּלַּעֲנוּהוּ׃ יֵבֹשׁוּ וְיַחְפְּרוּ ׀ יַחְדָּו שְׂמֵחֵי רָעָתִי יִלְבְּשׁוּ־בֹשֶׁת וּכְלִמָּה
הַמַּגְדִּילִים עָלָי׃ יָרֹנּוּ וְיִשְׂמְחוּ חֲפֵצֵי צִדְקִי וְיֹאמְרוּ תָמִיד יִגְדַּל יְהוָה הֶחָפֵץ
שְׁלוֹם עַבְדּוֹ׃ וּלְשׁוֹנִי תֶּהְגֶּה צִדְקֶךָ כׇּל־הַיּוֹם תְּהִלָּתֶךָ׃
לַמְנַצֵּחַ ׀ לְעֶבֶד־יְהוָה לְדָוִד׃ נְאֻם־פֶּשַׁע לָרָשָׁע בְּקֶרֶב לִבִּי אֵין־פַּחַד אֱלֹהִים לו
לְנֶגֶד עֵינָיו׃ כִּי־הֶחֱלִיק אֵלָיו בְּעֵינָיו לִמְצֹא עֲוֺנוֹ לִשְׂנֹא׃ דִּבְרֵי־פִיו אָוֶן וּמִרְמָה
חָדַל לְהַשְׂכִּיל לְהֵיטִיב׃ אָוֶן ׀ יַחְשֹׁב עַל־מִשְׁכָּבוֹ יִתְיַצֵּב עַל־דֶּרֶךְ לֹא־טוֹב רָע
לֹא יִמְאָס׃ יְהוָה בְּהַשָּׁמַיִם חַסְדֶּךָ אֱמוּנָתְךָ עַד־שְׁחָקִים׃ צִדְקָתְךָ ׀ כְּהַרְרֵי־אֵל

*ו לחודש

מִשְׁפָּטְךָ תְּהוֹם רַבָּה אָדָם וּבְהֵמָה תוֹשִׁיעַ ׀ יְהוָה: מַה־יָּקָר חַסְדְּךָ אֱלֹהִים
וּבְנֵי אָדָם בְּצֵל כְּנָפֶיךָ יֶחֱסָיוּן: יִרְוְיֻן מִדֶּשֶׁן בֵּיתֶךָ וְנַחַל עֲדָנֶיךָ תַשְׁקֵם: כִּי־עִמְּךָ
מְקוֹר חַיִּים בְּאוֹרְךָ נִרְאֶה־אוֹר: מְשֹׁךְ חַסְדְּךָ לְיֹדְעֶיךָ וְצִדְקָתְךָ לְיִשְׁרֵי־לֵב:
אַל־תְּבוֹאֵנִי רֶגֶל גַּאֲוָה וְיַד־רְשָׁעִים אַל־תְּנִדֵנִי: שָׁם נָפְלוּ פֹּעֲלֵי אָוֶן דֹּחוּ
וְלֹא־יָכְלוּ קוּם:
לז לְדָוִד ׀ אַל־תִּתְחַר בַּמְּרֵעִים אַל־תְּקַנֵּא בְּעֹשֵׂי עַוְלָה: כִּי כֶחָצִיר מְהֵרָה יִמָּלוּ
וּכְיֶרֶק דֶּשֶׁא יִבּוֹלוּן: בְּטַח בַּיהוָה וַעֲשֵׂה־טוֹב שְׁכָן־אֶרֶץ וּרְעֵה אֱמוּנָה:
וְהִתְעַנַּג עַל־יְהוָה וְיִתֶּן־לְךָ מִשְׁאֲלֹת לִבֶּךָ: גּוֹל עַל־יְהוָה דַּרְכֶּךָ וּבְטַח עָלָיו
וְהוּא יַעֲשֶׂה: וְהוֹצִיא כָאוֹר צִדְקֶךָ וּמִשְׁפָּטֶךָ כַּצָּהֳרָיִם: דּוֹם ׀ לַיהוָה וְהִתְחוֹלֵל
לוֹ אַל־תִּתְחַר בְּמַצְלִיחַ דַּרְכּוֹ בְּאִישׁ עֹשֶׂה מְזִמּוֹת: הֶרֶף מֵאַף וַעֲזֹב חֵמָה
אַל־תִּתְחַר אַךְ־לְהָרֵעַ: כִּי־מְרֵעִים יִכָּרֵתוּן וְקֹוֵי יְהוָה הֵמָּה יִירְשׁוּ־אָרֶץ: וְעוֹד
מְעַט וְאֵין רָשָׁע וְהִתְבּוֹנַנְתָּ עַל־מְקוֹמוֹ וְאֵינֶנּוּ: וַעֲנָוִים יִירְשׁוּ־אָרֶץ וְהִתְעַנְּגוּ
עַל־רֹב שָׁלוֹם: זֹמֵם רָשָׁע לַצַּדִּיק וְחֹרֵק עָלָיו שִׁנָּיו: אֲדֹנָי יִשְׂחַק־לוֹ כִּי־רָאָה
כִּי־יָבֹא יוֹמוֹ: חֶרֶב ׀ פָּתְחוּ רְשָׁעִים וְדָרְכוּ קַשְׁתָּם לְהַפִּיל עָנִי וְאֶבְיוֹן לִטְבוֹחַ
יִשְׁרֵי־דָרֶךְ: חַרְבָּם תָּבוֹא בְלִבָּם וְקַשְּׁתוֹתָם תִּשָּׁבַרְנָה: טוֹב־מְעַט לַצַּדִּיק
מֵהֲמוֹן רְשָׁעִים רַבִּים: כִּי זְרוֹעוֹת רְשָׁעִים תִּשָּׁבַרְנָה וְסוֹמֵךְ צַדִּיקִים יְהוָה: יוֹדֵעַ
יְהוָה יְמֵי תְמִימִם וְנַחֲלָתָם לְעוֹלָם תִּהְיֶה: לֹא־יֵבֹשׁוּ בְּעֵת רָעָה וּבִימֵי רְעָבוֹן
יִשְׂבָּעוּ: כִּי רְשָׁעִים ׀ יֹאבֵדוּ וְאֹיְבֵי יְהוָה כִּיקַר כָּרִים כָּלוּ בֶעָשָׁן כָּלוּ: לֹוֶה רָשָׁע
וְלֹא יְשַׁלֵּם וְצַדִּיק חוֹנֵן וְנוֹתֵן: כִּי מְבֹרָכָיו יִירְשׁוּ אָרֶץ וּמְקֻלָּלָיו יִכָּרֵתוּ: מֵיְהוָה
מִצְעֲדֵי־גֶבֶר כּוֹנָנוּ וְדַרְכּוֹ יֶחְפָּץ: כִּי־יִפֹּל לֹא־יוּטָל כִּי־יְהוָה סוֹמֵךְ יָדוֹ: נַעַר ׀
הָיִיתִי גַּם־זָקַנְתִּי וְלֹא־רָאִיתִי צַדִּיק נֶעֱזָב וְזַרְעוֹ מְבַקֶּשׁ־לָחֶם: כָּל־הַיּוֹם חוֹנֵן
וּמַלְוֶה וְזַרְעוֹ לִבְרָכָה: סוּר מֵרָע וַעֲשֵׂה־טוֹב וּשְׁכֹן לְעוֹלָם: כִּי יְהוָה ׀ אֹהֵב
מִשְׁפָּט וְלֹא־יַעֲזֹב אֶת־חֲסִידָיו לְעוֹלָם נִשְׁמָרוּ וְזֶרַע רְשָׁעִים נִכְרָת: צַדִּיקִים
יִירְשׁוּ־אָרֶץ וְיִשְׁכְּנוּ לָעַד עָלֶיהָ: פִּי־צַדִּיק יֶהְגֶּה חָכְמָה וּלְשׁוֹנוֹ תְּדַבֵּר מִשְׁפָּט:
תּוֹרַת אֱלֹהָיו בְּלִבּוֹ לֹא תִמְעַד אֲשֻׁרָיו: צוֹפֶה רָשָׁע לַצַּדִּיק וּמְבַקֵּשׁ לַהֲמִיתוֹ:
יְהוָה לֹא־יַעַזְבֶנּוּ בְיָדוֹ וְלֹא יַרְשִׁיעֶנּוּ בְּהִשָּׁפְטוֹ: קַוֵּה אֶל־יְהוָה ׀ וּשְׁמֹר דַּרְכּוֹ
וִירוֹמִמְךָ לָרֶשֶׁת אָרֶץ בְּהִכָּרֵת רְשָׁעִים תִּרְאֶה: רָאִיתִי רָשָׁע עָרִיץ וּמִתְעָרֶה
כְּאֶזְרָח רַעֲנָן: וַיַּעֲבֹר וְהִנֵּה אֵינֶנּוּ וָאֲבַקְשֵׁהוּ וְלֹא נִמְצָא: שְׁמָר־תָּם וּרְאֵה
יָשָׁר כִּי־אַחֲרִית לְאִישׁ שָׁלוֹם: וּפֹשְׁעִים נִשְׁמְדוּ יַחְדָּו אַחֲרִית רְשָׁעִים נִכְרָתָה:

וּתְשׁוּעַת צַדִּיקִים מֵיְהוָה מָעוּזָּם בְּעֵת צָרָה: וַיַּעְזְרֵם יְהוָה וַיְפַלְּטֵם יְפַלְּטֵם
מֵרְשָׁעִים וְיוֹשִׁיעֵם כִּי־חָסוּ בוֹ:
לח מִזְמוֹר לְדָוִד לְהַזְכִּיר: יְהוָה אַל־בְּקֶצְפְּךָ תוֹכִיחֵנִי וּבַחֲמָתְךָ תְיַסְּרֵנִי: כִּי־חִצֶּיךָ
נִחֲתוּ בִי וַתִּנְחַת עָלַי יָדֶךָ: אֵין־מְתֹם בִּבְשָׂרִי מִפְּנֵי זַעְמֶךָ אֵין־שָׁלוֹם בַּעֲצָמַי
מִפְּנֵי חַטָּאתִי: כִּי עֲוֺנֹתַי עָבְרוּ רֹאשִׁי כְּמַשָּׂא כָבֵד יִכְבְּדוּ מִמֶּנִּי: הִבְאִישׁוּ
נָמַקּוּ חַבּוּרֹתָי מִפְּנֵי אִוַּלְתִּי: נַעֲוֵיתִי שַׁחֹתִי עַד־מְאֹד כָּל־הַיּוֹם קֹדֵר הִלָּכְתִּי:
כִּי־כְסָלַי מָלְאוּ נִקְלֶה וְאֵין מְתֹם בִּבְשָׂרִי: נְפוּגוֹתִי וְנִדְכֵּיתִי עַד־מְאֹד שָׁאַגְתִּי
מִנַּהֲמַת לִבִּי: אֲדֹנָי נֶגְדְּךָ כָל־תַּאֲוָתִי וְאַנְחָתִי מִמְּךָ לֹא־נִסְתָּרָה: לִבִּי סְחַרְחַר
עֲזָבַנִי כֹחִי וְאוֹר־עֵינַי גַּם־הֵם אֵין אִתִּי: אֹהֲבַי ׀ וְרֵעַי מִנֶּגֶד נִגְעִי יַעֲמֹדוּ וּקְרוֹבַי
מֵרָחֹק עָמָדוּ: וַיְנַקְשׁוּ ׀ מְבַקְשֵׁי נַפְשִׁי וְדֹרְשֵׁי רָעָתִי דִּבְּרוּ הַוּוֹת וּמִרְמוֹת כָּל־
הַיּוֹם יֶהְגּוּ: וַאֲנִי כְחֵרֵשׁ לֹא אֶשְׁמָע וּכְאִלֵּם לֹא יִפְתַּח־פִּיו: וָאֱהִי כְּאִישׁ אֲשֶׁר
לֹא־שֹׁמֵעַ וְאֵין בְּפִיו תּוֹכָחוֹת: כִּי־לְךָ יְהוָה הוֹחָלְתִּי אַתָּה תַעֲנֶה אֲדֹנָי אֱלֹהָי:
כִּי־אָמַרְתִּי פֶּן־יִשְׂמְחוּ־לִי בְּמוֹט רַגְלִי עָלַי הִגְדִּילוּ: כִּי־אֲנִי לְצֶלַע נָכוֹן וּמַכְאוֹבִי
נֶגְדִּי תָמִיד: כִּי־עֲוֺנִי אַגִּיד אֶדְאַג מֵחַטָּאתִי: וְאֹיְבַי חַיִּים עָצֵמוּ וְרַבּוּ שֹׂנְאַי
שָׁקֶר: וּמְשַׁלְּמֵי רָעָה תַּחַת טוֹבָה יִשְׂטְנוּנִי תַּחַת רדופי־טוֹב: אַל־תַּעַזְבֵנִי רָדְפִי
יְהוָה אֱלֹהַי אַל־תִּרְחַק מִמֶּנִּי: חוּשָׁה לְעֶזְרָתִי אֲדֹנָי תְּשׁוּעָתִי:
*לט לַמְנַצֵּחַ לידיתון מִזְמוֹר לְדָוִד: אָמַרְתִּי אֶשְׁמְרָה דְרָכַי מֵחֲטוֹא בִלְשׁוֹנִי לִידוּתוּן
אֶשְׁמְרָה־לְפִי מַחְסוֹם בְּעֹד רָשָׁע לְנֶגְדִּי: נֶאֱלַמְתִּי דוּמִיָּה הֶחֱשֵׁיתִי מִטּוֹב
וּכְאֵבִי נֶעְכָּר: חַם־לִבִּי ׀ בְּקִרְבִּי בַּהֲגִיגִי תִבְעַר־אֵשׁ דִּבַּרְתִּי בִּלְשׁוֹנִי: הוֹדִיעֵנִי
יְהוָה ׀ קִצִּי וּמִדַּת יָמַי מַה־הִיא אֵדְעָה מֶה־חָדֵל אָנִי: הִנֵּה טְפָחוֹת ׀ נָתַתָּה
יָמַי וְחֶלְדִּי כְאַיִן נֶגְדֶּךָ אַךְ־כָּל־הֶבֶל כָּל־אָדָם נִצָּב סֶלָה: אַךְ־בְּצֶלֶם ׀ יִתְהַלֶּךְ־
אִישׁ אַךְ־הֶבֶל יֶהֱמָיוּן יִצְבֹּר וְלֹא־יֵדַע מִי־אֹסְפָם: וְעַתָּה מַה־קִּוִּיתִי אֲדֹנָי
תּוֹחַלְתִּי לְךָ הִיא: מִכָּל־פְּשָׁעַי הַצִּילֵנִי חֶרְפַּת נָבָל אַל־תְּשִׂימֵנִי: נֶאֱלַמְתִּי לֹא
אֶפְתַּח־פִּי כִּי אַתָּה עָשִׂיתָ: הָסֵר מֵעָלַי נִגְעֶךָ מִתִּגְרַת יָדְךָ אֲנִי כָלִיתִי:
בְּתוֹכָחוֹת עַל־עָוֺן ׀ יִסַּרְתָּ אִישׁ וַתֶּמֶס כָּעָשׁ חֲמוּדוֹ אַךְ הֶבֶל כָּל־אָדָם סֶלָה:
שִׁמְעָה תְפִלָּתִי ׀ יְהוָה וְשַׁוְעָתִי ׀ הַאֲזִינָה אֶל־דִּמְעָתִי אַל־תֶּחֱרַשׁ כִּי גֵר אָנֹכִי
עִמָּךְ תּוֹשָׁב כְּכָל־אֲבוֹתָי: הָשַׁע מִמֶּנִּי וְאַבְלִיגָה בְּטֶרֶם אֵלֵךְ וְאֵינֶנִּי:
מ לַמְנַצֵּחַ לְדָוִד מִזְמוֹר: קַוֺּה קִוִּיתִי יְהוָה וַיֵּט אֵלַי וַיִּשְׁמַע שַׁוְעָתִי: וַיַּעֲלֵנִי ׀
מִבּוֹר שָׁאוֹן מִטִּיט הַיָּוֵן וַיָּקֶם עַל־סֶלַע רַגְלַי כּוֹנֵן אֲשֻׁרָי: וַיִּתֵּן בְּפִי ׀ שִׁיר חָדָשׁ

*ז לחודש

תְּהִלָּה לֵאלֹהֵינוּ יִרְאוּ רַבִּים וְיִירָאוּ וְיִבְטְחוּ בַּיהוה: אַשְׁרֵי־הַגֶּבֶר אֲשֶׁר־שָׂם
יהוה מִבְטַחוֹ וְלֹא־פָנָה אֶל־רְהָבִים וְשָׂטֵי כָזָב: רַבּוֹת עָשִׂיתָ ׀ אַתָּה ׀ יהוה
אֱלֹהַי נִפְלְאֹתֶיךָ וּמַחְשְׁבֹתֶיךָ אֵלֵינוּ אֵין ׀ עֲרֹךְ אֵלֶיךָ אַגִּידָה וַאֲדַבֵּרָה עָצְמוּ
מִסַּפֵּר: זֶבַח וּמִנְחָה ׀ לֹא־חָפַצְתָּ אָזְנַיִם כָּרִיתָ לִּי עוֹלָה וַחֲטָאָה לֹא שָׁאָלְתָּ:
אָז אָמַרְתִּי הִנֵּה־בָאתִי בִּמְגִלַּת־סֵפֶר כָּתוּב עָלָי: לַעֲשׂוֹת־רְצוֹנְךָ אֱלֹהַי חָפָצְתִּי
וְתוֹרָתְךָ בְּתוֹךְ מֵעָי: בִּשַּׂרְתִּי צֶדֶק ׀ בְּקָהָל רָב הִנֵּה שְׂפָתַי לֹא אֶכְלָא יהוה
אַתָּה יָדָעְתָּ: צִדְקָתְךָ לֹא־כִסִּיתִי ׀ בְּתוֹךְ לִבִּי אֱמוּנָתְךָ וּתְשׁוּעָתְךָ אָמָרְתִּי
לֹא־כִחַדְתִּי חַסְדְּךָ וַאֲמִתְּךָ לְקָהָל רָב: אַתָּה יהוה לֹא־תִכְלָא רַחֲמֶיךָ מִמֶּנִּי
חַסְדְּךָ וַאֲמִתְּךָ תָּמִיד יִצְּרוּנִי: כִּי אָפְפוּ־עָלַי ׀ רָעוֹת עַד־אֵין מִסְפָּר הִשִּׂיגוּנִי
עֲוֹנֹתַי וְלֹא־יָכֹלְתִּי לִרְאוֹת עָצְמוּ מִשַּׂעֲרוֹת רֹאשִׁי וְלִבִּי עֲזָבָנִי: רְצֵה יהוה
לְהַצִּילֵנִי יהוה לְעֶזְרָתִי חוּשָׁה: יֵבֹשׁוּ וְיַחְפְּרוּ ׀ יַחַד מְבַקְשֵׁי נַפְשִׁי לִסְפּוֹתָהּ יִסֹּגוּ
אָחוֹר וְיִכָּלְמוּ חֲפֵצֵי רָעָתִי: יָשֹׁמּוּ עַל־עֵקֶב בָּשְׁתָּם הָאֹמְרִים לִי הֶאָח ׀ הֶאָח:
יָשִׂישׂוּ וְיִשְׂמְחוּ ׀ בְּךָ כָּל־מְבַקְשֶׁיךָ יֹאמְרוּ תָמִיד יִגְדַּל יהוה אֹהֲבֵי תְּשׁוּעָתֶךָ:
וַאֲנִי ׀ עָנִי וְאֶבְיוֹן אֲדֹנָי יַחֲשָׁב לִי עֶזְרָתִי וּמְפַלְטִי אַתָּה אֱלֹהַי אַל־תְּאַחַר:
מא לַמְנַצֵּחַ מִזְמוֹר לְדָוִד: אַשְׁרֵי מַשְׂכִּיל אֶל־דָּל בְּיוֹם רָעָה יְמַלְּטֵהוּ יהוה: יהוה ׀
יִשְׁמְרֵהוּ וִיחַיֵּהוּ יאשר בָּאָרֶץ וְאַל־תִּתְּנֵהוּ בְּנֶפֶשׁ אֹיְבָיו: יהוה יִסְעָדֶנּוּ עַל־ וְאֻשַּׁר
עֶרֶשׂ דְּוָי כָּל־מִשְׁכָּבוֹ הָפַכְתָּ בְחָלְיוֹ: אֲנִי־אָמַרְתִּי יהוה חָנֵּנִי רְפָאָה נַפְשִׁי
כִּי־חָטָאתִי לָךְ: אוֹיְבַי יֹאמְרוּ רַע לִי מָתַי יָמוּת וְאָבַד שְׁמוֹ: וְאִם־בָּא לִרְאוֹת ׀
שָׁוְא יְדַבֵּר לִבּוֹ יִקְבָּץ־אָוֶן לוֹ יֵצֵא לַחוּץ יְדַבֵּר: יַחַד עָלַי יִתְלַחֲשׁוּ כָּל־שֹׂנְאָי
עָלַי ׀ יַחְשְׁבוּ רָעָה לִי: דְּבַר־בְּלִיַּעַל יָצוּק בּוֹ וַאֲשֶׁר שָׁכַב לֹא־יוֹסִיף לָקוּם:
גַּם־אִישׁ שְׁלוֹמִי ׀ אֲשֶׁר־בָּטַחְתִּי בוֹ אוֹכֵל לַחְמִי הִגְדִּיל עָלַי עָקֵב: וְאַתָּה
יהוה חָנֵּנִי וַהֲקִימֵנִי וַאֲשַׁלְּמָה לָהֶם: בְּזֹאת יָדַעְתִּי כִּי־חָפַצְתָּ בִּי כִּי לֹא־יָרִיעַ
אֹיְבִי עָלָי: וַאֲנִי בְּתֻמִּי תָּמַכְתָּ בִּי וַתַּצִּיבֵנִי לְפָנֶיךָ לְעוֹלָם: בָּרוּךְ יהוה ׀ אֱלֹהֵי
יִשְׂרָאֵל מֵהָעוֹלָם וְעַד־הָעוֹלָם אָמֵן ׀ וְאָמֵן:

ספר שני

מב לַמְנַצֵּחַ מַשְׂכִּיל לִבְנֵי־קֹרַח: כְּאַיָּל תַּעֲרֹג עַל־אֲפִיקֵי־מָיִם כֵּן נַפְשִׁי תַעֲרֹג אֵלֶיךָ
אֱלֹהִים: צָמְאָה נַפְשִׁי ׀ לֵאלֹהִים לְאֵל חָי מָתַי אָבוֹא וְאֵרָאֶה פְּנֵי אֱלֹהִים:
הָיְתָה־לִּי דִמְעָתִי לֶחֶם יוֹמָם וָלָיְלָה בֶּאֱמֹר אֵלַי כָּל־הַיּוֹם אַיֵּה אֱלֹהֶיךָ:
אֵלֶּה אֶזְכְּרָה ׀ וְאֶשְׁפְּכָה עָלַי ׀ נַפְשִׁי כִּי אֶעֱבֹר ׀ בַּסָּךְ אֶדַּדֵּם עַד־בֵּית אֱלֹהִים

בְּקוֹל־רִנָּה וְתוֹדָה הָמוֹן חוֹגֵג: מַה־תִּשְׁתּוֹחֲחִי ׀ נַפְשִׁי וַתֶּהֱמִי עָלָי הוֹחִלִי
לֵאלֹהִים כִּי־עוֹד אוֹדֶנּוּ יְשׁוּעוֹת פָּנָיו: אֱלֹהַי עָלַי נַפְשִׁי תִשְׁתּוֹחָח עַל־כֵּן
אֶזְכָּרְךָ מֵאֶרֶץ יַרְדֵּן וְחֶרְמוֹנִים מֵהַר מִצְעָר: תְּהוֹם־אֶל־תְּהוֹם קוֹרֵא לְקוֹל
צִנּוֹרֶיךָ כָּל־מִשְׁבָּרֶיךָ וְגַלֶּיךָ עָלַי עָבָרוּ: יוֹמָם ׀ יְצַוֶּה יהוה ׀ חַסְדּוֹ וּבַלַּיְלָה
שִׁירֹה עִמִּי תְּפִלָּה לְאֵל חַיָּי: אוֹמְרָה ׀ לְאֵל סַלְעִי לָמָה שְׁכַחְתָּנִי לָמָּה־קֹדֵר
אֵלֵךְ בְּלַחַץ אוֹיֵב: בְּרֶצַח ׀ בְּעַצְמוֹתַי חֵרְפוּנִי צוֹרְרָי בְּאָמְרָם אֵלַי כָּל־הַיּוֹם
אַיֵּה אֱלֹהֶיךָ: מַה־תִּשְׁתּוֹחֲחִי ׀ נַפְשִׁי וּמַה־תֶּהֱמִי עָלָי הוֹחִילִי לֵאלֹהִים כִּי־
עוֹד אוֹדֶנּוּ יְשׁוּעֹת פָּנַי וֵאלֹהָי:
מג שָׁפְטֵנִי אֱלֹהִים ׀ וְרִיבָה רִיבִי מִגּוֹי לֹא־חָסִיד מֵאִישׁ־מִרְמָה וְעַוְלָה תְפַלְּטֵנִי:
כִּי־אַתָּה ׀ אֱלֹהֵי מָעוּזִּי לָמָה זְנַחְתָּנִי לָמָּה־קֹדֵר אֶתְהַלֵּךְ בְּלַחַץ אוֹיֵב:
שְׁלַח־אוֹרְךָ וַאֲמִתְּךָ הֵמָּה יַנְחוּנִי יְבִיאוּנִי אֶל־הַר־קָדְשְׁךָ וְאֶל־מִשְׁכְּנוֹתֶיךָ:
וְאָבוֹאָה ׀ אֶל־מִזְבַּח אֱלֹהִים אֶל־אֵל שִׂמְחַת גִּילִי וְאוֹדְךָ בְכִנּוֹר אֱלֹהִים
אֱלֹהָי: מַה־תִּשְׁתּוֹחֲחִי ׀ נַפְשִׁי וּמַה־תֶּהֱמִי עָלָי הוֹחִילִי לֵאלֹהִים כִּי־עוֹד
אוֹדֶנּוּ יְשׁוּעֹת פָּנַי וֵאלֹהָי:
*מד לַמְנַצֵּחַ לִבְנֵי־קֹרַח מַשְׂכִּיל: אֱלֹהִים ׀ בְּאָזְנֵינוּ שָׁמַעְנוּ אֲבוֹתֵינוּ סִפְּרוּ־לָנוּ
פֹּעַל־פָּעַלְתָּ בִימֵיהֶם בִּימֵי קֶדֶם: אַתָּה ׀ יָדְךָ גּוֹיִם הוֹרַשְׁתָּ וַתִּטָּעֵם תָּרַע
לְאֻמִּים וַתְּשַׁלְּחֵם: כִּי לֹא בְחַרְבָּם יָרְשׁוּ אָרֶץ וּזְרוֹעָם לֹא־הוֹשִׁיעָה לָּמוֹ כִּי־
יְמִינְךָ וּזְרוֹעֲךָ וְאוֹר פָּנֶיךָ כִּי רְצִיתָם: אַתָּה־הוּא מַלְכִּי אֱלֹהִים צַוֵּה יְשׁוּעוֹת
יַעֲקֹב: בְּךָ צָרֵינוּ נְנַגֵּחַ בְּשִׁמְךָ נָבוּס קָמֵינוּ: כִּי לֹא בְקַשְׁתִּי אֶבְטָח וְחַרְבִּי לֹא
תוֹשִׁיעֵנִי: כִּי הוֹשַׁעְתָּנוּ מִצָּרֵינוּ וּמְשַׂנְאֵינוּ הֱבִישׁוֹתָ: בֵּאלֹהִים הִלַּלְנוּ כָל־
הַיּוֹם וְשִׁמְךָ ׀ לְעוֹלָם נוֹדֶה סֶלָה: אַף־זָנַחְתָּ וַתַּכְלִימֵנוּ וְלֹא־תֵצֵא בְּצִבְאוֹתֵינוּ:
תְּשִׁיבֵנוּ אָחוֹר מִנִּי־צָר וּמְשַׂנְאֵינוּ שָׁסוּ לָמוֹ: תִּתְּנֵנוּ כְּצֹאן מַאֲכָל וּבַגּוֹיִם
זֵרִיתָנוּ: תִּמְכֹּר־עַמְּךָ בְלֹא־הוֹן וְלֹא־רִבִּיתָ בִּמְחִירֵיהֶם: תְּשִׂימֵנוּ חֶרְפָּה
לִשְׁכֵנֵינוּ לַעַג וָקֶלֶס לִסְבִיבוֹתֵינוּ: תְּשִׂימֵנוּ מָשָׁל בַּגּוֹיִם מְנוֹד־רֹאשׁ בַּלְאֻמִּים:
כָּל־הַיּוֹם כְּלִמָּתִי נֶגְדִּי וּבֹשֶׁת פָּנַי כִּסָּתְנִי: מִקּוֹל מְחָרֵף וּמְגַדֵּף מִפְּנֵי אוֹיֵב
וּמִתְנַקֵּם: כָּל־זֹאת בָּאַתְנוּ וְלֹא שְׁכַחֲנוּךָ וְלֹא־שִׁקַּרְנוּ בִּבְרִיתֶךָ: לֹא־נָסוֹג
אָחוֹר לִבֵּנוּ וַתֵּט אֲשֻׁרֵינוּ מִנִּי אָרְחֶךָ: כִּי דִכִּיתָנוּ בִּמְקוֹם תַּנִּים וַתְּכַס עָלֵינוּ
בְצַלְמָוֶת: אִם־שָׁכַחְנוּ שֵׁם אֱלֹהֵינוּ וַנִּפְרֹשׂ כַּפֵּינוּ לְאֵל זָר: הֲלֹא אֱלֹהִים
יַחֲקָר־זֹאת כִּי־הוּא יֹדֵעַ תַּעֲלֻמוֹת לֵב: כִּי־עָלֶיךָ הֹרַגְנוּ כָל־הַיּוֹם נֶחְשַׁבְנוּ

*ח לחודש

כְּצֹאן טִבְחָה: עוּרָה ׀ לָמָּה תִישַׁן ׀ אֲדֹנָי הָקִיצָה אַל־תִּזְנַח לָנֶצַח: לָמָּה־פָנֶיךָ
תַסְתִּיר תִּשְׁכַּח עָנְיֵנוּ וְלַחֲצֵנוּ: כִּי שָׁחָה לֶעָפָר נַפְשֵׁנוּ דָּבְקָה לָאָרֶץ בִּטְנֵנוּ:
קוּמָה עֶזְרָתָה לָּנוּ וּפְדֵנוּ לְמַעַן חַסְדֶּךָ:
מה לַמְנַצֵּחַ עַל־שֹׁשַׁנִּים לִבְנֵי־קֹרַח מַשְׂכִּיל שִׁיר יְדִידֹת: רָחַשׁ לִבִּי ׀ דָּבָר טוֹב
אֹמֵר אָנִי מַעֲשַׂי לְמֶלֶךְ לְשׁוֹנִי עֵט ׀ סוֹפֵר מָהִיר: יׇפְיָפִיתָ מִבְּנֵי אָדָם הוּצַק חֵן
בְּשְׂפְתוֹתֶיךָ עַל־כֵּן בֵּרַכְךָ אֱלֹהִים לְעוֹלָם: חֲגוֹר־חַרְבְּךָ עַל־יָרֵךְ גִּבּוֹר הוֹדְךָ
וַהֲדָרֶךָ: וַהֲדָרְךָ ׀ צְלַח רְכַב עַל־דְּבַר־אֱמֶת וְעַנְוָה־צֶדֶק וְתוֹרְךָ נוֹרָאוֹת יְמִינֶךָ:
חִצֶּיךָ שְׁנוּנִים עַמִּים תַּחְתֶּיךָ יִפְּלוּ בְּלֵב אוֹיְבֵי הַמֶּלֶךְ: כִּסְאֲךָ אֱלֹהִים עוֹלָם
וָעֶד שֵׁבֶט מִישֹׁר שֵׁבֶט מַלְכוּתֶךָ: אָהַבְתָּ צֶּדֶק וַתִּשְׂנָא רֶשַׁע עַל־כֵּן ׀ מְשָׁחֲךָ
אֱלֹהִים אֱלֹהֶיךָ שֶׁמֶן שָׂשׂוֹן מֵחֲבֵרֶךָ: מֹר־וַאֲהָלוֹת קְצִיעוֹת כׇּל־בִּגְדֹתֶיךָ מִן־
הֵיכְלֵי שֵׁן מִנִּי שִׂמְּחוּךָ: בְּנוֹת מְלָכִים בְּיִקְּרוֹתֶיךָ נִצְּבָה שֵׁגַל לִימִינְךָ בְּכֶתֶם
אוֹפִיר: שִׁמְעִי־בַת וּרְאִי וְהַטִּי אׇזְנֵךְ וְשִׁכְחִי עַמֵּךְ וּבֵית אָבִיךְ: וְיִתְאָו הַמֶּלֶךְ
יׇפְיֵךְ כִּי־הוּא אֲדֹנַיִךְ וְהִשְׁתַּחֲוִי־לוֹ: וּבַת־צֹר ׀ בְּמִנְחָה פָּנַיִךְ יְחַלּוּ עֲשִׁירֵי עָם:
כׇּל־כְּבוּדָּה בַת־מֶלֶךְ פְּנִימָה מִמִּשְׁבְּצוֹת זָהָב לְבוּשָׁהּ: לִרְקָמוֹת תּוּבַל לַמֶּלֶךְ
בְּתוּלוֹת אַחֲרֶיהָ רֵעוֹתֶיהָ מוּבָאוֹת לָךְ: תּוּבַלְנָה בִּשְׂמָחֹת וָגִיל תְּבֹאֶינָה
בְּהֵיכַל מֶלֶךְ: תַּחַת אֲבֹתֶיךָ יִהְיוּ בָנֶיךָ תְּשִׁיתֵמוֹ לְשָׂרִים בְּכׇל־הָאָרֶץ: אַזְכִּירָה
שִׁמְךָ בְּכׇל־דֹּר וָדֹר עַל־כֵּן עַמִּים יְהוֹדֻךָ לְעֹלָם וָעֶד:
מו לַמְנַצֵּחַ לִבְנֵי־קֹרַח עַל־עֲלָמוֹת שִׁיר: אֱלֹהִים לָנוּ מַחֲסֶה וָעֹז עֶזְרָה בְצָרוֹת
נִמְצָא מְאֹד: עַל־כֵּן לֹא־נִירָא בְּהָמִיר אָרֶץ וּבְמוֹט הָרִים בְּלֵב יַמִּים: יֶהֱמוּ
יֶחְמְרוּ מֵימָיו יִרְעֲשׁוּ־הָרִים בְּגַאֲוָתוֹ סֶלָה: נָהָר פְּלָגָיו יְשַׂמְּחוּ עִיר־אֱלֹהִים
קְדֹשׁ מִשְׁכְּנֵי עֶלְיוֹן: אֱלֹהִים בְּקִרְבָּהּ בַּל־תִּמּוֹט יַעְזְרֶהָ אֱלֹהִים לִפְנוֹת בֹּקֶר:
הָמוּ גוֹיִם מָטוּ מַמְלָכוֹת נָתַן בְּקוֹלוֹ תָּמוּג אָרֶץ: יהוה צְבָאוֹת עִמָּנוּ מִשְׂגָּב
לָנוּ אֱלֹהֵי יַעֲקֹב סֶלָה: לְכוּ־חֲזוּ מִפְעֲלוֹת יהוה אֲשֶׁר־שָׂם שַׁמּוֹת בָּאָרֶץ:
מַשְׁבִּית מִלְחָמוֹת עַד־קְצֵה הָאָרֶץ קֶשֶׁת יְשַׁבֵּר וְקִצֵּץ חֲנִית עֲגָלוֹת יִשְׂרֹף
בָּאֵשׁ: הַרְפּוּ וּדְעוּ כִּי־אָנֹכִי אֱלֹהִים אָרוּם בַּגּוֹיִם אָרוּם בָּאָרֶץ: יהוה צְבָאוֹת
עִמָּנוּ מִשְׂגָּב לָנוּ אֱלֹהֵי יַעֲקֹב סֶלָה:
מז לַמְנַצֵּחַ לִבְנֵי־קֹרַח מִזְמוֹר: כׇּל־הָעַמִּים תִּקְעוּ־כָף הָרִיעוּ לֵאלֹהִים בְּקוֹל רִנָּה:
כִּי־יהוה עֶלְיוֹן נוֹרָא מֶלֶךְ גָּדוֹל עַל־כׇּל־הָאָרֶץ: יַדְבֵּר עַמִּים תַּחְתֵּינוּ וּלְאֻמִּים
תַּחַת רַגְלֵינוּ: יִבְחַר־לָנוּ אֶת־נַחֲלָתֵנוּ אֶת גְּאוֹן יַעֲקֹב אֲשֶׁר־אָהֵב סֶלָה: עָלָה

אֱלֹהִים בִּתְרוּעָה יְהוָה בְּקוֹל שׁוֹפָר: זַמְּרוּ אֱלֹהִים זַמֵּרוּ זַמְּרוּ לְמַלְכֵּנוּ זַמֵּרוּ:
כִּי מֶלֶךְ כָּל־הָאָרֶץ אֱלֹהִים זַמְּרוּ מַשְׂכִּיל: מָלַךְ אֱלֹהִים עַל־גּוֹיִם אֱלֹהִים
יָשַׁב ׀ עַל־כִּסֵּא קָדְשׁוֹ: נְדִיבֵי עַמִּים ׀ נֶאֱסָפוּ עַם אֱלֹהֵי אַבְרָהָם כִּי לֵאלֹהִים
מָגִנֵּי־אֶרֶץ מְאֹד נַעֲלָה:
שִׁיר מִזְמוֹר לִבְנֵי־קֹרַח: גָּדוֹל יְהוָה וּמְהֻלָּל מְאֹד בְּעִיר אֱלֹהֵינוּ הַר־קָדְשׁוֹ: מח
יְפֵה נוֹף מְשׂוֹשׂ כָּל־הָאָרֶץ הַר־צִיּוֹן יַרְכְּתֵי צָפוֹן קִרְיַת מֶלֶךְ רָב: אֱלֹהִים
בְּאַרְמְנוֹתֶיהָ נוֹדַע לְמִשְׂגָּב: כִּי־הִנֵּה הַמְּלָכִים נוֹעֲדוּ עָבְרוּ יַחְדָּו: הֵמָּה רָאוּ
כֵּן תָּמָהוּ נִבְהֲלוּ נֶחְפָּזוּ: רְעָדָה אֲחָזָתַם שָׁם חִיל כַּיּוֹלֵדָה: בְּרוּחַ קָדִים תְּשַׁבֵּר
אֳנִיּוֹת תַּרְשִׁישׁ: כַּאֲשֶׁר שָׁמַעְנוּ ׀ כֵּן רָאִינוּ בְּעִיר־יְהוָה צְבָאוֹת בְּעִיר אֱלֹהֵינוּ
אֱלֹהִים יְכוֹנְנֶהָ עַד־עוֹלָם סֶלָה: דִּמִּינוּ אֱלֹהִים חַסְדֶּךָ בְּקֶרֶב הֵיכָלֶךָ: כְּשִׁמְךָ ׀
אֱלֹהִים כֵּן תְּהִלָּתְךָ עַל־קַצְוֵי־אֶרֶץ צֶדֶק מָלְאָה יְמִינֶךָ: יִשְׂמַח ׀ הַר־צִיּוֹן תָּגֵלְנָה
בְּנוֹת יְהוּדָה לְמַעַן מִשְׁפָּטֶיךָ: סֹבּוּ צִיּוֹן וְהַקִּיפוּהָ סִפְרוּ מִגְדָּלֶיהָ: שִׁיתוּ לִבְּכֶם ׀
לְחֵילָה פַּסְּגוּ אַרְמְנוֹתֶיהָ לְמַעַן תְּסַפְּרוּ לְדוֹר אַחֲרוֹן: כִּי זֶה ׀ אֱלֹהִים אֱלֹהֵינוּ
עוֹלָם וָעֶד הוּא יְנַהֲגֵנוּ עַל־מוּת:
לַמְנַצֵּחַ לִבְנֵי־קֹרַח מִזְמוֹר: שִׁמְעוּ־זֹאת כָּל־הָעַמִּים הַאֲזִינוּ כָּל־יֹשְׁבֵי חָלֶד: *מט
גַּם־בְּנֵי אָדָם גַּם־בְּנֵי־אִישׁ יַחַד עָשִׁיר וְאֶבְיוֹן: פִּי יְדַבֵּר חָכְמוֹת וְהָגוּת לִבִּי
תְבוּנוֹת: אַטֶּה לְמָשָׁל אָזְנִי אֶפְתַּח בְּכִנּוֹר חִידָתִי: לָמָּה אִירָא בִּימֵי רָע עֲוֺן
עֲקֵבַי יְסוּבֵּנִי: הַבֹּטְחִים עַל־חֵילָם וּבְרֹב עָשְׁרָם יִתְהַלָּלוּ: אָח לֹא־פָדֹה יִפְדֶּה
אִישׁ לֹא־יִתֵּן לֵאלֹהִים כָּפְרוֹ: וְיֵקַר פִּדְיוֹן נַפְשָׁם וְחָדַל לְעוֹלָם: וִיחִי־עוֹד לָנֶצַח
לֹא יִרְאֶה הַשָּׁחַת: כִּי יִרְאֶה ׀ חֲכָמִים יָמוּתוּ יַחַד כְּסִיל וָבַעַר יֹאבֵדוּ וְעָזְבוּ
לַאֲחֵרִים חֵילָם: קִרְבָּם בָּתֵּימוֹ ׀ לְעוֹלָם מִשְׁכְּנֹתָם לְדֹר וָדֹר קָרְאוּ בִשְׁמוֹתָם
עֲלֵי אֲדָמוֹת: וְאָדָם בִּיקָר בַּל־יָלִין נִמְשַׁל כַּבְּהֵמוֹת נִדְמוּ: זֶה דַרְכָּם כֶּסֶל
לָמוֹ וְאַחֲרֵיהֶם ׀ בְּפִיהֶם יִרְצוּ סֶלָה: כַּצֹּאן ׀ לִשְׁאוֹל שַׁתּוּ מָוֶת יִרְעֵם וַיִּרְדּוּ
בָם יְשָׁרִים ׀ לַבֹּקֶר וְצִירָם לְבַלּוֹת שְׁאוֹל מִזְּבֻל לוֹ: אַךְ־אֱלֹהִים יִפְדֶּה נַפְשִׁי וְצוּרָם
מִיַּד שְׁאוֹל כִּי יִקָּחֵנִי סֶלָה: אַל־תִּירָא כִּי־יַעֲשִׁר אִישׁ כִּי־יִרְבֶּה כְּבוֹד בֵּיתוֹ:
כִּי לֹא בְמוֹתוֹ יִקַּח הַכֹּל לֹא־יֵרֵד אַחֲרָיו כְּבוֹדוֹ: כִּי־נַפְשׁוֹ בְּחַיָּיו יְבָרֵךְ וְיוֹדֻךָ
כִּי־תֵיטִיב לָךְ: תָּבוֹא עַד־דּוֹר אֲבוֹתָיו עַד־נֵצַח לֹא יִרְאוּ־אוֹר: אָדָם בִּיקָר
וְלֹא יָבִין נִמְשַׁל כַּבְּהֵמוֹת נִדְמוּ:
מִזְמוֹר לְאָסָף אֵל ׀ אֱלֹהִים יְהוָה דִּבֶּר וַיִּקְרָא־אָרֶץ מִמִּזְרַח־שֶׁמֶשׁ עַד־מְבֹאוֹ: נ

*ט לחודש

מִצִּיּוֹן מִכְלַל־יֹפִי אֱלֹהִים הוֹפִיעַ: יָבֹא אֱלֹהֵינוּ וְאַל־יֶחֱרַשׁ אֵשׁ־לְפָנָיו תֹּאכֵל
וּסְבִיבָיו נִשְׂעֲרָה מְאֹד: יִקְרָא אֶל־הַשָּׁמַיִם מֵעָל וְאֶל־הָאָרֶץ לָדִין עַמּוֹ: אִסְפוּ־
לִי חֲסִידָי כֹּרְתֵי בְרִיתִי עֲלֵי־זָבַח: וַיַּגִּידוּ שָׁמַיִם צִדְקוֹ כִּי־אֱלֹהִים ׀ שֹׁפֵט הוּא
סֶלָה: שִׁמְעָה עַמִּי ׀ וַאֲדַבֵּרָה יִשְׂרָאֵל וְאָעִידָה בָּךְ אֱלֹהִים אֱלֹהֶיךָ אָנֹכִי: לֹא
עַל־זְבָחֶיךָ אוֹכִיחֶךָ וְעוֹלֹתֶיךָ לְנֶגְדִּי תָמִיד: לֹא־אֶקַּח מִבֵּיתְךָ פָר מִמִּכְלְאֹתֶיךָ
עַתּוּדִים: כִּי־לִי כָל־חַיְתוֹ־יָעַר בְּהֵמוֹת בְּהַרְרֵי־אָלֶף: יָדַעְתִּי כָּל־עוֹף הָרִים
וְזִיז שָׂדַי עִמָּדִי: אִם־אֶרְעַב לֹא־אֹמַר לָךְ כִּי־לִי תֵבֵל וּמְלֹאָהּ: הַאוֹכַל בְּשַׂר
אַבִּירִים וְדַם עַתּוּדִים אֶשְׁתֶּה: זְבַח לֵאלֹהִים תּוֹדָה וְשַׁלֵּם לְעֶלְיוֹן נְדָרֶיךָ:
וּקְרָאֵנִי בְּיוֹם צָרָה אֲחַלֶּצְךָ וּתְכַבְּדֵנִי: וְלָרָשָׁע ׀ אָמַר אֱלֹהִים מַה־לְּךָ לְסַפֵּר
חֻקָּי וַתִּשָּׂא בְרִיתִי עֲלֵי־פִיךָ: וְאַתָּה שָׂנֵאתָ מוּסָר וַתַּשְׁלֵךְ דְּבָרַי אַחֲרֶיךָ:
אִם־רָאִיתָ גַנָּב וַתִּרֶץ עִמּוֹ וְעִם מְנָאֲפִים חֶלְקֶךָ: פִּיךָ שָׁלַחְתָּ בְרָעָה וּלְשׁוֹנְךָ
תַּצְמִיד מִרְמָה: תֵּשֵׁב בְּאָחִיךָ תְדַבֵּר בְּבֶן־אִמְּךָ תִּתֶּן־דֹּפִי: אֵלֶּה עָשִׂיתָ ׀
וְהֶחֱרַשְׁתִּי דִּמִּיתָ הֱיוֹת־אֶהְיֶה כָמוֹךָ אוֹכִיחֲךָ וְאֶעֶרְכָה לְעֵינֶיךָ: בִּינוּ־נָא זֹאת
שֹׁכְחֵי אֱלוֹהַּ פֶּן־אֶטְרֹף וְאֵין מַצִּיל: זֹבֵחַ תּוֹדָה יְכַבְּדָנְנִי וְשָׂם דֶּרֶךְ אַרְאֶנּוּ
בְּיֵשַׁע אֱלֹהִים:
נא* לַמְנַצֵּחַ מִזְמוֹר לְדָוִד: בְּבוֹא־אֵלָיו נָתָן הַנָּבִיא כַּאֲשֶׁר־בָּא אֶל־בַּת־שָׁבַע:
חָנֵּנִי אֱלֹהִים כְּחַסְדֶּךָ כְּרֹב רַחֲמֶיךָ מְחֵה פְשָׁעָי: הרבה כַּבְּסֵנִי מֵעֲוֹנִי וּמֵחַטָּאתִי הֶרֶב
טַהֲרֵנִי: כִּי־פְשָׁעַי אֲנִי אֵדָע וְחַטָּאתִי נֶגְדִּי תָמִיד: לְךָ לְבַדְּךָ ׀ חָטָאתִי וְהָרַע
בְּעֵינֶיךָ עָשִׂיתִי לְמַעַן תִּצְדַּק בְּדָבְרֶךָ תִּזְכֶּה בְשָׁפְטֶךָ: הֵן־בְּעָווֹן חוֹלָלְתִּי
וּבְחֵטְא יֶחֱמַתְנִי אִמִּי: הֵן־אֱמֶת חָפַצְתָּ בַטֻּחוֹת וּבְסָתֻם חָכְמָה תוֹדִיעֵנִי:
תְּחַטְּאֵנִי בְאֵזוֹב וְאֶטְהָר תְּכַבְּסֵנִי וּמִשֶּׁלֶג אַלְבִּין: תַּשְׁמִיעֵנִי שָׂשׂוֹן וְשִׂמְחָה
תָּגֵלְנָה עֲצָמוֹת דִּכִּיתָ: הַסְתֵּר פָּנֶיךָ מֵחֲטָאָי וְכָל־עֲוֹנֹתַי מְחֵה: לֵב טָהוֹר
בְּרָא־לִי אֱלֹהִים וְרוּחַ נָכוֹן חַדֵּשׁ בְּקִרְבִּי: אַל־תַּשְׁלִיכֵנִי מִלְּפָנֶיךָ וְרוּחַ קָדְשְׁךָ
אַל־תִּקַּח מִמֶּנִּי: הָשִׁיבָה לִּי שְׂשׂוֹן יִשְׁעֶךָ וְרוּחַ נְדִיבָה תִסְמְכֵנִי: אֲלַמְּדָה
פֹשְׁעִים דְּרָכֶיךָ וְחַטָּאִים אֵלֶיךָ יָשׁוּבוּ: הַצִּילֵנִי מִדָּמִים ׀ אֱלֹהִים אֱלֹהֵי תְּשׁוּעָתִי
תְּרַנֵּן לְשׁוֹנִי צִדְקָתֶךָ: אֲדֹנָי שְׂפָתַי תִּפְתָּח וּפִי יַגִּיד תְּהִלָּתֶךָ: כִּי ׀ לֹא־תַחְפֹּץ
זֶבַח וְאֶתֵּנָה עוֹלָה לֹא תִרְצֶה: זִבְחֵי אֱלֹהִים רוּחַ נִשְׁבָּרָה לֵב־נִשְׁבָּר וְנִדְכֶּה
אֱלֹהִים לֹא תִבְזֶה: הֵיטִיבָה בִרְצוֹנְךָ אֶת־צִיּוֹן תִּבְנֶה חוֹמוֹת יְרוּשָׁלָם: אָז
תַּחְפֹּץ זִבְחֵי־צֶדֶק עוֹלָה וְכָלִיל אָז יַעֲלוּ עַל־מִזְבַּחֲךָ פָרִים:

*ליום השלישי

נב לַמְנַצֵּחַ מַשְׂכִּיל לְדָוִד׃ בְּבוֹא ׀ דּוֹאֵג הָאֲדֹמִי וַיַּגֵּד לְשָׁאוּל וַיֹּאמֶר לוֹ בָּא דָוִד
אֶל־בֵּית אֲחִימֶלֶךְ׃ מַה־תִּתְהַלֵּל בְּרָעָה הַגִּבּוֹר חֶסֶד אֵל כׇּל־הַיּוֹם׃ הַוּוֹת
תַּחְשֹׁב לְשׁוֹנֶךָ כְּתַעַר מְלֻטָּשׁ עֹשֵׂה רְמִיָּה׃ אָהַבְתָּ רָּע מִטּוֹב שֶׁקֶר ׀ מִדַּבֵּר
צֶדֶק סֶלָה׃ אָהַבְתָּ כׇל־דִּבְרֵי־בָלַע לְשׁוֹן מִרְמָה׃ גַּם־אֵל יִתׇּצְךָ לָנֶצַח יַחְתְּךָ
וְיִסָּחֲךָ מֵאֹהֶל וְשֵׁרֶשְׁךָ מֵאֶרֶץ חַיִּים סֶלָה׃ וְיִרְאוּ צַדִּיקִים וְיִירָאוּ וְעָלָיו יִשְׂחָקוּ׃
הִנֵּה הַגֶּבֶר לֹא יָשִׂים אֱלֹהִים מָעוּזּוֹ וַיִּבְטַח בְּרֹב עׇשְׁרוֹ יָעֹז בְּהַוָּתוֹ׃ וַאֲנִי ׀
כְּזַיִת רַעֲנָן בְּבֵית אֱלֹהִים בָּטַחְתִּי בְחֶסֶד־אֱלֹהִים עוֹלָם וָעֶד׃ אוֹדְךָ לְעוֹלָם
כִּי עָשִׂיתָ וַאֲקַוֶּה שִׁמְךָ כִי־טוֹב נֶגֶד חֲסִידֶיךָ׃
נג לַמְנַצֵּחַ עַל־מָחֲלַת מַשְׂכִּיל לְדָוִד׃ אָמַר נָבָל בְּלִבּוֹ אֵין אֱלֹהִים הִשְׁחִיתוּ
וְהִתְעִיבוּ עָוֶל אֵין עֹשֵׂה־טוֹב׃ אֱלֹהִים מִשָּׁמַיִם הִשְׁקִיף עַל־בְּנֵי־אָדָם לִרְאוֹת
הֲיֵשׁ מַשְׂכִּיל דֹּרֵשׁ אֶת־אֱלֹהִים׃ כֻּלּוֹ סָג יַחְדָּו נֶאֱלָחוּ אֵין עֹשֵׂה־טוֹב אֵין
גַּם־אֶחָד׃ הֲלֹא יָדְעוּ פֹּעֲלֵי אָוֶן אֹכְלֵי עַמִּי אָכְלוּ לֶחֶם אֱלֹהִים לֹא קָרָאוּ׃
שָׁם ׀ פָּחֲדוּ־פַחַד לֹא־הָיָה פָחַד כִּי־אֱלֹהִים פִּזַּר עַצְמוֹת חֹנָךְ הֱבִשֹׁתָה כִּי־
אֱלֹהִים מְאָסָם׃ מִי יִתֵּן מִצִּיּוֹן יְשֻׁעוֹת יִשְׂרָאֵל בְּשׁוּב אֱלֹהִים שְׁבוּת עַמּוֹ יָגֵל
יַעֲקֹב יִשְׂמַח יִשְׂרָאֵל׃
נד לַמְנַצֵּחַ בִּנְגִינֹת מַשְׂכִּיל לְדָוִד׃ בְּבוֹא הַזִּיפִים וַיֹּאמְרוּ לְשָׁאוּל הֲלֹא דָוִד
מִסְתַּתֵּר עִמָּנוּ׃ אֱלֹהִים בְּשִׁמְךָ הוֹשִׁיעֵנִי וּבִגְבוּרָתְךָ תְדִינֵנִי׃ אֱלֹהִים שְׁמַע
תְּפִלָּתִי הַאֲזִינָה לְאִמְרֵי־פִי׃ כִּי זָרִים ׀ קָמוּ עָלַי וְעָרִיצִים בִּקְשׁוּ נַפְשִׁי לֹא שָׂמוּ
אֱלֹהִים לְנֶגְדָּם סֶלָה׃ הִנֵּה אֱלֹהִים עֹזֵר לִי אֲדֹנָי בְּסֹמְכֵי נַפְשִׁי׃ ישוב הָרַע יָשִׁיב
לְשֹׁרְרָי בַּאֲמִתְּךָ הַצְמִיתֵם׃ בִּנְדָבָה אֶזְבְּחָה־לָּךְ אוֹדֶה שִּׁמְךָ יְהֹוָה כִּי־טוֹב׃
כִּי מִכׇּל־צָרָה הִצִּילָנִי וּבְאֹיְבַי רָאֲתָה עֵינִי׃
*נה לַמְנַצֵּחַ בִּנְגִינֹת מַשְׂכִּיל לְדָוִד׃ הַאֲזִינָה אֱלֹהִים תְּפִלָּתִי וְאַל־תִּתְעַלַּם
מִתְּחִנָּתִי׃ הַקְשִׁיבָה לִּי וַעֲנֵנִי אָרִיד בְּשִׂיחִי וְאָהִימָה׃ מִקּוֹל אוֹיֵב מִפְּנֵי עָקַת
רָשָׁע כִּי־יָמִיטוּ עָלַי אָוֶן וּבְאַף יִשְׂטְמוּנִי׃ לִבִּי יָחִיל בְּקִרְבִּי וְאֵימוֹת מָוֶת נָפְלוּ
עָלָי׃ יִרְאָה וָרַעַד יָבֹא בִי וַתְּכַסֵּנִי פַּלָּצוּת׃ וָאֹמַר מִי־יִתֶּן־לִּי אֵבֶר כַּיּוֹנָה אָעוּפָה
וְאֶשְׁכֹּנָה׃ הִנֵּה אַרְחִיק נְדֹד אָלִין בַּמִּדְבָּר סֶלָה׃ אָחִישָׁה מִפְלָט לִי מֵרוּחַ
סֹעָה מִסָּעַר׃ בַּלַּע אֲדֹנָי פַּלַּג לְשׁוֹנָם כִּי־רָאִיתִי חָמָס וְרִיב בָּעִיר׃ יוֹמָם וָלַיְלָה
יְסוֹבְבֻהָ עַל־חוֹמֹתֶיהָ וְאָוֶן וְעָמָל בְּקִרְבָּהּ׃ הַוּוֹת בְּקִרְבָּהּ וְלֹא־יָמִישׁ מֵרְחֹבָהּ
תֹּךְ וּמִרְמָה׃ כִּי לֹא־אוֹיֵב יְחָרְפֵנִי וְאֶשָּׂא לֹא־מְשַׂנְאִי עָלַי הִגְדִּיל וְאֶסָּתֵר

*י׳ לחודש

מִמֶּנּוּ: וְאַתָּה אֱנוֹשׁ כְּעֶרְכִּי אַלּוּפִי וּמְיֻדָּעִי: אֲשֶׁר יַחְדָּו נַמְתִּיק סוֹד בְּבֵית
אֱלֹהִים נְהַלֵּךְ בְּרָגֶשׁ: ישימות | עָלֵימוֹ יֵרְדוּ שְׁאוֹל חַיִּים כִּי־רָעוֹת בִּמְגוּרָם יַשִּׁיא מָוֶת
בְּקִרְבָּם: אֲנִי אֶל־אֱלֹהִים אֶקְרָא וַיהוה יוֹשִׁיעֵנִי: עֶרֶב וָבֹקֶר וְצָהֳרַיִם אָשִׂיחָה
וְאֶהֱמֶה וַיִּשְׁמַע קוֹלִי: פָּדָה בְשָׁלוֹם נַפְשִׁי מִקְּרָב־לִי כִּי־בְרַבִּים הָיוּ עִמָּדִי:
יִשְׁמַע | אֵל | וְיַעֲנֵם וְיֹשֵׁב קֶדֶם סֶלָה אֲשֶׁר אֵין חֲלִיפוֹת לָמוֹ וְלֹא יָרְאוּ אֱלֹהִים:
שָׁלַח יָדָיו בִּשְׁלֹמָיו חִלֵּל בְּרִיתוֹ: חָלְקוּ | מַחְמָאֹת פִּיו וּקְרָב־לִבּוֹ רַכּוּ דְבָרָיו
מִשֶּׁמֶן וְהֵמָּה פְתִחוֹת: הַשְׁלֵךְ עַל־יהוה | יְהָבְךָ וְהוּא יְכַלְכְּלֶךָ לֹא־יִתֵּן
לְעוֹלָם מוֹט לַצַּדִּיק: וְאַתָּה אֱלֹהִים | תּוֹרִדֵם לִבְאֵר שַׁחַת אַנְשֵׁי דָמִים
וּמִרְמָה לֹא־יֶחֱצוּ יְמֵיהֶם וַאֲנִי אֶבְטַח־בָּךְ:
נו לַמְנַצֵּחַ | עַל־יוֹנַת אֵלֶם רְחֹקִים לְדָוִד מִכְתָּם בֶּאֱחֹז אֹתוֹ פְלִשְׁתִּים בְּגַת:
חָנֵּנִי אֱלֹהִים כִּי־שְׁאָפַנִי אֱנוֹשׁ כָּל־הַיּוֹם לֹחֵם יִלְחָצֵנִי: שָׁאֲפוּ שׁוֹרְרַי כָּל־הַיּוֹם
כִּי־רַבִּים לֹחֲמִים לִי מָרוֹם: יוֹם אִירָא אֲנִי אֵלֶיךָ אֶבְטָח: בֵּאלֹהִים אֲהַלֵּל דְּבָרוֹ
בֵּאלֹהִים בָּטַחְתִּי לֹא אִירָא מַה־יַּעֲשֶׂה בָשָׂר לִי: כָּל־הַיּוֹם דְּבָרַי יְעַצֵּבוּ עָלַי
כָּל־מַחְשְׁבֹתָם לָרָע: יָגוּרוּ | יצפינו הֵמָּה עֲקֵבַי יִשְׁמֹרוּ כַּאֲשֶׁר קִוּוּ נַפְשִׁי: עַל־ יִצְפֹּנוּ
אָוֶן פַּלֶּט־לָמוֹ בְּאַף עַמִּים | הוֹרֵד אֱלֹהִים: נֹדִי סָפַרְתָּה אָתָּה שִׂימָה דִמְעָתִי
בְנֹאדֶךָ הֲלֹא בְּסִפְרָתֶךָ: אָז | יָשׁוּבוּ אוֹיְבַי אָחוֹר בְּיוֹם אֶקְרָא זֶה־יָדַעְתִּי כִּי־
אֱלֹהִים לִי: בֵּאלֹהִים אֲהַלֵּל דָּבָר בַּיהוה אֲהַלֵּל דָּבָר: בֵּאלֹהִים בָּטַחְתִּי לֹא
אִירָא מַה־יַּעֲשֶׂה אָדָם לִי: עָלַי אֱלֹהִים נְדָרֶיךָ אֲשַׁלֵּם תּוֹדֹת לָךְ: כִּי הִצַּלְתָּ
נַפְשִׁי מִמָּוֶת הֲלֹא רַגְלַי מִדֶּחִי לְהִתְהַלֵּךְ לִפְנֵי אֱלֹהִים בְּאוֹר הַחַיִּים:
נז לַמְנַצֵּחַ אַל־תַּשְׁחֵת לְדָוִד מִכְתָּם בְּבָרְחוֹ מִפְּנֵי־שָׁאוּל בַּמְּעָרָה: חָנֵּנִי אֱלֹהִים |
חָנֵּנִי כִּי בְךָ חָסָיָה נַפְשִׁי וּבְצֵל־כְּנָפֶיךָ אֶחְסֶה עַד יַעֲבֹר הַוּוֹת: אֶקְרָא לֵאלֹהִים
עֶלְיוֹן לָאֵל גֹּמֵר עָלָי: יִשְׁלַח מִשָּׁמַיִם | וְיוֹשִׁיעֵנִי חֵרֵף שֹׁאֲפִי סֶלָה יִשְׁלַח אֱלֹהִים
חַסְדּוֹ וַאֲמִתּוֹ: נַפְשִׁי | בְּתוֹךְ לְבָאִם אֶשְׁכְּבָה לֹהֲטִים בְּנֵי־אָדָם שִׁנֵּיהֶם חֲנִית
וְחִצִּים וּלְשׁוֹנָם חֶרֶב חַדָּה: רוּמָה עַל־הַשָּׁמַיִם אֱלֹהִים עַל כָּל־הָאָרֶץ כְּבוֹדֶךָ:
רֶשֶׁת | הֵכִינוּ לִפְעָמַי כָּפַף נַפְשִׁי כָּרוּ לְפָנַי שִׁיחָה נָפְלוּ בְתוֹכָהּ סֶלָה: נָכוֹן לִבִּי
אֱלֹהִים נָכוֹן לִבִּי אָשִׁירָה וַאֲזַמֵּרָה: עוּרָה כְבוֹדִי עוּרָה הַנֵּבֶל וְכִנּוֹר אָעִירָה
שָׁחַר: אוֹדְךָ בָעַמִּים | אֲדֹנָי אֲזַמֶּרְךָ בַּלְאֻמִּים: כִּי־גָדֹל עַד־שָׁמַיִם חַסְדֶּךָ
וְעַד־שְׁחָקִים אֲמִתֶּךָ: רוּמָה עַל־שָׁמַיִם אֱלֹהִים עַל כָּל־הָאָרֶץ כְּבוֹדֶךָ:
נח לַמְנַצֵּחַ אַל־תַּשְׁחֵת לְדָוִד מִכְתָּם: הַאֻמְנָם אֵלֶם צֶדֶק תְּדַבֵּרוּן מֵישָׁרִים

תִּשְׁפְּטוּ בְּנֵי אָדָם: אַף־בְּלֵב עוֹלֹת תִּפְעָלוּן בָּאָרֶץ חֲמַס יְדֵיכֶם תְּפַלֵּסוּן: זֹרוּ
רְשָׁעִים מֵרָחֶם תָּעוּ מִבֶּטֶן דֹּבְרֵי כָזָב: חֲמַת־לָמוֹ כִּדְמוּת חֲמַת־נָחָשׁ כְּמוֹ־פֶתֶן
חֵרֵשׁ יַאְטֵם אָזְנוֹ: אֲשֶׁר לֹא־יִשְׁמַע לְקוֹל מְלַחֲשִׁים חוֹבֵר חֲבָרִים מְחֻכָּם:
אֱלֹהִים הֲרָס־שִׁנֵּימוֹ בְּפִימוֹ מַלְתְּעוֹת כְּפִירִים נְתֹץ | יְהוָה: יִמָּאֲסוּ כְמוֹ־מַיִם
יִתְהַלְּכוּ־לָמוֹ יִדְרֹךְ חִצָּו כְּמוֹ יִתְמֹלָלוּ: כְּמוֹ שַׁבְּלוּל תֶּמֶס יַהֲלֹךְ נֵפֶל אֵשֶׁת
בַּל־חָזוּ שָׁמֶשׁ: בְּטֶרֶם יָבִינוּ סִּירֹתֵיכֶם אָטָד כְּמוֹ־חַי כְּמוֹ־חָרוֹן יִשְׂעָרֶנּוּ: יִשְׂמַח
צַדִּיק כִּי־חָזָה נָקָם פְּעָמָיו יִרְחַץ בְּדַם הָרָשָׁע: וְיֹאמַר אָדָם אַךְ־פְּרִי לַצַּדִּיק
אַךְ יֵשׁ־אֱלֹהִים שֹׁפְטִים בָּאָרֶץ:
לַמְנַצֵּחַ אַל־תַּשְׁחֵת לְדָוִד מִכְתָּם בִּשְׁלֹחַ שָׁאוּל וַיִּשְׁמְרוּ אֶת־הַבַּיִת לַהֲמִיתוֹ: נט
הַצִּילֵנִי מֵאֹיְבַי | אֱלֹהָי מִמִּתְקוֹמְמַי תְּשַׂגְּבֵנִי: הַצִּילֵנִי מִפֹּעֲלֵי אָוֶן וּמֵאַנְשֵׁי דָמִים
הוֹשִׁיעֵנִי: כִּי הִנֵּה אָרְבוּ לְנַפְשִׁי יָגוּרוּ עָלַי עַזִּים לֹא־פִשְׁעִי וְלֹא־חַטָּאתִי יְהוָה:
בְּלִי־עָוֹן יְרוּצוּן וְיִכּוֹנָנוּ עוּרָה לִקְרָאתִי וּרְאֵה: וְאַתָּה יְהוָה־אֱלֹהִים | צְבָאוֹת
אֱלֹהֵי יִשְׂרָאֵל הָקִיצָה לִפְקֹד כָּל־הַגּוֹיִם אַל־תָּחֹן כָּל־בֹּגְדֵי אָוֶן סֶלָה: יָשׁוּבוּ
לָעֶרֶב יֶהֱמוּ כַכָּלֶב וִיסוֹבְבוּ עִיר: הִנֵּה | יַבִּיעוּן בְּפִיהֶם חֲרָבוֹת בְּשִׂפְתוֹתֵיהֶם
כִּי־מִי שֹׁמֵעַ: וְאַתָּה יְהוָה תִּשְׂחַק־לָמוֹ תִּלְעַג לְכָל־גּוֹיִם: עֻזּוֹ אֵלֶיךָ אֶשְׁמֹרָה
כִּי־אֱלֹהִים מִשְׂגַּבִּי: אֱלֹהֵי חסדו יְקַדְּמֵנִי אֱלֹהִים יַרְאֵנִי בְשֹׁרְרָי: אַל־תַּהַרְגֵם | חַסְדִּי
פֶּן־יִשְׁכְּחוּ עַמִּי הֲנִיעֵמוֹ בְחֵילְךָ וְהוֹרִידֵמוֹ מָגִנֵּנוּ אֲדֹנָי: חַטַּאת־פִּימוֹ דְּבַר־
שְׂפָתֵימוֹ וְיִלָּכְדוּ בִגְאוֹנָם וּמֵאָלָה וּמִכַּחַשׁ יְסַפֵּרוּ: כַּלֵּה בְחֵמָה כַּלֵּה וְאֵינֵמוֹ
וְיֵדְעוּ כִּי־אֱלֹהִים מֹשֵׁל בְּיַעֲקֹב לְאַפְסֵי הָאָרֶץ סֶלָה: וְיָשֻׁבוּ לָעֶרֶב יֶהֱמוּ כַכָּלֶב
וִיסוֹבְבוּ עִיר: הֵמָּה ינועון לֶאֱכֹל אִם־לֹא יִשְׂבְּעוּ וַיָּלִינוּ: וַאֲנִי | אָשִׁיר עֻזֶּךָ יְנִיעוּן
וַאֲרַנֵּן לַבֹּקֶר חַסְדֶּךָ כִּי־הָיִיתָ מִשְׂגָּב לִי וּמָנוֹס בְּיוֹם צַר־לִי: עֻזִּי אֵלֶיךָ אֲזַמֵּרָה
כִּי־אֱלֹהִים מִשְׂגַּבִּי אֱלֹהֵי חַסְדִּי:
לַמְנַצֵּחַ עַל־שׁוּשַׁן עֵדוּת מִכְתָּם לְדָוִד לְלַמֵּד: בְּהַצּוֹתוֹ | אֶת אֲרַם נַהֲרַיִם *ס
וְאֶת־אֲרַם צוֹבָה וַיָּשָׁב יוֹאָב וַיַּךְ אֶת־אֱדוֹם בְּגֵיא־מֶלַח שְׁנֵים עָשָׂר אָלֶף:
אֱלֹהִים זְנַחְתָּנוּ פְרַצְתָּנוּ אָנַפְתָּ תְּשׁוֹבֵב לָנוּ: הִרְעַשְׁתָּה אֶרֶץ פְּצַמְתָּהּ רְפָה
שְׁבָרֶיהָ כִי־מָטָה: הִרְאִיתָ עַמְּךָ קָשָׁה הִשְׁקִיתָנוּ יַיִן תַּרְעֵלָה: נָתַתָּה לִּירֵאֶיךָ
נֵּס לְהִתְנוֹסֵס מִפְּנֵי קֹשֶׁט סֶלָה: לְמַעַן יֵחָלְצוּן יְדִידֶיךָ הוֹשִׁיעָה יְמִינְךָ ועננו: וַעֲנֵנִי
אֱלֹהִים | דִּבֶּר בְּקָדְשׁוֹ אֶעְלֹזָה אֲחַלְּקָה שְׁכֶם וְעֵמֶק סֻכּוֹת אֲמַדֵּד: לִי גִלְעָד |
וְלִי מְנַשֶּׁה וְאֶפְרַיִם מָעוֹז רֹאשִׁי יְהוּדָה מְחֹקְקִי: מוֹאָב | סִיר רַחְצִי עַל־אֱדוֹם

*יא לחודש

אַשְׁלִיךְ נַעֲלִי עָלַי פְּלֶשֶׁת הִתְרוֹעָעִי: מִי יֹבִלֵנִי עִיר מָצוֹר מִי נָחַנִי עַד־אֱדוֹם:
הֲלֹא־אַתָּה אֱלֹהִים זְנַחְתָּנוּ וְלֹא־תֵצֵא אֱלֹהִים בְּצִבְאוֹתֵינוּ: הָבָה־לָּנוּ עֶזְרָת
מִצָּר וְשָׁוְא תְּשׁוּעַת אָדָם: בֵּאלֹהִים נַעֲשֶׂה־חָיִל וְהוּא יָבוּס צָרֵינוּ:
סא לַמְנַצֵּחַ ׀ עַל־נְגִינַת לְדָוִד: שִׁמְעָה אֱלֹהִים רִנָּתִי הַקְשִׁיבָה תְּפִלָּתִי: מִקְצֵה
הָאָרֶץ ׀ אֵלֶיךָ אֶקְרָא בַּעֲטֹף לִבִּי בְּצוּר־יָרוּם מִמֶּנִּי תַנְחֵנִי: כִּי־הָיִיתָ מַחְסֶה
לִי מִגְדַּל־עֹז מִפְּנֵי אוֹיֵב: אָגוּרָה בְאָהָלְךָ עוֹלָמִים אֶחֱסֶה בְסֵתֶר כְּנָפֶיךָ סֶּלָה:
כִּי־אַתָּה אֱלֹהִים שָׁמַעְתָּ לִנְדָרָי נָתַתָּ יְרֻשַּׁת יִרְאֵי שְׁמֶךָ: יָמִים עַל־יְמֵי־מֶלֶךְ
תּוֹסִיף שְׁנוֹתָיו כְּמוֹ־דֹר וָדֹר: יֵשֵׁב עוֹלָם לִפְנֵי אֱלֹהִים חֶסֶד וֶאֱמֶת מַן יִנְצְרֻהוּ:
כֵּן אֲזַמְּרָה שִׁמְךָ לָעַד לְשַׁלְּמִי נְדָרַי יוֹם ׀ יוֹם:
סב לַמְנַצֵּחַ עַל־יְדוּתוּן מִזְמוֹר לְדָוִד: אַךְ אֶל־אֱלֹהִים דּוּמִיָּה נַפְשִׁי מִמֶּנּוּ יְשׁוּעָתִי:
אַךְ־הוּא צוּרִי וִישׁוּעָתִי מִשְׂגַּבִּי לֹא־אֶמּוֹט רַבָּה: עַד־אָנָה ׀ תְּהוֹתְתוּ עַל־אִישׁ
תְּרָצְּחוּ כֻלְּכֶם כְּקִיר נָטוּי גָּדֵר הַדְּחוּיָה: אַךְ מִשְּׂאֵתוֹ ׀ יָעֲצוּ לְהַדִּיחַ יִרְצוּ כָזָב
בְּפִיו יְבָרֵכוּ וּבְקִרְבָּם יְקַלְלוּ־סֶלָה: אַךְ לֵאלֹהִים דּוֹמִּי נַפְשִׁי כִּי־מִמֶּנּוּ תִּקְוָתִי:
אַךְ־הוּא צוּרִי וִישׁוּעָתִי מִשְׂגַּבִּי לֹא אֶמּוֹט: עַל־אֱלֹהִים יִשְׁעִי וּכְבוֹדִי צוּר־
עֻזִּי מַחְסִי בֵּאלֹהִים: בִּטְחוּ בוֹ בְכָל־עֵת ׀ עָם שִׁפְכוּ־לְפָנָיו לְבַבְכֶם אֱלֹהִים
מַחֲסֶה־לָּנוּ סֶלָה: אַךְ ׀ הֶבֶל בְּנֵי־אָדָם כָּזָב בְּנֵי אִישׁ בְּמֹאזְנַיִם לַעֲלוֹת הֵמָּה
מֵהֶבֶל יָחַד: אַל־תִּבְטְחוּ בְעֹשֶׁק וּבְגָזֵל אַל־תֶּהְבָּלוּ חַיִל ׀ כִּי־יָנוּב אַל־תָּשִׁיתוּ
לֵב: אַחַת ׀ דִּבֶּר אֱלֹהִים שְׁתַּיִם־זוּ שָׁמָעְתִּי כִּי עֹז לֵאלֹהִים: וּלְךָ־אֲדֹנָי חָסֶד
כִּי־אַתָּה תְשַׁלֵּם לְאִישׁ כְּמַעֲשֵׂהוּ:
סג מִזְמוֹר לְדָוִד בִּהְיוֹתוֹ בְּמִדְבַּר יְהוּדָה: אֱלֹהִים ׀ אֵלִי אַתָּה אֲשַׁחֲרֶךָּ צָמְאָה
לְךָ ׀ נַפְשִׁי כָּמַהּ לְךָ בְשָׂרִי בְּאֶרֶץ־צִיָּה וְעָיֵף בְּלִי־מָיִם: כֵּן בַּקֹּדֶשׁ חֲזִיתִךָ
לִרְאוֹת עֻזְּךָ וּכְבוֹדֶךָ: כִּי־טוֹב חַסְדְּךָ מֵחַיִּים שְׂפָתַי יְשַׁבְּחוּנְךָ: כֵּן אֲבָרֶכְךָ בְחַיָּי
בְּשִׁמְךָ אֶשָּׂא כַפָּי: כְּמוֹ חֵלֶב וָדֶשֶׁן תִּשְׂבַּע נַפְשִׁי וְשִׂפְתֵי רְנָנוֹת יְהַלֶּל־פִּי:
אִם־זְכַרְתִּיךָ עַל־יְצוּעָי בְּאַשְׁמֻרוֹת אֶהְגֶּה־בָּךְ: כִּי־הָיִיתָ עֶזְרָתָה לִּי וּבְצֵל
כְּנָפֶיךָ אֲרַנֵּן: דָּבְקָה נַפְשִׁי אַחֲרֶיךָ בִּי תָּמְכָה יְמִינֶךָ: וְהֵמָּה לְשׁוֹאָה יְבַקְשׁוּ
נַפְשִׁי יָבֹאוּ בְּתַחְתִּיּוֹת הָאָרֶץ: יַגִּירֻהוּ עַל־יְדֵי־חָרֶב מְנָת שֻׁעָלִים יִהְיוּ: וְהַמֶּלֶךְ
יִשְׂמַח בֵּאלֹהִים יִתְהַלֵּל כָּל־הַנִּשְׁבָּע בּוֹ כִּי יִסָּכֵר פִּי דוֹבְרֵי־שָׁקֶר:
סד לַמְנַצֵּחַ מִזְמוֹר לְדָוִד: שְׁמַע־אֱלֹהִים קוֹלִי בְשִׂיחִי מִפַּחַד אוֹיֵב תִּצֹּר חַיָּי:
תַּסְתִּירֵנִי מִסּוֹד מְרֵעִים מֵרִגְשַׁת פֹּעֲלֵי אָוֶן: אֲשֶׁר שָׁנְנוּ כַחֶרֶב לְשׁוֹנָם דָּרְכוּ

חִצָּם דָּבָר מָר: לִירוֹת בַּמִּסְתָּרִים תָּם פִּתְאֹם יֹרֻהוּ וְלֹא יִירָאוּ: יְחַזְּקוּ־לָמוֹ ׀
דָּבָר רָע יְסַפְּרוּ לִטְמוֹן מוֹקְשִׁים אָמְרוּ מִי יִרְאֶה־לָּמוֹ: יַחְפְּשׂוּ־עוֹלֹת תַּמְנוּ
חֵפֶשׂ מְחֻפָּשׂ וְקֶרֶב אִישׁ וְלֵב עָמֹק: וַיֹּרֵם אֱלֹהִים חֵץ פִּתְאוֹם הָיוּ מַכּוֹתָם:
וַיַּכְשִׁילֻהוּ עָלֵימוֹ לְשׁוֹנָם יִתְנֹדְדוּ כָּל־רֹאֵה בָם: וַיִּירְאוּ כָּל־אָדָם וַיַּגִּידוּ
פֹּעַל אֱלֹהִים וּמַעֲשֵׂהוּ הִשְׂכִּילוּ: יִשְׂמַח צַדִּיק בַּיהוה וְחָסָה בוֹ וְיִתְהַלְלוּ
כָּל־יִשְׁרֵי־לֵב:
סה לַמְנַצֵּחַ מִזְמוֹר לְדָוִד שִׁיר: לְךָ דֻמִיָּה תְהִלָּה אֱלֹהִים בְּצִיּוֹן וּלְךָ יְשֻׁלַּם־
נֶדֶר: שֹׁמֵעַ תְּפִלָּה עָדֶיךָ כָּל־בָּשָׂר יָבֹאוּ: דִּבְרֵי עֲוֺנֹת גָּבְרוּ מֶנִּי פְּשָׁעֵינוּ
אַתָּה תְכַפְּרֵם: אַשְׁרֵי ׀ תִּבְחַר וּתְקָרֵב יִשְׁכֹּן חֲצֵרֶיךָ נִשְׂבְּעָה בְּטוּב בֵּיתֶךָ
קְדֹשׁ הֵיכָלֶךָ: נוֹרָאוֹת ׀ בְּצֶדֶק תַּעֲנֵנוּ אֱלֹהֵי יִשְׁעֵנוּ מִבְטָח כָּל־קַצְוֵי־אֶרֶץ
וְיָם רְחֹקִים: מֵכִין הָרִים בְּכֹחוֹ נֶאְזָר בִּגְבוּרָה: מַשְׁבִּיחַ ׀ שְׁאוֹן יַמִּים שְׁאוֹן
גַּלֵּיהֶם וַהֲמוֹן לְאֻמִּים: וַיִּירְאוּ ׀ יֹשְׁבֵי קְצָוֺת מֵאוֹתֹתֶיךָ מוֹצָאֵי־בֹקֶר וָעֶרֶב
תַּרְנִין: פָּקַדְתָּ הָאָרֶץ ׀ וַתְּשֹׁקְקֶהָ רַבַּת תַּעְשְׁרֶנָּה פֶּלֶג אֱלֹהִים מָלֵא מָיִם
תָּכִין דְּגָנָם כִּי־כֵן תְּכִינֶהָ: תְּלָמֶיהָ רַוֵּה נַחֵת גְּדוּדֶהָ בִּרְבִיבִים תְּמֹגְגֶנָּה צִמְחָהּ
תְּבָרֵךְ: עִטַּרְתָּ שְׁנַת טוֹבָתֶךָ וּמַעְגָּלֶיךָ יִרְעֲפוּן דָּשֶׁן: יִרְעֲפוּ נְאוֹת מִדְבָּר וְגִיל
גְּבָעוֹת תַּחְגֹּרְנָה: לָבְשׁוּ כָרִים ׀ הַצֹּאן וַעֲמָקִים יַעַטְפוּ־בָר יִתְרוֹעֲעוּ אַף־
יָשִׁירוּ:
*סו לַמְנַצֵּחַ שִׁיר מִזְמוֹר הָרִיעוּ לֵאלֹהִים כָּל־הָאָרֶץ: זַמְּרוּ כְבוֹד־שְׁמוֹ שִׂימוּ כָבוֹד
תְּהִלָּתוֹ: אִמְרוּ לֵאלֹהִים מַה־נּוֹרָא מַעֲשֶׂיךָ בְּרֹב עֻזְּךָ יְכַחֲשׁוּ־לְךָ אֹיְבֶיךָ:
כָּל־הָאָרֶץ ׀ יִשְׁתַּחֲווּ לְךָ וִיזַמְּרוּ־לָךְ יְזַמְּרוּ שִׁמְךָ סֶלָה: לְכוּ וּרְאוּ מִפְעֲלוֹת
אֱלֹהִים נוֹרָא עֲלִילָה עַל־בְּנֵי אָדָם: הָפַךְ יָם ׀ לְיַבָּשָׁה בַּנָּהָר יַעַבְרוּ בְרָגֶל שָׁם
נִשְׂמְחָה־בּוֹ: מֹשֵׁל בִּגְבוּרָתוֹ ׀ עוֹלָם עֵינָיו בַּגּוֹיִם תִּצְפֶּינָה הַסּוֹרְרִים ׀ אַל־יָרִימוּ יָרוּמוּ
לָמוֹ סֶלָה: בָּרְכוּ עַמִּים ׀ אֱלֹהֵינוּ וְהַשְׁמִיעוּ קוֹל תְּהִלָּתוֹ: הַשָּׂם נַפְשֵׁנוּ בַּחַיִּים
וְלֹא־נָתַן לַמּוֹט רַגְלֵנוּ: כִּי־בְחַנְתָּנוּ אֱלֹהִים צְרַפְתָּנוּ כִּצְרָף־כָּסֶף: הֲבֵאתָנוּ
בַמְּצוּדָה שַׂמְתָּ מוּעָקָה בְמָתְנֵינוּ: הִרְכַּבְתָּ אֱנוֹשׁ לְרֹאשֵׁנוּ בָּאנוּ־בָאֵשׁ וּבַמַּיִם
וַתּוֹצִיאֵנוּ לָרְוָיָה: אָבוֹא בֵיתְךָ בְעוֹלוֹת אֲשַׁלֵּם לְךָ נְדָרָי: אֲשֶׁר־פָּצוּ שְׂפָתָי
וְדִבֶּר־פִּי בַּצַּר־לִי: עֹלוֹת מֵחִים אַעֲלֶה־לָּךְ עִם־קְטֹרֶת אֵילִים אֶעֱשֶׂה בָקָר
עִם־עַתּוּדִים סֶלָה: לְכוּ־שִׁמְעוּ וַאֲסַפְּרָה כָּל־יִרְאֵי אֱלֹהִים אֲשֶׁר עָשָׂה לְנַפְשִׁי:
אֵלָיו פִּי־קָרָאתִי וְרוֹמַם תַּחַת לְשׁוֹנִי: אָוֶן אִם־רָאִיתִי בְלִבִּי לֹא יִשְׁמַע ׀ אֲדֹנָי:

*יב לחודש

אָכֵן שָׁמַע אֱלֹהִים הִקְשִׁיב בְּקוֹל תְּפִלָּתִי: בָּרוּךְ אֱלֹהִים אֲשֶׁר לֹא־הֵסִיר
תְּפִלָּתִי וְחַסְדּוֹ מֵאִתִּי:

סז לַמְנַצֵּחַ בִּנְגִינֹת מִזְמוֹר שִׁיר: אֱלֹהִים יְחׇנֵּנוּ וִיבָרְכֵנוּ יָאֵר פָּנָיו אִתָּנוּ סֶלָה:
לָדַעַת בָּאָרֶץ דַּרְכֶּךָ בְּכׇל־גּוֹיִם יְשׁוּעָתֶךָ: יוֹדוּךָ עַמִּים ׀ אֱלֹהִים יוֹדוּךָ עַמִּים
כֻּלָּם: יִשְׂמְחוּ וִירַנְּנוּ לְאֻמִּים כִּי־תִשְׁפֹּט עַמִּים מִישֹׁר וּלְאֻמִּים ׀ בָּאָרֶץ תַּנְחֵם
סֶלָה: יוֹדוּךָ עַמִּים ׀ אֱלֹהִים יוֹדוּךָ עַמִּים כֻּלָּם: אֶרֶץ נָתְנָה יְבוּלָהּ יְבָרְכֵנוּ
אֱלֹהִים אֱלֹהֵינוּ: יְבָרְכֵנוּ אֱלֹהִים וְיִירְאוּ אוֹתוֹ כׇּל־אַפְסֵי־אָרֶץ:

סח לַמְנַצֵּחַ לְדָוִד מִזְמוֹר שִׁיר: יָקוּם אֱלֹהִים יָפוּצוּ אוֹיְבָיו וְיָנוּסוּ מְשַׂנְאָיו מִפָּנָיו:
כְּהִנְדֹּף עָשָׁן תִּנְדֹּף כְּהִמֵּס דּוֹנַג מִפְּנֵי־אֵשׁ יֹאבְדוּ רְשָׁעִים מִפְּנֵי אֱלֹהִים:
וְצַדִּיקִים יִשְׂמְחוּ יַעַלְצוּ לִפְנֵי אֱלֹהִים וְיָשִׂישׂוּ בְשִׂמְחָה: שִׁירוּ ׀ לֵאלֹהִים
זַמְּרוּ שְׁמוֹ סֹלּוּ לָרֹכֵב בָּעֲרָבוֹת בְּיָהּ שְׁמוֹ וְעִלְזוּ לְפָנָיו: אֲבִי יְתוֹמִים וְדַיַּן
אַלְמָנוֹת אֱלֹהִים בִּמְעוֹן קׇדְשׁוֹ: אֱלֹהִים ׀ מוֹשִׁיב יְחִידִים ׀ בַּיְתָה מוֹצִיא
אֲסִירִים בַּכּוֹשָׁרוֹת אַךְ סוֹרְרִים שָׁכְנוּ צְחִיחָה: אֱלֹהִים בְּצֵאתְךָ לִפְנֵי עַמֶּךָ
בְּצַעְדְּךָ בִישִׁימוֹן סֶלָה: אֶרֶץ רָעָשָׁה ׀ אַף־שָׁמַיִם נָטְפוּ מִפְּנֵי אֱלֹהִים זֶה
סִינַי מִפְּנֵי אֱלֹהִים אֱלֹהֵי יִשְׂרָאֵל: גֶּשֶׁם נְדָבוֹת תָּנִיף אֱלֹהִים נַחֲלָתְךָ וְנִלְאָה
אַתָּה כוֹנַנְתָּהּ: חַיָּתְךָ יָשְׁבוּ־בָהּ תָּכִין בְּטוֹבָתְךָ לֶעָנִי אֱלֹהִים: אֲדֹנָי יִתֶּן־אֹמֶר
הַמְבַשְּׂרוֹת צָבָא רָב: מַלְכֵי צְבָאוֹת יִדֹּדוּן יִדֹּדוּן וּנְוַת־בַּיִת תְּחַלֵּק שָׁלָל:
אִם־תִּשְׁכְּבוּן בֵּין שְׁפַתָּיִם כַּנְפֵי יוֹנָה נֶחְפָּה בַכֶּסֶף וְאֶבְרוֹתֶיהָ בִּירַקְרַק חָרוּץ:
בְּפָרֵשׂ שַׁדַּי מְלָכִים בָּהּ תַּשְׁלֵג בְּצַלְמוֹן: הַר־אֱלֹהִים הַר־בָּשָׁן הַר גַּבְנֻנִּים
הַר־בָּשָׁן: לָמָּה ׀ תְּרַצְּדוּן הָרִים גַּבְנֻנִּים הָהָר חָמַד אֱלֹהִים לְשִׁבְתּוֹ אַף־יְהֹוָה
יִשְׁכֹּן לָנֶצַח: רֶכֶב אֱלֹהִים רִבֹּתַיִם אַלְפֵי שִׁנְאָן אֲדֹנָי בָם סִינַי בַּקֹּדֶשׁ: עָלִיתָ
לַמָּרוֹם ׀ שָׁבִיתָ שֶּׁבִי לָקַחְתָּ מַתָּנוֹת בָּאָדָם וְאַף סוֹרְרִים לִשְׁכֹּן ׀ יָהּ אֱלֹהִים:
בָּרוּךְ אֲדֹנָי יוֹם ׀ יוֹם יַעֲמׇס־לָנוּ הָאֵל יְשׁוּעָתֵנוּ סֶלָה: הָאֵל ׀ לָנוּ אֵל לְמוֹשָׁעוֹת
וְלֵיהֹוִה אֲדֹנָי לַמָּוֶת תּוֹצָאוֹת: אַךְ־אֱלֹהִים יִמְחַץ רֹאשׁ אֹיְבָיו קׇדְקֹד שֵׂעָר
מִתְהַלֵּךְ בַּאֲשָׁמָיו: אָמַר אֲדֹנָי מִבָּשָׁן אָשִׁיב אָשִׁיב מִמְּצֻלוֹת יָם: לְמַעַן ׀ תִּמְחַץ
רַגְלְךָ בְּדָם לְשׁוֹן כְּלָבֶיךָ מֵאֹיְבִים מִנֵּהוּ: רָאוּ הֲלִיכוֹתֶיךָ אֱלֹהִים הֲלִיכוֹת אֵלִי
מַלְכִּי בַקֹּדֶשׁ: קִדְּמוּ שָׁרִים אַחַר נֹגְנִים בְּתוֹךְ עֲלָמוֹת תּוֹפֵפוֹת: בְּמַקְהֵלוֹת
בָּרְכוּ אֱלֹהִים אֲדֹנָי מִמְּקוֹר יִשְׂרָאֵל: שָׁם בִּנְיָמִן ׀ צָעִיר רֹדֵם שָׂרֵי יְהוּדָה
רִגְמָתָם שָׂרֵי זְבֻלוּן שָׂרֵי נַפְתָּלִי: צִוָּה אֱלֹהֶיךָ עֻזֶּךָ עוּזָּה אֱלֹהִים זוּ פָּעַלְתָּ לָּנוּ:

מהיכלך על־ירושלם לך יובילו מלכים שי: גער חית קנה עדת אבירים |
בעגלי עמים מתרפס ברצי־כסף בזר עמים קרבות יחפצו: יאתיו חשמנים
מני מצרים כוש תריץ ידיו לאלהים: ממלכות הארץ שירו לאלהים זמרו
אדני סלה: לרכב בשמי שמי־קדם הן יתן בקולו קול עז: תנו עז לאלהים
על־ישראל גאותו ועזו בשחקים: נורא אלהים | ממקדשיך אל ישראל
הוא נתן | עז ותעצמות לעם ברוך אלהים:
למנצח על־שושנים לדוד: הושיעני אלהים כי באו מים עד־נפש: טבעתי | *סט
ביון מצולה ואין מעמד באתי במעמקי־מים ושבלת שטפתני: יגעתי בקראי
נחר גרוני כלו עיני מיחל לאלהי: רבו | משערות ראשי שנאי חנם עצמו
מצמיתי איבי שקר אשר לא־גזלתי אז אשיב: אלהים אתה ידעת לאולתי
ואשמותי ממך לא־נכחדו: אל־יבשו בי | קויך אדני יהוה צבאות אל־יכלמו
בי מבקשיך אלהי ישראל: כי־עליך נשאתי חרפה כסתה כלמה פני: מוזר
הייתי לאחי ונכרי לבני אמי: כי־קנאת ביתך אכלתני וחרפות חורפיך נפלו
עלי: ואבכה בצום נפשי ותהי לחרפות לי: ואתנה לבושי שק ואהי להם
למשל: ישיחו בי ישבי שער ונגינות שותי שכר: ואני תפלתי־לך | יהוה
עת רצון אלהים ברב־חסדך ענני באמת ישעך: הצילני מטיט ואל־אטבעה
אנצלה משנאי וממעמקי־מים: אל־תשטפני | שבלת מים ואל־תבלעני
מצולה ואל־תאטר־עלי באר פיה: ענני יהוה כי־טוב חסדך כרב רחמיך
פנה אלי: ואל־תסתר פניך מעבדך כי־צר־לי מהר ענני: קרבה אל־נפשי
גאלה למען איבי פדני: אתה ידעת חרפתי ובשתי וכלמתי נגדך כל־צוררי:
חרפה | שברה לבי ואנושה ואקוה לנוד ואין ולמנחמים ולא מצאתי:
ויתנו בברותי ראש ולצמאי ישקוני חמץ: יהי־שלחנם לפניהם לפח
ולשלומים למוקש: תחשכנה עיניהם מראות ומתניהם תמיד המעד:
שפך־עליהם זעמך וחרון אפך ישיגם: תהי־טירתם נשמה באהליהם אל־
יהי ישב: כי־אתה אשר־הכית רדפו ואל־מכאוב חלליך יספרו: תנה־עון
על־עונם ואל־יבאו בצדקתך: ימחו מספר חיים ועם צדיקים אל־יכתבו:
ואני עני וכואב ישועתך אלהים תשגבני: אהללה שם־אלהים בשיר
ואגדלנו בתודה: ותיטב ליהוה משור פר מקרן מפריס: ראו ענוים ישמחו
דרשי אלהים ויחי לבבכם: כי־שמע אל־אביונים יהוה ואת־אסיריו לא

*יג לחודש

בָּזֶה: יְהַלְלוּהוּ שָׁמַיִם וָאָרֶץ יַמִּים וְכָל־רֹמֵשׂ בָּם: כִּי אֱלֹהִים ׀ יוֹשִׁיעַ צִיּוֹן
וְיִבְנֶה עָרֵי יְהוּדָה וְיָשְׁבוּ שָׁם וִירֵשׁוּהָ: וְזֶרַע עֲבָדָיו יִנְחָלוּהָ וְאֹהֲבֵי שְׁמוֹ
יִשְׁכְּנוּ־בָהּ:
ע לַמְנַצֵּחַ לְדָוִד לְהַזְכִּיר: אֱלֹהִים לְהַצִּילֵנִי יְהוָה לְעֶזְרָתִי חוּשָׁה: יֵבֹשׁוּ וְיַחְפְּרוּ
מְבַקְשֵׁי נַפְשִׁי יִסֹּגוּ אָחוֹר וְיִכָּלְמוּ חֲפֵצֵי רָעָתִי: יָשׁוּבוּ עַל־עֵקֶב בָּשְׁתָּם
הָאֹמְרִים הֶאָח ׀ הֶאָח: יָשִׂישׂוּ וְיִשְׂמְחוּ ׀ בְּךָ כָּל־מְבַקְשֶׁיךָ וְיֹאמְרוּ תָמִיד
יִגְדַּל אֱלֹהִים אֹהֲבֵי יְשׁוּעָתֶךָ: וַאֲנִי ׀ עָנִי וְאֶבְיוֹן אֱלֹהִים חוּשָׁה לִּי עֶזְרִי וּמְפַלְטִי
אַתָּה יְהוָה אַל־תְּאַחַר:
עא בְּךָ־יְהוָה חָסִיתִי אַל־אֵבוֹשָׁה לְעוֹלָם: בְּצִדְקָתְךָ תַּצִּילֵנִי וּתְפַלְּטֵנִי הַטֵּה־אֵלַי
אָזְנְךָ וְהוֹשִׁיעֵנִי: הֱיֵה לִי ׀ לְצוּר מָעוֹן לָבוֹא תָּמִיד צִוִּיתָ לְהוֹשִׁיעֵנִי כִּי־סַלְעִי
וּמְצוּדָתִי אָתָּה: אֱלֹהַי פַּלְּטֵנִי מִיַּד רָשָׁע מִכַּף מְעַוֵּל וְחוֹמֵץ: כִּי־אַתָּה תִקְוָתִי
אֲדֹנָי יְהוִה מִבְטַחִי מִנְּעוּרָי: עָלֶיךָ ׀ נִסְמַכְתִּי מִבֶּטֶן מִמְּעֵי אִמִּי אַתָּה גוֹזִי בְּךָ
תְהִלָּתִי תָמִיד: כְּמוֹפֵת הָיִיתִי לְרַבִּים וְאַתָּה מַחֲסִי־עֹז: יִמָּלֵא פִי תְּהִלָּתֶךָ
כָּל־הַיּוֹם תִּפְאַרְתֶּךָ: אַל־תַּשְׁלִיכֵנִי לְעֵת זִקְנָה כִּכְלוֹת כֹּחִי אַל־תַּעַזְבֵנִי:
כִּי־אָמְרוּ אוֹיְבַי לִי וְשֹׁמְרֵי נַפְשִׁי נוֹעֲצוּ יַחְדָּו: לֵאמֹר אֱלֹהִים עֲזָבוֹ רִדְפוּ
וְתִפְשׂוּהוּ כִּי־אֵין מַצִּיל: אֱלֹהִים אַל־תִּרְחַק מִמֶּנִּי אֱלֹהַי לְעֶזְרָתִי חישה: חוּשָׁה
יֵבֹשׁוּ יִכְלוּ שֹׂטְנֵי נַפְשִׁי יַעֲטוּ חֶרְפָּה וּכְלִמָּה מְבַקְשֵׁי רָעָתִי: וַאֲנִי תָּמִיד אֲיַחֵל
וְהוֹסַפְתִּי עַל־כָּל־תְּהִלָּתֶךָ: פִּי ׀ יְסַפֵּר צִדְקָתֶךָ כָּל־הַיּוֹם תְּשׁוּעָתֶךָ כִּי לֹא
יָדַעְתִּי סְפֹרוֹת: אָבוֹא בִּגְבֻרוֹת אֲדֹנָי יְהוִה אַזְכִּיר צִדְקָתְךָ לְבַדֶּךָ: אֱלֹהִים
לִמַּדְתַּנִי מִנְּעוּרָי וְעַד־הֵנָּה אַגִּיד נִפְלְאוֹתֶיךָ: וְגַם עַד־זִקְנָה ׀ וְשֵׂיבָה אֱלֹהִים
אַל־תַּעַזְבֵנִי עַד־אַגִּיד זְרוֹעֲךָ לְדוֹר לְכָל־יָבוֹא גְּבוּרָתֶךָ: וְצִדְקָתְךָ אֱלֹהִים
עַד־מָרוֹם אֲשֶׁר־עָשִׂיתָ גְדֹלוֹת אֱלֹהִים מִי כָמוֹךָ: אֲשֶׁר הראיתנו ׀ צָרוֹת הִרְאִיתַנִי
רַבּוֹת וְרָעוֹת תָּשׁוּב תחיינו וּמִתְּהֹמוֹת הָאָרֶץ תָּשׁוּב תעלנו: תֶּרֶב ׀ גְּדֻלָּתִי תְּחַיֵּנִי
וְתִסֹּב תְּנַחֲמֵנִי: גַּם־אֲנִי ׀ אוֹדְךָ בִכְלִי־נֶבֶל אֲמִתְּךָ אֱלֹהָי אֲזַמְּרָה לְךָ בְכִנּוֹר תַּעֲלֵנִי
קְדוֹשׁ יִשְׂרָאֵל: תְּרַנֵּנָּה שְׂפָתַי כִּי אֲזַמְּרָה־לָּךְ וְנַפְשִׁי אֲשֶׁר פָּדִיתָ: גַּם־לְשׁוֹנִי
כָּל־הַיּוֹם תֶּהְגֶּה צִדְקָתֶךָ כִּי־בֹשׁוּ כִי־חָפְרוּ מְבַקְשֵׁי רָעָתִי:
עב* לִשְׁלֹמֹה ׀ אֱלֹהִים מִשְׁפָּטֶיךָ לְמֶלֶךְ תֵּן וְצִדְקָתְךָ לְבֶן־מֶלֶךְ: יָדִין עַמְּךָ בְצֶדֶק
וַעֲנִיֶּיךָ בְמִשְׁפָּט: יִשְׂאוּ הָרִים שָׁלוֹם לָעָם וּגְבָעוֹת בִּצְדָקָה: יִשְׁפֹּט ׀ עֲנִיֵּי־עָם
יוֹשִׁיעַ לִבְנֵי אֶבְיוֹן וִידַכֵּא עוֹשֵׁק: יִירָאוּךָ עִם־שָׁמֶשׁ וְלִפְנֵי יָרֵחַ דּוֹר דּוֹרִים:

*יד לחודש

יֵרֵד כְּמָטָר עַל־גֵּז כִּרְבִיבִים זַרְזִיף אָרֶץ: יִפְרַח־בְּיָמָיו צַדִּיק וְרֹב שָׁלוֹם עַד־בְּלִי
יָרֵחַ: וְיֵרְדְּ מִיָּם עַד־יָם וּמִנָּהָר עַד־אַפְסֵי־אָרֶץ: לְפָנָיו יִכְרְעוּ צִיִּים וְאֹיְבָיו עָפָר
יְלַחֵכוּ: מַלְכֵי תַרְשִׁישׁ וְאִיִּים מִנְחָה יָשִׁיבוּ מַלְכֵי שְׁבָא וּסְבָא אֶשְׁכָּר יַקְרִיבוּ:
וְיִשְׁתַּחֲווּ־לוֹ כָל־מְלָכִים כָּל־גּוֹיִם יַעַבְדוּהוּ: כִּי־יַצִּיל אֶבְיוֹן מְשַׁוֵּעַ וְעָנִי וְאֵין־
עֹזֵר לוֹ: יָחֹס עַל־דַּל וְאֶבְיוֹן וְנַפְשׁוֹת אֶבְיוֹנִים יוֹשִׁיעַ: מִתּוֹךְ וּמֵחָמָס יִגְאַל
נַפְשָׁם וְיֵיקַר דָּמָם בְּעֵינָיו: וִיחִי וְיִתֶּן־לוֹ מִזְּהַב שְׁבָא וְיִתְפַּלֵּל בַּעֲדוֹ תָמִיד
כָּל־הַיּוֹם יְבָרֲכֶנְהוּ: יְהִי פִסַּת־בַּר ׀ בָּאָרֶץ בְּרֹאשׁ הָרִים יִרְעַשׁ כַּלְּבָנוֹן פִּרְיוֹ
יִנּוֹן וְיָצִיצוּ מֵעִיר כְּעֵשֶׂב הָאָרֶץ: יְהִי שְׁמוֹ ׀ לְעוֹלָם לִפְנֵי־שֶׁמֶשׁ ינין שְׁמוֹ וְיִתְבָּרְכוּ
בוֹ כָּל־גּוֹיִם יְאַשְּׁרוּהוּ: בָּרוּךְ ׀ יְהוָה אֱלֹהִים אֱלֹהֵי יִשְׂרָאֵל עֹשֵׂה נִפְלָאוֹת
לְבַדּוֹ: וּבָרוּךְ ׀ שֵׁם כְּבוֹדוֹ לְעוֹלָם וְיִמָּלֵא כְבוֹדוֹ אֶת־כֹּל הָאָרֶץ אָמֵן ׀ וְאָמֵן:
כָּלּוּ תְפִלּוֹת דָּוִד בֶּן־יִשָׁי:

ספר שלישי

נָטָיוּ מִזְמוֹר לְאָסָף אַךְ טוֹב לְיִשְׂרָאֵל אֱלֹהִים לְבָרֵי לֵבָב: וַאֲנִי כִּמְעַט נטוי רַגְלָי *עג
שֻׁפְּכוּ כְּאַיִן שפכה אֲשֻׁרָי: כִּי־קִנֵּאתִי בַּהוֹלְלִים שְׁלוֹם רְשָׁעִים אֶרְאֶה: כִּי אֵין
חַרְצֻבּוֹת לְמוֹתָם וּבָרִיא אוּלָם: בַּעֲמַל אֱנוֹשׁ אֵינֵמוֹ וְעִם־אָדָם לֹא יְנֻגָּעוּ:
לָכֵן עֲנָקַתְמוֹ גַאֲוָה יַעֲטָף־שִׁית חָמָס לָמוֹ: יָצָא מֵחֵלֶב עֵינֵמוֹ עָבְרוּ מַשְׂכִּיּוֹת
לֵבָב: יָמִיקוּ ׀ וִידַבְּרוּ בְרָע עֹשֶׁק מִמָּרוֹם יְדַבֵּרוּ: שַׁתּוּ בַשָּׁמַיִם פִּיהֶם וּלְשׁוֹנָם
יָשׁוּב תִּהֲלַךְ בָּאָרֶץ: לָכֵן ׀ ישיב עַמּוֹ הֲלֹם וּמֵי מָלֵא יִמָּצוּ לָמוֹ: וְאָמְרוּ אֵיכָה יָדַע־
אֵל וְיֵשׁ דֵּעָה בְעֶלְיוֹן: הִנֵּה־אֵלֶּה רְשָׁעִים וְשַׁלְוֵי עוֹלָם הִשְׂגּוּ־חָיִל: אַךְ־רִיק
זִכִּיתִי לְבָבִי וָאֶרְחַץ בְּנִקָּיוֹן כַּפָּי: וָאֱהִי נָגוּעַ כָּל־הַיּוֹם וְתוֹכַחְתִּי לַבְּקָרִים:
אִם־אָמַרְתִּי אֲסַפְּרָה כְמוֹ הִנֵּה דוֹר בָּנֶיךָ בָגָדְתִּי: וָאֲחַשְּׁבָה לָדַעַת זֹאת עָמָל
הוּא היא בְעֵינָי: עַד־אָבוֹא אֶל־מִקְדְּשֵׁי־אֵל אָבִינָה לְאַחֲרִיתָם: אַךְ בַּחֲלָקוֹת
תָּשִׁית לָמוֹ הִפַּלְתָּם לְמַשּׁוּאוֹת: אֵיךְ הָיוּ לְשַׁמָּה כְרָגַע סָפוּ תַמּוּ מִן־בַּלָּהוֹת:
כַּחֲלוֹם מֵהָקִיץ אֲדֹנָי בָּעִיר ׀ צַלְמָם תִּבְזֶה: כִּי יִתְחַמֵּץ לְבָבִי וְכִלְיוֹתַי אֶשְׁתּוֹנָן:
וַאֲנִי־בַעַר וְלֹא אֵדָע בְּהֵמוֹת הָיִיתִי עִמָּךְ: וַאֲנִי תָמִיד עִמָּךְ אָחַזְתָּ בְּיַד־יְמִינִי:
בַּעֲצָתְךָ תַנְחֵנִי וְאַחַר כָּבוֹד תִּקָּחֵנִי: מִי־לִי בַשָּׁמָיִם וְעִמְּךָ לֹא־חָפַצְתִּי בָאָרֶץ:
כָּלָה שְׁאֵרִי וּלְבָבִי צוּר־לְבָבִי וְחֶלְקִי אֱלֹהִים לְעוֹלָם: כִּי־הִנֵּה רְחֵקֶיךָ יֹאבֵדוּ
הִצְמַתָּה כָּל־זוֹנֶה מִמֶּךָּ: וַאֲנִי ׀ קִרֲבַת אֱלֹהִים לִי טוֹב שַׁתִּי ׀ בַּאדֹנָי יְהוִה
מַחְסִי לְסַפֵּר כָּל־מַלְאֲכוֹתֶיךָ:

*ליום הרביעי

עד מַשְׂכִּיל לְאָסָף לָמָה אֱלֹהִים זָנַחְתָּ לָנֶצַח יֶעְשַׁן אַפְּךָ בְּצֹאן מַרְעִיתֶךָ: זְכֹר
עֲדָתְךָ ׀ קָּנִיתָ קֶּדֶם גָּאַלְתָּ שֵׁבֶט נַחֲלָתֶךָ הַר־צִיּוֹן זֶה ׀ שָׁכַנְתָּ בּוֹ: הָרִימָה
פְעָמֶיךָ לְמַשֻּׁאוֹת נֶצַח כָּל־הֵרַע אוֹיֵב בַּקֹּדֶשׁ: שָׁאֲגוּ צֹרְרֶיךָ בְּקֶרֶב מוֹעֲדֶךָ
שָׂמוּ אוֹתֹתָם אֹתוֹת: יִוָּדַע כְּמֵבִיא לְמָעְלָה בִּסֲבָךְ־עֵץ קַרְדֻּמּוֹת: וְעַתָּ
פִּתּוּחֶיהָ יָּחַד בְּכַשִּׁיל וְכֵילַפֹּת יַהֲלֹמוּן: שִׁלְחוּ בָאֵשׁ מִקְדָּשֶׁךָ לָאָרֶץ חִלְּלוּ
מִשְׁכַּן־שְׁמֶךָ: אָמְרוּ בְלִבָּם נִינָם יָחַד שָׂרְפוּ כָל־מוֹעֲדֵי־אֵל בָּאָרֶץ: אוֹתֹתֵינוּ
לֹא־רָאִינוּ אֵין־עוֹד נָבִיא וְלֹא־אִתָּנוּ יֹדֵעַ עַד־מָה: עַד־מָתַי אֱלֹהִים יְחָרֶף
צָר יְנָאֵץ אוֹיֵב שִׁמְךָ לָנֶצַח: לָמָּה תָשִׁיב יָדְךָ וִימִינֶךָ מִקֶּרֶב חוקך כַלֵּה: חֵיקְךָ
וֵאלֹהִים מַלְכִּי מִקֶּדֶם פֹּעֵל יְשׁוּעוֹת בְּקֶרֶב הָאָרֶץ: אַתָּה פוֹרַרְתָּ בְעָזְּךָ יָם
שִׁבַּרְתָּ רָאשֵׁי תַנִּינִים עַל־הַמָּיִם: אַתָּה רִצַּצְתָּ רָאשֵׁי לִוְיָתָן תִּתְּנֶנּוּ מַאֲכָל
לְעָם לְצִיִּים: אַתָּה בָקַעְתָּ מַעְיָן וָנָחַל אַתָּה הוֹבַשְׁתָּ נַהֲרוֹת אֵיתָן: לְךָ יוֹם
אַף־לְךָ לָיְלָה אַתָּה הֲכִינוֹתָ מָאוֹר וָשָׁמֶשׁ: אַתָּה הִצַּבְתָּ כָּל־גְּבוּלוֹת אָרֶץ
קַיִץ וָחֹרֶף אַתָּה יְצַרְתָּם: זְכָר־זֹאת אוֹיֵב חֵרֵף ׀ יְהוָה וְעַם נָבָל נִאֲצוּ שְׁמֶךָ:
אַל־תִּתֵּן לְחַיַּת נֶפֶשׁ תּוֹרֶךָ חַיַּת עֲנִיֶּיךָ אַל־תִּשְׁכַּח לָנֶצַח: הַבֵּט לַבְּרִית כִּי־
מָלְאוּ מַחֲשַׁכֵּי־אֶרֶץ נְאוֹת חָמָס: אַל־יָשֹׁב דַּךְ נִכְלָם עָנִי וְאֶבְיוֹן יְהַלְלוּ שְׁמֶךָ:
קוּמָה אֱלֹהִים רִיבָה רִיבֶךָ זְכֹר חֶרְפָּתְךָ מִנִּי־נָבָל כָּל־הַיּוֹם: אַל־תִּשְׁכַּח קוֹל
צֹרְרֶיךָ שְׁאוֹן קָמֶיךָ עֹלֶה תָמִיד:

עה לַמְנַצֵּחַ אַל־תַּשְׁחֵת מִזְמוֹר לְאָסָף שִׁיר: הוֹדִינוּ לְּךָ ׀ אֱלֹהִים הוֹדִינוּ וְקָרוֹב
שְׁמֶךָ סִפְּרוּ נִפְלְאוֹתֶיךָ: כִּי אֶקַּח מוֹעֵד אֲנִי מֵישָׁרִים אֶשְׁפֹּט: נְמֹגִים אֶרֶץ
וְכָל־יֹשְׁבֶיהָ אָנֹכִי תִכַּנְתִּי עַמּוּדֶיהָ סֶּלָה: אָמַרְתִּי לַהוֹלְלִים אַל־תָּהֹלּוּ וְלָרְשָׁעִים
אַל־תָּרִימוּ קָרֶן: אַל־תָּרִימוּ לַמָּרוֹם קַרְנְכֶם תְּדַבְּרוּ בְצַוָּאר עָתָק: כִּי לֹא
מִמּוֹצָא וּמִמַּעֲרָב וְלֹא מִמִּדְבַּר הָרִים: כִּי־אֱלֹהִים שֹׁפֵט זֶה יַשְׁפִּיל וְזֶה יָרִים:
כִּי כוֹס בְּיַד־יְהוָה וְיַיִן חָמַר ׀ מָלֵא מֶסֶךְ וַיַּגֵּר מִזֶּה אַךְ־שְׁמָרֶיהָ יִמְצוּ יִשְׁתּוּ
כֹּל רִשְׁעֵי־אָרֶץ: וַאֲנִי אַגִּיד לְעֹלָם אֲזַמְּרָה לֵאלֹהֵי יַעֲקֹב: וְכָל־קַרְנֵי רְשָׁעִים
אֲגַדֵּעַ תְּרוֹמַמְנָה קַרְנוֹת צַדִּיק:

עו לַמְנַצֵּחַ בִּנְגִינֹת מִזְמוֹר לְאָסָף שִׁיר: נוֹדָע בִּיהוּדָה אֱלֹהִים בְּיִשְׂרָאֵל גָּדוֹל
שְׁמוֹ: וַיְהִי בְשָׁלֵם סוּכּוֹ וּמְעוֹנָתוֹ בְצִיּוֹן: שָׁמָּה שִׁבַּר רִשְׁפֵי־קָשֶׁת מָגֵן וְחֶרֶב
וּמִלְחָמָה סֶלָה: נָאוֹר אַתָּה אַדִּיר מֵהַרְרֵי־טָרֶף: אֶשְׁתּוֹלְלוּ ׀ אַבִּירֵי לֵב נָמוּ
שְׁנָתָם וְלֹא־מָצְאוּ כָל־אַנְשֵׁי־חַיִל יְדֵיהֶם: מִגַּעֲרָתְךָ אֱלֹהֵי יַעֲקֹב נִרְדָּם וְרֶכֶב

וְסוּס׃ אַתָּה ׀ נוֹרָא אַתָּה וּמִי־יַעֲמֹד לְפָנֶיךָ מֵאָז אַפֶּךָ׃ מִשָּׁמַיִם הִשְׁמַעְתָּ דִּין
אֶרֶץ יָרְאָה וְשָׁקָטָה׃ בְּקוּם־לַמִּשְׁפָּט אֱלֹהִים לְהוֹשִׁיעַ כָּל־עַנְוֵי־אֶרֶץ סֶלָה׃
כִּי־חֲמַת אָדָם תּוֹדֶךָּ שְׁאֵרִית חֵמֹת תַּחְגֹּר׃ נִדְרוּ וְשַׁלְּמוּ לַיהוָה אֱלֹהֵיכֶם כָּל־
סְבִיבָיו יֹבִילוּ שַׁי לַמּוֹרָא׃ יִבְצֹר רוּחַ נְגִידִים נוֹרָא לְמַלְכֵי־אָרֶץ׃
עז* לַמְנַצֵּחַ עַל־ידיתון לְאָסָף מִזְמוֹר׃ קוֹלִי אֶל־אֱלֹהִים וְאֶצְעָקָה קוֹלִי אֶל־אֱלֹהִים יְדוּתוּן
וְהַאֲזִין אֵלָי׃ בְּיוֹם צָרָתִי אֲדֹנָי דָּרָשְׁתִּי יָדִי ׀ לַיְלָה נִגְּרָה וְלֹא תָפוּג מֵאֲנָה
הִנָּחֵם נַפְשִׁי׃ אֶזְכְּרָה אֱלֹהִים וְאֶהֱמָיָה אָשִׂיחָה ׀ וְתִתְעַטֵּף רוּחִי סֶלָה׃ אָחַזְתָּ
שְׁמֻרוֹת עֵינָי נִפְעַמְתִּי וְלֹא אֲדַבֵּר׃ חִשַּׁבְתִּי יָמִים מִקֶּדֶם שְׁנוֹת עוֹלָמִים׃
אֶזְכְּרָה נְגִינָתִי בַּלָּיְלָה עִם־לְבָבִי אָשִׂיחָה וַיְחַפֵּשׂ רוּחִי׃ הַלְעוֹלָמִים יִזְנַח ׀
אֲדֹנָי וְלֹא־יֹסִיף לִרְצוֹת עוֹד׃ הֶאָפֵס לָנֶצַח חַסְדּוֹ גָּמַר אֹמֶר לְדֹר וָדֹר׃ הֲשָׁכַח
חַנּוֹת אֵל אִם־קָפַץ בְּאַף רַחֲמָיו סֶלָה׃ וָאֹמַר חַלּוֹתִי הִיא שְׁנוֹת יְמִין עֶלְיוֹן׃
אזכיר מַעַלְלֵי־יָהּ כִּי־אֶזְכְּרָה מִקֶּדֶם פִּלְאֶךָ׃ וְהָגִיתִי בְכָל־פָּעֳלֶךָ וּבַעֲלִילוֹתֶיךָ אֶזְכּוֹר
אָשִׂיחָה׃ אֱלֹהִים בַּקֹּדֶשׁ דַּרְכֶּךָ מִי־אֵל גָּדוֹל כֵּאלֹהִים׃ אַתָּה הָאֵל עֹשֵׂה
פֶלֶא הוֹדַעְתָּ בָעַמִּים עֻזֶּךָ׃ גָּאַלְתָּ בִּזְרוֹעַ עַמֶּךָ בְּנֵי־יַעֲקֹב וְיוֹסֵף סֶלָה׃ רָאוּךָ
מַּיִם ׀ אֱלֹהִים רָאוּךָ מַּיִם יָחִילוּ אַף יִרְגְּזוּ תְהֹמוֹת׃ זֹרְמוּ מַיִם ׀ עָבוֹת קוֹל נָתְנוּ
שְׁחָקִים אַף־חֲצָצֶיךָ יִתְהַלָּכוּ׃ קוֹל רַעַמְךָ ׀ בַּגַּלְגַּל הֵאִירוּ בְרָקִים תֵּבֵל רָגְזָה
וַתִּרְעַשׁ הָאָרֶץ׃ בַּיָּם דַּרְכֶּךָ ושביליך בְּמַיִם רַבִּים וְעִקְּבוֹתֶיךָ לֹא נֹדָעוּ׃ נָחִיתָ וּשְׁבִילְךָ
כַצֹּאן עַמֶּךָ בְּיַד־מֹשֶׁה וְאַהֲרֹן׃
עח מַשְׂכִּיל לְאָסָף הַאֲזִינָה עַמִּי תּוֹרָתִי הַטּוּ אָזְנְכֶם לְאִמְרֵי־פִי׃ אֶפְתְּחָה בְמָשָׁל
פִּי אַבִּיעָה חִידוֹת מִנִּי־קֶדֶם׃ אֲשֶׁר שָׁמַעְנוּ וַנֵּדָעֵם וַאֲבוֹתֵינוּ סִפְּרוּ־לָנוּ׃ לֹא
נְכַחֵד ׀ מִבְּנֵיהֶם לְדוֹר אַחֲרוֹן מְסַפְּרִים תְּהִלּוֹת יְהוָה וֶעֱזוּזוֹ וְנִפְלְאוֹתָיו אֲשֶׁר
עָשָׂה׃ וַיָּקֶם עֵדוּת ׀ בְּיַעֲקֹב וְתוֹרָה שָׂם בְּיִשְׂרָאֵל אֲשֶׁר צִוָּה אֶת־אֲבוֹתֵינוּ
לְהוֹדִיעָם לִבְנֵיהֶם׃ לְמַעַן יֵדְעוּ ׀ דּוֹר אַחֲרוֹן בָּנִים יִוָּלֵדוּ יָקֻמוּ וִיסַפְּרוּ לִבְנֵיהֶם׃
וְיָשִׂימוּ בֵאלֹהִים כִּסְלָם וְלֹא יִשְׁכְּחוּ מַעַלְלֵי־אֵל וּמִצְוֹתָיו יִנְצֹרוּ׃ וְלֹא יִהְיוּ ׀
כַּאֲבוֹתָם דּוֹר סוֹרֵר וּמֹרֶה דּוֹר לֹא־הֵכִין לִבּוֹ וְלֹא־נֶאֶמְנָה אֶת־אֵל רוּחוֹ׃
בְּנֵי־אֶפְרַיִם נוֹשְׁקֵי רוֹמֵי־קָשֶׁת הָפְכוּ בְּיוֹם קְרָב׃ לֹא שָׁמְרוּ בְּרִית אֱלֹהִים
וּבְתוֹרָתוֹ מֵאֲנוּ לָלֶכֶת׃ וַיִּשְׁכְּחוּ עֲלִילוֹתָיו וְנִפְלְאוֹתָיו אֲשֶׁר הֶרְאָם׃ נֶגֶד
אֲבוֹתָם עָשָׂה פֶלֶא בְּאֶרֶץ מִצְרַיִם שְׂדֵה־צֹעַן׃ בָּקַע יָם וַיַּעֲבִירֵם וַיַּצֶּב־מַיִם
כְּמוֹ־נֵד׃ וַיַּנְחֵם בֶּעָנָן יוֹמָם וְכָל־הַלַּיְלָה בְּאוֹר אֵשׁ׃ יְבַקַּע צֻרִים בַּמִּדְבָּר

*טו לחודש

וַיַּשְׁקְ כִּתְהֹמוֹת רַבָּה: וַיּוֹצִא נוֹזְלִים מִסָּלַע וַיּוֹרֶד כַּנְּהָרוֹת מָיִם: וַיּוֹסִיפוּ עוֹד
לַחֲטֹא־לוֹ לַמְרוֹת עֶלְיוֹן בַּצִּיָּה: וַיְנַסּוּ־אֵל בִּלְבָבָם לִשְׁאָל־אֹכֶל לְנַפְשָׁם:
וַיְדַבְּרוּ בֵּאלֹהִים אָמְרוּ הֲיוּכַל אֵל לַעֲרֹךְ שֻׁלְחָן בַּמִּדְבָּר: הֵן הִכָּה־צוּר ׀ וַיָּזוּבוּ
מַיִם וּנְחָלִים יִשְׁטֹפוּ הֲגַם־לֶחֶם יוּכַל תֵּת אִם־יָכִין שְׁאֵר לְעַמּוֹ: לָכֵן ׀ שָׁמַע
יְהוָה וַיִּתְעַבָּר וְאֵשׁ נִשְּׂקָה בְיַעֲקֹב וְגַם־אַף עָלָה בְיִשְׂרָאֵל: כִּי לֹא הֶאֱמִינוּ
בֵּאלֹהִים וְלֹא בָטְחוּ בִּישׁוּעָתוֹ: וַיְצַו שְׁחָקִים מִמָּעַל וְדַלְתֵי שָׁמַיִם פָּתָח:
וַיַּמְטֵר עֲלֵיהֶם מָן לֶאֱכֹל וּדְגַן־שָׁמַיִם נָתַן לָמוֹ: לֶחֶם אַבִּירִים אָכַל אִישׁ צֵידָה
שָׁלַח לָהֶם לָשֹׂבַע: יַסַּע קָדִים בַּשָּׁמָיִם וַיְנַהֵג בְּעֻזּוֹ תֵימָן: וַיַּמְטֵר עֲלֵיהֶם
כֶּעָפָר שְׁאֵר וּכְחוֹל יַמִּים עוֹף כָּנָף: וַיַּפֵּל בְּקֶרֶב מַחֲנֵהוּ סָבִיב לְמִשְׁכְּנֹתָיו:
וַיֹּאכְלוּ וַיִּשְׂבְּעוּ מְאֹד וְתַאֲוָתָם יָבִא לָהֶם: לֹא־זָרוּ מִתַּאֲוָתָם עוֹד אָכְלָם
בְּפִיהֶם: וְאַף אֱלֹהִים ׀ עָלָה בָהֶם וַיַּהֲרֹג בְּמִשְׁמַנֵּיהֶם וּבַחוּרֵי יִשְׂרָאֵל הִכְרִיעַ:
בְּכָל־זֹאת חָטְאוּ־עוֹד וְלֹא הֶאֱמִינוּ בְּנִפְלְאוֹתָיו: וַיְכַל־בַּהֶבֶל יְמֵיהֶם וּשְׁנוֹתָם
בַּבֶּהָלָה: אִם־הֲרָגָם וּדְרָשׁוּהוּ וְשָׁבוּ וְשִׁחֲרוּ־אֵל: וַיִּזְכְּרוּ כִּי־אֱלֹהִים צוּרָם
וְאֵל עֶלְיוֹן גֹּאֲלָם: וַיְפַתּוּהוּ בְּפִיהֶם וּבִלְשׁוֹנָם יְכַזְּבוּ־לוֹ: וְלִבָּם לֹא־נָכוֹן עִמּוֹ
וְלֹא נֶאֶמְנוּ בִּבְרִיתוֹ: וְהוּא רַחוּם ׀ יְכַפֵּר עָוֺן וְלֹא־יַשְׁחִית וְהִרְבָּה לְהָשִׁיב
אַפּוֹ וְלֹא־יָעִיר כָּל־חֲמָתוֹ: וַיִּזְכֹּר כִּי־בָשָׂר הֵמָּה רוּחַ הוֹלֵךְ וְלֹא יָשׁוּב: כַּמָּה
יַמְרוּהוּ בַמִּדְבָּר יַעֲצִיבוּהוּ בִּישִׁימוֹן: וַיָּשׁוּבוּ וַיְנַסּוּ אֵל וּקְדוֹשׁ יִשְׂרָאֵל הִתְווּ:
לֹא־זָכְרוּ אֶת־יָדוֹ יוֹם אֲשֶׁר־פָּדָם מִנִּי־צָר: אֲשֶׁר־שָׂם בְּמִצְרַיִם אֹתוֹתָיו וּמוֹפְתָיו
בִּשְׂדֵה־צֹעַן: וַיַּהֲפֹךְ לְדָם יְאֹרֵיהֶם וְנֹזְלֵיהֶם בַּל־יִשְׁתָּיוּן: יְשַׁלַּח בָּהֶם עָרֹב
וַיֹּאכְלֵם וּצְפַרְדֵּעַ וַתַּשְׁחִיתֵם: וַיִּתֵּן לֶחָסִיל יְבוּלָם וִיגִיעָם לָאַרְבֶּה: יַהֲרֹג
בַּבָּרָד גַּפְנָם וְשִׁקְמוֹתָם בַּחֲנָמַל: וַיַּסְגֵּר לַבָּרָד בְּעִירָם וּמִקְנֵיהֶם לָרְשָׁפִים:
יְשַׁלַּח־בָּם ׀ חֲרוֹן אַפּוֹ עֶבְרָה וָזַעַם וְצָרָה מִשְׁלַחַת מַלְאֲכֵי רָעִים: יְפַלֵּס נָתִיב
לְאַפּוֹ לֹא־חָשַׂךְ מִמָּוֶת נַפְשָׁם וְחַיָּתָם לַדֶּבֶר הִסְגִּיר: וַיַּךְ כָּל־בְּכוֹר בְּמִצְרָיִם
רֵאשִׁית אוֹנִים בְּאָהֳלֵי־חָם: וַיַּסַּע כַּצֹּאן עַמּוֹ וַיְנַהֲגֵם כַּעֵדֶר בַּמִּדְבָּר: וַיַּנְחֵם
לָבֶטַח וְלֹא פָחָדוּ וְאֶת־אוֹיְבֵיהֶם כִּסָּה הַיָּם: וַיְבִיאֵם אֶל־גְּבוּל קָדְשׁוֹ הַר־זֶה
קָנְתָה יְמִינוֹ: וַיְגָרֶשׁ מִפְּנֵיהֶם ׀ גּוֹיִם וַיַּפִּילֵם בְּחֶבֶל נַחֲלָה וַיַּשְׁכֵּן בְּאָהֳלֵיהֶם
שִׁבְטֵי יִשְׂרָאֵל: וַיְנַסּוּ וַיַּמְרוּ אֶת־אֱלֹהִים עֶלְיוֹן וְעֵדוֹתָיו לֹא שָׁמָרוּ: וַיִּסֹּגוּ
וַיִּבְגְּדוּ כַּאֲבוֹתָם נֶהְפְּכוּ כְּקֶשֶׁת רְמִיָּה: וַיַּכְעִיסוּהוּ בְּבָמוֹתָם וּבִפְסִילֵיהֶם
יַקְנִיאוּהוּ: שָׁמַע אֱלֹהִים וַיִּתְעַבָּר וַיִּמְאַס מְאֹד בְּיִשְׂרָאֵל: וַיִּטֹּשׁ מִשְׁכַּן שִׁלוֹ

אֹהֶל שִׁכֵּן בָּאָדָם: וַיִּתֵּן לַשְּׁבִי עֻזּוֹ וְתִפְאַרְתּוֹ בְיַד־צָר: וַיַּסְגֵּר לַחֶרֶב עַמּוֹ
וּבְנַחֲלָתוֹ הִתְעַבָּר: בַּחוּרָיו אָכְלָה־אֵשׁ וּבְתוּלֹתָיו לֹא הוּלָּלוּ: כֹּהֲנָיו בַּחֶרֶב
נָפָלוּ וְאַלְמְנֹתָיו לֹא תִבְכֶּינָה: וַיִּקַץ כְּיָשֵׁן ׀ אֲדֹנָי כְּגִבּוֹר מִתְרוֹנֵן מִיָּיִן: וַיַּךְ־
צָרָיו אָחוֹר חֶרְפַּת עוֹלָם נָתַן לָמוֹ: וַיִּמְאַס בְּאֹהֶל יוֹסֵף וּבְשֵׁבֶט אֶפְרַיִם לֹא
בָחָר: וַיִּבְחַר אֶת־שֵׁבֶט יְהוּדָה אֶת־הַר צִיּוֹן אֲשֶׁר אָהֵב: וַיִּבֶן כְּמוֹ־רָמִים
מִקְדָּשׁוֹ כְּאֶרֶץ יְסָדָהּ לְעוֹלָם: וַיִּבְחַר בְּדָוִד עַבְדּוֹ וַיִּקָּחֵהוּ מִמִּכְלְאֹת צֹאן:
מֵאַחַר עָלוֹת הֱבִיאוֹ לִרְעוֹת בְּיַעֲקֹב עַמּוֹ וּבְיִשְׂרָאֵל נַחֲלָתוֹ: וַיִּרְעֵם כְּתֹם
לְבָבוֹ וּבִתְבוּנוֹת כַּפָּיו יַנְחֵם:
*עט מִזְמוֹר לְאָסָף אֱלֹהִים בָּאוּ גוֹיִם ׀ בְּנַחֲלָתֶךָ טִמְּאוּ אֶת־הֵיכַל קָדְשֶׁךָ שָׂמוּ
אֶת־יְרוּשָׁלַ͏ִם לְעִיִּים: נָתְנוּ אֶת־נִבְלַת עֲבָדֶיךָ מַאֲכָל לְעוֹף הַשָּׁמָיִם בְּשַׂר
חֲסִידֶיךָ לְחַיְתוֹ־אָרֶץ: שָׁפְכוּ דָמָם ׀ כַּמַּיִם סְבִיבוֹת יְרוּשָׁלָ͏ִם וְאֵין קוֹבֵר: הָיִינוּ
חֶרְפָּה לִשְׁכֵנֵינוּ לַעַג וָקֶלֶס לִסְבִיבוֹתֵינוּ: עַד־מָה יְהוָה תֶּאֱנַף לָנֶצַח תִּבְעַר
כְּמוֹ־אֵשׁ קִנְאָתֶךָ: שְׁפֹךְ חֲמָתְךָ ׀ אֶל־הַגּוֹיִם אֲשֶׁר לֹא־יְדָעוּךָ וְעַל מַמְלָכוֹת
אֲשֶׁר בְּשִׁמְךָ לֹא קָרָאוּ: כִּי אָכַל אֶת־יַעֲקֹב וְאֶת־נָוֵהוּ הֵשַׁמּוּ: אַל־תִּזְכָּר־לָנוּ
עֲוֹנֹת רִאשֹׁנִים מַהֵר יְקַדְּמוּנוּ רַחֲמֶיךָ כִּי דַלּוֹנוּ מְאֹד: עָזְרֵנוּ ׀ אֱלֹהֵי יִשְׁעֵנוּ
עַל־דְּבַר כְּבוֹד־שְׁמֶךָ וְהַצִּילֵנוּ וְכַפֵּר עַל־חַטֹּאתֵינוּ לְמַעַן שְׁמֶךָ: לָמָּה ׀ יֹאמְרוּ
הַגּוֹיִם אַיֵּה אֱלֹהֵיהֶם יִוָּדַע בגיים לְעֵינֵינוּ נִקְמַת דַּם־עֲבָדֶיךָ הַשָּׁפוּךְ: תָּבוֹא בַּגּוֹיִם
לְפָנֶיךָ אֶנְקַת אָסִיר כְּגֹדֶל זְרוֹעֲךָ הוֹתֵר בְּנֵי תְמוּתָה: וְהָשֵׁב לִשְׁכֵנֵינוּ שִׁבְעָתַיִם
אֶל־חֵיקָם חֶרְפָּתָם אֲשֶׁר חֵרְפוּךָ אֲדֹנָי: וַאֲנַחְנוּ עַמְּךָ ׀ וְצֹאן מַרְעִיתֶךָ נוֹדֶה
לְּךָ לְעוֹלָם לְדֹר וָדֹר נְסַפֵּר תְּהִלָּתֶךָ:
פ לַמְנַצֵּחַ אֶל־שֹׁשַׁנִּים עֵדוּת לְאָסָף מִזְמוֹר: רֹעֵה יִשְׂרָאֵל ׀ הַאֲזִינָה נֹהֵג כַּצֹּאן
יוֹסֵף יֹשֵׁב הַכְּרוּבִים הוֹפִיעָה: לִפְנֵי אֶפְרַיִם ׀ וּבִנְיָמִן וּמְנַשֶּׁה עוֹרְרָה אֶת־
גְּבוּרָתֶךָ וּלְכָה לִישֻׁעָתָה לָּנוּ: אֱלֹהִים הֲשִׁיבֵנוּ וְהָאֵר פָּנֶיךָ וְנִוָּשֵׁעָה: יְהוָה
אֱלֹהִים צְבָאוֹת עַד־מָתַי עָשַׁנְתָּ בִּתְפִלַּת עַמֶּךָ: הֶאֱכַלְתָּם לֶחֶם דִּמְעָה
וַתַּשְׁקֵמוֹ בִּדְמָעוֹת שָׁלִישׁ: תְּשִׂימֵנוּ מָדוֹן לִשְׁכֵנֵינוּ וְאֹיְבֵינוּ יִלְעֲגוּ־לָמוֹ: אֱלֹהִים
צְבָאוֹת הֲשִׁיבֵנוּ וְהָאֵר פָּנֶיךָ וְנִוָּשֵׁעָה: גֶּפֶן מִמִּצְרַיִם תַּסִּיעַ תְּגָרֵשׁ גּוֹיִם וַתִּטָּעֶהָ:
פִּנִּיתָ לְפָנֶיהָ וַתַּשְׁרֵשׁ שָׁרָשֶׁיהָ וַתְּמַלֵּא־אָרֶץ: כָּסּוּ הָרִים צִלָּהּ וַעֲנָפֶיהָ אַרְזֵי־
אֵל: תְּשַׁלַּח קְצִירֶהָ עַד־יָם וְאֶל־נָהָר יוֹנְקוֹתֶיהָ: לָמָּה פָּרַצְתָּ גְדֵרֶיהָ וְאָרוּהָ
כָּל־עֹבְרֵי דָרֶךְ: יְכַרְסְמֶנָּה חֲזִיר מִיָּעַר וְזִיז שָׂדַי יִרְעֶנָּה: אֱלֹהִים צְבָאוֹת שׁוּב

*טז לחודש

נָא הַבֵּט מִשָּׁמַיִם וּרְאֵה וּפְקֹד גֶּפֶן זֹאת: וְכַנָּה אֲשֶׁר־נָטְעָה יְמִינֶךָ וְעַל־בֵּן
אִמַּצְתָּה לָּךְ: שְׂרֻפָה בָאֵשׁ כְּסוּחָה מִגַּעֲרַת פָּנֶיךָ יֹאבֵדוּ: תְּהִי־יָדְךָ עַל־אִישׁ
יְמִינֶךָ עַל־בֶּן־אָדָם אִמַּצְתָּ לָּךְ: וְלֹא־נָסוֹג מִמֶּךָּ תְּחַיֵּנוּ וּבְשִׁמְךָ נִקְרָא: יהוה
אֱלֹהִים צְבָאוֹת הֲשִׁיבֵנוּ הָאֵר פָּנֶיךָ וְנִוָּשֵׁעָה:
פא לַמְנַצֵּחַ | עַל־הַגִּתִּית לְאָסָף: הַרְנִינוּ לֵאלֹהִים עוּזֵּנוּ הָרִיעוּ לֵאלֹהֵי יַעֲקֹב:
שְׂאוּ־זִמְרָה וּתְנוּ־תֹף כִּנּוֹר נָעִים עִם־נָבֶל: תִּקְעוּ בַחֹדֶשׁ שׁוֹפָר בַּכֵּסֶה לְיוֹם
חַגֵּנוּ: כִּי חֹק לְיִשְׂרָאֵל הוּא מִשְׁפָּט לֵאלֹהֵי יַעֲקֹב: עֵדוּת | בִּיהוֹסֵף שָׂמוֹ בְּצֵאתוֹ
עַל־אֶרֶץ מִצְרָיִם שְׂפַת לֹא־יָדַעְתִּי אֶשְׁמָע: הֲסִירוֹתִי מִסֵּבֶל שִׁכְמוֹ כַּפָּיו מִדּוּד
תַּעֲבֹרְנָה: בַּצָּרָה קָרָאתָ וָאֲחַלְּצֶךָּ אֶעֶנְךָ בְּסֵתֶר רַעַם אֶבְחָנְךָ עַל־מֵי מְרִיבָה
סֶלָה: שְׁמַע עַמִּי וְאָעִידָה בָּךְ יִשְׂרָאֵל אִם־תִּשְׁמַע־לִי: לֹא־יִהְיֶה בְךָ אֵל זָר וְלֹא
תִשְׁתַּחֲוֶה לְאֵל נֵכָר: אָנֹכִי | יהוה אֱלֹהֶיךָ הַמַּעַלְךָ מֵאֶרֶץ מִצְרָיִם הַרְחֶב־פִּיךָ
וַאֲמַלְאֵהוּ: וְלֹא־שָׁמַע עַמִּי לְקוֹלִי וְיִשְׂרָאֵל לֹא־אָבָה לִי: וָאֲשַׁלְּחֵהוּ בִּשְׁרִירוּת
לִבָּם יֵלְכוּ בְּמוֹעֲצוֹתֵיהֶם: לוּ עַמִּי שֹׁמֵעַ לִי יִשְׂרָאֵל בִּדְרָכַי יְהַלֵּכוּ: כִּמְעַט
אוֹיְבֵיהֶם אַכְנִיעַ וְעַל־צָרֵיהֶם אָשִׁיב יָדִי: מְשַׂנְאֵי יהוה יְכַחֲשׁוּ־לוֹ וִיהִי עִתָּם
לְעוֹלָם: וַיַּאֲכִילֵהוּ מֵחֵלֶב חִטָּה וּמִצּוּר דְּבַשׁ אַשְׂבִּיעֶךָ:
פב מִזְמוֹר לְאָסָף אֱלֹהִים נִצָּב בַּעֲדַת־אֵל בְּקֶרֶב אֱלֹהִים יִשְׁפֹּט: עַד־מָתַי תִּשְׁפְּטוּ־
עָוֶל וּפְנֵי רְשָׁעִים תִּשְׂאוּ־סֶלָה: שִׁפְטוּ־דַל וְיָתוֹם עָנִי וָרָשׁ הַצְדִּיקוּ: פַּלְּטוּ־דַל
וְאֶבְיוֹן מִיַּד רְשָׁעִים הַצִּילוּ: לֹא יָדְעוּ | וְלֹא יָבִינוּ בַּחֲשֵׁכָה יִתְהַלָּכוּ יִמּוֹטוּ
כָּל־מוֹסְדֵי אָרֶץ: אֲנִי־אָמַרְתִּי אֱלֹהִים אַתֶּם וּבְנֵי עֶלְיוֹן כֻּלְּכֶם: אָכֵן כְּאָדָם
תְּמוּתוּן וּכְאַחַד הַשָּׂרִים תִּפֹּלוּ: קוּמָה אֱלֹהִים שָׁפְטָה הָאָרֶץ כִּי־אַתָּה תִנְחַל
בְּכָל־הַגּוֹיִם:
פג* שִׁיר מִזְמוֹר לְאָסָף: אֱלֹהִים אַל־דֳּמִי־לָךְ אַל־תֶּחֱרַשׁ וְאַל־תִּשְׁקֹט אֵל: כִּי־
הִנֵּה אוֹיְבֶיךָ יֶהֱמָיוּן וּמְשַׂנְאֶיךָ נָשְׂאוּ רֹאשׁ: עַל־עַמְּךָ יַעֲרִימוּ סוֹד וְיִתְיָעֲצוּ
עַל־צְפוּנֶיךָ: אָמְרוּ לְכוּ וְנַכְחִידֵם מִגּוֹי וְלֹא־יִזָּכֵר שֵׁם־יִשְׂרָאֵל עוֹד: כִּי נוֹעֲצוּ
לֵב יַחְדָּו עָלֶיךָ בְּרִית יִכְרֹתוּ: אָהֳלֵי אֱדוֹם וְיִשְׁמְעֵאלִים מוֹאָב וְהַגְרִים: גְּבָל
וְעַמּוֹן וַעֲמָלֵק פְּלֶשֶׁת עִם־יֹשְׁבֵי צוֹר: גַּם־אַשּׁוּר נִלְוָה עִמָּם הָיוּ זְרוֹעַ לִבְנֵי־
לוֹט סֶלָה: עֲשֵׂה־לָהֶם כְּמִדְיָן כְּסִיסְרָא כְיָבִין בְּנַחַל קִישׁוֹן: נִשְׁמְדוּ בְעֵין־דֹּאר
הָיוּ דֹּמֶן לָאֲדָמָה: שִׁיתֵמוֹ נְדִיבֵמוֹ כְּעֹרֵב וְכִזְאֵב וּכְזֶבַח וּכְצַלְמֻנָּע כָּל־נְסִיכֵמוֹ:
אֲשֶׁר אָמְרוּ נִירְשָׁה לָּנוּ אֵת נְאוֹת אֱלֹהִים: אֱלֹהַי שִׁיתֵמוֹ כַגַּלְגַּל כְּקַשׁ לִפְנֵי־

*יז לחודש

ר֫וּחַ: כְּאֵשׁ תִּבְעַר־יָעַר וּכְלֶהָבָה תְּלַהֵט הָרִים: כֵּן תִּרְדְּפֵם בְּסַעֲרֶךָ וּבְסוּפָתְךָ
תְבַהֲלֵם: מַלֵּא פְנֵיהֶם קָלוֹן וִיבַקְשׁוּ שִׁמְךָ יהוה: יֵבֹשׁוּ וְיִבָּהֲלוּ עֲדֵי־עַד וְיַחְפְּרוּ
וְיֹאבֵדוּ: וְיֵדְעוּ כִּי־אַתָּה שִׁמְךָ יהוה לְבַדֶּךָ עֶלְיוֹן עַל־כׇּל־הָאָרֶץ:
פד לַמְנַצֵּחַ עַל־הַגִּתִּית לִבְנֵי־קֹרַח מִזְמוֹר: מַה־יְּדִידוֹת מִשְׁכְּנוֹתֶיךָ יהוה צְבָאוֹת:
נִכְסְפָה וְגַם־כָּלְתָה ׀ נַפְשִׁי לְחַצְרוֹת יהוה לִבִּי וּבְשָׂרִי יְרַנְּנוּ אֶל אֵל־חָי: גַּם־
צִפּוֹר ׀ מָצְאָה בַיִת וּדְרוֹר ׀ קֵן ׀ לָהּ אֲשֶׁר־שָׁתָה אֶפְרֹחֶיהָ אֶת־מִזְבְּחוֹתֶיךָ
יהוה צְבָאוֹת מַלְכִּי וֵאלֹהָי: אַשְׁרֵי יוֹשְׁבֵי בֵיתֶךָ עוֹד יְהַלְלוּךָ סֶּלָה: אַשְׁרֵי אָדָם
עוֹז־לוֹ בָךְ מְסִלּוֹת בִּלְבָבָם: עֹבְרֵי ׀ בְּעֵמֶק הַבָּכָא מַעְיָן יְשִׁיתוּהוּ גַּם־בְּרָכוֹת
יַעְטֶה מוֹרֶה: יֵלְכוּ מֵחַיִל אֶל־חָיִל יֵרָאֶה אֶל־אֱלֹהִים בְּצִיּוֹן: יהוה אֱלֹהִים
צְבָאוֹת שִׁמְעָה תְפִלָּתִי הַאֲזִינָה אֱלֹהֵי יַעֲקֹב סֶלָה: מָגִנֵּנוּ רְאֵה אֱלֹהִים וְהַבֵּט
פְּנֵי מְשִׁיחֶךָ: כִּי טוֹב־יוֹם בַּחֲצֵרֶיךָ מֵאָלֶף בָּחַרְתִּי הִסְתּוֹפֵף בְּבֵית אֱלֹהַי מִדּוּר
בְּאׇהֳלֵי־רֶשַׁע: כִּי שֶׁמֶשׁ ׀ וּמָגֵן יהוה אֱלֹהִים חֵן וְכָבוֹד יִתֵּן יהוה לֹא יִמְנַע־טוֹב
לַהֹלְכִים בְּתָמִים: יהוה צְבָאוֹת אַשְׁרֵי אָדָם בֹּטֵחַ בָּךְ:
פה לַמְנַצֵּחַ לִבְנֵי־קֹרַח מִזְמוֹר: רָצִיתָ יהוה אַרְצֶךָ שַׁבְתָּ שבות יַעֲקֹב: נָשָׂאתָ שְׁבִית
עֲוֺן עַמֶּךָ כִּסִּיתָ כׇל־חַטָּאתָם סֶלָה: אָסַפְתָּ כׇל־עֶבְרָתֶךָ הֱשִׁיבוֹתָ מֵחֲרוֹן
אַפֶּךָ: שׁוּבֵנוּ אֱלֹהֵי יִשְׁעֵנוּ וְהָפֵר כַּעַסְךָ עִמָּנוּ: הַלְעוֹלָם תֶּאֱנַף־בָּנוּ תִּמְשֹׁךְ
אַפְּךָ לְדֹר וָדֹר: הֲלֹא־אַתָּה תָּשׁוּב תְּחַיֵּנוּ וְעַמְּךָ יִשְׂמְחוּ־בָךְ: הַרְאֵנוּ יהוה
חַסְדֶּךָ וְיֶשְׁעֲךָ תִּתֶּן־לָנוּ: אֶשְׁמְעָה מַה־יְּדַבֵּר הָאֵל ׀ יהוה כִּי ׀ יְדַבֵּר שָׁלוֹם
אֶל־עַמּוֹ וְאֶל־חֲסִידָיו וְאַל־יָשׁוּבוּ לְכִסְלָה: אַךְ קָרוֹב לִירֵאָיו יִשְׁעוֹ לִשְׁכֹּן
כָּבוֹד בְּאַרְצֵנוּ: חֶסֶד־וֶאֱמֶת נִפְגָּשׁוּ צֶדֶק וְשָׁלוֹם נָשָׁקוּ: אֱמֶת מֵאֶרֶץ תִּצְמָח
וְצֶדֶק מִשָּׁמַיִם נִשְׁקָף: גַּם־יהוה יִתֵּן הַטּוֹב וְאַרְצֵנוּ תִּתֵּן יְבוּלָהּ: צֶדֶק לְפָנָיו
יְהַלֵּךְ וְיָשֵׂם לְדֶרֶךְ פְּעָמָיו:
פו תְּפִלָּה לְדָוִד הַטֵּה־יהוה אׇזְנְךָ עֲנֵנִי כִּי־עָנִי וְאֶבְיוֹן אָנִי: שָׁמְרָה נַפְשִׁי כִּי־
חָסִיד אָנִי הוֹשַׁע עַבְדְּךָ אַתָּה אֱלֹהַי הַבּוֹטֵחַ אֵלֶיךָ: חׇנֵּנִי אֲדֹנָי כִּי־אֵלֶיךָ
אֶקְרָא כׇּל־הַיּוֹם: שַׂמֵּחַ נֶפֶשׁ עַבְדֶּךָ כִּי־אֵלֶיךָ אֲדֹנָי נַפְשִׁי אֶשָּׂא: כִּי־אַתָּה
אֲדֹנָי טוֹב וְסַלָּח וְרַב־חֶסֶד לְכׇל־קֹרְאֶיךָ: הַאֲזִינָה יהוה תְּפִלָּתִי וְהַקְשִׁיבָה
בְּקוֹל תַּחֲנוּנוֹתָי: בְּיוֹם צָרָתִי אֶקְרָאֶךָּ כִּי תַעֲנֵנִי: אֵין־כָּמוֹךָ בָאֱלֹהִים ׀ אֲדֹנָי
וְאֵין כְּמַעֲשֶׂיךָ: כׇּל־גּוֹיִם ׀ אֲשֶׁר עָשִׂיתָ יָבוֹאוּ ׀ וְיִשְׁתַּחֲווּ לְפָנֶיךָ אֲדֹנָי וִיכַבְּדוּ
לִשְׁמֶךָ: כִּי־גָדוֹל אַתָּה וְעֹשֵׂה נִפְלָאוֹת אַתָּה אֱלֹהִים לְבַדֶּךָ: הוֹרֵנִי יהוה ׀

דַּרְכֶּךָ אֲהַלֵּךְ בַּאֲמִתֶּךָ יַחֵד לְבָבִי לְיִרְאָה שְׁמֶךָ: אוֹדְךָ ׀ אֲדֹנָי אֱלֹהַי בְּכׇל־לְבָבִי
וַאֲכַבְּדָה שִׁמְךָ לְעוֹלָם: כִּי־חַסְדְּךָ גָּדוֹל עָלָי וְהִצַּלְתָּ נַפְשִׁי מִשְּׁאוֹל תַּחְתִּיָּה:
אֱלֹהִים ׀ זֵדִים קָמוּ־עָלַי וַעֲדַת עָרִיצִים בִּקְשׁוּ נַפְשִׁי וְלֹא שָׂמוּךָ לְנֶגְדָּם:
וְאַתָּה אֲדֹנָי אֵל־רַחוּם וְחַנּוּן אֶרֶךְ אַפַּיִם וְרַב־חֶסֶד וֶאֱמֶת: פְּנֵה אֵלַי וְחׇנֵּנִי
תְּנָה־עֻזְּךָ לְעַבְדֶּךָ וְהוֹשִׁיעָה לְבֶן־אֲמָתֶךָ: עֲשֵׂה־עִמִּי אוֹת לְטוֹבָה וְיִרְאוּ
שֹׂנְאַי וְיֵבֹשׁוּ כִּי־אַתָּה יהוה עֲזַרְתַּנִי וְנִחַמְתָּנִי:

פז לִבְנֵי־קֹרַח מִזְמוֹר שִׁיר יְסוּדָתוֹ בְּהַרְרֵי־קֹדֶשׁ: אֹהֵב יהוה שַׁעֲרֵי צִיּוֹן מִכֹּל
מִשְׁכְּנוֹת יַעֲקֹב: נִכְבָּדוֹת מְדֻבָּר בָּךְ עִיר הָאֱלֹהִים סֶלָה: אַזְכִּיר ׀ רַהַב וּבָבֶל
לְיֹדְעָי הִנֵּה פְלֶשֶׁת וְצוֹר עִם־כּוּשׁ זֶה יֻלַּד־שָׁם: וּלְצִיּוֹן ׀ יֵאָמַר אִישׁ וְאִישׁ
יֻלַּד־בָּהּ וְהוּא יְכוֹנְנֶהָ עֶלְיוֹן: יהוה יִסְפֹּר בִּכְתוֹב עַמִּים זֶה יֻלַּד־שָׁם סֶלָה:
וְשָׁרִים כְּחֹלְלִים כׇּל־מַעְיָנַי בָּךְ:

פח* שִׁיר מִזְמוֹר לִבְנֵי קֹרַח לַמְנַצֵּחַ עַל־מָחֲלַת לְעַנּוֹת מַשְׂכִּיל לְהֵימָן הָאֶזְרָחִי:
יהוה אֱלֹהֵי יְשׁוּעָתִי יוֹם־צָעַקְתִּי בַלַּיְלָה נֶגְדֶּךָ: תָּבוֹא לְפָנֶיךָ תְּפִלָּתִי הַטֵּה
אׇזְנְךָ לְרִנָּתִי: כִּי־שָׂבְעָה בְרָעוֹת נַפְשִׁי וְחַיַּי לִשְׁאוֹל הִגִּיעוּ: נֶחְשַׁבְתִּי עִם־יוֹרְדֵי
בוֹר הָיִיתִי כְּגֶבֶר אֵין־אֱיָל: בַּמֵּתִים חׇפְשִׁי כְּמוֹ חֲלָלִים ׀ שֹׁכְבֵי קֶבֶר אֲשֶׁר לֹא
זְכַרְתָּם עוֹד וְהֵמָּה מִיָּדְךָ נִגְזָרוּ: שַׁתַּנִי בְּבוֹר תַּחְתִּיּוֹת בְּמַחֲשַׁכִּים בִּמְצֹלוֹת:
עָלַי סָמְכָה חֲמָתֶךָ וְכׇל־מִשְׁבָּרֶיךָ עִנִּיתָ סֶּלָה: הִרְחַקְתָּ מְיֻדָּעַי מִמֶּנִּי שַׁתַּנִי
תוֹעֵבוֹת לָמוֹ כָּלֻא וְלֹא אֵצֵא: עֵינִי דָאֲבָה מִנִּי עֹנִי קְרָאתִיךָ יהוה בְּכׇל־יוֹם
שִׁטַּחְתִּי אֵלֶיךָ כַפָּי: הֲלַמֵּתִים תַּעֲשֶׂה־פֶּלֶא אִם־רְפָאִים יָקוּמוּ ׀ יוֹדוּךָ סֶּלָה:
הַיְסֻפַּר בַּקֶּבֶר חַסְדֶּךָ אֱמוּנָתְךָ בָּאֲבַדּוֹן: הֲיִוָּדַע בַּחֹשֶׁךְ פִּלְאֶךָ וְצִדְקָתְךָ בְּאֶרֶץ
נְשִׁיָּה: וַאֲנִי ׀ אֵלֶיךָ יהוה שִׁוַּעְתִּי וּבַבֹּקֶר תְּפִלָּתִי תְקַדְּמֶךָּ: לָמָה יהוה תִּזְנַח
נַפְשִׁי תַּסְתִּיר פָּנֶיךָ מִמֶּנִּי: עָנִי אֲנִי וְגֹוֵעַ מִנֹּעַר נָשָׂאתִי אֵמֶיךָ אָפוּנָה: עָלַי עָבְרוּ
חֲרוֹנֶיךָ בִּעוּתֶיךָ צִמְּתוּתֻנִי: סַבּוּנִי כַמַּיִם כׇּל־הַיּוֹם הִקִּיפוּ עָלַי יָחַד: הִרְחַקְתָּ
מִמֶּנִּי אֹהֵב וָרֵעַ מְיֻדָּעַי מַחְשָׁךְ:

פט מַשְׂכִּיל לְאֵיתָן הָאֶזְרָחִי: חַסְדֵי יהוה עוֹלָם אָשִׁירָה לְדֹר וָדֹר ׀ אוֹדִיעַ אֱמוּנָתְךָ
בְּפִי: כִּי־אָמַרְתִּי עוֹלָם חֶסֶד יִבָּנֶה שָׁמַיִם ׀ תָּכִן אֱמוּנָתְךָ בָהֶם: כָּרַתִּי בְרִית
לִבְחִירִי נִשְׁבַּעְתִּי לְדָוִד עַבְדִּי: עַד־עוֹלָם אָכִין זַרְעֶךָ וּבָנִיתִי לְדֹר־וָדוֹר כִּסְאֲךָ
סֶלָה: וְיוֹדוּ שָׁמַיִם פִּלְאֲךָ יהוה אַף־אֱמוּנָתְךָ בִּקְהַל קְדֹשִׁים: כִּי מִי בַשַּׁחַק
יַעֲרֹךְ לַיהוה יִדְמֶה לַיהוה בִּבְנֵי אֵלִים: אֵל נַעֲרָץ בְּסוֹד־קְדֹשִׁים רַבָּה וְנוֹרָא

*יח לחודש

עַל־כָּל־סְבִיבָיו: יְהוָה ׀ אֱלֹהֵי צְבָאוֹת מִי־כָמוֹךָ חֲסִין ׀ יָהּ וֶאֱמוּנָתְךָ סְבִיבוֹתֶיךָ:
אַתָּה מוֹשֵׁל בְּגֵאוּת הַיָּם בְּשׂוֹא גַלָּיו אַתָּה תְשַׁבְּחֵם: אַתָּה דִכִּאתָ כֶחָלָל
רָהַב בִּזְרוֹעַ עֻזְּךָ פִּזַּרְתָּ אוֹיְבֶיךָ: לְךָ שָׁמַיִם אַף־לְךָ אָרֶץ תֵּבֵל וּמְלֹאָהּ אַתָּה
יְסַדְתָּם: צָפוֹן וְיָמִין אַתָּה בְרָאתָם תָּבוֹר וְחֶרְמוֹן בְּשִׁמְךָ יְרַנֵּנוּ: לְךָ זְרוֹעַ
עִם־גְּבוּרָה תָּעֹז יָדְךָ תָּרוּם יְמִינֶךָ: צֶדֶק וּמִשְׁפָּט מְכוֹן כִּסְאֶךָ חֶסֶד וֶאֱמֶת
יְקַדְּמוּ פָנֶיךָ: אַשְׁרֵי הָעָם יוֹדְעֵי תְרוּעָה יְהוָה בְּאוֹר־פָּנֶיךָ יְהַלֵּכוּן: בְּשִׁמְךָ
תָּרִים יְגִילוּן כָּל־הַיּוֹם וּבְצִדְקָתְךָ יָרוּמוּ: כִּי־תִפְאֶרֶת עֻזָּמוֹ אָתָּה וּבִרְצוֹנְךָ תרים
קַרְנֵנוּ: כִּי לַיהוָה מָגִנֵּנוּ וְלִקְדוֹשׁ יִשְׂרָאֵל מַלְכֵּנוּ: אָז דִּבַּרְתָּ בְחָזוֹן לַחֲסִידֶיךָ
וַתֹּאמֶר שִׁוִּיתִי עֵזֶר עַל־גִּבּוֹר הֲרִימוֹתִי בָחוּר מֵעָם: מָצָאתִי דָּוִד עַבְדִּי בְּשֶׁמֶן
קָדְשִׁי מְשַׁחְתִּיו: אֲשֶׁר יָדִי תִּכּוֹן עִמּוֹ אַף־זְרוֹעִי תְאַמְּצֶנּוּ: לֹא־יַשִּׁא אוֹיֵב בּוֹ
וּבֶן־עַוְלָה לֹא יְעַנֶּנּוּ: וְכַתּוֹתִי מִפָּנָיו צָרָיו וּמְשַׂנְאָיו אֶגּוֹף: וֶאֱמוּנָתִי וְחַסְדִּי
עִמּוֹ וּבִשְׁמִי תָּרוּם קַרְנוֹ: וְשַׂמְתִּי בַיָּם יָדוֹ וּבַנְּהָרוֹת יְמִינוֹ: הוּא יִקְרָאֵנִי אָבִי
אָתָּה אֵלִי וְצוּר יְשׁוּעָתִי: אַף־אָנִי בְּכוֹר אֶתְּנֵהוּ עֶלְיוֹן לְמַלְכֵי־אָרֶץ: לְעוֹלָם
אֶשְׁמָר־ אשמור־לוֹ חַסְדִּי וּבְרִיתִי נֶאֱמֶנֶת לוֹ: וְשַׂמְתִּי לָעַד זַרְעוֹ וְכִסְאוֹ כִּימֵי שָׁמָיִם:
אִם־יַעַזְבוּ בָנָיו תּוֹרָתִי וּבְמִשְׁפָּטַי לֹא יֵלֵכוּן: אִם־חֻקֹּתַי יְחַלֵּלוּ וּמִצְוֺתַי לֹא
יִשְׁמֹרוּ: וּפָקַדְתִּי בְשֵׁבֶט פִּשְׁעָם וּבִנְגָעִים עֲוֺנָם: וְחַסְדִּי לֹא־אָפִיר מֵעִמּוֹ
וְלֹא אֲשַׁקֵּר בֶּאֱמוּנָתִי: לֹא־אֲחַלֵּל בְּרִיתִי וּמוֹצָא שְׂפָתַי לֹא אֲשַׁנֶּה: אַחַת
נִשְׁבַּעְתִּי בְקָדְשִׁי אִם־לְדָוִד אֲכַזֵּב: זַרְעוֹ לְעוֹלָם יִהְיֶה וְכִסְאוֹ כַשֶּׁמֶשׁ נֶגְדִּי:
כְּיָרֵחַ יִכּוֹן עוֹלָם וְעֵד בַּשַּׁחַק נֶאֱמָן סֶלָה: וְאַתָּה זָנַחְתָּ וַתִּמְאָס הִתְעַבַּרְתָּ
עִם־מְשִׁיחֶךָ: נֵאַרְתָּה בְּרִית עַבְדֶּךָ חִלַּלְתָּ לָאָרֶץ נִזְרוֹ: פָּרַצְתָּ כָל־גְּדֵרֹתָיו
שַׂמְתָּ מִבְצָרָיו מְחִתָּה: שַׁסֻּהוּ כָּל־עֹבְרֵי דָרֶךְ הָיָה חֶרְפָּה לִשְׁכֵנָיו: הֲרִימוֹתָ
יְמִין צָרָיו הִשְׂמַחְתָּ כָּל־אוֹיְבָיו: אַף־תָּשִׁיב צוּר חַרְבּוֹ וְלֹא הֲקֵמֹתוֹ בַּמִּלְחָמָה:
הִשְׁבַּתָּ מִטְּהָרוֹ וְכִסְאוֹ לָאָרֶץ מִגַּרְתָּה: הִקְצַרְתָּ יְמֵי עֲלוּמָיו הֶעֱטִיתָ עָלָיו
בּוּשָׁה סֶלָה: עַד־מָה יְהוָה תִּסָּתֵר לָנֶצַח תִּבְעַר כְּמוֹ־אֵשׁ חֲמָתֶךָ: זְכָר־אֲנִי
מֶה־חָלֶד עַל־מַה־שָּׁוְא בָּרָאתָ כָל־בְּנֵי־אָדָם: מִי גֶבֶר יִחְיֶה וְלֹא יִרְאֶה־מָּוֶת
יְמַלֵּט נַפְשׁוֹ מִיַּד־שְׁאוֹל סֶלָה: אַיֵּה ׀ חֲסָדֶיךָ הָרִאשֹׁנִים ׀ אֲדֹנָי נִשְׁבַּעְתָּ
לְדָוִד בֶּאֱמוּנָתֶךָ: זְכֹר אֲדֹנָי חֶרְפַּת עֲבָדֶיךָ שְׂאֵתִי בְחֵיקִי כָּל־רַבִּים עַמִּים:
אֲשֶׁר חֵרְפוּ אוֹיְבֶיךָ ׀ יְהוָה אֲשֶׁר חֵרְפוּ עִקְּבוֹת מְשִׁיחֶךָ: בָּרוּךְ יְהוָה לְעוֹלָם
אָמֵן ׀ וְאָמֵן:

ספר רביעי

צ* תְּפִלָּה לְמֹשֶׁה אִישׁ־הָאֱלֹהִים אֲדֹנָי מָעוֹן אַתָּה הָיִיתָ לָּנוּ בְּדֹר וָדֹר: בְּטֶרֶם ׀
הָרִים יֻלָּדוּ וַתְּחוֹלֵל אֶרֶץ וְתֵבֵל וּמֵעוֹלָם עַד־עוֹלָם אַתָּה אֵל: תָּשֵׁב אֱנוֹשׁ
עַד־דַּכָּא וַתֹּאמֶר שׁוּבוּ בְנֵי־אָדָם: כִּי אֶלֶף שָׁנִים בְּעֵינֶיךָ כְּיוֹם אֶתְמוֹל כִּי
יַעֲבֹר וְאַשְׁמוּרָה בַלָּיְלָה: זְרַמְתָּם שֵׁנָה יִהְיוּ בַּבֹּקֶר כֶּחָצִיר יַחֲלֹף: בַּבֹּקֶר יָצִיץ
וְחָלָף לָעֶרֶב יְמוֹלֵל וְיָבֵשׁ: כִּי־כָלִינוּ בְאַפֶּךָ וּבַחֲמָתְךָ נִבְהָלְנוּ: שַׁתָּ עֲוֺנֹתֵינוּ
לְנֶגְדֶּךָ עֲלֻמֵנוּ לִמְאוֹר פָּנֶיךָ: כִּי כָל־יָמֵינוּ פָּנוּ בְעֶבְרָתֶךָ כִּלִּינוּ שָׁנֵינוּ כְמוֹ־
הֶגֶה: יְמֵי־שְׁנוֹתֵינוּ בָהֶם שִׁבְעִים שָׁנָה וְאִם בִּגְבוּרֹת ׀ שְׁמוֹנִים שָׁנָה וְרָהְבָּם
עָמָל וָאָוֶן כִּי־גָז חִישׁ וַנָּעֻפָה: מִי־יוֹדֵעַ עֹז אַפֶּךָ וּכְיִרְאָתְךָ עֶבְרָתֶךָ: לִמְנוֹת
יָמֵינוּ כֵּן הוֹדַע וְנָבִא לְבַב חָכְמָה: שׁוּבָה יהוה עַד־מָתָי וְהִנָּחֵם עַל־עֲבָדֶיךָ:
שַׂבְּעֵנוּ בַבֹּקֶר חַסְדֶּךָ וּנְרַנְּנָה וְנִשְׂמְחָה בְּכָל־יָמֵינוּ: שַׂמְּחֵנוּ כִּימוֹת עִנִּיתָנוּ
שְׁנוֹת רָאִינוּ רָעָה: יֵרָאֶה אֶל־עֲבָדֶיךָ פָעֳלֶךָ וַהֲדָרְךָ עַל־בְּנֵיהֶם: וִיהִי ׀
נֹעַם אֲדֹנָי אֱלֹהֵינוּ עָלֵינוּ וּמַעֲשֵׂה יָדֵינוּ כּוֹנְנָה עָלֵינוּ וּמַעֲשֵׂה יָדֵינוּ
כּוֹנְנֵהוּ:
צא יֹשֵׁב בְּסֵתֶר עֶלְיוֹן בְּצֵל שַׁדַּי יִתְלוֹנָן: אֹמַר לַיהוה מַחְסִי וּמְצוּדָתִי אֱלֹהַי
אֶבְטַח־בּוֹ: כִּי הוּא יַצִּילְךָ מִפַּח יָקוּשׁ מִדֶּבֶר הַוּוֹת: בְּאֶבְרָתוֹ ׀ יָסֶךְ לָךְ וְתַחַת־
כְּנָפָיו תֶּחְסֶה צִנָּה וְסֹחֵרָה אֲמִתּוֹ: לֹא־תִירָא מִפַּחַד לָיְלָה מֵחֵץ יָעוּף יוֹמָם:
מִדֶּבֶר בָּאֹפֶל יַהֲלֹךְ מִקֶּטֶב יָשׁוּד צָהֳרָיִם: יִפֹּל מִצִּדְּךָ ׀ אֶלֶף וּרְבָבָה מִימִינֶךָ
אֵלֶיךָ לֹא יִגָּשׁ: רַק בְּעֵינֶיךָ תַבִּיט וְשִׁלֻּמַת רְשָׁעִים תִּרְאֶה: כִּי־אַתָּה יהוה
מַחְסִי עֶלְיוֹן שַׂמְתָּ מְעוֹנֶךָ: לֹא־תְאֻנֶּה אֵלֶיךָ רָעָה וְנֶגַע לֹא־יִקְרַב בְּאָהֳלֶךָ:
כִּי מַלְאָכָיו יְצַוֶּה־לָּךְ לִשְׁמָרְךָ בְּכָל־דְּרָכֶיךָ: עַל־כַּפַּיִם יִשָּׂאוּנְךָ פֶּן־תִּגֹּף בָּאֶבֶן
רַגְלֶךָ: עַל־שַׁחַל וָפֶתֶן תִּדְרֹךְ תִּרְמֹס כְּפִיר וְתַנִּין: כִּי בִי חָשַׁק וַאֲפַלְּטֵהוּ
אֲשַׂגְּבֵהוּ כִּי־יָדַע שְׁמִי: יִקְרָאֵנִי ׀ וְאֶעֱנֵהוּ עִמּוֹ־אָנֹכִי בְצָרָה אֲחַלְּצֵהוּ וַאֲכַבְּדֵהוּ:
אֹרֶךְ יָמִים אַשְׂבִּיעֵהוּ וְאַרְאֵהוּ בִּישׁוּעָתִי:
צב מִזְמוֹר שִׁיר לְיוֹם הַשַּׁבָּת: טוֹב לְהֹדוֹת לַיהוה וּלְזַמֵּר לְשִׁמְךָ עֶלְיוֹן: לְהַגִּיד
בַּבֹּקֶר חַסְדֶּךָ וֶאֱמוּנָתְךָ בַּלֵּילוֹת: עֲלֵי־עָשׂוֹר וַעֲלֵי־נָבֶל עֲלֵי הִגָּיוֹן בְּכִנּוֹר:
כִּי שִׂמַּחְתַּנִי יהוה בְּפָעֳלֶךָ בְּמַעֲשֵׂי יָדֶיךָ אֲרַנֵּן: מַה־גָּדְלוּ מַעֲשֶׂיךָ יהוה מְאֹד
עָמְקוּ מַחְשְׁבֹתֶיךָ: אִישׁ־בַּעַר לֹא יֵדָע וּכְסִיל לֹא־יָבִין אֶת־זֹאת: בִּפְרֹחַ
רְשָׁעִים ׀ כְּמוֹ עֵשֶׂב וַיָּצִיצוּ כָּל־פֹּעֲלֵי אָוֶן לְהִשָּׁמְדָם עֲדֵי־עַד: וְאַתָּה מָרוֹם

*יט לחודש / ליום החמישי

לְעֹלָם יְהוָה: כִּי הִנֵּה אֹיְבֶיךָ יְהוָה כִּי־הִנֵּה אֹיְבֶיךָ יֹאבֵדוּ יִתְפָּרְדוּ כָּל־פֹּעֲלֵי
אָוֶן: וַתָּרֶם כִּרְאֵים קַרְנִי בַּלֹּתִי בְּשֶׁמֶן רַעֲנָן: וַתַּבֵּט עֵינִי בְּשׁוּרָי בַּקָּמִים עָלַי
מְרֵעִים תִּשְׁמַעְנָה אָזְנָי: צַדִּיק כַּתָּמָר יִפְרָח כְּאֶרֶז בַּלְּבָנוֹן יִשְׂגֶּה: שְׁתוּלִים
בְּבֵית יְהוָה בְּחַצְרוֹת אֱלֹהֵינוּ יַפְרִיחוּ: עוֹד יְנוּבוּן בְּשֵׂיבָה דְּשֵׁנִים וְרַעֲנַנִּים
עולתה יִהְיוּ: לְהַגִּיד כִּי־יָשָׁר יְהוָה צוּרִי וְלֹא־עֹלָתָה בּוֹ:
יְהוָה מָלָךְ גֵּאוּת לָבֵשׁ לָבֵשׁ יְהוָה עֹז הִתְאַזָּר אַף־תִּכּוֹן תֵּבֵל בַּל־תִּמּוֹט: צג
נָכוֹן כִּסְאֲךָ מֵאָז מֵעוֹלָם אָתָּה: נָשְׂאוּ נְהָרוֹת ׀ יְהוָה נָשְׂאוּ נְהָרוֹת קוֹלָם יִשְׂאוּ
נְהָרוֹת דָּכְיָם: מִקֹּלוֹת ׀ מַיִם רַבִּים אַדִּירִים מִשְׁבְּרֵי־יָם אַדִּיר בַּמָּרוֹם יְהוָה:
עֵדֹתֶיךָ ׀ נֶאֶמְנוּ מְאֹד לְבֵיתְךָ נַאֲוָה־קֹדֶשׁ יְהוָה לְאֹרֶךְ יָמִים:
אֵל־נְקָמוֹת יְהוָה אֵל נְקָמוֹת הוֹפִיעַ: הִנָּשֵׂא שֹׁפֵט הָאָרֶץ הָשֵׁב גְּמוּל עַל־ צד
גֵּאִים: עַד־מָתַי רְשָׁעִים ׀ יְהוָה עַד־מָתַי רְשָׁעִים יַעֲלֹזוּ: יַבִּיעוּ יְדַבְּרוּ עָתָק
יִתְאַמְּרוּ כָּל־פֹּעֲלֵי אָוֶן: עַמְּךָ יְהוָה יְדַכְּאוּ וְנַחֲלָתְךָ יְעַנּוּ: אַלְמָנָה וְגֵר יַהֲרֹגוּ
וִיתוֹמִים יְרַצֵּחוּ: וַיֹּאמְרוּ לֹא יִרְאֶה־יָּהּ וְלֹא־יָבִין אֱלֹהֵי יַעֲקֹב: בִּינוּ בֹּעֲרִים
בָּעָם וּכְסִילִים מָתַי תַּשְׂכִּילוּ: הֲנֹטַע אֹזֶן הֲלֹא יִשְׁמָע אִם־יֹצֵר עַיִן הֲלֹא יַבִּיט:
הֲיֹסֵר גּוֹיִם הֲלֹא יוֹכִיחַ הַמְלַמֵּד אָדָם דָּעַת: יְהוָה יֹדֵעַ מַחְשְׁבוֹת אָדָם כִּי־
הֵמָּה הָבֶל: אַשְׁרֵי הַגֶּבֶר אֲשֶׁר־תְּיַסְּרֶנּוּ יָּהּ וּמִתּוֹרָתְךָ תְלַמְּדֶנּוּ: לְהַשְׁקִיט לוֹ
מִימֵי רָע עַד יִכָּרֶה לָרָשָׁע שָׁחַת: כִּי ׀ לֹא־יִטֹּשׁ יְהוָה עַמּוֹ וְנַחֲלָתוֹ לֹא יַעֲזֹב:
כִּי־עַד־צֶדֶק יָשׁוּב מִשְׁפָּט וְאַחֲרָיו כָּל־יִשְׁרֵי־לֵב: מִי־יָקוּם לִי עִם־מְרֵעִים מִי־
יִתְיַצֵּב לִי עִם־פֹּעֲלֵי אָוֶן: לוּלֵי יְהוָה עֶזְרָתָה לִּי כִּמְעַט ׀ שָׁכְנָה דוּמָה נַפְשִׁי:
אִם־אָמַרְתִּי מָטָה רַגְלִי חַסְדְּךָ יְהוָה יִסְעָדֵנִי: בְּרֹב שַׂרְעַפַּי בְּקִרְבִּי תַּנְחוּמֶיךָ
יְשַׁעַשְׁעוּ נַפְשִׁי: הַיְחָבְרְךָ כִּסֵּא הַוּוֹת יֹצֵר עָמָל עֲלֵי־חֹק: יָגוֹדּוּ עַל־נֶפֶשׁ צַדִּיק
וְדָם נָקִי יַרְשִׁיעוּ: וַיְהִי יְהוָה לִי לְמִשְׂגָּב וֵאלֹהַי לְצוּר מַחְסִי: וַיָּשֶׁב עֲלֵיהֶם ׀
אֶת־אוֹנָם וּבְרָעָתָם יַצְמִיתֵם יַצְמִיתֵם יְהוָה אֱלֹהֵינוּ:
לְכוּ נְרַנְּנָה לַיהוָה נָרִיעָה לְצוּר יִשְׁעֵנוּ: נְקַדְּמָה פָנָיו בְּתוֹדָה בִּזְמִרוֹת נָרִיעַ צה
לוֹ: כִּי אֵל גָּדוֹל יְהוָה וּמֶלֶךְ גָּדוֹל עַל־כָּל־אֱלֹהִים: אֲשֶׁר בְּיָדוֹ מֶחְקְרֵי־אָרֶץ
וְתוֹעֲפוֹת הָרִים לוֹ: אֲשֶׁר־לוֹ הַיָּם וְהוּא עָשָׂהוּ וְיַבֶּשֶׁת יָדָיו יָצָרוּ: בֹּאוּ נִשְׁתַּחֲוֶה
וְנִכְרָעָה נִבְרְכָה לִפְנֵי־יְהוָה עֹשֵׂנוּ: כִּי הוּא אֱלֹהֵינוּ וַאֲנַחְנוּ ׀ עַם מַרְעִיתוֹ
וְצֹאן יָדוֹ הַיּוֹם אִם־בְּקֹלוֹ תִשְׁמָעוּ: אַל־תַּקְשׁוּ לְבַבְכֶם כִּמְרִיבָה כְּיוֹם מַסָּה
בַּמִּדְבָּר: אֲשֶׁר נִסּוּנִי אֲבוֹתֵיכֶם בְּחָנוּנִי גַּם־רָאוּ פָעֳלִי: אַרְבָּעִים שָׁנָה ׀ אָקוּט

בְּדוֹר וָאֹמַר עַם תֹּעֵי לֵבָב הֵם וְהֵם לֹא־יָדְעוּ דְרָכָי: אֲשֶׁר־נִשְׁבַּעְתִּי בְאַפִּי
אִם־יְבֹאוּן אֶל־מְנוּחָתִי:
צו שִׁירוּ לַיהוה שִׁיר חָדָשׁ שִׁירוּ לַיהוה כָּל־הָאָרֶץ: שִׁירוּ לַיהוה בָּרְכוּ שְׁמוֹ
בַּשְּׂרוּ מִיּוֹם־לְיוֹם יְשׁוּעָתוֹ: סַפְּרוּ בַגּוֹיִם כְּבוֹדוֹ בְּכָל־הָעַמִּים נִפְלְאוֹתָיו: כִּי
גָדוֹל יהוה וּמְהֻלָּל מְאֹד נוֹרָא הוּא עַל־כָּל־אֱלֹהִים: כִּי | כָּל־אֱלֹהֵי הָעַמִּים
אֱלִילִים וַיהוה שָׁמַיִם עָשָׂה: הוֹד־וְהָדָר לְפָנָיו עֹז וְתִפְאֶרֶת בְּמִקְדָּשׁוֹ: הָבוּ
לַיהוה מִשְׁפְּחוֹת עַמִּים הָבוּ לַיהוה כָּבוֹד וָעֹז: הָבוּ לַיהוה כְּבוֹד שְׁמוֹ שְׂאוּ־
מִנְחָה וּבֹאוּ לְחַצְרוֹתָיו: הִשְׁתַּחֲווּ לַיהוה בְּהַדְרַת־קֹדֶשׁ חִילוּ מִפָּנָיו כָּל־
הָאָרֶץ: אִמְרוּ בַגּוֹיִם | יהוה מָלָךְ אַף־תִּכּוֹן תֵּבֵל בַּל־תִּמּוֹט יָדִין עַמִּים
בְּמֵישָׁרִים: יִשְׂמְחוּ הַשָּׁמַיִם וְתָגֵל הָאָרֶץ יִרְעַם הַיָּם וּמְלֹאוֹ: יַעֲלֹז שָׂדַי וְכָל־
אֲשֶׁר־בּוֹ אָז יְרַנְּנוּ כָּל־עֲצֵי־יָעַר: לִפְנֵי יהוה | כִּי בָא כִּי בָא לִשְׁפֹּט הָאָרֶץ
יִשְׁפֹּט־תֵּבֵל בְּצֶדֶק וְעַמִּים בֶּאֱמוּנָתוֹ:
צז* יהוה מָלָךְ תָּגֵל הָאָרֶץ יִשְׂמְחוּ אִיִּים רַבִּים: עָנָן וַעֲרָפֶל סְבִיבָיו צֶדֶק וּמִשְׁפָּט
מְכוֹן כִּסְאוֹ: אֵשׁ לְפָנָיו תֵּלֵךְ וּתְלַהֵט סָבִיב צָרָיו: הֵאִירוּ בְרָקָיו תֵּבֵל רָאֲתָה
וַתָּחֵל הָאָרֶץ: הָרִים כַּדּוֹנַג נָמַסּוּ מִלִּפְנֵי יהוה מִלִּפְנֵי אֲדוֹן כָּל־הָאָרֶץ: הִגִּידוּ
הַשָּׁמַיִם צִדְקוֹ וְרָאוּ כָל־הָעַמִּים כְּבוֹדוֹ: יֵבֹשׁוּ | כָּל־עֹבְדֵי פֶסֶל הַמִּתְהַלְלִים
בָּאֱלִילִים הִשְׁתַּחֲווּ־לוֹ כָּל־אֱלֹהִים: שָׁמְעָה וַתִּשְׂמַח | צִיּוֹן וַתָּגֵלְנָה בְּנוֹת
יְהוּדָה לְמַעַן מִשְׁפָּטֶיךָ יהוה: כִּי־אַתָּה יהוה עֶלְיוֹן עַל־כָּל־הָאָרֶץ מְאֹד
נַעֲלֵיתָ עַל־כָּל־אֱלֹהִים: אֹהֲבֵי יהוה שִׂנְאוּ רָע שֹׁמֵר נַפְשׁוֹת חֲסִידָיו מִיַּד
רְשָׁעִים יַצִּילֵם: אוֹר זָרֻעַ לַצַּדִּיק וּלְיִשְׁרֵי־לֵב שִׂמְחָה: שִׂמְחוּ צַדִּיקִים בַּיהוה
וְהוֹדוּ לְזֵכֶר קָדְשׁוֹ:
צח מִזְמוֹר שִׁירוּ לַיהוה | שִׁיר חָדָשׁ כִּי־נִפְלָאוֹת עָשָׂה הוֹשִׁיעָה־לּוֹ יְמִינוֹ וּזְרוֹעַ
קָדְשׁוֹ: הוֹדִיעַ יהוה יְשׁוּעָתוֹ לְעֵינֵי הַגּוֹיִם גִּלָּה צִדְקָתוֹ: זָכַר חַסְדּוֹ | וֶאֱמוּנָתוֹ
לְבֵית יִשְׂרָאֵל רָאוּ כָל־אַפְסֵי־אָרֶץ אֵת יְשׁוּעַת אֱלֹהֵינוּ: הָרִיעוּ לַיהוה
כָּל־הָאָרֶץ פִּצְחוּ וְרַנְּנוּ וְזַמֵּרוּ: זַמְּרוּ לַיהוה בְּכִנּוֹר בְּכִנּוֹר וְקוֹל זִמְרָה:
בַּחֲצֹצְרוֹת וְקוֹל שׁוֹפָר הָרִיעוּ לִפְנֵי | הַמֶּלֶךְ יהוה: יִרְעַם הַיָּם וּמְלֹאוֹ תֵּבֵל
וְיֹשְׁבֵי בָהּ: נְהָרוֹת יִמְחֲאוּ־כָף יַחַד הָרִים יְרַנֵּנוּ: לִפְנֵי־יהוה כִּי בָא לִשְׁפֹּט
הָאָרֶץ יִשְׁפֹּט־תֵּבֵל בְּצֶדֶק וְעַמִּים בְּמֵישָׁרִים:
צט יהוה מָלָךְ יִרְגְּזוּ עַמִּים יֹשֵׁב כְּרוּבִים תָּנוּט הָאָרֶץ: יהוה בְּצִיּוֹן גָּדוֹל וְרָם

*כ לחודש

הוּא עַל־כׇּל־הָעַמִּים: יוֹדוּ שִׁמְךָ גָּדוֹל וְנוֹרָא קָדוֹשׁ הוּא: וְעֹז מֶלֶךְ מִשְׁפָּט
אָהֵב אַתָּה כּוֹנַנְתָּ מֵישָׁרִים מִשְׁפָּט וּצְדָקָה בְּיַעֲקֹב | אַתָּה עָשִׂיתָ: רוֹמְמוּ
יהוה אֱלֹהֵינוּ וְהִשְׁתַּחֲווּ לַהֲדֹם רַגְלָיו קָדוֹשׁ הוּא: מֹשֶׁה וְאַהֲרֹן | בְּכֹהֲנָיו
וּשְׁמוּאֵל בְּקֹרְאֵי שְׁמוֹ קֹרְאִים אֶל־יהוה וְהוּא יַעֲנֵם: בְּעַמּוּד עָנָן יְדַבֵּר אֲלֵיהֶם
שָׁמְרוּ עֵדֹתָיו וְחֹק נָתַן־לָמוֹ: יהוה אֱלֹהֵינוּ אַתָּה עֲנִיתָם אֵל נֹשֵׂא הָיִיתָ לָהֶם
וְנֹקֵם עַל־עֲלִילוֹתָם: רוֹמְמוּ יהוה אֱלֹהֵינוּ וְהִשְׁתַּחֲווּ לְהַר קׇדְשׁוֹ כִּי־קָדוֹשׁ
יהוה אֱלֹהֵינוּ:
ק מִזְמוֹר לְתוֹדָה הָרִיעוּ לַיהוה כׇּל־הָאָרֶץ: עִבְדוּ אֶת־יהוה בְּשִׂמְחָה בֹּאוּ
לְפָנָיו בִּרְנָנָה: דְּעוּ כִּי־יהוה הוּא אֱלֹהִים הוּא עָשָׂנוּ וְלֹא אֲנַחְנוּ עַמּוֹ וְצֹאן וְלוֹ
מַרְעִיתוֹ: בֹּאוּ שְׁעָרָיו | בְּתוֹדָה חֲצֵרֹתָיו בִּתְהִלָּה הוֹדוּ לוֹ בָּרְכוּ שְׁמוֹ: כִּי־טוֹב
יהוה לְעוֹלָם חַסְדּוֹ וְעַד־דֹּר וָדֹר אֱמוּנָתוֹ:
קא לְדָוִד מִזְמוֹר חֶסֶד־וּמִשְׁפָּט אָשִׁירָה לְךָ יהוה אֲזַמֵּרָה: אַשְׂכִּילָה | בְּדֶרֶךְ
תָּמִים מָתַי תָּבוֹא אֵלָי אֶתְהַלֵּךְ בְּתׇם־לְבָבִי בְּקֶרֶב בֵּיתִי: לֹא־אָשִׁית | לְנֶגֶד
עֵינַי דְּבַר־בְּלִיָּעַל עֲשֹׂה־סֵטִים שָׂנֵאתִי לֹא יִדְבַּק בִּי: לֵבָב עִקֵּשׁ יָסוּר מִמֶּנִּי
רָע לֹא אֵדָע: מלושני בַסֵּתֶר | רֵעֵהוּ אוֹתוֹ אַצְמִית גְּבַהּ־עֵינַיִם וּרְחַב לֵבָב מְלָשְׁנִי
אֹתוֹ לֹא אוּכָל: עֵינַי | בְּנֶאֶמְנֵי־אֶרֶץ לָשֶׁבֶת עִמָּדִי הֹלֵךְ בְּדֶרֶךְ תָּמִים הוּא
יְשָׁרְתֵנִי: לֹא־יֵשֵׁב | בְּקֶרֶב בֵּיתִי עֹשֵׂה רְמִיָּה דֹּבֵר שְׁקָרִים לֹא־יִכּוֹן לְנֶגֶד עֵינָי:
לַבְּקָרִים אַצְמִית כׇּל־רִשְׁעֵי־אָרֶץ לְהַכְרִית מֵעִיר־יהוה כׇּל־פֹּעֲלֵי אָוֶן:
קב תְּפִלָּה לְעָנִי כִי־יַעֲטֹף וְלִפְנֵי יהוה יִשְׁפֹּךְ שִׂיחוֹ: יהוה שִׁמְעָה תְפִלָּתִי וְשַׁוְעָתִי
אֵלֶיךָ תָבוֹא: אַל־תַּסְתֵּר פָּנֶיךָ | מִמֶּנִּי בְּיוֹם צַר לִי הַטֵּה־אֵלַי אׇזְנֶךָ בְּיוֹם אֶקְרָא
מַהֵר עֲנֵנִי: כִּי־כָלוּ בְעָשָׁן יָמָי וְעַצְמוֹתַי כְּמוֹקֵד נִחָרוּ: הוּכָּה כָעֵשֶׂב וַיִּבַשׁ לִבִּי
כִּי־שָׁכַחְתִּי מֵאֲכֹל לַחְמִי: מִקּוֹל אַנְחָתִי דָּבְקָה עַצְמִי לִבְשָׂרִי: דָּמִיתִי לִקְאַת
מִדְבָּר הָיִיתִי כְּכוֹס חֳרָבוֹת: שָׁקַדְתִּי וָאֶהְיֶה כְּצִפּוֹר בּוֹדֵד עַל־גָּג: כׇּל־הַיּוֹם
חֵרְפוּנִי אוֹיְבָי מְהוֹלָלַי בִּי נִשְׁבָּעוּ: כִּי־אֵפֶר כַּלֶּחֶם אָכָלְתִּי וְשִׁקֻּוַי בִּבְכִי מָסָכְתִּי:
מִפְּנֵי־זַעַמְךָ וְקִצְפֶּךָ כִּי נְשָׂאתַנִי וַתַּשְׁלִיכֵנִי: יָמַי כְּצֵל נָטוּי וַאֲנִי כָּעֵשֶׂב אִיבָשׁ:
וְאַתָּה יהוה לְעוֹלָם תֵּשֵׁב וְזִכְרְךָ לְדֹר וָדֹר: אַתָּה תָקוּם תְּרַחֵם צִיּוֹן כִּי־עֵת
לְחֶנְנָהּ כִּי־בָא מוֹעֵד: כִּי־רָצוּ עֲבָדֶיךָ אֶת־אֲבָנֶיהָ וְאֶת־עֲפָרָהּ יְחֹנֵנוּ: וְיִירְאוּ
גוֹיִם אֶת־שֵׁם יהוה וְכׇל־מַלְכֵי הָאָרֶץ אֶת־כְּבוֹדֶךָ: כִּי־בָנָה יהוה צִיּוֹן נִרְאָה
בִּכְבוֹדוֹ: פָּנָה אֶל־תְּפִלַּת הָעַרְעָר וְלֹא־בָזָה אֶת־תְּפִלָּתָם: תִּכָּתֶב זֹאת לְדוֹר

אַחֲרוֹן וְעַם נִבְרָא יְהַלֶּל־יָהּ׃ כִּי־הִשְׁקִיף מִמְּרוֹם קָדְשׁוֹ יְהוָה מִשָּׁמַיִם ׀ אֶל־
אֶרֶץ הִבִּיט׃ לִשְׁמֹעַ אֶנְקַת אָסִיר לְפַתֵּחַ בְּנֵי תְמוּתָה׃ לְסַפֵּר בְּצִיּוֹן שֵׁם יְהוָה
וּתְהִלָּתוֹ בִּירוּשָׁלָםִ׃ בְּהִקָּבֵץ עַמִּים יַחְדָּו וּמַמְלָכוֹת לַעֲבֹד אֶת־יְהוָה׃ עִנָּה
בַדֶּרֶךְ כֹּחוֹ קִצַּר יָמָי׃ אֹמַר אֵלִי אַל־תַּעֲלֵנִי בַּחֲצִי יָמָי בְּדוֹר דּוֹרִים שְׁנוֹתֶיךָ׃ כֹּחִי
לְפָנִים הָאָרֶץ יָסַדְתָּ וּמַעֲשֵׂה יָדֶיךָ שָׁמָיִם׃ הֵמָּה ׀ יֹאבֵדוּ וְאַתָּה תַעֲמֹד וְכֻלָּם
כַּבֶּגֶד יִבְלוּ כַּלְּבוּשׁ תַּחֲלִיפֵם וְיַחֲלֹפוּ׃ וְאַתָּה־הוּא וּשְׁנוֹתֶיךָ לֹא יִתָּמּוּ׃ בְּנֵי־
עֲבָדֶיךָ יִשְׁכּוֹנוּ וְזַרְעָם לְפָנֶיךָ יִכּוֹן׃
קג לְדָוִד ׀ בָּרְכִי נַפְשִׁי אֶת־יְהוָה וְכָל־קְרָבַי אֶת־שֵׁם קָדְשׁוֹ׃ בָּרְכִי נַפְשִׁי אֶת־יְהוָה
וְאַל־תִּשְׁכְּחִי כָּל־גְּמוּלָיו׃ הַסֹּלֵחַ לְכָל־עֲוֺנֵכִי הָרֹפֵא לְכָל־תַּחֲלוּאָיְכִי׃ הַגּוֹאֵל
מִשַּׁחַת חַיָּיְכִי הַמְעַטְּרֵכִי חֶסֶד וְרַחֲמִים׃ הַמַּשְׂבִּיעַ בַּטּוֹב עֶדְיֵךְ תִּתְחַדֵּשׁ כַּנֶּשֶׁר
נְעוּרָיְכִי׃ עֹשֵׂה צְדָקוֹת יְהוָה וּמִשְׁפָּטִים לְכָל־עֲשׁוּקִים׃ יוֹדִיעַ דְּרָכָיו לְמֹשֶׁה
לִבְנֵי יִשְׂרָאֵל עֲלִילוֹתָיו׃ רַחוּם וְחַנּוּן יְהוָה אֶרֶךְ אַפַּיִם וְרַב־חָסֶד׃ לֹא־לָנֶצַח
יָרִיב וְלֹא לְעוֹלָם יִטּוֹר׃ לֹא כַחֲטָאֵינוּ עָשָׂה לָנוּ וְלֹא כַעֲוֺנֹתֵינוּ גָּמַל עָלֵינוּ׃ כִּי
כִגְבֹהַּ שָׁמַיִם עַל־הָאָרֶץ גָּבַר חַסְדּוֹ עַל־יְרֵאָיו׃ כִּרְחֹק מִזְרָח מִמַּעֲרָב הִרְחִיק
מִמֶּנּוּ אֶת־פְּשָׁעֵינוּ׃ כְּרַחֵם אָב עַל־בָּנִים רִחַם יְהוָה עַל־יְרֵאָיו׃ כִּי־הוּא יָדַע
יִצְרֵנוּ זָכוּר כִּי־עָפָר אֲנָחְנוּ׃ אֱנוֹשׁ כֶּחָצִיר יָמָיו כְּצִיץ הַשָּׂדֶה כֵּן יָצִיץ׃ כִּי רוּחַ
עָבְרָה־בּוֹ וְאֵינֶנּוּ וְלֹא־יַכִּירֶנּוּ עוֹד מְקוֹמוֹ׃ וְחֶסֶד יְהוָה ׀ מֵעוֹלָם וְעַד־עוֹלָם
עַל־יְרֵאָיו וְצִדְקָתוֹ לִבְנֵי בָנִים׃ לְשֹׁמְרֵי בְרִיתוֹ וּלְזֹכְרֵי פִקֻּדָיו לַעֲשׂוֹתָם׃ יְהוָה
בַּשָּׁמַיִם הֵכִין כִּסְאוֹ וּמַלְכוּתוֹ בַּכֹּל מָשָׁלָה׃ בָּרֲכוּ יְהוָה מַלְאָכָיו גִּבֹּרֵי כֹחַ
עֹשֵׂי דְבָרוֹ לִשְׁמֹעַ בְּקוֹל דְּבָרוֹ׃ בָּרֲכוּ יְהוָה כָּל־צְבָאָיו מְשָׁרְתָיו עֹשֵׂי רְצוֹנוֹ׃
בָּרֲכוּ יְהוָה ׀ כָּל־מַעֲשָׂיו בְּכָל־מְקֹמוֹת מֶמְשַׁלְתּוֹ בָּרְכִי נַפְשִׁי אֶת־יְהוָה׃
קד* בָּרְכִי נַפְשִׁי אֶת־יְהוָה יְהוָה אֱלֹהַי גָּדַלְתָּ מְּאֹד הוֹד וְהָדָר לָבָשְׁתָּ׃ עֹטֶה־אוֹר
כַּשַּׂלְמָה נוֹטֶה שָׁמַיִם כַּיְרִיעָה׃ הַמְקָרֶה בַמַּיִם עֲלִיּוֹתָיו הַשָּׂם־עָבִים רְכוּבוֹ
הַמְהַלֵּךְ עַל־כַּנְפֵי־רוּחַ׃ עֹשֶׂה מַלְאָכָיו רוּחוֹת מְשָׁרְתָיו אֵשׁ לֹהֵט׃ יָסַד־אֶרֶץ
עַל־מְכוֹנֶיהָ בַּל־תִּמּוֹט עוֹלָם וָעֶד׃ תְּהוֹם כַּלְּבוּשׁ כִּסִּיתוֹ עַל־הָרִים יַעַמְדוּ־
מָיִם׃ מִן־גַּעֲרָתְךָ יְנוּסוּן מִן־קוֹל רַעַמְךָ יֵחָפֵזוּן׃ יַעֲלוּ הָרִים יֵרְדוּ בְקָעוֹת
אֶל־מְקוֹם זֶה ׀ יָסַדְתָּ לָהֶם׃ גְּבוּל־שַׂמְתָּ בַּל־יַעֲבֹרוּן בַּל־יְשׁוּבוּן לְכַסּוֹת הָאָרֶץ׃
הַמְשַׁלֵּחַ מַעְיָנִים בַּנְּחָלִים בֵּין הָרִים יְהַלֵּכוּן׃ יַשְׁקוּ כָּל־חַיְתוֹ שָׂדָי יִשְׁבְּרוּ
פְרָאִים צְמָאָם׃ עֲלֵיהֶם עוֹף־הַשָּׁמַיִם יִשְׁכּוֹן מִבֵּין עֳפָאיִם יִתְּנוּ־קוֹל׃ מַשְׁקֶה

*כא לחודש

הָרִים מֵעֲלִיּוֹתָיו מִפְּרִי מַעֲשֶׂיךָ תִּשְׂבַּע הָאָרֶץ: מַצְמִיחַ חָצִיר ׀ לַבְּהֵמָה וְעֵשֶׂב
לַעֲבֹדַת הָאָדָם לְהוֹצִיא לֶחֶם מִן־הָאָרֶץ: וְיַיִן ׀ יְשַׂמַּח לְבַב־אֱנוֹשׁ לְהַצְהִיל
פָּנִים מִשָּׁמֶן וְלֶחֶם לְבַב־אֱנוֹשׁ יִסְעָד: יִשְׂבְּעוּ עֲצֵי יְהוָה אַרְזֵי לְבָנוֹן אֲשֶׁר
נָטָע: אֲשֶׁר־שָׁם צִפֳּרִים יְקַנֵּנוּ חֲסִידָה בְּרוֹשִׁים בֵּיתָהּ: הָרִים הַגְּבֹהִים לַיְּעֵלִים
סְלָעִים מַחְסֶה לַשְׁפַנִּים: עָשָׂה יָרֵחַ לְמוֹעֲדִים שֶׁמֶשׁ יָדַע מְבוֹאוֹ: תָּשֶׁת־חֹשֶׁךְ
וִיהִי לָיְלָה בּוֹ־תִרְמֹשׂ כָּל־חַיְתוֹ־יָעַר: הַכְּפִירִים שֹׁאֲגִים לַטָּרֶף וּלְבַקֵּשׁ מֵאֵל
אָכְלָם: תִּזְרַח הַשֶּׁמֶשׁ יֵאָסֵפוּן וְאֶל־מְעוֹנֹתָם יִרְבָּצוּן: יֵצֵא אָדָם לְפָעֳלוֹ
וְלַעֲבֹדָתוֹ עֲדֵי־עָרֶב: מָה־רַבּוּ מַעֲשֶׂיךָ ׀ יְהוָה כֻּלָּם בְּחָכְמָה עָשִׂיתָ מָלְאָה
הָאָרֶץ קִנְיָנֶךָ: זֶה ׀ הַיָּם גָּדוֹל וּרְחַב יָדָיִם שָׁם־רֶמֶשׂ וְאֵין מִסְפָּר חַיּוֹת קְטַנּוֹת
עִם־גְּדֹלוֹת: שָׁם אֳנִיּוֹת יְהַלֵּכוּן לִוְיָתָן זֶה־יָצַרְתָּ לְשַׂחֶק־בּוֹ: כֻּלָּם אֵלֶיךָ יְשַׂבֵּרוּן
לָתֵת אָכְלָם בְּעִתּוֹ: תִּתֵּן לָהֶם יִלְקֹטוּן תִּפְתַּח יָדְךָ יִשְׂבְּעוּן טוֹב: תַּסְתִּיר פָּנֶיךָ
יִבָּהֵלוּן תֹּסֵף רוּחָם יִגְוָעוּן וְאֶל־עֲפָרָם יְשׁוּבוּן: תְּשַׁלַּח רוּחֲךָ יִבָּרֵאוּן וּתְחַדֵּשׁ
פְּנֵי אֲדָמָה: יְהִי כְבוֹד יְהוָה לְעוֹלָם יִשְׂמַח יְהוָה בְּמַעֲשָׂיו: הַמַּבִּיט לָאָרֶץ
וַתִּרְעָד יִגַּע בֶּהָרִים וְיֶעֱשָׁנוּ: אָשִׁירָה לַיהוָה בְּחַיָּי אֲזַמְּרָה לֵאלֹהַי בְּעוֹדִי:
יֶעֱרַב עָלָיו שִׂיחִי אָנֹכִי אֶשְׂמַח בַּיהוָה: יִתַּמּוּ חַטָּאִים ׀ מִן־הָאָרֶץ וּרְשָׁעִים ׀
עוֹד אֵינָם בָּרְכִי נַפְשִׁי אֶת־יְהוָה הַלְלוּיָהּ:
קה הוֹדוּ לַיהוָה קִרְאוּ בִּשְׁמוֹ הוֹדִיעוּ בָעַמִּים עֲלִילוֹתָיו: שִׁירוּ־לוֹ זַמְּרוּ־לוֹ שִׂיחוּ
בְּכָל־נִפְלְאוֹתָיו: הִתְהַלְלוּ בְּשֵׁם קָדְשׁוֹ יִשְׂמַח לֵב ׀ מְבַקְשֵׁי יְהוָה: דִּרְשׁוּ יְהוָה
וְעֻזּוֹ בַּקְּשׁוּ פָנָיו תָּמִיד: זִכְרוּ נִפְלְאוֹתָיו אֲשֶׁר־עָשָׂה מֹפְתָיו וּמִשְׁפְּטֵי־פִיו: זֶרַע
אַבְרָהָם עַבְדּוֹ בְּנֵי יַעֲקֹב בְּחִירָיו: הוּא יְהוָה אֱלֹהֵינוּ בְּכָל־הָאָרֶץ מִשְׁפָּטָיו:
זָכַר לְעוֹלָם בְּרִיתוֹ דָּבָר צִוָּה לְאֶלֶף דּוֹר: אֲשֶׁר כָּרַת אֶת־אַבְרָהָם וּשְׁבוּעָתוֹ
לְיִשְׂחָק: וַיַּעֲמִידֶהָ לְיַעֲקֹב לְחֹק לְיִשְׂרָאֵל בְּרִית עוֹלָם: לֵאמֹר לְךָ אֶתֵּן אֶת־
אֶרֶץ־כְּנָעַן חֶבֶל נַחֲלַתְכֶם: בִּהְיוֹתָם מְתֵי מִסְפָּר כִּמְעַט וְגָרִים בָּהּ: וַיִּתְהַלְּכוּ
מִגּוֹי אֶל־גּוֹי מִמַּמְלָכָה אֶל־עַם אַחֵר: לֹא־הִנִּיחַ אָדָם לְעָשְׁקָם וַיּוֹכַח עֲלֵיהֶם
מְלָכִים: אַל־תִּגְּעוּ בִמְשִׁיחָי וְלִנְבִיאַי אַל־תָּרֵעוּ: וַיִּקְרָא רָעָב עַל־הָאָרֶץ כָּל־
מַטֵּה־לֶחֶם שָׁבָר: שָׁלַח לִפְנֵיהֶם אִישׁ לְעֶבֶד נִמְכַּר יוֹסֵף: עִנּוּ בַכֶּבֶל רגליו רַגְלוֹ
בַּרְזֶל בָּאָה נַפְשׁוֹ: עַד־עֵת בֹּא־דְבָרוֹ אִמְרַת יְהוָה צְרָפָתְהוּ: שָׁלַח מֶלֶךְ
וַיַּתִּירֵהוּ מֹשֵׁל עַמִּים וַיְפַתְּחֵהוּ: שָׂמוֹ אָדוֹן לְבֵיתוֹ וּמֹשֵׁל בְּכָל־קִנְיָנוֹ: לֶאְסֹר
שָׂרָיו בְּנַפְשׁוֹ וּזְקֵנָיו יְחַכֵּם: וַיָּבֹא יִשְׂרָאֵל מִצְרָיִם וְיַעֲקֹב גָּר בְּאֶרֶץ־חָם: וַיֶּפֶר

אֶת־עַמּוֹ מְאֹד וַיַּעֲצִמֵהוּ מִצָּרָיו׃ הָפַךְ לִבָּם לִשְׂנֹא עַמּוֹ לְהִתְנַכֵּל בַּעֲבָדָיו׃
שָׁלַח מֹשֶׁה עַבְדּוֹ אַהֲרֹן אֲשֶׁר בָּחַר־בּוֹ׃ שָׂמוּ־בָם דִּבְרֵי אֹתוֹתָיו וּמֹפְתִים
בְּאֶרֶץ חָם׃ שָׁלַח חֹשֶׁךְ וַיַּחְשִׁךְ וְלֹא־מָרוּ אֶת־דברו׃ הָפַךְ אֶת־מֵימֵיהֶם דְּבָרוֹ
לְדָם וַיָּמֶת אֶת־דְּגָתָם׃ שָׁרַץ אַרְצָם צְפַרְדְּעִים בְּחַדְרֵי מַלְכֵיהֶם׃ אָמַר וַיָּבֹא
עָרֹב כִּנִּים בְּכָל־גְּבוּלָם׃ נָתַן גִּשְׁמֵיהֶם בָּרָד אֵשׁ לֶהָבוֹת בְּאַרְצָם׃ וַיַּךְ גַּפְנָם
וּתְאֵנָתָם וַיְשַׁבֵּר עֵץ גְּבוּלָם׃ אָמַר וַיָּבֹא אַרְבֶּה וְיֶלֶק וְאֵין מִסְפָּר׃ וַיֹּאכַל כָּל־
עֵשֶׂב בְּאַרְצָם וַיֹּאכַל פְּרִי אַדְמָתָם׃ וַיַּךְ כָּל־בְּכוֹר בְּאַרְצָם רֵאשִׁית לְכָל־אוֹנָם׃
וַיּוֹצִיאֵם בְּכֶסֶף וְזָהָב וְאֵין בִּשְׁבָטָיו כּוֹשֵׁל׃ שָׂמַח מִצְרַיִם בְּצֵאתָם כִּי־נָפַל
פַּחְדָּם עֲלֵיהֶם׃ פָּרַשׂ עָנָן לְמָסָךְ וְאֵשׁ לְהָאִיר לָיְלָה׃ שָׁאַל וַיָּבֵא שְׂלָו וְלֶחֶם
שָׁמַיִם יַשְׂבִּיעֵם׃ פָּתַח צוּר וַיָּזוּבוּ מָיִם הָלְכוּ בַּצִּיּוֹת נָהָר׃ כִּי־זָכַר אֶת־דְּבַר
קָדְשׁוֹ אֶת־אַבְרָהָם עַבְדּוֹ׃ וַיּוֹצִא עַמּוֹ בְשָׂשׂוֹן בְּרִנָּה אֶת־בְּחִירָיו׃ וַיִּתֵּן לָהֶם
אַרְצוֹת גּוֹיִם וַעֲמַל לְאֻמִּים יִירָשׁוּ׃ בַּעֲבוּר ׀ יִשְׁמְרוּ חֻקָּיו וְתוֹרֹתָיו יִנְצֹרוּ
הַלְלוּיָהּ׃

קו* הַלְלוּיָהּ ׀ הוֹדוּ לַיהוָה כִּי־טוֹב כִּי לְעוֹלָם חַסְדּוֹ׃ מִי יְמַלֵּל גְּבוּרוֹת יהוה יַשְׁמִיעַ
כָּל־תְּהִלָּתוֹ׃ אַשְׁרֵי שֹׁמְרֵי מִשְׁפָּט עֹשֵׂה צְדָקָה בְכָל־עֵת׃ זָכְרֵנִי יהוה בִּרְצוֹן
עַמֶּךָ פָּקְדֵנִי בִּישׁוּעָתֶךָ׃ לִרְאוֹת ׀ בְּטוֹבַת בְּחִירֶיךָ לִשְׂמֹחַ בְּשִׂמְחַת גּוֹיֶךָ
לְהִתְהַלֵּל עִם־נַחֲלָתֶךָ׃ חָטָאנוּ עִם־אֲבוֹתֵינוּ הֶעֱוִינוּ הִרְשָׁעְנוּ׃ אֲבוֹתֵינוּ
בְמִצְרַיִם ׀ לֹא־הִשְׂכִּילוּ נִפְלְאוֹתֶיךָ לֹא זָכְרוּ אֶת־רֹב חֲסָדֶיךָ וַיַּמְרוּ עַל־יָם
בְּיַם־סוּף׃ וַיּוֹשִׁיעֵם לְמַעַן שְׁמוֹ לְהוֹדִיעַ אֶת־גְּבוּרָתוֹ׃ וַיִּגְעַר בְּיַם־סוּף וַיֶּחֱרָב
וַיּוֹלִיכֵם בַּתְּהֹמוֹת כַּמִּדְבָּר׃ וַיּוֹשִׁיעֵם מִיַּד שׂוֹנֵא וַיִּגְאָלֵם מִיַּד אוֹיֵב׃ וַיְכַסּוּ־מַיִם
צָרֵיהֶם אֶחָד מֵהֶם לֹא נוֹתָר׃ וַיַּאֲמִינוּ בִדְבָרָיו יָשִׁירוּ תְּהִלָּתוֹ׃ מִהֲרוּ שָׁכְחוּ
מַעֲשָׂיו לֹא־חִכּוּ לַעֲצָתוֹ׃ וַיִּתְאַוּוּ תַאֲוָה בַּמִּדְבָּר וַיְנַסּוּ־אֵל בִּישִׁימוֹן׃ וַיִּתֵּן
לָהֶם שֶׁאֱלָתָם וַיְשַׁלַּח רָזוֹן בְּנַפְשָׁם׃ וַיְקַנְאוּ לְמֹשֶׁה בַּמַּחֲנֶה לְאַהֲרֹן קְדוֹשׁ
יהוה׃ תִּפְתַּח־אֶרֶץ וַתִּבְלַע דָּתָן וַתְּכַס עַל־עֲדַת אֲבִירָם׃ וַתִּבְעַר־אֵשׁ בַּעֲדָתָם
לֶהָבָה תְּלַהֵט רְשָׁעִים׃ יַעֲשׂוּ־עֵגֶל בְּחֹרֵב וַיִּשְׁתַּחֲווּ לְמַסֵּכָה׃ וַיָּמִירוּ אֶת־
כְּבוֹדָם בְּתַבְנִית שׁוֹר אֹכֵל עֵשֶׂב׃ שָׁכְחוּ אֵל מוֹשִׁיעָם עֹשֶׂה גְדֹלוֹת בְּמִצְרָיִם׃
נִפְלָאוֹת בְּאֶרֶץ חָם נוֹרָאוֹת עַל־יַם־סוּף׃ וַיֹּאמֶר לְהַשְׁמִידָם לוּלֵי מֹשֶׁה בְחִירוֹ
עָמַד בַּפֶּרֶץ לְפָנָיו לְהָשִׁיב חֲמָתוֹ מֵהַשְׁחִית׃ וַיִּמְאֲסוּ בְּאֶרֶץ חֶמְדָּה לֹא־
הֶאֱמִינוּ לִדְבָרוֹ׃ וַיֵּרָגְנוּ בְאָהֳלֵיהֶם לֹא שָׁמְעוּ בְּקוֹל יהוה׃ וַיִּשָּׂא יָדוֹ לָהֶם

*כב לחודש

לְהַפִּיל אוֹתָם בַּמִּדְבָּר: וּלְהַפִּיל זַרְעָם בַּגּוֹיִם וּלְזָרוֹתָם בָּאֲרָצוֹת: וַיִּצָּמְדוּ
לְבַעַל פְּעוֹר וַיֹּאכְלוּ זִבְחֵי מֵתִים: וַיַּכְעִיסוּ בְּמַעַלְלֵיהֶם וַתִּפְרׇץ־בָּם מַגֵּפָה:
וַיַּעֲמֹד פִּינְחָס וַיְפַלֵּל וַתֵּעָצַר הַמַּגֵּפָה: וַתֵּחָשֶׁב לוֹ לִצְדָקָה לְדֹר וָדֹר עַד־עוֹלָם:
וַיַּקְצִיפוּ עַל־מֵי מְרִיבָה וַיֵּרַע לְמֹשֶׁה בַּעֲבוּרָם: כִּי־הִמְרוּ אֶת־רוּחוֹ וַיְבַטֵּא
בִּשְׂפָתָיו: לֹא־הִשְׁמִידוּ אֶת־הָעַמִּים אֲשֶׁר אָמַר יְהוָה לָהֶם: וַיִּתְעָרְבוּ בַגּוֹיִם
וַיִּלְמְדוּ מַעֲשֵׂיהֶם: וַיַּעַבְדוּ אֶת־עֲצַבֵּיהֶם וַיִּהְיוּ לָהֶם לְמוֹקֵשׁ: וַיִּזְבְּחוּ אֶת־
בְּנֵיהֶם וְאֶת־בְּנוֹתֵיהֶם לַשֵּׁדִים: וַיִּשְׁפְּכוּ דָם נָקִי דַּם־בְּנֵיהֶם וּבְנוֹתֵיהֶם אֲשֶׁר
זִבְּחוּ לַעֲצַבֵּי כְנָעַן וַתֶּחֱנַף הָאָרֶץ בַּדָּמִים: וַיִּטְמְאוּ בְמַעֲשֵׂיהֶם וַיִּזְנוּ
בְּמַעַלְלֵיהֶם: וַיִּחַר־אַף יְהוָה בְּעַמּוֹ וַיְתָעֵב אֶת־נַחֲלָתוֹ: וַיִּתְּנֵם בְּיַד־גּוֹיִם
וַיִּמְשְׁלוּ בָהֶם שֹׂנְאֵיהֶם: וַיִּלְחָצוּם אוֹיְבֵיהֶם וַיִּכָּנְעוּ תַּחַת יָדָם: פְּעָמִים רַבּוֹת
יַצִּילֵם וְהֵמָּה יַמְרוּ בַעֲצָתָם וַיָּמֹכּוּ בַּעֲוֺנָם: וַיַּרְא בַּצַּר לָהֶם בְּשׇׁמְעוֹ אֶת־רִנָּתָם:
וַיִּזְכֹּר לָהֶם בְּרִיתוֹ וַיִּנָּחֵם כְּרֹב חֲסָדָו: וַיִּתֵּן אוֹתָם לְרַחֲמִים לִפְנֵי כׇּל־שׁוֹבֵיהֶם:
הוֹשִׁיעֵנוּ ׀ יְהוָה אֱלֹהֵינוּ וְקַבְּצֵנוּ מִן־הַגּוֹיִם לְהֹדוֹת לְשֵׁם קׇדְשֶׁךָ לְהִשְׁתַּבֵּחַ
בִּתְהִלָּתֶךָ: בָּרוּךְ יְהוָה ׀ אֱלֹהֵי יִשְׂרָאֵל מִן־הָעוֹלָם ׀ וְעַד הָעוֹלָם וְאָמַר כׇּל־
הָעָם אָמֵן הַלְלוּיָהּ:

ספר חמישי

*קז הֹדוּ לַיהוָה כִּי־טוֹב כִּי לְעוֹלָם חַסְדּוֹ: יֹאמְרוּ גְּאוּלֵי יְהוָה אֲשֶׁר גְּאָלָם מִיַּד־
צָר: וּמֵאֲרָצוֹת קִבְּצָם מִמִּזְרָח וּמִמַּעֲרָב מִצָּפוֹן וּמִיָּם: תָּעוּ בַמִּדְבָּר בִּישִׁימוֹן
דָּרֶךְ עִיר מוֹשָׁב לֹא מָצָאוּ: רְעֵבִים גַּם־צְמֵאִים נַפְשָׁם בָּהֶם תִּתְעַטָּף: וַיִּצְעֲקוּ
אֶל־יְהוָה בַּצַּר לָהֶם מִמְּצוּקוֹתֵיהֶם יַצִּילֵם: וַיַּדְרִיכֵם בְּדֶרֶךְ יְשָׁרָה לָלֶכֶת
אֶל־עִיר מוֹשָׁב: יוֹדוּ לַיהוָה חַסְדּוֹ וְנִפְלְאוֹתָיו לִבְנֵי אָדָם: כִּי־הִשְׂבִּיעַ נֶפֶשׁ
שֹׁקֵקָה וְנֶפֶשׁ רְעֵבָה מִלֵּא־טוֹב: יֹשְׁבֵי חֹשֶׁךְ וְצַלְמָוֶת אֲסִירֵי עֳנִי וּבַרְזֶל:
כִּי־הִמְרוּ אִמְרֵי־אֵל וַעֲצַת עֶלְיוֹן נָאָצוּ: וַיַּכְנַע בֶּעָמָל לִבָּם כָּשְׁלוּ וְאֵין
עֹזֵר: וַיִּזְעֲקוּ אֶל־יְהוָה בַּצַּר לָהֶם מִמְּצֻקוֹתֵיהֶם יוֹשִׁיעֵם: יוֹצִיאֵם מֵחֹשֶׁךְ
וְצַלְמָוֶת וּמוֹסְרוֹתֵיהֶם יְנַתֵּק: יוֹדוּ לַיהוָה חַסְדּוֹ וְנִפְלְאוֹתָיו לִבְנֵי אָדָם: כִּי־
שִׁבַּר דַּלְתוֹת נְחֹשֶׁת וּבְרִיחֵי בַרְזֶל גִּדֵּעַ: אֱוִלִים מִדֶּרֶךְ פִּשְׁעָם וּמֵעֲוֺנֹתֵיהֶם
יִתְעַנּוּ: כׇּל־אֹכֶל תְּתַעֵב נַפְשָׁם וַיַּגִּיעוּ עַד־שַׁעֲרֵי מָוֶת: וַיִּזְעֲקוּ אֶל־יְהוָה בַּצַּר
לָהֶם מִמְּצֻקוֹתֵיהֶם יוֹשִׁיעֵם: יִשְׁלַח דְּבָרוֹ וְיִרְפָּאֵם וִימַלֵּט מִשְּׁחִיתוֹתָם: יוֹדוּ
לַיהוָה חַסְדּוֹ וְנִפְלְאוֹתָיו לִבְנֵי אָדָם: וְיִזְבְּחוּ זִבְחֵי תוֹדָה וִיסַפְּרוּ מַעֲשָׂיו

*ליום השישי

בְּרִנָּה׃ ׆ יוֹרְדֵי הַיָּם בָּאֳנִיּוֹת עֹשֵׂי מְלָאכָה בְּמַיִם רַבִּים׃ ׆ הֵמָּה רָאוּ
מַעֲשֵׂי יְהוָה וְנִפְלְאוֹתָיו בִּמְצוּלָה׃ ׆ וַיֹּאמֶר וַיַּעֲמֵד רוּחַ סְעָרָה וַתְּרוֹמֵם
גַּלָּיו׃ ׆ יַעֲלוּ שָׁמַיִם יֵרְדוּ תְהוֹמוֹת נַפְשָׁם בְּרָעָה תִתְמוֹגָג׃ ׆ יָחוֹגּוּ
וְיָנוּעוּ כַּשִּׁכּוֹר וְכָל־חׇכְמָתָם תִּתְבַּלָּע׃ ׆ וַיִּצְעֲקוּ אֶל־יְהוָה בַּצַּר לָהֶם
וּמִמְּצוּקֹתֵיהֶם יוֹצִיאֵם׃ יָקֵם סְעָרָה לִדְמָמָה וַיֶּחֱשׁוּ גַּלֵּיהֶם׃ וַיִּשְׂמְחוּ כִי־יִשְׁתֹּקוּ
וַיַּנְחֵם אֶל־מְחוֹז חֶפְצָם׃ יוֹדוּ לַיהוָה חַסְדּוֹ וְנִפְלְאוֹתָיו לִבְנֵי אָדָם׃ וִירֹמְמוּהוּ
בִּקְהַל־עָם וּבְמוֹשַׁב זְקֵנִים יְהַלְלוּהוּ׃ יָשֵׂם נְהָרוֹת לְמִדְבָּר וּמֹצָאֵי מַיִם
לְצִמָּאוֹן׃ אֶרֶץ פְּרִי לִמְלֵחָה מֵרָעַת יֹשְׁבֵי בָהּ׃ יָשֵׂם מִדְבָּר לַאֲגַם־מַיִם וְאֶרֶץ
צִיָּה לְמֹצָאֵי מָיִם׃ וַיּוֹשֶׁב שָׁם רְעֵבִים וַיְכוֹנְנוּ עִיר מוֹשָׁב׃ וַיִּזְרְעוּ שָׂדוֹת וַיִּטְּעוּ
כְרָמִים וַיַּעֲשׂוּ פְּרִי תְבוּאָה׃ וַיְבָרְכֵם וַיִּרְבּוּ מְאֹד וּבְהֶמְתָּם לֹא יַמְעִיט׃ וַיִּמְעֲטוּ
וַיָּשֹׁחוּ מֵעֹצֶר רָעָה וְיָגוֹן׃ ׆ שֹׁפֵךְ בּוּז עַל־נְדִיבִים וַיַּתְעֵם בְּתֹהוּ לֹא־דָרֶךְ׃
וַיְשַׂגֵּב אֶבְיוֹן מֵעוֹנִי וַיָּשֶׂם כַּצֹּאן מִשְׁפָּחוֹת׃ יִרְאוּ יְשָׁרִים וְיִשְׂמָחוּ וְכׇל־עַוְלָה
קָפְצָה פִּיהָ׃ מִי־חָכָם וְיִשְׁמׇר־אֵלֶּה וְיִתְבּוֹנְנוּ חַסְדֵי יְהוָה׃

קח* שִׁיר מִזְמוֹר לְדָוִד׃ נָכוֹן לִבִּי אֱלֹהִים אָשִׁירָה וַאֲזַמְּרָה אַף־כְּבוֹדִי׃ עוּרָה הַנֵּבֶל
וְכִנּוֹר אָעִירָה שָּׁחַר׃ אוֹדְךָ בָעַמִּים ׀ יְהוָה וַאֲזַמֶּרְךָ בַּל־אֻמִּים׃ כִּי־גָדוֹל מֵעַל־
שָׁמַיִם חַסְדֶּךָ וְעַד־שְׁחָקִים אֲמִתֶּךָ׃ רוּמָה עַל־שָׁמַיִם אֱלֹהִים וְעַל כׇּל־הָאָרֶץ
כְּבוֹדֶךָ׃ לְמַעַן יֵחָלְצוּן יְדִידֶיךָ הוֹשִׁיעָה יְמִינְךָ וַעֲנֵנִי׃ אֱלֹהִים ׀ דִּבֶּר בְּקׇדְשׁוֹ ועננו
אֶעְלֹזָה אֲחַלְּקָה שְׁכֶם וְעֵמֶק סֻכּוֹת אֲמַדֵּד׃ לִי גִלְעָד ׀ לִי מְנַשֶּׁה וְאֶפְרַיִם מָעוֹז
רֹאשִׁי יְהוּדָה מְחֹקְקִי׃ מוֹאָב ׀ סִיר רַחְצִי עַל־אֱדוֹם אַשְׁלִיךְ נַעֲלִי עֲלֵי־פְלֶשֶׁת
אֶתְרוֹעָע׃ מִי יֹבִלֵנִי עִיר מִבְצָר מִי נָחַנִי עַד־אֱדוֹם׃ הֲלֹא־אֱלֹהִים זְנַחְתָּנוּ
וְלֹא־תֵצֵא אֱלֹהִים בְּצִבְאֹתֵינוּ׃ הָבָה־לָּנוּ עֶזְרָת מִצָּר וְשָׁוְא תְּשׁוּעַת אָדָם׃
בֵּאלֹהִים נַעֲשֶׂה־חָיִל וְהוּא יָבוּס צָרֵינוּ׃

קט לַמְנַצֵּחַ לְדָוִד מִזְמוֹר אֱלֹהֵי תְהִלָּתִי אַל־תֶּחֱרַשׁ׃ כִּי פִי רָשָׁע וּפִי־מִרְמָה עָלַי
פָּתָחוּ דִּבְּרוּ אִתִּי לְשׁוֹן שָׁקֶר׃ וְדִבְרֵי שִׂנְאָה סְבָבוּנִי וַיִּלָּחֲמוּנִי חִנָּם׃ תַּחַת־
אַהֲבָתִי יִשְׂטְנוּנִי וַאֲנִי תְפִלָּה׃ וַיָּשִׂימוּ עָלַי רָעָה תַּחַת טוֹבָה וְשִׂנְאָה תַּחַת
אַהֲבָתִי׃ הַפְקֵד עָלָיו רָשָׁע וְשָׂטָן יַעֲמֹד עַל־יְמִינוֹ׃ בְּהִשָּׁפְטוֹ יֵצֵא רָשָׁע
וּתְפִלָּתוֹ תִּהְיֶה לַחֲטָאָה׃ יִהְיוּ־יָמָיו מְעַטִּים פְּקֻדָּתוֹ יִקַּח אַחֵר׃ יִהְיוּ־בָנָיו
יְתוֹמִים וְאִשְׁתּוֹ אַלְמָנָה׃ וְנוֹעַ יָנוּעוּ בָנָיו וְשִׁאֵלוּ וְדָרְשׁוּ מֵחׇרְבוֹתֵיהֶם׃ יְנַקֵּשׁ
נוֹשֶׁה לְכׇל־אֲשֶׁר־לוֹ וְיָבֹזּוּ זָרִים יְגִיעוֹ׃ אַל־יְהִי־לוֹ מֹשֵׁךְ חָסֶד וְאַל־יְהִי חוֹנֵן

*כג לחודש

לִיתוֹמָיו: יְהִי־אַחֲרִיתוֹ לְהַכְרִית בְּדוֹר אַחֵר יִמַּח שְׁמָם: יִזָּכֵר ׀ עֲוֺן אֲבֹתָיו
אֶל־יְהוָה וְחַטַּאת אִמּוֹ אַל־תִּמָּח: יִהְיוּ נֶגֶד־יְהוָה תָּמִיד וְיַכְרֵת מֵאֶרֶץ זִכְרָם:
יַעַן אֲשֶׁר ׀ לֹא זָכַר עֲשׂוֹת חָסֶד וַיִּרְדֹּף אִישׁ־עָנִי וְאֶבְיוֹן וְנִכְאֵה לֵבָב לְמוֹתֵת:
וַיֶּאֱהַב קְלָלָה וַתְּבוֹאֵהוּ וְלֹא־חָפֵץ בִּבְרָכָה וַתִּרְחַק מִמֶּנּוּ: וַיִּלְבַּשׁ קְלָלָה
כְּמַדּוֹ וַתָּבֹא כַמַּיִם בְּקִרְבּוֹ וְכַשֶּׁמֶן בְּעַצְמוֹתָיו: תְּהִי־לוֹ כְּבֶגֶד יַעְטֶה וּלְמֵזַח
תָּמִיד יַחְגְּרֶהָ: זֹאת ׀ פְּעֻלַּת שֹׂטְנַי מֵאֵת יְהוָה וְהַדֹּבְרִים רָע עַל־נַפְשִׁי: וְאַתָּה ׀
יֱהוִה אֲדֹנָי עֲשֵׂה־אִתִּי לְמַעַן שְׁמֶךָ כִּי־טוֹב חַסְדְּךָ הַצִּילֵנִי: כִּי־עָנִי וְאֶבְיוֹן
אָנֹכִי וְלִבִּי חָלַל בְּקִרְבִּי: כְּצֵל כִּנְטוֹתוֹ נֶהֱלָכְתִּי נִנְעַרְתִּי כָּאַרְבֶּה: בִּרְכַּי כָּשְׁלוּ
מִצּוֹם וּבְשָׂרִי כָּחַשׁ מִשָּׁמֶן: וַאֲנִי ׀ הָיִיתִי חֶרְפָּה לָהֶם יִרְאוּנִי יְנִיעוּן רֹאשָׁם:
עָזְרֵנִי יְהוָה אֱלֹהָי הוֹשִׁיעֵנִי כְחַסְדֶּךָ: וְיֵדְעוּ כִּי־יָדְךָ זֹּאת אַתָּה יְהוָה עֲשִׂיתָהּ:
יְקַלְלוּ־הֵמָּה וְאַתָּה תְבָרֵךְ קָמוּ ׀ וַיֵּבֹשׁוּ וְעַבְדְּךָ יִשְׂמָח: יִלְבְּשׁוּ שׂוֹטְנַי כְּלִמָּה
וְיַעֲטוּ כַמְעִיל בָּשְׁתָּם: אוֹדֶה יְהוָה מְאֹד בְּפִי וּבְתוֹךְ רַבִּים אֲהַלְלֶנּוּ: כִּי־
יַעֲמֹד לִימִין אֶבְיוֹן לְהוֹשִׁיעַ מִשֹּׁפְטֵי נַפְשׁוֹ:
קי לְדָוִד מִזְמוֹר נְאֻם יְהוָה ׀ לַאדֹנִי שֵׁב לִימִינִי עַד־אָשִׁית אֹיְבֶיךָ הֲדֹם לְרַגְלֶיךָ:
מַטֵּה עֻזְּךָ יִשְׁלַח יְהוָה מִצִּיּוֹן רְדֵה בְּקֶרֶב אֹיְבֶיךָ: עַמְּךָ נְדָבֹת בְּיוֹם חֵילֶךָ
בְּהַדְרֵי־קֹדֶשׁ מֵרֶחֶם מִשְׁחָר לְךָ טַל יַלְדֻתֶיךָ: נִשְׁבַּע יְהוָה ׀ וְלֹא יִנָּחֵם אַתָּה־
כֹהֵן לְעוֹלָם עַל־דִּבְרָתִי מַלְכִּי־צֶדֶק: אֲדֹנָי עַל־יְמִינְךָ מָחַץ בְּיוֹם־אַפּוֹ מְלָכִים:
יָדִין בַּגּוֹיִם מָלֵא גְוִיּוֹת מָחַץ רֹאשׁ עַל־אֶרֶץ רַבָּה: מִנַּחַל בַּדֶּרֶךְ יִשְׁתֶּה עַל־
כֵּן יָרִים רֹאשׁ:
קיא הַלְלוּיָהּ ׀ אוֹדֶה יְהוָה בְּכָל־לֵבָב בְּסוֹד יְשָׁרִים וְעֵדָה: גְּדֹלִים מַעֲשֵׂי יְהוָה
דְּרוּשִׁים לְכָל־חֶפְצֵיהֶם: הוֹד־וְהָדָר פָּעֳלוֹ וְצִדְקָתוֹ עֹמֶדֶת לָעַד: זֵכֶר עָשָׂה
לְנִפְלְאֹתָיו חַנּוּן וְרַחוּם יְהוָה: טֶרֶף נָתַן לִירֵאָיו יִזְכֹּר לְעוֹלָם בְּרִיתוֹ: כֹּחַ
מַעֲשָׂיו הִגִּיד לְעַמּוֹ לָתֵת לָהֶם נַחֲלַת גּוֹיִם: מַעֲשֵׂי יָדָיו אֱמֶת וּמִשְׁפָּט נֶאֱמָנִים
כָּל־פִּקּוּדָיו: סְמוּכִים לָעַד לְעוֹלָם עֲשׂוּיִם בֶּאֱמֶת וְיָשָׁר: פְּדוּת ׀ שָׁלַח לְעַמּוֹ
צִוָּה־לְעוֹלָם בְּרִיתוֹ קָדוֹשׁ וְנוֹרָא שְׁמוֹ: רֵאשִׁית חָכְמָה ׀ יִרְאַת יְהוָה שֵׂכֶל
טוֹב לְכָל־עֹשֵׂיהֶם תְּהִלָּתוֹ עֹמֶדֶת לָעַד:
קיב הַלְלוּיָהּ ׀ אַשְׁרֵי־אִישׁ יָרֵא אֶת־יְהוָה בְּמִצְוֺתָיו חָפֵץ מְאֹד: גִּבּוֹר בָּאָרֶץ
יִהְיֶה זַרְעוֹ דּוֹר יְשָׁרִים יְבֹרָךְ: הוֹן־וָעֹשֶׁר בְּבֵיתוֹ וְצִדְקָתוֹ עֹמֶדֶת לָעַד: זָרַח
בַּחֹשֶׁךְ אוֹר לַיְשָׁרִים חַנּוּן וְרַחוּם וְצַדִּיק: טוֹב־אִישׁ חוֹנֵן וּמַלְוֶה יְכַלְכֵּל דְּבָרָיו

בְּמִשְׁפָּט׃ כִּֽי־לְעוֹלָם לֹֽא־יִמּוֹט לְזֵכֶר עוֹלָם יִהְיֶה צַדִּיק׃ מִשְּׁמוּעָה רָעָה לֹא
יִירָא נָכוֹן לִבּוֹ בָּטֻחַ בַּיהוָה׃ סָמוּךְ לִבּוֹ לֹא יִירָא עַד אֲשֶׁר־יִרְאֶה בְצָרָיו׃ פִּזַּר ׀
נָתַן לָאֶבְיוֹנִים צִדְקָתוֹ עֹמֶדֶת לָעַד קַרְנוֹ תָּרוּם בְּכָבוֹד׃ רָשָׁע יִרְאֶה ׀ וְכָעָס
שִׁנָּיו יַחֲרֹק וְנָמָס תַּאֲוַת רְשָׁעִים תֹּאבֵד׃
קיג* הַלְלוּיָהּ ׀ הַלְלוּ עַבְדֵי יְהוָה הַלְלוּ אֶת־שֵׁם יְהוָה׃ יְהִי שֵׁם יְהוָה מְבֹרָךְ מֵעַתָּה
וְעַד־עוֹלָם׃ מִמִּזְרַח־שֶׁמֶשׁ עַד־מְבוֹאוֹ מְהֻלָּל שֵׁם יְהוָה׃ רָם עַל־כָּל־גּוֹיִם ׀
יְהוָה עַל הַשָּׁמַיִם כְּבוֹדוֹ׃ מִי כַּיהוָה אֱלֹהֵינוּ הַמַּגְבִּיהִי לָשָׁבֶת׃ הַמַּשְׁפִּילִי
לִרְאוֹת בַּשָּׁמַיִם וּבָאָרֶץ׃ מְקִימִי מֵעָפָר דָּל מֵאַשְׁפֹּת יָרִים אֶבְיוֹן׃ לְהוֹשִׁיבִי
עִם־נְדִיבִים עִם נְדִיבֵי עַמּוֹ׃ מוֹשִׁיבִי ׀ עֲקֶרֶת הַבַּיִת אֵם־הַבָּנִים שְׂמֵחָה
הַלְלוּיָהּ׃
קיד בְּצֵאת יִשְׂרָאֵל מִמִּצְרָיִם בֵּית יַעֲקֹב מֵעַם לֹעֵז׃ הָיְתָה יְהוּדָה לְקָדְשׁוֹ יִשְׂרָאֵל
מַמְשְׁלוֹתָיו׃ הַיָּם רָאָה וַיָּנֹס הַיַּרְדֵּן יִסֹּב לְאָחוֹר׃ הֶהָרִים רָקְדוּ כְאֵילִים גְּבָעוֹת
כִּבְנֵי־צֹאן׃ מַה־לְּךָ הַיָּם כִּי תָנוּס הַיַּרְדֵּן תִּסֹּב לְאָחוֹר׃ הֶהָרִים תִּרְקְדוּ כְאֵילִים
גְּבָעוֹת כִּבְנֵי־צֹאן׃ מִלִּפְנֵי אָדוֹן חוּלִי אָרֶץ מִלִּפְנֵי אֱלוֹהַּ יַעֲקֹב׃ הַהֹפְכִי הַצּוּר
אֲגַם־מָיִם חַלָּמִישׁ לְמַעְיְנוֹ־מָיִם׃
קטו לֹא לָנוּ יְהוָה לֹא לָנוּ כִּֽי־לְשִׁמְךָ תֵּן כָּבוֹד עַל־חַסְדְּךָ עַל־אֲמִתֶּךָ׃ לָמָּה יֹאמְרוּ
הַגּוֹיִם אַיֵּה־נָא אֱלֹהֵיהֶם׃ וֵאלֹהֵינוּ בַשָּׁמָיִם כֹּל אֲשֶׁר־חָפֵץ עָשָׂה׃ עֲצַבֵּיהֶם
כֶּסֶף וְזָהָב מַעֲשֵׂה יְדֵי אָדָם׃ פֶּה־לָהֶם וְלֹא יְדַבֵּרוּ עֵינַיִם לָהֶם וְלֹא יִרְאוּ׃ אָזְנַיִם
לָהֶם וְלֹא יִשְׁמָעוּ אַף לָהֶם וְלֹא יְרִיחוּן׃ יְדֵיהֶם ׀ וְלֹא יְמִישׁוּן רַגְלֵיהֶם וְלֹא
יְהַלֵּכוּ לֹא־יֶהְגּוּ בִּגְרוֹנָם׃ כְּמוֹהֶם יִהְיוּ עֹשֵׂיהֶם כֹּל אֲשֶׁר־בֹּטֵחַ בָּהֶם׃ יִשְׂרָאֵל
בְּטַח בַּיהוָה עֶזְרָם וּמָגִנָּם הוּא׃ בֵּית אַהֲרֹן בִּטְחוּ בַיהוָה עֶזְרָם וּמָגִנָּם הוּא׃
יִרְאֵי יְהוָה בִּטְחוּ בַיהוָה עֶזְרָם וּמָגִנָּם הוּא׃ יְהוָה זְכָרָנוּ יְבָרֵךְ יְבָרֵךְ אֶת־בֵּית
יִשְׂרָאֵל יְבָרֵךְ אֶת־בֵּית אַהֲרֹן׃ יְבָרֵךְ יִרְאֵי יְהוָה הַקְּטַנִּים עִם־הַגְּדֹלִים׃ יֹסֵף
יְהוָה עֲלֵיכֶם עֲלֵיכֶם וְעַל־בְּנֵיכֶם׃ בְּרוּכִים אַתֶּם לַיהוָה עֹשֵׂה שָׁמַיִם וָאָרֶץ׃
הַשָּׁמַיִם שָׁמַיִם לַיהוָה וְהָאָרֶץ נָתַן לִבְנֵי־אָדָם׃ לֹא הַמֵּתִים יְהַלְלוּ־יָהּ וְלֹא
כָּל־יֹרְדֵי דוּמָה׃ וַאֲנַחְנוּ ׀ נְבָרֵךְ יָהּ מֵעַתָּה וְעַד־עוֹלָם הַלְלוּיָהּ׃
קטז אָהַבְתִּי כִּֽי־יִשְׁמַע ׀ יְהוָה אֶת־קוֹלִי תַּחֲנוּנָי׃ כִּֽי־הִטָּה אָזְנוֹ לִי וּבְיָמַי אֶקְרָא׃
אֲפָפוּנִי ׀ חֶבְלֵי־מָוֶת וּמְצָרֵי שְׁאוֹל מְצָאוּנִי צָרָה וְיָגוֹן אֶמְצָא׃ וּבְשֵׁם־יְהוָה
אֶקְרָא אָנָּה יְהוָה מַלְּטָה נַפְשִׁי׃ חַנּוּן יְהוָה וְצַדִּיק וֵאלֹהֵינוּ מְרַחֵם׃ שֹׁמֵר

*כד לחודש

פְּתָאיִם יְהוָה דַּלּוֹתִי וְלִי יְהוֹשִׁיעַ: שׁוּבִי נַפְשִׁי לִמְנוּחָיְכִי כִּי־יְהוָה גָּמַל עָלָיְכִי:
כִּי חִלַּצְתָּ נַפְשִׁי מִמָּוֶת אֶת־עֵינִי מִן־דִּמְעָה אֶת־רַגְלִי מִדֶּחִי: אֶתְהַלֵּךְ לִפְנֵי
יְהוָה בְּאַרְצוֹת הַחַיִּים: הֶאֱמַנְתִּי כִּי אֲדַבֵּר אֲנִי עָנִיתִי מְאֹד: אֲנִי אָמַרְתִּי בְחָפְזִי
כָּל־הָאָדָם כֹּזֵב: מָה־אָשִׁיב לַיהוָה כָּל־תַּגְמוּלוֹהִי עָלָי: כּוֹס־יְשׁוּעוֹת אֶשָּׂא
וּבְשֵׁם יְהוָה אֶקְרָא: נְדָרַי לַיהוָה אֲשַׁלֵּם נֶגְדָה־נָּא לְכָל־עַמּוֹ: יָקָר בְּעֵינֵי יְהוָה
הַמָּוְתָה לַחֲסִידָיו: אָנָּה יְהוָה כִּי־אֲנִי עַבְדֶּךָ אֲנִי־עַבְדְּךָ בֶּן־אֲמָתֶךָ פִּתַּחְתָּ
לְמוֹסֵרָי: לְךָ־אֶזְבַּח זֶבַח תּוֹדָה וּבְשֵׁם יְהוָה אֶקְרָא: נְדָרַי לַיהוָה אֲשַׁלֵּם
נֶגְדָה־נָּא לְכָל־עַמּוֹ: בְּחַצְרוֹת ׀ בֵּית יְהוָה בְּתוֹכֵכִי יְרוּשָׁלָ͏ִם הַלְלוּיָהּ:
קיז הַלְלוּ אֶת־יְהוָה כָּל־גּוֹיִם שַׁבְּחוּהוּ כָּל־הָאֻמִּים: כִּי גָבַר עָלֵינוּ ׀ חַסְדּוֹ וֶאֱמֶת־
יְהוָה לְעוֹלָם הַלְלוּיָהּ:
קיח הוֹדוּ לַיהוָה כִּי־טוֹב כִּי לְעוֹלָם חַסְדּוֹ: יֹאמַר־נָא יִשְׂרָאֵל כִּי לְעוֹלָם חַסְדּוֹ:
יֹאמְרוּ־נָא בֵית־אַהֲרֹן כִּי לְעוֹלָם חַסְדּוֹ: יֹאמְרוּ־נָא יִרְאֵי יְהוָה כִּי לְעוֹלָם
חַסְדּוֹ: מִן־הַמֵּצַר קָרָאתִי יָּהּ עָנָנִי בַמֶּרְחָב יָהּ: יְהוָה לִי לֹא אִירָא מַה־יַּעֲשֶׂה
לִי אָדָם: יְהוָה לִי בְּעֹזְרָי וַאֲנִי אֶרְאֶה בְשֹׂנְאָי: טוֹב לַחֲסוֹת בַּיהוָה מִבְּטֹחַ
בָּאָדָם: טוֹב לַחֲסוֹת בַּיהוָה מִבְּטֹחַ בִּנְדִיבִים: כָּל־גּוֹיִם סְבָבוּנִי בְּשֵׁם יְהוָה
כִּי אֲמִילַם: סַבּוּנִי גַם־סְבָבוּנִי בְּשֵׁם יְהוָה כִּי אֲמִילַם: סַבּוּנִי כִדְבוֹרִים דֹּעֲכוּ
כְּאֵשׁ קוֹצִים בְּשֵׁם יְהוָה כִּי אֲמִילַם: דַּחֹה דְחִיתַנִי לִנְפֹּל וַיהוָה עֲזָרָנִי: עָזִּי
וְזִמְרָת יָהּ וַיְהִי־לִי לִישׁוּעָה: קוֹל ׀ רִנָּה וִישׁוּעָה בְּאָהֳלֵי צַדִּיקִים יְמִין יְהוָה
עֹשָׂה חָיִל: יְמִין יְהוָה רוֹמֵמָה יְמִין יְהוָה עֹשָׂה חָיִל: לֹא אָמוּת כִּי־אֶחְיֶה
וַאֲסַפֵּר מַעֲשֵׂי יָהּ: יַסֹּר יִסְּרַנִּי יָּהּ וְלַמָּוֶת לֹא נְתָנָנִי: פִּתְחוּ־לִי שַׁעֲרֵי־צֶדֶק
אָבֹא־בָם אוֹדֶה יָהּ: זֶה־הַשַּׁעַר לַיהוָה צַדִּיקִים יָבֹאוּ בוֹ: אוֹדְךָ כִּי עֲנִיתָנִי
וַתְּהִי־לִי לִישׁוּעָה: אֶבֶן מָאֲסוּ הַבּוֹנִים הָיְתָה לְרֹאשׁ פִּנָּה: מֵאֵת יְהוָה הָיְתָה
זֹּאת הִיא נִפְלָאת בְּעֵינֵינוּ: זֶה־הַיּוֹם עָשָׂה יְהוָה נָגִילָה וְנִשְׂמְחָה בוֹ: אָנָּא
יְהוָה הוֹשִׁיעָה נָּא אָנָּא יְהוָה הַצְלִיחָה נָּא: בָּרוּךְ הַבָּא בְּשֵׁם יְהוָה בֵּרַכְנוּכֶם
מִבֵּית יְהוָה: אֵל ׀ יְהוָה וַיָּאֶר לָנוּ אִסְרוּ־חַג בַּעֲבֹתִים עַד־קַרְנוֹת הַמִּזְבֵּחַ:
אֵלִי אַתָּה וְאוֹדֶךָּ אֱלֹהַי אֲרוֹמְמֶךָּ: הוֹדוּ לַיהוָה כִּי־טוֹב כִּי לְעוֹלָם חַסְדּוֹ:
*קיט אַשְׁרֵי תְמִימֵי־דָרֶךְ הַהֹלְכִים בְּתוֹרַת יְהוָה: אַשְׁרֵי נֹצְרֵי עֵדֹתָיו בְּכָל־לֵב
יִדְרְשׁוּהוּ: אַף לֹא־פָעֲלוּ עַוְלָה בִּדְרָכָיו הָלָכוּ: אַתָּה צִוִּיתָה פִקֻּדֶיךָ לִשְׁמֹר
מְאֹד: אַחֲלַי יִכֹּנוּ דְרָכָי לִשְׁמֹר חֻקֶּיךָ: אָז לֹא־אֵבוֹשׁ בְּהַבִּיטִי אֶל־כָּל־מִצְוֹתֶיךָ:

*כה לחודש

אוֹדְךָ בְּיֹשֶׁר לֵבָב בְּלׇמְדִי מִשְׁפְּטֵי צִדְקֶךָ: אֶת־חֻקֶּיךָ אֶשְׁמֹר אַל־תַּעַזְבֵנִי עַד־מְאֹד:

בַּמֶּה יְזַכֶּה־נַּעַר אֶת־אׇרְחוֹ לִשְׁמֹר כִּדְבָרֶךָ: בְּכׇל־לִבִּי דְרַשְׁתִּיךָ אַל־תַּשְׁגֵּנִי מִמִּצְוֺתֶיךָ: בְּלִבִּי צָפַנְתִּי אִמְרָתֶךָ לְמַעַן לֹא אֶחֱטָא־לָךְ: בָּרוּךְ אַתָּה יהוה לַמְּדֵנִי חֻקֶּיךָ: בִּשְׂפָתַי סִפַּרְתִּי כֹּל מִשְׁפְּטֵי־פִיךָ: בְּדֶרֶךְ עֵדְוֺתֶיךָ שַׂשְׂתִּי כְּעַל כׇּל־הוֹן: בְּפִקֻּדֶיךָ אָשִׂיחָה וְאַבִּיטָה אֹרְחֹתֶיךָ: בְּחֻקֹּתֶיךָ אֶשְׁתַּעֲשָׁע לֹא אֶשְׁכַּח דְּבָרֶךָ:

גְּמֹל עַל־עַבְדְּךָ אֶחְיֶה וְאֶשְׁמְרָה דְבָרֶךָ: גַּל־עֵינַי וְאַבִּיטָה נִפְלָאוֹת מִתּוֹרָתֶךָ: גֵּר אָנֹכִי בָאָרֶץ אַל־תַּסְתֵּר מִמֶּנִּי מִצְוֺתֶיךָ: גָּרְסָה נַפְשִׁי לְתַאֲבָה אֶל־מִשְׁפָּטֶיךָ בְכׇל־עֵת: גָּעַרְתָּ זֵדִים אֲרוּרִים הַשֹּׁגִים מִמִּצְוֺתֶיךָ: גַּל מֵעָלַי חֶרְפָּה וָבוּז כִּי עֵדֹתֶיךָ נָצָרְתִּי: גַּם יָשְׁבוּ שָׂרִים בִּי נִדְבָּרוּ עַבְדְּךָ יָשִׂיחַ בְּחֻקֶּיךָ: גַּם־עֵדֹתֶיךָ שַׁעֲשֻׁעָי אַנְשֵׁי עֲצָתִי:

דָּבְקָה לֶעָפָר נַפְשִׁי חַיֵּנִי כִּדְבָרֶךָ: דְּרָכַי סִפַּרְתִּי וַתַּעֲנֵנִי לַמְּדֵנִי חֻקֶּיךָ: דֶּרֶךְ־פִּקּוּדֶיךָ הֲבִינֵנִי וְאָשִׂיחָה בְּנִפְלְאוֹתֶיךָ: דָּלְפָה נַפְשִׁי מִתּוּגָה קַיְּמֵנִי כִּדְבָרֶךָ: דֶּרֶךְ־שֶׁקֶר הָסֵר מִמֶּנִּי וְתוֹרָתְךָ חׇנֵּנִי: דֶּרֶךְ־אֱמוּנָה בָחָרְתִּי מִשְׁפָּטֶיךָ שִׁוִּיתִי: דָּבַקְתִּי בְעֵדְוֺתֶיךָ יהוה אַל־תְּבִישֵׁנִי: דֶּרֶךְ־מִצְוֺתֶיךָ אָרוּץ כִּי תַרְחִיב לִבִּי:

הוֹרֵנִי יהוה דֶּרֶךְ חֻקֶּיךָ וְאֶצְּרֶנָּה עֵקֶב: הֲבִינֵנִי וְאֶצְּרָה תוֹרָתֶךָ וְאֶשְׁמְרֶנָּה בְכׇל־לֵב: הַדְרִיכֵנִי בִּנְתִיב מִצְוֺתֶיךָ כִּי־בוֹ חָפָצְתִּי: הַט־לִבִּי אֶל־עֵדְוֺתֶיךָ וְאַל אֶל־בָּצַע: הַעֲבֵר עֵינַי מֵרְאוֹת שָׁוְא בִּדְרָכֶךָ חַיֵּנִי: הָקֵם לְעַבְדְּךָ אִמְרָתֶךָ אֲשֶׁר לְיִרְאָתֶךָ: הַעֲבֵר חֶרְפָּתִי אֲשֶׁר יָגֹרְתִּי כִּי מִשְׁפָּטֶיךָ טוֹבִים: הִנֵּה תָּאַבְתִּי לְפִקֻּדֶיךָ בְּצִדְקָתְךָ חַיֵּנִי:

וִיבֹאֻנִי חֲסָדֶךָ יהוה תְּשׁוּעָתְךָ כְּאִמְרָתֶךָ: וְאֶעֱנֶה חֹרְפִי דָבָר כִּי־בָטַחְתִּי בִּדְבָרֶךָ: וְאַל־תַּצֵּל מִפִּי דְבַר־אֱמֶת עַד־מְאֹד כִּי לְמִשְׁפָּטֶךָ יִחָלְתִּי: וְאֶשְׁמְרָה תוֹרָתְךָ תָמִיד לְעוֹלָם וָעֶד: וְאֶתְהַלְּכָה בָרְחָבָה כִּי פִקֻּדֶיךָ דָרָשְׁתִּי: וַאֲדַבְּרָה בְעֵדֹתֶיךָ נֶגֶד מְלָכִים וְלֹא אֵבוֹשׁ: וְאֶשְׁתַּעֲשַׁע בְּמִצְוֺתֶיךָ אֲשֶׁר אָהָבְתִּי: וְאֶשָּׂא־כַפַּי אֶל־מִצְוֺתֶיךָ אֲשֶׁר אָהָבְתִּי וְאָשִׂיחָה בְחֻקֶּיךָ:

זְכֹר־דָּבָר לְעַבְדֶּךָ עַל אֲשֶׁר יִחַלְתָּנִי: זֹאת נֶחָמָתִי בְעׇנְיִי כִּי אִמְרָתְךָ חִיָּתְנִי: זֵדִים הֱלִיצֻנִי עַד־מְאֹד מִתּוֹרָתְךָ לֹא נָטִיתִי: זָכַרְתִּי מִשְׁפָּטֶיךָ מֵעוֹלָם ׀ יהוה וָאֶתְנֶחָם: זַלְעָפָה אֲחָזַתְנִי מֵרְשָׁעִים עֹזְבֵי תּוֹרָתֶךָ: זְמִרוֹת הָיוּ־לִי חֻקֶּיךָ

בְּבֵית מְגוּרָי: זָכַרְתִּי בַלַּיְלָה שִׁמְךָ יהוה וָאֶשְׁמְרָה תּוֹרָתֶךָ: זֹאת הָיְתָה־לִּי
כִּי פִקֻּדֶיךָ נָצָרְתִּי:
חֶלְקִי יהוה אָמַרְתִּי לִשְׁמֹר דְּבָרֶיךָ: חִלִּיתִי פָנֶיךָ בְכָל־לֵב חָנֵּנִי כְּאִמְרָתֶךָ:
חִשַּׁבְתִּי דְרָכָי וָאָשִׁיבָה רַגְלַי אֶל־עֵדֹתֶיךָ: חַשְׁתִּי וְלֹא הִתְמַהְמָהְתִּי לִשְׁמֹר
מִצְוֹתֶיךָ: חֶבְלֵי רְשָׁעִים עִוְּדֻנִי תּוֹרָתְךָ לֹא שָׁכָחְתִּי: חֲצוֹת־לַיְלָה אָקוּם
לְהוֹדוֹת לָךְ עַל מִשְׁפְּטֵי צִדְקֶךָ: חָבֵר אָנִי לְכָל־אֲשֶׁר יְרֵאוּךָ וּלְשֹׁמְרֵי פִּקּוּדֶיךָ:
חַסְדְּךָ יהוה מָלְאָה הָאָרֶץ חֻקֶּיךָ לַמְּדֵנִי:
טוֹב עָשִׂיתָ עִם־עַבְדְּךָ יהוה כִּדְבָרֶךָ: טוּב טַעַם וָדַעַת לַמְּדֵנִי כִּי בְמִצְוֹתֶיךָ
הֶאֱמָנְתִּי: טֶרֶם אֶעֱנֶה אֲנִי שֹׁגֵג וְעַתָּה אִמְרָתְךָ שָׁמָרְתִּי: טוֹב־אַתָּה וּמֵטִיב
לַמְּדֵנִי חֻקֶּיךָ: טָפְלוּ עָלַי שֶׁקֶר זֵדִים אֲנִי בְּכָל־לֵב ׀ אֱצֹּר פִּקּוּדֶיךָ: טָפַשׁ כַּחֵלֶב
לִבָּם אֲנִי תּוֹרָתְךָ שִׁעֲשָׁעְתִּי: טוֹב־לִי כִי־עֻנֵּיתִי לְמַעַן אֶלְמַד חֻקֶּיךָ: טוֹב־לִי
תוֹרַת־פִּיךָ מֵאַלְפֵי זָהָב וָכָסֶף:
יָדֶיךָ עָשׂוּנִי וַיְכוֹנְנוּנִי הֲבִינֵנִי וְאֶלְמְדָה מִצְוֹתֶיךָ: יְרֵאֶיךָ יִרְאוּנִי וְיִשְׂמָחוּ כִּי
לִדְבָרְךָ יִחָלְתִּי: יָדַעְתִּי יהוה כִּי־צֶדֶק מִשְׁפָּטֶיךָ וֶאֱמוּנָה עִנִּיתָנִי: יְהִי־נָא
חַסְדְּךָ לְנַחֲמֵנִי כְּאִמְרָתְךָ לְעַבְדֶּךָ: יְבֹאוּנִי רַחֲמֶיךָ וְאֶחְיֶה כִּי־תוֹרָתְךָ שַׁעֲשֻׁעָי:
וְיֹדְעֵי יֵבֹשׁוּ זֵדִים כִּי־שֶׁקֶר עִוְּתוּנִי אֲנִי אָשִׂיחַ בְּפִקּוּדֶיךָ: יָשׁוּבוּ לִי יְרֵאֶיךָ וידעו
עֵדֹתֶיךָ: יְהִי־לִבִּי תָמִים בְּחֻקֶּיךָ לְמַעַן לֹא אֵבוֹשׁ:
כָּלְתָה לִתְשׁוּעָתְךָ נַפְשִׁי לִדְבָרְךָ יִחָלְתִּי: כָּלוּ עֵינַי לְאִמְרָתֶךָ לֵאמֹר מָתַי
תְּנַחֲמֵנִי: כִּי־הָיִיתִי כְּנֹאד בְּקִיטוֹר חֻקֶּיךָ לֹא שָׁכָחְתִּי: כַּמָּה יְמֵי־עַבְדֶּךָ מָתַי
תַּעֲשֶׂה בְרֹדְפַי מִשְׁפָּט: כָּרוּ־לִי זֵדִים שִׁיחוֹת אֲשֶׁר לֹא כְתוֹרָתֶךָ: כָּל־מִצְוֹתֶיךָ
אֱמוּנָה שֶׁקֶר רְדָפוּנִי עָזְרֵנִי: כִּמְעַט כִּלּוּנִי בָאָרֶץ וַאֲנִי לֹא־עָזַבְתִּי פִקֻּדֶיךָ:
כְּחַסְדְּךָ חַיֵּנִי וְאֶשְׁמְרָה עֵדוּת פִּיךָ:
לְעוֹלָם יהוה דְּבָרְךָ נִצָּב בַּשָּׁמָיִם: לְדֹר וָדֹר אֱמוּנָתֶךָ כּוֹנַנְתָּ אֶרֶץ וַתַּעֲמֹד:
לְמִשְׁפָּטֶיךָ עָמְדוּ הַיּוֹם כִּי הַכֹּל עֲבָדֶיךָ: לוּלֵי תוֹרָתְךָ שַׁעֲשֻׁעָי אָז אָבַדְתִּי
בְעָנְיִי: לְעוֹלָם לֹא־אֶשְׁכַּח פִּקּוּדֶיךָ כִּי בָם חִיִּיתָנִי: לְךָ־אֲנִי הוֹשִׁיעֵנִי כִּי פִקּוּדֶיךָ
דָרָשְׁתִּי: לִי קִוּוּ רְשָׁעִים לְאַבְּדֵנִי עֵדֹתֶיךָ אֶתְבּוֹנָן: לְכָל־תִּכְלָה רָאִיתִי קֵץ
רְחָבָה מִצְוָתְךָ מְאֹד:
מָה־אָהַבְתִּי תוֹרָתֶךָ כָּל־הַיּוֹם הִיא שִׂיחָתִי: מֵאֹיְבַי תְּחַכְּמֵנִי מִצְוֹתֶךָ כִּי לְעוֹלָם ★
הִיא־לִי: מִכָּל־מְלַמְּדַי הִשְׂכַּלְתִּי כִּי עֵדְוֹתֶיךָ שִׂיחָה לִי: מִזְּקֵנִים אֶתְבּוֹנָן כִּי

★כו לחודש

פִּקּוּדֶיךָ נָצָרְתִּי׃ מִכָּל־אֹרַח רָע כָּלִאתִי רַגְלָי לְמַעַן אֶשְׁמֹר דְּבָרֶךָ׃ מִמִּשְׁפָּטֶיךָ
לֹא־סָרְתִּי כִּי־אַתָּה הוֹרֵתָנִי׃ מַה־נִּמְלְצוּ לְחִכִּי אִמְרָתֶךָ מִדְּבַשׁ לְפִי׃ מִפִּקּוּדֶיךָ
אֶתְבּוֹנָן עַל־כֵּן שָׂנֵאתִי ׀ כָּל־אֹרַח שָׁקֶר׃

נֵר־לְרַגְלִי דְבָרֶךָ וְאוֹר לִנְתִיבָתִי׃ נִשְׁבַּעְתִּי וָאֲקַיֵּמָה לִשְׁמֹר מִשְׁפְּטֵי צִדְקֶךָ׃
נַעֲנֵיתִי עַד־מְאֹד יְהוָה חַיֵּנִי כִדְבָרֶךָ׃ נִדְבוֹת פִּי רְצֵה־נָא יְהוָה וּמִשְׁפָּטֶיךָ
לַמְּדֵנִי׃ נַפְשִׁי בְכַפִּי תָמִיד וְתוֹרָתְךָ לֹא שָׁכָחְתִּי׃ נָתְנוּ רְשָׁעִים פַּח לִי וּמִפִּקּוּדֶיךָ
לֹא תָעִיתִי׃ נָחַלְתִּי עֵדְוֺתֶיךָ לְעוֹלָם כִּי־שְׂשׂוֹן לִבִּי הֵמָּה׃ נָטִיתִי לִבִּי לַעֲשׂוֹת
חֻקֶּיךָ לְעוֹלָם עֵקֶב׃

סֵעֲפִים שָׂנֵאתִי וְתוֹרָתְךָ אָהָבְתִּי׃ סִתְרִי וּמָגִנִּי אָתָּה לִדְבָרְךָ יִחָלְתִּי׃ סוּרוּ
מִמֶּנִּי מְרֵעִים וְאֶצְּרָה מִצְוֺת אֱלֹהָי׃ סָמְכֵנִי כְאִמְרָתְךָ וְאֶחְיֶה וְאַל־תְּבִישֵׁנִי
מִשִּׂבְרִי׃ סְעָדֵנִי וְאִוָּשֵׁעָה וְאֶשְׁעָה בְחֻקֶּיךָ תָמִיד׃ סָלִיתָ כָּל־שׁוֹגִים מֵחֻקֶּיךָ
כִּי־שֶׁקֶר תַּרְמִיתָם׃ סִגִים הִשְׁבַּתָּ כָל־רִשְׁעֵי־אָרֶץ לָכֵן אָהַבְתִּי עֵדֹתֶיךָ׃
סָמַר מִפַּחְדְּךָ בְשָׂרִי וּמִמִּשְׁפָּטֶיךָ יָרֵאתִי׃

עָשִׂיתִי מִשְׁפָּט וָצֶדֶק בַּל־תַּנִּיחֵנִי לְעֹשְׁקָי׃ עֲרֹב עַבְדְּךָ לְטוֹב אַל־יַעַשְׁקֻנִי
זֵדִים׃ עֵינַי כָּלוּ לִישׁוּעָתֶךָ וּלְאִמְרַת צִדְקֶךָ׃ עֲשֵׂה עִם־עַבְדְּךָ כְחַסְדֶּךָ וְחֻקֶּיךָ
לַמְּדֵנִי׃ עַבְדְּךָ־אָנִי הֲבִינֵנִי וְאֵדְעָה עֵדֹתֶיךָ׃ עֵת לַעֲשׂוֹת לַיהוָה הֵפֵרוּ תּוֹרָתֶךָ׃
עַל־כֵּן אָהַבְתִּי מִצְוֺתֶיךָ מִזָּהָב וּמִפָּז׃ עַל־כֵּן ׀ כָּל־פִּקּוּדֵי כֹל יִשָּׁרְתִּי כָּל־אֹרַח
שֶׁקֶר שָׂנֵאתִי׃

פְּלָאוֹת עֵדְוֺתֶיךָ עַל־כֵּן נְצָרָתַם נַפְשִׁי׃ פֵּתַח־דְּבָרֶיךָ יָאִיר מֵבִין פְּתָיִים׃
פִּי־פָעַרְתִּי וָאֶשְׁאָפָה כִּי לְמִצְוֺתֶיךָ יָאָבְתִּי׃ פְּנֵה־אֵלַי וְחָנֵּנִי כְּמִשְׁפָּט לְאֹהֲבֵי
שְׁמֶךָ׃ פְּעָמַי הָכֵן בְּאִמְרָתֶךָ וְאַל־תַּשְׁלֶט־בִּי כָל־אָוֶן׃ פְּדֵנִי מֵעֹשֶׁק אָדָם
וְאֶשְׁמְרָה פִּקּוּדֶיךָ׃ פָּנֶיךָ הָאֵר בְּעַבְדֶּךָ וְלַמְּדֵנִי אֶת־חֻקֶּיךָ׃ פַּלְגֵי־מַיִם יָרְדוּ
עֵינָי עַל לֹא־שָׁמְרוּ תוֹרָתֶךָ׃

צַדִּיק אַתָּה יְהוָה וְיָשָׁר מִשְׁפָּטֶיךָ׃ צִוִּיתָ צֶדֶק עֵדֹתֶיךָ וֶאֱמוּנָה מְאֹד׃ צִמְּתַתְנִי
קִנְאָתִי כִּי־שָׁכְחוּ דְבָרֶיךָ צָרָי׃ צְרוּפָה אִמְרָתְךָ מְאֹד וְעַבְדְּךָ אֲהֵבָהּ׃ צָעִיר
אָנֹכִי וְנִבְזֶה פִּקֻּדֶיךָ לֹא שָׁכָחְתִּי׃ צִדְקָתְךָ צֶדֶק לְעוֹלָם וְתוֹרָתְךָ אֱמֶת׃ צַר־
וּמָצוֹק מְצָאוּנִי מִצְוֺתֶיךָ שַׁעֲשֻׁעָי׃ צֶדֶק עֵדְוֺתֶיךָ לְעוֹלָם הֲבִינֵנִי וְאֶחְיֶה׃

קָרָאתִי בְכָל־לֵב עֲנֵנִי יְהוָה חֻקֶּיךָ אֶצֹּרָה׃ קְרָאתִיךָ הוֹשִׁיעֵנִי וְאֶשְׁמְרָה
עֵדֹתֶיךָ׃ קִדַּמְתִּי בַנֶּשֶׁף וָאֲשַׁוֵּעָה לִדְבָרֶיךָ יִחָלְתִּי׃ קִדְּמוּ עֵינַי אַשְׁמֻרוֹת לִדְבָרֶךָ

לָשִׂיחַ בְּאִמְרָתֶךָ: קוֹלִי שִׁמְעָה כְחַסְדֶּךָ יְהוָה כְּמִשְׁפָּטֶךָ חַיֵּנִי: קָרְבוּ רֹדְפֵי
זִמָּה מִתּוֹרָתְךָ רָחָקוּ: קָרוֹב אַתָּה יְהוָה וְכָל־מִצְוֺתֶיךָ אֱמֶת: קֶדֶם יָדַעְתִּי
מֵעֵדֹתֶיךָ כִּי לְעוֹלָם יְסַדְתָּם:
רְאֵה־עָנְיִי וְחַלְּצֵנִי כִּי־תוֹרָתְךָ לֹא שָׁכָחְתִּי: רִיבָה רִיבִי וּגְאָלֵנִי לְאִמְרָתְךָ חַיֵּנִי:
רָחוֹק מֵרְשָׁעִים יְשׁוּעָה כִּי־חֻקֶּיךָ לֹא דָרָשׁוּ: רַחֲמֶיךָ רַבִּים ׀ יְהוָה כְּמִשְׁפָּטֶיךָ
חַיֵּנִי: רַבִּים רֹדְפַי וְצָרָי מֵעֵדְוֺתֶיךָ לֹא נָטִיתִי: רָאִיתִי בֹגְדִים וָאֶתְקוֹטָטָה
אֲשֶׁר אִמְרָתְךָ לֹא שָׁמָרוּ: רְאֵה כִּי־פִקּוּדֶיךָ אָהָבְתִּי יְהוָה כְּחַסְדְּךָ חַיֵּנִי:
רֹאשׁ־דְּבָרְךָ אֱמֶת וּלְעוֹלָם כָּל־מִשְׁפַּט צִדְקֶךָ:
שָׂרִים רְדָפוּנִי חִנָּם וּמדבריךָ פָּחַד לִבִּי: שָׂשׂ אָנֹכִי עַל־אִמְרָתֶךָ כְּמוֹצֵא שָׁלָל וּמִדְּבָרְךָ
רָב: שֶׁקֶר שָׂנֵאתִי וָאֲתַעֵבָה תּוֹרָתְךָ אָהָבְתִּי: שֶׁבַע בַּיּוֹם הִלַּלְתִּיךָ עַל מִשְׁפְּטֵי
צִדְקֶךָ: שָׁלוֹם רָב לְאֹהֲבֵי תוֹרָתֶךָ וְאֵין־לָמוֹ מִכְשׁוֹל: שִׂבַּרְתִּי לִישׁוּעָתְךָ
יְהוָה וּמִצְוֺתֶיךָ עָשִׂיתִי: שָׁמְרָה נַפְשִׁי עֵדֹתֶיךָ וָאֹהֲבֵם מְאֹד: שָׁמַרְתִּי פִקּוּדֶיךָ
וְעֵדֹתֶיךָ כִּי כָל־דְּרָכַי נֶגְדֶּךָ:
תִּקְרַב רִנָּתִי לְפָנֶיךָ יְהוָה כִּדְבָרְךָ הֲבִינֵנִי: תָּבוֹא תְּחִנָּתִי לְפָנֶיךָ כְּאִמְרָתְךָ
הַצִּילֵנִי: תַּבַּעְנָה שְׂפָתַי תְּהִלָּה כִּי תְלַמְּדֵנִי חֻקֶּיךָ: תַּעַן לְשׁוֹנִי אִמְרָתֶךָ כִּי
כָל־מִצְוֺתֶיךָ צֶּדֶק: תְּהִי־יָדְךָ לְעָזְרֵנִי כִּי פִקּוּדֶיךָ בָחָרְתִּי: תָּאַבְתִּי לִישׁוּעָתְךָ
יְהוָה וְתוֹרָתְךָ שַׁעֲשֻׁעָי: תְּחִי־נַפְשִׁי וּתְהַלְלֶךָּ וּמִשְׁפָּטֶךָ יַעְזְרֻנִי: תָּעִיתִי כְּשֶׂה
אֹבֵד בַּקֵּשׁ עַבְדֶּךָ כִּי מִצְוֺתֶיךָ לֹא שָׁכָחְתִּי:
*קכ שִׁיר הַמַּעֲלוֹת אֶל־יְהוָה בַּצָּרָתָה לִּי קָרָאתִי וַיַּעֲנֵנִי: יְהוָה הַצִּילָה נַפְשִׁי
מִשְּׂפַת־שֶׁקֶר מִלָּשׁוֹן רְמִיָּה: מַה־יִּתֵּן לְךָ וּמַה־יֹּסִיף לָךְ לָשׁוֹן רְמִיָּה: חִצֵּי
גִבּוֹר שְׁנוּנִים עִם גַּחֲלֵי רְתָמִים: אוֹיָה־לִי כִּי־גַרְתִּי מֶשֶׁךְ שָׁכַנְתִּי עִם־אָהֳלֵי
קֵדָר: רַבַּת שָׁכְנָה־לָּהּ נַפְשִׁי עִם שׂוֹנֵא שָׁלוֹם: אֲנִי־שָׁלוֹם וְכִי אֲדַבֵּר הֵמָּה
לַמִּלְחָמָה:
קכא שִׁיר לַמַּעֲלוֹת אֶשָּׂא עֵינַי אֶל־הֶהָרִים מֵאַיִן יָבֹא עֶזְרִי: עֶזְרִי מֵעִם יְהוָה עֹשֵׂה
שָׁמַיִם וָאָרֶץ: אַל־יִתֵּן לַמּוֹט רַגְלֶךָ אַל־יָנוּם שֹׁמְרֶךָ: הִנֵּה לֹא־יָנוּם וְלֹא
יִישָׁן שׁוֹמֵר יִשְׂרָאֵל: יְהוָה שֹׁמְרֶךָ יְהוָה צִלְּךָ עַל־יַד יְמִינֶךָ: יוֹמָם הַשֶּׁמֶשׁ
לֹא־יַכֶּכָּה וְיָרֵחַ בַּלָּיְלָה: יְהוָה יִשְׁמָרְךָ מִכָּל־רָע יִשְׁמֹר אֶת־נַפְשֶׁךָ: יְהוָה
יִשְׁמָר־צֵאתְךָ וּבוֹאֶךָ מֵעַתָּה וְעַד־עוֹלָם:
קכב שִׁיר הַמַּעֲלוֹת לְדָוִד שָׂמַחְתִּי בְּאֹמְרִים לִי בֵּית יְהוָה נֵלֵךְ: עֹמְדוֹת הָיוּ רַגְלֵינוּ

*כז לחודש / ליום השבת

בִּשְׁעָרַיִךְ יְרוּשָׁלִָם׃ יְרוּשָׁלִַם הַבְּנוּיָה כְּעִיר שֶׁחֻבְּרָה־לָּהּ יַחְדָּו׃ שֶׁשָּׁם עָלוּ
שְׁבָטִים שִׁבְטֵי־יָהּ עֵדוּת לְיִשְׂרָאֵל לְהֹדוֹת לְשֵׁם יהוה׃ כִּי שָׁמָּה ׀ יָשְׁבוּ
כִסְאוֹת לְמִשְׁפָּט כִּסְאוֹת לְבֵית דָּוִד׃ שַׁאֲלוּ שְׁלוֹם יְרוּשָׁלִָם יִשְׁלָיוּ אֹהֲבָיִךְ׃
יְהִי־שָׁלוֹם בְּחֵילֵךְ שַׁלְוָה בְּאַרְמְנוֹתָיִךְ׃ לְמַעַן אַחַי וְרֵעָי אֲדַבְּרָה־נָּא שָׁלוֹם
בָּךְ׃ לְמַעַן בֵּית־יהוה אֱלֹהֵינוּ אֲבַקְשָׁה טוֹב לָךְ׃
קכג שִׁיר הַמַּעֲלוֹת אֵלֶיךָ נָשָׂאתִי אֶת־עֵינַי הַיֹּשְׁבִי בַּשָּׁמָיִם׃ הִנֵּה כְעֵינֵי עֲבָדִים
אֶל־יַד אֲדוֹנֵיהֶם כְּעֵינֵי שִׁפְחָה אֶל־יַד גְּבִרְתָּהּ כֵּן עֵינֵינוּ אֶל־יהוה אֱלֹהֵינוּ
עַד שֶׁיְּחָנֵּנוּ׃ חָנֵּנוּ יהוה חָנֵּנוּ כִּי־רַב שָׂבַעְנוּ בוּז׃ רַבַּת שָׂבְעָה־לָּהּ נַפְשֵׁנוּ
הַלַּעַג הַשַּׁאֲנַנִּים הַבּוּז לגאיונים׃ לִגְאֵי יוֹנִים
קכד שִׁיר הַמַּעֲלוֹת לְדָוִד לוּלֵי יהוה שֶׁהָיָה לָנוּ יֹאמַר־נָא יִשְׂרָאֵל׃ לוּלֵי יהוה
שֶׁהָיָה לָנוּ בְּקוּם עָלֵינוּ אָדָם׃ אֲזַי חַיִּים בְּלָעוּנוּ בַּחֲרוֹת אַפָּם בָּנוּ׃ אֲזַי הַמַּיִם
שְׁטָפוּנוּ נַחְלָה עָבַר עַל־נַפְשֵׁנוּ׃ אֲזַי עָבַר עַל־נַפְשֵׁנוּ הַמַּיִם הַזֵּידוֹנִים׃ בָּרוּךְ
יהוה שֶׁלֹּא נְתָנָנוּ טֶרֶף לְשִׁנֵּיהֶם׃ נַפְשֵׁנוּ כְּצִפּוֹר נִמְלְטָה מִפַּח יוֹקְשִׁים הַפַּח
נִשְׁבָּר וַאֲנַחְנוּ נִמְלָטְנוּ׃ עֶזְרֵנוּ בְּשֵׁם יהוה עֹשֵׂה שָׁמַיִם וָאָרֶץ׃
קכה שִׁיר הַמַּעֲלוֹת הַבֹּטְחִים בַּיהוה כְּהַר־צִיּוֹן לֹא־יִמּוֹט לְעוֹלָם יֵשֵׁב׃ יְרוּשָׁלִַם
הָרִים סָבִיב לָהּ וַיהוה סָבִיב לְעַמּוֹ מֵעַתָּה וְעַד־עוֹלָם׃ כִּי לֹא יָנוּחַ שֵׁבֶט
הָרֶשַׁע עַל גּוֹרַל הַצַּדִּיקִים לְמַעַן לֹא־יִשְׁלְחוּ הַצַּדִּיקִים ׀ בְּעַוְלָתָה יְדֵיהֶם׃
הֵיטִיבָה יהוה לַטּוֹבִים וְלִישָׁרִים בְּלִבּוֹתָם׃ וְהַמַּטִּים עֲקַלְקַלּוֹתָם יוֹלִיכֵם יהוה
אֶת־פֹּעֲלֵי הָאָוֶן שָׁלוֹם עַל־יִשְׂרָאֵל׃
קכו שִׁיר הַמַּעֲלוֹת בְּשׁוּב יהוה אֶת־שִׁיבַת צִיּוֹן הָיִינוּ כְּחֹלְמִים׃ אָז יִמָּלֵא שְׂחוֹק
פִּינוּ וּלְשׁוֹנֵנוּ רִנָּה אָז יֹאמְרוּ בַגּוֹיִם הִגְדִּיל יהוה לַעֲשׂוֹת עִם־אֵלֶּה׃ הִגְדִּיל
יהוה לַעֲשׂוֹת עִמָּנוּ הָיִינוּ שְׂמֵחִים׃ שׁוּבָה יהוה אֶת־שבותנו כַּאֲפִיקִים בַּנֶּגֶב׃ שְׁבִיתֵנוּ
הַזֹּרְעִים בְּדִמְעָה בְּרִנָּה יִקְצֹרוּ׃ הָלוֹךְ יֵלֵךְ ׀ וּבָכֹה נֹשֵׂא מֶשֶׁךְ־הַזָּרַע בֹּא־יָבֹא
בְרִנָּה נֹשֵׂא אֲלֻמֹּתָיו׃
קכז שִׁיר הַמַּעֲלוֹת לִשְׁלֹמֹה אִם־יהוה ׀ לֹא־יִבְנֶה בַיִת שָׁוְא עָמְלוּ בוֹנָיו בּוֹ אִם־
יהוה לֹא־יִשְׁמָר־עִיר שָׁוְא ׀ שָׁקַד שׁוֹמֵר׃ שָׁוְא לָכֶם ׀ מַשְׁכִּימֵי קוּם מְאַחֲרֵי־
שֶׁבֶת אֹכְלֵי לֶחֶם הָעֲצָבִים כֵּן יִתֵּן לִידִידוֹ שֵׁנָא׃ הִנֵּה נַחֲלַת יהוה בָּנִים
שָׂכָר פְּרִי הַבָּטֶן׃ כְּחִצִּים בְּיַד־גִּבּוֹר כֵּן בְּנֵי הַנְּעוּרִים׃ אַשְׁרֵי הַגֶּבֶר אֲשֶׁר מִלֵּא
אֶת־אַשְׁפָּתוֹ מֵהֶם לֹא־יֵבֹשׁוּ כִּי־יְדַבְּרוּ אֶת־אוֹיְבִים בַּשָּׁעַר׃

קכח שִׁיר הַמַּעֲלוֹת אַשְׁרֵי כׇּל־יְרֵא יְהוָה הַהֹלֵךְ בִּדְרָכָיו: יְגִיעַ כַּפֶּיךָ כִּי תֹאכֵל
אַשְׁרֶיךָ וְטוֹב לָךְ: אֶשְׁתְּךָ ׀ כְּגֶפֶן פֹּרִיָּה בְּיַרְכְּתֵי בֵיתֶךָ בָּנֶיךָ כִּשְׁתִלֵי זֵיתִים
סָבִיב לְשֻׁלְחָנֶךָ: הִנֵּה כִי־כֵן יְבֹרַךְ גָּבֶר יְרֵא יְהוָה: יְבָרֶכְךָ יְהוָה מִצִּיּוֹן וּרְאֵה
בְּטוּב יְרוּשָׁלָ͏ִם כֹּל יְמֵי חַיֶּיךָ: וּרְאֵה־בָנִים לְבָנֶיךָ שָׁלוֹם עַל־יִשְׂרָאֵל:

קכט שִׁיר הַמַּעֲלוֹת רַבַּת צְרָרוּנִי מִנְּעוּרָי יֹאמַר־נָא יִשְׂרָאֵל: רַבַּת צְרָרוּנִי מִנְּעוּרָי
גַּם לֹא־יָכְלוּ לִי: עַל־גַּבִּי חָרְשׁוּ חֹרְשִׁים הֶאֱרִיכוּ למעונותם: יְהוָה צַדִּיק קִצֵּץ לְמַעֲנִיתָם
עֲבוֹת רְשָׁעִים: יֵבֹשׁוּ וְיִסֹּגוּ אָחוֹר כֹּל שֹׂנְאֵי צִיּוֹן: יִהְיוּ כַּחֲצִיר גַּגּוֹת שֶׁקַּדְמַת
שָׁלַף יָבֵשׁ: שֶׁלֹּא מִלֵּא כַפּוֹ קוֹצֵר וְחִצְנוֹ מְעַמֵּר: וְלֹא אָמְרוּ ׀ הָעֹבְרִים בִּרְכַּת־
יְהוָה אֲלֵיכֶם בֵּרַכְנוּ אֶתְכֶם בְּשֵׁם יְהוָה:

קל שִׁיר הַמַּעֲלוֹת מִמַּעֲמַקִּים קְרָאתִיךָ יְהוָה: אֲדֹנָי שִׁמְעָה בְקוֹלִי תִּהְיֶינָה
אׇזְנֶיךָ קַשֻּׁבוֹת לְקוֹל תַּחֲנוּנָי: אִם־עֲוֺנוֹת תִּשְׁמׇר־יָהּ אֲדֹנָי מִי יַעֲמֹד: כִּי־עִמְּךָ
הַסְּלִיחָה לְמַעַן תִּוָּרֵא: קִוִּיתִי יְהוָה קִוְּתָה נַפְשִׁי וְלִדְבָרוֹ הוֹחָלְתִּי: נַפְשִׁי לַאדֹנָי
מִשֹּׁמְרִים לַבֹּקֶר שֹׁמְרִים לַבֹּקֶר: יַחֵל יִשְׂרָאֵל אֶל־יְהוָה כִּי־עִם־יְהוָה הַחֶסֶד
וְהַרְבֵּה עִמּוֹ פְדוּת: וְהוּא יִפְדֶּה אֶת־יִשְׂרָאֵל מִכֹּל עֲוֺנֹתָיו:

קלא שִׁיר הַמַּעֲלוֹת לְדָוִד יְהוָה ׀ לֹא־גָבַהּ לִבִּי וְלֹא־רָמוּ עֵינַי וְלֹא־הִלַּכְתִּי ׀ בִּגְדֹלוֹת
וּבְנִפְלָאוֹת מִמֶּנִּי: אִם־לֹא שִׁוִּיתִי ׀ וְדוֹמַמְתִּי נַפְשִׁי כְּגָמֻל עֲלֵי אִמּוֹ כַּגָּמֻל עָלַי
נַפְשִׁי: יַחֵל יִשְׂרָאֵל אֶל־יְהוָה מֵעַתָּה וְעַד־עוֹלָם:

קלב שִׁיר הַמַּעֲלוֹת זְכוֹר־יְהוָה לְדָוִד אֵת כׇּל־עֻנּוֹתוֹ: אֲשֶׁר נִשְׁבַּע לַיהוָה נָדַר
לַאֲבִיר יַעֲקֹב: אִם־אָבֹא בְּאֹהֶל בֵּיתִי אִם־אֶעֱלֶה עַל־עֶרֶשׂ יְצוּעָי: אִם־אֶתֵּן
שְׁנָת לְעֵינָי לְעַפְעַפַּי תְּנוּמָה: עַד־אֶמְצָא מָקוֹם לַיהוָה מִשְׁכָּנוֹת לַאֲבִיר יַעֲקֹב:
הִנֵּה־שְׁמַעֲנוּהָ בְאֶפְרָתָה מְצָאנוּהָ בִּשְׂדֵי־יָעַר: נָבוֹאָה לְמִשְׁכְּנוֹתָיו נִשְׁתַּחֲוֶה
לַהֲדֹם רַגְלָיו: קוּמָה יְהוָה לִמְנוּחָתֶךָ אַתָּה וַאֲרוֹן עֻזֶּךָ: כֹּהֲנֶיךָ יִלְבְּשׁוּ־צֶדֶק
וַחֲסִידֶיךָ יְרַנֵּנוּ: בַּעֲבוּר דָּוִד עַבְדֶּךָ אַל־תָּשֵׁב פְּנֵי מְשִׁיחֶךָ: נִשְׁבַּע־יְהוָה ׀ לְדָוִד
אֱמֶת לֹא־יָשׁוּב מִמֶּנָּה מִפְּרִי בִטְנְךָ אָשִׁית לְכִסֵּא־לָךְ: אִם־יִשְׁמְרוּ בָנֶיךָ ׀ בְּרִיתִי
וְעֵדֹתִי זוֹ אֲלַמְּדֵם גַּם־בְּנֵיהֶם עֲדֵי־עַד יֵשְׁבוּ לְכִסֵּא־לָךְ: כִּי־בָחַר יְהוָה בְּצִיּוֹן
אִוָּהּ לְמוֹשָׁב לוֹ: זֹאת־מְנוּחָתִי עֲדֵי־עַד פֹּה אֵשֵׁב כִּי אִוִּתִיהָ: צֵידָהּ בָּרֵךְ אֲבָרֵךְ
אֶבְיוֹנֶיהָ אַשְׂבִּיעַ לָחֶם: וְכֹהֲנֶיהָ אַלְבִּישׁ יֶשַׁע וַחֲסִידֶיהָ רַנֵּן יְרַנֵּנוּ: שָׁם אַצְמִיחַ
קֶרֶן לְדָוִד עָרַכְתִּי נֵר לִמְשִׁיחִי: אוֹיְבָיו אַלְבִּישׁ בֹּשֶׁת וְעָלָיו יָצִיץ נִזְרוֹ:

קלג שִׁיר הַמַּעֲלוֹת לְדָוִד הִנֵּה מַה־טּוֹב וּמַה־נָּעִים שֶׁבֶת אַחִים גַּם־יָחַד: כַּשֶּׁמֶן

הַטּוֹב ׀ עַל־הָרֹאשׁ יֹרֵד עַל־הַזָּקָן זְקַן־אַהֲרֹן שֶׁיֹּרֵד עַל־פִּי מִדּוֹתָיו: כְּטַל־חֶרְמוֹן
שֶׁיֹּרֵד עַל־הַרְרֵי צִיּוֹן כִּי שָׁם ׀ צִוָּה יהוה אֶת־הַבְּרָכָה חַיִּים עַד־הָעוֹלָם:
קלד שִׁיר הַמַּעֲלוֹת הִנֵּה ׀ בָּרְכוּ אֶת־יהוה כָּל־עַבְדֵי יהוה הָעֹמְדִים בְּבֵית־יהוה
בַּלֵּילוֹת: שְׂאוּ־יְדֵכֶם קֹדֶשׁ וּבָרְכוּ אֶת־יהוה: יְבָרֶכְךָ יהוה מִצִּיּוֹן עֹשֵׂה שָׁמַיִם
וָאָרֶץ:
קלה* הַלְלוּיָהּ ׀ הַלְלוּ אֶת־שֵׁם יהוה הַלְלוּ עַבְדֵי יהוה: שֶׁעֹמְדִים בְּבֵית יהוה
בְּחַצְרוֹת בֵּית אֱלֹהֵינוּ: הַלְלוּיָהּ כִּי־טוֹב יהוה זַמְּרוּ לִשְׁמוֹ כִּי נָעִים: כִּי־יַעֲקֹב
בָּחַר לוֹ יָהּ יִשְׂרָאֵל לִסְגֻלָּתוֹ: כִּי אֲנִי יָדַעְתִּי כִּי־גָדוֹל יהוה וַאֲדֹנֵינוּ מִכָּל־
אֱלֹהִים: כֹּל אֲשֶׁר־חָפֵץ יהוה עָשָׂה בַּשָּׁמַיִם וּבָאָרֶץ בַּיַּמִּים וְכָל־תְּהֹמוֹת:
מַעֲלֶה נְשִׂאִים מִקְצֵה הָאָרֶץ בְּרָקִים לַמָּטָר עָשָׂה מוֹצֵא־רוּחַ מֵאוֹצְרוֹתָיו:
שֶׁהִכָּה בְּכוֹרֵי מִצְרָיִם מֵאָדָם עַד־בְּהֵמָה: שָׁלַח ׀ אוֹתֹת וּמֹפְתִים בְּתוֹכֵכִי
מִצְרָיִם בְּפַרְעֹה וּבְכָל־עֲבָדָיו: שֶׁהִכָּה גּוֹיִם רַבִּים וְהָרַג מְלָכִים עֲצוּמִים:
לְסִיחוֹן ׀ מֶלֶךְ הָאֱמֹרִי וּלְעוֹג מֶלֶךְ הַבָּשָׁן וּלְכֹל מַמְלְכוֹת כְּנָעַן: וְנָתַן אַרְצָם
נַחֲלָה נַחֲלָה לְיִשְׂרָאֵל עַמּוֹ: יהוה שִׁמְךָ לְעוֹלָם יהוה זִכְרְךָ לְדֹר־וָדֹר: כִּי־יָדִין
יהוה עַמּוֹ וְעַל־עֲבָדָיו יִתְנֶחָם: עֲצַבֵּי הַגּוֹיִם כֶּסֶף וְזָהָב מַעֲשֵׂה יְדֵי אָדָם:
פֶּה־לָהֶם וְלֹא יְדַבֵּרוּ עֵינַיִם לָהֶם וְלֹא יִרְאוּ: אָזְנַיִם לָהֶם וְלֹא יַאֲזִינוּ אַף אֵין־
יֶשׁ־רוּחַ בְּפִיהֶם: כְּמוֹהֶם יִהְיוּ עֹשֵׂיהֶם כֹּל אֲשֶׁר־בֹּטֵחַ בָּהֶם: בֵּית יִשְׂרָאֵל
בָּרְכוּ אֶת־יהוה בֵּית אַהֲרֹן בָּרְכוּ אֶת־יהוה: בֵּית הַלֵּוִי בָּרְכוּ אֶת־יהוה יִרְאֵי
יהוה בָּרְכוּ אֶת־יהוה: בָּרוּךְ יהוה ׀ מִצִּיּוֹן שֹׁכֵן יְרוּשָׁלָ͏ִם הַלְלוּיָהּ:
קלו הוֹדוּ לַיהוה כִּי־טוֹב כִּי לְעוֹלָם חַסְדּוֹ: הוֹדוּ לֵאלֹהֵי הָאֱלֹהִים כִּי לְעוֹלָם
חַסְדּוֹ: הוֹדוּ לַאֲדֹנֵי הָאֲדֹנִים כִּי לְעוֹלָם חַסְדּוֹ: לְעֹשֵׂה נִפְלָאוֹת גְּדֹלוֹת לְבַדּוֹ
כִּי לְעוֹלָם חַסְדּוֹ: לְעֹשֵׂה הַשָּׁמַיִם בִּתְבוּנָה כִּי לְעוֹלָם חַסְדּוֹ: לְרֹקַע הָאָרֶץ
עַל־הַמָּיִם כִּי לְעוֹלָם חַסְדּוֹ: לְעֹשֵׂה אוֹרִים גְּדֹלִים כִּי לְעוֹלָם חַסְדּוֹ: אֶת־
הַשֶּׁמֶשׁ לְמֶמְשֶׁלֶת בַּיּוֹם כִּי לְעוֹלָם חַסְדּוֹ: אֶת־הַיָּרֵחַ וְכוֹכָבִים לְמֶמְשְׁלוֹת
בַּלָּיְלָה כִּי לְעוֹלָם חַסְדּוֹ: לְמַכֵּה מִצְרַיִם בִּבְכוֹרֵיהֶם כִּי לְעוֹלָם חַסְדּוֹ: וַיּוֹצֵא
יִשְׂרָאֵל מִתּוֹכָם כִּי לְעוֹלָם חַסְדּוֹ: בְּיָד חֲזָקָה וּבִזְרוֹעַ נְטוּיָה כִּי לְעוֹלָם חַסְדּוֹ:
לְגֹזֵר יַם־סוּף לִגְזָרִים כִּי לְעוֹלָם חַסְדּוֹ: וְהֶעֱבִיר יִשְׂרָאֵל בְּתוֹכוֹ כִּי לְעוֹלָם
חַסְדּוֹ: וְנִעֵר פַּרְעֹה וְחֵילוֹ בְיַם־סוּף כִּי לְעוֹלָם חַסְדּוֹ: לְמוֹלִיךְ עַמּוֹ בַּמִּדְבָּר כִּי
לְעוֹלָם חַסְדּוֹ: לְמַכֵּה מְלָכִים גְּדֹלִים כִּי לְעוֹלָם חַסְדּוֹ: וַיַּהֲרֹג מְלָכִים אַדִּירִים

*כח לחודש

כִּי לְעוֹלָם חַסְדּוֹ: לְסִיחוֹן מֶלֶךְ הָאֱמֹרִי כִּי לְעוֹלָם חַסְדּוֹ: וּלְעוֹג מֶלֶךְ הַבָּשָׁן כִּי
לְעוֹלָם חַסְדּוֹ: וְנָתַן אַרְצָם לְנַחֲלָה כִּי לְעוֹלָם חַסְדּוֹ: נַחֲלָה לְיִשְׂרָאֵל עַבְדּוֹ
כִּי לְעוֹלָם חַסְדּוֹ: שֶׁבְּשִׁפְלֵנוּ זָכַר לָנוּ כִּי לְעוֹלָם חַסְדּוֹ: וַיִּפְרְקֵנוּ מִצָּרֵינוּ כִּי
לְעוֹלָם חַסְדּוֹ: נֹתֵן לֶחֶם לְכָל־בָּשָׂר כִּי לְעוֹלָם חַסְדּוֹ: הוֹדוּ לְאֵל הַשָּׁמָיִם כִּי
לְעוֹלָם חַסְדּוֹ:

קלז עַל־נַהֲרוֹת ׀ בָּבֶל שָׁם יָשַׁבְנוּ גַּם־בָּכִינוּ בְּזָכְרֵנוּ אֶת־צִיּוֹן: עַל־עֲרָבִים בְּתוֹכָהּ
תָּלִינוּ כִּנֹּרוֹתֵינוּ: כִּי שָׁם ׀ שְׁאֵלוּנוּ שׁוֹבֵינוּ דִּבְרֵי־שִׁיר וְתוֹלָלֵינוּ שִׂמְחָה שִׁירוּ
לָנוּ מִשִּׁיר צִיּוֹן: אֵיךְ נָשִׁיר אֶת־שִׁיר־יהוה עַל אַדְמַת נֵכָר: אִם־אֶשְׁכָּחֵךְ
יְרוּשָׁלָםִ תִּשְׁכַּח יְמִינִי: תִּדְבַּק לְשׁוֹנִי ׀ לְחִכִּי אִם־לֹא אֶזְכְּרֵכִי אִם־לֹא אַעֲלֶה
אֶת־יְרוּשָׁלַםִ עַל רֹאשׁ שִׂמְחָתִי: זְכֹר יהוה ׀ לִבְנֵי אֱדוֹם אֵת יוֹם יְרוּשָׁלָםִ
הָאֹמְרִים עָרוּ ׀ עָרוּ עַד הַיְסוֹד בָּהּ: בַּת־בָּבֶל הַשְּׁדוּדָה אַשְׁרֵי שֶׁיְשַׁלֶּם־לָךְ
אֶת־גְּמוּלֵךְ שֶׁגָּמַלְתְּ לָנוּ: אַשְׁרֵי ׀ שֶׁיֹּאחֵז וְנִפֵּץ אֶת־עֹלָלַיִךְ אֶל־הַסָּלַע:

קלח לְדָוִד ׀ אוֹדְךָ בְכָל־לִבִּי נֶגֶד אֱלֹהִים אֲזַמְּרֶךָּ: אֶשְׁתַּחֲוֶה אֶל־הֵיכַל קָדְשְׁךָ
וְאוֹדֶה אֶת־שְׁמֶךָ עַל־חַסְדְּךָ וְעַל־אֲמִתֶּךָ כִּי־הִגְדַּלְתָּ עַל־כָּל־שִׁמְךָ אִמְרָתֶךָ:
בְּיוֹם קָרָאתִי וַתַּעֲנֵנִי תַּרְהִבֵנִי בְנַפְשִׁי עֹז: יוֹדוּךָ יהוה כָּל־מַלְכֵי־אָרֶץ כִּי
שָׁמְעוּ אִמְרֵי־פִיךָ: וְיָשִׁירוּ בְּדַרְכֵי יהוה כִּי־גָדוֹל כְּבוֹד יהוה: כִּי־רָם יהוה
וְשָׁפָל יִרְאֶה וְגָבֹהַּ מִמֶּרְחָק יְיֵדָע: אִם־אֵלֵךְ ׀ בְּקֶרֶב צָרָה תְּחַיֵּנִי עַל אַף אֹיְבַי
תִּשְׁלַח יָדֶךָ וְתוֹשִׁיעֵנִי יְמִינֶךָ: יהוה יִגְמֹר בַּעֲדִי יהוה חַסְדְּךָ לְעוֹלָם מַעֲשֵׂי
יָדֶיךָ אַל־תֶּרֶף:

קלט לַמְנַצֵּחַ לְדָוִד מִזְמוֹר יהוה חֲקַרְתַּנִי וַתֵּדָע: אַתָּה יָדַעְתָּ שִׁבְתִּי וְקוּמִי בַּנְתָּה
לְרֵעִי מֵרָחוֹק: אָרְחִי וְרִבְעִי זֵרִיתָ וְכָל־דְּרָכַי הִסְכַּנְתָּה: כִּי אֵין מִלָּה בִּלְשׁוֹנִי
הֵן יהוה יָדַעְתָּ כֻלָּהּ: אָחוֹר וָקֶדֶם צַרְתָּנִי וַתָּשֶׁת עָלַי כַּפֶּכָה: פלאיה דַעַת פְּלִיאָה
מִמֶּנִּי נִשְׂגְּבָה לֹא־אוּכַל לָהּ: אָנָה אֵלֵךְ מֵרוּחֶךָ וְאָנָה מִפָּנֶיךָ אֶבְרָח: אִם־אֶסַּק
שָׁמַיִם שָׁם אָתָּה וְאַצִּיעָה שְּׁאוֹל הִנֶּךָּ: אֶשָּׂא כַנְפֵי־שָׁחַר אֶשְׁכְּנָה בְּאַחֲרִית
יָם: גַּם־שָׁם יָדְךָ תַנְחֵנִי וְתֹאחֲזֵנִי יְמִינֶךָ: וָאֹמַר אַךְ־חֹשֶׁךְ יְשׁוּפֵנִי וְלַיְלָה אוֹר
בַּעֲדֵנִי: גַּם־חֹשֶׁךְ לֹא־יַחְשִׁיךְ מִמֶּךָ וְלַיְלָה כַּיּוֹם יָאִיר כַּחֲשֵׁיכָה כָּאוֹרָה: כִּי־
אַתָּה קָנִיתָ כִלְיֹתָי תְּסֻכֵּנִי בְּבֶטֶן אִמִּי: אוֹדְךָ עַל כִּי נוֹרָאוֹת נִפְלֵיתִי נִפְלָאִים
מַעֲשֶׂיךָ וְנַפְשִׁי יֹדַעַת מְאֹד: לֹא־נִכְחַד עָצְמִי מִמֶּךָּ אֲשֶׁר־עֻשֵּׂיתִי בַסֵּתֶר
רֻקַּמְתִּי בְּתַחְתִּיּוֹת אָרֶץ: גָּלְמִי ׀ רָאוּ עֵינֶיךָ וְעַל־סִפְרְךָ כֻּלָּם יִכָּתֵבוּ יָמִים

יֻצָּרוּ וְלֹא אֶחָד בָּהֶם: וְלִי מַה־יָּקְרוּ רֵעֶיךָ אֵל מֶה עָצְמוּ רָאשֵׁיהֶם: אֶסְפְּרֵם וְלוֹ
מֵחוֹל יִרְבּוּן הֱקִיצֹתִי וְעוֹדִי עִמָּךְ: אִם־תִּקְטֹל אֱלוֹהַּ ׀ רָשָׁע וְאַנְשֵׁי דָמִים
סוּרוּ מֶנִּי: אֲשֶׁר יֹמְרוּךָ לִמְזִמָּה נָשֻׂא לַשָּׁוְא עָרֶיךָ: הֲלוֹא־מְשַׂנְאֶיךָ יְהוָה ׀
אֶשְׂנָא וּבִתְקוֹמְמֶיךָ אֶתְקוֹטָט: תַּכְלִית שִׂנְאָה שְׂנֵאתִים לְאוֹיְבִים הָיוּ לִי:
חָקְרֵנִי אֵל וְדַע לְבָבִי בְּחָנֵנִי וְדַע שַׂרְעַפָּי: וּרְאֵה אִם־דֶּרֶךְ־עֹצֶב בִּי וּנְחֵנִי
בְּדֶרֶךְ עוֹלָם:

קמ* לַמְנַצֵּחַ מִזְמוֹר לְדָוִד: חַלְּצֵנִי יְהוָה מֵאָדָם רָע מֵאִישׁ חֲמָסִים תִּנְצְרֵנִי: אֲשֶׁר
חָשְׁבוּ רָעוֹת בְּלֵב כָּל־יוֹם יָגוּרוּ מִלְחָמוֹת: שָׁנֲנוּ לְשׁוֹנָם כְּמוֹ־נָחָשׁ חֲמַת
עַכְשׁוּב תַּחַת שְׂפָתֵימוֹ סֶלָה: שָׁמְרֵנִי יְהוָה ׀ מִידֵי רָשָׁע מֵאִישׁ חֲמָסִים תִּנְצְרֵנִי
אֲשֶׁר חָשְׁבוּ לִדְחוֹת פְּעָמָי: טָמְנוּ־גֵאִים ׀ פַּח לִי וַחֲבָלִים פָּרְשׂוּ רֶשֶׁת לְיַד־
מַעְגָּל מֹקְשִׁים שָׁתוּ־לִי סֶלָה: אָמַרְתִּי לַיהוָה אֵלִי אָתָּה הַאֲזִינָה יְהוָה קוֹל
תַּחֲנוּנָי: יֱהוִה אֲדֹנָי עֹז יְשׁוּעָתִי סַכֹּתָה לְרֹאשִׁי בְּיוֹם נָשֶׁק: אַל־תִּתֵּן יְהוָה
מַאֲוַיֵּי רָשָׁע זְמָמוֹ אַל־תָּפֵק יָרוּמוּ סֶלָה: רֹאשׁ מְסִבָּי עֲמַל שְׂפָתֵימוֹ יכסומו: יְכַסֵּמוֹ
ימיטו עֲלֵיהֶם גֶּחָלִים בָּאֵשׁ יַפִּלֵם בְּמַהֲמֹרוֹת בַּל־יָקוּמוּ: אִישׁ לָשׁוֹן בַּל־ יִמּוֹטוּ
יִכּוֹן בָּאָרֶץ אִישׁ־חָמָס רָע יְצוּדֶנּוּ לְמַדְחֵפֹת: יָדַעְתָּ כִּי־יַעֲשֶׂה יְהוָה דִּין עָנִי
מִשְׁפַּט אֶבְיֹנִים: אַךְ צַדִּיקִים יוֹדוּ לִשְׁמֶךָ יֵשְׁבוּ יְשָׁרִים אֶת־פָּנֶיךָ:

קמא מִזְמוֹר לְדָוִד יְהוָה קְרָאתִיךָ חוּשָׁה לִּי הַאֲזִינָה קוֹלִי בְּקָרְאִי־לָךְ: תִּכּוֹן תְּפִלָּתִי
קְטֹרֶת לְפָנֶיךָ מַשְׂאַת כַּפַּי מִנְחַת־עָרֶב: שִׁיתָה יְהוָה שָׁמְרָה לְפִי נִצְּרָה עַל־
דַּל שְׂפָתָי: אַל־תַּט־לִבִּי ׀ לְדָבָר ׀ רָע לְהִתְעוֹלֵל עֲלִלוֹת ׀ בְּרֶשַׁע אֶת־אִישִׁים
פֹּעֲלֵי־אָוֶן וּבַל־אֶלְחַם בְּמַנְעַמֵּיהֶם: יֶהֶלְמֵנִי צַדִּיק ׀ חֶסֶד וְיוֹכִיחֵנִי שֶׁמֶן רֹאשׁ
אַל־יָנִי רֹאשִׁי כִּי־עוֹד וּתְפִלָּתִי בְּרָעוֹתֵיהֶם: נִשְׁמְטוּ בִידֵי־סֶלַע שֹׁפְטֵיהֶם
וְשָׁמְעוּ אֲמָרַי כִּי נָעֵמוּ: כְּמוֹ פֹלֵחַ וּבֹקֵעַ בָּאָרֶץ נִפְזְרוּ עֲצָמֵינוּ לְפִי שְׁאוֹל: כִּי
אֵלֶיךָ ׀ יֱהוִה אֲדֹנָי עֵינָי בְּכָה חָסִיתִי אַל־תְּעַר נַפְשִׁי: שָׁמְרֵנִי מִידֵי פַח יָקְשׁוּ
לִי וּמֹקְשׁוֹת פֹּעֲלֵי אָוֶן: יִפְּלוּ בְמַכְמֹרָיו רְשָׁעִים יַחַד אָנֹכִי עַד־אֶעֱבוֹר:

קמב מַשְׂכִּיל לְדָוִד בִּהְיוֹתוֹ בַמְּעָרָה תְפִלָּה: קוֹלִי אֶל־יְהוָה אֶזְעָק קוֹלִי אֶל־יְהוָה
אֶתְחַנָּן: אֶשְׁפֹּךְ לְפָנָיו שִׂיחִי צָרָתִי לְפָנָיו אַגִּיד: בְּהִתְעַטֵּף עָלַי ׀ רוּחִי וְאַתָּה
יָדַעְתָּ נְתִיבָתִי בְּאֹרַח־זוּ אֲהַלֵּךְ טָמְנוּ פַח לִי: הַבֵּיט יָמִין ׀ וּרְאֵה וְאֵין־לִי מַכִּיר
אָבַד מָנוֹס מִמֶּנִּי אֵין דּוֹרֵשׁ לְנַפְשִׁי: זָעַקְתִּי אֵלֶיךָ יְהוָה אָמַרְתִּי אַתָּה מַחְסִי
חֶלְקִי בְּאֶרֶץ הַחַיִּים: הַקְשִׁיבָה ׀ אֶל־רִנָּתִי כִּי־דַלּוֹתִי מְאֹד הַצִּילֵנִי מֵרֹדְפַי כִּי

*כט לחודש

אָמְצוּ מִמֶּנִּי: הוֹצִיאָה מִמַּסְגֵּר ׀ נַפְשִׁי לְהוֹדוֹת אֶת־שְׁמֶךָ בִּי יַכְתִּרוּ צַדִּיקִים
כִּי תִגְמֹל עָלָי:
מִזְמוֹר לְדָוִד יהוה ׀ שְׁמַע תְּפִלָּתִי הַאֲזִינָה אֶל־תַּחֲנוּנַי בֶּאֱמֻנָתְךָ עֲנֵנִי קמג
בְּצִדְקָתֶךָ: וְאַל־תָּבוֹא בְמִשְׁפָּט אֶת־עַבְדֶּךָ כִּי לֹא־יִצְדַּק לְפָנֶיךָ כָל־חָי:
כִּי רָדַף אוֹיֵב ׀ נַפְשִׁי דִּכָּא לָאָרֶץ חַיָּתִי הוֹשִׁיבַנִי בְמַחֲשַׁכִּים כְּמֵתֵי עוֹלָם:
וַתִּתְעַטֵּף עָלַי רוּחִי בְּתוֹכִי יִשְׁתּוֹמֵם לִבִּי: זָכַרְתִּי יָמִים ׀ מִקֶּדֶם הָגִיתִי בְכָל־
פָּעֳלֶךָ בְּמַעֲשֵׂה יָדֶיךָ אֲשׂוֹחֵחַ: פֵּרַשְׂתִּי יָדַי אֵלֶיךָ נַפְשִׁי ׀ כְּאֶרֶץ־עֲיֵפָה לְךָ
סֶלָה: מַהֵר עֲנֵנִי ׀ יהוה כָּלְתָה רוּחִי אַל־תַּסְתֵּר פָּנֶיךָ מִמֶּנִּי וְנִמְשַׁלְתִּי עִם־יֹרְדֵי
בוֹר: הַשְׁמִיעֵנִי בַבֹּקֶר ׀ חַסְדֶּךָ כִּי־בְךָ בָטָחְתִּי הוֹדִיעֵנִי דֶּרֶךְ־זוּ אֵלֵךְ כִּי־אֵלֶיךָ
נָשָׂאתִי נַפְשִׁי: הַצִּילֵנִי מֵאֹיְבַי ׀ יהוה אֵלֶיךָ כִסִּתִי: לַמְּדֵנִי ׀ לַעֲשׂוֹת רְצוֹנֶךָ
כִּי־אַתָּה אֱלוֹהָי רוּחֲךָ טוֹבָה תַּנְחֵנִי בְּאֶרֶץ מִישׁוֹר: לְמַעַן־שִׁמְךָ יהוה תְּחַיֵּנִי
בְּצִדְקָתְךָ ׀ תּוֹצִיא מִצָּרָה נַפְשִׁי: וּבְחַסְדְּךָ תַּצְמִית אֹיְבָי וְהַאֲבַדְתָּ כָּל־צֹרֲרֵי
נַפְשִׁי כִּי אֲנִי עַבְדֶּךָ:
לְדָוִד ׀ בָּרוּךְ יהוה ׀ צוּרִי הַמְלַמֵּד יָדַי לַקְרָב אֶצְבְּעוֹתַי לַמִּלְחָמָה: חַסְדִּי קמד
וּמְצוּדָתִי מִשְׂגַּבִּי וּמְפַלְטִי לִי מָגִנִּי וּבוֹ חָסִיתִי הָרוֹדֵד עַמִּי תַחְתָּי: יהוה
מָה־אָדָם וַתֵּדָעֵהוּ בֶּן־אֱנוֹשׁ וַתְּחַשְּׁבֵהוּ: אָדָם לַהֶבֶל דָּמָה יָמָיו כְּצֵל עוֹבֵר:
יהוה הַט־שָׁמֶיךָ וְתֵרֵד גַּע בֶּהָרִים וְיֶעֱשָׁנוּ: בְּרוֹק בָּרָק וּתְפִיצֵם שְׁלַח חִצֶּיךָ
וּתְהֻמֵּם: שְׁלַח יָדֶיךָ מִמָּרוֹם פְּצֵנִי וְהַצִּילֵנִי מִמַּיִם רַבִּים מִיַּד בְּנֵי נֵכָר: אֲשֶׁר
פִּיהֶם דִּבֶּר־שָׁוְא וִימִינָם יְמִין שָׁקֶר: אֱלֹהִים שִׁיר חָדָשׁ אָשִׁירָה לָּךְ בְּנֵבֶל עָשׂוֹר
אֲזַמְּרָה־לָּךְ: הַנּוֹתֵן תְּשׁוּעָה לַמְּלָכִים הַפּוֹצֶה אֶת־דָּוִד עַבְדּוֹ מֵחֶרֶב רָעָה:
פְּצֵנִי וְהַצִּילֵנִי מִיַּד בְּנֵי־נֵכָר אֲשֶׁר פִּיהֶם דִּבֶּר־שָׁוְא וִימִינָם יְמִין שָׁקֶר: אֲשֶׁר
בָּנֵינוּ ׀ כִּנְטִעִים מְגֻדָּלִים בִּנְעוּרֵיהֶם בְּנוֹתֵינוּ כְזָוִיֹּת מְחֻטָּבוֹת תַּבְנִית הֵיכָל:
מְזָוֵינוּ מְלֵאִים מְפִיקִים מִזַּן אֶל זַן צֹאונֵנוּ מַאֲלִיפוֹת מְרֻבָּבוֹת בְּחוּצוֹתֵינוּ:
אַלּוּפֵינוּ מְסֻבָּלִים אֵין פֶּרֶץ וְאֵין יוֹצֵאת וְאֵין צְוָחָה בִּרְחֹבֹתֵינוּ: אַשְׁרֵי הָעָם
שֶׁכָּכָה לּוֹ אַשְׁרֵי הָעָם שֶׁיהוה אֱלֹהָיו:
תְּהִלָּה לְדָוִד אֲרוֹמִמְךָ אֱלוֹהַי הַמֶּלֶךְ וַאֲבָרְכָה שִׁמְךָ לְעוֹלָם וָעֶד: בְּכָל־יוֹם *קמה
אֲבָרְכֶךָּ וַאֲהַלְלָה שִׁמְךָ לְעוֹלָם וָעֶד: גָּדוֹל יהוה וּמְהֻלָּל מְאֹד וְלִגְדֻלָּתוֹ אֵין
חֵקֶר: דּוֹר לְדוֹר יְשַׁבַּח מַעֲשֶׂיךָ וּגְבוּרֹתֶיךָ יַגִּידוּ: הֲדַר כְּבוֹד הוֹדֶךָ וְדִבְרֵי
נִפְלְאֹתֶיךָ אָשִׂיחָה: וֶעֱזוּז נוֹרְאֹתֶיךָ יֹאמֵרוּ וגדולתיך אֲסַפְּרֶנָּה: זֵכֶר רַב־טוּבְךָ וּגְדֻלָּתְךָ

*ל לחודש

יַבִּיעוּ וְצִדְקָתְךָ יְרַנֵּנוּ: חַנּוּן וְרַחוּם יהוה אֶרֶךְ אַפַּיִם וּגְדׇל־חָסֶד: טוֹב־יהוה
לַכֹּל וְרַחֲמָיו עַל־כׇּל־מַעֲשָׂיו: יוֹדוּךָ יהוה כׇּל־מַעֲשֶׂיךָ וַחֲסִידֶיךָ יְבָרְכוּכָה:
כְּבוֹד מַלְכוּתְךָ יֹאמֵרוּ וּגְבוּרָתְךָ יְדַבֵּרוּ: לְהוֹדִיעַ ׀ לִבְנֵי הָאָדָם גְּבוּרֹתָיו וּכְבוֹד
הֲדַר מַלְכוּתוֹ: מַלְכוּתְךָ מַלְכוּת כׇּל־עֹלָמִים וּמֶמְשַׁלְתְּךָ בְּכׇל־דּוֹר וָדֹר: סוֹמֵךְ
יהוה לְכׇל־הַנֹּפְלִים וְזוֹקֵף לְכׇל־הַכְּפוּפִים: עֵינֵי־כֹל אֵלֶיךָ יְשַׂבֵּרוּ וְאַתָּה נוֹתֵן־
לָהֶם אֶת־אׇכְלָם בְּעִתּוֹ: פּוֹתֵחַ אֶת־יָדֶךָ וּמַשְׂבִּיעַ לְכׇל־חַי רָצוֹן: צַדִּיק יהוה
בְּכׇל־דְּרָכָיו וְחָסִיד בְּכׇל־מַעֲשָׂיו: קָרוֹב יהוה לְכׇל־קֹרְאָיו לְכֹל אֲשֶׁר יִקְרָאֻהוּ
בֶאֱמֶת: רְצוֹן־יְרֵאָיו יַעֲשֶׂה וְאֶת־שַׁוְעָתָם יִשְׁמַע וְיוֹשִׁיעֵם: שׁוֹמֵר יהוה אֶת־
כׇּל־אֹהֲבָיו וְאֵת כׇּל־הָרְשָׁעִים יַשְׁמִיד: תְּהִלַּת יהוה יְדַבֶּר פִּי וִיבָרֵךְ כׇּל־
בָּשָׂר שֵׁם קׇדְשׁוֹ לְעוֹלָם וָעֶד:

קמו הַלְלוּיָהּ הַלְלִי נַפְשִׁי אֶת־יהוה: אֲהַלְלָה יהוה בְּחַיָּי אֲזַמְּרָה לֵאלֹהַי בְּעוֹדִי:
אַל־תִּבְטְחוּ בִנְדִיבִים בְּבֶן־אָדָם ׀ שֶׁאֵין לוֹ תְשׁוּעָה: תֵּצֵא רוּחוֹ יָשֻׁב לְאַדְמָתוֹ
בַּיּוֹם הַהוּא אָבְדוּ עֶשְׁתֹּנֹתָיו: אַשְׁרֵי שֶׁאֵל יַעֲקֹב בְּעֶזְרוֹ שִׂבְרוֹ עַל־יהוה
אֱלֹהָיו: עֹשֶׂה ׀ שָׁמַיִם וָאָרֶץ אֶת־הַיָּם וְאֶת־כׇּל־אֲשֶׁר־בָּם הַשֹּׁמֵר אֱמֶת לְעוֹלָם:
עֹשֶׂה מִשְׁפָּט ׀ לָעֲשׁוּקִים נֹתֵן לֶחֶם לָרְעֵבִים יהוה מַתִּיר אֲסוּרִים: יהוה ׀
פֹּקֵחַ עִוְרִים יהוה זֹקֵף כְּפוּפִים יהוה אֹהֵב צַדִּיקִים: יהוה ׀ שֹׁמֵר אֶת־גֵּרִים
יָתוֹם וְאַלְמָנָה יְעוֹדֵד וְדֶרֶךְ רְשָׁעִים יְעַוֵּת: יִמְלֹךְ יהוה ׀ לְעוֹלָם אֱלֹהַיִךְ צִיּוֹן
לְדֹר וָדֹר הַלְלוּיָהּ:

קמז הַלְלוּיָהּ ׀ כִּי־טוֹב זַמְּרָה אֱלֹהֵינוּ כִּי־נָעִים נָאוָה תְהִלָּה: בּוֹנֵה יְרוּשָׁלַםִ יהוה
נִדְחֵי יִשְׂרָאֵל יְכַנֵּס: הָרֹפֵא לִשְׁבוּרֵי לֵב וּמְחַבֵּשׁ לְעַצְּבוֹתָם: מוֹנֶה מִסְפָּר
לַכּוֹכָבִים לְכֻלָּם שֵׁמוֹת יִקְרָא: גָּדוֹל אֲדוֹנֵינוּ וְרַב־כֹּחַ לִתְבוּנָתוֹ אֵין מִסְפָּר:
מְעוֹדֵד עֲנָוִים יהוה מַשְׁפִּיל רְשָׁעִים עֲדֵי־אָרֶץ: עֱנוּ לַיהוה בְּתוֹדָה זַמְּרוּ
לֵאלֹהֵינוּ בְכִנּוֹר: הַמְכַסֶּה שָׁמַיִם ׀ בְּעָבִים הַמֵּכִין לָאָרֶץ מָטָר הַמַּצְמִיחַ
הָרִים חָצִיר: נוֹתֵן לִבְהֵמָה לַחְמָהּ לִבְנֵי עֹרֵב אֲשֶׁר יִקְרָאוּ: לֹא בִגְבוּרַת הַסּוּס
יֶחְפָּץ לֹא־בְשׁוֹקֵי הָאִישׁ יִרְצֶה: רוֹצֶה יהוה אֶת־יְרֵאָיו אֶת־הַמְיַחֲלִים לְחַסְדּוֹ:
שַׁבְּחִי יְרוּשָׁלַםִ אֶת־יהוה הַלְלִי אֱלֹהַיִךְ צִיּוֹן: כִּי־חִזַּק בְּרִיחֵי שְׁעָרָיִךְ בֵּרַךְ
בָּנַיִךְ בְּקִרְבֵּךְ: הַשָּׂם־גְּבוּלֵךְ שָׁלוֹם חֵלֶב חִטִּים יַשְׂבִּיעֵךְ: הַשֹּׁלֵחַ אִמְרָתוֹ אָרֶץ
עַד־מְהֵרָה יָרוּץ דְּבָרוֹ: הַנֹּתֵן שֶׁלֶג כַּצָּמֶר כְּפוֹר כָּאֵפֶר יְפַזֵּר: מַשְׁלִיךְ קַרְחוֹ
כְפִתִּים לִפְנֵי קָרָתוֹ מִי יַעֲמֹד: יִשְׁלַח דְּבָרוֹ וְיַמְסֵם יַשֵּׁב רוּחוֹ יִזְּלוּ־מָיִם: מַגִּיד

דְּבָרָו לְיַעֲקֹב חֻקָּיו וּמִשְׁפָּטָיו לְיִשְׂרָאֵל: לֹא עָשָׂה כֵן ׀ לְכָל־גּוֹי וּמִשְׁפָּטִים
בַּל־יְדָעוּם הַלְלוּיָהּ:
קמח הַלְלוּיָהּ ׀ הַלְלוּ אֶת־יהוה מִן־הַשָּׁמַיִם הַלְלוּהוּ בַּמְּרוֹמִים: הַלְלוּהוּ כָל־
מַלְאָכָיו הַלְלוּהוּ כָּל־צְבָאָו: הַלְלוּהוּ שֶׁמֶשׁ וְיָרֵחַ הַלְלוּהוּ כָּל־כּוֹכְבֵי אוֹר:
הַלְלוּהוּ שְׁמֵי הַשָּׁמָיִם וְהַמַּיִם אֲשֶׁר ׀ מֵעַל הַשָּׁמָיִם: יְהַלְלוּ אֶת־שֵׁם יהוה כִּי
הוּא צִוָּה וְנִבְרָאוּ: וַיַּעֲמִידֵם לָעַד לְעוֹלָם חָק־נָתַן וְלֹא יַעֲבוֹר: הַלְלוּ אֶת־
יהוה מִן־הָאָרֶץ תַּנִּינִים וְכָל־תְּהֹמוֹת: אֵשׁ וּבָרָד שֶׁלֶג וְקִיטוֹר רוּחַ סְעָרָה
עֹשָׂה דְבָרוֹ: הֶהָרִים וְכָל־גְּבָעוֹת עֵץ פְּרִי וְכָל־אֲרָזִים: הַחַיָּה וְכָל־בְּהֵמָה
רֶמֶשׂ וְצִפּוֹר כָּנָף: מַלְכֵי־אֶרֶץ וְכָל־לְאֻמִּים שָׂרִים וְכָל־שֹׁפְטֵי אָרֶץ: בַּחוּרִים
וְגַם־בְּתוּלוֹת זְקֵנִים עִם־נְעָרִים: יְהַלְלוּ ׀ אֶת־שֵׁם יהוה כִּי־נִשְׂגָּב שְׁמוֹ לְבַדּוֹ
הוֹדוֹ עַל־אֶרֶץ וְשָׁמָיִם: וַיָּרֶם קֶרֶן ׀ לְעַמּוֹ תְּהִלָּה לְכָל־חֲסִידָיו לִבְנֵי יִשְׂרָאֵל
עַם קְרֹבוֹ הַלְלוּיָהּ:
קמט הַלְלוּיָהּ ׀ שִׁירוּ לַיהוה שִׁיר חָדָשׁ תְּהִלָּתוֹ בִּקְהַל חֲסִידִים: יִשְׂמַח יִשְׂרָאֵל
בְּעֹשָׂיו בְּנֵי־צִיּוֹן יָגִילוּ בְמַלְכָּם: יְהַלְלוּ שְׁמוֹ בְמָחוֹל בְּתֹף וְכִנּוֹר יְזַמְּרוּ־לוֹ:
כִּי־רוֹצֶה יהוה בְּעַמּוֹ יְפָאֵר עֲנָוִים בִּישׁוּעָה: יַעְלְזוּ חֲסִידִים בְּכָבוֹד יְרַנְּנוּ
עַל־מִשְׁכְּבוֹתָם: רוֹמְמוֹת אֵל בִּגְרוֹנָם וְחֶרֶב פִּיפִיּוֹת בְּיָדָם: לַעֲשׂוֹת נְקָמָה
בַּגּוֹיִם תּוֹכֵחוֹת בַּלְאֻמִּים: לֶאְסֹר מַלְכֵיהֶם בְּזִקִּים וְנִכְבְּדֵיהֶם בְּכַבְלֵי בַרְזֶל:
לַעֲשׂוֹת בָּהֶם ׀ מִשְׁפָּט כָּתוּב הָדָר הוּא לְכָל־חֲסִידָיו הַלְלוּיָהּ:
קנ הַלְלוּיָהּ ׀ הַלְלוּ־אֵל בְּקָדְשׁוֹ הַלְלוּהוּ בִּרְקִיעַ עֻזּוֹ: הַלְלוּהוּ בִגְבוּרֹתָיו הַלְלוּהוּ
כְּרֹב גֻּדְלוֹ: הַלְלוּהוּ בְּתֵקַע שׁוֹפָר הַלְלוּהוּ בְּנֵבֶל וְכִנּוֹר: הַלְלוּהוּ בְתֹף וּמָחוֹל
הַלְלוּהוּ בְּמִנִּים וְעוּגָב: הַלְלוּהוּ בְצִלְצְלֵי־שָׁמַע הַלְלוּהוּ בְּצִלְצְלֵי תְרוּעָה:
כֹּל הַנְּשָׁמָה תְּהַלֵּל יָהּ הַלְלוּיָהּ:

אחר תהלים נוהגים לומר:

תהלים יד מִי יִתֵּן מִצִּיּוֹן יְשׁוּעַת יִשְׂרָאֵל
בְּשׁוּב יהוה שְׁבוּת עַמּוֹ
יָגֵל יַעֲקֹב, יִשְׂמַח יִשְׂרָאֵל:
תהלים לז וּתְשׁוּעַת צַדִּיקִים מֵיהוה
מָעוּזָּם בְּעֵת צָרָה:
וַיַּעְזְרֵם יהוה וַיְפַלְּטֵם
יְפַלְּטֵם מֵרְשָׁעִים וְיוֹשִׁיעֵם
כִּי־חָסוּ בוֹ:

לימי חול:

יְהִי רָצוֹן מִלְּפָנֶיךָ יהוה אֱלֹהֵינוּ וֵאלֹהֵי אֲבוֹתֵינוּ, בִּזְכוּת סֵפֶר רִאשׁוֹן / שֵׁנִי / שְׁלִישִׁי / רְבִיעִי / חֲמִישִׁי / שֶׁבַּתְּהִלִּים שֶׁקָּרָאנוּ לְפָנֶיךָ שֶׁהוּא כְּנֶגֶד סֵפֶר בְּרֵאשִׁית / שְׁמוֹת / וַיִּקְרָא / בְּמִדְבַּר / דְּבָרִים / בִּזְכוּת מִזְמוֹרָיו וּבִזְכוּת פְּסוּקָיו וּבִזְכוּת תֵּבוֹתָיו וּבִזְכוּת שְׁמוֹתֶיךָ הַקְּדוֹשִׁים וְהַטְּהוֹרִים הַיּוֹצְאִים מִמֶּנּוּ, שֶׁתְּכַפֵּר לָנוּ עַל כָּל חַטֹּאתֵינוּ, וְתִסְלַח לָנוּ עַל כָּל פְּשָׁעֵינוּ שֶׁחָטָאנוּ וְשֶׁעָוִינוּ וְשֶׁפָּשַׁעְנוּ לְפָנֶיךָ, וְהַחֲזִירֵנוּ בִּתְשׁוּבָה שְׁלֵמָה לְפָנֶיךָ, וְהַדְרִיכֵנוּ לַעֲבוֹדָתֶךָ, וְתִפְתַּח לִבֵּנוּ בְּתַלְמוּד תּוֹרָתֶךָ, וְתִשְׁלַח רְפוּאָה שְׁלֵמָה לְחוֹלֵי
ישעיה סא עַמֶּךָ (לְחוֹלֶה/לְחוֹלָה פלוני/ת בֶּן/בַּת פלונית), וְתִקְרָא לִשְׁבוּיִם דְּרוֹר, וְלַאֲסוּרִים
פְּקַח־קוֹחַ: וּלְכָל הוֹלְכֵי דְרָכִים וְעוֹבְרֵי יַמִּים וּנְהָרוֹת מֵעַמְּךָ יִשְׂרָאֵל תַּצִּילֵם מִכָּל צַעַר וָנֶזֶק, וְתַגִּיעֵם לִמְחוֹז חֶפְצָם לְחַיִּים וּלְשָׁלוֹם. וְתִפְקֹד לְכָל חֲשׂוּכֵי בָנִים בְּזֶרַע שֶׁל קַיָּמָא לַעֲבוֹדָתֶךָ וּלְיִרְאָתֶךָ, וְעֻבָּרוֹת שֶׁל עַמְּךָ בֵּית יִשְׂרָאֵל תַּצִּילֵן שֶׁלֹּא תַפֵּלְנָה וַלְדוֹתֵיהֶן, וְהַיּוֹשְׁבוֹת עַל הַמַּשְׁבֵּר בְּרַחֲמֶיךָ הָרַבִּים תַּצִּילֵן מִכָּל רָע, וְאֶל הַמֵּינִיקוֹת תַּשְׁפִּיעַ שֶׁלֹּא יֶחְסַר חָלָב מִדַּדֵּיהֶן. וְאַל יִמְשֹׁל אַסְכָּרָה וְשֵׁדִין וְרוּחִין וְלִילִין וְכָל פְּגָעִים וּמַרְעִין בִּישִׁין בְּכָל יַלְדֵי עַמְּךָ בֵּית יִשְׂרָאֵל, וּתְגַדְּלֵם לְתוֹרָתֶךָ לִלְמֹד תּוֹרָה לִשְׁמָהּ, וְתַצִּילֵם מֵעַיִן הָרָע וּמִדֶּבֶר וּמִמַּגֵּפָה וּמִשָּׂטָן וּמִיֵּצֶר הָרָע. וּתְבַטֵּל מֵעָלֵינוּ וּמִכָּל עַמְּךָ בֵּית יִשְׂרָאֵל בְּכָל מָקוֹם שֶׁהֵם כָּל גְּזֵרוֹת קָשׁוֹת וְרָעוֹת. וְתַטֶּה לֵב הַמַּלְכוּת עָלֵינוּ לְטוֹבָה, וְתִגְזֹר עָלֵינוּ גְּזֵרוֹת טוֹבוֹת, וְתִשְׁלַח בְּרָכָה וְהַצְלָחָה בְּכָל מַעֲשֵׂה יָדֵינוּ. וְהָכֵן פַּרְנָסָתֵנוּ מִיָּדְךָ

הָרְחָבָה וְהַמְּלֵאָה, וְלֹא יִצְטָרְכוּ עַמְּךָ בֵּית יִשְׂרָאֵל זֶה לָזֶה וְלֹא לְעַם אַחֵר,
וְתֵן לְכָל אִישׁ וָאִישׁ דֵּי פַּרְנָסָתוֹ וּלְכָל גְּוִיָּה וּגְוִיָּה דֵּי מַחְסוֹרָהּ וּתְמַהֵר וְתָחִישׁ
לְגָאֳלֵנוּ, וְתִבְנֶה בֵּית מִקְדָּשֵׁנוּ וְתִפְאַרְתֵּנוּ. וּבִזְכוּת שְׁלֹשׁ עֶשְׂרֵה מִדּוֹתֶיךָ שֶׁל
רַחֲמִים הַכְּתוּבוֹת בְּתוֹרָתֶךָ, כְּמוֹ שֶׁנֶּאֱמַר: יהוה, יהוה, אֵל רַחוּם וְחַנּוּן, אֶרֶךְ שמות לד
אַפַּיִם וְרַב־חֶסֶד וֶאֱמֶת: נֹצֵר חֶסֶד לָאֲלָפִים, נֹשֵׂא עָוֹן וָפֶשַׁע וְחַטָּאָה, וְנַקֵּה:
שֶׁאֵינָן חוֹזְרוֹת רֵיקָם מִלְּפָנֶיךָ. עָזְרֵנוּ אֱלֹהֵי יִשְׁעֵנוּ עַל־דְּבַר כְּבוֹד־שְׁמֶךָ, וְהַצִּילֵנוּ תהלים עט
וְכַפֵּר עַל־חַטֹּאתֵינוּ לְמַעַן שְׁמֶךָ: בָּרוּךְ יהוה לְעוֹלָם אָמֵן וְאָמֵן: תהלים פט

לשבת וליום טוב:

יְהִי רָצוֹן מִלְּפָנֶיךָ יהוה אֱלֹהֵינוּ וֵאלֹהֵי אֲבוֹתֵינוּ, בִּזְכוּת סֵפֶר רִאשׁוֹן / שֵׁנִי / שְׁלִישִׁי / רְבִיעִי / חֲמִישִׁי / שֶׁבַּתְּהִלִּים שֶׁקָּרָאנוּ לְפָנֶיךָ שֶׁהוּא כְּנֶגֶד סֵפֶר בְּרֵאשִׁית / שְׁמוֹת / וַיִּקְרָא / בְּמִדְבַּר / דְּבָרִים / בִּזְכוּת מִזְמוֹרָיו וּבִזְכוּת פְּסוּקָיו וּבִזְכוּת תֵּבוֹתָיו וּבִזְכוּת שְׁמוֹתֶיךָ הַקְּדוֹשִׁים וְהַטְּהוֹרִים הַיּוֹצְאִים מִמֶּנּוּ שֶׁתְּהֵא נֶחְשֶׁבֶת לָנוּ אֲמִירַת מִזְמוֹרֵי תְהִלִּים אֵלּוּ כְּאִלּוּ אֲמָרָם דָּוִד מֶלֶךְ יִשְׂרָאֵל בְּעַצְמוֹ, זְכוּתוֹ תָּגֵן עָלֵינוּ, וְיַעֲמָד לָנוּ לְחַבֵּר אֵשֶׁת נְעוּרִים עִם דּוֹדָהּ בְּאַהֲבָה וְאַחֲוָה וְרֵעוּת, וּמִשָּׁם יִמָּשֵׁךְ לָנוּ שֶׁפַע לְנֶפֶשׁ רוּחַ וּנְשָׁמָה. וּכְשֵׁם שֶׁאֲנַחְנוּ אוֹמְרִים שִׁירִים בָּעוֹלָם הַזֶּה, כָּךְ נִזְכֶּה לוֹמַר לְפָנֶיךָ יהוה אֱלֹהֵינוּ וֵאלֹהֵי אֲבוֹתֵינוּ, שִׁיר וּשְׁבָחָה לָעוֹלָם הַבָּא. וְעַל יְדֵי אֲמִירַת תְּהִלִּים תִּתְעוֹרֵר חֲבַצֶּלֶת
הַשָּׁרוֹן לָשִׁיר בְּקוֹל נָעִים גִּילַת וְרַנֵּן, כְּבוֹד הַלְּבָנוֹן נִתַּן־לָהּ הוֹד וְהָדָר בְּבֵית ישעיה לה
אֱלֹהֵינוּ בִּמְהֵרָה בְיָמֵינוּ, אָמֵן סֶלָה.

מדריך להלכות תפילה

"שִׁוִּיתִי ה' לְנֶגְדִּי תָמִיד" (תהלים טז, ח)

סדר יום חול

השכמת הבוקר

1 "בהתהלכך תנחה אתך, בשכבך תשמר עליך, והקיצות - היא תשיחך" (משלי ו, כב). מכאן שצריך האדם להתחזק ביראת ה' מיד בשעה שהוא קם משנתו (ספר חסידים, קנה). ולכן, מיד כשהאדם ניעור משנתו, אומר "מודה אני" (סדר היום), אף על פי שאין ידיו נקיות, מכיוון שאינו מזכיר את שם ה' ('חיי אדם' א, א).

2 "ארחץ בנקיון כפי, ואסבבה את מזבחך ה'" (תהלים כו, ו). משום פסוק זה נקבע בספר הזוהר (וישב קפד ע"ב) שהאדם חייב ליטול את ידיו מיד כשהוא מתעורר משנתו; ויש פוסקים האוסרים על האדם ללכת ארבע אמות בלי נטילת ידיים (משנ"ב א, ב על פי 'תולעת יעקב').

3 אך בגמרא (ברכות טו ע"א) נלמד מפסוק זה שהאדם חייב להיפנות וליטול את ידיו לפני שיתפלל. יש סוברים שמדובר בשני חיובים שונים (ערוה"ש ד, א-ה), אך רוב הפוסקים אינם סבורים כך (ראה בה"ל ד ד"ה ואפילו). מכל מקום לא יברך "על נטילת ידיים" פעמיים (רמ"א ו, ב).

4 בגמרא (שבת קט ע"א) מוסבר שהטעם לנטילת ידיים הוא להעביר רוח רעה שעליהן, ויש ליטול ידיים שלוש פעמים כדי להעבירה (רש"י שם). ויש ליטול את הידיים לסירוגין - ימין ואחר כך שמאל שלוש פעמים (משנ"ב ד, י בשם המג"א; ולדעת הגר"א נוטלים ארבע פעמים). אם אין בנמצא מים, אפשר לנקות את הידיים היטב ולברך "על נקיות ידיים", ואז יוכל להתפלל (שו"ע ד, כב על פי הרא"ש). וצריך ליטול ידיים אחר כך, כשימצא מים (ערוה"ש ד, יח).

5 בראשונים הובאו לכך שני הסברים עיקריים: האדם כביכול נולד מחדש לאחר שישן, משום ששינה היא "אחד מששים במיתה" (ברכות נז ע"ב), וצריך לטהר את ידיו (שו"ת הרשב"א ח"א קצא); ידיו של אדם עסקניות הן, ויש להניח שנגע במקומות המכוסים וידיו אינן נקיות (רא"ש, ברכות פ"ט, כג). משום הדעה הראשונה מקפידים על כל דיני נטילת ידיים המפורטים בהלכה 354-356, אך בדיעבד אינם מעכבים (שו"ע ורמ"א ד, ז); ומשום הדעה השנייה יש ליטול ידיים לפני כל תפילה (אם יש לו מים), אך אין לברך על נטילה זו (שו"ע רלג, ב; ולדעת הגר"א מברכים).

6 יש שהקפידו שלא לברך "על נטילת ידיים" עד שינגב את ידיו; אך למסקנת הפוסקים, אם אין לאדם מגבת יכול לברך גם קודם הניגוב (משנ"ב ד, ב בשם המג"א).

7 לאחר שנפנה האדם לצרכיו, מברך "אשר יצר" (שו"ע ז, א). וגם אם לא עשה צרכיו, מברך מיד לאחר שנטל את ידיו (רמ"א ד, א בשם אבודרהם). אך אסור לאדם לומר כל דבר שבקדושה בעודו נזקק לנקביו, ולכן לא יברך "על נטילת ידיים" עד אחרי שהתפנה (מג"א ד, א). מכל מקום אסור לאדם להשהות את נקביו (שו"ע ג, יז).

8 בגמרא (ברכות ס ע"ב) מובא שכשניעור האדם בבוקר אומר "אלהי נשמה", כהודאה על חזרת הנשמה לאדם אחר הלילה (שבה"ל ב בשם בראשית רבה יד, ט). יש המסבירים שברכה זו אינה פותחת ב"ברוך אתה ה'" מכיוון שהיא סמוכה לברכת "המפיל" שבלילה (שבה"ל שם), ויש הסוברים שברכת הודאה כלל אינה חייבת לפתוח בלשון "ברוך" (תוספות, פסחים קד ע"ב ד"ה חוץ); ובסידורי אשכנז הישנים סידרו לומר "אלהי נשמה" מיד אחרי ברכת "אשר יצר", כדי שתהא ברכה הסמוכה לחברתה, וכתבו הפוסקים שכן יש לעשות לכתחילה (משנ"ב ד, יב; ומקורו בשו"ת הרא"ש ד, א). אך יש שפסקו שמי שהיה ער כל הלילה אינו מברך "אלהי נשמה" כלל (א"ר מו, יב), ולכן נהגו לשמוע ברכה זו ממי שישן (משנ"ב מו, כד).

9 יש שפסקו, שאסור לומר שום פסוק או דבר הלכה קודם ברכות התורה (ראב"ד); אך מנהג אשכנז היה לשמוע ברכות אלה בבית הכנסת מפי החזן (רמ"א מו, ט), והסתמכו על סדר רב עמרם גאון שסידר ברכות אלה לאחר פרשת הקרבנות, מכיוון שפסוקים אלה הם תחנונים ולא לימוד (מהרי"ל). היום במרבית הקהילות נוהגים כהצעתו של הטור (מו), שכל אחד מברך את ברכות התורה בביתו מיד אחר ברכת "אלהי נשמה", ואומר אחריהן את פסוקי ברכת כוהנים, את משנת "אלו דברים שאין להם שיעור" ואת הברייתא משבת קכז ע"א (עמ' 6).

10 מי שלא אמר ברכות אלה עד תפילת שחרית, לא יחזור ויאמר אותן, כיוון שברכת "אלהי נשמה" נפטרת בברכת "מחיה המתים" (פר"ח מו, א), וברכות התורה נפטרות בברכת "אהבה רבה" (ברכות יא ע"ב).

הלכות ציצית

11 "למען תזכרו ועשיתם את כל מצותי, והייתם קדשים לאלהיכם" (במדבר טו, מ). אף על פי שרק מי שלובש בגד בעל ארבע כנפות חייב בציצית, הזהירו חכמים לקנות בגד מיוחד כדי לקיים מצווה זו (סמ"ג, עשה כו; טור, כד).

12 בגמרא נפסק להלכה שמצוות ציצית נוהגת רק ביום (מנחות מג ע"א). יש ראשונים שפירשו שהמצווה נוהגת רק ביום (רש"י; רמב"ם, ציצית פ"ג ה"ח-ט), ויש שפירשו שאין מטילים ציצית אלא על בגד המיוחד ליום (ר"ת; רא"ש, הל' ציצית א); ולהלכה נפסק, שאין מברכים על ציצית אלא בשעות היום ובבגד המיוחד ללבישה ביום (רמ"א יח, א). זמן ציצית הוא מעלות השחר (רמ"א שם, ג בשם ה'מרדכי'), אך לכתחילה לא יברך עליה לפני "שיכיר בין תכלת שבה ללבן שבה" (לשון שו"ע; כך פסק המשנ"ב שם, י), שלמנהג ארץ ישראל הוא חמישים ושתיים דקות לפני הנץ החמה (ספר הנברשת). הואיל וציצית היא מצוות עשה שהזמן גרמה, נשים פטורות ממנה (שו"ע יז, ב).

13 לפני לבישת 'טלית קטן' צריך לבדוק את החוטים ולוודא שאינם פסולים (שו"ע ח, ט). אחר כך מברך בעמידה (שם א) "על מצות ציצית" (רמ"א ח, ו); ולדעת ה'פרי מגדים' והגר"א, אם הבגד גדול מספיק כדי להתעטף בו, מברך "להתעטף בציצית" כמו על טלית (ראה משנ"ב שם, יז), ומיד לובש את הציצית.

14 הברכה על הטלית פוטרת את הטלית קטן (שו"ע ח, יג). ולכן, מי שעומד ללבוש טלית בשעת התפילה, אינו צריך לברך על הטלית קטן, אם לא יהא עיכוב גדול או היסח הדעת בינתיים (משנ"ב שם, לד בשם ה'חיי אדם'). אפילו אם פושט את הטלית קטן לפני שהוא מתרחץ, נוהגים שלא לשוב ולברך עליה, אם לא הסיח את דעתו בינתיים (בה"ל שם ד"ה וי"א).

15 בקרב יוצאי מזרח אירופה התפשט המנהג שלא להתעטף ב'טלית גדול' עד לאחר נישואין (מהרי"ל, הובא במשנ"ב יז, י). והספרדים ויוצאי מערב אירופה מתעטפים משעת בר־המצווה.

16 קודם שלובש האדם טלית גדול, צריך לבדוק את חוטי הציציות. אחר כך אוחז הטלית בשתי ידיו ומברך בעמידה "להתעטף בציצית" קודם העיטוף, כדי שיהיה 'עובר לעשייתן' ('שאגת אריה' לב). לאחר הברכה מכסה ראשו בטלית, ולאחר מכן מעביר הכנפות לאחורי כתף שמאל ועומד כך (ב'עטיפת הישמעאלים') זמן הילוך ארבע אמות, ואחר כך מוריד את הטלית על גופו (משנ"ב ח, ד; ולדעת הגר"א שם אין להתעטף כעטיפת הישמעאלים). ונוהגים לומר את הפסוקים "מה יקר", המופיעים בעמ' 7.

17 אחרי העיטוף בשעת הברכה שוב אין חובה לכסות את הראש בטלית (ט"ז ח, ג); אך יש פוסקים הסוברים שצריך לכסות את הראש כל התפילה, ולכל הפחות בשעת קריאת שמע ותפילת העמידה (רדב"ז ח"א שמג וח"ג תקעא, מובא בבה"ט ח, ג). רווקים אינם מתעטפים בטלית (משנ"ב שם, על פי קידושין כט ע"ב).

הלכות תפילין

18 מצוות תפילין יקרה מאוד, והיא מסמלת את שיוכו של עם ישראל לקב"ה - כל כך עד שהגמרא מכנה את מי שאין תפילין בראשו "פושעי ישראל בגופן" (ראש השנה יז ע"א).

19 התפילין הן שני בתים מעור הקשורים ברצועות, ובהם יריעות מקלף ועליהן כתובות ארבע פרשיות מהתורה, שנזכרת בהן מצוות הנחת תפילין: "קדש" (שמות יג, א-י), "והיה כי יבאך" (שם שם, יא-טז), "שמע" (דברים ו, ד-ט) ו"והיה אם שמע" (שם יא, יג-כא). בתפילין של יד כל הפרשיות כתובות על קלף אחד. בתפילין של ראש כל פרשיה כתובה על קלף נפרד, והבית מחולק לארבעה תאים, תא אחד לכל קלף (מנחות לד ע"ב). נחלקו ראשונים באיזה סדר יש להניח את הפרשיות בתוך הבית: לדעת רש"י (מנחות מג ע"ב ד"ה והקורא), כסדר כתיבתם בתורה; ולדעת ר"ת (תוספות שם ד"ה והקורא), "והיה אם שמע" מונחת (או כתובה, בתפילין של יד) באמצע, ו"שמע" בקצה. נוהגים להניח תפילין הכתובות כדעת רש"י (סמ"ג, עשה כב); ויש המניחים את של רש"י בשעת התפילה ואת של ר"ת אחרי התפילה (שו"ת מהרי"ל קלו), או שמניחים תפילין של ר"ת במנחה (ברכ"י לד, ב). והיום אין מניחים תפילין של ר"ת אלא מי שמוחזקים בחסידות (שו"ע לד, ג בשם מהרי"ל), והגר"א הקפיד להניח רק תפילין של רש"י ('מעשה רב' ס, סג).

20 דינים רבים ומפורטים נאמרו בכתיבת תפילין, ולכן אין לקנותן אלא מסופר מומחה (שו"ע לט, ח על פי הגמרא במנחות מב ע"ב), וראוי לבודקן פעמיים בשבע שנים (שם שם, י). וכל אדם צריך להקפיד שהבתים יהיו מרובעים (שו"ע לב, לט על פי הגמרא שם) וכן שהבתים (שו"ע לב, מ על פי ספר התרומה; וראה משנ"ב שם, קפר) והרצועות (שם לג, ג על פי מנחות לה ע"א) יהיו שחורים. ישנם מנהגים שונים באופן קשירת רצועות התפילין (ראה בה"ל כז ד"ה המנהג), ומי שקונה או שואל תפילין, צריך להקפיד שיהיו כאלה שיודע ורגיל להניחן כראוי.

21 "שימני כחותם על לבך, כחותם על זרועך" (שיר השירים ח, ו) – אלו התפילין, שהאדם מניח על לבו (זוהר, מצורע נד ע"ב). תפילין של יד הן האות לקשר העמוק והאינטימי בין האדם לקב"ה. "והיה לך לאות על ידך" (שמות יג, ט) – "לך לאות, ולא לאחרים לאות" (מנחות לז ע"ב). לכן מניחים תפילין של יד על יד שמאל, שהלב נוטה לו (רמב"ן, שמות יג, טז).

22 איטר מניח תפילין על ידו הימנית (מנחות לז ע"א). ונחלקו הפוסקים מה דינו של מי שעושה מקצת מלאכות ביד ימין ומקצתן ביד שמאל (שו"ע כז, ו; וראה בה"ל שם ד"ה מניח בשמאלו, ד"ה וי"א שהיד וד"ה והכי נהוג), וגם היום רבו שיטות הפוסקים בזה, ויעשה שאלת חכם.

23 "וראו כל עמי הארץ כי שם ה' נקרא עליך" (דברים כח, י) – "ר' אליעזר הגדול אומר: אלו תפילין שבראש" (חולין פט ע"א), ופירש רש"י: "אות הן לכל כי שם ה' נקרא עליך".

24 נחלקו תנאים אם מצוות תפילין נוהגת גם בלילה (מנחות לו ע"א), ונחלקו הראשונים כיצד לפסוק (ראה ב"י, ל), ולהלכה אין להניח תפילין בלילה (שו"ע שם, ב).

25 אין מניחים תפילין בשבתות ובימים טובים, כיוון שהם עצמם אות ואינם צריכים את האות הנוסף שבתפילין (שו"ע לא, א על פי הגמרא במנחות לו ע"ב). נחלקו הפוסקים אם מניחים תפילין בחול המועד, וראה הלכה 332. לעניין תפילין בתפילת ראש חודש, ראה הלכה 295. מכיוון שהנחת תפילין מצוות עשה שהזמן גרמה, נשים פטורות ממנה (שו"ע שם על פי הגמרא בברכות כ ע"א).

26 מניח תפילין לאחר שנתעטף בטלית (רמ"א כה, ב). תחילה מניח תפילין של יד על השריר העליון של הזרוע כנגד הלב, ומברך "להניח תפילין". אחר כך מהדק את הרצועה וכורך אותה שבע פעמים סביב לזרועו. בלי להפסיק בדיבור, ואפילו לא לענות לקדיש או לקדושה (שו"ע כה, ט-י), מניח תפילין של ראש מעל עיקרי השערות שבמרכז המצח, ומברך "על מצוות תפילין" (טור, כה בשם ר"ת), מהדק את התפילין כך שהקשר מונח על העורף במקום סוף הגולגולת, ושתי הרצועות תלויות על חזהו מעל כתפיו וצידן השחור כלפי מעלה (שו"ע כז, יא), ואומר "ברוך שם כבוד מלכותו לעולם ועד", כדי לצאת ידי דעת הראשונים הסוברים שאין לברך פעם שנייה (רמ"א כה, ה). ומנהג בני ספרד לברך רק את ברכת "להניח תפילין" (שו"ע שם), וכן דעת הגר"א ('מעשה רב' כב); וכתב ב'דרך החיים' שמכל מקום, יאמרו את ברכת "על מצוות תפילין" בלחש.

27 אחר כך כורך את הרצועה שלוש פעמים על אצבעו האמצעית באמירת "וארשתיך" (עמ' 9), וממשיך לכרוך עד שנוצרת צורת ש' מעל גב ידו. לאחר מכן נוהגים לומר את הפרשות "קדש" ו"והיה כי יביאך" שנזכרת בהן מצוות תפילין, כדי לומר את כל ארבע הפרשיות המונחות בתפילין, כשהתפילין עליו (משנ"ב שם, טז בשם הב"ח והשל"ה).

28 אסור שתהיה שום חציצה בין בתי התפילין וידו או ראשו של המניח (שו"ע כז, ד בשם הרא"ש), אך אין להקפיד על הרצועות (רמ"א שם בשם הרשב"א).

29 מצוות תפילין היא שיהיו על האדם כל היום; אבל מכיוון שהמניח תפילין צריך לשמור על גופו נקי ושלא יסיח דעתו מהן, נוהגים להניחן רק בשעת תפילת שחרית ('לבוש' לז, ב על פי התוספות). ולכל הפחות יהיו עליו תפילין בשעת קריאת שמע ותפילה (שו"ע כה, ד על פי הגמרא בברכות יד ע"ב המכנה קריאת שמע ותפילה בתפילין בשם "עול מלכות שמים שלמה"). נוהגים שלא לחלוץ את התפילין לפני קדיש שלם שאחרי "ובא לציון". ובבתי כנסת המתפללים בנוסח ספרד, שמכניסים בהם ספר תורה להיכל אחרי הקדיש, אין חולצים תפילין עד אחר הכנסת ספר התורה (שו"ע שם, יג). ועדיף להמתין עד אחרי קדיש יתום שאחרי "עלינו" (רמ"א שם; וראה משנ"ב שם, נו). היו שרצו להנהיג להניח תפילין גם בשעת מנחה (שו"ת רמ"ע מפאנו לט, מובא בבה"ל לז ד"ה בשעת; מהר"ל, 'נתיבות עולם', נתיב העבודה פ"ט), אך מנהג זה לא פשט.

30 חליצת תפילין נעשית בסדר הפוך להנחתן: תחילה מתירים את הכריכות שעל האצבע, אחר כך חולצים את התפילין של ראש ומחזירים אותן לתיק, ואחר כך חולצים את התפילין של יד (שו"ע כח, ב ומשנ"ב שם, ה). יש לחלוץ אותן בעמידה (משנ"ב כח, ו בשם המג"א).

ברכות השחר וסדר הקרבנות

31 "מי שת בטחות חכמה, או מי נתן לשכוי בינה" (איוב לח, לו). בגמרא (ראש השנה כו ע"א) מוסבר ש'שכוי' הוא התרנגול שקולו מעיר את האדם לעבודת הבורא (ר' יהודה ב"ר יקר); ויש שפירשו שהכוונה ללבו של האדם (רש"י ורד"ק בתהלים, וכן הרא"ש בברכות פ"ט, כג). וכשהאדם קם בבוקר, עליו לשבח "על סידור העולם והנהגתו" (לשון הטור, מו).

32 בגמרא (ברכות ס ע"ב) מובאת רשימת ברכות שיש לברך: "אשר נתן לשכוי בינה" כאשר שומע קול תרנגול, "פוקח עיוורים" כאשר פוקח את עיניו, "מתיר אסורים" כאשר מתיישב (כיוון שקודם לכן היה מוגבל ואסור בביתו – סידור הרוקח), "מלביש ערומים" כאשר מתלבש, "זוקף כפופים" כאשר מזדקף, "רוקע הארץ על המים" כאשר מניח את

רגליו על הארץ, "המכין מצעדי גבר" כאשר מתחיל ללכת, "שעשה לי כל צורכי" כאשר נועל את נעליו (שהנעליים הם צורך לאדם ולא כבוד – 'גור אריה', דברים ח, ד), "אוזר ישראל בגבורה" כאשר חוגר חגורתו (רמב"ם, תפילה פ"ז ה"ו; ולדעת הראב"ד שהובא באבודרהם, כאשר לובש מכנסיו), "עוטר ישראל בתפארה" כאשר מכסה את ראשו (תוספות), ו"המעביר שינה מעיניי" כאשר רוחץ את פניו.

33 לדעת הרמב"ם (תפילה פ"ז ה"ז), מברכים ברכות אלה רק כאשר מתחייבים בהן – מי שישן כשהוא לבוש לא יברך "מלביש ערומים" וכד'; אך רב נטרונאי גאון כתב בתשובה (מובאת בטור, מו), שיש לומר ברכות אלה בין כך ובין כך. ונהגו שלא לאומרן עד לאחר נטילת ידיים (ר' יונה, ברכות מד ע"ב), ושליח הציבור אומר אותן בציבור כדי להוציא את הרבים ידי חובתם (טור שם); ויש פוסקים שמוטב שכל יחיד יאמר אותן בביתו (ערוה"ש מו, ט; וכן כתב 'עולת תמיד' בשם האר"י).

34 במנחות מג ע"ב נזכרות שלוש ברכות נוספות שיש לאומרן כל יום: "שלא עשני גוי", "שלא עשני עבד" ו"שלא עשני אישה", ופירש רש"י שהאחרונה היא על שגברים חייבים גם במצוות עשה שהזמן גרמן (קידושין כט ע"א).

35 נשים נוהגות לברך "שעשני כרצונו" (טור שם). והיו שערערו על המנהג (פר"ח שם; סידור יעב"ץ). והיעב"ץ כתב בסידורו שנשים יברכו "שלא עשני גויה" ו"שלא עשני שפחה"; אך רוב האחרונים דחו את דבריו, כיוון שבמילים 'גוי' ו'עבד' הכוונה למעמד ההלכתי הפטור ממצוות.

36 יש שפסקו שגר יברך "שעשני גר" (ד"מ מו, ג).

37 ברכת "הנותן ליעף כוח" אינה נזכרת בגמרא, ולכן יש שהורו שאין לאומרה (שו"ע מו, ו); אך באשכנז נהגו לאומרה מימות הראשונים (מחז"ו; סמ"ג, עשה כז).

38 בסידורים ישנים רבו המחלוקות באשר לסדר הנכון של ברכות השחר; הסדר המקובל בסידורי אשכנז היום מופיע בסידור היעב"ץ.

39 מנהג אשכנז הקדום היה לומר "לעולם יהא אדם", והראבי"ה (ח"א, קמו) הביא מהירושלמי (ולפנינו הוא במדרש תנחומא) שכאשר ישראל אומרים "שמע ישראל" בבתי כנסת, המלאכים אומרים "אתה הוא עד שלא נברא העולם" ומברכים "ברוך אתה ה' מקדש את שמך ברבים". ומשום כך אומרים ברכה זו, אף שאינה כתובה בגמרא; ויש הנוהגים כדעת הרמב"ם והאר"י ואינם חותמים בשם.

40 הטור (מו) הביא את מנהג ר' יהודה החסיד לומר אחרי הפסוק "שמע ישראל" גם "ברוך שם כבוד מלכותו לעולם ועד", כדי שאם יעבור זמן קריאת שמע יקיים את המצווה באופן מינימלי, ותלמידי ר' יונה (ברכות ט ע"א) כתבו שכדי לקיים את המצווה יש לומר את כל הפרשה הראשונה. ויש ראשונים שכתבו שאם ודאי יספיק לקריאת שמע בזמנה, לא יאמר את כל הפסוק אלא רק "ה' אלהינו ה' אחד" ('אוהל מועד' בשם הרמב"ן, וכן דעת הגר"א), כדי שיקיים את המצווה בהידור, שלוש פרשות בברכותיהן – ויסוד מחלוקתם בהבנת הגמרא בברכות יג ע"ב. והמשנ"ב הכריע שעדיף לכוון מראש שלא לקיים את המצווה באמירה זו; אך אם חושש שיעבור זמן קריאת שמע, מוטב לומר את כל שלוש הפרשות כדי שיזכיר גם את יציאת מצרים בזמן קריאת שמע (שם, לא בשם הפר"ח וה'חיי אדם').

41 עיקר סדר הקרבנות הוא אמירת פרשת התמיד (עמ' 22), וראוי לאומרה עם הציבור (רמ"א מח, א) ומוטב בעמידה (משנ"ב שם, א בשם הפמ"ג). נהגו לומר אחר כך את הברייתא בדבר סדר המערכה (טור שם), והמקובלים הוסיפו שראוי לומר גם את פרשות הכיור (מובא במג"א א, י), תרומת הדשן (יעב"ץ בשם אביו) ופיטום הקטורת (רמ"ק והאר"י), שנעשו אף הם בכל יום.

הלכות קדיש

42 "בשעה שישראל נכנסין לבתי כנסיות ולבתי מדרשות, ועונין 'יהא שמיה הגדול מבורך', הקדוש ברוך הוא מנענע ראשו ואומר: 'אשרי המלך שמקלסין אותו בביתו כך! מה לו לאב שהגלה את בניו? ואוי להם לבנים שגלו מעל שולחן אביהם'" (ברכות ג ע"א). הקדיש הוא תפילה קדומה, שעיקרה נזכר כבר במקורות מימי התנאים ('ספרי' דברים, שו), וכבר בסידורים הראשונים שבידינו נקבע לאומרה כהפרדה בין חטיבות שונות בתפילה.

43 עיקר הקדיש הוא שתי הפסקאות על שבחו של מקום עד "ואמרו אמן", המכונות 'חצי קדיש' (מקור השם ב'מרדכי' תענית, תרלה); בסוף התפילה שליח הציבור אומר נוסח ארוך יותר, המכונה 'קדיש שלם' (מחז"ו, צט), ובו פסקה שהתפילה תתקבל, ושתי פסקאות ובהן בקשה לשלום; כאשר מוסיפים תפילה החותמת בפסוקי נחמה לאחר התפילה, אומרים קדיש שלם בלא "תתקבל צלותהון", ונהגו שהיתומים הם שאומרים קדיש זה ולכן הוא מוכר יותר בכינויו 'קדיש יתום' (ראה שו"ת מהרי"ל, לו); ולאחר לימוד משותף אומרים 'קדיש דרבנן' (סדר התפילות לרמב"ם), ובו תפילה "על ישראל". לפי נוסח הרמב"ם, בקדיש דרבנן אריכות נוספת

בפסקה הראשונה, המפרטת את בקשת הגאולה. בקהילות אשכנז נהגו לומר נוסח זה רק בסעודת סיום מסכת, וכן בקדיש הנאמר לפני קבורת המת (טור, יו"ד שעו), ראה עמ' 540.

44 לשון הקדיש (פרט לפסקה 'עושה שלום') היא ארמית, והוצעו לכך שתי סיבות מרכזיות: לדעת רש"י (המובאת בכל ספרי תלמידיו), הקדיש נועד להיות תפילה ישירה אל הקב"ה בלא סיוע מלאכי השרת (שעל פי הגמרא בשבת יב ע"ב אינם מבינים ארמית); ולדעת ר"י (תוספות, ברכות ג ע"א), הקדיש נועד לכלל הציבור ונתקן בתקופה שארמית הייתה הלשון הנפוצה.

45 ישנם חילופי מנהגים רבים בפרטי נוסח הקדיש. להלן המרכזיים שבהם:

א. לדעת רש"י (המובאת בכל ספרי תלמידיו), השבחים "יתגדל ויתקדש" וכן "יתברך... ויתהלל" נאמרו בלשון עברית בניגוד לשאר הקדיש; ומכאן למדו המדקדק ר' זלמן הענא (סידור 'בית תפילה') והגר"א ('מעשה רב', נד) שיש לקרוא את השבחים הראשונים בצירה, "יתגדל ויתקדש" והסכים עמם המשנ"ב (נו, ב); ובסידור ר' שבתי סופר מילים אלה מנוקדות בפתח, אך השבחים "יתברך", ו"יתפאר" בצירה; ובכל הסידורים הישנים כל השבחים האלה מנוקדים בפתח, ואפשר שזה כדעת ר"י בסעיף הקודם, וב'תוצאות חיים' (עמ' 82) טען באריכות להצדיק גרסה זו.

ב. במחזור נירנברג הכ' במילה 'כרעותה' דגושה, וכן דעת הגר"א (שם), מכיוון שרצונו של הקב"ה הוא שיתגדל שמו בעולמו; אך ב'ספר המנהגות' לר' אשר מלוניל מובא שהמילה 'כרעותה' מוסבת על המילים שלפניה, "בעלמא די ברא", ומבאר שהכוונה שאנו מתפללים ששמו של הקב"ה יתגדל ויתקדש בעולם שהוא ברא על פי רצונו, וכך כתב הרוקח בפירושו - ומשום כך ברוב הסידורים מנקדים בכ' רפה (שתי הדעות מובאות בערוה"ש נו, ב).

ג. בסידורי ספרד הישנים נהגו להוסיף אחרי "וימליך מלכותה" בקשות נוספות לגאולה; והיום נוהגים לומר "ויצמח פורקנה ויקרב משיחה" (מובא בשו"ת הרשב"א ח"ה, נד), וגם החסידים המתפללים בנוסח ספרד, אימצו מנהג זה. בנוסח אשכנז אין מוסיפים כלל.

ד. בסדר רב עמרם גאון ובסידור רש"י מובא שאין לומר את השבח "ויתהלל", כיוון שיש רק שבעה שבחים בפסקה זו, וכן דעת הגר"א (שם); אך היום נהגו לומר אותו (טור, נו), כדי שעם "יתגדל ויתקדש" שבתחילת הקדיש, יעלה מספר השבחים לעשרה כנגד עשרת הדיברות (סידור הרוקח, לט; שבה"ל, ח).

ה. לדעת ה'אור זרוע' (ח"ב, מב) יש לומר "ויתהלל שמה דקודשא, בריך הוא לעלא", כלומר אנו משבחים את שמו הגדול, שהוא מבורך מעל לכל התשבחות, וכן דעת הרמ"א (נו, ב); ומנוסח הקדיש בסדר התפילות לרמב"ם מוכח שלדעתו הכוונה היא שאנו משבחים את שמו של הקב"ה מעל לכל התשבחות, וכן דעת הטור (שם), וכן מסקנת האחרונים (משנ"ב שם, יד; ערוה"ש שם, ו).

ו. בנוסח הקדיש למנהג עדות המזרח, הפסקה "על ישראל" קצרה מבנוסח אשכנז, אך הפסקה "יהא שלמא" ארוכה הרבה יותר. המתפללים בנוסח החסידים, מוסיפים "וחיים טובים, עלינו" בפסקה "יהא שלמא".

ז. בפסקה "עושה שלום במרומיו" נוסח מחזור ויטרי (פט) והרמב"ם הוא "הוא ברחמיו יעשה שלום"; ובסדר רב עמרם גאון אין המילה "ברחמיו" וגם לא בנוסח הרמב"ן ('תורת האדם', שער האבל) או הראבי"ה (ח"א, צו), וכן מנהג אשכנז. יש שנהגו שהאבלים מוסיפים מילה זו בשבעת ימי אבלם (עבודת ישראל), ורבים נוהגים לומר אותה בקדיש דרבנן ולא בקדיש שלם או בקדיש יתום (אור ישרים).

ח. לשינויים בנוסח הקדיש בעשרת ימי תשובה, ראה הלכה 455.

46 במשנה (מגילה כג ע"ב) מובאת רשימת דברים שבקדושה, שאין אין אומרים אותם בפחות מעשרה: תפילה בציבור, ברכת כוהנים, קריאת התורה ועוד. הרמב"ם (תפילה פ"ח ה"ה-ה"ו) הוסיף לרשימה זו גם אמירת קדיש, קדושה ו"ברכו". על עשרה אלו להיות זכרים בני חורין לאחר גיל בר־מצווה (שו"ע נה, א). אם התחילו קדיש בעשרה וחלקם יצאו באמצע אמירתו, יכול הציבור לסיים את הקדיש, אך עברה היא ביד היוצאים (ירושלמי, מגילה פ"ד ה"ד).

47 הקהל צריך להקשיב היטב בעת אמירת קדיש ולענות אמן בסוף כל פסקה (דה"ח). בעיקר יש להקפיד על אמירת "אמן יהא שמה רבא" ועל אמירת אמן שאחרי "דאמירן בעלמא ואמרו אמן" (מג"א סו, ו).

48 בסדר התפילות לרמב"ם מובא שעונים אמן שלוש פעמים באמצע פסקה: לאחר "שמה רבה", לאחר "יתברך" ולאחר "שמה דקודשא בריך הוא", והספרדים אינם נוהגים לומר אחרי "יתברך" אך עונים אחרי "ויקרב משיחה" (סדר היום); וגם בקהילות אשכנז התפשט המנהג לענות אמן אחרי

"שמה רבה", ואחרי "שמה דקודשא בריך הוא" נוהגים לענות "בריך הוא" (ר' שבתי סופר; וראה בט"ז שם, ג שערער על המנהג).

49 פסק השו"ע בשם ר' יוסף אבן ג'יקטיליא, שאין להפריד בין "יהא שמה רבה" ל"יתברך" (שו"ע נו, ג), וכן כתב המג"א (שם, ט); אך רס"ג וראשונים רבים בעקבותיו פסקו שאין לענות אלא עד "עלמיא", וכן מסקנת הגר"א (הובא במשנ"ב שם, טו).

50 האומר קדיש צריך לעמוד. וב'שלטי הגיבורים' על ה'מרדכי' (ברכות מז ע"א, ה) הביא בשם הירושלמי, שאפילו השומעים צריכים לעמוד, וכן כתב הרמ"א (נו, א); אך האר"י אמר שאין לסמוך על גרסה זו (שער הכוונות), ונהג כמהרי"ל - רק אם התחילו קדיש בעודו עומד, נשאר לעמוד עד אחרי "יהא שמה רבה"; וכתב ה'אליה רבה' שראוי לעמוד עד "דאמירן בעלמא ואמרו אמן", וכן דעת המשנ"ב (שם, ז).

51 כתב רב נחשון גאון שהאומר קדיש צריך לכרוע חמש פעמים: באמירת "יתגדל", "יהא שמה רבה", "יתברך", "בריך הוא" ו"ואמרו אמן" שבסוף ('כלבו', וכן פסק השו"ע נו, ד); והגר"א כתב (שם, י על פי התוספות בברכות לד ע"א) שאין לכרוע שום כריעה בקדיש, וכן פסק 'ערוך השולחן' (שם, ז).

52 במדרש מובא שיתום האומר "ברכו" בבית הכנסת, מציל את אביו מדין גיהינום (תנא דבי אליהו זוטא, יז); ומשום מדרש זה נהגו שהאבל עובר לפני התיבה ואומר קדיש ו"ברכו" במוצאי שבת (מחז"ו, קמד), וכן נהגו שהאבלים אומרים קדיש אחר התפילה (אר"ז ח"ב נ).

53 נוהגים שהיתום אומר קדיש אחד עשר חודשים לאחר מות הוריו, מכיוון ש"משפט רשעים בגיהנם י"ב חודש" (משנה, עדויות פ"ב ה"י). ובהקדמה זו האבל מראה את אמונתו בצדקת ההורה המנוח (רמ"א, יו"ד שעו, ד בשם שו"ת בנימין זאב); ויש שכתבו שעדיף לומר שנה שלמה (שם בשם ה'כלבו'); וכתב החיד"א בשם האר"י שיאמר שנה פחות שבוע. ופרט לזה נוהגים שהאבל אומר קדיש ביום השנה לפטירת אביו או אמו (ספר התשב"ץ, תכה).

54 יש מי שכתב שאם אין לנפטר בנים, בת יכולה לומר קדיש, אלא שלא נהגו כך ('חוות יאיר' רכב); ולדעת ה'קיצור שו"ע' אין לה לומר קדיש בבית הכנסת (כו, כ). ונהגו שמשפחת הנפטר שוכרת אדם לומר קדיש על קרובם שמת (מג"א קלב, ב), והרמ"א פסק (שו"ת, קיח), שמוטב שהאומר קדיש יהא אחד מקרובי הנפטר.

55 כתב הרא"ש שאין לומר קדיש עם החזן (שו"ת ד, יט), ולכן נהגו באשכנז לחלק את זכות אמירת הקדיש (רמ"א, יו"ד שעו, ד; וראה בבה"ל סוף סימן קלב). והיום גם ברוב קהילות אשכנז אימצו את המנהג הספרדי, שכל האבלים אומרים קדיש יחד (וכן כתב היעב"ץ בסידורו), וישתדלו לומר כולם יחד (גשה"ח ל, יב). ומכל מקום עדיף לוותר ולא לומר קדיש או לעבור לפני התיבה, מלריב עם אבלים אחרים או להיות שליח ציבור שאינו רצוי לו (שם שם, יג).

הלכות פסוקי דזמרה

56 האר"י כתב שכל ארבע החטיבות העיקריות של התפילה (קרבנות, פסוקי דזמרה, קריאת שמע וברכותיה, תפילת עמידה) מקבילות למדרגה שונה בעולמות העליונים, ומשום כך יש לומר קדיש לפני תחילת פסוקי דזמרה (פע"ח). גם המתפללים בנוסח אשכנז, אימצו מנהג זה (מג"א נא, ג). ולאחר שנתקבל המנהג לומר "מזמור שיר חנוכת הבית לדוד" לפני פסוקי דזמרה (יסוד ושורש העבודה), נהגו לומר שני קדישים: קדיש דרבנן אחרי ברייתא דר' ישמעאל, וקדיש יתום לאחר המזמור (סידור נהורא).

57 "והתנדבה אומתינו לקרוא מזמורים מספר תשבחות הקב"ה (תהלים), ולפניהם ואחריהם שתי ברכות; ותקנה לעשות כך אחרי שהמאמין מברך על כל המקרים הקורים אותו מראשית יקיצתו עד זמן התפילה" (סידור רס"ג).

58 הברכה שלפני פסוקי דזמרה היא "ברוך שאמר". "שבח זה תקנוהו אנשי כנסת הגדולה על פי פיתקא שנפלה מן השמים ומצאוהו כתוב בה, ויש בו פ"ז תיבות... ועוד קבלו אנשי הקבלה ששבח זה צריך לאומרו מעומד" ('תולעת יעקב' בשם ספר היכלות). ואפילו המתפלל ביחידות אומרו מעומד (ב"ח, נג). ומשום כך, יש שכתבו שצריך לומר את הנוסח "המהולל בפה עמו" (מג"א נא, א; שועה"ר שם, ב); וברוב הסידורים נדפס "בפי עמו", וכן נוסח רב עמרם גאון וסידור רש"י.

59 אין אומרים "מזמור לתודה" בימים שאין מקריבים בהם קרבן תודה (סידור רש"י, תיז): לא בשבתות ובימים טובים, שאין מקריבים בהם קרבנות נדר ונדבה (רמב"ם, חגיגה א, ח על פי ביצה יט ע"א); לא בערב יום הכיפורים, כיוון שצריך להשאיר יום ולילה לאכילת הקרבן (משנה, זבחים נה ע"א); לא בחול המועד פסח, מכיוון שחלק מלחמי התודה הם חמץ (ויקרא ז, יג); ולא בערב פסח, מכיוון שלחמי החמץ שבאים אתו מונעים אפשרות לאוכלו במשך היום והלילה שאחריו.

60 חז"ל החשיבו מאוד את מזמור קמה, שבו האדם מבקש על פרנסתו. משום כך כתבו שיש חובה

להתכונן במיוחד בפסוק "פותח את ידך" (ראה עמ' 38); ויש שנוהגים למשמש בתפילין בשעה שאומרים פסוק זה כדי לזכור, שבקשת הפרנסה היא אמצעי לשם קיום המצוות ולא להנאת הגוף (טעמי המנהגים). ומוסיפים לפניו את הפסוק "אשרי יושבי ביתך עוד יהללוך סלה" (תהלים פד, ה), שממנו לומדים בגמרא שצריך להמתין מעט קודם התפילה ולהתכונן אליה (ברכות לב ע"ב, וראה בתוספות שם), ואת הפסוק "אשרי העם" (תהלים קמד, טו) כדי לומר "אשרי" שלוש פעמים לפני המזמור (שבה"ל בשם ר' בנימין אחיו); ואחריו את הפסוק "ואנחנו נברך יה" (תהלים קטו, יח), המסיים ב"הללויה", כדי ליצור רצף של הללויות (רב עמרם גאון).

61 נהגו באשכנז, שביום שיש בו ברית בבית הכנסת המוהל עומד בשעת אמירת "ויברך דוד", ואומרים את הפסוקים עד שירת הים, חצי פסוק המוהל וחצי פסוק הקהל (ולפי המנהג המובא ב'עבודת ישראל', אומרים כך גם את שירת הים); ויש שערערו על מנהג זה, מכיוון שבגמרא (ברכות יב ע"ב) נקבע שאין להפסיק באמצע פסוק (ראה מג"א נא, ט, שטרח ליישב את המנהג). ויש הנוהגים שהחזן אומר את חצי הפסוק בקול, גם כאשר אין מילה בבית הכנסת, ומקור המנהג אינו ברור.

62 יש הנוהגים להוסיף אחרי שירת הים גם את הפסוק "שמע ישראל", החותם את פסוקי המלכויות שאומרים בראש השנה (סידור יעב"ץ); ויש שכתבו שאין לאומרו (הגר"א).

63 כתב הטור: "ועומד שליח הציבור ואומר ישתבח" (נג). לפני ברכת "ישתבח" אפילו שליח הציבור אינו צריך לעמוד, ובשעת אמירת הברכה רק שליח הציבור מחויב בכך (ערוה"ש נג, א); והמנהג הנפוץ הוא שהקהל עומד מתחילת "ויברך דוד" ועד "ברכו", ויש העומדים גם בשעת אמירת "מזמור לתודה" (וב'מקור חיים' כתב שיש המדקדקים לעמוד בשעת כל פסוקי דזמרה, והביא מקור לדבריהם).

64 אין להפסיק בדיבור מאמירת "ברוך שאמר" ועד אמירת "ישתבח", פרט לדברים שהם צורך התפילה. וגם בהם ישתדל להפסיק רק בין הפרקים - לדוגמה, אם הביאו לו טלית רק באמצע פסוקי דזמרה, יתעטף מיד ויברך בין פרק לפרק (משנ"ב נג, ה). ובקטעי התפילה המורכבים מליקוטי פסוקים, כגון "הודו" ו"יהי כבוד", עדיף להפסיק במעבר מפסוק הלקוח מפרק אחד לפסוק הלקוח מפרק אחר (דה"ח, הובא במשנ"ב נא, יג).

65 מי שאיחר לתפילה ומצא שכבר התחיל הציבור פסוקי דזמרה, יאמר רק "ברוך שאמר", "תהלה לדוד" ו"ישתבח" (טור, נב בשם הרא"ש); ואם יש לו די זמן, יאמר גם את מזמור קנ, החותם את ספר תהלים (שם בשם רב נטרונאי גאון); ועדיף לומר גם את מזמור קמח, כיוון שלשיטת רש"י בשבת קיח ע"ב, שני פרקי תהלים אלו הם 'הלל שבכל יום'; ואם יכול להספיק, יאמר את כל מזמורי הללויה (שו"ע שם, א). אם כבר התחיל הציבור את ברכת "יוצר אור", יצטרף עמם וישלים את פסוקי דזמרה אחרי התפילה, אך לא יברך לפניהם ולא אחריהם (שם, על פי ר' יונה).

הלכות קריאת שמע

66 "והמצוה השניה היא הצווי שצונו באמונת היחוד, והוא שנאמין כי פועל המציאות וסבתו הראשונה אחד, והוא אמרו יתעלה: 'שמע ישראל ה' אלהינו ה' אחד'. וברוב המדרשות תמצאם, יאמרו: 'על מנת ליחד את שמי', 'על מנת ליחדני', ורבים כאלה... והרבה שיאמרו מצות יחוד. ויקראו גם כן זאת המצוה מלכות. כי הם יאמרו (ברכות יג ע"א): 'כדי לקבל עליו עול מלכות שמים', רוצים לומר להודות ביחוד ולהאמינו" (סה"מ לרמב"ם, עשה ב). הפסוקים שבהמשך הפרשה עוסקים במצוות תלמוד תורה (ברכות כא ע"א).

67 מלשון הפסוק "ובשכבך ובקומך" למדו חכמים, שקריאת שמע היא מצוות עשה שהזמן גרמה, ולכן נשים פטורות ממנה (ברכות כ ע"א). למרות זאת, נשים צריכות לומר את הפסוק הראשון כדי לקבל עליהן עול מלכות שמים (רמ"א ע, א בשם 'אוהל מועד'). אם אומרות את קריאת שמע במלואה, מברכות את הברכות שלפני הקריאה ואחריה (רמ"א יז, ב).

68 עוד למדו חכמים שיש לומר קריאת שמע בשעה שבני אדם קמים (משנה, ברכות י ע"ב). לדעת רוב הראשונים, עיקר זמנה הוא משעה שאדם מכיר את חברו ממרחק ארבע אמות ועד הנץ החמה (ב"י, נח). אך ראוי לומר אותה דקות ספורות לפני זמן הנץ החמה, כדי להספיק לומר את ברכת "אמת ויציב" ולהתפלל שמונה עשרה מיד לאחר הזריחה (ראה הלכה 83). בשעת הדחק אפשר לאומרה עוד קודם, מעלות השחר (רי"ף, ברכות ב ע"ב). גם אם אומרה אחר עיקר זמנה, מוטב שיאמרה מוקדם ככל האפשר (ר' יונה שם, ד ע"ב).

69 זמן קריאת שמע של שחרית נמשך עד שלוש שעות זמניות (ברכות י ע"ב). אם לא הספיק, צריך לקרוא קריאת שמע וברכותיה עד השעה הרביעית, ולא קיים את המצווה. אם לא הספיק עד סוף השעה הרביעית, שוב לא יברך (שו"ע נח, ו ע"פ הרא"ש), אך

ראוי לומר קריאת שמע בשעה שיכול, כדי שלכל הפחות יקבל על עצמו עול מלכות שמים. ויאמר פרשת ציצית שכן זמנה כל היום (משנ"ב שם, כז ע"פ ה'שאגת אריה' י).

70 'שעה זמנית' היא 1/12 משעות היום. בין הפוסקים מקובלות שתי שיטות חישוב: שיטת המג"א (רלג, ב בשם תה"ד), שלפיה מחשבים מעלות השחר ועד צאת כל הכוכבים; ושיטת הגר"א (תנט, ה), שלפיה מחשבים מזריחת השמש ועד השקיעה. המשנ"ב (רלג, יד) כתב שדעת השו"ע והרמ"א כמג"א, אך היום שיטת הגר"א התקבלה בכל תפוצות ישראל, ויש החוששים לשיטת המג"א לחומרה.

71 "אמר רבי יהושע בן קרחה: למה קדמה פרשת שמע ל'והיה אם שמוע' - כדי שיקבל עליו עול מלכות שמים תחלה, ואחר כך מקבל עליו עול מצוות; ו'היה אם שמוע' ל'ויאמר' - ש'והיה אם שמוע' נוהג בין ביום ובין בלילה, 'ויאמר' (מצוות ציצית) אינו נוהג אלא ביום בלבד" (משנה, ברכות יג ע"א). נחלקו הראשונים במה מקיימים את המצווה מדאורייתא - בפסוק הראשון, בפסוק הראשון בתוספת "ברוך שם כבוד מלכותו לעולם ועד", בפרשה הראשונה, בשתי הראשונות או בכל השלוש. ראה הלכה 40.

72 צריך לומר קריאת שמע בכוונה ובאימה, ולכל הפחות ישתדל לכוון בפסוק הראשון. משום כך נוהגים לומר פסוק זה בקול רם (שו"ע סא, ד בשם הטור) ולכסות את העיניים באמירתו (רא"ש על פי ברכות יג ע"ב). וצריך להאריך במילה 'אחד' (ברכות, שם).

73 צריך לקרוא את כל שלוש הפרשות בדקדוק רב (שו"ע שם, טו-כג). יש הנוהגים לקרוא אותן בטעמי המקרא (שם, כד בשם ר' יונה).

74 כאשר יעקב קרא לבניו טרם פטירתו כדי לברכם, נסתלקה ממנו שכינה, והוא חשש שמא אחד מבניו אינו נאמן לה'. "אמרו לו בניו: שמע ישראל, ה' אלהינו ה' אחד... פתח יעקב אבינו ואמר: ברוך שם כבוד מלכותו לעולם ועד" (פסחים נו ע"א). משום כך תיקנו חכמים לומר ברכה זו לאחר הפסוק הראשון של קריאת שמע, אך בלחש, מכיוון שאינה כתובה בתורה (פסחים, שם).

75 ראשוני אשכנז נהגו לומר "אל מלך נאמן" לפני קריאת שמע (מחז"ו, ראב"ן), והסבירו שצריך להשלים את קריאת שמע לרמ"ח מילים כנגד רמ"ח איברים שבאדם (סידור הרוקח). וכתב האבודרהם שאין לנהוג כן, אלא שליח הציבור חוזר ואומר "ה' אלהיכם אמת" כדי להשלים לרמ"ח (וכן בזוהר, וירא קא ע"א). והמתפלל ביחידות אומר "אל מלך נאמן" (רמ"א סא, ג).

76 נוהגים למשמש בתפילין של יד כאשר אומרים "וקשרתם לאות על ידך", ובתפילין של ראש כאשר אומרים "והיו לטטפת בין עיניך" (שו"ע כח, א על פי התוספות). ויש העושים כן גם בתחילת הברכות שלפני קריאת שמע - בתפילין של יד כאשר אומרים "יוצר אור", ובתפילין של ראש כאשר אומרים "ובורא חושך" (באר היטב נט, א).

77 "התקינו ליחד שם הנכבד והנורא ערב ובקר... ולברך על יציאת המאורות בשחר ועל אהבת עמו ישראל לפניה, ולאחריה לחתום ב'גאל ישראל' כמו שנאמר (דברים טז, ג): 'למען תזכר את יום צאתך מארץ מצרים כל ימי חייך'" (סמ"ג, חלק הלאווין, הקדמה כללית). מי שאמר קריאת שמע בלא ברכות, קיים את המצווה; עם זאת, עליו לחזור ולומר את הברכות אחר כך, ומוטב שיאמר שוב גם את שלוש הפרשות (שו"ע ס, ב על פי רב האי גאון).

78 אין להפסיק באמצע קריאת שמע וברכותיה אלא לצורך גדול (שו"ע סו). וראה טבלה בעמ' 812.

79 מי שנכנס לבית הכנסת בשעה שהקהל קורא קריאת שמע, יאמר עמם פסוק ראשון (רא"ש בשם בה"ג). אם הקהל קורא קריאת שמע, והוא במקום אחר בתפילה - ראה טבלה בעמ' 812.

80 "העיד רבי יוסי בן אליקים משום קהלא קדישא דבירושלים: כל הסומך גאולה לתפלה - אינו נזוק כל היום כולו" (ברכות ט ע"ב). ואין להפסיק כלל בין ברכת "גאל ישראל" לתפילת עמידה, ויש שנהגו אפילו לא לענות אמן אחרי ברכת "גאל ישראל" (שו"ע קיא, א על פי הזוהר, חיי שרה קלב ע"ב); אך לדעת ראשוני אשכנז (ראה טור וב"י, סו) יש לענות אמן, וכן פסק הרמ"א (קיא, א). והאחרונים העלו עצות שונות כיצד לצאת מהמחלוקת - שימתין ב"צור ישראל" עד שהחזן יסיים את הברכה (מג"א סו, יא); שיסיים את הברכה עם שליח הציבור (שם); או שיתחיל את תפילת הלחש לפני ששליח הציבור מסיים (יוסף אומץ). ויש שהציעו ששליח הציבור יסיים את הברכה בלחש ('לקט הקמח', 'יסודי ישורון'), ויש שהתקוממו על ההתחמקות מעניית אמן אחר הברכה על הגאולה ('ברוך שאמר'; אך גם אביו העיד שנוהגים שלא לענות אמן - ערוה"ש סו, יד).

הלכות תפילת העמידה

81 כתב הרמב"ם (תפילה פ"א ה"א): "מצוַת עשה להתפלל בכל יום, שנאמר (שמות כג, כה): 'ועבדתם את ה' אלהיכם', מפי השמועה למדו שעבודה זו היא תפלה, שנאמר (דברים יא, יג): 'ולעבדו בכל לבבכם' - אמרו חכמים (תענית ב ע"א): 'אי זו היא עבודה שבלב? זו תפלה'". ולדעת הרמב"ן (השגות

לספר המצוות, עשה ה), אין מצווה מן התורה להתפלל בכל יום, אלא לפנות אל ה' בשעת צרה או צורך.

82 אף על פי שחכמים קבעו זמנים לשלוש תפילות ביום, התפילה עדיין נחשבת מצוות עשה שלא הזמן גרמה, ונשים חייבות בה (רמב"ם שם ה"ב).

83 זמן תפילת עמידה של שחרית הוא משעת הזריחה ועד ארבע שעות זמניות (ברכות כו ע"א; על שעות זמניות ראה הלכה 70). מכיוון ש"זריזין מקדימין למצוות" (פסחים ד ע"א), יש להתפלל מוקדם ככל האפשר. מנהג ותיקין הוא להתחיל את התפילה כך שיאמרו קריאת שמע קודם הזריחה ויסיימו את ברכת "גאל ישראל" במידת האפשר בשעת הזריחה ממש, כדי להתחיל את תפילת העמידה עם הזריחה (רש"י שם) ולקיים את דברי הפסוק (תהלים עב, ה): "ייראוך עם שמש" (רא"ש, ברכות פ"א, ו).

84 מי שלא התפלל שחרית בזמנה, יכול להתפלל עד חצות היום (רי"ף; וכן פסק השו"ע פט, א); אם לא הספיק יתפלל מנחה פעמיים כתשלומין לשחרית (משנ"ב שם, ז).

85 ככלל, מי שטעה ולא התפלל, יתפלל בתפילה הבאה תפילת עמידה נוספת (שו"ע קח, א על פי ברכות כו ע"א). יש להמתין בין שתי התפילות, ונוהגים לומר ביניהן "אשרי" ומזמור קמה (שם, ב על פי הסמ"ק).

86 אין לאכול או לשתות דבר לפני תפילת שחרית (ברכות י ע"ב) פרט למים (ראבי"ה). ואפשר להקל למי שבלי לאכול יתקשה להתרכז בתפילתו (שו"ע פט, ד בשם הרמב"ם).

87 אין לצאת לדרך לפני התפילה (שו"ע שם, ג בשם תה"ד); ומי שצריך לצאת, רשאי להתפלל לפני כן מעלות השחר, ולא יקרא קריאת שמע עד שיגיע זמנה (הכרעת ר"ח במחלוקת האמוראים בברכות ל ע"א; וכן פסק השו"ע שם, ח).

88 בגמרא (ברכות ל ע"א) נפסק, שבתפילת העמידה עומד ומכוון את פניו למקדש. העומד בחוץ לארץ, מכוון את פניו לארץ ישראל; בארץ, לירושלים; ובירושלים, למקדש, שנאמר: "והתפללו אליך דרך ארצם אשר נתתה לאבותם, העיר אשר בחרת, והבית אשר בנית לשמך" (מלכים א' ח, מח). המתפלל בבית כנסת שאינו מכוון כנזכר לעיל, יכוון את פניו לארון הקודש (משנ"ב צר, י).

89 יש לומר תפילת עמידה ברגליים צמודות וישרות שייראו רגל אחת, כמו שמתוארים המלאכים (ברכות י ע"ב, רש"י ד"ה והגליהם). וכן יש לעמוד בראש מורכן כעבד העומד לפני רבו (יבמות קה ע"ב). יש לכרוע בתחילת הברכה הראשונה ובסופה, ובתחילת הברכה השמונה עשרה ("מודים") ובסופה (ברכות לד ע"א).

90 המתפלל בנסיעה צריך להשתדל לעמוד בתפילת העמידה, ולפחות בברכת אבות (רי"ץ גיאת). אם אינו יכול, רשאי להתפלל גם בישיבה (רמב"ם, תפילה פ"ה ה"ב).

91 "אמר רבי יוחנן: בתחילה אומר (תהלים נא, יז): 'ה' שפתי תפתח, ופי יגיד תהלתך'; ולבסוף הוא אומר (תהלים יט, טו): 'יהיו לרצון אמרי פי והגיון לבי לפניך, ה' צורי וגאלי'" (ברכות ד ע"ב). פסוקים אלה הם מסגרת לתפילה: הראשון פתיחה והשני סיכום (סידור ר"ש מגרמייזא), ואין הפסוק הראשון נחשב הפסק בין גאולה לתפילה (ברכות שם).

92 אין להפסיק כלל באמצע התפילה (משנה, ברכות ל ע"ב), ואפילו לרמוז לאחר אסור (משנ"ב קד, א). אך אם הציבור התחיל קדיש, קדושה או "ברכו", שותק ומקשיב להם (הכרעת השו"ע קד, ז כשיטת בה"ג ורש"י).

93 "מאה ועשרים זקנים, ובהם כמה נביאים, תיקנו שמונה עשרה ברכות על הסדר" (מגילה יז ע"ב). אך הסדר מעכב רק בשלוש הברכות הראשונות ובשלוש האחרונות (ברכות לד ע"א). אם טעה בסדר הברכות האמצעיות ודילג על אחת מהן, חוזר לתחילת הברכה שהחסיר, וממשיך על הסדר (רשב"ם, הובא בתוספות שם; וכן פסק השו"ע קיט, ג). אם טעה בשלוש הברכות הראשונות חייב לחזור לראש, ואם טעה בשלוש האחרונות חוזר לתחילת "רצה" (רמ"א קיד, ו).

94 משום כך, מי שטעה ולא אמר בחורף "משיב הרוח ומוריד הגשם", צריך לחזור:

א. אם נזכר קודם שהתחיל "ברוך אתה ה'", אומר "משיב הרוח ומוריד הגשם" מיד כשנזכר.

ב. אם נזכר אחרי שהזכיר את השם, מסיים "למדני חוקיך" כדי שלא להזכיר שם שמים לשווא, ונמצא שאמר את הפסוק בתהלים קיט, יב (ר' יונה ברכות כח ע"א בשם הגאונים). אחר כך חוזר ל"משיב הרוח ומוריד הגשם" (משנ"ב קיד, לב).

ג. אם נזכר מיד לאחר שסיים את הברכה, אומר "משיב הרוח ומוריד הגשם" מיד כשנזכר.

ד. אם נזכר לאחר שהתחיל "אתה קדוש", חוזר לראש התפילה (שו"ע קיד, ו בשם ראבי"ה).

95 אם טעה ואמר "מוריד הטל" במקום "משיב הרוח ומוריד הגשם", וכבר סיים את הברכה, אינו צריך לחזור (רי"ף בשם הירושלמי), מכיוון שהטל כמו הגשם הוא צורך העולם, וכל עניינה של ברכת 'גבורות' הוא שבחו של הקב"ה על דאגתו לצורכי העולם (ב"י, קיד). אך אם נזכר קודם שהזכיר את השם, חוזר כבסימן 94א (פמ"ג, הוב"ד בבה"ל קיד ד"ה אין מחזירין).

96 ואילו מי שטעה ואמר בקיץ "משיב הרוח ומוריד הגשם" במקום "מוריד הטל" צריך לחזור

לראש הברכה, ואם נזכר לאחר שהתחיל "אתה קדוש", לראש התפילה (שו"ע קיד, ד בשם ראבי"ה והרא"ש; ולדעת הרמב"ם, חוזר לראש התפילה בכל מקרה, וכן פסק הגר"א), מפני שהגשמים בקיץ הם קללה ולא ברכה (רש"י, תענית ג ע"ב). אך בקיץ אין חיוב להזכיר את הטל, מכיוון שהטל אינו מיוחד לעונה מסוימת (תענית ג ע"א), ולכן אם אמר לא זו ולא זו אינו צריך לחזור. ובקהילות חו"ל אין נוהגים לומר "מוריד הטל" בקיץ כל עיקר (טור, קיד).

97 טעה ואמר בחורף "ותן ברכה" ולא הזכיר טל ומטר – אם נזכר לפני שסיים את ברכת השנים, חוזר על פי הכללים המופיעים בהלכה 94א–ב, מפני שברכת השנים היא בקשת צרכים, והמתפלל לא ביקש את שהוא צריך (ר"ן תענית א ע"ב בשם הרמב"ן); אם נזכר לאחר שסיים את הברכה, מוסיף בברכת "שומע תפילה": "ומלפניך מלכנו ריקם אל תשיבנו, ותן טל ומטר לברכה, כי אתה שומע" (משנ"ב קיז, טו בשם קיצוש"ע); ואם נזכר לאחר שסיים את התפילה ועקר את רגליו, חוזר לראש התפילה (שו"ע קיז, ה).

98 טעה ואמר בקיץ "ותן טל ומטר לברכה", חוזר לתחילת ברכת השנים; ואם נזכר לאחר שסיים את התפילה ועקר את רגליו, חוזר לראש התפילה (משנ"ב קיז, יד).

99 מי שאינו זוכר אם אמר "משיב הרוח ומוריד הגשם" או "מוריד הטל", וכן אם אמר "ותן טל ומטר לברכה" – אם כבר התפלל תשעים פעם את הנוסח החדש, חזקה שאמר כראוי (שו"ע קיד, ח על פי הירושלמי); ויש הנוהגים לומר תשעים פעמים "מחיה מתים אתה" עד "מכלכל חיים בחסד" כדי לזכור היטב. מי שעשה כך, יש לו חזקה (שם ט על פי מהר"ם מרוטנברג).

100 ישנם חילופי מנהגים רבים בנוסח ברכות תפילת העמידה. להלן המרכזיים שבהם:

א. ברוב הסידורים שנדפסו בדורות האחרונים, אימצו את דעת ה'ויעתר יצחק' לקרוא "משיב הרוח ומוריד הגָשם" בקמץ, כצורת ההפסק המקובלת בדקדוק המקרא; ורבים ערערו על הצעה זו וסברו שיש לקרוא "הגֶשם" בסגול, כפי שנדפס בסידורים הישנים (ראה פירוט ב'אשי ישראל' פכ"ג הערה פז).

ב. יש האומרים "משיב הרוח ומוריד הטל" (פירוש הגר"א ל'ספר יצירה' פ"ג מ"ה); ורוב העולם נוהג לומר רק "מוריד הטל" (כגרסת רב עמרם גאון והרמב"ם).

ג. בברכת השנים ברוב הסידורים הישנים אימצו את נוסח מחזור ויטרי, "על פני האדמה, ושבענו מטובך, וברך שנתנו כשנים הטובות"; ובסידור 'מלאה הארץ דעה' הנוסח הוא "שבענו מטובה", וכן דעת השל"ה והגר"א ('מעשה רב' מח); וב'אורח נאמן' (או"ח קיז, ג) כתוב, שבארץ ישראל נכון יותר לומר "מטובה", המתייחס לברכת הארץ, ובחו"ל "מטובך".

ד. ברכת המינים עברה כמה גלגולים. שמואל הקטן תיקן אותה ביבנה (ברכות כח ע"ב) על הנוצרים הראשונים (רש"י, מגילה יז ע"ב). גרסת סידורי מזרח אירופה הייתה "וכל המינים כרגע יאבדו" (ר' שבתי סופר); בסידורי מערב אירופה השמיטו שורה זו מחמת הצנזורה, או שגרסו "וכל עושי רשעה מהרה יאבדו" (סידור פפר"מ תנא, 'דרך שיח השדה'); ובסידור 'אשי ישראל' מופיעה הגרסה "וכל הרשעה כרגע תאבד" בעקבות דברי הגר"א שיש להתפלל על אבדן הרשעה ולא הרשעים (על פי דברי ברוריה בברכות י ע"א). באותה הברכה היעב"ץ כתב, שמלשון הטור משמע שגרס "וכל אויבי עמך מהרה יכרתו", וכן בסידורי אשכנז; ודעתו ודעת הגר"א, שמוטב לגרוס "וכל אויביך".

ה. בברכת "על הצדיקים" גרסת רוב סידורי מזרח אירופה היא "ושים חלקנו עמהם לעולם, ולא נבוש כי בך בטחנו" (פראג רעט, קראקא שנז, וכן בסידור השל"ה וב'דרך שיח השדה'); אך ר' שבתי סופר גרס כמחזור ויטרי "ושים חלקנו עמהם, ולעולם לא נבוש כי בך בטחנו", וכן נהגו בקהילות מערב אירופה ('יוסף אומץ' מז).

ו. ברכת "רצה" היא תפילה על חזרת העבודה למקדש. אנו מתפללים שהקב"ה יחזיר את העבודה לביתו, ואז יקבל באהבה את קרבנות ישראל ואת תפילותיהם (טור, קכ); בגמרא (מנחות קי ע"א) מובא מדרש על מיכאל שמקריב כביכול את נשמות הצדיקים לפני ה', ואנו מתפללים שנשמותיהם יתקבלו לפניו עם תפילותינו; והתוספות (שם) מביאים פירוש נוסף, שאנו מתפללים שה' יחזיר את העבודה ואת הקרבנות לביתו ויקבל את תפילותינו. לפי פירוש זה, יש לפסק "והשב את העבודה לדביר ביתך ואשי ישראל; ותפילתם – באהבה תקבל ברצון". בסדר רב עמרם גאון ובמחזור ויטרי מופיעה הגרסה "מהרה באהבה תקבל ברצון"; גרסת רש"י (ברכות יא ע"ב) היא "ואשי ישראל ותפילתם תקבל ברצון"; ובסידורי אשכנז "באהבה תקבל ברצון" (וכך כבר במחזור וורמייזא), וה'מטה משה' (פ"א, קמט) נתן טעם לגרסה זו.

101 לכל הברכות נוסח קבוע, אך אפשר להוסיף בסוף כל ברכה בקשות השייכות לעניין אותה ברכה (עבודה זרה ח ע"א). ישנן תוספות שהציבור כולו אומר (הבדלה בברכת חונן הדעת במוצאי שבת, "נחם" בבניין ירושלים בתשעה באב, "יעלה ויבוא"

בברכת העבודה ו״על הנסים״ בהודאה); ויש תוספות שהיחיד רשאי לומר – לדוגמה, המתפלל על החולה אומר את הנוסח שבעמ׳ 58 או נוסח דומה לו. ומוסיפו לאחר שאומר את הנוסח הקבוע (רמ״א קיט, א בשם הטור).

102 ברכת ״שומע תפילה״ היא ברכה כללית, ואדם יכול לשאול בה את כל צרכיו (עבודה זרה ח ע״א) – לדוגמה, אדם יכול לבקש על פרנסתו או להתוודות על עוונותיו בברכה זו (בה״ט קיט, ג בשם ׳שער הכוונות׳), וזהו המקום לבקש על שידוך או על בנים (שע״ת שם בשם ברכ״י). ובשעת עצירת הגשמים מוסיפים בברכה זו את התפילה ״ועננו בורא עולם״ היחיד והציבור (עמ׳ 61). אך ה׳חיי אדם׳ כתב שעדיף להתפלל על צורכי הפרט בתחינה ״אלהי נצור״ יותר מבברכת ״שומע תפילה״ (כד, יט).

103 הפסוק ״יהיו לרצון״ הוא חתימה לתפילה (ראה הלכה 91). בסידורים הישנים ״יהיו לרצון״ אינו כתוב עד אחרי התחינה ״אלהי נצור לשוני מרע״ (טור, קכב). וכתב ה׳מרדכי׳ (ברכות, ע בשם ראבי״ה) שמי שעומד באמצע ״אלהי נצור״, רשאי אפילו לענות לקדיש ולקדושה, וכן פסק הרמ״א; והגר״א כתב, ש״אלהי נצור״ הוא ממש חלק מהתפילה, ואין להפסיק בו כלל; אך לפי רבים מהאחרונים, אם אמר ״יהיו לרצון״ לפני ״אלהי נצור״ רשאי להפסיק (דה״ח, קיצוש״ע); וה׳חיי אדם׳ כתב שעדיף לכתחילה לומר ״יהיו לרצון״ מיד אחרי ברכת ״המברך את עמו ישראל בשלום״, ופעם שנייה לפני ״עושה שלום במרומיו״ (כד, כו).

104 אם אין לאדם אפשרות לומר את כל שמונה עשרה הברכות, רשאי לומר תפילה קצרה ובה שלוש הברכות הראשונות, ברכה מיוחדת המסכמת את שלוש עשרה הברכות האמצעיות, המתחילה ב״הביננו״ (עמ׳ 518), ושלוש הברכות האחרונות (ברכות כט ע״א). אין לומר ״הביננו״ במוצאי שבת או יום טוב, שצריך להוסיף בהם ״אתה חוננתנו״; ולא בימות הגשמים, שצריך לבקש בהם טל ומטר (שו״ע קי, א על פי רב האי גאון).

105 אם אינו יכול לומר אפילו את התפילה ״הביננו״, כגון חייל בחזית, רשאי לומר את הבקשה ״צורכי עמך מרובים״ (עמ׳ 518). ולאחר שחלפה הסכנה, עליו לחזור ולהתפלל תפילה שלמה (שו״ע קי, ג על פי ברכות ל ע״א).

הלכות חזרת שליח הציבור

106 לאחר שהציבור סיים את תפילתו, שליח הציבור חוזר על התפילה בקול רם. כדי להתחיל בחזרת הש״ץ יש צורך בתשעה מתפללים נוספים שיקשיבו לברכותיו (טור, קכד). אם השעה דחוקה, רשאי שליח הציבור להתחיל את החזרה גם אם אחד מהתשעה עדיין עומד בתפילת לחש (׳חיי אדם׳ כט, א).

107 יש הנוהגים להמתין לרב או לאדם חשוב אחר המתפלל עם הציבור. מי שיודע שממתינים לו, ראוי שלא יאריך מדיי בתפילתו, כדי שלא להטריח את הציבור (משנ״ב שם, יד בשם הפמ״ג). מכל מקום ראוי להמתין שרוב הציבור יוכל לענות (׳אשי ישראל׳ כד, יא בשם שו״ת ׳אז נדברו׳).

108 אם התחילו את חזרת הש״ץ במניין, וחלק מהמתפללים יצאו, שליח הציבור מסיים את התפילה (שו״ע נה, ג על פי הירושלמי, מגילה פ״ד ה״ד), ואפילו אומר קדושה (שו״ת הרשב״א ח״א, צה). וכן אומרים קדיש שלם (רמ״א שם בשם תה״ד טו) ואת חצי הקדיש שלפני ״אשרי״ (משנ״ב שם, יט בשם רעק״א). אך אין אומרים ברכת כוהנים, ובמקום זה החזן אומר ״אלהינו ואלהי אבותינו״ (משנ״ב שם, י), ואין קוראים בתורה, מכיוון שקריאת התורה היא מצווה נפרדת ממצוות התפילה בציבור (תה״ד ורמ״א שם).

109 על הציבור להקשיב היטב ולענות אמן אחר ברכות שליח הציבור (טור, קכד בשם הרא״ש). נוהגים לענות אחר כל ברכה ״ברוך הוא וברוך שמו״ (שם), אך אם בגלל אמירת ״ברוך הוא וברוך שמו״ לא ישמע את חתימת הברכה, לא יאמר (׳מעשה רב׳ מג). ונוהגים ששליח הציבור חוזר על התפילה אפילו אם אין כולם מקשיבים לו, ואין חוששים שמא יהיו ברכותיו לבטלה (מג״א נה, ח בשם מהרי״ל; וראה בהלכה הקודמת). יש שהורו שהקהל צריך לעמוד על רגליו במהלך חזרת הש״ץ (רמ״א קכד, ד בשם ההגהות למנהגי מהר״י טירנא).

110 בשעת הדחק יכול שליח הציבור להתחיל באמירת תפילת שמונה עשרה בקול, והציבור יאמר אתו מילה במילה; ולאחר אמירת הקדושה וברכת ״האל הקדוש״ (שאומרים בנוסח ״לדור ודור״ – משנ״ב שם, ט) שליח הציבור ממשיך להתפלל בלחש והקהל אתו (רמ״א שם, ב בשם מהרי״ל); ויש שהורו, שמוטב שהקהל ימתין עד ששליח הציבור יברך ״האל הקדוש״, ואז יתחיל מתחילת ברכת אבות (משנ״ב שם, ח בשם דה״ח).

111 שליח הציבור אומר בקול לפני תחילת התפילה ״ה׳ שפתי תפתח״ (שו״ע קכג, ו על פי תה״ד; והמשנ״ב קיא, י כתב שעדיף לומר בלחש), ובסוף התפילה ״יהיו לרצון״ (משנ״ב שם, כא בשם השל״ה והגר״א; והרמ״א כתב בשם ׳אוהל מועד׳ שאין לומר).

112 ״ונקדשתי בתוך בני ישראל״ (ויקרא כב, לב). לאחר ששליח הציבור סיים את ברכת ״מחיה המתים״, הקהל עומד ואומר קדושה (ברכות כא ע״ב). מי

שמתפלל ביחידות אינו אומר קדושה (בה"ג), אבל אם עומד בתפילת לחש והגיע לסוף ברכת "מחיה המתים" עם שליח הציבור - אומר קדושה עמו (תוספות, ברכות שם).

113 ישנם מנהגים שונים באשר לְמה הקהל אומר בזמן אמירת הקדושה:

א. יש הנוהגים שאת פיוט הקדושה רק שליח הציבור אומר, והקהל אומר רק את הפסוקים "קדוש", "ברוך" ו"ימלך" (טור, קכה).

ב. יש הנוהגים שהקהל אומר את כל הקדושה בלחש, מפסיק לפני "קדוש", וכששליח הציבור מגיע ל"וקרא זה אל זה ואמר", הקהל ממשיך ואומר "קדוש", וכן לפני "ברוך" ולפני "ימלך" (משנ"ב, שם ב בשם ט"ז). וכתב ה'אגרות משה' (או"ח ח"ג, ד), שמוטב ששליח הציבור ימתין שהקהל יסיים לפני שיתחיל בעצמו.

ג. ויש הנוהגים שהקהל כולו אומר את שורת הפתיחה "נקדש את שמך" ואחר כך רק את הפסוקים (ערוה"ש שם, ב).

114 יש נוהגים שהחזן אומר עם הקהל את הפסוקים "קדוש", "ברוך", "ימלוך", ובמוסף בשבת גם את "שמע ישראל", וממשיך לאחר שהקהל סיים את אמירתו (ראה באור הלכה, סימן קכה); ובאג"מ הכריע שהש"ץ יחזור ויאמר את הפסוקים אחרי הקהל (או"ח ח"ג, ד).

115 בבתי כנסת המתפללים בנוסח ספרד, אומרים נוסח שונה לקדושה. לדעת רוב הפוסקים, יש לומר את נוסח הקדושה שהקהל אומר, מכיוון שהוא חלק מתפילת הציבור (אג"מ, או"ח ח"ב, כג); ויש הממליצים לנהוג במקרה זה כדעה הראשונה שהובאה בסימן הקודם, ולומר רק את הפסוקים.

116 כששליח הציבור מברך "המחזיר שכינתו לציון", הקהל כורע ואומר "מודים דרבנן" (סוטה מ ע"א). בתלמוד הבבלי לא מובאת חתימה לברכה זו, אך בירושלמי (ברכות פ"א ה"ה) מובא נוסח מעט אחר, החותם ב"ברוך אתה ה' אל ההודאות", וכתבו התוספות והרא"ש (ברכות פ"ג, כ) שכך יש לחתום כאן, וכן מנהג הגר"א (קכז, ב); אך הב"י הכריע שעדיף לחתום "ברוך אל ההודאות" בלא הזכרת השם (שם על פי תלמידי ר' יונה, ברכות לב ע"א).

117 כששליח הציבור מסיים תפילת לחש, הוא פוסע שלוש פסיעות לאחור כשאר המתפללים (רמב"ם, תפילה פ"ט ה"ג). אך לאחר חזרת הש"ץ אינו פוסע, מכיוון שהוא עתיד לפסוע ב"עושה שלום" בסוף קדיש שלם (תה"ד, יג). יש בתי כנסת שבהם נוהגים לחלק את התפילה בין שני שליחי ציבור (ראה הלכה 435–436), ואז שליח הציבור אומר בלחש "עושה שלום במרומיו" ופוסע שלוש פסיעות לאחור בסוף החזרה (כה"ח קכג, כח).

הלכות ברכת כוהנים

118 "וידבר ה' אל משה לאמר: דבר אל אהרן ואל בניו לאמר, כה תברכו את בני ישראל, אמור להם" (במדבר ו, כב-כג). מצוות עשה על הכוהנים לברך את ישראל (סוטה לח ע"ב). ויש הסוברים שגם הקהל המקשיב לברכה, משתתף במצווה ('יראים', רסט). ואפילו המתפלל שמונה עשרה עם שליח הציבור, יפסיק מתפילתו ויקשיב לברכתם - אך לא יענה אמן אחר הברכה שהכוהנים אומרים, אלא רק אחרי הפסוקים ('אשי ישראל' פל"ב, טז בשם האג"מ).

119 ברכת כוהנים מתקיימת רק במניין, והכוהנים עצמם נחשבים חלק מהמניין (שו"ע קכח, א), ככתוב (במדבר ו, כז): "ואני אברכם" ('לבוש' שם, א). ואפילו מניין שכולו כוהנים - כולם עולים לדוכן לברך; ואם יש יותר מעשרה במניין כזה - עשרה יישארו ויקשיבו לברכה, והשאר יעלו לדוכן (סוטה לח ע"ב). כוהן שעדיין לא הגיע למצוות, יכול לעלות לברך עם כוהנים אחרים; אך לא יעלה לברך לבד (תוספות, מגילה כד ע"א).

120 "אמר ר' יהושע בן לוי: כל כהן שלא נטל ידיו לא ישא את כפיו, שנאמר (תהלים קלד, ב): 'שאו ידכם קדש וברכו את ה'" (סוטה לט ע"א). ופירש רש"י, שאפילו כבר נטל הכוהן ידיו לפני תפילת שחרית וטהורות הן, עליו ליטול את ידיו שוב לפני שעולה לדוכן, וכן הוא בירושלמי (ברכות פ"א ה"א). ולדעת הטור, הכוהן צריך לברך על נטילה זו; אך ה'אגודה' (מגילה, לד) כתב שלא יברך, משום שלדעת הרמב"ם (תפילה פט"ו ה"ה), אין צורך כלל בנטילה זו אם הכוהן שמר על ידיו טהורות, וכן פסק השו"ע (קכח, ו).

121 נוהגים שבן לוי יוצא ליטול את ידי הכוהנים (זוהר, נשא קמו ע"א), ואם אין בציבור לוויים, יש הנוהגים שבכור נוטל את ידי הכוהנים (כ"ח שם, ג בשם מהרי"ל).

122 אם אין בנמצא מים, או שהכוהן לא הספיק ליטול את ידיו אחרי שסיים את תפילת הלחש, הוא רשאי לסמוך על שיטת הרמב"ם (ראה הלכה 120) ולעלות לדוכן בשני תנאים: (א) אם נטל את ידיו קודם תפילת שחרית. (ב) אם לא נגע בשום דבר טמא לאחר אותה הנטילה, ואפילו לא בנעליו (משנ"ב שם, כ בשם האחרונים).

123 רבן יוחנן בן זכאי תיקן שהכוהנים יחלצו את נעליהם קודם שיעלו לדוכן (ראש השנה לא ע"ב).

ופסק 'ערוך השולחן' (קכח, יב) שבנעלי בית של בד שאין להן רצועות, רשאי הכוהן לעלות (על פי שיטת ראבי"ה שמובאת בהגה"מ תפילה פי"ד, ד) – ונהגו להקל בזה לכוהן זקן או חולה.

124 כאשר שליח הציבור מתחיל "רצה", הכוהנים עולים לדוכן ועומדים כשפניהם לארון הקודש (טור, קכח). לאחר שהקהל ענה אמן על ברכת "הטוב שמך ולך נאה להודות" – אם יותר מכוהן אחד עלה לדוכן, הגבאי קורא "כוהנים!" (ר"ת, הובא בטור; וכן פסק ה'חיי אדם' לב, טו בשם הגר"א); ויש הנוהגים ששליח הציבור אומר את הנוסח "אלהינו ואלהי אבותינו" בלחש וקורא "כוהנים!" בקול רם (מהר"ם; המנהג מובא במשנ"ב קכח, לח). לאחר שנקראו, הכוהנים סבים ופונים אל הקהל ומברכים "אשר קדשנו בקדושתו של אהרן, וצִוָּנו לברך את עמו ישראל באהבה" (סוטה מ ע"א); וכיום נוהגים שאין הכוהנים סבים עד אחר שאמרו "וצונו" (קיצוש"ע ק, ח). אם רק כוהן אחד עלה לדוכן, הוא מתחיל לברך בלי שיקראוהו (שם לח ע"א; וכן פסק הרמב"ם, תפילה פי"ד ה"ח).

125 כוהן שלא עקר ממקומו ב"רצה", שוב לא יעלה (סוטה לח ע"ב); ובדיעבד, אם עקר לפני ששליח הציבור סיים את ברכת "רצה", יכול לעלות (א"ר קכח, יח). ואם בכל זאת עלה הכוהן, נחלקו הפוסקים אם צריך לרדת: לדעת ה'פרי חדש', 'דרך החיים' ו'ערוך השולחן', לא ירד; ולדעת הרדב"ז וה'גינת ורדים' צריך לרדת, אם לא היה משום אונס. וכתב המשנ"ב (שם, ט) שצריך אותו הכוהן לצאת מבית הכנסת, כדי שלא יהיה שם בשעה שהגבאי קורא לכוהנים.

126 שליח הציבור מקריא את שלושת פסוקי הברכה מילה במילה, והכוהנים אומרים אותם בקול רם (רמ"א קכח, יג, על פי הטור). בסוף כל פסוק רק הקהל עונה אמן, ולא שליח הציבור (ברכות לד ע"א).

127 אם שליח הציבור הוא כוהן בעצמו, יש שהורו שלא יעלה לברך כדי שלא יתבלבל בתפילתו, אלא אם כן אין כוהן אחר מלבדו (שו"ע שם, יט); והיום נוהגים שגם שליח הציבור מברך עם שאר הכוהנים, מכיוון שמתפלל מתוך סידור ואין חשש שלא יוכל לחזור לתפילתו (פר"ח; וכן הכריע המשנ"ב שם, עה).

128 בזמן שהכוהנים מברכים, הם מגביהים את ידיהם כנגד כתפיהם (סוטה לח ע"א), ומגביהים את יד ימין מעט מיד שמאל (הגה"מ תפילה פי"ד, ג; זוהר, נשא קמו ע"א). הם מצמידים את אצבעותיהם – האצבע לאמה והקמיצה לזרת, כך שיהיו חמישה רווחים בין האצבעות (שו"ע שם, יט על פי שבה"ל והרוקח). יש הנוהגים שהכוהנים מוציאים את ידיהם מחוץ לטלית בזמן הברכה (מובא ברמ"א שם, כג), והיום נוהגים שהכוהנים משאירים את ידיהם בתוך הטלית (ערוה"ש שם, לו; כה"ח שם, קמג). הקהל עומד לפני הכוהנים ולא מאחוריהם (סוטה לח ע"ב). אין להסתכל בפניהם או בידיהם של הכוהנים בשעת הברכה (שו"ע שם, כג על פי חגיגה טז ע"א).

129 כאשר הכוהנים אומרים את התיבות שיש בהן פנייה לציבור: "יברכך", "וישמרך", "אליך", "ויחנך" "לך" ובמילה "שלום" בסוף הברכה, הם הופכים את פניהם לימינם ולשמאלם (ספר הרוקח, שכג).

130 ברוב הקהילות בישראל הכוהנים נושאים את כפיהם בתפילות שחרית ומוסף, בנעילה של יום הכיפורים ובתפילת מנחה של תענית ציבור (שו"ע קכט, א; וראה הלכה 487). אם אין בבית הכנסת כוהנים, שליח הציבור אומר את התחינה "אלהינו ואלהי אבותינו". אין אומרים ברכת כוהנים בשחרית של תשעה באב או בבית האבל (משנ"ב קכא, ו); ומנהג ירושלים שהכוהנים נושאים את כפיהם גם בבית האבל (ראה הלכה 425 ב).

131 בחוץ לארץ נוהגים שהכוהנים אינם נושאים את כפיהם אלא בתפילה מוסף ליום טוב, ובשאר הימים שליח הציבור אומר את הבקשה "אלהינו ואלהי אבותינו" (רמ"א קכח, מד). בקהילות רבות בגליל הכוהנים אינם נושאים את כפיהם אלא בתפילת מוסף (ואפילו במוסף לראש חודש), ומסורת בידם מראשוני תלמידי הבעש"ט שעלו לארץ (שו"ת 'מנחת יהודה' ח"ח, א).

הלכות תחנון

132 "ואחר שישלים (שליח הציבור) כל התפלה ישב ויפול על פניו ויטה מעט הוא וכל הציבור ויתחנן" (רמב"ם, תפילה פ"ט ה"ה). בזמן הגאונים אמרו לקט פסוקים כתחינה; ובמחזור ויטרי מובא שנהגו לומר את מזמור כה, "לדוד אליך ה' נפשי אשא"; ובסידור חסידי אשכנז מובא המנהג לומר את מזמור ו, וכך מנהג אשכנז היום. יש המקדימים לנפילת אפיים וידוי וי"ג מידות, וראה הלכה 135–136.

133 בימי שני וחמישי מרבים בתחנונים ואומרים את סדר "והוא רחום" לפני נפילת אפיים (טור, קלד). בבתי כנסת המתפללים בנוסח ספרד, מקדימים נפילת אפיים לסדר "והוא רחום" ('שער הכוונות'; ושני המנהגים מובאים ב'כלבו', יט).

134 בתעניות ציבור (פרט לצום גדליה) אומרים סליחות ו"אבינו מלכנו" לפני נפילת אפיים (שו"ע תקסו, ד). בעשרת ימי תשובה אומרים רק "אבינו מלכנו" לפני נפילת אפיים.

135 בסדר רב עמרם גאון כתוב, שבשני ובחמישי נוהגים

לומר י"ג מידות ווידוי לפני נפילת אפיים. בבתי כנסת המתפללים בנוסח ספרד, נוהגים לומר אותם בכל יום, אך אומרים וידוי לפני י"ג מידות (פע"ח יא, ח), ויש מקהילות אשכנז שאימצו את המנהג ('יסוד ושורש העבודה', סידור נהורא); ויש כאלה האומרים וידוי וי"ג מידות רק בשני ובחמישי (סידור 'אשי ישראל').

136 המתפלל במקום שנוהגים לומר בו וידוי וי"ג מידות, לא יפרוש מן הציבור, אף אם מנהגו שלא לומר; ולכל הפחות יענה י"ג מידות אחרי שליח הציבור (אג"מ, או"ח ח"ג, פט).

137 תפילת "והוא רחום" היא בקשת רחמים, שנתקנה על נס שאירע בדור החורבן (סידור ר"ש מגרמייזא). אומרים תפילה זו בעמידה (שו"ע קלד, א על פי מהר"י אבוהב), ומנהג אשכנז לאומרה בלחש (רמ"א שם), מפני שהיא מקבילה לתפילת שמונה עשרה ('לבוש' שם, א).

138 אין להפסיק בדיבור בין תפילת שמונה עשרה ונפילת אפיים ('ארחות חיים' בשם הגאונים). אומרים נפילת אפיים בישיבה, ומשעינים את הראש על הזרוע. ונחלקו הראשונים כנגד איזו זרוע יטה: דעת רב האי גאון, שיש להטות על זרוע שמאל, כיוון שזו דרך הסבה, ודווקא בדרך שבה האדם מראה עצמו כבן חורין, עליו להכניע עצמו בפני הקב"ה (מובא בשבה"ל); ודעת רש"י, שיש להטות על זרוע ימין, שהיא שמאלו של העומד מולו, כמו שכתוב (שיר השירים ב, ו): "שמאלו תחת לראשי וימינו תחבקני" (מובא בריב"ש, תיב; ומחז"ו הביא מפסוק זה ראיה למנהג הגאונים). והרמ"א ('דרכי משה' קלא, ב) הביא את דעת ר' בחיי, שלפי הקבלה יש ליפול על צד שמאל - אך למעשה הכריע כרקנטי וכמהר"י טירנא, שבשחרית כאשר התפילין מונחות על זרועו השמאלית, משעין את ראשו על זרועו הימנית, ובמנחה על זרועו השמאלית (רמ"א שם, א), ומנהג הגר"א להשעין את הראש על זרוע שמאל גם בשחרית.

139 במקום שאין בו ספר תורה, אין נופלים על פניהם (רמ"א שם, ב על פי הרוקח). ומנהג ירושלים שנופלים על פניהם גם כאשר אין ספר תורה (אג"מ, יו"ד ח"ג, קכט), ויש העושים כן רק בין חומות העיר העתיקה ('אשי ישראל' פכ"ה הערה לט בשם הרש"ז אויערבך).

140 "מנהג פשוט בכל ישראל שאין נפילת אפים בשבתות ובמועדים ולא בראש השנה ולא בראשי חדשים ובחנוכה ובפורים ולא במנחה של ערבי שבתות וימים טובים" (רמב"ם, תפילה פ"ה הט"ז). בימי בית שני נהגו לפי רשימת הימים שאסור להתענות ולהספיד בהם, שבמגילת תענית. משחרב הבית בטלה המגילה - פרט לימים אלה, שאין מספידים ואין מתענים בהם (ראש השנה יח ע"ב, וראה רש"י שם). כבר מימות הראשונים נהגו שלא ליפול על פניהם בימים שקוראים בהם את ההלל; ובאשר לפורים כתב רב עמרם גאון שיש לומר תחנון, אך הראשונים דחו שיטה זו ('עיטור' מגילה קיא ע"א).

141 במרוצת הדורות נוספו ימים אחרים לרשימת הימים שאין אומרים בהם תחנון: 'אסרו חג' (שבה"ל, ל); ט"ו באב וט"ו בשבט (ב"י, אף שבספר הרוקח כתוב שאומרים בהם); ל"ג בעומר (מהר"י טירנא); ערב ראש השנה וערב יום הכיפורים (שבה"ל שם); בין יום הכיפורים לסוכות (שם בשם רבינו שמחה); כל חודש ניסן (סידור רש"י, שנג על פי מסכת סופרים); ומראש חודש סיון עד שבועות (הגה"מ, תפילה פ"ה, ש). ויש מהאחרונים שהוסיפו, שאין לומר תחנון מאחרי שבועות עד י"ב בסיון (בה"ט קלא, יט בשם 'כנסת הגדולה') ומאחרי סוכות עד ב' בחשוון (שע"ת שם בשם 'סדר היום'), וכך נוהגים היום בארץ ישראל.

142 "ורב נטרונאי כתב נפילת אפים בציבור על פניהם אחר התפלה רשות היא ונופלים בבית האבל ואין נופלין בבית החתן" (טור, קלא). היום נוהגים שלא לומר תחנון בבית האבל כיוון שאבל הוקש לחג, שנאמר (עמוס ח, י): "והפכתי חגיכם לאבל", וכן אין אומרים בתשעה באב (ב"י בשם שבה"ל).

143 אין אומרים תחנון בבית החתן, וגם לא בבית כנסת שחתן בשבעת ימי המשתה מתפלל בו. שבעה ימים אלו נמנים מעת לעת, כלומר אם החופה הייתה ביום שני אחר הצהריים, אין אומרים תחנון בנוכחות החתן עד מנחה גדולה של יום שני שאחריו, אף על פי שבעת ימי המשתה הסתיימו ביום ראשון (פת"ש שם, יב בשם ה'מחזיק ברכה'). ביום חתונתו נחלקו האחרונים: דעת 'דרך החיים' ו'החזון אי"ש' שאפילו החתן עצמו אומר תחנון עד שעת כניסתו לחופה; ויש מקלים בכל אותו היום ואפילו בשחרית (תה"ד ח"ב, פ), אך דווקא כשעומד להיכנס לחופה באותו יום קודם השקיעה ('שבט הלוי' ח"ז, יח). יש שכתבו שטוב יותר שהחתן יצא מבית הכנסת, ולא נהגו כן (ראה הלכה 414).

144 אין אומרים תחנון בבית כנסת שמלים בו תינוק (שבה"ל והגה"מ שנזכרו בהלכה 141); ואפילו אם אין בעלי הברית מתפללים באותו מניין (משנ"ב קלא, כב), ואפילו אם המילה תתקיים אחר הצהריים, כל המניינים המתפללים שחרית בבית הכנסת, פטורים מתחנון (צי"א ח"ז, ט). אך לאחר שהתקיימה המילה, אומרים תחנון ('לבוש' קלא, ד). גם בעלי הברית (אבי הבן, המוהל והסנדק) פוטרים את הציבור המתפלל עמם מלומר תחנון (משנ"ב שם, כב בשם ה'מגן גיבורים').

הלכות קריאת התורה

145 "׳וילכו שלשת ימים במדבר ולא מצאו מים׳ (שמות טו, כב) – דורשי רשומות אמרו: אין מים אלא תורה, שנאמר (ישעיהו נה, א): ׳הוי כל צמא לכו למים׳, כיון שהלכו שלשת ימים בלא תורה נלאו" (בבא קמא פב ע"א). משה רבינו תיקן לישראל שיקראו בתורה בשבתות ובימים טובים, בחול המועד, בראשי חודשים ובכל שני וחמישי, כדי שיקראו בתורה לכל הפחות פעם בשלושה ימים. עזרא הסופר ובית דינו הוסיפו ותיקנו שיקראו גם במנחה של שבת, בשביל מי שאינו יכול להגיע לבית הכנסת בימי שני וחמישי (רמב"ם, תפילה פי"ב ה"א).

146 לפני הוצאת ספר התורה אומרים את התחינה "אל ארך אפיים". ובימים שאין אומרים בהם "למנצח" (ראה הלכה 166), אין אומרים "אל ארך אפיים" (משנ"ב קלא, לה).

147 בימות החול ובמנחה של שבת שלושה עולים לקרוא בתורה - כוהן, לוי וישראל. בחול המועד ובראש חודש עולה ישראל נוסף, בסך הכל ארבעה; ביום טוב עולים חמישה, ביום הכיפורים שישה, ובשבת שבעה - כוהן, לוי וחמישה ישראלים (משנה, מגילה כא ע"א; וראה בטור ובב"י, קלה). בימות החול אין מוסיפים על מספר זה, אך בשבתות ובימים טובים יכולים להוסיף (שו"ע רפב, א; והרמ"א שם כתב שנהגו שלא להוסיף ביום טוב). האחרון מבין הקרואים הנוספים, או העולה למפטיר, יכול להיות כוהן או לוי (רמ"א קלה, י בשם ה׳מרדכי׳).

148 אם אין בבית הכנסת לוי, הכוהן עולה שוב (גיטין נט ע"ב, ותוספות שם). אם אין כוהן ויש לוי, אין חובה לקרוא את הלוי לתורה; אך אם מעלים את הלוי לקרוא, יש לקוראו ראשון (שו"ע ורמ"א קלה, ו בשם רבינו ירוחם). ומכריזים "במקום כוהן", כדי שלא יטעה הקהל לחשוב שהעולה ראשון כוהן הוא (טור שם).

149 עוד נוהגים להעלות חתן ביום חופתו ובשבתות שלפני נישואיו ואחריהם, בר־מצווה, מי שאשתו ילדה, יתום ביום פטירת אביו או אמו, ומי שחייב לברך הגומל (בה"ל קלו ד"ה בשבת).

150 אין מעלים אב ובנו או שני אחים בזה אחר זה לכתחילה, משום עין הרע (שו"ע קמא, ו בשם מהרי"ל).

151 העולה לתורה עולה לבימה בדרך הקצרה ביותר (שם, ז בשם בעל תה"ד). הוא פותח את ספר התורה כדי לראות היכן יקרא, ואחר כך מברך בעודו אוחז בעמוד (המכונה ׳עץ חיים׳), וצריך להקפיד שלא להסתכל בספר כדי שלא ייראה שגם הברכות כתובות בו (רמ"א קלט, ד בשם ה׳כלבו׳). יש הנוהגים לסגור את הספר (תוספות, מגילה לב ע"א), או להפוך את פניהם לכיוון אחר (רמ"א שם, וב׳דרכי משה׳ כתב שיש להפוך לצד שמאל), או רק להפנות את המבט (ב"ח, הגר"א), או לעצום את העיניים (׳חיי אדם׳ לא, יב).

152 אם הברכה נאמרה על פרשה שאינה נכונה, צריך לשוב ולברך. אך אם המקום הנכון לקריאה היה פתוח בשעת הברכה, אין צורך לשוב ולברך (ט"ז קמ, ד).

153 הקורא בתורה עומד (מגילה כא ע"א). עולה לתורה שאינו קורא, צריך לעמוד אף הוא (׳מרדכי׳ הל׳ ספר תורה, תתקסח). הקהל אינו מחויב לעמוד, אך ראוי שיעשה כן (ערוה"ש קמא, ב על פי ה׳מרדכי׳ מגילה, תכב).

154 עולה לתורה שאינו קורא, צריך לקרוא מתוך הספר עם הקורא, ויעשה זאת בלחש (תוספות, בבא בתרא טו ע"א בשם ר"ת).

155 בכל עלייה לתורה קוראים שלושה פסוקים לפחות (מגילה כא ע"ב), ובסך הכל יש לקרוא עשרה פסוקים לפחות (שם) – פרט לפורים, שקוראים בו רק תשעה פסוקים, מכיוון שיש בהם כל מעשה מלחמת עמלק והמצווה למחות את זכרו (תוספות, שם). ההפסקות בקריאה צריכות להתאים במידת האפשר לפרשיות פתוחות או סתומות בתורה (מג"א, פתיחה לסימן רפב בשם הזוהר), ונוהגים להפסיק כאשר עניין מסתיים, אף אם אין במקום הפסק פרשה (רמ"א קלח, א בשם תה"ד). מפסיקים בדבר טוב ולא בפורענות (או"ז ח"ב מר). מכל מקום אין להפסיק בפחות משלושה פסוקים מהפרשה הקרובה (מגילה כא ע"ב).

156 אם הקורא טעה טעות המשנה את משמעות הפסוקים (בין שקרא מילה שונה, בין ששינה את הניקוד ולעתים אף את ההטעמה), צריך לחזור למקום שנפלה בו הטעות ולקרוא משם (משנ"ב קמב, ד על פי הרמב"ם; ודעת הגר"א שיש להחזירו על כל שינוי, גם אם אינו משנה את המשמעות). אם נזכר בפסוק שטעה בו, שם שמים, יש לסיים את הפסוק ולחזור לקרוא מתחילתו; אך אם ישנו עוד שם בהמשך הפסוק, יעצור במקום שנודע לו שטעה, ויחזור לקרוא מתחילת הפסוק (צי"א חי"ב מ, ג).

157 אם נמצאה בספר התורה טעות, יש להפסיק את הקריאה ולהמשיכה ממקום שהפסיקו בו בספר אחר, ואין צורך לחזור ולברך את הברכה הראשונה (שו"ע קמג, ד על פי מהר"י בירב).

158 יש שפסקו, שאם אפשר לחלק את המשך הפרשה לשבע עליות (או למספר העולים באותו יום, כאמור בהלכה 147), עדיף לעשות כך (משנ"ב שם, טז).

159 נוהגים לברך את העולה, ולעתים מוסיפים ברכה ייחודית לחולה, ליולדת, לבר־מצווה וכד׳.

160 מי שניצל מסכנה, חייב לברך את ברכת "הגומל" במניין (ברכות נד ע"ב). יש לברך "הגומל" בתוך שלושה ימים משעה שחלפה הסכנה (שו"ע ריט, ו על פי רמב"ן). נוהגים לברך "הגומל" לאחר קריאת התורה ('ארחות חיים', כה) ואם אי־אפשר לאומרה בבית הכנסת בתוך הזמן הזה, יאסוף מניין ויברך (משנ"ב שם, כ); אך אם יעברו שלושים יום משעה שניצל, ולא יוכל לאסוף מניין, יברך בלא מניין (משנ"ב שם, ח).

161 אדם יכול לברך "הגומל" בשביל אשתו, וכן אב בשביל ילדיו (משנ"ב שם, יז).

162 לאחר קריאת התורה אומרים קדיש. בזמן הגאונים היו שנהגו לומר את הקדיש מיד לאחר הקריאה, והיו שנהגו לאומרו לאחר החזרת ספר התורה לארון הקודש (שני המנהגים מובאים בסדר רב עמרם גאון). כיום נוהגים שבשבתות ובימים טובים אומרים קדיש לפני עליית המפטיר, שאינו ממניין הקרואים - כדי להפסיק בין הקריאה שחייבים בה לקריאתו (או"ז ח"ב מז בשם ספר המקצועות); בקריאת התורה בשחרית של חול, בראש חודש ובחול המועד אומרים קדיש לאחר שהעולה האחרון בירך את הברכה שאחר הקריאה; ובמנחה של שבת, של יום הכיפורים ושל תעניות ציבור דוחים את הקדיש עד לאחר הכנסת ספר התורה, כדי להסמיך לקדיש את תפילת העמידה ('לבוש' רצב, א).

163 את הקדיש הזה אומר שליח הציבור (טור, קמט), כלומר הקורא בתורה (ראה שו"ע קמא, ב); ויש הנוהגים שאם העולה האחרון אבל, או שיש לו יום זיכרון - הוא אומר את הקדיש ('שערי אפרים' י, ט); ויש הנוהגים שבכל מקרה האבל אומר את הקדיש ('שדי חמד' מערכת אבילות, קסג בשם 'אגודת אזוב מדברי').

164 לאחר קריאת התורה מגביהים את ספר התורה כדי שהציבור יראה את הכתוב (רמ"א קלד, ב). ויש הנוהגים כמנהג עדות המזרח, ומגביהים את ספר התורה לפני הקריאה (שו"ע שם; וכן דעת הגר"א).

הלכות סוף התפילה

165 "מנהג הראשונים היה לשהות שעה אחת לאחר תפלתם, כדתנן (משנה, ברכות ל ע"ב): 'חסידים הראשונים היו שוהין שעה אחת' וכו'. על זה הוסיפו לומר 'אשרי יושבי ביתך' כלומר השוהין בביתך, כמו (דברים א, מו): 'ותשבו בקדש'" (שבה"ל מד בשם רש"י). ואחריו אומרים את סדר קדושה לפני לימוד תורה (רב נטרונאי גאון, הובא ב'שערי תשובה' צ).

166 בין "אשרי" וסדר 'קדושה דסידרא' אומרים את מזמור כ "למנצח מזמור לדוד", משום שהישועה נזכרת בו (סידור הרוקח). ואין אומרים "למנצח" בימים שאומרים בהם הלל ובפורים, לפי שאינם ימי צרה (תוספות, מגילה ד ע"א); וכן אין אומרים "למנצח" בערב פסח, בערב יום הכיפורים ובתשעה באב, אבל בשאר ימים שאין בהם תחנון אומרים (רמ"א קלא, א בשם מהר"י טירנא). אין אומרים "למנצח" בבית האבל (משנ"ב שם, לה); אסרו חג - דעת היעב"ץ הייתה שאין לומר בו "למנצח", ורוב האחרונים דחו את דבריו; אך בארץ ישראל נהגו שלא לאומרו, כיוון שהוא יום טוב בחו"ל ('ארחות רבינו' ח"א סט בשם החזו"א).

167 כשאומרים 'קדושה דסידרא', הציבור אומר את הפסוקים "קדוש" "ברוך" ו"ה' ימלך לעולם ועד" ביחד, ואת התרגום אומר כל אחד בלחש (רמ"א קלב, א); ויחיד המתפלל בביתו, אומר את פסוקי הקדושה בטעמים (שו"ע נט, ג).

168 אסור לצאת מבית הכנסת קודם אמירת 'קדושה דסידרא' (שו"ע קלב, ב על פי רב עמרם גאון); ובבתי כנסת המתפללים בנוסח ספרד, שבהם מכניסים את ספר התורה בימים שקראו בו, לאחר קדיש, אסור לצאת מבית הכנסת לפני שספר התורה חזר לארון הקודש (שו"ע קמט). ואין לחלוץ את התפילין עד לאחר אמירת הקדיש (שו"ע כח, ב).

169 גם אם חלק מהמתפללים עברו ויצאו מבית הכנסת, ולא נותר מניין לאמירת הקדיש - עדיין אפשר לאומרו כל זמן שהתחילו את חזרת הש"ץ במניין (ראה הלכה 108).

170 בניגוד לחצי הקדיש שאחרי תחנון, שכל מטרתו להפסיק בין העניינים השונים, הקדיש שאחרי 'קדושה דסידרא' מתייחס לכל התפילה - מתפילת העמידה ('לבוש', קלב, א). משום כך היה בדין שרק שליח הציבור יאמר אותו; אך בבתי כנסת שבהם יש כמה אבלים, יש הנוהגים שאבל אחד מתפלל את כל התפילה עד "אשרי", והשני מתחיל מ"אשרי" עד סוף התפילה, והוא שאומר את הקדיש השלם (מובא בבה"ל קלב קונטרס מאמר קדישין).

171 "עלינו לשבח" הוא תפילת פתיחה לפסוקי מלכות ה' במוסף של ראש השנה (סדר רב עמרם גאון). ברבות הימים הוכנסה תפילה זו כסיום למוסף של שבת (מחז"ו), ואחר כך לסוף כל תפילה ('כלבו', טז). החלק הראשון של תפילה זו מיוחס ליהושע בן נון, שאמרה כאשר נפלו חומות יריחו ('שערי תשובה' מד), והחלק השני לעכן בשעה שהתוודה על עוונו ('סדר היום' על פי המשנה בסנהדרין מג ע"ב).

172 בתפילה זו נשתלחה יד הצנזורה ומחקה את השורה

"שהם משתחווים להבל וריק ומתפללים אל אל לא יושיע"; ועד היום בקהילות רבות אין אומרים משפט זה.

173 נוסף על כך מובאת בטור (קלג) מחלוקת בדבר נוסח תפילה זו: והוא מביא את הגרסה "וכסא כבודו בשמים ממעל", ומכריע נגדה. גרסה זו נשמרה במחזור רומא, והגר"א קיבל אותה. גרסת הגר"א שונה מהגרסה המקובלת גם בכך שהוא נהג שלא לומר את הפסוק האחרון "והיה ה' למלך", שבתפילת ראש השנה אינו חלק מהפתיחה לפסוקי מלכויות, אלא הפסוק האחרון מביניהם ('מעשה רב', נב).

174 משום חשיבות תפילת "עלינו", שיש בה ביטוי לאמונה של ישראל בקב"ה, מי שמוצא ציבור אומר "עלינו", עליו לומר אתם (משנ"ב סה, ט בשם 'מחצית השקל'); ואם נמצא בתפילה במקום שאינו רשאי להפסיק בו, צריך לפחות להשתחוות אתם (ראה טבלה בעמ' 812). ויש מורים שמי שמתפלל במניין בנוסח ספרד, שאומרים בו "עלינו" אחרי קדיש דרבנן, יתפלל אתם את סדר סוף התפילה ('אשי ישראל' כו, טו בשם הרש"ז אויערבך).

175 "ואלא עלמא אמאי קא מקיים? א'קדושא דסידרא' וא'יהא שמיה רבא' דאגדתא" (סוטה מט ע"א). היו שהבינו שבקדיש 'דאגדתא' הכוונה בגמרא לקדיש שהיה נאמר לאחר הדרשה (תוספות, ברכות ג ע"א); אך ראשונים רבים הבינו שהכוונה לקדיש השלם הנאמר אחרי פסוקי הנחמה שבסוף קדושה דסידרא (ספר העתים; ספר האשכול; ספר המנהיג). ב'שיבולי הלקט' (ח) כתב שהציבור צריך לשמוע קדיש נוסף בסוף התפילה, כדי להשלים לעשרה קדישים - ולכן פסק הרמ"א שצריכים לומר קדיש אחר "עלינו", המסתיים בדברי נחמה, גם כשאין יתום בבית הכנסת (קלב, ב בשם ה'אגור'). ויש שהעדיפו לומר דווקא את הקדיש דרבנן שאחרי "אין כאלהינו", כמנהג עדות המזרח ('ליקוטי מהרי"ח' בשם השרף מסטרליסק).

176 אם אין אבל, ראוי שיתום יאמר קדיש זה. אם אין יתום, יאמר אותו מי שהוריו בחיים, אם אינם מקפידים על כך (רמ"א שם).

177 לאחר קדיש דרבנן שאחר "אין כאלהינו", ובתפילת ערבית אחרי הקדיש שלאחר "עלינו", נוהגים לומר "ברכו" נוסף למי שעדיין לא שמעו "ברכו" (מובא באבודרהם, ונפסק בריב"ש, שלד). משום כך, אין אומרים "ברכו" זה בימים שקראו בהם בתורה, בליל שבת ובמניין שידוע שאין מי שלא שמע בו "ברכו". וב'שער הכוונות' מובאות כוונות מיוחדות לכל "ברכו", ומשום כך יש מקהילות החסידים והספרדים שאומרים "ברכו" זה בסוף כל תפילת שחרית וערבית.

178 לאחר התפילה רבים נוהגים לומר פרשיות מהתורה לקראת היום הבא. רבים נוהגים לומר את שש הזכירות (והחיד"א הוסיף עליהן עוד ארבע), את פרשת העקדה, את עשרת הדיברות (אם לא אמרו פרשיות אלה לפני שחרית) ואת י"ג עיקרי האמונה שמנה הרמב"ם. יש נוהגים לומר את פרשת היראה, דברים י, יב - יא, ט ('ראשית חכמה' בשם רבינו יונה); את פרשת התשובה, דברים ל, א-י ('סדר היום'); ואת פרשת המן, שמות טז, ד-לו, ולעתים מוסיפים לה תפילות לפרנסה (מובא בשו"ע א, ה).

הלכות תפילת מנחה

179 תפילת מנחה נתקנה כנגד קרבן התמיד של בין הערביים, ולכן אפשר להתפלל מנחה החל מחצי שעה זמנית אחר חצות היום וכלה בשקיעה (ברכות כו ע"ב) והיא הנקראת 'מנחה גדולה'. מכיוון שזמנו הקבוע של התמיד היה שלוש שעות וחצי לאחר מנחה (פסחים נח ע"א), פסק הרמב"ם שלכתחילה יש להתפלל מנחה בשעה זו והיא הנקראת 'מנחה קטנה' (תפילה פ"ג ה"ב; וכן פסק השו"ע רלג, א); לעומתו, יש שהורו שעדיף להתפלל 'מנחה גדולה' מיד כשמגיע זמנה (שו"ת הרא"ש ד, ט; וראה ערוה"ש רלג, יב). בדיעבד אפשר להתפלל מנחה עד 'צאת הכוכבים' (משנ"ב רלג, יד). ראה הלכה 70 בעניין השעות הזמניות.

180 לפני תפילת מנחה יש ליטול ידיים (סדר רב עמרם גאון), ולא יברך על הנטילה (טור, רלג בשם התוספות; והגר"א כתב שצריך לברך). ואם אין לו מים ליטול ידיים, ינקה היטב את ידיו (שם בטור).

181 ראוי לומר גם לפני מנחה את פרשת קרבן התמיד (רמ"א רלד, א בשם ר' יונה); ו'מקור חיים' ו'ערוך השולחן' הביאו תירוצים למנהג שלא לומר. ונוהגים לומר את כל פרשת הקרבנות שבשחרית פרט לתרומת הדשן שנעשתה במקדש רק לפני תמיד של שחר, ולסדר המערכה שהוא סיכום של עבודת היום במקדש (סידור יעב"ץ).

182 במחזור ויטרי (פט) מובא שיש לומר את הפסוק "כי שם ה' אקרא" (דברים לב, ג) לפני כל תפילה, אחרי "ה' שפתי תפתח"; אך היו ראשונים שכתבו שאין לאומרו (סידור הרוקח, מה; מאירי ברכות ד ע"ב), ובסידורים הישנים שתי הגרסאות מובאות. והטור (קיא) כתב, שאין לומר פסוקים אלה בשחרית

ובערבית כדי לא להפסיק בין גאולה לתפילה; אך במנחה ובמוסף רשאי – וכך נוהגים היום, ואומרים את הפסוק "כי שם ה' אקרא" לפני "ה' שפתי תפתח", כיוון שהוא תוספת לתפילה (מג"א שם, א).

183 אין אומרים ברכת כוהנים בתפילת מנחה (משנה, תענית כו ע"ב). המשנה מכנה את ברכת "שים שלום" בשם "ברכת כוהנים" (ראש השנה לב ע"א), ולכן מנהג אשכנז הוא שלא לומר "שים שלום" במנחה ובערבית, שאין בהם ברכת כוהנים, אלא "שלום רב" ('ליקוטי פרדס'; רמ"א קכז, ב על פי ה'מרדכי').

184 כל יום שאין אומרים בו תחנון, אין אומרים אותו גם במנחה שלפניו – פרט לערב ראש השנה, ערב יום הכיפורים (משנ"ב, קל, לג) ופסח שני (לוח ארץ ישראל), שאומרים תחנון במנחה שלפניהם.

185 אין נפילת אפיים בלילה (שו"ע קלא, ג על פי הרקנטי, במדבר טז, כא); אך אפשר לומר את המזמור בלא נפילת אפיים (משנ"ב שם, טז בשם א"ר), וגם מ'בין השמשות' עד צאת הכוכבים אפשר לאומרו בנפילת אפיים (שם, יז בשם הט"ז); והיום נוהגים שלא לומר תחנון כלל אחר השקיעה ('אשי ישראל' פכ"ח הערה נא בשם רי"ש אלישיב).

הלכות תפילת ערבית

186 בגמרא (ברכות כו ע"ב) מובאת מחלוקת, אם שלוש התפילות ביום הן כנגד תפילותיהם של האבות, או שנתקנו כנגד קרבנות הציבור; והראשונים הבינו שמסקנת הגמרא היא שהתפילות הן כנגד הקרבנות (רמב"ם, תפילה פ"א ה"ה; טור, צח). על פי הבנה זו, לתפילת ערבית יש מעמד נחות משאר התפילות, שהיא כנגד הקטרת איברי הקרבן על המזבח – ואכן בגמרא (שם כז ע"ב) נאמר שתפילת ערבית היא רשות בלבד. למרות זאת, משעה שכל ישראל קיבלו על עצמם להתפלל ערבית, הרי היא חובה כשאר התפילות (רי"ף, ברכות יט ע"א), ואין לבטלה אם לא מפני מצווה עוברת, כלומר מצווה שלא יוכל לקיימה כלל אחר כך, אם יתפלל (תוספות, ברכות כו ע"א). מפני שתפילת ערבית אינה חובה אלא משום מנהג ישראל, נהגו הנשים שלא להתפלל ערבית (פמ"ג, פתיחה להל' תפילה; אך ערוה"ש קו, ז כתב שצריכות להשתדל להתפלל גם ערבית).

187 נחלקו תנאים, מתי מסתיים זמן תפילת מנחה ומתחיל זמן ערבית: לדעת חכמים, אין להתפלל ערבית עד צאת הכוכבים; ולדעת ר' יהודה, עד 'פלג המנחה', כלומר שעה ורבע לפני השקיעה. המסקנה בגמרא היא ששתי השיטות אפשריות, אך אין לעשות 'תרתי דסתרי', כלומר להתפלל הן מנחה הן ערבית בזמן שבין פלג המנחה לשקיעה (ברכות כז ע"ב). יש שסברו שעל כל אדם לאמץ לעצמו אחת מהשיטות באופן קבוע (טור, רלג בשם ר' יונה והרא"ש); ונהגו להקל, כל זמן שאינו עושה 'תרתי דסתרי' באותו היום ממש (משנ"ב שם, יא על פי ר"ת).

188 קריאת שמע בערב היא מצווה מן התורה כמו בבוקר, וכל הדינים הנוהגים בקריאת שמע בבוקר נוהגים גם בערב (ראה הלכות קריאת שמע בעמ' 736). מצוות קריאת שמע היא רק לאחר צאת הכוכבים (ברכות ב ע"א), ואפילו אם התפלל ערבית מוקדמת (כמובא בסעיף הקודם), עליו לחזור ולקרוא את שלוש הפרשיות בלא ברכותיהן (שו"ע רלה, א בשם הגאונים והרשב"א).

189 זמן קריאת שמע הוא כל הלילה; אך חכמים צמצמו את זמנה, וקבעו שצריך לקרוא אותה לפני חצות (משנה, ברכות ב ע"א). בדיעבד יכול לקרותה עד עלות השחר (שו"ע שם, ג).

190 לפני תפילת ערבית אומרים "והוא רחום", מכיוון שבערב אין קרבן תמיד שיכפר עלינו (מחז"ו, קא בשם ר' אליעזר הגדול). יש שנהגו לומר לפני "והוא רחום" את מזמור קלד כדי לקרוא קריאת שמע מתוך דברי תורה (ריא"ז, הובא ב'שלטי הגיבורים' ברכות ב ע"א, ד), פסוקי תחינה וחצי קדיש (האר"י); ומנהג אשכנז בארץ ישראל שלא לאומרם, על פי הגר"א ('מעשה רב', סו).

191 לדעת ה'פרישה' (רלו, ג) בסוף ברכת "המעריב ערבים" יש לקרוא "חי וקיים תמיד, ימלוך עלינו לעולם ועד", וכן כתב בסידור 'עבודת ישראל', וכן משמע מסידור רש"י סי' א, וממחזור בני רומא; ורבים נוהגים לקרוא "חי וקיים, תמיד ימלוך עלינו..." כדעת ר' שבתי סופר. אותה מחלוקת אמורה לגבי ברכת "המלך כבוד תמיד ימלוך עלינו" שבסוף התחינה "יראו עינינו" הנאמרת בחו"ל (ראה בהלכה הבאה). ובסידור הרוקח חילק ביניהם (ראה סימן עח שמשמע כרש"ס, וסימן פב שמשמע כ'פרישה').

192 הגאונים תיקנו לומר שמונה עשר פסוקים ותחינה אחריהם לאחר קריאת שמע של ערבית (עמ' 517) כדי לאפשר למאחרים להשלים קריאת שמע ולהתפלל במניין (טור, רלו); ויש מהראשונים שנהגו שלא לאומרם, כדי לא להפסיק בין גאולה לתפילה (רשב"ם ורמב"ן, הובאו בב"י שם), ובארץ ישראל נוהגים שלא לאומרם, כדעת הגר"א (שם).

193 מי שהגיע לבית הכנסת ומצא את הציבור סמוך לתפילת העמידה, יעמוד ויתפלל עמם ואחר כך יאמר קריאת שמע בברכותיה (שו"ע רלו, ג).

דיני ספירת העומר

194 "וספרתם לכם ממחרת השבת, מיום הביאכם את עמר התנופה, שבע שבתות תמימת תהיינה" (ויקרא כג, טו). חכמים למדו שהכוונה למחרת חג הפסח (מנחות סה ע"ב – סו ע"א), ולכן סופרים את העומר ממוצאי החג ועד ערב שבועות. נוהגים לספור את העומר בסוף תפילת ערבית, לפני "עלינו" (משנ"ב תפט, ב), ויש לסופרו בעמידה (רמב"ם, תמידין ומוספין פ"ז הכ"ג).

195 ספירת העומר נתקנה בהקבלה לקצירתו בזמן המקדש, שזמנה היה מיד בתחילת הלילה (משנה, מנחות סה ע"א), אך בדיעבד זמנה כל הלילה (משנה, מגילה כ ע"ב). משום כך, יש לספור את העומר בתחילת הלילה (טור, תפט); ומי שמתפלל במניין לפני צאת הכוכבים, לא יספור אתם, אלא בלילה (שו"ע שם, ג על פי מחז"ו).

196 המצווה לספור את העומר כפולה – לספור את הימים ולספור את השבועות (שם סו ע"א). משום כך, לאחר הברכה מונים את מספר הימים, ואחר כך את מספר השבועות והימים הנותרים. נחלקו הראשונים בנוסח הספירה: מסידור רש"י (תלז), הראבי"ה (ח"ב, תקכו) והרא"ש (שו"ת כד, יג) משמע שדי במניין, "היום שמונה ימים שהם שבוע אחד ויום אחד"; לדעת הרשב"א (שו"ת ח"א, תנז) והר"ן (פסחים כח ע"א), מוטב לסיים את הספירה במילה "לעומר", וכן כתוב ב'שער הכוונות', ורבים מבני אשכנז קיבלו גרסה זו (בעקבות סידור השל"ה); ובמנהגי מהר"י טירנא (סדר חג הפסח, ד"ה בליל שני) מובאת הגרסה "בעומר", וכן כתב הרמ"א (תפט, א) וכן מנהג הגר"א ('מעשה רב', סט).

197 מי ששכח לספור את העומר במהלך הלילה, יכול לספור למחרת במשך היום עד שקיעת החמה (בה"ג, הל' עצרת); אך יספור בלא ברכה, כיוון שמצוות העומר היא בלילה (רא"ש, פסחים פ"י, מא).

198 מי ששכח לספור את העומר במהלך כל היום – לדעת בה"ג (הל' מנחות) הפסיד את המצווה, וצריך להמשיך לספור בלא ברכה; ולדעת ר"י (הובא בתוספות, מנחות סו ע"א, וברא"ש הנ"ל) יכול להמשיך, כיוון שכל יום ויום הוא מצווה בפני עצמה. להלכה פסק השו"ע שאין ממשיכים לברך; אם מסופק אם ספר, יכול להסתמך על דעת הר"י ולהמשיך ולספור בברכה (תפט, ח על פי תה"ד, לז).

199 גם מי שרק הזכיר את המספר, יצא ידי חובת הספירה באותו הלילה (רמב"ם, תמידין ומוספין פ"ז הכ"ה). ולכן נוהגים להקפיד שלא להזכיר את מספר הימים משעת השקיעה ועד שסופרים, מחשש להפסיד את הברכה (שו"ע תפט, ד על פי האבודרהם). עם זאת, שליח הציבור מברך וסופר בציבור, וכל יחיד סופר אחריו (שו"ע שם, א על פי מנחות סו ע"א), מכיוון שמתכוונים שלא לצאת ידי חובתם בספירתו (שו"ת רשב"א ח"א תנח).

200 בימי ספירת העומר ישנם מנהגים ייחודיים; ראה עמ' 802.

קריאת שמע שעל המיטה

201 "אמר רבי יהושע בן לוי: אף על פי שקרא אדם קריאת שמע בבית הכנסת, מצוה לקרותו על מטתו" (ברכות ד ע"ב). נחלקו הראשונים איזו מהשתיים עדיפה: לדעת רש"י (ברכות ב ע"א), עיקר המצווה היא קריאת שמע שעל המיטה; אך רוב הראשונים סברו כדעת התוספות (שם), שקיום המצווה הוא בקריאת שמע בבית הכנסת. השו"ע (רלט, א) פסק כדעת התוספות והרמב"ם (תפילה פ"ז ה"ב), שצריך לקרוא רק פרשה ראשונה; לדעת הר"ח (מובאת בטור, שם) צריך לקרוא את שתי הפרשות הראשונות; והמשנ"ב (שם, א) פסק כדעת מהרש"ל, שמוטב לומר את כל שלוש הפרשיות, ולהקדים "אל מלך נאמן".

202 לאחר שסיים קריאת שמע, אין לאכול, לשתות או לדבר, אלא יחזור ויקרא עד שיירדם (רמ"א שם, א בשם ההגה"מ).

סדר שבת

הלכות הדלקת נרות

203 "שלשה דברים צריך אדם לומר בתוך ביתו ערב שבת עם חשכה: עשרתם? ערבתם? הדליקו את הנר! ספק חשכה ספק אין חשכה, אין מעשרין את הודאי ואין מטבילין את הכלים ואין מדליקין את הנרות; אבל מעשרין את הדמאי ומערבין וטומנין את החמין" (משנה, שבת לד ע"א). המשנה מחלקת בין מלאכות האסורות מדאורייתא ומלאכות האסורות מדרבנן, ומתירה מלאכות האסורות מדרבנן בשעה ש"ספק חשיכה ספק אינה חשיכה". שעה זו מכונה 'בין השמשות', ובגמרא (שם ע"ב) מובאת מחלוקת מהו משך זמן זה, ולמסקנה נקבע שיעור זמן הילוך שלושה רבעי מיל.

204 נחלקו ראשונים, אם מדובר בדקות האחרונות קודם השקיעה (ראב"ן, 'יראים'), או בזמן שבין השקיעה וצאת הכוכבים (רמב"ם, שבת פ"ה ה"ד). ולהלכה נפסק כשיטה השנייה, ולכן מותרת מלאכה עד סמוך לשקיעה (שו"ע רסא, ב; והב"ח שם כתב שראוי להחמיר כדעת ה'יראים').

205 "מערב עד ערב תשבתו שבתכם" (ויקרא כג, לב). מכאן למדו בגמרא (ראש השנה ט ע"א; יומא פא ע"ב) שיש מצווה להוסיף מן החול על הקודש. בידי הראשונים היו גרסאות שונות בגמרא, ונראה שלדעת הרמב"ם דין זה אינו נוהג אלא ביום הכיפורים ('מגיד משנה', שביתת עשור פ"א ה"ו); אך לדעת רוב הראשונים, מצווה מן התורה להוסיף על שבת פרק זמן נוסף שאסור במלאכה. שיעור זמן זה הוא כלשהו (שו"ע רסא, ב על פי הרא"ש, ברכות פ"ד, ו), אך נהגו לקבוע את זמן הדלקת הנרות שמונה עשרה דקות לפני השקיעה ('חיי אדם' ה, א), ובזה גם יוצאים ידי שיטת ה'יראים'. ויש מקומות שהוסיפו על שיעור זה - בירושלים נוהגים להדליק נרות ארבעים דקות לפני השקיעה ('ספר ארץ ישראל' לרי"מ טוקצ'ינסקי), ובחיפה שלושים; ובדיעבד, מותר להדליק עד שתי דקות לפני השקיעה (אג"מ, או"ח ח"א, צו).

206 "'ותזנח משלום נפשי' (איכה ג, יז) - אמר ר' אבהו: זו הדלקת הנר בשבת" (שבת כה ע"ב). פירש רש"י: "ובמקום שאין נר אין שלום, שהולך ונכשל". בגמרא (שם כג ע"ב) הפליגו בחשיבות הדלקת נר של שבת וקבעו, שמי שאין לו די כסף לצורכי היום, יוותר על יין לקידוש ולא יוותר על הדלקת הנר.

207 נוהגים להדליק שני נרות ('כלבו', כד, על פי מדרש תהלים צב, א); ויש הנוהגים להדליק נרות כמספר בני הבית (ליקוטי מהרי"ח). עוד נוהגים, שמי ששכחה להדליק נרות שבת, מדליקה שלושה נרות מכאן ואילך (רמ"א רסג, א בשם מהרי"ל).

208 הדלקת נרות היא אחת המצוות המסורות לנשים (משנה, שבת לא ע"ב). אם אין האישה יכולה להדליק, צריך הבעל להדליק במקומה (משנ"ב רסג, יא). יש הנוהגים שגם רווקות מדליקות, ורשאיות לברך אפילו כשהן בבית הוריהן (ערוה"ש שם, ז). מי ששובת מחוץ לביתו צריך להדליק, ואפילו אם הוא נשוי (ספר התשבץ, ו; מובא בבה"ל שם). מי ששובת בפנימייה או בבית מלון, ומסיבות בטיחות אינו יכול להדליק בחדרו, יכול לצאת ידי חובתו בהדלקה המרכזית בחדר האוכל (א"ר שם, ט), וצריך לדאוג שיהיה אור חשמל בחדרו, ולדעת פוסקים רבים יוצאים בזה ידי חובת הדלקה ('הר צבי' ח"ב קיד; יבי"א ח"ב יז).

209 צריך להדליק נרות כך שיהיה אור בכל הבית, ומברכים על הנרות שליד השולחן (משנ"ב רסג, יא). נוהגים שגם מי שאוכלת מחוץ לביתה, מדליקה נרות בברכה במקום שאוכלת בו. ואם היא עתידה לשוב לביתה, צריכה להדליק בבית נרות שידלקו בשעה שהיא חוזרת בה (שו"ע שם, ט על פי ה'אגודה'), או להשתמש לאור הנרות קודם שתצא מביתה (שו"ת מהרי"ל נג).

210 לדעת בה"ג (הל' חנוכה), האישה מקבלת על עצמה שבת כאשר מדליקה את הנרות, ואחר כך אסור לה לעשות כל מלאכה; והתוספות (הובאו בטור) והרמב"ן (שבת כג ע"ב) חלקו עליו, ופסקו שקבלת שבת תלויה בתפילות הציבור (שתי הדעות מובאות בשו"ע שם, י). מהר"ם (ספר התשבץ, ח) כתב שמי שרוצה להתנות בשעת הדלקת הנרות שעדיין אינה מקבלת שבת, רשאית לעשות כן; וכן פסק הרמ"א, והוסיף שרק מי שמדליקה נרות מקבלת שבת, אך שאר בני הבית לא (ומקורו בשבה"ל נט). נחלקו הראשונים ('מרדכי' שבת, רצג) אם מברכים על הדלקת הנרות לפני ההדלקה או אחריה. לדעת 'ערוך השולחן' (שם, יד) מדובר באותה המחלוקת - כיוון שקבלת שבת היא בברכה ולא במעשה ההדלקה; והיום נוהגים שהאישה המדליקה נרות מכסה את פניה ומברכת קודם שתיהנה מהאור (רמ"א שם בשם מהר"י וייל).

תפילות ערב שבת

211 בתפילת מנחה של ערב שבת אין אומרים תחנון (שו"ע רסז, א).

212 נוהגים לומר אחרי מנחה את הפיוט "ידיד נפש" שחיבר ר' אלעזר אזיכרי, ואחריו מזמורי תהלים לקבלת שבת ('היכל הקודש' ו'סדר היום'). מכיוון שקבלת שבת אינה חלק מהתפילה עצמה, נוהגים ששליח הציבור עומד על הבימה לקריאת התורה, ולא לפני העמוד ('רבבות אפרים' ח"ב קטז, יב).

213 באמירת "מזמור שיר ליום השבת" הציבור מקבל עליו שבת (שו"ע רסא, ד), ומשום כך נוהגים שהאבלים נכנסים לבית הכנסת לאחר "לכה דודי" (ראה עמ' 158); ויש האומרים שמקבלים שבת כבר באמירת "בואי בשלום" (מובא בשש"כ מו, ז). וכתבו האחרונים שאין לנחם את האבלים אחר שנכנסה שבת (ערוה"ש יו"ד ת, ה; משנ"ב רפז, ג). לאחר קבלת שבת נוהגים לומר את הפרק "במה מדליקין".

214 ערבית לשבת - אין אומרים "והוא רחום". שליח הציבור עובר לעמוד לאמירת "ברכו". ברכות קריאת שמע זהות לברכות של חול פרט לחתימת ברכת "השכיבנו". מי שטעה וסיים "שומר עמו

ישראל לעד" כביום חול ונזכר תוך כדי דיבור, חוזר ואומר מ"ושמור צאתנו ובואנו"; ואם לא נזכר מיד, אינו חוזר (משנ"ב רסז, ט על פי ה'כלבו').

215 "ונוהגין לומר פסוק 'ושמרו בני ישראל' בין גאולה לתפילה לומר שאם ישראל ישמרו את השבת כראוי מיד נגאלין" (אבודרהם). והאחרונים כתבו שאין חובה לסמוך גאולה לתפילה בשבת וביום טוב, שאינם ימי צרה, ולכן ניתן לומר "ושמרו" (פמ"ג, מ"ז שם, א); ודעת הגר"א שאין לומר ('מעשה רב' סז).

216 בתפילת העמידה לשבתות ולימים טובים שבע ברכות: שלוש הברכות הראשונות ושלוש האחרונות זהות לשלוש הראשונות ושלוש האחרונות של תפילת חול, והברכה האמצעית היא מעניינו של היום. מי שטעה, ובמקום "אתה קדשת" התחיל את הברכות לימי חול, ונזכר באמצע – ממשיך עד סוף הברכה שמחזיק בה, ואחר כך מתחיל "אתה קדשת" (שו"ע רסח, ב על פי ברכות כא ע"א). מי שטעה, והתחיל ברכה אמצעית אחרת מברכות השבת, אינו חוזר (שם, ח על פי שבה"ל); ואם התחיל ברכה רביעית של תפילת מוסף, צריך לחזור (הכרעת המג"א שם, ט).

217 "אמר רבא ואיתימא רבי יהושע בן לוי: אפילו יחיד המתפלל בערב שבת צריך לומר 'ויכולו'. דאמר רב המנונא: כל המתפלל בערב שבת ואומר 'ויכולו', מעלה עליו הכתוב כאילו נעשה שותף להקדוש ברוך הוא במעשה בראשית" (שבת קיט ע"ב). לאחר תפילת לחש הקהל כולו אומר "ויכולו" – שאותו תיקנו לומר בליל יום טוב החל בשבת, מכיוון שאין אומרים אותו בתפילה; ואחר כך תיקנו לומר אותו בכל שבת (תוספות, פסחים קו ע"א). נוהגים שמי שלא אמר "ויכולו" עם הקהל, אומר לאחר התפילה, ומקפידים לומר דווקא בעמידה ובשניים כדי ליצור מעין עדות (משנ"ב רסח, יט על פי ספר המנהיג); ולדעת ה'חזון אי"ש' אין צורך בכך (שבת לח, י).

218 אחרי "ויכולו" שליח הציבור אומר ברכה מעין שבע (רש"י, שבת כד ע"ב). יש שפירשו, שברכה זו נתקנה להוציא את מי שאינו יודע לברך את הברכה האמצעית המיוחדת לעמידה של שבת (רב משה גאון, מובא בספר העתים קלט), ויש שפירשו, שנתקנה לעכב את הציבור, שימתינו למי שמאריך בתפילתו – ולכן אין היחיד אומרה (טור, שם בשם ראבי"ה). אין אומרים ברכה מעין שבע במניין שאינו קבוע (ט"ז רסח, ח על פי הריב"ש), או במקום שאין בו ספר תורה (משנ"ב שם, כד בשם הא"ר).

דיני קידוש וסעודת ליל שבת

219 "זכור את יום השבת לקדשו" (שמות כ, ח). דרשו חכמים "זוכרהו על היין" (פסחים קו ע"א), אך אפשר לקדש על הלחם אם אין לו יין או שאינו רוצה לשתות (שו"ע ערב, ט על פי פסחים קו ע"ב). אין לאכול או לשתות מכניסת שבת עד שיקדש (שו"ע רעא, ד בשם מהר"ם ורשב"א). מי שצריך לשתות מסיבות רפואיות או לבלוע תרופות עם מים, רשאי לעשות זאת לפני הקידוש (שש"כ נב, ג).

220 אף שהקידוש הוא מצוות עשה שהזמן גרמה, נשים חייבות בקידוש כמו האנשים, כפי שחייבות בכל מצוות השבת (ברכות כ ע"ב). ואישה יכולה להוציא גברים ידי חובת קידוש (שו"ע רעא, ב על פי ה'כלבו').

221 בגמרא (פסחים קא ע"א) נפסק כדברי שמואל, שאין לקדש אלא במקום סעודה, ושהמנהג לקדש בבית הכנסת הוא כדי להוציא ידי חובה את האורחים שהיו אוכלים ולנים בבית הכנסת. היו מהראשונים שרצו לבטל את המנהג, מכיוון שהיום אין אורחים כאלה (טור ורבינו ירוחם); והשו"ע כתב (רסט, א) שכן מנהג ארץ ישראל. ויש שכתבו שאין לבטל את המנהג (ר"ן, פסחים כ ע"א), ולכן יש קהילות שבהן שליח הציבור מקדש לפני "עלינו", ונותן לילדים שאינם בני מצווה לשתות מהיין (שו"ע על פי רשב"א). ואם אין ילדים בבית הכנסת, מי שקידש רשאי לשתות (מג"א רסט, א על פי הסמ"ק).

222 "אמר רב ברונא אמר רב: נטל ידיו לא יקדש" (פסחים קו ע"א-ע"ב), ופירש רש"י: משום היסח הדעת. מכאן פסק רב עמרם גאון שצריך ליטול ידיים לאחר הקידוש, וכן פסק השו"ע (רעא, יב); אך רשב"ם (שם) כתב ששיטת רב נדחתה מההלכה - ועדיף ליטול ידיים לפני הקידוש, לקדש ומיד לבצוע על הלחם. וכן מנהג אשכנז הישן (רמ"א שם). והיום גם רוב האשכנזים נוהגים לקדש לפני נטילת ידיים (משנ"ב שם, סב בשם הט"ז והגר"א).

223 לפני הקידוש אומרים שוב "ויכולו" כדי להוציא את בני הבית שלא היו בבית הכנסת, ידי חובתם (רא"ש, פסחים פ"י, טו). ומתחילים "יום השישי" כדי לרמוז לשם ה' (רמ"א שם, י בשם מהרי"ל); יש הנוהגים להתחיל בלחש "ויהי ערב ויהי בקר", כיוון שאין משמעות למילים "יום השישי" בפני עצמן (חת"ם סופר, או"ח י); ויש המתחילים מתחילת הפסוק "וירא אלהים את כל אשר עשה והנה טוב מאד" (ערוה"ש שם, כה).

224 נוהגים לעמוד בשעת הקידוש (שו"ע שם, י); ויש שפסקו שטוב יותר לשבת, כדי שיהיה קידוש במקום סעודה (רמ"א שם בשם ה'כלבו', וכן דעת הגר"א); ויש שכתבו שיאמר "ויכולו" בעמידה ואת ברכת הקידוש בישיבה (ערוה"ש שם, כה).

225 בנוסח הקידוש, רבים אומרים כגרסת רש"י (ברכות מו ע"א; כתובות ז ע"ב; וכעין זה ברמב"ן, דברים ה, יד) "כי הוא יום תחלה למקראי קדש..."; ויש משמיטים את המילים "כי הוא יום" שאינן בסידורי הגאונים, וכן מנהג הגר"א (מעשה רב' קכא).

226 "לקטו לחם משנה" (שמות טז, כב). מכאן למדו חכמים (ברכות לט ע"ב; שבת קיז ע"ב), שבכל סעודת שבת יש לקחת שתי כיכרות לחם ולבצוע אחת מהן (שו"ע רער, א על פי רש"י), ובערב בוצעים את הכיכר התחתונה (שם, על פי הקבלה); ויש שנהגו לבצוע את שתיהן (רשב"א בשם רב האי גאון, וכן דעת הגר"א). נהגו לכסות את הלחם בשעת הקידוש, מכיוון שמקדימים את הברכה על היין לברכה עליו (טור, רעא בשם הירושלמי).

227 לאחר הסעודה מוסיפים "רצה" בברכת המזון (טור, קפח על פי ויקרא רבה לד, טו). אם שכח "רצה" - ראה הלכה 372 ו־374.

תפילות יום שבת

228 לפני התפילה אומרים את תפילות השחר ואת סדר הקרבנות כרגיל (בלי הנחת תפילין). נוהגים שלא לומר את התחינות שלפני פרשת העקדה ואחריה, ואת התחינה בסוף הסדר (ולדעת הגר"א אין לומר שום תחינות בשבת). לאחר סדר הקרבנות מוסיפים את פסוקי קרבן המוסף לשבת, מכיוון שאין קוראים את פסוקי המוסף למפטיר (ראב"ן, קכ).

229 ב'פסוקי דזמרה' אין אומרים "מזמור לתודה", כיוון שאין תודה קרבה בו (סידור רש"י, נח); ומוסיפים מזמורים רבים לכבוד השבת. מנהג ספרד לומר את כל המזמורים לפני "ברוך שאמר"; אך באשכנז אומרים אותם אחריו, כדי שגם הם יהיו בכלל הברכה (טור, נא). מזמורים אלה היו ראויים להיאמר בכל יום, אך כדי להימנע מביטול מלאכה ויתרו על אמירתם; לכן בשבת, שיש בה פנאי, אומרים אותם (סידור ר"ש מגרמייזא).

230 לאחר פסוקי דזמרה אומרים "נשמת כל חי", שלדעת ר' יוחנן (פסחים קיח ע"א) היא 'ברכת השיר' הנזכרת במשנה כמסיימת את חטיבת השיר וההלל בהגדה של פסח (סידור רש"י, ריג).

231 בשבת אומרים נוסח מורחב לברכת יוצר, ובו הפיוטים "הכל יודוך", "אל אדון" ו"לאל אשר שבת", שמקורם בפיוט הארץ ישראלי הקדום. בקהילות רבות נוהגים לשיר את הפיוט "אל אדון". שאר ברכות קריאת שמע הן כביום חול. לאחר תפילת עמידה, אם ראש חודש חל בשבת, אומרים חצי הלל (ראה הלכה 284-285). לאחר מכן אומרים קדיש שלם ומוציאים את ספר התורה.

דיני קריאת התורה ותפילת מוסף

232 "המנהג הפשוט בכל ישראל שמשלימין את התורה בשנה אחת: מתחילין בשבת שאחר חג הסוכות וקורין בסדר בראשית, בשניה 'אלה תולדות' (בראשית ו, ט), בשלישית 'ויאמר ה' אל אברם' (שם יב, א), וקוראין והולכין על הסדר הזה עד שגומרין את התורה בחג הסוכות. ויש מי שמשלים את התורה בשלש שנים ואינו מנהג פשוט" (רמב"ם, תפילה פי"ג ה"א). בספר 'החילוקים שבין אנשי מזרח ובני ארץ ישראל' מתקופת הגאונים מתואר, שמנהג ארץ ישראל היה לסיים את קריאת התורה בשלוש שנים וחצי, וזה ככל הנראה מקור החלוקה לסדרים המופיעה בתנ"ך. אך בכל ישראל פשט המנהג לקרוא את התורה בשנה, ומכאן נובעת החלוקה לפרשות, הנזכרת כבר בסידור רס"ג.

233 בכל שבת מעלים שבעה קרואים לפרשת השבוע; אך בחגים ובשבת חול המועד אין קוראים את הפרשה על פי הסדר, אלא קוראים קריאה מיוחדת לאותו היום. ישנן חמישים וארבע פרשות, כדי שיהיה אפשר לקרוא פרשה אחת בכל שבת, גם בשנים מעוברות שאין בהן אף יום טוב החל בשבת. להלכות קריאת התורה, ראה עמ' 744.

234 ברוב השנים אין חמישים ושלוש שבתות ששום חג אינו חל בהן (הפרשה החמישים וארבע היא 'וזאת הברכה', וקוראים אותה בשמחת תורה אפילו אם חל ביום חול). משום כך בשבתות אחדות קוראים שתי פרשות. בארץ ישראל יש שישה זוגות של פרשות שקוראים לפעמים ביחד. בחו"ל נוסף זוג שביעי לרשימה בשנים שבהן יום טוב שני של שבועות חל בשבת. במניין הפרשיות הכפולות התקבל מנהג צרפת, המובא לאחר מכן (רנו) ונפסק בטור (תכח).

235 כאשר קוראים שתי פרשות ביחד, קוראים לשלושה מהפרשה הראשונה, לרביעי את סוף הראשונה ואת תחילת השנייה, ולחמישי עד השביעי מהפרשה השנייה (מג"א קלה, ב בשם מהר"ם מינץ). אם מוסיפים על הקרואים, יש להקפיד שיהיה מספר קרואים אי־זוגי, ושהאמצעי יקרא מעט מכל פרשה (א"ר רפב, ט).

236 לאחר קריאת הפרשה שליח הציבור אומר חצי קדיש ואדם נוסף עולה למפטיר (שבה"ל עט בשם הראב"ד). קוראים למפטיר את הפסוקים האחרונים של פרשת השבוע, פרט לשבתות מיוחדות שקוראים בהן עניין השייך לאותה שבת (ראה הלכה 240). המפטיר יכול להיות כוהן, לוי או ישראל (ראה הלכה 147). מותר להעלות קטן למפטיר (מגילה כד ע"א), אך אין נוהגים כן היום.

237 לאחר הקריאה למפטיר מגביהים את התורה וקוראים את ההפטרה. ההפטרה היא קטע מספרי הנביאים, המתאימה מבחינת התוכן לפרשה שנקראה, או לתקופה בשנה (ראה במדריך ללוח השנה). מעיקר הדין יש לקרוא בהפטרה עשרים ואחד פסוקים, אך נוהגים לקצר כאשר עניין ההפטרה מסתיים קודם לכן (מגילה כג ע"א).

238 העולה למפטיר קורא את ברכות ההפטרה. נוהגים שהוא גם קורא את ההפטרה עצמה, אך אם אינו יודע לקרוא, שליח הציבור קורא עבורו (רמ"א רפד, ד). יש שכתבו שמוטב לקרוא את ההפטרה מקלף, וכן דעת הגר"א (משנ"ב שם, א); אך ברוב בתי הכנסת לא נהגו כך.

239 ברכות ההפטרה - יש שאינם גורסים את המילה "ורחמן" בברכה השנייה, כיוון שברכה זו מדברת על הנאמנות, והרחמים הם מעניין הברכה השלישית (וכן במחז"ו, קסו). אך בסידור קרקוב שנ"ז הוסיפו מילה זו, מכיוון שכל הברכות מסתיימות בעניין הברכה הבאה; וכן ברוב הסידורים הנדפסים. מנהג חב"ד להוסיף לברכה השלישית "ולעלובת נפש תושיע ותשמח במהרה בימינו", וכן נהג רי"ד סולובייצ'יק.

240 בשבתות שקוראים בהן מפטיר מיוחד (שבת חול המועד, שבת ראש חודש, שבת חנוכה, ארבע פרשיות, 'פורים משולש' בירושלים), וכן בימים טובים מוציאים שני ספרי תורה. קוראים באחד לשבעה קרואים, מניחים את הספר השני על הבימה, אומרים חצי קדיש (ספר המכריע לא), ומגביהים את הספר שקראו בו. לאחר מכן קוראים למפטיר מעניין היום בספר השני, מגביהים אותו וקוראים את ההפטרה (הסדר מובא במשנ"ב קמז, כז בשם ה'לבוש'). כשמוציאים את ספרי התורה מארון הקודש, נוהגים ששליח הציבור לוקח את הספר הראשון אל הבימה ואדם נוסף מביא את הספר השני. כשמחזירים אותם, שליח הציבור לוקח את הספר השני ('שערי אפרים' י, מא), ומי שהביא אותו מחזיר את הראשון. יש מקרים שבהם מוציאים שלושה ספרי תורה - ראה במדריך ללוח השנה.

241 לאחר קריאת ההפטרה מברכים את הקהל - אומרים "יקום פורקן", שהוא ברכה לראשי הקהל, ו"מי שבירך" לציבור (רמ"א רפד, ז על פי שבה"ל). נוהגים לומר כאן תפילה לשלום המדינה ולברך את חיילי צה"ל; ויש המברכים את חיילי צה"ל בסוף קריאת התורה, ובאמת נוסח הברכה מבוסס על "מי שבירך" לעולים לתורה. בהרבה קהילות אומרים גם "מי שבירך" לשבויים ולנעדרים.

242 בשבת שלפני ראש חודש (פרט לחודש תשרי) אומרים את ברכת החודש. פותחים ב'תפילת רב' (ברכות טז ע"ב), מכריזים את שעת מולד הלבנה הצפוי, ובאיזה יום (או באילו ימים) יחול ראש החודש, ואומרים תפילה קצרה לקראת החודש הבא. הספרדים נהגו לומר תפילה זו בנוסח ארוך מהמקובל באשכנז, ובו שתים עשרה בקשות כנגד חודשי השנה (בחורף מוסיפים בקשה נוספת, "ולגשמים בעתם"); וגם האשכנזים בארץ ישראל אימצו נוסח זה. אם ראש חודש חל בשבת הבאה וביום ראשון שאחריו, אומרים "יהיה ביום שבת קודש ולמחרתו ביום ראשון"; אך אם שני הימים חלים בשבוע הקרוב, מסתפקים באמירת "ביום פלוני וביום פלוני" ('נוהג כצאן יוסף', הובא ב'אשי ישראל' פל"ט הערה י').

243 אומרים "אב הרחמים", תפילה שנתקנה באשכנז לאחר מסעות הצלב. לאחר מכן אומרים "אשרי", מחזירים את ספר התורה לארון הקודש ועומדים להתפלל מוסף.

244 אם טעה בברכה רביעית של מוסף, צריך לחזור (שו"ע רסח, ו). אם נזכר לפני שחתם את הברכה, יכול לומר "ונעשה לפניך קרבן מוסף שבת, כאמור" ולהמשיך "וביום השבת" בעמ' 256 ('חיי אדם' כח, ד). אם המשיך בתפילת חול, מפסיק אפילו באמצע הברכה - בניגוד לשאר תפילות שבת, כיוון שבשאר התפילות היה ראוי להתפלל תפילת שמונה עשרה וקיצרו משום כבוד השבת, ואילו תפילת מוסף אינה שייכת בחול כלל (ערוה"ש שם, יג).

245 שליח הציבור חוזר על התפילה. לקדושת מוסף יש נוסח מיוחד, ומוסיפים בה את הפסוק "שמע ישראל", מכיוון שבימי האמוראים נגזרה גזרה שלא לומר קריאת שמע, ומשום כך היו אומרים אותה בהבלעה בקדושת שחרית בחול, בשבת וביום טוב - וכשבטלה הגזרה תיקנו להזכירה במוסף, זכר לביטול הגזרה (תשובת רב שר שלום גאון, מובאת באו"ז ח"ב, נ).

246 לאחר התפילה אומרים "אין כאלהינו", "עלינו" ושיר של יום. ברוב הקהילות נוהגים לחתום את התפילה באמירת "שיר הכבוד" ('לבוש', קלב; וראה מהר"ל, 'נתיבות עולם' נתיב העבודה יב שערער על המנהג). יש נוהגים לתת לילד לאומרו ('רבבות אפרים' ח"ד, קמא).

קידוש וסעודת היום

247 גם סעודת היום טעונה קידוש, שיברך על היין לכבוד הסעודה (שאילתות דרב אחאי גאון, נד). וכתבו הגאונים שאין צורך לגמור את הסעודה מיד לאחר הקידוש, ואפשר לקדש ולהמשיך לאכול במקום אחר, ועדיין ייחשב הדבר קידוש במקום סעודה (מובא בטור, רעג). משום כך יש שהקלו לקדש ולאכול מזונות לפני הסעודה (מג"א רעג, יא), ועליהם סומכים בבתי כנסת רבים, לקדש לציבור המתפללים ולהגיש רק מיני מזונות; אך רבים מהאחרונים כתבו שטוב יותר לקדש במקום הסעודה ממש (ערוה"ש רמט, יג).

248 מי שאין לו יין, רשאי לקדש על כל משקה שהוא 'חמר מדינה' – כלומר חשוב ומכובד (פסחים קז ע"א). בערב אין לקדש על משקה שאינו יין, ומוטב לקדש על הפת; אך בבוקר אין בקידוש ברכה נוספת, ולכן מוטב לקדש על משקה אחר לפני הלחם, כדי שיהיה ניכר שעושה כך לכבוד שבת (רא"ש, שם פ"י, יז). יש שנהגו לקדש על משקה חריף אף לכתחילה (ט"ז ערב, ו); ויש שהקלו לקדש על פחות משיעור רביעית במשקאות חריפים, כיוון שכך הדרך לשתותו ('אשל אברהם' שם, על פי הט"ז שם, ג) – אך רוב הפוסקים לא קיבלו זאת (משנ"ב שם, ל).

249 אין לאכול או לשתות לפני הקידוש (שו"ע רפט, א). האיסור חל משעה שהאדם סיים את תפילת שחרית (ב"ח, הוב"ד במשנ"ב רפו, ז), ולפני כן חל רק האיסור הרגיל של אכילה לפני התפילה, ולכן מותר לשתות מים לפני התפילה, כמבואר בהלכה 86 (טור, רפט בשם הרא"ש). חולה שצריך לאכול לפני התפילה, מקדש לפני שאוכל (בה"ל רפט ד"ה חובת); ואם אינו אוכל מזונות, אלא רק פירות או שתייה, אינו צריך לקדש (אג"מ, או"ח ח"ב, כו).

250 הקידוש בבוקר מתמצה בברכה על היין (או על משקה אחר) שלפני הלחם (פסחים קו ע"א). נוהגים לומר לפני הקידוש את הפסוקים "ושמרו" ו"זכור" (משנ"ב רפט, ב); יש המוסיפים גם את הפסוקים "אם תשיב" (מובא בערוה"ש שם, ג); ויש נוהגים להתחיל מאמצע הפסוק, "על כן ברך", ודעת הפוסקים אינה נוחה מכך (משנ"ב שם; ובערוה"ש שם לימד עליהם זכות). מי שנוהגים ליטול את ידיהם לפני הקידוש (ראה הלכה 222), רשאים להוסיף פסוקים אלה, ואינם נחשבים הפסק (שש"כ נ, יב).

מנחה וסעודה שלישית

251 במנחה אומרים "אשרי", "ובא לציון" וחצי קדיש, ואחר כך מוציאים ספר תורה וקוראים לשלושה עולים בפרשת השבוע שלאחר מכן (שו"ע רצב, א). אין אומרים חצי קדיש לאחר הקריאה. מכניסים את ספר התורה ועומדים בתפילה. רבים נוהגים לומר "שים שלום", אף על פי שאין ברכת כוהנים (ראה הלכה 183) – מכיוון שקראו בתורה (שתי הדעות מובאות ברמ"א קכז, ב; ובספרו 'דרכי משה' שם, ה כתב שמנהגו היה לומר "שלום רב"). לאחר חזרת הש"ץ אומרים "צדקתך צדק", ואין אומרים אותו ביום שאין אומרים בו תחנון אם היה חל בחול, קדיש שלם, "עלינו" וקדיש יתום.

252 נוהגים לומר בשבתות החורף "ברכי נפשי" ושירי המעלות מהשבת שאחרי שמחת תורה ועד שבת שלפני שבת הגדול (מנהגי מהרא"ק). בשבתות הקיץ נוהגים לומר פרקי אבות (רמ"א רצב, ב על פי סדר רב עמרם גאון). בשבת הגדול יש נוהגים לומר את חלק ה'מגיד' שבהגדה כהכנה לחג הפסח (ראה הלכה 639).

253 "אמר ר' יוסי יהא חלקי מאוכלי שלש סעודות בשבת" (שבת קיח ע"ב). יש מהראשונים שכתבו שצריך לקיים סעודה שלישית לפני תפילת מנחה, משום המדרש שאין לאכול משעת מנחה ועד ההבדלה (ר"ת, ספר הישר תשובה מה, ו); ויש שכתבו שהטעם הוא שלא לפגוע בדרשה שאחרי מנחה; והיום נהגו כדעת הרמב"ם (שבת פ"ל ה"י), שיש לקיים סעודה זו דווקא אחרי תפילת מנחה (רמ"א רצא, ב על פי הכרעת ה'אגור').

254 גם סעודה שלישית טעונה לחם משנה (רמב"ם שם ה"ט; וה'מגיד משנה' כתב שכל סעודה בשבת טעונה לחם משנה); אך מי שקשה לו לאכול סעודה שלמה, יוצא ידי חובתו במיני מזונות או בפירות (שו"ע שם, ה על פי רבינו יונה).

255 נשים חייבות בסעודה שלישית (שו"ע רצא, ו על פי ר"ת).

256 אין מקדשים קודם סעודה שלישית (שו"ע שם, ד בשם הרא"ש); אך ראוי לשתות יין בסעודה זו (רמב"ם שם). ויש שנהגו לומר פסוקים לפני הסעודה (סידור השל"ה).

257 יש להתחיל סעודה שלישית לפני השקיעה, ואז יכול להמשיך ולאכול גם בין השמשות (טור, רצט). בברכת המזון אומרים "רצה", גם אם מברכים אחרי צאת הכוכבים (מחלוקת ראשונים; והשו"ע קפח, י פסק כשיטת מהר"ם). אם ראש חודש חל ביום ראשון, נחלקו הפוסקים אם צריך להזכיר "יעלה ויבוא" (ראה הלכה 375), ולכן יש מקפידים שלא לאכול פת אחרי צאת הכוכבים (קיצוש"ע מד, יז).

258 לאחר השקיעה אין לאכול או לשתות כלום קודם שיבדיל – למעט סיום סעודה שלישית שנתמשכה. לכן גם אם בירכו ברכת המזון על הכוס, אין לשתות ממנה (משנ"ב רצט, יד); ונוהגים לשמור את כוס ברכת המזון כדי להבדיל עליה (שו"ע רצט, ד על פי הרמב"ם).

סדר מוצאי שבת

259 לאחר צאת הכוכבים כבר רד הליל, ואפשר להוציא את השבת. נחלקו הראשונים מהו זמן צאת הכוכבים, מכיוון שבגמרא (שבת לה ע"א) זמן בין השמשות (שבו כבר אסורה מלאכה בערב שבת, ועדיין אסורה במוצאי שבת) מוגדר כשיעור שלושת רבעי מיל, אך בפסחים צד ע"א מובא שיעור ארבעה מילים. בראשונים מובאות שלוש שיטות מרכזיות להסביר את המחלוקת:

א. שיטת הגאונים (מובאת בשו"ת מהר"ם אלשקר, צו) שקיבלו להלכה רק את הסוגיה בשבת – שצאת הכוכבים היא השעה שבה כבר נראים כוכבים בשמים, אף על פי שעדיין אור, כ־13.5 דקות אחרי השקיעה. לשיטה זו, זמן בין השמשות מתחיל בשקיעה ומסתיים עם צאת הכוכבים.

ב. שיטת ר"ת (שבת לה ע"א, תוספות ד"ה תרי) – שצאת הכוכבים שעליו מדובר הוא השעה שבה נראים כל הכוכבים, כ־72 דקות אחרי השקיעה, כשיטת הגמרא בפסחים. להבנתו, השקיעה שמדובר עליה בגמרא בשבת, אינה השעה שבה מתחילה החמה להתכסות מעין הרואים, אלא השעה שבה כבר שורר חושך גמור. לשיטה זו, זמן בין השמשות הוא 13.5 הדקות האחרונות, שבהן כבר חשוך אך עדיין אין רואים את כל הכוכבים.

ג. שיטת הראב"ן (ב) וה'יראים' (רעד), שבגמרא בפסחים דנים בצאת הכוכבים, אך זמן זה אינו מעלה ואינו מוריד להלכה; בין השמשות הוא הדקות האחרונות לפני השקיעה, והיום מתחלף לגמרי כאשר השמש שוקעת (ראה הלכה 204).

260 השו"ע פסק כשיטת ר"ת (רסא, ב), אך היום פשט המנהג לפי שיטת הגאונים. להשלכה נוספת למחלוקת זו, ראה הלכה 70 באשר למחלוקת המג"א והגר"א בעניין חישוב שעות זמניות.

261 עם זאת יש מצווה להוסיף על השבת. לתוספת זו אין שיעור (ראה הלכה 205), ונוהגים היום שלא להבדיל עד 40 דקות לאחר השקיעה. ויש המחמירים כשיטת ר"ת שהובאה בהלכה הקודמת, ואינם עושים כל מלאכה או מבדילים עד 72 דקות לאחר השקיעה.

262 לפני תפילת ערבית של מוצאי שבת נוהגים לשיר מזמורי תהלים (עמ' 324). וכן נהגו להאריך באמירת "והוא רחום" כדי להוסיף מן החול על הקודש (רמ"א רצג, ג בשם האו"ז). קריאת שמע וברכותיה זהות לערבית של חול, וכן תפילת שמונה עשרה – פרט לתוספת "אתה חוננתנו" המתייחסת על ההבדלה בין קודש לחול.

263 "ואומר הבדלה בחונן הדעת – שאם אין דיעה הבדלה מנין?" (ירושלמי, ברכות פ"ב ה"ה). בברכה הרביעית "חונן הדעת" מוסיפים את הנוסח "אתה חוננתנו". אם שכח לומר "אתה חוננתנו" אינו חוזר, כיוון שעתיד להבדיל על הכוס (ברכות כט ע"א). ויכול לאומרה בברכת "שומע תפילה", אך אם הוא יודע שעתיד להבדיל שוב על הכוס, מוטב שלא יאמר (משנ"ב רצד, ו בשם המג"א).

264 לאחר התפילה אומרים "ויהי נועם", "ואתה קדוש" ו"ויתן לך" (רמ"א רצה, א). אם יום טוב חל באחד מימות השבוע, אין אומרים "ויהי נועם" במוצאי שבת, אך אומרים "ויתן לך" (מהרי"ל, מהר"י טירנא). בשבתות שבין פסח לשבועות סופרים את העומר אחרי קדיש ולפני "ויתן לך" (משנ"ב תפט, מא).

265 מנהג אשכנז היה להבדיל בבית הכנסת אחרי אמירת "ויתן לך" – לפני "שיר המעלות" (עמ' 346) או אחריו (בה"ל רצה ד"ה אבל); ובמקומות שבהם לא נהגו לומר "ויתן לך", מבדילים אחרי "עלינו". היום יש בתי כנסת שאין מבדילים בהם, ומסתמכים על ההבדלה שכל מתפלל עושה בביתו (שש"כ ס, יג).

סדר קידוש לבנה

266 "אמר רבי יוחנן: כל המברך על החדש בזמנו – כאילו מקבל פני שכינה" (סנהדרין מב ע"א), ופירש המאירי: "שהרי זה הערה והתבוננות לחידוש הבריאה". ומשום כך אומרים קידוש לבנה בעמידה (סנהדרין, שם), וברוב הקהילות נוהגים לומר אותה במוצאי שבת, שאז האדם לבוש בבגדי שבת (שו"ע תכו, ב על פי מסכת סופרים יט, י); ויש הנוהגים כדעת הב"ח והגר"א, ומקדשים מיד ביום השלישי למולד הלבנה (בה"ל שם ד"ה במוצאי שבת).

267 נחלקו הראשונים מתי נכון לקדש את הלבנה. לדעת רש"י והרמב"ם, מהיום הראשון שהלבנה

מתחדשת (כך למד ערוה"ש תכו, יג); לדעת ר' יונה (ברכות כא ע"א), אחרי שלושה ימים, שכבר אפשר ליהנות מאורה; ולדעת הר"י ג'יקטיליא (בתשובה שמובאת בב"י, תכו, ד) יש להמתין שבוע שלם מהמולד, ומקור דבריו בקבלה. השו"ע (שם, ד) הכריע כר"י ג'יקטיליא; ורבים מהאחרונים חלקו עליו, ובני אשכנז נהגו כדעת ר' יונה (משנ"ב שם, כ). נוהגים שלא לקדש את הלבנה לפני יום הכיפורים ולא לפני תשעה באב (רמ"א שם, ב בשם מהרי"ל).

268 אם לא היה ניתן לקדש את הלבנה במוצאי השבת הראשונה בחודש, אפשר לקדש אותה כל עוד היא הולכת ומתמלאת, דהיינו עד מעט יותר מארבע עשרה יממות ושמונה עשרה שעות משעת המולד (רמ"א שם, ג בשם מהרי"ל). אם יש לחשוש שאי־אפשר יהיה לקדש את הלבנה אחר כך, כגון בחודשי החורף, שבהם לפעמים הלבנה מכוסה רוב הלילות, או שהשבת הבאה קרובה לאמצע החודש - אין להמתין עד מוצאי השבת שלאחר מכן, אלא מקדש מיד כשאפשר (תה"ד, לה). אם חושש שיעבור הזמן, יכול לקדש אותה אפילו ביחידות (משנ"ב שם, יג בשם הב"ח).

269 יש לראות את הלבנה עצמה כשמקדשים אותה, ואין לומר קידוש לבנה אם היא מכוסה בעננים או שיש מסך בין המברך ובינה (משנ"ב שם, ג בשם הרדב"ז). יש לקדש אותה כשעומד תחת כיפת השמים, ולא תחת גג (רמ"א שם, ד בשם 'שלטי הגיבורים').

270 נחלקו הראשונים בנוסח הברכה. לפי רש"י, הגרסה היא "פועלי אמת שפעולתם אמת", מכיוון שמשבחים את הקב"ה על בריאת המאורות; ולגרסאות רי"ף והר"י, חוזרים ומשבחים את הקב"ה, ואומרים "פועל אמת שפעולתו אמת", וכן נוהגים היום. כשמברכים את הלבנה בציבור, נוהגים להוסיף עוד פסוקים ומזמורים לפני הברכה ואחריה; אך אם לא אמר אלא את הברכה, לא הפסיד (ערוה"ש שם, ד).

דיני הבדלה

271 מי ששמע הבדלה בבית הכנסת, אינו חוזר ומבדיל לעצמו. אך יכול להבדיל, אם התכוון שלא לצאת ידי חובתו בהבדלה זו, או שצריך להוציא את בני ביתו ידי חובתם (שו"ע רצו, ז; משנ"ב שם, לב).

272 אינו יכול לעשות שום מלאכה עד שיבדיל או עד שיאמר "אתה חוננתנו" בתפילה או בהבדלה על הכוס (שו"ע רצט, י על פי שבת קנ ע"ב). יש מי שהתיר להדליק נר לצורך תפילת ערבית או הבדלה, וכן להוציא לצורך מרשות לרשות (רבינו ירוחם יב, יט, הובא ברמ"א שם); אך האחרונים כתבו שאם עדיין לא התפלל ורוצה להכין צורכי הבדלה, אומר "ברוך המבדיל בין קודש לחול" ואז מותר במלאכה (משנ"ב שם, לט בשם המג"א).

273 מבדילים על כוס יין (רצו, א). נוהגים למלא את הכוס על גדותיה עד שיישפך ממנה מעט יין (רמ"א שם); אך אם היין קדוש בקדושת שביעית אין לעשות כן, כדי שלא להפסיד פירות שביעית (שש"כ ס הערה נה בשם הרי"מ טוקצ'ינסקי). במקום שאין יין, רשאי להבדיל על משקה אחר שהוא 'חמר מדינה' (ראה הלכה 248), אך לא על הפת (שו"ע שם, ב).

274 בין ברכת "בורא פרי הגפן" וברכת "המבדיל" מברכים על בשמים כדי להשיב את נפש האדם בצאת השבת (וראה הלכה 312), ועל הנר לזכר בריאת האור במוצאי שבת (רא"ש, ברכות פ"ח, ג). מצווה לברך על אבוקה, שאורה רב (פסחים קג ע"ב), ושתי להבות מחוברות נחשבות אבוקה (רמ"א רחצ, ב בשם ה'אגודה'). יש המתירים אף לברך בשעת הדחק על אור החשמל (ראה שש"כ סא, לב בביאור המחלוקת). היום מייצרים נרות הבדלה מיוחדים בעלי כמה פתילות.

275 "אין מברכין על הנר עד שיאותו לאורו" (משנה, ברכות נא ע"ב), ונוהגים שהמבדיל מסתכל בציפורניו כדי ליהנות מן האור (שו"ע שם, ג על פי פדר"א פ"כ). ואין לברך אם אינו רואה את השלהבת (ירושלמי, ברכות פ"ח, טו; נפסק בשו"ע שם, טו).

276 נוהגים להבדיל בעמידה (רמ"א רצו, ו בשם ה'אגודה' וה'כלבו'); ויש שהורו שטוב יותר לשבת (שו"ע שם בשם התוספות, וכן כתב ערוה"ש שם, יז בשם הגר"א). מכל מקום את היין יש לשתות בישיבה, ומוטב שמי שהבדיל ישתה לפחות רביעית, כדי לברך אחר שתייתו ברכה אחרונה (משנ"ב שם, ו).

277 מי שלא הבדיל במוצאי שבת - יש מהגאונים (בה"ג, הל' קידוש; סידור רס"ג) שכתבו שיכול להבדיל כל יום ראשון, ויברך רק על היין ואת ברכת "המבדיל", אך לא על הבשמים ולא על הנר. ולדעת רב עמרם גאון והתוספות (וכן הגרסה בגמרא שבידינו בפסחים קז ע"א), יכול להבדיל עד שלישי בבוקר, וכן פסק הרמ"א (רצט, ו).

278 נשים חייבות בהבדלה (שו"ע שם, ח בשם הר"י). נוהגים שאין נשים מבדילות לעצמן, אלא יוצאות ידי חובתן בהבדלה שעושה הבעל או האב (רמ"א שם, ח – מפני שלדעת ה'ארחות חיים' נשים פטורות מהבדלה). עוד נוהגים שאין נשים שותות מכוס ההבדלה, אך מי שמבדילה לעצמה צריכה לשתות (משנ"ב שם, ו בשם המג"א).

279 במוצאי שבת עושים סעודה נוספת לכבוד השבת, והיא מכונה 'מלווה מלכה' (שו"ע ש, א על פי שבת קיט ע"ב).

תפילות המועדים

דיני הלל

280 "אמר רבי יוחנן משום רבי שמעון בן יהוצדק, שמונה עשר ימים שהיחיד גומר בהן את ההלל: שמונה ימי החג, ושמונה ימי חנוכה, ויום טוב הראשון של פסח, ויום טוב של עצרת; ובגולה עשרים ואחד: תשעה ימי החג, ושמונה ימי חנוכה, ושני ימים טובים של פסח, ושני ימים טובים של עצרת" (ערכין י ע"א). הרמב"ן (השגות לסה"מ, שורש א') כתב שמצוות הלל היא מדאורייתא; ואילו רש"י (תענית כח ע"ב ד"ה מנהג אבותיהם) כתב שחכמים תיקנו לומר הלל על כל נס שיבוא עליהם, ומכאן הוכיח ה'שאגת אריה' (סט) שהלל שבכל אחד מימים אלה הוא מדרבנן, ואם שכח אינו חוזר. על יסוד דברי רש"י אלה תיקנו האחרונים לומר הלל גם ביום העצמאות וביום ירושלים ('קול מבשר' ח"א, כא).

281 לפני ההלל מברכים "אשר קידשנו במצוותיו וציוונו לקרוא את ההלל" ('מרדכי', פסחים רפו בשם מהר"ם), והספרדים מברכים "לגמור את ההלל" (סדר רב עמרם גאון); ואחריו מברכים "יהללוך". אין להפסיק בדיבור באמצע ההלל אלא לצורך גדול (שו"ע תכב, ד על פי הרא"ש). וראה טבלה בעמ' 812.

282 נוהגים ששליח הציבור אומר את ארבעת הפסוקים הראשונים של מזמור קיח, והקהל עונה אחריו "הודו לה' כי טוב" (והגר"א הורה שהקהל חוזר על הפסוק שאמר שליח הציבור, ואחר כך אומר בקול "הודו לה'" – 'מעשה רב', קנב). וכן נוהגים לכפול את הפסוקים מ"אודך כי עניתני" עד הסוף (טור, תכב; וראה סוכה לט ע"א).

283 אומרים את ההלל לאחר חזרת הש"ץ של שחרית (משנה, ראש השנה לב ע"ב). ובדיעבד אפשר לאומרו כל היום (משנה, מגילה כ ע"ב). יש לומר הלל בעמידה (שו"ע תכב, ז על פי שבה"ל).

284 בששת הימים האחרונים של פסח ובראש חודש אין חייבים לומר הלל; וכבר מימות הגמרא נהגו לומר בראש חודש הלל בדילוג, המכונה גם 'חצי הלל' (תענית כח ע"ב) וכן אף עושים בששת הימים האחרונים של פסח. ונהגו לדלג בימים אלה על הפסוקים הראשונים במזמורים קטו–קטז (סדר רב עמרם גאון; רש"י, תענית שם).

285 נחלקו הראשונים אם מברכים על חצי הלל. דעת הרמב"ם (חנוכה פ"ג ה"ז) היא שאין מברכים עליו, כיון שאינו אלא מנהג, ואין אומרים אותו אלא בציבור; דעת ר' יונה (ברכות ז ע"ב) היא שהציבור מברך עליו, והיחיד אינו מברך; דעת רש"י (שו"ת, נו) היא שמברכים את הברכה שלפני פסוקי דזמרה ("ברוך אתה... מלך מהולל בתשבחות", עמ' 33), ולא את ברכת ההלל שיש בה "אשר קידשנו במצוותיו וציוונו"; ודעת ר"ת (תוספות, ברכות יד ע"א ד"ה ימים) והרא"ש (שם, ה) היא שאפילו יחיד מברך, כשיטתם שמי שמקבל על עצמו מצווה שהיא רשות, מברך עליה, וכן מנהג האשכנזים (רמ"א תכב, ב).

דיני ראש חודש

286 המצווה הראשונה שנצטוו בה ישראל הייתה ראש חודש (ראה רש"י, בראשית א, א). במצווה זו העביר הקב"ה לחכמי ישראל את הסמכות לקבוע את התאריך ואת המועדים – ואפילו אם שגו החכמים בקביעתם, עדיין התאריך שהם קבעו מחייב מן התורה (ראש השנה כה ע"א).

287 בכל חודש יש עשרים ותשעה או שלושים ימים. עד כשלוש מאות שנים אחר חורבן הבית קבעו את מועד ראש החודש הבא לפי עדים: אם באו עדים להעיד בפני הסנהדרין שהלבנה החדשה נראתה בליל שלושים, קבעו בו את ראש החודש והחודש שלפניו היה חסר (בן עשרים ותשעה ימים). אם לא באו, החודש שעבר נחשב מלא (בן שלושים ימים), וראש החודש הבא נקבע למחרת.

288 "הלל בן יהודה בן גמליאל בן רבינו הקדוש, שהנהיג הדורות לקדש על פי החשבון ולא על פי הראיה, מדוחק הגלות – שלא היו עדים מצויין ללכת להעיד לפני בית דין, ולא השלוחים לכל המקומות יכולים לצאת להודיע קידוש, מפני שיבוש הדרכים" (תשובות הגאונים החדשות, לז).

כיום נוהגים לקבוע את לוח השנה על פי אותם הכללים שהגדיר הלל הנשיא.

289 ראש חודש אסור בתענית (תענית יח ע"ב), ויש להרבות בו בסעודה (טור, תיט על פי מגילה ה ע"א), אך אינו אסור במלאכה (ערכין י ע"ב). נהגו הנשים שלא לעשות מלאכה בראש חודש (ירושלמי, תענית פ"א ה"ו); ויש שנהגו שאינן עושות חלק מהמלאכות (רמ"א תיז, א בשם רבינו ירוחם), מכיוון שאינו חיוב אלא זכות להן (ב"ח שם).

290 בשבת שלפני ראש חודש מברכים את החודש (ראה הלכה 242). בערב ראש חודש אין אומרים תחנון במנחה (ראה הלכה 184). יש הנוהגים לעשות 'יום כיפור קטן' (להתענות ולומר סליחות במנחה) בערב ראש חודש שאומרים בו תחנון בתפילת שחרית (משנ"ב ד בשם רמ"ק).

תפילת ראש חודש

291 בשלוש תפילות העמידה הרגילות מוסיפים "יעלה ויבוא" בברכת העבודה, וכן מוסיפים "יעלה ויבוא" בברכת המזון (שבת כד ע"א). אם שכח לומר בתפילה ונזכר לפני שהתחיל "מודים", אומר במקום שנזכר בו (ראבי"ה, תתמו); אם כבר התחיל "מודים", צריך לחזור לתחילת "רצה"; ואם סיים תפילתו – חוזר לראש (ברכות כט ע"ב). ודווקא בשחרית ובמנחה צריך לחזור אך לא בערבית, מכיוון שממילא אין מקדשים את החודש בלילה (שם ל ע"ב). ואם שכח בברכת המזון – ראה הלכה 373.

292 בתפילת שחרית מוסיפים את פסוקי קרבן המוסף לראש חודש בסוף סדר הקרבנות (עמ' 25), כדי שיאמרו אותו גם היחידים שאינם מגיעים לבית הכנסת לשמוע קריאת התורה (ראב"ן, קכ). שאר התפילה היא כשל יום חול עד תפילת העמידה שמוסיפים בה "יעלה ויבוא". אחרי העמידה אומרים חצי הלל (עמ' 360), פרט לראש חודש טבת, שאומרים בו הלל שלם משום שהוא חל בחנוכה.

293 לאחר ההלל אומרים קדיש שלם ומוציאים ספר תורה (בראש חודש טבת, שני ספרי תורה). אין אומרים "אל ארך אפיים". קוראים לארבעה עולים את פרשת התמיד ואת פרשות מוסף שבת ומוסף ראש חודש בעמ' 587 (מגילה כב ע"א).

294 בקריאה לראש חודש יש חמישה עשר פסוקים, אך מכיוון שאין מפסיקים בפחות משלושה פסוקים לפני פרשייה ואחריה (ראה הלכה 155), אי־אפשר לחלק את הקריאה בקלות לארבעת העולים. בגמרא דנים בכך (מגילה כא ע"ב) ומסיקים שיש לכפול פסוקים כדי לאפשר לכל אחד מהעולים לקרוא שלושה פסוקים. המנהג המקובל הוא כשיטת הגאונים והרמב"ם (תפילה פי"ג ה"ד), ולפיו העולה השני חוזר וקורא את הפסוק "ואמרת להם" כדי לסיים שלושה פסוקים לפני הפרשייה הבאה; והרמב"ן (מגילה שם) ערער על שיטה זו, מכיוון שכך השני מתחיל שני פסוקים אחרי פרשייה פתוחה – והציע שהשני יקרא חמישה פסוקים עד הפרשייה הבאה, והשלישי יחזור ויקרא שלושה פסוקים מקריאת השני וימשיך "וביום השבת" (וכן במסכת סופרים פי"ז ה"ח), ויש הנוהגים כשיטה זו (הגר"א, 'מעשה רב' קנה).

295 לאחר קריאת התורה אומרים חצי קדיש ומגביהים את ספר התורה. אין אומרים "יהי רצון", אפילו אם חל בשני או בחמישי. מכניסים את ספר התורה, ואומרים "אשרי" ו"ובא לציון" (אך לא "למנצח"). אומרים חצי קדיש, חולצים את התפילין (רמ"א כה, יג; וביאר ה'לבוש' שם, יג שתפילת מוסף היא כעין הקרבת מוסף, שיש בה בחינת יום טוב, ולכן אין מניחים תפילין) ומתפללים מוסף (עמ' 365). בברכה הרביעית מנהג מזרח אירופה היה לומר כגרסת הרמב"ם, "זכרון לכולם היו, תשועת נפשם מיד שונא", המתייחס לתפקיד שמילאו הקרבנות בעבר (וכן מנהג הגר"א, 'מעשה רב' קנו); אך המנהג הנפוץ הוא כמנהג אשכנז המערבי, "זכרון לכולם יהיו", תפילה שזכות הקרבנות תעמוד לנו לדורות ותושיע אותנו (על פי סידור הרוקח קיח ושבה"ל קעו). בברכה זו אומרים שתים עשרה בקשות כנגד שנים עשר חודשי השנה, ובשנה מעוברת מוסיפים את הבקשה: "ולכפרת פשע". נוהגים להוסיף בקשה זו רק עד ראש חודש אדר ב', ויש המוסיפים אותה כל שנת העיבור (משנ"ב תכג, ה).

296 בחזרת התפילה אומרים קדושה של חול (רמ"א שם); ומנהג ספרד לומר "כתר" כבשבת, ולאחר הפסוק "קדוש קדוש קדוש" להמשיך כבקדושת חול (שו"ע תכג, ג). שליח הציבור אומר קדיש שלם, וממשיכים "עלינו", שיר של יום, "ברכי נפשי" (עמ' 92) ו"אין כאלהינו". מקדימים את השיר הרגיל ל"ברכי נפשי" מכיוון ש"תדיר ושאינו תדיר – תדיר קודם" (ברכות נא ע"ב ועוד), כלומר שיש להקדים את הדבר התדיר לתוספות המיוחדות (אבנ"ז, או"ח כז).

297 לפי ברייתא המובאת בסוכה נד ע"ב, כשראש חודש חל בשבת, אמרו בבית המקדש "ברכי נפשי" ולא "מזמור שיר ליום השבת". ומשום כך קבע הגר"א שאין אומרים אלא מזמור אחד בכל יום; וכתב שכל

המזמורים נדחים מפני מזמור של שבת חוץ משל ראש חודש, שדוחה אף את של שבת (׳מעשה רב׳ קנז); ולכן יש קהילות האומרות רק ״ברכי נפשי״. אך יש אחרונים שפירשו שלמסקנת הגמרא, נדחתה ברייתא זו (׳טורי אבן׳ ראש השנה ל ע״ב, ׳מנחת חינוך׳ שיב), ואפשר שעל כך נסמך מנהג רוב הקהילות, שאומרות הן את השיר הרגיל הן את ״ברכי נפשי״.

298 גם כאשר ראש חודש חל בשבת, מוסיפים ״יעלה ויבוא״ לכל התפילות ולברכת המזון. אומרים ״רצה״ לפני ״יעלה ויבוא״, כיוון ש״תדיר ושאינו תדיר - תדיר קודם״ (שו״ע קפח, ה בשם ה׳כלבו׳).

299 בתפילת שחרית אומרים בסדר הקרבנות את פסוקי מוסף שבת לפני פסוקי מוסף ראש חודש. לאחר תפילת העמידה אומרים חצי הלל. מוציאים שני ספרי תורה (בחנוכה, בשבת שקלים או בשבת החודש - שלושה); באחד קוראים לשבעה את קריאת היום, ובאחר קוראים למפטיר את פסוקי מוסף שבת ומוסף ראש חודש, במדבר כח, ט-טו (טור, תכה). ההפטרה היא בישעיה סו, ומסתיימת ב״והיה מדי חדש בחדשו״ (מגילה לא ע״א); וראה בהלכה 600, 629, 733 ו־762. אין אומרים ״אב הרחמים״; אם ראש חודש אייר חל בשבת - ראה הלכה 686.

300 במוסף אומרים בברכה הרביעית נוסח מיוחד ובו נזכרים קדושת השבת, עם ישראל וראשי חודשים - בסדר זה, מכיוון שקדושת השבת קדמה לקדושת ישראל, והם המקדשים את ראשי החודשים (ר״ח, ביצה טז ע״ב - יז ע״א).

א. ברוב סידורי אשכנז הישנים אחרי פסוקי מוסף לשבת נהגו להוסיף את המשפט ״זה קרבן שבת, וקרבן ראש חודש כאמור״. תוספת זו כבר הייתה מוכרת לראשונים, ו׳שיבולי הלקט׳ (קפ) הביא מסורת שרש״י הורה שאין לאומרה, וכן מסקנת המשנ״ב (תכה, יד).

ב. חתימת הברכה הרביעית מבוססת על חתימת הברכה למוסף ראש חודש כשחל בחול, לרבות התוספות המיוחדות לשבת. ב׳ערוך השולחן׳ (תכה, ב) הקשה מדוע לא נוסף גם ״קדשנו במצוותיך״, ויש סידורים שהדפיסו נוסח זה; אך בכל הסידורים הישנים איננו.

301 לאחר הקדיש אומרים ״אין כאלהינו״, ״עלינו״, ״מזמור שיר ליום השבת״ ו״ברכי נפשי״ (הנוהגים כדעת הגר״א אומרים רק ״ברכי נפשי״).

302 אם ראש חודש חל ביום ראשון - מפטירים בשמואל א׳ כ, יח-מב, ״ויאמר לו יהונתן מחר חדש״. ראוי להקדים את הסעודה השלישית כדי לצאת מידי ספק בברכת המזון (ראה הלכה 257).

דיני תפילת יום טוב

303 בתפילות החגים ישנם פרטים רבים המיוחדים לכל חג וחג. פרטים אלה יובאו, אי״ה, בחלקו השני של המדריך. כאן נתייחס רק לדינים המשותפים לשלוש הרגלים.

304 בליל יום טוב החל בחול, מדליקים נרות ומברכים עליהם שתי ברכות: ״להדליק נר של יום טוב״ (שו״ע תקיד, יא על פי הרוקח) ו״שהחיינו״, שתיהן בעמ׳ 151 (מנהג שרבים ערערו עליו, אך נתקבל במשנ״ב רסג, כג; וראה צי״א חי״ד, נג). אם המדליק נרות עתיד לקדש בעצמו, לא יברך ״שהחיינו״ אלא בקידוש (שש״כ מד, ד בשם כה״ח). בניגוד לשבת אפשר להדליק את הנרות ביום טוב עצמו, ויש שסברו שעדיף להדליק את הנר ביום טוב כשיש בו צורך (רז״ה, שבת י ע״ב) - והנוהגים כן צריכים להקפיד להעביר אש מאש אחרת ולא להדליק גפרור. אך דעת הרמב״ם (שבת פ״ל ה״ה) היא שיש להדליק מבעוד יום כמו בשבת, וזה המנהג הנפוץ (שש״כ מד, ב).

305 נחלקו האחרונים אם צריך לברך על הנרות לאחר הדלקתם כדין נרות שבת (מג״א רסג, יב) - או שביום טוב, שאין בו איסור במעשה ההדלקה, עדיף לברך ואחר כך להדליק (בנו של ה׳דרישה׳ בהקדמה לטור יו״ד בשם אמו), וכן המנהג הנפוץ (משנ״ב רסג, כז).

וגם בזה יש להקפיד שלא להדליק את הגפרור לאחר הברכה (שש״כ מד, ז). אסור לכבות את הגפרור אחרי ההדלקה, אלא צריך להניחו במקום שיכבה מאליו (שם, ט). ונוהגים להדליק נר שידלוק ביום טוב כולו כדי להשתמש בו.

306 הברכה הרביעית בתפילת עמידה לרגלים בערבית, בשחרית ובמנחה זהה, ויש בה שבח על כך שהקב״ה בחר בנו, ״יעלה ויבוא״ ופסקת סיום (״והשיאנו״), הדומה לזו של שבת. במוסף מזכירים את פסוקי מוסף היום במקום ״יעלה ויבוא״. דיני טעות בתפילות יום טוב הם כדיני טעות בתפילות שבת (הלכה 216). אם שכח לומר ״אתה בחרתנו״, אך אמר ״יעלה ויבוא״ - יצא (שו״ע ורמ״א תפז, ב על פי ׳ארחות חיים׳). אם טעה בשם החג (כגון שאמר ״את חג הסוכות הזה״ בפסח) צריך לחזור (ערוה״ש תפז, ד).

307 אם יום טוב חל בשבת, מתפללים תפילת יום טוב עם תוספות לשבת. מוסיפים ׳באהבה׳ בשני מקומות בתפילה (״באהבה מקרא קודש״ אחרי הזכרת הרגל, ו״והנחילנו... באהבה וברצון, בשמחה ובששון״), מכיוון שהאהבה מיוחדת לשבת (סידור ר׳ שבתי סופר). חותמים ״מקדש

השבת וישראל והזמנים" (ברכות מט ע"א). אם טעה בחתימה, וחתם רק "מקדש השבת" - יצא, כיוון שהתפלל תפילת יום טוב (בה"ל תפז ד"ה מקדש). ואם חתם רק "מקדש ישראל והזמנים" - ספק אם יצא ('חיי אדם' כח, יא); ולא יחזור ויתפלל, אלא יכוון לצאת בתפילת שליח הציבור ('אשי ישראל' פמ"ב הערה לב בשם הרש"ז אויערבך); ואם לא הזכיר את השבת כלל, יחזור ויתפלל (משנ"ב תפז, טו).

308 תפילת ערבית פותחת ב"ברכו" ונמשכת כבתפילת שבת (עמ' 163). לאחר ברכות קריאת שמע נוהגים לומר את הפסוק "וידבר משה" (מחז"ו, קא; ולדעת הגר"א אין לאומרו, ראה הלכה 215). אחרי חצי קדיש עומדים להתפלל ערבית לשלוש רגלים, אומרים קדיש שלם וממשיכים כבתפילת שבת (פרט לליל ראשון של פסח, ראה הלכה 657). נוהגים לשיר "יגדל" בסוף התפילה, ויש השרים גם "אדון עולם". לפני הסעודה אומרים קידוש ליום טוב (עמ' 374) ומברכים "שהחיינו" (פרט לליל שביעי של פסח, שאינו נחשב רגל בפני עצמו).

309 אם יום טוב חל ביום שישי, או אם ראש השנה חל ביום חמישי, מניחים בערב יום טוב קודם הדלקת נרות 'עירוב תבשילין' (עמ' 373). עירוב זה מתיר לבשל ולהכין לשבת.

310 אם יום טוב חל בשבת, מברכים על הנרות "להדליק נר של שבת ושל יום טוב" ו"שהחיינו". מדליקים את הנרות מבעוד יום, ומברכים אחר ההדלקה. אומרים קבלת שבת מקוצרת, המתחילה ב"מזמור שיר ליום השבת" (פמ"ג תפח, א"א א, 'מטה אפרים' תריט), ואין אומרים "במה מדליקין" ('לבוש' ער, ב על פי ספר הרוקח, שב). אחרי ברכות קריאת שמע אומרים "ושמרו", ואחר כך "וידבר". מתפללים תפילת עמידה של יום טוב עם תוספות לשבת. אחרי התפילה אומרים "ויכולו" וברכה מעין שבע (פרט לליל ראשון של פסח, ראה הלכה 657), ומסיימים את התפילה כבכל שבת. בקידוש אומרים "ויכולו", את נוסח הקידוש ליום טוב עם תוספות לשבת וברכת "שהחיינו".

311 אם יום טוב חל במוצאי שבת, אין מדליקים נרות ואין עושים שום הכנה לצורך יום טוב עד לאחר צאת הכוכבים, מכיוון ש"אין שבת מכינה ליום טוב" (ביצה ב ע"ב). אחר צאת הכוכבים, אם לא הבדיל בתפילה, צריך לומר "ברוך המבדיל בין קודש לקודש" לפני שיעשה כל מלאכה (מג"א רצט, יג בשם מהר"י ווייל). תפילת ערבית היא כביום טוב החל ביום חול, ומוסיפים "ותודיענו" בתפילת העמידה (ברכות לג ע"ב). אם שכח לומר "ותודיענו", אינו חוזר ('חיי אדם' ח, לז); ואם נזכר לפני שחתם "מקדש ישראל והזמנים", חוזר ('יחוה דעת' ח"א צא, טו).

312 ביום טוב החל במוצאי שבת, מברכים על הנר אך לא על הבשמים, מכיוון שגם ביום טוב יש נשמה יתרה (רשב"ם, פסחים קב ע"ב ד"ה ושמואל), או מכיוון ששמחת יום טוב מחפה על אבדן הנשמה היתרה (תוספות שם ד"ה רב). ואין אומרים פסוקי ברכה. סדר ההבדלה הוא יקנה"ז - יין, קידוש ליום טוב, נר, הבדלה, זמן ("שהחיינו"). ברכת ההבדלה חותמת ב"המבדיל בין קודש לקודש" (משנה, חולין כו ע"ב); אם טעה, ובירך "המבדיל בין קודש לחול" - חוזר ומברך (שש"כ סב, כא).

313 בתפילת שחרית אומרים את סדר הקרבנות ופסוקי דזמרה כבשבת. אם יום טוב חל בשבת, מוסיפים את פסוקי המוסף לשבת, אך אין מוסיפים את פסוקי המוסף ליום טוב (ראה הלכה 228). אחרי "נשמת" שליח הציבור לשחרית מתחיל ב"האל בתעצומות עוזך" (מנהגי מהר"י טירנא). אחרי "ברכו" אומרים "המאיר לארץ" כביום חול; אם חל בשבת אומרים "הכל יודוך" (שם, סדר יוה"כ).

314 הפייטנים הקדמונים בארץ ישראל נהגו לחבר פיוטים מיוחדים לכל שבת ולמועדים - 'יוצרות' לברכות קריאת שמע, 'קרובות' לחזרת הש"ץ של שחרית ו'שבעתא' לתפילות המוספין; היו שהתנגדו למנהג - לא מחשש הפסק, כיוון שמותר להאריך מעניין הברכה (ראה הלכה 101), אלא מחשש להיסח הדעת של הציבור (שו"ת הרמב"ם, רז; ורבו הר"י מיגש התיר בפשטות בתשובה פז). בימי ראשוני אשכנז נהגו לומר פיוטים כאלה רק בימים טובים, בפורים ובשבתות מיוחדות (ראה במחזור וורמייזא). ברוב הקהילות היום אומרים פיוטים אלה בראש השנה וביום הכיפורים בלבד, כמו כן אומרים תפילות טל וגשם בפסח ובשמיני עצרת (ראה במדריך ללוח השנה).

315 לאחר תפילת העמידה אומרים הלל שלם (פרט לשביעי של פסח, שאומרים בו חצי הלל). לאחר קדיש שלם בחלק מהחגים קוראים אחת מהמגילות (ראה במדריך ללוח השנה), ואומרים אחריה קדיש יתום. לפני הוצאת ספרי התורה נוהגים לומר י"ג מידות ותחינה אחריהן (עמ' 236), ואין אומרים אותן בשבת.

316 מוציאים שני ספרי תורה (פרט לשמיני עצרת, ראה הלכה 542). קוראים באחד לחמישה עולים (אם חל בשבת, לשבעה), ובאחר קוראים למפטיר את מוסף החג בפרשת פינחס. לאחר ההפטרה אומרים תפילה לשלום המדינה וברכה לחיילי צה"ל (ואם חל בשבת, אומרים קודם לכן "יקום פורקן"). בחלק מהחגים אומרים הזכרת נשמות (עמ' 394) ו"אב הרחמים" לאחר מכן, ונוהגים שמי שהוריו בחיים יוצא מבית הכנסת. בקהילות אשכנז נוהג שליח הציבור אומר את הפיוט "יה אלי" לפני שהוא

מתחיל מוסף (עמ' 398); אך אין אומרים אותו כאשר מזכירים נשמות (הגהות למנהגי מהר"י טירנא), והיום נוהגים שגם כשיום טוב חל בשבת אין אומרים אותו, ויש שאין אומרים אותו גם כשמתפללים תפילת טל או גשם ('שערי אפרים' י, מ) – ובארץ ישראל זה מותיר רק את יום ראשון של סוכות, אם חל בחול. אחרי "אשרי" מכניסים את ספר התורה, ואומרים מוסף לשלוש רגלים (עמ' 404). אם חל בשבת, אומרים את פסוקי מוסף שבת לפני פסוקי מוסף הרגל, מכיוון שמוסף שבת קרב לפני מוסף הרגל (משנה, זבחים פט ע"א). בקדושה מוסיפים "אדיר אדירנו" (סידור הרוקח, ק). לאחר חזרת הש"ץ אומרים קדיש שלם וממשיכים כבסוף מוסף לשבת.

317 תפילת מוסף – בפסח ובשמיני עצרת, אומרים לפני תפילת העמידה פיוטי טל או גשם; ויש האומרים אותם בתוך חזרת הש"ץ (ראה הלכה 544). בברכה הרביעית, אומרים את פסוקי מוסף הרגל; אם חל בשבת, מקדימים את פסוקי מוסף שבת מוסף הרגל, מכיוון שבזמן הבית, מוסף שבת קרב קודם (משנה, זבחים פט ע"א). בקדושה מוסיפים "אדיר אדירנו" (סידור הרוקח, ק). הכוהנים עולים לדוכן, אפילו בחו"ל. מנהג אשכנז היה להוסיף "ותערב", ולחתום "שאותך לבדך ביראה נעבוד", כפי שחתמו את ברכת העבודה במקדש (ירושלמי, סוטה פ"ז ה"ו; רש"י, יומא סח ע"ב). ולדעת הגר"א אין לשנות את נוסח הברכה שבכל יום ('פאת השולחן', הל' ארץ ישראל פ"ב, יז), ולכן נהגו הפרושים בארץ ישראל לומר "ותערב", אך לחתום כרגיל (סידור 'אשי ישראל'). אם אין כוהנים בבית הכנסת, אין אומרים "ותערב" (מהר"ם לובלין, הובא במשנ"ב קכח, קעג). לאחר חזרת הש"ץ אומרים קדיש שלם וממשיכים כבסוף מוסף לשבת.

318 במנחה אומרים "אשרי" ו"ובא לציון" (עמ' 281). אם חל בשבת, מוציאים ספר תורה וקוראים לשלושה עולים בפרשת השבוע הבא. בתפילת העמידה אומרים "שלום רב" כברכה שביעית; אם חל בשבת, רבים נוהגים לומר "שים שלום" (ראה הלכה 251). אין צורך לאכול סעודה שלישית, אלא אם כן יום טוב חל בשבת (טור, תקכט בשם הרא"ש; ושם כתב שלדעת הרמב"ם, שבת פ"ל ה"ט, צריכים).

319 במוצאי יום טוב מתפללים ערבית לחול, ומוסיפים "אתה חוננתנו" (עמ' 331). מבדילים על הכוס, ואומרים ברכת המבדיל אפילו מיום טוב החל בחול, לחול המועד (רי"ף, פסחים כא ע"א). אין אומרים פסוקי ברכה לפני ההבדלה, מכיוון שדווקא מוצאי שבת נחשב סגולה להצלחה ('מטה אפרים', תרכד; וכן דעת הפמ"ג, מ"ז תצא, א); ואין מברכים על הבשמים, מכיוון שביום טוב אין נשמה יתרה כבשבת (ראה הלכה 312), ולא על הנר, שכן ביום טוב עצמו מותר להדליק נרות (בה"ג, הל' קידוש והבדלה).

320 אם יום טוב חל בערב שבת, מתפללים תפילת ערב שבת רגילה, אך אומרים קבלת שבת מקוצרת. אין מבדילים לא בתפילה ולא על הכוס, מכיוון שקדושת שבת חמורה מקדושת יום טוב (בה"ג שם).

דיני יום טוב שני

321 בזמן שישבה הסנהדרין בארץ ישראל, עד כשלוש מאות שנה אחר החורבן, נהגו לקדש את החודש על פי עדים שראו את הלבנה בחידושה. משנחקרו העדים והוכרז החודש, הודיעו לכלל ישראל את התאריך הנכון, כיוון שקביעת המועדים נמסרה לעם ישראל (ראש השנה כה ע"א). משנתקלקלו הדרכים, אי־אפשר היה להודיע לבני הגולה על קידוש החודש בזמן; ומשום ספק זה, פעמים רבות עשו שני ימים טובים.

322 בחלוף השנים גם בארץ ישראל לא תמיד היה אפשר לקדש את החודש בזמן. משום כך התקין הנשיא הלל השני את לוח השנה שבידינו, ובו כללים ברורים איזה חודש מלא ואיזה חסר, ומתי מעברים את השנים (רמב"ן, גיטין לו ע"א). למרות זאת נפסק שבני הגולה ימשיכו לשמור יום טוב שני, כמנהג אבותיהם (ביצה ד ע"ב).

323 בני חו"ל נוהגים ביום טוב שני את כל דיני יום טוב ראשון, פרט לדין קבורה – שמותר לקבור מתים ביום טוב שני, אף אם יהודים עושים מלאכה לצורך זה (שו"ע תקכו, ב על פי ביצה ו ע"א). מלבד זאת, אסורים בו בכל מלאכה (שו"ע תצו, א על פי פסחים נב ע"א), מדליקים בו נרות, מקדשים בו, ואף מברכים "שהחיינו" (סידור רש"י, קעא); יש המקפידים ללבוש בגד חדש או לאכול פרי חדש כדי לפטור גם אותו בברכת "שהחיינו" (כמו בראש השנה, ראה הלכה 476), והאחרונים כתבו שאין צורך (מג"א תר, ב). אם יום טוב חל ביום חמישי, מניחים עירוב תבשילין כדי להתיר הכנה מיום טוב שני לשבת (שו"ע תקכז, יג על פי ה'עיטור' והרא"ש). ומותר להכין מיום טוב ראשון ליום טוב שני של גלויות (רמ"א תצה, ד בשם ה'כלבו').

324 נחלקו הפוסקים מה דינם של בני חו"ל השוהים בארץ: לדעת רוב הפוסקים, עליהם לשמור יום טוב שני (משנ"ב תצו, יג), ורבים מתירים להם לקיים מניינים מיוחדים לתפילות החג, כל זמן שלא יצרפו למניין מבני ארץ ישראל ('אשי ישראל' טו, יח בשם רש"ז אויערבך); ורבים מרבני ירושלים פסקו כדעת ה'חכם צבי' (קסז), שעליהם לשמור יום אחד כבני

ארץ ישראל; ויש שמורים שצריך לשמור יום טוב שני לחומרה - להימנע מעשיית כל מלאכה ולקיים מצוות עשה דאורייתא (לקדש, לאכול כזית מצה ולקרוא את סיפור יציאת מצרים שבהגדה בלילה שני של פסח ולהימנע מאכילת חמץ ביום האחרון של פסח), אך לנהוג ככל בני ארץ ישראל - להניח תפילין, להתפלל תפילות חול (או חול המועד) וכד' ('עיר הקודש והמקדש' ח"ג פ, יא).

325 בני ארץ ישראל השוהים בחו"ל, צריכים לשמור רק יום טוב אחד; אך אסור להם לשנות מהמנהג בפומבי (וכן אין להם לאכול חמץ באחרון של פסח - שע"ת תצו, ג בשם ה'שלמי חגיגה'). ואין להם לעשות כל מלאכה (שו"ע תצו, ג על פי ה'ארחות חיים'), ואפילו בצנעא (משנ"ב שם, ט).

326 משום כך, בן ארץ ישראל הנמצא בחו"ל, צריך להתפלל במניין, אך בערבית יתפלל כבחול, יוסיף "אתה חוננתנו" ויבדיל בביתו. בשחרית יניח תפילין בביתו, יקרא קריאת שמע ויתפלל עמידה של חול, ואחר כך ילך לבית הכנסת לשמוע קדיש וקדושה, ולא יתפלל מוסף (ואם הוא חול המועד, יתפלל עמם). ובמנחה ובערבית יתפלל בציבור ויאמר תפילת חול (שע"ת שם בשם הרדב"ז).

327 אין לבן ארץ ישראל להיות שליח ציבור בחו"ל ביום טוב שני, וכן לא יהיה בן חו"ל שליח ציבור בארץ ישראל ביום טוב שני. יש שהורו שבן ארץ ישראל אפילו לא יעלה לדוכן במוסף של יום טוב שני (ערוה"ש תצו, ה על פי ה'גינת ורדים'; והאג"מ, או"ח ח"ד קו, א התיר). וכמו כן אין לעלות לתורה (שע"ת שם, ד בשם ה'שערי אפרים').

328 מי שבא מחו"ל לארץ ישראל ואינו מתכוון לחזור, נוהג כבני ארץ ישראל הן לקולא הן לחומרה, ולהפך (שו"ע שם). מי שמתכוון להישאר, אם יסתייע בידו, צריך לנהוג מיד כבני מקומו החדש (מג"א שם, ז בשם הרדב"ז). אם נוסע ליותר משנה, כגון שליחים - לדעת 'ערוך השולחן' (שם) דינו כבן מקומו החדש; ויש מאחרוני זמננו שחלקו עליו (ראה פירוט בספר 'יום טוב שני כהלכתו' פ"ה), ויש שהכריעו שישמור כחומרות של שני המקומות ('הר צבי' ח"ב עח).

דיני חול המועד

329 חמשת הימים שבין יום טוב ראשון לאחרון של פסח, וששת הימים שבין סוכות לשמיני עצרת (בחו"ל ארבעה וחמישה), מכונים 'חול המועד'. חול המועד אסור במלאכה (חגיגה יח ע"א). בגמרא דנים בשאלה אם האיסור הוא מדאורייתא או מדרבנן, והראשונים נחלקו במסקנה:

א. דעת הרשב"ם (פסחים קיח ע"א), הרמב"ן (מועד קטן, ד"ה עוד אני) ועוד ראשונים, וכן נטיית הב"י (תקל) היא, שמלאכה שיש בה טורח אסורה מן התורה, והתורה מסרה לחכמי ישראל את הסמכות להגדיר את היקף האיסור, והם התירו מלאכות שלצורך המועד עצמו, לצורך רבים ולצורך דבר האבד.

ב. לעומתם דעת ר"ת (חגיגה יח ע"א, תוספות ד"ה חולו) והרמב"ם (יום טוב פ"ז ה"א) היא, שכל איסור חול המועד אינו אלא מדרבנן, וחכמים הם שאסרו מלאכות שאפשר לדחותן לאחר המועד; וכן דעת הרא"ש והטור (שם). מכאן שבמקום צורך גדול, אדם רשאי לעבוד למחייתו בחול המועד (ויש בזה פרטי דינים רבים, מה מותר ומה אסור). ונסיעה לצורך טיול מותרת (שו"ע תקלו, א בשם הרא"ש).

330 אין להסתפר או להתגלח בחול המועד, שחכמים גזרו לעשות כן לפני החג משום כבוד החג (מועד קטן יד ע"א). וכתב ר"ת (תוספות שם) שמי שהתגלח בערב החג, רשאי להמשיך ולהתגלח בחול המועד. השו"ע פסק לאסור (תקלא, ב); ויש מהאחרונים שהקלו למי שמתגלח בכל יום וצריך להגיע מגולח למקום עבודתו (נוב"י מהדו"ק, יג; אג"מ, או"ח ח"א, קסג).

331 בחול המועד מתפללים כביום חול, ומוסיפים "יעלה ויבוא" בברכת "רצה" שבשלוש התפילות ובברכת המזון. אם שכח להוסיף בתפילה, צריך לחזור (ראה הלכה 291). אם שכח בברכת המזון - ראה הלכה 373.

332 נחלקו הפוסקים אם מניחים תפילין בחול המועד, כיוון שהסתפקו אם גם חול המועד קרוי "אות" (ראה הלכה 25). הרשב"א (שו"ת ח"א, תרץ) אסר, וכתב שכן דעת התוספות; אך בתוספות שבידינו (מנחות לו ע"ב) פסקו כר"ת, שהורה להניח תפילין ולברך עליהן, וכן דעת רש"י (סוכה מו ע"א ד"ה מצות הרבה); ודעת הסמ"ק (קנג) היא שיניח ולא יברך עליהן. מנהג אשכנז היה להניח תפילין (רמ"א לא, ב) ונהגו להניח בלא ברכה ולחלוץ אותן לפני אמירת הלל (ט"ז שם, ב); ומנהג ספרד היה שלא להניחן, משום דברי הזוהר ('זוהר חדש', שיר השירים ח ע"א) שכתב שאסור, וכן נהגו האשכנזים בארץ ישראל (בעקבות ביאור הגר"א לא, ד).

333 בשחרית אחרי חזרת הש"ץ אומרים הלל (הלל שלם בסוכות, וחצי הלל בפסח). אומרים קדיש שלם ומוציאים ספר תורה (בסוכות; בפסח מוציאים שניים). קוראים לארבעה עולים. לאחר החזרת ספרי התורה לארון הקודש אומרים "אשרי", "ובא לציון" וחצי קדיש, ומתפללים מוסף לשלוש רגלים. לאחר חזרת הש"ץ אומרים קדיש שלם, "עלינו", וממשיכים כבכל יום חול (פרט לנוהגים

כדעת הגר"א, האומרים מזמור שונה כשיר של יום); בחול המועד סוכות מוסיפים את מזמור כז.

334 בשבת חול המועד מתפללים תפילת ליל שבת רגילה, אך אומרים קבלת שבת מקוצרת ומוסיפים "יעלה ויבוא". בבוקר מתפללים שחרית לשבת, אומרים הלל וקדיש שלם. אחר כך קוראים מגילה – שיר השירים בפסח, קהלת בסוכות (רמ"א תצ, ט בשם אבודרהם). יש הקוראים מתוך מגילה הכתובה על קלף ומברכים עליה "על מקרא מגילה" ו"שהחיינו"; אך ברוב בתי הכנסת קוראים מתוך תנ"ך בלא ברכות (משנ"ב שם, יט; ראה הלכה 531). אחר קריאת המגילה האבלים אומרים קדיש (גשה"ח פ"ל ט, ד). מוציאים שני ספרי תורה. באחד קוראים לשבעה עולים את פרשת י"ג מידות הרחמים ואת הברית על המועדים שנכרתה בעקבות התגלות זו (עמ' 606), ובאחר קוראים למפטיר את קרבן המוסף לאותו היום בפרשת פינחס (מגילה לא ע"א). אחרי ההפטרה ממשיכים ב"יקום פורקן", תפילה לשלום המדינה ולשלום חיילי צה"ל, "אשרי" והכנסת ספר תורה, ומתפללים מוסף לשלוש רגלים, ומוסיפים בה את פסוקי המוסף לשבת לפני פסוקי המוסף של הרגל. בקדושה אין אומרים "אדיר אדירנו". לאחר חזרת הש"ץ מסיימים כבכל שבת. במנחה קוראים לשלושה עולים מפרשת השבוע הבא.

מקצת דיני ברכות

הפרשת תרומות ומעשרות

335 "ראשית דגנך תירשך ויצהרך... תתן לו" (דברים יח, ד). לפני אכילת פירות וירקות שגדלו בארץ ישראל, יש להפריש מהם תרומות ומעשרות. מדין תורה יש להפריש מדגן, מענבים ומזיתים בלבד, כיוון שהם נזכרים בפסוק (כך לדעת רוב הראשונים); ולדעת הרמב"ם, מכל פירות העץ (תרומות פ"ב ה"א). מדרבנן, יש להפריש אפילו מירקות (ראש השנה יב ע"א). משחרב המקדש וישראל גלו מארצם, כל חיוב תרומות ומעשרות הוא מדרבנן (רמב"ם, שם פ"א הכ"ו; וראה ראב"ד שם).

336 "יש מי שאומר ששם תרומה גדולה הוא על שם שהיא ראשית לכל הדינין" (כפו"פ א). ראשית צריך להפריש תרומה ולתתה לכוהן. תרומה זו היא קודש – אין להתנהג בה בבזיון, והכוהן אינו רשאי לאוכלה אם נטמאה או כאשר הוא עצמו טמא (סנהדרין פג ע"א). מדאורייתא, אין שיעור לתרומה (חולין קלז ע"ב); בזמן שהיו נותנים לכוהן תרומה טהורה, נהגו לתת כשני אחוזים (משנה, תרומות פ"ד מ"ג). תרומה זו מכונה 'תרומה גדולה' כדי להבדילה מ'תרומת מעשר'.

337 אחר כך יש להפריש מעשרות. 'מעשר ראשון' הוא עשירית מהיבול שנשאר לאחר הפרשת התרומה, והוא ניתן ללוי (במדבר יח, כד). הלוי צריך לתת לכוהן עשירית מהמעשר שקיבל (שם שם, כח). הכוהן נוהג במעשר מן המעשר את כל דיני תרומה רגילה, והוא מכונה תרומת מעשר. מלבד זאת, בארבע שנים מכל שבע (רמב"ם, מתנות עניים פ"ו ה"ד) יש להפריש 'מעשר שני' – עשירית מהתבואה שנשארה לאחר הפרשת המעשר הראשון – להעלותו לירושלים ולאכלו שם בטהרה (דברים יד, כב-כג). בשנה השלישית והשישית מכל שבע אין נוהגים דיני 'מעשר שני' אלא המעשר הנוסף שהפרישו, ניתן לעניים, והוא נקרא 'מעשר עני' (שם שם, כח). פירות שביעית פטורים מתרומות ומעשרות (טור, יו"ד רלא).

338 הלכה נוספת הנוהגת בפירות העץ היא איסור ערלה – האיסור לאכול מפירות העץ בשלוש השנים הראשונות לגדילתו (ויקרא יט, כג). בשנה הרביעית הפירות מוגדרים 'נטע רבעי', ויש לאכלם בירושלים (רמב"ם, מעשר שני פ"ט ה"א). אפשר לפדות את פירות מעשר שני (דברים יד, כד-כו) ואת פירות נטע רבעי (משנה, מעשר שני פ"ה מ"ד) ולחללם על מטבע – להעביר למטבע את הקדושה, וכך להתיר את הפירות באכילה.

339 כיום כולם נחשבים טמאי מתים, ולכן נוהגים דיני תרומה טמאה (ספר התרומה, הל' ארץ ישראל). את התרומה שהופרשה אין להשליך, כיוון שעדיין יש בה קדושה; נוהגים לעטוף אותה בשקית ולהניחה בצד עד שתתקלקל מאליה ('חלקת יעקב', יו"ד ח"ב קפו, ה). כמו כן, צריך לפדות את פירות מעשר שני ונטע רבעי. בעניין מעשר ראשון נחלקו פוסקי זמננו: לדעת ה'חזון אי"ש' (מעשרות ז, יד), אין ללוויים היום חזקה, ומשום ש"המוציא מחברו עליו הראיה", אין צורך לחפש אחר לוי ולתת לו מעשר; ויש שהורו שגם היום צריך לתת את המעשר ללוי, לפחות באופן סמלי ('עולת ראיה' ח"א עמ' שנ, ה-ו; 'עיר הקדש והמקדש' ח"ג עמ' עב, ד; 'מנחת יצחק' ח"ח, קו).

340 סדר הפרשת תרומות ומעשרות הנוהג היום מבוסס על נוסח ה'חזון אי"ש'. יש לייחד מראש מטבע שמחללים עליו את פירות מעשר שני ונטע רבעי. בשעה שהפירות לפניו, צריך להפריש מעט יותר מאחוז אחד לצורך תרומה (ששיעורה כלשהו) ותרומת מעשר. אחר כך יש לייחד את הפירות

שיופרשו למעשר ראשון ולמעשר שני, ומתוך הפירות המיועדים לתרומה, מייחדים אחוז אחד מהפירות הסמוכים לפירות שמיועדים למעשר ראשון, להיות חלק מהמעשר הראשון (אותו חלק יופרש אחר כך לתרומת מעשר). אומרים את הנוסח בעמ' 514, ואחר כך עוטפים את הפירות שהופרשו לתרומה, ומניחים אותם בצד. אם יש כמה מינים שיש להפריש מהם, עושים תהליך זה בכל אחד מהם - ואפשר לומר את הנוסח רק פעם אחת, אם מוסיפים את המילים "כל מין על מינו".

341 אם אופים כמות נכבדה של לחם, יש להפריש תרומה מן העיסה, והיא קרויה 'חלה' (במדבר טו, יט-כא). בגמרא (עירובין פג ע"א-ע"ב) מוגדר השיעור המחייב בחלה כעומר המדבר, שהוא כמות המן שירדה למזונו של אדם ביום. נחלקו הפוסקים כמה הוא שיעור זה, וכיצד למדוד אותו (למקור המחלוקת ראה שו"ת חת"ס, או"ח קפז): דעת ה'חזון אי"ש' ('קונטרס השיעורים', שבת לט) היא שאין לברך על פחות משני ק"ג ו־250 גרם, ולדעת רא"ח נאה (שיעורי תורה) ק"ג אחד ו־670 גרם. אם אופים ק"ג אחד ו־200 גרם, מפרישים בלא ברכה. יש להפריש 1/24 מהעיסה, ומי שאופה לצורכי מסחר רשאי להפריש רק 1/48 מהעיסה (משנה, חלה פ"ב מ"ז). היום, כאשר אין נותנים את החלה לכוהן, אפשר להפריש רק כלשהו, כיוון שמעיקר הדין בכך נפטרת העיסה (ראה הלכה336); ונוהגים להפריש כזית (מהרי"ל בשם רש"י, הובא ברמ"א, יו"ד שכב, ה).

342 בזמן המקדש נהגו לתת את החלה לכוהן שיאכלה בטהרה (משנה, חלה פ"א מ"ט). בחו"ל דין חלה נוהג רק מדרבנן (בכורות כז ע"א), ולכן היו קהילות שנהגו לתת את החלה לכוהן שיאכלנה, כיוון שאין איסור לאוכלה בטומאה (שו"ע, יו"ד שכב, ה על פי המשנה, חלה פ"ד מ"ח). בארץ ישראל אסור לעשות כן, והמפריש חלה צריך לשרוף אותה (בה"ג, הלכות חלה); ואין צורך להפריש יותר מ־1/48 מהעיסה (רמב"ם, ביכורים פ"ה ה"ט).

דיני ברכות הנהנין

343 "כתיב (תהלים כט, ב): 'לה' הארץ ומלואה תבל ויושבי בה' - הנהנה כלום מן העולם מעל, עד שיתירו לו המצות... רבי אבון בשם רבי שמעון בן לקיש (תהלים טז, ב): 'אמרת לה', אדני אתה, טובתי בל עליך' - אם אכלת ובירכת... כאילו משלך אכלת" (ירושלמי, ברכות פ"ו ה"א). העולם ומלואו שייכים לקב"ה, והמצוות הן המתירות לאדם ליהנות ממנו; הדבר אמור בהפרשת תרומות ומעשרות וגם בדיני ברכות.

344 על הנאות מהעולם הזה מברכים שני סוגי ברכות (על פי הבחנתו של הרמב"ן בפסחים ז ע"א): 'ברכות הנהנין' שהן נטילת רשות ליהנות מן העולם הזה, ו'ברכות השבח' שהן שבח והודאה לקב"ה על ההנאה. כאשר האדם אוכל, הוא מברך ברכות משני הסוגים: לפני האכילה, ואחריה.

345 כאשר מריחים ריח ערב, מברכים לפניו אך לא אחריו (משנה, נדה נא ע"ב), כיוון שבניגוד למאכל אין בכך הנאה מוחשית ("הנאה מועטת", כלשון רש"י שם). הברכה צריכה להתאים למקור הריח (ראה עמ' 515), אך אם בירך "בורא מיני בשמים", יצא (רמב"ם, ברכות פ"ט ה"ה). משום כך, נוהגים בני אשכנז לברך תמיד "בורא מיני בשמים" בשעת ההבדלה (מג"א רצז, א בשם השל"ה).

346 גם הברכה על האוכל היא ייחודית: ישנה ברכה מיוחדת על מיני לחם ועל מיני יין, על מאפה מחמשת מיני דגן מברכים "בורא מיני מזונות", ישנן ברכות נפרדות על פירות העץ ועל פירות האדמה (משנה, ברכות לה ע"א), ועל שאר המינים מברך "שהכל נהיה בדברו" (משנה, ברכות מ ע"ב).

347 בגמרא (ברכות לז ע"א) דיון ארוך במעמדו של האורז, שאינו מחמשת מיני דגן ובכל זאת הוא "משביע וסועד הלב" (לשון הרא"ש, שם פ"ו, ח). ונחלקו הראשונים מה המסקנה מהסוגיה: לדעת בה"ג וראבי"ה (ברכות קב), מברכים עליו "בורא פרי האדמה"; לדעת הרא"ש (שם), רק אם האורז התרכך ונעשה כמין דייסה, או שנאפתה ממנו פת, מברכים "בורא מיני מזונות", ואם לא כן "בורא פרי האדמה", וכן פסק הרמ"א (רח, ז); ולדעת הרי"ף (ברכות כו ע"א), על כל אורז מבושל מברכים "בורא מיני מזונות", וכן פסק השו"ע (שם), ורבים מבני אשכנז אימצו פסק זה (ערוה"ש שם, כב בשם המג"א והגר"א).

348 על מוצר מעובד שמקורו בצומח, מברך את הברכה הראשונית אם צורתו וטעמו המקוריים של הפרי או של הירק ניכרים (רמ"א רב, ז על פי הרמב"ם). דיני ברכות סבוכים מאוד ורבו בהם השיטות והמנהגים, ויש לבדוק כל מוצר ומוצר מה ברכתו. ישנם ספרים שלמים, העוסקים בהדרכה בעניינים אלו.

349 הברכה שלאחר האכילה היא ברכת שבח, ונוסחתה תלויה במזון שנאכל. אם אין מקורו בשבעת המינים שנשתבחה בהם ארץ ישראל, מברך "בורא נפשות רבות" (עמ' 513). לדעת הגר"א (רז, ד), יש לומר בנוסח הברכה "וחסרונן של כל מה שברא" (כלשון הגמרא בברכות לז ע"א), ולחתום ב"ברוך אתה ה' חי העולמים" (ראה הלכה 116, שם מובאת מחלוקת זהה); והמנהג הנפוץ הוא לומר "על כל מה שבראת" כנוסחת המג"א (שם, א; על פי לשון הגמרא בעירובין יד ע"ב).

350 מי שאכל מזון משבעת המינים, מברך עליו ברכה מיוחדת 'מעין שלוש'. ברכה זו מבוססת על ברכת המזון ויש בה שבח לקב"ה על המזון ועל ארץ ישראל, ותפילה לגאולה (ברכות מד ע"א). אם מברכים בשבת, במועד או בראש חודש, צריך להזכיר בברכה את היום (שו"ע רח, יב על פי הירושלמי בברכות פ"ו ה"א). יש שסברו שברכה זו היא ממש ברכת המזון מקוצרת, וחיובה מהתורה (טור, רט בשם בה"ג, בניגוד לדעת הרמב"ם, ברכות פ"ח הי"ב); ומשום כך, נוהגים בה דיני ברכה במקום האכילה, ושכחה כדין ברכת המזון (קיצוש"ע נא, י; ראה הלכה 368-366).

351 הנוסח משתנה בהתאם לברכה הראשונה - על מיני מזונות (פרט לאורז, שאינו מחמשת מיני דגן) מברך "על המחיה ועל הכלכלה" וחותם "על הארץ ועל המחיה"; על פירות משבעת המינים למעט יין מברך "על העץ ועל פרי העץ" וחותם "על הארץ ועל הפירות" (ברכות מד ע"א); ועל יין מברך "על הגפן ועל פרי הגפן" וחותם "על הארץ ועל פרי הגפן" (שו"ע רח, יא על פי בה"ג והרא"ש; ולדעת הגר"א שם, לח על פי הרמב"ם, "על הארץ ועל הפירות"). אם אכל פירות שגדלו בארץ, מברך "על הארץ ועל פירותיה" או "ועל פרי גפנה" (ברכות, שם). מי שאכל גם שאר מאכלים, מברך קודם ברכה מעין שלוש ואחר כך "בורא נפשות רבות" (פמ"ג, פתיחה להלכות ברכות, י).

352 אם אכל לחם, צריך לברך ברכת המזון (ראה למטה), ובה פוטר את כל מה שאכל בסעודה (רמב"ם, ברכות פ"ד הי"א). לסעודה שנקבעה על לחם יש דינים מיוחדים, כמבואר לקמן.

דיני סעודה

353 לפני אכילת לחם צריך ליטול את ידיו (חולין קה ע"א). לאחר שנטל, אך קודם הניגוב, יברך "על נטילת ידיים"; אם שכח, יכול לברך לאחר הניגוב (רמ"א קנח, יא על פי האו"ז). ויקפיד לנגב את ידיו היטב לפני שיגע בלחם (שו"ע שם, יב על פי סוטה ד ע"ב), ולא ייגעו ידיו הרטובות בידיו של מי שלא נטל (שו"ע קסב, ד על פי הגה"מ).

354 יש ליטול את הידיים בכלי המחזיק רביעית (חולין קז ע"א. שיעור רביעית לדעת החזו"א הוא 150 סמ"ק, ולדעת הרא"ח נאה 86 סמ"ק); ואם אין לו כלי, רשאי לטבול את ידיו במי מעיין או מקווה (שו"ע קנט, יד על פי חולין קו ע"ב). יש שהורו שבמקרה זה יברך "על טבילת ידיים" (רמ"א שם, כ בשם הסמ"ג וה'מרדכי'); ומסקנת המשנ"ב (שם, צז) היא שעדיף לברך "על נטילת ידיים" (כשו"ע שם על פי ר' יונה), אם המים ראויים לשתייה (משנ"ב שם בשם המג"א).

355 יש ליטול את הידיים עד מקום חיבור היד לזרוע (כשיטת הרי"ף, ברכות מא ע"ב), ובדיעבד אם נטל עד קשרי אצבעותיו (כשיטת הרא"ש, חולין פ"ח, יא), יצא (שו"ע קסא, ד).

356 יש להקפיד שהידיים יהיו נקיות לפני הנטילה, ולא יהיה עליהן שום לכלוך שאדם בדרך כלל מקפיד שלא לאכול בו (שו"ע קסא, א-ב על פי חולין קו ע"ב). יש להסיר טבעות ושאר תכשיטים לפני הנטילה, אם מקפיד עליהם (שם, ג על פי האו"ז ח"א, ע).

357 אם הידיים נקיות, מספיק לשפוך על כל יד רביעית מים בפעם אחת (שו"ע קסב, ב על פי התוספות והרמב"ם). אך עדיף לשפוך פעמיים על כל יד (משנ"ב שם, כא כדי לחשוש לשיטות הראב"ד והרשב"א).

358 מי שקבע את סעודתו על הלחם, אינו צריך לברך על שאר מיני המזון שהוא אוכל, כיוון שברכת "המוציא" פוטרתם (שו"ע קעז, א). אך אם הוא אוכל מאכלים שאין דרכם להיאכל עם הלחם כחלק מהסעודה, כגון פירות שאוכל לקינוח, צריך לברך עליהם בנפרד (ברכות מא ע"ב).

359 ברכת "המוציא" אינה פוטרת יין שהוגש בסעודה, משום חשיבותו המיוחדת של היין; ולכן צריך לברך על היין בנפרד (שו"ע קעד, א על פי ברכות מא ע"ב). אך מי ששותה יין לפני הסעודה ומתכוון להמשיך, כגון מי שקידש על היין - אינו חוזר ומברך (ברכות מב ע"א).

360 אם באמצע הסעודה הובא יין משובח יותר, ולפחות שני אנשים שותים ממנו, צריכים לברך "הטוב והמיטיב" בעמ' 516, כעל שמועות טובות (ברכות נט ע"ב).

361 אין להסיר את הלחם מעל השולחן עד אחרי ברכת המזון (שו"ע קפ, א על פי הרא"ש).

דיני ברכת המזון

362 לפני ברכת המזון צריך ליטול את ידיו ב'מים אחרונים' (ברכות נג ע"ב). לנטילה זו כמה סיבות - משום מלח סדומית המסוכן לעיניים (רמב"ם, ברכות פ"ו ה"ג על פי חולין קה ע"א); משום נקיות (רשב"א ב'תורת הבית'); ומשום חשיבות ברכת המזון (שאילתות דרב אחאי, נד). היום אין בנמצא מלח סדומית, ולכן מי שידיו נקיות אינו חייב ליטול מים אחרונים (שו"ע קפא, י בשם התוספות; משנ"ב, כב); אך יש המקפידים ליטול גם היום, משום שכך תיקנו חכמים (רבינו ירוחם נט"ז ח"ה בשם הרי"ף), וגם אם

בטל הטעם, התקנה לא בטלה (ראה רמב"ם, ממרים פ"ב ה"ב). ואם ידיו מלוכלכות, עליו ליטול אותן (שו"ע שם בשם הטור), ולא יברך (שם על פי בה"ג).

363 יש שכתבו, שעל פי הסוד אין ליטול מים אחרונים אלא במעט מים (בא"ח 'שלח לך', ח; והמשנ"ב שם, י ביקר את המנהג). השו"ע פסק שאין צורך ליטול אלא עד הפרק השני של האצבעות, הסמוך לכף היד (שו"ע שם, ד על פי הרשב"א); והגר"א הקפיד על כל דיני נטילת ידיים כבמים ראשונים ('מעשה רב' פר).

364 "ואכלת ושבעת וברכת את ה' אלהיך על הארץ הטובה אשר נתן לך" (דברים ח, י). ברכת המזון היא מצווה מן התורה (ברכות כ ע"א), ובה שלוש ברכות: ברכת "הזן את הכל" על עצם האכילה; ברכת "על הארץ ועל המזון" על ארץ ישראל, ומזכירים בה את ברית המילה ואת התורה (ואם שכח להזכיר אחד מהם צריך לחזור ולברך – שו"ע קפז, ג על פי הירושלמי, ברכות פ"א ה"ו); וברכת "בונה ירושלים", שהיא תפילה לגאולה (ברכות מח ע"ב). נוסחת הרמב"ם הייתה "בונה ברחמיו ירושלים", וכיום רוב האשכנזים קיבלו נוסחה זו (בעקבות ה'מרדכי', ברכות ריז; ודעת הגר"א שיש לברך "בונה ירושלים", 'מעשה רב' פז).

365 חכמים תיקנו גם ברכה רביעית, "הטוב והמטיב", ביום שהובאו בו הרוגי ביתר לקבורה (ברכות מח ע"ב), מכיוון שראו בקבורה זו דוגמה מובהקת לחסדיו של הקב"ה אתנו (רב נסים גאון שם). ברכה זו אינה כלולה במצווה דאורייתא, ולכן מי שמברך (ואפילו יחיד) עונה אמן אחרי ברכת "בונה ירושלים" שאמר, כדי להבדיל בין הברכות מדאורייתא לשאר הברכות (ברכות מה ע"ב). לאחר מכן, אומרים שורת בקשות, ברכות למסובים ופסוקי חתימה ('כלבו', כה). לשיטת הגר"א אין לומר בקשות בשבת וביום טוב, כיוון שאין לאדם לתבוע את צרכיו בשבת (ירושלמי, שבת פט"ו ה"ג) – ולדעת ר' חיים מוולוז'ין, אומרים את שלוש הבקשות הראשונות, ומדלגים עד "הרחמן הוא ינחילנו יום" ('תוספת מעשה רב', כג). ומנהג רוב הקהילות לומר אותן כרגיל (אר"ז ח"א, קצט).

366 מי ששכח לברך, יברך מיד כשנזכר כל עוד הוא שבע (שו"ע קפד, ה, על פי דברי ר' יוחנן בברכות נג ע"ב). גם אם מסתפק אם בירך, יחזור ויברך (שם, ד בשם הרמב"ם והרא"ש). אם רוצה להמשיך לאכול ייטול את ידיו, ובברכת המזון יפטור את כל הסעודה (משנ"ב שם, יז; והוא פסק כרה"ח, שלא יברך שוב 'המוציא', בניגוד לדעת המג"א שיברך).

367 יש לברך את ברכת המזון במקום שאכלו בו. מי ששכח ויצא ממקומו, יחזור למקום שאכל בו ויברך (ברכות נג ע"ב). אם אינו יכול לחזור למקום שאכל בו, צריך לברך מיד כשנזכר (הכרעת המשנ"ב קפד, ז בין דעות הראשונים המובאות בשו"ע).

מי שהתחיל לאכול ומתכוון להמשיך במקום אחר, רשאי להסתמך על המשך הסעודה ולברך אחריה (רמ"א קעח, ב; בעקבות רשב"ם, פסחים קב ע"א ותוספות, שם קא ע"ב).

368 אין להפסיק בדיבור באמצע ברכת המזון, כדין תפילת שמונה עשרה (שו"ע קפג, ח על פי 'הארחות חיים'). אם הפסיק בדיבור באמצע אחת משלוש הברכות הראשונות, יחזור ויברך; ואם הפסיק בין ברכה לברכה, אינו צריך לחזור (שם, ו בשם התוספות). ובאמצע הברכה הרביעית מותר להפסיק, כדין קריאת שמע (ערוה"ש שם, ח). ובתחינות שאחריה מותר להפסיק לצורך מצווה (פמ"ג קפח, מ"ז ו).

369 "תנו רבנן: אין מקדשין אלא על היין, ואין מברכין אלא על היין" (פסחים קז ע"א). מפשט הגמרא משמע שתמיד יש לברך את ברכת המזון על הכוס, וכן כתב רשב"ם (שם); ולדעת התוספות (שם קה ע"ב), אין צורך בכוס אלא בשלושה, שאז מזמנים עליו (וכן כתבו האחרונים בשם הזוהר, תרומה קסח ע"ב); ולדעת הרמב"ם (ברכות פ"ז הט"ו), אין חיוב לברך על הכוס, וכן הכריע המג"א (קפב, ב). והיום נוהגים שמברכים על הכוס רק בסעודות מצווה (ראה משנ"ב קפב, ד).

370 בחנוכה ובפורים מוסיפים "על הנסים" בברכה השנייה שהיא ברכת הודאה. אם שכח, אינו צריך לחזור (שבת כד ע"א). אם נזכר לפני שסיים את הברכה, אומר בסוף הבקשות שאחרי ברכת "הטוב והמיטיב": "הרחמן הוא יעשה לנו נסים ונפלאות, כמו שעשית לאבותינו בימים ההם בזמן הזה. בימי..." ('כלבו', כה).

371 בשבת מוסיף "רצה" לברכה השלישית, שהיא תפילה לגאולה. ביום טוב, בחול המועד או בראש חודש מוסיף "יעלה ויבוא" (ברכות מח ע"ב). ביום טוב שחל בשבת או בשבת חול המועד אומרים "רצה" לפני "יעלה ויבוא", מדין "תדיר ושאינו תדיר, תדיר קודם" ('כלבו', כה; וראה הלכה 296). בנוסח "יעלה ויבוא" מנהג אשכנז הוא להשמיט את המילה "מלך" מסיום הבקשה (בניגוד לנוסח "יעלה ויבוא" בתפילה), כיוון שבברכה השלישית יש בקשה על חזרת מלכות בית דוד, ואין לערב מלכות שמים במלכות בשר ודם (רמ"א קפח, ג בשם אבודרהם); אך נוהגים להוסיף מילה זו בברכת המזון של ראש השנה, שכל עניינו המלכת ה' ('אלף למטה' תקפג). ויש שאינם מחלקים, ואומרים "מלך" תמיד (א"ר קפח, ג).

372 אם שכח להוסיף "רצה" בשבת (פרט לסעודה שלישית), יאמר אחרי ברכת "בונה ירושלים" ברכה זו: "ברוך אתה ה' אלהינו מלך העולם, אשר נתן שבתות למנוחה לעמו ישראל באהבה לאות ולברית. ברוך אתה ה' מקדש השבת". ואם שכח

"יעלה ויבוא" ביום טוב, יאמר: "ברוך אתה ה' אלהינו מלך העולם, אשר נתן ימים טובים לעמו ישראל לששון ולשמחה, את (חג המצות/חג השבועות/חג הסוכות/שמיני חג העצרת/יום הזיכרון) הזה. ברוך אתה ה', מקדש ישראל והזמנים (ובראש השנה: ויום הזיכרון)". אם שכח לומר הן "רצה" הן "יעלה ויבוא", יאמר: "ברוך אתה ה' אלהינו מלך העולם, אשר נתן שבתות למנוחה... וימים טובים (או: וראשי חודשים) לזיכרון. ברוך אתה ה' מקדש השבת וישראל והזמנים/ויום הזיכרון/וראשי חודשים". אם נזכר אחרי שהתחיל את ברכת "הטוב והמיטיב", חוזר לראש (שו"ע קפח, ו ומשנ"ב שם).

373 אם שכח להוסיף "יעלה ויבוא" בחול המועד, יאמר אחרי "בונה ירושלים" נוסח זה: "ברוך אתה ה' אלהינו מלך העולם, אשר נתן מועדים לעמו ישראל לששון ולשמחה, את יום חג (המצות/הסוכות) הזה, האל אבינו...". אם שכח בראש חודש, יאמר: "ברוך אתה ה' אלהינו מלך העולם, אשר נתן ראשי חודשים לעמו ישראל לזכרון, האל אבינו...". אם נזכר אחרי שהתחיל את ברכת "הטוב והמיטיב", אינו חוזר לראש (שו"ע שם, ז).

374 אם שכח להוסיף "רצה" בסעודה שלישית, יאמר את הברכה בהלכה 372; אך אם נזכר אחרי שהתחיל את ברכת "הטוב והמיטיב", אינו חוזר לראש (בה"ל שם ד"ה בשבת).

375 אם התחיל סעודתו בשבת, בראש חודש וכד', ונמשכה סעודתו עד לאחר השקיעה, עליו לומר את התוספות הנדרשות לברכה (שו"ע קפח, י על פי מהר"ם). אם התחיל ביום חול, ונמשכה סעודתו לראש חודש, עליו להזכיר "יעלה ויבוא" (משנ"ב שם, לג על פי הרא"ש). ואם ראש חודש חל ביום ראשון, נחלקו הפוסקים: לדעת הט"ז (שם, ז), צריך להזכיר הן "רצה" הן "יעלה ויבוא"; לדעת הב"ח, יש להזכיר רק "רצה"; ולדעת המג"א, יש להזכיר רק "יעלה ויבוא", וכן מסקנת המשנ"ב (שם); וכתבו האחרונים שטוב יותר שלא לאכול פת אחרי צאת הכוכבים (קיצוש"ע מד, יז; שש"כ נז, יג). אך אם חל חנוכה או פורים במוצאי שבת, לכולי עלמא מזכירים רק "רצה" (משנ"ב שם).

376 "שלשה שאכלו כאחת חייבין לזמן" (משנה, ברכות מה ע"א). משמעות הזימון היא הקריאה לברך יחד. אם עשרה או יותר אכלו יחד, הם מוסיפים את המילה 'אלהינו' לזימון (משנה שם). רבים נוהגים שהמזמן עונה בסוף הזימון לפני שמתחיל לברך, "ברוך הוא וברוך שמו" (מג"א); ויש המורים שאין לענות כך (הגר"א; שתי הדעות מובאות במשנ"ב קצב, ד).

377 "שאכלו כאחת" - הכוונה שישבו לאכול יחד (קצג, ד על פי ברכות נ ע"א), או שסיימו לאכול יחד (שם, ב בשם רא"ש). אם רואים זה את זה יכולים להצטרף, אף אם לא אכלו על אותו שולחן (משנה, ברכות נ ע"א).

378 לאחר הזימון צריכים לברך יחד. יש שהורו שמוטב שאחד יברך והאחרים ישמעו את ברכתו ויצאו ידי חובתם בה (רמב"ם, ברכות פ"ה ה"ג); והיום נוהגים שכל אחד מברך לעצמו (שו"ע קפג, ז בשם שבה"ל). מכל מקום צריכים לשמוע מהמזמן עד "הזן את הכל" (רמ"א ר, ב, בעקבות רש"י בברכות מה ע"ב).

379 "שלשה שאכלו כאחת - אחד מפסיק לשנים ואין שנים מפסיקין לאחד" (ברכות מה ע"ב). מכאן ששניים יכולים לכפות על השלישי להפסיק מסעודתו ולזמן אתם (טור, ר בשם הר"י). ואחר כך יכול להמשיך סעודתו, ואינו צריך לשוב ולברך "המוציא" (שו"ע שם, ב על פי הרי"ף; ולא כרב האי גאון). אך אם אחד רוצה לברך והשניים האחרים רוצים להמשיך, אינם צריכים לענות, ועליו להמתין עד שיסיימו לאכול; אך הם רשאים להפסיק לפנים משורת הדין (כרב פפא שם בברכות).

380 אם שניים אכלו לחם והשלישי לא אכל - יכול להצטרף עמם, אם אכל כזית מאוכל אחר או שתה רביעית משקה (שו"ע קצז, ג על פי התוספות, ברכות מח ע"א). לזימון בעשרה צריך לפחות שבעה שאכלו לחם (ברכות שם).

381 אם אחד מהשלושה כבר בירך, הוא יכול להצטרף לשניים שעדיין לא בירכו, לזימון. אך אין שניים מצטרפים לאחד (שו"ע קצד, א על פי הרשב"א). לזימון בעשרה יכולים להצטרף עד שלושה שכבר בירכו; אך אם השלושה זימנו כבר, אינם שבים ומצטרפים לזימון בעשרה (פמ"ג קצד, מ"ז ד).

382 נשים חייבות לברך ברכת המזון (משנה, ברכות כ ע"א), וכמו כן חייבות לענות לזימון (שו"ע קצט, ז); אך אינן מצטרפות לזמן עם הגברים (שם; ולא כמיעוט מהראשונים שהתירו, ראה שם בטור).

383 אם שלוש נשים אכלו יחד, רשאיות לזמן (ברכות מה ע"ב); ולדעת הרא"ש חייבות לזמן (ברכות פ"ז, ד על פי ערכין ג ע"א), וכן פסק הגר"א, אך המנהג לא פשט (בה"ל קצט ד"ה נשים). וכשאכלו שלוש נשים עם גבר אחד או עם שניים - יש נוהגים שאין הנשים מזמנות כלל (רבבות אפרים); יש נוהגים שהגברים יוצאים בזמן הזימון (האישה והמצוות); ויש שהורו שמותר לנשים לזמן, והגברים עונים להן (רי"ד סולובייצ'יק; 'הליכות ביתה' בשם רש"ז אויערבך).

384 מוסיפים לנוסח ברכת הזימון בזמנים מיוחדים - בסעודת ברית מילה (עמ' 526; וראה הלכה 397), בסעודת שבע ברכות (עמ' 536; וראה הלכה 412-414), ובבית האבל רח"ל (עמ' 546; וראה הלכה 426).

מעגל החיים

דיני ברית מילה

385 "זאת בריתי אשר תשמרו ביני וביניכם ובין זרעך אחריך, המול לכם כל זכר" (בראשית יז, י). המילה היא ברית בין עם ישראל ובין הקב"ה, ואות הברית חתומה בגופו של כל אחד מבני העם כדי להעיד על ברית זו (ספר החינוך, ב). האב חייב למול את בנו (משנה, קידושין כט ע"א) בהיותו בן שמונה ימים (ויקרא יב, ג). וכל גר צריך להימול כחלק מתהליך קבלתו לעם ישראל (יבמות מו ע"א).

386 היום השמיני הוא שבוע לאחר לידת הבן, כיוון ש"מקצת היום ככולו" (פסחים ד ע"א, ובעוד מקומות רבים) – ואפילו אם נולד דקה לפני השקיעה, נחשבת דקה זו כאילו עבר עליו יום אחד (יבמות עא ע"ב). ואם נולד בין השמשות (ראה הלכה 259–260), נימול ביום השמיני ליום המתחיל בערב (משנה, שבת קלז ע"א).

387 תינוק שאינו בריא ביום השמיני, נימול כשהוא מבריא (שו"ע, יו"ד רסב, ב על פי יבמות עא ע"ב). ומי שלא נימול בזמן חייב להימול אפילו בבגרותו (קידושין כט ע"א).

388 המילה היא מצווה חשובה כל כך עד שהיא דוחה שבת (משנה, נדרים לא ע"ב). כל המלאכות הנדרשות לצורך המילה עצמה נעשות בשבת, אך מלאכות שאפשר לעשותן ביום שישי אינן דוחות את השבת גם במחיר דחיית המילה (שבת קלג ע"א).

389 מי שנדחתה מילתו ולא נימול ביום השמיני וכן גר, אינם נימולים בשבת או ביום טוב (שו"ע, יו"ד רסו, ב על פי יבמות קלב ע"ב). אפילו מי שנולד בבין השמשות של ערב שבת, לא יימול בשבת הבאה, אלא ביום ראשון; ואם ראש השנה חל בחמישי ובשישי, ונולד בין השמשות שבין כ"ב וכ"ג באלול - לא יימול עד יום ראשון הבא, ד' בתשרי (משנה, שבת קלז ע"א). ואין מילתו דוחה אפילו יום טוב שני בחו"ל (ערוה"ש שם, יז בעקבות הרא"ש; בניגוד לדעת הש"ך שם, ח שהתיר ביום טוב שני כדעת הרמב"ם).

390 בליל שבת שלפני המילה נוהגים בקהילות אשכנז לעשות סעודת 'שלום זכר' בלילה (תה"ד, רסט). ובלילה שלפני הברית נהגו בימי הראשונים להיות ערים וללמוד תורה, ומנהג זה נקרא 'ברית יצחק' ('ארחות חיים' מילה, ט). היום מנהג זה נשמר בקרב הספרדים, ומאריכים לקרוא קטעים מהתנ"ך מהמשנה, מהגמרא ומספר הזוהר לקראת המילה (סידור יעב"ץ, הל' מילה; 'זכר דוד', מאמר ראשון, יז, ל, לז). בקהילות אשכנז נהגו להביא ילדים צעירים לקרוא קריאת שמע ליד מיטת התינוק ('זוכר הברית' ג, יד).

391 מלים ביום ולא בלילה, כיוון שנאמר (ויקרא יב, ג): "וביום השמיני ימול" (מגילה כ ע"א). כל היום כשר למילה, אך מלים מוקדם ככל האפשר, משום ש"זריזין מקדימין למצוות". אין אומרים תחנון בשחרית בבית כנסת שעתידה להיערך בו מילה, וגם אם המילה תיערך אחר הצהריים, אין אומרים תחנון בשחרית ולא במנחה. כמו כן אבי הבן, המוהל והסנדק אינם אומרים תחנון, ופוטרים את כל המניין שמתפללים בו מתחנון (משנ"ב קלא, כב בשם ה'מגן גיבורים'). יום זה נחשב יום טוב שלהם, והם לובשים בגדי חג אפילו בתשעת הימים (רמ"א תקנא, א בשם מהר"י טירנא).

392 לסדר המילה, ראה עמ' 523. נוהגים להכין 'כיסא של אליהו', המכונה 'מלאך הברית' (ספר העיטור נא ע"א בשם פדר"א). והסנדק יושב על כיסא זה בשעת המילה (או"ז ח"ב קז); ויש המוסיפים ומכבדים עוד מהקרואים בהנחת התינוק על הכיסא של אליהו ובהחזקתו ('זכר דוד', מאמר ראשון, עז). נוהגים שאבי הבן והסנדק מתעטרים בתפילין (החיד"א, 'מראית עין' ח).

393 לדעת הרמב"ם (מילה פ"ג ה"ג), אבי הבן מברך "שהחיינו" מיד לאחר המילה; לדעת ר"י (תוספות, סוכה מו ע"א) ובעל העיטור (נב ע"ד) אין מברכים; ולדעת ראבי"ה בשם ר"ת (ח"ב, רפט), רק אם אבי הבן מל בעצמו, מברך. מנהג אשכנז היה שלא לברך (ש"ך, יו"ד רסה, יז); ובארץ ישראל נהגו כשיטת הרמב"ם (וכן דעת הגר"א, יו"ד שסה, לה).

394 ככלל, האב צריך למול את הבן בעצמו ולא למנות אחר להיות שליח, משום ש"מצווה בו יותר מבשלוחו" (קידושין מא ע"א); אך מכיוון שרוב ישראל אינם בקיאים במילה (ואף חוששים ממנה), בדרך כלל האב ממנה מוהל מומחה לעשות את המצווה במקומו (או"ז ח"ב קז).

395 מי שקורא שם לתינוק, מברך על היין ('מרדכי' יומא, תשכז) ואומר את ברכת "אשר קידש" (שבת קלז ע"ב). הספרדים נוהגים לומר בברכה "צַוֵּה להציל ידידות...", וקוראים פסקה זו כתפילה על העתיד, וכך מיישבים את דברי הרמב"ם ('פאר הדור' קלד) עם לשון הגמרא, ורבים מבני אשכנז קיבלו מנהג זה ('אגור'; ש"ך, יו"ד רסה, ה); אך מנהג אשכנז היה לקרוא "צִוָּה" כמתייחסת לבריתו של הקב"ה עם האבות (רש"י ותוספות שם בשבת; וכן

כתב ספר העיטור נג ע"א בשם רב האי גאון, וכן הוא בזוהר, שמיני לט ע"ב).

396 לאחר הברית מקיימים סעודה, והיא נחשבת סעודת מצווה (שו"ע, יו"ד רסה, יב בשם אבודרהם). אין לסרב להשתתף בסעודה זו, ולכן נוהגים שלא להזמין במפורש אורחים לסעודה (פת"ש שם, יח על פי תוספות, פסחים קיד ע"א). אם מתפללים מנחה בזמן הסעודה - יש לומר תחנון, אלא אם הסעודה היא באותו מקום שנערכה בו הברית; אך אבי הבן, המוהל והסנדק לא יאמרו (משנ"ב קלא, כה בשם ה'חיי אדם').

397 לפני ברכת המזון בסעודה זו אומרים נוסח מיוחד של נטילת רשות (נזכר במג"א רא, ד). ובבקשות שאחריה אומרים פיוט ובו ברכה להורי הבן הנימול, לסנדק, לבן עצמו ולמוהל, ומתפלל על ביאת המשיח ואליהו (עמ' 526).

398 גם מי שנולדה לו בת, צריך לציין זאת ולהודות לקב"ה. יש המקיימים סעודה מיוחדת ('מנחת יצחק' ח"ד קז), המכונה 'זבד הבת' (ראה עמ' 532). נוהגים להעלות את האב לתורה כדי לקרוא לה שם בציבור. יש המקדימים לקרוא שם מיד ביום שני או חמישי שלאחר הלידה ('בני יששכר', מובא בצי"א חי"ג כ, ו), ויש הממתינים לשבת משום "ברוב עם הדרת מלך" (סידור יעב"ץ, הל' מילה).

399 היולדת צריכה לברך "הגומל" על שהלידה עברה בשלום. יש נוהגים שבעלה מברך עבורה, אך המשנ"ב כתב (ריט, ג בשם כנה"ג וא"ר) שמוטב שתברך בעצמה לפני עשרה. יש נוהגים שאם ילדה בן, מברכת בזמן סעודת הברית. לתפילה ליולדת כשבאה לבית הכנסת בפעם הראשונה, ראה עמ' 531.

דיני פדיון הבן

400 "אך פדה תפדה את בכור האדם" (במדבר יח, טו). לפני מתן תורה היה לבכורות תפקיד מיוחד בעבודת ה' (רש"י, בראשית כה, לט). אך משחטאו בעגל, ניטלה מהם זכות זו ונמסרה לבני לוי (רש"י, במדבר ג, יב). במדבר נערך טקס מיוחד שבו הוקדשו הלוויים תחת הבכורות (במדבר ח, ה-יז), וגם היום צריך לערוך טקס פדיון לכל בכור שנולד.

401 פודים את הבכור במלאות לו שלושים ימים מלאים (משנה, בכורות מט ע"א), ואין מתעכבים (רא"ש שם) אלא אם כן חל בשבת או ביום טוב (תה"ד, רסט). נחלקו הראשונים אם פודים בחול המועד, ופסק הרמ"א שפודים (יו"ד שה, יא בשם התוספות; ולא כסמ"ק). אם האב לא פדה, חייב הבן לפדות את עצמו כשיגדל (קידושין כט ע"א).

402 אין פודים את בני שבט לוי, כיוון שהם עדיין מקודשים לעבודה לכשייבנה המקדש (משנה, בכורות יג ע"א). וגם מי שאמו משבט לוי פטור מפדיון (שו"ע, יו"ד שה, יח על פי בכורות מז ע"א).

403 הפדיון תלוי באם: אם היו לאם ילדים אחרים קודם לכן ולאב לא, אין פודים; ואם היו לאב ילדים אחרים אך לא לאם, פודים (שם, יז על פי בכורות מו ע"א). אין פודים את מי שנולד בניתוח קיסרי (משנה, בכורות מז ע"ב). מי שאמו הרתה והפילה לפני שנולד, פטור מפדיון; אך אם הפילה בתוך ארבעים יום להריונה, הבא אחריו חייב בפדיון (בכורות מז ע"ב). הרמ"א פסק שארבעים יום הוא זמן משוער בלבד, וכל זמן שלא נתרקמו איברי הנפל, צריך לפדות את הבא אחריו (שם, כג בשם מהרי"ק); ויש שערערו על פסק זה (חכ"צ, קד), והיום נוהגים לפדות בלא ברכה (ערוה"ש שם, סו).

404 יש לפדות את הבן בחמישה סלעי כסף, שהוא כמאה גרם כסף טהור (משנה, בכורות מט ע"ב). ומותר לפדות בכל דבר שווה ערך לסך זה (שו"ע, יו"ד שה, ה-ו על פי קידושין ח ע"א).

405 יש לערוך את הפדיון במקום סעודה, והיא נחשבת סעודת מצווה (רמ"א, יו"ד שה, י בשם תה"ד, רסח). סדר הפדיון בעמ' 529.

דיני נישואין ושבע ברכות

406 "חכם, חתן, נשיא - גדולה מכפרת" (ירושלמי, ביכורים פ"ג ה"ג). נוהגים שהחתן והכלה מתענים ביום חופתם (ספר הרוקח, שנג), ואומרים "עננו" בעמ' 108 ווידוי בעמ' 444 (רמ"א תקסב, ב בשם תה"ד, קנז). גם אם ערב החתונה הוא יום שאין אומרים בו תחנון, מתענים בו (שו"ת מהר"י ברונא, צג; ובמקום הצורך אפשר לסמוך על ה'נחלת שבעה' שהקל - א"ר תקעג, ג); אך לא ביום שאומרים בו הלל (רמ"א תקעג, א בשם מהר"ש נוישטט), וכתב המג"א (שם, א) שהוא הדין בכל יום שאין אומרים בו "למנצח" (ראה עמ' 83). כמו כן נוהגים שהחתן טובל במקווה ('חופת חתנים' ו, א).

407 אם החופה לפני השקיעה, החתן פוטר את המניין שהוא מתפלל בו מאמירת תחנון (שו"ע קלא, ד על פי שבה"ל ל ותה"ד ח"ב פ).

408 מנהג יהודי אשכנז הוא לערוך את החופה תחת

כיפת השמים (שו"ת מהר"ם מינץ קט, מובא ברמ"א, אבהע"ז סא, א). אך אם מזג האוויר סוער - אפשר לערוך את החופה מתחת לגג (אג"מ, אבהע"ז ח"א, צג). נוהגים שהכלה מקיפה את החתן שבע פעמים תחת החופה (ליקוטי מהרי"ח). הרב מסדר הקידושין מברך על כוס יין את ברכת האירוסין ('מרדכי' ברכות, קלא בשם רב שר שלום גאון; ולדעת הרמב"ם, אישות פ"ג הכ"ג מוטב שהמקדש יברך בעצמו), ונותן לחתן ולכלה לשתות ('ארחות חיים' ח"ב כא על פי הירושלמי, סוטה פ"ח ה"ה). החתן אינו מעביר את הכוס ליד הכלה ישירות, מכיוון שעדיין איננה אשתו ואסור לו לגעת בה ('ילק"י', שובע שמחות א עמ' קג). לאחר מכן, החתן עונד את טבעת הנישואין על אצבעה של הכלה ('נחלת שבעה', שטרות יב, ב בשם מהר"ם מינץ), וכך היא מתקדשת לו (רמ"א, אבהע"ז כז, א על פי קידושין ה ע"ב).

409 "אסור לאדם שישהא את אשתו אפילו שעה אחת בלא כתובה" (בבא קמא פט ע"ב). לאחר הקידושין החתן מוסר לכלה את הכתובה (סידור רס"ג עמ' צז). נוהגים לקרוא את הכתובה בקול כדי להפסיק בין ברכות האירוסין וברכות הנישואין (רמ"א סב, ט בשם ר"ת); ויש הנוהגים שלא לקרוא את כולה (ילק"י שם עמ' קלז). מנהג ירושלים הוא שהעדים חותמים על הכתובה לאחר שקוראים אותה ולפני שהיא נמסרת לידי הכלה ('נתיבי עם', אבהע"ז סו, א); ובקהילות רבות נוהגים שהעדים חותמים על הכתובה לפני תחילת הטקס (שני המנהגים מובאים ב'מרדכי' גיטין, שמב בשם ראבי"ה, תתקיט), אך עליהם להיות נוכחים בשעת מסירתה לכלה, שכן עדות המסירה היא המחייבת (שו"ע, חו"מ נא, ז).

410 לאחר מסירת הכתובה מברכים את שבע ברכות הנישואין (ראה בהלכה הבאה). נוהגים לומר את הפסוק "אם אשכחך" (ט"ז תקס, ד) ולשבור כוס לזכר החורבן (רמ"א, אבהע"ז סה, ג בשם ה'כלבו'). יש השוברים את הכוס מיד לאחר הקידושין ('מטה משה' ח"ג, י), יש העושים כן לאחר מסירת הכתובה, ויש הממתינים עד סוף שבע הברכות (רמ"א שם). לפני שבירת הכוס נוהגים לתת אפר בראש החתן (שו"ע תקס, ב על פי בבא בתרא ס ע"ב); ויש שלא נהגו לעשות כן (ראה 'חיי אדם' קלז, ב). לאחר מכן, החתן והכלה מתייחדים, ועדים מבחוץ רואים שנכנסו לייחוד (רמ"א, אבהע"ז נה, א על פי תור"י הזקן, קידושין י ע"ב).

411 "ויקח עשרה זקנים מזקני העיר, ויאמר: שבו פה, וישבו" (רות ד, ב). מכאן למדו חכמים שיש לברך ברכת חתנים במניין (כתובות ז ע"א), וקבעו שש ברכות (כתובות ח ע"א) המתחילות בבריאת העולם, ועוברות מן הכלל אל הפרט - עד שמגיעות לשמחת החתן והכלה שלפנינו, לפני הברכה האחרונה שהיא תפילה לגאולה (הרב זקס). יש לברך ברכת חתנים על הכוס, ומברכים תחילה "בורא פרי הגפן" ואחר כך את שאר הברכות ('שאילתות דרב אחאי' טז). נוסח ברכה רביעית לפי גרסת רס"ג היא "אשר יצר את האדם בצלמו, ובצלם דמות תבניתו התקין לו ממנו" (מובא בסמ"ג, עשה מח); אך הגרסה המקובלת הוא נוסח הגמרא שבידינו (כתובות ח ע"א), וכך גרסו רוב הראשונים (וגם בסידור רס"ג זו הגרסה).

412 גם בסוף הסעודה מברכים שבע ברכות, וכן בכל סעודה שעושים לכבוד החתן והכלה (רמב"ם, ברכות פ"ב ה"ט). מברכים ברכות אלה על שתי כוסות: מזמנים על כוס אחת, לאחר סוף הברכה מברכים את שש ברכות החתנים על כוס שנייה, ולאחר מכן המזמן מברך "בורא פרי הגפן" על כוס הזימון (שו"ע, אבהע"ז סב, ט על פי הרא"ש; וכתב 'באר הגולה' שכן מנהג אשכנז). ואין אומרים שבע ברכות אם אין מניין (משנה, מגילה כג ע"ב). לפני הזימון אומרים את הפיוט הקצר "דוי הסר" ('בית שמואל', אבהע"ז סב, יא; ונזכר כבר בספר מהרי"ל נישואין), ובזימון עצמו מוסיפים "שהשמחה במעונו", ואפילו אם אין עשרה (רמב"ם, ברכות פ"ה ה"ה). מי שנמצא בסעודה שנערכה לכבודם, צריך לברך שבע ברכות, ואפילו שלא בנוכחות החתן (שו"ע, אבהע"ז סב, יא על פי הטור); ולכן אם יש מניין אנשים שאינם יכולים לברך עם החתן, מכיוון שצריכים לצאת מוקדם או שאינם יכולים לשמוע את ברכתו, צריכים לברך שבע ברכות על היין במקומם (ערוה"ש, שם, לז).

413 אין מברכים שבע ברכות אם אין 'פנים חדשות' (כתובות ח ע"א), כלומר מי שלא השתתף באחת מהסעודות שכבר נערכו לכבוד החתן והכלה (שו"ע סב, ז על פי רש"י). יש המקלים להחשיב 'פנים חדשות' אפילו מי שלא אכל בסעודה זו, ולברך שבע ברכות (רמ"א שם על פי הר"ן). בשבת אין צורך ב'פנים חדשות', מכיוון שהשבת עצמה נקראת במדרש 'פנים חדשות' (תוספות, כתובות ז ע"ב). בסעודה שלישית אין מברכים אם אין פנים חדשות (שו"ע סב, ח על פי הטור), ויש מתירים (רמ"א שם על פי מהר"י טירנא).

414 אם לאחר מבני הזוג זו חתונתו הראשונה, מברכים שבע ברכות שבוע, ושבעת הימים האלה נמדדים מעת לעת - שבעה ימים שלמים ממועד החופה;

ואם שניהם היו נשואים קודם לכן, מברכים רק יום אחד (כתובות ז ע"א). כל אותו השבוע החתן פוטר מאמירת תחנון את המניין שהוא מתפלל בו (ראה הלכה 143). יש שהורו שמוטב שהחתן יתפלל ביחידות (תה"ד שם בשם מהר"א שטיין; וכן פסקו הט"ז קלא, י והמשנ"ב שם, כו), ויש שחלקו עליו וכתבו שאין זה ראוי שהחתן יתפלל ביחידות בשבוע זה (כה"ח, החזו"א, ורש"ז אויערבך, מובאים ב'אשי ישראל' פכ"ה הערה צ); ויש שכתבו שהחתן יכול לצאת בזמן אמירת תחנון ולחזור אחר כך (תה"ד, פ), אך לדעת היעב"ץ בסידורו (דיני נפ"א, יח) זה לא יועיל, והציבור נשאר פטור מתחנון.

דיני לוויית המת

415 על שבעה קרובים אדם חייב מן התורה להתאבל אם נפטרו רח"ל: על אביו, על אמו, על בנו, על בתו, על אחיו, על אחותו שאינה נשואה, ועל אשתו. חכמים הוסיפו עליהם גם אחות נשואה ואחיו ואחותו מאמו (מועד קטן כ ע"ב). אישה מתאבלת על שישה ראשונים הכתובים למעלה ועל בעלה (שו"ע, יו"ד שעד, ד על פי הרמב"ן והרא"ש).

416 מפטירת המת ועד הקבורה קרוביו נחשבים 'אוננים', ופטורים מכל המצוות - מתפילה, מקריאת שמע, מברכות ומתפילין (ברכות יז ע"ב; מועד קטן כג ע"ב). אם האונן אוכל, נוטל את ידיו בלא ברכה ואינו מברך לא לפני המזון ולא אחריו (פת"ש, יו"ד שמא, ד בשם הברכ"י), ואף אינו עונה אמן אחרי מי שמברך. אבל הוא חייב בכל מצוות לא תעשה (שם, ז בשם החכ"צ). אין דין אנינות בשבת או ביום טוב (בין שהמת נפטר בשבת, בין שנפטר בערב שבת ולא הספיקו לקוברו), ורשאי אף לאכול בשר ולשתות יין (במועד קטן שם). ובמוצאי שבת רשאי לאכול בלי הבדלה, וצריך להבדיל לאחר הקבורה (שו"ע שם, ב על פי מהר"ם).

417 "כי קבור תקברנו ביום ההוא" (דברים כא, כג). בגמרא (סנהדרין מו ע"א) לומדים מהפסוק שאסור להלין כל מת. אך מותר להלין את המת לכבודו, כגון להביא לו צורכי לוויה (סנהדרין מו ע"א), או להמתין שהקרובים יבואו (שו"ע, יו"ד שנז, א על פי אבל רבתי פי"א ה"א). מנהג ירושלים הוא שלא להלין את המת כלל (בבא קמא פב ע"ב), ואפילו לא לכבודו (גשה"ח פ"ז ג, א בשם יש"ש שם).

418 המגיע לבית העלמין, מברך "אשר יצר אתכם בדין" בעמ' 522 (ברכות נח ע"ב), ואומר "אתה גיבור" (קיצוש"ע קצח, יג). נוהגים להספיד את המת כשמגיעים לבית העלמין, לפני שמוליכים אותו לקוברו (שו"ע, יו"ד שדמ, יז על פי מהר"י אבוהב). לאחר ההספד אומרים את המשנה "עקביא בן מהללאל" (עמ' 538) ואת הפסוק הראשון והאחרון בצידוק הדין, והקרובים אומרים קדיש יתום (גשה"ח פי"ב, ד, ב).

419 לאחר שמורידים את המת לקברו, האבלים קורעים (סמ"ק צז). לדעת הרמב"ן ('תורת האדם' שער האבל) אומרים 'צידוק הדין' לאחר יציאת הנפש; אך כבר בימות הראשונים נהגו לומר צידוק הדין בבית הקברות (ספר הרוקח, שטז). ולכן יש נוהגים לומר צידוק הדין פעמיים: לאחר יציאת הנפש ולאחר סתימת הגולל (גשה"ח פט"ז, ו, א). אין אומרים צידוק הדין ביום שאין אומרים בו תחנון (הכרעת מהר"י טירנא, מנהג כל השנה; מחלוקת הראשונים מובאת בטור, יו"ד תא) ואין מספידים בימים אלה, פרט לתלמיד חכם (שו"ע שם, ה על פי מועד קטן כז ע"ב); וגם אז יספידו בקיצור (גשה"ח פי"ג, י).

420 אם קרובי המת הם כוהנים, מותר להם להיטמא לו - להיות אתו בבית עד הלוויה, לשאת את הארון, ולהגיע עד הקבר (ויקרא כא, א-ג; אבל לא לקרובים שחכמים הוסיפו, כמובא בהלכה 415 - שו"ע, יו"ד שעד, ד). אך אסור להם להיטמא בקברים אחרים, ולכן נוהגים לקבור כוהנים ונשותיהם סמוך לשביל (רמב"ם, אבל פ"ב הט"ו). אם אי־אפשר לעשות כן, פוסקים רבים אסרו על הכוהן להיכנס לבית הקברות (ש"ך, יו"ד שעג, יב); אך ה'אגרות משה' התיר, מכיוון שאנוס הוא (יו"ד ח"א, רנב). אסור לכוהנים להיטמא לקרוביהם לאחר הקבורה (שו"ע, יו"ד שעג, ו על פי הרשב"א), וגם ביום השנה אסור להם לעלות אל הקבר.

421 לאחר שקוברים את המת, הקרובים אומרים 'קדיש הגדול' (גשה"ח פט"ז ו, ד בשם 'מעבר יבוק'). ב'מעבר יבוק' כתוב שראוי שהבן עצמו ישתדל בקבורת אביו; אך בירושלים נהגו, שבני המת אינם מלווים את אביהם (גשה"ח פי"ב, ג), ויש שערערו על המנהג.

422 לאחר הקבורה המלווים עומדים בשורה ומנחמים את האבלים (גשה"ח שם ז, ב על פי רש"י, מגילה כג ע"ב). נוהגים שהיוצאים מבית הקברות משליכים עפר ועשבים אחרי גוום (שו"ע, יו"ד שעו, ד; וראה בב"י שם שהביא לכך מקורות וטעמים מכמה ראשונים). כשיוצאים מבית העלמין, נוטלים את הידיים (שו"ע שם על פי הגאונים).

דיני תפילה בבית האבל ובשנת אבל

423 לאחר הלוויה מלווים את האבלים לביתם (רא"ש, מועד קטן פ"ג, פו). שכניהם וקרוביהם של האבלים מכינים להם את הסעודה הראשונה שלאחר הלוויה, והיא מכונה 'סעודת הבראה' (תוספות, מועד קטן כ ע"א וכד ע"ב); נוהגים לאכול בה מאכלים עגולים, כביצים קשות וכעדשים (שו"ע, יו"ד שעח, ט על פי בבא בתרא טז ע"ב).

424 כל שבעת הימים האבל אסור במלאכה, ובשלושת הימים הראשונים אסור גם בדבר האבד (שו"ע, יו"ד שפ, ב על פי מועד קטן כא ע"ב).

425 נוהגים להתפלל במניין בית האבל (רמ"א שפר, ג בשם האו"ז ח"ב תכט). מביאים לשם ספר תורה (אג"מ, יו"ד ח"ד, סא, יג), והאבל הוא שליח הציבור ואומר קדיש (גשה"ח פ"כ ג, ב; ויש המפקפקים בכך). האבל עצמו אינו עולה לתורה (מועד קטן כא ע"א), אף אם הוא כוהן יחיד (שו"ע, יו"ד שפד, ב על פי רי"ץ גיאת). התפילה בבית האבל שונה בכמה פרטים מהתפילה הרגילה:

א. האבל עצמו אינו אומר את סדר הקרבנות, אך המתפללים האחרים אומרים (משנ"ב א, יז בשם ה'תבואות שור').

ב. הכוהנים אינם עולים לדוכן, ושליח הציבור אינו אומר "אלהינו ואלהי אבותינו" (משנ"ב קכא, ו בשם 'תניא רבתי' סח). אך מנהג ירושלים הוא שהכוהנים עולים לברך, והאבל יוצא ('שלמי ציבור' דיני אבל, ז); ויש הנוהגים שאף האבל עצמו עולה לדוכן, אם הוא כוהן (גשה"ח פ"כ ג, ה בשם שו"ת רדב"ז ח"א, א).

ג. אין אומרים תחנון בבית האבל (שו"ע קלא, ד על פי שבה"ל), ואין אומרים "למנצח" ולא "אל ארך אפיים" בשני ובחמישי (משנ"ב שם, לה).

ד. אין אומרים הלל בבית האבל. מי שהתפלל בבית האבל בחנוכה, צריך לחזור ולומר הלל בביתו, כיוון שהלל זה הוא מעיקר הדין; אך בראש חודש, שאמירת ההלל בו אינה אלא מנהג (ראה הלכה 284), אינו צריך לחזור ולאומרו (מג"א קלא, י).

ה. נוהגים שלא לומר את הפסוק "ואני זאת בריתי" לפני 'קדושה דסידרא' (דה"ח, גשה"ח שם ג, ד על פי ה'כלבו'; ולדעת הטור, תקיש יש לאומרו).

ו. נוהגים להוסיף את מזמור מט (עמ' 542) לאחר התפילה בשחרית ובערבית (ולמנהג ספרד, בשחרית ובמנחה); ובימים שאין אומרים בהם תחנון, אומרים את מזמור טז (גשה"ח פ"כ ג, יב).

ז. בין מנחה לערבית נוהגים ללמוד משניות לעילוי נשמת הנפטר, והאבלים אומרים קדיש דרבנן (שם ד, א–ב).

ח. כשמתפללים בבית האבל מנחה בשבת, אין אומרים אחר התפילה פרקי אבות ולא "ברכי נפשי" (פמ"ג רצב, מ"ז ב), אבל אומרים "צדקתך" (פמ"ג קלא, א"א ג).

426 כאשר מברכים ברכת המזון בבית האבל, משנים את נוסח הברכה השלישית והרביעית, כמובא בעמ' 546 (שו"ע שם, א–ב על פי הגאונים). ואם מזמנים, מוסיפים את המילים "מנחם אבלים" לברכת הזימון (ערוה"ש, יו"ד שעט, ב).

427 "אין אבילות בשבת" (מועד קטן כג ע"ב), ולכן האבל רשאי לצאת מביתו לבית הכנסת להתפלל. נוהגים שהוא נכנס בסוף קבלת שבת, והציבור מנחם אותו (עמ' 158); וכן הוא מגיע לבית הכנסת בשחרית לשבת. רבים נוהגים שהאבל מתפלל מנחה בביתו, כדי שיקראו בתורה שלוש פעמים (אג"מ, יו"ד ח"ד, סא, יג, על פי ערוה"ש קלה, לב). האבל אינו אומר קידוש לבנה (מג"א תכו, ד), אלא לאחר שהוא קם מהשבעה, אם עדיין אפשר; ואם לא יוכל לאומרה לאחר השבעה, אומרה אפילו בתוך שבעה (משנ"ב שם, יא בשם שו"ת 'שערי אפרים', פה).

428 בתשעה באב האבל הולך לבית הכנסת כדי לשמוע קינות (שו"ע תקנט, ו על פי מהר"ם; וראה משנ"ב שם, כד); ויכול אף לעלות לתורה, כיוון שכולם אבלים כמוהו ('מחזיק ברכה', מובא בשע"ת תקנד, א). בליל פורים נוהגים שהאבל מתפלל וקורא מגילה בביתו, ואם אין מניין או שאין לו מגילה, רשאי ללכת לבית הכנסת. וביום פורים הוא הולך לבית הכנסת כרגיל, ואינו נוהג דין שבעה (רמ"א תרצו, ד; משנ"ב שם, יג). אין האבל יוצא מביתו לשם אמירת סליחות מלבד סליחות של ערב ראש השנה (רמ"א תקפא, א בשם מהרי"ל איסרלין); אך רשאי לאסוף מניין לביתו לאמירת סליחות, וידלגו על וידוי ועל נפילת אפיים (פמ"ג תרפה מ"ז, ט; ובשו"ת 'יהודה יעלה', יו"ד שנג כתוב שיכולים לומר גם וידוי ונפילת אפיים שבסליחות).

429 "מקצת היום ככולו" (ראה הלכה 386). ומשום כך האבל קם מאבלותו מיד לאחר תפילת שחרית ביום השביעי לקבורה (שו"ע, יו"ד שצה, א על פי מועד קטן יט ע"ב). לאחר שקמו מהשבעה, האבלים אסורים בגילוח, בתספורת ובעוד חלק מאיסורי אבלות עד שלושים יום מהקבורה (שו"ע, יו"ד שצ, א). מי שנפטרו אביו או אמו, נחשב אבל עד סוף השנה הראשונה, ובה אינו יושב במקומו הרגיל בבית

הכנסת (רמ"א, יו"ד שצג, ד), ואינו משתתף בסעודת נישואין ובשאר סעודות מצווה (שו"ע, יו"ד שצא, ב-ג על פי מועד קטן כב ע"ב).

430 "אין אבילות במועד" (כתובות ד ע"א), ולכן מי שנקבר קרובו בחול המועד - מתחיל למנות את השבעה אחרי סוף החג, ובחו"ל לאחר יום טוב שני של גלויות (שו"ע ורמ"א, יו"ד שצט, יג על פי ר"ת ור"י); אך אם ישב שבעה אפילו שעה קלה בלבד לפני כניסת החג - אינו יושב שבעה לאחר החג (שם, א על פי מועד קטן כ ע"א). ואם כבר ישב שבעה והגיע החג בזמן השלושים, בטלים האיסורים שעדיין נוהגים, ומותר להסתפר סמוך לחשכה בערב החג, ובערב פסח - אחר חצות היום (רמ"א שם, ג בשם הטור).

431 אם האבלים התחילו לשבת שבעה לפני החג, החג נחשב שבעה ימים מתוך השלושים. ולכן אם ראש השנה חל באמצע השבעה, נוהגים דיני שלושים עד ערב יום הכיפורים; אם יום הכיפורים חל באמצע השבעה, נוהגים שלושים עד ערב סוכות; אם סוכות - עד א' בחשוון, תשעה ימים אחרי שמחת תורה, שגם נחשב שבוע; אם פסח - עד ז' באייר, שישה עשר ימים אחר הפסח; ואם שבועות - עד כ"ב בסיוון (מועד קטן כד ע"ב).

432 האבל אומר קדיש עד מעט לפני יום השנה לפטירת אביו או אמו (ראה הלכה 52–54). יש שהורו שאם האומר קדיש אינו בנו של המנוח, מוטב שיאמר קדיש עד תום השנה (גשה"ח פ"ל ט, ד); ויש שהורו שאין לחלק כך ('שבט הלוי' ח"ג קסה).

433 יום השנה לפטירה הוא יום זיכרון לנפטר. נוהגים שבשבת שלפניו היתום עולה למפטיר, ולכל הפחות עולה לתורה (ברכ"י רפד, א). כן נוהגים שהוא עובר לפני התיבה בתפילת מוסף (גשה"ח פל"ב, ב; וכה"ח נג, כג מביא מנהג שהיתום עובר לפני התיבה בכל תפילות השבת). לאחר קריאת התורה בשחרית או במנחה אומר תפילת "אל מלא רחמים" בעמ' 395–396 (ב"ח, רצב על פי הזוהר, אמור פח ע"ב). ביום הזיכרון מדליקים נר לעילוי נשמת המנוח (על פי 'מעבר יבוק', שפתי אמת פט"ו), והאבל אומר קדיש בכל תפילות היום (רמ"א, יו"ד שעו, ד בשם מהרי"ל). יש נוהגים להתענות מבוקר עד ערב ביום זה (תה"ד, רצג); ויש הנוהגים להביא משקה ומזונות לבית הכנסת לעילוי נשמת הנפטר כפדיון התענית ('מנחת יצחק' ח"ו, קלה).

434 מונים את יום השנה לפי מועד פטירתו של המנוח, ולא לפי מועד הקבורה (שו"ע תקסח, ח בשם ה'אגודה'). אם נפטר בחודש אדר בשנה פשוטה - יש שהורו שיום הזיכרון בשנים מעוברות הוא באדר ב' (מהר"י וייל, ה); והמנהג הוא לעשותו באדר א', אלא אם המנוח נפטר באדר ב' בשנה מעוברת (רמ"א תקסח, ז בשם תה"ד, רצד). ומכל מקום אחד עשר החודשים שהאבל אומר בהם קדיש, נמנים מיום הקבורה (גשה"ח פ"ל ט, י).

435 זכות גדולה היא לנפטר, שבנו עובר לפני התיבה. ולכן נהגו בכל קהילות ישראל לתת למי שאומר קדיש להיות שליח ציבור בתפילות החול (רמ"א, יו"ד שעו, ד בשם מהרי"ל). במקום שיש כמה אבלים, יש עדיפות לאבל בתוך שלושים, אחריו למי שמסיים אחד עשר חודשים של אמירת הקדיש, אחריו למי שיש לו יום זיכרון, אחריו לאבל בתוך שנה, ולבסוף לאומר קדיש שלא על אחד מהוריו (בה"ל קלב, קונטרס מאמר קרישין). יש מקומות שבהם מחלקים את תפילת שחרית בין שני אבלים: האחד שליח ציבור עד חצי קדיש שאחרי תחנון או עד הוצאת ספר התורה, והאחר ממשיך בהכנסת הספר או ב"אשרי" (מובא בבה"ל שם).

436 האבל אינו עובר לפני התיבה בשבתות ובמועדים. אך מי שיש לו יום זיכרון, עובר לפני התיבה גם בשבת (שו"ת מהרי"ל לו). יש הנוהגים שאין האבל עובר לפני התיבה בראש חודש, בחנוכה ובפורים (הגר"א); ורבים נוהגים שהאבל עובר לפני התיבה ואחר מחליפו בעת אמירת הלל, ואינו עובר לפני התיבה בתפילת מוסף, אלא אם כן אין מי שיכול לעבור לפני התיבה במקומו (מחה"ש; שתי הדעות מובאות במשנ"ב תקפא, ז).

437 נוהגים לקרוא לאדם כזה 'חיוב', אך אין הציבור חייב לתת לו לעבור לפני התיבה (משנ"ב נג, ס; רמ"א, יו"ד שעו, ד בשם מהרי"ק, מד). ולכן על האבל להתאים עצמו לציבור, ואם אין דעתם נוחה מנוסח התפילה השגור בפיו, מקצב התפילה או מהגיית המילים, מוטב שימשוך את ידו מכך. בין כך ובין כך, אם הוא עובר לפני התיבה ומשנה לשם כך את נוסח התפילה השגור בפיו, את תפילת הלחש יאמר לפי הנוסח שרגיל בו ('משיב דבר' ח"א יז). ובשום פנים אין לאבלים להתקוטט על זכות זו, וסוף-סוף הקדיש עצמו הוא תפילה לקידוש שם שמים ולשלום (גשה"ח פ"ל י, יג).

"עֹלַת תָּמִיד וְלֶחֳדָשִׁים, וּלְכָל־מוֹעֲדֵי ה' הַמְקֻדָּשִׁים" (עזרא ג, ה)

לקראת ראש השנה

דיני סליחות

438 "במוצאי מנוחה קדמנוך תחילה" - לפני ראש השנה מתחילים לומר סליחות. מנהג עדות המזרח הוא להתחיל מחודש אלול; אך מנהג אשכנז הוא לומר סליחות עשרה ימים עד יום הכיפורים, ולכן צריך להתחיל ארבעה ימים לפני ראש השנה, במקום שני ימי החג, שבת שובה וערב יום הכיפורים (טור, תקפא).

439 מתחילים לומר סליחות במוצאי שבת כדי להתחיל בתשובה, כשעדיין שרויים בשמחת השבת ('לקט יושר' ח"א עמ' קיח), ועוד שביום ראשון נברא העולם, ויש להתחיל מיד בתשובה (ערוה"ש תקפא, ג). לפיכך אם ראש השנה חל בשבת או ביום חמישי, מתחילים לומר סליחות במוצאי השבת שלפני ראש השנה, שבת 'נצבים'. אך אם ראש השנה חל ביום שני או ביום שלישי, מתחילים לומר שבוע לפני כן, במוצאי שבת 'כי תבא' (רמ"א תקפא, א בשם מהר"י טירנא).

440 אומרים סליחות באשמורת הבוקר, שהוא שליש הלילה האחרון (מהר"י טירנא, על פי עבודה זרה ג ע"ב). והיום נוהגים לומר את הסליחות לפני תפילת שחרית, אפילו אם כבר האיר היום (ערוה"ש תקפא, ד). לפני סליחות יש לומר ברכות התורה (משנ"ב מו, כו בשם ה'לבוש' והמג"א).

441 אין לומר י"ג מידות לפני חצות (מג"א תקסה, ה בשם 'שער הכוונות'), מכיוון שבזוהר נאמר שמחצות ואילך הוא 'עת רצון' (זוהר חדש, בראשית ל ע"ב). ובמוצאי שבת אומרים גם את הווידוי לאחר חצות, כדי שלא לפגוע בכבוד השבת (שע"ת תקפא, א בשם מהר"ם זכות). במקום שאי־אפשר לומר סליחות בזמן, יש שהקלו בדיעבד לומר גם לפני חצות (אג"מ, או"ח ח"ב, קה - אך רק באופן חד־פעמי; וב'משמרת שלום' מא, התיר למי שקשה לו לומר בזמן, להקדים ולומר שעתיים לפני חצות).

442 מבנה הסליחות - פותחים ב"אשרי", אומרים חצי קדיש, לקט פסוקי שבח המתחיל ב"לך ה' הצדקה" (דניאל ט, ז) ואחריו "שומע תפילה" (תהלים סה, ג), י"ג מידות, שני פיוטי סליחות ופזמון (פיוט שהחזן והקהל אומרים בית בית) - ואחרי כל אחד מהפיוטים אומרים י"ג מידות, וממשיכים בתחינות "זכור רחמיך" ו"זכור לנו ברית אבות". לאחר מכן פותחים את ארון הקודש ואומרים פסוק פסוק את התחינה "שמע קולנו", מתוודים ואומרים עוד תחנונים ומסיימים בנפילת אפיים וב"שומר ישראל", ואומרים קדיש שלם. בלילה הראשון של הסליחות אומרים אחרי "לך ה' הצדקה" פיוט פתיחה, ואחריו י"ג מידות - בסך הכל חמש פעמים באותו לילה.

443 בדורות הקודמים נהגו נוסחאות שונות לסליחות; והיום במרבית הקהילות בארץ אומרים סליחות לפי מנהג פולין; ויש קהילות (בעיקר בירושלים) שאומרים בהן סליחות לפי מנהג ליטא. ההבדלים בין המנהגים השונים הם בפיוטי הסליחות הנאמרים בכל יום, ובסדר הפסוקים בתחינות "שומע תפילה" ו"שמע קולנו".

444 המתפלל ביחידות אינו אומר י"ג מידות (סדר רב עמרם גאון) ולא את התחינות בארמית (משנ"ב תקפא, ד בשם א"ר); אך יכול לומר י"ג מידות בטעמי המקרא (שו"ע תקסה, ה על פי תשובת הרשב"א).

דיני ערב ראש השנה

445 בערב ראש השנה מאריכים בסליחות. אחרי "אשרי" אומרים פיוט פתיחה, שישה עשר פיוטי סליחות (למנהג ליטא, שמונה עשר), "זכור רחמיך", פותחים את ארון הקודש לאמירת התחינה "זכור ברית אברהם" (למנהג ליטא, מקדימים לכך תחינת "חטאנו"), אומרים "זכור לנו ברית אבות" ו"שמע קולנו" ואחר כך בקשה ארוכה, שבמהלכה אומרים את הווידוי. ממשיכים בסליחות כרגיל ומוסיפים תחינה מיוחדת לפני "מכניסי רחמים" (ולמנהג ליטא, לפני "ואנחנו לא נדע"). בתפילת שחרית אין אומרים תחנון ואין תוקעים בשופר (רמ"א תקפא, ג על פי מהר"י טירנא) כדי להפריד בין התקיעות של חודש אלול ובין תקיעות החובה של ראש השנה ('לבוש' שם).

446 לאחר התפילה נוהגים לעשות התרת נדרים בעמ' 438. ('חיי אדם' קלח, ח; והוא על פי נדרים כג ע"א). אין להתיר את הנדרים של כמה אנשים יחד, אם לא כשהשעה דחוקה ('מטה אפרים' מח); והיום רבים עושים כן, מחמת שהאריכו בסליחות וטרודים בהכנות לראש השנה. מי שלא התיר את נדריו

לאחר שחרית, יכול לעשות כן כל היום, ואם לא הספיק יתיר עד יום הכיפורים (של"ה, ריש יומא). אין אדם יכול להיות שליח להתיר את נדריו של אחר; אך בעל יכול להיעשות שליח להישאל על נדרי אשתו (שו"ע, יו"ד רלד, נו על פי הרמב"ם).

447 "מקץ שבע שנים תעשה שמטה" (דברים טו, א). בפרשת 'ראה' לא מדובר על שמיטת קרקעות, אלא על שמיטת חובות; כל החובות הכספיים שבין אדם לחברו נמחקים בשמיטה ('מנחת חינוך' תעז). חובות לבית דין אינם נשמטים, ולכן תיקן הלל פרוזבול (משנה, שביעית פ"י מ"ג), שהוא העברת החובות לבית דין וקבלת הרשאה לגבייתם (רש"י, מכות ג ע"ב).

448 שמיטת כספים נוהגת גם היום (נחלקו הראשונים מה מעמד שמיטה זו, ורובם נקטו כרמב"ם, שמיטה ויובל פ"ט ה"ב ששמיטה בזה"ז מדרבנן); ולכן נוהגים לעשות בערב ראש השנה של שנת השמיטה פרוזבול, כדי שיהיה אפשר לגבות את החובות. נחלקו ראשונים אם החובות נשמטים בסוף שנת השמיטה (רש"י, ערכין כח ע"ב; רמב"ם, שמיטה ויובל פ"ט ה"ד) או בתחילתה (רא"ש גיטין פ"ד, יח). להלכה נפסק כשיטה הראשונה, ולכן יש לעשות פרוזבול בסוף שנת השמיטה (שו"ע, חו"מ סז, ל); ויש המחמירים לעשות פרוזבול פעמיים (על פי שועה"ר, חו"מ הלוואה, לו).

449 בימי הראשונים נהגו להתענות בערב ראש השנה (טור, תקפא בשם מנהג אשכנז); והיום נוהגים להקל ולא להתענות. רבים נוהגים לטבול במקווה כהכנה לראש השנה. ויש הנוהגים לבקר את קברות קרוביהם המתים ביום זה (רמ"א שם, ד בשם ה'כלבו').

450 אם ראש השנה חל בימי חמישי ושישי, יש להניח בערב החג עירוב תבשילין (ראה עמ' 373).

תשרי

ראש השנה

451 "רבי אליעזר אומר: בתשרי נברא העולם, בתשרי נולדו אבות, בתשרי מתו אבות, בפסח נולד יצחק, בראש השנה נפקדה שרה רחל וחנה, בראש השנה יצא יוסף מבית האסורין, בראש השנה בטלה עבודה מאבותינו במצרים, בניסן נגאלו, בתשרי עתידין ליגאל" (ראש השנה י ע"ב – יא ע"א). ואף כי ר' יהושע חלק עליו שם, רוב הראשונים הבינו שקיימא לן כר' אליעזר (סידור רש"י, קפא; ראב"ע, ויקרא כה, ט; רמב"ם, קידוש החודש פ"ו ה"ח; ולא כר"ת בתוספות, ראש השנה כז ע"א). כך גם הבינו הפייטנים שניסחו את תפילות ראש השנה: "זה היום תחילת מעשיך, זיכרון ליום ראשון" (ברכת זיכרונות בתפילת מוסף).

452 ערבית לליל ראש השנה – הדלקת נרות בלילה ראשון של ראש השנה היא כבשאר ימים טובים (ראה הלכה 304–305). תפילת ערבית מתחילה ב"ברכו" וממשיכה כבשאר ימים טובים (ראה הלכה 308); אך לאחר ברכות קריאת שמע נוהגים לומר את הפסוקים: תהלים פא, ד–ה (ד"מ תקפב, ב בשם מהר"י טירנא; ולדעת הגר"א אין לאומרם). מתפללים עמידה לראש השנה. מנהג ספרד לומר לאחר קדיש שלם את מזמור כד, שעל פי המקובלים הוא סגולה לפרנסה (משנת חסידים); והחסידים נהגו לפתוח את ארון הקודש ולאומרו פסוק פסוק לאחר תפילת עמידה ולפני הקדיש (סידור ר' שבתי מרשקוב; 'מטה אפרים' תקפב, ג), ורבות מקהילות האשכנזים אימצו מנהג זה. לאחר הקדיש אומרים "עלינו", קדיש יתום, מזמור כז "לדוד ה' אורי וישעי" וקדיש יתום נוסף. נוהגים לסיים בשירת "יגדל" או "אדון עולם". לאחר התפילה נוהגים לברך איש את רעהו בכתיבה וחתימה טובה (רמ"א תקפב, ט; והנוסח מופיע כבר בשו"ת מהר"י ברונא, רעג).

453 הוספות לתפילת העמידה בימים נוראים – בראש השנה וביום הכיפורים מוסיפים על ברכות העמידה הרגילות. לפני חתימת הברכה הראשונה מוסיפים "זכרנו לחיים"; לפני חתימת השנייה מוסיפים "מי כמוך"; לברכה השלישית נוסח ארוך מיוחד, ובו בקשה שהקב"ה ימלוך על העולם בגלוי; לפני חתימת ברכת הודאה מוסיפים "וכתוב לחיים טובים"; ובברכת השלום מוסיפים "בספר חיים" (סדר רב עמרם גאון; מחזו"ו, שכה; ולא כבה"ג שהורה שאין לאומרם). מנהג אשכנז היה לחתום את הברכה האחרונה ב"עושה השלום" (מחזו"ו, שמז; ספר הרוקח, רה); ורבים ערערו על שינוי זה (השל"ה בסידורו; הגר"א), ובארץ ישראל נוהגים לחתום "המברך את עמו ישראל בשלום" כבכל השנה.

454 טעויות בהוספות – אם טעה ולא הוסיף, אינו צריך לחזור (שו"ע ורמ"א תקפב, ה על פי הרמב"ן והרא"ש; ולא כר"י שהורה שמחזירים); אך אם טעה ובירך "האל הקדוש" כבכל השנה במקום "המלך הקדוש", צריך לחזור לתחילת התפילה, אלא אם כן נזכר תוך כדי דיבור (שו"ע שם, ב על פי הרשב"א).

455 הוספות לקדיש – נוהגים לשנות את המילים

"לעלא מן כל" ל"לעלא לעלא מכל" (סידור יעב"ץ; קיצוש"ע קכט, א; ערוה"ש תקפב, ח - והנוסח מופיע ב'ליקוטי פרדס' בקדיש לכל יום); ויש הגורסים "לעלא ולעלא" (מהרי"ל בסדר תפילות פסח, וכן העתיק המשנ"ב נו, ב). וכן נוהגים לומר "עושה השלום" במקום "עושה שלום" (ערוה"ש תקפב, ח).

456 ראש השנה שחל בשבת - מברכים על הנרות "להדליק נר של שבת ושל יום טוב" ו"שהחיינו"; ומכל מקום מדליקים את הנרות מבעוד יום, ומברכים אחר ההדלקה. אומרים קבלת שבת מקוצרת, המתחילה ב"מזמור שיר ליום השבת", ואין אומרים "במה מדליקין". אחרי ברכות קריאת שמע אומרים "ושמרו" ואחר כך "תקעו". מתפללים תפילת עמידה של ראש השנה עם תוספות לשבת (ראה הלכה 307). אחרי התפילה אומרים "ויכולו" וברכה מעין שבע לפני מזמור כד (ומסיימים בה 'המלך הקדוש' - שו"ע תקפב, ג על פי ר' מנוח), ומסיימים את התפילה כרגיל.

457 "ובצאתו מבית הכנסת ילך לביתו וישמח ליבו ויגל כבודו ויבטח בה' יתברך ויקדש בלב שלם ובנפש חפיצה וירחיק ממנו כל יגון ואנחה ויסדר שולחנו ויאכל וישמח כי הוא יום טוב" (פע"ח). אומרים קידוש לראש השנה (עמ' 440). נוהגים לאכול מאכלים שונים שיש בהם או בשמם סימן לשנה טובה (שו"ע תקפג, א על פי כריתות ה ע"ב); המנהג הנפוץ ביותר הוא לטבול תפוח בדבש בתפילה לשנה מתוקה (רמ"א שם בשם הטור). בברכת המזון מוסיפים "יעלה ויבוא" (ראה הלכה 371).

458 תפילת שחרית - סדר הקרבנות ופסוקי דזמרה כביום טוב (ראה הלכה 313), ואין אומרים "ובראשי חדשיכם" (משנ"ב תקצא, ב). אחרי "נשמת" שליח הציבור לשחרית מתחיל ב"המלך היושב על כסא" (לבוש' תקפד, א). לאחר "ישתבח" נוהגים בקהילות רבות לפתוח את ארון הקודש ולומר את מזמור קל "שיר המעלות ממעמקים" פסוק פסוק (ראה משנ"ב נד, ד). לאחר "ברכו" אומרים "המאיר לארץ", ואם חל בשבת "הכל יודוך". בחזרת הש"ץ נוהגים להוסיף פיוטים בעיקר לפני קדושה; בתחילת חזרת התפילה ובחלק מהפיוטים נוהגים לפתוח את ארון הקודש, ואז הקהל עומד ('פנים מאירות' ח"א עד); אך מי שקשה לו לעמוד, רשאי להמשיך לשבת (ט"ז, יו"ד רמב, יג). הציבור אומר "אבינו מלכנו", ואין אומרים אותו בשבת (רמ"א תקפד, א בשם הריב"ש).

459 קריאת התורה - כשמוציאים את ספר התורה מן ההיכל, נוהגים לומר י"ג מידות ותחינה מיוחדת לימים נוראים, אך אין אומרין אותן בשבת (ראה עמ' 236); ולדעת הגר"א אין לאומרן. מוציאים שני ספרי תורה: באחד מעלים חמישה קרואים (ובשבת שבעה) לפרשת הולדת יצחק (בראשית כא, א-לד), ובאחר קוראים למפטיר את פסוקי קרבן היום (במדבר כט, א-ו). מפטירים בהולדת שמואל ובתפילת ההודיה שאמרה חנה (שמואל א' א, א - ב, י), מכיוון שבראש השנה נפקדו שרה וחנה (ר"ן, מגילה י ע"ב). אומרים תפילה לשלום המדינה ולחיילי צה"ל; אם חל בשבת, מקדימים לזה "יקום פורקן" וברכה לקהל. אם יש תינוק למולו בראש השנה, מלים אותו אחרי קריאת התורה, לפני תקיעת השופר (שו"ע תקפד, ד על פי תה"ד).

דיני תקיעת שופר ומוסף לראש השנה

460 "עלה אלהים בתרועה, ה' בקול שופר" (תהלים מז, ו). תקיעת שופר היא מצוות עשה מן התורה. חירש פטור ממנה, אך סומא חייב; משום כך סומא יכול להוציא אחרים ידי חובתם, אך לא חירש (משנה, ראש השנה כט ע"ב). נשים פטורות מהמצווה, אך אישה רשאית לתקוע בשופר לעצמה ולחברותיה (אף על פי שזה יום טוב), ואף לברך. וכן, אם מי שיצא ידי חובת המצווה תוקע לנשים, מוטב שאחת מהן תברך (רמ"א תקפט, ו ומשנ"ב שם, יא בשם המג"א).

461 יוצא ידי חובת שמיעת שופר בתשעה קולות, בשלוש סדרות של תקיעה-תרועה-תקיעה (משנה, ראש השנה לג ע"ב ורש"י שם). אך בגמרא (שם, לד ע"א) הסתפקו אם התקיעה האמצעית היא שלושה שברי תקיעה (המכונים 'שברים'), רצף קולות קצרים (המכונים 'תרועה') או שברים ואחר כך תרועה; ור' אבהו תיקן לתקוע תשר"ת תש"ת תר"ת שלוש פעמים - סך הכל שלושים קולות (וכן פסק השו"ע תקצ, ב). ובספר הערוך (ערך ערב) מובא מנהג לתקוע מאה קולות: שלושים אחרי קריאת התורה, שלושים בתפילת לחש, שלושים בחזרת הש"ץ ועשר בסוף התפילה, וכן מנהג ספרד; ויש שערערו על מנהג זה (מג"א תקצב, א בשם כנה"ג), מכיוון שאין תוקעים ליחיד על סדר הברכות (ראש השנה לד ע"ב), ועוד שאי־אפשר שכל הציבור יתפלל בקצב אחיד (אבנ"ז ח"א תמה-תמו; משנ"ב תקצב, א). ומנהג אשכנז הוא לתקוע שלושים קולות לאחר קריאת התורה, שלושים בחזרת הש"ץ, שלושים לאחר קדיש שלם ועשרה לפני "עלינו" (משנ"ב תקצו, ד בשם השל"ה). ויש שנהגו לתקוע מאה ושניים או מאה ועשרים

קולות כדי לצאת ידי חובת כל המנהגים בשברים ובחיבור השברים לתרועה.

462 התוקע צריך לעמוד בזמן התקיעות, ואחד מהקהל עומד אתו ומשגיח שיתקע כהלכה (רמ"א תקפה, ד). הקהל רשאי לשבת בזמן שלושים התקיעות הראשונות (והן נקראות 'תקיעות דמיושב'), אך נוהגים לעמוד (משנ"ב שם, ב).

463 נחלקו הראשונים אם יש לברך "על תקיעת שופר" (ר"ת) או "לשמוע קול שופר" (בה"ג וראבי"ה בשם הירושלמי; המחלוקת מובאת ברא"ש, ראש השנה פ"ד, י), והשו"ע פסק כשיטה השנייה (תקפה, ב). כמו כן, התוקע מברך "שהחיינו" (ראבי"ה תקלד בשם רב נסים גאון; רמב"ם, שופר פ"ג ה"י).

464 על הציבור להקפיד לשמוע את כל מאה הקולות. אין לדבר בעניינים שאינם נוגעים לתפילה או לתקיעות, משעת הברכות ועד התקיעות האחרונות שאחרי מוסף (שו"ע ורמ"א תקצב, ג).

465 אם ראש השנה חל בשבת, חכמים גזרו שאין תוקעים בשופר; אך רבן יוחנן בן זכאי נהג לתקוע בבית דינו ביבנה (משנה, ראש השנה כט ע"ב). הראשונים העידו שמנהגו של הרי"ף היה לתקוע גם בשבת, מכיוון שלדעתו אין צורך בסנהדרין דווקא, אלא כוונת המשנה היא 'בית דין מופלג וגדול ברורו', והוא ראה בבית דינו בית הדין הגדול (רא"ש, ראש השנה פ"ד, א); אך שאר הראשונים חלקו עליו (רז"ה ח ע"א; רמב"ם שופר פ"ב ה"ט), וכן פסק השו"ע (תקפח, ה). נוהגים להזכיר הבדל זה גם בתפילות היום, ואומרים "זכרון תרועה" במקום "יום תרועה" (ראבי"ה תקלז בשם רב שמואל בן חפני גאון).

466 לאחר תקיעת השופר אומרים "אשרי" ומחזירים את ספרי התורה לארון הקודש. שליח הציבור אומר את התפילה "הנני העני ממעש" כ'רשות' לפני תפילת מוסף, ואומר חצי קדיש.

467 בתפילת מוסף לראש השנה יש תשע ברכות – שלוש הראשונות, ברכת קדושת היום משולבת בפסוקי מלכויות, ברכת זיכרונות וברכת שופרות. בכל ברכה יש עשרה פסוקים מהתנ"ך המזכירים את עניין הברכה – המלכת הקב"ה על העולם, הזכרת זכות אבות ותקיעת השופר (ראש השנה לב ע"ב). ברוב בתי הכנסת המתפללים בנוסח ספרד, נוהגים לתקוע בתפילת לחש עשרה קולות, כשהתוקע מגיע לסוף כל אחת משלוש הברכות; ומנהג אשכנז שאין תוקעים בתפילת לחש.

468 בחזרת הש"ץ של מוסף מוסיפים פיוטים, ובהם ה'סילוק' (תפילה שלפני קדושה) "ונתנה תוקף", המיוחס לר' אמנון ממגנצא (או"ז ח"ב רעו). פיוטי הסילוק עוברים ישירות לפסוקי הקדושה, ולכן אין אומרים "נעריצך" (אך במניינים המתפללים בנוסח ספרד, אומרים "כתר"). בקדושה מוסיפים "אדיר אדירנו" (מחז"ו, שנו).

469 בברכה הרביעית של מוסף, לאחר פסוקי מוסף היום, אומרים "עלינו" כפתיחה לפסוקי המלכויות (טור, תקצא בשם הגאונים). כששליח הציבור מגיע ל"עלינו", פותחים את ארון הקודש, ושליח הציבור משתחווה כשאומר "ואנחנו כורעים" (מג"א קלא, כב); ברוב הקהילות נוהגים שאף הקהל משתחווה עמו (קיצש"ע קכט, טז). מכיוון ששליח הציבור אינו רשאי לעקור ממקומו, נוהגים שהגבאי מרחיק ממנו את העמוד כשהוא משתחווה, ומסייע לו לקום אחר כך (שם). מכיוון שאסור להשתחוות על הרצפה, שנאמר "ואבן משכית לא תתנו בארצכם להשתחות עליה" (ויקרא כו, א) – יש להניח מגבת או מטפחת על הרצפה כדי שהראש לא ייגע בה (רמ"א קלא, ח בשם ה'מרדכי'); ואפילו נייר נחשב הפסק ('אשי ישראל' פמ"ה, עו).

470 בסוף כל אחת משלוש הברכות האמצעיות בחזרת הש"ץ תוקעים עשרה קולות בשופר (משנ"ב תקצב, ד בשם השל"ה) ואומרים "היום הרת עולם" ו"ארשת שפתינו". אם ראש השנה חל בשבת, אומרים רק "היום הרת עולם" (רמ"א שם, א בשם מהרי"י טירנא). לאחר ברכת כוהנים פותחים את ארון הקודש ושליח הציבור אומר "היום תאמצנו" (המובא כבר במחזור וורמייזא).

471 לאחר חזרת הש"ץ תוקעים עוד ארבעים קולות (ראה הלכה 461), ואחרי "עלינו" אומרים שיר של יום ו"לדוד ה' אורי וישעי". שיר של יום לפי מנהג הגר"א הוא תהלים פא; אך אם חל בשבת, אומרים את מזמור צב, כבכל שבת.

ראש השנה (המשך)

472 בימי הראשונים היו שנהגו להתענות בראש השנה, מפני שהוא יום דין; אך מסקנת הפוסקים היא שאסור להתענות (או"ז ח"ב רנז). יש שנהגו לקדש לאחר קריאת התורה, כדי שלא להגיע לחצות היום בלי שאכלו; ויש שהורו שאין לאכול כלל לפני תקיעת השופר, ושעדיף לשתות מעט מים לפני התפילה (ראה 'מקראי קודש', ימים נוראים כט; 'אשי ישראל' פמ"ה הערה קסא).

473 תפילת מנחה – ראה הלכה 318. אם ראש השנה חל בשבת, מוציאים ספר תורה וקוראים לשלושה קרואים בתחילת פרשת 'האזינו' (וראה עמ' 585). לאחר חזרת הש"ץ אומרים "אבינו מלכנו", אך לא

אם חל בשבת; ולדעת הגר"א, אין אומרים "אבינו מלכנו" אם מתפללים מנחה מיד לאחר מוסף, כדי שלא לעכב עוד את הסעודה (׳מעשה רב׳ רז).

474 תשליך - מנהג ראשונים היה ללכת לנהר אחרי מנחה של ראש השנה ולומר "תשליך" (רמ"א תקפג, ב בשם מהר"י טירנא). ואם אין נהר בקרבת מקום, הולכים לים או למאגר מים גדול (כה"ח שם, ל). והיו שערערו על המנהג, ובהם הגר"א (׳מעשה רב׳, רט). אם ראש השנה חל בשבת, אין אומרים "תשליך" אלא ביום השני (משנ"ב שם, ח בשם הפמ"ג; וב׳שבות יעקב׳ ח"ג מב כתב לאומרו אף בשבת). ויש שנוהגים לדחות את אמירת "תשליך" לעשרת ימי תשובה, כדי לאומרו ביום שאומרים בו י"ג מידות (׳בני יששכר׳, תשרי ה, א). נוהגים שלא לישון ביום בראש השנה (רמ"א שם בשם הירושלמי).

475 יום שני של ראש השנה - בניגוד לשאר ימים טובים, שבהם נוהג דין יום טוב שני רק בחו"ל, בראש השנה נוהגים שני ימים טובים גם בארץ ישראל, מכיוון שאם באו עדים סמוך לשעת המנחה, רק בירושלים ידעו שהחודש נקבע בזמנו. ולכן כתב רב האי גאון (׳אוצר הגאונים׳ ביצה עמ׳ 10-4), ששני ימי ראש השנה הם תקנה מימות יהושע, וגם בארץ ישראל נוהגים שני ימים של ראש השנה, אף על פי שהיום מקדשים על פי הלוח (רי"ף, ביצה ג ע"א; וראה רז"ה שם בשם רבינו אפרים).

476 הדלקת נרות וקידוש - משום מעמדו של היום השני אין עושים שום הכנה מהיום הראשון ליום השני (ביצה ד ע"ב, ורש"י שם), ואין מדליקים נרות עד אחר צאת הכוכבים. בניגוד ליום טוב שני של גלויות, בראש השנה היום השני אינו מדין תקנת חכמים אלא נחשב ספק, ולכן היו שכתבו שיש ספק אם לברך "שהחיינו" בזמן הדלקת נרות ובקידוש, ועדיף ללבוש בגד חדש או לקחת פרי חדש ולכלול אותו בברכה (שו"ע תר, ב על פי הרא"ש); וגם מי שאין לו בגד חדש או פרי חדש יכול לברך (שם, כשיטת רש"י). אם חל ביום ראשון, מבדילים בזמן הקידוש כסדר יקנה"ז (ראה הלכה 312).

477 תפילות - תפילות היום השני זהות לתפילות היום הראשון, אך היום השני לעולם אינו חל בשבת, והפיוטים הנאמרים בשחרית ובמוסף שונים. אם חל במוצאי שבת, מוסיפים בברכה הרביעית "ותודיענו". מעלים לתורה חמישה קרואים, וקוראים בפרשת עקדת יצחק (בראשית כב, א-כד). למפטיר קוראים כמו למפטיר ביום הראשון; מפטירים בירמיה לא, א-יט, בנבואת ירמיה שהקב"ה יזכור את ישראל וירחם עליהם (רש"י, מגילה לא ע"א). אם תקעו בשופר ביום הראשון, הרי התקיעה ביום השני אינה אלא מדרבנן; עם זאת מברכים לפניה "שהחיינו" (רמ"א תר, ג בשם הטור). שיר של יום לדעת הגר"א הוא תהלים פא. אם חל ביום שישי, אין אומרים במנחה "אבינו מלכנו" (משנ"ב תקפד, ד). ואם חל ביום ראשון, אומרים אחרי מנחה "תשליך".

478 מוצאי ראש השנה - מתפללים ערבית להול (עמ׳ 119) ומוסיפים "אתה חוננתנו" בברכה רביעית. משנים מעט את נוסח התפילה והקדישים, כדין עשרת ימי תשובה (ראה להלן). מבדילים על הכוס, אך לא על הבשמים או על הנר (ראה הלכה 319). אם ראש השנה חל בחמישי ובשישי - ראה הלכה 320.

צום גדליה

479 לאחר חורבן הבית הראשון בכיבוש הבבלי נשארו רבים מבני ישראל בארץ, ונבוכדראצר מלך בבל מינה את גדליהו בן אחיקם למושל עליהם. אך לא חלפו חודשיים (׳סדר עולם רבה׳ פכ"ו), וישמעאל בן נתניה ממשפחת המלוכה רצח אותו בשליחותו של בעליס מלך בני עמון. רצח זה גרר אחריו מלחמת אזרחים קצרה בקרב שארית הפליטה, ובסופה ברחו היהודים שנשארו בארץ, למצרים מפחד נקמת מלך בבל, בניגוד לדברי ירמיה הנביא (ירמיה מ, א - מג, ז). בכך הושלם החורבן הראשון, ויהודה ישבה שוממה עד להצהרת כורש (שבת קמה ע"ב; יומא נד ע"א) בגלל מאבקים פנימיים, שלא היה להם דבר עם צרות מבחוץ.

480 "כה אמר ה׳ צבאות: צום הרביעי וצום החמישי וצום השביעי וצום העשירי יהיה לבית ישראל לששון ולשמחה, והאמת והשלום אהבו" (זכריה ח, יט). חכמים קבעו ארבעה צומות לאחר החורבן הראשון לזכר מאורעות מרכזיים בחורבן (ראש השנה יח ע"ב). רצח גדליה, שאירע בג׳ בתשרי (׳סדר עולם רבה׳ פכ"ו), הוא אחד מהם. אם ג׳ בתשרי חל בשבת, הצום נדחה ליום ראשון (שו"ע תקנ, ג על פי רש"י והרמב"ם).

481 הצום מתחיל עם עלות השחר (שו"ע תקנ, ב על פי הטור). מי שרוצה לקום לפני עלות השחר ולאכול לפני הצום רשאי לעשות כן, אך רק אם התכוון לכך לפני ששכב לישון (שו"ע תקסד, א על פי הירושלמי תענית פ"א ה"ד).

482 אין לאכול או לשתות, אך שאר העינויים (כגון: רחיצה ונעילת נעלי עור) אינם נוהגים (שו"ע תקנ, ב על פי התוספות וראבי"ה). נשים מעוברות ומיניקות פטורות מהצום (רמ"א תקנ, א בשם ה׳מגיד משנה׳ תענית פ"א ה"ח).

483 סליחות - משכימים לומר סליחות. אומרים פיוט פתיחה, חמש סליחות, פזמון ופיוט העוסק בעקדה - סך הכל אומרים י"ג מידות שמונה פעמים (למנהג ליטא, פיוט העקדה נאמר לפני הפזמון), ממשיכים ב"זכור רחמיך", פותחים את ארון הקודש לאמירת התחינה "זכור ברית אברהם" (למנהג ליטא, מקדימים לכך תחינת 'חטאנו', ומוסיפים שני פיוטים שאינם במנהג פולין), אומרים "זכור לנו ברית אבות" וממשיכים בסליחות כמו לפני ראש השנה, אך מוסיפים תחינה מיוחדת לפני "מכניסי רחמים" (ובמנהג ליטא, עוד תחינה לפני "ואנחנו לא נדע").

484 שחרית - תפילת שחרית היא כבעשרת ימי תשובה (ראה הלכה 489–491). בחזרת הש"ץ שליח הציבור מוסיף ברכה, "עננו" (עמ' 58), בין "גואל ישראל" ו"רפאנו" (תענית יג ע"ב). לאחר "אבינו מלכנו" (יש לשים לב לומר את הבקשות האמצעיות בנוסח "כתבנו בספר" כבעשרת ימי תשובה, ולא "זכרנו" כבשאר תעניות ציבור) ותחנון מוציאים ספר תורה וקוראים בו על מחילת הקב"ה לעם ישראל אחר חטא העגל ועל גילוי י"ג מידות הרחמים למשה (עמ' 588). בעליית הכוהן נוהגים שהקהל אומר בקול את חצי הפסוק "שוב מחרון אפך, והנחם על הרעה לעמך"; ובעליית השלישי, את י"ג מידות הרחמים עד "ונקה" ואת סוף שמות לד, ט: "וסלחת לעוננו ולחטאתנו ונחלתנו". אחרי שהציבור קורא, שליח הציבור חוזר וקורא אחריו (משנ"ב תקסו, ג).

485 אם אין עשרה המתענים, אין שליח הציבור מוסיף "עננו" (שו"ע תקסו, ג בשם רשב"א והטור). מי שאינו מתענה, לא יהיה שליח ציבור (שם, ה על פי הגאונים), ולא יעלה לתורה; ואפילו הוא הכוהן היחיד, מוטב שיצא מבית הכנסת, ומתפלל אחר המתענה, יעלה לתורה (שם, ו על פי מהרי"ק).

486 קריאת התורה למנחה - אחרי "אשרי" וחצי קדיש מוציאים ספר תורה ומעלים שלושה קרואים. הקריאה זהה לקריאה בבוקר. העולה השלישי הוא גם המפטיר, והוא קורא את ההפטרה "דרשו ה' בהמצאו", הקוראת לתשובה (רמ"א תקסו, א בשם מהרי"ל).

487 תפילת מנחה - בתפילת לחש הקהל מוסיף "עננו" (עמ' 108) בברכת "שומע תפילה" (רמ"א, תקסה, ג על פי רש"י); ושליח הציבור אומר "עננו" בברכה בין "גואל ישראל" ו"רפאנו" כבשחרית (עמ' 105). במשנה (תענית כו ע"א) מובא, שבתעניות הכוהנים עולים לדוכן ומברכים את העם; והיום עושים כן רק כאשר מתפללים אחרי פלג המנחה (שו"ע קכט, א על פי הטור; והחזו"א, או"ח כ חלק. וראה הלכה 187). אם הכוהנים אינם עולים לדוכן (משום שאין כוהנים; או שהכוהנים אינם מתענים - פמ"ג ו'מחזיק ברכה', ולא כ'מקור חיים'; או שהזמן מוקדם מדיי), שליח הציבור אומר "אלהינו ואלהי אבותינו" בעמ' 112 (משנ"ב קכז, יב). הן הקהל הן שליח הציבור אומרים את ברכת "שים שלום" במקום "שלום רב" (ראה הלכה 183). אומרים "אבינו מלכנו" לפני תחנון (רק אם עדיין יום - 'אלף למטה' תרכג, ו) ומסיימים כבכל יום.

עשרת ימי תשובה

488 סליחות - בשאר עשרת ימי תשובה מבנה הסליחות הוא: פתיחה, ארבע סליחות, פזמון ופיוט עקדה (למנהג ליטא, פיוט העקדה קודם לפזמון) - בסך הכל אומרים י"ג מידות שבע פעמים. אחרי כן אומרים "זכור רחמיך" וממשיכים כרגיל (למנהג ליטא מוסיפים תחינת 'חטאנו' לפני "זכר לנו ברית אבות") מלבד תחינה שמוסיפים לפני "מכניסי רחמים".

489 בתפילת שחרית רבים נוהגים לומר את מזמור קל לאחר "ישתבח" (ראה הלכה 458).

490 בתפילת עמידה מוסיפים "זכרנו לחיים", "מי כמוך", "וכתוב לחיים טובים" ו"בספר חיים", וחותמים את הברכה השלישית ב"המלך הקדוש"; אם שכח אחת מהפסקאות הנוספות אינו צריך לחזור, אך אם בירך "האל הקדוש" חוזר (ראה הלכה 454). בנוסף על כך משנים את חתימת הברכה האחת עשרה, "מלך אוהב צדקה ומשפט", ל"המלך המשפט" (ברכות יב ע"ב). נחלקו הפוסקים מה דינו של מי ששכח לשנות את החתימה - ומסקנת הרמ"א היא שאינו חוזר (קיח, א), מכיוון שממילא הזכיר את מלכותו של הקב"ה (על פי ר' יונה, ברכות ז ע"א).

491 בשחרית ובמנחה פותחים את ארון הקודש לאחר חזרת הש"ץ ואומרים "אבינו מלכנו". במקום שבו נוהגים לומר וידוי וי"ג מידות, אומרים אותם לפני "אבינו מלכנו" (מטה אפרים' תרב, יא), ויש שאומרים אחריו ('שער הכוונות', עניין ר"ה). אומרים "אבינו מלכנו" גם במניין שאין אומרים בו תחנון (רמ"א תרב, א בשם מנהגי מהר"י טירנא).

492 יש הנוהגים לומר את הסליחות ליום שלפני ערב יום הכיפורים, דווקא בשני או בחמישי כדי לומר את הפזמון "אזכרה אלהים ואהמיה", העוסק בי"ג מידות הרחמים, ביום שמרבים בו בתחנונים ('דעת תורה', תרב).

493 שבת שובה - כך נקראת השבת שבין ראש השנה ליום הכיפורים, מפני שמפטירים בה "שובה ישראל". מתפללים כבכל שבת עם ההוספות לעשרת ימי תשובה. אם מוצאי ראש השנה חל בערב שבת, אומרים קבלת שבת מקוצרת ואין אומרים "במה מדליקין" (ראה הלכה 310). בברכת מעין שבע שלאחר ערבית (עמ' 175) אומרים "המלך הקדוש" (שו"ע תקפב, ג על פי רבינו מנוח). בשחרית נוהגים להוסיף את מזמור קל אחרי "ישתבח", ושאר התפילה כרגיל. אחרי קריאת התורה בפרשת 'האזינו' (או בפרשת 'וילך' אם יש עוד שבת בין יום הכיפורים וסוכות) מפטירים "שובה ישראל" בהושע יד, ב עד סוף הספר (רמ"א תכח, ח בשם הטור), וממשיכים ביואל ב, טו-כז "תקעו שופר בציון" (מהרי"ל; ויש המתחילים בפסוק יא "וה' נתן קולו" שהוא תחילת העניין, וכן בתוספות, מגילה לא ע"ב) - מותר לדלג מספר לספר באמצע ההפטרה, כיוון שספרי תרי עשר נחשבים ספר אחד (מגילה כד ע"א). נוהגים שהרב דורש בענייני תשובה במהלך השבת. במוצאי שבת נוהגים שלא לומר קידוש לבנה, ומחכים למוצאי יום הכיפורים (רמ"א תכו, ב בשם מהרי"ל); ויש שנהגו לא לדחות אמירתו, ואדרבה, סברו שמוטב שזכותה של עוד מצווה תעמוד לנו ביום הדין (משנ"ב שם, י בשם ה'לבוש' והגר"א). אין אומרים "ויהי נועם", אלא אם ג' בתשרי חל בשבת, שאז יום הכיפורים יחול בשבת שלאחר מכן (ראה הלכה 264).

ערב יום הכיפורים

494 "דברי עונות גברו מני, פשעינו אתה תכפרם" (תהלים סה, ד). ערב יום הכיפורים עומד בסימן ההכנות ליום הקדוש. נוהגים לטבול במקווה (רב עמרם גאון), ויש העושים כפרות (עמ' 448). הב"י ערער על המנהג, משום האיסור לנהוג בדרכי האמורי (שו"ע תרה, א על פי הרמב"ן והרשב"א); אך רבים נהגו כך (רמ"א שם), והמקובלים נתנו למנהג טעמים על פי הסוד (שער הכוונות); ויש שנהגו לעשות את הכפרות בכסף ('חיי אדם' קמד, ד), ולתתו לצדקה - שהרי "תשובה ותפילה וצדקה מעבירים את רוע הגזירה" (מתוך הסילוק 'ונתנה תוקף').

495 "עבירות שבין אדם למקום - יום הכפורים מכפר; עבירות שבין אדם לחבירו - אין יום הכפורים מכפר, עד שירצה את חבירו" (משנה, יומא פה ע"ב). ולכן חייב אדם לבקש מחילה מכל מי שפגע בו לפני יום הכיפורים. וגם הנפגע צריך למחול (רמ"א תרו, א על פי הגמרא שם פז ע"א).

496 תפילת שחרית - אומרים סליחות מקוצרות: רק שני פיוטים (שניהם לקוחים מהסליחות לערב ראש השנה) ופזמון, "זכור רחמיך", מדלגים על "זכור לנו ברית אבות" וממשיכים "שמע קולנו", אומרים וידוי פעם אחת בלבד וממשיכים עד "כי לה' אלהינו הרחמים והסליחות", ואז אומרים קדיש (מהרי"ל בשם הרוקח). בתפילת שחרית אין אומרים: "מזמור לתודה", "אבינו מלכנו", תחנון (ובמנחה שלפניו אומרים) ו"למנצח" (רמ"א תרד, ב בשם מהרי"ט טירנא). אך אם ערב יום הכיפורים חל ביום שישי, אומרים בשחרית "אבינו מלכנו" - מכיוון שלא יאמרו אותו למחרת (רמ"א שם).

497 מנחה - מצווה לאכול ולשתות בערב יום הכיפורים (ברכות ח ע"ב, ובעוד מקומות בגמרא). נוהגים להתפלל מנחה מוקדם כדי להשאיר זמן לאכול סעודה מפסקת. מתפללים מנחה כבשאר עשרת ימי תשובה. בתפילת לחש כל יחיד אומר וידוי ו"על חטא" בעמ' 444 (יומא פז ע"ב); אך שליח הציבור אינו אומר (טור, תרז בשם ראבי"ה). אין אומרים "אבינו מלכנו" ולא תחנון (רמ"א שם, ה).

498 סעודה מפסקת - יש לסיים לאכול ולשתות לפני השקיעה כדי להוסיף מן החול על הקודש (שו"ע תרח, א על פי יומא פא ע"א). כמו כן, יש להחליף את הנעליים לנעלי בד כיוון שיום הכיפורים אסור בנעילת הסנדל, ולצחצח שיניים, כיוון שאסור ברחיצה ובסיכה (ב"ח שם). נוהגים שהאב מברך את ילדיו לפני שהוא יוצא לבית הכנסת ('חיי אדם' קמד, יט).

499 הדלקת נרות - מברכים שתי ברכות: "להדליק נר של יום הכיפורים" (או "של שבת ושל יום הכיפורים") ו"שהחיינו" (רמ"א תרי, א-ב על פי הרא"ש). יש להדליק גם נר שידלוק עד מוצאי יום הכיפורים, כדי לברך עליו בהבדלה (ראה הלכה 513).

יום הכיפורים

500 "ותתן לנו ה' אלהינו את יום צום הכיפורים הזה, קץ ומחילה וסליחה על כל עוונותינו" (מתוך תפילת נעילה ליום הכיפורים). יום הכיפורים אסור במלאכה, ונוהגים בו חמשת העינויים: איסור אכילה ושתיה, איסור רחיצה, איסור סיכה, איסור נעילת סנדל (ובכלל זה כל נעל מעור) ואיסור תשמיש המיטה

(משנה, יומא עג ע"ב). מעוברות ומיניקות מתענות ומשלימות (פסחים נד ע"ב). ואם יש בצום סכנה ליולדת, לא תצום (שו"ע תריז, ד על פי הרא"ש), וכן כל חולה (שם תריח, א על פי כתובות סא ע"א), וכן אם הצום עלול לגרום סכנה לתינוק (בה"ט שם, ו בשם 'דבר שמואל') או לעובר (צי"א חי"ז כ, ד). יש הלובשים קיטל בכל התפילות (רמ"א תרי, ד). ויש הנוהגים לעמוד כל התפילה (טור, תריט על פי פדר"א מו).

501 כל נדרי - נוהגים להתעטף בטלית לפני התפילה (רמ"א יח, א בשם ספר התשבץ). אומרים לפני התפילה 'תפילה זכה' ביחידות (משנ"ב תרז, א; הנוסח מובא ב'חיי אדם' בסוף סימן קמד), ויש המוסיפים גם את 'סדר וידוי הגדול' לרב נסי אלנהרואני. פותחים את ארון הקודש ומוציאים שני ספרי תורה ל"כל נדרי" (ערוה"ש תריט, ו). נחלקו הראשונים אילו נדרים מתירים, ומנהג ארץ ישראל לצאת ידי חובת שתי הדעות ולהתיר את הנדרים "מיום כיפורים שעבר ועד יום כיפורים זה, ומיום כיפורים זה עד יום כיפורים הבא עלינו לטובה" ('שאילת יעבץ' ח"א קמה). חוזרים על "כל נדרי" שלוש פעמים, מוסיפים פסוקי סליחה (ספר התשבץ, קלד), ומברכים "שהחיינו", מכיוון שאין קידוש לאומרו בו (שו"ע תריט, א על פי עירובין מ ע"ב), ומחזירים את ספרי התורה לארון הקודש. אם יום הכיפורים חל בשבת, אומרים את מזמורים צב ו־צג כקבלת שבת מקוצרת.

502 ערבית - בקריאת שמע אומרים "ברוך שם כבוד מלכותו לעולם ועד" בקול רם (טור, תריט), מפני שבמדרש מובא שמלאכי השרת אומרים כך, וביום הכיפורים אנו דומים להם (דברים רבה ואתחנן ב, לו). ברכות קריאת שמע הן כבשאר ימים טובים; לפני חצי קדיש אומרים את הפסוק "כי ביום הזה" (ד"מ שם, ב; 'לבוש' תקפב, א; והגר"א לא נהג לאומרו); אם חל בשבת, מקדימים לו את הפסוקים המתחילים ב"ושמרו". בתפילת העמידה אומרים ברכה שלישית ארוכה כבראש השנה (ראה הלכה 453, ובסוף תפילת לחש אומר כל יחיד וידוי ו"על חטא" ('לבוש' תרכ, א על פי מהר"י וייל, קצא). אם יום הכיפורים חל בשבת, אומרים לאחר התפילה "ויכולו" ו"מגן אבות" (ראה הלכה 456). שליח הציבור מתחיל סליחות: אומרים פיוט פתיחה "יעלה תחנונינו", פסוקי "שומע תפילה" ('מרדכי' יומא, תשכה), שתי סליחות ופזמון - בסך הכל אומרים י"ג מידות ארבע פעמים. אומרים "זכור רחמיך" עד "שמע קולנו", וידוי ו"על חטא" וממשיכים כבשאר סליחות (אם חל בשבת, יש המסיימים ב"כי לה' אלהינו הרחמים והסליחות",

ראה 'לוח ארץ ישראל') - אך אין אומרים נפילת אפיים או "שומר ישראל". רבים נוהגים לומר את מזמור כד לפני קדיש שלם, כבראש השנה (ראה הלכה 452), "עלינו" ומזמור כז. יש נוהגים לומר אחר התפילה את מזמורים א-ד, את שיר הייחוד ו"אנעים זמירות" (משנ"ב תריט, יד על פי השל"ה).

503 שחרית - נוהגים לומר שיר של יום לפני פסוקי דזמרה (תפילת דוד), ויש האומרים אחרי קדיש שלם של תפילת שחרית, כנוסח ספרד (ראה הלכה 508). לדעת הגר"א, שיר של יום הוא מזמור לב, "לדוד משכיל, אשרי נשוי פשע כסוי חטאה". תפילת שחרית כבראש השנה (ראה הלכה 458), אך בסוף תפילת העמידה כל יחיד אומר וידוי ו"על חטא". בחזרת הש"ץ מוסיפים פיוטים; אומרים קדושת "נעריצך" ו"אדיר אדירנו" כבמוסף לימים טובים, וכן בכל תפילות יום הכיפורים ('לבוש' תרכ, א על פי ספר הרוקח, רטז). בתקופת הראשונים נהגו לומר בברכה הרביעית סליחות; היום אין נוהגים כן, ושליח הציבור מתחיל ב"זכור רחמיך" מיד לאחר "יעלה ויבוא", ואומרים וידוי ו"על חטא". בתחילת חזרת התפילה ובחלק מהפיוטים נוהגים לפתוח את ארון הקודש. הציבור אומר "אבינו מלכנו", ואין אומרים אותו בשבת (רמ"א תקפד, א בשם הריב"ש).

504 קריאת התורה - כשמוציאים את ספר התורה מן ההיכל, נוהגים לומר י"ג מידות ותחינה מיוחדת לימים נוראים, אך לא בשבת (עמ' 236); ולדעת הגר"א אין לאומרם. מוציאים שני ספרי תורה; באחד מעלים שישה קרואים (ובשבת שבעה) לסדר עבודת יום הכיפורים בבית המקדש (ויקרא טז, א-לד), ובאחר קוראים למפטיר את פסוקי קרבן היום (במדבר כט, ז-יא). ההפטרה היא בנבואת ישעיה (נז, יד - נח, יד), המנחה את העם כיצד יש לחזור בתשובה, ומדגיש את הצד הפנימי שמעבר להקפדה על העינויים (מגילה ל ע"ב). אומרים תפילה לשלום המדינה ולחיילי צה"ל; אם חל בשבת, מקדימים לזה "יקום פורקן" וברכה לקהל.

505 הזכרת נשמות - לפני תפילת מוסף אומרים "יזכור". נוהגים שמי שהוריו בחיים, יוצא מבית הכנסת בזמן אמירת "יזכור" (גשה"ח לא, ב), ואינו חוזר עד הזכרת הנשמות לקדושי השואה ולחללי צה"ל. גם מי שמתפלל ביחידות רשאי לומר "יזכור" (שם לב, א). אחרי "יזכור" אומרים "אב הרחמים" ו"אשרי", ומחזירים את ספרי התורה לארון הקודש. אם יש תינוק למולו ביום הכיפורים, מלים אותו לפני "אשרי" (משנ"ב תרכא, ז על פי מנהג מהר"ם שמובא בב"י), ונותנים לאם ולתינוק לשתות מן היין (רמ"א שם, ג ומשנ"ב שם, יב, על פי ה'מרדכי'

יומא, תשכז). שליח הציבור אומר את התפילה "הנני העני ממעש" כרשות לפני תפילת מוסף, ואומר חצי קדיש.

506 מוסף - אחרי תפילת הלחש הציבור אומר וידוי. בחזרת הש"ץ מוסיפים פיוטים כבשחרית, אך לפני קדושה אומרים את הסילוק "ונתנה תוקף". אין אומרים "נעריצך", אלא מתחילים בפסוקי הקדושה מיד לאחר הסילוק (ובמניינים המתפללים בנוסח ספרד, אומרים "כתר"). בברכה הרביעית, אחרי פסוקי המוסף, שליח הציבור אומר "עלינו", והוא והקהל משתחווים (ראה הלכה 469).

507 סדר העבודה - בזמן הבית עבודת יום הכיפורים הייתה פסגת העבודה של כל השנה. כל עבודות היום כשירות רק בכוהן גדול, ורק ביום זה הוא לובש את בגדי הלבן ונכנס לקודש הקודשים. בזמן הקרבת מוספי יום הכיפורים הוא אומר את השם המפורש בקול רם, ולאחר שהוא מתוודה בשם העם, הוא שולח את השעיר לעזאזל. בחזרת הש"ץ למוסף אומרים פיוט ארוך, ובו תיאור סדר העבודה במקדש. הפיוט הקדום ביותר המוכר לנו הוא המתחיל ב"אתה כוננת"; אך מאחר שיש בו אי־דיוקים בכמה פרטי הלכה יסודיים, נהגו בהרבה קהילות בימי הביניים לומר פיוטים אחרים. בקהילות אשכנז אומרים את הפיוט "אמיץ כוח", שחיבר ר' משולם ב"ר קלונימוס; ובבתי כנסת המתפללים בנוסח ספרד, אומרים היום "אתה כוננת" בתיקונים ובהשלמות שהציעו חכמים במרוצת הדורות.

508 סיום התפילה - לאחר סדר העבודה נהגו לומר סליחות; והיום מתחילים "זכור רחמיך" ואומרים את פיוט ה'חטאנו' "אלה אזכרה" על עשרת הרוגי מלכות, וממשיכים "זכור לנו ברית אבות" ווידוי כבכל תפילות היום. לאחר ברכת כוהנים פותחים את ארון הקודש ושליח הציבור אומר "היום תאמצנו". ברוב הקהילות אין אומרים "אין כאלהינו" ולא "עלינו" אחרי התפילה, משום שבתקופת הראשונים לא הייתה כלל הפסקה, והיו ממשיכים במנחה מיד אחרי סוף מוסף (מאותה סיבה מקדימים את שיר של יום, ראה הלכה 503). לדעת היעב"ץ, אם מפסיקים אחרי מוסף, יש לומר "עלינו"; אך רוב העולם אינו נוהג כן.

509 מנחה - אין אומרים "אשרי" ולא "ובא לציון"; התפילה בציבור מתחילה בהוצאת ספר התורה (רמ"א תרכב, א בשם הגה"מ). קוראים לשלושה עולים את פרשת איסורי העריות (ויקרא יח, א-ל); השלישי הוא גם מפטיר, והוא קורא את ספר יונה ואת פסוקי הסיום של ספר מיכה, ז, יח-כ (מגילה לא ע"א; ראה הלכה 493. מחזירים את ספר התורה לארון הקודש ומתפללים מנחה; אומרים "שים שלום", כי מנחה של יום הכיפורים ראויה לברכת כוהנים (ראה הלכה 183). בחזרת הש"ץ אומרים קדושת "נעריצך". נוהגים לדלג על הסליחות ולעבור ישירות ל"זכור רחמיך"; אך מקובל לומר את פיוט ה'חטאנו' "אל נא רפא נא תחלואי גפן פוריה". הכוהנים אינם עולים לדוכן (סדר רב עמרם גאון), ושליח הציבור אומר את התחינה "אלהינו ואלהי אבותינו" (רמ"א קקטט, ב בשם הגה"מ). אם יש די זמן, אומרים "אבינו מלכנו", וברוב הקהילות בארץ ישראל מדלגים עליו כדי להספיק להתפלל נעילה בזמן (משנ"ב שם, יב על פי הגה"מ).

510 כשהחמה בראש האילנות, אומרים תפילה חמישית, תפילת נעילה (יומא פז ע"ב; רמב"ם, תפילה פ"ג ה"ז). מתחילים ב"אשרי" ו"ובא לציון" (רמ"א תרכג, א) ואומרים חצי קדיש. את ההוספות לתפילת העמידה משנים ל"זכרנו לחיים... וחתמנו בספר החיים", "וחתום לחיים טובים כל בני בריתך", ו"בספר חיים ניזכר ונחתם לפניך" (רמ"א שם, ב בשם הטור). אומרים את ברכת "שים שלום". בווידוי שלאחר התפילה אין אומרים "על חטא", אלא תחינה ייחודית "אתה נותן יד לפושעים" (סדר רב עמרם גאון).

511 חזרת הש"ץ לנעילה - פותחים את ארון הקודש למשך כל חזרת הש"ץ (משנ"ב תרכג, ז בשם מהר"י טירנא). לפני קדושה אומרים את הסילוק "שערי ארמון", וממשיכים בפסוקי קדושה (ויש אומרים "נעריצך"). בברכה הרביעית אומרים פתיחה לסליחות, חמש סליחות (ברוב הקהילות אומרים רק חלק מכל סליחה כדי להספיק לומר ברכת כוהנים לפני השקיעה) ופזמון - סך הכל אומרים י"ג מידות שבע פעמים. אין אומרים "זכור רחמיך", אלא ממשיכים מיד בווידוי, ואחריו אומרים "אתה נותן יד לפושעים". אם עדיין לא שקעה השמש, הכוהנים עולים לדוכן ('חיי אדם' קמה, לז). יש האומרים "היום תאמצנו" כבתפילת מוסף (סדר רב עמרם גאון). אומרים "אבינו מלכנו" אפילו אם חל בשבת, ובבקשות האמצעיות אומרים "חותמנו" ('מטה אפרים' תרכג, ז) ואחר כך פסוקי ייחוד ה' וקדיש שלם (רמ"א תרכג, ו בשם מהר"י טירנא).

512 בזמן שנהג היובל, היו תוקעים בשופר במוצאי יום הכיפורים של כל שמיטה שביעית, ומכריזים על תחילת שנת היובל: העבדים היו משתחררים, והשדות היו חוזרים לבעליהם - "ובכל ארץ אחזתכם, גאלה תתנו לארץ" (ויקרא כה, כד). כדי להזכיר ייעוד זה תוקעים בשופר מיד עם צאת

יום הכיפורים (טור, תרכד), ושרים "לשנה הבאה בירושלים" (משנ"ב תרכג, יג).

513 מוצאי יום הכיפורים - בתפילת ערבית מתפללים ככבל יום חול, בלי התוספות לעשרת ימי תשובה; מוסיפים "אתה חוננתנו" בברכת חונן הדעת (שו"ע תרכד, א). לאחר התפילה אומרים קידוש לבנה (ראה הלכה 493). מבדילים על הכוס ועל נר שדלק כל יום הכיפורים - ולא על נר שהדליקו במוצאי החג, מכיוון שהאור נברא במוצאי שבת דווקא (שו"ע שם, ד על פי רש"י בפסחים נד ע"א). אין מברכים על הבשמים, אלא אם יום הכיפורים חל בשבת, שאז מבדילים כרגיל (שו"ע שם, ג על פי הרמב"ם). נוהגים להתחיל בבניית הסוכה במוצאי יום הכיפורים לקיים את האמור בפסוק (תהלים פד, ח): "ילכו מחיל אל חיל" (רמ"א תרכד, ה ותרכה, א בשם מהרי"ל).

514 אין אומרים תחנון בין יום הכיפורים וסוכות, מכיוון שאלה היו הימים שנשלם בהם בית המקדש בימי שלמה (שו"ע קלא, ז על פי שבה"ל; וראה רד"ק מל"א ח, ב). ויש להשלים את בניית הסוכה ואת קישוטה ולהכין את ארבעת המינים לפני כניסת החג (שו"ע תרנא, א).

דיני סוכות

515 "למען ידעו דרתיכם כי בסכות הושבתי את בני ישראל בהוציאי אותם מארץ מצרים, אני ה' אלהיכם" (ויקרא כג, מג). נחלקו התנאים (סוכה יא ע"ב) אם מדובר בענני הכבוד שהגנו על בני ישראל, או בסוכות שישבו בהן ממש; מכל מקום "מצוות סוכה כל שבעה. ויעשה כל שבעה ביתו עראי וסוכתו קבע, ודר בה כדרך שאדם דר בתוך ביתו... ואוכל ושותה וישן ומטייל בה, ולומד בה" (טור, תרלט). מצוות סוכה היא מצוות עשה שהזמן גרמה, ולכן נשים פטורות ממנה (משנה, סוכה כח ע"א). ונחלקו הראשונים אם נשים המקיימות מצוות עשה כאלה מברכות עליהן, ומנהג אשכנז כר"ת שהורה שמברכות (רמ"א יז, ב). יש מהגאונים שהורו, שמברכים על ישיבה בסוכה בכל פעם שנכנסים לשבת בה (סידור רס"ג עמ' רלד); אך המנהג הנפוץ הוא, שלא לברך אלא אם קובעים בה סעודה מלחם או מחמשת מיני דגן, ומברכים לפני כל סעודה כזו (שו"ע תרלט, ח על פי ר"ת; וראה משנ"ב שם, מח).

516 חג הסוכות יכול לחול בימי שני, שלישי, חמישי או שבת. אם החג חל ביום חמישי, מי שגר בחו"ל מניח עירוב תבשילין, כדי שיוכל להכין מיום טוב שני לשבת. דיני ליל סוכות ראה בהלכה 304–309.

517 מקדשים בסוכה. יש האומרים תפילה לפני הכניסה לסוכה בעמ' 376, ואת סדר האושפיזין בעמ' 377, על פי הזוהר (אמור קג ע"ב). מברכים "לישב בסוכה" לפני ברכת "שהחיינו" (סוכה נו ע"א). יש המקפידים שלא לשבת בסוכה כלל לפני תום הקידוש (שו"ע תרמג, ב בשם הרמב"ם; והרמ"א פסק כדעת הרא"ש, שיושבים מתחילת הקידוש). בברכת המזון מוסיפים "יעלה ויבוא".

518 "ולקחתם לכם ביום הראשון פרי עץ הדר כפת תמרים וענף עץ עבת וערבי נחל, ושמחתם לפני ה' אלהיכם שבעת ימים" (ויקרא כג, מ). חג הסוכות הוא חג האסיף (שמות לד, כב), ובו אנו מצווים לעלות לרגל ולהודות לה'; חג זה נתייחד בנוסח התפילות בכינוי 'זמן שמחתנו'. חלק מרכזי בשמחה הוא מצוות ארבעת המינים. בכל יום כל אחד נוטל לולב, שלושה הדסים ושתי ערבות, מחברם יחד ומחזיק אותם עם האתרוג (כדעת ר' ישמעאל במשנה, סוכה לד ע"ב). מכיוון שנטילת ארבעת המינים היא מצוות עשה שהזמן גרמה, נשים פטורות ממנה; אך נשים רבות מקפידות לקיים את המצווה אף הן, ומברכות עליה כהוראת ר"ת (ראה הלכה 515). יש נוהגים לברך על ארבעת המינים דווקא בסוכה, ונוטלים לולב לפני התפילה ('שער הכוונות' עניין נטילת לולב; השל"ה, הביאו מג"א תרנב, ג); אך המנהג הנפוץ הוא שלא לברך עליהם עד שעת ההלל, שהוא עיקר מצוותו (טור ושו"ע תרנב, א על פי המשנה בסוכה לז ע"ב).

519 "כיצד הוא עושה? ... מוליך ומביא מעלה ומוריד" (משנה, מנחות סא ע"א). במשנה מדובר על הנפת שתי הלחם וכבשי עצרת; אך בגמרא בסוכה לז ע"ב נלמד מכאן דין הנענועים של ארבעת המינים, ולכן מניפים ומנענעים את ארבעת המינים לארבע רוחות השמים, למעלה ולמטה (שו"ע תרנא, י בשם מהרי"ל); ומנהג האר"י לנענע לכיוון דרום, צפון, מזרח, מעלה, מטה ומערב ('שער הכוונות' עניין נטילת לולב) וכן נוהגים החסידים. אין נוטלים את הלולב בשבת (שו"ע תרנח, ב על פי סוכה מד ע"א).

520 לתפילת שחרית, ראה הלכה 313. לאחר חזרת הש"ץ כל אחד לוקח את ארבעת המינים ומברך "על נטילת לולב" ו"שהחיינו" (עמ' 359). אומרים הלל שלם, וגם בו מנענעים את הלולב (עמ' 364–365). לאחר ההלל אומרים קדיש שלם. בבתי כנסת המתפללים בנוסח ספרד, אומרים כאן הושענות (עמ' 416); ויש מקהילות אשכנז שאימצו מנהג זה. אם סוכות חל בשבת, קוראים מגילת קהלת (אך לא בחו"ל).

521 לאחר הקדיש פותחים את ארון הקודש ומוציאים שני ספרי תורה (עמ' 236). ברוב הקהילות נוהגים לומר י"ג מידות, אך אין אומרים אותן בשבת. בספר אחד קוראים לחמישה עולים (ובשבת לשבעה) את פרשת המועדות שבספר ויקרא (עמ' 599); ובספר אחר קוראים למפטיר את פרשת מוספי היום (עמ' 618). ההפטרה היא סוף נבואת זכריה, ובה נזכר חג הסוכות בגאולה העתידה, ובפרט כיום דין באומות העולם (עמ' 619). ביום טוב שני בחו"ל קריאת התורה והמפטיר כמו ביום הראשון; מפטירים בחנוכת הבית הראשון בימי שלמה, שהייתה בסוכות (מלכים א' ח, ב-כא). להמשך התפילה (עד אחרי מוסף), ראה הלכה 316.

522 הושענות - בשמחת חג הסוכות מעורבת גם נימה של דין. זהו סוף הקיץ, "ובחג נידונין על המים" (משנה, ראש השנה טז ע"א) - לקראת החורף הבא מתפללים על גשמי השנה הבאה. גם ארבעת המינים, שאף הם צריכים למים, כביכול מתפללים אתנו לשנה ברוכה (שבה"ל, שטו). בזמן שהמקדש היה קיים, היו כל העם מקיפים את המזבח בלולביהם ואומרים "אנא ה' הושיעה נא, אנא ה' הצליחה נא" (משנה, סוכה מה ע"א). ובימינו מוציאים ספר תורה מארון הקודש, והציבור נוטל את לולבו בידו ומקיף את הבימה (שו"ע תרס, א על פי מדרש תהלים יז, ה) באמירת 'הושענות', שהן בקשות על הגשם. שליח הציבור מתחיל בארבע בקשות, ואחר כך אומרים הושענא המסודרת לפי הא"ב; הציבור חוזר איש איש למקומו, ואומרים את הבקשה "כהושעת אלים" לר' אלעזר הקליר (מחז"ו, שצא), מחזירים את ספר התורה לארון הקודש באמירת פסוקי סיום, ואומרים קדיש שלם (ספר הרוקח, רכג).

523 נוהגים שהאבלים אינם מקיפים את הבימה בהושענות (רמ"א תרס, ב בשם ה'כלבו', י); ויש שערערו על המנהג, מכיוון שאין להראות אבלות בפרהסיה בחג (סידור יעב"ץ) - ולכן מקובל שהאבל הוא המחזיק את ספר התורה (שש"כ סה, מא).

524 נחלקו הפוסקים מתי יש לומר הושענות: לדעת רס"ג המובאת בטור (תרס), יש לאומרן לפני הוצאת ספר תורה; ומסידורו של רס"ג עצמו משמע שיש לאומרן מיד אחרי ההלל, וכן נוסח ספרד (שע"ת תרנא, כ בשם 'קרבן חגיגה'); ולדעת רוב הראשונים (וכן הוא בסדר רב עמרם גאון), אומרים הושענות אחרי תפילת מוסף, וכן מנהג אשכנז.

525 עוד נחלקו הפוסקים אם אומרים הושענות בשבת: לדעת רב שרירא גאון (הובא בטור, תרס), אין אומרים הושענות כלל; וברוב הקהילות נוהגים שאין מקיפים את הבימה, אך פותחים את ארון הקודש ואומרים את ההושענא "אום נצורה" ואת הבקשה "כהושעת אדם" בעמ' 420 (שו"ע תרס, ג על פי ה'עיטור').

526 מסיימים את התפילה כבשאר ימים טובים (ראה הלכה 316). שיר של יום לדעת הגר"א הוא מזמור עו (וביום טוב שני בחו"ל - מזמור מב), ובשבת מזמור צב. אחריו נוהגים לומר את מזמור כז ולסיים כבכל חג; גם תפילות מנחה וערבית למוצאי החג זהות לתפילות שאר החגים. אם מוצאי החג חל במוצאי שבת, אין אומרים "ויהי נועם" (ראה צי"א חי"ג, לז, א; לוח 'היכל שלמה'), אך אומרים "ויתן לך" (רמ"א רצה, ט בשם ה'כלבו').

527 מקדשים ומבדילים בסוכה; ומוסיפים ברכת "לישב בסוכה" לפני ששותים ('לוח ארץ ישראל'; החזו"א, הובא ב'דבבות אפרים' ח"א תכח; וראה בשש"כ נח, כב, שכתב שעדיף לאכול מזונות מיד לאחר הבדלה, ולברך "לישב בסוכה" אחרי ברכת "בורא מיני מזונות").

528 חול המועד - ראה הלכה 329-333. בשחרית נוטלים את הלולב לפני אמירת הלל ומברכים "על נטילת לולב" (אם חג סוכות חל בשבת, מוסיפים ביום הראשון "שהחיינו"). מעלים ארבעה קרואים לתורה, וכל אחד קורא את מוסף היום (עמ' 620). בחו"ל נוהגים כאילו יש ספק ביום: ביום השני לחול המועד (שהוא היום הראשון לחול המועד בחו"ל) - קוראים לכוהן "וביום השני" (שמא יום טוב היה באמת בט"ז בתשרי), ללוי "וביום השלישי" כבארץ ישראל, לשלישי "וביום הרביעי", ולרביעי חוזרים וקוראים "וביום השני... וביום השלישי" (רמ"א תרסג, א בשם רש"י סוכה נה ע"א). לאחר מוסף אומרים הושענא שונה לכל יום (ראה טבלה בעמ' 416). שיר של יום לנוהגים כדעת הגר"א - מזמורים כט, נ, צד פסוקים טז-כג, צד פסוקים א-טו, פא; ובחו"ל, ששם חול המועד קצר ביום בגלל יום טוב שני, אומרים את מזמור צד כולו. בשבת חול המועד אומרים את מזמור צב, וביום ראשון ממשיכים ברשימה זו מהמקום שעצרו בו.

529 בזמן הבית בכל יום משבעת ימי הסוכות היו מנסכים מים על המזבח (משנה, סוכה מב ע"ב ומח ע"א). למרות התחינה בניסוך זה (השווה מלכים א' יח, לד-לט), היו אלה ימי שמחה במקדש. היו חוגגים את 'שמחת בית השואבה' כל הלילה, ובבוקר יורדים למעיין השילוח ושואבים מים (משנה, סוכה נא ע"א). גם היום "החסידים ואנשי המעשה עושים לזכר שמחת בית השואבה... בזמירות ושבחים ומרבים בנרות בסוכה בלילות אלו... וכל מי שעושה זכר למקדש, אשרי חלקו" ('יסוד ושורש העבודה' יא, יד).

530 אחת המצוות האחרונות בתורה היא מצוות 'הקהל'. אחת לשבע שנים, בסוכות שלאחר שנת שמיטה, היו מכנסים את כל ישראל בבית המקדש ומלמדים אותם תורה (דברים לא, י-יג). בדורות האחרונים חידש הרב הרצוג מעמד 'זכר להקהל', שבו קוראים בתורה ברוב עם ('היכל יצחק', או"ח נח).

531 שבת חול המועד - ראה הלכה 334. אין נוטלים לולב. לאחר הקדיש שאחר הלל קוראים את מגילת קהלת בעמ' 644 (רמ"א תרסג, ב על פי מהרי"ל). נחלקו הראשונים אם מברכים על קריאת המגילה: לדעת רבינו שמחה (מובא בהגה"מ, תעניות פ"ה, ב), מברכים "על מקרא מגילה", ואפילו אם אינה כתובה על מגילה כשרה; וב'מרדכי' (מגילה, תשפג) מובא שאם אינה כתובה על מגילה, יש לברך "על מקרא כתובים"; ומהר"י טירנא כתב שאין לברך כלל, וכן פסק הרמ"א (תצ, ט; ובתשובה לה). ורבים מהאחרונים חלקו עליו, ומסקנת המשנ"ב (שם, יט) היא שאם המגילה כתובה על קלף, יש לברך עליה "על מקרא מגילה"; ונוהגים לברך גם "שהחיינו" ('לבוש' שם, ה; 'מעשה רב', קעה).

532 קריאת התורה - מעלים שבעה קרואים בפרשת י"ג מידות, שאחריה נאמרה פרשת המועדות (עמ' 606), ומפטירים במוסף אותו היום (ובחו"ל, מוסף שני הימים שבספק). מפטירים במלחמת גוג ומגוג, כיוון שהייתה ביד חכמים מסורת שמלחמה זו עתידה להיות בסוכות (טור, תצ בשם רב האי גאון; רש"י, מגילה לא ע"א). נחלקו הפוסקים אם בברכת ההפטרה מברכים "מקדש השבת" כבכל שבת, או "מקדש השבת וישראל והזמנים" - והמנהג הנפוץ הוא להוסיף את הזכרת "ישראל והזמנים" בשבת חול המועד סוכות, אך לא בפסח (משנ"ב תרסג, ט בשם הפמ"ג; ולדעת הגר"א חותמים "מקדש השבת"). אחרי חזרת הש"ץ למוסף פותחים את ארון הקודש ואומרים הושענות לשבת בעמ' 420 (ראה הלכה 522). במנחה של שבת מעלים שלושה קרואים לפרשת 'וזאת הברכה'.

533 היום האחרון משבעת ימי סוכות הוא יום חיתום הדין על המים (רש"י, יומא כא ע"ב). יום זה מכונה 'הושענא רבה', ובחוגי המקובלים ראו בו סיום לעשרת ימי תשובה, שה'פתקים' עם הכרעת הדין על כל אחד ואחד יוצאים בו - "ביומא שביעאה דחג הוא סיומא דדינא דעלמא, ופתקין נפקין מבי מלכא" (זוהר, צו ח"ג לא ע"ב). נהגו לעשות 'תיקון ליל הושענא רבה' ('סדר היום'; של"ה), ומנהג זה פשט בכל ישראל (מג"א תרסד, א). ומכינים חבילות של חמש ערבות לתפילה שלמחרת.

534 בתפילת שחרית מתחילים בפסוקי דזמרה לשבת ויום טוב (שו"ע תרסד, א על פי הטור), אך מוסיפים "מזמור לתודה" (רמ"א שם בשם מהר"י טירנא). אין אומרים "נשמת" (שם), אלא ממשיכים "ישתבח" לאחר שירת הים. יש הנוהגים לפתוח את ארון הקודש ולומר את מזמור קל לפני חצי קדיש ('שארית יוסף' ח"ב עמ' עג בשם ה'שואל ונשאל'; וב'עמק ברכה' כתב שאין לאומרו). לפני הוצאת ספר התורה אומרים "אין כמוך" (עמ' 236) וי"ג מידות הרחמים עם התחינה לימים נוראים. מעלים ארבעה קרואים, וקוראים לכל אחד מהם "וביום השביעי" בעמ' 621; בחו"ל קוראים לכוהן "וביום החמישי", ללוי "וביום השישי", לשלישי "וביום השביעי", ולרביעי "וביום השישי... וביום השביעי".

535 בתפילת מוסף נוהגים ששליח הציבור לובש קיטל כבימים נוראים (משנ"ב תרסד, א בשם מג"א והגר"א). אומרים קדושה ליום טוב ('לבוש' שם, א). בזמן שבית המקדש היה קיים, היו מקיפים ביום זה את המזבח שבע פעמים (משנה, סוכה מה ע"א); וכיום לאחר חזרת הש"ץ מוציאים את כל ספרי התורה אל הבימה (רמ"א תרס, א בשם מהר"י טירנא), ומקיפים אותם שבע פעמים באמירת ההושענות בעמ' 423 (רמ"א תרסד, א בשם מהר"י טירנא); ויש נוהגים להוציא רק שבעה ספרי תורה ולהחזיר ספר אחד לארון הקודש אחרי כל הקפה (מהרי"ל). בסוף ההקפה השביעית אומרים "כהושעת אלים", וממשיכים בפיוטי בקשת גשמים. כשמתחילים "תענה אמונים" (עמ' 434), מניחים את ארבעת המינים ולוקחים את חמש הערבות (של"ה בשם מהרש"ל, מובא במשנ"ב תרס, ח); ואחר סיום ההושענות חובטים את הערבות חמש פעמים.

536 יש הנוהגים לחבוט את הערבות אחרי ששליח הציבור אומר קדיש (שער הכוונות); וברוב הקהילות נוהגים לחבוט מיד לאחר הכרזת "קול מבשר מבשר ואומר", לפני הכנסת ספרי התורה (של"ה). הרמב"ם כתב שחובט על הקרקע או על כלי (לולב פ"ז הכ"ב); והאר"י הקפיד לחבוט דווקא על הקרקע (שער הכוונות). עוד נחלקו הפוסקים אם יש לחבוט כדי להסיר את העלים (מלבושי יו"ט) או שמוטב שלא להסירם (כה"ח תרסד, לז בשם האר"י). והמשנ"ב (שם, יט על פי ה'ביכורי יעקב') כתב לחבוט על הקרקע בנחת, ואחר כך לחבוט על כלים כדי להסיר את העלים. גם לאחר החבטה אין לנהוג בערבות מנהג ביזיון (שו"ע תרסד, ח בשם או"ז ח"ב, שפו), ויש ששומרים אותן כדי לאפות בהן את המצות לפסח (רמ"א שם, ט בשם מהרי"ל ומהר"י וייל), או כדי להשתמש בהן לשריפת חמץ, ועושים כן בכל ארבעת המינים לאחר שנעשתה בהם המצווה ('לבוש' שם, ט).

537 אחרי הקדיש מסיימים את התפילה כבמוסף רגיל לחול המועד; זו הפעם האחרונה שאומרים את

מזמור כז על סדר התפילה עד חודש אלול. שיר של יום לדעת הגר"א הוא מזמור פא; ואם הושענא רבה חל ביום שישי, ואמרו את מזמור פא יום קודם, אומרים את מזמור פב.

538 אחר הצהריים מכניסים את הכלים מהסוכה לבית, כיוון שאסור לשבת בסוכה אחרי שבעת ימי החג (סוכה מח ע"א). אך אין עושים כך בחו"ל, כיוון שאוכלים בסוכה גם בשמיני עצרת (ראה הלכה 548). נוהגים לעשות סעודה קלה בסוכה לפני כניסת חג שמיני עצרת ולומר נוסח פרידה מהסוכה (עמ' 377). אם שמיני עצרת חל ביום חמישי, מניחים בחו"ל עירובי תבשילין.

דיני שמיני עצרת (שמחת תורה)

539 "רב נחמן אמר: אומרים זמן בשמיני של חג; ורב ששת אמר: אין אומרים זמן בשמיני של חג. והלכתא: אומרים זמן בשמיני של חג. תניא כוותיה דרב נחמן: שמיני - רגל בפני עצמו הוא" (סוכה מז ע"ב - מח ע"א). שמיני עצרת הוא חג נפרד מסוכות: יש בו מצווה נפרדת של עלייה לרגל, וגם מי שהיה במקדש בסוכות, חייב להביא בו עולת ראייה ושלמי חגיגה; הוא נחשב שבעה ימים לעניין אבלות שלושים (ראה הלכה 431); מזכירים אותו בנפרד בתפילה ובברכת המזון כ"השמיני חג העצרת הזה" (מהרי"ל); ומברכים "שהחיינו" בזמן הדלקת נרות ובקידוש.

540 הקפות לערבית - מתפללים ערבית ליום טוב (ראה הלכה 308). אחרי קדיש שלם פותחים את ארון הקודש, ושליח הציבור והקהל אומרים את פסוקי "אתה הראת" בעמ' 388 (כדעת מהר"י טירנא, שמקיפים גם בלילה). יש הנוהגים לחלק את הפסוקים בין המתפללים ולתת לכוהן לומר את הפסוק "כהניך ילבשו צדק וחסידיך ירננו". מוציאים את כל ספרי התורה, ומקיפים את הבימה שבע פעמים (א"ר תרסט, ז בשם שכנה"ג). מתחילים כל הקפה בבית מהפיוט המתחיל ב"אנא ה' הושיעה נא" (מנהגי מהר"י טירנא), ויש המוסיפים פרקים ופיוטים אחרים, ומחלקים אותם בין ההקפות. נוהגים לכבד כוהנים בהחזקת הספרים בהקפה הראשונה, ולוויים בהקפה השנייה.

541 לאחר ההקפה השביעית שליח הציבור ממשיך בסדר הוצאת ספר תורה (עמ' 238), ומחזירים את ספרי התורה לארון הקודש פרט לאחד שקוראים בו (רמ"א תרסט, א). לקהילות שונות מנהגים שונים בקריאת התורה: המנהג הנפוץ הוא לקרוא לשלושה קרואים בפרשת 'וזאת הברכה' בעמ' 622 (סידור יעב"ץ); ויש המעלים חמישה קרואים (מובא ב'שערי אפרים' ח, נז) ויש שאינם קוראים כלל (לוח ארץ ישראל). יש הנוהגים לקרוא בניגון של ימים נוראים. לאחר החזרת ספר התורה אומרים "עלינו" וקדיש יתום, אך לא את מזמור כז.

542 מתפללים שחרית כביום טוב (ראה הלכה 313 ר־315). לאחר קדיש שלם אומרים "אתה הראת" והקפות באותו סדר שאמרו בערב. יש מקומות שבהם נוהגים לצאת לרחובה של עיר בספרי התורה; אם שמחת תורה חל בשבת, יש להקפיד שלא לצאת למקום שאסור לטלטל בו. יש הנוהגים לקדש באמצע ההקפות, כדי שלא להגיע לחצות היום בתענית (ראה הלכה 472). בסוף ההקפות משאירים שלושה ספרים, מחזירים את השאר לארון, וממשיכים בי"ג מידות או 'בריך שמה' (עמ' 236). קוראים לחמישה עולים בפרשת 'וזאת הברכה'; נוהגים לחזור ולקרוא את אותה הקריאה שוב ושוב, עד שכל הציבור עולה לתורה ('ארחות חיים', נח).

543 אם שמחת תורה חל בשבת, יש לקרוא לשבעה עולים. יש שאינם משנים מסדר העליות בכל שבת, הואיל וממילא מצרפים את 'חתן תורה' ואת 'חתן בראשית' לחמשת העולים כרגיל (ראה ספר הרוקח רכד); ויש שכתבו שצריך להעלות עולה שישי מ"מעונה" עד "ואתה על במותימו תדרוך" ('קניין תורה' ח"ה עא), והביא ראיה ממנהג עדות המזרח להעלות 'חתן מעונה' בכל שנה (כה"ח תרסט, ב); וב'לוח ארץ ישראל' כתוב להעלות שבעה לפני חתן תורה ולחלק את עליית הכוהן לשניים (כהצעת ה'שערי אפרים' ח, נו לעשות בכל שנה).

544 לאחר שעלה כל הקהל, נוהגים להעלות את הנערים שמתחת לגיל בר־מצווה לעלייה מיוחדת, המכונה 'כל הנערים', ואומרים את הפסוק (בראשית מח, טז) "המלאך הגואל אותי" (רמ"א תרסט, א בשם מהר"י טירנא). נוהגים לפרוש טלית מעין חופה מעל הנערים, וכן מעל חתן תורה וחתן בראשית (סדר היום). מעלים את חתן התורה לקריאת הפסוקים האחרונים של התורה; כשקוראים לו נוהגים לומר את הרשות בעמ' 623 (מופיע כבר במחז"ו). מגביהים את התורה ונוהגים שהמגביה אוחז בספר הפוך, כדי שהציבור יראה את הכתב ('שערי אפרים' ח, סב). קוראים לחתן בראשית את פרשת הבריאה (שו"ע ורמ"א תרסט, א), ומקדימים לכך רשות שחיבר ר' מנחם ב"ר מכיר (מופיע במחזור נירנברג). נוהגים שהקהל כולו קורא את הפסוק "ויהי ערב ויהי בקר" לכל אחד מהימים, ולאחר היום השישי גם את הפסוקים האחרונים, "ויכולו" (מנהגי מהרא"ק כב ע"א). אומרים חצי קדיש (ספר הרוקח, רכד), מגביהים את ספר התורה (שוב הפוך) וקוראים למפטיר בספר השלישי

את קרבנות היום בפרשת פינחס. ברוב הקהילות נוהגים להגביה את הספר השלישי כרגיל. בגמרא נזכר שמפטירים בתפילה שאמר שלמה בשעה שחנך את בית המקדש (מגילה לא ע"א), אך נתפשט המנהג לקרוא בתחילת ספר יהושע (תוספות שם; נזכר כבר בסדר רב עמרם גאון).

545 לאחר ההפטרה אומרים בשבת "יקום פורקן". ובכל יום אומרים את התפילה לשלום המדינה ולחיילי צה"ל, ואחר כך אומרים "יזכור" ו"אב הרחמים", "אשרי", מחזירים את ספר התורה לארון הקודש ואומרים תפילת גשם (עמ' 401). נוהגים ששליח הציבור לובש 'קיטל'.

546 תפילת גשם נכתבה במקור כחלק מפיוטי מוסף (ראה הלכה 314), ויש האומרים אותה לרבות פיוטי ה'מגן' ו'המחיה' שבה באמצע חזרת הש"ץ (עמ' 401); ונחלקו הפוסקים אם שליח הציבור מכריז "משיב הרוח ומוריד הגשם" לפני התפילה (ספר מהרי"ל, סוכה בשם ר' חיים פלטיאל; רמ"א קיד, ב), או שהציבור אינו אומר "משיב הרוח" עד תפילת מנחה (ספר מנהגי מהר"ם). ותלמידי הגר"א בארץ ישראל הנהיגו לומר לפני התפילה, ורק את פיוט הגשם (אף שהגר"א עצמו סבר כמהרי"ל - 'מעשה רב' קסג).

547 ברכת כוהנים - מכיוון שנהגו לקדש בבית הכנסת (או"ז ח"ב, שכ), נוצר חשש שהכוהנים יהיו שיכורים, ו"שתוי יין אם עבד חילל" (זבחים יז ע"ב). משום כך, נהגו להקדים את ברכת כוהנים (בחו"ל ישנה רק במוסף, ראה הלכה 131) לתפילת שחרית (מנהגי מהר"י טירנא); ויש שהורו שאין עולים לדוכן כלל בשמחת תורה ('לבוש', תרסט, א); ויש שכתבו שיעלו לדוכן כרגיל (א"ר שם, כ), ועל הכוהנים להקפיד שלא ישתכרו (משנ"ב שם, יז). ובארץ ישראל נוהגים לעלות לדוכן בשחרית ממילא, ובמוסף יש מקומות שבהם אין הכוהנים עולים לברך, וברוב הקהילות עולים. שיר של יום לדעת הגר"א הוא תהלים יב, "למנצח על השמינית", ובו שבח לתורה (ובחו"ל אומרים אותו בשמיני עצרת, ובשמחת תורה את מזמור ח); אם שמחת תורה חל בשבת, אומרים את מזמור צב (ובחו"ל אומרים ביום ראשון את מזמור יב).

548 שמיני עצרת בחו"ל - אוכלים בסוכה גם בשמיני עצרת, אך אין מברכים עליה (סוכה מז ע"א). וכתב ראבי"ה (תקסב), שאין לישון בסוכה בליל החג משום "בל תוסיף"; ולדעת ה'אגודה' (סוכה, מד) יש לישון בסוכה, וכן דעת הרבה אחרונים - אך מנהג העולם שלא לישון בסוכה (משנ"ב תרסח, ו). ויש מהחסידים שנהגו רק לקדש בסוכה בליל שמיני עצרת, ולאכול בבית ('שפת אמת' סוכה מז ע"ב). בשחרית, אם חל בשבת, קוראים את מגילת קהלת. מעלים חמישה קוראים (בשבת, שבעה) לקריאת "עשר תעשר", פרשת המועדים בפרשת 'ראה' (דברים יד, כב - טז, יז); למפטיר קוראים "ביום השמיני", ולהפטרה את "ויהי ככלות שלמה", סיום הטקס של חנוכת המקדש הראשון (מלכים א' ח, נד - ט, א). אומרים הזכרת נשמות ותפילת גשם. יום טוב שני הוא שמחת תורה, וכל הלכותיו כמו שמפורט למעלה.

סוף חודש תשרי

549 מנהג האר"י היה לעשות הקפות נוספות במוצאי שמחת תורה (שער הכוונות), ולהקפיד על שבע הקפות כמו ההקפות בחג עצמו; והיום רבים בארץ נוהגים לעשות 'הקפות שניות' בשירה ובנגינה.

550 באסרו חג אין אומרים "למנצח" (ראה הלכה 166). ומנהג ארץ ישראל שלא לומר תחנון עד סוף חודש תשרי (ראה הלכה 141).

551 אומרים בכל התפילות "משיב הרוח ומוריד הגשם" במקום "מוריד הטל"; וממשיכים לומר "ותן ברכה" (ראה הלכה 556-557). לדיני טעות ב"משיב הרוח ומוריד הגשם", ראה הלכה 94-99.

552 בשני ובחמישי קוראים בתורה את קריאת שלושת הימים הראשונים למעשה בראשית; ויש שקוראים ביום חמישי עד קריאת היום החמישי (עמ' 549).

553 בשבת בראשית מברכים את חודש חשוון (ראה הלכה 242). נוהגים שחתן תורה וחתן בראשית עושים קידוש לכבוד הציבור (או"ז ח"ב, שכ). במנחה מתחילים לומר "ברכי נפשי" ושירי המעלות (ראה הלכה 252).

מרחשוון

554 סליחות בה"ב - בימי הראשונים נהגו תלמידי הישיבות להתענות ביום שני שאחרי ראש חודש חשוון (ואם ראש חודש חל בשבת, מתחילים לומר סליחות ביום שני בשבוע שלאחר מכן), ביום חמישי וביום שני שאחריו כדי לכפר על חטאים שחטאו במהלך חגי תשרי (שו"ע ורמ"א תצב, א). גם היום יש המתענים בה"ב. ואומרים "עננו" בתפילת עמידה, סליחות, ואם יש מניין

מתענים, קוראים את פרשת "ויחל" כבכל תענית ציבור. ויש קהילות שאומרים בהן את הסליחות גם אם אין מי שמתענה. מתחילים סליחות באמירת י"ג מידות, שני פיוטים ופזמון וי"ג מידות אחרי כל פיוט - סך הכל אומרים י"ג מידות ארבע פעמים (סליחות ליום שני קמא בעמ' 461, ליום חמישי בעמ' 466, וליום שני תניינא בעמ' 471). יש המקפידים לשנות את נוסח הסליחות כאשר אינם מתענים, כדי שלא להוציא מפיהם דבר שקר, ראה לדוגמה בעמ' 467 ("תענית ציבור קבעו תבוע צרכים"). אחר כך אומרים "זכור רחמיך" (עמ' 493), ויש המוסיפים את תחינת 'חטאנו' "אל נא רפא נא" (שאומרים גם במנחה ליום הכיפורים), וממשיכים "זכור לנו ברית אבות" ו"שמע קולנו". מכיון שרוב הישיבות בארץ ישראל מקורן בליטא, ברוב המקומות שאומרים בהם סליחות, אומרים "שמע קולנו" לפי סדר מנהג ליטא; ויש האומרים לפי הסדר במנהג פולין (ראה הלכה 443). אחר כך אומרים וידוי ואת התחינות המסיימות בדרך כלל את סדר הסליחות, "אבינו מלכנו" (עמ' 67) וממשיכים "והוא רחום". אם אין אומרים תחנון (כגון שיש חתן או אחד מבעלי הברית בבית הכנסת), מסיימים אחרי "הרחמים והסליחות" ואומרים חצי קדיש (עמ' 76). יש האומרים בשבת שלפני בה"ב "מי שבירך" מיוחד למתענים; וראוי לכל מי שמתכוון להתענות, שיקבל על עצמו את התענית במנחה שלפניה (עמ' 114).

555 מנחה לבה"ב - אם יש עשרה מתענים, מוציאים ספר תורה ומתפללים כסדר תענית ציבור (ראה הלכה 486). יש הנוהגים להתענות רק עד תפילת מנחה, ואז כשמקבל על עצמו תענית יאמר "הרי אני לפניך בתפילת נדבה למחר עד חצי היום. יהי רצון...", ולאחר מכן יכולים להתפלל למחרת מנחה גדולה של תענית ציבור ולאכול.

556 ז' בחשון - אף על פי שהתחילו להזכיר את גבורות הגשמים בשמחת תורה, קבעו חכמים שאין לבקש גשמים בברכת השנים עד שבועיים לאחר מכן, כדי שכל עולי הרגל שהיו בסוכות בבית המקדש, יוכלו לחזור לביתם (משנה, תענית י ע"א). בגמרא (שם) מוסבר, שבגולה אין מבקשים גשמים עד שישים יום לאחר ה'תקופה' (ארבעה בדצמבר למניינם; ולפני שנה מעוברת, חמישה בדצמבר). מהטעם המובא בגמרא, משמע שמדובר בבבל דווקא (ראה רש"י שם); אך התוספות (ד"ה הלכתא) כתבו, שגם באירופה נוהגים כך, וכן פסק השו"ע (קיז, א). למי שטעה ולא אמר "ותן טל ומטר לברכה" - ראה הלכה 97.

557 מתחילים להזכיר "ותן טל ומטר לברכה" בליל ז' בחשוון וממשיכים עד פסח. מי שהתחיל לומר "ותן טל ומטר" בארץ ונסע לחו"ל (בין שהוא בן ארץ ישראל בין שהוא בן חו"ל), ממשיך לבקש "ותן טל ומטר לברכה" ('אשי ישראל' כג, לז בשם רש"ז אויערבך).

558 "הגיע י"ז במרחשון ולא ירדו גשמים, התחילו היחידים מתענים... הגיע ראש חודש כסלו ולא ירדו גשמים, בית דין גוזרין שלוש תעניות על הציבור" (משנה, תענית י ע"א). כיום אין נוהגים להתענות (נוב"י ח"א, לא), אך אם ח"ו לא ירדו גשמים עד י"ז בחשוון, מוסיפים "ועננו בורא עולם" בברכת "שמע קולנו". וכן אם ירדו רק מעט גשמים עד תחילת כסלו.

559 כ"א בחשוון - מנחה של כ' בחשוון היא התפילה התשעים שבה היחיד אומר "משיב הרוח ומוריד הגשם", ולכן מערבית של כ"א בחודש (או משחרית, למי שהתחילו לומר במנחה של שמחת תורה - ראה הלכה 546), אם אינו בטוח מה אמר, חזקה עליו שאמר כראוי (ראה הלכה 99).

560 חודש חשוון נמשך לרוב עשרים ותשעה ימים; אך פעמים הוא נמשך שלושים יום בשנה המכונה 'שלמה'.

כסלו

561 י"ב/י"ג בכסלו - מנחה של י"ב/י"ג בכסלו היא התפילה התשעים שבה היחיד אומר "ותן טל ומטר לברכה", ולכן מערבית של י"ג בחודש (אם מרחשוון היה מלא), או י"ד בו (אם היה חסר), אם אינו בטוח מה אמר, חזקה עליו שאמר כראוי (ראה הלכה 99).

562 בחודש כסלו חל התאריך שגם בני חו"ל מתחילים לומר בו "ותן טל ומטר לברכה" (ראה הלכה 556).

דיני חנוכה

563 "לשנה אחרת קבעום, ועשאום ימים טובים בהלל והודאה" (שבת כא ע"ב). בחג החנוכה משולבים שני יסודות שונים שיש להודות עליהם: הניצחון הצבאי על צבאות היוונים, "מסרת גיבורים ביד חלשים ורבים ביד מעטים", וכן הניצחון הרוחני, "וטמאים ביד טהורים, ורשעים ביד צדיקים, וזדים ביד עוסקי תורתך". שיאו של הניצחון השני היה בטיהור המקדש ובהדלקת המנורה; והוא קיבל

כביכול גושפנקה מהקב״ה בנס פך השמן (מהר״ל, ׳נר מצוה׳ עמ׳ כב).

564 שמונה ימים הדליקו החשמונאים את המנורה מפך השמן (מגילת תענית). לזכר הנס אנו מדליקים את החנוכייה שמונה ימים. עיקר המצווה הוא להדליק נר אחד בכל יום; אך נהגו ישראל להדר ולהדליק נרות כמספר ימי החג שעברו - ביום הראשון מדליקים נר אחד, ביום השני שניים, וכן הלאה (כבית הלל בשבת כא ע״ב). עוד נוהגים שכל אחד מבני הבית מדליק חנוכייה לעצמו (שו״ע ורמ״א תרעא, ב).

565 נשים מחויבות בהדלקת נרות, ״שאף הן היו באותו הנס״ (שו״ע תרעה, ג); משום כך אישה יכולה להדליק ולהוציא את בני ביתה, ואפילו את בעלה (משנ״ב שם, ט). ברוב הקהילות נהגו שאם הבעל מדליק נרות, אין אשתו מדליקה אלא יוצאה בהדלקתו (שו״ת מהרש״ל פח), מדין ״אשתו כגופו״ (בכורות לה ע״ב); ויש שהורו שהאישה תדליק נרות לעצמה (רי״ד סולובייצ׳יק).

566 ״נר חנוכה מצוה להניחה על פתח ביתו מבחוץ. אם היה דר בעלייה - מניחה בחלון הסמוכה לרשות הרבים. ובשעת הסכנה - מניחה על שלחנו, ודיו״ (שבת כא ע״ב), ופירש רש״י: ״משום פרסומי ניסא״. נחלקו הפוסקים בדינו של מי שגר בבית משותף: יש שכתבו, שמי שדר בקומות העליונות יניח את הנרות בחלון הפונה לרשות הרבים, משום ששם פרסום הנס רב יותר, וזהו הטעם העיקרי להדלקת נר חנוכה (אג״מ, או״ח ח״ד קכה, על פי הטור, תרעא); יש שהורו, שידליק בכניסה לבית מהחצר (הגרי״ז, מובא ב׳מועדים וזמנים השלם׳ פ״ו פז, על פי התוספות); ויש שכתבו, שיניח בפתח דירתו מול המזוזה (שם בשם החזו״א, על פי רש״י). אם כמה מבני בית מדליקים, מוטב שכל אחד ידליק במקום אחר כדי להרבות פרסום הנס (רמ״א תרעא, ז).

567 ״מצוותה משתשקע החמה עד שתכלה רגל מן השוק״ (שבת כא ע״ב). נחלקו הראשונים מתי זמן הדלקת הנרות: לדעת הר״ן (שם ט ע״א), יכול להדליק אפילו לפני השקיעה, כיוון שעיקר המצווה שהנרות ידלקו בשעה זו; בה״ג (הובא בר״ן שם) והרמב״ם (חנוכה פ״ד ה״ה) פסקו, שיש להדליק מיד בשקיעת החמה, ולזה נוטה דעת המשנ״ב (תרעב, א בשם הגר״א); ואילו לדעת הרי״ף (שבת ט ע״א) והרא״ש (שם פ״ב, ג), יש להדליק עם צאת הכוכבים, שהיא סוף השקיעה, וכן פסק השו״ע (תרעב, א) ורוב האחרונים (ב״ח ומג״א שם). ומכל מקום הנרות צריכים לדלוק כחצי שעה אחרי צאת הכוכבים, שאם לא ידלקו בלילה, אין פירסומי ניסא (שו״ע שם על פי הרא״ש).

568 בגמרא מובאים שני הסברים לשיעור ״עד שתכלה הרגל מן השוק״: א. הוא הזמן האחרון שאפשר להדליק בו; ב. עד זמן זה מצווה שהנרות ידלקו. לדעת התוספות והרא״ש, אם לא הדליק בזמן, יכול להדליק כל הלילה; ולדעת ראבי״ה (תתקעב), חייב להדליק; ואילו לדעת הרמב״ם (חנוכה פ״ד ה״ה), אם איחר ולא הדליק בזמן, אסור להדליק. השו״ע (תרעב, ב) פסק, שלכתחילה צריך להדליק בזמן, ושהנר ידלוק חצי שעה; ואם לא הדליק בזמן, יכול להדליק עד חצי שעה אחרי צאת הכוכבים; ובדיעבד יכול להדליק כל הלילה, והנר צריך לדלוק חצי שעה. המשנ״ב פסק, שכל זמן שמישהו מבני הבית ער, או שיש אנשים ברחוב היכולים לראות את הנרות, יכול להדליק בברכה (תרעב, יא בשם המג״א והפר״ח; ולא כמהרש״ל, שהורה שאחרי חצות ידליק בלי ברכה).

569 בלילה הראשון המדליק נרות מברך שלוש ברכות (ראה עמ׳ 449): ״להדליק נר של חנוכה״, ״שעשה נסים״ ו״שהחיינו״ (שבת כג ע״א ורש״י שם). בברכה הראשונה יש חילופי גרסאות - יש גורסים ״נר שלחנוכה״ במילה אחת (מג״א, הקדמה לסימן רעו בשם מהרש״ל והשל״ה); והשו״ע (תרעו, א) כתב את נוסח סידור רס״ג, ״להדליק נר חנוכה״, וכן דעת הגר״א (׳מעשה רב׳ קלא). אחרי ההדלקה אומרים ״הנרות הללו״ (שו״ע שם, ד), ונוהגים לשיר ״מעוז צור״. בשאר הלילות אין מברכים ״שהחיינו״, אלא רק את שתי הברכות הראשונות.

570 לאחר שבירך, מדליק את הנר. נוהגים להדליק רק אחרי שבירך את שתי הברכות, ובלילה הראשון - את שלוש הברכות (רמ״א תרעו, ב בשם מהרי״ל; ולא כדעת ר׳ יונה שמובאת באבודרהם, שמדליקים מיד אחרי הברכה הראשונה). כשמדליק יותר מנר אחד, מתחיל מהנר שנוסף באותו הלילה, וכך ״נמצא שתמיד מברך על הנר הנוסף שהרי בתוספת הימים ניתוסף הנס״ (שו״ע שם, ה על פי מהרי״ק); ולדעת מהרש״ל (הובא במג״א שם, טו) והגר״א (׳מעשה רב׳, רמ), יש להדליק תמיד את הנר הראשון, מכיוון שהוא עיקר המצווה; ויש שתולים את הדבר במיקום החנוכייה, ומתחילים תמיד מהנר הקרוב לפתח (ט״ז שם, ו בשם ה׳לבוש׳). מי שאינו מדליק בעצמו, ואין מדליקים עליו בביתו - מברך רק ״שעשה נסים״, ובלילה הראשון גם ״שהחיינו״ (שם בגמרא וברש״י); ובלילה הבא אינו חוזר ומברך ״שהחיינו״, אף על פי שזו הפעם הראשונה שהוא מדליק (ראבי״ה תתמג; וכן פסק השו״ע שם, ג).

571 ״ונהגו כל המקומות להדליק נר חנוכה בבית הכנסת להוציא מי שאינו בקי ושאינו זריז בזאת

גם כי הוא הדור המצוה ופרסום הנס וזכר למקדש" ('כלבו', מד). מנהג זה מובא בספר ה'עיטור' (הלכות חנוכה), והשו"ע פסק, שמדליקים בכותל הדרומי של בית הכנסת ומברכים על הדלקה זו, מפני שיש בה פרסומי ניסא (תרעא, ז על פי הריב"ש; אף על פי שבעל שבה"ל חשש שזו ברכה לבטלה). וכל אחד מהמתפללים חייב להדליק כשיחזור לביתו (רמ"א שם בשם הריב"ש), ואפילו שליח הציבור שהדליק את הנרות (משנ"ב שם, מה); אך בלילה הראשון שליח הציבור לא יחזור ויברך "שהחיינו" אם אינו מוציא אחרים (כגון: אשתו ובניו) ידי חובתם בהדלקה בבית (שע"ת שם, יא בשם 'זרע אמת'). נוהגים להדליק בבית הכנסת לפני תפילת ערבית (רמ"א בשם ה'כלבו' ואבודרהם), ואפילו מי שמנהגם להדליק אחר צאת הכוכבים - כדי שהציבור יהיה בבית הכנסת זמן מה בעוד שהנרות דולקים, ולא יתעכב לאחר התפילה, שכן כל אחד צריך ללכת ולהדליק בביתו (משנ"ב שם, מו).

572 גם בכל מקום שמתכנסים בו רבים, למשל חתונה או מסיבת חנוכה, צריך להדליק. לדעת רוב הפוסקים, יש להדליק בלא ברכה ('שבט הלוי' ח"ד, סה); ויש מתירים לברך במקום שיש בו ציבור גדול, ומתפללים מנחה וערבית (ילק"י עמ' רד).

573 בחנוכה מוסיפים "על הנסים" בברכת "מודים" בתפילת העמידה (ואפילו בתפילת מוסף של שבת ושל ראש חודש - שבת כד ע"א) ובברכה השנייה של ברכת המזון. מי ששכח "על הנסים", ונזכר רק לאחר שאמר את שם ה' בברכה, אינו צריך לחזור (שו"ע תרפב, א על פי הרי"ף והר"י). אך יכול להוסיף נוסח זה בבקשות שאחרי ברכת המזון (ראה הלכה 370), ובתחינות שאחר התפילה לפני "יהיו לרצון" (משנ"ב שם, ד בשם הא"ר).

574 גם לפני תפילת שחרית נוהגים להדליק נרות בלא ברכה זכר למקדש, שבו היו מדליקים את המנורה גם בבוקר ('בניין שלמה', נג). מתפללים שחרית לחול, ומוסיפים "על הנסים" בתפילת העמידה. אחרי חזרת הש"ץ אומרים הלל שלם בעמ' 360 (שו"ע תרפג, א) וחצי קדיש. מוציאים את ספר התורה (עמ' 77), וקוראים בו לשלושה עולים מפרשת חנוכת המזבח בקרבנות הנשיאים בעמ' 592 (מקורו במשנה, מגילה ל ע"ב). ביום הראשון קוראים לכוהן מתחילת פרשת חנוכת המזבח עד "לחנכת המזבח" שלפני קרבן נחשון בן עמינדב (ויש המתחילים לקרוא מפסוקי ברכת כוהנים, מכיוון שהנס נעשה על ידי כוהנים - טור, תרפד), ללוי את תחילת קרבנו של נחשון עד "מלאה הקטרת"; ולשלישי עד סוף קרבן נחשון (ויש נוהגים שהכוהן מתחיל את קרבן נחשון והשלישי חוזר וקורא את כל קרבן נחשון, כמתואר בהלכה הבאה). אין אומרים "אל ארך אפיים" בימי שני וחמישי, ולא "למנצח". לאחר שיר של יום רבים נוהגים לומר את מזמור ל, "מזמור שיר חנכת הבית" (עמ' 31). לדעת הגר"א ('מעשה רב' רמא), זהו שיר של יום לחנוכה; ולכן אומרים רק אותו, פרט לשבת חנוכה ולראש חודש טבת.

575 בשאר הימים קוראים לשלושת העולים את קרבן הנשיא של אותו היום: לכוהן עד "מלאה קטרת", ללוי מ"פר אחד" עד סוף קרבן הנשיא של אותו היום, ולשלישי חוזר וקורא את כל קרבן הנשיא. ביום השמיני קוראים לכוהן עד "מלאה קטרת", ללוי מ"פר אחד" עד סוף קרבנו של גמליאל בן פדהצור, ולשלישי קוראים את כל יתר הנשיאים מ"ביום התשיעי" (שו"ע תרפד, א על פי הטור) ומסיימים "כן עשה את המנורה" (רמ"א שם בשם מהר"י טירנא). בחו"ל קוראים לכוהן וללוי כבארץ ישראל; אך לשלישי קוראים בכל יום מימות חג החנוכה את קרבן הנשיא של אותו היום ואת קרבן הנשיא שלמחרתו (רמ"א שם על פי הגה"מ). לקריאת התורה בשבת חנוכה, ראה הלכה 577. לקריאת התורה בראש חודש טבת, ראה הלכה 581.

576 שבת חנוכה - היום הראשון של חנוכה יכול לחול בכל אחד מימות השבוע פרט ליום שלישי; הואיל וכך, כל אחד מימות החנוכה פרט ליום החמישי עשוי לחול בשבת. בבית מדליקים נרות לפני הדלקת נרות שבת, מחשש שלאחר הדלקת נרות שבת יהיה אסור להדליק נרות חנוכה (שו"ע תרעט, א בשם בה"ג; אף על פי שהרבה ראשונים חלקו על טענתו, עיין ב"י וד"מ שם). יש להקפיד שהנרות ידלקו לפחות חצי שעה אחרי צאת הכוכבים (משנ"ב שם, ב). הפוסקים כתבו, שיש להדליק את הנרות אחרי תפילת מנחה (שם בשם המג"א), ולכן יש המקפידים להתפלל מנחה גדולה; אך אם אין מניין כזה, עדיף להדליק נרות חנוכה ואחר כך ללכת להתפלל בציבור (א"ר שם, א; וכן בסידור השל"ה). תפילת ערבית היא כבכל שבת, ומוסיפים "על הנסים".

577 מתפללים שחרית כבכל שבת, ומוסיפים "על הנסים". לאחר חזרת הש"ץ אומרים הלל שלם. מוציאים שני ספרי תורה (שלושה, אם חל בראש חודש טבת, ראה הלכה 582). קוראים לשבעה עולים בפרשת השבוע (בדרך כלל 'מקץ'; לעתים 'וישב'), ולמפטיר את קריאת התורה לאותו היום (ביום א' דחנוכה, מתחילת הקריאה לכוהן ועד סוף קרבן נחשון; באחרון של חנוכה, מקרבן הנשיא השמיני, גמליאל בן פדהצור, ועד סוף

פרשת המנורה; בשאר הימים את קרבן הנשיא של אותו היום). מפטירים בנבואת זכריה (ב, יד - ד, ז) על המנורה כמסמלת את גאולת ישראל; אם יש בחנוכה שתי שבתות, מפטירים בשבת השנייה בנרות שעשה שלמה במקדש, מלכים א׳ ז, מ-נ (שו״ע תרפד, ג).

578 אם שבת חנוכה חלה בחודש כסלו, מברכים את חודש טבת. כך או כך אין אומרים "אב הרחמים" ולא "צדקתך" במנחה. אומרים "על הנסים" גם בתפילות מוסף ומנחה. אחרי מזמור צב אומרים את מזמור ל פרט לנוהגים כדעת הגר״א.

579 במוצאי שבת משתדלים להתפלל מוקדם כדי שלא להתעכב בהדלקה. בבית הכנסת מדליקים את הנרות לפני ההבדלה כדי לאחר את צאת השבת (שו״ע תרפא, ב על פי תה״ד). והמבדיל בביתו - לדעת הרמ״א (שם), אם כבר שמע הבדלה בבית הכנסת, מדליק קודם שיבדיל (וכן מנהג הגר״א); והמנהג הנפוץ הוא כדעת הט״ז (שם, א), להבדיל קודם שידליק (ערוה״ש שם, ב).

580 חודש כסלו נמשך לרוב שלושים יום; אך לעתים הוא נמשך עשרים ותשעה יום בשנה המכונה ׳חסרה׳.

טבת

581 אם ראש חודש טבת חל בחול, מתפללים עד חזרת הש״ץ כבכל ראש חודש (הלכה 291-292), ומוסיפים "על הנסים" בברכת הודאה. אומרים הלל שלם. בקריאת התורה מוציאים שני ספרי תורה; בספר אחד קוראים לשלושה עולים את קריאת ראש חודש (עמ׳ 587), ובאחר את קריאת היום השישי או השביעי לחנוכה (עמ׳ 594), אומרים חצי קדיש, מוסף לראש חודש, ומוסיפים "על הנסים" במוסף. ברוב הקהילות נוהגים לומר שלושה שירים של יום: של אותו היום בשבוע, "ברכי נפשי" (עמ׳ 92) ו"מזמור שיר חנכת הבית" (עמ׳ 31); ולדעת הגר״א, אומרים רק "ברכי נפשי".

582 אם ראש חודש טבת חל בשבת, מתפללים כבכל שבת וראש חודש (הלכה 297-301), ומוסיפים "על הנסים" בברכת הודאה. אומרים הלל שלם. בקריאת התורה מוציאים שלושה ספרי תורה; בספר הראשון קוראים לשישה עולים את פרשת ׳מקץ׳; בספר השני את פסוקי מוספי שבת וראש חודש (עמ׳ 587), אומרים חצי קדיש, וקוראים בספר השלישי את הקריאה ליום השישי לחנוכה (עמ׳ 592). מפטירים בהפטרה לשבת חנוכה (ראב״ן, מגילה תנב), וממשיכים "יקום פורקן" ומוסף לשבת וראש חודש. במוסף מוסיפים "על הנסים". ברוב הקהילות נוהגים לומר שלושה שירים של יום: "מזמור שיר ליום השבת", "ברכי נפשי" (עמ׳ 92) ו"מזמור שיר חנכת הבית" (עמ׳ 31); ולדעת הגר״א אומרים רק "ברכי נפשי". ברכת המזון בשבת זו היא הארוכה ביותר - מוסיפים בה "על הנסים", "רצה" ו"יעלה ויבוא".

עשירי בטבת

583 "ויהי בשנה התשעית למלכו (למלכות המלך צדקיה) בחדש העשירי בעשור לחדש, בא נבוכדנאצר מלך בבל הוא וכל חילו על ירושלם ויחן עליה, ויבנו עליה דיק סביב" (מלכים ב׳ כה, א). עשירי בטבת הוא יום תחילת המצור על ירושלים, אשר בסופו נכבשה העיר ונשרף המקדש. חכמים זיהו את "צום העשירי", הנזכר בספר זכריה, עם יום זה (כדעת ר׳ עקיבא בראש השנה יח ע״ב). לדיני התענית - ראה הלכה 481-482.

584 מתפללים שחרית של יום חול. בחזרת הש״ץ שליח הציבור מוסיף את הברכה, "עננו" (עמ׳ 58) בין "גואל ישראל" ו"רפאנו" (שו״ע תקסו, א). לאחר מכן אומרים סליחות (עמ׳ 476) בסדר הדומה לסליחות של בה״ב (ראה הלכה 554), ו"אבינו מלכנו" (ערוה״ש תקסו, ח). קריאת התורה היא כבצום גדליה (ראה הלכה 484).

585 מנחה כבצום גדליה, ראה הלכה 486-487. היום, כשראשי חודשים נקבעים על פי הלוח, עשירי בטבת הוא תענית הציבור היחידה היכולה לחול בערב שבת. במקרה זה, אין אומרים "אבינו מלכנו" ולא תחנון, אך קוראים בפרשת "ויחל" ואומרים "עננו" כרגיל (רמ״א תקנ, ג ומשנ״ב שם, יא). אומרים במנחה "שים שלום", ואם מתפללים לאחר פלג המנחה, הכוהנים נושאים את כפיהם (שו״ע קכט, א).

586 בגמרא (עירובין מא ע״א) מובאת מחלוקת תנאים, אם יש להשלים את הצום בתשעה באב החל בערב שבת, שמא מוטב שלא להיכנס לשבת כשהוא מעונה, ולמסקנה "מתענין ומשלימין". ה׳מרדכי׳ (עירובין, תצד) כתב שהר״י טעם לפני סוף תענית ציבור שחלה ביום שישי, מכיוון שהבין שבגמרא התירו להשלים את התענית, אך לא חייבו לעשות

כן; אך התוספות שאנץ (שם) וראבי״ה (תתנח) כתבו, שחובה להשלים את התענית עד צאת הכוכבים, וכן פסק הרמ״א (רמט, ד בשם מהרי״ל). שיטה שלישית מובאת ב׳מרדכי׳ בשם מהר״ם, שבמקום שמתפללים בו בערב שבת מבעוד יום, מותר לאכול אחרי שיוצאים מבית הכנסת – והמשנ״ב (שם, כב) התיר למי שמתענה תענית יחיד (למשל תענית ביום הזיכרון לאחד מהוריו, ראה הלכה 433) לסמוך על שיטה זו; וב׳יביע אומר׳ (ח״ו או״ח לא) התיר כך גם בעשירי בטבת, והיתר זה משמעותי לבני הקהילות בחצי הכדור הדרומי, שבו חודש טבת חל באמצע הקיץ.

587 בשנת תשי״א קבעה הרבנות הראשית לישראל את יום עשירי בטבת כ׳יום הקדיש הכללי׳. מי שקרוביו נרצחו בשואה ואינו יודע את תאריך מותם, אומר קדיש ביום זה.

שבט

588 השבת הסמוכה לט״ו בשבט מכונה ׳שבת שירה׳, מכיוון שקוראים בה את פרשת ׳בשלח׳. יש נוהגים לקרוא את שירת הים שבפסוקי דזמרה פסוק פסוק, ויש המקפידים לקרוא אותה בטעמי המקרא. יש הנוהגים לפזר שאריות מזון לציפורים בשבת זו; והמג״א (שכד, ז) כתב שאין נכון לעשות כן, מפני שהמשנה (ביצה כג ע״ב) אוסרת לתת מזון לבעלי חיים שאינם ברשותו של האדם; אך ׳ערוך השולחן׳ (שם, ג) לימד זכות על המנהג.

589 ט״ו בשבט הוא ראש השנה לאילנות, כשיטת בית הלל (משנה, ראש השנה ב ע״א), מכיוון שכבר עברו רוב ימות הגשמים והאילנות חונטים את פירותיהם (רש״י שם). הפירות שנחנטים לאחר ט״ו בשבט, נחשבים פירות של אותה השנה, ואינם מתעשרים עם פירות שנחנטו לפני ט״ו בשבט ונחשבים פירות של השנה הקודמת, שכן "אין תורמין ומעשרין לא מן החדש על הישן ולא מן הישן על החדש" (ראש השנה יב ע״ב, על פי דברים יד, כב); וכן לעניין מניין שנות מעשר שני ומעשר עני, ומניין שנות ערלה באילן (ראה הלכה 337–338).

590 אין אומרים תחנון בט״ו בשבט, ולא במנחה שלפניו (שו״ע קלא, ו על פי מהרי״ל). מקובלי צפת שאחרי האר״י הנהיגו לערוך סדר ט״ו בשבט ולאכול בו מפירות שנשתבחה בהם ארץ ישראל (מג״א שם, טז בשם ׳תיקון יששכר׳).

591 "ויגד לכם את בריתו אשר צוה אתכם לעשות עשרת הדברים ויכתבם על שני לחות אבנים" (דברים ד, יג). מימות בעלי המסורה הגיעו לידינו שתי מערכות טעמים לעשרת הדברים אשר דיבר ה׳ אל ישראל (שמות כ, ב–יד; דברים ה, ו–יח): ׳הטעם העליון׳ שמקורו בבבל, המחלק פרשה זו לעשרה פסוקים, פסוק אחד לכל דיבר; ו׳הטעם התחתון׳ שמקורו בארץ ישראל, ומחלק אותה לשלושה עשר פסוקים, כדרך שמחלקים את שאר הפסוקים במקרא (לדוגמה, ארבעת הציוויים "לא תרצח... לא תענה ברעך עד שקר" נקראים לפי הטעם העליון כארבעה פסוקים שונים, ואילו הטעם התחתון מצרפם לאחד; וכנגד זה, הדיבר הארוך המצווה על השבת מתחלק לארבעה פסוקים בטעם התחתון). נוהגים לקרוא בחג השבועות את עשרת הדיברות על פי הטעם העליון, כיוון שהוא יום מתן התורה; ובסדר הקריאה השנתי קוראים בפרשות ׳יתרו׳ ו׳ואתחנן׳ בטעם התחתון (׳חזקוני׳ שמות כ, ב; ׳משאת בנימין׳ ו). ויש הנוהגים כמנהג הספרדים, לקרוא בטעם העליון בכל פעם שקוראים בציבור (׳עין יעקב׳ שקלים, מא; מובא כמנהג נוסף בבה״ל, תצד). ולדעת הגר״א ורזו״ה, יש לקרוא את הדיבר הראשון עד "מבית עבדים" כפסוק נפרד כמו בטעם התחתון (ראה ׳פרקי מועדות׳ פרק יז).

592 נוהגים לעמוד בזמן קריאת עשרת הדיברות (׳דבר שמואל׳, רעו; סידור יעב״ץ); ויש שכתבו שמוטב שלא לעמוד, כדי שלא ייראה שעשרת הדיברות חשובים משאר התורה (׳יחוה דעת׳ ח״א, כט על פי תשובת הרמב״ם).

593 "באחד באדר משמיעין על השקלים ועל הכלאים" (משנה, שקלים פ״א מ״א). בזמן הבית היו מלמדים ברבים את הלכות כלאיים, כיוון שזה זמן הזריעה לקראת האביב (מגילה כט ע״ב, וראה תוספות שם), ומזכירים לכולם להביא את מחצית השקל חודש מראש, כדי שיוכלו להקריב את קרבנות הציבור של חודש ניסן מתרומה חדשה (מגילה שם). משום כך, תיקנו לקרוא את פרשת ׳שקלים׳ בראש חודש אדר; ואם חל בחול – בשבת שלפניו. בשנים שאינן מעוברות, זו השבת האחרונה של חודש שבט.

594 בשבת ׳שקלים׳ החלה בחודש שבט, מוציאים שני ספרי תורה מארון הקודש. באחד קוראים לשבעה עולים את פרשת ׳משפטים׳, ובאחר קוראים למפטיר את הציווי להביא שקלים בתחילת פרשת ׳כי תשא׳ (שמות ל, יא–טז). מפטירים במלכים ב׳ יב, א–יז את תקנות המלך יהואש ביחס לגביית

השקלים (שו״ע תרפה, א). אין אומרים ״אב הרחמים״, אך אומרים ״צדקתך״.

חודש אדר ראשון

595 ״שמור את חדש האביב, ועשית פסח לה׳ אלהיך״ (דברים טז, א). חכמים למדו מכאן, שיש להקפיד שחג הפסח יחול מוקדם ככל האפשר לאחר תקופת האביב, היום שמשתווים בו אורך היום ואורך הלילה (סנהדרין יג ע״ב). והואיל והתקופות תלויות בשנת השמש, היו הסנהדרין מעברים את השנה - מוסיפים חודש נוסף בן שלושים יום לפני חודש אדר, והוא הנקרא ׳אדר ראשון׳.

596 כאשר בטל קידוש החודש, התקין הנשיא הלל השני את לוח השנה שבידינו, ובו הגדיר מחזור של תשע עשרה שנים, ששבע מהן מעוברות. וכיום אפשר לחשב אם השנה תהיה פשוטה או מעוברת באמצעות חילוק מספר השנים העבריות בתשע עשרה. אם השארית היא שלוש, שש, שמונה, אחת עשרה, ארבע עשרה, שבע עשרה או שאין שארית כלל (מקובל להשתמש בסימן גו״ח אדז״ט) - הרי שהשנה מעוברת (אבודרהם).

597 מי שנולד בחודש אדר בשנה שאינה מעוברת, נחשב כאילו נולד באדר ב׳, ואם הוא מגיע למצוות בשנה מעוברת לא יתחייב במצוות עד אדר ב׳. ומי שנולד בשנה מעוברת באדר א׳, נחשב בשנים שאינן מעוברות כאילו נולד באדר. וייתכן מצב פרדוקסלי שבו ייוולדו תאומים, האחד בל׳ באדר א׳ קודם שקיעת החמה, והאחר לאחר השקיעה - כלומר בא׳ באדר ב׳; והצעיר יגיע למצוות חודש לפני אחיו הגדול, שבר־המצווה שלו יחול בא׳ בניסן מכיוון שבאדר בשנה פשוטה יש רק עשרים ותשעה ימים (שו״ת מהר״י מינץ, ט). לעניין קביעת יום השנה למי שנפטר באדר שבשנה פשוטה - ראה הלכה 434.

598 י״ד באדר א׳ מכונה ׳פורים קטן׳. אין אומרים תחנון לא בו ולא בט״ו באדר א׳, שהוא שושן פורים קטן (שו״ע תרצז, א).

599 בשנה מעוברת קוראים את פרשת ׳שקלים׳ בראש חודש אדר ב׳ או בשבת האחרונה של אדר א׳, והיא יכולה לחול בשבת שקוראים בה את פרשת ׳ויקהל׳ או ׳פקודי׳. ראה הלכה 594.

חודש אדר (או אדר שני)

600 אם ראש חודש אדר חל בשבת, קוראים בשבת את פרשת ׳שקלים׳. מוציאים שלושה ספרי תורה: בראשון קוראים לשישה קרואים בפרשת השבוע (פרשת ׳תרומה׳ בשנה פשוטה; פרשת ׳פקודי׳ בשנה מעוברת), בשני קוראים לשביעי את פסוקי מוסף לשבת ומוסף לראש חודש, ובשלישי קוראים למפטיר את פרשת ׳שקלים׳ (ראה הלכה 594). שאר התפילות הן כבכל שבת שחל בה ראש חודש (ראה הלכה 297-301).

שבת זכור

601 ״זכור את אשר עשה לך עמלק״ (דברים כה, יז). כחודש לאחר שיצאו בני ישראל ממצרים, הם הותקפו על ידי העמלקים, אשר זינבו בנחשלים בעם ישראל - החלשים והיגעים שבקצה המחנה. התורה רואה במעשה זה ביטוי מובהק לכפירה בקב״ה, וחכמים ייחסו לו משמעות מטפיזית של המאבק בין הטוב והרע (ראה רש״י על שמות יז, טז). פרט לעצם המצווה למחות את עמלק, יש מצוות עשה מן התורה לזכור את מעשיו, ואיסור לאו שלא לשכוח אותם (סה״מ לרמב״ם, עשה קפט ולאו נט).

602 חכמים למדו שמצוות הזכירה מתקיימת דווקא בפה (ספרי, ׳כי תצא׳; מגילה יח ע״א), כלומר בקריאת פרשת זכור בבית הכנסת. משום כך, קוראים את הפרשה בשבת שלפני פורים כדי לסמוך את קריאת הפרשה למפלת המן, שהיה מזרע עמלק (מגילה יג ע״א). מוציאים שני ספרי תורה מארון הקודש. באחד קוראים לשבעה עולים את פרשת השבוע (בשנה פשוטה פרשת ׳תצוה׳; בשנה מעוברת פרשת ׳ויקרא׳ או ׳צו׳), ובאחר קוראים למפטיר את מצוות הזכירה בפרשת ׳כי תצא׳ (דברים כה, יז-יט). ההפטרה היא פרשת מלחמת שאול בעמלק (שמואל א׳ טו, ב-לד). שאר התפילה היא כבכל שבת רגילה, אך אין אומרים ״אב הרחמים״.

603 שמיעת פרשת זכור היא מצוות עשה מן התורה (תוספות, ברכות יג ע״א; רמב״ם, מובא בהלכה 601), בעל הקורא צריך לכוון להוציא את הציבור ידי חובתו, והציבור צריך להתכוון לקיים את המצווה. יש מקומות שבהם נוהגים להכריז על כך, כדי

שהציבור ידע להתכוון. יש לקרוא את הפרשה בדקדוק (בבא בתרא כא ע"ב). היו מהאחרונים שסברו שיש לקרוא את המילה "זכר" בסגול באות ז' (סידור ר' שבתי סופר על פי 'ספר השרשים' לרד"ק, וכן הוא ב'מעשה רב' קלד; אך ראה בהקדמת ר' חיים מוולוז'ין לספר, שהעיד ששמע את הגר"א עצמו שקרא בצירה); אך בכל כתבי היד המדויקים שבידינו האות ז' מנוקדת בצירה, ולא ה'מנחת ש"י' ולא רוו"ה העירו על מסורת שונה. למרות זאת, יש קהילות שנהגו לקרוא את פסוק יט פעמיים, או לחזור על המילים "תמחה את זכר עמלק" (ויש במנהג השני בעיה, הואיל ואין להפסיק פסוק באמצעו, אם לא קראו טעות – ראה הלכה 156) כדי לצאת ידי חובת המצווה לפי שתי השיטות (משנ"ב תרפה, יח). מי שלא שמע את פרשת 'זכור' בזמנה, יכוון לצאת כשהוא שומע את המפטיר של פרשת 'כי תצא' (ערוה"ש שם, ה).

604 לדעת בעל ספר החינוך (מצווה תרג), נשים פטורות מזכירת עמלק, מכיוון שאין חיוב המלחמה מוטל עליהן. ואחרונים רבים חלקו עליו ('מנחת חינוך' שם, 'בניין ציון' החדשות, ח), וסברו שחיוב הזיכרון מוטל על גברים ועל נשים כאחד. משום כך, במקומות רבים נוהגים לארגן קריאת פרשת 'זכור' לנשים אחרי התפילה.

תענית אסתר

605 "לך כנוס את כל היהודים הנמצאים בשושן וצומו עלי ואל תאכלו ואל תשתו שלשת ימים לילה ויום גם אני ונערתי אצום כן" (אסתר ד, טז). לזכר הצום בשושן הבירה נוהגים להתענות בערב פורים. אין זה תאריך הצום המקורי, שהיה בפסח (מגילה טו ע"א), אלא התאריך של היום שייעד המן להשמיד את היהודים (אסתר ג, יג), ושנהפך בסופו של דבר לתאריך שהיהודים ניצלו בו מיד אויביהם (שם ט, א). בניגוד לשאר תעניות ציבור תענית אסתר נחשבת מנהג בלבד, וכל מי שאינו חש בטוב רשאי להפסיק את הצום (רמ"א תרפו, ב).

606 תפילות התענית הן כתפילות שאר תעניות ציבור (ראה הלכה 484–487); אך אין אומרים במנחה "אבינו מלכנו" ולא תחנון, מכיוון שלמחרת יחול פורים. אם י"ג באדר חל בשבת, מתענים בי"א באדר, יום חמישי שלפניו (שו"ע תרפו, ב), ואומרים "אבינו מלכנו" ותחנון.

607 נוהגים לתרום אחרי מנחה בתענית אסתר 'זכר למחצית השקל' (רמ"א תרצד, א בשם ה'מרדכי'). בקהילות חו"ל נהגו לייעד את המעות לסיוע לעולים לארץ ישראל (מהרי"ל, פורים ד); ויש ששלחו אותם לעניי ארץ ישראל ('יוסף אומץ' תתרפט); ובארץ נוהגים לחלק מעות אלו לעניים (כדעת הקיצוש"ע קמא, ה).

דיני פורים

608 "קימו וקבלו היהודים עליהם ועל זרעם ועל כל הנלוים עליהם ולא יעבור להיות עשים את שני הימים האלה ככתבם וכזמנם בכל שנה ושנה" (אסתר ט, כז). על פי הפשט, מדובר בשמירת ימי הפורים בלבד לזכר הצלת היהודים מגזרת המן. אך חכמים ראו בקבלה זו משמעות מרחיקת לכת: "אמר רבא: אף על פי כן, הדור קבלוה בימי אחשורוש. דכתיב: 'קימו וקבלו היהודים' – קיימו מה שקיבלו כבר" (שבת פח ע"א). מדובר בקבלת תורה מחודשת, אך בעוד שבמעמד הר סיני הקב"ה כפה על ישראל הר כגיגית, לאחר התשועה מיד המן הם קיבלו עליהם את התורה מרצון. וקבלה זו שבאה מרצון, מעניקה משמעות ליום הפורים, שלכאורה יכול להיראות יום משתה והוללות: "אמר ר' יהושע בן לוי: שלשה דברים עשו בית דין של מטה והסכימו בית דין של מעלה על ידם... מקרא מגילה, דכתיב: 'קימו וקבלו היהודים' – קיימו למעלה מה שקבלו למטה" (מכות כג ע"ב; וראה 'ערוך לנר' שם, שקישר בין שתי הדרשות).

609 "שני הימים האלה" – בניגוד לשאר ערי פרס ומדי, שבהם נלחמו היהודים באויביהם בי"ג באדר ועשו משתה בי"ד בו, בשושן הבירה נלחמו בי"ג ובי"ד ונחו בט"ו (אסתר ט, יז–יט). משום כך, בשושן חוגגים את פורים בט"ו באדר.

610 במגילה ישנה חלוקה בין 'היהודים הפרזים' שחוגגים ביום י"ד, ובין אלה שחוגגים ביום ט"ו. במשנה (מגילה ב ע"א) נאמר, שביום ט"ו חוגגים היושבים בערים שהיו מוקפות חומה מימות יהושע בן נון; ובירושלמי (שם) הסבירו, שתיקנו כך לדורות משום כבודה של ארץ ישראל שהייתה אז בחורבנה. בערים שיש ספק אם היו מוקפות חומה מימות יהושע, קוראים הן בי"ד הן בט"ו, אך מברכים על קריאת מגילה רק בי"ד, שהוא זמן קריאתה ברוב העולם (שו"ע תרפח, ד על פי הרמב"ם; ולא כטור בשם ר' יחיאל אחיו שהורה שלא יברכו כלל). כיום רק בירושלים קוראים ביום ט"ו; ויש יישובים שבהם קוראים מספק בשני הימים, לדוגמה טבריה

(מגילה ה ע"ב), בית שאן (כפו"פ ז), חברון, לוד וצפת ('פאת השולחן' ג, טו). עוד נחלקו פוסקי הדורות האחרונים בדין שכונות ירושלים הרחוקות מהעיר העתיקה. הראי"ה קוק הורה, שבשכונת 'בית וגן' יחגגו פורים בט"ו באדר אך יקראו גם בי"ד בו בלי ברכה ('אורח משפט', קמו), והיום המנהג המקובל הוא לחגוג רק ביום ט"ו בכל ירושלים.

611 "בן עיר שהלך לכרך ובן כרך שהלך לעיר, אם עתיד לחזור למקומו - קורא כמקומו, ואם לאו - קורא עמהן" (משנה, מגילה יט ע"א). ובגמרא שם אמר רבא: "לא שנו אלא שעתיד לחזור בלילי ארבעה עשר, אבל אין עתיד לחזור בלילי ארבעה עשר - קורא עמהן... דפרוז בן יומו נקרא פרוז", והגמרא מוסיפה שבאופן דומה "מוקף בן יומו קרוי מוקף". הגדרת האדם 'פרוז' או 'מוקף' שנויה במחלוקת הראשונים: לדעת רש"י, 'פרוז' הנמצא בירושלים ביום ט"ו, מוגדר 'מוקף בן יומו' וחייב בפורים פעם שנייה, וכן תושב ירושלים הנמצא מחוץ לעיר בי"ד, מוגדר 'פרוז בן יומו' וחייב אתם בפורים; ולדעת הרא"ש, הכל תלוי היכן האדם נמצא בבוקר י"ד - אם בירושלים, הרי הוא 'מוקף' לכל דבר, ואם מחוץ לעיר, הרי הוא 'פרוז'. המשנ"ב (תרפח, יב) פסק כרש"י; וה'הר צבי' (או"ח ח"ב קיח) הורה שיש לחשוש לדעת הרא"ש, ו'פרוז' הנמצא בירושלים בי"ד בבוקר, מתחייב גם בקריאה בט"ו.

612 "לעשות אותם ימי משתה ושמחה ומשלוח מנות איש לרעהו ומתנות לאביונים" (אסתר ט, כב). בפורים יש ארבע מצוות: מקרא מגילה, סעודת פורים (משתה ושמחה), משלוח מנות ומתנות לאביונים. כמו כן ימי הפורים אסורים בהספד ובתענית. מוסיפים "על הנסים" בברכות ההודאה - בברכת "מודים" בתפילת העמידה, ובברכה השנייה בברכת המזון (שו"ע תרצג, ב). דיני "על הנסים" בפורים זהים לדיניו בחנוכה, ראה הלכה 573.

613 ליל פורים - מתפללים ערבית ליום חול. לאחר תפילת העמידה שליח הציבור אומר קדיש שלם, וקוראים את המגילה. הקורא מברך שלוש ברכות: "על מקרא מגילה", "שעשה נסים" ו"שהחיינו" (עמ' 451). לאחר קריאת המגילה, כשמסיים לגוללה, מברך "הרב את ריבנו" (שו"ע תרצב, א), והקהל אומר "אשר הניא" (רמ"א שם בשם ה'כלבו'). נוהגים לסיים בשירת שני הבתים האחרונים, הפותחים ב"שושנת יעקב". שליח הציבור אומר "ואתה קדוש", ואם חל במוצאי שבת (פורים יכול לחול בימי ראשון, שלישי, חמישי ושישי), מקדימים "ויהי נעם" בעמ' 340 (שו"ע תרצג, א). שליח הציבור אומר קדיש שלם בלי השורה "תתקבל צלותהון", ואומרים "עלינו" (משנ"ב שם, א). אם חל במוצאי שבת, אומרים "ויתן לך" לפני "עלינו" (ערוה"ש שם, ג).

614 נשים חייבות במקרא מגילה, אף על פי שהיא מצוות עשה שהזמן גרמה, משום ש"אף הן היו באותו הנס" (מגילה ד ע"א; ערכין ג ע"א). רש"י (במגילה) פירש, שגם הנשים ניצלו מגזרת המן, ואילו רשב"ם (בתוספות שם) הוסיף שעיקר הנס נעשה בידי אישה. למרות זאת בה"ג (הל' מגילה) פסק שנשים אינן יכולות להוציא את האנשים ידי חובתם; אך רש"י (בערכין) כתב: "חייבות במקרא מגילה, וכשרות לקרותה ולהוציא את הזכרים ידי חובתם". השו"ע (תרפ"ט, ב) פסק כרש"י, אך הביא את דברי בה"ג כ'יש אומרים'. והרמ"א הביא את דעת ראבי"ה, שאישה שקוראת לעצמה תברך "לשמוע מגילה" (על פי שיטת בה"ג); ולדעת הפר"ח (שם, ב) והגר"א ('מעשה רב' רמו), מברכת "על מקרא מגילה" כאיש.

615 במרוצת הדורות התקבלו מנהגים שונים בקריאת המגילה:

א. נוהגים שהקהל קורא בקול רם את הפסוקים "איש יהודי", ב, ה; "ומרדכי יצא", ח, טו; "ליהודים היתה", ח, טז; "כי מרדכי היהודי", י, ג (רמ"א תרצ, יז בשם הגה"מ, ה'כלבו' ואבודרהם), ושליח הציבור חוזר אחריהם (משנ"ב שם, נח).

ב. נוהגים ששליח הציבור קורא את שמות עשרת בני המן, מ"חמש מאות איש", ט, ו ועד "עשרת" בנשימה אחת (רמ"א שם, טו בשם הרוקח). בדורות האחרונים פשט המנהג שהציבור קורא את עשרת בני המן, ושליח הציבור חוזר וקורא אחריו (ה'חיי אדם' קנה, כב ערער על המנהג; וה'צפנת פענח' לימד עליו זכות, ראה 'מקראי קודש' פורים, יג).

ג. נוהגים להרעיש בכל פעם שמזכירים את שמו של המן ('ארחות חיים', מובא בב"י שם).

ד. נוהגים לקרוא בניגון של מגילת איכה את הפסוקים (או את חלקי הפסוקים): "וכלים מכלים שונים", א, ז; "הרצים יצאו דחופים... גדולה ומרה", ג, טו - ד, א; "אבל גדול ליהודים... יוצע לרבים", ד, ג; "וכאשר אבדתי אבדתי", ד, טז (דברי קהילות).

ה. יש לקרוא את הפסוק "בלילה ההוא... המלך", ו, א, בקול רם, מכיוון שבו התחיל הנס (מג"א שם, יז בשם מהרי"ל). ויש הקוראים אותו בניגון של ימים נוראים (על פי מגילה טו ע"ב).

ו. במקראות גדולות דפוס ונציה גרסו "אשר

נתן... להשמיד להרג ולאבד" במקום "ולהרג" שבשאר כתבי היד, ח, יא, וכן "ואיש לא עמד בפניהם" במקום "לפניהם", ט, ב, וכבר העירו האחרונים (׳מנחת ש״י׳, רוו״ה) שנוסחת דפוס ונציה משובשת; ויש קהילות שנהגו לקרוא פסוקים אלו פעמיים כדי לקיים את המצווה לפי שתי השיטות (שו״ת ׳שבט סופר׳ כו בשם החת״ם סופר).

616 על הקורא להתכוון להוציא את השומעים ידי חובה, ועל השומעים להתכוון לצאת ידי חובתם בקריאתו ולשמוע מפיו את כל המגילה (שו״ע תרצ, יד על פי הרא״ש). למרות זאת, אין מחזירים קורא שטעה, אם הטעות לא שינתה את המשמעות (שו״ע שם על פי הירושלמי, מגילה פ״ב ה״ב). מי שלא שמע את כל המגילה מפי הקורא, צריך לחזור ולקרואה מהמקום שהחסיר בו (בה״ל שם ד״ה אין בשם הריא״ז), ויכול להשלים את קריאת המילים החסרות מתוך המגילה שלפניו, ואפילו אם היא מודפסת (ילק״י הלכות קריאת מגילה, לא).

617 שחרית – מתפללים שחרית לחול. לאחר תפילת העמידה מוציאים ספר תורה מארון הקודש (אין אומרים "אל ארך אפיים", אפילו אם פורים חל ביום חמישי, או ביום שני בירושלים) וקוראים לשלושה עולים את פרשת מלחמת עמלק בעמ׳ 596. בפרשה זו יש רק תשעה פסוקים, ובכך קריאה זו חריגה בין קריאות התורה בציבור (ראה הלכה 153). לאחר הקריאה מחזירים את ספר התורה לארון הקודש וקוראים שוב את המגילה (שו״ע תרצג, ד). אם יש תינוק למול – מלים אותו לפני קריאת המגילה (רמ״א תרצג, ד בשם מהרי״ל ומהר״י טירנא; והפר״ח והגר״א כתבו שעדיף למול אחרי קריאת המגילה – משנ״ב שם, יב). לפני המגילה מברכים את שלוש הברכות (רמ״א תרצב, א בשם ר״ת והרא״ש), ובברכת "שהחיינו" מכוונים לפטור גם את מצוות היום – משלוח מנות וסעודת פורים (משנ״ב שם, א), ואחרי המגילה מברכים "הרב את ריבנו". אין אומרים "אשר הניא" (רמ״א שם בשם ה׳כלבו׳) אלא מתחילים "שושנת יעקב" (ערוה״ש שם, ה; וב׳לוח ארץ ישראל׳ הביא את מנהג האדר״ת שנהג לומר). אומרים "אשרי" ו"ובא לציון", וממשיכים בתפילת שחרית כרגיל. שיר של יום לדעת הגר״א הוא מזמור כב "למנצח על אילת השחר", שעל פי הגמרא (מגילה טו ע״ב), אמרה אותו אסתר כשנכנסה אל המלך אחשורוש.

618 "מוטב לאדם להרבות במתנות אביונים מלהרבות בסעודתו ובשלוח מנות לרעיו, שאין שם שמחה גדולה ומפוארה אלא לשמח לב עניים ויתומים ואלמנות וגרים, שהמשמח לב האמללים האלו דומה לשכינה שנאמר (ישעיה נז, טו): ׳להחיות רוח שפלים ולהחיות לב נדכאים׳" (רמב״ם, מגילה פ״ב הי״ז). לפני סעודת פורים יש לתת מתנות לאביונים, כדי שהעניים יוכלו לקנות צורכי סעודה (משנ״ב תרצד, ט). צריך לתת לפחות שתי מתנות לשני אביונים (שו״ע שם, א על פי מגילה ז ע״א).

619 סעודת פורים, זמנה דווקא ביום (שו״ע תרצה, ב), ובה "מיחייב איניש לבסומי... עד דלא ידע בין ארור המן לברוך מרדכי" (מגילה ז ע״ב). על פי הפשט, אדם חייב להשתכר ממש; ויש מהפוסקים שצמצמו מאוד את החיוב לשתות (רמ״א שם בשם ה׳כלבו׳ ומהרי״ל). נוהגים להתחיל את הסעודה אחרי תפילת מנחה, ויש להקפיד שרוב הסעודה תהיה ביום (רמ״א שם בשם מהר״י טירנא); ולדעת השל״ה, עדיף לקיים את הסעודה בבוקר (מובא בא״ר שם, ד). אם פורים חל ביום שישי, מקיימים את הסעודה בבוקר משום כבוד השבת (רמ״א שם בשם מהר״י טירנא).

620 המצווה הרביעית הנוהגת בפורים היא משלוח מנות. יש לשלוח שתי מנות לפחות לאיש אחד (שו״ע תרצה, ד על פי מגילה ז ע״א).

621 בירושלים מתפללים בי״ד באדר כרגיל, אלא שאין אומרים תחנון, "אל ארך אפיים" ו"למנצח". וכן אין אומרים אותם בשאר מקומות בשושן פורים.

622 ׳פורים משולש׳ – אם ט״ו באדר חל בשבת, מקיימים בירושלים ׳פורים משולש׳: נותנים מתנות לעניים וקוראים מגילה ביום שישי, בי״ד באדר; אומרים "על הנסים" וקוראים את פרשת עמלק בשבת – ואז מפטירים שוב את הפטרת שבת זכור, ואין אומרים "אב הרחמים" ולא "צדקתך"; ומקיימים סעודת פורים ביום א׳, בט״ז באדר – ואף שנחשבת סעודת פורים, אין מוסיפים בברכת המזון "על הנסים" (שו״ע תרפח, ו; והר״מ אליהו הורה לומר "על הנסים" בסעודה זו בתוך בקשות "הרחמן" – סידור ׳קול אליהו׳).

פרשות פרה והחודש

623 "שואלין ודורשין בהלכות הפסח קודם הפסח שלשים יום" (פסחים ו ע״א; בכורות נח ע״א). לדעת רש״י (בכורות מר ע״ב) מדובר בכל אחד מהחגים; אך שאר הראשונים לא הזכירו דין זה, והב״י (תכט) כתב, שמדובר דווקא בפסח מכיוון שההכנות לקראתו מרובות. מי שיוצא מביתו יותר מחודש לפני הפסח,

אינו צריך לבער את החמץ שבביתו, ודיו שיבטלו בערב פסח; אך מי שיוצא בחודש שבין פורים לפסח חייב לבער (שו״ע תלו, א על פי פסחים ו ע״א).

624 בשנים פשוטות יש ארבע או חמש פרשות יתירות (ראה הלכה 233). בשנים כאלה נוהגים לחבר את פרשות 'תזריע' ו'מצורע', 'אחרי מות' ו'קדושים', 'בהר' ו'בחוקותי' (כמעט תמיד) ו'מטות' ו'מסעי'. ברוב השנים האלה מחברים גם את פרשות 'ויקהל' ו'פקודי', ושבת זו היא תמיד שבת 'פרה' או שבת 'החודש'.

625 בשבת הסמוכה לר״ח ניסן קוראים את פרשת 'החודש', ובשבת שלפניה קוראים את פרשת 'פרה' (במדבר יט, א-כב), שמתוארות בה מצוות פרה אדומה והטהרה מטומאת מת - מכיוון שלטמא מת אסור להקריב את קרבן פסח, ויש ללמד את בני ישראל להיטהר (ראב״ן מגילה, תנב). יש הסוברים שקריאת פרשת 'פרה' היא מצווה מדאורייתא (ב״י תרפה על פי תוספות, ברכות יג ע״א), ורוב האחרונים לא קיבלו דעה זו (משנ״ב קמו, יג בשם הפר״ח והגר״א; וה'חכמת שלמה' כתב שיש למחוק מילים אלה מהתוספות, ובש״ס וילנא אינן מופיעות); למרות זאת, מקפידים שהעולה לפרשת 'פרה' יהיה דווקא גדול, ואין מסתמכים על הקולא שבהלכה 236 (משנ״ב רפב, כג בשם א״ר ודה״ח).

626 בשבת 'פרה' מוציאים שני ספרי תורה. באחד קוראים לשבעה עולים את פרשת השבוע ('כי תשא', 'ויקהל' או 'ויקהל'-'פקודי' בשנים פשוטות; 'צו' או 'שמיני' בשנים מעוברות), ובאחר קוראים למפטיר את פרשת 'פרה'. מפטירים בנבואת "וזרקתי עליכם מים טהורים", שבה הקב״ה מבטיח לעם ישראל שהוא יטהר אותם מכל טומאותיהם (יחזקאל לו, טז-לח). אם השבת היא בכ״ג באדר, מברכים את חודש ניסן. אין אומרים "אב הרחמים".

627 "אמר רבי יצחק: לא היה צריך להתחיל [את] התורה אלא מ'החודש הזה לכם' (שמות יב, ב), שהיא מצוה ראשונה שנצטוו [בה] ישראל" (רש״י, בראשית א, א). המצווה הראשונה שנצטוו בה ישראל, היא מצוות קידוש חודשים, וקוראים את הפרשה שהמצווה נאמרה בה בראש חודש ניסן אם חל בשבת, או ב'שבת מברכים' ניסן (שו״ע תרפה, ד).

628 בשבת 'החודש' החלה באדר, מוציאים שני ספרי תורה. באחד קוראים לשבעה עולים את פרשת השבוע ('ויקהל'-'פקודי', 'פקודי' או 'ויקרא' בשנים פשוטות; 'שמיני' או 'תזריע' בשנים מעוברות), ובאחר קוראים למפטיר את פרשת 'החודש' (שמות יב, א-כ). בהפטרה ביחזקאל מה, טז - מו, יח מתוארת חנוכת המקדש לעתיד לבוא, שאף היא תתחיל בשבעת ימי מילואים המתחילים בראש חודש ניסן (רש״י ורד״ק שם מה, יח). מברכים את חודש ניסן. אין אומרים "אב הרחמים".

629 אם שבת 'החודש' חלה בראש חודש ניסן, מוציאים שלושה ספרי תורה: בראשון קוראים לשישה קרואים בפרשת השבוע ('ויקרא' בשנה פשוטה, ו'תזריע' בשנה מעוברת), בשני קוראים לשביעי את פסוקי מוסף לשבת ומוסף לראש חודש, ובשלישי קוראים למפטיר את פרשת 'החודש'. מפטירים בהפטרת 'החודש'. שאר התפילות הן כבכל שבת החלה בראש חודש (ראה הלכה 298-301).

ניסן

630 "החדש הזה לכם ראש חדשים, ראשון הוא לכם לחדשי השנה" (שמות יב, ב). ראש חודש ניסן הוא ראש השנה למלכים ולרגלים (משנה, ראש השנה ב ע״א), ודווקא למלכי ישראל (שם ג ע״א), מכיוון שבחירת ניסן מבטאת את הקשר העמוק שבבחירת ישראל (רש״ר הירש, שמות יב, ב). "החודש הזה" מתייחס לאותו חודש ניסן שבו נגאלו ישראל ממצרים (ר' בחיי שם). שנה לאחר מכן הוקם המשכן בראש חודש ניסן (שבת פז ע״ב). בא' בניסן התחילו שנים עשר הנשיאים להקריב את קרבנותיהם (זבחים קא ע״ב), ומשום כך אין אומרים תחנון מראש חודש ניסן ועד הפסח (שו״ע תכט, ב על פי ספר הרוקח, רמה), וכן אין אומרים "צדקתך" ולא "אב הרחמים".

631 יש הנוהגים לקרוא בכל אחד משנים עשר הימים הראשונים של ניסן את קרבן הנשיא של אותו יום (עמ' 592-596), ובי״ג בניסן את סוף פרשת הנשיאים עד "כן עשה את המנורה" (בה״ט תכט, ו בשם השל״ה).

632 "'שמור את חדש האביב' (דברים טז, א), איזהו חדש שיש בו אביב? הוי אומר זה ניסן, וקרי ליה 'ראשון'" (ראש השנה ז ע״א). אף שניסן אינו ראש השנה לשום פרט מהלכות זרעים, עיבור השנים נקבע כדי שפסח יחול דווקא בחודש האביב (ראה הלכה 595). וכבר העיר רש״ר הירש (שמות יב, ב) על הדמיון בין הכפילות בראשי השנה - תשרי וניסן, ובין הכפילות בתחילת היום - בוקר או ערב (וראה 'פרקי מועדות' פכ״ב).

633 בתחילת האביב מתחילים עצי הפרי ללבלב. מי שרואה את האילנות פורחים בחודש ניסן, מברך עליהם את 'ברכת האילנות' בעמ' 516 (ברכות מג

ע"ב). וכתב ה'מרדכי' (שם, קמח), שמברך עליהם כשרואה אותם מלבלבים בפעם הראשונה דווקא, והשו"ע (רכו, א) למד מדבריו, שאין מברכים ברכה זו אלא פעם אחת בשנה. היו שכתבו, שאם שכח לברך בפעם הראשונה שרואה אותם, לא יברך שוב (שועה"ר סדר ברכות הנהנין יג, יד; 'נשמת אדם' סג, א); והכרעת המשנ"ב היא שיכול לברך (שם, ד בשם א"ר והגר"א). השו"ע לא הזכיר את התנאי שמברכים רק על עצי פרי, ולכן כתב היעב"ץ ('מור וקציעה' רכה) שמברכים גם על פריחת אילנות סרק; אך שאר הפוסקים קיבלו את דברי ה'הלכות קטנות' (ח"ב, כח), שמברכים דווקא על אילנות פרי (משנ"ב שם, ב). מי שגר במקום שהאילנות מלבלבים בו בחודש אחר, כגון חצי הכדור הדרומי, יברך בחודש שבו הם מלבלבים (ערוה"ש שם, א). נשים חייבות בברכת האילנות, שאינה נחשבת מצוות עשה שהזמן גרמה ('הר צבי', או"ח א, קיח).

634 "הרואה חמה בתקופתה לבנה בגבורתה וכוכבים במסילותם ומזלות כסדרן, אומר ברוך עושה בראשית (עמ' 515). ואימת הוי? - אמר אביי: כל עשרים ושמונה שנין" (ברכות נט ע"ב). אחת לעשרים ושמונה שנים מברכים את 'ברכת החמה' בחודש ניסן. מברכים אותה ביום ד' בבוקר מוקדם ככל האפשר; ובדיעבד זמנה כל היום (משנ"ב רכט, ח). ויש שקבעו סדר מזמורים לומר לפני הברכה ולאחריה (שו"ת חת"ם סופר ח"א, נו). היות שברכה זו קשורה לשנת החמה, היא נקבעת לפי התאריך הלועזי. הפעם הבאה שברכה זו תיאמר תהיה בכ"ג בניסן ה'תשצ"ז (שמונה באפריל 2037 למניינם).

635 "מנהג הקהלות להשים מס על הקהל לצורך החטים ליתן בפסח לעניי העיר" (או"ז ח"ב רנה על פי הירושלמי בבא בתרא פ"א ה"ד). מנהג זה מכונה 'מעות חטים' (ערוה"ש תכט, ז). כיום נוהגים לתת לעניים קמח לאפיית המצות לחג (משנ"ב שם, ד) או מצות ושאר מוצרי החג. מנהג זה מכונה גם בשם 'קמחא דפסחא' ('שיבת ציון', צט).

636 בירושלמי (פסחים פ"י ה"א) מובא, שאין לאכול מצה בערב פסח. לדעת רז"ה (פסחים טו ע"ב) והרא"ש (שם פ"י, ז), הכוונה משעת איסור חמץ (ראה הלכה 646); ולדעת הרמב"ן ('מלחמת ה'' שם) וה'מגיד משנה' (חמץ ומצה ו, יב), אסור כל יום י"ד, וכן פסק הרמ"א (תעא, ב). ויש שנוהגים שלא לאכול מצה מראש חודש ניסן ('חוק יעקב' תעא, ז בשם שכנה"ג). אך מצה עשירה מותרת (טור שם), וכן כל מצה שאי־אפשר לקיים בה מצוות מצה בפסח (משנ"ב שם, יב).

637 "דברו אל כל עדת ישראל לאמר בעשר לחדש הזה ויקחו להם איש שה לבית אבת שה לבית" (שמות יב, ג). בגמרא נאמר שלקיחת השה הייתה בשבת שלפני יציאת מצרים (שבת פז ע"ב), ובמדרש ובראשונים מובאים כמה סיפורי נסים שקרו ביום זה (תוספות, שם; וראה טור, תל), ולכן מכנים שבת זו 'שבת הגדול' (סידור רש"י שנב). בשנים פשוטות קוראים בשבת זו את פרשת 'צו'; ובשנים מעוברות את פרשת 'אחרי מות' או 'קדושים'.

638 בערב 'שבת הגדול' נוהגים להניח עירוב חצרות לכל השנה (ראבי"ה, תנב; מובא בט"ז שסח, ד). מניחים מצות, כדי שיוכלו לאוכלן בפסח וכדי שיחזיקו מעמד זמן רב; ואוכלים אותן לפני פסח הבא כדי להכין בשנה הבאה עירוב חדש ממצות חדשות (ראב"ן ז על פי הירושלמי, פסחים פ"ב מ"ד).

639 ב'שבת הגדול' קוראים בהפטרה את הנבואה האחרונה שבתנ"ך, "וערבה לה' מנחת יהודה וירושלים" מלאכי ג, ד-כד, ובה הבטחה על ביאת אליהו הנביא לפני המשיח (או"ז ח"ב, שצג). היו שסברו, שאין לומר הפטרה זו אלא בערב פסח שחל בשבת, שאז יש לבער את המעשרות כפי שמוזכר בהפטרה (בה"ט תל, א ומקורו בשל"ה, פסחים); והיו שנהגו לומר הפטרה זו דווקא בשבת הגדול שלא חל בה ערב פסח ('מעשה רב' קעו); והמנהג הנפוץ הוא להפטיר "וערבה" בכל שבת הגדול ('לבוש', תל). כבר מימות הראשונים נהגו שהרב דורש בהלכות פסח (וכשבה"ל רה, הסביר שהשבת נקראת 'שבת הגדול' מפני שהרב מאריך בדרשתו). במנחה אין אומרים "ברכי נפשי" (רמ"א תל, א בשם מהר"י טירנא), ונוהגים לומר את ההגדה מ"עבדים היינו" עד "לכפר על כל עוונותינו" כדי להתכונן לליל הסדר (שם על פי ראבי"ה ח"ב, תכה); ויש שכתבו שאין לומר שום חלק מההגדה לפני ליל הסדר עצמו (ביאור הגר"א, 'מור וקציעה').

640 אם ערב פסח חל בשבת - ראה הלכה 652-654.

641 "אך ביום הראשון תשביתו שאור מבתיכם" (שמות יב, יט) - אסור לאדם להחזיק ברשותו שום חמץ בפסח, ואם עבר והשאיר אצלו החמץ, נאסר באכילה (משנה, פסחים כח ע"א). אך מותר לאדם להחזיק ברשותו חמץ של מי שאינו יהודי (פסחים ה ע"ב), ולכן נהגו לעשות 'מכירת חמץ' (שו"ע תמח, ג על פי התוספתא).

דיני ערב פסח

642 בדיקת חמץ (ראה עמ' 373) - לאחר רדת הערב בי"ד בניסן, בודקים את החמץ (משנה, פסחים ב ע"א). ומקדימים לבדוק מיד לאחר תפילת ערבית (משנ"ב תלא, ח בשם המג"א); אך אם לא הספיק, יכול לבדוק כל הלילה (משנ"ב שם, יא בשם הגר"א). לפני הבדיקה מברכים "על ביעור חמץ" (פסחים ז ע"ב), מכיוון שהבדיקה היא תחילת הביעור (רא"ש, שם פ"א, י). ואין לדבר משעת הברכה עד סוף הבדיקה, פרט לעניינים מצורך הבדיקה עצמה או לצורך גדול (שו"ע תלב, א על פי הרשב"א והרא"ש). כדי שהברכה לא תהיה לבטלה, רבים נוהגים להחביא מראש עשרה פירורי חמץ ולמצוא אותם בשעת הבדיקה (רמ"א תלב, ב בשם מהר"י ברין; והמנהג להניח דווקא עשרה פתיתים מובא בבה"ט שם, ח בשם האר"י); ויש שערערו על המנהג, משום החשש שפירור יאבד, ומשום שהברכה היא על השבתת החמץ, המתקיימת ממילא (ט"ז שם, ד). לאחר הבדיקה אומרים את נוסח הביטול "כל חמירא" לבטל את החמץ שנשאר (שו"ע תלד, ב על פי פסחים ו ע"ב); את החמץ שיאכלו במהלך יום י"ד יש להשאיר בנפרד (רא"ש, פסחים פ"א, י בשם תשובת רש"י).

643 תפילת שחרית - אין אומרים "מזמור לתודה" (ראה הלכה 59), תחנון (ראה הלכה 141) ו"למנצח" (ראה הלכה 166). אם חל ביום שני, אין אומרים "אל ארך אפיים" (ראה הלכה 146).

644 "כי לי כל בכור בבני ישראל באדם ובבהמה ביום הכתי כל בכור בארץ מצרים הקדשתי אתם לי" (במדבר ח, יז) - "שלי היו הבכורות בקו הדין, שהגנתי עליהם בין בכורי מצרים ולקחתי אותם לי" (רש"י שם). משום ההצלה המיוחדת של בכורי ישראל בעת יציאת מצרים, נהגו שהבכורות מתענים בערב פסח (טור, תע בשם מסכת סופרים). וגם מי שיש לו בן בכור בביתו מתענה, אף אם אינו בכור בעצמו, ומי שהוא בכור בעצמו ויש לו בכור קטן בביתו - צריכה אמו להתענות (רמ"א תע, ב על פי מהר"ש מנוישטט). אך מי שמשתתף בסעודת מצווה, דוחה תענית יחיד (רמ"א תקפא, ב על פי שו"ת מהרי"ל, מד), וכתבו האחרונים שבכור שהשתתף בסעודת מצווה בערב פסח, פטור מלהשלים את התענית ביום אחר (ראה יבי"א ח"א או"ח כה); ומשום כך, נוהגים ברוב הקהילות לסיים מסכת גמרא או סדר משניות בערב פסח ולהזמין את הציבור לסעודת מצווה - וכך פוטרים הם את הבכורים מהתענית (משנ"ב תע, י).

645 אסור לאכול חמץ אחרי השעה הרביעית, שהיא שליש הזמן מהבוקר עד הערב (שו"ע תמג, א, על פי הכרעת רוב הראשונים שפסקו כדעת ר' יהודה בפסחים כח ע"א). ראה הלכה 70 לחישוב השעות.

646 "ר' יהודה אומר: אוכלין כל ארבע ותולין כל חמש ושורפין בתחילת שש" (משנה, פסחים יא ע"ב). אסור לאדם לשמור ברשותו שום חמץ אחרי השעה החמישית. לכן מבערים את החמץ עד שעה זו (שו"ע תמג, א); ויש מקפידים דווקא לשורפו (רמ"א תמה, א על פי שיטת רש"י). לאחר השריפה אומרים "כל חמירא" בנוסח שונה במעט ממה שאמרו בערב הקודם (תלד, ב על פי הרא"ש).

647 "אמר קרא (ויקרא כה, ז): 'ולבהמתך ולחיה אשר בארצך' - כל זמן שחיה אוכלת מן השדה, האכל לבהמה שבבית. כלה לחיה אשר בשדה, כלה לבהמתך מן הבית" (פסחים נב ע"ב). הפירות הגדלים בשנת השמיטה, קדושים בקדושת שביעית ואסור לאגור מהם (מכילתא דר' ישמעאל, 'מסכתא דכספא' כ) או לסחור בהם (עבודה זרה סב ע"א). משום כך, במועד שכבר אין למצוא בו פירות אלה בשדה, אסור לאדם להחזיק בידו יותר ממזון שלוש סעודות מפירות שביעית (רמב"ן, ויקרא כה, ז).

648 אין דרכו של אדם לקנות פירות טריים בכמויות גדולות כל כך. אך יין ושמן המיוצרים מפירות שביעית, קדושים וחייבים לבער אותם. חכמים קבעו את זמן ביעור הענבים בפסח של השנה השמינית (רמב"ם, שמיטה ויובל פ"ז הי"א על פי פסחים נג ע"א), ולכן מי שבידו יין הקדוש בקדושת שביעית, חייב לבערו בערב פסח.

649 אפשר לבער את פירות השביעית באמצעות הפקרתם, ואחר כך רשאי לחזור ולזכות בהם (ירושלמי, שביעית פ"ט ה"ד). יש להוציאם מחוץ לבית, ולהניחם במקום שבו אחרים יכולים לזכות בהם, ולהודיע לשלושה אנשים שפירות אלו הפקר הם (חזו"א שביעית כו, סדר השביעית א); ולדעת הגר"א (בפירושו לירושלמי, שביעית פ"ט ה"ד), מספיק להוציא לשוק או להפקיר בפני שלושה.

650 בשנה הרביעית שאחרי השמיטה ובשנת השמיטה עצמה חייב ב'ביעור מעשרות'. יש הנוהגים לבער את המעשרות בערב פסח, והמנהג הנפוץ הוא לבער בערב שביעי של פסח. ראה הלכה 672.

651 אחרי תפילת מנחה נוהגים לומר את סדר קרבן פסח (של"ה בשם 'סדר היום'); היום רבים נוהגים לומר את הנוסח שבסידור יעב"ץ; ולדעת הגר"א, יש לומר את כל הפרשות בתנ"ך העוסקות בהקרבת קרבנות פסח. בזמן הראשונים הקפידו לאפות את מצות המצווה לליל הסדר בערב פסח אחר חצות

היום (שו"ע תנח, א על פי ראבי"ה); וגם היום יש המקפידים על זה.

652 ערב פסח שחל בשבת - מקדימים את תענית בכורות ליום חמישי (רמ"א תע, ב על פי ספר הרוקח ותה"ד). ויש ראשונים שכתבו, שאין להתענות כלל ('אגור' תשעא, מובא בשו"ע שם); ויש שהתירו לטעום לפני השקיעה, כדי שיהיה אפשר לבדוק את החמץ כראוי ('פסח מעובין', י בשם 'מטה משה').

653 במקרה זה, בודקים את החמץ בליל שישי (חמישי בערב), הוא ליל שישי (רמב"ם, חמץ ומצה פ"ג ה"ג), ושורפים אותו ביום שישי בשעה הרגילה (עד סוף שעה חמישית), כדי שלא לשנות משאר שנים ('מרדכי', פסחים תקמג בשם רש"י), אולם אין אומרים את נוסח הביטול "כל חמירא", מכיון שמשייר חמץ לסעודות השבת (משנ"ב תמד, ט בשם ה'לבוש'). מבערים את החמץ שנשאר לאחר סעודת שבת, בדרכים הבאות: נותנים לבהמה (משנ"ב שם, כא בשם המג"א והט"ז), או ששופכים עליו אקונומיקה או כל דבר הפוסלו מלהיות ראוי לאכילת כלב (חזו"א או"ח קיח, ג), או שנותנים אותו בבית הכיסא (משנ"ב שם בשם הפמ"ג). מנקים את הכלים אך אין שוטפים אותם, כיון ששוב אין בהם צורך לשבת (משנ"ב תמד, יא על פי השו"ע שכג, ו), ומנערים את המפות, ואומרים את הנוסח "כל חמירא" לפני סוף השעה החמישית (רמ"א תמד, ב בשם הטור). המקפידים לאפות מצת מצוה אחרי זמן ביעור חמץ, נהגו לאפות את המצה ביום טוב עצמו (טור, תנח בשם רב האי גאון), ויש פוסקים שהורו, שאין לעשות כן אלא עדיף לאפותן ביום שישי לאחר שריפת החמץ (שם בשם הרא"ש; וכתב המשנ"ב שם, ד שכך עדיף).

654 לאחר זמן ביעור חמץ שוב אין לאכול לא חמץ ולא מצה (ראה הלכה 636), ולכן יש בעיה לאכול סעודה שלישית, שזמנה אחרי שעת המנחה (רש"י, פסחים יג ע"א). הראשונים העלו כמה הצעות להתמודד עם הבעיה:

א. יש שהורו לאכול מצה עשירה או מבושלת, שאינה יכולה להיות מצת מצווה (ר"ת, וכן פסק השו"ע תמד, א) - ובבתי מלון ובמוסדות המארחים לפסח, עושים כן בכל סעודות השבת.

ב. יש שכתבו שעדיף לעשות סעודה זו בפירות (רמ"א שם בשם הטור והגהת סמ"ק) בהסתמכות על השיטות שלפיהן מי שאינו רעב, יכול לקיים סעודה שלישית גם בפירות (ראה הלכה 254).

ג. ובעל ה'יראים' (שא; הובא בספר הרוקח, רסז) הורה, שאין איסור במקרה זה לאכול סעודה שלישית לפני מנחה, והציע לחלק את סעודת הבוקר לשתי סעודות, שמברכים ביניהן ושוהים שיעור ניכר (וכן כתב המשנ"ב שם, ח בשם הגר"א).

655 בקהילות רבות נוהגים להתפלל שחרית מוקדמת בשבת כזו כדי להותיר לציבור זמן מספיק לקיים את הסעודה ולבער את החמץ בזמן (ספר הרוקח, שם).

דיני פסח

656 חג הפסח יכול לחול ביום ראשון, שלישי, חמישי או שבת. אם הוא חל ביום חמישי, תושבי חו"ל מניחים עירוב תבשילין כדי להתיר הכנה מיום טוב שני לשבת. להדלקת נרות, ראה הלכה 304–305; ואם פסח חל במוצאי שבת, ראה הלכה 311.

657 מתפללים ערבית של יום טוב (ראה הלכה 308). אם חל בשבת, מקדימים לומר את מזמורים צב–צג; אם חל במוצאי שבת, מוסיפים בתפילת העמידה "ותודיענו" (עמ' 382). אחרי העמידה ברוב הקהילות נוהגים לומר הלל בברכה (ראה בהלכה הבאה) ואחריו קדיש שלם. אם חל בשבת, אומרים "ויכולו" אך לא ברכה מעין שבע (ספר המנהיג בשם רבינו נסים גאון). אין מקדשים בבית הכנסת, מכיון שבכל קהילות ישראל דאגו לעניים, שלא יהיה מי שיחסר לו יין לסדר (שו"ע תפז, ב בשם הטור; וראה משנה, פסחים צט ע"ב).

658 הלל בבית הכנסת - "מה בין פסח הראשון לשני? הראשון אסור ב'בל יראה ובל ימצא', והשני חמץ ומצה עמו בבית. הראשון טעון הלל באכילתו, והשני אינו טעון הלל באכילתו" (משנה, פסחים צה ע"א). לאחר שחרב הבית ובטל קרבן הפסח, נהגו לומר הלל בליל הסדר, מקצתו לפני הסעודה ומקצתו אחריה (תוספתא, פסחים פ"י ה"ח). נחלקו הראשונים אם אפשר לברך על קריאת הלל כזו; ומשום כך נהגו בספרד לקרוא את ההלל בברכה בבית הכנסת (ראה טור, תעג; ר"ן, פסחים כו ע"א). ובאשכנז לא נהגו לומר הלל זה; אך בארץ ישראל רוב האשכנזים קיבלו את המנהג (לוח ארץ ישראל).

659 מקדשים ומברכים "שהחיינו" כחלק מסדר ההגדה, ואם חל במוצאי שבת מבדילים בקידוש, לפי סדר יקנה"ז (ראה הלכה 312).

660 נוהגים שלא לומר קריאת שמע שעל המיטה בפסח, רק את הפרשה הראשונה ואת ברכת המפיל (מהרי"ל הלכות ליל שני של פסח, וכן פסק הרמ"א תפא, ב).

661 שחרית - ראה תפילת יום טוב (הלכה 313–316). אם חל בשבת, קוראים את מגילת שיר השירים (ראה הלכות 334, 531). מוציאים שני ספרי תורה. באחד קוראים על קרבן הפסח הראשון

במצרים, על מכת בכורות ועל יציאת מצרים; ובאחר קוראים את מוסף היום. למפטיר קוראים על הפסח שעשה יהושע, כאשר בני ישראל נכנסו לארץ (עמ' 597–599).

662 במוסף אומרים תפילת טל (עמ' 399). דיני תפילת טל בארץ זהים לדיני תפילת גשם (ראה הלכה 546). אך בחו"ל אין אומרים "מוריד הטל" בתוך התפילה, ולכן יש הנוהגים להכריז "משיב הרוח ומוריד הגשם" לפני תפילת מוסף בשמיני עצרת, אך בפסח הציבור ממשיך לומר "משיב הרוח ומוריד הגשם" עד מנחה (רמ"א קיד, ג). שיר של יום לדעת הגר"א הוא תהלים קיד, "בצאת ישראל ממצרים"; אם פסח חל בשבת, אומרים את מזמור צב.

663 מנחה ליום טוב – ראה הלכה 318. ערבית למוצאי יום טוב – ראה הלכה 319. מתחילים לומר "ותן ברכה" בברכת השנים. בברכת "רצה" מוסיפים "יעלה ויבוא", וכן מוסיפים אותו בברכת המזון כל שבעת ימי החג. לאחר קדיש שלם מתחילים לספור את העומר (ראה הלכה 194–199); בחוץ לארץ יש הסופרים אותו במהלך הסדר השני ('ליקוטי מהרי"ח' בשם רמ"ע מפאנו ו'מצת שימורים'); ויש הנוהגים לספור את העומר בבית הכנסת (ערוה"ש תפט, יא).

664 בזמן המקדש במוצאי יום טוב ראשון של פסח היו שליחי בית דין קוצרים את העומר, השעורים הראשונות מתבואת השנה. היו קוצרים שלוש סאין שעורים, בוררים וקולים אותן עד שהיה נשאר בידם רק עישרון, ומקריבים אותו מנחה אחרי הקרבת מוסף של היום הראשון של חול המועד (רמב"ם, תמידין ומוספין פ"ז הי"ב). והיו מקריבים אתו כבש לעולה (ויקרא כג, יב).

665 זמן הקרבת העומר היה מוקד למחלוקת מרכזית בין חכמים וכת הצדוקים בימי בית שני: חכמים פירשו את דברי הפסוק "ממחרת השבת" (ויקרא כג, יא) כמתייחסים למחרת חג הפסח ולא לשבת שבכל שבוע, והקפידו לקצור את העומר במוצאי יום טוב, ואפילו אם חל בשבת (מנחות סה ע"א – סו ע"א). ולאחר שקבע הלל הנשיא את הלוח, מוצאי יום טוב אינו יכול לחול בשבת, כדי שהושענא רבה לא תחול בשבת.

666 "ולחם וקלי וכרמל לא תאכלו עד עצם היום הזה עד הביאכם את קרבן אלהיכם חקת עולם לדרתיכם בכל משבתיכם" (ויקרא כג, יד) – עד הקרבת העומר אסור לאכול מכל מה שיוצר מהתבואה שצמחה באותה שנה, והעומר מתיר באכילה כל תבואה שנשתרשה בארמה לפני הקרבתו (משנה, מנחות ע ע"א). לפני כן התבואה אסורה באיסור 'חדש' (משנה, ערלה פ"ג מ"ט). משחרב הבית, התקין רבן יוחנן בן זכאי שבאיסור 'חדש' ייכלל כל יום ט"ז בניסן (משנה, מנחות סח ע"א), ובחו"ל אסור גם ביום י"ז, שהוא היום הראשון לחול המועד בחו"ל.

667 בארץ ישראל כמעט שאין מוצרים מתבואה חדשה, פרט לכמה מוצרי יבוא. אך במקומות רבים בחו"ל הזריעה נעשית רק לאחר סוף החורף, ורוב התבואה עדיין אינה מושרשת בקרקע בי"ז בניסן, ואינה ניתרת עד השנה שלאחר מכן. הב"ח התיר (יו"ד רצג) לאכול גם מוצרים מתבואה חדשה, בהסתמך על דעת ה'תרומה' (מובאת בשו"ת הרא"ש ב, א) והאו"ז (ח"א שכח), שפסקו כגמרא במנחות סח ע"ב, שהחדש אסור בחו"ל רק מדרבנן (בניגוד לדעת הרמב"ם, מאכלות אסורות פ"י ה"ב), וצירף לכך את שיטת הריב"א, שאין איסור חדש בתבואה שגדלה ונקצרה בידי נכרים (אף על פי שר"י חלק עליה, כמובא בתוספות בקידושין לו ע"ב). ונהגו בכל תפוצות ישראל להקל באיסור 'חדש' בחו"ל, ויש המחמירים.

668 חול המועד – ראה הלכה 329–333. בשחרית אין אומרים "מזמור לתודה" (רמ"א נא, ט). לאחר תפילת העמידה אומרים חצי הלל ולא הלל שלם, כיוון שכל שבעת ימי הפסח שווים בקרבנותיהם (ערכין י ע"ב) ואינם נחשבים חג בפני עצמו; ויש שכתבו, שכאשר טבעו המצרים בים סוף הקב"ה מנע ממלאכי השרת לומר שירה לפניו, משום "מעשי ידי טובעים בים ואתם אומרים שירה?" ומשום כך אין אומרים בשביעי של פסח, ואי־אפשר לומר בחול המועד ולעשותו חשוב מיום טוב (מהרי"ל, סדר תפילות של פסח).

669 בכל יום מימי חול המועד מוציאים שני ספרי תורה: באחד קוראים בכל יום קריאה שונה הקשורה לפסח, ובאחר את פסוקי קרבן מוסף, הזהים בכל ימי החג. ביום הראשון לחול המועד קוראים את פרשת המועדות בפרשת 'אמור'; ואחריה את פרשת קידוש הבכורות, שיש בה מצוות סיפור יציאת מצרים; פרשיית "אם כסף" בפרשת 'משפטים', שבה מובאת מצוות העלייה לרגל בהקשר של המצוות שבין אדם לחברו; פרשיית י"ג מידות הרחמים בפרשת 'כי תשא' שאחריה נאמרה פרשת המועדות; ופרשיית פסח שני שבפרשת 'בהעלותך' (עמ' 604–611). אם יש שבת באמצע חול המועד, קוראים פרשות אלו לפי אותו הסדר, פרט לפרשיית י"ג המידות שאותה קוראים בשבת. בחו"ל קוראים את פרשת המועדות שבפרשת 'אמור' ביום טוב שני, אך מחלקים את הקריאה לחמישה עולים; למפטיר קוראים כביום טוב ראשון של פסח,

ומפטירים בפרשת הפסח שעשה המלך יאשיהו, מלכים ב׳ כג, א–כה (שו״ע תצ, א). שיר של יום לדעת הגר״א בין בארץ בין בחו״ל – מזמורים קיד (אם יום טוב ראשון של פסח חל בשבת), עח, פ, קה, קלה. בשבת חול המועד אומרים את מזמור צב, וביום ראשון ממשיכים ברשימה זו מהמקום שעצרו בו. אם יום טוב ראשון של פסח חל ביום ראשון, ואין כלל שבת חול המועד – אומרים ביום שישי את מזמור סו.

670 שבת חול המועד – ראה הלכה 334. אחרי חזרת הש״ץ אומרים חצי הלל וקוראים את מגילת שיר השירים (ראה הלכות 334, 531). קריאת התורה בעמ׳ 606, המפטיר הוא כבשאר ימי חול המועד פסח, ומפטירים בחזון תחית העצמות היבשות שבספר יחזקאל (עמ׳ 608), מכיוון שהגאולה עתידה להיות בניסן (טור, תצ בשם רב האי גאון). בברכת ההפטרה חותמים ״מקדש השבת״ בלבד (ראה הלכה 532). במוצאי שבת אין אומרים ״ויהי נועם״.

671 ״כי תכלה לעשר את כל מעשר תבואתך בשנה השלישית שנת המעשר״ (דברים כו, יב) – השנה השלישית והשישית בכל מחזור של שבע שנים הן שנות ׳מעשר עני׳ (ראה הלכה 337). לאחר שמסיימים לתת לעניים את המעשר, התורה מצווה לומר את פרשת ״וידוי מעשרות״, שבאמירתה אנו כביכול מודיעים לקב״ה שעשינו כמצוותו, ומתפללים שיברך אותנו כאשר הבטיח (שם, יג–טו; וראה תענית ט ע״א). היום אין באפשרותנו לומר וידוי זה, מכיוון שאין מי שיכול לומר ״לא עברתי ממצותיך ולא שכחתי״, ומכיוון שאין אפשרות להפריש בטהרה (׳משפט כהן׳ נו; חזו״א דמאי ב, ו).

672 עם זאת יש לקיים מצוות ביעור – להפריש את כל התרומות והמעשרות, לתת את מעות מעשר עני לעניים, לחלל את כל פרוטות מעשר שני על פרוטה אחרונה ולקלקל מטבע זה כך שאי־אפשר יהיה להשתמש בו שוב (רמב״ם, מעשר שני פי״א ה״ח). במשנה (מעשר שני פ״ה מ״ו) כתוב, שזמן הביעור הוא בערב יום טוב ראשון של פסח שאחרי שנת מעשר עני, כלומר השנה הרביעית לשמיטה ושנת השמיטה; אך בירושלמי (שם ה״ה) משמע, שמדובר בערב שביעי של פסח, וכן פסק הרמב״ם (שם ה״ז, וראה כס״מ שם), וכך מקובל לנהוג. ויש הקוראים את פסוקי פרשת הביעור (דברים כו, יב–טו) כזכר לווידוי מעשר.

673 אם שביעי של פסח חל ביום שישי, יש להניח עירוב תבשילין (עמ׳ 373) כדי להתיר להכין משישי לשבת.

674 בניגוד לשמיני עצרת שהוא ״רגל בפני עצמו״ (ראה הלכה 539), שביעי של פסח נחשב המשך של חג הפסח. משום כך אין מברכים ״שהחיינו״ בהדלקת הנרות ולא בקידוש (סוכה מז ע״א). לתפילת ערבית ראה הלכה 308. אם חל בשבת – ראה הלכה 310.

675 ״כיון שהגיעו לשלשת ימים שקבעו לילך ולשוב וראו שאינן חוזרין למצרים, באו והגידו לפרעה ביום הרביעי. בחמישי ובששי רדפו אחריהם, וליל שביעי ירדו לים, בשחרית אמרו שירה, והוא יום שביעי של פסח, לכן אנו קורין השירה ביום השביעי״ (רש״י, שמות יד, ה). יש נוהגים לומר את ׳שירת הים׳ גם בליל שביעי של פסח (׳מי מרום׳ עמ׳ צה; ומקורו בר׳ אברהם גלאנטי תלמיד הרמ״ק); בערי מישור החוף נוהגים לומר שירה זו ברוב עם על חוף הים (לוח ׳היכל שלמה׳).

676 שחרית – ראה תפילת יום טוב (הלכה 313–315). נוהגים לומר את שירת הים פסוק פסוק (׳מעשה רב׳, קצג), ויש הקוראים אותה בטעמים. אחרי קדיש שלם אומרים הלל בדילוג (ראה הלכה 668). אם חל בשבת, קוראים את מגילת שיר השירים. מוציאים שני ספרי תורה. באחד קוראים לחמישה עולים (ובשבת לשבעה) את שירת הים, באחר קוראים את מוסף היום. למפטיר קוראים את שירת ההודאה שאמר דוד על ההצלה מיד אויביו (עמ׳ 609–614). לפני מוסף אומרים הזכרת נשמות. שיר של יום לדעת הגר״א הוא מזמור יח, שירת דוד כפי שהיא מופיעה בספר תהלים; אם חל בשבת, אומרים את מזמור צב. אף על פי שאין חיוב לאכול שלוש סעודות ביום טוב, יש הנוהגים לאכול סעודה שלישית לפני שקיעה כדי לקיים פעם נוספת מצוות אכילת מצה (׳מעשה רב׳ קפה; והגר״א לשיטתו שם, שסבר שבכל פעם שאוכל מצה בפסח, מקיים מצווה).

677 בחו״ל – אין אומרים ״יזכור״, אלא ״יה אלי״. ביום טוב שני מעלים חמישה קרואים לקריאת ״כל הבכור״, פרשת המועדים בפרשת ׳ראה׳ (דברים טו, יט – טז, יז); ובשבת מעלים שבעה, ומתחילים לקרוא מ״עשר תעשר״ (דברים יד, כב). המפטיר הוא כביום טוב ראשון. ההפטרה היא נבואת הגאולה בישעיה ״עוד היום בנב לעמוד״ (י, לב – יב, ו). לפני מוסף אומרים ״יזכור״. שיר של יום לדעת הגר״א הוא מזמור קלח; אם חל בשבת, אומרים את מזמור צב; ואם בראשון את מזמור יח.

678 באסרו חג אין אומרים ״למנצח״ (ראה הלכה 166). ואין אומרים תחנון עד סוף חודש ניסן, מכיוון שרוב החודש עבר בלא אמירתו (ראה הלכה 141 ו־630).

679 בשנים שבהן יום טוב ראשון של פסח חל בשבת,

אסרו חג חל בשבת אף הוא; אך בחו״ל חוגגים את יום טוב שני של גלויות. הואיל וכך נוצר פער בין הפרשה הנקראת בארץ וזו הנקראת בחו״ל. בשנים פשוטות קוראים בארץ את פרשות ׳בהר׳ ו׳בחוקותי׳ בנפרד (בניגוד לשאר השנים הפשוטות, שבהן מחברים אותן), ובחו״ל קוראים אותן מחוברות. בשנים מעוברות קוראים בארץ את כל הפרשות בנפרד, והפער נשמר עד תחילת חודש אב, אז מחברים בחו״ל את פרשות ׳מטות׳ ו׳מסעי׳.

680 בן חו״ל שהגיע לארץ ישראל בתקופה זו והחסיר פרשה, צריך להשלים את הפרשה שלא שמע (יסודי ישורון). יש שהורו לארגן מניין מבני חו״ל לצורך זה (שו״ת ׳בצל החכמה׳), ויש שהורו שמספיק שיקראו את הפרשה שהחסירו שניים מקרא ואחד תרגום (הר״י נויבירט, הובא ב׳אשי ישראל׳ פל״ח הערה פח; וראה שם מראי מקומות לשאר הפרטים בהלכה זו).

681 בשבת שאחרי פסח קוראים את פרשת ׳שמיני׳, ובשנים מעוברות את פרשת ׳אחרי מות׳ ולעתים את פרשת ׳קדושים׳. א. ב׳מרדכי׳ (מגילה, תתלא) כתוב שמפטירים בפרשת ׳אחרי מות׳ את סוף ספר עמוס ״הלא כבני כשיים״, ובפרשת ׳קדושים׳ את נבואת יחזקאל ״ואתה בן אדם התשפט״; ובשבת שקוראים בה את שתי הפרשות יחד, מפטירים ״הלא כבני כשיים״. והיום נוהגים להפטיר תמיד ״הלא כבני כשיים״ בפרשת ׳קדושים׳, וב׳אחרי מות׳ - ״ואתה בן אדם התשפט״ (חומש ׳מאור עינים׳, וכן ב׳לוח ארץ ישראל׳; ומקורו ב׳לקט יושר׳ עמ׳ נג). ב. במנחה של שבת זו כאשר ׳אחרי מות׳ ו׳קדושים׳ אינן מחוברות, ואחת השבתות היא ערב ראש חודש או ראש חודש, מפטירים בחברתה ״הלא כבני כשיים״ (משנ״ב תכה, כו בשם רעק״א). ג. מתחילים לומר פרקי אבות (ראה הלכה 653).

מנהגי ספירת העומר

682 ״שבעה שבעת תספר לך מהחל חרמש בקמה תחל לספר שבעה שבעות״ (דברים טז, ט). שבעת השבועות שבין פסח לחג השבועות שהוא ״בכורי קציר חטים״ (שמות לד, כב), הם התקופה שבה קוצרים את השעורים. השמחה וההודאה על הקציר אינן שלמות, מכיוון שבינתיים הקציר הוא רק של שעורים, שהן מאכל בהמה (סוטה טו ע״ב), והקוצרים מצפים לתחילת קציר החטים (ראה רש״י על ירמיה ה, כד). כמו כן אלו שבעת השבועות מיציאת מצרים ממש ועד השלמתה הרוחנית במתן תורה (ראה רש״י, שמות ג, יב; ׳כלי יקר׳ שם, יא) - ומצוות ספירת העומר (ויקרא כג, טו) מתייחסת גם לציפייה ולהתכוננות לקראת מתן תורה (׳אור החיים׳ שם). לדיני הספירה, ראה הלכה 194–199.

683 פרט לדאגה לקראת חג השבועות הקרב, תקופה זו קשורה גם לזיכרונות היסטוריים כאובים: ״שנים עשר אלף זוגים תלמידים היו לו לרבי עקיבא, מגבת עד אנטיפרס, וכולן מתו בפרק אחד מפני שלא נהגו כבוד זה לזה... תנא: כולם מתו מפסח ועד עצרת״ (יבמות סב ע״ב). מימות הגאונים נהגו שלא לישא נשים בתקופה זו משום האבלות (רב נטרונאי גאון, ׳שערי תשובה׳ רעה); וכן נוהגים שאין מסתפרים או מתגלחים בתקופה זו (ר״י אבן שועיב, דרשה ליום ראשון של פסח; ושם הביא טעם נוסף, שההימנעות מנישואין ומתספורת היא חלק מההכנה לקבלת התורה). וכן בימות מסע הצלב הראשון, באייר ובסיוון תתנ״ו, נרצחו באכזריות אלפי יהודים בקהילות חבל הריינוס שבאשכנז; ואפשר שמנהגי האבלות על מות אותם קדושים השפיעו על מועד האבלות בספירת העומר (ראה ׳מנהג טוב׳ סא).

684 בראשונים (אבודרהם בשם רז״ה) מובא מדרש, שתלמידי ר׳ עקיבא מתו משבועות ועד פרוס העצרת, כלומר חמישה עשר יום קודם עצרת; ומשום כך יש שנהגו להפסיק את מנהגי האבלות לאחר ל״ג בעומר (רבינו ירוחם ה, ד); ור״י אבן שועיב כתב בשם התוספות, שהכוונה שמתו במשך שלושים ושלושה ימים בתקופה זו פרט לשבתות, לימים טובים ולראשי חודשים, ולכן יש לנהוג מנהגי אבלות בימות החול שבתקופה זו; ומהרי״ל כתב, שנוהגים להסתפר עד ראש חודש אייר ולנהוג מנהגי אבלות עד ג׳ בסיוון, ואולי נהגו כך משום גזרות תתנ״ו (ט״ז תצג, ב); וגם הרדב״ז (ח״ב תרפז) נהג כך, משום שחודש ניסן אסור בהספד. המשנ״ב (שם, טו) כותב, שנהגו כמנהג השלישי; אך רוב האשכנזים היום נוהגים כמנהג הראשון, שהובא בשם רבינו ירוחם.

685 מי שהוא בעל ברית (ובכלל זה אבי הבן, המוהל והסנדק - משנ״ב תצג, יב), רשאי להסתפר לכבוד המילה אפילו בימי הספירה (רמ״א שם, ב בשם הגהות מנהגים), ואם הברית עתידה להיות בשבת, רשאי להסתפר בערב שבת, ואפילו קודם חצות היום (משנ״ב שם, יג בשם הפמ״ג). משום כך יש שהקלו להתגלח בספירת העומר למי שאינו יכול להגיע מגולח למקום עבודתו (אג״מ, או״ח ח״ד, קב; רי״ד סולובייצ׳יק); ובארץ ישראל לא נהגו להקל, אך

יש המתגלחים לכבוד שבת (ר"א ליכטנשטיין ב'דף קשר' 133, ומנהג כזה הביא הרדב"ז שם).

686 קהילות אשכנז תיקנו לומר "אב הרחמים" לזכר קדושי התנ"ו, ומתחילה תיקנו לומר תפילה זו בקהילות הרי"נוס בשבת שלפני שבועות ובשבת שלפני תשעה באב (ספר מהרי"ל, הל' שבועות); משפשטה התקנה באירופה, נהגו בשאר הקהילות לומר "אב הרחמים" ברוב השבתות, אך לתלות את אמירתו באמירת "צדקתך" (מנהגי ר' זלמן יענט; מנהגי מהר"י טירנא). הרמ"א (רפר, ז) הביא את המנהג השני, והוסיף שיש נוהגים לצרף את שני המנהגים – לומר "אב הרחמים" בכל שבת שאומרים בה "צדקתך", וגם בשבת מברכים אייר וסיוון, וסיכם "והולכים בכל זה אחר המנהג". המשנ"ב (שם, יח בשם המג"א) כתב, שאפילו אם חלה מילה באחת משבתות אלה אומרים "אב הרחמים" – אך אין אומרים אם חל ראש חודש אייר להיות בשבת, וכן נהגו ברוב הקהילות; ויש נוהגים כדעת הגר"א ('מעשה רב' קלז), שהכריע כר' זלמן יענט, ולדעתו אין אומרים "אב הרחמים" בשבת שמברכים בה את חודש אייר או סיוון, ולא באסרו חג פסח החל בשבת (לוח ארץ ישראל). לאחר השואה נהג הרצי"ה קוק לומר "אב הרחמים" בכל שבת ('צבי קודש', עמ' 241).

687 יום כ"ז בניסן נקבע כיום הזיכרון לשואה ולגבורה. לא נקבעו ליום זה תפילות מיוחדות, אך בקהילות רבות עורכים הזכרת נשמות לקדושי השואה. רבים מדליקים נר זיכרון (ראה הלכה 433) ביום זה. אם כ"ז בניסן חל ביום שישי, יום הזיכרון מוקדם ליום חמישי, כ"ו בו; אם חל ביום ראשון, הוא נדחה ליום שני, כ"ח בניסן.

אייר

688 בשנים פשוטות בשבת הראשונה בחודש אייר הפרשות 'תזריע' ו'מצורע' מחוברות (פרט לשנים שבהן יום טוב ראשון של פסח חל בשבת, ואז קוראים פרשות אלה בערב ראש חודש אייר). מפטירים בהפטרת 'מצורע', אלא אם ראש חודש או ערב ראש חודש חל להיות בשבת, ואז מפטירים את ההפטרה המיוחדת לימים אלו (ראה הלכה 299 ו־302).

יום הזיכרון ויום העצמאות

689 ד' באייר, ערב יום העצמאות, נקבע כיום הזיכרון הרשמי לחללי מערכות ישראל ולנפגעי פעולות האיבה. פעמים רבות משנים את מועד ימים אלו בהתאם לשינוי מועד יום העצמאות – ראה הלכה 696.

690 בליל יום הזיכרון, בשעה שמונה בערב, נשמעת צפירה בת שתי דקות בכל רחבי המדינה. כדי שהצפירה לא תפריע באמצע התפילה, בקהילות רבות נוהגים להתאסף לתפילת ערבית לפני הצפירה ולהתפלל מיד אחריה. יש קהילות שבהן עורכים הזכרת נשמות לחללי צה"ל, ומציינים במיוחד את החללים מבני אותה הקהילה.

691 בתפילת שחרית יש אומרים אחרי קדיש שלם את מזמור ט, שלדעת רש"י מדבר על הגאולה העתידית (וראה ראב"ע ורד"ק שפירשו אחרת), ומזכירים את נשמות החללים (עמ' 453).

692 בה' באייר ה'תש"ח קמה מדינת ישראל. הפוסקים דנו בשאלה אם וכיצד לציין יום זה מתוך התבססות על תשובת ה'חת"ם סופר' (ח"א רח) שכתב שיש מצווה מן התורה לקבוע יום טוב על נס שהתרחש לציבור. משום כך אין אומרים בו תחנון ולא במנחה שלפניו.

693 אף על פי שיום העצמאות חל באמצע ימי ספירת העומר, נוהגים להסתפר ולהתגלח לכבודו. וכן מותר להתחתן בו ולערוך סעודות מצווה ושאר שמחות ('יין הטוב' ח"ב או"ח, יא).

694 יש שהבינו מדברי ה'חת"ם סופר' שהובאו למעלה, שיש מצווה לקרוא הלל בברכה ביום שנעשה בו נס ('קול מבשר' ח"א כא); והיו רבים שהיססו לומר ברכה זו (ואף בשו"ת הנ"ל כתב כך בתנאי שיסכימו אתו גדולי הדור), ובשנת תש"ט הורתה הרבנות הראשית לומר הלל בלא ברכה. אך ברוב הקהילות נהגו לומר הלל בברכה בעקבות הוראת הר"ש גורן (תורת המועדים). ודעת הר"ש גורן שיש לומר הלל גם בלילה ולברך "שהחיינו" כעל שאר ימים טובים; ומנהגים אלה לא נתקבלו ברוב הקהילות, כשם שלא פשטה הוראתו של הרב ח"ד הלוי (בספרו 'דת ומדינה') לקבוע קריאה בתורה ביום העצמאות.

695 סדר התפילה המובא בעמ' 455–460, מבוסס על החלטת הרבנות הראשית משנת תש"ט (למעט עניין הברכה על ההלל), וכך נוהגים ברוב הקהילות החוגגות את יום העצמאות היום. אך יש המוסיפים על סדר זה ויש המצמצמים אותו.

696 ה' באייר יכול לחול בימי שני, רביעי, שישי או

שבת. כשחל בשישי או בשבת, החליטה הכנסת להקדים את יום העצמאות ליום חמישי (ואת יום הזיכרון ליום רביעי) כדי להימנע מחילולי שבת באירועי החג; וכדי להימנע מחילול שבת בהכנות ליום הזיכרון החל במוצאי שבת, הוחלט לדחות אותו ליום שני ואת יום העצמאות ליום שלישי. הר"ש גורן ('שנה בשנה', תשל"ב) דן באיזה יום אומרים את תפילות החג, והכריע לומר אותן ביום החג הכללי, אף על פי שאפשר לומר אותן בשבת (פרט לתקיעת השופר). מכל מקום אין אומרים תחנון בה' באייר ('באהלה של תורה' ח"ב עג).

697 בחודש אייר נוהגים לומר סליחות בה"ב, כבחודש חשון (ראה הלכה 554-555). אם יום העצמאות חל ביום שני, דוחים את הסליחות לשבוע שאחריו; וגם היום, כשדוחים את יום העצמאות ליום ג', עדיין אין אומרים סליחות בה' באייר (לוח 'היכל שלמה'; וכן הורה הר"א שפירא).

698 בשנים פשוטות בשבת שאחרי ה' באייר, קוראים את הפרשות 'אחרי מות' ו'קדושים' כשהן מחוברות, ומפטירים "הלא כבני כשיים" (ראה הלכה 681). וה'לבוש' כתב, שמפטירים "ואתה בן אדם התשפט" (תצג, ד), אך האחרונים דחו את דבריו (משנ"ב תכח, כו).

699 י"א באייר – שחרית היא התפילה התשעים שבה היחיד אומר "מוריד הטל" (ובחו"ל בשנים שבהן יום טוב ראשון של פסח חל בשבת, ערבית), ולכן מתפילת מנחה (או משחרית במקרים שנזכרו לעיל), אם אינו בטוח מה אמר, חזקה עליו שאמר כראוי (ראה הלכה 99).

700 "מי שהיה טמא או בדרך רחוקה, ולא עשה את הראשון, יעשה את השני" (משנה, פסחים צב ע"ב). משום חשיבותו של קרבן הפסח כברית בין בני ישראל וה' "שעשה עמהם נסים ונפלאות גדולות ושינה טבע העולם לעיני עמים רבים" (ספר החינוך, עשה שפ), התורה נתנה למי שנאנס ולא היה יכול להקריב את הפסח במועדו, הזדמנות נוספת חודש אחר כך בי"ד באייר (במדבר ט, ט-יד).

701 נוהגים שלא לומר תחנון בפסח שני (פר"ח קלא, ז, וראה ערוה"ש שם, יב; ולדעת הפמ"ג שם, מ"ז טו יש לומר תחנון). אך אומרים "למנצח" ותחנון במנחה שלפניו (לוח ארץ ישראל). אם פסח שני חל בתענית בה"ב – יש שהורו לומר סליחות מקוצרות (סידור יעב"ץ, 'אשל אברהם' קלא); והמנהג הנפוץ הוא שלא לומר סליחות ביום זה (לוח ארץ ישראל). יש נוהגים לאכול מצות בפסח שני ('ליקוטי מהרי"ח' בשם 'זכרון יהודה').

702 י"ח באייר, ל"ג בעומר – על פי חלק מהמדרשים, ביום זה פסקה המגפה שמתו בה תלמידיו של ר' עקיבא (ראה הלכה 684); ומשום כך אין אומרים בו תחנון (רמ"א תצג, ב בשם מהר"י טירנא) ולא במנחה שלפניו (בה"ט שם, ה בשם מהר"י טירנא; ולדעת ה'חוק יעקב' שם, ו אומרים במנחה שלפניו).

703 לפי המנהג הרווח, בל"ג בעומר מסתיימת אבלות ימי הספירה, ומותר להסתפר ולהתגלח בו. לדעת השו"ע (תצג, ב על פי ר"י אבן שועיב) אין להסתפר עד בוקר ל"ד; אך האשכנזים נהגו להתיר בל"ג בעומר עצמו (רמ"א שם בשם מהרי"ל ומהר"י טירנא), ואפילו מי שנוהגים מנהגי אבלות מראש חודש אייר עד לפני שבועות, רשאים להסתפר בל"ג בעומר (רמ"א שם, ג). אם ל"ג בעומר חל להיות ביום ראשון, מותר להתגלח כבר בערב שבת (רמ"א שם, ב בשם מהרי"ל).

704 על פי המסורת, י"ח באייר הוא יום פטירתו של ר' שמעון בר יוחאי. מקובלי צפת נהגו ביום זה לעלות לקברו במירון (נזכר בכפר"פ יא, על פי גרסתו בבבא מציעא פד ע"ב), ולחגוג את 'הילולא דרשב"י' (שנזכרת ב'אידרא זוטא'). היום המונים נוהרים למירון כל שנה לשם הילולא זו.

705 כ' באייר – מנחה של כ' באייר היא התפילה התשעים שבה היחיד אומר "ותן ברכה" (אם שביעי של פסח חל בשבת, במנחה של כ"א). ולכן מתפילת ערבית של כ"א בחודש (או כ"ב בו) אם אינו בטוח מה אמר, חזקה עליו שאמר כראוי (ראה הלכה 99). בחו"ל יש להוסיף יומיים לחשבון זה, והתאריך הקובע הוא כ"ב (או כ"ג) באייר.

706 שבת מברכים סיוון – בשנים פשוטות בשבת האחרונה בחודש אייר קוראים את פרשות 'בהר' ו'בחוקותי' מחוברות. מפטירים בהפטרת 'בחוקותי', אלא אם שבת היא בערב ראש חודש (ראה הלכה 302). מכלל זה יוצאת שנה שבה יום טוב ראשון של פסח חל בשבת, שאז קוראים פרשות אלה בנפרד, ובחו"ל מחברים אותן – ובשנה זו קוראים את פרשת 'בהר' בשבת שלפני האחרונה בחודש אייר. ברוב הקהילות אומרים "אב הרחמים", אף על פי שזו שבת מברכים (ראה הלכה 686).

707 כ"ח באייר, יום ירושלים – יום זה מציין את ההצלה מאיום ההשמדה שריחף על מדינת ישראל ועל תושביה במלחמת ששת הימים, ואת הניצחון שבו שוחררו חבלי ארץ ישראל שממערב לירדן, רמת הגולן וחבל סיני ובפרט ירושלים המזרחית. אין אומרים בו תחנון ולא במנחה שלפניו, וגם הנוהגים מנהגי אבלות עד תחילת חודש סיוון, אינם נוהגים בהם ביום ירושלים, כמו ביום העצמאות (ראה הלכה 693). רבים נוהגים לעלות לעיר העתיקה ביום זה.

708 סדר התפילה המובא בעמ' 460, מבוסס על החלטת הרבנות הראשית משנת תשכ"ח, וכך נוהגים ברוב הקהילות החוגגות את יום ירושלים. יש המוסיפים על סדר זה ויש המצמצמים אותו.

סיוון

709 "בחדש השלישי לצאת בני ישראל מארץ מצרים ביום הזה באו מדבר סיני" (שמות יט, א). בגמרא (שבת פו ע"ב) נלמד שמדובר בראש חודש סיוון, ושב'מדבר סיני' הכוונה היא ממש לפני ההר שניתנה בו לבסוף התורה לישראל (רש"י, סוכה כה ע"ב).

710 אין אומרים תחנון בב' בסיוון (ספר התשבץ, קלט), משום שבו נצטוו בני ישראל (שמות שם, ו): "ואתם תהיו לי ממלכת כהנים וגוי קדוש" (מג"א תצד, ד). והוא מכונה 'יום המיוחס' (ערוה"ש שם, ז). לפיכך אין אומרים תחנון מראש חודש עד אסרו חג שבועות (רמ"א תצד, ג), והמנהג המקובל היום הוא שלא לומר תחנון עד י"ב בסיוון (ראה הלכה 141).

711 שלושת הימים מג' בסיוון עד ה' בו מכונים 'שלושת ימי ההגבלה', משום שאלה היו הימים שבהם משה הגביל וקידש את הר סיני, ועם ישראל חנו לפניו והתכוננו לקבלת התורה. אין אומרים בימים אלה תחנון (הגה"מ תפילה פ"ה, ש בשם ר' יהודה הלוי מוורמייזא). מי שהתחיל את מנהגי האבלות השייכים לספירת העומר בראש חודש אייר, מפסיק אותם בתחילת ימים אלה (ראה הלכה 684).

שבועות

712 חג השבועות יכול לחול בימי ראשון, שני, רביעי או שישי. אם הוא חל ביום שישי, יש להניח בערב החג עירוב תבשילין (ראה הלכה 309).

713 בערב שבועות נוהגים לקשט את בית הכנסת בענפים ובעלים (רמ"א תצד, ג בשם 'הגהות מנהגים'; וה'חיי אדם' קלא, יג העיד, שהגר"א ביטל את המנהג). בשנה שאחרי שנת שמיטה חג השבועות הוא המועד לביעור זיתים; לכן מי שיש ברשותו שמן זית בקדושת שביעית, חייב לבערו ערב החג (ראה הלכה 649). אם ערב שבועות חל בשבת, מקשטים את בית הכנסת ומבערים שמן מזיתי שביעית בערב שבת.

714 חג השבועות הוא היום החמישים לספירת העומר (ראה הלכה 194). בזמן הבית היו מקריבים 'מנחת ביכורים' – שתי כיכרות לחם חמץ מהחטים הראשונות שנקצרו, ושני כבשים לשלמי ציבור (ויקרא כג, טז-כא), המכונים גם 'כבשי עצרת' (השם 'עצרת' בלשון חכמים מתייחס בעיקר לשבועות, ראה ראש השנה טז ע"א); וגם בו יש נימה של דין – זה היום שנידונים בו על פירות האילן לשנה הבאה (משנה שם בראש השנה; ולדעת המג"א תצד, ה זה המקור למנהג להעמיד עצים בבית הכנסת). מכיוון שמצוות ספירת העומר היא לספור שבע שבתות 'תמימות' (ויקרא שם, טו), מקפידים להתפלל תפילת ערבית לאחר צאת הכוכבים, גם במקומות שנוהגים להתפלל בהם מבעוד יום בערבי שבתות הקיץ (משנ"ב תצד, א בשם הט"ז).

715 בשבת פו ע"ב וביומא ו ע"ב נחלקו התנאים באיזה יום ניתנה התורה: לדעת חכמים בו' בסיוון, ולדעת ר' יוסי בז' בסיוון. המג"א (הקדמה לסימן תצד) הביא ראיה שאנו מכריעים כר' יוסי, והקשה מדוע אומרים בחג השבועות "זמן מתן תורתנו"? וכבר דן בזה מהר"ל ('תפארת ישראל', כז) והסביר על פי הגמרא (שם פז ע"א) ש"יום אחד הוסיף משה מדעתו", כלומר הקב"ה הסכים לתת את התורה לישראל כבר בו' בסיוון, אך הם קיבלו אותה רק בז' בו.

716 בליל שבועות מאחרים להתפלל (ראה הלכה 714). הדלקת נרות, תפילת ערבית וקידוש הם כבכל יום טוב. אם חל במוצאי שבת, אין מכינים ליום טוב עד אחרי צאת השבת. בתפילת עמידה מוסיפים "ותודיענו" ומבדילים כסדר יקנה"ז (ראה דיני תפילת יום טוב, עמ' 758).

717 תיקון ליל שבועות – בזוהר נאמר (אמור ח"ג פח ע"א) שצריכים ללמוד תורה בליל שבועות, והמג"א (הקדמה לסימן תצד) הסביר שזה על פי המדרש, שבני ישראל ישנו בשעה שצריכים היו לקבל את התורה בהר סיני (שיר השירים רבה א, ב). המקובלים תיקנו סדר לימוד ובו פסוקים מהתנ"ך, מהמשנה, מהזוהר ועוד (פע"ח, של"ה); ויש הנוהגים ללמוד כל הלילה, אך לאו דווקא לפי סדר זה (משנ"ב תצד, א).

718 שחרית – נחלקו הפוסקים מה דינו של מי שנשאר ער כל הלילה באשר לחלק מברכות השחר – נטילת ידיים (ראה הלכה 5), ברכת "אלהי נשמה" (ראה הלכה 8), ברכות התורה, ברכת טלית קטן וברכת "המעביר שנה מעיני" (ראה משנ"ב שם). ונוהגים שאחד המתפללים שישן בלילה, מברך את הברכות בקול רם ומוציא את האחרים ידי חובתם (משנ"ב מו, כד בשם שע"ת). מתפללים תפילת יום טוב, אחר חזרת הש"ץ של שחרית אומרים הלל שלם, ואחרי

הקדיש קוראים את מגילת רות (ראה הלכות 334, 531) ואומרים קדיש יתום.

719 מוציאים שני ספרי תורה. בשעת פתיחת ארון הקודש אומרים ברוב הקהילות את י״ג מידות הרחמים. קוראים בספר אחד על מתן התורה במעמד הר סיני (עמ׳ 615). נוהגים לומר את הפיוט ״אקדמות מילין״ לר׳ מאיר בר יצחק. בימי הראשונים נהגו לומר פיוטים בארמית אחרי הפסוק הראשון של קריאת התורה ושל ההפטרה בשני ימי שבועות (מהרי״ל הלכות שבועות), ומקורם במנהג שהיו מתרגמים לארמית את הקריאה, ובתחילת התרגום היה המתרגם אומר פיוט רשות (מחז״ו, קסו-קסז). לאחר שבטל המנהג לתרגם, היו שטענו שאין להפסיק באמצע הקריאה (ט״ז תצד, א; וראה ב׳שבות יעקב׳ ח״א, יב שהגן על המנהג), ולכן נוהגים לומר ״אקדמות״ לפני שהכוהן מברך (משנ״ב שם, ב). נוהגים לעמוד בקריאת עשרת הדיברות ולקרוא אותם בטעם העליון (ראה הלכה 591).

720 בספר השני קוראים את מוסף היום (עמ׳ 617), ומפטירים ב׳מעשה המרכבה׳ בנבואת יחזקאל (מגילה לא ע״א). בסדר רב עמרם גאון כתוב שמפטירים עד הפסוק ״ותשאני רוח״, וב׳שיבולי הלקט׳ הסביר שהמפטיר קורא עד ״ואשמע קול מדבר״, ומוסיף רק את הפסוק ״ותשאני רוח״. מזכירים נשמות ומתפללים מוסף. שיר של יום לדעת הגר״א הוא מזמור יט, המדבר בשבח התורה.

721 יש נוהגים לאכול בשבועות מאכלי חלב (׳כלבו׳, וכן פסק הרמ״א תצד, ג).

722 ׳אסרו חג׳ - במקור דין ׳אסרו חג׳ הוא ממחרת השבועות, ובמשנה (חגיגה יז ע״א) נקרא ׳יום טְבוֹחַ׳, היום שבו שחטו במקדש את עולות הראייה ואת שלמי החגיגה. באסרו חג מרבים קצת בסעודה, ואין אומרים תחנון או ״למנצח״ (ראה הלכה 141 ו־166).

723 בחו״ל ז׳ בסיוון הוא יום טוב שני. ביום טוב שני אין עושים תיקון ליל שבועות (׳יסוד ושורש העבודה׳ פ״י, אך הוא כתב שמי שיכול לעשות תיקון בשני הלילות יעשה). מתפללים תפילת יום טוב, אך דוחים ליום טוב שני את קריאת מגילת רות (מכיוון שְׁיָשנו בלילה - פמ״ג תצ, א״א ח) ואת הזכרת הנשמות; ואילו ביום טוב ראשון אומרים ״יה אלי״ לפני הכנסת ספר תורה. קריאת התורה כבשמיני של פסח (מגילה לא ע״א), ומפטירים בתפילת הנביא חבקוק (ב, כ - ג, יט), הרומזת למתן התורה (רש״י שם ג, ג-ה). לאחר שני הפסוקים הראשונים אומרים את הרשות ״יציב פתגם״, מכיוון שבניגוד ל״אקדמות״ אינו באמצע קריאת התורה, והפוסקים לא התעקשו לשנות את מקומו (ראה הלכה 719). שיר של יום לדעת הגר״א הוא מזמור סח, המתאר את מעמד הר סיני (מכילתא דרבי ישמעאל, ׳בחדש׳ פרשה ד).

724 כאשר ז׳ בסיוון חל בשבת, קוראים בארץ ישראל את פרשת ׳נשא׳, בעוד שבחו״ל קוראים את קריאת יום טוב שני. בכך נוצר פער בין הפרשה הנקראת בארץ לזו הנקראת בחו״ל, עד י״ב בתמוז, שבו קוראים בחו״ל את פרשות ׳חוקת׳ ו׳בלק׳ מחוברות. לדינים של מי שנוסע מארץ ישראל לחו״ל בתקופה זו, ראה הלכה 680.

725 בימי שני וחמישי ובמנחה לשבת שקוראים בהם את פרשת ׳נשא׳, יש הממשיכים את הקריאה עד סוף הפרשייה (עמ׳ 571); וב׳ערוך השולחן׳ (קלז, ג) טען בזכות המנהג המקובל.

726 הרמ״א פסק (תצד, ג בשם מהר״י טירנא), שאין אומרים תחנון עד ח׳ בסיוון, שהוא אסרו חג בחו״ל. וראבי״ה (תתמא, על פי גרסתו במועד קטן כד ע״ב) כתב, שאסור להתענות ולהספיד עד שישה ימים אחרי שבועות, כיוון ששישה ימים אחר החג נחשבים ׳תשלומין׳ ועדיין אפשר להביא בהם את קרבנות החג (ראה הלכה 141), ויש מהאחרונים שפסקו כמוהו (פמ״ג, הובא במשנ״ב קלא, לו), וכן מנהג ארץ ישראל שלא לומר תחנון עד י״ב בסיוון. ובחו״ל יש נוהגים שלא לומר עד י״ב בו, ויש שגם בי״ג בו אינם אומרים (שע״ת שם, יט בשם שכנה״ג); וברוב הקהילות חוזרים לומר תחנון בט׳ בסיוון כדעת הרמ״א.

727 כ׳ בסיוון - בשנת ת״ח (1648) התמרדו הקוזקים באוקראינה בשלטון הפולני, ובכל מקום שהגיעו אליו, רצחו באכזריות את היהודים המקומיים. בכ׳ בסיוון היה הטבח הראשון (בעיר נמירוב), ובדורות שלאחר מכן נהגו יהודי מזרח אירופה תענית ציבור ביום זה (ט״ז תקסו, ג). במקצת קהילות אומרים סליחות שנתחברו ליום זה.

תמוז

728 בשנה שבה שבועות חל ביום שישי, קוראים בחו״ל את פרשות ׳חקת׳ ו׳בלק׳ כשהן מחוברות, ומפטירים בהפטרת ׳בלק׳.

729 ״כל רדפיה השיגוה בין המצרים״ (איכה א, ג). שלושת השבועות שבין י״ז בתמוז לתשעה באב מכונים ׳ימי בין המצרים׳ (ספר הרוקח, שט).

נוהגים בימים אלו מנהגי אבלות: אין מסתפרים או מתגלחים בהם (רמ"א תקנא, ד בשם מהר"י טירנא); אין נושאים בהם נשים (רמ"א תקנא, ב בשם מהר"י טירנא); אין מנגנים או רוקדים בהם (משנ"ב שם, טז בשם המג"א), ויש המתירים לשיר בלא כלי נגינה (ראה ערוה"ש תצג, ב); ואין מברכים בהם "שהחיינו" (שו"ע שם, יז על פי ספר חסידים) - אך על ברית או על פדיון הבן, ואפילו על פרי חדש שאי־אפשר יהיה למצוא אותו אחרי תשעה באב, מותר לברך "שהחיינו" (רמ"א שם בשם מהרי"ל).

730 נחלקו הפוסקים באשר לערב י"ז בתמוז: יש מי שהתיר לערוך בו חתונה, מכיוון שדיני האבלות עדיין לא חלו (אג"מ, או"ח ח"א קסח); ויש אוסרים (צי"א ח"י כו; ריי"ד סולובייצ'יק).

731 "חמשה דברים אירעו את אבותינו בשבעה עשר בתמוז... נשתברו הלוחות, ובטל התמיד, והובקעה העיר. ושרף אפוסטמוס את התורה והעמיד צלם בהיכל" (משנה, תענית כו ע"א-ע"ב). למרות ריבוי הצרות שחלו בו, דיני י"ז בתמוז הם כמו דיני תענית ציבור רגילה (ראה הלכה 480–482). אם י"ז בתמוז חל בשבת, התענית נדחית ליום ראשון (שו"ע תקנ, ג על פי רש"י והרמב"ם).

732 מתפללים שחרית של יום חול. שליח הציבור מוסיף "עננו" (עמ' 58) בין "גואל ישראל" ו"רפאנו" (שו"ע תקסו, א). לאחר מכן אומרים סליחות (עמ' 487), ו"אבינו מלכנו" (ערוה"ש תקסו, ח). הפזמון שאומרים בסליחות הוא "שעה נאסר" לר' שלמה אבן גבירול. פיוט זה הגיע לידינו בשתי גרסאות שונות; לדעת החוקרים, הגרסה המקובלת במסורת הספרדית, היא הגרסה המקורית, ויש קהילות שבהן מעדיפים לומר אותה. קריאת התורה ותפילת מנחה הן כבצום גדליה (ראה הלכה 486–487).

733 בשלוש השבתות שבתקופת בין המצרים ('מטות', 'מסעי' ו'דברים' או 'פינחס', 'מטות-מסעי' ו'דברים') קוראים הפטרות שיש בהן נבואות חורבן, ואפילו אם השבת השנייה חלה בראש חודש אב, עדיין קוראים בה את ההפטרה "שמעו דבר ה'" (תוספות, מגילה לא ע"ב; והרמ"א תכה, א כתב שיש נוהגים להפטיר "השמים כסאי" כבכל ראש חודש). אך אין נוהגים מנהגי אבלות בשבתות אלו - מותר לשיר בהן ולברך "שהחיינו" על בגדים או פירות חדשים (משנ"ב תקנא, צח בשם ספר חסידים).

734 אם קוראים את פרשת 'מסעי' בנפרד - יש שמקפידים לקרוא ברצף את המסעות, ולכן נוהגים לקרוא לעולה אחד את כל המסעות (וראה עמ' 576); וברוב הקהילות אין מקפידים על זה ('דברי קהילות' עמ' 104–105).

735 בשבת מברכים אב אין אומרים "אב הרחמים" כבכל שבת מברכים (רמ"א רפד, ז); ויש הנוהגים לומר ('מעשה רב', קלח).

מנחם אב

736 "משנכנס אב ממעטין בשמחה" (משנה, תענית כו ע"ב). "שבת שחל תשעה באב להיות בתוכה אסורין מלספר ומלכבס ובחמישי מותרין מפני כבוד השבת" (ירושלמי, שם פ"ד ה"ז). מהירושלמי משמע שהאיסורים נוהגים רק בשבוע שחל בו תשעה באב (וכך פסק השו"ע תקנא, ג ברוב העניינים); אך יוצאי אשכנז נהגו למעט בשמחה מליל ראש חודש (משנ"ב שם, נח בשם דה"ח ו'חיי אדם').

737 בתשעת ימים אלה אין מכבסים ומגהצים, וכן אין לובשים בגדים חדשים או מכובסים (רמ"א שם, ג בשם הרוקח ואו"ז); אין מתרחצים לשם תענוג (שו"ע שם, טז על פי ראבי"ה), אך ניתן לשטוף את הזיעה (אג"מ, אבהע"ז ח"ד, פד; 'שבט הלוי' ז, נז), וטבילת מצווה, כגון טבילת אישה לבעלה, מותרת (רמ"א שם בשם מהרי"ל); ואין אוכלים בשר (אפילו עוף - שו"ע שם, י על פי ה'מרדכי') או שותים יין (שו"ע שם, ט על פי הגה"מ), ובסעודת מצווה (כגון: מילה, פדיון הבן, סיום מסכת, אירוסין) מותר לאכול בשר ולשתות יין (רמ"א שם, י בשם מהרי"ל).

738 השבת שלפני תשעה באב מכונה 'שבת חזון' על שם הפטרתה, הפותחת ב"חזון ישעיה". מנהג אשכנז הישן היה להמשיך בה חלק ממנהגי האבלות, ואפילו לא להחליף את הבגדים לבגדי שבת (רמ"א שם, א בשם ה'רוקח' וה'מרדכי'); אך היום התקבלה שיטת הגר"א ('חיי אדם' קלג כא), שיש לנהוג כבשבת רגילה לכל דבר, כיוון שהכלל "אין אבילות בשבת" (מועד קטן כג ע"ב - כד ע"א) נאמר גם באבלות ציבורית (מובא במשנ"ב שם, ו).

739 "שלשה נתנבאו בלשון איכה - משה ישעיה וירמיה. משה אמר (דברים א, יב): 'איכה אשא לבדי', ישעיה אמר (ישעיה א, כא): 'איכה היתה לזונה', ירמיה אמר (איכה א, א): 'איכה ישבה בדד'" (איכה רבה א, א). נוהגים לקרוא את ההפטרה בניגון של מגילת איכה (ראבי"ה ח"ב, תקצה), וכן את הפסוק "איכה אשא לבדי" בפרשת דברים, שאותה קוראים בשבת חזון; ומסיימים את הקריאה לעולה הראשון בפסוק י, אף על פי שבשני ובחמישי קוראים עד

פסוק יא, כדי שלא להתחיל בקינה (׳ליקוטי מהרי״ח׳ בשם ה׳אשל אברהם׳).

740 במוצאי שבת מבדילים על הכוס, אך נותנים לילד לשתות ממנה; ואם אין ילד, יכול המבדיל לשתות בעצמו (רמ״א תקנא, י בשם מהרי״ל). אין אומרים קידוש לבנה, אלא דוחים אותו למוצאי תשעה באב (רמ״א תכו, ב).

תשעה באב

741 בערב תשעה באב מקדימים להתפלל מנחה, כדי שיהיה אפשר לאכול אחריה ׳סעודה מפסקת׳. נוהגים לאכול סעודה גדולה לפני תפילת מנחה (רמ״א תקנב, ט). אין אומרים במנחה תחנון, ואם חל בשבת אין אומרים ״צדקתך״ (שו״ע שם, יב; תקנט, א).

742 ״כך היה מנהגו של רבי יהודה ברבי אילעי: ערב תשעה באב מביאין לו פת חריבה במלח, ויושב בין תנור לכיריים, ואוכל, ושותה עליה קיתון של מים, ודומה כמי שמתו מוטל לפניו״ (תענית ל ע״ב). לאחר תפילת מנחה אוכלים סעודה מפסקת. יושבים על הארץ (שו״ע ורמ״א תקנב, ה-ז), אין אוכלים יותר מתבשיל אחד (שו״ע שם, א), ושותים פחות מהרגיל (רמ״א שם). המנהג המקובל הוא לאכול לחם וביצה קשה שהוא מאכל אבלים הנהוג בסעודת הבראה (רא״ש תענית, לד וב״י תקנב), ולטבול אותם באפר (רמ״א שם, ה-ז). אין יושבים שלושה יחד, כדי שלא להתחייב בזימון (שו״ע שם, ח); וגם אם שלושה אכלו יחד, אין מזמנים (מג״א שם, ט). התענית וכל האיסורים הנוגעים אליה, מתחילים בשקיעת החמה (שו״ע תקנג, ב).

743 תשעה באב יכול לחול בימי ראשון, שלישי, חמישי או שבת. אם חל בשבת, התענית נדחית ליום ראשון. אם התענית חלה ביום ראשון, אוכלים בשבת כרגיל, ובסעודה שלישית, שהיא הסעודה המפסקת, אוכלים ״אפילו כסעודת שלמה בשעתו״ (תוספתא, מובאת בעירובין מא ע״א ותענית כט ע״ב), אך חייבים לסיים עד השקיעה (רמ״א תקנב, י). אין הבדל בין ח׳ באב החל בשבת, לבין תשעה באב החל בשבת (שאז התענית נדחית), פרט לכך שתשעה באב החל בשבת, אסור ביחסי אישות (רמ״א תקנד, יט בשם הר״י).

744 ״בתשעה באב נגזר על אבותינו שלא יכנסו לארץ, וחרב הבית בראשונה ובשניה, ונלכדה ביתר, ונחרשה העיר״ (משנה, תענית כו ע״ב). נוסף על כך, בתשעה באב רנ״ב הושלם גירוש ספרד. ריבוי הפורענויות ביום זה מחייב תשובה (ראה רמב״ם, תעניות פ״א ה״ז), וחמשת העינויים הנוהגים ביום הכיפורים (ראה הלכה 500), נוהגים גם בו (תענית ל ע״א).

745 בניגוד לשאר תעניות הציבור נשים מעוברות ומיניקות חייבות להתענות בתשעה באב, כמו ביום הכיפורים (פסחים נד ע״ב). אך מכיוון שאין בתשעה באב מצווה מדאורייתא, חולה החש ברע רשאי להפסיק את הצום, ויולדת פטורה עד חודש אחר הלידה (שו״ע תקנד, ו על פי הרמב״ן). כמו כן, רוב הפוסקים מורים, שמי שנאלץ לשבור את הצום אינו חייב להמשיך ולהתענות; ושמי שחייב לאכול מסיבות רפואיות, אינו צריך לאכול ׳לשיעורין׳ (מעט מעט, פחות משיעור אכילה בכל פעם), אלא רשאי לאכול כרגיל (אבנ״ז תקמ, ערוה״ש תקנד, ז; והבה״ל שם ד״ה דבמקום מחמיר). מי שאוכל לחם בתשעה באב, נוטל את ידיו כרגיל (צי״א חי״ח יז, ו), ומוסיף ״נחם״ (עמ׳ 107) בברכת המזון במקום ״ובנה ירושלים״ (רמ״א תקנז, א בשם מהרי״ל). אם צום תשעה באב חל ביום ראשון, מי שמותר לו לאכול, צריך להבדיל קודם (שע״ת תקנו, א בשם הברכ״י).

746 פרט לחמשת העינויים, תשעה באב אסור בשאילת שלום (שו״ע תקנד, כ על פי התוספתא, תענית פ״ג הי״א) ובתלמוד תורה כחלק מדיני אבלות (תענית ל ע״א). ומותר ללמוד את ספרי ירמיה, איוב ואיכה, את אגדות החורבן (גיטין נה ע״ב – נח ע״א) ואת הפרק השלישי במסכת מועד קטן, העוסק בדיני אבלות (שו״ע תקנד, ב על פי ה׳כלבו׳); ויש מי שמתיר ללמוד גם דברי מוסר (יבי״א ח״ב יו״ד כו, י בשם המאירי). יש האוסרים תלמוד תורה מצהרי ח׳ באב (רמ״א תקנג, ב בשם מהרי״ל); והרבה מהאחרונים התירו כדי לצמצם את ביטול התורה (משנ״ב תקנג, ח בשם מהרש״ל). כמו כן נהגו שלא לשבת על כיסא או על ספסל (שו״ע תקנט, ג על פי מהר״ם; והמשנ״ב שם, יא מתיר לשבת על שרפרף), ויש שאינם ישנים במיטתם בלילה אלא על הרצפה (שו״ע תקנה, ב על פי ׳מעשה הגאונים׳).

747 לפני תפילת ערבית מסירים את הפרוכת מארון הקודש (רמ״א תקנט, ב בשם מהר״י טירנא). מדליקים אורות פחות מבדרך כלל (ערוה״ש שם, ד). מתפללים קריאת שמע ותפילת עמידה כבכל יום חול. לאחר התפילה שליח הציבור אומר קדיש שלם, יושבים על הארץ, קוראים את מגילת איכה (עמ׳ 639) ואומרים קינות. אם יש מגילה כשרה, מברכים ״על מקרא מגילה״ (ראה הלכה 334) אבל לא

"שהחיינו". אחרי הקינות אומרים "ואתה קדוש" (עמ' 340), קדיש בלא "תתקבל" (רמ"א תקנט, ד בשם הטור), "עלינו" וקדיש יתום.

748 אם תשעה באב חל במוצאי שבת, יש נוהגים להביא מחזור קינות ונעלי בד לבית הכנסת כבר מערב שבת, כדי שלא להכין משבת לחול. נוהגים לחלוץ את נעלי השבת אחרי "ברכו", ושליח הציבור חולץ לפני "ברכו" (רמ"א תקנג, ב בשם הגה"מ); ויש שכתבו, שעדיף לחלוץ את הנעליים ולהחליף את בגדי השבת לפני שהולכים לבית הכנסת, לאחר אמירת "ברוך המבדיל בין קודש לחול" (שש"כ פס"ב, מ על פי המשנ"ב שם, ז). מתפללים כבכל יום חול (בהוספת "אתה חוננתנו"). אין אומרים "ויהי נועם" (טור, תקנט בשם הגאונים), ומוסיפים קינה מיוחדת "איך מפי בן ובת". אין מבדילים, אך לאחר קדיש מברכים על נר "בורא מאורי האש" (משנ"ב תקנו, א בשם הט"ז).

749 בשחרית אין מתעטפים בטלית ואין מניחים תפילין, אך לובשים טלית קטן בלא ברכה (שו"ע תקנה, א). מתפללים שחרית לחול; מותר לומר את סדר הקרבנות כרגיל, מכיוון שהוא סדר קבוע ואינו נחשב לימוד תורה, האסור (שו"ע תקנד, ד). בחזרת הש"ץ שליח הציבור אומר "עננו" (עמ' 59) כבכל תענית ציבור. אין אומרים ברכת כוהנים (קיצוש"ע קכד, ג) ולא תחנון (ראה הלכה 141). מוציאים ספר תורה ואין אומרים "אל ארך אפיים" (רמ"א תקנט על פי הגה"מ והטור; אף שלדעת רב עמרם גאון וראבי"ה צריך לומר). קריאת התורה וההפטרה בעמ' 589–592 (מגילה לא ע"ב); אין אומרים "מי שבירך" לעולים לתורה (כה"ח תקנט, מ בשם מהרי"ל). נוהגים לקרוא את ההפטרה במנגינת מגילת איכה (משנ"ב תקנט, יח).

750 לאחר החזרת ספר התורה לארון הקודש אומרים קינות. קינות רבות לתשעה באב נכתבו במרוצת הדורות; הסדר המקובל היום הוא הסדר שנקבע במחזור הקינות דפוס ונציה שע"ז. בסדר זה יש ארבעים פיוטים, שכמחציתם חוברו על ידי ר' אלעזר הקליר (משום האריכות יש קהילות שבהן נוהגים לדלג על חלק מהקינות). פיוטים אלה מתארים את החורבן לפרטיו ואת הסבל שעבר על עם ישראל מאז. עם הזמן נוספו לסדר קינות לזכר הרוגי תתנ"ו, ובדורות האחרונים נתחברו קינות לזכר קדושי השואה, אם כי אף לא אחת מהן נתקבלה ברוב הקהילות. את סדר הקינות חותמת סדרת 'ציונים' - פיוטו הנודע של ר' יהודה הלוי "ציון הלא תשאלי" ועוד שמונה פיוטים שנתחברו באותו סגנון, חריזה ומשקל - ולאחר מכן מסיימים בפזמון "אלי ציון ועריה". לאחר הקינות אומרים "אשרי" ו"ובא לציון" (ואין אומרים את הפסוק "ואני זאת בריתי" - משנ"ב תקנט, ו בשם הטור), קדיש שלם בלא השורה "תתקבל" (כמו בערבית), "עלינו" וקדיש יתום. אין אומרים שיר של יום (ערוה"ש תקנד, ו בשם המג"א) ולא "אין כאלהינו" (רמ"א שם, ד בשם ה'מרדכי'), אלא דוחים אותם למנחה. יש הנוהגים לקרוא שוב את מגילת איכה (משנ"ב תקנט, ב בשם השל"ה).

751 אם יש תינוק למול, מלים אותו אחרי הקינות (רמ"א תקנט, ז על פי ספר החכמה). ויש שנהגו למול אחרי חצות היום, מכיוון שעד חצות היום הוא זמן אבלות (ספר הרוקח קיג; ראה את הדיון בשני המנהגים ב'מרדכי' תענית תקלה-תקלז). מברכים על הכוס, ונותנים ליולדת לשתות ממנה (שו"ע שם על פי הרשב"א; וראה שו"ע, יו"ד רסה, ד שפסק כרי"ף, שאין מברכים על הכוס, וברמ"א שם); ואם היולדת אינה יכולה לשתות, נותנים את היין לילדים שישתו (שו"ע תקנט, ז על פי הרשב"ם).

752 לאחר חצות היום מקלים במנהגי האבלות. מותר לעשות מלאכה (רמ"א תקנד, כב בשם מהרי"י טירנא), ומותר לשבת על כיסאות כרגיל (שו"ע תקנט, ג על פי מהר"ם). אבחנה זו מבוססת על הגמרא (תענית כט ע"א) שבה נאמר, שהציתו אש במקדש בשעת המנחה: הגר"א ביאר שבשעת המנחה נגמר הדין ובכך יש מקום לנחמה (תקנה, ב על פי התוספות בקידושין לא ע"ב); והריטב"א (תשובה סג) כתב, שעד מנחה האדם דומה למי שמתו מוטל לפניו ואינו יכול להתחיל להתנחם, ולאחר מנחה הוא דומה לאבל שמתו כבר נקבר. הסבר נוסף מובא ב'ברכי יוסף' בשם האר"י (תקנט, ז), שבתשעה באב בשעת מנחה עתיד להיוולד המשיח. הבדל זה בא לידי ביטוי בכמה פרטים בתפילת מנחה (ראה בהלכה הבאה). נוהגים להחזיר את הפרוכת לארון הקודש לפני תפילת מנחה (כה"ח שם, יט).

753 תפילת מנחה - לפני התפילה מתעטפים בטלית ומניחים תפילין בברכות (שו"ע תקנה, א). לפני התפילה אומרים שיר של יום ו"אין כאלהינו" שלא נאמרו בשחרית (קיצוש"ע קכד, יט). קריאת התורה וההפטרה במנחה הן כבכל תענית ציבור, בעמ' 588–589 (טור, תקנט). לאחר החזרת ספר התורה לארון הקודש שליח הציבור אומר חצי קדיש ועומדים לתפילת עמידה.

754 בתפילת העמידה אומרים "נחם" (עמ' 107) בברכת "בונה ירושלים", ו"עננו" בברכת "שומע תפילה". מי שאינו מתענה, אומר "נחם" ('אשי ישראל' פמ"ד, נב) אך לא "עננו" (בה"ל תקסה, א). מי ששכח

לומר "נחם", אומרה בלא החתימה "מנחם ציון ובונה ירושלים" בברכת "רצה" לפני "ותחזינה" (משנ"ב תקנז, ב; ובבה"ל הביא לכך מקורות מדברי הרא"ה ור' ירוחם).

755 בברכת "נחם" אומרים: "העיר החרבה, הבזויה והשוממה מבלי בניה היא יושבת". היום, בחסדי ה', המוני בית ישראל מתגוררים בירושלים, ולכן כתבו כמה מהפוסקים תיקונים לנוסח ברכה זו (עשה לך רב' ח"א, יד); ויש שכתבו להמשיך לומר את הנוסח הרגיל, משום שכל עוד המקדש חרב אף ירושלים נחשבת חרבה (יחו"ד ח"א, מג; הרי"ד סולובייצ'יק, מסורה ז, תשנב).

756 אומרים "שים שלום" במקום "שלום רב". אם מתפללים אחרי פלג המנחה, הכוהנים עולים לדוכן (ראה הלכה 487). אחרי התפילה שליח הציבור אומר קדיש ומוסיף "תתקבל" (רמ"א תקנט, ד על פי מהר"י טירנא).

757 מוצאי הצום - מתפללים ערבית לחול. לאחר התפילה אומרים קידוש לבנה בעמ' 349 (ראה הלכה 266). אם תשעה באב חל ביום ראשון, מבדילים על הכוס - אך לא על הבשמים או על הנר (שכבר בירכו עליו, כאמור בהלכה 748).

758 "בשבעה נכנסו נכרים להיכל... ותשיעי סמוך לחשיכה הציתו בו את האור, והיה דולק והולך כל היום כולו... אמר רבי יוחנן: אלמלי הייתי באותו הדור - לא קבעתיו אלא בעשירי, מפני שרובו של היכל בו נשרף. ורבנן? אתחלתא דפורענותא עדיפא" (תענית כט ע"א). אף על פי שלא נפסק כר' יוחנן, אין אוכלים בשר ואין שותים יין בי' באב (שו"ע תקנח, א על פי הטור); ונוהגים להמשיך את כל דיני תשעת הימים (משנ"ב שם, ג בשם מהרש"ל) - אך מותרים בהכל, לרבות בשר ויין, אחרי חצות היום (רמ"א שם, א בשם הגה"מ). אם צמו בי' באב (כשנדחה משבת) מותרים בבשר וביין מהבוקר (רמ"א שם בשם מהרי"ל), ואין צורך להוסיף בשאר האיסורים (שע"ת שם, ד בשם ה'מחזיק ברכה'). ואם תשעה באב חל ביום חמישי, מותר להסתפר ולכבס עם צאת הצום כדי להכין לשבת (יעב"ץ; שש"כ מב, ה וראה שם הערה טו) ויש מחמירים עד יום שישי בבוקר (קיצוש"ע קכד, כ; ערוה"ש תקנח,ב).

759 בין תשעה באב וראש השנה יש שבע שבתות, שקוראים בהן את 'שבע דנחמתא' - שבע הפטרות מפרקי הנחמה בספר ישעיהו (תשובת ר"ת על פי ה'פסיקתא', מובאת בראבי"ה תקנו). הראשונים ייחסו למנהג זה חשיבות רבה כל כך, שכתבו שאין מפסיקים ב'שבע דנחמתא' אפילו אם ראש חודש אלול חל בשבת (מרדכי' מגילה, תתלא); ויש שהורו שאין דוחים הפטרת שבת וראש חודש מפני 'שבע דנחמתא' (שם בשם מהר"ם). ומנהג אשכנז הוא להפטיר כבכל שבת ראש חודש "השמים כסאי" (רמ"א תכה, א), אך אם ראש חודש חל ביום ראשון, מפטירים "עניה סערה" ולא "ויאמר לו יונתן מחר חדש" (שם, ב בשם מהר"י טירנא).

760 "אמר רבן שמעון בן גמליאל: לא היו ימים טובים לישראל כחמשה עשר באב וכיום הכפורים" (משנה, תענית כו ע"ב). בגמרא (שם ל ע"ב - לא ע"א) מונים שש סיבות לחשיבותו של חמישה עשר באב: שלוש קשורות באחדות ישראל (ההיתר לבני השבטים השונים להינשא, שנאמר בפרשת בנות צלפחד; ההיתר לבני בנימין לבוא בקהל לאחר מלחמת פילגש בגבעה; והיתרו של מלך ישראל, הושע בן אלה, לעלות לרגל לירושלים); שתיים מהן קשורות לבשורות נחמה שנתבשרו בהן אבותינו (הציווי להיכנס לארץ לאחר מות דור המדבר וקבורת הרוגי ביתר); ואחת הקשורה לעבודת המקדש - היום שבו הפסיקו לכרות עצים למערכה עם היחלשות החמה לקראת סוף הקיץ, ובו רוב ישראל הקריבו 'קרבן עצים' (משנה, תענית כו ע"א; זה הנימוק היחיד המובא ב'מגילת תענית'). אין אומרים ביום זה תחנון (ב"י קלא על פי מהר"י טירנא).

761 "אחד הנוטע, אחד המבריך, ואחד המרכיב, ערב שביעית שלשים יום לפני ראש השנה - עלתה לו שנה (למניין שני ערלה - רש"י), ומותר לקיימן בשביעית. פחות משלשים יום לפני ראש השנה - לא עלתה לו שנה, ואסור לקיימן בשביעית" (תוספתא, מובאת בראש השנה ט ע"ב). ובמשנה (שביעית פ"ב מ"ו) העירו התנאים, שאין העץ נקלט מיד בקרקע, והראשונים (רמב"ם, מעשר שני פ"ט ה"י) הכריעו כדעת ר' יוסי ור' שמעון, שזמן הקליטה הוא שבועיים. לכן הנוטע עץ פרי עד ט"ז באב (הכרעת החזו"א, שביעית יז, כה על פי הרא"ש), נמנית לו השנה לשנות ערלה (ראה הלכה 338), ואין לטעת עצי פרי אחרי ט"ו באב ערב שנת שמיטה.

אלול

762 אם ראש חודש אלול חל בשבת, מפטירים "השמים כסאי" (ראה הלכה 299).

763 "ארבעים יום עשה משה בהר... ולאחר ארבעים יום לקח את הלוחות וירד אל המחנה בשבעה עשר בתמוז ושבר את הלוחות והרג את חוטאי ישראל ועשה ארבעים יום במחנה... ובראש חודש אלול אמר לו הקב"ה: עלה אלי ההרה, והעבירו שופר במחנה... ולאחר ארבעים יום לקח את התורה וירד בעשור לחדש ביום הכפורים והנחילה לבני ישראל לחק עולם" (פדר"א, מה). ארבעים יום אלה, מראש חודש אלול ועד יום הכיפורים, מיוחדים לתשובה ונחשבים 'עת רצון' מיוחדת, "וכל המוסיף לבקש רחמים זכות היא לו" (ראבי"ה ח"ב, תקמב).

764 "רבנין פתרי קרא בראש השנה וביום הכפורים: 'אורי' - בראש השנה, שהוא יום הדין, שנאמר: 'והוציא כאור צדקך ומשפטך כצהרים' (תהלים לז, ו); 'וישעי' - ביום הכפורים, שיושיענו וימחול לנו על כל עונותינו" (מדרש שוחר טוב כז, ד). בקהילות החסידים נהגו לומר את מזמור כז בכל יום בשחרית (וביום שיש בו מוסף, אחרי הקדיש שלפני הוצאת ספר התורה) ובמנחה מא' באלול (היום השני של ראש חודש) ועד שמיני עצרת, כיוון שדרשו את הפסוק "כי יצפנני בסכה ביום רעה" (תהלים כז, ה) על חג הסוכות ('מטה אפרים' תקפא, ו; ומקור המנהג בסידור ר' שבתי מרשקוב). וברוב קהילות אשכנז אימצו את המנהג, ונהגו לאומרו בשחרית ובערבית (סידור נהורא; וב'מעשה רב' נג כתוב שאין לאומרו).

765 "וכן התקינו חכמים שיהיו תוקעים בשופר בראש חדש תשרי בכל שעה שנה ושנה" (פדר"א שם). ומשום כך נוהגים לתקוע בשופר בכל יום חול מא' באלול עד ערב ראש השנה (רמ"א תקפא, א בשם מהר"י טירנא).

766 אם י"ד באלול חל בשבת, קוראים את פרשת 'כי תצא', ונוהגים להוסיף להפטרה את הפטרת פרשת 'ראה', שדילגו עליה בגלל ראש חודש אלול (ראה הלכה 759); למעשה, הפטרת 'ראה' היא המשך של הפטרת 'כי תצא', והן נקראות יחד בהפטרה לפרשת 'נח' (משנ"ב תכה, ז על פי ה'לבוש').

767 ט"ו באלול - לדעת רוב האחרונים ('שבת הארץ' ג, יא; 'מנחת שלמה' ח"א מח בשם תוספות הרי"ד), אסור לנטוע כל אילן מתאריך זה בערב שנת השמיטה, ואפילו אילנות סרק; וה'חזון אי"ש' (שביעית כב, ה) התיר עד ערב ראש השנה.

768 בשבת האחרונה של חודש אלול קוראים את פרשת 'נצבים' (סדר רב עמרם גאון) כדי לסיים את קללות השנה לפני ראש השנה (תוספות, בבא בתרא פח ע"ב) וכדי להתכונן ליום הדין הקרוב ('לקט יושר' קכה, ד). אם ראש השנה או יום הכיפורים בתשרי הקרוב יחולו בשבת, קוראים את 'נצבים' ואת 'וילך' כשהן מחוברות - ומכל מקום מפטירים "שוש אשיש", שהיא ההפטרה האחרונה מ'שבע דנחמתא'. אין מברכים את חודש תשרי (משנ"ב תיז, א). במוצאי השבת מתחילים לומר סליחות; ואם כ"ז באלול או כ"ח בו חלים בשבת, מתחילים לומר סליחות שבוע קודם לכן, ממוצאי שבת 'כי תבא' - ראה הלכה 438, ומשם את שאר ההלכות לקראת ראש השנה, שבו אנו ממליכים את הקב"ה.

"אִמְרוּ לְבַת־צִיּוֹן: הִנֵּה יִשְׁעֵךְ בָּא
הִנֵּה שְׂכָרוֹ אִתּוֹ וּפְעֻלָּתוֹ לְפָנָיו" (ישעיה סב, יא)

טבלה של ההפסקות המותרות בתפילה

	בפסוקי דזמרה (מ'ברוך שאמר' עד 'ישתבח')	ברכות קריאת שמע וקריאת שמע – באמצע הפרק[1]	ברכות קריאת שמע וקריאת שמע – בין הפרקים	בין 'גאל ישראל' לשמונה עשרה[2]
'אמן יהא שמיה רבא'; 'אמן' שאחר 'דאמירן בעלמא'[3]	מותר	מותר	מותר	אסור
'אמן'	מותר	אסור	מותר	אסור[4]
ברוך הוא וברוך שמו; 'בריך הוא'	אסור (משנ"ב נא, ח)	אסור	אסור	אסור
עטיפת טלית	ילבש ויברך בין הפרקים[5] (משנ"ב נג, ה)	ילבש ויברך אחרי תפילת עמידה (שו"ע ורמ"א סו, ב)	ילבש ויברך אחרי תפילת עמידה	אסור (שו"ע סו, ח)
הנחת תפילין	יניח ויברך בין הפרקים (משנ"ב נג, ה)	בברכות קריאת שמע אסור, אך בתוך קריאת שמע עצמה יניח ויברך מיד (משנ"ב סו, טו)	מותר	יניח ויברך אחרי תפילת עמידה (משנ"ב סו, ח)
ברכו[6]	מותר	מותר	מותר	אסור

הלכות כלליות

תפילת ערבית:

דיני העינייה בתוך הפרקים וביניהם זהים לתפילת שחרית. 'בין הפרקים' בערבית הוא: בין ברכה ראשונה לשנייה, בין ברכה שנייה לשמע, בין שמע ל'והיה אם שמע', בין ו'היה' ל'ויאמר', בין 'גאל ישראל' ל'השכיבנו'. גם לאחר ברכת 'שומר עמו ישראל לעד' הדין הוא כ'בין הפרקים'. כך הדין גם לאלו שאומרים 'ברוך ה' לעולם אמן ואמן' (בה"ל סו ד"ה ואלו).

הלל:

דיני ההפסקות בהלל זהים לדינים בקריאת שמע (שו"ע תפח, א). אם מביאים לולב באמצע הלל, מברך עליו בין הפרקים (משנ"ב תרמד, ז).

---

1. מהו בין הפרקים? בין ברכה ראשונה לשנייה, בין שנייה ל'שמע', בין 'שמע' ל'והיה אם שמע', בין 'והיה אם שמע' ל'ויאמר' (שו"ע סו, ה). כל ההפסקות הנ"ל מותרות באמצע פרק ואפילו באמצע פסוק, אבל עדיף להתקדם למקום ש"סליק עניינא" – שאינו הפסק באמצע העניין.
2. יש הפוסקים, שבתפילה בשבת יכול לענות לקדיש, ל'ברכו', לקדושה ול'מודים' (רמ"א קיא, א).
3. לפי השו"ע סו, גד, מותר לענות על קדיש, לפי המשנ"ב סו, יז, עונה רק 'אמן יהא שמיה רבה מברך לעלם ולעלמי עלמיא' (בלי תיבת 'יתברך'), ו'אמן' של 'דאמירן בעלמא', כי עניית 'אמן' בשאר המקומות היא מנהג.
4. יש פוסקים שיכול לענות 'אמן' כששומע אחר מסיים את ברכת 'גאל ישראל' (רמ"א סו, ז).
5. ראה הלכה 64.
6. הכוונה ל'ברכו' שלפני הברכות של קריאת שמע ול'ברכו' שלפני קריאת התורה. הברכות שהעולה מברך, הן כמו כל שאר הברכות, ויכול לענות 'אמן' בין הפרקים אך לא באמצעם (משנ"ב סו, יח).

	בפסוקי דזמרה (מ׳ברוך שאמר׳ עד ׳ישתבח׳)	ברכות קריאת שמע וקריאת שמע – באמצע הפרק[1]	ברכות קריאת שמע וקריאת שמע – בין הפרקים	בין ׳גאל ישראל׳ לשמונה עשרה[2]
קריאת שמע	יאמר את הפסוק הראשון עם הקהל (משנ״ב סה, יא)	לא יאמר את הפסוק הראשון, אך יכסה עיניו וישמיע את ה׳ניגון׳ של קריאת שמע (שו״ע סה, ב)	לא יאמר את הפסוק הראשון, אך יכסה עיניו וישמיע את ה׳ניגון׳ של קריאת שמע	אסור
קדושה	מותר[8]	רק את הפסוקים המתחילים ב׳קדוש׳ וב׳ברוך׳	רק את הפסוקים המתחילים ב׳קדוש׳ וב׳ברוך׳	אסור (משנ״ב סו, יז)
׳אמן׳ אחר ׳האל הקדוש׳ ו׳שומע תפילה׳	מותר	מותר	מותר	אסור (רמ״א סו, ג)
מודים דרבנן	מותר	רק את המילים ׳מודים אנחנו לך׳׳	רק את המילים ׳מודים אנחנו לך׳	אסור (משנ״ב סו, כ)
עליה לתורה[9]	מותר	מותר – אך לא באמצע הפסוק הראשון של קריאת שמע ולא ב׳ברוך שם כבוד מלכותו לעולם ועד׳	מותר	אסור (משנ״ב סו, כו)
אשר יצר	מותר בין הפרקים (בה״ל נא ד״ה צריך)	יטול ידיו אך יברך לאחר תפילת עמידה	יטול ידיו אך יברך לאחר תפילת עמידה	יטול ידיו אך יברך לאחר תפילה עמידה

תינוק בוכה:
יש להוציא החוצה תינוק בוכה אפילו באמצע שמונה עשרה, כדי שלא להפריע למתפללים (׳אשי ישראל׳ פל״ב, יג בשם החזו״א).

הפסקה באמצע פסוקי דזמרה לאמירת קדיש:
אבל מפסיק באמצע פסוקי דזמרה ואומר קדיש, אם אינו יכול לומר קדיש אחר כך (׳אשי ישראל׳ פט״ו הערה קט).

7. וכן אם הקהל אומר ׳עלינו׳, יעמוד וישתחווה עמו (ערוה״ש סה, ו).
8. ואומר רק את הפסוקים מן המקרא (׳אשי ישראל׳ פט״ז, לא).
9. על הגבאים לשים לב לא להעלות לתורה מי שנמצאים באמצע התפילה, ומכל מקום אם ישנו כוהן אחד אפשר שיעלו אותו. אך אם יש רק אדם אחד שיודע לקרוא בתורה, יכול להיות בעל קורא.

על סימון הקמצים, השוואים וההטעמה בסידור

במהלך הכנת המהדורה החדשה נדרשנו לסווג את הקמצים ואת השוואים שבסידור. להלן מוצגות בקיצור הכרעותינו בשאלות שיש בהן מחלוקת. בכך נבקש לקיים את דברי התוספתא (עדויות פ״א ה״ד):

"לעולם הלכה כדברי המרובין. לא הוזכרו דברי היחיד בין המרובין אלא לבטלן. ר׳ יהודה אומ׳: לא הוזכרו דברי יחיד בין המרובין אלא שמא תיצרך להן שעה ויסמכו עליהן".

הכללים שלהלן מתאימים לשתי הדעות: ברבים מהם רשאי המתפלל לסמוך גם על הדעה החולקת, אך במיעוטם יש לבטלה. הנוסח המלא של המאמר, ובו מראי מקום והרחבות מרובות לכתוב כאן, מופיע באתר ההוצאה במרשתת.

הקמץ הקטן

קמץ בהברה פתוחה

לפי מסורת עתיקה שנהגה בארץ ישראל, בספרד ובאשכנז, כל קמץ בהברה פתוחה הוא קמץ רחב, ובכלל זה קמץ שאחריו יש קמץ (כקטן כגדול, באות שאינה דגושה) או חטף קמץ. אין אנו יודעים בבירור כיצד צמחה מסורת זו, שאינה מתאימה לסברה הדקדוקית ולעדויות קדומות. ואולם ברי, שמסורת זו שלטה בלי עוררין באלף השנים האחרונות (מאז ימי ר׳ יהודה חיוג׳). לפני כמאה שנה קבעו חכמי הלשון בארץ ישראל בהשפעת מדקדקים אירופים, שקמץ (שאינו של ידוע) שאחריו יש חטף קמץ או קמץ קטן הוא קמץ קטן, וכן קבעו, שהקמץ הראשון במילים קֳדָשִׁים (הריבוי של קֹדֶשׁ) וְשָׁרָשִׁים (מן שֹׁרֶשׁ) הוא קמץ קטן.

האקדמיה ללשון העברית דבקה בהחלטה זו, אך הקפידה לציין שלפי המסורת הספרדית קוראים קמצים אלו כקמץ גדול. מעתה יש לדון כיצד ינהגו אשכנזים המתפללים במבטא המכונה ׳הברה ספרדית׳.

שינוי מבטאם של בני אשכנז בתפילה ובקריאת התורה מ׳הברה אשכנזית׳ ל׳הברה ספרדית׳ עורר מחלוקת בין הפוסקים, ויש שאסרו זאת.

המתירים נחלקו בטעם ההיתר. יש מהם שסברו שהמבטא הספרדי מעולה יותר, ולכן ראוי לבכר אותו על פני המבטא האשכנזי (ראה ׳בית רידב״ז׳ כז). וב׳משפטי עוזיאל׳ (או״ח א), כתב:

"שִׁנוי מנהג זה אינו רצוני, אלא הכרחי שמתוך ששפת הצבור בבית וברחוב וביחוד באספות עם כלליות היא במבטא ספרדי שכֻּלם התנהגו בו מרצונם מוכרח הדבר לשַׁנוי המבטאים בבית הכנסת, כי אי אפשר לו לאדם לשנות את דבורו מדבור הרגיל בו בכל יום לדבורו בשעת התפלה".

מדברי הפוסקים עולות שתי סיבות לקריאת הקמץ על פי הסברה הדקדוקית בניגוד למסורת ספרד:

א. ראוי להנהיג בתפילה את המבטא המעולה ביותר, ולכן ראוי לקבוע מבטא המתאים לסברה הדקדוקית (ולעדויות הקדומות).

ב. מבטאם החדש של בני אשכנז נוסד בהתאמה ללשון המדוברת במדינה (׳נוסח אחיד׳), ולאו דווקא בהתאמה למסורת הספרדית.

לפי נימוקים אלה, ראוי להנהיג בתפילה את מבטא העברית הישראלית התקנית, כפי שנקבע על ידי האקדמיה ללשון העברית. ואכן במהדורה זו אימצנו את הכרעתו של ר׳ אליהו קורן, וקבענו את סוג הקמץ לפי הסברה הדקדוקית במקום שהיא חד־משמעית (לאפוקי "אָרָה־לִּי" (במדבר כב, ו ועוד), "קָבָה־לִּי", "בָּמֳתֵי" (דברים לב, יג ועוד) ועוד, שיש ספק בקריאתן).

2. הקמץ והגעיה (=המתג)

כלל ידוע הוא, כי אות קמוצה שיש תחתיה געיה נקראת בקמץ רחב. רד״ק מזכיר כלל זה פעמים רבות בפירושיו למקרא ובחיבורי הדקדוק שלו, וכן כתב ר׳ אליהו בחור. יש בסידור תיבות אחרות שבהן כלל זה דורש עיון: במזמור שיר חנוכת הבית בפסוק (תהלים ל, ד) "מִיָּרְדִי־בוֹר", בברכת השיר (נשמת כל חי) בפסוק (תהלים לה, י) "כָּל עַצְמֹתַי תֹּאמַרְנָה", ובמכתם לדוד הנאמר בבית האבל, בפסוק (תהלים טז, א) "שָׁמְרֵנִי אֵל".

נראה שבעלי המסורה לא כיוונו במקומות אלו להנעת השווא או להארכת התנועה, וממילא הקמץ הוא קמץ קטן. וכן נהגנו, כדעת ר׳ מנחם די לונזאנו (שחלק בעניין זה על ר׳ ידידיה שלמה נורצי, בעל ׳מנחת ש״י׳).

השווא

שווא שאחרי תנועה גדולה

נהגנו לפי הכלל השלישי של ר׳ אליהו בחור, ששווא אחרי תנועה גדולה (שאינה מוטעמת בטעם העיקרי) הוא שווא נע. בתקופת הגאונים והראשונים נהגו כללים אחרים בעניין השווא באמצע המילה. מהם נזכיר כאן את דברי הראב״ד ומרן ר׳ יוסף קארו, שהשווא שאחרי הבי״ת הקמוצה של "בְּכָל לְבָבְךָ" שבפרשת שמע הוא שווא נח.

נדגיש, כי על פי עדויות הראשונים, שווא שאחרי וי״ו שרוקה בראש המילה (כמו כל ׳שווא מרחף׳

אַחֵר) הוא שווא נח, וכן נהגנו (לא קיבלנו את דעתם של מהדירי כמה סידורים שהלכו אחרי חידושו של ר' זלמן מהענא וקבעו שהשווא נע).

כלל זה תקף דרך כלל גם בארמית. במילים שאולות מלשונות אירופה (קוֹרְטוֹב, פְּרוֹזְדוֹר), שנהגו לכתבן כתיב מלא, אין הוא תקף.

שווא בראשונה משתי אותיות זהות

בסידור קורן התקבל הכלל החמישי שקבע ר' אליהו בחור, ששווא בראשונה משתי אותיות זהות הוא נע, כמנהג העולם. יצוין כי כלל זה, שיסודו בדברי ראשונים, אינו מתאים לכללי המסורה. לדעת בעלי המסורה, מניעים את שווא 'הדומות' רק כשיש לפניו געיה, ולכן לפי בעלי המסורה אין מניעים את השווא של הִנְנִי, למשל, שאין קודמת לו געיה.

למרות זאת בתיבה "יְבָרֶכְךָ" בברכת כוהנים, שחובה לקראה דווקא בלשון הקודש, וראוי לדקדק בה, וטעמיה מורים בבירור על נחות השווא, נהגנו כדעת בעלי המסורה (וכן בכל יתר היקרויותיו של השורש בר"כ). כך נהג גם ר' שבתי סופר בסידורו. הוא קיבל את הכלל החמישי של הבחור, ובכל זאת הדגיש שהשווא שבתיבה "יְבָרֶכְךָ" נח הוא. עוד נציין, כי במקרים שבהם יש קמץ קטן לפני שווא 'הדומות', כגון: "שָׁרְרֵךְ" (שיר השירים ז, ב; השווה יחזקאל טז, ד: "שָׁרֵּךְ"), בְּחָגְגָם, בְּלָקְקָם - גם בהם סטינו מן הכלל החמישי הנ"ל, וסימַנּו שווא נח.

ה"א פתוחה וּבָהּ געיה שאחריה אות שְׁוּאָה רפויה

כידוע, פעמים רבות נשמט הדגש שהיה ראוי לבוא באות שוואה. בפרט מצוי הדבר אחרי ה"א הידיעה. לדעת בעלי המסורה, מעמד השווא תלוי בקיום הגעיה: אם יש געיה בה"א - השווא שאחריה נע, ואם לאו - הוא נח.

בעל 'מנחת ש"י' שדן בעניין, דייק מדברי רד"ק ששווא באות רפויה באמצע המילה הוא לעולם נח, ובכלל זה השווא באות רפויה שאחרי ה"א הידיעה.

ר' וולף היינדנהיים דייק להפך מדברי רד"ק, ולדעתו "כל ה"א מבררת המשמשת לתיבה שתחלתה אות שואית ורפה היא מועמדת בגעיא", והשווא הוא שווא נע (ובכלל זה אותיות השימוש בכ"ל כשהן מיודעות), פרט לאות יו"ד שאין גועים לפניה ואין מניעים אותה. בתנ"ך קורן נהגו לפי דעת רוו"ה, וסימנו געיה בה"א של "הַלְוִיִּם" ובלמ"ד של "לַמְנַצֵּחַ", כדין כל ה"א הידיעה שאחריה אות שוואית רפויה, אף על פי שבכתבי היד ובמנחת שי אין בתיבות אלו געיה. לכן נהגנו כדעת רוו"ה, וסימַנּו כל שווא שאחרי ה"א הידיעה כשווא נע. לדעת רוו"ה, גם כל ה"א השאלה שלפני שווא המנוקדת בפתח - יש בה געיה, ויש להניע את השווא שאחריה (פרט לאות יו"ד), וכן נהגנו.

שְׁתַּיִם

סימַנּו שווא נע בשי"ן של שְׁתַּיִם, כדין שווא בראש המילה. בתקופת בעלי המסורה נהגו לבטא שווא זה כשווא נח, ולהקדים לו תנועת עזר קצרה (מפני שאין בכל המקרא שווא נע ואחריו דגש). ראב"ע ורד"ק הכירו מנהג זה, וחלקו עליו.

חטף פתח באותיות שאינן גרוניות

לפי שבתקופת בעלי המסורה והראשונים הכללים בעניין הגיית השווא באמצע התיבה לא היו פשוטים, נהגו סופרים לסמן את השווא הנע במקומות שבהם עלול להתעורר ספק בלב הקורא. הם סימנו את השווא הנע כדרך שהגו אותו, ומפני שסתם שווא נע נהגה כחטף פתח (פרט לשווא נע שלפני אות גרונית שנֶהֱגֶה מעין תנועתה, ופרט לשווא נע שלפני יו"ד עיצורית שנהגה כחיריק) סימנו שווא נע (שאין אחריו אות גרונית או יו"ד) בחטף פתח.

הגיית השווא מעין תנועת הפתח מוזכרת על ידי הראשונים, ובכללם ר' יהודה חיוג', ראב"ע ורד"ק. יש בידינו ראיה ברורה שכך נהג גם הרמב"ם. מסורת זו נשתמרה בימינו בעיקר אצל יהודי תימן. להגיית השווא הנע מעין תנועת הסגול יש יסוד בכתבי יד ארץ־ישראליים קדומים של המקרא (לצד הקריאה כפתח), ובתקופת הראשונים היא מתועדת במחזורים אשכנזיים, וכן בספר 'מעשה אפד'.

הניקוד של חטף פתח באותיות שאינן גרוניות משמר אפוא שריד למסורת טבריה, שאינו מתאים לשיטת הגיית השווא בימינו. המבקש לקרוא את כל השוואים הנעים לפי מסורת אחת, עליו לקרוא חטף פתח באות שאינה גרונית ככל שווא נע, דהיינו כסגול. וכך כתב בעל 'מנחת ש"י':

"ואחר כל אלה הדברים אומר אני שלא מצאתי בזמן הזה מי שיקרא השוא נע בכל אופניו וסדריו בגעיא ובלא געיא. אך רוב העולם קורין כל שוא נע כמו סגול, ועל כן אני אומר שהמדקדק לקרות את כולן כמו שכתבו רוב המדקדקים או קצת מהם תבא עליו ברכת טוב, אך מי שאינו בקי בכולן כמשפטן ורוצ' להתחכם במקצתן - טוב ממנו מי שאינו מדקד' בהן כלל ועיק' וקורא כל שוא כתנועתו הפשוטה כמו סגול או צרי בין בגעיא ובין בלא געיא".

בסידור זה לא המרנו את הסימן של חטף פתח באות שאינה גרונית בסימן המציין שווא נע, כדי שלא לשנות מנוסח תנ"ך קורן, והקורא יראה לקרותם כתיקונם.

ההטעמה

סימון הטעמת מלעיל

סימן המתג לציון הטעמת מלעיל יסודו בכתבי יד של המקרא, המסמנים את ההטעמה בספרי אמ"ת במקום שבו לטעם יש מקום קבוע בתיבה, ואין הוא מורה על ההטעמה. גם בכתבי יד מאיטליה ומאשכנז נוסף סימן המתג לציון הטעמת מלעיל. אחרי המצאת הדפוס הנהיג ר' שבתי סופר את השימוש במתג בסידורים, ומדפיסי סידורים רבים הלכו בעקבותיו. במהדורה זו של סידור קורן אומצה שיטה זו.

נסוג אחור

ההכרעה אם הטעם במילה נסוג אחור, קשורה לטיב הזיקה שבין תיבה לחברתה. במקרא מסייעים בכך טעמי המקרא. ואולם בספר שאין בו טעמים, קשה יותר להכריע בדבר. יתרה מזו, אם עוסקים בספר שלפי המסורת נקראת בו כל תיבה כיחידה עצמאית, בפני עצמה, אין כל טעם לנסות להכריע בכך.

שאלה זו נוגעת במשנה תוקף לעניינים אחרים הקשורים בנוסח הסידור, והועלתה על ידי ר' שבתי סופר בעניין ריפוי בג"ד כפ"ת אחרי יהו"א. הוא דחה בתוקף את דעת הסוברים שאין בתפילה מקום לנסיגת הטעם, וכתב:

"כל המבין מה שמוציא מפיו הוא יודע אם העניין סמוך או מוכרת, הלא יראו בעיניהם שהקדמונים עשו נגוני הטעמים בברכה שלפני ההפטרה על פי הבנתם העניין".

ר' שבתי סופר סבר שיש להתאים את כללי ניקוד הסידור למקרא, ולשער מה טיב הלכידות שבין תיבה לחברתה. כך סבר גם ר' יצחק בער, בעל 'עבודת ישראל'.

ואולם בכתבי היד של המשנה ושל מחזורי אשכנז אנחנו מוצאים שיטה אחרת. יש אמנם כתבי יד של המשנה ושל המחזורים המרפים בג"ד כפ"ת אחרי יהו"א. אך המנהג השכיח הוא להתייחס לכל תיבה כאל יחידה בודדת, ולהדגיש תמיד בג"ד כפ"ת בראש המילה.

על הראשונות, ריפוי בג"ד כפ"ת וצורות הפסק, שנפוצו בסידור לאלפיהן, אין אנו מערערים. אולם באשר להטעמה, ובכללה הנסיגה, שסימונה נתחדש במהדורה זו, נהגנו בדרך ממצעת. בצירופים השגורים (כתבניתם או בשינוי קל) במקרא (כגון: בָּ֫חַר בָּנוּ, נָ֫תַן לָנוּ) נהגנו כדין נסוג אחור. בצירופים שכיחים פחות נקטנו בדרך "שב ואל תעשה עדיף", והרוצה יוסיף נסוגים, אם אבה.

הקפת מילים

מקובל בימינו, שאם מעתיקים פסוק מן המקרא ללא הטעמים, אין מסמנים את המקף. זאת מפני שתכלית סימן המקף שבטעמי המקרא אינה תחבירית אלא מוזיקלית. כן מקובל שלא לסמן את הגעיה (מתג), מפני שתכליתה לציין הטעמה משנית במילה, שהקורא אינו נזקק לה.

במהדורה זו נטינו מכלל זה, וסימנו בפרקי המקרא כל מקף הכתוב בתנ"ך. זאת מפני ששתי תיבות מוקפות נחשבות תיבה אחת לעניין ההטעמה (ועל המתפלל לדעת, כי כאשר יש שתי תיבות מוקפות, והתיבה השנייה טעמה בראשה - מקום הטעם בתיבה הראשונה נסוג אחור). ביטול ההקפה היה עלול לחייב אותנו לסמן במילה המוקפת טעם שאינו קיים בפסוק. בקטעי תפילה שאינם מן המקרא צוין המקף רק במקרים יוצאי דופן.

מאידך גיסא, לא סימנו את מקום הטעם במילה המוקפת לחברתה (גם כשהטעם שבה נסוג אחור). זאת מפני ששתי מילים מוקפות נקראות כמילה אחת, ובסידור קורן אין מסמנים הטעמה משנית. עם זאת, במקום שהמילה מוטעמת מלעיל גם בנפרד - סומנה ההטעמה גם במילה המוקפת. כגון בפרשת "והיה כי יבאך": "והעברת כָּל־פֶּטֶר־רֶחֶם", בפסוקי דזמרה: "וַתַּעַשׂ־לְךָ" (נחמיה ט י), ועוד.

כתיב וקרי

כל פסוק שלם או ציטוט ברור של קטע מפסוק העתקנו על פי הכתיב בהוצאת קורן, אם ניתן להבין מהו הקרי על פי סימני הניקוד. שיטה זו מבוססת על המנהג בתנ"ך קורן, שלא להעיר על הקרי במקומות אלו. כך נהגנו, למשל, באשר להשמטת ה"א שהיא אם קריאה בסוף התיבה (כגון: "מפרי כפיה **נָטְעָ** כרם") ובאשר לכינוי הגוף של הנסתרת (כגון: "אות **הִוא** לעולם" בוי"ו ולא ביו"ד).

חנן אריאל

כתר ירושלים